카탈루냐어-한국어 사전
Diccionari Català-Coreà

Presentació d'editors

Pròleg de Josep Bargalló
Director de l'Institut Ramon Llull, Barcelona

민중서림
MINJUNGSEORIM
2007

© Nak-Won Choi & Chan-Yong Shin, 2007
2007 per a la present edició
Minjungseorim Publishing Co.
Paju Publishing Culture Information Industry Site
526-3 Munbal-ri, Gyoha-eup, Paju-si
Gyeonggi-do, 413-832, Republic of Korea

Primera edició: desembre de 2007

La publicació d'aquesta obra ha estat possible
mitjançant el suport financer de l'Institut Ramon Llull

> COORDINACIÓ
> Nak-Won Choi (Universitat Nacional de Chonbuk)
>
> ASSESSORAMENT
> Gemma Rigau (Universitat Autònoma de Barcelona)
>
> REDACCIÓ
> Chan-Yong Shin (Universitat de Pyeongtaek)
>
> REVISIÓ
> Raimond Blancafort (Universitat Catòlica de Daegu)
> Josep Munné
>
> AUXILIAR DE REDACCIÓ
> Jun-Hye Seo

DISSENY GRÀFIC (Tangram Innovating)
Josep M. Coll (Universitat de Pyeongtaek)
Albert Coll
Marc Albert

La reproducció total o parcial d'aquesta obra per qualsevol procediment, comprenent-hi la reprografia i el tractament informàtic, com també la distribució d'exemplars mitjançant lloguer i préstec, resten rigorosament prohibides sense l'autorització escrita dels editors i estaran sotmeses a les sancions establertes per la llei.

"Aquest treball s'ha dut a terme amb el patrocini de Korea Research Foundation Grant finançada pel Govern de Corea del Sud(MOEHRD)"(KRF-2003-031-100072)

"이 저서는 2003년 정부(교육인적자원부)의 재원으로 한국학술진흥재단의 지원을 받아 수행된 연구임"(KRF-2003-031-100072)

머리말

『카탈루냐어-한국어 사전』은 2003년에 학술진흥재단에 의해 공모된 「소수언어보호학문」 프로젝트의 일환으로 로망스어의 하나인 카탈루냐어에 대한 학술적 가치를 조명하고자 하는 목적에서 처음으로 이뤄진 것이다.

비록 외형적으로는 스페인 내 소수언어 또는 지방언어라는 수식어가 달라붙지만, 카탈루냐어는 1978년의 스페인 헌법과 1979년의 카탈루냐 자치법에 의해 카탈루냐 자치주의 이중공식어로서 법적보호를 받고 있을 뿐만 아니라, 이미 수년 전부터 유럽연합(EU) 내 행정언어로 지정되는 등 더 이상 소외된 일개 지역언어 수준에 머물러 있지 않다.

현재 27개 회원국으로 구성된 EU에는 인구 4천만에 이르는 60여개 정도의 소수언어 집단이 존재하고 있으며 그 중 가장 큰 비중을 차지하는 언어가 바로 카탈루냐이다. 지리적, 인구적인 면에서, 스페인(카탈루냐, 마요르카, 발렌시아), 프랑스(로세용), 이탈리아(엘 알게르), 그리고 안도라 등 4개국의 방대한 지역에 걸쳐 9백여만의 유럽인이 모국어로 사용하는 언어로서 EU 회원국 전체를 망라하여 10위 안에 드는 규모만 보더라도 다른 소수지방언어들과는 구분되어져야 할 것이다.

이 프로젝트는 21세기 문화다양성 시대의 국제적 흐름에 일맥상통하는 매우 시의 적절한 사업이라 여겨진다. 오늘날 우리는 이미 국경을 초월한 사해동포 다문화 사회에 살고 있다. 갈수록 중요성을 더해가는 유럽 시장은 더욱 우리의 폭넓은 지식기반을 요구한다. 유럽의 환경은 대부분의 나라들이 복수언어를 사용하는 국가들일뿐만 아니라 거대한 정치경제 블록으로 하나가 되면서 지리적 경계가 사라지고 인구이동의 변화가 매우 크다. EU가 추구하는 「다양성 속의 통합」의 이념은 이들 소수언어들에 대한 이해 없이는 결코 성취될 수 없는 것이다.

그러나 전 세계 140여개 대학과 많은 연구소 등에서 카탈루냐어가 비중 있게 다뤄지는 것과는 달리, 한국의 학계에서는 아직까지 깊은 관심을 쏟지 못하고 있는 게 현실이다. 현재 1개 대학의 교양과정에 개설되는 정도 외에는 연구 자료조차 거의 전무하다. 차제에 카탈루냐어-한국어 사전편집을 통해 이러한 한국의 열악한 카탈루냐어 연구에 조그마한 밑거름이 되고자 하며, 나아가 정치, 경제, 문화 교류 외에도 풍부한 카탈루냐 문학과 한국 문학 상호간의 교류에도 한층 더 기여하게 되리라 본다.

마지막으로, 이 사전편찬이 실현될 수 있도록 지원을 해준 한국학술진흥재단, 전북대학교, 라몬율연구소에 감사드리며, 아울러 평택대학교, 바르셀로나자치대학교, 국립국어원, Tangram Innovating, 민중서림 등의 여러 기관에도 감사드린다. 그리고 주 참고교재를 직접 구입해 주시는 등 한결같은 자문과 도움을 주신 젬마 리가우 교수님, 출판을 위해 카탈루냐 주정부, 연구소 등과의 대화에 귀한 시간을 할애해주신 유석만 교수님 등 두 분 바르셀로나자치대학교 교수님들께 감사를 드린다. 멀고도 험한 사전작업 내내 힘이 되어준 몇몇 친구들에게도 마음 속 깊이 고마움을 전한다. 교정에 라이몬 블랑카포르트 교수(대구가톨릭대학교), 조셉 무녜, 이선미(바르셀로나자치대학교), 혼신의 힘을 다해 편집을 도와준 서준혜, 신동범(전북대학교)과 이수진(한양대학교), 그리고 표지 디자인을 위해 먼 지중해에서 수고를 해준 조셉 마리아 꼴 평택대학교 교수, 알베르트 꼴, 마르크 알베르트(Tangram Innovating)에게 진심으로 고마움을 전한다. 또한 국문학 분야의 탁월한 조성면 교수님의 조언을 결코 잊을 수 없다. 끝으로, 이 사전이 빛을 볼 수 있도록 출판을 허락해주신 민중서림의 김철환 사장님께도 감사를 드린다.

첫걸음이니만큼 아직 미비한 점 헤아릴 수 없겠으나 이를 계기로 더욱 발전할 수 있도록 독자 여러분의 아낌없는 지도와 편달을 바라마지 않는다.

2007년 12월 24일
편자 씀

PRESENTACIÓ

La redacció del diccionari català-coreà fou, primerament, realitzada a Corea amb la finalitat de destacar el valor acadèmic de la llengua catalana (d'origen romànic) d'acord amb el projecte titulat "La protecció de les llengües minoritàries" promogut per Korea Research Foundation l'any 2003.

Malgrat que aparentment es consideri encara una llengua minoritària, el català gaudeix de protecció jurídica com a llengua cooficial a certes comunitats espanyoles garantida per la Constitució de 1978 i l'Estatut d'Autonomia de Catalunya de 1979. Per tant, el català no s'ha de considerar pas una llengua minoritària i, a més, des de fa anys és reconeguda a la Comunitat Europea com a llengua administrativa.

Actualment, els 27 països membres de la UE tenen més de 60 comunitats lingüísticament minoritàries amb gairebé 40 milions d'habitants, entre les quals Catalunya ocupa el primer lloc pel que fa a població i extensió. Col.locada al desè lloc en nombre de parlants a tota la Comunitat Europea, la llengua catalana s'estén per Espanya (Catalunya, illes Balears, València), França (Rosselló), Itàlia (L'Alguer) i Andorra amb més de 9 milions d'habitants que parlen el català com a llengua materna. Aquesta xifra confirma que el català ha de tractar-se d'una forma diferenciada de les altres llengües minoritàries.

En aquest punt, considerem aquest projecte molt adient i rellevant en el sentit que participa del corrent internacional de promoció de la diversitat cultural del segle XXI. Avui en dia, vivim immersos en una comunitat pluricultural cosmopolita sense barreres frontereres. El mercat europeu, el qual guanya més importància dia rere dia, ens aboca a ampliar el nostres coneixements. Tot mirant l'àmbit europeu, s'observa que la majoria dels països són de caràcter pluricultural i que el bloc polític-econòmic europeu fa desaparèixer les fronteres i augmenta el moviment d'intercanvi poblacional. Així doncs, la política d'unitat en la diversitat que procura la UE no s'assolirà mai sense promoure tals comunitats minoritàries.

Tot i que aquesta realitat es tracta amb rellevància en més de 140 universitats i instituts arreu del món, malauradament Corea no ha mostrat cap interès en aquest tema. Només una universitat ofereix un curset de llengua catalana en el seu programa d'Educació General, però gairebé no es troben materials d'investigació enlloc. En aquesta situació, hom desitja que la publicació del diccionari català-coreà serveixi de pont per augmentar la comprensió de la llengua catalana i, fins i tot, la col.laboració entre la literatura catalana i la coreana, a més de motivar l'intercanvi polític, econòmic i cultural.

Abans de finalitzar, voldríem expressar el nostre agraïment a les institucions que han fet possible l'edició d'aquest diccionari: Korea Research Foundation, Universitat Nacional de Chonbuk, Institut Ramon Llull i altres com Universitat de Pyeongtaek, Universitat Autònoma de Barcelona, Institut Nacional de la Llengua Coreana, Tangram Innovating, i Minjungseorim. Igualment, donem les gràcies a la professora Gemma Rigau que afectuosament ha dirigit l'equip com assessora i al professor Suk-Man Yu per contribuir en l'obtenció dels fons necessaris. Així mateix, no podem pas oblidar les grans i amistoses mans per a la revisió del professor Raimond Blancafort (Universitat Catòlica de Daegu), Josep Munné i Sun-Mi Lee (Universitat Autònoma de Barcelona), per a l'edició de Jun-Hye Seo, Dong-Beom Shin (Universitat Nacional de Chonbuk) i Su-Jin Lee (Universitat de Hanyang), i per al disseny de la portada del professor i consultor Josep M. Coll, Universitat de Pyeongtaek, Albert Coll i Marc Albert (Tangram Innovating) que ens han ajudat amb goig des del Mediterrani. També volem agrair els consells de l'excel.lent professor Sung-Myeon Cho. Finalment, restem molt agraïts al president de l'editorial Minjungseorim qui va fer sortir a llum aquesta obra.

Donat aquest primer pas, possiblement es trobaran mancances i defectes en aquesta obra, però esperem dels lectors i usuaris consideració i interès per la mateixa a fi i efecte de seguir endavant per millorar-la.

24. 12. 2007

editors

PRÒLEG

La publicació d'un diccionari català-coreà, editat a Corea mateix, pot semblar, en una primera percepció, un fet insòlit, exòtic fins i tot. Però no ho és. Ans al contrari, és un símptoma dels valors positius de l'era de la societat de la informació, del que ens pot aportar la globalització, una globalització que, com tot, és una moneda de dues cares. Una dicotomia a l'estil Saussure, per utilitzar un tòpic filològic clàssic. Una realitat contemporània que tan aviat submergeix peculiaritats i riqueses locals com estableix ponts i potencia diàlegs.

El català és una llengua romànica, parlada en quatre estats mediterranis -diversos territoris de l'Estat espanyol, el sud de França, una part de l'illa italiana de Sardenya i Andorra, el petit estat dels Pirineus-, amb prop de 9 milions de parlants i capitals culturals tan dinàmiques com Barcelona, Mallorca, València o Perpinyà. Usada en la producció literària des del segle XIV, és avui llengua vehicular de l'ensenyament, present en els mitjans audiovisuals i té, fins i tot, domini propi a internet, el .cat.

El català i el coreà són, doncs, dues llengües mil·lenàries, vehicles de cultura i amb una àmplia tradició literària. Cert que no són pas les llengües més parlades en els seus continents respectius Europa i Àsia, però tampoc no són unes llengües minoritàries, ni dèbils en la seva producció creativa. Un bon exemple és que les seves produccions literàries i editorials hagin estat protagonistes, els darrers anys, de la prestigiosa i internacionalment reconeguda Fira del Llibre de Frankfurt: Corea va ser el convidat d'honor el 2005 i la cultura catalana, el 2007. Potència editorial, potència cultural, potència literària i voluntat de projectar-se a l'exterior.

Catalunya, els diversos territoris de parla catalana i Corea tenen altres nexes d'unió, especialment econòmics i industrials, o el fet que, malgrat la distància geogràfica i la pertinença a famílies lingüístiques tan allunyades, hi hagi classes de coreà a Barcelona i de català a la Universitat de Hankuk.

Per això, cal celebrar la publicació d'aquest diccionari català-coreà. Perquè amplia la bibliografia lexicogràfica d'una i altra llengua, perquè eixampla la nostra possibilitat de conèixer el món i fer-ho des d'una nova perspectiva. Perquè apropa encara més Occident i Orient, i ho fa des del reconeixement a la seva diversitat, a la riquesa d'aquesta diversitat. Perquè fa que cultura i economia, tradició i contemporaneïtat puguin avançar juntes.

Per això, també, he d'agrair, des de l'Institut Ramon Llull, l'organisme encarregat de la promoció exterior de la llengua i la cultura catalanes, a la Korea Research Foundation de Corea del Sud l'impuls inicial donat a aquest projecte. I, evidentment, l'excel·lent treball dut a terme pels professors Chan-Yong Shin, investigador del Centre d'Estudis Llatinoamericans de la Universitat de Pyeongtaek, i Nak-Won Choi, catedràtic del Departament d'espanyol de la Universitat Nacional de Chonbuk, així com l'assessorament i revisió dels professors catalans Raimond Blancafort de la Universitat Catòlica de Daegu, a Corea del Sud, Gemma Rigau, de la Universitat Autònoma de Barcelona i Josep Munné. El resultat d'aquest treball, que teniu ara a les mans, és un volum extens, útil i ens enorgulleix d'haver pogut col·laborar-hi.

Josep Bargalló
Director de l'Institut Ramon Llull, Barcelona

추천사

이번에 한국에서 출간되는 카탈루냐어-한국어 사전출판은 참으로 역사적이고 실험적인 일이라 생각하지만, 사실은 오히려 정 반대이다. 이 프로젝트는 오늘날 정보화 시대에 매우 고무적인 가치창조의 한 형태로서 마치 동전의 양면이 하나를 이루는 것처럼 글로벌화에 기여하게 될 것이다. 달리 표현하면, 소쉬르의 이항대립적 개념을 빌어 고전 인문학의 주제를 다루는 거와 같다. 즉 하나의 지역적 특성과 풍요한 자산이 양자 간의 대화의 통로로 작용하게 됨을 지칭하는 것이다.

카탈루냐어는 스페인 본토의 북동부 여러 지역은 물론, 프랑스 남부 로세용 지방, 이탈리아 서부 세르데냐의 알게르 지방 및 안도라 국가 등 지중해권 4개국, 특히 바르셀로나, 마요르카, 발렌시아, 페르피냥 등 역동적인 문화 도시들에 걸쳐 약 900여만 명이 모국어로 사용하는 로망스어의 한 지류이다. 카탈루냐어는 14세기의 문학작품에서부터 오늘날 교육, 행정 언어는 물론 시청각 및 인터넷 도메인 .cat 으로도 사용되고 있다.

카탈루냐어와 한국어는 빛나는 문화와 역사적 전통을 지닌 천년의 언어이다. 물론 유럽과 아시아 지역에서 가장 많이 사용되는 언어는 아니다. 그렇다고 힘없는 소수 언어도 아니다. 그 좋은 한 예가 바로 국제적인 명성을 지닌 프랑크푸르트 도서박람회에서 주역으로 활동한데서 찾아볼 수 있다. 한국은 2005년도에, 그리고 카탈루냐는 2007년도에 각각 초청국으로 지명되는 영광을 누림으로써 우리가 가진 풍부한 문학전통과 출판문화의 저력을 만방에 알리는 계기가 되었다.

카탈루냐는 카탈루냐어를 사용하는 방대한 지역으로 구성되어 있고, 한국은 특히 경제와 산업 분야에 방대한 네트워크를 갖고 있다. 비록 지리적, 언어적 공유영역이 없음에도 불구하고, 바르셀로나에는 한국어 수업이 개설되어 있고 서울에 위치한 한국외국어대학교에도 카탈루냐어 수업이 개설되어 있다.

이런 시점에서 카탈루냐어-한국어 사전출판이 가지는 의미는 매우 크다. 이를 통해서 새로운 관점에서 세상을 바라보도록 우리의 시각을 한층 넓혀주고, 동서양 간의 높은 벽을 낮춰줌으로써 서로의 다양성과 그 가치를 더 잘 볼 수 있게 해줄 것이기 때문이다. 문화와 경제와 전통은 한 시대를 살아가는 우리를 언제나 하나로 묶어준다고 믿는다.

이 글을 마치면서, 이 프로젝트에 참여한 모든 편집책임자들과 기관에 감사를 드리고 싶다. 먼저 본 프로젝트를 처음 공모함으로써 해외에 카탈루냐의 언어와 문화 홍보를 도와준 한국학술진흥재단에 감사를 드린다. 또한 무엇보다도 이 프로젝트를 도맡아 수행하신 최낙원(전북대학교), 신찬용(평택대학교) 두 분 교수님들께도 감사를 드린다. 아울러 감수를 해주신 라이몬 블랑카포르트 교수(대구가톨릭대학교), 조셉 무네(바르셀로나자치대학교) 두 분과, 오늘의 결실이 나올 수 있도록 아낌없는 지원과 자문을 해주신 젬마 리가우 교수(바르셀로나자치대학교)께도 감사를 드린다. 이제 여러분의 손에 안긴 이 사전이 여러분의 귀한 학문적 동반자가 되어준다면 더 없는 영광이 될 것이다.

소장 조셉 바르가요
라몬율연구소, 바르셀로나

일러두기

카탈루냐어-한국어 사전은 <카탈루냐 언어연구소 Institut d'Estudis Catalans>에서 발간한 *Diccionari Manual de la Llengua Catalana*를 주 참고자료로 삼아 편집했다. 무엇보다 이는 사용 빈도가 높은 실용 어휘들을 중심으로 표제어를 선택하고자 했기 때문이며, 기타 부족한 부분을 보충하기 위해 여러 다른 사전들을 보조자료로 채택해 중요한 파생어, 신조어, 외래어, 라틴어구 및 관용 표현들을 선별 수록하였다. 반면, 극히 전문적인 용어나 의고적인 용어들은 가급적 피했다. 본 사전은 정치, 경제, 문화, 학술 등에 걸쳐 필요한 어휘들을 폭넓게 수록함으로써 국내외 교육기관에서의 카탈루냐어 언어학습자는 물론, 대학 연수생, 이민자, 외교관, 무역상사 주재원들에게도 꼭 필요한 자료가 되어 주리라 믿는다.

I. 표제어

1. 배열 - 일반 어휘는 물론, 복합어, 연어, 접두사, 약어 및 기타 상용 외래어구, 고유명사들을 모두 알파벳순으로 나열하고 볼드체로 표기했다. 한 표제어 안에 파생어를 포함시키지 않고 별도로 구분해서 나열하는 일어(一語) 일표제어(一標題語) 원칙을 따랐다.

2. 성수 표시: 성수(남성/여성, 단수/복수)에 따른 변화형은 옅은 볼드체로 구분해서 나타냈고, 단수/복수가 동일한 형태는 [단·복수동형], 남녀가 동일한 형태는 [남녀동형]이라 표기했다.

feliç feliç feliços felices *adj.* **1** 행복한, 유쾌한, 즐거운, 반가운. **2** 다행한, 복이 많은, 운이 좋은. **3** 적절한, 시기적절한, 제때의(*oportú*). **4** 태평한, 걱정이 없는, 평온한(*despreocupat*). **5** 바보 같은, 미련한.
llapis llapis *m.* [단·복수동형] **1** 연필; 흑연. **2** 립스틱, 연지, 루즈.
abellaire abellaires *m.f.* [남녀동형] 양봉가.

복수형이 변이형을 가지는 경우는 [ ]로 표기했다.

bosc boscs[boscos] *m.* 숲.
passeig passeigs[passejos] *m.* **1** 산보, 산책; 산책길. *sortir a passeig* 산책을 가다. **2** 거리, 큰 도로.

이 표기 원칙을 벗어나는 예들은 대체적으로 다음과 같다: a) 대부분의 화학 요소들(예: **sofre, clor, urani, cobalt**); b) 하나의 어휘로 정착된 관용적인 표현들(예: **tastet, arbreforc**); c) 호칭으로 쓰이는 표현들(예: **madò, fra**); d) 유일한 존재들(예: **est, oest, sud, nord**).

3. 동형어: 어형이 같으면서 어원에 큰 차이가 없는 경우 같은 항목에 넣었으나, 그렇지 않은 경우 다음과 같이 별도로 구분하여 표기했다(예: **bot**^{1}, **bot**^{2}, **bot**^{3}).

bot¹ bots *m.* (포도주를 넣는) 술자루.
bot² bots *m.* 뗏목.
bot³ bots *m.* 가죽피리, 뿔 나팔.

4. 동의어: 표제어와 이형동의어로서 굳이 별도로 분리할 필요가 없는 경우, 간단히 [ ]안에 함께 표기하였다.

conreu[conror] conreus *m.* **1** (땅의) 경작, 재배. **2** 개척, 개발. **3** 연구, 연마, 배양, 교화.
carai[caraina] *interj.* [속어][기이함·놀라움·분노 등을 나타내는 감탄사] 대단해!, 와!; 이런!, 저런!, 제기랄!, 빌어먹을!

때로는 빈도수가 높은 다른 동의어를 제시함으로써 뜻풀이를 대신했다.

interdicció interdiccions *f.* =prohibició.
interdir *tr.* =prohibir.

5. 파생어: 접미사(-tat, -al, -tori, -ció 등)를 가진 파생어 역시 일괄적으로 독립 표제어로 제시했다.

elasticitat elasticitats *f.* 탄성, 탄력, 탄력성; 신축성, 융통성.
magisterial magisterials *adj.* **1** 교사의, 교사다운. **2** 교학의, 교무의.
inflamatori inflamatòria inflamatoris inflamatòries *adj.* [의학] 염증을 일으키는, 염증성의.

6. 전치사구: 전치사 구로만 쓰이는 어휘들은 전치사를 제외한 핵심 어휘를 표제어로 삼았다. 따라서 배열순서도 그 어휘를 기준으로 하였다.

dojo, a *loc.adv.* 많이, 풍부하게.
genollons, de *loc.adv.* 무릎을 꿇고.

7. 관용어구: 관용어 구로만 쓰이는 표제어 명사나 동사구는 별도의 뜻풀이를 갖지 않으므로 그 용례만을 제시했다.

allargues *f.pl. donar allargues* 질질 끌다.
viu-viu, fer la *loc.verb.* 그럭저럭 지내다.

8. 어원/외래어: 어원이 분명한 외래어인 경우 그 어휘가 들어온 출처를 제시했다.

andante *adv.it.* [음악] 안단테.
màrqueting màrquetings *m.ang.* [경제] 마케팅; 매매, 시장 출하.
weber webers *m.germ.* [전기] 웨버[자력선속의 단위: 기호 **Wb**].

카탈루냐어에 이미 정착된 외래어는 카탈루냐어식으로 표기를 하고 복수형을 제시하였으나(예: **màrqueting** màrquetings), 아직 적절한 대체어가 없는 경우에는 그대로 표기하고 복수형은 표제어에 나타내지 않았다(예: **pizza, whisky**).

II. 품사 표시

모든 품사는 알파벳 약자로 표기했다. 그리고 형용사가 명사로도 쓰이는 경우, 한 표제어 안에 함께 제시하였으며, 관용구는 별도로 볼드체와 이탤릭체로 표기했다.

particular particulars *adj.* **1** 특별한, 특수한(especial). **2** 독특한, 진귀한(peculiar). **3** 사적인, 개인적인(personal).
-*m.f.* 개인.
-*m.* 용건, 사항, 특별 사항, 문제점.
en particular 특히, 특별히.

또는 아래와 같이 형용사와 명사를 함께 포함해서 표기하기도 했다.

interrogador interrogadora interrogadors interrogadores *adj.m.f.* 질문·심문하는 (사람).

이 경우, 네 가지의 뜻을 가진다:「질문하는」,「심문하는」;「질문하는 사람」,「심문하는 사람」.
그러나 형용사를 구성하는 기본 동사의 의미가 다양한 경우에는 동사 원형을 그대로 사용하기도 했다.

compensador compensadora compensadors compensadores *adj.m.f.* compensar하는 (사람).

동사들은 하위 문법 요소별로 각기 나눠서 타동사, 자동사, 대명동사를 표기했으며, 타동사와 자동사는 이탤릭체로, 대명동사는 별도로 볼드체로 표기했다. 그리고 동사구를 이루는 관용적인 표현은 볼드체와 이탤릭체로 표기했다.

batre *tr.* **1** 주조하다. *batre moneda* 화폐를 주조하다. **2** (반복해서) 두들기다, 때리다. **3** [스포츠] (야구에서) 배트로 치다. **4** 이기다, 승리하다(vèncer). **5** 흔들다(remenar). **6** (심장이) 고동치다(bategar). **7** 부딪치다, 충돌하다. -*intr.* (악기가) 진동하다. -**'s** 다투다, 싸우다(combatre).
batre el rècord 신기록을 세우다.

III. 역어 및 기호 해설

역어는 각 표제어마다 l의(義) l역(譯)을 기본으로 하되, 유사한 뜻은 (,)로, 두 가지 뜻 이상인 것은 (;)로 구분하였고, 숙어도 그와 마찬가지로 했다.

competent competents *adj.* **1** 적임의, 유능한; 적절한(adequat, apte). *en condicions competents* 적절한 조건에서. **2** 충분한, 상당한. **3** (법정) 자격이 있는; 관할권이 있는; 합법적인, 허용되는. **4** 주무의, 해당의, 관할의(pertanyent).
picar l'ham 낚싯바늘을 물다; [비유] 덫에 걸리다.

속담에서 직역과 비유를 나타내고자 할 때에도 (;)로 표기했다.

L'hàbit no fa el monjo [속담] 겉이 검다고 속까지 검으랴; 사람을 겉으로 판단해서는 안 된다.

원어의 뜻은 (' ')로 나타냈다.

amén *interj.* 아멘[히브리말로 '그렇게 될 지어다'의 뜻; 기도의 끝에 하는 말].

동의어의 경우는 (:)으로 표시했다.

SIDA *f.* [의학] 에이즈[후천성면역결핍증: 'síndrome d'immunodeficiència adquirida'].

같은 항목에서 복수로 쓰이면서 의미가 달라지는 경우에는 역어 번호 뒤에 별도로 복수를 나타내는 *pl.* 로 표시했다.

interès interessos *m.* **1** 이로움, 이익, 유익, 이해. *l'nterès públic* 공공의 이익. **2** 이자, 이율. **3** 관심; 흥미, 취미, 희망; 애정. *desvetllar l'nterès* 관심을 불러일으키다. **4** *pl.* 이해관계; 재산.

영역, 변이형, 대체 어휘·어구, 또는 문법 사항 등을 나타낼 때는 [ ]를 사용했으며, ( )는 뜻풀이를 명확히 하거나, 한자어 및 카탈루냐어의 동의어 제시, 기타 동사구에서 선택의 경우에 사용했다. 그리고 유사한 어휘 등을 나열할 때에는 (·)로 표기했다.

generació generacions *f.* **1** 생식, 산출. **2** 종(種), 종족. **3** 세대; 자손, 후손 (descendència). **4** [집합] (특정 세대의) 사람들; 많은 사람들(gernació). **5** (가스·열·전기 등의) 발생, 발전. **6** [생물] 자연 발생. **7** [수학] (도형의) 생성. **8** [언어] (문의) 생성.
bac bacs *m.* **1** 그늘, 응달. **2** 쿵 하고 떨어지는 소리(batzac). **3** 받는 그릇, 용기. **4** [선박] 거룻배, 전마선, 운반선; 운반기.
carai[caraina] *interj.* [속어][기이함·놀라움·분노 등을 나타내는 감탄사] 대단 해!, 와!; 이런!, 저런!, 제기랄!, 빌어먹을!
ton ta tos tes *adj.pos.* [2인칭 소유형용사] 너의, 그대의. *ton germà* 너의 동생·형.
afilerar(se) *tr.prnl.* 일직선으로 정리하다, 줄을 세우다, 열·행렬을 짓다.

관용구도 대체어(구)는 [ ]를, 선택 가능한 어휘·용법의 경우는 ( )를 사용했다.

a gran[*petita*] *escala* 대규모[소규모]로.
no haver-hi[*tenir*] *altre*[*més*] *remei que* ...하는 수밖에 없다.
no dormir (algú) *totes les hores que té son* 불안해하다, 초조해하다.

표제어가 별도의 뜻풀이를 갖지 않는 경우, [ ] 안의 내용으로 뜻풀이를 대신했다.

s' [**es**의 생략형; 동사 뒤와 대명사 **hi, ho**의 앞에서는 **-s'**] *pron.* *S'imagina que vindrà* 그가 올 것으로 생각 된다. *Va compar-s'ho ahir* 그는 어제 그것을 샀다.

관용구의 경우, 서로 다른 여러 개의 뜻을 가지는 경우 표제어의 뜻풀이와 구분하여 일련번호를 i), ii)로 제시했다.

mig... mig... i) [명사 앞에 쓰여] 절반은... 또 절반은. *mig home mig cavall* 반은 사람이고 반은 말, 반인반수(半人半獸); ii) [동사 앞에서 쓰여 명사구로 전환 가능함] ...하면서 또 ...하면서. *mig plorant mig rient* 울면서 웃으면서.

<약어 풀이>

1. 카탈루냐어 약어

adj. adjectiu 형용사
adj.dem. adjectiu demostratiu 지시형용사
adj.pos. adjetiu possessiu 소유형용사
adv. adverbi 부사
ang. anglicisme 영미어법
àr. àrabisme 아랍어법
art. article 관사
art.def. article definit 정관사
art.indef. article indefinit 부정관사
cast. castellanisme 카스티야어법
conj. conjunció 접속사
dem. demostratiu 지시사
f. femení 여성명사
f.pl. femení plural 여성복수형
gal l. gal·licisme 프랑스어법
germ. germanisme 독일어법
grec. grecisme 그리스어법
imper. imperatiu 명령형.
impers. impersonal 비인칭 구문
interj. interjecció 감탄사
intr. intransitiu 자동사
interr. interrogatiu 의문사
ital. italianisme 이탈리아어법

llat. llatinisme 라틴 어법
loc.adv. locució adverbial 부사구
loc.conj. locució conjuntiva 접속사구
loc.llat. locució llatina 라틴어구
loc.verb. locució verbal 동사구
m. masculí 남성명사
m.f. masculí i femení 남성과 여성
m.[f] masculí[femení] 남성 또는 여성
m.pl. masculí plural 남성복수형
n.pr. nom propi 고유명사
onom. onomatopeia 의성어
pl. plural 복수
port. portuguesisme 포르투갈어법
pp. participi passat 과거분사
pref. prefix 접두사
prep. preposició 전치사
prnl. pronominal 대명동사
pron. pronom 대명사
pron.dem. pronom demostratiu 지시대명사
pron.rel. pronom relatiu 관계대명사
tr. transitiu 타동사
vr.aux. verb auxiliar 조동사

2. 한국어 약어

[건축]   건축· 건축학에 관한 용어
[경제]   경제· 경제학에 관한 용어
[고고학] 고고학에 관한 용어
[고어]   고어(古語), 고의(古義)
[곤충]   곤충· 곤충학에 관한 용어
[광물]   광물에 관한 용어
[구어]   구어적인 용어
[군사]   군사· 군사학에 관한 용어
[기계]   기계에 관한 용어
[기상]   기상· 기상학에 관한 용어
[기하]   기하· 기하학에 관한 용어
[논리]   논리· 논리학에 관한 용어
[농업]   농업· 원예에 관한 용어
[드묾]   드물게 쓰이는 예
[동물]   동물· 동물학에 관한 용어
[동·식물] 동물· 식물에 관한 용어
[신화]   신화에 관한 용어
[문법]   문법에 관한 용어
[물리]   물리· 물리학에 관한 용어
[방언]   방언에 관한 용어
[법률]   법률· 법률학에 관한 용어
[비유]   비유적인 표현
[생물]   생물· 생물학에 관한 용어
[선박]   선박· 조선에 관한 용어
[성서]   구약· 신약에 관한 용어
[속담]   속담· 격언· 금언 등의 예
[속어]   통속어· 비어 등의 예
[수사]   수사학에 관한 용어
[수학]   수학에 관한 용어
[스포츠] 경기· 스포츠에 관한 용어

[시어]   시어· 시학에 관한 용어
[식물]   식물· 식물학에 관한 용어
[심리]   심리· 심리학에 관한 용어
[약학]   약품· 약학에 관한 용어
[어류]   어류에 관한 용어
[언어]   언어· 언어학에 관한 용어
[역사]   역사· 역사학에 관한 용어
[연극]   연극에 관한 용어
[영화]   영화에 관한 용어
[예술]   예술에 관한 용어
[음성]   음성· 음성학에 관한 용어
[음악]   음악에 관한 용어
[의성어] 사물의 소리에 관한 용어
[의학]   의술· 의학에 관한 용어
[전기]   전기· 전신에 관한 용어
[전자]   전자에 관한 용어
[정치]   정치· 정치학에 관한 용어
[조류]   조류· 조류학에 관한 용어
[종교]   종교· 종교학에 관한 용어
[지리]   지리· 지리학에 관한 용어
[지질]   지질· 지질학에 관한 용어
[집합]   집합명사에 관한 용어
[천문]   천문· 천문학에 관한 용어
[철학]   철학에 관한 용어
[항공]   항공· 항공학에 관한 용어
[해부]   신체조직에 관한 용어
[해사]   바다· 어업에 관한 용어
[화학]   화학에 관한 용어
[회화]   미술· 회화에 관한 용어

<참고문헌>

Bruguera i Talleda, J. et al.(1982), *Diccionari de la Llengua Catalana*, Barcelona: Enciclopèdia Catalana, 1993.

Elies i Busqueta, P.(1997), *Canigó Diccionario Catalán-Castellano, Castellano-Catalán*, Barcelona: Editorial Ramón Sopena, S.A.

Fabra, Pompeu(1932), *Diccionari General de la Llengua Catalana*, revisat i ampliat per

Josep Miracle, Barcelona: EDASA, 1977.

Galimerti Jarman, B. et al.(1994), *The Oxford Spanish Dictionary: Spanish-English, English-Spanish*, Oxford: Oxford University Press.

Navas, M. i Castells, R.(1977), *Diccionari de neologismes*, Barcelona: Edicions 62.

Oliva, S. i Buxton, A.(1985), *Diccionari Català-Anglès*, Barcelona: Enciclopèdia Catalana.

Pascual i Ferrando, E. et al.(2001), *Diccionari Manual de la Llengua Catalana*, Barcelona: Edicions 62 Enciclopèdia Catalana Institut d'Estudis Catalans.

Raspall i Juanola, J. i Martí i Castell, J.(1984), *Diccionari de locucions i de frases fetes*, Barcelona: Edicions 62.

Real Academia Española(1992), *Diccionario de la Lengua Española*, tomo I, II, Madrid: Editorial Espasa Calpe, S.A.

Rollin, N. et al.(1997), *Pocket Oxford Spanish Dictionary*, Oxford: Oxford University Press, 2003.

Torras i Rodergas, J. et al.(1987), *Diccionari Català-Castellà*, Barcelona: Enciclopèdia Catalana.

Vox(1977), *Diccionari Essencial: Llengua Catalana*, Barcelona: Biblograf, S.A.

김충식(1990), 서한사전, 서울: 도서출판 월출.

두산동아편집국(2001), 동아 새국어사전, 4판, 서울: 두산동아.

민중서림편집국(1990), 엣센스 영한사전, 4판, 서울: 민중서림.

민중서림편집국(1990), 엣센스 한영사전, 2판, 서울: 민중서림.

Aa

a *f.* 카탈루냐어 알파벳의 첫 글자.
No saber ni la a 아무것도 모르다; 일자무식이다; [속담] 낫 놓고 기역 자도 모른다.
prendre la a per la b 실수하다, 혼동하다; 얼토당토않다.

a *prep.* **1** [목적지·귀착점] ...에, ...로, ...행. *vols diaris a París* 파리행 매일 항공편. **2** [위치·장소] ...에. *viure a Barcelona* 바르셀로나에 산다. **3** [방향] ...로, ...에. *anar al teatre* 극장에 가다. **4** [정도·근접] ...에. *a un quilòmetre del poble* 마을에서 1킬로 떨어진 곳에. **5** [시간] ...시에, ...까지. *dinar a les dues* 두 시에 점심을 먹다. **6** [비유] *reduir a la misèria* 비참한 지경에 이르다. **7** [방법] *a peu* 걸어서. **8** [가격] *va a vuit euros el tren* 기차 삯은 8유로 한다. **9** [간접목적격과 함께 쓰여] ...에게. *escriure a la mare* 어머니에게 편지를 쓰다. **10** [동사원형 앞에서 전치사 en 대신 쓰여] *pensa a fer les maletes* 짐을 챙기고자 한다. **11** [명사 앞에서 전치사 en 대신에 쓰여] *Ho trobaràs al primer calaix* 넌 그것을 첫 번째 상자에서 찾게 될 것이다.

àbac àbacs *m.* **1** 주판; (당구의) 점수판. **2** 제도판, 화판. **3** [건축] (기둥머리에 세우는) 정판(頂板).

abacà abacàs *m.* **1** [식물] 마닐라삼. **2** (밧줄의 원료) 마닐라삼의 섬유.

abacallanar-se *prnl.* [비유] 야위다, 바싹 마르다.

abacial abacials *adj.* **1** 수도원장의. **2** 수도원장직의.

abadal abadals *adj.* **1** 수도원장의. **2** 사원의, 수도원의. **3** (수도원장의) 관구·재산의.

abadanar *tr.* (가죽을) 무두질하다.

abadejo abadejos *m.* [어류] 대구.

abadessa abadesses *f.* 여수도원장.

abadia abadies *f.* **1** 수도원장의 직(지위·임기). **2** 수도원장의 관구. **3** 수도원, 성당. **4** [방언] 사제의 집.

abadiat abadiats *m.* =abadia.

abaixador abaixadora abaixadors abaixadores *m.f.* 잔털 깎는 직공.

abaixament abaixaments *m.* **1** 낮춤, 하락; (가격) 인하. **2** 감소, 축소. **3** [비유] (지위·등급 등의) 강등, 좌천.

abaixar *tr.* **1** 낮추다, 내리다. *abaixar els braços* 팔을 내리다. **2** (가격을) 인하시키다. **3** (높이·두께를) 줄이다, 감소시키다(disminuir). **4** [비유] (지위·등급을) 낮추다, 떨어뜨리다, 강등하다; 부끄럽게 하다. **-se 1** (고개·몸을) 숙이다, 쭈그리다, 낮추다(inclinar-se). **2** [비유] 겸손해지다. 마음을 낮추다 (humiliar-se).

abalançar *tr.* 고르게 하다, 균형을 잡다. **-se 1** (몸의) 균형을 잡다. **2** 돌진하다, (몸을) 내던지다(llançar-se). *La criatura s'ha abalançat als braços de la seva mare* 아이가 엄마 팔에 덥석 안겼다. **3** (위험을) 무릅쓰다.

abalisament abalisaments *m.* **1** [해사] (항구에) 표지·부표를 다는 일. **2** [항공] (활주로를) 표시등으로 가리키는 일.

abaltiment abaltiments *m.* **1** 선잠, 꾸벅꾸벅 졺. **2** 혼수상태. **3** [의학] (마취에 의한) 마비.

abaltir-se *prnl.* **1** 졸리다, 꾸벅꾸벅 졸다, 잠들려 하다(endormiscar-se). **2** 혼수상태에 빠지다(ensopir-se). **3** [의학] (마취로) 마비되다.

abanderament abanderaments *m.* [해사] (외국 선박의) 선적 등기, 선적 등록, 선적 증명.

abanderar *tr.* **1** 기를 달다. **2** [해사] (선박의) 선적 등록을 하다.

abandó abandons *m.* **1** 포기, 저버림. **2** 자포자기, 단념, 체념. **3** [종교] (신의 섭리에) 맡김. **4** 방종, 방자. **5** (처자의) 유기. **6** (권리 등의) 기권. **7** (보험의) 위부(委付).
a l'abandó 단념하듯이; 내팽개쳐져. *Ha*

deixat els fills a l'abandó 그는 자식들을 내팽개쳤다.

abandonament abandonaments *m.* = abandó.

abandonar *tr.* **1** (사람·장소·지위 등을) 떠나다, 버리다, 포기하다, 그만두다. *abandonar una empresa* 회사를 그만두다. **2** (계획·습관 등을) 단념하다, 체념하다, 자포자기하다. **3** 방치하다, 태만시하다, 등한히 하다. *No abandonis el jardí* 정원을 방치해 두지 마라. **4** [법률] (재산·권리 등을) 포기하다. **5** (처자를) 유기하다. *-se* [비유] (습관·죄악에) 빠져들다, 탐닉하다. *abandonar-se a la beguda* 술에 빠지다.

abandonat abandonada abandonats abandonades *adj.* **1** 버려진, 포기된, 방치된. **2** 의지할 데 없는, 보살핌을 받지 못하는, 고독한. **3** 더러운, 깔끔하지 못한.

abans *adv.* **1** [시간·장소] 앞서, 앞에, 전에는. **2** [abans ~ que... 구문으로 쓰여] ...보다는 ~을. *Abans morir que fer tal cosa* 그 일을 하느니 차라리 죽음을 택하다.
abans de [구] ...보다 먼저, ...하기에 앞서.
abans de gaire 조금 후에, 얼마 후에.
abans de tot, abans que res 우선, 먼저, 무엇보다 먼저.
abans que [절] ...하기 전에. *abans que comenci a ploure.* 비가 오기 시작하기 전에.
-adj. [형용사적으로 쓰임; 성수의 변화가 없으며 항상 명사를 후위 수식함] 앞선, 우선하는; 이전의. *el dia abans* 전날. *dues setmanes abans* 2주 전에.

abans-d'ahir *adv.* 엊그제.

abaratiment abaratiments *m.* **1** 가격인하, 물가의 하락. **2** 할인.

abaratir *tr.* **1** (물가·가격 등을) 인하하다. *abaratir la carn* 고기 가격을 내리다. **2** 할인하다, 에누리하다. *-se* (물가·가격 등이) 떨어지다.

abaritonat abaritonada abaritonats abaritonades *adj.* 바리톤 목소리를 가진.

abarrocar *tr.* 바로크 양식을 취하다, 화려하게 하다.

abassegament abassegaments *m.* =acaparament.

abassegar *tr.* =acaparar.

abast abasts[abastos] *m.* **1** (손이 미치는) 범위·거리. **2** (필수품·식료품의) 공급. **3** (발사체의) 사정·발사 거리.
a l'abast de [비유] ...이 미치는, 손이 닿는 거리에, 손쉽게 구할 수 있는. *estar a l'abast de. la mà* 손이 미치는 곳에 있다.
donar abast de, donar l'abast 제공하다, 보급하다, 공급하다, 필요를 채우다.

abastador abastadora abastadors abastadores *adj.* **1** (장소·위치에) 미치는, 도달할 수 있는, 접근하기 쉬운(assequible). **2** (목적을) 달성할 수 있는. **3** 획득할 수 있는, 손에 넣을 수 있는, 입수할 수 있는. **4** 이해가 되는.
-m.f. 공급자, 보급자(subministrador).

abastament abastaments *m.* 보급, 공급, 조달.

abastar *intr.* **1** (...에) 닿다, 미치다. **2** 족하다, 충분하다. *No abasta a comprendre quelcom* 뭔가를 이해하기에는 충분하지 않다. **2** 손이 닿다. *-tr.* **1** ...에 닿다, 따라잡다, **2** 손에 넣다, 입수하다. *abastar la fruita d'un arbre* 나무에서 열매를 따다. **3** 이해하다. **4** 공급하다(proveir). *abastar un exèrcit* 군대에 식량·물자를 공급하다.

abat abadessa abats abadesses *m.f.* **1** 수도원장. **2** (교구의) 주지 사제.

abatible abatibles *adj.* 쓰러뜨릴 수 있는, 꺾을 수 있는, 타도할 수 있는.

abatiment abatiments *m.* **1** 낙담, 풀이 죽음. **2** (건강·도덕 등이) 무너짐, 쇠약. **3** [해사][항공] 풍압각, 편류(偏流), 항차.

abatre *tr.* **1** 쓰러뜨리다, 넘어뜨리다 (ajeure). **2** (무력으로) 타도하다, 전복시키다(enderrocar). **3** [비유] (건강·도덕적으로) 넘어지게 하다, 쓰러지게 하다. *La febre l'abat* 열로 쓰러지다. *-'s* **1** 쓰러지다, 넘어지다. **2** 쇠약해지다, 기운이 빠지다; 풀이 죽다, 기가 꺾이다. *No t'abatis per tan poca cosa* 그

까짓 일로 기죽지 마라. **3** (새가) 잽싸게 하강하다. *L'àguila s'abaté sobre l'ovella* 독수리가 양을 향해 급하강했다. **4** 파산하다, 망하다.
abatut *abatuda abatuts abatudes adj.* **1** 쓰러진, 넘어진. **2** 타도된, 전복된. **3** (건강·도덕·인기 등이) 무너진. **4** 맥이 빠진, 기력이 없는, 풀이 죽은. **5** 파산한, 망한.
abdicació *abdicacions f.* **1** (주의·주장 등의) 포기. **2** (왕좌의) 퇴위, 양위.
abdicar *tr.* **1** (주의·주장 등을) 포기하다. **2** (권력·권리·소유권을) 포기하다. *abdicar els seus drets* 그의 권리를 포기하다. **3** (왕좌에서) 퇴위하다, 양위하다.
abdicatiu *abdicativa abdicatius abdicatives adj.* **1** 포기하는. **2** 퇴위의, 양위의.
abdomen *abdòmens m.* 배, 복부.
abdominal *abdominals adj.* 배의, 복부의.
abducció *abduccions f.* **1** (부녀의) 유괴. **2** (투표 등의) 탈취. **3** [생리] 외전(外轉).
abductor *abductora abductors abductores adj.* **1** 유괴하는, 탈취하는. **2** [해부] (근육이) 외전인.
-m. **1** 유괴자. **2** [해부] 외전근(外轉筋).
abduir *tr.* **1** (부녀 등을) 유괴하다, 탈취하다. **2** [의학] 외전시키다.
abecedari *abecedària abecedaris abecedàries adj.* 자모의, 알파벳의.
-m. **1** 자모, 알파벳; 자모표. **2** 원리, 원칙, 기본.
abegot *abegots m.* =abellot.
abell *abells m.* 벌집; 코르크 껍질.
abella *abelles f.* 벌, 꿀벌.
  abella mascle (꿀벌의) 수벌.
  abella obrera 일벌.
  abella reina 여왕벌.
abellaire *abellaires m.f.* [남녀동형] 양봉가.
abellar *abellars m.* (꿀벌의) 벌집 통.
abeller *abellera abellers abelleres adj.* 벌의, 꿀벌의.
-m. **1** =abellam. **2** 벌 떼; 떼, 다수.

abellerol *abellerols m.* 벌잡이 새.
abellidor *abellidora abellidors abellidores adj.* 탐이 나는, 하고 싶은, 먹고 싶은, 유혹하는, 꼬드기는. *convèncer algú amb paraules abellidores* 꼬드기는 말로 설득하다.
abelliment *abelliments m.* **1** 꼬드김, 유혹(incitació). **2** 강한 욕망.
abellir *intr.* 탐이 나다, 유혹을 받다, (...을) 하고 싶다. *-se* 호의를 보이다.
abellot *abellots m.* **1** (꿀벌의) 수벌. **2** 땅벌, 호박벌.
aberració *aberracions f.* **1** 착오, 착각. **2** 정도에서 벗어남, 일탈, 탈선, 이상한 행동. **3** [의학] 정신이상, 정신착란. **4** (렌즈의) 수차(收差). **5** [천체] 광행차(光行差).
  aberració cromàtica 색수차.
  aberració cromosòmica (염색체의) 변체, 변상.
aberrant *aberrants adj.* 정도에서 벗어난, 비정상적인.
aberrugat *aberrugada aberrugats aberrugades adj.* 사마귀투성의.
abestiat *abestiada abestiats abestiades adj.* 야수 같은, 짐승 같은.
abeurada *abeurades f.* (가축 등에) 물을 먹임.
abeurador *abeuradora abeuradors abeuradores m.f.* 물을 주는 사람.
-m. (가축이) 물 마시는 곳.
abeurar *tr.* **1** (가축 등에) 물을 먹이다. **2** 적시다, 축이다.
abeuratge *abeuratges m.* **1** 물 먹이는 일. **2** (목을) 축이는 일.
abillament *abillaments m.* **1** 장식, 치장(ornaments). **2** 준비, 채비(preparació).
abillar *tr.* **1** 준비하다(preparar). **2** 치장하다, 꾸미다, 장식하다. **3** (짐을) 싣다, 챙기다.
  abillar-la 돈이 있다, 부유하다. *Es nota que l'abilla!* 돈이 있어 보인다, 돈이 있는 것 같다.
abintestat *adv.* 유언도 없이. *morir abintestat* 유언도 없이 죽다.
abiogènesi *abiogènesis f.* 자연 발생(설).
abiosi *abiosis f.* 무기력한 상태, 생활력

결핍.
abiòtic abiòtica abiòtics abiòtiques *adj.* [생물] 생명이 없는, 무생물의, 비생물적인.
abís abissos *m.* =abisme.
abismal abismals *adj.* **1** 심연의, 나락의, 끝없이 깊은(abismós). **2** (밤이) 깊은; 지독한.
abismar *tr.* **1** (깊은 심연에) 가라앉히다. **2** 파괴시키다, 전멸시키다. **-se** [비유] 깊이 몰두하다, 집중하다.
abisme abismes *m.* **1** 심연, 끝없이 깊은 구렁, 나락. **2** [해양] 심해. **3** 지옥.
abissal abissals *adj.* **1** 심해의, 심해저의. **2** 깊은, 헤아릴 수 없는.
abjecció abjeccions *f.* **1** 비천함, 천박스러움. **2** 굴욕, 치욕.
abjecte abjecta abjectes abjectes *adj.* 비천한, 천박스러운.
abjuració abjuracions *f.* **1** 서약을 어김. **2** (주의·신앙·나라 등의) 포기.
abjurar *tr.intr.* (주의·신앙 등을) 포기하다, 버리다. *abjurar l'heretgia* 이단을 포기하다. *Van abjurar de la fe* 그들은 신앙을 포기했다.
ablació ablacions *f.* **1** 제거, 절제(切除); 근절, 절단. *l'ablació d'un tumor* 종양의 제거. **2** [의학] 박리(剝離).
ablactació ablactacions *f.* 이유(離乳), 젖떼기.
ablanidor ablanidora ablanidors ablanidores *adj.* 연하게 하는, 부드럽게 하는; 완화시키는, 무마하는.
ablaniment ablaniments *m.* **1** 완화, 연화. **2** 달램, 진정시킴. **3** (날씨 등의) 누그러짐.
ablanir *tr.* **1** 연하게 하다, 부드럽게 하다(estovar). **2** [비유] 달래다, 누그러뜨리다, 진정시키다(mitigar). **-se 1** 부드러워지다(estovar-se). **2** 누그러지다. 진정되다. **3** (날씨가) 풀리다.
ablatiu ablatius *m.* [문법] 탈격.
ablució ablucions *f.* **1** 목욕, 목욕재계. **2** (가톨릭 미사 시) (성찬식 전후에 손과 성물(聖物)을 씻는) 세정식(洗淨式); (또는 그것에 쓰이는) 포도주나 물.
abnegació abnegacions *f.* 헌신, 희생; 자기부인.

abnegadament *adv.* 헌신적으로, 희생적으로.
abnegat abnegada abnegats abnegades *adj.* 헌신적인, 희생적인.
abocador abocadors *m.* **1** 물을 따르는 도구, 깔때기. **2** 배수구, 하수구, 개수통, 쓰레기통.
abocament abocaments *m.* **1** (액체의) 주입. **2** 배수, 쓰레기 수거. **3** 술 시중드는 일.
abocar *tr.* **1** 쏟다, 붓다(buidar). **2** (액체를) 주입하다. **3** 술 시중들다. **4** [비유] (돈·물자 등을) 쏟아 붓다, 투자하다. *abocar tot el capital en una empresa* 기업에 모든 자산을 투자하다. **5** [비유] (감정 등을) 폭발시키다, 쏟아내다. **-se 1** (사람들이) 쏟아져 나오다. **2** (창에서) 상체를 내밀다. *És perillós d'abocar-se* 상체를 내미는 건 위험한 일이다. **3** [비유] 전념하다, 몰두하다; 종사하다. *S'aboca a l'estudi de la música* 그는 음악 공부에 전념한다.
abocat abocada abocats abocades *adj.* (포도주가) 감칠맛이 있는, 순한.
abolició abolicions *f.* 폐지, 철폐.
abolicionisme abolicionismes *m.* **1** (법 등의) 폐지론, 철폐론. **2** (특히) 노예(제도) 폐지론.
abolicionista abolicionistes *adj.m.f.* [남녀동형] 폐지론자(의).
abolir *tr.* (특히 관습·법 등을) 폐지하다, 철폐하다(anul·lar). *anul·lar l'esclavitud* 노예를 폐지하다.
abominable abominables *adj.* **1** 혐오스러운, 얄미운, 증오스러운. **2** 아주 고약한, 역겨운.
abominablement *adv.* 밉살스럽게, 혐오스럽게; 아주 서툴게.
abominació abominacions *f.* **1** 혐오, 증오. **2** 혐오하는 것, 끔찍한 행위.
abominar *tr.* **1** 혐오하다, 몹시 싫어하다. *abominar la violència* 폭력을 혐오하다. **2** 지겨워하다, 질색하다.
abonable abonables *adj.* **1** 신용할 만한. **2** 지불·입금 가능한, 불입(拂入)을 마칠 수 있는.
abonador abonadora abonadors abona-

dores *adj.* =abonable.
-*m.f.* 불입 보증인.
abonament abonaments *m.* **1** 신청, 예약. **2** 예약금 지불. 선금 불입(pagament). **3** 구독료, 불입금, 납입금. **4** 정기 승차권.
abonament per a l'autobús 버스 정기 승차권.
abonament per al tren 기차 정기 승차권.
abonançar *intr.* (날씨가) 잠잠해지다, (바람이) 자다.
abonar *tr.* **1** (할부금을) 불입하다, 납입하다, 입금하다. **2** (예약금을) 지불하다(pagar). **3** 보증하다, 신용하다. *Els fets abonen la teva suposició* 그 사실들이 너의 가정을 증명해 준다. **-se** 가입하다, 예약하다; 예매표를 사다, 구독 신청을 하다. *abonar-se al teatre* 극장표를 예매하다.
abonaré abonarés *m.* **1** 약속 어음. **2** 예금 증서.
abonat abonada abonats abonades *m.f.* 신청인, 가입자, 예약자; 구독자; 납입자.
abonir *tr.* 좋게 하다, 개선하다, 개량하다, **-se** 좋아지다, 나아지다, 개량되다.
abonyec abonyecs *m.* =abonyegament.
abonyegadura abonyegadures *f.* =abonyegament.
abonyegament abonyegaments *m.* **1** 홈, 파임. **2** (금속의) 부조 세공. **3** (머리의) 혹.
abonyegar *tr.* 파이게 하다, 홈을 파다. **-se** 파이다, 들어가다.
abordable abordables *adj.* **1** (가격이) 적절한, 합리적인. **2** 다룰 수 있는. **3** (장소가) 접근하기 쉬운. **4** (사람이) 친숙한, 친숙해지기 쉬운.
abordament abordaments *m.* **1** (배의) 접안. **2** 승선, 탑승. **3** 충격, 부딪힘; (적선을 향한) 공격.
abordar *tr.* **1** (배를 부딪쳐서) 접안시키다. **2** 승선하다, 탑승하다. **3** (사람에게) 접근하다, 다가가서 말을 건네다. **4** [비유] (사람·일·문제 등을) 다루다. *Algun dia caldrà abordar la qüestió dels diners* 언젠가 돈 문제를 다루게 될 것이다. **5** (감정을) 돋우다, 꼬드기다, 부추기다, 교사하다. **6** (일을) 착수하다, 기도하다, 꾀하다(emprendre).
-*intr.* **1** (배가) 접안하다. *Abordarem a les sis* 우리는 6시에 접안할 것이다. **2** (머리에) 들어오다. **-se** 접안하다. *Les dues naus s'abordaren* 두 배가 접안할 것이로다.
abordatge abordatges *m.* =abordament.
aborigen aborígens *adj.* 토착의.
-*m.f.* 토착민, 원주민.
aborrallonar-se *prnl.* (하늘이) 양털 구름으로 덮이다, 약간 흐려지다.
abortiu abortiva abortius abortives *adj.* 유산의, 조산의, 낙태의.
-*m.* 낙태용 약제.
abraçada abraçades *f.* 포옹.
abraçador abraçadora abraçadors abraçadores *adj.* 포옹하는, 껴안는, 품는, 포함시키는.
-*f.* **1** (쇠로 만든) 죄는 것, 묶는 줄, 멜빵. **2** 쇠테, 쇠 바퀴.
abraçar *tr.* **1** 포옹하다, 안다. **2** 품다, 받아들이다, 용인하다, 수용하다. *abraçar una ideologia, una creença* (이념·신앙 등을) 받아들이다. **3** (방패에) 팔을 고정시키다. **-se** 포옹하다, 껴안다.
abrandament abrandaments *m.* **1** 연소, 점화, 발화. **2** 염증, 부어오름. **3** [비유] 자극, 흥분, 격노.
abrandar *tr.* **1** 불을 붙이다, 불태우다. **2** (염증을) 일으키다. **3** [비유] (감정이) 불타오르게 하다, 자극하다, 흥분시키다. *Les seves paraules van abrandar l'assemblea* 그의 말이 회중들의 감정을 자극했다.
abraonada abraonades *f.* **1** 습격, 공격. **2** (일·책임 등의) 인수, 떠맡음.
abraonament abraonaments *m.* =abraonada.
abraonar *tr.* 꽉 껴안다, 잡다. **-se 1** 서로 붙잡고 싸우다. **2** 덤벼들다, 돌진하다.
abrasador abrasadora abrasadors abrasadores *adj.* **1** 불에 굽는, 불에 태우는. **2** 바싹 타는 듯한, 흥분시키는, 애가 타는.
abrasament abrasaments *m.* **1** 불에 탐,

abrasar 연소. **2** 흥분, 애가 탐.
abrasar tr. **1** 불에 태우다, 불에 굽다. **2** [비유] 흥분하게 만들다, 애간장을 녹이다. *l'amor que l'abrasa* 불타오르는 사랑. **-se** (감정이) 불타오르다, 흥분하다. *abrasar-se d'ira* 분노로 불타오르다.
abrasió abrasions f. **1** (피부의) 벗겨짐. **2** 찰과상. **3** (기계·바위 등의) 마모, 마멸, 마손. **4** (바닷물의) 침식 (작용).
abrasiu abrasiva abrasius abrasives adj. **1** 연마하는, 마모하는, 문질러 닦는. *materials abrasius* 연마제, 연마재. **2** 닳는, 닳아 없어지는. *-m.* 연마제, (그라인더·샌드페이퍼 등의) 연마 용구.
abreujadament adv. 간추려서, 요약해서, 약자를 써서.
abreujador abreujadora abreujadors abreujadores adj. 요약하는, 간략하게 하는.
abreujament abreujaments m. 요약, 생략; 단축, 약자.
abreujar tr. **1** 요약하다, 간추리다, 생략하다. **2** (시간·길이·폭 등을) 줄이다, 단축하다. *abreujar el camí* 길을 단축하다.
abreujat abreujada abreujats abreujades adj. 요약한, 간추린, 생략한, 줄인, 단축한.
abreviació abreviacions f. =abreujament.
abreviador abreviadora abreviadors abreviadores adj. abreviar하는. *-m.* 교황청 서기관.
abreviar tr. =abreujar.
abreviatura abreviatures f. **1** 약어, 요약. **2** 교황청 서기국.
abric abrics m. **1** 외투, 오버코트. **2** [비유] 보호; 방호, 은신처, 대피소. *Quan vivia a casa, els pares eren el seu abric* 집에서 살고 있을 때에는 부모가 그의 보호막이 되었었다.
　a l'abric 보호 하에; 보호소에, 은신처에. *posar el bestiar a l'abric* 동물을 보호소에 두다.
　a l'abric de 보호하여, 숨겨서.
abrigall abrigalls m. **1** 외투. *un abrigall de pell* 가죽 외투. **2** 망토, 담요. **3** 대피소, 은신처.
abrigallar tr. =abrigar.
abrigament abrigaments m. (옷을) 입힘, 껴입음, 잘 감쌈.
abrigar tr. **1** (추위로부터) 보호하다, (옷을) 따뜻하게 입다, 외투를 입다. **2** 덮다, 감싸다(cobrir); 두둔하다, 비호하다. **3** (식물에) 서리 방지를 하다(resguardar). **-se** 껴입다, 옷을 두툼하게 입다. *abrigar-se del[contra el] fred* 추워서 옷을 두툼하게 입다.
abrigat abrigada abrigats abrigades adj. 외투를 입은, 따뜻하게 입은, 포근하게 몸을 감싼, 보호된.
abril abrils m. **1** 4월. **2** [시어] 봄, 청춘. **3** pl. 소년기, 소녀기. *una noia de quinze abrils* 15살 소녀.
　Fins a setanta d'abril no et llevis un fil[Pel mes d'abril no et llevis un fil] [속담] 4월 70일까지 옷을 얇게 입지 말라[늦추위에 대비하라는 뜻].
abrilada abrilades f. 찬란한 4월, 화창한 4월; 4월에 하는 행사.
abrilejar intr. 봄이 시작되다, 전형적인 4월이 되다; (나뭇잎이) 피기 시작하다.
abrilenc abrilenca abrilencs abrilenques adj. 4월의, 4월다운.
abrillantador abrillantadora abrillantadors abrillantadores adj. 광내는, 보석을 연마하는.
　-m.f. 보석 연마사.
　-f. (보석을 연마하는) 기계.
abrillantament abrillantaments m. 광내기, 윤내기, 보석 연마.
abrillantar tr. 닦다, 광내다, (보석을) 연마하다.
abriülls m.pl. [식물] 엉경퀴.
abrivada abrivades f. **1** 습격, 공격, 강습. **2** 늠름함, 의기, 활기, 원기.
abrivadament adv. 대담하게, 용기 있게, 늠름하게.
abrivament abrivaments m. **1** 대담, 용기(intrepidesa). **2** 공격성, 습격성(impetuositat). **3** 격렬함, 과격함.
abrivar tr. **1** 덮치다, 습격하다, 달려들다. **2** [비유] 자극하다, 흥분시키다

abrivat — absorbent

(enardir). *abrivar el coratge d'algú* (누구의) 용기를 자극시키다. **-se** (몸을) 던지다, 달려들다, 습격하다.

abrivat abrivada abrivats abrivades *adj.* (몸을) 내던진, 대담한, 용기 있는; 격렬한, 맹렬한. *pujar abrivat* 격렬하게 밀어붙이다.

abrogable abrogables *adj.* 폐기 가능한, 파기할 수 있는.

abrogació abrogacions *f.* (법령 등의) 폐지, 철폐, 파기.

abrogar *tr.* (법령 등을) 폐지하다, 철폐하다, 무효로 하다, 파기하다. *abrogar un reglament* 하나의 법령을 폐지하다.

abrupte abrupta abruptes abruptes *adj.* **1** 깎아지른 듯한, 험준한, 가파른. *una muntanya abrupta* 험준한 산. **2** 격한, 갑작스러운, 성급한, 당돌한. **3** [비유] 급반전을 일으키는, 갑작스러운 변화를 가져오는.

abrusament abrusaments *m.* **1** 연소, 소화(燒火). **2** 무안, 창피.

abrusar *tr.* **1** (불에) 태우다, 굽다, 바싹 굽다. *abrusar uns matolls* 덤불을 바싹 태우다. **2** 무안을 주다, 창피를 주다. **3** (나무들을) 태우다. **-se** (불에) 타다. 바싹 구워지다, (나무들이) 다 타 버리다. *abrusar-se de calor* 더위에 바싹 타 버리다.

abrusat abrusada abrusats abrusades *adj.* 다 타 버린, 새까맣게 그을린, (피부가) 볕에 탄.

abscés abscessos *m.* **1** [의학] 종양, 종기. **2** [식물] (나무의) 혹.

abscissa abscisses *f.* [수학] 횡선, 가로줄, 횡좌표.

absència absències *f.* **1** 결석, 자리를 비움. **2** 부재 (시), 유고 (시). *l'absència de l'alcalde* 시장의 유고. **3** 결여, 결핍.

absent absents *adj.* **1** (어떤 장소에) 없는, 결석한, 결근한, 불참한. **2** (무엇이) 빠져있는, 결핍된. **3** [비유] 방심한, 멍해 있는(discret). *amb la mirada absent* 멍하니, 넋 나간 듯이.

absenta absentes *f.* 압생트[프랑스산의 독한 술].

absentar *tr.* **1** (자리를) 비우다. **2** (장소를) 멀리하다. 격리시키다, 분리하다 (allunyar). **-se 1** (자리를) 비우다. *S'absentà sense permís* 허가 없이 자리를 비운다. **2** (어느 장소에서) 멀리 떨어지다, 격리되다.

absentisme absentismes *m.* **1** 부재지주 제도. **2** (노동쟁의 전술의 하나로) 계획적 결근.

absentista absentistes *adj.* 부재지주 제도의.
-m.f. [남녀동형] **1** 부재지주. **2** (쟁의에 의한) 결근자.

absidal absidals *adj.* absis의.

absis absis *m.* **1** (교회당의 동쪽 끝에 쑥 내민) 반원형·다각형 부분, 후진(後陣). **2** [천문] 원일점, 근일점.

absoldre *tr.* **1** (형벌·의무·빚 등을) 면하다, 면제하다, 용서하다. **2** 사면하다, 석방하다. *absoldre un reu* 죄수를 석방하다.

absolta absoltes *f.* (가톨릭의) (죽은 자에 대한) 명복의 기도. *dir les absoltes* 명복의 기도를 드리다.

absolució absolucions *f.* 면죄, 면제, 사면, 석방.

absolut absoluta absoluts absolutes *adj.* **1** 절대의, 절대적인. *veritat absoluta* 절대적인 진리. **2** 전제의, 전횡의. *govern absolut* 전제 정권, 독재 정권. **3** 무조건적인.
en absolut i) =absolutament; ii) [부정어와 함께 쓰여] 전혀, 절대로. *No ho faré en absolut* 그것을 절대로 하지 않겠다.

absolutament *adv.* 절대적으로, 무조건으로, 완전히.

absolutisme absolutismes *m.* 전제주의, 전제정치.

absolutista absolutistes *adj.* 전제주의의.
-m.f. [남녀동형] 전제주의자.

absolutori absolutòria absolutoris absolutòries *adj.* 죄가 없는, 석방의, 방면의, 면제받은.

absorbència absorbències *f.* 흡수(성).

absorbent absorbents *adj.* 흡수하는, 흡수성의.
-m. 흡수제, 탈지면.

absorbible absorbibles adj. 흡수될 수 있는, 흡수가 잘되는, 섭취가 잘되는, 잘 녹는.
absorbiment absorbiments m. =absorció.
absorbir tr. 1 흡수하다, 섭취하다, 빨다, 들이마시다. 2 [비유] (시간·주의 등을) 빼앗다, 사로잡다, 포착하다(consumir). 3 [비유] (사람·마음을) 열중케 하다, 몰두케 하다(emparar-se). *La feina l'absorbeix* 그는 일에 푹 빠져 있다.
absorció absorcions f. 1 흡수 (작용), 섭취. 2 전심, 열중, 몰두.
absort absorta absorts absortes adj. 1 흡수된. 2 열중한, 여념 없는, 마음을 빼앗긴; 멍한, 정신 나간.
abstemi abstèmia abstemis abstèmies adj. 금주(禁酒)의.
-m.f. 금주가.
abstenció abstencions f. 1 절제, 금욕, 금주, 절식. 2 삼가는 일, 자중, 신중. 3 (투표 등의) 기권.
abstencionisme abstencionismes m. [정치] 불개입주의, 불투표주의.
abstencionista abstencionistes adj. 불개입의, 불투표의.
-m.f. 불개입주의자, 불투표주의자.
abstenir-se prnl. 1 절제하다, 금욕하다, 절식하다. 2 삼가다, 자중하다. 3 기권하다, 포기하다. *abstenir-se de votar* 투표를 기권하다.
abstergir tr. [의학] (상처 등을) 깨끗이 씻다.
síndrome d'abstinència [의학] (갑작스러운 금욕·절제 이후에 나타나는) 정신적 불안증상.
abstersió abstersions f. 세척, 세정.
abstersiu abstersiva abstersius abstersives adj. 세척의, 세정의.
abstinència abstinències f. 1 절제, 금욕. 2 절식, 금식, 금주.
abstinent abstinents adj. 절제하는, 금욕(주의)의, 금기시하는, 자중하는.
-m.f. [남녀동형] 금욕주의자, 절제자.
abstracció abstraccions f. 1 추상, 추상작용, 추상적 개념. 2 전심, 몰두.
abstractament adv. 추상적으로, 관념적으로.
abstracte abstracta abstractes abstractes adj. 1 추상의, 추상적인. *art abstracte* 추상 미술. 2 관념적인, 형이상학적인. *idees abstractes* 형이상학적 사고. 3 고매한, 난해한.
en abstracte 추상적으로, 관념적으로.
abstraure tr. =abstreure.
abstret abstrets abstreta abstretes adj. 1 전념·몰두·열중하고 있는. 2 넋이 나간, 정신 나간, 방심한, 멍한.
abstretament adv. 전념하여, 넋을 잃고, 방심하여.
abstreure tr. 1 (개념 등을) 추상화하다. 2 (주의·마음을) 빼앗다. -'s 전념하다, 몰두하다, 넋을 잃고 있다, 푹 빠지다. *Em vaig abstreure en la meditació d'aquest punt* 나는 이 점을 깊이 생각하는 데 전념했다.
abstrús abstrusa abstrusos abstruses adj. 난해한, 이해하기 어려운; 심오한, 심원한.
abstrusitat abstrusitat f. 난해함, 심오함, 심원함.
absurd absurda absurds absurdes adj. 1 불합리한, 이치에 맞지 않는, 상식·논리에 벗어난, 얼토당토않은. 2 바보스러운, 어리석은.
-m. 1 불합리, 부조리. 2 어리석은 일, 바보 같은 짓.
absurditat absurditats f. =absurd.
abúlia abúlies f. 무기력, 의욕 상실, 기력 상실, 무의지증(無意志症).
abúlic abúlica abúlics abúliques adj. 의욕 상실의, 기력 상실의.
abundància abundàncies f. 1 다수, 다량, 풍족, 가득함. 2 부유, 유복(riquesa).
en abundància 풍부히, 넘치게.
viure[nedar] en l'abundància [구어] 풍족하게 살다, 여유 있게 살다.
abundant abundants adj. 1 많은, 푸짐한, 풍부한, 풍족한. 2 부유한, 유복한.
abundantment adv. 많이, 풍족하게; 유복하게.
abundar intr. 1 넘쳐나다, 많이 있다. *Al riu abunden els peixos* 강에는 물고기들이 넘쳐 난다. 2 [en, de와 함께 쓰여] 가득하다, 풍부하다. *El riu abunda de [en] peixos* 강은 물고기들로 가

득하다.

abundor abundors *f.* =abundància.

abundós abundosa abundosos abundoses *adj.* 많은, 넘쳐나는; 풍부한, 풍족한, 푸짐한.

aburgesament aburgesaments *m.* **1** 부르주아적인 생활, 범속한 물질주의적인 생활. **2** 부르주아 근성.

aburgesar-se *prnl.* 부르주아가 되다, 부르주아처럼 살다. *La classe mitjana s'ha aburgesat* 중산층이 부르주아가 되었다. -*tr.* (돈이) 타협주의자로 만들다.

aburgesat aburgesada aburgesats aburgesades *adj.* 부르주아처럼 사는; 매우 부유한.

abús abusos *m.* 남용, 악용, 월권. *abús de confiança* 배신, 독직.

abusador abusadora abusadors abusadores *adj.* 남의 약점을 노리는, 악용하는, 권력을 남용하는, 월권행위의. -*m.f.* 직권남용자, 월권행위자.

abusar *intr.* **1** 남용하다, 악용하다, 월권하다. *abusar de la llibertat* 자유를 남용하다. **2** (여자를) 폭행하다, 함부로 대하다, *abusar d'una dona* 성폭행하다.

abusiu abusiva abusius abusives *adj.* **1** 부당한, 함부로 하는, 학대하는. **2** (가격·관심 등이) 지나친, 도가 넘치는, 심한.

abusivament *adv.* 부당하게, 함부로; 지나치게, 도가 넘치게.

acabable acabables *adj.* 끝·종말이 있는, 끝낼 수 있는.

acabalar *tr.* **1** (돈을) 모으다, 축재하다. **2** 부유하게 하다, 풍부하게 하다.

acabalat acabalada acabalats acabalades *adj.* 부유한, 부를 쌓은, 넉넉한.

acaball acaballs *m.* =acabament.
  tenir mal acaball 안 좋게 끝나다, 끝이 나쁘다.

acaballes *f.pl.* **1** (축제·공연 등의) 끝, 종말, 종결. **2** (인생·질병 등의) 마지막 시기, 말년, 후기.
  a les acaballes 마지막 시점·즈음에, 말기에.
  ésser a les acaballes 마지막 단계다,

만년이다, 말기이다.

acabament acabaments *m.* **1** 완성, 완료(enllestiment). **2** 끝, 종말(fi). **3** 마무리, 끝손질. **4** 죽음, 사멸.

acabar *tr.* **1** 끝내다, 마치다(enllestir). *acabar els estudis* 학업을 마치다. **2** 완성하다, 완료하다, 마무리 짓다, 완수하다(perfer). *Avui l'acabaré* 오늘 그것을 마무리하겠다. **3** 죽이다. **4** 소모하다, 다 써버리다(exhaurir). *He acabat la paciència* 내 인내심이 다 바닥났다. -*intr.* 끝나다, 마무리되다. -*se* **1** 죽다(morir-se). **2** 남김없이 먹다, 다 마시다. **3** [비유] (일이) 다 끝나다; 끝장나다.

  acabar bé (일이) 잘 끝나다.
  acabar de i) 이제 막 ...하려 하다, 시간이 얼마 안 남다. *Encara no hi som, però ja hi acabem d'arribar* 아직은 아니지만 우린 곧 도착한다; ii) 이제 막 끝내다. *Ara mateix acabo de parlar amb la teva dona* 방금 네 부인과 얘기를 마쳤다.
  acabar malament 좋지 않게 끝나다.
  acabar-ne 이익·수익을 내다.
  no poder-se[*no saber-se*] *acabar una cosa* 어떠한 일을 믿을 수 없다.

acabat^1 acabats *m.* 마무리, 끝손질.

acabat^2 *adv.* 즉시 후에, 뒤에, 나중에.
  acabat de[*en acabat de*] [구] ...한 후에. *En acabat, què farem?* 그러고 나선 우리 무엇을 할까?
  acabat que[*en acabat que*] [절] ...한 후에, ...한 바로 후에.

acabat^3 acabada acabats acabades *adj.* **1** 완성된, 끝이 난(enllestit). **2** 마무리된, 끝손질을 한(rematat). **3** [비유] 완전한, 완벽한, 나무랄 데 없는(perfecte). *És un lladre acabat* 그는 완벽한 도둑이다. **4** (인생·명성이) 끝난(malparat). *Pobre!, està acabat* 불쌍한 사람 같으니라고! 그의 인생은 이제 다 끝났다.

acabdillament acabdillaments *m.* 지휘, 명령.

acabdillar *tr.* **1** 지휘하다, 명령하다, 마음대로 조정하다. **2** 총수·총통·우두머리가 되다.

acaçament acaçaments *m.* 1 추구, 추격. 2 괴롭힘, 집요하게 매달림.

acaçar *tr.* 1 추구하다, 추격하다. *acaçar l'enemic* 적을 추격하다. 2 괴롭히다, 끈질기게 조르다, 귀찮게 매달리다.

acàcia acàcies *f.* [식물] 아카시아.

acadèmia acadèmies *f.* 1 아카데미, 학회, 학술원, 한림원, 예술원, 학원. 2 고등 교육 기관; (그러한 목적의) 건물. 3 [집합] 아카데미 구성원·직원.

acadèmic acadèmica acadèmics acadèmiques *adj.* 1 acadèmia의. 2 고등 학문의. 3 고풍의, 학구적인, 전통적인, 학자티를 내는.
-m.f. acadèmia의 회원.

acadèmicament *adv.* 학구적으로, 아카데믹하게; 인습적으로.

academicisme academicismes *m.* 1 전통주의, 형식주의. 2 학술원풍, 관학풍, 아카데미풍.

academicista academicistes *adj.* 1 전통주의의, 형식주의의. 2 학술원풍의.
-m.f. [남녀동형] =acadèmic.

academisme academismes *m.* =academicisme.

acadenat acadenada acadenats acadenades *adj.* 1 꽁꽁 묶인, 쇠사슬에 묶인, 가두어 놓은. 2 연결된, 연계된.

acalar *tr.* 낮추다(abaixar); 숙이다, 웅크리다. *-se* 숙이다, 기울이다(ajupir-se).

acalorada acalorades *f.* 1 연소, 가열. 2 격렬함, 흥분. 3 열중. 4 볕에 쬠; 일조 시간. 5 [의학] 일사병.

acaloradament *adv.* 격렬하게, 열렬히; 흥분하여, 격앙되어; 열중하여.

acalorament acaloraments *m.* =acalorada.

acalorar *tr.* 1 열을 가하다, 불태우다. 2 [비유] 고조시키다, 부추기다(incitar). *-se* 1 열을 내다, 달아오르다(sufocarse). 2 흥분하다, 격앙하다(enardir-se). 3 열중하다.

acalorat acalorada acalorats acalorades *adj.* 1 가열한, 뜨거워진. 2 열렬한, 격렬한, 격앙된, 흥분된.

acampada acampades *f.* 캠핑, 야영.

acampador acampadora acampadors acampadores *m.f.* 야영·캠핑하는 사람, 야영객.

acampament acampaments *m.* 야영, 캠핑 (설치); 진지 구축.

acampanat acampanada acampanats acampanades *adj.* 종 모양의.

acampar *tr.* 1 캠프를 설치하다. 2 (위기에서) 구조하다. *acampar les vides* 생명을 구조하다. *-intr.* 1 야영하다, 캠핑하다. 2 (위험에서) 벗어나다, 탈출하다(escapar-se). *No podran acampar de la mort.* 죽음으로부터 벗어날 수가 없을 것이다. *-se* (위기·위험에서) 벗어나다.

acanada acanades *f.* [구어] 검의 일격, 칼로 베인 곳·상처.

acanalar *tr.* 1 도랑을 파다, 홈을 내다, 운하를 내다. 2 운하·해협을 통과하게 하다.

acanalat acanalada acanalats acanalades *adj.* 1 도랑이 있는, 운하·해협을 가진. 2 도랑 모양의, 운하 모양의. 3 (바람 등이) 운하·해협을 통과하는. *un vent acanalat* 해협으로 통하는 바람.

acanar *tr.* 1 (길이를) 재다. 2 (자로 재어) 팔다. 3 (비싼 가격을) 부당하게 받다.

acanonar *tr.* 1 (무엇을) 파이프 속에 끼워 넣다. 2 (수도관을 통해) 물을 끌다. 3 (습지에) 배수 설비를 하다.

acant acants *m.* 1 [식물] 아칸서스. 2 [건축] (코린트식 원주두(圓柱頭) 등의) 아칸서스무늬.

acantaci acantàcia acantacis acantàcies *adj.* 아칸서스과의.
-f.pl. [식물] 아칸서스과 식물.

acantocèfals *m.pl.* [곤충] 원충류(圓蟲類).

acantonament acantonaments *m.* [군사] 숙영(지), 부대의 배치·분영.

acantonar *tr.* (군대가) 숙영하다; (부대를) 배치하다, 분영하다.

acantopterigis *m.pl.* [어류] 가시지느러미류[다랑어·새치·다래 등의 물고기].

acanyament acanyaments *m.* (몸이) 여윔, 쇠약.

acanyar *tr.* 마르게 하다, 수척하게 만들다, 기운을 빼다. *-se* 여위다, 수척해지다.

acaparació acaparacions *f.* 독점, 매점, 전매, 독과점.
acaparador acaparadora acaparadors acaparadores *adj.* 독점·매점·전매하는. -*m.f.* 독점자, 매점자, 전매자.
acaparament acaparaments *m.* =acaparació.
acaparar *tr.* **1** 독점하다, 매점하다, 전매하다. **2** [비유] (시선·관심 등을) 사로잡다. *acaparar l'atenció del públic* 대중의 관심을 사로잡다.
acaptador acaptadora acaptadors acaptadores *m.f.* **1** (자선금·의연금 등의) 모금원. **2** 세금 징수원.
acaptar *tr.* **1** (돈을) 모으다, 모금하다. *acaptar per a les víctimes de la guerra* 전쟁의 희생자들을 위해 모금하다. **2** (세금을) 징수하다.
acapte acaptes *m.* **1** (의연금·구제금) 모금. **2** 세금 징수.
àcar àcars *m.* [곤충] 진드기.
acaramel·lar *tr.* 캐러멜로 만들다.
acarament acaraments *m.* **1** 대질, 대면, 면담. **2** 대조, 비교. *l'acarament de la còpia amb l'original* 복사본과 원문과의 대조.
acaramullar *tr.* **1** 모으다, 축적하다, 쌓아올리다(amuntegar, acumular). **2** 가득 채우다(curullar).
acarar *tr.* **1** (얼굴을) 마주 대하다, 대질시키다. **2** 대조하다, 비교하다.
acariciador acariciadora acariciadors acariciadores *adj.* **1** 애무하는, 쓰다듬는, 귀여워하는. **2** (마음·생각을) 품는.
acariciar *tr.* **1** 애무하다, 쓰다듬다; 귀여워하다. **2** (바람이) 부드럽게 스치다. **3** [비유] (마음·생각을) 품다. *Acariciava la idea de fer un viatge molt llarg* 매우 먼 거리를 여행하고자 마음먹었다.
acaricida acaricides *adj.* 진드기를 죽이는.
-*m.* 진드기를 죽임.
acarnissament acarnissaments *m.* 잔인성, 잔혹성, 흉악, 흉포.
acarnissar-se *pml.* 잔인하게 굴다, 흉악성을 드러내다(aferrissar-se).
acarnissat acarnissada acarnissats acarnissades *adj.* 잔인한, 잔혹한, 흉악한, 피에 굶주린.
acaronament acaronaments *m.* **1** 애무, 쓰다듬음. **2** 애정의 표시·행동.
acaronar *tr.* **1** 쓰다듬다, 애무하다(acariciar). **2** 응석을 부리다, 애정을 표시하다.
acarrerar *tr.* **1** (길을) 가리켜주다. **2** 향하게 하다, 가게 하다. -**se** 향하다, 향해서 가다, 방향을 잡아 나가다.
acaserat acaserada acaserats acaserades *adj.* 애타게 결혼하기 원하는.
acastellanar *tr.* 스페인어화하다, 스페인어투로 하다.
acastellar *tr.* 성을 쌓다, 축성하다, 쌓아올리다.
acatalèpsia acatalèpsies *f.* [철학] 불가지론(不可知論), 개연론(蓋然論).
acatament acataments *m.* 존경, 공경.
acatar *tr.* 존경하다, 공경하다, 존중하다. *acatar les ordres d'un superior* 상관의 명령을 존중하다.
acatarrar-se *pml.* 감기에 걸리다.
acaule acaules *adj.* [식물] 줄기가 없는.
accedent accedents *adj.* **1** 접근하는. **2** 동의하는, 승낙하는.
accedir *intr.* **1** 접근하다. **2** 동의하다, 허용하다, 승낙하다(consentir).
acceleració accelaracions *f.* **1** 속도를 높임, 가속; 가속도. *acceleració sobtada* 갑작스러운 가속. **2** [비유] (일의) 가속, 탄력, 촉진.
acceleradament *adv.* 가속도로, 급템포로, 서둘러.
accelerador acceleradora acceleradors acceleradores *adj.* 가속의, 급속의, 촉진하는.
-*m.* [기계] (자동차의) 가속 장치.
accelerament accelaraments *m.* =acceleració.
accelerar *tr.* **1** (속도·시기 등을) 가속하다, 급속도로 하다. **2** 촉진하다, 앞당기다. *accelerar la mort* 죽음을 앞당기다. -**se** 가속도화하다; 서둘다, 촉진되다.
accelerat accelerada accelerats accelerades *adj.* 빠른, 서두른, 가속의, 가속화하는, 촉진하는.

accelerómetre accelerómetres *m.* (항공기·우주선의) 가속도계.
accent accents *m.* **1** 강세, 억양, 악센트. **2** (특정 지방 언어의) 말투, 말씨, 톤. **3** 강세·악센트 부호.
accent agut[*accent tancat*] 제1강세 부호.
accent greu[*accent abert*] 제2강세 부호.
accentuació accentuacions *f.* **1** 강세부호를 붙임, 억양법, 악센트 부호 다는 법. **2** 강조, 역설.
accentual accentuals *adj.* 강세의, 악센트의, 강조의.
accentuar *tr.* **1** 강세 부호를 붙이다. **2** (특유의 지방색을) 말투로 말하다. **3** [비유] 강조하다, 역설하다, 힘을 주다. *Accentuar els defectes d'algú.* 누군가의 결함을 강조해서 지적하다.
accentuat accentuada accentuats accentuades *adj.* **1** 강세가 붙은. **2** 강조하는, 두드러진, 눈에 띄는.
accepció accepcions *f.* **1** [언어] 어의, 의미, 말뜻(sentit). **2** 편애(favoritisme). *sense accepció de persones* 편애 없이, 동등하게.
acceptabilitat acceptabilitats *f.* 수용성.
acceptable acceptables *adj.* 수용·수락할 수 있는, 용납되는, 인수해도 좋은, 허가해도 좋은.
acceptablement *adv.* 수락하여, 승낙하여, 용납하여.
acceptació acceptacions *f.* **1** 수용, 수락, 승인, 채용. **2** 받아들임, 수령, 수리, 가납(嘉納). **3** (환어음 등의) 인수; 인수 어음.
acceptador acceptadora acceptadors acceptadores *adj.* acceptar하는.
-m.f. **1** 수락자, 승낙자. **2** 어음 인수인.
acceptant acceptants *adj.* acceptar하는.
-m.f. [경제] 어음 인수인, 어음업자.
acceptar *tr.* **1** (선물을) 받다. *acceptar un present* 선물을 받다. **2** (조건·도전 등을) 받아들이다, 수락하다. **3** 승낙하다, 시인하다(admetre). **4** [경제] (어음을) 인수하다.
accepte accepta acceptes acceptes *adj.* 흐뭇한, 기분이 좋은, ...이 마음에 드는.

accés accessos *m.* **1** 접근, 도착(arribada). **2** 들어감, 가입, 입학, 입장. **3** 통로, 통행. **4** (권력에의) 등극. **5** 붙임성, 사귐성. **6** [의학] (열로 인한) 발작.
accessibilitat accessibilitats *f.* **1** 접근하기 쉬움, 접근 가능성. **2** 사근사근함, 친근감, 선량함.
accessible accessibles *adj.* **1** 접근하기 쉬운, 접근 가능한. *una muntanya accessible* 접근하기 쉬운 산. **2** 가까이할 수 있는, 친근한. *una persona accessible* 붙임성 있는 사람. **3** 손이 닿는, 얻을 수 있는(assequible).
accèssit accèssits *m.* 준우승, 차점상, 애석상.
accessori accessòria accessoris accessòries *adj.* 부속의, 부차적인.
-m. 액세서리, 부속품, 도구.
accident accidents *m.* **1** 우연. **2** 우발적 사건, 고장, 사고, 재해. **3** [지리] (대지의) 기복. **4** [문법] 어미변화, 어미활용. **5** [철학] 우유성(偶有性).
per accident 우연히(per casualitat).
accidental accidentals *adj.* **1** 우연한, 우발적인. *la contaminació accidental* 우발적인 오염. **2** 의외의, 불시의, 예상치 않은. **3** 고의가 아닌. **4** 임시의, 본질이 아닌.
accidentalitat accidentalitats *f.* 우연(성).
accidentalment *adv.* 우연히, 우발적으로, 예상외로, 의외로.
accidentar-se *prnl.* (갑작스러운) 사건이 일어나다, 돌발하다; 사건에 휘말리다, 사건을 겪다.
accidentat accidentada accidentats accidentades *adj.* **1** (땅이) 고르지 못한, 울퉁불퉁한. **2** [비유] (삶이) 기복이 많은, 파란의, 다난한. **3** 다친, 부서진.
-m.f. (사건의) 희생자(víctima).
acció accions *f.* **1** 활동, 움직임, 실행. **2** 행위, 행동, 거동. **3** (효과) 작용, 기능(efecte). **4** 운전, 작동(operació). **5** (연기자·선수 등의) 연기, 몸놀림, 몸짓, 발놀림. **6** (문학 작품이나 영화 각본 등의) 줄거리, 이야기 전개. **7** [군사] 작전, 교전, 전투. **8** [경제] 주식. **9** [법률] 소송, 기소.

acció de gràcies (특히 신에 대한) 감사의 표시.
accionament accionaments *m.* 작업, 활동, 작동.
accionar *intr.* **1** 움직이다, 동작하다, 행동하다, 손짓·몸짓을 하다. *Quan parla acciona desmesuradament* 그는 말할 때 무척이나 제스처를 많이 쓴다. **2** (기계를) 작동하다, 운전하다. **3** 작용하다, 효과를 나타내다. **4** [법률] 소송을 제기하다. *-tr.* 움직이게 하다, 작동시키다.
accionariat accionariats *m.* =accionista.
accionista accionistes *m.f.* 주주(株主).
accipitriformes *m.pl.* [조류] 맹금류.
acèfal acèfala acèfals acèfales *adj.* [동물] 머리가 없는, 무두의.
-m. [동물] **1** (머리 없는) 연체동물 개체. **2** *pl.* (연체동물의) 무두류(無頭類);
acel·lular acel·lulars *adj.* [생물] 무세포의.
acendrament acendraments *m.* 정제, 정화, 순화.
acendrar *tr.* 정제하다, 정화하다, 순화하다.
acensador acensadora acensadors acensadores *m.f.* **1** 연금 수령인. **2** (토지·가옥의) 임대인, 집주인.
acensar *tr.* (토지에) 과세하다.
acer acers *m.* **1** 무쇠, 강철, 강재. *acer inoxidable* 스테인리스강. **2** 검, 칼.
d'acer 쇠처럼 단단한. *És un home d'acer* 그는 철인이다.
aceràcies *f.pl.* [식물] 단풍과 식물.
acerar *tr.* **1** 무쇠로 만들다, 담금질하다. **2** 날을 버리다. **3** 단단하게 만들다, 강인하게 하다. **4** (길에) 보도를 내다.
acerat acerada acerats acerades *adj.* **1** 무쇠의, 강철의, 강철로 만든. **2** 강철을 함유한. **3** [비유] 강인한, 질긴 (resistent). **4** 날카로운, 신랄한(mordaç). *una crítica acerada* 신랄한 비판. **5** [식물] 침엽수의.
acerb acerba acerbs acerbes *adj.* **1** (맛이) 떫은. *una fruita acerba* 떫은 과일. **2** (감촉이) 까칠까칠한. **3** [비유] 심한, 가혹한(rigorós). *el càstig més acerb* 가장 가혹한 형벌.

acerbament *adv.* 심하게, 가혹하게.
acerbitat acerbitats *f.* **1** (맛이) 떫음; (표면이) 까칠까칠함. **2** [비유] 사나움, 신랄함, 가혹함.
acereria acereries *f.* 제강소, 제강 작업.
acèrrim acèrrima acèrrims acèrrimes *adj.* **1** 완고한, 고루한(tenaç). **2** 강경한, 지독한.
acèrrimament *adv.* 완고하게, 강경하게.
acetat acetats *m.* 초산염, 초산 섬유소, 아세테이트 (인견).
acetazolamida acetazolamides *f.* [화학] 술폰아미드(sulfamida)[세균감염증에 유효한 합성화학 요법제].
acètic acètica acètics acètiques *adj.* 초산의.
acetificar *tr.* **1** 시게 하다, 식초로 변화시키다. **2** 산화(酸化)하다.
acetil acetils *m.* [화학] 아세틸.
acetilcolina acetilcolines *f.* 아세틸콜린 [혈압 강하제].
acetilè acetilès *m.* [화학] 아세틸렌.
acetilènic acetilènica acetilènics acetilèniques *adj.* 아세틸렌의.
acetímetre acetímetres *m.* 초산계(醋酸計), 초산 비중계.
acetona acetones *f.* [화학] 아세톤.
acetós acetosa acetosos acetoses *adj.* 산의, 초의, 신맛이 나는.
ací *adv.* 여기에(서). *Ací vaig celebrar el banquet* 나는 여기서 파티를 열었다.
d'ací d'allà 여기저기에.
d'ací estant 여기부터.
d'ací i d'allà 사방에, 모든 곳에.
acíclic acíclica acíclics acícliques *adj.* 비주기적인, 비순환적인.
acícula acicules *f.* 가시, 바늘, 침.
-m. [동물] 침상(針狀)의 돌기.
acicular aciculars *adj.* [식물·광물] 바늘 모양의, 침상의, 끝이 뾰족한.
àcid àcida àcids àcides *adj.* **1** 맛이 신. **2** 산성의.
-m. [화학] 산(酸).
acidesa acideses *f.* 신맛, 산성(도).
acidificació acidificacions *f.* 산화, 산성화.
acidificar *tr.* 시게 하다, 산성으로 만들

다. **-se** 시어지다.
acidimetria acidimetries *f.* (액체의) 산(酸)의 비중 측정.
acidímetre acidímetres *m.* 산정량기(酸定量器).
acidosi acidosis *f.* [의학] 산혈증, 산독증(酸毒症).
acídul acídula acíduls acídules *adj.* **1** 신맛이 나는. **2** (다소) 신랄한.
acidular *tr.* **1** 시게 하다, 신맛이 나게 하다. **2** [비유] (다소) 신랄히 말하다.
aciençadament *adv.* 많은 학식을 가지고, 정통하여.
aciençament aciençaments *m.* **1** 교육, 가르침. **2** 지도, 훈련.
aciençar *tr.* 교육시키다, 가르치다, 숙련시키다.
aciençat aciençada aciençats aciençades *adj.* **1** 잘 알고 있는, 지식이 풍부한, 정통한, 조예가 깊은. **2** 현명한, 신중한, 사려 깊은(assenyat).
acientar *tr.* 알게 하다, 가르치다, 알리다, 보고하다.
aciforme aciformes *adj.* [식물] 바늘 모양의.
acimar *tr.* (높이) 쌓다, 무더기를 만들다(amuntegar).
acimat acimada acimats acimades *adj.* 꼭대기의, 정상의.
acinèsia acinèsies *f.* **1** [의학] 무동병(無動病), 수의(隨意) 운동 상실. **2** 움직이지 않음.
acinglat acinglada acinglats acinglades *adj.* 급경사진, 가파른, 험준한, 깎아지른 듯한.
acinglerat acinglerada acinglerats acinglerades *adj.* **1** =acinglat. **2** 바위투성이의.
acivadar *tr.* (말에게) 곡류를 너무 많이 먹이다.
aclamació aclamacions *f.* 환호, 박수갈채.
 per aclamació 이구동성으로, 만장일치로.
aclamador aclamadora aclamadors aclamadores *adj.* 환호하는, 갈채를 보내는, 추대하는.
 -m.f. 환호·갈채를 보내는 사람, 추대하는 사람.
aclamar *tr.* **1** 환호하다, 갈채를 보내다. **2** 추대하다, 선정하다.
aclamatori aclamatòria aclamatoris aclamatòries *adj.* 환호의, 갈채의.
aclaparador aclaparadora aclaparadors aclaparadores *adj.* 진절머리 나게 하는, 따분한.
aclaparadorament *adv.* 진절머리 나게, 따분하게.
aclaparament aclaparaments *m.* 기진맥진함, 지쳐 쓰러짐; 밀어붙임, 재촉.
aclaparar *tr.* **1** (힘들어서) 몸을 굽히다. **2** (일로 인해) 지치게 만들다, 따분하게 만들다, 괴롭히다. **3** 무너뜨리다, 쓰러뜨리다. **4** [비유] (질병 등으로) 쓰러지게 하다, 무기력하게 하다, 낙담시키다(abatre). *La malaltia l'aclapara* 그는 질병으로 쓰러졌다. **5** [비유] 힘들게 하다, 짓누르다, 중압감을 주다. *aclaparar el poble amb impostos* 국민을 세금으로 짓누르다.
aclaparat aclaparada aclaparats aclaparadores *adj.* **1** 힘든, 지친, (짐이) 너무 무거운. **2** 진절머리 나는, 견디기 힘든. **3** 무너진, 쓰러진. **4** 무기력해진, 낙담한(abatut). **5** 짓눌린, 굴복한.
aclarida aclarides *f.* **1** 해명, 설명. **2** 밝아짐, 명백해짐, 깨끗해짐. **3** (산림을 벌채해 만든) 개간지. **4** (날씨 등이) 맑아짐, 구름이 걷힘.
 -m. (한 차례) 비가 멈춤; 그 사이.
aclaridor aclaridora aclaridors aclaridores *adj.* **1** 해명의, 설명의. **2** 밝게 하는, 맑게 하는.
aclariment aclariments *m.* =aclarida.
aclarir *tr.* **1** 분명히 밝히다, 해명하다(esclarir). *aclarir el contingut d'un text* 본문의 내용을 분명히 하다. **2** (얽힌 것을) 풀다(esbrinar). **3** 밝게 하다, 맑게 하다(clarificar). *aclarir un licor* 술을 맑게 하다. **4** 헹구다, 물에 씻다(esbandir). **5** 솎아 내다, 듬성듬성하게 하다, 휑하게 하다, (한 장소를) 깨끗이 치우다. *aclarir un bosc* 숲을 (나무를 베어) 개간하다, (숲의) 일부 나무를 베어 내다. **-se 1** 명백해지다, 밝혀지다. **2** 밝아지다, 맑아지다; (구름 등

이) 걷히다. *El temps s'aclareix* 날씨가 맑아진다. **3** (의심 등이) 풀리다, 사라지다.

aclarit aclarida aclarits aclarides *adj.* **1** 분명해진, 밝혀진. **2** 밝아진, 맑아진. **3** 구름이 걷힌, 날씨가 좋아진. **4** 깨끗해진.

aclide aclida aclides aclides *adj.* [동물] 쇄골이 없는.

aclavellat aclavellada aclavellats aclavellades *adj.* 카네이션 같은, 카네이션 모양의.

aclimatabilitat aclimatabilitats *f.* (풍토나 새로운 환경에의) 적응력.

aclimatable aclimatables *adj.* 풍토에 적응할 수 있는.

aclimatació aclimatacions *f.* (풍토나 새로운 환경에의) 적응, 순화.

aclimatar *tr.* 풍토에 적응하다, 순화하다, 길들이다. **-se** 적응되다, 순화되다, 길들다(habituar-se).

aclivellar-se *prnl.* 금이 생기다, 틈이 나다(clivellar-se).

aclocar-se *prnl.* (새가) 둥지에 들다.

aclofament aclofaments *m.* **1** 오므라듦, 위축. **2** 사기 저하, 의기소침. **3** 소심, 겁이 많음.

aclofar-se *prnl.* **1** 웅크리고 앉다, 쭈그리고 앉다. **2** 오므라들다, 위축되다. **3** 사기가 저하되다, 의기소침해지다.

aclotar *intr.tr.* 구멍을 파다.

aclucada aclucades *f.* (눈을) 절반쯤 감는 일.

aclucalls *m.pl.* **1** 안경집. **2** 말의 눈가리개 가죽.

aclucar *tr.* **1** (눈을) 감다(cloure). **2** 무너뜨리다, 파괴시키다(esfondrar). **3** [비유] 쓰러지게 하다(aclaparar). **-se 1** (불이) 꺼지다. **2** 죽다, 끝나다. **3** 무너지다, 부서지다(esfondrar-se).

aclucar-se d'ulls a algú 누구를 못 본 척하다.

no poder aclucar-se l'ull 잠을 잘 수가 없다.

acme acmes *f.* **1** (질병의) 위기. **2** 절정, 최고조. *l'acme de la cultura grega* 그리스 문화의 절정.

acne acnes *f.* 여드름, 부스러기.

açò *pron.* 이것, 그것(això).

acoblament acoblaments *m.* **1** 짝·쌍을 이룸. **2** 접착, 접촉, 맞춤, 연결. **3** [구어] (육체의) 접촉, 교미.

acoblar *tr.* **1** (두 개로 된 것이) 짝·쌍을 이루다. **2** 맞추다, 연결하다. **3** 교미시키다(copular). **-se 1** 짝이 되다. **2** 화해되다, 친해지다. **3** 교미하다.

acoblat acoblada acoblats acoblades *adj.* **1** 짝이 잘 어울리는. **2** 잘 갖춰진, 잘 짜여진.

acòlit acòlita acòlits acòlites *m.* **1** (가톨릭에서 신부를 돕는) 견습 사제, 미사 시종. **2** 조수, 시종, 신복.

acollador acolladors *m.* 죔줄.

acollar *tr.* **1** 한패로 만들다, 한데 모으다. **2** 전정(剪定)하다, 가지를 치다. **3** (흙을) 돋워 주다.

acollença acollences *f.* =acolliment.

acollidor acollidora acollidors acollidores *adj.* 기꺼이 받아들이는, 환영하는, 상냥한, 정다운.

acolliment acolliments *m.* **1** 맞아들임, 받아들임, 환대, 환영. **2** 보호(소), 수용 (시설). **3** [경제] 어음의 인수.

acollir *tr.* **1** 맞아들이다, 받아들이다 (rebre). **2** (조언·제안·요구를) 수용하다, 받아들이다(acceptar). *acollir una proposta amb entusiasme* 제안을 열렬히 환영하다. **3** 감싸다, 보호하다, 수용하다. **4** [상업] (어음을) 인수하다, (기일에) 지불하다. **-se** 수용하다, 사용하다(emparar-se).

acolloniment acolloniments *m.* [속어] 분개, 신경질, 울컥 화냄.

acollonir *tr.prnl.* [속어] 분개하다, 울컥 화를 내다(acovardir). **-se** 분개하다, 화를 내다(acovardir-se).

acollonit acollonida acollonits acollonides *adj.* [속어] 분개한, 대단히 화가 난.

acolorament acoloraments *m.* **1** 물들임, 착색, 채색, 염색. **2** 그럴싸하게 보임, 겉치레, 편견.

acolorar *tr.* **1** 물들이다, 착색하다, 염색하다. **2** 그럴싸하게 보이다, 꾸미다. **-se 1** 물들다. **2** (얼굴·과일 등이) 붉어지다.

acoloriment acoloriments *m.* =acolora-

ment.
acolorir *tr.prnl.* =acolorar(se). *acolorir de rosa* 장밋빛을 띠다, 붉게 물들다.
acolorit acolorida acolorits acolorides *adj.* **1** 유색의, 물든, 착색한, 염색한. **2** 빨간, 붉은, 붉게 물든. **3** 혈색이 좋은. **4** 그럴싸한.
acoltellar *tr.* **1** 칼로 베다, 단도·칼로 찌르다. **2** 칼로 죽이다. **3** 난도질하다.
acoltellat acoltellada acoltellats acoltellades *adj.* 칼로 베인, 칼로 찔린, 난도질당한.
acomboiament acomboiaments *m.* 호위, 호송.
acomboiar *tr.* **1** 호위하다, 호송하다. **2** 안락하게 하다, 편안하게 하다(confortar).
acomiadament acomiadaments *m.* **1** 작별, 이별, 환송. **2** 해고, 해직, 추방.
acomiadar *tr.* **1** 전송하다, 바래다주다, 환송해 주다. *venir a l'aeroport a acomiadar-nos* 우리를 전송하기 위해 공항에 나오다. **2** 해고하다, 해직하다, 내쫓다. *acomiadar un treballador* 노동자를 해고하다. **-se 1** 작별을 고하다, 이별하다. **2** 해고되다, 쫓겨나다.
acomiadat acomiadada acomiadats acomiadades *adj.* acomiadar한.
acomodable acomodables *adj.* **1** 적응·순응할 수 있는, 견딜 만한. **2** 타협적인, 융통성 있는, 탄력성 있는. **3** 잘 돌봐 주는, 정중한, 사근사근한.
acomodació acomodacions *f.* **1** (적재적소에) 배열, 배치. **2** 적응·순응(력); 적용, 조절. **3** 맞춤, 알맞음, 적합. **4** (공중을 위한) 편의, (공공)시설, 편익, 안락.
acomodador acomodadora acomodadors acomodadores *adj.* acomodar하는.
-m.f. (극장 등의) 안내인.
acomodament acomodaments *m.* =acomodació.
acomodar *tr.* **1** (적재적소에) 놓다, 배열하다; (제대로) 정리하다. **2** 적응하다, 순응하다(adaptar). **3** (시력·옷 등을) 맞추다. *acomodar la poesia a la música* 시를 음악에 맞추다. **4** 마음에 들게 하다, 편리하게 하다. **-se 1** 정착하다, 자리 잡다; 적응하다(adaptar-se). *Cal acomodar-se a les circumstàncies* 상황에 적응할 수 있다. **2** 마음 편하게 가지다.
acomodat acomodada acomodats acomodades *adj.* **1** 알맞은, 적절한, 적당한(benestant). **2** 잘 갖춰진, 잘 배열된, 정돈된. **3** 편리한, 쾌적한, 기분 좋은.
acomodatici acomodatícia acomodaticis acomodatícies *adj.* **1** 타협적인, 융통성 있는, 탄력성 있는. **2** 잘 돌봐 주는, 정중한, 사근사근한.
acomodatiu acomodativa acomodatius acomodatives *adj.* =acomodatici.
acompanyada acompanyades *f.* 수행원, 동행인, 동반자. *l'acompanyada d'un mort* 죽은 자의 동반자.
acompanyament acompanyaments *m.* **1** 동반, 동행, 수행. **2** 곁들임, 딸림, 첨부, 동봉. *l'acompanyament d'un plat de carn* 고기 요리가 곁들여 나옴. **3** 동반자, 동행자, 수행원. **4** [음악] 반주(단).
acompanyant acompanyanta acompanyants acompanyantes *adj.* acompanyar하는.
-m.f. **1** 동반자, 동행자, 수행원. **2** (음악의) 반주자.
acompanyar *tr.* **1** 같이 가다, 동반하다, 동행하다(seguir). *El fill sempre acompanya el pare* 아들은 항상 아버지를 따라다닌다. **2** 첨부하다, 동봉하다(adjuntar). **3** [비유] (애환·슬픔·필요 등을) 함께 나누다. *acompanyar la mà d'un nen que aprèn d'escriure* 아이가 글을 배우도록 손을 잡아 주다. **4** (음식을) 곁들이다. *acompanyar el menjar amb un bon vi* 음식에 좋은 포도주를 곁들이다. **5** [음악] 반주하다.
acomplexar *tr.* 열등감·콤플렉스를 갖게 하다. **-se** 열등감을 가지다, 콤플렉스를 느끼다.
acomplexat acomplexada acomplexats acomplexades *adj.* 열등감을 가진.
acompliment acompliments *m.* **1** (의무·책임·소원 등의) 완수, 달성, 성취; 실행, 수행, 이행(realització). **2** 때가 참,

만기. **3** (법률·규칙 등의) 준수, 지킴, 엄수.
acomplir *tr.* **1** 완수하다, 성취하다. **2** 실현하다, 실행하다, 이행하다, 수행하다(executar). **3** (기한을) 채우다. **-se 1** (일이) 일어나다, 발생하다(esdevenir-se). **2** 충족되다, 완수되다, 실현되다. **3** 기한이 되다.
acompte acomptes *m.* **1** 앞당김. **2** 전도금, 선불금, (현금) 가불. **3** 선불 이자.
acondiciament acondiciaments *m.* **1** 배치, 설치. **2** (온도·공기 등의) 조절, 조정, 개선. **3** 청소, 소제, 청결.
acondiciar *tr.* **1** (적합한 곳에) 배치하다, 설치하다. **2** 조절하다, 조정하다, 개선하다. **3** 청소하다, 소제하다.
aconductar *tr.* **1** 같게 하다, 동등하게 하다. **2** (땅 등을) 고르게 하다, 고르다, 다지다. **3** 똑같이 다루다, 똑같이 생각하다. **4** 평균을 내다. **-se 1** 같아지다, 똑같이 되다. **2** 고르게 되다. **3** 꼭 들어맞다, 일치하다.
aconduïment aconduïments *m.* **1** 배열, 정리; 준비, 채비. **2** 조절, 조정, 개선. **3** 타결, 협정.
aconduir *tr.* **1** (적재적소에) 배치하다, 늘어놓다, 정렬시키다. **2** 조절하다, 조정하다, 개선하다. **3** (문제를) 타결하다, 일치점을 찾다.
aconfessional aconfessionals *adj.* 고해성사를 하지 않는, 고해성사가 필요 없는.
aconseguidor aconseguidora aconseguidors aconseguidores *adj.* 달성할 수 있는, 획득할 수 있는; 손에 미치는, 도달 가능한.
aconseguiment aconseguiments *m.* **1** (목표의) 달성, 도달, 획득, 성취.
aconseguir *tr.* **1** (무엇을) 따라잡다, 붙잡다(atrapar). **2** [비유] (목표에) 이르다. *Aquell vell ha aconseguit la vuitantena* 그 노인은 80대에 이르렀다. **3** 얻다, 성취하다, 달성하다. *aconseguir la popularitat* 인기를 얻다. **4** 모으다, 축적하다.
aconseguit aconseguida aconseguits aconseguides *adj.* 달성한, 완성한; 얻은, 획득한, 손에 넣은.

aconsellable aconsellables *adj.* **1** 권고·충고·조언을 할 수 있는. **2** 권할 만한, 적당한, 타당한, (판단·결정이) 현명한.
aconsellar *tr.* **1** 권고하다, 충고하다, 조언하다. **2** [접속법과 함께 쓰여] 권하다, 바라다. *Aconsella-li que vingui* 그에게 오도록 권해라. **-se** 조언·의견을 구하다; (충고를) 받아들이다.
aconsellar-se de 권하다, 조언하다.
acontentadís acontentadissa acontentadissos acontentadisses *adj.* 쉽사리 기뻐하는, 쉬이 만족하는.
acontentament acontentaments *m.* 기쁨, 희열, 만족(도).
acontentar *tr.* 기쁘게 하다, 만족시키다, 흐뭇하게 하다. **-se 1** 기뻐하다, 만족하다. *acontentar-se amb poca cosa* 작은 일에 만족하다. **2** 따르다, 순응하다, 동의하다.
acopar(se) *intr.prnl.* =cloure(se).
acoquinament acoquinaments *m.* 기가 꺾임, 주눅 듦.
acoquinar *tr.* 기를 꺾다, 기를 펴지 못하게 하다, 주눅 들게 만들다. **-se** 기가 죽다, 주눅 들다(acovardir-se).
acoquinat acoquinada acoquinats acoquinades *adj.* 기가 꺾인, 주눅 든.
acorador acoradora acoradors acoradores *adj.* 도살(장)의.
-*m.f.* 도살자(escorxador).
-*m.* 도살용 칼(ganivet).
acorament acoraments *m.* **1** 고뇌, 비탄, 슬픔. **2** 죽임, 목을 땀.
acorar *tr.* **1** 슬프게 하다, 서글프게 하다, 괴롭게 하다(afligir). **2** 죽이다, (사람·동물·물건의) 목을 따다(degollar).
acord acords *m.* **1** (의견의) 일치, 동의, 이해, 협조. **2** 합의, 협정, 협약. **3** [정치] (국회의) 의결안, 결의안(resolució). **4** [음악] 화음, 하모니. **5** [회화] (색채의) 조화. **6** 조언, 의견.
D'acord? 그렇죠?, 동의하세요?
d'acord amb ...에 따라서, ...에 의거하여, ...한대로, ...과 동조하여.
estar d'acord 똑같이 생각하다, 같은 마음이다.
posar d'acord 의견을 일치시키다.
prendre l'acord de ...하고자 결심하다.

restar d'acord 의견이 일치하다, 동의하다(convenir).
acordadament *adv.* 일치하여, 조화를 이뤄.
acordança acordances *f.* =acord.
acordar *tr.* **1** (의견을) 정하다, 결의하다, 조정하다(decidir). **2** 동의하다, 협조하다(consentir). **3** 일치시키다, 화합하다, 조화를 이루다(concordar). **4** (음·색 등을) 맞추다, 조율하다. **-se 1** 결정되다, 일치되다. **2** 의견을 같이 하다.
acordat acordada acordats acordades *adj.* (의견 등이) 일치한, 결의한, 조화를 이룬.
acordió acordions *m.* 아코디언.
acordionista acordionistes *m.f.* 아코디언 연주자.
acordonament acordonaments *m.* acordonar하는 일.
acordonar *tr.* **1** 줄·노끈으로 묶다. **2** 출입 금지 선을 치다. *Van acordonar la plaça* 그들은 광장에 출입금지선을 쳤다. **3** (동전 등의) 둘레를 띠 모양으로 장식하다.
acorralador acorraladora acorraladors acorraladores *adj.* acorralar하는.
acorralament acorralaments *m.* acorralar하는 일.
acorralar *tr.* **1** (가축을) 우리에 넣다, 몰아넣다(encorralar). *acorralar la bestiar* 가축을 우리에 넣다. **2** 가두어 두다, 감금하다. **3** [비유] (꼼짝 못하게) 몰아붙이다, 아무 소리 못하게 하다. *Amb aquelles preguntes el van acorralar* 그런 질문들로 그를 꼼짝 못하게 했다.
acórrer *intr.* **1** 구하다, 구조하다(socórrer). **2** (현장에) 급히 가다, 출동하다(acudir).
acorriment acorriments *m.* 구조, 출동.
acorriolar-se *prnl.* 추적하다, (대열을 갖춰) 전진하다.
acorruament acorruaments *m.* 일렬로 세움, 정렬, 라인업.
acorruar *tr.* (일직선으로) 정렬하다, 죽 늘어놓다. **-se** (일직선으로) 정렬하다.
acostadís acostadissa acostadissos acostadisses *adj.* 그냥 따라오는, 따라가는; 친구 따라 강남 가는.
acostament acostaments *m.* 접근.
acostar *tr.* 가까이하다, 접근시키다, 근접시키다(apropar). **-se** 가까이 가다, 접근하다. *Acostem-nos al foc* 불가로 가까이 다가가자.
acostat acostada acostats acostades *adj.* **1** 접근한, 근접한(pròxim). **2** 가까운, 연고자의, 측근의, 친척의.
acostumable acostumables *adj.* 버릇 들 수 있는, 익숙해질 수 있는.
acostumadament *adv.* 습관대로, 여느 때처럼, 늘 하던 대로.
acostumar *tr.* 버릇 들게 하다, 길들이다 (habituar). *-intr.* (...하는) 버릇이 있다. *Acostumen a[de] venir cap al tard* 그들은 어둑해지면 오는 버릇이 있다. **-se 1** 버릇 들다, 길들다, 익숙해지다 (habituar-se). **2** 적응하다(adaptar-se).
acostumat acostumada acostumats acostumades *adj.* 버릇이 든, 버릇된, 길든, 몸에 밴.
acotació acotacions *f.* **1** (경계·한계선의) 설정. **2** 경계선 표시. **3** 각주, 방주(傍註). **4** [지리] (지도의) 표고·기호 표시. **5** (연극에서의) 무대 감독.
acotament acotaments *m.* =acotació.
acotar *tr.* **1** (머리를) 숙이다, 수락하다, 받아들이다. **2** 접근하다, 가까이하다 (atansar). **3** (경계를) 설정하다. **4** 각주·방주를 달다(anotar). **5** [지리] (지도에) 표고·기호를 그리다. **-se** (몸을) 앞으로 숙이다(inclinar-se).
acotat acotada acotats acotades *adj.* acotar하는 일.
acotiledoni acotiledònia acotiledonis acotiledònies *adj.* [식물] 무자엽 식물의.
-f.pl. [식물] 무자엽 식물.
acotxament acotxaments *m.* acotxar하는 일.
acotxar *tr.* **1** 옷을 입히다, (아기를) 감싸다. **2** 몸을 낮추다, 굴복하다, 복종하다. **-se** (옷을) 덧입다, (몸을) 잘 감싸다; 몸을 구부리다, 복종하다.
acovardiment acovardiments *m.* **1** 접주기, 공포감을 주는 일. **2** [구어] 무서

움, 두려움, 공포; 걱정, 불안.
acovardir *tr.* 겁을 주다, 기를 꺾다. **-se** 겁을 먹다, 기가 죽다, 공포감이 들다.
acovardit acovardida acovardits acovardides *adj.* 겁을 먹은, 공포에 질린, 기가 꺾인.
acràcia acràcies *f.* **1** 무정부주의. **2** [비유-] 나약함(feblesa).
àcrata àcrates *adj.* 무정부주의의. *-m.f.* 무정부주의자.
acre¹ acres *adj.* **1** 신맛의, 쓴맛의. **2** [비유-] (성격이) 매서운, 가혹한, 무뚝뚝한.
acre² acres *m.* 에이커[면적의 단위].
acreditable acreditables *adj.* acreditar할 수 있는.
acreditació acreditacions *f.* acreditar하는 일.
acreditar *tr.* **1** 신용하다, 신임하다. **2** 보증하다. **3** (이자 등을) 받다. **4** 대변(貸邊)에 기입하다. **5** (...에) 신용장·신임장을 주다. **6** (명성을) 높여 주다, 유명하게 만들다.
acreditat acreditada acreditats acreditades *adj.* **1** 믿어지는, 신용 있는. **2** 자격이 있는, 신임장을 받은.
acreditatiu acreditativa acreditatius acreditatives *adj.* (문서·물건이) 증거가 되는, 증명해 주는, 뒷받침해 주는.
acreedor acreedora acreedors acreedores *adj.cast.* **1** 자격 있는, 가치가 있는. **2** 채권자의, 저당권자의. **3** [상업] 대변(貸邊)의. *-m.f.* 채권자, 저당권자.
acreixement acreixements *m.* **1** 증가, 증진(augment); 성장, 발달. **2** [의학] (병세의) 악화.
acréixer *tr.* 불리다, 증가시키다, 증진시키다.
acrement *adv.* 신랄하게, 가혹하게, 혹독하게.
acriaturar-se *prnl.* **1** 어린애 같아지다, 어린애 같은 행동을 하다. **2** 유치한 행동을 하다.
acriaturat acriaturada acriaturats acriaturades *adj.* 어린애 같은; 유치한.
acrílic acrílica acrílics acríliques *adj.* 아크릴의, 아크릴 제품의.

acrimònia acrimònies *f.* **1** 신랄함, 매서움, 가혹함. **2** (상처의) 욱신거림. **3** 독설, 비꼬는 말투.
acrimoniós acrimoniosa acrimoniosos acrimonioses *adj.* **1** 신랄한, 매서운, 가혹한. **2** (상처가) 욱신거리는. **3** 독설의, 비꼬는 말투의.
acrobàcia acrobàcies *f.* **1** 곡예. **2** (고난도의) 묘기.
acròbata acròbates *m.f.* [남녀동형] **1** 곡예사. **2** (고난도의) 묘기를 보이는 사람.
acrobàtic acrobàtica acrobàtics acrobàtiques *adj.* 곡예의.
acrobatisme acrobatismes *m.* 곡예; 그 일. 직업.
acrofòbia acrofòbies *f.* 고소 공포증, 첨단 공포증.
acromàtic acromàtica acromàtics acromàtiques *adj.* 무색의, 색을 없앤; 소색성의.
acromatisme acromatismes *m.* **1** 무색. **2** [물리] 소색성(消色性).
acromatitzar *tr.* 무색으로 하다, 색을 없애다.
acromatòpsia acromatòpsies *f.* [의학] 색맹.
acromegàlia acromegàlies *f.* [의학] 선단(先端) 비대증[머리·수족이 비대해지는 병].
acròmion acròmions *m.* [해부] 어깻죽지.
acrònic acrònica acrònics acròniques *adj.* (별의 출현 등이) 일몰에 일어나는, 저녁의, 해거름의.
acrònim acrònims *m.* 준말, 약칭.
acròpoli acròpolis *f.* (옛 그리스의) 아크로폴리스, 아테네의 성채.
acròstic acròstica acròstics acròstiques *m.* [문학] 이합체(離合體) 시[각 행의 처음 글자, 또는 처음과 끝 글자를 맞추면 어구(語句)가 되는 시]; 이합체시로 된 글자 퀴즈. *-adj.* acròstic의.
acroteri acroteris *m.* [건축] 노반(路盤).
acta actes *f.* **1** (회의 등의) 기록, 의사록, 회의록. **2** (서명 날인을 한) 증서, 공증 문서, 공식 문서. **3** 권리증, 당선증. **4** 결의서(resolució). **5** (시험 점수의) 기록. **6** *pl.* [종교] (성자의) 언행록.
llevar l'acta 의사록을 작성하다.
prendre acta =llevar l'acta.
acte actes *m.* **1** 행동, 행위(fet). **2** 행사, 의식. *l'acte de la inauguració de la nova facultat* 새 학부의 창립식. **3** (희극의) 막, 장. **4** [법률] (법의) 판결.
a l'acte 현장에서, 즉석에서, 당장에.
acte de fe [종교] 종교재판의 판결 선고식, 그 판결에 의한 처형(특히 화형); (일반적으로) 이교도의 화형.
acte sacramental 성찬 신비극.
ésser demostrat en els actes del procés (기록된 문서상으로) 분명하다, 확실하다.
fer acte de presència 출두하다.
actini *m.* [화학] 악티늄[방사성 원소].
actínia actínies *f.* [동물] 말미잘(anèmone de mar).
actínic actínica actínics actíniques *adj.* 화학선의, 화학선 작용의.
actínid actínids *m.* [화학] 악티니드 계열 [악티노이드 가운데 악티늄을 제외한 14원소의 총칭).
actinisme actinismes *m.* 화학선 작용.
actinòmetre actinòmetres *m.* **1** [화학] 광량계, 감광계. **2** (사진의) 노출계.
actinota actinotes *f.* [광물] 녹색 각섬석 (角閃石).
actitud actituds *f.* **1** 마음가짐, 태도, 자세(positura). **2** 행동거지.
actiu activa actius actives *adj.* **1** 능동적인, 적극적인, 의욕적인. *fer vida activa* 능동적인 삶을 살다. **2** 활동하는, (통신 위성 등이) 작동하는. **3** 노동 가능한, 일하는. **4** [지질] (화산이) 활화산인, 살아 있는. **5** [물리][화학] 반응성·활성·방사능이 있는. **6** [의학] (병이) 활동성인, 진행 중인. **7** [문법] 능동의.
-m. **1** [경제] (기업의) 자산, 채권. **2** [물리] 방사(放射).
activació activacions *f.* **1** 작동, 활동. **2** 가속, 추진, 촉진, 장려. **3** [화학·물리] 활성화, 방사능화, 촉진.
activador activadora activadors activadores *adj.* 활동시키는, 작동시키는, 활성화시키는; 추진하는, 촉진하는.
-m. **1** [화학] 활성제. **2** [생물] 활성화제.
activament *adv.* **1** 활동적으로, 활발하게, 적극적으로. **2** [문법] 능동적으로.
activar *tr.* **1** 활동시키다, 작동시키다, 가속시키다, 촉진시키다. **2** [화학] 활성화하다. **3** [물리] 방사능을 부여하다.
activisme activismes *m.* 행동주의, 실천주의; 사회 운동, 정치 활동.
activista activistes *adj.* 행동주의(자)의, 활동가의.
-m.f. [남녀동형] 행동주의자, 활동가; (사회 운동, 정치 활동의) 활동가.
activitat activitats *f.* **1** 활동, 활약, 행동. **2** *pl.* (사회문화적인) 활동, 사업 (ocupacions). *activitats culturals* 문화 활동. **3** 활발한 움직임, 활기, 경기. **4** (심신의) 정상적인 작동. **5** [화학] 활성(도), 활동(도), 활량. **6** [물리] 방사능의 세기.
en activitat i) 활동 중인, 작동 중인. *volcà en activitat* 활화산; ii) 현역의, 현직의.
actor[1] actora actors actores *m.f.* [법률] 원고.
actor[2] actriu actors actrius *m.f.* 배우. *l'actriu principal* 주연 배우.
actuació actuacions *f.* **1** 움직임, 활동, 거동. **2** 작용, 작동. **3** 연기, 역할.
-f.pl. [법률] 소송 절차, 소송 행위.
actual actuals *adj.* **1** 현재의. **2** (현재에) 일어나는, 현실의.
actualitat actualitats *f.* **1** 현재, 현시(現時). **2** (현재의) 사건, 시사. **3** 현실, 현상.
de actualitat 최근의, 현재의, 시사의.
actualització actualitzacions *f.* **1** 현실화, 실제화, 실현. **2** (자료·정보·제품 등의) 개량, 향상; 업그레이드.
actualitzar *tr.* **1** 현실화하다, 실제화하다, 실현하다. **2** 개량하다, 향상시키다. **3** (정보 등을) 업그레이드하다.
actualment *adv.* **1** 현재, 목하, 지금. **2** 실제로.
actuant actuants *adj.* **1** 움직이는, 일하는, 작용하는, 활동하는. **2** 연기하는.
-m.f. **1** 연기자. **2** (논문의) 발표자, 피

심사자.

actuar *tr.* **1** (기계를) 작동하다, 운전하다, 움직이게 하다. *-intr.* **1** (약이) 효험을 내다, 작용하다(funcionar). *Aquest remei no ha actuat* 이 처방은 듣지 않았다. **2** (악기를) 연주하다, 노래하다. **3** (어떠한) 기능을 하다. *un funcionari que no actua* 제 역할을 하지 않는 공무원. **4** (논문을) 발표하다, 시험을 보다. **5** [법률] 소송 절차를 밟다.

actuari actuària actuaris actuàries *m.f.* 법원 서기, 보험 계리인.

acubament acubaments *m.* 호흡 곤란, 호흡 장애.

acubar *tr.* 호흡을 곤란하게 하다, 숨을 못 쉬게 하다. *-se* 호흡이 힘들다, 호흡장애가 일어나다(ofegar-se); 실신하다(desmaiar-se).

acudir *intr.* **1** (어떤 장소에) 급히 가다, 급히 달려가다(anar). **2** (어떤 수단에) 호소하다, 이용하다. *acudir a una manifestació* 시위에 호소하다. **2** (구출하러) 가다 *-se* (문득) 생각이 떠오르다 (tenir una idea).

acudit acudits *m.* **1** 농담, 우스운 이야기, 기담, 가십 (historieta còmica). **2** 착상, (얼핏 떠오르는) 좋은 생각(pensada aguda).

acugulament acugulaments *m.* **1** 완화, 완충, 부드러워짐. **2** (색조의) 약화, 연화.

acugular *tr.* **1** 완화하다, 완충시키다. **2** (색조를) 약하게 하다. *-se* **1** 완화되다, 완충되다, 부드러워지다. **2** (색이) 약해지다.

acuit acuits *m.* **1** 추적, 추궁(persecució). **2** (끈질기게) 매달림, 부추김(instigació). **3** 숨바꼭질 (놀이). *jugar a l'acuit* 숨바꼭질 놀이 하다.

acuitar *tr.* **1** 추적하다, 추궁하다. **2** (끈질기게) 매달리다, 괴롭히다; 부추기다 (incitar). **3** 독촉하다, 재촉하다, 서두르게 하다. *-se* 급히 서두르다(apressar-se).

aculada aculades *f.* acular하는 일.

acular *tr.* **1** (엉덩이·뒷부분 등을) 대다. **2** (궁지에) 몰아넣다, (한쪽 귀퉁이에) 대다. *-intr.* **1** 엉덩방아를 찧다. **2** 귀퉁이로 몰리다, 궁지로 몰리다. **3** 뒷걸음질 치다. **4** (배의) 뒷부분이 얕은 곳에 얹히다. *-se* [비유] 고집을 피우다, 말을 안 듣다(entossudir-se).

aculi aculis *m.* **1** [식물] 가시. **2** 뾰족한 박차, 자극.

acull aculls *m.* **1** 맞아들임, 받아들임 (acolliment). **2** 환영, 환대. **3** 보호, 수용 (시설), 보호소. **4** [경제] 어음의 인수.

acúmetre acúmetres *m.* 청각 측정기.

acumetria acumetries *f.* 청각 측정.

acuminat acuminada acuminats acuminades *adj.* 끝이 가느다란, 끝이 뾰족한.

acumulable acumulables *adj.* 모을 수 있는, 축적할 수 있는; 쌓이는.

acumulació acumulacions *f.* **1** 축재; 모인 돈. **2** 집적, 누적; 축적물, 퇴적물. **3** 이식(利殖); (이식에 의한) 원금의 증대. **4** [전기][기계] 축전(蓄電), 축압. **5** [법률] 누범(累犯).

acumulador acumuladora acumuladors acumuladores *adj.* **1** 축적하는, 집적하는, 쌓는. **2** 이식하는. **3** [전기] 축전하는, 축압하는.
-m. **1** 누적자, 축재가. **2** [전기] 축전지, 축압기, 배터리.

acumulament acumulaments *m.* =acumulació.

acumular *tr.* **1** 쌓아올리다, 축적하다 (apilar). *acumular riqueses* 부를 축적하다. **2** 집적하다, 누적하다. **3** 이식(利殖)하다. **4** (죄·책임을) 전가하다(imputar).

acumulatiu acumulativa acumulatius acumulatives *adj.* **1** 누적하는, 축적하는. **2** 돈을 모으고 싶어 하는, 이식(移植)을 좋아하는, 축재하는. **3** 누범의.

acumulativament *adv.* **1** 축적하여, 누가하여. **2** 누범적으로.

acunçament acunçaments *m.* **1** 닦아 내기, 연마, 윤, 광택. **2** 끝마무리.

acunçar *tr.* **1** 닦다, 연마하다; 윤을 내다, 광택을 내다. **2** 끝마무리하다, 다듬다(llavorar).

acupuntura acupuntures *f.* 침술 (치료).

acuradament *adv.* 주의해서, 소중하게,

공을 들여, 정성 들여.
acurat acurada acurats acurades *adj.* 주의 깊은, 염려하는, 조심스러운; 공을 들인, 정성 들인.
acusable acusables *adj.* 고소·고발할 만한; 비난받을 만한; 혐의가 있는.
acusació acusacions *f.* **1** 고소, 고발. **2** 비난, 비난하는 일. **3** 혐의.
acusador acusadora acusadors acusadores *adj.* 기소하는, 고소하는, 고발하는; 나무라는, 비난하는.
-*m.f.* 기소자, 고소자, 고발자.
acusament acusaments *m.* **1** 알림, 통지(서). **2** =acusació.
acusament de rebut [상업] (상품·주문·지불 등의) 수령 통지(서).
acusar *tr.* **1** 기소하다, 고소하다; 고발하다. **2** 비난하다, 책망하다, 힐난하다. **3** 나타내다, 보여 주다, 증명해 주다(indicar). *Aquests actes acusen la seva inexperiència* 이런 행동은 그의 경험 없음을 증명해 주는 것이다. **4** (도착·수령 등을) 알리다, 통보·통지·통고하다. -**se** 비난받다, 책망을 받다.
acusat acusada acusats acusades *adj.* **1** 기소된, 고소된, 고발된. **2** (...의) 비난을 받은, 혐의를 받은.
-*m.f.* 피고, 피고인; 혐의자.
acusatiu acusativa acusatius acusatives *adj.* 대격의.
-*m.* [문법] 대격. *complement acusatiu* 직접 목적어, 직접 보어.
acusatori acusatòria acusatòris acusatòries *adj.* **1** 고소하는, 기소하는, 고자질하는. **2** 비난하는, 따지는 투의.
acústic acústica acústics acústiques *adj.* **1** 청각의, 청력의, 청신경의, 가청음의. **2** 음향(학)상의.
acústica acústiques *f.* [물리] 음향학.
acutangle acutangles *adj.* 예각의.
-*m.* [기하] 예각.
adagi adagis *m.* 격언, 속담, 잠언.
adagio adagios *m.* [음악] 아다지오(곡).
-*adv.* 아다지오, 느리게.
adalil adalils *m.* 수령, 지도자, 추장.
Adam *n.pr.* [성서] 아담[성서에 나오는 인물]; 최초의 인간. *anar amb el vestit d'Adam* 완전히 빨가벗고 다니다.

adamantí adamantina adamantíns adamantines *adj.* [시어] 다이아몬드의, 금강석의, 금강석 같은, 철석같은.
adàmic adàmica adàmics adàmiques *adj.* **1** 아담의, 인류 조상의. **2** 아담 양식[18세기 영국의 가구설계가 아담 형제의 이름에서 유래]의.
adaptabilitat adaptabilitats *f.* 적응성, 적합성, 융통성.
adaptable adaptables *adj.* **1** 적응할 수 있는. **2** 적용·응용할 수 있는. **3** 융통성이 있는. **4** 개작·각색·편곡할 수 있는.
adaptació adaptacions *f.* **1** 적응, 순응. **2** 적합, 적용, 응용. **3** 개작, 번안, 각색, 편곡.
adaptador adaptadora adaptadors adaptadores *adj.* **1** 맞추는, 적응·순응하는. **2** 적용시키는, 적합하게 맞추는. **3** 개작·각색·편곡하는.
-*m.f.* 번안자, 각색자, 편곡자.
-*m.* [기계] 감속 장치; [전기] 감압기, 어댑터.
adaptar *tr.* **1** 꼭 끼우다, 맞추다(ajustar). **2** 적응시키다, 순응시키다(acomodar). **3** 적용시키다, 적합하게 만들다. **4** 모델로 삼다. 개작·각색·편곡하다. -**se** 따르다, 순응하다, 적응하다, 순응하다.
addenda addendes *f.* (서류·글 등의) 보충, 추가.
addicció addiccions *f.* 열중, 탐닉; 중독. *addicció a una droga* 약물 중독.
addició addicions *f.* **1** 부가, 추가, 첨가, 부록. **2** [수학] 덧셈.
addicionable addicionables *adj.* 더할 수 있는, 부가할 수 있는.
addicional addicionals *adj.* **1** 부가·추가의. **2** 덤의, 부가적인, 따라붙는.
-*m.* 부가세.
addicionar *tr.* 더하다, 보태다, 첨가하다, 부가하다.
addicte addicta addictes addictes *adj.* **1** (...에) 빠진, 전념하는, 몰두하는, 집착하는. **2** (마약 등에) 중독된. *addicte a la droga* 마약에 빠진. **3** 소속된, 가맹한, 일당의.
-*m.f.* **1** (...에) 푹 빠진 사람, 전념·집착하는 사람. **2** (마약 등의) 중독자; 그

addictiu addictiva addictius addictives *adj.* 중독성인, 습관성인.

additament additaments *m.* 부가, 첨가, 첨가물.

additiu additiva additius additives *adj.* **1** 부가의, 첨가의. **2** [수학] 부가적인.
-*m.* 첨가물, 혼합제.

adducció adducions *f.* **1** 이유 제시, 인증(引證); 인용. **2** [의학] 내전(內轉).

adductor adductora adductors adductores *adj.* 내전의.
-*m.* [해부] 내전근.

adduïble adduïbles *adj.* (예증으로) 제시·인용할 수 있는.

adduir *tr.* **1** 입증하다, (증거로) 제시하다. **2** (구실·이유로) 내세우다, 주장하다. **3** 인용하다.

adeleradament *adv.* **1** 서둘러, 급히, 부랴부랴. **2** 안달하여, 초조하여.

adelerar-se *prnl.* **1** 조급히 서두르다. **2** 흥분하다, 들뜨다. **3** (...에) 푹 빠지다, 열중하다.

adelerat adelerada adelerats adelerades *adj.* **1** 황급한, 조급한, 서두르는. **2** 불안에 떠는, 안달하는, 초조한.

adeliciat adeliciada adeliciats adeliciades *adj.* 안락을 추구하는, 쾌락주의의.

adelitament adelitaments *m.* 즐거움, 쾌락, 열락, 즐기는 일.

adelitar-se *prnl.* (독서 등을) 즐기다; 쾌락·안락을 즐기다.

adenina adenines *f.* 아데닌[췌장 등의 동물 조직 중에 있는 염기(鹽基)].

adenitis adenitis *f.* [단·복수동형][의학] 임파염.

adenoide adenoides *adj.* 아데노이드의, 선(腺)(상)의, 인두선의, 편두선의.
-*f.pl.* [의학] 아데노이드, 인두염, 편두염.

adenoïditis adenoïditis *f.* 인두선염, 편두선염.

adenoma adenomes *m.* [의학] 아데노마, 선종(腺腫).

adenopatia adenopaties *f.* [의학] 선병(腺病).

adenovirus adenovirus *m.* [의학] 아데노 바이러스.

adepte adepta adeptes adeptes *adj.* **1** 가입·가맹한, 입회한; 귀의한. **2** (사람·이념 등을) 추종하는.
-*m.f.* **1** 가입자, 가맹자, 입회자; 귀의자. **2** 제자, 학파의 사람. **3** 신앙인, 추종자.

adequació adequacions *f.* 적응, 적합, 알맞게 맞춤.

adequadament *adv.* 적절하게, 적합하게.

adequar *tr.* 적응시키다, 적합하게 만들다, 알맞게 하다. -**se** 적응하다, 적합하다, 해당되다.

adequat adequatada adequats adeuades *adj.* 적절한, 적합한, 꼭 들어맞는, 알맞은.

adés *adv.* **1** 조금 전에, 얼마 전에. **2** [배분접속사] 혹은... 혹은, 때로는... 때로는....

adés adés 부단히, 계속해서, 내내.

adés... adés[*ara... adés*] 혹은... 혹은..., 때로는... 때로는....

adesiara *adv.* 때때로, 종종, 가끔씩.

adestrat adestrada adestrats adestrades *adj.* 훈련된, 조련된, 길들인, 교육된.

adéu adéus *m.* 이별, 작별, 고별(comiat).
-*interj.* 잘 있어, 잘 가![헤어질 때의 작별 인사].

fer adéu (손으로) 작별을 고하다.

adéu-siau *interj.* =adéu.

adherència adherències *f.* [추상적] **1** 부착, 교착. **2** 집착, 고수, 고집. **3** 가입, 가맹, 찬동, 지지. **4** [의학] 유착(癒着). **5** [식물] 착생. **6** [물리] 부착(력).

adherent adherents *adj.* **1** 달라붙는, 부착하는, 밀착된; 부속(물)의. **2** 집착하는, 고수하는. **3** 신봉하는. **4** (정식으로) 가맹한. **5** [의학] 유착하는. **6** [식물] 착생하는.
-*m.* **1** 지지자, 신봉자, 신자. **2** *pl.* 여당; 부속품, 부속물.

adherir *tr.* 붙이다, 접착시키다(enganxar). -*intr.prnl.* **1** 붙다, 달라붙다. **2** 가입·가맹하다; 편들다, 돕다, 찬동하다. **3** 집착하다, 고수하다. **4** (주의·교리 등을) 신봉하다. **5** [의학] 유착하다. **6**

[식물] 착생하다.
adhesió adhesions *f* **1** 부착, 교착, 점착, 달라붙음. **2** (회원·조약 등의) 가맹, 가입. **3** 도움, 지원, 협력. **4** 집착, 고수. **5** (주의·교리 등의) 신봉.
adhesiu adhesiva adhesius adhesives *adj.* 부착성의, 점착성의, 점착력이 있는.
-m. 접착제, 접착물.
adhesivitat adhesivitats *f.* 부착성, 점착성, 접착성.
ad hoc *adj.llat.* 특별한; 특별히. *una capsa feta ad hoc* 특별히 만든 박스.
àdhuc *adv.* ...조차, ...까지, ...를 포함하여(fins i tot).
adiabàtic adiabàtica adiabàtics adiabàtiques *adj.* [물리] 단열의.
adiamantat adiamantada adiamantats adiamantades *adj.* =adamantí.
adiament adiaments *m.* **1** (기간·지불 등의) 연기, 지연, 거치. **2** (시일의) 지정.
adiar *tr.* **1** 연기하다, 지연하다, 뒤로 미루다. **2** (시일을) 지정하다; 분할불로 하다.
adició adicions *f.* [법률] (재산의) 인수.
adient adients *adj.* 알맞은, 적당한, 적합한, 꼭 들어맞는, 어울리는.
adinerar *tr.* 돈을 모으다, 부를 축적하다. **-se** 부자가 되다.
adinerat adinerada adinerats adinerades *adj.* 부유한, 돈 많은.
adinyar *tr.* [속어] =endinyar.
adipòcit adipòcits *m.* [해부] 지방 조직 세포.
adipós adiposa adiposos adiposes *adj.* 지방의, 지방이 많은; 지성의.
adiposi adiposis *f.* 비만, 비대, 비곗덩어리(obesitat).
adipositat adipositats *f.* [의학] 비만(증), 지방과다(증).
adípsia adipsies *f.* [의학] 무갈증병(falta de set).
adir *tr.* [법률] 유산을 상속받다. **-se** 조화를 이루다, (의견·생각·마음이) 합치되다, 꼭 들어맞다.
adives *f.pl.* (말의) 이하선염(耳下腺炎).
adjacència adjacències *f.* 인접, 근접,
인접한 곳·것.
adjacent adjacents *adj.* 인접한, 근접한, 접한, 이웃하고 있는.
adjectiu adjectiva adjectius adjectives *adj.* 형용사의, 서술의.
-m. [문법] 형용사.
adjectivació adjectivacions *f.* adjectivar 하는 일.
adjectival adjectivals *adj.* 형용사의, 형용사적인.
adjectivament *adv.* 형용사로서, 형용사같이, 형용사적으로.
adjectivar *tr.* **1** 형용하다, 수식하다; 형용사로 쓰다, 형용사적으로 쓰다. **2** (주로 명사를) 형용사로 쓰다. **3** 묘사하다, 기술하다. *-intr.* 형용사를 쓰다.
adjudicable adjudicables *adj.* 낙찰할 수 있는, 재정(裁定)할 수 있는.
adjudicació adjudicacions *f.* **1** 입찰, 경매. **2** [법률] 재정(裁定); (파산 등의) 선고를 함.
adjudicador adjudicadora adjudicadors adjudicadores *adj.m.f.* adjudicar하는 (사람).
adjudicar *tr.* **1** 낙찰하다, 경매에 붙이다. **2** 재정(裁定)하다; 판결하다, 재결하다, 심판하다. **3** 수여하다(concedir). **-se 1** 낙찰되다. **2** 획득하다, 자기 것이 되다, 차지하다.
adjudicatari adjudicatària adjudicataris adjudicatàries *m.f.* (재정에 의한) 낙찰자, 취득자, 최종수혜자.
adjudicatiu adjudicativa adjudicatius adjudicatives *adj.* 판결의, 재정의.
adjunció adjuncions *f.* **1** 동봉, 첨부, 첨가. **2** 합병.
adjunt adjunta adjunts adjuntes *adj.* **1** 동봉한, 첨부한, 곁들인, 첨가한. **2** 합병한.
-m. **1** 동봉물, 첨가물. **2** [문법] 수식어, 형용사.
-m.f. 보조자, 조수, 부관.
adjuntar *tr.* **1** (문서 등을) 동봉하다, 첨부하다, 첨가하다. *adjuntar currículum vitae* CV를 첨부하다. **2** 주다, 제공하다.
adjuració adjuracions *f.* **1** 맹세, 선서. **2** 간청, 청원. **3** 주문.

adjurar tr. 1 맹세하다, 선서하다(imprecar). 2 간청하다, 탄원하다. 3 주문하다, (악마를) 내쫓다.

adjutor adjutora adjutors adjutores adj. 협력하는, 조력하는.
-m.f. 협력자, 조력자, 조수.

adjutori adjutoris m. 도움, 원조, 조력, 보조.

adjuvant adjuvants adj. 원조하는, 조력하는, 보조하는.
-m. adjuvar하는 사람·것.

adjuvar vt. 원조하다, 보조하다.

adlàter adlàters m.f. 추종자, 지지자; 수행원.

admetre tr. 1 시인하다, 인정하다, 동의하다(consentir). 2 (의견·관점 등을) 받아들이다. 3 (기관·단체 등의 가입을) 허용하다, 허가하다, 받아들이다. *L'han admès a la universitat* 그를 대학에 받아들였다. 4 (시험의) 응시 자격을 주다. 5 (과실 등을) 허용하다, 허락하다.

adminicle adminicles m. 1 부속품, 보조물, 예비물. 2 pl. 집에 비치해 놓은 가구·비품.

administrable administrables adj. 관리·경영할 수 있는; 집행할 수 있는.

administració administracions f. 1 관리, 경영. 2 통치, 행정. *administració pública* 공공행정. 3 행정기관, 관청, 행정부; 내각, 정부. *administració local* 지방관청. 4 관리부, 서무과. 5 [집합] (집행부·행정부의) 직원; (중역·이사회 등의) 위원회. 6 (법률 등의) 시행, 집행; (종교 의식·성전 등의) 집행. 7 [법률] (파산자·부재자 등의) 재산 관리. 8 (요법 등의) 적용, (약의) 투여.

administrador administradora administradors administradores adj. 관리하는, 경영하는; 집행하는.
-m.f. 관리자, 경영자, 이사; 행정관, 집행자; [법률] 유산 관리인.

administrar tr. 1 관리하다, 경영하다. *administrar la informació* 정보를 관리하다. 2 통치하다, 다스리다. 3 (법·의식 등을) 시행하다, 집행하다. 4 (약을) 주다, 투약하다, 처방하다. *administrar un remei* 처방전을 주다. 5 [비유] (몽둥이 등으로) 때리다, 후려갈기다.

administratiu administrativa administratius administratives adj. 관리의, 경영의; 행정(상)의.

administrativament adv. 관리상, 경영상, 행정적으로.

admirable admirables adj. 감탄할 만한, 경탄할 만한, 놀랄 만한, 훌륭한.

admirablement adv. 훌륭하게, 나무랄 데 없이, 대단하게.

admiració admiracions f. 1 감탄, 경탄, 탄복; 희한한 일·것. 2 감탄부호[!].

admirador admiradora admiradors admiradores adj. 감탄하는, 탄복하는; 예배하는, 찬미하는, 숭배하는.
-m.f. 감탄하는 사람; 예배자, 경배자, 숭배자.

admirar tr. 1 감탄시키다, 경탄케 하다, 탄복하게 하다; 놀라게 하다(sorprendre). 2 예배하다, 찬미하다, 숭배하다.
-se 감탄하다, 놀라다.

admirat admirada admirats admirades adj. 놀란, 감동받은, 놀랄 만한; 칭송받는, 경배를 받는.

admiratiu admirativa admiratius admiratives adj. 감탄한, 감격한, 경이를 표하는, 놀랄만한. *punt admiratiu* 감탄 부호[!].

admirativament adv. 감탄하여, 감격하여.

admissibilitat admissibilitats f. 수용(성), 허용(성).

admissible admissibles adj. 수용·허용할 수 있는, 수용·허용 가능한, 받아들일 수 있는, 시인·용인할 수 있는.

admissió admissions f. 1 받아들임, 수용, 허용, 시인, 용인. 2 (입학·입장 등의) 허가.

admitància admitàncies f. [전기] 어드미턴스.

admonició admonicions f. 훈계, 타이름, 꾸짖음, 경고; 설교, 설론.

admonitor admonitors m. (수도원 등의) 감독, 교훈 사제; 훈계자, 충고자, 권고자, 설교자.

admonitori admonitòria admonitoris admonitòries adj. 훈계의, 충고의, 경고의.

adnat adnada adnats adnades adj. [동·식물] 측생(側生)의, 합생의.

adob adobs *m.* **1** (고기·생선 등의) 요리, 조리. **2** (피혁·천 등의) 처리(액). **3** 치장, 화장(품)(afait). **4** 소스, 양념 (국물). **5** 수리, 수선, 뜯어고침. **6** 비료.

adobable adobables *adj.* 조리할 수 있는; 처리·수선할 수 있는.

adobacamins adobacamins *m.* [단·복수동형] 도로 인부.

adobador adobadora adobadors adobadores *adj.* 수선하는, 뜯어고치는; 비료를 주는.
-*m.* 가죽을 무두질하는 사람 (assaonador).

adobaire adobaires *m.f.* 수선하는 사람, 무두질하는 사람.

adobament adobaments *m.* adobar하는 일.

adobar *tr* **1** (상을) 차리다(preparar). **2** 요리하다, 조리하다, 양념하다, 맛을 내다(assaonar). **3** (가죽·천 등을) 처리하다. **4** 수선하다, 고치다(reparar). **5** (성격·행동 등을) 바로잡다, 고쳐 놓다. **6** (병을) 고치다, 낫게 하다. **7** 비료를 주다. *adobar la terra* 땅에 비료를 주다. **8** (포도주를) 여러 해 동안 묵혀두다. **-se** (병이) 호전되다; 나아지다.

adobar-se el temps (날씨가) 잠잠해지다.

Ja t'adobaré jo! 네 버릇 좀 고쳐 놓겠다!, 너 손 좀 봐야겠어!

per a millor adobar[per acabar d'adobar-ho] 그뿐 아니라, 그것도 모자라서, 설상가상으로.

adobassar *tr.* (옷을) 수선하다.

adobat adobada adobats adobades *adj.* adobar한.

adober adobera adobers adoberes *m.f.* 가죽을 무두질하는 직공(adobador).

adoberia adoberies *f.* 무두질 공장, 피혁 공장, 제혁 공장.

adoctrinable adoctrinables *adj.* 지도·교육·훈육할 수 있는.

adoctrinador adoctrinadora adoctrinadors adoctrinadores *adj.* 지도·교육·훈육하는.
-*m.f.* adoctrinar하는 교사, 훈육관

adoctrinament adoctrinaments *m.* (교의·사상·원리·교양 등의) 주입, 가르침, 기초 교육.

adoctrinar *tr.* (교의·사상·원리·교양 등을) 주입하다, (주로 기초적인 것을) 가르치다.

adolescència adolescències *f.* 청소년기 [남자 14-25세, 여자 12-21세 정도의 시기].

adolescent adolescents *adj.* 청년기의.
-*m.f.* 미성년자, 청년, 젊은이.

adollament adollaments *m.* **1** 분출, 흘러넘침, 방울방울 떨어짐. **2** (조금 조금씩) 모임.

adollar *intr.tr.* **1** 솟아오르다, 넘쳐흐르다; 방울방울 떨어지다, 졸졸 흘러나오다. **2** 조금씩 모이다.

adolorar *tr.* =adolorir^2.

adolorat adolorada adolorats adolorades *adj.* =adolorit^2.

adoloriment adoloriments *m.* **1** 아픔, 고통. **2** (몸의) 뻐근함, 결림, 담. **3** [비유] 슬픔, 비통함(adolorament).

adolorir *tr.* **1** (몸을) 상하다, 다치다. **2** 괴롭게 하다, 슬프게 하다, 비통하게 하다, 쓰라리게 만들다(adolorar). **-se** **1** (몸을) 다치다, 상처 입다. **2** 아파하다, 슬퍼하다, 비통해하다.

adolorit adolorida adolorits adolorides *adj.* **1** (몸이) 아픈, 고통스러운. **2** 괴로운, 슬픔에 잠긴, 비통해하는, 쓰라린.

adomassar *tr.* 무늬 놓아 짜다, (금실·은실로) 무늬 놓다.

adomassat adomassada adomassats adomassades *adj.* 무늬 놓아 짠.

adonar-se *prnl.* **1** 깨닫다, 알다, 알아차리다, 납득하다. **2** 주시하다, 주의해보다, 관찰하다.

adondar *tr.* 길들이다, 고분고분하게 만들다. *adondar un cavall* 말을 길들이다. **-se** 길들다, 고분고분해지다; 익숙해지다(avesar-se).

adonis adonis *m.* [단·복수동형][신화] 미소년, 멋쟁이, 호남[그리스 신화에 나오는 여신 아프로디테, 즉 베누스의 사랑을 받은 미소년 아도니스의 이름에서 유래함].

adopció adopcions *f.* **1** 채용, 채택. **2** 맞아들임, 수락, 승인. **3** [신학] [양자 삼음.

adopcionisme adopcionismes *m.* [신학] 양자론(養子論)[예수는 본래 평범한 인간이었으나 성령에 의해 신의 아들이 됐다는 설로 8세기에 스페인에서 생긴 교의].

adopcionista adopcionistes *m.f.* [남녀동형][신학] 양자론주의자.

adoptant adoptants *adj.m.f.* adoptar하는 (사람).

adoptable adoptables *adj.* **1** 채용·채택할 수 있는. **2** 수락·승인할 수 있는. **3** 양자로 삼을 수 있는.

adoptar *tr.* **1** 채용하다, 도입하다, 채택하다(prendre). **2** 수락하다, 승인하다. **3** 양자로 삼다(afillar). *adoptar l'orfe* 고아를 양자로 삼다. **4** [동·식물] (새로운 종을) 들여오다. *adoptar una planta de olivo* 올리브 나무 한 그루를 들여오다.

adoptiu adoptiva adoptius adoptives *adj.* 양자의, 양자 관계의.

adorable adorables *adj.* 경배에 합당한, 찬미 받을 만한, 숭배할 만한, 존경할 만한.

adorablement *adv.* 경배 드리는 마음으로, 숭배하여, 공경하여, 존경하여.

adoració adoracions *f.* **1** 예배, 경배; 숭배. *l'adoració dels Reis d'Orient* 동방 박사들의 경배. **2** 예찬, 찬미. **3** 열애·동경의 대상.

adorador adoradora adoradors adoradores *adj.* adorar하는.
-*m.f.* 예배자, 숭배자, 예찬자, 사모하는 사람.

adorar *tr.* **1** 예배하다, 경배하다; 숭배하다. *adorar un sol Déu* 유일신을 숭배하다. **2** 예찬하다, 찬미하다. *adorar la poesia* 시를 찬미하다. **3** 열애하다, 사모하다.

adoratriu adoratrius *f.* (일종의) 여(女)수도사.

adormidor adormidora adormidors adormidores *adj.* **1** 잠들게 하는, 졸리게 하는; 최면의. *un beuratge adormidor* 졸리게 하는 음료수. **2** (팔·다리를) 저리게 하는.

adormiment adormiments *m.* **1** 선잠, (꾸벅꾸벅) 조는 잠; 심한 졸음. **2** 마비, (오감의) 저림. **3** [비유] 진정, 가라앉음, 평온.

adormir *tr.* **1** 잠들게 하다, 졸리게 하다; 최면을 걸다. **2** 마취시키다, 무감각하게 만들다(insensibilitzar). **3** (통증 등을) 진정시키다, 가라앉히다. -**se 1** 졸리다, 잠들려 하다. **2** 마비되다, 무감각하게 되다. *Se m'ha adormit la cama* 내 발이 마비되었다. **3** (특히 악습 등에) 빠지다, 탐닉하다.

adormissar-se *prnl.* 졸리다, 잠들려 하다, (반쯤) 정신이 나가다.

adormit adormida adormits adormides *adj.* **1** adormir하게 하는. **2** 미개발의, 미개척의.

adornador adornadora adornadors adornadores *adj.* adornar하는.
-*m.f.* 꾸미는 사람, 장식가.

adornament adornaments *m.* **1** 꾸밈, 장식, 치장, 몸단장. **2** 장식품, 장신구. **3** 아랫입술 장식[인디언들이 하던 풍습].

adornar *tr.prnl.* 꾸미다, 장식하다, 치장하다, 단장하다, 차려입다.

adornista adornistes *m.f.* 장식가.

adossament adossaments *m.* 기댐, 의지함, 지탱함.

adossar *tr.* 기대다, 기대어 놓다(recolzar). -**se** 서로 의지하다, 서로 지탱하다; 등끼리 맞대다.

adossat adossada adossats adossades *adj.* 기댄, 기대어 놓은, 서로 지탱하고 있는; 경사진.

adotzenar *tr.* 12개로 나누다, 12개 단위로 세다. -**se** 속인이 되다, 평범하게 되다.

adotzenat adotzenada adotzenats adotzenades *adj.* **1** 12개로 나눈. **2** 평범한, 범용(凡庸)한.

adovellat adovellada adovellats adovellades *adj.* [건축] (아치 형태로 휘어진 것이) 직선으로 되는.

adquirent adquirents *m.f.* 입수자, 획득자.

adquirible adquiribles *adj.* 입수할 수 있는, 획득할 수 있는.

adquiridor adquiridora adquiridors adquiridores *adj.* 얻는, 입수하는, 획득하

는.
-*m.f.* =adquirent.
adquirir *tr.* **1** 얻다, 입수하다, 획득하다 (aconseguir). **2** (재산·소유물 등을) 사들이다, 매입하다, 구입하다.
adquisició adquisicions *f.* **1** 입수, 취득, 획득; 또는 그 사물. **2** 매입, 구입.
adquisitiu adquisitiva adquisitius adquisitives *adj.* 얻고자 하는, 입수·획득할 수 있는, 취득 능력이 있는, 구매력이 있는.
adreç adreços *m.* **1** 장비, 비품, 도구, 세트(estris). *un adreç de cafè* 커피세트. **2** (몸을 치장하는) 장신구 세트.
adreça adreces *f.* **1** (길 방향의) 안내, 지시; 표시, 신호. **2** 목적지, 주소. *l'adreça d'una carta* 편지의 주소.
adreçable adreçables *adj.* adreçar할 수 있는.
adreçador adreçadora adreçadors adreçadores *adj.* **1** adreçar하는. **2** 똑바로 고치는, 바로잡는.
-*m.f.* 고쳐주는 사람, 교정자, 교정관.
adreçament adreçaments *m.* **1** adreçar 하는 일. **2** 바로잡기, 교정.
adreçar *tr.* **1** 곧게 하다, (구부러진 것을) 똑바로 잡다. **2** 이끌다, 인도하다, 유도하다(dirigir). **3** 준비하다, 채비하다(aparellar); 옻칠·애벌칠을 하다. **4** (벽에) 덧칠을 하다, (벽의) 낡은 곳을 고치다. **5** (기운 배 등을) 바로 세우다. **6** [비유] (행동을) 바로잡다, 고쳐주다. *Ja t'adreçaré, jo!* 네 버릇 좀 고쳐 놓겠다!, 너 손 좀 봐야겠어! **-se** (말을) 교정하다.
adrenalina adrenalines *f.* [화학] 아드레날린.
adret adreta adrets adretes *adj.* 건강한, 질병이 없는.
Adrià *n.pr.* [지리] 아드리아 해(海).
adrianenc adrianenca adrianencs adrianenques *adj.m.f.* 아드리아 해(海)의 사람(의).
adroguer adroguera adroguers adrogueres *m.f.* 잡화점 주인, 식품점 주인; 약제상 주인.
adrogueria adrogueries *f.* 잡화점, 식품점; 약제상.

adscripció adscripcions *f.* **1** (원인 등의) 귀속. **2** 지정, 임명.
adscrit adscrita adscrits adscrites *adj.* **1** (...에) 기인한. **2** 지정한, 임명한.
adscriure *tr.* **1** (...의) 탓으로 돌리다. **2** 지정하다, 임명하다(agregar). **-'s** (...에) 기인하다; (...의) 탓으로 여기다.
adsorbir *tr.* [화학] 흡착시키다.
adsorció adsorcions *f.* [화학] 흡착 (작용).
adstrat adstrats *m.* [언어] (동시대의 다른 언어에 영향을 미치는) 인접 언어·방언.
aduar aduars *m.* (유목민족·토인들의) 부락, 텐트촌.
adulació adulacions *f.* 아첨, 아부.
adulador aduladora aduladors aduladores *adj.* 아첨하는, 아부하는.
-*m.f.* 아부자, 아첨꾼, 알랑쇠.
adular *tr.* **1** 아첨하다, 아부하다, (말로) 즐겁게 해 주다, 입발림하다.
adulatori adulatòria adulatoris adulatòries *adj.* 아첨하는, 아부하는, 기쁘게 해 주는 듯한.
adult adulta adults adultes *adj.* 성년의, 성년이 된, 성장한, 성숙한.
-*m.f.* 성년, 성인, 어른.
adúlter adúltera adúlters adúlteres *adj.* **1** 부정(不貞)한, 간통한, 타락한. **2** 부정(不正)한, 불순한; 위조한. **3** 사투리의.
-*m.f.* 간음자, 간통자.
adulterable adulterables *adj.* 간음·간통할 수 있는; 위조할 수 있는.
adulteració adulteracions *f.* =adulteri.
adulterar *tr.* **1** 불순물을 섞다. **2** [비유] 손상시키다, 망가뜨리다. **3** 상하게 하다, 썩게 하다(corrom- pre). **4** 위조하다. -*intr.* 간음하다, 간통하다.
adulterat adulterada adulterats adulterades *adj.* **1** 망가진, 못 쓰게 된. **2** 상한, 썩은(corromput). **3** 위조된.
adulteri adulteris *m.* **1** 간음·간통(죄). **2** 위조.
adulterí adulterina adulterins adulterines *adj.* **1** 불의의, 간통의; 간통에 의해 태어난. **2** 뒤섞은; 부정한, 가짜의.
adulterinament *adv.* **1** 불의한 행위로,

부정하게. **2** 속여서, 불순물을 넣어.

adultesa adulteses *f.* **1** 성인이 됨. **2** (청소년기 다음의) 성년기, 청년기.

adunança adunances *f.* **1** 통합, 통일. **2** 모임, 회합.

adunar *tr.* **1** 통합하다, 통일시키다. **2** 모이다, 회합하다.

adust adusta adusts[adustos] adustes *adj.* **1** (태양이) 작열하는, 바싹 타오르는(cremat). **2** 엄한, 엄격한, 성미가 고약한, 무뚝뚝한, (표현 등이) 거친.

adustament *adv.* **1** 매우 뜨겁게, 바싹 타게. **2** 엄하게, 호되게, 무뚝뚝하게, 거칠게.

adusteza adusteses *f.* 엄함, 엄격함, 무뚝뚝함, 거칢.

adveniment advenimients *m.* **1** 도래, 강림. **2** (왕·교황 등의) 즉위, 등극.

advenir *intr.* **1** (외부에서) 오다, 도착하다, 도래하다. **2** (우연히) 생기다, 일어나다, 발생하다.

advent advents *m.* [종교] (예수의) 강림, 재림; 강림절(크리스마스 4주 전 일요일을 포함하는 기간).

adventici adventícia adventicis adventícies *adj.* **1** 외래의, 도래의, 강림의. **2** 우연의, 우발의. **3** [동·식물] 우생(偶生)의, 우연 발생의.

adventisme adventismes *m.* [신학] 그리스도의 재림설.

adventista adventistes *adj.* [남녀동형] 그리스도의 재림설의.
-*m.f.* 그리스도의 재림을 믿는 사람, 재림파.

adventual adventuals *adj.* 강림절의.

adverar *tr.* (문서를) 확증하다, 인증하다; (법률상 정당하다고) 인정하다, 합법화하다.

adverbi adverbis *m.* [문법] 부사.

adverbial adverbials *adj.* 부사의, 부사적인.

adverbialització adverbialitzacions *f.* 부사화, 부사로 씀.

adverbialitzar *tr.* 부사화하다, 부사로 쓰다.

adverbialment *adv.* 부사적으로, 부사로서.

advers adversa adversos adverses *adj.*
1 역(逆)의, 반대의, 반대편에 있는; 거역하는. **2** 불운한, 불행한. **3** 불리한, (순리에) 어긋나는. **4** 적의, (팀의) 반대편의, 심술궂은.

adversament *adv.* **1** 역으로, 반대로. **2** 불행하게. **3** 불리하게, 역행하여.

adversari adversària adversaris adversàries *adj.* 역행하는, 거역하는.
-*m.f.* 적수, 경쟁자, 상대, 적.

adversatiu adversativa adversatius adversatives *adj.* 반의(反意)의, 배반의. *conjuncions adversatives* 배반 접속사 [앞의 내용과 뒤의 내용이 상반될 때 쓰는 접속사].

adversitat adversitats *f.* 역경, 좌절, 불운, 불행.

advertència advertències *f.* **1** 주의, 경고, 경계. *advertència legal* 법적 경고. **2** 일러두기, 머리말.

advertidament *adv.* 주의하여, 조심하여, 빈틈없이, 잘 알아서.

advertidor advertidora advertidors advertidores *adj.* 주의·경고하는.
-*m.f.* 경고하는 사람.
-*m.* 경보기, 통보기.

advertiment advertiments *m.* **1** 주의, 경고. **2** 알아차림, 깨달음.

advertir *tr.* **1** 주의하다, 경고하다. **2** 알리다, 알게 하다, 미리 통보하다(avisar). *advertir per endavant* 사전에 경고하다. -**se** 알다, 알아차리다, 깨닫다, 정신이 들다.

advertit advertida advertits advertides *adj.* **1** 주의·경고를 받은. **2** 통보를 받은, 알고 있는. **3** 경험이 풍부한, 노련한, (전문 지식·기술 등에) 익숙한.

advocacia advocacies *f.* 변호사의 직.

advocació advocacions *f.* **1** [종교] 신의 도움을 빎, 기원; (예배 전의) 초사(招詞). **2** (예배당 등의) 본존(本尊)의 호칭, 교회명, 사원명. **3** (도움·지원 등의) 탄원, 청원. *advocació agrària* 농촌의 탄원.

advocadessa advocadesses *f.* 여변호사.

advocar *intr.* **1** 옹호하다, 두둔하다. **2** [법률] (특히 법정에서) 변호하다, 대변하다.

advocat advocada advocats advocades

m.f. 변호사, 법률 고문, 대변자.
advocat defensor (피고의) 변호인.
advocat del diable 1 [종교] 악마의 변호인[성인 후보자의 덕행에 대한 반증 제출관]. **2** 험구가, 트집쟁이.
advocat d'ofici[dels pobres] 관선 변호사.
aede aedes *m.* (옛 그리스의) 서사시인.
aeració aeracions *f.* **1** 공기를 쐼, 통기. **2** [의학] 대기 요법(大氣療法). **3** [의학] (폐에 의한) 동맥혈화.
aeri aèria aeris aèries *adj.* **1** 공기의, 바람의; 공기·바람 같은. **2** 공기 중의, 공중의. **3** [비유] 가벼운(lleuger); 비현실적인. **4** 항공의; 공군의.
-*m.* 케이블카, 로프웨이.
aerícola aerícoles *adj.* [동·식물] 대기 중에 서식하는, 공중에 사는.
aerificació aerificacions *f.* (고체의) 기체화, 가스화.
aerificar *tr.* 기체화하다, 가스화하다.
aerobi aeròbia aerobis aeròbies *adj.* 호기성(好氣性)의, 호기균(好氣菌)의.
-*m.* [생물] 호기균(好氣菌).
aeròbic aeròbica aeròbics aeròbiques *adj.* =aerobi.
-*m.* 에어로빅.
aerobús aerobusos *m.* 비행기, 여행기, 에어버스.
aeroclub aeroclubs *m.* 민간 항공사 양성소, (아마추어들의) 항공 클럽.
aerodinàmic aerodinàmica aerodinàmics aerodinàmiques *adj.* 기체·항공 역학의, 유선형의.
-*f.* 기체 역학(氣體力學).
aeròdrom aeròdroms *m.* 비행장, 공항.
aeroespacial aeroespacials *adj.* 항공 우주(선)의.
aerofàgia aerofàgies *f.* [의학] 탄기(炭氣).
aerofar aerofars *m.* [항공] 항공 표시, 무전 항로 표시.
aeròfob aeròfoba aeròfobs aeròfobes *adj.* 혐기증(嫌氣症)의.
-*m.f.* 혐기증 환자.
aerofòbia aerofòbies *f.* [의학] 혐기증.
aerofotografia aerofotografies *f.* 공중사진.

aerogenerador aerogeneradors *m.* 풍력 발전기.
aerògraf aeògrafs *m.* [기상] (고층 기온·기압·습도 등의) 자동기록기, 에어그래프.
aerografia aerografies *f.* 내기지(大氣誌) [에어그래프의 기록을 자료로 하여 모은 것]; 기술 기상학.
aerogràfic aerogràfica aerogràfics aerogràfiques *adj.* 기술 기상학의.
aerolínia aerolínies *f.* 항공로, 항공회사.
aeròlit aeròlits *m.* 운석.
aerologia aerologies *f.* 기체학, 공기 물리학; 고층 기상학.
aerològic aerològica aerològics aerològiques *adj.* 기체학의, 고층기상학의.
aeròmetre aeròmetres *m.* [물리] 기체계, 기량계.
aerometria aerometries *f.* [물리] 기체 측정, 양기학(量氣學).
aeromòbil aeromòbils *m.* 항공기.
aeromodel aeromodels *m.* 스포츠형 소형 비행기, 활공기, 연습기, 시험용 비행기.
aeromodelisme aeromodelismes *m.* 스포츠형 소형 비행기 제작.
aeromodelista aeromodelistes *m.f.* 소형 비행기 제작자.
aeromotor aeromotors *m.* 항공기용 엔진, 풍력 기계 장치.
aeronau aeronaus *f.* 항공기, 비행선, 우주선.
aeronauta aeronautes *m.f.* [남녀동형] 비행사, 우주 비행사.
aeronàutic aeronàutica aeronàutics aeronàutiques *adj.* 항공(술)의.
-*f.* 항공술, 항공학.
aeronaval aeronavals *adj.* 해군·공군의.
aeronavegació aerpnavegacions *f.* 항공, 비행.
aeroplà aeroplans *m.* 항공기, 비행기 (=avió).
aeroport aeroports *m.* 공항.
aeroportuari aeroportuària aeroportuaris aeroportuàries *adj.* 공항의.
aeropostal aeropostals *adj.* 항공 우편의.
aerosfera aerosferes *f.* =atmosfera.

aerosol aerosols *m*. 에어졸, 무연(霧煙).
aerostació aerostacions *f*. (기구를 이용한) 항공.
aeròstat aeròstats *m*. (경)기구(氣球).
aerostàtic aerostàtica aerostàtics aerostàtiques *adj*. **1** 항공술의, 항공학의. **2** 기구의, 대기 정역학(大氣靜力學)의.
-*f*. **1** 항공술, 항공학. **2** 대기 정역학.
aerotaxi aerotaxis *m*. 에어 택시.
aeroteràpia aeroteràpies *f*. [의학] 대기요법(大氣療法).
aeroterrestre aeroterrestres *adj*. 육군·공군의; 육상·공중의.
aerotransport aerotransports *m*. 항공 수송, 공수.
aerotransportador aerotransportadors *m*. (군용·민간용) 수송기.
aerotransportat aerotransportada aerotransportats aerotransportades *adj*. 항공 수송의, 공수의.
aeroturbina aeroturbines *f*. [기계] 에어 터빈.
aerovia aerovies *f*. 항공로.
afabilitat afabilitats *f*. 부드러움, 상냥함, 다정함.
afable afables *adj*. 부드러운, 상냥한, 사근사근한, 붙임성이 있는.
afablement *adv*. 부드럽게, 상냥하게, 다정하게.
afaiçonament afaiçonaments *m*. afaiçonar하는 일.
afaiçonar *tr*. **1** (어떠한) 모양을 내다, 세공을 하다, 공작을 하다. **2** [비유] (과장하여) 묘사하다, 설명하다.
afait afaits *m*. 화장, 치장.
afaitada afaitades *f*. 면도질.
afaitadora afaitadores *f*. 면도기.
afaitapagesos afaitapagesos *m*. [단·복수동형] 사기꾼.
afaitapobres afaitapobres *m*. [단·복수동형] 가난뱅이, 천박한 사람.
afaitar *tr*. **1** 면도하다. 수염을 깎다. **2** 길들이다, 조련하다. **3** (가지를) 치다, 손질하다. **4** [비유] 훔치다(robar).
Demà m'afaitaràs! [의심·부정(否定) 등을 나타내는 감탄사] 무슨!, 천만에!, 말도 안 돼!
afaitat afaitats *adj*. 면도한, 깔끔한. *afaitat de poc* 수염을 막 깎은.
afalac afalacs *m*. 아첨, 아부.
afalagador afalagadora afalagadors afalagadores *adj*. 아첨꾼, 알랑쇠.
afalagadures afalagadures *f.pl*. 아첨, 아부, 알랑거림.
afalagament afalagaments *m*. afalagar하는 일.
afalagar *tr*. 아첨하다, 아부하다(adular); 비유를 맞추다; 응석을 부리다.
afalconar *tr*. 잠복하다, 숨어서 기다리다, 추격하다.
afal·lerar-se *prnl*. 열심히 노력하다, 죽도록 일하다; 매달리다, 집착하다.
afamar *tr*. 굶주리게 하다. -*intr*. 굶주리다, 굶어 죽다.
afamat afamada afamats afamades *adj*. 배고픈, 굶주린, 시장한.
afanador afanadora afanadors afanadores *adj*. 열심히 일하는.
-*m.f*. **1** 노무자, 잡역부. **2** 소매치기.
afanar *tr*. 도적질하다, 훔치다.
afaneta afanetes *adj*. 추잡한, 비열한.
-*m.f*. [남녀동형] 소매치기, 좀도둑.
afany afanys *m*. **1** 노력, 열심(esforç). **2** 갈망, 동경, 집념.
afanyadament *adv*. 열심히, 부지런히, 힘을 내어.
afanyar-se *prnl*. **1** 열심히 노력하다, 애쓰다(esforçar-se). **2** 급히 서두르다(apressar-se).
afanyós afanyosa afanyosos afanyoses *adj*. 애를 써서 하는, 몹시 힘든.
afartament afartaments *m*. 포식, 과식.
afartapobres *m.pl*. [식물] 적색 강낭콩의 일종.
afartar *tr*. **1** 포식시키다, 실컷 먹이다. **2** 질리게 하다, 지치게 하다(enfastidir). -*se* **1** 포식하다. **2** 싫증나다, 질리다, 신물 나다, 지긋지긋하다.
afàsia afàsies *f*. [의학] 실어증.
afàsic afàsica afàsics afàsiques *adj*. 실어증의.
-*m.f*. 실어증 환자.
afavoridor afavoridora afavoridors afavoridores *adj*. **1** 유리한, 유리하게 하는. **2** 호의적인, 각별히 배려해 주는.
-*m.f*. 호의를 베푸는 사람.

afavoriment afavoriments *m.* **1** 호의, 친절. **2** 각별한 배려, 은전.

afavorir *tr.* **1** 돕다, 도와주다(ajudar). **2** 구해 주다, 비호해 주다. **3** 호의를 보이다, 호의·편의를 베풀다. **4** 돋보이게 하다.

afeblidor afeblidora afeblidors afeblidores *adj.* 약한, 허약한; 허약하게 만드는, 약화시키는.
-m.f. 허약한 사람.

afebliment afebliments *m.* **1** (사람, 건강 등의) 쇠약, 허약. **2** (군대·경제 등의) 약화, 무력해짐. **3** [음성] (음절·모음의) 약음절화, 약모음화.

afeblir *tr.* 약하게 만들다, 허약하게 만들다, 무력하게 만들다. **-se** 약해지다, 허약해지다; 쓰러지다, 쇠퇴하다.

afecció afeccions *f.* **1** 정, 애정, 우의; 호감. **2** 기호, 애호, 애착(afecte). **3** 병, 질환.

afeccionament afeccionaments *m.* =afecció.

afeccionar-se *prnl.* **1** ...에 열중하다, 취미를 갖다(aficionar-se). **2** 호감을 가지다, 애정을 보이다; 애착을 갖다.

afeccionat afeccionada afeccionats afeccionades *adj.m.f.* =aficionat.

afectable afectables *adj.* **1** 애정이 풍부한, 감정이 풍부한. **2** (질병에) 걸리기 쉬운, 전염되기 쉬운.

afectació afectacions *f.* **1** 거짓꾸밈; 젠체함, 으스대기(amanerament). **2** 기교를 부리는 말·말투. **3** 감염, 오염; 영향. **4** 위장, 속임수.

afectadament *adv.* 젠체하여, 일부러, 거짓으로 꾸며, 위장하여.

afectament afectaments *m.* =afectació.

afectar *tr.* **1** 척하다, ...인 듯이 보이다, 티를 내다. **2** 위장하다, 꾸미다(fingir). **3** (어떤) 영향을 미치다(alterar). **4** 감염시키다, 오염시키다; (병에) 걸리게 하다. **5** (어떤 용도로) 쓰다(destinar). **-se** =afeccionar-se.

afectat afectada afectats afectades *adj.* afectar(-se)한.

afecte afecta afectes afectes *adj.* **1** 귀여운, 사랑스러운. **2** 호감을 갖는, 좋아하는, 지지하는. **3** (...에) 딸려 있는, 따르기 마련인, 영향을 받는. **4** (...일에) 맡겨진, (...한 목적으로) 정해진.
-m. =afecció.

afectiu afectiva afectius afectives *adj.* **1** 감정의, 정서의. **2** 감정적인, 감정이 풍부한; 정에 약한.

afectivitat afectivitats *f.* 정, 감정, 정감; 감수성.

afectuós afectuosa afectuosos afectuoses *adj.* **1** 친애하는, 사랑스러운. **2** 애정에 찬, 사랑이 넘치는.

afectuosament *adv.* **1** 사랑을 다하여, 정성스럽게. **2** [편지말의 마지막에 쓰임] 그럼 이만 줄입니다, 안녕히 계십시오.

afectuositat afectuositats *f.* 애정, 온정, 정성.

afegible afegibles *adj.* 첨가·부가할 수 있는.

afegidura afegidures *f.* =afegiment.

afegiment afegiments *m.* 첨가, 첨가물; 부가, 부가물.

afegir *tr.* **1** 첨가하다. **2** 붙이다, 접합하다(unir). **3** 더하다, 덧붙이다(agregar).

afegit afegits *m.* **1** 첨가, 부가. **2** 붙임, 접합.

afegitó afegitons *m.* **1** 첨가, 부가. **2** 보주(補注).

afeixegar *tr.* 차곡차곡 쌓다, 산적하다.

afeixugar *tr.* **1** (짐을) 지다, 지우다, 싣다; (무거운 짐으로) 몸을 굽히다. **2** 지치게 만들다, 짓누르다, 진절머리 나게 하다. **3** (부담·책임 등을) 지우다, 부과하다.

afeli afelis *m.* [천문] 원일점(遠日點).

afemellat afemellada afemellats afemellades *adj.* 여자 같은, 유약한.

afer afers *m.* **1** 일, 과제. **2** 업무, 일, 사업(negoci). **3** 사무, 잡일, 볼일.

afer d'honor 결투(장).

afers estrangers 외무.

afers d'estat 국무.

aferent aferents *adj.* [해부] (혈관이) 중심부로 인도되는; (신경의) 구심성의.

afèresi afèresis *f.* [문법] 어두 탈락어 (語頭脫落語).

afermançar *tr.* 보증하다, 책임을 지다, 보증인이 되다.

afermar *tr.* **1** 보증하다(assegurar). **2** 보증인이 되다. **3** (못·핀 등으로) 단단히 고정시키다. **4** 받치다, 지지하다. **5** 확립하다, 정립하다. **-se 1** 꿋꿋이 서다, 흔들리지 않다. **2** 단단히 들러붙다, (몸 등을) 지탱하다. **3** 확신하다

aferradís aferradissa aferradissos aferradisses *adj.* **1** 잘 붙는, 잘 달라붙는. **2** 감염되기 쉬운.

aferrador aferradors *m.* **1** 손잡이, 자루(agafador). **2** 의지할 곳. **3** 연줄, 단서, 실마리. **4** [은어] 형사.

aferrall aferralls *m.* =aferrador.

aferrar *tr.* **1** 꽉 잡다, 꼭 붙잡다(fixar). **2** 얻다, 붙잡다. **3** (도구로) 단단히 붙잡다, 고정시키다(ancorar). **-se 1** 달라붙다, 집착하다(obstinar-se). **2** 달라붙어 살다, 애정을 갖다, 애착을 보이다. *Viu molt aferrat a la família* 그는 가족에 무척 애착을 갖고 산다.

aferrat aferrada aferrats aferrades *adj.* 달라붙은, 집념을 가진, 애착을 가진.

aferrissadament *adv.* 잔인하게, 처참하게, 무참히.

aferrissament aferrissaments *m.* 잔인(무도), 잔혹, 흉악, 흉포.

aferrissar-se *prnl.* **1** 잔인하게 굴다, 흉악성을 드러내다. **2** 몰두하다, 열중하다.

aferrissat aferrissada aferrissats aferrissades *adj.* **1** 잔인한, 흉악한, 포악한. **2** 몰두한, 열중한.

afetgegar *tr.* **1** (땅을) 다지다. **2** 압축하다, 누르다; (올·그물을) 촘촘하게 짜다.

afgà afgana afgans afganes *adj.* 아프가니스탄의.

afganès afganesa afganesos afganeses *adj.* 아프가니스탄 사람의.
-*m.f.* 아프가니스탄 사람.

afí afins *adj.* **1** 인접한. **2** 유사한, (관계가) 가까운, 밀접한.
-*m.f.* 친척, 일가.

afiblall afiblalls *m.* 브로치, 단추, 호크.

afiblar *tr.* 단추·호크를 잠그다, 벨트를 차다.

afició aficions *f.* **1** 애호. **2** 취미, 도락. **3** 열중, 열심.

aficionar-se *prnl.* 좋아하다, 열중하다, 팬이 되다.

aficionat aficionada aficionats aficionades *adj.* **1** 좋아하는. **2** 열중한, 빠진, 아마추어의.
-*m.f.* 애호가, 팬.

afiganyar *tr.* **1** 구기다, 구김살을 만들다. **2** 엉망으로 만들다, 짓이기다.

afiganyat afiganyada afiganyats afiganyades *adj.* 구겨진, 짓이겨진.

afigurar *tr.* **1** 희미하게 보이다, 어렴풋이 보이다, 눈에 뜨이다. **2** 추측하다, 상상하다. **-se** 어렴풋이 보이다; 상상하다(imaginar-se).

afilador afiladora afiladors afiladores *m.f.* 칼을 가는, 뾰쪽하게 하는.
-*m.* (칼·날·톱 등을) 가는 사람; 칼 가는 가죽, 그라인더.

afiladura afiladures *f.* =afilament.

afilament afilaments *m.* **1** 칼·날을 가는 일. **2** (살이) 빠짐, 여윔.

afilar *tr.* **1** 갈다, 뾰쪽하게 하다(esmolar); 줄이다. **-se 1** 날이 서다, 뾰쪽해지다. **2** 야위다, 홀쭉해지다(aprimar-se).

afilat afilada afilats afilades *adj.* **1** 날이 선, 뾰쪽해진. **2** 야윈, 홀쭉해진.

afilerament afileraments *m.* afilerar하는 일.

afilerar(-se) *tr.prnl.* 일직선으로 정리하다, 줄을 세우다, 열·행렬을 짓다.

afiliació afiliacions *f.* 가맹, 입회, 입당, 참가.

afiliar *tr.prnl.* 가맹하다, 입회하다, 입당하다, 참가하다.

afiliat afiliada afiliats afiliades *adj.* 가맹한, 입회한, 입당한, 참가한.
-*m.f.* 가맹자, 입회자, 입당자.

afillament afillaments *m.* 양자 삼음, 양자 결연.

afillar *tr.* 양자로 삼다.

afillat afillada afillats afillades *m.f.* 양자로 삼은.

afil·le afil·la afil·les afil·les *adj.* [식물] 무엽(無葉)의.

afillolar *tr.* (영세에) 대부로 데리고 가다; 후견하다.

afinació afinacions *f.* =afinament.

afinadament *adv.* 세련되게, 정교하게, 세밀하게.

afinador afinadora afinadors afinadores *adj.* afinar하는.
-*m.f.* 정련사, 정제사.
-*m.* 조율에 쓰는 망치, 조율 키.
afinament afinaments *m.* **1** 세련, 정교. **2** (광물의) 정련, 정제. **3** 예의 바름, 품위. **4** 조율.
afinar *tr.* **1** 예리하게 하다, 가늘게 하다. **2** 정련하다, 정제하다. **3** 세련되게 하다, 품위 있게 하다. **4** 조율하다. **-se 1** 끝마무리되다, 완성되다. **2** 정제되다; 맑아지다, 순수해지다. **3** 세련되다, 품위 있게 되다. **4** 조율되다.
afinat afinada afinats afinades *adj.* afinar된.
afinitat afinitats *f.* **1** 유사, 근사. **2** 인척 관계(parentiu). **3** 친화성, 친화력.
afirmació afirmacions *f.* **1** 긍정, 단언, 확언. **2** 고정. **3** 확인, 보증.
afirmar *tr.* **1** 긍정하다, 단언하다. **2** 단단히 굳히다, 굳건히 하다, 고정하다. **3** 확인하다, 지지하다, 보증하다.
afirmatiu afirmativa afirmatius afirmatives *adj.* **1** 긍정적인, 확언적인. **2** 긍정의, 승낙의.
afirmativa afirmatives *f.* 긍정 명제, 긍정어; 긍정적인 대답.
afirmativament *adv.* 긍정적으로.
afitorar *tr.* 작살을 던지다, 작살로 잡다.
afitorar amb la vista 시선을 고정하다.
afix afixa afixos afixes *adj.* 부속의.
-*m.* [문법] 접사[접두사·접미사].
afixable afixables *adj.* afixar할 수 있는.
afixació afixacions *f.* **1** afixar하는 일. **2** [문법] 접사를 붙이는 일.
afixar *tr.* **1** 붙이다, 첨부하다. *afixar cartells* 전단지·포스터를 붙이다. **2** 박다, 박아 넣다. **3** 고정시키다, 단단히 끼우다. **4** 결정하다, 정하다. **5** (주의·시선을) 응시하다, 집중하다. **6** [문법] 접사를 붙이다.
aflacament aflacaments *m.* **1** 감소, 감가(減價), 감수(減水). **2** 쇠퇴.
aflacar *intr.* **1** 줄어들다, 감소하다. **2** 쇠퇴하다. **3** (달이) 이지러지다.
aflamar *tr.* **1** (불을) 붙이다(ablamar). **2** 점화·점등하다. **3** 불이 활활 타오르게 하다; (등불의) 심지를 돋우다. **4** [비유] 눈부시게 하다, 황홀하게 하다.
aflamat aflamada aflamats aflamades *adj.* aflamar한.
aflaquiment aflaquiments *m.* aflaquir하는 일.
aflaquir *tr.* **1** 여위게 하다, 수척하게 만들다. **2** 기운이 빠지게 만들다. **-se 1** 여위다, 수척해지다, 가냘프게 되다; 체중이 줄다. **2** 기운이 빠지다.
aflautat aflautada aflautats aflautades *adj.* 피리·플루트 소리 같은, 높은 소리의, (소리가) 맑은.
aflicció afliccions *f.* 슬픔, 비탄, 탄식, 고통.
aflictiu aflictiva aflictius aflictives *adj.* 슬픈, 괴로운, 비참한, 안쓰러운, 가슴 아픈.
afligidament *adv.* 슬프게, 고통스럽게, 비참하게, 가슴 아프게.
afligiment afligiments *m.* =aflicció.
afligir *tr.* 슬프게 하다, 탄식하게 하다, 괴롭히다. **-se** 슬퍼하다, 괴로워하다.
afligit afligida afligits afligides *adj.* 슬픔에 잠긴, 괴로워하는, 고통스러워하는.
aflonjament aflonjaments *m.* 연화, 완화.
aflonjar *tr.* **1** 연하게 하다, 부드럽게 하다. **2** 완화시키다, 느슨하게 하다, 풀어 주다. **3** 달래다. **-se 1** 연해지다, 부드러워지다; 약해지다. **2** 완화되다, 느슨해지다, 풀어지다. **3** (날씨 등이) 풀리다.
aflorament afloraments *m.* 노출, 노출광(露出鑛).
afluència afluències *f.* **1** (자본 등의) 유입, 주입. **2** 쇄도. **3** (말의) 유창, 달변, 능변. **4** 다량, 풍부.
afluent afluents *adj.* **1** 유입되는, 흘러드는. **2** 흐르는 듯한, 유창한; 풍부한.
-*m.* (강의) 지류.
afluir *intr.* **1** (강물이) 흘러들다. **2** 밀려들다, 몰려들다.
afluixada afluixades *f.* =afluixament.
afluixament afluixaments *m.* afluixar하는 일.
afluixar *tr.* **1** 늦추다, 느슨하게 하다, 이완시키다, (조인 것을) 풀다. **2** 감압하다, 압력을 줄이다. **3** [비유] 풀다, 풀어 주다, 놓아주다. *afluixar un renec* 저주를 풀다. **4** 감소시키다, 줄이다. *-intr*. **1** (기력이) 쇠하다, 약해지다. **2** 감소하다, 줄다. *Les vendes han afluixat molt* 판매가 많이 줄었다. **3** 게을러지다, 열심이 식다. *-se* 느슨해지다, 풀어지다, 이완되다.

afogar *tr*. **1** (불에) 태우다, 불을 피우다, 불을 지르다. **2** 질식시키다, 숨 막히게 하다(ofegar).

afoll afolls *m*. **1** 발자국, 흔적. **2** 유린, 횡포, 짓밟음. *el diabòlic afoll* 마귀의 횡포. **3** (목축의) 통행세.

afollar *tr*. **1** 밟다. **2** 짓밟다, 억누르다 (oprimir). **3** 망가뜨리다, 파괴시키다. *-se* **1** 실패하다, 무산되다. **2** 조산하다, 유산하다.

afonar *tr*. **1** 침몰시키다, 가라앉히다. **2** 깊게 파다, 깊숙하게 찌르다. **3** 붕괴시키다, 궤멸시키다.

afonia afonies *f*. [의학] 실성증(失聲症).

afònic afònica afònics afòniques *adj*. 실성증의, 목소리가 안 나오는.

aforador aforadora aforadors aforadores *adj*. 평가하는, 사정하는, 계량하는. *-m.f*. 검사관, 사정관.

aforament aforaments *m*. **1** (상품의) 평가, 사정. **2** (수량·용량의) 계량. **3** [경제] 종량세.

aforar *tr*. **1** (상품을) 평가하다, 사정하다, 등급을 매기다. **2** (유수량·용량을) 재다, 계량하다. **3** (특히 용기에) 눈금을 새기다.

aforat aforada aforats aforades *adj.m.f*. 특권이 있는 (사람).

afores *m.pl*. 근교, 시외, 외곽; 부속지, 인접지.

aforisme aforismes *m*. 금언, 격언, 경구, 잠언.

aforístic aforística aforístics aforístiques *adj*. 금언의, 격언의.

afortunadament *adv*. 다행히도.

afortunat afortunada afortunats afortunades *adj*. **1** 다행한, 운 좋은, 행운의 (encertat). *l'home més afortunat* 가장 운 좋은 사람. **2** 돈이 많은, 자산이 있는. *-m.f*. 행운아; 재산가.

afrancesament afrancesaments *m*. 프랑스화, 친불.

afrancesar *tr*. 프랑스풍으로 하다. *-se* 프랑스화하다, 친불하다.

afrancesat afrancesada afrancesats afrancesades *adj*. 프랑스화한, 친프랑스적인, 프랑스티를 내는; (특히 나폴레옹 전쟁 당시의) 친불파의. *-m.f*. 프랑스를 좋아하는 사람, 친불파.

afranquiment afranquiments *m*. **1** 풀어 줌, 자유를 줌, 해방, 석방. **2** 경감, 완화.

afranquir *tr*. **1** (노예를) 풀어 주다, 해방시키다, 석방하다. **2** (짐을) 덜어 주다, 경감하다, 가볍게 하다.

afranquit afranquida afranquits afranquides *adj*. (...에서) 벗어난, 해방된, 석방된; 경감된, 덜어진.

afrau afraus *f*. 파인 땅, 구덩이.

afreviment afreviments *m*. **1** 약함, 나약함, 허약. **2** 무력, 무기력. **3** 마음이 약함, 심약(心弱), 쇠약.

afrevolir *tr*. 약하게 만들다, 허약하게 만들다.

africà africana africans africanes *adj*. 아프리카(Àfrica)의. *-m.f*. 아프리카 사람.

africanisme africanismes *m*. 아프리카니즘, 아프리카화; (아프리카 기원의) 말.

africanista africanistes *adj*. [남녀동형] 아프리카 연구의, 아프리카적인, 아프리카풍의. *-m.f*. 아프리카 연구 학자.

africanitzar *tr*. 아프리카화하다, 아프리카 풍으로 하다.

africat africada africats africades *adj*. [음성] 파찰음[파열음과 마찰음의 성질을 다 가지는 소리로 /tz/, /pf/, /d₃/ 등이 있음]의. *-f*. [음성] 파찰음.

afrikaans afrikaans *m*. (남아프리카의) 공용 네덜란드어.

afrikaner afrikanera afrikaners afrikaneres *adj.m.f*. 남아프리카 식민지의 (사람).

afroamericà afroamericana afroamericans afroamericanes *adj.m.f*. (아프리카계) 아메리카 태생의 (사람).

afroasiàtic afroasiàtica afroasiàtics afroasiàtiques *adj.m.f.* (아프리카계) 아시아 태생의 (사람).

afrocubà afrocubana afrocubans afrocubanes *adj.m.f.* (아프리카계) 쿠바 태생의 (사람).

afrodisíac afrodisíaca afrodisíacs afrodisíaques *adj.* 최음제의, 흥분하게 하는; 음란한.
-m. 최음제, 흥분제.

afront afronts *m.* 1 모욕, 면박(ofensa). 2 치욕, 부끄러움(vergonya).

afrontador afrontadora afrontadors afrontadores *adj.* 1 모욕하는. 2 인접한, 경계를 접한(contigu).
-m.f. 모욕하는 사람.

afrontament afrontaments *m.* 1 얼굴을 마주 봄, 대면(acarament); 대질. 2 맞부딪힘, 직면. 3 모욕, 면박.

afrontar *tr.* 1 얼굴을 마주 대하다, 마주 보다, 대면하다(acarar). 2 맞부딪치다. 직면하다. *afrontar la pèrdua* 손실을 맞다. 3 모욕하다, 면박하다. *-intr.* 인접하다, 경계를 접하다.

afrontós afrontosa afrontosos afrontoses *adj.* 모욕하는, 모욕적인; 난폭한, 언어도단의.

afrontosament *adv.* 모욕적으로, 꼴사납게, 난폭하게.

afruitat afruitada afruitats afruitades *adj.* 과일의, 과일 같은; 과일 맛이 나는.

afta aftes *f.* [의학] 아감창(牙疳瘡), 아구창.

aftós aftosa aftosos aftoses *adj.* 아감창의, 아구창의.

afuament afuaments *m.* 1 날을 가는 일, 뾰쪽하게 하는 일. 2 자극, 선동.

afuar *tr.* 1 날을 갈다, 날을 세우다. 2 끝을 뾰쪽하게 하다, 날카롭게 하다. 2 자극하다, 선동하다(incitar). *-se* 1 날이 서다, 날카롭게 되다, 예리하게 되다. 2 쏜살같이 덤비다, (몸을) 던지다.

afuat afuada afuats afuades *adj.* 예리한, 날카로운, 뾰쪽한; 자극받은, 선동된.

afullolar *tr.* 1 (금속판을) 두들기다. 2 (금속판으로) 장식하다, 도금하다.

afusellada afusellades *f.* =afusellament.

afusellament afusellaments *m.* 1 총살. 2 표절.

afusellar *tr.* 1 총살하다. 2 표절하다.

afusió afusions *f.* (의료적인) 온천샤워.

agabellador agabelladora agabelladors agabelladores *adj.* 매점하는, 독점하는.
-m.f. 매점자, 독점자, 전매자.

agabellament agabellaments *m.* 1 매점, 독점, 독과점. 2 모임, 회합.

agabellar *tr.* 매점하다, 독점하다; 모조리 주워 모으다. *-se* 모이다, 소집되다 (congregar-se); 도당을 이루다, 패거리를 모으다.

agafada agafades *f.* 1 (투우에) 들이받힘. 2 (사람들을) 일망타진. 3 (심한) 논쟁, 말다툼.

agafadís agafadissa agafadissos agafadisses *adj.* 1 끈끈한, 끈적끈적한, 들러붙는, 잘 붙는. 2 전염·감염되기 쉬운.

agafador agafadora agafadors agafadores *adj.* 받는, 수취하는, 잘 붙잡는.
-m.f. agafar하는 사람.
-m. 1 손잡이, 자루. 2 (뜨거운 것을 잡는) 집게. 3 [비유] 단서, 연줄, 실마리.

agafallós agafallosa agafallosos agafalloses *adj.* =agafadís.

agafament agafaments *m.* agafar하는 일.

agafar *tr.* 1 잡다, 붙잡다, 꽉 잡다(subjectar). 2 (의자를) 취하다, 놓다, 자리를 잡다. *agafar una cadira per seure* 앉기 위해 의자를 놓다. 3 붙잡다, 체포하다(atrapar). 4 줍다, 채집하다, 채취하다(prendre); 따다, 꺾다. 5 얻다, 취하다. 6 (질병·공포 등에) 사로잡히다. 7 수축하다(contractar). 8 응하다, 받아들이다(acceptar). 9 (감기에) 걸리다(contreure). *agafar un refredat* 감기에 걸리다. *-intr.* 1 뿌리박다, 뿌리를 내리다, 견고하게 되다(arrelar). 2 붙다, (바싹) 달라붙다, 뿌리를 뻗다(enganxar). *aquesta cola no agafa* 이 아교풀은 붙지 않는다. *-se* 1 붙잡히다, 걸리다. 2 달라붙다(enganxar-se). *L'arròs s'ha agafat* 밥풀이 달라붙었다. *agafar por* (...에) 걸리다.

agafes *f.pl.* **1** 핀셋, 작은 집게, 족집게. **2** 못뽑이.

agafós agafosa agafosos agafoses *adj.* =agafatós.

agalla agalles *f.* **1** (잎·줄기 등에 생기는) 혹, 벌레 혹. **2** [식물] 오배자(五倍子). **3** (물고기의) 아가미.

agallinar-se *prnl.* 겁을 내다, 기가 죽다, 기가 꺾이다.

àgam àgama àgams àgames *adj.* 무성 생식의(asexual).

Agamèmnon *n.pr.* [신화] 아가메논[그리스 신화에 나오는 미케네의 왕. 트로이 전쟁에 그리스군의 총사령관으로 출정, 전쟁을 승리로 이끌었으나 전쟁 후 부정한 처에게 살해당함].

agàmia agàmies *f.* **1** [생물] 무성 생식. **2** [의학] 성적 불구.

aganat aganada aganats aganades *adj.* 배고픈, 굶주린.

àgape àgapes *m.* 아가페, 신의 사랑, 헌신적 사랑.

agarbar *tr.* 한데 모으다, 묶다, 다발로 만들다. **-se** 서로 싸우다, 논쟁하다.

agarberar *tr.* 쌓다, 산적하다.

agarbonar *tr.* 꽉 붙잡다. *agarbonar una noia* 한 여인을 꽉 붙잡다. **-se 1** 붙잡다; 늘어붙다. **2** (무엇이) 뿌리를 내리다. **3** 서로 맞붙잡다, 다투다.

agàric agàrics *m.* [식물] 들버섯, 느타리버섯.

agaricaci agaricàcia agaricacis agaricàcies *adj.* [식물] 버섯과 식물의.

agaricàcies *m.pl.* [식물] 버섯과 식물.

agarrada agarrades *f.* **1** 꽉 잡음, 움켜쥠. **2** [비유] (심한) 말다툼, 논쟁(discussió).

agarrar *tr.* (힘을 줘) 꽉 잡다, 움켜쥐다(agafar). **-se** (서로) 꽉 잡다.

agarrat agarrada agarrats agarrades *adj.* 단단히 잡은, 움켜쥔; 인색한, 구두쇠 같은.

agarrotament agarro *m.* **1** 꼬기, 비틀기; 몸부림. **2** 곡해, 왜곡.

agarrotar-se *prnl.* **1** 꼬이다, 비틀다, 몸부림치다. **2** 곡해되다.

àgata àgates *f.* [광물] 마노.

agegantar *tr.* 거대하게 하다, 방대하게 만들다.

agegantat agegantada agegantats agegantades *adj.* 거대한, 방대한.

agemoliment agemoliments *m.* **1** 오므라듦, 움츠림. **2** 위축, 사기 저하, 의기소침.

agemolir-se *prnl.* **1** 오므리다, 움츠리다, 웅크리다, 쪼그리다(ajupir-se). **2** 위축되다, 겁에 질리다; 비굴해지다, 초라해지다(humiliar-se).

agençament agençaments *m.* **1** 몸단장, 겉치장, 장식. **2** 청소, 소제, 정돈.

agençar *tr.* 몸단장하다, (품위 있게) 치장하다, 장식하다; 제자리에 놓다, (알맞게) 정리하다.

agència agències *f.* **1** 사무소, 대리점, 영업소, 출장소. **2** (정부 등의) 기관, ...청, ...국. *Agència Catalana de Turisme* 카탈루냐 관광사무국.

agenciar *tr.* **1** 얻다, 입수하다, 성취하다. *agenciar diner* 돈을 얻다. **2** (수속·처리 업무 등을) 도와주다.

agenda agendes *f.* **1** 프로그램, 예정표(programa). **2** 안건, 의사일정, 의제. **3** 수첩, 비망록, 메모장.

agenesi agenesis *f.* [의학] 음위(陰痿)(impotència).

agenèsia agenèsies *f.* =agenesi.

agenollador agenolladors *m.* **1** 팔걸이, 침대 의자. **2** 기도대.

agenollament agenollaments *m.* 무릎 꿇음.

agenollar-se *prnl.* 무릎을 꿇다.

agent agents *adj.* **1** 요인·동인(動因)이 되는. **2** [문법] 주체의, 작위자의.
-m.f. 1 대리인, 대리업자, 중개업자, 중개인. **2** 요원, 사무관, 경관.
-m. 1 요인, 동인(causa). **2** [문법] 행위자, 작위자. **3** (정부의) 기관, ...청, ...국. *Agent Forestal* 산림청.

agermanament agermanaments *m.* 짝을 이룸; 의형제를 맺음; 동조.

agermanar *tr.* **1** 짝을 이루다. **2** 좋은 사이를 만들다, 동조하다. **-se 1** 짝을 이루다. **2** 사이가 좋아지다, 의형제를 맺다, 한마음으로 뭉치다.

agermanat agermanada agermanats agermanades *adj.* agermanar한.

àgil 38 agombolar

-*m.f.* 친독파; 독일풍을 따르는 사람.
àgil agils *adj.* **1** 민첩한, 기민한, 신속한. *un mecanisme àgil* 민첩한 수단. **2** 날쌘, 날렵한; (두뇌 회전이) 빠른.
agilitació agilitacions *f.* **1** 속도를 냄, 박차를 가함; 민첩한 처리. **2** [비유] 합리화, 간소화.
agilitar *tr.* **1** 속도를 내다, 민첩하게 처리하다. **2** 합리화하다, 간소하게 하다.
agilitat agilitats *f.* **1** 민첩함, 경쾌함, 날쌤. **2** (문체의) 경쾌함, 생생함, 박력.
agilització agilitzacions *f.* =agilitación.
agilitzar *tr.* =agilitar.
àgilment *adv.* 날쌔게, 민첩하게, 날렵하게; 경쾌하게, 생생하게.
àgio àgions *m.* [경제] 프리미엄; 수수료, 환어음 차익, 이익금.
agiotatge agiotatges *m.* [경제] **1** 현물 거래, 현물 투기. **2** 주식 매매, 상장.
agiotista agiotistes *m.f.* 환전상, 증권 거래상, 현물 투기자.
agitable agitables *adj.* 잘 섞이는; 잘 동요되는, 선동되기 쉬운.
agitació agitacions *f.* **1** 휘저음, 흔들림, 뒤섞임. **2** 동요, 선동.
agitador agitadora agitadors agitadores *adj.* 젓는, 뒤흔드는; 선동하는.
-*m.f.* 선동자, 교란자.
-*m.* 젓는 막대·공이.
agitament agitaments *m.* =agitació.
agitanat agitanada agitanats agitanades *adj.* 집시 같은, 집시 행동을 하는; 매혹하는, 꼬드기는.
agitar *tr.* **1** 젓다, 휘젓다, 뒤흔들다. **2** [비유] 동요시키다, 선동하다, 자극하다 (inquietar). -**se** 동요하다, 웅성거리다; 흥분하다.
aglà aglans *m.f.* [식물] 도토리; 도토리 같이 생긴 것.
aglevament aglevaments *m.* 응고, 응결; 응고된 것.
aglevar *tr.* 응고시키다, 엉기게 하다, 굳게 하다. -**se** 응고되다, 응결되다.
aglevat aglevada aglevats aglevades *adj.* 응고된, 굳은; 단단히 뭉친, 탄탄한, 빽빽하게 찬.
aglomeració aglomeracions *f.* **1** 축적, 산적. **2** 덩어리; 집단, 군중.

aglomerar *tr.* **1** 축적하다, 산적하다, 끌어 모으다. **2** 덩어리지게 하다, 집단으로 만들다. -**se** 축적되다, 모이다, 뭉쳐지다.
aglomerat aglomerada aglomerats aglomerades *adj.* 축적된, 산적된, 덩어리가 된.
-*m.* **1** 덩어리. **2** 두꺼운 마분지, 판지 (板紙).
aglutinació aglutinacions *f.* =aglutinament.
aglutinador aglutinadora aglutinadors aglutinadores *adj.* =aglutinant.
aglutinament aglutinaments *m.* **1** 접착, 교착, 유착, 들러붙음. **2** [의학] (적혈구·세균 등의) 응집. **3** [언어] 교착성.
aglutinant aglutinants *adj.* **1** 붙이는, 접착하는, 교착하는; 엉겨 붙는. **2** [언어] 교착(성)의.
-*m.* **1** [언어] 교착어(llengües aglutinants). **2** 반창고.
aglutinar *tr.* **1** 접착·교착·유착시키다. **2** 붙이다, 아물게 하다. 접합하다. -**se** 접착하다, 유착하다; 붙다, 아물다.
aglutinatiu aglutinativa aglutinatius aglutinatives *adj.* 점착·교착·유착하는; 엉겨 붙는.
agnició agnicions *f.* [시어] 인지, 인식.
agnòstic agnòstica agnòstics agnòstiques *adj.* 불가지론(자)의.
-*m.f.* 불가지론자.
agnosticisme agnosticismes *m.* [철학·종교] 불가지론(不可知論).
agnus *m.* =agnusdei.
agnusdei *m.* **1** [성서] 신의 어린 양, 그리스도. **2** (특히 미사에서) 이 구 (句)로 시작되는 기도[음악].
agomboiar-se *prnl.* 하나가 되다, 모이다, 합치다.
agombolador agomboladora agomboladors agomboladores *adj.* **1** 주의 깊은, 신중한; 세심한, 무진 애를 쓰는. **2** 쇄도하는, 몰려드는.
agombolament agombolaments *m.* **1** 주의, 신중, 세심; 보살핌, 배려. **2** 쇄도, 돌진, 밀려옴. **3** 적응, 순응(acomodament).
agombolar *tr.* **1** 주의하다, 신중을 기하

다; 보살피다. **2** (외투를) 입다, 싸매다 (acotxar). **-se** 적응하다, 순응하다; 정착하다, 자리 잡다(acomodar-se).

agonal agonals *adj.* 경쟁의, 격투기의.

agonia agonies *f.* 고뇌, 번민, 고민; 조바심, 초조.

agònic[1] agònica agònics agòniques *adj.* 고뇌의, 번민의; 죽어가는, 빈사의, 최후의.

agònic[2] agònica agònics agòniques *adj.* 각(角)을 이루지 않는.

agònicament *adv.* 고뇌에 차, 고통스럽게; 최후를 맞이하듯.

agonista agonistes *adj.* **1** [해부] 주동근(主動筋). **2** 격투기의.
-m.f. [남녀동형] 격투기 선수.

agonístic agonística agonístics agonístiques *adj.* =agonal.
-f. 격투기술.

agonitzant agonitzants *adj.* 죽어가는, 빈사의, 임종의, 꺼져 가는.
-m. (가톨릭의) 임종입회사제.

agonitzar *intr.* **1** 고민하다, 번민하다. **2** 빈사 상태에 빠지다, 꺼져 가다.

àgora àgores *f.* (고대 그리스의) 광장; 집회.

agorafòbia agorafòbies *f.* [의학] 광장 공포증.

agosaradament *adv.* 대담하게, 무모하게.

agosarat agosarada agosarats agosarades *adj.* 대담한, 통이 큰, 무모한, 물불을 가리지 않는(atrevit).

agost agosts[agostos] *m.* 8월.
fer el seu agost 제때를 잘 이용하다.

agostador agostadors *m.* 여름철, 여름 경기; 여름 목장.

agostar *tr.* **1** 태우다, 그을리다. **2** (풀·곡물 등을) 바싹 말리다, 8월에 밭갈이하다. *-intr.* (가축이) 여름을 보내다. **-se** 여름을 타다; 시들다, 바싹 타다.

agostejador agostejadors *m.* =agostador.

agostejament agostejaments *m.* (햇볕에) 바싹 탐; 여름을 탐, 불경기.

agostejar *tr.intr.prnl.* =agostar.

agostenc agostenca agostencs agostenques *adj.* 8월의, 8월다운, 여름의; 8월 태생의.

-m. (강에서 특히 8월에 많이 나는) 작은 물고기.

agraciar *tr.* **1** 호감을 주다, 애교를 부리다. **2** 은혜·은덕을 베풀다. *agraciar un condemnat a mort* 사형선고 받은 자에게 은전을 베풀다.

agraciat agraciada agraciats agraciades *adj.* **1** 호감 있는, 애교 있는, 귀여운. **2** 은혜·은덕을 입은.

agradable agradables *adj.* 즐거운, 기분 좋은, 유쾌한, 흐뭇한.

agradablement *adv.* 즐겁게, 기분 좋게, 유쾌하게, 흐뭇하게.

agradar *intr.* 좋아하다, 마음에 들다; ...하는 것이 기쁘다. **-se** 좋아하다, 기뻐하다, 즐기다; 사랑에 빠지다.
agradar-se de ...하는 것을 좋아하다.

agradívol agradívola agradívols agradívoles *adj.* =agradós.

agradós agradosa agradosos agradoses *adj.* =agradable.

agradosament *adv.* =agradablement.

agradositat agradositats *f.* 부드러움, 상냥스러움, 다정스러움.

àgraf àgrafa àgrafs àgrafes *adj.* [의학] 실서증의.

agrafia agrafies *f.* [의학] 실서증(失書症).

agraïment agraïments *m.* 감사, 후의, 사의, 고마움.
en agraïment de ...에 감사하여.

agrair *tr.* 감사하다, 사의를 표하다, 호의에 감사하다.

agraït agraïda agraïts agraïdes *adj.* 감사하고 있는, 감사하게 여기는.

agram agrams *m.* [식물] 그라마[화본과의 풀].

agramatical agramaticals *adj.* 비문법적인.

agramaticalitat agramaticalitats *f.* [문법] 비문법성, 비문법적임.

agrament *adv.* 심하게, 못마땅하게, 무뚝뚝하게; 고통스러운 듯이, 사무치게.

agranar *tr.* **1** 먹이를 주다. **2** (먼지·쓰레기 등을) 비로 쓸다(escombrar).

agrari agrariària agraris agraràries *adj.* **1** 토지의, 농지의, 경작지의. **2** 농업의, 농민의.

agrarisme agrarismes *m.* 토지 재분배

운동.

agràs agrassos *m.* **1** 익지 않은 포도. **2** 신 포도즙.

agrassot agrassots *m.* **1** [식물] 테레빈. **2** 익지 않은 포도.

agre agra agres agres *adj.* **1** 신맛의; 떫은맛·쓴맛의. **2** (길이) 거친. **3** [비유] 불쾌한(desagradable).
-*m.* **1** 신맛, 신 과일즙. **2** 도락, 기호. **3** 습관, 버릇.
-*f.* **1** 농지. **2** (가축의) 축사, 사육장.

agredir *tr.* 덮치다, 습격하다, 공격하다; 침해하다, 상처 입히다, 가해하다.

agredolç agredolça agredolços agredolces *adj.* 시큼하고 달콤한, 씁쓰름하고 달콤한; 괴롭고도 즐거운.
-*m.* 씁쓰름하고 달콤함; 고통을 수반하는 기쁨.

agregable agregables *adj.* **1** 부가·첨가할 수 있는. **2** 병합·합병할 수 있는.

agregació agregacions *f.* **1** 부가, 첨가. **2** 병합, 혼합, 합병.

agregar *tr.* **1** 덧붙이다, 부가하다, 첨가하다. **2** 모으다, 합병하다, 합류시키다 (incorporar). **3** (수행원·보좌관으로) 임명하다. **-se** 가담하다, 어울리다, 하나가 되다.

agregat agregada agregats agregades *adj.* 덧붙인, 부가된, 첨가된; 병합된, 합류된.
-*m.f.* **1** (외교단 등의) 사절, 수행원, 보좌관. **2** (...부) 무관, 상무관, 문정관. **3** (현직이 없는) 직원, 공무원.
-*m.* **1** 덩어리, 일단(一團). **2** [지질] 역암.

agrejar *tr.* 시게 하다, 떫게 하다. -*intr.* 맛이 시다.

agrella agrelles *f.* [식물] 수영[여뀟과에 속하는 다년초].

agremiació agremiacions *f.* 조합에 가입.

agremiar *tr.* (조합에) 가입시키다. **-se** 조합에 가입하다; 조합을 만들다.

agrenc agrenca agrencs agrenques *adj.* 시큼둥한; 약간 신맛이 나는.

agresa agreses *f.* 신맛, 신 과일즙.

agresolat agresolada agresolats agresolades *adj.* **1** 눈이 부신, 현혹된, 얼이 빠진. **2** (눈이) 충혈된. **3** 높이 세워진, 들려진.

agressió agressions *f.* **1** 습격, 공격, 덮침. **2** 침해, 가해, 침략.

agressiu agressiva agressius agressives *adj.* **1** 공격적인, 도전적인. **2** 침해적인, 가해적인, 침략적인. **3** 적극적인.

agressivament *adv.* 공격적으로, 도전적으로, 침략적으로.

agressivitat agressivitats *f.* **1** 공격성, 도전성, 공격 정신. **2** 가해성, 침략성. **3** 적극성.

agressor agressora agressors agressores *adj.* 공격·도전·침략·가해하는.
-*m.f.* 공격자, 침해자, 가해자, 침략자.
-*m.* 침략국.

agrest agresta agrests[agrestos] agrestes *adj.* **1** 들의, 전원의, 시골 같은. **2** 거친, 투박한(incivil). **3** 볼품없는, 엉성한, 조잡한.

agreujament agreujaments *m.* **1** 가중, 증가. **2** 악화. **3** 중세, 중과(重課).

agreujant agreujants *adj.* 가중하는; 악화시키는.
-*m.* 가중·악화시키는 요인·상황.

agreujar *tr.* **1** 가중시키다, 더 불어나게 하다. **2** (병세를) 악화시키다. **3** (세금 등을) 중과세하다. **4** 모욕하다(ofendre). **-se 1** 가중되다, 중대해지다. **2** 악화되다, 중태에 빠지다. **3** 모욕을 당하다.

agrícola agrícoles *adj.* 농업의, 농학의.

agricultor agricultora agricultors agricultores *m.f.* 농부, 농사꾼.

agricultura agricultures *f.* 농업.

agrimensor agrimensora agrimensors agrimensores *m.f.* 측량 기사.

agrimensura agrimensures *f.* 측량, 측량학.

agrimònia agrimònies *f.* [식물] 용아초, 짚신나물.

agrir *tr.* **1** 시게 하다, 쓰게 하다. **2** 화나게 하다, 초조하게 하다. **-se 1** 시어지다, 씁쓸해지다. **2** 화내다, 노하다, 성내다.

agrisar *tr.* 회색으로 하다. **-se** 회색으로 되다; 희부옇게 되다, 회색빛이 돌다.

agrisat agrisada agrisats agrisades *adj.* 회색으로 만든; 회색빛이 도는, 희부연, 희끄무레한.

agró agrons *m.* [조류] 백로, 해오라기.

agroalimentació agroalimentacions *f.* 농가공 식품.

agroalimentari agroalimentària agroalimentaris agroalimentàries *adj.* 농가공 식품의.

agroforestal agroforestals *adj.* 농림의.

agroindústria agroindústries *f.* 농공업, 농가공 산업.

agroindustrial agroindustrials *f.* 농공업의, 농가공 산업의.

agrologia agrologies *f.* 농업 과학, 응용 토양학.

agrònom agrònoma agrònoms agrònomes *adj.* 농학의, 농업 경영에 관한. *-m.f.* 농학자, 농경기사.

agronomia agronomies *f.* 농학, 농경법, 작물학, 농업 경영학.

agronòmic agronòmica agronòmics agronòmiques *adj.* 농학의, 농경법의, 작물학의, 농업 경영의.

agropecuari agropecuària agropecuaris agropecuàries *adj.* 농목의, 농축산의.

agroquímic agroquímica agroquímics agroquímiques *adj.* 농화학의.

agroquímica agroquímiques *f.* 농화학.

agror agrors *f.* 1 신맛, 쓴맛. *agror d'estómac* 위산 과다, 속 쓰림. 2 [비유] 엄함, 가혹; 신랄한 말.

agrós agrosa agrosos agroses *adj.* =agrenc.

agrumar(se) *tr.prnl.* =apilotar(se).

agrumollament agrumollaments *m.* 응결, 응고.

agrumollar-se *prnl.* 응결하다, 응고하다.

agrupació agrupacions *f.* 1 집합, 모임, 소집. 2 결집, 결속. 3 군집, 한패, 그룹(grup), 덩어리. 4 조합, 연맹.

agrupament agrupaments *m.* =agrupació.

agrupar *tr.* 1 집합시키다, 소집하다. 2 결집시키다, 결속시키다. 3 편을 가르다, 당을 만들다. 4 조합·연맹을 만들다. *-se* 모이다, 집합하다, 결속하다, 결집하다.

aguait aguaits *m.* 1 매복, 잠복, 정탐; 엿보기. 2 [비유] 속임수(parany).
a l'aguait 매복해서, 잠복하여, 뒤를 밟아서.
estar a l'aguait 잠복하다; (제때에) 위험을 막다.

aguaitador aguaitadora aguaitadors aguaitadores *adj.m.f.* 매복·잠복하는 (사람), 엿보는 (사람).

aguaitar *tr.* 매복하다, 잠복하다, 숨어서 기다리다, 정탐하다, 엿보다.

aguant aguants *m.* 인내, 참을성.

aguantable aguantables *adj.* 1 참을 수 있는, 견딜 수 있는, 견딜 만한; 용서할 수 있는. 2 지탱할 수 있는.

aguantar *tr.* 1 견디다, 인내하다, 감내하다(endurar). 2 받치다, 지탱하다. *-intr.* 참다. *-se* 꾹 참다, 인내하다.

aguar *tr.* 날을 갈다, 날카롭게 하다, 뾰쪽하게 하다. *-se* 개심하다, 마음·생각을 고치다.

agudesa agudeses *f.* 1 예리함, 날카로움. 2 기민함, 기지. 3 [비유] 신랄함, 신랄한 말투(acudit).

aguditzar *tr.* 1 날카롭게 하다, 뾰쪽하게 하다. 2 강화시키다. 3 더욱 악화시키다. *aguditzar un mal* 질병을 악화시키다. *-se* 1 날카롭게 되다. 2 강화되다. 3 악화되다, 중태에 빠지다.

àguila àguiles *f.* [조류] 독수리, 매.
àguila imperial 흰죽지수리.
àguila marina 물수리의 일종.

aguilenc aguilenca aguilencs aguilenques *adj.* 1 독수리의, 독수리 같은. 2 매부리코의.

aguileta aguiletes *f.* [조류] 매.

aguiló aguilons *m.* (갓 낳은) 새끼 독수리.

aguilot aguilots *m.* =aguilot.

aguisar *tr.* =dreçar, arranjar.

agulla agulles *f.* 1 바늘; 뜨개바늘. 2 (시계·자석의) 바늘. 3 (종의) 추; (재단기의) 날; (저울의) 눈. 4 핀, 갈고리.
agulla de cap 머리핀.
agulla de ganxo 갈고리, 레버, 호크.

agullada agullades *f.* (소몰이용) 회초리; (목동의) 지팡이.

agullat agullats *m.* 상어의 일종.
aguller agullers *m.* **1** 바늘 통, 핀 통. **2** 실 뭉치.
agulló agullons *m.* **1** 바늘, 침. **2** [비유] 박차, 자극(estímul).
agullonar *tr.* **1** 찌르다(punxar). **2** [비유] 자극하다, 박차를 가하다, 독촉하다 (incitar, estimular).
agusament agusaments *m.* agusar하는 일.
agusar *tr.* **1** 날을 갈다, 날카롭게 하다, (끝을) 뾰쪽하게 하다. **2** 자극하다, 선동하다. **3** 예민하게 하다; (눈을) 바짝 뜨다, (귀를) 바짝 기울이다.
agusat agusada agusats agusades *adj.* **1** 날카로운, 날이 선, 예리한, 뾰쪽한. **2** 자극받은, 선동된. **3** 기민한, 빈틈없는.
agustí agustina agustins agustines *adj.* [종교] (가톨릭의) 성 아우구스티누스파의.
-*m.f.* 성 아우구스티누스파의 사제·수녀.
Agustí *n.pr.* 성 아우구스티누스[기독교 초기의 교부, 354-430].
agustinià agustiana agustians agustianes *adj.m.f.* =agustí.
agut aguda aguts agudes *adj.* **1** 날카로운, 뾰쪽한. **2** 재치 있는, 명석한, 머리가 좋은; 날카로운, 예민한, 민감한(subtil), **3** 민첩한, 빈틈없는. **4** [의학] 급성의. **5** [음악] (음이) 높은, 고음의. **6** [문법] 마지막 음절에 악센트가 오는. **7** [수학] 예각의. *angle agut* 예각. **8** (소리·냄새 등이) 콕 찌르는(penetrant); 고성의, 찢어지는 듯한. **9** 통증이 심한.
agutí agutins *m.* [동물] 아구티[기니피그 비슷한 포유동물의 하나로 에콰도르, 엘살바도르, 코스타리카 등에 많음].
agutzil agutzils *m.* **1** 경관, 순경. **2** (시청·법원 등의) 직원, 관리. **3** (옛날의) 시장. **4** 집달관, 감시인.
ah *interj.* [감탄·놀라움·슬픔·고통 등을 표현함] 와!, 아이고!, 아아!
ahir *adv.* 어제.
-*m.* 어제.
ahir a la nit 어제 저녁.

ahucar *tr.intr.* 소리를 내다; (사냥개가) 짖어 대다.
ahucs *m.pl.* 큰 소리, 절규, 외침, 아우성.
ai *interj.* [주로 슬픔·비애·절망·동정·위협 등을 표현하는 감탄사] 아야!, 저런!
-*m.* 한숨, 비명, 저주, 징계, 형벌.
ais i uis 저주, 징계, 형벌.
estar amb l'ai al cor 조바심하고 있다, 간들간들하다.
aidar *tr.* =ajudar.
aigua aigües *f.* 물.
-*f.pl* **1** 빗물, 바닷물, 광천수. **2** 눈물; 오줌. **3** 바다, 해역, 수역, 근해. **4** 조수, 해류. **5** 비(pluja).
aigua beneita 성수(聖水).
aigua carbònica 소다수.
aigua destil·lada 증류수.
aigua dolça 민물, 담수.
aigües jurisdiccionals 영해.
aigua potable 식수.
aigües residuals 산업 폐수, 오물.
Aigua passada no mou molí [속담] 엎질러진 물은 다시 주워 담지 못한다.
estar amb l'aigua [fins] al coll (경제적으로) 어려움에 처하다.
fer aigües (기업이) 약화되다, 쇠하다; 기력이 쇠하다, 기운이 빠지다, 의기소침해지다.
portar l'aigua al seu molí 자기에게 유리한 쪽으로 수를 쓰다.
ser clar com l'aigua [*més clar que l'aigua*] 분명하다.
treure'n l'aigua clara 명확히 알게 되다.
aiguabarreig aiguabarreigs *m.* (강·길·산맥 등의) 분기점, 합류점.
aiguabarrejar-se *prnl.* (강물 등이) 합류하다.
aiguabatent aiguabatents *m.* 갯가, 물가.
aiguabatre *tr.* **1** (폭풍우가) 휘몰아치다, (파도가) 거세게 치다. **2** 이슬에 적시다, (물 같은 것을) 뿌리다(ruixar).
aiguabeneitera aiguabeneiteres *f.* **1** 물통, 설거지통. **2** 성수반; 영세, 세례(pica). **3** 퇴적, 더미. **4** 전조(電槽), 전지, 건전지. **5** 용광로.

aiguacuit aiguacuits *m*. **1** 꼬리. **2** 말미, 말단. **3** (끄는) 자락. **4** 열, 줄.

aiguada aiguades *f*. **1** 소나기(aiguat); 스콜, 폭풍우; 장마. **2** 식수의 보급; 물 마시는 곳, 급수장. **3** 수채화.

aiguader aiguadera aiguaders aiguaderes *adj*. 금주(禁酒)의.
-m.f. 물장수; 샘을 지키는 사람.

aiguafons aiguafons *m*. [건축] 지붕의 두 사면의 골.

aiguafort aiguaforts *m*. 초산(醋酸), 에칭.

aigual aiguals *m*. 빗물이 고인 땅.

aigualejar *tr*. **1** (입을) 물로 가시다, 양치질하다. **2** 헹구다. **3** (이슬에) 적시다, (물 같은 것을) 뿌리다, 흩뿌리다. *-intr*. 이슬이 맺히다, 축축해지다. *-se* 양치질하다.

aigualera aigualeres *f*. **1** 이슬; 이슬방울 같은 것. **2** 가랑비. **3** 축축이 적심.

aigualiment aigualiments *m*. aigualir하는 일.

aigualir *tr*. **1** 물을 타다, 희석시키다. **2** 저지하다, 방해하다, 훼방을 놓다, 흥이 깨지게 하다. *La seva aparició aigualí la festa* 그가 나타나서 파티를 망쳤다. **3** (가축에) 물을 먹이다. *-se* **1** 희석되다, 싱거워지다. **2** 일이 틀어지다, 흥이 깨지다.

aigualit aigualida aigualits aigualides *adj*. **1** 물을 탄, 희석된. **2** 일이 망가진, 흥이 깨진. **3** 금주(禁酒)의.

aigualós aigualosa aigualosos aigualoses *adj*. **1** 물기가 많은, 질퍽질퍽한. **2** (과일 등이) 싱거운, 맛없는.

aiguamans aiguamans *m*. **1** 손 씻는 물. **2** 세면기(recipient).

aiguamarina aiguamarines *f*. [광물] 감록석.

aiguamel aiguamels *f*. **1** 꿀물. **2** 벌꿀술.

aiguamoix aiguamoixos *m*. =aiguamoll.

aiguamoll aiguamolls *m*. 수렁, 늪지; 연못.

aiguanaf aiguanafs *m*. 밀감·오렌지 꽃의 증류액.

aiguaneix aiguaneixos *m*. **1** 샘; 솟아나오는 물. **2** 근원, 원천.

aiguaneu aiguaneus *f*. 진눈깨비.

aiguapedra aiguapedres *f*. 비 우박.

aiguapoll aiguapolls *m*. 무정란.

aiguardent aiguardents *m*. 아과르디엔테 [소주의 일종].

aiguardentí aiguardentina aiguardentins aiguardentines *adj*. 소주 같은, 소주가 들어있는.

aiguarràs aiguarrassos *m*. [화학] 테레빈유; 송진.

aiguat aiguats *m*. 소나기, 스콜, 집중폭우.

aiguatge aiguatges *m*. =aigualera.

aiguatinta aiguatintes *f*. 동판화.

aiguavés aiguavessos *m*. **1** (지붕의) 낙수 통, 물매. **2** 경사면, 경사지, 사면 (斜面).

aiguavessant aiguavessants *m*. =aiguavés.

aigüer aigüera aigüers aigüeres *m.f*. 물장수.

aigüera aigüeres *f*. **1** 싱크대, 접시 씻는 곳; (청소용) 걸레통. **2** 솥솔, 행주. *ser el més calent a l'aigüera* (일이) 어떻게 돌아갈지 아직 알 수 없다.

aigüerada aigüerades *f*. =aigüera[1].

aigüerol aigüerols *m*. **1** 웅덩이 물. **2** *pl*. 싸구려 술; 실속 없는 국물. **3** (말발굽의) 궤양. **4** (상처나 수목 등에서) 나오는 액체. **5** [조류] =aigüerola.

aigüerola aigüeroles *f*. [조류] 굴관조.

aiguós aiguosa aiguosos aiguoses *adj*. **1** 물기가 많은, 수분이 많은. **2** 물의, 물 같은.

aïllable aïllables *adj*. 격리·고립시킬 수 있는, 떼어 놓을 수 있는, 인연을 끊을 수 있는.

aïllacionisme aïllacionismes *m*. 고립주의, 고립 정책.

aïllacionista aïllacionistes *adj*. 고립주의의, 고립 정책의.
-m.f. 고립주의자.

aïlladament *adv*. 고립되어, 격리되어.

aïllador aïlladora aïlladors aïlladores *adj*. **1** 고립된, 격리된; 절연된. **2** [언어] 고립의.
-m. **1** [전기] 절연체, 절연기, 안전 기구, 애자(碍子). **2** (투표소 내의) 기표

소. **3** [언어] 고립어.
aïllament aïllaments *m.* **1** 고립, 격리, 단절(incomunicació). **2** [정치] 쇄국. **3** [전기] 절연.
aïllant aïllants *adj.* 고립시키는, 격리시키는; 절연하는.
-*m.* =aïllador¹.
aïllar *tr.* **1** 고립시키다, 격리시키다. **2** 섬을 만들다. **3** 절연하다, 분리하다 (separar). **-se** 고립되다; 절연되다, 분리되다; 따돌림을 받다.
aïllat aïllada aïllats aïllades *adj.* 고립된, 격리된; 절연된.
aimara aimares *adj.* 아이마라 족[볼리비아와 페루에 접해 있는 티티카카 호(湖) 부근에 사는 부족].
-*m.f.* [남녀동형] 아이마라 족 사람.
-*m.* [언어] 아이마라어.
airada airades *f.* 감기.
aïrament aïraments *m.* 분노, 앙심, 분개, 노여움.
aïrar-se *prnl.* 화나다, 분개하다, 격앙하다; 약이 오르다, 흥분하다.
aire aires *m.* **1** 공기(vent); 대기, 공중. **2** 바람. **3** 외견, 외모, 풍채(aspecte); 분위기. **4** 허영, 우쭐거림, 젠체함.
aire acalanat 틈새 바람.
aire condicionat 에어콘, 냉난방.
aire de família 집안 분위기.
aires de suficiència 거드름 피우는, 거만하게 구는.
en l'aire **1** 하늘에 떠서, 공중에 매달려, 공중에, 공중으로. **2** 방송으로, 방송 중에.
agafar un cop d'aire 감기 걸리다.
canviar d'aires 분위기를 바꾸다, 전지요양하다.
tenir uns aires de gran senyor 젠체하다, 우쭐거리다, 거드름 피우다.
aireferit aireferida aireferits aireferides *adj.* 감기 걸린, (몸이) 안 좋은.
aireig aireigs[airejos] *m.* 환기, 통풍.
airejar *tr.* **1** 환기시키다, 통풍시키다; 바람을 쏘이다. **2** [비유] 새롭게 하다 (renovar). **-se 1** 바람 쐬다. **2** 감기에 걸리다.
airejat airejada airejats airejades *adj.* **1** 환기된, 통풍시킨. **2** 씁쓸한, 신

airejós airejosa airejosos airejoses *adj.* **1** 통풍이 잘되는, 바람이 많은. **2** 우아한, 화려한; 의기양양한, 늠름한.
airós airosa airosos airoses *adj.* =airejós.
airosament *adv.* 우아하게, 화려하게; 의기양양하게.
airositat airositats *f.* **1** 우아함, 화려함. **2** 의기양양함, 늠름함.
aixa aixes *f.* 큰 자귀.
aixà *adv.* =així.
aixada aixades *f.* 괭이, 곡괭이.
aixadell aixadells *m.* **1** 제초기, 제초용 괭이. **2** 제초.
aixadella aixadelles *f.* [aixada의 축소사] 가래.
aixadó aixadons *m.* 큰 괭이.
aixafada aixafades *f.* **1** 짓밟음, 진압. **2** (발을) 밟음.
aixafament aixafaments *m.* **1** 쓰러짐, 무너짐. **2** 쇠약, 병약함. **3** 낙담, 풀이죽음. **4** 굴복, 납작코가 됨. **5** [해사·항공] 풍압각, 편류, 항차, 표류.
aixafapatates aixafaparates *m.* [단·복수동형] (삶은 감자를 가공하는) 감자 압연기.
aixafar *tr.* **1** 납작하게 만들다, 압연하다. **2** 짓밟다, 진압하다. **3** (풀·머리카락 등을) 눕히다, 쓰러뜨리다. **4** 당황하게 만들다, 쩔쩔매게 만들디. **-se 1** 쓰러지다, 무너지다; 진압되다. **2** 주저앉다, 쇠약해지다, 기력이 빠지다, 녹초가 되다.
aixafat aixafada aixafats aixafades *adj.* **1** 눕혀진, 쓰러진; 짓밟힌, 진압된. **2** 쇠약해진, 녹초가 된.
aixafaterrossos aixafaterrossos *m.f.* [단·복수동형] 머슴, 막노동꾼, 막일꾼.
aixafinar *tr.* 구김살을 만들다, 주름을 잡다. **-se** 구김살이 생기다, 주름지다; 오므라들다.
aixamfranar *tr.* 단면을 만들다, 모서리를 치다.
aixamfranat aixamfranada aixamfranats aixamfranades *adj.* 단면이 된, 모서리를 다듬은.
aixaragallar *tr.* 물이 범람하다, 물난리가 나다.

aixec aixecs *m.* **1** [집합] 사냥감이 된 동물. **2** 반란, 봉기, 폭동, 궐기(rebel·lió). **3** 위장 파산.

aixecada aixecades *f.* **1** 올림, 높임; 곧게 세움. **2** 가격 인상, 등귀. **3** [비유] 고양. **4** 반란, 봉기, 궐기(rebel·lió). **5** 위장 파산.

aixecada de camisa 조롱, 조소, 놀려 대기, 골탕 먹임, 속이는 일.

aixecador aixecadora aixecadors aixecadores *adj.* **1** 일으키는, 건설하는; 고양하는. **2** 선동하는, 궐기하는, 반기를 드는.

-m.f. 선동자, 궐기자.

aixecament aixecaments *m.* =aixecada.

aixecar *tr.* **1** 올리다, 높이다, 일으켜 세우다, 곧게 세우다. **2** 고양시키다, 추어올리다(enrairar). **3** (가격을) 인상시키다. **4** 봉기시키다, 선동하다(sublevar). **5** (문제를) 야기시키다(promoure). **-se 1** 일어나다, 서다(llevar-se); 오르다. **2** (가격이) 앙등되다, 인상되다. **3** 봉기하다, 궐기하다(revoltar-se).

aixecar algú (...에게) 힘을 북돋우다, 추켜세우다.

aixecar el setge d'una ciutat 도시의 포위를 풀다.

aixecar la camisa 속이다, 골려 주다.

aixecar la llebre 무심결에 비밀을 누설하다.

aixecar la veu en una assemblea 잘 들리게 말하다.

aixecar-se el temps 날씨가 맑아지다, 구름이 걷히다.

aixella aixelles *f.* (나뭇가지의) 갈래; 겨드랑이.

sota l'aixella 팔 아래에, 나뭇가지 아래에.

aixelleró aixellerons *m.* **1** (옷의) 진동둘레. **2** (권총용) 가죽 케이스.

aixerriar *tr.* (양 떼들이) 목사에 들어가다.

aixeta aixetes *f.* **1** 밸브, 수도꼭지. **2** (술통의) 꼭지. **3** *pl.* [집합] 꼭지, 수도꼭지.

així *adv.* **1** 이렇게, 이와 같이, 이런 식으로. **2** 그렇게, 그와 같이, 그처럼. **3** 비옵건대, 제발.

així així 그럭저럭, 그저 그렇게, 그런 대로.

així i així[*així i així*] 아무려나 마찬가지로.

així com 마찬가지로, 또한, 및.

així com així 이러나저러나.

així doncs 그래서, 따라서, 결국.

així i tot 그럼에도 불구하고, 그렇다 하더라도.

així mateix 마찬가지로, 그와 같이.

així que 그렇기에, 따라서, 결국; ...하자마자.

Així sia! 그렇게 되기를!, 그렇게 되사이다!, 아멘!

així...com ...뿐만 아니라 ...도, ...만큼 ...도.

això *pron.* [중성지시대명사] **1** 그것; 저것; 이것. **2** [경멸적] 이, 저[친구·작자 등의 낮춤말과 함께 쓰임].

Això mai! 그건 말도 안 돼!, 천만에!, 천부당만부당한 일이다!, 그건 아닐세!

Això mateix! 바로 그거야!, 맞아!, 그럼!

això no obstant 그럼에도 불구하고, 그렇지만, 그렇다고는 하나.

això sí que és... 그것은 바로 ...이다.

Això sí que no! =Això mai!

en això 그 점에서, 그 안에서, 그것 때문에.

No hi ha res de tot això 그런 일은 없다, 그건 말도 안 되는 일이다.

per això 그래서, 결국, 그로 말미암아, 그 때문에.

aixol aixols *m.* =aixa.

aixopluc aixoplucs *m.* **1** 엄폐, 비호; 덮개. **2** 피난처, 도피처.

a aixopluc 덮어서, 비호해서.

posar-se a aixopluc 덮다, 비호하다, 엄폐하다.

aixoplugar *tr.* 덮다, 감싸다, 비호하다, 엄폐하다. **-se** 피하다, 피난하다, 대피하다.

aixovar aixovars *m.* **1** 착수금, 보증금. **2** (결혼할 때 남자가 내는) 지참금.

ajaçar *tr.* **1** 자리를 깔다, 눕히다(estirar). **2** 기대다, 기대어 눕히다. **3** (배를) 옆으로 대다. **-se 1** 병상에 눕다. **2** (짐승이) 잠잘 곳에 눕다. **3** 잠자리

에 들다, 눕다(ajeure's).
ajaçat ajaçada ajaçats ajaçades *adj.* 누운, 기대어 누운, 잠든.
ajaure *tr.* =ajeure.
ajeure *tr.* 1 =ajaçar. *ajeure-s'hi* 조심성 없이 눕다. 2 기울이다, 구부리다, 숙이다. **-se** 복종하다, 순종하다.
ajocar-se *prnl.* 1 (새가) 둥지에 들어가다. 2 잠자리에 들다, 눕다.
ajogassat ajogassada ajogassats ajogassades *adj.* 1 장난을 좋아하는, 까부는, 희롱하는. 2 (불꽃이) 널름거리는.
ajornable ajornables *adj.* 지연 가능한, 연기할 수 있는.
ajornalar *tr.* 날품으로 일하다. **-se** 일급으로 고용되다.
ajornament ajornaments *m.* 지연, 연기; (시일·장소의) 지정.
ajornar *tr.* 1 지연하다, 연기하다, 뒤로 미루다. 2 (시일을 지정하여) 소집하다, 분할불로 하다.
ajuda ajudes *f.* 1 도움, 조력, 시중, 원조. 2 수단, 방법, 조치. 3 세장기(洗腸器), 세장약(洗腸藥).
ajudador ajudadora ajudadors ajudadores *m.f.* 거들어 주는 사람, 심부름꾼.
ajudant ajudants *adj.* 돕는, 보좌하는. *-m.f.* 1 조수, 조교, 보좌관, 부관, 보조원(subaltern). 2 임시 직원, 임시 교사.
ajudant de cambra 카메라 조수.
ajudant de camerino 급사, 종업원, 보이, 시종.
ajudant de camp 막료(幕僚), 부관.
ajudantia ajudanties *f.* ajudant의 직책·관직·사무소.
ajudar *tr.* 1 돕다, 거들다, 보좌하다, 원조하다. 2 살려주다, 구조하다, 구원하다(socórrer). *-intr.* 협력하다, 조력하다. *ajudar a viure millor* 더 잘 살도록 도와주다. **-se** 서로 돕다; 도움을 얻다.
Ajuda't i t'ajudaré [속담] 하늘은 스스로 돕는 자를 돕는다.
Ajudeu-me! 도와주세요!, 살려주세요!
déu ajut quan... 아무도 모른다.
ajuntament ajuntaments *m.* 1 시청; 시청사. 2 시의회; 시의회 의사당. 3 회합, 모임, 집회(reunió). 4 만남, 접촉; 연합. 5 교접, 교미; 성교.

ajuntar *tr.* 1 함께 하다. 2 맞추다, 잇다, 연결하다, 접합시키다; 기대어 놓다. 3 소집하다, 집합시키다. 4 모으다, 긁어모으다. **-se** 1 함께 지내다. 2 모이다, 집결하다; 회합하다, 회동하다. 3 한 덩어리가 되다, 결합하다. 4 교미하다, 교접하다.
ajupiment ajupiments *m.* 속임수, 책략, 간책.
ajupir *tr.* 1 웅크리다, 숙이다, 낮게 하다(acotar). 2 (고리·호크에) 걸다, 걸리다(enganxar). 3 따르게 하다, 굴복시키다, 꼼짝 못하게 하다. **-se** 1 (몸·머리를) 수그리다; 웅크리고 앉다, 쭈그리다, 숨다(amagar-se). *fer semblant d'ajupir-se* 비열한 짓을 하다; 숨어서 공격하다, (익명으로) 사람을 공격하다. 2 굴복하다, 복종하다; 겸손해지다 (humiliar-se).
ajupit ajupida ajupits ajupides *adj.* 1 ajupir의. 2 비열한, 야비한. 3 천박한, 비천한.
ajust ajusts[ajustos] *m.* 1 조절, 조정, 끼워 맞춤; (옷이) 꼭 쪼임. 2 결제, 청산. 3 (예산·가격·계약 등의) 결정, 조정. 4 (인쇄의) 정판. 5 모임, 회합(reunió).
ajustable ajustables *adj.* ajustar할 수 있는.
ajustada ajustades *f.* 모임, 회합.
ajustadís ajustaissa ajustadissos ajustadisses *adj.* 모일 수 있는, 한패가 될 수 있는.
ajustador ajustadora ajustadors ajustadores *adj.* ajustar하는. *-m.f.* 1 꼭 맞는 조끼. 2 조정관. 3 (인쇄의) 정판공(operari).
ajustament ajustaments *m.* =ajust.
ajustar *tr.* 1 끼워 맞추다, 조절하다, 알맞게 만들다(encaixar). 2 모으다, 소집하다, 한패로 만들다(ajuntar). 3 결제하다, 청산하다. 4 (문·눈을) 절반쯤 감다. *-intr.* 조절하다, 꼭 들어맞다(adaptar-se); 조화를 이루다, 어울리다. **-se** 조절되다, 적합하다, 순응하다, 해당되다(adaptar-se).
ajustat ajustada ajustats ajustades *adj.* ajustar한.

ajusticiament ajusticiaments *m.* 사형에 처함.
ajusticiar *tr.* 사형에 처하다.
ajusticiat ajusticiada ajusticiats ajusticiades *adj.* 사형에 처한.
-*m.f.* 사형수.
ajut ajuts *m.* **1** 도움, 원조(ajuda). *ajut exterior* 외부의 도움. **2** 중개, 매체; 수단, 방법.
Ajut! 도와주세요!, 살려주세요!
akelarre akelarres *m.* 아켈라레[16-18세기 동안에 바스코 지방에서 마법 행위를 하던 사람들의 모임 장소].
al als *art.* [a + el의 축소형].
ala ales *f.* **1** (동물의) 날개. **2** (산의) 지맥(支脈). **3** (풍차의) 날개; 얼레. **4** [비유] 활력, 활기; 용기, 기력(ànim, coratge).
ala de l'orella [해부] 귓불.
cop d'ala 날개를 펼럭임; 날개로 침.
de cap d'ala 일등급의, 최고의, 고급의.
en ales de ...에 이끌려, ...의 보호·비호아래.
agafar ales 기운을 내다, 사기를 북돋우다.
ala delta anar ala baixa 날개가 처져 있다, 풀이 죽다, 힘이 없다.
batre d'ales 날개를 펼럭이다, 활개를 치다.
caure a algú les ales del cor 낙담하다.
ésser[*estar*] *tocat de l'ala* 나사가 빠져 있다, 온전하지 못하다, 어딘지 모자란 곳이 있다.
tenir un perdigó a l'ala =ésser tocat de l'ala.
tocar-se de l'ala 정신이 나가다, 미치다, 이성을 잃다.
trencar a algú les ales 기세를 꺾다, 꼼짝 못하게 하다, 단념시키다.
alà alana alans alanes *adj.* 알라노족 [5세기 초에 스페인을 침입했던 한 유목 민족]의.
-*m.f.* 알라노 족.
Alà *n.pr.* [종교] 알라[이슬람교의 신].
alabaix alabaixa alabaixos alabaixes *adj.* **1** 날개를 늘어뜨린, 꽁지깃을 처진. **2** 힘이 없는, 축 늘어진, 풀이 죽은.
alabança alabances *f* 찬양, 찬사; 칭송, 칭찬(lloança).
alabar *tr.* 찬양하다; 칭송하다, 칭찬하다 (lloar).
alabarda alabardes *f.* (반달 모양의 칼이 달린) 긴 창.
alabardada alabardades *f.* 알라바르다로 찌르기.
alabardat alabardada alabardats alabardades *adj.* 긴 창 모양의.
alabarder alabarders *m.* **1** 알라바르다로 무장한 병사. **2** *pl.* (중세 말기의) 알라바르다로 무장한 호위대.
-*m.f.* (관중 속의) 박수부대 동원자.
alabastre alabastres *m.* [광물] 설화 석고.
alabastrí alabastrina alabastrins alabastrines *adj.* **1** [광물] 설화 석고의. **2** 눈처럼 흰.
alabatre *tr.* 합금으로 만들다. -*intr.* **1** 날개를 치다. **2** 활개를 치다, 기력을 찾다.
alacaigut alacaiguda alacaiguts alacaigudes *adj.* =alabaix.
alacantí alacantina alacantins alacantines *adj.* 알리칸테의.
-*m.f.* 알리칸테 사람.
alacrà alacrans *m.* [동물] 전갈.
alacritat alacritats *f.* **1** 생기, 활기, 활발함; 기민함, 민첩함. **2** 열렬함, 격렬함.
aladern aladerns *m.* [식물] 쇄기풀.
alaferit alaferida alaferits alaferides *adj.* 날개를 다친.
alalà alalans *m.* (스페인 북부의) 민요.
alàlia alàlies *f.* [의학] 실성증(失聲症) (afonia).
alallarg alallarga alallargs alallargues *adj.* 날개가 큰.
alaman alamana alamans alamanes *adj.* 독일의, 게르만 민족의; 게르만어의.
-*m.f.* 게르만 민족.
-*m.* [언어] 게르만 어.
alamara alamares *f.* (의복의) 장식 끈.
alambí alambins *m.* 증류기.
passar per tots els alambins 여과하

다; 조금씩 내보내다.
alambinar *tr.* **1** 증류하다(destil·lar). **2** (원고를) 탈고하다. **3** 세련되게 하다, 섬세하게 하다(subtilitzar). **4** 꼼꼼하게 살피다, 자세히 검사하다.
alambinat alambinada alambinats alambinades *adj.* alambinar한.
alambó alambons *m.* [식물] (구연나무의) 열매; 토론하[귤의 일종].
alamboner alamboners *m.* [식물] 구연나무; 토론하 나무.
alambor alambors *m.* **1** (돌을 비스듬히 세공하는) 모조(模造) 세공; 모조석(模造石). **2** 우쭐거림, 으스대기, 자만 (ufanor).
alar *tr.* 날개에 상처를 입히다.
alar alars *adj.* **1** 날개의. **2** [식물] 갈라진.
alarb alarbs *m.* 아라비아 사람; 야만인.
alardó alardons *m.* **1** 나무 울타리, 나란히 박은 말뚝. **2** 결투장, 전쟁터.
alarit alarits *m.* **1** 비명. **2** (아라비아 사람들의) 함성.
alarma alarmes *f.* **1** 경보(avís); 경계. **2** [비유] 불안, 초조(inquietud).
alarmant alarmants *adj.* **1** 경보를 울리는. **2** 놀라운, 걱정스러운, 불안스러운, 뒤숭숭하게 하는; 사태가 급박한.
alarmar *tr.* **1** 경보를 울리다, 경계시키다. **2** 두려워 떨게 하다, 초조하게 만들다. **-se 1** 경계하다. **2** 염려하다, 걱정하다, 마음을 조아리다.
alarmisme alarmismes *m.* 야단법석; 잔걱정.
alarmista alarmistes *adj.* 소란케 하는, 잔걱정하는
-m.f. [남녀동형] 그러한 사람.
alat alada alats alades *adj.* **1** 날개 있는, 날개를 단. **2** [식물] 날개 모양의. **3** 잽싼, 날렵한.
alatrencat alatrencada alatrencats alatrencades *adj.* **1** =alabaix. **2** 얼이 빠진, 머리가 둔해진, 미련해진.
alatxa alatxes *f.* [어류] 정어리의 일종.
alatzà alatzana alatzans alatzanes *adj.* 육계색(肉桂色)의, 밤색의.
-m.f. 육계색·밤색의 말.
alb alba albs albes *adj.* [시어] 하얀,

흰, 흰색의(blanc).
alba albes *f.* **1** 새벽, 여명, 서광. **2** 알바[사제의 흰옷, 사제복]. **3** 기상나팔; 여명의 노래.
a trenc d'alba 새벽녘에, 동틀 녘에.
abans de l'alba 동트기 전에, 새벽에.
al rompent de l'alba 동틀 녘에, 동이 틀 때, 날이 밝아올 때.
apuntar l'alba 날이 새기 시작하다.
estel de l'alba 새벽별, 샛별, 금성.
rompre[trencar] l'alba 날이 새다.
albada albades *f.* **1** 새벽; 여명의 노래. **2** 여명문학, 새벽음악[문학·음악의 장르]. **3** [식물] 비누풀.
albaïna albaïnes *f.* **1** 잔잔한 바다, 바람 없음(calma). **2** [의학] 가사(假死); 실신, 기절.
albanell albanells *m.* [조류] 매의 일종.
albanès albanesa albanesos albaneses *adj.* 알바니아(Albània)의.
-m.f. 알바니아 사람.
-m. 알바니아 말.
albarà albarans *m.* 증서; 전세 계약서; 화물 인도표.
albarda albardes *f.* 안장, 길마.
aquesta albarda per a un altre ase [구어] 다른 할 일이 있다, 다른 일을 하다.
posar l'albarda 채비를 하다, 출발 준비를 하다.
albardà albardans *m.* **1** =albarda. **2** 어릿광대(bufó).
albardaneria albardaneries *f.* 어릿광대짓, 익살; 기만, 속임수.
albardar *tr.* **1** 길마를 얹다; 채비를 하다, 행장을 차리다. *albardar amb una xalma* 길마를 얹다. **2** [비유] 속이다, 기만하다(enganyar). **3** (기름에 튀길 것을) 밀가루와 달걀에 버무리다.
albarder albardera albarders albarderes *m.f.* 안장 장수, 안장을 만드는 사람.
albarderia albarderies *f.* 안장 가게.
albardí albardins *m.* [식물] 골풀, 등심초.
albardó albardons *m.* 큰 안장, 길마.
albarrana albarranes *f.* **1** [식물] 백합과 식물. **2** 망대, 망루.

albat albats *m*. **1** 죽은 새끼. **2** 갓난아이, 유아; 새끼. **3** [비유] 잘 속는 사람, 순진해빠진 사람, 천진한 사람.

albatros albatros *m*. [단·복수동형] [조류] 신천옹(信天翁).

albeca albeques *f*. **1** [시어] 순백. **2** 흰자위. **3** 백목.

albellatge albellatges *m*. 작은 언덕, 동산.

albelló albellons *m*. **1** 물받이, 개수통. **2** 도랑, 수채, 하수구. **3** 오물, 폐수.

àlber àlbers *m*. [식물] 포플러, 백양나무. **´àlber blanc** 포플러, 백양나무.

albera alberes *f*. [식물] 포플러 가로수.

albercoc albercocs *m*. [식물] 살구.

albercoquer albercoquers *m*. [식물] 살구나무.

albereda alberedes *f*. =albera.

alberg albergs *m*. **1** 숙박, 숙박소, 숙박지, 호스텔(posada, hostal). *alberg juvenil* 유스 호스텔. **2** (고속도로 변의) 모텔. **3** (동물이) 잠자는 곳, 동굴.

albergada albergades *f*. 야영, 캠프; 야영장, 야영지, 숙영지.

albergar *tr*. 숙박시키다, 숙소를 제공하다, 손님을 들이다. **-se** 숙박하다, 기숙하다; (동굴에서) 지내다.

albergatge albergatges *m*. 숙박(료).

alberge alberges *m*. [식물] 복숭아.

albergener albergeners *m*. [식물] 복숭아나무.

albergínia albergínies *f*. [식물] 가지.

alberginiera alberginieres *f*. [식물] 가지나무.

alberguer alberguera alberguers albergueres *m.f*. 여관 주인, 모텔 주인, 하숙집 주인.

albergueria albergueries *f*. **1** 여관, 모텔; 숙박. **2** 빈민 수용소.

alberguista alberguistes *m.f*. 묵는 사람, 숙박자.

albí albina albins albines *adj*. 피부 색소 결핍증의.
-*m.f*. 백인.

albinisme albinismes *m*. **1** [의학] 색소 결핍증, 피부 백반증. **2** [식물] 백화(白化).

albir albirs *m*. **1** 의지. *lliure[franc] albir* 자유 의지. **2** 의욕, 욕망; 제멋대로 함. **3** (법적인) 관습, 불문율.

albirador albiradora albiradors albiradores *adj*. 어슴푸레 보이는, 희미하게 비치는.

albirament albiraments *m*. **1** 추측, 판단, 징후, 눈짐작. **2** 어슴푸레함, 희미한 불빛.

albirar *tr*. **1** 추측하다, 상상하다; 판단하다. **2** 어렴풋이 비치다, 어슴푸레 보이다, 희미하게 나타나다.

albita albites *f*. [광물] (흰색의) 장석(長石).

albixeres[albíxeres] *f.pl*. **1** 길보(吉報)를 전해 준 데 대한 답례. **2** 축의(금).

albó albons *m*. [식물] 아스포텔[백합과의 식물].

albor albors *f*. **1** 순백. **2** 서광. **3** 여명기, (인생의) 초반기.

albufera albuferes *f*. 늪, 호수.

albugo albugos *m*. [의학] 각막 백반(角膜白斑); 손톱 백반.

àlbum àlbums *m*. 사진첩, 앨범.

albumen albumens *m*. **1** (알의) 흰자위. **2** [식물] 배유(胚乳).

albúmina albúmines *f*. [생물·화학] 단백질, 흰자질.

albuminat albuminada albuminats albuminades *adj*. 단백질의, 흰자질의.
-*m*. 단백을 바른 것, 단백액으로 처리한 것.

albuminoide albuminoides *adj*. albumen 성질을 가진.
-*m*. 알부미노이드[단백질의 일종].

albuminós albuminosa albuminosos albuminoses *adj*. 알부민의, 알부민을 함유한; [식물] 배유가 있는.

albuminúria albuminúries *f*. [의학] 단백뇨.

albúrnia albúrnies *f*. (유약을 칠한) 토기.

alcà alcans *m*. [화학] 알켄[에틸렌계 탄화수소].

alça alces *f*. **1** [경제] (가격·시세 등의) 앙등, 등귀(augment). **2** (총의) 가늠자. **3** 밑받침. **4** (구두의) 깔창. **5** (수문의) 물막이 판. **6** (인쇄의) (오프셋 인쇄를 하기 위한) 필름 판 앉히기.

alcabala 50 **alcoholat**

-interj. [감탄사] **1** [놀라움] 어머나!, 저런! **2** [재촉·독촉] 자!, 어서!, 빨리! **3** [야유·조롱·멸시] 그것 봐!, 꼴좋다!, 집어치워라!

alcabala alcabales *f.* (옛날 행상인의) 매상세.

alcabaler alcabalers *m.* 세금 징수원, 수세관.

alçacoll alçacolls *m.* (법의의) 작은 목걸이.

alçacortina alçacortines *f.* (커튼의) 주름술; 주름술을 거는 철제 걸이.

alçada alçades *f.* **1** 높이 올리기, 높이는 일. **2** [경제] 가격 인상, 가격 앙등(augment). **3** 봉기, 반란. **4** 위장 파산. **5** 높이, 고도(alçària).
de l'alçada d'un campanar [구어] 대단한, 굉장한.

alçador alçadora alçadors alçadores *adj.* 올리는, 높이는.
-m.f. 선동자, 궐기자.

alcaid alcaidessa alcaids alcaidesses *m.f.* 성주, 간수장; 그의 부인.

alcaidia alcaidies *f.* 성주·간수장의 직책·주택.

alcaldada alcaldades *f.* (권력·직권의) 남용, 전횡, 횡포.

alçalde alçaldessa alçaldes alçaldesses *m.f.* (시·군의) 장, 또는 그의 부인; 여자 시장·군수.
tenir el pare alcalde 유력한 연줄이 있다.

alcaldia alcaldies *f.* (시·군의) 직책·관가.

alcalescència alcalescències *f.* 알칼리성, 알칼리질.

alcalí alcalina alcalins alcalines *adj.* 알칼리(성)의.

àlcali àlcalis *m.* [화학] 알칼리.

alcalinitat alcalinitats *f.* 알칼리성.

alcalinitzar *tr.* 알칼리성으로 만들다.

alcalinoterri alcalinotèrria alcalinoterris alcalinotèrries *adj.* 알칼리 토류의.
-m. [화학] 알칼리 토류.

alcaloide alcaloides *adj.* 알칼로이드의, 알칼리 비슷한.
-m. 알칼로이드[식물에 함유된 염기성 물질].

alçament alçaments *m.* **1** 기상, 일어서기; 올리기, 게양. **2** [경제] (가격의) 인상, 앙등. **3** 폭동, 반란, 궐기, 봉기(sublevació). **4** 위장 파산. *alçament de béns* 자산 은닉.

alçaprem alçaprems *m.* 지렛대, 받침쐐기.

alçapremar *tr.* 지렛대로 들어올리다.

alçar *tr.* **1** (기·돛을) 올리다. **2** (목소리 등을) 높이다. *alçar la veu* 목소리를 높이다. **3** (가격을) 올리다(apujar). **4** 받들다, 추대하다. **5** (자산 등을) 숨기다, 횡령하다. **6** (반란·폭동을) 일으키다(revoltar). **-se 1** 오르다, 일어나다. **2** 봉기하다, 반란을 일으키다(revoltar-se). **3** 횡령하다, 착복하다; (...을 가지고) 도망하다; 위장 파산을 하다.
-interj. Alça! 일어나라!

alçària alçàries *f.* 높이, 고도(altura).

alcassaba alcassabes *f.* 성곽, 성채.

alcàsser alcàssers m. 성, 성곽, 요새; 왕궁.

alçat alçada alçats alçades *adj.* **1** 높이 올린. **2** 봉기한, 반란을 일으킨. **3** 위장 파산을 한.
-m. **1** [건축][기계] 설계도. **2** [지질] 융기.

alcavot alcavota alcavots alcavotes *m.f.* **1** 포주, 뚜쟁이; 소문을 따라다니는 사람. **2** 은닉자(encobridor).
-m. (무대의) 막, 현수막(teló).

alcavotejar *intr.tr.* 포주·뚜쟁이 노릇을 하다.

alcavoteria alcavoteries *f.* **1** 포주 짓, 뚜쟁이 짓. **2** 감언이설. **3** 은닉, 복면, 비밀(encobriment).

alcista alcistes *adj.* (시세가) 오르는, 강세의.
-m.f. 주식 투자가.

alcofoll alcofolls *m.* =alcohol.

alcofollar *tr.* =alcoholar.

alcohol alcohols *m.* **1** (화장하는) 분가루. **2** 알코올. **3** 주정음료.

alcoholar *tr.* **1** (눈썹·머리카락 등을) 검은 분가루로 칠하다; 알코올로 씻다. **2** 알코올을 뽑다; (알코올 성분을) 발효시키다.

alcoholat alcoholats *m.* 방향(芳香) 알코올.

alcoholèmia alcoholèmies *f.* 혈중 알코올 농도.
alcohòlic alcohòlica alcohòlics alcohòliques *adj.* 알코올 함유의; 알코올의.
-*m.f.* 알코올 중독자, 술 중독자.
alcoholímetre alcoholímetres *m.* 알코올계, 주정 비중계.
alcoholisme alcoholismes *m.* 알코올 중독.
alcoholització alcoholitzacions *f.* 알코올 포화·정유.
alcoholitzar *tr.* **1** 알코올을 섞다. **2** 주정을 빼다. **-se** 알코올 중독이 되다.
alcoholitzat alcoholitzada alcoholitzats alcoholitzades *adj.* alcoholitzar한.
alcohòmetre alcohòmetres *m.* [속어] =alcoholímetre.
Alcorà *n.pr.* [종교] 코란, 이슬람교 경전.
alcorànic alcorànica alcorànics alcoràniques *adj.* 코란의, 이슬람교 경전의.
alcova alcoves *f.* **1** 침실. **2** (저울의) 바늘상자; 중량 검사소.
alçurar-se *prnl.* 흥분하다, 분위기가 고조되다; 격분하다.
aldarull aldarulls *m.* 소란, 소동, 야단법석, 난리, 폭동(avalot).
aldarulla aldarulles *f.* =aldarull.
aldea aldees *f.* 시골, 마을.
aldeà aldeana aldeans aldeanes *adj.* **1** 시골의, 마을의. **2** 촌스러운, 투박스러운, 교양 없는.
-*m.f.* 시골 사람, 촌사람.
aldehid aldehids *m.* [화학] 알데히드.
aldehídic aldehídica aldehídics aldehídiques *adj.* 알데히드의.
alduf aldufs *m.* **1** 탬버린. **2** 바보, 미련퉁이, 얼간이.
aldufer aldufera aldufers alduferes *m.f.* 탬버린을 치는 사람.
alè alès *m.* **1** 숨, 호흡. **2** 힘, 원기.
aguantar-se l'alè 숨을 죽이다, 잠자코 있다.
beure d'un alè 단숨에 마시다.
fer un alè 한숨을 돌리다.
no fer un alè d'aire 바람 한 점 없다.
perdre l'alè 숨이 가쁘다, 숨이 차다.
prendre alè 원기를 회복하다, 기운이 나다.

aleatori aleatòria aleatoris aleatòries *adj.* **1** 우연의, 예기치 않은, 뜻밖의. **2** 사행적인, 변칙적인. **3** 임의의, 무작위의; 불확실한(incert). **4** 조건부의, 제한적인.
alegrament alegraments *m.* alegrar하는 일.
alegrança alegrances *f.* 기쁨, 즐거움, 환희, 희열.
alegrar *tr.* **1** 기쁘게 하다, 즐겁게 하다; 만족을 주다. *La mainada alegra la festa* 아이들이 축제를 즐겁게 한다. **2** 생기를 돋우다, 싱싱하게 만들다. **3** (불을) 타오르게 하다. **4** 밝게 하다, 아름답게 하다, 미화하다. **-se 1** 기뻐하다, 즐거워하다. **2** 흐뭇해하다, 만족스러워하다. **3** 밝아지다, 훤해지다.
alegre alegres *adj.* **1** 기쁜, 즐거운, 만족스러운. **2** 흥이 난, 얼큰히 취한. **3** (색깔이) 밝은. **4** 생기가 넘치는.
alegrement *adv.* 기쁘게, 즐겁게.
alegria alegries *f.* =alegrança, goig.
fer alegria de 즐겁게 하다.
alegrois *m.pl.* =alegria.
tenir els alegrois 기뻐하다, 즐거워하다, 흐뭇해하다.
alejar *intr.* **1** 날개를 치다. **2** 활개를 치다, 기력을 찾다.
alemany alemanya alemanys alemanyes *adj.* 독일의.
-*m.f.* 독일사람.
-*m.* [언어] 독일어.
alena alenes *f.* 송곳, 굵은 바늘.
alenada alenades *f.* 한 번의 호흡; 일순간.
alenada d'aire 돌풍, 광풍.
alenament alenaments *m.* **1** 숨, 호흡. **2** 힘, 원기, 용기.
alenar *intr.* **1** 호흡하다, 숨을 쉬다. *deixar algú sense alenar* 숨이 차게 하다, 숨 가쁘게 만들다. **2** 용기를 북돋우다, 기운을 북돋우다.
deixar sense alenar 죽게 하다.
alentidor alentidora alentidors alentidores *adj.* **1** 지체하는, 어물거리는. **2** (기계를) 감속시키는.
-*m.f.* alentir하는 사람.
-*m.* [기계] 모더레이터, 조절기, 감속기.

alentiment alentiments *m*. **1** 지체, 지연, 지각; [경제] 지체, 정체. *un alentiment del PIB català* 카탈루냐 GNP의 지체. **2** [영화] 슬로 모션.

alentir *tr*. **1** 지체하다, 지연하다, 어물거리다. *alentir la fase de creixement* 성장단계를 늦추다. **2** (리듬·영상이) 늦게 돌아가다. **-se** 늦어지다, 지체되다; 어물거리다.

alentit alentida alentits alentides *adj*. 지연된, 연기된; 중지된.
-m. **1** (엔진의) 공회전. **2** [영화] 슬로우 모션.

àlep àleps *m*. **1** 땅에 처진 가지. **2** (물레방아의) 물갈퀴. **3** (풍차·추진기·터빈 등의) 날개; 바람개비. **4** (톱니바퀴의) 이. **5** (수문의) 물막이 판.

alerç alerços *m*. [식물] 낙엽송.

aleró alerons *m*. (비행기의) 보조날개.

alerta alertes *f*. 주의, 경계.
-adv. 경계하며, 방심하지 않고.
-interj. 주의하세요!, 조심하세요!
anar alerta 경계심을 가지고 행하다.
estar alerta 경계하다.

alertar *tr*. **1** 주의를 주다, 경고하다; 경계하다, 경계령을 내리다. *alertar la pèrdua de competitivitat* 경쟁력 상실을 경고하다. **2** (위기·위험에) 대비하다, 대처하다.

aleshores *adv*. **1** 그때, 그 당시. *d'aleshores ençà* 그때부터, 계속해서. **2** 그렇다면, 그리하면, 그래서. **3** [형용사적으로 쓰여] 당시의.
fins aleshores 그때까지.

aleta aletes *f*. **1** [어류] 지느러미. **2** (일반적으로) 지느러미같이 생긴 것.
fer l'aleta 날개를 질질 끌다; [비유] 달콤한 말로 접근하다.

aleteig aleteigs[aletejos] *m*. **1** 날개 치는 일, 날개를 펄럭임. **2** 지느러미를 휘저음. **3** [의학] (가슴의) 울렁증.

aletejar *intr.tr*. **1** 날개를 펄럭이다; 해를 치다. **2** 지느러미를 휘젓다. **3** 활개를 치다.

aleutià aleutiana aleutians aleutianes *adj*. 알류샨 열도의.
-m.f. 알류샨 열도의 사람·말.

aleví[1] alevina alevins alevines *m.f*. (9-11세 사이의) 어린이 스포츠선수.

aleví[2] alevins *m*. [어류] 치어; (난황낭(卵黃囊)을 가지고 있는) 연어 새끼.

alexandrí alexandrina alexandrins alexandrines *adj*. **1** 알렉산드리아의. **2** 알렉산더 대왕의.
-m.f. 알렉산드리아 사람.
-m. [문학] 알렉산드리아 격의 시구[12, 14음절로 된 시구].

alfa alfes *f*. **1** 알파[그리스어 자모의 첫 글자]. **2** [비유] 시작, 처음.
l'alfa i l'omega 처음과 끝, 처음이자 마지막인 것; [성서] 그리스도.

alfàbega alfàbegues *f*. =alfàbrega.

alfabet alfabets *m*. 자모, 알파벳; 자모표(abecedari).

alfabet alfabeta alfabets alfabetes *adj*. *m.f*. 글을 아는 (사람).

alfabètic alfabètica alfabètics alfabètiques *adj*. 자모의, 알파벳의; 알파벳순의.

alfabèticament *adv*. 알파벳순으로.

alfabetització alfabetitzacions *f*. **1** 알파벳순의 배열, 알파벳으로 표기하는 일. **2** 알파벳 교육, 독서 교육; 문맹 퇴치.

alfabetitzar *tr*. **1** 알파벳순으로 배열하다, 알파벳으로 표기하다. **2** (읽고 쓰기를) 가르치다, 글을 깨치게 하다, 문맹을 퇴치하다.

alfabetitzat alfabetitzada alfabetitzats alfabetitzades *adj*. alfabetitzar한.

alfàbia alfàbies *f*. 항아리, 단지.

alfàbrega alfàbregues *f*. [식물] 알파브레가[향미료·해열제로 쓰이는 박하 비슷한 향기가 강한 식물].

alfabreguera alfabregueres *f*. [식물] alfàbrega 관목·풀.

alfac alfacs *m*. [주로 복수로 쓰여] (강어귀·해안의) 사주(砂洲), 모래톱.

alfals alfals *m*. [식물] 자주개자리.

alfalsar alfalsars *m*. 자주개자리 밭.

alfange alfanges *m*. (터키·아라비아 인들의) 언월도(偃月刀).

alfanic alfanics *m*. =alfènic.

alfanumèric alfanumèrica alfanumèrics alfanumèriques *adj*. 알파벳과 숫자로 이루어진.

alfaquí alfaquins *m*. (이슬람교의) 법학

박사.

alfarda alfardes *f.* **1** (기독교국가에서의) 이슬람교도의 세금, 용수세. **2** (모로코의) 특별 헌납금.

alfènic alfènics *m.* **1** 꽈배기 과자. **2** 맵시(부리기). **3** 멋쟁이, 풍류객.

alferes alferes *m.f.* [단·복수동형] **1** 기수. **2** [군사] 사관생도; 초급 장교.

alfil alfils *m.* 체스의 말.

alfòndec alfòndecs *m.* 곡물 거래소, 곡류 저장소, 곡물 공설 시장.

alfonsí alfonsina alfonsins alfonsines *adj.* 알폰소 왕파의, 알폰소 현왕의.
-*m.* 알폰소 현왕.

alforger alforgera alforgers alforgeres *adj.* alforja의.
-*m.f.* **1** alforja를 파는 사람. **2** 짐을 나르는 사람. **3** 탁발승.

alforja alforges *f.* 전대, 여행용 자루; 여행용 식량.

dur sempre l'alforja al coll 항상 경계를 게을리 하지 않다.

preparar l'alforja (여행을) 준비하다, 짐을 꾸리다.

alforrador alforradora alforradors alforradores *adj.* **1** 절약하는, 저축하는. **2** 절약가, 검약가.

alforrament alforraments *m.* **1** 저금, 저축. **2** 절약.

alforrar *tr.* **1** 저축하다. **2** (돈·시간·에너지 등을) 절약하다, 아끼다(estalviar). **3** 갑옷을 입다, 무장하다.

alga algues *f.* [식물] 해조, 바닷말, 김.

algàlia algàlies *f.* **1** 사향(麝香). **2** [식물] 어저귀의 일종. **3** [해부] 도뇨관(導尿管).

algara algares *f.* **1** (적진에 침입하는) 기마병; 그러한 침입. **2** (달걀·양파의) 얇은 껍질.

algarada algarades *f.* **1** =algara. **2** 말다툼, 대소동; (댄스) 파티; (냇물 등의) 촬촬거리는 소리.

algaravia algaravies *f.* **1** [언어] 아라비아어. **2** 영문 모를 말, 헛소리, 넋두리. **3** 아우성, 왁자지껄, 소란. **4** [식물] 송이풀.

àlgebra àlgebres *f.* **1** [수학] 대수(代數), 대수학. **2** [의학] (고대의) 정골술(整骨術).

algèbric algèbrica algèbrics algèbriques *adj.* 대수(학)의.

algèbricament *adv.* 대수학적으로.

algebrista algebristes *m.f.* **1** 대수학자. **2** 정골의(整骨醫).

algeps algeps *m.* [단·복수동형] 석고상, 석고 채굴장(guix).

algepsar algepsars *m.* =algeps.

algepseria algepseries *f.* 석고 공장, 석고점, 석고 세공(품).

algerí algerina algerins algerines *adj. m.f.* 알제[Alger, 알제리아의 수도]의 (사람).

algerià algeriana algerians algerianes *adj.m.f.* 알제리아의 (사람).

àlgia àlgies *f.* [의학] 국부통증.

àlgid àlgida àlgids àlgides *adj.* **1** 몹시 추운; [의학] 오한이 나는. **2** [속어] 최고조의, 한창인.

algidesa algideses *f.* [의학] 한기, 오한.

algofilia algofilies *f.* [의학] (육체적 고통을 즐기는) 병의 일종.

algologia algologies *f.* 해조학.

algorisme algorismes *m.* 산술, 아라비아 숫자 계산법.

algorísmia algorísmies *f.* 산술, 계산.

algoritme algoritmes *m.* =algorisme.

algorítmic algorítmica algorítmics algorítmiques *adj.* 산술의, 계산의.

algú *pron.* **1** 누가, 누구, 누군가. *fer-se amb algú* 잘 지내다, 사이가 좋다. **2** 어떤 것, 어떠한 것들. **3** [비유] (중요한) 인물.

algun alguna alguns algunes *adj.* **1** 어느, 어떤, 얼마간의. *A París, visitaré algun museu* 파리에서 박물관을 방문할 예정이다. **2** 상당한. **3** ...같은 것의, ...의 기분으로.

alguna cosa 무엇, 어떤 것. *En això hi ha alguna cosa de veritat* 그 안에 뭔가 진실된 것이 있다.

alguna vegada o una altra 이따금.

alhora *adv.* 동시에, 함께.

ali alis *m.* (카드놀이에서) 같은 무늬나 같은 수의 패가 둘, 셋이 되는 경우.

fer ali 한마음이 되다, 몹시 친한 사이가 되다.

aliable *adj.* aliar할 수 있는.
aliacrà *m.* [의학][고어] 황달.
aliadòfil aliadòfila aliadòfils aliadòfiles *adj.m.f.* (제1차 세계 대전 때) 연합군 측의 (사람), 연합군을 지원하는 (사람).
aliança aliances *f.* **1** 동맹, 연맹, 제휴, 결연(unió). *per aliança* 동맹하여, 제휴하여. **2** 협정, 협약, 언약. **3** 연줄.
  arca d'aliança [성서] (십계를 새긴 돌을 넣은) 언약궤.
aliar *tr.* **1** 동맹하다, 연합하다, 제휴하다. **2** 합금으로 만들다. **-se** 동맹하다, 연합하다, 제휴하다(unir-se).
aliat aliada aliats aliades *adj.* 동맹한, 연맹을 맺은, 연합한, 제휴한.
  -m.f. 동맹자, 연맹자, 제휴자.
  -m. 동맹국, 연합국.
aliatge aliatges *m.* 합금.
àlibi àlibis *m.* 알리바이, 부재증명(不在證明).
alicatat alicatats *m.* (아라비아식의) 당초(唐草) 무늬의 타일 공사.
alicates *f.pl.* 펜치, 집게, 장도리.
aliè aliena aliens alienes *adj.* **1** 남의, 타인의, 다른 사람의, 외간의. **2** [전치사 a와 함께 쓰여] 다른, 관계없는; 어울리지 않는(estrany).
  ésser aliè a 다르다, 관계없다.
alienable alienables *adj.* 양도할 수 있는, 넘겨줄 수 있는.
alienació alienacions *f.* **1** (소유권의) 양도, 이전. **2** 발주(發注). **3** 발광, 광란.
alienant alienants *adj.* **1** 양도할 수 있는. **2** 발광시키는, 미치게 만드는.
alienar *tr.* **1** 양도하다, 이전하다. **2** (우정·사랑 등을) 버리다. **3** 미치게 하다, 발광시키다, 정신 나가게 만들다. **-se** 발광하다, 미치다, 정신 나가다.
alienat alienada alienats alienades *adj.* **1** 양도한, 이전한. **2** 미친, 발광한, 광기의.
  -m.f. alienar하는 사람.
alienígena alienígenes *adj.* 외래의, 외국의.
  -m.f. 외래인, 외국인.
alienista alienistes *adj.* 정신병의.
  -m.f. 정신과 의사, 정신병학자.
àlies *adv.* 별명으로, 별칭으로.
  -m. 별명, 별칭(sobrenom).
alifac alifacs *m.* **1** [의학] (관절의) 종양. **2** [속어] 지병, 만성병.
alifara alifares *f.* [방언] 초대, 초연.
àliga àligues *f.* =àguila.
alíger alígera alígers alígeres *adj.* **1** [시어] 날개를 가진. **2** 빠른, 신속한.
aligó aligons *m.* =aguiló.
aligot aligots *m.* =aguilot.
aliguer aliguers *m.* **1** 작은 세계. **2** (정치·언론 등의) ...계.
alimara alimares *f.* **1** 봉화, 신호등(foguera). **2** *pl.* 제단에 켜놓는 불; (행사 때 밝혀 놓는) 조명, 전등 장식.
aliment aliments *m.* **1** 음식, 식품. **2** 영양물, 자양물.
  donar aliment a un vici[passió, sentiment] 악[정열·감정]을 돋우다.
alimentació alimentacions *f.* **1** 영양; 영양 섭취. **2** 급식, 영양 공급. **3** 공급, 보급, 급유, 급수.
alimentador alimentadora alimentadors alimentadores *adj.* 공급, 보급하는; 급유하는, 급수하는.
  -m.f. 공급자, 보급자, 급유기, 급수기.
alimentar *tr.* **1** 부양하다. **2** 급식하다, 영양을 공급하다. **3** 공급하다, 보급하다. **4** 급유하다, 급수하다(fornir). **5** [비유] (문제를) 일으키다. *alimentar polèmiques* 논란을 일으키다. **-se** (음식을) 섭취하다.
  alimentar un vici[passió, sentiment] 악[정열·감정]을 돋우다.
alimentari alimentària alimentaris alimentàries *adj.* **1** 부양의, 영양의; 식이요법의. **2** 식료품의.
alimentista alimentistes *m.f.* [법률] 피부양자.
alimentós alimentosa alimentosos alimentoses *adj.* 영양이 되는, 영양이 풍부한.
alineació alineacions *f.* **1** 정렬, 라인업; (선수의) 선발. **2** [정치] 제휴, 연대. **3** (노선의) 설계도.
alineament alineaments *m.* =alineació.
alinear *tr.* (일직선으로) 정리하다, 정렬하다, 일렬로 세우다.
alineat alineada alineats alineades *adj.*

alípede alípedes *adj.* [시어] 다리에 날개를 가진.

aliquanta aliquantes *adj.* 나눌 수 없는. *-f.* [수학] 비정제수.

alíquota aliquotes *adj.* **1** 나눌 수 있는. **2** 비례한, 균형을 이룬. *-f.* [수학] 정제수.

aliret alirets *m.* **1** 고함 소리, 비명; 날카로운 소리, (삐걱·끽끽거리는) 소리 (esgarip). **2** (말의) 울부짖는 소리.

alís alisa alisos alises *adj.* 효모를 쓰지 않는 빵.
estar alís 너무 익은, 생기가 없는, 풀이 죽은.

alisis alisis *adj.* [단·복수동형] 무역풍의. *-m.pl.* [기상] 무역풍(vents).

aljama aljames *f.* **1** (유대인이나 아라비아인의) 회합·집회. **2** 유대 교회, 회교 사원.

aljamia aljamies *f.* 아라비아 문자로 쓰인 스페인어; 그 문자나 문학.

aljamiat aljamiada aljamiats aljamiades *adj.* aljamia로 쓰인·말한.

aljava aljaves *f.* **1** 화살통, 전통. **2** 십자가의 밑받침(carcaix).

aljub aljubs *m.* **1** 빗물통, 개수통. **2** 급수선, 유조선. **3** (배의) 물탱크; 저수지. **4** 샘, 우물.

aljuber aljubera aljubers aljuberes *m.f.* aljub을 관리하는 사람.

all alls *m.* [식물] 마늘.
alls i herbes 곁두리로 쓰는 마늘·야채 양념.

allà *adv.* **1** 저기, 저곳에서, 저곳으로. **2** 그때, 그럴 즈음에.

Al·là *n.pr.* [종교] 알라[이슬람교의 신].

allada allades *f.* **1** 마늘과 소금을 넣은 빵. **2** 소스, 마늘 소스.

allancejar *tr.* **1** (창으로) 찌르다, 쑤시다. **2** 빈정대다, 빗대다, 풍자하다.

al·lantoide al·lantoides *f.* [해부] 요막(尿膜), 오줌주머니.

allar allars *m.* 마늘 밭.

allarg allargs *m.* **1** allargar하는 일. **2** *pl.* 지체, 지연.
donar allargs () 질질 끌다.

allargada allargades *f.* **1** 닿음; (팔이 닿는) 범위·거리. **2** [군사] 사정거리, 착탄 거리. *de molta allargada* 먼 사정거리의; (...이) 멀리 미치는. **3** 능력, 재능, 지능. **4** (내용적인) 깊이. **5** 추적, 미행. **6** 부족액, 적자, 결손.

allargador allargadora allargadors allargadores *adj.* 길게 뻗치는; 늘리는, 연장하는; 지연하는.
-m. (길이를 연장하는) 이음 관·코드.

allargament allargaments *m.* allargar하는 일.

allargar *tr.* **1** 길게 하다, 늘어뜨리다; 뻗치다. *no allargar gaire* 멀리 미치지 않다. **2** 늦추다, 느슨하게 하다. **3** 연장하다, 연기하다, 지연하다. **4** 내밀다, 건네주다. **5** 증가시키다, 늘리다, 확대하다. *-intr.* **1** 미치다, 도달하다. **2** 참다, 견디다. **3** 충분하다. *-se* **1** 길어지다. *allargar-se en discussions* 토론이 길어지다. **2** 늦춰지다, 느슨해지다. **3** 연장되다, 연기되다. **4** 증가되다, 확대되다. **5** 나누어지다, 분리되다. **6** 떠나다, 멀어지다, 달아나다.
allargar-se de paraules 깜빡 실언하다, 말이 헛나가다.
no allargar gaire [비유] 총명하지 못하다; 이해력이 부족하다.

allargassar *tr.* **1** 잡아당기다, 늘이다, 펼치다(estiregassar). **2** 다리미질을 하다. **3** 질질 끌다. **4** (돈을) 인색하게 쓰다. *-se* **1** (다리를) 뻗다, 늘어지다. **2** 기지개를 켜다.

allargat allargada allargats allargades *adj.* allargar한.

allargues *f.pl. donar allargues* 질질 끌다.

allau allaus *f.* **1** 눈사태, 설붕(雪崩); 산사태. **2** [비유] (인파·주문 등의) 쇄도·홍수.

al·legació al·legacions *f.* **1** 단언, 주장. **2** 진술. **3** 논증, 변론, 변증.

al·legador al·legadora al·legadors al·legadores *adj.* al·legar하는.

al·legar *tr.* **1** 단언하다, 주장하다. **2** 진술하다. **3** 변명으로 내세우다; (근거를) 인용하다.

al·legat al·legats *m.* **1** [법률] (변호사의) 변론서. **2** 입씨름, 말다툼, 언쟁.

al·legoria al·legories *f.* 우화, 우의, 비유; 우의화(寓意畵), 우의 시문.
al·legòric al·legòrica al·legòrics al·legoriques *adj.* 우화의, 우의적인, 풍유적인, 비유적인.
al·legòricament *adv.* 우의적으로, 비유적으로.
al·legorisme al·legorismes *m.* 우의, 풍유(諷諭); (성서의) 비유적 해석.
al·legorització al·legoritzacions *f.* 우의화(寓意化), 비유, 우의적 표현.
al·legoritzar *tr.* 우의적으로 표현하다, 빗대서 말하다.
allegretto *adv.* [음악] 조금 빨리.
-*m.* [음악] 알레그레토.
allegro *adv.* [음악] 빠르게.
-*m.* [음악] 알레그로, 빠른 곡.
al·leluia *interj.* 할렐루야!
-*m.* 할렐루야 (찬양). *cantar al·leluia* 할렐루야 찬양을 부르다.
allèn *adv.* 더욱이, 게다가, 그 밖에.
allenyar *tr.* 장작·땔감을 준비하다.
aller allers *m.* =allar.
al·lèrgia al·lèrgies *f.* [의학] 알레르기 (증상).
al·lèrgic al·lèrgica al·lèrgics al·lèrgiques *adj.* 알레르기성의, 알레르기 체질의.
al·lergòleg al·lergòloga al·lergòlegs al·lergòlogues *m.f.* 알레르기 전문의.
al·lergologia al·lergologies *f.* 알레르기학.
alletament alletaments *m.* **1** 젖을 먹임, 수유. **2** 양육. **3** 수유기(授乳期).
alletar *tr.* **1** 젖을 먹이다, 수유하다. **2** 기르다, 양육하다.
alleugerar *tr.* =alleugerir.
alleugeridor alleugeridora alleugeridors alleugeridores *adj.* **1** 경감하는, 완화하는. **2** 호전되는, 회복되는. **3** 안도하는.
alleugeriment alleugeriments *m.* **1** 경감, 줄어듦. **2** 쾌차, 호전, 회복. **3** 한숨 돌림, 안도. **4** 급속, 서두름.
alleugerir *tr.* **1** 덜어 주다, 가볍게 하다, 경감하다. *alleugerir la maleta* 가방을 가볍게 하다. **2** 호전시키다, 회복시키다. **3** 편하게 하다, 돕다, 도와주다. *alleugerir el trànsit de viatgers* 여행객의 트랜싯을 편리하게 하다. **4** (걸음을) 재촉하다, 서둘다, 속도를 내다(accelerar). **-se 1** (고통을) 덜다, 줄이다, 완화하다, 누그러지다. **2** (질병 등이) 호전되다, 회복되다. **3** 안심하다.
alleujador alleujadora alleujadors alleujadores *adj.* =alleugeridor.
alleujament alleujaments *m.* =alleugeriment.
alleujar *tr.* =alleugerir.
allevadís allevadissa allevadissos allevadisses *adj.* (죄를) 씌우는, 전가하는.
allevar *tr.* (죄·책임 등을) 뒤집어씌우다, 전가하다.
allí *adv.* **1** 저기, 저곳에, 저곳으로, 저곳에서. *allí enllà* 저 멀리에. **2** 그때, 그럴 즈음에.
al·liaci al·liàcia al·liacis al·liàcies *adj.* (냄새·맛이) 마늘 같은.
al·liària al·liàries *f.* [식물] 겨자, 갓.
alliberació alliberacions *f.* =alliberament.
alliberador alliberadora alliberadors alliberadores *adj.* **1** 해방하는, 석방하는. **2** 해제하는, 면제하는.
-*m.f.* 해방자, 구조자.
alliberament alliberaments *m.* **1** 해방, 석방. **2** (차압의) 해제, 면제. **3** 구조, 구제. **4** 분만.
alliberar *tr.* **1** 자유를 주다, 해방하다, 석방하다. **2** 면제하다, 면하게 하다. **3** 구조하다, 구제하다.
alliberat alliberada alliberats alliberades *adj.* alliberar된.
al·licient al·licients *m.* **1** 매력, 마력. **2** 미끼, 유혹, 유인, 동기, 자극물.
alliçonador alliçonadora alliçonadors alliçonadores *adj.* alliçonar하는.
alliçonament alliçonaments *m.* **1** 교육, 가르침, 지도. **2** 훈련, 교련. **3** 학식, 지식; 교훈. **4** 통지 사항, 알아둘 일. **5** [법률] 조서(調書), 조서 작성, 심리(審理).
alliçonar *tr.* **1** 가르치다, 교수하다, 교육하다. *alliçonar els altres* 다른 사람들을 교육하다. **2** [군사] 훈련하다, 교련하다. **3** 알게 하다, 통지하다, 보고하다. **4** 심리하다, 조서를 꾸미다.

al·ligació al·ligacions *f.* **1** 혼합, 결합. **2** 합금. **3** [수학] 혼합법.
regla d'al·ligació 혼합법.
al·ligar *tr.* **1** 혼합하다, 결합하다. **2** 합금하다.
al·ligàtor al·ligàtors *m.* [동물] 앨리게이터 [아프리카의 악어].
allioli alliolis *m.* 마늘 소스, 고추 소스.
allisada allisades *f.* **1** 윤이 나게 함, 반질반질하게 함. **2** 빗질, 다리미질, 대패질. **3** 두들겨 패기, 매질, 몽둥이질 (pallissa). **4** [비유] 꾸중, 질책, 나무람 (reny).
clavar una allisada 혼내 주다, 채찍질하다.
allisador allisadora allisadors allisadores *adj.m.f.* allisar하는.
allisadures *f.pl.* 대팻밥.
allisar *tr.* **1** 반질반질하게 하다, 윤이 나게 하다. **2** 빗질하다; 다리미질하다; 대패로 밀다. *allisar els cabells* 머리를 빗다. **3** 꾸짖다, 나무라다, 혼내 주다. **-se** 덮다, 쐬우다.
allisar-se el cel (...을) 쐬우다, 덮다.
allistador allistadora allistadors allistadores *m.f.* 서무계원, 총무부원, 징병담당자.
allistament allistaments *m.* **1** (명부·병적) 등록, 징병. **2** [집합] 장병.
allistar *tr.* **1** 리스트·명부에 올리다; (병적에) 편입하다. **2** 준비하다. **-se** 명부·병적에 올리다, 입대하다, 가입하다.
allistat allistada allistats allistades *adj.* 명부·병적에 올린, 입대한, 편입한.
allitar *tr.* 눕히다, (자리를) 깔다; (환자를) 눕히다. **-se** 병상에 눕다, 몸이 편찮다; (짐승이) 자리에 눕다.
al·literació al·literacions *f.* **1** 익살, 신소리. **2** 첩운법(疊韻法).
allò *pron.* **1** 저것, 저 일, 그 일. **2** ...하는 일·사람. **3** [경멸적] 저 녀석·작자.
d'allò més 다량으로, 듬뿍, 풍족하게.
d'allò que no hi ha 대단한, 굉장한, 엄청난.
ésser d'allò que no hi ha 대단하다, 굉장하다, 최고다.
allocar-se *prnl.* 보금자리에 들다.
al·locució al·locucions *f.* **1** 연설, 강연. **2** 훈시, 고유(告諭); (추기경 회의, 단체 알현 등에서의) 교황 담화.
al·lòfon al·lòfons *m.* [음성] 이음(異音), 변이음(變異音)[동일한 음소(音素)에 속하는 다른 음].
al·lofonia al·lofonies *f.* [음성] 변이음 현상.
al·lofònic al·lofònica al·lofònics al·lofòniques *adj.* [음성] 변이음의, 변이음 현상의.
al·logen al·lògena al·logens al·lògenes *adj.* 다른 민족의, 다른 지방·곳 출신의.
al·loglot al·loglota al·loglots al·loglotes *adj.* (한 국가 내에) 다른 언어의.
al·lomorf al·lomorfa al·lomorfs al·lomorfes *adj.* **1** [광물] 이형가상(異形假像)의. **2** 변이형의.
-m. [언어] 변이형.
al·lomorfisme al·lomorfismes *m.* [화학] [광물] 동소(同素), 동질이상.
al·lòpata al·lòpates *adj.* [의학] 대증(對症) 요법을 쓰는.
-m.f. [남녀동형] 대증 요법 의사.
al·lopatia al·lopaties *f.* [의학] 대증 요법.
al·lopàtic al·lopàtica al·lopàtics al·lopàtiques *adj.* 대증 요법의.
al·lós allosa allosos alloses *adj.* (냄새·맛이) 마늘 같은.
al·lot al·lota al·lots al·lotes *m.f.* **1** 소년, 소녀. **2** 젊은이. **3** 급사, 심부름꾼, 웨이터.
al·lotada al·lotades *f.* 어린애 짓, 유치한 짓.
allotjament allotjaments *m.* **1** 숙박 (시설), 하숙, 기숙; 여인숙. **2** 숙영(지).
donar allotjament 숙박시키다, 투숙시키다.
allotjar *tr.* (먹고 잘 곳을) 제공하다, 숙박시키다, 투숙시키다, 숙영시키다. **-se** **1** 숙박하다, 유(留)하다, 기숙하다. **2** (총알이) 박히다(ficar-se).
allotjat allotjada allotjats allotjades *adj.* 숙식할 곳을 얻은, 숙박한, 기숙한, 숙영한.
al·lotròpic al·lotròpica al·lotròpics al·lotròpiques *adj.* 동소체의.

al·lucinació al·lucinacions f. **1** 환각, 착각, 현혹; 환상, 망상. **2** [구어] 놀라움, 경이, 놀라게 하는 일, 감탄할 만한 일.

al·lucinador al·lucinadora al·lucinadors al·lucinadores adj. 현혹시키는, 놀라게 하는.

al·lucinant al·lucinants adj. =al·lucinador.

al·lucinar tr. **1** 현혹시키다, 착각에 빠뜨리다. **2** [구어] 놀라게 하다, 감탄하게 하다.

al·lucinat al·lucinada al·lucinats al·lucinades adj. al·lucinar한.

al·lucinogen al·lucinogena al·lucinogens al·lucinogenes adj. 환각을 일으키는, 환각제의.
-m. 환각제.

al·ludir tr.intr. 암시하다, 시사하다(referir-se); 힌트를 주다, 은연중에 말하다.

al·ludit al·ludida al·ludits al·ludides adj. 넌지시 암시한.
donar-se[sentir-se, considerar-se] per al·ludit 알아차리다, 깨닫다.

alluentar tr. 광을 내다, 윤나게 하다.

allunament allunaments m. 달 착륙, 월면 착지.

allunar intr.tr. 달에 착륙하다, 월면 착지 하다.

allunat allunada allunats allunades adj. 달에 착륙한.

allunyament allunyaments m. **1** 멀리함, 거리를 둠, 소원해짐. **2** 격리, 분리.

allunyar tr. **1** 멀리하다. **2** 나누다, 분리하다; 따로 떼다. **3** (지불을) 지연하다, 늦추다. *allunyar el pagament d'una lletra* 어음 지불을 늦추다. **-se 1** 멀어지다, 갈라지다, 떨어지다. *allunyar-se molt de la realitat* 현실로부터 동떨어지다. **2** 이혼하다.

allunyat allunyada allunyats allunyades adj. allunyar한.

al·lusió al·lusions f. 시사, 암시, 힌트; 참고, 인용.

al·lusiu al·lusiva al·lusius al·lusives adj. 시사하는, 암시적인; 참고하는, 인용하는.

al·luvial al·luvials adj. **1** 홍수의, 범람하는. **2** [지질] 충적(沖積)의.

al·luvió al·luvions m. **1** 홍수, 범람(inundació). **2** [지질] 충적토.

almadrava almadraves f. **1** [어류] 다랑어. **2** 다랑어 낚시; 다랑어 어장.

almadraver almadravera almadravers almadraveres m.f. 다랑어 어부.

almanac almanacs m. 달력, 연감.

almandina almandines f. [광물] 귀석류석.

almàssera almàsseres f. 올리브유를 짜는 물레방아.

almenys adv. 적어도, 최소한, 하다못해.

almesc almescs m. 사향.

almescar tr. 사향을 뿌리다.

almesquera almesqueres f. [동물] 사향뒤쥐.

almesquí almesquins m. **1** [식물] 황수선화. **2** 연한 황색.

almirall almirallessa almiralls almirallesses m.f. 제독, 해군대장, 함대사령관.

almirallat almirallats m. 해군본부; almirall의 직·관구.

almívar almívars m. **1** 단 꿀, 시럽, 사탕발림. **2** 연하고 달콤한 과일즙.

almogàver almogàvers m. [역사] (옛날의) 적지에 들어가 약탈을 목적으로 선발된 병사.

almogaveria almogaveries f. 약탈 부대.

almohade almohades adj. 알모하드 족[알모라비데 제국을 멸망시킨 12세기의 아프리카 이슬람 족]의.
-m.f. 알모하드 족.

almoina almoines f. **1** 연보(捐補), 헌금; 시주; 희사. **2** 동냥.

almoinar tr. 구걸하다, 얻어먹다, 동냥하다.

almoiner almoinera almoiners almoineres m.f. 걸인, 동냥하는 사람.

almoràvit almoràvits adj. 알모라비데 족의.
-m.f. [남녀동형] 알모라비데 족[1093-1148까지 스페인을 통치한 민족, 11세기 중엽 서부 아프리카에 대제국을 건설].

almosta almostes f. 두 손으로 움켜쥘

almud almuds *m.* 곡식 분량의 단위.

almussa almusses *f.* 앞자락이 벌어진 비옷, 덮개; 주교복.

àloe àloes *m.* [식물] 알로에, 노회(蘆薈); (북미의) 용설란.

aloètic aloètica aloètics aloètiques *adj.* 알로에의, 노회의.

alopècia alopècies *f.* [의학] 탈모증, 독두병(禿頭病).

alopècic alopècica alopècics alopèciques *adj.* [의학] 탈모증의, 독두병의.

alosa aloses *f.* **1** [조류] 종달새. **2** [어류] 송어(saboga).

alot alots *m.* [해부] **1** 지느러미. **2** (일반적으로) 지느러미같이 생긴 것. **3** 돌기물, 돌출부.

alou alous *m.* (대지의) 비과세 부동산; 자유 지역.

alpaca alpaques *f.* **1** [동물] 알파카[낙타과에 속하는 사슴 크기의 반추 동물]. **2** 알파카 털; 알파카로 만든 옷.

alpestre alpestres *adj.* =alpí.

alpí alpina alpins alpines *adj.* **1** 알프스 산의. **2** 험준한, 고산의. **3** 산악의, 등산의.

alpinisme alpinismes *m.* 등산, 산악 등반.

alpinista alpinistes *m.f.* [남녀동형] 등산가, 산악부 회원, 산악부 대원.

Alps *n.pr.* [지리] 알프스 산·산맥.

alqueria alqueries *f.* 농가; (농장 내의) 주택, 별장.

alquímia alquimies *f.* 연금술.

alquimista alquimistes *m.* 연금술사.

als [전치사 a와 남성 관사 복수형 els의 축약형] *Donaré la carta als nois* 편지를 그 애들에게 보내겠다.

alsacià alsaciana alsacians alsacianes *adj.m.f.* 알자스(Alsàcia) 지방의 (사람). *-m.* 알자스 지방 방언.

alt alta alts altes *adj.* **1** 높은, 고도의. *alta fidelitat* 고밀도의. **2** 키가 큰. **3** 위에 있는, 높은 데 위치한. **4** (풍랑이) 높아진, 심해진. **5** (시각·시기가) 늦은, 깊어진. *altes hores* 늦은 시각에. **6** 뛰어난, 우수한. **7** (소리가) 큰(fort).
-m. **1** 고도, 높이. **2** 높은 지대, 언덕. **3** *pl.* (하층에 비해) 상층, 위층. **4** 중지, 정지, 휴지. **5** [음악] 중음부, 알토.
-adv. 세게, 크게, 높이.
-interj. 정지!, 서라!

alt relleu 높은 부조.

alts i baixos [지질] (대지의) 고저, 기복; (인생의) 부침(浮沈), 기복.

en veu alta 큰 소리로.

anar amb el cap alt 도도하게 굴다; 당당하게 행동하다.

passar per alt 간과하다.

alta altes *f.* **1** [의학] 완쾌 퇴원 명령. **2** [군사] 현역 소집 증명서. **3** 원대 복귀, 복직; 기능 회복, 재가동. **4** (특정 직업의) 영업 신고.

donar d'alta 퇴원을 허가하다; 현역 소집하다; 원대복귀 하다; 재가동하다.

altaic altaica altaics altaiques *adj.* 알타이(Altai)계의, 알타이 인종의.

altament *adv.* 높게, 극도로.

altar altars *m.* 제단, 제대; 성찬대.

altaveu altaveus *m.* 확성기.

altejar *intr.* =altear.

altell altells *m.* **1** 작은 언덕, 높은 지대. **2** (교회·성당의) 앞 복도.

alter ego *m[f].llat.* 제2의 자아; 친구.

alterabilitat alterabilitats *f.* 가변성, 불안정성.

alterable alterables *adj.* 바꿀 수 있는.

alteració alteracions *f.* **1** 변화, 변질; 변동 **2** 개작, 변조. **3** 동요, 불안, (환자의) 불안정한 상태. **4** [지질] 변동.

alterador alteradora alteradors alteradores *adj.* 바꾸는, 변질시키는; 동요하는, 당황하는.

alterament alteraments *m.* =alteració.

alterar *tr.* **1** 바꾸다, 변질시키다. **2** 개작하다, 변조하다(falsificar). **3** (마음을) 동요시키다(agitar). **-se 1** 변하다, 변질하다. **2** 놀라 당황하다, 동요하다, 뒤숭숭하다.

alteratiu alterativa alteratius alteratives *adj.* 가변성의, 변하기 쉬운, 불안정한.

altercació altercacions *f.* 말다툼, 논쟁.

altercar *intr.* 말다툼하다, 논쟁하다.

altercat altercats *m.* =altercació.

altern alterna alterns alternes *adj.* **1** 엇갈린, 엇바뀐, 교착한, 교호의. **2** 호생

alternació

(互生)의. 3 교류의.
alternació alternacions *f.* 1 번갊, 교호, 교대, 교체, 교류(alternança). 2 [생물] 세대교체; 호생.
alternadament *adv.* 번갈아, 엇갈려서, 교대로.
alternador alternadora alternadors alternadores *adj.* 교대하는, 교류하는.
-*m.* 교류 발전기.
alternança alternances *f.* =alternació.
alternant alternants *adj.* 번갈아 하는, 교대하는; 교류하는.
alternar *tr.* 1 서로 번갈아 하다. 2 교대시키다, 교체시키다. -*intr.* 1 번갈아 하다, 교체하다. 2 교제하다, 교류하다(fer-se). 3 투우사로 변신하다.
alternat alternada alternats alternades *adj.* alternar한.
alternatiu alternativa alternatius alternatives *adj.* 1 교호의, 교체의; 교류의. 2 대안의.
alternativa alternatives *f.* 1 교대, 교체, 윤번. 2 취사선택, 양자택일, 대안, 대체 수단. 3 [논리] 선언(選言) 명제.
alternativament *adv.* 번갈아서, 윤번으로, 엇갈려서.
alterós alterosa alterosos alteroses *adj.* 1 (새가) 높이 나는. 2 오만한, 교만한, 거만한(altiu).
alterquejar *intr.* =altercar.
altesa alteses *f.* 1 숭고, 장엄, 고상; 절정, 극치. 2 왕족에 대한 경칭으로 쓰임 (excel·lència).
altificar *tr.* 1 칭송하다, 찬양하다; 고양하다. 2 높이 받들다, 귀하게 모시다.
altiloqüència altiloqüències *f.* 대웅변, 대문장, 명문.
altiloqüent altiloqüents *adj.* 대웅변의, 격조 높은.
altímetre altímetres *m.* 고도 측정기, 고도계.
altimetria altimetries *f.* 측고법, 고도 측정학.
altimètric altimètrica altimètrics altimètriques *adj.* 측고의, 측고법에 의한.
altimira altimires *f.* [식물] 쑥.
altiplà altiplans *m.* [지리] 고원 지대.
altíson altísona altísons altísones *adj.*

altruista

음조가 높은, 고조의.
altisonància altisonàncies *f.* 음향·음조가 높음.
altisonant altisonants *adj.* 음조가 높은, 가락이 높은, 고조의; 크게 울려 퍼지는, 울림이 강한.
altitonant altitonants *adj.* [시어] 높은 곳으로부터 울려오는.
altitud altituds *f.* 고도, 표고; 높이.
altitudinal altitudinals *adj.* 고도의, 표고의.
altiu altiva altius altives *adj.* 1 거만한, 오만한, 거드름 피우는, 젠체하는. *un gest altiu* 거만한 몸짓. 2 자존심 강한 (orgullós).
altivament *adv.* 거만하게, 오만하게, 으스대며.
altivar-se *prnl.* 거만하게 굴다, 오만불손하다, 으스대다.
altivesa altiveses *f.* 거만, 오만, 불손, 거드름(orgull, supèrbia).
altivitat altivitats *f.* =altivesa.
altívol altívola altívols altívoles *adj.* 1 높은. 2 숭고한, 고상한, 고양된; 높은 지위에 오른. 3 (가격이) 인상된.
alto altos *m.* 1 고도, 높이. 2 높은 지대, 언덕. 3 (하층에 비해) 상층, 위층. 4 중지, 정지. 5 [음악] 중음부, 알토.
-*interj.* 정지!, 서라!
altrament *adv.* 달리, 다른 방법으로.
-*conj.* 다른 한편, 반면에, 게다가,
altre altra altres altres *adj.* 1 다른, 별개의, ...외의. 2 제2의(segon). 3 아주 다른, 별다른.
-*pron.* 1 다른 것, 또 하나, 또 한 사람, 타인.
abans-d'ahir l'altre 엊그제.
demà passat l'altre 글피.
els altres 다른 것·사람.
tot altre que ...하는 것·사람; ...하는 사람은 누구든지.
altri *pron.* 다른 것, 다른 사람. *Em van prendre per altri i em van dur a comissaria* 그들은 나를 다른 사람으로 착각해서 경찰서로 데리고 갔다.
altruisme altruismes *m.* 이타주의.
altruista altruistes *adj.* 이타주의의.
-*m.f.* 이타주의자.

altura altures *f.* **1** 높이. **2** 정상, 꼭대기. **3** (도형·입체의) 높이; 고도, 위도. **4** *pl.* (대기의) 고층부, 하늘(cel). **5** [음악] 음의 높이.
　a l'altura de ...의 높이에; [위치·시간] ...쯤에, ...정도에.
alturó alturons *m.* =alteró.
aluda aludes *f.* (장갑용의) 양가죽.
alum alums *m.* [화학] 명반(明礬), 황산알루미늄.
alúmina alúmines *f.* [화학] 알루미나, 반토(礬土), 산화알루미늄.
aluminat aluminats *m.* [화학] 알루미나 염산.
alumini *m.* [화학] 알루미늄.
aluminita aluminites *f.* 명반석; 도자기의 일종.
aluminós aluminosa aluminosos aluminoses *adj.* 명반·알루미나·알루미늄의; 그것을 함유하는.
aluminosi aluminosis *m.* [의학] 알루미늄 진폐증.
alumnat alumnats *m.* [집합] 학생, 기숙생; 제자.
alumne alumna alumnes alumnes *m.f.* (일반적으로) 학생, 생도; 제자.
alumnessa alumnesses *f.* 여학생, 여생도; 여제자.
alvèol alvèols *m.* [해부] 잇몸, 치조, 치조 돌기; 기포.
alveolar alveolars *adj.* [해부] 잇몸의, 치조의; 기포의.
　-m. [음성] 치조음, 치경음.
alveolat alveolada alveolats alveolades *adj.* [해부] 포상의, 벌집 모양의, 작은 구멍이 많은; 기포가 있는.
alví alvina alvins alvines *adj.* [해부] 하복부의, 아랫배의.
alvocat alvocats *m.* [식물] 아과카테[남미의 과일].
alvocater alvocaters *m.* [식물] 아과카테나무.
alzina alzines *f.* [식물] 떡갈나무. *alzina surera* 코르크나무, 떡갈나무.
alzinall alzinalls *m.* [식물] 떡갈나무.
alzinament alzinaments *m.* (말의) 등약(騰躍)[앞발이 땅에 닿기 전에 뒷발로 차오르기].

alzinar¹ *tr.* 높이다, 높이 세우다, 게양하다, 곧게 세우다(dreçar). **-se** (말이) 등약하다, 뒷발만으로 걷다.
alzinar² alzinars *m.* 떡갈나무 숲.
alzinat alzinada alzinats alzinades *adj.* 높이 세운, 우뚝 솟은.
alzineda alzinedes *f.* =alzinar.
amabilíssim amabilíssima amabilíssims amabilíssimes *adj.* amable의 최상급.
amabilitat amabilitats *f.* 친절, 호의, 온정, 사랑스러움, 상냥함, 정다움.
amable amables *adj.* 친절한, 다정한, 상냥한; 사랑스러운(afectuós).
　amable amb[*envers*] *tothom* 누구에게나 상냥한.
amablement *adv.* 친절하게, 다정하게, 사랑스럽게.
amaçar *tr.* **1** 찧다, 빻다. **2** 짓이기다, 때려 부수다, 난도질하다. **3** (가격 등을) 대폭 깎아 내리다. **4** [비유] 거듭해서 말하다, 우기다, 고집하다(insistir). **5** 억지로 밀어 넣다.
amador amadora amadors amadores *adj.* (...을) 사랑하는, 좋아하는.
　-m.f. 애인, 연인.
amagadament *adv.* 숨어서, 살그머니.
amagador amagadora amagadors amagadores *adj.* 감추는, 은폐·은닉하는.
　-m.f. 은닉자.
amagament amagaments *m.* 은폐, 은닉, 은폐 행위.
amagar *tr.* 감추다, 숨기다, 은폐하다, 은닉하다. **-se** 숨다, 은폐하다.
　amagar l'ou a algú 닭 먹고 오리발 내밀다.
　jugar a fet i amagar 숨바꼭질하다.
amagat amagada amagats amagades *adj.* 숨겨진, 은폐된, 은닉한.
　d'amagat 숨어서, 몰래, 살그머니.
amagatall amagatalls *m.* **1** 숨긴 곳, 은닉처. **2** 숨바꼭질.
amagatons, d' *loc.adv.* =d'amagat.
amagatotis, d' *loc.adv.* =d'amagat.
amagridor amagridora amagridors amagridores *adj.* 가는, 여윈; 가늘게 하는, 여위게 하는.
amagriment amagriments *m.* amagrir하는 일.

amagrir tr. **1** 가늘게 하다, 수척하게 만들다. Aquest vestit l'amagreix 이 옷은 그를 마르게 보이게 한다. **2** 엷게 하다, 맑게 하다. **-se 1** 가늘어지다, 여위다, 수척해지다, 가냘파지다. **2** 기운이 빠지다, 체중이 줄다.

amagrit amagrida amagrits amagrides adj. 말라빠진, 수척한, 여윈.

amainar tr. **1** (돛·기를) 내리다. **2** (밧줄을) 늦추다, 풀다. **-intr. 1** 기운이 죽다. **2** (바람이) 자다. **3** [비유] (열기가) 가라앉다. la febre ha amainat 열기가 가라앉았다.

amalgama amalgames f. **1** [화학] 아말감[수은에 다른 금속을 섞은 것]. **2** [광물] 아말감광(鑛). **3** 혼합물, 합성물; 교착(交錯).

amalgamació amalgamacions f. 혼합, 합병.

amalgamar tr. **1** (수은과) 합금하다. **2** 뒤섞다, 혼합하다(mesclar). **3** (회사를) 합병하다.

amaluc amalucs m. [해부] 엉덩이.

amanerament amaneraments m. **1** 매너리즘, 형식에 빠지는 일. **2** 거드름 피우기, 젠체함; ...하는 척하기.

amanerar tr. **1** 매너리즘에 빠지다, 틀에 박히다. **2** 젠체하다, 거드름 피우다, 뽐내다.

amanerat amanerada amanerats amanerades adj. amanerar한.

amanida amanides f. **1** 샐러드. **2** 잡탕, 혼합.

amanida d'alvocat alvocat 아과카테 샐러드.

amanida de tomàquet 토마토 샐러드.

amanidor amanidors m. 샐러드 접시.

amaniment amaniments m. **1** 채비; 몸치장. **2** 수선. **3** 조미, 조리, 양념.

amanir tr. **1** 채비를 차리다, 준비하다 (preparar); 차려입다. **2** 고치다, 수선하다. amanir un llum 전등을 고치다. **3** 조미하다, 조리하다, 양념하다. **-se 1** 채비를 차리다, 준비하다. **2** 차려 입다, 화장하다. Amaneix-te a sortir 나갈 준비를 해라. **2** 고치다, 수선하다.

amanit amanida amanits amanides adj. amanir한.

amanita amanites f. [식물] 버섯의 일종.

amanollar tr. **1** 다발로 묶다. **2** 움키다, 쥐다, 꽉 잡다.

amanós amanosa amanosos amanoses adj. **1** 손의, 손으로 하는. **2** 손으로 움직이는, 손으로 만든. **3** 다루기 쉬운.

amansar tr. =amansir.

amansiment amansiments m. **1** 조련, 길들이기; 제어, 억제. **2** 온순함, 부드러움.

amansir tr. **1** 길들이다, 조련하다. **2** 온순하게 하다, 침착하게 하다, 진정시키다(apaivagar).

amant amants adj. 사랑하는, 좋아하는. -m.f. [남녀동형] 연인, 애인.

amanuense amanuenses m.f. [남녀동형] 필생(筆生), 서기.

amanyac amanyacs m. **1** 애무, 애정표시, 사랑의 속삭임. **2** 귀여워함, 응석을 받아줌. **3** 자장가(non-non).

amanyagador amanyagadora amanyagadors amanyagadores adj. **1** 애무하는, 사랑을 속삭이는, (달콤한 말로) 구슬리는. **2** 쓰다듬어 주는, 응석을 받아주는. **3** (자장가로) 아기를 재우는.

amanyagar tr. **1** 애무하다, 사랑을 속삭이다. **2** 쓰다듬어 주다, 귀여워 해주다(acariciar). **3** [부정적] 응석을 받아 주다, 버릇없이 키우다(aviciar).

amanyagat amanyagada amanyagats amanyagades adj. **1** 너무 귀여워하는, 사랑받는(afalagat). **2** 응석받이로 자란, 버릇없이 키운(aviciat). un infant massa amanyagat 매우 버릇없이 자란 아이.

amanyat amanyada amanyats amanyades adj. **1** 솜씨 좋은(manyós). **2** 교활한; 교묘하게 속이는.

amanyogar tr. 주름 잡다, 구김살을 내다, 꼬깃꼬깃 뭉치다.

amar tr. 사랑하다, 연모하다, 좋아하다.

amarament amaraments m. **1** (물에) 적시기, 축이기. **2** 스며드는 일; 흠뻑 젖음; 빨아들임, 흡수.

amarant amarants m. **1** [식물] 당비름 [비름과에 속하는 식물]; 자줏빛. **2** [시

amarantàcies *f.pl.* [식물] 비름과 식물.
amarar *tr.* **1** 적시다, 축이다(mullar). **2** 스며들게 하다. **3** 물에 흠뻑 젖다, 물을 흠뻑 빨아들이다. *-intr.* (수상 비행기·우주선이) 착수하다, (수상에) 착수하다.
amaratge amaratges *m.* 수상 착수.
amarg amarga amargs amargues *adj.* **1** 쓴맛의, 씁쓰름한. *gust amarg* 쓴맛. **2** 고통스러운, 슬픈. **3** 무뚝뚝한, 불쾌한.
-m. 쓴맛.
amargament amargaments *m.* **1** 쓴맛. **2** 비통, 슬픔, 쓰라림. **3** 무뚝뚝함, 불쾌함.
-adv. 고통스럽게, 사무치듯이.
amargant amargants *adj.* =amarg.
amargantejar *intr.* =amarguejar.
amargar amargantors *f.* =amargor.
amargar *tr.* **1** 쓰게 하다, (...에) 쓴맛을 넣다. **2** 고통을 주다, 슬프게 만들다; 언짢게 만들다, 불쾌하게 만들다. *-intr.* 씁쓰레하다. *amargar a algú la vida* (누구의) 인생을 고통스럽게 하다, 못 살게 만들다.
amargat amargada amargats amargades *adj.* 쓰디쓴, 쓴맛을 가미한; 고통스러운, 비참한; 언짢은, 불쾌한.
amargenar *tr.* =vorellar.
amargor amargors *f.* =amargament.
amargós amargosa amargosos amargoses *adj.* =amarg.
amargosament *adv.* =amargament.
amarguejar *intr.* 씁쓰레하다.
amarguesa amargueses *f.* =amargament.
amargura amargures *f.* =amargament.
amaril·lidàcies *f.pl.* [식물] 수선화과 식물.
amaril·lis amaril·lis *f.* [단·복수동형][식물] 아마릴리스[수선화과의 관상식물].
amarinar *tr.* **1** (배에) 선원을 태우다. **2** (고기·생선을) 소금에 절이다; 매리네이드에 절이다.
amarra amarres *f.* **1** (마구의) 가슴걸이, 밧줄. **2** [해사] 배를 매는 닻줄.

amarrador amarradors *m.* **1** 밧줄을 매는 말뚝, 이음 고리. **2** (말·배를) 매어 두는 곳; 선착장.
amarrament amarraments *m.* **1** 매는 일, (배의) 정박. **2** 붙잡아 둠, 계류(繫留). **3** (말을 매어 두고 내는) 요금; (배의) 입항료, 정박료.
amarrar *tr.* **1** (말을) 매 놓다, (배를) 정박시키다. **2** (사람을) 붙잡아 매다, 묶어 두다, 계류하다.
amarratge amarratges *m.* =amarrament.
dret d'amarratge 입항료, 정박료.
amartellar *tr.* 망치로 때리다, 두들기다.
amàs amassos *m.* 다수, 다량, 뭉치, 무더기. *un amàs de diners* 엄청난 돈.
amassament amassaments *m.* **1** 모으는 일, 비축, 축적; 뭉치, 무더기. **2** 반죽; 마사지, 안마 치료. **3** 조작, 공작.
amassar *tr.* **1** 모으다, 쌓다, 비축하다 (acumular). *amassar una fortuna* 재산을 쌓다. **2** (밀가루를) 반죽하다; 마사지하다. **3** 조작하다, 공작하다. *-se* 모이다, 패를 이루다. *La gent es va amassar al voltant del missatger* 사람들이 그 사절(使節) 주위로 모여들었다.
amatent amatents *adj.* **1** 신속한, 재빠른, 민첩한, 기민한, 날렵한. **2** 곧, 즉시의; 준비가 된.
estar amatent 빈틈없이 경계하고 있다.
amateur amateurs *adj.* 아마추어의, 취미로 하는.
-m.f. 아마추어.
amateurisme amateurismes *m.* 아마추어 솜씨; 아마추어 자격·정신.
amatinar-se *prnl.* **1** 새벽에 일어나다. **2** [비유] 선수를 치다, 기선을 제압하다.
amatori amatòria amatoris amatòries *adj.* **1** 연애의. **2** 색골의, 애로적인, 애욕적인.
amaurosi amaurosis *f.* [의학] 흑내장.
amazona amazones *f.* **1** [신화] 여전사, 아마존[흑해 근처의 땅 스키타이에 살았다는 용맹한 여족]. **2** 여장부, 여걸, 사나운 여자. **3** 여자 기수. **4** 부인용 승마복. **5** [조류] (중남미산의) 앵무새.
Amazones *n.pr.* [지리] (남미의) 아마존 강.

amazònic amazònica amazònics amazòniques *adj.* **1** 여전사의, 아마존의. **2** (여자가) 남성적인, 난폭한, 여장부의. **3** 아마존 강의, 아마존 강에 관한.

amazonita amazonites *f.* [광물] 천하석, 아마조나이트[녹색 장석(長石)의 일종]; 장식용의 준보석(準寶石).

amb *prep.* **1** [동반·수반] ...과 (함께), ...과 더불어, ...를 같이, ...를 데리고. *ésser a casa amb un amic* 친구와 함께 집에 있다. **2** [도구·수단] ...으로 (써), ...을 가지고. *anar amb cotxe* 차로 가다. **3** [소유·소지·구비] ...을 가진, ...이 있는, ...이 함유된. **4** [접촉] ...에, ...과. *topar amb un roc* 바위에 부딪히다. **5** [방법] ...하게. *afirmar amb reserves* 신중하게 긍정하다. **6** [관계] ...에 대해. *ésser just amb el proïsme* 이웃에 대해 공정하다. **7** [원인] ...이기에. *amb l'arribada de l'estiu* 여름이 시작되자, 여름이 왔기에. **8** [일치·동의] ...과 함께. *És amb nosaltres i contra ells* 그는 우리와 뜻을 같이하고 그들의 의견에 반대한다.

amb això 그러는 사이에.

amb que [조건] 단지 ...만 하기만 하면.

amb mi, amb tu, amb si 나와 함께, 너와 함께, 그와 함께.

ambages *m.pl.* 완곡한 말투, 완곡어법; 빙 둘러서 말함.

ambaixada ambaixades *f.* **1** 대사관. **2** [집합] 사절(단). **3** 대사의 직·관저. **4** [비유] 비밀 임무, 특명; 골치 아픈 일.

ambaixador ambaixadora ambaixadors ambaixadores *m.f.* 대사, 사절, 밀사.

ambaixadriu ambaixadrius *f.* **1** 여대사, 여사절, 여밀사. **2** 대사 부인.

ambarí ambarina ambarins ambarines *adj.* **1** 호박(琥珀) 같은, 호박제의. **2** 호박색의, 황갈색의.

ambdós ambdues *adj.* 양쪽의, 양자의. -*pron.* 양쪽, 양자.

ambició ambicions *f.* 야심, 야망, 대망, 대지(大志).

ambicionar *tr.* **1** 야망을 가지다, 갈망하다, 야심을 품다. **2** 탐내다, 욕심을 품다.

ambiciós ambiciosa ambiciosos ambicioses *adj.* **1** 야심적인, 대망을 품은. **2** 욕심이 있는.

ambiciosament *adv.* 야심차게, 야망을 가지고.

ambidexteritat ambidexteritats *f.* 양손잡이, 양손을 씀.

ambidextre ambidextra ambidextres ambidextres *adj.* 양손잡이의. -*m.f.* 양손잡이.

ambient ambients *adj.* 주위의, 주위에 있는. -*m.* **1** 환경, 분위기; 주위를 에워싸는 것(사정·정황). **2** (생태적·사회적·문화적인) 환경, ...계. **3** 포위, 둘러쌈. **4** 환경 예술의 작품.

ambientació ambientacions *f.* **1** 분위기 조절, 환경 조성; 환경 묘사; 무대 장치. **2** 적응, 조절.

ambientador ambientadora ambientadors ambientadores *adj.* 분위기·환경을 조절·조성하는, 환경을 맑게 하는. -*m.* 공기 정화기.

ambiental ambientals *adj.* 대기의, 환경의, 주위의; 환경 예술의.

ambientar *tr.* **1** 분위기를 나타내다, (분위기에 맞게) 꾸미다, 환경을 조성하다. **2** 조절하다, 적응시키다. **3** (소설·연극 등의) 시대·장면 등을 설정하다. -**se** 적응하다(adaptar-se); 조절되다, 적합하다.

ambigu ambigua ambigus ambigües *adj.* 불분명한, 애매모호한; 중의적인, 두 가지 뜻을 가진.

ambigú ambigús *m.* 가벼운 야식; 그 모임.

ambiguament *adv.* 불분명하게, 애매모호하게, 엇갈리게.

ambigüitat ambigüitats *f.* 애매모호함; 중의적임, 두 가지 뜻을 가짐.

àmbit àmbits *m.* **1** 범위, 영역. **2** 부근, 경내, 구내, 경계.

en l'àmbit de ...의 영역에 있어서는, ...에 관하여서는.

ambivalència ambivalències *f.* **1** 부동성(浮動性), 유동, 동요, 주저. **2** 애매함, 양의성, 중의성. **3** [심리] (애증 등의) 반대 감정 병존, (상반되는) 감정의 교

차; 양면가치.
ambivalent ambivalents *adj.* **1** 유동적인; 상반되는 감정[태도·의미]를 가진. **2** 양면가치의.
amblar *intr.* 측대보로 걷다[말이 한쪽의 앞뒤 발을 동시에 들어 걷는 것].
ambliop ambliops *adj.* 약시의.
-*m.f.* 약시인 사람.
ambliopia ambliopies *f.* [의학] 약시, 시력박약.
ambo ambos *m.* (추첨의) 연속 번호.
ambó ambons *m.* 설교단, 독경대.
ambrat ambrada ambrats ambrades *adj.* **1** 호박 같은, 호박제의. **2** 호박색의, 황갈색의.
ambre ambres *m.* [광물] 호박(琥珀).
ambrosia ambrosies *f.* **1** [신화] 신의 음식, 신찬(神饌)[먹으면 불로불사한다고 함]. **2** [비유] 시적 영감, 영적 음악; 맛있는 음식, 진미.
ambrosià ambrosiana ambrosiàns ambrosianes *adj.* 성 암브로시아의.
ambulacral ambulacrals *adj.* 가로수 길의.
ambulacre ambulacres *m.* 가로수 길.
ambulància ambulàncies *f.* **1** 구급차. **2** 야전병원, 의무대, 응급치료반.
ambulant ambulants *adj.* **1** 돌아다니는, 팔러 다니는, 행상하는. **2** 이동하는, 이동성의, 순회하는; 유랑의. **3** (환자가) 걸을 수 있는.
-*m.f.* 행상인.
ambulatori ambulatòria ambulatoris ambulatòries *adj.* **1** 이동하는, 이동성의. **2** 걸을 수 있는. **3** 보행용의, 휴대용의. **4** 외래 환자의.
-*m.* (병원의) 외래 환자를 받는 곳.
amè amena amens amenes *adj.* **1** 기분 좋은, 흐뭇한. **2** 유쾌한, 즐거운, 흥미 있는, 재미있는.
ameba amebes *f.* [동물] 아메바[최하등 동물].
amelar-se *prnl.* (벌이) 꿀을 만들다; 캐러멜로 싸다.
amelat amelada amelats amelades *adj.* amelar-se한.
amén *interj.* 아멘[히브리말로 '그렇게 될지어다'의 뜻. 기도의 끝에 하는 말].

dir amén a tot 무슨 일에나 동의하다 (aprovar-lo tot).
amenaça amenaces *f.* 위협, 협박.
amenaçador amenaçadora amenaçadors amenaçadores *adj.* 위협하는, 협박하는.
amenaçar *tr.* **1** 위협하다, 협박하다. *a-menaçar de mort* 죽인다고 위협하다. **2** (무슨 일이) 일어날 듯하다, (...할) 위험·우려가 있다; ...할 듯하다, 일어날 것 같다. *El terrat amenaça ruïna* 땅이 꺼지려고 한다.
amència amències *f.* **1** 광란, 광기; 미친 짓. **2** [의학] 정신 착란. **3** (병적으로) 지능저하(idiotesa).
amenitat amenitats *f.* 기분 좋음, 흐뭇함, 즐거움, 흥겨움.
amenitzar *tr.* (대화를) 기분 좋게 하다, 흐뭇하게 하다; (공연이) 흥을 돋우다. *amenitzar les festes* 축제의 흥을 돋우다.
amenorrea amenorrees *f.* [의학] (병적인) 월경 불순.
ament aments *m.* [식물] (버드나무·밤나무 등의) 유제화서.
amerar *tr.* **1** 적시다; (액체 등이) 스며들다. **2** (수상으로) 착수하다.
americà americana americans americanes *adj.* 아메리카의.
-*m.f.* 아메리카인.
Amèrica *n.pr.* [지리] 아메리카.
Amèrica Central 중미, 중앙아메리카.
Amèrica del Nord 북미, 북아메리카.
americana americanes *f.* 윗옷, 상의; 콤비.
americanada americanades *f.* [구어] [경멸적] 전형적인 할리우드풍의 영화·쇼.
americanisme americanismes *m.* **1** 미국주의, 미국 정신, 미국풍, 미국식. **2** 미국 숭배, 친미주의. **3** 미국 어법, 미국 어투, 미국식 영어.
americanista americanistes *m.f.* **1** (아메리카·미국·아메리카 인디언의) 역사·지리 연구가. **2** 친미주의자.
americanització americanitzacions *f.* 아메리카화, 미국화.
americanitzar *tr.* 아메리카 식으로 하다.
-*se* 아메리카화하다, 아메리카 풍을

따르다.
americi americis *m.* [화학] 아메리시움 [알파 방사선 물질].
amerindi ameríndia amerindis ameríndies *adj.* 아메리카 인디언의.
-m.f. 아메리카 인디언.
amesurat amesurada amesurats amesurades *adj.* **1** 신중한, 조심성이 많은. **2** 검소한, 절약하는.
ametista ametistes *f.* [광물] 자수정; 자수정 빛깔.
ametlla ametlles *f.* [식물] 아몬드, 편도.
ametllat ametllada ametllats ametllades *adj.* 편도 모양의.
-m. 편도 과자.
ametller ametllers *m.* [식물] 편도나무.
ametllerar ametllerars *m.* 편도나무 밭.
ametlló ametllons *m.* 풋 편도, 푸른 편도열매.
ametrop ametropa ametrops ametropes *adj.m.f.* (난시·원시·근시 등의) 굴절 이상의 눈을 가진 (사람).
ametropia ametropies *f.* [의학] (눈의) 굴절 이상, 부정시(不正視).
amfetamina amfetamines *f.* [약학] 암페타민[중추 신경을 자극하는 각성제].
amfibi amfíbia amfibis amfíbies *adj.* **1** 양서류의. *un animal amfibi* 양서류 동물. **2** [군사] 육·해·공 합동의, 수륙 양용의.
-m. [동물] 양서류 동물; 수륙 양용 비행기; [비유] 이중인격자.
amfibiologia amfibiologies *f.* 양서류학.
amfibiològic amfibiològica amfibiològics amfibiològiques *adj.* 양서류학의.
amfíbol amfíbols *m.* [광물] 각섬석(角閃石).
amfibolita amfibolites *f.* [광물] 각섬암.
amfibologia amfibologies *f.* 말이 애매모호함, 애매한 어구·문구.
amfictió amfictions *m.* (고대 그리스의) 근린 동맹 (회의)의 대의원.
amfictionia amfictionies *f.* (고대 그리스의) 근린 동맹 (회의).
amfictiònic amfictiònica amfictiònics amfictiòniques *adj.* (고대 그리스의) 근린 동맹 (회의)의.
amfímacre amfímacres *m.* (그리스·라틴 시(詩))의 장단·장조(長短長調).
amfiox amfioxos *m.* [동물] 활유어.
amfípodes *m.pl.* [동물] 단각류의 동물.
amfipròstil amfipròstila amfipròstils amfipròstiles *adj.* 양향배식의.
-m. [건축] 양향배식(兩向拜式)[기둥들이 건물 앞뒤 면에 줄지어 있고 양 측면에는 없는 양식].
amfisbena amfisbenes *f.* **1** [신화] (서인도·남미의) 머리가 두 개인 뱀; 발 없는 도마뱀. **2** (남미의) 구렁이.
amfiteatre amfiteatres *m.* **1** (옛 로마의) 원형 경기장, 격투기장. **2** (현대의) 원형 경기장, 원형 극장. **3** (극장의) 계단식 관람석. **4** (계단식) 강의실, 대강당. **5** 해부학 교실.
amfitrió amfitriona amfitrions amfitriones *m.f.* **1** (손님을 맞는) 주인. **2** (극중의) 주인공.
àmfora àmfores *f.* (고대 그리스·로마 시대의) 손잡이가 둘 달린 항아리; 성유(聖油)를 담은 단지.
amfòter amfòtera amfòters amfòteres *adj.* 양성의, 양향성의.
amiant amiants *m.* [광물] 석면의 일종.
amic amiga amics amigues *adj.* **1** 사이좋은, 우정이 있는, 친한, 친밀한. **2** 우방의, 자매의. **3** (...을) 좋아하는(afeccionat).
-m.f. 친구, 동료.
amic íntim 절친한 친구.
com amics 친구로서, 친구처럼.
Més val un amic que cent parent [속담] 이웃사촌이 낫다.
tractar-se com a bons amics 좋은 사이다, 좋은 관계를 가지다.
amical amicals *adj.* 우호적인, 의좋은, 사이좋은, 정다운, 가까운.
amicalment *adv.* 우호적으로, 사이좋게.
Amicalment[cordialment] teu [편지글에서] 그럼 안녕, 건강히 잘 있어요; 안녕히 계십시오.
amicícia amicícies *f.* =amistat.
amida amides *f.* [화학] 아미드.
amidable amidables *adj.* amidar할 수 있는.
amidar *tr.* **1** 재다, 계산하다, 계량하다. *amidar la distància* 거리를 계산하다.

amigable

2 감안하다, 고려하다. 3 (주의 깊게) 판단하다.
amigable amigables *adj.* =amical.
amigablement *adv.* =amicalment.
amigar-se *prnl.* =amistançar-se.
amígdala amígdales *f.* [해부] 편도선.
amigdalitis amigdalitis *f.* [의학] 편도선염.
amigrançar *tr.* 1 사무치게 하다, 몹시 그리워하게 하다. 2 초조하게 만들다, 안달하게 하다, 답답하게 하다.
amiguer amiguera amiguers amigueres *adj.* 사귐성이 좋은, 사교적인.
amiguisme amiguismes *m.* (학연·지연으로 얻어지는) 지위·일자리; (지지자나 동료에게 주는) 좋은 일자리.
amil amils *m.* [화학] 아밀.
amilaci amilàcia amilacis amilàcies *adj.* 전분질의, 전분을 함유한.
amilasa amilases *f.* 아밀라아제, 디아스타아제[전분을 당질로 변화시키는 효소].
amiloide amiloides *adj.* 전분성의.
-m. 전분.
amina amines *f.* [화학] 아민.
aminoàcid aminoàcids *m.* [화학] 아미노산.
amistança amistances *f.* =amistat.
amistançament amistançaments *m.* 1 =amistat. 2 간통, 간음(adulteri).
amistançar-se *prnl.* [고어] 1 우정을 맺다, 친해지다. 2 정교를 맺다, 간통하다.
amistançat amistançada amistançats amistançades *adj.* amistançar-se한.
-m.f. 1 친구, 동료. 2 연인, 애인; 간통자.
-f. 첩, 정부, 내연의 처.
amistar *tr.* 화해시키다. **-se** =amistançar-se.
amistat amistats *f.* 1 우정, 우애. 2 친선, 친목; 호의, 은혜.
fer amistat 우정을 맺다, 친선을 맺다, 화해하다.
fer l'amistat 손에 입 맞추다.
trencar l'amistat 우정을 깨다.
amistós amistosa amistosos amistoses *adj.* 우호적인, 사이좋은, 정다운.
un partit amistós 우호 협정.
amistosament *adv.* 우호적으로, 정답게.

amit amits *m.* 가사(袈裟)[승려·사제가 알바 밑에 착용하는 것].
amitjanar *tr.* 절반으로 나누다, 이등분하다, 균등하게 나누다; 평균을 내다.
amitosi amitosis *f.* [생물] (세포의) 무사분열; 직접 핵분열.
ammonit ammonits *m.* [고생물] 암몬조개, 국석(菊石).
amnèsia amnèsies *f.* [의학] 기억 상실, 건망증.
amnèsic amnèsica amnèsics amnèsiques *adj.* 기억 상실증의, 건망증의.
amni amnis *m.* [해부] (태아를 싸는) 양막.
amniocentesi amniocentesis *f.* [의학] 양수(羊水) 천자(穿刺)[태아의 성별, 염색체 이상을 조사].
amnioscopi amnioscopis *m.* 양수경.
amnioscòpia amnioscòpies *f.* [의학] 양수경 검사(법).
amniòtic amniòtica amniòtics amniòtiques *adj.* [해부] 양막의.
amnistia amnisties *f.* (정치범·밀입국자 등에게 주는) 특사, 사면, 면제.
amnistiar *tr.* 특사·사면을 베풀다.
amo amos *m.* 1 임자, 주인, 우두머리. 2 어른, 가장, 집안의 우두머리.
amo i senyor 주인 나리, 주인님, 어르신 나리.
fer-se amo de 주인 노릇을 하다, 주인 역할을 하다.
amoïnadament *adv.* 초조하게; 번거롭게, 귀찮게.
amoïnadís amoïnadissa amoïnadissos amoïnadisses *adj.* 초조해하는, 불안해하는.
amoïnador amoïnadora amoïnadors amoïnadores *adj.* 귀찮은, 번거로운, 폐가 되는, 귀찮게 구는.
amoïnament amoïnaments *m.* 1 걱정(거리), 우려(preocupació); 불안, 초조. 2 애먹임, 귀찮음, 끈질김(molèstia).
amoïnar *tr.* 1 불안하게 하다, 초조하게 하다(inquietar). 2 애먹이다, 난처하게 하다, 괴롭히다(molestar). **-se** 걱정하다, 근심하다(preocupar-se). *No t'amoïnis, ja t'ho pagarà* 걱정하지 마, 이제 그것을 갚을 거야.

amoïnat amoïnada amoïnats amoïnades *adj.* **1** (걱정거리에) 사로잡혀 있는; 몰두한. **2** 편견을 가진. **3** 애먹은, 괴로운, 곤란한.
amoïnós amoïnosa amoïnosos amoïnoses *adj.* =amoïnador.
amoixador amoixadora amoixadors amoixadores *adj.* 쓰다듬는, 애무하는; 알랑거리는, 아부하는(afalagador).
amoixament amoixaments *m.* **1** 쓰다듬음, 애무, 애정 표현. **2** [비유] 아부, 아첨, 알랑거림(afalac).
amoixar *tr.* **1** 쓰다듬어 주다, 귀여워하다(amanyagar); 애무하다, 애정 표현을 하다. **2** [비유] 아부하다, 아첨하다, 알랑거리다(afalagar).
amoixir-se *prnl.* 과일이 익다.
amollar *tr.* **1** 양보하다, 비켜 주다, 지나가게 하다. **2** 늦추다, 느슨하게 하다, 풀어 주다. *amollar una corda* 줄을 풀다. **3** [비유] (사상 등을) 풀어주다. *amollar d'una vegada les idees reformistes* 개혁사상을 단번에 풀어주다. **4** (총을) 쏘다(engegar). **-se 1** 늦추어지다, 느슨해지다. **2** 내려가다, 저조해지다. **3** 기운이 죽다, 맥이 빠지다.
amollegar *tr.* 부드럽게 하다.
amolliment amolliments *m.* 완화, 연화; 풀어짐, 진정됨.
amollir *tr.* **1** 부드럽게 하다, 연하게 하다(suavitzar). **2** 느슨하게 하다, 느긋하게 하다. **3** 달래다, 진정시키다(mitigar). **-se 1** 부드러워지다, 연해지다. **2** (날씨가) 풀어지다, 잔잔해지다.
amollonament amollonaments *m.* amollonar하는 일.
amollonar *tr.* **1** 각주·주기(朱記)를 달다. **2** 가려내다, 추려 내다. **3** 근거로 삼다, 참고로 내세우다. **4** 경계를 설정하다, 출입을 금지시키다. **5** (지도에) 표고를 붙이다. 6 (나무의) 가지를 치다.
amom amoms *m.* [식물] 양하; 그 종자.
amonedar *tr.* (화폐를) 주조하다.
amonedat amonedada amonedats amonedades *adj.* **1** 주조된. **2** 부유한, 돈이 많은(adinerat).
amonestació amonestacions *f.* **1** 훈계, 권고, 충고. **2** (교회의) 결혼 공시.

amonestador amonestadora amonestadors amonestadores *adj.* 타이르는, 훈계하는, 충고하는.
-m.f. 훈계자, 충고자.
amonestament amonestaments *m.* =amonestació.
amonestar *tr.* **1** 타이르다, 훈계하다, 충고하다(advertir). **2** (결혼을) 공시하다. **3** (경기에서) 경고하다.
amoníac amoníaca amoníacs amoníaques *adj.* 암모니아의, 암모니아성의, 암모니아를 함유한.
-m. 암모니아 가스, 암모니아수.
amoniacal amoniacals *adj.* =amoníac.
amontillat amontillats *m.* 아몬티야도[헤레스산의 백포도주].
amor amors *m.[f]* **1** 사랑, 애정(afecte); 연애, 사랑행위. **2** 부드러움, 상냥스러움. **3** 성적 매력. **4** 애인, 소중한 사람; 소중한 것. *Ell és el seu únic amor* 그는 그녀의 유일한 애인이다. **5** *pl.* 스캔들, 간통; 사랑의 속삭임, 구슬림.
amor propi 자존심, 자부심.
per amor a l'art 예술을 사랑하기에, 예술을 위해서.
per amor de ...때문에, ...을 위하여.
per l'amor de Déu 제발, 부탁건대.
fer l'amor i) (사물을) 귀여워하다; ii) 동침하다, 간음하다.
amoral amorals *adj.* 부도덕한.
amoralisme amoralismes *m.* 부도덕 윤리, 부도덕한 행동.
amoralitat amoralitats *f.* 부도덕(성).
amorejar *intr.* 연애하다, 간통하다, 스캔들을 일다
amoret amorets *m.* 큐피드 인형.
amoreta amoretes *f.* **1** 사랑, 애정. **2** 애인, 연인. **3** *pl.* (특히 여자에게 하는) 달콤한 말, 비위 맞추는 말, 사랑의 속삭임.
fer-se amoretes 아양을 떨다, 어리광 부리다; 사랑을 속삭이다.
amorf amorfa amorfs amorfes *adj.* 무정형의, 비결정질의, 무조직의.
amorfia amorfies *f.* **1** 무정형, 비결정. **2** 허무주의, 무정부주의.
amorfisme amorfismes *m.* =amorfia.
amorita amorites *adj.* 아모리 족의.

-m.f. [남녀동형][성서] 아모리 족속.

amorós *amorosa amorosos amoroses adj.* **1** 애정 깊은, 사랑스러운; 사랑에 빠진. *De vós sóc amorós* 난 그대에게 사랑에 빠졌어. **2** 자애로운, 다정다감한. **3** 부드러운, 느긋한, 쾌적한, (날씨가) 좋은. **4** (토지가) 경작하기 좋은.

amorosament *adv.* 사랑스럽게, 다정스레, 자애롭게.

amorosiment *amorosiments m.* **1** 완화, 연화. **2** 누그러뜨림, 경감. **3** 진정시킴.

amorosir *tr.* **1** 부드럽게 하다, 연하게 하다. **2** 완화하다, 누그러뜨리다, 경감하다. **3** 진정시키다, 달래다.

amorositat *amorositats f.* **1** 감미로움, 부드러움, 온화, 상냥함, 다정함. **2** 고분고분함, 순박함. **3** (기후가) 온화함.

amorosívol *amorosívola amorosívols amorosívoles adj.* = amorós.

amorrallar *tr* (가축의 주둥이에) 부리망을 씌우다.

amorrar *tr.* **1** 가까이 대다, 접근시키다 (tocar). **2** 기대어 놓다. **3** 기울이다, 쓰러뜨리다, 허물다. **3** (배를) 부두에 대다. **-se 1** 가까이 대다, 가까이 접근하다. **2** 기대하다, 의지하다. **3** 허물어지다, 무너지다.

amorreu *amorrea amorreus amorrees adj.m.f.* = amorita.

amorriar-se *prnl.* (목축이) 휴식하다, 낮잠을 자다.

amortallador *amortalladora amortalladors amortalladores m.f.* 시체를 처리하는 인부.

amortallament *amortallaments m.* **1** (시체에) 수의를 입히는 일. **2** 숨김; 감쌈, 두둔함.

amortallar *tr.* **1** (시체에) 수의를 입히다. *amortallar un difunt* 시체에 수의를 입히다. **2** 숨기다; 감싸다, 두둔하다.

amortar *tr.* **1** (불을) 끄다, 소화하다, 진화하다. **2** (부채를) 상환하다, 각하다.

amortidor *amortidora amortidors amortidores adj.* 완화하는, 완충하는.
-m.f. 완화시키는 사람.
-m. 완충기, 완충 장치; (자동차의) 범퍼.

amortiguació *amortiguacions f.* 완화, 완충; 경감, 쇠약.

amortiment *amortiments m.* amortir하는 일.

amortir *tr.* **1** 완화하다, 완충하다(esmorteir). **2** (불을) 끄다, 소화하다(amortar).

amortitzable *amortitzables adj.* amortitzar할 수 있는.

amortització *amortitzacions f.* **1** 상환, 상각, 변제, 할부 상환; 상환액. **2** (법인에게) 부동산의 양도·기증. **3** (부서의) 폐지.

amortitzar *tr.* **1** 상환하다, 상각하다. **2** 부동산을) 양도하다, 영구 기증으로 하다. **3** (사무실의) 부서를 없애다.

Amós *n.pr.* [성서] 아모스[히브리의 예언자; 구약성서 중의 한 편].

amotinament *amotinaments m.* 반란, 봉기, 궐기, 폭동; 난동, 문란.

amotinar *tr.* **1** 반란을 일으키다, 궐기하다. **2** 어지럽히다, 혼란케 하다, 문란케 하다. **-se** 반란을 일으키다, 궐기하다; 난동을 부리다.

amotinat *amotinada amotinats amotinades adj.* 반란을 일으킨, 난동을 부린, 궐기한.
-m.f. 반란자, 난동자(rebel).

amovibilitat *amovibilitats f.* 전임(轉任)·전임·파면·면직 가능성.

amovible *amovibles adj.* 전임·파면·면직될 수 있는.

ampelografia *ampelografies f.* [농업] 포도 재배법.

amper *ampers m.* = ampere.

amperatge *amperatges m.* [전기] 암페어 수, 전류량.

ampere *amperes m.* [전기] 암페어.

amperímetre *amperímetres m.* [전기] 전류계.

ampit *ampits m.* [건축] **1** (기둥의) 토대; 문지방, 문턱, 난간. **2** 창턱.

amplada *amplades f.* = amplària.

amplament *adv.* 넓게, 두껍게; 헐렁헐렁하게.

amplària *amplàries f.* **1** 폭, 너비, 넓이; (벽의) 두께. *d'amplària* ... 두께의. **2** *pl.* 방자, 자유분방함.

ample *ampla amples amples adj.* **1** 넓은, 두꺼운. **2** (품이) 넓은, 넉넉한, 헐렁헐렁한. *un abric ample* 헐렁헐렁

amplejar

한 외투. **3** [비유] 폭넓은, 광범위한, 포괄적인; (넓은) 시야를 가진. *tenir una visió ampla de les coses* 사물을 폭넓게 바라보다.
-*m.* 폭, 넓이.
ample d'un pam 한 뼘 넓이의.
venir[anar] ample (폭·너비·품이) 맞지 않다.

amplejar *intr.* 상당히 넓다.

ampli **àmplia amplis àmplies** *adj.* 넓은, 광범위한; 광의의.

ampliable **ampliables** *adj.* 확대·확장할 수 있는.

ampliació **ampliacions** *f.* **1** 확대, 확장; 늘리는 일. **2** (사진의) 확대. **3** (시장·자본 등의) 확충, 증대, 증편. *la ampliació del pressupost* 예산 확충.

ampliador **ampliadora ampliadors ampliadores** *adj.* ampliar하는.
-*m.f.* ampliar하는 사람.
-*f.* 사진 확대기.

àmpliament *adv.* 널리, 두루두루, 광범하게.

ampliar *tr.* **1** 넓히다, 늘리다, 확대하다. **2** (사진을) 확대하다. **3** (시장·자본 등을) 확충하다.

ampliatiu **ampliativa ampliatius ampliatives** *adj.* 확대적인, 확대하는, 넓히는; 부연적인.

amplificació **amplificacions** *f.* **1** 확대, 확장, 확충; 부연. **2** (소리의) 증폭.

amplificador **amplificadora amplificadors amplificadores** *adj.* 확대하는; (소리를) 증폭시키는.
-*m.* 증폭기, 확성기.

amplificar *tr.* **1** 확대하다, 확충하다(augmentar). **2** 소리를 증폭하다.

amplificatiu **amplificativa amplificatius amplificatives** *adj.* 확대적인; 부연적인.

amplitud **amplituds** *f.* **1** 넓이, 나비, 폭. **2** [군사] 사정(射程). **3** [물리·전기] 진폭. **4** [천문] 출몰(出沒) 방위각[천체 출몰 시의 정동·정서에서 잰 각거리]. **5** 분포 범위, 변동 범위. **6** [기하] 편각. **7** 풍부, 충분.

ampolla **ampolles** *f.* **1** 앰플[1회분 들이의 작은 주사액 병]; 조그만 약병. **2** (손에 박힌) 못, 물집; 기포. **3** 물 주전자, 술 주전자.
ésser bufar i fer ampolles 누워 떡 먹기다, 식은 죽 먹기다.
no ésser bufar i fer ampolles 대단한 일이다, 굉장한 것이다.

ampoller **ampollers** *m.* **1** 병을 넣는 상자, 앰플 넣는 작은 상자. **2** (저장소에) 병을 옮기는 도구.

ampolleta **ampolletes** *f.* [ampolla의 축소사] 작은 병.

ampul·la **ampul·les** *f.* **1** (손에 박힌) 못, 물집. **2** (주사액의) 앰플.

ampul·lós **ampul·losa ampul·losos ampul·loses** *adj.* (말·글 등을) 과장하는, 필요 이상의, 잉여의, 군더더기의.

ampul·losament *adv.* 과대해서, 과장해서, 필요 이상으로.

ampul·lositat **ampul·lositats** *f.* 과대, 과장, 잉여.

amputació **amputacions** *f.* **1** 자르는 일, 절단. **2** [의학] (팔·다리 등의) 절단.

amputar *tr.* (팔·다리를) 절단하다.

amulet **amulets** *m.* 호부(護符), 부적.

amullerar-se *prnl.* 결혼하다.

amunt *adv.* **1** 위로. **2** 위에, 높은 곳에, 하늘에; 앞서, 앞에. **3** …보다 이상의.
Amunt! 힘내라!, 자!, 어서!
amunt i avall 위아래로.

amuntegador **amuntegadora amuntegadors amuntegadores** *adj.* 축적하는, 포개어 쌓는.

amuntegament **amuntegaments** *m.* **1** 산적, 축적; (부의) 축재. **2** 퇴적, 야적; 잡동사니.

amuntegar *tr.* **1** 쌓다, 산적하다, 축적하다(acumular). **2** [비유] (부를) 축적하다. *amuntegar riqueses* 부를 축적하다. **-se 1** 축적되다, 겹겹이 쌓아지다. **2** 떼를 지어 모이다, 법석을 이루다.

amura **amures** *f.* (배의) 돛 아래 귀퉁이 밧줄.

amurar *tr.* 돛의 밧줄을 잡아당기다.

anabaptisme **anabaptismes** *m.* (기독교의) 재침례(설); 재침례파의 교리.

anabaptista **anabaptistes** *m.f.* 재침례론자, 재침례파 신도.

anabòlic **anabòlica anabòlics anabòli-**

anabolisme anabolismes *m.* [생물] 동화(작용), 신진대사.

anacantins *m.pl.* [동물] 경골속(屬) 어류.

anacard anacards *m.* [식물] 화서(花序) 나무 (열매); 캐슈[열대 아메리카산 옻나뭇과 식물; 점성 고무가 채취됨], 그 열매.

anacardiàcies *f.pl.* [식물] 화서과 식물.

anacolut anacoluts *m.* [수사] 파격(破格)구문[문법적 일관성이 없는 문장].

anaconda anacondes *f.* [동물] 아나콘다[남미 산의 독 없는 큰 뱀]; (일반적으로) 큰 뱀.

anacoreta anacoretes *m.* 은자, 수도자. *dur una vida d'anacoreta* 수도자의 삶을 살다.

anacorètic anacorètica anacorètics anacorètiques *adj.* 은자의, 수도자의, 수도자적인.

anacreòntic anacreòntica anacreòntics anacreòntiques *adj.* 아나크레온풍의; 쾌락적인, 환락적인.

anacrònic anacrònica anacrònics anacròniques *adj.* 시대착오의, 시대에 뒤떨어진. *un partit comunista anacrònic* 시대착오적인 공산주의당.

anacronisme anacronismes *m.* 1 시대착오, 시대에 뒤떨어진 사람·사물. 2 (연대·날짜의) 오기(誤記).

anada anades *f.* 1 가는 일, 가기, 왕림. 2 출발, 발차, 출범; 소풍, 여행. *anada i tornada* 왕복, 왕래.

anadura anadures *f.* 1 보행, 걷기. 2 여정, 행보, 일정, 코스. 3 (말의) 보행.

anaerobi anaeròbia anaerobis anaeròbies *adj.* 공기를 싫어하는, 혐기성(嫌氣性)의.
-m. [생물] 혐기성의 생물·미생물.

anaeròbic anaeròbica anaeròbics anaeròbiques *adj.* 혐기성의, 혐기성 생물의.

anaerobiosi anaerobiosis *f.* [생물] 혐기성(嫌氣性)의 생물·미생물.

anafase anafases *f.* [생물] 핵분열의 후기.

anafil anafils *m.* [식물] 나팔의 일종.

anafilàctic anafilàctica anafilàctics anafilàctiques *adj.* 과민증의, 과민 반응의.

anafilaxi anafilaxis *f.* [의학] (어떤 약에 대한) 과민증, 과민 반응.

anàfora anàfores *f.* 1 [수사] 반복, 중복(repetició). 2 [문법] 대용어[명사의 반복을 피해서 쓰는 대명사 등]. 3 [음악] 악절 반복. 4 [종교] (그리스 정교의) 성찬식문, 성체기도(litúrgia).

anafòric anafòrica anafòrics anafòriques *adj.* anàfora의.

anafrodísia anafrodísies *f.* [의학] 생식 기능 결핍.

anafrodisíac anafrodisíaca anafrodisíacs anafrodisíaques *adj.* [의학] 생식 기능 결핍증의.
-m.f. 생식 기능 결핍환자.

anafrodita anafrodites *adj.* [병리] 성적 금욕의.
-m.f. [남녀동형] 성적 금욕자.

anàglif anàglifs *m.* 1 부조(浮彫)한 것. 2 입체 화면, 입체 사진.

anagogia anagogies *f.* (성서·어구 등의) 영적 해석.

anagògic anagògica anagògics anagògiques *adj.* 1 영적 해석의, 신비적 해석의. 2 [심리] (무의식적인) 이상 추구의.

anagrama anagrames *m.* 1 글자 수수께끼. 2 철자 바꾸기.

anagramàtic anagramàtica anagramàtics anagramàtiques *adj.* anagrama의.

anagramista anagramistes *m.f.* 글자 수수께끼 작가; 글자 수수께끼 놀이를 하는 사람.

anal anals *adj.* 항문의, 직장(直腸)의; 항문 부근의.

analectes *f.pl.* 선집(選集), 명언집, 어록.

anàleg anàloga anàlegs anàlogues *adj.* 1 유사한, 비슷한, 닮은, 상사한. 2 [생물] 상사(相似) 기관의.

analèptic analèptica analèptics analèptiques *adj.* 몸을 회복시키는, 체력·기력·의식 회복의. *el missatge analèptic* 힘을 북돋아주는 메시지.
-m. 보신제, 강장제, 흥분제, 강심제, 각성제(覺醒劑).

analfabet analfabeta analfabets analfabetes *adj.* **1** 무학의, 문맹의. **2** 비알파벳식의. **3** (표음법이) 초정밀 기호로 된.
-m.f. 무학자, 문맹.

analfabetisme analfabetismes *m.* **1** 무학, 문맹, 무지. **2** [언어] 비알파벳식 표기.

analgèsia analgèsies *f.* [의학] 무통증, 통각(痛覺) 상실.

analgèsic analgèsica analgèsics analgèsiques *adj.* 무통성의, 진통의.
-m. 진통제.

anàlisi anàlisis *f.* **1** 분석, 분해. *la anàlisi climàtica* 기후 분석. **2** [문법] 분석. **3** [수학] 해석(학). **4** [심리] (정신) 분석. **5** [언어][화학] 분석(표).

analista analistes *adj.* 분석하는, 해석하는.
-m.f. **1** 분석가, 해석가; 분석학자, 해석학자. **2** 분석 화학자. **3** (정치·사회의) 정세 분석 해설가. **4** 통계 전문가. **5** 정신 분석가.

analític analítica analítics analítiques *adj.* 분석의, 해석의; 분석적인, 해석적인.

analítica analítiques *f.* **1** 분석학, 해부학. **2** [철학] 분석학.

analíticament *adv.* 분해하여, 분석적으로.

analitzable analitzables *adj.* analitzar할 수 있는.

analitzador analitzadora analitzadors analitzadores *adj.* 분석하는, 분해하는.
-m.f. 분석자, 분해자, 해석가.
-m. 분석기, 분석 장치; [광학] 분광자.

analitzar *tr.* **1** 분석하다, 분해하다. **2** (분석적으로) 검토하다. *analitzar les dades de l'informe* 보고서 자료를 검토하다. **3** [화학·문법] 분석하다; [수학] 해석하다. **4** 정신 분석을 하다.

anàlogament *adv.* 유사하게, 같은 모양으로.

analogia analogies *f.* **1** 유사, 근사; 비슷함, 닮음. **2** [논리] 유추, 비론(比論). **3**. [언어] 유추. **4** [수학] 유비, 등비. **5** [생물] 상사(相似).

analògic analògica analògics analògiques *adj.* 유사한, 비슷한; 유추적인. *en format analògic* 유사한 형식으로.

analògicament *adv.* 유사하게; 유추적으로.

anamnesi anamnesis *f.* [의학] (이전에 앓았던) 병력(病歷).

ananàs ananassos *m.* [식물] 아나나스 [파인애플과의 관엽 식물을 통틀어 이르는 말].

anant anants *m.f.* 가는 사람. *els anants i vinents* 오고 가는 사람들, 왕래하는 사람들.

anaplàstia anaplàsties *f.* [의학] 정형외과술.

anar *intr.* **1** 가다, 이동하다; (목적지로) 가다, 통하다. *anar al cinema* 극장에 가다. **2** (차가) 향하다. **3** 들어맞다, 꼭 맞다. **4** 내기에 걸다, 내기를 하다. **5** (기계 등이) 움직이다, 작동하다(funcionar). **6** (얼마에) 나가다, 팔리다. **7** (...한 차림새로) 다니다. **8** (장소·취미·옷 등이) 맞다, 어울리다, 부합하다. *Aquest vestit li va malament* 이 옷은 그에게 잘 어울리지 않는다. **9** 뻗다, 뻗어있다. *El carrer va de la plaça al cementiri* 도로가 광장에서 공동묘지까지 뻗어있다. **10** [전치사 a, per 등과 함께 쓰여 가까운 미래를 뜻함] ...하려 한다. *El noi anava a cridar* 그 소년은 소리를 지르려 했다. **11** [의문문] 시내다. *Com va això?* 어떻게 지내세요?

anar i venir 서로 다른 방향으로 움직이다, 오고 가다.

anar a la seva 자신의 뜻대로 하다.

anar d'Herodes a Pilat 이리 저리 왔다 갔다 하다.

anar-se'n *prnl.* **1** 떠나다, 출발하다. **2** [비유] 죽다(morir). **3** 가버리다, 훌쩍 떠나 버리다(esvair-se).

anar-se'n al calaix 죽다, 사망하다; 쭉 뻗다.

anarquia anarquies *f.* 무정부 (상태); (사회적·정치적) 무질서; (폭력·테러 행위에 의한) 체제 타파 활동.

anàrquic anàrquica anàrquics anàrquiques *adj.* 무정부(주의)의, 무질서한.

anarquisme anarquismes *m.* 무정부주의, 무정부 (상태).

anarquista anarquistes *adj.* 무정부주의자의, 무정부주의적인.
-m.f. [남녀동형] 무정부주의자.
anarquitzant anarquitzants *adj.* 무정부(주의)화하는.
anarquitzar *tr.intr.* 무정부(주의)화하다.
anar-se'n *prnl.* **1** (어느 곳을 향해) 가다, 떠나다, 출발하다. *Se'n va a l'escola* 그는 학교에 간다. **2** [비유] 세상을 하직하다, 죽다(morir). **3** 지나치다, 실수하다.
anastigmàtic anastigmàtica anastigmàtics anastigmàtiques *adj.* 수차 보정의.
anastigmatisme anastigmatismes *m.* (렌즈의) 수차 보정.
anastomosi anastomosis *f.* [생물] 접합, 유착.
anàstrofe anàstrofes *f.* 도치법.
anatema anatemes *m.* **1** 아나테마[종교적인 의미로 저주의 말]. **2** [종교] 이단 배척, 파문. **3** (일반적으로) 저주, 증오. **4** 저주받은 사람·물건; 아주 싫은 사람·것.
anatematitzar *tr.* 저주하다; 파문하다.
anatomia anatomies *f.* **1** [의학] 해부. **2** 해부학, 해부술(dissecció). **3** (일반적으로) 분석, 분석적 연구. **4** (해부상의) 구조, 조직. **5** 해부 표본.
anatòmic anatòmica anatòmics anatòmiques *adj.* 해부의, 해부(학)상의.
anatòmicament *adv.* 해부학적으로.
anatomista anatomistes *m.f.* [남녀동형] 해부학자.
anatomitzar *tr.* **1** 해부하다. **2** 상세하게 풀다, 해부학적으로 그리다; 분해하다, 분석하다(analitzar).
anca anques *f.* =natja. **1** (짐승의) 둔부, 엉덩이. **2** 넓적다리, 사타구니.
ancat ancada ancats ancades *adj.* 궁둥이가 큰.
ancestral ancestrals *adj.* 유전적인, 선조 때부터 내려온.
ancià anciana ancians ancianes *adj.* **1** 나이 많은, 늙은. **2** 고참의, 은퇴한.
-m.f. **1** 노인; 고참자, 연장자. **2** (기독교의) 장로.
ancianitat ancianitats *f.* **1** 노령, 노후 (vellesa). **2** 과거, 고대(antiguitat).
àncora àncores *f.* **1** 닻, 앵커. **2** T 자형의 누름쇠. **3** [비유] 의지할 곳.
llevar l'ancora 출발하다, 출범하다.
tirar l'ancora 배를 멈추다, 정박하다.
ancorar *tr.intr.* 닻을 내리다, 정박하다.
ancoratge ancoratges *m.* **1** 정박. **2** 닻을 내리는 곳. **3** 정박료, 입항세.
ancorell ancorells *m.* (망을 가라앉히기 위해 끝에 매단) 무거운 추.
ancut ancuda ancuts ancudes *adj.* =ancat.
andador andadora andadors andadores *m.f.* (종교 단체나 사원의) 급사, 심부름꾼.
-m (성벽 위의) 통로.
andalús andalusa andalusos andaluses *adj.* 안달루시아의.
-m.f. 안달루시아 사람.
-m. 안달루시아 방언.
andalusisme andalusismes *m.* **1** 안달루시아 방언·말씨. **2** 안달루시아 풍.
andalusista andalusistes *adj.* 안달루시아 방언·풍의.
-m.f. [남녀동형] 안달루시아 학자, 안달루시아 방언을 쓰는 사람.
andalusada andalusades *f.* 안달루시아풍의 호들갑스러운 표현.
andalusí andalusina andalusins andalusines *adj.* 안달루시아 지방의.
-m.f. 그 지방의 사람.
Andalusia *n.pr.* [지리] 안달루시아[스페인 남부 지방; 옛 무어 문명의 중심지].
andalusita andalusites *f.* [광물] 홍주석[알루미늄으로 이루어진 규산염 광물로 내화물로 사용].
andana andanes *f.* (역의) 플랫폼, (도로의) 단(段).
-m (함상의) 포열, 포대.
andanada andanades *f.* **1** 탄막(彈幕), 일제 사격. **2** [비유] 책망(reprensió)
andanar *tr.* (배의) 채비를 차리다.
andante *adv.it.* [음악] 안단테.
andantino *adv.it.* [음악] 안단티노[안단테보다 조금 빠르게]; 안단티노의 곡.
andarec andarega andarecs andaregues *adj.* 잘 걷는, 다리 힘이 좋은, 여기저기 쏘다니는.

andarejar *intr.* 쏘다니다, 분주하게 여기저기 돌아다니다.
andarivell andarivells *m.* 나룻배의 줄; (난간 대신에 쓰는) 난간 줄; (배의) 구명줄; 케이블카의 철책.
Andes *n.pr.* [지리] 안데스. *la serralada dels Andes* 안데스 산맥.
andí andina andins andines *adj.* 안데스의, 안데스 산맥의.
-m.f. 안데스 사람.
andinisme andinismes *m.* [남미에서 통용되는 말] 등산; 안데스 산 등산.
andinista andinistes *m.f.* [남녀동형] 등산가, 안데스 산을 오르는 사람.
Andorra *n.pr.* [지리] 안도라 공화국[피레네 산맥의 작은 나라].
andorrà andorrana andorrans andorranes *adj.* 안도라의.
-m.f. 안도라 사람.
andreci andrecis *m.* =androceu.
androcèntric androcèntrica androcèntrics androcèntriques *adj.* 인간 중심의.
androceu androceus *m.* [식물] 수꽃술군(群).
androfòbia androfòbies *f.* [의학] 남성 공포증.
androgen andrògena andrògens andrògenes *adj.* 남성 호르몬을 가진.
-m. [생물] 남성 호르몬.
androgin andrògina androgins andrògines *adj.* 1 [동물] 남녀 양성의, 자웅 동체의. 2 [식물] 암술·수술을 갖춘, 자웅동화의.
-m.f. 1 남녀 양성 소유자. 2 자웅 동화서.
androide androides *adj.* 인간을 닮은.
-m. 인조인간, 로봇.
andròleg andròloga andròlegs andròlogues *m.f.* 남성병학자.
andrologia andrologies *f.* [의학] 남성병학.
Andròmeda *f.* 1 [천문] 안드로메다 별자리. 2 [신화] 안드로메다[이디오피아의 공주].
andròmina andròmines *f.* 1 잡동사니. 2 *pl.* 거짓말, 엉터리, 터무니없는 말.
androna andrones *f.* 1 좁은 골목. 2 뒷골목, 막다른 골목.

andropausa andropauses *f.* [생리] (남자의) 갱년기 (장애).
ànec ànecs *m.* [동물] 오리.
ànec salvatge 들오리.
fer l'ànec 죽다.
anècdota anècdotes *f.* 일화, 삽화, 기담 (奇談).
anecdotari anecdotaris *m.* 일화(집).
anecdòtic anecdòtica anecdòtics anecdòtiques *adj.* 일화 같은, 삽화적인.
anecoic anecoica anecoics anecoiques *adj.* (방 등에) 울림이 없는.
anedó anedons *m.* 새끼 오리.
ànega ànegues *f.* 암오리.
aneguet aneguets *m.* =anedó.
anell anells *m.* 1 고리, 바퀴. 2 반지. *un anell d'or blanc* 백금반지. 3 (기계 부품의) 링. 4 [건축] (기둥 끝의) 둥근 부분.
venir com l'anell al dit 잘 어울리다, 제대로 들어맞다.
anella anelles *f.* 1 (문의) 노커, 문고리. 2 고리, 바퀴. 3 목걸이. 4 쇠사슬. 5 *pl.* (체조의) 링.
anella de cigar (시가의 직경을 재는) 게이지.
anellada anellades *f.* (문의) 노커를 두드림; 또는 그 소리.
anellar *tr.* 1 원형으로 만들다. 2 고리를 채우다.
anellat anellada anellats anellades *adj.* 1 anellar한. 2 [동물] 환형의, 환상의 고리가 있는.
-m. [동물] 환형동물.
anèl·lids *m.pl.* [동물] 환형동물[지렁이·거머리 등을 지칭].
anèmia anèmies *f.* [의학] 빈혈증, 생기·활력의 결핍.
anèmic anèmica anèmics anèmiques *adj.* 빈혈의.
-m.f. 빈혈증이 있는 사람.
anemocòria anemocòries *f.* [식물] 1 (바람에 의한) 꽃가루의 분산. 2 =anemofília.
anemofilia anemofilies *f.* [식물] 풍매(風媒) 식물.
anemòfil anemòfila anemòfils anemòfiles *adj.* [식물] 풍매 식물의.

anemografia anemografies f. [물리] 자기 풍력학.
anemòmetre anemòmetres m. 풍력계.
anemometria anemometries f. [물리] 풍력 측정(법).
anemone anemones f. 1 [식물] 아네모네. 2 [동물] 말미잘.
anemoscopi anemoscopis m. [기상] 풍향측정기.
aneroide aneroides adj. 무액의, 액체를 쓰지 않는.
-m. 아네로이드 기압계.
anestèsia anestèsies f. 1 지각 마비, 무감각. 2 [의학] 마취(법).
anestesiar tr. 마취시키다. 무감각하게 만들다, 마비시키다. *anestesiar la societat* 사회를 마비시키다.
anestèsic anestèsica anestèsics anestèsiques adj. 마취의, 감각을 마비시키는.
-m. 마취제, 마취약.
anestesiòleg anestesiòloga anestesiòlegs anestesiòlogues m.f. 마취 의학자.
anestesiologia anestesiologies f. [의학] 마취 의학.
anestesista anestesistes m.f. [남녀동형] 마취 담당의사.
anet anets m. [식물] 소회향.
ànet ànets m. =ànec.
aneurisma aneurismes m. [의학] 동맥류(動脈瘤)
anfractuós anfractuosa anfractuosos anfractuoses adj. 요철의, 고르지 못한, 울퉁불퉁한.
anfractuositat anfractuositats f. 요철, 울퉁불퉁함.
àngel àngels m. 1 천사. 2 마음씨 고운사람.
 àngel de la guarda 수호천사, 수호신.
 cantar com un àngel 천사처럼 노래하다.
 dormir com un àngel 달콤한 잠을 자다.
 ésser un àngel[angelot] 친절하다, 다정하다.
àngela interj. 놀라움을 표시하는 감탄사(=això mateix).
angelet angelets m. 1 작은 천사. 2 [식물] (유럽산의) 수레국화.
angèlic angèlica angèlics angèliques adj. =angelical.
angelical angelicals adj. 1 천사의, 천사를 닮은, 천사 같은(angèlic). 2 천진한, 순진한.
angelicalment adv. 천사같이, 천진스레, 순진하게.
angelitzar tr. 천사로 변화시키다.
angelot angelots m. 1 커다란 천사상. 2 마음씨 좋은 사람, 호인.
 fer l'angelot 들리지 않는 척하다, 못들은 척하다.
àngelus àngelus m. [단·복수동형] (가톨릭의) '주의 천사'(Angelus domini)로 시작되는 기도; 그 기도 시간을 알리는 종[아침, 점심, 저녁에 울림].
angina angines f. [의학] 후두염.
 angina de pit [병리] 협심증.
anginós anginosa anginosos anginoses adj. [의학] 후두염의.
-m.f. 후두염 환자.
angiografia angiografies f. [의학] 혈관조영(법)[X선 특수 조영법의 하나].
angiograma angiogrames m. [의학] 혈관조영도.
angiologia angiologies f. [해부] 맥관학[혈관과 림프관을 취급하는 해부학].
angioma angiomes m. [의학] 혈관종(血管腫).
angiosperm angiosperma angiosperms angiospermes adj. 속씨식물의.
angiospermes f.pl. [식물] 속씨식물.
Anglaterra n.pr. [지리] 1 (스코틀랜드와 웨일스를 제외한) 잉글랜드. 2 영국.
angle angles m. 1 모서리, 모퉁이, 구석. 2 각(角), 각도.
 angle recte 직각.
 angle obtús 둔각.
 angle agut 예각.
anglès anglesa anglesos angleses adj. 영국(Anglaterra)의.
-m.f. 영국인.
-m. [언어] 영어.
 a l'anglesa 영국식의, 영국식으로.
anglicà anglicana anglicans anglicanes adj. [종교] 영국 국교의.
-m.f. 영국 국교도.

anglicanisme anglicanismes *m.* 영국 국교.
anglicisme anglicismes *m.* 영국식 어투·말투, 영어 계통의 언어.
anglicista anglicistes *adj.* 영국식 어투의.
-m.f. [남녀동형] **1** 영국식 영어를 쓰는 사람. **2** 영국식 어투를 좋아하는 사람.
angloamericà angloamericana angloamericans angloamericanes *adj.* 북미합중국의; (미국에서의) 영국식 어투의.
-m.f. 북아메리카인.
anglocanadenc anglocanadenca anglocanadencs anglocanadenques *adj.* 영국계 캐나다의
anglòfil anglòfila anglòfils anglòfiles *adj.* 영국을 좋아하는.
-m.f. 친영파.
anglofilia anglofilies *f.* 영국 편애·숭배.
anglòfob anglòfoba anglòfobs anglòfobes *adj.* 영국을 혐오하는.
-m.f. 영국 혐오자.
anglofòbia anglofòbies *f.* 영국 혐오.
anglòfon anglòfona anglòfons anglòfones *adj.* 영어를 하는, 영어 사용자의.
-m.f. (복수 공용어 사용국의) 영어 사용자.
anglomania anglomanies *f.* 영국광.
angloparlant angloparlants *adj.* 영어를 말하는.
-m.f. 영어를 말하는 사람.
anglosaxó anglosaxona anglosaxons anglosaxones *adj.* 앵글로·색슨계의, 앵글로·색슨어의, 앵글로·색슨 사람의.
-m.f. 앵글로·색슨 사람, 영국계의 사람.
angoixa angoixes *f.* 고뇌, 고민, 비탄.
angoixadament *adv.* 괴롭게, 괴로운 듯이, 비탄에 젖어.
angoixant angoixants *adj.* 서글픈, 슬픈, 고통스러운, 비탄한.
angoixar *tr.* **1** 지치게 하다. **2** 괴롭히다, 걱정시키다. **-se** 번민하다.
angoixat angoixada angoixats angoixades *adj.* 슬퍼 몸부림치는, 괴로워하는, 노심초사하는.
angoixós angoixosa angoixosos angoixoses *adj.* **1** =angoixat. **2** 걱정하는, 괴로운, 고뇌에 찬.
angolès angolesa angolesos angoleses *adj.* 앙골라의.
-m.f. 앙골라 사람.
-m. 앙골라 말.
angora angores *f.* [동물] 앙고라.
angost angosta angosts[angostos] angostes *adj.* 좁은.
àngstrom àngstroms *m.* [물리] 옹스트롬[빛의 파장의 측정 단위. 1밀리의 1,000만분의 1].
anguila anguiles *f.* [어류] 뱀장어, 장어.
anguilejar *intr.* 뱀장어 모양을 하다; 지그재그로 가다.
anguil·liforme anguil·liformes *adj.* 뱀장어 모양의.
angula angules *f.* 새끼 뱀장어.
angular angulars *adj.* 모퉁이의, 각이 진, 모난.
angulós angulosa angulosos anguloses *adj.* 울퉁불퉁한, 각이 진, 모가 난.
angulositat angulositats *f.* 울퉁불퉁함, 모가 남.
angúnia angúnies *f.* **1** =angoixa. **2** 메스꺼움, 구역질, 혐오.
anguniar *tr.prnl.* =angoixar.
anguniejar *tr.prnl.* =angoixar.
anguniós anguniosa anguniosos angunioses *adj.* =angoixós.
anguniosament *adv.* =angoixadament.
anhel anhels *m.* 갈망, 동경.
anhelar *tr.* 간절히 원하다, 갈망하다, 열망하다, 동경하다. *anhelar fermament* 간절히 바라다. *-intr.* 헐떡이다.
anhelós anhelosa anhelosos anheloses *adj.* **1** 간절한, 열망하는, 사무치는. **2** 헐떡이고 있는.
anhelosament *adv.* **1** 갈망하여, 사무치는 듯이. **2** 헐떡이며.
anhidre anhidra anhidres anhidres *adj.* 무수(無水)의.
anhídrid anhídrids *m.* [화학] 무수물(無水物).
anhidrita anhidrites *f.* [광물] 무수 석고, 경석고(硬石膏).
anihilació anihilacions *f.* =aniquilació.
anihilament anihilaments *m.* =aniquilació.

anihilar *tr.* =aniquilar.
anilina anilines *f.* [화학] 아닐린[염료 용해액].
ànim ànims *m.* **1** 힘, 원기, 활력, 활기(ànima). **2** (...할) 의지, 작정. **3** 정신, 기력, 사기.
Ànim! 기운 내라! 잘해라!
aixecar[*agafar*] *ànim* 사기를 높이다.
donar ànim 사기를 북돋아 주다.
ànima ànimes *f.* **1** 혼, 영혼. **2** (죽은 사람의) 혼령. **3** 정신, 마음. **4** [비유] 사람, 인간(persona). *Pel carrer no hi havia ni una ànima* 거리에는 단 한 사람도 없었다. **5** (인간적인) 애정, 감정. **6** 핵, 중심(nucli). **7** [건축] 축, 굴대. **8** 총구멍, 포 구멍. **9** (사물의) 내부, 안면.
amb tota l'ànima 진심으로, 마음속에서.
ànima de càntir 냉정한 사람, 몰인정한 사람.
ànima de Purgatori 축복받은 영혼.
ànima en pena 저승에서도 눈을 감지 못하는 영혼; 불쌍한· 비참한 사람.
ànima vivent [부정문에 쓰여] (살아 있는) 생명, 사람. *No hi vam trobar ànima vivent* 거기엔 살아 있는 사람이 아무도 없었다.
arribar a l'ànima 마음 깊숙이 들어오다, 깊이 새겨지다.
bona ànima 선한 사람; 숙맥, 바보.
caure-li a algú l'ànima als peus 풀이 죽다, 용기를 잃다.
donar[*retre*] *l'ànima a Déu* 영혼이 떠나다, 죽다.
exhalar l'ànima 호흡이 멈추다, 죽다.
no haver-hi ni una ànima vivent 단 한 사람도 없다.
semblar una ànima en pena 비참한 모양을 하다.
vendre's l'ànima al diable 영혼을 팔다, 사탄과 영매하다.
animació animacions *f.* **1** 생기, 활기, 활력, 고무. *amb animació* 활발히, 힘차게. **2** [영화] 만화 영화.
animadament *adv.* 활기 넘치게, 힘차게.
animador animadora animadors animadores *adj.* 생기를 불어넣는, 힘차게 띠게 하는, 분위기를 돋우는.
-m.f. **1** 분위기 메이커, 분위기를 돋우는 사람. **2** 만화 영화 제작자.
animadversió animadversions *f.* **1** 적의, 적대감, 반감. **2** 혹평, 비난.
animal animals *adj.* **1** 동물의. **2** [비유] 동물적인, 야만적인, 짐승 같은.
-m. **1** 동물, 짐승. **2** [비유] 몰인정한 사람, 매정한 사람(persona rude).
animalada animalades *f.* 만행, 야만적 행위, 천박한 언행, 치사한 짓.
animalesa animaleses *f.* **1** 동물성, 수성. **2** [비유] 천박한 짓, 치사한 행동(bestiesa).
animàlia animàlies *f.* 유해한 짐승.
animalisme animalismes *m.* 동물적 존재·생활; 수성.
animalitat animalitats *f.* 동물성, 수성(獸性).
animalització animalitzacions *f.* **1** 동물화, 수성화; (음식물의) 동물질화.
animalitzar *tr.* **1** 동물화하다, 수욕에 빠지게 하다, (음식을) 동물질로 바꾸다. **2** 동물 모양으로 하다.
animaló animalons *m.* animal의 축소사.
animalot animalots *m.* [경멸적] 괴수(怪獸).
animar *tr.* **1** 생명·생기를 불어넣다. **2** 활기·용기를 돋우다, 고무하다(encoratjar). **3** (선수들을) 응원하다. **4** (분위기를) 띠우다, 떠들썩하게 하다.
animat animada animats animades *adj.* animar된.
animeta animetes *f.* **1** 작은 아이. **2** 무정한 사람, 사악한 사람. **3** 야등, 등잔불, 소형 램프. **4** 성배(聖杯) 덮개.
anímic anímica anímics anímiques *adj.* 정신의, 기분의.
anímicament *adv.* 정신적으로, 기분 상으로.
animisme animismes *m.* 물활론[목석(木石)같은 것에도 영혼이 있다고 믿는 신앙]; 정령신앙; 활력설[영혼이 생명·건강의 원천이라는 설].
animista animistes *adj.m.f.* [남녀동형] animisme를 믿는 (사람).
animós animosa animosos animoses *adj.* 원기 있는, 활기찬, 힘찬, 활발한,

animosament 신이 난.
animosament *adv.* 활기차게, 신나게.
animositat animositats *f.* **1** 원기, 활기, 생기, 기력. *sense cap animositat* 아무런 기력 없이. **2** 한, 원한.
anió anions *m.* [전기] 음이온.
aniquilació aniquilacions *f.* =aniquilament.
aniquilament aniquilaments *m.* 전멸, 말살
aniquilar *tr.* **1** 모조리 없애 버리다, 전멸시키다. **2** 말살하다, 폐지시키다.
anís anissos *m.* **1** [식물] 회향풀, 아니스. **2** 아니스 술; 아니스 과자.
anís estrellat 팔각회향.
arribar als anissos 늦게 도착하다.
anisar *tr.* 아니스를 넣다.
anisat anisada anisats anisades *adj.* 아니스를 넣은.
-m. 아니스가 들어간 술의 일종.
aniset anisets *m.* (설탕·아니스로 빚은) 아니스 술.
anisogàmia anisogàmies *f.* [생물] 이형접합, 이형 배우(異形俳優).
anisopètal anisopètala anisopètals anisopètales *adj.* [식물] 부등화판의.
anisòtrop anisòtropa anisòtrops anisòtropes *adj.* [물리] 이방성의.
anisotropia anisotropies *f.* [물리] 이방성(異方性).
anit *adv.* 어젯밤에, 간밤에, 지난밤에.
anivellació anivellacions *f.* **1** 평평하게 하기, 땅 고르기, 정지(整地). **2** 고저 측량. **3** 균일화, 평준화; (사회의) 평등화·계급 타파 운동.
anivellador anivelladora anivelladors anivelladores *adj.* 수평 하게 하는, 땅을 고르는.
-f. 수평 측량기.
anivellament anivellaments *m.* =anivellació.
anivellar *tr.* **1** (지면을) 수평을 이루게 하다, 고르게 하다. **2** [비유] 같은 수준으로 하다, 균등하게 하다, 똑같이 하다(igualar). **3** 수준기로 측정하다.
aniversari aniversaris *m.* **1** (해마다의) 기념일, 기념제. **2** ...주년제, 주기(週忌), 기일(忌日). **3** 생일(natalici).
annals *m.pl.* 연대기, 역사.

annex annexa annexos annexes *adj.* 부속의, 부가의(annexat).
-m. **1** 부록, 부속물, 동봉물, 추가 문서. **2** 부속 건물.
annexat annexada annexats annexades *adj.* annexar한.
annexar *tr.* 부가하다, 부속시키다; 병합하다, 합병하다.
annexió annexions *f.* 부가, 부속; 병합, 합병.
annexionar *tr.* =annexar.
annexionisme annexionismes *m.* 합병주의, 병합주의.
annexionista annexionistes *adj.* 합병주의의.
-m.f. [남녀동형] 합병주의자.
Anníbal *n.pr.* 한니발[카르타고의 명장, B.C. 247-183?].
annona annones *f.* **1** 공급, 보급, 비축. **2** (저장한) 식료품, 양식.
ànode ànodes *m.* [전기] 양극(陽極).
anodí anodina anodins anodines *adj.* 무통의, 아픔을 멈추게 하는, (감정을) 누그러지게 하는.
anòfels anòfels *m.* [단·복수동형][곤충] (말라리아를 매개하는) 학질모기.
anoll anolls *m.* (한 살 된) 송아지.
anòmal anòmala anòmals anòmales *adj.* **1** 이상한, 비정상인, 이례적인. **2** 변칙의, 불규칙한.
anomalia anomalies *f.* **1** 이상, 이례, 변태. **2** 변칙, 파격. **3** [천문] 근일점 거리각.
anomenada anomenades *f.* 명성, 평판; 명예, 고명(fama).
anomenar *tr.* **1** 명칭을 붙이다, 칭하다, 명명하다. **2** (명함·직함으로) 부르다. **3** 지정하다, 지명하다, 임명하다(esmentar). *-se* (...라) 명명되다, 불리다.
anomenat anomenada anomenats anomenades *adj.* 유명한, 명성 높은, 고명한.
anònim anònima anònims anònimes *adj.* 익명의, 작가 미상의, 무명의.
-m. 작가 미상, 무명; 익명 서신·저작.
conservar l'anònim 이름을 비밀로 하다, 익명으로 하다.
societat anònima 주식회사.

anònimament *adv.* 익명·무기명으로.
anonimat anonimats *m.* 익명, 무기명.
anoplurs *m.pl.* [곤충] 이류.
anorac anoracs *m.* 아노락[후드 달린 방한 방수 코트].
anorèctic anorèctica anorèctics anorèctiques *adj.* 식욕 상실의.
anorèxia anorèxies *f.* [의학] 식욕 상실, 식욕 감퇴.
anorèxic anorèxica anorèxics anorèxiques *adj.* 식욕 상실의.
-*m.f.* 식욕 상실자.
anorgàsmia anorgàsmies *f.* [의학] 무(無)오르가슴증.
anormal anormals *adj.* **1** 이상의, 비정상의; 변칙의, 불규칙한. *el comportament anormal* 비정상적인 행동. **2** 변태의, 병적인.
-*m.f.* 정신 이상자, 정신박약아, 기형아; 변태자.
anormalitat anormalitats *f.* =anomalia.
anormalment *adv.* 이상하게, 정상에서 벗어나; 변태적으로.
anorreador anorreadora anorreadors anorreadores *adj.* 전멸시키는 사람.
anorreament anorreaments *m.* =anihilament.
anorrear *tr.* =anihilar.
anortita anortites *f.* [광물] 회장석.
anòsmia anòsmies *f.* [의학] 무후각(증).
anostrament anostraments *m.* 가르침, 지도, 훈련; 자의적 해석.
anostrar *tr.* (우리 식으로) 가르치다; (자의로) 해석하다.
anotació anotacions *f.* anotar하는 일.
anotador anotadora anotadors anotadores *adj.m.f.* anotar하는 (사람).
anotar *tr.* **1** 주석·주기하다. **2** 주의하다, 지적하다. **3** 등기·등록하다. **4** 승인하다, 인가하다. **5** [상업] 기장하다.
anovulació anovulacions *f.* [의학] 배란 정지, 무배란 (월경).
anovulatori anovulatòria anovulatoris anovulatòries *adj.* [생리] 무배란 (월경)의.
anòxia anòxies *f.* [의학] 산소 결핍, 무산소증.
anquejar *intr.* (걸을 때) 궁둥이를 흔들다, (말이) 춤을 추며 걷다.
anquilosament anquilosaments *m.* =anquilosi.
anquilosar *tr.* 관절이 경직되다, 뼈마디가 굳어지다.
anquilosi anquilosis *f.* [의학] 관절 경직·유착.
ans *adv.* =abans.
-*conj.* 도리어, 오히려, ...하기는커녕(=sinó que).
ansa anses *f.* **1** 손잡이, 자루(nansa). **2** 단서. **3** 핑계, 구실. **4** [지리] 작은 하구(河口), 작은 만(灣).
ansa del coll [해부] 쇄골.
donar ansa (일할 수 있도록) 기회를 주다; (어떤 일의) 동기가 되다, 원인이 되다.
donar anses 용기를 북돋아주다, 격려하다.
prendre ansa 뿌리를 뻗치다, 안정되다; 기회를 포착하다.
anseta ansetes *f.* **1** (총의) 꽂을대(=bagueta). **2** [해부] 쇄골(鎖骨) (=clavícula).
ansí ansins *m.* (죄수·노예 등의) 목에 거는 족쇄.
ànsia ànsies *f.* **1** 불안, 초조, 번민(inquietud). **2** 열망, 간절한 바람. **3** *pl.* 구역질, 메스꺼움(=nàusees).
donar-se ànsia 서두르다, 안달하다.
ansiejar *intr.* 불안해하다, 초조해하다.
ansietat ansietats *f.* **1** 불안, 초조, 조바심, 안달. **2** 걱정, 근심.
ansiós ansiosa ansiosos ansioses *adj.* **1** 불안한, 초조한, 마음 조이게 하는. **2** 걱정하는, 염려되는. **3** 열망하는, 매우 ...하고 싶어 하는(desitjós).
ansiosament *adv.* 불안해하며, 초조한 마음으로, 조마조마하여.
ant ants *m.* [동물] 사슴의 일종.
antagònic antagònica antagònics antagòniques *adj.* 반대의, 대립하는.
antagonisme antagonismes *m.* 적대 (행위); 반대, 반목, 대립.
antagonista antagonistes *adj.* 반대하는, 대항하는, 적대하는.
-*m.f.* [남녀동형] 대항자, 적수, 적대자, 반대자.

antany *adv.* 지난해; 옛날에. *d'antany* 옛날에.
-*m.* 고대, 옛날(antigor).
antàrtic antàrtica antàrtics antàrtiques *adj.* 남극의, 남극 지방의.
-*m.* [대문자] 남극해.
Antàrtida *n.pr.* [지리] 남극 대륙.
antecambra antecambres *f.* 대기실, 홀.
antecedència antecedències *f.* **1** 선행, 우선(precedència). *com una antecedència mínima de 30 dias* 최소한 30일 이전에. **2** [천문] (행성의) 역행.
antecedent antecedents *adj.* 앞선, 앞서 간, 선행의.
-*m.* **1** 전례, 전력, 내력, 이력. **2** [문법] 선행사. **3** [논리] 전건(前件). **4** [수학] 전항.
antecedents penals [법률] 전과, 전력.
saber[conèixer] els antecedents 훤히 알다.
antecedir *tr.* 선행하다, 앞서다.
antecessor antecessora antecessors antecessores *adj.* 선행하는, 앞서 가는.
-*m.f.* **1** 전임자. **2** *pl.* 선조, 조상.
antediluvià antediluviana antediluvians antediluvianes *adj.* 노아의 홍수 전의; 태고의(=molt antic).
antefirma antefirmes *f.* (공문서·사문서 등에서) 서명 전에 쓰이는 의례적인 문구, 직함이나 관직명(antesignatura).
antelació antelacions *f.* 미리 하는 일, 앞당김.
antemeridià antemeridiana antemeridians antemeridianes *adj.* 정오 전의, 오전의.
antena antenes *f.* **1** 안테나, 공중선. **2** [동물] 촉각, 더듬이. **3** 돛대, 마스트. **4** [건축] 지주.
estar en antena 방송·전송 중이다.
antenat antenada antenats antenades *adj.* =antenífer.
-*m.f.* 의붓자식.
antenífer antenífera antenífers anteníferes *adj.* [동물] 촉각이 있는.
antènula antènules *f.* [동물] (달팽이 등의) 소촉각.
antenupcial antenupcials *adj.* 결혼 전의.

antependi antependis *m.* =frontal.
antepenúltim antepenúltima antepenúltims antepenúltimes *adj.* 끝에서 세 번째의.
anteportada anteportades *f.* 책 앞뒤의 겉장과 속표지 사이의 지면.
anteposar *tr.* **1** 앞에 놓다. **2** [전치사 a 와 함께 쓰여] 선행하다, 우선하다.
anteposat anteposada anteposats anteposades *adj.* 앞에 놓인.
anteposició anteposicions *f.* 우선하는 일; 전치(前置).
antera anteres *f.* [식물] (꽃의) 꽃받침.
anterior anteriors *adj.* (시간·공간의) 앞의, 전의.
anterioritat anterioritats *f.* **1** (시간·공간 적으로) 앞섬, 앞선 시간·위치. **2** 우선성.
anteriorment *adv.* 전에, 앞서.
antesala antesales *f.* 대기실, 접견실, 대합실.
antesignatura antesignatures *f.* =antefirma.
antevigília antevigílies *f.* 전전날.
antiàcid antiàcida antiàcids antiàcides *adj.* 산(酸)을 중화하는, 제산의.
-*m.* 제산제(制酸劑).
antiaeri antiaèria antiaeris antiaèries *adj.* **1** 방공의. **2** 대공의, 고사(高射)의. *metralladora antiaèria* 대공 기관총.
antial·lèrgic antial·lèrgica antial·lèrgics antial·lèrgiques *adj.* [의학] 항알레르기(성)의.
-*m.* 항알레르기성 물질.
antialcohòlic antialcohòlica antialcohòlics antialcohòliques *adj.* **1** 과음 반대의, 절주의, 금주의. *el ascetisme antialcohòlic* 금주 금욕주의. **2** 알코올 성분을 없애 주는.
antialcoholisme antialcoholismes *m.* 금주운동.
antiàlgic antiàlgica antiàlgics antiàlgiques *adj.* [의학] 무통의.
-*m.* 진통제.
antiamericà antiamericana antiamericans antiamericanes *adj.* 반미(反美)의.
-*m.f.* 반미주의자.

antiarna antiarnes *adj.* 좁을 막는.
-*m.* 좁약.

antiarrugues antiarrugues *adj.* [단·복수동형] 주름을 없애 주는.
-*m.* 주름 제거제.

antiartrític antiartrítica antiartrítics antiartrítiques *adj.* 관절염에 듣는.
-*m.* [약학] 관절염 치료제, 통풍 약.

antiasmàtic antiasmàtica antiasmàtics antiasmàtiques *adj.* 천식에 듣는.
-*m.* [약학] 천식 약.

antiavortista antiavortistes *adj.* 반낙태주의.
´-*m.f.* [남녀동형] 반낙태주의자.

antibacterià antibacteriana antibacterians antibacterianes *adj.* [의학] 항균(성)의.

antibales antibales *adj.* [단·복수동형] 총알을 막는. *armilles antibala* 방탄조끼.

antibaqui antibaquis *m.* [문학] 역(逆)바커스격(格)[시학에서 장장단격 또는 강강약격].

antibel·licista antibel·licistes *adj.* 전쟁을 반대하는, 반전주의의.
-*m.f.* [남녀동형] 반전주의자.

antibiosi antibiosis *f.* [의학] 항생작용.

antibioteràpia antibioteràpies *f.* [의학] 항생 치료(법).

antibiòtic antibiòtics *m.* [의학] 항생물질, 항생제.

antic antiga antics antigues *adj.* **1** 고대의, 해묵은, 옛날의, 예로부터의. **2** (직업상) 고참의.
-*m.pl.* 선조, 조상.
a l'antiga 옛날식으로.
en l'antic 옛날에는.
estar fet[pastat] a l'antiga 고풍스럽게 장식하다.

anticancerós anticancerosa anticancerosos anticancerosos *adj.* [의학] 항암(성)의, 암에 잘 듣는.

anticapitalista anticapitalistes *adj.* 반자본주의의.
-*m.f.* [남녀동형] 반자본주의자.

anticarro anticarros *adj.* 대전차(對戰車)의.

anticaspa anticaspes *adj.* 비듬을 막아 주는, 비듬을 없애주는.

anticatarral anticatarrals *adj.* 감기에 듣는, 감기용의.
-*m.* 감기약.

anticàtode anticàtodes *m.* [전기] 대음극(對陰極).

anticicló anticiclons *m.* [기상] 역선풍.

anticiclònic anticiclònica anticiclònics anticiclòniques *adj.* 역선풍의.

anticientífic anticientífica anticientífics anticientífiques *adj.* 과학적이지 못한, 비(非)과학적인.

anticipació anticipacions *f.* **1** 미리 하는 일, 앞당김. **2** [상업] 전도금, 선불.

anticipadament *adv.* 미리.

anticipant anticipants *adj.* 미리 하는, 앞당긴, 선불의.

anticipar *vt.* **1** 미리 하다, 앞당겨 하다. *anticipar nous projectes* 새 프로젝트를 앞당겨 진행하다. **2** (날짜 등을) 앞당기다, 빨리 하다. **3** 선불하다, 가불해 주다. **4** 우선시키다. -*se* **1** 앞지르다, 선수를 치다. **2** 예정보다 빨라지다.

anticipat anticipada anticipats anticipades *adj.* 앞지른, 미리 한, 미리 지불한.

anticlerical anticlericals *adj.* (기독교의) 반교권의, 반종파의.
-*m.f.* [남녀동형] 반교권주의자.

anticlericalisme anticlericalismes *m.* 반교권주의, 교권 반대 운동.

anticlímax anticlímaxos *m.* [수사] 점강법(漸降法)[장중한 말을 한 후에 점차 가벼운 말로 계속하는 것]. **2** [비유] 용두사미, 큰 기대 뒤의 실망.

anticlinal anticlinals *adj.* 서로 반대 방향으로 경사진; 배사(背斜)의.
-*m.* [지질] 배사층.

anticoagulant anticoagulants *adj.* [의학] 항응혈성·항응고성의 (물질).
-*m.* 항응혈제.

anticolonialista anticolonialistes *adj.* 반식민주의의.
-*m.f.* [남녀동형] 반식민주의자.

anticomunisme anticomunismes *m.* 반공산주의, 반공정신, 반공 운동.

anticomunista anticomunistes *adj.* 반공주의의.

-m.f. [남녀동형] 반공주의자.
anticoncepció anticoncepcions f. 피임.
anticonceptiu anticonceptiva anticonceptius anticonceptives adj. 피임의.
-m. 피임약, 피임 기구.
anticongelant anticongelants adj. 부동(不凍)의.
-m. 부동제.
anticonstitucional anticonstitucionals adj. 헌법에 위배되는, 헌법 위반의, 헌법에 반대하는.
anticonstitucionalment adv. 헌법에 위배하여, 헌법에 반대하여.
anticonstitucionalitat anticonstitucionalitats f. [법률] 헌법 위반, 위헌.
anticorrosiu anticorrosiva anticorrosius anticorrosives adj. (음식물의) 부패를 막는.
anticorrupció anticorrupcions f. 부패 방지.
anticòs anticossos m. [생리] 항체(抗體).
anticrist anticrists m. [신학] 적그리스도.
anticristià anticristiana anticristians anticristianes adj. 적그리스도적인.
antidemocràtic antidemocràtica antidemocràtics antidemocràtiques adj. 반민주주의의, 반민주적인.
antidepressiu antidepressiva antidepressius antidepressives adj. 항우울의.
-m. [약학] 항우울제.
antidetonant antidetonants adj. 폭발성을 방지하는.
-m. 방폭제.
antidisturbis antidisturbis adj. [단·복수동형] 폭동 진압의.
antidopatge antidopatges adj.m. [스포츠] =antidòping.
antídot antídots m. 해독제; (해악 등의) 교정 수단, 대책. *el millor antídot contra la intolerància* 편협주의에 대한 최선의 해결책.
antidotari antidotaris m. (약제의) 조제서.
antidroga antidrogues adj. 마약을 단속하는.
antieconòmic antieconòmica antieconòmics antieconòmiques adj. 반경제적

인.
antiemètic antiemètica antiemètics antiemètiques adj. 구토를 멎게 하는, 항(抗)구토 작용의.
-m. 구토 약, 제토제, 진토제.
antiespanyol antiespanyola antiespanyols antiespanyoles adj.m.f. 스페인에 적대적인 (사람).
antiesportiu antiesportiva antiesportius antiesportives adj. 페어플레이를 하지 않는, 스포츠 정신에 어긋나는.
antiestètic antiestètica antiestètics antiestètiques adj. 보기에 거슬리는, 보기 흉한, 반미학적인.
antiestrès antiestressos adj. 스트레스를 막는, 스트레스를 풀어 주는.
-m. 스트레스 완화제.
antieuropeu antieuropea antieuropeus antieuropees adj. 반유럽의, 서유럽 통합에 반대하는.
-m.f. 반유럽주의자.
antievangèlic antievangèlica antievangèlics antievangèliques adj. 반복음주의의.
-mf. 반복음주의자.
antifaç antifaços m. 눈가리개, 안대; 가면.
antifascisme antifascismes m. 반파쇼주의, 반파시스트주의.
antifascista antifascistes adj. 반파시스트주의의.
-m.f. [남녀동형] 반파시스트주의자.
antifebril antifebrils adj. 해열의.
-m. 해열제.
antifeminista antifeministes adj. 반여권 확장주의의, 남성 상위의, 페미니즘을 반대하는.
-m.f. [남녀동형] 반(反)여권 확장주의자, 남성 상위주의자.
antífona antífones f. (가톨릭 미사에서의) 교송(交誦), 응답 송가.
antifonari antifonaris adj. 교송의.
-m. 교송 찬미가집.
antífrasi antífrasis f. [수사] (말뜻의) 반용[어구를 반대의 뜻으로 사용].
antifúngic antifúngica antifúngics antifúngiques adj. 균류를 죽이거나 성장을 억제시키는.

antigalla antigalles *f.* **1** 고물, 낡은 물건. **2** (소식·의상 등이) 오래된 것.
a l'antigalla 옛날식으로.
antigament *adv.* 옛날에는, 오래 전에는; 고대에는.
antigàs antigàs *adj.* [단·복수동형] 방독면의, 독가스를 막아주는.
antigen antígens *m.* [의학] 항원(抗原).
antigon antígons *m.* [동물] 산호.
Antígona *n.pr.* [신화] (그리스 신화에 나오는) 오이디푸스의 딸; 소포클레스의 비극의 제목.
antigor antigors *f.* **1** 고대(antiguitat). **2** 오래된 것.
a l'antigor 옛날식으로. 옛날에는.
de l'antigor ençà 예로부터, 옛날부터.
antigovernamental antigovernamentals *adj.* 반정부의, 반정부 세력의.
antigreix antigreixos *adj.* 기름기를 제거하는.
antigripal antigripals *adj.* [의학] 유행성 감기 예방의.
antiguitat antiguitats *f.* **1** =antigor. **2** *pl.* 골동품, 고대의 유물.
antihelmíntic antihelmíntica antihelmíntics antihelmíntiques *adj.* [약학] 회충 구제의.
-m. 구충제, 회충약.
antiheroi antiheroïna antiherois antiheroïnes *m.f.* [문학] 주인공답지 않은 주인공, 주인공의 자질이 없는 주인공; 반영웅.
antihigiènic antihigiènica antihigiènics antihigièniques *adj.* 비위생적인.
antihistamínic antihistamínica antihistamínics antihistamíniques *adj.* [약학] 항히스타민제[알레르기·감기·천식 등을 치료하는 데 사용]의.
antihistòric antihistòrica antihistòrics antihistòriques *adj.* 반역사적인.
antihumà antihumana antihumans antihumanes *adj.* 비인간적인, 인정이 없는, 무자비한.
antiinflamatori antiinflamatòria antiinflamatoris antiinflamatòries *adj.* [약학] 항염증(성)의.
antiimperialisme antiimperialismes *m.* 반제국주의.

antiimperialista antiimperialistes *adj.* 반제국주의의.
-m.f. [남녀동형] 반제국주의자.
antijurídic antijurídica antijurídics antijurídiques *adj.* 위법적인, 법에 어긋나는.
antiliberal antiliberals *adj.* 반자유의, 반진보주의의.
-m.f. [남녀동형] 반자유주의자, 반진보주의자.
antiliberalisme antiliberalismes *m.* 반자유주의, 반진보주의.
antillà antillana antillans antillanes *adj.* 앤틸리스 제도의.
-m.f. 앤틸리스 제도의 사람.
Antilles *n.pr.* [지리] 앤틸리스 제도.
antilliberal antilliberals *adj.m.f.* =antiliberal.
antilliberalisme antilliberalismes *m.* =antiliberalisme.
antilliscant antilliscants *adj.* (자동차 타이어의) 미끄럼 방지용의.
antilogaritme antilogaritmes *m.* [수학] 진수(眞數), 역로그.
antilògic antilògica antilògics antilògiques *adj.* 비논리적인, 논리에 맞지 않는, 모순된.
antílop antílops *m.* [동물] 영양.
antilopí antilopins *m.* [동물] 영양.
antilopins *m.pl.* [동물] 영양속(屬).
antimatèria antimatèries *f.* [물리] 반물질(反物質).
antimilitarisme antimilitarismes *m.* 반군국주의.
antimilitarista antimilitaristes *adj.* 반군국주의의.
-m.f. 반군국주의자.
antimíssil antimíssils *m.* [군사] 대탄도미사일, 대미사일용 미사일.
antimonàrquic antimonàrquica antimonàrquics antimonàrquiques *adj.* 반군주제의.
antimoni *m.* [화학] 안티몬[금속 원소].
antimonial antimonials *adj.m.* [화학] 안티몬을 함유한 (물질).
antimoniat antimoniada antimoniats antimoniades *adj.* =antimonial.
-m. [화학] 안티몬염.

antimònic antimònica antimònics antimòniques *adj.* 안티몬의.
antimoniós antimoniosa antimoniosos antimonioses *adj.* 안티몬 성분을 가진.
antimonit antimonits *m.* [화학] 안티몬염.
antimonita antimonites *f.* [광물] 휘안석.
antinacional antinacionals *adj.* 반국가적인.
antinatural antinaturals *adj.* 부자연스러운.
antineuràlgic antineuràlgica antineuràlgics antineuràlgiques *adj.* 항신경통의. -*m.* 항신경통제.
antineutró antineutrons *m.* [물리] 반중성자.
antinòmia antinòmies *f.* **1** 법의 모순. **2** [철학·논리] 이율배반.
antinòmic antinòmica antinòmics antinòmiques *adj.* 상호 모순된.
antinord-americà antinord-americana antinord-americans antinord-americanes *adj.* 반미주의의. -*m.f.* 반미주의자.
antinuclear antinuclears *adj.* 반핵의, 핵에너지 사용에 반대하는, 원자력 발전에 반대하는.
antioxidant antioxidants *adj.* 산화를 억제하는. -*m.* 산화 방지제, (고무의) 노화 방지제.
antipalúdic antipalúdica antipalúdics antipalúdiques *adj.* 항말라리아의. -*m.* 말라리아 약.
antipapa antipapes *m.* [역사] 참칭(僭稱)로마 교황, 대립 교황.
antipara antipares *f.* 칸막이, 병풍.
antiparal·lel antiparal·lela antiparal·lels antiparal·leles *adj.* [기하] 평행을 이루지 않는, 대등하지 않은.
antiparàsit antiparàsita antiparàsits antiparàsites *adj.* 기생충 구제용의. -*m.* 구충제.
antiparlamentarisme antiparlamentarismes *m.* [정치] 반의회주의.
antipartícula antipartícules *f.* [물리] (반양자, 반중성자 등의) 반입자.
antipatia antipaties *f.* **1** 반감, 혐오, 싫어함, 비위에 안 맞음. **2** 무정함, 쌀쌀함, 불친절함.
antipàtic antipàtica antipàtics antipàtiques *adj.* **1** 싫어하는, 호감이 가지 않는, 비위에 맞지 않는, 몹시 싫은. **2** 무정한, 쌀쌀한. *l'esportista més antipàtic* 가장 무정한 스포츠 선수.
ésser antipàtic 싫어하다, 혐오하다.
antipàticament *adv.* 비애국적으로.
antipatriota antipatriotes *m.f.* 매국노.
antipatriòtic antipatriòtica antipatriòtics antipatriòtiques *adj.* 비애국적인, 나라를 팔아먹는.
antipatriotisme antipatriotismes *m.* 매국행위.
antipedagògic antipedagògica antipedagògics antipedagògiques *adj.* 교육적이지 않은, 비교육적인.
antipirètic antipirètica antipirètics antipirètiques *adj.* 해열의, 열을 내리게 하는. -*m.* 해열제.
antipirina antipirines *f.* 안티피린.
antípoda antípodes *adj.* 대척(對蹠)의. -*m.f.* 대척자, 대척인.
antipoètic antipoètica antipoètics antipoètiques *adj.* 시적이지 않은, 반(反)시적인.
antipolític antipolítica antipolítics antipolítiques *adj.* 반정치적인.
antiprotó antiprotons *m.* [물리] 반양자.
antipsicòtic antipsicòtica antipsicòtics antipsicòtiques *adj.* [약학] 항정신병의, 정신병에 효과가 있는. -*m.* 항정신병 약, 정신병 치료약.
antiquari antiquària antiquaris antiquàries *m.f.* **1** 고고학자. **2** 고물 수집가, 골동품상인.
antiquat antiquada antiquats antiquades *adj.* **1** 케케묵은, 시대에 뒤진, 오래된, 낡은. **2** 고어의, 구식의. **3** 없어진, 폐지된.
antiràbic antiràbica antiràbics antiràbiques *adj.* [의학] 항광견의. -*m.* 광견병 예방주사.
antiracional antiracionals *adj.* 비이성적인.
antiracionalisme antiracionalismes *m.* [철

학] 비이성주의.
antiracionalista antiracionalistes *m.f.* [철학] 비이성주의자.
antiracista antiracistes *adj.* 반인종차별주의의. *una educació intercultural i antiracista* 상호문화적이고 반인종차별적인 교육.
-m.f. [남녀동형] 반인종차별주의자.
antiradar antiradars *m.* [군사] 레이더 차단 장치.
antiraquític antiraquítica antiraquítics antiraquítiques *adj.* [의학] 항구루병성의.
-m. 구루병 치료·예방 약.
antireflector antireflectora antireflectors antireflectores *adj.* 반사를 차단하는.
antireglamentari antireglamentària antireglamentaris antireglamentàries *adj.* 법규에 반하는.
antireligiós antireligiosa antireligiosos antireligioses *adj.* 종교적이지 않은, 반종교적인.
antirepublicà antirepublicana antirepublicans antirepublicanes
adj. 공화국에 반대하는, 반공화파의.
-m.f. 반공화주의자.
antireumàtic antireumàtica antireumàtics antireumàtiques *adj.* 류머티즘에 듣는.
antirevolucionari antirevolucionària antirevolucionaris antirevolucionàries *adj.* 반혁명의, 혁명에 반대하는.
-m.f. 반혁명파.
antirobatori antirobatòria antirobatoris antirobatòries *adj.* 도난 방지의.
antisci antiscia antiscis antiscies *m.f.* (적도 양쪽의) 같은 자오선 상에 사는 사람.
antiescorbútic antiescorbútica antiescorbútics antiescorbútiques *adj.* [의학] 괴혈병 치료의.
-m. 항괴혈병 약.
antisemita antisemites *adj.* 반유태인의, 유태인 배척의.
-m.f. [남녀동형] 반유태주의자.
antisemític antisemítica antisemítics antisemítiques *adj.* =antisemita.
antisemitisme antisemitismes *m.* 반유태주의.
antisèpsia antisèpsies *f.* 살균, 소독.

antisèptic antisèptica antisèptics antisèptiques *adj.* 살균의.
-m. 살균제, 소독제.
antisida antisides *adj.* [의학] 에이즈를 예방하는.
antisísmic antisísmica antisísmics antisísmiques *adj.* 내진(耐震)의, 내진성의.
antisocial antisocials *adj.* **1** 반사회적인, 사회를 어지럽히는. *la conducta antisocial* 반사회적인 행동. **2** 반사회주의의.
antisolar antisolars *adj.* **1** 빛을 차단하는. **2** [천문] (천구에서) 태양의 정면에 있는.
antispasmòdic antispasmòdica antispasmòdics antispasmòdiques *adj.* [의학] 경련을 멈추게 하는.
-m. 진정제.
antiesportiu antiesportiva antiesportius antiesportives *adj.* 스포츠를 싫어하는.
antisubmarí antisubmarina antisubmarins antisubmarines *adj.* 대잠수함의.
antitabac antitabacs *adj.* 금연의, 금연 운동의.
antitanc antitancs *adj.* 대전차의.
-m. 대전차포.
antitèrmic antitèrmica antitèrmics antitèrmiques *adj.* 열을 방지하는.
antiterrorista antiterroristes *adj.* 대테러의, 태테러용의.
antítesi antitesis *f.* **1** 정반대, 대조; 대조를 이루는 것. *la antítesi dels valors* 가치의 대조. **2** [수사] 대조법, 대구법; (헤겔의 변증법에서) 반(反), 반정립(反定立), 안티테제.
antitetànic antitetànica antitetànics antitetàniques *adj.* [의학] 항파상풍(성)의.
-m. 파상풍 약.
antitètic antitètica antitètics antitètiques *adj.* 정반대의, 대조의, 대구를 이루는.
antitòxic antitòxica antitòxics antitòxiques *adj.* 항독성의.
antitoxina antitoxines *f.* [의학] 항독소, 면역소; 항독소 혈청, 항독약.
antitrague antitragues *m.* [해부] 외이(外耳) 돌기.
antitranspirant antitranspirants *adj.* 땀을 방지하는.

antituberculós   86   **anual**

-m. 땀 방지 약.
antituberculós antituberculosa antituberculosos antituberculoses *adj.* [의학] 결핵예방의.
antiveneri antivenèria antiveneris antivenèries *adj.* [의학] 성병치료의.
-m. 성병 치료 약.
antiverinós antiverinosa antiverinosos antiverinoses *adj.* [의학] 해독의.
antivici antivici *adj.* [단·복수동형] 대(對)악습의.
antiviolència antiviolències *adj.* 폭력 방지의.
antivíric antivírica antivírics antivíriques *adj.* [의학] 항바이러스(성)의.
-m. 항바이러스 물질·약
antivirus antivirus *adj.* [단·복수동형] 항바이러스의.
-m. 항바이러스.
antòleg antòloga antòlegs antòlogues *m.f.* 문학 선집 작가.
antologia antologies *f.* 문집, 문학 선집.
antològic antològica antològics antològiques *adj.* 문집의, 선집의; 훌륭한.
antònim antònims *m.* 반어의, 반의(反意)의, 반대어의.
antonímia antonímies *f.* 반어, 반의.
antonomàsia antonomàsies *f.* [수사] 별칭, 환명.
antonomàstic antonomàstica antonomàstics antonomàstiques *adj.* 별칭의, 환명의.
antosta antostes *f.* (선반의) 널(=prestatge). **2** (옥내에 만든) 다락방. **3** 칸막이벽; 울짱, 목책(木柵), 울타리.
antracita antracites *f.* [광물] 무연탄.
àntrax àntraxs *m.* [의학] 탄저병.
antre antres *m.* 동굴, 암굴.
antròpic antròpica antròpics antròpiques *adj.* 인간의, 인간성의, 인간 생활의.
antropocèntric antropocèntrica antropocèntrics antropocèntriques *adj.* 인간 중심의.
antropocentrisme antropocentrismes *m.* 인간 중심주의.
antropòfag antropòfaga antropòfags antropòfagues *adj.* 사람을 먹는.

-m.f. 식인종.
antropofàgia antropofàgies *f.* 식인 풍습.
antropòfob antropòfoba antropòfobs antropòfobes *adj.m.f.* [심리] 인간을 혐오하는 (사람)
antropofòbia antropofòbies *f.* [심리] 인간 혐오.
antropoide antropoides *adj.* 유인원의.
-m. 유인원.
antropòleg antropòloga antropòlegs antropòlogues *m.f.* 인류학자.
antropologia antropologies *f.* 인류학, 인간학.
antropològic antropològica antropològics antropològiques *adj.* 인류학의.
antropometria antropometries *f.* 인체 측정학.
antropomètric antropomètrica antropomètrics antropomètriques *adj.* 인체 측정의.
antropomorf antropomorfa antropomorfs antropomorfes *adj.* 사람을 닮은.
-m.pl. [동물] 유인원류.
antropomòrfic antropomòrfica antropomòrfics antropomòrfiques *adj.* 의인화된, 인격화된.
antropomorfisme antropomorfismes *m.* **1** 의인화, 인격화. **2** 신인(神人) 동형설.
antropònim antropònims *m.* 성명 철학자.
antroponímia antroponímies *f.* 성명 철학.
antrotomia antrotomies *f.* [의학] 인체의 해부학적 구조.
antull antulls *m.* 간절히 가지고 싶어 하는 마음; 변덕스러운 마음(caprici).
antulladís antulladissa antulladissos antulladisses *adj.* 멋대로의, 변덕스러운.
antullar-se *prnl.* [간접목적어와 함께 쓰여] (...을) 하고 싶어 하다, (...한) 생각이 들다.
antuvi *loc.adv.* =d'antuvi. 먼저, 무엇보다도.
   de bell antuvi[*de primer antuvi*] =de antuvi.
anual anuals *adj.* **1** 1년의, 1년간의. **2** 매년의, 연년의. *el informe anual* 연례 보고서. **3** 연리(年利)의.

anualitat anualitats *f.* **1** 매년. **2** 연액, 연금. **3** 연간 수입(renda).
anualment *adv.* 매년, 해마다.
anuari anuaris *m.* 연감, 연보.
anuència anuències *f.* 동의, 승락.
anular anulars *adj.* 반지의, 고리 모양의.
anul·lable anul·lables *adj.* 무효로 할 수 있는, 폐기할 수 있는.
anul·lació anul·lacions *f.* 무효, 폐기, 취소, 파기.
anul·lar *tr.* 무효로 하다, 폐기하다, 취소하다.
anunci anuncis *m.* **1** 통지, 알림, 공고 (notícia); 광고. **2** 징조, 표적, 전조.
anunciació anunciacions *f.* **1** 발표, 알림, 성명, 공고, 예고; 광고. **3** [종교] (기독교의) 수태 고지; 수태 고지절.
anunciador anunciadora anunciadors anunciadores *adj.* 알리는, 통보하는; 광고하는.
anunciament anunciaments *m.* =anunciació.
anunciant anunciants *m.f.* 발표자; 광고주.
anunciar *tr.* **1** 알리다, 발표하다, 예고하다, 포고하다, 설명하다. **2** 광고하다.
anunciata anunciates *f.* =anunciació.
anur anura anurs anures *adj.* 꼬리가 없는.
-*m.* [동물] (개구리, 두꺼비 등의) 무미류(無尾類).
anúria anúries *f.* [의학] 무뇨증(無尿症), 요폐색.
anus anus *m.* [단·복수동형][해부] 항문.
anvers anversos *m.* **1** (화폐·수표 등의) 표면. **2** (책의) 오른쪽 페이지, 겉 페이지. **3** [식물] (잎의) 표면.
anxaneta anxanetes *m.* (카탈루냐 주의 인간 탑 쌓기 축제에서) 꼭대기에 오르는 아이.
anxova anxoves *f.* [어류] 멸치의 일종, 안초비.
any anys *m.* **1** 연, 해; 1년간. **2** 연도. **3** 학년, ...년차. *Fa el quart any de medicina* 의과 4학년이다. **4** *pl.* 나이, 연령(edat); 시대(era).
A cent anys coteta verda! [나이에 걸맞지 않은 행동을 하는 사람에게 사용하는 감탄사].
any d'esplets 풍년.
Any de neu, any de Déu [속담] 눈이 많이 오면 풍년이 든다.
any de traspàs[*bixest*, *bissextil*] 윤년.
Any gelat, any de blat =any de neu, any de Déu.
any jubilar 금혼의 해.
any nou 신년, 새해.
any rere any 매년, 해마다.
anys i panys 오랫동안, 영원히.
de l'any de la picor (옷이) 유행이 지난, 매우 낡은.
estar carregat d'anys 나이가 들다, 매우 오래 살다.
fer[*complir*] *anys* 생일이 되다.
No hi ha quinze anys lleigs 젊음은 그 자체로 아름답다.
Per molts anys! 생일 축하합니다!
tenir anys d'ofici 경험이 많다.
anyada anyades *f.* **1** 수확. **2** 수입, 소득. **3** 경력. **4** *pl.* =anys.
anyal anyals *adj.* =anual.
anyalment *adv.* =anualment.
anyell anyella anyells anyelles *m.f.* (한두 살 되는) 새끼 양, 어린양.
anyell de Déu [성서] 하나님의 어린 양, 그리스도.
ésser un anyell 조용하다, 얌전하다.
anyellada anyellades *f.* 양 무리.
anyellar *intr.* (양이) 새끼를 낳다.
anyellet anyellets *m.* 새끼 양의 모피.
anyenc anyenca anyencs anyenques *adj.* 해묵은, 늙은, 오래된.
anyer anyera anyers anyeres *adj.* 일 년마다의; 일 년마다 번갈아 하는.
-*m.f.* 일 년에 한 번 회개하는 사람; 일 년 경력의 신인.
anyins *m.pl.* 어린 양의 가죽·털.
anyívol anyívola anyívols anyívoles *adj.* =anyer.
anyoc anyocs *m.* (열매의) 송이; 한 줌.
aombrar *tr.* **1** 그늘지게 하다, 어둡게 하다. **2** 놀라게 하다, 감탄하게 하다.
aorist aorists[aoristos] *m.* [문법] (그리스 문법의) 부정 과거형.
aorta aortes *f.* [해부] 대동맥.

aòrtic aòrtica aòrtics aòrtiques *adj.* [해부] 대동맥의.
aortitis aortitis *f.* [단·복수동형][의학] 대동맥염.
apa *interj.* 자!, 힘내라!, 잘해라!, 이겨라!
apadrinador apadrinadora apadrinadors apadrinadores *adj.* 후원하는, 후견하는. *-m.f.* 후원자, 후견인.
apadrinament apadrinaments *m.* apadrinar하는 일.
apadrinar *tr.* **1** (...의) 대부가 되다. **2** 후원하다, 후견하다(patrocinar).
apagada apagades *f.* 꺼진 등, 정전.
apagador apagadora apagadors apagadores *adj.* 불을 끄는.
-m. 소방수, 소화기; 촛불 끄는 기구; 소음(消音)장치.
apagallums apagallums *m.* [단·복수동형] 촛불 끄는 기구.
apagament apagaments *m.* apagar하는 일.
apagar *tr.* **1** (불·등불을) 끄다. **2** (라디오를) 끄다. **3** [비유] (감정 등을) 없애다, 가라앉히다. **4** [비유] (색채·소리를) 약하게 하다(eclipsar). **-se** 꺼지다, 약해지다, 사라져 가다.
apagat apagada apagats apagades *adj.* **1** apagar된. **2** 활기·생기가 없는. **2** 한가로운, 태평스러운.
apagavelas apagaveles *m.* [단·복수동형] 촛불 끄는 기구.
apagesat apagesada apagesats apagesades *adj.* 시골의, 촌스러운.
apaïsat apaïsada apaïsats apaïsades *adj.* 장방형의, 옆으로 퍼진.
apaivagador apaivagadora apaivagadors apaivagadores *adj.* 평온한, 가라앉은.
apaivagament apaivagaments *m.* 달램, 완화.
apaivagar *tr.* 달래다(calmar). **-se** 가라앉다, 완화되다.
apallar *tr.* (가축에게) 짚을 주다.
apallissar *tr.* **1** 때리다, 치다, 두들겨 패다. **2** (키로) 티를 고르다.
apamament apamaments *m.* 뼘으로 재기.

apamar *tr.* 뼘으로 재다.
tenir apamat 샅샅이 잘 알다, 속속들이 다 알다.
apanyar *tr.* **1** 정리하다, 가지런히 하다, 챙기다. *apanyar un nou lloc* 새 장소를 정리하다. **2** (옷을) 입히다(adobar). **3** 고치다, 수리하다. **-se** 정리되다; 해결되다, 처리되다(arranjar-se).
aparador aparadors *m.* **1** 진열장, 쇼윈도. **2** 선반, 찬장.
aparadorisme aparadorismes *m.* 쇼윈도 진열.
aparadorista aparadoristes *m.f.* [남녀동형] 쇼윈도에 진열하는 사람.
aparat aparats *m.* **1** 기구, 기기, 기계. **2** 설비, 장치. **3** [생물] 기관. **4** 화려함, 장려함.
aparat crític (원전·문서 등의) 비평자료.
aparatós aparatosa aparatosos aparatoses *adj.* 화려한, 장려한, 현란한.
aparatosament *adv.* 화려하게, 장려하게.
aparatositat aparatositats *f.* 화려함, 장려함.
aparcacotxes aparcacotxes *m.f.* [단·복수동형] 주차 요원.
aparcament aparcaments *m.* 주차, 주차장.
aparcar *tr.* **1** 주차하다. **2** (탄약을) 배치하다.
aparedament aparedaments *m.* 감금, 틀어박힘; 그 장소.
aparedar *tr.* 감금하다, (벽으로) 막다.
apareixement apareixements *m.* =aparició.
aparèixer *intr.* **1** 출현하다, 나타나다, 보이다. **2** (어떤 상태로) 되어가다.
aparell aparells *m.* **1** 준비, 채비; 행장, 준비물(preparatius). **2** 도구, 마구(馬具). **3** (돛·그물 등) 배의 도구. **4** (배의) 의장(艤裝) 재료. **5** (도금을 위한) 애벌칠. **6** *pl.* 자료, 재료, 기재.
aparellador aparelladora aparelladors aparelladores *adj.* 준비를 갖추는, 채비를 차리는.
-m.f. 준비·채비하는 사람.
-m. **1** 준비(물). **2** (건축의) 감독, 십장, 우두머리. **3** (배의) 의장 담당자.

aparellar *tr.* **1** 준비하다, 채비하다(preparar). **2** (말에) 마구를 달다. **3** (배를) 의장하다. **4** (그림·도금을 위해) 애벌칠하다. **-se** 준비·채비를 갖추다.
aparellat aparellada aparellats aparellades *adj.* **1** 준비가 된, 채비가 끝난. **2** 알맞은, 적당한, 꼭 맞는, 들어맞는.
aparença aparences *f.* **1** 외관, 외모. **2** 기색, 기미.
salvar les aparences 체면을 차리다, 겉치레하다.
aparençar *tr.* **1** 짐짓 보이다, 꾸며 대다, 척하다(simular). **2** (외관상으로) ... 처럼 보이다.
aparent aparents *adj.* **1** 외견상의; 겉으로만 미끈한, 번지르르한. **2** 안성맞춤의, 그럴싸한. **3** 눈에 보이는, 현저한. *una aparent contradicció* 눈에 띄는 모순. **4** (...한) 모양을 한.
aparentar *tr.* =aparençar.
aparentment *adv.* aparent하게.
aparer *intr.* [고어] 나타나다.
apariament apariaments *m.* 맞추는 일, 짝이 되게 하는 일.
apariar *tr.* **1** 맞추다; 짝이 되게 하다. **2** 고치다, 수리하다.
apariat apariada apariats apariades *adj.* apariar한.
-m. [문학] 율시(律詩)[연이 2행으로 구성된 정형시].
aparició aparicions *f.* **1** 출현, 대두. **2** 혼령, 유령.
aparionar *tr.* 짝을 이루다.
aparracar *tr.* (옷을) 수선하다, 고치다.
aparrat aparrada aparrats aparrades *adj.* 가지가 퍼진.
aparroquiar-se *prnl.* (교구의) 신도가 되다.
apart aparts *m.* **1** (연극의) 방백(傍白). **2** 단락.
apartadament *adv.* 별도로, 분리되어, 따로.
apartador apartadora apartadors apartadores *adj.* 분리하는, 떼어 놓는.
-m.f. 선별자, 선별공; (금·은 등의) 제련공.
-m. (도로 옆의) 갓길, 대피소.
apartament apartaments *m.* **1** 주거, 집 (habitacle). **2** 분리, 이탈; 떨어진 곳. **3** 단념, 포기, 기권.
apartaments del servei 집 뒤의 가옥, 헛간; 가건물.
apartar *tr.* **1** 나누다, 가르다, 분리하다, 떼어 놓다. **2** 선별하다. **-se 1** 갈라지다, 분리되다(allunyar-se). **2** 틀어박히다.
apartat apartats *m.* **1** 별실. **2** 사서함. **3** (가축을) 분리하는 일. **4** (금은 등의) 선별, 검정.
apartat apartada apartats apartades *adj.* **1** 분리된, 떨어진. **2** 별개의, 다른. **3** 외떨어진, 외진, 벽촌의.
apartheid apartheids *m.* [정치] (남아프리카 공화국의) 인종차별정책.
apassar *tr.* 걸음으로 측정하다.
apassionadament *adv.* 열정적으로, 열렬하게, 열심히.
apassionament apassionaments *m.* 열렬함, 격렬함, 감흥; 열중.
apassionant apassionants *adj.* 감격적인, 열광케 하는.
apassionar *tr.* **1** 열중시키다; 감정을 격하게 하다, 흥분시키다. **2** 고통을 주다, 괴롭히다. **-se** 열중하다, 심취하다; 흥분하다, 격정적이 되다.
apassionat apassionada apassionats apassionades *adj.* **1** 열정적인, 격정적인, 정열적인, 열렬한. **2** (...에) 열중한, 심취된. **3** [의학] 환부(患部)의.
àpat àpats *m.* 음식, 먹을거리(menjada); 피로연, 연회. *l'àpat de noces* 결혼 피로연.
apatia apaties *f.* 무감각, 무신경, 무기력.
apàtic apàtica apàtics apàtiques *adj.* 무감각한, 신경이 둔한, 무기력한.
-m.f. 무감각한 사람, 둔한 사람.
apatita apatites *f.* [광물] 인회석.
apàtrida apàtrides *adj.* 나라·조국이 없는; 무국적의. **2** 조국을 무시하는.
-m.f. [남녀동형] 무국적자; 조국을 무시하는 사람.
apatxe apatxes *m.f.* [남녀동형] **1** (북아메리카의) 아파치 족. **2** 멕시코 동북부에 살던 적색 인종.
apedaçar *tr.* **1** 조각조각으로 만들다, 가

루로 만들다. **2** 조각조각 때우다, 조잡하게 고치다.
apedaçat apedaçada apedaçats apedaçades *adj.* apedaçar한.
apedrec apedrecs *m.* **1** 돌팔매질. **2** 우박; 우박으로 인한 피해.
apedregada apedregades *f.* **1** 돌팔매질. **2** 돌로 쳐 죽임.
apedregar *tr.* **1** 돌팔매질을 하다, 돌을 던지다. **2** 돌로 쳐 죽이다. *-intr.* 우박이 쏟아지다.
apegalós apegalosa apegalosos apegaloses *adj.* **1** 지나치게 친절한, 붙임성 좋은. **2** 끈끈한, 들러붙는, 잘 붙는 (enganxós). **3** 기억이 잘되는. **4** 유혹적인, 매혹시키는.
apeixar *tr.* 먹이를 주다; 미끼를 주다. *-se* 즐기다, 즐겁게 맛보다.
apeixir *tr.* =apeixar.
apelfar *tr.* 우단같이 만들다.
apelfat apelfada apelfats apelfades *adj.* 우단 같은.
apel·lable apel·lables *adj.* 공소·상고할 수 있는, 공소·상고의 문제가 되는.
apel·lació apel·lacions *f.* **1** [법률] 공소, 상고. **2** 호칭; 별칭, 애칭. *Ferran II ha rebut l'apel·lació de "Catòlic"* 페르난도 2세는 "가톨릭 국왕"이란 호칭을 받았다.
apel·lant apel·lants *adj.* 공소하는. *-m.f.* [남녀동형] 공소인, 원고.
apellar *tr.* 호칭을 부르다.
apel·lar *tr.* **1** [법률] 공소하다, 상고하다. **2** 호칭·별칭으로 부르다.
apel·lat apel·lada apel·lats apel·lades *adj.* 고소당한.
apel·latiu apel·lativa apel·latius apel·latives *adj.* 호칭의, 통칭의.
apendicectomia apendicectomies *f.* [의학] 충수 절제술.
apendicitis apendicitis *f.* [단·복수동형] [의학] 맹장염, 충수염.
apendicle apendicles *m.* [해부] 작은 돌기.
apèndix apèndixs *m.* **1** 부가물, 부속물; 부록, 추가. **2** [해부] 돌기, 충수.
apèpsia apèpsies *f.* [의학] 소화 불량.
apercebre *tr.* **1** 지각하다, 인지하다(copsar). **2** 타이르다, 경고하다. *-se* 깨닫다, 알아채다.
apercepció apercepcions *f.* **1** 지각, 인지. **2** 타이름, 경고. **3** 자각, 깨달음.
aperceptiu aperceptiva aperceptius aperceptives *adj.* apercebre하는.
aperduar-se *prnl.* 쇠약해지다, 쓰러지다, 무너지다.
apergaminar-se *prnl.* **1** 양피지 모양이 되다, 판지 모양이 되다. **2** 여위다, 앙상하게 되다.
apergaminat apergaminada apergaminats apergaminades *adj.* **1** 양피지 같은. **2** 앙상한, 바싹 마른.
-m.f. 바싹 마른 사람, 말라깽이.
aperiòdic aperiòdica aperiòdics aperiòdiques *adj.* [물리] 비주기적인.
aperitiu aperitiva aperitius aperitives *adj.* 식욕 증진의.
-m. 전채(前菜), 식전 술, 식욕 돋우는 음식.
apersonat apersonada apersonats apersonades *adj.* 몸집이 큰, 거대한; 비만한(corpulent).
apertura apertures *f.* =obertura.
apesaradament *adv.* 슬프게, 비탄하게.
apesarar *tr.* 슬프게 하다, 비탄하게 하다.
apesarat apesarada apesarats apesarades *adj.* apesarar한.
apètal apètala apètals apètales *adj.* [식물] 꽃잎이 없는.
apetència apetències *f.* 식욕, 자연스러운 욕구.
apetible apetibles *adj.* 탐이 나는, 바라는; 바람직한(desitjable).
apetir *tr.* ....을 원하다, 하고 싶다.
apetit apetits *m.* **1** 욕구; 유혹. **2** 식욕.
apetitiu apetitiva apetitius apetitives *adj.* 식욕을 돋우는, 맛있어 보이는.
apetitós apetitosa apetitosos apetitoses *adj.* =apetitiu.
apetonar *tr.* =besar.
apetxinat apetxinada apetxinats apetxinades *adj.* 조개 모양의.
àpex àpexs *m.* **1** 상단, 정점. **2** 문제의 핵심. **3** [천문] (태양의) 향점, 정점.
api apis *m.* [식물] 셀러리.

apiadar-se *prnl.* 동정하다, 불쌍히 여기다, 가엾이 여기다.
apianar *intr.tr.* (음성·소리를) 낮추다.
apical apicals *adj.* **1** 혀끝의. **2** [음성] 설첨의.
apícola apícola *adj.* [단·복수동형] 양봉의.
apicultor apicultora apicultors apicultores *m.f.* 양봉가.
apicultura apicultures *f.* 양봉(업).
apilable apilables *adj.* 쌓아 올릴 수 있는.
apilament apilaments *m.* 퇴적, 노적.
apilar *tr.* 쌓아 올리다, 한 데 모으다. *apilar els residus* 나머지를 쌓아 올리다.
apilonament apilonaments *m.* =apilament.
apilonar *tr.* =apilar.
apilotament apilotaments *m.* **1** 쇄도, 몰려듦. **2** 산적, 축적, 노적.
apilotar *tr.* **1** 쇄도하다, 몰려들다. **2** 차곡차곡 쌓다. **-se** 모이다, 쇄도하다, 몰려들다.
apinyament apinyaments *m.* 채워 넣음.
apinyar *tr.* 채워 넣다. **-se** 가득 차다.
apinyat apinyada apinyats apinyades *adj.* 가득 들어찬.
apirètic apirètica apirètics apirètiques *adj.* [의학] 열이 없는, 열이 없을 때의.
apirèxia apirèxies *f.* [의학] (간헐열의) 열이 없는 때.
apitrar *intr.* 가슴으로 밀다; 무안을 주다, 부끄럽게 하다. **-se** 후회하다.
apitxar *intr.* [음성][발렌시아 지방에서는 카탈루냐어의 치조·치찰 유성음을 무성음으로 발음함] "apitxat"을 말하다.
aplaçament aplaçaments *m.* 고용; 일자리, 직.
aplacar *tr.* **1** 달래다(apaivagar). **2** (합판·금속판을) 대다.
aplaçar *tr.* 고용하다, 계약하다. **-se** 고용되다.
aplacat aplacats *m.* 합판; 판금, 금속판.
aplanador aplanadora aplanadors aplanadores *adj.* 땅 고르는, 평평하게 하는.

-m.f. 땅 고르는 사람.
-m. 땅을 고르는 롤러.
passar per l'aplanador 억지로 하다.
aplanadora aplanadores *f.* 땅 다지는 괭이, 롤러.
aplanament aplanaments *m.* 땅 다지기, 땅 고르기, 반반하게 함.
aplanar *tr.* **1** 다지다, 고르게 하다, 반반하게 하다, 편평하게 만들다. *aplanar el camí* 길을 편평하게 하다. **2** [건축] 평형을 맞추다. **3** 장애를 극복하다.
aplanar-se a fer una cosa [비유] ...을 하게 하다, ...하도록 허락하다; 동의하다.
aplanètic aplanètica aplanètics aplanètiques *adj.* [광학] 무수차의.
aplançonar *tr.* =bastonejar.
aplatament aplataments *m.* aplatar하는 일.
aplatar *tr.* 납작하게 하다, 짓누르다.
aplaudidor aplaudidora aplaudidors aplaudidores *adj.m.f.* 칭찬·갈채하는 (사람).
aplaudiment aplaudiments *m.* 칭찬, 갈채, 박수. *digne d'aplaudiment* 칭찬 받을 만한.
aplaudir *tr.* 칭찬하다, 박수갈채를 보내다, 추어올리다; 동의하다.
aplec aplecs *m.* **1** 무리, 군중. **2** 순례객, 참배 인파.
aplega aplegues *f.* **1** 모금액, 갹출금, 부과금. **2** 기도문. **3** (초대 교회의) 집회.
aplegada aplegades *f.* **1** 집회, 모임; 회중, 군중. **2** 수집, 모음.
aplegadís aplegadissa aplegadissos aplegadisses *adj.* **1** 뇌동적인, 자연적으로 수반되는, 그냥 따라오는. **2** 잘 달라붙는, 감염되기 쉬운.
aplegador aplegadora aplegadors aplegadores *adj.* 모으는, 줍는, 채집하는.
-m.f. aplegar하는 사람.
aplegament aplegaments *m.* =aplegada.
aplegar *tr.* **1** 모으다, 수집하다. **2** (사람이) 모이다, 군중을 이루다.
apletar *tr.* (가축을) 우리에 가두다.
aplic aplics *m.* **1** (무대 장치의) 소도구.

2 (벽에 장치하는) 등, 촛대.
aplicabilitat aplicabilitats *f.* 적용성, 응용력.
aplicable aplicables *adj.* 적용할 수 있는, 응용할 수 있는.
aplicació aplicacions *f.* 적용, 응용.
aplicament aplicaments *m.* =aplicació.
aplicar *tr.* **1** (...위에) 놓다, 붙이다, 첨가시키다. **2** (어떤 용도로) 사용하다. *aplicar draps calents* 따뜻한 천을 사용하다. **3** 적용하다, 응용하다, 실시하다. *aplicar una metodologia* 하나의 방법론을 적용하다. **4** 종사시키다. **-se 1** 적용되다, 응용되다. **2** 종사하다, 몰두하다.
aplicat aplicada aplicats aplicades *adj.* **1** 몰두하는; 부지런한, 근면한. **2** 응용의.
aplom aploms *m.* **1** 거드름. **2** 우직함, 고지식함; 침착. **3** *pl.* (말의) 각선(脚線).
aplomallat aplomallada aplomallats aplomallades *adj.* 관모가 있는, 깃털 장식을 한.
aplomar *tr.* **1** [건축] (수직을 확인하기 위해) 추를 내리다. **2** 수직이 되게 하다.
caure aplomat 털썩 떨어지다.
apnea apnees *f.* [의학] 무호흡.
apocadament *adv.* 무기력하게.
Apocalipsi *m.* [성서] 묵시록, 요한계시록.
apocalíptic apocalíptica apocalíptics apocalíptiques *adj.* **1** 묵시록의. **2** 계시적인, 뜻이 깊은. **3** [비유] 섬뜩한, 무서운, 굉장한.
apocament apocaments *m.* **1** 허약함, 나약함, 무기력함. **2** 낙담, 움츠림.
apocar *tr.* **1** 적게 하다, 줄이다, 덜다; 짧게 하다. **2** 낙심시키다. **-se 1** 적어지다, 줄어들다. **2** 주눅 들다, 풀이 죽다, 저하되다.
apocat apocada apocats apocades *adj.* **1** 허약한, 무기력한, 빌빌거리는. **2** (신분 등이) 비천한; 주눅 든.
apocinàcies *f.pl.* [식물] 마삭나무과 식물.
apocopar *tr.* [문법] 어미를 탈락시키다.
apòcope apòcopes *f.* [문법] 어미의 탈락(형).

apòcrif apòcrifa apòcrifs apòcrifes *adj.* **1** 신용을 잃은. **2** 출처가 의심나는. **3** 위작의, 거짓의.
àpode àpoda àpodes àpodes *adj.* 발·다리가 없는.
-m.pl. [동물] 무족(無足) 동물.
apoderament apoderaments *m.* **1** 대리, 대행. **2** 점거, 점령, 소유.
apoderar *tr.* **1** 대리·대행시키다. **2** 점거·점령하다(subjugar). **-se 1** 자기 것으로 만들다(emparar-se); 약탈하다. **2** 점령하다, 독점하다. **3** 사로잡히다.
apoderat apoderada apoderats apoderades *adj.* (대리로) 위임받은.
-m.f. 대리인, 대행자; 지배인; (법조인·투우사 등의) 매니저.
apodíctic apodíctica apodíctics apodíctiques *adj.* 명백한, 필연적인.
apòdosi apòdosis *f.* [문법] [단·복수동형] 귀결(문).
apòfisi apòfisis *f.* [해부] 뼈의 돌기부.
apofonia apofonies *f.* [음성] (같은 어근의) 모음 교체.
apogeu apogeus *m.* **1** [천문] 원지점(遠地點). **2** 극, 절정, 최고조.
apògraf apògrafs *m.* 사본.
apòleg apòlegs *m.* 우화.
apolític apolítica apolítics apolítiques *adj.* 정치에 무관심한; 정치가가 아닌; 정치성을 띠지 않는, 비정치성의.
apoliticisme apoliticismes *m.* 정치적 무관심; 비정치성.
apol·lini apol·línia apol·linis apol·línies *adj.* 아폴로 신의.
Apol·lo *m.* [신화] **1** 아폴로 신. **2** 태양신.
apologètic apologètica apologètics apologètiques *adj.* 칭찬하는, 예찬하는.
apologètica apologètiques *f.* [종교] 변증론, 호교론.
apologia apologies *f.* 예찬, 변호, 변명.
apològic apològica apològics apològiques *adj.* 우화의.
apologista apologistes *m.f.* [남녀동형] **1** 예찬자. **2** 변증론자, 호교자.
apomellar *tr.* 다발로 묶다.
aponentar-se *prnl.* 해가 지다, 저물다;

다 떨어지다, 시들다,
aponeurosi aponeurosis *f.* [해부] 건막 (腱膜)
apoplexia apoplexies *f.* [의학] 졸도, 뇌일혈.
apoquir *tr.* 줄다, 감소하다.
aporrinar *tr.* 욕하다, 모욕하다.
aportació aportacions *f.* **1** 부담액, 지원금, 출자금. **2** 지참, 지입자산. **3** 기여, 공헌.
aportar *tr.* **1** 가져오다(portar). **2** 기여하다, 공헌하다(contribuir); 제출하다, 제공하다. **3** (자산을) 불입하다, 지입하다. **4** 입증하다, 증거로 제시하다, (이유를) 들다(adduir).
aposat aposada aposats aposades *adj.* **1** [문법] 동격의. **2** 같은 위치의.
aposentador aposentadora aposentadors aposentadores *m.f.* 숙소 할당인; 숙박업자.
-m. [군사] 숙소 배정관.
aposentament aposentaments *m.* **1** 숙박, 투숙. **2** 객줏집, 여관.
aposentar *tr.* 숙박시키다, 투숙시키다, 머물게 하다. **-se** 숙박하다.
aposició aposicions *f.* **1** 포개는 일, 겹쳐 놓음; 병치. **2** 적용, 응용. **3** [문법] 동격(보어).
apòsit apòsits *m.* 바르는 약.
aposta apostes *f.* apostar하는 일
apostar *tr.* **1** (인원을) 배치시키다. **2** 걸다, 내기하다.
apostasia apostasies *f.* **1** 배교, 변절; 개종. **2** [정치] 탈당.
apòstata apòstates *m.f.* 배교자.
apostatar *intr.* **1** 배교하다, 변절하다; 개종하다. **2** [정치] 탈당하다.
apostema apostemes *m.* [의학] 농창.
apòstol apòstols *m.* **1** 사도, 전도자. **2** [비유] (주의·주장의) 주창자.
apostolat apostolats *m.* **1** 사도의 직·신분. **2** [집합] 사도. **4** 선전, 주창.
apostolessa apostolesses *f.* 여사도.
apostòlic apostòlica apostòlics apostòliques *adj.* **1** 사도의, 사도적인. **2** 교황청의, 로마 교황의; 가톨릭의.
apostòlicament *adv.* 사도처럼; 검소한 차림으로.

apòstrof apòstrofs *m.* 아포스트로피[생략 부호[']를 이름].
apostrofar *tr.* 아포스트로피를 달다.
apòstrofe apòstrofes *m.* 악담, 상소리.
apotecari apotecaria apotecaris apotecaries *m.f.* 약제사.
apotecaria apotecaries *f.* **1** 약국, 조제실. **2** [집합] 약, 약제.
apotegma apotegmes *m.* 격언, 금언.
apotema apotemes *f.* [수학] (정다각형의) 각 뿔의 각 삼각형의 높이.
apoteosi apoteosi *f.* [단·복수동형] 신격화; 예찬, 숭배.
apoteòsic apoteòsica apoteòsics apoteòsiques *adj.* 신격화하는; 열광적인.
apradar *tr.* 초원으로 만들다.
apreciable apreciables *adj.* **1** 가치 있는, 평가할 만한, 존중할 만한. **2** 고귀한. **3** [서신의 머리말에서] 존경하는.
apreciar *tr.* **1** 가격을 매기다. **2** 감상하다; 감식하다, 평가하다. **3** 존중하다, 높이 평가하다, 소중히 생각하다. **4** 고맙게 생각하다.
apregonar *tr.* 깊게 하다, 깊이 파다, 깊이 파들어 가다(penetrar).
aprehendre *tr.* 이해하다; 감지하다, 알아차리다, 인지하다.
aprehensió aprehensions *f.* aprehendre 하는 일.
aprendre *tr.* **1** 배우다, 학습하다. **2** 암기하다, 외우다.
aprenent aprenenta aprenents aprenentes *m.f.* 견습생, 도제.
aprenentatge aprenentatges *m.* 견습, 도제 학습; 수강 기간; 시련.
pagar l'aprenentatge 초심자로서의 대가를 치르다; 시련을 겪다.
aprensió aprensions *f.* 우려, 걱정(recel); 두려움, 공포.
fer aprensió 두려움을 주다.
aprensiu aprensiva aprensius aprensives *adj.* **1** 우려를 낳는; 두려움을 주는. **2** 소심한, 담이 약한.
aprés¹ *adv.* 후에, 나중에(després).
aprés² apressos *m.* 우리.
apressar *tr.* **1** 독촉하다, 강요하다, 억지로 시키다. **2** 재촉하다, 서두르다(accelerar). *-intr.* 급하다, 긴급을 요하다,

급히 필요하다. **-se** 서두르다.
aprest aprests[aprestos] *m.* (장비의) 채비, 준비.
aprestar *tr.* (장비를) 준비하다, 마련하다(preparar).
apreuar *tr.* =avaluar.
aprimar *tr.* **1** 가늘게 하다. **2** 얇게 하다, 엷게 하다, 맑게 하다. **-se** 가늘어지다; 여위다.
apriorisme apriorismes *m.* [철학] 선험설, 선천설; 연역법.
aprofitadures *f.pl.* (다른 목적에 사용 가능한) 나머지, 잔여물.
aprofitar *tr.* 이용하다. *-intr.* **1** 도움이 되다, 이익을 주다. **2** [비유] (학업 등이) 향상되다, 진보되다, 나아지다(progressar). **-se** 이용하다.
aprofitat aprofitada aprofitats aprofitades *adj.* 근면한, 부지런한; (남을) 이용하는.
aprofundir *tr.* **1** 깊이 파다, 깊이 파고 들어가다(apregonar). **2** [비유] 깊이 있게 연구하다.
apromptar *tr.* 서둘러 행하다, 즉시 시행하다, 신속히 처리하다.
apropar *tr.* 가까이 가다, 접근시키다(acostar). **-se** 접근하다; 임박하다.
apropiació apropiacions *f.* **1** 적응, 순응. **2** 점유, 소유.
apropiar *tr.* **1** 적응하다, 순응하다(adaptar). **2** 자기 것으로 하다, 점유하다. **-se** 자기 소유로 하다, 차지하다.
apropiat apropiada apropiats apropiades *adj.* 적절한, 적당한.
aprovar *tr.* **1** 승인하다, 허용하다, 승낙하다. **2** 재가하다, 인가하다. **3** (시험을) 통과시키다, 자격을 주다. **4** 유효로 하다.
aprovat aprovada aprovats aprovades *adj.* 승인된, 허용된; 자격을 얻은.
-m. 합격(점).
-m.f. 합격자.
aprovisionar *tr.* 공급하다, 보급하다. **-se** 공급되다, 조달되다.
aproximació aproximacions *f.* **1** 접근, 근접. **2** 근사치, 어림셈. **3** (복권에서) 당첨 번호의 인접 번호.
aproximament aproximaments *m.* =aproximació.
aproximar *tr.* =apropar.
aproximat aproximada aproximats aproximades *adj.* 가까운, 근접한; 대강의, 대략의.
aproximatiu aproximativa aproximatius aproximatives *adj.* 대충의, 대략의.
àpside àpsides *m.* [천문] 원일점, 근일점.
apte apta aptes aptes *adj.* **1** 적절한, 어울리는. **2** 소질이 있는, 자격 있는.
àpter àptera àpters àpteres *adj.* [동물] 날개가 없는.
aptesa apteses *f.* =aptitud.
aptitud aptituds *f.* 적합성, 적응성; 능력, 재능, 솜씨, 수완; 기질, 소질.
apujar *tr.* **1** (가격이) 오르다, 상승하다. **2** (빛·온도 등을) 세게 하다, 높이다.
apunt apunts *m.* **1** 소묘, 스케치, 데생. **2** *pl.* 메모, 노트. **3** (시험용) 커닝페이퍼.
apuntació apuntacions *f.* **1** =apunt2. **2** (추첨에) 동참.
apuntador apuntadora apuntadors apuntadores *adj.m.f.* **1** apuntar하는 (사람). **2** [연극] 프롬프터.
-m. 조준수.
apuntalament apuntalaments *m.* 버팀목을 대는 일.
apuntalar *tr.* 버팀목을 대다. **-se** 기대다, 걸치다; 피하다, 몸을 보호하다.
apuntament apuntaments *m.* apuntar하는 일.
apuntar *tr.* **1** 겨냥하다, 조준하다(encanonar). **2** 가리키다, 지적하다. **3** 메모하다, 노트하다; (리스트에) 작성하다(inscriure). **4** 소묘하다, 데생하다. **5** 넌지시 암시하다. **6** (칼·창 등의) 날을 세우다. **7** [연극] (프롬프터가) 대사를 부르다(dictar). **8** (시험에서) 커닝하다. **9** (핀 등으로) 임시로 박아 놓다; 임시로 철하다. *-intr.* (나타나기) 시작하다. **-se** (술이) 시어지기 시작하다; 술기운이 돌기 시작하다.
apunyalar *tr.* 칼·단도로 찌르다.
apunyegar *tr.* 주먹으로 때리다.
apurament apuraments *m.* **1** 순화, 정화. **2** (사건의) 조사, 진상 조사. **3** 정

apurar tr. 1 순화하다, 깨끗이 하다(depurar). 2 정제하다, 정련하다. 3 진상을 조사하다, 사실을 밝히다(verificar).

aquarel·la aquarel·les f. [회화] 수채화.

aquarel·lista aquarel·listes m.f. [남녀동형] 수채화가.

aquari aquaris m. 1 어항, 수족관. 2 [대문자][천문] 물병자리[황도의 11궁].

aquàrium aquàriums m. =aquari.

aquarterament aquarteraments m. [군사] 숙영(지), 사영(지); 병영 수용.

aquarterar tr. 1 군대를 병사에 넣다. 2 (군인을) 대기시키다.

aquàtic aquàtica aquàtics aquàtiques adj. 1 물의. 2 [동·식물] 물에서 사는.

aqüeducte aqüeductes m. 1 수로, 수도, 수도교. 2 [해부] 도관(導管)

aqueferat aqueferada aqueferats aqueferades adj. 바쁜, 분주한, 부산한, 다망한.

aqueix aqueixa aqueixos aqueixes adj. dem. [지시형용사] 그, 그런, 그 같은, 그러한.

-pron.demost. [지시대명사] 그것, 그 일, 그 사람; 전자.

aquell aquella aquells aquelles adj. [지시형용사] 1 저것의. *aquella noia* 저 아가씨. 2 [시간] 그때의. *aquell temps* 그때에.

-pron. [지시대명사] 저것; 그때.

tots aquells que ...하는 모든 사람들, ...하는 많은 사람들.

aquèn adv. 이쪽에서.

aquest aquesta aquests[aquestos] aquestes adj.demost. [지시형용사] 이, 이런, 이 같은, 이러한.

-pron.dem. 이것, 이 일, 이 사람; 후자.

aquí adv. 여기(에), 이곳(에); 지금.
D'aquí a després! 나중에 만나자!, 잘 가!

aquiescència aquiescències f. 동의, 수락, 승인.

aquiescent aquiescents adj. 동의하는, 승인의.

aquietament aquietaments m. 진정시킴, 가라앉힘.

aquietar tr. 진정시키다, 가라앉히다.

aqüífer aqüífera aqüífers aqüíferes adj. 물을 함유한.

aquilí aquilina aquilins aquilines adj. [시어] 독수리의.

aquiló aquilons m. 1 북풍, 삭풍. 2 [비유] 북, 북쪽.

aquós aquosa aquosos aquoses adj. 1 물기가 많은, 수분이 많은. 2 물의, 물 같은.

aquositat aquositats f. 수분 과다.

ara adv. 1 지금, 현재, 이 순간. 2 곧, 바로. 3 요즘에, 오늘날에는.
ara i adés 가끔, 이따금씩, 때때로.
ara com ara 지금으로선, 현재로선, 당분간은.
ara mateix 지금 당장, 곧바로, 즉시.
per ara =ara com ara.
-conj. 그러나, 하지만, 그렇지만.
ara bé 자 그렇다면, 그건 그렇다 치고, 그래서.

àrab àrabs adj.m.f. [남녀동형] 아라비아의 (사람).

arabesc arabesca arabescs[arabescos] arabesques adj. 아라비아풍의, 아라베스크 양식의.

aràbic aràbiga aràbics aràbigues adj. 아라비아의; 아랍어의.
-m. [언어] 아랍어.

arabisme arabismes m. 아랍 어법·어투; 아랍에서 온 말.

arabista arabistes m.f. [남녀동형] 아랍어 (문)학자.

arabitzar tr 아라비아 식으로 하다.

arable arables adj. 땅을 갈 수 있는, 경작 가능한.

aràcnids m.pl. [동물] 거미류.

arada arades f. 쟁기, 쟁기질.

aragall aragalls m. =xaragall.

aram m. 납작히 편 구리.

aranja aranges f. [식물] 귤.

aranya aranyes f. [동물] 거미.

aranyó aranyons m. 자두 열매.

aranyoner aranyoners m. [식물] 자두 (나무).

aranzel aranzels m. 1 [경제] 관세율; 관세표. 2 운임표, 요금표.

arbitració arbitracions f. 중재, 재정, 조정.

arbitrador arbitradora arbitradors arbitradores *adj.* 중재의, 중재하는, 조정하는.
arbitral arbitrals *adj.* 중재의, 조정의.
arbitrament arbitraments *m.* 중재권, 중재판정.
arbitrar *tr.* **1** 자유로이 행하다, 자율적으로 행사하다, 맘대로 하다. **2** 중재하다, 조정하다(sentenciar). **3** [스포츠] 심판을 보다.
arbitrari arbitrària arbitraris arbitràries *adj.* 임의의, 제멋대로의, 맘대로 처리하는(discrecional); 변덕스러운.
arbitrarietat arbitrarietats *f.* 제멋대로 함, 전횡, 전재, 자유자재.
arbitratge arbitratges *m.* **1** 중재, 재정, 조정, 심판; 재정 거래. **2** 조정료.
àrbitre àrbitra àrbitres àrbitres *m.f.* 중재인, 조정인.
arbitri arbitris *m.* **1** 뜻, 의사, 의지. **2** 자유의사, 임의. **3** 전재, 전횡. **4** 중재위원의 재정, 심판.
arboç arboços *m.* [식물] 양딸기.
arboradura arboradures *f.* (배의) 돛대.
arborar *tr.* (배에) 돛대를 세우다.
arboreda arboredes *f.* 식림, 조림.
arborescent arborescents *adj.* 나무 같은.
arbori arbòria arboris arbòries *adj.* 나무의, 목질의, 수상의.
arborícola arborícoles *adj.* 나무에 기생하는.
arboricultor arboricultora arboricultors arboricultores *m.f.* 조림가.
arboricultura arboricultures *f.* 조림, 산림; 조림업, 산림업.
arbrar *tr.* 나무를 심다, 식림하다.
arbratge arbratges *m.* 우거진 숲, 산림.
arbre arbres *m.* **1** 나무, 수목. **2** 돛대, 마스트. **3** [기계] 축, 굴대, 회전축. **4** [건축] (나선식 계단의) 주축. **5** (인쇄의) 활자의 높이. **6** (셔츠의) 통.
arbreda arbredes *f.* =arboreda.
arbrell arbrells *m.* 작은 나무.
arbuixell arbuixells *m.* 작은 관목.
arbust arbusts[arbustos] *m.* 관목.
arbustiu arbustiva arbustius arbustives *adj.* 관목의, 관목 모양의.

arc arcs *m.* **1** 호, 궁형, 반원형, 호가 된 것. *arc iris* 무지개. **2** 활. **3** [건축] 아치. **4** [해부] 흉강.
arç arços *m.* 가시.
arca arques *f.* **1** 상자, 궤. **2** [성서] 언약궤; (노아의) 방주.
 arca de l'aliança [성서] (십계를 넣은) 언약 상자.
 arca de Noè [성서] 노아의 방주.
arcabús arcabussos *m.* 화승총.
arcada arcades *f.* [건축] 아케이드; 아치 다리의 교각 사이.
arcaic arcaica arcaics arcaiques *adj.* 고어의, 고풍의, 의고적인, 의고주의의.
arcaisme arcaismes *m.* 의고주의, 의고적인 문체; 고어.
arcaïtzant *adj.* =arcaic.
arcàngel arcàngels *m.* [성서] 대천사, 천사장.
arcar *tr.* 활처럼 휘게 하다.
arcbotant arcbotants *m.* [건축] 이중 아치.
arçó arçons *m.* 안장틀.
ardat ardats *m.* 반도(叛徒), 도당.
ardència ardències *f.* **1** 뜨거운 열, 굉장한 열. **2** [비유] 격렬함, 열렬함, 열심. **3** [의학] 가슴의 열.
ardent ardents *adj.* **1** 타는 듯한; 타오르는, 뜨거운, 끓어오르는. **2** [비유] 심한, 격렬한, 열렬한. **3** 진홍의, 새빨간.
ardentor ardentors *f.* =ardència.
ardidesa ardideses *f.* 대담; 무모함.
ardit ardits *m.* 묘수, 책략.
ardor ardors *m.[f]* =ardència.
ardu àrdua ardus àrdues *adj.* **1** 가파른, 험준한. **2** 곤란한, 힘든, 어려운.
àrea àrees *f.* **1** 면, 지면, 표면; 면적. **2** 언어권, 언어 지역. **3** 방면, 지구, 권. **4** 아르[면적의 단위].
aregar *tr.* (짐승을) 길들이다; (사람을) 훈련시키다.
arena arenes *f.* 모래; 모래밭; 씨름 터, 투우장.
arenal arenals *m.* 모래밭.
areng arengs *f.* [어류] 청어.
arenga arengues *f.* 연설, 격려사; 장광설.
arenícola arenícoles *adj.* [동물] 모래에

arenífer arenífera arenífers aberíferes *adj.* 모래가 들어 있는.
arenulós arenulosa arenulosos arenuloses *adj.* 가는 모래로 가득 찬.
areny arenys *m.* 모래밭.
areòmetre areòmetres *m.* 액체 비중계.
aresta arestes *f.* **1** 티, 티끌, 까끄라기. **2** 각, 모퉁이.
argamassa argamasses *f.* 모르타르, 회반죽.
argent *m.* **1** [광물] 은. **2** 은화. **3** [시어] 은.
argentar *tr.* 은을 입히다, 은도금하다.
argenter argentera argenters argenteres *m.f.* 은 세공사, 은 장사.
argenteria argenteries *f.* 은 세공업, 은 세공점; 금은방.
argentí argentina argentins argentines *adj.* **1** 아르헨티나(l'Argentina)의. **2** 은의.
argentífer argentífera argentífers argentíferes *adj.* 은을 함유한.
argila argiles *f.* 점토.
argiler argilers *m.* 점토지, 점토 채취장.
argó *m.* [화학] 아르곤.
argolla argolles *f.* (금속으로 된) 고리; 쇠사슬.
argot argots *m.* 은어, 속어, 특수 용어.
argúcia argúcies *f.* 섬세함, 빈틈없음; 기민함, 기지, 날렵함.
àrguens *m.pl.* 들것, 담가.
argüir *tr.* **1** 짐작하다, 단정하다. **2** 명백히 하다, 증명하다(donar raons). *-intr.* 따지다, 반론하다, 논쟁하다, 토의하다.
argument arguments *m.* **1** 논증, 논의, 논거, 논법. **2** (주제의) 요지; (책의) 개략; (소설·각본 등의) 줄거리(resum).
argumentació argumentacions *f.* 논법, 변론, 입론, 추론; 논쟁, 토의; 전제와 결론.
argumentar *intr.* 논증하다, 추론하다; (논리적으로) 설명하다.
ària àries *f.* [음악] 아리아[오페라 독창곡].
àrid àrida àrids àrides *adj.* **1** (땅이) 마른, 불모의, 황량한. **2** 열매가 열리지 않는, 산출이 없는. **3** [비유] (마음이) 메마른; 건조한, 무미건조한.
ariet ariets *m.* 파성추(破城鎚)[성문을 돌파할 때 쓰는 무기].
arieta arietes *f.* [음악] 단곡.
aristocràcia aristocràcies *f.* **1** 귀족정치. **2** 귀족; 귀족 사회. **3** [집합] (각 분야의) 일류의 사람들. **4** 귀족풍, 거드럭거림.
aristòcrata aristòcrates *m.f.* **1** 귀족; 귀족적인 사람; 귀족 정치론자. **2** [비유] 최고의 것.
aristotèlic aristotèlica aristotèlics aristotèliques *adj.* 아리스토텔레스의; 아리스토텔레스학파의.
-m.f. 아리스토텔레스학파 사람.
aristotelisme aristotelismes *m.* 아리스토텔레스 철학.
aritmètic aritmètica aritmètics aritmètiques *adj.* 산술의.
-f. 산술, 산수.
arítmia arítmies *f.* [의학] 심장의 리듬이 고르지 못함.
arlequí arlequins *m.* 경박스러운, 해괴망측한.
arlequinada arlequinades *f.* 광대 짓, 장난, 경박한 행동.
arma armes *f.* **1** 무기, 병기. **2** (육해공의) 군대. **3** [비유] 무기, 도구, 수단. **4** *pl.* 전투, 전쟁; 무기, 총.
A armes! [A les armes!] 전투 준비!
passar per les armes 총살하다.
retre armes (신에게) 무릎을 꿇고 기도를 드리다.
retre les armes 항복하다, 무장을 해제하다.
armada armades *f.* **1** [군사] 해군; 함대. **2** 떼, 무리, 목축 떼.
fer armada 사육하다; 용기를 북돋우다.
armadia armadies *f.* 뗏목, 통나무배.
armador armadora armadors armadores *m.f.* **1** armar하는 사람. **2** [해사] (포경선을 만드는) 선주.
armadura armadures *f.* **1** 갑옷, 갑주; 병기. **2** [건축] 뼈대. **3** [전기] 전기자.
armament armaments *m.* **1** 무장, 전쟁 준비, 전비. **2** 전쟁 준비품, 무기, 장비, 의장.

armamentisme armamentismes *m.* [정치] 군국주의, 군비 확장주의.
armar *tr.* **1** 무장시키다. *armar un soldat* 병사를 무장시키다. **2** 장치하다, 조립하다(ajuntar peces); 발사 장치를 하다. **3** (선박을) 만들다, 의장하다. **4** 보강하다, 철근·철망을 넣다. **5** (금은 을-) 씌우다. **6** 버팀목을 대다. **7** (필요 한 것을) 갖추다, 채비하다. *armar un campus virtual* 가상대학에 시설을 갖추다. **8** (소송 등을) 제공하다. **-se 1** 무장하다, 장비를 갖추다. **2** (필요한 것을) 갖추다, 채비하다. **3** (마음을) 굳게 다지다. **4** (장치가) 준비되다, 조립되다.
armari armaris *m.* 가구; 책장, 벽장; 캐비닛, 양복장; 찬장, 선반.
armat armada armats armades *adj.* armar된.
-m. (행렬 등에서) 전사 차림의 사람.
armella armelles *f.* 고리 달린 나사못.
arment arments *m.* (새·동물의) 떼, 무리.
armer armera armers armeres *m.f.* 무기제조자.
armilla armilles *f.* 조끼,
 armilla antibala 방탄복.
armistici armisticis *m.* 휴전, 정전.
armó armons *m.* 포가(砲架).
arna arnes *f.* 좀.
arnar-se *prnl.* (옷에) 좀이 슬다.
arnès arnesos *m.* 갑옷, 갑주; (승마용) 마구.
àrnica àrniques *f.* [식물] 아르니카[약용 식물].
aroma aromes *f.* 향기, 방향; 향료.
aromàtic aromàtica aromàtics aromàtiques *adj.* 향기로운, 그윽한 향기가 나는.
aromatitzar *tr.* 향료를 넣다.
arpa arpes *f.* 하프, 수금.
arpegi arpegis *m.* [음악] 아르페지오.
arpejar *tr.* **1** 하프를 뜯다. **2** (손톱 등으로) 긁다, 할퀴다. **3** (땅을) 할퀴다; (벽 등에) 자국을 내다. **4** (나이가) ... 정도이다. *Arpeja els cinquanta* (*anys*) 그는 나이가 50세 정도다.
arpellar *tr.* (땅을) 긁다, 후비다.

arpillera arpilleres *f.* 올이 굵은 삼베.
arpis *m.pl.* 작은 닻.
arpista arpistes *m.f.* [남녀동형] 하프 연주가.
arpó arpons *m.* 작살.
arponar *tr.* 작살을 던지다.
arquebisbat arquebisbats *m.* 대주교직, 대주교구.
arquebisbe arquebisbes *m.* 대주교.
arqueig arqueigs[arquejos] *m.* **1** 만곡. **2** [선박] (배의) 용량, 적재량.
arquejar *tr.* **1** 활처럼 휘게 하다. **2** [해사] (배의) 적재량을 검사하다
arquella arquelles *f.* [arca의 축소사] 작은 궤, 작은 상자.
arqueologia arqueologies *f.* 고고학.
arqueològic arqueològica arqueològics arqueològiques *adj.* **1** 고고학의. **2** [비유] 오래된, 케케묵은.
arquer arquera arquers arqueres *m.f.* 궁사; 활 만드는 사람.
-m. [군사] 궁병.
arquet arquets *m.* **1** (건초용) 가래 **2** [음악] 활[악기의 현을 켜는데 쓰는 도구].
arqueta arquetes *f.* =arquella.
arquetip arquetips *m.* 모범, 전형, 원형.
arquibanc arquibancs *m.* 서랍이 딸린 벤치.
arquilla arquilles *f.* =arquella.
arquimesa arquimeses *f.* (정리용) 선반.
arquitecte arquitectessa arquitectes arquitectesses *m.f.* 건축가, 건축 기사.
arquitectònic arquitectònica arquitectònics arquitectòniques *adj.* 건축(학)의.
arquitectura arquitectures *f.* 건축, 건조; 건축술, 건축학.
arquitrau arquitraus *m.* [건축] 추녀 끝.
arquivolta arquivoltes *f.* [건축] 아치 조형.
arrabassar *tr.* (경작지로 쓰기 위해) 덤불을 태우다.
arracada arracades *f.* 귀고리.
arraconar *tr.* **1** 구석에 놓다, 모서리에 위치시키다. **2** 모퉁이로 몰다, 궁지에 몰아넣다.
arraïmar-se *prnl.* 송이를 이루다, 주렁주렁 열리다.

arramassar *tr.* (남은 것을) 다 주워 모으다.

arrambadís arrambadissa arrambadissos arrambadisses *adj.* **1** 기댈 수 있는, 버팀목으로 기댄. **2** 아첨하는, 아부하는, 알랑거리는.

arrambador arrambadora arrambadors arrambadores *adj.* arrambar하는. *-m.* 발판, 디딤판.

arrambar *tr.* **1** 가까이하다, 접근하다. **2** 기대어 놓다. *-se* (공간적으로) 떨어지다, 갈라지다, 분리하다.

arrambar-se a algú (누구를) 가까이하다; (구애의 목적으로) 가까이하다.

arrambatge arrambatges *m.* 질책, 꾸중, 책망.

arran *adv.* 뿌리째, 깨끗이; 근본적으로, 완전히.

arranar *tr.* **1** (끝·둘레를) 깎아 내다; (뿌리째) 잘라 내다. **2** 싹 쓸어버리다, 매끄럽게 하다, 휩쓸어 버리다(arrasar).

arrancar *tr.* =arrencar.

arranjament arranjaments *m.* arranjar하는 일.

arranjar *tr.* **1** 가지런히 하다, 정리하다, 정돈하다, 배열하다, 질서 있게 하다. **2** 준비하다, 채비하다, 마련하다. *arranjar tot el que calgui* 모든 필요한 것을 준비하다. **3** (식탁을) 차리다. *arranjar el sopar* 저녁을 차리다. **4** [음악] 편곡하다. *-se* **1** 정리·정돈하다, 깔끔하게 하다; 고르게 하다, 조정하다. **2** 서로 의논하다.

arrap arraps *m.* 할큄; 할퀸 자국.

arrapadís arrapadissa arrapadissos arrapadisses *adj.* 쉽게 달라붙는, 잘 엉겨 붙는.

arrapar *tr.* **1** 낚아채다, 탈취하다(arrabassar). **2** [비유] (정신 등을) 빼앗다.

arrapinyar-se *prnl.* 붙잡다, 매달리다, 엉겨 붙다; 고집하다.

arrasada arrasades *f.* arrasar하는 일.

arrasar *tr.* **1** 뿌리째 자르다, 말끔하게 밀다. **2** 황폐시키다, 파괴하다(enderrocar). **3** (밭을) 쑥대밭으로 만들다.

arraulir *tr.* 오므라들게 하다(abatre). *-se* 움츠리다, 오므라늘니.

arravatadament *adv.* 화가 나서.

arravatar-se *prnl.* 화를 내다, 분노를 내다(enfurir-se).

arrebossar *tr.* (벽의) 덧칠을 하다.

arrecerar *tr.* 감싸다, 덮다; 보호하다, 비호하다.

arreglament arreglaments *m.* arreglar하는 일.

arreglar *tr.* **1** =arranjar. **2** 규칙적으로 하다, 규정하다.

estar arreglat 잘 정리되어 있다.

arreglat arreglada arreglats arreglades *adj.* arreglar한.

arregussar *tr.* =arremangar.

arrel arrels *f.* **1** [식물] 뿌리. **2** 근원, 바탕. **3** [문법] 어근, 어간. **4** [수학] 근. **5** [언어] 어원.

arrencar d'arrel 뿌리째 뽑다; 완전히 없애다, 근절하다.

fer[criar] arrels [식물] 뿌리를 내리다.

posar arrels [비유] 자리를 잡다, 정착하다.

arrelament arrelaments *m.* **1** 뿌리내림. **2** 정주, 정착. **3** 부동산, 재산.

arrelar *intr.prnl.* **1** 뿌리를 내리다, 뿌리를 뻗다, 뿌리박다. **2** 정주하다, 정착하다(establir(se)). **3** 견고하게 되다. **4** (사상·감정·습관 등에) 깊이 뿌리박다.

arrelós arrelosa arrelosos arreloses *adj.* 쉽게 뿌리를 내리는; 쉽게 자리 잡는.

arrelut arreluda arreluts arreludes *adj.* [식물] 굵은 뿌리의, 뿌리가 튼튼한.

arremangar *tr.* (소매·속치마를) 걷어 올리다.

arremetre *tr.intr.* 습격하다, 갑자기 덮치다.

arremolinar *tr.* **1** (군중이) 서로 밀치다, 밀치며 웅성거리다. **2** (바람·물 등이) 소용돌이치다.

arremorar *tr.* 소동·분란을 일으키다(avalotar).

arrencada arrencades *f.* **1** (축구 등의) 돌진. **2** (배·자동차 등의) 시동. **3** (말의) 박차. **4** 습격, 덮침.

arrencapins arrencapins *m.* [단·복수동형] 거대한 사람.

arrencar *tr.* **1** 뽑다, 뿌리째 뽑다; 따다, 떼어 내다. **2** 빼앗다, 약탈하다, 강탈하다, 훔치다. **3** 갑자기 움직이다, 돌

arrencat

진하다. **4** 시작하다. *arrencar el plor* 갑자기 울기 시작하다. **5** (배·자동차를) 시동 걸다. **6** (약속 등을) 얻어 내다, 획득하다(aconseguir). **7** (칼집에서) 칼을 뽑아 들다. **8** [의학] (가래 등을) 뱉어 내다(expectorar). **9** 떼어 놓다, 떨어지게 하다. *-intr.* **1** 유래하다, 비롯되다; 일어나다, 기점이 되다, 시작하다. **2** (배가) 움직이기 시작하다; (어떤 장소에서) 움직이다, 이동하다. *arrencar a* [동사 원형과 함께 쓰여] ...하기 시작하다.

arrencat arrencada arrencats arrencades *adj.* 결심한, 단호한, 확고한, 의지에 찬(resolt, decidit).

arrendador arrendadora arrendadors arrendadores *adj.* 임대하는, 차용하는.
-m.f. 임대자, 대주, 차주, 차인, 지주.

arrendament arrendaments *m.* 임대, 임차; 차용증, 임대 계약; 임대료; 소작료.

arrendar *tr.* **1** 임대하다. **2** 소작을 주다; 돈을 받고 빌려주다.

arrendat arrendada arrendats arrendades *adj.* arrendar한.

arrendatari arrendatària arrendataris arrendatàries *adj.* 빌린, 임대한.
-m.f. 임대인, 차용인, 빌린 사람; 소작인, 소작농.

arrenglar *tr.* 일직선으로 세우다.

arrenglerar *tr.* 줄·열을 지어 세우다.

arrepapar-se *prnl.* (자리에) 편하게 앉다; (몸을) 안정시키다.

arrepetellar-se *prnl.* =arrepapar-se.

arreplec *m.* **1** 모음, 거둬들임. **2** 모임, 회합. **3** [의학] 소화불량(indigestió).

arreplegar *tr.* **1** 줍다, 모으다; 정리하다. *arreplegar les propostes* 제안서들을 정리하다. **2** (질병에) 걸리다. **3** 잡히다, 들키다. **4** (가축을) 우리에 넣다. *-se* (무더기로) 쌓다.

arreplegat arreplegada arreplegats arreplegades *adj.m.f.* arreplegar한 (사람).

arres *f.pl.* [상업] 착수금, 보증금.

arrera *adv.* **1** 뒤에, 뒤로. **2** 후에.
Arrera! 뒤로!, 뒤로 물러나세요!
tornar arrera 퇴보하다, 쇠퇴하다, 저하하다.

arrere *adv.* =arrera.

arrestar *tr.* 체포하다, 구금하다. *-se* [고어] 멈추다.

arreu *adv.* **1** 계속해서, 멈추지 않고, 끊이지 않고. **2** 지금 당장, 곧바로. **3** 모든 곳에, 도처에, 사방에(pertot).
-m. (전답을 경작할 때 소나 말이 쓰는) 농기구.
arreu de i) 모든 곳에, 어느 곳에나. *arreu del món* 세상 어느 곳에나; ii) 사방에, 도처에. *arreu de la ciutat* 도시 전체에.
a tot arreu 모든 곳에, 도처에, 사방에.
mirar a tot arreu 사방을 바라보다.

arreveure arreveures *m.* 작별, 환송; 송별회, 송별연.
donar l'arreveure 송별하다, 작별하다.

arri *interj.* **1** 이랴![소·말 등을 몰고 갈 때 지르는 소리]. **2** [비유] 꺼져 버려!, 내 앞에서 없어져!

arriar *tr.* [선박] 돛·기를 내리다.

arribada arribades *f.* **1** 도착, 도래, 당도. *una arribada massiva de turistes* 엄청난 관광객의 도착. **2** (운동 경기의) 결승점. **3** (배의) 입항.

arribar *intr.* **1** 도착하다. **2** (...에) 이르다, 미치다(atènyer). **3** (때가) 임하다, 도래하다. **4** 충분하다; (시간적으로) ...까지 견디다. **5** 일어나다, 발생하다(esdevenir-se). **6** (배가) 입항하다. *-se* 가까워지다, 곧 다가가다, 임박하다.
arribar a i) 도착하다; 이르다, 미치다; ii) [동사원형과 함께 쓰여] ...하기에 이르다.
Mai no és tard quan arriba [속담] 늦더라도 안 하는 것보다는 낫다.

arribista arribistes *m.f.* [남녀동형] (수단을 가리지 않는) 야심가; 졸부.

arrimador arrimadors *m.* 발판, 디딤틀.

arrimar *tr.* **1** 쌓다, 모으다(apilonar). **2** (...에) 닿다, 이르다(arrambar).

arriscar *tr.* 위험을 무릅쓰다. *-se* 모험하다, 위험을 무릅쓰다, 위험한 일을 하다.

arriscat arriscada arriscats arriscades *adj.* **1** 위험한, 위태위태한. **2** 대담한, 대범한, 위험을 무릅쓰는.

arrissar *tr.* **1** (머리를) 곱슬곱슬하게 하

다. **2** 속이다(enganyar).
arrodolar *tr.* 뒤엎다, 쓰러뜨리다.
arrodonir *tr.* **1** 둥글게 하다, 원형으로 만들다. **2** 모자라지 않게 하다, 완전하게 하다.
arroentar *tr.* 붉게 만들다.
arrogància arrogàncies *f.* 교만, 거만, 오만, 불손, 도도함.
arrogant arrogants *adj.* **1** 교만한, 거만한; 우쭐대는, 뽐내는. **2** 화려한, 멋진.
arrogar-se *prnl.* **1** (무엇을) 제 것으로 만들다. **2** [부정적] 착복하다, 횡령하다.
arromangar *tr.* =arremangar.
arrombollar(se) *tr.prnl.* (물·바람 등이) 소용돌이치다(arremolinar).
arronsar *tr.* 줄어들다, 오그라들다; 움츠러들다. **-se** 오그라들다, 움츠리다. *arronsar-se de fred* 추위로 움츠리다.
arrop arrops *m.* 시럽.
arròs arrossos *m.* [식물] 쌀; 벼.
arrosar *tr.* 이슬에 적시다; (물 같은 것을) 뿌리다.
arrossada arrossades *f.* 쌀밥.
arrossaire arrossaires *m.f.* **1** 쌀 경작자; 쌀장수. **2** 남에게 들러붙어 사는 사람, 식객.
arrossar arrossars *m.* 논.
arrossegada arrossegades *f.* arrossegar하는 일.
arrossegall arrossegalls *m.* 질질 끎, 잡아끎.
a l'arrossegall 질질 끌어.
arrossegament arrossegaments *m.* =arrossegada.
arrossegar *tr.* **1** 끌다, 질질 끌다. **2** [비유] 질질 끌려가다, 억지로 하다. **3** [비유] (어떠한 문제를) 일으키다, 야기하다(forçar). *-intr.* (옷 등을) 질질 끌다. **-se 1** 끌고 가다. **2** [비유] 이리저리 돌아다니다. **3** 비굴해지다.
arrossinat arrossinada arrossinats arrossinades *adj.* 노쇠한, 병약한.
arrova arroves *f.* 아로바[중량의 단위].
arrufar *tr.* 인상을 찌푸리다, 얼굴을 찡그리다.
arruga arrugues *f.* 주름, 구김살.
arrugar *tr.* 주름을 잡다, 구기다. **-se** 주름이 잡히다, 구겨지다.
arruïnar *tr.* **1** 무너뜨리다, 허물어뜨리다, 붕괴시키다. **2** [비유] 망치다, 망가뜨리다; 파산시키다. **-se 1** 무너지다, 허물어지다, 붕괴하다. **2** [비유] 망치다, 파산하다, 실패하다; 낙담하다.
arruixar *tr.* (새·짐승 등을) 쫓아내다.
arrumbar-se *prnl.* [선박] ...항로로 향하다.
arrupir-se *prnl.* =arronsar-se.
arsenal arsenals *m.* **1** [군사] 병기창고, 무기고. **2** [해사] 조선소. **3** [비유] 자료집. *un arsenal de dades* 정보 자료집.
arsènic *m.* [화학] 비소.
art arts *m.[f]* **1** 솜씨, 재간, 기술(destresa). **2** 예술, 미술. **3** 수단, 방법. **4** 꾀, 술책, 속임수(mitjà). **5** 낚시 도구. **6** 학예, 기예.
artefacte artefactes *m.* **1** 장치, 기계, 도구. **2** 공예품, 건조물; [경멸적] 조작품. **3** (인공적인) 폭파물.
artell artells *m.* [해부] (손가락·다리 등의) 관절.
arter artera arters arteres *adj.* **1** 간사한, 음흉한, 교활한(arterós). **2** 대담한, 단호한(atrevit).
artèria artèries *f.* **1** [해부] 동맥. **2** (철도의) 간선; 간선 도로.
arteriola arterioles *f.* [해부] 소동맥.
arteriosclerosi arteriosclerosis *f.* [의학] 동맥 경화(증).
arterós arterosa arterosos arteroses *adj.* 동맥의.
artesà artesana artesans artesanes *m.f.* 수공예업자; 직공, 기술자.
artesania artesanies *f.* 수공예품; 직인의 기질·기술.
àrtic àrtica àrtics àrtiques *adj.* 북극의.
article articles *m.* **1** 항, 항목; 조, 조항. **2** [해부] (손가락의) 마디, 관절(artell). **3** 기사, 논문. **4** [문법] 관사. **5** 상품, 물품, 제품, 용품, 화물.
articulació articulacions *f.* **1** 마디, 관절. **2** (기계의) 연결. **3** 조음; 분명한 발음.
articular *tr.* **1** 이어 맞추다, 연계하다 (ajuntar, enllaçar). **2** [음성] 조음하다; (하나하나) 또박또박 발음하다. **3** 조목

조목 쓰다, 조항으로 정리하다.
articulat articulada articulats articulades *adj.* **1** 마디가 있는, 관절이 있는. **2** 조음의, 발음의.
-m. **1** [동물] (마디가 있는) 동물; 유절류. **2** [집합] (법률·문서 등의) 조항, 항목.
articulatori articulatòria articulatoris articulatòries *adj.* [음성] 조음의.
articulejar *intr.* **1** 떠들다, 잡담하다. **2** 속삭이다, 중얼거리다.
articulista articulistes *m.f.* (신문의) 논설기사, 기사 집필가.
artífex artífexs *m.f.* [남녀동형] 예술가, 작가; 기사, 직인.
artifici artificis *m.* **1** 기교, 궁리. **2** 장치, 기구; 기계, 도구. **3** 적의, 나쁜뜻; 간계, 계책, 속임수, 수작, 저의.
artificial artificials *adj.* 인공의, 인위의, 인조의.
artificiós artificiosa artificiosos artificiosos *adj.* 간계를 꾸민, 교활한, 간사한, 엉큼한, 눈속임을 하는; 잔재주를 부린.
artiga artigues *f.* 덤불을 태움; 그 땅.
artigar *tr.* (경작지로 쓰기 위해) 덤불을 태우다.
artillar *tr.* [군사] (진지·배 등에) 포를 장치하다.
artilleria artilleries *f.* [군사] 포병대; [집합] 대포.
artiodàctils *m.pl.* [동물] (소·양·사슴 등의) 우제류(偶蹄類).
artista artistes *m.f.* 예술가, 미술가.
artístic artística artístics artistiques *adj.* 예술의, 예술적인.
artràlgia artràlgies *f.* [의학] 관절통.
artrític artrítica artrítics artrítiques *adj.* [의학] 관절염의.
-m.f. 관절염 환자.
artritis artritis *f.* [단·복수동형][의학] 관절염.
artritisme artritismes *m.* [의학] 관절부 질환.
artròpodes *m.pl.* [동물] (곤충·거미 등의) 절족류.
arxiconfraria arxiconfraries *f.* 단체, 조합, 결사.

arxidiòcesi arxidiòcesis *f.* 대주교구(管區).
arxiduc arxiduquessa arxiducs arxiduquesses *m.f.* (오스트리아의) 대공(大公), 대공비.
arxipèlag arxipèlags *m.* [지리] 제도, 군도.
arxiu arxius *m.* **1** 문서; 고문서, 옛 기록. **2** (문서·기록의) 보관소, 보관실, 문서실.
arxivador arxivadors *m.* 문서계; 문서함, 문서 보관함.
arxivar *tr.* 기록을 보관하다; (문서를) 보관·저장하다.
arxiver arxivera arxivers arxiveres *m.f.* 문서 보관소 직원, 문서 담당자 (arxivista).
arxivístic arxivística arxivístics arxivístiques *adj.* 자료 보관소의, 자료관의.
as^1 asos *m.* **1** (카드의) 에이스. **2** (고대 로마의) 동전. **3** [비유] 일인자, 에이스.
as^2 [발레아레스 지방에서 사용되는 구어 형태로, 전치사 **a**와 관사 **es**의 축약형].
ascaricida ascaricides *m.* 회충약.
ascàride ascàrides *f.* [동물] 회충.
ascendència ascendències *f.* [집합] 선조, 조상.
ascendent ascendents *adj.* 오르는, 상승하는.
-m. **1** 선조, 조상(ascendència). **2** 세력, 영향.
ascendir *intr.tr.* **1** 오르다, 상승하다 (pujar). **2** 승진하다(promoure). **3** (금액·숫자가) ...에 달하다. *-tr.* 오르게 하다, 상승시키다; 즉위시키다.
ascens ascensos *m.* 오름, 상승; 승진, 즉위.
ascensió ascensions *f.* **1** =ascens. **2** [대문자] (그리스도의) 승천(절).
ascensor ascensors *m.* 승강기, 엘리베이터.
ascensorista ascensoristes *m.f.* 엘리베이터 보이·걸; 엘리베이터 기술자.
asceta ascetes *m.f.* 은둔자, 고행자.
ascètic ascètica ascètics ascètiques *adj.* 고행의, 행자의, 행자적인; 금욕의.

ascetisme *ascetismes m.* 고행; 은둔 생활, 금욕주의 생활.
ascla *ascles f.* (나무·돌 등의) 부스러기(estella).
asclar *tr.* 부스러기로 만들다, 산산조각을 내다.
ase *ases m.* **1** [동물] 당나귀, 나귀. **2** [비유] 멍청이, 바보.
asenada *asenades f.* 짐승 같은 짓; 어리석은 일.
asenet *asenets m.* 어린 나귀.
asèpal *asèpala asèpals asèpales adj.* [식물] 꽃받침이 없는.
asèpsia *asèpsies f.* [의학] 무균법; 무균상태.
asèptic *asèptica asèptics asèptiques adj.* 무균의; 방부의; 깨끗한, 청결한.
asexual *asexuals adj.* [생물] 무성의; 무성생식의.
asexuat *asexuada asexuats asexuades adj.* =axeual.
asfalt *asfalts m.* 아스팔트.
asfaltar *tr.* 아스팔트로 포장하다.
asfàltic *asfàltica asfàltics asfàltiques adj.* 아스팔트의, 아스팔트를 함유한.
asfíxia *asfíxies f.* [의학] 질식, 가사 (상태).
asfixiar *tr.* 질식시키다. **-se** 질식되다.
asil *asils m.* **1** 피난처, 피신처. **2** 보호, 비호. *conseguir asil polític* 정치적 보호를 얻다. **3** 수용, 수용소; 보호소, 양육원.
asilar *tr.* 피신시키다, 망명시키다; 수용하다.
asil·làbic *asil·làbica asil·làbics asil·làbiques adj.* [문법] 비음절의.
asimetria *asimetries f.* 불균형, 비대칭.
asimètric *asimètrica asimètrics asimètriques adj.* 불균형의, 비대칭의; 좌우가 고르지 못한, 제각각의.
asíncron *asíncrona asíncrons asíncrones adj.* 동시적이 아닌.
asincronisme *asincronismes m.* 동시성의 결여.
asíndeton *asíndetons m.* [문법] (문장에서의) 접속법 생략문.
asistòlia *asistòlies f.* [의학] (심장의) 수축부전.

asma *asmes f.* [의학] 천식.
asòmat *asòmada asòmats asòmades adj.* 형체·실체가 없는, 무형의; 영적인.
aspa *aspes f.* **1** X 자형의 물건. **2** 얼레. **3** (풍차의) 날개.
aspat *aspada aspats aspades adj.* X 형의; 양팔을 자유로이 할 수 없는.
aspecte *aspectes m.* **1** 모양, 외관, 외양(aparença). **2** (신체의) 형상, 생김새, 자태, 용모. **3** (문제의) 관점, 견지. *en aquest aspecte* 이 점에서. **4** [문법] 상(相).
asperges *m.pl.* 살수, 살포.
aspergir *tr.* (물을) 뿌리다.
asperitat *asperitats f.* =aspresa.
aspersió *aspersions f.* **1** 뿌리기, 물 뿌리기. **2** (총알·포가) 쏟아져 내림.
aspersor *aspersors m.* 살수기, 물뿌리개.
àspid *àspids m.* [동물] (이집트 산) 코브라, 독사.
aspiració *aspiracions f.* **1** (공기를) 들이마심; (호흡의) 흡기. **2** [음성] 기식음. **3** 큰 뜻, 포부, 대망, 열망.
aspirador *aspiradora aspiradors aspiradores adj.* 빨아들이는, 흡입하는.
-*m.* 흡입기.
-*f.* 진공청소기.
aspirant *aspirants adj.* **1** 빨아들이는, 흡입하는. **2** 기식음의. **3** 야망을 품는.
-*m.f.* [남녀동형] 신청인, 지망자, 지원자; 취임 자격자.
aspirar *tr.* **1** (공기를) 들이마시다. **2** 빨아들이다, 흡입하다. **3** [음성] 기식음으로 발음하다. -*intr.* 동경하다, 야망을 품다, 열망하다, 포부를 가지다.
aspirat *aspirada aspirats aspirades adj.* [음성] 기식음의.
aspirina *aspirines f.* [약학] 아스피린.
asprar *tr.* (식물에) 버팀목을 세우다.
aspre *aspra aspres aspres adj.* **1** (촉감이) 거친. **2** (목소리가) 쉰. **3** (맛이) 떫은. **4** (땅이) 울퉁불퉁한. **5** [비유] 거친, 사나운(rude).
-*m.* (수목의) 버팀목.
asprejar *intr.* (맛이) 떫다, 떫어지다.
aspresa *aspreses f.* **1** 거칢, 까칠까칠함(aspror). **2** (맛이) 떫음. **3** (땅이) 울

통불통함. **4** 사나움, 무뚝뚝함.
aspriu aspriva asprius asprives *adj.* **1** 무뚝뚝한, 퉁명스러운, 사나운. **2** (짐승이) 사나운, 야생의; (길이) 거친 **3** [비유] (말이) 거친, 심한. *paraules asprives* 거친 말.
-m. 절벽, 낭떠러지; 접근이 어려운 곳.
aspror asprors *f.* =aspresa.
aspròs asprosa asprosos asproses *adj.* **1** (맛이) 떫은(aspriu). **2** 무서운, 사나운, 가혹한(abrupte).
assabentar *tr.* (소식을) 알리다, 보고하다. **-se** 알다, 이해하다; (소식을) 알고 있다.
assaborir *tr.* **1** 맛을 보다, 음미하다. **2** [비유] 음미하다, 감상하다.
assaciar[assadollar] *tr.* 흡족·충족시키다.
assaig assaigs[assajos] *m.* assajar하는 일.
assajament assajaments *m.* =assaig.
assajar *tr.* **1** 시도하다. **2** 시험하다, 검사하다. **3** 시연하다, 연습하다. **4** [화학] 실험하다, 테스트하다(provar).
assalariar *tr.* 급료를 정하다; 급료로 고용하다.
assalariat assalariada assalariats assalariades *m.f.* 월급쟁이, 샐러리맨.
assalt assalts *m.* **1** 덮침, 공격, 돌격, 습격. **2** [스포츠] (권투·펜싱의) 회전, 라운드.
assaltar *tr.* **1** 덮치다, 공격하다, 습격하다. **2** 엄습하다. **3** (별안간) 닥치다; (생각이) 갑자기 떠오르다.
assamarrar *tr.* 때리다, 몽둥이질하다(apallissar).
assaonar *tr.* 익히다; (음식에) 양념하다. **-se** 잘 익다.
assarronar *tr.* =apallissar.
assassí assassina assassins assassines *adj.* 암살하는.
-m.f. 암살자, 살인자, 자객.
assassinar *tr.* 암살하다.
assassinat assassinats *m.* 암살.
assecador assecadora assecadors assecadores *adj.* 말리는.
-m. 건조기; 건조대.
assecament assecaments *m.* 건조.
assecant assecants *adj.* 말리는.
-m. 흡수지.
assecar *tr.* 말리다.
assecatge assecatges *m.* 말림, 건조.
assedegar *tr.* 목이 타게 하다, 목마르게 하다. *El menjar salat assedega* 짠 음식은 목이 타게 한다.
assedegat assedegada assedegats assedegades *adj.* 목이 타는.
assegurador asseguradora asseguradors asseguradores *adj.* **1** assegurar하는. **2** 보증하는; 보험의.
-m.f. **1** 보험 가입자, 보험인, 보험업자; 보험 인수자. **2** 보증인, 보증자.
assegurament asseguraments *m.* **1** assegurar하는 일. **2** 보증; 확약 보험. **3** 통과 허가증.
assegurança assegurances *f.* =assegurament.
assegurar *tr.* **1** 단단히 고정시키다, 고착시키다(fermar). **2** 단단히 잠그다·묶다. **3** 보증하다, 확약하다. **4** 확인하다. **5** 안심시키다, 안전하게 하다. **6** 보험에 들다. **-se 1** 단단히 고정시키다. **2** 확보되다, 안전해지다. **3** 안심하다. **4** 확인하다. **5** 보험에 들다.
assegurat assegurada assegurats assegurades *adj.* 보험에 든.
-m.f. 피보험자.
assemblar-se *prnl.* 서로 닮다.
assemblea assemblees *f.* 집회, 회의, 총회; 의회,
assentada assentades *f.* 대담, 대화, 면담, 회담.
assentament assentaments *m.* assentar하는 일.
assentar *tr.* **1** 기초를 닦다, 기반을 잡다. **2** (자리·지위 등에) 앉히다(posar). **3** 세우다, 건설하다, 설치하다, 설정하다. **4** (확실히) ...하는 것으로 보다, 확실히 결정하다. **5** 기입하다, 기장하다(anotar). **-se 1** 가라앉다, 차분해지다. **2** 정착하다, 기초를 굳히다, 기반이 잡히다. **3** 건설되다, 수립되다. **4** (...에) 부임하다. **5** (새 등이) 앉다, 자리 잡다. **6** 침전하다. **7** (음식이) 위에 부담을 주다. **8** (기억에) 남다.
assentiment assentiments *m.* 동의, 승낙, 승인.

assentir intr. 동의하다, 승낙하다, 승인하다.
assenyalador assenyaladora assenyaladors assenyaladores adj. assenyalar하는.
-m. (해시계 등의) 바늘.
assenyalament assenyalaments m. assenyalar하는 일.
assenyalar tr. **1** 표를 하다, 표시하다. **2** 가리키다, 나타내다, 지시하다(mostrar); 신호를 하다. **3** (온도가) 보이다. **4** (때·장소를) 지정하다. **5** 흔적을 남기다. **6** 낌새를 보이다, 모습을 보이다. **-se 1** 뛰어나다, 빼어나다.
assenyalat assenyalada assenyalats assenyalades adj. 두드러진, 현저한, 뚜렷한; 유명한; 뜻 깊은.
assenyat assenyada assenyats assenyades adj. 사려 깊은, 현명한, 분별 있는.
assenyorat assenyorada assenyorats assenyorades adj. 거들먹거리는, 양반티를 내는; 사모님 행세를 하는.
assequible assequibles adj. 손에 넣을 수 있는, 손에 미치는, 입수 가능한.
asserció assercions f. 긍정, 단언.
asserenar tr. **1** 가라앉히다, 잔정시키다. **2** 맑게 하다. **3** (밤기운에) 식히다. **-se 1** 가라앉다, 조용해지다, 고즈넉해지다. **2** 침착해지다.
asserviment asserviments m. 굴복, 복종; 종속.
asservir tr. 굴복시키다, 복종시키다.
assessor assessora assessors assessores adj. 조언하는.
-m.f. 조언자; 보좌(역), 고문.
assessorar tr. 조언하다, 충고하다; 상담하다. **-se** 상담하다, 의논하다.
assessoria assessories f. 고문·보좌의 직; 변호사 사무소, 변호 요금.
assestar tr. **1** 겨누다, 겨냥하다, 과녁을 향하다. **2** 사격 자세를 갖추다. **3** (무기를) 쏘다, 찌르다, 치다, 투척하다.
assetjament assetjaments m. assetjar하는 일.
assetjar tr. **1** 포위하다, 공격하다; 모여들다, 몰아세우다. **2** [비유] 조르다, 졸라대다(importunar).

asseure tr. 앉히다, 착석시키다. **-se** 앉다, 착석하다, 좌석에 앉다.
asseverar tr. 긍정하다, 단언하다, 확언하다.
asseveratiu asseverativa asseveratius asseveratives adj. 긍정의, 단언의.
assibilar tr. [음성] 치찰음화하다.
assidu assídua assidus assidues adj. 부지런한, 근면한, 한결같은.
assignació assignacions f. **1** 지정; 할당, 몫, 분배. **2** 충당금, 분담금. **3** 지명, 임명. **4** 봉급, 급료.
assignar tr. **1** 지정하다, 할당하다. **2** (몫을) 정하다, 나누다. **3** 지명하다, 임명하다(fixar). **4** (...에게) 송부하다.
assignatari assignatària assignataris assignatàries adj. (유산을) 지정해 주는.
-m.f. [법률] (유산의) 피지정인.
assignatura assignatures f. (학)과목.
assimilar tr. **1** 비슷하게 하다, 닮게 하다. **2** 동화하다, 동일하게 하다, 한 모양으로 하다. **3** [비유] 배우다, 흡수하다(aprendre). **-se 1** 닮다, 유화하다; 동화하다. **2** 배우다, 흡수하다.
assistència assistències f. **1** 출석; 입회; 참가. **2** 도움, 원조, 조력, 보조. **3** 구호, 구조; 복지 사업. **4** 시중, 간호, 진료; 진료사례금. una assistència mèdica 의료 진료, 의사 진찰.
assistent assistenta assistents assistentes adj. **1** 출석하는, 참가하는. **2** 돕는, 원조하는. **3** 병간호하는. **4** 보조의, 보좌의.
-m.f. assistir하는 사람.
assistir intr. 출석하다; 입회하다; 참가하다, 참석하다. assistir a un concert 콘서트에 참석하다. -tr. **1** 돕다, 원조하다, 조력하다(ajudar). **2** 시중들다, 간호하다; (의사가) 진료하다, 치료하다. Un metge assistí els ferits 의사가 다친 사람들을 치료했다. **3** 보조하다, 보좌하다. **4** 구조하다, 구제하다.
associació associacions f. **1** 협동, 합동, 연합, 제휴. **2** 회; 협회, 조합, 단체; 길드, 연맹 조합. **3** [심리] 연상.
associacionisme associacionismes m. 연상심리학.
associar tr. **1** 합치다, 연합시키다. **2**

협회·단체·조합에 넣다. **-se 1** 연합하다; 협동·협력하다. **2** 참가하다, 회원이 되다. **3** (짝을) 맞추다.
assolar *tr.* 다 쓸어버리다, 황폐화시키다, 괴멸시키다, 쑥대밭으로 만들다(arrasar). **-se 1** 가라앉다, 침전하다. **2** 바싹 말라 버리다. **3** 격리되다.
assoldar *tr.* 고용하다.
assolellada assolellades *f.* 볕에 쬠; 일사병.
assolellar *tr.* 볕에 쪼이다.
assolir *tr.* (...에) 이르다, 미치다.
assonància assonàncies *f.* **1** [음성] 동류음, 동류음의 반복. **2** 일치, 조화.
assonar *intr.* (음이) 일치하다, 동음이되다; 일치하다.
assortidor assortidora assortidors assortidores *adj.* 공급하는.
-m.f. 공급자.
-m. 공급기; 가솔린펌프.
assortiment assortiments *m.* **1** (물건의) 공급. **2** (들여온) 각종 상품; 재고품.
assortir *tr.* 제공하다, 공급하다.
assortit assortida assortits assortides *adj.* (여러 가지를) 배합한.
assossec assossecs *m.* 평온, 평정, 안온함.
assossegar *tr.* 가라앉히다, 부드럽게 하다, 진정시키다(calmar). **-se** 가라앉다, 진정되다, 잠잠해지다.
assossegat assossegada assossegats assossegades *adj.* 가라앉은, 진정된, 잠잠해진, 평온해진.
assot assots *m.* **1** 채찍, 회초리; 매, 매질. **2** (파도의) 찰싹거림. **3** 재난, 천재, 참사.
assotar *tr.* **1** 매질하다, 회초리로 때리다. **2** 강하게 치다, 두들기다. **3** (파도가) 때리다.
assuaujar *tr.* =assuavir.
assuavir *tr.* 부드럽게 하다, 매끄럽게 하다.
assumir *tr.* **1** 떠맡다, 받아들이다. **2** (지휘·책임 등을) 지다, 취하다.
assumpció assumpcions *f.* **1** 인수, 맡음; 즉위. **2** [종교] 성모 승천(제); 그 축일[8월 15일].
assumpte assumptes *adj.* (가톨릭의) 성모 승천의.
-m **1** 일, 문제. **2** (작품의) 줄거리; 논제, 주제, 테마. **3** 사업, 거래.
assutzena assutzenes *f.* [식물] 나리.
ast asts *m.* **1** (불에 굽기 위해 쓰이는) 쇠꼬챙이. **2** =asta.
asta astes *f.* 창의 손잡이.
àstat *m.* [화학] 아스타틴[방사성 원소].
astàtic astàtica astàtics astàtiques *adj.* 불안정한, 자리 잡지 못한.
asteisme asteismes *m.* 가식적인 칭찬.
astènia astènies *f.* [의학] 쇠약, 허약; 무력증.
asterisc asteriscs[asteriscos] *m.* 별표[*].
asteroide asteroides *m.* [천문] (화성과 목성의 사이에 산재한, 망원경으로만 관측할 수 있는) 소유성, 소혹성.
asteroïdeus *m.pl.* [동물] 해성류(海星類) 동물.
astigmatisme astigmatismes *m.* [의학] 난시.
astorar *tr.* 깜짝 놀라게 하다, 움찔 놀라게 하다. **-se** 깜짝 놀라다, 질겁하다.
astracan astracans *m.* 아스트라칸 가죽 [새끼 양의 가죽].
astràgal astràgals *m.* [해부] 발뒤꿈치뼈.
astral astrals *adj.* 별의, 별 같은; 천체의.
astre astres *m.* 천체.
astringent astringents *adj.* (천을) 수축시키다.
astrofísic astrofísica astrofísics astrofísiques *adj.* 천체 물리의.
-m.f. 천체 물리학자.
-f. 천체 물리학.
astrologia astrologies *f.* 점성학, 점성술.
astronau astronaus *f.* 우주선, 우주 여행기, 우주로켓.
astronàutic astronàutica astronàutics astronàutiques *adj.* 우주 비행의, 우주 항법의.
-m.f. 우주 비행사.
-f. 우주 비행, 우주 항법.
astronauta astronautes *m.f.* [남녀동형] 우주 비행사.
astrònom astrònoma astrònoms astrònomes *m.f.* 천문학자.

astronomia astronomies *f.* 천문학; 성학 (星學).

astronòmic astronòmica astronòmics astronòmiques *adj.* **1** 천문의, 천문학의, 천문학상의. **2** [비유] (숫자가) 천문학적인, 무수히 많은(molt gran).

astruc astruga astrucs astrugues *adj.* 운이 좋은, 행운의, 다행스러운.

astrugància astrugàncies *f.* 운, 행운.

astúcia astúcies *f.* 간사함, 간계, 교활.

astut astuta astuts astutes *adj.* 간사한, 교활한, 약삭빠른.

atabalar *tr.* 어지럽게 하다, 정신을 잃게 하다.

atac atacs *m.* **1** 공격. **2** (병의) 발작.

atacador atacadors *m.* (포의) 꽂을대.

atacant atacants *adj.* 공격하는.
-*m.f.* 공격자.

atacar *tr.* **1** 덮치다, 습격하다, 공격하다. **2** (일에) 착수하다(escometre). **3** 단추를 잠그다. **4** (꽉) 채우다, 조이다. **5** 침식하다, 작용하다. **6** [음악] (음에) 악센트를 주다, 두드러지게 강하게 연주하다.

ataconador ataconadora ataconadors ataconadores *m.f.* 구두 수선공.

ataconar *tr.* (구두를) 수선하다.

atalaiar *tr.* **1** (망루에서) 감시하다. **2** 엿보다, 노리다. **3** 세심하게 바라보다.
-*se* 알아차리다, 깨닫다.

ataleiat ataleiada ataleiats ataleiades *adj.* 바쁜, 일이 많은.

atall atalls *m.* 지름길, 왕도.

atallar *tr.* **1** (누구보다) 앞질러 가다. **2** 막다, 저지하다, 가로막다, 방해하다. **3** 중지시키다. -*intr.* 지름길로 가다.

atansar *tr.* 접근시키다; 가까이 대다.
-*se* 접근하다, 가까워지다.

atapeir *tr.* 압축하다, 압착하다; 꽉 누르다. -*se* 조여들다, 압축되다.

atapeït atapeïda atapeïts atapeïdes *adj.* **1** 조여진, 압축된. **2** [비유] (머리가) 둔한, 답답한.

ataràxia ataràxies *f.* 무정, 무감동, 무감각.

atardar *tr.* 지체하다, 지연시키다. -*se* 늦다, 지연되다.

ataüllar *tr.* 살피다, 슬쩍 엿보다.

atavellar *tr.* (종이·옷 등을) 접다.

atavisme atavismes *m.* 격세 유전; 조부모를 닮음.

ateisme ateismes *m.* 무신론.

atemorir *tr.* 깜짝 놀라게 하다, 질겁하게 하다, 두렵게 하다.

atemptar *intr.* **1** (불법·반역·폭력을) 꾀하다, 저지르다, 노리다. **2** (체면·명예 등을) 깎아내리려 버르다.

atemptat atemptats *m.* **1** (사건의) 시도, 미수; 불법 행위, 폭력 사태, 반역(죄). **2** [비유] 모의.

atemptatori atemptatòria atemptatoris atemptatòries *adj.* 반역적인; 법을 무시하는, 불법의.

atenció atencions *f.* **1** 주의, 관심. **2** 친절, 호의, 돌봄. **3** 고려, 배려.

atendar-se *prnl.* 야영하다.

atendre *intr.* 주의하다, 마음을 쓰다, 신경을 쓰다. -*tr.* **1** (누구의) 용건을 듣다, 시중들다. **2** 조치를 취하다.

ateneista ateneistes *m.f.* [남녀동형] 학예회 회원.

ateneu ateneus *m.* (학술적인) 협회, 학회.

atenir-se *prnl.* (...에) 따르다, 의지하다, 근거하다, 바탕으로 삼다.

atent atenta atents atentes *adj.* **1** 신중한, 조심스러운. **2** 정중한, 공손한, 예의 바른(cortès).

atenuació atenuacions *f.* **1** 경감, 완화. **2** 묽게 하기, 희석. **3** [수사] 곡언법.

atenuant atenuants *adj.* **1** 경감시키는, 완화시키는; 정상을 참작하는. **2** 묽게 하는.
-*m.* [법률] 정상 참작.
-*f.* 희석제, 희석 약.

atenuar *tr.* **1** 경감하다, 완화시키다. **2** 가늘게 하다, 희박하게 하다, 약하게 하다.

atènyer [*pp: atès atesa*] *tr.* **1** (...에) 이르다, 도달하다, 다다르다. **2** 가까이 미치다, 달라붙다. **3** [비유] 얻다, 획득하다, 입수하다(aconseguir). -*intr.* 이르다, 도달하다, 도착하다(arribar).

atermenar *tr.* 깨끗하게 하다, 말끔하게 하다. -*se* 깨끗해지다.

atèrmic atèrmica atèrmics atèrmiques

adj. [물리] 내열의, 불투열성의.
aterrada aterrades *f.* 과일이 떨어짐, 낙과.
aterrar *tr.* **1** 무너뜨리다, 허물어뜨리다 (abatre). **2** [비유] 파산시키다, 손해를 입히다. *-intr.* **1** (새가) 땅에 내리다. **2** (항공기가) 착륙하다. **3** (배가) 육지에 접근하다, 접안하다.
aterratge aterratges *m.* (항공기의) 착륙; (배의) 접안.
aterrir *tr.* 공포감을 주다, 두려워 떨게 만들다. *-se* (두려워) 떨다, 질겁하다.
aterrossar *tr.* 뭉치로 만들다, 덩어리로 만들다. *-se* 덩어리가 되다.
atès atesa atesos ateses *adj.* 주의 깊은, 신중한.
 atès que ...이기에, ...을 고려해 볼 때; ...할 때마다.
atestar *tr.* 증언하다.
atestat atestats *m.* [법률] (증인·유언자의) 증언; 증서.
ateu atea ateus atees *adj.* 무신론의. *-m.f.* 무신론자.
atiar *tr.* (부지깽이로) 불을 일으키다.
àtic àtica àtics àtiques *adj.* **1** 아티카[아테네 부근의 지방]의. **2** 우아한. *-m.f.* 아티카 사람. *-m.* **1** [건축] 지붕 밑 방, 다락방. **2** [해부] (귀의) 상고실.
atipar *tr.* 물리게 하다, 싫증나게 하나; 지치게 하다, 진저리나게 하다.
atiplat atiplats *m.* [음악] 최고의 곡조.
atlàntic atlàntica atlàntics atlàntiques *adj.* 대서양의.
atlas atlas *m.* [단·복수동형] **1** 지도, 도해서. **2** [해부] 제일 경추(頸椎).
atles atles *m.* [단·복수동형] =atlas.
atleta atletes *m.f.* **1** 운동선수, 체육인. **2** (고대 그리스의) 장사, 경기자. **3** [비유] 기골이 장대한 사람, 건강한 사람.
atlètic atlètica atlètics atlètiques *adj.* **1** 장사 경기의, 힘겨루기의. **2** 경기의, 체육의. **3** [비유] 씩씩한, 건장한.
atletisme atletismes *m.* 운동 경기, 육상 경기.
atmosfera atmosferes *f.* **1** 대기, 대기권; 기압 **2** (부근의) 공기, 분위기. **3** 환경, 정황. **4** (작품에서 느끼는) 기분, 느낌.
atmosfèric atmosfèrica atmosfèrics atmosfèriques *adj.* 대기의, 대기 중의; 기압의.
àtom àtoms *m.* **1** [물리] 원자, 미립자. **2** 미세한 것.
atòmic atòmica atòmics atòmiques *adj.* 원자의; 원자력의.
atomisme atomismes *m.* **1** 원자론, 원자설. **2** [철학] 원자론(原子論).
atomitzar *tr.* 원자·미립자로 만들다.
àton àtona àtons àtones *adj.* [음성] 악센트가 없는.
atonia atonies *f.* **1** 무력. **2** [의학] (수축성 기관의) 무긴장, 이완, 아토니.
atònit atònita atònits atònites *adj.* 아연실색하는, 망연자실하는, 어리둥절 하는, 얼이 빠진(esbalaït).
atonyinar *tr.* 매질하다, 두들기다.
atordir *tr.* **1** 바보로 만들다. **2** [비유] 혼란스럽게 하다, 어지럽게 하다.
atorgar *tr.* **1** 주다, 허용하다, 수여하다. **2** 부여하다, 양도하다. **3** (잘못을) 인정하다, 고백하다.
atorrollar *tr.* 어지럽게 하다; 갈팡질팡하게 하다(atabalar). *-se* 갈팡질팡하다.
atot atots *m.* (카드에서) 마지막 승부수.
atracada atracades *f.* [선박] 배를 매어둠.
atracador atracadora atracadors atracadores *m.f.* 날치기, 들치기. *-m.* 선창, 선착장.
atracar *tr.* **1** 훔치다, 도둑질하다. **2** (배를) 접근시키다. *-se* 물리다, 포식하다.
atraçar *tr.* (길을) 바로잡다, 정도로 가게 하다(adreçar).
atracció atraccions *f.* **1** 끌어당김; 유인. **2** [물리] 인력. **3** 끄는 것·사람, 매력.
atractívol atractívola atractívols atractívoles *adj.* =atractiu.
atractiu atractiva atractius atractives *adj.* **1** 끌어당기는, 끄는 힘이 있는. **2** 매력의, 매력 있는. *-m.* 매력.
atrafegar-se *prnl.* 안달하다.
atrafegat atrafegada atrafegats atrafegades *adj.* 바쁜, 분주한, 부산한, 다망한.

atraient atraients *adj.* 끌어당기는; 매력 있는.
atrapar *tr.* 붙잡다; 감쪽같이 속이다.
atresorar *tr.* 비축하다, 저장하다.
atreure *tr.* 끌다, 끌어당기다.
atrevir-se *prnl.* **1** 감히 ...하다(gosar); 강행하다, 감행하다. **2** (자존심으로) 굳이 ...하다(insolentar-se).
atrevit atrevida atrevits atrevides *adj.* 무모한, 대담한, 물불을 가리지 않는.
atri atris *m.* **1** 현관; 앞마당. **2** [해부] 심방; (배설강 등의) 강(腔).
atribolar *tr.* 정신을 잃게 하다, 멍하게 하다. **-se** 기겁하다, 멍하다.
atribució atribucions *f.* **1** 귀속, 귀인, 부여; 속성. **2** 권능, 직능, 직권.
atribuir *tr.* **1** (성질·역할을) 주다, 부여하다, 할당하다. **2** 위탁하다, 기탁하다. **3** (결과를) ...탓으로 돌리다(culpar). **4** (예산 등을) ...에 충당하다(donar). **-se 1** 자기의 것으로 하다. **2** (책임을) 지다, 떠맡다.
atribut atributs *m.* **1** 속성, 특질. **2** (자격을 나타내는) 징표, 상징. **3** [문법] 속사; 한정사.
atributiu atributiva atributius atributives *adj.* 속성의, 속성을 나타내는.
atrinxerar *tr.* 참호를 강화하다. **-se** (참호·엄호물에) 숨다; 버티다.
atroç atroços *adj.* **1** 잔학한, 잔인한 (cruel, inhumà). **2** 지독한, 격심한, 격렬한. *un fred atroç* 지독한 추위.
atrocitat atrocitats *f.* **1** 포학, 잔학, 흉폭, 잔인성, 잔혹 행위. **2** 폭언, 폭거.
atròfia atròfies *f.* [의학] (기관의) 위축; 쇠퇴.
atrofiar *tr.* 위축시키다; 쇠퇴하게 하다. **-se** 위축되다; 쇠퇴하다.
atrompetat atrompetada atrompetats atrompetades *adj.* 나팔 모양의.
atropellar *tr.* **1** 밟다, 짓밟다. **2** 밀쳐 넘어뜨리다, 내동댕이치다. **3** 속도를 내다, 박차를 가하다(precipitar). **4** (차로) 치다, 밀치다(envestir). **5** (법을) 무시하다. **6** (병으로) 쓰러지게 하다 (malmetre). **-se 1** 서두르다. **2** 허둥지둥 대다, 당황하다.
atrossar *tr.* 묶다, 잠그다.

atrotinat atrotinada atrotinats atrotinades *adj.* **1** 부서진, 고장 난, 망가진. **2** 악화된, 상한.
atuell atuells *m.* 사기그릇.
atuir *tr.* **1** 죽은 것으로 치다. **2** [비유] 의기소침케 하다, 녹초로 만들다.
atupar *tr.* **1** 때리다, 두드리다(batre). **2** 부드럽게 만들다(estovar).
atur aturs *m.* 실직, 실업(desocupació).
atura atures *f.* **1** 결박; 묶어 놓음, 매어 놓음. **2** 제동, 제어; 제동 장치. **3** 방해, 방해물, 장해, 지장.
aturada aturades *f.* **1** 멈춤, 정지. **2** 구류, 유치. **3** 실직, 실업.
aturada cardíaca 심장 마비.
aturador aturadors *m.* 제동, 브레이크; 장애, 지장, 방해; 장애물.
aturall aturalls *m.* =aturador.
aturar *tr.* **1** (차를) 멈추다, 정지시키다. **2** [추상적] 멈추다, 걸음을 멈추다.
aturat aturada aturats aturades *adj.* **1** 일자리를 잃은. **2** 무기력한, 빌빌대는, 약해 빠진. **3** 소심한, 겁 많은.
aturonat aturonada aturonats aturonades *adj.* 산의, 산 지방의, 산언덕의.
atxa atxes *f.* 커다란 촛불, 횃불.
atzabeja atzabeges *f.* [광물] 흑옥.
atzagaiada atzagaiades *f.* 던져서 충격을 가함.
atzar atzars *m.* **1** 우연, 불의. **2** (불행한) 사건, 의외의 사고. **3** 도박, 모험.
al atzar 닥치는 대로, 잡히는 대로.
per atzar 우연히.
atzarós atzarosa atzarosos atzaroses *adj.* 위험한, 위태로운; 불안한, 불운한.
atzavara atzavares *f.* [식물] 용설란.
atzembla atzembles *f.* [동물] (짐을 나르는) 노새.
atziac atziaga atziacs atziagues *adj.* 불행한, 불길한.
atzucac atzucacs *m.* 막다른 골목.
atzur atzurs *m.* 하늘색, 푸른 색.
au *interj.* **1** [용기·주의를 불러일으키는 데 쓰임] 자!, 어서! **2** [불신·부정을 나타낼 때 쓰임] 글쎄!
audaç audaços *adj.* 대담한, 겁 없는, 통이 큰.

audàcia audàcies *f.* 대담, 배짱.
audició audicions *f.* **1** 듣는 일, 청취; 청력. **2** 오디션[가수·성우·배우 등의 등용 시험].
audiència audiències *f.* **1** 알현, 접견. *donar audiència* 알현하다, 접견하다. **2** 알현실, 접견실. **3** 법정, 법원.
audiòfon audiòfons *m.* 보청기.
audiòmetre audiòmetres *m.* 청력 측정기, 청력계, 소음계.
audiovisual audiovisuals *adj.* 시청각의. *-m.* 시청각 기구.
auditiu auditiva auditius auditives *adj.* 청각의.
auditor auditora auditors auditores *m.f.* **1** 심문관, 사문관, 심판관. **2** 공인 회계사; 감사.
auditori auditoris *m.* **1** 청중, 방청객. **2** 강당, 강연실.
auditoria auditories *f.* **1** auditor의 직·사무소. **2** 회계 시험.
aufrany aufranys *m.* [조류] 콘도르의 일종.
auge auges *m.* **1** 절정, 정점, 극. **2** (영화·연극의) 절정, 클라이맥스. **3** 폭등, 유행, 붐. **4** [천문] 극점.
estar en auge 최고의 절정기에 있다, 절정을 이루다, 붐을 이루다.
augment augments *m.* **1** 증대, 증가, 확대. *el augment de la productivitat* 생산성의 증대. **2** [경제] (가격의) 인상, 앙등, 등귀(puja). **3** [비유] 개량, 개선, 증진, 호전.
augmentar *tr.* **1** 늘리다, 불리다, 증가하다, 증대하다. **2** 개량하다, 개선하다. *-se* 증가하다, 증대하다; 개선되다.
augmentatiu augmentativa augmentatius augmentatives *adj.* 증가의, 증대하는.
àugur àugurs *m.* (로마 시대의) 복점관.
augurar *tr.* 복점을 두다; 예언하다, 예기하다.
auguri auguris *m.* **1** 전조, 징조, 조짐. **2** [방언] 바람, 희망.
august augusta augusts[augustos] augustes *adj.* **1** 엄숙한, 장엄한. **2** (로마 황제) 아우구스투스의.
aula aules *f.* 강의실, 교실

auleda auledes *f.* [식물] 떡갈나무 숲.
àulic àulica àulics àuliques *adj.* 궁정의, 조정의.
aulina aulines *f.* [식물] 떡갈나무.
aura aures *f.* **1** 산들바람; 가벼운 숨결. **2** [비유] 대단한 인기, 환영(favor, acceptació). **3** [의학] (히스테리의) 징조; 울적하고 답답한 기분.
aurèola aurèoles *f.* **1** 후광. **2** (천국의) 면류관. **3** (개기 일식의) 코로나, 광관.
aureolar *tr.* 후광·광관을 붙이다.
auri àuria auris àuries *adj.* **1** 황금의. **2** 금 같은; 황금빛의. **3** [비유] 최고의, 황금 같은(preciós); 고귀한, 귀중한.
àuric àurica àurics àuriques *adj.* 금의, 황금의.
aurícula aurícules *f.* **1** [해부] 귓바퀴, 귓불; (심장의) 심이(心耳). **2** [식물] 앵초의 일종.
auricular auriculars *adj.* **1** 청감의, 청관의. **2** 심이(心耳)의. **3** [해부] 약지의, 넷째 손가락의.
-m. **1** 수화기, 이어폰. **2** [해부] 약지, 넷째 손가락, 무명지.
aurífer aurífera aurífers auríferes *adj.* 금을 함유하는, 금광의.
aurificar *tr.* (치아에) 금을 씌우다.
auriscopi auriscopis *m.* 검이경(檢耳鏡).
auró aurons *m.* [식물] 단풍나무.
aurora aurores *f.* **1** 여광, 서광; 일출. **2** 보리의 일종. **3** [비유] 시작, 시초, 초기. **4** 오로라, 극광.
auscultació auscultacions *f.* [의학] 청진.
auscultar *tr.* [의학] 청진하다.
auspici auspicis *m.* **1** 징조, 조짐, 전조. **2** 후원, 지원, 원조, 찬조.
sota els auspicis de ...의 후원으로, ... 원조로(=sota el patronatge de).
auster austera austers austeres *adj.* **1** 엄한, 엄격한, 철저한. **2** 긴축하는. **3** 간소한, 수수한.
austeritat austeritats *f.* **1** 엄함, 엄격, 준엄. **2** 긴축, 절약. **3** (예술품 등의) 간소, 수수한 맛.
austral australs *adj.* 남쪽의, 남극의. *-m.* 남풍.
austre austres *m.* 남쪽; 남풍.
autarquia autarquies *f.* **1** (북한의) 주체

(사상). **2** 자립, 독립; 자립 경제, 자급 자족.

autèntic autèntica autèntics autèntiques *adj.* **1** 진정한, 진짜의. **2** 믿을 만한, 확실한, 근거가 있는. **3** [법률] 인증된. *-m.* 증명서, 등본, 사본.

autenticar *tr.* 인증하다, 법적으로 시인하다, 서명을 공증하다; 신용을 하다.

autenticitat autenticitats *f.* 확실성, 신빙성; 출처가 분명함, 진정(함), 참됨, (어떤 일의) 진위.

auto autos *m.* 자동차(automòbil).

autobiografia autobiografies *f.* 자전, 자서전.

autobús autobusos *m.* 버스, 승합차.

autocar autocars *m.* 대형 버스, 관광버스; 장거리 버스.

autoclau autoclaus *f.* 고압 소독기; 열 소독기; 고압솥.

autocràcia autocràcies *f.* 전제 정치, 독재 제도, 절대 주권.

autòcrata autòcrates *m.f.* [남녀동형] 전제 군주, 독재자.

autocrítica autocrítiques *f.* 자기비판.

autòcton autòctona autòctons autòctones *adj.* 토착의.
-m.f. 토착민, 원주민.

autodefensa autodefenses *f.* 자기 방어.

autodeterminació autodeterminacions *f.* 자결(自決), 자율, 자기 결정, 민족 자결(주의).

autodidacte autodidacta autodidactes autodidactes *m.f.* 독학자.

autòdrom autòdroms *m.* 자동차 경주장.

auto-escola auto-escoles *m.* 자동차 학원.

autofinançament autofinançaments *m.* 자기금융.

autogir autogirs *m.* 오토자이로; 대나무로 만든 놀이용 헬리콥터.

autogovern autogoverns *m.* 자치 (체제); 자기 통제, 자기 제어.

autògraf autògrafa autògrafs autògrafes *adj.* 자필의.
-m. 자필 (원고); 친필, 친서, 원본.

autografia autografies *f.* **1** 자서(自書), 자필, 필적; [집합] 자필 문서. **2** 육필 석판 인쇄(술).

autòmat autòmats *m.* **1** 자동인형, 로봇. **2** [비유] 꼭두각시. **3** 자동판매기.

automàtic automàtica automàtics automàtiques *adj.* **1** 자동적인. **2** 기계적인. **3** 무의지의(no voluntari).

automatisme automatismes *m.* **1** 오토메이션, 자동 조작, 자동성; 자동적 구조·기구. **2** [심리] 무의식 행동·행위; 자동 현상.

automatitzar *tr.* 자동화하다.

automòbil automòbils *adj.* 자동의.
-m. 자동차; 관광버스.

automobilisme automobilismes *m.* **1** (스포츠·운동으로서의) 자동차 운전, 드라이브. **2** 자동차 열기·붐; 자동차 공업.

automotor automotora[automotriu] automotores *adj.* 자동의; 발동기 장치의.
-m. 자동차.

autònom autònoma autònoms autònomes *adj.* 자치의, 자치권이 있는.

autonomia autonomies *f.* **1** 자치제, 자치권, 자치단체. **2** [항공] 자력·무보급 항속 거리. **3** [비유] 자율(권).

autonòmic autonòmica autonòmics autonòmiques *adj.* 자치의, 자치권이 있는; 자력의, 자력에 의한.

autonomisme autonomismes *m.* [정치] 자치주의, 자치론.

autoòmnibus autoòmnibus *m.* [드묾] 버스.

autopista autopistes *f.* 고속도로.

autopropulsió autopropulsions *f.* (발사체의) 자동 추진.

autòpsia autòpsies *f.* [의학] 시체 검시, 해부.

autor autora autors autores *m.f.* **1** 작가, 저자. **2** 범인, 장본인, 일을 저지를 사람. **3** 발기인.

autoretrat autoretrats *m.* 자화상.

autoritari autoritària autoritaris autoritàries *adj.* **1** 권력에 의한, 전제적인, 권력을 남용하는. **2** 전횡하는, 제멋대로 하는.

autoritarisme autoritarismes *m.* 독재, 권력 남용, 전횡; 권위주의.

autoritat autoritats *f.* **1** 권한, 권능, 권력, ...권(poder). **2** (부여된) 권위; 실력; 권위자, 실력자, 대가. **3** 당국, 관

헌; 당국자.
fer[ésser] autoritat (작가나 책이) 권위가 있다.
autorització autoritzacions *f.* **1** 권한·권능의 부여; 권리. **2** 허가, 인가; 허가서.
autoritzar *tr.* **1** (누구에게) 권능·권리를 부여하다; 권위를 세우다. **2** 허용하다, 허가하다. *No t'autoritzo d'anar-hi* 너에게 가는 것을 허락하지 않는다. **3** 공증하다, 인증하다. **4** (관례·용어 등을) 정당한 것으로 인정하다. **5** 확인하다, 인정하다.
autoservei autoserveis *m.* 셀프서비스.
autostop autostops *m.ang.* 자동차 편승 여행, 히치하이크.
autosuficient autosuficients *adj.* **1** 자급의, 자족의, 자급자족의. **2** 자존심이 많은, 자신을 과잉 신뢰하는.
autosuggestió autosuggestions *f.* 자기 암시.
autovia autovies *m.* 철로.
-f. 자동차 도로; 고속도로, 하이웨이.
autumne autumnes *m.* [시어] 가을(tardor).
auxili auxilis *m.* 도움, 원조, 구원.
cridar[*demanar*] ***auxili*** 도움을 구하다.
auxiliar auxiliars *adj.* 보조의, 도와주는, 조력하는.
-m.f. [남녀동형] 조수, 보조원; 조교수.
aval avals *m.* [경제] 어음의 이서, 배서; 연대 보증인의 서명; 보증.
avalar *tr.* 배서하다; 보증하다, 연대로 보증하다.
avall *adv.* **1** 밑에, 아래에, 아래로. *Viu tres carrers més avall* 세 거리[세 블록] 아래에 산다. **2** (어느 장소의) 아래에, 아래쪽에. *riu avall* 강 아래에, 강 아래쪽으로. **3** 아래쪽으로(cap avall).
cap avall 아래쪽으로.
de... en avall[*per avall*] ...로부터 아래로. *del rei en avall* 왕 이하 모두; *pisos de tres milions en avall* 3백만 이하인 아파트.
més avall 더 밑에, 더 아래에, 더 밑으로.
per avall 그쪽 아래에, 그쪽 밑에.
avalot avalots *m.* 소동, 소요, 폭동, 난리, 반란.
avalotar *tr.* 혼란하게 만들다, 소란케 하다, 소동을 벌이다(revoltar). *-intr.* 소동을 벌이다, 소란을 피우다; 난동을 부리다(esvalotar). **-se 1** 소란·소동을 피우다; 혼란이 일어나다; 반란이 일어나다. **2** [기상] 풍랑이 거세지다.
avaluació avaluacions *f.* 평가; 가치 결정, 가격 결정.
avaluar *tr.* 평가하다; 가치를 정하다, 가격을 정하다.
avanç avanços *m.* 전진, 일진, 앞섬.
avanç informatiu (라디오·텔레비전의) 앞선 보도.
avançada avançades *f.* **1** 나아감, 전진, 진출, 앞서 감. **2** [상업] 전도금, 선불 (pagament anticipat). **3** [군사] 전초, 전진 초소; 선발대.
avançament avançaments *m.* **1** 나아감, 전진, 진출. **2** [상업] 전도금, 선불. **3** [경제] (예산의) 수지 예산표, 정산표, 대차대조표.
avançament informatiu =avanç informatiu.
avançar *tr.* **1** 앞으로 내놓다. **2** 미리 제안하다, 서둘러 제출하다. **3** (예상 시간보다) 앞서 출발하다, 앞서 진행하다. **4** 선불하다, 선도하다. **5** 추천하다, 지지하다. **6** [비유] 앞서다, 앞지르다(avantatjar). **7** (일을) 많이 진행시키다. *-intr.* 앞서 가다; 진행하다, 전진하다(progressar). **-se** 앞서 진행하다; (시간이) 빠르게 가다.
avançat avançada avançats avançades *adj.* **1** 전진한, 진보한; 선구적인, 아주 새로운. **2** (나이가) 많이 든, 지긋한.
anar avançat (시계가) 빠르게 가다.
avant *adv.* **1** 앞에, 앞으로, 전방에, 저쪽으로; 나중에, 뒤에. **2** 앞에, 앞으로.
en avant 앞에; 나중에, 뒤에.
avantatge avantatges *m.* **1** 유리, 유리한 점, 장점, 편의, 앞섬. **2** 이문, 이득, 이익.
avantatjar *tr.* (...보다) 우선시키다; 유리하게 하다, 이득을 보게 하다.
avantbraç avantbraços *m.* **1** [해부] 앞팔. **2** (갑옷의) 하박(下膊).
avantcambra avantcambres *f.* 대기실,

avantguarda 홀, 로비.
avantguarda avantguardes *f.* **1** [군사] 선발대(destacament); 전초지; 선도자. **2** [비유] 전위, 선두, 선봉, 선구.
avantguardisme *m.* [예술·문학·음악·영화] 신경향[큐비즘과 과격론 같은 20세기의 사조].
avantllotja avantllotges *f.* (극장의) 대합실.
avantpassat avantpassada avantpassats avantpassades *m.f.* 조상, 선조.
avantport avantports *m.* 외항, 항구의 방파제.
avantprojecte avantprojectes *m.* (토목·건축·기계 등의) 예비 준비, 설계 원안, 초고.
avantsala avantsales *f.* 대기실, 대합실, 접견실.
avar avara avars avares *adj.* **1** 욕심 많은, 구두쇠의(avariciós). **2** [비유] (말을) 아끼는, 인색한.
-*m.f.* 욕심꾸러기, 구두쇠.
avarar *tr.* [선박] (배를) 진수시키다.
avarca avarques *f.* (옛날의) 가죽 샌들.
avaria avaries *f.* **1** [법률][해사] 손해; 해손(海損), 전손(全損), 분손(分損). **2** (기계·자동차 등의) 파손, 고장.
avariar *tr.* 고장 내다, 망가뜨리다. **-se** 고장 나다, 망가지다, 작동이 안 되다.
avarícia avarícies *f.* 욕심, 탐욕.
avariciós avariciosa avariciosos avaricioses *adj.m.f.* =avar.
avellana avellanes *f.* [식물] 개암 열매.
avellaner avellaners *m.* [식물] 개암나무.
avemaria avemaries *f.* **1** (가톨릭의) 마리아 찬미가. **2** (묵주의) 알. **3** 기도 시간을 알리는 종.
avena avenes *f.* [식물] 귀리.
avenc avencs *m.* 깊은 동굴, 심연.
avenç avenços *m.* **1** 저축, 저금; 비축. **2** 진전, 진출, 진보, 발전.
avençar *tr.* **1** 저축하다, 비축하다. **2** =avançar. -*intr.* =avançar.
avencar-se *prnl.* 깊은 동굴·심연에 들어가다.
avenir[1] avenirs *m.* 장래, 내일, 앞날.
avenir[2] *tr.* **1** (의견을) 일치시키다, 동의하다. **2** 화해하다. **-se 1** 일치하다, 동의하다. **2** 서로 이해하다, 화해하다. **3** 일치하다; 순응하다(conformar-se).
fer avenir 동의하다, 승락하다.
aventura aventures *f.* 모험; (예기치 않은) 일, 진기한 일, 사건, 파란만장한 일.
aventurar *tr.* 모험하다, 운에 맡기다, 위험을 무릅쓰다; 도박하다, 도전하다. **-se** 모험을 하다, 위험을 무릅쓰다.
aventurer aventurera aventurers aventureres *adj.* 모험을 좋아하는, 모험적인, 용감한.
-*m.f.* 모험가; 투기자.
averany averanys *m.* 전조, 징조, 조짐.
de mal averany 나쁜 징조의.
avergonyir *tr.* 부끄럽게 하다, 수치를 느끼게 하다. **-se** 부끄럽게 생각하다, 수치스러워하다.
avern averns *m.* [시어] 지옥.
aversió aversions *f.* 증오, 혐오, 반감.
avés avesos *m.* 습관(costum).
avesar *tr.* 길들이다. **-se** 길들다; 익숙해지다, 습관이 들다.
avet avets *m.* [식물] 왜전나무; (크리스마스트리용) 작은 나무.
avi àvia avis àvies *m.f.* **1** 할아버지, 할머니. **2** 선조, 조상. **3** [구어] 노인네, 늙은이. **4** 어르신.
aviació aviacions *f.* **1** 항공(술), 비행(술). **2** 항공단; 공군.
aviador aviadora aviadors aviadores *m.f.* 비행가, 항공병.
aviar *tr.* **1** (짐승을) 풀어 주다, 풀어 놓다. **2** (짐·우편물 등을) 보내다, 부치다, 발송하다. *aviar les mercaderies* 상품을 발송하다. **3** 꺼내다, 밖으로 끄집어내다. **4** (안에 있는 것을) 비우다. **-se** 걷다, 향하다; 방향을 잡아 가다.
aviastre aviastra aviastres aviastres *m.f.* 양할아버지, 양할머니.
aviat *adv.* **1** 즉시, 곧바로, 지금 당장. **2** 일찍, 서둘러. **3** 곧, 조만간에, 조금 있다가.
com més aviat 최대한 빨리.
com més aviat millor 가능하면 최대한 빨리.
com més aviat.. millor 빨리 ...할수록

aviciar 114 àzim

더욱 좋다. *Com més aviat acabem millor* 빨리 끝낼수록 더욱 좋다.
Fins aviat![Fins ben aviat!] 곧 보자!, 조금 있다 보자!
més aviat 오히려(amb preferència). *Sentia més aviat compassió que por* 두려움보다는 오히려 연민의 정을 느꼈다.
tan aviat com ...하자마자(així que, tan bon punt).
aviciar *tr.* (아이의) 응석을 받아 주다; 버릇없이 키우다. **-se** 타락하다; 못된 버릇에 물들다.
avícola avícoles *adj.* [남녀동형] 새를 기르는; 양금의, 양계의.
avicultura avicultures *f.* 양금, 양계.
àvid àvida àvids àvides *adj.* 굶주린, 목마른.
avidesa avideses *f.* (강렬한) 욕구, 갈증, 목마름.
avinagrar *tr.* 신맛이 나게 하다; 시큰둥하게 하다. **-se** 시큰둥해지다.
avinença avinences *f.* **1** 일치, 동의. **2** 협정, 합의.
avinençar-se *prnl.* 합의에 이르다, 동의하다, 협정하다.
avinent avinents *adj.* **1** (사람이) 가까이 할 수 있는, 친근한, 다정한. **2** 접근이 가능한.
avinent de ...의 곁에, ...의 옆에.
avinentesa avinenteses *f.* 기회, 호기.
avinguda avingudes *f.* 가로; ...가(街), ...로(路).
avió avions *m.* **1** 비행기, 항공기. **2** [조류] 제비의 일종.
avioneta avionetes *f.* 소형 비행기, 경비행기.
avior aviors *f.* 선조, 조상; 고대.
aviram avirams *m.[f]* (닭·새 등의) 무리, 떼.
avís avisos *m.* **1** 알림, 통지, 통보, 안내(notificació). **2** 주의, 경계, 경고(advertiment).
avisador avisadora avisadors avisadores *adj.* 알리는, 통보하는; 주의하는, 경고하는.
-m.f. 통보자; 통보기.
avisar *tr.* **1** 알리다, 통보하다. **2** 주의하다, 경고하다, 충고하다(aconsellar).
avisat avisada avisats avisades *adj.* 빈틈없는, 방심하지 않는; 신중한.
avitaminosi avitaminosis *f.* [의학] 비타민 결핍증.
avituallar *tr.* 식량을 보급하다.
avivar *tr.* **1** 격려하다, 생기를 불어넣다; (불이) 타오르게 하다. **2** (색채 등에) 힘을 주다(intensificar). **3** (눈을) 번득이다. **4** (걸음을) 활발하게 놀리다. **-se** 기운이 나다, 생기가 돌다.
avorrició avorricions *f.* 미움, 증오, 반감, 혐오.
avorriment avorriments *m.* **1** =avorrició. **2** 권태, 싫증, 지루함, 따분함.
avorrir *tr.* **1** 미워하다, 싫어하다, 증오하다, 반감을 갖다. **2** 지루하게 하다, 따분하게 만들다. **-se** 지루해하다, 따분해하다.
avortament avortaments *m.* avortar하는 일; 유산, 조산아.
avortar *intr.* **1** 유산하다, 조산하다. **2** (병이) 저절로 소멸되다; 악화되지 않다. **3** (계획 등이) 좌절되다, 실패하다. **4** [식물] 발육 부전으로 자라지 않다.
avortista avortistes *adj.m.f.* [남녀동형] 낙태를 찬성하는 (사람).
avortó avortons *m.* (동물의) 조산된 새끼.
avui *adv.* 오늘; 오늘날, 요즘.
avui dia[avui en dia] 오늘날엔, 요즘에는.
d'avui 오늘의.
d'avui endavant[des d'avui] 오늘부터 앞으로.
en el dia d'avui 오늘.
fins avui 오늘까지.
axial axials *adj.* 굴대의, 가운데 축의.
axil·la axil·les *f.* **1** [해부] 겨드랑이. **2** (나뭇가지의) 갈래.
axioma axiomes *f.* 이치, 공리.
axiomàtic axiomàtica axiomàtics axiomàtiques *adj.* 공리의; 자명한, 분명한.
axis axis *m.* [단·복수동형] **1** [해부] 제이경추(第二頸椎). **2** 축(軸); 굴대, 축선.
azalea azalees *f.* [식물] 철쭉; 진달래.
àzim àzima àzims àzimes *adj.* 효모·이스트를 넣지 않은.

azimut azimuts *m.* [천문] 방위, 방위각.
azimutal azimutals *adj.* [천문] 방위각의.
azobenzè azobenzens *m.* [화학] 아조벤젠.

azoic azoica azoics azoiques *adj.* 질소를 함유한. 2 [지질] 무생물(시대)의.
azonal azonals *adj.* [지리] 지대·지역으로 나뉘지 않는.
azot *m.* [화학] 질소(nitrogen).

Bb

b *f.* 카탈루냐어 알파벳의 두 번째 글자.
baba babes *f.* [구어] 할머니(àvia).
babaia babaies *m.f.* =babau.
babalà, *a la* loc.adv. 부주의하게, 엉망으로; 다짜고짜.
babarota babarotes *f.* 허수아비.
  fer babarotes (신맛·불쾌한 소리 등에 의해) 이가 솟는 듯하다; 불쾌한 감이 들다, 이맛살을 찌푸리게 하다.
babau babaua babaus babaues *adj.* 바보 같은, 어리석은, 우둔한.
  -*m.f.* 바보, 멍청이, 우둔한 사람.
babeca babeques *f.* [조류] 부엉이.
babel babels *f.* **1** [성서] 바벨탑. **2** [비유] 대혼란, 무질서, 혼잡.
babiloni babilònia babilonis babilònies *adj.m.f.* 바빌론의 (사람).
babilònic babilònica babilònics babilòniques *adj.* **1** 바빌로니아의. **2** [비유] 호화로운, 웅장한, 굉장한.
baboia baboies *m.* 허수아비.
  -*m.f.* [남녀동형] 바보; 꼭두각시.
babol babols *m.* [식물] 바볼[양귀비의 일종].
babord babords *m.* [선박] (뱃머리 쪽을 향한) 좌현.
babuí babuïns *m.* [동물] 비비.
babutxa babutxes *f.* (뒤축 없는) 실내화, 슬리퍼.
bac bacs *m.* **1** 그늘, 응달(obaga). **2** [의성어] 쿵 하고 떨어지는 소리(batzac). **3** 받는 그릇, 용기. **4** [선박] 거룻배, 전마선, 운반선; 운반기.
baca baques *f.* **1** (마차·버스의) 윗부분. **2** (윗부분의) 포장.
bacallà bacallans *m.* **1** [어류] 대구. **2** [비유] 바싹 마른 사람.
bacallaner bacallanera bacallaners bacallaneres *adj.* 대구잡이의.
  -*m.f.* 대구잡이 어부.
  -*m.* 대구잡이 어선.
bacallaneria bacallaneries *f.* 대구 판매점.
bacanal bacanals *adj.* [신화] 주신(酒神) 바커스(Bacus)의.
  -*f.* **1** 주신제. **2** [비유] 야단법석.
bacant bacants *f.* 주신의 무희; 주정뱅이 여자.
bacarà bacaràs *m.* 바카라[이탈리아에서 유래된 놀이의 일종].
bacciforme bacciformes *adj.* (포도 등의) 장과 모양의.
bací bacins *m.* **1** 변기, 요강(orinal). **2** 대야, 납작한 그릇.
bacil bacils *m.* [생물] 바실루스, 소간상균.
bacil·lar bacil·lars *adj.* 바실루스의, 바실루스에 의해 감염된.
bacil·liforme bacil·liformes *adj.* 소간상의, 작은 막대기 모양의.
bacina bacines *f.* **1** (헌금·시주를 받는) 그릇. **2** 대야.
  -*m.* 오목한 모양, 오목한 곳.
bacinada bacinades *f.* 오물, 더러운 것; 추잡한 일.
baciner bacinera baciners bacineres *m.f.* 헌금·시주 받는 사람.
bacinet bacinets *m.* (옛날의) 투구; 투구 쓴 병사.
baciu baciva bacius bacives *adj.* 텅 빈, 방해되는 것이 없는.
  -*f.* (살을 찌우는) 양·염소 등.
bacó bacona bacons bacones *m.f.* [비유] (육체적·정신적으로) 분별없는 사람, 방자한 사람.
  -*m.* **1** 돼지(porc). **2** (소금에 절인) 돼지고기. **3** 베이컨.
  -*f.* 암돼지.
bacora bacores *f.* [식물] 무화과의 일종.
bacteri[bactèria] bacteris *m.[f]* [생물] 세균, 박테리아.
bacterià bacteriana bacterians bacterianes *adj.* 박테리아의.
bactericida bactericides *m.* 살균제.
bacteriòleg bacteriòloga bacteriòlegs bacteriòlogues *m.f.* 세균학자.

bacteriologia bacteriologies *f.* 세균학.
bacteriològic bacteriològica bacteriològics bacteriològiques *adj.* [생물] 세균의, 세균학의.
bacteriostàtic bacteriostàtica bacteriostàtics bacteriostàtiques *adj.* 세균 발생 방지의.
-*m.* 세균 발생 방지제.
bàcul bàculs *m.* **1** 지팡이. **2** (권위의 상징이 되는) 지팡이, 홀(笏). **3** [비유] 의지, 도움(suport).
Bacus *m.* [신화] 바커스[술의 신].
bada bades *m.* 보초 서는 일, 경계하는 일.
-*m.f.* [남녀동형] 보초, 불침번, 감시자.
badabadoc badabadocs *m.f.* [남녀동형] 호기심이 많은 사람, 구경꾼.
badada badades *f.* 방심, 정신 산란; 기회를 놓치는 일.
badador badadors *m.* 망루, 전망대.
badadura badadures *f.* 갈라진 금, 균열, 틈새.
badall badalls *m.* **1** 하품. **2** 갈라진 금, 균열. **3** 샌드위치.
fer el darrer badall 마지막 숨을 내쉬다, 숨이 끊어지다, 죽다.
fer més badalls que rots 지긋지긋하게 가난하게 살다.
badallar *intr.* 하품하다.
badaloc badalocs *m.* [식물] 석류의 꽃.
badalot badalots *m.* (지붕이나 벽 위쪽으로 난) 채광창(採光窓).
badana badanes *f.* 무두질한 양가죽.
badar *tr.* **1** 열다, 가르다. **2** 경계하다, 주위를 살피다(guaitar). **3** 샅샅이 알아보다, 캐다. -*intr.* **1** 열리다, 열려 있다, 갈라지다(obrir-se). *La porta bada un pam* 문이 한 뼘쯤 열려 있다. **2** 푹 빠지다, 황홀경에 빠지다(abstreure-se). **3** 방심하다, 산란해지다, 들떠 있다. **4** 호기심으로 바라보다.
no badar boca 입을 열지 않다, 침묵을 지키다.
badia badies *f.* **1** 만(灣). **2** 한 줌, 한 다발.
badina badines *f.* 저수지의 한 귀퉁이.
badiu badius *m.* [해부] **1** 콧구멍. **2** (말의) 콧구멍. **3** (집의) 회랑, 통로.

badívol badívola badívols badívoles *adj.* 숨통이 트이는, 널찍한.
bàdminton bàdmintons *m.* [스포츠] 배드민턴.
badoc badoca badocs badoques *adj.* **1** badar하는. **2** (과실이) 쉽게 열리는.
-*m.f.* badar하는 사람.
badocar *intr.* **1** 호기심이 일다. **2** 들떠 있다. -*se* 열리다, 갈라지다, 터지다.
badoquejar *intr.* =badar.
badoquera badoqueres *f.* (과일을 따는) 장대.
baf bafs *m.* **1** 증기, 훈기, 김(vapor). *prendre bafs* 증기·김을 내다. **2** 냄새.
bafada bafades *f.* 증기의 발산; (아지랑이·연무 등의) 안개.
bafarada bafarades *f.* 짙은 안개.
baga¹ bagues *f.* (산·계곡 등에) 그늘진 곳.
baga² bagues *f.* **1** 작은 쇠고리, 커튼의 고리. **2** 고리 달린 나사(못).
bagàs bagassos *m.* (아마·사탕수수 등의) 짜고 남은 껍질·찌꺼기.
bagassa bagasses *f.* 창녀, 음녀, 갈보.
bagatel·la bagatel·les *f.* 잡동사니, 싸구려 물건.
bagatge bagatges *m.* **1** 화물, 짐. **2** 운송비, 운임.
Bagdad *n.pr.* [지리] 바그다드[이라크의 수도].
bagol bagols *m.* 외침, 큰 소리, 절규 (crit).
bagolar *intr.* 외치다, 소리치다, 절규하다.
bagot bagots *m.* (따지 않고 남겨 둔) 포도송이.
bagotar *intr.* 남겨둔 포도송이를 거두다.
bagra bagres *f.* [어류] (남미산의) 메기의 일종.
bagueta baguetes *f.* **1** 매듭, 결합. **2** 오랏줄, 밧줄.
bagul baguls *m.* **1** 궤짝, 트렁크. **2** 관(棺).
bah *interj.* [불신·경멸 등을 뜻하는 감탄사] 흥!, 말도 안 돼!, 어렵쇼!, 바보 같은 소리! 어림없는 소리!, 그만 해! *Bah, no exageris!* 말도 안 돼, 과장 좀 하지 마라!

Bahames, les *n.pr.* [지리] 바하마 제도 [플로리다와 쿠바사이에 있는 영연방 제도].

bai baia bais baies *adj.* 검붉은 빛을 띤[일반적으로 말의 색깔을 나타낼 때 쓰임].

baia baies *f.* [식물] (포도 등의) 장과 (漿果).

baiard baiards *m.* 들것, 단가.

baieta baietes *f.* (면, 면·모 혼용의) 직물, 복지.

baiona baiones *f.* 노(rem).

baioneta baionetes *f.* 총검.

baix baixa baixos baixes *adj.* 1 아래의, 밑의, 하부의, 아래로 향한. 2 낮은, 키가 작은. 3 하급의, 하등의. 4 (신분이) 낮은, 천박한, 천한. el baix poble 천한 집단. 5 비열한, 천박한. 6 [역사] 후기의. la baixa edat mitjana 중세 후기. 7 [음악] 저음의, 베이스의 (greu).
-*m.* 1 낮은 곳, 푹 꺼진 땅. 2 얕은 여울. 3 앙금, 침전물. 4 [음악] 베이스, 저음; 베이스 가수, 저음 가수.
-*adv.* 아래로, 낮게; 작은 소리로, 낮은 목소리로 parlar baix 낮은 목소리로 말하다.
A baix! 죽어라!, 꺼져라!, 돼져라!, 그만 하야시오!
per baix 아래쪽으로.
anar al baix 더욱 악화되다.

baixa baixes *f.* 1 하락, 감소(disminució). 2 인하, 절하. 3 낙오, 탈퇴, 퇴장. 4 전(戰)사상자.
anar de baixa 감소하다.
donar-se de baixa 탈퇴하다; 퇴원하다; 전역하다.

baixada baixades *f.* 1 하락, 하강, 내림. 2 내리막길, 내려가는 길. 3 (전선 등의) 인입(引入).

baixador baixadors *m.* 1 (기차·트럭 등의) 짐 내리는 곳, 하역장, 하마대(下馬臺). 2 임시 정차장.

baixamar baixamars *f.* [해사] 간조(干潮), 저조.

baixant baixants *m.* 1 층계, 계단. 2 [건축] (지붕의) 경사.

baixar *tr.* 1 내리다, 내려놓다; 숙이다. 2 (가격을) 인하하다. 3 (콧대를) 꺾다. 4 (소리를) 낮추다. -*intr.* 1 낮아지다. 2 내리다, 내려가다. 3 하회(下廻)하다.
baixar de l'hort 들떠 있다.

baixesa baixeses *f.* 1 천박스러움, 비천, 저급. 2 비열한 짓, 추한 행동.

baixista baixistes *adj.* [경제] (주식 시세가) 내리막길의, 하향 시세의.
-*m.f.* 1 (주식·증권 시세가 떨어질 때) 투자하는 사람. 2 [음악] 베이스 주자.

baixó baixons *m.* [음악] 바순.
-*m.f.* 바순 연주자.

baixúrria baixúrries *f.* [집합][경멸적] 패거리, 망나니들.

bajà bajana bajans bajanes *adj.* 둔한, 멍청한, 바보 같은, 어수룩한.

bajanada bajanades *f.* 바보 같은 짓, 어수룩한 행동.

bajoc bajoca bajocs bajoques *m.f.* 어리석은 사람, 우둔한 사람, 멍청이.
-*f.* [식물] 강낭콩.

bala bales *f.* 1 탄환. 2 (어린이 놀이용) 구슬. 3 (납으로 된) 추.
bala perduda [비유] 덜렁대는 사람, 차분하지 못한 사람.

balada balades *f.* [음악] 1 발라드풍. 2 피아노 발라드곡.

baladre baladres *m.* [식물] 협죽도.

baladrejar *intr.* 소리 지르다, 외치며 다니다.

balafiar *tr.* 함부로 쓰다, 낭비하다.

balalaica balalaiques *f.* [음악] 발랄라이카[삼현 기타의 일종].

balanç balanços *m.* 1 저울, 천칭. 2 균형, 평형(balanceig); (마음·몸의) 안정. 3 동요, 흔들림; 망설임. 4 [상업] 결산, 청산; 대차 대조표, 손익 계산표. 5 [천문] 저울자리, 천칭궁. 6 (의견·여론 등의) 우세, 승산.

balança balances *f.* [주로 복수로 쓰여] 1 저울, 천칭. 2 =balanç4. 3 [비유] (법의) 정의, 공의.

balançada balançades *f.* 무게, 근수; (재는 것의) 1회 분량.

balançar *tr.* =balancejar.

balanceig balanceigs[balancejos] *m.* 1 balancejar(se)하는 일. 2 흔들림, 동

요.
balancejar *intr.tr.* **1** 균형·평형을 맞추다. **2** [상업] 결산하다, 청산하다. **-se 1** 좌우로 흔들리다. **2** 주저하다, 망설이다.
balancer balancera balancers balanceres *m.f.* **1** 저울을 계측하는 사람. **2** 저울을 만드는 사람.
balancí balancins *m.* **1** 가로대, 가름대. **2** [기계] 빔, 레버. **3** 곡예사의 막대기. **4** 흔들의자, 시소.
balançó balançons *m.* (저울에 쓰이는) 접시.
balandra balandres *f.* 범선.
balandre balandres *m.* 돛이 하나인 작은 범선.
balandrejar *intr.* 흔들거리다, 왔다 갔다 하다(oscil·lar).
balandrim-balandram *adv.* 이리저리 흔들리어.
balast balast[balastos] *m.* (철로에 까는) 자갈.
balb balba balbs balbes *adj.* 꽉 죄인; 마비된.
balbar-se *prnl.* 마비가 되다.
balbejar *intr.* (말을) 건성으로 하다, 빨리 지껄이다.
balbotejar *tr.intr.* 말을 더듬다, (어린아이가) 더듬거리다.
balbucejar *tr.intr.* =balbotejar.
balç balços *m.* 절벽, 낭떠러지.
balcanitzar *tr.* (땅을) 분할하다, 조각내다
balcar-se *prnl.* 뒤틀리다, 휘어지다, 굽어지다.
balcera balceres *f.* 바위산, 암산.
balcó balcons *m.* 발코니.
balconada balconades *f.* (갈리시아 지방의) 발코니.
balconer balconera balconers balconeres *adj.* 발코니의.
balda baldes *f.* **1** 쇠고리; (스프링식) 걸쇠. **2** (자물쇠의) 고리. **3** (현관 밖의) 노커.
baldament *conj.* 비록, ...이긴 하지만, ...에도 불구하고, 설령 ...일지라도.
baldaquí baldaquins *m.* [건축] 천개(天蓋), 제단의 천장.

baldar *tr.* (몸을) 불수로 만들다, 마비가 되게 하다. **-se** 불수가 되다, 마비가 되다.
balder baldera balders balderes *adj.* 넓은, 여유가 있는.
baldó baldons *m.* (문·창문 등의) 걸쇠.
baldraga baldragues *m.* [방언] **1** 게으름뱅이. **2** 추한 사람, 꼴사나운 사람.
baldufa baldufes *f.* **1** 팽이. **2** [비유] 난쟁이. **3** 회전축.
fer ballar algú com una baldufa 정신 못 차리게 만들다, 동시에 많은 일을 하게 하다.
baldufell baldufells *m.* (문·창문의) 걸쇠.
baleig baleigs[balejos] *m.* (밀·보리 등을) 쓸어 가르기; 그 찌꺼기.
baleja baleges *f.* =baleig.
balena balenes *f.* [동물] 고래.
balener balenera baleners baleneres *adj.* 고래 사냥의, 포경의.
-m.f. 고래 잡는 사람.
-m. 고래잡이 어선.
balènids *m.pl.* [동물] 고래류.
balenó balenons *m.* 새끼 고래.
balí balins *m.* 소형 탄환.
baliga-balaga baliga-balagues *m.f.* 주책바가지, 주책없는 사람.
balisa balises *f.* (수로의) 표지, 부표.
balístic balística balístics balístiques *adj.* 탄도의, 탄도학의.
balística balístiques *f.* 탄도학.
ball balls *m.* **1** 춤. **2** 무도회. **3** 무용극. **4** [비유] 갈등, 어려운 상황.
ballada ballades *f.* =ball.
ballador[1] balladora balladors balladores *adj.* 춤추는.
-m.f. 무용가, 춤추는 사람.
ballador[2] balladors *m.* [해부] (뼈의) 돌기.
ballar *intr.tr.* 춤추다, 춤추게 하다.
ballarí ballarina ballarins ballarines *m.f.* (직업적인) 무용가, 댄서; 발레리나.
ballaruc ballarucs *m.* [식물] (줄기·잎에 생기는) 마디, 혹; 벌레 혹.
ballaruga ballarugues *f.* **1** =ballaruc. **2** [식물] (꽃의) 꽃받침. **3** 팽이의 일종. **4** [비유] 덜렁이, 덜렁쇠, 애먹이는 사람.

-f.pl. 제멋대로 춤추기.
ballesta ballestes *f.* **1** (옛날에 쓰던) 큰 활, 대궁. **2** (차량의) 스프링, 용수철.
ballester ballesters *m.* 대궁수, 왕실의 수렵 책임자.
ballestrinca ballestrinques *f.* (배의) 매듭의 일종.
ballet ballets *m.* 발레, 무용.
balma balmes *f.* 동굴, 동혈, 암굴.
balmar-se *prnl.* 속이 비다, 공간·공백이 생기다.
balneari balneària balnearis balneàries *adj.* **1** 해수욕의. **2** 온천의, 한증의.
-m. 온천장, 한증탕.
balneoteràpia balneoteràpies *f.* [의학] 온천 요법, 광천 요법.
baló balons *m.* **1** 공(pilota). **2** 기구 (aeròstat)
balquena balquenes *f.* 풍부, 다량.
a balquena 풍부하게, 다량으로.
balsa balses *f.* 뗏목.
bàlsam bàlsams *m.* [화학] **1** 향액(香液), 발삼, 방향성 수지. **2** (약용·의식용으로 쓰이는) 방향유. **3** [비유] 위안물.
balsàmic balsàmica balsàmics balsàmiques *adj.* 향액의.
balsaminàcies *f.pl.* [식물] 봉선화과 식물.
baluard baluards *m.* **1** (성벽 외곽에 쌓는) 삼각형의 축성, 능보(稜堡). **2** 거점; 수호, 비호.
baluerna baluernes *f.* **1** (자질구레한) 기계, 가구. **2** 별 쓸모없는 사람. **3** [비유] 무거운 짐, 애먹이는 물건.
balustrada balustrades *f.* 난간.
balustre balustres *m.* 손잡이.
bamba bambes *f.* **1** 거품, 물거품. **2** 비눗방울.
bambolina bambolines *f.* [연극] 무대에서 걸어 내리는 배경화.
bambú bambús *m.* [식물] 대, 대나무.
ban bans *m.* 방, 포고, 공표.
banal banals *adj.* 평범한, 하찮은, 흔해빠진, 진부한.
banalitat banalitats *f.* 평범함, 진부, 하찮은 일.
banalitzar *tr.* [속어] 평범하게 하다, 속되게 하다.

banana bananes *f.* [식물] 바나나.
bananer[1] bananers *m.* 바나나를 운반하는 배.
bananer[2] bananera bananers bananeres *adj.* 바나나의, 바나나를 심은.
banasta banastes *f.* 큰 바구니.
banastell banastells *m.* **1** =banasta. **2** (사냥용) 우리.
banc bancs *m.* **1** 은행. **2** 벤치, 긴 의자(seient). **3** (선반 등의) 베드, (목수의) 작업대. **4** [해사] 어군(魚群), 엄청난 고기 떼.
banca banques *f.* **1** [집합] 은행, 은행단, 은행업. **2** 벤치, 긴 의자.
bancada bancades *f.* **1** =banc3. **2** (침대·들것 등에 쓰이는) 널빤지. **3** (과수원의) 나무 줄 사이.
bancal bancals *m.* **1** (서랍이 달린) 벤치. **2** (밭의) 구획. **3** (제단의) 조각물.
bancalada bancalades *f.* **1** [집합] 은행원. **2** (밭의) 구획.
bancari bancària bancaris bancàries *adj.* 은행의, 금융상의.
bancarrota bancarrotes *f.* 도산, 파산, 파탄.
banda bandes *f.* **1** 띠, 밴드; 어깨띠. **2** 줄무늬. **3** (새의) 떼. **4** [지리] (길·강 등의) 옆(costat). **5** (경기장의) 사이드 라인. **6** (무장) 집단; 패거리, 도당. **7** [음악] 악대; (영화의) 음악. *banda sonora* 영화 음악. **8** 도처, 곳. *per totes bandes* 도처에. **9** (배의) 현, 현측. **10** (라디오의) 주파수대.
a banda 별도로, ... 외에.
a banda i banda 양쪽에.
d'altra banda 게다가, 다른 한편.
de banda a banda 이곳저곳에, 여기저기에.
de banda de ...편의, ...쪽의.
d'una banda 한편으로.
per la meva banda 나로서는.
per[de] totes bandes 모든 곳에, 사방에.
deixar de banda 제쳐 두다, 비켜 두다, (말을) 빠뜨리다.
mirar a totes bandes 사방을 둘러보다, 백방을 살펴보다.

bandada bandades f. **1** 무리, 집단, 그 룹(grup). *una bandada de minyons* 아이들 무리. **2** (새의) 떼. **3** 패거리, 일당. **4** (길 등의) 옆, 가장자리. **5** 쪽, 측. *l'altra bandada de cases* 저쪽에 있는 집들. **6** (배의) 심한 요동, 흔들림.
bandarra bandarres m.f. 건달, 악당. -f. 창녀, 매춘부, 매음부.
bandejament bandejaments m. **1** 추방. **2** 격리, 고립; 유배.
bandejar tr. **1** 추방하다(proscriure). **2** 격리시키다, 고립시키다(allunyar); 유배하다.
bandera banderes f. **1** 기(旗), 깃발. **2** (한 깃발 아래의) 일단, 일대. **3** (아프리카군의) 부대 단위. **4** 신호수, 철도 건널목지기.
bandera blanca (항복의) 백기.
bandera negra (해적 등의) 도전기.
bandera roja 위험을 알리는 깃발, 사회 투쟁을 뜻하는 깃발.
alçar bandera 깃발을 올리다, 일을 시작하다; 반기를 들다, 봉기하다.
baixar bandera 항복하다, 저항을 포기하다.
plantar la bandera 점령하다, 차지하다.
portar la bandera 지휘하다, 조종하다.
banderejar intr. **1** 깃발이 펄럭이다. **2** 정처 없이 돌아다니다, 떠돌아다니다. -tr. (깃발을) 흔들다.
banderer banderera banderers bandereres m.f. 기수(旗手).
bandereta banderetes f. 작은 깃발, 창에다는 깃발, (측량에 쓰이는) 신호용 깃발(banderola).
banderí banderins m. **1** 작은 깃발, 신호기. **2** [군사] (행군 등의) 향도병.
banderilla banderilles f. **1** (투우에서 쓰이는) 작살.
banderó banderons m. 작은 기.
banderola banderoles f. 신호용 깃발.
bandidatge bandidatges m. 약탈 행위, 도적질.
bandinella bandinelles f. 작은 깃발, 창에 다는 깃발; (측량 신호용) 깃발.
bandir tr. =bandejar.
bandit bandida bandits bandides m.f. 도적, 불한당.

bàndol bàndols m. 패거리, 일당, 도당, 파벌.
bandola bandoles f. 기저귀.
bandoler bandolera bandolers bandoleres m.f. 도둑, 들치기, 악당.
bandolera bandoleres f. **1** 도적의 아내. **2** (총의) 멜빵.
bandolerisme bandolerismes m. =bandidatge.
bandúrria bandúrries f. [악기] 반두리아 [12현의 작은 기타].
Bangla Desh n.pr. [지리] 방글라데시.
banjo banjos m. [악기] 밴조[미국 흑인들의 기타].
banquer banquera banquers banqueres m.f. **1** 은행가, 금융업자. **2** (카드놀이에서) 패를 돌리는 사람.
banquet banquets m. **1** (등받이 없는) 의자. **2** 연회, 큰 잔치.
banqueta banquetes f. **1** =banquet1. **2** [건축] 벽의 돌출부. **3** 노 젓는 자리. **3** 피고석. **4** (경기 중의) 선수 대기석. **5** 촛대.
banquetejar intr. 연회·향연을 베풀다.
banquisa banquises f. 유빙(遊氷).
banús banussos m. [식물] 흑단.
bany banys m. **1** 목욕. **2** 해수욕; 일광욕. **3** 욕조, 욕탕. **4** 온천장. **5** (도금 용의) 전해조(電解槽).
bany Maria 찜 냄비.
banya banyes f. **1** 뿔. **2** (머리의) 혹.
ficar la banya en un forat 고집을 피우다, 완고하게 나오다.
portar banyes [구어] 질투를 부리다, 샘을 내다; 뿔이 나다 (여자가) 서방질하다.
posar banyes a algú 아내가 바람을 피우다.
trencar-se les banyes 불가능한 일을 하다.
banyabaix banyabaixa banyabaixos banyabaixes adj. [동물] 뿔이 아래로 향한.
banyada banyades f. **1** 뿔로 들이받는 일. **2** 목욕, (물에) 적심, 덧칠함, 입힘.
banyador banyadors m. **1** 목욕하는 장소, 물웅덩이. **2** 수영복.

banyador banyadora banyadors banyadores *m.f.* **1** 목욕탕 주인·종업원. **2** 욕객(banyista).
banyam banyams *m.* [집합] 뿔.
banyar *tr.* 목욕시키다, (물에) 적시다, 덧칠하다, 입히다. **-se** 목욕하다, 흥건히 젖다.
banyegar *tr.* 뿔로 받다.
banyera banyeres *f.* 목욕탕, 욕조.
banyista banyistes *m.f.* 욕객, 광천수를 마시러 가는 사람.
banyó banyons *m.* [동물] (나오기 시작하는) 작은 뿔.
banyut banyuda banyuts banyudes *adj.* 뿔이 달린, 뿔이 난. *el banyut* 악마. **-m.** [비유] 서방질한 여자의 남편.
banzim-banzam *loc.adv.* 비틀거리며.
baobab *m.* [식물] 바오밥[아프리카의 거목].
baptisme baptismes *m.* **1** (기독교의) 세례, 침례, 영세. **2** [비유] 최초의 경험.
baptista baptistes *m.f.* [남녀동형] **1** 세례자. **2** 침례교도. *San Joan Baptista* 세례요한.
baptisteri baptisteris *m.* 세례를 받는 곳.
baquelita baquelites *f.* 베이클라이트.
baqueta baquetes *f.* **1** (소총의) 꽂을대. **2** 작대기, 채찍, 회초리. **3** (북의) 채. *passar per les baquetes* 억지로 하다.
baquetejar *tr.* **1** 채벌하다, 채찍으로 때리다. **2** 괴롭히다.
bàquic bàquica bàquics bàquiques *adj.* **1** 주신 바커스의. **2** 술에 취한.
bar bars *m.* 바, 술집, 주점.
baralla baralles *f.* **1** 카드·트럼프의 한 조. **2** 소동, 소란, 싸움.
barallar *tr.* **1** (카드의) 패를 뒤섞다. **2** (물건이나 사람을) 뒤섞다. **-se** 싸우다, 소란을 피우다.
barana baranes *f.* [건축] **1** 베란다. **2** (계단 등의) 손잡이.
barandat barandats *m.* [건축] 칸막이벽, 샛벽, 격벽.
barat barata barats barates *adj.* **1** 값싼, 싸구려의. **2** 천한, 저질의. **3** 손쉬운. **-m. 1** 염가 판매. **2** 교환, 맞바꿈(canvi). **3** (놀음에서의) 개평. **4** 사기, 속임수(engany).
barata barates *f.* 교환, 맞바꿈.
baratar *tr.* **1** 바꾸다, 변화시키다, 변경하다. **2** (다른 것과) 바꾸다, 교환하다. **3** 환전하다.
barateria barateries *f.* =barat4.
bàratre bàratres *m.* [시어] 지옥(infern).
barb barbs *m.* [어학] 여드름.
barba barbes *f.* **1** 턱. **2** 턱수염; (동물의) 수염. **3** (동물의) 아래턱. **4** *pl.* [식물] 수염뿌리.
per barba 개인당, 한 사람당.
barbacana barbacanes *f.* **1** 망루(望樓). **2** (사원의) 바깥담.
barbacoa barbacoes *f.* **1** (불고기용의) 석쇠. **2** 불고기 파티.
barbada barbades *f.* **1** (우마 등의) 턱 밑으로 재갈을 묶는 끈. **2** (모자의) 턱끈.
barballera barballeres *f.* (양의 목 양쪽에 있는) 돌기.
barbamec barbameca barbamecs barbameques *adj.* 수염이 적은, 수염이 없는, 수염이 나지 않는.
-m. [비유] 풋내기.
barbar *intr.* 턱수염이 나다.
bàrbar bàrbara bàrbars bàrbares *adj.* **1** 야만족[5세기경 북방으로부터 로마 제국으로 침입해 들어온 종족]의. **2** 야만스러운, 미개의(incivil). **3** 투박한, 거친(groller). **4** 잔인한, 난폭한(cruel). **5** 굉장한, 엄청난.
-m.f. 야만족, 이방인; 난폭자.
bàrbarament *adv.* bàrbar하게.
barbàrie barbàries *f.* **1** 야만, 미개, 무교양. **2** 잔인, 난폭, 만행(crueltat).
barbarisme barbarismes *m.* **1** [집합] 야만인; 야만적인 생활(양식), 미개한 상태. **2** (배우지 못한) 말투·어법. **3** 포학, 폭언, 폭행.
barbaritat barbaritats *f.* **1** (잔인·난폭·무모한 짓·행동, 야만스러운 짓·행동. **2** 이치에 닿지 않는 말·행동. **3** 엄청난 양, 과도(excés).
barbat barbada barbats barbades *adj.* **1** 턱수염을 기른; 턱수염이 많은. **2** [비유] 성숙한.
-m. (뿌리가 달린) 묘목.

barbejar *tr.* 면도하다, 수염을 깎다(afaitar).
barber barbera barbers barberes *m.* 이발사.
barberia barberies *f.* 이발소, 이발관.
barbeta barbetes *f.* 턱수염; 아래턱.
barbitúric barbitúrica barbitúrics barbitúriques *adj.* (요소에서 추출한) 최면제의.
-*m.* 최면제.
barbó barbons *m.* =barbeta.
barbollar *intr.* 마구 떠들다, 지껄여 대다.
barbotejar *tr.intr.* 중얼대다, 수근거리다.
barbull barbulls *m.* 술렁거림, 소란.
barbullir *intr.* 떠들어대다, 술렁거리다, 소란을 피우다.
barbullós barbullosa barbullosos barbulloses *adj.* 떠들썩한, 소란스러운.
barbut barbuda barbuts barbudes *adj.* 수염이 많은.
barca barques *f.* (소형의) 배, 보트.
barcada barcades *f.* **1** [해사] (한 번에 싣는) 선하, 선적, 뱃짐. **2** (배의) 항해.
barcarola barcaroles *f.* [음악] 이탈리아의 민요; 뱃노래.
barcassa barcasses *f.* 거룻배, 전마선(傳馬船).
barcatge barcatges *m.* 거룻배로 운반하는 일; 그 요금, 도선료.
barcelonès barcelonesa barcelonesos barceloneses *adj.m.f.* 바르셀로나의 (사람).
barcelonista barcelonistes *adj.m.f.* 바르셀로나를 좋아하는 (사람); 바르셀로나 축구 클럽의 (팬).
bard bards *m.* (고대 켈트 족의) 시인.
barda bardes *f.* **1** (말의) 갑옷. **2** (풀·짚으로 얹은) 지붕.
bardaix bardaixos *m.* =sodomita.
bardissa bardisses *f.* 가시 울타리, 갈대 울타리, 지붕을 얹은 담장.
bardissar bardissars *m.* 가시나무 덤불.
bardisser bardissera bardissers bardisseres *adj.* 가시덤불의, 가시덤불투성이의.
barem barems *m.* 가격 조건표.
bari *m.* [화학] 바륨[금속 원소].

baricentre baricentres *m.* (중력의) 중심.
baricèntric baricèntrica baricèntrics baricèntriques *adj.* 중력 중심의.
barítons barítons *m.* [음악] 바리톤, 바리톤 가수.
barjaula barjaules *f.* 갈보, 창녀(prostituta).
barjola barjoles *f.* 배낭, 등짐 자루; 거지 망태기.
barliqui-barloqui barliqui-barloquis *m.* 주책바가지, 주책없는 사람.
bàrman bàrmans *m.* 바 종업원, 술집 종업원.
barnilla barnilles *f.* **1** 가느다란 (쇠) 막대, 코르셋용 철 살. **2** (양·염소 등의) 갈비뼈.
barnús barnussos *m.* (아라비아풍의) 망토.
baró barons *m.* **1** 남작; (낮은) 귀족 (noble). **2** 남자, 성년 남자. *sant baró* 호인, 덕망가. **3** [선박] (배의) 키 조종용 예비줄.
baròmetre baròmetres *m.* **1** 기압계, 청우계. **2** [경제] 지표.
baromètric baromètrica baromètrics baromètriques *adj.* 기압계의, 청우계의.
baronessa baronesses *f.* 남작 부인.
baronia baronies *f.* 남작의 직위, 남작령.
baronívol baronívola baronívols baronívoles *adj.* 남자의, 남자다운, 용감한.
barquejar *intr.* (배로) 운송하다.
barquer barquera barquers barqueres *m.f.* 뱃사공.
barra *f.* **1** 막대기, 몽둥이. **2** (금·은 등의) 연봉(lingot). **3** 철봉. **4** 지렛대. **5** 작대기 던지기 놀이·경기. **6** (발레용) 봉. **7** (법정의) 칸막이. **8** (천의) 줄로 난 홈. **9** [해부] 턱, 악골(顎骨). **10** [지리] 강어귀, 하구. **11** 장벽. **12** 전봇대. **13** [비유] 몰염치, 파렴치. **14** [음악] (악보의) 소분절선.
amb tota la barra [구어] 아주 뻔뻔스럽게.
estar barres a pit 맥이 빠진, 기력이 없는.
portar algú a la barra 법정에 출두시

키다.
tenir barra 아주 뻔뻔스럽다.
Barrabàs *n.pr.* **1** [성서] 바라바[성경에 나오는 인물]. **2** [비유] 못된 인간, 망나니.
barrabassada barrabassades *f.* 신소리, 허튼소리; 허튼수작, 못된 짓, 망나니 노릇.
barraca barraques *f.* **1** (도시 주변의) 집시촌, 움집, 바라크. **2** (지중해 연안 지방의) 시골집, 움막. **3** 헛간, 오두막.
barracar barracars *m.* 집시촌, 움막집촌.
barracó barracons *m.* (크기만 하고 허름한) 바라크 움막.
barral barrals *m.* **1** 주전자, 부리가 가늘고 긴 병. **2** 단지, 항아리; 큰 통.
barrala barrales *f.* 물 항아리.
barraler barralera barralers barraleres *m.f.* 애주가.
barralleba barrallebes *f.* =barralleva.
barralleva barralleves *f.* (문·창의) 쇠고리.
barraló barralons *m.* **1** 포도주 통. **2** (나무로 된) 통. **3** 작은 항아리.
barram barrams *m.* **1** [해부] 턱, 악골(顎骨). **2** 매춘부, 매음녀, 창녀.
barranc barrancs *m.* **1** 벼랑, 낭떠러지, 협곡, 단애(斷崖). **2** 격류, 급류(torrent).
barrancada barrancades *f.* 벼랑에 떨어짐.
barrancós barrancosa barrancosos barrancoses *adj.* 험준한, 벼랑뿐인, 가파른.
barranquejar *intr.* **1** 벼랑을 통해 가다. **2** (나무를) 물에 띄워 운반하다.
barraquisme barraquismes *m.* 빈민굴, 슬럼가.
barrar *tr.* **1** (문의) 빗장을 걸다. **2** (길을) 막다, 차단하다. **3** 교배하다. **4** 쓴 것을 지우다.
barrat barrada barrats barrades *adj.* **1** 줄이 쳐진, 선이 그어진. **2** (동물이) 교배한. **3** (직물이) 줄무늬가 있는.
barratge barratges *m.* 둑(resclosa).
barreig barreigs[barrejos] *m.* **1** 혼합, 배합; 혼합물. **2** 혼동, 범벅.

barreja barreges *f.* **1** 혼합, 배합. **2** (특히 알코올과 포도주를 섞은) 혼합 음료. **3** =barreig2.
barrejadís barrejadissa barrejadissos barrejadisses *adj.* 쉽게 섞이는.
barrejar *tr.* **1** 섞다, 혼합하다. **2** 혼란스럽게 하다, 어지럽히다. **3** 마구 뒤지다. **-se 1** 섞이다, 뒤섞이다. **2** 개입하다, 끼어들다.
barrell barrells *m.* (금은의) 작은 연봉.
barrella barrelles *f.* 횡목, 가로대.
barrera barreres *f.* **1** 장애, 장벽. **2** 울, 울타리. **3** 운해(雲海).
barret barrets *m.* **1** 모자. *treure's el barret* 모자를 벗다. **2** [식물] (버섯의) 갓. **3** (강연대의) 천개(天蓋), 덮개. **4** (굴뚝의) 갓.
barretada barretades *f.* **1** 모자로 후려치기. **2** 모자로 하는 인사.
barreter barretera barreters barreteres *m.f.* 제모업자; 모자 장수.
barretina barretines *f.* 두건; 바레티나 [카탈루냐 지방에서 쓰는 모자].
barri barris *m.* **1** (도시의) 구역, 시내. **2** 교외지역. **3** 안마당, 안뜰.
barri antic[*vell*] 구도시 지역.
barri de barraques 집시촌.
anar-se'n a l'altre barri 다른 곳으로 가다, 죽다.
barriada barriades *f.* **1** 큰 구역. **2** (독립된 촌을 형성하는) 도시 구역.
barricada barricades *f.* 바리케이트, 방책; 장애물.
barrija-barreja barrija-barreges *f.* **1** 뒤범벅. **2** [비유] 생각이 복잡한 사람.
barril barrils *m.* **1** 술자루, 술통, 나무통, 물 항아리. **2** 부표.
barrila barriles *f.* 대주연, 큰 술잔치, 흥청거림.
barrim-barram barrim-barrams *m.* 야단법석, 시끄러움.
-m.f. 막돼먹은 사람, 조심스럽지 못한 사람.
-adj. 싸구려로 만든, 막돼먹은, 조심스럽지 못한.
barrina barrines *f.* **1** [기계] 천공기, 송곳, 나사송곳. **2** 송곳 구멍, 발파 구멍.

fer barrina [비유] 계약을 끝내다.
barrinada barrinades *f.* **1** 천공 구멍, 발파 구멍. **2** 폭발, 날려버림, 풍비박산.
barrinador barrinadora barrinadors barrinadores *adj.* 구멍을 뚫는, 천공의.
-m.f. 착암기로 일하는 광부.
barrinadora barrinadores *f.* 천공기, 펀치, 착암기.
barrinadura barrinadures *f.* 천공, 송곳 구멍, 발파 구멍.
barrinaire barrinaires *m.f.* [남녀동형] 드릴공.
barrinar *tr.* **1** 구멍을 뚫다, 펀치를 두드리다. **2** [비유] 심사숙고하다, 곰곰이 생각하다, 깊이 생각하다(meditar).
barró barrons *m.* **1** 굵은 막대기, 문단속용 쇠 막대. **2** 장작.
barrobí barrobins *m.* =barrinadura.
barroc barroca barrocs barroques *adj.* **1** 바로크식[16세기 이탈리아에서 시작되어 17, 18세기에 전 유럽에 유행된 허식적인 양식]의. **2** 일그러진 진주의; 엉뚱한, 유별난. **3** [비유] 허식적인, 장식이 지나친.
barroer barroera barroers barroeres *adj.* **1** 거친, 무뚝뚝한, 퉁명스러운, 촌스러운(groller). **2** 함부로 만든, 졸작의.
-m.f. 무뚝뚝한 사람, 퉁명스러운 사람.
barromba barrombes *f.* **1** (우마에 다는) 왕방울. **2** 윙윙이[소리 나는 장난감]. **3** 야유, 비난. **4** 난타, 주먹질.
barroquisme barroquismes *m.* **1** 허식주의. **2** 지나친 장식, 과잉 장식. **3** 엉뚱함, 유별남.
barrot barrots *m.* =barró.
barrotar *tr.* (쇠막대기로) 잠그다, 받치다.
barrufet barrufets *m.* **1** [구어] 귀신, 요정. **2** 개구쟁이, 장난꾸러기.
barrusca *f.* **1** 닳은 빗자루. **2** 포도알을 딴 뒤의 송이.
barrut barruda barruts barrudes *adj.* **1** 많이 먹는·마시는. **2** 뻔뻔스러운, 낯두꺼운.
basa bases *f.* (카드놀이에서) 속임수를 쓰는 사람.
basal basals *adj.* **1** 기지(基地)의, 기저의, 기부의. **2** 기본적인, 근본적인, 기초적인.
basalt basalts *m.* [광물] 현무암[건축 자재용].
basament basaments *m.* [건축] 주각(柱脚).
basar^1 basars *m.* **1** (동양의) 장, 공설시장. **2** 바자, 자선 전시회. **3** 특매장.
basar^2 *tr.* **1** 기초하다, 근거하다. **2** 고정시켜 놓다. **3** 의지해 놓다. **4** 세우다, 토대를 닦다. *-se* 기초하다, 바탕을 두다; 의지하다.
basar en ...에 기초하다, ...에 준하다; ...로 간주하다.
basant-se en ...에 기초하여.
basarda basardes *f.* 두려움, 공포, 전율(feredat).
fer basarda 두려움을 주다.
basc basca bascs basques *adj.m.f.* 바스크 지방의 (사람).
-m. 바스크어.
basca basques *f.* **1** 초조, 번민, 불안. **2** 무기력, 실신, 기절.
-f.pl. 구토, 구역질, 메스꺼움, 울렁거림.
estar en la basca de la mort (죽음의 문턱에서) 마지막 몸부림을 치다.
tenir basques 구역질이 나다, 속이 울렁거리다.
bàscula bàscules *f.* **1** 화물용 저울. **2** 가정용 저울. **3** (수송용 화물을 재는) 저울.
bascular *intr.* 흔들리다.
base bases *f.* **1** 기초, 토대, 밑받침, 기반, 기부(基部). **2** 기본, 바탕, 근본. **3** 근거, 원리. *Les teves idees no tenen cap base* 너의 생각은 근거가 없다. **4** 받침돌, 주추, 대좌. **5** [수학] 기선, 기수; 밑변, 밑면. **6** [화학] 염기, 유기염기. **7** [군사] 기지, 거점. *la base naval* 해군기지. **8** [측량] 기선(基線). **9** [의학] 기제(基劑), 주제(主劑).
a base de ...에 기초하여, ...에 준하여, ...에 바탕을 두고.
base de dades 데이터 베이스.
prenent com a base ...을 기초로 하여, ...에 준하여.
basic basics *m.ang.* [기계] 컴퓨터 프로그램의 베이식 언어.
bàsic bàsica bàsics bàsiques *adj.* **1** 기

본적인, 근본적인, 기초적인, 필수적인. **2** [화학] 염기성의, 알칼리성의.
basílica basíliques *f.* [건축] **1** (고대 로마에서 재판·집회 등에 사용한) 회당. **2** 교회 대본당. **3** 왕궁, 전당.
basilicó basilicons *m.* 연고.
basilisc basiliscs[basiliscos] *m.* **1** [신화] 전설상의 뱀[한 번 노리거나 입김을 내뿜어 사람을 죽였다 함]. **2** [동물] 도마뱀의 일종. **3** 고대 대포의 일종.
basqueig basqueigs[basquejos] *m.* [주로 복수로 쓰여] 메스꺼움, 울렁거림.
basquejar *intr.* **1** 걱정하다, 초조해하다, 불안해하다(preocupar-se). **2** 구역질이 나다, 메스꺼워지다. **-se** 돈벌이하다, 생계를 꾸리다.
basquejar-se la vida 생계를 꾸리다.
bàsquet bàsquets *m.* **1** =basquetbol. **2** 큰 바구니.
basquetbol basquetbols *m.* 농구.
bassa basses *f.* **1** 물웅덩이(llacuna). **2** 기름 찌꺼기 버리는 곳. **3** 화장실, 변소.
estar com una bassa d'oli 조용히 있다.
bassal bassals *m.* 물웅덩이.
basseta bassetes *f.* **1** (작은) 물웅덩이. **2** (어린이용) 의자. **3** (1,2년생의) 새끼 양.
bassetja bassetges *f.* (돌을 넣어 쏘는) 고무줄 총(fona).
bàssia bàssies *f.* 구유 통.
bassinyol bassinyols *m.* 작은 물웅덩이.
bassiot bassiots *m.* 웅덩이 물.
bast basta basts[bastos] bastes *adj.* **1** 조잡한, 거친, 투박한. *un home bast* 투박한 사람. **2** 성긴, 끝손질이 덜 된. *-m.* **1** 길마. **2** 안장깔개.
basta bastes *f.* 시침, 시침실.
bastaix bastaixos *m.* **1** 인부, 부두 인부; (역의) 소화물계원. **2** 촌스러운 사람, 야인.
bastament, a *loc.adv.* 상당히, 충분히, 넉넉히.
bastant bastants *adj.* **1** 상당한, 충분한. *-adv.* **1** 상당히, 충분히. *una feina bastant ben feta* 상당히 잘한 일. **2** 많지도 적지도 않게.
bastar *intr.* 충분하다, 넉넉하다, 족하다. **-se** ...로 족하다, 도움이 필요 없다.
bastar-se a si mateix 자신만으로 족하다.
bastard bastarda bastards bastardes *adj.* **1** 사생아의, 서자의(adulterat). **2** 위조한, 가짜의, 비슷한. **3** 천박한, 천한. **4** 명시되지 않은, 미정의(indeterminat). *-m.f.* 사생아, 서자.
bastejar *intr.* 약간 조잡하다, 마무리가 덜 되다.
baster basters *m.* 안장 장수, 안장을 만드는 사람.
bastida bastides *f.* **1** (건축장의) 발판. **2** (축제용) 임시 관람석.
bastidor bastidors *m.* **1** 테, 틀, (방문·창문 등의) 틀. **2** (무대의) 배경화. **3** 차축, 차체.
entre bastidors 살짝, 슬그머니, 몰래.
bastigi bastigis *m.* [건축] (방문·창문의) 틀, 테.
bastiment bastiments *m.* **1** 건설, 건조, 건축. **2** 건축물, 건조물. **3** 제작, 제조. **4** 구조, 구성. **5** 조선(造船). **6** 차축, 차체; 골조.
bastimentada bastimentades *f.* [건축] 발판을 만듦.
bastió bastions *m.* **1** (축성의) 능보(稜堡). **2** 의지하는 곳, 거점.
bastir *tr.* **1** 건설하다, 건조하다, 건축하다. **2** 제작하다, 제조하다, 조립하다(muntar). *bastir un llit* 침대를 만들다. **3** (배를) 건조하다.
bastó bastons *m.* **1** 막대기, 나무토막. **2** 단장, 지팡이(bara). **3** 골프채. **4** 지배권, 권력. **5** *pl.* (스페인의) 트럼프 놀이.
bastonada bastonades *f.* 지팡이·몽둥이로 때림. *esllomar a bastonades* 몽둥이찜질을 하다. 호되게 두들겨 패다.
bastonejar *tr.* 몽둥이로 패다, 두들기다.
bastoner bastonera bastoners bastoneres *m.* **1** 지팡이를 만드는 사람. **2** (무용의) 지휘자.
-f. 지팡이를 놓는 곳.
bastonet bastonets *m.* **1** 조그마한 막대기. **2** [해부] 망막.

bat¹ bats m. 라켓, 배트.
bat² bats m. 바닷가, 갯가, 물가.
  al bat 한창 ...중에; 전체로, 총체로.
  al bat de la pluja 한창 비 오는 중에.
  de bat a bat 활짝.
  obrir el cor de bat a bat 마음을 활짝 열다.
bata bates f. 1 실내복. 2 작업복; 실험실용 흰옷.
batall batalls m. (종의) 추.
batalla batalles f. 1 전투, 싸움(combat), 난투; 논쟁, 다툼. 2 (일반적으로) 전쟁. 3 시합, 경기. 4 전투 대형. 5 동요, 불안.
  batalla campal 야전.
  de batalla 일상의, 평상의.
  vestit de batalla 일상복, 평상복.
  lliurar[presentar] batalla 싸움·전쟁을 시작하다.
batallar intr. 싸우다, 논쟁하다; 동요하다.
batalló batallons m. [군사] (보병) 대대, (옛날의) 기병 중대.
batata batates f. [식물] (속이 하얀) 고구마.
batcoll batcolls m. [해부] 목줄기, 목덜미(bescoll).
batec batecs m. 1 고동, 맥박. 2 (동물의) 짖는 소리.
batedor batedora batedors batedores adj. 때리는, 두들기는, 휘젓는.
  -m.f. 1 그 일을 하는 사람. 2 길 안내자, 향도병.
  -m. 휘젓는 기구.
batedora batedores f. 1 두들기는 것, 도리깨. 2 (배의) 돛대, 마스트.
bategar intr. 1 (심장이) 고동치다, 맥박이 뛰다, 살아 있다. 2 다투다, 싸우다 (lluitar).
bateig bateigs[batejos] m. 1 세례, 명명. 2 첫 경험.
batejar tr. 1 세례식을 베풀다, 세례명을 붙이다. 2 이름을 짓다, 이름을 이다. 3 물벼락을 주다.
batement batements m. 1 (심장·맥박의) 고동, 박동. 2 [비유] (가슴이) 두근거림, 두들김.
batent batents adj. 1 때리는. *porta batent* 쿵 닫히는 문. 2 철썩거리는, 휘몰아치는. *pluja batent* 휘몰아치는 비.
  -m. 1 (창문·문간의) 테두리. 2 문짝. 3 양지바른 곳, 볕이 드는 곳. 4 바닷가, 갯가, 물가. 5 눈보라; 눈보라 치는 곳. 6 (피아노의) 진자.
baterell baterells m. 갯가, 물가.
bateria bateries f. 1 [군사] 포병 중대; 포열, 포대, 포곽(砲郭); (군함의) 비포 (備砲), (함상의) 포대; 포격. 2 (한 벌의) 도구. 3 [전기] 전지, 건전지, 배터리. 4 (무대의) 조명 장치. 5 [음악] (악단의) 타악기군.
  aparcar en bateria 열 지어 주차하다.
batí batins m. 약식 예복의 일종.
batialles f.pl. 세례 의식.
batiment batiments m. 1 때림, 두들김. 2 금·은박 넣는 일. 3 (심장의) 고동.
batiar tr. =batejar.
batibull batibulls m. 분규, 소용돌이, 말썽거리; 혼동, 혼란.
baticor baticors m. (가슴의) 두근거림; (마음의) 동요.
batifullar tr. (금은의 연판을 만들기 위해) 두들기다.
batigràfic batigràfica batigràfics batigràfiques adj. 해저 깊이를 나타내는.
batímetre batimetres m. 해저 측정기.
batimetria batimetries f. 해저 측정.
batiscaf batiscafs m. 해저 측정 하는 잠수정.
batista batistes f. 바티스트 마포(麻布).
batlle batllessa batlles batllesses m.f. (시·군) 장, 시장, 군수; 그 부인.
batllia batllies f. batlle의 직책·집무실.
batolla batolles f. 1 (가느다란) 나뭇가지. 2 회초리, 작대기. 3 지휘봉. 4 [비유] 권력의 힘, 법의 힘.
  -f.pl. 도리깨; (우마가 끄는) 끌대.
batollar tr. (나무 열매를) 작대기로 쳐서 따다.
batracis m.pl. [동물] (개구리 등) 양서류.
batre tr. 1 (주물로) 주조하다. 2 (반복해서) 두들기다, 때리다. 3 (야구에서) 배트로 치다. 4 이기다, 승리하다(vèncer). 5 흔들다(remenar). 6 (심장이) 고동치다(bategar). 7 부딪치다, 충돌하다. -intr. (악기가) 진동하다. -'s 다투다, 싸우다(combatre).

batre el rècord 신기록을 세우다.
batuda batudes *f.* **1** (사냥에서의) 몰이, 사냥, 수렵. **2** (적을) 몰아냄. **3** 탈곡. **4** 몽둥이질, 구타. **5** 일망타진.
batussa batusses *f.* **1** 다툼, 싸움, 논쟁. **2** 구타.
batut batuts *m.* **1** 쿵 하고 떨어지는 소리. **2** 고동, 맥박. **3** 소나기, 스콜, 폭풍우. **4** 과일과 우유를 섞은 음료.
batut batuda batuts batudes *adj.* (길이) 자주 다니던.
batuta batutes *f.* (오케스트라 지휘자의) 지휘봉.
batxillejar *intr.* [비유] 수다를 떨다, 지껄여 대다.
batxiller[1] batxillera batxillers batxilleres *adj.m.f.* 수다스러운 (사람).
batxiller[2] batxillera batxillers batxilleres *m.f.* 학사.
batxillerat batxillerats *m.* **1** 학사 학위. **2** 중·고등학교.
batxilleria batxilleries *f.* 쓸데없는 잡담, 마구 지껄여 대는 소리.
batzac batzacs *m.* 구타, 몽둥이로 때리기.
batzacada batzacades *f.* =batzac.
batzegada batzegades *f.* **1** 진동, 떨림, 흔들림. **2** [비유] 경악, 질겁함, 대경실색.
a batzegades 갈피를 못 잡고, 갈팡질팡 하여.
batzegar *tr.* **1** 흔들다, 흔들어 털다, 뿌리치다, 휘젓다. **2** 체로 치다.
batzoles *f.pl.* (소리 나는) 딸랑이 장난감.
bau baus *m.* (배의) 도리.
baula baules *f.* 쇠사슬, 고리.
baül baüls *m.* **1** 큰 가방, 트렁크. **2** 관(棺).
bauxa bauxes *f.* 특별한, 별도의.
fer una bauxa 기분 풀이를 하다.
bauxita bauxites *f.* [광물] 보크사이트.
bava baves *f.* 군침; 질질 흘리는 침.
caure-li a algú la bava 군침을 흘리다, 넋을 잃다.
tenir mala bava 참을성이 별로 없다.
bavalles *f.pl.* **1** =baves. **2** 남은 음식.
bavarada bavarades *f.* 증기, 김(baf).

bavejar *intr.* **1** 군침을 흘리다. **2** (여자의) 비위를 맞추다.
bavera baveres *f.* **1** (투구의) 턱받이. **2** (어린애의) 턱받이.
bavi bavis *m.* [아이들이 부르는 호칭] 할아버지.
bavós bavosa bavosos bavoses *adj.* **1** 군침을 흘리는. **2** (여자에게) 후한. **3** 바보의, 얼간이의.
bavosa bavoses *f.* [어류] (지중해의) 불갈치.
bavosall bavosalls *m.* 턱받이.
bazuka bazukes *m.* [군사] 바주카포[대전차 로켓포].
be bens *m.* (양·산양의) 우는 소리.
deixar els bens amb el llop 양을 이리에게 맡기다, 위험에 처하게 하다.
I un be negre amb potes rosses! 그건 도저히 못 믿겠다!
bé[1] béns *m.* **1** 좋은 일, 선한 일. **2** 이익, 행복, 복지(benestar). *promoure el bé públic* 대중의 이익을 위하라. **3** (도덕적) 선(善). **4** 부, 재산.
a fin de bé 기꺼이.
bé no fungible [법률] 비소모성 자산.
bé moble [법률] 동산, 인적 자산.
gent de bé 선의의 사람들.
mal que bé 아무튼, 좋거나 나쁘거나.
acabar en bé 좋게 끝나다, 좋은 결말을 맺다.
anar[tombar] per bé 회복하다, 나아지다, 호전되다.
fer el bé 선을 행하다.
No hi ha bé ni mal que duri cent anys [속담] 쥐구멍에도 볕 들 날이 있다, 사람 팔자 시간문제다.
bé[2] *adv.* **1** 잘, 훌륭하게, 솜씨 있게, 멋지게. **2** 성공적으로, 제대로. **3** 기꺼이, 물론. **4** 상당히, 충분히, 꽤. **5** 완전히, 철저하게, 확실히.
-interj. 잘했어!, 좋아!, 아주 좋아!, 훌륭하군!
-conj. [배분접속사] *bé... bé ...* 이나 혹은. *els uns o bé els altres* 이것들 아니면 저것들, 이 사람들 아니면 저 사람들.
ara bé 자, 이제, 그럼.
bé que, per bé que[si bé] 설사 ...하

beabà 여도, 설령 ...이라도, 비록 ...일지라도.
Bé vaja! [불쾌·실망·항의 등을 나타냄] 이런!, 이럴 수가!, 말도 안 돼!
ben bé 적어도, 최소한.
acabar en bé 잘 끝나다.
caure bé 맘에 들다, 잘 맞다.
entendre's bé 서로 잘 지내다, 서로 잘 통하다.
Està bé! 좋아!, 물론!
menjar bé 교양 있게 먹다.
Molt bé! 아주 훌륭해!, 아주 좋아! 잘 했어!
mirar-s'hi bé 생각하기 위해 멈추다.
parlar bé d'algú 칭찬하다, 호의적으로 말하다.
portar-se bé amb (누구와) 잘 지내다.
sortir bé 성공적으로 끝나다, 좋은 결과를 얻다.
tan bé com es pugui 최선을 다해, 할 수 있는 한 최선으로.
tractar bé (algú) 선대하다, 잘 대하다.
venir bé (시기·기회 등이) 적절하다, 알맞다.
viure bé 정직하게 살다.
beabà beabàs *m.* 알파벳, 자모; 초보 지식(beceroles).
beaces *f.pl.* (여행용) 진대, 자루.
beat beata beats beates *adj.* **1** 행복한, 복 있는. **2** 천복·시복(諡福)을 받은. **3** 신앙심이 두터운.
-m.f. **1** 복 있는 자. **2** 시복을 받은 사람. **3** 신앙심이 두터운 사람; 수도자.
beatífic beatífica beatífics beatífiques *adj.* **1** 축복을 주는. **2** 시복하는. **3** 흐뭇해하는, 행복해하는.
beatificació beatificacions *f.* **1** 축복을 줌. **2** (가톨릭의) 교황이 주는 시복, 시복식.
beatificar *tr.* **1** 축복하다; 행복하게 하다. **2** 시복하다.
beatitud beatituds *f.* **1** 시복, 천복, 지복. **2** 열락. **3** 행복.
bebè bebès *m.* **1** 갓난아이, 갓난애. **2** 인형(nina), 어린이 장난감.
bec becs *m.* **1** [해부] (새의) 부리, 주둥이. **2** (사람·기계 등의) 입, 주둥이; 부리 모양으로 생긴 것. **3** 뾰족한 것, 뾰족한 끝. **4** 곡괭이, 돌 깎는 망치. **5** 산정, 산봉우리. **6** (램프·가스 기구의) 화구, 점화기. **7** 능변, 변설.
donar-se el bec 주둥이를 내밀다, 키스하다.
tenir un bon bec 능변의 재주가 있다, 말 잘하다.
beç beços *m.* [식물] 자작나무.
beca beques *f.* **1** 장학금. **2** (테가 없이 챙이 있는) 모자.
fer una beca 꾸떡거리다; 졸다, 낮잠 자다.
becada becades *f.* **1** 미끼. **2** 꾸벅꾸벅 졺. **3** [조류] 멧도요새.
becadell becadells *m.* [조류] 도요새.
becaina becaines *f.* (졸면서) 꾸벅거림, 졺, 낮잠.
fer una becaina 졸다, 꾸벅거리다.
becaire becaires *m.* [음악] 제자리표.
becar *tr.* 장학금을 지급하다. *-intr.* 졸다, 꾸벅거리다.
becari becària becaris becàries *adj.* 장학금을 받는.
-m.f. 장학금 수혜자, 장학생.
beceroles *f.pl.* **1** 알파벳, 자모(표). **2** 초보(의 지식).
bedoll bedolls *m.* [식물] 자작나무; 그 목재.
beduí beduïna beduïns beduïnes *adj.* 베두인 족[북아프리카, 아라비아 지방의 유목 민족]의. **2** 야만스러운.
-m.f. 베두인 족; 야만인.
befa befes *f.* 악담, 욕지거리, 조롱.
befar *tr.* 악담하다, 조롱하다.
begònia begònies *f.* [식물] 베고니아.
beguda begudes *f.* **1** 마실 것, 음료수. **2** [비유] 고배, 쓴맛, 역경(adversitat).
donar-se a la beguda 술을 많이 마시다, 취하다.
fer beguda 한 모금 마시다, 한 입 물다; 간식을 들다, 새참을 들다.
begut beguda beguts begudes *adj.* 술 마신, 술 취한.
behaviorisme behaviorismes *m.* 행동주의.
behaviorista behavioristes *adj.* [남녀동형] 행동주의의, 행동주의적인.
-m.f. 행동주의자.
bei beis *m.* **1** (구두의) 뒤축. **2** 금, 균

열. 3 [지질] 광맥.
beina beines f. **1** (끈을 넣기 위한) 자루의 가장자리 꿰매기. **2** (칼·콩 등의) 집, 꼬투리.
beiner beiners m. 칼집 제조자.
beisbol beisbols m. [스포츠] 야구.
beix beixos adj. **1** (양털의) 염색하지 않은, 원래 빛깔의. **2** 누르스름한, 밝은 회갈색의, 베이지 색의. -m. 베이지 색.
beixamel beixamels f. 크림 바른 하얀 소스.
bel bels m. (양·사슴의) 울음소리.
belaberquí belaberquins m. 구멍 뚫는 도구, 송곳.
belar intr. (양·사슴이) 울다.
belga belgues adj. 벨기에(Bèlgica)의. -m.f. 벨기에 사람.
bell bella bells belles adj. **1** 아름다운, 보기 좋은. un bell edifici 아름다운 건물. **2** 아주 좋은. una bella collita 아주 좋은 추수. **3** 강한, 대단한. **4** (날씨가) 좋은. Fa un bell dia 날씨가 좋다. **5** (바다가) 잔잔한, 고요한. **6** (시간이) 많은, 상당한.
al bell... de [장소] 바로 ...에, 바로 그곳에.
de bell antuvi 우선, 첫째로.
de bell nou 다시, 또, 새로이.
belladona belladones f. [식물] 벨라도나 [열매에 독이 있음].
bellesa belleses f. **1** 아름다움, 미. **2** 미인, 미녀.
bèl·lic bèl·lica bèl·lics bèl·liques adj. 전쟁의, 무력에 의한.
bel·licisme bel·licismes m. 주전론, 전쟁 도발.
bel·licista bel·licistes adj. 매파의, 호전적인, 전쟁을 찬성하는. -m.f. [남녀동형] 주전론자, 호전적인 사람, 전쟁 도발자.
bel·licós bel·licosa bel·licosos bel·licoses adj. 호전적인, 싸움을 좋아하는.
bel·licositat bel·licositats f. 호전성, 매파, 투쟁적 기질.
bel·líger bel·lígera bel·lígers bel·lígeres adj. =bel·licós.
bel·ligerància bel·ligeràncies f. 교전, 교전 상태; 교전국.
bel·ligerant bel·ligerants adj. 교전 중인. -m. 전투원
bellor bellors f. =bellesa.
bellota bellotes f. =gla.
bellugadís bellugadissa bellugadissos bellugadisses adj. **1** 떠들썩한, 소란한. **2** 불온한.
bellugadissa bellugadisses f. **1** 비등, 끓음; 끓는 소리. **2** (사람의) 무리, 떼, 다수, 벌 떼.
bellugar tr. 움직이다, 흔들다. -intr. **1** 가만히 있지 않다, 퍼덕이다, 선회하다. **2** 부지런히 움직이다, 부지런히 일하다. -se 움직이다, 흔들다, 행동하다.
bellugueig bellugueigs[belluguejos] m. 움직임, 이동; 흔들음, 뒤섞음; 소동.
belluguet belluguets m. 애먹이는 사람; 덜렁이, 덜렁쇠.
bemoll bemolls m. [음악] 변조의, 반음을 내린.
ben adv. [형용사, 부사 및 동사 앞에서의 bé^{2}의 변화형] 매우, 잘, 무척. T'han ben enganyat 그들은 너를 잘도 속였다.
bena benes f. 붕대, 눈가리개.
llevar a algú la bena del ulls (누구로 하여금) 똑바로 보게 하다, 정신 차리게 하다.
tenir una bena davant del ulls 진실을 외면하다.
benamat benamada benamats benamades adj. 매우 사랑하는, 좋아하는, 총애를 받는.
benanança benanances f. 운, 행운, 행복, 다행(benestar).
benastruc benastruga benastrucs benastrugues adj. 행운의, 행복한.
benaurança benaurances f. **1** 지복, 시복, 극락왕생. **2** 행복, 행운, 다행.
benaurat benaurada benaurats benaurades adj. **1** 지복·시복을 얻은. **2** 행복한, 복이 많은, 다행한, 운이 좋은.
benaventurança benaventurances f. =benaurança.
benaventurat benaventurada benaventurats benaventurades adj. =benaurat.

bencossat bencossada bencossats bencossades *adj.* 몸매가 좋은.
benedicció benediccions *f.* **1** 축복, 축복의 기도. **2** (가톨릭의) 성체 강복식.
benedictí benedictina benedictins benedictines *adj.* 베네딕트(Benet)파의, 베네틱트 수도회의.
-*m.f.* 베네딕트파의 수도자.
benefactor benefactora benefactors benefactores *adj.* 자선을 베푸는, 선행을 하는.
-*m.f.* 자선가, 자선사업가.
benèfic benèfica benèfics benèfiques *adj.* **1** 자선의, 선행의. **2** 인정이 많은. *festival benèfic* 자선 페스티벌.
beneficar *tr.* =beneficiar.
beneficència beneficències *f.* 자선, 선행, 자선 사업.
benefici beneficis *m.* **1** 은혜, 혜택; 복지, 복리(bé). **2** [경제] 이익, 수익(guany); 마진, 차익. **3** (사회보장제도에 의한) 급부(給付). **4** 이권. **5** [농업] 경작; (농산물의) 가공, 정제. **6** 채광, 야금.
en benefici de ...을 위하여.
beneficiar *tr.* **1** 은혜를 베풀다, 자선을 베풀다(beneficar). **2** 이익이 되다, 이롭게 만들다. **3** (...에서) 이익을 내다, 이용하다. **4** 개발하다, 개척하다(treballar). **5** (농산물을) 모아들이다, 거둬들이다; 가공하다. **6** 채광·야금하다.
-*se* 은혜를 얻다; 이익을 올리다.
beneficiari beneficiària beneficiaris beneficiàries *adj.* 은혜·혜택을 받는; 이익을 얻는.
-*m.f.* **1** 수혜자. **2** (신용장·신탁 계약의) 수익자. **3** (보험·연금 등의) 수취인.
beneficiós beneficiosa beneficiosos beneficioses *adj.* 이익·소득이 있는, 유리한, 유익한(útil).
beneir *tr.* **1** 신의 은총이 있기를 기원하다, 축복하다. **2** (식탁에서) 감사기도 드리다. **3** 칭송하다, 찬미하다.
Déu et beneeixi! 신의 축복이 있기를!, 신의 가호가 있기를!
beneït beneïta beneïts beneïtes *adj.* **1** 거룩한, 성스러운. *aigua beneita* 성수. **2** 바보 같은, 우직한.
-*m.f.* 바보 같은 사람, 우직한 사람.
beneït beneïda beneïts beneïdes *adj.* 거룩한, 성스러운.
beneitejar *intr.* 바보 같은 짓을 하다, 바보처럼 말하다.
beneiteria beneiteries *f.* 바보 같은 짓, 어리석은 말, 어리석음, 우매함.
beneitó beneitona beneitons beneitones *adj.m.f.* 순진한 (사람), 죄 없는 (사람).
benemèrit benemèrita benemèrits benemèrites *adj.* 공로가 있는, 표창할 만한.
benentès benentesos *m.* [관용구로 쓰임] ...하는 조건·가정.
amb el benentès que ...하는 조건으로, ...가정 아래.
amb el benentès que jo pagaré el sopar 내가 저녁을 낸다는 조건으로.
beneplàcit beneplàcits *m.* **1** 승인, 허가, 인가; 아그레망. **2** 기쁨, 즐거움.
benestant benestants *adj.* **1** 마음이 편안한, 느긋한, 쾌적한, 안락한. **2** 유복한, 부유한. **3** (마음·공간 등이) 여유 있는, 널찍한.
benestar benestars *m.* 복지; 안락한 생활, 여유 있는 생활.
benèvol benèvola benèvols benèvoles *adj.* 자비스러운, 친절한, 마음씨가 고운, 인정 많은, 다정한.
benevolència benevolències *f.* 자비심, 박애, 자선, 선행, 친절, 인정 많음.
bengala bengales *f.* **1** [식물] (인도산의) 등나무. **2** 벵골 불꽃. **3** 조명탄. **4** 벵골 무명.
bengalí bengalina bengalins bengalines *adj.* 벵골(Bengala)의.
-*m.f.* 벵골 사람.
-*m.* [언어] 벵골어.
benigne benigna benignes benignes *adj.* **1** 인자한, 친절한, 다정한, 호의적인. *un jutge benigne* 호의적인 판사. **2** (기후가) 온화한. **3** [의학] 양성(良性)의, 경미한, 가벼운.
benignitat benignitats *f.* **1** 인자, 다정함, 호의적임. **2** 부드러움, 완화. **3** [의학] 경증, 경미한 병.
benintencionat benintencionada benin-

tencionats benintencionades *adj.* 선의의, 사심이 없는.
benjamí benjamina benjamins benjamines *m.f.* 막내, 귀염둥이.
Benjamí *n.pr.* **1** 벤자민[남자 이름]. **2** [성서] 베냐민[야곱의 막내아들].
benparlat benparlada benparlats benparlades *adj.* 말씨가 고운, 정중한.
benpensant benpensants *adj.m.f.* 건전한 사고를 하는 (사람).
benvinguda benvingudes *f.* **1** 안착, 잘 도착함. **2** 환영.
benvingut benvinguda benvinguts benvingudes *adj.* [주어의 성·수에 일치함] 환영합니다!, 잘 오셨습니다!
benvist benvista benvists[benvistos] benvistes *adj.* **1** 의좋은, 다정한. **2** 평이 좋은, 호평을 받는.
benvolença benvolences *f.* 호의, 호감.
benvoler benvolers *m.* =benvolença.
benvolgut benvolguda benvolguts benvolgudes *adj.* 사랑받는, 귀염을 받는, 호감을 사는.
benzè *m.* [화학] 벤젠.
benzina benzines *f.* [화학] 벤진, 석유 벤진.
benzol benzols *m.* [화학] 벤졸 (원액).
bequerada bequerades *f.* **1** 부리로 쪼는 것. **2** 곡괭이질. **3** [비유] 신랄한 논평.
bequerut bequeruda bequeruts bequerudes *adj.* **1** 부리가 있는. **2** 끝이 뾰쪽한, 뾰쪽한 입을 가진. **3** 말 많은, 수다스러운.
-*m.[f]* [조류] 도요새.
berbena berbenes *f.* [식물] 마편초.
berber berbers *adj.m.f.* 베르베르 족의 (사람).
berenada berenades *f.* 푸짐한 간식.
berenador berenadors *m.* (간식을 먹는) 식당.
berenar *intr.* 간식을 먹다.
berenar berenars *m.* 가벼운 식사, 간식; 도시락.
bergant berganta bergants bergantes *m.f.* **1** 불량소년, 망나니. **2** 소년, 소녀, 젊은이.
bergantejar *intr.* 못된 짓을 하다, 악당 티를 내다.
berganteria berganteries *f.* 못된 짓, 망나니 행동; 장난, 얄궂은 행동.
bergantí bergantins *m.* 베르간틴 배[쌍돛대 범선].
beri-beri beri-beris *m.* [의학] 각기병.
beril berils *m.* [광물] 녹주석.
beril·li beril·lis *m.* [화학] 베릴륨.
berlina berlines *f.* **1** 2인승 사륜마차의 일종. **2** (마차·기차 등의 앞에 있는) 찻간.
berlinès berlinesa berlinesos berlineses *adj.m.f.* 베를린(Berlín)의 (사람).
berma bermes *f.* **1** (성벽의) 벼랑길. **2** (둑의) 물매 턱.
bermudes *f.pl.* (무릎 위까지 오는) 짧은 바지.
bernat bernada bernats bernades *adj.* 성 베르나르도[프랑스의 성인, 923-1008]회의 수도사·수녀.
-*m.* 흰 반점이 있는 큰 개.
bernès bernesa bernesos berneses *adj. m.f.* 베른[Berna, 스위스의 도시]의 (사람).
berruga berrugues *f.* **1** (얼굴·손 등에 나는) 사마귀. **2** [식물] 혹. **3** 흠, 결점. **4** [비유] 골치 아픈 사람; 귀찮은 물건.
berrugós berrugosa berrugosos berrugoses *adj.* 사마귀투성의.
berta bertes *f.* (여자용 드레스 등의) 깃 장식.
bertranada bertranades *f.* 바보 같은 짓; 허튼소리.
bertrol bertrols *m.* **1** (물고기·짐승을 잡는) 자루그물, 자루 어망, 자루 망 (xarxa). **2** 야금 용광로.
caure al bertrol 덫에 걸리다.
bertrola bertroles *f.* =bertrol.
bes[1] besos *m.* 키스, 입맞춤.
bes[2] bessos *m.* 돛의 천 조각.
besada besades *f.* 키스, 입맞춤.
besamà besamans *m.* 알현식, 귀인의 오른 손에 입맞춤하는 식.
besamans besamans *m.* =besamà.
fer (el) besamans 알현하다, 오른 손에 입맞춤하다.
besar *tr.* **1** 키스하다, 입맞춤하다. **2** 애

무하다, 쓰다듬다(tocar). **-se** 키스하다.
besavi besàvia besavis besàvies *m.f.* 증조부모.
bescambrilla bescambrilles *f.* 카드놀이의 일종.
bescantador bescantadora bescantadors bescantadores *adj.m.f.* 중상하는 (사람), 헐뜯는 (사람).
bescantament bescantaments *m.* 중상, 모략, 헐뜯음; 수군거림.
bescantar *tr.* (누군가를) 중상하다, 모략하다, 험담하다.
bescanvi bescanvis *m.* bescanviar하는 일.
bescanviador bescanviadora bescanviadors bescanviadores *adj.m.f.* bescanviar하는 (사람).
bescanviar *tr.* **1** 바꾸다, 교환하다, 맞바꾸다. **2** 변화시키다, 변경하다. **3** 물물교환하다. **4** (외교적으로) 정책을 변경하다.
bescoll bescolls *m.* [해부] 목덜미.
bescuit bescuits *m.* **1** 비스킷, 과자. **2** 도기(陶器)에 유약을 바르지 않고 굽는 일.
bescuitar *tr.* (빵을) 두 번 구이로 하다.
besllum besllums *f.* **1** 투사광, 반사광; 어슴푸레함. **2** [비유] 희미한 지각·인식.
besnét besnéta besnéts besnétes *m.f.* 증손자, 증손녀.
besoncle besoncles *m.* 큰·작은할아버지 [조부의 형제].
besotejar *tr.* 계속 키스하다.
bessó bessona bessons bessones *adj.* **1** 쌍둥이의. **2** [식물] 대생(對生)의.
-m.f. 쌍생아, 쌍둥이.
-m. **1** [식물] 과육; 펄프. **2** 골수, 골, 뼛속. **3** [비유] 정수(精髓). **4** [천문] 쌍둥이좌.
bessonada bessonades *f.* 쌍둥이 출산.
bèstia bèsties *f.* **1** 짐승, 동물, 가축, 축생. **2** [비유] 짐승, 야수.
bes-tia bes-ties *f.* 고모할머니, 이모할머니.
bestialitat bestialitats *f.* **1** 수성, 동물근성. **2** 난폭, 잔인, 야수성. **3** 수간(獸姦), 수욕(獸慾).

bestiar bestiars *m.* 가축, 목축.
bestiari bestiaris *m.* **1** (고대 로마의 서커스 경기장에서) 야수와 싸우는 사람. **2** (중세기의 도덕적, 교육적 목적의) 야수 문학.
bestiesa bestieses *f.* 어리석은 소리, 허튼 소리, 신소리.
bestiola bestioles *f.* 새끼 동물.
bestioler bestiolera bestiolers bestioleres *adj.* 동물을 좋아하는, 동물애호가의.
bestraure *tr.* =bestreure.
bestreta bestretes *f.* [상업] 전도금, 대출금. *fer una bestreta* (돈을) 앞당겨 쓰다, 선불을 받다; 전도금을 내다.
a la bestreta 먼저, 미리, 앞당겨서.
bestreure [*pp:* bestret bestreta] *tr.* 선불하다, 가불해 주다.
besunyar *tr.* 애먹이다, 괴롭히다. **-se** 열심히 하다, 열심히 ...하려고 애쓰다.
besuc besucs *m.* [어류] (대서양산의) 도미.
betulàcies *f.pl.* [식물] 자작나뭇과 식물.
betum betums *m.* 타르, 역청.
betzef, a *loc.adv.* 많이, 듬뿍.
beuarra beuarres *m.f.* [남녀동형] 술 취한 사람.
beurada beurades *f.* [건축] 회반죽.
beuratge beuratges *m.* 쓴 음료; 달인 약(poció).
beure *tr.* **1** 마시다. **2** 들이키다, 삼키다. **-'s** (주의·사상 등을) 받아들이다.
donar de beure 마실 것을 주다.
-m. 음료수.
beutat beutats *f.* **1** 아름다움, 미(bellesa). **2** 예쁜 여인.
bevedor bevedora bevedors bevedores *adj.m.f.* 마시는, (특히) 술을 마시는 (사람).
bevenda bevendes *f.* =beguda.
bevent bevents *m.* 감칠맛. *Aquest vi té bon bevent* 이 포도주는 감칠맛이 있다.
beverri bevèrria beverris bevèrries *m.f.* 술꾼, 주정뱅이.
-f. 술버릇.
bevotejar *intr.* [속어] (술을) 홀짝홀짝 마시다.

biaix baixos *m.* **1** 비스듬함, 비탈, 경사. **2** 비스듬히 자름; 비스듬히 자른 것.
al[de] biaix 비스듬히, 경사지게.
fer biaix (길 등이) 기울어지다, 구부러지다.
treure els biaixos [비유] 허리띠를 졸라매다; 저축하다, 절약하다.
bianual bianuals *adj.* 연 2회의. *una publicació bianual* 1년 2회 출간.
bibelot bibelots *m.* (책상 위에 놓는 장식물로서의) 인형, 꽃병.
biberó biberons *m.* 젖병.
bíblia bíblies *f.* **1** (신구약의) 성서, 성경; 경전. **2** [비유] 권위 있는 서적.
bibliòfil bibliòfila bibliòfils bibliòfiles *m.f.* (특히 초판본이나 희귀본의) 서적 애호가.
bibliògraf bibliògrafa bibliògrafs bibliògrafes *m.f.* 사서학자.
bibliografia bibliografies *f.* 사서학; 참고서 목록, 도서 목록.
bibliologia bibliologies *f.* 사서학.
bibliomania bibliomanies *f.* 장서광.
biblioteca biblioteques *f.* **1** 도서관, 서고, 도서실. **2** 장서, 총서.
bibliotecari bibliotecària bibliotecaris bibliotecàries *adj.* 도서관의, 도서관에 관한; 장서의.
-m.f. 도서관 직원, 도서관원.
biblioteconomia biblioteconomies *f.* 도서관학.
bicarbonat bicarbonats *m.* [화학] 중탄산염.
bicèfal bicèfala bicèfals bicèfales *adj.* [동물] 머리가 두 개 달린.
bíceps bíceps *m.* [단·복수동형][해부] 이두근.
bicicle bicicles *m.* 이륜차.
bicicleta bicicletes *f.* 자전거.
bicoca bicoques *f.* **1** 하찮은 물건, 잡동사니. **2** 작은 성채. **3** (가톨릭의 수도사가 머리에 쓰는) 두건.
bicolor bicolors *adj.* 두 가지 색의.
bicorn bicorns *m.* (앞뒤로 뾰족한) 2각 모자.
bidell bidella bidells bidelles *m.f.* (학교에서 수업 시간을 알리는) 수위.

bidet bidets *m.* 비데[걸터앉아 국부를 씻는 기구].
bidó bidons *m.* 통, 드럼통, 비커.
biela bieles *f.* **1** [기계] (기계의 동력을 전달하는) 연결봉. **2** (자동차의) 크랭크.
biennal biennals *adj.* 2년마다의, 2년마다 열리는, 2년마다 걸리는.
-f. (축제 등의) 2년제, 격년제.
bienni biennis *m.* 2년.
bifaç bifaços *m.* 2상(相), 2면.
bifàsic bifàsica bifàsics bifàsiques *adj.* 2상(相)의, 2면의.
bifi bífia bifis bífies *adj.* 아랫입술이 튀어나온; 아래턱이 튀어나온, 주걱턱의.
bífid bífida bífids bífides *adj.* [해부] 둘로 갈라진.
bifocal bifocals *adj.* (원시·근시의) 두 초점의. *lents bifocals* 초점이 두 개인 렌즈.
bifoliat bifoliada bifoliats bifoliades *adj.* [식물] 쌍잎의.
bifurcació bifurcacions *f.* **1** 분기, 두 갈래. **2** (길·철로의) 분기점.
bifurcar-se *prnl.* 둘로 나눠지다, 두 갈래로 갈라지다.
biga bigues *f.* **1** (고대 로마의) 쌍두마차. **2** [건축] 대들보.
bígam bígama bígams bígames *adj.* 중혼의, 재혼의.
bigàmia bigàmies *f.* 이중 결혼; 재혼.
bigarrat bigarrada bigarrats bigarrades *adj.* 얼룩덜룩한.
bigot bigots *m.* 콧수염.
caure de bigotis 거꾸로 떨어지다.
bigoti bigotis *m.* **1** =bigot. **2** (인쇄의 구획·장식을 겸해 쓰는 양쪽 끝이 가느다란) 괘선.
bigueta biguetes *f.* [건축] 작은 도리.
bijuteria bijuteries *f.* 보석(상).
bikini bikinis *m.* 비키니.
bilabial bilabials *adj.* **1** 두 입술의. **2** 양순음의.
-f. [음성] 양순음.
bilateral bilaterals *adj.* **1** 두 면의, 양측의. **2** [식물][해부] 좌우 양측의. **3** [정치] 쌍무적인.
biliar biliars *adj.* 담즙의.

bilingüe bilingües *adj.* **1** [언어] 2개 국어 병용의, 2개 국어 사용자의; 이중 공식어의. **2** (사전 등) 대역(對譯)의.
bilingüisme bilingüismes *m.* **1** [언어] 2개 국어병용, 2개 국어 사용; 이중 공식어; 이중 언어(학). **2** 사전 대역.
bilió bilions *m.* **1** 조(兆). **2** (북미·프랑스 등에서의) 10억.
bilis bilis *f.* [단·복수동형] **1** 담즙. **2** [비유] 분노, 발끈함.
regirar-se-li la bilis a algú 누구에게 발끈 화내다.
billar billars *m.* 당구; 당구대.
billó billons *m.* (구리와 은의) 합금.
bilobat bilobada bilobats bilobades *adj.* [식물] 화판이 두 개인.
bilorda bilordes *f.* 썩은 잎; 쓰레기, 찌꺼기; 쓸모없는 것.
bimà bimana bimans bimanes *adj.* [동물] 손이 두 개인.
bimbell bimbell *m.* [단·복수동형][건축] 물매.
bimbirimboies *f.pl.* =birimboies.
bimensual bimensuals *adj.* 매월 2회의.
bimestral bimestrals *adj.* 2개월마다의, 격월의, 60일간의.
bimestre bimestres *m.* 2개월(분).
bimotor bimotora bimotors bimotores *adj.* 쌍발의.
-*m.* 쌍발기.
binar *tr.* [농업] 두 번째로 논밭갈이를 하다. -*intr.* (교회에서) 하루에 두 번 미사를 드리다.
binari binària binaris binàries *adj.* 둘로 된, 2단위의.
bingo bingos *m.* 빙고[게임의 일종]; (승자에게) 주는 상.
binocle binocles *m.* **1** 쌍안경. **2** 시력 교정용 안경.
binocular binoculars *adj.* 양안의, 양 눈에 쓰이는, 쌍안용의.
-*m.* 쌍안경.
binomi binòmia binomis binòmies *adj.* 두 항으로 되어 있는.
-*m.* **1** [수학] 2항식. **2** 2인조.
bioalimentació bioalimentacions *f.* 바이오식품.
biobibliografia biobliografies *f.* 작가 이력 총람.
bioclima bioclimes *m.* 생물 기후.
biodegradació biodegradacions *f.* (미생물에 의한) 생물 분해.
bioenergia bioenergies *f.* 생물 에너지.
bioètica bioétiques *f.* 생명 윤리(학)[생물학·의학의 발달에 의한 윤리 문제를 다룸].
biòfag biòfaga biòfags biòfagues *adj.* 산 물질을 먹는.
biofísica biofísiques *f.* 생물리학, 생물리학.
biogènesi biogènesis *f.* 속생설, 생물 발생설[생물은 생물에서 생긴다는 학설].
biògraf biògrafa biògrafs biògrafes *m.* 전기, 약전.
biografia biografies *f.* 전기, 자서전, 일대기.
biografiar *tr.* 전기를 쓰다.
biologia biologies *f.* 생물학.
bioluminescència bioluminescències *f.* 생물 발광.
biomassa biomasses *f.* 생물자원[어느 지역 내에 현존하는 생물의 총량]; 바이오매스[열 자원으로서의 식물체 및 동물 폐기물].
biombo biombos *m.* 병풍, 칸막이.
biòpsia biòpsies *f.* [의학] 생체 조직 검사.
bioquímic bioquímica bioquímics bioquímiques *adj.* 생화학의.
bioquímica bioquímiques *f.* 생화학.
bioritme bioritmes *m.* 바이오리듬.
biosfera biosferes *f.* 생물권[지구상에 생물이 사는 지대].
biosíntesi biosíntesis *f.* 생합성.
biotecnologia biotecnologies *f.* 생물 공학.
biotip biotips *m.* 생물형[동일 유전자형을 지닌 개체군; 그 유전자형].
biòtop biòtops *m.* 소(小)생활권.
bipartidisme bipartidismes *m.* [정치] 양당주의; 양당 연합, 초당주의.
bipartit bipartida bipartits bipartides *adj.* 두 정당으로 나뉜; 둘로 나뉜, 쪼개진.
bípede bípeda bípedes bípedes *adj.* [동물] 두 발을 가진.
-*m.* 인간.

bipenne bipennes *adj.* [동물] 날개가 둘인(dípter).
biplà biplans *m.* 복엽 비행기.
biplaça biplaces *adj.* 두 자리가 있는.
bipolar bipolars *adj.* 1 양극의. 2 [전기] 이극식의.
biquini biquinis *m.* 비키니.
birbar *tr.* 제초하다.
birimboies *f.pl.* =galindaines.
birrem birrems *f.* 노가 두 줄 있는 배.
birret birrets *m.* 1 대학교수의 모자, 법관모, 변호사 모자. 2 챙이 없는 모자, 두건.
birreta birretes *f.* 추기경모.
bis *adv.* 다시 한 번, 반복하여.
-m. 반복; 재창.
-interj. (연주회 등에서) 앙코르!
bisanual bisanuals *adj.* =bianual.
bisbal bisbals *adj.* =episcopal.
bisbat bisbats *m.* 1 주교의 직위·임기. 관할; 주교 교구. 2 주교관. 3 주교단.
bisbe bisbes *m.* 1 주교. 2 (돼지의) 순대; 부티파라[카탈루냐 지방의 소시지의 일종]. 3 [어류] 돌묵상어.
fer un bisbe [구어] 우연히 같은 말을 하다.
bisbètic bisbètica bisbètics bisbètiques *adj.* 1 광적인, 미친 듯이 하는. 2 터무니없는, 엄청난, 기괴한.
bisecció biseccions *f.* [수학] 이등분.
bisector bisectora bisectors bisectores *adj.* 이등분의.
bisectriu bisectrius *f.* [기하] 이등분선.
bisell bisells *m.* 사단면.
bisellar *tr.* 비스듬히 자르다; (거울·널빤지의) 모서리를 없애다.
bisexual bisexuals *adj.* [생물] 양성의.
bisíl·lab bisíl·laba bisíl·labs bisíl·labes *adj.* [음성] 이음절의.
bismut *m.* [화학] 비스무트.
bisó bisons *m.* [동물] (북아메리카의) 들소.
bissextil bissextils *adj.* =bixext.
bistec bistecs *m.* 비프스테이크.
bisturí bisturins *m.* (수술용) 메스.
bit bits *m.* (컴퓨터의) 비트[정보량의 최소단위; 2진법에 있어서의 0 또는 1].
bita bites *f.* 돛 줄을 매는 기둥.

bitàcola bitàcoles *f.* (배의) 나침반함.
bíter bíters *m.* 비터[홉이 잘 삭은 쓴 맥주]; 칵테일에 섞는 쓴 술.
bitlla bitlles *f.* 1 [스포츠] 볼로. 2 (피륙에 다른 빛깔이 들어간) 흠.
bitllet bitllets *m.* 1 (기차·버스·비행기 등의) 승차권, 항공권. 2 입장권. 3 복권. 4 (기입용) 카드.
bitllo-bitllo *adv.* 현금으로(al comptat).
bitllot bitllots *m.* 1 작대기, 막대기, 몽둥이, 곤봉. 2 통나무, 땔감. 3 나무볼링놀이의 볼. 4 (재봉틀·방직기의) 보빈, 북통.
bitó bitons *m.* =bita.
bítter bítters *m.* 비터가스[탄산수가 들어있는 음료수; 식사 전 식욕 증진제로도 마심].
bituminós bituminosa bituminosos bituminoses *adj.* 역청이 함유된
bitxo bitxos *m.* 고추의 씨; 후추.
bivac bivacs *m.* 야영; 야영지.
bivalent bivalents *adj.* [화학] 2가(價)의.
bixest bixests[bixestos] *adj.* 윤년의.
bizantí bizantina bizantins bizantines *adj.m.f.* 비잔티움(Bizancio)의 (사람).
-adj. 1 비잔틴의, 비잔틴 양식의. 2 [비유] 무익한, 쓸데없는.
bizantinisme bizantinismes *m.* 1 비잔틴 양식[건축·예술에서의 지나친 꾸밈새]. 2 [비유] 하찮은 일을 크게 문제 삼음; 지나친 과장.
bla blana blans blanes *adj.* 1 부드러운, 폭신폭신한(tou). 2 (성격이) 부드러운, 상냥한, 정다운(suau). 3 고분고분한, 유순한, 순순히 따르는(dòcil). 4 온화한, 인자한, 친절한(benigne).
bladar bladars *m.* 밀밭.
blader bladera bladers bladeres *adj.* 밀의.
-m.f. 밀 재배 농부, 밀 장수.
blanc blanca blancs blanques *adj.* 1 흰, 하얀, 백색의. 2 밝은 색의, 엷은 빛깔의. 3 순수한, 티 없이 맑은(clar). 4 무색의, 투명한(transparent). 5 (포도주가) 백색인. 6 공백의, 여백의. 7 이유이 없는.
-m. 백색.
-m.f. 1 백색인종. 2 [비유] 보수파(con-

servador). **3** 표적, 과녁, 목표. **4** 공백, 여백(espai); 틈새, 짬. **5** [음악] 반음부. **6** (옛날의) 화폐.
en blanc i) 인쇄가 안 된, 기록하지 않은; ii) (밤에) 자지 않고.
fer[encertar el] blanc 과녁에 맞다, 중앙에 맞히다; 적중하다.
quedar en blanc [구어] 이해하지 못하다; 끝내 밝혀지지 않다.
tirar al blanc 과녁을 맞히다.
blancall blancalls *m.* **1** (머리의) 하얀 점. **2** (달의) 하얀 부분.
blancor blancors *f.* 새하얀 것, 하얀 정도.
blandícia blandícies *f.* 아부, 아첨, 알랑거림; 외교적인 언사.
blaneig blaneigs[blanejos] *m.* **1** (바다의) 잔잔함; 쾌청함. **2** (눈을 녹이는) 잔잔한 바람.
blanejar *intr.* (날씨가) 잔잔해지다; (바람이) 자다.
blanesa blaneses *f.* 연함, 부드러움; 지나친 겸손.
blanqueig blanqueigs[blanquejos] *m.* **1** 표백. **2** (가죽의) 무두질. **3** (천을) 하얗게 함.
blanquejar *tr.* **1** 희게 하다, 표백하다 (emblanquinar). **2** (가죽을) 무두질하다. *-intr.* **1** 희게 보이다, 흰빛을 띠다. **2** 희게 되다.
blanquejat blanquejats *m.* 흰 벽의 겉.
blanquer blanquers *m.* (가죽의) 무두질.
blanquet blanquets *m.* **1** 옛날 나바라와 아라곤에서 사용된 동전. **2** 양모로 된 천. **3** 백연, 납 가루. **4** 화장분.
blasfem blasfema blasfems blasfemes *adj.* 신을 모독하는, 신성 모독하는, 불경스러운.
-m.f. 신성 모독자.
blasfemar *tr.* **1** (신을) 모독하다, 신성 모독하다. *blasfemar el nom de Déu* 하나님의 이름을 모독하다. **2** 욕설하다, 폭언하다. *-intr.* 신성 모독을 하다, 불경스러운 말을 하다.
blasfèmia blasfèmies *f.* **1** 신성모독, 불경스러운 말. **2** 욕지거리, 폭언.
blasmar *tr.* 나무라다, 야단치다, 꾸짖다; 책망하다; 비난하다, 문책하다.

blasme blasmes *m.* 비난, 비판, 비평.
blasó blasons *m.* **1** 문장(紋章)학. **2** 문장; 무기. **3** 가문의 자랑.
blasonar *tr.* 문장(紋章)을 그리다.
blastomar *tr.* =blasfemar.
blastomia blastomies *f.* =blasfèmia.
blat blats *m.* [식물] 밀.
blatdemorar blatdemorars *m.* 옥수수 밭.
blau blava blaus blaves *adj.* **1** 푸른, 청색의. **2** 물빛의. **3** [비유] 멍하니 입을 벌린.
fer-la blava [비유] 세상을 떠들썩하게 하다, 소문거리를 퍼뜨리다.
-m. **1** 푸른색, 청색. **2** 푸름; 푸르스름한 빛깔. **3** [의학] 멍, 혈반(血斑).
posar blau 푸른 빛깔 옷을 입다.
-f. [식물] 오랑캐꽃.
blauet blauets *m.* **1** (마요르카의) 노래하는 아이. **2** [식물] 개미국화. **3** [조류] 까치의 일종, 잿빛 까치.
blaugrana blaugrana *adj.* [단·복수동형] 바르셀로나 프로 축구팀의. *els jugadors blaugrana* 바르셀로나 축구팀 선수들.
blavejar *intr.* 푸르스름하다, 푸르스름해지다. *-tr.* [의학] 피멍이 들게 하다.
blaverol blaverols *m.* (머리의) 혹.
blavet blavets *m.* 푸르스름한 광택.
ble bles *m.* **1** 심(心). **2** (초의) 심지, 등심. **3** 신관, 도화선. **4** (말의) 머리 갈기.
blec blecs *m.* **1** 구김, 주름살; 접음. **2** 휘어진·구부러진 정도·율.
bleda[1] bledes *f.* [식물] 근대, 부단초.
bleda[2] bledes *adj.* **1** 얼빠진, 멍청한 (beneitó). **2** 느린, 굼뜬, 굼벵이 같은 (aturat). **3** (사람이) 미지근한, 싱거운.
-m.f. 그러한 사람.
bledà bledana bledans bledanes *adj.* 우쭐한, 뽐내는, 으스대는(ufanós).
bleda-rave bleda-raves *f.* [식물] 사탕무.
bledejar *intr.* 애교 부리다, 아양 떨다.
blefaritis blefaritis *f.* [의학] 안검염, 다래끼.
blegadissa blegadisses *f.* 돌쩌귀(frontissa).
blegar *tr.* **1** 구기다, 접다. **2** (경첩·돌쩌귀 등을) 달다. **3** [비유] 압도하다, 짓

누르다, 납작코를 만들다.
bleir *tr.* (불·태양에) 태우다. **-se 1** 타다, 타오르다; (고기가) 약간 타다. **2** [비유] 애간장이 타다.
bleix bleixos *m.* 숨이 참, 헐떡거림.
bleixar *intr.* 헐떡이다, 헐떡거리다, 숨가빠하다.
blenera bleneres *f.* 점화기, 성냥, 화구.
blennorràgia blennorràgies *f.* [의학] 임질.
blennorrea blennorrees *f.* [의학] (임질에 의한) 농루.
bleva bleves *f.* 머리에 의한 타격.
blindar *tr.* 장갑(裝甲)하다, 무장하다; 피복하다, 덧입히다.
blindatge blindatges *m.* **1** (전차 등의) 장갑. **2** (참호의) 방탄벽. **3** [전기] 차단 벽.
bloc blocs *m.* **1** 블록, 덩어리; 잘라 낸 돌덩이. *un bloc de marbre* 대리석 블록. **2** (정당 등의) 파벌, 단체. **3** (국가·지역·주거지 등이 제휴·밀집한) 블록. **4** [전기] 차단 벽.
en bloc 일괄하여, 총괄하여, 전체적으로.
blocador blocadora blocadors blocadores *adj.m.f.* 포위하는, 봉쇄하는 (사람).
blocar *tr.* **1** 포위하다, 둘러싸다. **2** (해안·예금 등을) 동결·봉쇄하다. **3** [비유] 정지시키다, 제동을 걸다(immobilitzar); 막다, 저지하다, 방해하다. **-se** (기계 부품이) 걸리다, 작동이 안 되다.
blocatge blocatges *m.* **1** 포위. **2** [해사·군사] 봉쇄 (작전). **3** [경제] (예금의) 동결.
blocaus blocaus *m.* [군사] 토치카[통나무로 지은 병영].
blonda blondes *f.* 비단 레이스.
bloquejar *tr.* =blocar.
blues blues *m.ang.* 블루스[노래·곡·춤].
bluf blufs *m.* **1** (포커에서) 패가 센 것처럼 꾸며 상대를 속임. **2** 허세, 과장, 으스댐.
bo[1] bona bons bones *adj.* **1** [남성 명사 단수형이나 동사 원형 앞에서는 **bon**으로 쓰임] 좋은, 훌륭한, 뛰어난. **2** 착한, 선한; 성실한, 충실한. **3** (상태가) 양호한, 우량한; 건강한(sa). **4** (가격이) 좋은, 마땅한. *comprar a bon preu* 좋은 가격으로 사다. **5** 친절한, 다정한, 인정 많은. **6** 편한, 다루기 쉬운(convenient, còmode). **7** (옷을) 잘 입은. **8** 꽤 많은, 상당한(considerable). **9** 재간·재주가 좋은(hàbil). **10** 기분 좋은, 쾌적한(agradable).
-m.f. 좋은 사람, 착한 사람.
-interj. 좋아!, 아주 좋아!; 이런!, 저런!
a la bona de Déu 아무런 대책 없이, 그저 되는 대로, 아무런 계획성 없이; 의지할 데 없이.
a les bones 선뜻, 흔쾌히.
el bo i millor [비유] 정수, 최상의 것.
el[allò] que és bo 좋은 것은, 다행인 것은. *El que és bo és poder riure* 다행인 것은 웃을 수 있다는 것이다.
les coses bones 선한 것, 좋은 것.
estar bo (건강이) 좋다.
fer bo 날씨가 좋다.
fer de bo 중재하다, 변호하다.
tenir la bona 기분이 좋다.
bo[2] bons *m.* 상품 티켓(bitllet, aval).
boa boes *f.* [동물] 보아, 왕뱀.
boà boàs *m.* 보아[가죽으로 만든 목도리].
bòbila bòbiles *f.* 벽돌·기와 공장.
bobina bobines *f.* **1** 보빈, 실패. **2** [전기] 코일. **3** 필름. **4** 둥그렇게 만 것.
bobinar *tr.* (실·줄을) 감다.
bobò bobons *m.* 맛있는 것, 단것, 과자; 진수성찬, 진미.
boc bocs *m.* [동물] 숫염소; 그 가죽.
boç boços *m.* (짐승의) 재갈, 입마개.
boca boques *f.* **1** [해부] 입. **2** (발음 기관으로서의) 입, 구강. **3** 입구, 출구. **4** 맛, 감칠 맛(gust, sabor, paladar). **5** 포도주의 맛. **6** 부양가족. **7** (괭이·끌 등의) 날 끝. **8** (펜치·망치 등의) 집는 부분, 머리, 집게. **9** *pl.* 강어귀.
a boca de nit 해질녘에, 해거름에, 해가 지자.
de boca en boca 입에서 입으로.
cloure[tancar] la boca 조용히 하게 하다, 입 닥치게 하다.
estar en boca 입맛이 당기다, 배가 고프다.

no tenir boca per a[amb què] dir [respondre, etc] 뭐라 말해야 할지를 모르다.
parlar per boca de (누구와) 같은 말을 하다; (누구를) 통해 말하다.
tornar a la boca 반복하다.
bocabadat bocabadada bocabadats bocabadades *adj.* **1** 배가 고픈. **2** [비유] (놀라거나 감탄하여) 입을 벌린. **3** 멍하니 바라보는, 멍청한.
bocada bocades *f.* 한입, 한입거리; 한 모금; 약간의 음식.
fer bocades [비유] 허풍 떨다.
bocadents, de *loc.adv.* 엎드려.
bocafi bocafina bocafins bocafines *adj.* =refinat.
bocafluix bocafluixa bocafluixos bocafluixes *adj.* 입이 헤픈, 말이 많은.
bocam bocams *m.* (포도주의) 감칠맛.
bocamàniga bocamànigues *f.* 소맷부리.
bocamoll bocamolla bocamolls bocamolles *adj.* **1** 입이 싼, 입이 가벼운. **2** (말 등이) 다루기 쉬운.
bocana bocanes *f.* 입구; 항구.
boçar *tr.* (동물에) 부리망을 씌우다.
bocassa bocasses *f.* 싫은 맛, 역겨움.
bocaterrós bocaterrosa bocaterrosos bocaterroses *adj.* 엎어져 있는.
de bocaterrosa 엎어져서, 엎드려.
bocí bocins *m.* **1** (빵·치즈 등의) 조각. **2** (고기의) 잘린 부분, 쪼가리(tall). **3** 한입거리, 한 입. **4** 조각, 파편.
bocinada bocinades *f.* =bocada.
bocinejar *tr.* 갈기갈기 찢다.
bocoi bocois *m.* 큰 통.
bocons, de[a] *loc.adv.* 엎어져서; 엎드려.
bocut bocuda bocuts bocudes *adj.* 입이 큰.
boda bodes *f.* 결혼, 혼인(casament); [주로 *pl.*] 결혼식(noces).
bodega bodegues *f.* (배의) 창고.
bodegó bodegons *m.* [회화] 정물화.
bòfega bòfegues *f.* 물집, 수포.
bofegar-se *prnl.* 물집·수포가 생기다.
bòfia bòfies *f.* =bòfega.
 la bòfia [은어] 경찰.
boga bogues *f.* **1** 경계(선). **2** [식물] 향

포.
bogar *tr.* =adobar.
bogejar *intr.* 미치광이처럼 행동하다.
bogeria bogeries *f.* **1** 광기, 실성, 정신착란; 미친 짓, 정신 나간 짓. **2** 지나친 사랑. **3** 정신 병원(manicomi).
 amb bogeria 미치게, 너무도. *La verdura li agrada amb bogeria* 그는 채소를 너무도 좋아한다.
 fer bogeries 정신 나간 짓을 하다.
bohemi bohèmia bohemis bohèmies *adj.* **1** 보헤미아의. **2** 집시족의, 방랑의. **3** (특히 예술가들의) 자유분방한.
 -m.f. 보헤미아인; 집시 족; 자유분방한 생활자.
 -f. 보헤미아 생활; 집시 생활; 방랑 생활.
boia boies *f.* 부표.
boicot boicots *m.* 보이콧, 불매 운동, 배화(排貨); 거부, 배척.
boicotejar[boicotar] *tr.* 보이콧하다, 불매 운동을 하다; 배척하다.
boig boja boigs[bojos] boges *adj.* **1** 미친, 실성한, 정신 나간. **2** 지나친, 너무 좋아하는(excessiu). **3** 굉장한, 대단한.
 -m.f. 미친 사람, 광인.
 de boig 경솔하게, 경망스럽게 (irreflexivament).
 com un boig =de boig.
 estar boig per algú 누군가를 너무 사랑하다.
 tornar-se boig 미치다, 정신이 돌다.
boina boines *f.* 베레모.
boira boires *f.* [기상] **1** 안개. **2** (눈에 낀) 안개. **3** (바다의) 바다 안개.
 anar a escampar la boira [구어] 바람 쐬러 나가다.
boirar-se *prnl.* =neular-se.
boirassa boirasses *f.* 짙은 안개, 농무.
boirat boirats *m.* 비구름.
boirim boirims *m.* =boirina.
boirina boirines *f.* [기상] 연무.
boirós boirosa boirosos boiroses *adj.* 안개가 잔뜩 낀; 희미한, 흐릿한.
boix boixos *m.* [식물] 회양목.
boixa boixes *f.* 뚜껑, 마개.
boixac boixacs *m.* [식물] 금잔화.

boixar-se *prnl.* [방언][속어] 정사를 하다.
boixerola boixeroles *f.* [식물] 양딸기.
boixet boixets *m.* 뜨개바늘.
bojor bojors *f.* 광기, 정신착란; 미치광이 짓, 정신 나간 짓.
bol¹ bols *m.* (손잡이가 없는) 큰 컵, 둥그런 잔, 밥공기.
bol² bols *m.* 투망(calada)
bola[bolla] boles *f.* **1** 구슬, 공. **2** 투포환, 당구공. **3** 맥주의 일종. **4** [비유] 거짓말.
  donar la bola [구어] 거부하다, 거절하다, 퇴짜 놓다; (개에게) 공을 주다.
  tenir bola a algú (누구에게) 원한을 품다.
bolado bolados *m.* 캐러멜.
bolcall bolcalls *m.* =bolquer.
bolcar *tr.* **1** (아이를) 포대기로 싸다. **2** 뒤집다, 뒤엎다(tombar). *El vent era tan fort que va bolcar dos vagons* 바람이 너무 세차서 두 대의 차량을 뒤엎었다. -*intr.* (차가) 뒤집히다. -*se* 뒤집히다; 역류하다(rebolcar-se).
boldo boldos *m.* [식물] 볼도[칠레산 낙엽관목].
bolei boleis *m.* 공중에서 받아 차기.
boleiar *tr.* 빙빙 돌리다; 내두르다, 넘어뜨리다.
boleres *f.pl.* 볼레로[마요르카에서 추는 춤]의 일종.
bolero bolera boleros boleres *m.* 볼레로.
  -*m.f.* 볼레로를 추는 사람.
bolet bolets *m.* **1** [식물] 버섯. **2** 아주 작은 사람, 난쟁이. **3** 실크해트. **4** [속어] 얼굴 때리기, 따귀 때리기.
  créixer[fer-se] com els bolets 버섯처럼 우후죽순으로 자라다.
  ésser[estar] tocat del bolet [구어] 제정신이 아니다.
boletaire boletaires *m.f.* 버섯 캐는 사람.
bòlid bòlids *m.* [천문] 유성, 운석.
bolig boligs[bolitjos] *m.* (물건을 쓰러뜨리는 게임에 쓰이는) 작은 공.
bolígraf bolígrafs *m.* 연필.
bòlit bòlits *m.* 말뚝 놀이의 일종.

boll bolls *m.* [식물] (밀·도토리 등의) 꼬투리.
bolla bolles *f.* 통관 검사필 도장, 통관 필증, 통관 마크.
bolleta bolletes *f.* 표, 입장권(butlleta).
butlletí bolletins *m.* 보고, 통보, 공보, 회보, 시보(butlletí).
bolquer bolquers *m.* (아기들의) 기저귀.
bolquet bolquets *m.* **1** 손수레. **2** 달구지, 짐수레, 운반차.
bolxevisme bolxevismes *m.* [정치] 볼셰비즘, 볼셰비키의 주의·사상; (러시아의) 과격주의·정책.
bomba bombes *f.* **1** 폭탄. **2** 펌프. *bomba d'aigua* 물 펌프. **3** 글로브. **4** [비유] 갑작스러운 소식, 굉장한 뉴스; 낭설.
  caure com una bomba 예기치 않은 소식을 받다.
bombar *tr.* **1** (물을) 펌프로 퍼 올리다. **2** 포격하다, 폭격하다. **3** 휘다, 구부리다(corbar). -*se* 휘어지다, 구부러지다; 우쭐해지다, 거만해지다.
bombarda bombardes *f.* **1** 박격포, 대포. **2** 옛날 군함의 일종.
bombardeig bombardeigs [bombardejos] *m.* 포격, 폭격.
bombardejar *tr.* **1** 포격하다, 폭격하다. **2** [물리] 충격을 주다.
bombarder bombardera bombarders bombarderes *m.* 폭격기.
  -*m.f.* 포수, 사수.
bombardí bombardins *m.* [음악] 저음 나팔.
bombardó bombardons *m.* [음악] 봄바르돈[군악대의 큰 나팔].
bombat bombada bombats bombades *adj.* **1** 휘어진, 구부러진, 굴곡진; 뒤틀린. **2** 포물선 모양의.
  -*m.* (렌즈의) 볼록한 모양, 볼록체(convexitat).
bombatxo bombatxos *m.* (옆이 터진) 바지.
bombejar *tr.* **1** =bombardejar. **2** 치켜세우다, 과찬하다.
bomber bombera bombers bomberes *m.f.* 소방수; 구조대원.
bombeta bombetes *f.* 전구.

bòmbix bòmbixs *m.* 누에, 누에고치.
bombo bombos *m.* [음악] 큰 북.
bombó bombons *m.* 캐러멜, 드롭스, 초콜릿 과자, 봉봉 과자.
bombolla bombolles *f.* 기포, (비누·공기의) 방울; 거품, 물거품.
bombollar[bombollejar] *intr.* 거품을 일으키다.
bombona bombones *f.* 큰 술병; 가스통.
bombonera bomboneres *f.* 캡슐, 상자, 통.
bon bons [명사와 동사 원형 앞에서는 **bo**로 쓰임] *adj.* 좋은, 선한, 착한. *un bon home* 좋은 사람, 선한 사람.
fer[ésser] de bon ...하기에 좋은, 알맞은.
bonament *adv.* 잘; 손쉽게, 쉽사리; 선뜻, 자진해서, 솔선해서.
bonança bonances *f.* **1** (바다의) 잔잔함. **2** 좋은 날씨, 온화한 날씨.
bonàs bonassa bonassos bonasses *adj.* 온후한, 듬직한.
bonastre bonastres *m.* 호인.
bonaventura bonaventures *f.* 행운; 점 (endevinació).
dir la bonaventura 점을 치다.
bonda bondes *f.* =bondat.
fer bonda =fer bondat.
bondadós bondadosa bondadosos bondadoses *adj.* 친절한, 다정한, 부드러운.
bondat bondats *f.* **1** 친절, 상냥함; 부드러운 성품, 착한 마음씨, 따뜻한 손길. **2** [비유] 고마움, 도움.
fer bondat 착하다, 행실이 바르다.
bondó, a *loc.adv.* 많이, 듬뿍, 풍성하게.
bonera boneres *f.* 배수, 도랑; 배수구, 하수통.
bonesa boneses *f.* =bondat.
bonet bonets *m.* **1** (수도사·학자 등이 쓰는) 사각모자. **2** [식물] 박달나무. **3** [동물] (반추 동물의) 제2위(胃).
boneta bonetes *f.* (배의) 돛.
bongo bongos *m.* (중미 원주민의) 통나무배, 카누.
bonhomia bonhomies *f.* 친절, 상냥함, 착한 마음씨, 진솔함.

bonic bonica bonics boniques *adj.* 예쁜, 고운, 귀여운.
d'allò més bonic 예쁜, 아름다운, 보기 좋은.
per a fer bonic [구어] (필수가 아닌) 교양의.
bonifaci bonifàcia bonifacis bonifàcies *adj.* =bondadós.
bonificació bonificacions *f.* **1** 개량, 개선(millorament). **2** 추가 지불; 분할 지불. **3** 이득, 보너스. **4** 가격 인하, 할인.
bonificar *tr.* **1** 개량하다, 개선하다(millorar). **2** [상업] 지불하다; 분할 지불하다(pagar). **3** 가격 인하 하다. **-se** 개선되다; 분할 지불 하다.
bonior boniors *f.* (벌 등의) 윙윙거림; 시끄러운 소리, 소동, 요란.
bonir *intr.* 귀가 울리다, 귀가 멍하다.
bonítol bonítols *m.* [어류] 가다랑어.
bonó bonons *m.* **1** (벌집의) 입구의 구멍. **2** (통의) 구멍. **3** (용광로의) 출탕구.
bonsai bonsais *m.* 분재(盆栽).
bony bonys *m.* **1** 부피, 체적, 크기. **2** 짐, 꾸러미. **3** 혹, 종기.
bonyiga bonyigues *f.* 쇠똥(buina).
boom booms *m.ang.* **1** 붐; 벼락 경기. **2** (도시 등의) 급속한 발전. **3** (가격의) 폭등.
boquejar *intr.* **1** (입을) 벌리다. **2** (숨을) 내쉬다. **3** (옷·구두가) 크다.
boquera boqueres *f.* **1** (용수로의) 방수구. **2** *pl.* 공복.
bor *m.* [화학] 붕소.
bòrax bòraxs *m.* [광물] 붕사.
borboll borbolls *m.* **1** (물이) 끓는 일. **2** [비유] 소요, 소동, 난리.
a borbolls 물이 펄펄 끓어; 마구, 허겁지겁.
cercar borbolls 시빗거리를 찾다.
parlar a borbolls 허겁지겁 말하다, 말을 더듬다.
borbollades, a *loc.adv.* 다급히, 성급히.
borbollar *intr.* **1** (액체가) 끓다. **2** 말을 더듬다, 허겁지겁 말하다.
borbolleig borbolleigs[borbollejos] *m.* 부글부글 끓음; 콸콸 솟아나옴, 분출.

borbollejar *intr.* =borbollar.
borbònic borbònica borbònics borbòniques *adj.* [역사] 부르봉 왕조의.
borborigme borborigmes *m.* (배가) 부글거림.
bord borda bords bordes *adj.* **1** (나무의) 열매가 열리지 않는. **2** 불임의. **3** [식물] 진짜가 아닌, 가짜의, 비슷한. **4** 사생아의, 서자의.
-m.f. 사생아, 서자.
a bord 탑승한, 승선한.
pujar a bord 탑승·승선하다.
borda¹ bordes *f.* 오두막, 작은 집.
borda² bordes *f.* 큰 돛.
bordar *intr.* (개가) 짖다.
bordegàs bordegassa bordegassos bordegasses *m.f.* **1** 아이, 소년, 소녀; 젊은이. **2** [고어] (배의) 현측.
bordell bordells *m.* 사창굴.
bordenc bordenca bordencs bordenques *adj.* 열매가 적은.
bordeus bordeus *m.* [단·복수동형] 보르도산 포도주.
bordissalla bordissalles *f.* 천박한 무리들; 무법자들.
bordissot bordissots *m.* 쇠똥.
bordó bordons *m.* **1** (순례자들의) 지팡이. **2** [음악] (노래의) 후렴; (악기의) 저음현. **3** (인쇄의) 조판에서 빼먹음. **4** 안내자, 돕는 사람.
bordoi bordois *m.* 소택지, 늪지.
boreal boreals *adj.* 북의, 북쪽의, 북극의; 북풍의.
borgonya borgonyes *m.* 부르고뉴[프랑스 부르고뉴 지방에서 생산하는 포도주].
borina borines *f.* **1** (돛 줄을) 팽팽히 당기는 밧줄. **2** [비유] 싸움판.
borinor borinors *f.* 폭풍우의 회오리 소리.
borinot borinots *m.* [곤충] 땅벌, 토봉.
borja borges *f.* 움막, 대피소.
borla borles *f.* (옷감·천의) 술, 술 장식.
borlar *tr.* 술 장식 하다.
born borns *m.* (동물의) 탄저병.
born borns *m.* **1** 기마전[창으로 하는 1:1 경기]. **2** (고대 그리스의) 투기장, 씨름 터. **3** 경연장, 각축장; 토론회장.

4 [전기] 전극; (전지의) 단자.
borni bòrnia bornis bòrnies *adj.* **1** 비꼬인, 비틀린, 뒤틀린, 굽은. **2** 외눈의, 애꾸눈의.
-m.f. 애꾸눈.
borra borres *f.* **1** (양털 등의) 찌꺼기; (속에 넣는) 양털. **2** [식물] 올리브 꽃.
borradura borradures *f.* [의학] 발진.
borrall borralls *m.* **1** 양털 부스러기. **2** 눈송이. **3** 부스러기, 파편.
borralló borrallons *m.* =borrall.
borràs borrassos *m.* 삼 찌꺼기; 그것으로 만든 삼베.
borrasca borrasques *f.* **1** 폭풍, 폭풍우(temporal). **2** [비유] 소동, 폭동.
borrascall borrascalls *m.* 진눈깨비.
borrascós borrascosa borrascosos borrascoses *adj.* **1** 폭풍·풍랑이 일 듯한. *Fa un temps borrascós* 폭풍이 일 것 같다. **2** [비유] 무질서한.
borrasquejar *intr.* 폭풍이 불다, 풍랑이 일다.
borrassa *f.* **1** (올리브 등을 딸 때 밑에 까는) 막, 천. **2** 피리·나팔의 일종.
borrassó borrassons *m.* 작은 막.
borratxa borratxes *f.* [속어] 술 자루.
borratxera borratxeres *f.* 술 취함.
borratxeria borratxeries *f.* 엄청난 양.
borratxo borratxa borratxos borratxes *adj.m.f.* 술 취한 (사람).
borrec borrega borrecs borregues *m.* (1-2살 된) 새끼 양.
-m.f. 무지한 사람.
borrego borregos *m.* [드묾] 빵 부스러기.
borrer borrera borrers borreres *adj.* **1** [식물] 암꽃의. **2** 열매를 맺지 못하는 (infructífer).
borrim borrims *m.* 보슬비, 가랑비.
borrimejar *intr.* 보슬비가 내리다.
borrissol borrissols *m.* (비단·면 등의) 보풀.
borró borrons *m.* **1** [식물] 싹. **2** (과일의) 솜털. **3** 솜털, 부드러운 털.
borromba borrombes *f.* 큰 방울.
borronar *intr.* 새싹이 나다.
borrós¹ borrosa borrosos borroses *adj.* 찌꺼기가 많은.

borrós² borrosa borrosos borroses *adj.* 읽기 어려운, 판독하기 어려운.
borrufa borrufes *f.* 눈·비가 몰아침, 눈보라, 비바람.
borrufar *intr.* 눈보라·비바람이 몰아치다.
borsa borses *f.* 증권 거래소, 주식 시장.
baixar la borsa 주식을 내리다.
pujar la borsa 주식을 올리다.
borsari borsària borsaris borsàries *adj.* 증권 거래소의, 거래 시장의.
borseguí borseguins *m.* 편상화.
borsista borsistes *m.f.* 주식 중개인, 주식 브로커, 투기업자.
bosc boscs[boscos] *m.* 숲.
boscà boscana boscans boscanes *adj.* 1 숲의, 산림의. 2 들의, 들에서 자라는, 야생의(silvestre).
boscana boscanes *f.* 관목이 적은 숲.
boscater boscatera boscaters boscateres *m.f.* 땔나무꾼, 땔나무 장수.
boscúria boscúries *f.* 빽빽한 숲.
bosqueró bosquerons *m.* 작은 숲.
bosquerol bosquerola bosquerols bosqueroles *adj.* 산림의, 산의; 밀림의.
-m.f. 산지기, 산림지기.
bosquí bosquina bosquins bosquines *adj.* 숲의, 야생의.
bosquina bosquines *f.* 동산.
bossa bosses *f.* 1 주머니, 쌈지, 지갑. 2 가방, 핸드백, 바구니(saquet). 3 [비유] 용돈, 쌈짓돈. 4 [해부] 낭(囊), 음낭. 5 (광산의) 광.
fer bossa 자금을 모으다.
bossanya bossanyes *f.* =bony.
bossell bossells *m.* [건축] 기둥의 홈; 홈파는 끌.
bossic bossics *m.* 작은 비닐봉지.
bossoga bossogues *f.* =bony.
bossot bossots *m.* 큰 자루.
bot¹ bots *m.* (포도주를 넣는) 술 자루.
bot² bots *m.* 뗏목.
bot³ bots *m.* 가죽피리, 뿔 나팔.
bota botes *f.* 장화; 승마화, 부인화.
bóta bótes *f.* (나무로 만든) 술통.
botada botades *f.* 나무통, 술통; 밤나무.
botafió botafions *m.* 닻줄.

botànic botànica botànics botàniques *adj.* 식물의, 식물학의.
-m.f. 식물학자.
botànica botàniques *f.* 식물학.
botar *intr.* 1 (공이) 튀다; 튀어 오르다 (rebotre). 2 (말이) 뛰다.
-tr. 1 (담을) 뛰어 넘다. 2 (불이) 붙다.
Va botar foc a la botiga 가게에 불이 붙었다.
botavant botavants *m.* 적선이 접안해 오는 것을 막는 긴 장대.
botavara botavares *f.* 활대[배의 돛을 달기 위해 돛대에서 가로지르는 나무의 일종].
botejar *intr.* 도약하다, 껑충껑충 뛰다, 중간 중간을 건너뛰다(saltironar).
botella botelles *f.* 1 작은 술 자루, 작은 술통. 2 병. 3 가스통. 4 가죽피리, 뿔 나팔.
botelleria botelleries *f.* 통 제조상; 통 제조소.
boter botera boters boteres *m.f.* 통 제조상.
boteria boteries *f.* 1 통 제조소. 2 [집합] 제조된 통의 총체. 3 통 제조술.
boterut boteruda boteruts boterudes *adj.* 1 통 모양으로 된. 2 볼록한, 불룩 튀어나온. 3 땅딸막한.
botet botets *m.* 1 미끼 새, 후림 새; 유혹, 미끼(reclam). 2 (벗을 끌어들이는) 후림 피리.
botí¹ botins *m.* 반장화
botí² botins *m.* 전리품, 약탈품.
botifarra botifarres *f.* 부티파라[카탈루냐 지방의 돼지고기, 치즈 등을 갈아 넣어 만든 음식].
botifarró botifarrons *m.* (선지를 넣은) 순대.
botifler botiflera botiflers botifleres *adj.* 1 볼이 토실토실한, 얼굴이 복스러운. 2 [비유] 거만한, 오만한.
botiga botigues *f.* 1 가게, 상점; 식료품점, 잡화상. 2 식품 저장소; 저장 식료품. 3 철물 보관소.
botiguer botiguera botiguers botigueres *m.f.* 가게 주인, 소매상인; 천막 제조인.

-m. [조류] 물총새.
botija botiges f. **1** 물 항아리. **2** 혹; 달라붙은 것.
bòtil bòtils m. (휴대용) 술병, 술 자루.
botina botines f. 각반; 장화.
botinflar-se prnl. [의학] 몸이 붓다, 부풀어 오르다.
botir intr. 부피가 커지다. **-se** 불어나다, 부피가 커지다(embotir-se).
botiró botirons m. 땅딸보.
botit botida botits botides adj. (강물이) 불어 오른, 넘치는.
botja f. **1** [식물] 관목, 덤불. **2** (실크의) 섶.
botó botons m. **1** [식물] 싹; (꽃의) 봉오리. **2** (의복 등의) 단추. **3** (초인종 등의) 누름단추, 버튼. **4** [속어] 불알.
botonada botonades f. [집합] 한 벌의 단추.
botonar tr. 단추를 채우다, 브로치를 잠그다.
botoner botonera botoners botoneres f. 단춧구멍.
-m.f. 단추 제조업자.
botorn botorns m. =bovor.
botre intr. **1** 던지다, 내던지다; 버리다. **2** 몰아내다, 해고하다, 내쫓다.
botuliforme botuliformes adj. 부티파라 모양의.
botxa botxes f. 나무 공; [복수로 쓰여] 나무 공놀이.
botxí botxins m. 사형집행인.
botxinejar tr. 고문하다, 형벌을 주다(turmentar).
botzina botzines f. **1** 뿔피리. **2** 메가폰, 확성기. **3** (자동차의) 나팔. **4** (축음기의) 확성기.
botzinar intr. (성이 나서) 투덜거리다 (rondinar).
botzinejar intr. =botzinar.
bou[1] bous m. **1** [동물] 황소. **2** (거세한) 소. **3** pl. 투우. **4** 소가죽. **5** 소고기.
bou[2] bous m. [상업] 전도금, 선불금.
bouada bouades f. 소 떼(bovada).
boual bouals m.[f] 외양간, 마구간(boval).
bouejar intr. 거세한 소같이 보이다.
bova boves f. [식물] 부들, 향포.

boveral boverals m. 외양간, 마구간.
boví bovina bovins bovines adj. 소의.
bòvids m.pl. [동물] (소, 양, 영양 등의) 우속(牛屬).
bovor bovors f. (여름의) 열풍, 뜨거운 바람.
boxa boxes f. [스포츠] 복싱.
boxador[boxejador] boxadora boxadors boxadores m. 복싱 선수.
boxejar intr. 복싱을 하다.
brac[1] bracs m. 진흙.
brac[2] bracs m. [의학] 곪은 종기.
braç braços m. **1** [해부] 팔. **2** (네발짐승의) 앞다리. **3** (기계의) 핸들. **4** (의자의) 가로 받침 나무. **5** 팔뚝, 상박(上膊), 두 팔. **6** (기중기의) 팔. **7** 버팀나무. **8** (나무의) 가지. **9** 힘, 완력; 용기, 기백. **10** 지류, 분류. **11** [비유] 일손(obrer, treballador).
braç a braç 팔짱을 끼고.
agafar pel braç 팔을 잡다.
encreuar els braços 팔짱을 끼다; [비유] 방관만 하고 있다.
ésser el braç dret d'algú (누구의) 오른팔이다.
rebre amb els braços oberts [비유] 환대하다.
tractar braç a braç 친근하게 대하다.
braça braces f. **1** (배의) 돛을 조이는 밧줄. **2** 브라사[길이의 단위].
braçada braçades f. **1** 팔의 신축, 팔운동. **2** 한 아름.
braçal braçals m. **1** (갑옷의) 팔꿈치받이. **2** 완장. **3** 상장(喪章). **4** (강의) 용수로.
braçalet braçalets m. 팔찌; (갑옷의) 팔꿈치받이.
braçat m. 한 아름. *un braçat de llenya* 한 아름의 장작.
agafar d'un braçat 한 아름 잡다.
bracejar intr. **1** 팔을 흔들다. **2** (손을 번갈아 가며) 헤엄치다. **3** (돛의) 밧줄을 당기다.
bracer bracera bracers braceres adj. 일하는, 노동하는.
-m. 날품팔이, 일용 노무자.
bracet, de loc.adv. 서로 팔짱을 끼고.
bradicàrdia bradicàrdies f. [의학] 맥박

bradipèpsia bradipèpsies *f.* [의학] 소화 불량.
braga bragues *f.* **1** (아기의) 배내옷. **2** 밧줄. **3** *pl.* 반바지.
braguer braguers *m.* **1** (소의) 젖. **2** [의학] 탈장대(脫腸帶).
bragueta braguetes *f.* (바지의) 앞이 터진 곳.
bram[1] brams *m.* (나귀의) 울음소리.
bram[2] brams *m.* (바람·바다의) 큰 소리; 아우성 소리, 절규.
brama brames *f.* (우유의) 거품.
córrer la brama 소문이 돌다, 말이 돌다.
braman bramans *m.* [종교] 브라만[인도 카스트 제도에서 가장 높은 승려 계급].
bramar *intr.* **1** (소가) 울다; (맹수가) 울다, 포효하다, 으르렁거리다. **2** (바다의) 바람이 세차게 불다. **3** 성나서 소리치다.
bramul bramuls *m.* **1** (소의) 울음소리; (동물의) 우는 소리. **2** [비유] 폭풍우 소리.
bramular *intr.* **1** (소 등이) 우는 소리를 내다. **2** [비유] 폭풍우가 요란한 소리를 내다.
branc brancs *m.* **1** =branca. **2** [지질] (길·수로 등의) 지선, 지류, 지맥.
branca branques *f.* **1** (나무의) 가지. *una branca trencada* 부러진 가지. **2** (과일나무 등의) 가지, 송이. **3** [해부] (동맥 등의) 가지.
brancada brancades *f.* **1** =branca. **2** [집합] 나뭇가지.
brancal brancals *m.* [건축] 방주(方柱).
brancall brancalls *m.* (연료로 쓰는) 작은 나뭇가지.
brancar *intr.* 가지가 나다, 가지가 무성해지다.
branda brandes *f.* 불꽃, 화염.
brandada brandades *f.* 동요, 흔들림; 망설임.
brandar *tr.* **1** (검을) 휘두르다. **2** (종이) 왔다 갔다 하다. **3** 움직이다, 동요하다, 흔들리다(balancejar). *-intr.* 흔들리다(oscil·lar); 비틀거리며 가다, 갈지자로 걷다.
brandejar *tr.* (무기를) 휘두르다.
brandó brandons *m.* 햇불; 커다란 촛대.
branquejar *intr.* 나뭇가지를 흔들다.
brànquia brànquies *f.* (물고기의) 아가미.
branquilló branquillons *m.* 작은 가지, 지엽; 작은 丑나풀.
bransolejar *tr.* 흔들다. *-intr.prnl.* 흔들리다, 왔다 갔다 하다(balancejar).
braó braons *m.* **1** [해부] 팔. **2** (다리의) 넓적다리, 대퇴, 상퇴. **3** [비유] 용기, 기백(coratge).
braol braols *m.* =bramul.
braolar *intr.* =bramular.
braquicèfal braquicèfala braquicèfals braquicèfales *adj.m.f.* 머리가 둥글고 짧은 (인류·사람).
brasa brases *f.* 숯불.
a la brasa 숯불구이로.
donar-se brasa 서두르다, 재촉하다.
braser brasers *m.* **1** 화로, 풍로. **2** 숯더미.
braseret braserets *m.* (발을 녹이는) 도구, 화로.
brau brava braus braves *adj.* **1** 용감한, 용맹한(valent). **2** 우수한, 뛰어난, 탁월한(excel·lent). **3** (동물이) 사나운; (성미가) 고약한. **4** (바다가) 성난, 사나운. **5** (해변이) 가파른, 급경사의. *-m.* [동물] 황소(bou).
brauell brauells *m.* (2, 3살의) 송아지.
bravada bravades *f.* 냄새(tuf).
bravata bravates *f.* 엄포; 허세, 강한 체함.
dir[proferir] bravates 엄포를 놓다; 허세를 부리다.
bravatejar *intr.* =dir bravates.
bravejar *intr.* 강한 체하다, 용감한 체하다; 허세를 부리다.
bravejar de 허세를 부리다, 우쭐거리다.
bravesa braveses *f.* **1** 용감, 용기, 용맹, 기백. **2** (동물이) 미친 듯 날뜀. **3** (풍랑의) 사나움.
bravo bravos *m.* 갈채, 박수(aplaudiment).

-interj. 잘했어!, 아주 훌륭해!, 브라보!
brea brees *f.* **1** 타르, 역청. **2** 전극용 유지. **3** (포장) 유포(油布).
brec¹ brecs *m.* **1** 자동차. **2** 사륜마차 (carruatge).
brec² brecs *m.* 호미의 날.
brega bregues *f.* 싸움, 다툼, 언쟁.
bregar *intr.* 싸우다, 다투다, 투쟁하다. *-tr.* **1** (옷을) 문지르다, 비비다. **2** (삼의) 대를 빨다, 삼을 빗다.
bregat bregada bregats bregades *adj.* **1** 무두질한. **2** 길든.
bren brens *m.* (밀가루를 빻을 때 나오는) 밀기울.
brendolat brendolats *m.* (계단 등의) 손잡이; 난간.
breny *m.* (바위 사이의) 거친 땅.
bres bressos *m.* **1** 요람. **2** 바구니, 광주리.
bresca bresques *f.* 꿀벌의 집, 밀랍.
brescam brescams *m.* 꿀이 없는 벌집.
brescar *tr.* 벌집에서 꿀을 꺼내다. *-intr.* (꿀벌이) 집을 만들다.
brescat brescada brescats brescades *adj.* 거품·기포가 많은, 구멍투성이의. *-m.* (포도 재배에서) 포도나무 사이의 연결망.
bresquilla bresquilles *f.* [식물] 복숭아, 복숭아나무.
bressar *tr.* (요람을) 흔들다; 흔들다, 뒤흔들다.
bressol[bressola] bressols *m.* **1** 요람. **2** [비유] 발생지, 탄생지.
bressoleig bressoleigs[bressolejos] *m.* 흔들림, 동요; 망설임.
brètol brètola brètols brètoles *m.f.* 악당, 건달패, 망나니.
bretolalla bretolalles *f.* [집합] 건달패들.
bretxa bretxes *f.* **1** 금, 균열, 갈라진 틈 (obertura). **2** [비유] 돌파구. **3** (산 사이의) 협곡, 계곡.
obrir bretxa [군사] 돌파구를 뚫다, 공격로를 열다.
breu1 breus *adj.* **1** 간단한, 짧은. **2** 잠시잠깐의. **3** [문법] 짧은. *síl·laba breu* 단음절.
en breu 간단히, 짧게; 짧게 말해. *-f.* [문법] 단음절.

breva breves *f.* (순한) 궐련.
brevetat brevetats *f.* **1** 짧음, 짧은 시간. **2** 간단, 간결.
breviari breviaris *m.* 기도서.
brèvol brèvola brèvols brèvoles *adj.* **1** 약한, 깨지기 쉬운. **2** (음식이) 연한.
bri brins *m.* **1** 섬유(filament); 실. *brins de seda* 실크 섬유. **2** 근육, 힘줄, 심줄. **3** 이야기 줄거리. **4** 나뭇결. **5** [광산] 광맥. **6** [비유] 조금, 약간(mica). *No té un bri d'enteniment* 조그만 상식조차 없구나.
brial brials *m.* (옛날의) 비단 스커트.
brianxa brianxes *f.* 미풍, 서늘한 바람.
bricallaire[bricaller] bricallaires *m.f.* 닭·달걀 판매상.
bricolatge bricolatges *m.* 가정에서 하는 간단한 목공.
brida brides *f.* **1** 고삐. **2** 말굴레의 일체. **3** [기계] 쥠쇠; (레일의) 이음쇠.
anar a tota brida[*a brida abatuda*] 전속력으로.
bridge bridges *m.ang.* 브리지[게임의 일종].
brigada brigades *f.* **1** [군사] 여단. **2** (군대식 편성의) 대(隊), 조(組), 단(團) (equip). **3** [집합] 반, 반원; 인원, 직원.
brigadier brigadiera brigadiers brigadieres *m.f.* 여단장; 준장, 소장.
brill brills *m.* 미끼 새, 후림 새; 미끼; (미끼에 쓰이는) 호루라기.
brillant brillants *adj.* **1** 빛나는, 눈부신, 반짝이는. **2** [비유] 훌륭한, 뛰어난. *-m.* (브릴리언트형) 다이아몬드.
brillantina brillantines *f.* (두발용) 화장품.
brillantor brillantors *f.* **1** 광채, 윤기, 광택. **2** 영예, 영광.
brillar *intr.* **1** 빛나다, 반짝이다. **2** [비유] (재능 등이) 돋보이다, 빛나다(exel·lir).
brimarada brimarades *f.* 불꽃, 화염; 화끈하게 달아오름.
brinc brincs *m.* 샌들 테두리.
brindar *intr.* **1** 건배하다. **2** 제공하다. *-tr.* 제공하다, 바치다. *-se* 제공하다.
brindis brindis *m.* [단·복수동형] 건배, 축배; 축배의 말, 헌사.
brinós brinosa brinosos brinoses *adj.*

brioix brioixos *m.* (밀가루·달걀·버터 등으로 만든) 반죽.
briqueta briquetes *f.* 연탄, 조개탄.
brisa^1 brises *f.* 산들바람, 미풍.
brisa^2 brises *f.* (포도를 짠) 찌꺼기.
brisaina brisaines *f.* 눈보라; 강풍.
brisca brisques *f.* **1** 카드놀이의 일종. **2** 시원한 바람.
briva braves *f.* 건달 생활.
 gent de la briva 건달로 살아가는 사람들.
 donar-se a la briva 건달 생활을 하다.
brivall brivalls *m.* **1** 건달, 악당, 불량배. **2** 심술쟁이, 심술꾸러기.
brivalla brivalles *f.* **1** 천민, 속된 무리; 폭도 무리. **2** 일당, 도당, 패거리.
broc brocs *m.* **1** 부리, 주둥이. **2** (그릇의) 주둥이. **3** (가스등·램프의) 화구. **4** 하찮은 것. **5** *pl.* 잔소리.
 abocar una cosa pel broc gros 분명히 말하다, 또박또박 말하다.
broca broques *f.* **1** 박차를 가하는 쇠. **2** (새를 잡는) 끈끈이 장대. **3** (구두에 박는) 징. **4** (나사 모양의) 송곳 끝.
brocat brocada brocats brocades *adj.* 색색이 짠, 금실로 수놓은.
 -*m.* (그것으로) 짠 것.
brodar *tr.* **1** 수를 놓다. **2** [비유] 끝마무리를 잘하다.
brodat brodats *m.* 자수(刺繡).
bròfec bròfega bròfecs bròfegues *adj.* 퉁명스러운, 무뚝뚝한.
brogir *intr.* **1** (짐승이) 으르렁거리다. **2** (바람 등이) 거세게 불다, 풍랑이 일다.
brogit brogits *m.* **1** 시끄러움, 소란. **2** (물결이) 이는 소리, 찰싹거리는 소리. **3** 굉음, 소음.
 moure brogit 소음을 일으키다.
broix broixa broixos broixes *adj.* **1** (땅이) 황폐해진, 황무지의. **2** 아무것도 없는, 벌거벗은.
broixina broixines *f.* 차가운 공기; 쌀쌀함.
broll brolls *m.* (물이) 솟아 나옴, 내뿜음, 분출(raig).
brolla brolles *f.* 덤불(숲).
brollador brolladors *m.* **1** 샘, 우물. **2** (정원의) 분수.
brollar *intr.* **1** 뿜어 나오다, 분출하다 (rajar). **2** [비유] 나타나다, 출현하다, 떠오르다(sorgir). **3** (샘이) 솟아나다. **4** (잎·싹 등이) 나오다, 돋다.
brolleria brolleries *f.* =fotesa.
brom^1 *m.* [화학] 취소(臭素), 브롬.
brom^2 broms *m.* **1** (과일의) 씨. **2** [의학] 기관지염.
broma^1 bromes *f.* **1** 안개; 바다 안개. **2** 거품.
broma^2 bromes *f.* 우스갯소리, 농담.
 en broma 농담으로.
 prendre's de broma 진지하게 받아들이지 않다.
bromall bromalls *m.* 바다 안개.
bromar *tr.* 거품을 떠내다.
bromassa bromasses *f.* 짙은 안개, 농무.
bromatologia bromatologies *f.* 식품학, 영양학.
bromejar *intr.* 농담을 하다.
bromeliàcies *f.pl.* [식물] 아나나스과 식물.
bromera bromeres *f.* 거품(escuma).
bromerejar *intr.* 거품을 내다.
bromista bromistes *adj.* 농담을 좋아하는.
 -*m.f.* [남녀동형] 농담가.
bromitja bromitges *f.* [기상] 안개(calitja).
bromós bromosa bromosos bromoses *adj.* **1** 안개가 자욱한(boirós). **2** [화학] 브롬이 포함된.
bromur *m.* [화학] 브롬화물, 취화물(臭化物).
bronco-pneumònia bronco-pneumònies *f.* [의학] 기관지 폐렴.
broncoscopi broncoscopis *m.* [의학] 기관지 검사.
bronja bronges *f.* 분첩.
bronqui bronquis *m.* [해부] 기관지.
bronquina bronquines *f.* 말다툼, 싸움, 투쟁, 난투.
bronquíol bronquíols *m.* [해부] 기관지 최종 분기.
bronquitis bronquitis *f.* [단·복수동형][의

학] 기관지염.
bronze bronzes *m.* **1** 동(銅), 청동; 청동제품. **2** 동상, 브론즈.
bronzejador bronzejadora bronzejadors bronzejadores *adj.* bronzejar하는.
bronzejar *tr.* **1** 청동색으로 하다. **2** 햇볕에 피부를 태우다. **-se** 햇볕에 피부가 타다.
broquet broquets *m.* (담배의) 파이프.
broqueta broquetes *f.* [음악] 북을 두드리는 나무.
bròquil bròquils *m.* [식물] 브로콜리[모란채의 일종].
brossa *f.* **1** 솔(raspall). **2** 덤불(숲). **3** 잡초. **4** 티끌, 터럭(partícula). **5** *pl.* 쓰레기, 찌꺼기. **6** 쓸모없는 것.
brossall[brossam] brossalls *m.* 티끌, 터럭; 덤불.
brossar *tr.* 솔로 닦다; (활자를) 솔로 손질하다.
brossat brossats *m.* 연한 치즈, 엉긴 우유덩어리.
brosta brostes *f.* **1** 싹, 순. **2** 잎. **3** [집합] 잘린 가지.
brostar *intr.* 싹이 트다, 잎이 나오다.
brostejar *intr.* **1** 어린 가지를 치다. **2** (짐승이) 나뭇잎과 가지를 먹다. **3** [방언·비유] 제일 좋은 부분을 택하다.
brostim brostims *m.* 잘라낸 허드레 가지.
brot brots *m.* **1** 싹, 순. **2** (나오는) 가지.
de cap de brot 일급의, 최고급의; 비할 데가 없는.
brotada brotades *f.* (싹의) 발아.
brotar *intr.* 싹이 나오다, 발아하다.
brotó brotons *m.* 싹, 순; 봉오리.
brotxa brotxes *f.* **1** (자루 달린) 붓; 쇠솔. **2** 칫솔.
brotxar *tr.* 쇠 솔로 작업하다.
brou brous *m.* 국물, 육즙, 수프.
bru bruna bruns brunes *adj.* 가무잡잡한.
bruc brucs *m.* [식물] 산매자과 관목.
bruel bruels *m.* =bramul.
bruelar *intr.* =bramular.
brufada brufades *f.* (여름철의) 구름.
brufar *intr.tr.* (물을) 뿌리다, 흩뿌리다, 살수하다. *brufar la roba* 옷에 물을 뿌리다.
brúfol brúfols *m.* [동물] 들소.
bruguera brugueres *f.* =bruc.
bruit bruits *m.* 요란, 시끄러움, 시끌벅적.
bruixa bruixes *f.* **1** 마법사, 마녀. **2** [비유] (추하고 늙은) 여자. **3** [조류] 부엉이. **4** (불길한) 괴조(怪鳥).
bruixar *tr.* 마법을 걸다(embruixar).
bruixeria bruixeries *f.* 마법, 주술.
bruixó bruixons *m.* 우박(calamarsa).
brúixola brúixoles *f.* 나침반.
bruixot bruixots *m.* 마법사, 주술사.
brument bruments *adj.* (바람이) 살랑거리는; 윙윙거리는(brunzent).
brumir *intr.* **1** (바람이) 살랑거리다. **2** (귀가) 울리다, 멍하다.
brunenc brunenca brunencs brunenques *adj.* 잿빛을 내는.
brunet brunets *m.* (밀감류에 끼는) 곰팡이의 일종.
brunyir *tr.* 광을 내다, 윤택을 내다.
brunzidor brunzidors *m.* 광을 내는 전기기기.
brunzinar *intr.* **1** 귀가 울리다, 귀가 멍하다. **2** [비유] 툴툴거리다, 투덜거리다(rondinar).
brunzir *intr.* 귀가 울리다.
brunzit brunzits *m.* 윙윙거림; 귀를 멍하게 하는 소리.
brusa bruses *f.* **1** (먼지가 끼지 않게 덮는) 덮개. **2** (여자의) 웃옷, 블라우스; 작업복.
brusc brusca bruscs brusques *adj.* **1** 갑작스러운. **2** 거북스러운, 껄끄러운; 당돌한.
brusca brusques *f.* 가랑비, 보슬비.
brusir *tr.* **1** (불에) 태우다(abrusar). **2** (유리의 절단면을) 닦다.
brusquedat brusquedats *f.* 갑작스러움; 거칢, 당돌함.
brusquejar *intr.* =brusquinejar.
brusquinejar *intr.* 보슬비가 내리다, 가랑비가 내리다.
brut bruta bruts brutes *adj.* **1** 비합리적인, 말도 안 되는(irracional). **2** 문맹의, 어리석은, 무능한. **3** (광물이) 무광

택의. *diamant brut* 빛나지 않는 다이아몬드. **4** 총체의, 전체의; 포장까지 포함하여. **5** [비유] 더러운, 매우 나쁜 (indecent). *negoci brut* 나쁜 거래. **6** (색깔이) 추한, 조잡스러운. **7** 전염성의.
en brut 가공하지 않은; 그냥 있는 그대로; 더러운 그대로.
jugar brut (경기·게임에서) 파울하다.

brutal brutals *adj.* **1** 짐승과 같은. **2** 잔인한, 잔혹한, 난폭한, 무지막지한.

brutalisme brutalismes *m.* 만행, 잔혹한 행위.

brutícia[brutor] brutícies *f.* **1** 더러움, 불결. **2** 더러운 짓, 추행.

brutor brutors *f.* 더러움, 불결, 오물; 비열한 짓.

bua bues *f.* **1** [의학] 가래톳(pústula). **2** 아야, 아야![어린아이가 아플 때 외치는 말]. **3** [비유] 어린아이.

búbal búbalo *m.* (아프리카산의) 영양.

bubó bubons *m.* [의학] 샅·서혜 림프절종; 가래톳.

bubota bubotes *f.* 허수아비.

buc bucs *m.* **1** 팬 곳, 빈 곳, 틈새. **2** 배, 복부. **3** (차량의) 차체; 동체, 몸통, 본체. **4** (배의) 선체. **5** (강의) 팬 곳. **6** (고기 잡는) 낚싯대 손잡이.
De tal buc, tal eixam [속담] 부전자전.
omplir el buc 먹다, 배를 채우다..
tenir-ne el buc ple 싫증나다, 진저리나다.

bucal bucals *adj.* [해부] 입의, 구강의.

bucaner bucaners *m.* (17-18세기경 서인도 제도의) 해적.

bucentaure bucentaures *m.* [신화] (황소의 몸을 한) 반인반마.

bucle bucles *m.* 만 머리카락.

bucòlic bucòlica bucòlics bucòliques *adj.* 목동의; 목가적인.
-*f.* 목가, 전원시.

buda budes *m.* [종교] (불교의) 불타, 부처, 석가여래.

budell budells *m.* [해부] 장(腸).

budellada[budellam] budellades *f.* [집합] 내장, 창자.

budisme budismes *m.* 불교, 불법.

buf[1] bufa bufs bufes *adj.* 익살꾼의, 광대 같은.
-*m.f.* 광대, 어릿광대.

buf[2] bufs *m.* (바람을) 한 번 불기, 일진의 바람; 바람 한 점.

bufa bufes *f.* 따귀 때리기, 뺨 때리기.

bufacanyes bufacanyes *m.* [단·복수동형] 관적, 삼포냐[관으로 된 악기].

bufador bufadora bufadors bufadores *m.f.* bufar하는 사람.
-*m.* 불을 지피는 풍로.

bufafocs bufafocs *m.* [단·복수동형] =bufador.

bufaforats bufaforats *m.* [단·복수동형] [곤충] 땅벌, 토봉.

búfal búfals *m.* [동물] 들소.

bufallejar *intr.* 안개가 떠다니다.

bufallums bufallums *m.* [단·복수동형][식물] 괴혈병에 효과가 있다는 습지 식물.

bufanda bufandes *f.* 목도리, 머플러.

bufar *intr.* **1** (동물이) 씩씩거리다, 으르렁거리다. **2** (화가 나서) 씩씩거리다. **3** 바람이 불다.

bufarell bufarells *m.* 풍향.

bufat bufats *m.* 돌풍, 광풍.

bufat bufada bufats bufades *adj.* **1** 부푼, 부은. **2** 우쭐대는, 뻐기는, 거만한.
-*m.f.* 교만한 사람, 우쭐대는 사람.

bufec bufecs *m.* =bufat.

bufegar *intr.* 돌풍이 불다.

bufera[1] buferes *f.* 폐활량. *tenir molta bufera* 폐활량이 크다.

bufera[2] *f.* 늪, 호수.

bufet[1] bufets *m.* **1** 찬장; 진열장. **2** 변호사 사무소(despatx). **3** (식당의) 뷔페.

bufet[2] bufets *m.* 뺨 때리기(bufetada).

bufeta bufetes *f.* [해부] 방광.

bufetada bufetades *f.* 뺨 때리기; 주먹질.

bufetejar *tr.* 뺨을 때리다(colpejar).

bufó bufons *m.* 어릿광대.

bufó bufona bufons bufones *adj.* 우스운, 익살맞은; 풍자의.

bugada bugades *f.* **1** 세탁물. **2** 표백, 표백한 것.
estendre la bugada 빨래를 널다.

bugader[1] bugadera bugaders bugaderes *m.f.* 세탁업자.

bugader² -f. 험담하기 좋아하는 사람(xafarder).
bugader² bugaders m. 설거지 그릇.
bugaderia bugaderies f. 세탁소, 빨래터.
bugat bugats m. 혼동, 소요, 얽힘, 분규, 분쟁.
bugia bugies f. [기계] (내연 기관의) 점화전, 플러그, 스파크.
buguenvíl·lea buguenvíl·lees f. [식물] 부간비야[장식용 관목].
buidar tr. **1** 비우다. **2** 부어 넣다, 틀에 넣어 만들다; 주조하다, 주형에 넣다. **3** 도려내다, 속을 비게 만들다. **4** 내용을 베끼다. -intr. [속어] 똥을 싸다; 토하다. **-se** 비우다.
buidarada buidarades f. **1** 배설, 배출. **2** [속어] 배변, 똥. **3** 구토.
buidatge buidatges m. **1** 주물. **2** (틀로 만든) 상(像). **3** 구멍 파기, 땅파기.
buidor buidors f. 공허, 공백; 틈, 빈틈, 속이 빔.
buina buines f. 쇠똥.
buirac buiracs m. 화살통, 전통.
buit buida buits buides adj. **1** 텅 빈, 속이 빈. **2** 사람이 없는. **3** 실속이 없는, 공허한, 알맹이가 없는. **4** 배고픈, 허기진.
buit de ...이 없는(mancat). *mots buits de significat* 의미 없는 말들.
-m. **1** 틈, 사이, 빈틈; 속이 빔. **2** 빔, 허공, 공허. **3** [비유] 공백. **4** (시간의) 여유, 빈 공간. **5** [물리] 진공. **6** 공석, 결원.
de buit 아무것도 싣지 않고, 텅텅 비어; 덧없이, 빈손으로.
en buit 헛되이, 허망하게; 막연히.
fer el buit (사람·사물을) 따돌리다, 격리시키다.
bulb bulbs m. **1** [식물] 알뿌리, 구근. **2** [해부] (이·털 등의) 뿌리.
bulbífer bulbífera bulbífers bulbíferes adj. [식물] 구근이 있는, 구근 모양의.
buldog buldogs m. [동물] 불도그.
buldòzer buldòzers m.ang. 불도저.
bulevard bulevards m. 넓은 가로수 길, 가로수가 있는 산책 길.
búlgar búlgara búlgars búlgares adj. m.f. 불가리아(Bulgària)의 (사람).
-m. 불가리아어.
bulímia bulímies f. [의학] (병적인) 식욕 증진, 식욕 과다, 대식증.
bull bulls m. **1** 비등. **2** 열렬함, 열정.
arrencar el bull 끓기 시작하다.
veure-se'n un bull 어려움 가운데 있다.
bullabessa bullabesses f. 생선이 들어 있는 프랑스식 스프.
bullanga bullangues f. 소요, 소동, 소란, 소란스러운 일.
bullent bullents adj. **1** (액체가) 끓어오르는. **2** 타오르는, 이글거리는.
bullici bullicis m =bullícia.
bullícia bullícies f. **1** 난리, 야단법석. **2** 무리, 군중, 인파.
bullida bullides f. 끓음, 비등.
fer la bullida [비유] 효과가 있다, 영향을 미치다.
bullidor bullidors m. 물 끓이는 도구.
bullir intr. **1** (액체가) 끓다, 끓어오르다; 익다(coure). **2** [비유] (분노가) 치솟다, 들끓다. **3** (사람들로) 들끓다, 우글거리다, 북적대다. *Els carrers bullien de gent* 거리마다 사람들로 우글거리다. -tr. 삶다, 익히다.
bullit bullits m. **1** 냄비 요리, 전골 요리. **2** 혼란, 분규, 얽히는 일(embrolla).
bumerang bumerangs m. 부메랑.
buna bunes f. **1** (자루 피리의) 나팔. **2** 인조 고무, 합성 고무.
bungalou bungalous m.ang. 방갈로[베란다가 있는 단층집].
búnquer búnquers m.ang. [군사] 엄폐호, 벙커.
bunyol bunyols m. 튀김 과자; 크로켓.
buós buosa buosos buoses adj. 가래톳의.
burell burella burells burelles adj. 검붉은.
bureta f. [화학] 뷰렛[정밀한 눈금이 달린 분석용 유리관].
burg burgs m. 작은 마을.
burgès burgesa burgesos burgeses adj. 중산 계급의, 유산 계급의, 부르주아의, 부르주아 근성의, 자본주의의.
-m.f. (지주·농사·봉급생활자에 대한) 중산계급의 시민, 상공업자; 유산자, 자본가, 부르주아.

burgesia burgesies *f.* 유산 계급, 부르주아 계급, 중류 계급.

burgmestre burgmestres *m.* (옛 독일·네덜란드·벨기에 등의) 시장(市長).

burí burins *m.* (금속을 자르는) 끌.

burilla burilles *f.* 담배꽁초.

burinar *tr.* 끌로 파다.

burla burles *f.* **1** 우롱, 조소, 야유. **2** 농담, 장난.
fer burla de 놀리다, 조롱하다, 야유하다.

burlar-se *prnl.* 놀리다, 우롱하다, 조소하다, 조롱하다.

burler burlera burlers burleres *adj.* 장난기가 있는, 놀리는 듯한, 조롱하는 듯한.
-m.f. 익살꾼.

burlesc burlesca burlescs burlesques *adj.* 우스운, 우스꽝스러운, 익살스러운, 농으로 하는.

burleta burletes *adj.m.f.* =burler.

burlot burlots *m.* 어릿광대, 익살꾼.

buró burós *m.* 사무용 책상.

burocràcia burocràcies *f.* **1** 관료정치, 관료주의, 관료제도, 관료사상, 관료사회. **2** [집합] 관료, 관리.

buròcrata buròcrates *m.f.* 관료, 관리; 관료주의자.

burocratització burocratitzacions *f.* 관료화.

burocratitzar *tr.* 관료화하다, 관료적으로 하다.

burot¹ burots *m.* [경멸적] 식료품 수입세관 관리.

burot² burots *m.* 갈고리, 손 갈고리.

burra burres *f.* **1** [동물] 암나귀(somera). **2** [비유] 무지한 여인, 미련한 여자.

burret burrets *m.* [동물] 당나귀(ruquet).

burro burros *m.* **1** [동물] 당나귀, 나귀(ase). **2** 무지한 남자, 바보(estúpid). **3** 우직한 사람 **4** 부지런하고 참을성 있는 사람. **5** 카드놀이의 일종. **6** (재목을 톱질할 때 쓰는) 나무 받침.

bursada bursades *f.* 잡아당김, 낚아챔; 밀쳐 냄.
de bursada 인정 볼 것 없이, 가차 없이; 잽싸게.

d'una bursada 단번에, 단숨에.

burxa burxes *f.* **1** 꼬챙이; 부지깽이. **2** (총의) 꽂을대[소총을 소제할 때 쓰는 쇠꼬챙이]. **3** [비유] 부추기는 사람, 문제를 야기하는 사람(burxó).

burxanc burxancs *m.* (나무·돌 등의) 부스러기.

burxar *tr.* **1** 찌르다, 쏘다, 자극하다, 따끔하게 찌르다(punxar). **2** (불을) 휘저어서 일으키다. **3** (안을) 후비다. **4** [비유] (과거·상처 등을) 들추다, 들어내다(furgar). **5** [비유] 사주하다, 부추기다(incitar). **6** (배고파서) 속 아프게 하다.

burxeta burxetes *f.* =burxó.

burxó burxons *m.* 부추기는 사람, 문제를 야기하는 사람(burxa).

bus¹ bussos *m.* 잠수부.

bus² busos *m.* 버스, 합승 버스.

busca busques *f.* **1** (풀의) 줄기, 섬유. **2** 빵 부스러기. **3** 이쑤시개. **4** (시계의) 바늘. **5** (글을 가리키는) 지시봉.

buscagatoses buscagatoses *m.f.* [단·복수동형] 방랑자, 떠돌이(vagabund).

buscall buscalls *m.* **1** 통나무, 목재. **2** 작은 통나무, 장작.

buscallada buscallades *f.* 몽둥이로 때림(garrotada).

buscar *tr.* 찾다, 구하다, 찾아내다; (누구를) 만나러 가다(cercar).
anar a buscar 찾으러 가다.

busca-raons busca-raons *m.f.* [단·복수동형] 툭 하면 싸우는 사람, 시비 걸기 좋아하는 사람.

bust busts[bustos] *m.* 상체; 흉상; (여자의) 가슴.

bústia bústies *f.* 우편함, 우체통.

butà *m.* [화학] 부탄[탄화수소의 일종].

butaca butaques *f.* **1** 안락의자, 팔걸이의자. **2** (극장·연극장 등의) 특등석, 특별 상석.

butlla butlles *f.* **1** (고대 로마 귀족의) 기장. **2** (로마 교황의) 납인, 교서. **3** 서한, 전갈.

butlleta butlletes *f.* 표; 입장권; 회원증.

butlletí butlletins *m.* 잡지, 회보, 시보, ...통신; 통보, 공보.

butllofa butllofes *f.* **1** (손에 박힌) 못;

(몸의) 수포, 물집. **2** (벽의) 기포.
fer butllofes [의학] 수포가 생기다, 물집이 생기다.
butxaca butxaques *f.* **1** 주머니, 호주머니, 돈주머니. **2** [비유] (각자의) 돈.
anar prim de butxaca 돈이 없이 지내다.
escurar la butxaca 빈털터리가 되다.

riure per les butxaques 너털웃음을 짓다, 폭소를 터트리다.
butxacada butxacades *f.* 한 줌, 한 주머니.
butxacó butxacons *m.* (조끼의) 주머니.
butxaquejar *intr.* 주머니를 뒤지다.
byte bytes *m.ang.* (컴퓨터의) 바이트[정보단위로서 8비트로 구성].

C c

c *f.* 카탈루냐어 알파벳의 세 번째 글자.
ca¹ cans *m.* [시어] 개.
ca² *f.* [casa의 축약형]. *Vaig a ca l'An- toni* 나는 안토니의 집에 간다.
ca³ *interj.* [회의·불신을 나타내는 감탄사] 설마!, 글쎄!
ça *adv.* [고어][오늘날엔 단지 아래와 같은 관용구로만 사용됨] 여기에, 이곳에.
  ça com lla 하여튼, 어쨌든, 아무튼지 간에.
  ça i lla 여기저기에.
  com ça 당연히, 어쩔 수 없이.
cabal cabals *m.* 1 재산. 2 *pl.* 돈, 자산, 자금. 3 (강의) 수량(水量). 4 가축, 목축.
  cabal hereditari 세습 재산.
  fer cabal 고려하다, 신경을 쓰다.
càbala càbales *f.* 1 히브리의 신비학설. 2 점, 미신.
cabaler cabalera cabalers cabaleres *m.f.* 차남, 차녀; 차남 이하의 자녀.
cabalista cabalistes *m.f.* [남녀동형] 히브리 신비학자.
cabalístic cabalística cabalístics cabalístiques *adj.* càbala의; 비밀한, 신비스러운.
cabalós cabalosa cabalosos cabaloses *adj.* 1 부유한, 자산이 많은(acabalat). 2 수량(水量)이 풍부한.
cabana cabanes *f.* =cabanya.
cabanya cabanyes *f.* 1 오두막, 움막. 2 헛간, 축사, 마구간.
cabaret cabarets *m.* 카바레.
cabàs cabassos *m.* 골풀·버들가지로 엮은 광주리; 종려로 짠 광주리.
  a cabassos 듬뿍, 풍성하게.
cabassa cabasses *f.* 커다란 광주리.
cabassejar *tr.* 광주리로 나르다.
cabasset cabassets *m.* 1 (옛날의) 철모(casc). 2 (기마병이 머리에 쓰는) 포대. 3 작은 광주리, 작은 바구니.
cabdal cabals *adj.* 1 주된, 주요한(principal). 2 본질적인, 기본적인, 중요한. 3 유명한, 뛰어난.
cabdell cabdells *m.* 1 실꾸리. 2 (배추 등의) 속, 싹. 3 (사물·문제의) 중심부, 핵심.
cabdellar *tr.* (실을) 실패·실꾸리에 감다. -*intr.* (식물의) 어린 싹이 나오다, 속이 들다.
cabdill cabdills *m.* 수령, 총통, 대장, 두목.
cabeç cabeços *m.* (와이셔츠의) 깃.
cabeça cabeces *f.* [식물] (알뿌리의) 머리.
cabeçada cabeçades *f.* 1 머리로 부딪힘; (물속으로) 곤두박질. 2 졺, 꾸벅거림.
cabeçar *intr.* [식물] 뿌리가 생기다.
cabeçó cabeçons *m.* 작은 톱.
cabell cabells *m.* 1 머리카락. *tallar-se els cabells* 머리를 자르다. 2 (식물의) 수염.
  cabell blanc 백발.
  pels cabells 가까스로, 어렵게.
  posar els cabells de punta 소름이 끼치다.
cabellblanc cabellblanca cabellblancs cabellblanques *adj.* 백발의, 머리가 하얀, 흰 털이 많은.
cabellera cabelleres *f.* 1 두발, 머리카락. 2 늘어뜨린 머리. 3 (식물의) 수염. 4 (혜성의) 꼬리.
cabellut cabelluda cabelluts cabelludes *adj.* 1 머리숱이 많은. 2 [식물] (과일이) 털·수염이 난.
caber *intr.* =cabre.
cabestrar *tr.* (소·말에) 고삐를 채우다.
cabestre cabestres *m.* 1 고삐. 2 (소 떼의) 도우(導牛), 길들여 놓은 소.
cabestrejar *tr.* 고삐로 끌고 가다.
cabila cabiles *f.* 아프리카 원주민의 야만적 사회.
cabina cabines *f.* 1 작은 방, (침대차·여객기 등의) 객실. 2 조종실, 운전실. 3 전화박스. 4 영사실. 5 탈의실.
cabiró cabirons *m.* [건축] 작은 서까

cabirol cobirols *m.* [동물] 노루.
cable cables *m.* **1** 케이블, 전선, 전신. **2** (일반적으로) 굵은 밧줄, 돛 줄, 철사 줄. **3** 길이의 단위.
cabler cablers *m.* 해저 케이블.
cabòria cabòries *f.* 몰두, 망아; 숙고, 심사숙고.
caboriejar *intr.* 걱정하다, 근심하다.
cabota cabotes *f.* **1** (못의) 머리. **2** [식물] 알뿌리, 구근.
cabotada cabotades *f.* =cabeçada.
cabotatge cabotatges *m.* [해사] **1** 연안 항해, 연안 무역. **2** 근해 항로.
cabotejar *intr.* 머리를 흔들다, 머리를 가로젓다.
cabotí cabotins *m.* =capbussó.
cabra cabres *f.* **1** [동물] 염소. **2** 찰거머리. **3** 바다거미의 일종.
  Cabra avesada a saltar fa de mal desavesar [속담] 세 살 적 버릇 여든까지 간다.
  estar com una cabra[boig com una cabra] 소름 끼치게 하다.
  haver mamat llet de cabra 지나치게 심술궂다.
cabrada cabrades *f.* 염소 떼.
cabrafiga cabrafigues *f.* 야생 무화과 열매.
cabrafiguera cabrafigueres *f.* [식물] 야생 무화과.
cabrafiguerar cabrafiguerars *m.* 야생무화과 밭.
caball caballs *m.* 염소 목장.
cabre *intr.* **1** 들어가다, 들어갈 수 있다. **2** 여유·여지가 있다. **3** 수용하다, 받아들이다. **4** 이해하다. **5** 능력이 있다.
  no cabre a la pell 자만하다, 우쭐거리다.
cabreig cabreigs[cabrejos] *m.* 하얀 파도의 일렁거림.
cabrejar *intr.* **1** 하얀 물결이 일다, 반짝반짝 빛나다. **2** 화내다, 분을 내다.
cabrer cabrera cabrers cabreres *m.f.* 염소지기.
càbria càbries *f.* [기계] 기중기, 크레인.

cabrida cabrides *f.* [동물] (한 살 미만의) 새끼 암염소.
cabridar *intr.* (염소가) 새끼를 낳다.
cabriola cabrioles *f.* **1** 도약, 공중제비. **2** (말의) 날뜀.
cabriolar *intr.* 도약을 하다; 공중제비를 하다.
cabriolé cabriolés *m.* (인력거형의) 마차.
cabrit cabrits *m.* [동물] 염소 새끼.
cabró cabrons *m.* **1** [동물] 수컷 염소. **2** 아내에게 매음 행위를 시키는 남편; 뚜쟁이, 얼간이, 악한.
cabronada cabronades *f.* **1** 굴욕을 감수하는 일. **2** 참을 수 없는 일, 수치스러운 행위.
cabrot cabrots *m.* [동물] 숫염소.
cabrum cabrums *m.* =cabrall.
cabuda cabudes *f.* **1** 용량; (땅의) 면적, 평수. **2** 스페이스. **3** 세력.
  tenir cabuda 수용하다, 들어가다.
  aquí no hi tens cabuda 여기는 안 들어간다.
cabussar[capbussar] *tr.* **1** 물속으로 집어던지다, 잠수시키다, 거꾸로 물속으로 떨어뜨리다. **2** [비유] 무너뜨리다, 쓰러뜨리다. -*intr.* (배가) 앞뒤로 물을 뒤집어쓰다. -*se* 물에 뛰어들다, 잠수하다.
cabussó cabussons *m.* **1** 물속으로 잠수하는 일, 곤두박질, 다이빙. **2** (배가) 앞뒤로 물을 먹음. **3** [조류] 비오리, 톱니오리.
cabut cabuda cabuts cabudes *adj.* **1** 머리가 큰. **2** 고집이 센, 완고한 (tossut).
-*m.* [고어] 스페인의 5페세타짜리 옛날 화폐.
caca caques *f.* **1** 똥, 변(excrement); (특히) 아기의 똥. **2** 부정한 일, 불결한 것.
caça caces *f.* **1** 사냥, 수렵. **2** 사냥에서 잡은 짐승. **3** 추적, 사냥. **4** 구직. **5** [항공] 전투기.
  caça-bombarder 폭격기.
  caça major (멧돼지·사슴 등의) 큰 동물 사냥.
  caça menor (토끼·새 등의) 작은 동물

사냥.
anar a la caça d'alguna cosa ...을 찾아다니다.
caçador caçadora caçadors caçadores *adj.* 사냥하는; 사냥에 쓰는.
-m.f. **1** 사냥꾼, 수렵가. **2** 추적자. **3** 구직자. **4** (보병·기병대의) 병사, 경기병.
-f. 재킷.
caçaire caçaires *m.f.* =caçador.
caçamines caçamines *m.* [단·복수동형] [군사] (기뢰를 추적하는) 군함.
caçamosques caçamosques *m.* [단·복수동형] **1** [조류] 딱새. **2** 모기 잡는 도구.
caçar *tr.* **1** 사냥하다, 수렵하다. **2** [비유] 얻다, 손에 넣다, 찾아내다. **3** 추적하다. **4** 구직하다.
anar a caçar 사냥하러 가다.
caçar-les al vol 쉽사리 알아내다, 간파하다.
cacatua cacatues *f.* [조류] (오스트레일리아산의) 앵무새.
cacau cacaus *m.* [식물] 카카오나무, 코코아 열매.
cacauer cacauers *m.* =cacau.
cacauet cacauets *m.* [식물] 땅콩.
cacera caceres *f.* **1** =caça. **2** 수렵을 떠남. **3** 풍성한 수렵물.
cacic cacics *m.* 추장, 두목, 보스, 왕초; (스페인 지방의) 호족, 토후.
caciquisme caciquismes *m.* 추장 정치, 보스 정치; 지방 호족의 세력.
cacofonia cacofonies *f.* **1** [음성] 동음의 중복. **2** [음악] 불협화음.
cacofònic cacofònica cacofònics cacofòniques *adj.* 동음 중복음; 불협화음의.
cactàcies *f.pl.* [식물] 선인장과 식물.
cactus cactus *m.* [식물] 선인장.
CAD 컴퓨터에 의한 설계·제조.
cada cada *adj.* [단·복수동형] 각각의, 저마다.
cada dia 매일, 날마다.
cada un[*cada u, cadascú*] 각자, 저마다, 각 개인의.
cadafal cadafals *m.* 널판자를 깖; 무대.
cadamunt cadamunts *m.* (사진 인화용) 마스크.

cadarn cadarns *m.* 감기(refredat).
cadascú cadascuns *pron.* 각자, 저마다.
cadascun cadascuna cadascuns cadascunes *adj.* 각각의, 저마다의, 각..., 매...
cadastre cadastres *m.* 토지 대장, 지적부.
cadàver cadàvers *m.* 시체.
caddie caddies *m.ang.* (골프 선수의) 캐디.
cadell cadella cadells cadelles *adj.* 강아지의; (짐승의) 새끼의.
-m. 강아지; (짐승의) 새끼.
cadellar *intr.* (짐승이) 새끼를 낳다.
cadena cadenes *f.* **1** 사슬, 쇠사슬, 체인. **2** (자전거의) 체인. **3** 일련, 연속. **4** 체인점, ...망. **5** [화학] 연쇄. **6** 방송, 채널. **7** 오랏줄, 포승; 속박(subjecció). **8** [법률] 형(刑). *cadena perpètua* 종신형. **9** [건축] 부벽.
cadena alimentària 먹이 사슬.
en cadena 연속적인, 연속적으로; 연쇄의, 연쇄로; 컨베이어의.
arrossegar la cadena [비유] 화를 면하다, 형벌을 면하다.
rompre les cadenes 자유를 쟁취하다.
cadenat cadenats *m.* 자물통.
cadència cadències *f.* **1** (정연한) 리듬, 보조. *la cadència de la vida* 삶의 리듬. **2** (시의) 운율; (음성의) 억양. *una suau cadència* 부드러운 억양. **3** [음악] 카덴차[협주곡·아리아 등에서 독주자·독창자의 기교를 나타내기 위한 장식부].
cadenciós cadenciosa cadenciosos cadencioses *adj.* cadència의.
cadet cadets *m.* [남녀동형] 사관생도; 견습 사관.
cadira cadires *f.* 의자(seient).
cadirejar *intr.* 의자를 옮기다·치우다.
cadireta[1] cadiretes *f.* **1** 작은 의자. **2** 손잡이가 있는 의자.
cadireta[2] cadiretes *f.* 수문.
cadmi *m.* [화학] 카드뮴[금속 원소].
cadolla cadolles *f.* (돌에 난) 작은 구멍; 곰보 자국.

caduc caduca caducs caduques *adj.* **1** 오래된, 낡은. **2** 노쇠한, 노령의 (decrèpit). **3** [식물] 낙엽을 지는. **4** [의학] 간질의.

caducar *intr.* **1** (나라가) 무너지다, 사라지다. **2** (기한이) 끝나다; (권리가) 소멸되다; (법률이) 효력을 잃다(extingir-se). **3** 노쇠하다, 늙다. **4** 소용없게 되다, 무용지물이 되다.

caducifoli caducifòlia caducifolis caducifòlies *adj.* [식물] (꽃 등이) 쉬이 지는, 조락성의.

caducitat caducitats *f.* **1** (권리·법률 등의) 실효, 소멸. **2** 노쇠, 쇠진. **3** 노쇠, 수명이 다함.

caduquejar *intr.* 정신이 흐려지다, 멍청해지다.

cafè cafès *m.* **1** [식물] 커피나무. **2** 커피씨. **3** (제품·음료수로서의) 커피. **4** 커피숍, 카페.

cafeïna cafeïnes *f.* [화학] 카페인.

cafeter cafetera cafeters cafeteres *adj.* 커피의.
 -*m.f.* 커피 상인; 카페 주인.
 -*f.* **1** 커피 주전자. **2** 낡은 잡기·도구. **3** 쓸모없는 인간.

cafeteria cafeteries *f.* 카페테리아, 간이식당; 커피숍, 다방.

cagada cagades *f.* **1** [구어] 대변, 똥. **2** [비유] 잘못, 실패.

cagadubtes cagadubtes *m.f.* [단·복수 동형] 우유부단한 사람.

cagamiques cagamiques *m.f.* 구두쇠, 노랑이(gasiu).

caganer caganera caganers caganeres *adj.* 똥을 자주 싸는.
 -*m.f.* 똥싸개.

cagar *intr.* 대변을 보다, 똥을 싸다.
 cagar-la [비유] 망치다, 못 쓰게 만들다.
 cagar-se en (사람·사물을) 무시하다.

cagarada cagarades *f.* =cagada.

cagarel·la cagarel·les *f.* [구어] 설사.

cagarina cagarines *m.f.* 겁쟁이(covard).
 -*f.pl.* 설사.

cagarro cagarros *m.* [속어] 똥 무더기.

cagarulles *f.pl.* (양·사슴·토끼 등의) 똥.

cagat cagada cagats cagades *adj.* **1** 불행한, 불운한. **2** 비겁한(covard).

 -*m.f.* 겁쟁이, 비겁한 사람.

caguera cagueres *f.* 대변이 마려움.

caguerot caguerots *m.* [속어] 우스꽝스러운 작은 사람.

caguerri caguerris *m.f.* [구어] 비겁한 사람.

caiac caiacs *m.* 카약.

caient caients *m.* **1** (커튼·옷 등을) 늘어뜨림. **2** 돛을 내림.
 al caient de 해질녘에, 해거름에.

caiguda caigudes *f.* **1** 떨어짐, 하강, 낙하. *caiguda lliure* 자유 낙하. **2** 하락, 급락, 폭락. **3** 내려뜨림, 떨어뜨림. **4** 전락, 몰락, 붕괴. *la caiguda de l'Imperi Romà* 로마제국의 몰락. **5** [지질] (지층이) 내려앉음. **6** (천·커튼을) 내림. **7** 경사. **8** [성서] 타락.
 a la caiguda de la fulla 가을에.
 a la caiguda del sol 해거름에.
 aguantar la caiguda [선박] 방향을 유지하다.
 tenir la caiguda a la dreta 왼쪽으로 기울다.

caiman caimans *m.* [동물] 카이만[아메리카의 악어].

cairar *tr.* (널빤지·돌 등의) 가장자리를 가공하다.

caire caires *m.* **1** 각, 모퉁이, 모서리. **2** [항공] 양각. **3** [비유] 면; 형세, 형편, 낌새.

cairell cairells *m.* **1** 돌덩어리. **2** (끝이 뾰쪽하고 네모진) 투창. **3** [식물] 덩굴식물.

caireta cairetes *f.* =guixa.

cairó cairons *m.* 벽돌.

caironar *tr.* [건축] 블록으로 포장하다.

caixa caixes *f.* **1** 상자, 박스, 용기. **2** (차량의) 차체; (시계의) 안쪽. **3** (바이올린·기타 등의) 몸통, 공명 상자. **4** 자금, 현금; 금고. **5** 출납과, 회계부. **6** (예금) 은행, 금고. **7** 징병소. **8** (인쇄의) 활자 상자. **9** 관, 널(taüd). **10** [건축] 장부. **11** 집배 우체국.
 caixa d'estalvis 예금은행.
 caixa forta 금고.

caixabanc caixabancs *m.* (서랍이 딸린) 벤치.

caixada caixades *f.* 상자, 궤. *una cai-*

xada de taronges 귤 상자.

caixer caixera caixers caixeres *m.f.* 현금 출납 담당자, 회계 담당자, 계산하는 사람.
-*m.* **1** [건축] 장부. **2** (인쇄의) 활자 상자.

caixmir caixmirs *m.* 캐시미어[인도 카슈미르 지방의 염소 털로 짠 직물].

caixó caixons *m.* 작은 상자.

cal cals [명사 ca(casa)와 정관사 el의 축약형] 집에, 집으로.
Sóc a cal mestre 나는 선생님 댁에 있다.
He d'anar a cal metge 나는 의사한테 가야 한다.

cala cales *f.* **1** [선박] 배의 하부, 선저. **2** (생선을) 얇게 썰기; 그 한 조각. **3** [건축] 천공; 끼워 넣는 일. **4** 변비약. **5** (상처 구멍에 넣는) 가제. **6** 하구, 강어귀.
fer cala buida 원하는 것을 얻지 못하다, 뜻을 이루지 못하다.

calabós calabossos *m.* 감옥, 지하 감옥; 독방.

calàbria calàbries *f.* [조류] 비오리, 톱니오리.

calabrot calabrots *m.* (세 가닥으로 꼰) 밧줄.

calabruix calabruixos *m.* 우박 (calamarsa).

calabruixar *intr.* 우박이 내리다.

calabruixó calabruixons *m.* 싸락눈(calamarsó).

calabruixonar *intr.* 싸락눈이 내리다.

calada calades *f.* **1** (물이) 스며드는 일. **2** 흠뻑 젖음; 물에 가라앉음. **3** (칼·송곳 등으로) 구멍을 뚫음. **4** (고기잡이 도구로) 한 번에 잡은 고기의 양. **5** (천의) 장식을 올을 푸는 일. **6** (배의) 진수.

caladís caladissa caladissos caladisses *adj.* calar될 수 있는.

calador caladors *m.* (외과에서 쓰는) 상처의 깊이를 재는 바늘.

calafat calafats *m.* **1** 배를 건조하는 배 목수. **2** calafatar하는 사람·도구.

calafatar *tr.* **1** 뱃밥으로 틀어막다. **2** (일반적으로) 벌어진 틈을 틀어막다.

calaix calaixos *m.* **1** 큰 상자, 서랍. **2** 이득, 수익. *fer 10.000 pessetes de calaix* 10.000페세타의 이익을 내다.
calaix de sastre 뒤범벅, 난장판; 머리가 복잡한 사람.
anar-se'n al calaix 저 세상으로 가다, 죽다.
portar algú al calaix 사람을 죽이다.

calaixat calaixats *m.* 큰 상자.

calaixejar *intr.* 상자가 열리고 닫히다.

calaixera calaixeres *f.* (침실용) 서랍 달린 장롱.

calamar calamars[calamarsos] *m.* [어류] 오징어.

calamarsa calamarses *f.* 우박.

calamarsejar *intr.* 우박이 내리다.

calamarsó calamarsons *m.* 싸락눈.

calament calaments *m.* [식물] 탑꽃.

calamitat calamitats *f.* **1** 불운, 재난, 참화, 천재. **2** 참패, 실패; 낭패. *És una calamitat, sempre arriba tard* 항상 늦게 도착하니 정말 낭패다.

calandra calandres *f.* 압착기, 압연기.

calàndria calàndries *f.* [조류] 종달새.

calapàndria calapàndries *f.* 감기.

calàpet calàpets *m.* [동물] 두꺼비.

calar *tr.* **1** (액체 등이) 젖다, 스며들다 (amarar). **2** (칼·송곳 등으로) 꿰뚫다; 자국을 내다. **3** [비유] 간파하다, 알아채다(penetrar). **4** (불이) 붙다, 번지다. *calar foc* 불을 붙이다. **5** (구멍 같은 데다) 끼워 맞추다, 덮어씌우다. **6** 숨어들다, 침입하다. **7** (고기잡이 도구를) 물에 넣다. **8** (배가) 물에 들어가다(arriar). -*intr.* **1** (배가) 물에 들어가다. **2** (음이) 가라앉다. **3** [비유] (...에) 이르다, 미치다, 도달하다; 가능하다.
-*se* **1** 집어삼키다, 먹어치우다(engolir). **2** 흠뻑 젖다(mullar-se). **3** (모터가) 정지하다.

calat calats *m.* **1** (천의) 자수; 레이스 짜기. **2** (장식을 위해) 천의 가장자리 올을 푼 부분. **3** [해사] (배의) 진수. **4** (물에 잠긴 것의) 떠 있는 수직 부분.

calavera calaveres *f.* 두개골, 해골.
-*m.* [비유] 못된 인간, 방자한 사람, 방탕아, 파렴치한.

calb calba calbs calbes *adj.* 머리가 빠진, 대머리의.

calbejar　158　caldera

-*m.f.* 대머리.
calbejar *intr.* 대머리가 되기 시작하다.
calbot calbots *m.* (머리에) 주먹질하는 것.
calc calcs *m.* 1 (그림의) 복사. 2 [비유] 표절, 모방.
calç calçs *f.* 석회.
calça calces *f.* 1 긴 양말, 스타킹. 2 (여자의) 팬티의 일종. 3 *pl.* (주로) 반바지.
ésser un calces [구어] 호인이다, 순한 사람이다, 고분고분한 사람이다.
portar les calces [구어] 상투 틀다, 장가를 가다.
saber-se cordar les calces [구어] 잘 해나가다, 자신을 잘 다스리다.
calçada calçades *f.* 돌을 깐 길.
calçador[1] calçadors *m.* 구둣주걱.
calçador[2] calçadora calçadors calçadores *adj.* 다 큰, 어른이 된.
calcani calcània calcanis calcànies *adj.* 발뒤꿈치 뼈의.
-*m.* [해부] 발뒤꿈치 뼈.
calcar *tr.* 1 투사하다. 2 베끼다, 모방하다(imitar).
calçar *tr.* 1 신발·구두를 신다. 2 (박차·바퀴 등을) 끼우다. 3 (차바퀴 아래에) 제동기·고정 장치를 대다. 4 [건축] (건물의) 벽을 보강하다. 5 흙을 돋우다. -**se** 신발·구두를 신다, (발에 신는 양말·버선 등을) 사다.
calcari calcària calcaris calcàries *adj.* 석회의, 석회 성분이 있는.
calçasses calçasses *m.* [단·복수동형] 공처가, 순한 남편; 너무 고분고분한 남자.
calçat calçada calçats calçades *adj.* 신발·구두를 신은.
-*m.* (양말·버선 등) 발에 신는 것.
calcedònia calcedònies *f.* [광물] 옥수(玉髓).
calceter calcetera calceters calceteres *m.f.* (양말·스타킹을) 제조·판매하는 사람.
calcetí calcetins *m.* =mitjó.
calci *m.* [화학] 칼슘[금속 원소].
calcificació calcificacions *f.* 석회화.
calcificar *tr.* 석회화하다.

calcigar *tr.* 밟다, 짓누르다.
calcinació calcinacions *f.* 1 굽는·태우는 일. 2 [화학] 하소(煅燒), 석회 소성(石灰燒成).
calcinaire calcinaires *m.f.* =calceter.
calcinal calcinals *m.* =calcari.
calcinar *tr.* 1 태워서 석회로 만들다. 2 재로 만들다, 바싹 태우다. 3 [화학] 광석을 굽다.
calcinós calcinosa calcinosos calcinoses *adj.* 석회를 함유한.
calcita calcites *f.* [광물] 방해석.
calçó calçons *m.* 1 각반. 2 *pl.* 반바지.
calcografia calcografies *f.* 동판 인쇄; 동판 인쇄소.
calcomania calcomanies *f.* 전사 인화법; 그 인화 또는 원화.
calcopirita calcopirites *f.* [광물] 황동광.
calçot calçots *m.* 양파의 일종.
calçotada calçotades *f.cat.* 칼소타다[파에다 기타 재료를 섞어 만든 카탈루냐 요리].
calçotets *m.pl.* 속바지, 팬티.
càlcul càlculs *m.* 1 계산, 셈. 2 (이해) 타산. 3 (가능성의) 추측. 4 신중. 5 [의학] 결석(pedra).
calculador calculadora calculadors calculadores *adj.* 계산하는.
-*m.f.* 계산적인 사람, 타산적인 사람.
-*f.* 계산기.
calcular *tr.* 1 계산하다, 셈하다. 2 타산을 따지다. 3 예상하다, 타진하다(preveure). *Calculo que vindran dimarts* 그들이 화요일에 오리라 본다. 4 준비하다(disposar).
calculós calculosa calculosos calculoses *adj.* [의학] 결석병의.
-*m.f.* 결석병 환자.
calculosi calculosis *f.* =litiasi.
cald calda calds caldes *adj.* 더운, 뜨거운(calent).
calda caldes *f.* 무더위, 혹서.
caldejar *tr.* 1 (높은 온도로) 가열하다. 2 단접하다, 접하다. -*intr.* 1 뜨겁게 달궈지다. 2 (분위기가) 뜨거워지다.
calder calders *m.* 작은 가마솥.
caldera calderes *f.* 1 가마솥, 냄비. 2

calderada 한 솥·냄비의 분량. **3** 보일러. **4** 생선으로 만든 찌개 요리. **5** [지질] 칼데라 [중심부가 움푹 팬 분화구].
calderada calderades *f.* **1** 한 솥·냄비의 분량. **2** (삶은 밀로 만든) 돼지 사료.
caldereta calderetes *f.* 칼데레타[발레아레스 지방의 생선·해물 요리].
calderó calderons *m.* 작은 가마솥.
caldo caldos *m.* =brou.
caldre *intr.* **1** 필요하다, ...해야 한다. *Cal menjar per viure* 살기 위해 먹어야 한다. **2** [명사 앞에 쓰여] 필요하다. *caldre molts diners* 많은 돈이 필요하다. **3** 중요하다, 정당하다. *Cal dir, en honor a la veritat* 진실을 위해 말하는 게 중요하다.
caldre que ...해야만 한다.
com cal 당연히 그렇듯이, 마땅히.
no cal dir que 명백하다, 말할 필요도 없다.
només caldria[no caldria sinó] 단지 ...만 필요로 할 것이다.
calé calés *m.* [구어] 돈.
calefacció calefaccions *f.* **1** 온열, 난방. **2** 난방 장치.
calefactar *tr.* 덥히다, 난방하다.
calefactor calefactora calefactors calefactores *m.f.* calefactar하는 사람.
-m. 온수기, 난방기.
calenda calendes *f.* **1** 순교 성자복. **2** *pl.* (옛 로마력의) 매달 첫날.
calendari calendaris *m.* 달력, 월력; (연중) 행사력.
fer calendari 고려하다.
fer calendaris 예방책을 마련하다, 조치하다.
calent calenta calents calentes *adj.*
1 뜨거운. *llet calenta* 뜨거운 우유. **2** (날씨가) 더운. **3** (감정이) 고조된, 뜨거워진. **4** (옷감이) 보온 성질을 가지는. **5** (성적으로) 흥분된. **6** (동물이) 발정기의, 암내가 나는. **7** (색이) 노랑·주황·밤색 계통이 강한.
calent de cap[d'orelles] 술 취한.
de calent en calent 기회를 놓치지 않고, 때를 타서.
anar calent 호되게 혼나다, 혼쭐나다; [속어] (성적으로) 몸이 달아오르다.

calentejar *intr.* 미지근하다.
calentor calentors *f.* **1** 열; (병으로 인한) 열. **2** 더위, 서기(暑氣). **3** 가열; (용광로에) 연료의 투입.
caler *intr.* =caldre.
calfred calfreds *m.* **1** 냉기, 한기. **2** 오한, 으스스함.
calibrar *tr.* **1** (구경·직경·두께 등을) 재다(mesurar). **2** [비유] (사람의) 능력·성격을 검정하다.
calibre calibres *m.* **1** (총·포·관 등의) 구경, 내경. **2** (탄환·철사 등의) 직경, 굵기; (금속판의) 두께. **3** 원형, 본, 표준 치수.
càlid càlida càlids càlides *adj.* **1** 더운, 뜨거운. **2** 난색(暖色)의. **3** [비유] 다정한, 따뜻한. **4** 열렬한, 뜨거운. *una càlida rebuda* 뜨거운 환영.
caliditat caliditats *f.* [의학] 열.
calidoscopi calidoscopis *m.* 만화경.
califa califes *m.* 칼리프[회교국의 왕. 마호메트의 후계자].
caliginós caliginosa caliginosos caliginoses *adj.* [시어] 안개 낀.
calima calimes *f.* 안개(calitja).
calipàndria calipàndries *f.* 감기(refredat).
calitja calitges *f.* [기상] 안개.
caliu calius *m.* **1** 숯불. **2** [비유] (잠재된) 열정, 애정.
coure al caliu 숯불에 익히다.
tenir caliu 뜨겁다.
caliuejar *intr.* (불이 꺼졌지만) 아직도 뜨겁다.
call[1] calls *m.* **1** 좁은 통로, 애로. **2** (벽과 벽 사이의) 통로. **3** (강의) 협곡, 골짜기. **4** 못, 티눈. **5** 쐐기.
call[2] calls *m.* 유태인 특별 구역.
callada callades *f.* **1** 무언, 침묵. **2** (풍파가) 가라앉음.
va de callada 물론, 그렇고 말고.
va de callada que... (...는) 말할 나위도 없다. *Va de callada que demà vindré a veure't* 내일 널 보러 꼭 올 거야.
callar *intr.* **1** 조용히 하다, 침묵을 지키다. **2** (바다가) 잔잔하다, 고요하다.
A callar! 조용히 해!, 가만히 있어!, 잠자코 있어!

Calla! 조용히 해!, 입 닥쳐!
Calleu! 자, 조용히 하세요!
Que calleu! 조용히 하세요!
Qui calla consent [속담] 잠자코 있는 것은 찬성하는 것이다.
callat callada callats callades *adj.* **1** 조용한, 잠자코 있는. **2** 잔잔한, 호젓한, 고요한.
callicida callicides *m.* 못·티눈 빼는 약.
cal·ligrafia cal·ligrafies *f.* 서예, 서도, 서법.
callositat callositats *f.* (피부의) 굳은살, 못.
calm calma calms calmes *adj.* 조용한, 고요한(tranquil); (바람·파도 등이) 잔잔한.
calma calmes *f.* **1** 고요함, 조용함, 평온(tranquil·litat). **2** 무풍, 바람이 잠, 잔잔함. **3** 부진, 침체; (어음의) 정지. **4** [지리] 고원 (지대).
amb calma 차분하게, 침착하게.
calmant calmants *adj.* 고요한, 잔잔한; 가라앉히는, 진정시키는.
-*m.* 진정제, 진통제.
calmar *tr.* 가라앉히다, 진정시키다, 잠잠하게 만들다. *calmar el dolor* 통증을 가라앉히다. -*intr.prnl.* 진정되다; 바람이 자다, (바다가) 잔잔해지다.
calmós calmosa calmosos calmoses *adj.* 고요한, 평온한, 잔잔한.
calor calors *f.* **1** 열, 열기. **2** 더위, 무더위, 서기(暑氣). **3** (병의) 열. **4** 열렬함, 열정, 정열(sensació, passió).
calor latent [물리] 잠열.
fer calor 열기를 뿜어내다, 정열적이되다; 무덥다.
ofegar-se[morir-se] de calor 무더위로 질식해 죽다, 열병으로 죽다.
calorada calorades *f.* 무더위, 혹서; 열, 열렬함, 열중.
calorejar *intr.* 덥다, 무덥다.
caloria calories *f.* [물리] 열량, 칼로리.
calorífer calorífera calorífers caloríferes *adj.* 열을 전하는.
calorífic calorífica caloríficas calorífiques *adj.* 열을 내는, 열을 전하는, 전열성의; 열량의.
calorimetria calorimetries *f.* [물리] 열량측정.
calorós calorosa calorosos caloroses *adj.* **1** 더운, 무더운. **2** 열렬한, 열정적인, 뜨거운, 격렬한.
calostre calostres *m.* (분만 후의) 초유.
caluix caluixos *m.* [식물] 야채 등의 줄기.
calúmnia calúmnies *f.* **1** 중상, 모략, 비방. **2** 허위 고소, 무고(죄).
calumniós calumniosa calumniosos calumnioses *adj.* 중상의, 모략의; 허위 고소의.
calumniar *tr.* 중상하다, 모략하다; 허위로 고소하다.
calvari calvaris *m.* **1** 십자가의 길[그리스도의 수난을 기념하여 14기의 십자가를 세운 곳]; [대문자로 쓰여] 골고다 언덕. **2** [비유] 괴로움, 슬픔.
passar un calvari [구어] 고난의 길을 가다.
calvície calvícies *f.* 머리가 없는, 대머리의.
calvinisme calvinismes *m.* [신학] 칼뱅주의, 칼뱅의 기독교 강령.
calze calzes *m.* **1** (그리스도의) 성배. **2** [식물] 꽃받침.
cama cames *f.* **1** (사람·짐승의) 다리. **2** (컴퍼스의) 다리. **3** (마늘·양파의) 줄기. **4** [식물] (꽃·잎사귀·열매의) 자루. **5** (스타킹의) 윗부분.
anar a estirar les cames 산책하러 나가다.
carregar-se les cames al coll 걸어서 가다.
encreuar les cames 다리를 꼬다.
estar cama a cama 비기다, 동점이다.
tallar les cames a algú 방해하다, 지장을 주다.
tenir bona cama[tenir cama] 잘 걷는다, 걷기 좋아하는 사람이다.
tocar la cama del mal 아픈 데를 만지다, 아픈 곳을 찌르다.
tremolar a algú les cames de por [구어] 몹시 무서워하다, 공포에 떨다.
camacurt camacurta camacurts camacurtes *adj.* 다리가 짧은.
camada camades *f.* **1** 다리를 걸침; 다리를 놓음. **2** (폭 넓은) 밭이랑.

camadejar *intr.* 큰 폭으로 걷다.
camafeu camafeus *m.* 얇게 양각한 보석.
camal camals *m.* 바지의 가랑이 부분.
camaleó camaleons *m.* **1** [동물] 카멜레온. **2** [비유] 지조·줏대가 없는 사람, 변덕쟁이.
camaleònic camaleònica camaleònics camaleòniques *adj.* 자주 변하는, 변덕스러운.
camàlic camàlics *m.* 인부; 부두 인부; 역의 소화물계원; 촌스러운 사람.
camall camalls *m.* =camal.
camallada camallades *f.* 다리를 걷어참.
camallarg camallarga camallargs camallargues *adj.* 다리가 긴.
-*m.* [조류] 학.
camamilla camamilles *f.* [식물] 만사니야, 카미틀레 (열매); 카미틀레를 달인 즙.
camàndula camàndules *f.* **1** 염주의 이름. **2** *pl.* [비유] 거짓 신앙, 거짓, 위선.
camandulejar *intr.* 위선적으로 행세하다.
camanduleries *f.pl.* 위선적인 행동·신앙.
camarada camarades *m.f.* **1** 동지, 동료. **2** [집합] 동아리, 동료들, 동지들. **3** (공산당원이 말하는) 동무.
camarilla camarilles *f.* 스페인의 왕당파 지지자들.
cama-sec cama-secs *m.* [식물] 버섯의 일종.
camat camada camats camades *adj.* 다리가 튼튼한.
  ben camat 다리가 튼튼한.
  mal camat 다리가 약한.
camatge camatges *m.* (사람·동물·가구 등의) 다리.
  tenir bon camatge 다리가 튼튼하다.
camatimó camatimons *m.* (쟁기의) 키, 헨들.
camatrencar *tr.* 다리를 부러뜨리다.
cambra cambres *f.* **1** 방, 거실, 침실(habitació, dormitori). **2** 큰 홀, 회관; 회의장, 회의 장소. **3** (배의) 선실; 창고, 곳간. **4** (군함의) 사관실; 고급 선원실; (항공기의) 좌석실. **5** (자동차·자전거의) 튜브. **6** (총의) 약실. **7** (보일러의) 실, 작은 칸막이. **8** 카메라, 촬영기. **9** [상업] 상공회의소. **10** [해부] 강(腔). **11** 배변; *pl.* 설사.
  Cambra de Comerç 상공회의소.
  anar de cambra 배변을 보다.
cambrada cambrades *f.* (환자의) 공동 침실, 수용실.
cambrer cambrera cambrers cambreres *m.f.* (여관·식당 등의) 종업원; 보이, 급사; 하인, 하녀.
cambrià cambriana cambrians cambrianes *adj.* [지질] 캄브리아기의.
cambril cambrils *m.* 소예배실; 탈의실, 분장실, 별실; 작업실.
cambró cambrons *m.* **1** 작은 방. **2** 대기실; 분장실, 화장실. **3** 총개머리, 포미. **4** (총의) 탄약함. **5** (광갱의) 폭약 장전부.
camejar *intr.* 다리를 움직이다·흔들다.
-*tr.* 이동하다.
camèlia camèlies *f.* [식물] 동백나무; 동백꽃.
camèlids *m.pl.* [동물] 낙타과의 동물.
camell camella camells camelles *m.f.* [동물] 낙타.
càmera càmeres *f.* (영화·텔레비전용의) 영사기.
cameràman cameràmans *m.f.* [남녀동형] 영사기 기사.
càmfora càmfores *f.* 장뇌.
camforar *tr.* 장뇌를 넣다, 장뇌와 섞다.
camí camins *m.* **1** 길, 도로(via). **2** 방법, 방도. **3** 기회, 순간, 때. **4** (배의) 속력. **5** 여정, 일정, 도정(trajecte). **6** 회수(vegada).
  a mig camí 도중에서.
  camí batut[fressat] 익숙한 길, 익숙한 방법.
  camí dret *loc.adv.* 직접적으로.
  camí de carro 차도.
  camí de ferradura[de muntanya] 말이 다니는 산길.
  camí de ronda 외곽로, 순찰 도로.
  camí ral[general; seguit] 국도.
  camí veïnal 지방도.
  de camí 도중에, 지나가는 길에.
  anar[tirar] cadascú pel seu camí 각각 제 갈 길을 가다.

caminada   162   campana

anar fora de camí 정도를 벗어나다, 가당치 않다.
anar pel mal camí 잘못된 길을 걷다.
fer camí 걷다, 걸어가다.
obrir-se camí 목표에 이르기 위해 장애를 이기다.
tornar a camí (아무를) 바른길로 인도하다.
Tots els camins duen[van] a Roma [속담] 모든 길은 로마로 통한다.
caminada caminades *f.* 소풍, 원족, 하이킹.
caminador caminadora caminadors caminadores *adj.* 걷는, 도보로 가는; 잘 걷는.
-m.f. 걷는 사람, 도보자.
-m.pl. 유아의 걸음마를 도와주는 도구.
caminaire caminaires *m.* 도로 공사 인부.
caminal caminals *m.* (과수원·정원 등에 난) 샛길.
caminant caminants *m.f.* 길가는 사람, 여행자, 나그네.
caminar *intr.* **1** 걷다. **2** 길을 가다, 여행하다. **3** 진행하다, 운행하다, 운영하다. *L'empresa camina* 회사는 운영되고 있다. **4** (자기의) 길·여정을 걷다.
caminoi caminois *m.* 작은 길, 오솔길.
camió camions *m.* 트럭, 화물 자동차.
camió cisterna 급수차.
camió trabuc[volquet] 덤프트럭.
camionatge camionatges *m.* 트럭 운수, 트럭 운임.
camioner camionera camioners camioneres *m.f.* 트럭 운전수.
camioneta camionetes *f.* 소형 트럭.
camisa camises *f.* **1** 셔츠, 와이셔츠, 티셔츠; 슈미즈; 스모크. **2** (과일의) 얇은 껍질. **3** (뱀의) 허물. **4** (벽의) 덧칠, 덧칠하기. **5** (용광로의) 반사판. **6** (짐의) 포장지.
camisa de força (광폭성 정신병자에게 입히는) 특수한 옷.
aixecar la camisa [구어] (남의 신용을 악용해) 속이다.
canviar de camisa 의견을 바꾸다, 당을 바꾸다.
deixar sense camisa[amb la camisa a l'esquena] a algú [구어] 완전히 파산시키다, 빈털터리가 되게 만들다.
jugar-se la camisa [구어] 노름에 미치다.
restar amb la camisa a l'esquena 가난뱅이가 되다.
camiser camisera camisers camiseres *adj.* camisa의.
-m.f. camisa 제조·판매상.
camiseria camiseries *f.* 셔츠 가게, 양품점; 그 공장.
camiseta camisetes *f.* 내의, 티; 소매가 짧은 셔츠.
camp camps *m.* **1** 들, 들판; (산에 대하여) 평야, 평지. **2** 논, 밭. **3** (도시에 대하여) 시골, 마을, 지방. **4** (특정한) 곳, 장소; 경기장. **5** [비유] 영역, 분야, 범위(espai, àmbit). **6** 진영, 진지, 캠프.
a camp ras 들판에서, 황야에서.
camp de batalla 전쟁터, 전장.
camp de cols 양배추 밭.
camp de concentració 수용소.
camp de cotó 목화밭.
camp d'esports 스포츠 캠프.
camp de treball 일터.
camp d'instrucció 훈련소.
camp llaurat 휴경지.
camp ras 황야.
camps a través 크로스컨트리.
camp visual 시계.
dormir sobre el camp de batalla 전쟁을 이기다.
haver-hi[tenir] camp per córrer 갈 길이 멀다, 할 일이 많다.
romandre el camp a algú 승리하다, 쟁취하다.
campal campals *adj.* **1** 들의, 평야의. *batalla campal* 야전. **2** 야외의, 집 밖의. **3** 만족한, 흡족한(content).
campament campaments *m.* **1** 야영(지), 캠프. **2** [군사] 진지, 병영, 막사.
campana campanes *f.* **1** 종; 종 모양으로 된 것. **2** (트럼펫의) 나팔이 벌어진 부분. **3** [식물] 나팔꽃.
a toc de campana 시간을 엄수하여.
fer campana 사보타주하다; 수업을 빼먹다.

llançar les campanes al vol 헛소문을 퍼뜨리다.
sentir tocar campanes i no saber on [구어] 어설프게 알다.
campanada campanades *f.* **1** 종을 침. **2** 소동, 난리; 스캔들.
campanar campanars *m.* (교회의) 종탑.
fer-ne[dir-ne] de l'alçada d'un campanar 스캔들이 생기다, 소동이 일어나다.
campanejar *intr.* 종을 계속 치다.
campanella campanelles *f.* 방울 종(picarol).
campaner campanera campaners campaneres *adj.m.f.* 수업을 빼먹는 (학생). -*m.f.* 종 제조인.
campaneta campanetes *f.* **1** 작은 종. **2** [해부] 목젖. **3** [해부] 고막. **4** [식물] 풍경초.
campaniforme campaniformes *adj.* 종 모양의.
campanulàcies *f.pl.* [식물] 도라지과 식물.
campanulat campanulada campanulats campanulades *adj.* =campaniforme.
campanya campanyes *f.* **1** 평야, 평원. **2** 싸움, 투쟁, ...전. *campanya electoral* 선거전. **3** 야전. **4** (특정 기간의) 활약, 캠페인. **5** 출정 (기간), 출진. **6** 항해 (기간).
campanyol campanyola campanyols campanyoles *adj.* =campestre.
campar *tr.* (위험에서) 벗어나게 하다, 안전하게 하다. -*intr.* 소일하다, 맘 편하게 지내다. -*se* (위험에서) 벗어나다; 소일하다.
campejar *intr.* (동물이) 들로 나가다.
camper campers *m.* 가난뱅이 농부, 소작농.
camperol camperola camperols camperoles *adj.* **1** 들의, 들판의. **2** 시골의. -*m.f.* 농부, 시골 사람.
campestre campestres *adj.* 들의, 들판의; 시골의; 농부의.
càmping càmpings *m.ang.* 야영(지), 캠핑.
campió campiona campions campiones *m.f.* **1** (옛날의) 투사, 전사. **2** 옹호자,

수호자. **3** 우승자, 챔피언.
campionat campionats *m.* 선수권, 대회, 패권.
campir *tr.* 일률적으로 색칠하다.
campista campistes *m.f.* 야영·캠핑을 하는 사람.
campus campus *m.* (주로 대학의) 교정, 구내.
camuflar *tr.* 위장하다(dissimular).
camús camusa camusos camuses *adj.* (코가) 납작한.
camussa camusses *f.* **1** [동물] 영양. **2** 영양 가죽.
camut camuda camuts camudes *adj.* 다리가 큰.
can 1 [명사 ca와 전치사 en의 축약형] *can Felip* 펠리페의 집에서. **2** [집·건물 등을 뜻하나 해석하지 않음] *Vam dinar a Can Llorenç* 우리는 칸 요렌스 (식당)에서 식사를 했다.
cana canes *f.* 거리를 재는 단위[카탈루냐, 발레아레스 등의 지방에서 2 걸음에 해당하는 1,555m].
canadella canadelles *f.* **1** (미사 때 쓰는) 성수 병, 포도주 병. **2** *pl.* 성수 병과 쟁반의 한 쌍.
canal canals *m.* **1** 수로, 운하, 해협. **2** 도랑, 수도. **3** 좁고 긴 평야. **4** [해부] 관, 도관(conducte). **5** (우마용으로 쓰이는) 길쭉한 물통. **6** [전기] 통화·통신 채널. **7** [텔레비전의] 채널. **8** 대를 뺀 삼.
-*f.* [건축] (기둥의) 홈.
canal de regadiu 관개 수로.
anar com una canal 설사하다.
obrir en canal (동물의) 내장을 열다.
canalera canaleres *f.* [건축] 낙수받이.
canalicle canalicles *m.* [해부] 소관, 세관.
canalització canalitzacions *f.* **1** 운하 개설, 운하 건설. **2** (강의) 수로, 도관.
canalitzar *tr.* **1** 운하·수로를 내다. **2** 유도하다, 방향을 이끌다.
canalla canalles *f.* 정신 나간 행동; 천박한 사람들.
-*m.* 망나니, 악당, 불한당.
canallada canallades *f.* **1** 어린이 같은 짓, 유치한 행동. **2** 아이들 무리.

canaller canallera canallers canalleres *adj.* 어린애 같은.
canaló canalons *m.* **1** 작은 수로. **2** 낙수받이.
canana cananes *f.* 탄약띠.
canapè canapès *m.* 침대 의자, 긴 등받이 의자.
canari canària canaris canàries *adj.m.f.* 스페인 카나리아(Canàries) 제도의 (사람).
-*m.* **1** [조류] 카나리오. **2** 소형 선박의 일종. **3** 카나리아 춤.
canastra canastres *f.* 고리짝, 바구니.
canastrell canastrells *f.* 작은 바구니.
canastró canastrons *m.* 저울의 대.
cancan cancans *m.* (19세기 후반의 프랑스계의) 캉캉 춤.
cancaneta *f. fer cancaneta* (등으로) 들어 올리다, 추켜세우다.
cancell cancells *m.* [건축] **1** (이중문의) 유리문. **2** 통풍창.
cancel·lar *tr.* **1** 취소하다, 무효로 하다. *cancel·lar una entrevista* 인터뷰를 취소하다. **2** 해약하다, 해제하다. **3** 말소하다, 지우다.
canceller cancellera cancellers cancellers *m.f.* **1** (독일의) 수상. **2** (여러 국가의) 관방 장관, 외무 장관.
càncer càncers *m.* **1** [의학] 암. **2** 암적인 존재, 사회악. **3** [천문] 거해궁(巨蟹宮).
cancerigen cancerígena cancerígens cancerígenes *adj.* [의학] 암을 유발하는.
cançó cançons *f.* **1** 노래. **2** 이유, 원인(raons). **3** 구실, 변명(excuses); 상투적인 말.
cançó burlesca 놀려 주는·야유하는 노래.
cançó d'amor 연가.
cançó de bressol 자장가.
cançonaire cançonaires *m.f.* 작곡가; 가수.
cançonejar *intr.* 한가로이 노래 부르다.
cançoner cançonera cançoners cançoneres *adj.* 굼뜬, 느린, 더딘, 굼벵이 같은.
-*m.* 가곡집, 노래집, 시집.
cançoneria cançoneries *f.* **1** 태평, 한가로움. **2** *pl.* 이야기, 한담.
candela candeles *f.* **1** 불, 빛(llum). **2** 양초. **3** 촛대. **4** 콧물(mucositat). **5** 고드름.
candeler candelera candelers candeleres *m.f.* 양초 제조·판매자.
-*m.* 촛대, 램프.
candelera candeleres *f.* **1** (양초를 보관하는) 상자, 괘. **2** [식물] 현삼과 식물.
candeleta candeletes *f.* 작은 초.
candent candents *adj.* **1** 달아오른(roent). **2** 불타는, 열렬한, 뜨거운.
càndid càndida càndids càndides *adj.* **1** 흰, 하얀. **2** 천진한, 악의가 없는 (ingenu). **3** 어리석은, 멍청한.
candidat candidata candidats candidates *m.f.* 후보자, 지원자.
candidatura candidatures *f.* **1** [집합] 후보자. **2** 후보자 일람. **3** 입후보.
candidesa candideses *f.* 순진함, 천진난만함.
candir *tr.* 설탕·당밀로 싸다. -**se** 쇠하다, 기운이 빠지다; 쇠퇴해지다.
candor candors *m.*[*f*] 솔직함, 순수, 담백함, 공평무사, 허심탄회.
canell canells *m.* 손목.
canella canelles *f.* **1** [해부] (팔·다리의) 긴 뼈; 정강이 뼈, 경골. **2** 날개 뼈. **3** (금속·유리·도기 등의) 관. **4** (우물·분수의) 물줄기.
caneló canelons *m.* 계피 과자.
cànem cànems *m.* [식물] 삼, 대마.
canemàs canemassos *m.* (올이 굵은) 삼베옷.
canera caneres *f.* 개집; (버려진 개들의) 우리.
cangrea cangrees *f.* 사각형 돛.
canguli cangulis *m.* [구어] 두려움, 걱정.
cangur cangurs *m.* [동물] 캥거루.
-*m.f.* 보모.
caní canina canins canines *adj.* 개의; 개 같은. **2** [비유] (음식을) 탐하는, 게걸스러운.
caníbal caníbala caníbals caníbales *adj.* 식인종의, 잔인한.

-*m.f.* 식인종.
canibalisme canibalismes *m.* **1** 식인 풍습. **2** 잔인한 행위.
canic canics *m.* 작은 개, 강아지.
canície canícies *f.* 백발, 흰머리.
canícula canícules *f.* 대서(大暑), 삼복.
cànids *m.pl.* [동물] 갯과에 속하는 동물.
canilla canilles *f.* **1** [집합] 사냥개. **2** (피륙에 다른 색깔이 들어간) 홈.
canó canons *m.* **1** (속이 빈) 관, 통, 파이프, 튜브(tub). **2** 총신, 포신; 대포. **3** 연도, 갱도, 배수통. **4** 깃털 펜. **5** 협곡, 계곡; (산 사이의) 좁은 길. **6** [해부] 기관, 숨통.
canoa canoes *f.* 카누, 통나무배. *canoa automòbil* 모터보트.
canoca canoques *f.* (속이 빈) 줄기.
cànon cànons *m.* **1** 법규, 규정, 규범, 기준(regla, criteri). **2** [종교] 계율, 교리; (외전에 대한) 정전; 교회법, 법규집 **3** (교회가 허용한) 성전 목록. **4** 목록, 카탈로그. **5** (인쇄의) 캐넌 활자 [48포인트의 큰 활자]. **6** [음악] 카논, 전칙곡(典則曲). **7** [법률] 차지료(借地料).
canonada canonades *f.* **1** 포격. **2** 총성, 포성. **3** [건축] (수도·가스의) 도관.
canonejar *tr.* 포격하다.
canonera canoneres *f.* 총안(銃眼), 포안(砲眼).
canonge canonges *m.* (계율을 준수하는) 수도사, 수도승.
canongia canongies *f.* **1** (가톨릭의) 참사회 의원의 수당. **2** [구어] 불로 소득(sinecura).
canònic canònica canònics canòniques *adj.* **1** 교회법에 의한, 교회법상의; 성전 목록의. **2** (일반적으로) 규범상의, 표준이 되는.
-*f.* (수도원의) 계율 생활.
canonista canonistes *m.f.* [남녀동형] 교회법학자, 종교 법규 전문학자.
canonitzar *tr.* **1** 시성(諡聖)하다, 성인으로 추앙하다, 복자에 올리다. **2** [비유] 추앙하다, 추어올리다.
canor canora canors canores *adj.* 노래를 잘 부르는.
cànós canosa canosos canoses *adj.* 백발의, 머리가 하얀; 흰 털을 가진.
canot canots *m.* 보트.
cansalada cansalades *f.* 돼지 비곗살; 베이컨.
suar la cansalada 비지땀을 흘리다.
cansalader cansaladera cansaladers cansaladeres *m.f.* 베이컨 상인.
cansament cansaments *m.* 피곤, 피로.
cansar *tr.* **1** 피곤하게 하다(fatigar). **2** [비유] 귀찮게 굴다, 성가시게 하다 (molestar); 따분하게 하다(avorrir). **-se** **1** 피곤해하다, 지치다. **2** 싫증을 내다.
cansat cansada cansats cansades *adj.* 지친, 피곤한
cant cants *m.* **1** 노래, 가락. **2** [음악] 성악; 성가. **3** 창법. **4** [문학] 시작(詩作).
al cant del gall 동틀 녘에, 새벽에.
cant de cisne (시인·음악가의) 마지막 작품.
cant rimat 노동가, 뱃노래.
cantabile *m.it.* [음악] 칸타빌레의 악조.
cantada cantades *f.* 노래; 우스꽝스러움, 어리석음.
cantadissa cantadisses *f.* **1** [집합] 노래; 시작(詩作). **2** (새의) 떨리는 소리.
cantador cantadora cantadors cantadores *adj.* 노래하는.
cantaire cantaires *adj.* =cantador.
-*m.f.* 가수.
cantal cantals *m.* 돌, 바위덩이.
cantant cantants *m.f.* 가수.
cantar *tr.* **1** 노래하다, 노래 부르다. **2** 읊다, 읊조리다. **3** 찬양하다, 찬미하다 (lloar). **4** 실토하다, 자백하다(confessar). **5** 악담하다, 험담하다. **6** 악취가 나다. -*intr.* **1** (시냇물이) 졸졸거리다. **2** (새가) 울다, 지저귀다. **3** (끓는 물이) 소리 내다.
cantar com una calàndria[*com un àngel*; *com un rossinyol*] 천사처럼 노래하다, 꾀꼬리처럼 노래하다.
cantar les veritats (누구에게) 결점을 있는 대로 다 말해 주다.
cantar missa 찬미송을 부르다.
cantar victòria 승리의 개가를 부르다.
estar cantat 흔히 하는 일이다, 흔히 찾는 일이다.

cantarella cantarelles *f.* 말꼬리가 처짐.
cantarellejar *intr.* 말꼬리가 처지다.
cantata cantates *f.* [음악] 칸타타.
cantatriu cantatrius *f.* 여가수.
cantautor cantautora cantautors cantautores *m.f.* 싱어 송 라이터.
cantell cantells *m.* (사물의) 좁은 면; 끝, 가장자리.
cantellejar *intr.* (가장자리를) 가공하다.
cantellut cantelluda cantelluts cantelludes *adj.* **1** 모서리가 있는, 모가 있는. **2** [비유] 거친, 투박한(rude, aspre).
cantera[1] canteres *f.* 단지, 항아리.
cantera[2] canteres *f.* [어류] 얼룩도미.
càntera cànteres *f.* 단지, 물 항아리.
canterano canteranos *m.* 장농과 책상을 겸한 가구.
canterell canterells *m.* 작은 항아리.
càntic càntics *m.* (교회의) 찬송가, 찬미가; 노래.
cantiga cantigues *f.* (가곡·노래를 부르기 위한) 중세의 시.
cantilena cantilenes *f.* 노래; 시작(詩作); 상투적인 말.
cantimplora cantimplores *f.* **1** 수통, 물통. **2** 사이편 병, 흡수관; 사이편식 관·용기.
cantina cantines *f.* 선술집.
càntir càntirs *m.* 물 항아리.
cantó cantons *m.* **1** (건물의) 모서리. *els cantons de la sala* 홀의 모서리들. **2** (두 면이) 만나는 점. **3** 옆, 측면(banda, costat). **4** (문장(紋章)에서) 왼쪽 위 끝의 작은 구획. **5** 지방, 향토, 고향. **6** (스위스의) 주; (프랑스의) 군, 시구, 읍. **7** (일반적으로) 구획, 구분.
de cantó 측면의.
quatre cantons 네 갈래, 교차로.
anar cadascú pel seu cantó 각자 제 갈 길로 가다.
cantonada cantonades *f.* 모서리, 모퉁이.
fer cantonada (건물의) 모퉁이를 내다.
cantonal cantonals *adj.* 지방 분권주의의.
cantonalisme cantonalismes *m.* [정치] 지방 분권주의, 지방 분권 정책.
cantoner cantonera cantoners cantoneres *adj.* cantó를 만드는; 그것에 소용되는.
-f. **1** (표지 등의) 모서리 대기. **2** 구석에 놓는 삼각 책상.
cantor cantora cantors cantores *m.f.* 가수.
cantoral cantorals *m.* 성가집, 합창곡집.
cantúria cantúries *f.* (노래의) 곡.
cantussejar *intr.* 흥얼거리다.
cantussol cantussols *m.* 곡조가 단조로운 음악.
cànula cànules *f.* 장세척용 말단 파이프.
canut canuda canuts canudes *adj.* =canós.
canvi canvis *m.* **1** 바꿈, 교환, 대체(bescanvi). **2** 변화, 변경, 수정. **3** (무역의) 교역. *el lliure canvi* 자유 무역. **4** 환산(율). **5** [상업] 환, 환시세, 외환. **6** 잔돈, 거스름돈.
canvi de marxes 변속기.
en canvi 역으로, 이에 반하여, 반면에.
fer el canvi (무엇을) 바꾸다.
tornar el canvi 잔돈을 내주다; 같은 수단으로 보복하다.
canviador canviadora canviadors canviadores *m.f.* 환전상.
canviar *tr.* **1** 바꾸다, 교환하다, 대체시키다. **2** 변화시키다, 변형시키다(transformar). **3** (인사를) 나누다. **4** 환전하다. *-intr.* 달라지다, 바뀌다. *El temps ha canviat* 날씨가 바뀌었다. *-se* 바뀌다, 변형되다.
canvista canvistes *m.f.* =canviador.
canya canyes *f.* **1** [식물] 갈대; 사탕수수. **2** [식물] 줄기, 기둥(tija). *una canya de bambú* 대나무 기둥. **3** 지팡이, 낚싯대. **4** 피리. **5** 총대, 포신. **6** (건물의) 기둥. **7** (기계의) 굴대. **8** [해부] (팔·다리의) 뼈; 골수(canyella). **9** (양말·장화의) 다리 윗부분. **10** (양주·맥주 등의) 술; 술잔. **11** (광산의) 갱도. **12** [선박] 조타, 방향.
canya de pescar 낚싯대.
canya de sucre[dolça] [식물] 사탕수수.

ésser prim com una canya (뼈만 남아) 앙상하다.
no deixar canya dreta 완전히 못 쓰게 만들다.
canyada canyades *f.* 낚시질.
canyamel canyamel *f.* [식물] 사탕수수.
canyar canyars *m.* 사탕수수 밭.
canyella[1] canyelles *f.* [해부] (팔·다리의) 긴 뼈.
canyella[2] canyelles *f.* [식물] 계피; 육계.
canyeller canyellers *m.* [식물] 육계나무, 계수나무.
canyellera canyelleres *f.* (축구 선수 등의) 정강이 보호대.
canyer canyers *m.* **1** =canya1. **2** =canyar.
canyet canyets *m.* 묘, 묘지.
 anar-se'n al canyet 죽다(morir-se).
canyís canyissos *m.* (갈대·싸리로 엮은) 발.
canyissar canyissars *m.* 물갈대 밭.
canyiula canyiules *adj.m.f.* 허약한, 병약한 (사람).
canyó canyons *m.* [구어] =faringe.
canyut canyuts *m.* =navalla.
caoba caobes *f.* [식물] 마호가니; 마호가니 목재.
caolí caolins *m.* [광물] 고령토, 백도토 (白陶土).
caos caos *m.* **1** (성서에서 창세 이전의) 혼돈, 카오스. **2** 혼란, 무질서.
caòtic caòtica caòtics caòtiques *adj.* 혼란한, 혼돈스러운, 무질서한, 어지러운.
cap[1] caps *m.* **1** [해부] 머리. **2** 두뇌, 재능. **3** 가장. **4** 시장, 군수(capital). **5** 우두머리, 두목, 추장. **6** 책임, 권력. **7** (땅의) 가장자리. **8** 꼭대기, 머리; 끄트머리(extrem). **9** 개인(individu). *Són 300 pessetes per cap* 일인당 300페세타다.
-*m.f.* 책임자, 리더.
 al cap i a la fi 결국.
 dur de cap 이해하기 어려운.
 en cap ...의 대표인. *conseller en cap* 위원장, 비서실장.
 pel cap baix 최소한도, 적어도.
 per cap 한 사람당, 일인당.

 A què treu cap...? ...은 왜인가?, ...은 무엇 때문인가?
 abaixar[acotar] el cap 기가 죽다.
 alçar[aixecar] el cap 궁지·가난에서 벗어나다, 호전되다.
 donar cap 수행하다, 이행하다.
 fer un cop de cap 결심하다, 결단을 내리다.
 no perdre el cap [비유] 이성을 잃지 않다.
 perdre el cap 이성을 잃다.
 rodar el cap 정신이 아찔해지다, 멍해지다, 머리가 돌다.
 rompre's[trencar-se] el cap [구어] 머리가 돌다; 무척 지치다.
 tenir el cap ben clar 정신이 맑다, 정신이 멀쩡하다.
 treure el cap 머리를 내밀다; 나타나다.
 Val més ésser cap de lluç que cua d'estruç[val més ésser cap d'arengada que cua de lluç[de pagell, de rajada]] [속담] 용의 꼬리보다 뱀의 머리가 낫다.
 venir al cap 이해하다.
 volar-se el cap [구어] 자살하다.
cap[2] *adj.* **1** [긍정문·의문문] 어느, 어떤, 얼마간의. *Hi ha cap poma, al cistell?* 광주리에 사과 있니? **2** [부정문] 아무런, 전혀. *No tinc cap conegut a París* 파리에 아는 사람이 아무도 없다.
-*pron.* 누군가, 어떤 것.
-*prep.* [공간적·관념적으로 가까움을 뜻함] ...의 쪽으로, ...의 쪽에(devers).
 cap a ...쪽으로; ...근처에; 약 ...정도의.
 cap avall 아래쪽으로.
capa capes *f.* **1** 긴 망토. **2** (투우용의) 가빠. **3** [식물] 겉껍질, 표피. **4** [지질] 층, 지층; 기층. **5** (사회의) 계층. **6** [비유] 겉모양, 외양(aparença).
 capa d'aigua[de pluja] 비옷.
 sota capa de ...라는 구실로, ...를 핑계 삼아.
 aguantar la capa [구어] (사교계에 나가는 젊은 여성의) 샤프롱 노릇을 하다; (누구를) 보호하다, 감싸다.
 tirar la capa al toro [구어] 결판을 내

다; (큰 위험을 피하고자) 그만두다.
capaç capaç capaços capaces *adj.* **1** 유능한, 능력이 있는; ...할 수 있는. *És capaç de parlar una hora seguida* 그는 한 시간 동안 계속해서 말할 능력이 있다. **2** 용량이 되는, 널찍한, 수용 가능한. **3** 자격이 있는, 수행할 수 있는; 재간이 있는.
ésser capaç de ...하는 것이 가능하다, ...할 것 같다.
capacitar *tr.* 능력·자격을 부여하다; 권능을 위임하다.
capacitat capacitats *f.* **1** 능력, 자격, 권능. **2** 용량, 수용량, 용적, 적재량. **3** 재간, 수완.
capacitat de treball 업무 능력.
capalçar *tr.* (위로) 들다, 올리다, 일으켜 세우다. -*se* (위로) 세워지다.
capalt capalta capalts capaltes *adj.* 머리를 쳐든, 머리를 위로 한.
anar capalt 목에 힘주며 걷다; 허세를 부리다.
capar *tr.* [동물] 거세하다(castrar).
caparra caparres *f.* 머리가 무거움, 두통.
caparrada caparrades *f.* **1** 머리로 들이받음. **2** 일진의 광풍; 돌출, 돌발.
caparràs caparrassos *m.* **1** 머리가 큰 사람. **2** [비유] 현자.
caparró caparrons *m.* **1** 작은 머리. **2** [비유] 방정맞은 사람, 헤픈 사람.
caparrut caparruda caparruts caparrudes *adj.* 고지식한, 완고한.
capatàs capatassa capatassos capatasses *m.f.* (공사현장의) 감독관.
capbaix capbaixa capbaixos capbaixes *adj.* 고개를 숙인, 풀이 죽은, 맥없는.
capbaixar-se *prnl.* (기둥·도리 등이) 중앙에서 휘다.
capbuidada capbuidades *f.* 바보짓, 어리석은 행동.
capbussada capbussades *f.* =cabussó.
capbussar *tr.* =cabussar.
capbussó capbussons *m.* =cabussó.
capçal capçals *m.* **1** 머리맡. **2** 문지방에 댄 가죽; 밑쪽에 덧대는 것. **3** 베게(coixí). **4** 문 위에 댄 가로 나무. **5** 닻에 대는 나무.
capçalera capçaleres *f.* **1** 머리맡. **2** (편지의) 머리말. **3** (문서에서) 회사·기관 등의) 명칭과 주소. **4** (서적 등의) 제명란(題名欄). **5** 수원지.
capcinada capcinades *f.* **1** 머리로 하는 신호. **2** (머리를) 흔듦.
capcinejar *intr.* 머리로 신호하다; 흔들거리다.
capciós capciosa capciosos capciosos *adj.* 속이는, 사기의.
capciró capcirons *m.* 끝, 말단.
capdamunt, al *loc.adv.* 위로, 위쪽으로.
capdanser capdansera capdansers capdanseres *m.f.* **1** 댄스 지휘자. **2** [비유] 우두머리, 대장.
capdavall, al *loc.adv.* 아래로, 밑으로; 끝에, 결국; 결정적으로.
capdavant, al *loc.adv.* 앞에, 앞으로.
capdavanter capdavantera capdavanters capdavanteres *m.f.* 선동자, 주모자.
capdret capdreta capdrets capdretes *adj.* 머리를 쳐들고, 당당하게, 의기양양하게.
capejar *intr.* 머리를 흔들다. -*tr.* **1** (소를) 가빠로 다루다. **2** 돛을 조정하다. **3** (날씨를) 조절하다.
capel capels *m.* 교황청 추기경의 빨간 모자; 추기경의 지위.
capell capells *m.* **1** 모자; 뚜껑. **2** (산 정상에 걸린) 구름. **3** (식기를 덮는) 발. **4** (베어 낸 곡식의) 다발, 단. **5** 누에고치.
capella capelles *f.* 예배당.
capellà capellans *m.* **1** (예배당 전속의) 사제, 목사. **2** (왕실·대저택·군대·학교 등에서 종사하는) 사제, 목사; 종군 목사.
capellanejar *intr.* [구어] 신부를 닮다.
capellania capellanies *f.* capellà의 직·권한.
capelleta capelletes *f.* 작은 예배당.
capellina capellines *f.* (철모를 쓴) 기병.
caperó caperons *m.* **1** (옛날의) 기다란 두건. **2** (성주간의 행사 때 쓰는) 끝이 뾰쪽한 복면. **3** 옛 기마병이 호신용으로 쓰던 두건.

caperutxa caperutxes *f.* 고깔모자.
capet capets *m.* 모자란 사람; 방탕한 사람.
capficall capficalls *m.* (배가) 앞뒤로 흔들림.
capficar *tr.* **1** 머리를 들이박다. **2** (포도나무를) 휘묻이하다, 압지하다. *-intr.* (배가) 앞뒤로 흔들리다.
capfluix capfluixa capfluixos capfluixes *adj.* 방정맞은, 지각없는, 무분별한, 주책없는, 경망스러운.
capgirar *tr.* **1** 돌다, 돌아서다. **2** 어지럽히다, 뒤집어놓다. **3** 잘못 이해하다. **4** 바꾸다, 변형시키다. **5** 진로를 바꾸다. *-se* 바뀌다.
capgirell capgirells *m.* **1** 뒤집힘, 전복. **2** [비유] 돌연적인 변화.
capgirellar *intr.* 구르다, 뒤집히다, 전복하다.
capgiró capgirons *m.* =capgirell.
capgròs capgrossa capgrossos capgrosses *adj.* 머리가 큰, 대두의.
capguardar-se *prnl.* 조심하다, 주의하다; 예방하다, 경계하다.
capicua capicues *m.* 앞뒤로 똑같이 읽혀지는 수[예: 130031].
capidansa capidanses *m.f.* =capdanser.
capil·lar capil·lars *adj.* **1** 모발의, 모발 같은. **2** [해부] 모세관의. **3** [비유] 모세관처럼 가느다란.
-m. [해부] 모세 혈관.
capil·laritat capil·laritats *f.* [물리] 모세관 현상.
capir *tr.* 이해하다(entendre).
capirot capirots *m.* =caperó.
capissar *tr.* [구어] =capir.
capisser capissera capissers capisseres *adj.* 변덕스러운, 한결같지 않은.
capità capitana capitans capitanes *m.f.* **1** 우두머리, 대장, 두목; 감독, 리더. **2** (배의) 선장, 함장.
capital capitals *adj.* **1** 기본적인, 근본적인(principal). *error capital* 근본적인 오류. **2** 중요한, 중대한. **3** [해부] 머리의. **4** 사망에 이르게 하는, 치명적인 (mortal). *pena capital* 사형. **4** 대문자의.
-m. **1** 자본, 자금; 밑천. **2** (배우자의) 재산.
-f. **1** 수도. **2** 대문자.
capitalisme capitalismes *m.* **1** 자본주의. **2** [집합] 자본가.
capitalista capitalistes *adj.* 자본(주의)의, 자본가의.
-m.f. [남녀동형] **1** 자본주의자. **2** 자본가, 투자자, 출자자. **3** 금융업자. **4** 재벌, 부호.
capitalitzar *tr.* [경제] 자본화하다, 자본으로 돌리다; (이윤에 대한) 원금을 산출하다.
capitanejar *tr.* 지휘하다, 통솔하다.
capitania capitanies *f.* **1** capità의 직·사무소. **2** 입항세.
capitell capitells *m.* [건축] 기둥머리, 기둥의 장식 머리; (탑의) 첨두(尖頭).
capítol capítols *m.* **1** (책의) 장. **2** (성직자의) 회의, 집회, 참사회. **3** (성직자에 대한) 비난, 탄핵.
capítols matrimonials 약혼(서).
cridar a capítol 책임을 지우다.
guanyar[*perdre*] *el capítol* 계획에 성공·실패하다.
capitoli capitolis *m.* (고대 로마 주피터 신전의) 카피톨리노.
capitomba capitombes *f.* 공중제비.
capitombar *tr.* 거꾸로 넘어지게 하다. *-intr.* 머리방아 찧다.
capitonar *tr.* 솜을 넣다.
capitulació capitulacions *f.* **1** capitular^{2}하는 일. **2** 협정, 의정. **3** 항복, 투항 (rendició); (투항을 전제로 한) 입성.
capitular^1 capitulars *adj.* (성직자의) 회의의, 성직자회의, 참사회의.
capitular^2 *tr.* 각 장으로 나누다. *-intr.* **1** 협정하다, 의정하다. **2** 항복하다(rendir-se); 항복 조건을 정하다. **3** 결말을 짓다, 끝마무리를 하다.
capitulejar *intr.* =capitular^2.
caplleuta caplleutes *f.* =fermança.
capmoix capmoixa capmoixos capmoixes *adj.* =capbaix.
capó capons *m.* 거세된 사람·동물.
capol capols *m.* =tros.
capolador capoladora capoladors capoladores *adj.* capolar하는.
capolament capolaments *m.* capolar하

capolar 는 일.
capolar tr. 1 (고기를) 잘게 자르다. 2 (장작을) 패다. 3 (과일을) 갈다. 4 [비유] 지치게 하다, 녹초가 되게 하다.
capoll capolls m. 1 [식물] (꽃의) 봉오리. 2 (도토리의) 꽃받침. 3 (꽃·잎사귀·열매의) 자루.
caponar tr. 거세하다; (닭을) 교미시키다. 3 (나무의) 가지치기를 하다.
caponat caponats m. 1 =capó. 2 (궁중의) 내시(eunuc).
caporal caporals m.f. 보스, 리더, 두목; 감독, 반장, 십장.
capot capots m. 1 소매 달린 넓은 가빠. 2 (자동차의) 모터 덮개.
capota capotes f. 1 (마차의) 덮개. 2 짧은 망토. 3 (부인용) 모자의 일종.
capotar intr. (자동차가) 전복하다; (비행기가) 추락하다.
caprici capricis m. =capritx.
capricorn capricorns m. [천문] 마갈궁.
caprifoliàcia caprifoliàcies f. [식물] 인동과 식물.
capritx capritxos m. 1 변덕, 종작없음, 줏대 없음. 2 (사랑에 대한) 불타는 욕망. 3 광상곡, 광상화.
capritxós capritxosa capritxosos capritxoses adj. 1 변덕스러운. 2 (마음이) 변하기 쉬운, 마음 내키는 대로의.
-m.f. 변덕쟁이.
capritxositat capritxositats f. 변덕스러움, 종작없음, 줏대 없음.
capsa capses f. (조그마한) 상자; (그 안에 든) 물건.
capser capsers m. 상자 제조·판매상.
capsigrany capsigranys m. [조류] 때까치, 물까치. 2 [비유] 바보 천치.
càpsula càpsules f. 1 (병·총구 등의) 마개. 2 뇌관. 3 [해부] 피낭, 피막. 4 [식물] 꼬투리. 5 (약의) 캡슐. 6 (우주선의) 캡슐.
capta captes f. captar하는 일.
captaire captaires m.f. captar하는 사람.
captar intr. 1 구걸하다, 동냥하다. 2 모금하다. -tr. 얻다, 취하다. -se (주의·시선 등을) 사로잡다.
capteniment capteniments m. 행동(거지), 처신.
captenir-se prnl. 행하다, 처신하다, 몸가짐을 가지다. Cal captenir-se com Déu mana 신이 명하는 대로 행해야 한다.
captiu captiva captius captives adj. 붙잡힌, 포로의; (마음을) 사로잡는.
captivar tr. 1 포로로 하다, 사로잡다. 2 (주의·마음을) 끌다, 매료하다.
captivitat captivitats f. 포로, 억류.
captura captures f. 체포, 포박, 포획.
capturar tr. 잡다, 체포하다; 억류하다.
capulla capulles f. =caputxa.
caputxa caputxes f. 1 (부인용) 두건. 2 [인쇄] 꺾쇠[<].
caputxí caputxina caputxins caputxines adj.m.f. [종교] (가톨릭의) 캐퓨신파[16세기에 생긴 여자 수도회]의 (여수도사).
-m. [동물] (중남미산) 꼬리말.
-f. [식물] 양귀비.
caputxó caputxons m. 작은 두건.
capvesprada capvesprades f. =capvespre.
capvespre capvespres m. 해질녘, 해거름, 일몰.
capvesprol capvesprols m. 해질녘에 바다에 부는 약한 바람.
capvuitada capvuitades f. (가톨릭의) 팔일절의 마지막 날.
caquèxia caquèxies f. [의학] 악액질.
caqui[1] caquis m. [식물] 감.
caqui[2] caquis adj. 감색의, 카키색의.
car[1] conj. 왜냐하면, 그것은, 말하자면.
car[2] cara cars cares adj. 1 비싼, 고가의. 2 사랑하는, 친애하는.
-adv. 높게, 비싸게.
costar car 비싸다.
ésser car de veure 비싸게 팔리다.
pagar car 비싼 대가를 치르다.
cara cares f. 1 얼굴, 안면; 용모, 표정 (semblant); 체면. 2 (동전의) 면. 3 (사물의) 표면, 외형. 4 형세, 면모(aspecte).
a cara o creu 운에 따라.
Amb la cara ja paga [구어] 얼굴에 다 써 있다, 표정이 모든 걸 말해 준다.
cara a[per] cara 면전에서, 얼굴을 맞대고, 마주 보고.

caure la cara de vergonya 부끄러워 얼굴을 들지 못하다.
clavar[tirar] per la cara 비난하다, 책임을 돌리다.
fer[plantar] cara 맞서다, 도전하다.
fer cara a 도전하다, 정면으로 맞서다.
girar cara 피하다.
passar la mà per la cara 아무를 유리하게 하다, 아무 편에 서다.
rentar la cara 아부하다, 아첨하다, 알랑거리다.
tenir la cara gruixuda 매우 뻔뻔스럽다, 낯가죽이 두껍다.
tenir[fer] cara de bon any [비유] 모습이 좋다.
carabassa carabasses *f.* [식물] 호박.
-adj.m. 호박 색깔(의).
carabassejar *intr.* 1 (참외가) 오이 빛을 띠다. 2 (색깔이) 귤색을 띠다.
carabassera carabasseres *f.* =carabassa.
carabasseta carabassetes *f.* 호리병.
carabassó carabassons *m.* 애호박.
caracarà caracaràs *m.* [조류] 카라카라새[중미산 맹조].
caràcter caràcters *m.* 1 성격, 성질; 특질, 개성(personatge). 2 표적, 표, 낙인. 3 문자, 활자(체), 글씨체. *caràcters aràbics* 아라비아 문자. 4 문체.
amb caràcter de ...의 자격으로; ...한 성격으로, ...한 특징으로.
característic característica característics característiques *adj.* 특징적인, 독특한.
-m.f. [연극] 배우(actor).
-f. 특징, 특성, 특질(particularitat).
caracteritzar *tr.* 1 ...의 특성·특질을 나타내다. 2 특색을 주다, 특징짓다, ...의 특징이다. *caracteritzar el seu personatge* 그의 개성을 특징짓다. *-se* [연극] (배우가 어떤 인물의) 분장을 하다, 성격을 나타내다.
caracterologia caracterologies *f.* 성격학, 개성 연구.
caragirat caragirada caragirats caragirades *adj.* 배반자의, 변절자의, 위선자의.
-m.f. 배반자, 변절자, 위선자.
-m.pl. [식물] 강낭콩(fesolets).

caragol caragols *m.* =cargol.
caragolada caragolades *f.* 달팽이 요리.
caragròs caragrossa caragrossos caragrosses *adj.* 얼굴이 큰, 살이 찐.
carai[caraina] *interj.* [속어][기이함·놀라움·분노 등을 나타내는 감탄사] 대단해!, 와우!; 이런!, 저런!, 제기랄!, 빌어먹을!
carall caralls *m.* [속어] (남자의) 성기.
-interj. [속어] =carai.
carallada carallades *f.* [구어] 멍청한 짓, 바보 같은 짓거리, 병신 같은 행동.
carallot carallots *m.* [구어][경멸적] 멍청이, 천치, 병신.
caram *interj.* [구어] =carall.
carambola caramboles *f.* 1 (당구 게임의) 캐넌. 2 일거양득, 일석이조.
per carambola 간접적으로, 은근히, 넌지시.
caramel caramels *m.* 캐러멜, 엿, 구운 설탕.
caramell caramells *m.* 고드름.
caramella caramelles *f.* 갈대 피리, 치리미아[피리의 일종].
caramelles *f.pl.* [음악] 1 (포르투갈에서 사용되는) 댄스곡. 2 (카탈루냐의 전통적인) 소야곡.
caramel·litzar *tr.* 캐러멜로 만들다; 캐러멜을 입히다.
caramull caramulls *m.* 1 듬뿍, 가득(curull). *una cullerada de sucre amb caramull* 설탕 한 숟가락 가득. 2 더미, 무더기(munt).
carantoines[caranques] *f.pl.* 아첨, 아부, 알랑거림.
carat *interj.* [구어] =carall.
caràtula caràtules *f.* 1 가면, 탈. 2 표지, 표제. 3 (옛날의) 가면 배우.
caravana caravanes *f.* 1 (아라비아의) 대상, 카라반. 2 (여행의) 일행, 단체. 3 (도로의) 정체 차량. 4 숙박용 차; (집시들의) 카라반.
caravàning caravànings *m.ang.* 카라반 캠핑; 그 장소.
carbassa carbasses *f.* 1 [식물] 호박, 호박씨. 2 호리병박. 3 (시험의) 낙제. 4 (여자가 남자에게) 퇴짜 놓음. 5 머저리, 바보, 얼간이.

-adj.m. 오렌지색(의).
donar carbassa i) (시험에서) 낙제시키다; ii) (여자가) 남자를 딱지 놓다.
ésser tap i carbassa 때려 해도 뗄 수 없는 관계다.
nedar sense carbasses (회사가) 자족하다, 다른 도움 필요 없다.
portar-se'n[rebre] carbassa 퇴짜 맞다.
sortir carbassa i) (생각했던) 사람이 아니다, 신용을 잃다; ii) 밋밋하다, 맛이 없다.
treure carbassa (시험을) 낙제하다.
carbassaire carbassaires *m.f.* 품행이 나쁜 학생.
carbassejar *intr.* =carabassejar.
carbassenc carbassenca carbassencs carbassenques *adj.* 호박 같은, 호박 모양의.
carbasser carbassers *m.* **1** [식물] 호박. **2** 호박 밭.
carbassera carbasseres *f.* [식물] 호박.
créixer[pujar, enfilar-se] com una carbassera 무척 빠르게 자라다.
carbassó carbassons *m.* [식물] (작고 푸른) 호박.
carbinol carbinols *m.* [화학] 메틸알코올.
carbó carbons *m.* **1** 숯, 탄. **2** (그림 그리는) 목탄. **3** 석탄.
carbó animal 골탄.
carbó pedra[mineral] 석탄.
carbó vegetal 목탄.
negre com el carbó 시커먼.
carbohidrat carbohidrats *m.* 탄수화물 (glúcid).
carbonada carbonades *f.* 숯불에 구운 고기.
carbonar *tr.* 숯으로 만들다; 탄화하다.
carbonat carbonats *m.* [화학] 탄산염.
-*adj.* 석탄을 함유한.
carboncle carboncles *m.* **1** [광물] 루비, 홍옥. **2** [의학] 탄저병.
carbonejar *tr.* =carbonar.
carboner carbonera carboners carboneres *adj.* 목탄의, 석탄의.
-*m.f.* 숯장수; 석탄 판매상.
carbonet carbonets *m.* (스케치할 때 쓰는) 목탄.
carboni *m.* [화학] 탄소.

carbonífer carbonífera carbonífers carboníferes *adj.* **1** 석탄의, 석탄을 생산하는. **2** 석탄기의.
-*m.* [지질] 석탄기.
carbonissa carbonisses *f.* 분탄, 가루 코크스.
carbonització carbonitzacions *f.* 탄화.
carbonitzar *tr.* 탄화하다.
carbonós carbonosa carbonosos carbonoses *adj.* 숯을 함유한, 숯 같은.
carbur carburs *m.* 탄화물.
carburador carburadors *m.* (가솔린 기관의) 기화기, 카뷰레터.
carburant carburants *adj.* 기화·연소하는; 탄화수소를 함유한.
-*m.* 탄화수소 가스, 액화 탄화수소 (연료).
carburar *tr.* **1** (탄화수소 가스에 공기를 넣어) 연소시키다. **2** (철을) 강화하다. **3** [화학] (가솔린을) 기화시키다. -*intr.* [구어] 가동하다, 움직이다.
carca carques *m.f.* [경멸적] 카를로스 당원[카를로스(1788-1855)의 왕위계승을 주장하는 사람들].
carcabòs carcabossos *m.* =carcanyell.
carcaix carcaixos *m.* **1** (화살을 넣는) 화살통, 전통. **2** 십자가의 밑받침.
carcanada carcanades *f.* **1** 해골, 골격. **2** (조류의) 몸체.
carcanyell carcanyells *m.* [해부] 기관(氣管), 숨통; 목구멍.
carcàs carcassos *m.* =gargall.
carcassa carcasses *f.* **1** [해부] 해골, 골격; (조류의) 몸체. **2** [건축] 골조. **3** 소이탄의 일종. **4** 안감 (천).
carceller carcellera carcellers carcelleres *m.f.* 교도, 간수.
càrcer càrcers *m.* 감옥, 형무소, 교도소 (presó).
carcinoma carcinomes *m.* [의학] 암종.
carculla carculles *f.* (순례자가 달고 있는) 조개의 일종.
card cards *m.* [식물] 엉겅퀴.
cardar *tr.* (양털·삼 등을) 삼다; (옷감에) 보푸라기를 세우다.
cardenal cardenals *m.* **1** (가톨릭의) 추기경. **2** [의학] 멍, 혈반. **3** [조류] 홍관조.

càrdia càrdies *m.* [해부] (위의) 분문(噴門).

cardíac cardíaca cardíacs cardíaques *adj.* 심장의, 심장병의.
-*m.f.* 심장병 환자.

càrdies càrdies *m.* =càrdia.

cardinal cardinals *adj.* **1** 기본의, 주요한. **2** [수학] 기수의.

cardiògraf cardiògrafs *m.* [의학] 심장 박동계.

cardiografia cardiografies *f.* [의학] 심장학; 심장 운동 검사.

cardiograma cardiogrames *m.* 심장 박동계 도표.

cardiologia cardiologies *f.* [의학] 심장(병)학.

cardiopatia cardiopaties *f.* [의학] 심장병.

cardó cardons *m.* [식물] 치젤.

carejar *tr.* (정면으로) 놓다, 안면으로 향하게 하다; 보기 좋은 쪽으로 놓다.
-*intr.* 비싸게 팔다.

carena carenes *f.* 선체 수리.

carenada carenades *f.* [지질] 산둥성이, 능선.

carenador carenadors *m.* [해사] 선박 수리소.

carenar *tr.* [선박] 선체를 수리하다.

carenejar *intr.* 능선을 따라가다.

carència carències *f.* **1** 결핍, 부족. **2** [의학] (영양소·비타민류의) 결핍(증).

carés caresos *m.* **1** 날씨. **2** 형세, 형편; 기척, 낌새.

carestia caresties *f.* 결핍, 부족, 궁핍.

careta caretes *f.* **1** 가면, 탈, 마스크. **2** (검술·양봉가 등이 쓰는) 마스크.

carga cargues *f.* 포도주·석탄·목재 등의 측정 단위.

cargol[caragol] cargols *m.* **1** [동물] 달팽이. **2** 나선식 모양. **3** [해부] (귀의) 달팽이관. **4** 회오리, 선회.

cargolada cargolades *f.* **1** 둘둘 맒. **2** 달팽이 요리.

cargolaire cargolaires *m.f.* 달팽이 장수; 우렁이잡이.

cargolament cargolaments *m.* 둘둘 마는 일.

cargolar *tr.prnl.* 둘둘 말다; 나선형으로 하다.

cariar-se *prnl.* [의학] 카리에스가 되다, 충치가 되다.

cariàtide cariàtides *f.* [건축] 여인상 기둥, 인상주.

carib caribs *adj.* **1** (서인도 제도의) 카리브 족의; 카리브 해의. **2** 잔인한.
-*m.f.* 카리브 족.

caribú caribús *m.* [동물] (캐나다의) 순록.

caricatura caricatures *f.* 풍자만화.

caricaturar *tr.* 풍자만화를 그리다.

carícia carícies *f.* **1** 애무, 애정 표시. **2** [비유] 부드러운 감촉.

càries càries *f.* [의학] 카리에스, 충치.

cariofil·làcies *f.pl.* [식물] 석죽과 식물.

carisma carismes *m.* **1** [신학] (성령의) 은사. **2** [비유] 통솔력, 위엄; 카리스마적 자질.

carismàtic carismàtica carismàtics carismàtiques *adj.m.f.* carisma를 가진 (사람).

caritat caritats **1** 자비, 어진 사랑. **2** 구제, 자선.

caritatiu caritativa caritatius caritatives *adj.* 자비의, 사랑이 많은; 자선의, 구제의.

carlet carlets *m.* [식물] 야생 버섯.

carlí carlina carlins carlines *adj.* **1** 카를로스당의. **2** (카를로스 5세 시대의) 작은 은화.
-*m.f.* =carlista.

carlisme carlismes *m.* (돈 카를로스의 왕위 계승을 주장하는) 카를로스당파, 카를로스지지 운동.

carlista carlistes *adj.* carlisme를 지지하는; 카를로스당의.
-*m.f.* 카를로스 당원.

carlina carlines *f.* [식물] 엉겅퀴의 일종.

carmanyola carmanyoles *f.* 도시락 통, 보온식 찬합.

carmelità carmelitana carmelitans carmelitanes *adj.m.f.* [종교] (가톨릭의) 까르멜파 (수도사·수녀).

carmesí carmesina carmesins carmesines *adj.* 연지 색깔의, 심홍색의.
-*m.* 연지 빛, 심홍색.

carmí carmins *m.* 붉은 장밋빛의, 연분홍의.

carminatiu carminativa carminatius carminatives *adj.* [생리] 방귀가 나오게 하는.
-m. 구풍제.

carn carns *f.* **1** 살, 고기. *la carn de porc* 돼지고기. **2** (혼·정신에 반대되는) 육신, 육체. *la resurrecció de la carn* 육체의 부활. **3** [비유] 육욕, 정욕. **4** (새·생선 등의) 고기. **5** (과일의) 과육. **6** (재목의) 심재.
entre carn i pell 살 속에.
ésser de carn[de carn i ossos] 살아 있는 존재다, 살과 뼈가 되다; 분별력이 있다.
no ésser carn ni peix 이것도 저것도 아니다, 모호한 성격이다.
posar carn 살이 찌다.
tornar la carn a la terra 죽다.

carnadura carnadures *f.* 기골이 장대함; 상처가 잘 아묾. *tenir bona carnadura* (피부가) 탄력적이다.

carnal carnals *adj.* **1** 살의, 육체의. *un contacte carnal* 육체의 접촉. **2** 같은 핏줄의, 같은 혈육의. **3** [비유] 육체적인, 육감적인; 색정의, 육욕의. **4** 세속적인, 현세주의의.

carnalatge carnalatges *m.* 소금에 절인 고기.

carnaval carnavals *m.* 사육제, 카니발.

carner carners *m.* **1** 무덤, 묘; (교회의) 가족묘지. **2** (동물의) 고기. **3** 고기 도마.

carner carnera carners carneres *adj.* 정육점의.
-f. [식물] 아칸서스.

carnet carnets *m.* 신분증, 면허증, 학생증, 재학증, 출입증.

carni càrnia carnis càrnies *adj.* **1** 고기의, 육류의. **2** 살색의.

carnificació carnificacions *f.* 육화, 육질 변화.

carnisser carnissera carnissers carnisseres *adj.* **1** 식용용의, 식용 짐승의. **2** [동물] 육식류의. **3** 잔혹한.
-m.f. 정육점 주인.

carnisseria carnisseries *f.* 정육점.

carnívor carnívora carnívors carnívores *adj.* **1** [동물] 육식하는, 육식류의. **2** [식물] 식충류의.
-m.pl. 육식류 동물.

carnós canosa canosos canoses *adj.* 살의; 살이 많은, 육질의.

carnot carnots *m.* **1** 군살; 혹. **2** 과대 비만.

carnum carnums *m.* 지난 고기, 썩은 고기.

carnús carnussos *m.* =carnot.

carnut carnuda carnuts carnudes *adj.* 고기가 많은, 육질의.

carona carones *f.* [구어] 예쁘장한 얼굴.

carolingi carolíngia carolingis carolíngies *adj.* [역사] **1** (프랑스의) 카롤링거 왕조의. **2** 카롤링거 왕조풍의.
-m.f. 카롤링거 왕조의 사람.

caròtide caròtides *f.* [해부] 경동맥.

carp carps *m.* [해부] 손목, 팔의 관절.

carpa carpes *f.* [어류] 잉어.

carpanta carpantes *f.* [구어] 의욕.

carpel carpels *m.* [식물] (암술의) 심피.

carpeta carpetes *f.* 문서철, 서류함, 파일.

carpetada carpetades *f.* 서류철로 때리다.

carpicultura carpicultures *f.* 잉어 양식.

carpir-se *prnl.* 다 소진되다, 힘이 다 떨어지다.

carpó carpons *m.* [해부] 미골, 꼬리뼈 (còccix).

carquinyoli carquinyolis *m.* (밀가루, 달걀, 아몬드 등으로 만든) 밀가루 반죽.

carrabina carrabines *f.* 카빈총, 단총, 기병총.

carrabiner carrabiners *m.* **1** carrabina를 든 병사. **2** 밀수 감시 경찰.

carraca carraques *f.* **1** 카라카 배[이탈리아인이 만든 큰 목조선]. **2** 매우 느리고 노후한 배. **3** 느리고 노후한 차. **4** [비유] 쓸모없는 물건. **5** 굼뜨게 움직이는 사람; 절룩거리는 사람.

carrall carralls *m.* **1** (쇠에서 나오는) 쇠찌끼(escòria); 그 불꽃. **2** 화산암재. **3** [비유] 찌꺼기, 쓰레기.

carrandella carrandelles *f.* 줄, 열.
carranquejar *intr.* 매우 힘들게 움직이다; 발을 절다, 절룩거리다.
carranxa carranxes *f.* 허벅지.
carràs carrassos *m.* (과일의) 송이.
carrasca carrasques *f.* [식물] 떡갈나무.
carrat carrada carrats carrades *adj.* 끝이 둥근, 끝이 무딘.
càrrec càrrecs *m.* **1** 화물(càrrega). **2** 부과세, 부담금, 부과료. **3** 일, 과제(obligació); 직장일. **4** 돌봄, 치료.
a càrrec de ...의 책임 하에; ...아무개 앞으로.
agafar[prendre] al seu càrrec ...을 책임지다.
fer-se càrrec de ...을 떠맡다, ...을 인수하다.
càrrega càrregues *f.* **1** 하역, 선하, 산적. **2** 화물. *un vagó de càrrega* 화물차. **3** 충전, 전하, 장전. **4** 탄약통, 탄약 상자. **5** [군사] 급습, 습격. **6** 책임; 짐, 부담(obligació, molèstia).
portar la càrrega de ...의 짐을 짊어지다.
tornar a la càrrega 끈덕지게 주장하다.
carregador[1] carregadors *m.* **1** 하역장. **2** 하역 장비.
carregador[2] carregadora carregadors carregadores *adj.* carregar할 수 있는. *-m.f.* carregar하는 사람.
carregament carregaments *m.* **1** =càrrega[1]. **2** (위의) 부담. **3** 부과세, 부담금. **4** 비구름.
carregar *tr.prnl.* **1** 짐을 지다, 짐을 싣다, 짐을 지우다. **2** 실어 보내다, 발송하다. **3** (잔뜩) 채우다. **4** 장탄하다. **5** 충전하다. **6** (부담·세금 등) 부담을 지우다, 부과하다(encarregar-se). **7** 탓으로 돌리다, 책임으로 돌리다. **8** 애먹이다, 부담을 주다(oprimir). **9** 책임을 지다(responsabilitzar-se). *-intr.* **1** 습격하다, 공격하다; (경찰 등이) 무력으로 해산시키다. **2** (죄·책임의) 책임이 오다(pesar). **3** (무게가) 얹혀지다.
carregar els neulers[les culpes] 책임을 지다.
carregar en compte (누구의) 부담으로 하다.

carregar-se-la 남의 허물을 뒤집어쓰다, 남의 짐을 지다.
carregar-se un malalt 환자를 악화시키다.
carregós carregosa carregosos carregoses *adj.* **1** carregar하는. **2** 귀찮은, 골치 아픈.
carrejar *tr.* =carretejar.
carrell carrells *m.* 일련으로 된 것, 줄줄이 이어진 것.
carrer carrers *m.* **1** 길, 도로, 가로, 통로. *el carrer Aragó* 아라곤 거리. **2** (경기장 내의) 코스.
carrer amunt 윗길.
carrer avall 아랫길.
carrer major 큰길.
deixar al mig del carrer 길을 잃게 만들다, (직업 등을) 빼앗다.
fer carrer 길을 내다.
sortir al carrer 거리로 나가다, 외출하다.
tirar-se al carrer 소동을 벌이다, 난동을 부리다.
treure al carrer 몰아내다, 해고하다.
carrera carreres *f.* **1** 길, 가도, 가로. **2** 경로, 궤도, 루트, 진로, 항로. **3** 길, 방법. **4** (인생의) 경력. *la carrera professional* 직업 경력. **5** (학문의) 전공. *l'últim any de carrera* 전공 마지막 학년. **6** (천의) 흠집.
a carrera llarga 시간을 두고, 장기적으로.
de carrera 멈추지 않고, 서둘러.
donar carrera a algú 학자금을 대 주다.
sortir a carrera 마중 나가다.
carreró carrerons *m.* **1** 골목, 뒷골목, 소로. **2** (경기장 내의) 코스.
carret carrets *m.* 사진 필름통.
carreta carretes *f.* 짐차, 달구지.
carretejar *tr.* 차로 운반하다.
carretel·la carretel·les *f.* 4인승 포장마차.
carreter carretera carreters carreteres *adj.* carreta의.
-m.f. 마부, 수레꾼.
carretera carreteres *f.* 차도, 가도; 하이웨이, 고속도로.

carretó carretons *m.* 작은 짐차; 운반차, 유모차.

carreu carreus *m.* (건축용) 사각석.

carril carrils *m.* **1** 레일, 궤도. **2** (도로의) 차선.

carrilet carrilets *m.* 협궤 철도.

carrincló carrinclona carrinclons carrinclones *adj.m.f.* 어줍지 않은 (사람), 시원찮은 (사람); 웃기는 (녀석).

carrinclonejar *intr.* 어줍지 않게 굴다.

carrisquejar *intr.* 삐걱거리다, 직직 소리를 내다; 이를 갈다.

carro carros *m.* **1** 차, 짐수레. **2** 전차, 탱크. **3** 한 차량의 분량.

carroll carrolls *m.* (포도의) 송이.

carronya carronyes *f.* **1** 썩은 고기. **2** [경멸적] 늙고 병든 사람. **3** 게으름뱅이, 나태한 사람(peresós); 쓸모없는 사람.

carrossa carrosses *f.* **1** 장식한 마차·자동차. **2** [경멸적] 늙고 병든 쓸모없는 사람.

carrosseria carrosseries *f.* **1** 자동차 차체·좌석 부분. **2** 수레·차량 제작소.

carrotxa carrotxes *f.* 소나무 껍질.

carruatge carruatges *m.* (일반적으로) 마차.

carrutxes carrutxes *f.pl.* [단·복수동형] 롤, 롤러; 굴림대.

carta cartes *f.* **1** 편지, 서한, 서신. **2** 패, 카드, 트럼프. **3** 지도, 해도. **4** 조약, 법규, 규약. **5** 증명서, 허가장; 독촉장; 소개장.
donar carta blanca 백지 위임장을 주다.
jugar a cartes vistes 자신을 가지고 참여하다, 당당하게 행동하다.
jugar-se l'última carta 이게 마지막 기회다, 이게 마지막 카드다.
perdre la carta de navegar 방향을 잃다, 침몰하다.
prendre les cartes 끼어들다, 참여하다.
tirar les cartes 포기하다.

cartabó cartabons *m.* **1** (목수들이 쓰는) 곱자, 삼각자, L 자형 자. **2** (측량용) 각도계.

cartaci cartàcia cartacis cartàcies *adj.* 종이의.

cartaginès cartaginesa cartaginesos cartagineses *adj.m.f.* [역사] 카르타고[Cartago, 기원전 7세기에 페니키아인이 세운 북부 아프리카의 도시]의 (사람).

cartaire cartaires *m.f.* 카드제조인.

carteig carteigs *m.* 서신교환.

cartejar-se *prnl.* 서신을 교환하다, 편지를 주고받다.

cartell cartells *m.* **1** 포스터, 광고 전단 (càrtel); 벽지, 도배지. **2** 문장의 패.

cartellera cartelleres *f.* **1** 벽보판, 광고탑, 연극 안내란. **2** (신문의) 흥행물 광고란.

cartellisme cartellismes *m.* 광고 포스터 미술.

carter cartera carters carteres *m.f.* 우편배달부, 집배원.

cartera carteres *f.* **1** 지갑. **2** (문서·책을 넣는) 가방. **3** (호주머니의) 뚜껑. **4** 장관의 직무. **5** 메모장, 청구서. **6** [상업] 유가 증권.
cartera de comandes 주문서.
ministre sense cartera 무임소 장관.
tenir en cartera un afer 아직 미해결로 남아 있다.

carteria carteries *f.* 우편배달 직, 집배 사무; 그 사무소.

carterista carteristes *m.f.* [남녀동형] 소매치기, 날치기.

cartesianisme cartesianismes *m.* [철학] 데카르트[프랑스 철학자]파.

cartílag cartílags *m.* [해부] 연골.

cartilla cartilles *f.* 초보 독본, 편람; 행사 일람.

cartipàs cartipassos *m.* 잡기장, 공책.

cartó cartons *m.* **1** 마분지, 판지. **2** 밑그림.

cartografia cartografies *f.* 지도·해도 제작법.

cartografiar *tr.* 지도를 그리다.

cartolina cartolines *f.* (카드 용지로 쓰이는) 얇은 판지.

cartomància cartomàncies *f.* (카드·트럼프로 하는) 점.

cartre cartres *m.* 바구니, 소쿠리.

cartró cartrons *m.* =cartó.

cartutx cartutxos *m.* **1** 탄약통, 탄약 상자. **2** (말아서 봉한) 동전 뭉치.

carura carures *f.* 용모, 인상, 외모, 외관(fesomia).
carxofa carxofes *f.* [식물] 야생 엉겅퀴.
carxot carxots *m.* 목덜미를 때리는 일(clatellada).
cas[1] casos *m.* **1** 경우, 케이스(esdeveniment). **2** 예, 사례, 보기. **3** (당면한) 문제, 본론. **4** 환자, 환자 수(數). **5** [문법] 격(格). **6** (칼의) 등.
cas de força major cas fortuït (=cas de força major) 불가항력적인 일.
donar-se el cas que ...이라 가정하다. ...의 예를 들다.
el cas és que 사실을 말하면, 실은.
en aquest cas 그 경우에.
en cas contrari 그렇지 않으면.
en cas de[*donat cas que; posat cas que*] ...의 경우, ...할 경우에는, ...할 때는.
en cas de necessitat 필요한 경우.
en tot cas 아무튼, 여하튼.
en un cas extrem 극단적인 경우.
és cas de ...할 때다; ...한 경우다.
ésser cosa de gran cas 매우 중요하다.
fer al cas 용케 들어맞다, 시의 적절하다.
fer gran cas de[*fer cas de*] 중요하게 생각하다, 진지하게 새겨 두다.
cas[2] cas [ca(casa)와 관사 es의 축약형] *Per celebrar-ho anirem a cas meus pares* 그것을 기념하기 위해 우리는 부모님 집으로 갈 것이다.
casa cases *f.* **1** 집, 주거. **2** 가족. **3** 가(家), 가게, 일족, 일가(família). **4** 상점, 상사. **5** (달팽이·거북이 등의) 집. **6** (장기판의) 눈금.
a casa de ...의 집에.
com una casa 매우 중요한.
Això es casa vostra 편히 하십시오[남의 집을 방문했을 때 주인이 하는 말].
conèixer com si fos a casa seva 훤히 알고 있다.
casaca casaques *f.* (옛날의) 연미복, 예복.
casador casadora casadors casadores *adj.* 결혼 적령기의.

casal casals *m.* **1** 커다란 집, 대저택. **2** (전통 있는) 명가. **3** 왕가(dinastia). **4** (카탈루냐 지방에서 정치·문화·종교 등의 목적으로 지어진) 공공시설.
casalot casalots *m.* 폐가, 쓰러져 가는 집.
casamata casamates *f.* [군사] 포대, 포탑.
casament casaments *m.* 결혼(식).
casar *tr.* **1** 결혼시키다. **2** 짝을 맞추다, 배합하다(unir, aparellar). -*intr.* **1** 결혼하다. **2** 어울리다, 조화를 이루다(avenir-se). -*se* **1** 결혼하다. **2** [비유] (...에) 푹 빠지다.
casc cascs[cascos] *m.* 철모, 투구; 방화모, 헬멧.
casca casques *f.* 껍질, 껍데기; (짜낸) 찌꺼기.
cascada cascades *f.* 폭포.
cascadura cascadures *f.* 타박상(contusió).
cascall cascalls *m.* [식물] 양귀비의 일종.
cascar *tr.* **1** 빻다, 찧다(masegar, macar). **2** 녹초가 되게 하다, 건강을 해치다. -*prnl.* [의학] 가슴에 통증이 있다.
cascavell cascavells *m.* **1** 방울. **2** [동물] 방울뱀.
cascavellejar *intr.* **1** 방울 소리가 울리다. **2** 철썩철썩 때리다.
cascú *pron.* =cadascú.
cascun cascuna cascuns cascunes *adj.* =cadascun.
caseïficar *tr.* 치즈로 만들다; (우유에서) 카세인을 분리하다.
caseïna caseïnes *f.* [화학] 카세인.
casella caselles *f.* **1** 움막. **2** 칸막이.
caseós caseosa caseosos caseoses *adj.* 치즈와 같은; 카세인 성분이 있는.
casera caseres *f.* **1** 결혼하고 싶어 하는 마음. **2** 벌집.
caseria caseries *f.* 부락, 마을.
caseriu caserius *m.* =caseria.
caseta casetes *f.* **1** 움막. **2** 탈의실, 탈의장. **3** 산장, 방갈로.
casino casinos *m.* **1** 카지노. **2** (동업자

casinyot

등의) 모임, 클럽.
casinyot casinyots *m.* =casot.
casolà casolana casolans casolanes *adj.* **1** 집의, 가내의(domèstic). **2** 가정적인; 집에만 틀어박혀 있는.
casot casots *m.* 초라한 집, 누옥.
caspa caspes *f.* 비듬, 부스럼 딱지.
cassació cassacions *f.* [법률] (판결의) 취소, 파기.
cassar *tr.* [법률] (판결을) 취소하다.
casset cassets *f.* 카세트.
cassigall cassigalls *m.* 넝마(parrac).
cassola cassoles *f.* **1** (옛날 극장의) 부인석, 입석. **2** 토제·철제 냄비.
cassussa cassusses *f.* [구어] 욕구, 의욕.
cast casta casts[castos] castes *adj.* 순결한, 맑은, 정결한.
casta castes *f.* **1** 혈통. **2** (인도의) 계급; (어떤 사회의) 계급.
castany castanya castanys castanyes *adj.* 밤색의.
-m. 밤색.
-f. [식물] 밤.
castanyada castanyades *f.* (성년 기념일 밤의) 밤 먹기.
castanyer castanyers *m.* [식물] 밤나무.
castanyer castanyera castanyers castanyeres *m.f.* 밤 장수.
castanyola castanyoles *f.* **1** [악기] 캐스터네츠. **2** [어류] 가스타뇰라[지중해의 물고기].
castedat castedats *f.* 순결, 정결.
castell castells *m.* 성, 성채; 망루, 망대.
castellà castellana castellans castellanes *adj.m.f.* 카스티야 지방의 (사람).
-m. [언어] 카스티야어, 스페인어.
castellanada castellanades *f.* [구어] (카스티어의 영향으로) 카탈루냐어의 읽고 쓰는 데 일어나는 오류.
castellanisme castellanismes *m.* 카스티야 지방의 말씨·어법.
castellanitzar *tr.* 스페인어 풍으로 하다; (외국어를) 스페인어화하다.
casteller castellera castellers castelleres *adj.* 인간 탑의, 인간 탑을 쌓는. *la festa castellera* 인간 탑 쌓기 축제.

català

-m.f. 인간 탑 쌓기에 참가하는 사람.
càstig càstigs *m.* **1** 벌, 징벌, 응징(punició). **2** 교정, 수정.
castigament castigaments *m.* =càstig.
castigar *tr.* **1** 벌주다, 혼내 주다, 징계하다, 응징하다. **2** 고치다, 수정하다. **3** 해를 입히다.
castís castissa castissos castisses *adj.* **1** (혈통이) 순한, 순수한, 정통의, 순종의. **2** (언어가) 바른, 순수한, 정통의.
castor castors *m.* **1** [동물] 해리, 비버. **2** 해리의 가죽.
castració *f.* castrar하는 일.
castrar *tr.* **1** [동물] 거세하다; 새끼를 못 낳게 하다. **2** 전정하다, 솎아 내다.
castrat castrats *m.* [음악] 소프라노.
castrense castrenses *adj.* 군사의; 군인의, 무인의.
castrisme castrismes *m.* 카스트로[쿠바의 지도자, 1927-]주의.
casual casuals *adj.* **1** 우연의. **2** 불의의, 불시의.
casualitat casualitats *f.* **1** 우연. **2** 불의; 예상치 않은 일.
per casualitat 우연히, 어쩌다가.
casuari casuaris *m.* [조류] 화식조.
casuístic casuística casuístics casuístiques *adj.* **1** 결의론적인; 도학자적인, 궤변의. **2** 특례법의. **3** [신학] 의의신학(疑義神學)의.
casuística casuístiques *f.* **1** [철학] 결의론; 억지 꿰맞춤, 궤변. **2** 특례법, 특례 사례. **3** [신학] 의의신학(疑義神學)[사회의 관습·교리 등에 의한 윤리 문제를 해결하는 신학].
casull casulls *m.* 초라한 집.
catabolisme catabolismes *m.* [생리] 이화작용, 분해 대사.
cataclisme cataclismes *m.* **1** 대이변, 천지이변. **2** [비유] (정치적·사회적) 대변혁.
catacumbes *f.pl.* 카타콤[초기 기독교도들의 예배용 지하 묘실].
català catalana catalans catalanes *adj.* 카탈루냐[Catalunya, 스페인 동북부 지방]의.
-m.f. 카탈루냐 사람.

-*m.* [언어] 카탈루냐어.
catalanada catalanades *f.* [구어] (카탈루냐 인들이 다른 언어를 말할 때의) 카탈루냐어 어법·어풍.
catalanesc catalanesca catalanescs [catalanescos] catalanesques *adj.* =català.
-*m.* 까딸루냐어.
catalanisme catalanismes *m.* 카탈루냐어 어법; 카탈루냐주의 자치주의·자치운동.
catalanitat catalanitats *f.* 카탈루냐적임, 카탈루냐 식; 그 특성·기질.
catalanitzar *tr.* 카탈루냐어 식으로 하다, 카탈루냐의 풍습·사상을 주입시키다.
catalanòfil catalanòfila catalanòfils catalanòfiles *adj.m.f.* 카탈루냐를 좋아하는 (사람).
catàleg catàlegs *m.* **1** 목록, 카탈로그. **2** 도서 목록.
catalèpsia catalèpsies *f.* [의학] 경직증.
catalèptic catalèptica catalèptics catalèptiques *adj.* [의학] 경직증의.
catàlisi catàlisis *f.* [화학] 촉매 작용.반응.
catalitzador catalitzadora catalitzadors catalitzadors *adj.* catalitzar하는.
-*m.* [화학] 촉매, 촉매제.
catalitzar *tr.* 촉매시키다.
catalogar *tr.* **1** 목록을 작성하다, 목록에 싣다. **2** (사람을) 평가하다.
cataplasma cataplasmes *m.* [의학] 찜질요법.
catapulta catapultes *f.* **1** (옛날의) 대석궁, 쇠뇌. **2** 비행기 사출기, 캐터펄트.
catapultar *tr.* 대석궁으로 쏘다; 캐터펄트로 사출하다.
cataracta cataractes *f.* [의학] 백내장.
catarisme catarismes *m.* **1** 가르침, 교의, 교리, 교설. **2** 학설, 주장, 의견. **3** (가두의) 설교.
catarro catarros *m.* [의학] 감기.
catarsi catarsis *f.* **1** 배변(排便). **2** (정신.감정의) 정화, 카타르시스.
catàstrofe catàstrofes *f.* **1** 큰 재난, 참화(daltabaix). **2** [연극] (비극의) 대단원, 비극적인 결말, 파국. **3** [비유] 아주 나쁜 일, 나쁜 것.
catastrofisme catastrofismes *m.* **1** 비극적인 결말, 파국. **2** 카타스트로피의 이론[불연속적인 현상을 이해하기 위한 이론]. **3** 비상 재해 위험.
catau cataus *m.* 감춘 곳, 은닉처, 숨는 곳.
catecisme catecismes *m.* **1** 교리 문답서; (가톨릭의) 공교 요리, 교의 문답. **2** 문답식 입문서, 문답식 교과서.
catecumen catecúmena catecúmens catecúmenes *m.f.* 세례 지원자; 입문자.
càtedra càtedres *f.* **1** 교단, 강의실; 설교단. **2** 강좌; (교회의) 설교. **3** 교수직, 사제직.
catedral catedrals *f.* 대성당, 대교회.
catedràtic catedràtica catedràtics catedràtiques *adj.* 교수의; 강좌의.
-*m.f.* 교수, 정교수.
categoria categories *f.* **1** 부류, 부문, 등급, 종류. **2** 높은 신분·계급; 특별한 부류. **3** 범위, 범주, 카테고리.
de categoria 상급의, 고급의.
ésser de categoria 중요하다, 고급이다.
categòric categòrica categòrics categòriques *adj.* **1** 단정적인, 단언하는, 잘라 말하는. *una contesta categòrica* 단정적인 대답. **2** 자명한, 명확한.
categoritzar *tr.* (부문별로) 나누다, 분류하다.
catequesi catequesis *f.* (기독교의) 교리 문답, 대화식 교육(법).
catequitzar *tr.* 교리 문답식으로 가르치다; 교리를 가르치다.
caterva caterves *f.* (로마 시대의) 보병 대대, 기병 중대.
catèrvola catèrvoles *f.* 군중, 무리, 다수.
catet catets *m.* [기하] 직각 삼각형의 직각을 이루는 두 변.
catèter catèters *m.* [의학] 카테테르, 도뇨관; 상처의 길이를 재는 바늘.
catifa catifes *f.* 카펫, 양탄자, 융단.
catió cations *m.* [전기][화학] 양이온.
càtode càtodes *m.* [전기][물리] 음극.
catòdic catòdica catòdics catòdiques *adj.* 음극의.

catòlic catòlica catòlics catòliques *adj.* **1** [종교] 가톨릭교의. **2** 보편적인, 우주적인(universal). **3** 진정한, 올바른, 건전한.
no estar gaire catòlic [구어] (건강이) 안 좋다, 기분이 언짢다.
catolicisme catolicismes *m.* **1** [종교] 천주교, 가톨릭교. **2** [집단] 가톨릭교단.
catorze catorzes *adj.m.* 14(의). *-adj.m.f.* 14번째(의).
catorzè catorzena catorzens catorzenes *adj.m.f.* 14등분(의). *-adj.f.* 14번째(의).
catre catres *m.* **1** (소형의) 접침상. **2** 야전 침대.
catúfol catúfols *m.* [건축] 수도관.
catxalot catxalots *m.* [동물] 향유고래.
catxap catxaps *m.* [동물] 새끼 토끼.
catxet catxets *m.* (약제의) 오블라토.
catxutxa catxutxes *f.* **1** 모자의 일종. **2** 안달루시아의 춤.
cau caus *m.* **1** (동물의) 소굴. **2** (악당·도둑들의) 소굴. **3** (여우·토끼·곰 등의) 굴. **4** [비유] 돼지우리, 지저분한 집. **5** [구어] 개인 방.
a cau d'orella 귀에 대고, 비밀히.
caudal caudals *adj.* 수량이 많은.
cauliforme cauliformes *adj.* [식물] 줄기 모양의.
caudatari caudataris *m.* **1** (대주교 등을 따르는) 시종·시승. **2** [비유] 하인, 시종.
caure *intr.prnl.* **1** 쓰러지다, 넘어지다, 자빠지다; 균형을 잃다. **2** 무너지다, 붕괴하다; (아래로) 내려오다. **3** (머리가) 빠지다(penjar); (나뭇잎이) 떨어지다(desprendre's). **4** (그물·함정 등에) 걸려들다, 빠지다. **5** (위험·과오·죄·유혹 등에) 빠지다. **6** (병에) 걸리다. **7** 이해가 가다, 알게 되다. **8** 쇠약해지다, 쇠퇴하다(declinar). **9** 기한이 차다. **10** (운·일 등이) 맞다, 찾아오다, 들어맞다(esdevenir). *Els va caure la grossa* 그들에게 1등 복권이 당첨됐다. **11** (어떤 방향을) 향하다, 위치하다. *El poble cau cap al nord* 그 마을은 북쪽을 향하고 있다. **12** (조항에) 해당되다, 포함되다. **13** 어울리다, 알맞다. **14** [비유] 죽다, 쓰러지다(sucumbir). **15** (불행·사건이) 덮치다, 일어나다(arribar, sobrevenir). **16** (해가) 지다. *caure la tarda* 해가 지다. *-tr.* **1** 쓰러뜨리다, 떨어뜨리다. **2** 덮치다, 습격하다. **3** 영향을 미치다(afectar).
caure a algú les ales del cor 급작스럽게 실신하다.
caure a plom 수직으로 떨어지다, 뚝 떨어지다.
caure adormit 잠들다.
caure bé[malament] 잘 어울리다[잘 어울리지 않다].
caure de la memòria 망각하다.
caure en 이해하다.
caure malalt 병들다.
estar si cau no cau 막 도착할 예정이다; 금세라도 일어날 것 같다.
no tenir on caure mort 무덤 자리도 없다[지지리도 가난하다].
causa causes *f.* **1** 원인, 이유, 근거. **2** 주장, 주의, 대의, ...운동. **3** 소송, 재판.
causal causals *adj.* **1** 원인이 되는, 인과 관계의. **2** [문법] 원인의, 원인을 나타내는. *la conjunció causal* 원인의 접속사.
causalitat causalitats *f.* 인과 관계, 인과율.
causant causants *adj.m.f.* (무엇을) 야기하는 것. *-m.f.* [법률] 본인(本人); 납세자.
causar *tr.* 야기하다, 일으키다; 초래하다, 가져오다. *causar grans danys* 큰 피해를 입히다.
càustic càustica càustics càustiques *adj.* **1** 가성(苛性)의, 부식성의. **2** [비유] 통렬한, 신랄한. **3** [의학] 부식제의.
caut cauta cauts cautes *adj.* 빈틈없는, 조심스러운, 신중한.
cautela cauteles *f.* 조심, 신중.
cauteri cauteris *m.* [의학] 뜸 (요법).
cauteritzar *tr.* **1** 굽다, 태우다, 지지다. **2** 뜸으로 치료하다.
cautxú cautxús *m.* [화학] 고무.
cautxutar *tr.* (배의 방수를 위해) 고무를 바르다.

cava¹ caves *f.* **1** [해부] 정맥. **2** 지하 보관 창고, 저장소. **3** [고어] 굴, 구덩이.

cava² caves *m.* 샴페인(xampany).

cavada cavades *f.* cavar하는 일.

cavadís cavadissa cavadissos cavadisses *adj.* cavar할 수 있는.

cavador cavadora cavadors cavadores *adj.m.f.* cavar하는 (사람).

cavalcada cavalcades *f.* **1** 말 타고 달리기. **2** 승마대, 기마대. **3** 기마대의 적진 공격.

cavalcador cavalcadors *m.* 말 타는 곳.

cavalcador cavalcadora cavalcadors cavalcadores *m.f.* 말 탄 사람, 승마자.

cavalcadura cavalcadures *f.* 마필, 승마용말; 탈 것.

cavalcar *tr.* **1** 말을 타다. **2** (탈것을) 타고 다니다; (수컷이) 암컷을 덮치다. *-intr.* 말을 타고 여행하다.

cavall¹ cavalls *m.* **1** 말, 마(馬); 수말. **2** 기병대. **3** (장기·카드 패의) 말. **4** 나무 베는 틀, 말. **5** [의학] 가래톳. **6** [스포츠] 안마. **7** [건축] 임시 관람대.

cavall² *interj.* [놀람·화를 나타낼 때 쓰는 표현] 굉장하다!; 저런!, 제기랄!, 빌어먹을!

cavalla cavalles *f.* [어류] 고등어.

cavallada cavallades *f.* 말의 무리.

cavallar *intr.* 반짝반짝 빛나다; 하얀 물결이 일다.

cavallejar *intr.* 말을 타다; 말을 닮다.

cavaller cavalleressa cavallers cavalleresses *m.f.* 말을 탄 사람, 기사. *-m.* 기병; 신사, 나으리; 축성 작업.

cavallerejar *intr.* 신사답게 행동하다.

cavalleresc cavalleresca cavalleresc [cavallerescos] cavalleresques *adj.* **1** cavaller의. **2** 기병의. **3** 신사다운, 신사적인.

cavalleria cavalleries *f.* **1** (중세의) 기사, 기사도. **2** 기사단. **3** 기병. **4** [집합] (승마용의) 말·나귀.

cavallerís cavallerissa cavallerissos cavallerisses *adj.* 근위대의. *-m.* 근위대원.

cavallerós cavallerosa cavallerosos cavalleroses *adj.* 기사다운, 예의 바른; 신사다운, 신사적인.

cavallet cavallets *m.* **1** (건물의) 용마루. **2** 콧날, 받침틀. **3** (밭의) 이랑. **4** 캔버스, 화가(畵架).

cavallí cavallina cavallins cavallines *adj.* 말의, 말에 관한, 말 같은. *-m.* (장기·카드 패의) 말. *-f.* 말가죽.

cavalló cavallons *m.* **1** (논밭의) 이랑. **2** (담벽의) 지붕; 용마루.

cavallonar *tr.* (논밭의) 이랑을 파다.

cavar *tr.* (땅을) 파다, 파 엎다.

càvea càvees *f.* (고대 로마의) 새장, 우리.

caverna cavernes *f.* **1** 동굴. **2** (도적 등의) 소굴. **3** [의학] (폐의) 공동(空洞).

cavernícola cavernícoles *adj.* 굴에서 사는, 동굴 생활을 하는, 혈거의. *-m.f.* 동굴 생활자, 혈거인.

cavernós cavernosa cavernosos cavernoses *adj.* **1** 동굴의, 동굴 같은. **2** 공동음을 내는. **3** 구멍이 많은.

caviar caviars *m.* 캐비아[지중해에서 나는 철갑상어의 알젓].

cavil·lar *tr.* 심사숙고하다, 이리저리 궁리하다.

cavitat cavitats *f.* 홈, 도랑, 구멍; 강(腔).

ceba cebes *f.* **1** [식물] 양파. **2** 알뿌리, 구근.

ésser de la casa 골수 카탈루냐주의자이다.

ceballot ceballots *m.* [식물] 파.

cec¹ cecs *m.* [해부] 맹장.

cec² cega cecs cegues *adj.* **1** 장님의, 눈이 먼. *cec de naixença* 날 때부터 소경인. **2** [비유] 눈이 어두워진. *cec d'amor* 사랑에 눈이 먼. **3** (관·구멍 등이) 막힌(obstruït). **4** [해부] 맹장의. *-m.f.* 소경, 맹인, 봉사, 장님.

a cegues 맹목적으로; 무턱대고, 닥치는 대로.

cedent cedents *m.f.* 양도인.

cedir *tr.* **1** 양보하다. *cedir el pas* 길을 양보하다. **2** 양도하다. *-intr.* **1** 굴복하다, 지다. **2** 양보하다. **3** (강도가) 약

해지다.
cedir a la son 잠이 들다.
cedre cedres *m.* [식물] 삼나무, 서양 삼나무.
cèdula cèdules *f.* 표, 증, 증서; 신청서; 투표용지.
cefalàlgia cefalàlgies *f.* [의학] 두통.
cefalea cefalees *f.* [의학] 만성 두통.
cefàlic cefàlica cefàlics cefàliques *adj.* 머리 부분의.
cefalòpode *adj.* [어류] 두족류의.
-m.pl. [어류] (낙지·오징어 등의) 두족류(頭足類).
cefalotòrax cefalotòraxs *m.* [동물] (갑각류의) 두흉부.
cegament *adv.* 맹목적으로, 무턱대고, 닥치는 대로, 덮어놓고.
cegar *tr.* **1** 눈이 멀게 하다. **2** [비유] (이성을) 흐리게 하다. *L'amor per aquella dona l'ha cegat* 그녀를 향한 사랑이 눈을 멀게 했다. **3** (구멍·통로 등을) 막다; 장애를 놓다(tapar, obstruir). *-intr.* 시력을 잃다, 장님이 되다.
ceguesa cegueses *f.* 앞이 안 보임, 실명; 이성을 잃음.
cel cels *m.* **1** 하늘, 공중. **2** 천국, 하늘나라. **3** 신(神). **4** 위를 덮는 것, 천장.
a cel obert 덮개 없이; 노천에서, 야외에서.
del cel 하늘로부터, 위로부터; 하늘나라에서.
ésser[estar] al cel [비유] 영광을 받다.
celar *tr.* 숨기다, 감추다, 은폐하다. *celar la veritat* 진실을 감추다.
celatge celatges *m.* (하늘에) 구름 색깔이 비치는 모양.
celebèrrim celebèrrima celebèrrims celebèrrimes *adj.* 매우 유명한.
celebració celebracions *f.* 축하 (행사); (의식의) 거행; 개최.
celebrant celebrants *m.* (가톨릭의) 미사를 보는 신부.
celebrar *tr.* **1** 축하하다, 기리다. **2** 치켜세우다, 칭찬하다. **3** 개최하다, 행하다, 거행하다.
cèlebre cèlebres *adj.* 이름난, 유명한.
celebritat celebritats *f.* **1** 명성, 고명,

인기; 명사 **2** 성대함, 향연.
celeritat celeritats *f.* 날쌤, 기민함.
celeste celestes *adj.* 하늘의; 하늘색의.
celestial celestials *adj.* **1** 천국의, 하늘의. **2** 지상의, 완전한, 더할 나위 없는.
celestina celestines *f.* [광물] 천청석.
celíac celíaca celíacs celíaques *adj.* 창자의, 체강의.
celibat celibats *m.* 독신 생활.
cèlic cèlica cèlics cèliques *adj.* celeste 의.
celístia celísties *f.* 별이 빛남.
cell cells *m.* (산꼭대기에 걸린) 비낀 구름.
cella celles *f.* [해부] 눈썹.
cremar-se les celles [비유] 기를 쓰고 공부하다.
cel·la cel·les *f.* **1** 감방, 독방. **2** (벌집의) 꿀집.
cellajunt cellajunta cellajunts cellajuntes *adj.* **1** 이마·미간이 좁은. **2** 우거지상의, 찡그린 얼굴의.
celler cellers *m.* **1** (지하에 포도주 등을 보관하는) 창고. **2** 창고; 선창.
cel·lofana cel·lofanes *f.* 셀로판.
cèl·lula cèl·lules *f.* **1** [생물] 세포. **2** (특히 공산주의 정당의) 세포 조직.
cel·lular cel·lulars *adj.* 세포의, 세포 모양의; 봉방의.
cel·luloide cel·luloides *m.* 셀룰로이드.
cel·lulós cel·lulosa cel·lulosos cel·luloses *adj.* 세포가 많은, 세포 모양의. *-f.* 셀룰로오스, 식물 섬유소.
cellut celluda celluts celludes *adj.* (눈썹이) 숱이 많고 긴.
celobert celoberts *m.* [건축] (건물 내부에) 빛이 들어오게 하는 뜰.
celta celtes *m.f.* [남녀동형] 켈트인.
-adj. 켈트 족의.
cement cements *m.* **1** (이의) 백아질. **2** (야금의) 접합제.
cementiri cementiris *m.* 공동묘지.
cena cenes *f.* **1** [고어] 저녁 식사. **2** [성서] 그리스도 만찬.
Santa[Última] Cena 최후의 만찬.
cenacle cenacles *m.* 그리스도 최후의 만찬실.

cendra cendres f. 1 재. 2 pl. 유골.
cendrada cendrades f. 1 [집합] 재. 2 (잿물의) 재 찌꺼기. 3 (우마용) 재로 만든 고약.
cendrar tr. (금속을) 정제하다, 정련하다; 정화하다, 순화하다.
cendrejar intr. 1 재를 흩트리다. 2 회색빛을 띠다. *Els cabells li cendrejen* 그의 머리칼이 회색빛을 띠고 있다.
cendrera cendreres f. 재떨이.
cenobi cenobis m. 수도원.
cenobita cenobites m.f. [남녀동형] 수도자.
cenobitisme cenobitismes m. 수도생활.
cenotafi cenotafis m. 묘비명.
cenozoic cenozoica cenozoics cenozoiques adj.m. [지질] 신생대(의).
cens censos m. 1 호적부, 호적 원장, 주민 등록부(padró). 2 인구·국세·시세조사. 3 (실태 조사 등의) 원부, 명부. *cens electoral* 선거인 명부. 4 인두세.
censar tr. 인구·국세·시세조사를 하다.
censor censora censors censores m.f. 1 (고대 로마의) 감찰관; 검열관, 감사역. 2 국세·인구 조사관. 3 학감, 사감.
censura censures f. 1 censor의 직책. 2 검열, 감찰. 3 비난, 비판, 비평.
censurar tr. 1 검열하다, 감찰하다. 2 비난·비판·비평하다, 구설수에 올리다.
cent cents m. 센티모[1유로의 1/100].
cent1 adj. 100의; 100번째의.
-m. 100; pl. 100단위.
 cent per cent 백 퍼센트.
 de cada cent, els nouranta-nou 열의 아홉은, 십중팔구.
 dir[fer] més de cent vegades 수십 번을 말하다, 수없이 하다.
centaure centaures m. [신화] 반인반마의 괴물.
centcames centcames m. [단·복수동형] [동물] 지네.
centè centena centens centenes adj. 100번째의, 100분의 1의.
-m.f. 100번째.
-m. 1 100분의 1. 2 센타보[화폐 단위].
centella centelles f. 1 번갯불, 섬광. 2 불꽃, 스파크.
centellejar intr. 불꽃을 튀기다; 번쩍이다, 반짝이다.

centenar centenars m. 100단위.
 a centenars 많이, 무수히.
centenari centenària centenaris centenàries adj. 100의, 100씩의, 100세의, 100년의.
-m. 100일, 100년, 100주년.
centener centeners m. [성서] 백부장.
centenni centennis m. 100년.
centèsim centèsima centèsims centèsimes adj. 100번째의, 100분의 1의.
centesimal centesimals adj. 100분의 1의, 100등분 한.
centígrad centígrada centígrads centígrades adj. 섭씨의, 백분도의.
cèntim cèntims m. 1 =cent. 2 pl. (일반적으로) 돈.
 fer-ne cinc cèntims (일·사건을) 간단히 설명하다.
 no tenir un cèntim [구어] 돈 한 푼 없다, 빈털터리다.
centímetre centimetres m. 센티미터.
centó centons m. 남의 것을 조각조각 이어 맞춘 작품·음악.
centpeus centpeus m. =centcames.
central centrals adj. 1 중심의, 중앙의. 2 센터의, 본부의.
-f. 1 센터, 본부, 본점, 본국. 2 전화교환국. 3 중앙 우체국. 4 발전소.
centraleta centraletes f. 전화 교환기.
centralisme centralismes m. 중앙 집권주의·제도, 집중주의.
centralista centralistes adj. [정치] 중도파의.
-m.f. 중도노선을 펴는 정치인, 중도파 정치인.
centralització centralitzacions f. 중앙 집권, 집중(화).
centralitzar tr. 1 중심·중앙으로 모으다. 2 중앙 집권화 하다. 3 집중 처리하다.
centrar tr. 1 중심에 두다. 2 (물건의) 중심을 맞추다. 3 (광선·화력 등을) 집중시키다. 4 [비유] (관심·행동을) 한곳으로 모으다.
centre centres m. 1 가운데, 복판, 중앙, 중심(점), 중심지(mig). 2 중앙기관, 중앙시설. 3 협회, 클럽, 서클(club). 4

(교육·연구 등의) 기관, 학원, 센터, 연구소(institució). **5** 주목적, 핵심(nucli).
centre de gravetat 중심(重心).
centrecampista centrecampistes *m.f.* [스포츠] (축구의) 미드필더.
cèntric cèntrica cèntrics cèntriques *adj.* 중심의, 중앙의.
centrífug centrífuga centrífugs centrífugues *adj.* **1** 원심력의, 원심성의. **2** 원심 분리에 의한.
-f. =centrifugadora.
centrifugació centrifugacions *f.* [물리] 원심 분리.
centrifugador centrifugadora centrifugadors centrifugadores *adj.* 원심력을 이용한.
-f. 원심 분리기.
centrifugar *tr.* 원심 분리 하다.
centrípet centrípeta centrípets centrípetes *adj.* 구심성의.
centrisme centrismes *m.* [정치] 중도파를 지향하는 정책.
centrista centristes *m.f.* [남녀동형][드뭄] =centralista.
centrosfera centrosferes *f.* (지구의) 중앙, 핵.
cèntuple cèntupla cèntuples cèntuples *adj.* 100배의.
centuplicar *tr.* 백배로 하다.
centúria centúries *f.* **1** 세기, 백 년. **2** (고대 로마의) 백 명으로 구성된 단위 부대.
centurió centurions *m.* [성서] (고대 로마의) 백부장.
cenyidor cenyidora cenyidors cenyidores *adj.* 동여매는, 허리띠를 띠는.
-m. 벨트, 허리띠.
cenyir *tr.* **1** 동여매다, 감다, 띠다(voltar). **2** 묶다, 조이다; 맞추다, 조정하다(ajustar). **3** 에워싸다, 둘러싸다. **4** (칼 등을) 차다. **-se** 제한하다(limitar-se); 따르다, 준수하다.
cep ceps *m.* **1** (포도의) 그루터기, 뿌리 밑. **2** (식물의) 한 그루. **3** (회초리용) 나뭇가지. **4** 신문꽂이. **5** 덫. **6** 받침목(suport).
cep de tortura (옛날 중국의) 목에 칼을 씌우는 형벌.

cepat cepada cepats cepades *adj.* 건장한, 튼튼한, 듬직한.
ceptre ceptres *m.* **1** 홀(笏)[왕권의 표상물], 왕장, 승홀. **2** 왕위. **3** [비유] 패권. *el ceptre mundial* 세계의 패권.
cer cers *m.* =acer.
cera ceres *f.* **1** 초, 납, 왁스. **2** 밀랍. **3** (초에 의한) 조명.
cera de les orelles 귓밥
ésser com una cera 순하다, 착하다.
ésser groc com la cera 새하얗다.
ceràmic ceràmica ceràmics ceràmiques *adj.* 도자기의, 제도(製陶)의.
ceràmica ceràmiques *f.* 도자기(업).
ceramista ceramistes *m.f.* [남녀동형] 도공.
ceratitis ceratitis *f.* [의학] 각막염.
cerç cerços *m.* 차가운 북서풍.
cerca cerques *f.* cercar하는 일.
en cerca de ...을 찾아서, ...을 얻고자.
cercabregues cercabregues *m.f.* 툭 하면 싸우는 사람.
cerçada cerçades *f.* 매서운 바람.
cercador cercadora cercadors cercadores *m.f.* cercar하는 사람.
-m. [천문] (광학기의) 파인더.
cercafresses cercafresses *m.f.* =cercaraons.
cercar *tr.* **1** 찾다, 구하다. **2** (누구를) 만나러 가다. **3** 기대하다.
a cercar ...을 찾아서, ...를 구하러.
anar a cercar una cosa (무엇을) 구하러 가다.
cercar bregues[raons] 싸움을 걸다; 이유·근거를 찾다.
cercar món 세상을 돌아다니다, 여행을 많이 하다.
Qui cerca troba 구하는 자는 얻는다; 두드리는 자에게 열린다.
Qui cerca troba, qui demana rep [속담] 지성이면 감천이다.
cerca-raons cerca-raons *m.f.* [남녀동형] 시비 거는 (사람), 싸움을 좋아하는 (사람).
cercavila cercaviles *f.* (보통 기타로 연주하는) 일종의 행진곡.
fer la cercavila (연주하면서) 거리를 지나다.

cerciorar *tr.* 보증하다(encertir). **-se** ...을 확인하다, 확증하다(encertir-se).
cerclada *cerclades f.* 서클, 동아리, 모임, 패거리, 집단.
cerclar *tr.* **1** 둘러싸다, 에워싸다, 둘러치다(encerclar). **2** 포위하다. **3** 조이다 (encercolar).
cercle *cercles m.* **1** [기하] 원, 원주. **2** 바퀴, 고리, 테. **3** 범위, 구역, ...권. **4** 모임, 클럽, 패거리. **5** 방면, ...계, 분야, ...통.
cèrcol *cèrcols m.* **1** 바퀴, 바퀴 모양으로 된 것. **2** (통 등의) 테, 띠. **3** (바퀴 모양의) 어린이 장난감.
cercolar *tr.* 띠·테를 두르다(encercolar).
cereal *cereals adj.* 곡류의, 곡물의, 곡식의.
-m. 곡류, 곡물식, 시리얼.
cerealicultura *cerealicultures f.* [농업] 곡류 재배.
cerebel *cerebels m.* [해부] 소뇌(小腦).
cerebel·litis *cerebel·litis f.* [의학] 소뇌염.
cerebral *cerebrals adj.* **1** 뇌의. **2** 지적인, 두뇌적인; 공상적인.
cerebritis *cerebritis f.* [의학] 뇌염.
cerer *cerera cerers cereres m.f.* 초·납의 제조·판매상.
cereria *cereries f.* **1** 양초 공장, 양초 가게. **2** (궁정의) 초를 관장하는 부서.
ceri[1] *m.* [화학] 세륨[금속 원소].
ceri[2] *cèria ceris cèries adj.* 납의, 밀랍의.
cerífer *cerífera cerífers ceríferes adj.* 납이 나오는.
cerilla *cerilles f.* **1** 성냥. **2** (초의) 심지, 등심.
cerimònia *cerimònies f.* **1** 식, 의식, 의례, 제전. **2** 예법, 예의. **3** 거드름.
pura cerimònia 단순한 형식.
sense cerimònia 격식 없이; 예법을 차리지 않고.
cerimonial *cerimonials adj.* **1** 의식의, 의례의. **2** 예법의.
-m. 예법, 의식 순서, 식순.
cerimoniós *cerimoniosa cerimoniosos cerimonioses adj.* **1** 예의 바른. **2** 근엄한, 점잖고 엄한. **3** 격식을 차리는.
cerndre *tr.* 체로 치다; 정선하다.

cernedor *cernedors m.* 밀가루 치는 기계.
cero *ceros m.* =cérvol.
ceroferari *ceroferàra ceroferaris ceroferàries m.f.* (행렬에서) 초를 든 사람.
ceroplàstia *ceroplàsties f.* 밀랍으로 조상(彫像)하기.
cerós *cerosa cerosos ceroses adj.* 납 같은, 납이 들어 있는.
cerra *cerres f.* (돼지·말 등의) 뻣뻣한 털; 돼지 털.
cert *certa certs certes adj.* **1** 확실한, 분명한(segur). **2** 진정한, 틀림이 없는, 진짜의(vertader). **3** 어떤, 특정의 (determinatiu). **4** [부정 형용사] 어떤, 약간의, 얼마간의.
-adv. 분명히, 확실히, 틀림없이.
del cert 분명히, 확실히.
el cert és que 분명한 것은 ...이다.
ésser cert que ...한 것이 분명하다, 의심의 여지가 없다.
per cert 확실히, 확실하건대; 그건 그렇고, 그러고저러고.
certamen *m.* (학술) 발표회.
certesa *certeses f.* 확실함, 확신, 정확함.
certificació *certificacions f.* certificar하는 일.
certificar *tr.* **1** 보증하다, 보장하다. **2** 증명하다, 증(명)서를 주다. **3** 등기 우편으로 하다.
certificat *certificada certificats certificades adj.* **1** 보증한, 증명한. **2** 등기 우편의.
-m. **1** 증명서; 인가증, 인증서. **2** 등기 우편.
ceruli *cerúlia cerulis cerúlies adj.* 하늘색의.
cerumen *cerúmens m.* [해부] 귓밥.
cerval *cervals adj.* 사슴의, 사슴 같은.
cervatell *cervatells m.* 사슴 새끼.
cervell *m.* [해부] 뇌, 두뇌. **2** 이해, 지혜(intel·ligència). **3** 중심(지). **4** 학자, 두뇌, 전문가.
cervell electrònic 전자계산기.
fer girar el cervell [구어] 이성을 잃다, 미치다.
tenir un cervell de pardal[tarumba] 신

중하지 못하다.
cervesa cerveses *f.* 맥주.
cerveseria cerveseries *f.* **1** 맥줏집. **2** 맥주 공장.
cerví cervina cervins cervines *adj.* 사슴의.
cervical cervicals *adj.* [해부] 목덜미의, 경부의.
cérvol cérvols *m.* [동물] 수사슴.
cérvola cérvoles *f.* [동물] 암사슴.
cèsar cèsars *m.* (일반적으로) 황제.
cesari cesària cesaris cesàries *adj.* **1** (로마 황제) 시저의. **2** 황제의, 제왕의. *-f.* [의학] 제왕 절개 수술.
cesarisme cesarismes *m.* 독단 정치, 전제 정치.
cesi *m.* [화학] 세슘[금속 원소].
cessació cessacions *f.* cessar하는 일.
cessament cessaments *m.* =cessació.
cessant cessants *adj.* **1** 멈춘, 중단된. **2** 휴직된, 면직된.
cessar *intr.* 멈추다, 중단하다. *-tr.* 끝내다.
cessió cessions *f.* 양도.
cessionari cessionària cessionaris cessionàries *m.f.* 양수인.
cesura cesures *f.* (시·음악의) 중간 휴지(休止).
cetacis *m.pl.* [동물] 고래 종류의 동물.
cia cies *f.* [해부] 좌골(coxal).
cianhídric cianhídrica cianhídrics cianhídriques *adj.* 청산의, 시안화수소의.
cianoficies *f.pl.* [식물] 해초류 식물.
cianòmetre cianòmetres *m.* 하늘의 청명도를 재는 기계.
cianosi cianosis *f.* [의학] 치아노제, 청색증.
cianur cianurs *m.* [화학] 시안화물.
ciar *intr.* (배를) 반대쪽으로 젓다.
ciàtic ciàtica ciàtics ciàtiques *adj.* 허리의, 좌골의.
-f. [의학] 좌골 신경통.
cibernètic cibernètica cibernètics cibernètiques *adj.* **1** 사이버의, 사이버로 하는. **2** 인공두뇌학의.
-f. 인공두뇌학, 사이버네틱스[제어와 전달의 이론 및 기술을 비교·연구하는 학문].

cicatrització cicatritzacions *f.* [의학] (상처의) 아묾, 유착(癒着).
cicatritzar *tr.* (상처를) 아물게 하다, 유착시키다. *-se* 상처가 아물다, 유착하다.
cicatriu cicatrius *f.* **1** 흉터, 상처 자국, 흔적. **2** [비유] (정신적인) 상처, 타격.
cícero cícerons *m.* (인쇄의) 12포인트 활자.
cicerone cicerones *m.ital.* 명승지·고적의 안내원.
ciceronià ciceroniana ciceronians ceronianes *adj.* 키케로[로마의 정치가, 웅변가, 저술가, BC 106-43]의; 키케로처럼 말을 잘하는.
-m.f. 키케로의 논조·문체를 따르는 사람.
ciclamen ciclàmens *m.* [식물] 시클라멘.
cicle cicles *m.* **1** 순환, 한 바퀴. **2** 주기, 순환기. **3** 한 시대, 긴 세월. **4** (사시·전설 등의) 일련, 집(集). **5** [전기] 주파, 사이클. **6** [생물] 순환 과정. **7** [천문] (천체의) 궤도. **8** [물리] (원자의) 고리. **9** (교육의) 과정.
cíclic cíclica cíclics cícliques *adj.* cicle에 관한.
ciclisme ciclismes *m.* [스포츠] 사이클링, 자전거 경기.
ciclista ciclistes *m.f.* [남녀동형] 사이클 선수.
cicló ciclons *m.* [기상] (인도양의) 사이클론, 선풍, 거센 회오리바람, 폭풍우.
ciclocròs ciclocròs *m.ang.* [스포츠] 사이클 경주.
ciclomotor ciclomotors *m.* 보조 엔진을 단 자전거.
ciclop ciclops *m.* [신화] 키클로페스[그리스 신화에서 하늘과 땅의 아들], 외눈박이 거인.
ciclopi ciclòpia ciclopis ciclòpies *adj.* 외눈박이의; 거대한, 거석의.
ciclostil ciclostils *m.* 등사판.
ciclostilar *tr.* 등사판으로 복사하다.
ciclòstom ciclòstoma ciclòstoms ciclòstomes *adj.* [동물] 원구류(圓口類)의.
-m.pl. [동물] (뱀장어 등의) 원구류 동물.

cicuta cicutes *f.* [식물] 독미나리.
ciència ciències *f.* **1** ...학, 학문, 지식, 과학. **2** (자연을 다루는) 과학. **3** 인지, 인식.
 ciències humanes 인문 과학.
 ciències socials 사회 과학.
 ciències exactes (수학 등의) 정밀과학.
 ciències ocultes (점성술·강신술 등의) 신비 과학.
 de ciència certa 확실하게.
ciència-ficció ciències-ficció *f.* 공상 과학.
cient cients *adj.* [고어] ...을 아는.
 a cient de ...을 알고서; 알면서도, 고의로.
científic científica científics científiques *adj.* **1** 과학의, 과학적인. **2** 학문의, 학문상의, 학술적인.
 -*m.f.* 과학자; 학자.
cientisme cientismes *m.* **1** (종종) 과학주의, 과학만능주의. **2** (인문 과학의) 과학적 방법. **3** 과학 용어.
cigala cigales *f.* [곤충] 매미.
cigaló cigalons *m.* 알코올을 탄 커피, 카라히요.
cigar cigars *m.* 여송연, 시거.
cigarret cigarreta *f.* 담배, 궐련.
cigne cignes *m.* [조류] 백조.
cigonya cigonyes *f.* **1** [조류] 황새. **2** [기계] 크랭크.
 pintar la cigonya 척하다, 새침하다.
cigronera cigroneres *f.* [식물] 이집트콩.
cili cilis *m.* [생물] (원생동물의) 섬모.
ciliar ciliars *adj.* 속눈썹의, 속눈썹 같은.
cilici cilicis *m.* 고행의(苦行衣).
cilindrada cilindrades *f.* (모터의) 피스톤 밸브 운동.
cilindrar *tr.* 피스톤으로 밀다, 롤러로 밀다.
cilindre cilindres *m.* **1** 통, 원통, 둥근 모양의 물건. **2** 기통, 롤러.
cilíndric cilíndrica cilíndrics cilíndriques *adj.* 원통형의, 원주상의.
cim cims *m.* **1** 꼭대기, 정상, 가장 높은 곳. **2** [비유] (영광·명예·권력 등의) 정상; 완성.
 al cim de ...의 위에, 정상에.
cima cimes *f.* [식물] 수두(樹頭), (영경퀴 등의) 줄기; 화서(花序).
cimal cimals *m.* =cim, cima.
cimall cimalls *m.* (나뭇가지의) 꼭대기.
címbals *m.pl.* [악기] 심벌즈.
cimbell cimbells *m.* **1** 미끼 새, 후림 새. **2** 미끼.
cimbori cimboris *m.* [건축] 둥그런 지붕, 돔.
cimejar *intr.* **1** 정상에 서다, 정상에 있다. **2** [비유] 뛰어나다, 돋보이다, 우월하다(excel·lir).
cimell cimells *m.* 작은 낚싯대.
ciment ciments *m.* **1** [건축] 시멘트, 콘크리트. **2** (야금의) 접합제.
cimentació cimentacions *f.* **1** [건축] 시멘트 공사, 기초 공사, (토대를) 다짐. **2** (학설의) 정립.
cimentar *tr.* **1** [건축] 시멘트 공사를 하다, 기초 공사를 하다. **2** 세우다, 건설하다. **3** (학설을) 세우다, 정립하다. **4** [비유] 굳건히 다지다.
cimer cimera cimers cimeres *adj.* 정상의.
 -*f.* 정상 회담.
cimera cimeres *f.* (투구의) 장식 술, 모자의 앞에 꽂는 장식.
cimerol cimerols *m.* 식물의 가장 위에 있는 가지.
cinabri cinabris *m.* [광물] 진사(辰砂).
cinc cincs *adj.* 5의, 다섯의; 다섯 번째의.
 -*m.* 5, 다섯; 다섯 번째.
 no dar·ne ni cinc per una cosa 아무것도 주지 않다.
 no tenir ni cinc 아무것도 없다, 빈털터리다.
 no valer ni cinc 아무런 가치도 없다.
 Per quins cinc sous? 무슨 이유로?, 어째서?
cinc-centè cinc-centena cinc-centens cinc-centenes *adj.* 500번째의, 500등분의.
 -*m.* 500번째, 500등분.
cinccentista cinccentistes *adj.* 16세기의. *el teatre cinccentista* 16세기 연극.

cinc-cents cinc-centes *adj.* **1** 500배의, 500의. **2** =cinc-centè.
-m. 500.
cinconina cinconines *f.* [화학] 신코닌 [키니네의 대용품].
cine cines *m.* **1** 영화. **2** 영화관, 극장.
cineasta cineastes *m.f.* 영화배우; 영화감독; 영화인.
cineclub cineclubs *m.* 영화 동호인·클럽.
cinèfil cinèfila cinèfils cinèfiles *m.f.* 영화애호가.
cinefòrum cinefòrums *m.* 영화 클럽·연구회.
cinegètic cinegètica cinegètics cinegètiques *adj.* 수렵의.
cinegètica cinegètiques *f.* 수렵(술).
cinema cinemes *m.* 영화(관).
cinemateca cinemateques *f.* 영화 필름 보관소.
cinemàtic cinemàtica cinemàtics cinemàtiques *adj.* 운동학의.
cinemàtica cinemàtiques *f.* [물리] 운동학.
cinematògraf cinematògrafs *m.* **1** 영화(관). **2** 영사기.
cinematografia cinematografies *f.* 영화촬영; 영상, 영사.
cinematogràfic cinematogràfica cinematogràfics cinematogràfiques *adj.* 영화의, 영상 기술의.
cinerama cinerames *m.* [영화] 시네라마.
cinerari cinerària cineraris cineràries *adj.* 재를 넣는; 사리 용기의.
cinètic cinètica cinètics cinètiques *adj.* 동력학의.
cinètica cinètiques *f.* [물리] 동력학.
cinglant cinglants *m.* 가느다란 막대기.
cinglar *tr.* **1** 쇠를 벼리다, 제강하다. **2** 노 하나로 배를 젓다.
cingle cingles *m.* **1** (산의) 암석. **2** (산의) 벼랑, 단애.
cinglera cingleres *f.* 암산, 바위산; 벼랑 지대.
cíngol cíngols *m.* (승복·사제복에 다는) 비단 끈.
cínic cínica cínics cíniques *adj.* **1** [철학] 키니크학파의, 견유학파의. **2** 염치 없는, 뻔뻔스러운, 낯가죽이 두꺼운. **3** [비유] 비꼬는, 냉소적인, 아이러니컬한; 우스꽝스러운, 말도 안 되는. *un cínic exemple* 말도 안 되는 예.
-m.f. **1** 견유학파의 사람. **2** [비유] (성격이) 비뚤어진 사람, 냉소적인 사람. *Un altre cínic!* 또 다른 냉소적인 사람!
cinisme cinismes *m.* **1** [철학] 키니시즘, 키니크 철학, 견유 철학. **2** 후안무치; 냉소, 빈정거림.
cinquanta cinquantes *adj.* 50의; 50번째의.
-m. 50; 50번째.
cinquantè cinquantena cinquantens cinquantenes *adj.* 50등분의; 50번째의.
-m.f. 50번째.
-m. 50분의 1.
cinquantejar *intr.* 50살쯤 되다.
cinquantenari cinquantenària cinquantenaris cinquantenàries *adj.* 50단위의; 50주년의; (연령이) 50대의.
-m. 50주년.
cinquantenni cinquantennis *m.* 500년; 500주년.
cinquantí cinquantina cinquantins cinquantines *adj.m.f.* 50대의 (사람).
cinquè cinquena cinquens cinquenes *adj.* 다섯 번째의, 5등분의.
-m.f. 다섯 번째.
-m. **1** 5분의 1, 2할세. **2** (목장·토지 등의) 부분적 대지.
cint cints *m.* =cinyell.
cinta cintes *f.* **1** 폭이 넓은 끈. **2** 리본. **3** 밴드, 벨트. **4** (접착용) 테이프; (녹음용) 테이프. *cinta magnètica* 마그네틱테이프. **5** (영화의) 필름, 영화 (pel·lícula). **6** 줄자. **7** 리본 모양의 장식, 테 두르기. **8** (다랑어잡이용) 그물. **9** [해부] 신경선.
cinta adhesiva 접착테이프.
cinta aïllant 격리시키는 끈.
cinta de vídeo 비디오테이프.
cinta mètrica 줄자.
cinta transportadora 이동 벨트.
cintar *tr.* (건물에) 띠 모양을 넣다.
cintiforme cintiformes *adj.* 띠 모양의.

cintó cintons *m.* =cinyell.
cintra cintres *f.* [건축] (둥근 천장이나 아치의) 만곡.
cintura cintures *f.* 1 허리, 몸통. 2 (몸매를 내기 위한) 부인용 밴드.
cinturó cinturons *m.* 띠, 혁대, 벨트. *cinturó de seguritat* 안전벨트.
cinyell cinyells *m.* 1 (승복·사제복에 다는) 비단 끈. 2 띠, 혁대, 밴드, 벨트.
circ circs *m.* 1 [역사] (고대 로마의) 원형 경기장. 2 서커스 관람석. 3 서커스(단).
circell circells *m.* [식물] (포도 등의) 덩굴손.
circense circenses *ajd.* circ의.
circuir *tr.* 에워싸다, 둘러싸다, 포위하다.
circuit circuits *m.* 1 권내, 지역, 구역, 순회로. 2 포위(망). 3 ...망. 4 [전기] 회선, 회로.
circulació circulacions *f.* 1 순환. 2 통행, 교통. 3 전파, 유포, 보급, 유통. 4 (신문·잡지의) 발행 부수, 발행고.
circular[1] circulars *adj.* cercle의.
circular[2] *intr.* 1 돌다, 순회하다. 2 흐르다, 순환하다. 3 전해지다, 유포되다. *Circulen falses noves* 거짓 소식이 유포되고 있다. 4 (화폐·언어 등이) 유통되다. 5 (자동차가) 통행하다. -*tr.* 돌리다, 유포시키다, 회람하다, 일반에게 알리다.
circumcidar *tr.* 1 할례를 하다. 2 (일부를) 잘라 내다, 빠듯하게 하다.
circumcís circumcisa circumcisos circumcises *adj.* 할례를 받은.
circumcisió circumcisions *f.* [성서] 할례; 그리스도 할례제[1월 1일].
circumdar *tr.* 둘러싸다, 에워싸다 (encerclar).
circumferència circumferències *f.* 1 원, 원주. 2 주변, 주위.
circumflex circumflexs *adj.* 악센트 부호 [^].
circumlocució circumlocucions *f.* =circumloqui.
circumloqui circumloquis *m.* 완곡어법, 완곡한 말투.
circumnavegar *tr.* 일주 항해 하다.

circumscripció circumscripcions *f.* 1 한계, 제한. 2 한계선, 윤곽, 경계; 외곽 설정. 3 구역, 구획 (정리), 단위. *circumscripció administrativa* 행정 구역. 3 구(區), 선거구.
circumscriure *tr.* 1 한계를 설정하다, 제한하다. 2 에워싸다, 둘러싸다. 3 구획을 나누다. 4 [기하] 외접하다.
circumspecció circumspeccions *f.* 용의주도함, 신중함; 엄숙, 정숙, 숙연.
circumspecte circumspecta circumspectes circumspectes *adj.* 용의주도한, 신중한; 엄숙한, 정숙한.
circumstància circumstàncies *f.* 1 (주위의) 사정, 환경, 상황. 2 정세, 정황, 정상(情狀). 3 (정치·경제적) 상태. *circumstància agreujant* 악화 상황. *circumstància atenuant* 완화 상황.
circumstancial circumstancials *adj.* 1 상황의, 정황의, 정세에 의한. 2 부수적인, 자세한. 3 [문법] 상황을 나타내는. *complement circumstancial* [문법] 상황 보어.
circumstanciar *tr.* (정황을) 자세히 설명하다. *circumstanciar tots els detalls* 모든 상세한 내용을 자세히 설명하다.
circumval·lació circumval·lacions *f.* 1 포위; (참호·요새)의 경계선. 2 (도로·철로가) 주위를 두름. *de circumval·lació* (도로 등이) 환상(環狀)으로 된.
circumval·lar *tr.* 1 (도시·요새의) 주위를 싸다, 포위하다. 2 (도로·철로가) 도시를 두르다.
circumveí circumveïna circumveïns circumveïnes *adj.* 이웃의, 근처의, 가까이에 있는.
cirera cireres *f.* 1 [식물] 버찌, 앵두 열매. 2 암적색. *remenar les cireres* 주인 노릇을 하다; 지휘하다, 조종하다.
cirerer cirerers *m.* 벚나무 밭; 앵두 밭.
cirereta cireretes *f.* =bitxo.
ciriciris *m.* 1 대형초. 2 [식물] 초선인장 [대형 선인장의 일종]. *dret[encarcarat] com un ciri* 굽히지 않는, 꼿꼿한; 완고한. *sortir amb un ciri trencat* 터무니없는

말을 하다.
cirial cirials *m.* (행렬에 들고 다니는) 큰 촛대.
cirier ciriers *m.* 촛대, 램프.
cirrosi cirrosis *f.* [의학] 경변증.
cirrus cirrus *m.* **1** [식물] (포도 등의) 덩굴손. **2** [동물] 촉모.
cirurgia cirurgies *f.* [의학] 외과.
cirurgià cirurgiana cirurgians cirurgianes *m.f.* 외과 의원.
cisalla cisalles *f.* **1** 종이 재단기. **2** 절단한 파쇄.
cisallar cisallars *tr.* 재단기로 자르다.
cisar *tr.* **1** 훔치다, 속여 빼앗다. **2** (재봉에서) 파다. **3** (철을) 자르다.
cisell cisells *m.* (목재·돌·금속용) 끌.
cisellar *tr.* 끌로 작업하다.
cisma cismes *m.* **1** (종교적, 정치적인) 분열, 분립. **2** 불화, 부조화.
cissura cissures *f.* **1** 절단면, 자른 금. **2** 상처.
cistell cistells *m.* **1** 바구니, 소쿠리, 광주리, 고리짝. **2** 바구니 하나의 분량.
cistella cistelles *f.* **1** =cistell. **2** (농구용) 바구니.
cistellada cistellades *f.* cistell이나 cistella에 담겨 있는 것.
cistelleria cistelleries *f.* **1** cistell 공장·가게. **2** [집합] 바구니, 광주리.
cistercenc cistercenca cistercencs cistercenques *adj.m.f.* 시토(Cister) 수도회의 (수도사).
cisterna cisternes *f.* **1** 물탱크, 물통. **2** 빗물 통.
cístic cística cístics cístiques *adj.* [해부] 방광의.
cistitis cistitis *f.* [의학] 방광염.
cita cites *f.* **1** 약속, 데이트; (일정상의) 약속. **2** 호출, 소환. **3** 인용(문), 인증.
citació citacions *f.* **1** 회견 신청. **2** (시간·장소 등의) 지정. **3** [법률] (법원의) 출두 명령. **4** 인용, 인증.
citar *tr.* **1** 약속을 하다. **2** (회견 시각·장소를) 지정하다. **3** (법정에) 호출하다. *citar els testimonis* 증인들을 법정에 호출하다. **4** [법률] (법원에서) 출두를 명령하다, 소환하다(avisar). **5** 인용하다, 인증하다(anomenar). *Fou citat com a exemple de serenor* 그는 침착함의 예로 인용되었다.
cítara cítares *f.* [악기] (고대 그리스의) 하프; (현대의) 기타.
citarista citaristes *m.f.* 하프 연주자.
citatori citatòria citatoris citatòries *adj.* (법원에서) 명령·소환을 받은.
citerior citeriors *adj.* **1** (로마에서 볼 때) 스페인 동북부의. **2** (바라보는 시점에서) 이쪽의.
citòleg citòloga citòlegs citòlogues *m.f.* 세포학자.
citologia citologies *f.* [생물] 세포학.
citoplasma citoplasmes *m.* [생물] 세포질체.
citrat citrats *m.* [화학] 구연산염.
citrí citrina citrins citrines *adj.* 레몬 색깔의.
cítric cítrica cítrics cítriques *adj.* 레몬의; 구연의.
   -m. [식물] 레몬나무.
citricultura citricultures *f.* [농업] 레몬 재배.
citronat citronats *m.* 레몬으로 만든 잼.
ciutadà ciutadana ciutadans ciutadanes *adj.* 시의; 시민의.
   -m.f. 시민, 공민.
ciutadania ciutadanies *f.* 시민권, 공민권.
clutadejar *intr.* (마을·촌이) 도회지 풍을 가지다.
ciutadella ciutadelles *f.* (시의) 성벽, 내성(內城), 본진(本陣).
ciutat ciutats *f.* **1** 시, 도시. **2** 도시 생활.
   ciutat closa 폐쇄된 도시.
   ciutat sanitària 위생 도시.
   ciutat satèl·lit 위성 도시.
civada civades *f.* [식물] 귀리.
civet civets *m.* 육류와 양파를 넣고 끓인 요리.
civeta civetes *f.* [동물] 사향고양이.
cívic cívica cívics cíviques *adj.* **1** 시의. **2** 시민의, 공민의. **3** 애국의. **4** 가정의, 가사의.
civil civils *adj.* **1** 시의, 시민의. **2** 민간의. **3** 내국의, 자국의. **4** (무관에 대한) 문관의. **5** 민사·민법의. **6** 공손한,

예의 바른. **7** 치안경찰[스페인의 준군사조직 경찰을 지칭].
civilista civilistes *m.f.* 민법학자.
civilització civilitzacions *f.* 문명, 개화; 문화.
civilitzar *tr.* 개화·개명하다, 교화하다, 문명으로 이끌다.
civisme civismes *m.* 애국심.
claca claques *f.* 오페라해트.
fer petar la claca 잡담을 늘어놓다.
clafit clafida clafits clafides *adj.* (...로) 가득한(ple). *una conversa clafida de mentides* 거짓으로 가득 찬 대화.
clam clams *m.* **1** (고뇌·불만·분노·불평 등의) 외침, 애원, 부르짖음. **2** 흐느낌, 울부짖음.
clamadissa clamadisses *f.* 애절한 부르짖음; 간청.
clamar *tr.* **1** 부르짖다, 소리쳐 부르다, 애원하다. **2** 간절히 바라다, 희구하다, 갈망하다.
clamor clamors *m.[f]* 외침, 부르짖음.
clamoreig clamoreigs[clamorejos] *m.* =clamor.
clamorejar *intr.* 애절히 부르짖다, 간청하다.
clamorós clamorosa clamorosos clamoroses *adj.* **1** 애절한, 탄식하는. **2** 부르짖는, 고통스러운.
clan clans *m.* 당, 일당; 가문, 일족, 족벌.
clandestí clandestina clandestins clandestines *adj.* 비밀의, 내밀한.
clandestinament *adv.* 몰래, 비밀리에, 은밀하게.
clap claps *m.* **1** 점, 자국, 얼룩. **2** (땅의) 공터; (숲의) 빈 곳.
clapa clapes *f.* (특히) 색깔이 난 얼룩.
clapada clapades *f.* [구어] 잠잘 곳, 보금자리, 침소.
clapar[1] *tr.* 때를 묻히다; 자국을 남기다.
clapar[2] *intr.* 잠자다, 자고 있다.
clapat clapada clapats clapades *adj.* clapar[1]로 가득한.
clapejar *tr.* 자국을 남기다.
claper clapers *m.* **1** (돌투성이의) 작은 텃밭.땅. **2** 돌무더기, 돌무덤; 돌쌓기.
clapera claperes *f.* 돌밭, 자갈밭.

clapir *intr.* (개가) 헐떡거리다.
clapissa clapisses *f.* 자갈밭, 돌밭; 돌무더기.
clapoteig clapoteigs[clapotejos] *m.* (철벙철벙) 물장구치기; 그 소리.
clapotejar *intr.* 철벙철벙 물소리를 내다.
claquera claqueres *f.* 말하고 싶은 마음.
clar clara clars clares *adj.* **1** 밝은. **2** 맑은, 맑게 갠(serè). *un dia clar* 맑은 날. **3** 투명한, 명확한, 명백한(franc). *parlar clar* 분명히 말하다. **4** 명민한, 날카로운. **5** 묽은, 담백한; 싱거운. **6** 엷은, 엷은 빛깔의, 밝은. **7** 듬성듬성한. **8** (천이) 얇은; (글씨가) 엷은. **9** (얼굴이) 창백한.
-adv. **1** 분명히, 확실히, 명백히, 뚜렷이. **2** [동의를 나타냄] 물론, 그렇고 말고.
és clar que ...하는 것은 분명하다.
deixar en clar =posar en clar.
És clar! 물론!, 그럼!, 그렇고 말고!
fer clar 분명히 하다, 명확히 하다, 확실히 해 두다.
fer-se clar 동이 트다; (흐렸던 하늘이) 밝아 오다.
parlar clar i net[i català, net i clar] 분명히 말하다, 또박또박 말하다.
posar en clar 분명히 하다, 명확히 하다.
treure en clar =posar en clar.
clara clares *f.* (계란의) 흰자위.
claraboia claraboies *f.* [건축] 채광창.
claredat claredats *f.* **1** 환함, 밝음; 맑음. **2** 명료함, 분명함, 명백함.
clarejant clarejants *adj.* clarejar하는.
clarejar *intr.* **1** 밝아지다, 빛이 들어오다. **2** 동이 트다. **3** (색깔이) 밝다. **4** 드물다, 희귀하다. **5** 투명하다, 훤히 보이다.
en clarejar 날이 밝자, 동이 트자.
claret clarets *adj.* (포도주가) 담홍색인.
-m. 담홍색 포도주.
clarí clarins *m.* [악기] 클라리온.
clariana clarianes *f.* **1** 빈자리, 틈; 공터. **2** (구름 사이의) 트인 곳. **3** (머리가) 빠진 곳(clapa). **4** 훤히 보이는 곳.

clarícia clarícies f. 1 해명. 2 pl. 자료, 정보(dades).
donar clarícia 해명하다.
donar clarícies 정보를 제공하다.
clarificació clarificacions f. clarificar하는 일.
clarificador clarificadora clarificadors clarificadores adj. clarificar하는.
-m. 정화기, 정화제; 설탕 정제기; 청정제.
clarificar tr. 1 (공기·액체 등을) 맑게 하다, 정화하다. 2 (의미·견해 등을) 분명하게 하다, 명료하게 하다, 해명하다. 3 (사고를) 명쾌하게 하다.
clarina clarines f. 비단의 일종.
clarinet clarinets m. [악기] 클라리넷.
clarividència clarividències f. 통찰, 선견지명; 투시, 간파.
clarivident clarividents adj. 뚫어 보는, 두뇌가 명석한, 선견지명이 있는; 훤히 속을 들여다보는.
clarobscur clarobscurs m. 1 [회화] 명암법. 2 빛과 그림자.
claror clarors f. 빛남, 광채, 광휘.
classe classes f. 1 종류, 부류, 등급. 2 계급. *classe social* 사회 계급. 3 학급, 반, 조. 4 교실; 수업. 5 (동물이나 기타의) 종(種).
clàssic clàssica clàssics clàssiques adj. 1 고전의, 고전적인. 2 규범적인, 전형적인. 3 (고대 그리스·로마의) 고전성을 띤, 고전적인 취향을 가진.
classicisme classicismes m. 고전주의, 상고 정신.
classificació classificacions f. 분류.
classificador classificadora classificadors classificadores adj. 분류하는.
-m.f. 분류자.
-m. 정리함, 정리 서랍; 분류기.
classificar tr. 1 분류하다, 유별하다. 2 등급으로 나누다. **-se** 분류되다.
classisme classismes m. 분류 사회학.
clastra clastres f. [건축] 집 앞뜰, 가운데 뜰.
clatell clatells m. [해부] 목덜미.
clatellada clatellades f. 목덜미를 때림.
clatellejar tr. 목덜미를 때리다.
clatellot clatellots m. =clatellada.

clatellut clatelluda clatelluts clatelludes adj. 목덜미가 굵은.
clau^1 claus m. 1 못, 징, 압정. 2 (코끼리의) 상아. 3 (발가락에 생기는) 못. 4 [의학] 편두통. 5 가슴 아픈 일.
clavar (a algú) un clau al cor (누구의) 가슴에 못을 박다; 몹시 마음 아프게 하다.
no tenir ni un clau [구어] 동전 한 푼 없다.
no valer un clau 아무런 가치도 없다.
clau^2 claus f. 1 열쇠, 키. 2 열쇠 모양의 것. 3 관건, 요점. 4 [비유] (문제 해결의) 열쇠, 실마리, 힌트. 5 [건축] 요석. 6 [음악] (피아노·오르간의) 키, 건. 7 (인쇄의) 연쇄기호[-].
tancar amb clau 키를 던져 버리다; 문을 잠그다.
clau^3 clau adj. [단·복수동형] 중요한, 기본적인(essencial).
claudàtor claudàtors m. 연쇄 부호.
claudicar intr. 1 다리를 절다. 2 실패하다, 실수를 저지르다.
clauer clauera clauers claueres m.f. 열쇠 보관인, 열쇠 당번; 열쇠 제조자.
-m. 열쇠 꾸러미; 열쇠 넣는 곳.
claustra claustres f. 1 =claustre. 2 (집 앞의) 뜰.
claustre claustres m. 1 (사원·수도원·대학 등의) 회랑. 2 수도원. 3 회관, 강당.
claustre matern [해부] 자궁(úter).
claustrofòbia claustrofòbies f. [의학] 폐쇄 공포증.
claustromania claustromanies f. [의학] 폐쇄 기호증.
clàusula clàusules f. 1 (조약·법률 등의) 조항, 조목. 2 [문법] 절. 3 정관, 조건서, 약정.
clausura clausures f. 1 (학회·의회 등의) 폐회(식)(finalització). 2 폐쇄. 3 (수도원 내의) 금역 (생활), 수도원 생활. *monges de clausura* 수도원 내의 수사들.
clausurar tr. 1 (문을) 닫다, 폐쇄하다. 2 폐회하다, 폐회식을 거행하다.
clava claves f. 곤봉, 몽둥이(bastó).
clavar tr. 1 못을 박다. 2 고정시키다,

단단히 고정시키다(fixar). **3** (시선·주의를) 모으다, 쏟다. **4** (칼 등으로) 꽂다, 끼우다(encaixar). **5** (포문에) 마개를 하다. **6** (보석을) 금은에 끼우다. **7** (주먹 등으로) 때리다. **-se 1** 못 박히다; 찔리다. **2** 단단히 고정되다. **3** 별안간 ...하기 시작하다. **4** [비유] 다 먹어 치우다.

clavar banderilles (투우에서) 작은 작살을 꽂다.

clavar la mirada 시선을 고정시키다.

clavar la pica (창으로) 소를 다루다.

clavar una bufetada[*un cop de puny, una puntada de peu,* etc.] 뺨을 때리다[주먹으로 치다, 발길로 차다 등].

restar clavat en terra de por (깜짝 놀라서) 멈칫하다, 꼼짝달싹 않다.

clavari clavariessa clavaris clavariesses *m.f.* **1** 금고 담당자, 재정 책임자. **2** (본성의) 성주. **3** (수도원의) 총무장.

clavat clavada clavats clavades *adj.* **1** clavar한. **2** [비유] (생김새가) 매우 닮은, 빼다 박은(idèntic). *És clavat al seu pare* 그는 그의 아버지를 빼다 박았다.

-m. [집합] (건축에 들어가는) 못.

claveguera clavegueres *f.* **1** 하수도; 하수통, 개수통. **2** (물이 들어가도록 내는) 구멍.

clavegueram claveguerams *m.* 하수 시설(망).

claveguero claveguerons *m.* 하수구 문.

clavell clavells *m.* **1** [식물] 카네이션. **2** 네덜란드 석죽. **3** 석죽색.

claveller clavellers *m.* [식물] 정향나무.

clavellina clavellines *f.* [식물] 카네이션.

claver clavera clavers claveres *m.f.* =clauer.

-m. clauer.

clavetejar *tr.* 징을 박다; (의자에) 쇠붙이를 달다.

clàvia clàvies *f.* **1** 쐐기, 나무못. **2** (차축의) 쐐기. **3** [식물] (나무의) 뿌리.

clavícula clavícules *f.* [해부] 쇄골(鎖骨).

claviforme claviformes *adj.* 곤봉형의.

clavilla clavilles *f.* **1** 나무못, 쐐기. **2** [전기] 콘센트, 플러그. **3** [해부] 복사뼈(turmell).

clavillar[1] clavillars *adj.* [해부] 복사뼈의.

clavillar[2] *tr.* clavilla를 넣는.

clàxon clàxons *m.*[*f*] 경적, 클랙슨.

cleca cleques *f.* [구어] 뺨을 때림, 구타.

cleda cledes *f.* **1** (가축의) 우리(clos); [비유-] 가정. *tornar a la cleda* 가정으로 돌아오다. **2** (과수원·목장 등) 울타리를 친 땅. **3** 나무 울타리, 책(柵). **4** (스페인식의) 현관 덧문. **5** [비유] 명문가.

clemència clemències *f.* 자비, 관용, 관대, 용서.

clementí clementina clementins clementines *adj.* [식물] 밀감의.

-m. [식물] 밀감.

clenxa clenxes *f.* (머리의) 가르마; 딴머리.

clenxinar *tr.* (머리에) 가르마를 타다.

clepsa clepses *f.* **1** 머리 꼭대기. **2** 지혜.

ésser dur de clepsa 미련한, 기억력이 나쁜.

clepsidra clepsidres *f.* 물시계.

cleptòman cleptòmana cleptòmans cleptòmanes *adj.m.f.* [병리] 도벽이 있는 (사람).

cleptomania cleptomanies *f.* [병리] 도벽.

clerecia clerecies *f.* [집합] 성직자, 승려.

clergat clergats *m.* [집합] 성직자단, 승려단.

clergue clergues *m.* 성직자, 승려.

clerical clericals *adj.* 성직의, 승려의.

clericalisme clericalismes *m.* 성직자·승려의 남횡·횡포.

clericat clericats *m.* 성직, 승직.

clero cleros *m.* =clerecia.

cleta cletes *f.* 갈라진 틈, 금, 균열.

client clienta clients clientes *m.f.* **1** 고객, 단골(손님), 거래처. **2** (남의) 덕을 입는 사람, 보호를 받는 사람.

clientela clienteles *f.* [집합] 고객, 단골.

clima climes *m.* **1** 기후; 풍토. **2** 환경, 분위기, 풍토(atmosfera, ambient). **3** [비유] (어느 지역의) 풍조, 사조. **4** (기후 상으로 본) 지대, 지역.

climateri climateris *m.* [생리] 갱년기.
climatització climatitzacions *f.* **1** 공기조절, 분위기 전환. **2** [비유] 환경 조성.
climatitzar *tr.* 환기시키다; 분위기를 바꾸다.
climatòleg climatòloga climatòlegs climatòlogues *m.f.* 기후학자; 풍토학자.
climatologia climatologies *f.* **1** 기후학. **2** [의학] 풍토학.
climatològic climatològica climatològics climatològiques *adj.* 기후에 관한, 풍토학의; 풍토 특유의.
climatoteràpia climatoteràpies *f.* **1** 풍토 치료학. **2** [의학] (기후 변화로 인한) 질병 치료(법).
clímax clímaxs *f.[m]* [단·복수동형] **1** 클라이맥스, 절정, 극점. **2** 오르가슴, 성적 흥분의 절정. **3** [수사] 점층법.
clin clins *m.[f]* 식물 섬유.
clínic clínica clínics clíniques *adj.* [의학] 임상 (의학)의.
-*m.f.* 임상 전문의.
clínica clíniques *f.* **1** 임상 의학. **2** 클리닉, 사립 병원.
clip clips *m.* **1** (서류를 묶는) 클립. **2** 귀를 뚫지 않는 귀고리.
clíper clípers *m.* 쾌속 범선; 장거리 비행정.
clissar *tr.* [구어] 보다, 주시하다, 시선을 모으다. -*intr.* 보이다.
clítoris clítoris *m.* [해부] 음핵, 클리토리스.
clivell clivells *m.* **1** (나무의) 균열. **2** (그림의) 갈라진 곳.
clivella clivelles *f.* **1** (건물의) 금이 간 곳, 틈새, 균열. **2** (손발이) 틈. **3** (바위의) 틈새.
clivellar *tr.* 틈을 내다. -*se* 금이 생기다, 트이다, 균열이 생기다.
clixé clixés *m.* **1** 연판. **2** (사진 필름의) 음화, 원판. **3** [비유] 상투적인 말, 흔해 빠진 말, 진부한 말. **4** 늘 가는 곳.
cloaca cloaques *f.* (배설물의) 하수도.
cloc-piu *adj. estar[anar] cloc-piu* **1** (새가) 날개를 떨어뜨려, 꽁지깃이 쳐진. **2** [비유] 힘이 없는, 축 늘어진, 풀이 죽은.
cloenda cloendes *f.* **1** [건축] 칸막이, 샛벽, 격벽. **2** (논문의) 결론.
clofoll clofolls *m.* 껍질, 나무껍질.
clofolla clofolles *f.* **1** (과일·나무 등의) 껍질. *la clofolla del fruit* 과일 껍질. **2** 달걀 껍질.
cloïssa cloïsses *f.* 바지락조개.
clop clops *m.* [식물] 검정버드나무.
clor *m.* [화학] 염소.
clorat clorada clorats clorades *adj.* 염소를 함유한.
-*m.* [화학] 염소산염.
clorhidrat clorhidrats *m.* [화학] 염화수소염.
clorhídric clorhídrica clorhídrics clorhídriques *adj.* 염화수소의.
clorofil·la clorofil·les *f.* [식물] 엽록소.
clorofil·lic clorofil·lica clorofil·lics clorofil·liques *adj.* 엽록소의.
cloroform cloroforms *m.* [화학] 클로로포름[마취제].
cloroformitzar *tr.* [의학] 마취제를 놓아 마취시키다.
clorosi clorosis *f.* **1** [의학] 위황병. **2** [식물] 백화 현상.
clorur clorurs *m.* [화학] 염화물.
clos closa closos closes *adj.* **1** (외부에서) 차단된, 막힌, 닫힌(tancat); 에워싸인(circuït). **2** [비유] (사고가) 막힌, 고지식한, 고리타분한.
-*m.* (과수원·목장 등의) 울타리를 친 땅, 우리.
closa closes *f.* **1** 마감, 폐쇄. **2** =clos. **3** 담장, 울타리. **4** 담, 벽, 토담.
closca closques *f.* **1** (갑각류의) 껍질, 등껍질. **2** (머리의) 꼭대기. **3** (달걀의) 껍질. **4** (과일의) 껍질.
closca de nou 작은 배, 거룻배.
ésser dur de closca 미련한, 기억력이 나쁜.
no haver sortit de la closca 아직 알에서 깨어나지도 않았다; [비유] 아직은 시기상조다.
sense closca 어중간하게; 반으로.
sortir tot just de la closca 아직도 햇병아리다, 풋내기다; [비유] 세상 물정을 잘 모르다.
clot clots *m.* **1** 구멍, 구멍 파기. **2** 무덤, 묘 구덩이. **3** 곰보, 곰보자국.

clota clotes *f.* 큰 구덩이.
clotada clotades *f.* 깊게 팬 땅.
clotell clotells *m.* =clatell.
clotet clotets *m.* 작은 구덩이.
clotut clotuda clotuts clotudes *adj.* 곰보 자국이 있는; 곰보 얼굴의.
clotxa[1] clotxes *f.* =closca.
clotxa[2] clotxes *f.* 약간 팬 곳; 오목 팬 곳.
cloure *tr.* **1** 닫다, 덮다(cobrir). *cloure una porta* 문을 닫다. **2** (회의·모임을) 끝마치다, 폐회하다. **3** (조약을) 마치다, 체결하다. *cloure un tracte* 계약을 체결하다. *-intr.* 입을 다물다. *-'s* **1** 닫히다, 막히다. **2** 마치다, 마감되다, 끝나다.
clova cloves *f.* =clofolla.
clown clowns *m.ang.* 어릿광대.
club clubs *m.ang.* **1** 클럽, 동호회. **2** 클럽 회관. **3** 비밀결사.
cluc clucs *adj.* 눈감은.
 a ulls clucs 눈을 감고.
 saber a ulls clucs 완전히 알다, 철저히 알다.
clucaina *f.* 눈을 감음.
 fer la clucaina 눈을 감다.
ço *pron.* [중성 대명사] 이것, 그것, 저것.
 ço del meu[*del teu,* etc] 나의 것, 너의 것.
 ço és a saber[*ço és*] 다시 말하면, 말하자면, 즉, 이를테면.
 ço que ...하는 것, ...라는 것; ...하니까, ...하므로.
 per ço 그래서, 따라서, 그러니까.
 per ço que ...하기 위하여, ...할 목적으로, ...할 수 있도록.
 per ço com[*car*] [고어] 왜냐하면, 그것은.
coa coes *f.* =cua.
coacció coaccions *f.* 강제, 강요, 억지 (coerció, constrenyiment).
coaccionar *tr.* 강제하다, 강요하다, 강행시키다.
coactiu coactiva coactius coactives *adj.* 강제적인, 억지의.
coadjutor coadjutora coadjutors coadjutores *m.f.* 보좌관, 보조자, 거드는 사람.

coadjuvar *intr.* 서로 돕다, 상호 협력하다.
coàgul coàguls *m.* 응혈, 엉긴 피; 엉긴 덩이.
coagulació coagulacions *f.* 응결, 응고; 응고된 것.
coagular *tr.* 응결·응고시키다, 엉기게 하다, 굳어지게 하다. *-se* 응결하다, 엉기다.
coala coales *m.* [동물] 코알라.
coalició coalicions *f.* 연합, 동맹, 제휴; 동맹군.
coalitzar-se *prnl.* 동맹하다, 제휴하다.
coaptar *tr.* 접골하다.
coartada coartades *f.* [법률] 알리바이, 부재 증명.
coartar *tr.* **1** 한정하다, 제한하다. **2** 구속하다. **3** 방해 놓다, 훼방 놓다.
coautor coautora coautors coautores *m.f.* 공동 제작자; 공범자.
cobalt *m.* [화학] 코발트[금속 원소].
cobdícia cobdícies *f.* 탐욕, 욕심; 열망, ...욕.
cobejança cobejances *f.* =cobdícia.
cobejar *tr.* 탐내다, 욕심을 내다.
cobert coberta coberts cobertes *adj.* **1** 덮인, 뒤덮인. **2** (하늘이) 구름으로 뒤덮인, 구름이 많이 낀.
 -m. **1** 뒤덮인 장소. **2** 숨는 곳, 피난처 (copluig); 엄폐물. **3** 덮개. **4** 식솔; 초대 손님(comensal). **5** 일인분의 요리.
 a[*sota*] *cobert* 숨겨서, 비호하여; 보호하여.
 a cobert de ...로부터 보호하여.
cobertament *adv.* 살그머니, 남몰래.
cobertor cobertors *m.* 이불, 이불보, 모포.
cobertora cobertores *f.* **1** 마개, 뚜껑(tapadora). **2** 둥근 기와, 지붕 덮개. **3** 침전물.
cobertura cobertures *f.* **1** 덮개, 시트. **2** [경제] 수지 균형. **3** [군사] 엄호.
cobla cobles *f.* **1** 민요, 짧은 노래. **2** (사냥에 쓰이는) 미끼 새, 후림 새. **3** [집합] 사냥개, 엽견.
coble cobles *m.* 가죽 끈, 혁대, 벨트.
coblejar *intr.* 민요를 짓다·부르다.
cobra cobres *f.* [동물] 코브라.

cobrador cobradora cobradors cobradores *adj.* cobrar 가능한.
-m.f. cobrar하는 사람.
cobrament cobraments *m.* 수금, 징수, (대금의) 회수.
de cobrament a destinació 수신자 부담 전화.
cobrar *tr.* **1** (돈·월급 등을) 받다. *cobrar un bon sou* 좋은 월급을 받다. **2** 징수하다, 거둬들이다, 회수하다. **3** 회복하다(recuperar). **4** (신용·명성 등을) 얻다, 획득하다(guanyar). *cobrar fama* 명성을 얻다. **5** (애정 등을) 느끼다, 가지게 하다. **6** [구어] 혼나다, 대가를 치르다. **7** (배의 밧줄을) 당기다, 끌어당기다.
cobrellit cobrellits *m.* 침대 시트, 침대 커버.
cobretaula cobretaules *m.* 책상보, 테이블보.
cobriespatlles cobriespatlles *m.* 손수건; 숄.
cobriment cobriments *m.* cobrar하는 일.
cobriment de cor [의학] 기절, 실신, 졸도.
cobrir [*pp: cobert coberta*] *tr.* **1** 덮다, 씌우다, 가리다, 덮어씌우다, 감추다. **2** 지키다, 감싸다, 보호하다(protegir). **3** (건물에) 지붕을 덮다. **4** (수컷이 암컷을) 덮치다. **5** (경비를) 메우다, (수지 균형을) 맞추다. *cobrir les despeses* 비용을 메우다. **6** [상업] (부채·어음 등을) 지불하다, (계정을) 결제하다. **7** (보험을 들어) 해결하다. **8** 채우다, 가득히 하다. **9** [비유] (넌지시) 감추다, 눈속임하다(dissimular). **10** [군사] 엄호하다. *-se* **1** (...로) 덮이다, 감싸다. **2** (하늘이) 구름으로 덮이다. **3** (몸을) 숨기다, 피하다.
coc^1 cocs *m.* 요리사.
coc^2 cocs *m.* **1** 코크스, 골탄. **2** (과일이나 음식에 붙는) 벌레, 박테리아. **3** [식물] 야자, 야자나무, 코코야자; 그 열매.
coca^1 coques *f.* (밀가루·기름·설탕·달걀 등으로 만든) 부침개, 지짐이.
coca^2 coques *f.* **1** 밧줄의 얽힘. **2** (중세의) 선박.

cocaïna cocaïnes *f.* [화학] 코카인[마취제].
cocaïnisme cocaïnismes *m.* 코카인 남용·중독.
cocaïnomania cocaïnomanies *f.* 코카인 중독.
coccigeal coccigeals *adj.* 꼬리뼈의, 미골의.
cocció coccions *f.* 삶기, 찌기; (빵·도기·벽돌 등을) 가마에 구움.
còccix còccixs *m.* [해부] 꼬리뼈, 미골 (尾骨).
coco cocos *m.* [식물] 코코야자 열매.
cocodril cocodrils *m.* [동물] 악어.
cocoter cocoters *m.* [식물] 야자, 야자나무, 코코야자.
cocou cocous *m.* [아이들이 쓰는 용어로] 달걀.
còctel còctels *m.* 칵테일; 칵테일파티.
coctelera cocteleres *f.* 칵테일 조제 그릇.
coda codes *f.* [음악] 종곡.
codeïna codeïnes *f.* [화학] 코데인[아편에서 채취되는 진통 수면제].
còdex còdexs *m.* 사본, 고문서, 옛 원고; 미사의 추서식.
codi codis *m.* **1** 법전; 규약, 규정. **2** 신호법; 암호, 약호, 부호. **3** [역사] 로마 법전.
codicil codicils *m.* 유언 부속서.
codicologia codicologies *f.* 법전학; 사본학.
codificació codificacions *f.* 법전 편찬.
codificador codificadora codificadors codificadores *adj.m.f.* 법전을 편찬하는 (사람).
codificar *tr.* 법전으로 편찬하다, 성문화하다; (조목별로) 요약하다.
còdol còdols *m.* 돌멩이, 자갈.
codolada codolades *f.* 돌멩이질, 투석; 돌에 맞음.
codony codonys *m.* [식물] 마르멜로[장미과 나무].
codonyer codonyers *m.* [식물] 마르멜로, 마르멜로 밭.
coeficient coeficients *adj.* 협력 작용의, 공동 작용의.
-m. **1** [수학] 계수. **2** [물리] 율.

coent coents *adj.* 아릿아릿하는, 불에 덴 듯한.
coerció coercions *f.* 억제, 억압, 강제, 위압.
coercir *tr.* 억지로 하게 하다, 강제하다, 강권하다, 위압하다.
coet coets *m.* **1** 폭죽, 꽃불, 불꽃(놀이). **2** 로켓, 로켓탄.
 coet tronador 꽃불을 내는 폭죽.
coetani coetània coetanis coetànies *adj.* 동시대의; 현대의.
-*m.f.* 동시대인, 현대인.
coexistir *intr.* 공존하다, 같은 시대에 존재하다.
cofa cofes *f.* [군사] 장루.
cofi cofins *m.* (과일 등을 담는) 바구니, 광주리.
còfia còfies *f.* 헤어네트; 여자 모자의 일종.
cofoi cofoia cofois cofoies *adj.* **1** 만족스러운, 기쁜, 즐거운. **2** 자신만만한, 우쭐해진.
cofoisme cofoismes *m.* 만족; 우쭐거림.
cofre cofres *m.* 궤, 관, 상자, 케이스.
cofurna cofurnes *f.* 돼지우리, 지저분한 집.
cogitar *tr.* 깊이 생각하다, 사색에 잠기다.
cognació cognacions *f.* (여자 쪽의) 친척관계; 혈족, 친척.
cognició cognicions *f.* 앎, 지식, 인식.
cognitiu cognitiva cognitius cognitives *adj.* 아는, 인지하는, 인식하는.
cognom cognoms *m.* (가족의) 성(姓).
cognomenar *tr.* 호명하다, 성을 부르다; 호칭을 붙이다.
cognoscible cognoscibles *adj.* 인식할 수 있는, 깨달을 수 있는.
cognoscitiu cognoscitiva cognoscitius cognoscitives *adj.* 인식의, 인지력을 가진.
cogoma cogomes *f.* [식물] 야생 버섯.
cogombrar cogombrars *m.* 오이 밭.
cogombre cogombres *m.* [식물] 오이.
 cogombre de mar [동물] 해삼.
cogulla cogulles *f.* 두건이 달려 있는 수사복.
cohabitar *intr.* 동거하다.
coherència coherències *f.* **1** 점착, 부착; 결합(력), 단결력; 연관(성). **2** 통일성, 일관성. **3** [물리] (분자 등의) 응집(력), 분자 인력.
coherent coherents *adj.* **1** 연관이 있는; 밀착된, 부착된. **2** 일관성 있는, 통일성 있는. *una decisió coherent* 일관성 있는 결정.
 de forma coherent 일관성 있게.
cohereu cohereva[cohereua] cohereus cohereves *m.f.* 공동 상속인.
cohesió cohesions *f.* 점착, 부착; 연관, 통일성; 응집력, 결합; 결혼.
cohesionar *tr.* 점착시키다, 부착시키다, 결합시키다; 통일성을 갖게 하다.
cohibir *tr.* 삼가다, 억제하다.
cohonestar *tr.* 좋게 보이게 하다.
cohort cohorts *f.* **1** (고대 로마의) 보병 부대. **2** 분견대.
coi cois *m.* [구어][cony의 완곡한 표현] 대체, 도대체. *Que coi vols?* 도대체 뭘 하는 거야?
coincidir *intr.* **1** 일치하다, 부합하다. **2** 동시에 발생하다, (때·일 등을) 같이하다. *coincidir amb la seva mort* 그의 죽음과 때를 같이하다. **3** [비유] (생각·의견 등이) 일치하다. *dues versions que no coincideixen* 일치하지 않는 두 가지 해석.
coiot coiots *m.* [동물] 코요테.
coïssor coïssors *f.* 심한 통증, 격통.
coit coits *m.* [생물] 성교, 교미, 흘레, 교접.
coix coixa coixos coixes *adj.* **1** (다리를) 저는, 절룩거리는. **2** (가구 등이) 한쪽 다리가 없는, 결함이 있는. **3** [비유] 편파적인. *un raonament coix* 편파적인 이론.
-*m.f.* 절름발이.
 anar[*caminar*] *coix* 절며 걷다, 절룩거리다.
 fer el coix 절름발이 시늉을 내다.
coixejar *intr.* **1** (다리를) 절룩거리다. *coixeja del peu dret* 오른쪽 다리를 절다. **2** (가구의) 다리 한쪽이 비틀거리다. **3** [비유] (이론·추론이) 편파적이다, 한쪽으로 기울다.
coixí coixins *m.* **1** 베개. **2** (의자 뒤에 놓는) 쿠션. **3** 인주, 스탬프잉크 스탠

드.
haver-hi coixí[un bon coixí] de 충분한 양이 있다, 여유가 충분히 있다.
coixim-coixam *adv.* 약간 절룩거리며.
coixinera coixineres *f.* 베갯잇.
coixinet coixinets *m.* 작은 방석, 작은 쿠션; 바늘겨레.
col cols *f.* [식물] 양배추, 캐비지.
cola[1] coles *f.* [목공] 장부[나무를 이어 맞추기 위해 끝을 가늘게 한 부분].
cola[2] coles *f.* [식물] 콜라나무, 콜라열매.
colador coladors *m.* **1** 여과기, 홍차 거르는 기구. **2** 소용돌이, 회오리바람.
colar[1] colars *m.* 양배추 밭.
colar[2] *tr.* (액체를) 거르다, 여과하다.
colcar *intr.tr.* =cavalcar.
colecistitis clecistitis *f.* [의학] 담낭염.
coleòpter coleòpters *m.* [곤충] 갑충류 동물.
còlera[1] còleres *m.* [의학] 콜레라.
còlera morbo 급성 위장염.
còlera[2] còleres *f.* **1** 담즙. **2** [비유] 노함, 격노.
esclatar la còlera d'algú 몹시 화를 내다, 격노하다.
colèric colèrica colèrics colèriques *adj.* **1** 분노의, 화난, 화를 잘 내는. **2** 담즙이 많은. **3** [의학] 콜레라의.
-m.f. 콜레라 환자.
colesterol colesterols *m.* [의학] 콜레스테롤, 콜레스테린.
colgafocs colgafocs *m.* **1** (불이 잘 붙게 놓는) 장작. **2** [비유] 게으름뱅이.
colgar *tr.* **1** 묻다, 매장하다. *colgar un mort* 죽은 자를 장사지내다. **2** 덮다, 덮어씌우다. *colgar les brases* 재를 덮다. **3** 시야를 가리다. **4** (흙을) 북돋워주다. *-se* **1** 잠자리에 들다. **2** [비유] (해가) 지다; 숨다, 감추다.
colibrí colibrís *m.* [조류] 참새의 일종.
còlic còlica còlics còliques *adj.* [해부] 결장(結腸)의.
-m. [의학] 산통; (발작적) 복통; (내장의) 폐쇄통.
coliflor coliflors *f.* [식물] 꽃 배추.
coliseu coliseus *m.* (로마의) 원형 극장; 대극장; 콜로세움.

colitis colitis *f.* [의학] 결장염.
coll colls *m.* **1** [해부] 목. **2** 깃, 칼라. **3** (그릇의) 목. **4** 목도리.
a coll 등에 지고.
donar[tenir, prendre's] de coll 기한을 두다.
tenir coll avall[a mig coll] 안전하게 여기다.
colla colles *f.* **1** 패거리, 일당. **2** [집합] 일꾼, 노동자. **3** (도서 등의) 전집; 다수.
col·laboració col·laboracions *f.* **1** 협력, 공조; 합작, 공저. **2** 협조, 제휴; 공동 경영; 공동 연구. **3** (점령국에 대한) 협력, 원조.
col·laboracionisme col·laboracionismes *m.* [정치] (적군이나 점령군에의) 협력주의, 공조.
col·laborador col·laboradora col·laboradors col·laboradores *adj.m.f.* 협력·협조·조력하는 (사람).
col·laborar *intr.* **1** 협력하다, 공동으로 일하다; 공동으로 연구하다; 합작하다, 제휴하다. **2** (적에게) 협력하다.
col·lació col·lacions *f.* **1** 대조, 비교. **2** 학위 수여; 성직 수임. **3** 간식, 간단한 식사.
col·lacionar *tr.* 대조하다, 비교하다.
collada[1] collades *f.* 목덜미를 때림; 목덜미를 잡아낭김.
collada[2] collades *f.* 고갯길.
collada[3] collades *f.* 다수, 많은 무리·인파.
collader colladers *m.* 물장수의 지게.
collage collages *m.fr.* **1** [회화] 콜라주 [인쇄물 오려 낸 것, 눌러 말린 꽃.헝겊 등을 화면에 붙이는 추상 미술의 수법]; 그 작품. **2** [비유] 여러 가지 단편의 모임.
col·lagen col·làgena col·làgens col·làgenes *adj.* [화학] 교원질, 콜라겐[결체 조직의 성분].
col·lapsar *tr.* col·lapse하게 하다.
col·lapse col·lapses *m.* **1** [의학] 허탈; (건강의) 쇠약, 의기소침. **2** [비유] 붕괴, 와해; (제도의) 도괴; (계획의) 좌절; (가격의) 폭락.
collar[1] collars *m.* **1** 목걸이; (개 등의)

목걸이. **2** (목에 거는) 훈장. **3** (죄수·노예의) 목에 거는 족쇄.
collar² *tr.* **1** 고착시키다, 고정시키다. **2** 죄다, 나사로 조이다. **3** 멍에를 씌우다. **4** 매다, 속박하다, 구속하다(subjectar, sotmetre). **5** (돛을) 돛대에 매다.
collaret collarets *m.* (목에 매다는) 목걸이; 목걸이의 구슬.
col·lateral col·laterals *adj.* 양쪽 옆에 붙은, 공동 책임의, 양쪽의.
collbotet, a *loc.adv.* =a collibè.
col·lecció col·leccions *f.* 수집(품), 채집; 전집, 총서, 집대성.
col·leccionar *tr.* **1** 모으다, 수집하다. **2** 수금하다, 대금을 받다.
col·leccionista col·leccionistes *m.f.* 수집가, 수집자, 채집자.
col·lecta col·lectes *f.* **1** 부과금, 각출금; 구제금, 지원금. **2** (초기 기독교도의) 집회; 기도문.
col·lectiu col·lectiva col·lectius col·lectives *adj.* **1** 집단의, 집단적인, 집합적인. **2** 일체로서의, 공동의, 공동체의, 총체의. **3** [문법] 집합의.
-*m.* **1** [문법] 집합 명사. **2** 집합, 공동체, 총체.
col·lectivisme col·lectivismes *m.* 집산주의, 공영 관리[토지·생산 수단 등을 국가가 관리함].
col·lectivitat col·lectivitats *f.* **1** 집단; 집합성, 집합체. **2** 전체, 총체.
col·lectivitzar *tr.* 집단화하다, 공영화하다.
col·lector col·lectora col·lectors col·lectores *adj.* 수집하는.
-*m.f.* 수집가, 수금원; 징수 세리.
-*m.* [전기] 컬렉터, 집전자.
col·lega col·legues *m.f.* (일·직장의) 동료, 동업자.
col·legi col·legis *m.* **1** 학교, 여학교; 전문학교; 초·중·고등학교; 학원. **2** 기숙사. *col·legi major* 대학 기숙사. **3** (동종 직종의) 단, 단체, 조합, 모임; 회, 회의.
col·legial col·legials *adj.* 학교의, 동직회의.
-*m.f.* 학생, 생도, 기숙생.

col·legiar *tr.* 학교·학원·기숙사에 들어가게 하다. -*se* col·legi를 구성하다.
col·legiat col·legiada col·legiats col·legiades *adj.* 동직회의.
-*m.f.* (의사·변호사 등의) 동직회원.
collejar *intr.* 목을 움직이다, 목운동을 하다.
collera colleres *f.* **1** (동물의) 목에 거는 것. **2** (죄수의 발에 거는) 족쇄.
collibè, a *loc.adv.* 등에 메고.
col·lidir *intr.* 부딪히다, 충돌하다.
collidor collidora collidors collidores *adj.* collir하는.
-*m.f.* **1** (특히) 과일을 따는 사람. **2** 수집가; 수세관.
collir *tr.* **1** 잡다, 쥐다, 붙잡다, 포착하다. **2** (꽃·과일을) 따다(arrencar). **3** 긁어모으다, 채취하다, 수집하다. **4** (범인 등을) 체포하다, 붙잡다. **5** 알아차리다, 이해하다, 파악하다. **6** (기쁨·슬픔 등을) 얻다.
collir arreu 싹 쓸어버리다; 석권하다.
col·liri col·liris *m.* 점안 약.
col·lisió col·lisions *f.* **1** (물체의) 충돌, 부딪힘. **2** 충돌로 인해 생긴 구멍. **3** (이해의) 충돌, (서로 간의) 알력.
collita collites *f.* **1** 거둠, 추수, 수확(recull). **2** 수확기, 추수기. **3** [비유] (수고로 얻은) 수확, 결실(producte).
colló collons *m.* **1** [속어] 불알, 고환(testicle). **2** 겁쟁이, 비겁한 사람(covard).
tenir collons 용기를 가지다.
tocar els collons 괴롭히다.
col·locació col·locacions *f.* col·locar하는 일.
col·locar *tr.* **1** 두다, 놓다, 배치하다, 늘어놓다, 정렬시키다. **2** (직장을) 얻다, 어떤 지위에 앉다. **3** [경제] 투자하다. **4** (상품을) 시장으로 내다.
estar ben[mal] col·locat 좋은 직장에 있다.
col·loide col·loides *m.* [화학] 콜로이드, 교상체(膠狀體), 아교질.
collonada collonades *f.* [속어] 바보짓, 어리석은 말·행동.
collonut collonuda collonuts collonudes *adj.* [속어] **1** 불알을 가진. **2** 대단한,

훌륭한(magnífic).
col·loqui col·loquis *m.* **1** 대화, 회화, 회담, 토론(회). **2** 대화 문학.
col·loquial col·loquials *adj.* 구어의, 구어체의, 일상 회화의.
collportar *tr.* 등에 지고 나르다.
colltorçar *intr.* 목을 틀다. **-se** (가지를) 접다.
colltort colltorta colltorts colltortes *adj.* **1** 목을 비튼. **2** 고개를 숙인, 풀이 죽은.
-m.f. **1** 위선자(hipòcrita). **2** 신앙을 빙자하는 자.
col·ludir *intr.* 공모하다, 모의하다.
col·lusió col·lusions *f.* 공모, 모의.
col·lusori col·lusòria col·lusoris col·lusòries *adj.* 공모하는; 서로 터놓고 지내는.
collvinclar-se *prnl.* =colltorçar-se.
collut colluda colluts colludes *adj.* 목이 굵은.
col·lutori col·lutoris *m.* 양치질 물약.
colobra colobres *f.* [동물] (독이 없는) 뱀.
colofònia colofònies *f.* 콜로포늄[황갈색의 수지].
colom coloma coloms colomes *m.f.* [조류] 비둘기.
colomar colomars *m.* 비둘기 집.
colomassa colomasses *f.* 비둘기의 똥.
colombí colombina colombins colombines *adj.* 콜럼버스[이탈리아의 탐험가 Cristòfor Colom, 1451-1506]의.
Colòmbia *n.pr.* [지명] 콜롬비아.
colombià colombiana colombians colombianes *adj.m.f.* 콜롬비아의 (사람).
colomí colomins *m.* [조류] **1** 새끼 비둘기. **2** [비유] 순진한 사람, 얌전한 사람.
colon colona colons colones *m.f.* [일반적으로 복수로 쓰여] 식민지인.
còlon còlons *m.* [해부] 결장.
colònia colònies *f.* **1** 식민지. **2** [그리스·로마사(史)의] 식민시; 식민단, 이민단. **3** [집합] 재류 외국인, 거류민; 거류지, ...촌, ...거리. *una colònia d'immigrants* 이민자촌. **4** (같은 인종·동업자 등의) 취락, 부락, 집단. **5** [생물] 군체. **5** [지질] (다른 계통 안의) 화석군.

colonial colonials *adj.* **1** 식민지의; 이민의, 식민지 시대·정책의. **2** 식민지풍의; 케케묵은. **3** [생물] 군락의, 군체의. **4** [상업] 외지산의.
colonialisme colonialismes *m.* **1** 식민정책; 식민지 개척 정책. **2** 식민지 풍, 식민 문화.
colonitzar *tr.* **1** 식민지로 만들다. **2** 이식하다, 입식하다.
color colors *m.[f]* **1** 색, 색깔. **2** 색조, 색채, 채색. **3** [비유] 특색, 특성; 빛깔, 색. *pintar amb colors tràgics* 슬픈 빛깔로 칠하다. **4** (피부의) 빛, 유색. **5** 안색, 얼굴빛. **6** 동기; 구실, 핑계. **7** 물감, 염료.
agafar[prendre] color 채색하다, 물들다.
canviar[mudar] de color [비유] 창백해지다.
haver-ne vistes de tots colors [구어] 경험이 있다.
perdre el color 색깔이 바래다; 창백해지다.
coloració coloracions *f.* 착색(법), 물들이기, 채색, 배색.
colorant colorants *adj.* 착색·채색하는, 물들이는.
-m. 염료; 착색제.
colorar *tr.* 착색하다, 채색하다, 물들이다.
coloret colorets *m.* 유쾌한 색.
colorista coloristes *adj.* 색채파의; (문장·작가 등이) 색채적인.
-m.f. 색채파 화가·문인.
colorit colorits *m.* **1** 색채, 색조; 채색. **2** 색의 조화. **3** [비유] 구실, 핑계.
colós colossos *m.* 거상, 거인, 거물; 대국.
colossal colossals *adj.* 거대한, 굉장한; [비유] 기념비적인.
colp colps *m.* colpir하는 일(cop).
colpejar *tr.* =copejar.
colpidor colpidora colpidors colpidores *adj.* 감동적인, 감흥을 자아내는.
colpiment colpiments *m.* **1** =cop. **2** 감동, 감흥.
colpir *tr.* **1** 때리다, 두들기다. **2** 다치게 하다, 상처를 주다(ferir). **3** ...와 닿다, 접촉하다. **4** 휩쓸다, 강타하다(afectar).

5 감동시키다.

colpisme *colpismes m.* 군사반란, 쿠데타(cop d'estat).

colpista *colpistes adj.m.f.* [남녀동형] 쿠데타를 일으키는 (사람). *el general colpista* 쿠데타를 일으키는 장군.

colrament *colraments m.* **1** (피부가) 그을림. **2** (피부가) 붉어짐. **3** 일사병(insolació).

colrar *tr.* **1** (피부를) 태우다. **2** 금색 니스를 칠하다.

coltell *coltells m.* **1** 칼, 나이프, 식칼, 부엌칼. **2** 단도, 비수. **3** [식물] 글라디올러스[붓꽃 속(屬)의 관상식물].

coltellejar *tr.* 나이프로 치다.

columbí *columbina columbins columbines adj.* **1** 비둘기의, 비둘기 같은. **2** 청순한, 앳된.

columna *columnes f.* **1** [건축] 기둥, 원주, 지주; 기둥 모양의 것; ...주(柱). **2** 기념주. **3** (신문 등의) ...란, 지면, 종단. **4** [군사] 종대(縱隊), 종렬; 휘하 부대. **5** [비유] (정신적인) 지주. **6** (인쇄의) 단, 세로줄. **7** [수학] (행렬식의) 열(sèrie). **8** [해부] 척추(columna vertebral).

en columna 종대로.

columnar *columnars adj.* columna의.

columnata *columnates f.* [건축] 열주, 주열.

columnista *columnistes m.f.* (신문의) 해설자, 특별 기고자, 칼럼니스트.

colza *colzes f.* [식물] 유채.

colzada *colzades f.* 팔꿈치로 치다.

colzar *tr.* **1** 팔꿈치를 고이다. **2** 꺾다(corbar). *-intr.* (길을) 돌다.

colze *colzes m.* **1** [해부] 팔꿈치. **2** (동물의) 앞다리의 무릎. **3** 길이의 단위 [팔꿈치에서 손가락 끝까지의 길이, 약 42cm]. **4** (수도관 등의) 굽은 부분, 그 부품; (강·길의) 굽어진 곳.

riure pels colzes [비유] 배꼽 잡고 웃다.

colzera *colzeres f.* **1** (갑옷의) 팔꿈치받이. **2** 팔꿈치에 생기는 옴.

com^1 *adv.* **1** [의문사] 어떻게. *Encara no sé com hi vas anar* 네가 어떻게 갔는지 아직도 난 모른다. **2** [감탄사] *Com fugí, el covard!* 저런 겁쟁이, 도망가는 걸 좀 봐라! **3** [방법] ...처럼, ...같이; ...대로, ...한 것처럼. *Es barallaven com gat i gos* 그들은 개와 고양이가 싸우듯이 서로 싸웠다. *Fes-ho com et sembli* 네 마음에 드는 대로 그것을 해라.

com a ...로서; ...의 자격으로. *Anirà a la reunió com a secretari* 그는 비서로서 회의에 참여할 예정이다.

com ara[*com és ara*] ...처럼, ...만큼. *És alt com ara tu* 그는 너만큼 키가 크다; (예를 들면) ...처럼.

com més ...més ...하면 할수록 더욱 ...하다. *Com més en té, més en vol* 많이 가질수록 더욱 원하다.

tal com ...와 같이, ...에 따라(segons).

com^2 *conj.* [이유] ...이기 때문에. *Com que no arribaves me n'he anat* 네가 도착하지 않았기 때문에 내가 갔다.

com^3 *m.* [관사 el과 함께 쓰여] 방법, 이유, 까닭. *El com i el quan* 방법과 때.

com^4 *interj.* [놀람·분노를 나타내는 감탄사]. *Voleu marxar d'una vegada?* 한꺼번에 다 가는 거야? *Com, si volem marxar!* 물론 다 가는 거죠!

coma^1 *comes m.* [의학] 혼수(상태).

coma^2 *comes f.* **1** 구두점, 콤마. **2** [음악] 차음정.

comanada *comanades f.* 빙하 계곡.

comanar *tr.* **1** 맡기다, 위탁하다, 위임하다(encomanar). **2** 안부 (인사)를 전하다. *-se* 기사로 임명하다.

comanda *comandes f.* **1** 위임, 위탁, 의뢰(encàrrec). **2** 맡은 일, 직무, 임무. **3** 주문, 주문품. **4** 보호, 보관, 보살핌, 감찰(custòdia).

comandament *comandaments m.* **1** 권력, 지배, 명령, 통제; (군대의) 지휘. **2** *pl.* 지휘부, 집행부(autoritat); 고위 관리, 권력자, 경영자. **3** [기계] 조작, 조종.

post de comandament 지휘부.

comandància *comandàncies f.* [군사] 지휘권; 사령부 (관구).

comandant *comandanta comandants comandantes m.f.* 지휘관, 부대장; 선

장, 함장.
comandar tr. **1** [군사] 지휘하다. *comandar una unitat de paracaigudistes* 낙하산 부대를 지휘하다. **2** 주인 노릇을 하다; 시키다, 명령하다(manar). **3** [비유] 힘을 발휘하다, 지휘하다, 장악하다. *Els diners comanden* 돈이 지배한다.
comandita comandites f. 합자 회사.
comando comandos m. [군사] (특별한 임무로 구성된) 특수임무부대, 특공대, 코만도.
comar tr. 구두점을 하다.
comarca comarques f. 지방, 주.
comare comares f. 산파; 이웃 아주머니; 뚜쟁이 아줌마.
comarejar intr. 속닥이다, 농담을 하다.
comatós comatosa comatosos comatoses adj. 혼수상태의.
combat combats m. **1** 전투, 교전. **2** 싸움, 투쟁, 결투.
posar[deixar] fora de combat 녹초가 되다, 완전히 패하다.
combatiu combativa combatius combatives adj. 투쟁적인, 호전적인.
combatiment combatiments m. combatre하는 일.
combativitat combativitats f. 투쟁성; 투쟁 정신, 감투 정신.
combatre intr. **1** 전투하다, 교전하다; 싸우다, 결투하다. *combatre l'enemic* 적과 싸우다. **2** [비유] (위험·악에 대항해서) 싸우다, 투쟁하다. *combatre contra les temptacions* 유혹과 싸우다. **3** 욕하다, 저주하다. -tr. **1** (적을) 치다, 공격하다. **2** [비유] 극복하다.
combinació combinacions f. **1** 배합, 조합, 결합; 짝 맞추기. **2** 공작, 계획, 흉계, 음모. **3** 콤비[상하의(上下衣)]. **4** [수학] 조합. **5** [화학] 화합(물).
combinar tr. **1** 짝 맞추다, 조합하다, 결합하다, 연합하다, 배합하다, 조화시키다. **2** [화학] 화합시키다. -se 조합되다, 조화되다; 화합하다.
combinat combinada combinats combinades adj. combinar된.
-m. **1** 칵테일. **2** [화학] 화합물. **3** (경기의) 대표.

combinatori combinatòria combinatoris combinatòries adj. 어울린, 짝을 맞춘, 결합된, 화합된.
comboi combois m. 호송, 호위; 호위자; 호송대, 호송 차량.
combregar¹ tr. 임종의 성체를 주다.
combregar² combregars m. [종교] 임종의 성체.
comburent comburents adj. 잘 타게 하는.
combustible combustibles adj. **1** 타기 쉬운, 연소성의, 발화성의. **2** [비유] 발끈하는, 격하기 쉬운.
-m. 연료, 가연물.
combustió combustions f. **1** 연소, 발화. **2** (유기체의) 산화. **3** [비유] 흥분.
comèdia comèdies f. **1** 희극, 코미디. **2** 희극적인 장면·사건; 희극적 요소; 인생극[인생의 희비 양면을 묘사한 작품]. **3** [비유] 웃기는 일.
comediant comedianta comediants comediantes m.f. 코미디언, 희극 배우.
comediògraf comediògrafa comediògrafs comediògrafes m.f. 희극 작가.
comella comelles f. 작은 빙하 계곡.
començament començaments m. 시작, 처음, 기점, 출발, 서두.
al començament 처음에, 애초에.
al començament de 초기에, 초반에, ...초에.
començar tr. 시작하다. -intr. 시작하다, 시작되다.
començar a[de] ...하기 시작하다.
començar per ...하는 일로 시작하다.
comensal comensals m.f. 식솔, 식구.
comentador comentadora comentadors comentadores adj.m.f. comentar하는 (사람).
comentar tr. **1** 논하다, 논평하다, 주석하다. **2** ...에 대해서 말하다. **3** 소문을 퍼트리다.
comentari comentaris m. **1** (시사 문제 등의) 논평, 평언, 비평, 견해, 의견. **2** 주석, 설명, 해설. **3** (항간의) 소문, 풍문, 평판.
sense comentari 노코멘트, 비평 없음, 할 말 없음.
comentarista comentaristes m.f. [남녀동

comerç comerços *m.* **1** 상업, 통상, 무역, 거래. **2** 상점, 상가. **3** 교제; 정교, (남녀의) 불장난, 불의의 관계.
Cambra de Comerç 상공회의소.
comerç a l'engròs, al detall[a la menuda] 도매업, 소매업.
comercialitzar *tr.* 상업화하다, 영리 목적으로 하다; 상품화하다.
comerciant comercianta comerciants comerciantes *adj.* 장사하는, 거래하는, 무역하는.
-m.f. 상인, 무역상, 실업인.
comerciantalla comerciantalles *f.* [집합] [경멸적] 장사치들.
comerciar[comerciejar] *intr.* **1** 장사하다, 무역하다, 상업하다, 거래하다. **2** 교제하다.
comesa comeses *f.* **1** 위탁, 위촉. **2** 책임.
comestible comestibles *adj.* 먹을 수 있는, 식용의.
-m.pl. 식료, 식료품.
cometa comets *f.* **1** 혜성. **2** *pl.* 겹괄호[«»], 인용 부호[""]. *una paraula entre cometes* 특별히 강조·인용하는 말.
cometre [*pp: comès comesa*] *tr.* **1** 위임하다, 위탁하다, 위촉하다(encarregar). **2** (죄·과실을) 범하다, 저지르다.
comí comins *m.* [식물] 카민.
comiat comiats *m.* **1** 작별, 이별, 헤어짐(adéu). **2** (소작지의) 회수; (세든 사람을) 몰아내기. **3** 해고, 면직. **4** 허가, 인가(permissió).
donar comiat a 작별하다, 이별하다; 해고하다, 쫓아내다.
prendre comiat 작별을 고하다, 이별하다.
còmic còmica còmics còmiques *adj.* **1** 희극의, 희극적인, 희극풍의. **2** 우스운, 익살스러운, 재미있는.
-m.f. 코미디언, 희극 배우; 희극 작가.
-f. 어린이 잡지, 만화 신문·잡지, 연재 만화.
comicastre comicastra comicastres comicastres *m.f.* 서툰 코미디언.
comicis *m.pl.* **1** [역사] (고대 로마의) 민회. **2** 선거; 선거 위원회.
comís comisos *m.* [법률] 몰수(품).
comissar *tr.* 몰수하다.
comissari comissària comissaris comissàries *m.f.* **1** (집행) 위원, 대리; (집행) 위원장, 대표자. **2** 담당 경찰관. **3** 병참부, 병참 장교. **4** (소련의) 인민 위원.
comissaria comissaries *f.* **1** 위원·집행 위원의 직책·사무소; 집행부. **2** 경찰서. **3** 병참부. **4** (소련의) 인민 위원회.
comissió comissions *f.* **1** 위임, 위탁. **2** 수수료, 수임료. **3** 사절, 사절단, 대표단(delegació). **4** (여러 기능을 가진) 부서; 위원회.
a comissió 위탁을 받아; 수수료를 받아.
comissió permanent 상임위원회.
comissionar *tr.* 위임하다, 위탁하다; 대리시키다.
comissionat comissionada comissionats comissionades *m.f.* 위원, 대리자.
comissionista comissionistes *m.f.* **1** 중개인, 중개 판매상, 중간 상인; 브로커. **2** 위임자, 위탁자, 위탁 판매인.
comissura comissures *f.* **1** 접합점. **2** [해부] 눈두덩; 입가.
comitè comitès *m.* **1** 위원회. **2** [집합] 위원.
comitent comitents *m.f.* 의뢰인, 위탁자.
comitiva comitives *f.* [집합] 수행원; 행렬.
commemoració commemoracions *f.* **1** 기념; 기념식. **2** 추도, 공양.
commemorar *tr.* 기리다, 기념하다, 추도하다.
comminar *tr.* 위협하다, 협박하다.
commiseració commiseracions *f.* 동정.
commoció commocions *f.* **1** 진동, 떨림. **2** 동요, 소란, 모반. **3** (감정의) 감동; 동요.
commocionar *tr.* 감동시키다.
commoure *tr.* **1** 진동시키다, 떨게 하다. **2** (동정심을) 불러일으키다, 감동시키다(emocionar). **3** 소동을 일으키다, 교란시키다. *-se* 진동하다, 떨리

commutació commutacions *f.* **1** 교환, 변환, 대체. **2** [법률] 감형(減刑). **3** [전기] (전류의) 전환.
commutador commutadora commutadors commutadores *adj.* commutar하는.
-m. **1** [전기] 전환 스위치, 정류자, 배전반. **2** (원소의) 교환자.
commutar *tr.* **1** 바꾸다, 교체하다, 대체하다. **2** [법률] 감형하다. **3** (전류를) 전환시키다; 스위치를 끄다.
commutatiu commutativa commutatius commutatives *adj.* **1** 교환의, 대체의.
propietat commutativa 교환 자산. **2** 교호적인.
còmode còmoda còmodes còmodes *adj.* **1** 편리한, 안락한, 쾌적한; 넓은, 널찍한. **2** 편한, 간편한, 편리한.
estar còmode en (un lloc) 아주 편안하게 생각하다, 전혀 불편을 느끼지 않다.
comodí comodins *m.* =jòquer.
comoditat comoditats *f.* **1** 편리, 편익, 편의; 쾌적, 안락. **2** 편의 시설, 설비.
Poseu-vos amb comoditat 편히 하세요.
comodor comodora comodors comodores *m.f.* **1** [군사] (영미의) 함장 겸 사령관; 해군 준장. **2** 선임 선장, 함장; 요트 클럽 회장.
compactar *tr.* compacte하게 하다.
compacte compacta compactes compactes *adj.* **1** 빡빡하게 찬, 밀집한. **2** (천 등이) 올이 촘촘한, 바탕이 치밀한. **3** (체격이) 꽉 짜인. **4** (집 등이) 아담한, 잘 갖춰진. **5** (문체가) 간결한.
compadir *tr.prnl.* 가엾이 여기다, 불쌍히 여기다, 동정하다. *-se* 불쌍히 여기다, 가엾게 여기다.
compaginació compaginacions *f.* compaginar하는 일.
compaginada compaginades *f.* (인쇄의) 교정쇄.
compaginar *tr.* **1** 모으다; 맞추다, 정리하다, 조정하다, 짝을 맞추다. **2** (인쇄의) 틀을 정리하다.
companatge companatges *m.* (빵에 곁들여 먹는) 음식물.
companejar *tr.* 빵에 곁들여 먹다.
company companya companys companyes *m.f.* **1** 벗, 동료, 짝, 친구. **2** (같은 목적으로 모인) 동지, 동무. **3** (여행의) 동반자, 동행자.
anar de companys 함께 가다.
companyia companyies *f.* **1** 동반, 수반. **2** 동반자, 말동무; 시중드는 사람. **3** 회사, 상사, 상회; ...회. **4** [군사] 중대. **5** [연극] 극단.
en companyia de ...과 함께, ...를 데리고, ...을 동반하여.
fer companyia i)동행이 되다, 함께하다; ii) (토론에서) 지원하다, 의견을 같이하다.
companyó companyona companyons companyones *m.f.* 동료, 동지; 동반자, 동행자; 친구, 짝(company).
companyonia companyonies *f.* (동료들 간의) 조화; 연대.
comparació comparacions *f.* **1** 비교, 대조; 비교가 되는 것. **2** [수사] 대비.
comparar *tr.* 비교하다, 대조하다, 대비하다.
comparat comparada comparats comparades *adj.* 비교하는; 대비의, 비교의.
comparatiu comparativa comparatius comparatives *adj.* **1** 비교의, 비교에 의한, 비교상의, 비교적인. **2** [문법] 비교급의.
compare compares *m.* 대부; 친한 벗.
Bon dia, compare 안녕, 친구.
compareixença compareixences *f.* (법정의) 출두.
comparèixer *intr.* **1** (법정에) 출두하다. **2** 나타나다, 모습을 드러내다.
comparsa comparses *m.f.* [집합] (연극의) 단역, 엑스트라.
compartiment compartiments *m.* **1** 분배, 분담. **2** 구획, 칸막이. **3** (객차·객선 내의) 칸막이 방.
compartir *tr.* **1** 나누다, 분배하다(repartir). **2** 나누다, 분담하다, 공동으로 하다. **3** (의견 등을) 함께하다, 동정하다.
compàs compassos *m.* **1** 나침반. **2** (제도용) 컴퍼스, 양각기. **3** 캘리퍼스, 측

경기. **4** [음악] 박자, 리듬; 소절. **5** [천문] 컴퍼스좌.
compassar *tr.* **1** 컴퍼스로 재다. **2** (해도 등에서) 거리를 재다. **3** 조절하다, 조정하다. **4** [음악] 소절로 나누다.
compassat compassada compassats compassades *adj.* 정돈된; 차분한, 침착한, 신중한.
compassió compassions *f.* 동정, 불쌍히 여김; 마음을 같이 나눔.
compassiu compassiva compassius compassives *adj.* **1** 인정 많은, 다정다감한, 동정적인. **2** 자비심이 많은, 측은히 여기는.
compatibilitat compatibilitats *f.* 양립, 조화, 공존; 적합.
compatibilitzar *tr.* 조화·양립시키다.
compatible compatibles *adj.* 적합한, 조화되는; 양립할 수 있는, 모순되지 않는, 공존할 수 있는.
compatir *tr.* =compadir.
compatriota compatriotes *m.f.* [남녀동형] 동포, 겨레.
compatró compatrona compatrons compatrones *m.f.* (노동자 등의) 공동 고용주.
compel·lir *tr.* 강제하다, 강요하다, 억지로 시키다.
compendi compendis *m.* 요약, 요강, 적요.
compendiar *tr.* 요약하다, 적요하다.
compenetrar-se *prnl.* 마음이 서로 통하다, 감정이 일치하다.
compensació compensacions *f.* **1** 배상, 변상, 보상; 보상금. **2** 보수, 급료, 수당. **3** (채권 등의) 상쇄. **4** [기계] 보정 (補正). **5** [심리] 보상 작용.
compensador compensadora compensadors compensadores *adj.m.f.* compensar하는 (사람).
compensar *tr.* **1** 갚다, 보상하다, 배상하다. **2** 보복하다. **-se 1** 보상되다, 배상되다. **2** 보복하다, 앙갚음하다.
compensatori compensatòria compensatoris compensatòries *adj.* 보상하는, 배상의; 보정의, 대상의.
competència competències *f.* **1** 적성, 자격(aptitud). **2** [법률] 권한, 권능, 책임. **3** 경쟁, 겨룸; 논쟁.
competència lingüística [언어] 언어 능력, 언어 수행 능력.
competent competents *adj.* **1** 적임의, 유능한; 적절한(adequat, apte). *en condicions competents* 적절한 조건에서. **2** 충분한, 상당한. **3** (법정) 자격이 있는; 관할권이 있는; 합법적인, 허용되는. **4** 주무의, 해당의, 관할의(pertanyent).
competició competicions *f.* **1** 경쟁, 겨루기. **2** 시합, 경기. **3** (콩쿠르의) 응모, 대회; 경쟁시험.
competidor competidora competidors competidores *adj.* competir하는.
-m.f. 경쟁자, 경쟁 상대; 시합 참가자.
competir *intr.* **1** (우열을) 다투다, 겨루다, 경쟁하다(pertànyer). *competir per una càtedra vacant* 빈 강좌를 얻기 위해 경쟁하다. **2** 필적하다, 대항하다.
competitiu competitiva competitius competitives *adj.* 경쟁력이 있는, 경쟁할 수 있는. *preu competitiu* 경쟁력 있는 가격.
compilació compilacions *f.* **1** 자료 수집. **2** 엮음, 편찬; 편집물, 편찬물.
compilar *tr.* **1** 편집하다, 편찬하다. **2** (자료 등을) 모으다, 수집하다. **3** (재산 등을) 장만하다. **4** (컴퓨터에서) 다른 부호·언어로 번역하다.
complaença complaences *f.* 만족, 기쁨, 즐거움, 흐뭇함.
complaent complaents *adj.* 만족한, 자기만족의, 안심한, 흐뭇해하는.
complanta complantes *f.* 슬픔, 애도, 탄식, 비탄.
complaure *tr.* 기쁘게 하다, 즐겁게 하다, 흐뭇하게 하다. **-se** 기뻐하다, 만족하다.
compleció complecions *f.* completar하는 일.
complement complements *m.* **1** 보상, 완성, 충족; 보충물. **2** [수학] 여각. **3** [문법] 보어. **4** [음악] 보충 음정. **5** [광학] 여색. **6** [생리] (혈청 중의) 보체. **7** [군사] 예비, 보충.
complementar *tr.* 보충하다, 보완하다; 채우다, 메우다.

complementari complementària complementaris complementàries *adj.* **1** 보상의, 보완의, 보충의. **2** 메우는, 추가하는. **3** 여각의; 여색의.

complementarietat complementarietats *f.* **1** 상보성. **2** [문법] 의미적 대립.

complet completa complets completes *adj.* **1** 완전한, 완벽한, 흠잡을 데가 없는. **2** 완비된, 완전히 갖춘, 부족이 없는. **3** 가득한, 만원의(ple). **4** 전부의. **5** [비유] 전체적인, 절대의, 절대적인(absolut).
per complet 완전히, 철저히.

completar *tr.* 완성하다, 완전하게 하다; 마감하다, 마무리하다. *completar una obra* 한 작품을 완성하다.

completes *f.pl.* 마지막 기도 시간; 만과(晚課), 종도(終禱).

complex¹ complexos *m.* **1** 복합. **2** [화학] 복합물, 복합체. **3** [의학] (정신 분석에서의) 콤플렉스, 열등감, 이상 심리, 고정관념, 강박 관념.

complex² complexa complexos complexes *adj.* **1** 복잡한, 복합의. **2** 착잡한, 어려운.

complexió complexions *f.* **1** 안색, 피부색. **2** 체격, 외관. **3** 양상, 국면.

complexitat complexitats *f.* 복잡성.

complicar *tr.* **1** 복잡하게 하다, 까다롭게 하다, 어지럽게 하다. **2** (병을) 악화시키다.
-se 까다로워지다, 미묘해지다, 복잡해지다; 악화되다.

complicat complicada complicats complicades *adj.* **1** 복잡한, 까다로운, 번거로운; (상황이) 어려운. **2** 알기 어려운, 어지러운, 미묘한.

còmplice còmplices *m.f.* 공범자.

complicitat complicitats *f.* [법률] 공범, 공모, 연루.

complidament *adv.* 전체, 완전히.

complidor complidora complidors complidores *adj.* **1** 실행하는, 의무를 다하는. **2** 끝나는, 마감되는.
-m.f. 의무를 다하는 사람.

compliment compliments *m.* **1** 완수, 완성. **2** 예의, 도의, 존경(respecte). **3** 인사, 수인사. **4** 찬사, 치사(lloança).
de compliment 의리상, 의리로.
*en compliment de ...*을 이행하고자.
per compliment 예의상, 도의상.
fer compliments 예의를 지키다.

complimentar *tr.* **1** 축하하다. **2** 깍듯이 대접하다, 융숭하게 모시다; 경의를 표하다. **3** (명령을) 집행하다, 실행하다.

complir [*pp: complert complerta; complit complida*] *tr.* **1** (의무·책임 등을) 다하다, 완수하다, 실행하다, 이행하다. **2** (나이·기한을) 채우다, 만 ...이다.
-intr. **1** (책임·의무를) 다하다. **2** 끝내다, 마무리하다, 완수하다. *complir amb les seves obligacions* 그의 의무를 완수하다. **3** 만기가 되다, 기한이 차다.
-se (예언·소원 등이) 성취되다.

complot complots *m.* 공모, 음모, 모의, 흉계.

complotar *tr.* 공모하다, 모의하다, 음모를 꾸미다.

compondre *tr.* **1** 조립하다, 조직하다, 구성하다. **2** [약학] 조제하다. **3** 꾸미다, 장식하다. **4** 차려 입히다, 치장하다. **5** 고치다, 바로잡다; 수리하다, 수선하다. **6** 중재하다, 화해시키다. **7** (셈을) 마치다. **8** (작품을) 만들다. **9** [음악] 작사하다, 작곡하다. *compondre una cançó* 노래를 작곡하다. **10** (인쇄에서) 조판하다. *-'s* **1** 이루어지다, 구성되다. **2** 치장하다, 단장하다. **3** (의견이) 일치하다, 타협하다.
compondre's amb (의견이) 일치하다.
és[està] compost(a) per[de] ...로 구성되다.
no compondre amb ...와 일치하지 않다, 맞지 않다.
Què compon això amb allò? 그게 저것과 무슨 관계가 있는가?

componedor componedora componedors componedores *m.f.* compondre하는 사람.

component components *adj.* 구성하는.
-m. 구성 요소, 성분.

comport comports *m.* =comportament.

comporta comportes *f.* 수문(水門).

comportament comportaments *m.* 행실, 소행; 마음가짐, 태도, 행동거지.

comportar *tr.* **1** 참다, 견디다, 인내하

다(suportar). 2 가져오다, 초래하다; 예상하다(implicar). 3 보충하다, 보상하다. -se 거동하다, 행동하다, 처신하다, 처세하다(captenir-se).
comportívol comportívola comportívols comportívoles adj. 1 참을 수 있는, 견딜 만한(suportable). 2 인내심이 있는, 끈기가 있는(pacient). 3 만족하는, 흡족해하는(complaent).
composar tr. 멋대로 벌금형에 처하다; 남용하다, 함부로 하다.
composició composicions f. 1 구성, 조립, 조직; 합성. 2 작문, 작시; 저작, 저술(redacció). 3 [회화] 구성, 배치, 배합; 작품 4 [음악] 작곡. 5 (그림·사진의) 구도. 6 (인쇄의) 조판, 식자. 7 [문법] 복합어. 8 혼합물, 합성물. 9 (외국어의) 작문, 작문 연습. 10 협정, 타협(acord).
compositiu compositiva compositius compositives adj. 합성의, 복합의.
compost composta composts [compostos] compostes adj. 1 조립된, 합성된, 복합된. 2 [문법] 복합의, 합성의. 3 [식물] 국화과의. 4 조심성 있는.
-m. 화합물, 혼합물, 합성물, 합성 약품.
-f.pl. 국화과 식물.
compota compotes f. (물과 설탕을 넣어 만든) 과일 요리.
compra compres f. 1 구입, 구매; 장보기, 쇼핑. 2 구입품.
compra al comptat 현찰 구입.
fer les compres 사다, 시장을 보다.
comprador compradora compradors compradores adj. (물건을) 사는; 구입 가능한, 살 수 있는.
-m.f. 구매자, 매입자; 구매 담당자, 수입업자, 바이어.
comprar tr. 1 사다, 구입하다. 2 얻다, 획득하다(adquirir). 3 [비유] 매수하다.
compravenda compravendes f. 매매(賣買).
comprendre tr. 1 이해하다, 양해하다. 2 포함하다, 들어 있다(contenir). -se 서로 이해하다, 양해하다.
comprensible comprensibles adj. 이해할 수 있는, 쉬 이해가 가는.
comprensió comprensions f. 이해, 이해력; 지성.
comprensiu comprensiva comprensius comprensives adj. 1 이해력이 있는, 이해하는. 2 포괄적인, 포함하는.
compresa compreses f. [의학] 찜질, 습포; 가제, 무명베.
compressió compressions f. 1 압축, 압착. 2 [음성] 강모음의 이중 모음화.
compressiu compressiva compressius compressives adj. 압축의, 압착의.
compressor compressora compressors compressores adj. comprimir하는.
-m. 압축기, 압착기, 압축 펌프, 압착 장치, 컴프레서.
comprimir tr. 1 압축하다, 압착하다. 2 [비유] 억제하다, 억압하다, 억누르다. -se 억제하다, 자제하다.
comprimit comprimits m. 정제(錠劑).
comprometedor comprometedora comprometedors comprometedores adj. 1 위태롭게 하는, 위험한. 2 평판·신용을 손상시키는.
comprometre tr. 1 위태롭게 하다, 위험에 빠지게 하다. 2 (평판·신용을) 손상케 하다. 3 (분쟁 등의) 중재를 요청하다. 4 강요하다, 억지하다. 5 예약하다(reservar). 6 약혼하다. -'s 1 위태로운 상황에 처하다, (몸을) 위태롭게 하다. 2 (책임·의무 등을) 떠맡다. 3 (일에) 착수하다, 손을 대다. 4 약속하다; 약혼하다.
compromís compromisos m. 1 위경, 역경. 2 의무, 준수 사항(obligació). 3 타협, 타결; 협정서. 4 약속, 계약(engatjament).
sense compromís i) 계약 없이, 약속 없이; ii) [상업] 위험부담이 없이, 손해가 없이.
trobar-se[veure's] en un compromís 위태롭게 되다, 역경에 처하다.
compromissari compromissària compromissaris compromissàries m.f. 조정관.
-m. (유권자를 대표하는) 선거 위원.
comprovació comprovacions f. 확인, 조회, 대조, 증명, 인정.
comprovant comprovants m. 확인서, 증명서.
comprovar tr. 확인하다, 조회하다, 대

조하다, 증명하다.
comptabilitat comptabilitats *f.* 회계·경리 (과·부).
comptable comptables *adj.* 셀 수 있는, 계산할 수 있는.
-*m.f.* [남녀동형] 회계담당자.
comptador comptadora comptadors comptadores *adj.* 셈하는, 계산하는, 계산에 들어가는; 셀 수 있는.
-*m.f.* 회계 담당자, 출납계원, 계리사.
-*m.* 카운터, 금전 출납기, 자동 기록기, 레지스터; (물·가스·전기 등의) 계량기, 계수기.
comptar *tr.* **1** (수를) 세다(numerar); 계산하다(calcular). **2** (해·때가) ...가 되다. **3** 산입하다, 셈에 넣다. **4** 간주하다, 생각하다. **5** 이야기하다. -*intr.* **1** 계산하다; 수에 들어가다, 포함하다. **2** 기대하다, 의지하다(confiar). **3** 가지고 있다, ...이 있다. **4** 중요하다.
comptat comptada comptats comptades *adj.* **1** comptar된. **2** *pl.* 드문, 약간의. *comptades vegades* 몇 번의 경우.
al comptat 현금으로.
compte comptes *m.* **1** 계산, 셈, 헤아림. **2** 중요성, 비중. **3** 계정, 계산; 계정한 총액; 계정서, 계산서(factura). **4** 책임; 보상. **5** 의식, 고려, 염두, 주의 (atenció, cura).
-*interj.* [감탄사적으로 쓰여 주의를 나타냄] *Compte, que cauràs!* 주의해, 넘어지니까!
a compte 전도금으로.
en comptes de ...대신에.
fer compte de ...를 믿다, 의지하다.
retre[donar] compte de 전하다, 설명하다; 책임지다, 보상하다.
tenir[prendre] en compte 고려하다, 염두에 두다.
comptecorrentista comptecorrentistes *m.f.* 당좌 예금자.
compulsa compulses *f.* 사본, 등본.
compulsar *tr.* **1** 대조하다, 조회하다. **2** 등본을 만들다.
compulsió compulsions *f.* 강제, 강요; 억압적인 행동.
compulsiu compulsiva compulsius com-pulsives *adj.* 강제의, 강제력이 있는.
compunció compuncions *f.* 회한, 회개, 후회, 가책; 슬픔, 비탄, 비애.
compungir *tr.* 회한·가책을 느끼게 하다. -*se* 회개하다, 가책하다, 양심이 찔리다.
compungit compungida compungits compungides *adj.* 가책을 느끼는, 양심이 찔리는; 괴로운, 고통스러운.
còmput còmputs *m.* 계산, 셈, 산정.
computador computadora computadors computadores *adj.m.f.* 계산하는 (사람).
-*f.* 계산기.
computar *tr.* 셈하다, 계산하다, 산정하다.
comtat comtats *m.* **1** 백작의 지위·영토; **2** 군(郡)[미국의 주 밑의 행정 구역].
comte comtes *m.* **1** 백작. **2** 집시족의 족장. **3** 십장, 인부 감독.
comtessa comtesses *f.* 백작 부인.
comú comuna comuns comunes *adj.* **1** 공동의, 공통의, 공유의(compartit). **2** 일반의, 보통의. **3** 세상에 흔한, 흔해 빠진.
de comú acord 전체의 합의로.
en comú 공동으로, 공통으로.
-*m.* **1** 대부분, 절대다수. **2** 전 주민, 단체. **3** *pl.* [법률] 재산, 자산.
-*f.* 변소.
comunal comunals *adj.* 공통의, 공유의.
-*m.* 전(全) 주민; 일반인.
comunament *adv.* 공동으로, 전체적으로.
comunicació comunicacions *f.* **1** 통신, 교신, 연락; (전화) 통화. **2** 교제, 관계, 대화. **3** 통고, 성명서, 통첩장. **4** *pl.* 우편, 전신; 통신 기관; 교통, 통로.
amb bones[males] comunicacions 교통이 좋은, 교통이 나쁜.
comunicació de massa 대중 매체, 매스컴.
comunicant comunicants *adj.m.f.* comunicar하는 (사람).
comunicar *tr.* 전달하다, 통보하다, 알리다, 전하다(transmetre, infondre). -*intr.* 말하다, 연락하다, 통신하다, 전화하다. -*se* 상통하다, 교신하다, 통신을 주고받다.

comunicat comunicats *m.* 성명서, 코뮈니케.

comunicatiu comunicativa comunicatius comunicatives *adj.* **1** 사귀기 쉬운, 막역한. **2** 말하기 좋아하는, 사귐성이 있는.

comunicòleg comunicòloga comunicòlegs comunicòlogues *m.f.* 매스컴 연구자.

comunió comunions *f.* **1** (어떤 일을) 함께 함, 공감; 내성, 깊은 성찰. **2** (영적) 교제, 간담, 친교. *fraternitat i comunió* 형제 사랑과 교제. **3** [예배 시의] 성찬, 성찬식, 영성체; 영성체용. **4** 종교 단체, 교단, 교회; (종파·신앙상의) 교우; (천주교회 간의) 조합.

comunió dels sants 성도의 교제; (가톨릭의) 성인의 통공(通功).

comunisme comunismes *m.* 공산주의 (운동·정치 체제).

comunitari comunitària comunitaris comunitàries *adj.* **1** 공동체의, 공동 사회의; 전 주민의. **2** 유럽 경제 공동체 (EC)의.

comunitat comunitats *f.* **1** (정치·문화·역사를 함께하는) 사회, 공동체, 공동 사회; ...주(州). *la Comunitat Valenciana* 발렌시아 주. **2** 지역 사회, 마을, (같은) 동·블록. **3** (생물의) 군취; (동물의) 군서; (식물의) 군락. **4** (사상·이념 등의) 공통성; 그 단체. *comunitat d'interessos* 이해 단체. **5** 친교, 친목. **6** (재산의) 공유, 공용. **7** [종교] (일정한 계율에 따르는) 공동생활, 사회생활.

con cons *m.* **1** [기하] 원추(형). **2** [식물] (솔방울, 잣 등의) 송백류의 열매. **3** [지질] 화산추, 첨봉.

conat conats *m.* **1** 노력, 시도. **2** 경향, 의도; 미수.

conc concs *m.* 구유; (논밭의) 이랑.

conca conques *f.* **1** 분지, 협곡. **2** 구유. **3** [해부] 안강(眼腔). **4** 설거지 그릇.

còncau còncava còncaus còncaves *adj.* 복판이 들어간, 오목한 (모양의).

-m. 오목한 면, 오목한 땅, 팬 땅.

concavitat concavitats *f.* 오목한 모양, 오목한 면, 오목한 곳; 옴폭함; 요상

(凹狀), 요면(凹面); 함몰부.

concavoconvex concavoconvexa concavoconvexos concavoconvexes *adj.* 요철의, 올록볼록한.

concebre *tr.* **1** (의견·감정 등을) 마음에 품다, 느끼다. *concebre esperances* 희망을 품다. **2** (계획 등을) 착상하다, 고안하다. **3** 상상하다, 생각하다, 이해하다. **4** 임신하다, 아이를 배다.

concebut concebuts *m.* 태아.

concedir *tr.* **1** 인정하다, 시인하다, 받아들이다(admetre). **2** (권리·특권을) 부여하다, 허용하다(consentir). **3** (상을) 주다, 수여하다(atorgar). **4** (공식 결과가 나오기 전에) 패배를 인정하다.

concentració concentracions *f.* **1** 집중. **2** (노력·정신 등의) 집중, 전념, 전심. **3** [화학] 응축, 농축(한 것), (액체의) 농도. **4** [광물] 선광. **5** [군사] (부대의) 집결; (포화의) 집중; 수용소. **6** 집중 강의.

concentrar *tr.* **1** 한 점에 모으다(reunir); (주의·노력을) 집중하다. **2** (부대 등을) 집결시키다. **3** [화학] 농축하다; 응집하다. **4** [광물] 선광시키다. **-se 1** 집중하다, 한 곳에 모으다. **2** 농축되다, 응집되다.

concèntric concèntrica concèntrics concèntriques *adj.* **1** 동심의, 중심이 같은. **2** 집중적인.

concepció concepcions *f.* **1** 착상, 구상, 창안, 고안, 계획. **2** 파악, 이해; [철학] 개념, 개념화. **3** [종교] 수태, 임신; 성모수태. **4** [비유] 발단, 시작.

concepció del món [철학] 세계관, 세계를 이해하는 방법.

concepte conceptes *m.* **1** 생각, 의견 (idea, opinió); 판단. **2** [철학] 개념, [일반적] ...개념, ...명목. **3** [상업] 세목, 명세, 품목.

conceptisme conceptismes *m.* [문학] 기지주의, 경구문학[17세기의 스페인 문학의 한 조류].

conceptual conceptuals *adj.* 개념상의.

conceptualitzar *tr.* 개념화하다.

conceptuar *tr.* 생각하다, 판단하다.

concernir *tr.* ...에 관하다, 관계되다(afectar, referir-se).

pel que concerneix ...에 관한 한.
concert concerts *m*. **1** 정리, 정돈, 조정. **2** 합의, 협정(acord). **3** 조화, 일치(harmonia). **4** [음악] 합주, 협주곡, 콘서트, 연주회.
concertar *tr*. **1** (계획·프로젝트 등을) 조정하다, 정리하다, 마련하다. **2** (의견을) 일치시키다, 합의하다, 타협하다; 협의하다, 협정하다. *concertar consens* 의견의 일치를 보다. **3** (가격 등을) 맞추다. **4** 조율하다, 조화를 이루다. *concertar els criteris* 판단기준을 조율하다. *-intr.* **1** [음악] 콘서트를 가지다. **2** 일치하다. *-se* 합의하다, 동의하다.
concertista concertistes *m.f.* (직업적인) 콘서트 연주자.
concessió concessions *f*. **1** 양도, 양여; 양보, 허용, 양해. **2** (정부가 부여하는) 독점권; (사용) 허가, 면허; 이권, 개발권, 채굴권. **3** 조차지; 조계, 거류지, 이주지; 신규 개발 양도지. *sense concessions* 양보 없이, 양해 없이; 허가(권) 없이.
concessionari concessionària concessionaris concessionàries *m.f.* (이권 등의) 양수인; 개발권 소유자; 독점 생산·판매 소유자; 허가 이주자.
concessiu concessiva concessius concessives *adj*. **1** 양보의, 양여의. **2** 양보적인, 양보할 수 있는. **3** [문법] 양보의.
concili concilis *m*. [종교] 협의회, 주교회의, 종교 회의; 그 결정 사항.
conciliació *f*. 화해, 타협, 협의, 조정.
conciliar *tr*. **1** 화해시키다, 타협시키다, 조정하다, 합의에 이르다(avenir). **2** (모순 등을) 조화시키다, 절충시키다. **3** 회유하다, 달래다, 무마하다. *-se* **1** 서로 화해하다, 타협하다. **2** (호의·환심·존경·적의 등을) 사다.
concís concisa concisos concises *adj*. 간단한, 간결한.
concisió concisions *f*. 간결, 명료함.
concitar *tr*. 부추기다, 꼬드기다, 사주하다, 교사하다.
conciutadà conciutadana conciutadans conciutadanes *m.f.* 같은 시민; 동포, 겨레; 같은 고향 사람.
conclave conclaves *m*. **1** 교황 선거회(장). **2** (일반적인) 회합, 협의회.
concloent concloents *adj*. 결정적인, 결론적인.
concloure [*pp: conclòs conclosa*] *tr*. **1** 끝내다, 마치다; 결말을 짓다, 종결하다, 완결하다(acabar). **2** 결론짓다, 단정하다, 결정하다. **3** 혼내 주다, 무찌르다. **4** (협약을) 체결하다. *-intr.* 끝내다, 결론을 내리다.
conclusió conclusions *f*. **1** 결말, 종결, 종료, 종말. **2** 결정. **3** 결론, 단정, 단안. **4** (협약 등의) 체결. *en conclusió* 결론적으로, 요컨대, 최후로.
treure la conclusió 결론을 내리다, 결정짓다.
conclusiu conclusiva conclusius conclusives *adj*. 결론의, 결정적인, 확실한; 끝의, 마지막의, 종국의.
conco conca concos conques *adj.m.f.* 노총각·노처녀(의).
concomitància concomitàncies *f*. **1** 수반, 부수; 병존, 공존. **2** (가톨릭의) 병재(拼在)[성체 중에 예수의 피와 살이 함께함], 병재설.
concomitant concomitants *adj*. 수반되는, 부수적인.
concordança concordances *f*. **1** 일치, 조화, 상응; 조정, 동의(acord). **2** [문법] (성·수의) 일치. **3** [물리] 공명. **4** [음악] 협화음.
concordar *tr*. **1** 일치시키다, 조화시키다, 화합시키다, 조정하다. **2** [문법] (성·수를) 일치시키다. *-intr.prnl.* 일치하다, 합치하다.
concordat concordats *m*. (로마 교황청과의) 정교(政敎); 화친 조약, 종교 협약.
concorde concordes *adj*. 일치하는.
concòrdia concòrdies *f*. **1** (의견 등의) 일치, 합의(acord). **2** 화합, 화친, 화목. **3** 협정, 협약. **4** 조정 기관.
concórrer *intr*. **1** 한군데 모으다. **2** (시간적으로) 병발하다, 동시에 일어나다. **3** (두 선이) 만나다, 서로가 마주치다. **4** 협력하다, 서로 협조하다, 상호 부

조하다. **5** 경쟁하다; 경쟁·채용 시험을 보다. **6** 콩쿠르에 참가하다
concreció concrecions *f.* **1** 단결. **2** 응결(물), 엉긴 것. **3** [의학] 신장 결석. **4** 구체화.
concret concreta concrets concretes *adj.* **1** 구체적인, 실제적인. **2** 구상의, 유형의. **3** [수학] 실수의. **4** 응결한, 응고한, 응축한, 짙은.
-*m.* 응결물, 콘크리트.
el concret 구체적인 것; 실물, 실체.
en concret 구체적으로; 결국, 결론적으로 말해.
No hi ha res de concret 구체화된 것은 아무것도 없다; 결론 난 것은 하나도 없다.
concretar *tr.* **1** 구체화하다, 구체적으로 말하다. **2** 굳히다, 응축하다. **-se 1** 구체화되다, 구체적으로 표현되다. **2** 언급하다, 한정하다(limitar-se).
concubinat concubinats *m.* (첩·정부의) 관계; 정교.
concúbit concúbits *m.* 성교, 교합(coit).
conculcar *tr.* [비유] 무시하다, 짓밟다; (법 등을) 어기다.
concunyat concunyada concunyats concunyades *m.f.* 배우자 가족 형제의 배우자.
concupiscència concupiscències *f.* 색욕, 호색, 음란, 음탕; 물욕, 출세욕.
concurrència concurrències *f.* **1** (한 장소에) 집합, 운집, 밀려듦. **2** [시간적] 동시발생, 동시성; (원인의) 동시 작용; [공간적] 맞부딪침. **3** [수학] (선·면의) 집합(점); 수렴. **4** 경쟁, 겨룸(rivalitat); 경쟁 상대.
concurrent concurrents *adj.* concórrer하는.
-*m.f.* **1** 모인 사람, 운집한 사람. **2** (콩쿠르 등의) 참가자. **3** 경쟁자.
concurs concurs *m.* **1** =concurrència. **2** (의견의) 일치, 찬동(acord); 도움, 원조, 조력(ajuda). **3** [법률] 동일 권리 [여러 사람이 같은 것에 같은 권리를 갖는 일]. **4** (경기) 대회, 채용 시험, 콩쿠르.
concursant concursants *m.f.* 콩쿠르 참가자.

concursar *tr.* [법률] 파산 선고를 하다. -*intr.* (경기·콩쿠르 등에) 참가하다.
condecoració condecoracions *f.* 훈장, 표창; 그 수여식.
condecorar *tr.* 훈장·표창을 하다.
condeixeble condeixebla condeixebles condeixebles *m.f.* 급우, 동급생; 같은 제자, 같은 수련생.
condemna condemnes *f.* 판결; 형, 형벌; 형량.
condemnació condemnacions *f.* **1** 유죄 판결; 처벌, 처형. **2** 비난, 힐난, 정죄. **3** 자책, 가책. **4** 사형 선고.
condemnar *tr.* **1** 유죄 판결하다, 형을 선고하다; 처벌하다, 처형하다. **2** 비난하다, 힐난하다. **3** (불량품으로) 선고하다, 폐기처분 하다(inutilitzar). **4** 운명 지우다; 사형 선고 하다. **5** [신학] 정죄하다(damnar). **6** [의학] (환자를) 불치라 선고하다. **-se** 자책하다, 가책하다.
condemnat condemnada condemnats condemnades *adj.m.f.* condemnar 받은 (사람).
condemnatori condemnatòria condemnatoris condemnatòries *adj.* 유죄가 되는, 죄가 성립되는; 사형에 해당되는.
condensació condensacions *f.* **1** 압축, 응축. **2** [물리] 응결. **3** [화학] 액화. **4** 응축물, 응축 상태. **5** (사상·문장 등의) 간략화, 요약.
condensar *tr.* **1** 줄이다, 압축하다 (reduir). **2** 농축하다. **3** (기체를) 액화시키다. **4** 간략하게 하다, 요약하다 (compendiar). **5** (렌즈가) 광선을 모으다. **6** [전기] (전류의) 세기를 더하다; 집약하다. **-se 1** 줄어들다, 응축하다. **2** (액체가) 고체화하다; (기체가) 액화하다.
condensat condensada condensats condensades *adj.* condensar한.
condescendència condescendències *f.* 동의, 수락; 관용, 묵인.
condescendir *intr.* 동의하다, 응낙하다; 묵인하다.
condícia condícies *f.* 정성, 지성, 열성, 열심.
condició condicions *f.* **1** 조건, 필요조

건(estipulació); 조항, 조목. **2** 형세, 사정, 상황. **3** 상황, 상태, 컨디션; 건강 상태. **4** (사회적인) 신분, 지위, 처지. **5** [법률] 조건, 규정, 규약. **6** [논리] 조건, 전건. **7** [문법] 조건(문).
amb la condició de [구] ...의 조건으로.
amb la condició que [절] ...이라는 조건으로.
condició sine qua non 필수 조건.
sota[a] condició de [구] ...의 조건으로.
sota[a] condició que [절] ...의 조건으로.

condicionador condicionadora condicionadors condicionadores *adj.* condicionar하는.
-m. 에어컨.

condicional condicionals *adj.* **1** 조건의; 조건적인, 제약적인. **2** [문법] 조건절의; 조건 시제[가능 시제]의.
-m. [문법] 조건 시제[가능 시제].

condicionament condicionaments *m.* **1** 조건 규정. **2** (직물 등의) 규격 정하기. **3** 환기.

condicionar *tr.* **1** 조건을 붙이다, 조건을 규정하다. **2** (직물의) 규격을 정하다. **3** (공기를) 깨끗하게 하다, 환기하다.

condigne condigna condignes condignes *adj.* ...에 따르기 마련인, 당연한.
un càstig condigne ...받아 마땅한 형벌.

condiment condiments *m.* 조미료, 양념.

condimentar *tr.* 양념을 치다, 조미하다.

condó condons *m.* 콘돔.

condol condols *m.* 아픔, 슬픔; 조의.

condoldre's *prnl.* 동정하다, 함께 마음 아파하다; 조문하다, 조의를 표하다.

condolir-se *prnl.* =condoldre's.

condolit condolida condolits condolides *adj.* =adolorit.

condomini condominis *m.* 콘도미니엄.

condonar *tr.* (빚.죄.과오 등을) 용서해주다, 관용을 베풀다.

còndor còndors *m.* [조류] 콘도르.

condret condreta condrets condretes *adj.* 건강한, 건전한(sano); 정상의.

condritis condritis *f.* [의학] 연골 조직염.

conducció conduccions *f.* **1** 도입, 안내; 조종, 운전, 운반. **2** 운송료. **3** (물·가스의) 도관. **4** (값·요금의) 책정, 협정.

conducta conductes *f.* **1** 행위, 행동, 품행(comportament). **2** 지휘, 감독, 지도, 관리. **3** 임금 협정, 협정 가격.
de conducta 순전한, 성실한, 정직한.

conducte conductes *m.* **1** 관, 파이프, 도관. **2** [해부] (청각 등의) 관.
per conducte de ...을 통해.

conductisme conductismes *m.* [철학] 행동주의, 경험주의.

conductivitat conductivitats *f.* **1** [전기] 전도율. **2** [물리] 전도성(율·도).

conductor conductora conductors conductores *adj.* conduir하는.
-m.f. **1** 운전자. **2** [음악] 악장, 지휘자. **3** 조종자.
-m. (열·빛·전기·음의) 전도체, 도체.

conductora conductores *f.* 트럭.

conduent conduents *adj.* ...에 이르게 하는, 이끄는.

conduïdor conduïdora conduïdors conduïdores *m.f.* 안내자.

conduir *tr.* **1** 인도하다, 안내하다, 호송하다(guiar). **2** 조종하다, 다루다, 운전하다. **3** 지도하다, 지휘하다, 관리하다. **4** 옮기다, 운송하다, 운반하다; (길이) 이르다. *Aquest camí condueix a la ciutat* 이 길은 시내로 통한다. **5** (도관·도선으로) 전하다. **6** (임금·값을) 정하다, (가격을) 협정하다. *-se* 처신하다, 행동하다(captenir-se).

conegut coneguda coneguts conegudes *adj.* 알려진, 유명한, 저명한.
-m.f. 아는 사람, 지기(知己).

coneixedor coneixedora coneixedors coneixedores *adj.* conèixer하는.

coneixement coneixements *m.* **1** 아는 일, 인식, 지각, 이해. **2** 지식, 학식, 학문(saber). **3** 감각, 의식(seny). **4** 아는 사람, 지기. **5** (본인을 증명하는) 증명서, 증빙 자료, 증표. **6** [해사] 송장; 선하 증권.

coneixença coneixences *f.* **1** 앎, 지식;

coneixent 인식, 지각, 이해. **2** 관계, 우정, 친밀감(relació, tracte).
　a coneixença de ...로 보건대.
coneixent coneixents *adj.* =coneixedor.
　-m.f. =conegut.
conèixer *tr.* **1** (경험적으로) 알다, 알고 있다; 경험을 갖다. **2** 깨닫다, 인식하다(descobrir). **3** 헤아리다, 짐작하다. **4** 분별하다, 가려내다(discernir). **5** 인정하다, 받아들이다(acceptar). **6** (...라고) 별명으로 부르다. **7** [부정적] (어떤 느낌·생각을) 가지다, 품다. **8** 관여하다, 신경 쓰다. *-intr.* **1** 괜찮다고 여기다. **2** (사건을) 다루다, 처리하다. **-se 1** 자신을 알다, 알아차리다. **2** (어떤 사실이) ...로 보이다; 주목되다. **3** 알고 지내다, 교제하다.
　donar-se a conèixer 알다, 깨닫다.
　fer[donar] a conèixer 알게 하다, 깨닫게 하다.
　fer-se conèixer =donar-se a conèixer.
confabular *intr.* 담소하다, 친근하게 대화하다. *-se* 모의하다, 내통하다.
confecció confeccions *f.* confeccionar하는 일.
confeccionar *tr.* **1** 만들다, 제조하다; 조제하다. **2** [부정적] (불법으로) 꾸미다, 조작하다.
confeccionista confeccionistes *m.f.* 제조자, 조제자; 조작하는 사람.
confederació confederacions *f.* **1** 동맹, 연맹, 연합. **2** 연방; 연합국, 동맹국; 협회, 연합회.
confederar *tr.prnl.* 연합하다, 동맹하다, 맹약하다.
confegir *tr.* **1** 짜 맞추다, 잇다, 합치다, 연결하다. **2** (단어의 철자를) 하나하나 말하다, 또박또박 읽다.
conferència conferències *f.* 회담, 협의(회), 의논, 회의, 토론회; 강연.
　conferència al més alt nivell 정상 회담.
　conferència de premsa 기자 회견.
　fer una conferència 강연을 하다.
conferenciant conferenciants *m.f.* [남녀동형] 강연자, 연사; 세미나 발표자.
conferenciar *intr.* 협의하다, 회의하다.
conferir *tr.* **1** 주다, 수여하다(concedir). **2** 비교하다, 대조하다; 조사하다. **3** 협의하다, 상의하다. *-intr.* 강연을 하다.
confés confessa confessos confesses *adj.* 참회한, 자백한; 기독교로 개종한.
　-m. =confessor.
confessar *tr.* **1** 고백하다, 실토하다, 자백하다, 털어놓다. *confessar un crim* 범행을 자백하다. **2** 참회하다, 고해하다. **3** (가톨릭에서) (청죄사제가) 고해를 듣다. **-se** 자백하다; 고백하다, 고해하다.
confessió confessions *f.* **1** 고백, 자백, 실토, 자인. **2** [종교] 참회, 고해.
confessor confessora confessors confessores *m.f.* 고백자, 자백자; 참회자, 고해자.
confessionari confessionaris *m.* 고해실.
confessor[1] confessors *m.* (가톨릭의) 청죄사제, 고해 신부.
confessor[2] confessora confessors confessores *m.f.* (기독교로) 개종한 자.
confi confins *m.* [주로 복수로 쓰여] 경계; 시야의 끝. *en els confins de la terra* 땅 끝에서.
confiament confiaments *m.* confiar하는 일.
confiança confiances *f.* **1** 신뢰, 신용. **2** 솔직함, 담백함(franquesa). **3** 비밀 협약, 비밀 계약. **4** 자신, 확신.
　amb confiança 은밀히, 아무도 모르게.
　en confiança 신용하여, 마음을 놓고.
confiar *tr.* **1** 맡기다, 위탁하다, 위임하다, 부탁하다(encarregar). **2** (숨김없이) 털어놓다, 터놓고 말하다, 속말을 하다(revelar). *confiar un secret* 비밀을 털어놓다. **3** 안심시키다, 확신을 갖게 하다. *-intr.* 믿다, 신용하다.
　confiar que ...할 것을 믿다.
confiat confiada confiats confiades *adj.* confiar하는.
confidència confidències *f.* **1** 신용, 신뢰. **2** 숨김없이 털어놓음.
confidencial confidencials *adj.* 내밀의, 비밀의, 기밀에 속하는.
confident[1] confidents *adj.* 믿는, 신용이 있는, 믿을 만한, 충실한; 은밀한, 비밀의.
　-m.f. 심복; 스파이, 간첩, 첩자.

confident² confidents *m.* 2인용 팔걸이 의자.

configuració configuracions *f.* 모양, 형태, 형상; 배열, 배치.

configurar *tr.* (...의) 모양으로 만들다, 형태를 갖추다.

configuratiu configurativa configuratius configuratives *adj.* 형태를 갖춘; 배열된.

confinament confinaments *m.* 인접; 유배, 유형, 추방.

confinar *intr.* 접하다, 인접하다(fronterejar). *-tr.* 유배하다, 추방하다.

confirmació confirmacions *f.* 1 확인, 인가, 비준; 확정, 확증; 확인서. 2 (기독교의) 견진 성사; 안수례.

confirmar *tr.* 1 확인하다, 인정하다. 2 확실히 하다, 분명하게 하다, 확고하게 하다(refermar). 3 사실임을 인정하다(verificar). 4 (기독교에서) 견진 성사를 베풀다, 안수를 행하다. **-se** 1 분명해지다, 확고해지다(refermar-se). 2 (가정 등이) 사실임이 입증되다.

confirmatori confirmatòria confirmatoris confirmatòries *adj.* confirmar하는.

confiscació confiscacions *f.* 압수, 몰수.

confiscar *tr.* 압수하다, 몰수하다.

confit confits *m.* 과자, 캔디.

confit confita confits confites *adj.* 1 =confitat. 2 찌든, 가득 밴(impregnat). *-m.* =confit.

confitar *tr.* 1 (과일에) 설탕을 입히다, 꿀을 넣고 찌다, 달게 하다. 2 찌들게 하다, 가득하게 하다.

confitat confitada confitats confitades *adj.* 설탕을 입힌, 매우 단.
estar confitat 물리다, 지치다.

confiter confitera confiters confiteres *m.f.* 과자를 만드는 사람, 과자 장수.

confiteria confiteries *f.* 제과점, 다과점.

confitura confitures *f.* (과일에) 설탕을 입힘, 잼 제조.

conflagració conflagracions *f.* 대화재; (전쟁 등의) 참화; 난리.

conflagrar *tr.* 활활 불태우다.

conflicte conflictes *m.* 1 갈등, 대립, 반목, 충돌. 2 투쟁, 분쟁, 열전. 3 곤궁; 궁지. *posar algú en un conflicte* 궁지에 몰아넣다.

confluent confluents *adj.* confluir하는. *-m.* (강·길 등의) 합류점.

confluència confluències *f.* 합류, 집결, 군집.

confluir *intr.* 1 한곳으로 모여들다, 서로 만나다; 합류하다, 집결하다. 2 [비유] (의견이) 하나로 일치하다.

confondre *tr.* 1 섞다, 혼합하다(barrejar). 2 혼동하다, 잘못 알다, 착각하다. 3 어지럽히다, 혼란시키다, 당황케 하다(desconcertar, torbar). **-'s** 1 섞여 들어가다, 한데 어울리다. 2 뒤섞이다, 혼동하다. 3 당황하다, 혼란스럽다, 망설이다, 어찌할 바를 모르다.
confondre's en (구실·이유 등을) 마구 대다.

conformació conformacions *f.* 1 구조, 형태, 형체. 2 적합, 순응, 일치, 합치, 합체.

conformar *tr.* 1 (소비를 수입에) 맞추다, 일치시키다(ajustar). 2 순응시키다, 적응시키다. **-se** 1 일치하다, 합치하다, 부합하다. 2 순응하다, 적응하다; 참다, 인종하다(resignar-se).

conformat conformada conformats conformades *adj.* conformar한.

conforme conformes *adj.* 1 일치한, 부합한, 따르는. 2 모양이 같은, 짝이 맞추어진; 잘 맞는. 3 같은 의견의, 동의하는. 4 순응하는, 적응하는; 참는, 인종하는. 5 편의상의(convenient).
-adv. ...에 따라, ...처럼, ...에 의하여 (conformement). *Ho farem conforme als teus desigs* 네가 원하는 대로 하겠다.
-interj. 좋아!, 그렇게 하지!

conformisme conformismes *m.* 1 순응, 일치, 합의, 동의; 인내, 인종. 2 [정치] (체제 등에의) 순응주의. 3 (영국 국교에의) 순응.

conformista conformistes *adj.* 순응주의의.
-m.f. [남녀동형] 순응주의자.

conformitat conformitats *f.* 1 적합, 일치; 일심동체. 2 합의, 동의(aprovació). 3 상사, 유사. 4 복종, 인종; 순

응주의(conformació). **5** (영국의) 국교 신봉. **6** [물리] 정합.
de conformitat amb 일치하여.
confort[1] *conforts m.* 위안, 위로, 격려, 기운을 돋움.
confort[2] *conforts m.* 편의, 편리, 안락.
confortant *confortants adj.* 위안이 되는; 강장의.
-m. 강장제.
confortar *tr.* 위안하다, 위로하다, 격려하다, 기운을 돋우어 주다.
confraternitat *confraternitats f.* 친교, 친화.
confraternitzar *intr.* 친교를 맺다.
confront *confronts m.* =confrontació.
posar en confront =confrontar.
confrontació *confrontacions f.* **1** 대면, 대질. **2** 대결, 대립; 직면(afrontació).
en confrontació amb ...와 대립하여.
confrontar *tr.* **1** 대면하다, 대질하다. **2** (사물을) 앞에 놓다, 대립시키다; 대조하다. *-intr.* **1** 마주 보다, 대면하다, 대질하다. **2** 대립하다; 직면하다(afrontar). **3** 일치하다. *La còpia no confronta amb l'original* 복사본은 원본과 일치하지 않는다.
confús *confusa confusos confuses adj.* **1** 당황한, 어수선한, 갈피를 못 잡는, 얼떨떨한, 망설이는. **2** 막연한, 분명하지 않은.
confusible *confusibles adj.* 혼동할 수 있는.
confusió *confusions f.* **1** 무질서, 혼잡, 혼란(desgavell). **2** 혼동, 갈피를 못 잡음, 당황, 얼떨떨함. **3** 실수, 오해, 잘못. **4** [비유] 의기소침, 무안스러움. **5** [법률] 채권과 채무의 상쇄.
confusionari *confusionària confusionaris confusionàries adj.* 혼란스러운, 갈피를 잡을 수 없는, 당황스러운.
confusioner *confusionera confusioners confusioneres adj.* 혼란스럽게 하는, 혼동을 일으키는, 쑥떡거리는.
confusionisme *confusionismes m.* 혼동, 혼선, 혼란.
confutar *tr.* 반론하다.
conga *congues f.* 콩가[아프리카계 쿠바인들이 쓰는 악기].

congelació *congelacions f.* **1** 동결, 응결. **2** [경제] (자산·가격 등의) 동결.
congelador *congeladors m.* 냉동기, 냉동실; 냉동 금고.
congelar *tr.* **1** 얼리다, 냉동시키다. **2** 굳히다, 응결시키다. **3** [경제] (자산 등을) 동결하다. *-se* 얼다, 동결하다; 응결하다.
congelat *congelada congelats congelades adj.* 언, 냉동된; 동결된, 응결된.
-m. 냉동식품.
congènere *congèneres adj.* 같은 종류의, 동류의, 동속의.
congeniar *intr.* 서로 잘 어울리다, 장단이 잘 맞다.
congènit *congènita congènits congènites adj.* 타고난, 선천적인.
congestió *congestions f.* **1** [의학] 체증, 충혈, 울혈. **2** (인구의) 과잉, 집결, 밀집. **3** (교통의) 혼잡.
congestionar *tr.* **1** 체증을 일으키다. **2** [의학] 충혈을 일으키다. **3** 교통 혼잡을 빚다. *-se* 체증되다; 충혈이 되다.
conglaçar *tr.* =congelar.
conglomerar *tr.* 합치다, 한데 모으다; 강화하다. *-se* 모여들다, 집결하다.
conglomerat *conglomerats m.* **1** 덩어리. **2** [지질] 역암. **3** [비유] (관심·생각 등의) 집합.
congoixar *tr.* 슬프게 하다, 쓰라리게 하다(angoixar).
congost *congosts[congostos] m.* 산길, 산골길.
congraciar-se *prnl.* (...의) 마음에 들다.
congratular *tr.* 축하하다(felicitar). *-se* 기뻐하다, 반가워하다(alegrar-se).
congre *congres m.* [어류] 바닷장어.
congregació *congregacions f.* **1** 모임, 단체; 종교 단체, 교회. **2** 회의; 종교 회의.
congregant *congreganta congregants congregantes m.f.* 종교회원, 종단원, 수도회원; (집회 등의) 참가자.
congregar *tr.* 모으다, 소집하다. *-se* 모이다.
congreny *congrenys m.* **1** (통의) 테, 틀. **2** (수레의) 바퀴 테. **3** 담장, 울타

리.
congrenyar *tr.* 테·틀을 두르다; 울타리를 두르다.
congrés congressos *m.* 국회, 의사당.
congressista congressistes *m.f.* [남녀동형] 국회의원.
congriar *tr.* 일으키다, 야기하다; 원인을 제공하다.
congru còngrua congrus còngrues *adj.* 잘 적응하는, 어울리는, 적절한.
congruència congruències *f.* 1 적합(성), 적절, 부응, 조화, 일치(점).
congruent congruents *adj.* 적합한, 적절한; 일치하는, 어울리는, 조화하는.
conhort conhorts *m.* 위로, 위안.
conhortament conhortaments *m.* =conhort.
conhortar *tr.* 위로하다, 위안하다, 격려하다. **-se** 만족하다, 자족하다; 위로받다.
cònic cònica cònics còniques *adj.* 원추형의.
coníferes *f.pl.* [식물] 구과(毬果)식물, 침엽수류.
conill[1] conilla conills conilles *m.f.* [동물] 토끼, 집토끼.
-*m.* (선지를 넣은) 순대.
-*f.* (몸이) 풍만한 여자.
conill[2] conilla conills conilles *adj.* [구어] 벌거벗은, 알몸의.
en conill [구어] 알몸으로.
conillar[1] conillars *m.* 토끼집.
conillar[2] *intr.* 토끼가 새끼를 낳다.
conjectura conjectures *f.* 추측, 추정, 짐작, 어림짐작; 억측.
conjeturar *tr.* 추측하다, 추정하다, 어림짐작하다.
conjugació conjugacions *f.* 1 [문법] 동사의 활용, 어형 변화. 2 [생물] (생식세포의) 접합.
conjugal conjugals *adj.* 배우자의.
conjugar *tr.* 1 [문법] (동사를) 활용시키다, 어형을 변화시키다. 2 접합시키다, 조정하다. **-se** (동사가) 활용하다, 변화하다.
cònjuge cònjuges *m.f.* 배우자; 남편, 아내.
conjugi conjugis *m.* 혼인, 결혼.
conjugicidi conjugicidis *m.* 배우자 살인.
conjuminar *tr.* 1 짝을 맞추다, 조화시키다; 조합하다, 배합하다(combinar). 2 한데 모으다, 결합하다, 연합하다. 3 [화학] 화합시키다. **-se** 1 (누구와) 짜다, 어울리다. 2 공모하다, 음모하다. 3 [화학] 화합하다.
conjunció conjuncions *f.* 1 연결, 결합; 합동, 관련. 2 [천문] (혹성 등의) 근접; (달의) 삭월. 3 [문법] 접속사.
conjunt conjunta conjunts conjuntes *adj.* 1 일괄된, 전체의. 2 연결하는, 결합하는, 관계가 있는.
-*m.* 1 전체, 총괄, 총체. 2 앙상블[스커트·재킷 등을 같은 천으로 만든 한 벌의 여성복]. 3 [음악] 소편성 악단, 앙상블.
conjuntar *tr.* 잇다, 연결하다, 접속하다.
conjuntiu conjuntiva conjuntius conjuntives *adj.* 접속의, 연결의; 접속사의.
conjuntivitis conjuntivitis *f.* [의학] 결막염.
conjuntura conjuntures *f.* 1 [해부] (뼈의) 관절. 2 (정치·경제·사회적인) 정세, 국면. 3 시기, 시절; 기회, 호기.
conjuntural conjunturals *adj.* conjuntura의.
conjur conjurs *m.* 1 맹세, 선서. 2 청원, 간청. 3 주문.
conjura conjures *f.* =conjuració.
conjuració conjuracions *f.* conjurar하는 일.
conjurador conjuradora conjuradors conjuradores *m.f.* conjurar하는 사람.
conjurament conjuraments *m.* =conjuració.
conjurar *tr.* 1 맹세코 말하다. 2 (위험 등을) 피하다. 3 (악마를) 쫓다. 4 청원하다, 간청하다(pregar). **-se** 음모를 꾀하다, 공모하다, 함께 꾸미다.
conjurat conjurada conjurats conjurades *m.f.* conjurar하는 사람.
connacional connacionals *adj.* 동향의, 동국의.
-*m.f.* [남녀동형] 동향인, 동국인.
connatural connaturals *adj.* 천부적인, 타고난, 선천적인.
connectador connectadora connectadors

connectadores *adj.* 잇는, 연결하는, 접속하는.
connectar *tr.* 1 잇다, 연결하다. 2 [전기] 연결하다, 접속하다.
connectiu connectiva connectius connectives *adj.* 연결한, 접속한.
connector connectora connectors connectores *adj.* 연결하는, 접속하는.
-*m.* [전기] 접속자; 연결기.
connex connexa connexos connexes *adj.* 연결된, 관련된, 접속된.
connexió connexions *f.* 1 이음, 연결, 접속. 2 [비유] 결합력, 단결력, 친밀 (coherència).
connotació connotacions *f.* 1 함축. 2 [논리] 내포.
connotar *tr.* (의미를) 내포하다, 함축하다; 관련짓다, 연관시키다.
connotatiu connotativa connotatius connotatives *adj.* 암시하는, 내포하는, 함축적인.
connubi connubis *m.* [시어] =matrimoni.
connubial connubials *adj.* =matrimonial.
conqueridor conqueridora conqueridors conqueridores *adj.m.f.* conquerir하는 (사람).
conquerir *tr.* =conquistar.
conquesta conquestes *f.* =conquista.
conquilla conquilles *f.* [동물] 조개.
conquista conquistes *f.* 1 정복, 극복. 2 획득; 획득물. 3 (사람·사물 등) 손에 넣은 것.
conquistador conquistadora conquistadors conquistadores *m.f.* conquistar하는 사람.
conquistar *tr.* 1 정복하다; 손에 넣다, 획득하다. 2 (존경 등을) 얻다. 3 (사랑을) 얻다(enamorar).
conradís conradissa conradissos conradisses *adj.* conrear하는.
conreador conreadora conreadors conreadores *m.f.* conrear하는 사람.
conrear[conrar] *tr.* 1 경작하다, 밭을 갈다, 재배하다. 2 [비유] (무엇을) 개발하다, 개척하다. 3 (세균 등을) 배양하다. 4 (기능 등을) 닦다, 연마하다 (fomentar). 5 (우의를) 돈독히 하다.
conreria conreries *f.* (농장의) 객사.

conreu[conror] conreus *m.* 1 (땅의) 경작, 재배. 2 개척, 개발. 3 연구, 연마, 배양, 교화.
consagració consagracions *f.* 1 헌신, 헌납, 봉헌. 2 성별(聖別), 신성화. 3 서품(식). 4 인정, 증명.
consagrar *tr.* 1 바치다, 헌신하다, 봉헌하다(dedicar). 2 [비유] 투자하다. 3 인정하다, 증명하다(confirmar). 4 (건물·기념물 등을) 봉헌하다. -*se* 전념하다, 몰두하다, 종사하다(dedicar-se).
consanguini consanguínia consanguinis consanguínies *adj.* 혈연의, 혈족의, 친족의, 동족의. *parents consanguinis* 친부모.
consanguinitat consanguinitats *f.* 혈연, 혈족, 육친, 친족, 동족.
consciència consciències *f.* 1 양심, 본심; 도의심. 2 의식, 자각.
a consciència 양심에 따라, 양심적으로.
en consciència 본심으로부터.
ésser una consciència 양심의 문제이다.
fer consciència 깨우치다; 양심의 가책을 느끼다.
no tenir consciència 생각 없이 함부로 하다, 몰지각하게 행동하다.
prendre consciència ...을 자각하다.
conscienciació conscienciacions *f.* 깨달음, 뉘우침; 앎, 인식, 자각.
conscienciar *tr.* 알다, 깨닫다, 자각하다; 알게 하다.
conscienciós conscienciosa conscienciosos consciencioses *adj.* 양심적인, 양심에 따른; 진지한, 성실한.
conscient conscients *adj.* 의식·자각하고 있는.
consecució consecucions *f.* 획득, 성취; 달성, 도달.
consecutiu consecutiva consecutius consecutives *adj.* 1 뒤를 잇는, 계속된. 2 결과로서 생긴. 3 [문법] 결과의, 결과를 나타내는.
consegüent consegüents *adj.* ...에 의해 일어나는, ...의 원인에 따른.
-*m.* 1 결과. 2 [문법] 귀결문. 3 [논리] 후건(後件).

per consegüent 따라서, 그러므로.
consell consells *m.* **1** 조언, 충고; 의견, 충언. **2** 중역 회의; 이사회, 심의회. **3** (시의) 시의원 회의.
consell de guerra 전범 재판소.
prendre consell (d'algú) (누구에게서) 조언을 얻다.
consellar *tr.* =aconsellar.
conseller consellera consellers conselleres *m.f.* **1** 조언자. **2** 이사, 심의회원. **3** (시의) 시의원.
conselleria conselleries *f.* 시의원의 직무.
consens consensos *m.* **1** (의견 등의) 일치. **2** [법률] 합의(acord).
consensual consensuals *adj.* 합의상의.
consensuar *tr.* 의견의 일치를 보다, 합의하다.
consentent consentents *adj.m.f.* =cómplice.
consentidor consentidora consentidors consentidores *adj.* consentir하는.
consentiment consentiments *m.* **1** 동의, 승낙, 시인. **2** [법률] 합의. **3** (아이가) 버릇없이 행함. **4** (기물이) 덜컹거리는 일.
consentir *intr.* **1** 동의하다. **2** 허용하다, 허락하다. *-tr.* 허용하다, 승인하다, 승낙하다. *-se* 흔들거리다, 틀어지다.
consentit consentida consentits consentides *adj.* **1** 버릇없이 자란. **2** (특히 아내의) 부정·간음을 묵인하는.
conseqüència conseqüències *f.* **1** 결과. **2** [논리] 단정. **3** 중요, 중대성.
a conseqüència de ...의 결과로.
en conseqüència 결국, 결과적으로.
conseqüent conseqüents *adj.* 결과의, 당연한 귀결의.
conserge conserges *m.f.* **1** 급사, 짐꾼. **2** 접수 담당자. **3** 수위, 관리인.
consergeria consergeries *f.* 수위실; conserge의 직.
conserva conserves *f.* **1** 통조림; 식초에 저림, 설탕을 버무려 만든 과일. **2** 동반; 호위, 호송 (선단).
navegar en[de] conserva 호송 선단을 이루고 항해하다.
conservació conservacions *f.* **1** 보존,

유지, 관리. **2** (식품을) 통조림으로 만드는 일.
conservador conservadora conservadors conservadores *adj.* **1** 보존하는, 관리하는. **2** 보수파의, 보수주의의. *-m.f.* **1** 보존자, 관리인. **2** 보수주의자. *-m.* =conservant.
conservant conservants *m.* 방부제.
conservar *tr.* **1** 보존하다, 유지하다, 보관하다, 관리하다. **2** 호위하다, 지키다. **3** 통조림으로 만들다. *-se* 스스로 잘 지키다; 유지하다, 보존하다.
conservatori conservatòria conservatoris conservatòries *adj.* 보존하는, 관리하는.
-m. (주로 왕립·국영의) 음악 학교.
conserver conservera conservers conserveres *adj.* 통조림의, 통조림업의.
-m.f. 통조림업자.
conserveria conserveries *f.* 통조림 제조업.
considerable considerables *adj.* **1** (사람이) 중요한, 유력한(important). **2** 고려할만한, 상당히 중요한. **3** (수량 등이) 꽤 많은, 상당한, 적지 않은.
consideració consideracions *f.* **1** 고려, 감안. **2** 중요한 일, 중대성, 비중. **3** 존중, 경의, 존경.
de consideració 고려할만한; 중대한; 상당한.
en[per] consideració a ...을 고려하여, ...을 감안하여.
manca[falta] de consideració 불찰, 소홀; 무례.
prendre en consideració ...을 고려하다, ...을 감안하다.
considerar *tr.* **1** 곰곰이 생각하다, 숙고하다, 고려하다. *considerar la seva proposta* 그의 제안을 고려하다. **2** 정중하게 대하다, 존중하다, 존경하다, 경의를 표하다. **3** 생각하다, 판단하다 (jutjar). *Tothom el considera un gran músic* 모든 사람들은 그를 위대한 음악가라고 생각한다.
considerant-ho bé 잘 생각하면, 주의 깊게 살펴보면.
considerat considerada considerats considerades *adj.* **1** 생각이 깊은, 사려

깊은, 신중한. **2** 덕망이 있는.
consigna consignes f. **1** (역·백화점 등의) 수하물 예치소. **2** [군사] 수칙, 암호; 명령, 지령.
consignació consignacions f. **1** consignar하는 일. **2** [군사] 숙영(지).
consignar tr. **1** (...로) 돌리다, 충당시키다. **2** (예산을) 할당하다, 계상하다. **3** (현금을) 맡기다, 공탁하다. **4** 적다, 기록하다, 명기하다. **5** (수하물을) 맡기다, 예치하다, 인도하다(lliurar). **6** (상품을) 보내다, 발송하다; 위탁하다, 위탁 판매를 하다.
consignatari consignatària consignataris consignatàries adj.m.f. consignar하는 (사람).
consiliari consiliària consiliaris consiliàries m.f. =conseller.
consirós consirosa consirosos consiroses adj. 생각에 잠긴, 근심하고 있는, 상념에 빠진(pensarós).
consistència consistències f. **1** 견고함, 단단함(solidesa). **2** 끈기, 줄기참. **3** (이론 등의) 탄탄함, 확실성. **4** 농도가 짙음.
  agafar consistència (크림·마요네즈 등이) 진한.
consistent consistents adj. **1** 견고한, 단단한(sòlid). **2** 끈끈한, 줄기찬, 굳건한. **3** 탄탄한, 견실한, 확실한. *un programa consistent* 견실한 프로그램.
consistir intr. **1** 기초를 두다, 기반을 두다. *consistir en això* 그것에 기초하다. **2** 원인이 있다, 근거하다.
consistori consistoris m. **1** 종교 법원. **2** (로마 교황청의) 추기경 회의; 그 회의실. **3** (스페인의) 시의회(당).
consistorial consistorials adj. consistori의.
consoci consòcia consocis consòcies m.f. 동료, 공동 출자자, 공동 경영자.
consogre consogra consogres consogres m.f. 사돈.
consol consols m. **1** 위로, 위안. **2** 유일한 낙, 소일거리.
  tenir mal consol (d'algú) (누구로부터) 나쁜 대접을 받다.
cònsol cònsols m.f. [남녀동형] 영사(領事).
consola consoles f. **1** (벽 가까이에 두는) 문갑. **2** (재봉틀의) 나무로 된 부분. **3** (라디오·텔레비전의) 캐비닛.
consolable consolables adj. 마음이 놓이는, 위안이 되는.
consolació consolacions f. =consol.
consolador consoladora consoladors consoladores adj.m.f. 위안이 되는 (사람), 위로해 주는 (사람).
  -m. 자위 기구.
consolar tr. **1** 위안하다, 위로하다. **2** 조문하다, 조의를 표하다. **-se** (스스로) 위로하다; 만족하다, 자족하다.
consolat consolats m. 영사관, 집정관사; 영사·집정관의 직·임기.
consolatori consolatòria consolatoris consolatòries adj. =consolador.
consolessa consolesses f. =cònsol.
consolidació consolidacions f. **1** 공고히 함, 굳건히 함, 고정시킴; 강화, 단결. **2** 합병; 정리 통합; 공채 정리.
consolidar tr. **1** 굳히다, 공고히 하다, 굳건히 하다. **2** [비유] (관계를) 공고히 하다, 강화하다. *consolidar una aliança* 동맹을 강화하다. **2** 정리 통합시키다; (공채·부채를) 정리하다. **-se** 굳건해지다, 단단해지다.
consomé consomés m. 콩소메[묽은 수프의 일종].
consonància consonàncies f. **1** [시어] 동음운, 동조. **2** 조화, 일치; 한 마음, 협조. **3** [음악] 협화음.
consonant consonants adj. consonància를 갖는.
  -m. [음성] 자음.
  -f. 자음 문자.
consonàntic consonàntica consonàntics consonàntiques adj. 자음의.
consonantisme consonantismes m. 자음체계(sistema consonàntic).
consonar intr. **1** 동운이 되다. **2** 일치하다, 동조하다. **3** 한소리가 나다, 협화음이 나다.
consorci consorcis m. **1** 합동, 공동. **2** 조합, 재단, 협회.
consòrcia consòrcies f. =conxorxa.
consort consorts m.f. [남녀동형] 운명

의 동반자; 부부.
conspicu conspícua conspicus conspícues *adj.* 술수에 능한, 꾀가 많은.
conspicuïtat conspicuïtats *f.* 술수에 능함.
conspiració conspiracions *f.* 음모, 모반, 밀모, 모의.
conspirador conspiradora conspiradors conspiradores *m.f.* 공모자, 음모자.
conspirar *intr.* **1** (어떤 한 목적으로) 모이다, 공모하다, 힘을 모으다. **2** 음모를 꾀하다(concertar-se).
constància constàncies *f.* **1** 지조, 절조, 정조. **2** 견실함, 착실함; 불변, 항구적임. **3** 증거, 증명(서). **4** (의사록 등의) 기록, 기술, 명기.
constant constants *adj.* **1** 지조가 굳은, 절조 있는. **2** 성실한, 충실한, 착실한. **3** 한결같은, 변치 않는, 항구적인, 변함없는, 부단한. *una relació constant* 한결같은 관계.
-*f.* [수학] 항수.
constar *intr.* **1** (...로) 이루어지다, 구성되다. *L'home consta d'ànima i cos* 사람은 혼과 육체로 구성되어 있다. **2** 확실하다, 분명하다. **3** 기록되어 있다.
constar de (...로) 구성되다.
constatació constatacions *f.* 대조, 증명; 명기, 기록.
constatar *tr.* **1** 확증하다, 확인하다. **2** (조서·기록에) 확인하여 기입하다. **3** (심문 시) 대질시키다.
constel·lació constel·lacions *f.* [천문] 별자리, 성좌, 별의 위치; 운성.
constel·lar *tr.* 별들로 수를 놓다.
consternació consternacions *f.* 낙담, 절망, 비탄, 탄식.
consternar *tr.* 낙담시키다, 절망시키다, 슬픔을 주다.
constipació constipacions *f.* [의학] 감기에 걸림; 변비(restrenyiment).
constipar *tr.* **1** 감기에 걸리게 하다. **2** [의학] 변비를 일으키다. -*se* 감기에 걸리다; 변비에 걸리다.
constipat constipats *m.* [의학] 감기(refredat).
constitució constitucions *f.* **1** 제정, 설립, 설치. **2** 성립, 구성; 구조, 조직. **3** 체격, 몸매. **4** [법률] 헌법; 정체, 정관, 법령.
constitucional constitucionals *adj.* **1** 구성, 조직상의. **2** 헌법의, 헌법에 의한; 입헌의, 입헌파의, 헌법 옹호파의. **3** 체질상의, 체격에 따른.
constituent constituents *adj.* constituir하는.
-*m.* [화학] 성분, 요소.
constituir *tr.* **1** 구성하다, 조직하다(formar). **2** (성분으로) 만들어 내다, 형성하다. **3** 제정하다, 설정하다. **4** 설립하다, 창립하다(establir). **5** (무엇을) 이루다, 성립하다(ésser).
constitutiu constitutiva constitutius constitutives *adj.* constituir하는.
constrenyedor constrenyedora constrenyedors constrenyedores *adj.* constrènyer하는.
constrènyer *tr.* **1** (...을 하도록) 강제하다. **2** 억압하다, 압박하다(reprimir).
constrenyiment constrenyiments *m.* 강제, 압박, 구속.
constricció constriccions *f.* 수축, 수렴.
constrictiu constrictiva constrictius constrictives *adj.* 바짝 조이는, 압축하는, 긴축성의; 수렴하는.
constrictor constrictora constrictors constrictores *adj.* 수축하는. *músculs constrictors* 수축하는 근육.
construcció construccions *f.* **1** 건설, 건조, 건축; 제조, 제작; 건축 공사. **2** 건조물, 건축물. **3** 구조, 구성. **4** [문법] 구문, 문장, (어구의) 구성. **5** [회화] 구성. **6** [수학] 작도.
constructiu constructiva constructius constructives *adj.* 건축하는, 건설적인; 구조적인.
constructor constructora constructors constructores *m.f.* 건축가, 제조자, 제작자.
construir *tr.* **1** 건설하다, 건조하다, 건축하다; 제작하다, 조립하다. **2** [문법] (문장을) 구성하다.
consuet consueta consuets consuetes *adj.* 일상적인, 습관적인, 상습적인, 관습상의.
consuetud consuetuds *f.* 상습, 관습.
consuetudinari consuetudinària consuetu-

dinaris consuetudinàries *adj.* 습관적인, 상습적인, 관습상의.

consular consulars *adj.* 1 영사의. 2 [역사] (고대 로마 시대의) 집정관의.

consulta consultes *f.* 1 상담, 협의, 상의, 자문. 2 (자료·책의) 참고. 3 의견(서)(dictamen). 4 (의사의) 진찰.

consultant consultants *adj.* consultar하는.

consultar *tr.* 1 상담하다, 자문하다. *consultar l'advocat* 변호사와 상담하다. 2 (의사의) 진찰을 받다. 3 참고로 하다, 사전을 찾다. *consultar el diccionari* 사전을 참고하다. 4 (이성에) 호소하다. 5 의견서를 내다, 상신하다. 6 자신을 성찰하다.

consultiu consultiva consultius consultives *adj.* 자문의, 자문을 하는.

consultor consultora consultors consultores *m.f.* 상담자, 자문가.

consultori consultoris *m.* 상담소; 진료소.

consum consums *m.* 소비.

consumació consumacions *f.* 1 수행, 이행, 성취(acompliment). 2 종말, 완료. 3 =consumició.

consumar *tr.* 1 수행하다, 이행하다(acomplir). 2 끝마치다, 완료하다. 3 (결혼 약속을) 지키다.

consumat consumada consumats consumades *adj.* 1 완성한, 완료한. 2 완전한, 완벽한. 3 (범죄 등) 이미 저지른.

consumició consumicions *f.* 1 소모, 소비. 2 소모량, 소비량. 3 쇠약.

consumible consumibles *adj.* 소비할 수 있는.

consumidor consumidora consumidors consumidores *adj.* 소비하는, 소모하는.
-*m.f.* 소비자.

consumir *tr.* 1 소비하다, 소모하다(gastar). 2 (음식물을) 다 먹다. 3 다 없애 버리다, 다 태워 버리다. 4 (금전·시간 등을) 낭비하다. 5 (미사에서) 성체를 받다. 6 [비유] 애타게 하다, 애간장을 녹이다(extenuar). -**se** 1 없어지다, 동이 나다, 바닥이 나다, 소멸되다, 소모되다(gastar-se). 2 지쳐 버리다.

consumisme consumismes *m.* 소비주의, 소비지향주의.

consumista consumistes *adj.* 소비주의의, 소비지향주의의.
-*m.f.* 소비주의자.

contactar *intr.tr.* 접촉하다, 접속하다, 연락하다.

contacte contactes *m.* 1 접촉; 접촉부, 접촉점, 접점. *punt de contacte* 접촉점. 2 교제, 연락, 교섭. 3 [전기] 접촉(장치).

prendre **contacte** *amb algú* (누구와) 접촉하다, 연락을 취하다.

tenir punts de **contacte** 공통점을 가지다, 공유하다.

contagi contagis *m.* 1 감염, 전염. 2 전염병; 병균, 해독. 3 [언어] 혼성.

contagiar *tr.* 1 전염시키다, 감염시키다. 2 [비유] (악습 등에) 물들게 하다. -**se** 전염되다, 감염되다; (악습 등에) 물들다.

contagiós contagiosa contagiosos contagioses *adj.* 전염성의; 전염병에 걸려 있는.

contalla contalles *f.* 말, 대화, 담화, 이야기; 우화, 동화(rondalla); 전설.

contaminació contaminacions *f.* 1 (공기·물 등의) 오염, 공해. 2 감염, 전염(contagi). 3 [언어] 혼성; 혼성어. 4 (원문·기록·이야기 등의) 혼합. 5 오물, 해독을 끼치는 것.

contaminant contaminants *adj.m.* 감염·오염시키는 (것).

contaminar *tr.* 1 더럽히다. 2 감염시키다, 물들이다, 오염시키다. 3 모독하다, 해독을 끼치다. -**se** 더럽혀지다; (악습 등에) 젖다.

contar *tr.* 말하다, 이야기하다.

contar per menut[*contar per peces menudes, contar fil per randa*] 모든 것을 소상히 말하다, 상세히 이야기하다.

contarella contarelles *f.* 동화, 우화.

conte contes *m.* 1 옛이야기, 동화, 콩트, 단편 소설. 2 허구, 꾸민 이야기(falòrnia).

contemperar *tr.* 가라앉히다, 완화시키다, 진정시키다. -**se** 가라앉다, 진정되

contemplació 222 contingent

다.
contemplació contemplacions f. 1 주시, 응시. 2 심사숙고; 명상, 묵상, 관조.
contemplador contempladora contempladors contempladores adj.m.f. 1 =contemplatiu. 2 심사숙고하는 (사람).
contemplar tr. 1 지그시 바라보다, 음미하다; 바라보다, 둘러보다. 2 심사숙고하다.
contemplatiu contemplativa contemplatius contemplatives adj.m.f. 응시하는, 바라보는; 명상하는, 관조하는, 묵상하는 (사람).
contemporani contemporània contemporanis contemporànies adj. 1 동시대의. 2 현대의.
contemporitzador contemporitzadora contemporitzadors contemporitzadores adj. 시류에 편승하는; 쉽게 영합하는.
-m.f. 영합하는 사람.
contemporitzar intr. 시류를 따르다, 시류에 편승하다; 영합하다.
contenció contencions f. 1 제지, 차단. 2 싸움, 분쟁. 3 [비유] (감정의) 억제.
contenciós contenciosa contenciosos contencioses adj. 논쟁을 좋아하는, 논쟁거리가 되는.
-m. [법률] 소송 자료.
contendent contendents adj. 싸우는, 논쟁하는.
-m.f. 싸우는 사람; 경쟁자, 논쟁자.
contendre[contendir] intr. 1 싸우다, 다투다, 투쟁하다, 겨루다, 경쟁하다. 2 논쟁하다, 토론하다.
contenidor contenidora contenidors contenidores adj. contenir하는.
-m. (화물용) 컨테이너.
contenir tr. 1 (내용물을) 넣다, 싸다, 포장하다(encloure). 2 가지고 있다, 포함하다(constar). 3 못하게 막다, 제지하다(impedir). 4 [비유] (감정을) 억누르다, 억제하다. **-se** (감정을) 꾹 참다; (필요한 것을) 자제하다, 억제하다.
content contenta contents contentes adj. 만족한, 흡족한, 만족해하고 있는; 기뻐하고 있는.
contentació contentacions f. 만족, 흡족.

conterrani conterrània conterranis conterrànies adj. 고향이 같은, 동향인.
-m.f. 동향인.
contertulià contertuliana contertulians contertulianes m.f. 집회의 동료.
contesa conteses f. contendre하는 일.
contesta contestes f. 대답, 응답.
contestació contestacions f. 1 답, 대답. 2 입씨름, 반론, 논쟁, 항의.
contestador contestadora contestadors contestadores adj. 답하는, 대답하는.
-m. 자동 응답기.
contestar tr. 1 답하다, 대답하다. 2 (요구 등에) 응하다. contestar la petició 요구에 응하다. 3 논쟁하다. -intr. 응하다, 대꾸하다.
contestatari contestatària contestataris contestatàries adj. 반론의, 항의의.
context contexts[contextos] m. 1 문맥; (말의) 줄거리, 골자. 2 상황.
contextual contextuals adj. 문맥의, 문맥상의.
contextualitzar tr. 상황에 적용하다.
contextura contextures f. 조직, 구조, 짜임.
contigu contigua contigus contigües adj. 이어진, 서로 이웃한.
contigüitat contigüitats f. 접촉, 인접(성).
continència continències f. 1 자제, 억제. 2 (특히) 성욕의 절제, 금욕, 정절. la continència sexual 성욕 절제.
continent continents adj. 자제하는, 절제하는, 금욕적인, 정절을 지키는.
-m. 1 대륙, 육지; 본토. 2 안색, 태도; 몸짓, 시늉(gest). 3 (내용물에 대한) 용기; 형식.
continental continentals adj. 대륙의, 대륙성의.
contingència contingències f. 1 우연성; 우연한 사건, 불의의 사고. 2 임시 지출(비).
contingent contingents adj. 1 불시의, 임시의, 임의의. 2 우연의, 우발의.
-m. 1 우연한 일; 부수적인 사건. 2 분담, 몫; [상업] 분담금, 할당액. 3 [군사] 분견대. el contingent de reforç 지원 분견대. 4 파견단, 대표단. 5 일단, 무리. un gran contingent d'immi-

gració 대단위 이민자 무리.
contingut continguts *m.* **1** 내용물, 알맹이. **2** 의미, 함축된 의미.
continu contínua continus contínues *adj.* **1** 연속적인, 끊이지 않는. **2** 부단한, 지속적인.
-*m.* 연속(된 것), 일련.
de continu 계속, 끊임없이, 잇따라.
continuació continuacions *f.* **1** 계속, 연속, 지속, 영속. **2** 체재, 체류.
a continuació 계속 이어서, 계속해서.
contínuament *adv.* 계속해서, 끊임없이.
continuador continuadora continuadors continuadores *adj.* 계승되는, 이어지는.
-*m.f.* 계승자, 후계자.
continuar *tr.* 계속하다. -*intr.* **1** 연속하다, 계속되다, 이어지다; 계속해 가다, 이어 가다. **2** 여전하다, 그대로다.
continuat continuada continuats continuades *adj.* =seguit.
continuisme continuismes *m.* 같은 관직에 계속 앉아 있기; 정책의 계승.
continuista continuistes *adj.m.f.* [남녀동형] 같은 관직에 계속 앉아 있는 (사람); 정책을 계승하는 (사람).
continuïtat continuïtats *f.* 연속(성), 계속, 영속.
contista contistes *m.f.* [남녀동형] 동화 작가.
contorbació contorbacions *f.* contorbar 하는 일.
contorbar *tr.* 교란시키다, 분란시키다; 당황하게 하다.
contorçar-se *prnl.* 몸을 뒤틀다; 괴상한 모습을 하다.
contorn contorns *m.* 주위; 윤곽.
contornada contornades *f.* 뒤집기.
contornar *tr.* 뒤집히게 하다.
contornejar *tr.* **1** (주위를) 둘러싸다, 윤곽을 치다. **2** (주위를) 한 바퀴 돌다 (voltar).
contorsió contorsions *f.* 비꼬기, 몸을 비틀기; (괴상한) 표정이나 모양, 찡그린 얼굴.
contorsionisme contorsionismes *m.* 몸을 비틀어 하는 곡예.
contorsionista contorsionistes *m.f.* [남녀동형] 몸을 비트는 곡예를 하는 곡

예사.
contra *prep.* **1** ...에 대해서. **2** ...과 달리, 반대하여. *nedar contra el corrent* 역류하여 수영하다. **3** ...을 향하여. *contra el nord* 북쪽 방향으로. **4** ...에 마주 보고, ...의 앞에.
-*m.* 반대; 고장, 방해.
-*f.* [스포츠] (검도에서) 적.
en contra 반대하여, 불리하게.
en contra de ...과 반대로.
per contra 그와는 반대로, 역으로.
anar contra ...에 반대하다, 반대편에 서다.
fer[portar] la contra (a algú) (...에게) 반대하다, 역행하다.
contraalmirall contraalmirallessa contraalmiralls contraalmirallesses *m.f.* 해군 소장.
contraatac contraatacs *m.* 역습; *pl.* 방어선 (공사).
contraatacar *intr.* 역습하다.
contrabaix contrabaixos *m.* **1** [음악] 콘트라베이스; 그 연주. **2** 최저음; 그 가수.
-*m.f.* [남녀동형] 콘트라베이스 연주자.
contrabalançar *tr.* =equilibrar.
contraban contrabans *m.* **1** 밀수입, 밀매매, 밀조. **2** 밀수품, 금제품. **3** 부정, 비밀; 은밀한 행위.
contrabandista contrabandistes *m.f.* [남녀동형] 밀매업자.
contrabase contrabases *f.* (입상·돌기둥 등의) 대석, 받침돌(pedestal).
contracció contraccions *f.* **1** 수축, 단축, 축소. **2** [의학] 경련. *contracció muscular* 근육 경련. **3** (조약 등의) 체결. **4** [문법] 음운 생략; 단모음화.
contracepció contracepcions *f.* 피임(법).
contraceptiu contraceptiva contraceptius contraceptives *adj.* 피임의.
-*m.* 피임 기구.
contraclaror contraclarors *f.* 역광선.
a contraclaror 역광선으로.
contracoberta contracobertes *f.* 책의 뒤표지.
contracop contracops *m.* **1** (타격의 반동에 의한) 손상. **2** (피스톤의) 반동.
de contracop 반동하여; 반사적으로.

contracor, a *loc.adv.* 억지로, 마지못해.
contracta contractes *f.* 계약서; 청부 (공사). *signar una contracta* 계약서에 서명하다.
contractació contractacions *f.* 계약.
contractant contractants *adj.* 계약의.
contractar *tr.* 계약하다, 거래하다.
contractat contractada contractats contractades *m.f.* 계약자.
contracte¹ contractes *m.* **1** 줄임 말, 요약. **2** [상업] 매매(賣買).
  contracte de compra-venda 매매계약.
contracte² contracta contractes contractes *adj.* 수축된, 오므라든; 생략된.
contràctil contràctils *adj.* 수축력이 있는, 오므라드는.
contractista contractistes *m.f.* [남녀동형] 청부인, 청부업자.
contractual contractuals *adj.* 계약의, 계약에 의한.
contractura contractures *f.* [의학] (근육의) 수축.
contrada contrades *f.* 근교, 교외.
contradansa contradanses *f.* 대무[몇 쌍의 남녀가 마주 보며 동시에 추는 춤].
contradicció contradiccions *f.* 반론, 반박, 항의; 부인; 모순.
contradictor contradictora contradictors contradictores *m.f.* 반론자, 반박자, 항변자.
contradictori contradictòria contradictoris contradictòries *adj.* 반론의, 반대의, 항변적인; 모순된.
contradient contradients *adj.* 반론하는, 반박하는, 항변하는.
contradir *tr.* **1** 반론하다, 반박하다, 모순을 지적하다. **2** 부인하다. **-se** 모순되다.
contraent contraents *adj,* 약혼하는. *-m.f.* 약혼자.
contraespionatge contraespionatges *m.* [군사] 대(對)간첩 작전, 대(對)스파이 작전.
contrafagot contrafagots *m.* [음악] 콘트라바순.
contrafer *tr.* **1** 위조하다, 모조하다(falsificar). **2** 흉내를 내다(imitar).

contrafet contrafeta contrafets contrafetes *adj.* **1** 위조한, 모조한, 가짜의. **2** 기형의, 병신의, 불구의; 모양이 볼품없는(deforme).
contrafinestra contrafinestres *f.* =finestró.
contrafoc contrafocs *m.* 화재의 진행을 막기 위한 맞불.
contrafort contraforts *m.* **1** [건축] 버팀벽. **2** [지질] (산의) 지맥, 돌출부. **3** (구두의) 뒤축 가죽, 보강물.
contraindicació contraindicacions *f.* **1** 금기, 터부. **2** [약학] 요법·약효의 부작용 표시.
contraindicar *tr.* [약학] 약효의 부작용을 표시하다.
contraindicat contraindicada contraindicats contraindicades *adj.* 해로운(perjudicial).
contrallum contrallums *m.* 역광선.
contralt contralts *f.[m]* [음악] 콘트랄토, 최저 여성음부; 그 가수.
contramestre contramestra contramestres contramestres *m.f.* 직공장, 공장.
contraordre contraordres *f.* 명령 변경; 주문 변경, 주문 취소.
contrapartida contrapartides *f.* **1** [상업] (장부에) 반대 기입. **2** 대응 수단, 대응 조치. **3** 반대급부.
contrapàs contrapassos *m.* contradansa의 스텝.
contrapèl, a *loc.adv.* 털의 결을 거슬러서; 거꾸로.
contrapès contrapesos *m.* **1** 추, 분동, 평형추. **2** (줄타기의) 균형 봉. **3** 보충, 보상; 곁두리.
contrapesar *tr.* **1** 무게가 같다, 균형이 맞다. **2** 보상하다, 메우다.
contraplacat contraplacats *m.* 나뭇결에 어긋나게 맞춤.
contraposició contraposicions *f.* 대치, 대조, 비교, 대립.
contraposar *tr.* **1** 대치하다, 반대쪽에 놓다. **2** 비교하다, 대조하다. **3** 대립시키다. **-se** 상대하다, 대립되다.
contraproduent contraproduents *adj.* 역효과의, 비생산적인.
contraproposta contrapropostes *f.* 반대

제안.
contrapunt contrapunts *m.* [음악] 대위법; 수반 선율; (시·노래의) 경연.
contrapuntista contrapuntistes *m.f.* [남녀동형] (시·노래의) 경연자.
contrapuntar-se *prnl.* 서로 다투다, 서로 으르렁거리다.
contrarestar *tr.* **1** 방해하다, 저지하다, 방지하다. **2** 되받아치다; 조처하다, 대처하다. *contrarestar els efectes negatius* 부정적인 영향에 대처하다.
contrari contrària contraris contràries *adj.* **1** 반대의, 역의. **2** (...에) 해가 되는. **3** 적의, 적수의.
-m.f. 적, 적수, 상대방.
-m. 반대, 방해; 고장.
al contrari 반대로, 역으로.
al contrari de ...와는 반대로.
ans[ben] al contrari 아주 반대로, 전혀 딴판으로.
el contrari 반대되는 것.
en direcció contrària 반대 방향으로.
dur la contrària 조직적으로 반대하다.
contrariar *tr.* **1** 반대하다, 거스르다; 방해하다, 난처하게 만들다. **2** 짝 맞추다, 조합시키다, 배합하다.
contrariejar *tr.* =contrariar.
contrarietat contrarietats *f.* **1** 반대, 상반성(oposició). **2** 방해, 장해, 고장. **3** 골치 아픈 일, 당황스러운 일.
contrasentit contrasentits *m.* **1** 부당한 해석; 억지 해석, 억지 결론; 몰상식. **2** (차도에서의) 역행.
contrasenya contrasenyes *f.* **1** [군사] 암호, 신호. **2** (화폐 등의) 부인(副印). **3** 대기 번호표, 부표.
contrast contrasts[contrastos] *m.* **1** 대조, 대비. **2** 대항, 다툼. **3** 검정원, 검정소. **4** (생사(生絲)의) 법정 중량. **5** (풍향의) 급변.
contrastació contrastacions *f.* =contrastament.
contrastament contrastaments *m.* contrastar하는 일.
contrastant contrastants *adj.m.f.* contrastar하는 (사람).
no contrastant ...에도 불구하고.
no contrastant això 그렇지만.

contrastar *tr.* **1** 대조하다, 대비하다. **2** 대항하다, 반대하다. **2** (금은·도량형의) 검정을 하다, 각인·증명을 하다. *-intr.* **1** 대조가 되다. **2** 대항하다, 반대하다.
contratapa contratapes *f.* 책의 뒤표지.
contratemps contratemps *m.* [단·복수동형] 뜻밖의 사고, 불행.
a contratemps 불행히도.
contraure *tr.* =contreure.
contravenció contravencions *f.* 위배, 위반, 저촉.
contravenir *intr.* 위배하다, 위반하다, 저촉되다.
contraventor contraventora contraventors contraventores *m.f.* 위배자, 위반자.
contraverí contraverins *m.* **1** [약학] 해독제(antídot). **2** 조심, 주의, 경계, 예방.
contravidriera contravidrieres *f.* 이중 유리창의 안쪽 창.
contraxapar *tr.* 나뭇결에 어긋나게 맞추다.
contraxapat contraxapats *m.* =contraplacat.
contret contreta contrets contretes *adj.* **1** 모조의, 위조의. **2** 병신의, 불구의, 기형의(esguerrat).
-m.f. 기형아, 병신.
contreure *tr.* **1** 오므라뜨리다, 수축시키다. **2** 좁히다, 조이다. **3** [문법] 축약하다. **4** (약속·조약 등을) 맺다, 체결하다. *contreure matrimoni* 결혼을 하다. **5** (빚·의무를) 지다. **6** (병에) 걸리다; (못된 버릇이) 생기다(agafar). *-'s* **1** 줄어들다, 수축하다, 조여들다. **2** 경련을 일으키다. **3** (...에) 한정하다. **4** 전념하다.
contribució contribucions *f.* **1** 기여, 공헌; 협력, 찬조. **2** 분담금; 기부, 기부금, 의연금, 찬조금. **3** 조세, 납세.
contribuent contribuents *m.f.* [남녀동형] 납세자.
contribuïdor contribuïdora contribuïdors contribuïdores *adj.m.f.* contribuir하는 (사람).
contribuir *intr.* **1** 바치다, 기여하다, 공헌하다. **2** (분담금을) 내다. **3** 납세하다. **4** 기부하다, 기증하다, 헌금하다.

5 조력하다, 협력하다.
contributiu contributiva contributius contributives *adj.* 과세의, 납세의.
contrincant contrincants *m.f.* [남녀동형] 후보자 세 사람 가운데 한 사람; 경쟁자, 경쟁상대.
contristar *tr.* 많은 고통을 주다, 매우 괴롭게 하다.
control controls *m.* **1** 조절, 통제, 관제. **2** 검사, 검정(inspecció).
controlador controladora controladors controladores *m.f.* 통제관, 검열관.
controlar *tr.* 조절하다, 통제하다, 관제하다; 검사하다, 검정하다.
controvèrsia controvèrsies *f.* 논쟁.
controvertible controvertibles *adj.* 논쟁거리가 되는, 문제가 되는, 논의의 여지가 있는.
controvertir *intr.* 논쟁하다.
contuberni contubernis *m.* [경멸적] 두세 사람이 함께함.
contumaç contumaç contumaços contumaces *adj.* **1** 옹고집의, 완고한. **2** 소환에 응하지 않는.
contumàcia contumàcies *f.* **1** 고집, 완고. **2** [법률] 피고의 결석.
contundència contundències *f.* **1** 타박상. **2** 단호함, 결단성.
contundent contundents *adj.* **1** 타박상을 입은. **2** [비유] 결정적인, 단호한 (definitiu). **3** 확실한, 분명한.
contús contusa contusos contuses *adj.* 멍든, 타박상을 입은.
contusió contusions *f.* [의학] 타박상 (equimosis).
contusionar *tr.* 타박상을 입히다.
conurbació conturbacions *f.* 교외 마을의 모임.
convalescència convalescències *f.* [의학] 회복(기).
convalescent convalescents *adj.m.f.* 회복기에 있는 (사람).
convalidar *tr.* **1** 확인하다, 증명하다. **2** 인정하다; (학점·연구업적을) 인정하다.
conveí conveïna conveïns conveïnes *adj.* 이웃의.
-*m.f.* 이웃 주민.
convèncer *tr.* 설득하다, 설복시키다, 납득시키다; 감동시키다. -*se* 설득되다, 납득하다.
convèncer que ...을 납득시키다.
convenciment convenciments *m.* 설득, 납득.
convenció convencions *f.* **1** 의견의 일치; 협약, 협정, 조약(convinença). **2** (사회의) 협약, 통념. *les convencions socials* 사회의 협약. **3** 전체 회의; 국민회의. **4** 관례, 인습.
conveni convenis *m.* **1** 협약, 협의, 협정(pact). **2** 매매 계약, 노동 협약. **3** 타협, 합의(acord).
conveniència conveniències *f.* **1** 적합, 알맞음. **2** 편의, 편리. **3** 타협.
convenient convenients *adj.* **1** 편리한. **2** 몸가짐이 단정한. **3** 어울리는, 안성맞춤의.
ésser convenient ...하는 게 알맞다.
convenir *intr.* **1** (의견이) 일치하다. **2** 만나다, 회합하다. **3** 어울리다, 적당하다. -*tr.* 동의하다, 일치하다.
convent convents *m.* 수도원, 수녀원.
conventícola conventícoles *f.* 비밀 집회, 밀회.
conventual conventuals *adj.* 수도원의, 수녀원의.
convergència convergències *f.* **1** (한곳으로의) 집중; 집합, 집중점. **2** (의견의) 귀착, 귀일. **3** [물리][수학] 수렴.
convergent convergents *adj.* 한곳으로 모이는, 집중하는, 수렴하는.
convergir *intr.* **1** 한곳으로 모이다, 한 점으로 모이다; 집중하다, 집합하다. **2** (의견·힘이) 일치되다. **3** 수렴시키다.
convers conversa conversos converses *adj.* **1** 바꾼, 전향한. **2** (다른 종교로) 개종한.
-*m.f.* 전향자; 개종자.
conversa converses *f.* [속어] 이야기, 잡담.
conversar *intr.* **1** 대화하다, 이야기하다, 담화하다. **2** [군사] (대열이) 선회하다, 방향을 전환하다. **3** 교제하다.
conversejar *intr.* (누구에게) 말을 걸다.
conversió conversions *f.* **1** 변화, 변경. **2** [종교] 개종, 개심, 귀의. **3** 전환, 전향(convertiment). **4** (외국 화폐 간의)

환산, 환전. **5** [경제] (부채의) 차환. **6** [수사] 전환법. **7** [논리] 환위법. **8** [심리] 전화, 심리 변화.
convertible convertibles *adj.* **1** 바꿀 수 있는, 개조할 수 있는. **2** 개종할 수 있는. **3** 환산·환전 가능한.
-*m.* =descapotable.
convertidor convertidors *adj.m.f.* convertir하는 (사람).
-*m.* **1** [전기] 변압기, 변류기. **2** [물리] 전환로. **3** (컴퓨터·텔레비전의) 컨버터.
convertiment convertiments *m.* =convertir하는 일.
convertir *tr.* **1** 바꾸다, 변화시키다, 변경하다(transformar). **2** 개종시키다, 귀의시키다. *convertí molts pagans* 많은 이방인을 개종시키다. **3** 전환하다, 전향하다. **4** (어떤 방향으로) 돌리다. **5** 환산하다, 환전하다. **6** [경제] (증권 등을) 교환하다, 현금화하다; (공채 등을) 차환하다. **7** (컴퓨터의) 코드 번역을 하다. **8** (테이프를) 펀치 카드에 옮기다. **9** [수사] 전환하다. **10** [논리] 환위하다. -**se 1** 바뀌다, 변하다; ...화하다(transformar-se). **2** 개종하다, 개심하다. **3** 환언하다, 바꾸어 말하다.
convex convexa convexos convexes *adj.* 볼록한, 볼록 모양의.
convexitat convexitats *f.* 볼록한 모양, 볼록면.
convicció *f.* **1** 확신, 신념. **2** 설득, 납득. **3** (죄·양심의) 자각, 가책. **4** 뉘우침, 회개.
convicte convicta convictes convictes *adj.* **1** 신념이 강한. **2** (자백하지 않아) 단죄된, 정죄된.
convidador convidadora convidadors convidadores *adj.m.f.* 초대하는 (사람).
convidar *tr.* **1** 초대하다. **2** 유발하다, (어떤 마음이) 일어나게 하다(incitar).
convidat convidada convidats convidades *m.f.* 초대받은 손님.
convincent convincents *adj.* 설득력 있는, 호소력 있는.
convinença convinences *f.* =conveni.
convingut convinguda convinguts convingudes *adj.* 합의한, 일치한, 승낙한.
convit convits *m.* 초대; 초연(招宴).

conviure *intr.* **1** 함께 살다, 함께 생활하다. **2** 같은 생각을 가지다.
convivència convivències *f.* 공동생활, 함께 하는 삶.
convocació convocacions *f.* 소집.
convocador convocadora convocadors convocadores *adj.m.f.* convocar하는 (사람).
convocar *tr.* **1** (회의·의회 등을) 소집하다, 모집하다, 소환하다. **2** 환호하다, 이구동성으로 소리치다.
convocatori convocatòria convocatoris convocatòries *adj.* 소집의, 모집의.
-*f.* 소집, 모집; 소환장, 칙령
convuls convulsa convulsos convulses *adj.* **1** 경련을 일으키는, 발작적인. **2** 격동적인, 격심한.
convulsió convulsions *f.* **1** [의학] 경련, 경기. **2** (사회·경제의) 이변, 변동; 동란, 소란. **3** (자연의) 격동, 변동, 진동; 지진.
convulsiu convulsiva convulsius convulsives *adj.* 경련(성)의.
conxa conxes *f.* 침대 커버, 이불.
conxorxa conxorxes *f.* 공모 (maquinació).
cony conys *m.* (여자의) 성기, 음문, 하문(vulva).
-*interj.* [분노·감탄·열정 등을 나타내는 감탄사] 빌어먹을!, 제기랄!, 뭐야!; 와!
conya conyes *f.* [속어] 우롱, 놀림 (broma).
   ésser de conya 환상적이다, 매우 훌륭하다.
conyac conyacs *m.* 코냑, 브랜디.
cooficial cooficials *adj.* 이중 공식의, 공동 공식의. *llengua cooficial* 공동 공식어[한 국가나 지방에 2개 이상의 언어가 공식어로 인정되는 경우, 이를 지칭하는 표현].
cooficialitat cooficialitats *f.* 이중 공식, 공동 공식; [언어] 이중 공식어, 공동 공식어.
cooperació cooperacions *f.* **1** 협력, 협동; 협동 작업. **2** 조력, 원조.
cooperador cooperadora cooperadors cooperadores *m.f.* 협력자, 협동자.
cooperar *intr.* 협력하다, 협동하다; 조

cooperatiu

력하다, 원조하다.
cooperatiu cooperativa cooperatius cooperatives *adj.* 협력의, 협동의.
-f. 협동조합.
cooperativisme cooperativismes *m.* 협동조합 운동, 협동조합주의.
cooperativista cooperativistes *adj.* 협동조합 운동주의의.
-m.f. [남녀동형] 협동조합 운동주의자.
coordenada coordenades *f.pl.* [수학] 좌표.
coordinació coordinacions *f.* 정리, 정돈, 배열, 조정; 종합, 통합.
coordinador coordinadora coordinadors coordinadores *adj.* coordinar하는.
-m.f. 그 사람; 주최자, 조정자; 코디네이터.
coordinar *tr.* 정돈하다, 정리하다, 조정하다, 배열하다; (힘을) 합치다. **-se** 정리되다, 조정되다; 통합되다.
coordinatiu coordinativa coordinatius coordinatives *adj.* 대등한, 병렬의.
cop cops *m.* **1** 때리기, 타격, 가격, 구타. **2** 부딪힘, 충격, 충돌. *cop de puny* 주먹다짐. **3** 놀람, 충격. **4** 뜻밖의 일, 불행. **5** 인파, 군중; 다량, 대량. **6** 발작. **7** (심장의) 고동. **8** (이야기의) 중요한 대목. **9** (한 차례의) 돌풍, 광풍(cop de vent). **10** 차례, 회수(vegada).
a cop de ...에 의해, ...의 힘으로.
a cops 두들겨 패서; 차례차례, 잇따라.
al primer cop d'ull 한눈에, 얼핏 보니.
cop d'aire 감기.
de cop[de cop volta, de cop sobte, de cop descuit] 갑자기, 별안간.
tot d'un cop 불현듯 갑자기.
un cop [분사와 함께 쓰여] 일단 ...하면, 일단 ...하고 나서.
un cop d'any[la setmana, el dia] 일년에 한 번[일 주에 한 번, 하루에 한 번].
donar un cop d'ull a una cosa 무엇을 둘러보다, 대충 훑어보다.
esquivar el cop 몸을 피하다.
tenir cops amagats 갑작스레 한방 얻어맞다.

cóp cóps *m.* **1** 눈송이. **2** (솜·삼·마 등의) 꾸러미. **3** 앙금, 찌꺼기. **4** 한 그물의 분량.
copa copes *f.* **1** 컵, 술잔(vas); 한 잔. **2** (...배) 쟁탈전, 대회. **3** [식물] 수관(樹冠). **4** [해부] 슬개골. **5** 무릎받이.
fer la copa 잔술을 들다.
copal copals *m.* 코펠[니스 원료의 수지].
copar *tr.* **1** (도박에서) 큰돈을 걸다. **2** (적의) 퇴로를 차단하다. **3** (선거에서) ...표를 거두다; ...점을 얻다(acaparar). *Van copar tots els escons* 그들은 모든 의석을 차지했다.
coparticipació coparticipacions *f.* 공동 참여.
copatró copatrona copatrons copatrones *m.f.* 공동 후원자, 공동 지원자.
copblau copblaus *m.* =equimosi.
copdescuit, *de loc.adv.* =d'improvís.
còpia còpies *f.* **1** 다량, 풍부(abundància). **2** 복사, 베낌(reproducció). **3** 모사, 모방, 모작, 표절. **4** 꼭 닮음; 닮은 꼴; 초상화.
a còpia de ...에 의해, ...에 근거해.
copiador copiadora copiadors copiadores *adj.m.f.* copiar하는 (사람).
copiar *tr.* **1** 베끼다, 복사하다, 모사하다. **2** 모작하다, 표절하다(plagiar). **3** 흉내 내다, 모방하다(imitar).
copilot copilots *m.f.* (항공의) 부조종사; (차의) 조수.
copinya copinyes *f.* [동물] 조개의 일종.
copiós copiosa copiosos copioses *adj.* =abundant.
copista copistes *m.f.* 베끼는 사람, 필경사; 등사 담당자.
copó copons *m.* 성체 용기.
coproducció coproduccions *f.* (영화 등의) 공동 제작.
coproductor coproductora coproductors coproductores *adj.* 공동 제작의.
-m.f. 공동 제작자.
coproduir *tr.* 공동 제작하다.
copròfag copròfaga copròfags copròfagues *adj.* [동물] 사람의 똥을 먹는 (곤

충).
copropietat copropietats *f.* 공유.
copropietari copropietària copropietaris copropietàries *m.f.* 공유자.
copsar *tr.* **1** (날아가는 것을) 잡다. **2** [비유] 붙잡다, 획득하다. **3** 이해하다 (entendre).
còpula còpules *f.* **1** 접합, 결합, 연결. **2** 교접, 교미(acoblament). **3** [논리] 계사, 연사. **4** [문법] 접속동사, 연결동사. **5** [해부] 접합부.
copulació copulacions *f.* =còpula.
copulador copuladora copuladors copuladores *adj.* copular하는.
copular *tr.* 결합하다, 연결하다; 교접하다, 교미하다. *-intr.* 결합되다, 연결되다; 하나가 되다.
copulatiu copulativa copulatius copulatives *adj.* **1** [문법] 연결하는, 접속하는. **2** 교접의, 교미의.
copyright copyrights *m.ang.* 판권, 제작권.
coqueria coqueries *f.* 코코스 제조소.
coqueta coquetes *f.* 요염한 여자; 요부.
coqueteria coqueteries *f.* 요염, 교태, 아양 떨음.
coquetejar *intr.* (여자가) 요염을 떨다, 암내를 내다, 교태를 부리다.
coquí coquina coquins coquines *adj.* **1** 인색한, 구두쇠의(avar). **2** 비겁한, 배반하는.
coquineria coquineries *f.* 인색; 비겁, 배반.
cor cors *m.* **1** [해부] 심장; 가슴, 흉부. **2** 마음, 심정. *tenir bon cor* 좋은 마음씨를 가지다. **3** 사랑, 애정(amor, afecte); 사랑하는 사람. **4** 용기, 기백(coratge); 원기, 기력. **5** 의지. **6** (과일의) 씨, 심. **7** 중심, 중심부, 중앙(centre); (나무의) 심재(心材). **8** (교회의) 합창단.
de cor[*de bon cor, de tot cor*] 진심으로, 마음에서 우러나오는.
de cor dur[*de pedra*] (마음이) 차가운, 돌 같은, 무관심한.
sense cor 냉정한, 냉혹한.
anar amb el cor a la mà[*tenir el cor a la mà*] 솔직히 말하다, 솔직히 행동

하다.
dir[*anunciar*] *el cor* 예감이 들다.
donar-se mal cor 불안해하다, 초조해하다.
tenir cor 힘을 내다, 용기를 가지다.
tenir per cor de ...한 의도를 가지다.
corada corades *f.* **1** (심장의) 고동. **2** (짐승의) 내장.
coradella coradelles *f.* 폐.
coragre coragres *m.* 신맛, 산성(pirosi).
coral[1] corals *m.* [동물] 산호(corall).
coral[2] corals *m.* [음악] 합창곡.
coral[3] corals *adj.* **1** 심장의(cordial). **2** 진심의, 성실한, 진실한. *amics corals* 진실한 친구들. **3** 담대한, 배짱이 있는. **4** 한복판의. **5** [음악] 합창의.
coralar *intr.* 산호초를 따다.
coralet coralets *m.* 테레빈.
corall coralls *m.* =coral[1].
corallar *intr.* =coralar.
coratge coratges *m.* **1** 생기, 원기, 기력, 활력. **2** 기백, 용기.
cobrar coratge 원기를 얻다, 용기를 얻다.
sostenir el coratge 생기를 불어넣다, 활기를 주다; 용기를 주다.
coratgia coratgies *f.* =coratge.
coratjós coratjosa coratjosos coratjoses *adj.* 기력이 넘치는; 기백 있는, 용기 있는.
corb[1] corbs *m.* [조류] 까마귀.
corb[2] corba corbs corbes *adj.* 굽어진, 휘어진, 커브를 그린, 활 모양의.
corba corbes *f.* [조류] 암까마귀.
corbador corbadora corbadors corbadores *adj.* 휘어지는, 구부러지는.
corball corballs *m.* [어류] (쿠바산의) 물고기.
corbar *tr.* 휘다, 구부러뜨리다; 커브로 만들다. *-se* 휘어지다, 구부러지다.
corbata corbates *f.* **1** 넥타이. **2** (깃대 등의) 장식 리본.
corbateria corbateries *f.* 넥타이공장, 넥타이상점.
corbatí corbatins *m.* 보타이, 나비넥타이.
corbató corbatons *m.* [조류] 새끼 까마귀.
corbella corbelles *f.* 낫(falç).

corbellot corbellots *m.* 큰 낫.

corbeta corbetes *f.* [선박] 돛이 셋 있는 범선.

corc corcs *m.* **1** [곤충] 바구미, 나무좀. **2** [비유] 두통거리.

corcadura corcadures *f.* 벌레 먹은 곳.

corcar *tr.* 좀먹다, 벌레 먹다. **-se** (벌레가 파먹어) 상하다; 좀이 슬다.

corcat corcada corcats corcades *adj.* 좀먹은, 벌레 먹은.
-m. 좀먹음.

corcó corcons *m.* **1** =corc. **2** [비유] 골치 아픈 것·사람.
ésser un corcó de treball 일에 지칠 줄 모른다.

corcoll corcolls *m.* **1** (꽃·잎·열매 등의) 자루, 꼭지. **2** (젖꼭지의) 끝. **3** (차축 등의) 머리. **4** [지리] 곶.
anar de corcoll 넘어지다, 코가 깨지다.

corcollana corcollanes *f.* 작은 가위.

corda cordes *f.* **1** 줄, 끈, 밧줄. **2** (시계·활·낚시 등의) 줄. **3** [해부] 건(腱), 힘줄. **4** (악기·현 등의) 줄, 현. **5** 끈 모양으로 된 것; 주렁주렁 매다는 것. **6** 산허리. **7** [음악] 음역.
afluixar la corda 줄을 늦추다; 숨을 돌리다; 양보하다.
donar corda (a algú) 줄을 늦추어 주다; (어떤 일을) 늦추다, 연기하다; (누구에게) ...하도록 부추기다.
estirar[tibar] la corda (법규 등을) 엄하게 다스리다; 극대화하다; 극단적으로 하다.

cordabotes cordabotes *m.* 끈걸이, 단추걸이.

cordada cordades *f.* [단·복수동형] (밧줄·끈으로) 후려 때리기.

cordam cordams *m.* [집합] 밧줄.

cordar *tr.* **1** (옷의) 단추를 잠그다. **2** (끈을) 묶다. **3** (악기의) 현을 매다. **-se** 단추를 채우다, 끈을 묶다.

cordat cordada cordats cordades *adj.* 심장 모양의, 하트 모양의(cordi- forme).

cordatge cordatges *m.* [집합] (악기의) 현.

cordejar *tr.* (배를) 끌다.

cordell cordells *m.* =cordill.

corder[1] corders *m.* =anyell.

corder[2] cordera corders corderes *m.f.* 밧줄·끈의 제조인·상인.

corderar *intr.* anyellar.

cordial cordials *adj.* **1** 진심의, 정중한, 성심성의의, 애정 어린. **2** 한복판의. **3** 심장의; 배포가 큰.
-m. 강심제.

cordialitat cordialitats *f.* **1** 솔직함, 진지함. **2** 따뜻함, 정성, 친애, 부드러움.

cordiforme cordiformes *adj.* =cordat.

cordill cordills *m.* 끈, 줄, 실.

corditis corditis *f.* [의학] 성대염(inflamació).

cordó cordons *m.* **1** 끈, 줄; 줄 모양으로 된 것. **2** 구두끈, 장식 끈. **3** 채찍, 회초리. **4** 교통 차단선, 출입 차단선, 방역선, 경계선. **5** [해부] 인대. **6** (사람의) 줄, 열.
estrènyer els cordons [비유] 허리띠를 졸라매다; 절약하며 살다.
no arribar els cordons per a (무엇을 사기 위한) 돈이 모자라다.

cordoneria cordoneries *f.* 레이스·끈 제조업·상점.

corea corees *f.* [의학] 무도병, 무도광.

coreic coreica coreics coreiques *adj. m.f.* 무도병을 앓는 (사람).

corejar *tr.* [음악] (합창곡을) 작곡하다, 합창하다.

coreògraf coreògrafa coreògrafs coreògrafes *m.f.* 안무 연구가.

coreografia coreografies *f.* 무용술, 안무법, 안무 연구.

coreogràfic coreogràfica coreogràfics coreogràfiques *adj.* 안무의, 안무에 관한.

corfa corfes *f.* **1** 나무껍질. **2** (빵 등의) 껍질. **3** [식물] 피층. **4** [해부] 피질.

corgelar *tr.* 얼게 하다, 냉동시키다. **-se** 얼다, 냉동되다.

corglaçar *tr.prnl.* =esglaiar.

coriaci coriàcia coriacis coriàcies *adj.* 가죽의, 가죽 같은, 질긴.

corifeu corifeus *m.* (고대의) 합창 지휘자, 합창대의 수창가수.

corimbe corimbes *m.* [식물] 산방화서.

cori-mori cori-moris *m.* 쇠약, 기력 상실.

corindó corindons *m.* [광물] 강옥.
corista coristes *m.f.* 합창대원.
coriza corizes *f.* 코감기.
corn corns *m.* **1** 뿔. **2** 뿔로 만든 공예품; 뿔 모양으로 생긴 것. **3** 뾰족한 것; (새의) 부리 (모양). **4** (곤충 등의) 촉각; (가재·게 등의) 촉수. **5** (달의) 현각.
corn de l'abundància [신화] 풍요의 뿔.
cornac cornacs *m.* 코끼리 안내자.
cornada cornades *f.* 뿔로 받아치기.
cornalera cornaleres *f.* 손잡이, 자루, 핸들.
cornaló cornalons *m.* (매트리스 등의) 귀, 모퉁이.
cornamenta cornamentes *f.* [집합] 뿔, 수각.
cornamusa cornamuses *f.* 피리·나팔의 일종; (가죽으로 만든) 퉁소.
corneal corneals *adj.* (눈의) 각막의.
corneïtis corneïtis *f.* [의학] 각막염.
cornella cornelles *f.* [조류] 작은 까마귀.
córner córners *m.* (축구 경기장의) 코너.
cornet cornets *m.* **1** 주사위의 종지. **2** [해부] 코뼈.
corneta cornetes *f.* 뿔피리, 나팔, 코넷. *-m.f.* 나팔수.
cornetí cornetins *m.* 작은 나팔, 작은 코넷.
corni còrnia cornis còrnies *adj.* 뿔의, 뿔 모양의, 뿔 같은.
cornisa cornises *f.* **1** [건축] 배내기[벽의 윗부분에 장식으로 두른 돌출부]. **2** 절벽에 연해 있는 길.
cornucòpia cornucòpies *f.* **1** [신화] 풍요의 뿔[주피터가 어릴 때 젖을 먹었다고 전해지는 산양의 뿔]; 그 장식. **2** 촛대가 달린 거울. **3** [비유] 풍요.
cornut cornuda cornuts cornudes *adj.* **1** 뿔이 난. **2** 질투가 심한, 샘이 많은. *-m.* 서방질한 여자의 남편.
ésser cornut pagar el beure 남을 위해 희생을 치르고 욕을 입다.
coròfraf coròfrafa coròfrafs coròfrafes *m.f.* 국토·지방 토지 연구가.
corografia corografies *f.* 국토·지방 토지에 관한 연구; 지형도.

coroïdal coroïdals *adj.* 맥락막의.
coroide coroides *f.* [해부] 맥락막.
coro·la corol·les *f.* [식물] 화관.
corol·lari corol·laris *m.* 필연·당연한 귀결.
corol·lí corol·lina corol·lins corol·lines *adj.* 화관의.
corol·liforme corol·liformes *adj.* 화관 모양의.
corologia corologies *f.* 생물 분포 지역에 관한 연구.
corona corones *f.* **1** 관; (장식용) 관. **2** 왕좌; 왕권, 왕위, 왕좌. **3** 주권. **4** 영관, 영광. **5** [비유] 꼭대기, 봉우리; 머리 꼭대기(coronell). **6** 햇무리, 달무리. **7** [천문] (일식의) 코로나, 광관. **8** (성상의) 후광, 광배. **9** [식물] 화관, 덩굴. **10** 염주(rosari). **11** (치과의) 치관. **12** 좌금; 장식 쇠붙이. **13** 코로나 [화폐 단위].
cenyir la corona 왕좌에 오르다.
coronació coronacions *f.* **1** 대관식. **2** 관의 장식, 꼭대기 장식. **3** 완성, 완공; 준공식.
coronament coronaments *m.* **1** 관의 장식. **2** 완성, 준공.
coronar *tr.* **1** (누구에게) 관을 씌우다. **2** 왕좌에 앉히다. **3** (어떤 것의) 위에 장식하다. **4** [비유] 찬양하다, 칭송하다. *coronar la virtut* 미덕을 칭송하다. **5** 완성하다(completar). **6** (어떤 것의) 꼭대기에 이르다; 정점에 있다. *coronar el alt pic* 정상에 오르다. **7** [스포츠] 챔피언이 되다. *-se* **1** 왕위에 오르다, 대관하다. **2** (...로) 덮어쓰우다.
coronari coronària coronaris coronàries *adj.* **1** 관의, 관 모양의. **2** 관상 동맥의.
corondell corondells *m.* (인쇄의) 종선괘.
coronel coronela coronels coroneles *m.f.* [군사] 대령.
coronell coronells *m.* **1** 머리 꼭대기. **2** [건축] 관장식.
coronella coronelles *adj.* [건축] (아라비아식의) 아치형 창문의.
coroneta coronetes *f.* 머리 꼭대기.
corpenta corpentes *f.* 몸통; 골격.

còrpora còrpores f. 몸통.
corporació corporacions f. 단체, 조합; 법인 단체.
corporal corporals adj. 1 육체의, 육체적인, 신체상의. 2 유형의.
corporalitat corporalitats f. 구체성, 실체성; 유형물.
-m.pl. (그리스도의) 성체포(聖體布).
corporatiu corporativa corporatius corporatives adj. 단체의, 협동조합의.
corporativisme corporativismes m. 협동조합주의, 협동조합 운동.
corporeïtat corporeïtats f. 형체적 존재, 유형물, 물질성.
corpori corpòria corporis corpòries adj. 형체가 있는, 유형의, 육신의, 육체의.
corprendre tr. 마음을 사로잡다.
corprenedor corprenedora corprenedors corprenedores adj. 마음을 사로잡는, 마음을 빼앗는.
corpulència corpulències f. 거대, 비대, 비만.
corpulent corpulenta corpulents corpulentes adj. 몸집이 큰, 거대한, 풍만한.
corpus corpus m. [단·복수동형] 1 [종교] 그리스도 성체절. 2 (원전·텍스트 등의) 분석 자료.
corpuscle corpuscles m. 1 [해부] (혈액의) 소구, 혈구 미소체. 2 [물리] 미립자; 원자, 전자.
corpuscular corpusculars adj. corpuscle의.
corquim corquims m. 나무벌레가 갉아먹은 것.
corral corrals m. 1 (노천의) 울타리를 두른 곳. 2 (가축·가금의) 사육장, 우리. 3 (물고기를) 넣어 두는 곳. 4 노천극장.
corralera corraleres f. 사육장, 우리.
corralet corralets m. (농가의) 뒤뜰, 안마당.
corraleta corraletes f. 돼지우리.
corralissa corralisses f. =corral.
corraló corralons m. =atzucac.
corranc corrancs m. (물이 흐르는) 계곡.
corranda corrandes f. 민요, 노랫가락, 짧은 노래.

correbou correbous m. (축제를 위한) 황소 몰이.
còrrec còrrecs m. =(es)corranc.
correcames correcames m. (땅 위에 길게 깔린) 뱀 모양의 꽃불.
correcció correccions f. 1 수정, 정정, 교정(校正), 교정(矯正), 바로잡음. 2 질책, 징계.
correccional correccionals adj. 수정의, 교정의; 징계의.
-m. 교화소.
corre-corrents, a loc.adv. 서둘러, 황급히(a corre-cuita).
correcte correcta correctes correctes adj. 1 (말씨·문장 등이) 바른, 올바른, 정확한. 2 정돈된, 가지런한, 단정한, 깔끔한.
correctiu correctiva correctius correctives adj. 1 정정의, 수정의. 2 중화성의; 완화하는, 부드럽게 하는.
corrector correctora correctors correctores adj. corregir하는.
-m.f. 1 정정하는 사람; (인쇄의) 교정원. 2 징계자, 감독.
corre-cuita, a loc.adv. 서둘러, 다급히.
corredís corredissa corredissos corredisses adj. córrer하는; 미끄럼 식으로 된, 레일 식으로 된.
corredissa corredisses f. 짧은 경주; (특히 데모 등에서) 여러 길래로 달리는 일.
corredor¹ corredors m. 1 복도, 낭하, 통로. 2 [군사] 척후병, 정찰대원, 수색대원.
corredor² corredora corredors corredores adj. 1 잘 달리는. 2 [조류] 무익류(無翼類)의.
-m.f. 1 주자. 2 중매인, 브로커.
corregada corregades f. 벼랑, 단애(barranc).
corregall corregalls m. =(es)corranc.
corregir tr. 1 바로잡다, 정정하다, 수정하다, 교정(校正)하다, 교정(矯正)하다. 2 (정도를) 조정하다. -se (마음·생각을) 고치다.
correguda corregudes f. 1 달리기, 주행, 경주. 2 행정, 행로, 주로(走路). 3 [군사] 적지 교란, 침투. 4 투우 몰이

(corre-bou).
correguda de bous 투우물이.
correguera corregueres *f.* 달리고 싶어 하는 마음.
correlació correlacions *f.* 상관관계, 상호 관계.
correlacional correlacionals *adj.* 상관관계의, 상호 관계의.
correlacionar *tr.* 상관시키다, 연관시키다.
correlatiu correlativa correlatius correlatives *adj.* 상관적인.
corrença corrences *f.* [주로 복수로 쓰여][의학] 설사(diarrea).
corrent corrents *adj.* **1** (물이) 흐르는. **2** [경제] (화폐가) 유통되는, 통용되는. **3** 지금의, 현재의. *el deu del mes corrent* 이번 달 10일. **4** 보통의, 일반의, 흔한, 일상의(habitual).
-m. 흐름; 시내, 개천, 개울, 강. **2** 해류, 만류; 기류. **3** 전류. **4** [비유] (유행의) 흐름; (감정의) 교감.
al corrent 꼬박꼬박, 제 날짜에, 정확히; 잘 알고 있는, 정통한.
contra corrent (배가) 역류하여.
estar al corrent 잘 알고 있다, 훤히 알고 있다.
posar al corrent (누구에게) ...을 알리다.
correntia correnties *f.* 밀물, 조류; 조류의 흐름.
corrents *adv.* 매우 급히(molt de pressa).
córrer *intr.* **1** 달리다, 뛰다. **2** 급히 서둘러 가다(afanyar-se). **3** (구름이) 움직이다; (바람이) 선회하다(circular). **4** 유통하다, 통용되다. **5** [비유] (파멸로) 빠져 들어가다. **6** (시간이) 지나다, 흐르다. **7** (유행병이) 나돌다. **8** (소식·출판물이) 전해지다, 세상에 나오다. **9** (유행·풍습 등이) 돌다, 유행하다. *els costums que corren avui dia* 오늘날 유행하는 풍습들. **10** (기차가) 미끄러지듯 가다, 유유히 진행하다(lliscar). **11** ...까지 뻗치다, ...에 이어지다, 쭉 걸치다(estendre's). **12** 유동하다. *-tr.* **1** 돌다, 돌아다니다. **2** 쫓다, 뒤쫓다; 몰아붙이다. **3** 쫓아 버리다. **4** (적지 등을) 탐색하다. **5** (위험에) 노출되다. **6** (자물쇠를) 잠그다; (구두를) 묶다; (커튼을) 치다. **7** (의자를) 옆으로 움직이다.
a més[a tot] córrer 전속력으로.
Deixa-ho córrer! 그것 내버려 두라!, 놔 두라!
engegar a córrer 달리기 시작하다.
correspondència correspondències *f.* **1** 상응, 대응, 응수. **2** (교통의) 교환; 서신 교환, 통신; 교섭, 거래. **3** 통신문, 서한, 편지.
correspondre *intr.* **1** 응하다, 답하다. **2** 일치하다, 상응하다(concordar); 어울리다, 균형이 잡히다. **3** (누구의) 담당이다, 책임이다. **4** (서로) 연결되다. *-'s* **1** 서로 내왕하다, 서신을 주고받다(comunicar-se). **2** 서로 사랑하다.
a qui correspongui 담당자에게[통신문에 사용].
corresponent corresponents *adj.* **1** 해당되는, 상응하는. **2** 저마다의, 각각의. **3** [수학] 동위의. **4** 일치하는, 어울리는. **5** 통신의, 통신에 의한.
corresponsal corresponsals *adj.* 통신의, 통신에 관한.
-m.f. (신문·방송의) 통신원; (상사의) 대리인, 출장원.
corresponsalia corresponsalies *f.* 통신부, 통신 지국; 통신원의 직.
corretger corretgera corretgers corretgeres *m.f.* 혁대·벨트 상인.
corretgeria corretgeries *f.* 혁대·벨트 제조·공장·상점.
corretja corretges *f.* 끈, 혁대, 벨트.
corretjam corretjams *m.* [집합] 피혁으로 된 벨트.
corretjola corretjoles *f.* [식물] 양귀비과 식물; 메꽃.
correu correus *m.* **1** 우편, 우편물. **2** 우편 집배 차. **3** *pl.* 우체국. **4** 예감, 징후.
-m.f. (옛날의) 우편집배원. 우편집배원, *oficina[casa] de correus* 우체국.
corrigenda corrigendes *f.* =fe d'errates.
corriment corriments *m.* **1** =correguda. **2** 여드름, 부스럼. **3** [지질] (토사의) 유출.

corriol[1] **corriols** m. 작은 길, 좁은 길 (caminoi).

corriol[2] **corriola corriols corrioles** m.f. [조류] (다리가 긴) 물떼새.

corriola corrioles f. 활차, 도르래(politja).

corriolada corriolades f. (사람·동물이) 열 지어 가는 줄.

corrioleig corrioleigs[corriolejos] m. (사람·동물이) 열을 지어 감.

corriolejar intr. (사람·동물이) 열을 지어 가다.

corrípies f.pl. [의학] 설사(diarrea).

corró corrons m. 1 [해부] 신장. 2 [기계] 굴림대, 롤러.

corroboració corroboracions f. 1 기운을 돋우기. 2 (논거·소신·주장 등을) 굳히는 일, 확증.

corroborant corroborants adj. corroborar하는.

corroborar tr. 1 기운을 돋우다, 힘이 나게 하다(envigorir). 2 (의견·논거를) 굳히다(confirmar).

corroboratiu corroborativa corroboratius corroboratives adj. 기운을 돋우는, 힘이 솟게 하는; 확증하는, 증명해 주는.

corroir tr. 1 파괴하다(destruir); 변질시키다. 2 [화학] 부식하다. 3 [비유] (건강을) 해치다, 파괴하다, 쇠약하게 하다(consumir). **-se** 부식되다; 쇠약하게 되다.

corrompiment corrompiments m. corrompre하는 일.

corrompre tr. 1 썩이다, 부패하다. 2 엉망으로 만들다, 무용지물로 만들다, 폐물로 만들다. 3 해치다, 손상시키다. 4 [비유] (풍습·말씨 등을) 문란케 하다; 타락시키다(pervertir). 5 매수하다, 유혹하다(seduir). **-'s** 1 썩다, 부패하다. *L'aigua estancada es corromp* 고인 물은 썩는다. 2 [비유] 타락하다, 부패하다.

corrosible corrosibles adj. 부식되는, 썩는.

corrosió corrosions f. 부식; 여윔, 수척해짐.

corrosiu corrosiva corrosius corrosives adj. 1 부식성의, 침식성의. 2 [비유] 물어뜯는, 신랄하게 비판하는.
-m. [화학] 부식제.

corrua corrues f. 줄, 열, 행렬.

corrugació corrugacions f. 주름 잡음.

corrugar tr. 주름을 잡다.

corruixar-se prnl. 분노하다, 격노하다.

corrupció corrupcions f. 1 부패, 썩음. 2 변화, 변질. 3 타락, 오직(abús). 4 [언어] 잘못 쓰임, 변질, 불순화.

corrupte corrupta corruptes corruptes adj. 썩은, 타락한; 매수당한.

corruptela corrupteles f. 부패, 오직(汚職)(abús).

corruptible corruptibles adj. 1 부패하기 쉬운. 2 타락하기 쉬운; 쉽게 매수되는.

corruptor corruptora corruptors corruptores adj. 부패시키는, 타락시키는.
-m.f. 풍기 문란자; 매수인, 증뢰인.

cors[1] **corsos** m. 해적.

cors[2] **corsa corsos corses** adj. [지리] 코르시카섬의.
-m.f. 코르시카인.
-m. [언어] 코르시카어.

corsari corsària corsaris corsàries adj. 해적선의.

corsecador corsecadora corsecadors corsecadores adj. corsecar하는.

corsecament corsecaments m. 말라비틀어짐, 고사.

corsecar tr. 1 바싹 마르게 하다, 고사시키다. 2 [비유] 애타게 하다, 슬프게 하다. **-se** 바싹 타다, 고사하다.

corser corsers m. 준마.

cort corts f. 1 우리, 목사, 마구간. 2 돼지우리; 더러운 곳. 3 조정, 궁정. 4 수행원(acompanyament); 아첨배들, 추종자들. 5 법원(tribunal). 6 pl. (국회의) 상하 양원.
fer la cort (a algú) 알랑거리다, 아첨을 떨다(afalagar).

cortal cortals m. (짐승의) 우리.

cortejar tr. 알랑거리다, 아첨하다.

cortès cortesa cortesos corteses adj. 정중한, 예의 바른.

cortesà cortesana cortesans cortesanes adj. 궁정의, 조정의.
-m.f. 조신, 신하.

-f. 매춘부.
cortesia cortesies f. 예의, 정중; 호의.
cortiella cortielles f. 돼지우리, 더러운 곳.
cortina¹ cortines f. **1** 막, 휘장, 장막, 커튼. **2** (극장의) 막, 막 모양의 칸막이. **3** [비유] 장막, 전선. *una cortina de pluja* 비의 장막. **4** 안벽, 호안 공사; (축성의) 막벽.
cortina² cortines f. =cortiella.
cortinatge cortinatges m. [집합] 커튼.
cortiol cortiols m. 우리, 축사.
cortrencar tr. (마음을) 아프게 하다, 슬프게 하다, 고통을 주다.
còrvids m.pl. [조류] 까마귓과의 새.
corxera corxeres f. [음악] 8분음표.
cos cossos m. **1** [해부] 몸, 신체. **2** (영혼에 대한) 육체. **3** 몸매, 체격. **4** 시체(cadàver). **5** 물체; 개체, ...체. *el cos estrany* 이상한 물체. **6** 실체, 본체. **7** 차체, 기체; 통. **8** (문서의) 본문. **9** [화학] 분자, 원소; 화합물. **10** (서적의) 권. **11** 조, 단, 팀; 기관, 단체(organisme). *el cos diplomàtic* 외교단체. **12** [군사] 군대, 부대; (특정 목적의) 부대. *cos d'artilleria* 포병부대. **13** 본질, 밀도, 농도. **14** (종이·천·널빤지 등의) 두께; 크기. **15** (활자의) 굵기.
cos a cos 몸을 맞대고.
ésser com un cos sense ànime [구어] 영혼이 없는 몸은 죽은 몸이다; 산 것 같으나 죽은 몸이다.
fer[anar] de cos 대변을 보다.
prendre cos 커지다, 증가하다.
cosa coses f. **1** 일; 것, 물건, 사물. *la mateixa cosa* 같은 것. **2** [법률] 물건. **3** 일, 사건(esdeveniment).
bona[una bona] cosa de 많은, 상당한.
cada cosa al seu temps 다 자기 때가 있다.
ésser cosa de ...의 일·경우이다.
cosac cosaca cosacs cosaques adj. m.f. 코사크 족[러시아 남부의 터키계 농목 족속]의 (사람).
coscorra coscorres f. (가죽의 목에 단) 방울.
cosí cosina cosins cosines m.f. 사촌.

cosí germà 친사촌 형제.
cosí prim[segon] 육촌 형제.
cosidor cosidors m. 재봉대, 재봉 상자.
cosidor cosidora cosidors cosidores adj.m.f. 바느질·재봉질하는 (사람).
cosidura cosidures f. 봉재, 꿰매 것·곳.
cosinalla cosinalles f. [집합] 사촌.
cosinus cosinus m. [수학] 코사인.
cosir tr. 바느질하다, 재봉질하다, 꿰매다, 단추를 달다.
cosit de ...로 가득한, 꽉 찬.
estar cosit (a algú, alguna cosa) (사람·사물에게서) 떨어지지 않다, 붙어 있다.
cosit cosits m. 바느질, 재봉질.
cosmètic cosmètica cosmètics cosmètiques adj. 화장(용)의.
-m. 화장품.
-f. 미용 기술.
còsmic còsmica còsmics còsmiques adj. 우주의, 세계의.
cosmogonia cosmogonies f. 우주 진화론, 우주 발생론.
cosmogònic cosmogònica cosmogònics cosmogòniques adj. 우주 진화론의, 우주 발생론의.
cosmografia cosmografies f. 우주 형상지(誌).
cosmòleg cosmòloga cosmòlegs cosmòlogues m.f. 우주론 연구가.
cosmologia cosmologies f. [철학] 우주론.
cosmològic cosmològica cosmològics cosmològiques adj. 우주론의.
cosmonauta cosmonautes m.f. 우주 비행사.
cosmopolita cosmopolites adj. 세계주의의, 만국 공통의, 전 세계적인. *l'Europa cosmopolita* 범 세계지향의 유럽.
-m.f. [남녀동형] 세계인, 세계주의자.
cosmopolitisme cosmopolitismes m. 세계주의, 만국 공통주의.
cosmos cosmos m. [단·복수동형] **1** 우주, 세계; 천지 만물. **2** [식물] 코스모스.
cossat cossada cossats cossades adj. **1** 자른, 재단한. **2** (옷이) 통이 좁은, 바싹 조인.

cosset cossets *m.* 조끼.
cossi cossis *m.* (설거지) 그릇.
cost[1] costs[costos] *m.* 비용, 값, 대금; 원가, 실비; 대가. *cost de la vida* 생활비.
cost[2] costs[costos] *m.* [식물] 코스트[국화의 일종].
costa costes *f.* **1** 해안(litoral). **2** 비탈길 (pendent). *pujar una costa* 비탈길을 오르다. **3** 비용, 보상, 대가, 희생(cost). **4** *pl.* 소송 비용.
  a costa de ...대가를 치르고, ...을 희생하는 대신.
  costa amunt 오르막으로.
  costa aball 내리막으로.
  condemnar a pagar les costes (피고 등에게) 소송비용의 지불을 부담시키다.
costal[1] costals *m.* **1** 큰 자루. **2** (땅을 다지는) 달구, 메.
costal[2] costals *adj.* [해부] 늑골의, 갈비뼈의.
costaner costanera costaners costaneres *adj.* **1** 비탈진. **2** 연안의, 연해의.
costar *intr.* **1** 비용이 들다, (값이) ...이다. **2** 노력·희생이 들다, 힘이 들다. **3** 필요하다, 요하다.
  costi el que costi 어떤 대가를 치르더라도, 어떻게 해서라도.
  costar molt (가격이) 비싸다; [비유] 많은 대가를 요하다; 매우 힘이 들다.
costat costats *m.* **1** 옆, 곁, 가, 측면 (banda). **2** [해부] 옆구리. **3** (배의) 선측. **4** (바람 부는) 방향, 쪽. **5** [비유] 면, 방면, 부분. **6** 영향(influència); 보호, 방호(protecció). **7** [기하] (각의) 변.
  al costat 옆의, 옆에 있는.
  al costat de ...의 쪽에, ...의 옆에.
  per tots costats 사방으로, 모든 곳에.
  fer costat 도와주다.
costejar[1] *tr.* (비용을) 부담하다, 지불하다(pagar).
costejar[2] *tr.* 해안을 따라 항해하다.
costella costelles *f.* **1** [해부] 늑골, 갈비. **2** 늑골 모양으로 생긴 것. **3** (배의) 늑재. **4** [구어] 아내, 처.
costellam costellams *m.* [집합] (동물의) 갈비; (배의) 늑재.
costellut costelluda costelluts costelludes *adj.* 어깨가 넓은, 건장한.
costenc costenca costencs costenques *adj.* =costaner.
coster costera costers costeres *adj.* (산이) 깎아지른, 가파른.
  -m. **1** 가파른 해안(pendent). **2** (산의) 측면(lateral).
costera costeres *f.* 해안.
costerejar *intr.* 해안을 따라가다.
costerut costeruda costeruts costerudes *adj.* 가파른.
  fer-se costeruda (una cosa) 어떤 일을 매우 힘들게 하다.
costes *f.pl.* [법률] 패소 지불금.
costós costosa costosos costoses *adj.* **1** 비용이 많이 드는, 값비싼. **2** 희생이 큰.
costum costums *m.* **1** 습관, 습성, 버릇. **2** *pl.* 풍습, 관습.
costumari costumaris *m.* 관습·풍습을 다룬 책.
costumisme costumismes *m.* [문학·회화] 사실주의, 풍습 묘사, 실생활 묘사.
costumista costumistes *adj.* [남녀동형] 사실주의의, 실생활 묘사의.
  -m.f. 사실주의자, 실생활 묘사파.
costura costures *f.* **1** 봉재, 홀침; 꿰맨 자국. **2** 접합점, 잇댄 곳.
costurer costurera costurers costureres *m.f.* 재봉사, 봉재사.
cot cota cots cotes *adj.* **1** 머리·고개를 숙인. **2** 굽은, 구부러진.
cota cotes *f.* **1** 비늘 갑옷. **2** [지리] (지형도의) 표고; 기준점.
cotar *intr.* (심승이) 버러도 맏나, 뿔도 받다.
cotera coteres *f.* 작살(fitora).
cotiflat cotiflada cotiflats cotiflades *adj.* [속어] (건강이) 쇠약한, 매우 예민한.
cotilèdon cotilèdons *m.* [식물] 떡잎.
cotilla cotilles *f.* 코르셋.
cotillaire cotillaires *m.f.* [남녀동형] 코르셋 상인.
cotilleria cotilleries *f.* 코르셋 제조·상점.
cotilló cotillons *m.* 코티용[프랑스의 무용].

cotitzable cotitzables *adj.* 시세를 정할 수 있는.

cotització cotitzacions *f.* 1 [경제] 시세, 증권 시세, 환시세, 거래 시세; 견적, 가격 결정. 2 회비, 분담금(quota).

cotitzar *tr.* 1 [경제] 시세·가격을 매기다, 가격을 결정하다. 2 [비유] 평가하다(apreuar). *-intr.* 분담금·회비를 내다. **-se** 1 (...에) 값을 매기다. 2 [비유] 평가되다, 계산되다.

cotna cotnes *f.* (특히) 돼지의 비게 껍질.

cotó cotons *m.* 면, 무명, 솜.

cotonaire cotonaires *m.f.* 면 제조·판매상.

cotoner cotonera cotoners cotoneres *adj.* 면의, 무명의.
-m.f. 면방직공, 면·무명을 파는 상인 (cotonaire).
-m. [식물] 목화.

cotonós cotonosa cotonosos cotonoses *adj.* 솜 같은, 솜으로 덮인.

cotorra cotorres *f.* 1 [조류] 앵무새의 일종. 2 수다쟁이.

cotorrejar *intr.* 말을 많이 하다, 수다를 떨다.

coturn coturns *m.* (고대 그리스·로마의) 각반이 달린 구두; 뒤축이 높은 구두.

cotxada cotxades *f.* [집합] 차에 탄 사람들.

cotxe cotxes *m.* 1 차, 자동차. 2 전차, 마차. 3 차량.

cotxer cotxera cotxers cotxeres *adj.* 차의, 마부의.
*-*마부, 마차꾼; 그의 아내.

cotxet cotxets *m.* (아이들을 위한) 작은 차.

cotxinilla cotxinilles *f.* [곤충] (선인장에 기생하는) 연지벌레.

coulomb coulombs *m.* [전기] 쿨롱[1 암페어의 전류가 1초간 보내는 전기량].

coure^1 *m.* [광물] 동, 구리.

coure^2 *m.* 1 불에 얹다, 찌다, 삶다. 2 (빵·벽돌·석회 등을) 굽다; 불에 가열하다. 3 소화시키다(digerir). *-intr.* 1 푹 삶아지다. 2 (불에 덴 듯) 아릿아릿하다; 마음이 저리다.

coure^3 *tr.* 말라비틀어지게 하다, 시들게 하다.

cova coves *f.* 1 굴, 동굴. 2 지하실. 3 [비유] 소굴. *cova de lladres* 도둑의 소굴.

covada covades *f.* 1 [집합] (한배의) 병아리(llocada). 2 [집합] 자손, 아이들(fillada). 3 [비유] 일당, 무리.

covador covadors *m.* [집합] (닭의) 알집; 산란소.

covament covaments *m.* covar하는 일 (incubació).

covar *tr.* 1 (새가) 알을 품다; (곤충이) 산란하다. 2 [비유] (생각을) 품다, 꾀하다; (비밀리에) 준비하다. *covar una idea* 아이디어를 꾀하다. 3 (병이) 무르익다. *covar una grip* 독감에 들다. 4 앓아눕다. *-intr.* 1 (불이) 툭툭 튀다. 2 맥박이 뛰다, 고동치다. **-se** (음식이) 너무 익다, 너무 타다.

covard covarda covards covardes *adj.* 겁이 많은, 무서워하는, 비겁한, 치사한.
-m.f. 겁쟁이, 비겁한 사람.

covardia covardies *f.* 비겁, 비열; 비열한 행동.

covarot covarots *m.* 둥지.

cove coves *f.* 바구니, 소쿠리, 광주리.

covenada covenades *f.* 넓은 광주리; 그 내용물.

cover covers *m.* =covador.

covera coveres *f.* 포란기.

coverol coverols *m.* [연극] (무대의) 프롬프터 박스.

coxal coxals *adj.* 허리의.
-m. [해부] 요부.

crac cracs *m.* 1 [속어] 파산, 도산. 2 [의성어] 찰칵 또는 찰싹 하는 소리.

cranc crancs *m.* [동물] 게.

cranca cranques *f.* [동물] 바다거미의 일종.

crani cranis *m.* [해부] 두개골.

cranià craniana cranians cranianes *adj.* 두개골의.

cranial cranials *adj.* =cranià.

craniometria craniometries *f.* 두개골 측정.

cràpula cràpules *f.* 취함, 취기, 주정; 방탕.

crapulós crapulosa crapulosos crapuloses *adj.* 몹시 취한; 방탕한.
cras crassa crassos crasses *adj.* **1** 뚱뚱한, 비만한, 비대한. **2** 기름기가 흐르는(suculent). **3** (거짓말·실수 등을) 용서할 수 없는.
cràter cràters *m.* 분화구.
cratícula cratícules *f.* **1** (수녀원의) 면회창. **2** [광학] 분광창.
creació creacions *f.* **1** 창조, 창작, 창안. **2** 창설, 건설. **3** [종교] (신에 의한) 창조, 천지 창조. **4** (관직에의) 서임; (교황의) 선임.
creador creadora creadors creadores *m.f.* **1** [성서][대문자] 창조자. **2** 창설자, 창시자, 창안자. **3** (웹 등의) 디자이너.
crear *tr.* **1** 창조하다, 창작하다. **2** 창설하다, 건설하다. **3** (신이) 창조하다. **4** (높은 직책 등에) 서임하다, 선임하다. **5** (웹 등을) 디자인하다.
creatiu creativa creatius creatives *adj. m.f.* 창조적인 (사람).
creativitat creativitats *f.* 창조성, 창조력.
crebant crebants *m.* **1** 무너뜨림, 깨뜨림, 파괴. **2** 피로, 피곤, 쇠약.
crebantar *tr.* **1** 부수다, 깨뜨리다, 파괴하다. **2** [비유] 무너뜨리다, 약화시키다(debilitar).
credença credences *f.* (예배 의식에 사용되는) 성물대.
credencial credencials *adj.* 믿을 만한, 신용할 수 있는, 신임하는, 신임장의.
carta credencial 신임장.
credibilitat credibilitats *f.* 신뢰성, 확실성.
crèdit crèdits *m.* **1** 신용, 믿음(confiança). **2** 명성, 평판, 신망. **3** 신용 대부, 외상; 신용 상태. **4** 지불 기한. **5** 자산, 채권; 차관, 융자. **6** 신용장.
obrir un crèdit (a algú) 신용장을 개설하다.
tenir crèdit 영향력이 있다, 힘이 있다.
creditici creditícia *adj.* 신용할 수 있는, 신용장의.
creditor creditora creditors creditores *m.f.* 채권자, 저당권자.
credo credos *m.* **1** 신조, 주의, 강령. **2** (기독교의) 사도 신경(使徒信經).
en el temps de dir un credo 매우 짧은 시간에, 순식간에.
crèdul crèdula crèduls crèdules *adj.* 가볍게 믿어 버리는, 속기 쉬운.
credulitat credulitats *f.* 경솔하게 믿음, 쉽게 속음.
creença creences *f.* 믿음, 확신, 신념, 신앙.
cregut creguda creguts cregudes *adj.* 우쭐대는, 자신만만한(vanitós).
creïble creïbles *adj.* 믿을 수 있는, 믿을 만한.
creient creients *adj.* 믿는; 순종하는, 고분고분한.
-*m.f.* 신도.
creïlla creïlles *f.* =patata.
creixement creixements *m.* **1** 성장, 발전; 증대, 증수(增水), 증가. *creixement demogràfic* 인구증가. **2** [의학] (열이) 오름. **3** [경제] (화폐가치의) 앙등, 등귀, 상승.
créixens *m.pl.* [식물] 겨자의 일종.
creixença creixences *f.* =creixement.
creixent creixents *adj.* 증가하는, 불어나는, 늘어나는.
-*m.* **1** 증수; 밀물. **2** 불어남, 부풀어 오름.
créixer *intr.* **1** 성장하다, 발전하다. **2** 커지다, 늘어나다, 증가하다, 증대하다. **3** (강물이) 증수하다; 조수가 차다, (달이) 커지다. **4** [경제] (물가가) 오르다, 앙등하다, 등귀하다.
crema¹ cremes *f.* **1** 유지, 크림; 크림 모양으로 된 것. **2** (화장품용) 크림. **3** 최고급, 최상급; 정수.
crema² cremes *f.* (불에) 뎀; 연소, 소각.
cremació cremacions *f.* (죽은 사람의) 화장.
cremada cremades *f.* cremar하는 일.
cremadent, a *loc.adv.* 급히, 서둘러(a corre-cuita).
cremadís cremadissa cremadissos cremadisses *adj.* 쉽게 타는, 가연성의.
cremador cremadora cremadors cremadores *adj.* cremar하는.
-*m.* **1** 버너, 연소기; 연소 장치. **2** 소각장, 화형장.

cremall cremalls *m.* 불이 붙은 숯; 타다 남은 것.
cremaller cremallers *m.* 모닥불.
cremallera cremalleres *f.* 잭, 척, 파스너, 지퍼; (톱니바퀴의) 랙.
-*m.* 랙 레일.
cremallot cremallots *m.* (초의) 타다 남은 것.
cremar *intr.* **1** (불에) 타다, 연소하다(consumir-se). **2** (빛이) 이글거리다. **3** [비유] (사랑·분노·증오 등이) 타오르다. -*tr.* **1** 태우다, 굽다. **2** (죽은 사람을) 화장하다. **3** 죽이다, 화형에 처하다(matar). **4** [비유] 화나게 하다, 노하게 하다(irritar). -se **1** 다 타 버리다. **2** (뜨거운 것에) 데다. **3** (음식이) 바싹 타다. **4** [비유] 흥분하다, 격분하다 (irritar-se).
cremat cremats *m.* 불이 난 자리; 불난 곳.
crematori crematòria crematoris crematòries *adj.* 화장의.
-*m.* 화장터.
cremor cremors *f.* **1** 뜨거운 열기. **2** (몸의) 데인 곳. **3** [비유] 열심, 열렬함, 흥분.
cremós cremosa cremosos cremoses *adj.* **1** 타는 듯한, 타오르는, 뜨거운. **2** 심한, 격렬한; 열렬한. **3** 크림의, 크림 모양의.
crepè crepès *m.* 다리, 월자[여자의 머리숱이 많아 보이도록 덧붙이는 딴 머리].
crepitar *intr.* **1** 탁탁거리는 소리를 내다. **2** [의학] 수포음을 내다.
crepuscle crepuscles *m.* 황혼, 황혼무렵; 최후.
crepuscular crepusculars *adj.* **1** 황혼의, 해거름의; 해가 질 무렵에 나오는. *la llum crepuscular* 황혼 빛. **2** 첫 새벽의. **3** [비유] 사라져가는, 저물어 가는. *el pujolisme crepuscular* 사라져가는 푸졸주의.
crescendo *adv.it.* [음악] 크레센도, 점점 강하게.
crescuda crescudes *f.* **1** 성장, 증가, 증대, 증수(crexement). *la crescuda dels oceans* 대양(大洋)의 상승. **2** [경제] (화폐 가치의) 상승, 앙등, 앙귀.
cresol cresols *m.* [화학] 크레졸.
cresp¹ cresps *m.* 돌돌 만 머리.
cresp² crespa cresps crespes *adj.* **1** 돌돌 만, 오므라든, 곱슬곱슬해진.
crespador crespadors *m.* 두발용 드라이어.
crespar *tr.* 오그라들게 하다, 곱슬곱슬하게 하다.
crespell crespells *m.* **1** =cresp. **2** 버터빵.
crespó crespons *n.* 얇은 비단; 축면사, 크레이프.
cresta crestes *f.* **1** (새.닭 등의) 볏. **2** 관모, 도가머리. **3** 산정, 산꼭대기. **4** [식물] 맨드라미.
alçar la cresta 거만을 떨다; 용기를 내다.
picar la cresta 꼼짝 못하게 하다, 몰아치다.
crestall crestalls *m.* **1** (논밭의) 이랑. **2** 관모, 도가머리. **3** (투구의) 깃 장식.
crestallera crestalleres *f.* [건축] (건물의) 용마루.
crestallut crestalluda crestalluts crestalludes *adj.* 볏·관모가 있는.
crestar *tr.* **1** 거세하다(castrar). **2** 꿀을 따다.
crestat crestats *m.* 거세한 산양.
crestejar *intr.* 튀어나오다, 돌출하다.
cresteria cresteries *f.* **1** [건축] (첨탑 아치식 건축의) 도림질 세공. **2** (축성에서의) 거벽[톱날 모양으로 총안을 둔 성벽].
crestó crestons *m.* =crestat.
crestomatia crestomaties *f.* [문학] 발췌문집.
creta cretes *f.* 석회질 바위.
cretaci cretàcia cretacis cretàcies *adj.* 백악기의.
-*m.* [지질] 백악기.
cretí cretina cretins cretines *adj.* **1** 크레틴병의. **2** 백치 같은, 멍청한, 우둔한(estúpid).
-*m.f.* 크레틴병 환자.
cretinisme cretinismes *m.* [의학] 크레틴병[알프스 산지 등의 풍토병; 갑상선이 비대해져 백치가 됨].

creu creus f. 1 십자형, 십자가; 십자가 으로 된 것. 2 십자장, (십자형) 훈장. 3 (동전의) 뒷면. 4 성호. 5 문자 X의 형. 6 [비유] 고난, 고통, 무거운 짐 (sofriment).
ajudar a portar la creu (무거운 짐을) 함께 나누어지다, 고통을 함께 나누다.
fer-se creus (놀라움·기이함 등을 나타내어) 성호를 긋다.
portar la seva creu 자신의 십자가를 지고 오르다; 죽음의 길을 가다.

creuar tr. 1 건너다, 횡단하다, 가로지르다. 2 (강 등을) 건너다. *creuar un riu* 강을 건너다. 3 (바다를) 횡단하다.

creuer creuers m. 1 십자로, 교차로, 네거리(cruïlla). 2 순양함, 순양 함대. 3 (대양 횡단) 크루즈 여객선. 4 (행렬의) 십자가를 듦; 그것을 드는 사람.

creure tr. 1 믿다, 신용하다. *Crec el que em dius* 네가 말하는 것을 믿는다. 2 순종하다, 고분고분하다(obeir). -'s 여기다, 생각하다.
creure de fluix[de lleuger] 쉽사리 믿다.
ésser de creure 믿음직하다, 믿을만하다; 믿어 마땅하다.
fer creure 믿게 하다.
Ja ho crec! 물론!, 그렇고말고!
No m'ho crec pas! 이상한데!, 못 믿겠는데!, 아닌 것 같은데!

cria cries f. 1 (동물의) 사육, 양육. 2 (젖먹이) 새끼, 아이. 3 (동물·곤충 등의) 무리, 떼.

criança criances f. 1 양육, 사육, 포유(기). 2 교육, 가정교육.
tenir poca criança 교육을 조금밖에 받지 못하다.

criançó criançons m. 유아, 젖먹이.

criar tr. 1 키우다, 기르다; 치다, 사육하다. 2 젖 먹여 기르다. 3 만들어 내다, 생산하다(produir). 4 교육하다, 육성하다, 양성하다(educar). 5 (문서를) 작성하다. -intr. (새끼를) 낳다.

criat criada criats criades m.f. 하인, 하녀, 종(servent).

criatura criatures f. 1 창조물, 피조물. 2 인간, 생물. 3 갓난아이, 유아; 새끼.
ésser una criatura 어린아이이다.
fer criatures (새끼·아이를) 낳다, 생산하다.

criaturada criaturades f. 어린애 같은 일, 유치한 일.

criaturam criaturams m. [집합] 어린이들.

criaturejar intr. 어린애 같은 일을 하다, 유치하게 굴다.

criaturer criaturera criaturers criatureres adj. 어린애 같은; 어린애를 좋아하는.

cric¹ crics m. [기계] 작은 기중기, 잭.

cric² crica crics criques adj. 인색한, 노랭이 같은(gasiu).

crida crides f. 1 부르기, 호출, 소집; 부르는 소리. 2 (법정에의) 소환. -m.f. 호출자.
crida i cerca 색출과 체포.

cridadissa cridadisses f. =crits.

cridaire cridaires m.f. =cridaner.

cridaner cridanera cridaners cridaneres adj. 큰 소리만 치는, 악다구니 쓰는. -m.f. =cridaire.

cridar intr. 1 외치다, 아우성치다. 2 항의하다, 아우성치다. -tr. 1 소리 지르다; 소리 지르며 다니다. 2 부르다, 호출하다, 호명하다. 3 (주의를) 끌다 (atreure); 도움을 요청하다. 4 (먹을·마실 것을) 주문하다.

cridòria cridòries f. 큰 소리, 아우성, 절규, 외침.

crim crims m. 1 중범죄, 살인 범죄. 2 중죄 사건.
crim de guerra 군사 재판.

criminal criminals adj. 죄가 되는, 범행의; 형법상의. -m.f. 범인, 죄수.

criminalista criminalistes adj. 형사 법원의; 형법에 관한. -m.f. [남녀동형] 형법학자.

criminalitat criminalitats f. 1 유죄성; 범죄 성립. 2 [집합] 범죄 (건수).

criminologia criminologies f. 범죄학, 형사학.

criminós criminosa criminosos criminoses adj. =criminal.

crin crins m.[f] [동물] 갈기.
crin vegetal (융단 등을 짜는) 식물성 섬유.

crioll criolla criolls criolles *adj.* **1** 토착의, 고유의. **2** 중남미 태생의; 아메리카풍의. **3** (중남미에서 말하는) 자국의.
-*m.f.* 중남미 태생의 백인·흑인.
-*m.* 그곳의 언어.
cripta criptes *f.* (사원의) 납골실, 예배당.
criptó *m.* [화학] 크립톤.
criptògam criptògama criptògams criptògames *adj.* [식물] 은화식물의.
criptografia criptografies *f.* 암호법, 암호문.
criptografiar *tr.* 암호로 쓰다(xifrar).
criptograma criptogrames *m.* 암호 (문서).
criptònim criptònims *m.* 비밀 번호.
criquet criquets *m.* 크리켓 경기.
crisàlide crisàlides *f.* 번데기.
crisantem crisantems *m.* [식물] 국화의 일종.
crisi crisis *f.* **1** (병의) 위기, 위험한 고비. **2** [비유] 위기, 위경, (중대한) 고비; 공황. *la crisi energètica* 에너지 위기.
crisma crismes *f.[m]* **1** 성유(聖油). **2** [속어] 머리.
rompre la crisma 옥합을 깨뜨리다.
crismal crismals *adj.* 성유의.
crisoberil crisoberils *m.* [광물] 금록석, 알렉산더석.
crispació crispacions *f.* [의학] 경기, 경련.
crispar *tr.* 경기·경련을 일으키다.
crispeta crispetes *f.* 튀긴 옥수수.
cristall cristalls *m.* **1** 결정체, 수정(水晶). *cristall de roca* [광물] 수정. **2** 유리.
cristaler cristalera cristalers cristaleres *m.f.* 유리 제조·판매상.
cristalleria cristalleries *f.* **1** 유리 공장, 유리 상점. **2** [집합] 유리 기구.
cristal·lí cristal·lina cristal·lins cristal·lines *adj.* 수정의, 수정 같은; 아름다운.
-*m.* [해부] (안구의) 수정체.
cristal·lització cristal·litzacions *f.* 결정(結晶); 결정물, 결정체; 정화.

cristal·litzar *intr.* 결정시키다, 정화시키다.
cristal·lografia cristal·lografies *f.* 결정학.
cristià cristiana cristians cristianes *adj.* [종교] 기독교의, 그리스도교의.
-*m.f.* 기독교인, 그리스도인, 크리스천.
cristiandat cristiandats *f.* [집합] 기독교계; 기독교도
cristianisme cristianismes *m.* **1** [종교] 기독교. **2** [집합] 기독교 신자.
cristianitzar *tr.* 기독교화하다, 기독교를 전파하다.
crit crits *m.* 외침, 큰 소리, 절규.
a crits 큰 소리로.
fer un crit 외치다, 소리 지르다.
posar el crit al cel 항의하다(protestar).
criteri criteris *m.* **1** (판단의) 기준. **2** 판단, 기준, 비판, 견해(judici). **3** 자, 척도; 규칙, 규범(norma).
crític crítica crítics crítiques *adj.* **1** 비평의, 비판의. **2** 위기의, 위기일발의 (greu). *un moment crític* 위기의 순간. **3** 급소의, 위태로운, 위독한. **4** 중대한. *edat crítica* 중대한 시기.
-*m.f.* 비평가, 평론가.
-*f.* 비평, 비판; 문학 비평.
criticable criticables *adj.* criticar할 수 있는; 비판의 여지가 있는, 비판할 만한.
criticador criticadora criticadors criticadores *adj.m.f.* 비판하는 (사람).
criticaire criticaires *adj.m.f.* [남녀동형] =criticador.
criticar *tr.* **1** 평하다, 판단하다, 비평하다(jutjar). **2** 비판하다, 비난하다(blasmar).
criticastre criticastra criticastres criticastres *m.f.* 엉터리 비평가.
critiquejar *tr.* 체계적으로 비평하다.
crivell crivells *m.* 키, 체.
crivellar *tr.* 체로 치다, 체로 쳐서 가리다; 선광하다.
croada croades *f.* **1** [역사] (성지 탈환을 위한) 십자군. **2** (교황청의) 십자군 총감국. **3** [비유] 개혁 운동, 박멸 운동. *una croada contra els acaparadors* 독점자들 배척운동.

croat croats *m.* 십자군 병사.
crocant crocants *m.* 아몬드로 만든 과자.
croissant croissants *m.fr.* 프랑스식의 빵.
crol crols *m.* [스포츠] (수영의) 크롤, 자유형.
crolista crolistes *m.f.* 크롤 선수.
crom *m.* [화학] 크롬; 착색 석판화.
cromar *tr.* 크롬으로 도금하다.
cromat cromats *m.* [화학] 크롬산염.
cromàtic cromàtica cromàtics cromàtiques *adj.* **1** [음악] 반음(계)의. **2** 착색의, 색채의. **3** [물리] 색 수차가 있는. **4** [생물] 염색체의.
cròmic cròmica cròmics cròmiques *adj.* 크롬의.
cromlec cromlecs *m.* [고고학] 환상 열석(環狀列石).
cromo cromos *m.* 크롬 착색 석판화.
cromosoma cromosomes *m.* [생물] 염색체.
cromosòmic cromosòmica cromosòmics cromosòmiques *adj.* 염색체의.
crònic crònica crònics cròniques *adj.* 만성의, 고질적인.
crònica cròniques *f.* 연대기.
cronista cronistes *m.f.* [남녀동형] **1** (연대기의) 작자, 편자; 역사가; 기록관. **2** 시사 해설자; 신문 기고자.
cronòleg cronòloga cronòlegs cronòlogues *m.f.* 연대기학자.
cronologia cronologies *f.* 연대학; 연대표; 시간 계량법.
cronològic cronològica cronològics cronològiques *adj.* 연대학의; 연차의; 연대적인, 시대에 따른.
cronològicament *adv.* 연차순으로, 연대순으로.
cronometrar *tr.* (경기 등에서) 표준 시계로 재다.
cronometratge cronometratges *m.* 크로노미터에 의한 측정.
cronòmetre cronòmetres *m.* 표준시계, 정밀 시계, 크로노미터.
croquet croquets *m.* [스포츠] 크리켓.
croqueta croquetes *f.* 크로켓.
croquis croquis *m.* [단·복수동형] 배치도; 데생, 소묘.
croquisar *tr.* 배치도를 그리다; 데생을 그리다.
cros cros *m.* [단·복수동형][스포츠] 크로스컨트리.
crossa crosses *f.* **1** 지팡이(bastó); (특히) 목자의 지팡이. **2** (가톨릭 주교의) 주교장(杖). **3** 의지, 위안.
crosta crostes *f.* **1** 빵 부스러기. **2** (부스럼의) 딱지; 말라붙은 것. **3** [의학] 버짐, 백선. **4** 촛농. **5** [비유] 이면, 내부.
crostera crosteres *f.* [집합] 부스러기, 딱지.
crostim crostims *m.* 작은 부스러기, 작은 딱지.
crostís crostissos *m.* (피가 굳은) 딱지.
crostisser crostissers *m.* [집합] =crostera.
crostó crostons *m.* **1** 빵의 단단한 껍질. **2** (딱지의) 조각.
cròtal cròtals *m.* **1** [동물] 방울뱀. **2** *pl.* 캐스터네츠의 일종.
cru crua crus crues *adj.* **1** 날 것의, 산 채로의. **2** 미숙한, 익지 않은. **3** 생으로, 아직 조제하지 않은. **4** 거친, 생경한. **5** [비유] 심한, 혹독한, 모진. *paraula crua* 심한 말. **6** 아직 완전히 곪지 않은. **7** (색깔이) 노르스름한. **8** (동·식물의) 기름의; 원유의.
oli cru 원유.
crucial crucials *adj.* **1** 십자형의. **2** [비유] 결정적인, 중대한(decisiu).
cruciferari cruciferària cruciferaris cruciferàries *m.f.* (행렬 등에서) 십자가를 든 사람.
crucíferes *f.pl.* [식물] 십자화과 식물.
crucificar *tr.* **1** 십자가에 못 박다. **2** [비유] 고문하다, 박해하다, 몹시 괴롭히다.
crucifix crucifixos *m.* 그리스도 수난상.
crucifixió crucifixions *f.* **1** 십자가 형벌; 십자가에 못 박힌 예수. **2** [비유] 괴로운 시련, 정신적인 고뇌.
cruciforme cruciformes *adj.* 십자가 모양의.
cruditat cruditats *m.* **1** 가공하지 않은 것, 천연 그대로임, 날것. **2** 생경, 조잡. **3** 가혹, 엄격함. **4** 칙칙한 빛깔. **5**

극심한 추위.
cruejar *intr.* (고기를) 반 익히다.
cruel cruels *adj.* **1** 잔인한, 잔혹한, 가혹한, 비인간적인. **2** 끔찍한, 지독한. **3** 피를 좋아하는.
crueltat crueltats *f.* **1** 잔인성, 잔혹성, 수성. **2** 혹독; 만행, 잔인한 행위.
cruenc cruenca cruencs cruenques *adj.* 덜 익힌, 덜 익힌.
cruent cruenta cruents cruentes *adj.* 잔인한, 잔혹한; 유혈의, 피투성이의.
cruesa crueses *f.* **1** =cruditat. **2** [의학] 소화되지 않고 답답함; 가슴앓이(pirosi).
cruïlla cruïlles *f.* 십자로, 교차로; 교차하는 일.
cruix cruixos *m.* =cruixit.
cruixidera cruixideres *f.* [집합] 삐걱거리는 소리, 깨지는 소리, 가는 소리.
cruixidor cruixidora cruixidors cruixidores *adj.* cruixir하는.
cruiximent cruiximents *m.* **1** 맷돌로 빻음. **2** [비유] 피곤, 피로; 피곤한 일, 귀찮은 일.
cruixir *intr.* 삐걱거리다; (이를) 갈다. *-tr.* (무엇을) 갈다, 빻다.
cruixit cruixits *m.* cruixir하는 소리.
cruor cruors *f.* =cruesa.
crup crups *m.* [의학] 의막성 후염.
crupal crupals *adj.* 의막성 후염의.
crural crurals *adj.* 넓적다리(cuixa)의.
cruspir-se *prnl.* [속어] 맛있게 먹어 치우다.
crustaci crustàcia crustacis crustàcies *adj.* 갑각류의.
-m.pl. [동물] 갑각류.
cua cues *f.* **1** [해부] 꼬리. **2** [조류][어류] 꼬리. *la cua llarga* 긴 꼬리. **3** 말미, 말단. *la cua dels països europeus* 유럽 국가들의 말미. **4** [비유] (일의) 결과(conseqüències). **5** (옷의) 끝자락. **6** [음악] (노래의) 끝 절. **7** (머리를 묶은) 꽁지. **8** [건축] (목공의) 장부[나무를 이어 맞추기 위해 끝을 가늘게 한 부분]. **9** [식물] 콜라나무, 콜라의 열매. **10** [천문] 혜성의 꼬리. **11** (사람의) 줄(filera).
a la cua 맨 꽁무니에, 맨 끝에.
anar a la cua 마지막에 있다, 맨 꽁무니에 있다.
deixar cua [구어] 엉뚱한 결과를 가져오다.
fer cua 줄을 서다.
mirar de cua d'ull 곁눈질로 바라보다; 증오하는 눈길로 바라보다.
remenar la cua 뽐내다, 거드름 피우다.
cuada cuades *f.* 꼬리치기, 꼬리로 때림.
cuadret cuadreta cuadrets cuadretes *adj.* 꼬리가 곧은.
anar cuadret 만족해하다, 자신만만해하다.
cub cubs *m.* **1** [물리][수학] 입방체, 정육면체; 삼승, 세제곱. **2** (시계의) 용수철 상자.
cubell cubells *m.* **1** 물통. **2** (짜낸 포도주를 흘려보내는) 통·관.
cubell de les escombraries 쓰레기통.
cubellada cubellades *f.* 물감 넣는 통에 들어 있는 것.
cubeta cubetes *f.* **1** (유리·질그릇으로 된) 물 쟁반. **2** (청우계의) 수은조(水銀槽).
cúbic cúbica cúbics cúbiques *adj.* **1** 입방의, 입체꼴의, 정육면체의. **2** 삼승의, 세제곱의, 삼차의.
cubicació cubicacions *f.* cubicar하는 일.
cubicar *tr.* 3승하다, 세제곱을 하다, 체적을 구하다.
cubisme cubismes *m.* [회화] 입체파, 입체주의, 큐비즘.
cubista cubistes *adj.* 입체파의.
-m.f. [남녀동형] 큐비스트, 입체파 예술가.
cúbit cúbits *m.* [해부] 팔꿈치 뼈, 척골.
cubital cubitals *adj.* cúbit의.
cuc cucs *m.* **1** [동물] 지렁이. **2** 구더기, 유충, 모충, 송충이.
tenir cucs 불안해하다, 불편해하다.
cuca cuques *f.* **1** 벌레, 해충. **2** [속어] 남근, 음경.
cucada cucades *f.* (지렁이로 하는) 미끼.
cucala cucales *f.* =cornella.
cucar-se *prnl.* 구더기가 생기다.
cucleig cucleigs[cuclejos] *m.* (까마귀의) 울음.

cuclejar intr. (까마귀가) 까옥까옥 울다.
cucurbitàcies f.pl. [식물] 오이류 식물.
cucurell cucurells m. **1** 정상, 정점, 머리. **2** (원추 등의) 끝.
cucurull cucurulls m. **1** (과자를 넣는) 세모난 봉지. **2** (뾰족한 끝의) 머리 부분. **3** 산봉우리; 지붕의 머리.
cucurulla cucurulles f. **1** (옛날의) 삼각 모자. **2** 끝이 뾰족한 복면.
cucurutxa cucurutxes f. =cucurulla.
cucut cucuts m. [조류] 두견새, 뻐꾸기.
cuejar intr. 꼬리를 흔들다·움직이다.
cuell cuells m. [식물] (꽃·잎사귀·열매의) 자루.
cuereta cueretes f. =cueta.
cueta cuetes f. [조류] 할미새.
cuetejar intr. =cuejar.
cugula cugules f. [식물] 야생 귀리.
cuïc cuïcs m. =mosquit.
cuidar tr. ...할 순간이다, 막 ...하려 하다. **-se** (누구를) 돌보다; (...하는 일을) 맡다.
cuina cuines f. **1** 주방, 요리장, 부엌, 조리실. **2** 화로, 풍로, 조리대. *cuina econòmica* 연료가 별로 들지 않는 풍로. **3** 요리법.
cuinada cuinades f. =cuinat.
cuinar tr. 요리하다, 조리하다.
cuinat cuinats m. (특히 채소·콩 등을 넣어) 삶은 요리, 끓인 요리.
cuiner cuinera cuiners cuineres m.f. 요리사. *cuiner en cap* 요리장, 주방장.
cuir cuirs m. 껍질, 가죽. *cuir cabellut* 머리 가죽.
cuiram cuirams m. [집합] 가죽, 피혁; 피혁류.
cuirassa cuirasses f. **1** 갑옷, 갑주, 흉갑; 방탄조끼. **2** (배의) 장갑. **3** [동물] (거북의) 등껍질.
cuirassat cuirassada cuirassats cuirassades adj. 장갑을 한.
-m. 장갑 전함.
cuireter cuiretera cuireters cuireteres m.f. 피혁 제조자·상인.
cuiro cuiros m. =cuir.
cuit cuita cuits cuites adj. **1** 구워진, 타 버린. **2** [비유] 지쳐 버린, 녹초가 되어 버린(fatigat en extrem).
-f. **1** =cocció. **2** 급함, 서두름(pressa). **3** [비유] 난관, 궁지.
no n'hi ha de cuits [구어] 어림도 없다, 결단코 아니다, 꿈도 꾸지 마라, 생각도 마라.
cuita¹ cuites f. 삶기, 찌기; 가마에 구움.
cuita² cuites f. 서두름, 조급함(pressa).
cuita-corrents, a loc.adv. 서둘러, 황급히, 잽싸게(a corre-cuita).
cuitadament adv. 급히, 서둘러.
cuitar intr. 서두르다, 서둘러 하다, 급히 하다. -tr. 재촉하다, 서두르게 하다, 속력을 가하다.
Cuita! 서둘러라!
cuitar camí 길을 앞서 가다, 서둘러 가다.
cuitar el camí 길을 더욱 재촉해 가다.
cuitat cuitada cuitats cuitades adj. **1** 급한, 조급한(apressat). **2** 어려운, 곤란한, 궁지에 처한.
cuixa cuixes f. [해부] 넓적다리, 대퇴, 상퇴.
cuixal cuixals m. 넓적다리 보호대.
cuixera cuixeres f. **1** =cuixal. **2** 종재(縱材); (늑목 등의) 기둥; (침대 등의) 테 두르는 긴 나무.
cuixot cuixots m. **1** 돼지 다리 절인 것. **2** 바지의 가랑이 부분.
cul culs m. **1** [해부] 엉덩이, 궁둥이; 항문. **2** [속어] 궁둥이, 힙. **3** 뒤, 뒤쪽; 뒷부분, 뒷좌석. *el cul d'un cotxe* 차의 뒷좌석. **4** (컵의) 밑 부분. **5** (포도주 등의) 바닥에 남은 것.
caure de cul 엉덩방아 찧다.
donar[prendre] pel cul [속어] 한 방 먹이다.
fer caure de cul 엉덩방아 찧게 하다.
remenar el culo (의기양양하게) 어깨와 엉덩이를 흔들며 걷다.
tocar el cul (아이의) 엉덩이를 때리다.
culada culades f. 엉덩방아; 엉덩이를 걷어참.
cular intr. (배의) 선미 부분을 대다.
culata culates f. **1** 뒷부분, 꽁무니. **2** (총의) 개머리판의 바닥, 포미(砲尾), **3** (말·돼지 등의) 궁둥이.
culatada culatades f. (총의) 개머리판으

culblanc culblancs *m.* **1** [식물] 버섯의 일종. **2** [조류] 바위제비, 흰털발제비.

cul-de-sac culs-de-sac *m.* **1** 막다른 골목(atzucac). **2** [비유] 곤란한 일, 난감한 일.

culejar *intr.* **1** (엉덩이를 흔들며) 의기양양하게 걷다. **2** (차가) 비틀거리다.

culer culers *m.f.* [남녀동형][속어] 바르셀로나 축구 클럽 회원.

culera culeres *f.* (바지의) 궁둥이에 대는 천.

culinari culinària culinaris culinàries *adj.* 요리(법)의.

culler cullers *m.* 큰 숟가락, 수프용 수저, 국자.

cullera culleres *f.* **1** 수저, 숟가락. **2** (고기 잡는) 작은 그물. **3** (선박에 고인 물을 푸는) 그릇. **4** 부삽; 흙손.

cullerada cullerades *f.* 한 숟갈, 숟가락 하나 가득.

ficar cullerada en afers que no sap prou [구어] 공연히 끼어들다.

cullereta culleretes *f.* 작은 수저, 티스푼.

cullerot cullerots *m.* **1** =culler. **2** [동물] 올챙이.

culminació culminacions *f.* **1** 최고점, 정점, 정상, 극치, 최고조; 한창 좋을 때. **2** [천문] 남중(南中), (천체의) 자오선 통과.

culminant culminants *adj.* 최고의, 절정에 있는, 한창 때의.

culot culots *m.* **1** 타다 남은 것. **2** *pl.* (꽉 끼는) 여자의 바지.

culminar *intr.* **1** 정점에 달하다, 절정에 달하다. **2** 최고조에 이르다, 정상에 이르다, 전성기를 구가하다. **3** [천문] 남중하다, (천체가) 자오선을 통과하다. **4** 끝내다, 완료하다.

culpa culpes *f.* 죄, 과오, 과실, 실수, 허물, 탓.

per culpa de ... 때문에, ...로 말미암아.

donar la culpa de ...라고 나무라다, 죄를 씌우다.

tenir la culpa de (...한 데 대한) 책임을 지다.

culpabilitat culpabilitats *f.* 나무랄 일, 괘씸한 일, 잘못된 일; 유죄(성).

culpable culpables *adj.* 죄가 있는, 책망 받을 만한, 괘씸한.
-*m.f.* 죄·책임이 있는 사람, 죄인.

culpar *tr.* 나무라다, 죄를 씌우다, 비난하다.

culte¹ cultes *m.* 예배, 경배; 숭배, 숭앙.

retre culte a (사람·사상·주의 등을) 숭배하다.

culte² culta cultes cultes *adj.* **1** 개발한, 개척한, 재배된. **2** 교양이 있는. **3** (언어가) 고어투의.

cultisme cultismes *m.* **1** [문학] 과식주의. **2** [언어] (라틴어에 뿌리를 둔) 고전어법, 고전어적 표현.

cultiu cultius *m.* **1** 경작, 재배(conreu). **2** 개척, 개발, 연구(estudi). **3** 연마, 교화. **4** [생물] (세균의) 배양. **5** 장려, 촉진.

cultivable cultivables *adj.* cultivar할 수 있는.

cultivador cultivadora cultivadors cultivadores *adj.m.f.* cultivar하는 (사람).

cultivar *tr.* **1** 경작하다, 재배하다(conrear). **2** 개척하다, 개발하다, 연구하다. **3** (기능 등을) 닦다, 연마하다. **4** (세균을) 배양하다. **5** (우의를) 돈독히 하다. **6** 장려하다, 촉진하다, 육성하다 (millorar, fomentar).

cultura cultures *f.* **1** 문화, 문명. **2** 교양. **3** 훈련, 수련, 개발.

cultural culturals *adj.* **1** 문화의, 문명의; 문화적인. **2** 교양의, 인문의.

culturalitzar *tr.* 문명화하다, 교화시키다.

culturisme culturismes *m* 퇴적. 근육 단련, 헬스.

cúmul cúmuls *m.* **1,** 산적, 더미, 무더기; 누적. **2** [기상] 적운. **3** [비유] 무수함, 많음.

cumulonimbus cumulonimbus *m.* [단·복수동형][기상] 소나기구름, 적란운.

cúmulus cúmulus *m.* =cúmul².

cuneïforme cuneïformes *adj.* 쐐기 모양의.

cuneta cunetes *f.* (참호, 도로 양측의) 배수구.

cunicultor cunicultora cunicultors cunicultores *m.f.* 토끼 사육자.
cunicultura cunicultures *f.* 토끼 사육.
cuny cunys *m.* **1** 쐐기. **2** [해부] (발의) 지골[발가락을 이루는 뼈].
cunyat cunyada cunyats cunyades *m.f.* 처남, 매부, 시아주버니, 시동생, 시누이; 처남·매부 사이.
cup cups *m.* **1** (포도주를 만들기 위해) 포도를 으깨는 통. **2** (올리브 등의) 지하 저장소.
cupatge cupatges *m.* (포도주와 기름 등의) 혼합.
cupè cupès *m.* **1** 2인승 4륜마차. **2** (문이 두 개 달린) 스포츠용 카.
cupiditat cupiditats *f.* 탐욕, 탐심, 욕심 (cobdícia).
cupido cupidos *m.* [비유] 잘 사랑에 빠지는 남자.
cuplet cuplets *m.* [음악] 노래, 속요.
cupó cupons *m.* 쿠폰, 표; 배급권, 절취권.
cuprífer cuprífera cuprífers cupríferes *adj.* 구리 성분의, 구리가 함유된.
cúpula cúpules *f.* **1** [건축] 원형 지붕. **2** (도토리의) 꼭지.
cupular cupulars *adj.* cúpula의.
cupulat cupulada cupulats cupulades *adj.* cúpula로 된.
cupulí cupulins *m.* [건축] (원형 지붕의) 첨탑.
cuquella cuquelles *f.* =cucut.
cuquello cuquellos *m.* =cucut.
cura cures *f.* **1** 보살핌, 돌봄, 거들어 줌(assistència). **2** 열심, 열의(atenció). **3** 걱정, 근심. **4** 치료(tractament).
 a cura de[*sota la cura de*] ...의 보호 아래, ...의 보살핌으로.
 posar cura en (동사 앞에서는 전치사 **a**를 사용) 정성을 들이다, 심혈을 기울이다.
 no tenir cura 치료 방법이 없다, 처방이 없다.
curable curables *adj.* 치료 가능한.
curació curacions *f.* 치료; 완쾌.
curador curadora curadors curadores *adj.* 시중을 드는; 치료하는.
 -*m.f.* 시중꾼; 보좌역, 후견인; 재산 관리인; 치료자.
curandero curandera curanderos curanderes *m.f.* 돌팔이 의사.
curar *tr.* **1** 고치다, 치료하다. *curar una nafra* 상처를 치료하다. **2** 다듬다, 손질을 하다. **3** ...하고자 하다. -*intr.prnl.* **1** 보살피다, 신경을 쓰다(ocupar-se); 주의하다, 조심하다. **2** (질병·상처 등이) 낫다, 치유되다.
curare curares *m.* (화살촉에 바르는) 독약.
curculla curculles *f.* (순례자가 달고 있는) 조개의 일종(petxina).
cúrcuma cúrcumes *f.* [식물] 심황 (뿌리).
curenya curenyes *f.* (돌을 재서 쏘는) 석궁; 포가(砲架).
curi *m.* [화학] 퀴륨[초우라늄 원소].
cúria cúries *f.* **1** [역사] (고대 로마의) 원로원. **2** 민사 법원. **3** [집합] 법원 직원.
curial curials *adj.* cúria의.
curiós curiosa curiosos curioses *adj.* **1** 호기심이 있는, 사물을 알고 싶어 하는. **2** 신기한, 진기한, 기묘한. **3** 열성적인, 집착력이 강한. **4** 깨끗한, 산뜻한, 청결한(net, polit).
curiositat curiositats *f.* 호기심; 지식욕.
curolla curolles *f.* =dèria.
curós curosa curosos curoses *adj.* 주의 깊은, 조심스러운, 공을 들인.
curri curris *m.* 카레 (요리).
cúrria cúrries *f.* =corriola.
currículum[**curriculum vitae**] *m.* (인생의) 경력, 이력서.
curs curs *m.* **1** 흐름, 경과, 운행; 진로, 경로; 과정, 코스(trajecte). **2** 연속, 계속. **3** 유포, 유통. **4** (서류를) 차례로 돌리는 일. **5** 학과 과정, 교육 과정, 강좌; 학년. *el curs de postgrau* 대학원 과정. **6** [경제] (화폐의) 유통, 통용.
 al curs de (일·년·세기 등이) 흐름·지남에 따라.
 en curs 과정에 있는, 경과 중인; 미결의.
 donar curs a ...를 유포하다, 유통시키다.

cursa curses *f.* **1** [스포츠] 달리기, 러닝, 경주. **2** (피스톤의) 왕복; (전자의) 진폭.

cursar *tr.* **1** (서류를) 담당계로 돌리다. **2** (...에) 자주 가다, 몇 번이고 하다. **3** (강의를) 듣다, 학습하다, 과정을 이수하다.

curset cursets *m.* (강좌·수업 등의) 짧은 과정.

cursetista cursetistes *m.f.* 짧은 과정을 밟는 사람.

cursi cursis *adj.* 촌스러운, 저속한, 악취미의.
-m.f. [남녀동형] 악취미를 가진 사람.

cursiu cursiva cursius cursives *adj.* 이탤릭체의, 사체의.
-f. 이탤릭체, 사체.

cursor cursors *m.* **1** [기계] (기계 부품의) 활판. **2** (행렬의) 감독사제.

curt curta curts curtes *adj.* **1** (길이가) 짧은, 작은, 닿지 않는. **2** (양이) 적은, 빈약한, 부족한(escàs). **3** (회의·책·영화 등이) 짧은, 길지 않은. **4** 바보 같은, 재주가 없는(neci).
curt de vista 근시의.
anar curt 돈이 떨어지다, 돈이 없다.
ésser curt[*curt d'enteniment*, *curt de gambals*] 이해를 못하다; 부족하다, 미치지 못하다.
fer[*tallar*] *curt* (무엇을) 말해야 할지 모르다, 말문이 막히다.
fermar[*lligar*] *curt* 조이다, 압박하다.

curtedat curtedats *f.* **1** 짧음; 협소, 빈약함, 소량. **2** 무능, 무기력, 기가 죽음, 소심함. **3** 머리가 둔함.

curtejar *intr.* **1** (옷이) 짧다. **2** (공급 등이) 부족하다, 떨어지다.

curull[1] curulls *m.* 남는 것; 넘치는 일.

curull[2] curulla curulls curulles *adj.* 넘치는.

curullar *tr.* 가득 채우다.

curvatura curvatures *f.* 휘어진·구부러진 정도, 율.

curvilini curvilínia curvilinis curvilínies *adj.* 곡선의.

curvímetre curvímetres *m.* 곡선측정기.

cuscús cuscussos *m.* 쿠스쿠스[밀가루에 꿀을 넣고 잘게 썰어 찐 과자].

cuspidat cuspidada cuspidats cuspidades *adj.* 끝이 뾰족한.

cúspide cúspides *f.* **1** 정상, 정점, 봉우리. **2** (원추 등의) 끝(punta).

cussa cusses *f.* =gossa.

custodi custòdia custodis custòdies *adj.* 보관하는, 관리하는, 보호하는; 경호·수호·감시하는.
-m.f. 보호자, 감시인.
-m. 수호천사.
-f. **1** 보관, 관리. **2** 경호, 수호, 감시. **3** (가톨릭의) 성체(聖體) 감실; 성궤.

custodiar *tr.* **1** 보관하다, 관리하다. **2** 감독하다. **3** 경호하다; 수호하다, 감시하다.

cutani cutània cutanis cutànies *adj.* 피부의.

cúter cúters *m.* (군함에 탑재한) 보트.

cutícula cutícules *f.* (피부의) 표피, 얇은 막.

cutis cutis *m.* [단·복수동형] 피부; 가죽, 껍질, 표피(pell).

D d

d *f.* 카탈루냐어의 알파벳의 네 번째 문자.
d' *prep.* de의 축약형.
  D'acord! 동의합니다!, 좋습니다!
dacriadenitis dacriadenitis *f.* [단·복수동형][병리] 눈물샘의 염증.
dactilar dactilars *adj.* 손가락의.
dactilat dactilada dactilats dactilades *adj.* 손가락 모양의; 손가락을 가진 (digitat).
dactilografia dactilografies *f.* 타자(술), 타이핑.
dactilologia dactilologies *f.* 수화(술).
dactiloscòpia dactiloscòpies *f.* 지문학, 지문법.
dada dades *f.* **1** 자료, 정보. *base de dades* 데이터베이스. **2** 논거, 기초.
dadaisme dadaismes *m.* 다다이즘[허무적 예술의 한 파].
daga dagues *f.* 비수, 단도, 주머니칼.
dador dadora dadors dadores *m.f.* **1** 양도자; (편지 등의) 지참자. **2** [상업] 어음 발행인.
daguerreotip daguerreotips *m.* 은판사진 (술).
daina daines *f.* **1** [동물] 누런 사슴, 황록. **2** 모험 스포츠(escoltisme).
  córrer[anar lleuger] com una daina 사뿐사뿐 (가볍게) 잘 달리다.
daiquiri daiquiris *m.* 다이키리[럼주에다 당밀 시럽, 리몬, 얼음을 넣은 술의 일종].
daixò *pron.* =daixonses.
daixonses *pron.* **1** 그것, 그 일. **2** [구어] 작자, 아무개, 모인(某人).
dalai-lama dalai-lames *m.* [종교] 달라이 라마[티베트의 라마교 교주].
dàlia dàlies *f.* [식물] 달리아.
dall dalls *m.* 한 무더기의 풀.
dalla dalles *f.* **1** 낫. **2** (죽음의 상징으로서의) 낫. **3** (통의) 연마 도구. **4** 빵 뒤집는 도구.
dallar *tr.* 낫으로 풀을 베다.
dallonses *pron.* =daixonses.
dàlmata dàlmates *m.f.* [동물] 달마티안.
dalt[1] *prep.adv.* 위에, 위에서.
dalt[2] dalts *m.* 윗부분, 위쪽.
  a dalt 위로.
  dalt[dalt de] ...의 위에.
  dalt de tot 가장 높은 곳에, 지극히 높은 곳에.
  de dalt a baix 위에서 아래로; 처음부터 끝까지, 하나에서 열까지.
  mirar de dalt a baix algú (사람을) 쭉 훑어보다.
daltabaix[1] *adv.* 위로부터.
daltabaix[2] daltabaixos *m.* **1** 실패, 재난, 참화; 비참한 일. **2** 대소동, 난장판.
daltonià daltoniana daltonians daltonianes *adj.* 색맹의.
  -*m.f.* 색맹 환자.
daltonisme daltonismes *m.* [의학] 색맹.
dama dames *f.* **1** 귀부인, 레이디, 숙녀. **2** (체스의) 말. **3** (배의) 노걸이, 크러치. **4** (연극의) 여배우. **5** 시녀, 하인. **6** 애인; 첩, 소실, 정부. **7** (땅의) 경계표. **8** (화덕의) 반반한 돌.
  dama de companyia 곁에서 시중드는 부인.
  joc de dames 서양장기, 체스.
  anar a dama[fer una dama] 체스를 하다.
damàs damassos *m.* =domàs.
damasquinar *tr.* (철에) 금은의 상감을 하다.
damasquinatge damasquinatges *m.* 금은의 상감 세공.
damisel·la damisel·les *f.* **1** (숙녀처럼 행동하는) 어린 아가씨. **2** 매춘부, 창녀, 거리의 여인.
damnació damnacions *f.* =condemnació.
damnar *tr.* 영원한 형벌에 처하다. *Déu damnarà els rèprobes* 신이 죄인들을 영원 형벌에 처하실 것이다.
damnatge damnatges *m.* =dany.
damnificar *tr.* 해를 입히다, 폐·손해를 끼치다, 피해를 주다.
damunt *adv.m.* =dalt.

-prep. ...의 위에, 위에서.
al damunt ...의 위에; 등에 지고.
damunt davall 거꾸로.
per damunt 대략, 줄잡아; 대충, 그럭저럭.
per damunt de =damunt.
per damunt de tot 그 무엇보다도, 우선적으로, 먼저.

dàncing dàncings *m.ang.* 댄스장, 무도회장.
dandi dandis *m.* 멋쟁이 남자.
danès danesos *m.f.* 덴마크 사람.
-m. **1** [언어] 덴마크어. **2** [동물] 그레이트데인[덴마크 원산의 개].
dansa danses *f.* 춤, 무용.
anar en dansa 난처한 상황에 있다.
posar en dansa 난처한 상황에 빠뜨리다.
dansador dansadora dansadors dansadores *adj.m.f.* 춤을 추는 (사람).
dansaire dansaires *m.f.* 댄서, 무용가, 무희(dansador).
dansar *tr.intr.* 춤을 추게 하다; 춤추다.
dansarí dansarina dansarins dansarines *m.f.* 무용가.
dantesc dantesca dantescs[dantescos] dantesques *adj.* 단테(Dant)의, 단테풍의.
dany danys *m.* **1** 해, 피해, 폐해. *dany fortuït* 뜻밖의 피해.**2** 손상, 손해, 손실; [경제] 손해.
danyar *tr.* **1** 해치다, 피해를 입히다. **2** 손상하다, 망가뜨리다. **3** (명예를) 더럽히다.
danyós danyosa danyosos danyoses *adj.* **1** 해가 되는, 해로운, 유해한. **2** 아무런 도움도 안 되는.
dar *tr.* [불구동사] **1** 주다(donar). **2** 부여하다, 제공하다. **3** (감정을) 일으키다, 느끼게 하다.
estar dat i beneït 끝났다.
dard dards *m.* **1** 투창. **2** 불의 혀, 불꽃. **3** 빗댐, 빈정거림.
dardaire dardaires *m.f.* [남녀동형] dardar²하는 사람.
dardar¹ *tr.* 창을 던지다, 창으로 상처를 입히다.
dardar² *intr.* 노래 부르며 돌다.

dardell dardells *m.* 작은 창.
darga dargues *f.* (강에 떠다니는) 얼음 조각.
darrer darrera darrers darreres *adj.* **1** 최후의, 마지막의. **2** 뒤의, 꽁무니의.
el darrer de tots 마지막, 꼴지, 꽁무니.
el darrer sospir 마지막 숨, 최후, 종말.
Sóc el darrer de la cua 내가 맨 마지막이다.
darrera *adv.prep.* =darrere¹.
darrerament *adv.* 마지막으로, 결국; 최근에.
darrere¹ *adv.prep.* **1** 뒤에, 뒤쪽에, 뒤에서. *Posa-te·li al darrere* 그의 뒤에 서라. **2** 뒤따라, ...에 이어서, ...후에.
al darrere ...뒤에, ...후에.
anar darrere 뒤따르다, 뒤에 이어지다.
darrere² darreres *m.* **1** 뒤쪽, 뒷부분. *les habitacions del darrere* 뒤쪽의 방들. **2** 궁둥이, 엉덩이; (동물의) 꽁무니.
al darrere de ...뒤에, ...후에.
anar darrere de ...의 뒤를 따라가다.
l'un darrere l'altre 계속 이어서, 뒤를 따라서.
darrerenc darrerenca darrerencs darrerenques *adj.* 철이 지난.
darreria darreries *f.* **1** 끝, 종말, 종국, 결말. **2** *pl.* (식사 후의) 후식.
a la darreria ...의 말에, ...의 하순에.
a la darreria de ...의 말에, ...의 마지막에; (인생의) 후반에.
dàrsena dàrsenes *f.* (항구 내의) 정박 구역, 내항.
darwinisme darwinismes *m.* 진화론.
dasonomia dasonomies *f.* 산림학.
data dates *f.* **1** 날짜, 일자, 연월일. **2** 수취인 주소. **3** 소환일.
amb data ...일자로.
datació datacions *f.* datar하는 일.
datar *tr.* **1** (편지·서류에) 날짜를 기입하다. **2** (어떤 사건의) 때를 추정하다. *-intr.* (...에) 유래하다, 기인하다, 비롯되다, ...부터이다. *Aquest castell data del segle passat* 이 성의 역사는 지난 세기로 거슬러 올라간다.
a datar d'aquell dia 그날 이후, 그날로

dàtil 부터.
dàtil dàtils *m.* [식물] 대추야자.
datiler datilera datilers datileres *adj.* 대추야자의, 대추야자가 열리는.
datiu dativa datius datives *adj.* [문법] 여격의.
-m. [문법] 여격.
dau daus *m.* **1** 주사위. **2** [건축] 기둥 받침, 벽의 기둥.
daurada daurades *f.* **1** [어류] 도미(orada). **2** [조류] 물떼새.
daurar *tr.* **1** 금도금하다, ...에 금을 칠하다. **2** (햇볕에) 누렇게 눈게 하다. **3** [비유] 교묘하게 붙이다.
daurat daurada daurats daurades *adj.* **1** 금을 입힌, 도금한, 금빛의. **2** 찬란하게 빛나는. **3** 한창의, 전성기의.
-m. 도금; *pl.* 금박을 입힌 도구.
davall davalls *adj.* 밑의, 아래의; 더 밑의, 저 밑의.
-prep. 밑에, 아래에.
davallada davallades *f.* 하강, 하락, 내려감; 내리막길.
davallador davalladors *m.* **1** davallar하는 곳. **2** [구어] 목, 목구멍. **3** [비유] 소화 기관.
davallament davallaments *m.* **1** =davallada. **2** [종교] (기독교의) 그리스도의 강림.
davallar *intr.* **1** 내려가다, 하강하다. **2** 강림하다.
davant[1] *adv.prep.* **1** 앞에, 정면에. **2** ...의 앞에서.
davant[2] davants *m.* **1** 앞쪽, 앞부분. **2** (축구의) 전위, 포워드. **3** (앞 말의) 기수.
 al davant 앞에; 정면에.
 davant per davant 정면으로 맞서서, 마주보고, 마주 대놓고.
 davant per davant de 바로 정면에.
 treure una cosa del davant 바로 보는 앞에서 치우다.
davantal davantals *m.* 앞치마, 에이프런.
davantalat davantalats *m.* =davantal.
davantejar *tr.* 앞서 가게 하다, 먼저 보내다.
davanter davantera davanters davanteres *adj.* 앞에 있는, 앞서 가는.
-m.f. **1** (앞 말의) 기수. **2** (축구 등의) 전위, 포워드.
-f. **1** (관람석 등의) 앞줄; 앞부분, 앞쪽. **2** 전위, 선두, 선봉, 선발대.
de *prep.* **1** [소유·귀속] ...의, ...을 가진, ...에 속하는. *els llibres d'en Joan* 조안의 책들. **2** [재료] ...의, ...제의, ...으로. *un braçalet d'or* 금팔찌. **3** [거리] ...로부터. *Som molt lluny del poble* 우리는 마을에 매우 멀리 떨어져 있다. **4** [시기·기간·시각] ...때에; ...부터. *De menut va marxar de casa seva* 그는 어려서 집을 나갔다. **5** [방법] ...하게, ...하고서. *de genollons* 무릎을 꿇고서. **6** [원인·이유] ...에서, ... 때문에, ...로 말미암아. *plorar de vergonya* 부끄러워 울다. **7** [부류·종류]...의. *conte de fades* 요정 동화. **8** [목적] ...을 위한, ...을 위해, ...에 적당한. *un molí d'oli* 올리브기름 짜는 틀. **9** [부분] ...중에서, ...에서. *tres de vosaltres* 너희들 중 셋. **10** [분리·이탈] ...로부터. *La ploma li escapà de les mans* 펜이 그의 손에서 떨어졌다. **11** [출신·기원] ...로부터, ...에서. *Nasqué de família de classe mitjana* 그는 중류 가정에서 태어났다. **12** [동격으로 쓰임] ...의. *el carrer de Provença* 프로벤사 거리.
 de... estant ...에서, ...로부터.
dea dees *f.* 여신(deessa).
deambular *intr.* 돌아다니다, 쏘다니다.
debades *adv.* 공연히, 쓸데없이.
debanador debanadora debanadors debanadores *adj.m.f.* 실을 감는 (사람).
-f. 실꾸리, 실패, 자새.
debanall debanalls *m.* (실을 감는) 관, 목관.
debanar *tr.* **1** 실을 감다. **2** [비유] 고통을 주다.
debat debats *m.* 토론, 논쟁; 다툼, 입씨름.
debatiment debatiments *m.* (내적인) 갈등, 몸부림.
debatre *tr.* 토론하다, 논쟁하다; 입씨름하다. *-'s* (헤어나기 위해) 기를 쓰다, 몸부림치다.

dèbil dèbils *adj.* 약한, 허약한, 힘이 없는; 마음이 약한.
debilitació debilitacions *f.* 약하게 함, 약화시킴.
debilitament debilitaments *m.* =debilitació.
debilitar *tr.* 약하게 하다, 허약하게 만들다, 약화시키다.
debilitat debilitats *f.* 1 약함, 허약함, 쇠약, 무력. 2 마음이 약함. 3 약점, 맹점.
dèbit dèbits *m.* [경제] 부채, 채무, 빚.
debò, de *loc.adv.* 실로, 진실로, 참으로, 정말로.
debolit debolida debolits debolides *adj.* 파괴된, 전멸된, 싹 쓸어버린.
debut debuts *m.* 데뷔, 초연, 첫 무대; 처녀작 발표.
debutant debutants *adj.m.f.* debutar하는 (사람).
debutar *intr.* 데뷔하다, 첫 무대에 서다; 세상에 나오다, 처음으로 발표되다.
deçà *adv.prep.* 이쪽에서, 이쪽의.
dècada dècades *f.* 1 10일, 순일(旬日); 10년. 2 10장·권으로 된 것.
dècade dècades *f.* =dècada.
decadència decadències *f.* 1 쇠미해짐, 쇠퇴, 퇴락; 타락. 2 (문예상의) 데카당스 운동.
decadent decadents *adj.* 1 쇠퇴하는, 몰락하는, 쇠퇴기에 있는. 2 퇴폐주의의, 데카당스의.
decaïment decaïments *m.* 1 =decadència. 2 쇠약, 낙담, 풀이 죽음.
decalar *tr.* (시간·공간을) 옮기다.
decalatge decalatges *m.* decalar하는 일.
decàleg decàlegs *m.* [성서] 십계.
decalitre decalitres *m.* 10리터, 데카리터.
decalvar *tr.* 머리를 뽑다.
decandir-se *prnl.* 쇠하다, 기운이 빠지다; 몰락하다, 쇠퇴해지다, 퇴락해지다.
decantar *tr.* 1 (액체를) 다른 그릇으로 옮기다. 2 기울이다, 기울게 하다. 3 분리시키다, 가르다, 떼어 놓다(separar). 4 [비유] ...하게 하다, ...할 마음이 내키게 하다. -se 1 분리되다, 갈

라지다, 떨어지다. 2 [비유] ...쪽으로 기울다; ...하는 경향이 있다.
decapitació decapitacions *f.* 참수.
decapitar *tr.* 참수하다, 목을 자르다.
decàpodes *m.pl.* 1 [동물] 다리가 10개인 동물. 2 *pl.* 십각류 동물.
decasíl·lab decasíl·laba decasíl·labs decasíl·labes *adj.* 10음절의.
-*m.* 10음절의 시구.
decatló decatlons *m.* [스포츠] 십종 경기.
decaure *intr.* 1 (건강이) 쇠하다, 기운이 빠지다. 2 쇠퇴해지다, 몰락하다, 퇴락하다, 형편없게 되다. 3 타락하다.
decebre *tr.* 실망시키다, 환멸을 일으키다.
decència decències *f.* 우아함, 품위 있음, 고상함, 청초함.
decennal decennals *adj.* 10년의, 10년마다의.
decenni decennis *m.* 10년(간).
decent decents *adj.* 우아한, 품위 있는, 고상한; 단정한, 예의바른, 점잖은.
decepció decepcions *f.* 낙심, 실망, 환멸.
decés decessos *m.* 죽음, 사망.
decibel decibels *m.* 데시벨[음향 강도의 단위].
decidir *tr.* 정하다, 결정하다, 작정하다; 결론을 내리다. -se 결정하다, 결심하다. *decidir-se per alguna cosa* 어떤 일을 하기로 결심하다.
decidit decidida decidits decidides *adj.* 굳게 결심한, 확고한, 작정한.
dècim dècima dècims dècimes *adj.* 열 번째의, 10등분 한.
-*m.f.* 열 번째.
-*m.* 10등분.
-*f.* (abbaaccddc의 운을 갖는) 10행 7음절 시.
decimal decimals *adj.* 1 10등분 한. 2 십진법의. 3 1할의, 1할 세의.
-*m.* 10등분; 10진법; 1할(세).
decímetre decímetres *m.* 데시미터[10 cm].
decisió decisions *f.* 1 결심, 결단. 2 결정, 결의. 3 [법률] 판결(sentència).
prendre una decisió 결정을 내리다.

decisiu decisiva decisius decisives *adj.* **1** 결정적인, 결정하는. **2** 단호한, 확고한.

decisivament *adv.* 결정적으로, 단호하게.

decisori decisòria decisoris decisòries *adj.* 결정적인, 최후의.

declamació declamacions *f.* **1** 낭송(법), 낭독. **2** 연설(법), 열변.

declamar *tr.* **1** 낭송하다, 낭독하다. *declamar un discurs* 연설문을 낭독하다. **2** 연설하다, 열변을 토하다.

declamatori declamatòria declamatoris declamatòries *adj.* 열변을 토하는, 연설적인; (말투·문장의) 격렬한.

declaració declaracions *f.* **1** 공표, 발표, 성명, 천명. **2** 고백, 신고. **3** [법률] 진술. **4** 신청, 진정. **5** 포고, 선언. **6** 판정, 단정. **7** 통관 절차.
prendre declaració 공표하다, 천명하다, 선언하다.
prestar declaració 진술하다.

declaradament *adv.* 분명하게, 뚜렷하게.

declarant declarants *m.f.* [남녀동형] 진술자, 증인, 신고자, 진정자, 성명자.

declarar *tr.* **1** 밝히다, 선언하다, 포고하다. **2** 밝히다, 고백하다(confessar). **3** 언명하다, 단언하다. **4** [법률] 진술하다(dictaminar). **5** 포고하다, 선언하다. **6** 판정하다, 단정하다. **-se 1** 분명히 말하다, 분명히 천명하다. **2** (자신을) ...라고 말하다.

declaratori declaratòria declaratoris declaratòries *adj.* 분명히 밝히는, 진술하는.

declinable declinables *adj.* declinar할 수 있는.

declinació declinacions *f.* **1** 내리막, 경사(descens); 기울기. **2** 거절, 사절(refús). **3** 감퇴, 쇠퇴. **4** [문법] 어미변화, 어미활용; 격 변화. **5** [천문] 적위(赤緯). **6** [물리] 편차.

declinant declinants *adj.* declinar하는.

declinar *intr.tr.* **1** 기울다, 내려가다. **2** 감퇴하다, 쇠퇴하다. **3** (인기 등이) 떨어지다. **4** 퇴보하다, 쇠미하다. **5** (정중히) 거절하다, 사절하다, 사퇴하다(refusar). **6** 편차가 생기다.

declivi declivis *m.* **1** 비탈길, 내리받이, 기울기, 경사(면). **2** 조락, 감퇴, 쇠퇴, 시듦.
en declivi 내려가는; 쇠퇴의.

declivitat declivitats *f.* =declivi.

decocció decoccions *f.* 우려냄; 우려낸 국물, 우려낸 약.

decolorar *tr.* 퇴색시키다, 색깔이 바래다.

decomissar *tr.* 몰수하다(comissar).

decomís decomissos *m.* 몰수(comís).

decor decors *m.* 건물의 장식(법).

decoració decoracions *f.* **1** 장식(품). **2** 무대 장치.

decorador decoradora decoradors decoradores *adj.* 꾸미는, 장식하는.
-m.f. (실내) 장식가, 무대 장치가.

decorar *tr.* 꾸미다, 장식하다.

decorat decorada decorats decorades *adj.* 꾸민, 장식한.
-m. 꾸밈, 장식.

decorós decorosa decorosos decoroses *adj.* 기품 있는, 지조 있는, 영예로운.

decórrer *intr.* (아래로) 달리다; 미끄러지다.

decòrum decòrums *m.* **1** 품격, 품위, 기품, 덕성. **2** 면목, 영예. **3** 지조, 정조.

decreixent decreixents *adj.* **1** 차츰 내려가는. **2** 시들어 가는, 쇠퇴해 가는. **3** 줄어드는, 감소하는.

decréixer *intr.* 차츰 줄다, 감소하다, 쇠퇴하다.

decrèpit decrèpita decrèpits decrèpites *adj.* (육체가) 노쇠한, 늙고 병든; 쇠퇴해 버린.

decrepitació decrepitacions *f.* 불꽃이 튀며 탐.

decrepitar *intr.* 불꽃이 튀며 타다.

decrepitud decrepituds *f.* **1** 노쇠, 노령. **2** 쇠퇴, 감퇴.

decrescendo *adv.* 점차 약하게, 점차 희미하게.
-m.ital. [음악] 음이 점점 약해짐.

decret decrets *m.* **1** 법령, 정령, 칙령, 행정 명령; ...령 **2** 결재, 재가.
fer un decret 법령을 발하다, 칙령을

내리다.
decretar *tr.* **1** 명하다, 법령으로 공포하다. **2** 결재하다, 재가하다.
decúbit decúbits *m.* **1** 편안히 누움, 눕는 일. **2** [의학] (오래 누워 생긴) 종기.
decúbit dorsal 반듯이 누움.
decúbit ventral 엎드려 누움.
decuit decuits *m.* 우려낸 것.
dècuple dècupla dècuples dècuples *adj.* 10배의.
-m. 10배.
decurs decursos *m.* (시간의) 경과, 흐름; (때의) 연속, 계속.
dèdal dèdals *m.* 미로, 미궁.
dedicació dedicacions *f.* dedicar하는 일.
dedicar *tr.* **1** 바치다, 봉헌하다, 헌납하다, 증정하다. *dedicar lloances a la pàtria* 모국을 찬양하다. **2** 충당하다, 돌려쓰다. **3** (시간 등을) 사용하다, 소비하다. **4** 전념하다. **-se 1** 종사하다, 헌신하다. **2** 전념하다, 몰두하다. *dedicar-se a l'estudi* 학업에 전념하다.
dedicatori dedicatòria dedicatoris dedicatòries *adj.* 봉헌의, 헌납의, 바친.
-f. 헌사(獻辭), 감사의 글.
dedins *adv.* **1** 안에, 속에, 안으로, 속으로. **2** 안에서, 속에서. **3** [시간·공간] ...안에; ...후에.
-m. 안쪽, 내부.
al dedins de [시간·공간] ...안에; ...후에.
deducció deduccions *f.* **1** 뺌, 공제(sostracció). **2** 차감액, 공제액. **3** 추정, 추론, 추리. **4** [논리] 연역법. **5** 물꼬를 틈.
deductiu deductiva deductius deductives *adj.* 추정적인, 추론적인; 연역적인.
deduir *tr.* **1** 빼다, 공제하다(sostreure). **2** 짐작하다, 추정하다, 추론하다. **3** 물꼬를 트다.
deessa deesses *f.* 여신; 절세미인.
defallença defallences *f.* =defalliment.
defallidor defallidors *f.* 기력 쇠약.
defalliment defalliments *m.* **1** 쇠약, 기운이 빠짐. **2** 기절, 실신. **3** 죽음, 사망.

defallir *intr.* **1** 쇠약해지다, 기운이 빠지다. **2** 기절하다, 실신하다. **3** 죽다. **4** [해부] (신체의 일부가) 없다.
defecació defecacions *f.* **1** 맑게 하는 일, 정화, 불순물 제거. **2** 배변.
defecar *tr.* 맑게 하다, 정화시키다, 찌꺼기를 없애다, 앙금을 제거하다. *-intr.* 배변하다.
defecció defeccions *f.* **1** 탈주, 탈당, 탈퇴(deserció). **2** 변절.
defeccionar *tr.* 탈주하다, 탈당하다, 탈퇴하다; 변절하다.
defecte defectes *m.* **1** 결점, 단점, 결함 (mancança). **2** (양의) 부족, 결손, 결여 (insuficiència). **3** 흠, 약점, 불완전 (imperfecció).
defectible defectibles *adj.* 결함이 있는, 결여된, 불완전한.
defectiu defectiva defectius defectives *adj.* **1** 결함이 있는, 흠이 있는, 불완전한. **2** 불구 동사의, 불완전 동사의.
-m. [문법] 불구 동사, 불완전 동사.
defectuós defectuosa defectuosos defectuoses *adj.* 결점·결함이 있는, 불완전한, 미비한.
defectuositat defectuositats *f.* 결점, 결함, 미비.
defendre *tr.* **1** 막다, 지키다, 방어하다 (defensar). *defendre la ciutat* 도시를 방어하다. **2** 지지하다, 옹호하다, 변호하다. **3** [법률] 항변하다, 답변하다. **4** 금지하다(prohibir). *Ací és defès de parlar alt* 여기서는 큰 소리로 말해서는 안 된다.
defenestrar *tr.* (창문·발코니로) 던지다.
defensa defenses *f.* **1** 방위, 방어, 수비; 방어물. *defensa personal* 개인 방어. **2** 옹호, 보호; 변호. **3** [법률] 항변, 답변. **4** [스포츠] (축구 등의) 디펜스, 풀백, 후위. **5** *pl.* 방어 진지 구축. **6** *pl.* [해부] (소·코끼리 등의) 뿔.
-m.f. [스포츠] 수비 선수.
en defensa de ...을 지켜, ...을 변호하여.
en defensa pròpia 자기 방어로.
legítima defensa [법률] 정당 방어.
defensar *tr.* =defendre. **-se** 막아내다, 방어하다.

defensiu defensiva defensius defensives *adj.* 방어의, 방비용의, 수비의.
defensiva defensives *f.* 수세; 방어 자세, 방어 위치; 방어물.
 estar a la defensiva 수세에 몰리다.
defensor, ora *adj.* 수비하는, 보호하는, 변호하는.
 -m.f. 수비자, 보호자, 변호자, 후견인.
deferència deferències *f.* **1** 공손, 겸허, 겸양. **2** 존중; 맹종.
deferent deferents *adj.* **1** 겸허한, 겸손한, 공손한, 경의를 표하는. **2** 존중히 여기는; 맹종적인.
deferir *tr.* **1** 공손히 대하다, 경의를 표하다. **2** (의견을) 존중하다; 맹종하다. **3** [법률] 고소하다(denunciar). *deferir el culpable* 죄인을 고소하다. **4** 승낙하다; 양보하다(cedir). *-intr.* (경의를 표하여) 따르다.
deficiència deficiències *f.* 부족, 흠, 결점, 결함, 불완전.
deficient deficients *adj.* 부족한, 결함이 있는, 불완전한.
dèficit dèficits *m.* [경제] 적자, 부족액; 결손, 손해.
deficitari deficitària deficitaris deficitàries *adj.* 적자의, 결손·손해가 되는, 결손의, 손해분의.
definició definicions *f.* **1** 정의, 정리. **2** (어의의) 설명. **3** 한정, 결정, 재결(裁決). **4** (텔레비전·사진 등의) 선명도; (라디오·오디오 등의) 감응도.
definir *tr.* **1** 정의하다, 정리하다, 설명하다. **2** 의미를 밝히다, (본질·본체를) 명시하다. **3** 한정하다, 결정하다(fixar, determinar). **4** (마무리를) 완성하다. *-se* 정의하다, 설명하다, 밝히다.
definit definida definits definides *adj.* **1** 구체적인, 명확한. **2** 결정된, 한정된. **3** [문법] 정해진.
definitiu definitiva definitius definitives *adj.* 결정적인, 한정된, 종국적인; 불변의, 불역(不易)의.
 en definitiva 결론적으로, 궁극적으로.
definitivament *adv.* 결론적으로, 최종적으로.
deflació deflacions *f.* [경제] 긴축, 통화긴축, 디플레.

deflagració deflagracions *f.* **1** 불타오름. **2** [화학] 돌발적인 연소, 폭연 작용.
deflagrar *tr.intr.* 별안간 불타다, 돌연히 불이 붙다.
deflectir *tr.* 빗나가게 하다.
defoliació defoliacions *f.* 이상 낙엽[병충해 등으로 이른 시기에 잎이 떨어지는 현상].
defoliar *tr.* (병충해 등으로) 잎이 이른 시기에 떨어지다.
defora[1] *adv.* 밖에, 바깥에; 이외에.
 -prep. ...외에, ...이 아니고, ...위에.
defora[2] defores *m.* 밖, 바깥; 시골.
 al defora 밖에, 바깥에; 시골에, 교외에.
 al defora de ...외에.
deformació deformacions *f.* **1** 변형, 기형. **2** (진실의) 왜곡. **3** [미술] 변형, 데포르마시옹. **4** [전기] 전파의 일그러짐. **5** [물리] 변형.
deformar *tr.* **1** 변형시키다(alterar). **2** 형태를 무너뜨리다, 흉하게 만들다. **3** 왜곡하다. *-se* 형태가 흐트러지다, 모양이 이지러지다.
deforme deformes *adj.* 모양이 흉한, 형태가 무너진, 기형의, 불구의.
deformitat deformitats *f.* 흉한 모양, 흉하게 생긴 것, 기형, 불구.
defraudació defraudacions *f.* **1** 약취, 사취, 속임수. **2** 기대에 어긋남, 방해.
defraudador defraudadora defraudadors defraudadores *m.f.* 횡령자.
defraudar *tr.* **1** 속이다(decebre). **2** [법률] 횡령하다, 약취하다, 사취하다. **3** (희망을) 저버리다. **4** 헝클어지다, 어지럽게 하다, 방해하다.
defugir *tr.prnl.* **1** 벗어나다, 회피하다, 빠져나가다. **2** 거절하다, 거부하다.
 defugir-se de =eludir.
defunció defuncions *f.* =mort.
degà degana degans deganes *m.f.* **1** (대학의) 학장, 주임 교수. **2** (가톨릭의) 수석 사제, 수석 수사, 추기경회장. **3** 대학 학부장, 외교단장.
deganat deganats *m.* 학장의 직·임기; 학장실.
degeneració degeneracions *f.* **1** 퇴보, 악화. **2** 타락, 퇴폐. **3** [생리] 변성, 변

degenerar

질. **4** [생물] 퇴화. **5** [의학] (장기·조직의) 병적 변질.

degenerar *intr.* **1** 나빠지다, 퇴보하다, 퇴폐하다. **2** 타락하다, 몰락하다. **3** 품질이 저하되다. **4** 변질하다, 변모하다, 변성하다. **5** [생물] 퇴화하다.

deglució deglucions *f.* 삼키기, 삼키는 작용.

deglutir *tr.* 삼키다, 넘기다.

degolla degolles *f.* =degollament.
entrar a degolla (마을·성 등을) 전멸시키다.

degollament degollaments *m.* **1** 참수, 목을 벰. **2** 못 쓰게 만듦.

degollar *tr.* **1** 참수하다, 목을 베다. **2** 못 쓰게 만들다. **3** (부인의 옷에) 목을 파다. **4** (배우가) 연기를 망치다.

degotador degotadors *m.* (액체를 조금씩 주입하는) 의학 기구.

degotall degotalls *m.* **1** 한 방울씩 떨어지는 액체. **2** [광물] 종유석(estalactita).

degotament degotaments *m.* degotar하는 일.

degotar *intr.* **1** 한 방울씩 떨어지다. **2** (비가) 한 방울씩 내리기 시작하다. **3** 찔끔찔끔 주다·받다. -*tr.* (액체가) 조금씩 떨어지게 하다.

degoteig degotejos *m.* =degotament.

degotejar *intr.* =degotar.

degoter degoters *m.* 물방울이 떨어지는 곳(gotera).

degotís degotissos *m.* (특히) 비가 새는 곳.

degradació degradacions *f.* degradar(-se)하는 일.

degradar *tr.* **1** 관등을 박탈하다, 좌천시키다, 강등시키다. **2** 비열하게 만들다, 품위를 잃게 만들다(envilir). **3** (나쁘게) 변경하다, 수정하다. **4** 점점 줄어들다, 감소하다. **5** (빛깔을) 흐리게 하다. -**se** 품위·체면을 떨어뜨리다, 몰락하다, 영락하다, 추락하다.

degudament *adv.* 정당하게, 적절하게.

degustador degustadora degustadors degustadores *m.f.* 시식가, 음식 감정가(tastador).

degustar *tr.* 시음·시식하다(tastar).

dehiscència dehiscències *f.* [식물] (꼬투리 등의) 벌어짐.

dehiscent dehiscents *adj.* (꼬투리가) 벌어지는.

deïdor deïdora deïdors deïdores *adj.* 말로 나타낼 수 있는; 말해도 상관없는.
-*m.f.* 증인.

deïficar *tr.* **1** 신으로 모시다, 신처럼 받들다. **2** 신격화하다, 신성시하다. **3** 받들어 모시다.

deisme deismes *m.* [종교] 자연신교, 자연신론[창조주는 인정하나 신의 계시는 부인하는 교리].

deïtat deïtats *f.* **1** 신성(divinitat). **2** 신, 여신(déu, deessa).

deix deixos *m.* **1** 결과; 성과, 효과. **2** 결과물, 성과물. **3** 성적. **4** 지방 말씨, 지방 어법.

deixa deixes *f.* **1** [법률] 유산, 유증(llegat). **2** *pl.* 유물(deixalles). **3** [건축] 돌출부. **5** (옷의) 코, 땀, 바늘땀, 재봉땀.

deixadesa deixadeses *f.* 권태, 무기력; 태만, 방임, 포기.

deixalla deixalles *f.* [주로 복수로 쓰여] **1** 폐물, 폐품; 쓰레기. **2** (음식물의) 남은 찌꺼기. **3** 유물; 폐허.

deixant deixants *m.* 선적(船跡), 항적(航跡), 비행운; 빛의 꼬리.

deixar *tr.* **1** 놓아주다. **2** (어떤 상태로) 놓아두다, 방치하다. **3** 허락하다, 허용하다(permetre). **4** 시키다, 맡기다. **5** (어떤 장소에) 놓다, 남기다. **6** (자리를) 떠나다, 버리다(abandonar). **7** 그만두다, 중지하다; 손을 떼다. -**se** 버리다, 그만두다, 내버려 두다.
deixar córrer[anar] 놓아주다, 붙잡지 않다; 고집하지 않다.
deixar de 그만두다, 중지하다.
no deixar de ...하는 것을 중단하지 않다, 계속해서 ...하다.

deixat[1] deixats *m.* **1** 결과. **2** 뒷맛(sabor). **3** 끝마무리, 결말.

deixat[2] deixada deixats deixades *adj.* 버려진, 놓아둔, 포기한, 방치한.

deixatar *tr.* 녹이다, 용해하다. -**se** 녹다, 용해되다.

deixeble deixebla deixebles deixebles *m.f.* **1** 제자, 학생, 문하생, 추종자. **2** (예수의) 제자.

deixia deixies *f.* =deixes.

deixondir *tr.* 잠이 깨이게 하다, 정신이 들게 하다, 정신 차리게 하다. **-se** 정신이 들다, 정신 차리다.

dejecció dejeccions *f.* **1** 사기 저하; 비열, 굴욕(abatiment). **2** [지질] (화산의) 분출물. **3** [의학] 배출. **4** *pl.* 배출물, 배설물.

dejectar *tr.* 기죽게 하다, 콧대를 꺾다, 사기를 떨어뜨리다.

dejectiu dejectiva dejectius dejectives *adj.* **1** 사기를 저하시키는. **2** 배출하는, 분출하는.

dejorn[de jorn] *adv.* 일찍이, 이른 아침에.

dejú dejuna dejuns dejunes *adj.* 금식하고 있는; 아무것도 먹지 않은.

dejunar *intr.* 금식하다, 단식하다.

dejuni dejunis *m.* 금식, 단식.

dejús *adv.* 아래에(dessota).

del [전치사 de와 관사 el의 축약형; 모음이나 h로 시작하는 말과 함께 쓰일 때에는 de와 el이 분리되고 아포스트로피를 붙임: *Vinc de l'hort*].

delació delacions *f.* **1** 고발, 고소. **2** 밀고, 고자질.

delatar *tr.* **1** 고발하다, 고소하다. **2** 밀고하다, 폭로하다.

delator delatora delators delatores *adj. m.f.* delatar하는 (사람).

delectació delectacions *f.* 즐거움, 흐뭇함, 쾌락(placer).

delectança delectances *f.* =delectació.

delectar *tr.* 아주 즐겁게 하다, 흐뭇하게 하다.

delegació delegacions *f.* **1** 대표, 위임; 대표의 임무, 대표 사무소. **2** 사절단, 대표단, 대표부. **3** 파출소, 지서. **4** 대리점, 지점; (상사 등의) 주재 사무소, 출장소.

delegar *tr.* **1** (권한을) 위임하다. **2** 선임하다. **3** (대표로서) 파견하다.

delegat delegada delegats delegades *adj.* 위임받은.
-m.f. **1** 대표자, 대리, 대표 위원; 대표단, 사절단. **2** 대리인, 주재원, 출장소 근무자.

delegatori delegatòria delegatoris delegatòries *adj.* (권한 등의) 위임의.

delejar *intr.* (고통·아픔 등을) 겪다. *-tr.* 애원하다, 갈망하다(desitjar).

deler delers *m.* **1** 열정, 정열; 열심, 열렬. **2** 갈망.

delera deleres *f.* =deler.

deleteri deletèria deleteris deletèries *adj.* 매우 해로운, 유독한.

delfí delfina delfins delfines *m.f.* (프랑스의) 왕위 계승자.
-m. (왕의) 장남, 태자.

deliberar *intr.* **1** 곰곰이 생각하다, 숙고하다. **2** 심의하다, 검토하다.

delicadesa delicadeses *f.* **1** 섬세함, 미묘함; 우아, 화사함. **2** 민감, 예민함; 까다로운 일. **3** 상냥함, 다정스러움, 예의 바름. **4** *pl.* 섬세한 것; 민감한 것.

delicadura delicadures *f.* =delicadesa.

delicat delicada delicats delicades *adj.* **1** 섬세한, 미묘한. **2** 우아한, 화사한. **3** 민감한, 예민한(fi). **4** 까다로운, 다루기 힘든. **5** 약한(feble, malaltís).

delícia delícies *f.* 기쁨, 환희; 쾌감.

delicte delictes *m.* 범법 행위, 범죄 행위, 법의 위반.

delimitar *tr.* 한정하다, 국한하다, 한계를 정하다.

delineant delineants *m.f.* 제도사, 설계사.

delinear *tr.* 선을 긋다, 제도하다.

delinqüència delinqüències *f.* 과실, 범죄.
delinqüència juvenil 청소년 범죄.

delinqüent delinqüents *adj.* 범죄를 저지른.
-m.f. 범죄자, 우범자.

delinquir *intr.* 범죄를 저지르다.

deliqüescència deliqüescències *f.* [화학] 조해(성).

deliqüescent deliqüescents *adj.* 조해성을 가진.

delir *tr.* 지우다(esborrar).

delirar *intr.* 흥분해서 이성을 잃다; 헛소리를 하다; (열로) 정신을 잃다.

deliri deliris *m.* **1** (흥분하거나 이성을

delírium

잃고서 하는) 헛소리. **2** [의학] 섬망 상태(譫妄狀態)[일시적인 정신 착란].

delírium trèmens delíriums trèmens *m*. [의학] (알코올 중독으로 인한) 섬망증 (譫妄症).

delirós delirosa delirosos deliroses *adj*. **1** 헛소리를 하는; 미친, 정신이 나간, 이성을 잃은. *estar delirós* 헛소리를 하다, 이성을 잃다. **2** 갈망하는, 염원하는. *Vivia delirós de reveure la seva pàtria* 그는 자기 조국을 다시 보기를 염원하면서 살았다.

delir-se *prnl*. 고통을 겪다.
delir-se per 몹시 ...하고 싶어 하다.
fer delir 고통을 주다.

delit delits *m*. 즐거움, 흐뭇함, 쾌락.

delitar *tr*. 즐겁게 하다(delectar).

delitós delitosa delitosos delitoses *adj*. 즐겁게 하는.

dellà *adv.prep*. 저쪽에, 저 너머에, 그 위에.
al dellà de 저 너머에, 다른 쪽에.

dellà-ahir *adv*. 엊그제.

delmació delmacions *f*. delmar하는 일.

delmar *tr*. **1** (열에 하나를) 벌하다, 죽이다, 취하다. **2** (질병·전쟁 등으로) 막대한 사망자를 내다, 파멸시키다. **3** [성서] 수입의 1할을 바치다; 십일조를 내다.

delme delmes *m*. **1** (수입 상품에 대한) 1할 관세. **2** (교회·국왕에 바치는) 연공[수확의 1할].

dels 전치사 de와 관사 els의 축약.

delta deltes *m*. [지질] 삼각주.
-f. 델타[그리스 자모의 넷째 글자].

dèltic dèltica dèltics dèltiques *adj*. 삼각주의.

delusió delusions *f*. 거짓, 속임.

demà[1] *adv*. 내일, 장래에.
demà passat 모레.
d'avui a demà 짧은 시간에.
demà que ...할 때에.

demà[2] demans *m*. 내일, 미래, 장래.
Demà m'afaitaràs! [놀라움·부정(否定)을 뜻하는 감탄사] 천만에!, 말도 안 돼!
Demà serà un altre dia 내일은 달라질 것이다.
Ja m'ho diràs demà! 놀리지 마!, 농담

하고 있는 거야!
Mengem i beguem, que demà morirem [속담] 인생을 먹고 마시고 즐기자, 내일 죽더라도 오늘 즐기자.

demacrat demacrada demacrats demacrades *adj*. 여윈, 쇠약한.

demagògia demagògies *f*. 선동, 악선전.

demanar *tr*. **1** 요구하다, 요청하다, 신청하다(sol·licitar). **2** 요하다, 필요하다. **3** 묻다, 질문하다(preguntar). *-intr*. 부르다. *-se* 질문하다.

demanda demandes *f*. **1** 요구, 요청, 청구. **2** 주문. **3** 수요. **4** 질문, 문의.

demandant demandants *m.f*. [법률] 원고.

demandar *tr*. 소송하다, 청원하다.

demandat demandada demandats demandades *m.f*. [법률] 민사 피고.

demarcació demarcacions *f*. 경계를 지음, 한계 설정, 구획 정리; 구획, 구역.

demarcador demarcadora demarcadors demarcadores *adj.m.f*. demarcar하는 (사람).

demarcar *tr*. 구획을 정하다, 경계를 정하다.

demarcatiu demarcativa demarcatius demarcatives *adj*. 경계의.

demarrer demarrers *m*. 시동 장치.

dematí dematins *m*. =matí.

demble dembles *m*. (말의) 총총걸음.

demència demències *f*. 광란, 광기, 정신착란.

dement dements *adj*. 미친, 정신 착란의.
-m.f. 미치광이, 광인, 정신병자.

dementre *conj*. =mentre.

demèrit demèrits *m*. 불명예; 흠, 잘못, 결점.

demés *adv*. 게다가, 아울러, 뿐만 아니라.

demesia demesies *f*. =excés.

demiürg demiürgs *m*. [철학] (플라톤 철학에서 말하는) 조물주, 조화의 신.

democràcia democràcies *f*. **1** 민주주의, 민주 체제, 민주 정체. **2** 민주 국가.

demòcrata demòcrates *adj*. 민주당의.
-m.f. 민주당원.

democràtic democràtica democràtics democràtiques *adj.* 민주주의의, 민주적인; 민중적인.
democratitzar *tr.* **1** 민주화하다. **2** 민주·민중·대중적으로 하다.
demògraf demògrafa demògrafs demògrafes *m.f.* 인구 통계학자.
demografia demografies *f.* 인구 통계(학).
demogràfic demogràfica demogràfics demogràfiques *adj.* 인구의, 인구 통계의.
demolició demolicions *f.* 파괴, 괴멸.
demolir *tr.* 부수다, 파괴하다, 괴멸시키다; 철거하다; 타파하다.
demoníac demoníaca demoníacs demoníaques *adj.* 악마의, 마가 낀, 악마에 씐, 귀신 들린.
demora demores *f.* **1** 지연, 지체. **2** 연체.
demorar *tr.* 늦추다, 지연시키다, 지체시키다(retardar). *-intr.* 미적거리다, 꾸물거리다, 지체하다.
demostració demostracions *f.* **1** 증명, 실증, 논증. **2** 제시, 표시, 표명. **3** 행진; 시위, 데모. **4** 공개 실연(實演).
demostrador demostradora demostradors demostradores *adj.* demostrar하는.
demostrança demostrances *f.* =demostració.
demostrar *tr.* **1** 보이다, 나타내다, 드러내다(manifestar). **2** 증명하다, 실증하다(provar).
demostratiu demostrativa demostratius demostratives *adj.* **1** 나타내 보이는, 증명하는, 실증하는. **2** 지시의.
-m. [문법] 지시사.
dempeus *adv.* 똑바로 서서.
dena denes *f.* (묵주 알의) 10개씩 끊어진 것.
denari denària denaris denàries *adj.* 10등분의, 10진법의, 1할의. *sistema denari* 10진법.
dendrologia dendrologies *f.* 수목학.
denegable denegables *adj.* denegar할 수 있는.
denegació denegacions *f.* 거부, 거절, 사절.

denegar *tr.* 거부하다, 거절하다, 사절하다.
denegatori denegatòria denegatoris denegatòries *adj.* 거부의, 거절의.
denigració denigracions *f.* 비방, 중상; 명예 훼손.
denigrant denigrants *adj.* 비방하는, 중상하는; 명예를 손상시키는.
denigrar *tr.* **1** 헐뜯다, 비방하다, 중상하다. **2** 명예를 손상시키다.
denominable denominables *adj.* denominar할 수 있는.
denominació denominacions *f.* **1** 명명; 명칭, 칭호, 명의. **2** 단위명; 종목, 구분. **3** [종교] 종파, 교단.
denominador denominadora denominadors denominadores *adj.* 명명하는.
-m.f. [수학] 분모.
denominar *tr.* **1** (...에) 이름·명칭을 붙이다, ...이라 일컫다, 칭하다, 명명하다. **2** (특정의 직함으로) 부르다.
denominatiu denominativa denominatius denominatives *adj.* 명명의, 명칭의, 칭호의, 호칭의.
denotació denotacions *f.* **1** 지시, 표시. **2** 표적, 표. **3** [논리] 외연, 개술. **4** [문법] 직접지시어.
denotar *tr.* **1** 나타내다, 지시하다, 가리키다. **2** 의미하다.
denotatiu denotativa denotatius denotatives *adj.* ...을 나타내는, 지시적인, 표시하는.
denou[1] denous *m.* 뜻밖의 사고.
denou[2] denous *adj.m.* =dinou.
dens densa densos denses *adj.* 빽빽한; 진한, 농밀한; 짙은, 자욱한.
densificar *tr.* 빽빽하게 하다, 짙게 하다.
densímetre densímetres *m.* 밀도계.
densitat densitats *f.* **1** 밀도, 농도; 밀집도. *densitat de població* 인구 밀도. **2** 비중.
dent dents *f.* **1** 이, 치아. **2** (톱·빗살·톱니바퀴 등의) 이. **3** (일반적으로) 이 모양으로 생긴 것.
 dent de lleó [식물] 민들레.
 dent de llet 젖니.
 dent postissa 틀니, 의치.
 anar armat fins a les dens 빈틈없이

철저히 무장하고 있다.
cruixir[*petar*] *de dents algú* (추위·공포 등으로) 이를 떨다.
deixar-hi les dents 죽다.
ensenyar les dents 잇몸을 드러내다, 으르렁거리다, 위협하다.
prendre a dents 온 신경을 기울이다; (위험 앞에) 침착하다.
riure de les dents enfora 이를 드러내고 웃다.
tenir[*venir amb*] *les dents esmolades* 몹시 배고프다.
tenir les dents llargues 실컷 먹고 마시다.
voler agafar la lluna amb les dents 불가능한 일을 시도하다.

dentadura dentadures *f.* [집합] 치아, 치열.

dental dentals *adj.* **1** 이의, 치아의. **2** [음성] 치음의, 잇소리의.
-*m.* (탈곡기의) 날.
-*f.* [음성] 치음.

dentar *intr.* 이가 자라나다. -*tr.* (톱의) 날을 세우다.

dentat dentada dentats dentades *adj.* 이가 있는, 톱니 모양의.
-*m.* [집합] 치아, 치열; (우표 등의) 천공.

dentell dentells *m.* **1** [건축] 치상, 장식. **2** [동·식물] 치상 돌기, 치상 구조.

denteta dentetes *f.* [dent의 지소사] 작은 이.

dentició denticions *f.* 이가 남, 이가 나는 시기.

denticle denticles *m.* **1** 작은 이. **2** =dentell.

dentiforme dentiformes *adj.* 이 모양의, 톱니 모양의.

dentifrici dentifricia dentifricis dentifrícies *adj.* 이를 닦는.
-*m.* 치약.

dentina dentines *f.* [해부] (이의) 상아질.

dentista dentistes *m.f.* 치과 의사.
déntol déntols *m.* [어류] 귀룽.

dentut dentuda dentuts dentudes *adj.* 이가 큰.

denudar *tr.* 벌거벗기다, 껍질을 벗기다.

denúncia denúncies *f.* **1** 공포, 포고, 통고. **2** 고발, 적발, 밀고(서).

denunciant denunciants *m.f.* 공표자, 통고자; 고발자, 밀고자.

denunciar *tr.* **1** 알리다, 발표하다, 공표하다, 통고하다(declarar, notificar). **2** 고발하다, 고소하다. **3** 적발하다, 밀고하다. **4** 예고하다, 미리 알리다.

deontologia deontologies *f.* [철학] 의무론, 도의론.

departament departaments *m.* **1** 구획, 구분. **2** (관청·기관의) 부(部), 국(局). **3** (열차의) 칸. **4** (대학의) 학과. **5** (백화점의) 부. **7** [군사] 관구. **8** 관할구.

departamental departamentals *adj.* **1** 구획의, 구분의. **2** 부·국의, 부·국에 관계된. **3** 관구의, 군구의. **4** 학과의.

departir *tr.* **1** 나누다, 떼다, 분리하다 (separar). -*intr.* 담화하다, 이야기하다 (conversar). -*se* [비유] (생각을) 바꾸다; (일을) 다른 식으로 하다.

depassar *tr.* 이기다, 극복하다.

depauperació depauperacions *f.* **1** 가난, 빈궁. **2** 쇠약, 마름.

depauperar *tr.* **1** 가난하게 만들다 (empobrir). **2** 쇠약하게 만들다.

dependència dependències *f.* **1** 예속, 종속. **2** 소속, 부속. **3** 의존 (관계). *viure sota la dependència dels pares* 부모에 의존하여 살다. **4** 근친 관계. **5** 지국, 지점, 출장소. **6** [집합] 종업원, 점원. **7** 부속 건물, 바깥채. **8** 정부 산하 기관.

dependent dependenta dependents dependentes *adj.* 종속된, 의존하고 있는; 부속의.
-*m.f.* 종업원, 점원.

dependre *intr.* **1** 속하다, 종속하다. **2** 의존하다, 의지하다, 기대다. **3** 달려 있다, 좌우하다. *La conclusió depèn de les premisses* 결론은 전제에 따라 좌우된다.
depèn ...나름이다, ...에 달려 있다.

depilació depilacions *f.* 탈모; 털 깎기.
depilar *tr.* 탈모하다. -*se* 털이 빠지다.
depilatori depilatòria depilatoris depilatòries *adj.* 탈모용의.
-*m.* 탈모제.

deplorable deplorables *adj.* 슬픈, 가엾은(lamentable); 한탄할 만한, 구제할 수 없는.

deplorar *tr.* 슬퍼하다, 한탄하다.

deport deports *m.* 취미, 소일거리, 심심풀이, 시간 보내기; 오락, 레크리에이션.

deportació deportacions *f.* 추방, 유형, 귀양.

deportar *tr.* 추방하다, 유형을 시키다, 귀양 보내다.

deposant deposants *m.f.* [법률] 증인.

deposar *tr.* **1** 보관하다, 맡기다, 기탁하다. **2** 예치하다, 예금하다. **3** 버리다, 포기하다, 거절하다. *deposar la corona* 왕위를 거절하다. **4** 파면하다, 면직하다, 해직시키다(destituir). **5** 침전시키다. **6** 내려놓다, 내리다. **7** 그만두다, 멈추다. *deposar les armes* 싸움을 그만두다. *-tr.intr.* 증언하다, 진술하다(declarar). *-intr.* 배변 보다.

deposició deposicions *f.* deposar하는 일.

dipòsit dipòsits *m.* =dipòsit.

depravació depravacions *f.* depravar하는 일.

depravar *tr.* **1** 해치다, 못 쓰게 만들다. **2** 타락시키다, 부패시키다(corrompre). *-se* 타락하다, 악화되다.

deprecació deprecacions *f.* 간절한 부탁, 애원, 간청.

deprecatiu deprecativa deprecatius deprecatives *adj.* 애원하는, 간청하는.

deprecatori deprecatòria deprecatoris deprecatòries *adj.* 청원의.

depreciació depreciacions *f.* **1** (가격의) 하락. **2** 평가 절하, 감가상각.

depreciar *tr.* 가격을 떨어뜨리다.

depreciatiu depreciativa depreciatius depreciatives *adj.* **1** 경멸적인, 업신여기는. **2** [문법] (어휘의 뜻이) 비하시키는, 경멸적인.

depredació depredacions *f.* **1** 약탈. **2** 횡령. **3** 부정 징수.

depredador depredadora depredadors depredadores *adj.* 약탈하는, 횡령하는.

-m.f. 약탈자; (공금) 횡령자.

depredar *tr.* **1** 약탈하다; 낚아채다. **2** (공금 등을) 횡령하다(malversar). **3** 부정으로 징수하다.

depressió depressions *f.* **1** 압축. **2** [지질] 내려앉음, 침강, 함몰. **3** 하강, 저하. *depressió atmosfèrica* 저기압. **4** 움푹 팬 땅. **5** [경제] 불경기, 불황. *depressió econòmica* 경제 불황. **6** 맥이 빠짐, 기운이 빠짐, 우울함, 생기가 없음.

depressiu depressiva depressius depressives *adj.* 압축적인; 함몰성의; 우울한.

-m.f. 우울증 환자.

depriment depriments *adj.* =depressiu.

deprimir *tr.* **1** 압축하다. **2** (값을) 떨어뜨리다, 하락시키다. **3** 풀이 죽게 하다, 콧대를 꺾다(humiliar). **4** 낙담시키다. 맥이 빠지게 하다. *-se* **1** 꺼지다, 함몰되다, 가라앉다(enfonsar-se). **2** 낮아지다, 하락하다. **3** 무기력해지다, 우울해지다, 슬퍼지다.

deprimit deprimida deprimits deprimides *adj.* **1** 평평한, 압축된. **2** (심리적으로) 우울한, 무기력한, 풀이 죽은, 기운이 빠진. **3** 불황의, 불경기의.

depuració depuracions *f.* **1** 정화. *depuració d'aigües* 물의 정화. **2** (정치적인) 숙청. **3** 정련, 정제. **4** 소독.

depurador depuradora depuradors depuradores *adj.* depurar하는. *una màquina depuradora* 정제기, 정화기, 소독기.

-m.f. depurar하는 (사람).

-f. 정련소, 정제소.

depurar *tr.* **1** 깨끗하게 하다, 정화하다. **2** (정치적으로) 숙청하다. **3** 정련·정제하다. **4** (정보를) 거르다. *-se* 정화되다.

depuratiu depurativa depuratius depuratives *adj.* depurar하는.

depuratori depuratòria depuratoris depuratòries *adj.* =depuratiu.

derbi[derbi] derbys *m.ang.* **1** 더비 경마, 대경마. **2** (일반적으로 두 라이벌 간의) 대경기.

dèria dèries *f.* **1** ...광, ...열. **2** [의학] 편집광. **3** 열중, 열광. **4** 기벽.

derisió derisions *f.* 조소거리, 웃음거리.
derisori derisòria derisoris derisòries *adj.* 우스운, 조소적인(irrisori).
deriva derives *f.* **1** 벗어남; 표류. **2** [해사] 항차(航差). **3** [항공] 편류.
anar a la deriva 정처 없이 가다.
derivable derivables *adj.* derivar하는·할 수 있는.
derivació derivacions *f.* **1** 유도. **2** 분파; (물·전류의) 분기(分岐), 분류(分流). **3** [전기] 감실(減失). **4** [의학] (심전도의) 유도법. **5** [문법] 파생(어).
derivar *tr.* **1** 다른 데로 돌리다; 분류(分流)하다. **2** 이끌다, 유도하다. **3** (말을) 파생시키다. *-intr.prnl.* **1** (기원이) ...로부터 나오다, 비롯되다, 유래하다. **2** 파생되다, 분파하다. **3** 정처 없이 떠다니다.
derivat derivada derivats derivades *adj.* derivar하는.
-m. **1** [문법] 파생어. **2** [전기·화학] 유도체, 부산물.
derma dermes *m.* =dermis.
dermatitis dermatitis *f.* [의학] 피부염.
dermatòleg dermatòloga dermatòlegs dermatòlogues *m.f.* 피부과 전문의.
dermatologia dermatologies *f.* [의학] 피부병학.
dermatosi dermatosis *f.* [의학] 피부병.
derna denes *f.* 조각, 쪼가리.
derogable derogables *adj.* derogar할 수 있는.
derogació derogacions *f.* 폐지, 폐기; 폐업; 쇠퇴, 쇠미함.
derogar *tr.* **1** 폐지하다, 폐기하다. **2** 폐업하다. **3** 개조하다, 수정하다.
derogatori derogatòria derogatoris derogatòries *adj.* derogar하는.
derrama derrames *f.* 부과, 할당, 특별세.
derramar *tr.* (세금 등을) 할당하다.
derrapada derrapades *f.* 미끄러져 쓰러짐.
derrapar *intr.* **1** (차가) 미끄러지다. **2** [스포츠] 스키로 수직강하다.
derrapatge derrapatges *m.* 미끄러짐.
derroc derrocs *m.* =derrocament.
derrocament derrocaments *m.* 무너뜨림; 전락, 몰락, 타도.
derrocar *tr.* **1** 무너트리다, 쓰러뜨리다 (enderrocar). **2** (정부를) 몰락시키다. *-se* 무너지다; 전락하다, 몰락하다.
derrota derrotes *f.* **1** 패배, 패전, 괴멸, 패주. **2** [해사] (배의) 항로, 길.
derrotar *tr.* **1** 쳐부수다, 엉망으로 만들다. **2** 타파하다, 패주케 하다, 괴멸시키다. *-intr.* 항로에서 벗어나다.
derrotisme derrotismes *m.* 패배주의, 패전주의.
derrotista derrotistes *adj.* 패배주의의. *-m.f.* 패배주의자.
derruir *tr.* =derrocar.
des *prep.* ...이래, ...부터.
des de [구] ...로부터. *Va caminar des del refugi* 피난처로부터 계속 걸었다.
des que [절] ...한 이래. *Des que van acabar les eleccions* 선거가 끝난 이래.
desabrigar *tr.* 외투를 벗기다. *-se* 외투를 벗다.
desabrigat desabrigada desabrigats desabrigades *adj.* 버려진, 고독한, 의지할 데 없는.
desacatar *tr.* 버릇없이 굴다, 예의 없이 행동하다, 실례를 범하다.
desacoblar *tr.* 서로 떼어 놓다; 분리시키다, 이간질하다. *-se* 서로 떨어지다, 분리되다.
desaconsellar *tr.* 설복하다, 단념시키다, 그만두게 하다.
desacord desacords *m.* 불일치, 불화. *Estic en desacord amb tu* 너의 의견에 동의한다.
desacordar *tr.* **1** (의견이) 불일치하다. **2** (악기가) 불협화음을 내다.
desacordat desacordada desacordats desacordades *adj.* 불일치의, 불협화음의.
desacostumar *tr.* 습관을 버리게 하다. *-se* 습관을 버리다. *Difícilment es desacostumarà de fumar* 담배를 끊는 것은 참 어려울 것이다.
desacostumat desacostumada desacostumats desacostumades *adj.* 흔치 않은, 드문; 익숙치 않은; 습관을 버린.
desacreditar *tr.* **1** 신용을 나쁘게 하다,

평을 나쁘게 하다, 신용을 추락시키다. **2** (수표 등을) 부도나게 하다.
desactivar *tr.* 멈추게 하다, 작동하지 않게 하다.
desafecció desafeccions *f.* 냉담, 무관심, 쌀쌀맞음.
desafectació desafectacions *f.* **1** (건물의) 용도 변경. **2** (교회의) 세속화.
desafectar *tr.* **1** (건물의) 용도를 변경하다. **2** (교회가) 세속화하다.
desafecte desafecta desafectes desafectes *adj.* **1** 애정이 없는, 쌀쌀맞은. **2** (어떤 정책에) 반대하는.
-m.f. 정책에 반대하는 사람.
-m. 혐오, 적의.
desafiador desafiadora desafiadors desafiadores *adj.* 도전하는.
desafiament desafiaments *m.* 도전, 결투.
desafiar *tr.* 도전하다; 결투를 청하다, 싸우다.
desafinació desafinacions *f.* (음악·화제 등이) 어울리지 않음.
desafinar *tr.* [음악] 가락을 흩트리다, 장단이 맞지 않다. **-se** (음악·화제 등이) 어울리지 않다, 가락이 맞지 않다.
desafinat desafinada desafinats desafinades *adj.* desafinar한.
desaforat desaforada desaforats desaforades *adj.* =desmesurat.
desafortunat desafortunada desafortunats desafortunades *adj.* 불행한, 운이 나쁜.
desagradable desagradables *adj.* 불쾌한, 싫은.
desagradar *intr.tr.* 불쾌하다, 싫다, 언짢아하다. **-se** 싫어하다, 싫증이 나다.
desagraïment desagraïments *m.* 배은망덕, 은혜를 저버림.
desagrair *tr.* 은혜를 잊다, 배은망덕하다.
desagraït desagraïda desagraïts desagraïdes *adj.* 공을 잊은, 은혜를 저버린, 배은망덕한(malagraït).
desagreujament desagreujaments *m.* 세금 인하; 짐을 덜어 줌.
desagreujar *tr.* 세금을 인하하다; 짐을 덜어 주다.

desaiguar *tr.* =desguassar.
desairós desairosa desairosos desairoses *adj.* 조잡한, 투박한, 촌스러운.
desajustar *tr.* 망가뜨리다, 고장 내다, 이상이 생기게 하다. **-se** (기계가) 고장 나다.
desallotjament desallotjaments *m.* 추방, 퇴거, 철거.
desallotjar *tr.* 몰아내다, 추방하다, 쫓아내다, 소탕하다.
desamarrar *tr.* 밧줄을 풀다.
desamic desamiga desamics desamigues *adj.m.f.* =enemic.
desamor desamors *m.[f]* 무정, 냉담, 애정 결핍; 증오, 적의.
desamortització desamortitzacions *f.* [법률] 한정 상속 물권 해제.
desamortitzar *tr.* (재산에 대해) 한정 상속 물권을 해제하다.
desancorar *tr.* (배의) 닻을 올리다.
desanimar *tr.* **1** 기를 꺾다, 낙담시키다, 맥이 빠지게 하다(descoratjar). **2** 판을 깨다. **-se** 풀이 죽다, 기가 죽다, 맥이 빠지다.
desaparegut desapareguda desapareguts desaparegudes *m.f.* 행방불명자.
desaparèixer *intr.* **1** 보이지 않게 되다, 사라지다, 없어지다, 자취를 감추다. **2** (태양이) 지다.
desaparellar *tr.* **1** 장비를 벗어 놓다. **2** (말의) 마구를 내려놓다. **3** [해사] (배의) 의장을 떼다.
desaparició desaparicions *f.* 없어짐, 소멸; 멸망.
desapassionat desapassionada desapassionats desapassionades *adj.* 공정한, 편파적이지 않은.
desapercebut desapercebuda desapercebuts desapercebudes *adj.* **1** 아무런 준비가 없는. **2** 눈치 채지 못하는.
desapiadat desapiadada desapiadats desapiadades *adj.* 인정머리 없는, 몰인정한, 무자비한.
desaprensió desaprensions *f.* 집착에서 풀림; 긴장이 풀림, 걱정이 없음.
desaprensiu desaprensiva desaprensius desaprensives *adj.* **1** 걱정이 없는. **2** 넉살 좋은, 뻔뻔스러운. **3** 양심이 없

는, 비양심적인.
-*m.f.* 태평스러운 사람; 넉살 좋은 사람.
desaprofitar *tr.* 헛되이 쓰다, 허비하다, 낭비하다. -*intr.* 퇴보하다, 진보가 없다.
desapropiar *tr.* (소유물을) 몰수하다. -**se** (타인에게) 넘기다, 인계하다; 재산을 포기하다.
desaprovació desaprovacions *f.* desaprovar하는 일.
desaprovar *tr.* 비난하다; 찬성하지 않다, 인정하지 않다; 불합격시키다.
desar *tr.* 간수하다, 보관하다(adesar).
desarborar *tr.* (배의) (마스트를) 꺾다, 넘어뜨리다.
desarmament desarmaments *m.* **1** 무기 탈취; 무장 해제, 군비 축소. **2** 분해, 해체.
desarmar *tr.* **1** 무기를 빼앗다, 무장 해제 하다. **2** 분해하다, 해체하다. **3** (배의) 의장을 거두다. **4** 중화시키다, 김을 빼다.
desarmat desarmada desarmats desarmades *adj.* desarmar한.
desarreglar *tr.* **1** 흐트러뜨리다, 문란하게 하다(desarranjar). **2** (규칙이) 무너지다; 허물어뜨리다, 부수다. -**se** 흐트러지다, 문란해지다(desarranjar-se).
desarrelament desarrelaments *m.* 송두리째 뽑음, 소멸; 전향.
desarrelar *tr.* **1** 뿌리째 뽑다, 송두리째 없애다. **2** [비유] (사상·편견·습관 등을) 말끔히 없애다. -**se** 뿌리째 뽑다.
desarticulació desarticulacions *f.* **1** (연결부분을) 떼어 놓는 일. **2** [의학] (관절의) 탈구.
desarticular *tr.* **1** (기계의) 연결을 떼어 놓다. **2** (관절을) 삐다. **3** [비유] (계획·조직 등을) 무너뜨리다. -**se** [의학] 관절을 삐다.
desassedegar *tr.* 갈증을 해소하다, 해갈하다.
desassimilació desassimilacions *f.* 분해 작용.
desassossec desassossecs *m.* 불안, 초조; 공포, 경악.

desastrat desastrada desastrats desastrades *adj.* **1** 불행한, 불운한, 비참한(desgraciat, malastruc). **2** 헝클어진, 단정하지 못한(deixat).
desastre desastres *m.* 불행, 재앙, 재난 (catàstrofe).
desastrós desastrosa desastrosos desastroses *adj.* 불행한, 처참한, 참담한.
desatenció desatencions *f.* 부주의, 무례.
desatendre *tr.* 등한시하다, 내버려 두다; 도외시하다, 신경을 쓰지 않다.
desatracar *tr.* **1** (묶은 것을) 풀다. **2** 해산시키다, 풀어 놓다.
desautoritzar *tr.* **1** (권력·권능을) 박탈하다. **2** (인가·허가를) 취소하다. **3** (신용·권위를) 추락시키다.
desavantatge desavantatges *m.* **1** 불리, 불이익. **2** 불리한 입장·조건·사정, 핸디캡. **3** 손해, 손실. **4** 불명예.
desavantatjós desavantatjosa desavantatjosos desavantatjoses *adj.* 불리한.
desavinença desavinences *f.* (장소가) 동떨어짐, 격리.
desavinent desavinents *adj.* (장소가) 동떨어진.
desballestament desballestaments *m.* desballestar하는 일.
desballestar *tr.* **1** 나무를 쪼개다. **2** [해사] (선박을) 해체하다.
desbancada desbancades *f.* desbancar 시키는 일.
desbancament desbancaments *m.* desbancar하는 일.
desbancar *tr.* **1** (실내의) 의자를 치우다. **2** (카드놀이에서) 물주를 파산시키다. **3** (남에 대한) 우정·애정을 가로채다.
desbandada desbandades *f.* **1** 뺑소니침. **2** 이탈, 탈주.
desbandar-se *prnl.* **1** 뺑소니치다; 탈주하다. **2** 뿔뿔이 흩어지다; 이탈하다.
desbaratar *tr.* **1** 부수다, 무너뜨리다. **2** 흩트리다, 혼란하게 하다.
desbarrar *tr.* **1** (문의) 빗장을 벗기다. **2** 턱을 빼다. -*intr.* 자제력을 잃다, 제멋대로 하다; 불편을 호소하다. -**se** 턱이 빠지다.

desbastar *tr.* **1** 대충 깎다. **2** 써서 닳게 하다. **3** (짐승을) 교화시키다, 길들이다.
desblocar *tr.* 봉쇄를 해제하다.
desblocatge desblocatges *m.* 경제 봉쇄 해제.
desbocar-se *prnl.* **1** (말의) 재갈을 벗기다. **2** 자제력을 잃다, 제멋대로 굴다.
desbolcar *tr.* **1** 배내옷을 벗기다. **2** (거울 등의) 흐린 곳을 닦다.
desbordament desbordaments *m.* **1** 넘쳐흐름, 범람. **2** (감정이) 도가 지나침, 방자함.
desbordant desbordants *adj.* desbordar 하는.
desbordar *tr.* **1** 흘러넘치게 하다. **2** [비유] (감정이) 넘쳐 나다, 도가 지나치다. *Les seves paraules desborden entusiasme* 그의 말들은 열정이 넘친다. *-intr.* (강물이) 넘치다, 범람하다. **-se** **1** (강물이) 넘치다. **2** (감정이) 흥분되다, 격해지다.
desboscament desboscaments *m.* 산림 벌채, 난벌.
desboscar *tr.* (숲의 나무를) 난벌하다. **-se** 숲이 사라지다.
desbotonar *tr.* 단추·버튼을 끄르다.
desbravar *tr.* 길들이다.
desbrossament desbrossaments *m.* 치움, 없앰; 청소, 소제.
desbrossar *tr.* 지우다, 없애다; 치우다, 청소하다.
desbudellar *tr.* 내장을 꺼내다.
desca desques *f.* (빵 등을 담는) 평평한 바구니.
descabdell descabdells *m.* 혼란, 무질서, 소동.
descabdellament descabdellaments *m.* =descabdell.
descabdellar *tr.* **1** (털 등의) 올을 뽑다. **2** 얽힌 것을 풀다. **3** [비유] 혼란스럽게 하다, 무질서하게 하다. **4** 분명하게 하다, 명백하게 설명하다. **-se 1** (얽힌 게) 풀리다; 분규가 해소되다. **2** 분명해지다, 명백해지다.
descabellar *tr.* 머리카락을 헝클어뜨리다(escabellar).
descafeïnar *tr.* **1** 카페인을 제거하다. **2** [비유] (사상·의견 등의) 본질을 빼다.
descafeïnat descafeïnada descafeïnats descafeïnades *adj.* **1** 카페인을 제거한. **2** [비유] 김을 뺀, 싱거운.
descalç descalça descalços descalces *adj.* 신발을 벗은, 맨발의.
descalçament descalçaments *m.* descalçar하는 일.
descalçar *tr.* **1** 신발을 벗기다. **2** (끼웠던 것을) 벗기다. **3** (무엇의) 밑을 파다. **-se** 신발을 벗다.
descalcificació descalcificacions *f.* 칼슘 제거.
descalcificar *tr.* 칼슘을 없애다.
descamació descamacions *f.* **1** [의학] 박피, 겉 피부를 벗김. **2** 겉껍질을 벗김.
descaminar *tr.* **1** 길을 잘못 들게 하다. **2** [비유] 나쁜 길에 빠지게 하다. **-se.** 길을 잘못 들다; 정도에서 벗어나다.
descamisat descamisada descamisats descamisades *adj.* **1** 셔츠를 벗은. **2** 불쌍한, 초라한, 가엾은; 무일푼의, 빈털터리의. *-m.f.* 불쌍한 사람, 가여운 사람, 가난뱅이.
descans descansos *m.* **1** 쉼, 휴식; 안식. *El diumenge és dia de descans* 일요일은 안식일이다. **2** 위로, 위안. **3** [명령문] 쉬어!
descansar *intr.* **1** 쉬다, 휴식하다. **2** 잠자다(dormir). **3** (무덤에서) 편히 쉬다, 영면하다. **3** 의지하다, 기대다(recolzar). **4** (대지가) 쉬다. **5** 믿다, 신용하다. **6** (고통·아픔이) 덜어지다. *-tr.* **1** 쉬어 주다. 쉬게 하다. **2** 돕다. *Que en pau descansi!* 편히 잠드소서!
descansat descansada descansats descansades *adj.* 쉬는, 휴식하는; 차분한, 조용한, 가라앉은, 잔잔한.
descanviar *tr.* 환전하다.
descapotable descapotables *adj.* (마차·자동차의) 겉포장을 벗길 수 있는. *-m.* 무개(無蓋)차.
descapotar *tr.* (마차·자동차의) 겉포장을 벗기다.
descarar-se *prnl.* 뻔뻔스럽게도 ...하다; 뻔뻔스럽게 대하다.

descarat descarada descarats descarades *adj.* 뻔뻔스러운, 낯가죽이 두꺼운, 부끄러운 것을 모르는, 철면피의.
-*m.f.* 철면피, 뻔뻔스러운 사람.
a la descarada 뻔뻔스럽게.
descargolar *tr.* 나사를 뽑다. **-se** (무엇이) 풀리다, 풀어지다.
descarnament descarnaments *m.* descarnar하는 일.
descarnar *tr.* **1** (뼈에서) 살을 발라내다. **2** (살이) 빠지다, 야위다. **-se** 야위다, 홀쭉해지다.
descarnat descarnada descarnats descarnades *adj.* 야윈, 메마른, 홀쭉한.
descàrrec descàrrecs *m.* **1** 하역. **2** (책임의) 해제. **3** 해임, 해고. **4** [상업] (부채의) 변제, 대변.
descàrrega descàrregues *f.* **1** 하역. **2** (중량의) 경감. **3** 발사; 방전.
descarregada descarregades *f.* descarregar하기.
descarregar *tr.* **1** (내용물을 빼내어) 가볍게 하다. **2** (짐을) 풀다; (감정을) 발산하다. **3** [비유] 부담을 덜다, (의무·책임에서) 벗어나다. **4** 해임하다, 해고하다. **5** 방전하다. **6** (어음을) 인수하다. **7** 사격하다, 발사하다. *descarregar una arma* 총을 쏘다. **8** (총포에서) 탄환을 빼다. **9** (구름이) 걷히다. **-se 1** (직무·책임에서) 벗어나다. **2** (징역·복역을) 마치다. **3** 사직하다, 직을 그만두다. **4** (어떤 일을) 떠맡기다.
descarrerar *tr.* =desencaminar.
descarrilament descarrilaments *m.* (열차의) 탈선.
descarrilar *intr.* 탈선하다.
descartar *tr.* 배제하다, 제외하다(excloure); 밀쳐 내다, 떼어 놓다. **-se** (카드의) 가진 패를 버리다.
descasament descasaments *m.* (부부를) 갈라섬(divorci).
descasar *tr.* 이혼시키다, 부부를 갈라서게 하다. **-se** 이혼하다, 갈라서다.
descastar *tr.* 멸종시키다, 전멸시키다.
descastat descastada descastats descastades *adj.* 멸종된, 전멸된.
descavalcar *intr.* (말에서) 내리다.
descendència descendències *f.* **1** [집합] 후손, 자손, 후예. **2** 혈통, 가계.
descendent descendents *adj.* descendir 하는.
-*m.f.* [남녀동형] 후손, 자손.
descendir *intr.* **1** 내리다, 내려가다. **2** 물러가다. **3** (…에서) 나오다; 흘러내리다. **4** (…의) 자손이다, 출신이다.
descens descensos *m.* **1** 내리는 일, 하강, 하락. **2** 내리막길. **3** [스포츠] (스키의) 직활강.
descentralització descentralitzacions *f.* 지방 분권화.
descentralitzar *tr.* 지방 분권화 하다.
descentrament descentraments *m.* 중심에서 벗어나는 일; 일탈.
descentrar *tr.* 중심에서 벗어나게 하다.
descentrat descentrada descentrats descentrades *adj.* 중심에서 벗어난; 일탈된, 마음이 흐트러진.
desclosa descloses *f.* **1** 개화, 움틈, 싹틈. **2** 출현, 발생. **3** [동물] 부화.
descloure [*pp: desclòs desclosa*] *tr.* 열다, 개봉하다. **-'s** 열리다; 움트다, 싹트다.
descobert descoberta descoberts descobertes *adj.* **1** 발견된. **2** 숨김없는, 그대로 드러내 놓은. **3** 모자를 쓰지 않은. **4** (차가) 무개(無蓋)의.
-*m.* [경제] 결손, 적자(dèficit).
al descobert i) 터놓고, 공공연하게. ii) 야외에서, 노천에서.
en descobert 무방비로, 노출되어.
posar al descobert 흰히 드러내 놓다; 분명히 밝히다.
descoberta descobertes *f.* **1** 발견. **2** (적지의) 정찰(reconeixement). **3** (진지의) 점검. **4** (돛대 위에서의) 감시; 선구(船具)의 점검.
les descobertes de la ciència 과학의 발견.
la descoberta d'Amèrica 아메리카 대륙의 발견.
descobriment descobriments *m.* **1** 발견(descoberta); 발견물. **2** 탐험; 탐험지. **3** 폭로, 노출.
descobrir [*pp: descobert descoberta*] *tr.* **1** 덮개·뚜껑을 벗기다. **2** 드러내다, 내보이다, 들추어내다. **3** (비밀을) 털어

놓다. **4** (새로운 것을) 발견하다. **5** 발명하다. **6** 탐험하다, 탐색하다, 정찰하다. **7** (의도 등을) 분명히 밝히다. *Li vaig descobrir les meves intencions* 그에게 나의 의도를 분명히 밝혔다. **-se 1** 발견되다, 드러나다. **2** 모자를 벗다. **3** 멀리서 바라보이다.

descodificació descodificacions *f.* descodificar하는 일.

descodificador *m.* 암호 해독기; (전화 암호의) 자동 해독 장치; 아군 식별 장치; (컴퓨터의) 디코더; 해독기.

descodificar *tr.* **1** (암호를) 해독하다. **2** (부호화된 정보를) 복호하다; (변조된 통신을) 복조하다.

descollar *tr.* (소용돌이·나선형 모양을) 풀다; 나사를 풀다, 나사를 풀어 뽑다.

descolonitzar *tr.* (식민지를) 되돌려 주다, 반환하다.

descolorar *tr.* 탈색시키다, 변색시키다. **-se** 색깔이 바래다.

descolorir *tr.prnl.* =descolorar.

descolorit descolorida descolorits descolorides *adj.* **1** 빛깔이 바랜, 빛깔이 벗겨진. **2** 탈색된, 변색된. **3** [비유] 창백한, 기진맥진한.

descompartir *tr.* 나누다, 분리하다. **-se** 나뉘다, 분리되다.

descompassar *tr.* 잘못되다, 어긋나다. **-se 1** 빗나가다, 어긋나다, 정도를 벗어나다. **2** 버릇없이 굴다.

descompondre *tr.* **1** 분해하다, 해체하다. **2** 부수다, 파괴하다, 허물어뜨리다. **3** 썩히다, 부패시키다. **4** 평화를 깨뜨리다, 사이가 틀어지게 하다. **5** 당황하게 만들다. **-'s** 해체되다; 파괴되다; 사이가 틀어지다; 부패되다.

descomposició descomposicions *f.* **1** 분해, 분산, 해체. **2** 붕괴, 파괴. **3** (기계의) 고장. **4** (음식의) 부패. **5** 안색이 변함. **6** 불화, 혼란.

descompost descomposta descomposts [descompostos] descompostes *adj.* **1** 분해한, 해체된, 풀어진. **2** 무너진, 부서진. **3** (기계가) 고장난. **4** (음식이) 상한, 부패한. **5** 안색이 변한. **6** 버릇없는, 무례한.

descompressor descompressors *m.* [기계] 감압기.

descomprimir *tr.* 감압하다.

descomptar *tr.* **1** 공제하다; 할인하다, 에누리하다(deduir). *descomptar un 20% sobre el preu* 가격에서 20%를 할인하다. **2** (확실한 것으로) 인정하다. **-se** (산술에서) 실수하다.

per descomptat 물론, 당연히, 그렇고 말고.

donar per descomptat 확실한 것으로 인정하다.

descompte descomptes *m.* **1** 공제. **2** 할인, 에누리. **3** 어음 할인. **4** 공제액, 할인료.

descomunal descomunals *adj.* 비정상적으로 큰, 어마어마한.

desconcert desconcerts *m.* **1** 틀어짐, 부조화; 불화. **2** [의학] 탈구, 뼈를 뼘. **3** 혼란, 당황, 난처함. **4** (생활의) 불균형; (몸의) 이상.

desconcertador desconcertadora desconcertadors desconcertadores *adj.* =desconcertant.

desconcertant desconcertants *adj.* desconcertar하게 하는.

desconcertar *tr.* **1** 어지럽히다, 망가뜨리다, 부서뜨리다, 잘못되게 하다. **2** 당황하게 하다, 쩔쩔매게 하다. **3** (뼈·관절을) 삐다. **-se 1** 조화가 흐트러지다. **2** 사이가 틀어지다. **3** 당황하다, 난처해지다. **4** (뼈·관절을) 삐다.

desconeixement desconeixements *m.* 무지, 무식, 무학.

desconeixença desconeixences *f.* **1** =desconeixement. **2** 배은망덕(ingratitud).

desconeixent desconeixents *adj.* 배은망덕한(ingrat).

desconèixer *tr.* **1** 모르다, 무지하다. **2** 기억에 없다, 본 일이 없다. **3** (어떤) 관념을 갖지 않다. **4** 부인하다, 모른 척하다, 딱 잡아떼다. **5** 알아보지 못하다, 잘못 보다.

desconfiança desconfiances *f.* 불신, 의심.

desconfiar *intr.* 믿지 않다, 의심하다, 미심쩍어하다.

desconfiat desconfiada desconfiats desconfiades *adj.* 믿지 않는, 의심이 많

descongelar 은; 미심쩍은.

descongelar *tr.* **1** (얼음을) 녹이다. **2** (냉동식품을) 녹이다. **-se** 녹다, 풀어지다.

descongestió descongestions *f.* **1** (교통 혼잡의) 완화. **2** [의학] 충혈의 호전.

descongestionar *tr.* **1** 혼잡을 완화시키다, 체증을 감소시키다. **2** [의학] 충혈을 고치다. **-se 1** (혼잡·체증이) 완화되다. **2** [의학] 충혈이 나아지다.

descongestiu descongestiva descongestius descongestives *adj.* descongestionar하게 하는.

desconjuntar *tr.* **1** [의학] (뼈를) 삐다. **2** 부수다, 해체하다.

desconnectar *tr.* **1** [전기] (접속을) 단절하다. **2** (연락을) 끊다. **3** (이음매·접속부분을) 절단하다. **3** (배의) 프로펠러를 끊다. **-se** 단절되다, 끊어지다.

desconnexió desconnexions *f.* 단절, 절단, 두절.

desconsideració desconsideracions *f.* **1** 부주의, 불찰. **2** 버릇없음, 무례함.

desconsiderat desconsiderada desconsiderats desconsiderades *adj.* **1** 주의를 기울이지 않은, 부주의한, 방심한. **2** 서슴없이, 버릇없이, 주책없이.

desconsol desconsols *m.* =desconsolació.

desconsolació desconsolacions *f.* 비탄, 실의, 실망, 슬픔.

desconsolar *tr.* 마음 아프게 하다, 고통을 주다.

desconsolat desconsolada desconsolats desconsolades *adj.* 실의에 찬, 슬픈, 비통한; 달랠 길 없는, 위로할 길 없는.

descontent descontenta descontents descontentes *adj.* 불만스러운, 언짢은 (malcontent).

descontrolar-se *prnl.* 컨트롤을 잃다, 제멋대로 놀다.

desconvocar *tr.* (모임 등을) 취소하다.

descoratjament descoratjaments *m.* 실망, 실의, 낙망, 낙담.

descoratjar *tr.* **1** 실망시키다, 낙담시키다. **2** 맥이 빠지게 하다, 축 늘어지게 하다. **-se 1** 실망하다, 낙담하다. **2** 맥

이 빠지다.

descordar *tr.* **1** (단추를) 풀다. **2** (구두를) 풀다. **-se 1** (단추·구두끈이) 열리다, 풀리다. **2** [비유] 무례하게 굴다, 버릇없이 행동하다.

descordat descordada descordats descordades *adj.* descordar한.

descórrer *tr.* (막·커튼 등을) 열다.

descortès descortesa descortesos descorteses *adj.* 무례한, 버릇없는, 예의 없는.

descortesia descortesies *f.* 무례함, 불손, 버릇없음.

descosit descosits *m.* **1** 올이 풀린. **2** 입이 가벼운, 말이 많은. **3** 경솔한, 칠칠맞은, 단정치 못한.
-*m.* 올이 풀린 부분.

clavar-les[*engegar-les, dir-les*] *pels descosits* 함부로 말하다, 생각 없이 말하다.

parlar pels descosits 술술 말하다, 거침없이 말하다.

descotxar *tr.* 옷을 벗기다, 이불을 들추다. **-se** 옷을 벗다, 이불을 걷어치우다.

descrèdit descrèdits *m.* 평판이 나쁨, 신용을 잃음.

descregut descreguda descreguts descregudes *adj.* 믿음이 없는, 회의적인, 신앙을 잃은.
-*m.f.* 불신앙자.

descremar *tr.* desnatar.

descremat descremada descremats descremades *adj.* descremar한.

descripció descripcions *f.* **1** 서술, 기술, 묘사. **2** 작도, 도형. **3** 재산 목록. **4** 인상서.

descriptor descriptora descriptors descriptores *adj.m.f.* 묘사하는 (사람).
-*m.* 요점.

descriure *tr.* **1** 서술하다, 기술하다, 묘사하다. **2** (선·도형 등을) 그리다.

descuidadament *adv.* 아무렇게나, 함부로.

descuidar *tr.* **1** 돌보지 않다, 내버려 두다. **2** (의무·책임 등을) 게을리 하다, 태만히 하다. **3** 꾸미지 않다, 가꾸지 않다. **-se 1** 잊다. *Em vaig descuidar* *de preguntar-li-ho* 그에게 그것을 묻는다는 것을 깜박 잊었다. **2** 잃다. *M'he descuidat les claus* 열쇠를 잃어버렸다.

descuit descuits *m.* 망각; 분실.

descurança descurances *f.* descurar하는 일.

descurar *tr.* **1** 게을리 하다, 태만히 하다, 돌보지 않다. **2** 추하게 하다, 불결하게 하다.

descurós descurosa descurosos descuroses *adj.* descurar하는.

desdaurar *tr.* **1** 금박·도금을 벗기다. **2** [비유] 빛바래게 하다. **-se 1** 금박·도금이 벗겨지다. **2** [비유] 빛바래다, 명성을 잃다.

desdejunar-se *prnl.* 아침을 먹다.

desdejuni desdejunis *m.* 아침, 조반.

desdentat desdentada desdentats desdentades *adj.* **1** 이가 없는, 앞니가 빠진. **2** [동물] 빈치류(貧齒類)의. *-m.pl.* [동물] 빈치류.

desdentegat desdentegada desdentegats desdentegades *adj.* =desdentat.

desdeny desdenys *m.* **1** 경멸, 멸시, 얕잡아 봄. **2** 냉담, 매정함.

desdenyar *tr.* 업신여기다, 경멸하다, 무시하다. **-se** 업신여기다, 무시하다.

desdenyós desdenyosa desdenyosos desdenyoses *adj.* 업신여기는, 경멸하는, 깔보는.

desdibuixar *tr.* (목탄화 등에서) 윤곽을 흐리게 하다; 지우다, 소멸시키다. **-se** 흐려지다; 사라지다.

desdinerar *tr.* 돈을 다 잃다, 돈을 다 써버리다. **-se** 돈을 다 써버리다.

desdir *intr.* 어울리지 않다. **-se 1** (생각을) 바꾸다. **2** 부인하다, 숨기다. *a desdir* 많이, 풍부하게.

desdoblament desdoblaments *m.* **1** 펼침, 전개. **2** 분해, 분열.

desdoblar *tr.* 펴다, 펼치다, 전개하다; 분열하다. **-se** 펴지다; 몸을 펴다.

desè desena desens desenes *adj.* =desèm.

desèm desena desèms desenes *adj.* **1** 10의. **2** 10번째의, 10등분 한, 10분의.

-m. [성서] 십일조.
-f. 10단위 수.

deseixir-se *prnl.* **1** 버리다, 치우다, 단념하다. **2** (회사가) 어려움을 벗어나다, 일이 풀리다.

deseixit deseixida deseixits deseixides *adj.* **1** 풀어헤쳐 놓은, 자유로운. **2** 명쾌한, 명석한.

desembaràs desembarassos *m.* =desembarassament.
ésser un desembaràs 믿을 만한 사람이다, 책임감 있는 사람이다.

desembarassament desembarassaments *m.* **1** 장애물 제거, 골칫거리를 없앰. **2** 무장해제. **3** 평안, 즐거움.

desembarassar *tr.* **1** (장애물을) 제거하다. **2** 무장을 해제하다. **3** 자유롭게 하다, 평안을 주다.

desembarassat desembarassada desembarassats desembarassades *adj.* (장애물이) 제거된; 무장 해제된; 자유롭게 된.

desembarcador desembarcadors *m.* **1** 부두, 하역장. **2** [군사] 상륙 지점.

desembarcació desembarcacions *f.* **1** 하선, 하역. **2** [군사] 상륙.

desembarcar *intr.* **1** 하선하다. **2** 상륙하다, 양륙하다. *-tr.* 배에서 짐을 내리다, 하역하다.

desembeinar *tr.* **1** (칼집에서) 칼을 뽑다. **2** [비유] (숨긴 것을) 꺼내다.

desembenar *tr.* 붕대를 풀다.

desembocadura desembocadures *f.* 하구, 강어귀; (길의) 어귀, 출구.

desembocar *intr.* **1** 입에서 나오다. **2** (강이) 흘러들다. **3** (통로·길이) 나오다. **4** [비유] 끝나다.

desembolicar *tr.* (신비 등을) 풀다; 해결하다, 결말짓다. **-se** 풀어지다; 해결되다.

desemborsament desemborsaments *m.* =desembossament.

desemborsar *tr.* =desembossar.

desemboscar *tr.* 숲에서 나오게 하다, 숲에서 길 밖으로 끌어내다.

desembossament desembossaments *m.* 지출, 지불, 불입.

desembossar *tr.* 지출하다, 지불하다.

desembragar *tr.* [기계] 회전축에서 분리하다.
desembre desembres *m.* 12월.
desembullar *tr.* =desembolicar.
desembús desembussos *m.* desembussar하는 일.
desembussada desembussades *f.* =desembús.
desembussador desembussadors *m.* desembussar하는.
-*m.* 흡인기[의료 도구].
desembussar *tr.* 1 (빠져 있는 것을) 끌어올리다. 2 (관의) 막힌 데를 뚫다. 3 [비유] 궁지에서 구출하다. -**se** 궁지에서 벗어나다.
desembutxacar *tr.* 1 (자루·주머니·지갑)에서 꺼내다. 2 지출하다, 지불하다.
desemmascarar *tr.* 1 가면을 벗기다. 2 (정체를) 드러내다.
desemmotllar *tr.* 틀에서 꺼내다, 금형을 해체하다.
desempallegar-se *prnl.* (장애물을) 제거하다, 치우다; 자유롭게 하다.
desempalmar *tr.* (둘을) 나누다, 분리하다.
desempaquetar *tr.* (소포·짐을) 풀다.
desemparament desemparaments *m.* desemparar하는 일.
desemparança desemparances *f.* =desemparament.
desemparar *tr.* 1 (어느 장소를) 떠나다, 버리다(abandonar). 2 (누구를) 내버려두다, 도움을 주지 않다. 3 [법률] (소유권을) 포기하다.
desemparat desemparada desemparats desemparades *adj.* 소외된, 의지할 곳 없는, 무원(無援)의.
desempat desempats *m.* 1 (투표·시합을 통한) 승자를 가림.
desempatar *tr.intr.* 결선 투표를 하다, 결승 시합을 하다.
desempenyorar *tr.* 1 이행하다, 수행하다. 2 역할을 하다. 3 (저당 잡힌 것을) 찾다. 4 (빚·채무에서) 벗어나다.
desempolsar *tr.intr.* =desempolvorar.
desempolvorar *tr.intr.* 1 먼지를 털다. 2 다시 시작하다.
desena desenes *f.* 10개조, 10년.

desencadenament desencadenaments *m.* desencadenar하는 일.
desencadenant desencadenants *adj.m.* (특히 질병을) 퍼지게 하는 (것).
desencadenar *tr.* 1 (쇠사슬을) 풀다, 해방시키다. 2 (싸움·전쟁 등이) 일어나다; (열정 등이) 터지다. 3 (속을) 털어놓다. 4 (질병이) 퍼지다. -**se** 설치다, 마구 날뛰다.
desencaixament desencaixaments *m.* 1 꺼냄, 빼냄; 이탈. 2 변모, 핼쑥해짐.
desencaixar *tr.* 꺼내다, 빼내다; 이탈시키다. -**se** 1 뽑혀 나오다, 빠지다. 2 (용모가) 변하다, 핼쑥해지다.
desencaixonar *tr.* 상자·서랍에서 꺼내다.
desencallar *tr.* [해사] 좌초된 배를 뜨게 하다, 암초에서 벗어나게 하다. -**se** 좌초된 배가 뜨다, 암초에서 벗어나다.
desencaminament desencaminaments *m.* 정도에서 벗어남, 탈선.
desencaminar *tr.* 1 길을 잘못 들게 하다(descaminar). 2 [비유] 나쁜 길에 빠지게 하다. 3 밀수하다. -**se** 길을 잘못 들다, 정도에서 벗어나다.
desencant desencants *m.* 1 (요술에서) 벗어남. 2 환멸, 실망.
desencantament desencantaments *m.* =desencant.
desencantar *tr.* 1 (요술에서) 벗어나다. 2 (잘못된 길에서) 눈뜨게 하다. 3 환멸을 느끼게 하다, 실망시키다. -**se** (잘못된 생각에서) 깨어나다; 실망하다.
desencarir *tr.* =abaratir.
desencert desencerts *m.* 실수, 착오, 빗나감.
desencertat desencertada desencertats desencertades *adj.* 빗나간, 예상이 틀어진.
desencís desencisos *m.* =desencant.
desencisar *tr.prnl.* =desencantar.
desencofrar *tr.* 1 (트렁크·상자에서) 꺼내다. 2 (고민을) 털어놓다.
desencolar *tr.* (붙었던 것을) 떼다, 분리하다.
desencoratjar *tr.* =descoratjar.
desencorralar *tr.* (가축을) 우리에서 꺼

내놓다.
desendollar *tr.* (오므라든 것을) 펴다.
desendreçar *tr.* (장식품을) 치우다; 어지럽히다, 흩트리다.
desendreçat desendreçada desendreçats desendreçades *adj.* 어지럽혀진, 가지런하지 못한, 헝클어진, 단정치 못한.
desenfeinament desenfeinaments *m.* **1** 자리를 비움. **2** 한가함, 틈, 무직.
desenfeinat desenfeinada desenfeinats desenfeinades *adj.* **1** 비어 있는. **2** 할 일 없는, 한가한, 무직의.
desenfocament desenfocaments *m.* (사진의) 초점이 틀어짐.
desenfocar *tr.* **1** (사진의) 초점을 흐리게 하다, 틀어지게 하다. **2** (질문의) 초점을 흐리다. *desenfocar una qüestió* 질문의 초점을 흐리다. **-se** (초점이) 틀어지다, 흐려지다.
desenfrenar *tr.* **1** (말의) 재갈을 벗기다. **2** [비유] 풀어 놓다, 제멋대로 행하게 하다. **-se** 방탕하다, 분방하다, 방종해지다.
desenfrenat desenfrenada desenfrenats desenfrenades *adj.* (감정이) 제멋대로인, 방탕한, 방종한.
desenganxar *tr.* **1** 떼어 내다, 뜯어내다. **2** (묶인 것을) 풀다, 끌다. **3** (봉투를) 열다. **4** (입을) 열다. **-se** 떼어지다, 벗겨지다, 박리(剝離)하다, 풀리다, 열리다.
desenganxat desenganxada desenganxats desenganxades *adj.* 벗겨진, 떼어 낸; 풀어진, 열린.
desengany desenganys *m.* **1** (잘못된 일에서) 깨어남, 정신 차림. **2** 환멸, 실망.
desenganyar *tr.* **1** (잘못된 것에서) 깨어나게 하다, 정신 차리게 하다. **2** 실망시키다. **-se 1** 정신을 차리다. **2** 환멸을 느끼다, 실망하다.
desenganyat desenganyada desenganyats desenganyades *adj.* 정신을 차린; 실망한.
desengatjar *tr.prnl.* 이행·수행하다.
desenllaç desenllaços *m.* **1** 풀어 놓음. **2** 해결, 단락. **3** (소설·희곡의) 대단원, 결말(clímax).
desenllaçar *tr.* **1** (묶인 것을) 풀다. **2** 해결하다, 결말을 짓다. **-se** 풀리다, 결말이 나다.
desenraonat desenraonada desenraonats desenraonades *adj.* **1** 이치에 맞지 않는, 불합리한. **2** 터무니없는, 지나친 편견을 가진.
desenrotllable desenrotllables *adj.* desenrotllar할 수 있는.
desenrotllador desenrotlladora desenrotlladors desenrotlladores *adj.* desenrotllar하는.
desenrotllament desenrotllaments *m.* **1** 펼침, 전개. **2** 발전, 발달, 진보, 성장. **3** 육성, 발육. **4** [화학·수학] 전개; 논술, 부연. **5** [사진] 현상. **6** [스포츠] (사이클의) 앞으로 나아가기.
desenrotllar *tr.* **1** 펼치다, 전개하다. *desenrotllar una persiana* 차광 커튼을 내리다. **2** 육성하다, 발전시키다, 발달시키다(desenvolupar). **3** 발육시키다. **4** 논술하다, 부연하다; (이론을) 전개하다. **5** [사진] 현상하다. **6** [스포츠] (사이클에서) 앞으로 나아가다. **-se 1** 펼쳐지다. **2** 발전하다, 발달하다. **3** [화학][수학] 전개하다. **3** 개최되다.
desentelar *tr.* (거울 등의) 흐린 곳을 닦다.
desentendre's *prnl.* 모르는 척하다, 관여하지 않다, 참견하지 않다.
fer el desentès 모르는 척하다, 상관없는 것처럼 행동하다.
desenterrament desenterraments *m.* 발굴.
desenterrar *tr.* **1** (묻혔던 것을) 꺼내다, 발굴하다, 파내다. **2** 생각해 내다. **-se** 발굴되다.
desenterrar morts 지나간 일을 난데없이 말하다.
desentonació desentonacions *f.* desentonar하는 일.
desentonant desentonants *adj.* (가락·장단 등이) 서로 맞지 않는, 어울리지 않는.
desentonar *intr.* **1** 가락이 흩어지다, 장단이 맞지 않다. **2** (사람·사물이) 어울리지 못하다. **3** (색깔이) 조화를 이루

desentortolligar

지 않다.

desentortolligar tr. (나선형을) 펴다, 감다, 풀다. **-se** 펴지다, 풀어지다.

desentranyar tr. **1** 창자를 꺼내다. **2** 폭로하다. **-se** (사랑을 위해) 모든 것을 포기하다.

desentrellar tr. 조사하다, 연구하다, 캐다, 탐구하다.

desenvolupament desenvolupaments m. **1** 개방, 펼침, 전개(desplegament). **2** 발달, 발전, 진전. **3** 해명, 부연. **4** (계획·프로젝트의) 실행, 진행, 수행.

desenvolupar tr. **1** (꾸러미를) 열다, 풀다; 펼치다(desplegar). **2** 발달시키다, 발전시키다. **3** (지혜를) 쏟아 붓다. **4** 해명하다, 부연하다. **5** (계획을) 실행하다, 진행시키다. **6** (모터가) 힘을 내다. *Aquest motor desenvolupa una potència de deu cavalls* 이 모터는 10마력의 힘을 낸다. **-se 1** 전개하다, 진전하다, 일이 풀리다. **2** 마음이 트이다. **3** (식물이) 자라다, 성장하다.

desequilibrar tr. 균형을 잃게 하다, 균형을 깨뜨리다. **-se** 균형을 잃다; (정신적으로) 이상이 생기다.

desequilibrat desequilibrada desequilibrats desequilibrades adj. **1** 불균형의. **2** (정신적으로) 이상이 있는.
-*m.f.* 정신 이상자.

desequilibri desequilibris m. **1** 불균형. **2** [의학] 정신 이상

deserció desercions f. **1** 도망, 탈영, 탈주; 이탈, 탈퇴, 탈당, 탈회. **2** [법률] (고소·상소의) 포기.

desert deserta deserts desertes adj. **1** 사람이 없는, 사람이 살지 않는(deshabitat). **2** 황량한, 사막 같은. *quedar desert* 황량하다. **3** (거리가) 텅 빈. **4** 인물이 없는, 적격자가 없는.
-*m*. **1** 사막, 황야; 무인지경. **2** [비유] 썰렁함, 황량함.

desertar tr. **1** 버리다, 포기하다; 버리고 탈주하다. **2** (고소·상고 등을) 포기하다. **3** [비유] (가능성을) 포기하다.

desertificació desertificacions f. (인재에 의한) 땅의 황폐화.

desertització desertitzacions f. [지질] 사막화, 황폐화.

desfalcar

desertitzar tr. 사막화하다, 황폐케 하다. **-se** 황폐해지다.

desertor desertora desertors desertores adj. desertar하는.
-*m.f.* 도망자, 탈주자, 탈영자, 이탈자.

desesma desesmes f. 무기력, 풀이 죽음, 낙망.

desesper desespers m. =desesperació.

desesperació desesperacions f. **1** 절망; 단념, 포기. **2** 분노, 화냄.

desesperador desesperadora desesperadors desesperadores adj. 실망시키는, 절망케 하는.

desesperança desesperances f. =desesperació.

desesperançador desesperançadora desesperançadors desesperançadores adj. =desesperador.

desesperançar intr.prnl. 실망하다, 절망하다(desesperar). -tr. 낙망시키다, 절망시키다.

desesperant desesperants adj. 절망적인, 가망이 없는(desesperador).

desesperar intr. 실망하다, 절망하다. -tr. **1** 실망시키다, 절망시키다. *desesperar el seu rival* 그의 상대를 실망시키다. **2** 마음을 불안하게 만들다. **-se** 실망하다, 절망하다.

desesperat desesperada desesperats desesperades adj. 절망한, 절망적인, 절망 상태의, 희망이 없는, 단념한.

a la desesperada 절망적으로, 전력투구를 다해.

desestabilitzar tr. 불안하게 하다.

desestimable desestimables adj. 경멸스러운, 사소한, 가치 없는.

desestimació desestimacions f. 멸시, 경멸, 경시, 무시; 거절, 거부.

desestimar tr. **1** 멸시하다, 경멸하다; 경시하다, 과소평가하다(menysprear). **2** 거절하다, 거부하다, 물리치다.

desfalc desfalcs m. **1** 불법 탈취, 위탁금 유용, 횡령. **2** 등한시, 냉대.

desfalcament desfalcaments m. =desfalc.

desfalcar tr. **1** 불법 탈취하다, 위탁금을 유용하다, 횡령하다. **2** 등한시하다, 냉대하다.

desfavor desfavors *m.f.* 불리; 싫어함, 냉대; 인기 없음.

desfavorable desfavorables *adj.* 1 불리한, 도움이 안 되는. *el trato fiscal desfavorable* 검사의 불리한 처사. 2 내키지 않는, 신통하지 못한.

desfavorir *tr.* 1 불리하게 하다, 해를 입히다. *desfavorir la imatge* 이미지에 해를 끼치다. 2 도움을 주지 않다, 두둔하지 않다. 3 불편하게 하다; 어울리지 않다. *Aquest vestit et desfavoreix molt* 이 옷은 너한테 잘 맞지 않는다.

desfer *tr.* 1 부수다, 파괴하다, 망가뜨리다(destruir). 2 산산조각 내다, 갈기갈기 찢다, 토막 내다. 3 해체하다, 분해하다. 4 못 쓰게 하다. 5 (계약을) 파기하다. *Desferen el seu matrimoni* 그들은 이혼했다. 6 격파하다, 패주시키다. 7 녹이다. 8 녹초로 만들다(aclaparar). 9 (혼돈·의심·신비 등을) 분명히 밝히다. -se 1 망가지다, 부서지다, 무너지다. 2 (모임 등이) 해산되다, 해체되다. *El grup s'ha desfet* 모임이 해산되었다. 3 분골쇄신하다, 애태우다, 열을 내다. 4 무심히 ...하다. 5 녹초가 되다; 쇠약해지다, 기운이 떨어지다. 6 사라지다, 없어지다. 7 녹다, 용해하다, 융해하다. 8 ...을 놓아주다, ...에서 벗어나다.

desfer-se de ...에서 벗어나다; ...을 없애다, 처치하다; 죽이다, 살해하다.

desfer-se en 울적해지다, 복받쳐 오르다.

desfer-se per 지그시 바라보다; 아첨하다, 아부하다.

desfermar *tr.* 놓아주다, 풀어 놓다.

desfermat desfermada desfermats desfermades *adj.* 1 제 정신이 아닌, 미친. 2 방자한, 제멋대로인.

desferra desferres *f.* 1 약탈, 탈취, 박탈; 탈취품, 전리품. 2 찌꺼기, 쓰레기, 나머지. 3 잔해; 유해, 유물.

desferrar *tr.* 1 (죄인의) 수갑을 벗기다. 2 (말의) 편자를 벗기다.

desfet desfets *m.* 돌풍, 회오리바람; 폭풍우.

desfeta desfetes *f.* 괴멸, 파멸.

desfiar *intr.* 믿지 못하다, 불신하다, 의심하다.

desfici desficis *m.* 기분이 언짢음, 불쾌함.

desficiar *tr.* 언짢게 하다, 불쾌하게 하다. -se 언짢아하다, 불쾌해지다.

desficiejar *intr.* 안달 나다, 초조해지다.

desfiguració desfiguracions *f.* desfigurar 하는 일.

desfigurar *tr.* 1 얼굴을 추하게 하다, 일그러뜨리다(deformar). 2 바꾸다, 변모시키다. 3 위장하다. 4 사실을 왜곡해서 말하다. -se 1 (모양이) 흉해지다, 뒤틀어지다, 변모되다(deformar-se). 2 변장하다.

desfilada desfilades *f.* 한 사람씩 통과; 행렬, 분열 행진.

desfilar *intr.* 줄지어 가다, 한 사람씩 지나가다, 분열 행진을 하다. -se (피륙의) 실을 뽑다·풀다.

desflorar *tr.* 1 꽃을 꺾다. 2 처녀성을 빼앗다, 몸을 더럽히다. 3 [비유] 빛을 잃게 하다.

desflorir *intr.prnl.* 꽃이 지다.

desfocar *tr.* =desenfocar.

desfogar *tr.* 1 (내연하는 불의) 출구를 만들다. 2 [비유] (감정을) 발산하다. -se (감정이) 폭발하다.

desfonar *tr.* 1 (기물·상자의) 밑을 빼다. 2 (배의) 밑바닥에 구멍을 내다. 3 깊이 갈다.

desforestació desforestacions *f.* 산림 벌채, 산림 황폐화.

desfrenar *tr.* (재갈을) 벗기다, 고삐를 풀다. -se 제멋대로 굴다, 방종해지다.

desforestar *tr.* =desboscar.

desfrès desfressos *m.* 변장, 가장, 위장 (disfressa).

desfullar *tr.* 잎·꽃잎을 뜯다; 한 장씩 뜯다. -se 잎이 떨어지다.

desgana desganes *f.* 의욕 상실, 마음이 내키지 않음; 권태; 식욕 부진.

desganar *tr.* 싫어하게 하다, 마음이 내키지 않게 하다. -se 1 싫증이 나다, 권태감에 빠지다. 2 식욕을 잃다.

desgast desgasts[desgastos] *m.* 마모, 소모; 쇠퇴, 악화.

desgastador desgastadora desgastadors desgastadores *adj.* desgastar하는.

desgastar *tr.* **1** 닳게 만들다; 소모·마모시키다. **2** 악화시키다; 타락시키다. **-se 1** 닳아 없어지다, 소모되다. **2** (힘·권력 등을) 잃다. **3** 악화되다; 타락하다.

desgavell desgavells *m.* 무질서, 난잡함, 혼란.

desgavellament desgavellaments *m.* =desgavell.

desgavellar *tr.* (순서를) 어지럽히다, 무질서하게 하다, 난잡하게 하다, 혼란시키다.

desgelar *tr.intr.* =desglaçar.

desglaç desglaços *m.* 해빙.

desglaçament desglaçaments *m.* =desglaç.

desglaçar *tr.* 얼음을 녹이다. *-intr.prnl.* 얼음이 녹다, 빙하가 녹다.

desglossar *tr.* **1** (서류에서) 주를 삭제하다. **2** (서류의) 일부를 제거하다, 따로 철하다.

desgovern desgoverns *m.* 무질서, 혼란, 무통제; 탈구(脫臼).

desgovernar *tr.* **1** 어지럽히다, 혼란스럽게 하다. **2** 뼈를 빼다. **3** (배의) 조종간을 잘못 잡다.

desgràcia desgràcies *f.* **1** 불행, 불운; 재난, 불행한 사고. **2** 무뚝뚝함, 퉁명스러움; 호의를 얻지 못함.

per desgràcia 불행히도.

desgraciar *tr.* **1** 불행하게 하다, 재수없게 하다(malmetre). **2** 불쾌하게 하다, 성나게 하다. **3** 망가뜨리다, 못쓰게 만들다.

desgraciadament *adv.* 불행히도.

desgraciat desgraciada desgraciats desgraciades *adj.* **1** 불행한, 불우한. **2** 재미가 없는, 흥미가 없는.

-m.f. 불행한 사람, 불우한 사람.

desgrat desgrats *m.* 불쾌, 불만(desplaer).

a desgrat 마지못해, 억지로.

a desgrat de ...에도 불구하고(malgrat).

a desgrat de tot 어떻게든지 간에, 그 모든 것에도 불구하고.

desgravació desgravacions *f.* 세금 인하.

desgravar *tr.* 세금을 인하하다.

desgreixar *tr.* 지방·기름기를 제거하다.

desgreuge desgreuges *m.* 보복, 앙갚음.

desgruixar *tr.* 살을 빼다.

desguàs desguassos *m.* 배수(구).

desguassar *tr.* 배수하다. *-intr.* (냇물이) 바다로 흘러 들어가다.

desguitarrar *tr.* 망가뜨리다, 엉망으로 만들다, 혼란시키다.

deshabitat deshabitada deshabitats deshabitades *adj.* 사람이 없는, 사람이 살지 않는; 황폐한, 황량한.

deshabituar *tr.* 습관을 버리게 하다. **-se** 습관을 버리다.

desherbant *adj.* 제초하는, 풀을 제거하는.

-m. 제초제.

desheretar *tr.* 상속권을 박탈하다; (호적에서) 떼어 내다.

desheretat desheretada desheretats desheretades *adj.* 상속권을 박탈당한; 재산이 없는, 무산자의.

-m.f. 상속권을 박탈당한 자, 무산자.

deshidratant deshidratants *adj.* deshidratar하는.

-m. 탈수제, 건조제.

deshidratar *tr.* [화학] 탈수시키다, 수분을 제거하다; 건조시키다.

deshonest deshonesta deshonests [deshonestos] deshonestes *adj.* 정직하지 못한, 파렴치한; 경박한, 성의가 없는.

deshonestedat deshonestedats *f.* 부정실, 파렴치함; 경박스러움.

deshonor deshonors *m.[f]* 불명예, 치욕, 모욕.

deshonorable deshonorables *adj.* 불명예스러운, 치욕스러운.

deshonorant deshonorants *adj.* 불명예스러운.

deshonrar *tr.* **1** 체면을 깎다, 면목을 잃게 하다. **2** 능욕하다, 모욕을 주다. **-se** 모욕을 당하다, 능욕을 당하다.

deshora, a *loc.adv.* 별안간, 돌연히, 예상치 못한 때에, 부적절한 때에.

deshumanització deshumanitzacions *f.* 비인간화.

deshumanitzant deshumanitzants *adj.* 비인간화하는.

deshumanitzar *tr.* (작품에서) 인간성을 제거하다. **-se** 비인간화하다.
desideratiu desiderativa desideratius desideratives *adj.* 소원하는, 희망하는, 희구하는, 간절히 바라는. *oració desiderativa* 희구문.
desideràtum desideràtums *m.* 절실한 요구, 간구.
desídia desídies *f.* 태만, 나태, 게으름.
desig desigs[desitjos] *m.* 소원, 소망, 욕망.
designació designacions *f.* 지명, 임명; 지정, 배정.
designar *tr.* **1** 지명하다, 임명하다. **2** 지정하다, 배정하다. **3** 계획하다.
designatiu designativa designatius designatives *adj.* designar하는.
designi designis *m.* 생각, 계획, 고안, 계획안.
desigual desiguals *adj.* **1** 똑같지 않은, 한결같지 않은. **2** 맞지 않는, 균형 잡히지 않은. **3** 울퉁불퉁한. **4** (일기가) 고르지 못한, 불순한, 변덕스러운.
desigualar *tr.* 서로 다르게 하다, 차이를 두다; 가지런히 하지 않다, 울퉁불퉁하게 하다.
desigualtat desigualtats *f.* **1** 불평등, 불균형. **2** 요철, 고저. **3** 변하기 쉬움, 고르지 못함. **4** [수학] 부등식.
desil·lusió desil·lusions *f.* 환멸, 실망, 낙담; 현실 폭로.
desil·lusionar *tr.* 환멸을 느끼게 하다, 실망시키다, 악몽에서 깨어나게 하다. **-se** 환멸을 느끼다, 실망하다; 잘못을 뉘우치다.
desincrustant desincrustants *adj.* 앙금을 제거하는.
-m. 앙금 제거제, 앙금 방지제.
desinència desinències *f.* [문법] 변화 어미, 활용 어미.
desinencial desinencials *adj.* 활용 어미의.
desinfecció desinfeccions *f.* 소독.
desinfectant desinfectants *adj.* 소독의, 소독용의.
-m. 소독제.
desinfectar *tr.* 소독하다.
desinflamar *tr.* [약학] 염증·부기를 가라앉히다.
desinflamatori desinflamatòria desinflamatoris desinflamatòries *adj.* (염증·부기를) 가라앉히는, 가라앉는.
-m. [약학] 소염제.
desinflament desinflaments *m.* [약학] 염증이 가라앉음.
desinflor desinflors *f.* =desinflament.
desinformar *tr.* 거짓 정보를 흘리다.
desinsectació desinsectacions *f.* 살충 소독.
desinsectar *tr.* 살충 소독하다.
desintegració desintegracions *f.* 와해, 붕괴, 분열.
desintegrador desintegradora desintegradors desintegradores *adj.* 와해시키는, 분열을 조장하는.
desintegrar *tr.* 와해시키다, 분해·분열시키다. **-se** 와해되다, 붕괴되다, 분열되다.
desinterès desinteressos *m.* 무관심, 무욕함, 공평.
desinteressar *tr.* 무관심하게 만들다, 흥미를 잃게 하다. **-se** 무관심하게 되다, 이해타산을 버리다.
desinteressat desinteressada desinteressats desinteressades *adj.* **1** 무관심한. **2** 사심이 없는, 공평한, 이해타산이 없는.
desintoxicació desintoxicacions *f.* 해독.
desintoxicar *tr.* 해독시키다. **-se** 해독되다.
desistir *intr.* 포기하다, 단념하다.
desitjable desitjables *adj.* 바람직한, 탐스러운. *una dona desitjable* 탐스러운 아가씨.
desitjar *tr.* **1** 원하다, 바라다. **2** 탐내다, 소유하길 원하다. **3** 갈망하다, 소원하다.
deixar a desitjar 불충분하다, 불완전하다, 흠이 있다.
desitjós desitjosa desitjosos desitjoses *adj.* 바라는, 소원하는, 갈망하는.
deslleial deslleials *adj.* 불성실한, 충실치 못한, 부정한.
deslleialtat deslleialtats *f.* 불성실, 충성되지 못함, 부정직함.
deslletar *tr.* 젖을 떼다.

deslligament deslligaments *m.* 해결; 면제, 사면; 해방.
deslligar *tr.* **1** (묶은 것을) 풀다. **2** (사건을) 해결하다. **3** 면제하다, 사면하다. **-se** 해결되다; 해방되다.
deslliurar *tr.* **1** 아이를 낳다(parir). **2** 자유롭게 하다, 해방하다(alliberar).
deslliurança deslliurances *f.* 해방.
desllogar *tr.* (세든 집을) 비워 주다.
desllorigador desllorigadors *m.* **1** (뼈의) 관절. **2** [비유] 해결, 탈출구.
desllorigar *tr.* (관절을) 삐다.
deslluïment deslluïments *m.* deslluir하는 일.
deslluir *tr.* **1** 광택을 없애다, 흐리게 하다. **2** [비유] 명성을 떨어뜨리다.
desllustrar *tr.* =deslluir.
desmai desmais *m.* **1** 실신, 기절, 졸도. **2** 무기력. **3** [식물] 수양버들.
desmaiar *intr.prnl.* 실신하다, 기절하다, 졸도하다.
desmaiat desmaiada desmaiats desmaiades *adj.* **1** 기절한, 졸도한, 정신을 잃은. **2** 무기력한, 축 늘어진, 힘이 없는.
desmamar *tr.* =deslletar.
desmanegar *tr.* (도구의) 자루를 빼다.
desmantellar *tr.* **1** (성채의) 방벽을 파괴하다. **2** (배의) 돛대를 쓰러뜨리다.
desmanyotat desmanyotada desmanyotats desmanyotades *adj.* 서툰.
desmarcar *tr.* 표시를 지우다.
desmarxat desmarxada desmarxats desmarxades *adj.* **1** 어미에게서 떨어진, 버려진. **2** 뒤죽박죽이 된, 난잡한.
desmembrament desmembraments *m.* desmembrar하는 일.
desmembrar *tr.* **1** (팔·다리를) 토막내다, 동강 내다. **2** 분할하다, 분리하다.
desmemoriar-se *prnl.* 잊다, 망각하다.
desmemoriat desmemoriada desmemoriats desmemoriades *adj.* 잊은, 망각한, 기억이 불확실한; 잘 잊어버리는, 기억 상실증의, 건망증의.
desmemoriejar *intr.* 기억하지 못하다.
desmenjar-se *prnl.* 식욕을 잃다.
desmenjat desmenjada desmenjats desmenjades *adj.* 식욕 상실의.
desmentiment desmentiments *m.* desmentir하는 일.
desmentir *tr.* **1** (누구의) 거짓말을 폭로하다. **2** 부인하다, 반증하다. **3** 숨기다, 인멸하다.
desmereixedor desmereixedora desmereixedors desmereixedores *adj.* (...받을) 자격이 없는, 가치를 잃은.
desmerèixer *intr.* (...받을) 자격을 잃다, 가치를 잃다.
desmèrit desmèrits *m.* 결점, 흠; 불명예, 무공적.
desmesura desmesures *f.* **1** 측정 불가, 한도를 넘음. **2** 근신하지 않음, 몰염치.
desmesurat desmesurada desmesurats desmesurades *adj.* **1** 측정할 수 없는, 거대한, 과도한. **2** 철면피의, 파렴치한, 몰염치의, 후안무치의.
desmilitaritzar *tr.* 비무장화하다, 비군사화하다.
desmillorar *tr.* (인품·가치 등을) 떨어뜨리다; 해치다, 망치다. **-se** 건강을 해치다; 해를 입다.
desmitificar *tr.* (전설적인 것을) 입증하다.
desmoralitzar *tr.* 사기를 저하시키다.
desmunt desmunts *m.* **1** (산림의) 벌채. **2** 개간한 곳; 허물어 낸 토석. **3** 무너뜨림; 분해, 해체.
desmuntar *tr.* **1** (산림을) 벌채하다. **2** (산 등을) 허물다, 무너뜨리다; 땅을 다지다. **3** 분해하다, 해체하다; 떼어내다. **4** (차·말에서) 내리게 하다. **5** (총의) 공이치기를 젖히다. *-intr.prnl.* (말·차 등에서) 내리다.
desnatar *tr.* **1** (우유의) 유지를 걷어 내다. **2** (뜬 것을) 걷어 내다; 정수만을 가려내다.
desnaturalitzar *tr.* **1** 국적을 박탈하다. **2** [화학] 변성시키다, 변질시키다.
desnaturalitzat desnaturalitzada desnaturalitzats desnaturalitzades *adj.* **1** 국적을 상실한. **2** (본연의) 의무를 저버린. **3** [화학] 변성의, 변질의.
desnerit desnenda desnerits desnerides *adj.* 야윈, 뼈만 앙상한.

desniar *tr.* 둥지에서 꺼내다. **-se** 둥지를 떠나다.
desnivell desnivells *m.* **1** 요철, 기복, 고저; 평평치 않음. **2** 낙차, 수준 차.
desnivellar *tr.* 기복을 만들다, 울퉁불퉁하게 하다; 낙차를 내다. **-se** 기복이 생기다.
desnodrir-se *prnl.* 영양실조가 되다.
desnonament desnonaments *m.* desnonar하는 일.
desnonar *tr.* **1** (합의를) 취소하다. **2** (소작지를) 빼앗다; (세든 사람을) 내쫓다.
desnuar *tr.* (끈을) 풀다.
desnucar *tr.* 목뼈를 부러뜨리다. **-se** 목뼈를 삐다, 목뼈가 부러지다.
desnuclearització desnuclearitzacions *f.* 비핵화.
desnutrició desnutricions *f.* 영양 부족.
desobediència desobediències *f.* 명령 위반, 불순종, 불복종.
desobedient desobedients *adj.* 불순종하는, 고분고분하지 않은.
desobeir *tr.* 어기다, 불복종하다, 순종하지 않다.
desocupació desocupacions *f.* **1** 자리를 비움; 틈이 생김. **2** 실직, 무직.
desocupar *tr.* **1** (장소를) 비우다. **2** 해고시키다.
desocupat desocupada desocupats desocupades *adj.* **1** 비어 있는. **2** 할 일 없는, 한가로운, 무직의.
-m.f. 무직자, 실직자.
desodorant desodorants *adj.* 악취를 없애는, 냄새를 방지하는.
-m. 탈취제, 방취제.
desodorar *tr.* 악취를 제거하다.
desoir *tr.* 못 들은 척하다, 남의 말을 무시하다, 귀를 기울이지 않다.
desolació desolacions *f.* **1** 황폐, 피폐. **2** 비탄, 비통, 슬픔, 절망.
desolar *tr.* **1** 휩쓸어 버리다, 황폐시키다. **2** (불행 등으로) 슬픔에 잠기게 하다.
desolat desolada desolats desolades *adj.* 황폐된, 황량한; 슬픔에 잠긴, 위로할 길 없는.
desorbitar *tr.* 궤도에서 벗어나게 하다.

-se 궤도에서 벗어나다.
desorbitat desorbitada desorbitats desorbitades *adj.* 궤도에서 벗어난.
desordenar *tr.* (질서를) 어지럽히다, 난잡하게 하다, 혼란시키다. **-se 1** 어지러워지다, 혼란스러워지다, 질서가 무너지다. **2** 절제를 잃다.
desordenat desordenada desordenats desordenades *adj.* 무질서한, 혼란한, 난잡한.
-m.f. 무질서한 사람, 난잡한 사람.
desordre desordres *m.* 무질서, 혼란, 난잡함; 무절제.
desorganitzar *tr.* 조직을 파괴하다, 혼란시키다. **-se** 조직이 파괴되다, 혼란에 빠지다.
desori desoris *m.* 혼동, 혼란, 혼잡.
desorientació desorientacions *f.* 방향을 잃음, 갈피를 못 잡음; 당황, 혼란, 난잡함.
desorientador desorientadora desorientadors desorientadores *adj.* 방향을 잃은, 길을 잘못 든, 당황케 하는.
desorientar *tr.* 방향을 잃게 하다, 갈피를 못 잡게 하다; 당황케 하다. **-se** 방향을 잃다, 어찌할 바를 모르다.
desorientat desorientada desorientats desorientades *adj.* 길을 잘못 든, 방향을 잃은, 갈피를 잡지 못하는, 당황하는.
desossar *tr.* (가시·뼈 등을) 뽑아내다.
despacientar(se) *tr.prnl.* 안절부절못하다, 인내심을 잃다.
despagar *tr.* 불만을 품게 하다.
despanyar *tr.* 자물쇠를 부수고 열다(espanyar).
desparar *tr.* 거두다, 치우다; 막을 내리다.
desparellar *tr.* (쌍을) 짝짝이로 만들다.
despassar *tr.* (구멍의) 끈을 뽑아내다; (활자의) 줄을 뽑다.
despatx despatxos *m.* **1** 처리, 처분, 처치. **2** (문서의) 발송, 송부, 송신. **3** 통신, 통화, 입전. **4** 신문 전보, 통보 (comunicació); (외교적인) 통첩. **5** 선적, 통관 사무. **6** 사무소, 사무실; 서재, 연구소. **7** (특정 물품의) 판매장; 약국. **8** 임무; 임명, 임명서.

despatxar *tr.* **1** 처리하다, 치우다. **2** 보내다, 발송하다. **3** 파견하다. **4** 팔다, 처분하다(vendre). **5** (물건을) 취급하다. **6** 쫓아내다, 몰아내다; 해고하다. **7** 제거하다, 죽이다(matar). **8** (누구의) 시중을 들다(atendre).

despectiu despectiva despectius despectives *adj.* 경멸의, 경멸적인.

despenalitzar *tr.* (처벌을) 멈추다.

despendre *tr.* **1** (돈을) 쓰다, 소비하다 (gastar). **2** (말·시간 등을) 사용하다.

despenjar *tr.* (매단 것을) 내려놓다, 풀다. **-se 1** (밧줄 등을) 타고 내려오다; 미끄러지다. **2** (생각지도 않은 것을) 말하다, 뜻밖의 짓을 하다; 별안간 나타나다.

despentinar *tr.* (머리카락을) 헝클어뜨리다. **-se** (머리카락이) 헝클어지다.

despenyador despenyadors *m.* 절벽, 낭떠러지, 가파른 곳(precipici).

despenyar *tr.* 던지다; 떨어뜨리다, 전락시키다(estimbar). **-se** 전락하다, 굴러 떨어지다; 신세를 망치다.

desperfecte desperfectes *m.* **1** 흠, 결점. **2** 피해, 파손, 손상.

despersonalització despersonalitzacions *f.* 비인격화.

despersonalitzar *tr.* 비인격화하다. **-se** 비인격화되다.

despert desperta desperts despertes *adj.* **1** 잠에서 깨어난. **2** [비유] 재치있는, 민첩한, 영리한(sagaç).

despertada despertades *f.* =despertament.

despertador despertadora despertadors despertadores *adj.* 잠에서 깨우는.
-m.f. 잠을 깨우는 사람.
-m. 자명종.

despertament despertaments *m.* despertar하는 일.

despertar *tr.* **1** 잠을 깨우다, 눈뜨게 하다. **2** (의식을) 깨우다, 생각나게 하다, 정신 들게 하다. **3** 자극하다, 돋우다(estimular). *despertar l'interès* 관심을 불러일으키다. **-se 1** 일어나다. *M'he despertat molt d'hora* 나는 매우 일찍 일어났다. **2** 각성하다. **3** (욕구·관심이) 일어나다.

despesa despeses *f.* **1** 소비, 낭비. **2** 비용, 경비. **3** (가스·수도·전기 등의) 소비량. **4** *pl.* 경비 수당.

despietat¹ despietats *f.* 무자비, 악랄함.

despietat² despietada despietats despietades *adj.* 무자비한, 악랄한, 독한.

despintar *tr.* **1** (페인트칠을) 벗기다. **2** 빛깔이 바래게 하다. **-se** 페인트칠이 벗겨지다; 빛깔이 바래다.

despistar *tr.* (추적자를) 떼어 버리다; 미궁에 빠지게 하다; 길을 잃게 하다. **-se** (길·종적을) 잃다, 감추다.

despistat despistada despistats despistades *adj.* **1** 종적을 감춘, 미궁에 빠진. **2** 방심한, 얼빠진, 건성의.

despit despits *m.* **1** 원망. **2** 분노, 비분. **3** 실망, 절망.
a despit de ...에도 불구하고.

despitar *tr.* 앙심을 품게 하다, 억울하게 생각하게 하다. **-se** 억울하게 생각하다.

desplaçament desplaçaments *m.* **1** 이전. **2** 배수(량), 톤수.

desplaçar *tr.* **1** 이전시키다, 전임시키다. **2** (배수량이) ...톤이다. **3** [비유] (주의 등을) 다른 데로 돌리다. **-se** 물러나다, 전임하다; 쫓겨나다.

desplaçat desplaçada desplaçats desplaçades *adj.* 적절하지 않은, 어울리지 않는; 이전된, 전임된.

desplaent desplaents *adj.* 불쾌한, 짜증이 나는.

desplaer desplaers *m.* 불쾌, 짜증; 불만.

desplaure *intr.* 불쾌하게 하다.

desplegable desplegables *adj.* desplegar할 수 있는. *una mapa desplegable* 펼쳐서 보는 지도.

desplegament desplegaments *m.* **1** 넓힘, 펼침, 전개. **2** [군사] (부대의) 소개(疏開), 산개. **3** 해명, 부연.

desplegar *tr.* **1** (접었던 것을) 펴다, 넓히다, 전개하다. **2** [군사] (부대를) 소개하다, 산개하다. **3** 밝히다, 해명하다. **4** [비유] 사용하다, 발휘하다. *desplegar tota la nostra energia* 우리의 모든 에너지를 쏟아 붓다. **-se** 퍼지다, 전개되다.

desplom desploms *m.* 경사짐, 기울어짐; 붕괴.

desplomar *tr.* (수직에서) 빗나가다, 벗어나다. **-se** 기울다, 경사지다; 허물어지다, 무너지다.

despoblació despoblacions *f.* 마을을 떠남, 이촌; 황폐한 마을·도시.

despoblar *tr.* **1** 인적을 없애다. **2** (동식물을) 없애다, 씨를 말리다. **3** 전멸시키다, 폐허로 만들다, 황폐하게 하다. **-se 1** 인적이 없다, 사람 그림자를 볼 수 없다. **2** (사람들이) 마을을 떠나 버리다. **3** 황폐해지다.

despoblat despoblada despoblats despoblades *adj.* 인적이 없는, 주민이 없는, 사람이 살지 않는.
-m. 인적이 없는 곳, 황폐한 장소.

despolaritzar *tr.* **1** [전기] 극을 없애다, 복극하다, 소극하다. **2** 편광 방향을 바꾸다.

despolititzar *tr.* **1** 정치적인 성격을 없애다. **2** 정치를 멀리하게 하다.

despopar *tr.* =deslletar.

desposseir *tr.* (...에게서) 빼앗다, 몰수하다.

despossessió despossessions *f.* 박탈, 몰수.

dèspota dèspotes *m.* **1** 폭군, 전제 군주, 압제자. **2** (고대 그리스의) 가장.

despòtic despòtica despòtics despòtiques *adj.* 전제의, 압제적인, 독재적인, 폭정의.

despotisme despotismes *m.* 전제주의, 전제 정치; 독재, 횡포.

desprendre *tr.* **1** 풀다, 놓아주다. **2** 떼어 놓다. **3** (가스·냄새 등이) 새어 나오다. **4** [비유] 유추하다, 추측하다 (deduir). **5** (버튼·단추를) 풀다. **-'s 1** (...로부터) 발하다, 나오다. **2** [비유] 유추되다, 추측되다. **3** (남에게) 넘겨주다, 단념하다. **4** 없애다, 처리하다, 박탈하다(desapropiar-se). **5** (버튼·단추가) 풀리다.

despreniment despreniments *m.* **1** 유리 (遊離); 흩어짐, 산재; 발산. **2** 단념, 무관심. **3** 인심이 좋음, 관대함. **4** [회화] 십자가에서 내려놓은 그리스도.

despreocupació despreocupacions *f.* **1** 허심탄회, 사심 없음, 마음을 비움. **2** 등한시, 부주의, 불찰. **3** 안심.

despreocupar-se *prnl.* 선입관을 버리다; 마음에 걸리는 일이 사라지다, 안심해 하다.

després *adv.* [시간·장소] 나중에, 후에, 다음에, 뒤에.
després de [구] ...후에.
després que [절] ...한 후에.
Fins després! [작별 인사에 쓰임] 그럼 안녕!, 나중에 보자!, 그럼 또 만나!; 잘 있어!, 잘 가!

després despresa despresos despreses *adj.* 후한, 인심 좋은, 너그러운, 관대한(generós).

desprestigiar *tr.* 명성·권위·인기를 떨어뜨리다, 품위를 떨어뜨리다. **-se** 명성·권위를 잃다.

desprestigi desprestigis *m.* 명성·품위의 상실.

desprevenció desprevencions *f.* 준비·조심성의 결여, 방심.

desprevingudament *adv.* 준비 없이, 방심하여.

desprevingut desprevinguda desprevinguts desprevingudes *adj.* 준비가 없는, 방심한.

desproporció desproporcions *f.* 불균형.

desproporcionadament *adv.* 어울리지 않게, 균형을 잃고, 규격에서 벗어나.

desproporcionar *tr.* 불균형을 이루다, 어울리지 않게 되다, 규격에 맞지 않게 하다.

desproporcionat desproporcionada desproporcionats desproporcionades *adj.* 균형을 잃은, 어울리지 않는, 규격에서 벗어난.

despropòsit despropòsits *m.* **1** 억지, 부당. **2** 불온한 언행, 폭언.

desprotegit desprotegida desprotegits desprotegides *adj.* 보호받지 못하는, 의지할 데 없는.

desproveir *tr.* (...을) 빼앗다; 공급을 중단하다.

despull despulls *m.* =despullament.

despulla despulles *f.* **1** 약탈, 탈취; 박탈. **2** 탈취품, 전리품. **3** *pl.* **1** 찌꺼기, 나머지, 먹다 남은 것(restes). **2** (새

짐승 등의) 잔해. **3** (건물 등의) 남은 잔해.

despullament despullaments *m.* =despulla.

despullar *tr.prnl.* **1** 약탈하다, 탈취하다, 빼앗다(desposseir). **2** (옷을) 벗다.

despullat despullada despullats despullades *adj.* 옷을 벗은.

despuntar *tr.* (무엇의) 끝을 못 쓰게 만들다, 무디게 만들다, 부러뜨리다. *-intr.* **1** 싹 트다, 움 트다. **2** 징조가 보이다. **3** 나타나기 시작하다. **4** 날이 새다. **-se** (끝이) 부러지다, 닳다, 꺾이다, 망가지다, 으스러지다.

despús-ahir *adv.* 엊그제(abans-d'ahir).
despús-anit *adv.* 엊그제 저녁.
despús-demà *adv.* 모레(demà passat).

desqualificació desqualificacions *f.* 무자격, 부적격; 실격.

desqualificar *tr.* 자격을 잃다, 실격시키다; 면목을 잃다.

desraó desraons *f.* 부당함, 부조리, 이치에 맞지 않음.

desraonat desraonada desraonats desraonades *adj.* 부당한, 부조리한.

desratitzar *tr.* 쥐를 잡다.
desrovellar *tr.* 녹을 제거하다.

dessabor dessabors *m.[f]* 무미(無味), 무미건조; 맛없음, 멋없음.

dessaborir *tr.* **1** 무미건조하게 하다, 맛이 없게 하다, 싱겁게 하다. **2** 성나게 하다, 언짢게 하다, 불쾌하게 하다. **-se 1** 맛을 잃다. **2** (몸의) 컨디션을 잃다.

dessaborit dessaborida dessaborits dessaborides *adj.* **1** (음식이) 맛이 없는. **2** [비유] 재미없는, 싱거운; 멋없는. *una pel·lícula dessaborida* 재미없는 영화. **3** (기분·사이가) 좋지 않은. **4** 기분이 언짢은, 불쾌한.

dessagnament dessagnaments *m.* dessagnar하는 일.

dessagnar *tr.* **1** 피를 뽑다. **2** (남의 재산을) 착취하다. **3** 가난하게 만들다. **4** (못·호수의) 물을 빼내 버리다. **-se** 피를 몽땅 뽑다, 심하게 출혈하다.

dessalar *tr.* **1** 염분·소금기를 빼다. **2** (새·생선의) 날개·지느러미를 떼버리다.

dessecament dessecaments *m.* =dessecació.

dessecació dessecacions *f.* 건조; 간척.

dessecant dessecants *adj.* 말리는, 건조하는, 건조용의; 간척하는. *-m.* 건조제.

dessecar *tr.* **1** 말리다, 건조시키다. **2** 간척하다. **3** 말라붙게 하다. **-se** 바싹 마르다, 말라비틀어지다.

dessecatiu dessecativa dessecatius dessecatives *adj.* 건조시키는; 건조(용)의 (dessecant).

desset dessets *adj.m.* =disset.

dessobre dessobres *adv.* 위의, 위에 있는. *-prep.* 위에; 그 위에, 게다가, 또. *al dessobre* 그 위에.

dessota *adv.* 아래에, 아래로(davall). *al dessota* 아래에, 아래로.

dessuador dessuadors *m.* **1** (말의) 장깔개. **2** 땀수건.

dessuar *tr.intr.* 땀을 닦다.

dessús *adv.* =damunt.

destacament destacaments *m.* **1** 파견대. **2** [군사] 지대, 분견대.

destacar *tr.* **1** 파견하다, 분파하다. **2** 두드러지게 하다, 강조하다, 하이라이트를 주다(ressaltar). **3** [미술] 돋보이게 하다. *-intr.prnl.* 두드러지다, 뛰어나다, 돋보이다, 빼어나다. *un edifici que destaca* 돋보이는 건물.

destacat destacada destacats destacades *adj.* **1** 파견된. **2** 두드러진, 뛰어난.

destapador destapadora destapadors destapadores *adj.m.f.* 마개를 따는 (사람). *-m.* 마개 따는 것; 덮개를 여는 것.

destapar *tr.* 마개를 따다, 덮개를 열다. **-se 1** (있는 그대로) 노출되다, 드러나다, 발견되다. **2** 비밀·속마음을 털어놓다.

destarotar *tr.* =desconcertar.

destemprança destemprances *f.* **1** 무절제, 방종; 폭음, 폭식. **2** 기후의 불순. 3 컨디션이 나쁨, 난조, 불쾌.

destenyiment destenyiments *m.* 퇴색, 변조.

destenyir tr. 퇴색시키다, 색을 변조시키다. **-se** 색이 변하다, 색이 바래다.
desterrament desterraments m. 추방, 유형, 유배(지).
desterrar tr. **1** 추방하다, 유배 보내다 (bandejar). **2** (미련·슬픔을) 털어버리다, 멀리하다.
destetar tr. 젖을 떼다(deslletar).
desteular tr. (지붕의) 기와를 벗겨내다.
destí destins m. **1** 운명(sort). **2** 목적지, 도착지; (서신) 받을 곳. **3** 부임지, 근무처.
destil·lació destil·lacions f. 증류, 여과.
destil·lador destil·ladora destil·ladors destil·ladores adj. 증류하는, 여과하는.
-m.f. destil·lar하는 사람.
-m. 증류기, 여과기, 증류물.
destil·lar tr. **1** 증류하다. **2** 여과하다, 밭치다, 방울방울 떨어지게 하다, 새어 나오게 하다. -intr. 방울방울 떨어지다, 새어 나오다.
destil·lat destil·lada destil·lats destil·lades adj. 증류된, 여과된.
destil·leria destil·leries f. 증류소.
destinació destinacions f. 예정, 지정; 임명, 부임; 목적지, 임지.
destinar tr. **1** (어떤 목적으로) 충당하다, 돌리다. **2** 예정해 두다, 지정하다 (determinar). **3** 임명하다, 부임하다.
destinatari destinatària destinataris destinatàries m.f. 수취인, 수신자.
destintar tr. =destenyir.
destitució destitucions f. 파면, 해고, 면직.
destituir tr. **1** 파면하다, 해고하다, 면직시키다. **2** (...에게서) 빼앗다(privar).
destituït destituïda destituïts destituïdes adj. destituir된.
destorb destorbs m. 방해물, 장애물, 거추장스러운 것.
destorbador destorbadora destorbadors destorbadores adj.m.f. 방해하는, 귀찮게 구는, 애먹이는 (사람); 방해꾼.
destorbar tr. 괴롭히다, 애먹이다; 방해하다, 장애가 되다(obstaculitzar).
destra destres f. **1** 오른손. **2** 우측, 오른쪽.

a la destra i a la sinistra 좌우로; 순서 없이, 닥치는 대로, 뒤죽박죽으로, 엉망으로.
destral destrals f. 도끼.
destralada destralades f. 도끼로 치기.
destralejar tr.intr. 도끼로 자르다.
destraler destralera destralers destraleres adj. 무척 많이 먹는; (사람이) 막돼먹은, 아무렇게나 만든.
-m.f. **1** 나무꾼(llenyataire); 장작 패는 사람, 도끼질하는 사람. **2** 먹보. **3** 막돼먹은 사람, 망나니. **3** [군사] 공병.
destraló destralons m. 작은 도끼.
destre destra destres destres adj. **1** 오른쪽의, 오른손의(dret). **2** 수완이 있는, 잘 다루는, 능숙한, 솜씨 있는, 노련한, 숙련된(hàbil, expert).
-m. **1** 마요르카에서 사용하는 길이의 단위[4.21m]. **2** (투우에서) 부상한 소를 마지막으로 죽이는 사람.
destrènyer [pp: destret destreta] tr. [고어] 곤경에 처하게 하다.
destresa destreses f. 훌륭한 솜씨, 재주, 재간(habilitat).
destret destrets m. **1** 곤경, 궁지. **2** 고뇌, 고민, 노심초사.
destriador destriadora destriadors destriadores adj. destriar하는.
destriament destriaments m. destriar하는 일.
destriar tr. **1** 나누다, 분리하다, 분해하다. **2** 알게 되다, 분간하다, 이해하다. *destriar els dos aspectes* 두 가지 면을 분간하다. **3** 눈에 띄다, 어슴푸레 보이다(albirar). **-se** 분해·해체되다(descompondre's).
destronament destronaments m. (왕의) 폐위, 왕권 박탈.
destronar tr. 폐위하다, 왕권을 박탈하다, 왕위에서 쫓아내다, 권좌를 잃게 하다.
destrossa destrosses f. **1** 조각냄, 토막냄; 그 한 조각. **2** 분쇄, 격멸.
destrossador destrossadora destrossadors destrossadores adj. destrossar하는.
destrossar tr. **1** 조각내다, 토막을 내다. **2** 분쇄하다, 괴멸시키다, 격멸하다, 격파하다. **-se** 조각나다; 분쇄되다.
destrucció destruccions *f.* **1** 파괴, 멸망, 괴멸. **2** 황폐, 폐허.
destructible destructibles *adj.* 파괴할 수 있는.
destructiu destructiva destructius destructives *adj.* 파괴적인.
destructivitat destructivitats *f.* 파괴성, 파괴력.
destructor destructora destructors destructores *adj.* 파괴시키는, 분쇄하는. *-m.f.* 파괴자.
-m. [군사] 구축함.
destruir *tr.* **1** 부수다, 멸망시키다, 파괴하다, 깨뜨리다, 격파하다, 패배시키다. **2** [비유] (환상을) 깨뜨리다. **3** (교만·남용을) 버리다.
desuet desueta desuets desuetes *adj.* **1** 못 쓰게 된, 무용지물. **2** 낡아 빠진, 진부한(desacostumat).
desuetud desuetuds *f.* 쓸모없는 것, 무용지물.
desús desusos *m* =desuetud.
desvagament desvagaments *m.* 일이 없음, 실직, 무직; 한가함, 틈.
desvagar-se *prnl.* 할 일 없이 보내다, 빈둥거리다; 실직하다.
desvagat desvagada desvagats desvagades *adj.* 할 일 없는, 한가로운, 무직의.
desvalgut desvalguda desvalguts desvalgudes *adj.* 의지할 데 없는.
desvalisar *tr.* **1** 도둑질하다, 노략질하다. **2** 빼앗다, 우려내다.
desvaloració desvaloracions *f.* 평가 절하, 하락.
desvalorar *tr.* 평가 절하 하다. 가치를 하락시키다(menysprear).
desvari desvaris *m.* desvariejament.
desvariar *intr.* =desvariejar.
desvariejament desvariejaments *m.* (흥분으로) 이성을 잃음, 일시적인 정신착란; 헛소리.
desvariejar *intr.* 흥분해서 이성을 잃다, 헛소리하다.
desventura desventures *f.* 불운, 불행.
desventurat desventurada desventurats desventurades *adj.* 불운한, 불행한,
가련한, 불쌍한.
desvergonyiment desvergonyiments *m.* 파렴치, 철면피.
desvergonyir-se *prnl.* 염치없이 행동하다, 파렴치하게 굴다, 뻔뻔스럽게 굴다.
desvergonyir-se amb (누구에게) 뻔뻔스럽게 행동하다.
desvergonyit desvergonyida desvergonyits desvergonyides *adj.* 뻔뻔스러운; 당돌한, 대담한.
desversar *tr.* 습관을 버리다. **-se** 습관을 잃다.
desvestir *tr.prnl.* 옷을 벗기다; 옷을 벗다.
desvetllament desvetllaments *m.* **1** 불면, 불휴. **2** 고생, 밤샘, 애먹임.
desvetllar *tr.* **1** 잠을 못 자게 하다, 밤을 새우다, 철야시키다. **2** [비유] (관심을) 불러일으키다, 유발하다(estimular). **3** (진상 등을) 분명히 하다. **-se** 잠 못 이루다; 철야하다, 밤샘하다, 애태우다.
desvetllat desvetllada desvetllats desvetllades *adj.* 잠 못 이루는, 밤을 지새는.
desviable desviables *adj.* desviar할 수 있는.
desviació desviacions *f.* **1** (정상에서) 벗어남, 한쪽으로 치우침; 일탈. **2** 전향, 굴절. **3** [전기] 편차, 편류. **4** [해사] 항로 변경. **5** [의학] 선외삼유(腺外滲潤). **6** (철로의) 분로(分路).
desviacionisme desviacionismes *m.* [정치] (정당 등의) 원칙에서의 이탈.
desviacionista desviacionistes *m.f.* [정치] (당 노선으로부터의) 일탈자.
desviament desviaments *m.* =desviació.
desviar *tr.* **1** 빗나가다, 비껴가다. **2** [비유] 곁길로 빠지다, 탈선하다, 일탈하다(desencaminar). **3** 단념시키다, 전향시키다. **4** (공금을) 유용하다. **5** [해사] 항로를 변경하다. **-se** (진로·궤도에서) 벗어나다, 빗나가다. **2** (방향·진로를) 변경하다.
desvincular *tr.* (관계·연관을) 끊다; 떼어 놓다. **-se** 무관해지다; 끊어지다,

desvirgar 떨어지다.
desvirgar tr. [구어] 처녀성·순결을 빼앗다.
desvirtuar tr. **1** 왜곡하다, 본질을 상실하다. **2** (떠도는 소문을) 일축하다, 부인하다. **3** (가치·명성 등을) 떨어뜨리다.
desviure's prnl. 열심히 하다, 열중하다, 열광하다.
desxifrador desxifradora desxifradors desxifradores adj. 암호를 해독하는.
-m.f. 암호·전보 번역가, 암호 해독가; 고서 판독가.
desxiframent desxiframents m. 암호 해독, 판독.
desxifrar tr. **1** (암호를) 풀다, 해독하다, 판독하다. **2** (고문서를) 해독하다.
detall detalls m. **1** (전체의) 일부분. **2** 상세, 세목. **3** (구입 상품의) 세부 명세서. **4** (관심·사랑의) 몸짓, 제스처.
al[en] detall 소매로.
no entrar en detalls 상세하게 다루지 않다.
saber amb detall 속속들이 알다.
tenir un bon detall [비유] 많은 관심을 가지다.
vendre al detall 소매로 팔다.
detalladament adv. 자세히, 상세히.
detallar tr. **1** 자세하게 말하다, 상술하다. **2** 세목으로 나열하다. **3** 소매하다.
detallisme detallismes m. 밀화(密畵) 학원·학교.
detallista detallistes adj. 상술하는, 세목으로 나열된.
-m.f. [남녀동형] **1** 밀화가. **2** 세목 작성자. **3** 소매상.
detecció deteccions f. 간파, 탐지, 검출, 발견.
detectar tr. 간파하다, 탐지하다, 검출하다, 발견하다.
detectiu detectiva detectius detectives m.f. 형사, 탐정, 비밀경찰.
detector detectora detectors detectores adj. 간파·탐지·검출하는.
-m. **1** [기계] 검전기, 검파기, 탐지기. **2** (보일러의) 수량계. **3** [화학] 검출기.
detenció detencions f. **1** 정지, 보류. **2** [법률] 구속; 구류, 유치. **3** 지체, 정체. **4** 횡령, 착복. **5** 주의, 유의.
detenidor detenidora detenidors detenidores m.f. =detentor.
deteniment deteniments m. 주의, 신중. Ho ha examinar amb deteniment 그는 그것을 신중히 검토했다.
detenir tr. **1** 말리다, 멈추게 하다(aturar). **2** 구속하다, 구류하다, 구치하다, 체포하다(arrestar). **3** 보류하다, 잡아두다, 억류하다. **-se 1** 멈추다. **2** 숙고하다, 검토하다(reflexionar).
detentor detentora detentors detentores m.f. **1** 구속자, 구류자. **2** 횡령자, 가로챈 사람.
detergent detergents adj. 세척하는.
-m. **1** 세제, 표백분. **2** [의학] (상처의) 세척제.
detergir tr. **1** 세척하다, 표백하다(netejar). **2** (상처 등을) 씻다.
deterioració deterioracions f. **1** 망가짐, 손상, 손실, 피해. **2** 더 나빠짐, 악화.
deteriorament deterioraments m. =deterioració.
deteriorar tr. **1** 망가뜨리다, 망치다, 해치다, 상하다(espatllar). **2** 악화시키다. **-se** 망가지다, 상하다, 해를 입다; 악화되다, 나빠지다.
determinable determinables adj. determinar할 수 있는.
determinació determinacions f. **1** 결정, 확정; 인정, 해결. **2** 결단, 결심, 결의; 과단성. **3** [문법] 한정.
determinant determinants adj. 결정적인.
-m. **1** [수학] 행렬식. **2** [생물] 결정자.
determinar tr. **1** 정하다, 결정하다(fixar). **2** 결심하다(decidir). **3** (의미를) 한정하다, 정의하다. **4** 판정하다, 인정하다. **-se** 정하다, 결정하다; 결심하다(decidir-se).
determinat determinada determinats determinades adj. **1** 결정된, 굳혀진(fixat). **2** 결심한, 단호한, 대담한(decidit). **3** 구체적인, 확실한(concret). **4** 일정한, 특정한, 정해진. article determinat 정관사.
-m. [문법] 정관사.
determinatiu determinativa determinatius

determinatives *adj.* 결정한, 결정적인; 한정적인.
-m. [문법] 한정사.
determini determinis *m.* =determinació.
determinisme determinismes *m.* [철학] 결정론.
determinista deterministes *adj.* 결정론의.
-m.f. [남녀동형][철학] 결정론자.
detersiu detersiva detersius detersives *adj.m.* =detergent.
detestable detestables *adj.* 증오할 만한.
detestació detestacions *f.* 혐오, 증오.
detestar *tr.* 미워하다, 저주하다, 싫어하다, 혐오하다.
detingudament *adv.* 천천히, 차근차근; 신중히, 면밀하게.
detingut detinguda detinguts detingudes *adj.* **1** 면밀한, 상세한. **2** 체포된, 유치된, 구류된.
-m.f 피구류자.
detonació detonacions *f.* 폭음, 폭발.
detonador detonadors *m.* 폭발제, 폭약.
detonant detonants *adj.* 크게 울리는; 폭발성의.
detonar *intr.* 크게 울리다, 울려 퍼지다; 폭음을 내다.
detracció detraccions *f.* 중상, 험담, 비난, 욕.
detractar *tr.* 헐뜯다, 비난하다, 비방하다.
detractor detractora detractors detractores *adj.m.f.* 헐뜯는·비난하는·중상하는 (사람).
detraure *tr.* =detractar.
detriment detriments *m.* **1** 손실, 손해, 피해(dany); 유해물. **2** (건강의) 악화. **3** 귀찮음, 골치 아픔. **4** 정신적 타격.
en detriment de ...을 감수하고, ...에 상관없이.
detrit detrits *m.* **1** 파편, 부스러진 것. **2** [지질] 암설(巖屑), 쇄암, 쇄석; (해양 등의) 유기 퇴적물.
detrític detrítica detrítics detrítiques *adj.* (바윗돌이) 부서진, 잘게 부서진.
detritus detritus *m.* =detrit.
deturar *tr.prnl.* =detenir.

deu deus *adj.* 10의, 제10의.
-adj.m.f. =desè.
-m. 10.
déu déus *m.* **1** (신화 또는 범신론적인) 신; 신적인 존재. **2** 존경받는 인물. **3** [대문자][성서] 하나님[하느님].
a la bona de Déu 쉽게, 곧이곧대로.
amb l'ajuda de Déu 신의 도움으로, 하늘이 돕는다면.
com Déu mana 당연히, 응당히.
per Déu[per l'amor de Déu] 제발, 부탁하건대.
si a Déu plau 신의 도움으로, 신의 가호로, 하늘이 돕는다면.
si Déu vol =si a Déu plau.
clamar a Déu 통탄할 일이다.
Déu vos guard! 신의 가호를 빕니다!; 잘 가세요(계세요).
deumesó deumesona deumesons deumesones *adj.* 10개월의.
deumilionèsim deumilionèsima deumilionèsims deumilionèsimes *adj.* 1천만 등분의 1.
-m. 1천만 등분의 1.
deumil·lèsim deumil·lèsima deumil·lèsims deumil·lèsimes *adj.* 1만 등분의 1.
-m. 1만 등분의 1.
deure[1] *tr.* **1** (의무·채무·은혜 등을) 지다, 입다. **2** ...해야만 한다, ...할 의무가 있다. **3** [가능성을 나타냄] ...임에 틀림없다. *Deuen ésser les vuit* 아마 8시가 틀림없다. **4** [미래시제와 함께 쓰여 추측을 뜻함] 아마 ...일 것이다. *Qui deu ser en aquestes hores?* 이 시간에 과연 누구일까?
deure[2] deures *m.* **1** 의무. **2** [경제] 부채, 채무. **3** *pl.* 과제, 숙제.
complir els seus deures 자신의 의무를 다하다.
deute deutes *m.* **1** [경제] 부채, 채무, 빚. *pagar els seus deutes* 그의 빚을 갚다. **2** 차관, 공채. **3** 은혜를 입음. **4** 죄, 과오, 실수.
deuteri deuteris *m.* [화학] 중수소.
Deuteronomi *n.pr.* [성서] 신명기[모세 오경 중의 하나].
deutor deutora deutors deutores *adj.* **1** 부채·채무를 진; 차변의, 채무자의. **2**

은혜를 입은. **3** 죄를 지은.
-m.f. 부채자, 채무자; 은혜 입은 자; 죄인.
devaluació devaluacions *f.* 평가 절하, 가치 하락.
devaluar *tr.* 평가 절하 하다, 가치를 하락시키다. **-se** 평가 절하 되다, 가치가 떨어지다.
devastació devastacions *f.* 황폐, 참해, 파괴.
devastador devastadora devastadors devastadores *adj.* 파괴하는.
-m.f. 파괴자, 파괴시키는 것.
devastar *tr.* 황폐시키다, 파괴하다, 괴멸하다.
devers *prep.* **1** [공간적·관념적] ...의 쪽으로, ...의 방향으로. **2** [시간적] ...의 경.무렵. *Va venir devers les nou del vespre* 밤 9시경에 왔다.
devesa deveses *f.* **1** 목장. **2** 목초지.
devessall devessalls *m.* **1** 호우, 폭풍우. **2** [비유] 대홍수, 많음, 풍부. *un devessall de paraules* 말의 홍수.
devessell devessells *m.* =devessall.
devoció devocions *f.* **1** 열심, 헌신(zel); 충성. **2** 신심, 신앙; 숭배, 공경. **3** 애착, 애호(predilecció).
fer les seves devocions 종교인으로서 헌신하다.
devocionari devocionaris *m.* 기도서, 축수서.
devolució devolucions *f.* 반환, 반제, 반품; 반려.
devolutiu devolutiva devolutius devolutives *adj.* 반환·반제·반품하는, 되돌려주는, 반려하는.
devonià devoniana devonians devonianes *adj.m.* [지질] 데본기의, 데본계의.
devora *prep.* 가까이, 가까이에(prop, vora).
al devora de ...의 근처에, ...의 곁에(al costat de).
devorador devoradora devoradors devoradores *adj.m.f.* devorar하는.
devorament devoraments *m.* devorar하는 일.
devorar *tr.* **1** 많이 먹다; 게걸스럽게 먹다, 정신없이 먹다. **2** 다 먹어 치우다.

3 전멸시키다, 멸절시키다, 모조리 부수다. **4** (재산을) 탕진하다, 다 소모해 버리다.
devot devota devots devotes *adj.* **1** 충실한, 헌신적인, 신앙심이 깊은, 경건한. **2** 열성적인, 몰두하는, 열애하고 있는, 애정이 깊은, 반해 버린.
-m.f. (광적인) 귀의자, 헌신자, 숭배자; 열애가.
devuit devuits *adj.m.* =divuit.
dextrosa dextroses *f.* [화학] 우선당(右旋糖), 포도당.
dia dies *m.* **1** 날, 일. **2** 낮, 주간. **3** 때, 세월. **4** [기상] 날씨, 기후. **5** 축제일, 기념일, 행사일. **6** 기분, 마음. **7** *pl.* 일생, 생애; 나이.
a dia adiat[cert, sabut] 예정일에, 특정한 날에, 미리 정한 날에.
a dies 때때로.
a l'altre dia 다음 날, 이튿날, 다른 날에.
al dia 하루에; 그날그날, 하루살이로, 무계획적으로.
al seu dia 나중에, 적당한 때에.
Bon dia! 안녕하세요[아침 인사].
cada dia 날마다, 매일같이.
de dia en dia 날마다.
dia i nit[nit i dia] 밤낮으로.
dia rere dia 나날이, 날마다.
el dia d'avui 오늘(날).
tot el sant dia 온종일.
caure[tombar] el dia 날이 지다, 어두워지다.
estar al dia 시대에 뒤떨어지지 않다.
tenir els dies comptats 시한이 가까워지다, 죽음이 가까워지다.
viure al dia 그때그때 살아가다, 무계획적으로 살다.
diabètic diabètica diabètics diabètiques *adj.* 당뇨(병)의.
diabetis diabetis *f.* [의학] 당뇨병.
diable diablessa diablessos diablesses *m.* **1** 악마, 귀신. **2** 장난꾸러기, 말썽꾼. **3** 써레, 도리깨; 써레질, 도리깨질. **4** 달구지, 작은 차. **5** *pl.* [의문문·감탄문] 도대체. *Què diables feu aquí dins?* 도대체 이 안에서 무엇들 하고 있는 거야?

ésser un pobre diable 불쌍한 사람이다, 가련한 사람이다.
tenir el diable al cos 소란·소동을 피우다.
diablejar *intr.* 장난질을 하다; 심술궂은 짓을 하다.
diableria diableries *f.* 장난질, 악마 짓, 심술궂은 행동.
diabló diablons *m.* 1 [diable의 축소사] 작은 악마. 2 [비유] 개구쟁이, 말썽꾸러기. 3 해로운 곤충.
diabòlic diabòlica diabòlics diabòliques *adj.* 1 악마 같은, 마귀 같은, 극악한, 사악한. 2 지독한, 심한, 아주 나쁜.
diabolical diabolicals *adj.* =diabòlic.
diabolisme diabolismes *m.* 사탄 숭배.
diàbolo diàbolos *m.* 디아볼로, 공중 팽이[손에 든 두 개의 막대 사이에 켕긴 실 위에서 팽이 굴리기].
diaca diaques *m.* 집사, 부제.
diaconal diaconals *adj.* 집사의.
diaconat diaconats *m.* 집사 직분, 보조 사제직.
diaconessa diaconesses *f.* 여 집사.
diacrític[1] diacrítics *m.* [음성] 발음 구별 부호, 분음 부호[a자를 구별해서 읽기 위해 ä, â, ā와 같이 붙이는 부호].
diacrític[2] diacrítica diacrítics diacrítiques *adj.* 1 감별의, 구별할 수 있는, 구별하기 위한 2 발음 구별 부호의. 3 [의학] 진단의.
diacronia diacronies *f.* [언어] 통시론.
diacrònic diacrònica diacrònics diacròniques *adj.* 통시적인.
diada diades *f.* 1 [일반적] 날(dia). *Avui ha fet una diada molt calorosa* 오늘은 매우 무더운 날이었다. 2 (문화 행사 등의) 경기, 축제, 축제 행사. 3 (어떤) 특정일.
diadema diademes *f.* 1 왕관, 윤관. 2 (동양에서 왕관 대신에 쓰는) 머리띠. 3 왕권, 권위.
diàfan diàfana diàfans diàfanes *adj.* 투명한, 훤히 비치는.
diafanitat diafanitats *f.* 투명, 투광도, 투광성.
diafonia diafonies *f.* (전화의) 혼선.
diafragma diafragmes *m.* 1 [해부] 횡경막. 2 [동식물][기계] 격막, 격벽, 막. 3 (전지 등의) 칸막이 판. 4 (송수화기의) 진동판. 5 (렌즈의) 조리개.
diafragmar *tr.* (카메라의 렌즈를) 조이다.
diafragmàtic diafragmàtica diafragmàtics diafragmàtiques *adj.* 격막의, 격벽의.
diagnosi diagnosis *f.* 1 [의학] 진단. 2 (문제·상황 등의) 진단, 원인 분석. 3 [생물] 특성, 표징. 4 식별.
diagnòstic diagnòstics *m.* 진단상의. [의학] (병의) 징후, 증상.
diagnosticar *tr.* 진단하다, 진찰하다.
diagonal diagonals *adj.* 비스듬한, 대각선의.
-*f.* 대각선.
en diagonal 대각선으로.
diàgraf diàgrafs *m.* 분도기, 확대 모사기.
diagrama diagrames *m.* 1 그래프, 도표, 도식, 도해, 일람도; 글상자. 2 [수학] 작도. 3 (열차의) 운행표.
dial dials *m.* (라디오의) 다이얼.
dialectal dialectals *adj.* 방언의, 사투리가 섞인.
dialectalisme dialectalismes *m.* 방언사용.
dialecte dialectes *m.* 방언, 지방 사투리.
dialèctic dialèctica dialèctics dialèctiques *adj.* 변증(법)적인, 궤변적인.
-*m.f.* 이론 철학가, 변증가, 궤변가.
dialèctica dialèctiques *f.* 이론 철학, 변증법; 대화법, 궤변.
dialectòleg dialectòloga dialectòlegs dialectòlogues *m.f.* 방언학자.
dialectologia dialectologies *f.* 방언학, 방언 연구.
dialectològic dialectològica dialectològics dialectològiques *adj.* 방언학의.
diàleg diàlegs *m.* 대화, 문답; 대화체; 대화체의 작품.
diàlisi diàlisis *f.* [화학] 삼투 분석.
dialització dialitzacions *f.* [화학] 투석.
dialitzar *tr.* [화학] 투석하다.
dialogar *intr.* 대화를 하다(conversar); 대화체로 쓰다.
dialogisme dialogismes *m.* 자문자답, 대

화체, 대화술.
dialogista dialogistes *m.f.* [남녀동형] 대화자, 대담자, 문답자.
diamant diamants *m.* 1 [광물] 다이아몬드, 금강석. 2 (카드의) 다이아.
diamant brut[en brut] 아직 세공하지 않은 다이아몬드.
diamantat diamantada diamantats diamantades *adj.* 다이아몬드 같은, 다이아몬드같이 깎은.
diamantí diamantina diamantins diamantines *adj.* 다이아몬드의, 다이아몬드 같은.
diamantífer diamantífera diamantífers diamantíferes *adj.* 다이아몬드가 함유된, 다이아몬드가 산출되는.
diamantista diamantistes *m.f.* 보석 세공사, 보석상.
diametralment *adv.* 지름으로, 직경으로. 2 [비유] 완전히, 전적으로.
diàmetre diàmetres *m.* 1 지름, 직경. 2 구축. 3 (물건의) 너비, 폭.
diana dianes *f.* 1 (과녁의) 중심. 2 기상나팔. 3 [시어] 달.
Diana *n.pr.* [신화] (달의 여신으로) 숲·처녀성·사냥의 수호신.
diantre[diastre] diantres *m.* [속어] 악마, 마귀.
-interj. 제기랄!, 빌어먹을!
diapasó diapasons *m.* 1 [물리] 음차(音差). 2 [음악] 음역, 음정, 음의 진폭. 3 (오르간의) 기본 음전.
diapositiva diapositives *f.* 슬라이드 사진, 투명 양화.
diari diària diaris diàries *adj.* 날마다의, 매일의.
-m. 1 일기, 일지, 메모장. 2 일간지, 신문.
diari de bord [해사] 항해 일지.
dir més mentides que el diari [구어] 지나친 허풍을 떨다.
diàriament *adv.* 매일같이, 날마다.
diarrea diarrees *f.* [의학] 설사.
diarreic diarreica diarreics diarreiques *adj.* [의학] 설사의.
diàspora diàspores *f.* 1 (민족의) 분산, (국외) 이산; 유태인의 이산. 2 [집합] 이산한 유태인, 팔레스티나 이외의 초기 유태인 기독교도. 3 이스라엘 이외의 유태인 거주지; 이산한 장소.
diaspre diaspres *m.* [광물] 벽옥(jaspi).
diastre diastres *m.* =diantre.
diatèrman diatèrmana diatèrmans diatèrmanes *adj.* 투열성의.
diatermància diatermàncies *f.* [물리] 투열성.
diatòmic diatòmica diatòmics diatòmiques *adj.* [화학] 2원자의, 2가의.
diatònic diatònica diatònics diatòniques *adj.* [음악] 전음계적인.
diatriba diatribes *f.* 혹평, 비방, 논박.
dibuix dibuixos *m.* 1 그림, 도화, 선화, 소묘, 삽화, 스케치. 2 도안, 디자인, 제도.
dibuix del natural 사생화.
dibuix lineal 선화(線畵).
dibuixos animats 만화 영화.
dibuixant dibuixants *m.f.* 삽화가, 도안가, 도공, 디자이너, 제도가.
dibuixar *tr.* (주로 선으로) 그리다, 소묘하다, 스케치하다, 제도하다. *-se* 1 그려지다, 소묘되다, 스케치되다. 2 나타나다, 드러나다, 형태를 갖추다(mostrar-se).
dic dics *m.* 1 제방, 방파제; 부두, 선창, 선착장. 2 독, 도크, 선거(船渠). 3 [지질] 암맥, 노층. 4 [비유] (감정의) 억제.
posar dics a les passions 감정을 억제하다.
dicció diccions *f.* 말; 말씨, 어법, 어투.
diccionari diccionaris *m.* 사전, 사서, 용어집.
dicotiledoni dicotiledònia dicotiledonis dicotiledònies *adj.* 쌍자엽류의.
-f.pl. [식물] 쌍자엽류 식물.
dicotomia dicotomies *f.* 1 분열, 양단. 2 [식물] 대생(對生). 3 [논리] 이분법.
dicotòmic dicotòmica dicotòmics dicotòmiques *adj.* dicotomia의.
dictador dictadora dictadors dictadores *m.f.* 독재자, 집정관.
dictadura dictadures *f.* 독재, 독재 정치, 집정 정치.
dictàfon dictàfons *m.* 딕터폰, 녹음기.
dictamen dictàmens *m.* 1 의견, 생각,

판단(opinió, juici); 보고(서). **2** *pl.* (양심의) 소리·명령; 판례집, 의사록.
dictaminador dictaminadora dictaminadors dictaminadores *adj.* 의견을 말하는.
-m.f. 보고자, 진술자.
dictaminar *intr.* 의견·판단을 말하다. *dictaminar les propostes* 제안들에 대한 의견을 말하다.
dictar *tr.* **1** (편지·보고서 등을) 구술하다, 받아쓰게 하다. **2** 명령하다, 지시하다(imposar). **3** 알리다, 공포하다. **4** (생각·사상 등을) 떠오르게 하다, 암시하다, 제시하다. **5** [정치] (외교) 문서를 작성하다.
dictat dictats *m.* 구술, 받아쓰기. *escriure a dictat* 받아쓰다.
dictatorial dictatorials *adj.* 독재 (정치)의, 집정의; 멋대로 하는, 방자한.
dicteri dicteris *m.* 험담, 욕설, 악담.
dida dides *f.* 유모.
engegar a dida 저주하다.
didàctic didàctica didàctics didàctiques *adj.* **1** 교육의, 교훈적인; 교수(법)의. **2** 교육 관계의.
didàctica didàctiques *f.* 교수법.
didal didals *m.* **1** (바느질의) 골무. **2** [식물] (밀·도토리의) 꼬투리. **3** *pl.* =digital.
didalera didaleres *f.* [식물] 디기탈리스 (digital).
diedre diedres *adj.* 이면의.
-m. [기하] 이면(각).
dielèctric dielèctrica dielèctrics dielèctriques *adj.* [전기] 절연의, 부전도성의.
-m. 절연체, 부전도체.
dièresi dièresis *f.* **1** [음성] 음절의 분철, 분음 기호[·]. **2** [의학] 절단.
dièsel dièsels *adj.* 디젤식의. *un motor dièsel* 디젤식 모터.
-m. 디젤 기관.
diesi diesis *f.* [음악] 샤프 기호[#].
dieta[1] dietes *f.* **1** 다이어트, 절식. **2** (환자의) 식이 요법, 규정식.
dieta[2] dietes *f.* **1** 의회, 국회. **2** (1일의) 행정. **3** *pl.* (관리 등의) 일당, 출장 수당, 왕진료. **4** (국회의원의) 세비, 의회 수당.
dietari dietaris *m.* 가계(부), 출납장.

dietètic dietètica dietètics dietètiques *adj.* (환자의) 식이 (요법)의; 영양의.
dietètica dietètiques *f.* 식이 요법, 영양학.
difamació difamacions *f.* 중상, 모략, 험담; 명예 훼손.
difamador difamadora difamadors difamadores *adj.m.f.* difamar하는 (사람).
difamant difamants *adj.* =difamador.
difamar *tr.* 중상하다, 모략하다, 험담하다; 명성을 떨어뜨리다.
difamatori difamatòria difamatoris difamatòries *adj.* difamar하는.
diferència diferències *f.* **1** 다름, 차, 차이(점), 상위. **2** [경제] (주식의 가격 변동의) 차액, 간격. **3** 의견의 차이, 불화, 싸움. **4** [수학] 차. **5** [논리] 차이.
a diferència de ...와 달리.
amb l'única diferència que 단지 ...와는 다르게.
no fer diferències [비유] 차이가 없다, 차별하지 않다.
partir la diferència i) 차액을 등분하다; ii) (서로) 양보하다, 타협하다.
diferenciador diferenciadora diferenciadors diferenciadores *adj.* diferenciar하는.
diferencial diferencials *adj.* **1** 차별하는, 차별적인, 격차의. **2** (특징 등이) 특별한. **3** [수학] 미분의. **4** [물리][기계] 차동의.
-m. [기계] 차동 장치.
-f. [수학] 미분.
diferenciar *tr.* **1** 차이를 두다, 차별하다. **2** 구별하다, 분별하다(distingir). **3** [수학] 미분하다. *-se* **1** 서로 다르다, 차이가 생기다. **2** [생물] 분화하다.
diferent diferents *adj.* **1** 다른, 상이한. **2** 상위한, 차이가 나는. **3** *pl.* 여러 가지의, 다수의, 몇 개의.
diferir *tr.* 미루다, 연기하다. *-intr.* 다르다, 서로 다르다; 상위하다.
diferit diferida diferits diferides *adj.* 연기된, 지연된, 뒤로 미뤄진.
difícil difícils *adj.* **1** 어려운. **2** 다루기 힘든, 까다로운, 친하기 어려운.

dificultar tr. **1** 곤란케 하다, 어렵게 만들다, 방해하다. **2** 어렵게 생각하다.
dificultat dificultats f. **1** 어려움, 난관, 난점, 난문제, 곤란(problema). **2** 의문, 의심. **3** 장애, 장해, 지장.
posar dificultats 장애를 놓다.
dificultós dificultosa dificultosos dificultoses adj. **1** 곤란한, 까다로운, 어려운. **2** 기이한.
difluir intr. **1** 새어 나오다, 흘러나오다 (vessar). **2** 널리 퍼지다, 유포되다(difondre's).
difondre tr. **1** 널리 알리다, 유포하다, 보급하다. **2** 방송하다. -'s **1** 유포되다, 보급되다. **2** 퍼지다, 번지다, 침윤하다.
diftèria diftèries f. [의학] 디프테리아.
diftèric diftèrica diftèrics diftèriques adj. 디프테리아(성)의.
diftong diftongs m. [음성] 이중 모음.
diftongar tr. [음성] 이중 모음화하다.
difuminar tr. **1** 뿌옇게 만들다. **2** [회화] (그림을) 뿌옇게 문지르다. -se 흐려지다, 뿌옇게 되다.
difunt difunta difunts difuntes adj. 죽은, 고인의, 고(故)...(mort).
-m.f. 고인.
difús difusa difusos difuses adj. **1** 확산된, 널리 퍼진. *tumor difús* 퍼진 종기. **2** [비유] 종잡을 수 없는, 산만한, 어지러운, 요령부득의, 두서없는. *una explicació difusa* 두서없는 설명.
difusible difusibles adj. **1** 흩어질 수 있는, 확산될 수 있는. **2** [물리] 확산성의.
difusió difusions f. **1** 산포, 전파, 만연, 보급, 유포. **2** (문체 등의) 산만. **3** [물리] 확산; (빛의) 난반사. **4** (사진의) 초점 분산. **5** 방송, 방송 프로.
difusiu difusiva difusius difusives adj. **1** 산포되는, 널리 퍼지는. **2** 장황한, 산만한. **3** 확산성의.
difusor difusora difusors difusores adj. m.f. difondre하는 (사람).
digerible digeribles adj. digerir할 수 있는.
digerir tr. **1** 새기다, 소화하다(pair). **2** 감수하다, 참고 견디다. **3** [비유] 이해하다, 흡수하다, 자기 것으로 만들다 (assimilar). **4** [화학] 온침(溫浸)하다.
digestibilitat digestibilitats f. 소화성, 소화율.
digestible digestibles adj. 소화할 수 있는, 소화가 잘 되는.
digestió digestions f. **1** 소화; 흡수. **2** [화학] 온침; 화학 분해, 효소 분해. **3** [화학] 화농 촉진.
digestiu digestiva digestius digestives adj. 소화의.
-m. 소화제; 화농 촉진제.
dígit digits adj. **1** 손가락; 손가락의 폭 [약 0.75인치]. **2** 아라비아 숫자[0에서 9까지; 0을 빼는 경우도 있음]. **3** 한 자리 숫자. **4** [천문] 식분(蝕分)[해·달의 직경의 1/12].
digitació digitacions f. [음악] 손놀림, 연주.
digital digitals adj. **1** 손가락의, 손가락이 있는, 손가락 모양의. **2** 디지털형의, 계수형의.
-f. [식물] 디기탈리스.
digitalitzar tr. 디지털화하다.
digitar tr. 악보에 수를 표시하다.
digitat digitada digitats digitades adj. 손가락 모양의, 손바닥 모양의.
digitígrad digitígrada digitígrads digitígrades adj. [동물] 발가락 끝으로 걷는.
diglòssia diglòssies f. [언어] 2개 국어 병용[상위 언어와 하위 언어의 개념].
dignació dignacions f. (특히 하급자가 상급자에게 바라는) 관대, 관용, 묵인.
dignar-se prnl. ...하여 주시다. *Mai no es va dignar a saludar-me* 한 번도 내게 인사를 하지 않았다.
dignatari dignatària dignataris dignatàries m.f. 고귀한 사람; (정부의) 고관; (특히) 고위 성직자, 고승.
digne digna dignes dignes adj. **1** ...할 가치 있는, ...받을 만한(mereixedor). **2** 합당한, 마땅한, 어울리는(proporcionat). **3** 품위 있는(decent). **4** 정직한(honest). **5** 존엄한, 훌륭한, 관록이 있는.
dignificació dignificacions f. 품위·품격을 세움, 위엄을 보임.

dignificar tr. 품위·품격을 세우다; 존귀하게 만들다. **-se** 품위·권위·위엄이 서다; 품위·품격을 지니다; 가치가 있다.

dignitari dignitària dignitaris dignitàries m.f. =dignatari.

dignitat dignitats f. **1** 품위, 품격, 권위, 존엄, 위엄. **2** 고위(층), 고관, 고관대작; 고위 성직자, 승정, 대승정.

dígraf dígrafs m. [음성] 복합 문자[두 글자가 한 음을 나타내는 것].

digrama digrames m. =dígraf.

digressió digressions f. **1** (본제를 벗어나) 지엽으로 흐름, 여담, (이야기의) 탈선. **2** [천문] 이각(離角).

dijous dijous m. 목요일.
dijous gras[llarder] 사육제 전의 목요일.
Dijous Sant 성주간의 목요일[수난일의 전날].
estar[posar-se] enmig com el dijous [구어] 방해가 되다.

dilació dilacions f. 지연, 지체(retard); 시간의 연장, 연기, 유예.
sense dilació 지체 없이.

dilapidació dilapidacions f. 탕진, 허비, 낭비.

dilapidador dilapidadora dilapidadors dilapidadores adj.m.f. dilapidar하는 (사람).

dilapidar tr. 헛되이 쓰다, 낭비하다.

dilatació dilatacions f. **1** 확대, 팽창, 확장; 증대; 팽창부. **2** 부연, 상설. **3** [의학] 비대증.

dilatar tr. **1** 길게 하다, 늘리다(allargar). **2** 넓히다, 확장하다(eixamplar). **3** 널리 전하다, 떨치다. **4** 늦추다, 연기하다, 미루다(diferir). **5** (몸을) 쳐지게 하다. *La calor dilata els cossos* 더위가 몸을 늘어지게 한다. **-se 1** 늘어나다, 확대되다, 팽창되다, 넓어지다, 확장되다, 연장되다(estendre's). **2** 늦어지다, 연기되다, 지연되다.

dilatori dilatòria dilatoris dilatòries adj. 연기하는, 연기시키는.

dilecció dileccions f. 자애.

dilecte dilecta dilectes dilectes adj. 자애로운, 귀여운.

dilema dilemes m. **1** 진퇴양난, 궁지, 딜레마. **2** [논리] 양도 논법.

dilemàtic dilemàtica dilemàtics dilemàtiques adj. 딜레마의, 진퇴양난에 빠진.

diletant diletants m.f. **1** (문학·예술·학술의) 아마추어 애호가, 딜레탕트; (특히) 미술 애호가. **2** [비유] 어설픈 지식의 사람.

diletantisme diletantismes m. **1** [회화] 딜레탕티즘, 아마추어 예술. **2** [비유] 수박겉핥기(의 지식).

diligència diligències f. **1** 근면, 부지런함; 노력, 공부. **2** 정성들임, 공들임. **3** 기민함, 민활함, 민첩함. **4** 수속, 절차, 처리(gestió). **5** [법률] 청원. **6** 승합 마차, 역마차.

diligenciar tr. [법률] 청원을 하다, 수속·절차를 밟다.

diligent diligents adj. **1** 근면한, 부지런한. **2** 기민한, 민첩한, 재빠른.

dilluns dilluns m. 월요일.
fer (el) dilluns 월요일에 일하지 않다.

dilucidació dilucidacions f. 해설, 해명.

dilucidar tr. 설명하다, 해설하다, 명확하게 하다.

dilució dilucions f. 희석, 묽게 하는 일.

diluent diluents adj. 묽게 하는.
-m. 희석제.

diluir tr. **1** 묽게 하다, 희석하다. **2** 녹이다, 용해하다. **3** (책임·명령을) 분담하다. **4** 사취하다, 편취하다. **-se** 묽게 되다, 희석되다; 용해되다.

diluvi diluvis m. **1** 대홍수, 호우. **2** 많음, 풍부; [비유] 홍수(devessal). *un diluvi de paraules* 말의 홍수. **3** [성서][대문자] 노아의 홍수.

diluvià diluviana diluvians diluvianes adj. **1** 홍수의, 대홍수의. **2** 노아의 홍수의.

diluvial diluvials adj. =diluvià.

diluviar intr. 비가 많이 내리다, 비가 억수처럼 오다.

diluvió diluvions m. [지질] 홍적층, 최신세(最新世).

dimanació dimanacions f. 솟아 나옴, 뿜어 나옴; 발생.

dimanar intr. **1** (물이) 뿜어 나오다, 넘쳐 나오다. **2** 발생하다, 나오다, 유래하다(provenir).

dimarts dimarts *m.* 화요일.
dimecres dimecres *m.* 수요일.
dimensió dimensions *f.* **1** 크기. **2** 넓이, 높이, 길이. **3** [물리·수학] 차원. **4** 음역. **5** *pl.* 용적, 규모.
dimensional dimensionals *adj.* 크기의, 용적의, 입체적인, 차원의.
dimensionar *tr.* 크기를 재다.
diminut diminuta diminuts diminutes *adj.* **1** 아주 작은. **2** 불완전한.
diminutiu diminutiva diminutius diminutives *adj.* 축소하는, 감소하는, 작게 한. -*m.* [문법] 축소사.
dimissió dimissions *f.* 해임; 사퇴, 사표, 사직.
dimissionari dimissionària dimissionaris dimissionàries *adj.* 사표를 낸, 사임한.
dimitir *tr.* 해임하다; 사직하다, 사퇴하다, 그만두다.
dimoni dimonis *m.* **1** 악마, 귀신(diable). **2** 악동(entremaliat).
  ésser el dimoni en persona 지나치게 악독하다; 너무 심술궂다.
dimorfisme dimorfismes *m.* **1** [생물] 동종 이형, 이형상. **2** 동질 이상, 양형.
  dimorfisme sexual 양성(兩性).
dina dines *f.* [물리] 다인[힘의 단위].
dinada dinades *f.* 점심 식사.
dinàmic dinàmica dinàmics dinàmiques *adj.* **1** 힘의, 동력의. **2** 동적인, 활동적인, 정력적인, 역동적인. **3** [전기][물리] 역학의, 역학적인.
dinàmica dinàmiques *f.* [물리] 역학, 동력학.
dinamisme dinamismes *m.* **1** [철학] 동력론, 역본설(力本說). **2** 폭력주의, 폭파주의. **3** 활력, 원동력, 동력.
dinamista dinamistes *adj.m.f.* [남녀동형] 역본설을 주장하는 (사람).
dinamita dinamites *f.* (폭발용) 다이너마이트.
dinamitar *tr.* 다이너마이트로 폭파하다.
dinamització dinamitzacions *f.* 활력을 줌, 역동성을 가함.
dinamitzador dinamitzadora dinamitzadors dinamitzadores *adj.m.f.* dinamitzar하는.
dinamitzar *tr.* 활력을 주다, 역동성을 주다

하다.
dinamo dinamos *f.* 발전기, 다이너모.
dinamòmetre dinamòmetres *m.* 역량계, 악력계, 동력계, 전력계.
dinar[1] dinars *m.* **1** 점심, 중식. *oferir un dinar* 점심을 주다. **2** (중세 아라비아의) 금화; (요르단, 이라크, 쿠웨이트, 유고 등의) 화폐 단위.
  menjar per dinar 점심을 하다.
dinar[2] *intr.* 점심·중식을 하다.
dinastia dinasties *f.* 왕조, 왕가.
dinàstic dinàstica dinàstics dinàstiques *adj.* 왕조의, 왕가의.
diner diners *m.* **1** 데나리온[고대 로마의 은화]. **2** (일반적으로) 돈. **3** 부, 부유, 재물.
  diner negre 검은 돈, 암거래되는 돈.
  tenir bon[mal] diner 돈을 잘 갚는[잘 안 갚는] 사람이다.
  tenir diners[diners llargs] 부자이다.
  tocar diners 돈을 받다, 수금하다.
dinerada dinerades *f.* 거액, 거금.
dineret dinerets *m.* **1** 옛 동화의 명칭. **2** 적은 돈·액수.
dinosaure dinosaures *m.* [고생] 공룡.
dinoteri dinoteris *m.* [고생] 고생대의 맹수[제3기의 거대한 코끼리].
dinou dinous *adj.* 19의.
-*m.* 19.
-*adj.* =dinovè.
dinovè dinovena dinovens dinovenes *adj.* 19번째의.
-*m.* 19번째.
dins *adv.* **1** 안에, 속에; 안으로, 속으로. **2** 안에서, 속에서.
-*prep.* **1** [공간적] 안에, 안에서. **2** [시간적] ...지나면, ...지나서.
-*m.* 안, 내부.
  a dins 안에, 속에.
  cap a dins 안(쪽)으로, 속으로.
  de dins estant[des de dins] 안으로부터, 안쪽에서.
  per dins 안으로는, 내부로는; 국내에서는.
  dins de ...이 지나면.
dintre *adv.prep.* =dins.
  dintre seu 내심으로는.
dinyar-la *prnl.* [구어] 죽다.

diòcesi diòcesis *f.* (주교·대주교의) 교구.
díode díodes *m.* (라디오의) 다이오드, 이극체.
dioic dioica dioics dioiques *adj.* [식물] 수꽃과 암꽃을 따로 갖는.
Dionís *n.pr.* [신화] 주신, 술과 연극의 신.
dionisíac dionisíaca dionisíacs dionisíaques *adj.* 주신의, 주신과 인연이 있는.
diòptria diòptries *f.* 디옵터[안경 측정 단위].
diòptric diòptrica diòptrics diòptriques *adj.* 굴절 광학의, 광선 굴절을 응용한.
diòptrica diòptriques *f.* [물리] 굴절 광학.
diorama diorames *m.* 투시화, 디오라마, 디오라마관.
dioràmic dioràmica dioràmics dioràmiques *adj.* 투시화의, 디오라마의.
diòxid diòxids *m.* [화학] 이산화물.
diploma diplomes *m.* **1** 졸업 증서, 학위증. **2** 칙서; 면장, 포장.
diplomàcia diplomàcies *f.* **1** 외교. **2** 외교단, 외교 기관; 외교계. **3** 재주, 숙련, 능수능란.
diplomar *tr.* 자격증을 수여하다, 학위를 수여하다. **-se** 자격증·학위를 얻다.
diplomat diplomada diplomats diplomades *adj.* **1** 면허증·자격증이 있는. **2** 학위를 가진.
-m.f. 졸업자.
diplomàtic diplomàtica diplomàtics diplomàtiques *adj.* **1** 외교의, 외적인. **2** 재치 있는, 외교적 수완이 있는.
-m.f. 외교관, 외교가.
-f. 외교학.
diplomatura diplomatures *f.* 자격증, 학위.
dipòsit dipòsits *m.* **1** 맡김, 기탁, 공탁, 보관. **2** (은행) 예금, 적립금, 예치금. **3** 계약금, 착수금, 보증금, 공탁금, 증거금. *en forma de dipòsit* 보증금 명목으로. **4** 보관물, 기탁물, 공탁물. **5** 보관소, 저장소(megatzem). **6** 퇴적물, 침전물. **7** [군사] 보충병. **8** (광산의) 광상(鑛床).

en dipòsit 공탁한, 기탁해 둔; 보관 중인.
dipositar *tr.* **1** 맡기다, 예금하다, 예치하다(posar). **2** 신뢰를 부여하다. **3** (안전한 곳에) 보관하다, 넣다, 챙겨 넣다. **4** (우편물을) 우체통에 넣다. **5** (희망·신뢰 등을) 가지다. **6** 침전시키다. **-se** 침전하다, 가라앉다.
dipositari dipositària dipositaris dipositàries *adj.* 보관의, 예치의, 기탁의.
-m.f. 예치인, 보관자, 수탁자, 금고 담당자.
dipositaria dipositaries *f.* 예치소, 금고; 저장소, 창고.
dípter diptera dípters dípteres *adj.* **1** [곤충] 쌍시의, (파리·모기 등의) 쌍시류(雙翅類)의. **2** [건축] 이중 주랑식의.
-m.pl. [곤충] 쌍시류.
díptic díptics *m.* **1** (고대 로마의) 두 쪽으로 된 그림·조각. **2** 둘로 접게 된 편지지.
diputació diputacions *f.* **1** 대표 선출. **2** [집합] 의원단. **3** (시·주의) 의사당. **4** 의원 직.임기. **5** 시 청사.
diputar *tr.* 선택하다; (국회의원을) 선출하다.
diputat diputada diputats diputades *m.f.* 의원, 대의원, 대표 의원, 국회의원.
dir[1] dirs *m.* 말, 어법, 화법; 문구.
al seu[teu] dir 그의[너의] 견해로는, 그의[너의] 판단으로는.
dir[2] *tr.* **1** 말하다. **2** 명령하다, 주문하다. **3** (사실을) 알리다, 말해 주다, 표명하다(indicar). **4** (신문·법 등이) 쓰여 있다, 기록되어 있다. **5** (의견·판단을) 전하다(comunicar). **6** [속어] (이름을) 부르다. *-intr.* 어울리다.
més ben dit 말하자면, 다시 말하면.
per dir-ho així 예를 들면, 말하자면.
Digueu?[*Digui, Digui'm, Digueu-me*] [전화에서] 여보세요?, 말씀하세요?
és a dir 예를 들면, 말하자면.
es diu[*hom diu*] ...라고들 한다.
ésser de dir 언급할 가치가 있다.
No dir ni piu! 말 한마디 못하다, 찍소리 못하다.
Una cosa és dir, i l'altra és fer 말과

실천은 다르다.
Vols dir? 확실하니?

direcció direccions *f.* **1** 방향, 방위, 방면. **2** 지휘, 지도, 감독, 관리, 조종. **3** (director의) 직무·사무소; 국, 부, 수뇌부, 지도부, 관리부. **4** (우편물의) 수취인 주소 성명. **5** (영화·연극) 감독, 연출. **6** 지시, 명령, 지시서. **7** 행동방침, 경향, 사조.

direccional direccionals *adj.* 방향의, 지향적인.

directe directa directes directes *adj.* **1** 곧은, 똑바른. **2** 직계의, 직속의(immediat). **3** 직접의. **4** 직통의, 직행의. **5** 솔직한, 명백한, 노골적인. **6** [부사적] 곧장, 똑바로.
-*m.* [스포츠] 직접 프리킥.
-*f.* (자동차의) 직행.
en directe (중계방송을) 직접 방영하다.

directiu directiva directius directives *adj.* 지휘의, 지도의, 통솔의, 관리의; 간부의.
-*m.f.* 임원, 간부, 경영자.

directiva directives *f.* 이사회, 지도부, 운영진, 경영진; 간부회의, 중역회의.

director directora directors directores *m.f.* **1** 사장, 지배인. **2** (direcció의) 장, 부장, 중역, 이사. **3** 교장. **4** (영화의) 감독, (연극의) 연출가, 단장. **5** (신문의) 편집장, 주필.

directori directoris *m.* **1** 이사회, 중역회, 수뇌부 회의, 간부회의(assemblea). **2** 지시, 규정. **3** 편람, 명부, 장부. **4** (기독교의) 성무 안내, 예배 규칙서. **5** 주소록.

directriu directrius *f.* 기준선; 기준, 지도원리, 지도 방침.

dirigent dirigents *adj.* 지도의.
-*m.f.* 지도자, 리더.

dirigible dirigibles *adj.* 지도·조정할 수 있는, 유도할 수 있는.
-*m.* 비행선.

dirigir *tr.* **1** 향하다, 돌리다. **2** 이끌다, 인도하다, 유도하다, 안내하다, 조종하다(conduir). **3** 지도하다, 감독하다, 지휘하다, 통솔하다, 경영하다(regir). **4** (우편물 등을) ...에게 발송하다; 수취인 주소를 적다(adreçar). **5** 헌정하다, 바치다. -**se 1** 향하다, 향해 가다(anar). **2** (우편물이) ...로 가다, ...에게 편지·글을 쓰다, ...에게 말을 걸다.

dirigisme dirigismes *m.* [경제] 국가 경제 활동 감독제도.

diriment diriments *adj.* dirimir하는.

dirimir *tr.* **1** 취소하다, 폐기하다, 무효로 하다(anul·lar). **2** 해결하다, 해소하다. **3** (곤란을) 배제하다, 제거하다.

disbarat disbarats *m.* **1** 터무니없는 짓, 이치에 닿지 않는 말·행동. **2** 난폭, 불법.

disbauxa disbauxes *f.* **1** 방탕, 분방, 방종, 품행이 단정치 못함. **2** 과분, 과잉, 과다, 지나침, 낭비.

disc discs[discos] *m.* **1** 둥그렇고 반반한 것, 반(盤); 그 표면. **2** (경기의) 원반. **3** (축음기의) 레코드. **4** (전화기의) 다이얼. **5** (철도의) 신호판, 시그널. **6** [식물] 화반(花盤), **7** [동물] 평원 반상 조직.

disc compacte 콤팩트디스크.
disc dur 하드 디스크.
canviar de disc [비유] 화제를 바꾸다.
engegar el disc 신소리하다, 말을 늘어놓다.

discal discals *adj.* disc의.

discent discents *adj.* 학생의, 배우는 사람의.

discernible discernibles *adj.* discernir할 수 있는.

discerniment discerniments *m.* **1** 식별, 분별, 판단; 식별력, 판단력. **2** 평가. **3** 인가, 수여.

discernidor discernidora discernidors discernidores *adj.* discernir하는.

discernir *tr.* **1** 식별하다, 분별하다, 가려내다. *discernir el bé del mal* 선과 악을 분별하다. **2** 인가하다, 후견인으로 하다. **3** 수여하다.

disciforma disciformes *adj.* 원반 모양의.

disciplina disciplines *f.* **1** 규율, 규칙. **2** 학통. **3** 교련, 훈련, 질서, 풍기, 군기. **4** 징계. **5** (연구) 과목, 항목.

disciplinar *tr.* **1** 훈육하다, 교련하다, 훈련시키다. **2** 채찍질하다. **3** 규율을 따

르게 하다. -se (자신을) 훈련하다, 채찍질하다.

disciplinari disciplinària disciplinaris disciplinàries *adj.* 훈육의, 규율의; 징계의.

disc-jockey disc-jockeys *m.ang.* 디스크자키.

discòbol discòbols *m.* [스포츠] 투원반 선수.

discografia discografies *f.* 1 수집가가 하는 레코드 분류. 2 (특히 작곡가·연주가별) 레코드 목록. 3 레코드 음악사. 4 음반제작.

discoide discoides *adj.* 원반 모양의.

díscol díscola díscols díscoles *adj.* 다루기 힘든(indòcil); 마음이 비뚤어진, 싸우기 좋아하는.

disconforme disconformes *adj.* 불일치의, 불복의, 의견이 다른.

disconformitat disconformitats *f.* 불일치, 불복; 이론(異論), 이견.

discontinu discontínua discontinus discontínues *adj.* 1 끊어진, 단절된, 중단된. 2 [수학] 불연속의.

discontinuïtat discontinuïtats *f.* 중단, 단절, 중절; 불연속성.

discordant discordants *adj.* 1 서로 의견이 맞지 않는. 2 고르지 못한, 귀에 거슬리는, 듣기 거북한.

discordar *intr.* 1 조화가 안 되다, 서로 어울리지 않다; 모순되다. 2 (음성·가락이) 맞지 않다. 3 (기계 등이) 고르지 못하다.

discorde discordes *adj.* 1 (의견이) 서로 다른, 사이가 틀어진. 2 고르지 못한, 컨디션이 나쁜. 3 [음악] 불협화음의.

discòrdia discòrdies *f.* 1 부조화, 불화. 2 판정의 불일치. 3 쟁의, 분쟁.

discórrer *intr.* 1 심사숙고하다, 곰곰이 생각하다, 깊이 생각하다(reflexionar). 2 논하다, 평하다. 3 (물·세월이) 흐르다. *-tr.* 1 생각해 내다, 고안하다(inventar). 2 결론을 이끌어 내다, 추론하다.

discorriment discorriments *m.* discórrer 하는 일.

discoteca discoteques *f.* 1 레코드 보관실; 레코드 수집. 2 디스코장.

discreció discrecions *f.* 1 사리 분별, 이지, 총명, 신중(reserva). 2 빈틈이 없음, 기지, 재치, 재치 있는 말. 3 임의, 재량, 참작. 4 판단·선택·행동의 자유재량. 5 [법률] 자유재량.

a discreció 임의로, 멋대로, 마음 내키는 대로; 무조건으로, 조건 없이.

retre's[*rendir-se*] *a discreció* [군사] 무조건 항복하다.

discrecionalitat discrecionalitats *f.* 임기응변, 임의성; 임시 운용.

discrecional discrecionals *adj.* 1 신중한, 적의(適宜)의. 2 임의의, 임기응변의, 자유재량에 맡겨진. 3 (출퇴근 시에 운용되는 버스가) 임시적인.

discrepància discrepàncies *f.* 1 상반, 상위, 불일치. 2 (조건의) 위반, 위약.

discrepant discrepants *adj.* 상반된, 상위의, 불일치하는.

discrepar *intr.* 서로 어긋나다, 상위하다.

discret discreta discrets discretes *adj.* 1 겉으로 드러나지 않는, 은밀한, 은근한, 아련한. 2 조심성이 많은, 신중한, 분별 있는, 빈틈없는, 재치 있는. 3 별개의, 불연속의(discontinu). 4 이산의, 분리의, 각각 떨어져 있는.

-m.f. (수도원 등의) 상담역.

discriminabilitat discriminabilitats *f.* 구별할 수 있음, 식별할 수 있는 능력.

discriminable discriminables *adj.* 구별·식별할 수 있는.

discriminació discriminacions *f.* 1 구별, 식별(력), 판별(력). 2 차별, 차별 대우.

discriminant discriminants *adj.* 차별하는, 차별적인.

-m. [수학] 판별식.

discriminar *tr.* 구별하다, 차별하다; 차별 대우 하다.

disculpa disculpes *f.* 1 용서. 2 구실, 변명, 핑계.

demanar disculpes a 용서를 빌다.

disculpable disculpables *adj.* 변명할 수 있는, 용서할 수 있는; 하는 수 없는, 다른 도리 없는.

disculpació disculpacions *f.* =disculpa.

disculpar *tr.* 1 용서하다, 보아 넘기다.

vulgueu *disculpar-me* 용서해 주시길 바랍니다. **2** 변명해 주다. **-se** 변명하다.

discurs discursos *m.* **1** 연설, 강연, 유세. **2** 설교, ...론. **3** 논술, 설명, 담화 (exposició). **4** 사고, 사색; 추리, 추론 (raonament). **5** [문법] 화법. **6** (시간·세월의) 흐름.

discursejar *intr.* 연설을 하다.

discursiu discursiva discursius discursives *adj.* discurs식의.

discussió discussions *f.* 논의, 토의, 토론; 논쟁, 다툼.

discutible discutibles *adj.* 논의할 만한, 문제가 되는.

discutidor discutidora discutidors discutidores *adj.m.f.* 토론을 좋아하는 (사람).

discutir *tr.intr.* **1** 논의하다, 토의하다, 거론하다(tractar). **2** 언쟁하다, 논쟁하다(contradir). **3** 검토하다, 정사하다.

disenteria disenteries *f.* [의학] 이질.

disentèric disentèrica disentèrics disentèriques *adj.* 이질의, 이질성의. *-m.f.* 이질적인 사람.

disert diserta diserts disertes *adj.* 입담이 좋은, 이론이 정연한.

disfàgia disfàgies *f.* [의학] 식사 장애.

disfàsia disfàsies *f.* [의학] 언어 장애.

disfressa disfresses *f.* 변장, 위장, 가장.

disfressar *tr.* 변장하다, 위장하다; 감추다, 속이다. **-se** 위장하다, 가장하다; 가면을 쓰다, 변장하다.

disfunció disfuncions *f.* [의학] 기능의 장애.

disgregació disgregacions *f.* 분열, 분리; 이산, 흩어짐.

disgregant disgregants *adj.* 나누는, 분리하는, 분열하는.

disgregar *tr.* 나누다, 찢다, 분리하다, 분열시키다. **-se** 찢어지다, 갈라지다, 분열되다, 떨어지다.

disgust disgusts[disgustos] *m.* **1** 불쾌함; 싫증, 혐오. **2** 논쟁, 다툼.

disgustar *tr.* **1** 입맛이 없어지다. **2** 언짢게 만들다, 불쾌하게 하다, 속상하게 하다. **3** 논쟁거리를 만들다. **-se 1** 입맛이 없어지다. **2** 불쾌하다, 언짢아지다, 넌더리나다. **3** 화나다(enutjar-se).

disíl·lab disíl·laba disíl·labs disíl·labes *adj.* 2음절의(bisíl·lab).

disjunció disjuncions *f.* **1** 분리, 분열. **2** [논리] 선언(選言). **3** [문법] 분리접속.

disjuntiu disjuntiva disjuntius disjuntives *adj.* **1** 분배의, 배급의, 배치의. **2** [문법] 배분의. *conjunció disjuntiva* 배분접속사.

dislàlia dislàlies *f.* [의학] 언어 장애.

dislocació dislocacions *f.* dislocar하는 일.

dislocar *tr.* **1** 탈골시키다, 뼈를 삐게 하다, 관절을 삐게 하다. **2** 열광시키다. **3** [비유] 와해시키다, 해체하다, 해산하다(fraccionar). **-se 1** 뼈를 삐다, 탈구하다. **2** 와해되다, 해체되다. *L'imperi va dislocar* 제국이 와해되었다.

dismenorrea dismenorrees *f.* [생리] 월경불순.

disminució disminucions *f.* 감축, 감소, 축소, 단축; 에누리.

disminuir *tr.* **1** 감축하다, 감소시키다, 축소시키다. **2** 에누리하다. *-intr.* 줄다, 오므라들다, 쇠해지다, 짧아지다, 감소하다.

disminuït disminuïda disminuïts disminuïdes *adj.* 감소한, 쇠미한.
-m.f. **1** 신체장애자. **2** 정신 장애자, 정신 지체자.

dispar dispars *adj.* 같지 않은, 차이가 큰, 서로 떨어진, 조화되지 않는.

disparada disparades *f.* =disparament.

disparador disparadors *m.* **1** 사수. **2** 방아쇠. **3** 카메라 셔터. **4** (닻의) 닻가지. **5** (기계의 벨트를 벗기는) 핸들.

disparament disparaments *m.* **1** 발사, 사격. **2** 터무니없는 짓.

disparar *tr.* **1** 발사하다, 쏘다. **2** (창 등을) 던지다. **-se 1** 발사되다. **2** 뛰어들다, 덤벼들다. **3** 뛰기 시작하다, 탈주하다, 도주하다; 질주하다, 폭주하다. **4** [비유] 터무니없는 짓을 하다.

disparat disparada disparats disparades *adj.* 매우 빠른.

disparitat disparitats *f.* 부동, 불일치, 차

이, 불균형.

dispendi dispendis *m.* 거액의 비용, 낭비.

dispendiós dispendiosa dispendiosos dispendioses *adj.* **1** 막대한 비용의, 돈이 많이 드는. **2** 낭비가 심한.

dispensa dispenses *f.* 특전, 특면(증); 특별한 예.

dispensar *tr.* **1** 용서하다, 탓하지 않다 (excusar). **2** 사면하다, 면제하다; 책임을 면하다(eximir). **3** 분배하다, 나누어 주다(distribuir). **4** 부여하다, 베풀다, 허용하다. **5** (약을) 조제하다, 투여하다. **6** (법률 등을) 시행하다, 실시하다. **-se** 용서되다; 사면되다, 면제되다; 허용되다; 시행되다.

dispensari dispensaris *m.* **1** 조제실; 시약소. **2** (병원 등의) 약국. **3** (학교 등의) 진료소, 진찰소.

dispèpsia dispèpsies *f.* [의학] 소화 불량(증), 위장염.

dispèptic dispèptica dispèptics dispèptiques *adj.* [의학] 소화 불량의. *-m.f.* 소화 불량 환자.

dispers dispersa dispersos disperses *adj.* **1** 산재하는, 산재된, 흩어진. **2** 연락이 두절된. *-m.* [군사] 연락이 두절된 병사.

dispersar *tr.* **1** 흩트리다, 흩어지게 하다. **2** 뿔뿔이 헤어지게 하다, 해산시키다. *dispersar als milers d'insurgents* 수천의 폭도들을 해산시키다. **3** (적 등을) 쫓아 버리다, 패주시키다. **4** 퍼트리다, 전파시키다. **5** (연기·안개 등을) 흩어지게 하다. **6** [비유] (주의·노력 등을) 분산시키다. *dispersar l'atenció* 주의를 흩트리다. **-se 1** 흩어지다. **2** 헤어지다, 해산하다. **3** (군대가) 산개하다. **4** 무너지다, 허물어지다.

dispersió dispersions *f.* **1** 산포, 분산, 산란, 산개, 패주. **2** [물리] (빛의) 분산. **3** [의학] (염증 등의) 소산(消散). **4** (군대의) 산개. **5** 편차.

dispesa dispeses *f.* 여인숙, 여관.

dispeser dispesera dispesers dispeseres *m.f.* **1** (여관의) 주인. **2** (여관의) 손님, 나그네, 기숙인, 투숙객.

displicent displicents *adj.* 언짢게 하는, 열의가 없는; 불만에 찬.

dispnea dispnees *f.* [의학] 호흡 곤란.

dispneic dispneica dispneics dispneiques *adj.m.f.* 호흡이 곤란한 (사람)

disponibilitat disponibilitats *f.* **1** 가용성, 이용 가능. **2** 자유재량. **3** (사람·차 등의) 대기상태. **4** 비축된 예비 자금.

disponible disponibles *adj.* **1** (자유로이) 사용·처리 가능한. **2** 대기 중인.

disposar *tr.* **1** 마련하다, 배치하다(posar); 준비하다, 대비하다(preparar). **2** 조치하다, 처리하다. **3** 지시하다, 명령하다. *-intr.* **1** (마음대로) 사용·처리하다, 이용하다. **2** 유언을 하다. **-se** 마련되다, 배치되다, 태세를 갖추다, 준비태세를 갖추다; ...하고자 하다.

disposició disposicions *f.* **1** 배치, 대비, 포진, 배열. *la disposició dels mobles* 가구 배치. **2** 규정, 명령, 법령. **3** [법률] 처분(권), 자유재량, 처리, 처분; (행정) 명령. *la disposició derogatòria* 폐기 처분. **4** ...할 마음; 재간, 임기응변. **5** 소질, 경향, 성향(inclinació). **6** 상태, 건강 상태. **7** 용모, 풍채.

a (*la*) *disposició de* ...의 마음대로, ...의 뜻대로.

a la vostra disposició 귀하의 처분대로, 귀하의 뜻대로.

en disposició de ...할 준비가 된.

Estic a su disposició 말씀만 하십시오, 언제든지 도와드리겠습니다.

dispositiu dispositius *adj.* 처리하는, 처분하는; 장치된. *-m.* 기계, 장비; 장치.

disputa disputes *f.* 논쟁, 분규, 쟁의.

disputable disputables *adj.* 논쟁거리의, 문제가 되는.

disputador disputadora disputadors disputadores *adj.m.f.* disputar하는 (사람).

disputant disputants *m.f.* disputar하는 사람.

disputar *tr.intr.* **1** 의논하다, 토론하다. **2** 언쟁하다, 논쟁하다. **3** (무엇을 하고자) 다투다, 겨루다, 쟁탈하다. **-se** 서로 겨루다, 차지하고자 다투다.

disquet disquets *m.* 디스켓.

disquetera disqueteres *f.* 디스켓 통.

disquisició disquisicions *f.* 정밀 검사,

논리적 분석·설명.
dissabte dissabtes *m.* 토요일.
 fer dissabte [구어] 고해하다, 고백하다, 마음을 정결케 하다.
dissecació dissecacions *f.* **1** 해부; 분석. **2** 박제. **3** 책갈피에 넣은 잎.
dissecar *tr.* **1** 해부하다. **2** 박제하다. **3** 잎을 책갈피에 넣다. **4** [비유] 면밀히 분석하다.
dissecció disseccions *f.* =dissecació.
dissemblança dissemblances *f.* 다름, 판이함, 차이, 다양성.
dissemblant dissemblants *adj.* 다른, 전혀 딴판인, 판이한.
disseminació disseminacions *f.* 파종, 살포, 전파.
disseminar *tr.* 뿌리다, 파종하다, 살포하다; 전파하다. **-se** 살포되다, 전파되다.
dissensió dissensions *f.* 의견의 상충, 불일치; 분쟁, 싸움.
dissentiment dissentiments *m.* 의견 차이, 불일치.
dissentir *intr.* 의견을 달리하다, 의견이 엇갈리다.
disseny dissenys *m.* **1** 디자인, 의장, 도안, 제도, 스케치, 소묘. **2** 설계(도), 계획. **3** 간략한 설명.
 disseny gràfic 그래픽 디자인.
dissenyador dissenyadora dissenyadors dissenyadores *m.f.* 디자이너, 도안가, 제도사, 설계자.
dissenyar *tr.* 도안하다, 제도하다, 소묘하다, 스케치하다, 설계하다.
dissertació dissertacions *f.* **1** 논문, (특히) 학위 논문, 연구 보고. **2** 논평, 논설.
dissertant dissertants *m.f.* 논평가, 논술가, 논문 발표자.
dissertar *intr.* 논하다, 논술하다, 논평하다.
disset dissets *adj.* 17의, 17번째의.
 -m.f. 17번째.
 -m. 17.
dissetè dissetena dissetens dissetenes *adj.* 17번째의, 17등분의 1.
 -f. 17분의 1.
dissidència dissidències *f.* 의견의 불일치, 분열; 탈퇴.
dissident dissidents *adj.* 의견이 맞지 않는.
 -m.f. 의견을 달리하는 사람; 탈퇴자.
dissimetria dissimetries *f.* 불균형.
dissimilitud dissimilituds *f.* 부동(不同), 차이점, 상위성, 상위점.
dissimulació dissimulacions *f.* 은폐, 숨김, 거짓; 시치미를 뗌, 능청떪.
dissimular *tr.* **1** (넌지시) 감추다, 속이다, 눈속임하다(amagar). **2** 시치미를 떼다; 위장하다. **3** 봐주다, 용서하다.
dissimulat dissimulada dissimulats dissimulades *adj.* 숨기는, 눈속임하는, 모르는 척하는, 시치미를 떼는.
dissipació dissipacions *f.* **1** 소산, 발산; 해소. **2** 낭비, 소비; 탕진.
dissipador dissipadora dissipadors dissipadores *adj.* 재산을 탕진하는.
dissipant dissipants *adj.* dissipar하는.
dissipar *tr.* **1** 소산시키다, 사라지게 하다. **2** 낭비하다, 헤프게 쓰다(malgastar). **3** (의심 등을) 해소시키다. **-se 1** 사라지다. **2** 발산하다, 증발하다; 해소되다.
dissipat dissipada dissipats dissipades *adj.* dissipar하는.
dissociació dissociacions *f.* 분리, 분해, 해리.
dissociar *tr.* 나누다, 분리하다, 해체하다. **-se** 나뉘다, 해체되다.
dissoldre *tr.* **1** 녹이다, 용해시키다. **2** 퇴폐시키다, 부패시키다. **3** 무효로 하다, 취소하다, 말소하다. *dissoldre un matrimoni* 결혼을 무효로 하다. **4** 해산하다, 해소하다. **-'s 1** 녹다, 용해되다. **2** 타락하다, 방탕해지다. **3** 해산하다, 해소되다, 취소되다.
dissoluble dissolubles *adj.* **1** 녹는, 풀어지는, 가용성의. **2** 해소·해산할 수 있는.
dissolució dissolucions *f.* **1** 분해, 용해. **2** 용액. **3** 해산, 해체, 이산; 해소. **4** (풍기의) 이완, 문란(relaxació). **5** (가산의) 탕진, 방탕.
dissolut dissoluta dissoluts dissolutes *adj.* 방탕한, 제멋대로 사는, 퇴폐한.
 -m.f. 방탕자, 신세를 망친 사람.

dissolvent dissolvents *adj.* 녹이는, 용해력이 있는.
-*m.* 용해제, 용매.

dissonància dissonàncies *f.* **1** [음악] 불협화음. **2** 부조화.

dissonant dissonants *adj.* 불협화음의, 부조화의, 귀에 거슬리는.

dissonar *intr.* **1** 귀에 거슬리는 소리를 내다, 불협화음을 내다, 이상하게 들리다. **2** 서로 다르게 생각되다. **3** 조화가 깨지다.

dissort dissorts *f.* 불행, 비운(desgràcia); 재난; 빈궁.

dissortat dissortada dissortats dissortades *adj.* 불행한, 불운한, 비참한.

dissuadir *tr.* 설득하다, 설복하다, 단념시키다, 생각을 고쳐먹게 하다.

dissuasió dissuasions *f.* 설득, 설복.

dissuasiu dissuasiva dissuasius dissuasives *adj.* 설득력이 있는, 단념케 하는, 타이르는.

distància distàncies *f.* **1** 거리. **2** 차이; 사이가 멀어짐, 멀리 떨어짐. **3** 격의, 경원.

tenir[*mantenir*] (algú) *a distància* (누구로 하여금) 거리를 두게 하다, 접근을 막다.

distanciació distanciacions *f.* 격리, 거리를 둠.

distanciament distanciaments *m.* =distanciació.

distanciar *tr.* 멀리 떼어 놓다, 사이를 두다. -*se* 떨어지다; 뒤지다, 낙후되다.

distant distants *adj.* **1** 먼. **2** (거리상으로) 멀리 떨어진. **3** 현격한 차가 있는, 동떨어진.

distar *intr.* 멀다, 사이가 떨어져 있다, 간격이 있다.

distendre *tr.* 넓히다, 팽창시키다, 신장시키다. -*'s* 팽창되다, 신장되다.

distensió distensions *f.* 늘어남, 팽창 (작용).

distinció distincions *f.* **1** 현저함, 뚜렷함, 선명. **2** 특이성, 특별(particularitat). **3** 구별, 차별, 식별, 구별하기. **4** 탁월함, 저명(excel·lència). **5** 품격, 기품, 고결(dignitat). **6** 영예, 우등, 수훈. **7** 특별대우, 특전.

fer distinció[*distincions*] 차이를 만들다, 두드러지게 하다; 특별한 대우를 하다, 높게 평가하다.

distingir *tr.* **1** 구별하다, 구분하다, 차별하다. *distingir tres grups* 세 그룹을 구분하다. **2** (무엇을) 뚜렷하게 보다, 분명하게 하다. **3** 식별하다, 분간하다. **4** 특징짓다. **5** 특별 취급하다, 각별히 대우하다. *distingir les millors iniciatives* 가장 좋은 의안들을 특별히 뽑다. **6** (영예·훈장 등으로) 응분의 대접을 하다. -*se* **1** 식별되다, 구별되다. **2** 뛰어나 보이다, 두드러지게 들리다. **3** 우수하다, 빼어나다, 뛰어나다.

distingit distingida distingits distingides *adj.* **1** 뛰어난, 빼어난, 훌륭한. **2** 품위 있는, 저명한. **3** (...의) 공을 세운.

distint distinta distints distintes *adj.* **1** 다른, 상이한, 판이한. **2** 분명한, 선명한. **3** 다수의, 갖가지의.

distintiu distintiva distintius distintives *adj.* **1** 구별·식별이 되는. **2** 특색 있는, 특징적인.
-*m.* 배지, 표식, 휘장, 마크, 특징.

distòcia distòcies *f.* [의학] 분만 장애, 난산.

distòrcer *tr.* =distorsionar.

distorsió distorsions *f.* **1** 이지러짐, 뒤틀림, 틀어짐. **2** (사진·전파의) 왜곡.

distorsionar *tr.* 이지러지게 하다, 뒤틀리게 하다; 곡해하다, 왜곡하다.

distracció distraccions *f.* **1** 정신의 산란, 주의 산만, 방심. *una distracció del conductor* 운전수의 방심. **2** 기분풀이, 기분 전환, 오락. **3** 심란, 정신 착란. **4** 혼란, 불화, 소동.

distraure *tr.* =distreure.

distret distreta distrets distretes *adj.* **1** 방심한, 멍한, 건성으로 하는, 한눈을 파는. **2** 방종한, 멋대로 놀아나는. **3** 재미있는, 기분 전환 하는(divertit).

distreure *tr.* **1** 따로 떼다, 가르다. **2** (관심·주의를) 딴 데로 돌리다. **3** 심심풀이하다, 기분을 풀어 주다(divertir). -*'s* **1** 방심하다, 산란해지다, 딴생각에 잠기다. **2** 잊다, 망각하다(oblidar-se).

distribució distribucions *f.* **1** 분배, 배분,

배포, 배급, 공급, 할당. **2** 분포, 배치. **3** (인쇄의) 해판.
distribuïdor distribuïdora distribuïdors distribuïdores *adj.m.f.* 분배·배급·공급하는 (사람).
distribuir *tr.* **1** 나누다, 분배하다, 배급하다. **2** 할당하다, 배치하다, 배분하다, 산포하다. **3** (신문기사·영화필름을) 제공하다, 공급하다. **4** 위탁 판매 하다. **5** [인쇄] 해판(解版)하다. **-se** 살포하다(escampar-se).
distributiu distributiva distributius distributives *adj.* 분배·배분·배치의.
districte districtes *m.* 구(區), 주(州); 관구, 구역, 지구.
distròfia distròfies *f.* [의학] 영양실조.
disturbi disturbis *m.* 소란, 소요, 다툼, 교란.
disúria disúries *f.* [의학] 배뇨곤란, 배뇨통.
dit dits *m.* **1** 손가락, 발가락. *dit anular* 손가락. **2** 디트[길이의 단위, 1 디트는 18mm]. **3** (편물에서) 코 10개의 길이.
dit gros 엄지손가락.
dit petit 새끼손가락.
assenyalar algú amb el dit 욕설을 퍼붓다; 비웃다.
llepar-se'n els dits [비유] 몹시 즐겁게 하다; 손가락을 빨다.
mamar-se el dit 손가락을 빨다, 어리석음을 드러내다.
picar-se[agafar-se, cremar-se] els dits 자신의 함정에 빠지다.
tenir (una cosa) per la punta dels dits 아주 손재주가 좋다.
dita dites *f.* **1** 말한 것, 말, 언사; 속담, 경구. **2** 의견, 생각. **3** 경쟁 입찰 가격, 매긴 값, 입찰.
ditada ditades *f.* **1** 손끝으로 튀김. **2** 손가락으로 쥐는 양.
ditejar *intr.* 손가락을 움직이다.
diumenge diumenges *m.* 일요일.
diüresi diüresis *f.* [의학] 이뇨(利尿), 배뇨과다증.
diürètic diürètica diürètics diürètiques *adj.* 이뇨의.
-m. 이뇨제.
diürn diürna diürns diürnes *adj.* **1** 낮의, 주간의. **2** [동식물] 주간 활동의; 낮에만 피는 (꽃·잎); 하루 피는.
-m. (교회의) 일과 기도서, 성무 일과서(diürnal).
diva dives *f.* **1** [시어] 여신. **2** *ital.* 프리마돈나; 탁월한 여가수.
divagar *intr.* **1** 방황하다, 정처 없이 돌아다니다. **2** 쓸데없는 소리하다, 여담을 늘어놓다. **3** 이 궁리 저 궁리 하다.
divan divans *m.* **1** (터키의) 추밀원, (근동 지방의) 의사실; 법정; 알현실; (국정)회의. **2** (특히 페르시아의) 한 시인의 시집. **3** 긴 의자, 소파.
divendres divendres *m.* 금요일.
Divendres Sant 성주간[예수의 수난과 부활을 기념하는, 부활 축일 전의 일주일].
divergència divergències *f.* **1** 분기, 분산. **2** (의견 등의) 차이, 분열, 구구함.
divergir *intr.* **1** 분기하다, 갈라지다, 차이를 드러내다. **2** 의견을 달리하다, 의견이 분분하다.
divers diversa diversos diverses *adj.* **1** 다른, 상이한. **2** 갖가지의, 여러 가지의, 몇 가지의.
diversificació diversificacions *f.* 다양화, 다각화.
diversificar *tr.* 다양화하다, 다각화하다.
-se 다양하게 변화하다, 각양각색으로 되다.
diversiforme diversiformes *adj.* 여러 형태의, 갖가지 모양의.
diversió diversions *f.* **1** 취미, 심심풀이. *La seva diversió és llegir poesia* 그의 취미는 시를 읽는 것이다. **2** 기분 전환, 오락, 여흥, 위안.
diversitat diversitats *f.* 다양성, 다종성, 잡다함.
divertiment divertiments *m.* =diversió.
divertir *tr.* **1** 기쁨을 주다, 즐거움을 주다, 위안을 주다. **2** 빗나가게 하다, 딴 데로 돌리다. **-se** 즐기다, 기분 전환하다, 심심풀이를 하다.
divertit divertida divertits divertides *adj.* 재미있는; 익살맞은, 우스꽝스러운.
diví divina divins divines *adj.* **1** 신의, 신성한. **2** [비유] 숭고한, 지고한, 놀라

운, 뛰어난.

dividend dividends *m.* 1 [수학] 피제수. 2 배당금.

dividir *tr.* 1 나누다, 분할하다. 2 분배하다, 배당하다(distribuir). 3 분열시키다, 사이가 틀어지게 하다. **-se** 나누어지다, 갈라지다, 분할되다.

divinal divinals *adj.* =diví.

divinament *adv.* 1 신의 섭리로, 신의 가호로. 2 완전하게, 아주 멋지게, 훌륭하게.

divinitat divinitats *f.* 1 신성, 신격; 전지 전능, 신의 힘. 2 신(神)(Déu). 3 귀한 것, 아름다운 것·사람.

divinització divinitzacions *f.* 신성시함, 신격화.

divinitzar *tr.* 1 신으로 모시다, 신성시하다, 신격화하다. 2 숭앙하다, 받들어 모시다.

divisa divises *f.* 1 기장, 마크, 표어; 명(銘), 명기. 2 (투우에서) 소의 출신 목장별로 다는 리본. 3 (부동산의) 유산.

divisible divisibles *adj.* 나눌 수 있는, 갈라지는, 나누어지는.

divisió divisions *f.* 1 나눔, 분할. 2 분배, 분류; 조, 구분(partició). 3 (의견의) 분열, 불화. 4 분립, 분업. 5 [수학] 나눗셈. 6 [군사] 사단; 분함대. 7 [문법] 분철부호[-].

divisor divisors *m.* [수학] 제수, 약수.

divisori divisòria divisoris divisòries *adj.* 양분하는, 분할의, 구분의, 분수의.

divo divos *m.* (오페라 등의) 뛰어난 가수.

divorci divorcis *m.* 1 이혼, 이연(離緣); 분열. 2 (식자공·타이피스트가 쓰는) 원고 받침.

divorciar *tr.* 이혼시키다, 인연을 끊다. **-se** 이혼하다.

divorciat divorciada divorciats divorciades *adj.* 이혼한.
-m.f. 이혼자.

divorcista divorcistes *adj.m.f.* 이혼한 (사람).

divuit divuits *adj.* 18의.
-m. 18.

divuitè divuitena divuitens divuitenes *adj.* 18번째의, 18등분의 1의.
-m.f. 18번째
-m. 18등분의 1.

divulgació divulgacions *f.* 1 유포, 공표, 보급, (뉴스의) 공표, 널리 알려짐. 2 (비밀의) 누설.

divulgar *tr.* 1 공표하다, 널리 알리다, 전파하다; 보급하다, 일반화하다(vulgaritzar). 2 (비밀을) 누설하다. **-se** 널리 퍼지다, 널리 알려지다, 보급되다; 비밀이 누설되다.

do¹ dos *m.* [음악] 장음계의 제1음.

do² dons *m.* 1 (천부적인) 자질, 은사. 2 선물, 증여; 기부.
els dons de l'Esperit 성령의 은사들.
fer un do 기부하다.

doblament doblaments *m.* 1 배증, 곱으로 불어남. 2 중복; 우회. 3 (접어서) 굽힘.

doblar *tr.* 1 두 배로 만들다, 이중으로 하다. 2 [비유] (노력을) 갑절 더 하다. *doblar els seus esforços* 그의 노력을 갑절 더하다. 3 구부리다, 꺾다; 차곡차곡 접다. 4 (길·모퉁이를) 돌아가다. *doblar el pas* 통로를 돌다. 5 (누구의) 의견을 굽히게 하다. 6 되풀이해서 말하다. 7 [영화] 더빙하다. *-intr.* 1 두 배가 되다. *La població doblarà en trenta anys* 인구가 30년 안에 두 배가 될 것이다. 2 꺾이다, 꺾어지다, 휘어지다; 굴하다, 부러지다. 3 (투우가) 발을 꺾고 쓰러지다. 4 일인이역하다. 5 (사제가) 하루 두 번 근행하다. **-se** 1 두 배가 되다, 이중으로 하다. *El cost de la vida es dobla* 생활비가 두 배가 든다. 2 구부리다, 꺾이다. 3 몸을 구부리다, 웅크리다. 4 [비유] 꺾이다, 자신을 죽이다. 5 (토지가) 울퉁불퉁해지다.

doblatge doblatges *m.* [영화] 더빙, 영상 자막 삽입.

doble dobles *adj.* 1 두 배의, 이중의. 2 (천이) 두꺼운, 매우 질긴(resistent). 3 겹으로 핀. 4 (체격이) 튼튼한. 5 [비유] 음험한, 속셈이 있는, 딴마음을 가진. 6 [문법] 이중의. *acusatiu doble* 이중 목적격.

el doble de[*doble de*] 두 배로. *Avui fan doble de soroll* 오늘은 곱빼기로

doblec 시끄럽게 한다.
-m. 1 두 배, 이중, 겹; 접친 것, 주름. 2 (위스키 등의) 더블. 3 (의론 등의) 책략, 함정. 4 [음악] 변주곡. 5 [스포츠] (볼링·농구에서) 더블; pl. (테니스에서) 더블, 복식 경기, (서비스의) 더블 폴트, (동일 팀 또는 동일 경기에서의) 2연승.
-m.f. 1 꼭 닮은 사람·물건; 산 사람의 원령. 2 [영화] 대역; 1인2역을 하는 배우.
-adv. 1 이중으로, 곱으로, 두 배로; 훨씬 더, 훨씬 많이. 2 앙큼하게, 음험하게.
el doble que ...보다 두 배로. Guanya el doble que tu 너보다 두 배를 벌다.
en doble 이중의, 두 겹으로 된. Posarem la roba del coll en doble 깃을 두 겹으로 하겠습니다.
doblec doblecs m. 1.구김, 주름. 2 (야구에서) 2루타.
doblegable doblegables adj. 접을 수 있는, 구부릴 수 있는, 꺾기 쉬운; 다루기 쉬운, 고분고분한.
doblegada doblegades f. =doblament.
doblegar tr. 1 (반으로) 접다, 구부리다, 꺾다. 2 굴복시키다, 무릎을 꿇게 하다; 고집을 버리게 하다. 3 (한계를) 넘다, 초과하다(ultrapassar). 4 [비유] 고통을 주다, 지치게 만들다(aclaparar). -se 꺾이다, 굽히다; 굴복하다.
doblegadís doblegadissa doblegadissos doblegadisses adj. =doblegable.
dobler doblers m. 1 옛 스페인·칠레의 금화[20페세타]. 2 pl. (일반적으로) 돈, 화폐.
doc docs m. 1 독, 선거(船渠); (항구 내의) 정박 구역, 내항. 2 화물 창고.
docència docències f. 교육, 가르침.
docent docents adj. 교육의, 교육에 관한, 교육을 담당하는.
-m.f. 교사, 교육자; (대학의) 강사, 교수.
docetisme docetismes m. [종교] 그리스도 환상설.
dòcil dòcils adj. 1 고분고분한, 유순한, 순종하는, 순히 따르는. 2 ...하기 쉬운, 다루기 쉬운. 3 가공하기 쉬운.

docilitat docilitats f. 1 고분고분함, 유순, 순종, 순박함. 2 변화 가능성. 3 (동물이) 길들여짐.
docte docta doctes doctes adj. 박식한, 박학한, 지식이 깊은, 정통한.
doctor doctora doctors doctores m.f. 박사, 학자, 의사.
doctor honoris causa 명예박사.
doctoral doctorals adj. 1 박사의. 2 박사학위의. 3 학자티를 내는.
doctorar tr. 박사 학위를 주다. -se 박사 학위를 받다; 박사 학위를 하다.
doctorat doctorats m. 박사 과정, 박사 학위, 박사 칭호. Té el doctorat en dret 그는 법학 박사 학위를 갖고 있다.
doctorejar intr. 박사티를 내다.
doctoressa doctoresses f. =doctora.
doctrina doctrines f. 1 가르침, 교리, 교의, 교설. 2 학설, 주장, 의견. 3 (가두의) 설교.
doctrinal doctrinals adj. 교리의, 교의의, 학설의.
doctrinari doctrinària doctrinaris doctrinàries adj. 이론적인, 공론의.
-m.f. 이론가, 공론가.
doctrinarisme doctrinarismes m. 이론주의, 교리주의; 이론파, 공론파.
document documents m. 1 문서, 서류. 2 관계 서류, 증거 서류. 3 자료, 기록. 4 증서, 증권, 어음.
document d'identitat 신분 증명.
documentació documentacions f. 1 문서화. 2 [집합] 서류, 문서, 자료. 3 (신분의) 입증, 인증.
documental documentals adj. 자료에 의한, 기록에 의한; 서류의, 자료의.
-m. 기록 영화.
documentalisme documentalismes m. =documentació.
documentar tr. 자료로 증명하다, 문서·자료를 첨부하다, 자료를 제공하다. -se 자료를 준비하다; 자료를 제시하다.
dodecaedre dodecaedres m. [기하] 12면체.
dodecasíl·lab dodecasíl·laba dodecasíl·labs dodecasíl·labes adj. 12음절

dodecasíl·labic dodecasíl·labica dodecasíl·labics dodecasíl·labiques *adj.* =dodecasíl·lab.

dodecatonisme dodecatonismes *m.* [음악] (작곡상의) 12음 기법.

dofí dofins *m.* **1** [동물] 돌고래. **2** [천문] 돌고래좌.

doga dogues *f.* 통나무.

dogal dogals *m.* **1** 밧줄, 오랏줄, 올가미. **2** [비유] 압박, 구속.
  estar amb el dogal al coll 궁지에 빠지다, 곤란에 처하다.
  fer-se el dogal[posar-se el dogal] 행복이나 자유를 빼앗기다.
  posar el dogal al coll 하기 힘든 일을 시키다.

dogma dogmes *m.* **1** 교리, 교의; 교조, 신조. **2** 정론, 정설, 독단(적 주장·견해).

dogmàtic dogmàtica dogmàtics dogmàtiques *adj.* 교리의, 교의의; 독단적인, 독재적인.
  -*m.f.* 독단론자.

dogmatisme dogmatismes *m.* **1** 독단(론). **2** [철학] 교리주의, 독단주의.

dogmatitzar *intr.* 거짓 교의·교리를 가르치다; 독단적으로 하다.

doi dois *m.* =disbarat.

doina, **en** *loc.adv.* 거꾸로, 뒤집혀서; 뒤죽박죽으로, 무질서하게.
  anar en doina 뒤죽박죽이다, 무질서하다. *On hi ha mainada tot va en doina* 아이들이 있는 곳은 모든 게 뒤죽박죽이다.

doiut doiuda doiuts doiudes *adj.* 터무니없는, 말도 안 되는.

dojo, **a** *loc.adv.* 많이, 풍부하게.

dol¹ dols *m.* [법률] 사기, 기만.

dol² dols *m.* **1** 고통, 아픔, 쓰라림(aflicció). **2** 상(喪), 기중(忌中). **3** [집합] 문상객.

dolar *tr.* (널빤지·돌을) 밀다, 깎다, 끝을 뾰족하게 하다.

dòlar dòlars *m.* 달러, 불(弗).

dolç dolça dolços dolces *adj.* **1** 맛이 단, 달콤한, 달콤한 맛의. *vi dolç* 달콤한 포도주. **2** 흐뭇한, 마음 느긋한. **3** 감미로운, 부드러운. **4** 온화한, 다정한. **5** 유연한; 가변성의. **6** 염분·소금기가 없는.
  -*m.* 달콤한 것; 과자, 사탕; 사탕절임.

dolçaina dolçaines *f.* **1** 나팔피리. **2** [악기] 돌사이나[버들피리의 일종].

dolçàs dolçassa dolçassos dolçasses *adj.* 매우 단; 기분을 잡치게 하는.

dolcejar *intr.* (술이) 달다.

dolcenc dolcenca dolcencs dolcenques *adj.* 달짝지근한.

dolcesa dolceses *f.* =dolçor.

dolçor dolçors *f.* **1** 단맛. **2** 감미로움, 부드러움, 온화. **3** 상냥스러움, 다정스러움.

doldre *intr.* 아프다, 가슴 아프다, 슬프다, 괴롭다. -'*s* **1** 슬퍼하다, 애석해하다, 후회하다. **2** 고통·슬픔을 하소연하다.

dolença dolences *f.* **1** 아픔, 슬픔, 고통. **2** 통증, 질병.

dolent dolenta dolents dolentes *adj.* **1** 나쁜, 악랄한, 악의를 가진. **2** 심술궂은, 얄궂은, 장난꾸러기의(entremaliat). **3** 사이가 좋지 못한, 사이가 틀어진. **4** 아픈, 병을 앓고 있는. **5** 싫은, 불쾌한. **6** (건강에) 해로운. **7** (...하기) 어려운.
  -*m.f.* 악자, 악인, 악한, 악마.

dolenteria dolenteries *f.* **1** =dolença. **2** 심술궂음, 못된 장난, 개구쟁이 짓.

doler *intr.* =doldre.

dolicocefàlia dolicocefàlies *f.* 장두(長頭).

doll¹ dolls *m.* (배가 불룩한) 항아리, 물항아리(càntir).

doll² dolls *m.* 솟아나옴, 내뿜음, 분출.
  a doll[a dolls] 가득, 많이, 다량으로.

dollejar *intr.* 듬뿍 솟아나다, 가득 분출하다.

dolmen dolmens *m.* [역사] 고인돌, 돌멘.

dolomita dolomites *f.* [광물] 백운석.

dolor dolors *m.*[*f*] **1** (육체적) 고통, 아픔, 통증. **2** (정신적) 아픔, 슬픔, 괴로움.

dolorejar *intr.* (몸이) 쑤시다, 통증을 느끼다.

dolorit dolorida dolorits dolorides *adj.* **1** 다친, 쓰라린. **2** [비유] (마음이) 아픈, 비통한.

dolorós dolorosa dolorosos doloroses *adj.* 아픈, 통증이 있는.

dolós dolosa dolosos doloses *adj.* 사기의, 거짓의(fraudulent).

domable domables *adj.* 길들일 수 있는, 훈련시킬 수 있는; 제어·억제할 수 있는.

domador domadora domadors domadores *m.f.* (동물의) 조련사, 훈련사.

domadura domadures *f.* 길들이는 일; 제어, 억제.

domar *tr.* **1** 길들이다, 동물을 훈련시키다, 복종시키다. **2** 제어하다, 억제하다.

domàs domassos *m.* **1** [집합] 커튼, 벽걸이. **2** (장식용) 벽에 거는 융단, (족자 등의) 벽 장식품.

domèstic domèstica domèstics domèstiques *adj.* **1** 가정의, 가사의, 집의, 집에서의. **2** 가사에 충실한, 가정적인; 나다니기 싫어하는. **3** (동물이) 길들여진, 집에서 사육되는, 가축의. **4** 국내의, 국산의.
-*m.f.* 하인, 종, 하녀.

domesticació domesticacions *f.* 길들이는 일, 순화, 교화.

domesticar *tr.* **1** (동물 등을) 길들이다. **2** (식물·이민 등을) 토지에 순화시키다; (외국의 습관·말 등을) 자국에 받아들이다; (야만인을) 교화하다. **3** 가정에 익숙하게 하다, 가정적으로 되게 하다. -**se** 가정에 익숙해지다, 주거를 정하다.

domesticitat domesticitats *f.* **1** 가축으로 길들임. **2** 하인의 신분. **3** [집합] 가복(家僕), 가노(家奴).

domicili domicilis *m.* **1** 본적. **2** 주소. **3** 소재지, 거주(지).
a domicili 가택에서, 가정 출장으로.

domiciliació domiciliacions *f.* **1** 거주지·주소를 정함. **2** (공과금 등의) 주소지 기재, 발송.

domiciliar *tr.* 거주지를 정하다, 주소를 정하다. -**se** 거주하다, 주거하다.

domiciliari domiciliària domiciliaris domiciliàries *adj.* **1** 본적의, 거주지의. **2** 가택의, 주택의.

dominable dominables *adj.* dominar할 수 있는.

dominació dominacions *f.* **1** 통치, 지배. **2** (기독교의) 주품천사[천사의 제4계급].

dominador dominadora dominadors dominadores *adj.* 지배적인.
-*m.f.* 지배자.

dominant dominants *adj.* **1** 주된, 지배적인, 유력한, 우세한. **2** 최고의, 가장 높은. **3** (성격이) 당찬, 압도하는. *un caràcter dominant* 주도적인 성격.
-*f.* [음악] 음계의 제5음.

dominar *tr.* **1** 다스리다, 지배하다. **2** 통제하다, 통어하다, 압제하다; 억누르다, 억제하다(contenir, reprimir). **3** 통달하다, 마스터하다. -*intr.* **1** 지배적이다, (가장) 유력하다, 우세하다. **2** 우뚝 솟아오르다, 솟아 있다. **3** (위에서) 두루 보이다. -**se** (감정을) 억누르다.

domini dominis *m.* **1** 주권, 지배권, 지배력, 통치(권). **2** 통제, 제어. **3** 소유권. **4** *pl.* 영토
ésser del domini públic 주지의 사실이다, 누구나 다 아는 사실이다.

dominic dominica dominics dominiques *adj.m.f.* =dominicà.

dominicà dominicana dominicans dominicanes *adj.* **1** 산토도밍고[도미니카 공화국의 수도]의. **2** 도미니카 공화국의. **3** 산토도밍고 회의.
-*m.f.* 산토도밍고 사람; 도미니카 사람; 산토도밍고회의 사람.

domínica domíniques *f.* (기독교의) 주일, 안식일.

dominical dominicals *adj.* **1** 주일의, 일요일의. **2** 예수의.
-*f.* 일요 기도서.

dòmino dòminos *m.* **1** 도미노, 도미노 놀이. **2** (가장 행렬에서 입는) 두건이 달린 두루마기.
fer dòmino 도미노 대회에서 우승하다.

domtar *tr.* =domar.

dona dones *f.* **1** 여자; 아내(muller). **2** 성모, 성녀.
dona de casa 주부.

dona de claus[govern] 가정부.
dona de fer feines 가정부.
dona de la vida[dona pública] 매춘부.
dona i madona 마님.
estar sempre entre dones 치마폭에서 자라다.
mala dona 매춘부.
donació donacions *f.* 증여, 기증, 기부, 선물; 기증물, 기부금.
donada donades *f.* (카드놀이에서) 카드를 주는 것.
donam donams *m.* 여자들의 무리.
donant donants *adj.* 증여하는, 기부하는, 제공하는.
-*m.f.* [남녀동형] 증여자, 기부자.
donar *tr.* **1** 주다, 건네주다. *donar una almoina* 동냥을 주다. **2** 부여하다, 제공하다, 수여하다(concedir). **3** 생기다, 만들어 내다, 생산하다. **4** 말하다, 알리다(comunicar). **5** 허락하다, 허용하다(permetre). **6** 느끼게 하다, 일으키다. **7** (모임·축제 등을) 열다, 개최하다. **8** 상연하다, 상영하다. **9** ...로 생각하다, 인정하다(suposar). **10** (약을) 바르다, 투여하다(administrar). **11** (의식 등을) 실시하다, 시행하다. **12** [타격·위험 등을 뜻하는 구에서] 가하다, 쏘다, 치다(pegar). -*se* **1** 중요하다, 관계가 있다(interessar). **2** (일이) 발생하다, 일어나다(ocórrer). **3** 열중하다, 전념하다, 홀딱 빠지다.
donar a conèixer 알게 하다.
donar una cosa per ...로 여기다.
donatiu donatius *m.* 선물, 증여(물), 기증(품), 기부(금).
doncs *conj.* [결과] 그래서, 따라서.
si doncs no 만일 그렇지 않다면, ...하지 않는다면(llevat que).
I doncs? 그래서? 그게 어쨌단 말인가?
donejar *intr.* (어린 소녀가) 어른스러워 보이다, 다 큰 여자가 되다.
doneta donetes *f.* [경멸적] 여자.
-*m.*[*f*] 여자 같은 남자; 비열한 남자.
donívol donívola donívols donívoles *adj.* 여자의, 여자다운.
donzell donzells *m.* **1** 젊은이, 동자, 동정. **2** [식물] 향쑥.
donzella donzelles *f.* **1** 아가씨, 처녀. **2** 시녀, 하녀, 몸종. **3** [어류] 홍갈치. **4** [식물] 향수나무.
dopar *tr.* **1** 마약·흥분제를 먹이다, 마약 중독이 되다. **2** [전자] (반도체 등에) 불순물을 첨가하다. -*se* 마약·흥분제를 복용하다.
dopatge dopatges *m.* dopar하는 일.
dòping dòpings *m.ang.* **1** [스포츠] 도핑[운동선수 등이 흥분제 등을 복용하는 일]. **2** [전자] 도핑[반도체 안에 소량의 불순물을 첨가하여 필요한 전기적 특성을 얻는 일].
dorca dorques *f.* 물 항아리; (기름·포도주·우유 등을 담는) 드럼통.
dorment dorments *adj.* 잠자는. *la bella dorment del bosc* 숲속의 잠자는 미녀.
dormida dormides *f.* **1** 누에잠 **2** 수면, 숙박.
dormidor dormidora dormidors dormidores *adj.* 잠을 많이 자는.
-*m.f.* 잠꾸러기.
dormilec dormilega dormilecs dormilegues *adj.* 잘 자는, 잠이 많은.
-*m.f.* 잠꾸러기.
dormilega dormilegues *m.f.* =dormilec.
dormir *intr.* **1** 잠을 자다. **2** 가라앉다, 잠잠해지다. **3** (팽이가) 그 자리에 서다. **4** 갈팡질팡하다, 안절부절못하다.
-*tr.* 잠을 자다.
deixar dormir un negoci[*deixar dormir una tasca*] (일에) 신경을 안 쓰다, 그냥 내버려 두다.
dormir amb (algú) (누구와) 성관계를 갖다.
dormir com un sant[*dormir com un àngel, dormir com un innocent*] 조용히 잠에 들다.
dormir com un soc[*dormir com un tronc*] 폭 잠에 빠지다.
dormir el son etern 영면하다, 죽다.
dormir la mona 술에 취해 자다.
dormir segur[*dormir descansat*] 침착하다.
no dormir (algú) *totes les hores que té son* 불안해하다, 초조해하다.
dormisquejar *intr.* 졸다, 꾸벅꾸벅 졸다, 겉잠 들다.

dormitar intr. =dormisquejar.
dormitiu dormitiva dormitius dormitives adj. 최면의.
dormitori dormitoris m. **1** 침실, 방. **2** (대학 등의) 기숙사, 숙소.
dors dorsos m. **1** 등. **2** [해부] (손발 혀의) 등. **3** 뒤, 이면.
dorsal dorsals adj. **1** 등의. **2** 안쪽의. **3** [음성] 구개음의.
-m. [해부] 등지느러미, 척추.
dos dues[dos] adj. **1** 둘의, 두 개의. **2** 두 번째의.
-m.f. 두 번째.
-m. 두 개, 듀스.
a[cada] dos per tres 매 5분마다, 쓸데 없이 자주.
com dos i dos fan[són] quatre 분명히, 확실하게.
fer dos 눈속임을 하다.
Sabràs dos i dos quants fan 곧 알게 될 거야!
tots dos sols 홀로, 단독으로.
dos-centè dos-centena dos-centens dos-centenes adj. 200번째의, 200등분의.
-m. 200분의 1.
dos-cents dues-centes adj. 200의; 200번째의.
-m. 200.
dosi dosis f. **1** (약의) 복용량, 용량. **2** 적량, (어떤) 분량. **3** [추상적으로 쓰여] 어느 정도.
dosi de record [의학] 예방 주사 기록 부.
dosificació dosificacions f. **1** (약의) 조제; 투약. **2** (일정양의) 배분, 안배.
dosificador dosificadors m. 조제기.
dosificar tr. **1** (약을) 조제하다, 복용량으로 나누다. **2** 투약하다. **3** [화학] (비례) 안분하다.
dospeus dospeus m. 다리의 받침대.
dosser dossers m. 천개(天蓋).
dosseret dosserets m. 작은 천개.
dossier dossiers m. 사건 기록, 문서 파일, (교재용) 자료.
dot dots m. **1** 지참 재산, 지참금. **pagar el dot** 지참금을 지불하다. **2** (천부적인) 재능, 자질, 장점.
dotació dotacions f. **1** 지참금을 줌. **2** 지참 재산의 기부. **3** (천성적인) 자질. **4** [집합] 직원, 종업원, 요원; (배·항공기의) 승무원. **5** (도움·자원 등의) 공급. *la dotació de suport legal* 법률적 지원을 제공하다.
dotar tr. **1** 지참금을 주다. **2** (수도원·자선단체 등에) 기부하다. **3** [비유] (자질 등을) 부여하다. **4** (봉급을) 정하다; (예산을) 할당하다. **5** (인원·장비 등을) 공급하다, 배속하다, 배치하다.
dotzavat dotzavada dotzavats dotzavades adj. 12면.12부로 된.
dotze dotzes adj. 12의, 12번째의.
-m.f. 12번째.
-m. 12.
-f.pl. 12시, 정오(migdia), 자정(mitjanit).
dotzè dotzena dotzens dotzenes adj. 12번째의, 12등분의
-f. 다스, 타.
a dotzenes 한 다스 단위로; 많이.
en dotzè 사륙 배판의, 사륙 배판으로.
dovella dovelles f. [건축] (아치의) 홍예석.
doxologia doxologies f. 영어사전 참고
drac dracs m. [신화] 용.
dracma dracmes f. **1** (고대 그리스·로마의) 은화. **2** 드라크마[그리스의 화폐 단위].
draga dragues f. 준설기, 준설선.
dragador dragadora dragadors dragadores adj. 많이 먹는.
-m.f. 먹보, 대식가.
draganeu draganeus f. 더운 공기.
dragar[1] tr. **1** 삼키다, 마시다, 꿀꺽하다. **2** [비유] 인내하다.
no poder dragar (algú) (누구를) 참다, 인내하다.
dragar[2] tr. 준설하다, 소해하다.
dragatge dragatges m. 준설, 소해.
dragea dragees f. 알약, 정.
drago dragos m. [식물] 금어초.
dragó dragons m. **1** 용, 바다 용. **2** 용기병(龍騎兵).
drama drames m. **1** 드라마, 극, 연극, 희곡, 극시. **2** 감명 깊은 작품. **3** 극적 사건.
dramàtic dramàtica dramàtics dramàtiques adj. **1** 극시의, 극의; 희곡의. **2**

드라마틱한, 극적인, 감동적인.
-m.f. 극작가, 배우.
dramàtica dramàtiques f. 극작법, 극시.
dramatisme dramatismes m. 희곡적임, 극적 흥미.
dramatització dramatitzacions f. 극화, 각색; 극적 효과.
dramatitzar tr. 1 극화하다, 극으로 꾸미다, 각색하다. 2 [비유] 극적으로 하다, 과장하다.
dramaturg dramaturga dramaturgs dramaturgues m.f. 극작가.
dramatúrgia dramatúrgies f. 극작술.
drap draps m. 1 천, 포목, 피륙, 직물. 2 (청소용) 걸레. 3 넝마, 누더기. 4 돛.
a tot drap 전속력으로.
deixar[posar] com un drap brut 호되게 나무라다.
quedar com un drap brut (기분이) 축 처지다, 의기를 잃다; 똥값으로 치다, 갯값이다.
drapada drapades f. 모직물.
drapaire drapaires m.f. [남녀동형] 직물 중고상; 넝마주이.
ésser una cosa bona per al drapaire 아무런 쓸모가 없다.
draper drapera drapers draperes adj. 피륙을 다루는.
-m.f. 직물 상인.
draperia draperies f. 직물상, 직물점; [집합] 피륙, 직물.
drassana drassanes f. 1 조선소, 선거, 독. 2 작은 작업장.
dràstic dràstica dràstics dràstiques adj. 대담한, 과감한, 격한, 과격한.
dreçar intr. 길이 직선으로 나다. -tr. 1 똑바로 하다, 곧게 만들다, 직선으로 하다. 2 (머리를) 쳐들다, 올리다. 3 (기울어진 것을) 일으키다(erigir). 4 시정하다, 고치다, 벌주다. 5 일으켜 세우다. 6 (...로) 향하다, 돌리다(dirigir). 7 가지런히 놓다, 정돈하다(ordenar). -se 수직으로 되다, 곧바로 서다.
dreçar l'orella 주의를 기울이다.
drecera dreceres f. 지름길, 왕도.
anar per la drecera 효율적으로 일을 하다.

fer drecera 지름길로 가다.
drenar tr. 1 배수하다. 2 [의학] 고름을 짜다, 배농하다.
drenatge drenatges m. 1 배수. 2 [의학] 고름을 짬, 배농.
dret[1] dreta drets dretes adj. 1 똑바른, 직선의(recte). 2 바른, 올바른. 3 서 있는(dempeus). 4 오른쪽의; 우익의. 5 (강의) 오른쪽 기슭의.
de dret[cap dret, tot dret] 똑바로, 곧장 앞으로.
de dret a 지체 없이, 곧바로.
de dret en dret 뚫어지게 (보다).
dret a 곧장.
en dret ...앞에, 앞에서.
caminar dret 똑바로 걷다.
fer anar[llaurar] dret [비유] 시정하다, 고쳐 주다.
no aguantar-se dret 너무 지쳐 있다, 몸을 가눌 수가 없다.
dret[2] drets m. 1 정의, 도리, 정도. 2 권리, 권한. *dret civil* 시민의 권리. 3 [법률] 법, 법률(llei). 4 법학(과). 5 (...할) 권리, 특전. *Tinc dret a una explicació* 나는 설명할 권리가 있다. 6 권리금, 요금, 세. 7 샛길, 지름길. 8 (종이·천 등의) 앞면. 9 pl. 세, 관세; (법정) 수수료.
tenir dret a ...할 권리가 있다.
tirar pel dret [구어] (길을) 가로지르다.
dretà dretana dretans dretanes adj. 우파의, 우익의, 보수파의.
-m.f. 우파·우익·보수파의 사람.
dretanitzar tr. (정치적으로) 우익 성향을 띠게 하다. -se 우익화되다.
dretcient, a loc.adv. 의도적으로.
dreter dretera dreters dreteres adj. =dretà.
dreturer dreturera dreturers dretureres adj. 고지식한.
dretura dretures f. 1 곧음, 똑바름, 직선. 2 고지식함.
driblar tr.intr. [스포츠] 공을 드리블하다.
dring drings m.ang. 벨 소리, 방울 소리.
dringadís dringadissa dringadissos dringadisses adj. 종이 울리는, 방울 소리가 나는.
dringar intr. 벨이 울리다, 종이 땡땡 울

drígola

drígola drígoles f. (짐승의 목에) 종을 닮.
drissa drisses f. (배의) 깃대·돛을 올리는 줄.
drive drives m.ang. **1** [스포츠] (테니스의) 드라이브; (크리켓의) 강타; (골프의) 티샷. **2** [심리] 충동, 본능적 욕구. **3** [기계] (컴퓨터의) 구동 장치[자기테이프·자기디스크 등 대체 가능한 자기 기억 매체를 작동시키는 장치]. **4** (자동차의) 구동 장치.
droga drogues f. **1** 약, 약제. **2** (주로) 마약, 마취제.
-m.f. [남녀동형] 악당, 망나니, 짓궂은 인간.
drogar tr. (환자에게) 약을 투여하다; 마약을 주다. **-se** 약·마약을 들다.
drogat drogada drogats drogades adj. 마약을 좋아하는 (사람).
-m.f. 마약 중독자.
drogoaddicció drogoaddiccions f. 마약 중독.
drogoaddicte drogoaddicta drogoaddictes drogoaddictes adj.m.f. 마약에 중독된 (사람).
drogodependent drogodependents m.f. 마약 중독자.
droguer droguera droguers drogueres m.f. 잡화상.
drogueria drogueries f. 약국; 잡화상
droguista droguistes m.f. [남녀동형] =droguer.
dromedari dromedaris m. [동물] (아라비아·북아프리카의) 단봉낙타.
dropejar intr. 빈둥거리다, 아무 일도 않다.
droperia droperies f. 빈둥거림; 나태함, 게으름.
dropo dropa dropos dropes adj. 나태한, 게으른.
-m.f. 게으름뱅이.
fer el dropo 게으름 피우다, 빈둥거리다.
dròsera dròseres f. [식물] 끈끈이주걱.
droseràcies f.pl. [식물] 끈끈이주걱과의 식물.
druida druïdessa druides druïdesses m.f. 고대 갈리아 지방의 승려, 드루이드.
drupa drupes f. [식물] (매화·복숭아 등의) 핵과.
drupèola drupèoles f. 작은 핵과.
dual duals adj. **1** 두 개의, 두 개를 나타내는. **2** 이중의, 이체의, 이원적인. **3** [문법] 양수의.
-m. [문법] 양수(형).
dualisme dualismes m. **1** 이중성, 이원론. **2** [신학] 그리스도 이성론(二性論); [종교] 이신교.
dualista dualistes adj.m.f. dualisme를 따르는 (사람).
dualístic dualística dualístics dualístiques adj. 이원론적인.
dualitat dualitats f. 이중성, 이원성.
duana duanes f. 세관.
duaner duanera duaners duaneres adj. 세관의.
-m.f. 세관원, 밀수 감시인.
dubitació dubitacions f. **1** 의심, 의혹. **2** 주저, 망설임.
dubitatiu dubitativa dubitatius dubitatives adj. **1** 의심하는, 의문하는. **2** 의심이 많은, 의심투성이의.
dubtar intr. 의심하다, 주저하다; 신뢰하지 않다(desconfiar).
dubte dubtes m. **1** 의심, 의구, 의문. **2** 주저.
no haver-hi dubte 의심이 없다.
posar en dubte 의심하다.
sense dubte 의심할 나위 없이, 틀림없이.
sortir[eixir] de dubte[de dubtes] 의심에서 벗어나다.
treure de dubte[de dubtes] 의심을 거두다.
dubtós dubtosa dubtosos dubtoses adj. **1** 수상쩍은, 괴이한. **2** 믿기 어려운, 불확실한.
duc[1] duquessa ducs duquesses m.f. 공작; 공작부인, 여공작.
duc[2] ducs m. [조류] 수리부엉이.
ducal ducals adj. 공작의.
ducat ducats m. **1** 공작의 지위·영지. **2** 옛 스페인·오스트리아의 금화.
dúctil dúctils adj. **1** 가연성의, 잡아 늘

리기 쉬운. **2** [비유] 융통성이 있는, 유연한.
ductilitat ductilitats *f.* **1** [물리] 가연성, 신장성. **2** 유연함, 융통성.
duel duels *m.* 결투.
duelista duelistes *m.f.* [남녀동형] 결투자.
duet duets *m.* =duo.
duetista duetistes *m.f.* [남녀동형] 듀엣, 이중창 연주자.
dugong dugongs *m.* [동물] 듀공[인도양의 고래].
dulciaqüícola dulciaqüícoles *adj.* [동물] [어류] 민물에 사는.
dulcificació dulcificacions *f.* 달게 함, 감미롭게 함; 부드럽게 만듦.
dulcificant dulcificants *adj.* 달게 하는, 감미롭게 하는.
dulcificar *tr.* 달게 하다, 감미롭게 하다.
dull dulls *m.* [선박] (갑판의) 배수구.
duma dumes *f.* (제정 러시아의) 입법의회.
duna dunes *f.* 사구, 모래 언덕.
dunar dunars *adj.* 사구의, 모래 언덕의.
duo duos *m.* [음악] 이중주, 이중창, 듀엣; 이중주곡, 이중창곡.
duodè duodens *m.* [해부] 십이지장.
duodecennal duodecennals *adj.* 12년간의.
duodecenni duodecennis *m.* 12년간.
duodecimal duodecimals *adj.* 12등분 한, 12진법의.
duple dupla duples duples *adj.* 이중의, 2배의.
-m. 2배.
dúplex dúplexs *adj.* **1** 중복의, 이중의, 두 배의. **2** [기계] 복식의. **3** [전자] 이중통신방식의.
-m. **1** [건축] 2층으로 된 주거. **2** [음악] 2중 음표. **3** (무선의) 이중 송신.
duplicar *tr.* **1** 두 배로 하다, 이중으로 하다; 두 통을 작성하다. **2** 복사하다. **3** 대답하다, 답변하다.
duplicat duplicada duplicats duplicades *adj.* 이중의, 두 배로 한; 복사한; 두 통으로 만든 서류.
-m. 복본(複本), 사본.
duplicitat duplicitats *f.* **1** 음흉스러움, 음험함, 엉큼함, 두 마음; 거짓(falsedat). **2** 이중, 중복.
dur¹ *tr.* =portar.
dur² dura durs dures *adj.* **1** 단단한, 딴딴한, 굳은. *dur com un os* 뼈처럼 단단한. **2** 강한, 튼튼한. **3** 심한, 굉장한. **4** 고된, 힘든(difícil). **5** 생경한. **6** 사나운, 몹시 난폭한. **7** 엄한, 냉혹한. **8** 완고한.
anar dur 변비를 하다.
durabilitat durabilitats *f.* 영속성, 내구성, 내구력.
durable durables *adj.* 오래가는, 항구적인, 내구성이 있는.
duració duracions *f.* **1** 영속, 존속; 그 기간. **2** 내구성, 내구력.
durada durades *f.* =duració.
fer durada 긴 시간을 보내다.
durador duradora duradors duradores *adj.* =duratiu.
duralló durallons *m.* 엉긴 덩어리(grumoll).
duramàter duramàters *f.* [해부] 경뇌막, 뇌피막.
duramen duràmens *m.* [식물] 적목질; 심재(心材).
durament *adv.* 모질게, 사납게, 엄하게, 혹독하게, 심하게.
durant *prep.* ...동안, ...이 계속되는 동안.
durar *intr.* **1** 계속되다, 연속되다. **2** 존속하다, 지속하다. **3** (물건이) 오래가다, 오래 쓰이다.
duratiu durativa duratius duratives *adj.* durar하는.
duresa dureses *f.* **1** 단단함, 견고함. **2** 가혹, 냉혹함; 지독스러움, 혹독함.
durícia duricies *f.* [의학] (근육 등의) 응어리.
duro duros *m.* 두로[스페인의 옛 화폐단위; 5페세타에 상당함].
duta dutes *f.* portar하는 일.
dutxa dutxes *f.* 샤워, 목욕; 멱 감는 일, 냉수욕.
dutxar *tr.* 샤워시키다; 멱을 감다. **-se** 샤워하다, 멱을 감다, 냉수욕을 하다.
dux duxs *m.* (베네치아, 제노바 공화국 등의) 최고 집정관, 총독.

E e

e *f.* 카탈루냐어 알파벳의 다섯 번째 문자.
eben ébens *m.* [식물] 흑단; 흑단의 목재.
ebenista ebenistes *m.f.* [남녀동형] 흑단 세공사; 가구공.
ebenisteria ebenisteries *f.* **1** 가구 공장. **2** [집합] 가구류. **3** 가구공의 직업.
ebonita ebonites *f.* [화학] 에보나이트 [응고된 고무].
Ebre, [l'] *n.pr.* [지리] 에브로 강.
ebri èbria ebris èbries *adj.* **1** 술이 취한(embriac). **2** 마음이 홀린, 눈이 어두워진, 도취된.
ebrietat ebrietats *f.* **1** 술이 취함, 취기, 주정. **2** 도취, 열정.
ebullició ebullicions *f* **1** [물리] 비등, 끓음. **2** [비유] 소동, 혼란, 혼잡.
eburni ebúrnia eburnis ebúrnies *adj.* 상아의, 상아 같은, 상아처럼 흰.
eccehomo eccehomos *m.* **1** 가시관을 쓴 그리스도상. **2** [비유] 괴로워하는 얼굴.
eclèctic eclèctica eclèctics eclèctiques *adj.* 절충주의의.
-*m.f.* 절충주의자.
eclesial eclesials *adj.* 교회의, 교회 공동체의.
eclesiàstic eclesiàstica eclesiàstics eclesiàstiques *adj.* 교회의; 성직자의.
-*m.* 성직자, 사제.
eclipsament eclipsaments *m.* eclipsar하는 일.
eclipsar *tr.* **1** (천체를) 가리다, 덮다. **2** 차단하다, 막다. **3** [비유] 그늘지게 하다, 어둡게 하다, 흐리게 하다(ofuscar). -**se 1** 빛을 잃다, 흐려지다. **2** 일식·월식이 생기다. **3** 자취를 감추다, 모습을 숨기다, 사라지다(desaparèixer).
eclipsi eclipsis *m.* **1** [천문] (다른 천체에 의해) 천체의 일부나 전체를 가림. **2** (사람·사물이) 자취를 감춤. **3** [음성] 생략.
eclipsi de Lluna 월식.
eclipsi de Sol 일식.
eclíptic eclíptica eclíptics eclíptiques *adj.* [천문] 일식·월식의, 황도의.
eclíptica eclíptiques *f.* [천문] 황도(黃道).
eclosió eclosions *f.* **1** 개화, 움틈, 싹틈. **2** 출현, 발생. **3** [의학] 부화.
eco ecos *m.* **1** 반향, 되울림(ressò). **2** 먼 곳의 소리. **3** [비유] (남의 말을) 되받아 말하는 사람, 모방자. **4** (말·어휘의) 반복; (시의) 반복 문구.
ecografia ecografies *f.* [의학] 초음파 검사.
ecoic ecoica ecoics ecoiques *adj.* **1** 반향의, 되울림의. **2** 반복 문구의.
ecòleg ecòloga ecòlegs ecòlogues *m.f.* 환경학자, 생태학자.
ecologia ecologies *f.* (사회·인간에 관한) 생태학, 환경학.
ecològic ecològica ecològics ecològiques *adj.* 생태학의.
ecologisme ecologismes *m.* 환경 보호주의, 자연보호주의.
ecologista ecologistes *adj.* 환경 보호주의(의).
-*m.f.* 환경 보호주의자.
ecònom ecònoma ecònoms ecònomes *m.f.* **1** 교구 주교 대리. **2** (금치산자의) 재산 감리인.
economat economats *m.* **1** 교구 주교 대리직, 감리인의 직. **2** (각종 기관의) 구매부, 식료품가게.
economia economies *f.* **1** 경제(학). **2** 생산 체계, 생산 관리; 경제 기구. **3** 절약, 검약(moderació). **4** 궁핍, 부족, 결핍. **5** [신학] 섭리, 경륜. **6** (자연의) 이법, 질서, 유기적 조직.
economia de guerra 전시 경제.
economia submergida (정부 묵인의) 불법(부정) 고용[세금·최저 임금 등이 무시된 고용].
econòmic econòmica econòmics econòmiques *adj.* **1** 경제의, 경제상의. **2** 경제적인, 절약하는, 검소한(estalviador).

3 (가격이) 알맞은, 저렴한.

economista economistes *m.f.* [남녀동형] 경제학자.

economitzar *tr.* **1** 저축하다, 비축하다; (정력을) 아끼다. **2** 절약하다. **3** (위험 등을) 피하다.

ecosistema ecosistemes *m.* 생태 체계, 환경 시스템.

ecotoxicologia ecotoxicologies *f.* 생태 오염 연구.

ecs *interj.* [불쾌·혐오·실망 등을 나타내는 감탄사].

ectoderma ectodermes *m.* [생물] 외배엽, 외피, 겉껍질.

ectoparàsit ectoparàsita ectoparàsits ectoparàsites *adj.* 체외 기생충의.
-*m.* [생물] (벼룩, 진드기 등의) 체외 기생충.

ectoplasma ectoplasmes *m.* [생물] 세포 외층, 외형질.

ecumènic ecumènica ecumènics ecumèniques *adj.* **1** 만국의, 세계적인, 전반적인, 보편적인. **2** 전 기독교회의.

ecumenisme ecumenismes *m.* (교회가 교파를 초월한) 세계 교회주의, 교회 일치주의, 에큐메니컬 운동.

ecumenista ecumenistes *adj.m.f.* 에큐메니컬 운동을 하는 (사람).

èczema èczemes *m.* [의학] 습진.

eczematós eczematosa eczematosos eczematoses *adj.* 습진의.

edàfic edàfica edàfics edàfiques *adj.* 토양의, 토양에 관한.

edafòleg edafòloga edafòlegs edafòlogues *m.f.* 토양학자.

edafologia edafologies *f.* 토양학.

edat edats *f.* **1** 나이, 연령, 연세. *a l'edat de vint anys* 20세에. **2** 시대, 세기, 기(期). *edat d'or* 황금 세기.
edat mental 정신 연령.
tercera edat 은퇴 세대, 노년층.

edelweiss edelweiss *m.* [단·복수동형] [식물] 에델바이스.

edema edemes *m.* [의학] 부종.

edematós edematosa edematosos edematoses *adj.* 부종의.

edèn edens *m.* 에덴(동산); 낙원, 영화. **edènic** edènica edènics edèniques *adj.* 에덴(동산)의.

edició edicions *f.* **1** 출판, 간행; 출판물, 간행본. **2** (제본 양식·체재의) 판.

edicle edicles *m.* [건축] 작은 건축물, 사당.

edicte edictes *m.* 법령; 포고.

edificació edificacions *f.* edificar하는 일.

edificador edificadora edificadors edificadores *adj.m.f.* edificar하는 (사람).

edificant edificants *adj.* 건설적인, 세워주는, 교화적인.

edificar *tr.* **1** 세우다, 건설하다; 건립하다, 창설하다, 창립하다. **2** 교화하다, 선도하다.

edificatiu edificativa edificatius edificatives *adj.* 교화적인, 세상에 이익이 되는.

edifici edificis *m.* **1** 건물, 빌딩. **2** 기구, 조직.

edil edils *m.f.* [남녀동형][역사] **1** (로마 시대의) 사법관. **2** 시의회 의원.

Èdip *n.pr.* [신화] 오이디푸스[모르고 자기 아버지를 죽이고 어머니를 아내로 삼은 고대 그리스 테베의 왕].
complex d'Èdip 오이디푸스 콤플렉스 [아들이 어머니에 대해 무의식적으로 품는 성적인 사모].

editar *tr.* 출판하다, 발행하다, 편집하다, 간행하다.

editor editora editors editores *adj.* 출판의, 출판업의.
-*m.f.* 발행자, 편집인, 출판업자.
-*f.* 출판사(editorial).

editorial editorials *adj.* 출판의.
-*f.* 출판사.
-*m.* (신문 등의) 사설.

editorialista editorialistes *m.f.* [남녀동형] 논설위원, 사설 담당 기자.

edredó edredons *m.* 솜털, 이불, 깃털 방석.

educació educacions *f.* 교육, 가정교육; 예법, 예의.
educació física 체육.

educador educadora educadors educadores *adj.* 교육하는.
-*m.f.* 교육자.

educand educanda educands educandes *m.f.* 학생, 생도.

educar tr. **1** 교육하다, 가르치다; 계몽하다; 가정교육을 시키다. **2** 단련시키다, 훈련시키다.

educat educada educats educades adj. 교육을 받은; 예의 바른, 가정교육이 잘된.

ben educat, ada 가정교육이 잘된, 예의 바른.

mal educat, ada 교육이 잘못된, 예의 없는.

educatiu educativa educatius educatives adj. 교육적인.

edulcoració edulcoracions f. 약을 달게 하는 일.

edulcorant edulcorants m. 약을 달게 하는 (것).

edulcorar tr. 약을 달게 하다.

efecte efectes m. **1** 결과, 결론. **2** 효험, 효능, 효과, 실효, 작용; (법률 등의) 효력. **3** 목적, 취지(objectiu). **4** 느낌, 인상, 감명(impressió). **5** (색채의) 배합. **6** 사실, 실제; 실행, 실현. **7** 동산, 물건; 가구, 의류, 자재. **8** pl. 어음, 수표; 채권, 재산.

a[per] aquest efecte 이 목적으로, 이 목적을 위해.

a l'efecte de ...의 목적으로, ...하기 위해.

en efecte 사실, 실제로.

em fa l'efecte de [구] ...의 느낌을 갖다.

em fa l'efecte que [절] ...의 느낌을 갖다.

portar a efecte 실현하다, 실행하다.

tenir efecte 실현되다.

tenir[produir] efecte (약이) 효과를 나타내다, 효험이 있다.

efectisme efectismes m. 효과주의, 과시주의.

efectista efectistes adj. 효과주의의.
-m.f. [남녀동형] 효과주의자.

efectiu efectiva efectius efectives adj. **1** 유효한, 효과적인(eficaç). **2** 실제의, 현실의, 실제로 쓰이는(real). **3** 현역의, 현존하는, 현직의. **4** 현금의.
-m. **1** 현금. **2** 현역, 가용 인력, 가용 병력.

en efectiu 현금으로, 현찰로.

esdevenir efectiu 실효에 들어가다.

fer efectiu 실현하다, 실행하다(realitzar).

efectivament adv. 유용하게, 효과적으로; 사실, 실제로, 정말로.

efectivitat efectivitats f. **1** 유용성, 효율성. **2** [군사] 현역.

efectuable efectuables adj. 실현할 수 있는, 실현 가능한.

efectuació efectuacions f. 실현, 실행, 시행.

efectuar tr. 행하다, 실행하다, 실시하다, 실현하다(realitzar). *efectuar un pagament* 지불을 하다. **-se** 실시하다, 실행되다, 실현되다.

efemèride efemèrides f. **1** 사건; 기념일. **2** pl. 천체 역표; (동일(同日)에 발생한) 사건 기록, 사건일지.

efeminació efeminacions f. 여성화.

efeminador efeminadora efeminadors efeminadores adj. 여성화시킨.

efeminament efeminaments m. =efeminació.

efeminar tr. 여성화하다. **-se** 연약해지다, 여성적으로 되다.

efeminat efeminada efeminats efeminades adj. 여자 같은, 유약한. -m. 그러한 남자.

efervescència efervescències f. **1** 흥분, 감격, 미쳐 날뜀. **2** (액체 등의) 거품, 발포, 비등. **3** [의학] 발진.

efervescent efervescents adj. **1** 흥분하는, 열띤, 끓어오르는. **2** 비등성의, 거품이 이는. **3** 발진하는.
-m. 발포제.

eficaç eficaç eficaços eficaces adj. 유효한, 효과적인, 효과가 있는, 효험이 있는. *un remei eficaç* 효율적인 처방.

eficàcia eficàcies f. 효력, 효능, 효과, 효험.

eficiència eficiències f. 효율, 능률.

eficient eficients adj. 효율적인, 능률적인.

efigie efigies f. 닮은 꼴, 닮은 모습; 화신.

efimer efimera efimers efimeres adj. **1** 하루살이의, 단 하루 동안의. **2** 단시간의, 일시의, 덧없는, 허망한.

eflorescència eflorescències f. **1** [지질]

풍화(성), 풍해 (작용). **2** [의학] 발진. **3** [식물] (껍질에 생기는) 가루.

eflorescent eflorescents *adj.* **1** 풍화의, 풍해의. **2** 개화되어 있는.

efluència efluències *f.* 발산, 유출, 방산, 방전; 발산물, 냄새.

efluent efluents *adj.* efluir하는.

efluir *intr.* 발산하다, 유출되다, 방산하다, 방전되다; (고약한) 냄새가 나다.

efluvi efluvis *m.* =efluència. *els efluvis de la primavera* 봄의 그윽한 냄새.

efracció efraccions *f.* 주거 침입.

efusió efusions *f.* **1** 유출, 유혈. **2** (감정의) 폭발, 정열이 넘침, 열렬함.

efusiu efusiva efusius efusives *adj.* 뜨거운, 열성적인, 정열적인, 감격적인.

egeu egea egeus egees *adj.* (그리스 동부에 위치한) 에게 해의.

ègida ègides *f.* (신의) 보호, 가호.

egiptòleg egiptòloga egiptòlegs egiptòlogues *m.f.* 이집트 연구 학자.

egiptologia egiptologies *f.* 이집트 연구, 이집트 고고학.

ègloga èglogues *f.* 목가(牧歌).

ego egos *m.* [철학·심리] 나, 자아.

egocèntric egocèntrica egocèntrics egocèntriques *adj.* **1** 자기중심의, 이기적인, 개인중심의. **2** [철학] 자아를 철학의 출발점으로 하는.

egocentrisme egocentrismes *m.* **1** 자기중심, 이기주의. **2** [심리] (아이들의) 자기중심성.

egoisme egoismes *m.* 이기주의, 이욕, 자기 본위.

egoista egoistes *adj.* 이기주의의, 자기 본위의, 옹고집의.
-m.f. [남녀동형] 이기주의자, 자기 본위 주의자; 옹고집쟁이.

egòlatra egòlatres *adj.* 자화자찬하는, 유아독존의.
-m.f. [남녀동형] 자화자찬하는 사람, 유아독존인 사람.

egolatria egolatries *f.* 자화자찬, 유아독존.

egolàtric egolàtrica egolàtrics egolàtriques *adj.* 자화자찬하는, 유아독존의.

egotisme egotismes *m.* 자기 본위(주의), 자화자찬, 자기 예찬.

egotista egotistes *adj.* 자기 본위의, 자기 선전적인, 자기 예찬의.

egregi egrègia egregis egrègies *adj.* 저명한, 뛰어난, 유명한.

egua egües *f.* [동물] 암말.

eguí eguins *m.* 말의 울부짖음(renill).

eguinar *intr.* 말이 울부짖다(renillar).

eh *interj.* [주의환기·의견·동의를 묻는 데 쓰이는 감탄사] 이봐!, 어이!, 야!; 안 그래요?, 그렇죠?, 알겠죠?

ehem *interj.* [주의 환기를 하거나, 시치미를 뗄 때 쓰는 감탄사].

ei *interj.* [주의 환기를 하거나 인사를 나눌 때; 반대·배척을 나타낼 때 쓰이는 감탄사] 이봐!, 어이!; 무슨 말이야!, 그만!, 이봐!

eia *interj.* [주의환기를 할 때 쓰이는 감탄사].

èider èiders *m.* [조류] 물오리의 일종.

eina eines *f.* **1** 도구, 연장, 공구. **2** [집합] 공구류.

eix[1] eixos *m.* **1** [기계] (실린더의) 축, 굴대, 중심축, 추축, 샤프트, 차축; 북, 방추. **2** 중심, 축; 핵심, 정수.

eix[2] eixa eixos eixes *adj.* [지시형용사] 그, 그런.
-pron. [지시대명사] 그것, 그 일, 그 사람(aqueix).

eixalada eixalades *f.* 날개를 자름.

eixalar *tr.* 날개를 자르다.

eixalbar *tr.* (벽을) 희게 칠하다.

eixam eixams *m.* **1** 벌 떼. **2** 떼, 다수.

eixamenament eixamenaments *m.* (꿀벌의) 분봉.

eixamenar *tr.* (꿀벌을) 분봉하다. **-se** (꿀벌이) 분봉하다, 번식하다.

eixamenera eixameneres *f.* 꿀벌의 여왕.

eixamorar *tr.* (물·액체에) 적시다. **-se** (옷이) 적시다.

eixampla eixamples *f.* =eixample.

eixamplada eixamplades *f.* =eixamplament.

eixampladís eixampladissa eixampladissos eixampladisses *adj.* 넓히는, 확장하는.

eixamplador eixampladora eixampla-

dors eixampladores *adj.m.f.* 확장하는 (사람).
eixamplament eixamplaments *m.* 넓힘, 확대, 확장.
eixamplar *tr.* **1** 넓히다, 확장하다; 펴다, 확대하다. **2** 나뉘다, 분리되다. **-se** 확장되다; 펼쳐지다, 확대되다.
eixample eixamples *m.* **1** 확장, 확대. **2** 확장 지역. **3** (교외의) 신흥 주택지. **4** (재봉에서) 덧대는 천.
donar eixamples (행동의) 자유를 주다.
fer eixamples (장애물을 치워) 공간을 확장하다.
eixancarrar *tr.* **1** (다리를) 벌리게 하다. **2** 놀라게 하다, 꼼짝달싹 못하게 하다. **-se 1** (다리를) 벌리다. **2** 깜짝 놀라다, 무서워하다.
eixàrcia eixàrcies *f.* (선박의) 도구, 어구.
eixarcolar *intr.* 제초하다; 가려내다, 솎아 내다.
eixarm eixarms *m.* 안수 기도로 하는 요법.
eixarmar *tr.* 안수하다, 기도로 고치다.
eixarrancar *tr.prnl.* =eixancarrar
eixarreir *tr.* 바싹 마르게 하다. **-se** 바싹 마르다.
eixarreït eixarreïda eixarreïts eixarreïdes *adj.* 말라비틀어진, 잘 마른, 깡마른.
eixartell eixartells *m.* **1** 제초기, 제초용 괭이. **2** 번득임, 섬광, 반사.
eixartellar *tr.* 제초하다(eixarcolar).
eixelebrat eixelebrada eixelebrats eixelebrades *adj.* 무분별한, 덜렁대는, 경망스러운; 정신 나간.
-m.f. eixelebrat한 사람.
eixerit eixerida eixerits eixerides *adj.* 빈틈이 없는, 약삭빠른; 기민한, 쾌활한, 싱싱한, 팔팔한.
eixerit com un pèsol[eixerit com un ginjol] 매우 기민한.
eixermar *tr.* =eixarmar.
eixida eixides *f.* **1** 출구(sortida). **2** (건물의) 안마당, 안뜰. **3** *pl.* 교외, 시외.
eixidiu eixidius *m.* 배수.
eixir *intr.* =sortir.
eixit eixida eixits eixides *adj.* =eixerit.
anar eixit (짐승이) 발정기에 있다.
eixivernada eixivernades *f.* 겨울을 보냄, 피한, 동면.
eixivernar *intr.* 겨울을 나다, 피한하다, 동면하다.
eixonar *tr.* 훑어 내리다.
eixorc eixorca eixorcs eixorques *adj.* **1** 아이를 배지 못하는, 불임의, 단종한(estèril). **2** 메마른, 불모의. **3** 소득이 없는, 수익이 없는; 무효의, (결과가) 없는; 빈약한. **4** 흉작의. **5** 살균한, 소독한. **6** [식물] 중성의, 열매를 맺지 않는.
eixordador eixordadora eixordadors eixordadores *adj.* 귀가 찢어지는 듯한, 시끄러운.
eixordament eixordaments *m.* 귀머거리가 되는 일, 귀머거리; 소리를 죽임.
eixordar *tr.* 귀머거리로 만들다; 소리를 약화시키다, 소리를 죽이다. *-intr.* 귀머거리가 되다; 잠자코 있다, 입을 다물다.
eixoriviment eixoriviments *m.* eixorivir하는 일.
eixorivir *tr.* **1** (초의 탄 부분을) 자르다. **2** 서두르다, 재빨리 마치다. **3** 훔치다. **-se 1** 눈을 뜨다, 정신을 차리다. **2** 서두르다. **3** 머리를 기민하게 움직이다.
eixorquia eixorquies *f.* 불모, 불임(esterilitat).
eixugacabells eixugacabells *m.* [단·복수동형] 헤어드라이어.
eixugada eixugades *f.* 건조, 말리기.
eixugador eixugadora eixugadors eixugadores *adj.* 건조하는.
-m. 건조기, 헤어드라이어.
eixugall eixugalls *m.* (닦는) 천.
eixugamà eixugamans *m.* 수건, 타올.
eixugamans eixugamans *m.* [단·복수동형] =eixugamà.
eixugaparabrises eixugaparabrises *m.* [단·복수동형] =eixugavidres.
eixugar *tr.* **1** 말리다(assecar). **2** 닦다, 훔치다. **3** 비우다. **4** (빚·적자를) 메우다. **5** (출판의) 절판하다(exhaurir). **-se 1** (물기·땀·눈물 등을) 닦다. **2** (물기가) 마르다(assecar-se).

eixugavidres eixugavidres *m.* [단·복수 동형] 와이퍼.

eixut eixuta eixuts eixutes *adj.* **1** 물기가 없는, 마른(sec). **2** 건조한, 황무지의, 거친. **3** 단맛이 없는. **4** 무뚝뚝한, 다루기 힘든(esquerp, sorrut). **5** 외톨박이의, 동료가 없는. **6** [비유] 흡족하지 못한, 부족한. **7** [동물] 젖이 안 나오는.
-*m.* 건조, 가뭄.
en eixut 젖지 않게.

eixutesa eixuteses *f.* 건조, 가뭄.

ejaculació ejaculacions *f.* 사정, 배설, 분출.

ejaculador ejaculadora ejaculadors ejaculadores *adj.* 사정하는, 배설·분출하는.

ejacular *tr.* 사정하다, 배설하다, 분출하다.

ejecció ejeccions *f.* 분출, 배출(물); 뱉어 냄.

ejectar *tr.* 분출하다, 배출하다(expel·lir).

ejectiu ejectiva ejectius ejectives *adj.* 분출하는, 배출하는.

el els *art.def.* **1** [정관사: 남성 단수형] *El nen va dir que no volia jugar* 그 아이는 놀고 싶지 않다고 말했다. **2** [추상형용사와 함께 쓰여 추상명사화함] *Mesclar el diví amb l'humà* 신성과 인성을 합하다; 신령한 것과 인간적인 것을 합하다. *el sublim i el bell* 숭고함과 아름다움.
el meu, el teu, el seu 나의, 너의, 그·그녀의.
el que [사물에 쓰임] ...하는, ...한 것. *No he entès res del que m'ha dit* 나한테 말한 것을 전혀 이해하지 못했다.
el qui [사람에 쓰임] ...하는, ...한 사람. *El qui llegeix és el meu pare* 책을 읽고 있는 분은 나의 아버님이다.
-*pron.* **1** [인칭대명사 직접목적격, 3인칭 단수형] 그를. *El vam convidar, però no es va presentar* 우리가 그를 초대했으나 오지 않았다. **2** [사물의 직접목적격] 그것을. *Ja l'has caçat?* 그것을 이제 잡았니?

ela *interj.* [화가 났을 때 쓰이는 감탄사] =elis. *Jo en tinc més que tu!, ela, ela!* 내가 너보다 더 많아, 알기나 해!

elaboració elaboracions *f.* elaborar하는 일.

elaborar *tr.* **1** [약학] 정제하다, 조제하다. **2** 제작하다, 만들다, 작성하다(fabricar). **3** 정성들여 만들다, 공들여 만들다; (쇠를) 벼르다. **4** (어떤 생각을) 깊이 더듬다, 회고하다. **5** 소화하다.

elació elacions *f.* **1** 교만, 자만, 우쭐댐. **2** 감격, 열의, 열광; 의기양양, 득의만면.

elàstic elàstica elàstics elàstiques *adj.* **1** 탄성의, 탄력적인. *L'horari és elàstic* 시간표는 탄력적이다. **2** [비유] 융통성이 있는. **3** [비유] 다양한 해석이 가능한, 논의의 여지가 있는.
-*m.* **1** 고무줄. **2** *pl.* 바지의 멜빵.

elasticitat elasticitats *f.* 탄성, 탄력, 탄력성; 신축성, 융통성.

elecció eleccions *f.* **1** 선출, 선임, 선택. **2** *pl.* 선거.

electe electa electes electes *adj.* 당선된, 선임된, 선출된. *el president electe* 대통령 당선자.

electiu electiva electius electives *adj.* **1** 선거의, 선거에 의한. **2** 선택적인.

elector electora electors electores *m.f.* 선거인, 투표자; (미국의) 정·부통령 선거위원.
-*m.* [역사] (신성 로마 제국의) 선거후(選擧侯).

electoral electorals *adj.* 선거의, 선거인의; 선거권이 있는.

electoralisme electoralismes *m.* [정치] 선거 지향주의.

electorat electorats *m.* **1** [법률] [집합] 선거인단, 유권자 수. **2** 옛날 독일의 선거후의 영토.

elèctric elèctrica elèctrics elèctriques *adj.* 전기의, 전력의.

electricista electricistes *m.f.* [남녀동형] 전기학자, 전기 기사.

electricitat electricitats *f.* 전기.

electrificar *tr.* 전화(電化)하다.

electritzant electritzants *adj.* **1** 감전·발전시키는. **2** 감흥을 주는, 감동시키는.

electritzar

electritzar tr. 1 대전(帶電).감전시키다. 2 [전기] 발전하다, 전류를 통하다. 3 감격을 주다, 감동시키다. -se 1 감전하다. 2 전기를 일으키다. 3 열광하다, 감격하다, 흥분하다.
electró electrons m. [물리] 전자.
electroacústica electroacústiques f. 전기 음향학.
electrocardiògraf elctrocardiògrafs m. 심장병 전기 치료기.
electrocardiograma electrocardiogrames m. [의학] 심전도[약자: ECG].
electrocució electrocucions f. 전기사형 집행; 감전사.
electrocutar tr. 전기의자에 앉히다, 전기사형을 집행하다. -se 감전사하다.
elèctrode elèctrodes m. [전기] 전극; 전기 용접봉.
electrodomèstic electrodomèstica electrodomèstics electrodomèstiques adj. 가전 (용품)의.
-m. 가전제품.
electroencefalograma electroencefalogrames m. [의학] 뇌전도.
electrogen electrògena electrògens electrògenes adj. 발전의, 전력의.
electrogenerador electrogeneradors m. 발전기.
electroimant electroimants m. 전자석, 전자철.
electròlisi electròlisis f. [화학] 전기 분해.
electròlit electròlits m. 전해물, 전해질.
electromagnètic electromagnètica electromagnètics electromagnètiques adj. 전자기의.
electromagnetisme electromagnetismes m. 전자기; 전자기학.
electromecànic electromecànica electromecànics electromecàniques adj. 전자기술의, 전자 공학의.
-f. 전자 공학.
electromotor electromotriu electromotors electromotrius adj. 전동의.
-m. 전동기.
electrònic electrònica electrònics electròniques adj. 전자의, 전자 공학의.
electrònica electròniques f. 전자 공학.

element

electroquímic electroquímica electroquímics electroquímiques adj. 전기 화학의.
-f. 전기 화학.
electroscòpia electroscòpies f. [전기] 검전.
electroscopi electroscopis m. [전기] 검전기.
electrostàtic electrostàtica electrostàtics electrostàtiques adj. 정전기(학)의.
-f. [전기] 정전기학.
electrotècnia electrotècnies f. 전기 기술(학).
electrotècnic electrotècnica electrotècnics electrotècniques adj. 전기 기술의.
electroteràpia electroteràpies f. [의학] 전기 요법.
electroxoc electroxocs m. [의학] (치료를 위해) 전기 방전, 전기 충전 요법.
elefant elefanta elefants elefantes m.f. 1 코끼리. 2 (선박의) 늑재(肋材). 3 [동물] 해마.
elefantí elefantina elefantins elefantines adj. 코끼리의, 코끼리 같은.
elefantiasi elefantiasis f. [의학] 상피병.
elegància elegàncies f. 1 우아, 단정, 품위, 고상. 2 화려한 옷차림, 멋 부리기.
elegant elegants adj. 우아한, 우아하고 아름다운, 세련된, 품위 있는, 고상한, 화려한, 날씬한.
elegia elegies f. [문학·음악] 엘레지, 애가, 비가, 만가, 애도가, 애도곡.
elegíac elegíaca elegíacs elegíaques adj. 엘레지의, 애가의.
elegible elegibles adj. (피선) 자격이 있는; 선택할 만한.
elegir tr. 1 선거하다, 선임하다, 선출하다. 2 고르다, 선택하다. 3 (신이) 선택하다.
element elements m. 1 원소, 요소, (구성)분자, 성분. 2 [화학] 분자. 3 (단체의) 개인. 4 pl. 원리, 기초. 5 (생활) 수단. 6 (자연의) 사대 요소[흙·물·불·공기]; 폭풍우, 풍파. 7 [전기] 전지, 전극. 8 [군사] 소부대.
estar[trobar-se, viure] en el seu[fora del seu] element 우쭐거릴 만한 자리

에 있다, 제 실력을 발휘할 수 있는 자리에 있다.

elemental elementals *adj.* **1** 원소의, 요소의. **2** 기초의, 초보의, 기본적인. **3** 자연의, 4대 요소[흙·물·불·공기]의, 대자연의 힘의.
de grau elemental 기초 수준의.

elementalitat elementalitats *f.* 기초, 기본; 기본 정신.

elenc elencs *m.* **1** 표, 목록, 일람표, 카탈로그(catàleg); 목차, 색인. **2** (극단 등의) 단원, 캐스트.

elet elets *m.* 민첩한 사람, 날쌘 사람.

elevació elevacions *f.* **1** 올리는 일, 상승, 인양; 증대; 고양. **2** [지질] (땅의) 융기; 고지. **3** [경제] (가격의) 앙등, 등귀, 인상. **4** [건축] 정면도, 앙각. **5** [비유] 자아 포기.

elevador elevadora elevadors elevadores *adj.* **1** 올리는, 높이는, 인양하는. **2** [해부] 거근의.
-m. **1** [해부] 거근(舉筋). **2** 엘리베이터, 승강기. **3** (주로 화물용의) 승강기. **4** [전기] 승압기.

elevar *tr.* **1** 올리다, 높이다, 높게 하다 (pujar); 인양하다. *elevar l'aigua d'un pou* 우물에서 물을 퍼올리다. **2** 오르게 하다, 진급시키다, (자리에) 앉히다. **3** 세우다, 건립하다, 건설하다. **4** (사기를) 진작시키다, 고양시키다. *elevar els sentiments del poble* 국민들의 감정을 고양시키다. **5** (진정서를) 내다, 올리다. *elevar una petició al govern* 정부에 탄원서를 내다. **6** (가격을) 인상하다. **-se 1** 등귀하다, 앙등하다. **2** 오르다, 높아지다. **3** 뛰어나다, 빼어나다; 우쭐해지다. **4** (황홀경에) 빠지다.

elevat elevada elevats elevades *adj.* **1** 높은(alt); 높아진, 승격된 **2** 고양된, 숭고한, 고귀한. **3** 인상된, 고가의. *un cost elevat* 오른 비용.

elevatori elevatòria elevatoris elevatòries *adj.* 올리는 데 사용하는.

elf elfs *m.* [신화] (스칸디나비아의 신화에서 개구쟁이의) 작은 요정, 작은 귀신.

elidible elidibles *adj.* elidir할 수 있는.

elidir *tr.* **1** 약하게 하다, 힘을 빼다. **2** [음성] 어미 모음을 생략하다. **-se** 어미 모음이 생략되다.

eliminable eliminables *adj.* eliminable할 수 있는.

eliminació eliminacions *f.* **1** 배제, 제거; 삭제. **2** 추방. **3** 철폐.

eliminar *tr.* **1** 배제하다, 제거하다(excloure); 삭제하다, 없애버리다(decartar). **2** 추방하다, 쫓아내다. **3** (관세를) 철폐시키다.

eliminatori eliminatòria eliminatoris eliminatòries *adj.* 배제의, 제거의.
-f. (경기의) 예선.

elis *interj.* [분노·증오·지겨움 등을 나타낼 때 쓰는 감탄사] 아이!, 지겨워!

elisi elísia elisis elísies *adj.* 낙원의, 극락세계의.

elisió elisions *f.* [음성] 생략[뒤에 모음으로 시작되는 말 앞 단어의 마지막 약모음의 생략].

elit elits *f. gal.* =élite.

élite élites *f.* 엘리트.

elitisme elitismes *m.* 엘리트 의식, 엘리트주의, 엘리트들에 의한 통치.

elixir elixirs *m.* **1** 약술, 강장주 **2** 묘약, 선약, 영약, ...정(精).

ell[1] ella ells elles *pron.pers.* [인칭대명사 주격; 3인칭 단수형] 그, 그는; 그녀, 그녀는.

ell[2] *interj.* [감탄문의 서두에 도입되는 말].

el·lipse el·lipses *f.* [기하] 타원(형).

el·lipsi el·lipsis *f.* [문법] 생략형, 생략문.

el·líptic el·líptica el·líptics el·líptiques *adj.* 타원의, 타원형의.

elm elms *m.* (옛날의) 투구.

elocució elocucions *f.* [수사] 화술, 연설법.

elogi elogis *m.* 찬양, 찬미, 칭찬, 찬사.

elogiador elogiadora elogiadors elogiadores *adj.m.f.* elogiar하는 (사람).

elogiar *tr.* 찬양하다, 칭찬하다, 찬사하다(lloar). **-se** 찬양하다, 칭찬하다.
elogiar la conducta d'algú 누구의 행동을 칭찬하다.

elogiós elogiosa elogiosos elogioses *adj.* 찬양의, 칭찬의, 찬사의.

elongació elongacions *f.* **1** [천문] 태양과 유성과의 거리. **2** (신경·신체의) 늘어남.
elongament elongaments *m.* =elongació.
eloqüència eloqüències *f.* 달변, 유창한 말솜씨, 능변, 웅변(법).
eloqüent eloqüents *adj* 달변인, 웅변의, 능변인, 말솜씨 좋은; 감동시키는.
els[1] *art.m.* [남성 정관사 el의 복수형. 전치사 a, de, per 앞에 오면 축약형 **als, dels, pels**가 됨] els amics d'en Joan 조안의 친구들.
  els meus, els teus, els seus, els nostres, els vores 나의, 너의, 그의, 우리들의, 너희들의.
els[2] *pron.* **1** [3인칭 복수형 ells의 간접목적격, 직접목적격; 동사 뒤에서 **'ls, los** 형태를 가지며, u를 제외한 다른 모음으로 끝나는 대명사 뒤에서는 **'ls**가 됨] *Emporteu-vos-els* 그들을 데려가라. *Compta'ls bé!* 그것들을 잘 세어 보라! **2** [li의 복수형] *No els fa cap gràcia* 그들에겐 전혀 흥미를 주지 못한다, 그들은 전혀 재미있어 하지 않는다.
elucidació elucidacions *f.* 설명, 해명.
elucidar *tr.* 설명하다, 해명하다(dilucidar).
elucubració elucubracions *f.* **1** 공들여 만듦, 노작, 역작, 고심작. **2** 노심초사.
elucubrar *tr.* 공들여 만들다, 공들여 저술하다.
eludible eludibles *adj.* 회피할 수 있는.
eludir *tr.* 벗어나다, 회피하다.
elusió elusions *f.* 벗어남, 회피.
em *pron.* [다른 대명사 앞에서는 **me**; 동사 뒤에는 **-me**; 동사 또는 ho, hi 등의 대명사 앞에서는 **m'**; 동사 또는 모음으로 끝나는 대명사 뒤에서는 **'m**; 동사나 ho, hi 등의 대명사 뒤에서는 **-m'**] 나를, 나에게. *No em donis res* 내게 아무것도 주지 마. *M'escoltes?* 내 말 듣는 거니? *Fes-me cabal* 내 말 좀 들어 봐; 여기 좀 봐; 내 말 좀 들어 봐. *Dóna'm les tisores* 가위 좀 줘. *No me la donis* 그것을 내게 주지 마라. *Posa'm l'abric* 내게 외투를 입혀 줘. *No m'ho facis repetir* 나한테 그것을 반복하라고 하지 마. *No em toquis!* 날 만지지 마! *Dóna-m'ho ara mateix* 지금 당장 그것을 내게 다오.
emanació emanacions *f.* **1** 발산, 발생; 발산물, 유출물; 냄새. **2** [화학] 에마나치온[방사성 희가스 원소 라돈의 다른 이름].
emanar *intr.* **1** 발산하다, 유출하다, 나오다, 스며 나오다. **2** 방사하다.
emancipació emancipacions *f.* 해방, 독립; 노예 해방.
emancipador emancipadora emancipadors emancipadores *adj.* 해방시키는. *-m.f.* 해방자.
emancipar *tr.* 해방하다. **-se** 해방되다, 자유로운 몸이 되다, 독립하다.
emasculació emasculacions *f.* 거세.
emascular *tr.* 거세하다(castrar).
embabaiar *tr.* 황홀하게 하다, 심취시키다, 혼을 빼앗다. **-se** 황홀해지다, 홀딱 빠지다, 심취하다.
embacinar *tr.* 속이다, 농락하다.
embadalidor embadalidora embadalidors embadalidores *adj.* 황홀하게 하는; 홀딱 빠지게 하는, 심취하게 하는.
embadaliment embadaliments *m.* 황홀(경), 무아경; 심취, 열중.
embadalir *tr.* 혼을 빼다, 황홀경에 빠지게 하다(encantar). **-se 1** 열중하다, 푹 빠지다. **2** 멍청해지다, 혼이 빠지다, 황홀해하다(encantar-se).
embadocament embadocaments *m.* =embadaliment.
embadocar *tr.* 황홀하게 만들다; 바보로 만들다, 멍청하게 만들다. **-se** 멍청해지다; 혼을 빼다, 황홀경에 빠지다.
embafador embafadora embafadors embafadores *adj.* embafar하는.
embafament embafaments *m.* embafar하는 일.
embafar *tr.* **1** 실컷 먹이다, 물리도록 먹이다, 포식시키다. **2** 기분 잡치게 하다; 권태를 일으키다, 짜증나게 하다, 싫증나게 하다(enutjar).
embafat embafada embafats embafades *adj.* **1** 질리는, 물리는, 싫증나는. **2** 지친, 피곤한.

embafós embafosa embafosos embafoses *adj.* embafar하는.
embagular *tr.* (짐을) 트렁크에 챙기다.
embajaniment embajaniments *m.* 바보로 만듦.
embajanir *tr.* 멍청하게 만들다, 바보로 만들다.
embalament embalaments *m.* **1** 가속, 역주. **2** 포장.
embalar *tr.* 포장하다, 짐을 꾸리다. **-se 1** 역주하다, 속력을 내서 달리다, 마지막 피치를 올리다. **2** (자동차의) 액셀러레이터를 밟다. **3** [비유] 도망치다, 피신하다.
embalatge embalatges *m.* **1** 포장, 꾸러미. **2** [해사] (선적 시의) 포장비.
embalbiment embalbiments *m.* 마비; (손·발이) 곱음, 저림.
embalbir *tr.* 마비시키다. **-se** 마비되다; (손·발이) 곱다, 저리다.
embalcar *tr.* =embogar.
embalsamament embalsamaments *m.* 방부 처리.
embalsamar *tr.* **1** 향을 뿌리다. **2** (시체에) 방부 처리를 하다.
embalum embalums *m.* **1** 퇴적, 노적, 산적; 다량; 쌓여 있는 물건. **2** 부피, 체적, 크기. **3** 짐, 꾸러미, 화물.
  fer embalum 무더기로 쌓다, 산적하다.
embancar *intr.prnl.* (선박이) 좌초하다.
embaràs embarassos *m.* **1** 어려움, 장애, 방해; 방해물, 장애물. **2** 임신.
embarassar *tr.* **1** 어렵게 만들다, 방해하다, 훼방 놓다, 저지하다. **2** 억제하다, 억압하다(reprimir). **3** [비유] 괴롭게 하다, 힘들게 하다. **4** (여자를) 임신시키다.
embarassat embarassada embarassats embarassades *adj.* **1** 방해를 받은. **2** 임신한.
embarassada embarassades *f.* 임산부.
embarbollar *intr.* **1** (아이가) 말을 더듬더듬하다. **2** (신체장애자가) 말을 더듬다. **3** 말을 우물우물하다. **-se 1** 혼란해지다, 어지러워지다, 산란해지다. **2** [비유] (말을) 분명하게 하지 않다, 우물거리다.
embarbussament embarbussaments *m.* 말을 허둥대는 일; 그러한 말.
embarbussar-se *prnl.* 허둥지둥 말하다.
embarbussat embarbussada embarbussats embarbussades *adj.* 허둥지둥하는.
embarcació embarcacions *f.* **1** 배, 선박. **2** 승선; 선적. **3** 항해 일수.
embarcada embarcades *f.* =embarcament.
embarcador embarcadors *m.* **1** [해사] 잔교, 선창, 부두, 승선장, 적하장. **2** [속어] 역의 플랫폼.
embarcament embarcaments *m.* [해사] 승선; (화물의) 적하, 선적.
embarcar *tr.* **1** (배에) 승선하다, 선적하다. **2** (기차·자동차·비행기 등으로) 싣다, 발송하다. *embarcar les maletes* 짐들을 싣다. **3** (어떤 일에) 관계시키다, 끌어들이다. *-intr.* 승선하다. **-se 1** 승선하다, 승차하다, 탑승하다. **2** (갑판 위로) 파도가 밀려오다. **3** [비유] 연루하다, 관계하다.
embardissar *tr.* **1** 가시를 설치하다, 가시밭을 만들다. **2** [비유] (일을) 얽히게 하다(embolicar). **-se 1** 가시밭이 되다, 가시덤불로 휩싸이다. **2** [비유] (일이) 꼬이다, 난관에 부딪히다.
embargable embargables *adj.* embargar할 수 있는.
embargador embargadora embargadors embargadores *adj.m.f.* embargar하는 (사람).
embargament embargaments *m.* **1** 장애, 방해; 방해물, 거추장스러운 것. **2** [법률] 차압. **3** [해사] 통상 정지, 수출 금지; 선박 억류.
embargar *tr.* **1** 방해하다, 훼방 놓다, 저지하다(impedir). **2** [법률] 차압하다; (통상을) 금지하다. **3** 붙잡다, 구속하다, 묶어 두다.
embarrancar *intr.prnl.* **1** (배가) 가라앉다, 좌초하다. **2** (차가) 벼랑으로 떨어지다; 수렁에 빠지다.
embarrar *tr.* **1** (문에) 빗장을 걸다(tancar). **2** (짐승을) 가두어 넣다. **3** (사람을) 감금하다. **-se** 숨다, 은폐하다, 은신하다.
embarretat embarretada embarretats

embarretades *adj.* 모자를 쓴.
embarrilar *tr.* 통에 넣다.
embarrotar *tr.* 죄이다, 압박하다.
embarzerar *tr.* =embardissar.
embasament embasaments *m.* [건축] 토대, 초석.
embasardir *tr.* 공포에 떨게 하다, 두려움에 질리게 하다. -se 두려움에 떨다.
embassada embassades *f.* 저수지, 댐; 저수(량).
embassament *m.* 1 =embassada. 2 [의학] (액체의) 침체.
embassar *tr.* 1 물웅덩이를 파다. 2 (물을) 모으다, 저수하다. -se 물웅덩이가 되다, (물웅덩이에) 물이 흘러들다, 물이 한군데 고이다.
embasta embastes *f.* 시침질.
embastar *tr.* 1 시침질하다, 가봉하다. 2 (말 등에) 길마를 얹다. 3 [비유] 시작하다, 착수하다(començar).
a mig embastar [구어] 어설픈, 야무지지 못한, 제대로 갖춰지지 못한.
embastardir *tr.* 1 [동식물] 퇴화시키다. 2 [비유] 질이 떨어지다, 타락하다. -se 퇴화하다, 타락하다.
embat embats *m.* 급습, 강습, 맹습, 기습; (바람·파도에) 휩쓸려옴.
embeinar *tr.* 1 (칼 등을) 집에 넣다. 2 싸다, 똘똘 말다.
embelliment embelliments *m.* 미화.
embellir *tr.* 미화하다, 아름답게 꾸미다.
embenar *tr.* 붕대를 감다.
embenatge embenatges *m.* 붕대를 감음.
embenat embenats *m.* [집합] 붕대.
embetumar *tr.* 1 콜타르를 칠하다. 2 윤내다, 광택을 내다. 3 [비유] 속이다, 눈속임하다(enganyar).
embeure *tr.* 1 빨아들이다, 흡수하다 (absorbir). 2 (옷을) 줄어들게 하다. -'s 1 빨아들이다, 흡수하다(amararse). 2 (옷이) 줄어들다.
embigar *tr.* [건축] 대들보를 얹다.
embigat embigats *m.* [건축] 대들보.
emblancar *tr.* =emblanquinar.
emblanquiment emblanquiments *m.* emblanquir하는 일.
emblanquinada emblanquinades *f.* =emblanquinament.
emblanquinament emblanquinaments *m.* 표백; 하얗게 칠함.
emblanquinar *tr.* 희게 칠하다, 표백하다, 희게 하다.
emblanquir *tr.* 1 =emblanquinar. 2 [비유] 돈세탁하다. -se 희어지다.
emblavir *tr.* 푸르게 하다. -se 푸르러지다.
emblema emblemes *m.* 1 기호, 기장, 배지, 휘장(signe). 2 징표, 상징.
emblemàtic emblemàtica emblemàtics emblemàtiques *adj.* 1 기장의, 휘장의. 2 전형적인, 상징적인.
-f. 기장학.
emboc embocs *m.* embocament.
embocada embocades *f.* =embocadura.
embocador embocadors *m.* =embocadura5.
embocadura embocadures *f.* 1 끼어들기. 2 (취주 악기의) 부리. 3 (마구의) 재갈. 4 (술의) 입대는 부분. 5 [지리] (강의) 하구; (길의) 입구.
embocament embocaments *m.* embocar하는 일.
embocar *intr.* 시작되다(començar). -tr. 1 안에 넣다, 밀어 넣다. 2 입에 넣다; 게걸스럽게 먹다. 3 퍼붓기 시작하다. 4 착수하다, 시작하다. 5 (배를) 입항시키다.
emboçar *tr.* (개·말 등에) 부리망을 씌우다. -se (얼굴에 무엇을) 쓰다, 눈 아래쪽을 가리다.
embogidor embogidora embogidors *adj.* 미치게 하는.
embogiment embogiments *m.* embogir 하는 일.
embogir *tr.* 미치광이로 만들다, 정신병자로 만들다. -intr. 미치다. -se 미치다, 미치광이가 되다, 정신이 돌다.
emboirament emboiraments *m.* 날씨가 흐려짐, 안개가 낌.
emboirar *tr.* 흐리게 하다. -se 안개가 끼다, 날씨가 흐려지다.
èmbol èmbols *m.* 피스톤, 마개 판.
embolada embolades *f.* [기계] 모터의 피스톤 밸브 운동.
embolar *tr.* 1 (투우의 뿔에) 공을 씌우

다. **2** (구두에) 구두약을 칠하다.
embolcall embolcalls *m.* **1** 포장, 포장지. **2** (갓난아기의) 포대기. **3** [생물] 외피. **4** 외투; 기낭.
embolcar *tr.* **1** 싸다, 포장하다. **2** 말다, 감다, 말아 싸다(bolcar). **3** 덮다, 둘러싸다, 포위하다.
embòlia embòlies *f.* [의학] 혈전병.
embolic embolics *m.* 분규, 말썽거리, 얽힘, 분쟁, 일이 꼬임, 난처해짐.
amar[fer] un embolic [구어] 분규를 일으키다.
fer-se un embolic [구어] 말썽이 되다, 일이 난처해지다.
ficar-se en un embolic 일이 복잡해지다, 일에 말려들다.
embolicaire embolicaires *adj.* **1** 얽히는, 휘감기는, 꼬이게 하는. **2** (어떤 일을) 시끄럽게 만드는.
-m.f. [남녀동형] 말썽꾼, 일만 만드는 사람.
embolicament embolicaments *m.* embolicar하는 일.
embolicar *tr.* **1** =embolcar. **2** 얽히게 하다, 휘감기게 하다; 복잡하게 만들다, 혼란하게 만들다. **3** 위험에 휩쓸리다. *-se* **1** 얽히다, 휘감기다; 복잡해지다, 어지러워지다. **2** (남녀 간에) 관계를 갖다, 정을 통하다. **3** 말하다.
emboniquir *tr.* 아름답게 꾸미다, 미화하다.
emborbollar *tr.* 요란을 떨다, 소동을 일으키다. *-se* 소란을 피우다, 허둥지둥 말하다.
embordonir-se *prnl.* 퇴화하다; 부패하다.
emborlat emborlada emborlats emborlades *adj.* 수를 놓은, 테두리를 장식한.
embornal embornals *m.* **1** 하수구의 입구, 배수구. **2** (배의) 갑판의 배수구.
emborniar *tr.* 애꾸눈으로 만들다.
emborrascar-se *prnl.* **1** 격분하다, 노하다. **2** (날씨·기운·형세 등이) 사나워지다, 포악해지다.
emborratxament emborratxaments *m.* 술에 취함; 최면에 걸림.
emborratxar *tr.* **1** 취하게 하다(embriagar). **2** 최면을 걸다, 잠들게 하다. **3** (그림을) 강렬하게 그리다. *-se* **1** 취하다. **2** 감격하다, 흥분하다.
embós embossos *m.* 돈을 받음, 돈벌이.
emboscada emboscades *f.* **1** 매복, 잠복; 복병; 매복 장소. **2** 함정.
emboscar *tr.* **1** (숲 속으로) 들어가다. **2** 매복시키다, 잠복시키다. *-se* **1** (숲 속에) 숨다. **2** 매복하다, 잠복하다.
emboscat emboscada emboscats emboscades *adj.* 숲으로 덮여 있는; 매복한, 잠복한.
embossament embossaments *m.* embossar^{1,2}하는 일.
embossar^1 *tr.* **1** 자루·지갑 속에 넣다. **2** (돈을) 받다, 벌다. *-se* (물고기가) 그물에 걸리다.
embossar^2 *tr.* **1** 통로를 막다. **2** (교통 체증으로) 길을 막다. *-se* 통로가 막히다; 길이 막히다.
embosta embostes *f.* **1** (두 손으로 움켜쥘 수 있는) 분량. **2** 중식.
embotar *tr.* 통에 넣다.
embotellament embotellaments *m.* **1** 병에 채워 넣음. **2** 교통 봉쇄, 병목 현상.
embotellar *tr.* **1** (병에) 채워 넣다. **2** 가두어 놓다; 봉쇄하다, 몰아세우다. **3** 쩔쩔매게 하다, 꼼짝 못하게 하다.
embotició emboticions *f.* embotir하는 일.
embotigar *tr.* =emmagatzemar.
embotiment embotiments *m.* embotir하는 일.
embotir *tr.* **1** 끼워 넣다; (자개를) 박다. **2** 채워 넣다, 안에 다져 넣다(atapeir). **3** 통째로 삼키다. *-se* **1** 붇다, 부풀다, 불어나다(inflar-se). **2** (안에) 끼워 넣다.
embotit^1 embotits *m.* 엠부티도[안에 고기·야채 등을 갈아 넣어 만든 요리].
embotit^2 embotida embotits embotides *adj.* 끼워 넣은; 꽉 채운.
embotonar *tr.* (단추를) 잠그다(botonar).
embotornament embotornaments *m.* [의학] 부어오름.
embotornar-se *prnl.* [의학] (몸의 일부가) 불어 오르다.

embragament embragaments *m.* =embragatge.

embragar *tr.* [해사] (돌이나 무거운 것에) 삼끈을 걸치다.

embragatge embragatges *m.* embragar하는 일.

embrancament embrancaments *m.* 1 (길 등이) 만나는 곳; 교차로. 2 [동식물] 하위 집단.

embrancar *intr.* (길·도로가) 마주치다, 이어지다, 연결되다. **-se 1** (일이) 꼬이다, 복잡해지다. 2 (그물이) 엉겨 붙다.

embranzida embranzides *f.* 1 추진(력), 밀어붙이는 힘. *portar embranzida* 추진력이 있다. 2 충격, 충동, 자극. 3 [물리] 순간력; 역적(力積); 충격량. *prendre[agafar] embranzida* 속도가 붙다, 추진력이 붙다.

embraviment embraviments *m.* embravir하는 일.

embravir *tr.* 성나게 하다, 화나게 하다, 사납게 만들다. **-se 1** 노하다, 화를 참지 못하다. 2 (바다가) 사나워지다.

embrear *tr.* 역청을 바르다.

embretolir *tr.* 비열하게 하다, 품위를 떨어뜨리다. **-se** 비열해지다, 품위가 떨어지다.

embriac embriaga embriacs embriagues *adj.* 1 취한, 술 취한; 도취된. *embriac de felicitat* 행복에 도취된. 2 굶주린, 목마른.

embriagador embriagadora embriagadors embriagadors *adj.* 1 취하게 하는. 2 흐뭇한, 느긋한; 도취된.

embriagament embriagaments *m.* =embriaguesa.

embriagar *tr.* 1 (술에) 취하게 하다(emborratxar). 2 [비유] 도취시키다. **-se** 취하다; 도취되다, 열중하다.

embriaguesa embriagueses *f.* 취함, 취기; 도취, 열중.

embridar *tr.* (말에) 고삐를 달다.

embrió embrions *m.* 1 [생물] 배(胚), 태아; 유충. 2 처음, 기원, 시초, 근원; 기초, 기틀.

embriogènia embriogènies *f.* [생리] 수태, 배태 작용.

embriogènic embriogènica embriogènics embriogèniques *adj.* 수태의, 배태의.

embriologia embriologies *f.* 1 [동물] 발생학. 2 [의학] 태생학.

embrionari embrionària embrionaris embrionàries *adj.* 태아의, 배태의; 생성되기 시작하는, 움트기 시작하는.

embrocar *tr.* (못·징 등을) 박아 고정하다. 2 (일에) 헌신하다. **-se** (어떤 일에) 관련되다, 연루되다.

embrolla embrolles *f.* 분규, 분란, 말썽거리; 거짓말, 수작.

embrollador embrolladora embrolladors embrolladores *adj.m.f.* embrollar하는 (사람).

embrollament embrollaments *m.* =embrolla.

embrollar *tr.* 1 (일을) 꼬이게 하다, 복잡하게 하다(complicar). 2 속이다. **-se** 일이 시끄러워지다, 얽히다.

embrollat embrollada embrollats embrollades *adj.* 일이 꼬인, 복잡한, 골치 아픈.

embrollós embrollosa embrollosos embrolloses *adj.* 골치 아픈, 시끄러운; 수작을 꾸미는.

embromallar-se *prnl.* (뜬구름이) 피어오르다.

embromament embromaments *m.* 감기 걸림, 코가 맥맥함.

embromar-se *prnl.* 하늘에 구름이 끼다.

embromat¹ embromats *m.* 구름이 낌.

embromat² embromada embromats embromades *adj.* 감기 걸린, 코가 맥맥한.

embrossar *tr.* 덤불(숲)로 덮다.

embruix embruixos *m.* 우롱, 희롱; 요술.

embruixador embruixadora embruixadors embruixadores *adj.* embruixar하는.

embruixament embruixaments *m.* 골탕 먹임, 우롱함; 요술을 부림.

embruixar *tr.* 1 골탕 먹이다, 우롱하다, 속이다. 2 요술을 부리다.

embrunidor embrunidors *adj.* 1 어둡게 하는, 흐리게 만드는. 2 구릿빛으로 만드는.

embruniment embruniments *m.* embrunir

embrunir / eminència

하는 일.
embrunir *tr.* 1 어둡게 하다, 흐리게 하다. 2 (햇볕에) 피부를 태우다(colrar). **-se** (햇볕에) 피부가 타다(colrar-se).
embrutadís embrutadissa embrutadissos embrutadisses *adj.* 쉽게 더러워지는, 때가 잘 타는.
embrutar *tr.* 1 더럽히다, 때를 묻히다. 2 [비유] (명예를) 더럽히다, 손상시키다. **-se** 더럽혀지다; (명예가) 손상되다.
embrutidor embrutidora embrutidors embrutidores *adj.* 더럽히는, 오염시키는.
embrutiment embrutiments *m.* 더럽혀짐, 오염됨.
embrutir *tr.* 1 =embrutar. 2 (마음을) 짐승같이 되게 하다, 난폭하게 만들다.
embull embulls *m.* 1 머리카락이 얽힘. 2 (일이) 어수선함. 3 =embrolla.
embulladís embulladissa embulladissos embulladisses *adj.* 얽히게 만드는.
embullador embulladora embulladors embulladores *adj.m.f.* 얽히게 하는, 꼬이게 하는 (사람).
embullar *tr.* 1 얽히게 하다, 꼬이게 하다, 뒤엉키게 하다. 2 [비유] =embrollar. **-se** 얽히다, 꼬이다; (일이) 복잡하게 엉키다.
embullós embullosa embullosos embulloses *adj.* =embullador.
embús embussos *m.* 1 장애; 방해, 훼방. 2 교통 체증, (차량의) 밀림.
embussar *tr.* 1 방해하다, 훼방 놓다. 2 움직이지 못하게 하다; 꽉 막히게 하다. 3 (틈을) 메우다. **-se** 1 (관 등이) 막히다. 2 (차량이) 밀리다; 꼼짝달싹 못하다, 오도 가도 못하다.
embut embuts *m.* 1 깔때기. 2 *pl.* [비유] 완곡한 어법, 완곡한 말투; 우회적으로 하는 말(circumloquis).
sense embuts (말을) 돌리지 않고.
embutllofar *tr.* [의학] (...에) 물집이 생기게 하다. **-se** 물집이 생기다; 못이 생기다.
embutxacar *tr.prnl.* (자루·지갑 속에) 넣다.
emergència emergències *f.* 1 긴급 (사태). 2 돌발 (사건), 우발적인 일.
emergent emergents *adj.* 1 긴급한, 위험상황의. 2 갑자기 발생하는, 돌발적인. 3 튀어나온, 돌출한.
emergir *intr.* 1 갑자기 발생하다, 돌발하다. 2 (밖으로) 삐져나오다, 튀어나오다.
emèrit emèrita emèrits emèrites *adj.* 1 퇴직한, 연금을 받는. 2 영예로운; 명예직의.
emersió emersions *f.* [천문] (일식·월식 후의) 재현.
emesi emesis *f.* =vòmit.
emètic emètica emètics emètiques *adj.* 토하는, 구토의.
-m. 구토제.
emetre [*pp:* emès emesa] *tr.* 1 발하다, 발산하다, 뿜어내다, 방사하다. 2 (지폐·채권·서류 등을) 발행하다. 3 방송하다. 4 (의견·성명서 등을) 발표하다(pronunciar).
èmfasi èmfasis *m.*[*f*] 강조, 역설, 말의 힘.
emfàtic emfàtica emfàtics emfàtiques *adj.* 강조의, 강조적인, 역설하는, 힘을 주는.
emfisema emfisemes *m.* [의학] 기종.
emigració emigracions *f.* 1 (해외로의) 이민, 이주. 2 [집합] 이민, 이주민.
emigrant emigrants *adj.* 이주하는, 이동하는.
-m.f. 이민, 이주민, (돈벌이를 위해) 외지·외국에 나간 사람.
emigrar *intr.* 1 (외국으로) 이주하다. 2 (돈벌이를 위해) 외지·외국에 나가다. 3 (철새 등이) 옮겨 가다; (물고기가) 회유하다.
emigrat emigrada emigrats emigrades *adj.* 이주하는, 망명하는.
-m.f. [남녀동형] 이주자, 이민자; 망명자.
emigratori emigratòria emigratoris emigratòries *adj.* 이민의, 이주하는, 마을을 떠나는.
eminència eminències *f.* 1 높은 지대, 고지. 2 탁월함, 걸출, 뛰어남; 거물, 명사. 3 (가톨릭의) 추기경에 대한 경칭. 4 [의학] 돌기, 혹.

eminent eminents adj. 1 높은, 솟아오른. 2 뛰어난, 걸출한.
eminentment adv. 뛰어나게, 현저하게, 걸출하게, 탁월하게.
emir emirs m. 1 (아랍의) 왕족, 추장. 2 (마호메트의) 자손에 대한 경칭.
emirat emirats m. emir의 직·령·통치 (기간).
emissari emissària emissaris emissàries m.f. 사자, 밀사(agent).
-m. 봇물을 모으는 곳.
emissió emissions f. 1 방출, 발산, 배출; 방사. 2 방송 (시간); 방송물. 3 (지폐·공채·서류 등의) 발행; 발행고.
emissiu emissiva emissius emissives adj. =emissor.
emissor emissora emissors emissores adj. 1 뿜어내는, 방출하는, 발산하는. 2 방송하는.
-m. 방송 기재.
-f. 방송국.
emmagatzement emmagatzements m. =emmagatzematge.
emmagatzemar tr. 보관하다, 저장하다; (돈을) 모으다, 예치하다.
emmagatzematge emmagatzematges m. 저장, 창고 보관; 창고 사용료, 보관료.
emmagrir tr. =amagrir.
emmalaltir intr.prnl. 병에 걸리다.
emmallar tr. (그물의) 코로 덮다. **-se** (물고기가) 그물에 걸리다.
emmandriment emmandriments m. 지연, 지체.
emmandrir-se prnl. 늦어지다, 지연되다.
emmanegar tr. (무기에) 손잡이를 달다.
emmanillar tr. 수갑을 채우다.
emmanllevar tr. =manllevar.
emmantellar tr. 담요로 덮다.
emmarament emmaraments m. (배의) 원해 출항.
emmarar-se prnl. (배가) 앞바다로 나가다.
emmarcament emmarcaments m. emmarcar하는 일.
emmarcar tr. 1 틀에 넣다, 액자에 넣다; 테를 두르다. 2 [비유] 틀에 맞추다, 끼워 넣다. **-se** [비유] 틀에 박히다.

emmaridar tr. =maridar.
emmascarar¹ tr. 그을리다, 더럽히다. **-se** 그을려지다, 더럽혀지다.
emmascarar² tr. 가면을 씌우다; 변장하다, 가리다, 숨기다.
emmatxucar tr. (옷을) 주름지게 하다.
emmelangir-se prnl. 슬픔에 싸이다, 우울해지다.
emmelar tr. 꿀을 바르다, 달게 하다.
emmenar tr. [비유] 이끌다, 인도하다, 안내하다; (...한) 결과를 낳다. La guerra ens emmenarà al desastre 전쟁은 우리에게 참화를 불러온다.
emmerdar tr. 1 더럽히다, 때를 묻히다. 2 [비유] 복잡하게 하다, 꼬이게 하다 (embolicar). **-se** 더럽혀지다.
emmerdegar tr. =emmerdar.
emmerdissar tr. =emmerdar.
emmetxat emmetxats m. 1 조립, 접합. 2 (목공의) 접합, 이어 맞추기.
emmetzinador emmetzinadora emmetzinadors emmetzinadores adj.m.f. emmetzinar하는 (사람).
emmetzinar tr. 1 독을 타다; 독살하다, 죽이다. 2 중독시키다. 3 [비유] 해치다, 못 쓰게 만들다. **-se** 독살되다; 중독되다.
emmidonament emmidonaments m. (천에) 풀을 먹임.
emmidonar tr. (천에) 풀을 먹이다.
emmidonat emmidonats m. 풀 먹인 천.
emmigranyar-se prnl. 골치가 아프다.
emmirallament emmirallaments m. emmirallar하는 일.
emmirallar tr. 1 비치다, 반사하다. 2 반영하다, 보여 주다(mostrar). 3 깊이 생각하다, 반성하다. **-se** 반사하다, 비치다; 반영하다.
emmordassament emmordassaments m. 재갈을 물림; 탄압, 억압.
emmordassar tr. 1 재갈을 물리다, 자갈을 물리다. 2 (언론 등을) 억압하다, 탄압하다; (자유를) 박탈하다.
emmoreniment emmorenimentos m. (햇볕에) 탐, 그을림.
emmorenir tr. (햇볕에) 그을리다(embrunir).
emmorrallar tr. 부리망을 씌우다.

emmotllament emmotllaments *m.* emmotllar하는 일.
emmotllar *tr.* (원형을) 본뜨다, 틀을 뽑다, 틀에 넣어 만들다, 주조하다, 본을 뜨다. **-se** 틀에 박히다; (상황에) 적응하다.
emmotllatge emmotllatges *m.* =emmotllament.
emmotllurar *tr.* =emmotllar.
emmudiment emmudiments *m.* emmudir하는 일.
emmudir *intr.* **1** 입을 다물다; 잠자코 있다; 말문이 막히다. **2** [음성] (음운이) 탈락하다.
emmurallament emmurallaments *m.* (성벽의) 축성.
emmurallar *tr.* 성벽으로 둘러싸다.
emmurriar-se *prnl.* 성을 내다.
emmusteir *tr.prnl.* 시들다.
emoció *f.* 정서; 감동, 감격, 흥분.
emocional emocionals *adj.* 감정의, 정서의; 감격의, 감동적인, 흥분되는.
emocionant emocionants *adj.* 감동시키는, 감격적인.
emocionar *tr.* 감동시키다, 감격시키다. **-se** 감동하다, 감격하다, 흥분을 감추지 못하다.
emol·lient emol·lients *adj.* 완화하는, 부드럽게 하는.
-m. 연화제, 완화제.
emolument emoluments *m.* [주로 복수로 쓰여] 급료, 급여, 봉급, 보수, 수당.
emotiu emotiva emotius emotives *adj.* 감동을 자아내는, 정감적인; 감정에 치우치기 쉬운.
emotivitat emotivitats *f.* 감수성, 정감; 감동, 감격, 흥분.
empacar *tr.* 포장하다, 상자에 넣다.
empadronament empadronaments *m.* 주민 등록, 거주민 등록.
empadronar *tr.prnl.* 주민·선거인 명부에 등록하다.
empait empaits *m.* =empaitada.
empaitada empaitades *f.* 괴롭힘, 치근덕거림.
empaitar *tr.* **1** 괴롭히다, 치근거리다 (encalçar). **2** [비유] 조르다, 집요하게 달라붙다, 못살게 굴다.
empalament empalaments *m.* 찔러 죽임.
empalar *tr.* (형벌로) 찔러 죽이다.
empallar *tr.* 짚을 넣다, 짚을 씌우다.
empallegament empallegaments *m.* empallegar하는 일.
empallegar *tr.* **1** 무디게 하다, 둔하게 하다. **2** 정체시키다; 방해하다, 훼방 놓다.
empal·liada empal·liades *f.* empal·liar하는 일.
empal·liar *tr.* 휘장·차일을 치다.
empal·lidir *intr.prnl.* 창백해지다.
empalmadora empalmadores *f.* 접합시키는 도구.
empalmament empalmaments *m.* **1** 접합, 결합. **2** 연결, 연계, 연속, 연락. **3** 연결 점, 연락 역.
empalmar *tr.* **1** 합치다, 접합하다, 결합하다(unir). **2** (영화를) 짜 맞추다. **3** [비유] 연결하다, 연결해서 생각하다.
empalomar *tr.* (돛을) 활죽에 비끄러매다.
empanada empanades *f.* **1** 파이. **2** 고기를 빵가루에 버무려 튀긴 것. **3** 간책, 간계, 속임수.
empanar *tr.* (고기를) 빵가루에 버무리다.
empantanar *tr.* =empantanegar.
empantanegar *tr.* **1** 침수시키다, 물바다로 만들다. **2** 늪에 빠지게 하다. **3** (어떤 일을) 질질 끌다; 훼방 놓다, 저지하다. **-se 1** 물바다가 되다. **2** 늪에 빠지다. **3** 정체되다, 지체되다.
empanxonar *tr.* (특히 물·술·음료수 등을) 물리도록 먹이다.
empaperament empaperaments *m.* 종이에 쌈; 서류를 꾸밈.
empaperar *tr.* **1** 종이에 싸다; 종이를 바르다. **2** [구어] 서류를 꾸미다.
empaperat empaperats *m.* 벽지 붙이기; 그 벽지.
empapussar *tr.* **1** 소시지를 만들다, 다진 고기를 내장 속에 채워 넣다. **2** (아이에게) 음식을 먹여 주다, 떠 넣어 주다.
empaquetador empaquetadora empa-

quetadors empaquetadores *adj.* 포장하는.
-*m.f.* (직업적으로) 짐을 꾸리는 사람, 포장 담당자.
empaquetament empaquetaments *m.* 포장, 짐 꾸리는 일.
empaquetar *tr.* **1** 짐을 꾸리다. **2** (안에) 채워 넣다.
màquina d'empaquetar 포장 기계.
empaquetatge empaquetatges *m.* =empaquetament.
empara empares *f.* **1** 보호, 비호(protecció); 도움, 원조. **2** 도피. **3** 보호자; 피난처가 되는 곳. **4** [해사] 선박 억류; 통상 정지; 차압.
a l'empara de ...의 보호·원조 아래.
emparament emparaments *m.* emparar하는 일.
emparança emparances *f.* =emparament.
emparar *tr.* **1** 보호하다, 감싸 주다, 두둔하다, 비호하다(protegir). **2** 참다, 인내하다(aguantar). **3** 맡기다, 부탁하다. **-se 1** 몸을 지키다, 방어하다. **2** 떠맡다, 인수하다. **3** 빼앗다(emparar-se).
emparat emparada emparats emparades *adj.* emparar한.
emparaulament emparaulaments *m.* 언약, 구두 약정.
emparaular *tr.* 언약하다, 구두로 약정하다.
emparedament emparedaments *m.* 감금, 틀어박힘.
emparedar *tr.* (벽 사이에) 끼우다; 숨기다; 감금하다.
emparedat emparedada emparedats emparedades *adj.* (벽 사이에) 끼어 있는; 들어박혀 있는; 감금 중인.
-*m.* 샌드위치(entrepà).
emparentament emparentaments *m.* 한 혈통임.
emparentar *tr.prnl.* 친척이 되다; 한 혈통이 되다.
emparrar *tr.prnl.* 포도 시렁을 만들다.
emparrat emparrats *m.* **1** 포도 시렁. **2** 대머리를 가리기 위해 늘어뜨린 머리칼.
empassada empassades *f.* empassar-se하는 일.
empassar-se *prnl.* **1** 삼키다, 마시다, 꿀컥하다(engolir). **2** [비유] (...을) 삼키다. **3** 일단 믿어 보다(creure's). **4** 받아들이다, 묵묵히 참다, 용인하다. **5** (책을) 통째로 섭렵하다.
empastament empastaments *m.* empastar하는 일.
empastar *tr.* **1** 풀을 먹이다. **2** 물감을 듬뿍 바르다. **3** 녹이다, 용해하다. **4** (책을) 가죽 표지로 하다, 제본하다. **5** (이를) 충전하다, 때우다.
empastifada empastifades *f.* =empastifament.
empastifament empastifaments *m.* 더럽힘, 더덕더덕 바름.
empastifar *tr.* **1** 더럽히다(embrutar). **2** 더덕더덕 바르다, 아무렇게나 칠하다.
empat empats *m.* [스포츠] 동점.
empatar *intr.* [스포츠] (경기에서) 동점이 되다.
empatia empaties *f.* 감정 이입.
empàtic empàtica empàtics empàtiques *adj.* 감정 이입적인.
empatoll empatolls *m.* 말, 이야기.
empatollar-se *prnl.* 말하다, 이야기하다.
empatx empatxos *m.* **1** 장애, 방해, 훼방; 장애물(obstacle). **2** [의학] 소화 장애; 위에 주는 부담, 과식. **3** [비유] 물림, 지루함.
empatxament empatxaments *m.* =empatx.
empatxar *tr.* **1** 훼방 놓다, 방해하다. **2** 포식시키다, 실컷 먹이다. **-se 1** 방해 받다, 훼방을 받다. **2** 위에 부담을 주다, 포식하다; 물리다.
empebrament empebraments *m.* 양념, 조미.
empebrar *tr.* (후추로) 양념하다, 조미하다.
empedrat empedrada empedrats empedrades *adj.* 얼룩 줄무늬의.
-*m.* **1** 토르티야[스페인 식으로 만든 빈대떡]. **2** 돌을 깐 길.
empedreïment empedreïments *m.* 굳게 함, 경화; 완고, 냉혹함.
empedreir *tr.* 굳게 하다, 단단하게 하다. **-se 1** 굳어지다, 단단해지다. **2** 냉

혹해지다.

empedreït empedreïda empedreïts empedreïdes *adj.* **1** 단단한, 견고한. **2** 완고한, 고집 센, 냉혹한.

empegar *tr.* (통 등에) 역청을 바르다.

empegueïdor empegueïdora empegueïdors empegueïdores *adj.* 부끄럽게 하는.

empegueïment empegueïments *m.* 부끄러움, 수치.

empegueir-se *prnl.* 부끄러워하다(avergonyir-se).

empèl, a l' *loc.adv.* 의자가 없이.

empelt empelts *m.* **1** 접붙임, 접목(법). **2** 접목한 묘목; 접목하는 싹. **3** [의학] 피부이식.

empeltada empeltades *f.* 접붙이기, 접목; 이식.

empeltador empeltadora empeltadors empeltadores *m.f.* 접붙이는 사람; 이식하는 사람.

empeltar *tr.* **1** 접붙이다, 접목하다. **2** [의학] 피부·접골·근육을 이식하다.

empenta empentes *f.* **1** 쿡 찌르기, 몸으로 부딪히기. **2** 밀어젖히기, 밀어붙이기; 전력투구. **3** 기력, 원기, 늠름함.

empentar *tr.* 밀다, 밀어젖히다; 압박을 가하다, 밀어붙이다, 재촉하다.

empentejar *tr.* =empentar.

empenya empenyes *f.* [해부] 치부(恥部); 아랫배, 명치 끝.

empènyer [*pp: empès empesa*] *tr.* **1** =empentar. **2** [비유] (사람을) 제거하다, 밀어내다.

empenyiment empenyiments *m.* **1** 밀어붙이기. **2** 충동, 충격. **3** 의기, 기력, 활기. **4** (벽·기둥 등에) 걸리는 중압.

empenyorament empenyoraments *m.* empenyorar하는 일.

empenyorar *tr.* **1** 저당 잡다. **2** 중개자·보증인으로 내세우다. **3** 우기다, 집요하게 하다.

emperador emperadors *m.* 황제.

emperadriu emperadrius *f.* 황후.

emperesidor emperesidora emperesidors emperesidores *adj.* 지연시키는.

emperesiment emperesiments *m.* 지연, 지체.

emperesir *tr.* 미루다, 늦추다, 지연시키다. **-se** 지연되다; 게으름 피우다.

empernar *tr.* 볼트를 조이다.

emperò *conj.adv.* 그러나, 그렇지만, 그렇다고는 하나, 그럼에도 불구하고.

emperrucat emperrucada emperrucats emperrucades *adj.* 가발을 쓴.

empès empesa empesos empeses *adj.* 완전히 닫히지 않은, 덜 봉해진.

empesa empeses *f.* (풀, 아교, 고무 등의) 피륙 처리용 재료.

empescada empescades *f.* 구상, 창작, 창안; 책모, 날조.

empescar-se *prnl.* **1** 구상하다, 창작하다, 창안하다. **3** 꾸며 내다, 책모하다, 날조하다.

empestar *tr.* **1** 페스트에 감염시키다. **2** 해치다, 피해를 주다; 썩히다; 타락시키다. **3** 진절머리 나게 하다, 구역질나게 하다. **4** 악취를 풍기다. **5** [비유] (나쁜 것으로) 가득하게 하다.

empetitiment empetitiments *m.* 축소, 감소; 축소시킴.

empetitir *tr.* **1** 작게 하다, 적게 하다. **2** [비유] 중요성을 지니다. **-se** 작아지다, 적어지다.

empilament empilaments *m.* 쌓아 올림, 퇴적.

empilar *tr.* 쌓다, 쌓아 올리다, 무더기로 만들다. **-se** 퇴적하다.

empillocar-se *prnl.* =embriagar-se.

empinar *tr.* 세우다, 일으키다, 올리다 (alzinar). **-se 1** (몸을) 일으켜 세우다. **2** (말이) 발로 일어서다.

empiocar-se *prnl.* [구어] 아프다, 편찮다, 병들다.

empipada empipades *f.* =empipament.

empipament empipaments *m.* 화냄, 노함, 성냄; 폐를 끼침, 방해.

empipar *tr.* **1** 화가 나다, 노하다, 성나다(enutjar). **2** 폐를 끼치다, 방해하다 (incomodar). **-se** 화나다, 노하다; 속은 기분이다.

empiri empíria empiris empíries *adj.* 천계의, 하늘의; 지고한.
-*m.* 천계, 하늘.

empíric empírica empírics empíriques *adj.* **1** 경험적인, 실제 경험에 의한. **2**

empirisme

관례의, 관례에 따른. **3** [철학] 경험주의의, 경험론의.
-m.f. 경험론자.
empirisme empirismes *m.* **1** 경험주의; (논리에 맞지 않는) 경험 위주의 방법. **2** [철학] 경험론.
empissarrar *tr.* 슬레이트로 지붕을 이다.
empit empits *m.* **1** 급경사, 급사면, 가파른 비탈길. **2** 산비탈, 산기슭.
empitjorament empitjoraments *m.* (사건·건강 등의) 악화.
empitjorar *tr.* (사태·건강 등을) 악화시키다. *-intr.prnl.* 악화되다(empipar-se).
empitrada empitrades *f.* =empitrament.
empitrament empitraments *m.* 밀어붙임, 짓누름; 감기에 걸림.
empitrar *intr.* 밀어붙이다, 가슴으로 밀다, 짓누르다(empènyer). **-se** 감기에 걸리다.
empiuladura empiuladures *f.* =empiulament.
empiulament empiulaments *m.* 결합, 접합, 연결.
empiular *tr.* 결합하다, 접합하다, 하나로 연결되다.
empixonament empixonaments *m.* 분노, 격노, 분격.
empixonar *tr.prnl.* 분노하다, 격노하다, 분격하다.
emplaçament emplaçaments *m.* **1** (때·장소·위치 등의) 지정. **2** 설치, 비치; 건설.
emplaçar *tr.* **1** 위치를 정하다; (지정한 때·장소에) 불러내다. **2** 설치하다, 비치하다.
emplastre emplastres *m.* **1** 고약; 고약 바르는 일. **2** 임시 조치.
empleat empleada empleats empleades *m.f.* 직원, 근무자, 점원, 사원, 사무원, 고용인.
emplenament emplenaments *m.* 가득 채움.
emplenar *tr.prnl.* =omplir(-se).
emplomallar *tr.* (머리·모자에) 깃털 장식을 하다.
emplomar *tr.* **1** 납으로 봉하다. **2** 연판을 씌우다. **3** 납인하다.

emplomat emplomada emplomats emplomades *adj.* 납으로 봉한, 납인한, 납 종이로 싼; 연판으로 씌운.
-m. 지붕을 덮은 연판.
emplomissar-se *prnl.* (새 등이) 털이 나다.
emplujar-se *prnl.* 우기가 되다; 흠뻑 젖다.
emplujat emplujada emplujats emplujades *adj.* 비가 많이 오는, 축축이 젖은.
empobridor empobridora empobridors empobridores *adj.* 가난하게 하는; 쇠하게 하는, 몰락하게 하는.
empobriment empobriments *m.* **1** 가난해짐, 빈곤화. **2** 몰락, 쇠잔.
empobrir *tr.* **1** 가난하게 하다. **2** 빈약하게 하다, 쇠하게 하다. **-se 1** 가난해지다, 빈곤해지다. **2** 빈약해지다, 쇠퇴하다.
empolainar *tr.* 잔뜩 멋을 부리다, 화사하게 차려입다. **-se** 화려한 옷차림을 하다; 화장하다, 치장하다.
empolistrar *tr.* =empolainar.
empolsador empolsadors *m.* empolsar하는 도구.
empolsar *tr.* **1** 가루로 만들다. **2** 먼지 투성이로 만들다. **-se** (먼지로) 범벅이 되다, 더럽혀지다(embrutar-se).
empolsegar *tr.* =empolsar.
empolvorar *tr.* (얼굴에) 분을 바르다. **-se** 화장하다, 분을 바르다.
empomar *tr.* **1** 잡다, 쥐다. **2** (무엇을) 취득하다.
empopar *intr.* (배의) 고물이 깊이 잠기다.
empoquir *tr.prnl.* =empetitir.
emporcar *tr.* 더럽히다(embrutar). **-se** 더럽혀지다, 불결해지다.
empori emporis *m.* **1** 상업의 중심지; 큰 시장; 대형 백화점. **2** 학술 문화의 도시.
emporprar *tr.* 자줏빛을 띠다.
emportament emportaments *m.* 휴대; 수반, 동반; 소유.
emportar-se *prnl.* **1** 휴대하다, 가지고 가다(endur-se). **2** (누구를) 데리고 가다; 가지고 오다. **3.** 수반하다, 동반하

다. **4.** 자기 것으로 차지하다.
empostissar *tr.* 판자를 치다.
empostissat **empostissada** **empostissats** **empostissades** *adj.* 판자를 친.
-*m.* 판자를 둘러치기, 판자 받침.
empotingar *tr.* (어떤 것을) 달짝지근하게 만들다.
emprament **empraments** *m.* 사용, 이용, 적용.
emprar *tr.* 사용하다, 이용하다(usar).
empremta **empremtes** *f.* **1** 자국, 흔적, 증거, 표적(senyal). **2** [비유] 발자취, 과거의 역사.
empremtar *tr.* 자국·흔적을 남기다.
emprendre *tr.* **1** (사업·직업 등을) 시작하다, 개시하다, 착수하다. **2** 기도하다, 꾀하다, 획책하다, 접근하다.
emprenedor **emprenedora** **emprenedors** **emprenedores** *adj.* **1** (어려운 일을) 시작하는, 창의적인, 주도적인. **2** 대담한, 결의에 찬.
-*m.f.* 사업가, 기업가, 계획 수립가.
emprenyador **emprenyadora** **emprenyadors** **emprenyadores** *adj.* [속어] 지겨운, 귀찮은, 진저리가 나는.
-*m.f.* [속어] 귀찮은 사람, 도움이 안 되는 사람.
emprenyar *tr.* [속어] 몹시 귀찮게 굴다, 진저리나게 하다. **-se** 화나다, 불쾌해 하다.
empresa **empreses** *f.* **1** 사업, 기획, 프로젝트(projecte). **2** 기업, 회사. **3** 표어, 모토.
empresari **empresària** **empresaris** **empresàries** *m.f.* 기업가, 사업가.
empresarial **empresarials** *adj.* 기업의, 경영의.
empresariat **empresariats** *m.* [집합] 기업인, 기업체.
empresonament **empresonaments** *m.* 투옥, 가둠.
empresonar *tr.* **1** 감옥에 넣다. **2** 닫다, 폐쇄하다. **3** 가두다, 묶어 두다, 붙잡아 두다. *La neu ens empresonà durant deu dies* 눈이 우리를 열흘 동안이나 꼼짝 못하게 했다.
emprèstit **emprèstits** *m.* **1** 빚, 차금. **2** [경제] 차관, 공채. **3** 대부물, 대부금.

emprimar *intr.* [농업] (땅을) 개간하다.
emprova **emproves** *f.* (옷을) 입어 봄.
emprovador **emprovadors** *m.* 양복점의 가봉실; (옷을) 입어 보는 곳.
emprovar *tr.* **1** (옷·신발 등을) 입어 보다, 신어 보다. **2** 시험해 보다, 증명해 보다; 맛보다. **-se** (의류 등을) 입어 보다.
empudegador **empudegadora** **empudegadors** **empudegadores** *adj.* 썩게 하는, 부패시키는.
empudegament **empudegaments** *m.* 부패.
empudegar *tr.* 썩히다, 부패시키다.
empunyadura **empunyadures** *f.* **1** (지팡이·우산 등의) 손잡이; 칼자루. **2** 이야기의 첫머리에 붙이는 말.
empunyar *tr.* **1** (손잡이를) 쥐다, 잡다. **2** (지위 등을) 획득하다. **3** (이야기의) 첫머리를 시작하다.
emú **emús** *m.* [조류] 타조의 일종.
èmul **èmula** **èmuls** **èmules** *m.f.* 경쟁자.
emulació **emulacions** *f.* 경쟁, 경쟁심.
emulador **emuladora** **emuladors** **emuladores** *adj.m.f.* 경쟁하는 (사람).
emular *tr.* 우열을 다투다, 팽팽히 맞서다; 지지 않으려 안간힘을 쓰다. **-se** 경쟁하다.
emulsió **emulsions** *f.* **1** [화학] 유상액, 유제. **2** (사진의) 감광 유제.
emulsionar *tr.* 유화하다, 유제로 만들다.
emulsiu **emulsiva** **emulsius** **emulsives** *adj.* 유화성의.
en[1] *pron.* [모음으로 시작되는 동사, 대명사 앞에서는 **n'**; 모음으로 끝나는 동사, 대명사 뒤에서는 **'n**; 동사 뒤에 올 때와 **hi** 앞에서는 **-n'**; 대명사 뒤에서는 **-en**] **1** [전치사 *de*에 이끌리는 보어에 의해 대체됨] 그·그녀·그들·그것에 대해. *sempre en parla* (누구에) 대해 항상 말하다. **2** [소유격, 목적격 대명사로 쓰임] 그·그녀·그들·그것의; 그·그녀·그들·그것을. *He estat a Girona, però no en conec la catedral* 나는 헤로나에 있었지만, 그 성당은 모른다. **3** [중성 대명사로 보어를 받음] *Està*

malalt? -N'està des d'ahir 그가 아픕니까? -어제부터 그렇습니다. **4** [때로 해석이 필요하지 않음] *Han entrat a classe a les vuit i en surten ara* 그들은 8시에 교실에 들어왔다가 지금 나간다; *No t'en recordes?* 기억하지 못하니? **5** [부분의 의미를 갖는 명사와 함께 쓰여 주어나 직접목적어의 기능을 가짐; 해석하지 않음] *Llibres? -No en tinc cap* 책 말이야? -난 한 권도 없어. **6** [남성, 여성의 간접목적격, 직접목적격 대명사로 쓰임] *No tens gaire paciència -Ja en tindré* 너는 인내심이 그리 많지 않아 -이제 내가 그녀를 가질게.

en² *prep.* **1** [위치] ...에, ...안에. *Els guardem en caixes de fusta* 우리는 그것들을 나무 상자에 보관한다. **2** [장소] ...로, ...안으로. *Entràrem en aquella casa* 우리는 그 집에 들어갔다. **3** [시간·기간] ...안에, ...만에. *Hem acabat en dos anys* 우리는 2년 만에 끝냈다; ...하는 중에. *Hi van anar en ple hivern* 그들은 한겨울에 거기에 갔다. **4** [상황·방법] ...에, ...(으)로. *en festes* 축제에, 축제 중인; *Encara estic en dejú* 아직도 나는 금식 중에 있다; *en secret* 비밀히, *en veu alta* 큰 목소리로. **5** 성질 형용사와 함께 쓰여 보어와의 관계를 나타냄. *ric en minerals* 광물 성분이 풍부한; *entesa en matemàtiques* 수학에 정통한. **6** [동사의 원형과 함께 쓰여] ...하자마자, ...할 때, ...하면, ...로 보건대. *en veure'ls venir* 그들이 오는 것을 보자마자; *en ésser les set, se'n va anar* 7시가 되자 그는 떠났다. *en arribar, soparem* 그가 도착하면 저녁을 먹겠다.

de tant en tant 때때로, 이따금씩.
d'avui en vuit 이제부터 8일까지.

en³ *art.* **1** [이름 앞에 사용되는 남성관사형, 모음 앞에서는 **n'**; 해석하지 않음] *L'Antoni i en Joan* 안토니와 주안. **2** [높임말로 사용] *El rei En Jaume* 자우메 전하.

enagos *m.pl.* **1** 속치마. **2** [비유] (어머니의) 슬하.

enaiguar *tr.prnl.* 물로 덮다, 물이 넘치다.

enaltidor enaltidora enaltidors enaltidores *adj.* 높이는, 고양하는, 찬양하는; 높이 받드는.

enaltiment enaltiments *m.* 찬양, 고양.

enaltir *tr.* **1** 칭찬하다, 찬양하다; 고양하다. **2** 높이 받들다, 귀하게 모시다.

enamoradís enamoradissa enamoradissos enamoradisses *adj.* 쉽게 반하는, 사랑에 잘 빠지는.

enamorador enamoradora enamoradors enamoradores *adj.* 사랑하게 하는, 반하게 하는, 이성에 끌리게 하는.

enamorament enamoraments *m.* 이성에 반함, 연모; 상사병.

enamorar *tr.* **1** 사랑을 느끼다. *enamorar algú* 누구를 사랑하다. **2** 사랑을 호소하다. **3** [비유] 유혹하다, 구슬리다, 호리다. *Fa un temps que enamora* 유혹하는 날씨이다. **-se 1** 사랑에 빠지다, 반하다, 연정을 품다. **2** 심취하다, 도취하다, (취미에) 빠지다.

enamorat enamorada enamorats enamorades *adj.* 사랑하고 있는, ...에 반한, 연정을 느낀.
-m.f. 연인, 애인, 반한 사람.

enamoriscar *tr.prnl.* 혼자 사랑하다, 짝사랑하다; 약간 반하다.

enarborar *tr.* **1** (기를) 세우다, 게양하다; 고양하다, 높이 들다(alçar). **2** [비유] 자극하다, 흥분시키다; 불타오르게 하다(arborar). *enarborar els ànims de tothom* 모든 사람의 영혼을 불타오르게 하다. **-se 1** 열정을 느끼다, 흥분하다. **2** [의학] 염증을 일으키다.

enarcament enarcaments *m.* 구부러짐, 휘어짐.

enarcar *tr.* 구부리다(arcar). **-se** 구부러지다, 휘어지다, 오므라들다.

enarçar *tr.* 괴롭히다, 학대하다.

enardidor enardidora enardidors enardidores *adj.* enardir하는.

enardiment enardiments *m.* enarborar하는 일.

enardir *tr.* =enarborar.

enasprar *tr.* (식물에) 버팀목을 세우다.

enaspriment enaspriments *m.* 거칠어

enasprir tr. 거칠게 하다. **-se** 거칠어지다, 모질어지다.

enastar tr. 꼬챙이에 꿰다.

ençà adv. 1 여기에; 이쪽으로. 2 [시간] ...한 이래, ...로부터.

d'ençà de [시간] ...로부터.

d'ençà que [시간] ...한 이래. *D'ençà que és fora* 밖에 나간 이후.

ençà i enllà 여기저기, 이쪽저쪽.

De quan ençà? 언제부터?

encabiment encabiments *m.* encabir하는 일.

encabir tr. 1 넣다, 끼워 놓다, 들여놓다. 2 삽입하다, 사이에 넣다. 3 끌어넣다, 끌어들이다. 4 야기하다, 불러일으키다. 5 (차를) 진입하다. **-se** 1 (안에) 들어가다. 2 개입하다, 간섭하다. 3 주제넘게 나서다. 4 휩쓸려 들어가다, 끌려 들어가다. 5 (...에) 열중하다.

encaboriador encaboriadora encaboriadors encaboriadores *adj.* 근심케 하는.

encaboriament encaboriaments *m.* 근심, 걱정; 열중, 마음을 빼앗김.

encaboriar-se prnl. 걱정하다, 마음이 빼앗기다; 열중하게 되다.

encaboriat encaboriada encaboriats encaboriades *adj.* 마음을 빼앗긴, 근심에 싸인; 열중하고 있는, 몰두한.

encabritar-se prnl. (말이) 발로 일어서다; 성내다.

encadarnar tr. 감기에 걸리게 하다. **-se** 감기에 걸리다.

encadellar tr. 조립하다, 접합하다.

encadellat encadellats *m.* 조립, 접합; 접합부.

encadenament encadenaments *m.* encadenar하는 일.

encadenar tr. 1 쇠사슬로 매다; 꼼짝 못하게 하다; 가두어 놓다. 2 연결하다, 결합하다. 3 [비유] 종으로 삼다, 노예로 만들다.

encaix encaixos *m.* 1 끼워 맞춤. 2 [건축] (목재의) 이음, 접합(encadellat). 3 (톱니바퀴의) 맞물림.

encaixada encaixades *f.* 악수, 손을 잡음.

encaixament encaixaments *m.* encaixar하는 일.

encaixar intr. 1 (안에) 넣다, 박다, 삽입하다. 2 꼭 맞추다, 적절하게 하다 (ajustar). 3 (상황에 따라) 알맞게 하다. 4 (위조지폐를) 안기다. -intr. 1 꼭 끼다, 꼭 맞다. 2 알맞다, 적합하다, 딱 들어맞다. 3 악수하다.

encaixonar tr.prnl. 상자 안에 넣다; 틀 안에 끼우다; 좁은 곳에 넣다.

encalaixonar tr. =encaixonar.

encalbiment encalbiments *m.* 대머리가 됨.

encalbir tr. 대머리가 되게 하다. **-se** 대머리가 되다.

encalç encalços *m.* encalçar하는 일.

encalçador encalçadora encalçadors encalçadores *adj.* encalçar하는.

encalçament encalçaments *m.* 뒤쫓음; 괴롭힘, 귀찮게 함.

encalçar tr. 1 뒤쫓다; (그림자처럼) 따라다니다. 2 괴롭히다, 자꾸 조르다, 귀찮게 굴다.

encalcinar tr. 1 하얗게 칠하다. 2 (가죽 등에) 석회를 뿌리다.

encalentir tr. =escalfar.

encalitjar tr. 바다 안개로 덮다. **-se** 바다 안개로 덮이다.

encall encalls *m.* =encallament.

encallada encallades *f.* =encallament.

encallament encallaments *m.* 막힘, 정체; 좌초.

encallar intr. 1 (움직임을) 막다, 정체시키다, 꼼짝 못하게 하다. *El fang encallarà el carro* 진흙탕이 차를 꼼짝 못하게 한다. 2 [비유] 막다, 훼방하다; (일을) 꼬이게 하다. -intr. 1 (차가) 정체되다. 2 [해사] (배가) 좌초하다, 가라앉다. **-se** 1 (차가) 정체되다. 2 (배가) 좌초하다, 가라앉다. 3 (기계가) 작동이 멈추다. 4 [비유] (대화·일 등이) 꼬이다(aturar-se).

encalliment encalliments *m.* (손에) 못을 박음.

encallir tr.prnl. (손발에) 못이 박히다.

encalmar-se prnl. 1 더위를 먹다. 2 (바람이) 자다, 평온해지다, 잔잔해지다. 3 (사람이) 진정하다.

encamellada encamellades *f.* 걸터앉기.

encamellar tr. 다리를 걸치다. **-se** 걸터앉다.
encaminador encaminadora encaminadors encaminadores adj.m.f. encaminar하는 (사람).
encaminament encaminaments m. 진행; 방향 설정, 인도; 발송.
encaminar tr. **1** 길을 가르쳐 주다. **2** (어디로) 가게 하다, 향하게 하다. **3** 돌리다, 향하다. **4** (...하고자) 노력하다. **-se** 향하다, 향해 가다, 방향을 잡다. *Em vaig encaminar cap a l'estany* 나는 호수로 향해 걸어갔다.
encanonar tr. **1** (물을) 관으로 끌다. **2** (무엇을) 파이프 속에 끼워 넣다. **3** 조준하다, 겨냥하다.
encant encants m. **1** 매력, 매혹(적임). **2** 환술, 마법, 현혹, 홀리는 것. **3** 총애·사랑의 대상.
encantador encantadora encantadors encantadores adj. 유혹하는, 현혹시키는, 넋을 빼는, 매혹적인. *un paisatge encantador* 매혹적인 풍경.
-m.f. 현혹시키는 사람; 요술사.
encantar tr. **1** 마법을 걸다, 현혹시키다. **2** 매혹시키다, 넋을 빼다(fascinar). **3** 사랑을 차지하다. **-se** 매혹되다, 넋을 잃다.
encantat encantada encantats encantades adj. **1** (일·협상이) 꼬인, 정체된, 묶인. **2** 마법에 걸린, 마가 낀; 현혹된. **3** 정신이 팔린, 멍한; 건성으로 하는, 방심한(distret).
-m.f. 마법에 걸린 사람; 현혹된 사람.
encanteri encanteris m. 환술, 마법, 현혹.
encanyar tr. (팔다리 등에) 부목을 대다.
encanyissada encanyissades f. 대발을 침.
encanyissar tr. (고기잡이용) 대발을 치다.
encanyissat encanyissats m. **1** 수도관; 배수구. **2** 갈대·대나무로 만든 격자.
encanyonada encanyonades f. 삼키기.
encanyonar tr. (침·음식 등을) 삼키다.
encaparrador encaparradora encaparradors encaparradores adj. 머리 아프게 하는, 골치 아프게 하는.
encaparrament encaparraments m. 두통; 골칫거리, 걱정거리.
encaparrar tr. 머리 아프게 하다, 어지럽게 하다. **-se 1** 머리가 아프다, 골이 아프다. **2** (산소 부족으로) 두통이 나다. **3** 걱정하다, 근심거리가 생기다, 골치 아프다(capficar-se).
encapçalament encapçalaments m. encapçalar하는 일.
encapçalar tr. **1** (신청서·서신 등의) 서두형식을 작성하다; (책의) 앞 장에 헌정하다. **2** 앞장서다, 통솔하다, 지휘하다. **3** 등록하다, 등기하다, 기입하다.
encapotar tr. 가빠를 뒤집어쓰다. **-se 1** 가빠를 뒤집어쓰다, 외투를 입다. **2** (하늘이) 검은 구름으로 덮이다.
encapritxar-se prnl. 변덕을 부리다.
encapsar tr. **1** 상자에 넣다; 틀 안에 넣다. **2** (관을) 이어 맞추다, 결합하다.
encapullar tr. =encaputxar.
encaputxar tr. **1** (여자가) 두건으로 가리다. **2** (경찰이) 마스크를 쓰다. **-se** 두건을 쓰다; 마스크를 쓰다.
encaputxat encaputxada encaputxats encaputxades adj. encaputxar한.
-m.f. **1** 마스크를 쓴 사람. **2** (경찰·군대·테러단체 등의) 특공대원.
encara adv. **1** 아직, 여전히, 지금까지. **2** 그런데도, 그래도. *Tan pobres com són i encara m'han fet un regal* 보다시피 그들은 그렇게 가난한데도 나에게 선물을 해줬다. **3** [비교급 앞에서] 훨씬 더. *Ell és encara més intel·ligent que el seu germà* 그는 그의 형제보다 훨씬 더 영리하다. **4** 적어도, 최소한. *Encara si hagués demanat perdó* 최소한 용서라도 빌었더라면. **5** 더군다나, 게다가. *Tocà encara uns altres punts* 게다가 추가점을 얻었다.
Encara! 괜찮다!, 그 정도면 됐다!
encara ara 아직도, 그런데도.
encara que 비록 ...이지만; ...에도 불구하고.
i encara bo[i encara gràcies, i encara sort, i encara rai] que ...해서 다행이다. *I encara bo que ha trobat feina!* 직장을 구해서 다행이다.

encaramel·lar *tr.prnl.* 캐러멜을 입히다.
encaramel·lat encaramel·lada encaramel·lats encaramel·lades *adj.* **1** 캐러멜로 덮은; 캐러멜 빛깔의. **2** 좋은 사이인, 서로 이해를 잘하는.
encarament encaraments *m.* 마주 함; 대면, 대질.
encarar *tr.* **1** (총을) 얼굴에 들이대다, 겨냥하다. **2** (빛을) 한곳에 모으다, 랜턴을 비추다. **3** 대질시키다, 대결시키다. **-se** 마주보다, 마주 향하다.
encarcament encarcaments *m.* 굳어짐, 강직; 엄격, 가혹.
encarcanyar *tr.* (억지로) 삼키게 하다.
encarcarar-se *prnl.* 굳어지다; 엄해지다, 엄한 모습을 하다; 무표정해지다.
encarcat encarcada encarcats encarcades *adj.* **1** 딱딱한, 굳어진, 휘어지지 않는. **2** 엄한, 엄격한. **3** 가혹한.
encarcerament encarceraments *m.* 투옥, 감옥에 가둠.
encarcerar *tr.* 감옥에 가두다.
encariment encariments *m.* encarir하는 일.
encarir *tr.* **1** 가격을 인상하다. **2** 칭찬하다, 추어올리다. **3** 강조하다; 재삼 간청하다, 신신당부하다(insistir). *-intr. prnl.* 값이 오르다; 품귀 현상을 빚다.
encarnació encarnacions *f.* **1** 인격화. **2** [신학] (그리스도의) 현현(顯現), 성육신. **3** 구체화, 구현. **4** [회화] 살색 칠.
encarnadura encarnadures *f.* =carnadura.
encarnar *tr.* **1** 육체를 갖게 하다, (...의) 화신이 되다. **2** 구체화하다, 실현시키다. **3** 대표하다, 상징하다. *Luter encar- na l'esperit de la Reforma* 루터는 종교개혁의 상징이다. **4** (낚싯바늘에) 미끼를 달다. **5** (그림·조상 등에) 살색을 칠하다. *-intr.* **1** 사람의 형상을 해서 나타나다. **2** 살 속에 파고들다. **3** [비유] 마음속 깊이 사무치다. **4** (개가) 사냥에서 잡은 짐승을 질근질근 깨물다. **5** [의학] (상처에) 새살이 나오다. **-se 1** [신학] 성육신하다; 육체로 현현하다. **2** [의학] 새살이 나오다.
encarnat encarnada encarnats encarnades *adj.* **1** 화신의. **2** [신학] 성육신한, 현현한. **3** 살빛의.
-m. 살색.
encarranquinar *tr.* 보증하다, 책임지다; (가족을) 부양하다. **-se** (무엇을) 책임지다.
encàrrec encàrrecs *m.* **1** 위임, 의뢰, 의탁; 맡은 일, 직무, 임무. **2** 전언(傳言). **3** 주문(품).
ni fet d'encàrrec 안성맞춤으로.
per encàrrec 주문으로.
encarregades *f.pl.* 책임 전가.
donar les encarregades (누구에게) 책임을 전가하다.
encarregar *tr.* **1** 믿고 맡기다, 위임하다, 위탁하다, 부탁하다(encomanar). **2** 권하다. **3** 맞추다, 발주하다, 주문하다. **-se** 맡다, 책임지다, 담당하다; 인수하다.
encarregat encarregada encarregats encarregades *adj.* 위임받은, 부탁받은; 담당한.
-m.f. **1** 책임자, 담당자, 대리자. **2** 위임자, 계원; (대리) 대사, 공사.
encarrilament encarrilaments *m.* encarrilar하는 일.
encarrilar *tr.* **1** 궤도에 올려놓다. **2** [비유] 진행시키다, 진척시키다.
encartament encartaments *m.* **1** 궐석재판, 결석 재판. **2** 채용; 동료 삼음. **3** (특전에 의한) 시민권 획득.
encartar *tr.* **1** [법률] 영장에 의해 소환하다. **2** 반도(叛徒)로서 추방하다. **3** (특히) 납세자의 명부에 등록하다. **4** (사원으로) 채용하다; 동료로 삼다, 같은 패로 들이다.
encartonar *tr.* 판지에 싸다, 판지로 장정하다. **-se** 판지 모양으로 만들다.
encartutxar *tr.* (탄약·폭탄을) 장전하다.
encasellament encasellaments *m.* 분류, 분리; 할당, 분배.
encasellar *tr.* **1** 분류하다, 나누다; 분류함에 넣다. **2** (지구별로) 후보자를 할당하다.
encasquetar *tr.* **1** 모자를 깊이 눌러쓰다. **2** [비유] 머릿속에 박히게 하다, 이해시키다. **-se 1** (총알·탄환이) 불발이 되다. **2** [비유] (어떤 생각이) 머리에서 떠나지 않다, 집착하다.

encast encasts[encastos] *m.* encastar 하는 일.
encastament encastaments *m.* =encast.
encastar *tr.* **1** [농업] (가축의) 품종을 개량하다. **2** (두 부분이) 서로 맞물리다. **3** 단단히 연결시키다, 끼워 넣다. **4** (보석을) 박다, 끼워 넣다. **5** 붙이다, 고정시키다(adherir). **6** [비유] (사람을 한곳으로) 밀어붙이다.
encastellament encastellaments *m.* **1** 축성, 쌓아 올림. **2** 틀어박힘, 농성. **3** (의견의) 고집.
encastellar *tr.* 쌓아 올리다, 성곽을 쌓다, 성을 쌓아 방비하다(fortificar). **-se 1** (안에) 틀어박히다. **2** [비유] 고집하다(obstinar-se).
encastellat encastellada encastellats encastellades *adj.* **1** =encimat. **2** 교만을 떠는, 거드름 피우는.
encaterinar-se *prnl.* 변덕을 부리다; 짝사랑하다.
encatifar *tr.* 양탄자·융단을 깔다; 덮다.
encatifat encatifats *m.* 양탄자를 간 곳.
encativador encativadora encativadors encativadores *adj.m.f.* captivar하는 (사람).
encativament encativaments *m.* **1** 포로로 잡음, 체포함. **2** (주의·마음을) 사로잡음; 매혹, 매료.
encativar *tr.* =captivar.
encauament encauaments *m.* 동굴 속에 넣음; 동굴 속에 숨음.
encauar *tr.* 동굴 속에 넣다. **-se** 동굴 속에 들어가다, 동굴 속으로 숨다.
encausar *tr.* [법률] 소송을 제기하다, 재판에 걸다, 기소하다; 법적 수단을 취하다.
encavallada encavallades *f.* (건축장의) 발판.
enceb encebs *m.* 도화선, 화약.
enceball enceballs *m.* (가축에게 주는) 비축 사료; 양식.
encebament encebaments *m.* encebar 하는 일.
encebar *tr.* **1** (가축에게) 먹이를 주다 (engreixar). **2** (총포에) 화약을 장전하다. **3** (기계를) 점화하다, 운전을 개시하다. **4** (불에) 장작·석탄을 넣다. **5** 타오르게 하다; (등불에) 기름을 넣다. **6** (펌프에) 물을 넣다. **7** [비유] 유인하다. **8** [비유] 감정을 북돋우다, 활력을 주다.
encèfal encèfals *m.* [해부] 뇌, 뇌수.
encefàlic encefàlica encefàlics encefàliques *adj.* 뇌의, 뇌수의.
encefalitis encefalitis *f.* [의학] 뇌염, 뇌수염.
encefalografia encefalografies *f.* [의학] 뇌의 뢴트겐 촬영법·사진.
encegador encegadora encegadors encegadores *adj.* 어둡게 하는.
encegament encegaments *m.* **1** 어둡게 함, 흐리게 함; (이성이) 흐려짐. **2** [비유] (사랑에) 눈이 멀게 함.
encegar *tr.* **1** (눈을) 어둡게 하다. **2** [비유] (이성을) 흐리게 만들다; (눈을) 멀게 하다(ofuscar). *Aquesta dona l'encega* 이 여인이 그의 눈을 멀게 하다. **-se 1** 눈이 멀어지다; 이성이 흐려지다. **2** (구멍이) 막히다.
encenall encenalls *m.* **1** 대팻밥. **2** (불을 지피기 위한) 나뭇단; 땔감.
encendrar *tr.* 재로 덮다.
encendre *tr.* **1** (불·등을) 켜다, 점화하다, 점등하다. **2** 활활 타오르게 하다; 방화하다. **3** 화끈거리게 하다; (열 등으로) 얼굴을 붉게 만들다. **-'s 1** 불이 붙다, 타오르다. **2** (싸움이) 격렬해지다. **3** 붉어지다, 새빨개지다.
encenedor encenedora encenedors encenedores *adj.* 불을 켜는, 점화하는; 방화하는.
-m. 점화기, 라이터.
encens encensos *m.* **1** 향, 향연. **2** 아첨, 아부, 감언.
encensar *tr.* **1** 향을 피우다. **2** [비유] 아첨하다, 아부하다.
encep enceps *m.* (소총의) 개머리판.
encepar *tr.* **1** (총신을) 개머리판에서 떼어놓다. **2** (수갑·족쇄·칼 등을) 끼우다. **3** (닻의) 닻장을 끼우다.
encepegada encepegades *f.* encepegar 하기.
encepegar *intr.* =ensopegar.
encerament enceraments *m.* 초칠하기; 촛농 자국.

encerar tr. **1** 초를 칠하다; 촛농 자국을 남기다; 응결시키다. **2** [비유] 속이다.

encerat encerada encerats encerades adj. 초를 칠한, 초를 바른; 응결시킨; 초 빛깔의.
-m. 방수포, 방수지.

encerclador encercladora encercladors encercladores adj. 에워싸는.

encerclament encerclaments m. 둘러쌈, 에워쌈.

encerclar tr. 둘러싸다, 에워싸다.

encercolar tr. 철제 테로 조이다.

encert encerts m. **1** 적중. **2** 우연, 우연의 일치; 예상치 않은 일(casualitat).

encertar tr. **1** 적중하다, 표적을 맞히다. **2** (게임에서) 정확히 알아맞히다, 제대로 맞아 들다. *encertar una travessa* 끼니엘라를 맞추다. **3** 알아내다, 찾아내다. **4** (의미를) 정확히 알다. **5** (마침 ...하기를) 참 잘하다. *La vas encertar anant-te'n diumenge* 마침 일요일에 떠나기를 참 잘했다.

encertar-ho de mig a mig 요점을 알다.
no encertar-ne ni una 맞히다, 적중하다.

encertat encertada encertats encertades adj. 정확한, 확실한, 어김없는; 적중한; 교묘한.

encertir tr. (사실을) 입증하다, 확증하다. **-se** 안심하다, 확증하다.

encès encesa encesos enceses adj. **1** 불이 켜진, 불이 붙은; 활활 타오르는, 불길이 솟은. **2** 붉은 빛깔의, 시뻘건. **3** [비유] (감정이) 격렬한, 화가 난 (irat); (애정이) 뜨겁게 타오른. **4** (피부가) 붉어진.

encesor encesors m. **1** 연소. **2** [비유] (애정이) 불타오름, 격렬함. **3** (얼굴이) 달아오름, 화끈거림.

encetada encetades f. [의학] (피부의) 마찰, 찰과상.

encetament encetaments m. **1** 시작, 개시(començament). **2** (피부의) 마찰, 상처.

encetar tr. **1** 시작하다. **2** (피부를) 마찰시키다, 상처를 입히다. **3** (일을) 착수하다, 개시하다. **-se** 붉어지다; 상처를 입다.

enciam enciams m. [식물] 상추.

enciamada enciamades f. 샐러드.

enciamera enciameres f. 샐러드 접시.

encíclica encícliques f. (가톨릭의) 로마 교황의 칙령[각국의 주교에게 보내는 것].

enciclopèdia enciclopèdies f. **1** 백과사전, 백과전서. **2** 박식한 사람.

ésser una enciclopèdia 무척 많이 아는 사람이다; 만물박사이다.

encimat encimada encimats encimades adj. 높은, 정상에 위치한; 높은 지위에 오른.

encimbellament encimbellaments m. 상승; 고양, 칭찬; 높이, 고지.

encimbellar tr. **1** 오르다, 상승하다, 올라가다. **2** 올리다, 높이 올리다. **3** (직장에서) 승진시키다. **-se 1** 높아지다, 높이 오르다. **2** (정상에) 오르다, 기어오르다(enfilar-se). **3** (차를) 타다. **4** 일어서다. **5** 높은 지위에 오르다.

encinta encintes adj.f 임신한 (여자) (prenyada).

enciriar tr. 대형 초로 장식하다. **-se** (목석처럼) 꼿꼿이 서 있다, 굳어 있다.

encís encisos m. 주술, 주문, 요술, 마술; 그곳.

encisador encisadora encisadors encisadores adj. 주술의, 주문의, 요술의; 매혹적인.

encisar tr. **1** 마술을 걸다, 요술을 걸다. **2** [비유] 유혹하다, 꾀다.

enciser encisera encisers enciseres adj. =encisador.

encistellada encistellades f. [스포츠] (농구의) 슛, 슈팅.

encistellar tr. **1** 바구니·광주리에 넣다. **2** [비유] 조합하다; 접합시키다, 조정하다. **-intr.** (농구에서) 슛을 하다.

enclaustrar tr. **1** 수도원·승원에 들여보내다. **2** (자취를) 감추다, 숨기다. **-se 1** 수도원·승원 생활을 하다. **2** 사라지다, 자취를 감추다.

enclavament enclavaments m. **1** 못질. **2** [지리] (타국에 있는) 본국의 영토. **3** (어떤 집단 내의) 이질 공동체.

enclavar tr. **1** 못을 박다. **2** (마구를) 챙기다. **3** (배를) 고정하다.

enclavillar tr. 1 쐐기를 박다, 끼워 맞추다. 2 [음악] (현악기에) 줄 조리개를 대다.

enclí enclina enclins enclines adj. 1 기운, 경사진(inclinat). 2 [비유] (...하는) 성향의, 경향의.

enclític enclítica enclítics enclítiques adj. [문법] 어미에 붙는.
-m. [문법] (다른 말의) 어미에 붙는 말.

enclosa encloses f. encloure하는 일.

enclotar tr. 1 가라앉히다, 침몰시키다 (enfonsar). 2 붕괴시키다, 궤멸시키다. **-se** 1 가라앉다. 2 붕괴하다, 궤멸하다. 3 (땅이) 꺼지다, 가라앉다. 4 (회의 등이) 혼란에 빠져 유회하다.

enclotat enclotada enclotats enclotades adj. enclotar한.

encloure [pp: enclòs enclosa] tr. 1 잡다, 붙잡다, 움켜잡다, 포착하다. 2 품다, 포함하다, 함유하다, 내포하다. **-'s** (...에) 걸리다(enganxar-se).

enclusa encluses f. 1 모두[철공소에서 금속을 단련할 때 받침으로 쓰는 쇳덩이]. 2 (귓속의) 침골(砧骨). 3 [비유] 불요불굴의 정신을 가진 사람, 의지가 강한 사람.

encoblada encoblades f. =encoblament.

encoblament encoblaments m. 1 짝·쌍을 이루게 함. 2 이음, 맞춤, 연결.

encoblar tr. 1 (두 개를) 짝·쌍을 이루게 하다. 2 맞추다, 연결하다.

encobriment encobriments m. 숨김, 은익.

encobrir tr. 감추다, 숨기다, 은닉하다.

encofiar tr. (여자가) 두포를 두르다, 헤어네트를 두르다.

encofrador encofradora encofradors encofradores adj.m.f. encofrar하는 (사람).

encofrar tr. [건축] 널빤지로 흙을 막다; 콘크리트를 붓기 위해 테를 짜다.

encofrat encofrats m. [건축] 1 널빤지로 흙을 막기. 2 콘크리트를 부어 넣기 위한 테.

encofurnament encofurnaments m. 감금, 유폐; 들어박힘.

encofurnar tr. 가두어 넣다, 감금하다, 유폐하다. **-se** 들어박히다, 유폐되다; 은퇴해 있다.

encofurnat encofurnada encofurnats encofurnades adj. 가두어 넣은, 감금한; 들어박힌.

encoixinada encoixinades f. (자전거·오토바이 등의) 안장 받침.

encoixinar tr. (...에) 솜을 넣다.

encoixinat encoixinada encoixinats encoixinades adj. 받침이 달린.

encoladora encoladores f. 아교풀을 붙이는 도구.

encolar tr. 1 아교풀로 붙이다; ...에 아교풀을 칠하다. 2 잠그다, 걸다, 매다.

encolerir-se prnl. 노하다, 성나다, 화나다, 약이 오르다.

encollar tr. 삼키다, 꿀꺽 넘기다(engolir).

encolomar tr. =endossar.

encomanadís encomanadissa encomanadissos encomanadisses adj. 전염성의, 쉽게 옮기는; 전염병에 걸려 있는.

encomanament encomanaments m. encomanar하는 일.

encomanar tr. 1 위임하다, 위탁하다(encarregar). 2 맡기다, 부탁하다(confiar). 3 [의학] (병을) 옮기다, 전염시키다 (contagiar). **-se** 1 맡기다, 의탁하다, 의지하다. 2 [의학] 전염되다.

encomi encomis m. 칭송, 칭찬, 찬사.

encomiable encomiables adj. 칭찬할 만한, 칭송받을 만한.

encomiar tr. (침이 마르도록) 칭찬하다, 극찬하다, 칭송하다.

encomiàstic encomiàstica encomiàstics encomiàstiques adj. 칭찬하는, 추어주는.

encongidor encongidora encongidors encongidores adj. 오므라들게 하는, 위축시키는.

encongiment encongiments m. 오므라듦, 위축됨; 사기 저하, 의기소침; 위축.

encongir tr. 1 (천을) 쪼그라들게 하다. 2 움츠리게 하다, 위축시키다. **-se** 1 (천이) 쪼그라들다, 줄어들다. 2 (몸을) 움츠리다, 오므리다, 웅크리다; 위축되다, 겁에 질리다.

encongit encongida encongits encongides *adj.* **1** 줄어든, 오므라든. **2** 위축된, 낙심한. **3** 소심한, 겁이 많은.
encontinent *adv.* 바로, 즉시, 즉각, 당장에(tot seguit).
encontorns *m.pl.* 주변, 외곽, 근교.
encontrada encontrades *f.* =contrada.
encontradís encontradissa encontradissos encontradisses *adj.* 자주 마주치는.
encontrador encontradora encontradors encontradores *adj.* =encontradís.
encontrar *tr.* 찾다, 발견하다; 만나다, 마주치다. **-se** (사람·물건이) 만나다; 마주치다, 부딪히다.
encontre encontres *m.* 만남, 상봉; 마주침, 부딪힘.
sortir[anar] a l'encontre 마중 나가다, 영접 나가다.
enconxar *tr.* (...에) 솜을 넣다.
encop, a l' *loc.adv.* 동시에(alhora). *Varen arribar tots a l'encop* 그들 모두가 동시에 도착했다.
encoratjador encoratjadora encoratjadors encoratjadores *adj.* 힘을 북돋우는, 격려해 주는, 용기를 주는.
encoratjament encoratjaments *m.* 고무, 격려, 북돋아 줌.
encoratjar *tr.* 힘을 북돋우다, 기운을 돌아 주다, 격려하다. **-se** 힘을 내다, 기운을 차리다.
encorbament encorbaments *m.* encorbar 하는 일.
encorbit encorbida encorbits encorbides *adj.* =arrupit, decaigut.
encorbar *tr.* 구부리다, 활 모양으로 만들다, 굽게 만들다(corbar). **-se** 구부러지다, 굽어지다, 활 모양이 되다(corbar-se).
encordada encordades *f.* encordar하기.
encordar *tr.* **1** 줄·밧줄로 감다. **2** 묶다, 매다(lligar, embolicar). **3** (악기에) 현을 매다; **-se 1** 조이다. **2** (몸이) 뻣뻣해지다, (손발이) 곱다, 저리다.
encordat encordats *m.* (선박의) 밧줄.
encordatge encordatges *m.* =encordada.
encordillada encordillades *f.* 끈으로 감기.
encordillar *tr.* 끈으로 감다.
encordonar *tr.* 장식 리본을 달다.
encorralament encorralaments *m.* 우리에 가둠.
encorralar *tr.* 우리에 가두다.
encórrer *tr.* (죄·과오 등에) 빠지다, 저지르다, 범하다; (증오·분노·멸시 등을) 받다, 당하다. *-intr.* 형벌을 받다; 징계를 받다.
encorriment encorriments *m.* 과오, 범실.
encortinar *tr.* 커튼으로 두르다, 장막을 치다.
encotillar-se *prnl.* 코르셋을 입다.
encotxar-se *prnl.* 차에 들어가다.
encovar-se *prnl.* 동굴에 들어가다, 동굴에 숨다.
encrespament encrespaments *m.* encrespar 하는 일.
encrespar *tr.* **1** 오그라들게 하다(crespar). **2** 솜털이 곤두서게 하다. **3** 부아가 나게 하다, 화나게 하다. **4** 초조하게 만들다. **-se 1** 오그라들다. **2** (머리가) 고수머리가 되다. **3** 화가 치밀다; 일이 꼬이다. **4** (파도가) 출렁거리다.
encreuament encreuaments *m.* **1** 엇갈림, 서로 길이 바뀜, 횡단; 교차, 교차점; 교차로. **2** [언어] (두 언어의) 혼용. **3** [생물] 교배.
encreuar *tr.* **1** 교차하다, 횡단하다, 가로지르다; (길 등을) 건너가다. **2** 팔짱을 끼다. *encreuar els braços* 팔짱을 끼다. **3** 교차 사격하다. **4** 교배하다, 접목하다. **-se 1** (길이) 교차하다(intersecar-se); 엇갈리다, 반대 방향으로 가다. **2** (어떤 일이) 교차하다, 서로 겹치다; 어지러워지다.
encreuerar *tr.* =encreuar.
encrostar *tr.* 단단한 껍질로 씌우다. **-se** 단단한 껍질이 생기다.
encrueliment encrueliments *m.* [의학] (상처의) 악화, 염증; 분노.
encruelir *tr.* **1** [의학] (상처를) 악화시키다, 염증을 일으키다. **2** [비유] 화나게 하다, 노하게 하다. **-se 1** 염증이 생기다. **2** 분개하다.
encuny encunys *m.* **1** (화폐·메달 등의) 주형, 각인. **2** (화폐의) 주조(encunya-

encunyació) . 3 [비유] 형, 틀, 모양.
de nou encuny 신형의, 현대식의.
encunyació encunyacions *f.* (화폐의) 주조.
encunyament encunyaments *m.* encunyació.
encunyar *tr.* (화폐를) 주조하다.
encuriosiment encuriosiments *m.* 호기심을 불러일으킴.
encuriosir *tr.* 호기심을 불러일으키다, 흥미를 갖게 하다.
endalt *adv.* 위로, 위쪽으로.
endanyar *tr.* =endenyar, danyar. **-se** =endenyar-se.
endarrer *adv.* ...을 바라고.
endarrera *adv.* **1** [공간] 뒤에, 뒤로, 뒤쪽으로. **2** (...을) 뒤로하고. **3** [시간] 전에. *un any endarrere* 일년 전에.
cap endarrere[enrere] 뒤로, 뒤쪽으로. *Endarrere!* 뒤로!
quedar-se[restar] endarrere 뒤에 머물다, 뒤에 처져 있다.
endarrere *adv.* =endarrera.
endarreriment endarreriments *m.* **1** 지각, 지체, 지연. **2** *pl.* 체납액, 미불 잔금.
endarrerir *tr.* 연기하다, 지연시키다. **-intr.** *prnl.* 지체하다, 연기하다; 미적거리다, 꾸물거리다.
endavant *adv.* **1** [공간] 앞에; 앞으로; 전방에, 저쪽에. **2** [시간] 앞에.
endebades *adv.* 헛되이, 공연히, 쓸데 없이, 헛수고로.
endegador endegadora endegadors endegadores *adj.* endegar하는.
endegament endegaments *m.* endegar 하는 일.
endegar *tr.* **1** 정리하다, 가지런히 하다 (arranjar, endreçar). **2** 쓰다, 작성하다. **3** 재판에 걸다, 소송을 제기하다, 법적 조치를 취하다.
endemà endemans *m.* 이튿날; 다음 날.
l'endemà passat 이틀 후에.
l'endemà passat l'altre 사흘 후에.
endemés *adv.* 더욱이, 게다가, 뿐만 아니라; 다른 한편.
endèmia endèmies *f.* [의학] 풍토병.
endèmic endèmica endèmics endèmiques *adj.* 풍토병의.
endemig *adv.* [주로 *en endemig, en l'endemig, en aquest endemig*으로 쓰임] ...하는 가운데, ...하는 동안; ...중간에.
endenyar *tr.* (상처를) 악화시키다. **-se** (상처가) 악화되다, 염증이 생기다.
endergues *f.pl.* **1** 잡동사니. **2** [비유] 얽힘, 분규, 분쟁.
enderiar-se *prnl.* 심취하다, 마니아가 되다; 몰두하다.
enderroc enderrocs *m.* enderrocar하는 일.
enderrocador enderrocadora enderrocadors enderrocadores *adj.m.f.* enderrocar하는 (사람).
enderrocament enderrocaments *m.* =enderroc.
enderrocar *tr.* **1** 무너뜨리다, 파괴하다. **2** 타도하다, 전복시키다. *enderrocar un govern* 정부를 타도하다. **3** [비유] 녹초가 되게 하다. **-se 1** 무너지다, 허물어지다, 붕괴하다. **2** 녹초가 되다.
endeutament endeutaments *m.* endeutar 하는 일.
endeutar *tr.prnl.* **1** 빚을 지다; 은혜를 입다, 신세를 지다. **2** 저당 잡히다.
endeví endevina endevins endevines *m.f.* 예언자, 점쟁이, 관상쟁이.
a l'endeví 더듬어서.
endevinació endevinacions *f.* =endevinament.
endevinada endevinades *f.* =endevinament.
endevinament endevinaments *m.* 추측, 점.
endevinador endevinadora endevinadors endevinadores *m.f.* 점쟁이.
endevinalla endevinalles *f.* 추측, 알아맞히기, 수수께끼; 점.
endevinar *tr.* **1** 점치다, 알아맞히다. **2** 알아내다, 찾아내다(descobrir). **2** 짐작하다, 추측하다. **3** 수수께끼를 풀다.
endevinatiu endevinativa endevinatius endevinatives *adj.* 점의, 점을 치는; 추측적인.
endevinatori endevinatòria endevinatoris endevinatòries *adj.* =endevinatiu.

endevineta endevinetes *m.f.* [남녀동형] 점쟁이.

endimoniadura endimoniadures *f.* 장난, 짓궂음, 말썽 피우는 일; 난폭한 짓.

endimoniar *tr.* **1** (악마에) 씌다. **2** 해치다, 못 쓰게 만들다

endimoniat endimoniada endimoniats endimoniades *adj.* **1** 악마에 씐, 신들린, 귀신 들린. **2** 악마 같은, 극악무도한. **3** 마음이 비뚤어진, 극악한, 사악한 (pervers). *-m.f.* 신들린 사람, 귀신 들린 사람.

endins *adv.* 안으로, 속으로; 깊숙이. *cap endins* 안으로, 안쪽으로.

endinsament endinsaments *m.* endinsar 하는 일.

endinsar *tr.* 안에 넣다, 꽂아 넣다, 들여 넣다. **-se** 안으로 들어가다, 깊숙이 들어가다; 틀어박히다.

endintre *adv.* =endins.

endinyar *tr.* [속어] **1** 때리다, 가격하다. **2** (싫은 일을) 남에게 떠맡기다; 남에게 주다.

endiumenjar-se *prnl.* 나들이옷을 입다, 외출복을 입다; 신수가 훤해지다.

endívia endívies *f.* [식물] 꽃상추.

endocardi endocardis *m.* [해부] 심내막.

endocarditis endocarditis *f.* [단·복수동형][의학] 심내막염.

endocarp endocarps *m.* [식물] 내과피 (內果皮).

endocarpi endocarpis *m.* =endocarp.

endocrí endocrina endocrins endocrines *adj.* 내분비선의.

endocrinòleg endocrinòloga endocrinòlegs endocrinòlogues *adj.m.f.* 내분비학 전문의(의).

endocrinologia endocrinologies *f.* [의학] 내분비학.

endogalament endogalaments *m.* endogalar하는 일.

endogalar *tr.* **1** (짐승에) 고삐를 채우다. **2** (죄수에게) 족쇄를 채우다. **3** [비유] 복종하게 하다. **-se** 집착하다, 고집하다; (...에) 매이다.

endogàmia endogàmies *f.* 동족결혼.

endogàmic endogàmica endogàmics endogàmiques *adj.* 동족결혼의.

endogen endògena endògens endògenes *adj.* **1** [생물] 내생의, 내생적인, 체내에서 생기는. **2** [지질] 내인성(內因性)의.

endolar *tr.* **1** 상복을 입다. **2** 슬프게 하다, 괴롭게 하다(afligir).

endolat endolada endolats endolades *adj.* 상복을 입은, 상중에 있는.

endolcidor endolcidora endolcidors endolcidores *adj.* endolcir하는.

endolciment endolciments *m.* endolcir 하는 일.

endolcir *tr.* **1** 달게 하다. **2** (올리브의) 쓴맛을 빼다. **3** 순화하다. **-se** 달게 되다; 순화되다.

endolentir *tr.* **1** 해치다, 상하게 하다. **2** 악하게 만들다. **3** 썩게 하다, 부패시키다, 타락시키다. **-se** 상하다; 부패하다, 타락하다.

endoll endolls *m.* **1** 접합(부), 끼워 넣음, 맞춤, 적용. **2** [전기] 소켓, 플러그. **3** (직장의) 겸직, 겸업; (부대적인) 이득. **4** [비유] (비공식적인) 채용.

endollar *tr.* **1** 잇다, 끼워 넣다, 연결하다. **2** [전기] (전기를) 연결하다. **3** (다른 일을) 겸직시키다.

endomassar *tr.* (커튼·벽걸이 등으로) 덮다, 가리다.

endometri endometris *m.* [해부] 자궁내막.

endometritis endometritis *f.* [의학] 자궁내막염.

endormiscar-se *prnl.* 졸다, 꾸벅꾸벅 졸다, 잠들려 하다.

endós endossos *m.* [경제] 배서, 이서, 보증; 양도.

endoscopi endoscopis *m.* 내시경.

endoscòpia endoscòpies *f.* [의학] 내시경조사.

endosquelet endosquelets *m.* [해부] 내골격.

endossador endossadora endossadors endossadores *adj.* endossar하는.

endossament endossaments *m.* **1** 배서, 이서. **2** [비유] 떠맡김, 책임 전가.

endossar *tr.* **1** 배서하다, 이서하다. **2** [비유] (남에게) 짐을 지우다, 떠맡기다.

endotèrmia endotèrmies *f.* 흡열 작용, 흡열 반응.
endotèrmic endotèrmica endotèrmics endotèrmiques *adj.* [화학] 흡열 작용의, 흡열 반응의.
endovenós endovenosa endovenosos endovenoses *adj.* [의학] 정맥 내의.
endrapar *tr.* 천을 대다, 커버를 씌우다. *-intr.* [속어] (음식물을) 통째로 삼키다.
endreç endreços *m.* **1** 정렬, 정리 정돈, 소제, 청소, 단장. **2** (가구·장난감 등의) 쓸모없는 것들.
mals endreços 잡동사니.
endreça endreces *f.* **1** =endreç. **2** 헌사(獻辭), 봉헌 비문.
donar endreça 정리하다, 정비하다.
endreçament endreçaments *m.* 정리, 정돈, 정비, 꾸밈, 단정히 함.
endreçar *tr.* **1** 정리하다, 정돈하다, 단장하다. **2** (책에) 헌사하다.
endreçat endreçada endreçats endreçades *adj.* **1** (사람이) 깔끔한, 곱게 단장한. **2** (사물이) 잘 정리된, 질서 정연한.
anar endreçat 깔끔하게 하고 다니다.
endret endrets *m.* (종이·천 등의) 앞면 (indret).
endropir *tr.* 게으르게 만들다. **-se** 게을러지다, 나태해지다.
endurança endurances *f.* 인내, 참을성.
endurar *tr.* 참다, 견디다, 인내하다. *-intr.* 금식하다(dejunar); 단식하다, 금욕하다.
enduriment enduriments *m.* **1** 견고함, 단단함. **2** 엄함, 냉혹함, 완고함. **3** 단단해짐, 경화.
endurir *tr.* **1** 견고하게 하다, 단단하게 하다. **2** [비유] 엄하게 하다, 완악하게 만들다. **-se 1** 견고해지다, 딱딱해지다. **2** (체격이) 튼튼해지다, 단련되다. **3** 완고해지다, 냉혹해지다.
endur-se *prnl.* =emportar-se.
ènema ènemes *m.* 세장 약.
enemic enemiga enemics enemigues *adj.* **1** 싫은, 싫어하는. **2** 적의, 원수의. **3** 반대하는, 상반되는(contrari). *-m.f.* 적, 원수; 상대.
enemistar *tr.* 미워하다, 증오하다, 적대시하다; 적으로 만들다. **-se** (서로) 증오하다, 적대시하다.
enemistat enemistats *f.* 적의, 적개심, 증오.
eneolític eneolítica eneolítics eneolítiques *adj.* 청동기 시대의. *-m.* [역사] 청동기 시대.
energètic energètica energètics energètiques *adj.* 힘의, 에너지의. *-f.* 역학, 에너지학.
energia energies *f.* **1** [물리] 힘, 에너지. **2** 힘, 정력, 기력; 활동력.
enèrgic enèrgica enèrgics enèrgiques *adj.* 힘이 좋은, 강력한, 정력적인, 대단한.
energumen energúmena energúmens energúmenes *m.f.* 악마에 홀린 사람; 정신 이상자.
enervació enervacions *f.* 약화; 맥이 빠짐, 무기력해짐.
enervament enervaments *m.* =enervació.
enervant enervants *adj.* 맥이 빠지게 하는, 무기력해지는.
enervar *tr.* 약화시키다, (...의) 힘을 빼앗다, 쇠약하게 하다. **-se** 쇠하다, 무기력해지다.
enèsim enèsima enèsims enèsimes *adj.* **1** 극도의, 극한의. **2** [비유] 한없는. *T'ho diré per enèsima vegada* 네게 한없이 말해주겠다.
enfadar *tr.* 화나게 하다, 성나게 하다 (enutjar). **-se** 화내다, 성내다.
enfadeïment enfadeïments *m.* 싱거움, 맛이 없음, 그저 그럼.
enfadeir *tr.* 싱겁게 만들다. **-se** 싱거워지다.
enfadós enfadosa enfadosos enfadoses *adj.* 화가 나는(enutjós); 불쾌한, 귀찮은(molest).
enfaixament enfaixaments *m.* 띠를 감음, 붕대감기.
enfaixar *tr.* **1** 띠를 두르다, 띠를 감다. **2** 붕대를 감다.
enfangada enfangades *f.* =enfangament.
enfangament enfangaments *m.* enfangar하는 일.

enfangar-se *prnl.* **1** 진흙에 빠지다. **2** [비유] 주색에 빠지다, 신세를 망치다.
enfarcellar *tr.* 포장하다.
enfardar *tr.* =enfarcellar.
enfardellar *tr.* =enfarcellar.
enfarfec enfarfecs *m.* =enfarfegament.
enfarfegament enfarfegaments *m.* enfarfegar하는 일.
enfarfegar *tr.* **1** (짐을) 가득 싣다. **2** 더덕더덕 장식하다.
enfarfoll enfarfolls *m.* (말을) 더듬음, 차분하지 못함.
enfarfollar-se *prnl.* 말을 더듬다, 차분하지 못하다.
enfarinar *tr.* **1** 가루로 덮다. **2** (얼굴에) 분을 바르다. **-se 1** 가루를 뒤집어쓰다. **2** (얼굴에) 분을 바르다.
enfaristolar-se *prnl.* 우쭐대다, 자랑하다.
enfastidir *tr.* 질리게 하다, 물리게 하다, 피곤하게 하다. **-se** 싫증나다, 질리다.
enfastijar *tr.* =enfastidir.
enfebrar-se *prnl.* 열이 나기 시작하다, 열이 오르다.
enfeinat enfeinada enfeinats enfeinades *adj.* 바쁜, (일에) 얽매인.
enfeixar *tr.* (풀 등을) 차곡차곡 쌓다.
enfelloniment enfelloniments *m.* 성냄, 화, 분노.
enfellonir *tr.* =enfurir.
enfereir-se *prnl.* 사나워지다, 흉폭해지다.
enferritjar-se *prnl.* 얽히다, 꼬이다, 막히다.
enfervorir *tr.* 힘을 주다, 기운을 차리게 하다, 원기를 북돋우다.
enfigassar *tr.* 기름에 적시다, 기름을 바르다. **-se** 기름이 묻다; 더럽혀지다.
enfilall enfilalls *m.* 일련으로 된 것, 줄줄이 이은 것.
enfilada enfilades *f.* 줄줄이 매달기.
enfiladís enfiladissa enfiladissos enfiladisses *adj.* [식물] 덩굴(손)의.
enfilar *tr.* **1** (바늘에) 실을 꿰다, 실에 꿰다. **2** (거짓말 등을) 밥 먹듯이 하다. **3** 꿰찌르다. **4** 아무렇게나 지껄여 대다. **-intr.** 줄을 서다. **-se** 오르다, 기어오르다, 타고 오르다.

enfillat enfillada enfillats enfillades *adj.* 자식이 많은.
enfit enfits *m.* [의학] 위에 주는 부담, 과식(enfitament).
enfitament enfitaments *m.* enfitar하는 일.
enfitar *tr.* **1** 훼방 놓다, 방해하다. **2** 감추다, 숨기다. **3** 포식하다, 과식하다. **4.** [의학] 위에 부담을 주다(empatxar). **-se 1** 방해받다. **2** 위에 부담이 되다. **3** 수줍어하다, 부끄러워하다.
enflocar *tr.* 고리 끈으로 장식하다.
enflorar *tr.* 꽃으로 장식하다.
enfocament enfocaments *m.* enfocar하는 일.
enfocar *tr.* **1** 초점을 맞추다. **2** 주의를 집중하다. **3** (문제의) 핵심을 포착하다. **4** 생각하다, 따지다, 분석하다.
enfollir *intr.prnl.* =embogir.
enfondir *tr.* =apregonar.
enfonsada enfonsades *f.* =enfonsament.
enfonsament enfonsaments *m.* enfonsar하는 일.
enfonsar *tr.* **1** 가라앉히다, 침몰시키다. **2** 깊숙이 찌르다. **3** [비유] 납작하게 만들다, 꼼짝 못하게 하다. **4** 파괴하다, 무너뜨리다, 붕괴시키다(destruir). **5** (회사를) 파산시키다(arruinar). **-se 1** 가라앉다. *enfonsar-se en la sorra* 모래에 가라앉다. **2** 붕괴하다, 괴멸되다. **3** 침체하다. **4** (모르는 사이에) 보이지 않게 되다. **5** (회의가 혼란에 빠져) 유회하다. **6** 의기소침해지다, 기죽다.
enfora *adv.* 밖에, 바깥에서, 밖으로, 바깥으로.
a l'enfora de[*enfora de*, *de... enfora*] ...을 제외하고, ...밖에, ...외에.
enforat enforada enforats enforades *adj.* 밖에 있는, 밖에 위치한.
enforatar *tr.* =entaforar.
enforcada enforcades *f.* enfornar하기.
enforcadura enforcadures *f.* [식물] (가지 등의) 갈래.
enforcall enforcalls *m.* (길·강 등의) 교차, 합류.
enforcar *tr.* 풍구질하다.
enforfollar *tr.* 자루에 넣다.

enformador enformadors *m.* 끝.
enformar *tr.* 틀을 만들다; 틀에 넣다.
enfornar *tr.* **1** (요리하기 위해) 솥·냄비에 넣다. **2** 붙이다, 고정시키다.
enforquillar *tr.* 포크로 잡다.
enfortiment enfortiments *m.* 단련, 강화; 보루 (구축).
enfortir *tr.* **1** 강하게 하다, 튼튼하게 하다. **2** (마음을) 단단히 가지다. **-se** 강해지다.
enfosquiment enfosquiments *m.* enfosquir하는 일.
enfosquir *tr.* **1** 어둡게 하다, 그늘지게 하다. **2** 흐리게 하다. **3** [회화] (...에) 음영을 주다. **4** 대충 넘어가다, 애매하게 하다. **-se 1** (하늘이) 어두워지다. **2** 해가 지다, 어두워지다(vesprejar). *-intr.* (날이) 어두워지다.
enfredoriment enfredoriments *m.* enfredorir하는 일.
enfredorir *tr.* **1** 식히다, 냉각하다, 차게 하다. **2** 미지근하게 하다. **-se 1** 냉각되다, 차가워지다. **2** (음식이) 식다. **3** 시원해지다. **4** [비유] 냉담해지다.
enfrenament enfrenaments *m.* 재갈 물림; 제어, 제동; 견제, 억제.
enfrenar *tr.* **1** (말에) 재갈을 물리다. **2** (차의) 브레이크를 걸다. **3** [비유] 제어하다, 억제하다. **-se** 억제하다, 자제하다.
enfront enfronts *m.* (건물·집의) 정면.
 enfront de loc.prep. ...의 앞에, ...의 정면에; ...에 대해서.
enfrontament enfrontaments *m.* 대면, 대질; 대항, 정면충돌.
enfrontar *tr.* **1** 대면시키다, 마주 향하게 하다. **2** 대항케 하다, 맞서게 하다. **-se 1** 마주 대하다, 대면하다. **2** 대항하다, 겨루다.
enfugir-se *pml.* 피하다, 도피하다(escapar-se).
enfundar *tr.* **1** (자루·부대에) 넣다. **2** (베갯잇을) 씌우다. **3** 가득 채우다.
enfuriament enfuriaments *m.* =enfuriment.
enfuriar *tr.pml.* =enfurir.
enfuriment enfuriments *m.* 화냄, 성냄, 분격, 노발대발.

enfurir *tr.* 화나게 하다, 성나게 하다. **-se** 화나다, 성나다, 노발대발하다.
enfurismar *tr.* =enfurir.
enfurrunyar-se *pml.* =enfurir-se.
enfustar *tr.* [건축] 목재를 사용하여 공사하다; 판자를 대다.
engabiament engabiaments *m.* engabiar하는 일.
engabiar *tr.* **1** 새장에 넣다. **2** 투옥시키다, 감옥에 넣다.
engalanar *tr.* 꾸미다, 미화하다, 단장하다, 치장하다.
engalipada engalipades *f.* 속이기, 농락하기.
engalipador engalipadora engalipadors engalipadores *adj.m.f.* engalipar하는 (사람).
engalipar *tr.* 속이다, 농락하다.
engallardiment engallardiments *m.* 자극, 흥분; 염증.
engallardir *tr.* 자극하다, 흥분시키다. **-se 1** 열정을 느끼다, 흥분하다. **2** 염증을 일으키다.
engallar-se *pml.* **1** 오만해지다, 자만해지다, 거만해지다(altivar-se). **2** 몸을 젖히다. **3** (말이) 머리를 세우다.
engallinada engallinades *f.* **1** 우리에 가둠. **2** [구어] 속임, 농락.
engallinar *tr.* **1** (가축을) 우리에 넣다. **2** [구어] 속이다.
engallir-se *pml.* =engallar-se.
engalonar *tr.* 장식 끈을 달다.
engaltar *tr.* **1** 들이대다, 들이밀다. **2** (총·활 등을) 겨냥하다. **3** 쳐다보지 않고 말하다.
engandulidor engandulidora engandulidors engandulidores *adj.* 늦추는, 지연시키는.
enganduliment enganduliments *m.* 지연, 지체.
engandulir-se *tr.* 늦추다, 지연시키다. **-se** 게으름 피우다.
enganxada enganxades *f.* =enganxament.
enganxall enganxalls *m.* 자물쇠를 잠그는 일, 쇠고리로 거는 일;
enganxament enganxaments *m.* enganxar하는 일.

enganxar *tr.* **1** 자물쇠로 잠그다. **2** 쇠고리로 걸다. **3** (말에 수레를) 매다. **4** (사람을) 멈추어 세우다. **5** 병적에 편입시키다. **6** (무엇이) 걸리다, 낚이다; 달라붙다. **-se 1** 얽히다, 매이다. **2** (어떤) 생활에 빠지다. **3** 군인이 되다.
enganxó enganxons *m.* =esgarrinxada.
enganxós enganxosa enganxosos enganxoses *adj.* 끈적끈적한, 들러붙는, 잘 붙는.
engany enganys *m.* **1** 실수, 잘못. **2** 사기, 거짓말, 속임수. **3** 잘못된 생각. **4** 갈피를 못 잡음. **5** (투우에서) 소를 다루는 천.
enganyapastors enganyapastors *m.* [단·복수동형][조류] 소쩍새.
enganyador enganyadora enganyadors enganyadores *adj.* 속이는, 사기하는; 마음을 돌리는.
-m.f. 사기꾼; 바람둥이.
enganyar *tr.* **1** 속이다(decebre); 사기치다(estafar). **2** 알랑거리다, 아첨하다, 아부하다. **-se 1** 잘못하다, 실수하다. **2** 속다; 자신을 속이다. **3** 진실에 눈을 감다, 진실을 외면하다.
enganyatall enganyatalls *m.* =engany.
enganyifa enganyifes *f.* =engany.
enganyós enganyosa enganyosos enganyoses *adj.* 거짓의, 속이는, 속임수의.
engargullar *tr.* (새 등이) 작은 목구멍으로 먹을 것을 밀어 넣다.
engargussar-se *prnl.* 목이 막히다; 말문이 막히다.
engarjolament engarjolaments *m.* 투옥; 감금시킴.
engarjolar *tr.* 감옥에 가두다; 감금하다.
engarlandar *tr.* 꽃술 장식을 하다.
engarrotar *tr.* 조이다, 압박하다, 팽팽하게 하다; 긴장하게 하다.
engatar-se *prnl.* 취하다, 술에 취하다 (embriagar-se).
engatjador engatjadora engatjadors engatjadores *adj.* 맡기는, 위탁하는; 우기는, 강요하는; 중재를 위촉하는.
engatjament engatjaments *m.* **1** 담보, 저당 잡음. **2** 약속, 약정; 타협, 타결. **3** 위임, 위탁. **4** (전투 등의) 개시, 개입.
engatjar *tr.* **1** 담보·저당을 잡다(empenyorar). **2** 중개인·보증인으로 삼다. **3** 위임하다, 위촉하다; 약정하다(comprometre). **3** (싸움·말다툼 등을) 시작하다. **-se** 책임을 지다, 맡아 하다; (무엇을 위해) 힘을 쓰다, 집요하게 하다.
engavanyar *tr.* (옷이) 불편하게 하다.
engegantir *tr.* 거대하게 하다.
engegada engegades *f.* engegar하는 일.
engegador engegadors *m.* [기계] 엔진, 모터.
engegar *tr.* **1** 앞으로 가게 하다, 진행시키다. **2** (기계를) 작동시키다. **3** (총을) 쏘다. **4** 던지다, 집어 던지다. **5** (짐승을) 풀다, 놓아주다. **6** 해직시키다, 해고시키다. **7** [비유] (무엇이) 쏟아지다.
engelosiment engelosiments *m.* 질투.
engelosir *tr.* 질투심을 일으키다, 샘이 나게 하다. **-se** 질투하다; (동물이) 암내를 내다.
engendrador engendradora engendradors engendradores *adj.* 낳는, 생산하는; 야기하는, 발생시키는.
engendrament engendraments *m.* engendrar하는 일.
engendrar *tr.* **1** 낳다, 만들다, 생산하다 (procrear). **2** 야기하다, 일어나게 하다, 발생시키다(originar).
enginjolar *tr.* =asprar.
enginy enginys *m.* **1** 고안, 창의; 발명의 재주. **2** 재주 있는 사람, 창의력 있는 사람, 재사(才士). **3** 교묘한 궁리, 교묘함, 재주, 재치.
enginyar *tr.* 고안하다, 궁리하다, 연구하다, 생각에 몰두하다. **-se** 궁리하다, 머리를 쓰다.
enginyer enginyera enginyers enginyeres *m.f.* **1** 기술자, 기사, 공학자. **2** [군사] 공병.
enginyeria enginyeries *f.* 공학; 공학 기술.
enginyós enginyosa enginyosos enginyoses *adj.* 기발한, 교묘한; 재능 있는, 영리한, 창의력이 있는.
engiponar *tr.* 대충 마련하다, 잽싸게 준

engir

비하다. **-se** 옷을 대충 챙겨 입다.
engir adv. ...의 주위에.
engir de 대충, 대략.
engires, per les loc.adv. 대충, 대략; ... 근처에, ...주위에.
englantina englantines f. [식물] 재스민 [스페인의 지중해 해안에서 자라는 식물].
englobar tr. 통합하다, 종합하다; (전체를) 포함하다.
engolat engolada engolats engolades adj. **1** (개 등에) 목걸이를 한. **2** 깃을 단. **3** (뱀을 입에 문) 문장의 막대.
engolfar-se prnl. **1** (배가) 공해상으로 나가다, 앞바다로 나가다. **2** [비유] 몰두하다, 열중하다.
engolida engolides f. 삼켜 버림.
engolidor engolidora engolidors engolidores adj.m.f. 삼키는 (사람).
engolir tr. **1** 꿀꺽 삼키다. **2** [비유] (무엇을) 삼키다, 집어삼키다.
engolosir tr. =enllepolir.
engomada engomades f. engomar하는 일.
engomar tr. 고무풀을 입히다, 고무를 칠하다; 방수 가공을 하다.
engonal engonals adj. 사타구니의.
-m. [해부] 사타구니.
engordir tr. 살찌우다. **-se** 살이 찌다, 비만해지다.
engorjada engorjades f. engorjar하는 일.
engorjar tr. =engargullar.
engormandir tr. =enllepolir.
engorronir tr. 나태하게 하다, 게으르게 만들다. **-se** 나태해지다, 게을러지다.
engraellar tr. (고기를) 석쇠에 굽다.
engraellat engraellats m. (석쇠에) 구운 불고기.
engranar tr. 가루로 만들다. -intr. (이가) 서로 맞물리다.
engranatge engranatges m. **1** (톱니바퀴의) 맞물림; 톱니바퀴 장치. **2** [기계] 연동장치. **3** (사건·사상 등의) 연관, 연결.
engrandiment engrandiments m. 확대, 확장; 성장.
engrandir tr. 확대하다, 크게 하다; 확

engruiximent

장하다. -intr 성장하다. **-se** 확대되다, 확장되다.
engrapar tr. 호치키스로 묶다.
engravament engravaments m. 자갈을 깖.
engravar tr. 자갈을 깔다.
engreix engreixos m. 가축을 살찌움.
engreixador engreixadora engreixadors engreixadores adj. engreixar하는.
engreixament engreixaments m. (가축을) 살찌움.
engreixar tr. **1** (가축을) 살찌게 하다. **2** 기름칠을 하다. **3** [비유] 매수하다 (subornar). **-se 1** 살찌다, 뚱뚱해지다. **2** 아주 만족스러워하다.
engreixinar tr. 기름을 칠하다.
engrescador engrescadora engrescadors engrescadores adj. 활기차게 하는, 기분을 돋우는; 열광시키는, 감격적인.
engrescament engrescaments m. 활기, 기운; 열심, 열정, 정열.
engrescar tr. **1** 활기를 띠게 하다, 기운 나게 하다. **2** 분위기를 돋우다, 기분 나게 하다. **3** 열광시키다, 감격시키다. **-se 1** 활기를 띠다. **2** 열광하다, 흥분하다.
engrillonar tr. 족쇄를 채우다.
engripat engripada engripats engripades adj. 독감에 걸린.
engrogueir[engroguir] tr. 노랗게 변화시키다, 누렇게 물들이다. **-se** 노랗게 변하다.
engronsada engronsades f. =engronsament.
engronsament engronsaments m. 그네 태워 주기, 그네 밀어 주기.
engronsar tr. =gronxar.
engròs, a l' loc.adv. **1** [경제] 도매로. **2** [비유] 대충, 그럭저럭, 되는대로.
engrossiment engrossiments m. 살찌우는 일; 증대, 증강.
engrossir tr. **1** 굵게 하다, 두껍게 하다, 살찌게 하다. **2** 증강하다, 증원하다. **-se** 굵어지다; 살찌다, 뚱뚱해지다.
engruixar tr. =engruixir.
engruiximent engruiximents m. =engrossiment.

engruixir *tr.* =engrossir.
engruna engrunes *f.* 작은 조각, 파편, 부스러기.
engrunadís engrunadissa engrunadissos engrunadisses *adj.* 조각의, 파편의, 부스러기의.
engrunar *tr.* 파편으로 만들다, 부스러기로 만들다; 잘게 부스러뜨리다.
engrut engruts *m.* (붙이는) 풀.
engrutar *tr.* 풀로 붙이다, 풀칠하다
enguantar *tr.* 장갑을 끼우다. **-se** 장갑을 끼다.
enguany[enguanyasses] *adv.* 올해, 금년.
enguardiolar *tr.* 저금통에 넣다; 저축하다.
enguerxir *tr.* (입·눈 등이) 틀어지다. **-se** 비뚤어지다, 벗어나다.
enguixada enguixades *f.* enguixar하는 일.
enguixar *tr.* 석고를 칠하다; 석고를 대다, 깁스를 대다.
enguixat enguixats *m.* 석고 처리한 것, 석고로 굳힌 것.
enherbar *tr.* 풀로 덮다.
enhorabona enhorabones *f.* 축하, 축사, 축의, 경하.
　donar l'enhorabona 축하하다, 경하하다.
enigma enigmes *m.* 수수께끼; 불가사의.
enigmàtic enigmàtica enigmàtics enigmàtiques *adj.* **1** 수수께끼의, 수수께끼 같은. **2** 불가사의한, 신비스러운. **3** 납득이 안 가는, 이해가 어려운.
enigmística enigmístiques *f.* [집합] 수수께끼; 수수께끼 문자 (연구).
enjardinar *tr.* 정원을 가꾸다.
enjogassar-se *prnl.* 깡충깡충 뛰놀다, 시시덕거리다.
enjoiament enjoiaments *m.* 보석장식.
enjoiar *tr.* 보석으로 장식하다.
enjoiellar *tr.* =enjoiar.
enjòlit *adv.* 공중에 매달려; 스릴 넘치게.
enjondre *adv.* 다른 한편.
enjorn *adv.* 아침 일찍.
enjovar *tr.* 멍에를 씌우다.

enjovenir *tr.* 다시 젊게 하다, 갱생케 하다. **-se** 다시 젊어지다, 정력을 되찾다.
enjudiciament enjudiciaments *m.* 재판 회부, 고소, 제소; 심판, 판결.
enjudiciar *tr.* 재판에 회부하다, 고소하다, 제소하다; 심리하다, 판결을 내리다.
enjús *adv.* =aval.
enlairament enlairaments *m.* enlairar하는 일.
enlairar *tr.* **1** 높이다, 높게 세우다, 일으키다. **2** 높이 받들다, 귀하게 모시다 (exalçar). **3** [비유] 기운을 북돋다, 흥을 돋우다. **-se 1** 높아지다. **2** (항공기가) 이륙하다. **3** [비유] (지위가) 올라가다. **4** (기운이) 솟아나다.
enlairat enlairada enlairats enlairades *adj.* **1** 높은. *cims enlairats* 높은 정상. **2** (금액이) 오른, 인상된. **3** 숭고한, 고귀한, 고양된.
enlaire *adv.* 높이; 위로, 위쪽으로; 위에, 공중에.
　tirar enlaire[en l'aire] 위로 던지다, 하늘로 쏘다; 높이 날다.
enllà *adv.* 그쪽으로, 그곳으로; 거기에, 그곳에.
　de... enllà i) [과거] ...이전으로. *del mil nou-cents enllà* 1900년부터 그 이전으로; ii) [미래] ...이후로, ...부터. *D'avui enllà, de demà enllà* 오늘부터, 내일부터.
　el més enllà 저 너머; 저세상, 저승.
　més enllà de [비유] ...이상의.
enllaç enllaços *tr.* **1** 연결, 결합, 연락. **2** 결혼, 혼인. **3** (교통편의) 연결.
enllacar *tr.* 진흙으로 메우다, 진흙 범벅이 되게 하다.
enllaçament enllaçaments *m.* enllaçar하는 일.
enllaçar *tr.* 연결하다, 이어 맞추다. **-se 1** 연결되다, 관련되다; 연락이 되다. **2** 결혼하다(casar-se); 인척이 되다(emparentar-se).
enllaçat enllaçada enllaçats enllaçades *adj.* enllaçar한.
enllagrimar-se *prnl.* 눈물로 가득 차다.
enllaminar(se) *tr.prnl.* =enllepolir(se).

enllanet *adv.* =no gaire enllà.
enllardar *tr.* (차바퀴에) 타이어를 끼우다.
enllardissar *tr.* 기름칠을 하다.
enllaunar *tr.* 도금칠을 하다.
enllefiscar *tr.* 기름칠을 하다.
enlleganyar-se *prnl.* 눈곱이 가득 끼다.
enlleir-se *prnl.* =consumir-se.
enllepissar *tr.* 기름칠을 하다.
enllepolidor enllepolidora enllepolidors enllepolidores *adj.* 꾀는, 유혹하는.
enllepoliment enllepoliments *m.* 꾐, 유혹.
enllepolir *tr.* (미끼로) 꼬이다, 유혹하다. **-se** 꾀이다, 유혹되다.
enllestir *tr.* 끝내다, 마치다. **-se** 서두르다(apressar-se).
enlletgir *tr.* 1 더럽히다, 추악하게 하다. 2 비난하다, 힐난하다.
enlletrat enlletrada enlletrats enlletrades *adj.* 학식 있는, 유식한, 박식한; 아는 체하는.
enllitar *tr.* 병상에 눕히다. **-se** 병상에 눕다.
enlloc *adv.* 1 어느 곳에도, 아무런 데도. 2 [의문문·조건문] 어느 곳에, 어떤 장소에.
no portar enlloc 아무 쓸모없다.
enllorar *tr.* 배내옷에 싸다.
enllordar *tr.* =embrutar.
enllosar *tr.* 블록을 깔다.
enllosat enllosats *m.* 블록을 깐 곳·길; 반반한 돌을 포장하는 일.
enllotar *tr.* 진흙을 칠하다.
enlluentar *tr.* 윤내다, 광을 내다.
enlluentir *tr.* =enlluentar.
enlluernar *tr.* 1 눈부시게 하다, 눈을 못 뜨게 하다. 2 [비유] 현혹시키다, 당혹시키다.
estar enlluernat 아무것도 보지 못하다.
enlluir *tr.* =emblanquinar.
enllumenament enllumenaments *m.* enllumenar하는 일.
enllumenar *tr.* 1 비추다, 조명하다(il·luminar). 2 조명장치를 하다. 3 [비유] 눈을 뜨게 하다, 계몽하다, 계발하다.
enllumenat enllumenats *m.* 조명.
enllunat enllunada enllunats enllunades *adj.* 1 달빛이 비치는. 2 미친, 정신 이상의.
enllustrar *tr.* 빛나게 하다, 윤이 나게 하다, 광택을 주다. **-se** 1 (구두를) 깨끗이 닦다. 2 밤이 되다, 어두워지다.
enmig de *loc.prep.* ...의 중간에, ...하는 중에.
ennavegar-se *prnl.* (배가) 앞바다로 나가다, 공해로 나가다(engolfar-se).
enneasíl·lab enneasíl·laba enneasíl·labs enneasíl·labes *adj.* 9음절의.
ennegridor ennegridora ennegridors ennegridores *adj.* 검게 하는, 어둡게 하는; 암담하게 하는.
ennegriment ennegriments *m.* 검어짐, 가무잡잡해짐; 어두워짐; 암담해짐.
ennegrir *tr.* 1 검게 하다, 검게 칠하다, 검게 물들이다. 2 [비유] 암담하게 하다. **-se** 검어지다, 가무잡잡해지다; 어두워지다.
ennigular-se *prnl.* =ennuvolar-se.
ennoblidor ennoblidora ennoblidors ennoblidores *adj.* 고상한, 고결한, 고귀한.
ennobliment ennobliments *m.* 고상, 고결, 고귀; 작위 수여.
ennoblir *tr.* 고상하게 하다, 고결하게 하다, 귀족으로 만들다. **-se** 고상해지다, 귀족화되다.
ennovar *tr.* 알게 하다(assabentar). **-se** 알다, 깨닫다.
ennuegar *tr.* 1 삼키다, 꿀꺽 삼키다(carregar, atipar). 2 [비유] (감정을) 삼키다.
ennuvolar *tr.* 1 구름으로 덮다, 흐리다. 2 (시야를) 어둡게 하다. **-se** 1 구름이 끼다, 흐려지다. 2 시야가 흐리다.
ennuvolat ennuvolada ennuvolats ennuvolades *adj.* 구름이 낀, 구름으로 덮인; 흐린, 어두운.
-m. 구름이 낀 것.
enòfil enòfila enòfils enòfiles *adj.m.f.* 술을 좋아하는 (사람).
enòfob enòfoba enòfobs enòfobes *adj. m.f.* 술을 싫어하는 (사람).
enòleg enòloga enòlegs enòlogues *m.f.* 포도주 연구가.
enologia enologies *f.* 포도주 양조법.

enorgullar-se *prnl.* =enorgullir-se.
enorgulliment enorgulliments *m.* 오만, 불손.
enorgullir-se *prnl.* 교만해지다, 거만해지다, 불손해지다, 자랑하다.
enorme enormes *adj.* **1** 거대한, 엄청나게 큰. **2** 막대한, 막중한. **3** 심한, 중대한. **4** [비유] 악한, 악독한.
enormement *adv.* 거대하게, 어마어마하게, 굉장하게; 몹시, 심하게.
enormitat enormitats *f.* 거대함, 막대함, 굉장함, 막중함; 악독함, 극악함.
enquadernació enquadernacions *f.* 제본, 장정.
enquadernador enquadernadora enquadernadors enquadernadores *m.f.* 제본사, 제본공.
enquadernar *tr.* 제본하다, 장정하다.
enquadrar *tr.* **1** 틀에 넣다, 액자에 끼다. **2** 테를 두르다, 윤곽을 잡다(emmarcar). **3** (조직 등의) 틀에 넣다, 테두리에 가두다.
enquesta enquestes *f.* 조사, 여론 조사, 앙케트.
enquestar *tr.* 여론 조사를 하다, 앙케트를 실시하다.
enquibir *tr.* =encabir.
enquimerar *tr.* 구실을 만들어 주다, 소지를 만들다; 꾀다, 유도하다.
enquiridió enquiridions *f.* 요람, 편람.
enquistar-se *prnl.* [의학] 낭종이 생기다.
enquitranar *tr.* 콜타르를 칠하다, 콜타르로 포장하다.
enrabiada enrabiades *f.* 화냄, 성냄, 분노.
enrabiar *tr.* 화나게 하다, 성나게 하다. **-se** 화나다, 성나다.
enraigar *tr.* =començar.
enrajolar *tr.* [건축] 벽돌을 깔다.
enrajolat enrajolats *m.* 벽돌을 간 길.
enramada enramades *f.* **1** 가지의 무성함. **2** 전정, 가지치기. **3** 나뭇가지의 장식. **4** 나뭇가지를 지붕에 인 집. **5** 정자.
enramar *tr.* 나뭇가지로 장식하다; 나뭇가지를 맞추다. **-se** 나뭇가지가 서로 엉기다; 가지 사이에 숨다.
enrampada enrampades *f.* 전기 충격; 쥐가 남.
enrampament enrampaments *m.* enrampar하는 일.
enrampar *tr.* **1** 조이다, 압박하다. **2** (전기에) 충격을 받다. **-se** 쥐가 나다, 마비가 일어나다.
enrancir *tr.* 못 쓰게 만들다, 무용지물로 만들다. **-se 1** 낡아지다, 못 쓰게 되다, 무용지물이 되다. **2** 기한이 넘다.
enrandar *tr.* 레이스로 장식하다.
enraonadissa enraonadisses *f.* 한담, 노닥거림.
enraonament enraonaments *m.* 말을 주고받음; 한담, 노닥거림.
enraonamenta enraonamentes *f.* =enraonadissa.
enraonar *intr.* **1** 말하다(parlar). **2** (서로) 주고받으며 떠들다, 노닥거리다.
enraonia enraonies *f.* **1** 수다, 떠들기; 잔소리. **2** *pl.* =rumors.
enraridor enraridora enraridors enraridores *adj.* enrarir하는.
enrariment enrariments *m.* enrarir하는 일.
enrarir *tr.* **1** 희박하게 하다, 묽게 하다. **2** (사물을) 부족하게 하다, 드물게 하다. **-se 1** 엷어지다, 듬성듬성해지다. **2** (사물이) 귀해지다, 드물어지다.
enrassat[1] enrassada enrassats enrassades *adj.* 가격이 같은.
enrassat[2] *adv.* 같은 가격으로.
enrastellerar *tr.* 일렬로 정리하다.
enravenar *tr.* =encarcarar.
enredada enredades *f.* **1** (일이) 얽힘, 혼란, 분규. **2** 속임, 놀림, 눈속임.
enredaire enredaires *m.f.* [남녀동형] enredar하는 사람.
enredar *tr.* **1** 그물로 잡다, 그물을 치다. **2** 얽히게 하다, 복잡하게 하다(enxarxar). **3** [비유] (마음을) 혼란하게 만들다. **4** (위험에) 휩쓸리다. **5** 속이다, 놀리다, 눈속임하다.
enrederar *tr.* 마비시키다, 저리게 하다, 부자연스럽게 만들다. **-se** 마비되다, 저리다, 부자연스러워지다.
enregistrador enregistradora enregistradors enregistradores *adj.* 기록하는, 등록하는.

enregistrament enregistraments m. **1** 기록, 등록, 등기. **2** (문서·파일 등에) 저장.
enregistrar tr. **1** 기록하다, 등록하다, 등기하다(registrar). **2** (문서·파일 등에) 저장하다.
enreixar tr. 울타리를 치다.
enreixat enreixats m. **1** 격자, 발. **2** [집합] 철책.
enrellentir tr. =humitejar.
enrenou enrenous m. 소동, 소란, 동요, 선동; 뒤섞임, 얽힘.
enrere[enrera] adv. =endarrere.
enretirar tr. **1** 뒤로 빼다, 물러가게 하다, 물러나다. *enretirar la mà* 손을 빼다. **2** (한쪽으로) 치우다, 제거하다. **3** 몰수하다, 압수하다. **4** (신청·약속 등을) 철회하다, 취소하다(cancel·lar). **5** (돈을) 꺼내다, 인출하다. **6** (군대를) 철수하다, 퇴각하다. **7** (인쇄에서) 뒷면 인쇄를 하다. **-se 1** 몸을 피하다, 비켜서다. **2** 들어박히다, 은둔하다. **3** 은퇴하다, 퇴직하다. **4** 물러나다, 퇴거하다. **5** 퇴각하다, 철수하다.
enrevessat enrevessada enrevessats enrevessades adj. 혼란시키는, 소란을 피우는.
enrigidir tr. **1** 곧게 하다. **2** 마비시키다. **-se** 곧게 되다; 마비되다.
enrinxolar tr. **1** 나선형이 되게 하다. **2** (머리카락이) 곱슬곱슬하게 하다.
enriolar-se prnl. **1** 웃음이 나오게 하다. **2** 웃다, 미소를 짓다.
enriquir tr. **1** 넉넉하게 하다, 풍부하게 하다. **2** [비유] (마음·영혼을) 살찌우다, 풍요롭게 하다. **-se** 부자가 되다, 부유해지다; 번영하다, 번창하다.
enriquir amb (...로) 부유해지다.
enriquir de (...로) 풍요를 누리다.
enrivetar tr. 면·테두리를 두르다.
enrobustir tr. 기운차게 하다, 씩씩하게 하다; 강화하다. **-se** 강해지다.
enrocar tr. (장기에서) 궁을 움직이다.
enrogallament enrogallaments m. 목이 쉼·잠김.
enrogallar-se prnl. =enronquir-se.
enrogiment enrogiments m. 붉어짐, 빨개짐, 홍조를 띰.
enrogir tr. 붉어지다, 붉게 변하다; 얼굴이 붉어지다.
enrojolar-se prnl. **1** 붉게 하다. **2** 시뻘겋게 태우다. **3** 무안을 주다; 얼굴이 붉어지다.
enrolar tr. 명부·병적에 기록하다.
enrondar tr. =envoltar.
enrònia enrònies f. **1** =càboria. **2** 옹고집, 아집.
enronquir tr. 목이 쉬게 하다, 잠기게 하다. **-se** 목이 잠기다.
enrosar tr. 이슬에 적시다. **-se** 이슬에 젖다.
enroscar tr. 칭칭 감다, 둘둘 말다.
enrossir tr. 블론드 색으로 하다.
enrotllador enrotlladora enrotlladors enrotlladores adj. 감는, 마는; 에두르는, 둘러싸는.
enrotllament enrotllaments m. enrotllar 하는 일.
enrotllar tr. **1** 감다, 말다. **2** 두르다, 에워싸다, 둘러싸다.
enrullar-se prnl. =enrinxolar-se.
enrunar tr. 파괴하다, 무너뜨리다, 전복시키다, 엎어 버리다, 쓰러뜨리다. **-se** 무너지다, 쓰러지다.
ens^1 ens m. [단·복수동형] **1** 실체, 존재. **2** 단체, 기관, 조직체.
ens^2 prnl. [u 외의 모음으로 끝나는 동사 뒤에, 또는 모음으로 끝나는 대명사 뒤에서는 **'ns**; 자음 또는 모음 u로 끝나는 동사 뒤에서는 **-nos**; 자음으로 끝나는 대명사 뒤에서는 **-en**; 구어적으로, 1인칭 복수의 동사와 다른 대명사 사이에서는 **'s**] *Porteu-nos-ho* 그것을 우리에게 가져오라. *Anem-nos-en* 가자.
ensabonada ensabonades f. 비누칠하기; 아부, 아첨.
ensabonar tr. **1** 비누로 빨다, 비누칠하다. **2** [구어] 아부하다, 아첨하다 (adular).
ensacada ensacades f. 자루에 넣음.
ensacar tr. 자루에 넣다.
ensaginada ensaginades f. 살짝 구운 토르타[둥근 모양의 케이크·파이].
ensaginar tr. 기름에 버무리다.
ensagnar tr. 피로 물들이다.

ensaïmada ensaïmades *f.* 롤빵.
ensalada ensalades *f.* **1** 샐러드. **2** [비유] 잡탕, 혼합.
ensalgar *tr.* (소금·가루·설탕 등을) 치다.
ensalivar *tr.* 침이 나오게 하다, 침 흘리게 하다. **-se** 침 흘리다.
ensalvatgir *tr.* 사나워지다, 난폭해지다.
ensardinar *tr.* (좁은 곳에) 가득 채우다.
ensangonar *tr.* 피로 물들이다, 피 흘리게 하다. **-se 1** 피투성이가 되다. **2** 몹시 화를 내다. **3** 무자비하게 행동하다.
ensarronada ensarronades *f.* **1** 구슬리기, 사랑의 속삭임. **2** 속임수, 거짓말, 놀려 주기. **3** 부대에 넣음.
ensarronar *tr.* **1** 가죽 부대에 넣다. **2** [비유] 속이다, 놀려 주다.
enselladura enselladures *f.* (말의) 안장을 놓는 등 부분.
ensellar *tr.* (말에) 안장을 얹다.
ensems *adv.* **1** 함께, 함께 하여, 한데 어울려(juntament). **2** 동시에, 일시에 (alhora).
ensems amb ...과 함께; ...과 동시에.
ensenderar *tr.* 길을 내다, 궤도에 올리다; 선도하다, 유도하다.
ensentimentat ensentimentada ensentimentats ensentimentades *adj.* 슬픈, 애달픈, 고통스런.
ensenya ensenyes *f.* =estendard.
ensenyament ensenyaments *m.* **1** 가르침, 교육. **2** 교수법.
ensenyament primari 초등 교육.
ensenyament secundari[*mitjà*] 중등 교육.
ensenyament superior 고등 교육.
ensenyant ensenyants *adj.* 가르치는. *-m.f.* [남녀동형] 교사, 선생, 교육자.
ensenyar *tr.* **1** 가르치다, 강의하다, 교육하다(instruir). *ensenyar matemàtiques* 수학을 가르치다. **2** 훈련하다, 길들이다(ensinistrar). **3** 보이다, 나타내다, 드러내 보이다(mostrar). **4** 제시하다, 지적하다, 지시하다, 가리키다 (indicar). **5** (경험이) 가르쳐 주다(emmenar).
ensenyorir *tr.* 다스리다, 지배하다. **-se** 자기 것으로 하다, 소유하다.
enseuar *tr.* 지방분을 넣다.

ensibornar *tr.* 아부하다, 아첨하다; 눈속임하다.
ensinistrament ensinistraments *m.* 훈련, 양성, 수련, 교육.
ensinistrar *tr.* **1** 훈련하다, 교육하다, 양성하다. **2** (짐승을) 길들이다, 훈련시키다.
ensitjar *tr.* (곡물을) 사일로에 넣다.
ensivellar *tr.* (가죽 띠를) 버클로 고정하다.
ensofrar *tr.* 유황을 뿌리다; 유황으로 훈증하다, 소독하다.
ensomniar *intr.tr.* =somiar.
ensonyament ensonyaments *m.* 졸음, 졸림.
ensonyar-se *prnl.* 졸리다.
ensopec ensopecs *m.* =ensopegada.
ensopegada ensopegades *f.* **1** 방해물, 장해; 충돌(ensopec). **2** [비유] 실족, 일탈(mancament).
ensopegar *intr.* **1** 넘어질 뻔하다. **2** 부딪히다, 충돌하다. **3** [비유] (곤란에) 직면하다. *-tr.* 만나다, 발견하다; 우연히 만나다. **-se** (...에) 해당되다.
ensopidor ensopidora ensopidors ensopidores *adj.* 졸리게 하는.
ensopiment ensopiments *m.* 졸림, 잠이 듦.
ensopir *tr.* **1** 졸리게 하다, 잠들게 하다. **2** [비유] 지루하게 하다. **3** 속이다; 알랑거리다(adular). **-se** 졸리다, 잠들다; 지루해하다.
ensopit ensopida ensopits ensopides *adj.* 지루한, 재미없는, 따분한.
ensordiment ensordiments *m.* 귀가 먹음; 귀머거리.
ensordir *tr.* **1** 귀머거리로 만들다. **2** (소리를) 줄이다, 약하게 하다. **-se 1** 귀머거리가 되다. **2** [음성] 묵음이 되다.
ensorrada ensorrades *f.* =ensorrament.
ensorrament ensorraments *m.* ensorrar하는 일.
ensorrar *tr.* **1** 묻다, 매장하다. **2** 꺼지다, 함몰하다; 무너뜨리다, 붕괴시키다, 궤멸시키다(enfonsar). **3** [비유] (마음이) 무너지게 하다, 낙담시키다. **4** (경제적으로) 침체시키다. **-se 1** 가라앉다. **2** 붕괴하다, 궤멸하다(enfonsar-se).

3 침체하다. **4** (회의가) 혼란에 빠져 유회하다.

ensostrar *tr.* 지붕을 이다, 천장을 덮다.

ensota *adv.* 밑에, 아래에.

ensotar-se *pml.* (밑으로) 가라앉다.

ensotat ensotada ensotats ensotades *adj.* 가라앉은, 침몰한, 무너진; 침체된.

ensucrar *tr.* 설탕을 바르다, 달게 하다; 부드럽게 하다.

ensulsiada ensulsiades *f.* 무너짐, 붕괴, 파괴, 궤멸; 소진, 쇠약.

ensulsiar-se *pml.* (땅·건물 등이) 꺼지다, 무너지다, 붕괴되다.

ensum ensums *m.* 냄새를 맡고 다님; 수색, 탐색.

ensumada ensumades *f.* =ensum.

ensumar *intr.* **1** 냄새가 나다, 냄새를 풍기다. **2** [비유] 냄새가 나다, 낌새가 나다.

ensuperbir *tr.* 거만하게 만들다. **-se** 거만해지다, 우쭐해지다.

ensurat ensurada ensurats ensurades *adj.* **1** 떠 있는, 떠도는. **2** (인구 등이) 부동의.

ensurt ensurts *m.* 놀라움, 쇼크; 경악, 대경실색.

ensutjar *tr.* 먹·숯·검정을 묻히다; 검게 하다; 더럽히다.

ensutzar *tr.* =embrutar.

entabanador entabanadora entabanadors entabanadores *adj.* entabanar하는.

entabanar *tr.* **1** (냄새·연기 등이) 숨을 못 쉬게 하다. **2** 속이다, 농락하다.

entaforall entaforalls *m.* 숨는 곳, 감춘 곳, 은닉처.

entaforament entaforaments *m.* 숨김, 감춤, 은닉.

entaforar *tr.* 숨기다, 감추다, 은닉하다. **-se 1** 숨다, 은닉하다. **2** [비유] (한곳에) 처박히다.

entalla entalles *f.* **1** 조각, 세공. **2** (세공의) 금, 구멍.

entalladura entalladures *f.* =entalla.

entallament entallaments *m.* entallar하는 일.

entallar *tr.* **1** (나무·동판·대리석에) 새기다, 조각하다. **2** (수지가 흘러내릴) 금을 내다. **3** (널빤지를 접합하기 위해) 홈을 파다. **4** (천을) 몸에 맞추어 재단하다.

entapissar *tr.* **1** 융단을 깔다. **2** (...에) 천으로 씌우다, (한 면을) 종이 등으로 바르다.

entarimar *tr.* 바닥에 타일·마루를 깔다.

entarimat entarimats *m.* 타일·마루를 깐 바닥.

entatxar *tr.* 작은 못·징으로 박다.

entatxonar *tr.* **1** 끼워 넣다; 다져 넣다, 채워 넣다. **2** 고기를 순대에 넣다;

entaulament entaulaments *m.* entaular하는 일.

entaular *tr.* **1** 판자로 덮다, 판자를 붙이다. **2** 판자로 울타리를 치다. **3** 버팀목을 대다. **4** (회담·교섭·거래·전쟁 등을) 시작하다, 개시하다. **-se 1** (식사를 위해) 식탁에 앉다. **2** (말이) 돌아서지 않다.

entaulat entaulats *m.* **1** =banquet. **2** =empostissat. **3** 식대(式臺). **4** 교수대, 처형대.

entebeir *tr.* **1** 미지근하게 하다. **2** [비유] 진정시키다, 가라앉히다. **-se 1** 미지근해지다. **2** [비유] 진정되다, 가라앉다.

entelar *tr.* **1** 배내옷에 싸다. **2** [비유] 흐리게 하다, 약하게 하다; (명예 등을) 떨어뜨리다. **-se** 흐려지다; 명성이 떨어지다.

entelèquia entelèquies *f.* [철학] 실체, 본질.

entendar *tr.* 차일을 치다; 막을 쳐서 가리다.

entendre *tr.* **1** 알다, 이해하다, 알아듣다, 납득하다. **2** 믿다, 생각하다, 판단하다. **3** 의도를 파악하다. *Ja t'entenc* 네 뜻을 알겠다. **4** 원하다, 바라다. *-intr.* **1** 알다, 이해하다. **2** 끼어들다, 개입하다, 관여하다. **3** (어떤 일을) 맡아 하다; (직권을 가지고) 처리하다. **-'s 1** 이해가 되다. **2** 서로 알다, 서로 이해하다, 서로 납득하다. **3** 애정 관계를 가지다.

entendre que ...라고 생각하다.

entendre's bé[malament] amb algú (누

entendridor 구와) 잘 지내다[못 지내다].
Entesos! 알겠습니까?, 이해됩니까?
entendridor *entendridora entendridors entendridores* adj. 부드럽게 하는, 누그러뜨리는; 감동을 주는.
entendriment *entendriments* m. **1** 연화, 유화. **2** 감동, 눈물겨움. **3** 자비, 자애.
entendrir tr. **1** 연하게 하다, 부드럽게 하다. **2** (마음을) 누그러뜨리다; 감동시키다. **-se** 연해지다; 누그러지다; 감동되다.
entenebrament *entenebraments* m. =entenebriment.
entenebrar tr. =entenebrir.
entenebrir tr. 캄캄하게 하다, 어둡게 하다.
entenedor *entenedora entenedors entenedores* adj. 쉬 이해가 가는, 이해할 수 있는.
entenent *entenents* adj. =intel·ligent.
donar entenent 납득하게 하다, 설득시키다.
fer entenent 알게 하다, 가르쳐 주다.
enteniment *enteniments* m. **1** 이해, 납득; 이해력. **2** 분별, 판단; 판단력.
beure's l'enteniment 판단을 잃다, 이성을 잃다.
entenimentat *entenimentada entenimentats entenimentades* adj. 사려 깊은, 분별 있는, 현명한.
entenimentós *entenimentosa entenimentosos entenimentoses* adj. 현명한, 지혜가 있는, 판단력 있는.
enter *entera enters enteres* adj. **1** 온전한, 완전한, 고스란히 그대로의(íntegre). **2** 전부의, 총액의. **3** 거세하지 않은. **4** 지조가 굳은, 정결한, 순결한; 고결한, 결백한.
-m. [수학] 정수.
enterament adv. **1** 완전히, 완벽하게, 통째로, 온통. **2** [비유] 제한 없이, 전적으로.
enterboliment *enteroliments* m. 흐림, 혼탁; 혼란, 무질서.
enterbolir tr. **1** 흐리게 하다, 탁하게 하다. **2** 헝클어뜨리다, 흩트리다.
enterc *enterca entercs enterques* adj. **1** 곧은, 강직한, 엄한, 엄정한, 엄격한 (encarcarat). **2** [비유] 고집이 센, 완고한(tossut).
entercar-se prnl. 엄하다, 강직하다; 고집이 세다, 완고하다.
enteresa *entereses* f. **1** 완전, 완벽, 완성, 완전무결. **2** 강직, 불굴; 견고함. **3** 엄정, 엄격.
entèric *entèrica entèrics entèriques* adj. 장의, 내장의.
enteritis *enteritis* f. [의학] 장염.
enterrament *enterraments* m. **1** 매장, 매몰. **2** 장례(식).
enterramorts *enterramorts* m.f. [단·복수 동형] 매장인.
enterrar tr. **1** 묻다, 매장하다. **2** 장례를 하다. **3** [비유] 잊다, 버리다; (생각 등을) 영원히 매장해 버리다. **4** [비유] (...보다) 오래 살다, 생존하다(sobreviure). **-se** [비유] 잊혀지다, 묻혀지다.
enterrat *enterrada enterrats enterrades* adj. **1** 묻힌, 장사된. **2** 육지에 접한, 육지에 닿은.
enterrossar tr. 흙으로 가득 채우다.
entès *entesa entesos enteses* adj. **1** 이해가 된; 일맥상통한, 서로 짜고 한. **2** 상호 양해의. **3** 박식한, 해박한; 숙련된, 정통한.
fer l'entès 아는 체하다, 박식한 체하다.
entestar tr. **1** 양 끝을 묶다. **2** (줄의) 끝을 걸치다. **-se** 완고하다, 고집이 세다.
entintar tr. 잉크를 칠하다; 잉크로 더럽히다.
entitat *entitats* f. **1** 실체, 본체. **2** 가치, 중요성. **3** 단체, 기관, 조직체.
entollar tr. **1** 물웅덩이를 만들다. **2** 이어 맞추다, 접합하다.
entomar tr. 잡다, 포착하다(tomar).
entomòleg *entomòloga entomòlegs entomòlogues* m.f. 곤충학자.
entomologia *entomologies* f. 곤충학.
entonació *entonacions* f. 억양, 음조, 어조, 인토네이션.
entonar tr. **1** 억양을 붙이다, 억양을 붙여 말하다. **2** 장단에 맞추어 노래하다, 박자에 맞추다. **3** (오르간을) 치다. **4** (색·배색을) 조화시키다. **5** (사진의) 색조를 바꾸다. **6** [의학] 강하게 만들다, 힘을 돋우다(tonificar). **7** [음악] 조

entonat

율하다. **-se** 자만하다, 우쭐거리다, 거만을 떨다.

entonat entonada entonats entonades *adj.* **1** 조화된, 장단이 맞는. **2** 거만한, 오만한.

entonyinar-se *prnl.* =empolainar-se.

entorn entorns *m.* **1** 주위(contorn). **2** 윤곽. **3** *pl.* 부근, 근교, 교외.
a l'entorn[*tot a l'entorn*] 약, 대략.
entorn de ...의 주위에.

entornpeu entornpeus *m.* **1** (침대·테이블의) 다리 가리개. **2** (난간·발코니의) 널쪽.

entortolligar *tr.* **1** 칭칭 감다. **2** 나사 모양으로 하다. **-se** 둘둘 말리다; 나선형이 되다.

entorxar *tr.* 꼬아서 만들다; 가는 철사로 감다; 금실·은실로 감다.

entossudiment entossudiments *m.* 고집, 완고, 집요함.

entossudir-se *prnl.* 고집하다, 집요하게 하다.

entotsolar-se *prnl.* 격리되다, 외톨박이가 되다.

entrada entrades *f.* **1** 들어가는 일, 출입, 진입, 입장. **2** 입구, 현관, 출입구(accés). **3** 입성, 입항. **4** 들어갈 자격, 입회, 입사, 입학(admissió). **5** (마을에) 들어가는 입구. *l'entrada del poble* 마을 입구. **6** 첫 시작, 초기, 처음. **7** (이야기의) 실마리. **8** (저작·연설 등의) 서두, 시작. **9** (연·월·계절 등의) 초기, 초엽, 첫 무렵. **10** [집합] 들어간 인원, 입장객. **11** 자리, 좌석. **12** 입장권 (bitllet); 입장료 대상고. **13** [경제] 수입. **14** (안으로) 들어간 부분, 들어간 곳. **15** 입금; (초기) 불입금. **16** 친교, 사귐, 친밀. **17** (요리의) 앙트레[수프와 고기 사이에 나오는 것]. **18** [광산] 입갱 시간, 노동 시간.
a l'entrada de ...의 입구에; ...하자마자.
a entrada de fosc[*de nit*] 저녁이 되자, 어두워지자.
entrades i sortides [경제] 수입 지출.

entra-i-surt entra-i-surts *m.* 출입.

entramat entramats *m.* [건축] 간주.

entrampar *tr.* **1** (짐승을) 함정에 빠뜨리다. **2** 일을 어렵게 하다, 복잡하게

하다. **3** 빚을 지게 하다. **-se 1** 함정에 빠지다. **2** 뒤얽히다, 복잡해지다. **3** 빚에 묶이다, 빚이 많아지다.

entrant entrants *adj.* **1** 들어오는. **2** 들어가는, 들어간. **3** 오는, 다음의. *la setmana entrant* 다음 주. **4** 신임의, 신참의.
-*m.* **1** 들어오는 부분. **2** (요리의) 전채 (前菜).
a l'entrant de =a l'entrada de.

entranya entranyes *f.* **1** [해부] 내장. **2** *pl.* 태. **3** [비유] 마음, 심성; 감정 (sentiments). **4** 내부, 핵심, 중심. **5** 속, 바닥; 감춰진 부분.

entranyable entranyables *adj.* **1** 친한, 친밀한; 사랑하는, 마음속에 아끼는. **2** 마음에 사무치는, 매우 중요한.

entranyat entranyada entranyats entranyades *adj.* 깊이 뿌리내린.

entrapar *tr.* (달아나는 것을) 붙잡다.

entrar *intr.* **1** 들어오다, 들어가다. **2** 입학·입사·입장·입회하다. **3** 참가하다, 가담하다(prendre part). **4** (무엇에) 소용되다, 필요하다. **5** (신발·모자 등을) 끼다. **6** (때가) 오다, 되다, 임하다. **7** (협상·토론 등이) 시작되다. *entrar en un negoci* 협상에 들어가다. **8** (어떤 상태가) 되다; (슬픔·배고픔 등이) 밀려오다(sobreve- nir). **9** 마음에 들다, 좋다. **10** 납득이 되다, 이해가 되다. -*tr.* **1** 안에 넣다. **2** 침입하다, 공격하다.

entrar-se'n *prnl.* =enrunar-se.

entravessar *tr.* **1** 가로지르다, 횡단하다. **2** 꿰뚫다, 통과하다, 관통하다. **3** 가로로 걸치다. **3** (배를) 바람 부는 쪽으로 정선시키다. **-se 1** (안으로) 들어가다, 끼어들다. **2** (일이) 생기다, 막히다, 방해가 되다. **3** [비유] 부딪히다; 다투다, 싸우다. **4** (배가) 바람 부는 쪽으로 정선하다.

entre *prep.* ...의 사이에, ...의 중간에, ...안에.

entreacte entreactes *m.* [연극] 막간, 막간극.

entrebadar-se *prnl.* (무엇이) 반쯤 열리다.

entrebanc entrebancs *m.* **1** 부딪힘, 충돌. **2** 장애물, 방해물, 장애.

entrebancada entrebancades f. =entrebanc.
entrebancar tr. 1 부딪히다, 충돌하다. 2 [비유] 어렵게 하다, 장애가 되다. **-se** 1 부딪히다, 충돌하다(topar). 2 [비유] 혼란해지다, 뒤범벅이 되다.
entrecella entrecelles f. [해부] 미간.
entreclaror entreclarors f. 어슴푸레함, 희미함; 어슴푸레한 불빛.
entrecot entrecots m. (소의) 등심.
entrecreuar-se prnl. 교차하다; 얽히다, 교착되다.
entrecuix entrecuixos m. [해부] 허벅지.
entrecuixar intr. (남의 발 사이로) 발을 넣다.
entredir tr. 금하다, 금지하다.
entredós entredosos m. 1 이음 자수. 2 출창 사이의 받침대. 3 (인쇄의) 10포인트 활자.
entrefolre entrefolres m. 양복저고리에 대는 천.
entreforc entreforcs m. (가지 등의) 갈래; 십자가.
entreforcar-se prnl. 두 갈래로 갈라지다 (bifurcar-se).
entrega entregues f. 인계, 인도, 교부.
entregar tr.cast. 1 건네주다, 인도하다, 넘겨주다(lliurar). 2 [법률] (범인을) 넘기다; 법의 심판을 받게 하다. **-se** =lliurar-se.
entregirar-se prnl. 중도에서 돌다.
entrellaçament entrellaçaments m. entrellaçar하는 일.
entrellaçar tr. 엮다, 짜다. **-se** 엮어지다, 짜여지다.
entrellaçat entrellaçats m. 엮은·짠 것.
entrelligar tr. =entrellaçar.
entrellucar tr. 어렴풋이 보다(entreveure).
entrelluir intr. 비치다, 속이 보이다.
entrellum entrellums f. 희미한 빛.
entremaliadura entremaliadures f. 장난질, 심술궂은 행동; 소란, 요동.
entremaliat entremaliada entremaliats entremaliades adj. 1 장난을 좋아하는, 장난기가 있는. 2 심술 사나운, 심술궂은, 버릇없는. 3 소란을 잘 피우는, 요란스러운.

entremaliejar intr. 장난을 치다, 심술궂은 행동을 하다; 소란을 피우다.
entremès entremesos m. 전채, 오르되브르[서양식 식사에서 수프가 나오기 전에 간단하게 먹는 음식].
entremesclar tr. 다른 것과 섞다(mesclar).
entremetedor entremetedora entremetedors entremetedores adj. 참견하는, 관여하는.
entremetiment entremetiments m. 참견, 관여; 주책.
entremetre's prnl. 끼어들다, 참견을 하다, 관여하다.
entremig adv. 중간에, 사이에(al mig de). -m. 사이, 막간(interval); 막간의 연결, 중개.
entrenador entrenadora entrenadors entrenadores m.f 감독, 코치, 트레이너.
entrenament entrenaments m. 훈련, 연습; 교육, 양성.
entrenar tr. 교육하다, 훈련하다, 코치하다, 양성하다. **-se** 훈련하다, 연습하다.
entrenyorar-se prnl. 향수에 젖다.
entreobrir tr. 반쯤 열다, 절반가량 열다.
entrepà entrepans m. 샌드위치.
entrepit entrepits m. (새·닭 등의) 가슴의 살.
entreseguir-se prnl. 잇따르다, 뒤따르다, 뒤를 잇다.
entresòl entresòls m. [건축] 1층과 2층 사이의 중간 층.
entresuar intr. 땀에 젖다.
entretallar tr. (중간에서) 끊다; 불완전하게 자르다.
entretancar tr. 반쯤 닫아 두다.
entretant adv. 한편, 그러는 사이에 (mentrestant).
 en l'entretant 한편, 그러는 사이에.
entreteixir tr. 서로 엮다, 섞어 짜다; 교차시키다.
entretela entreteles f. 양복저고리에 대는 천.
entretemps entretemps m. [단·복수동형] 사이의 계절; 봄, 가을철.
entreteniment entreteniments m. entretenir하는 일.

entretenir tr. 1 즐겁게 하다(distreure). 2 (우는 아이를) 어르다, 달래다. 3 위로하다, 위안하다. 4 지연시키다, 시간을 끌다(retenir). 5 (마음·주의를) 딴 데로 돌리다; 기분 전환 하다. **-se** 즐기다, 향락하다, 즐거운 시간을 보내다 (distreure's).

entretingut entretinguda entretinguts entretingudes adj. 유쾌한, 즐거운, 재미있는.

entreveure tr. 1 틈으로 엿보다, 희미하게 보다. 2 점치다, 추측하다, 추정하다, 억측하다, 짐작하다. **-se** 희미하게 보이다; 서로 바라보다.

entrevia entrevies f. 궤도와 궤도 사이, 궤도의 너비.

entreviat entreviada entreviats entreviades adj. 1 섞은, 혼합한. 2 줄무늬를 넣어 짠.

entrevista entrevistes f. 회견, 회담, 접견, 인터뷰, 협의, 면담.

entrevistador entrevistadora entrevistadors entrevistadores m.f. 회담자, 면담자.

entrevistar tr.prnl. 접견하다, 인터뷰하다, 면담하다.

entristiment entristiments m. 슬픔, 비탄, 고뇌.

entristir tr. 1 슬프게 하다, 비탄에 빠뜨리다, 슬픔을 주다. 2 쓸쓸하게 하다, 음산하게 만들다. **-se** 슬퍼하다, 낙담하다, 가슴 아파하다, 괴로워하다, 쓸쓸해지다.

entrompar tr. [속어] =emborratxar.

entroncament entroncaments m. 1 동일혈통, 동족. 2 이음, 연결.

entroncar tr. 동일 혈통임을 입증하다. -intr. 혈통이 같다, 동족이 되다.

entronització entronitzacions f. 즉위.

entronitzar tr. 1 왕좌에 앉히다, 즉위시키다. 2 고위직에 앉히다, 추대하다. 3 [비유] 잔뜩 치켜세우다.

entropessar intr. =ensopegar.

entumiment entumiments m. 1 저림, 마비, 손발이 곱음. 2 부어오름(inflor).

entumir tr. 1 마비시키다, 저리게 만들다, 부자유스럽게 하다. 2 부어오르다 (inflar). **-se** 1 (추위로) 손발이 곱다. 2 부어오르다.

entusiasmar tr. 열광시키다, 감격시키다. **-se** 열광하다, 열중하다, 감격하다.

entusiasme entusiasmes m. 1 열중, 열광, 열의. 2 감격, 흥분.

entusiasta entusiastes adj. 열렬한, 열광하는.
-m.f. [남녀동형] 열정적인 사람, 열광자, ...광; 광신자.

entusiàstic entusiàstica entusiàstics entusiàstiques adj. 열렬한, 열광적인, 감격적인; 광신적인. una rebuda entusiàstica 열렬한 환영.

enuig enuigs[enutjos] m. 1 화냄, 성냄, 분노(irritació). 2 번거로움, 귀찮음(molèstia).

enumerable enumerables adj. 셀 수 있는, 계산할 수 있는, 열거할 수 있는.

enumeració enumeracions f. 1 열거. 2 목록, 세목.

enumerar tr. (세목을) 열거하다, 나열하다.

enumeratiu enumerativa enumeratius enumeratives adj. 계산상의; 열거적인.

enunciació enunciacions f. enunciar하는 일.

enunciar tr. 1 표명하다, 선언하다, 발표하다, 진술하다, 설명하다. 2 발음하다.

enunciat enunciats m. [문법] 서술문, 서술 내용; 발화문, 발화내용.

enunciatiu enunciativa enunciatius enunciatives adj. 1 서술적인, 기술적인, 설명적인. 2 [문법] 서술문의, 평서문의.

enuresi enuresis f. [의학] 야뇨(증), 오줌싸개.

enutjar tr. 1 화나게 하다, 성나게 하다. 2 괴롭히다, 귀찮게 하다. **-se** 화나다, 성나다, 노하다(irritar-se).

enutjós enutjosa enutjosos enutjoses adj. 화가 나는; 귀찮은, 골치 아픈.

envair tr. 1 공격하다, 침입하다, 침략하다. 2 침해하다, 황폐하게 만들다. 3 [비유] (마음을) 점하다, 차지하다.

envalentir tr. 용기를 북돋우다; 자만하게 하다, 뻐기게 하다. **-se** 용기를 갖다; 으스대다, 뻐기다.
envaniment envaniments *m.* 으스댐, 우쭐거림.
envanir *tr.* 으스대게 하다, 우쭐거리게 만들다. **-se** 으스대다, 우쭐거리다, 거드름 피우다.
envàs envasos *m.* **1** envasar하는 일; 그 물건. **2** (담는) 그릇, 용기.
envasadora envasadores *f.* 담는 기계, 통조림 기계.
envasar *tr.* **1** (그릇·병·통·상자 등에) 담다, 자루에 넣다. **2** 실컷 마시다.
enveja enveges *f.* 시기, 질투; 선망, 부러움.
envejar *tr.* 시기하다, 질투하다, 시새우다; 부러워하다.
no tenir res a envejar 질투할 아무런 것도 없다.
envejós envejosa envejosos envejoses *adj.* 질투하는, 시샘하는; 부러워하는.
envelar *tr.* **1** 베일을 씌우다, 막으로 가리다. **2** 숨기다, 감추다.
envelat envelats *m.* [집합] 차일, 텐트.
envelliment envelliments *m.* 노후, 노화, 노쇠, 늙음; 진부.
envellir *tr.* **1** 노화시키다, 나이 들게 하다. **2** 오래 묵히다. **3** 낡게 만들다, 헐게 만들다. *-intr* **1** 노화하다, 나이 들다. *En Joan no envelleix* 조안은 나이 먹지 않는다. **2** 케케묵다, 낡다. **3** 오래 살다. *Sopa poc i envelliràs* 저녁을 적게 먹으면 오래 살 것이다. **-se** 늙다, 노인이 되다, 노화하다.
envellutar *tr.* (우단같이) 부드럽게 하다. **-se** 부드러워지다.
envellutat envellutada envellutats envellutades *adj.* 부드러운, 비단결 같은.
enverar *intr.* =verolar.
enverdir *tr.* (들이) 푸른색을 띠게 하다. **-se** 푸른색을 띠다.
envergadura envergadures *f.* **1** (돛의) 폭; (일반적으로) 폭, 넓이. **2** 비중, 중요성; 힘, 능력. **3** (비행기의) 날개의 폭, 날개 길이.
envergar *tr.* (돛을) 돛대에 매다.
enverinament enverinaments *m.* enverinar하는 일.
enverinar *tr.* **1** (...에) 독을 타다. **2** 독살하다, 독극물을 먹이다. **3** 해치다, 못 쓰게 만들다. **-se 1** 염증이 생기다. **2** 성나다, 화나다, 분개하다.
enverinosar *tr.* **1** (...에) 독을 타다. **2** 해치다, 못 쓰게 만들다.
envermellir *tr.* **1** 붉게 하다. **2** 무안을 주다. **-se** 붉어지다; 얼굴이 붉어지다, 무안해지다.
envernissar *tr.* (옻·유약·광택제 등으로) 칠을 하다, 도장하다.
envernissat envernissats *m.* envernissar한 것.
envers *prep.* **1** ...의 쪽으로, ...의 쪽에. **2** ...에 대해, ...을 향해.
envescada envescades *f.* =envescament.
envescament envescaments *m.* envescar하는 일.
envescar *tr.* **1** (무엇을 잡기 위해) 끈끈이를 칠하다. **2** 부추기다, 사주하다.
envesprir *intr.* 저녁이 되다, 어두워지다, 밤이 되다.
envestida envestides *f.* envestir하는 일.
envestir *tr.* 갑자기 들이닥치다, 덮치다, 습격하다.
enviament enviaments *m.* 발송, 송부; 파견.
enviar *tr.* **1** 보내다, 부치다, 발송하다. **2** 파견하다; 심부름 보내다. **-se** (음식을) 통째로 삼키다(empassar-se).
alhora us envio (편지·메일 등에) 동봉해서 보냅니다.
enviat enviada enviats enviades *m.f.* 사자, 사신, 사절.
envidar *tr.* 내기에 도전하다.
envidrar *tr.* 유리를 끼우다.
envidreïment envidreïments *m.* 유리화.
envidreir-se *prnl.* 유리로 되다.
envidriament envidriaments *m.* =envidreïment.
envidriar-se *prnl.* =envidreir-se.
enviduar *intr.* 남편·아내를 잃다; 과부·홀아비가 되다.
envigoridor envigoridora envigoridors envigoridores *adj.* 기운을 돋우는, 활력을 주는; 정력을 강화시키는.
envigoriment envigoriments *m.* envigorir하는 일.

envigorir *tr.* **1** 힘을 돋우다, 기운을 북돋우다, 활력을 주다. **2** (정력을) 강하게 하다, 강화하다. **-se** 세어지다; 기운이 나다, 정력·원기가 왕성해지다.

envilidor envilidora envilidors envilidores *adj.* envilir하는.

enviliment enviliments *m.* 비열, 비천; 품위를 떨어뜨림.

envilir *tr.* 비열하게 하다; 품위를 떨어뜨리다. **-se** 비열해지다; 품위가 떨어지다.

envinagrar *tr.* 식초를 치다; 시게 만들다.

envinyar *tr.* 포도나무를 심다.

environament environaments *m.* 주위, 주변; 주위 환경.

environar *tr.* =envoltar.

envistes de, a les *loc.prep.* ...을 보고, ...을 보니.

envit envits *m.* (내기의) 판돈, 건 돈.

envitricollar *tr.* =embrollar.

enviudar *intr.* 과부가 되다, 홀아비가 되다(enviduar).

envol envols *m.* [항공] 이륙.

envolar-se *prnl.* 날기 시작하다, 날아가다; (비행기가) 이륙하다.

envolt envolta envolts envoltes *adj.* 둘러싸인, 에워싸인.

envoltant envoltants *adj.* 에워싸고 있는.

envoltar *tr.* **1** 둘러싸다, 에워싸다, 둘러치다. **2** [비유] 둘러 있다, 여기저기 있다. **3** (사건을) 둘러싸다. **-se** [비유] 둘러 있다, 에워싸여 있다.

envolupar *tr.* 싸다, 포장하다; 말다, 감다.

enxampar *tr.* **1** (누구를) 붙잡다. **2** [비유] 알아내다, 들키다, 사로잡다.

enxampurrat enxampurrada enxampurrats enxampurrades *adj.* 서툴게 말하는.

enxarolar *tr.* 에나멜을 칠하다; 광을 내다.

enxarpar *tr.* [구어] 낚아채다, 꽉 움켜잡다.

enxarxar *tr.* **1** 그물로 잡다, 그물을 치다. **2** 얽히게 하다, 휘감기게 하다, 복잡하게 하다, 혼란스럽게 하다. **3** (위험에) 휩쓸려 들다. **-se 1** 얽히다, 휘감기다. **2** (어려운 상황에) 휘말리다, 복잡해지다.

enxautar-se *prnl.* [방언] =antullar-se.

enxiquiment enxiquiments *m.* enxiquir하는 일(empetitiment).

enxiquir *tr.* **1** 작게 하다, 작게 만들다. **2** [비유] 중요성을 띠다. **-se** 작아지다.

enxubat enxubada enxubats enxubades *adj.* 막힌, 바람이 통하지 않는.

enyor enyors *m.* =enyorança.

enyoradís enyoradissa enyoradissos enyoradisses *adj.* =enyorós.

enyorança enyorances *f.* 그리워함, 사무침, 아쉬워함.

enyorar *tr.* 그리워하다, 아쉬워하다. **-se** 그리워하다.

enyorós enyorosa enyorosos enyoroses *adj.* 그리워하는, 사무치는.

enze enzes *m.* **1** 미끼. **2** [비유] 바보, 멍청이, 어리석은 사람.

fer l'enze 바보가 되다.

enzim enzims *m.* [생물] 효소.

enzimàtic enzimàtica enzimàtics enzimàtiques *adj.* 효소의.

enzímic enzímica enzímics enzímiques =enzimàtic.

eó eons *m.* 우주의 무한 시대, 수억 년, 영세, 영겁.

eocè eocena eocens eocenes *adj.m.* [지질] 시신세(의).

eòlic eòlica eòlics eòliques *adj.* **1** 에올[바람의 신]의. **2** 바람의, 바람에 의한.

ep *interj.* 주의환기·반문·배척 등을 나타내는 말. 어이!, 이봐!, 야!, 그만!, 위험해!

èpic èpica èpics èpiques *adj.* **1** 서사시의, 서사시의; 서사시적인, 서사시풍의. **2** 웅장한, 웅대한; 영웅적인.

epicentre epicentres *m.* [지질] 진원지, 진앙.

epicureisme epicureismes *m.* [철학] 쾌락주의, 관능주의, 육욕주의.

epicuri epicúria epicuris epicúries *adj.* **1** [철학] 에피쿠로스학파의. **2** 쾌락주의의, 관능주의의, 감각주의의.
-m.f. 그 학파 사람.

epidèmia epidèmies *f.* **1** [의학] 유행병,

전염병. **2** [비유] 역병, 심한 유행병.
epidèmic epidèmica epidèmics epidèmiques *adj.* 유행병의, 유행성의.
epidemiòleg epidemiòloga epidemiòlegs epidemòlogues *m.f.* 유행병학자.
epidemiologia epidemiologies *f.* [의학] 유행병학.
epidermis epidermis *f.* [단·복수동형][해부·식물] 표피, 외피; 세포성 표피.
epifania epifanies *f.* (기독교의) 주현절 [그리스도를 알현하는 동방의 세 박사를 기념하는 날].
epigastri epigastris *m.* [해부] 명치, 윗배, 상복부.
epiglotis epiglotis *f.* [해부] 후두개, 회염연골.
epígon epígons *m.* 추종자, 모방자.
epígraf epígrafs *m.* **1** 비명, 비문; 헌사, 제사. **2** 제명, 표제.
epigrafia epigrafies *f.* **1** 비명 연구. **2** [집합] 비명, 비문.
epigràfic epigràfica epigràfics epigràfiques *adj.* 비명의, 비문의; 제명의, 표제의.
epigrafista epigrafistes *m.f.* 비명·비문 연구가.
epigrama epigrames *m.* 경구, 짧은 풍자시; 촌철살인 표현.
epigramàtic epigramàtica epigramàtics epigramàtiques *adj.* 경구의, 경구적인, 풍자적인.
epigramatista epigramatistes *m.f.* [남녀동형] 경구가, 풍자시인.
epigramista epigramistes *m.f.* [남녀동형] =epigramatista.
epíleg epílegs *m.* **1** (문학 작품의) 발문(跋文), 결어, 발시(跋詩). **2** (연극의) 끝맺는 인사말, 에필로그, 종막.
epilèpsia epilèpsies *f.* [의학] 간질병.
epilèptic epilèptica epilèptics epilèptiques *adj.* 간질병의.
epilogar *tr.* 요약하다, 개요하다.
epiqueia epiqueies *f.* [법률] 확대 해석; 아전인수격 해석.
episcopal episcopals *adj.* 주교의; 감독(제도)의, 감독파의.
episcopat episcopats *m.* 주교·감독제도; 주교·감독의 직·임기; [집합] 주교단, 감독단.
episodi episodis *m.* (소설·극 등 중간의) 삽화; 삽화적인 사건, 에피소드.
episodiar *intr.* 삽화를 말하다, 에피소드를 말하다.
episòdic episòdica episòdics episòdiques *adj.* 삽화의, 에피소드의; 우연적인, 일시적인.
episteme epistemes *f.* 지식, 인식, 에피스테메.
epistemologia epistemologies *f.* [철학] 인식론.
epístola epístoles *f.* **1** 서간, 서한, 편지. **2** [성서] 사도 서신.
epistolari epistolaris *m.* **1** 서간집, 서한집. **2** [성서] (사도의) 서신서.
epitafi epitafis *m.* 묘비명, 비문.
epitalami epitalamis *m.* 결혼의 축시·축가.
epiteli epitelis *m.* [해부] 상피, 표피.
epitelial epitelials *adj.* 상피의, 표피의.
epítet epítets *m.* **1** [문법] 성질 형용사. **2** (편지·서류 등에 적는) 수신자명, 주소 성명.
època èpoques *f.* **1** 시대; 기(期), 세(世). **2** 시기, 계절, 무렵, 경(頃).
epònim epònima epònims epònimes *adj.m.* (인종·시대·토지 등의) 이름의 유래가 되는 (인물).
epopeia epopeies *f.* [문학] 사시, 서사시.
equació equacions *f.* **1** [천문] 오차, 균차. **2** [수학] 방정식. **3** [화학] 반응식.
equador equadors *m.* 적도; 주야 평분선.
equànime equànimes *adj.* **1** 마음이 편안한, 평온한, 차분한, 침착한. **2** 냉정한, 공평한.
equanimitat equanimitats *f.* **1** 평온, 평안, 차분, 침착. **2** 냉정, 공평.
equatorial equatorials *adj.* **1** 적도의, 적도부근의. **2** [천문] 적도의식의. **3** [화학] 적도 결합의.
eqüestre eqüestres *adj.* 말의; 승마의, 기마의; 기마 자세의.
equí equina equins equines *adj.* [시어] 말의, 말 같은.
-*m.* [동물] 말(cavall).

equiangular equiangulars *adj.* 등각의.
èquids *m.pl.* [동물] (말·나귀 등의) 말과 동물.
equidistància equidistàncies *f.* 같은 거리, 등거리.
equidistant equidistants *adj.* 같은 거리의, 등거리의.
equidistar *intr.* 등거리가 되다.
equilàter equilàtera equilàters equilàteres *adj.* [기하] 등변의.
equilateral equilaterals *adj.* =equilàter.
equilibrador equilibradora equilibradors equilibradores *adj.* 균형 잡힌, 평형을 유지하는.
equilibrar *tr.* 균형을 이루다, 균형을 잡다, 평형을 유지하다. **-se** 균형이 잡히다, 평형이 유지되다.
equilibrat equilibrada equilibrats equilibrades *adj.* 균형 잡힌; (사람이) 고요한, 평온한; 침착한, 신중한.
equilibri equilibris *m.* **1** 균형, 평형, 조화. **2** 평정, 침착성, 안정. **3** (서커스의) 곡예.
fer equilibri 균형을 잡다, 평형을 유지하다.
perdre l'equilibri 균형을 잃다, 평형을 잃다.
equilibrisme equilibrismes *m.* [집합] 곡예.
equilibrista equilibristes *m.f.* [남녀동형] 곡예사.
equimosi equimosis *f.* [의학] 혈반, 피하출혈.
equinocci equinoccis *m.* [천문] 분점; 주야 평분시, 춘분, 추분.
equinoccial equinoccials *adj.* 분점의; 춘분점의, 추분점의.
equinoderms *m.pl.* [동물] (섬게·해삼 등의) 극피동물.
equip equips *m.* **1** 준비, 채비. **2** 비품, 설비, 장비. *un equip complet d'alpinista* 등산 장비 일체. **3** 일용품, 가정집기, 가구류. **4** 도구, 용구, 기계 설비, 시설, 플랜트. **5** (특정 목적의) 팀, 반(grup); 부대. **6** [스포츠] 팀.
equipament equipaments *m.* 준비, 채비, 장치; (항해·군사 작전을 위한) 무장.
equipar *tr.* **1** 준비하다, 채비하다. **2** 입히다; 필수품을 공급하다. **3** (배가) 출항 준비를 하다. **4** [군사] (군대를) 무장하다. **5** 설치하다, 설비하다, 배치하다.
equiparable equiparables *adj.* 비교할 수 있는.
equiparació equiparacions *f.* 균형, 평형, 평등.
equiparar *tr.* **1** 균형을 이루다, 평등을 이루다. **2** 견주어 보다, 비교해 보다.
equipatge equipatges *m.* **1** (여행용) 여장, 행장. **2** 짐, 수하물. **3** (항해용) 장비; (군용) 행장.
equipol·lència equipol·lències *f.* =equivalència.
equitació equitacions *f.* 승마, 마술.
equitat equitats *f.* [법률] (공정한) 법 적용.
equitatiu equitativa equitatius equitatives *adj.* 공정한, 정당한, 공평한, 균등한.
equivalència equivalències *f.* **1** 동등, 대등, 상당. **2** 등가, 등가치. **3** [기하] 등면적, 등체적.
equivalent equivalents *adj.* **1** 동등한, 대등한. **2** [화학] 등가의. **3** [기하] 등면적의, 등체적의.
-m. 동등한 것, 상당하는 것; 상당량.
equivaler *intr.prnl.* 같다, 상당하다; 동등한 값이다.
equívoc equívoca equívocs equívoques *adj.* **1** 애매(모호)한, 불투명한. **2** 수상한, 미심쩍은, 정체를 알 수 없는.
-m. **1** 잘못, 실수, 착각. **2** 혼동, 애매모호함.
equivocació equivocacions *f.* 착각, 착오; 과실, 실책, 실수, 오류.
equivocar *tr.* **1** 착각을 일으키다, 잘못 알다, 잘못 생각하다. **2** 잘못하다, 실수하다. **-se** 잘못하다, 실수하다, 틀리다; 잘못 알다.
equivocós equivocosa equivocosos equivocoses *adj.* 착오의, 실수의, 오류의.
era¹ eres *f.* **1** 시대, 연대, 시기. **2** (서력 등의) 기원(紀元).
era² eres *f.* **1** (꽃·야채 등의) 밭. **2** 탈곡장, (노천의) 작업장.

eradicació eradicacions *f.* 근절, 박멸, 뿌리째 뽑음.
eradicar *tr.* 근절하다, 박멸하다, 뿌리째 뽑다.
erari eraris *m.* 국고; 국고 관리청.
erecció ereccions *f.* **1** 직립. **2** 건립, 건설, 조립; 건조물. **3** 창설, 창립. **4** [생리] 발기, 발기된 음경.
erecte erecta erectes erectes *adj.* **1** 똑바로 선, 직립의. **2** (머리카락 등이) 곤두선. **3** (광선의 상이) 정립한. **4** [생리] (음경이) 발기한. **5** (동작·태도가) 경직된.
erèctil erèctils *adj.* 일어서는, 직립의; 발기하는.
erector erectora erectors erectores *adj.* 발기하는.
eremita eremites *m.f.* [남녀동형] 은자 (ermità).
eremític eremítica eremítics eremítiques *adj.* 은자의, 은자 같은; 은둔 생활을 하는.
eremitisme eremitismes *m.* 은자 생활, 은둔 생활.
erg *m.* [물리] 에르그[일의 CGS 단위; 1다인의 힘이 작용하여 물체를 1cm 이동시키는 힘의 양; 기호 e].
eriçament eriçaments *m.* 곤두세움, 일으켜 세움; 소름 끼침.
eriçar *tr.* **1** 곧게 세우다, 일으키다. **2** (사건·두려움 등이) 머리를 곤두세우다. *eriçar els cabells* 머리가 곤두서게 하다. **-se** (머리가) 곤두서다.
fer eriçar (머리털이) 서게 하다; 섬뜩하게 하다.
eriçat eriçada eriçats eriçades *adj.* **1** 곤두선, 일으켜 세워진. **2** (머리털이) 곤두선, 소름 끼치는. **3** 가시투성이의.
eriçó eriçons *m.* **1** [동물] 고슴도치. **2** (밤의) 가시.
erigible erigibles *adj.* erigir할 수 있는.
erigir *tr.* **1** 세우다, 일으키다. **2** 건립하다, 건설하다; 창립하다, 창건하다. **3** (제도로서) 제정하다. **4** (신분을) 승격시키다; (왕을) 즉위시키다. *L'erigiren en rei* 그를 왕으로 추대했다. **-se** (높은 지위에) 앉다.
erisipela erisipeles *f.* [의학] 단독(丹毒).

erístic erística erístics erístiques *adj.* 언쟁의, 논쟁의, 논쟁적인.
eritema eritemes *f.* [의학] 홍반, 홍진.
eritematós eritematosa eritematosos eritematoses *adj.* 홍반의, 홍진의.
eritròcit eritròcits *m.* [의학] 적혈구.
erm erma erms ermes *adj.* **1** (사람·동물이) 살지 않는(inhabitat). **2** 황량한, 황무지의, 사막의. **3** (초목이) 없는, 미개한, 허허벌판의.
-m. 황무지, 황야.
ermar *tr.* 황량하게 만들다, 황무지로 내버려 두다.
ermàs ermassos *m.* =erm.
ermini erminis *m.* [동물] 산 족제비, 흰 담비.
ermita ermites *f.* **1** 은거하는 사람, 은자; 그 거처·암자. **2** (외딴) 작은 기도처.
ermità ermitana ermitans ermitanes *m.f.* **1** 수행자, 수도자, 은자, 신선, 도사; 속세를 버린 사람. **2** [동물] 독거성의 동물.
-m. [어류] 소라게.
ermitatge ermitatges *m.* 암자.
ermós ermosa ermosos ermoses *adj.* 황무지의, 황야의.
ermot ermots *m.* (개발하지 않은) 황무지.
erogació erogacions *f.* 분배, 배당, 할당.
erogar *tr.* 분배하다, 배당하다, 할당하다.
erogen erògena erògens erògenes *adj.* 흥분하게 하는, 성욕을 자극하는.
erol erols *m.* 밭의 구획; 밭의 계단.
erolar *tr.* 밭의 구획을 나누다.
erosió erosions *f.* **1** 부식, 침식, 풍화. **2** (가죽·쇠 등의) 마모.
erosionar *tr.* 부식시키다, 침식시키다; 마모시키다, 닳게 하다.
erosiu erosiva erosius erosives *adj.* 부식성의, 침식하는, 마모시키는.
eròtic eròtica eròtics eròtiques *adj.* 연애의, 성애의, 애욕의, 색정적인.
erotisme erotismes *m.* **1** 에로, 에로티시즘, 호색, 정욕, 연애지상주의. **2** 성욕, 성적 흥분, 성적 충동; 이상 성욕

erotitzar 항진.

erotitzar tr. 에로틱하게 하다, 춘화하다, 성적으로 자극하다.

erotomania erotomanies f. [의학] 색정광.

errada errades f. 실수, 실책.

erradívol erradívola erradívols erradívoles adj. =errador.

errador erradora erradors erradores adj. 속이는, 사기하는.

errant errants adj. **1** 실수하는, 잘못하는. **2** 방랑의, 떠돌이의, 편력의. **3** 유랑의, 유목의.

errar intr. **1** 길을 잃다, 헤매다, 이리저리 돌아다니다. **2** 그르치다, 틀리다. **3** 그릇된 길로 빠지다, 실족하다, 죄를 범하다. -tr. **1** 실수하다, 틀리다(equivocar). **2** (의무를) 어기다. **-se** 실수하다, 잘못하다, 틀리다, 과실을 범하다.
si no m'erro 내가 틀리지 않다면.
anar errat 길을 잃고 돌아다니다.

errata errates f. (정정해야 할) 잘못, 틀림, 오자, 오식.
fe d'errates 정오표.

erràtic erràtica erràtics erràtiques adj. **1** 방랑의. **2** (철새가) 이동성의.

erroni errònia erronis errònies adj. 잘못된, 틀린, 그릇된.

error errors m.[f] **1** 잘못, 실수, 오류. **2** (무지로 인한) 실수, 착각, 과오, 과실, 실책. **3** [수학] 오차.
cometre un error 잘못을 저지르다, 실수하다.
ésser[estar] en l'error 실수하다, 착각에 빠지다.

erubescència erubescències f. 수치, 부끄러움, 창피스러움.

eructar intr. 하품하다.

eructe eructes m. 하품.

erudició erudicions f. 박학, 박식, 학식; 학계.

erudit erudita erudits erudites adj. 박학한, 박식한, 석학의, 학식 있는.
-m.f. 박식한 사람, 학자.

eruga erugues f. [곤충] 모충.

eruginós eruginosa eruginosos eruginoses adj. 녹슨.

erupció erupcions f. **1** [지질] (화산의) 폭발, 분화; (용암·간헐 온천 등의) 분출. **2** (분노·웃음 등의) 폭발. **3** (병 등의) 발생. **4** [의학] 발진.

eruptiu eruptiva eruptius eruptives adj. **1** 폭발성의, 폭발적인. **2** 분화에 의한, 분출성의. **3** [의학] 발진성의.

es¹ [다른 대명사 앞에서는 **se**; 동사 뒤에서는 **-se**; 모음이나 h로 시작하는 동사 앞에서나 hi, ho 등의 대명사 앞에서는 **s'**; 모음으로 끝나는 동사나 대명사 뒤에서는 **'s**; 동사 뒤나 hi, ho 등의 대명사 앞에서는 **-s'**] pron. *Es pentina a cada moment* 그는 수시로 머리를 빗는다. *S'ha llevat tard* 그는 늦게 일어났다. *Va a rentar-se les mans* 그는 손을 씻으려 한다. *Va treure's l'abric* 그는 외투를 벗었다. *Va creure-s'ho* 그는 그것을 믿었다. **2** [비인칭으로 쓰임] *Això no s'entén* 그것은 이해가 안 된다. *Es van sentir unes veus llunyanes* 멀리서 어떤 소리들이 들렸다.

es² es [전치사 a, de, per와 함께 쓰일 때는 **as, des, pes**가 됨] art.m. es ca 그 개.

esbaconar tr. 돼지고기를 자르다; 베이컨을 만들다.

esbadellar-se prnl. (꽃·솔방울 등이) 활짝 피다, 벌어지다.

esbafar-se prnl. **1** 기화하다; (냄새가) 사라지다. **2** [비유] 꿈을 잃다; 용기를 잃다, 낙심하다.

esbajocar tr. 타작하다, 낱알을 털다.

esbalaïdor esbalaïdora esbalaïdors esbalaïdores adj. esbalair하는.

esbalaïment esbalaïments m. esbalair하는 일.

esbalair tr. **1** 실신시키다, 이성을 잃게 하다, 아연실색하게 하다, 망연자실하게 하다. **2** (두려워) 질리게 만들다, 얼어붙게 만들다. **-se** 실신하다, 아연실색하다; 질리다, 얼어붙다.

esbalandrar tr. 활짝 열다; 느슨하게 하다, 헐겁게 하다.

esbaldir tr. =esbandir.

esbandida esbandides f. 헹구는 일.

esbandir tr. (세탁물을) 헹구다.

esbalçar tr. (벼랑 밑으로) 떨어뜨리다,

던지다; 전락시키다.
esbargir *tr.* =esbatre.
esbarjo esbarjos *m.* **1** (학교 등의) 휴식 시간. **2** 오락, 레크리에이션. **3** 휴양, 보양.
esbarjós esbarjosa esbarjosos esbarjoses *adj.* 넓은, 널찍한, 넓은 공간의; 한가한, 휴양하는.
esbarrar-se *prnl.* (아래로) 구르다; 밑으로 떨어지다.
esbarriada esbarriades *f.* esbarriar하는 일.
esbarriar *tr.* **1** 길을 잘못 들게 하다, 엉뚱한 데로 빠지게 하다, 길을 잃게 하다. **2** 어수선하게 하다, 당황하게 하다. **3** 버리다, 흩뿌리다(escampar). **-se 1** (길에서) 벗어나다; 탈선하다. **2** 흩어지다, 흩뿌려지다(escampar-se).
esbart esbarts *m.* **1** 무리, 떼, 그룹. **2** 전통 무도회.
esbarzer esbarzers *m.* [식물] 가시나무, 찔레나무.
esbarzeram esbarzerams *m.* =esbarzerar.
esbarzerar[1] esbarzerars *m.* 가시나무 숲.
esbarzerar[2] *tr.* 가시나무를 자르다.
esbat esbats *m.* =esbatiment.
esbatanar *tr.* 활짝 열다, 열어젖히다.
esbatec esbatecs *m.* 날개를 침, 날개를 펄럭임; 지느러미를 휘저음.
esbategament esbategaments *m.* 날개를 침, 펄럭거림, 휘저음.
esbategar *tr.* 날개를 치다, 펄럭이다; 지느러미를 휘젓다.
esbatiment esbatiments *m.* **1** 흔들림, 떨림, 진동. **2** 털어 버림, 떨쳐 버림.
esbatre *tr.* **1** 흔들다, 흔들어 털다, (먼지를) 일으키다. **2** (고통·슬픔 등을) 털어버리다, 쫓아버리다.
esbatussada esbatussades *f.* 싸움, 투쟁, 소란 피움.
esbatussar-se *prnl.* 싸우다, 투쟁하다, 소란을 피우다.
esberla esberles *f.* 나뭇조각, 나무 부스러기.
esberlar *tr.* 나무를 쪼개다.
esbiaixar *tr.* 비스듬히 자르다.
esbiaixat esbiaixada esbiaixats esbiaixades *adj.* **1** 비스듬히 자른. **2** 비뚬한, 기운.
esbiec esbiecs *m.* (양·사슴 등의) 울음소리.
esbiegar *intr.* (양·사슴 등이) 울다.
esbirro esbirros *m.* 순경, 경찰관.
esblaimar-se *prnl.* 색이 바래다, 퇴색하다.
esblamar-se *prnl.* 불이 꺼지다.
esblanqueir *tr.* 색을 바래게 하다, 퇴색시키다; 하얗게 하다. **-se** 색이 바래다, 하얗게 되다.
esblanqueït esblanqueïda esblanqueïts esblanqueïdes *adj.* **1** 색이 바랜, 변색한, 탈색한. **2** 창백한, 안색이 안 좋은 (pàl·lid).
esbocar *tr.* 입을 크게 열다.
esbocinament esbocinaments *m.* 토막냄, 산산조각 냄.
esbocinar *tr.* 가르다, 토막 내다, 잘게 썰다. **-se** 조각나다, 산산조각 나다.
esboirar *tr.* 눈에 끼는 것을 제거하다. **-se** 안개가 걷히다.
esboirat esboirada esboirats esboirades *adj.* **1** 안개가 걷힌. **2** [비유] 변하기 쉬운, 변덕스러운; 산만한.
esbojarrament esbojarraments *m.* 발광, 광란.
esbojarrar-se *prnl.* **1** 미치다, 제정신이 아니다. **2** (동물이) 미치다, 펄펄 뛰다. **3** 혼란이 일어나다.
esbojarrat esbojarrada esbojarrats esbojarrades *adj.* 미친, 발광하는, 소란을 피우는, 펄펄 뛰는.
-m.f. 미친 사람, 소란을 피우는 사람.
esbombada esbombades *f.* =esbombament.
esbombament esbombaments *m.* 누설, 누출, 발설.
esbombar *tr.* (비밀 등을) 누설하다, 발설하다. **-se** (비밀 등이) 퍼지다, 누설되다.
esbombolar(se) *tr.* =esbombar(se).
esborradís esborradissa esborradissos esborradisses *adj.* 쉽게 지워지는; 쉽게 고쳐지는.
esborrador esborradora esborradors esborradores *adj.* 지우는, 없애는.

-m. 지우개, 흑판 지우개.
-f. (양모 등의) 작은 털을 없애는 도구.
esborrall esborralls m. 잉크의 얼룩.
esborrallar tr. 얼룩을 묻히다.
esborrament esborraments m. 지움, 말소; 고침, 정정.
esborranc esborrancs m. =esborrall.
esborrany esborranys m. **1** 초고, 원고. **2** 소묘, 스케치.
esborrar tr. **1** 지우다. **2** (기록을) 말소하다. **3** (직물의) 티를 떼어 내다. **4** [비유] 없애 버리다, 지워 버리다. **-se** 지워지다, 사라지다.
esborrifament esborrifaments m. (머리털이) 곤두섬.
esborrifar tr. (머리털 등을) 곤두세우다. **-se** 곤두서다.
esborronament esborronaments m. 소름, 전율, 공포.
esborronar tr. 소름끼치게 하다, 전율시키다. **-se** 소름 끼치다, 공포에 질리다.
esbós esbossos m. **1** 스케치, 소묘, 데생. **2** 요점 정리.
esbossar tr. 스케치하다, 소묘하다; (요점을) 정리하다.
esbotifarrar tr. (옷 등을) 터지게 하다. **-se** 터지다, 찢어지다.
esbotzada esbotzades f. 파열, 작렬, 폭발.
esbotzar tr. 파열시키다. **-se 1** 터지다, 파열되다. **2** 작렬하다, 폭발하다. **3** (감정 등이) 폭발하다.
esbramec esbramecs m. 곰이 외치는 소리.
esbramegar intr. 곰이 외치다.
esbrancament esbrancaments m. (나뭇가지의) 전지.
esbrancar tr. 나뭇가지를 자르다.
esbraonament esbraonaments m. 허약, 쇠약, 기진맥진.
esbraonar tr. 허약하게 만들다, 기력을 쇠하게 하다. **-se** 허약해지다, 쇠약해지다.
esbravament esbravaments m. 한숨 돌림, 휴식; 마음 편함, 느긋함.
esbravar-se prnl. **1** (음료수가) 김이 빠지다. **2** [비유] 피곤을 덜다, 한숨 돌리다, 마음이 편해지다, 무거운 짐을 벗다.
esbraveir tr. 길들이다. **-se** 길들여지다, 야성적인 기질이 없어지다.
esbrinadís esbrinadissa esbrinadissos esbrinadisses adj. 조사·연구 가능한, 알 수 있는.
esbrinador esbrinadora esbrinadors esbrinadores adj. 조사하는, 연구하는, 알아보는.
esbrinar tr. **1** 가늘게 자르다. **2** [비유] 조사하다, 알아보다; 알게 되다.
esbrocar tr. 주둥이를 부수다.
esbromar tr. =escumar.
esbronc esbroncs m. 욕지거리, 말다툼.
esbroncar tr. 화나게 하다; 소리 내어 말다툼하다.
esbrossar tr. (낙엽 등을) 치우다, 청소하다.
esbrotar tr. 어린 가지를 치다.
esbrotonar tr. =esbrotar.
esbucar tr. 무너뜨리다, 파괴하다, 붕괴시키다.
esbudellar tr. (물건·동물의) 속·내장을 꺼내다.
esbufec esbufecs m. 거친 숨소리.
esbufegar intr. 거칠게 숨을 쉬다, 숨을 헐떡거리다.
esbullar tr. (머리를) 헝클어뜨리다. **-se** 헝클어지다, 산발하다.
esburbat esburbada esburbats esburbades adj. 차분하지 못한, 경망스러운, 덜렁대는, 무분별한.
esca esques f. **1** 부싯깃; 화구. **2** 도화선. **3** [비유] 유인, 동기; 자극물.
escabellar tr. =esbullar.
escabellat escabellada escabellats escabellades adj. **1** 머리가 헝클어진. **2** 산만한, 비논리적인.
escabetx escabetxos m. 에스카베츠[식초·포도주·월계수 잎을 넣은 소스의 일종].
escabetxar tr. **1** 에스카베츠로 요리하다. **2** [구어] 죽이다. **3** [구어] (시험에) 낙제하다.
escabotell escabotells m. =escamot.
escabrós escabrosa escabrosos escabroses adj. **1** 요철의. **2** 울퉁불퉁한. **3** 거친, 험한, 사나운. **4** 음란한, 외설의,

난잡한. *una anècdota escabrosa* 외설적인 이야기.

escabrositat escabrositats *f.* **1** 요철, 울퉁불퉁함. **2** 험난함, 사나움. **3** 음란, 외설, 난잡함.

escac escacs *m.* **1** 네모진 것. **2** (장기판의) 네모난 구획. **3** *pl.* 장기, 체스.

donar*[*fer*] *escac 위협하다, 협박하다, 으름장을 놓다; (서양장기에서) 장을 부르다.

escacat escacada escacats escacades *adj.* 장기판 무늬의, 바둑판무늬의.

escadusser escadussera escadussers escadusseres *adj.* **1** 잔여의, 잉여의, 여분의; 별도의. **2** 공연한, 지나친.

escafandre escafandres *m.* 잠수 장비.

escafandrer escafandrera escafandrers escafandreres *m.f.* 잠수부.

escafandrisme escafandrismes *m.* 잠수 훈련, 스킨스쿠버.

escagarrinar-se *prnl.* 두려움에 사로잡히다; 무서워 죽다.

escagassar-se *prnl.* **1** 죽다, 서거하다. **2** (건물이) 붕괴하다. **3** [비유] 무서워 죽다.

escaguitxada escaguitxades *f.* =escaguitxament.

escaguitxament escaguitxaments *m.* 풀어줌, 놓아줌; (돈을) 풀어 놓음.

escaguitxar *tr.* **1** 풀어주다, 놓아주다. **2** (돈을) 풀다.

escaiença escaiences *f.* 알맞음, 적당; 기회, 호기, 적절한 때.

escaient escaients *adj.* **1** 어울리는, 마음에 드는. **2** 알맞은, 적절한, 적당한 (oportú).

escaig escaigs *m.* (천·가죽 등의) 조각, 자투리.

escaïnar *tr.* =escatainar.

escaiola escaioles *f.* **1** 회반죽. **2** [식물] 리본초의 일종.

escairada escairades *f.* 각재(角材); (나무의) 횡단면의 면적.

escairament escairaments *m.* 직각으로 자름; 평면적 계산(법).

escairar *tr.* 직각으로 하다, 직각으로 자르다.

escaire escaires *m.* **1** 자, 쇠자, 직각삼각자. **2** 방형(方形). **3** (군대의) 분대, 편대, 함대, 지역 함대, 전투 함대.

a escaire 직각으로.

escala escales *f.* **1** 사다리. **2** [음악] 음계. **3** 눈금. **4** 비례, 비율; 규모. **5** 척도; (지도의) 비례척, 축척. **6** 단계, 단계표, 색도표, 시력표. **7** (무관·직원의) 서열(표); 계층. *escala social* 사회계층. **8** [해사][항공] 기항지, 착륙지(port, aeroport). **9** *pl.* 층계, 계단(esglaons). *una escala de marbre* 대리석 계단.

a gran*[*petita*] *escala 대규모[소규모]로.

escalaborn escalaborns *m.* 대충 깎기; 대충 깎은 것.

escalabornar *tr.* 대충 깎다.

escalabrar *tr.* 머리에 상처를 입히다.

escalabrós escalabrosa escalabrosos escalabroses *adj.* =escabrós.

escalada escalades *f.* **1** 기어오르기. **2** (사다리식) 대형, 지형. **3** [스포츠] (사이클링의) 오르막길. **4** 고위직에 오름; 직위의 상승.

escaladís escaladissa escaladissos escaladisses *adj.* 기어오르는, 올라가는, 오르막의.

escalador escaladora escaladors escaladores *adj.* 기어오르는.

-m.f. 기어오르는 사람; 암벽 등반가.

escalafó escalafons *m.* 직원 서열표; 병사 명부.

escalament escalaments *m.* 기어오르기; 등반; 승진.

escalar *tr.* **1** 기어오르다, 사다리로 오르다. **2** [스포츠] (사이클링에서) 오르막길을 오르다. **3** [비유] 고위직에 오르다.

escalat escalats *m.* (동일한) 색계, 음색; 계단.

escaldada escaldades *f.* =escaldament.

escaldadura escaldadures *f.* [의학] =irritació.

escaldament escaldaments *m.* escaldar 하는 일.

escaldar *tr.* **1** 펄펄 끓이다; (끓는 물에) 데치다. **2** [의학] (피부를) 자극하다, 달아오르게 하다. **-se 1** 펄펄 끓다. **2** (풀·씨앗이) 바싹 타다. **3** [의학]

피부에 염증이 생기다.
escaldot escaldots *m.* 여름의 구름.
escaldufar *tr.* **1** 끓는 물에 넣다. **2** 어중간하게 하다. **3** 대충 치료하다. **4** (문제를) 가볍게 다루다.
escalè escalena escalens escalenes *adj.* [기하] 부등변의. *triangle escalè* 부등변 삼각형.
escaleta escaletes *f.* 작은 계단.
fer escaleta (손으로) 밀어 주다.
escalf escalfs *m.* **1** 열, 열기; 뜨거움, 더위. *a l'escalf de la llar* 가정의 열기로. **2** 열정, 열렬, 격렬(ardor). *l'escalf del públic* 대중의 뜨거운 열정.
escalfacadires escalfacadires *m.f.* [단·복수동형] 궁둥이가 질긴 사람, 끝까지 기다리는 사람.
escalfador escalfadora escalfadors escalfadores *adj.* 가열하기 위해 사용하는.
-*m.* 히터, 가열기; 난방 장치.
escalfallits escalfallits *m.* [단·복수동형] 침대의 온열기.
escalfament escalfaments *m.* escalfar 하는 일.
escalfapanxes escalfapanxes *m.* [단·복수동형] 화덕, 벽난로.
escalfar *tr.* **1** 가열하다, 온도를 높이다, 따뜻하게 하다. **2** [비유] 열광하게 하다. **3** 구타하다, 몽둥이질하다. -**se 1** 따뜻해지다. **2** [비유] (토론 등이) 뜨거워지다; 흥분되다.
escalfeir *tr.* 약간 데우다.
escalfeta escalfetes *f.* 곤로.
escalfor escalfors *f.* (가열된) 열, 열기.
escalinata escalinates *f.* [건축] 돌계단.
escalivar *tr.* 숯불에 굽다.
escalivat escalivada escalivats escalivades *adj.* 숯불에 구운.
-*f.* 숯불에 구운 음식.
escaló escalons *m.* 층계, 계단.
escalonada escalonades *f.* 계단석; (제단 앞의) 계단.
escalonament escalonaments *m.* escalonar하는 일.
escalonar *tr.* **1** (서열 순으로) 배열하다. **2** (사이를 두어) 배치하다, 군데군데 놓다. **3** 층층이가 되게 하다.

escalopa escalopes *f.* 얇게 썬 고기 요리.
escalpel escalpels *m.* (수술용) 해부도, 메스.
escalunya escalunyes *f.* [식물] 실파.
escama escames *f.* 비늘; 비늘 모양으로 된 것.
escamar *tr.* 비늘을 떼다.
escamarlà escamarlans *m.* [동물] 바닷게.
escamarlar *tr.* **1** 양다리를 벌리게 하다. **2** 손가락을 벌리다. -**se** 다리를 벌리다.
escambell escambells *m.* (기대는 것이 없는) 걸상, 발판
escamnar *tr.* **1** 악취가 나다; 불쾌하다, 기분이 나쁘다. **2** 빗질하다(escarmentar). -**se 1** 악취가 나다, 불쾌하다. **2** 빗질하다(escarmentar-se).
escamot escamots *m.* **1** [군사] (소대의) 분대. **2** (적은) 목축 떼.
escamoteig escamoteigs [escamotejos] *m.* 요술 부림; 야바위, 속임수.
escamotejar *tr.* **1** (요술을 부려) 감추다, 사라지게 하다. **2** 야바위 치다, 손재주를 부리다; 멋지게 해치우다.
escamp escamps *m.* =escampadissa.
escampada escampades *f.* =escampament.
escampadissa escampadisses *f.* 뿌리기, 흩날려 뿌림.
escampament escampaments *m.* escampar하는 일.
escampar *tr.* **1** 흩뜨리다, 흩어지게 하다(dispersar). **2** 뿔뿔이 헤어지게 하다. **3** (쓰레기를) 흩날리다. *No escampis les escombraries* 쓰레기를 흩날리지 마라. **4** (가루 등을) 위에 뿌리다. **5** (버터 등을) 펼쳐 바르다. **6** [비유] (소문·소식을) 퍼뜨리다. **7** (피·눈물 등을) 떨어뜨리다(vessar). **8** (돈을) 쓰다, 허비하다. **9** (눈물 등을) 흘리다. -*intr.* (구름이) 걷히다. -**se 1** 산산이 흩어지다(dispersar-se). **2** (구름이) 걷히다. **3** (소문이) 퍼지다(difondre's).
escandalitzar *tr.* **1** 대소동을 벌이다, 난장판을 벌이다. **2** 중상하다, 모략하다. -**se** 대소동이 벌어지다.

escandall escandalls *m.* **1** 표본 조사; (상품의) 임의 추출 검사; 그것에 의한 결정. **2** [해사] (깊은 바다의) 수심 측정 추.

escandallar *tr.* **1** (상품을) 임의 조사 하다. **2** (바다의) 수심을 측정하다.

escandalós escandalosa escandalosos escandaloses *adj.* **1** 평판이 나쁜, 수치스러운, 파렴치한, 추문의, 명예롭지 못한. **2** 중상적인, 모욕을 하는, 헐뜯는. **3** 큰 문제를 일으키는, 대소란을 피우는.

escandir *tr.* (시의) 운율을 고르다.

escàndol escàndols *m.* **1** 추문, 파렴치; 오직, 불명예. **2** 중상, 험담. **3** 대소동, 대소란.

escàner escàners *m.* 스캐너.

escantell escantells *m.* 조각, 파편, 부스러기; (이가 빠진) 자국.

escantellar *tr.* (목재·석재 등의) 가장자리를 밀다.

escanvi escanvis *m.* =bescanvi.
 en escanvi 대신에, 그 대가로.

escanviar *tr.* =bescanviar.

escanyall escanyalls *m.* **1** (산간의) 뚫린 길, 협곡. **2** 작은 길, 오솔길, 산길.

escanyamarits escanyamarits *f.* [단·복수동형] 세 번째 결혼한 여자, 남편 잡아먹는 여자.

escanyament escanyaments *m.* 질식; 교살.

escanyamullers escanyamullers *m.* [단·복수동형] 세 번째 결혼한 남자, 아내 잡아먹는 남자.

escanyapobres escanyapobres *m.f.* [단·복수동형] 고리대금업자.

escanyapolls escanyapolls *m.* [단·복수동형][곤충] 사슴벌레.

escanyar *tr.* **1** 목을 매달아 죽이다, 교살하다. **2** 숨을 못 쉬게 하다, 질식시키다. **3** [의학] (도관 등을) 막다, 누르다. **4** [비유] 죄다, 압박하다. **-se 1** 목졸려 죽다. **2** 질식하다. **3** (도관이) 막히다. **4** 조이다.

escanya-rals escanya-rals *m.f.* [남녀형] 구두쇠, 인색한 사람.

escanyat escanyada escanyats escanyades *adj.* escanyar한.

escanyolir-se *prnl.* 여위다, 마르다.

escanyussar-se *prnl.* 목이 막히다, 질식하다.

escapada escapades *f.* =escapament.

escapadís escapadissa escapadissos escapadisses *adj.* 재빨리 도망치는, 잽싸게 빠져나가는.

escapador escapadors *m.* 피할 곳, 탈출구.

escapament escapaments *m.* **1** 도망, 도주, 탈주, 탈출. **2** (자동차의) 배기, 배기가스; 배기 장치. **3** (시계·피아노 등의) 쳄쇠.

escapar *intr.* **1** 도망가다, 달아나다. **2** [비유] (자신도 모르게) 말하게 되다. *Li escapà una exclamació* 자신도 모르게 감탄이 나왔다. **-se 1** 도망하다, 도주하다(fugir); 피하다, 벗어나다, 면하다(evadir-se). **2** (액체·가스가) 새어나오다. **3** 눈에서 벗어나다, 눈을 피하다. **4** [비유] (말이) 헛나가다, 새 나가다; (말뜻을) 놓치다.

escaparata escaparates *f.* 진열창, 쇼윈도.

escapat escapada escapats escapades *adj.* [부사적] 재빨리, 잽싸게, 눈깜짝할 사이에.

escapatòria escapatòries *f.* **1** 도주, 도망; 피할 곳, 탈출구. **2** [비유] 구실, 핑계.
 no tenir escapatòria 도망갈 곳이 없다.

escapça escapces *f.* (칼·창 등의) 끝; 끝이 뾰족한 것, 선단.

escapçada escapçades *f.* **1** (끝을) 잘라냄; (사슴 등의) 뿔을 자름. **2** 삭감.

escapçadura escapçadures *f.* 조각, 자투리.

escapçar *tr.* **1** (무엇의) 끝을 못 쓰게 하다, 부러뜨리다, 꺾다. **2** 머리를 자르다(decapitar). **3** (동물이 식물의) 새 순을 먹어 버리다.

escàpol escàpola escàpols escàpoles *adj.* 무사한, 상처 입지 않은, 무해한, 무난한, 아무 탈 없는.
 sortir escàpol d'un perill 위험에서 무사히 빠져나오다. *fer-se escàpol* (무사히) 탈출하다; 피하다, 도주하다.

escapolir-se *prnl.* **1** 피하다, 탈출하다. **2** 도주하다, 도망가다(evadir-se).
escàpula escàpules *f.* [해부] 어깨뼈, 견갑골(omòplat).
escapular escapulars *adj.* 어깨뼈의.
escapulari escapularis *m.* (사제 등의) 앞에 두르는 하얀 천.
escaqueig escaqueigs[escaquejos] *m.* [속어] 농땡이.
escaquejar-se *prnl.* [속어] 농땡이를 부리다, (일에) 꾀를 부리다.
escaquer escaquers *m.* 장기판, 체스 판.
escaquista escaquistes *m.f.* [남녀동형] 장기·체스 선수.
escar escars *m.* =varador.
escarabat escarabats *m.* **1** [곤충] 딱정벌레. **2** (대패질할 때 쓰는) 받침대.
escarada, a *loc.adv.* 청부로; 쉬지 않고, 부지런히. *treballar a escarada* 쉬지 않고 일하다.
fer escarafalls de [구어] 호들갑을 떨다.
escarafallós escarafallosa escarafallosos escarafalloses *adj.* 허풍 떠는, 호들갑을 떠는.
escarafalls *m.pl.* 과장된 감정, 호들갑스러운 감정 표시.
escaramussa escaramusses *f.* 승강이, 경쟁; 전초전, 소강전.
escaramussar *intr.* 승강이를 하다, 실랑이를 하다, 경쟁하다.
escarapel·la escarapel·les *f.* 기장(記章), 약장(略章), 배지.
escarar *tr.* (일의) 계약 조건을 정하다, 청부를 맡다.
escarbotar *tr.* **1** 끝을 쥐어뜯다. **2** 가죽을 벗기다, 껍질을 떼어 내다.
escarcanyar-se *prnl.* =esgarmamellar-se.
escarceller escarcellera escarcellers escarcelleres *m.f.* 간수, 옥수.
escardalenc escardalenca escardalencs escardalenques *adj.* **1** 마른, 가느다란. **2** (목소리가) 가냘픈, 날카로운.
escarificar *tr.* **1** (땅을) 고르다, 정지(整地)하다; 그루터기를 베어 내다. **2** (겉·피부의) 딱지를 떼어 내다.
escarit escarida escarits escarides *adj.* **1** (껍질을) 벗긴, 벌거벗은. **2** [비유] 살풍경의, 꾸밈이 없는, 무늬가 없는, 있는 그대로의.
escarlata escarlates *adj.* 주홍색의.
-m. 주홍색; 심홍색 천.
-f. 주홍색 물감.
escarlatina escarlatines *f.* **1** 심홍색 천. **2** [의학] 성홍열.
escarlet escarlets *m.* =carlí, carlet.
escarmentar *intr.* 깨우치다, 자숙하다.
-se 자제하다, 자숙하다, 자중하다.
escarn[escarni] escarns *m.* 비웃음, 조롱, 우롱(burla); 야유, 모욕.
escarnidor escarnidora escarnidors escarnidores *adj.* 비웃는, 조소하는; 모방하는.
escarniment escarniments *m.* 비웃음, 조소, 조롱; 모방.
escarnir *tr.* **1** 비웃다, 조소하다, 우롱하다. **2** [구어] 모방하다, 따라 하다(imitar); 성대모사하다. *escarnir la veu d'algú* 누구의 목소리를 흉내 내다.
escarola escaroles *f.* [식물] 꽃상추.
escarolat escarolada escarolats escarolades *adj.* 오므라든, 주름이 생긴, 우글쭈글한(arrissat).
escarot escarots *m.* =escamot.
escarotar *tr.* **1** 해산시키다, 분산시키다, 흩트리다. **2** 소동을 일으키다. *-se* 뿔뿔이 헤어지다.
escarpa escarpes *f.* 가파른 벼랑, 절벽, 낭떠러지; 비탈, 급경사.
escarpament escarpaments *m.* =escarpa.
escarpat escarpada escarpats escarpades *adj.* 급경사진, 가파른, 깎아지른 듯한, 험준한.
escarpell escarpells *m.* 해부도.
escarpí escarpins *m.* (밑창이 얇은) 신발, 무도화.
escàrpia escàrpies *f.* 구부러진 못, 고리못.
escarpir *tr.* **1** 빗으로 빗다. **2** (천의) 얽힌 것을 풀다.
escarpra escarpres *f.* (목재·돌·금속용) 끌, 강철 끌.
escarpre escarpres *m.* =escarpra.
escarrabillar(se) *tr.prnl.* =espavilar(se).
escarransiment escarransiments *m.* **1** 인색, 노랑이짓. **2** 작은 물건, 하찮은

것.

escarransit escarransida escarransits escarransides *adj.* **1** 구두쇠의, 인색한, 야비한(mesquí). **2** 부족한, 모자라는, 빈약한.
-m.f. 구두쇠, 야비한 사람, 인색한 사람.

escarràs escarrassos *m.* **1** 티끌, 부스러기. **2** (포도의) 곁 송이. **3** 주렁주렁 널린 가지. **4** 바보, 멍청이.

escarrassar-se *prnl.* (육체적으로) 녹초가 되다, 지치다.

escarritx escarritxos *m.* **1** 이 가는 소리. **2** 날카로운 소리, 긁히는 소리.

escarritxar *intr.* 이 가는 소리를 내다; 긁히는 소리를 내다.

escartejar *tr.* **1** (책·앨범 등을) 넘기며 보다. **2** (카드의) 패를 뒤섞다.

escarxall escarxalls *m.* =esclafada.

escarxar *tr.* =esclafar. *-se* =esclafar-se.

escarxofar-se *prnl.* (마음을) 느긋하게 하다, (몸을) 편안하게 하다.

escarxot escarxots *m.* [식물] 용설란.

escàs escassa escassos escasses *adj.* **1** 부족한, 모자라는, 귀한. **2** 채 ...도 못 되는. **3** 공급이 부족한. **4** 인색한, 구두쇠의(mesquí).
anar escàs de ...이 부족하다.

escassedat escassedats *f.* =escassetat.

escassesa escasseses *f.* =escassetat.

escassetat escassetats *f.* **1** 모자람, 부족, 결핍, 품귀 상태. **2** 인색, 궁박함.

escassejar *intr.* 부족하다, 결핍되다. *-tr.* 아끼다, 인색하게 주다.

escata escates *f.* 비늘, 비늘 모양으로 된 것.

escatada escatades *f.* 비늘을 떼어 냄.

escatainar *intr.* 닭이 크게 울다.

escataineig escataineigs[escatainejos] *m.* 닭 울음소리.

escatar *tr.* 비늘을 떼어 내다.

escatifenyar-se *prnl.* (여자들이) 머리 잡고 싸우다.

escatimar *tr.* **1** 인색하게 굴다. **2** 아끼다, 절약하다. **3** 선뜻 내놓지 않다.

escatinyar *tr.* =escarbotar.

escatir *tr.* **1** 자르다, 가다듬다. **2** (가지를) 치다, 전지하다.

escatologia^1 escatologies *f.* 외설 문학; 배변 연구.

escatologia^2 escatologies *f.* [신학] 종말론, 종말관, 내세관.

escatós escatosa escatosos escatoses *adj.* 비늘 모양의.

escaure *intr.* **1** 행동이 바르다, 어른스럽다. **2** 적절하다, 알맞다, 잘 어울리다. *-'s* **1** (...에) 있다, 만나다, 발견되다(trobar-se). **2** (날짜가) ...에 해당하다. *Enguany Nadal s'escau en dilluns* 올해 크리스마스는 월요일이다. **3** 일어나다, 발생하다(esdevenir-se).
si s'escau (무슨 일이) 일어나면.

escena escenes *f.* **1** 무대, 스테이지. **2** 연극. **3** (극의) 장, 장면. **4** (사건의) 현장. **5** 광경, 경치, 정경, 경색.
posar en escena 무대에 올리다; 등장시키다, 출현시키다.

escenari escenaris *m.* **1** 무대. **2** 주위의 상황. **3** [연극·영화] 대본, 시나리오.

escènic escènica escènics escèniques *adj.* 극의, 연극의; 무대의, 장면의; 광경의, 정경의.

escenificar *tr.* (극을) 각색하다.

escenògraf escenògrafa escenògrafs escenògrafes *m.f.* 무대 장치 하는 사람.

escenografia escenografies *f.* 무대 장치(술), 무대 장식법; 배경법, 원근법.

escèptic escèptica escèptics escèptiques *adj.* 회의주의의; 회의적인, 의심이 많은.
-m.f. 회의주의자.

escepticisme escepticismes *m.* 회의주의, 회의파; 의혹.

escindir *tr.prnl.* 절단하다, 나누다; 분열하다, 결렬하다.

escintil·lar *intr.* 불꽃을 튀기다; 번쩍이다, 반짝이다.

escissió escissions *f.* 분열, 절단, 절교, 결렬.

esclafar *tr.* **1** 납작하게 하다, 압연하다. **2** (밤 등을) 까다. **3** 쩔쩔매게 하다. **4** [비유] (역경 등을) 이겨내다. **5** (풀·머

esclafat esclafada esclafats esclafades *adj.* 기력이 떨어진, 맥이 빠진, 건강이 매우 나쁜.

esclafidor esclafidors *m.* 1 채찍, 회초리. 2 *pl.* 캐스터네츠(castanyoles).

esclafir *intr.* 채찍을 휘두르다, 철썩 때리다; (나무가) 쪼개지는 소리가 나다.

esclafit esclafits *m.* 깨지는 소리, 쪼개지는 소리.
fer l'esclafit 터지다.

esclarida esclarides *f.* =esclariment.

esclaridor esclaridora esclaridors esclaridores *adj.* esclarir하는.

esclariment esclariments *m.* esclarir하는 일.

esclarir *tr.* 1 (얽힌 것을) 풀다(desembullar). 2 (의문을) 풀다, 분명히 밝히다. *esclarir el afer* 문제를 분명히 밝히다. *-se* 1 (구름이) 걷히다; 깨끗해지다. 2 분명해지다, 밝혀지다.

esclarissar-se *pml.* 1 (천이) 비쳐 보이다, 속이 보이다. 2 (하늘이) 맑게 개다.

esclat esclats *m.* 1 (폭탄·폭발물의) 폭발; 파열, 작렬. 2 (강이) 넘침; (분노·열정 등의) 폭발. 3 (전쟁의) 발발. 4 빛남, 광채, 윤기(brillantor). 5 (광물의) 광택. 6 (꽃의) 만발, 만개.
pegar un esclat [구어] (주먹·몽둥이 등으로) 한 방 먹이다.
treballar a esclat de mort 죽을 때까지 일하다, 전력을 다해 일하다.

esclatabufa esclatabufes *m.* [식물] 먼지버섯.

esclatant esclatants *adj.* 1 빛나는, 광채가 나는. 2 찬란한, 눈부신.

esclatar *intr.* 1 (폭탄·폭발물이) 터지다, 폭발하다. 2 파열하다, 작렬하다. 3 (전쟁이) 터지다, 발발하다. 4 (빛이) 빛나다, 광채가 나다. 5 (기쁨이) 넘치다. 6 (꽃이) 만발하다. 7 (화가) 폭발하다. 8 (시위 등이) 일어나다(manifestar-se). 9 (웃음이) 터지다.

esclau esclava esclaus esclaves *m.f.* 노예.

esclavina esclavines *f.* 어깨에 걸치는 망토.

esclavisme esclavismes *m.* 노예 제도, 노예무역.

esclavitud esclavituds *f.* 1 노예 신분; 노예근성. 2 굴종, 속박.

esclavitzar *tr.* 1 노예로 삼다, 노예화하다. 2 [비유] 구속하다, 속박하다(oprimir).

esclerosi esclerosis *f.* [의학] 경화.

esclerós esclerosa esclerosos escleroses *adj.* 단단한, 경화된.

escleròtica escleròtiques *f.* [해부] (눈의) 백막.

esclerotitis esclerotitis *f.* [의학] 백막염.

escletxa escletxes *f.* (갈라진) 틈, 금, 균열.

esclofa esclofes *f.* =esclofolla.

esclòfia esclòfies *f.* =esclofolla.

esclofolla esclofolles *f.* =clofolla.

esclofollar *tr.* 껍질을 벗기다.

esclop esclops *m.* 나막신, 가죽신.

esclopaire esclopaires *m.f.* [남녀동형] 나막신·가죽신을 만드는 사람.

escloscar *tr.* (과일의) 껍질을 벗기다.

escó escons *m.* =escon.

escobenc escobencs *m.* (배의) 닻고리.

escocell escocells *m.* 나무 밑의 관수용 구멍.

escoda escodes *f.* (석공용) 쇠망치.

escodolar *tr.* (어떤 곳의) 자갈·돌멩이를 치우다.

escodriny escodrinys *m.* 정밀 검사; (세심한) 조사, 고찰, 연구.

escodrinyar *tr.* 자세히 살펴보다, 깊이 조사하다.

escola escoles *f.* 1 학교. 2 (여러 가지의) 교육 기관. 3 교육, 교훈. 4 학설, 주의, 학풍, 학파. 5 [집합] 문하생.

escolà escolana escolans escolanes *m.f.* 1 미사를 거드는 아동; 성가대 합창단원. 2 성직 피교육 아동. 3 [비유] 간사한 사람, 교활한 사람. 4 화부(火夫).

escolament escolaments *m.* 1 (강물의) 흐름. 2 채혈; 다량 출혈. 3 (용기의) 주물.

escolanesc escolanesca escolanescs escolanesques *adj.* escolà의.

escolania escolanies *f.* [집합] 성직 피교육 아동들.
escolapi escolàpia escolapis escolàpies *adj.* [종교] (가톨릭의) 에스콜레스 피에스 교단[불우한 아동 교육을 목적으로 설립된 종파]의.
-*m.f.* 그 종파의 수사·생도.
escolar escolars *adj.* 학생의, 생도의; 교육의, 학사의, 학교의.
-*m.f.* [남녀동형] 학생, 생도, 학도.
escolar-se *prnl.* (좁은 데를) 빠져나오다.
escolaritat escolaritats *f.* **1** 취학, 학업. **2** 학교 수업. **3** 수업료.
escolarització escolaritzacions *f.* 취학.
escolaritzar *tr.* 취학시키다.
escolàstic escolàstica escolàstics escolàstiques *adj.* 스콜라 철학의.
-*f.* 스콜라 철학.
escolasticisme escolasticismes *m.* 스콜라 철학의 이론·주의.
escolim escolims *m.* 흐름; 흐른 자국.
escoliosi escoliosis *f.* [의학] 척추편곡(증).
escollar *tr.* **1** 자르다, 재단하다. **2** (옷의) 앞가슴을 도려내다.
escotat escotada escotats escotades *adj.* escollar한.
escollida escollides *f.* =escolliment.
escolliment escolliments *m.* 선출, 선택, 선별.
escollir *tr.* 뽑다, 선출하다; 택하다, 선택하다, 고르다, 골라 가지다.
escolopendra escolopendres *f.* [동물] 지네.
escolta[1] escoltes *f.* **1** 청취, 듣기, 경청. **2** [군사] 야간 보초.
escolta[2] escoltes *m.f.* 탐험대원, 탐험가, 탐구가; 정찰병; 보이 스카우트.
-*adj.* 탐험의.
escoltador escoltadora escoltadors escoltadores *adj.* escoltar하는.
escoltament escoltaments *m.* escoltar하는 일.
escoltar *tr.* **1** 듣다. **2** 경청하다; 신경 쓰다, 귀담아듣다(fer cas). *escoltar converses* 대화를 듣다. **3** [비유] (양심의 소리를) 듣다. -*se* 들리다.

Escolta! [주의를 끌기 위해 하는 말] 어이!, 이봐!, 들어봐!
Escolteu! 여기 보세요!, 들어보세요!
M'escoltes? 내 얘기 듣니?
escoltisme escoltismes *m.* 탐험·등산 등을 좋아하는 사람들의 스포츠.
escoltívol escoltívola escoltívols escoltívoles *adj.* =escoltador.
escombra escombres *f.* 비, 빗자루.
escombracarrers escombracarrers *m.f.* [단·복수동형] 청소부.
escombrada escombrades *f.* 비로 쓸기, 청소.
escombrador escombradora escombradors escombradores *adj.* 청소하는, 깨끗이 치우는.
-*m.f.* 청소부.
-*m.* 청소 도구.
escombradora escombradores *f.* 청소기.
escombrall escombralls *m.* **1** 작은 빗자루. **2** *pl.* 쓰레기.
escombrar *tr.* **1** (비로) 쓸다. **2** [비유] 깨끗이 치우다.
escombraries *f.pl.* 쓰레기통.
escombrer escombrera escombrers escombreres *m.f.* 청소부.
escombreta escombretes *f.* **1** 작은 빗자루; 싸리 빗자루. **2** (전동기의) 탄소봉.
escombriaire escombriaires *m.f.* [남녀동형] 쓰레기 청소부.
escomesa escomeses *f.* =escometiment.
escometiment escometiments *m.* escometre하는 일.
escometre [*pp: escomès escomesa*] *tr.* **1** 덮치다, 공격하다. **2** 꾀하다, 획책하다; 접근하다. **3** (일을) 시작하다, 착수하다(començar). -*se* (어떤 사건에) 얽히다, 휘말리다.
escon escons *m.* **1** 등받이가 긴 의자, 관람석. **2** (국회의) 의석; 의원석.
escopeta escopetes *f.* 엽총.
escopetada escopetades *f.* 엽총으로 때림·쏨; 그로 인한 상처.
escopeteig escopeteigs[escopetejos] *m.* =escopetada.
escopetejar *tr.* 엽총으로 쏘다; 엽총으

escopidor escopidora escopidors escopidores *adj.* 침을 자주 뱉는.
-*f.* 침을 뱉는 그릇.
escopina escopines *f.* 침(saliva).
escopinada escopinades *f.* 침 뱉기.
escopinar *intr.* =escopir.
escopinya escopinyes *f.* [어류] (스페인 북부에서 나는) 조개.
escopir *intr.* 침을 뱉다. -*tr.* **1** 뱉다, 토하다. **2** (중상·모략 등을) 퍼붓다.
escora escores *f.* [선박] (조선·수선 중에 선체를 받치는) 지주.
escorar *tr.* (배의) 선체를 받치다.
escorbut escorbuts *m.* [의학] 괴혈병.
escorbútic escorbútica escorbútics escorbútiques *adj.* [의학] 괴혈병의.
escorç escorços *m.* [회화] 투시 축화법.
escorça escorces *f.* **1** (나무·과일 등의) 껍질. **2** (피부의) 딱지. **3** [비유] 껍데기.
escorçar *tr.* (코르크나무의) 껍질을 벗기다.
escorcoll escorcolls *m.* 검사, 수색.
escorcollador escorcolladora escorcolladors escorcolladores *adj.m.f.* escorcollar하는.
escorcollaire escorcollaires *adj.m.f.* [남녀동형] =escorcollador.
escorcollament escorcollaments *m.* =escorcoll.
escorcollar *tr.* 검사하다, 수색하다; 샅샅이 뒤지다, 자세히 검토하다.
escòria escòries *f.* **1** 찌꺼기(residu); 쇠찌끼, 쇠에서 나오는 불똥; 화산암 재. **2** [비유] 쓰레기, 더러운 것·부분.
escornar *tr.* (소 등의) 뿔을 자르다.
escorniflar *tr.* =tafanejar.
escorpí escorpins *m.* =escorpió.
escorpió escorpions *m.* [동물] 전갈.
escorporar-se *prnl.* 똥을 배설하다.
escorraines *f.pl.* =escorrialles.
escorranc escorrancs *m.* 빗물이 흐르는 통로, 배수구.
escorrancar *tr.* 빗물 길이 생기다, 개울물 길을 만들다.
escòrrec escòrrecs *m.* 물웅덩이.

escorredís escorredissa escorredissos escorredisses *adj.* 잘 새는, 잘 미끄러지는; 잘 조여지는.
escorredor escorredora escorredors escorredores *adj.* 쉽게 풀어지는.
-*m.* 물 거르는 곳.
escorredora escorredores *f.* 탈수기; 물 거르는 것.
escorregut escorreguda escorreguts escorregudes *adj.* 부끄러운, 수치스러운 (avergonyit).
escorrençat escorrençada escorrençats escorrençades *adj.* 설사하는.
escorreplats escorreplats *m.* [단·복수동형] (물에 닦은 접시를 놓는) 선반, 시렁.
escórrer *tr.* **1** 물기를 빼다, 물을 짜다; 말리다, 건조시키다. **2** (포도주 등을) 조금씩 쏟다. -*se* **1** (물이) 뚝뚝 떨어지다. **2** 미끄러지다. **3** 도망치다, 달아나다.
escorrialles *f.pl.* (술잔·술병에 남은) 마지막 몇 방울.
escorrim escorrims *m.* 뚝뚝 떨어지는 물방울.
escorriment escorriments *m.* escórrer하는 일.
escorta escortes *f.* 경호원, 호위대; 호위함대.
escortar *tr.* 경호하다, 호위하다.
escorxa escorxes *f.* =escorça.
escorxadís escorxadissa escorxadissos escorxadisses *adj.* 껍질·가죽이 잘 벗겨지는.
escorxar *tr.* **1** (나무의) 껍질을 벗기다. **2** (짐승의) 가죽을 벗기다. **3** (물이) 침식하다.
escot escots *m.* **1** (옷의) 앞가슴 트기, 앞가슴 깃 장식. **2** 회비, 분담금.
escota escotes *f.* (배의) 돛 매는 줄.
escotament escotaments *m.* escotar하는 일.
escotar *tr.* **1** 자르다, 재단하다. **2** (옷의 앞가슴을) 도려내다. **3** (강·못에서) 물을 빼다. **4** 회비를 내다.
escotilla escotilles *f.* (배의) 해치, 쪽문.
escotilló escotillons *m.* (무대의) 밀어내기 장치.

escotorit escotorida escotorits escotorides *adj.* 살아 있는; 정신이 맑은, 제정신인, 머리가 맑은(eixerit).

escotxegar *intr.* **1** 자고새가 울다. **2** 캐스트네츠를 치다.

escovilló escovillons *m.* 포강 소제봉(掃除棒).

escreix escreixos *m.* **1** 불어남, 증가, 증대(augment). **2** 덤, 할증. **3** [상업] 착수금, 보증금.

escrestar *tr.* (조류 등의) 머리털을 자르다.

escriba escribes *m.* (유태인의) 율법사.

escridassada escridassades *f.* 화나게 함, 부아를 돋음; 빈정거림, 야유.

escridassar *tr.* **1** 화나게 하다, 부아를 터트리다. **2** 남을 빈정거리다, 야유하다. **-se 1** 서로 다투다, 싸우다. **2** 울부짖다, 목이 잠기다.

escriptor escriptora escriptors escriptores *m.f.* 저자, 작가, 저술가.

escriptori escriptoris *m.* **1** 사무용 책상. **2** 서재, 사무실, 사실. **3** (특히) 수도원의 기록실, 필사실.

escriptura escriptures *f.* **1** 글씨 쓰기, 필기, 습자. **2** [집합] 문자. **3** 문서, 증서. **4** [법률] 원본, 정본; 공증 문서. **5** 저작물, 작품.
  la Sagrada Escriptura 성경, 성서.

escriptural escripturals *adj.* escriptura의.

escripturar *tr.* 공증 문서를 작성하다.

escripturista escripturistes *m.f.* [남녀동형] 성경 연구학자.

escrit escrits *m.* **1** 편지; 문서, 서류.
  signar un escrit 문서를 사인하다. **2** 저작물, 문학 작품.

escriure *tr.* **1** 쓰다, 필기하다. **2** 저술하다, 저작하다; 작곡하다, 기초하다. **3** 편지를 보내다. *escriure una carta* 편지를 쓰다. **-se 1** (...라고) 쓰다, 표현하다. **2** 서신을 교환하다, 펜팔하다. **3** 입단하다, 입회하다.

escrivà escrivana escrivans escrivanes *m.f.* 서기, 대서인, 공증인, 법원 서기; 달필가.

escrivania escrivanies *f.* **1** 공증 사무실. **2** 서류함; 책상.

escrivent escrivents *m.f.* [남녀동형] 서기, 사무원, 내근자.

escròfula escròfules *f.* [의학] 화농성종.

escrostar *tr.* 껍질·부스럼·딱지를 떼다.

escrostonar *tr.* (빵 등의) 굳어진 껍질을 벗기다.

escrot escrots *m.* [해부] 음낭.

escruix, a *loc.adv.* 정가로.
  en escruix 완전히, 전부, 전적으로.

escruiximent escruiximents *m.* escruixir하는 일.

escruixir *tr.* **1** (무엇을) 약하게 하다(debilitar). **2** 깨뜨리다, 무너뜨리다. **3** [비유] 두려움을 갖게 하다, 염려를 끼치다. **-se** 약해지다; 두려움을 느끼다.
  Escruixeix de [동사원형과 함께 쓰여] ...하는 것이 두려움을 주다.

escrúpol escrúpols *m.* **1** 근소함; 소량, 미량. **2** (시간의) 초, 분, 순간. **3** [주로 복수로 쓰여] 불안, 두려움; 근심, 우려, 걱정. **4** 세심한 주의, 배려, 염려.
  no tenir escrúpols 걱정이 없다.
  tenir escrúpol de 세심한 주의를 기울이다, 신경을 쓰다, 배려하다.

escrupoló escrupolons *m.* 미세한 부분.

escrupolós escrupolosa escrupolosos escrupoloses *adj.* **1** 걱정스러운, 마음이 쓰이는. **2** 세심한 주의를 기울이는, 용의주도한. **3** 어김이 없는, 정확한 (exacte). *una anàlisi escrupolosa* 정확한 분석.

escrupolositat escrupolositats *f.* 걱정, 근심, 염려, 배려; 세심한 주의; 정확성.

escrutador escrutadora escrutadors escrutadores *adj.m.f.* escrutar하는 (사람).

escrutar *tr.* **1** 자세히 연구하다, 엄밀히 조사하다(investigar). **2** (투표용지를) 검표하다, 개표하다.

escrutini escrutinis *m.* 정밀 검사; 개표.

escua escues *f.* [해사] 정박 중인 배를 지탱하는 버팀목.

escuar *tr.* (새끼 양 등의) 꼬리를 자르다. **-se** 꼬리가 잘라져 없다.

escucar *tr.* =descucar.

escudar *tr.* 방패로 막다; 보호하다, 감싸다. **-se** (무엇을) 방패로 삼다; (몸을) 방어하다.
escudella escudelles *f.* 목기(木器).
fer escudella 화나게 하다; 농락하다, 괴롭히다.
escudellam escudellams *m.* 도기 공장 가게; [집합] 도기류.
escudellar *tr.* (수프·요리 등을) 손님에게 돌리다.
escuder escuders *m.* **1** 방패 제조자. **2** (스페인의) 하급 귀족; 방패를 드는 사람, 하인, 시종, 종자, 부하.
escuderia escuderies *f.* 방패지기의 직; 하인의 직.
escudet escudets *m.* 작은 방패.
escuixar *tr.* (가지를) 찢다.
escular *tr.* =desfonar.
escull esculls *m.* **1** 암초. **2** [비유] 암초, 방해물, 장애물.
escullat escullats *m.* 암초.
escullera esculleres *f.* 방파제.
escullós escullosa escullosos esculloses *adj.* 암초의.
esculpir *tr.* **1** 조각하다, 새기다, 부조하다. **2** [비유] (생각·감정 등을) 새겨두다, 간직하다.
escultor escultora escultors escultores *m.f.* 조각가, 여류 조각가.
escultòric escultòrica escultòrics escultòriques *adj.* 조각의, 조각품의.
escultura escultures *f.* 조각(술); 조각 작품.
escultural esculturals *adj.* 조각의; 조각 같은, 조상 같은.
escuma escumes *f.* **1** 거품. **2** 응어리, 찌꺼기, 무거리; 쇠찌끼. **3** [비유] (사회의) 쓰레기, 찌꺼기.
escuma de mar [광물] 해포석.
escumadora escumadores *f.* (거품을 걷어내는) 국자.
escumall escumalls *m.* 입에서 뿜는 거품.
escumar *tr.* (액체의) 거품을 일으키다. -*intr.* =escumejar.
escumeig escumeigs[escumejos] *m.* 거품을 일으킴.
escumejant escumejants *adj.* 거품을 일으키는.
escumejar *intr.* 거품을 일으키다.

escumós escumosa escumosos escumoses *adj.* **1** 거품이 일어나는. **2** 다포질(多包質)의.
escurabosses escurabosses *m.f.* [단·복수동형] =escurabutxaques.
escurabutxaques escurabutxaques *m.f.* [단·복수동형] **1** 날치기, 소매치기. **2** 돈독이 오른 사람, 돈만 아는 사람.
escuracassoles escuracassoles *m.f.* 대식가.
escurada escurades *f.* escurar하는 일.
escuradents escuradents *m.* [단·복수동형] 이쑤시개.
escurament escuraments *m.* =escurada.
escuraorelles escuraorelles *m.* [단·복수동형] 귀이개.
escurar *tr.* **1** 깨끗이 하다, 소제하다, 청소하다. **2** (굴뚝 등의) 그을음을 털어내다. **3** [방언] 그릇을 세척하다. **4** (액체로) 순화시키다. **5** (강·우물 등을) 준설하다. **6** (귀·이 등을) 깨끗이 하다. **7** [비유] 바닥을 내다, 다 팔아 치우다.
escura-xemeneies escura-xemeneies *m.f.* [단·복수동형] 굴뚝 청소부.
escurçada escurçades *f.* escurçar하는 일.
escurçadura escurçadures *f.* (천·가죽 등의) 자른 것, 조각, 자투리.
escurçament escurçaments *m.* =escurçada.
escurçar *tr.* **1** (소매 등을) 짧게 하다. **2** 줄이다, 감소하다(disminuir).
escurçó escurçons *m.* **1** [동물] 독사, 살모사. **2** [비유] 음흉한 사람, 악한 사람.
escurçonera escurçoneres *f.* [식물] 우엉 비슷한 식물.
escut escuts *m.* **1** 방패. **2** 문장(紋章). **3** (포르투갈 등의) 화폐. **4** [비유] 보호, 비호, 방어.
escúter escúters *m.* 스쿠터 모터사이클.
esdentar *tr.* 이를 뽑다.
esdentegar *tr.* =esdentar.
esdernegar *tr.* **1** 산산조각을 내다. **2** 망치다, 못 쓰게 만들다. **3** 녹초가 되게 하다. -*se* 산산조각이 나다; 망치다;

애쓰다, 녹초가 되다.
esdevenidor esdevenidora esdevenidors esdevenidores *adj.* 오는, 미래의, 장래의, 앞으로의.
-*m.* 미래, 장래, 앞날(avenir).
esdeveniment esdeveniments *m.* 일, 사건, 사고, 사변; 특별한 일, 중요한 사건.
esdevenir *intr.* **1** 이르다, ...하게 되다, 드디어 ...하다. **2** (어떤 신분이) ...이 되다. *esdevenir president* 회장이 되다. **3** ...로 변하다, ...로 변형되다. *El vi ha esdevingut vinagre* 포도주가 식초로 변했다. **4** (마침내) ...이 되다. *esdevenir dona* 여자가 되다. **5** (몸이) ...한 상태가 되다. *esdevenir malalt* 병이 들다, 앓아눕다. **6** 발견되다, 만나다. **7** (일이) 발생하다, 일어나다(succeir). -**se** 발생하다, 일어나다.
esdevinença esdevinences *f.* 일, 사건; (우연히) 발생한 사건.
a tota esdevinença 무슨 일이 있더라도.
esdrúixol esdrúixola esdrúixols esdrúixoles *adj.* [문법] 끝에서 세 번째 음절에 악센트가 있는.
esfenoide esfenoides *adj.* 설상골의.
-*m.* [해부] (두개골의) 설상골.
esfera esferes *f.* **1** 구, 구형, 구체, 구면. **2** 지구, 세계; 지구의(地球儀); 천체, 천체의. **3** 지위, 계급, 신분. **4** 영역, 환경, 세력(권), ...계.
esfera celest 천구, 천체.
esfereïdor esfereïdora esfereïdors esfereïdores *adj.* 공포심을 자아내는, 전율을 일으키는.
esfereïment esfereïments *m.* 두려움, 공포, 전율.
esfereir *tr.* 공포감을 주다, 떨게 만들다, 질리게 하다. -**se** 질겁하다, 두려워 떨다.
esfèric esfèrica esfèrics esfèriques *adj.* 구형의, 구체의.
esfericitat esfericitats *f.* 구형, 구면.
esferoïdal esferoïdals *adj.* 구상의, 구형의, 원형의.
esferoide esferoides *m.* 구상, 구형, 원형.

esfèrula esfèrules *f.* 작은 구형.
esfigmomanòmetre esfigmomanòmetres *m.* 혈액 압력계.
esfilagarsar *tr.* 실을 풀다. -**se** 실이 풀어지다.
esfilegar *tr.* =desfilar.
esfinter esfinters *m.* [해부] 괄약근.
esfinx esfinxs *m.*[*f*] **1** 스핑크스; 스핑크스상. **2** 수수께끼의 인물. **3** [곤충] 박쥐나방.
esflorar *tr.* =desflorar.
esfondrada esfondrades *f.* =esfondrament.
esfondrall esfondralls *m.* =esfondrament.
esfondrament esfondraments *m.* **1** 무너짐, 붕괴, 침몰, 함몰, 내려앉음. **2** 격추, 파괴, 괴멸.
esfondrar *tr.* 무너뜨리다, 붕괴시키다. -**se** 무너지다, 붕괴되다.
esforç esforços *m.* 노력, 분투, 수고.
al primer esforç 최초로, 처음부터, 첫판부터.
fer algú un esforç per la seva part 자기 몫의 노력을 하다.
no estalviar[*plànyer*] *esforços* 노력을 아끼지 않다.
esforçar-se *prnl.* 노력하다, 애쓰다.
esfullada esfullades *f.* =esfullament.
esfulladís esfulladissa esfulladissos esfulladisses *adj.* (잎·꽃잎 등이) 잘 떨어지는.
esfullador esfulladora esfulladors esfulladores *adj.m.f.* 잎·꽃잎을 뜯는 (사람).
esfullament esfullaments *m.* esfullar하는 일; 낙화, 낙엽.
esfullar *tr.* 잎·꽃잎을 뜯다, 한 장씩 뜯다. -**se** 잎이 떨어지다.
esfumar *tr.* [회화] (목탄화 등에서) 윤곽을 흐리게 하다, 뿌옇게 만들다, 그림을 뿌옇게 문지르다. -**se** 흐려지다, 뿌옇게 되다.
esgaiada esgaiades *f.* 비스듬히 자름.
esgaiar *tr.* 비스듬히 자르다.
esgaiat esgaiada esgaiats esgaiades *adj.* 비스듬히 자른, 엇비슷하게 자른; 사단 면이 있는.

esgardís

-*m.* 비스듬하게 자름.
esgardís esgardissos *m.* 긁음, 할큄; 다툼, 싸움.
esgardissar *tr.* 긁다, 할퀴다. **-se** 서로 싸우다, 다투다.
esgargamellar-se *prnl.* 울부짖다; 목이 잠기다.
esgarip esgarips *m.* **1** 비명, 고함 소리, 날카로운 소리. *fer un esgarip* 비명을 지르다. **2** 삐걱거리는 소리, 양철 소리.
esgaripar *tr.* **1** 비명을 지르다, 고함을 치다. **2** 날카로운 소리를 내다, 삐걱거리는 소리를 내다.
esgarrapada esgarrapades *f.* esgarrapar하는 일.
esgarrapaire esgarrapaires *adj.m.f.* [남녀동형] 할퀴는 (사람).
esgarrapar *tr.* **1** (손톱 등으로) 할퀴다. **2** (벽 등에) 굵은 자국을 내다. **3** (땅을) 긁어 파다. **4** [비유] (돈 등을) 긁어모으다.
esgarrapós esgarraposa esgarraposos esgarraposes *adj.* 할퀴는.
esgarrar *tr.prnl.* =esguerrar.
esgarrat esgarrada esgarrats esgarrades *adj.m.f.* =esguerrat.
esgarriacries esgarriacries *m.f.* [단·복수 동형] 흥을 깨는 사람.
esgarriada esgarriades *f.* 길을 잃음, 길을 잘못 듦; 잘못 된 길로 빠짐.
a l'esgarriada 분산되어, 흩어져.
esgarriadís esgarriadissa esgarriadissos esgarriadisses *adj.* **1** 길 잃은; 쉽게 길을 잃는. **2** 길 잃은 척하는.
esgarriament esgarriaments *m.* =esgarriada.
esgarriar-se *prnl.* **1** 길을 잃다. **2** (동지에게서) 떨어져 나오다. **3** [비유] 못된 길로 빠지다.
esgarrifament esgarrifaments *m.* =esgarrifor.
esgarrifança esgarrifances *f.* [의학] 오한; 냉기, 한기, 으스스함.
esgarrifar *tr.* 전율케 하다, 떨게 만들다. **-se** 벌벌 떨리다, 끔찍하다, 전율하다.
esgarrifor esgarrifors *f.* 두려움, 전율,

공포.
esgarrifós esgarrifosa esgarrifosos esgarrifoses *adj.* 전율케 하는, 두려움에 떨게 하는, 끔찍한.
esgarrinxada esgarrinxades *f.* =esgardís.
esgarrinxar *tr.* =esgardissar.
esgarrinxós esgarrinxosa esgarrinxosos esgarrinxoses *adj.* 긁는, 할퀴는.
esgarronar *tr.* 추적하다, 뒤를 쫓다.
esgatinyar-se *prnl.* =esgardissar-se.
esgavell esgavells *m.* =esgavellament.
esgavellament esgavellaments *m.* 느슨해짐, 헐거워짐; 해이해짐, 무질서.
esgavellar *tr.* 느슨하게 하다, 헐겁게 하다. **-se** 느슨해지다, 헐거워지다.
esglai esglais *m.* 공포, 두려움, 전율.
esglaiar *tr.* 두렵게 하다, 전율시키다. **-se** 두려워하다, 전율을 느끼다.
esglaiós esglaiosa esglaiosos esglaioses *adj.* 두려운, 전율케 하는.
esglaó esglaons *m.* **1** (계단 하나하나의) 층계. **2** (승진하는) 층, 계급.
esglaonament esglaonaments *m.* 서열 순으로 분류.
esglaonar *tr.* 층층이 되게 하다; 서열 순으로 분류하다.
església esglésies *f.* **1** 교회, 성당, 예배당. **2** [집합] 신도들의 총체. **3** 교회 조직, 교파, 교권. **4** 성직자.
casar-se per l'església 교회에서 결혼하다, 정식으로 결혼하다.
esglesiada esglesiades *f.* [집합] 신도들.
esglesiola esglesioles *f.* 작은 교회.
esgolar-se *prnl.* =esgargamellar-se.
esgotador esgotadora esgotadors esgotadores *adj.* 바닥난, 동이 난, 고갈된; 기진맥진하게 하는.
esgotament esgotaments *m.* **1** 고갈, 바닥남. **2** 품절, 절판. **3** 쇠약, 약화; 궁핍. **4** [경제] 감가상각.
esgotament nerviós [의학] 신경쇠약.
esgotar *tr.* **1** 바닥을 내다, 퍼내 버리다 (buidar). **2** 탕진하다, 써서 없애다. **-se 1** 고갈되다, 바닥이 나다, 빈털터리가 되다. **2** 품절되다, 절판되다 (exhaurir-se). **3** 기진맥진하다, 기력을 다 잃다.

esgotimar *tr.* **1** (포도 등) 남겨 두었던 송이를 다 따다. **2** (나뭇가지를) 꺾다.

esgrafiar *tr.* [회화] 그림을 문질러 그리다, 글씨를 파서 쓰다.

esgrafiat esgrafiats *m.* [회화] 문질러 그리기.

esgranar *tr.* 타작하다, 낟알을 털다. **-se** 산산이 흩어지다.

esgratinyar *tr.* =esgarrinxar.

esgrillar *tr.* (귤 등을) 조각으로 자르다.

esgrima esgrimes *f.* [스포츠] 펜싱, 검술; 검, 무기.

esgrimidor esgrimidora esgrimidors esgrimidores *m.f.* [스포츠] 펜싱 선수, 검도 선수.

esgrimir *tr.* **1** (검·칼을) 사용하다. **2** (무기를) 휘두르다. **3** (이론 등의) 근거를 내세우다.

esgrogueir-se *prnl.* 노랗게 변하다, 누렇게 되다; 색이 바래다, 퇴색하다(descolorir).

esgrogueït esgrogueïda esgrogueïts esgrogueïdes *adj.* 누런, 노르스름한.

esgrumar *tr.* (과일의) 송이를 자르다; 덩어리를 부수다.

esgrumollar *tr.* =esgrumar.

esgrunar *tr.* =engrunar.

esguard esguards *m.* **1** 바라봄, 주시, 눈길. *un esguard tendre* 부드러운 눈길. **2** 고려, 존중(consideració). *tenir esguard envers algú* 누구를 존중하다.
en esguard de ...와 비교하여.
dar-se un esguard (...와) 닮다.
tenint esguard que ...을 감안해 볼 때, ...을 고려하여.

esguardar *tr.* **1** 바라보다, 주시하다(mirar). **2** 고려하다, 감안하다, 존중하다 (considerar). **-se** 서로 바라보다.

esguell esguells *m.* esguellar하는 일.

esgüell esgüells *m.* (돼지·쥐 등의) 찍찍거리는 소리.

esguellar *tr.* **1** 불구로 만들다. **2** 망치다, 못 쓰게 민들다. **-se** 불구가 되다; 못 쓰게 되다.

esgüellar *intr.* (돼지·쥐 등이) 찍찍 소리를 내다.

esguerrar *tr.* **1** 상처 입히다, 불구로 만들다(mutilat). **2** 못 쓰게 만들다, 망가뜨리다. *No esguerris el vestit* 옷을 망가뜨리지 마라. **3** 부패하다, 썩다. **-se 1** 불구가 되다. **2** 못 쓰게 되다; 부패하다.

esguerrat esguerrada esguerrats esguerrats *adj.* **1** (손발이) 없는, 불구의(mutilat); 뻰, 상처를 입은. **2** 못 쓰게 된, 망가진.
-m.f. 불구자.

esguerro esguerros *m.* esguerrar하는 일.

esguitar *tr.intr.* =esquitxar.

esguitós esguitosa esguitosos esguitoses *adj.* esguitar하는.

eslip eslips *m.ang.* 팬티, 슬립.

esllanguiment esllanguiments *m.* 여윔, 살이 빠짐; 나약해짐.

esllanguir-se *prnl.* 여위다, 살이 빠지다; 약해지다, 가냘파지다.

esllanguit esllanguida esllanguits esllanguides *adj.* 여윈, 살이 빠진.

esllavissada esllavissades *f.* 미끄러짐; 무너짐, 붕괴.

esllavissadís esllavissadissa esllavissadissos esllavissadisses *adj.* 미끄러지는; 무너지는, 붕괴되는; 무너지기 쉬운.

esllavissall esllavissalls *m.* =esllavissada.

esllavissament esllavissaments *m.* =esllavissada.

esllavissar-se *prnl.* **1** 미끄러지다. **2** 무너지다, 붕괴되다(ensulsiar-se).

esllenegar *tr.* 늘이다, 잡아당기다. **-se** (천이) 늘어나다.

esllomada esllomades *f.* (등·허리를) 다침.

esllomadura esllomadures *f.* =esllomada.

esllomar *tr.* (등·허리를) 상하다. **-se** (등·허리를) 다치다; 일을 심하게 하다.

eslògan eslògans *m.* 슬로건, 표어.

eslora eslores *f.* (선체의) 길이.

esma esmes *f.* 힘, 기운, 기력, 용기.
d'esma 습관적으로, 기계적으로.
perdre l'esma 감각을 잃다, 정신을 잃다.
tenir esma 힘이 있다, 기력이 있다.

esmaixada esmaixades *f.* [스포츠] (공을) 내리꽂음, 스매싱.

esmaixar tr. [스포츠] (농구·배드민턴 등에서) 공을 위에서 아래로 내리꽂다, 스매싱하다.
esmalt esmalts m. 1 에나멜, 칠보, 법랑; 칠보 세공, 법랑 세공. 2 핑멕, 슌기.
esmaltar tr. 1 에나멜을 칠하다, 칠보를 박아 넣다. 2 (꽃 등으로) 색색이 꾸미다.
esmalteria esmalteries f. 칠보 세공, 법랑 세공; 그 상점.
esmaperdut esmaperduda esmaperduts esmaperdudes adj. 기운을 잃은, 기력을 잃은, 힘이 없는, 맥이 없는.
esmaragda esmaragdes f. [광물] 에메랄드, 벽옥.
esmaragdí esmaragdina esmaragdins esmaragdines adj. 에메랄드의, 벽옥의.
esmarrit esmarrida esmarrits esmarrides adj. 슬픈, 서글픈, 고통스러운.
esme esmes m. =esma.
esmena esmenes f. 정정, 수정, 보정, 교정.
no tenir esmena (행실을) 전혀 고치지 않다.
esmenable esmenables adj. 고칠 수 있는, 바로잡을 수 있는.
esmenar tr. 고치다, 바로잡다, 정정하다, 교정하다. *-se* (행실을) 바로잡다 (corregir-se).
esment esments m. 1 앎, 인식. 2 주의, 배려. 3 언급, 진술, 기술(menció).
parar esment 알다, 알아차리다, 알게 되다.
parar[posar] esment a 염두에 두다, 주의를 기울이다, 신경을 기울이다.
esmentar tr. 말하다, 언급하다, 진술하다, 기술하다.
esmerç esmerços m. esmerçar하는 일.
esmerçar tr. 1 (자금을) 들이다, 투자하다. 2 [비유] (시간·노력 등을) 쏟다, 투자하다.
esmeril esmerils m. 금강사(金剛砂).
esmerilar tr. 금강사로 문지르다, 금강사로 광택을 내다.
esmicar(se) tr.pml. =esmicolar(se).
esmicolar tr. 1 부수다, 산산조각을 내다. 2 자세히 조사하다.
esmerla esmerles f. [조류] 매의 일종.
esmirle esmirles m. =esmerla.
esmitjar tr. 반으로 나누다, 절반을 가르다.
esmolador esmoladora esmoladors esmoladores adj.m.f. esmolar하는 (사람). *-f.* esmolar하는 도구.
esmolament esmolaments m. esmolar하는 일.
esmolar tr. 1 날을 갈다·세우다, 날카롭게 하다, 끝이 뾰족하게 하다. 2 닳게 하다, 소모하다. 3 [비유] 예민하게 하다, 날카롭게 하다. *-se* (옷이) 다 닳다, 해지다.
esmolet esmolets m. =esmolador.
esmollar tr. (빵을) 부스러기로 만들다.
esmorrar-se pml. 거꾸로 떨어지다.
esmorrellar tr. =escantellar. *-se* (이·날이) 빠지다; (날이) 무뎌지다.
esmorteïdor esmorteïdora esmorteïdors esmorteïdores adj. 완화시키는, 완충하는.
-m. 완충기, 완충 장치.
esmorteïment esmorteïments m. esmorteir하는 일.
esmorteir tr. 1 완화시키다, 부드럽게 하다. 2 [경제] (빚을) 상각하다, 상환하다, 변제하다; 원가상각 하다. 3 [기계] 완충시키다(amortir). *-se* 1 실신하다, 기절하다(desmaiar-se). 2 (빛·소음 등이) 줄어들다.
esmortiment esmortiments m. =esmorteïment.
esmortir tr. =esmorteir.
esmorzada esmorzades f. 아침 식사를 함.
esmorzar[1] esmorzars m. 아침 식사.
esmorzar[2] intr. 아침 식사를 하다.
esmunyedís esmunyedissa esmunyedissos esmunyedisses adj. esmunyir하는.
esmunyiment esmunyiments m. esmunyir하는 일.
esmunyir tr. 1 굴리다, 미끄러지게 하다. 2 (실수로) 놓치다. *-se* 1 미끄러지다; 미끄러져 들어가다(lliscar). 2 깜빡 실수하다. 3 달아나다, 도망가다; 몸을 피하다.

esmús esmussa esmussos esmusses *adj.* 납작한; (코가) 납작해진.
esmussament esmussaments *m.* 날이 빠짐, 날이 무뎌짐.
esmussar *tr.* **1** 날을 무디게 하다, 이가 빠지게 하다. **2** (끝이 뾰족한 것을) 둔탁하게 하다. **-se** (이·날이) 무디어지다; 둔탁해지다.
esmussar les dents 이가 시리다.
esnob esnobs *m.f.* [남녀동형] 속물근성을 가진 사람; 귀족 행세를 하는 사람.
esnobisme esnobismes *m.* 속물근성; 부자 행세를 함, 귀족티를 냄.
esòfag esòfags *m.* [해부] 식도.
esofàgic esofàgica esofàgics esofàgiques *adj.* 식도의.
esotèric esotèrica esotèrics esotèriques *adj.* 비밀의, 내밀한; 비전(秘傳)의.
esoterisme esoterismes *m.* 비밀주의; 비전교의(秘傳敎義).
espacial espacials *adj.* **1** 공간의, 공간적인. **2** 우주의.
espadat espadada espadats espadades *adj.* 급경사진, 가파른, 험준한, 깎아지른 듯한.
-m. 가파른 벼랑, 절벽, 낭떠러지.
espadatxí espadatxina espadatxins espadatxines *m.f.* 검객.
espàdix espàdixs *m.* [식물] 육수화.
espagueti espaguetis *m.* 스파게티.
espai espais *m.* **1** 공간, 사이, 공지, 공터(extensió). *espai verd* 그린 존. **2** 우주. **3** 시간, 여유, 여지. *Vam caminar per espai de dues hores* 우리는 두 시간 동안 걸었다. **4** 여백, 지면. **5** (인쇄에서의) 스페이스. **6** 간격, 행간. **7** (악보의) 선 사이. **8** 한가로움. **9** [경제] 선복(船腹) 예약.
a poc d'espai[a poc espai] 곧, 잠시 후에.
espaiador espaiadors *m.* (타자기의) 스페이스 키.
espaiament espaiaments *m.* espaiar하는 일.
espaiar *tr.* **1** 사이를 띄우다, 간격을 두다. **2** 자리를 넓히다, 공간을 확보하다. **-se** (사이가) 벌어지다; (공간이) 넓혀지다.

espaiós espaiosa espaiosos espaioses *adj.* **1** (사이·공간이) 넓은(ample). **2** 활짝 펼쳐진, 광활한.
espaiositat espaiositats *f.* 널찍함, 광활함, 툭 트임; 공간 면적.
espalmatòria espalmatòries *f.* =palmatòria.
espalmar *tr.* **1** (배의) 겉면을 깨끗이 하고 도색하다. **2** =raspallar.
espant espants *m.* 놀람, 깜짝 놀람, 소스라침(ensurt); 두려움, 공포.
agafar espant 두려움을 느끼다.
donar un espant 깜짝 놀라게 하다, 소스라치게 하다.
tenir un espant 깜짝 놀라다, 소스라치다.
espantadís espantadissa espantadissos espantadisses *adj.* **1** 쉬 놀라는. **2** 무서움을 잘 타는, 주눅이 잘 드는.
espantador espantadora espantadors espantadores *adj.* 놀라게 하는; 쫓아내는.
espantall espantalls *m.* **1** 허수아비. **2** 귀찮은 존재.
espantamosques espantamosques *m.* [단·복수동형] 파리채.
espantaocells espantaocells *m.* [단·복수동형] 허수아비.
espantar *tr.* **1** 놀라게 하다, 소스라치게 하다; 두렵게 하다. **2** 쫓아내다. **-se** 깜짝 놀라다, 소스라치다, 무서워하다; 감탄하다.
espantívol espantívola espantívols espantívoles *adj.* =espantadís.
espantós espantosa espantosos espantoses *adj.* **1** 무서운, 공포의, 무시무시한. **2** 지나친, 과한, 지독한(excessiu). *fan un soroll espantós* 지독히도 떠들어 대다. **3** 무서운, 공포의, 무시무시한.
Espanya *n.pr.* [지리] 스페인, 서반아, 에스파냐[유럽의 남서부에 위치한, 대서양과 지중해의 연안 국가].
espanyaportes espanyaportes *m.f.* [단·복수동형] 도둑(lladre).
espanyar *tr.* 자물쇠를 부수고 열다.
espanyolisme espanyolismes *m.* 스페인어 어법·어풍; 스페인 기질; 스페인을

espanyolitzar
좋아함.
espanyolitzar *tr.* 스페인 풍으로 하다, 스페인 식으로 하다.
espaordidor espaordidora espaordidors espaordidores *adj.* 진율시키는, 공포에 떨게 하는.
espaordiment espaordiments *m.* 전율, 공포.
espaordir *tr.* 전율을 느끼게 하다, 공포에 떨게 하다. **-se** 공포에 떨다.
esparadrap esparadraps *m.* 반창고.
espardenya espardenyes *f.* 짚신.
espargiment espargiments *m.* espargir 하는 일.
espargir *tr.* **1** 뿌리다, 흩뜨리다, 살포하다(dispersar). **2** 전하다, 퍼뜨리다. **3** 분산시키다, 뿔뿔이 흩어지게 하다. **4** (구름 등을) 사라지게 하다. **-se** 흩어지다, 분산되다.
esparpall esparpalls *m.* esparpallar하는 일.
esparpallar *tr.* =escampar.
esparrac esparracs *m.* =esparracament.
esparracament esparracaments *m.* 찢음; 누더기, 넝마; 찢어진 천 조각.
esparracar *tr.* (옷 등을) 찢다. **-se** 찢어지다, 뜯어지다; 누더기가 되다.
esparracat esparracada esparracats esparracades *adj.* 찢어진, 해진, 누더기가 된.
-*m.f.* 누더기 옷을 입은 사람.
espàrrec espàrrecs *m.* **1** [식물] 아스파라거스. **2** (천막·차일 등의) 긴 막대, 기둥. **3** 볼트의 일종.
esparreguer esparreguers *m.* =esparreguera.
esparreguera esparregueres *f.* [식물] 아스파라거스; 아스파라거스 밭.
espars esparsa esparsos esparses *adj.* 흩어진, 분산된, 뿔뿔이 있는, 따로따로 있는.
espart esparts *m.* [식물] 볏과 식물.
espartà espartana espartans espartanes *adj.* **1** 스파르타 도시의. **2** [비유] 엄격한, 가혹한; 간소한.
-*m.f.* **1** 스파르타의 사람. **2** 엄격한 사람, 철저한 사람.
esparver esparvers *m.* [조류] 매.

espatllament
esparverament esparveraments *m.* =espaordiment.
esparverar *tr.* =espaordir.
espasa espases *f.* **1** 칼, 검. **2** [비유] 검객. **3** (트럼프에서) 검. **4** (투우용) 칼.
-*m.* 칼로 투우를 죽이는 투우사.
estar entre l'espasa i la paret [구어] 막다른 골목에 있다; 사면초가에 있다.
passar a espasa[passar a tall d'espasa, passar a fil d'espasa] 잔인하게 죽이다.
retre l'espasa 항복하다, 패배를 선언하다.
espasada espasades *f.* 칼·검을 휘두름.
espaser espasera espasers espaseres *m.f.* 칼·검을 만드는 사람.
espasista espasistes *m.f.* [남녀동형][스포츠] 펜싱 선수.
espasme espasmes *m.* [의학] 경련, 경기; 놀라움.
espasmòdic espasmòdica espasmòdics espasmòdiques *adj.* 경련의, 경기의.
espassar(se) *intr.prnl.* (폭풍·통증 등이) 줄어들다, 약해지다.
espat espats *m.* [광물] 이석.
espaterrar *tr.* 놀라게 하다, 감탄하게 하다, 탄복하게 하다.
quedar espaterrat 놀라다, 감탄하다.
espatlla espatlles *f.* **1** [해부] 어깨. **2** [고어·방언] 등.
a espatlles 어깨에 매고, 등에다 지고.
arronsar les espatlles 견뎌 내다, 굴하지 않다.
donar les espatlles[girar les espatlles] 피하다, 도망가다.
guardar les espatlles[cobrir les espatlles] (어떠한 위험·위협 등에 대해서도) 보호하다.
posar l'espatlla en 힘이 되어 주다, 도움을 주다.
tirar-se (alguna cosa) *a l'espatlla* (어떤 일을) 염려하지 않다.
espatllador espatlladora espatlladors espatlladores *adj.* espatllar하는.
espatllam espatllams *m.* 어깨.
espatllament espatllaments *m.* espatllar 하는 일.

espatllar *tr.* **1** 망가뜨리다, 못 쓰게 만들다, 악화시키다. **2** (손발을) 불구로 만들다. **3** (건강을) 해치다. **4** (축제 등을) 망치다, 기분 잡치게 하다. **5** [비유] (계획 등을) 좌절시키다, 실패로 만들다. **-se** 망치다, 해치다; 악화되다, 못 쓰게 되다; 좌절되다.

espatller espatllers *m.* 숄.

espatllera espatlleres *f.* (갑옷의) 어깨받이; 견장.

espatlleta *f. fer espatlleta* 올리는 것을 어깨로 거들다.

espatllut espatlluda espatlluts espatlludes *adj.* 어깨가 딱 벌어진.

espatotxí espatotxina espatotxins espatotxines *m.f.* 민첩한 사람.

espàtula espàtules *f.* (미장이·화가·조각가 등이 쓰는) 작은 주걱.

espavent espavents *m.* =espant.

espavilament espavilaments *m.* espavilar하는 일.

espavilar *tr.* **1** (초의 심지의 탄 부분을) 자르다. **2** 재빨리 끝마치다; 순식간에 없애다; 다 써 버리다. **3** 힘을 불어넣다; (정신이) 깨이게 하다, 정신들게 하다. **-se 1** 눈을 뜨다; (머리를) 기민하게 움직이다. **2** 재촉하다, 서두르다(afanyar-se).

espavilat espavilada espavilats espavilades *adj.* **1** (잠에서) 깨어 있는, 정신이 멀쩡한. **2** (두뇌가) 맑은, 총명한, 기민한.

especejar *tr.* 잘게 자르다, 산산조각을 내다.

espècia espècies *f.* 양념, 향료, 향신료.

especial especials *adj.* **1** 특별한, 특수한; 별개의, 특유의; 특별용의. **2** 독특한, 고유의. **3** 전문의, 전공의.

especialista especialistes *m.f.* [남녀동형] 전문가, 숙련자, 전공자; (특별한 분야의) 학자.

especialitat especialitats *f.* **1** 특색, 특성. **2** (대학의) 전문, 전공; 본직. **3** (취급 품목의) 전문 분야. (음식점의) 전문요리. **4** 특기, 재주. **5** 특산품, 명물, 특제품. **6** [약학] 특허 조제, 특효약. **7** [의학] 기벽(奇癖).

especialitzar *tr.* 특(수)화하다, 전문화하다; 한정하다, 국한하다. **-se** 전공하다, 전문으로 다루다.

especialment *adv.* 특히, 특별히.

especiar *tr.* 양념·향료를 넣다.

espècie espècies *f.* **1** 종류, 가지, 유형. **2** 일; 것, 물건; 사건, 문제. **3** 구실, 핑계. **4** 소식, 뉴스.
 en espècie 물건으로 (지불하다).
 una espècie de ...같은.

específic específica específics específiques *adj.* **1** 특수한, 특정한; 독특한, 유별난; 특수화된. **2** 특효가 있는.
 -m. [의학] 특효약, 특허 매약.

especificable especificables *adj.* especificar할 수 있는.

especificació especificacions *f.* 상술, 명기, 명세; 상세한 기록; 명세 사항, 명세서, 내역.

especificar *tr.* **1** 상술하다, 명기하다, 상세히 열거하다. **2** 명세서에 기입하다; 분류해서 기록하다. **3** 특수화하다, 별도로 만들다.

especificatiu especificativa especificatius especificatives *adj.* **1** 특정의, 특별한. **2** [문법] 한정의, 설명의.

especificitat especificitats *f.* 특수성.

espècimen espècimens *m.* 견본, 견양, 표본, 샘플.

especiós especiosa especiosos especioses *adj.* **1** 예쁜, 아름다운. **2** 완벽한, 나무랄 데 없는. **3** 그럴싸한, 속이는 (enganyós).

espectacle espectacles *m.* **1** 흥행(물), 관람물; 구경거리. **2** 광경, 경관.

espectacular espectaculars *adj.* 흥행적인, 구경거리의; 장관의, 굉장한.

espectacularitat espectacularitats *f.* 장관, 웅장함; 흥행성.

espectador espectadora espectadors espectadores *m.f.* 관객, 구경꾼; 방관자.

espectral espectrals *adj.* espectre의.

espectre espectres *m.* **1** 유령, 망령 (fantasma); 요괴, 귀신. **2** 공포; 두려운 존재. **3** [물리] 분광, 스펙트럼; (전자파의) 스펙트럼 분포. **4** (눈의) 잔상 (殘像). **5** (텔레비전에 비치는) 상(像), 영상.

espectrògraf espectrògrafs *m.* **1** 분광 사진기. **2** [물리] 음향 스펙트럼 검출기.

espectrografia espectrografies *f.* [물리] espectroscòpia.

espectrograma espectrogrames *f.* 분광 사진, 스펙트럼 사진.

espectroscòpia espectroscòpies *f.* [물리] 분광학, 분광 기술.

especulació especulacions *f.* **1** 심사, 숙고, 사색; 깊이 생각함. **2** *pl.* 공리, 공론. **3** 투기, 도박.

especulador especuladora especuladors especuladores *m.f.* **1** 사색가, 이론가, 공론가. **2** 투기꾼, 도박꾼; 모험가.

especular[1] especulars *adj.* 거울·반사경 같은; 거울·반사경에 비치는.

especular[2] *tr.* 주의 깊게 바라보다, 자세히 관찰하다. *-intr.* **1** 심사숙고하다, 사색하다. **2** 투기를 하다; 증권을 사다.

especulatiu especulativa especulatius especulatives *adj.* **1** 사색적인, 깊은 생각에 잠긴. **2** 사변적인, 순이론적인. **3** 투기적인; 증권 시장의. **4** 위험한, 모험의, 불안한.

espèculum espèculums *m.* 금속 반사경.

espedaçar *tr.* =especejar.

espedregar *tr.* (과수원·정원 등의) 돌멩이를 치우다.

espeleologia espeleologies *f.* 동굴 연구, 동굴학, 암혈학.

espellar *tr.* (짐승의) 가죽을 벗기다.

espelleringar *tr.* =espellifar.

espellifar *tr.* (옷을) 찢다.

espellofar *tr.* 껍질을 벗기다.

espellucar *tr.* **1** 꼬집다. **2** 자세히 조사하다.

espelma espelmes *f.* 초(candela).

espentejar *tr.* [방언] 밀다, 밀어붙이다.

espenyador espenyadors *m.* 절벽, 벼랑, 낭떠러지.

espenyar *tr.* =estimbar.

espènyer *tr.* =empènyer.

espera esperes *f.* **1** 기다림, 대기. **2** 기대, 소망. **3** 침착, 인내, 참을성. **4** 유예 (기간).

comprar[vendre] a espera 후불로 사다 [팔다].

esperada esperades *f.* 기다림.

esperador esperadora esperadors esperadores *adj.* (...을) 기다리는, (...에) 기대를 거는.

esperança esperances *f.* **1** 희망, 기대, 소망. **2** [수학] 확률의 기대치.

esperançar *tr.* 희망을 주다; 바라다, 기다리다, 희구하다. *-se* 꿈을 품다; 환상을 그리다.

esperançat esperançada esperançats esperançades *adj.* 희망을 가진.

esperançós esperançosa esperançosos esperançoses *adj.* 기대되는, 희망이 있는.

esperant esperants *m.f.* [남녀동형] 기다리는 사람.

esperantisme esperantismes *m.* 에스페란토어 사용 운동.

esperantista esperantistes *adj.m.f.* [남녀동형] 에스페란토어를 애호하는·연구하는 (사람).

esperanto esperantos *m.* [언어] 에스페란토어.

esperar *tr.prnl.* 바라다, 희구하다, 기다리다.

tot esperant ...을 바라며, ...을 기대하며.

esperit esperits *m.* **1** 정신, 마음. **2** 혼, 영혼; 신령, 정령(ànima). **3** [대문자][성서] 성령. **4** 호흡, 생명(hàlit). **5** 중심 사상. **6** 활기, 열의(ánim); 용기, 기백 (impuls). **7** (정신적인 면에서의) 사람.

en esperit 영으로, 영적으로, 신령한 마음으로.

exhalar l'esperit 죽다, 숨을 거두다.

perdre els esperits 실신하다, 기절하다, 정신을 잃다.

esperitar-se *prnl.* 마음이 동요되다.

esperitós esperitosa esperitosos esperitoses *adj.* 활기찬, 생기 넘치는, 박력 넘치는(coratjós).

esperma espermes *f.* 정자, 정충; 정액.

espermaticida espermaticides *f.* [의학] 정자·정충의 파괴.

espermatòfit espermatòfits *m.* [식물] 꽃·

열매·씨앗을 맺는 식물.
espermatozoide espermatozoides *m.* [생리] 정자, 정충.
espernetegar *intr.* =espeternegar.
esperó esperons *m.* **1** 박차. **2** 자극, 충동(estímul). **3** [건축] 부벽. **4** 방파제; 호안벽. **5** (교각의) 물막이. **6** (군함의) 충각. **7** (새의) 며느리발톱.
esperonador esperonadora esperonadors esperonadores *adj.* esperonar하는.
esperonament esperonaments *m.* 박차를 가함; 자극, 충동.
esperonar *tr.* 박차를 가하다; 자극하다, 부추기다.
esperonejar *tr.* (말에게) 박차를 가하다.
esperpèntic esperpèntica esperpèntics esperpèntiques *adj.* 우스꽝스러운, 해괴망측한.
esperrucar *tr.* =escabellar.
espès espessa espessos espesses *adj.* **1** (액체가) 짙은, 농후한. **2** 두터운, 굵은. **3** 빽빽한, 무성한(dens). *un bosc espès* 무성한 숲. **4** 기름진, 풍요로운. **5** [비유] 굼뜬, 굼벵이 같은 (obtús).
estar espès 머리가 무겁다.
espesseir *tr.* =espessir.
espessidor espessidora espessidors espessidores *adj.* 짙게 하는, 진하게 만드는.
-*m.* 그 첨가제.
espessigar *tr.* (음식물을) 약간 취하다.
espessiment espessiments *m.* espessir하는 일.
espessir *tr.* 진하게 하다, 농후하게 하다; 두텁게 하다; 무성하게 하다. -**se** 진하게 되다, 농후해지다; 무성해지다.
espessor espessors *f.* **1** 두께. **2** 농도; 진함, 농후함.
espetarrecs *m.pl.* (무엇이) 툭툭 튀는 일·소리.
espetarregar *intr.* (무엇이) 툭툭 뛰다.
espetec espetecs *m.* 쪼개지는 소리, 폭발음.
 espetec d'aigua 소나기, 폭우.
 espetec de claror 광채.
espetegar *intr.* 쪼개지는 소리가 나다; 폭발음이 나다.
espí espins *m.* =arç.
espia espies *m.f.* [남녀동형] 스파이, 간첩, 첩자, 밀정.
-*f.* (배의) 견인줄.
espiadimonis espiadimonis *m.* [단·복수동형][곤충] 잠자리.
espiament espiaments *m.* 탐정, 비밀조사; 스파이 행위.
espiar *tr.* **1** 탐정하다, 남몰래 조사하다; 탐정·스파이 노릇을 하다. **2** 알아채다, 찾아내다. -*intr.* 배를 끌다.
espiciforme espiciformes *adj.* 이삭 모양의.
espicossar *tr.* (닭·새 등이) 콕콕 쪼아 먹다.
espícula espícules *f.* [동물] (해면 등의) 침골(針骨).
espiell espiells *m.* **1** 밖을 보는 창문. **2** (측량기의) 겨냥 판. **3** (카메라의) 파인더.
espieta espietes *m.f.* [남녀동형] 스파이, 간첩, 첩자; 밀고자, 고자질장이.
espifiada espifiades *f.* 실수, 과실.
espifiar *tr.* (무슨 일을) 그르치다.
 espifiar-la 실수를 범하다.
espiga espigues *f.* **1** [식물] 이삭; 이삭꽃. **2** 창끝. **3** 돛대의 꼭대기. **4** (목공의) 장부촉; 대가리 없는 못, 나무못. **5** 가이드 핀, 로크 핀. **6** (폭탄의) 도화선.
espigall espigalls *m.* **1** (못·칼 등의) 끝. **2** (벌의) 침. **3** [식물] 꽃봉오리.
espigar *intr.* **1** 떨어진 이삭을 줍다. **2** (자료 등을) 주워 모으다, 찾아다니다. -**se** **1** 이삭이 나오다. **2** (키가) 무럭무럭 자라다.
espigat espigada espigats espigades *adj.* 잘 자란, 교육이 잘된.
espignar *intr.* =espingar.
espigó espigons *m.* **1** =espigall3. **2** (밀·보리 등의) 수염. **3** (강·해안가의) 보책.
espígol espígols *m.* [식물] 헤란델.
espigolada espigolades *f.* espigolar하는 일.
espigolaire espigolaires *m.f.* [남녀동형] 이삭 줍는 사람.

espigolalles f.pl. (밭에 남은) 이삭.
espigolament espigolaments m. =espigolada.
espigolar tr. **1** 이삭을 줍다; 주위 담다. **2** 남은 괴일을 따다. **3** (정보 등을) 수위 모으다. *espigolar les notícies de la guerra* 전쟁에 관한 소식을 주워듣다.
espigoler espigolera espigolers espigoleres m.f. =espigolaire.
espigot espigots m. (채소의) 꽃봉오리, 수염.
espill espills m. **1** 거울(mirall). **2** [비유] 귀감, 본보기, 모범. **3** (배의 고물 부분에서 본) 평면 부분.
espina espines f. **1** [식물] 가시. **2** (물고기의) 가시, 뼈. **3** [해부] (뼈의) 돌기; 척추. **4** 걱정, 불안, 근심; 근심거리.
espinac espinacs m. [식물] 시금치.
espinada espinades f. [해부] 척추, 척골.
espinal espinals adj. 척추의.
espinar espinars m. 가시덤불, 가시밭.
espinar-se prnl. 가시에 찔리다.
espineta espinetes f. 소형 하프시코드.
espingar intr. (악기 등이) 고음을 내다.
espingarda espingardes f. **1** (옛날의) 대포. **2** (아라비아의) 긴 총.
espinguet espinguets m. **1** 날카로운 소리, 찢어지는 소리. **2** 고함 소리. **3** 호루라기 소리, 기적 소리.
espinós espinosa espinosos espinoses adj. **1** 가시투성이의, 뼈가 많은. **2** [비유] 곤란한, 힘에 겨운, 까다로운, 귀찮은. *un caràcter espinós* 까다로운 성격.
espínula espínules f. 아주 작은 가시.
espinyar tr. **1** 쪼개다, 나누다, 빠개다, 부수다. **2** (주먹으로) 때리다, 주먹질하다.
haver d'espinyar-se 참아야만 하다, 인내할 수밖에 없다.
espinyolar tr. (과일의) 씨를 빼다.
espionatge espionatges m. 정탐, 정찰; 스파이 행위, 간첩 행위.
espipellada espipellades f. 콕콕 쫌.
espipellar tr. (새가) 콕콕 쪼다.

espira espires f. **1** 소용돌이, 나선; 나선의 1회전. **2** (소라·고둥 등의) 나탑 (螺塔).
espiracle espiracles m. (곤충·물고기의) 숨구멍.
espiral espirals adj. **1** 나선(형)의. **2** 나선장치의.
-*f.* **1** [기하] 나선. **2** (시계의) 태엽.
espirall espiralls m. 공기구멍, 환기통, 공기통.
espirar intr. **1** 발산하다. **2** 숨을 내쉬다.
espirejar intr. =centellejar.
espiritisme espiritismes m. 정령 신앙; 심령학, 심령술, 강신술; 유심론.
espiritista espiritistes adj. 신이 내리는, 신을 부르는.
-*m.f.* [남녀동형] 정령 신앙자; 심령학자, 심령술사, 강신술사.
espiritual espirituals adj. **1** 정신의, 정신적인. **2** 영의, 영적인, 영의 세계의; 성령의. **3** 기발한, 정교한.
espiritualitat espiritualitats f. 영적인 것, 영성, 영적 요소, 정신적임.
espiritualitzar tr. **1** 정신적으로 하다, 영적으로 하다. **2** 영적으로 해석하다, 영해하다.
espirituós espirituosa espirituosos espirituoses adj. **1** (음료수가) 시원한; 알코올 성분이 많은. **2** 활기찬, 활기에 넘치는, 원기가 있는, 생기 있는.
espiròmetre espiròmetres m. 폐활량계.
espirometria espirometries f. 폐활량 측정.
espitjar tr. =pitjar.
espitllar tr. =centellejar.
espitllera espitlleres f. (성벽의) 총안, 좁은 틈.
espitllerar tr. 총안을 만들다.
espitregar-se prnl. (닭 등의) 가슴살을 잘라내다.
esplai esplais m. esplaiar하는 일.
esplaiar tr. 넓히다, 확대하다. -*se* 넓어지다, 확대되다.
esplanada esplanades f. 평지, 공지.
esplanador esplanadora esplanadors esplanadores adj. esplanar하는.
-*f.* 땅을 고르는 기계.

esplanar tr. 1 (땅을) 고르다, 반반하게 하다. 2 평준화하다, 똑같게 하다. 3 반질반질하게 하다.

esplèndid esplèndida esplèndids esplèndides adj. 1 빛나는, 찬란한, 화려한, 눈부신. 2 훌륭한, 멋진, 장려한, 굉장한(magnífic). 3 관대한, 너그러운, 선심 쓰는(generós).

esplendidesa esplendideses f. =esplendor.

esplendor esplendors f. 1 광채, 빛남(esclat). 2 장관, 웅장함, 화려함, 장려함(magnificència). 3 영예, 영광. 4 전성기; 극치, 최고.

esplendorós esplendorosa esplendorosos esplendoroses adj. 빛나는, 찬란한, 화려한, 눈부신, 휘황찬란한.

esplènic esplènica esplènics esplèniques adj. 비장(脾臟)의.

espletar tr. 거두다, 추수하다. -intr. (나무가) 열매를 맺다, 생산하다.

esplín esplins m. 1 울화, 침울, 애수. 2 나른함, 권태.

esplomar tr. =plomar.

esplomissar tr. =plomar1.

espluga esplugues f. =cova.

esplugar tr. (벼룩·이 등을) 잡다.

espoleta espoletes f. (무기의) 신관, 뇌관; 도화선.

espoliador espoliadora espoliadors espoliadores adj.m.f. 약탈·강탈하는 (사람).

espoliar tr. 약탈하다, 강탈하다, 노획하다.

espollar tr. 1 마른 가지를 떼어 내다. 2 이를 잡다.

espolsabutxaques espolsabutxaques m.f. 소매치기.

espolsada espolsades f. 먼지를 텖, 청소, 소제.

espolsador espolsadora espolsadors espolsadores adj. espolsar하는. -m.pl. 먼지털이, 청소기.

espolsar tr. 먼지를 털다, 청소하다.

espoltrar-se prnl. [방언] 가루가 되다.

espona espones f. 옆, 옆면, 측면; 가장자리, 테두리.

espòndil espòndils m. =vèrtebra.

esponera esponeres f. =ufana².

esponerós esponerosa esponerosos esponeroses adj. 많은, 풍부한.

espongiforme espongiformes adj. 해면체 모양의.

esponja esponges f. 1 (동물의) 해면; (해면의) 섬유 조직; 해면 모양의 것. 2 스펀지.

esponjar tr. 해면상으로 만들다; (면 등을) 부풀리다.

esponjós esponjosa esponjosos esponjoses adj. 1 해면 모양의, 해면질의; 잔구멍이 많은. 2 푹신푹신한, 퍼석퍼석한.

esponsalici esponsalícia esponsalicis esponsalícies adj. 약혼의. -m. 약혼.

espontaneïtat espontaneïtats f. 우발성, 자발성, 자생성, 임의성; 자연발생.

espontani espontània espontanis espontànies adj. 1 자발적인, 임의의. 2 [생물] 자연 발생의. 3 자연의, 자연적인.

espora espores f. [식물] 포자, 아포; 종자, 인자.

esporàdic esporàdica esporàdics esporàdiques adj. 1 우발적인, 돌발성의. 2 [의학] 산재성(散在性)의.

esporangi esporangis m. [식물] 포자낭.

esporga esporgues f. =esporgada.

esporgada esporgades f. esporgar하는 일.

esporgador esporgadora esporgadors esporgadores m.f. 가지치기하는 사람; 전지하는 사람. -f. [기계] 전지하는 기계.

esporgar tr. 가지치기를 하다, 가지를 다듬다, 전지하다.

esporguims m.pl. 잘라 낸 가지들.

esporidi esporidis m. 작은 포자·종자.

esporífer esporífera esporífers esporíferes adj. 포자를 가진.

esport esports m. 스포츠, 운동; [형용사적] 스포츠의, 운동의.

esporta esportes f. 작은 바구니(senalla).

esportellar tr. (장벽을) 무너뜨리다; 파

괴하다, 돌파하다.
esportí esportins *m.* =cofí.
esportista esportistes *m.f.* [남녀동형] 운동선수.
esportiu esportiva esportius esportives *adj.* **1** 운동 경기의, 스포츠의. **2** 운동복 차림의; 캐주얼의.
esportivitat esportivitats *f.* 스포츠 정신·자질.
esporuguir *tr.* 두려움을 주다, 공포를 주다.
espòrula espòrules *f.* =esporidi.
espòs esposa esposos esposes *m.f.* 남편, 아내.
esposalles *f.pl.* 약혼, 혼약.
esposar *tr.* 결혼하다. **-se 1** 결혼하다. **2** 약혼하다, 정혼하다.
esposori esposoris *m.* 결혼, 혼인.
esprai esprais *m.* 스프레이.
espremedor espremedora espremedors espremedores *adj.* esprémer하는. -*f.* 과즙기; 탈수기.
esprémer *tr.* **1** (즙·옷 등을) 짜다, 짜내다, 쥐어짜다. **2** [비유] 착취하다. **-se 1** 짓이기다, 짜내다. **2** [비유] (지나치게) 머리를 쓰다, 머리를 쥐어짜다.
espremuda espremudes *f.* esprémer하는 일.
esprimatxar-se *prnl.* 마르다, 살이 빠지다, 가늘어지다.
esprint esprints *m.* [스포츠] 스프린트.
esprintador esprintadora esprintadors esprintadores *m.f.* 스프린트 선수.
esprintar *intr.* 스프린트를 하다.
espuar *tr.* 가시·바늘을 빼다. **-se** 가시·바늘이 빠지다; (빗의) 솔이 다 빠지다.
espuçar *tr.* =esplugar.
espuma espumes *f.* 거품; 응어리, 찌꺼기, 무거리.
espumós espumosa espumosos espumoses *adj.* 거품이 이는, 거품투성이의.
espuntament espuntaments *m.* espuntar하는 일.
espuntar *tr.* **1** (끝을) 자르다, (날을) 무디게 하다, 뭉툭하게 하다. **2** 둔하게 만들다, 둔탁하게 하다. **-se** 무뎌지다, 뭉툭해지다; 둔탁해지다.
espuri espúria espuris espúries *adj.* **1** 사생의, 의붓(자식)의. **2** 가짜의.
espurna espurnes *f.* **1** 불꽃, 스파크. **2** 재치 있는 사람; 민첩한 사람.
espurnall espurnalls *m.* 스파크의 불똥.
espurneig espurneigs[espurnejos] *m.* espurnejar하는 일.
espurnejant espurnejants *adj.* espurnejar하는.
espurnejar *intr.* **1** 스파크가 일어나다. **2** 이슬비·보슬비가 내리다.
esput esputs *m.* 침, 가래침.
esputar *intr.* (침·가래침 등을) 뱉다.
esquadra esquadres *f.* **1** [군사] (군대의) 분대, 반, 팀; 지역 전대. **2** 소집단, 일단의 사람, 한 조.
esquadrilla esquadrilles *f.* [군사] 소부대, 소전대, 소편대.
esquadró esquadrons *m.* **1** [군사] (일단의) 부대, 팀, 기병 대대; 전투함대; 비행 대대. **2** (일반적으로) 조직된 단체, 집단.
esquama esquames *f.* 비늘 (모양).
esquamós esquamosa esquamosos esquamoses *adj.* 비늘 모양의.
esquarterar *tr.* 넷으로 나누다, 사분하다.
esquei esqueis *m.* 큰 바위.
esqueix esqueixos *m.* **1** [식물] 접목, 꺾꽂이. **2** =esquinç.
esqueixalar *tr.* [동물] 어금니를 빼다.
esqueixall esqueixalls *m.* =esquinçall.
esqueixar *tr.* **1** 나뭇가지를 꺾다(esquinçar). **2** 발기발기 찢다. **3** 실을 풀다, 얽혔던 것을 풀다.
esqueixat esqueixada esqueixats esqueixades *adj.* **1** esqueixar한. **2** [비유] 제멋대로 자란, 버릇없는.
esquela esqueles *f.* 간단한 통보, 통지서(notificació); 초대장, 부고.
esquelet esquelets *m.* **1** [해부] 해골, 골격. **2** [건축] 골조. **3** (플랜의) 골격, 골자, 스케치.
esquelètic esquelètica esquelètics esquelètiques *adj.* **1** 해골의, 해골 같은. **2** 피골이 상접한, 뼈와 가죽만 남은, 앙상한.
esquella esquelles *f.* 종 모양의 작은 방울.

esquellar *tr.* 방울을 달다.
esquellejar *intr.* 방울 소리를 내다.
esqueller esquellera esquellers esquelleres *adj.m.f.* 방울을 달고 있는 (사람).
esquelleria esquelleries *f.* 방울 소리를 울림.
esquellerinc esquellerincs *m.* 아주 작은 방울.
esquema esquemes *m.* **1** 도표, 도해, 도식. **2** 항목, 비목; 계획.
esquemàtic esquemàtica esquemàtics esquemàtiques *adj.* 도해의, 도해식의.
esquematitzar *tr.* 도해하다, 도식하다; 개요하다, 요약하다.
esquena esquenes *f.* **1** [해부] 등. **2** 후면, 배면, 등 뒤, 뒤쪽. **3** 후위대.
a esquena[*a l'esquena*] *de* ...을 희생하고, ...의 대가로.
caure d'esquena 뒤로 벌러덩 넘어지다.
doblegar l'esquena [비유] 열심히 일하다.
girar l'esquena 피하다, 도망가다; 등을 돌리다.
girar[*donar*] *l'esquena* (a algú) (...에게) 등을 돌리다; 반대하다.
rompre's l'esquena 고생하다, 너무 일하다, 녹초가 되다, 혹사하다.
viure amb l'esquena dreta 등을 펴고 살다, 애쓰지 않고 편히 살다.
esquenada esquenades *f.* 등을 때림, 등을 침.
esquenadret esquenadreta esquenadrets esquenadretes *adj.* 빈둥거리는, 먹고 노는; 게으른, 나태한.
esquenall esquenalls *m.* **1** 산등성이, 산꼭대기. **2** 분수령, 분수선.
esquena-romput esquena-rompuda esquena-romputs esquena-rompudes *adj.* (등·허리를) 상한; 녹초가 된, 파김치가 된.
esqueneta *f.* [해부] 등.
fer esqueneta 등으로 밀어 올리나.
esquer esquers *m.* **1** 먹이, 모이, 사료. **2** (낚시·낚의) 모이, 미끼, 먹이.
esquerar *tr.* 모이·미끼를 주다.
esquerda esquerdes *f.* 틈, 균열; 파편, 부스러기.

esquerdar *tr.* 쪼개다, 부스러뜨리다, 부스러기로 만들다. *-se* 잘게 부수어지다, 부스러기가 되다.
esquerdat esquerdada esquerdats esquerdades *adj.* 날카로운, 찢어지는, 깨지는 (소리).
esquerdill esquerdills *m.* 파편, 조각, 부스러기.
esquerdissar *tr.* =esquerdar.
esquerp esquerpa esquerps esquerpes *adj.* 무뚝뚝한, 다루기 힘든, 성미가 고약한, 붙임성이 없는.
esquerperia esquerperies *f.* 무뚝뚝함, 퉁명스러움, 고약함.
esquerrà esquerrana esquerrans esquerranes *adj.* **1** 왼손잡이의. **2** 왼쪽의. **3** [정치] 좌파의, 좌경의.
-m.f. 왼손잡이; 좌파, 좌경.
esquerranisme esquerranismes *m.* [정치] 좌파 성향, 좌파 이념, 좌익주의.
esquerre esquerra esquerres esquerres *adj.* **1** 왼쪽의. *l'ull esquerre* 왼쪽 눈. **2** 왼손의, 왼팔의, 왼손잡이의.
-f. **1** 왼쪽, 좌측. **2** 왼손. **3** (이념·정치 등의) 좌파, 좌익, 좌경.
a l'esquerra 왼쪽으로, 왼쪽 방향으로.
d'esquerra 좌파의, 좌익의, 좌경의.
Esquerra, va[*mar*]! [군사] 좌로 가!, 좌향 앞으로 가!
esquerrer esquerrera esquerrers esquerreres *adj.* =esquerrà.
esquí esquís *m.* [스포츠] 스키.
esquiador esquiadora esquiadors esquiadores *m.f.* 스키 타는 사람, 스키 선수, 스키어.
esquiar *intr.* 스키를 타다.
esquif esquifs *m.* 길쭉한 경주용 배.
esquifidesa esquifideses *f.* =esquifiment.
esquifiment esquifiments *m.* 작아짐, 줄어듦; 좁아짐; 사소함, 무의미한 것.
esquifir-se *prnl.* 작아지다, 줄어들다; 좁아지다.
esquinç esquinços *m.* (옷·종이 등의) 해짐, 찢어짐, 너덜거림; 터진 구멍.
esquinçada esquinçades *f.* 찢기, 닳게 만듦.
esquinçall esquinçalls *m.* 찢어진 것, 해진 것, 터진 구멍.

esquinçament esquinçaments *m.* =esquinçada.

esquinçar *tr.* **1** (옷·종이 등을) 찢다. **2** 해지게 하다, 너덜거리게 하다, 닳게 하다. **-se** 해지다, 낡아지다, 너덜거리다.

esquirol^1 esquirols *m.* [동물] 다람쥐.

esquirol^2 esquirols *m.* (총파업 중의) 임시고용.

esquirolejar *intr.* 다른 데로 움직이다.

esquist esquists[esquistos] *m.* [광물] 편암, 슬레이트.

esquitllada esquitllades *f.* esquitllar-se 하는 일.
d'esquitllada 은근히, 살그머니, 시치미를 뚝 떼고, 모르는 척하고.

esquitlladís esquitlladissa esquitlladissos esquitlladisses *adj.* 미끄러운, 잘 빠져나가는, 사라지는 듯한.

esquitllar *tr.* =esclofollar. **-se 1** 미끄러지다, 넘어지다. **2** (아무도 모르게) 사라지다. **3** (살그머니) 달아나다, 빠져나가다.

esquitllentes, d' *loc.adv.* 비스듬히, 경사지게; 몸을 틀어; 슬그머니, 남모르게.

esquitx esquitxos *m.* **1** (물의) 튀김, 물보라; 튀긴 흙탕물. **2** 작은 양; 불똥. **3** [비유] 중요하지 않은 사람; 하찮은 것.

esquitxada esquitxades *f.* esquitxar하는 일.

esquitxar *intr.* (물이) 튀기다. **-tr. 1** (물을) 튀기다. **2** (물·액체 등을) 뿌리다, 끼얹다, 점재하다. **3** [비유] (명성 등을) 더럽히다, 신용을 잃다. **4** [비유] (돈 등을) 풀다, 뿌리다. **-se** 여기저기로 튀다; 점재하다.

esquitxoteig esquitxoteigs [esquitxotejos] *m.* =esquitxada.

esquitxó esquitxons *m.* 난쟁이.

esquiu esquiva esquius esquives *adj.* 무뚝뚝한, 붙임성이 없는.

esquivada esquivades *f.* 피함, 비켜 감; 달아남, 멀리함.

esquivament esquivaments *m.* =esquivada.

esquivar *tr.* **1** 피하다, 비켜 가다. **2** (사람을) 피하다, 멀리하다; 거절하다. **3** (뿌리치고) 달아나다. **-se** 몸을 피하다; 도망가다, 달아나다.

esquivesa esquiveses *f.* 무뚝뚝함, 퉁명스러움.

esquizofrènia esquizofrènies *f.* [의학] 정신 분열증.

essa esses *f.* **1** 문자 s의 명칭. **2** (술에 취해) 갈지자로 걸음, 사행(蛇行).

essència essències *f.* **1** 본질. **2** [철학] 실제, 실체, 본체. **3** 진수, 정수. **4** [화학] 정, 에센스. **5** 향수(perfum).
en essència 본질적으로, 본질에 있어.
per essència 기본적으로, 근본적으로, 본질상.

essencial essencials *adj.* **1** 본질의, 본질적인, 기본적인. **2** 필수의, 불가결의. **3** 매우 중요한, 긴요한, 요긴한. **4** 정수를 모은. **5** 향수의; 정유의.
en l'essencial[en allò que és essencial] 기본적으로, 본질적으로.
l'essencial 기본적인 것, 중요한 것.

essencialment *adv.* 기본적으로, 본질적으로.

ésser^1 *intr.* **1** [신분·본질] …이다. **2** [존재·상태] …에 있다, 존재하다; …이다. **3** 일어나다, 발생하다(succeir). **4** 이르다, 다다르다, 도착하다. **5** (어떤 곳에) 위치하다. **6** (집에) 있다. **7** …한 상태이다. **8** (집단·조직의) 일원이 되다, 구성원을 이루다. **9** 닮다, 비슷하다 (semblar). **10** (날짜가) …이다.
això és[ço és…, és a dir…] 즉, 다시 말하면, 이를테면.
M'és igual 난 상관없다, 난 괜찮다.
o sia 즉, 다시 말하면.
si és possible 가능하면, 할 수 있다면.
si no és que …하지 않는다면, 만일 …이 아니라면.
sia… sia… 혹은… 혹은…
sigui com vulgui 어찌 되었든, 하여튼, 아무튼지 간에.
Som-hi! 자!, 어서!
Tant és! 상관없다, 마찬가지이다.

ésser^2 éssers *m.* **1** 존재, 실재(existència). **2** 실체, 실존; 본질, 본체; 생명.

3 사람, 인간, 작자, 놈. **4** 사는 방법, 삶의 방식, 존재 양식.

est¹ *m.* 동쪽; 동풍.
-*adj.* 동쪽의.

est² **esta estos estes** *adj.* 이것의, 이와 같은, 이러한.
-*pron.* 이것, 이 사람; 후자.

estabilitat estabilitats *f.* **1** 안정, 안정성, 안정도. **2** 공고, 착실, 견실, 부동성. **3** [선박·항공] 복원성, 복원력.

estabilització estabilitzacions *f.* 안정, 안정화.

estabilitzador estabilitzadora estabilitzadors estabilitzadores *adj.* 안정시키는.
-*m.* **1** (변질 방지용) 안정제. **2** [선박·항공] 안정 장치, 수평 안정판, 수평 미익.

estabilitzar *tr.* 안정시키다, 견고하게 하다. **-se** 안정되다, 견고케 되다.

establa estables *f.* 마구간; 우리.

establar *tr.* 마구간·우리에 넣다.

estable estables *adj.* **1** 안정된, 견고한. **2** 영속적인, 견실한, 착실한. **3** [화학] 쉽게 용해되지 않는.

establiment establiments *m.* **1** 설립, 창립. **2** 수립, 설정, 개설. **3** 제정, 규정, 정관. **4** 건물, 기관, 사무소, 영업소, 공장.

establir [*pp:* establert establerta] *tr.* **1** 건설하다, 건립하다, 창설하다. **2** 설정하다, 개설하다. **3** (법을) 제정하다, 규정하다. **4** 장착시키다, 단단하게 하다. **5** (신기록을) 수립하다. **-se 1** (거처를) 정하다, 정주하다, 정착하다. **2** 개업하다, 창업하다.

estaborniment estaborniments *m.* 실신, 의식 불명.

estabornir *tr.* 실신시키다, 의식을 잃게 하다.

estabulació estabulacions *f.* 우리 안에서의 사육.

estabular *tr.* 우리 안에서 키우다.

estabulari estabularis *m.* (동물 등의) 생활학 실험 연구실.

estaca estaques *f.* 말뚝, 몽둥이, 작대기; 삽목, 큰 못.

estacada estacades *f.* 말뚝을 박음; 나무 울타리.

deixar (algú) *a l'estacada* (누구를) 위험한·어려운 상황에 내버려 두다.

estacar *tr.* (말뚝에) 가축을 묶어 두다.

estació estacions *f.* **1** 역, 정거장, 정류소; (스키 등을) 타는 곳. **2** 시기, 계절. **3** 전화국, 전신국; 방송국(estació emissora). **4** 주유소, 급유소. **5** 경찰서(estació). **6** 휴식, 휴식처. **7** 주재소, 주재원. **8** 요항(要港). **9** 참회를 위한 기도. **10** 십자가를 메고 가다 길에서 머무는 일. **11** (어떤 식물의) 산지. **12** (측량의) 측점.

estacional estacionals *adj.* **1** 계절의. **2** 정착적인, 움직이지 않는.

estacionament estacionaments *m.* 주차; 비치, 배치; 체류.

estacionar *tr.* **1** 주차하다. **2** 비치하다, 배치하다. **-se 1** 주차하다. **2** 머물다, 숙박하다; 정주하다, 정체하다.

estacionari estacionària estacionaris estacionàries *adj.* 움직이지 않는, 정체한, 주재의; 안정된.

estada estades *f.* 머무는 일, 숙박; 체재, 체류, 주재; 정박.

fer estada (어느 곳에) 묵다, 숙박하다; 정주하다, 정체하다; 정박하다.

estadant estadanta estadants estadantes *m.f.* 세입자.

estadi estadis *m.* **1** 경기장, 스타디움. **2** (병의) 시기, 단계.

estadista estadistes *m.f.* **1** 정치가. **2** 통계학자.

estadístic estadística estadístics estadístiques *adj.* 통계의.
-*f.* 통계학.

estafa estafes *f.* 사기, 갈취.
-*m.f.* 사기꾼, 야바위꾼.

estafada estafades *f.* 사기 행위.

estafador estafadora estafadors estafadores *m.f.* =estafa.

estafar *tr.* 사취하다, 사기하다.

estaferm estaferms *m.* **1** 꼭두각시, 회전인형. **2** [비유] 쓸모없는 인간.

estafeta estafetes *f.* **1** 속달 우편. **2** 외교 문서 우편.

estafeter estafetera estafeters estafeteres *m.f.* 속달 우편 배달부; 외교 문서 메신저.

estagnació estagnacions *f.* **1** [경제] 경기 침체. **2** 정체, 부진.
estagnant estagnants *adj.* 침체된; 정체된, 순환이 안 되는. *aigües estagnants* 정체된 물.
estai estais *m.* **1** [선박] (돛대를 앞쪽으로 유지하는) 지색. **2** (전주·안테나 등의) 버팀줄.
estalactita estalactites *f.* [광물] 종유석.
estalagmita estalagmites *f.* [광물] 석순.
estaló estalons *m.* 갈래, 갈래 나무, 갈라진 것.
estaloc estalocs *m.* 갈고리, 갈고리 모양으로 된 것.
estalonada estalonades *f.* 발뒤꿈치로 걷기.
estalonar¹ *tr.* 갈래로 받치다.
estalonar² *tr.* 발뒤꿈치로 걷다.
estalvi estàlvia estalvis estàlvies *adj.* 안전한, 무사한, 아무 탈이 없는. *Va tornar sa i estalvi* 그는 무사히 돌아왔다.
estar estalvi 무사하다, 안전하다.
-*m.* 저축; 저금액.
estalviada estalviades *f.* estalviar하는 일.
estalviar *tr.* **1** 저축하다, 저금하다, 비축하다. **2** (소비를) 줄이다, 아끼다, 절약하다. **3** (노력·희생 등을) 아끼다, 피하다(evitar). *No estalvia cap esforç* 아무런 노력도 기울이지 않다. **4** (위험에서) 구하다(salvar). *L'ha estalviat de morir ofegat* 그를 익사의 위기에서 구했다. -*se* 피하다, 면하다.
estalzí estalzins *m.* =sutge.
estam estams *m.* **1** [식물] 수술. **2** 실; 모사(毛絲).
estament estaments *m.* [역사] (아라곤 왕국의) 집정단.
estamer estamera estamers estameres *m.f.* [식물] 암수술, 수수술.
estamenya estamenyes *f.* 나사(螺絲).
estamordir *tr.* **1** 기절시키다, 의식을 잃게 하다(atordir). **2** 두렵게 하다, 공포를 주다(esporuguir).
estampa estampes *f.* **1** (직물의) 날염. **2** 판화, 목판화; 인쇄. **3** (화폐·메달 등의) 도형, 모형. **4** [비유] 외모, 풍채. **5** 흔적, 자취.
donar a l'estampa 인쇄에 넘기다.
ésser l'estampa de 빼다 닮다, 꼭 닮다.
estampada estampades *f.* estampar하는 일.
estampar *tr.* **1** (직물을) 날염하다. **2** (판화 등을) 밀다; 인쇄하다; 틀을 박아 내다. **3** 표를 하다, 표시하다. **4** (인상·흔적 등을) 남기다. **5** (사람을) 힘껏 밀쳐 누르다.
estampat estampada estampats estampades *adj.* 찍힌, 인쇄된; 날염 무늬의, 무늬가 있는; 틀에 넣어 만든.
-*m.* 틀을 박아 넣는 일; 날염 무늬 원단; 무늬 옷.
estamperia estamperies *f.* **1** 판화 인쇄소. **2** 날염 공장. **3** 그림엽서 가게.
estampilla estampilles *f.* 인판, 스탬프.
estampillar *tr.* 도장을 찍다, 날인하다.
estampir *tr.* **1** 누르다, 조이다. **2** 안에 집어넣다. **3** 꼭 붙잡다, 누르고 있다.
estanc¹ estancs *m.* 에스탕코[담배·카드·우표·티켓 등을 파는 매점].
estanc² estanca estancs estanques *adj.* 방수의, 방수 장치가 된, 누수 방지의.
estança estances *f.* **1** 방; 여관, 객줏집. **2** (시의) 연, 절.
estancació estancacions *f.* =estancament.
estancament estancaments *m.* **1** 지체, 정체. **2** (경제적) 침체. **3** =estanc¹.
estancar *tr.* **1** 지체하다, 정체시키다(deturar). **2** (물이) 고이게 하다. -*se* 정체하다; (한군데) 고이다. *L'aigua s'estanca* 물은 고인다.
estand estands *m.ang.* 기업 상품 홍보용 가판대.
estàndard estàndards *adj.* 표준의, 규격의, 기준이 되는, 모범적인.
-*m.* 표준, 규범, 모범.
estandardització estandarditzacions *f.* 표준화, 규격화; 통일, 획일.
estandarditzar *tr.* 표준화하다, 규격화하다.
estanquer estanquera estanquers estanqueres *m.f.* **1** 저수지지기. **2** 에스탕코 주인.

estanquitat estanquitats *f.* 방수, 누수 방지.

estànnic estànnica estànnics estànniques *adj.* 주석의, 주석 성분의.

estant¹ estants *adj.* 있는; 체제의, 체류 중인, 정착한.
  de... estant ...로부터, ...에서. *Jo m'ho mirava de la finestra estant* 나는 그것을 창문에서 바라다보았다.

estant² estants *m.* 책장.

estantís estantissa estantissos estantisses *adj.* 정체한, 한군데 괸.

estany¹ estanys *m.* **1** (정원의) 못. **2** 호수, 저수지.

estany² *m.* [광물] 주석.

estanyada estanyades *f.* 주석을 도금하는 일.

estanyar¹ *tr.* (물이) 흘러넘치다.

estanyar² *tr.* 주석을 도금하다.

estanyol estanyols *m.* (정원·공원 등의) 작은 못·호수.

estaquirot estaquirots *m.* 회전 인형.

estar *intr.* **1** 살다, 주재하다. **2** 있다, 위치하다. **3** (어떤 상태가) 되어 있다. **4** ...하고 있다, ...하는 중이다. **5** (시간이) 얼마 걸리다(tardar). *Estarem quatre dies a fer-ho* 우리가 그 일을 하는 데 4일 걸릴 것이다. **6** [비유] 정지하다, 조용히 있다. **7** 끝내다, 마치다(acabar). *Ja estic* 이미 끝냈다. **-se 1** 살다, 주재하다. **2** (일정 기간을) ...에 있다. **3** (어떤 상태에) 있다.
  a tot estar (호텔의) 전체 지불로.
  estar al corrent ...에 정통하다, ...을 잘 알다.
  estar de 귀히 여기다, 높게 평가하다.
  estar malament (몸·기분이) 안 좋다.
  estar per i) [동사원형과 함께 쓰여] ...이 없다; ii) [사람·사물과 함께 쓰여] 돌보다, 시중들다; 고치다.
  estar-se de ...을 끊다, ...을 삼가다.

estaria estaries *f.* =estada.

estarrufar *tr.* **1** (머리털 등을) 곤두세우다. **2** (빵 등을) 속이 비게 하다; 부풀리다.

estasiologia estasiologies *f.* [정치] 정당학.

estassada estassades *f.* estassar하는 일.

estassar *tr.* **1** (풀 등을) 베다, 자르다. **2** (무엇을) 쓰러뜨리다, 넘어뜨리다.

estat estats *m.* **1** 상태. **2** (사회적) 신분, 지위(condició social). **3** (몸·건강의) 상태. **4** 국가, 영토; 정체; 주(州). **5** (봉건 시대의) 영지. **6** 국무; 국무성. **7** 기록, 표; 재무표, 보고서.
  estat civil (기혼·미혼의) 여부.
  estat d'alarma[*de setge*] 비상[포위]상태
  estat d'alerta 경계상태.

estatge estatges *m.* **1** 방, 거실. **2** 주거, 가옥, 주택.

estatger estatgera estatgers estatgeres *m.f.* 세입자(llogater).

estàtic estàtica estàtics estàtiques *adj.* **1** 정지의, 정지 상태의. **2** 정적인, 고요한. **3** [전기] 정전기의. **4** [회화] 정물화 같은.
  -f. [물리] 정역학(靜力學).

estatisme estatismes *m.* **1** [정치] 국가 통제 정책. **2** 정지 상태, 정체 상태.

estatització estatitzacions *f.* 국유화.

estatitzar *tr.* 국유화하다, 국가의 통제 하에 두다.

estator estators *m.* [전기] 고정자.

Estats Units[**USA**], **els** *n.pr.* [지리] 미합중국, 미국.

estàtua estàtues *f.* **1** 상, 조상. **2** [비유] 차가운 사람, 냉정한 사람.

estatuari estatuària estatuaris estatuaries *adj.* 상(像)의, 조상의; (대리석 등이) 조상용의.
  -m.f. 조상가, 조각가.
  -f. 조상술, 조각술.

estatuir *tr.* 정하다, 제정하다, 설정하다.

estatura estatures *f.* (사람의) 키, 신장.

estatus estatus *m.* [단·복수동형] (사회적인) 신분, 지위.

estatut estatuts *m.* **1** 법령, 법규, 규약. **2** (법인의) 정관, 규칙, 규약, 제정. **3** *pl.* (사회적) 규범.

estatutari estatutària estatutaris estatutàries *adj.* **1** 법령의, 법규의. **2** 규약의, 규정의, 정관의.

estavellament estavellaments *m.* estavellar하는 일.

estavellar *tr.* 충돌시키다, 부딪히다. **-se 1** 충돌하다, 부딪히다. **2** [비유] (역경 등과) 부닥치다.

estearina estearines *f.* [화학] 스테아린 [양초의 원료].

esteatita esteatites *f.* [광물] 동석(凍石).

estel estels *m.* **1** [천문] 별. **2** 별 모양의 것. **3** 성장(星章), 성형 훈장. **4** 운명, 운세. **5** 스타, 인기 배우, 주역. **6** (말 이마에 난) 반점.

estel fugaçç 유성.

estel polar 북극성.

estela esteles *f.* **1** 선적(船跡), 항적(航跡); 비행운. **2** 빛의 꼬리.

estelat estelada estelats estelades *adj.* 별 모양의; 별 천지의.
-f. [집합] (하늘의) 별들.

estella estelles *f.* 부스러기.
fer-se'n l'estella 비싼 대가를 치르다, 비싸게 지불하다.
no tenir d'on[de què] fer estelles 동전 한 푼 없다.

estellar *tr.* 산산조각을 내다, 쪼가리를 만들다.

estel·lar estel·lars *adj.* 별의, 별 모양의.

estellicó estellicons *m.* 작은 별.

estel·liforme estel·liformes *adj.* 별 모양의.

estellós estellosa estellosos estelloses *adj.* **1** (나무·돌 등의) 부스러기의, 조각의. **2** (음식이) 딱딱한.

estenall estenalls *m.* =estesa, estenedor.

estenalles *f.pl.* =tenalles.

estendard estendards *m.* (군대·기관 등의) 군기, 단기.

estendre *tr.* **1** 뻗다, 펼치다; 넓게 펴다. *estendre les ales* 날개를 펴다. **2** 넓히다, 확장하다. **3** (팔을) 쭉 뻗다. **4** (겹친·접힌 것을) 펴다. *estendre el mapa* 지도를 펴다. **5** 늘이다, 길게 하다. **6** (기한을) 연기하다, 연장하다. **7** (문서를) 작성하다. **8** [상업] (어음을) 발행하다. **9** [비유] (명성·권력 등을) 크게 하다. **-'s 1** 펼쳐지다. **2** 퍼지다, 번지다, 유포되다. **3** 유행하다. **4** 늘어나다, 연기되다, 연장되다. **5** (…지경까지) 닿다, 이르다.

estenedor estenedora estenedors estenedores *adj.* estendre하는.
-m. (늘이는·확장하는) 줄, 장소.
-f. 도로포장용 기계.

estenografia estenografies *f.* 속기(술).

estenografiar *tr.* 속기로 쓰다.

estenogràfic estenogràfica estenogràfics estenogràfiques *adj.* 속기(술)의.

estenosi estenosis *f.* [의학] (관·구멍의) 수축, 협착.

estenotípia estenotípies *f.* 기계 속기술.

estentori estentòria estentoris estentòries *adj.* 고성의, 고음의.

estepa estepes *f.* (유라시아 대륙의) 초원.

èster *m.* [화학] 에스테르.

esteranyinar *tr.* 그을음을 털어 내다.

estercorari estercoràri estercoraris estercoràries *adj.* 똥의.

estereofonia estereofonies *f.* [물리] 입체음향.

estereofònic estereofònica estereofònics estereofòniques *adj.* 입체 음향의, 스테레오의.

estereografia estereografies *f.* 입체 화법.

estereoscopi estereoscopis *m.* 스테레오스코프, 실체 사진, 실체경; 입체 사진경.

estereoscòpia estereoscòpies *f.* 실체 광학.

estereotip estereotips *m.* **1** (인쇄의) 연판, 연판 인쇄(법). **2** [비유] 상투적임, 고정관념.

estereotipar *tr.* **1** 연판으로 인쇄하다. **2** 틀에 끼우다, 상투적으로 하다, 형식화하다.

estereotipat estereotipada estereotipats estereotipades *adj.* 연판의; 틀에 박힌, 진부한, 상투적인.

estèril estèrils *adj.* **1** 아이를 갖지 못하는, 불임의. **2** 메마른, 불모의(improductiu). **3** 소득이 없는, 무의미한, 결과가 없는. *esforços estèrils* 소득 없는 노력. **4** 과작(寡作)의, 흉작의. **5** 취미가 없는, 몰취미의. **6** 살균한, 소독한, 균이 없는. **7** [식물] 중성의, 열매를 맺지 않는.

esterilitat esterilitats *f.* **1** 불임(증). **2** (토지의) 불모, 황무지. **3** 무효, 결과가 없음; 무소득, 무수입. **4** (사상의) 빈약. **5** 몰취미, 재미없음. **6** (곡식이) 익지 않음. **7** 과작, 흉작. **8** [의학] 무균(의 상태). **9** [식물] 중성.

esterilització esterilitzacions *f.* **1** 불임케 하는 일; 단종(斷種). **2** 황무지화. **3** 살균소독.

esterilitzador esterilitzadora esterilitzadors esterilitzadores *adj.* 살균시키는, 소독하는.
-*m.* 살균기, 소독기.

esterilitzar *tr.* **1** 불임케 하다, 단종시키다. **2** 불모지로 만들다, 박토로 만들다, 메마르게 하다. **3** 무미건조하게 만들다. **4** 살균하다, 소독하다.

estern esterns *m.* [해부] 가슴뼈, 흉골.

esternal esternals *adj.* [해부] 가슴뼈의, 흉골의.

esternudar *intr.* 재채기를 하다.

estèrnum estèrnums *m.* [해부] =estern.

esternut esternuts *m.* 재채기.

esternutatori esternutatòria esternutatoris esternutatòries *adj.* 재채기의, 재채기를 하는.

esterrejar *tr.* **1** 흙으로 닦다. **2** (밭의) 흙덩이를 부수다. -*intr.* 흙을 파며 놀다.

esterrossar *tr.* 흙덩이를 부수다.

estès estesa estesos esteses *adj.* **1** 편, 펼친; 넓힌, 넓혀진. *les ales esteses* 펼쳐진 날개. **2** 확장된, 연장된. **3** 누워 있는(ajagut). **4** 널리 퍼진, 일반화된, 보편화된(difós). *un costum molt estès* 매우 널리 퍼진 풍습.
-*f.* [집합] (널어놓은) 빨래.

estesar *tr.* 누운 채로 놔두다, 죽은 채로 놔두다.

estesiologia estesiologies *f.* [의학] 감각기관 연구.

esteta estetes *m.f.* [남녀동형] 유미주의자, 탐미주의자.

estètic estètica estètics estètiques *adj.* **1** 미의, 미학의. **2** 예술적인. **3** 심미적인, 심미안을 가진, 감각적인.
-*f.* 미학.

estèticament *adv.* 미적으로, 미학적으로, 감각적으로.

esteticisme esteticismes *m.* 유미주의, 심미주의; 미용(술).

esteticista esteticistes *adj.* 미(美)를 가꾸는.
-*m.f.* [남녀동형] 미용사.

estetoscopi estetoscopis *m.* 청진기.

esteva esteves *f.* (쟁기의) 자루.

estiatge estiatges *m.* **1** (강·호수의) 수량감소; 갈수기(渴水期). **2** 여름의 더위.

estiba estibes *f.* **1** (배의) 밑바닥 짐. **2** 하적, 적하; (물건을) 쌓는 법. **3** (양털·솜 등의) 압축.

estibar *tr.* **1** (선박의) 균형을 잡아 짐을 쌓다. **2** (양털·솜 등을) 압축하다.

estic estics *m.* (하키의) 갈고리 모양의 채.

estigma estigmes *m.* **1** 자국, 흔적, 낙인. **2** 오명, 치욕. **3** [식물] 암술머리. **4** [해부] 숨구멍, 기공, 기문. **5** [의학] 소반, 홍반, 출혈반. **6** [종교] 성흔(聖痕).

estigmàtic estigmàtica estigmàtics estigmàtiques *adj.* estigma의.

estigmatitzar *tr.* **1** (...에) 낙인을 찍다. **2** [비유] 오명을 씌우다(infamar).

estil estils *m.* **1** 형, 형태, 모양, 스타일, 형식. **2** 방법, 방식, 수법. **3** (시대적인) 스타일, 유행. **4** 문체, 서법; 화법. *estil indirecte* 간접 화법. **5** 작풍, 화풍; 독특한 표현법. **6** [건축] 식(式), 양식. **7** 화법. **8** [식물] 암술대. **9** (연대의) 역법. **10** 습관, 풍습, 버릇. **11** *pl.* [스포츠] (수영의) 영법(泳法).
a l'estil de ...풍으로, ...방식으로.

estilar-se *prnl.* 유행하다; 틀·모양·형식이 유행에 맞다.

estilet estilets *m.* **1** 단검, 작은 칼. **2** 뜨개바늘, 송곳 바늘. **3** (의료용) 핀셋.

estilista estilistes *m.f.* 문체를 가다듬는 사람, 미문가, 문장가.

estilístic estilística estilístics estilístiques *adj.* 문체(상)의; 특징적인.

estilística estilístiques *f.* 문체론.

estilitzar *tr.* **1** 틀에 박다, 인습화하다. **2** 틀에 맞춰 해석하다.

estilogràfica estilogràfiques *f.* 만년필.

estima estimes *f.* **1** 존중, 호평. **2** 가치, 값어치. **3** [해사] (배의) 위치 추정.
tenir en molta[poca] estima 높이[낮게] 평가하다.

estimació estimacions *f.* **1** 평가, 견적, 예산; 생각, 판단. **2** 가치, 값어치. **3** 호평, 명성, 평판. **4** 존중, 존경. **5** 애정, 사랑(amor).

estimador estimadora estimadors estimadores *adj.m.f.* estimar하는 (사람).

estimar *tr.* **1** 평가하다, 어림하다, 사정하다(valorar). **2** [비유] 생각하다, 판단하다(judicar). **3** 존경하다, 존중하다. **4** 감사하게 생각하다(apreciar). **5** 사랑하다, 애정을 나타내다(amar). **-se** 서로 사랑하다, 서로 존중하다.
estimar-se més 선호하다, (차라리) ...을 하고 싶다.

estimatiu estimativa estimatius estimatives *adj.* 평가하는, 어림하는.

estimbada estimbades *f.* 전락; 몰락, 도산.

estimball estimballs *m.* 벼랑, 절벽, 낭떠러지.

estimbar *tr.* **1** (위에서) 던지다. **2** (가파른 곳에서) 떨어지다, 전락하다. **-se** 전락하다, 굴러 떨어지다.

estímul estímuls *m.* **1** 자극; 자극물. *Li cal un estímul* 그는 자극이 필요하다. **2** 격려.

estimulació estimulacions *f.* 자극, 흥분; 고무, 격려.

estimulant estimulants *adj.* 자극의, 자극하는, 고무하는, 흥분시키는.
-m. 자극물, 흥분제.

estimular *tr.* **1** 찌르다; 자극하다, 흥분시키다. **2** 고무하다, 격려하다; 북돋우다, 기운을 더하다(animar). **3** (식욕을) 돋우다.

estintolar *tr.* 버팀목을 대다.

estipendi estipendio *m.* 급료, 급여, 봉급, 보수.

estipendiari estipendiària estipendiaris estipendiàries *m.f.* 유급자, 샐러리맨, 봉급생활자.

estípit estípits *m.* **1** [건축] 밑이 위보다 가는 각주. **2** [식물] 가지가 없는 나무줄기.

estipulant estipulants *adj.* 구두로 약속하는, 협정하는.

estipular *tr.* (계약을) 구두로 약속하다.

estirabec estirabecs *m.* =tirabec, estirabot.

estirabot estirabots *m.* 억지, 강제, 부당; 폭언.

estiracabells estiracabells *m.* [곤충] 잠자리.
anar a estiracabells 쟁탈전을 벌이다.

estirada estirades *f.* estirar하는 일.
fer una estirada 급속히 자라다.

estirament estiraments *m.* =estirada.

estirar *tr.* **1** 늘이다, 늘어뜨리다, 잡아당기다. **2** 다리미질을 하다. **3** 기지개를 펴다. **4** (환자를) 눕히다. **5** [비유] (앞으로) 쭉 뻗다; 곧장 쭉 가다. **-se** **1** 뻗다, 늘어지다. **2** 기지개를 펴다. **3** 드러눕다.
a tot estirar 최대로, 최대한.

estiratge estiratges *m.* =estirada.

estirat estirada estirats estirades *adj.* **1** 늘어진, 넓힌(allargat). **2** 팽팽한, 잡아당기는(tibant). **3** 가로놓인, 가로누인. **4** [비유] (관계가) 긴장된(tibant).

estireganyar *tr.* 잡아 늘여 빼다.

estiregassada estiregassades *f.* 힘껏 잡아당김.

estiregassar *tr.* 힘껏 당기다.

estirp estirps *f.* 가문, 가계; 혈통.

estisores *f.pl.* 가위(tisores).

estisoreta estisoretes *f.* [곤충] 집게벌레.

estiu estius *m.* 여름.

estiuada estiuades *f.* 여름철 (피서).

estiuar *tr.* 여름을 보내다, 피서하다.

estiueig estiueigs[estiuejos] *m.* 피서, 해수욕.

estiuenc estiuenca estiuencs estiuenques *adj.* 여름의.

estiuejador estiuejadora estiuejadors estiuejadores *m.f.* =estiuejant.

estiuejant estiuejants *m.f.* [남녀동형] 피서하는 사람, 해수욕하는 사람.

estiuejar *intr.* 피서하다, 해수욕하다.

estiuenc estiuenca estiuencs estiuenques *adj.* 여름의; 한여름다운.

estival estivals *adj.* 여름의.

estoc¹ estocs *m.* **1** 큰 칼. **2** (투우에서 사용하는) 칼.
estoc² estocs *m.* (어느 시점의) 재고(품).
estocada estocades *f.* 큰 칼로 베기.
estocafix estocafixos *m.* 말린 대구.
estofa estofes *f.* **1** 수놓은 천. **2** [비유] 종류, 성격. **3** 소질, 기질, 성질.
 de baixa estofa 기질이 나쁜.
estofar *tr.* **1** 수를 놓다. **2** (금속에) 새기다. **3** [비유] 괴롭히다, 애를 먹이다.
estofat estofats *m.* 수놓은 천.
estoic estoica estoics estoiques *adj.* 스토아 철학의, 스토아 철학을 따르는; 금욕주의; 냉정한.
 -m.f. 스토아 철학자.
estoicament *adv.* 금욕적으로; 태연히, 냉정하게.
estoïcisme estoïcismes *m.* **1** [철학] 스토아 철학. **2** 극기, 금욕주의; 냉정, 태연.
estoig estoigs[estotjos] *m.* 케이스; (케이스에 들어 있는) 한 벌의 도구.
estol estols *m.* 무리, 집단, 일단.
estola estoles *f.* **1** (가톨릭교회에서 쓰는) 스톨, 영대[영성체·미사·고백 성사 때 신부가 목에 걸치는 목도리 모양의 띠]. **2** (밍크 등의) 목도리.
estòlid estòlida estòlids estòlides *adj.* 어리석은, 둔한.
estoma estomes *m.* [식물] 기공.
estómac estómacs *m.* [해부] 위.
estomacada estomacades *f.* 때림, 괴롭힘.
estomacal estomacals *adj.* **1** 위의, 위에 관계되는. **2** 위에 좋은, 건위의.
 -m. [약학] 건위제(健胃劑).
estomacar *tr.* 때리다; 괴롭히다, 진저리나게 하다.
estomatitis estomatitis *f.* [의학] 구강염.
estomatòleg estomatòloga estomatòlegs estomatòlogues *m.f.* 구강염 전문의.
estomatologia estomatologies *f.* [의학] 구강병학.
estona estones *f.* 잠깐, 짧은 시간.
 a estones 때때로, 이따금씩.
 d'aquí a una estona 잠시 후에.
 passar l'estona 시간을 보내다, 심심풀이를 하다.
estopa estopes *f.* 삼 부스러기, 부스러기 삼으로 만든 천.
estopada estopades *f.* 삼 부스러기 덩이.
estora estores *f.* 돗자리, 멍석.
estordir *tr.* 정신을 잃게 하다, 자빠지게 하다.
estordit estordida estordits estordides *adj.* 넋을 잃은, 정신이 멍한.
estoreta estoretes *f.* [estora의 축소사] 작고 둥근 돗자리.
estornell estornells *m.* [조류] 찌르레기.
estossada estossades *f.* =estossinada.
estossec estossecs *m.* 기침.
estossegar *intr.* 기침을 하다(tossir).
estossinada estossinades *f.* 때려눕힘, 때려죽임.
estossinar *tr.* 때려눕히다, 때려죽이다.
estotjar *tr.* **1** 케이스·갑에 넣어 두다. **2** [비유] (무엇을) 마음속에 두다. *estotjar un ressentiment* 섭섭한 마음을 마음에 담아두다.
estovada estovades *f.* estovar하는 일.
estovalles *f.pl.* =tovalles.
estovament estovaments *m.* =estovada.
estovar *tr.* **1** 연하게 하다, 부드럽게 하다, 말랑말랑하게 하다. **2** [비유] 감동시키다(entendrir). **3** [구어] 때리다, 몽둥이질하다(apallissar). *-se* **1** 때리다, 혼내다. **2** 부드러워지다, 연해지다. **3** [비유] (사람이) 부드러워지다.
estràbic estràbica estràbics estràbiques *adj.* 사시의, 사팔뜨기의.
estrabisme estrabismes *m.* 사시, 사팔뜨기.
estrada estrades *f.* 대, 단; 교단.
estrafer *tr.* **1** 본뜨다, 흉내를 내다, 모방하다(imitar). **2** 위장하다, 가장하다 (dissimular).
estrafolari estrafolària estrafolaris estrafolàries *adj.* 단정하지 못한, 야무지지 못한, 어처구니없는.
estrafolla estrafolles *m.f.* [남녀동형] 사기꾼, 야바위꾼.

estrafolleria estrafolleries f. 사기 행위, 속임수.
estragó estragons m. [식물] 쑥.
estrall estralls m. **1** 해, 피해, 상해. **2** 파괴 행위, 황폐케 함; 몰살.
estrambot estrambots m. [문학] (소네트의 맨 뒤에 붙는) 첨구.
estrambòtic estrambòtica estrambòtics estrambòtiques adj. 지나친, 엉터리의, 터무니없는.
estramoni estramonis m. [식물] 산사나무 (열매).
estramp estramps m. [문학] 무운시, 자유시.
estranger estrangera estrangers estrangeres adj. 외국의, 해외의. -m.f. 외국인; 낯선 사람. -m. 외국, 해외.
estrangeria estrangeries f. [집합] 거류 외국인; 이민국.
estrangerisme estrangerismes m. 외국 예찬; 외래어 사용.
estrangeritzar tr. 외국 풍으로 하다.
estrangulació estrangulacions f. **1** 목조름; 교살, 목 졸라 죽임. **2** [의학] 협착.
estrangular tr. **1** 교살하다; 질식시키다. **2** [의학] (도관을) 협착하다, 괄약하다. -se 목이 졸려 죽다; 질식하다; (도관이) 막히다.
estranquis, d' loc.adv. [구어] 살그머니, 눈치 채이지 못하게.
estrany estranya estranys estranyes adj. **1** 외지의, 외국의, 이국의. **2** 모르는, 문외한의(desconegut). **3** 이상한, 야릇한, 색다른, 기이한, 기묘한. **4** 미심쩍은, 수상한. **5** (질문이) 아무 연관이 없는. -m.f. **1** 외국인; 타인; 외지에서 온 사람, 낯선 사람. **2** 문외한.
estranyament[1] estranyaments m. estranyar하는 일.
estranyament[2] adv. estrany하게.
estranyar tr. **1** 놀라게 하다, 이상하게 보이다. **2** 낯설게 하다, 멀리 느껴지게 하다(allunyar). **3** 등한시하다, 소홀히 하다. -se **1** 놀라다, 기이하게 생각하다. **2** 멀어지다, 사이가 틀어지다. **3** 거부하다, 거절하다.
estranyesa estranyeses f. **1** 놀라움; 신기함, 이상스러움. **2** 기이함, 기묘한 일. **3** (친구 간의) 소원해짐, 멀어짐. **4** 경탄, 감탄.
estrassa estrasses f. 누더기, 넝마, 천 조각.
estrat estrats m. **1** [지질] 지층. **2** [비유] (사회적) 층, 계층. **3** [기상] 층운. **4** [생물] 조직층.
estratagema estratagemes m. 계략, 전략, 책략.
estrateg estratega estrategs estrategues m.f. 전략가, 전술가, 책략가.
estratègia estratègies f. 전술, 전략; 계략, 책략, 병법, 작전.
estratègic estratègica estratègics estratègiques adj. **1** 전략의, 전략적인, 작전상. **2** 계략적인, 책략의.
estratificació estratificacions f. **1** [지질] 성층. **2** (사회의) 계급화, 계층화.
estratificar tr. 층을 이루다, 층으로 만들다. -se 층이 되다.
estratiforme estratiformes adj. 층상의, 층을 이루고 있는.
estratigrafia estratigrafies f. **1** [지질] 지층학, 지사(地史)학. **2** [언어] 언어 계층학.
estratocràcia estratocràcies f. 군사 정치, 군벌 정치.
estratocúmul estratocúmuls m. [기상] 층적운.
estratosfera estratosferes f. [기상] 성층권[지표에서 12km 이상의 곳].
estratus estratus m. =estrat.
estre estres m. **1** (시적인) 영감, 감흥, 시흥, 시정. **2** [생리] 발정기.
estrebada estrebades f. **1** 쭉 뻗음, 잡아당김. **2** 급성장.
estrebar tr. 뻗다, 늘이다, 펼치다. -se 의거하다, 기초하다.
estrella estrelles f. **1** 별. **2** (인쇄의) 별표; 별 모양의 것. **3** 운명, 운세; 운, 행운. **4** 스타, 인기 배우.
estrella de mar [동물] 불가사리.
estrellat estrellada estrellats estrellades adj. **1** 별 모양의. **2** 별이 총총한.
estrelleta estrelletes f. [estrella의 축소

사] 작은 별.

estremidor estremidora estremidors estremidores *adj.* 벌벌 떨게 하는, 전율시키는.

estremiment estremiments *m.* 떨림, 전율.

estremir *tr.* 떨게 만들다, 전율케 하다. **-se** 벌벌 떨다, 전율을 느끼다.

estrena estrenes *f.* **1** 데뷔; 초연, 개봉. **2** *pl.* 팁, 상여금, 보너스.

estrenar *tr.* **1** 처음으로 하다, 데뷔하다. **2** 초연하다, 개봉하다. **3** 팁을 주다; 상여금을 주다(gratificar). **-se** (어떤 회사에) 나가다; 데뷔하다.

estrenu estrènua estrenus estrènues *adj.* 용감한, 대담한.

estrenyecaps estrenyecaps *m.* 잠잘 때 쓰는 모자.

estrenyedor estrenyedora estrenyedors estrenyedores *adj.* estrènyer하는.

estrènyer [*pp: estret estreta*] *tr.* **1** 좁히다; 폭을 줄이다. **2** 조이다, 압박하다. **3** 악수하다. **4** 꼭 쥐다, 아물다. **5** [비유] 친근하게 하다, 제휴하다; 돈독히 하다, 강화하다. **6** 억지로 ...하게 하다, 강제하다(forçar, obligar). **-se 1** 좁아지다, 좁혀지다. **2** 조이다, 압박하다; 거북해지다. **3** (재정을) 긴축하다, 비용을 줄이다.

estrenyiment estrenyiments *m.* **1** estrènyer하는 일. **2** [의학] (관의) 수축, 협착.

estrenyor estrenyors *f.* =estrenyiment.

estrep estreps *m.* **1** (마구의) 등자. **2** (자동차 등의) 발 디딤판. **3** (산의) 지맥. **4** (납작한) 꺽쇠, 걸쇠. **5** [건축] 부벽. **6** [비유] 받침, 근거.

estrèpit estrèpits *m.* 큰 소리, 아우성, 호들갑.

estrepitós estrepitosa estrepitosos estrepitoses *adj.* 큰 소리 치는, 아우성치는, 호들갑 떠는.

estreptococ estreptococs *m.* [의학] 연쇄상 구균.

estreptomicina estreptomicines *f.* [약학] 스트렙토마이신[항생 물질의 일종; 결핵 등에 대한 특효약].

estrès estressos *m.* [의학] (육체·정신·정서적인) 긴장, 스트레스.

estret estreta estrets estretes *adj.* **1** 좁은, 협소한, 폭이 좁은. **2** 조이는, 끼이는, 거북한. **3** 친밀한, 가까운. **4** [비유] 엄한, 엄격한. **5** 인색한; 없는, 모자라는(escàs).
-*m.* **1** [지리] 해협. **2** 궁핍.

estreta estretes *f.* 꽉 조임; 악수.

estretejar *intr.prnl.* 더욱 좁아지다, 조여지다.

estretesa estreteses *f.* =estretor.

estretir *tr.* **1** 좁히다, 폭을 줄이다. **2** 꽉 움켜쥐다, 악수하다. **3** 밀어 넣다; 강제하다. **-se. 1** 조이다. **2** 좁혀지다, 거북해지다. **3** 줄다, 줄어들다. **4** (재정을) 긴축하다, 비용을 줄이다. **5** 친해지다, 돈독해지다.

estretor estretors *f.* **1** 좁음, 빠듯함; 좁고 답답함, 여유가 없음. **2** 친밀, 긴밀함, 친교, 우의가 돈독함. **3** 곤궁, 옹색함, 쪼들림.

estri estris *m.* 도구, 잡기, 기구; 주방 기구.

estria estries *f.* (끌로 판) 세로 홈, 새긴 눈금, 홈통.

estriar *tr.* 세로로 홈을 파다, 눈금을 새기다.

estribord estribords *m.* (배의 진행 방향의) 우현.

estricte estricta estrictes estrictes *adj.* **1** 엄한, 엄격한. **2** 엄밀한, 정확한 (exacte). **3** (의미가) 정확한.

estridència estridències *f.* **1** 날카로운 소리, 귀에 거슬리는 소리. **2** 불협화음. **3** (표현 등이) 과격함, 격렬함.

estrident estridents *adj.* **1** (소리가) 날카로운, 찌르는 듯한, 귀에 거슬리는, 삐걱거리는. **2** 불협화음의, 조화를 이루지 못하는(discordant).

estríjol estríjols *m.* 철제 말빗.

estrijolar *tr.* 말빗으로 빗다.

estrinxolar *tr.* =esbocinar.

estrip estrips *m.* (의복의) 해짐, 찢어짐.

estripada estripades *f.* estripar하는 일.

estripament estripaments *m.* =estripada.

estripar *tr.* **1** 찢다, 찢어발기다. **2** (동물의) 내장을 꺼내다. **3** (물건의) 안을

끄집어내다.

estrofa estrofes f. [문학] (시의) 연, 절.

estrogen estrògens m. [생리] (여성의 난소에서 생기는) 발정 호르몬.

estrompassada estrompassades f. (장애물을) 뛰어넘기.

estrompassar tr. (장애물을) 뛰어넘다.

estroncament estroncaments m. estroncar 하는 일.

estroncar tr. 1 (물을) 끊다. 2 (강물이) 마르게 하다. 3 [의학] 지혈하다. 4 [비유] (대화를) 끊다, 끼어들다, 개입하다. **-se** 1 (강물이) 마르다. 2 지혈되다. 3 (수입이) 끊어지다.

estronca-sang estronca-sangs m. [광물] 적철광(hematites).

estronci m. [화학] 스트론튬[금속 원소].

estropada estropades f. 1 [선박] 밧줄 등을 잡아당김. 2 갑작스러운 질주.

estropell estropells m. =estropellament.

estropellament estropellaments m. estropellar하는 일.

estropellar tr. 1 (손발을) 삐다, 상하다. 2 고장을 내다, 망가뜨리다. 3 상처를 입히다, 불구로 만들다. 4 [비유] 좌절시키다, 실패로 만들다. 5 해하다, 상하게 하다. **-se** 1 다치다, 부상을 입다. 2 상하다, 부패하다. 3 고장이 나다.

estruç estruços m. [조류] 타조.

estructura estructures f. 1 구조. 2 구성, 조직, 기구.

estructuració estructuracions f. (기구의) 편성, 구성.

estructural estructurals adj. 구조의, 구조상의, 조직의, 기구상의, 조직상의.

estructuralisme estructuralismes m. 구조주의.

estructuralista estructuralistes adj.m.f. [남녀동형] 구조주의자(의).

estruma estrumes m. =goll.

estuari estuaris m. [지질] 강어귀.

estuc estucs m. 회반죽.

estucament estucaments m. =estucat.

estucar tr. (벽을) 희게 칠하다.

estucat estucats m. (벽을) 희게 칠하기.

estudi estudis m. 1 공부, 학업, 연구; pl. 학문. 2 학교, 학원. 3 [음악] 연습곡. 4 서재; 사무실; 방. 5 화실, 아틀리에; (영화·사진 등의) 스튜디오.

estudiant estudianta estudiants estudiantes m.f. 학생.

estudiantesc estudiantesca estudiantescs estudiantesques adj. =estudiantí.

estudiantí estudiantina estudiantins estudiantines adj. 학생의, 학생 같은.

estudiantil estudiantils adj. 학생의.

estudiar tr. 1 공부하다, 학업하다. *estudiar per a metge* 의사가 되기 위해 공부한다. 2 외우다, 암기하다. 3 연구하다, 조사하다. **-se** 1 전념하다, 몰두하다(aplicar-se). 2 숙달하다, 숙련하다.

estudiós estudiosa estudiosos estudioses adj. 1 공부를 열심히 하는, 연구에 몰두하는. 2 부지런한, 근면한. *-m.f.* 학자; 연구가.

estuf estufs m. 부풀림, 팽창; 허세, 으스댐.

estufa estufes f. (전기·가스의) 난로.

estufament estufaments m. =estuf.

estufar tr. 부풀리다, 속이 비게 하다. **-se** 1 부풀리다, 불어나다. 2 허세 부리다, 우쭐거리다(envanir-se).

estufat estufada estufats estufades adj. 1 부풀린; 속이 텅 빈. 2 허세 부리는, 우쭐거리는, 으스대는.

estufornar intr. 재채기하다.

estult estulta estults estultes adj. 어리석은, 둔한, 멍청한.

estupefacció estupefaccions f. 1 마취; 멍해짐. 2 놀라움, 경이로움, 기이함.

estupefacte estupefacta estupefactes estupefactes adj. 망연자실한, 넋을 잃은.

estupefaent estupefaents adj. 1 놀라운, 경이로운. 2 마취의.
-m. 마취제.

estupend estupenda estupends estupendes adj. 엄청난, 굉장한; 매우 좋은, 매우 훌륭한.

estúpid estúpida estúpids estúpides adj. 1 어리석은, 얼빠진, 멍청한, 바보 같은. 2 재미없는, 무감각한.
-m.f. 바보, 멍청이.

estupidesa estupideses *f.* 어리석음, 우둔함, 바보짓.

estupiditat estupiditats *f.* =estupidesa.

estupor estupors *m.[f]* **1** 무감각, 마비. **2** 멍함, 경탄, 황홀. **3** [의학] 혼미, 혼수, 인사불성.

estuprar *tr.* 능욕하다.

estupre estupres *m.* 능욕.

esturió esturions *m.* [어류] 철갑상어.

esvaïda esvaïdes *f.* =esvaïment.

esvaïment esvaïments *m.* esvair하는 일.

esvair *tr.* **1** (적을) 없애다, 처치하다. **2** 공격하다, 침공하다, 점령하다. **3** 사라지게 하다, 발산시키다, 소진시키다 (dissipar). **4** [비유] (의심을) 해소시키다. *esvair una sospita* 의심을 없애다. **-se 1** 사라지다, 꺼지다, 증발되다. **2** (의심·구름 등이) 걷히다, 사라지다. **3** 죽다(defallir).

esvaït esvaida esvaïts esvaides *adj.* esvair한; 죽은(defallit).
-f. =desfeta, derrota.

esvalot esvalots *m.* 소란, 떠들썩함; 대소동, 난리, 난장판.

esvalotament esvalotaments *m.* =esvalot.

esvalotar *intr.* 소동을 벌이다, 난동을 벌이다. *-tr.* 소란을 일으키다, 혼란스럽게 하다; 온통 휘젓다, 떠들어 대다, 선동하다. **-se** 시끄러워지다, 난리·분규·소동·혼란이 일어나다; (바다의) 풍랑이 심해지다.

esvalotat esvalotada esvalotats esvalotades *adj.m.f.* 소란을 피우는 (사람).

esvaniment esvaniments *m.* **1** 소실, 소멸; 소산, 발산. **2** 으스댐, 교만, 우쭐거림. **3** [의학] 실신, 기절.

esvanir-se *prnl.* **1** 사라지다, 소실되다, 소멸되다; 소산되다, 발산되다. **2** [의학] 의식을 잃다, 실신하다, 기절하다.

esveltesa esvelteses *f.* 날씬함, 매끈함, 화사함.

esvelt esvelta esvelts esveltes *adj.* 날씬한, 매끈한, 근사한, 화사한.

esventar *tr.* **1** 바람을 통하게 하다, 통풍시키다. **2** 풍구질하다. **3** [비유] 유포시키다, 퍼뜨리다(divulgar). **-se** 바람을 쐬다, (통풍시켜) 말리다.

esventat esventada esventats esventades *adj.* **1** 고르지 못한, 정리되지 않은; 불협화음의. **2** [비유] 무분별한, 경망스러운, 덜렁대는.

esventegar-se *prnl.* 공기가 빠져나가다.

esventrar *tr.* **1** (짐승의) 창자를 꺼내다. **2** (벽이) 금이 가게 하다; 깨뜨리다.

esverar *tr.* (위험을) 알리다, 경계시키다. **-se** 경계하다, 마음을 조이다.

esvoletec esvoletecs *m.* (새가) 퍼덕거림.

esvoletegar *intr.* (새가) 날지 않고 퍼덕거리다.

esvoranc esvorancs *m.* **1** 구멍. **2** 해짐, 찢어짐. **3** 부상; 그 자국, 흠터.

esvorancar *tr.* **1** 구멍을 내다. **2** 찢다, 뜯다. **3** 상처를 내다, 부상을 입히다.

esvorar *tr.* (실을) 뽑다, 풀다. **-se** (올이) 풀어지다.

esvorell esvorells *m.* (사기 그릇 등의) 가장자리의 파편; 그 떨어진 자국.

esvorellar *tr.* (기물의) 가장자리를 부수다.

et *pron.* [다른 대명사 앞에서는 **te**; 동사 뒤에서는 **-te**; 대명사 ho, hi 앞에서 모음 o나 i로 시작하는 동사 앞에서는 **t'**; 모음으로 끝나는 동사나 대명사 뒤에서는 **'t**; 동사 뒤에서나 대명사 ho, hi 앞에서는 **-t'**] 너에게, 너를 *Et deixo la motxilla* 너에게 매는 가방을 맡긴다. *T'ho diré demà* 내일 그것을 네게 말해 주겠다.

età *m.* [화학] 에탄[가스성 탄화수소].

etapa etapes *f.* **1** 단계, 시기. **2** [군사] (행군 중의) 식량. **3** 숙영지. **4** (라디오·연극의) 무대.

etcètera *loc.adv.* ...따위, ...등등, 기타.

èter èters *m.* **1** [시어] 하늘, 창공. **2** [물리][화학] 에테르.

eteri etèria eteris etèries *adj.* **1** [시어] 하늘의, 창공의. **2** 에테르의.

etern eterna eterns eternes *adj.* **1** 영원한, 영구한; 변하지 않는. **2** 불후의, 불멸의. **3** [비유] 끊임없는.

eternal eternals *adj.* =etern.

eternalment *adv.* =eternament.

eternament *adv.* 영원히.

eternitat eternitats *f.* 영원, 영구; 영원한 생명, 영생; 영원한 세계, 내세.
eternitzar *tr.* 영원하게 하다; 영원한 것이 되게 하다, 불후의 명작이 되게 하다; 오래 끌다.
ètic ètica ètics ètiques *adj.* **1** 윤리의, 도덕적인, 윤리적인(moral). **2** [의학] 폐병의(tísic).
ètica ètiques *f.* 도덕, 윤리; 윤리학.
etil etils *m.* [화학] 에틸.
etilè etilens *m.* [화학] 에틸렌.
etílic etílica etílics etíliques *adj.* 에틸의; 에틸알코올에 중독된.
etilisme etilismes *m.* 에틸알코올 중독.
ètim ètims *m.* 어원.
etimòleg etimòloga etimòlegs etimòlogues *m.f.* 어원학자.
etimologia etimologies *f.* 어원; 어원론, 어원학.
etimològic etimològica etimològics etimològiques *adj.* 어원의, 어원학의.
etimologista etimologistes *m.f.* [남녀동형] =etimòleg.
etiologia etiologies *f.* **1** 원인론; 원인의 추구. **2** [의학] 병리학, 병원학.
etiqueta etiquetes *f.* **1** 예법, 예의범절, 에티켓; 식사 예절. **2** 레테르, 라벨. **3** [비유] 명제, 이름(designació).
etiquetar *tr.* 상표를 붙이다, 표식을 달다.
etiquetatge etiquetatges *m.* 상표 부착, 표식을 붙임.
etmoide etmoides *m.* [해부] 사골.
ètnia ètnies *f.* 인종, 종족.
ètnic ètnica ètnics ètniques *adj.* 인종적인, 민족적인.
etnocidi etnocidis *m.* 인종 몰살, 인종 청소(genocidi).
etnògraf etnògrafa etnògrafs etnògrafes *m.f.* 인종학자, 민족학자.
etnografia etnografies *f.* 기술 인종학.
etnòleg etnòloga etnòlegs etnòlogues *m.f.* 인종학자, 민족학자.
etnologia etnologies *f.* 인종학, 민족학.
etòleg etòloga etòlegs etòlogues *m.f.* 인성학자; 풍속학자.
etologia etologies *f.* **1** 인성학, 품성론. **2** 풍속학. **3** 병인(病因)학.

etzibada etzibades *f.* etzibar하는 일.
etzibar *tr.* **1** 때리다; (세게) 집어던지다. **2** [비유] 모욕하다, 욕설하다.
eucaliptus eucaliptus *m.* [식물] 유칼리나무.
eucaristia eucaristies *f.* (예배 시의) 성체, 성찬[빵과 포도주].
eucràsia eucràsies *f.* [의학] 좋은 체질, 건강 양호.
eufèmic eufèmica eufèmics eufèmiques *adj.* 완곡한.
eufemisme eufemismes *m.* 완곡어법.
eufemístic eufemística eufemístics eufemístiques *adj.* =eufèmic.
eufonia eufonies *f.* 듣기 좋은 말·소리.
eufònic eufònica eufònics eufòniques *adj.* 듣기 좋은; 음조가 좋은, 음조상의.
euforbiàcies *f.pl.* [식물] 등대풀속 식물.
eufòria eufòries *f.* **1** 건강 무병. **2** 다행증[정신병의 일종]. **3** 행복감.
eufòric eufòrica eufòrics eufòriques *adj.* **1** 건강한, 무병의. **2** 다행증의; 행복을 만끽하는, 쾌감을 느끼는.
euforitzant euforitzants *adj.* 도취시키는, 환각제의.
-m. 환각제.
euga eugues *f.* [동물] 암말(egua).
eugassada eugassades *f.* 말의 무리.
eugenèsia eugenèsies *f.* [생물] 우생학.
eugenèsic eugenèsica eugenèsics eugenèsiques *adj.* [생물] 우생학의.
eugènic eugènica eugènics eugèniques *adj.* =eugenèsic.
eunuc eunucs *m.* 거세된 사람; 내시, 고자, 환관.
eupèpsia eupèpsies *f.* [의학] 소화 양호.
eupèptic eupèptica eupèptics eupèptiques *adj.* 소화가 양호한.
eureka *interj.* [문제를 해결했을 때 기쁨을 표현하는 감탄사] 바로 이거야!, 됐어!, 알았다!
eurítmia eurítmies *f.* **1** 쾌조, 협화음. **2** [의학] 맥박의 정상.
eurítmic eurítmica eurítmics eurítmiques *adj.* **1** 조화를 이룬, 협화음의, 율동적인. **2** [의학] (맥박이) 정상적인.

euro euros *m.* 유로[유럽 연합의 화폐 단위].
europeisme europeismes *m.* 유럽양식, 유럽풍; 유럽 풍습을 좋아함.
europeïtzar *tr.* 유럽식으로 하다, 유럽화 하다. **-se** 유럽화되다.
eutanàsia eutanàsies *f.* 안락사(술).
euteri euteris *m.* =placentari.
eutròfia eutròfies *f.* 영양 상태 양호.
eutròfic eutròfica eutròfics eutròfiques *adj.* 영양 상태가 양호한.
evacuació evacuacions *f.* **1** 배설, 배출, 배변, 배기. **2** 철거, 퇴거. **3** [군사] 소개, 철수. **4** 이행, 실행, 처리.
evacuant evacuants *adj.* evacuar하는.
evacuar *tr.* **1** (대소변을) 배설하다, 배출하다. **2** [의학] (고름 등을) 짜내다. **3** (장소를) 비우다. **4** (군대를) 철수하다, 철병하다. **5** 물러나다, 피난하다, 소개시키다. **6** (의무·약속 등을) 이행하다, 실행하다, 수행하다(enllestir).
evacuatiu evacuativa evacuatius evacuatives *adj.* =evacuatiu.
-*m.* 배설; 설사.
evadir *tr.* **1** 피하다, 모면하다(defugir). **2** (질문 등을) 둘러대다, 발뺌하다. **3** (의무 등을) 회피하다. **-se** 피하다, 도망하다, 도주하다(escapar-se).
evanescència evanescències *f.* 사라짐, 소실; 속절없음, 덧없음.
evanescent evanescents *adj.* **1** 점차 사라져 가는. **2** 속절없는, 덧없는.
evangeli evangelis *m.* **1** [성서] 복음(서). **2** [비유] 진실, 참된 말; 기쁜 소식.
evangèlic evangèlica evangèlics evangèliques *adj.* 복음(서)의; 복음주의의; 복음 교회의, 신교의.
evangeliari evangeliaris *m.* (가톨릭교회의) 미사 때 쓰는 복음서 초록.
evangelista evangelistes *m.f.* [남녀동형] 복음주의자, 전도자.
evangelitzador evangelitzadora evangelitzadors evangelitzadores *adj.m.f.* 복음을 전하는 (사람).
evangelitzar *tr.* 복음을 전하다, 복음화 하다, 전도하다.
evaporable evaporables *adj.* 증발성의, 증발되기 쉬운, 탈수성의.

evaporació evaporacions *f.* **1** 증발, 기화, 소산; 증발기. **2** 건조, 탈수(법).
evaporar *tr.* **1** 증발시키다. **2** 탈수하다, 수분을 빼다. **3** 소산시키다, 없애다 (esvanir-se). **-se 1** 증발하다. **2** 소실하다, 소산하다, 사라지다; 꺼지다. **3** 자취를 감추다.
evaporímetre evaporímetres *m.* 증발계.
evasió evasions *f.* **1** (책임·의무 등의) 회피, 기피. **2** 핑계, 발뺌, 구실. **3** 도피, 도주, 도망(fugida).
evasiu evasiva evasius evasives *adj.* 회피의, 회피적인, 발뺌하는, 핑계 대는, 꽁무니를 빼는.
evasiva evasives *f.* 핑계, 구실, 발뺌하는 말.
evasor evasora evasors evasores *adj. m.f.* 회피하는 (사람).
eventual eventuals *adj.* **1** 우연한, 돌발적인, 우발의. **2** 최후의, 종국의. **3** 임시의.
eventualment *adv.* 이따금씩, 어쩌다가, 시나브로; 우연히도.
eventualitat eventualitats *f.* 우연, 우발성; 불의의 사건, 예측하지 못한 일.
eversió eversions *f.* [의학] (눈꺼풀·내장 등을) 뒤집음.
evidència evidències *f.* **1** 명료함, 명백함. **2** 증거, 증거물.
posar (algú) *en evidència* (무엇을) 명백히 하다, 분명히 하다.
retre's a l'evidència 증거 앞에 무릎 꿇다.
evidenciar *tr.* 명백하게 하다; 입증하다, 증명하다.
evident evidents *adj.* 명백한, 뚜렷한.
evidentment *adv.* 명백하게, 뚜렷하게, 분명히, 확실히.
evitable evitables *adj.* 피할 수 있는.
evitació evitacions *f.* 회피, 기피, 모면.
evitar *tr.* **1** 피하다, 달아나다. **2** [비유] 피하다, 모면하다.
evitern eviterna eviterns eviternes *adj.* 영원의, 영원무궁의, 영생의.
evocable evocables *adj.* **1** 호소할 수 있는. **2** (영적 존재를) 불러들일 수 있는. **3** 회상할 수 있는.
evocació evocacions *f.* 초혼; 일깨움,

회상.
evocador evocadora evocadors evocadores *adj.* **1** 영혼을 불러내는. **2** 추억이 되는.
-m.f. 영혼을 불러내는 사람, 초혼자.
evocar *tr.* **1** (영혼을) 불러내다, 초혼하다. **2** 일깨우다, 생각해 내다.
evocatiu evocativa evocatius evocatives *adj.* 초혼의; 회상의, 추상의.
évol évols *m.* [식물] 말오줌나무.
evolució evolucions *f.* **1** 진전, 발달, 전개. **2** (점차적인) 변화, 전환, 변동. **3** [생물] 진화. **4** (댄스 등의) 전개 (동작), 선회. **5** (열·빛 등의) 방출. **7** [천문] (천체의) 형성. **8** [군사] 기동 연습.
evolucionar *intr.* 발전을 거듭하다; 진화하다, 진화를 겪다.
evolucionisme evolucionismes *m.* 진화론.
evolucionista evolucionistes *adj.* 진화론(자)의.
-m.f. [남녀동형] 진화론자.
evolutiu evolutiva evolutius evolutives *adj.* 발달의, 발전의; 전개되는; 진화의.
ex *pref.* **1** [밖·거부·결여 등의 뜻을 가진 접두어]. **2** [관직명 앞에 쓰여] 전...
exabrupte exabruptes *m.* 돌발적인 일, 당돌한 행동.
exacció exaccions *f.* **1** (세금·기금 등의) 강제 징수, 부당 징세. **2** 강요, 강탈.
exacerbació exacerbacions *f.* exacerbar 하는 일.
exacerbar *tr.* **1** 격분시키다, 분노하게 하다. **2** (병·괴로움 등을) 악화시키다, 더욱 심하게 하다.
exacte exacta exactes exactes *adj.* **1** 정확한, 정밀한. **2** 옳은, 확실한. **3** 고지식한, 꼼꼼한.
exactitud exactituds *f.* **1** 정확, 정밀(도). **2** 확실, 확실성. **3** 고지식함.
exageració exageracions *f.* 과장, 지나침; 과장된 표현, 지나친 표현.
exagerar *tr.* 과장하다.
exageratiu exagerativa exageratius exageratives *adj.* 과장의, 과장적인, 부풀리는.

exalçament exalçaments *m.* 칭송, 고양, 찬양, 기림.
exalçar *tr.* 칭송하다, 높이다, 기리다.
exaltació exaltacions *f.* **1** 높임, 고양 (elevació). **2** 칭송, 찬양, 찬미. **3** 의기 양양, 우쭐함. **4** 흥분, 열광. **5** (국가 원수·교황 등의) 등위, 등극.
exaltar *tr.* **1** 올리다, 높이다(elevar). **2** 칭찬하다, 찬송하다. **3** 흥분시키다. **-se 1** 오르다. **2** 흥분하다, 정신이 고조되다.
exaltat exaltada exaltats exaltades *adj.* **1** 칭송받는, 높이 추앙받는. **2** 상기된, 흥분된, 열광적인.
-m.f. 칭송받는 사람, 추앙받는 사람.
examen exàmens *m.* **1** 조사, 검사, 감사, 심사, 검열. **2** 시험.
examinador examinadora examinadors examinadores *adj.m.f.* 조사·검사·심사·감사하는 (사람); 시험관, 조사관, 검사관, 검열관.
examinand examinanda examinands examinandes *m.f.* 수험자, 수험생.
examinar *tr.* **1** 조사하다, 검사하다, 검열하다, 심사하다. **2** [의학] 진찰하다. *examinar un malalt* 병을 진찰하다. **3** 시험하다, 테스트하다. **-se 1** 시험을 치다.
exànime exànimes *adj.* 죽은; 생기가 없는, 혼수상태의, 정신을 잃은.
exantema exantemes *m.* [의학] 피부의 발진.
exasperació exasperacions *f.* **1** 격앙, 격분. **2** [의학] (병세의) 악화.
exasperant exasperants *adj.* **1** 약이 오르는, 울화가 치미는. **2** (병세가) 악화되는.
exasperar *tr.* **1** 성나게 하다, 화나게 하다. **2** [비유] 신경을 돋우다. **-se 1** 격분하다. **2** (질병·고통 등이) 심해지다.
excarcerar *tr.* 석방하다, 출옥시키다.
excavació excavacions *f.* **1** 구멍 파기, 땅파기, 굴착; 파낸 구멍. **2** [고고학] 발굴.
excavador excavadora excavadors excavadores *adj.* 발굴하는; 땅을 파는.
-m.f. 발굴자; 굴착자.
-f. 굴착기.

excavar *tr.* 발굴하다; 땅을 파다.
excedència excedències *f.* 잉여, 초과.
excedent excedents *adj.* **1** 잉여의, 여분의; 초과의, 과도한. **2** 휴직 중인.
-m. 잉여, 여분; 초과(액).
excedir *tr.* 초과하다, (한도를) 넘다. **-se** 도가 지나치다; 분수를 넘다.
excel·lència excel·lències *f.* 탁월함, 우수.
per excel·lència 특히, 특별나게, 뛰어나게.
excel·lent excel·lents *adj.* **1** 우수한, 뛰어난, 훌륭한. **2** 현저한, 두드러진.
excel·lir *intr.* **1** 앞서다(avantatjar); 우수하다, 뛰어나다. *Excel·leix en matemàtiques* 그는 수학에 뛰어나다. **2** 두드러지다, 현저하다(distingir-se).
excels excelsa excelsos excelses *adj.* **1** 지고한, 숭고한, 지극히 높으신. **2** 뛰어난, 탁월한.
excelsitud excelsituds *f.* 지고, 숭고, 고결.
excèntric excèntrica excèntrics excèntriques *adj.* **1** 유별난, 엉뚱한, 괴짜 같은. **2** 중심에서 벗어난; 중심을 달리하는.
-m.f. 괴짜, 유별난 사람.
excentricitat excentricitats *f.* **1** 엉뚱한 짓, 유별난 짓, 괴상한 버릇. **2** 중심에서 벗어난 일. **3** 왜곡.
excepció excepcions *f.* 예외, 제외.
a excepció de ...을 제외하고.
per excepció 예외적으로, 특별히.
excepcional excepcionals *adj.* 예외적인, 드문, 보통이 아닌, 이례적인.
excepcionalitat excepcionalitats *f.* 예외적임, 특별함, 이례적인 일; 비정상.
excepte *prep.* ...을 예외로 하고, ...을 제외하고.
exceptuar *tr.* 예외로 하다, 제외하다.
excés excessos *m.* **1** 과잉, 과분, 과도, 과다; 과열. *l'excés del càstig* 벌칙의 과도. **2** 여분, 초과; 초과액, 초과 요금. **3** [주로 복수로 쓰여] 월권(행위). **4** [비유] 무절제, 방자, 지나친 행동, 방자한 행위.
a l'excés 너무나도, 과도하게, 지나치게, 부당하게.

cometre excessos 월권행위를 하다; 지나치게 굴다.
excessiu excessiva excessius excessives *adj.* **1** 지나친, 과도한. **2** 부당한, 터무니없는.
excessivament *adv.* 지나치게, 과도하게; 너무 심하게, 터무니없이.
excipient excipients *m.* [약학] (약의) 조제.
excisió excisions *f.* 작은 부분의 절단.
excitabilitat excitabilitats *f.* **1** 흥분성; 예민함, 민감성. **2** (기관 등의) 피자극성.
excitable excitables *adj.* **1** 쉽게 흥분하는, 쉽게 발끈하는. **2** 자극적인, 흥분성의, 감수성이 예민한.
excitació excitacions *f.* **1** 자극, 흥분. **2** 격려, 고무. **3** [전기] 여자. **4** [물리] 여기.
excitament excitaments *m.* =excitació.
excitant excitants *adj.* excitar하는.
excitar *tr.* **1** 자극하다, 흥분시키다. **2** 격려하다, 고무하다. **3** (감정을) 유발하다, 야기하다, 선동하다. **4** [전기] (전류를) 일으키다, 여자(勵磁)하다. **-se** 흥분하다, 자극되다.
exclamació exclamacions *f.* **1** 외침, 절규; 감탄. **2** [문법] 감탄사; 감탄 부호.
exclamar *tr.* (감탄하여) 외치다, 절규하다, 부르짖다.
exclamatiu exclamativa exclamatius exclamatives *adj.* =exclamatori.
exclamatori exclamatòria exclamatoris exclamatòries *adj.* 외치는, 절규하는; 감탄적인, 감탄 어조로.
excloent excloents *adj.* 배제하는, 배척하는; 제외하는, 제명하는.
excloure [*pp: exclòs exclosa*] *tr.* **1** 배제하다, 배척하다, 제외하다(descartar). **2** 쫓아내다, 제명하다. **-'s** 배제되다.
exclusió exclusions *f.* 배제, 배척, 거부; 제외, 제명.
exclusiu exclusiva exclusius exclusives *adj.* **1** 배타적인, 독점적인. **2** 독점 판매하는. **3** [비유] 독특한, 유일한. **4** 제외하는(no inclós).
-f. 특권(privilegi); 독점(권), 전매권.
exclusivament *adv.* 배타적으로, 독점적으로; 특히, 완전히; (...을) 제외하고.

exclusivisme exclusivismes *m.* 배타주의, 독점주의.
exclusivista exclusivistes *adj.* 배타주의, 배타적인.
-m.f. [남녀동형] 배타주의자.
exclusivitat exclusivitats *f.* 배타성; 특권, 독점.
excomunicació excomunicacions *f.* =excomunió.
excomunicar *tr.* [종교] 파문하다, 제명하다, 추방하다.
excomunió excomunions *f.* [종교] 파문(장).
excreció excrecions *f.* 배설 (작용); 배설물.
excrement excrements *m.* 대변, 똥, 배설물.
excremental excrementals *adj.* =excrementici.
excrementici excrementícia excrementicis excrementícies *adj.* 배설물의, 똥의; 똥 모양의.
excrementós excrementosa excrementosos excrementoses *adj.* =excrementici.
excrescència excrescències *f.* [의학] 군살, 혹; (동식물의) 혹.
excretar *tr.* 대변을 보다.
excretor excretora excretors excretores *adj.* =excretori.
excretori excretòria excretoris excretòries *adj.* 배설(물의).
exculpació exculpacions *f.* 면죄.
exculpar *tr.* 면죄하다. *-se* 죄를 면하다, 면죄되다.
exculpatori exculpatòria exculpatoris exculpatòries *adj.* 면죄의, 면죄하는.
excursió excursions *f.* 소풍, 수학여행, 원족, 하이킹; 유람, 관광 여행.
excursionisme excursionismes *m.* 소풍, 견학; (탐사·유람 등을 목적으로) 여행하는 일.
excursionista excursionistes *adj.* [남녀동형] 소풍객; 견학생; 여행자.
excusa excuses *f.* 1 변명, 구실. *buscar una excusa* 변명을 찾다. 2 면제, 면죄.
excusable excusables *adj.* 용서받을 만한, 변명거리가 되는; (의무를) 면제받을 수 있는.
excusar *tr.* 1 변명하다, 구실을 대다, 핑계를 대다. 2 용서를 구하다(dispensar). 3 (의무 등을) 면해주다, 면제하다. 4 거부하다, 거절하다. 5 ...할 필요가 없다. *-se* 1 변명하다, 구실을 대다. 2 용서받다, 면하다. 3 (...하는 것을) 회피하다.
excusar-se de 구실을 대다; 용서를 구하다.
excusat excusats *m.* 변소, 화장실.
execrable execrables *adj.* 저주받을, 저주스러운, 가증스러운, 지긋지긋한.
execració execracions *f.* 1 저주, 증오; 증오의 대상. 2 저주의 말·주문.
execrar *tr.* 저주하다, 증오하다; 몹시 싫어하다, 질색하다.
execratori execratòria execratoris execratòries *adj.* 저주의, 저주하는 (주문의).
execució execucions *f.* 1 수행, 이행, 실행. 2 성취, 달성. 3 (형의) 집행, 처형. 4 [법률] 차압, 경매 처분. 5 [상업] 발송, 출하; (주문의) 조달. 6 [음악] 연주.
procedir a l'execució 이행하다, 실행에 옮기다.
executable executables *adj.* 1 실행시킬 수 있는. 2 강제 집행 할 수 있는, 차압할 수 있는, 처분할 수 있는.
executador executadora executadors executadores *adj.m.f.* =executant.
executant executants *adj.* executar하는.
-m.f. [남녀동형] 집행자, 강제 집행자; 연주자.
executar *tr.* 1 실행하다, 이행하다, 시행하다, 수행하다. 2 (형을) 집행하다, 사형에 처하다. 3 강제 집행 하다, 차압하다. 4 연주하다(tocar).
executiu executiva executius executives *adj.* 1 실행의, 집행의. 2 행정의. 3 강제 집행 하는. 4 성급한.
-m.f. 집행자, 실행 위원; 경영자, 경영 간부; 간부, 간부 사원.
executiva executives *f.* 행정부, 집행부.
executori executòria executoris executòries *adj.* (집행이) 확정된; 집행력을

가진.
exegesi exegesis *f.* (성서의) 주석, 주해, 해석.
exegeta exegetes *m.f.* [남녀동형] (성서의) 주석자.
exegètic exegètica exegètics exegètiques *adj.* 주석의, 주해의.
exempció exempcions *f.* (노동·세금 등의) 면제; 무세(無稅).
exemplar[1] exemplars *adj.* **1** 모범적인. **2** 본보기로 벌주는, 징계의.
exemplar[2] exemplars *m.* **1** 본보기, 견본, 전형; 모범, 모범 사례. **2** 징계, 본때. **3** (서적·인쇄물의) 부, 권; 인쇄본. **4** (같은 종류의) 수량.
exemple exemples *m.* **1** 본보기, 모범; 예, 보기. **2** (교훈이 되는) 예화, 일화.
a exemple de ...의 예로.
prendre com a exemple 본으로 삼다, 예로 삼다.
exemplificar *tr.* 예시하다, 예증하다; 예로 삼다.
exemplificatiu exemplificativa exemplificatius exemplificatives *adj.* 예시의, 예증의.
exempt exempta exempts exemptes *adj.* **1** 면제받은, ...이 없는. **2** (장소·건물이) 바람 부는 방향으로 열린.
exemptar *tr.* =eximir.
exèquies *f.pl.* 장례(식).
exercici exercicis *m.* **1** 운동, 훈련, 교련, 체조. **2** 연습, 과제, 연습 과제; 연습곡. **3** 취업, 영업, 업무. **4** 회계 기간, 결제 기간, 회계 연도, 사업 연도.
exerció exercions *f.* exercir하는 일.
exercir *tr.* **1** 하다, 행하다, 수행하다. **2** 운동하다, 훈련하다; 연습하다. **3** 영업하다, 업으로 삼다.
exèrcit exèrcits *m.* **1** [군사] 군대; 육군. **2** [비유] 무리, 떼.
exercitació exercitacions *f.* 연습, 훈련, 실습.
exercitar *tr.* 연습시키다, 훈련시키다(entrenar); 실습시키다. **-se** 연습을 하다, 훈련을 받다, 코치를 받다.
exèresi exèresis *f.* [의학] 절제(切除).
exfoliació exfoliacions *f.* (나무껍질에서) 벗겨 냄, 박피. **2** (비늘 모양으로) 표피가 떨어짐.
exfoliar *tr.* 벗겨 내다, 박피하다. **-se** 벗겨 떨어지다.
exhalació exhalacions *f.* **1** (숨을) 내쉼, 내뿜음. **2** 발산, 방출. **3** (한숨을) 내쉼, 한탄.
exhalant exhalants *adj.* 내쉬는, 내뿜는, 발산하는.
exhalar *tr.* **1** (숨·말 등을) 내쉬다, 내뱉다, 내뿜다. **2** (가스·냄새 등을) 발산하다, 방출하다. **3** (한숨·불평을) 늘어놓다(esplaiar). **-se 1** (냄새가) 뿜어 나오다, 발산되다. **2** 한숨을 늘어놓다.
exhaurible exhauribles *adj.* 머지않아 바닥날, 고갈되기 직전의; 힘이 다 빠지는.
exhauridor exhauridora exhauridors exhauridores *adj.* 동이 난, 바닥난, 고갈된.
exhauriment exhauriments *m.* **1** 고갈, 품절, 절판. **2** [경제] 감가상각. **3** 곤궁, 궁핍.
exhaurir *tr.* **1** 바닥을 내다, 다 퍼내 버리다. **2** 탕진하다; 써서 없애다(consumir del tot). **-se 1** 고갈되다, 바닥이 나다. **2** 빈털터리가 되다. **3** 품절되다, 절판되다. **4** 기진맥진하다.
exhaust exhausta exhausts[exhaustos] exhaustes *adj.* **1** 바닥이 난, 소모된, 다 써 버린, 고갈된(mancat). **2** 기력이 다한, 기진맥진한.
exhaustiu exhaustiva exhaustius exhaustives *adj.* **1** 남김 없는, 고갈시키는, 소모적인. **2** 철저한, 완전한(complet).
exhibició exhibicions *f.* **1** 전시, 전람, 공개. **2** 전시회, 전람회, 박람회. **3** 공시, 제출.
exhibicionisme exhibicionismes *m.* **1** 과시주의. **2** [의학] 노출증; 과시벽, 자기 선전벽.
exhibicionista exhibicionistes *adj.* 과시하는, 과시하기 좋아하는; 노출하는. *-m.f.* [남녀동형] 자기 선전가; 노출증 환자.
exhibidor exhibidora exhibidors exhibidores *adj.m.f.* exhibir하는 (사람).
exhibir *tr.* **1** 보이다, 나타내다(mostrar). **2**

exhilarant

공시하다, 공개하다. **3** 전람하다, 전시하다; 출품하다, 진열하다. **4** 제출하다, 제시하다(presentar). **-se** 공개되다; 출연하다, 상연하다; 전시되다, 진열되다, 출품되다.

exhilarant exhilarants *adj.* 기쁨을 자아내는, 즐겁게 하는, 웃겨 주는.

exhortació exhortacions *f.* 권고, 권유, 훈계, 장려, 촉구.

exhortar *tr.* (...하도록) 권하다, 타이르다, 권고하다, 설득하다. *exhortar algú a canviar de conducta* 행동을 바꾸도록 타이르다.

exhortatiu exhortativa exhortatius exhortatives *adj.* **1** 권고적인, 훈계적인, 타이르는. **2** [문법] 명령의, 권고의.

exhortatori exhortatòria exhortatoris exhortatòries *adj.* =exhortatiu.

exhumar *tr.* **1** (시체를) 파내다. **2** (무덤을) 발굴하다(desenterrar). **3** [비유] (머리에) 떠오르다, 생각해 내다.

exigència exigències *f.* 요구, 요청; 강청.

exigent exigents *adj.* 요구하는 게 많은; 무척 꼼꼼한; 억지 쓰는, 조르는.

exigible exigibles *adj.* 요구할 수 있는, 강제로 청구할 수 있는.

exigir *tr.* **1** (권리·힘으로) 요구하다, 청구하다, 조르다. **2** 요하다, 원하다.

exigu exigua exigus exigües *adj.* **1** 얼마 안 되는, 작은, 근소한. **2** 무능한.

exigüitat exigüitats *f.* 근소함, 미소함; 사소한 일.

exili exilis *m.* 추방; 망명.

exiliar *tr.* 추방하다. **-se** 추방되다, 망명하다.

exiliat exiliada exiliats exiliades *adj.m.f.* 추방된 (사람).

eximent eximents *adj.* 면제하는, 용서하는.
-m. 면장(免狀), 사면장.

eximi exímia eximis exímies *adj.* 탁월한, 뛰어난, 훌륭한.

eximir *tr.* 면제하다; 용서하다. **-se** 면제되다, 면제받다; 용서받다, 사함을 받다.

existència existències *f.* **1** 존재, 실존, 현존. **2** 존재물, 실체, 실재물. **3** 생활,

생존. **4** *pl.* [경제] 재고, 현물.

existencialisme existencialismes *m.* [철학] 실존주의.

existent existents *adj.* **1** 존재하고 있는, 현존하는. **2** 현행의, 목하의. **3** [경제] 재고의.

existir *intr.* **1** 있다, 존재하다. **2** 살아 있다, 생존하다. **3** 지속하다, 잔존하다.

èxit èxits *m.* 성공; 좋은 결과(resultat). *tenir bon[mal] èxit* 결과가 좋다[나쁘다].

ex-libris ex-libris *m.* [단·복수동형] 장서표(藏書票).

exobiologia exobiologies *f.* (외계의 생명체 존재 가능성을 연구하는) 외계생물학.

èxode èxodes *m.* **1** 이주, 집단 이주; 탈출, 대량 탈출. **2** [성서] (이스라엘의) 이집트 탈출.

exogàmia exogàmies *f.* **1** 족외혼, 이족결혼. **2** [생물] 이종동물의 교배.

exogen exògena exògens exògenes *adj.* **1** 외부적 원인에 의해 발생한. **2** [생물] 외생적인. **3** [지질] 외인성의.

exoneració exoneracions *f.* 면제, 경감, 면죄; 면직, 파면.

exonerar *tr.* **1** (부담·의무 등을) 경감하다, 면제하다. **2** 면직하다, 파면하다.

exònim exònims *m.* [언어] 외래어에 적용하는 이름·지명 등의 고유의 명칭.

exorable exorables *adj.* 인정에 약한, 사정하면 들어주는.

exorbitància exorbitàncies *f.* 과도, 지나침, 터무니없음; 불법, 탈법.

exorbitant exorbitants *adj.* 터무니없는, 과도한, 너무 심한, 궤도를 벗어난.

exorcisme exorcismes *m.* 축사, 액땜, 액막이, 귀신을 쫓는 굿.

exorcista exorcistes *m.f.* [남녀동형] 귀신 쫓는 사람; 무당.

exorcitzador exorcitzadora exorcitzadors exorcitzadores *adj.* exorcitzar하는.

exorcitzar *tr.* **1** (귀신을) 쫓아내다; (...의) 액막이를 하다, 액땜 굿을 하다. **2** [비유] 정화하다, 부정을 없애다.

exordi exordis *m.* (강연·설교 등의) 서론, 서설, 서언, 서두, 전언.

exornar *tr.* =adornar.
exosfera exosferes *f.* 외기권, 극외권.
exotèric exotèrica exotèrics exotèriques *adj.* **1** 평범한 진리의, 누구나 쉽게 이해하는. **2** 통속적인, 평범한. **3** 공개적인, 개방적인.
exòtic exòtica exòtics exòtiques *adj.* **1** 이국의, 외래의. **2** 이국정서의, 이국석인. **3** 외국산의. **4** 진기한, 기이한.
exotisme exotismes *m.* 이국적임, 이국정서; 이국취미, 특별난 취미.
expandiment expandiments *m.* **1** 팽창, 신장, 확장, 확충. **2** 알림, 전파, 보급; 발전, 전개. **3** (심정의) 토로. **4** [수학] 전개(식).
expandir *tr.* **1** 펴다, 펼치다, 팽창시키다, 신장시키다. **2** 널리 알리다, 전파하다(difondre). **3** (심정을) 토로하다. **-se 1** 넓게 펼쳐지다. **2** 널리 전파되다.
expansible expansibles *adj.* 확장의, 확대의; 확장할 수 있는, 팽창할 수 있는; 널리 전파 가능한.
expansió expansions *f.* =expandiment.
expansionar-se *prnl.* **1** (가스·증기가) 퍼지다. **2** (심정을) 토로하다.
expansionisme expansionismes *m.* [정치] (영토·경제 등의) 팽창주의, 확장론, 확장 정책.
expansiu expansiva expansius expansives *adj.* **1** 팽창력이 있는, 팽창성의. **2** 전개하는, 발전시키는. **3** 광활한, 광막한. **4** [비유] 마음이 넓은, 포용력이 큰, 이해심이 많은. **5** 느긋한, 태평스러운. **6** 솔직한, 통하기 쉬운, 사귀기 쉬운, 막역한(comunicatiu).
expatriació expatriacions *f.* 국외 추방; 망명.
expatriar *tr.* (국외로) 추방하다. **-se** 추방되다; 망명하다.
expectació expectacions *f.* **1** 예상, 예기. **2** 가망, 기대, 대망. **3** 기대요법. **4** (가톨릭의) 성모제.
expectant expectants *adj.* **1** 기대하는, 대기하는, 바라고 있는; 귀추를 기다리는. **2** 장래의, 예정된.
expectatiu expectativa expectatius expectatives *adj.* 기대하는, 예상되는.
expectativa expectatives *f.* 기대, 희망; 기대치, 예상치; 평균 수명.
estar a l'expectativa ...을 기대하고 있다.
expectoració expectoracions *f.* 가래침 뱉음.
expectorant expectorants *adj.* 가래를 나오게 하는.
-m. 거담제.
expectorar *tr.* 가래침을 뱉다.
expedició expedicions *f.* **1** 운송, 발송(물); 선적. **2** 파견(대), 원정(대); 탐험(대). **3** (로마 교황청의) 통첩. **4** 신속, 급속, 기민함, 재빠름.
expedicionari expedicionària expedicionaris expedicionàries *adj.* 원정의, 파견의, 분견의. *la tropa expedicionària* 원정 부대.
expedidor expedidora expedidors expedidores *m.f.* 발송자, 차출인, 운송자, 하주, 선주.
expedient expedients *adj.* 편리한(convenient); (시기적으로) 적절한.
-m. **1** 수단, 방편; 편법, 임시 조치. 미봉책. **2** 구실, 이유. **3** [법률] 심리. **4** (사건·행정 처리 등의) 서류. **5** 처리, 처분; 훌륭한 솜씨.
formar expedient 서류를 작성하다.
expedir *tr.* **1** (문서·물건 등을) 보내다, 발송하다, 송부하다(despatxar). **2** (증명서 등을) 발행하다. **3** 파견하다, 탐험대를 보내다. **4** 공포하다, 통지하다. **5** 심리하다; 판결 짓다. **6** 처리하다, 처분하다; 진척시키다. **7** 선적하다.
expedit expedita expedits expedites *adj.* **1** 재빠른, 신속한. **2** 지체 없는, 막힘없는.
expeditesa expediteses *f.* **1** 신속함, 민첩함. **2** 장애물 제거.
expeditiu expeditiva expeditius expeditives *adj.* **1** 급속한, 신속한, 재빠른, 기민한. **2** 지체 없는, 막힘없는. **3** (철도·도로 등이) 개통된.
expel·lir *tr.* **1** (안에서) 뿜어내다, 배출하다. **2** 토하다, 뱉어 내다. **3** 내쫓다, 쫓아내다, 추방하다.
expendre *tr.* **1** 남김없이 다 써 버리다, 탕진하다. **2** 팔다, 소매하다; 다 팔아

expenedor

버리다. **3** 위조 화폐를 쓰다. **4** (증권의) 대행 발행하다, 판매하다.
expenedor expenedora expenedors expenedores *m.f.* **1** 소비자. **2** (담배·입장권 등외) 판매원. **3** 위조 화폐를 쓰는 사람.
expenedoria expenedories *f.* 전매품 매점.
expenses *f.pl.* **1** 비용, 경비. **2** 소송비용.
experiència experiències *f.* **1** 경험, 체험. **2** 실험(experiment).
experiment experiments *m.* 실험, 시험; 체험, 경험.
experimentació experimentacions *f.* (화학 등의) 실험.
experimental experimentals *adj.* **1** 경험의, 경험적인, 경험에 의한. **2** 실험상의, 실험적인, 실험에 의한.
experimentalisme experimentalismes *m.* 실험주의, 경험주의; 실험적 방법.
experimentar *tr.* **1** 실험하다, 시험하다; 시도하다, 테스트하다(provar); 느끼다, 맛보다. **2** 경험하다; (사실을) 입증하다(verificar). **3** (손해 등을) 겪다.
experimentat experimentada experimentats experimentades *adj.* 경험이 있는, 노련한, 숙련된.
expert experta experts expertes *adj.* **1** 숙달된, 노련한, 숙련된. **2** (...에) 밝은, 정통한.
-m.f. **1** 숙련가, 전문가, 명인. **2** [법률] 감정인.
expertesa experteses *f.* 숙련, 노련함, 풍부한 경험.
expiació expiacions *f.* **1** 속죄, 대속. **2** 보상, 대가를 치름.
expiar *tr.* **1** (죄를) 갚다, 속죄하다. **2** (형을) 받다. **3** 보상하다, 대가를 치르다. **4** 부정한 것을 없애다. **5** 고민하다, 괴로워하다; 후회하다, 뉘우치다.
expiatori expiatòria expiatoris expiatòries *adj.* 속죄의, 보상의, 속죄를 위한.
expirar *tr.* **1** 죽다, 숨을 거두다. **2** (기한 등이) 마감하다, 만기가 되다; (증명서 등의) 유효 기간이 끝나다.
expiratori expiratòria expiratoris expiratòries *adj.* 죽는; 마감되는, 만기가 되

explorar

는; 유효 기간이 끝나는.
explanació explanacions *f.* **1** 반반하게 고름. **2** 설명, 해설. **3** (철도의) 노반.
explanar *tr.* **1** (땅을) 반반하게 고르다; (도로를) 터서 넓히다. **2** 설명하다, 해설하다.
explanatori explanatòria explanatoris explanatòries *adj.* explanar하는.
expletiu expletiva expletius expletives *adj.* 보충적인, 덧붙이기의, 군더더기의, 무의미한.
-m. [문법] 허사.
explicable explicables *adj.* 설명할 수 있는.
explicació explicacions *f.* 설명, 해설; 해명.
explicar *tr.* **1** 설명하다, 해설하다. **2** 천명하다, 공포하다. **3** (생각·이유를) 자세히 나열하다; 해명하다. **-se 1** 설명하다. **2** 납득이 가다, 이해가 가다. *S'explica molt bé* 납득이 잘 간다. **3** 마음을 털어놓다; 정당화하다, 구실을 대다(justificar-se).
explicatiu explicativa explicatius explicatives *adj.* 설명의, 설명적인, 해설적인, 잘 납득이 되는.
explícit explícita explícits explícites *adj.* 명시된, 뚜렷한, 명백한, 분명한.
explicitació explicitacions *f.* 명백히 함, 명시.
explícitament *adv.* 명백하게, 뚜렷하게, 분명히.
explicitar *tr.* 분명히 하다, 명시하다.
exploració exploracions *f.* **1** 답사, 탐사, 탐험, 조사, 탐구; 실지 조사. **2** [의학] 임상검사. **3** [전자] (텔레비전의) 주사 (走査).
explorador exploradora exploradors exploradores *adj.* 탐험하는, 답사하는, 조사하는.
-m.f. **1** 탐험가, 답사가; 보이스카우트. **2** 임상검사가.
explorar *tr.* **1** 탐험하다, 개척하다, 답사하다, 정찰하다. **2** (문제·사건 등을) 연구하다, 탐구하다, 조사하다, 임상 검사 하다, 정밀 검사 하다. **3** [의학] (상처를) 찾다, 검사하다. **4** [전자] 주사하다.

explosibilitat explosibilitats f. 폭발성.
explosible explosibles adj. 폭발하는, 폭발성의.
explosió explosions f. **1** 폭발, 폭파, 파열. **2** (웃음·분노의) 폭발. **3** [기계] 내연. **4** [음성] (폐쇄음의) 파열.
explosiu explosiva explosius explosives adj. 폭발(성)의, 폭발적인, 파열. **2** [음성] 파열음의.
-m. **1** 폭발물, 폭약. **2** [음성] (폐쇄음의) 파열음.
explotable explotables adj. 개척·개발할 수 있는, 채굴 가능한; 이용할 수 있는.
explotació explotacions f. **1** 개척, 개발, 채굴. **2** 이용; 착취. **3** 기계 설비. **4** 운영, 경영, 영업.
explotador explotadora explotadors explotadores adj.m.f. explotar하는 (사람).
explotar tr. **1** 개척하다, 개발하다; (광산을) 채굴하다. **2** 이용하다; 착취하다. **3** 경영하다. **4** 폭발시키다, 작렬시키다. -intr. 폭발하다.
exponencial exponencials adj. 모범이 되는, 전형적인; [수학] 지수의.
exponent exponents m. **1** 모범, 전형, 대표물. **2** [수학] 지수.
exportable exportables adj. 수출할 수 있는.
exportació exportacions f. 수출(품).
exportador exportadora exportadors exportadores adj. 수출하는, 수출업의.
-m.f. 수출업자.
exportar tr. 수출하다.
exposar tr. **1** 설명하다, 해설하다; 해명하다, 진술하다; 발표하다(manifestar). **2** 진열하다, 전시하다, 출품하다. **3** (바람·햇빛 등을) 쐬다, 맞히다. **4** 노출되다; (위험한 일을) 내맡기다(arriscar). **5** [법률] (갓난아이를) 내다 버리다. -se 위험을 무릅쓰다.
exposició exposicions f. **1** exposar하는 일. **2** 출품, 진열; 전시회, 박람회, 전람회. **3** (사진의) 노출 (시간). **4** [종교] 현시(顯示). **5** 진정, 진정서. **6** 위험에 노출됨. **7** [법률] 유기.
expòsit expòsita expòsits expòsites adj. 버려진, 유기된.
-m.f. 기아(棄兒), 버려진 아이.
expositiu expositiva expositius expositives adj. 설명의, 해설의; 발표의.
expositor expositora expositors expositores adj. **1** 설명하는, 해설하는; 발표하는. **2** 출품하는.
-m.f. 설명자, 해설자; 발표자; 출품자.
exprés¹ expressa expressos expresses adj. **1** 분명한, 명백한, 뚜렷한. **2** 급행의, 속달의.
-m. 급행열차; 속달 우편.
exprés² adv. **1** 분명하게, 명백하게. **2** 일부러, 고의로.
expressable expressables adj. 표현 가능한.
expressament adv. =exprés.
expressar tr. **1** 나타내다, 표명하다, 표현하다, 설명하다, 해설하다. **2** 밖으로 드러내다, 겉으로 드러내다. -se (자기의 생각·감정을) 말로 표현하다, 술회하다.
expressió expressions f. **1** 표현; 표현법, 말씨, 말, 어구, 어법. una expressió incorrecta 부정확한 표현·말. **2** (얼굴 등의) 표정. **3** (애정의) 표시, 표현. **4** 압착, 짜냄; 짠 즙. **5** [수학] 식.
expressionisme expressionismes m. [회화] (예술의) 표현파, 표현주의.
expressiu expressiva expressius expressives adj. **1** (감정 등을) 나타내는. **2** 표현적인, 과시적인, 표정적인. **3** 의미심장한 듯한. **4** 사랑스러운, 다정스러운. **5** 정감에 넘치는, 마음속에서의. **6** 특징적인, 전형적인.
expressivitat expressivitats f. 표현 방식, 표현성, 표현도; 표현이 풍부함.
expropiació expropiacions f. [법률] 징발, 접수, 몰수, 공유화; (토지의) 강제 수용; 징발물, 몰수한 것.
expropiar tr. [법률] 징발하다, 접수하다, 몰수하다; (강제로) 사들이다.
expugnació expugnacions f. 탈취; 공략, 점령.
expugnar tr. (무력으로) 탈취하다, 공략하다, 점령하다.
expulsar tr. **1** 추방하다, 몰아내다, 쫓아 버리다, 구축하다. **2** 배척하다, 배제하다.

expulsió expulsions f. 추방, 몰아냄; 배제, 배척, 제명.

expurgació expurgacions f. 1 세척, 정화, 숙정, 청소. 2 (검열에 의한) 삭제, 말소.

expurgar tr. 1 세척하다, 씻어 내다. 2 [의학] (위를) 씻어 내다. 3 깨끗이 하다, 정화하다, 청결하게 하다. 4 삭제하다, 말살하다. 5 [언어] 순화하다.

expurgatori expurgatòria expurgatoris expurgatòries adj. 순화시키는, 깨끗이 세척하는; 삭제하는, 말살하는.

exquisidesa exquisideses f. 훌륭함; 절묘함, 정교함; 좋은 맛.

exquisit exquisida exquisits exquisides adj. 1 최고의, 더할 나위가 없이 훌륭한. 2 너무 맛있는. 3 절묘한, 이루 말로 표현할 수 없는.

exquisitat exquisitats f. =exquisidesa.

exsangüe exsangües adj. 핏기가 없는; 기진맥진한; 죽은.

exsudació exsudacions f. [의학] (액체가) 스며 나옴, 분비; 삼출.

exsudar intr. (액체가) 스며 나오다, 분비하다; 삼출하다.

exsudat exsudats m. 삼출물.

èxtasi èxtasis m. 1 망아, 무아경, 무아지경, 황홀경, 열중. 2 [의학] 실신, 의식의 혼란 상태.

extasiar tr. 황홀하게 하다; 넋을 잃게 하다. -se 황홀해지다; 넋을 잃다, 실신하다.

extàtic extàtica extàtics extàtiques adj. 황홀해진, 넋이 빠져 버린; 실신한.

extemporaneïtat extemporaneïtats f. 제철이 아님, 때가 늦음.

extemporani extemporània extemporanis extemporànies adj. 때 아닌, 철이 아닌; 때늦은.

extens extensa extensos extenses adj. 넓은, 넓게 펼쳐진; 광범위한.

extensibilitat extensibilitats f. 넓힐 수 있음, 확장 가능; 연장성, 전개성.

extensible extensibles adj. 넓힐 수 있는, 확장 가능한, 신장성이 있는, 연장할 수 있는.

extensió extensions f. 1 연장, 늘임, 확장. 2 (기한의) 연기, 연장. 3 확대, 넓힘(expansió). 4 증축, 증설, 부가(물). 5 (철도 등의) 연장선; (전화의) 내선. 6 넓이, 면적; 범위. 7 [논리] 부언. 8 [경제] 반환금 연체 승인서. 9 [물리] 전충성. 10 [논리] 외연. 11 [의학] (구부러진) 수족을 폄; 탈구교정. 12 신장량, 신장도, 신장력.

per extensió 외연적으로.

extensiu extensiva extensius extensives adj. 1 넓은, 광대한. 2 광범위한, 대규모의; 확장의, 신장성의. 3 [농업] 조방(粗紡)의. 4 [논리] 외연적인.

extensor extensora extensors extensores adj. 늘이는, 뻗히는, 확장하는, 신장하는.

-m. [해부] 신장근.

extenuació extenuacions f. 여윔, 쇠약.

extenuant extenuants adj. 여위게 하는, 기운을 빼는.

extenuar tr. 여위게 하다; 기운을 빼다. -se 마르다, 여위다; 기운이 빠지다, 맥이 풀어지다.

exterior exteriors adj. 1 밖의, 바깥쪽의, 외면의, 외부의. *una causa exterior* 외적인 원인. 2 외국의, 대외의(estranger). 3 (아파트가) 밖으로 트인. 4 [비유] 피상적인, 외면적인.

-m. 1 바깥쪽, 외면, 외형. 2 외모, 외양(aparença). 3 외국, 해외. *notícies de l'exterior* 해외 소식.

exterioritzar tr. 1 겉으로 드러내다, 밖으로 내다. 2 (...에) 형태를 주다. -se (감정을) 밖으로 드러내다, 마음을 털어놓다.

exterminació exterminacions f. =extermini.

exterminador exterminadora exterminadors exterminadores adj.m.f. 전멸·몰살시키는 (사람).

exterminar tr. 몽땅 없애 버리다, 멸절시키다, 멸종시키다, 근절시키다, 전멸시키다, 몰살하다.

extermini exterminis m. 1 전멸, 멸절, 몰살. 2 근절, 박멸.

extern externa externs externes adj. 1 외부의, 외면의, 바깥의, 바깥쪽의. 2 [약학] 외용의. 3 통학의.

-m.f. 통학생.

extingible extingibles *adj.* extingir할 수 있는.

extingir *tr.* **1** (불·빛 등을) 끄다; 진화하다. **2** (권리를) 소멸시키다. **3** (부채를) 상각하다. **4** 목숨이 다하다, 죽다. **-se 1** (화재가) 꺼지다, 진화되다. **2** (종족 등이) 사라지다, 전멸되다. **3** [비유] (미움 등이) 없어지다.

extint extinta extints extintes *adj.* 사라진, 없어진, 소멸된; 죽은.

extintor extintora extintors extintores *adj.* 불을 끄는.
-m. 소화기.

extirpació extirpacions *f.* 뿌리를 뽑음; 근절, 박멸, 절멸.

extirpar *tr.* **1** [농업] 뿌리를 뽑다. **2** [의학] (이 등을) 뿌리째 뽑다. **3** [비유] 근절시키다, 절멸시키다.

extorquir *tr.* 강탈하다; 피해를 주다, 손해를 입히다.

extorsió extorsions *f.* 강탈; 손해, 상해, 피해.

extra extres *adj.* **1** 특별한, 각별한. **2** 극상의, 최상의, 특급의. **3** 여분의, 잉여의. **4** 임시의, 정규 이외의.
-m. **1** 덤, 추가. **2** 임시비, 추가금, 임시 수당. **3** (신문 등의) 호외. **4** 여분, 과잉.
-m.f. [남녀동형] (연극·영화의) 엑스트라(comparsa).

extracció extraccions *f.* **1** 끌어냄, 뽑아냄, 채취; 추출물, 적출법. **2** 요약, 발췌, 인용구, 초록(resum). **3** (약 등을) 달임. **4** 혈통, 태생, 계통. **5** [수학] (근의) 거듭제곱근 풀이. **6** 제비뽑기.

extractar *tr.* **1** 뽑아내다, 추출하다. **2** 요약하다, 발췌하다.

extracte extractes *f.* **1** 요약, 적요, 발췌(resum). **2** 추출물, 달인 즙(extret); 정수, 에센스. **3** (제비뽑기에서) 맞은 번호.

extractiu extractiva extractius extractives *adj.* 추출의, 추출할 수 있는; 발췌하는, 요약하는.

extractor extractora extractors extractores *adj.* 뽑아내는, 추출하는.
-m. **1** 뽑는 기계, 추출기, 추출 장치. **2** (외과 의사의) 뽑아내는 기구.

extradició extradicions *f.* [법률] 외국 범인의 인도, 본국 송환.

extradir *tr.* 본국으로 송환시키다.

extradós extradossos *m.* [건축] 아치의 겉면.

extrajudicial extrajudicials *adj.* [법률] 법적 관할 외적인, 재판 사항 외의, 법정 외의; 법에 어긋나는.

extralimitació extralimitacions *f.* 월권(행위).

extralimitar-se *prnl.* 월권하다.

extramatrimonial extramatrimonials *adj.* 혼외의.

extramurs *adv.* 테두리 밖에, 교외에, 변두리에.

extraoficial extraoficials *adj.* 직권 외의, 직무 외의; 비공식의.

extraordinari extraordinària extraordinaris extraordinàries *adj.* **1** 기묘한, 이상한, 괴상한. **2** 예상 밖의, 터무니없는. **3** 특별한, 비상한; 특명의. **4** 임시의.
-m. **1** 호외; 예외. **2** 특별 성찬.

extraparlamentari extraparlamentària extraparlamentaris extraparlamentàries *adj.* 원외(院外)의.

extrapolar *tr.* **1** (문제를) 불완전한 수치를 가지고 결론내리다. **2** [수학] (미지수 값을) 외삽법으로 추정하다.

extraradi extraradis *m.* (시·군 등의) 변두리 (지구).

extrasensorial extrasensorials *adj.* 초감각적인, 지각 밖의.

extraterrestre extraterrestres *adj.* 지구 밖의, 외계의.

extraterritorial extraterritorials *adj.* [정치] 치외 법권의.

extraterritorialitat extraterritorialitats *f.* [정치] 치외 법권.

extraure [*pp:* extret extreta] *tr.* =extreure.

extravagància extravagàncies *f.* 무법, 불법; 불법 행위. **2** 사치, 낭비, 방종. **3** 터무니없는 행동, 엉뚱한 생각.

extravagant extravagants *adj.* **1** 무법의, 불법의. **2** 낭비성의, 낭비하는, 사치스러운. **3** 터무니없는, 지나친, 무모한, 엉뚱한. **4** 기괴한, 괴상망측한. **5**

extravagar

(무엇이) 섞여 들어온.
-m.f. **1** 괴짜, 비상식적인 사람. **2** 임시 직원.
-m. 교황의 교령.
extravagar intr. (법에) 어긋나는 일을 하다; 어리석은 짓을 하다, 터무니없는 말을 하다.
extraversió extraversions f. **1** [심리] 외향성. **2** [의학] 외전.
extravertit extravertida extravertits extravertides adj.m.f. 외향적인 (사람).
extraviar tr. **1** 길을 잘못 들게 하다 (descaminar). **2** [비유] 빗나가다, 예상에서 벗어나다(desencaminar). **2** (시선을) 어수선하게 하다, 당황하게 만들다. **3** (물건을) 잃어버리다, 놓고 오다. -se **1** 길을 잃다, 엉뚱한 길로 빠지다. **2** (정도에서) 탈선하다, 벗어나다. **3** 행방불명이 되다. **4** 갈피를 잡지 못하다, 방황하다, 환장하다. **5** [비유] 타락하다, 탈선하다. **6** 물건을 잃다.
extrem extrema extrems extremes adj. **1** 끝의, 끝에 있는. **2** 마지막의, 종말의. **3** 극단적인, 급격한, 과격한. una situació extrema 극단적인 상황. **4** 모진, 격렬한, 지나친. **5** [지리] 극동의.
-m. **1** 끝, 선단. **2** 최후, 마지막. **3** 극단, 극도; 극단 상황. **4** [수학] 외항.
a l'extrem ...의 끝에.
en extrem 극단적으로.
extrema dreta, esquerra 극우, 극좌.
l'Extrem Orient 극동.
Els extrems es toquen [금언] 양극단은 서로 통한다.
portar a l'extrem[a l'últim, al darrer extrem] 극으로 치닫다, 극단으로 몰고 가다.
extremament adv. **1** 극단적으로. **2** 극히, 매우, 몹시, 지나치게.
extremar tr. **1** 극단적으로 하다. **2** 극도로 발휘하다, 철저하게 하다. -se 철저하게 하다.
extremat extremada extremats extremades adj. 극단적인; 극치의.

extremisme extremismes m. 극단론, 극단주의, 과격주의.
extremista extremistes adj. 극단론자의, 극단주의의.
-m.f. [남녀동형] 극단론자, 극단주의자.
extremitat extremitats f. **1** 끝, 극단, 선단, 말단. **2** 종말, 임종, 죽음.
extremitud extremituds f. **1** 끝, 말단, 선단. **2** 극도, 극단. **3** 마지막 순간, 종말(darreria); 임종, 죽음. **4** pl. [비유] 최후의 경련.
extremós extremosa extremosos extremoses adj. **1** 극도의, 극단적인. **2** 애정 표현이 너무 심한.
extremunciar tr. (가톨릭에서) 병자성사·종부성사를 하다.
extremunció extremuncions f. (가톨릭의) 병자성사, 종부성사
extret extrets m. =extracte.
extreure tr. **1** 뽑다, 빼내다, 끄집어내다, 뽑아내다. **2** 즙을 뽑다, 추출하다. **3** 요약하다, 발췌하다. **4** [광산] 채굴하다. **5** 증류해서 얻다, 짜내다, 달이다. **6** [수학] 근을 구하다(extreure una arrel).
extrínsec extrínseca extrínsecs extrínseques adj. **1** 외부의, 외적인; 외부로부터의, 외래적인. **2** 부대적인, 부수적인, 본질적이 아닌.
exuberància exuberàncies f. **1** 풍부, 풍성, 충만, 넘쳐흐름. **2** 무성, 번성, 왕성. **3** (표현의) 화려함.
exuberant exuberants adj. **1** 풍부한, 무성한. **2** (기력·건강이) 넘쳐흐르는, 원기 왕성한. **3** (상상력 등이) 풍부한. **4** (언어·문장 등이) 화려한.
exulceració exulceracions f. [의학] 궤양 형성, 궤양화.
exultació exultacions f. 미칠 듯이 기뻐함, 굉장한 기쁨.
exultant exultants adj. 기뻐 날뛰는.
exultar intr. 기뻐 날뛰다, 미칠 듯이 기뻐하다, 몹시 기뻐하다.
exvot exvots m. 헌물, 헌납물.

F f

f *f.* 카탈루냐어 알파벳의 여섯 번째 문자.

fa fas *m.* [음악] 파[음계의 제4음].

fàbrica fàbriques *f.* **1** 제조, 제작. **2** 제작소, 공장. **3** 건축(물). **4** 시멘트 공사, 석조 공사. **5** [비유] 날조, 조작, 둘러대기.

de fàbrica 돌로 된, 석조의.

estar en fàbrica 제조 과정에 있다.

fabricació fabricacions *f.* **1** 제조, 제작; 제품. **2** [비유] 날조, 조작.

fabricador fabricadora fabricadors fabricadores *adj.m.f.* **1** 제조하는 (사람). **2** 날조·조작하는 (사람). **3** 싸움의 요인이 되는 (것).

fabricant fabricants *m.f.* [남녀동형] 제조업자, 생산업자, 공장주, 제조원, 메이커.

fabricar *tr.* **1** 제조하다, 제작하다. **2** 건축하다, 건조하다. **3** 날조하다, 조작하다, 꾸며내다.

fabril fabrils *adj.* 제조의.

fabulista fabulistes *m.f.* [남녀동형] 우화 작가.

fabulós fabulosa fabulosos fabuloses *adj.* **1** 전설적인. **2** 믿을 수 없는, 황당무계한, 터무니없는. **3** 우화의, 우화적인.

fabulosament *adv.* 황당무계하게, 터무니없이, 엉터리로; 꾸민 이야기처럼.

faç faços *f.* 얼굴; 면, 표면.

façana façanes *f.* (집·건물의) 정면.

facció faccions *f.* **1** 제작, 제조. **2** 무리, 패거리, 일당, 도당. **3** (정당의) 파, 당; 우익, 좌익. **4** [군사] 전투. **5** *pl.* 용모, 얼굴 생김새; 면모.

estar de facció 전투 중이다.

facciós facciosa facciosos faccioses *adj.* **1** [정치] 정당에 속한. **2** 정권에 도전하는.

-m.f. 정권에 도전하는 사람.

facècia facècies *f.* 재담, 익살, 경구, 농담; 재미있는 일.

faceciós faceciosa facecioso facecioses *adj.* 익살맞은, 우스꽝스러운.

faceta facetes *f.* **1** (다면체의) 면. **2** (보석·결정체의) 잘린 면. **3** [비유] 면, 면모. *Ens mostrà una faceta desconeguda del seu caràcter* 그는 우리에게 그의 성격 중 알려지지 않은 면을 보여 주었다.

tallar en facetes 여러 면으로 자르다.

facial facials *adj.* 얼굴의, 안면의.

fàcies fàcies *f.* [단·복수동형][의학] (환자의) 용태, 모습; 상, 용모.

fàcil fàcils *adj.* **1** 간단한, 쉬운, 평이한. **2** 용이한, 수월한, 쓰기 편한(còmode). **3** 손재간이 있는, 힘들이지 않고 하는, 일을 쉽게 처리하는. **4** (말·문체가) 경쾌한, 부드러운, 술술 나오는. **5** 가능한, 가능성 있는(possible, probable). **6** 곧잘 …하는.

facilitar *tr.* **1** 쉬워지게 하다, 용이하게 하다; 편해지게 하다. **2** 제공하다, 공급하다, 도와주다. **3** (돈을) 융통해 주다.

facilitat facilitats *f.* **1** 손쉬움, 용이함, 편의. **2** 재치, 솜씨. **3** 가벼움, 경박함. **4** *pl.* 설비, 기관; 금융 기관; 지급 유예.

facinerós facinerosa facinerosos facineroses *adj.* 상습범의; 악한, 모진, 못돼 먹은.

facsímil facsímils *m.* **1** (책·필적·그림 따위의) 모사, 복사. **2** 팩시밀리; 복사 전송 장치; 사진 전송, 전송 사진.

factible factibles *adj.* **1** 가능한, 할 수 있는; 실현 가능한. **2** 손쉬운, 문제가 아닌.

fàctic fàctica fàctics fàctiques *adj.* 사실의, 실제의, 행위의.

factici factícia facticis factícies *adj.* **1** 인위적인, 인공적인(artificial). **2** 만들어 낸, 허울뿐인, 가짜의. **3** 부자연스러운.

factitiu factitiva factitius factitives *adj.* [문법] 작위(作爲)의.

factor factora factors factores *m.f.* **1** 행위자, 작위자. **2** (철도의) 하물 담당자.

factoria

-m. 1 [수학] 인수. 2 요소, 요인, 원인. 3 [기계] 계수, 율. 4 [생물] 인자.

factoria factories f. 1 대리점, 출장소. 2 공장.

factorial factorials adj. 인수의, 계승의. -f. [수학] 계승.

factòtum factòtums m.f. 1 모든 일을 혼자서 다 하는 사람; 잡역부. 2 아무 일이나 하는 사람. 3 [비유] 약방의 감초.

factual factuals adj. 행위의; 사실의.

factura factures f. 1 제작, 제조; (회화·조각의) 제작. 2 송장, 인보이스, 납품서, 운송장. 3 계산서, 청구서.

passar la factura 계산서를 주다.

facturació facturacions f. 1 송장 작성, 선하 증권, 수화물 취급소. 2 (공항의) 체크인.

facturador facturadora facturadors facturadores adj.m.f. facturar하는 (사람).

facturar tr. 1 송장에 기재하다, 송장을 작성하다; 계산서·청구서를 작성하다. 2 (수화물을) 접수하다. 3 (공항에서) 체크인하다.

facultar tr. 자격·권한·허가를 부여하다, 위임하다.

facultat facultats f. 1 힘, 능력(poder). 2 자격, 권한, 권리(dret). 3 (지정의(知情意)의) 능력; 기능, 작용. 4 (대학교의) 단과 대학; 학부; [집합] 교수단. *Facultat de Econòmiques* 경제학부. 5 (전문적인) 기술, 지식, 솜씨, 실력. 6 pl. 자질, 적성(aptitud).

facultatiu facultativa facultatius facultatives adj. 1 전문적인, 기술상의, 자격상의; 기능의, 능력의. 2 특권·허가·권한을 주는. 3 임의의, 수의의, 선택적인. *aplicació facultativa d'una regla* 규칙의 선택적 적용. 4 [생물] (기생충 등이) 다른 환경에서도 살 수 있는. 5 (대학의) 학부의. -m.f. 교수, 전문의.

facúndia facúndies f. 말이 많음, 수다; 다변, 능변(verbositat).

facundiós facundiosa facundiosos facundioses adj. 말이 많은, 수다스러운; 다변의, 능변의.

fada fades f. 요정, 선녀, 정녀.

bella com una fada 선녀같이 아름다운, 매우 아름다운.

fadament fadaments m. fadar하는 일.

fadar tr. 홀리다, 유혹하다, 넋을 빼다, 매혹시키다.

fadejar intr. (약간) 미지근한, 싱거운.

fadiga fadigues f. =fatiga.

fado fados m. 포르투갈 민요.

fador fadors f. 미지근함, 싱거움.

fadrí fadrina fadrins fadrines m.f. 1 젊은이, 청년, 처녀. 2 독신자.

fadrinalla fadrinalles f. [집합] 젊은이들, 청년들.

fadrinatge fadrinatges m. 미혼 생활, 독신 생활.

fer el fadrinatge =fadrinejar.

fadrinejar intr. 젊은 혈기에만 의지하다; 주색에 빠지다, 허랑방탕하다.

fadrinesa fadrineses f. =fadrinatge.

fadrinot fadrinots m. 노총각.

fadristern fadristerns m. 차남(cabaler).

faetó faetons m. 4인승 마차.

fageda fagedes f. 너도밤나무 숲.

fagina fagines f. [동물] 담비.

fagòcit fagòcits m. [의학] (백혈구 등의) 식균 세포.

fagocitosi fagocitosis f. [의학] 식균 작용.

fagony fagonys m. =fogony.

fagot fagots m. 파곳, 바순[저음의 큰 피리]. -m.f. [남녀동형] =fagotista.

fagotista fagotistes m.f. [남녀동형] 바순 연주자.

faiança faiances f. 물매.

faiçó faiçons f. 1 (의류의) 제조; 기성복. 2 형태, 모양(forma). 3 pl. =faccions.

faig faigs m. [식물] 너도밤나무.

faisà faisana faisans faisanes m.f. [동물] 꿩, 장끼.

faisanera faisaneres f. 꿩을 사육하는 곳.

faisó faisons f. =manera.

faixa faixes f. 1 띠, 끈, 벨트; 띠 모양으로 된 것. 2 코르셋.

faixada faixades f. faixar하는 일.

faixar tr. 1 띠를 두르다, 띠로 감다. 2 붕대를 감다. -se (띠·붕대로) 감다, 묶

faixat faixada faixats faixades *adj.* 띠로 묶은.
faixí faixins *m.* (예복 등의) 장식 띠.
faja fages *f.* 너도밤나무 열매.
fajol fajols *m.* [식물] 메밀.
fajolar fajolars *m.* 메밀밭.
fajosa fajoses *f.* =fageda.
falaguer falaguera falaguers falagueres *adj.* 아첨하는, 아부하는; 귀를 즐겁게 해주는.
falagueria falagueries *f.* 아첨, 아부, 알랑거림.
falange falanges *f.* **1** [역사] (고대 그리스 군대의) 보병 부대; 부대, 군대. **2** 팔랑헤당[1933년 스페인의 호세 안토니오, 프리모 데 리베라가 군부를 중심으로 조직한 국수주의 정당]; [집합] 팔랑헤 당원들. **3** 동호회, 동지회. **4** [해부] 손가락뼈, 지골(指骨); 발가락뼈, 지골(趾骨).
falangina falangines *f.* [해부] (손발의) 제2의 지골.
falb falba falbs falbes *adj.* 사자 털 빛깔의, 황갈색의.
falç falçs *f.* 낫.
falca falques *f.* **1** 쐐기(tascó). **2** (지렛목의) 받침점. **3** (배의) 방파판.
falçada falçades *f.* 낫질.
falcar *tr.* falca를 대다.
falçat falçats *m.* 낫으로 벤 밭.
falcejar *intr.* 낫으로 베다.
falcilla falcilles *f.* (제화공의) 두꺼운 가죽 절단용 도구.
falcillot falcillots *m.* [조류] 제비 비슷한 새.
falcó falcons *m.* [조류] 매.
falçó falçons *m.* [falç의 축소사] 작은 낫.
falconada falconades *f.* 물에 적심, 흠뻑 젖음. 2 [비유] 심한 꾸중, 나무람.
falconer falconers *m.* (옛날의) 매사냥꾼.
falconeria falconeries *f.* 매사냥술.
falcònids *m.pl.* [조류] 맷과의 새.
falconiformes *m.pl.* [조류] 맹금류 조류.
falda faldes *f.* **1** 치마, 스커트, 옷자락. **2** 무릎. **3** 산기슭. **4** (매달아 놓은) 쇠고기. **5** (모자의) 챙. **6** (갑옷의) 팔꿈

치 받이, 허리받침.
faldar faldars *m.* 긴 스커트; (갑옷의) 자락.
faldejar *tr.* (산의) 기슭을 걷다. *-intr.* 무릎에 앉다.
falder faldera falders falderes *adj.* **1** 치마의, 옷자락의. **2** 여자들 사이에 있기를 좋아하는.
faldilla faldilles *f.* [주로 복수로 쓰여] 치마, 스커트.
faldiller faldillera faldillers faldilleres *adj.m.* 여자들 사이에 있기를 좋아하는 (남자).
faldistori faldistoris *m.* (의식용) 교황의 의자.
faldó faldons *m.* 긴 스커트; 긴 자락.
falena falenes *f.* [곤충] 밤나방.
falguera falgueres *f.* [식물] (미나리, 고사리 등의) 양치식물.
falguerar falguerars *m.* 양치식물의 밭.
falinfaina falinfaines *m.f.* 주책없는 사람, 주책바가지(baliga-balaga).
fall falls *m.* 가파른 벼랑, 절벽, 낭떠러지; 급경사.
falla[1] falles *f.* 파야[스페인 발렌시아의 산 호세 불 축제].
falla[2] falles *f.* 결핍, 부족(falta).
falla[3] falles *f.* [지질] (지층·광맥의) 단층.
fal·laç fal·laç fal·laços fal·laces *adj.* **1** 거짓말 잘하는. **2** 속임수의, 거짓의, 허위의.
fal·làcia fal·làcies *f.* 속임수, 거짓, 허위; 거짓말하는 버릇.
fallada fallades *f.* fallar하는 일.
fallar *tr.* **1** (화살이) 빗나가다, 실수하다. **2** (카드놀이에서) 마지막 비방을 쓰다. *-intr.* **1** 효과가 없다, 듣지 않다(fallir). **2** (건물이) 무너지다. **3** 실패하다, 좌절하다, 쓴맛을 보다(frustrar-se).
fallat fallada fallats fallades *adj.* 단층을 이룬.
falleba fallebes *f.* (문·창문 따위의) 걸쇠.
faller fallera fallers falleres *adj.* (발렌시아의) 불 축제의.
-m.f. (발렌시아의) 불 축제를 하는 (사람).
fal·lera fal·leres *f.* 좋아함, 애정.

fal·libilitat fal·libilitats f. **1** 오류·실수의 가능성. **2** [신학] (인간의) 죄성(罪性).
fal·lible fal·libles adj. 오류를 범할 수 있는, 실수할 수 있는; 죄를 지을 수 있는.
falliment falliments m. fallir하는 일.
fallir intr. **1** (해야 할 것을) 하지 않다, 이행하지 않다. **2** 실수하다, 실패하다. **3** 도산하다, 파산하다; (점포를) 폐쇄하다.
fallit fallida fallits fallides adj. fallir한.
fal·lus fal·lus m. [단·복수동형][해부] 남근, 음경.
falòrnia falòrnies f. 꾸며낸 이야기, 거짓말.
fals falsa falsos falses adj. **1** 틀린, 그릇된; 옳지 못한, 부정한. **2** 거짓의, 허위의(semblant); 거짓이 많은, 믿지 못할. **3** 위조의, 모조의, 가짜의.
en fals 눈속임으로, 속여서; 실수로.
falsabilitat falsabilitats f. **1** (어떤 것이) 사실이 아님. **2** (위조·날조 사실의) 증명.
falsable falsables adj. falsar할 수 있는.
falsador falsadora falsadors falsadores m.f. 위조자, 날조자.
falsar tr. **1** 속이다, 눈속임하다(falsejar). **2** 위조하다, 모조하다(falsificar). **3** (가정·이론 등을) 인정하지 않다(invalidar). **4** 거짓으로 꾸미다, 거짓으로 행세하다.
falsari falsària falsaris falsàries adj. 위조하는, 눈속임하는.
-m.f. 위조자, 위조범.
falsedat falsedats f. **1** 허위, 거짓, 날조. **2** 눈속임하기, 탈을 쓰기.
falsejament falsejaments m. 속임, 눈속임.
falsejar tr. 속이다, 눈속임하다.
falsejar la vista 못 보는 척하다.
falset falsets m. [음악] 가성(假聲).
falsia falsies f. =falsedat.
falsificació falsificacions f. **1** 위조, 변조, 위조품. **2** [법률] (서류·화폐의) 위조, 날조, 모조.
falsificador falsificadora falsificadors falsificadores adj. 위조하는, 날조하는.
-m.f. 위조자, 날조자.
falsificar tr. 위조하다, 모조하다.
falta faltes f. **1** 결핍, 모자람, 부족(mancança). **2** 필요. **3** 과실, 과오, 잘못, 실수; 실책, 위배. **4** (수업·일 등에) 불참(absència). **5** 흠, 하자, 결점. **6** 인수 거절, 지급 거절. **7** [생리] (임신 중의) 무월경. **8** [스포츠] 반칙, 위반. **9** (인쇄의) 오자, 오식(errata).
a falta de ...이 없이; ...이 없어서.
sens falta 반드시, 어김없이, 착오 없이.
fer falta 필요하다, 필요로 하다(caldre).
faltar intr. **1** 부족하다, 모자라다; 필요하다. **2** 빠지다, 결핍되다(mancar). **3** 결석하다, 결근하다, 참석하지 않다, 불참하다. **4** 죽다. **5** (시간·기일이) 남다(quedar). **6** (말·약속을) 지키지 않다; 어기다, 배반하다. **7** (의무··은혜·예의에서) 벗어나다.
trobar a faltar (무엇이) 없어 아쉽다; (누구를) 그리워하다.
faltat faltada faltats faltades adj. **1** (...이) 없는, 부족한. **2** (...을) 필요로 하는.
estar faltat de ...이 없는, 부족한.
falua falues f. [선박] 소형 주정(舟艇).
faluga falugues f. **1** =falua. **2** [비유] 작은 사람·동물.
falutx falutxos m. [선박] 소형 선박.
falzilla falzilles f. =falzia.
fam fams f. **1** 배고픔, 굶주림, 공복, 허기. **2** [비유] 열망, 욕망, ...욕. **3** 인색; 궁색, 결핍.
A qui té fam, les pedres li semblen pa [속담] 시장이 반찬이다.
fama fames f. 소문, 풍문; 명성, 고명, 평판.
tenir fama de ...라는 명성을 가지다.
famejar intr. 굶주리다.
famèlic famèlica famèlics famèliques adj. 배고픈; ...에 굶주린.
família famílies f. **1** 가족, 가정. **2** 일족, 가문. **3** [동·식물] 과(科). **4** [언어] 어족(語族).
en família 가족적으로, 친밀하게, 친하게.
familiar familiars adj. **1** 가족의, 가족적인, 가정적인. **2** 익숙한, 익히 알고 있

는(conegut). **3** 일상의, 통속의. **4** 구어(체)의. **5** 친한, 다정한, 친밀한.
-*m.* [남녀동형] **1** 가족, 친족. **2** 하인, 종, 머슴, 시종. **3** [역사] 옛 종교 재판소 관리.

familiaritat familiaritats *f.* 친함, 친밀, 친교; 허물없음.

familiaritzar *tr.* **1** 친하게 하다, 친밀하게 하다. **2** 익히다, 익숙하게 하다. **-se** 친해지다; 익히다, 익숙해지다.

famós famosa famosos famoses *adj.* **1** 유명한, 이름난. **2** 별난, 내놓은.

fàmul fàmula fàmuls fàmules *m.f.* 하인, 하녀.

fan fans *m.f.* (연예인·선수·예술가 등의) 팬.

fanal fanals *m.* 등불, 초롱불, 칸델라; 등대.

fanalet fanalets *m.* (축제 때 쓰는) 각양각색의 종이로 만든 작은 등불.

fanàtic fanàtica fanàtics fanàtiques *adj.* 열광적인, 광적인, 열중하는.
-*m.f.* 광신자; 열광자, ...광.

fanatisme fanatismes *m.* 열광, 탐닉; 광신적 행동, 광신주의.

fanatitzar *tr.* 열광시키다; 광적으로 이끌어가다. **-se** 열광하다; 광신도가 되다.

fandango fandangos *m.* [음악] 판당고 [옛 스페인 사람들이 추던 3/4, 6/8 박자의 경쾌한 춤·노래].

fanerògam fanerògama fanerògams fanerògames *adj.* 종자식물의.
-*f.pl.* [식물] 종자식물.

fanfara fanfares *f.* =xaranga.

fanfàrria fanfàrries *adj.m.f.* =fanfarró.
-*f.* 뽐냄, 우쭐거림, 잘난 체함.

fanfarró fanfarrona fanfarrons fanfarrones *adj.* 으스대는, 뽐내는, 우쭐거리는, 허세를 부리는; 겉보기만 그럴싸한 (vanitós).
-*m.f.* 우쭐대는 사람, 허세를 부리는 사람, 과장이 심한 사람.

fanfarronada fanfarronades *f.* 허세 부림, 떠벌림, 호언장담.

fanfarroneria fanfarroneries *f.* =fanfarronada.

fang fangs *m.* **1** 진흙. **2** (도자기를 만드는) 고령토. **3** [비유] 불명예, 평판이 나쁨, 체면 손상, 신용 손상.
embrutar-se de fang 진흙투성이가 되다; [구어] 체면을 손상시키다.

fanga fangues *f.* 쟁기.

fangada fangades *f.* 쟁기질.

fangar[1] fangars *m.* 진창, 수렁.

fangar[2] *tr.* 흙을 퍼 올리다, 쟁기질하다.

fangós fangosa fangosos fangoses *adj.* 진흙투성이의, 질척거리는.

fangueig fangueigs[fanguejos] *m.* (통행길의) 진흙 탕길.

fanguejar *intr.* 진흙탕 길을 걷다; 진흙탕을 만들며 놀다.

fantasia fantasies *f.* **1** 공상, 환상. **2** [음악] 환상곡. **3** [문학] 허구, 공상적 작품.
de fantasia 모조의, 인조의; 허구의, 공상의.

fantasiaire fantasiaires *m.f.* [남녀동형] 상상가, 공상가.

fantasiar *intr.* 상상하다, 공상하다, 상상의 나래를 펴다.

fantasieig fantasieigs[fantasiejos] *m.* 상상, 공상.

fantasiós fantasiosa fantasiosos fantasioses *adj.* 상상의, 공상의; 환상적인, 몽상적인.

fantasma fantasmes *m.* 유령, 요괴, 환영; 환각, 착각, 현혹.

fantasmal fantasmals *adj.* 유령의, 유령 같은.

fantasmagoria fantasmagories *f.* **1** 환상, 환영, 환각. **2** [비유] 변화무쌍한 광경.

fantàstic fantàstica fantàstics fantàstiques *adj.* **1** 환상적인, 몽상적인. **2** 경탄할 만한, 아주 멋진, 매우 훌륭한. **3** 별난, 기발한, 괴이한, 가공의.

fantotxe fantotxes *m.* 괴짜.

faquir faquirs *m.f.* [종교] (회교·불교의) 탁발승; (힌두교의) 고행승, 행자.

far fars *m.* **1** [해사] 등대; 무전 항로 표시. **2** 헤드라이트.

farad farads *m.* [전기] 패럿[전기 용량의 실용 단위].

faraday faradays *m.* =farad.

faralló farallons *m.* (특히 해상에 돌출된) 바위섬.

faramalla faramalles *f.* **1** 감언이설. **2** 겉만 번지르르한 것.
faràndula faràndules *f.* 광대놀이, 어릿광대짓; 유랑 극단.
faranduler farandulera farandulers faranduleres *adj.* 광대 모습의; 꾸민, 거짓 탈을 쓴.
-m.f. 광대; 거짓 탈을 쓴 사람.
faraó faraona faraons faraones *m.f.* **1** (고대 이집트의) 왕, 파라오. **2** 카드놀이의 일종.
faraònic faraònica faraònics faraòniques *adj.* **1** faraó의 **2** 사치스러운, 호화찬란한, 고급의.
farcell farcells *m.* 허드레옷들을 넣은 꾸러미.
farciment farciments *m.* farcir하는 일.
farcir *tr.* **1** 고기로 채워 넣다. **2** 가득 채우다, 다져 넣다.
farcit farcits *m.* 가득 채워 넣은 것.
farcit farcida farcits farcides *adj.* **1** 채워 넣은, 가득 찬. *olives farcides* 안을 채워 넣은 올리브 열매. **2** [비유] 득실거리는, 무성한.
farda fardes *f.* [집합] 짐, 화물.
fardam fardams *m.* 잡동사니, 쓸모없는 것들.
fardassa fardasses *m.f.* 지저분한 사람.
fardatge fardatges *m.* =farda.
fardatxo fardatxos *m.* [동물] 비행도마뱀(llangardaix).
farell farells *m.* =far.
farfalleig farfalleigs[farfallejos] *m.* 빠르게 지껄이기.
farfallejar *intr.* 빠르게 지껄이다.
farfallós farfallosa farfallosos farfalloses *adj.* 말이 빠른, 성미가 급한.
farfolla farfolles *f.* 거짓 약속.
fartullada fartullades *f.* =fardam.
farga fargues *f.* (대장간의) 노.
fargaire fargaires *m.f.* 쇠를 벼리는 사람.
farigola farigoles *f.* [식물] 백리향, 사향초속 식물.
farina farines *f.* **1** 밀가루. **2** (일반적으로) 곡물 가루.
farinaci farinàcia farinacis farinàcies *adj.* 가루의, 분말상의, 제분의; 전분질의.
farinaire farinaires *m.f.* [남녀동형] 제분업자.
fariner farinera fariners farineres *adj.* 가루의, 제분의.
-m.f. =farinaire.
farinetes *f.pl.* 죽.
faringe faringes *f.* [해부] 인두.
faringi farígia faringis farígies *adj.* 인두의.
faringitis faringitis *f.* [단·복수동형][의학] 인두염.
farinós farinosa farinosos farinoses *adj.* 가루 모양의, 분말상의; 가루투성이의.
farisaic farisaica farisaics farisaiques *adj.* **1** 바리새파의. **2** 위선의, 위선적인; 형식적인.
fariseisme fariseismes *m.* **1** 바리새파주의. **2** 위선, 허식.
fariseu farisea fariseus farisees *m.f.* **1** 바리새인. **2** 위선자, 형식주의자. **3** 사이비 신자, 경건한 체하는 사람.
faristol faristols *m.* 독서대, 악보대.
fàrmac fàrmacs *m.* 약제.
farmacèutic farmacèutica farmacèutics farmacèutiques *adj.* 제약의, 약제의, 조제의, 제약학의.
-m.f. 약사, 약제사.
farmàcia farmàcies *f.* **1** 약국, 조제실. **2** 약학, 조제학, 조제법, 제약술.
farmaciola farmacioles *f.* 휴대용 약상자.
farmacòleg farmacòloga farmacòlegs farmacòlogues *m.f.* 약(제)학자.
farmacologia farmacologies *f.* 약(제)학.
farmacopea farmacopees *f.* 약제서, 조제서.
farola faroles *f.* =far.
faronejar *intr.* 으스대다, 우쭐거리다.
faroner[1] faronera faroners faroneres *adj.* 우쭐대는.
faroner[2] faronera faroners faroneres *m.f.* 등대지기.
faroneria faroneries *f.* 으스댐, 우쭐거림.
farraginar farraginars *m.* (가축들에게) 꼴을 먹이는 목초지.
farratge farratges *m.* (가축들의) 꼴.

farratger farratgera farratgers farratgeres *adj.* 꼴의, 목초의.
farratjar *intr.* 꼴을 베다.
farrigo-farrago farrigo-farragos *m.* 잡동사니, 잡탕.
farro farros *m.* 아몬드 과자.
farsa farses *f.* **1** 광대놀이, 엉터리 연극; 그 일단. **2** 속임수, 사기.
farsant farsants *adj.* 꾸민, 거짓 탈을 쓴.
-*m.f.* 광대; 거짓 탈을 쓴 사람, 사기꾼.
farsanteria farsanteries *f.* 광대놀이; 웃기는 짓; 사기 행위.
farsista farsistes *m.f.* [남녀동형] 광대연극 작가.
fart[1] farts *m.* =fartanera.
fart[2] farta farts fartes *adj.* **1** 배부른. **2** [비유] 피곤한(cansat); 물린, 싫증 난, 진절머리 나는.
-*m.f.* 먹보, 대식가(fartaner).
estar fart de 지치다; 물리다, 싫증나다.
fartaner fartanera fartaners fartaneres *adj.* 많이 먹는.
-*m.f.* 먹보, 대식가.
fartanera fartaneres *f.* 포식, 물림.
fascicle fascicles *m.* **1** [식물] 밀생. **2** (인쇄의) 분책; 소책자, 설명서.
fascinació fascinacions *f.* 매혹, 현혹, 황홀한 지경; 매력, 요염.
fascinar *tr.* 매혹시키다, 황홀케 하다; 넋을 빼앗다, 유혹하다, 홀리다, 홀딱 반하게 하다.
fase fases *f.* **1** (발달·변화의) 단계, 국면. **2** (사물·문제 등의) 면(面), 상(相); (변화의) 추이, 현상, 단계, 형세. **3** (달이나 기타 천체의) 상(相), 위상(位相), 상(像). **4** [화학][생물] 상(相). **5** [물리][전기] 위상, 페이스. **6** [의학] 반응시기.
fàsic fàsica fàsics fàsiques *adj.* fase의.
fasser fassers *m.* [식물] 대추야자나무.
fassina fassines *f.* 양조장.
fast fasts[fastos] *m.* **1** 호화, 호사스러움. **2** *pl.* 행사력, 연대기.
fàstic fàstics *m.* 싫증, 불쾌함, 구역질.
dir quatre fàstics a algú 누군가에게 결점을 있는 대로 다 말해주다.
fer fàstic 구역질나다.
tenir en fàstic una cosa (무엇이) 물리

다, 싫증나다, 진저리나다.
fastig fastigs *m.* 싫증, 불쾌감, 짜증, 혐오.
fastigós fastigosa fastigosos fastigoses *adj.* 싫증나는, 불쾌한.
-*m.f.* 지겨운 사람.
fastijós fastijosa fastijosos fastijoses *adj.* 귀찮은, 짜증나는, 진절머리 나는
fastiguejar *tr.* **1** 불쾌감을 주다, 짜증나게 하다, 혐오감을 불러일으키다. **2** 지겹게 귀찮게 굴다. ***-se*** 진저리가 나다, 혐오감이 생기다.
estar fastiguejat de 질리다, 진저리가 나다.
fastuós fastuosa fastuosos fastuoses *adj.* **1** 화려한, 호화찬란한, 호화로운. **2** 전시적인, 과시적인.
fastuositat fastuositats *f.* 호화스러움, 호화찬란함; 과시적임.
fat[1] fats *m.* 운명, 숙명.
fat[2] fada fats fades *adj.* **1** 맛없는; 소금이 없는, 설탕이 없는. **2** 싱거운, 촌스러운. **3** 바보 같은, 미련한(estòlid).
fatal fatals *adj.* **1** 숙명적인, 피할 수 없는. **2** 운명의, 운명을 가름하는; 중대한, 결정적인. **3** 불치의, 치명적인.
fatalisme fatalismes *m.* 운명론, 숙명론, 숙명관.
fatalitat fatalitats *f.* **1** 숙명, 운명, 인연. **2** 불운, 불행(adversitat). **3** 재난, 참사. **4** 불치, 치명적임.
fatic fatics *m.* [주로 복수로 쓰여] 고뇌, 비탄, 슬픔, 고통, 난관.
fatídic fatídica fatídics fatídiques *adj.* **1** 흉조의, 불길한. **2** 침통한, 침울한, 기분이 좋지 않은.
fatiga fatigues *f.* **1** 피로, 피곤(cansament). **2** 호흡 곤란(ofegament). **3** 노고, 노역, 괴로움, 고생. **4** *pl.* 비탄, 고통, 슬픔.
fatigant fatigants *adj.* **1** 피곤한, 피곤케 하는. **2** 괴로운, 귀찮은, 고통스럽게 하는.
fatigar *tr.* **1** 피곤하게 하다, 지치게 하다. **2** 숨이 차게 하다. **3** 애먹이다, 고생시키다, 괴롭히다. ***-se*** **1** 피로하다, 피곤하다. **2** 숨이 차다. **3** 애쓰다, 모진 노력을 하다.

fatigós fatigosa fatigosos fatigoses *adj.* **1** 피곤한, 피곤케 하는. **2** (숨쉬기에) 괴로운 듯한. **3** 귀찮은, 진저리나는, 애먹은.
fato fatos *m.* **1** =equipatge. **2** 풍성한 음식. **3** 쌓인 일거리.
fatu fàtua fatus fàtues *adj.* **1** 멍청한, 우둔한, 바보스러운. **2** 실체가 없는, 환영의.
fatuïtat fatuïtats *f.* 우둔함, 미련함, 바보 같은 짓.
fatxa[1] fatxes *f.* [구어] 얼굴 생김새, 용모, 얼굴.
  en fatxa 정면에, 맞은편에.
fatxa[2] fatxes *adj.m.f.* [구어] =feixista.
fatxada fatxades *f.* =façana.
fatxenda fatxendes *f.* =presumpció.
 -m.f. fatxendar하는 사람.
fatxendar *intr.* 뽐내다, 으스대다, 우쭐거리다, 허세 부리다(gallejar).
fatxender fatxendera fatxenders fatxenderes *adj.* fatxendar하는.
fatxenderia fatxenderies *f.* fatxendar하는 일.
faula faules *f.* **1** 우화, 동화; 교훈적 이야기. **2** [집합] 신화, 전설. **3** 풍문, 소문; 지어낸 이야기, 근거 없는 말.
fauna faunes *f.* **1** (일정한 지역·시기의) 동물 떼, 동물계. **2** 동물도감, 동물지.
faune faunes *m.* [신화] 판[반신반양으로 임야와 농목의 신].
faust fausta fausts[faustos] faustes *adj.* 행복한.
fautor fautora fautors fautores *m.f.* 원조자, 후원자, 조력자.
fautoria fautories *f.* 원조, 후원, 조력.
fava faves *f.* **1** [식물] 잠두, 누에콩. **2** 커피·카카오 등의 열매. **3** (추첨용) 공. **4** (돌의) 튀어나온 것.
favada favades *f.* 누에콩 밥.
favar favars *m.* 누에콩 밭.
favassa favasses *f.* 혹, 사마귀.
favera faveres *f.* =fava1.
fauvisme fauvismes *m.* [회화] 야수주의.
fauvista fauvistes *adj.* 야수주의의.
 -m.f. [남녀동형] 야수주의자.
favor favors *m.*[*f*] **1** 호의, 친절, 친절한 행위. **2** 은혜, 덕택, 총애. **3** 편의, 돌보아 줌, 부탁, 도움. **4** (호의·애정을 나타내는) 선물, 기념품.
 a[en] favor de ...을 위해.
 per favor 제발, 부탁이건대.
 Faríeu el favor ...? ... 좀 해 주실래요?
 fer el favor 호의를 베풀다, 편의를 봐주다; (화가 나서) 제발 ...해 주다.
 tenir a favor seu 자신의 것으로 하다.
favorable favorables *adj.* **1** 친절한, 호의를 보이는, 호의적인. **2** 바람직한, 안성맞춤의. **3** 긍정적인, 유리한.
favorejar *tr.* **1** 돕다, 도와주다; 두둔하다, 비호하다, 지원하다. **2** 호의를 베풀다, 편의를 봐주다(afavorir). **3** 돋보이게 하다.
favorit favorita favorits favorites *adj.* 아주 좋아하는, 가장 마음에 드는, 총애를 받는.
 -m.f. 마음에 쏙 드는 사람, 총애 받는 사람, 총아; 궁정의 총신.
favoritisme favoritismes *m.* 치우친 사랑, 편애; 정실.
fax faxos *m.* 팩스.
fe fes *f.* **1** 믿음, 신앙; 신념. **2** 신용, 신뢰. **3** 맹세, 약속. **4** 성실, 진실. **5** 증명, 증명서.
 bona fe 호의.
 de bona fe 성실하게, 선의로.
 fe pública 공식 증명서.
 mala fe 악의.
 donar[fer] fe 믿음을 주다, 신뢰를 주다; 확신시키다.
 tenir molta fe 확실히 믿다.
feble febles *adj.* **1** 약한, 나약한, 연약한. **2** (시력이) 약한. **3** (도덕적으로) 해이한, 안이한. **4** [음성] 약음절의, 약모음의.
 -m. 약점.
 el costat[el punt] feble 약점.
feblesa febleses *f.* **1** 약함, 무력함. **2** 애정, 애착(afecció). **3** 흠, 결점(defecte).
febrada febrades *f.* [의학] 고열.
febre febres *f.* **1** [의학] 열, 발열. **2** 열병. **3** [비유] 열기, ...열.
febrejar[1] *intr.* 열이 있다.
febrejar[2] *intr.* 2월이 되다.
febrer febrers *m.* 2월.

febrerada febrerades *f.* 2월의 폭설·폭우.

febrífug febrífuga febrífugs febrífugues *adj.* 해열의, 열을 내리게 하는.
-m. 해열제.

febril febrils *adj.* **1** 열병의, 열병적인. **2** 흥분한, 열렬한, 격렬한, 고조된.

febrós febrosa febrosos febroses *adj.* 열이 있는, 뜨거운, 달아오른.

febrosenc febrosenca febrosencs febrosenques *adj.* 약간 열이 있는, 미열의, 좀 달아오른.

fecal fecals *adj.* 인분의, 똥의.

fècula fècules *f.* 전분.

feculent feculents *adj.* 전분의.

fecund fecunda fecunds fecundes *adj.* 풍요한; 다산의, 다작의; 비옥한, 기름진.

fecundació fecundacions *f.* **1** 비옥하게 함, 풍요롭게 함; 풍요함. **2** 다산, 다작. **3** [생리] 수태, 수정; 수태 작용.

fecundant fecundants *adj.* fecundar하는.

fecundar *tr.* **1** 비옥하게 하다, 풍요롭게 하다. **2** 다산하다, 번식시키다. **3** [생물] 수태시키다, 수정시키다.

fecunditat fecunditats *f.* **1** 번식력, 생식력. **2** 다산, 다작. **3** 비옥, 풍부, 풍요.

feda fedes *f.* =ovella.

fedatari fedatària fedataris fedatàries *adj.* **1** 믿음을 주는, 신용을 주는. **2** 공식 증명서를 발급하는.
-m.f. 공식 증명서 발급자.

federació federacions *f.* 연방, 연합, 동맹, 연합회, 협회, 연맹.

federal federals *adj.* **1** 연방의, 연방제의. **2** 연합의, 연맹의, 동맹의. **3** 연방주의의.
-m.f. [남녀동형] 연방주의자.

federalisme federalismes *m.* 연방주의, 연방 제도, 연방제.

federalista federalistes *adj.* 연방주의의.
-m.f. [남녀동형] 연방주의자.

federar *tr.* 연방제로 하다.

federatiu federativa federatius federatives *adj.* =federal.

fefaent fefaents *adj.* 믿을 만한, 인증된.

feina feines *f.* **1** 일, 노동(ocupació); 일터, 직장. **2** (특정의) 과제(tasca); (학교의) 과제, 숙제. **3** 만든 것, 세공, 작품. **4** 저작, 연구 논문. **5** 애씀, 노고, 고생.
amb prou feines 겨우, 간신히, 가까스로.
sense feina 일이 없는; 실업의.
anar per feina 시간을 잃지 않다, 시간을 아껴 쓰다.
suspendre algú de la seva feina 정직시키다; 해고하다.

feinada *f.* (해야 할) 많은 일, 쌓인 일.

feinador feinadora feinadors feinadores *adj.* 열심히 일하는.

feinater feinatera feinaters feinateres *adj.* =feinador.

feinejar *intr.* **1** 일하다, 노동하다, 애쓰다. **2** 공부하다, 숙제하다; 연구하다. **3** 노력하다, 애쓰다, 고생하다.

feiner feinera feiners feineres *adj.* **1** 일을 잘하는, 부지런한, 근면한, 열심히 일하는(laboriós). **2** 평일의. *dia feiner* (주말에 대해) 평일.

feix feixos *m.* **1** 묶음, 다발. **2** 짐, 화물. **3** 많음, 다량. **4** 표면, 지표.

feixa feixes *f.* [농업] 논밭.

feixar¹ feixars *m.* =feixa.

feixar² *tr.* [농업] (땅을) 논밭으로 만들다.

feixina feixines *f.* 보릿단·밀단 쌓기; 나뭇단, 땔감.

feixiner feixiners *m.* [집합] 나뭇단, 땔감.

feixisme feixismes *m.* [정치] 파시즘[2차 대전 전의 이탈리아의 전체주의적 이념].

feixista feixistes *adj.m.f.* [남녀동형] 파시스트.

feixó feixós *m.* [농업] 계단식 논밭.

feixola feixoles *f.* =feixola.

feixuc feixuga feixucs feixugues *adj.* **1** 무거운. **2** 몹시 괴로운, 답답한. **3** 후덥지근한. **4** 지겨운, 애먹이는, 괴롭히는(molest). **5** (음식이) 부담이 되는, 소화가 잘 안되는. **6** 무딘, 더딘, 굼뜬.

feixugor feixugors *f.* =feixuguesa.

feixuguesa feixugueses *f.* feixuc한 일.

fel fels *m.f.* **1** [해부] 쓸개즙. **2** [비유]

고뇌, 번민, 비탄(dolor).
feldspat feldspats *m.* [광물] 장석.
felí felina felins felines *adj.* 고양이 같은; 고양잇과의.
-m.pl. [동물] 고양잇과 동물(**fèlids**).
felibre felibressa felibres felibresses *m.f.* (프로방스의) 현대시인.
felibrenc felibrenca felibrencs felibrenques *adj.* (프로방스의) 현대시의.
feliç feliç feliços felices *adj.* **1** 행복한, 유쾌한, 즐거운, 반가운. **2** 다행한, 복이 많은, 운이 좋은. **3** 적절한, 시기적절한, 교묘한, 제때의(oportú). **4** 태평한, 걱정이 없는, 평온한(despreocupat). **5** 바보 같은, 미련한.
felicitació felicitacions *f.* 축하; 축사.
felicitar *tr.* 축하하다, 경하하다; 축사를 하다, 행운을 빌다.
felicitat felicitats *f.* **1** 행복. **2** 요행, 행운, 다행. **3** 경사, 경사스러운 일, 축하할 일.
Felicitats![*Moltes felicitats!*] 축하합니다! [대단히 축하합니다!].
fèlids *m.pl.* [동물] 고양잇과 동물; 육식동물.
feligrès feligresa feligresos feligreses *m.f.* (한 교구의) 신도.
feligresia feligresies *f.* [집합] (교회의) 신도들; 교구.
felipa felipes *f.* 철도 횡단.
fel·lació fel·lacions *f.* (남성에 대한) 오럴 자극.
felló fellona fellons fellones *adj.* **1** 성을 잘 내는, 분노하는. **2** [시어] (비·바람 등이) 성난 .
fellonia fellonies *f.* 성남, 분노, 노여움.
feltre feltres *m.* 펠트 양탄자.
fem fems *m.* **1** (동물의) 똥. **2** *pl.* 퇴비.
femada femades *f.* [집합] 동물의 똥; 퇴비.
femar *tr.* [농업] 퇴비를 주다, 거름을 주다.
femater femateral femates femateres *m.f.* fem을 모으는 사람.
fembra fembres *f.* **1** 암컷. **2** [고어][방언] 여자, 여인.
femejar *tr.* =femar.
femella femelles *f.* **1** 암컷; 여자. **2** 나사구멍, 너트, (호크 등의) 암고리; (주형의) 암틀.
femellenc femellenca femellencs femellenques *adj.* **1** 여자의, 여성의. **2** 암컷의. **3** 여자다운, 여성다운. **4** (남자가) 여자 같은, 유약한.
femeller femellera femellers femelleres *adj.m.* 여자 같은, 여자를 좋아하는 (남자).
femení femenina femenins femenines *adj.* **1** 여자의, 여성의. **2** 암컷의. **3** 여자다운, 연약한. **4** [문법] 여성의.
femenívol femenívola femenívols femenívoles *adj.* =femení.
femer femers *m.* 퇴비장.
feminisme feminismes *m.* 페미니즘, 남녀 평등주의, 여권 확장 운동, 여성 해방론.
feminista feministes *adj.m.f.* [남녀동형] 남녀평등권을 주장하는 (사람).
feminitat feminitats *f.* **1** 여자임, 여성의 특성·특질, 여자다움. **2** [집합] 여성.
feminitzar *tr.* 여성화하다. *-se* 여성화되다.
femoral femorals *adj.* fèmur의.
femta femtes *f.* 대변, 똥, 배설물.
femtar *intr.* =defecar.
femtós femtosa femtosos femtoses *adj.* 똥의, 배설물의; 똥 모양의.
fèmur fèmurs *m.* **1** [해부] 대퇴골, 대퇴부, 넓적다리. **2** [곤충] 퇴절.

fenàs fenassos *m.* [식물] 볏과 식물의 일종.
fenc fencs *m.* (사료로 쓰이는) 건초.
fendre [*pp: fes fesa*] *tr.* **1** 열다, 가르다, 트이게 하다. **2** (공기·물 따위를) 가르며 가다·날다. **3** (군중을) 헤치고 나가다.
fenedura fenedures *f.* =esquerda.
fenificar *tr.* 건초를 만들다.
fènix fènixs *m.* **1** [신화] 피닉스[아라비아 사막에서 5-6백 년에 한 번씩 스스로 타 죽고 다시 태어난다는 영조(靈鳥)]. **2** [비유] 불사조; 불세출의 위인. **3** [천문] 봉황좌.
fenoll fenolls *m.* =fonoll.
fenomen fenòmens *m.* **1** 현상, 징후. **2**

fenomenal fenomenals *adj.* **1** 자연현상의, 자연현상에 관한. **2** 경이적인, 놀라운, 굉장한; 이상한, 괴이한. **3** 현상의(fenomènic).

fenomènic fenomènica fenomènics fenomèniques *adj.* 현상의, 현상에 관한.

fenomenologia fenomenologies *f.* [철학] 현상학.

fenotip fenotips *m.* [생물] 현상형(現象型), 표현형.

fenyedor fenyedora fenyedors fenyedores *adj.m.f.* 빵을 반죽하는 (사람).

fènyer *tr.* (빵을) 반죽하다.

fer[1] *tr.* **1** (무엇을) 하다. **2** 만들다, 제조하다, 제작하다(fabricar). **3** 마련하다, 준비하다, 채비하다. **4** 형태를 이루다, 형성하다(formar). **5** (사람을) 모으다, 소집하다. **6** (수·용량이) 되다. *Cinc i quatre fan nou* 5 + 4는 9가 된다. **7** 자르다, 깎다. **8** 일으키다, 발생시키다, 원인이 되다. **9** 먹다, 마시다. **10** 담배를 피우다. **11** [명사와 함께 쓰여] ...하다, 짓다, 만들다, 처리하다. *fer els vidres* 유리를 닦다. **12** (나이가) ...가 되다. *Avui fa dotze anys* 오늘 그는 12세가 된다. **13** [동사 원형과 함께 쓰여 사역의 의미] ...하도록 하다. *fer riure* 웃게 만들다. **14** (어떤) 역할을 하다, 흉내 내다(imitar). *fer el mort* 죽은 흉내를 내다. *-intr.* **1** 하다, 일하다, 행하다. **2** 충분하다, 족하다. *-se* **1** 하다, 되다. **2** 실현되다, 구현되다. **3** 성취하다; (돈을) 벌다. **4** 자라다, 성장하다. **5** 익숙해지다(acostumar-se). **6** ...이 되다, ...로 변하다.

-impers. [비인칭구문] **1** [날씨] *fer bon temps* 좋은 날씨이다. **2** [que 구문과 함께 쓰여] *Fa dies que no el veig* 그를 못 본지가 며칠이 된다.

ben fet [비유] (사람이) 잘 자란, 교육이 잘된.

fet i fet 결국, 결과적으로.

pel que fa a ...에 관한 한, ...에 대해서는.

fer a ...에 해당하다, ...하는 게 적당하다(convenir).

fer amb ...과 일치하다, 합치하다.

fer de ...의 역할을 하다(exercir).

fer el... ...인 체 하다(presumir).

fer fer ...하게 하다, ...하도록 시키다.

fer per a 잘 어울리다, 잘 지내다.

fer-se (*amb*) (서로) 잘 지내다. *Les dues germanes no es fan* 두 자매는 서로 잘 지내지 않는다.

fer-se a la mar 선원이 되다, 뱃사람이 되다.

fer-se conèixer, entendre, veure 깨닫다, 알게 되다, 알아차리다.

no fer altra cosa[*res més*] *que* 단지 ...하는 것만 하다.

no fer ni deixar fer 먹지도 않고 먹도록 내버려 두지도 않다; [비유] 심술부리다.

no haver de fer res més que ...하는 수밖에 없다.

tant me fa 내겐 상관없다, 나한테는 마찬가지다.

fer[2] **fera fers feres** *adj.* **1** 사나운, 흉포한, 잔인한, 맹수 같은. **2** 굉장한, 무시무시한. **3** 더러운, 추접스러운.

-f. **1** 야수, 맹수. **2** 난폭한 사람.

feraç feraç feraços feraces *adj.* 기름진, 비옥한, 풍요한.

feracitat feracitats *f.* 비옥함, 풍요.

feral ferals *adj.* **1** 난폭한, 잔인한, 흉포한. **2** 야성으로 변한.

feram ferams *f.* **1** 야생 동물. **2** [비유] 패거리, 망나니들(gentalla). **3** *pl.* 가축.

feredat feredats *f.* 두려움, 공포, 전율(horror).

fer feredat 전율을 일으키다.

feresa fereses *f.* **1** 잔인, 잔혹, 냉혹. **2** 맹렬함, 격렬함. **3** 두려움, 공포(feredat).

feréstec feréstega feréstecs feréstegues *adj.* **1** 길들지 않은, 야성의. **2** 다루기 힘든.

fèretre fèretres *m.* (장례용) 관.

ferí ferina ferins ferines *adj.* **1** 맹수의, 맹수 같은. **2** 흉포한, 난폭한. **3** [의학] (병세가) 악성의.

fèria fèries *f.* (토요일·일요일을 제외한) 평일.

ferial ferials *adj.* 평일의.
ferida ferides *f.* **1** 상처, 부상; 총상. **2** [비유] 마음의 상처, 괴로움, 고통.
feridura feridures *f.* [의학] 졸도, 뇌일혈 (apoplexia).
feridor feridora feridors feridores *adj.* ferir하는.
ferir *tr.* **1** 상처를 입히다. **2** 찌르다, 쑤시다. **3** (마음에) 상처를 주다, 감정을 상하게 하다(ofendre). **-se 1** 상처를 입다. **2** [의학] 뇌일혈을 일으키다.
ferit ferida ferits ferides *adj.* **1** 다친, 상처를 입은; 부상당한. **2** 졸도한.
-m.f. 부상자; 졸도자, 뇌일혈자.
ferm[1] ferma ferms fermes *adj.* **1** 굳은, 견고한; (체격이) 단단한, 튼튼한 (robust). **2** 안전한, 고정된, 안정된. **3** (신념·주의 따위가) 건실한, 변함없는; 단호한, 확고한, 부동의, 의연한. **4** 놀라운, 훌륭한. **5** 철저한, 빈틈없는. *ferm en els principis* 원칙에 철저한. **6** 마음씨 좋은.
Ferms! [군사] 차렷![군대의 구령].
ferm[2] *adv.* 견고히, 단호히, 확고하게, 어김없이.
de ferm 굳게, 단단히, 확고하게, 강하게; 끊임없이, 열심히.
en ferm 1) 확정 거래로. 2) 확정적으로, 확실하게.
fer ferm 단단하게 하다, 견고하게 하다; (못을) 단단히 박다.
fermador fermadors *m.* 묶는 끈·줄; 고정시키는 핀.못.
fermall fermalls *m.* 끈, 놋줄, 밧줄; 단추, 브로치.
fermament[1] fermaments *m.* fermar하는 일.
fermament[2] *adv.* =ferm.
fermar *tr.* **1** 묶다, 박다, 고정시키다. **2** (우마를) 매어 두다. **3** 보증하다.
ferment ferments *m.* 효모, 효소.
fermentació fermentacions *f.* **1** [화학] 발효 (작용). **2** [비유] 들뜸, (마음의) 동요, 흥분; 소요, (인심의) 동요.
fermentador fermentadora fermentadors fermentadores *adj.* **1** 발효시키는. **2** [비유] 들뜨게 하는, 동요시키는.
-m. 발효제.
fermentar *intr.* **1** 발효하다. **2** (마음이) 동요하다, 흥분하다, 끓어오르다, 들끓다. *-tr.* 발효시키다.
fermentatiu fermentativa fermentatius fermentatives *adj.* 발효성의, 발효성을 가지는.
fermesa fermeses *f.* **1** 견고함, 단단함; 튼튼함. **2** 완강함, 확고부동. **3** [경제] (시세의) 안정. **4** 견실함; 단호함; 철저함
fermetat fermetats *f.* =fermesa.
fernet fernets *m.* 독한 술의 일종.
feroç feroç feroços feroces *adj.* **1** 사나운, 흉포한, 잔인한. **2** 굉장한, 지독한.
ferocitat ferocitats *f.* **1** 사나움, 흉포성, 잔인성. **2** 폭언, 난폭.
feroçment *adv.* 사납게, 잔인하게, 난폭하게.
ferotge ferotges *adj.* =feroç.
ferotgia ferotgies *f.* =ferocitat.
ferradura ferradures *f.* 편자, 말편자.
ferralla ferralles *f.* 고철.
ferramenta ferramentes *f.* [집합] 연장, 도구, 공구.
ferramental ferramentals *m.* =ferramenta.
ferrar *tr.* **1** 편자를 박다; 낙인을 찍다. **2** 쇠테를 끼우다. **3** (죄수에게) 족쇄를 채우다.
ferrat ferrada ferrats ferrades *adj.* ferrar한.
ferratimó ferratimons *m.* [어류] 바닷장어의 일종.
ferreny ferrenya ferrenys ferrenyes *adj.* **1** 강인한, 남성적인. **2** [비유] 엄한, 엄격한.
ferrer ferrera ferrers ferreres *adj.* 철의, 철로 된.
-m.f. 대장장이.
ferreret ferrerets *m.* [조류] 나이팅게일.
ferreria ferreries *f.* 철공소, 대장간; 제철공장.
ferrerico ferrericos *m.* =mallerenga.
ferreter ferretera ferreters ferreteres *m.f.* 철공소 주인, 철물점 상인.
ferreteria ferreteries *f.* **1** [집합] 철물; 철물점. **2** 제철소.
ferrets *m.pl.* 트라이앵글.

ferri¹ ferris *m.* 페리선, 연락선.
ferri² fèrria ferris fèrries *adj.* **1** 철의, 철로 만든; 철길의. **2** [비유] 단단한, 무쇠 같은(dur). **3** [역사] 철기 시대의.
fèrric fèrrica fèrrics fèrriques *adj.* [화학] 철염의; 제2철의, 제2철을 함유한.
ferrífer ferrífera ferrífers ferríferes *adj.* 철을 함유한, 철 성분의.
ferritja ferritges *f.* [화학] 아산철염; 지철.
ferro ferros *m.* **1** [광물] 철, 무쇠. **2** 철제품; 철제 무기, 칼, 칼날. **3** *pl.* (병원에서 쓰는) 핀셋.
ferrocarril ferrocarrils *m.* 철도.
ferrós ferrosa ferrosos ferroses *adj.* [화학] 철의; 철분을 함유한; 산화철의.
ferrovia ferrovies *f.* 철도.
ferroviari ferroviària ferroviaris ferroviàries *adj.* 철도의; 철도에 관계되는. -*m.f.* 철도원.
ferruginós ferruginosa ferruginosos ferruginoses *adj.* 철분을 함유한.
fèrtil fèrtils *adj.* **1** 기름진, 비옥한. **2** [비유] 풍부한. *una imaginació fèrtil* 풍부한 상상력.
fertilitat fertilitats *f.* **1** 기름짐, 비옥함. **2** (창의성 등의) 풍부함, 푸짐함.
fertilització fertilitzacions *f.* (땅을) 비옥하게 만듦.
fertilitzant fertilitzants *adj.* 비옥하게 하는, 밑거름이 되는. -*m.* 비료.
fertilitzar *tr.* 비옥하게 하다, 기름지게 하다.
fèrula fèrules *f.* **1** [식물] 아위. **2** [의학] (접골·뼈 등에 쓰는) 부목.
ferum ferums *f.* 악취, 썩는 냄새.
ferumejar *intr.* 악취를 풍기다, 썩는 냄새가 나다.
fervent fervents *adj.* 열렬한, 뜨거운.
ferventment *adv.* 열렬하게, 뜨겁게, 열정적으로.
fervor fervors *m.*[f] 열기, 열정, 열렬함, 열심.
fervorós fervorosa fervorosos fervoroses *adj.* 열렬한, 열심인, 열정적인.
fes¹ fesos *m.* 도끼 모양의 곡괭이.
fes² fesa fesos feses *adj.* 갈라진, 틈이 생긴.
fesa feses *f.* fendre하는 일.
fesol fesols *m.* [식물] 강낭콩.
fesolar fesolars *m.* 강낭콩 밭.
fesolera fesoleres *f.* =fesol.
fesomia fesomies *f.* =fisonomia.
festa festes *f.* **1** 축제, ...제, 제전. **2** 휴일. **3** 환희, 기쁨, 즐거움. **4** 파티, 향연, 축하회, 행사, 무도회. *una festa de família* 가족 파티. **5** *pl.* 성탄절, 부활절 휴가.
aigualir[esguerrar] la festa 흥을 깨다.
fer festa 일을 쉬다, 휴식하다; 축제하다, 파티를 열다.
festaire festaires *adj.m.f.* festa에 참여하는 (사람).
festeig festeigs[festejos] *m.* **1** festejar하는 일. **2** *pl.* 떠들썩한 잔치.
festejadís festejadissa festejadissos festejadisses *adj.* 파티를 좋아하는, 외출을 잘하는.
festejador festejadora festejadors festejadores *adj.m.f.* festejar하는 (사람).
festejament festejaments *m.* =festeig.
festejant festejants *adj.* festejar하는.
festejar *tr.* **1** 극진히 대접하다, 환대하다. **2** 축하하다, 향연을 열다, 파티를 열다(festivar). **3** (여자를) 구슬리다; 연인을 얻다; 연인이 되다. **4** 살며시 말하다, 비위를 맞추다. **5** 애쓰다, 노력하다, 시도하다. -*intr.* 외출하다.
festí festins *m.* 작은 파티, 조촐한 축제.
festiu festiva festius festives *adj.* **1** 흥겨운, 명랑한, 쾌활한. **2** 경축의, 축제일의.
festival festivals *m.* 축제, 제전, 페스티벌; 예술제, 음악제.
festivar *tr.* 축제·잔치를 열다.
festivitat festivitats *f.* 축제, 축연, 축전, 제전; 제일.
festós festosa festosos festoses *adj.* 잔치 분위기의, 떠들썩한, 요란을 피우는.
festosenc festosenca festosencs festosenques *adj.* =festós.
festuc festucs *m.* [식물] 피스타치오 열매.

fet¹ fets m. **1** 사실, 기정사실. **2** 행위, 행실, 행동; 무훈, 무공. **3** 사건, 발생한 일(esdeveniment). **4** 일, 문제, 본론.
de fet 사실상, 실제로; 실질적인, 사실상의.
de gran fet 매우 중요한.
fet a amagar 숨바꼭질 놀이.
pel sol fet de 단지 ...라는 사실만으로.
anar al fet[al fets] 본론으로 들어가다.
fer el fet 책임을 완수하다.
fer a amagar 숨바꼭질하다.

fet² feta fets fetes adj. **1** 다된, 완성된. **2** 완전한, 완벽한. **3** [ben, mal과 함께 쓰여] 잘된, 잘못된; 잘 만들어진, 잘못 만들어진.
donar quelcom per fet (무엇을) 이미 한 것으로 간주하다, 기정사실로 여기다.
Fet! 동의할 때 쓰는 말.

feta fetes f. 무공, 무훈, 공로, 공적.
fetal fetals adj. 태아의.
fetge fetges m. **1** [해부] 간, 간장. **2** [비유] 근성.
tenir el fetge gros[tenir un fetge de rajada, no tirar-se pedres al fetge] 참다, 견디다, 인내하다, 보아 넘기다.
treure el fetge per la boca 매우 열심히 일하다.

fètid fètida fètids fètides adj. 악취가 나는, 고약한 냄새가 나는.
fetidesa fetideses f. 악취, 고약한 냄새.
fetiditat fetiditats f. =fetidesa.
fetillar tr. **1** 마술·요술을 걸다. **2** 홀딱 반하게 만들다, 매혹시키다, 혼을 빼앗다.
fetiller fetillera fetillers fetilleres m.f. 마법사, 주술사, 요술사.
fetilleria fetilleries f. 마법, 주술, 주문, 요술.
fetitxe fetitxes m. 우상, 물신.
fetitxisme fetitxismes m. **1** 물신 숭배, 주물 숭배; 맹목적인 숭배, 미신. **2** (성적인) 페티시즘.
fetor fetors f. 악취, 썩는 냄새.
fetus fetus m. [단·복수동형] 태아.
feu feus m. **1** 영지, 봉토. **2** (군주에 대한) 공물. **3** 노예, 종, 하인.
feudal feudals adj. 봉건의, 봉건 제도의.

feudalisme feudalismes m. 봉건주의, 봉건 제도.
feudatari feudatària feudataris feudatàries m.f. 봉지(封地)를 받는.

fi¹ fins f. **1** (공간상의) 끝, 마지막, 종말, 결말; 말단. **2** (일의) 끝, 결말 (acabament). *donar fi a la redacció* 편집을 끝내다. **3** [비유] 사망, 죽음 (mort).
-m. **1** 목적, 목표(finalitat). **2** 의도, 취지(intenció).
a la fi[per fi] 결국, 마지막으로.
a la fi de 마지막에, 하순에.
en fi 결국.
la fi del món[dels temps] 세상의 종말.
per fi 마지막으로, 끝을 맺으며.
donar[posar] fi a 끝을 내다, 종지부를 찍다.
El fi justifica els mitjans 목적이 수단을 정당화한다.
no tenir fi 끝이 없다, 한계가 없다.

fi² fina fins fines adj. **1** 미세한, 세미한, 세세한. **2** 자세한, 세밀한, 정밀한, 정교한. **3** 부드러운; 우아한, 예의 바른. **4** 정확한, 꼭 맞는(just). **5** 교활한, 영특한(astut).
anar fi 잘 작동되다, 잘 진행되다.
estar[anar] fi 잘 있다, 무고하다.
fer fi 정교하다; 세련되다.

fi³ adv. 세밀하게, 정교하게.
fiabilitat fiabilitats f. 신빙성, 신뢰성, 믿음직함.
fiable fiables adj. 신용할 수 있는, 믿을 수 있는.
fiacre fiacres m. (옛날의) 합승 마차.
fiador fiadora fiadors fiadores m.f. 보증인.
-m. (총의) 안전장치; (문·창문 등의) 쇠고리; (톱니바퀴의) 제동 장치.
fiança fiances f. **1** 신뢰, 신용. **2** 보증금, 증거금, 공탁금(dipòsit); 담보물, 저당물. **3** 안전, 보장(fermança).
donar fiança 보증금을 내다.
fiançar tr. =fiar, confiar.
fiar tr. **1** 맡기다, 위탁하다, 위임하다, 부탁하다. **2** (믿고) 털어놓다, 신뢰하다, 신용하다(confiar). **3** 외상을 주다.

En aquesta botiga no fien 이 가게에서는 외상을 주지 않는다. **4** 보증하다 (fiançar). *-intr.* **1** 의탁하다, 맡기다; 믿다, 신뢰하다. **2** 보증금을 주다. *-se* **1** 의탁하다; 신뢰하다. **2** 외상을 주다.
a fiar 신용으로, 후불로, 외상으로.
no es fia[*no fiem*] 외상을 주지 않다.
fiasco fiascos *m.* (완전한) 실패.
fiat fiada fiats fiades *adj.* 믿을 만한, 신용할 만한.
fiat fiats *m.* 동의, 승낙(consentiment).
fiball fiballs *m.* =sivella.
fibla fibles *f.* (그릇의) 아가리.
fiblada fiblades *f.* **1** 찌르기(punxada). **2** (곤충 등에) 쏘인 상처. **3** 아픔, 통증. **4** 사주, 독설. **5** (사랑하는 상대를) 찜함, 큐피드의 화살.
fiblar *tr.* **1** 찌르다, 쏘다. **2** (부드러운 것으로) 찌르다. **3** 사주하다; 노하게 하다, 성나게 하다. **4** 방수하다, 배수하다. *-intr.* **1** 아릿아릿하게 하다, (혀를) 톡 쏘다. **2** 신경이 쓰이다.
fibló fiblons *m.* **1** (곤충의) 침, 가시. **2** (송수용) 호스, 파이프. **3** [비유] 자극, 충동, 자극물.
fibra fibres *f.* **1** [해부] 섬유, 섬유질, 섬유조직. **2** (식물의) 잔뿌리. **3** (직물의) 섬유. **4** [비유] 활력, 힘, 에너지.
fibril·lar fibril·lars *adj.* 섬유로 된.
fibrina fibrines *f.* [화학] 섬유소.
fibrinós fibrinosa fibrinosos fibrinoses *adj.* [화학] 섬유질의, 섬유가 함유된.
fibrociment fibrociments *m.* [건축] (석면과 시멘트의) 합성 건축 재료.
fibroma fibromes *m.* [의학] 섬유종.
fibrós fibrosa fibrosos fibroses *adj.* 섬유의, 섬유질의, 섬유소가 있는.
fíbula fíbules *f.* 걸쇠.
ficada ficades *f.* ficar하는 일.
ficar *tr.* **1** (안에) 넣다, 들여 넣다; 끼우다, 삽입하다, 집어넣다. **2** (어떤 장소에) 놓다, 놓고 오다(entaforar). **3** 끌어들이다, 들여보내다. **4** (속으로) 밀어 넣다, 사이에 넣다(barrejar). **5** [비유] (사건·분규 따위에) 말려들게 하다, 휘말리게 하다. **6** (어떤 자리에 영향력을 행사하여) 앉히다. **7** (말뚝 등을) 박아 넣다, 세우다. *-se* **1** 들어가다. **2** (어떤 수단을 통해) 일자리를 얻다. **3** 숨다(amagar-se). **4** [비유] 개입하다, 간섭하다, 끼어들다.
estar ficat en (...에) 빠져 지내다.
ficar-se en tot 모든 일에 관여하고 있다.
ficar-se allà on no el demanen [구어] 괜히 끼어들다, 쓸데없이 참견하다.
ficció ficcions *f.* **1** 꾸며 낸 이야기, 허구. **2** 가공, 가설. **3** [법률] 의제.
ficologia ficologies *f.* 해초학, 해초 연구.
fictici fictícia fioticis fictícies *adj.* **1** 가공의, 상상적인. **2** 거짓의, 허구의, 허위의. **3** 가정상의, 가정적인.
fidedigne fidedigna fidedignes fidedignes *adj.* 믿을 만한, 신뢰할 수 있는.
fideïcomís fideïcomisos *m.* 신탁 (통치).
fideïcomissari fideïcomissària fideïcomissaris fideïcomissàries *adj.* 신탁 (통치)의.
-m.f. 피신탁자; 수탁자, 수탁 위원.
fidel fidels *adj.* **1** 충실한, 충성된(lleial). **2** 정직한, 성실한, 신실한(honrat). **3** 정확한.
-m. **1** [종교] 충실한 신도. **2** 검사관 (verificador).
fidelitat fidelitats *f.* **1** 충실, 충성(llei altat); 성실(honradesa). **2** (부부간의) 정절. **3** (보고 따위의) 신빙성, 사실성; 정확, 정밀(도)(exactitud). **4** [전기] 충실도. **5** [생태] (군락(群落) 따위로의) 적합도.
fideu fideus *m.* **1** 면, 국수, 라면, 스파게티. **2** [동물] 말미잘(anemone de mar).
fideuada fideuades *f.* **1** 국수. **2** 해물 빠에야에 들어간 면 요리.
fideueria fideueries *f.* 국숫집.
fiduciari fiduciària fiduciaris fiduciàries *adj.* 신탁의, 신용에 의한.
-m.f. =fideïcomissari.
figa figues *f.* **1** [식물] 무화과[열매]. **2** 서양 배 모양으로 생긴 것.
-m.f. 누더기를 걸친 사람.
fer figa 기력이 약화되다, 힘이 없어지다; 대답을 안 하다.
fer la figa [속어] 놀리다, 야유하다[주

먹 쥐고 가운뎃손가락을 내보이면서 하는 행위].
pesar figues 꾸벅꾸벅 졸다.
figaflor figaflors *f.* 무화과의 첫 열매.
figle figles *m.* 저음의 금관 악기.
figuera figueres *f.* [식물] 무화과나무.
figuerar figuerars *m.* 무화과나무 밭.
figuereta figueretes *f.* =tombarella.
figura figures *f.* **1** 모습, 생김새, 맵시, 모양, 외모. **2** 얼굴, 용모. **3** 상, 상징; 초상, 화상. **4** 인물(personalitat). les grans figures de la història 역사의 위대한 인물들. **5** [문학] (등장)인물; [영화] 배우. **6** [회화] 그림, 삽화. **7** [기하] 도형. **8** (무용의) 몸짓. **9** [스포츠] 피겨 스케이팅.
figuració figuracions *f.* **1** 도해, 도표로 표시하기. **2** 형상, 형태, 외형. **3** 비유적 표현. **4** [집합] (연극의) 단역.
figurança figurances *f.* =figuració.
figurant figurants *m.f.* (무대의) 보조역, 단역.
figurar *tr.* **1** 모양을 만들다, 도형으로 나타내다, 무늬를 넣다. **2** (...의) 그림을 그리다, 본을 뜨다. **3** (비유로) 나타내다, 표상하다(representar). **4** 가장하다, ...인 체하다, 짐짓 꾸미다(fingir). -*intr.* **1** 함께하다, 가담하다, 한패가 되다. **2** 두각을 나타내다, 두드러지다. **3** 세력이 있다. -**se** 상상하다, 판단하다, 생각하다(afigurar-se).
figurat figurada figurats figurades *adj.* **1** 전의의, 비유적인. **2** 파격의, 수사체의.
figuratiu figurativa figuratius figuratives *adj.* **1** 비유적인, 형용적인, 전의의. **2** 비유가 많은, 수식 문구가 많은, 화려한. **3** 상징적인, 표상적인. **4** [회화] 형상의, 형상 묘사의.
figurí figurins *m.* 마네킹, 의상 모델; 패션 잡지.
figurinista figurinistes *m.f.* figurí의 디자이너.
fil fils *m.* **1** 실; 면사, 아마사, 인견사. **2** (거미·누에 등이 뽑아내는) 실. **3** 힘줄, 섬유. **4** [전기] 필라멘트(filament). **5** 삼베, 삼베옷. **6** 선, 철사줄. **7** 실 모양으로 된 것; 실개천; 가느다란 흐름. **8** (이야기의) 줄거리, 흐름, 맥. **9** 연관, 연결. **10** (칼 등의) 날. **11** 절박한 고비.
a dret fil 실의 올을 따라 (꿰매다), 나뭇결을 따라 (자르다).
a fil de vent 바람 부는 방향으로.
perdre el fil (대화의) 흐름을 놓치다, 맥이 끊기다.
posar fil a l'agulla [구어] (일에) 착수하다, 개시하다.
saber fil per randa 낱낱이 알다, 완전히 알다.
fila files *f.* **1** 열, 줄, 행렬, 대열, 횡대. **2** 모양, 모습, 외양, 겉보기; 얼굴, 용모(aspecte). **3** 안 좋은 면, 흠집; 반감, 증오. **4** [군사] 대열, 전열.
en fila 한 줄로, 일렬로; 횡대로.
Rompeu[Trenqueu] files! [군사] 부대 헤쳐!
filaberquí filaberquins *m.* 송곳, 드릴.
filacteri filacteris *m.* (옛날의) 부적.
filactèria filactèries *f.* =filacteri.
filada filades *f.* **1** 실을 잣는 일; 방적. **2** 실, 원사, 방적사. **3** (벽돌을) 줄을 맞춤.
filadís filadissa filadissos filadisses *adj.* 실이 되는, 실로 잣을 수 있는.
filador filadora filadors filadores *adj.* 실을 뽑는.
-*m.f.* 실 푸는 사람, 방적공.
filagarsa filagarses *f.* 풀린 실, 실 토막.
filament filaments *m.* **1** 섬유. **2** [전기] (전구·진공관의) 필라멘트. **3** [식물] (수술의) 꽃실.
filantrop filantropa filantrops filantropes *m.f.* 박애가, 자선가.
filantropia filantropies *f.* 박애, 인애, 자선.
filantròpic filantròpica filantròpics filantròpiques *adj.* 박애의, 인애의, 자선의.
filar *tr.* **1** (실로) 잣다, 잣아 만들다. **2** (거미가) 줄을 내다. **3** (쇠를) 늘이다. **4** (밧줄을) 차츰 늦추다. -*intr.* **1** 심사숙고하다, 깊이 생각하다. **2** 잘 작동하다, 잘되다. **3** (배가) 나아가다.
filar prim [구어] 깊이 생각하다, 신중히 처리하다.
filat filats *m.* **1** 실을 잣는 일, 방적. **2**

실. **3** 철망, 철사 격자, 철조망.
filatèlia filatèlies *f.* 우표 수집, 우표 애호.
filatura filatures *f.* 제사 공장, 방적 공장; 방적; 실잣기.
filera fileres *f.* **1** 열, 줄, 대열(fila). **2** (철·동 등의) 가는 선. **3** 나사의 홈파는 기구. **4** [동물] (거미의) 방적 돌기. *en filera* 한 줄로, 일렬로.
filet filets *m.* **1** 가느다란 실. **2** (고기·생선 등을) 얇게 썬 것.
filferro filferros *m.* 철사.
filharmonia filharmonies *f.* 음악 애호, 음악광.
filharmònic filharmònica filharmònics filharmòniques *adj.* 음악을 좋아하는.
-m.f. 음악 애호가.
filiació filiacions *f.* **1** 가계, 계보; 출신, 혈통. **2** 부자 관계. **3** 관련, 연락, 연결. **4** 가맹, 입당, 입회, 입적(registre). **5** (개인의) 인상서. **6** [군사] 병적.
filial filials *adj.* 자식의, 자식으로서의.
-f. 자회사, 지사; 지부.
filiar *tr.* 인상을 말하다, 인상서를 작성하다.
filibuster filibustera filibusters filibusteres *m.f.* **1** [역사] (17세기경의) 해적. **2** (본국의 명령 없이 함부로 외국 영토를 침범하는) 불법 침입자. **3** (19세기 중엽의 라틴 아메리카에서의) 혁명·폭동 선동자. **4** [비유] (미국의) 의사 방해자; 의사 방해.
filibusterisme filibusterismes *m.* [역사] 스페인 식민지의 독립 운동.
filiforme filiformes *adj.* 실 같은, 실 모양의.
filigrana filigranes *f.* **1** 금은 선 세공, 금속 격자 세공; 섬세한 세공품. **2** (종이를) 투명하게 하는 일. **3** [비유] 섬세한 작품.
filigranar *tr.* (금은사로) 세공하다; (작품 등을) 다듬다.
filípica filípiques *f.* 인신공격 (연설); 중상, 모략.
filis, de *loc.adv.* 기분이 좋은.
filisteu filistea filisteus filistees *m.f.* **1** 블레셋[이스라엘의 적, 지중해 동쪽 연안의 옛 국가]의. **2** [비유] 천한, 속된,

속물의.
-m.f. 속물, 교양 없는 사람.
fill filla fills filles *m.f.* **1** 아들, 딸, 자식. **2** (동물의) 새끼. **3** [애칭으로 쓰여] 얘, 아가; 젊은이. **4** (태어난 고장·나라의) 사람(nadiu). **5** 후손, 자손(descendent). **6** [비유] 산물, 소산, 결과 (resultat). **7** (교회의) 형제, 자매. **8** [대문자][성서] 인자(人子). *el Fill de Déu* 하나님의 아들.
fill adoptiu 양자.
fill de puta 개자식, 후레자식[경멸하는 욕설].
fill il·legítim 서출자.
fill legítim 적출자.
fill pròdig 탕자.
fills d'Adam 아담의 자손들.
És fill del seu pare 그는 그의 아버지를 닮은 아들이다.
fillada fillades *f.* [집합] 아이들, 자손.
fillastre fillastra fillastres fillastres *m.f.* 의붓아들, 의붓딸, 의붓자식.
fillet filleta fillets filletes *m.f.* =nen.
fillol fillola fillols filloles *m.f.* 피후견인; 세례자.
-m. [식물] 싹.
-f. (길의) 도랑 사이의 홈.
fillolar *tr.* 전기를 연결하다, 전기선을 끼다. *-intr.* [식물] 싹이 나다.
fillolatge fillolatges *m.* 후견인과 피후견인의 관계.
fillolejar *intr.* =fillolar.
fil·loxera fil·loxeres *f.* [곤충] 포도나무뿌리진드.
film films *m.* 영화; 필름.
filmació filmacions *f.* [영화] (영화의) 촬영, 영화화.
filmador filmadora filmadors filmadores *m.f.* 촬영 기사.
filmar *tr.* 영화로 만들다, 촬영하다.
filmet filmets *m.* [film의 지소사][영화] (홍보용) 단편 영화.
filmografia filmografies *f.* **1** [집합] 영화; 영화 기술. **2** 영화 관계 문헌; (주제 등에 관한) 영화 작품 해설, (특정 배우의) 작품 리스트.
filmologia filmologies *f.* 영화학.
filmoteca filmoteques *f.* 영화 필름 수

filó 집; 필름 보관소.
filó filons *m.* 광맥, 암맥, 암상.
filogènesi filogènesis *f.* [생물] 계통 발생.
filogènia filogènies *f.* 계통 발생학.
filogènic filogènica filogènics filogèniques *adj.* 계통 발생학의.
filòleg filòloga filòlegs filòlogues *m.f.* 언어학자; 문헌학자.
filologia filologies *f.* 언어학; 문헌학.
filològic filològica filològics filològiques *adj.* 언어학의; 문헌학의.
filós filosa filosos filoses *adj.* 1 섬유의, 섬유질의, 섬유소가 있는. 2 [비유] 보기 흉한.
filosa filoses *f.* [식물] 아욱의 일종.
filòsof filòsofa filòsofs filòsofes *m.f.* 철학자, 철인, 현인.
filosofar *intr.* 1 철학적으로 말하다. 2 (뚜렷한 의미 없이) 지껄이다.
filosofastre filosofastra filosofastres filosofastres *m.f.* 사이비 철학자.
filosofema filosofemes *m.* 철학 논문.
filosofia filosofies *f.* 1 철학, 철리; 인문학. 2 인생철학, 처세학, 인생관. 3 [비유] 침착, 냉정.
filosòfic filosòfica filosòfics filosòfiques *adj.* 1 철학의, 철학적인. 2 냉정한, 이성적인, 사려 깊은.
filosofisme filosofismes *m.* 궤변.
filotècnic filotècnica filotècnics filotècniques *adj.* 예술·기술을 사랑하는.
filtració filtracions *f.* 1 스며듦, 여과. 2 (서류·문서 등의) 위조; (금전) 유용, 횡령.
filtrador filtradora filtradors filtradores *adj.* filtrar하는.
filtrant filtrants *adj.* =filtrador.
filtrar *tr.* 1 여과하다, 거르다; 여과하여 제거하다. 2 (문서 등을) 위조하다, (금전을) 유용하다, 횡령하다. *-intr.* 번지다, 스며들다(filtrar-se). *-se* 1 스며들다, 번지다. 2 (재산 등이) 줄어들다.
filtratge filtratges *m.* =filtració.
filtre filtres *m.* 1 여과지, 여과기, 여과장치. 2 (광산의) 필터, 여과관. 3 [전기] 여과 판. 4 (담배의) 필터. 5 (남녀의 사랑을 엮는) 묘약, 미약(媚藥).

filustrar *intr.tr.* [구어] 보다, 주시하다.
fimbrament fimbraments *m.* fimbrar하는 일.
fimbrar *intr.* [건축] (아치형의) 틀을 짜다.
fimosi fimosis *f.* [의학] 포경.
fimòtic fimòtica fimòtics fimòtiques *adj.* 포경의.
final finals *adj.* 1 끝의, 최종의, 최후의, 궁극의. 2 결승의. 3 [문법] 목적의, 목적을 나타내는. 4 [철학] 목적적인.
-m. 1 끝, 결말, 종국(fi). 2 [음악] 종결부, 종악장. 3 [연극] 최후의 막, 대단원, 피날레(desenllaç).
-f. [스포츠] (경기의) 결승전.
al final 결국; 결국에, 마지막에는.
finalisme finalismes *m.* [철학] 목적론, 목적 원인론.
finalista finalistes *adj.* 결승전에 나가는; 최종 선발까지 남은.
-m.f. [남녀동형] 1 결승 진출자, 준우승자. 2 [철학] 운명론자, 목적 원인론자.
finalitat finalitats *f.* 목적, 목표, 희망
finalitzar *tr.* 마치다, 끝마치다.
finalment *adv.* 결국, 끝내, 드디어, 마침내; 최후로, 마지막으로.
finament *adv.* 교묘하게, 정교하게; 깨끗하게, 깔끔하게.
finança finances *f.* [주로 복수로 쓰여] 국고, 금고, 재정, 재산, 재력.
finançament finançaments *m.* 금융, 자금 조달, 자금 공급; 융자.
finançar *tr.* 자금을 대다; 융자하다.
financer financera financers financeres *adj.* 재정의, 금융의; 경리의.
-m.f. 재정가, 금융인, 재정학자; 투자자.
finar *intr.* =morir.
finca finques *f.* 1 소유지, 부동산; 농장, 농원. 2 (부동산) 중개 사무소.
finesa fineses *f.* 1 정교, 섬세함, 교묘함, 정밀함. 2 상냥함, 다정다감함; 사랑의 말·몸짓.
finestra finestres *f.* 1 창, 창문. 2 [해부] 콧구멍.
finestrada finestrades *f.* 1 =finestram. 2 창문을 세게 닫음; 그 소리.
finestral finestrals *m.* 큰 창문.
finestram finestrams *m.* [집합] 창, 창

문.
finestrejar *intr.* 자주 창문으로 바라보다.
finestrella finestrelles *f.* =finestreta.
finestrer finestrera finestrers finestreres *adj.* finestrejar하는.
finestrell finestrells *m.* 밖을 내다보는 작은 창·구멍.
finestreta finestretes *f.* 작은 창.
finestró finestrons *m.* (창문의) 바깥문.
fingidor fingidora fingidors fingidores *adj.m.f.* fingir하는 (사람).
fingiment fingiments *m.* fingir하는 일.
fingir *tr.prnl.* 꾸미다, 시늉하다, 시치미 떼다, ...척하다(simular).
fingit fingida fingits fingides *adj.* 꾸민, ...척하는, 거짓의, 허위의, 속이는.
finiment finiments *m.* 끝마침, 종지부, 종료, 종결.
finir *tr.* 끝내다, 종지부를 찍다, 종료하다. -*intr.* 끝나다, 마치다.
finit finida finits finides *adj.* **1** 끝이 있는, 한정되어 있는, 유한의. **2** [문법] 정형의.
finolis finolis *adj.m.f.* [구어] 배운 척하는 (사람).
finor finors *f.* 끝마무리; 정교함.
fins *prep.* [공간적·시간적] ...까지.
fins a [구] ...까지. *Tens temps fins a les cinc* 너는 5시까지 시간이 있다.
fins ara 바로 갈게; 곧 만나자.
fins i tot ...까지 아울러, ...을 포함해서.
fins per [구] ...까지. *No vindrem fins per Nadal* 우리는 크리스마스 때까지는 가지 않을 것이다.
fins que [절] ...까지. *No començarem fins que hi serem tots* 우리가 전부 모일 때까지는 시작하지 않겠다.
-*adv.* ...도, 또한, 아울러. *L'aplaudiren tots, fins els seus adversaris* 모든 사람들은, 심지어 그의 적수들까지도 그를 칭찬했다.
finta fintes *f.* [스포츠] (검도에서의) 위협.
fintar *tr.* [스포츠] (검도에서) 상대방을 위협하다.
fiord fiords *m.* [지질] 피오르[빙하의 침식으로 만들어진 골짜기에 빙하가 없

어진 후 바닷물이 들어와서 생긴 좁고 긴 만으로 노르웨이 해안에 볼 수 있음].
fira fires *f.* **1** 전시회, 전람회, 박람회. **2** (일정한 장소·날짜에 열리는) 장, 시장. **3** (장날에) 내놓는 물건, 값싼 물건들. **4** 휴일, 쉬는 날.
firaire firaires *m.f.* 장·전시장 등에서 사고 파는 사람.
firal firals *adj.* fira의.
-*m.* 전시장 전체 구역.
firar *tr.prnl.* 장·전시장 등에서 사다.
firataire firataires *m.f.* =firaire.
fireta firetes *f.* 작은 요리 그릇.
firma firmes *f.* **1** 서명, 조인. **2** 미결재 서류. **3** 상사, 회사; 회사명.
firmament firmaments *m.* 궁창, 하늘.
firmar *tr.* 서명하다, 날인하다; 조인하다.
fisc fiscs[fiscos] *m.* 국고.
fiscal fiscals *adj.* 국고의; 재정의.
-*m.f.* [남녀동형] **1** 회계관; 검사관. **2** 검사, 검찰관.
fiscalia fiscalies *f.* fiscal의 직·임기·사무소; 검찰청.
fiscalització fiscalitzacions *f.* **1** 회계, 경리. **2** 검찰, 사찰; 관리, 통제.
fiscalitzar *tr.* **1** 회계하다, 경리하다. **2** 검찰하다, 사찰하다, 조사하다, 통제하다.
físic física físics físiques *adj.* **1** 물질의, 물질세계의, 물리적인. **2** 신체의, 육체적인.
-*m.f.* 물리학자.
-*m.* 체격, 육체; 몸매, 모양새.
física físiques *f.* 물리학.
fisiocràcia fisiocràcies *f.* 중농주의.
fisiografia fisiografies *f.* 지문학(地文學), 지상학(地相學).
fisiòleg fisiòloga fisiòlegs fisiòlogues *m.f.* 생리학자.
fisiologia fisiologies *f.* 생리학; 생리 기능.
fisiològic fisiològica fisiològics fisiològiques *adj.* 생리의, 생리적인, 생리학적인, 생리학상의.
fisiopatia fisiopaties *f.* 생리병.
fisiopatologia fisiopatologies *f.* 생리 병리학.

fisioterapeuta fisioterapeutes *m.f.* 물리 치료사.
fisioteràpia fisioteràpies *f.* 물리 요법, 물리 치료.
fisonomia fisonomies *f.* **1** 용모, 생김새, 인상. **2** 특징, 특색.
fisonòmic fisonòmica fisonòmics fisonòmiques *adj.* 인상의, 용모의, 얼굴 생김새의.
fisonomista fisonomistes *adj.* 용모로 알아보는.
-*m.f.* [남녀동형] 관상학자, 관상가.
físsil fissils *adj.* **1** 갈라지기 쉬운, 깨지기 쉬운. **2** (원자의) 핵분열성의.
fissilitat fissilitats *f.* 분열성.
fissió fissions *f.* **1** [물리] (원자의) 핵분열. **2** 균열, 갈라짐; 갈라진 금.
fissípede fissípedes *adj.* [동물] 발굽이 갈라진.
fissura fissures *f.* **1** [지질] 균열, 갈라진 틈. **2** [식물][해부] 열상(裂傷), 열구(裂溝).
fistó fistons *m.* **1** 꽃 줄 장식. **2** [건축] 꽃 줄 장식 무늬.
fistonar *tr.* 꽃 줄로 장식하다.
fístula fistules *f.* **1** 관, 호스. **2** [해부] 누관(淚管)[누도(淚道)]의 한 부분. 눈물을 눈에서 코로 보내는 관]. **3** 피리.
fistular fistulars *adj.* 관의, 관 모양의.
fit fita fits fites *adj.* (시선 따위가) 움직이지 않는, 고정된, 정해진.
fit a fit[*de fit a fit*] 꼼짝 않고, 잠자코; 뚫어지게.
fita fites *f.* 이정표, 경계표(senyal).
fitació fitacions *f.* fitar하는 일.
fitador fitadora fitadors fitadores *m.f.* fitar하는 사람.
fitar *tr.* **1** (시선을) 고정하다, 뚫어지게 바라보다. **2** 이정표를 세우다.
fitó fitons *m.* **1** 표적, 과녁. **2** 공백, 틈.
fitòfag fitòfaga fitòfags fitòfagues *adj.* 초식의, 초식 동물의.
fitofàrmac fitofàrmacs *m.* 식물 질병 퇴치를 위한 약.
fitofarmacologia fitofarmacologies *f.* 식물 질병 퇴치 약학.
fitòleg fitòloga fitòlegs fitòlogues *m.f.* 식물학자.

fitologia fitologies *f.* 식물학.
fitoparàsit fitoparàsits *m.* 식물 기생충.
fitopatologia fitopatologies *f.* 식물 병리학.
fitoplàncton fitoplànctons *m.* 식물 플랑크톤.
fitora fitores *f.* 작살.
fitorada fitorades *f.* 작살로 물고기를 잡는 일.
fitorar *tr.* 작살로 찍다, 작살로 잡다.
fitosanitari fitosanitària fitosanitaris fitosanitàries *adj.* 식물 위생.
fitotècnia fitotècnies *f.* 식물 재배법.
fitoteràpia fitoteràpies *f.* 식물 치료법.
fitxa fitxes *f.* **1** 명부, 목록, 카드, 신상카드, 정리 카드; 칩, 표. **2** (도미노·마작 등의) 패, 말.
fitxar *tr.* **1** 카드로 작성하다, 카드에 기입하다, 카드로 정리하여 분류하다. **2** 블랙리스트에 기입하다, 인상서를 작성하다. **3** [스포츠] (선수를) 팀의 전속으로 하다. -*intr.* **1** (출근 카드에) 기록하다. **2** (선수가) 전속이 되다.
estar fitxat (수사를 위한) 리스트에 올라 있다.
fitxatge fitxatges *m.* [스포츠] (선수의) 전속 입단; 그 지불금.
fitxer fitxers *m.* **1** 카드 상자, 카드 정리함. **2** [집합] 카드, 목록.
fix fixa fixos fixes *adj.* **1** 고정된, 움직이지 않는. **2** (직장이) 정해진, 고정적인. **3** (법률이) 정해진, 확정적인(definitiu). **4** 변치 않는, 일관된(invariable). **5** 뚜렷이 정한, 결정된. **6** [비유] (생각이) 뚜렷한, 요지부동의.
fixació fixacions *f.* fixar하는 일.
fixador fixadora fixadors fixadores *adj.* fixar하는.
-*m.* **1** (못·핀 등을) 고정시키는 것. **2** 접착제. **3** [건축] (문·창문 등을 다는) 목수. **4** (사진·그림 등에서) 색소의 정착 재료.
fixament fixaments *m.* =fixació.
fixar *tr.* **1** (못·핀 따위를) 박다; 고정하다, 단단히 끼우다(clavar). **2** 붙이다, 첨부하다. **3** (주의·생각·시선 등을) 한데 모으다, 고정시키다. **4** [비유] (위치·장소 등을) 잡다, 정하다, 정착하다

(establir). **5** 결정하다, 확정하다. *fixar una data* 날짜를 정하다. **6** (사진에서) 색조를 정착시키다. **7** (스키를) 고정시키다, 장착하다. **8** [화학] 응고시키다, 불휘발성으로 하다. **-se 1** 고정되다. **2** (주의·생각·시선 등이) 모아지다. **3** 알아차리다, 깨닫다(adonar-se).

***Fixa-t'hi!*[*Fixeu-vos-hi!*]** [주의환기 위해 쓰는 말] 이봐!; 보세요!, 여기요!

fixatge fixatges *m*. (사진의) 색소 정착.

fixatiu fixativa fixatius fixatives *adj*. =fixador.

fixedat fixedats *f*. **1** 고정, 고착. **2** 부동, 불변. **3** 확고함, 의연함. **4** [화학] 불휘발성.

fixesa fixeses *f*. =fixedat.

flabiol flabiols *m*. [음악] 피콜로.

flabioler flabiolera flabiolers flabioleres *m.f*. 피콜로 연주자.

flac flaca flacs flaques *adj*. **1** 여윈, 살이 빠진(magre). **2** 박력이 없는, 힘이 없는, 기력 없는. **3** [비유] (정신이) 나약한.
-m. 약점, 결점, 단점, 흠.

flàccid flàccida flàccids flàccides *adj*. **1** 흐늘흐늘한, 늘어진, 힘이 없는. **2** (정신력이) 풀어진, 이완된, 맥이 풀린, 나약한.

flaccidita flacciditats *f*. **1** 나약, 연약, 무기력. **2** [의학] (근육의) 이완. **3** 게으름, 나태함.

flagel flagels *m*. [동물] 편모.

flagell flagells *m*. **1** 채찍. **2** 도리깨. **3** [비유] 형, 형벌.

flagel·lació flagel·lacions *f*. flagel·lar하는 일.

flagel·lant flagel·lants *adj.m.f*. flagel·lar하는 (사람).

flagel·lar *tr*. **1** 매질하다, 채찍질하다(assotar). **2** 욕설하다, 심하게 비난하다.

flagel·lat flagel·lada flagel·lats flagel·lades *adj*. 편모의.

flagrant flagrants *adj*. **1** 현행의. **2** 타오르는, 이글이글 타는.

flairada flairades *f*. 냄새 맡고 다님, 수색; 냄새.

flairant flairants *adj*. 냄새가 나는; 악취·향기가 나는.

flairar *tr*. **1** 냄새를 맡다(olorar). **2** [비유] 냄새를 맡다, 냄새를 맡고 찾아다니다. *-intr*. 냄새가 나다, 냄새를 풍기다; ...인 것 같다.

flaire flaires *f*. **1** 냄새(olor); 악취, 향기. **2** [비유] 기척, 낌새. **3** 명성, 평판.

flairejar *intr*. =flairar.

flairós flairosa flairosos flairoses *adj*. =flairant.

flam¹ flams *m*. (기름·가스 등의) 불꽃, 화염(flama).

flam² flams *m*. 플란[계란 노른자위, 우유, 설탕 등을 섞어 만든 것].

flama flames *f*. **1** 불꽃, 화염. **2** [비유] 뜨거움, 열정.

flamada flamades *f*. **1** =flama. **2** *pl*. 타다 남은 것.

flamant flamants *adj*. **1** 빛나는, 번쩍이는, 휘황찬란한. **2** 새로운, 새로 맞춘.

flamarada flamarades *f*. **1** 불꽃, 화염(flama). **2** 달아오름; 정열.

flamareig flamareigs[flamarejos] *m*. flamarejar하는 일.

flamarejar *intr*. 타오르다, 불길이 일다.

flamaró flamarons *m*. 굴뚝에서 나오는 불꽃.

flameig flameigs[flamejos] *m*. flamejar하는 일.

flamejant flamejants *adj*. flamejar하는.

flamejar *intr*. **1** 타오르다, 불길이 일다; 불꽃이 너울거리다. **2** [비유] 빛나다.
-tr. **1** (요리할 때) 술을 부어 불을 일으키다. **2** (깃발이) 펄럭이다.

flamenc flamencs *m*. [조류] 플라밍고, 홍학.

flamenc flamenca flamencs flamenques *adj*. 안달루시아풍의, 집시풍의; 플라멩코의.
-m.f. 플랑드르[벨기에, 네덜란드 남부, 프랑스 북부에 걸친 중세의 나라]의 사람.
-m. 플라멩코[스페인 남부 안달루시아 지방에서 발달한 집시의 노래와 춤. 격렬한 리듬과 동작이 특징임].

flamífer flamífera flamífers flamíferes *adj*. 불을 일으키는.

flamíger flamígera flamígers flamígeres *adj*. [시어] 불꽃이 너울거리는.

flàmula flàmules *f.* **1** 작은 불꽃. **2** 작은 깃발.
flanc flancs *m.* **1** 옆, 측면(costat). **2** [군사] (방어·공격의) 측면.
flanqueig flanqueigs[flanquejos] *m.* 측면 공격.
flanquejar *tr.* **1** (...의) 측면을 방어하다; 측면에서 공격하다. **2** (...의) 측면에 있다.
flaquedat flaquedats *f.* =flaquesa.
flaquejar *intr.* **1** 힘이 없다, 기력이 없다. **2** 질이 떨어지다.
flaquesa flaqueses *f.* **1** 여윔, 쇠약. **2** 약함, 나약함.
flascó flascons *m.* 플라스크 병; 향수병, 화장품 병.
flassada flassades *f.* 망토.
flassader flassadera flassaders flassaderes *m.f.* 망토 제조, 망토 판매상.
flastomar *intr.* 모독하다, 신성 모독을 하다.
flastomia flastomies *f.* 모독, 신성 모독.
flat flats *m.* **1** 숨, 호흡. **2** (냄새의) 자취. **3** [의학] (배가) 더부룩함, 가스가 참.
flatós flatosa flatosos flatoses *adj.* 배에 가스가 생기는.
flatositat flatositats *f.* [의학] (배의) 더부룩함, 가스가 참, 소화 불량.
flatulència flatulències *f.* =flatositat.
flatulent flatulents *adj.* [의학] 배에 가스가 차는, 소화가 안 되는.
flauta flautes *f.* 플루트.
 -*m.f.* [남녀동형] =flautista.
flautada flautades *f.* 억지.
flauter flautera flauters flauteres *m.f.* 플루트 제조자.
flautí flautins *m.* 작은 플루트·피리.
 -*m.f.* [남녀동형] 작은 플루트·피리 연주자.
flautista flautistes *m.f.* [남녀동형] 플루트 연주자.
flèbil flèbils *adj.* 슬픔에 젖은, 비통한.
flebitis flebitis *f.* [단·복수동형][의학] 정맥염.
fleca fleques *f.* 빵 굽는 곳; 빵 가게.
flequer flequera flequers flequeres *m.f.* 제빵사; 빵 가게 상인.

flectar *tr.* 무릎을 구부리다.
flectir *tr.* **1** 구부리다, 휘게 하다. **2** [비유] 항복시키다.
flegma flegmes *f.* **1** [의학] 담, 가래; 점액. **2** [비유] 점액성, 점액 기질. **3** 나태함, 게으름, 굼뜸.
flegmàtic flegmàtica flegmàtics flegmàtiques *adj.* flegma의.
fletxa fletxes *f.* **1** 화살. **2** 방향 지시표, 화살표.
fleuma fleumes *adj.m.f.* [남녀동형] 느린, 굼뜬, 굼벵이 같은 (사람).
flexibilitat flexibilitats *f.* **1** 굴곡성, 탄력성, 유연성, 신축성. **2** 융통성, 적응성.
flexibilitzar *tr.* 유연하게 하다, 고분고분하게 만들다.
flexible flexibles *adj.* **1** 구부리기 쉬운, 휘기 쉬운, 탄력성 있는; 나긋나긋한. **2** 유연한, 융통성 있는. **3** 고분고분한, 유순한. **4** [문법] 활용을 하는.
flexió flexions *f.* **1** [물리] 굴곡, 굴절; 굴근 작용. **2** [문법] (동사·형용사 등의) 어미변화, 활용. **3** [스포츠] 팔 굽혀 펴기.
flexional flexionals *adj.* **1** 굴성의. **2** [문법] 활용의. **3** [언어] 굴절의.
flexionar *tr.* =flectir.
flexiu flexiva flexius flexives *adj.* 휘어지는, 굴곡의, 굴절의.
flexor flexora flexors flexores *adj.* **1** 굴곡의, 굴절의. **2** [해부] 굴근의.
flexuós flexuosa flexuosos flexuoses *adj.* **1** 꾸불꾸불한, 굴곡이 심한. **2** 파상의, 물결 모양의.
flexuositat flexuositats *f.* 굴곡성; 파상, 물결모양.
flirt flirts *m.* 교태, 아양을 떪.
flirtar *intr.* 교태를 부리다, 아양을 떨다.
flirteig flirteigs[flirtejos] *m.* flirtejar하는 일.
flirtejar *intr.* =flirtar.
floc flocs *m.* 머리채; 실타래
floca floques *f.* (실 재래의) 꾸러미.
flocadura flocadures *f.* [집합] 술 장식 두르기.
flocar *tr.* =pegar.
flongesa flongeses *f.* =flonjor.
flonjo flonja flonjos flonges *adj.* **1** 해면

상의, 해면질의. **2** 푹신푹신한, 퍼석퍼석한(tou). **3** 약한, 나약한, 약골의.

flonjor flonjors *f.* 해면상, 해면질의; 푹신푹신함.

flor flors *f.* **1** 꽃. **2** 정수, 정예. **3** 정선품. **4** (과일에 생기는) 가루. **5** (주류의 표면에 뜨는) 얇은 막, 곰팡이. **6** 처녀성, 순결; [시어] (여자의) 음부. **7** (원기의) 왕성; 성년, 성시, 청춘의 때. 한창(때)(esplendor). **8** 표면, 지면. **9** (무두질한) 가죽의 표면. **10** 사랑의 말, 우아한 말(elogi).

en flor 꽃이 핀, 만개한; 한창때인, 최고조인.

Una flor no fa estiu [속담] 한 마리의 제비가 왔다고 해서 여름이 온 것은 아니다; 하나로 모든 것을 판단해서는 안 된다.

flora flores *f.* **1** [집합] (일정한 지역·시기의) 식물군; 식물계. **2** 식물지(植物誌), 식물도감.

floració floracions *f.* **1** 꽃이 핌, 개화. **2** 개화기.

floral florals *adj.* 꽃의, 식물(군)의.

floralesc floralesca floralescs floralesques *adj.* **1** 꽃 축제의. **2** [경멸적] 비속한.

floratge floratges *m.* [집합] (한 나무의) 꽃 전체.

florejar *intr.* **1** 꽃이 피다, 개화하다. **2** 꽃으로 장식되어 있다. *-tr.* **1** 꽃으로 장식하다. **2** 가려내다. **3** [스포츠] (펜싱에서) 칼끝을 흔들다.

florent florents *adj.* **1** 꽃이 핀, 꽃이 만발한. **2** [비유] 번성하는(pròsper).

florescència florescències *f.* **1** (꽃의) 만발, 만개. **2** [비유] 번성, 융성함.

florescent florescents *adj.* =florent.

floreta floretes *f.* (여자에게 하는) 달콤한 말, 비위 맞추는 말.

floricol floricols *f.* =coliflor.

floricultura floricultures *f.* 화초 재배(법), 꽃 가꾸기.

florífer florífera florífers floríferes *adj.* [식물] 꽃이 피는; 꽃을 만드는.

florir *intr.* **1** 꽃이 피다, 개화하다. **2** [비유] 꽃피다, 번창하다, 번영하다(prosperar). **3** 전성기를 맞이하다. **4** (사랑이) 드디어 꽃피다. *-se* **1** 곰팡이가 끼다. **2** 애간장 타다, 안달하다, 속이 타다.

florista floristes *m.f.* [남녀동형] 꽃 파는 사람, 꽃 파는 소녀; 조화 제조인.

floristeria floristeries *f.* 꽃 가게.

florit florida florits florides *adj.* **1** 꽃이 핀, 꽃이 만발한. **2** (문체·말 따위가) 화려한, 미사여구의. **3** 곰팡이가 낀. **4** (문장(紋章)이) 꽃무늬가 장식된. *-m.* 곰팡이(floridura).

floritura floritures *f.* **1** 인조 꽃 장식. **2** [비유] (인위적인) 꾸밈, 장식; 미사여구.

flota flotes *f.* **1** [군사] 함대. **2** (상선·어선 따위의) 선대, 선단. **3** [항공] 비행대. **4** 무리, 떼, 그룹; 웅성거림.

a flotes 여러 그룹으로, 여러 무리를 지어.

en flota 무리를 지어.

flotador flotadors *m.* **1** (물에) 뜨는 것, 부표. **2** (수영 보조용) 조끼.

flotar *intr.* **1** (액체·기체로) 뜨다, 부동하다. **2** 펄럭거리다.

flotilla flotilles *f.* (선박·항공기의) 소선단, 소비행대.

fluctuació fluctuacions *f.* **1** 떠도는 일, 부동(浮動). **2** 흔들림, 동요. **3** [비유] 우유부단, 주저함, 망설임, 어찌할 바를 모름. **4** [경제] (가격의) 오르내림, 변동.

fluctuar *intr.* **1** 물위를 떠다니다, 부동하다. **2** (배가) 흔들리다; 동요하다. **3** [경제] (주가·물가·열이) 오르내리다, 변동하다. **4** [비유] 주저하다, 망설이다(dubtar). **5** 위험한 고비에 이르다.

fluència fluències *f.* 흐름; (말의) 유창함.

fluent fluents *adj.* **1** 흐르는, 흐르는 듯한. **2** (말이) 유창한.

fluid fluida fluids fluides *adj.* **1** 흘러나오는. **2** 유동성의. **3** 유창한, 유려한. *-m.* 액체, 유체, 유동물; 전류, 흐름.

fluïdesa fluïdeses *f.* **1** 유동성. **2** 능변, 유창함.

fluïditat fluïditats *f.* =fluïdesa.

fluir *intr.* (액체가) 흐르다, 흘러나오다.

fluix fluixa fluixos fluixes *adj.* **1** 느슨

fluixedat 한, 팽팽하지 않은, 늘어진. **2** (목소리가) 약한, 힘이 없는. **3** (술이) 약한. **4** 부족한, 빈약한(escàs). **5** 알맞은, 적당한(moderat). **6** [비유] (성격이) 풀어진, 게을러빠진, 태만한. **7** [부사적으로 쓰여] 낮은 목소리로. *parlar fluix* 낮게 말하다. **8** 부드럽게, 약하게; 천천히.
-m. **1** 유동; 흘러나옴. **2** 유창함, 능변. **3** [의학] 설사, 이질.
de fluix 가볍게, 경박하게, 경솔하게.
fluix de ventre 설사(diarrea).
fluixedat fluixedats *f.* **1** 약함, 연함, 희미함. **2** 느슨함, 이완. **3** 연조(軟調). **4** 게으름, 둔한시함, 나태함.
fluixejar *intr.* 느슨해지다, 늘어지다; 약해지다.
fluixesa fluixeses *f.* =fluixedat.
fluor *m.* [화학] 불소; 용제.
fluorescència fluorescències *f.* 형광, 형광성; 형광등.
fluorescent florescents *adj.* 형광(성)의.
-m. 형광관, 형광등.
fluorita fluorites *f.* [광물] 형석.
fluorur fluorurs *m.* [화학] 불화물.
fluvial fluvials *adj.* 강의, 하천의.
fluviògraf fluviògrafs *m.* 측심의, 하천수량계.
fluviòmetre fluviòmetres *m.* =fluviògraf.
flux fluxos *m.* **1** (물·차량 등의) 흐름, 유동; 흐르는 물, 유출(량), 유입(량). **2** 밀물. **3** (용암의) 흐름. **4** [경제] (자금의) 유입, 유출; 흐름, 유동. **5** (전기·가스의) 공급.
el flux i el reflux 오고 감, 왕래.
fòbia fòbies *f.* 공포증; 싫어함.
foc focs *m.* **1** 불. **2** 난롯불, 화롯불; 모닥불; 봉수, 봉화. **3** 화재(incendi). **4** 사격, 포화, 발포. **5** [비유] 격렬함, 열렬함, 정열(ardor). **6** [고어] 가족, 세대(casa). **7** [의학] 염증, 발진(erupció). **8** *pl.* 불꽃놀이.
a foc lent 약한 불로, 조금 조금씩.
a foc viu 센 불로.
apagar el foc 불을 끄다; 적의 포격을 멈추게 하다.
donar foc (화약 따위에) 점화하다.
fer foc 불을 붙이다, 점화하다, 사격하다.

foca foques *f.* [동물] 물개, 바다표범.
focalització focalitzacions *f.* focalitzar하는 일.
focalitzar *tr.* **1** (빛·광선 등을) 한 곳으로 모으다, 초점을 맞추다. **2** [비유] (정신을) 집중하다.
focus focus *m.* [단·복수동형] **1** [물리] [기하] 초점, 초점 거리. **2** (안경 따위의) 초점 맞추기. **3** (높은 촉광의) 전등. **4** 관심, 집중, 집중점; 요점. **5** [의학] 병소(病巢).
fofo fofa fofos fofes *adj.* 푸석푸석한, 흐늘흐늘한, 물렁물렁한.
fogaina fogaines *f.* 아궁이, 부엌.
fogallejar *intr.* 불길이 일다.
fogar fogars *m.* **1** 아궁이, 부엌. **2** 모닥불, 화롯불. **3** 집, 가정; 요람(bressol). **4** [비유] (악의) 온상, 뿌리, 근원.
fogata fogates *f.* 화염, 불꽃, 불길, 모닥불.
fogó fogons *m.* =fogar.
fogona fogones *f.* (이동식) 오븐.
fogonejar *tr.* 살짝 태우다, 겉만 태우다.
fogoner fogonera fogoners fogoneres *m.f.* 불을 지피는 사람.
fogor fogors *f.* **1** 열, 열을 가함, 연소(acalorament). **2** 격렬함, 열렬함, 흥분, 열중.
fogós fogosa fogosos fogoses *adj.* 격렬한, 타는 듯한; (성미가) 불같은, 괄괄한, 욱하는.
fogositat fogositats *f.* 격렬함, 열렬함; 혈기.
foguejar *tr.* **1** 불꽃을 내뿜다, 활활 타다. **2** [군사] (총포를) 벼리다. **3** (군인·말 등을) 훈련시키다, 조련하다.
foguer foguera foguers fogueres *adj.* 불을 지피는데 쓰이는, 불을 일으키는.
-m. 부싯돌.
foguerada foguerades *f.* **1** 불꽃, 화염. **2** 뜨거운 정열; (얼굴이) 달아오름.
folga folgues *f.* **1** 쉼, 휴식. **2** 한가히 즐기는 일; 게으름 피움.
folgar *intr.* **1** 쉬다, 휴식하다. **2** 한가하다, 일을 쉬다, 일이 없다; 게으름 피우다. **3** 놀다, 즐기다.
folgat fogada fogats fogades *adj.* **1** 넓은, 여유 있는. **2** 한가로운, 시간이 있

는.
foli folis *m*. **1** (서적·장부의) 장, 페이지. **2** (인쇄한 전지의) 2절.
foliaci foliàcia foliacis foliàcies *adj*. [식물] 잎의, 잎사귀 모양의.
foliar[1] foliars *adj*. 잎의, 잎사귀의.
foliar[2] *intr*. (책에) 페이지를 매기다.
folklore folklores *m*. **1** 민속, 민간전승. **2** 민속학; 민속악.
folklòric folklòrica folklòrics folklòriques *adj*. 향토의, 민속학적인, 민간전승의, 민속악의.
folklorista folkloristes *m.f*. [남녀동형] 민속학자; 구비 문학가; 민요 가수.
foll folla folls folles *adj*. **1** [의학] 공수병에 걸린, 광견병의. **2** 미쳐 날뛰는, 성이 잔뜩 난. **3** 격렬한, 강렬한. **4** 무척 매운.
-m.f. 미친 사람, 정신 이상자.
follar *tr*. (포도를) 밟아 짓이기다. *-intr*. [속어] 성 관계를 하다.
follejar *intr*. =bogejar.
follet follets *m*. 귀신, 악령; 요정.
follia follies *f*. **1** 미친 짓, 정신 나간 짓; 광란, 광기. **2** 정신 착란; 병적 지능 저하. **3** 통속 음악.
fol·licle fol·licles *m*. 바싹 마른 잎.
folondres, de *loc.adv*. =de costat.
folradura folradures *f*. (옷의) 안감을 댐.
folrar *tr*. (옷의) 안감을 대다.
folre folres *m*. **1** (어떤 것을) 대기, 씌우기. **2** 안감, 안감 천. **3** 거죽에 댄 것, 커버. **4** (선체의) 걸 판자.
folro folros *m*. =folre.
fomentar *tr*. **1** 조성하다, 장려하다, 촉진하다, 조장하다. **2** 부추기다, 유발하다, 도발하다. **3** [의학] 찜질하다.
fona fones *f*. 돌팔매 총, 고무 새총.
fonació fonacions *f*. 발성, 발음.
fonadura fonadures *f*. 밑, 바닥, 밑바닥, 밑부분.
fonament fonaments *m*. **1** [주로 복수로 쓰여] 토대, 바탕, 기초(base); 기초 공사. **2** [비유] 근본, 기본, 기초, 바탕. **3** 이유, 근거. **4** [부정문에 쓰여] 착실, 성실, 진지함. *una dona sense fonament* 진지함이 없는 여인.
posar els fonaments 토대를 세우다.

fonamental fonamentals *adj*. **1** 기초의, 근원의, 근본적인, 기본적인. *principis fonamentals* 기본 원칙. **2** 주요한, 중요한. **3** 필수 불가결한, 절대적인.
fonamentalisme fonamentalismes *m*. **1** [종교] (특히 이슬람교·기독교 등의) 근본주의. **2** 근본주의자의 신앙. **3** 전통적인 기본 이념·원리의 고수.
fonamentar *tr*. **1** 세우다, 수립하다(establir). **2** 건립하다, 설립하다, 창설하다, 창립하다. **3** [비유] (이론의) 기초를 닦다; 근거로 삼다. *fonamentar una teoria* 하나의 이론의 기초를 세우다. **4** [상업] (클레임을) 요청하다, 신청하다.
fonar *tr*. (구두·가구 등의) 바닥을 깔다.
fonda fondes *f*. 여관, 숙박소.
fondalada fondalades *f*. 내려앉음, 침강, 함몰(depressió).
fondària fondàries *f*. 깊이; 밑바닥.
fondejar *tr.intr*. (배가) 닻을 내리다, 정박하다.
fondista fondistes *m.f*. [남녀동형] 여관 주인, 숙박소 주인.
fondo fonda fondos fondes *adj*. **1** 깊은, 심오한(pregon). **2** (땅의) 제일 아랫부분의. **3** [부사적으로 쓰여] 깊숙이.
fondre *tr*. **1** 녹이다. **2** 용해시키다(dissoldre). **3** (철·동 등을) 녹이다; 주조하다. **4** [비유] 합하다, 결합하다, 융합하다. **5** 소비하다, 낭비하다(dissipar). *-intr*. (종이가) 흡수하다. *-se* **1** (눈이) 녹다. **2** 용해되다. **3** [비유] 결합하다, 융합하다. **4** (돈을) 다 써 버리다, 탕진하다. **5** 사라지다, 없어지다(desaparèixer). **6** (의욕이) 사라지다.
fonedís fonedissa fonedissos fonedisses *adj*. 용해하는; 주조할 수 있는.
fer fonedís 없애다, 지워 버리다.
fer-se fonedís 사라지다, 없어지다.
fonedor fonedora fonedors fonedores *m.f*. 주물을 만드는 직공.
fonema fonemes *m*. [음성] 음운, 음소.
fonemàtic fonemàtica fonemàtics fonemàtiques *adj*. [음성] 음성의, 음소의.
fonendoscopi fonendoscopis *m*. [의학] 미음 청진기, 확성 청진기.
foneria foneries *f*. 주조소.

fonètic fonètica fonètics fonètiques adj. 음성의, 음성상의, 음을 나타내는; 음성학의.
-f. [문법] 음성학.
fonetista fonetistes m.f. [남녀동형] 음성학자.
fong fongs m. 1 [식물] 버섯, 균. 2 [의학] 균상종(菌狀腫).
foniatria foniatries f. [약학] 발성 기관의 병을 취급하는 약.
fònic fònica fònics fòniques adj. 음성의, 발음의.
fonògraf fonògrafs m. 축음기, 녹음기, 재생기.
fonografia fonografies f. 녹음(법), 녹음 기술.
fonòleg fonòloga fonòlegs fonòlogues m.f. 음운학자.
fonoll fonolls m. [식물] 회향.
fonologia fonologies f. 음운론, 음운학.
fonològic fonològica fonològics fonològiques adj. 음운의, 음운론의, 음운론상의.
fonoteca fonoteques f. 음향 서류 보관소.
fons fons m. [단·복수동형] 1 바닥, 밑, 기저, 밑바닥. 2 안쪽, 안쪽 끝, 막다른 곳. *al fons de la vall* 계곡의 끝. 3 기저, 바닥, 지반; 기반이 되는 것. 4 (바다의) 깊이. 5 (무대의) 정면 안쪽. 6 (그림의) 배경. 7 자산, 자력, 재원, 기본금, 기금, 자금(cabal). 8 [집합] 자료, 장서. 9 자질, 성질. *Té un bon fons* 그는 좋은 성질을 갖고 있다. 10 (내용의) 깊이. 11 본질, 핵심, 근본. 12 (신문 등의) 사설, 논설. 13 (스커트의) 속치마.
a fons 완전히, 철저하게, 깊이 있게, 근본적으로.
en el fons 마음속은, 내심은; 본질적으로, 근본적으로; (표면과는 달리) 본래는, 근본은; 결국.
fer anar al fons (배를) 침몰시키다.
tocar el fons 바닥을 짚다; [비유] 마지막까지 오다, (불행·위기 등의) 끝에 이르다.
font fonts f. 1 샘, 우물. 2 분수. 3 (마을·도시 등의) 공동수도, 수도전. 4 (영세의) 성수반. 5 원천, 수원. 6 출처, 출전; 소식. 7 [의학] 배농구(排膿口).
de bona font 믿을만한, 정통한.
de fonts 세례명의, 영세명의.
fonts ben informades 믿을 만한 소식.
fontana fontanes f. =font3.
fontanel·la fontanel·les f. [해부] 숨구멍.
fontanella fontanelles f. 작은 분수.
fontaner fontanera fontaners fontaneres m.f. 수도·가스의 수리공.
fontaneria fontaneries f. 수도관·가스관의 수리.
fonyar tr. (밀가루를) 반죽하다.
fora adv. 1 밖에, 바깥에. 2 ...이외에, ...이 아니고.
de fora 외부의; 이방인의.
fora de ...의 밖의; ...을 제외하고, ...이외의(excepte).
fora de si [비유] 이성을 잃은, 제정신이 아닌; 흥분해 있는.
fora que ...이 아니라면.
per fora 겉으로는, 겉보기에는; 밖으로는.
ésser fora 밖에 있다.
forà forana forans foranes adj. 1 (방문자가) 외지인의, 낯선, 타지의, 외국의, 이방인의(foraster). 2 외부의, 외부적인, 겉으로의. 3 (문 등의) 바깥의.
forada forades f. 소풍, 야유회; 야유회 음식.
foradada foradades f. [건축] 터널; 구멍을 냄.
foradar tr. 1 구멍을 내다. 2 구멍을 뚫다(perforar). 3 (배를 침몰시키기 위해) 밑바닥에 구멍을 뚫다.
foragitar tr. 1 쫓아내다, 몰아 버리다, 추방하다. 2 (생각 등을) 떨쳐 버리다.
foral forals adj. 법정의, 법령의, 특권의; 법·특권에 의한.
foranca foranques f. 작은 굴.
foranies f.pl. 교외, 시외, 근교.
forassenyat forassenyada forassenyats forassenyades adj. 성을 내는, 분노하는; 미쳐 날뛰는.
foraster forastera forasters forasteres adj. 타지의, 외부의, 이방의, 외지의.
-m.f. 1 낯선 사람, 외부인, 외지인, 타

국인, 외국인. **2** [방언] 스페인 사람, 카스티야 사람.
forasteralla forasteralles *f.* [경멸적] 외국 놈들.
forat forats *m.* **1** 구멍. **2** (벽 등에 난) 구멍. **3** 바늘의 눈, 바늘구멍. **4** [해부] 항문, 콧구멍.
fer forat (무엇을) 무척 많이 먹다.
foravial foravials *adj.* (길에서) 멀리 떨어진, 외딴 곳의.
foraviar *tr.* **1** (길을) 벗어나다(desencaminar). **2** [비유] 탈선하다. **-se** [비유] 탈선하다, 타락하다.
foraviler foravilera foravilers foravileres *adj.* 시골의, 작은 마을의.
forca forques *f.* **1** (개·돼지 등의) 목에 매는 나무. **2** 교수대.
força forces *f.* **1** 힘, 세력, 권력. **2** [비유] 힘, 기백. **3** 요새, 성채(fortalesa). **4** [비유] (법·젊음 등의) 힘. **5** [물리] 힘, ...력; 원심력, 구심력. **6** 효력, 효과. **7** [군사] 군대, 병력, 군사력. **8** *pl.* 기력, 정력.
a força de ...에 의해, ...의 힘으로, ...의 덕분으로.
per força 억지로, 본의 아니게; 어쩔 수 없이, 반드시, 필연적으로; 질질 끌어서.
-adj. 충분한(bastant); 많은(molt).
-adv. 충분히(bastant); 매우, 많이(molt).
forcadura forcadures *f.* (가지·다리 등의) 갈래.
forcall forcalls *m.* =enforcall.
forçar *tr.* **1** 힘으로 하다, 억지로 시키다. **2** (어쩔 수 없이) ...하게 하다, 의무를 지우다(obligar). **3** (문 따위를) 억지로 열다, 밀치고 들어가다; (공간을) 강제로 점거하다. **4** 강간하다, 겁탈하다(violar). **5** 강행하다, 강압으로 하다. **6** 강요하다, 강제하다. **7** 재촉하다, 박차를 가하다.
forçat forçada forçats forçades *adj.* **1** 강제적인, 억지로 한. **2** 부득이한, 하는 수 없는. **3** [비유] 억지의, 마지못해 하는. *un riure forçat* 억지웃음.
-m.f. 강제 노역자.
-m. (노를 젓는) 죄수.
forcejar *intr.* **1** 힘을 내다, 용을 쓰다,

노력하다, 몸부림치다. **2** 반항하다, 버티다, 저항하다, 반대하다.
fòrceps fòrceps *m.* [단·복수동형][의학] (산부인과에서 쓰는) 핀셋.
forcívol forcívola forcívols forcívoles *adj.* 어쩔 수 없는, 억지의; 완강한.
forcívolament *adj.* 힘으로, 억지로.
forçós forçossa forçossos forçosses *adj.* 불가피한, 어쩔 수 없는, 마지못해 하는.
forçut forçuda forçuts forçudes *adj.* 완강한, 강력한, 매우 강한.
forense forenses *adj.* **1** [법률] 법령의, 법정의; 법령에 의한. **2** 일반의, 대중의, 공중(公衆)의.
-m. 공의(公醫), 경찰의(警察醫).
forestal forestals *adj.* 숲의; 산의, 산림의.
forfet forfets *m.* =abonament².
forfollons, a *loc.adv.* =a borbollades.
forja forges *f.* **1** 벼리는 일; 단련, 단련하기; 제강, 단철. **2** (세공사의) 화로; (대장간의) 노. **3** 회반죽 (바름).
forjador forjadora forjadors forjadores *adj.m.f.* forjar하는 (사람).
forjar *tr.* **1** 벼리다, 단련하다. **2** (두들겨서) 형태를 만들다, 주조하다. **3** 위조하다, 날조하다. **4** (회반죽을) 반죽하다, 회반죽을 바르다, 초벽하다. **-se** (불가능한 일·공상 등을) 꾸며 내다, 상상해 내다(imaginar).
forjat forjada forjats forjades *adj.* **1** 단련된; 주조된. **2** 단정하지 못한, 지저분한.
forma formes *f.* **1** 모양, 형태, 형상, 외형. **2** 틀, 형(tipus, mena). **3** 방식, 형식, 방법(mitjà). **4** (구두·모자의) 골. **5** (인쇄물의) 지형; (서적의) 판, 크기. **6** *pl.* 모습, 맵시, 외관, 자태; 예식, 예법.
de forma que 그래서, 그렇게 해서, 결국.
en forma de ...의 모양·형식으로.
donar forma a 모양·형상을 만들다.
estar en forma [비유] 몸이 매우 좋은 상태다.
prendre forma 모양을 이루다, 형상을 갖추다; (프로젝트를) 실현하다.
formació formacions *f.* **1** formar하는

일. **2** 교육, 훈련. *formació professional* 직업교육; 양성, 도야, 가정교육. **3** 구성, 조성, 편성, 성립, 조직. **4** 성장, 생성. **5** 행렬, 대열. **6** [군사] 편제, 편대, 대형. **7** [지질] 층, 층군, (지층의) 계통.

formal formals *adj.* **1** 형식의. **2** 형식적인, 표면적인, 외형의. **3** 정식의, 공식적인; 고지식한, 진지한.

formaldehid formaldehids *m.* [화학] 알데히드[방부 소독제].

formalisme formalismes *m.* 형식주의; 형식화.

formalitat formalitats *f.* **1** 정식, 형식, 방식. **2** 수속, 절차; 의식(cerimònia). **3** 요건, 조건, 필요사항(requisit). **4** 진지함, 꼼꼼함, 고지식함.

formalitzar *tr.* **1** 형식화하다, 정식화하다. **2** 형식을 갖추다, 격식을 갖추다 (configurar). **3** 수속을 밟다, 서식을 갖추다. **4** 분명히 하다, 명확히 하다; 실현하다, 구체화하다. **-se 1** (서식이) 작성되다. **2** 가정교육이 몸에 배다. **3** 진지해지다, 근엄해지다, 정색을 하다.

formar *tr.* **1** 형태를 이루다, 형성하다 (configurar). **2** 조립하다, 조직하다, 구성하다. **3** [군사] 편제하다; 정렬시키다, 대형을 갖추다. **4** 길들이다, 훈련하다, 교육하다(educar). *-intr.* **1** 형태를 이루다, (어떤) 모양이 되다. **2** 정렬하다, 대형을 이루다. **3** 자라다, 성숙하다, 어른이 되다. **-se 1** 형태를 갖추다, 형태가 이루어지다. **2** 대열을 갖추다. **3** 교육을 받다(educar-se).
A formar! [군사] 부대 정렬!

format formats *m.* 크기, 사이즈.

formatge formatges *m.* 치즈.

formatger formatgera formatgers formatgeres *adj.* 치즈의, 치즈 같은.
-m.f. 치즈 판매인, 치즈 제조인.

formatgeria formatgeries *f.* 치즈 가게, 치즈 공장.

formatiu formativa formatius formatives *adj.* 형성하는, 구성하는; 조형의.

formatjar *intr.* 치즈를 만들다.

forment forments *m.* 백맥(白麥).

fòrmic fòrmica fòrmics fòrmiques *adj.* 개미산의.

-f. [화학] 개미산.

formidable formidables *adj.* **1** 경이적인, 굉장한, 놀랄 만한(extraordinari). **2** 무서운, 가공할. **3** 만만치 않은, 대적하기 어려운. **4** 매우 큰, 매우 강한.

formiga formigues *f.* [곤충] 개미.

formigó formigons *m.* **1** 근질근질함. **2** [건축] 콘크리트.

formigonera formigoneres *f.* 콘크리트 혼합기, 콘크리트 믹서.

formigueig formigueigs[formiguejos] *m.* **1** (사람들이) 우글거림. **2** 근지러움.

formiguejar *intr.* **1** 근질근질하다. **2** [비유] 우글거리다; 풍부하다, 많이 있다.

formiguer formiguers *m.* **1** 개미집. **2** 사람이 들끓는 곳. **3** 무리, 떼, 군중. **4** (태워 버리기 위해 쌓아 둔) 건초더미.

formol formols *m.* [화학] 포르말린.

formós formosa formosos formoses *adj.* 아름다운, 예쁜, 멋진.

fómula fórmules *f.* **1** 형식, 양식, 서식. **2** 방식, 방법. **3** 의례, 의식; 예법. **4** [수학·물리·화학] 식, 공식. **5** 처방전(recepta); 제법(製法). **6** 상투적인 문구, 판에 박힌 말.
per fórmula 형식적으로, 외형만; 의례적으로.

formulació formulacions *f.* formular하는 일.

formular *tr.* **1** 서식을 갖추다, 문서를 작성하다. **2** 표현하다, 설명하다, 진술하다, 발표하다(exposar). **3** 식으로 나타내다.

formulari formulària formularis formulàries *adj.* **1** 서식의, 서식을 갖춘. **2** 형식상의, 형식적인, 도식적인, 걸보기만의.
-m. **1** 서식, 서식집. **2** 서식류, 소정 양식 용지.

formulisme formulismes *m.* 형식주의, 공식주의.

forn forns *m.* **1** (도자기 굽는) 화로, 가마, 화덕, 노(爐). **2** (빵 굽는) 화덕; 빵집, 제빵소. **3** [비유] 뜨거운 곳, 찜통.

fornada fornades *f.* **1** 한 가마솥의 빵. **2** [비유] (한솥밥 먹는) 동료.

fornal fornals *f.* (대장간의) 노(爐), 화덕.

forner fornera forners forneres *m.f.* 제빵사.
forneria forneries *f.* 빵집, 제빵소.
fornicació fornicacions *f.* 간음, 간통.
fornicar *intr.* 간음하다, 간통하다.
forniment forniments *m.* fornir하는 일.
fornir *tr.* **1** 보급하다, 지급하다, 공급하다, 조달하다(proveir). **2** 갖추다, 준비하다, 구입하다.
fornit fornida fornits fornides *adj.* **1** 갖춘, 마련된, 준비된. **2** 건장한, 씩씩한.
fornitura fornitures *f.* =forniment.
forquilla forquilles *f.* **1** 포크. **2** (자전거의) 훅.
fort forta forts fortes *adj.* **1** 굳은, 딴딴한, 견고한. **2** (논리가) 확실한, 튼튼한(poderós). **3** 심한, 강한, 강렬한, 지독한. *una forta nevada* 심한 폭설. **4** 견고한, 흔들리지 않는. **5** (양이) 상당한, 많은. **6** (냄새가) 고약한. **7** (성격이) 모진, 너무 센. **8** (장점으로서) 매우 뛰어난, 탁월한. **9** (말이) 거친, 퉁명스러운(aspiriu). **10** [부사적] 강하게, 세게, 힘을 주어.
-m. **1** 요새. **2** 장점, 강점, 특기; 강자(强者). **3** [음악] 강음부. **4** 절정, 정점.
fortalesa fortaleses *f.* **1** 힘, 용기, 기백, 사기. **2** [군사] 요새(fort).
forte *adv.ital.* [음악] 강하게.
fortesa forteses *f.* =fortalesa.
fortí fortins *m.* 작은 성채·보루.
fortificació fortificacions *f.* **1** 강화, 견고히 함. **2** 보루, 진지; 진지 구축, 축성.
fortificament fortificaments *m.* fortificar하는 일.
fortificant fortificants *adj.* fortificar하는.
fortificar *tr.* **1** 강하게 하다, 단단하게 하다, 튼튼하게 하다(enfortir). **2** 강화하다, 견고히 하다. **3** 방어 공사를 하다, 요새화하다. **-se** 강해지다, 단단해지다; 강화되다; 방비를 단단히 하다.
fortissimo *adv.ital.* [음악] 매우 강하게.
fortitud fortituds *f.* =fortalesa.
fortor fortors *f.* 악취, 고약한 냄새.
fortuït fortuïta fortuïts fortuïtes *adj.* 뜻밖의, 의외의, 우발적인, 생각지 않은, 우연의, 돌발적인.

fortuna fortunes *f.* **1** 운, 운수(sort); 운명(destí). **2** 행운, 행복. **3** 재산, 자산 (patrimoni). **4** 폭풍우(tempestat).
per fortuna 운 좋게, 다행히; 우연히도.
córrer fortuna 모험을 하다.
fer fortuna 부자가 되다.
fòrum fòrums *m.* **1** (고대 로마 시대에 재판·상거래 등을 하던) 중앙 광장. **2** 법정; 법률 사무, 변호사단. **3** (연설·토론 등의) 포럼 **4** [연극] 무대의 정면 안쪽.
fosa foses *f.* **1** (금속의) 용해. **2** 주조, 주철, 주물; 주조 공장, 주물 공장. **3** (인쇄의) 한 벌의 활자.
fosc fosca foscs[foscos] fosques *adj.* **1** 어두운. *una cambra fosca* 어두운 방. **2** 어두운 색의. **3** 검은, 거무스레한. **4** [비유] 암담한, 미지의, 애매한, 모호한, 막연한. **5** 신분이 낮은, 미천한. **6** [부사적] 어둡게; 불분명하게, 막연하게.
a entrada[a la boca] de fosc 해질녘에, 저녁이 되자.
fer-se fosc 어두워지다, 저녁이 되다.
fosca fosques *f.* 어두움, 빛이 없음.
foscant foscants *adj.* 어두운, 캄캄한.
-m. (저녁의) 황혼, 일몰, 해질녘, 해거름.
foscor foscors *f.* **1** 어둠, 흑암. **2** (하늘의) 흐림, 어두워짐.
foscúria foscúries *f.* =fosca.
fosfat fosfats *m.* [화학] 인산염.
fòsfor *m.* [화학] 인(燐).
fosforejar *intr.* 인광을 발하다, 반짝이다.
fosforescència fosforescències *f.* [물리] 인화(燐火).
fosquejar *intr.* 해가 저물다, 어두워지다.
fosquet *adv.* 해가 저물어, 해질녘에.
fossa fosses *f.* **1** 구덩이, 구멍. **2** 묘, 무덤. **3** 분지, 움푹 들어간 지대. **4** [비유] 죽음, 무덤. **5** [해부] (콧구멍·항문 등의) 구멍.
fossar fossars *m.* 공동묘지.
fossat fossats *m.* (보루의) 호, 참호.
fòssil fòssils *adj.* **1** 화석의. **2** 선사 시대의. **3** 매우 오래된; 시대에 뒤진.
-m. 화석.
fossilitzar *tr.* =petrificar.
fotesa foteses *f.* 하찮은 것; 잡동사니,

fòtic 싸구려 물건.
fòtic fòtica fòtics fòtiques *adj.* 빛의.
fòtil fòtils *m.* **1** [구어] (가구·물건 등의) 잡동사니. **2** *pl.* 여러 가지 도구·용구. **3** 싸구려 물건.
fotimer fotimers *m.* 무더기, 산더미, 대량.
fotja fotges *f.* 물웅덩이, 진흙탕.
foto fotos *f.* 사진.
fotó fotons *m.* [물리] 광자[빛 에너지].
fotocomposició fotocomposicions *f.* 사진 식자.
fotocòpia fotocòpies *f.* 복사, 사진 복사.
fotocopiadora fotocopiadores *f.* 복사기.
fotocopiar *tr.* 복사하다.
fotoelectricitat fotoelectricitats *f.* [물리] 광전기.
fotofòbia fotofòbies *f.* [의학] 광선 공포증.
fotogen fotògena fotogens fotògenes *adj.* 빛을 발하는, 발광(發光)하는.
fotogènia fotogènies *f.* 발광(성), 발광체.
fotogènic fotogènica fotogènics fotogèniques *adj.* **1** 빛을 내는, 발광성의. **2** 사진을 잘 받는.
fotògraf fotògrafa fotògrafs fotògrafes *m.f.* 사진사, 사진작가.
fotografia fotografies *f.* 사진(술); 사진 스튜디오.
fotografiar *tr.* **1** 사진을 찍다, 촬영하다. **2** 활사(活寫)하다, 정확히 묘사하다.
fotogràfic fotogràfica fotogràfics fotogràfiques *adj.* 사진의, 사진에 의한.
fotograma fotogrames *m.* (사진·영화의) 복사.
fotogravar *tr.* 사진판으로 하다.
fotogravat fotogravats *m.* 사진판, 사진 판화, 그라비어.
fotomecànic fotomecànica fotomecànics fotomecàniques *adj.* 사진 제판(법)의.
fotòmetre fotòmetres *m.* **1** [물리] 광도계. **2** (사진기의) 노출계, 노광계.
fotometria fotometries *f.* 광도 측정(법).
fotomuntatge fotomuntatges *m.* 합성 사진, 몽타주 사진.
fotosfera fotosferes *f.* [천문] (태양·항성의) 광구(光球).

fotosíntesi fotosíntesis *f.* [식물] 광합성.
fototeca fototeques *f.* 사진 보관소.
fototípia fototípies *f.* 사진 철판, 포토타이프[클로타이프 및 사진 철판의 별칭].
fotral fotrals *m.* 다수, 많음.
fotre *tr.* [속어] **1** 성 관계를 갖다. **2** =perjudicar. **3** [속어] =fer. *-intr.* 성 관계를 갖다. *-se* **1** 비웃다; 놀리다, 우롱하다. **2** 성 관계를 갖다. **3** 먹고 마시다. **4** [속어] =fer-se.
Fes-te fotre! 빌어먹을!, 놀고 있네!, 말도 안 되는 소리!
Jo et fot! 웃기는 소리 마!, 빌어먹을!
frac fracs *m.* 연미복.
fracàs fracassos *m.* 실패, 좌절; 화, 재앙.
fracassar *intr.* **1** 실패하다, 좌절하다. **2** 부서지다, 분쇄되다.
fracció fraccions *f.* **1** 파괴, 파손, 분쇄. **2** 파편, 조각, 쪽(porció). **3** 나눔, 분리; 분열, 분파, 당파. **4** [수학] 소수. **5** [화학] 분류(分溜), 분별 증류.
fraccionar *tr.* **1** 나누다, 쪼개다, 분할하다. **2** [화학] 분류(分溜)하다, 분정(分晶)하다.
fractura fractures *f.* **1** 분해, 파괴. **2** [의학] 골절. **3** [광산] 단구.
fracturar *tr.* 부수다, 파괴하다; (뼈를) 골절시키다.
fragància fragàncies *f.* **1** 향기로움, 향기, 방향. **2** 평판, 명성.
fragant fragants *adj.* **1** 향기로운, 향긋한, 향기 있는; 방향성의. **2** 현행의.
fragata fragates *f.* [군사] 순양함, 구축함.
fràgil fràgils *adj.* **1** 약한, 깨지기 쉬운, 부서지기 쉬운. **2** [비유] 약한, 나약한, 연약한; 의지가 약한, 죄에 빠지기 쉬운.
fragilitat fragilitats *f.* **1** 깨지기 쉬움, 부서지기 쉬움. **2** 연약, 허약; 의지박약. **3** 죄에 빠지기 쉬움.
fragment fragments *m.* **1** 파편, 단편. **2** (책.문장 등의) 일부, 발췌.
fragmentació fragmentacions *f.* **1** 나눔, 분열, 분할. **2** (폭탄 따위의) 파쇄.
fragmentar *tr.* 쪼개다, 부수다, 조각내

다, 토막을 내다.
fragmentari fragmentària fragmentaris fragmentàries *adj*. 파편의, 단편적인, 조각조각으로 된, 토막토막의.
fragor fragors *m.[f]* 소음, 굉음.
fragós fragosa fragosos fragoses *adj*. (길 따위가) 거친, 험한, 험난한.
franc franca francs franques *adj*. **1** 자유의, 자유로운(lliure). **2** (…이) 필요치 않은, 면제의; 무료의, 세금 면제의. *franc de port* 운임 무료의, 운임 후불의. **3** 정직한, 솔직한, 담백한, 숨김없는(sincer).
-*adj.m.f*. 프랑크 족[라인 강 하류에 거주했던 게르만계 종족](의); 유럽인(의).
-*m*. 프랑[유로 이전에 프랑스, 벨기에, 스위스 등지에서 사용됐던 화폐 단위].
de franc 무료로, 공짜로.
si hem d'ésser francs 솔직히 말하자면.
francament *adv*. **1** 솔직히, 터놓고, 숨김없이. **2** 무료로, 무세로.
francesisme francesismes *m*. =gal·licisme.
francmaçó francmaçona *m.f*. 공제 비밀 결사원, 프리메이슨.
francmaçoneria francmaçoneries *f*. 공제 비밀 결사, 프리메이슨단.
franciscà franciscana franciscans franciscanes *adj.m.f*. [종교] (가톨릭의) 프란체스코회의 (수도사).
francòfon francòfona francòfons francòfones *adj.m.f*. 프랑스어를 사용하는 (사람).
franctirador franctiradora franctiradors franctiradores *m.f*. [군사] 저격수, 저격병.
frangible frangibles *adj*. 깨지기 쉬운, 부서지기 쉬운.
franja franges *f*. **1** (옷 등의) 장식. **2** 술, 리본, 끈, 띠. **3** (땅의) 지대, 지역.
franjar *tr*. franja로 장식을 달다.
franqueig franqueigs[franquejos] *m*. franquejar하는 일; 면세, 면제.
franquejar *tr*. **1** (세금 등을) 면제하다. **2** (편지의) 우편료를 지불하다. **3** (방해물을) 없애다; (길을) 열다, 개방하다; 자유로이 하다. **4** 지나가다, 넘다,

극복하다. -*se* 마음속을 털어놓다.
franquesa franqueses *f*. **1** 솔직함, 담백함. **2** 신용, 신뢰. **3** 면제, 면세; 면죄.
franquícia franquícies *f*. **1** (우편세·면세의) 면세, 면제. **2** (로열티를 내는) 체인점.
franquisme franquismes *m*. [정치] (스페인의) 프랑코의 이념을 따르는 징딩·정책.
fraram frarams *m*. [경멸적] 수도사단, 승려단.
frare frares *m*. **1** 수도사, 승려. **2** 백판 [인쇄물에서 잉크가 묻지 않은 곳].
fer-se frare 수도사가 되다.
frase frases *f*. **1** [문법] 구, 어구; 말투. *frase feta*[*estereotipada*] 숙어, 관용구. **2** 문체, 글씨체. **3** [음악] 악구(樂句).
fer frases 제법 유식하게 말하다, 식자연하다; 필요 이상의 말을 짓다.
fraseig fraseigs[frasejos] *m*. frasejar하는 일.
frasejar *intr*. 구·문장을 짓다. -*tr*. 글을 잘 읽다.
fraseologia fraseologies *f*. **1** 어법, 표현법, 말투, 말씨; [집합] 어구. **2** 필체, 문체, 수사법.
fratern fraterna fraterns fraternes *adj*. **1** 형제의, 형제간의. **2** 우애적인, 친밀한.
fraternal fraternals *adj*. **1** 형제의, 형제간의. **2** 우애 깊은, 친밀한.
fraternitat fraternitats *f*. **1** 형제간, 형제의, 형제애. **2** 우의, 우애. **3** 동아리, 패거리.
fraternitzar *intr*. 형제처럼 사귀다, 친하게 사귀다, 우정·우의를 돈독히 하다, 친해지다.
fratricida fratricides *adj.m.f*. [남녀동형] 형제를 살해하는 (자).
fratricidi fratricidis *m*. 형제 살해.
frau fraus *m*. 사기, 속임수.
fraudulent fraudulenta fraudulents fraudulentes *adj*. 사기를 하는, 사기적인, 거짓의, 속임수를 쓰는.
fraudulós fraudulosa fraudulosos fraduloses *adj*. =fraudulent.
fraula fraules *f*. =maduixa.
fre frens *m*. **1** (말의) 재갈. **2** 제동기, 브레이크. **3** 제어, 억제, 구속.

freàtic freàtica freàtics freàtiques adj. 물을 함유한, 물이 나오는; 지하수의.
frec frecs m. fregar하는 일.
fred freda freds fredes adj. **1** 추운, 찬, 차가운. *un vent fred* 찬 바람. **2** 찬, 냉혹한. **3** [생리] 불감증의. **4** 재미가 없는, 싱거운, 냉담한.
-m. **1** 추위. **2** 쌀쌀함, 냉담, 무감동. **3** 감기.
agafar fred 감기에 걸리다.
fer fred 춥다.
fredejar intr. 더욱 추워지다; 더욱 차가워지다.
fredolic fredolica fredolics fredoliques adj. 차가운, 추운; 추위를 잘 타는.
fredor fredors f. **1** 추위, 냉기. **2** [비유] 냉정, 냉담.
fredorada fredorades f. 혹한.
frega fregues f. 마찰; 안마.
fer fregues 마찰하다; 안마하다.
fregada fregades f. **1** 비비기, 마찰; 접촉. **2** (땅·바닥 등을) 문지르기.
fregada d'orelles 질책, 꾸중, 나무람.
fregadís fregadissos m. 마찰, 쓸림; 스치는 소리.
fregar intr. 비비다, 마찰하다, 문지르다; 접촉하다. -tr. **1** 스치다. **2** 문질러 닦다. **3** (바닥을) 청소하다. -se (눈을) 비비다; 마찰되다.
fregidora fregidores f. 프라이팬.
fregir tr. 기름에 튀기다, 프라이하다. -intr. (바다의) 물이 찰랑거리다. -se (기름에) 튀겨지다.
fregit fregida fregits fregides adj. **1** (기름으로) 튀긴. **2** 지친, 물린, 진저리나는.
-m. (기름으로) 튀긴 것.
-f. 기름에 튀김.
frèjol frèjola frèjols frèjoles adj. 가벼운, 무게가 적은.
fremir intr. (무서워) 떨다, 벌벌 떨다.
frenada frenades f. 급브레이크를 밟음, 급제동.
frenar tr. **1** 제동하다, 브레이크를 밟다. **2** 구속하다, 제어하다, 억제하다.
frèndol frèndols m. 격렬함, 과격함(ímpetu).
frener freners m. 제동기 제조자, 제동기 제조업.
frenesí frenesís m. **1** 광란, 광기, 광포. **2** 흥분, 열광; 맹렬. **3** [의학] (뇌염에 의한) 섬망.
frenètic frenètica frenètics frenètiques adj. **1** 광기가 있는, 미쳐 날뛰는, 광포한. **2** 흥분을 참지 못하는, 맹렬한.
frenologia renologies f. [의학] 골상학.
frenòpata frenòpates m.f. [남녀동형] 정신병 의사.
frenopatia frenopaties f. [의학] 정신병학.
freqüència freqüències f. **1** 빈번함, 빈발함. **2** 빈도, 도수, 횟수. **3** [수학] 빈도. **4** [물리][전기] 진동수, 주파수.
freqüent freqüents adj. 자주 일어나는, 빈번한.
freqüentar tr. 자주 가다; 자주 하다; 빈번히 나타나다.
freqüentat freqüentada freqüentats freqüentades adj. 붐비는, 혼잡한; 자주 찾는, 자주 가는.
fresa freses f. **1** (물고기의) 산란기. **2** [기계] =avellanador.
fresar tr. =avellanar. -intr. (물고기가) 산란하다.
fresc fresca frescs[frescos] fresques adj. **1** 시원한, 서늘한, 시원시원한. **2** (기분이) 상쾌한. **3** 신선한, 새로운, 최근의(recent). **4** 혈색이 좋은. **5** 체면이 없는, 철면피의, 낯가죽이 두꺼운(descarat). **6** 독창적인(despreocupat).
-m.f. [구어] 독창적인 사람, 신선한 사람.
-m. [회화] 프레스코화.
de fresc 막 ...한, 방금 전에 ...한; 최근의.
en fresc i)야외에서, 노천에서; ii) 프레스코화로.
fresca fresques f. 시원한 날씨; 시원한 바람.
anar a la fresca 춥게 입고 다니다.
frescal frescals adj. 시원한.
-m. 시원한 곳.
frescor frescors f. **1** 시원스러움; 시원한 바람. **2** 싱싱한 빛깔. **3** [비유] 침착성, 차분함.
fresquejar intr. (공기가) 시원하다; [비

유] 시원스럽다.

fresquívol fresquívola fresquívols fresquívoles *adj.* (어떤 곳이) 시원한.

fressa fresses *f.* 1 시끄러움, 떠드는 소리(brogit). 2 (물이) 졸졸거리는 소리. 3 (짐승의) 울음소리.

fressejar *intr.* 1 요란을 떨다, 소란을 피우다. 2 [비유] (일은 하지 않고) 시끄럽기만 하다.

fretura fretures *f.* 부족, 결핍(escassetat).

freturar *intr.* 1 (...이) 없다, 부족하다. 2 필요로 하다. 3 (...하는 게) 필요하다, 절실하다; 반드시 ...해야만 한다.

freu freus *m.* =estret1.

freudià freudiana freudians freudianes *adj.* 프로이트 학설·학파의, 프로이트 정신 분석의.

freudisme freudismes *m.* 프로이트 학설·학파, 프로이트 정신 분석.

frèvol frèvola frèvols frèvoles *adj.* 약한, 나약한, 약골의.

fricatiu fricativa fricatius fricatives *adj.* 1 마찰의. 2 [음성] 마찰음의.

fricció friccions *f.* 마찰; 안마.

friccionar *tr.* 마찰하다, 문지르다; 주무르다.

frígid frígida frígids frígides *adj.* 1 [시어] 찬; 싸늘한, 소름이 끼치는 듯한. 2 냉혹한, 쌀쌀한. 3 [비유] 불감증의.

frigorífic frigorífica frigorífics frigorífiques *adj.* 냉동의, 냉각의.
-*m.* 냉장고.

fris frisos *m.* [건축] (벽의 위쪽·아래쪽의) 장식, 그림 무늬 띠.

frisança frisances *f.* 1 초조, 안달함, 답답해 함. 2 근질근질함.

frisar *intr.* 초조해 하다, 안달하다.

frívol frívola frívols frívoles *adj.* 1 경망스러운, 경박한, 방정맞은. 2 하찮은, 쓸모없는. 3 [비유] (행실이) 가벼운.

frivolitat frivolitats *f.* 경망, 경박, 경솔.

frivolitzar *tr.* 경솔하게 다루다.

fronda frondes *f.* [집합] (나무·식물의) 잎(fullatge); 무성한 잎.

frondós frondosa frondosos frondoses *adj.* (나뭇가지·잎이) 무성한.

frondositat frondositats *f.* 무성한 잎; 잎이 무성함.

front fronts *m.* 1 [해부] 이마. 2 (건물의) 정면, 앞면. 3 [기상] 전선. 4 [정치] 전선. *front popular* 인민[국민]전선. 5 (대열의) 앞줄; [군사] 최전방, 제일선 부대.

de front i) [군사] 전선의; ii) 정면으로 나서, 단호히, 결연히, 당당히.

abaixar[acalar] el front 얼굴을 수그리다, 수치를 당하다.

frontal frontals *adj.* 이마의; 전면의.
-*m.* 1 [해부] 전두골, 전악골. 2 (제단의) 막. 3 (앞가슴에 찬) 갑옷.

frontaler frontalera frontalers frontaleres *adj.* =fronter.
-*f.* 1 앞부분, 앞쪽. 2 [해부] 이마. 3 (제단의) 막. 4 (건물의) 정면, 앞면.

fronter frontera fronters fronteres *adj.* 1 앞에 있는, 전면의, 전방의. 2 국경의, 국경을 접한; 국경 수비의.
-*f.* 1 국경. 2 (건물의) 정면, 앞면.

fronterejar *intr.* 국경·접경을 이루다.

fronterer fronterera fronterers frontereres *adj.* 국경의, 국경을 이루는; 국경에 위치하는.

frontis frontis *m.* [단·복수동형] (건물의) 정면.

frontispici frontispicis *m.* 1 (건물의) 정면; 바람막이. 2 (책의) 면지, 속표지.

frontó frontons *m.* 1 [건축] (건물의) 정면 바람막이. 2 [스포츠] 공을 벽에 치는 게임.

fructicultura fructicultures *f.* [농업] 과수 재배.

fructífer fructífera fructífers fructíferes *adj.* 1 열매가 열리는. 2 수확이 많은, 성공적인.

fructificació fructificacions *f.* 1 결실, 열매. 2 [식물] (고사리 등의) 결실 기관. 3 수익, 이문.

fructificar *intr.* 1 열매를 맺다, 열매가 되다. 2 이익을 낳다, 이익이 생기다.

fructuós fructuosa fructuosos fructuoses *adj.* 1 열매가 많은, 결실이 좋은, 열매 맺는, 다산적인. 2 유리한.

fru-fru fru-frus *m.* [의성어] 사각사각[옷이 끌리는 소리].

frugal frugals *adj.* 1 검소한, 소탈한. 2

frugífer 소찬의, (음식을) 아끼는.
frugífer frugífera frugífers frugíferes *adj.* [식물] 열매를 맺는.
frugívor frugívora frugívors frugívores *adj.* [동물] 열매를 먹는.
fruir *intr.* 즐기다, 누리다, 만끽하다.
fruit fruits *m.* **1** 과일. **2** 자식(fill). **3** 열매, 소산, 결실. **4** 소득, 수입; 이익, 유익, 유리(profit, efecte). **5** [비유] 결과, 열매, 성과, 보답.
sense fruit 아무 결실 없이, 헛수고로.
donar fruit 열매를 맺히다.
treure fruit 이익을 내다.
fruita fruites *f.* [집합] 과일.
fruitar *intr.* =fructificar.
fruiter fruitera fruiters fruiteres *adj.* 과실의; 과실을 맺는.
-m. 과수, 유실수.
-m.f. 과일 장수.
fruïtiu fruïtiva fruïtius fruïtives *adj.* 기쁜, 환희하는.
frunzir *tr.* (옷의) 주름을 잡다.
frust frusts[frustos] *m.* 기둥, 몸체, 몸통.
frustració frustracions *f.* **1** 좌절, 실패, 실망, 쓴맛. **2** (예상에서) 빗나감; 미수. **3** [심리] 욕구 불만.
frustrar *tr.* **1** (바라던 일을) 이루지 못하다. *frustrar les esperances* 희망을 잃다. **2** 실패로 돌아가게 하다, 미수로 끝나다. **-se 1** 좌절하다, 실망하다. **2** 실패하다; 미수에 그치다.
fuel fuels *m.* 석유, 등유.
fuet fuets *m.* **1** 매, 회초리, 채찍. **2** (길고 가느다란) 순대.
fuetejar *tr.* 채찍으로 때리다.
fuga fugues *f.* **1** 사라짐, 없어짐. **2** =fugida.
fugaç fugaç fugaços fugaces *adj.* 쉬 사라지는, 없어지기 쉬운; 허망한, 덧없는.
fugida fugides *f.* **1** 도망, 도피, 패주. **2** (시간의) 덧없음; 허망함, 덧없음.
fugina, fer *loc.verb.* (수업 등을) 사보타주하다.
fugir *intr.* **1** 도망하다, 도피하다, 탈출하다(escapar-se). **2** (잽싸게) 없어지다, 달아나다(anar-se'n). **3** [비유] 덧없이 흘러가다, 빨리 지나가다. **4** (유혹을) 이기다, 피하다.
fer fugir 쫓아내다, 멀리 내쫓다.
Fuig del davant 앞을 비켜!, 저리 비켜!
fugisser fugissera fugissers fugisseres *adj.* =fugaç.
fugitiu fugitiva fugitius fugitives *adj.* 도망하는, 달아나는, 붙잡기 어려운, 빨리 지나가는.
-m.f. 도망자, 피난자, 탈출자, 망명자.
fuita fuites *f.* **1** =fugida. **2** (전기·가스·액체의) 누전, 누출, 누수.
ful fula fuls fules *adj.* 가짜의, 거짓의.
fulgent fulgents *adj.* (별이) 반짝이는, 빛나는.
fulgir *intr.* =brillar.
fulgor fulgors *m.*[*f*] 빛남, 광채, 반짝거림.
fulgurant fulgurants *adj.* 눈부신, 눈부시게 빛나는.
fulgurar *tr.* (빛·광선이) 눈부시게 하다, 섬광을 비치다.
full fulls *m.* **1** (종이·판자·철판 등의) 장. **2** (책의) 한 장, 페이지. **3** 얇은 쪼가리, 얇은 것; (금속의) 박(箔)(làmina).
girar full 약속을 어기다; 화제를 바꾸다, 의견을 바꾸다.
fulla fulles *f.* **1** 잎, 잎사귀, 나뭇잎, 풀잎. **2** 날, 칼날. **3** (문·창문의) 문짝.
fullam fullams *m.* 무성한 잎사귀(fullatge); 낙엽, 썩은 나뭇잎.
fullaraca fullaraques *f.* **1** 낙엽. **2** [비유] 지루한 연설.
fullar *intr.* (나무가) 잎을 내다.
fullat fullada fullats fullades *adj.* **1** (나뭇잎이) 무성한, 뒤덮인. **2** (비스킷을) 살짝 구운.
fullatge fullatges *m.* **1** [집합] 잎; 잎이 무성함. **2** 잎 무늬로 장식하기; 잎 모양, 잎 무늬.
fullejar *tr.* (책의) 페이지를 넘기다.
fullet fullets *m.* 소책자, 팸플릿.
fulletó fulletons *m.* 신문 소설.
fullola fulloles *f.* 아주 얇은 판·종이.
fulminant fulminants *adj.* fulminar하는.
fulminar *tr.* **1** (불빛을) 작렬시키다. **2** (폭발물 등을) 터트리다, 폭발시키다.

3 야단치다, 나무라다, 비난하다, 힐책하다, 벽력같은 소리를 치다. **4** [비유] 뇌살시키다. *-intr.* **1** (빛·번갯불을) 발하다. **2** 폭발하다.

fum fums *m*. **1** 연기. **2** 김, 증기. **3** [비유] 자만, 우쭐함, 거만.
abaixar els fums a (algú) (누구의) 콧대를 꺾다.
pujar els fums al cap a algú 우쭐해하다, 거만을 떨다.
tenir molts fums 무척 으스대다.

fumada fumades *f*. **1** (아궁이의) 연기. **2** 담배를 피우는 일.

fumador fumadora fumadors fumadores *m.f.* 담배 피는 사람, 흡연자, 애연가.
-m. 흡연 장소.

fumall fumalls *m*. 타다 남은 것.

fumar *tr*. **1** 연기를 내뿜다. **2** 담배를 피우다, 끽연하다; 연기를 들이마시다. *-intr.* 연기를 뿜어내다, 그을리다. *-se* 훈제하다.
No fumeu, si us plau 담배를 피우지 맙시다, 흡연 금지.

fumarada fumarades *f*. =fumada1.

fumarola fumaroles *f*. [지질] (화산 지대의) 분기공.

fumassa fumasses *f*. 무럭무럭 피어나는 연기; 연기로 가득함.

fumat fumada fumats fumades *adj.* **1** 훈제의. *salmó fumat* 훈제 연어. **2** 불에 구운, 윤기를 없앤, 어두운 빛깔의.

fumatge fumatges *m*. 훈제 요리.

fumejar *intr*. **1** 연기를 내다, 그을리다. **2** 김이 나다, 수증기를 내다. **3** [비유] 우쭐거리다, 거드름 피우다.

fumer fumera fumers fumeres *adj.* 연기가 나는, 김이 나는.
-f. **1** 연기, 그을음. **2** 굴뚝, 연돌.

fumeral fumerals *m*. =xemeneia.

fumerol fumerols *m*. 희미한 연기; 안개 (boirina).

fumífer fumífera fumífers fumíferes *adj.* 연기를 일으키는.

fumífug fumífuga fumífugs fumífugues *adj.* 연기가 사라지는, 연기가 꺼져가는.

fumigar *tr*. **1** 불에 그슬리다. **2** 훈증하다; 소독하다.

funàmbul funàmbula funàmbuls funàmbules *m.f.* 줄타기 곡예사.

funambulisme funambulismes *m*. 줄타기 곡예.

funció funcions *f*. **1** 기능; 일, 작용. **2** 직무, 직분; 직능, 역할. **3** 상연, 공연, 흥행. **4** 축하연, 연회. **5** [군사] 작전, 전투. **6** [수학] 함수.
en funcions 현직의, 현역의.

funcional funcionals *adj.* **1** 기능적인, 기능상의. **2** 직능상의, 직무상의; 기능 본위의. **3** 합리적인, 실용적인, 편리한. **4** [수학] 함수의.

funcionalisme funcionalismes *m*. 기능 본위, (형식에 비한) 실질주의.

funcionament funcionaments *m*. **1** 작동, 작용, 기능 발휘; (기계의) 운전. **2** 집무, 직무 집행.

funcionar *intr*. **1** 기능을 발하다, 작용하다, 작동하다, 움직이다. **2** (본래의) 기능을 하다, 직분·역할을 하다.

funcionari funcionària funcionaris funcionàries *m.f.* 공무원, 관리, 직원.

funda fundes *f*. 커버, 케이스; (자루 모양의) 덮개; 이불보, 베갯잇.

fundació fundacions *f*. **1** 건설, 건립, 창립, 설립. **2** 사업단, 재단. **3** [추상적으로 쓰여] 조례, 창립취지서; 창립자, 설립자. **4** 처음, 시작, 기원.

fundar *tr*. **1** 세우다, 수립하다(establir); 건립하다, 건설하다, 창설하다, 설립하다, 창립하다(crear). **2** (상을) 제정하다. **3** (토대 위에) 세우다, 일으키다; 기초하다, 근거·이유로 삼다(recolzar).
En què fundes aquesta opinió 이 의견은 무엇에 근거하나? **4** [상업] (클레임을) 신청하다. *-se* **1** 건설되다, 설립되다, 창설되다, 창립되다. **2** (...에) 기초하다, 근거하다, 의거하다.

fúnebre fúnebres *adj.* **1** 장례의. **2** [비유] 불길한, 음침한, 음산한; 슬픈.

funeral funerals *adj.* 장례(식)의.
-m. pl. 장례식.
més trist que un funeral [구어] 너무 슬픈, 매우 슬픈.

funerari funerària funeraris funeràries *adj.* 장례의, 장의의.
-f. 장의사(葬儀社).

funest funesta funests[funestos] funestes *adj.* **1** 불행한, 운수가 나쁜, 재수가 없는. **2** 불길한, 싫은, 기분 나쁜.

fúngic fúngica fúngics fúngiques *adj.* [식물] 버섯의, 균의.

fungicida fungicides *adj.* 살균의.
-m. 살균제.

fungiforme fungiformes *adj.* 버섯 모양의; 균상(菌狀)의.

fungós fungosa fungosos fungoses *adj.* 세균성의; 불어나는.

funicular funiculars *adj.* 케이블의, 색조(索條)의.
-m. 케이블카.

funyir *tr.* =fènyer.

fur furs *m.* **1** (옛 지방 도시가 가졌던) 특별법, 특권. **2** 법, 법규. **3** 권력, 권능; 교권.

furga furgues *f.* 부지깽이.

furgada furgades *f.* **1** furgar하는 일. **2** [비유] 부추김, 사주.

furgadents furgadents *m.* [단·복수동형] =escuradents.

furgar *tr.* **1** (콧등으로) 흙을 파헤치다. **2** 찾다, 뒤지다. **3** 불길이 일게 하다.

furgó furgons *m.* 화물 운반 트럭; (철도의) 화물차.

furgoneta furgonetes *f.* 소형 화물차.

fúria fúries *f.* **1** 성냄, 분노(ira). **2** (바람이) 휘몰아침(impetuositat). **3** 미쳐 날뜀, 광포(violència). **4** 매우 급함, 화급함. **5** (유행병의) 전성기. **6** [신화] (머리가 뱀인 세 명의) 복보의 여신.

furibund furibunda furibunds furibundes *adj.* **1** 노기를 띤, 격노한. **2** 격렬한.

furient furients *adj.* =furiós.

furiós furiosa furiosos furioses *adj.* **1** 엄청 화가 난, 격노한. **2** 미쳐 날뛰는, 격렬한. **3** 굉장한, 막대한.

furoner furonera furoners furoneres *adj.* =tafaner.

furor furors *m.*[*f*] **1** 분노, 격분, 분격. **2** 맹렬함, 열렬함(entusiasme). **3** 광기, 발광, 광란. **4** 시적 감동, 시흥.

furt furts *m.* **1** 도둑질, 사취, 절취; 도난품, 장물. **2** 표절.

furtar *tr.* **1** 훔치다, 사취하다. **2** 표절하다. **3** 피하다, 비키다.

furtiu furtiva furtius furtives *adj.* 은밀한, 살그머니 하는, 훔치는 듯한. *una llàg- rima furtiva* 몰래 흘리는 눈물.

fus fusos *m.* **1** 북, 방추. **2** 실패 모양으로 된 것. **3** 긴 마름모꼴.

fusa fuses *f.* [음악] 32분 음표.

fusell fusells *m.* 총, 소총.

fuseller fusellers *m.* 소총수, 보병; 총살대원.

fusibilitat fusibilitats *f.* 가용성(可溶性), 용해도.

fusible fusibles *adj.* 용해성의, 녹기 쉬운.
-m. [전기] 퓨즈, 용해선.

fusiforme fusiformes *adj.* 방추 모양의.

fusió fusions *f.* **1** 용해, 융해. **2** 융합, 융화. **3** (회사·정당 등의) 합병, 통합, 합체, 합동.

fusionar *tr.* 융합시키다, 합동시키다, 합병시키다.

fust fusts[fustos] *m.* [건축] 기둥.

fusta fustes *f.* **1** 재목, 목재. **2** 나뭇조각; 몽둥이, 장작. **3** (건축용) 용재, 목재. **4** (깊고 넓은) 나무통 그릇. **5** 작은 배의 일종.
ésser de bona fusta 매우 튼튼한, 체격이 좋은.

fustaire fustaires *m.f.* [남녀동형] 목재상인, 목재소 인부.

fustam fustams *m.* [집합] 건물·작품 등에 들어가는 모든 목재.

fuster fustera fusters fusteres *adj.* 제재의, 제재하는, 목재업의.
-m.f. 목재상; 목수.

fusterejar *intr.* 목수 일을 하다.

fusteria fusteries *f.* 목수일, 목공업, 목공소; (건축용·목공용의) 목재.

fustigar *tr.* 채찍질하다; 질책하다, 나무라다, 책망하다.

futbol futbols *m.* [스포츠] 축구.

futbolí futbolins *m.* (인형으로 하는) 축구 경기 놀이 기구.

futbolista futbolistes *m.f.* [남녀동형] 축구 선수.

fútil fútils *adj.* 하찮은, 쓸모없는, 무용지물인.

futris, de *loc.adv.* 매우 불쾌하게, 몹시 기분 나쁘게.

futur futura futurs futures *adj.* 미래의, 장래의.
-m. **1** 미래, 장래, 내일. **2** 후세, 내세. **3** [문법] 미래 시제. **4** 계승권; 약혼녀.
futur compost [문법] 완료미래.
futur simple [문법] 단순미래.
futurari futuràri̇a futuraris futuràries *adj.* [법률] 장래의.

futurisme futurismes *m.* **1** [회화] 미래파, 초현대적 예술. **2** [철학] 미래주의, 미래 연구.
futurista futuristes *adj.* **1** 미래파의; 미래주의의. **2** 미래를 연구하는.
-m.f. [남녀동형] **1** 미래파 작가, 미래주의 작가. **2** 미래학자.
futurologia futurologies *f.* 미래학.

G g

g *f.* 카탈루냐어 알파벳의 일곱 번째 문자.

gabar *tr.* [고어] 찬양하다, 찬미하다, 칭송하다.

gàbia gàbies *f.* **1** 새장. **2** (배의) 돛.

gabial gabials *m.* 큰 새장.

gabier gabiera gabiers gabieres *m.f.* (배의) 돛대 꼭대기에서 감시하는 사람.

gabieta gabietes *f.* [어류] 바닷게.

gabinet gabinets *m.* **1** 작은 방(cambra); 사실, 연구실. **2** 화장실, 화장 도구. **3** 표본류, 수집품; 표본실, 진열실. **4** (행정부의) 내각, 각료, 정부, 각의.

gabió gabions *m.* **1** 우리. **2** 축성, 보루, 진지, 방벽(fortificació). **3** (흙·돌멩이 등을 넣은) 자루로 물을 막는 일.

gabionar *tr.* (흙·돌멩이 등을 넣은) 자루로 물을 막다.

gablet gablets *m.* [건축] 박공의 일종.

gabonès gabonesa gabonesos gaboneses *adj.* 가봉[중앙아프리카의 공화국]의.

-*m.f.* 가봉 사람.

gaèlic gaèlica gaèlics gaèliques *adj.* (스코틀랜드의) 게르족의; (아일랜드의) 켈트족의.

-*m.* [언어] 게르어.

gafa gafes *f.* **1** 갈고랑이 (그물), 꺾쇠, 걸쇠. **2** 안경(테).

gafet gafets *m.* **1** 호크, 고리. **2** 연쇄부호{{ }, [ ]}(claudàtor). **3** (피륙의) 흠. **4** [식물] 석남.

gafeta gafetes *f.* (호크의) 암단추, 자물쇠의 구멍, 고리의 구멍.

gag gags *m.* (희극의) 개그.

gai gaia gais gaies *adj.* **1** 명랑한, 경쾌한, 즐거운(alegre).

-*m.f.* 호모, 게이(homosexual).

gaia ciència[*gai saber*] [고어] 시작법 (詩作法).

gaia gaies *f.* **1** (재봉의) 덧천. **2** (문장 (紋章)의) 조각·구획.

gaiata gaiates *f.* 목동의 지팡이.

gaiato gaiatos *m.* =gaiata.

gaieta gaietes *f.* [광물] 흑옥.

gaig gaigs *m.* [조류] 어치.

gaire *adj.* 많은, 다수의, 다량의.

-*adv.* 많이, 매우.

abans de gaire 조만간에, 잠시 후에.

ni poc ni gaire [부정문] 전혀. *No ens va fer riure ni poc ni gaire aquell pallasso* 그 광대는 우리를 전혀 웃기지 못했다.

no fa gaire 조금밖에 ...하지 않다.

no gaire 조금밖에, 뭐 그저 그래, 그럭저럭. *T'agrada? -No gaire* 재미있니? -뭐 그저 그래.

sense gaire 적당히, 큰 수고 없이. *Ho aconseguí sense gaire esforç* 큰 노력 없이 그것을 이뤘다.

gairebé *adv.* 거의, 대략.

gairell, de *loc.adv.* 옆에서; 비틀려, 구부러져; 비스듬하게, 경사지게.

gaita gaites *f.* 가죽 피리, 뿔피리.

gaiter gaitera gaiters gaiteres *m.f.* 피리 연주자.

gal gal·la gals gal·les *adj.m.f.* 갈리아 [고대 유럽의 켈트 인이 기원전 6세기 전부터 살던 지역. 현재 프랑스, 벨기에, 이탈리아 등을 포함함]의 (사람).

gala gales *f.* **1** 예복, 나들이옷, 성장. **2** 미, 아름다움, 화려함. **3** 스타, 꽃, 자랑거리.

galà galana galans galanes *adj.* 남의 마음을 사로잡는, 매료하는, 매혹하는, 넋을 빼는.

galàctic galàctica galàctics galàctiques *adj.* [천문] 은하의.

galactosa galactoses *f.* [화학] 유당.

galanejar *intr.* galania를 내보이다.

galanesa galaneses *f.* =galania.

galania galanies *f.* 미, 아름다움, 화려함, 우아함.

galant galants *adj.* (특히 여자에게) 상냥한, 친절한, 여자를 구슬리는.

-*m.* 잘생긴 남자; 연애 중인 남자, (여자를) 구슬리는 남자.

galanteig galanteigs[galantejos] *m.* 사랑의 호소, 구애, 구슬리기.

galantejar *tr.* 사랑을 호소하다, 구애하다, 구슬리다, 치근덕거리다.

galantina galantines *f.* 갈란텐[순대 요리].

galàpet galàpets *m.* [동물] 두꺼비.

gàlata gàlates *adj.m.f.* [남녀동형] 갈라시아[고대 소아시아의 한 지방]의 (사람).

galàxia galàxies *f.* [천문] 은하(수).

galdós galdosa galdosos galdoses *adj.* **1** [풍자적] 슬픈, 마음 아픈. **2** 더러운, 불결한.

galeig galeigs[galejos] *m.* 자만, 으스대기, 우쭐거림.

galejar *tr.* **1** 자랑하다, 과시하다. **2** 축하하다, 환대하다, 극진히 대접하다, 축제를 열다.

galena galenes *f.* [광물] 방연석.

galènic galènica galènics galèniques *adj.* 갈레노[Galè, 고대 그리스의 의사]의, 갈레노 학설의.

galera galeres *f.* **1** [역사] 갤리선[중세에 지중해 지역에서 노예나 죄수 등에게 노를 젓게 한 빠른 돛배]. **2** (옛날의) 대형 사륜 포장마차. **3** 여죄수 감옥. **4** 병실; 병상의 줄. **5** (인쇄의) 교정쇄[조판해 놓은 활자를 담아 두는 목판].

galerada galerades *f.* (인쇄의) 교정쇄 조판.

galeria galeries *f.* **1** 회랑, 통로. **2** 애로(隘路), 좁은 길; [비유] 좁고 험난한 길. **3** 화랑, 진열실, 미술관. **4** 수집 미술품. **5** (광산·축성의) 갱도, 지하도. **6** (극장의) 최상층석. **7** (배 끝의) 전망실. **8** [비유] 여론.

galerna galernes *f.* (스페인 북쪽 해안의) 서북 돌풍.

galet galets *m.* **1** (그릇의) 주둥이. **2** 갈고리, 갈고리 모양으로 된 것. **3** [식물] (꽃·열매·잎의) 자루.
beure a galet 듬뿍듬뿍 마시다.
fer beure a galet [비유] 잘 속이다.

galeta galetes *f.* **1** 비스킷, 마른과자. **2** (배의) 가장자리 장식. **3** [비유] 따귀를 때림, 뺨을 때림.

galga galgues *f.* **1** [기하] 평행. **2** (차의 제동용) 쇠막대. **3** 막대 자.

galgar *tr.* **1** (물건을) 평행으로 놓다. **2** 막대 자로 재다.

galifardeu galifardeus *m.* **1** 경관, 순경 (alguzir). **2** [구어] 젊은이, 소년, 십대 아이(xicot).

galilea galilees *f.* [고어][건축] (교회당에서 귀인의 묘지 등이 있는) 안쪽 현관.

galimaties galimaties *m.* [단·복수동형] 군소리, 헛소리; 까닭을 알 수 없는 일.

galindaina galindaines *f.* [주로 복수로 쓰여] 값싼 장식.

galindejar *intr.* =galantejar.

galindó galindons *m.* 불쑥 튀어나온 광대뼈; 엄지발가락의 튀어나온 뼈.

galió galions *m.* [역사] 갈레온선[옛날에 대서양을 횡단하던 대형 범선].

galiot galiots *m.* (갤리선의) 노를 젓는 노예·죄수.

galipàndria galipàndries *f.* 감기.

galivança galivances *f.* 헛된 꿈·기대.

galivar *vt.* 보다(clissar).

gall galls *m.* **1** 수탉, 웅계. **2** 싸움꾼; (괜히) 허세 부리는 사람.

gallard gallarda gallards gallardes *adj.* **1** 늠름한, 씩씩한. **2** 말쑥한, 멋진, 차려입은, 스마트한.

gallardejar *intr.* 늠름하게 보이다; 멋을 내 보이다.

gallardia gallardies *f.* **1** 늠름함, 씩씩함, 용기(valentia). **2** 멋짐, 말쑥함.

gallaret gallarets *m.* [식물] =rosella.

gallec gallega gallecs gallegues *adj.m.f.* 갈리시아(Galícia)의 (사람).

galleda galledes *f.* 물주머니, 물 항아리; 수통, 물통.

galleguisme galleguismes *m.* [언어] 갈리시아 지방의 방언·사투리.

galleguista galleguistes *adj.m.f.* [남녀동형] 갈리시아 어투의, 갈리시아 방언을 쓰는 (사람).

gallejar *intr.* **1** 점잔 빼며 걷다, 어깨를 으쓱거리며 걷다. **2** 뻐기다, 뽐내다, 우쭐대다. **3** 강하게 보이다, 어깨에 힘을 주다.

galler gallera gallers galleres *adj.* 투계

gal·lès

를 좋아하는.
-*m.f.* 투계가.

gal·lès gal·lesa gal·lesos gal·leses *adj. m.f.* 웰즈[영국의 서쪽 지방]의 (사람).

gallet gallets *m.* **1** 수평아리. **2** (총의) 방아쇠. **3** 풍향기, 풍신기. **4** [어류] 나팔고기.

galleta galletes *f.* =galleda.

galletada galletades *f.* 방아쇠의 찰칵하는 소리; 방아쇠를 당김.

gal·li *m.* [화학] 갈륨.

gàl·lic gàl·lica gàl·lics gàl·liques *adj.* 고올[프랑스의 옛 지방 이름]의.
-*m.* [의학] 매독.

gal·licisme gal·licismes *m.* [언어] **1** 프랑스 어법·말씨; 프랑스에서 들어온 말, 프랑스풍의 표현. **2** 프랑스 어원의 스페인어

gallimarsot gallimarsots *m.* **1** (볏이 없는) 수탉. **2** [구어] 여장부, 남자 같은 여자, 용감한 여자.

gallina gallines *f.* **1** 암탉. **2** 여자 같은 남자, 비겁한 남자.
gallina cega 숨바꼭질, 장님 놀이.
gallina dels ous d'or 황금 알을 낳는 암탉.
anar a dormir[colgar-se, gitar-se] amb les gallines 초저녁잠을 자다.
Gallina vella fa bon brou[bon caldo] [속담] 경험이 최고다; 노인은 귀신보다 더 많이 안다.

gallinaire gallinaires *m.f.* [남녀동형] 닭장수, 양계가.

gallinejar *intr.* 알랑거리다, 아양을 떨다 (roncejar).

galliner galliners *m.* **1** 닭장. **2** [집합] 닭장의 닭.

gallofa gallofes *f.* (매일의) 미사 지침서.

gallofejar *intr.* 게으름 피우다, 한량하게 놀다.

galloferia galloferies *f.* 게으름 피움, 빈둥거림.

gallòfol gallòfola gallòfols gallòfoles *adj.* 게으름 피우는, 빈둥거리는.
-*m.f.* 빈둥거리면 노는 사람.

galó galons *m.* **1** 갤런[액체의 단위, 1갤런은 약 4.5리터]. **2** 장식 끈.

galonejar *tr.* 장식 끈을 붙이다.

galop galops *m.* **1** 갤럽[말 등이 네 발을 다 떼어 뛰는 걸음]. **2** [해사] 선창, 제방. **3** 갤럽[헝가리계의 경쾌한 원무]. **4** [의학] 분마성(奔馬性).
a galop tirat 전속력으로.

galopada galopades *f.* 말로 질주하는 일.

galopant galopants *adj.* (사람·말 등이) 질주하는, 전속력으로 달리는.

galopar *intr.* (말을 타고) 전속력으로 달리다.

galotxa galotxes *f.* 나막신, 가죽신.

galta galtes *f.* 뺨, 볼.
galta del cul [구어] 궁둥이, 엉덩이, 둔부.
tenir galtes[ésser un galtes] 매우 뻔뻔하다.

galtada galtades *f.* 얼굴을 때림, 뺨을 때림.

galtejar *tr.* 뺨을 때리다.

galter galters *m.* **1** (작은) 베개. **2** 산기슭, 산자락.

galtaplè galtaplena galtaplens galtaplenes *adj.* 볼이 토실토실한, 얼굴이 복스러운.

galtera galteres *f.* **1** (모자 등의) 턱 끈. **2** *pl.* [의학] 갑상선종(甲狀腺腫), 이하선염(耳下腺炎).

galvana galvanes *f.* =mandra.

galvanejar *intr.* 게으름 피우다, 빈둥거리다.

galvanisme galvanismes *m.* **1** 유전기; 그 작용. **2** 전기 요법.

galvanització galvanitzacions *f.* **1** 유전기를 쓰는 일, 유전기 응용·조작; 전기 도금, 아연 도금. **2** 전기 요법.

galvanitzar *tr.* **1** 유전기를 걸다; 전류를 통하다; 전기 도금을 하다. **2** 활기를 돋우어 주다, 분발시키다.

galvanòmetre galvanòmetres *m.* [전기] 검류기, 전류계.

galze galzes *m.* (목공의) 판자의 이음 홈; (통 따위의 밑바닥에 끼워 놓는) 밑 홈.

gam gams *m.* =gamadura.

gamadura gamadures *f.* [의학] **1** 디스토마로 생긴 병. **2** 고질적인 병.

gamar-se *pron.* [의학] 디스토마로 병이 생기다.
gamarús gamarussa gamarussos gamarusses *adj.* [구어] 촌스러운, 거친; 어리석은, 멍청한, 바보 같은.
—*m.f.* 촌뜨기; 바보, 멍청이.
—*m.* [조류] 솔부엉이.
gamba[1] gambes *f.* [동물] 새우.
gamba[2] gambes *f.* (침대의) 다리.
tenir bona gamba[*tenir gamba*] [구어] 잘 걷는다.
gambada gambades *f.* 큰 폭으로 걸음.
gambaire gambaires *adj.m.f.* [남녀동형] 게으름 피우는, 빈둥거리는 (사람).
gambajó gambajons *m.* 넓적다리; 넓적다리 살.
gambal gambals *m.* **1** (침대의) 다리. **2** (죄수의) 족쇄, 쇠고랑.
ser curt de gambals 숫제 바보인, 도무지 어리석어 빠진.
gambar *intr.* 큰 폭으로 걷다, 성큼성큼 걷다.
gambejar *intr.* 발을 흔들다; 여기저기 돌아다니다.
gambera gamberes *f.* (갑옷의) 무릎받이.
gambirol gambirols *m.* 도약, 깡충깡충 뜀.
gambirot gambirots *m.* **1** 망나니, 못된 인간, 악한. **2** =gambirol.
gambit gambits *m.* **1** (체스에서) 졸 따위를 희생하고 두는 첫 수. **2** [비유] (유리한 입장에 서기 위한) 책략.
gambota gambotes *f.* 배의 고물에 길게 나온 재목.
gambuix gambuixos *m.* 머리수건.
gàmeta gàmetes *f.* [생물] 배우자(配偶者), 생식체.
gamma gammes *f.* **1** 감마[그리스어의 문자]. **2** 일련, 계열, 조, 군, 무리. *oferir tota una gamma de possibilitats* 모든 가능성을 제공하다. **3** [음악] 음계(표), 음역. **4** (색채의) 색계. **5** (방사선의) 감마선.
gamopètal gamopètala gamopètals gamopètales *adj.* [식물] 합생(合生)의, 화판의.
gamosèpal gamosèpala gamosèpals gamosèpales *adj.* [식물] 합생 꽃받침의.
gamoi gamoia gamois gamoies *adj.* 굼뜬, 느린, 더딘; 한가로운.
gana ganes *f.* **1** 의욕, 욕구. **2** [구어] 배고픔, 식욕.
de bona gana 기꺼이, 흔쾌히, 자진해서.
de mala gana 마지못해.
donar la gana ...하고 싶어지다.
fer gana 애피타이저를 먹다, 가볍게 먼저 식욕을 돋우다.
fer patir[*passar*] *gana*[*matar de gana*] 굶어 죽다.
matar la gana 허기를 채우다.
Ni ganes! 전혀!
obrir la gana =fer gana.
ganàpia ganàpies *f.* 아이들 놀이 하는 어른.
ganassa ganasses *f.* =ganàpia.
gandul gandula canduls gandules *adj. m.f.* =gambaire.
gandulejar *intr.* 게으름 피우다, 빈둥거리다, 할 일 없이 소일하다.
ganduleria ganduleries *f.* 태만, 나태, 빈둥거림.
ganejar *intr.* 굶주리다, 굶주려 있다.
ganga gangues *f.* **1** 바겐세일. **2** [조류] 고방오리. **3** [광물] 모암; 폐석, 버리는 돌.
gànguil gànguils *m.* 키 크고 호리호리한 사람.
gangli ganglis *m.* **1** [해부] 신경절. **2** [의학] 절종(癤腫).
gangrena gangrenes *f.* **1** [의학] 괴저, 탈저. **2** [비유] (도덕적) 타락, 부패.
gangrenar-se *prnl.* **1** [의학] 괴저·탈저에 걸리다. **2** [비유] 타락하다, 부패하다.
gàngster gàngsters *m.ang.* 갱, 악당, 불한당.
ganivet ganivets *m.* 나이프, 식칼; 작은 칼, 단검.
ganiveta ganivetes *f.* **1** 큰 칼, (빵 자르는) 칼. **2** 검.
ganiveter ganivetera ganiveters ganiveteres *m.f.* 칼붙이 장인·상인.
gansejar *intr.* 지연하다, 주춤거리다, 어물거리다.

ganso gansa gansos ganses *adj.* =gansoner.

gansoner gansonera gansoners gansoneres *adj.* 굼뜬, 느린, 어물거리는.

ganxet ganxets *m.* 코바늘, 편물.

ganxo ganxos *m.* **1** 갈고리. **2** 갈고리 장대, 양복걸이; 목동들의 지팡이. **3** 뜨개바늘, 편물. **4** (특히) 여성의 매력. **5** 호객 행위, 손님 끄는 행위.

ganya ganyes *f.* **1** [해부] 편도선. **2** [식물] 줄기·잎에 생기는) 마디, 혹. **3** (물고기의) 아가미. **4** (새의 머리 옆에 생기는) 혹.
fer ganyes[ganyotes] 우거지상을 짓다, 미간을 찌푸리다.
fer mala ganya 인상을 쓰다.

ganyada ganyades *f.* (얼굴에 난) 흉터, 창상.

ganyó ganyosa ganyosos ganyoses *adj.* **1** 인색한, 구두쇠 같은. **2** 위선적인(hipòcrita).

ganyol ganyols *m.* (동물이) 우는 소리; 구슬픈 소리(udol).

ganyolar *intr.* (짐승이) 울다(udolar).

ganyot ganyots *m.* **1** [속어] 목, 후두(faringe). **2** =ganyota.

ganyota ganyotes *f.* 우거지상, 찡그린 얼굴.

gara-gara *f. fer la gara-gara* 비위를 맞추다.

garant garants *adj.* 보증하는.
-*m.f.* [남녀동형] 보증인; 보증하는 물건.

garantia garanties *f.* **1** 보증. **2** 담보, 저당; 담보 물건.

garantir *tr.* **1** 보증하다. **2** 비호하다, 방어하다.

garapinyar *tr.* **1** 굳게 하다, 응고시키다. **2** (액체를) 얼리다. **3** (식품에) 당밀을 치다.

garatge garatges *m.* (자동차의) 차고.

garba garbes *f.* [방언] (밀 등의) 다발.

garballó garballons *m.* =margalló.

garbell garbells *m.* 키, 체.

garbella garbelles *f.* 굵은 키·체.

garbelladura garbelladures *f.* garbellar 하는 일.

garbellament garbellaments *m.* =garbelladura.

garbellar *tr.* 키·체로 치다; 선별하다.

garber garbera garbers garberes *m.f.* 추수하는 사람, 곡식을 베는 사람.

garbera garberes *f.* 차곡차곡 쌓음, 다발 쌓기.

garberar *intr.* 차곡차곡 쌓다, 산더미처럼 쌓아 올리다.

garbí garbins *m.* 서남풍.

garbinada garbinades *f.* 강한 서남풍.

garbinejar *intr.* 서남풍이 불다.

garbuix garbuixos *m.* 분규, 말썽거리 (embolic).

gardènia gardènies *f.* [식물] 치자, 치자나무.

garfi garfis *m.* 갈고리, 달아매는 갈고리.

garfinyar *tr.* =esgarrapar.

garfir *tr.* 갈고리·걸쇠로 걸치다, 갈고리로 찍어 꼭 잡다.

gargall gargalls *m.* 가래(침), 담.

gargallejar *intr.* 가래침을 뱉다.

gargamella gargamelles *f.* [해부] 기관, 목구멍.

gargamellejar *intr.* 목이 쉬다, 목이 잠기다.

gargamelló gargamellons *m.* [해부] 목젖(úvula).

gargantejar *intr.* 노닥거리다(xerrar).

garganxó garganxons *m.* =laringe.

gàrgares *f.pl.* 양치질, 목을 헹굼. *fer gàrgares* 양치질하다.

gargarisme gargarismes *m.* 치약; 양치질.

gargaritzar *intr.* 양치질을 하다, 목을 헹구다.

gàrgola gàrgoles *f.* **1** [건축] 석루조, 이무깃돌[고딕 건축 따위에서 낙숫물받이로 만든 괴물 형상의 돌]. **2** [비유] (건물의) 괴물상; 흉한 사람.

gargot gargots *m.* 갈고리, 낚시 갈고리.

gargotejar *intr.* 갈고리를 걸치다.

garita garites *f.* **1** (성벽 위에 설치한) 망루. **2** 파수막, 초소.

garjola garjoles *f.* **1** 감옥, 수용소(presó). **2** 배, 복부.
a la garjola 격자창에 갇혀; 감옥에 갇혀.

garlanda garlandes *f.* [식물] 화관(花冠).
garlar *intr.* 잡담하다.
garnatxa garnatxes *f.* (법관의) 제복; 법관.
-*m.* 적포도의 일종.
garneu garneva garneus garneves *adj.* 간사한, 교활한, 꾀가 많은, 의뭉스러운.
garola garoles *f.* 노닥거림, 잡담, 한담.
garolar *intr.* 노닥거리다, 잡담하다.
garra garres *f.* 1 [해부] 족근골, 발목뼈. 2 다리, 발목. 3 *pl.* 누더기 조각.
tenir bona garra 잘 걷는다.
garrafa garrafes *f.* 주전자; 부리가 가늘고 긴 병.
garrafó garrafons *m.* 작은 주전자.
garranyic garranyics *m.* 삐걱거리는 소리, 날카로운 소리; 불쾌한 연속음.
garranyigar *intr.* 삐걱거리다, 찍찍 소리를 내다, 날카로운 소리를 내다.
garratibat garratibada garratibats garratibades *adj.* 1 움직이지 않는, 발이 말을 듣지 않는. 2 [비유] 기겁하는, 아연실색하는, 망연자실하는. 3 [구어] 굳은, 굳어진; 긴장된, 꿋꿋이 선.
garrell garrella garrells garrelles *adj.* 안짱다리의.
garrepa garrepes *adj.* 인색한, 노랑이의, 구두쇠의.
-*m.f.* 인색한 사람, 구두쇠.
garreta garretes *f.* =sofraja.
garrí garrina garrins garrines *m.f.* (4개월 미만의) 새끼 돼지.
garric garrics *m.* [식물] 떡갈나무.
garriga garrigues *f.* 떡갈나무 숲.
garrigar garrigars *m.* =garriga.
garrinar *intr.* 암퇘지가 새끼를 낳다.
garrit garrida garrits garrides *adj.* 아름다운, 예쁜, 고운, 아름답게 꾸민.
garró garrons *m.* 1 (짐승의) 발목, 복사뼈. 2 (앞다리의) 무릎. 3 진흙탕, 튀긴 흙탕물.
garrofa garrofes *f.* [식물] 쥐엄나무 비슷한 교목의 열매.
garrofer garrofers *m.* [식물] (지중해 연안에서 나는) 쥐엄나무의 일종.
garrofi garrofins *m.* [식물] garrofa의 씨.
garroll garrolls *m.* =garric.

garroner garronera garroners garroneres *adj.* (옷이) 더러운, 지저분한, 칠칠맞지 못한.
garrot garrots *m.* 1 작대기, 막대기, 몽둥이, 곤봉(bastó). 2 [법률] 사형(pena de mort); 주리를 트는 고문. 3 주리 틀기; 주리 트는 나무.
donar garrot 사형에 치하다.
garrotar *tr.* 1 조이다, 압박하다. 2 (교수대에서) 교살하다.
garrotejar *tr.* 몽둥이로 두들겨 패다.
garrotera garroteres *f.* 양말대님; 가터.
garrotxa garrotxes *f.* 거친 땅.
garrova garroves *f.* =garrofa.
garrover garrovers *m.* =garrofer.
garroví garrovins =garrofi.
garrular *intr.* 1 (새가) 지저귀다. 2 잡담하다, 떠들어대다.
garrut garruda garruts garrudes *adj.* 다 큰, 어른이 된, 힘이 센.
garsa garses *f.* [조류] 까치.
donar[*vendre; fer veure*] *garsa per perdiu* [비유] 양두구육(羊頭狗肉)을 팔다; 양 머리를 내걸고 개고기를 팔다[겉은 버젓하지만 내실이 따르지 못함을 비유하여 이르는 말].
gas gasos *m.* 1 가스, 가스체, 기체. 2 석탄가스. 3 가스등.
gasa gases *f.* 1 엷은 집; 실. 2 가제.
gasar *tr.* 1 (물 등으로) 가스를 흡수시키다. 2 독가스로 공격하다.
gascó gascona gascons gascones *adj. m.f.* 가스코뉴[Gascunya, 프랑스의 서남부 지방]의 (사람).
gasejar *tr.* =gasar.
gasela gaseles *f.* [동물] (아프리카산) 영양.
gaseta gasetes *f.* 1 (별도 목적의) 신문, 관보, 공보. *la gaseta del barri* 지역 간행물. 2 도기를 담아 가마에 넣는 용기.
gasetilla gasetilles *f.* (신문 등의) 가십란, 만평 란; 소문, 소문내기 좋아하는 사람.
gasificació gasificacions *f.* 가스화, 기화.
gasificant gasificants *m.* 탄산소다.
gasificar *tr.* 가스화하다, 기화하다.

gasiforme gasiformes *adj.* 가스상(狀)의.
gasiu gasiva gasius gasives *adj.* 인색한, 쩨쩨한, 여유가 없는.
-*m.f.* 인색한 사람, 구두쇠.
gasiveria gasiveries *f.* 인색함, 치사함.
gasoducte gasoductes *m.* [집합] 가스관.
gasòfia gasòfies *f.* 먹다 남은 음식 찌꺼기.
gasogen gasògens *m.* 가스 발생 장치; 탄산수 제조기; 벤젠과 알코올의 혼합액.
gasoil gasoils *m.* (디젤 기관용) 연료 가스.
gasolina gasolines *f.* 가솔린.
gasolinera gasolineres *f.* 주유소.
gasòmetre gasòmetres *m.* 가스계량기, 가스탱크.
gasós gasosa gasosos gasoses *adj.* 1 가스상(狀)의. 2 탄산가스를 함유한, 거품이 이는.
gaspatxo gaspatxos *m.* 가스파초[스페인 안달루시아 지방의 빵·기름·식초·마늘·양파를 넣어 만든 냉 수프의 일종].
gassó gassons *m.* 한 번에 풀게 된 매듭.
gastador gastadora gastadors gastadores *adj.* 낭비하는.
-*m.f.* 낭비자.
gastar *tr.* 1 쓰다, 소비하다, 사용하다 (consumir). 2 낭비하다, 소모하다, 써서 없애다. 3 (비용이) 들다(desprendre). 4 써서 헐게 만들다, 못 쓰게 만들다. 5 [비유] (기질·성향을) 지니다, 나타내다. -**se** 닳다, 닳아 없어지다.
gastar molt mal geni 매우 성질이 나쁘다.
gasteromicetals *m.pl.* [식물] 버섯류 식물.
gasteròpodes *m.pl.* [동물] 복족류 동물.
gastrectomia gastrectomies *f.* [의학] 위의 수축.
gàstric gàstrica gàstrics gàstriques *adj.* 위의.
gastritis gastritis *f.* [단·복수동형][의학] 위염, 위카타르.
gastroenteritis gastroenteritis *f.* [단·복수동형][의학] 위장 카타르, 위장염.

gastrònom gastrònoma gastrònoms gastrònomes *m.f.* 미식가, 식도락가; 요리에 밝은 사람.
gastronomia gastronomies *f.* 미식, 식도락; 요리법.
gastròpode gastròpodes *m.pl.* =gasteròpodes.
gat[1] gata gats gates *adj.* [구어] 술이 취한(embriac).
gat[2] gata gats gates *m.f.* [동물] 고양이.
gat[3] gats *m.* 1 [기계] 잭. 2 (포문 등의) 검사기. 3 [어류] 동발상어. 4 (포도주를 담는 휴대용) 술자루, 술통.
gatada gatades *f.* [집합] 고양이 무리.
gatejar *intr.* 1 고양이처럼 걷다, 네 발로 살살 기다. 2 바보 같은 소리를 하다.
gatell gatells *m.* [식물] 버드나무의 일종.
gatera gateres *f.* 1 고양이 통로. 2 [선박] 닻줄 구멍. 3 들치기. 4 취함, 술주정.
gatge gatges *m.* =penyora.
gatgejar *intr.* (아이들이) 혀 짧은 소리를 하다.
gatinar *intr.* (암고양이가) 새끼를 낳다.
gatinyar-se *prnl.* =esgatinyar-se.
gatonar *tr.* =gatinar.
gatonera gatoneres *f.* =gatera.
gatosa gatoses *f.* [식물] 바늘금작화.
gatzara gatzares *f.* 아우성, 환호성.
gatzarejar *intr.* 아우성치다, 환호성을 부르다.
gatzoneta, a la *loc.adv.* 웅크리고 앉아, 책상다리를 하고.
gaubança gaubances *f.* 환희, 커다란 기쁨, 희열.
gaubar-se *prnl.* 기뻐하다, 즐거워하다.
gaudeamus gaudeamus *m.* [단·복수동형] 축제, 잔치, 향연, 파티.
gaudir *tr.intr.* 1 소유하다, 가지고 있다 (posseir). 2 즐기다, 향락하다. 3 향유하다, 애용하다. -**se** 이용하다.
gautxo gautxa gautxos gautxes *m.f.* 가우초 족[남미의 라플라타 강 팜파 지역에 사는 원주민].
gavadal gavadals *m.* (빵가루) 반죽 통;

통, 구유.
a gadavals 많이, 다량으로, 풍부히.
un gadaval 엄청나게 많은, 대단히 많은.
gavany gavanys *m.* 오버코트, 외투.
gavardina gavardines *f.* 코트, 겉옷, 비옷.
gavarra gavarres *f.* 거룻배.
gavarrer gavarrera gavarrers gavarreres *m.f.* (거룻배의) 뱃사공, 부두 노동자.
gavell gavells *m.* 1 (베어 낸 밀·보리·풀 등의) 큰 다발. 2 더미, 무더기(pila, munt); 많음.
gavella gavelles *f.* 작은 다발.
fer bona gavella 어울리는 짝을 이루다.
gaveta gavetes *f.* (책상·재봉틀 등의) 서랍.
gavià gavians *m.* =gavina.
gavial gavials *m.* [동물] 인도악어의 일종.
gavina gavines *f.* [조류] 갈매기.
gebrada gebrades *f.* 서리.
gebrar *intr.* 서리가 내리다. -*tr.* (과자에) 설탕을 발라서 굳히다, 서리 모양으로 만들다.
gebre gebres *m.* 서리.
gec gecs *m.* 1 긴 웃옷, 가죽 옷. 2 [비유] (몽둥이나 회초리로) 때리는 일.
geca geques *f.* =gec.
gegant geganta[gegantessa] gegants gegantes[gegantesses] *adj.* 거대한, 대형의.
-*m.f.* 1 거인; 커다란 인형. 2 [추상적] 거물.
hacer els gegants [비유] 뽐내다.
gegantesc gegantesca gegantescs [gegantescos] gegantesques *adj.* =gegantí.
gegantí gegantina gegantins gegantines *adj.* 1 거인의, 거인다운. 2 커다란, 거대한, 굉장한.
gegantisme gegantismes *m.* [의학] (신체의 일부 또는 전부가 기형으로 자라는) 거대증, 거인증.
geisha geishes *f.* (일본의) 무희, 게이샤.
gel[1] gels *m.* 얼음.

gel[2] gels *m.* [화학] 겔, 교화체.
gelabror gelabrors *f.* =gelor.
gelada gelades *f.* 동결, 얼어붙음.
geladora geladores *f.* 빙과 제조기.
gelar *tr.* 1 동결시키다, 얼리다. 2 멍하게 만들다. 3 기가 죽게 만들다, 실망하게 만들다. -*intr.pml.* 1 얼다, 얼음이 얼다(glaçar). 2 얼어붙다, 굳다, 응결하다. 3 (두려움 앞에) 몸을 떨다, 몸서리나다, 몸서리치다. 4 [농업] (식물이) 냉해를 입다.
gelat gelada gelats gelades *adj.* 얼은, 얼음이 된; 냉동된.
-*m.* 빙과, 얼음과자, 아이스크림.
gelater gelatera gelaters gelateres *m.f.* 빙과 판매자.
gelateria gelateries *f.* 얼음공장; 아이스크림 가게.
gelatina gelatines *f.* 젤라틴, 정제 아교풀, 젤리.
gelatinitzar *tr.* 아교질로 만들다, 젤리로 만들다; 끈적끈적하게 하다.
gelatinós gelatinosa gelatinosos gelatinoses *adj.* 아교질의, 한천 같은; 끈적끈적한, 퍼슬퍼슬한.
gelea gelees *f.* 1 젤리, 잼. 2 사랑.
geleïtzar *tr.* =gelificar.
gelera geleres *f.* 빙하, 얼음덩이, 빙괴.
gèlid gèlida gèlids gèlides *adj.* 한랭한, 얼어 버린, 얼어붙는 듯한.
gelificar *tr.* 젤리·잼으로 만들다.
gel·laba gel·labes *f.* 아라비아 사람들이 쓰는 두건이 달린 외투.
gelor gelors *f.* 1 혹한, 강추위. 2 [비유] 냉정, 냉담, 차가움; 무관심.
gelós gelosa gelosos geloses *adj.* 1 열심인, 열성적인. 2 질투하는, 질투심이 강한. 3 안절부절못하는.
gelosia gelosies *f.* 1 열심, 열의. 2 질투, 시기. 3 선망, 부러워함, 탐냄. 4 그물을 댄 창문.
gema gemes *f.* 1 알의 노른자위, 난황. 2 난황 과자[설탕과 노른자위로 만든 것]. 3 한복판; 정수.
gemec gemecs *m.* 신음 (소리), 탄식, 한탄, 비명.
gemegar *intr.* 1 신음하다, 앓다. 2 훌쩍훌쩍 울다, (짐승이) 괴로운 듯 앓다.

gemeguejar *intr.* 계속 해서 신음하다, 계속 훌쩍거리다.
geminació geminacions *f.* 1 되풀이, 중복, 반복. 2 [문법] 동일 어구 중복.
geminar *tr.* 1 되풀이 하다, 이중으로 하다. 2 동일 어구를 중복하다.
geminat geminada geminats geminades *adj.* geminar한.
gèmini gèminis *m.* [천문] 쌍둥이좌.
gèminis gèminis *m.* [단·복수동형] =gèmini.
gemir *intr.* =gemegar.
gemma¹ gemmes *f.* [식물] 싹.
gemma² gemmes *f.* 보석.
gemmació gemmacions *f.* [생물] 발아, 세포 발아, 발아 증식, 아생.
gemmòleg gemmòloga gemmòlegs gemmòlogues *m.f.* 보석학자.
gemmologia gemmologies *f.* 보석학.
gen gens *m.* [생물] 유전자.
genciana gencianes *f.* [식물] 용담; 용담의 뿌리.
gencianàcies *f.pl.* [식물] 용담과 식물.
gendarme gendarmes *m.* (특히 프랑스의) 헌병, 경관.
gendarmeria gendarmeries *f.* (특히 프랑스의) 헌병대, 헌병 사령부.
gendre gendres *m.* 사위.
genealogia genealogies *f.* 1 혈통, 가계, 계통. 2 족보, 계보, 계도.
genealògic genealògica genealògics genealògiques *adj.* 족보의, 가계의, 계보의, 계도의.
genealogista genealogistes *m.f.* [남녀동형] 족보학자, 계보학자.
genearca genearques *m.* 가장, 족장.
gener geners *m.* 1월.
generació generacions *f.* 1 생식, 산출. 2 종(種), 종족. 3 세대; 자손, 후손 (descendència). 4 [집합] (일정 세대의) 사람들; 많은 사람들(gernació). 5 (가스·열·전기 등의) 발생, 발전. 6 [생물] 자연 발생. 7 [수학] (도형의) 생성. 8 [언어] (문의) 생성.
generador generadora generadors generadores *adj.* 1 산출하는, 발생시키는. 2 기본이 되는, 바탕이 되는.
-*m.* 1 발전기. 2 기관(機關). 3 [화학] (가스·증기의) 발생기, 발생로.
general generals *adj.* 1 전반의, 총체의, 전체의, 총.... 2 일반의, 보편적인 (usual). 3 대체의, 총괄적인, 막연한. 4 넓은, 광범한, 지식이 많은.
-*m.* 1 [군사] 장군, 장성. 2 관장, 총감, 총장.
en general 전체적으로; 보통, 일반적으로.
general en cap [군사] 총사령관.
generalíssim generalíssims *m.* [군사] 총사령관, 총지휘관, 대원수, 총통.
generalitat generalitats *f.* 1 일반(성), 보편(성). 2 대다수. 3 대체, 대체적인 일; 대략, 개요.
generalitzar *tr.* 1 일반화하다, 보급하다. 2 개괄하다, 일반적으로 말하다.
-*se* 일반화되다, 보편화되다.
generar *tr.* 1 낳다, 산출하다, 생산하다 (engendrar). 2 발전하다.
generativisme generativismes *m.* [문법] 생성 문법.
generatriu generativa generatius generatives *f.* 1 산출의, 발생의. 2 생식의, 생식력이 있는.
gènere gèneres *m.* 1 종류, 종속. 2 [생물] 속(屬). 3 양식, 방법, 방식. 4 물품, 상품, 제품. 5 [회화] 풍속. 6 [연극] 극. 7 [문법] 성(性).
de gènere (그림 등의) 풍속의.
gènere d'opereta 소극, 경연극.
genèric genèrica genèrics genèriques *adj.* 1 종류의, 종속의. 2 일반적인, 총체적인. 3 [문법] 성의, 성을 나타내는.
generós generosa generosos generoses *adj.* 1 관대한, 너그러운, 선심 잘 쓰는. 2 풍부한, 여유가 있는. 3 비옥한, 풍요로운. 4 훌륭한, 고결한. 5 뛰어난, 우수한. 6 품질이 좋은. 7 용감한.
generositat generositats *f.* 1 관대, 관용, 아량, 친절. 2 선심, 대범. 3 고결함, 훌륭함.
gènesi gènesis *f.* 시작, 기원, 발생, 유래, 원인(origen).
Gènesi *m.* [성서] 창세기.
genet geneta genets genetes *adj.* 기수의, 창기병의.
-*m.f.* 기수, 창기병.

geneta genetes *f.* [동물] (북아프리카산의) 사향고양이.

genètic genètica genètics genètiques *adj.* 유전의, 유전적인; 유전학의.

geni genis *m.* **1** 기질, 성질, 성향, 천성 (caràcter). **2** 재능, 재간, 재질, 기지. **3** 천재, 영재, 수재. **4** 신(神), 정령, 요정, 요술쟁이; (애칭으로) 악마.
ésser de geni viu 머리 회전이 빠른.
Quin geni que té! 성질하곤!
tenir mal geni[*el geni fort*] 성질이 나쁘다, 기질이 나쁘다.
tenir un geni com una ortiga[*com una agelega*] 아주 성질이 나쁘다.
treure el geni 기지를 발휘하다.

genial genials *adj.* **1** 천성적인, 타고난; 천재적인. **2** 기발한, 궁리가 많은. **3** 재미있는, 즐거운, 유쾌한.

genialitat genialitats *f.* 기발함, 독창성.

gènic gènica gènics gèniques *adj.* 유전자의.

genital genitals *adj.* 생식의.
-m.pl. [해부] 고환, 불알.

genitiu genitiva genitius genitives *m.* [문법] 속격(屬格), 소유격.

genitor genitora genitors genitores *adj.* 발생시키는.
-m.f. 부친, 모친; 선조, 조상.

genitourinari genitourinària genitourinaris genitourinàries *adj.* [해부] 생식의.

geniüt geniüda geniüts geniüdes *adj.* 기질·천성이 나쁜.

geniva genives *f.* [해부] 잇몸, 치경.

genocida genocides *adj.m.f.* 민족·종족을 말살하는 (사람).

genocidi genocidis *m.* (계획적인) 민족 대학살, 종족 말살.

genoll genolls *m.* **1** [해부] 무릎, 무릎관절. **2** 마루 걸레. **3** (물건을 머리에 일 때 얹는) 또아리. **4** [기계] 볼 베어링.
de genolls 무릎을 꿇고.
posar genolls 바지에 무릎받이를 대다.
posar-se[*caure*] *de genolls* 무릎을 꿇다.

genollera genolleres *f.* **1** 무릎받이. **2** (의복에서) 무릎 부분의 늘어난 곳. **3** 무릎에 난 상처.

genollons, de *loc.adv.* 무릎을 꿇고.

genoma genomes *m.* [생물] 갬[염색체의 조].

genotip genotips *m.* [생물] 유전자형, 인자형.

genotipus genotipus *m.*[단·복수동형] =genotip.

gens *adv.* **1** [긍정문·의문문·가정문] 조금, 약간, 어느 정도. *Si fos gens intel·ligent, ja ho hauria comprès* 조금만 영리해도 이미 그것을 이해했을 텐데. **2** [부정문] 전혀, 아무런. *No és gens simpàtic* 그는 전혀 친절하지 않다.
gens de 전혀, 아무것도, 아무 흔적도.
gens ni mica 아무것도 아닌, 쥐뿔도 아닌.

gent gents *f.* [집합] **1** 사람(들). **2** 직원, 사원; 인원. **3** (특정 집단의) 일당, 패거리, 한통속. **4** 부하. **5** 승무원. **6** 가족(família). **7** (한 민족의) 국민.
falta gent ....로 가자. *A la platja falta gent!* 해변으로 가자!
gent de bé 선한 사람들, 선의의 사람들.
gent de casa bona 상류 계급.
gent de la briva 망나니들.

gentada gentades *f.* 군중, 많은 무리.

gentalla gentalles *f.* [경멸적] 패거리, 망나니들.

genteta gentetes *f.* =gentalla.

gentil gentils *adj.* **1** 품위 있는, 세련된. *Quina nena més gentil!* 참 세련된 아가씨구나! **2** 친절한, 예의 바른(amable, cortès). **3** *pl.* (기독교도 입장에서) 이교도의, 이방인의. **4** 유대인이 아닌, 그리스인의.
-m. 이교도, 이방인; (특히 유대인 입장에서) 그리스인.

gentilesa gentileses *f.* **1** 고상함, 우아함, 세련됨(gràcia). **2** 화려함, 늠름함. **3** 친절, 예의.

gentilhome gentilhomes *m.* **1** 호인, 호남; 신사. **2** 궁신, 시종, 나인.

gentilici gentilícia gentilicis gentilícies *adj.* **1** 민족의, 국가의. **2** 가계의, 혈통의, 세습의; 씨족의, 부족의. **3** [문법] 민족·종족·지역의 주민을 나타내는.

gentussa 456 geriatre

-m. [문법] 민족·종족·지역의 주민을 나타내는 명칭.
gentussa gentusses f. =gentalla.
genuflexió genuflexions f. 무릎을 꿇고 앉음; 무릎 꿇고 드리는 예배.
genuí genuïna genuins genuïnes adj. 1 순종의, 순수한. un caràcter genuí 순수한 성격. 2 진짜의, 진정의. un producte genuí 진짜 상품. 3 정당한. 4 성실한, 진심의, 참된.
geobotànic geobotànica geobotànics geobotàniques adj. 식물 지리학의.
-f. 식물 지리학.
geocèntric geocèntrica geocèntrics geocèntriques adj. 지심의, 지구 중심의; 지구를 중심으로 측정한.
geocentrisme geocentrismes m. 지구 중심설.
geoda geodes f. [지질] 정군(晶群), 정동(晶洞).
geodèsia geodèsies f. [지리] 측지학, 육지 측량, 삼각 측량.
geodesista geodesistes m.f. [남녀동형] 측지학자, 측량 기사.
geofàgia geofàgies f. 흙을 먹음; (말레이, 폴리네시아 인종들의) 흙을 먹는 풍습.
geofísic geofísica geofísics geofísiques adj. 지구 물리학의.
-m.f. 지구 물리학자.
geofísica geofísiques f. 지구 물리학.
geòfon geòfons m. 지진계.
geògraf geògrafa geògrafs geògrafes m.f. 지리학자.
geografia geografies f. 지리, 지리학; 지형, 지세.
geogràfic geogràfica geogràfics geogràfiques adj. 지리(상)의, 지리학적인.
geoide geoides m. [지리] 지오이드[평균해면과 그 연장으로 생각되는 상상의 면]; 지구의 모양.
geòleg geòloga geòlegs geòlogues m.f. 지질학자.
geolingüístic geolingüística geolingüístics geolingüístiques adj. 지리 언어학.
geologia geologies f. 지질, 지질학.
geològic geològica geològics geològiques adj. 지질의, 지질학의.

geomagnètic geomagnètica geomagnètics geomagnètiques adj. 지자기(학)의.
geomagnetisme geomagnetismes m. [전기] 지자기(학).
geòmetra geòmetres m.f. [남녀동형] 기하학자.
geometral geometrals adj. 기하학의.
geometria geometries f. [기하] 기하학.
geomètric geomètrica geomètrics geomètriques adj. 1 기하의, 기하학적인. 2 정확한.
geopolític geopolítica geopolítics geopolítiques adj. 지정학의.
geopolítica geopolítiques f. 지정학.
geoquímic geoquímica geoquímics geoquímiques adj. 지구 화학의.
-m.f. 지구 화학자.
geoquímica geoquímiques f. 지구화학.
georgià georgiana georgians georgianes adj.m.f. 구루지야[코카서스 공화국]의 (사람).
geòrgic geòrgica geòrgics geòrgiques adj. 농사의, 정원의.
geotèrmia geotèrmies f. [지질] 지열.
geotèrmic geotèrmica geotèrmics geotèrmiques adj. 지열의.
geotropisme geotropismes m. [식물] 향지성, 굴지성.
gep geps m. 곱사, 곱사등, 새우등.
fer gep 볼록 튀어나오다.
gepa gepes f. =gep.
geperut geperuda geperuts geperudes adj. 곱사등의, 새우등의.
-m.f. 곱사, 곱사등이.
gerani geranis m. [식물] 제라늄, 이질풀, 풍로초.
geraniàcies f.pl. [식물] 이질풀과 식물.
gerd gerds m. =gerdó.
gerdera gerderes f. [식물] 나무딸기.
gerdó gerdons m. 나무딸기 열매.
gerència gerències f. 관리, 경영, 지배; gerent의 직·역·사무소.
gerent gerenta gerents gerentes m.f. 관리부장, 경영자, 지배인, 주임, 부장, 집행자, 이사, 지점장.
gerga gergues f. 은어, 특수 용어.
geriatre geriatra geriatres geriatres m.f.

노인병학자, 노인병 전문 의사.
geriatria geriatries *f.* [의학] 노인 의학.
germà germana germans germanes *m.f.* **1** 형제, 자매. **2** 겨레, 동포. **3** 동지. **4** (교회의) 형제. **5** 동형, 같은 계통의 것. **6** 게르만 (족)의, 독일(계)의 (germànic).
germà bastard 사생아 형제.
germà carnal (같은 부모의) 피를 나눈 형제.
germà consanguini 이복형제.
germà de llet 젖형제.
germà il·legítim 사생아 형제.
germà legítim 적출 형제.
germans siamesos 샴쌍둥이.
germà uterí 친형제.
germanastre germanastra germanastres germanastres *m.f.* 이복형제, 이복자매.
germandat germandats *f.* **1** 형제애, 형제 관계; 친화, 친밀, 우의, 우애. **2** 결사, 조합, 연맹; 종교 단체.
germani *m.* [화학] 게르마늄.
germania germanies *f.* **1** =germandat[1]. **2** (특히 도적·악당 등의) 은어(argot). **3** [역사] (16세기 초에 발렌시아에서 결성한) 조합 결사.
germànic germànica germànics germàniques *adj.m.f.* 게르만 (족)의, 독일의, 독일계의 (사람); 게르만어 계통의.
germanisme germanismes *m.* [문법] 독일어법, 독일어투, 독일어에서 유래된 말.
germanista germanistes *m.f.* [남녀동형] germanisme를 쓰는 사람; 그것을 연구하는 학자.
germanística germanístiques *f.* 독일학.
germanitzar *tr.* 독일(어) 풍으로 하다, 독일(어)화하다.
germanívol germanívola germanívols germanívoles *adj.* 형제의, 형제간의; 형제애의, 친밀한.
germanor germanors *f.* =germandat.
germen germens *m.* **1** [생물] 유아, 배종, 씨, 싹. **2** 싹 틈. **3** 세균, 병원균, 병균. **4** 기원, 근원(origen).
germicida germicides *adj.* 살균의, 살균력이 있는.

-*m.* 살균제.
germinació germinacions *f.* [식물] 발아, 발생.
germinador germinadora germinadors germinadores *adj.* 싹·움이 트는.
germinal germinals *adj.* 배(胚)의, 어린 싹의.
-*m.* (프랑스 공화력의) 제7월, 아월(芽月)[3월 21일부터 4월 16일].
germinar *intr.* **1** 싹 트다, 움트다, 발아하다. **2** 징조가 나타나다, 움트기 시작하다.
germinatiu germinativa germinatius germinatives *adj.* 발아의, 발아력이 있는.
gernació gernacions *f.* 군중, 많은 무리.
gerontocràcia gerontocràcies *f.* 노인 정치.
gerontòleg gerontòloga gerontòlegs gerontòlogues *m.f.* 노인병 전문 의사.
gerontologia gerontologies *f.* 노인학, 노인의학.
gerra gerres *f.* 단지, 항아리.
gerrer gerrera gerrers gerreres *m.f.* 도공.
gerro gerros *m.* 물 주전자, 물 항아리.
gerró gerrons *m.* 작은 물 주전자·항아리.
gerundi gerundis *m.* [문법] 현재 분사.
ges gessos *m.* [고어][방언] 석고(guix).
gespa gespes *f.* 잔디, 잔디밭.
gessamí gessamins *m.* [식물] 재스민.
gest gests[gestos] *m.* 제스처, 몸짓, 손짓, 얼굴 표정.
gesta gestes *f.* 무공, 업적, 위업; 무훈, 공훈.
gestació gestacions *f.* **1** 잉태, 회임, 임신; 임신 기간. **2** (사상 등의) 태동, 창안; 배태(胚胎). *un projecte en gestació* 창안 중인 프로젝트.
gestar *tr.prnl.* 임신하다, 태동하다; 준비하다.
gesticulació gesticulacions *f.* 몸짓, 손짓, 얼굴 표정 짓기.
gesticular *intr.* 얼굴에 표정을 짓다, 제스처를 쓰다, 몸짓·손짓을 하다.
gestió gestions *f.* **1** 관리, 업무, 사무행정(administració). **2** [법률] 수속, 처리 (diligència). **3** 공작, 교섭.

gestionar tr. **1** 수속을 하다, 절차를 밟다, (사무를) 처리하다. **2** 업무를 보다, (사업을) 경영하다.

gestor gestora gestors gestores m.f. **1** gestoria 업무를 맡는 사람. **2** 관리직, 이사, 지배인; (부·국 등의) 장.

gestoria gestories f. (사무 처리를 하는) 사무소.

ghanès ghanesa ghanesos ghaneses adj.m.f. 가나[아프리카 서부에 있는 공화국]의 사람.

ghetto ghettos m. **1** (2차 대전 당시의) 유태인 특별 구역. **2** 빈민가, 슬럼가.

gibó gibons m. [동물] (말레이 제도의) 긴 손 원숭이.

gibós gibosa gibosos giboses adj. 곱사등의.
-m.f. 곱사, 곱사등이.

gibositat gibositats f. **1** [지질] 융기된 것. **2** [해부] 혹.

gibrell gibrells m. 주발 씻는 그릇.

gibrelleta gibrelletes f. 대야, 요강.

giga gigues f. 지그, 지그 춤[이탈리아계의 댄스].

gigantisme gigantismes m. [의학] (신체의 일부·전체의) 기형적인 발육, 거인증, 거대증.

gimcana gimcanes f. 짐카나[특히 인도에서 자동차, 오토바이, 말 등으로 하는 야외 운동회].

gimnàs gimnasos m. **1** 체육관, 체조장. **2** (특히 독일의) 중학교, 김나지움. **3** (고대 그리스의) 청년 훈련소.

gimnasi gimnasis m. =gimnàs.

gimnasta gimnastes m.f. [남녀동형] 체육·체조 선수; 체육·체조 교사.

gimnàstic gimnàstica gimnàstics gimnàstiques adj. 체조의.

gimnàstica gimnàstiques f. **1** 체조(술), 미용 체조. **2** 체육, 훈련.

gimnosperm gimnosperma gimnosperms gimnospermes adj. 나자식물의.
-f. [식물] 나자식물.

gimnot gimnots m. [어류] 전기장어.

ginebra ginebres f. 진, 두송주[두송실로 향기를 들인 술].

ginebre ginebres m. [식물] 두송, 노간주나무.

ginebrí ginebrina ginebrins ginebrines adj.m.f. 제네바[Ginebra, 스위스의 도시]의 (사람).

ginebró ginebrons m. 두송의 열매.

gineceu gineceus m. **1** (고대 그리스의) 여자의 거실, 규수방. **2** [식물] 자성 기관(雌性)器官).

ginecòleg ginecòloga ginecòlegs ginecòlogues m.f. 산부인과 의사.

ginecologia ginecologies f. 부인과 의학, 산부인과.

ginesta ginestes f. [식물] 금작화.

ginestar ginestars m. 금작화 밭.

gingebre gingebres m. 생강.

gingival gingivals adj. 잇몸의.

gingivitis gingivitis f. [단·복수동형][의학] 잇몸 염증, 치경염.

gínjol gínjols m. 대추.

ginjoler ginjolers m. [식물] 대추나무.

ginko ginkos m. [식물] 은행.

ginseng ginsengs m. [식물] 인삼.

giny ginys m. **1** 기계, 도구. **2** 공예품; 조작품; (기발한 아이디어의) 작품. **3** 책략, 계략.
portar mal giny 예감이 좋지 않다.

ginyar tr. 고안하다, 궁리하다.

gipó gipons m. (옛날의) 조끼.

gipsós gipsosa gipsosos gipsoses adj. **1** 석고의, 석고 같은, 석고질의. **2** 석고질이 많은, 석고가 나오는.

gir girs m. **1** 선회, 회전(rotació). **2** (어떤 일의) 경과; 사정, 방향. **3** [문법] 말투, 어투. **4** [언어] (특정 지역·집단에서 즐겨 쓰는) 표현, 구어. *un gir local* 지방 어투. **5** [경제] 자금 사정, 자금 운용. **6** 어음 발행, 송금; 환, 환어음.
gir postal 우편환.

gira gires f. (특정한 목적의) 여행, 순회, 순방.

girada girades f. **1** 선회, 회전. **2** (길의) 우회. **3** (무용에서의) 발의 꼬임.

girador giradora giradors giradores adj. girar하는.

girafa girafes f. [동물] 기린.

giragonsa giragonses f. 꾸불꾸불함(sinuositat).

giragonsar intr. 사행하다, 굽이치다.

giràndola giràndoles *f.* 불꽃의 선회.
girant girants *m.* 선회, 회전; 방향을 바꿈.
al girant ...을 돌아서; ...의 모퉁이에.
girar *intr.* **1** 돌다, 선회하다, 회전하다, 빙글빙글 돌다. **2** 순회하다, 순방하다. **3** 옮겨가며 돌다. **4** 방향을 틀다. *-tr.* **1** 돌리다; (방향을) 틀다. **2** [상업] 어음을 발행하다, 송금하다. *-se* **1** 돌아오다. **2** 돌다, 돌리다. **3** (일이) 겹치다; (사건이) 때마침 일어나다(sobrevenir). **4** (바람 따위가) 갑자기 일다. **5** [비유] 생각을 바꾸다.
girar els ulls[*la vista*] 시선을 돌리다.
girar espatlla[*l'espatlla, les espatlles, l'esquena*] 등을 돌리다, 무시하다.
girar-se contra (algú) (누구와) 등지다.
girar-se enrere 뒤로 향하다.
gira-sol gira-sols *m.* [식물] 해바라기.
giratori giratòria giratoris giratòries *adj.* 선회의, 회전의; 회전식의.
giravolt giravolts *m.* **1** 공중제비, 재주넘기. **2** 비틀거림, 갈짓자로 걷기.
giravoltar *intr.* **1**. 공중제비를 하다. **2** 비틀거리다, 갈짓자로 걷다.
girbat girbada girbats girbades *adj.* =forjat.
girell girella girells girelles *adj.* 쉽게 돌아가는.
-m. 양고기 요리의 하나.
gírgola gírgoles *f.* [식물] 버섯.
giró girons *m.* [식물] 포도의 일종.
giròmetre giròmetres *m.* 회전 속도계.
gisca gisques *f.* 매우 차가운 공기.
git gits *m.* gitar하는 일.
gita gitas *f.* =gitarada.
gitano gitana gitanos gitanes *adj.* **1** 집시 족[3세기 말에 인도 북부에서 유럽으로 들어온 유랑 민족]의. **2** 집시풍의. **3** [경멸적] 간살부리는, 알랑거리는; 속이는, 거짓말하는. **4** 단정하지 못한, 더러운, 불결한, 지저분한.
-m.f. 집시; 단정하지 못한 사람; 굴러먹은 사람.
gitar *tr.* **1** 눕히다, 기대다. **2** (창·단검 등을) 던지다(llançar). **3** 토하다, 게우다(vomitar). *-se* 눕다, 드러눕다.
gitarada gitarades *f.* 구토, 토함.

gla gles *f.* **1** 도토리. **2** [해부] 귀두.
glaç glaços *m.* **1** 얼음, (납작한) 유빙(遊氷). **2** 혹한. **3** 냉혈한.
glaçada glaçades *f.* 동결, 얼어붙음; 서리.
glaçar *tr.intr.prnl.* =gelar.
glacera glaceres *f.* 빙괴, 얼음산, 빙하.
glaciació glaciacions *f.* **1** 빙하로 덮임. **2** 빙하 작용.
glacial glacials *adj.* **1** 얼음의, 얼음 같은. **2** [지질] 빙하의. **3** [비유] 냉담한, 쌀쌀맞은. **4** [화학] 빙상(氷狀)의.
glaçó glaçons *m.* 얼음 조각.
gladiador gladiadors *m.* (고대 로마의) 검투사.
gladiol gladiols *m.* [식물] 글라디올러스.
gland glands *m.* [해부] 귀두.
glàndula glàndules *f.* [해부] 선(腺), 포(胞), 분비선.
glàndula mamària 젖샘.
glàndula pineal 뇌의 송과선.
glàndula pituïtària 점액선.
glàndula suprarenal 땀샘.
glàndula tiroide 갑상선.
glaner glanera glaners glaneres *adj.* 도토리의, 도토리 모양의.
-m. [식물] 떡갈나무.
-f. 도토리 밭.
glapir *intr.* =clapir.
glatir *tr.* 갈망하다, 열망하다, 애타게 기다리다. *-intr.* 헐떡이다, 동경하다.
glauc glauca glaucs glauques *adj.* 연두색의.
glauci glaucis *m.* [식물] 애기똥풀.
glaucoma glaucomes *m.* [의학] 녹내장.
glavi glavis *m.* [시어] 검.
gleva gleves *f.* **1** (일군) 흙더미. **2** 응혈, 엉긴 피. **3** 뺨 때리기.
glever glevers *m.* (나무·관목이 없는) 잡초가 무성한 땅.
glicèmia glicèmies *f.* =glucèmia.
glicerina glicerines *f.* [화학] 글리세린.
glicerol glicerols *m.* =glicerina.
glícid glícids *m.* =glúcid.
glicina glicines *f.* [식물] 등나무.
glicogen glicògena glicogens glicògenes *adj.* 당분이 나오는, 당화 작용의.
-m. 글리코겐, 동물성 전분, 당원.

glicol glicols *m.* [화학] 글리콜[글리코겐과 알코올의 중간 성분].
gliptografia gliptografies *f.* 보석 조각.
gliptoteca gliptoteques *f.* (주로 고대의) 조각 진열실; 보석 조각 진열실.
global globals *adj.* 1 전체의, 총괄적인, 개산적(概算的)인. 2 공 모양의, 지구의, 전세계의, 세계적인.
el calentament global [기상] 지구온난화.
globalització globalitzacions *f.* 세계화.
globalitzador globalitzadora globalitzadors globalitzadores *adj.* 세계화하는.
globalitzar *tr.* 세계화하다, 세계적으로 하다.
glòbul glòbuls *m.* 1 소구(小球), 적구(滴球), 세구(細球). 2 혈구.
glòbul blanc[leucòcit] 백혈구.
globular globulars *adj.* glòbul의; 구슬 모양의.
globulina globulines *f.* 혈구소.
globus globus *m.* [단·복수동형] 1 구(球), 구체. 2 (램프의) 둥그런 갓, 글로브; 전구. 3 기구(氣球), 풍선; 애드벌룬. 4 지구.
gloc-gloc gloc-glocs *m.* 뽀글뽀글, 부글부글.
glomèrul glomèruls *m.* 1 (성질이 같은 것의) 집합체. 2 [식물] 단산화(團散花).
glop glops *m.* 한 모금, 한입.
beure un glop 한 모금을 마시다.
d'un glop[d'un sol glop] 한 모금에, 한입에.
glopada glopades *f.* (음료수·담배 등의) 한 모금; 한 모금의 양.
glopeig glopeigs[glopejos] *m.* 입가심, 양치질.
glopejar *tr.* 1 (입을) 물·액체로 가시다. 2 씻다, 헹구다.
glòria glòries *f.* 1 영광, 명예, 자랑, 영예(honor). 2 [비유] 빛나는 것·사람; 가문의 영광. 3 즐거움, 기쁨. 4 [종교] 낙원, 천국, 하늘나라; 지복, 극락왕생.
estar a[en] la glòria 천국에 있다.
estar en el ple de la seva glòria 최고의 전성기에 있다.
gloriapatri gloriapatris *m.* [종교] (기독교의) '성부, 성자, 성령에 영광이 있을 지어다'의 찬송.
gloriar-se *prnl.* 1 뽐내다, 자랑으로 여기다. 2 기뻐하다, 기쁨을 얻다.
gloriejar *tr.* =glorificar.
glorieta glorietes *f.* 1 작은 광장, 정자. 2 로터리.
glorificació glorificacions *f.* 찬양, 찬미, 찬송, 칭찬.
glorificar *tr.* 1 찬양하다, 찬미하다, 칭송하다. 2 영광을 돌리다. **-se** 자랑삼다, 우쭐대다, 잘난 체하다, 뽐내다.
gloriola glorioles *f.* 허영, 허세.
gloriós gloriosa gloriosos glorioses *adj.* 1 명예로운, 영광스러운. 2 훌륭한, 찬란한. 3 (종교적으로) 영광의. 4 자부심이 강한, 의기양양한.
glosa gloses *f.* 민요, 짧은 노래.
glossa glosses *f.* 설명, 해석; 주해, 주석; 다른 견해.
glossador glossadora glossadors glossadores *m.f.* 주석가, 용어 주해 편집자.
glossar *tr.* 1 주석·주해를 달다, 주기하다. 2 곡해하다, 달리 해석하다.
glossari glossaris *m.* 어휘·용어의 해석; 낱말 사전.
glossitis glossitis *f.* [단·복수동형][의학] 혀의 염증, 설염.
glotal glotals *adj.* 1 [해부] 성문의. 2 [음성] 성문으로 내는.
glòtic glòtica glòtics glòtiques *adj.* 성문의, 목청의.
glotis glotis *f.* [단·복수동형][해부] 성문, 목청문.
glotó glotona glotons glotones *adj.* 포식하는, 잘 먹는, 게걸스럽게 먹는.
-m.f. 포식가, 대식가.
glucèmia glucèmies *f.* [의학] 혈액 내의 포도당의 양.
glúcid glúcids *m.* [화학] 당질, 사카린.
glucina glucines *f.* [화학] 산화글루시늄.
glucini *m.* [화학] 글루시늄.
glucogen glucògena glucògens glucògenes *adj.* 당분이 나오는, 당화 작용의.
-m. =glicogen.
glucosa glucoses *f.* 포도당, 당소.
glucòsid glucòsids *m.* [화학] 배당체, 글리코사이드.

gluma glumes *f.* [식물] 영(潁).
gluten glútens *m.* [화학] 글루텐, 아교질, 접액소.
gluti glútia glutis glúties *adj.* 궁둥이의, 둔부의.
glutinós glutinosa glutinosos glutinoses *adj.* 끈적끈적한, 아교질의, 점액질의, 점착성이 있는.
gneis gneis *m.* [단·복수동형][광물] 편마암.
gnom gnoms *m.* **1** 격언, 금언. **2** [신화] (땅속의 보물을 지킨다는) 지령(地靈). **3** 작은 귀신, 소인.
gnòmic gnòmica gnòmics gnòmiques *adj.* 격언의, 금언의, 경구의.
gnomologia gnomologies *f.* 격언집, 금언집.
gnòmon gnòmons *m.* 해시계; 해시계의 바늘.
gnoseologia gnoseologies *f.* [철학] 인식론.
gnoseològic gnoseològica gnoseològics gnoseològiques *adj.* 인식론의.
gnosi gnosis *f.* 영적 인식, 영지, 신비적 직관.
gnòstic gnòstica gnòstics gnòstiques *adj.* **1** [종교] 그노시스교(도)의. **2** 지식에 관한; 영계의 신비를 이해하는; 영지의.
-*m.f.* 그노시스교도.
gnosticisme gnosticismes *m.* [종교] 그노시스교[고대 그리스 말기에 나타난, 종교 철학상의 신에 대한 인식, 신비주의적 이단 종파].
gobelet gobelets *m.* 주사위 종지.
gobi gobis *m.* [어류] 모래무지.
gòbit gòbits *m.* =gobi.
godall godalls *m.* 작은 돼지, 통돼지.
godalla godalles *f.* (자루가 긴) 낫.
godallar *tr.* 낫으로 베다.
goècia goècies *f.* 주술.
gofratge gofratges *m.* gofrar하는 일.
gofrar *tr.* (종이, 직물, 가죽, 목재, 금속 따위의 팬 곳에) 스케치하다.
gogista gogistes *m.f.* [남녀동형] goigs를 모으는 사람.
goig goigs[gojos] *m.* **1** 기쁨, 즐거움, 환희, 향락. **2** *pl.* (성모·성자) 찬가.

no fer goig 기쁘지 않다, 달갑지 않다.
goja goges *f.* 선녀, 요정.
gojar *intr.prnl.* =gaudir. -*tr.* 매혹시키다, 넋을 빼다, 현혹시키다.
gojós gojosa gojosos gojoses *adj.* 즐거운, 기뻐하는, 흐뭇한.
gol gols *m.* **1** 골, 득점. **2** 결승점, 결승선.
gola goles *f.* **1** [해부] 목, 목구멍. **2** 항구, 하구(obertura); (동굴의) 입구(entrada). **3** (갑옷의) 목받이; (목에 건 장교의) 근무장. **4** [건축] 반곡선. **5** 대식, 포식.
mentir per la gola 말끝마다 거짓말하다.
golafre golafres *adj.* 많이 먹는, 대식가의.
-*m.f.* 먹보, 식충이, 대식가.
golafrejar *intr.* 포식하다, 게걸스럽게 먹다, 많이 먹다.
golejar *tr.* 골을 넣다, 골인하다.
goleta goletes *f.* 스쿠너[2-4개의 돛대를 가진 서양식의 범선].
golf[1] golfs *m.* 골프.
golf[2] golfs *m.* [지리] 만(灣).
golfa golfes *f.* =golfes.
golfes *f.pl.* 다락방.
golfista golfistes *m.f.* [남녀동형] 골퍼, 골프 선수.
golfo golfos *m.* 경첩, 돌쩌귀.
Gòlgota *m.n.pr.* [성서] 골고다의 언덕 [그리스도의 십자형을 치른 곳].
goliard goliards *m.* (중세 시대의) 막돼먹은 불량 학생.
goll golls *m.* [의학] 갑상선종.
golós golosa golosos goloses *adj.* 포식하는, 잘 먹는.
-*m.f.* 먹보, 식충이, 대식가.
golosia golosies *f.* 식탐; 대식, 폭식.
golut goluda goluts goludes *adj.* =voraç.
gom a gom, de *loc.adv.* (강물이) 넘칠 듯한.
goma gomes *f.* **1** [화학] 고무, 수교. **2** 고무지우개, 고무줄. **3** [의학] 고무종 (tumor). **4** [식물] 고무나무.
goma resina 고무 수지.
goma d'esborrar 지우개.

goma aràbiga 아리비아고무풀.
fer goma 뽐내다, 우쭐대다, 멋을 부리다.
gomboldar *tr.* **1** 보살피다. **2** 어떤 상태가 되게 하다, 조절하다.
gomer gomera gomers gomeres *adj.* 고무의.
gomet gomets *m.* 스티커.
gomífer gomífera gomífers gomíferes *adj.* 고무를 생산하는.
gomós gomosa gomosos gomoses *adj.* **1** 고무의. **2** 고무 같은. **3** [의학] 고무종을 앓는.
gònada gònades *f.* [의학] 생식선.
gòndola gòndoles *f.* **1** (이탈리아 베네치아의) 곤돌라선. **2** (비행선이나 기구 등의) 곤돌라. **3** 대형 마차; 유람 버스.
gondoler gondolera gondolers gondoleres *m.f.* 곤돌라선의 뱃사공.
gonfanó gonfanons *m.* 깃발, 창기.
gong gongs *m.* 징.
gongorí gongorina gongorins gongorines *adj.* 공고라[스페인의 시인, 1561-1627]풍의.
-m.f. 공고라풍의 모방자.
gongorisme gongorismes *m.* 과식주의 (誇飾主義)[공고라가 시작한 16-17세기의 문학의 일파], 과식파, 고답주의(高踏主義); 난해한 문장.
goniòmetre goniòmetres *m.* **1** 측각기, 각도기. **2** 방위계.
gord gorda gords gordes *adj.* **1** 살찐, 비만한; 지방질이 많은. **2** 단단한.
gorg gorgs *m.* (강의) 깊은 곳; 물웅덩이.
gorga gorgues *f.* **1** (물의) 소용돌이, 회오리. **2** 물웅덩이.
gorgera gorgeres *f.* (사제복의) 목받이.
gori-gori gori-goris *m.* (일부러 놀려 주려고 하는) 장례식의 독경의 흉내.
goril·la goril·les *m.* [동물] 고릴라.
gorja gorges *f.* **1** 목, 목구멍. **2** 고갯길, 산길, 산 사이의 좁은 길.
gormand gormanda gormands gormandes *adj.m.f.* **1** 맛있는 것을 먹는 (사람); 단 것을 즐겨 먹는 (사람). **2** 식욕을 돋우는, 맛있어 보이는.

gormandejar *intr.* 단 것을 즐겨 먹다; 미식을 즐기다.
gorra gorres *f.* (학생모·군모 등과 같이 테가 없이 챙이 있는) 모자.
gorrada gorrades *f.* 모자를 들면서 하는 인사.
de gorra 남의 것으로, 남의 비용으로.
gorrejar *intr.* 기식하다, 남에게 붙어살다.
gorrer gorrera gorrers gorreres *m.f.* 달라붙어 사는 사람, 식객; 진드기.
gorreter gorretera gorreters gorreteres *m.f.* **1** 모자 제조자, 모자 상인. **2** 식객, 입만 가지고 사는 사람; 진드기.
gorrí gorrins *m.* =garrí.
gos gossa gossos gosses *f.* 개; 수캐, 암캐.
gos caniller 사냥개.
gos d'atura 목장견.
anar[romandre; ésser] darrera algú com un gos 졸졸 쫓아다니다.
ésser fidel[lleial] com un gos 개처럼 충성되다.
estar més content que un gos amb un os 무척이나 행복해하다, 무척 즐거워하다.
Gos que lladra no mossega [속담] 짖는 개는 물지 않는다; 허장성세.
lligar els gossos amb llonganisses 돈이 많다, 부자다.
morir com un gos 객사하다, 비참하게 죽다.
portar-se com gat i gos 서로 원수지간처럼 지내다.
viure com un gos[portar una vida de gos] 개 같은 인생을 살다.
gosadia gosadies *f.* 대담함, 무모함; 무모한 일.
gosar *intr.* 감행하다, 강행하다; 감히 도전하다.
gossada gossades *f.* 개들, 개 떼.
gosser gossera gossers gosseres *m.f.* 개들을 몰고 가는 사람.
-f. =canera.
gossera gosseres *f.* 개집, 개 우리.
got[1] gots *m.* **1** 컵, 잔. **2** 그릇, 용기. **3** 선박, 선체. **4** [건축] 주발 모양의 주각. **5** [해부·식물] 맥관, 도관.

got² goda gots godes *adj.m.f.* 고트 족의 (사람).
gota gotes *f.* **1** 방울, 물방울. **2** 적은 양. **3** [의학] 풍통. **4** *pl.* 점적 약.
a gotes 한 방울씩, 조금씩.
gota a gota =a gotes.
no restar ni una gota de sang a les venes 피 한 방울 남지 않다; 목숨이 다하다.
plorar gotes de sang 피눈물을 흘리다.
semblar[ser; assemblar-se] com dues gotes d'aigua 많이 닮다, 꼭 닮다.
suar la gota negra 매우 어려운 일을 성취하기 위해 안간힘을 다하다.
gotejar *intr.* **1** 한 방울씩 떨어지다(degotar). **2** (비가) 한 방울씩 떨어지기 시작하다. **3** 찔끔찔끔 주다·받다.
gotellada gotellades *f.* 소나기, 폭우; 물을 퍼부음.
gotera goteres *f.* 비가 샘; 비가 새는 곳; 그 자국
gòtic gòtica gòtics gòtiques *adj.* **1** 고트 족의. **2** [건축] 고딕 양식의. **3** 고딕체의. **4** 숭고한, 기품 있는. **5** 건방진, 시건방진.
-*m.* **1** 고트 족. **2** [언어] 고트어. **3** [건축] 고딕 양식.
gotim gotims *m.* (포도의) 곁 송이; 따지 않고 남겨둔 포도송이.
gotós gotosa gotosos gotoses *adj.m.f.* 풍통을 앓는 (사람).
gourmet gourmets *m.* 미식가.
govern governs *m.* **1** 다스림, 통솔; 조종, 단속; 지휘, 지배, 관리. **2** 통치, 정치, 정체(政體). **3** 정부, 각의; 주정부, 총독부. **4** 지사·총독의 관구. **5** 조종간, 키. **6** 제동, 조정. **7** 참고, 규범.
governable governables *adj.* 제어할 수 있는, 다스릴 수 있는, 통치할 수 있는; 조종할 수 있는.
governació governacions *f.* **1** 통치, 통할, 지휘(government). **2** 조종, 조타. **3** 내무부.
governador governadora governadors governadores *adj.* 다스리는, 통치하는.
-*m.f.* 통치자, 총독, 지사; (은행의) 총재.
governall governalls *m.* [선박] 키.

governamental governamentals *adj.* **1** 정부의. **2** 정치의, 내정의. **3** 정부 여당의.
governant governants *adj.* 다스리는.
-*m.f.* [남녀동형] **1** 통치자, 지배자; 지휘자. **2** 주책바가지, 참견꾼.
governar *tr.intr.prnl.* **1** 다스리다, 통치하다. **2** 조종하다, 키를 잡다. **3** 지배하다, 지휘하다; 주재하다(dirigir).
governatiu governativa governatius governatives *adj.* 통치의, 정치의.
gra grans *m.* **1** (곡식의) 낟알, 알갱이; 알 모양의 종자. **2** 알갱이 모양으로 된 것. **3** 여드름. **4** 무두질한 가죽의 표면. **5** 그레인[형량(衡量)·보석 등의 단위].
anar al gra 본론·요점으로 들어가다.
fer-ne un gra massa 과장하다.
gràcia gràcies *f.* **1** 기품, 우아, 우미, 아름다움; 부드러움, 상냥스러움, 정숙함, 귀여움; 귀인의 티(atractiu). **2** 우스움, 재미스러움. *amb molta gràcia* 매우 재미있게. **3** 신소리, 농담. **4** [종교] 신의 은총, 자비. **5** 은혜, 온정, 호의(benevolença). **6** [법률] 사면, 특사, 은사(恩赦)(concessió). **7** [상업] 지급유예, 거치 기간. **8** (장례 후의) 문상. **9** *pl.* 감사.
caure en gràcia 호의를 잃다, 총애를 잃다.
donar les gràcies 감사드리다, 사의를 표하다.
fer gràcia 용서하다, 사면하다; 재미있게 하다.
fer molt poca gràcia 정말 재미가 없다.
no tenir cap mena[gota] de gràcia 눈곱만큼도 재미가 없다.
Quina poca gràcia! 참 웃기는군!
gràcil gràcils *adj.* 섬세한, 화사한, 우아한.
graciós graciosa graciosos gracioses *adj.* **1** 사랑스러운, 품위 있는, 우미한, 우아한, 귀염성 있는, 매력적인. **2** 재치 있는, 웃기는, 익살스러운, 재미있는. *un do graciós* 웃기는 달란트. **3** (신의) 은혜의, 은혜에 의한. **4** 호의적인, 친절한, 정중한. **5** 거저의, 무료의. **6** [역사] (영국의 왕·여왕에게 붙여) 자

비로운, 인자한.
-m. 어릿광대, 익살꾼.
grada grades f. **1** 계단, 층계; (현관 앞의) 계단(esglaó). **2** 계단석. **3** (제단 앞의) 발판. **4** (수도원 등의) 면회 창구.
gradació gradacions f. **1** 계단식 배열, 계단. **2** 계급을 매김. **3** [음악] 음계. **4** 점차적 증가·감소; 점진적 추이, 점증, 점감. **5** [회화] (색깔의) 농담법(濃淡法). **6** [수사] 점층법. **7** [문법] 비교법.
graderia graderies f. 계단석, (제단 앞의) 계단.
gradeta gradetes f. (실험실에 쓰는) 시험관 도구.
gradient gradients m. [기상] (온도·기압 등의) 증감 비율.
graduació graduacions f. **1** 눈금을 새겨 넣는 일; 눈금. **2** 등급 새기기. **3** (군의) 계급, 진급. **4** 대학 졸업, 학위 취득. **5** (함유 알코올의) 도수. **6** (액체의) 농축.
gradual graduals adj. 점차적인, 점진적인; 완만한.
-m. (가톨릭의 미사 시) 계단을 올라가며 부르는 찬미가.
graduand graduanda graduands graduandes m.f. 졸업 예정자, 학위 취득 예정자.
graduar tr. **1** 졸업시키다, 학위를 수여하다. **2** 등급을 매기다. **3** 눈금을 새기다. **4** 조절하다, 조정하다. graduar les dificultats 난관을 조절하다. **5** 점차로 변화하다. **6** (도·농도를) 재다; (알맞게) 조정하다. graduar la temperatura 온도를 조정하다. **7** 진급·승진시키다. **8** 점진·점증·점감시키다. **-se** 졸업하다, 학위를 받다.
graduat graduada graduats graduades adj. **1** 눈금을 새긴. **2** 졸업한. **3** [군사] 보관(補官)의.
-m.f. 졸업생.
graella graelles f. **1** 석쇠, 쇠 꼬치, 불고기판. **2** (난로·용광로의) 철가(鐵枷). **3** 바닥이 반반하고 부리가 좁은 항아리의 일종.
graellada graellades f. (물고기·조개류를) 쇠 꼬치에 구운 요리.
graffiti graffitis m.ital. 양각그림; 그라피티[벽에 낙서를 하거나 그림을 그리는 것].
grafia grafies f. **1** (부호·문자와 음의 관계에서) 문자 쓰기, 표현법, 녹음법.
gràfic gràfica gràfics gràfiques adj. **1** 문자의, 기호의. **2** 도식의, 도표의; 그림·기호로 표시하는; 사진·그림이 든. **3** 생생하게 표현되는, 쉽게 알 수 있는. **4** 인쇄의.
-m. 도표, 도식; 도해, 사진 화보.
gràfila gràfiles f. (화폐의) 가장자리 무늬.
grafisme grafismes m. 부호 표기법, 문자 표기법.
grafit grafits m. **1** =graffiti. **2** [광물] 석묵, 흑연.
grafòleg grafòloga grafòlegs grafòlogues m.f. 필적학자; 필적으로 점치는 사람.
grafologia grafologies m. **1** 필적학, 문자판별; 필적으로 하는 점술. **2** [수학] 도식법.
grafomania grafomanies f. 저술광.
grall gralls m. **1** (까마귀 따위의) 울음소리. **2** 바람소리를 내는 악기. **3** 피리, 나팔, 통소.
gralla gralles f. **1** [조류] 갈가마귀 암컷. **2** =grall2. **3** 치리미아[피리의 일종].
grallar intr. (까마귀가) 까옥까옥 울다.
graller grallera grallers gralleres m.f. 치리미아 피리를 부는 사람.
grálló grallons m. gralla1의 새끼.
gram^1 grams m. 그램[무게의 단위].
gram^2 grams m. [식물] 그라마[화본과의 풀].
gramàtic gramàtica gramàtics gramàtiques m.f. 문법학자.
gramàtica gramàtiques f. 문법. gramàtica històrica, comparada 역사 문법, 비교 문법.
gramatical gramaticals adj. 문법의, 문법상의, 문법적인.
gramaticalitat gramaticalitats f. 문법성, 문법적임.
gramaticalització gramaticalitzacions f. 문법화.
gramaticalitzar tr. 문법화하다.
gramaticalment adv. 문법적으로, 문법

gramínies *f.pl.* [식물] 화본과 식물, 볏과 식물.
gramòfon gramòfons *m.* 축음기.
gramola gramoles *f.* 전기 축음기, 휴대용 축음기.
gran grans *adj.* **1** 훌륭한, 위대한. *És una gran persona* 그는 위대한 사람이다. **2** 큰, 커다란, 널찍한; 강한. **3** (수량이) 많은. *un gran nombre de persones* 상당수의 사람들. **3** (나이가) 많은, 어른의.
-m. **1** 성인, 어른. **2** (무리 중에서) 가장 나이가 많은 사람. **3** 위인, 고관; 대공작. **4** 크기, 규모(dimensió)).
el[la] gran 가장 큰 사람; 가장 나이 많은 사람.
el[la] més gran 가장 큰.
en gran 크게, 거창하게; 훌륭하게; 사치스럽게, 호화롭게.
més gran que 더 큰, 더 많은.
ésser[venir] gran (사이즈·규모가) 크다.
ésser més gran (나이가) 더 많다.
ésser prou gran per a ...하기에 충분한 나이다.
fer-se gran 성장하다, 키가 크다.
fer-se[tornar-se] gran (어른이) 늙다.
grana granes *f.* **1** (곡식의) 결실(기). **2** (곡식의) 열매. **3** [동물] 연지벌레. **4** [식물] 연지떡갈나무의 혹. **5** 암홍색, 연지색.
granada granades *f.* **1** =grana1. **2** 유탄, 수류탄.
granadí granadina granadins granadines *adj.m.f.* 그라나다(스페인 안달루시아 주에 있는 도시)의 (사람).
granadina granadines *f.* (커튼용·) 레이스 천의 일종.
granalla granalles [광물] 입상광(粒狀鑛).
granar *tr.intr.* **1** (곡식이) 여물다. **2** 타작하다. **3** 입상(粒狀)으로 찧다.
granat[1] granats *m.* [광물] 석류석.
granat[2] granada granats granades *adj.* **1** 입상의, 미립의, 좁쌀 모양의. **2** 우수한, 빼어난, 두드러진.
grandària grandàries *f.* 크기, 사이즈, 규모.

grandejar *intr.* (사이즈가) 크다, 맞지 않다. *-tr.* 칭송하다, 높이다, 고양하다.
grandesa grandeses *f.* **1** 큼직함, 막대함. **2** 훌륭함, 위대함; 권세. **3** 대공작의 직위·신분.
grandiloqüència grandiloqüències *f.* 격조 높은 말, 웅장한 연설.
grandiloqüent grandiloqüents *adj.* 격조 높은, 대연설조의.
grandiós grandiosa grandiosos grandioses *adj.* **1** 웅대한, 거대한, 웅장한, 굉장한, 대규모의. **2** 장대한, 장려한, 훌륭한.
grandiositat grandiositats *f.* 웅대함, 장대, 훌륭함.
grandolàs grandolassa grandolassos grandolasses *adj.* 매우 큰, 거대한.
grandor grandors *f.* **1** =grandesa. **2** 크기, 사이즈.
granejar *tr.* 가루로 만들다. *-intr.* **1** 호화롭게 살다. **2** 급히 확산되다, 금세 불어나다.
granel, a *loc.adv.* 포장하지 않고.
granellada granellades *f.* 두드러기, 발진; 벼룩에 물린 자국.
granellut granelluda granelluts granelludes *adj.* 좁쌀처럼 돋은, 좁쌀 모양의 종기의.
graner granera graners graneres *m.f.* 곡류상.
-m. [농업] 곡창; 곡창 지대.
granera graneres *f.* **1** 빗자루. **2** [식물] 댑싸리.
granet granets *m.* [광물] 화강암.
granger grangera grangers grangeres *m.f.* 농장주, 농장지기.
granífug granífuga granífugs granífugues *adj.* 우박을 피하는.
granís granissos *m.* **1** 우박; 우박처럼 쏟아지는 것. **2** [의학] 눈에 생기는 점.
granissada granissades *f.* **1** 우박이 쏟아짐. **2** [의학] 두드러기.
granissar *intr.* **1** 우박이 쏟아지다. **2** 우박처럼 쏟아지다. *-tr.* (알갱이를) 던지다, 뿌리다.
granissat granissats *m.* 얼음과자, 빙수, 얼음 음료수.
granissó granissons *m.* granís의 축소

사.
granit granits *m.* [광물] 화강암.
granívor granívora granívors granívores *adj.* 곡식알을 먹는.
granja granges *f.* **1** 농장, 장원. **2** 착유장, 제유소. **3** 우유 제품 판매소, 우유 가게.
granment *adv.* 극도로, 매우 심하게.
granor granors *f.* (곡식의) 결실; 결실기.
granot granots *m.* [동물] 개구리.
granota granotes *f.* **1** =granot. **2** 작업복.
grànul grànuls *m.* 작은 알갱이, 고운 가루; 환약.
granulació granulacions *f.* **1** 낟알로 만듦. **2** [의학] 여드름, 발진. **3** 과립 형성; 육아(肉芽).
granular[1] granulars *adj.* 입상의, 미립의, 좁쌀 같은.
granular[2] *tr.* 알갱이로 만들다, 빻다. **-se** 알갱이 모양이 되다; 좁쌀 알 같이 발진하다.
granulat granulada granulats granulades *adj.* 입상의, 좁쌀 알 같은.
granulós granulosa granulosos granuloses *adj.* **1** 알갱이의. **2** 과립상의, 육아가 있는.
graó graons *m.* 층계, 계단.
grapa grapes *f.* **1** 고리, 꺾쇠. **2** (새·짐승의) 날카로운 발톱. **3** 호치키스의 철사 침.
a quatre **grapes** 발로 기어서.
grapada grapades *f.* (짐승의 발로) 할퀴기.
grapadora grapadores *f.* 호치키스.
grapar *tr.* 호치키스로 박다.
grapat grapats *m.* 한 줌, 한 움큼; 소수, 소량.
grapeig grapeigs[grapejos] *m.* grapejar하는 일.
grapejament grapejaments *m.* =grapeig.
grapejar *tr.* **1** 자주 만지다, 멋대로 주무르다; 쥐어박다. **2** [비유] (이론 따위를) 조작하다.
graponar *intr.* 기어가다.
graponejar *tr.* =grapejar.
graponer graponera graponers grapone-res *adj.* 아무렇게나 만든, 엉성한, 솜씨가 서투른; 막돼먹은.
gras grassa grassos grasses *adj.* **1** 뚱뚱한, 살찐, 비만한. **2** 지방분이 많은, 비곗살이 많은. **3** 많은, 풍부한(abundant). **4** [비유] (말이) 거친, 퉁명스러운, 무례한, 상스러운(groller).
passar-la[*ballar-la*] **grassa** 호화롭게 살아가다.
grassor grassors *f.* 지방질, 비곗살; 살찜, 비만.
grat grata grats grates *adj.* 즐거운, 유쾌한(agradable); 호의적인, 귀한.
-m. 반가움, 즐거움, 유쾌함(gust).
caure en **grat** (a algú) (누구의) 마음에 들다.
de[*per*] **grat** *o per força* 기꺼이 혹은 마지못해.
de[*per*] **grat**[*de bon grat*] 기꺼이, 진심으로, 자진해서.
haver[*sentir; saber*] **grat** 감사히 생각하다, 고마워하다.
prendre en **grat** 기꺼이 승낙하다.
tenir[*haver; donar-se*] **grat** *de* 마음이 편하다, 기분이 좋다.
venir de **grat** ...하고 싶다.
gratacel gratacels *m.* 마천루, 높은 빌딩.
gratar *tr.* 긁다, 후비다; 휘저어 찾다.
gratar-se la butxaca[*la bossa*] 지불하다.
gratar-se la panxa 엉덩이로 앉다.
gratcient, a *loc.adv.* 일부러, 고의로.
gratificació gratificacions *f.* **1** 보수; 보답, 보상, 수당, 상여, 위로금, 사례금, 팁. **2** 즐겁게 하는 일.
gratificar *tr.* **1.** 보답하다, 위로하다; 보수·사례금·팁을 주다. **2** 즐겁게 하다, 기쁘게 하다.
gràtil gràtils *m.* 돛의 가장자리.
gratis *adv.* 무료로, 거저, 공짜로.
gratitud gratituds *f.* **1** 감사, 사의. **2** 무료.
gratuït gratuïta gratuïts gratuïtes *adj.* **1** 무료의. **2** 근거 없는, 이유 없는.
gratuïtat gratuïtats *f.* 무료; 근거 없음.
gratulació gratulacions *f.* 축하, 축사.
gratular *tr.* 축하하다, 경하하다, 축사하

다.
grau graus *m.* **1** [지리] 해협. **2** (호수의) 입구. **3** 항구(port). **4** 층; 층계, 계단. **5** 계급, 등급; 학년. **6** 지위; 정도. *en alt grau* 고위의. **7** 촌수, ...촌. **8** (각도·경위도·온도 등의) 도(度). **9** [수학] 차(次). **10** [문법] (형용사·부사의) 급. **11** [법률] (재판의) 심급(審級), 제...심.

de segon grau [수학] 2차의.

en últim[en alt] grau[en grau superlatiu] 극도로.

per graus 점차, 차차로, 서서히.

graula graules *f.* [조류] 갈가마귀.

grava graves *f.* **1** 자갈, 돌멩이. **2** [광물] 사력층.

gravació gravacions *f.* (세금의) 부과.

gravamen gravàmens *m.* **1** 부담, 책임. **2** 관세, 세금. **3** 저당, 담보.

gravar *tr.* **1** 새기다, 조각하다, 삽화를 그리다, 그림을 그리다. **2** [비유] 부담을 주다. **3** 관세·세금을 부과하다. **4** [비유] (마음에) 새기다. *-se* (마음에) 새겨지다.

gravat gravada gravats gravades *adj.* gravar된.

-m. [회화] 삽화, 그림; (목판·동판의) 조각.

gravetat gravetats *f.* **1** 중량, 무게. **2** 중대성, 위독함. *malalt de gravetat* 중병의. **3** 장중함, 엄숙, 침착, 진지함. **4** 거드름 피움. **5** [물리] 지구인력, 중력.

gràvid gràvida gràvids gràvides *adj.* [시어] (...을) 잉태한. **2** 꽉 찬, 넘치는.

gravimetria gravimetries *f.* 중량·밀도 측정(법).

gravíssim gravíssima gravíssims gravíssimes *adj.* greu의 최상급.

gravitació gravitacions *f.* [물리] (지구의) 인력, 중력; 그 작용.

gravitacional gravitacionals *adj.* 인력의, 중력 (작용)의.

gravitar *intr.* **1** 인력에 끌리다. **2** 덮치다, 짓누르다; 부담을 주다.

grecisme grecismes *m.* =hel·lenisme2.

grecollatí grecollatina grecollatins grecollatines *adj.* 그리스 라틴계의, 그리스 라틴 문화의.

greda gredes *f.* 점토, 도토, 백토, 백악.

gredós gredosa gredosos gredoses *adj.* 점토의, 도토의, 백토의.

gregal gregals *m.* 동북풍.

gregalada gregalades *f.* 강한 동북풍.

gregari gregària gregaris gregàries *adj.* **1** 군생의, 잡거의, 떼를 지어 사는; 어중이떠중이가 모여 사는. **2** 부화뇌동하는, 집단성의.

gregarisme gregarismes *m.* 군생, 집단성, 부화뇌동성.

gregorià gregoriana gregorians gregorianes *adj.* **1** 로마 교황 그레고리 1세의. **2** 그레고리 13세[1582년에 율리우스력을 개정한 현행 태양력을 만듦]의.

greix greixos *m.* **1** 유지, 지방. **2** 수지. **3** 기름때. **4** [식물] (두송의) 나무진. **5** (번지는 것을 막는) 약.

donar greix a algú (누구를) 기쁘게 하다, 즐거움을 주다.

pesar el greix a algú[traginar greix algú] (누구의) 살이 찌다, 몸이 붇다.

posar[criar] greix 살이 찌다; 만족을 느끼다.

greixar *tr.* **1** 기름을 칠하다. **2** 기름을 떨어뜨리다, 기름으로 더럽히다. **3** 살찌게 하다.

greixina greixines *f.* 기름, 지방.

greixinós greixinosa greixinosos greixinoses *adj.* 기름투성이의.

greixó greixons *m.* 기름에 튀긴 돼지비계(llardó).

greixor greixors *f.* **1** 지방성; 비곗살이 많음. **2** 비만, 뚱뚱함; 지방이 많음.

greixum greixums *m.* **1** 기름, 지방. **2** 더러움, 때. **3** 기름으로 하는 고문[펄펄 끓는 기름을 붓는 형벌].

grell grells *m.* **1** (알의) 눈. **2** [식물] 싹.

grella grelles *f.* [식물] 싹.

gremi gremis *m.* [집합] 동업자 단체, 동업조합, 길드, 결사; 신도단, 교수단.

gremialisme gremialismes *m.* 동업 조합주의, 직능 조합주의.

grémola grémoles *f.* [방언] 신음소리; 탄식, 한탄.

gremolejar *intr.* [방언] 신음소리를 내다; 탄식하다, 한탄하다.

greny grenys *m.* [광물] (광맥·암석 등

grenya grenyes *f.* 1 헝클어진 머리. 2 얽힌 것, 얽힘.

grenyal grenyals *adj.* 1 설익은, 덜 익은. 2 (음식이) 설익은.

grenyut grenyuda grenyuts grenyudes *adj.* 1 머리카락을 산발한. 2 퍽 조심스러운, 조심성이 많은.

gres gresos *m.* 도토(陶土), 사암.

gresca gresques *f.* 1 잔치 소동, 술잔치, 흥청거림. 2 다툼, 난투.

gresol gresols *m.* 1 도가니. 2 (용광로의) 안쪽 바닥.

greu greus *adj.* 1 무거운, 중량이 나가는(pesant). 2 (병이) 심한, 중한, 중병의. *una malaltia greu* 중한 병. 3 예사롭지 않은, 심상치 않은. 4 진지한, 엄숙한, 장중한(digne). 5 [음악] 저음의.
saber greu 불쾌하다, 기분이 나쁘다; 유감이다.

greuge greuges *m.* 욕보임; 명예 훼손, 모욕; 피해, 손상; 불평의 원인.

grèvol grèvols *m.* [식물] 호랑가시나무.

grifó grifons *m.* 1 =grisol. 2 [조류] 매의 일종.

grífol grífols *m.* 1 [식물] 싹, 움, 어린 가지, 어린 싹. 2 분출, 뿜어 나옴.

grill[1] grills *m.* 1 송이, 곁송이; 널린 열매. 2 [지리] (산의) 지맥. 3 [곤충] 귀뚜라미. 4 (꺾어진) 나뭇가지.

grill[2] grills *m.* [기계] 잭, 기중기.

grillar *intr.* 1 (식물의) 줄기가 뻗다. 2 싹트다, 움트다, 발아하다. -**se** 속이 타다, 애타다, 초조해하다, 안달하다.

grilló grillons *m.* 족쇄, (발에 끼우는) 칼, 쇠고리.

grimpador grimpadora grimpadors grimpadores *adj.* 기어오르는, 타고 오르는.

grimpar *intr.* 기어오르다, 매달려 오르다, 타고 오르다.

grinyol grinyols *m.* 1 (동물의) 울부짖는 소리; 비명. 2 날카로운 소리; 삐걱거림, 삐걱거리는 소리.

grinyolar *intr.* 1 (동물이) 울부짖다. 2 날카로운 소리를 내다; 삐걱거리는 소리를 내다.

grip grips *f.* [의학] 독감, 유행성 감기, 인플루엔자.

gripal gripals *adj.* 유행성 감기의.

gripau gripaus *m.* [동물] 두꺼비.

grípia grípies *f.* (우마의) 구유.

gris grisa grisos grises *adj.* 1 회색의, 쥐색의. 2 슬픈; 을씨년스러운.
-*m.* 1 회색, 쥐색. 2 찬바람, 한풍, 매운바람.

grisejar *intr.* 회색으로 되다.

grisenc grisenca grisencs grisenques *adj.* 희뿌연, 희끄무레한.

grisú grisús *m.* 메탄가스, 탄화수소 가스.

griu grius *m.* [신화] 그리핀[사자의 몸에 독수리 머리와 날개를 가지고 황금을 지킨다고 하는 괴수].

griva grives *f.* [조류] 개똥지빠귀.

groc groga grocs grogues *adj.* 1 노란, 황색의. 2 창백한, 누런, 핏기가 없는. *tornar-se groc* 창백하게 되다.
-*m.* 노란색, 황색.

grofollut grofolluda grofolluts grofolludes *adj.* 투박한, 조잡한, 툭툭한; 촌스러운, 상스러운.

grogós grogosa grogosos grogoses *adj.* 누르스름한.

groguejar *intr.* 누르스름해지다.

groguet groguets *m.* [식물] 금잔화.

grogui groguis *adj.* (권투에서 얻어맞아) 비틀거리는, 그로기 상태의.

groller grollera grollers grolleres *adj.* 1 투박한, 거친, 조잡한. 2 상스러운, 저속한, 촌스러운; 예의 없는, 무례한 (grosser).
-*m.f.* 무례한 사람, 통명한 사람.

grolleria grolleries *f.* 1 조잡함, 거칢, 촌스러움. 2 무례, 버릇없음.

gronxador gronxadora gronxadors gronxadores *adj.* 휘젓는; 흔들거리는.
-*m.* 그네; 흔들의자; 휘젓는 막대.

gronxament gronxaments *m.* gronxar하는 일.

gronxar *tr.* 휘젓다; 흔들다.

grop grops *m.* 1 (나무의) 마디, 혹. 2 검은 뭉게구름. 3. (돌의) 응어리, 돌덩어리. 4 [비유] 장애, 난관.

gropa gropes *f.* (말의) 궁둥이.

gropada gropades *f.* 갑작스러운 폭풍

우, 강풍우, 집중 호우.
gros grossa grossos grosses *adj*. **1** 큰, 커다란, 부피가 있는. **2** 두꺼운, 굵은, 퉁퉁한. **3** (강이) 많이 불어난. **4** (파도가) 사나운, 높은. **5** [비유] 대단한. *un gros avantatge* 대단한 이점.
en gros 전반적으로, 대체적으로, 전체적으로.
estar grossa 임신하다.
mar grossa 사나운 바다, 파도가 큰 바다.
grosella groselles *f*. [식물] 구스베리의 열매.
grossa grosses *f*. **1** 그로스[수량을 나타내는 단위. 1 그로스는 12다스]. **2** (복권의) 일등 당첨.
tocar la grossa (누구의) 차례가 되다.
grossal grossals *adj*. (열매가) 굵은, 커다란.
grossament *adv*. 대충, 대체적으로.
grossària grossàries *f*. 크기, 볼륨, 규모.
grosser grossera grossers grosseres *adj*. **1** 굵은, 커다란. **2** 조잡한, 거친, 투박한. **3** 무례한, 예의 없는, 퉁명스러운(groller).
grosseria grosseries *f*. **1** 조잡함, 투박함, 거칠고 엉성함. **2** 무례함, 버릇없음(grolleria).
grossesa grosseses *f*. 굵음, 살찜, 뚱뚱함, 커다람.
grossor grossors *f*. **1** =grossesa. **2** grossària.
grotesc grotesca grotescs[grotescos] grotesques *adj*. **1** 조잡한. **2** 이상스러운, 악취미의, 유다른, 별다른. **3** 괴기한, 험상궂은.
grua grues *f*. **1** 혜성, 살별. **2** [조류]학. **3** 기중기.
gruar *intr*. 속이 타다, 애타다, 고통을 받다. *-tr.* **1** 간절히 원하다, 동경하다, 갈망하다. **2** 기중기로 올리다.
grufa grufes *f*. [방언] (돼지 등의) 콧부리.
grufar *tr*. [방언] (돼지 등이) 콧부리로 땅을 파헤치다.
gruix gruixos *m*. 두께, 굵기.
gruixut gruixuda gruixuts gruixudes *adj*.

1 두꺼운, 굵은, 부피가 있는. **2** (목소리가) 낮은, 저음의. **3** (말이) 심한, 지나친, 모욕적인(ofensiu).
grum¹ grums *m*. 제복 입은 보이.
grum² grums *m*. **1** [화학] 백랍(白蠟). **2** 엉긴 덩어리, 응어리.
grumeig grumeigs[grumejos] *m*. (고기잡이용) 미끼.
grumejar *intr*. 미끼를 던지다.
grumer grumers *m*. =medusa.
grumet grumets *m*. 견습 선원, 하급 선원.
grumoll grumolls *m*. =grum.
gruny grunys *m*. **1** (돼지의) 꿀꿀거리는 소리. **2** (동물의) 신음 소리.
grunyir *intr*. **1** (동물이) 신음소리를 내다. **2** (사람이) 투덜대다. **3** 삐꺽거리다.
grup grups *m*. **1** 그룹, 집단, 단체, 일단; 군(群), 조. **2** [회화] 군상.
gruta grutes *f*. 암굴, 동굴, 동혈.
guacamai guacamais *m*. [조류] 금강앵무새.
guaita guaites *f*. **1** guaitar하는 일. **2** 불침번, 경계.
guaitar *tr*. **1** 지키다, 감시하다, 경계하다, 불침번을 서다(vigilar). **2** 살피다, 관찰하다(mirar).
gual guals *m*. **1** (얕은) 여울. **2** (도로 등의) 빗물이 흐르는 길, 배수구.
gualdrapa gualdrapes *f*. (말의) 궁둥이 덮개.
guano guanos *m*. 구아노[남미 서해안 지대에 퇴적된 바닷새들의 똥].
guant guants *m*. 장갑; (복싱의) 글러브.
guanter guantera guanters guanteres *m.f*. 장갑 제조자·상인.
guantera guanteres *f*. (자동차 운전석의) 작은 물건을 넣어 두는 곳.
guany guanys *m*. **1** 벌이, 수입, 소득; 봉급. **2** 혜택, 이득; 이익, 이윤.
guanyar *tr*. **1** 벌다, 돈벌이하다, 이익을 내다. *guanyar un bon sou* 많은 봉급을 받는다. **2** 손에 넣다, 얻다; 취득하다, 획득하다. **3** 정복하다, 점령하다. **4** (경쟁에서) 이기다; 우위를 점하다(vèncer). **5** 이르다, 도달하다(arribar). **6** (누구의) 호의를 얻다. **7** (...보다) 낫다, 뛰어나다. **8** (시간을) 벌다(avan-

guapo

çar). *guanyar temps* 시간을 벌다. **-se 1** 돈을 벌다, 생계를 벌다. **2** 호의를 사다, 자기편으로 만들다. **3** (...을) 받을 만하다. **4** (...을) 받을 짓을 하다; 자업자득하다.

guapo guapa guapos guapes *adj.* **1** 예쁜, 잘 생긴. **2** [비유] (프로젝트·작품 등이) 멋진.

guaraní guaranía guaranís guaraníes *adj.m.f.* 과라니[파라과이에 살고 있는 한 부족]의 (사람).
-m. **1** 과라니[파라과이의 화폐 단위]. **2** [언어] 과라니어.

guarda guardes *f.* **1** 당번, 보초, 감시인, ...지기; (철도의) 신호수. **2** 감시, 초계, 망보기. **3** 후견, 수호. **4** (책의) 속표지. **5** (칼의) 날밑. **6** (카드놀이에서) 끝까지 남겨 두는 패.
guarda i custòdia [법률] 후견.

guardaagulles guardaagulles [단·복수동형] 전철수(轉轍手).

guardabarrera guardabarreres *m.f.* (철도의) 건널목지기.

guardabosc guardaboscs [guardaboscos] *m.f.* 산림 감시인.

guardacostes guardacostes *m.* [단·복수동형] 밀수 감시선, 해안 경비정.

guardaespatlles guardaespatlles *m.f.* [단·복수동형] 경호원, 보디가드, 호위자.
-m. 어깨걸이, 숄.

guardafoc guardafocs *m.* 방화벽, 방화판.

guardafred guardafreds *m.* 방한복.

guardajoies guardajoies *m.* [단·복수동형] 보석 보관함.

guardamà guardamans *m.* (칼의) 날밑, (총의) 방아쇠울.

guardanàs guardanassos *m.* 콧소리(nassal).

guardapesca guardapesques *m.* [해사] 어로 감시선.

guardapits guardapits *m.* [단·복수동형] =armilla.

guardapols guardapols *m.* [단·복수동형] 먼지를 막아 주는 덮개.

guardar *tr.* **1** 감시하다, 망보다(retenir). **2** (위험으로부터) 지키다, 보호하다, 막다, 방위하다. **3** 유지하다, 간직하다. 보존하다, 간수하다. *En guardo un bon record* 난 그에게 좋은 추억을 간직하고 있다. **4** (침묵을) 지키다. **5** (약속을) 지키다. **-se 1** 자신을 지키다, 방어하다. **2** 피하다, 삼가다, 비키다. **3** 사양하다; 조심해서 하다. **4** 챙겨 넣다, 가지다(quedar-se).

guarda-roba guarda-robes *m.* 옷장, 의상실, 의상 보관실; 휴대품 맡기는 곳.

guarderia guarderies *f.* 유치원, 보육원, 탁아소.

guàrdia guàrdies *m.f.* **1** guardar하는 일. **2** 위병, 보초병. **3** 경비원, 수위, 당직자, 감시원. **4** 호위 대원, 경호 대원. **5** (사설) 안전 경관. **6** (복싱·검도 등의) 방어 태세.

guardià guardiana guardians guardianes *m.f.* 수호자, 파수꾼, 감시자, 수위.

guardiola guardioles *f.* **1** 큰 상자. **2** 저금통; 헌금통.

guardó guardons *m.* 포상; 보수, 사례금.

guardonar *tr.* 포상하다, 표창하다; 보수·사례금을 주다.

guaret guarets *m.* 휴경지, 휴한지.

guarible guaribles *adj.* 치료할 수 있는.

guarició guaricions *f.* 치료.

guaridor guaridora guaridors guaridores *adj.* 치료용의, 약제의.

guarir *tr.* **1** 치료하다, 고치다. **2** [비유] (죄과·잘못을) 고치다. *-intr.prnl.* **1** (질병·상처 등이) 낫다, 치유되다; 치료하다. **2** 보살피다, 손질하다, 신경을 쓰다, 주의하다.

guarnició guarnicions *f.* **1** 꾸밈, 장식; (옷의) 술 장식, 꾸민 것. **2** [군사] 경비대, 수비대. **3** (고기 요리의) 곁들인 것. **4** *pl.* 마구(馬具). **5** (칼의) 날밑. **6** (자동차 브레이크의) 라이닝. **7** (피스톤의) 패킹.

guarniment guarniments *m.* **1** 꾸밈, 장식. **2** 액세서리. **3** [군사] 경비대, 수비대. **4** *pl.* 마구(馬具).

guarnir *tr.* **1** 장식하다, 꾸미다. **2** (의상·커튼 등에) 갓을 두르다; 단에 장식을 하다. **3** 장비하다, 갖추다, 설치하다, 배치하다. **4** (보석을) 끼우다. **5** (...에)

마구를 얹다. **6** (벽에) 덧칠을 하다. **7** [군사] 병력을 배치하다, 경비대를 보내다. **8** [비유] 잔뜩 멋을 부리다. **9** [냉소적] 알랑거리다; 속이다(entabanar).
deixar guarnit 속이다.

guaspa guaspes *f.* (깃대·지팡이 등의) 밑에 대는 쇳조각, 물미; 포미.

guatemalenc guatemalenca guatemalencs guatemalenques *adj.m.f.* 과테말라(Guatemala)의 (사람).

guatlla guatlles *f.* [조류] 메추라기.

guatllot guatllots *m.* [조류] 수컷 메추라기.

guèiser guèisers *m.* 간헐 온천.

güell güells *m.* (돼지가) 꿀꿀거리는 소리, (쥐가) 찍찍거리는 소리.

güellar *intr.* (돼지가) 꿀꿀거리다, (쥐가) 찍찍거리다.

guenyo guenya guenyos guenyes *adj.* 사팔눈의.
-*m.f.* 사팔뜨기.

guepard guepards *m.* (아시아, 아프리카의) 표범의 일종.

guerra guerres *f.* **1** 전쟁. **2** 싸움, 언쟁, 다툼; ...전. **3** [군사] 육군성.
estar en guerra 전시 상태에 있다.
guerra sense quarter 사투, 격전.
guerra de preus 가격 전쟁.

guerrejador guerrejadora guerrejadors guerrejadores *adj.* 싸우는, 호전적인.
-*m.f.* 전투원; (전설적인) 무훈자, 전공자.

guerrejar *intr.* 싸우다, 전쟁하다; 논쟁하다, 다투다.

guerrer guerrera guerrers guerreres *m.f.* 전사, 무사, 전투원, 군인.

guerrilla guerrilles *f.* **1** [군사] 게릴라전, (소부대의) 신출귀몰전, 비정규전. **2** =guerriller.

guerriller guerrillera guerrillers guerrilleres *m.f.* 게릴라(대원), 유격대원, 무장 테러리스트, 비정규군 병사, 민병대원.

guerx guerxa guerxos guerxes *adj.* =guerxo.

guerxar *tr.* 부풀게 하다, 볼록하게 하다, 뒤틀리게 하다. -*se* (모양이) 부풀다; 뒤틀어지다.

guerxer guerxera guerxers guerxeres

adj. 왼쪽의; 왼손잡이의.

guerxo guerxa guerxos guerxes *adj.* **1** 뒤틀려진, 꼬인, 휜, 구부러진. **2** 사팔 뜨기의. *mirar guerxo* 곁눈질하다, 사팔눈으로 보다.

gueto¹ guetos *m.* **1** 게토[2차 대전 당시에, 나치에 의해 강요된 유태인들의 특별 거주 구역], 유태인가(街). **2** [비유] 빈민가, 슬럼가.

gueto² gueta guetos guetes *adj.m.f.* 늙고 병든 (사람), 노인(의). *el[el meu] gueto* 내 아버지.

guia guies *f.* **1** 안내, 유도, 길잡이, 표적. **2** 가이드북, 안내 책자, 편람. **3** 지표, 길 안내판. **4** [해사] 세관허가서. **5** 도화선. **6** 선도마(先導馬).
-*m.f.* **1** 여행 가이드, 안내자. **2** 선도자, 지도자.

guiar *tr.* **1** 인도하다, 안내하다, 유도하다(conduir). **2** 지도하다, 조종하다, 좌우하다. -*se* 데리고 가다; 따르다.

guiatge guiatges *m.* 안내하는 일; 안내료, 통행증.

guilla guilles *f.* [동물] 여우, 암여우.

guilladura guilladures *f.* 몰두; 홀딱 빠짐.

guillar *intr.prnl.* (어떤 일에) 몰두하다; 홀딱 빠지다, 미치다.

guilleume guilleumes *m.* 홈을 파는 끌.

guillot guillots *m.* [동물] 수여우.

guillotina guillotines *f.* **1** 단두대, 기요틴. **2** 종이 재단기.

guillotinar *tr.* **1** 단두대에 앉히다, 목을 자르다, 참수하다. **2** (종이를) 자르다.

guimbar *intr.* 기뻐 날뛰다; 깡충깡충 뛰다, 펄쩍펄쩍 뛰다.

guimbarda guimbardes *f.* **1** [기계] 홈파는 끌. **2** 구금[입으로 물고 손가락으로 켜는 악기].

guinda guindes *f.* 앵두열매.

guindar *intr.* =hissar.

guinder guinders *m.* [식물] 앵두나무.

guindola guindoles *f.* 구명용 튜브·보트.

guineà guineana guineans guineanes *adj.m.f.* 기니(Guinea)의 (사람).

guineu guineus *f.* [동물] 여우, 암여우.
pudir més que una guineu[*que una guilla*] [구어] 냄새가 고약하다, 악취가

코를 찌르다.
guineurer guineurera guineurera guineurers guineureres *adj.* **1** 여우잡이 용의. **2** 간사한, 교활한, 능청 떠는.
guingueta guinguetes *f.* (축제 시에 쓰이는) 움집, 바라크; 창고.
guinyada guinyades *f.* **1** 눈짓, 윙크. **2** (배가) 흔들림.
guinyar *intr.* **1** 눈짓하다, 윙크하다. **2** (배가) 흔들리다.
guinyol guinyols *m.* **1** (짐승의) 우는 소리. **2** 풍자 인형극.
guió guions *m.* **1** 선도자, 선각자, 지도자. **2** [영화] 대본, 시나리오. **3** 이음표, 하이픈. **4** (노의) 손잡이. **5** 강연 요지, 메모.
guionet guionets *m.* [문법] 이음표, 하이픈.
guionista guionistes *m.f.* [남녀동형] 시나리오작가.
guipar *tr.intr.* [구어] 보다, 주시하다.
guirigall guirigalls *m.* 헛소리, 영문 모를 소리; 시끄러움, 떠들썩함.
guirola guiroles *f.* (피부에 생긴) 물집.
guisa guises *f.* 양식, 방식, ...풍.
a guisa de ...풍으로; ...처럼.
guisar *tr.* **1** 삶다, 조리하다, 요리하다. *M'agrada de guisar* 나는 요리를 좋아한다. **2** 정리하다, 처리하다.
guisat guisats *m.* 삶은 요리, 스튜 요리.
guisofi guisofis *m.* 맛없는 요리, 잘 못 요리된 음식.
guit guita guits guites *adj.* 발길질하는 버릇이 있는.
guitar *intr.* **1** (동물이) 발길질하다, 차다. **2** 못살게 굴다, 들볶다; 고집을 부리다.
guitarra guitarres *f.* 기타.
aixafar la guitarra a algú (누구를) 물먹이다, 골탕 먹이다; 흥을 깨다.
guitarreig guitarreigs[guitarretjos] *m.* 기타 치는 골무.
guitarrer guitarrera guitarrers guitarreres *m.f.* 기타 제조자·상인; 기타 연주가.
guitarrista guitarristes *m.f.* [남녀동형] 기타 연주가.

guitarró guitarrons *m.* 소형기타, 고음용 기타.
guitza guitzes *f.* (동물이) 뒷발로 차는 일.
fer la guitza (긴말을 늘어놓아) 싫증나게 하다.
tirar guitzes (말 등이) 툭툭 차다, 발버둥치다; 고집 피우다.
guix guixos *m.* **1** [광물] 석고. **2** 회반죽. **3** 백묵.
guixa guixes *f.* [식물] 백완두.
guixada guixades *f.* guixar하는 일.
guixar *tr.* 낙서하다, 갈겨쓰다. *-intr.* (선을) 긋다; (선으로) 지우다.
no guixar 작동하지 않다, 움직이지 않다.
guixenc guixenca guixencs guixenques *adj.* **1** 석고의, 석고 같은. **2** 석고질의, 석고질이 많은.
guixer guixera guixers guixeres *m.f.* 석고 기술자·상인.
guixera guixeres *f.* 석고 채굴장.
guixot guixots *m.* 석고 부스러기.
gumia gumies *f.* 아라비아 사람들이 쓰는 단도.
gurmet gurmets *m.* 미식가.
guru gurus *m.* [종교] 구루[힌두교의 영적 지도자].
guspira guspires *f.* 스파크; 번갯불, 섬광.
guspirejar *intr.* =centellejar.
gussi gussis *m.* 고기잡이용 작은 돛단배.
gust gusts[gustos] *m.* **1** 맛, 미각(sabor). **2** 즐거움, 기쁨. **3** 취미, 기호, 좋아함 (afecció). **4** 변덕, 종작없음.
a gust 마음에 드는; 기호에 맞게, 좋을 대로.
al vostre[seu] gust 기호에 맞게, 좋으실 대로, 마음 편하게.
amb molt de gust 기꺼이, 얼마든지.
agafar gust a ...이 좋아지다.
donar gust a algú 기쁘게 해 주다.
El gust és meu 만나서 반갑습니다.
Mai no plou al gust de tothom [비유] 모든 사람의 비유를 맞출 수는 없다.
per gust 취미로, 재미로.
tenir[sentir] gust per (...에) 취미를 가

지다.
tenir molt de gust a ...하게 되어 매우 기쁘다.
venir de gust [구어] ...하고 싶어지다.
gustar *tr.* **1** 맛을 보다. **2** [비유] 음미하다, 감상하다.
gustejar *tr.* =assaborir.
gustatiu gustativa gustatius gustatives *adj.* 미각의. *nervi gustatiu* 미각 신경.

gustós gustossa gustossos gustosses *adj.* **1** 맛있는. **2** 유쾌한, 즐거운.
gutació gutacions *f.* [식물] (표면의) 배수 (현상), 일액(溢液) (현상).
gutaperxa gutaperxes *f.* [화학] 수액을 말린 고무질 물질; 그것을 칠한 천.
gutíferes *f.pl.* [식물] 고추나물과 식물.
gutural guturals *adj.* **1** 목구멍의. **2** 목구멍에서 나오는. **3** [음성] 후음의.

H h

h *f.* 카탈루냐어 알파벳의 여덟 번째 문자.
ha *interj.* [놀라움·만족 등을 나타내는 감탄사] 와!, 좋아!
hàbil hàbils *adj.* **1** 능력·권리·자격이 있는, 유능한; 재주 있는. *hàbil per a succeir* 계승할 자격이 있는. **2** 유효한, 적절한, 알맞은(apte). **3** 법적 근무일의. **4** 영리한, 수완 좋은(llest).
habilitació habilitacions *f.* **1** 적응, 순응. **2** 자격·권한의 부여.
habilitar *tr.* **1** 적응시키다; 적합하게 만들다; 개조하다. **2** 자격을 부여하다, 적격자로 하다, 유효하게 하다.
habilitat habilitats *f.* **1** 능력, 자격(capacitat). **2** 재주, 재간, 수완, 숙련, 훌륭한 솜씨.
habilitat habilitada habilitats habilitades *adj.* 자격이 있는, 권한이 있는.
-m.f. 유자격자, 적격자.
hàbit hàbits *m.* **1** 의복, 복장. **2** 수사복· 승복. **3** 버릇, 습관(costum).
L'hàbit no fa el monjo [속담] 겉이 검다고 속까지 검으랴.
habitable habitables *adj.* 거주할 수 있는; 서식 가능한.
habitabilitat habitabilitats *f.* 거주할 수 있음; 서식 가능함.
habitació habituacions *f.* **1** 거실, 방. **2** 주거, 가옥, 주택. **3** [동·식물] 산지, 서식지, 서식처.
habitacle habitacles *m.* **1** 주거, 집. **2** [항공] (인공위성과 우주선의) 조종실. **3** =habitació3.
habitant habitants *m.f.* [남녀동형] 주민, 거주자.
habitar *tr.* 주거지로 삼다, (...에) 살다.
-intr. 살다, 서식하다.
hàbitat hàbitats *m.* [동·식물] 서식지, 자생지; 서식환경.
habitatge habitatges *m.* **1** 집, 주거, 주택, 숙소. **2** 사는 방식, 생활 방식.
habituació habitacions *f.* 습관이 듦, 익혀짐, 버릇됨, 길듦.
habitual habituals *adj.* 늘 하는 일의, 습관적인, 상습적인. *un gest habitual* 습관적인 몸짓.
a l'hora habitual 늘 같은 시간에.
habituar *tr.* 습관을 들이다; 길들이다.
-se 습관이 배이다, 익숙해지다; 길들다.
habitud habituds *f.* =hàbit.
hac *f.* 알파벳 h의 명칭.
haca haques *f.* [동물] 조랑말.
hades *m.* **1** [신화] (그리스 신화의) 지하 세계, 저승, 황천. **2** [성서] 음부, 지옥.
hafni *m.* [화학] 하프늄[금속 원소].
hagiògraf hagiògrafa hagiògrafs hagiògrafes *adj.* 성도 열전을 다루는.
-m.f. 성도 열전 작가.
hagiografia hagiografies *f.* 성도 열전, 성도 언행록, 성도 문학, 성도 연구.
hagiologia hagiologies *f.* =hagiografia.
haixix haixixs *m.* 해시시[인도 삼에서 채취한 마약].
hala *interj.* 잘해라!, 이겨라!, 힘내라!
halar *tr.* [선박] (배를) 끌다, 예항하다.
halièutic halièutica halièutics halièutiques *adj.* 낚시질에 관한.
-f. 낚시질, 낚시 방법.
hàlit hàlits *m.* **1** 숨, 호흡. **2** 김, 수증기. **3** 기운, 기력. **4** [시어] 미풍.
halita halites *f.* [광물] 암염.
halitosi halitosis *f.* [의학] 구취[구강에서 나는 악취].
halo halos *m.* **1** (태양·달의) 코로나. **2** (성상 등의) 후광, 원광. **3** (사진의) 흐림.
halòfil halòfila halòfils halòfiles *adj.* [생물] 염분 지대의.
halogen halògens *m.* [화학] 할로겐, 조염 원소.
halter halters *m.* [스포츠] **1** 아령. **2** *pl.* 아령 운동.
halterofília halterofílies *f.* [스포츠] 역도.
ham hams *m.* 낚싯바늘.
picar l'ham 낚싯바늘을 물다; [비유] 덫

hamaca   475   hebraista

에 걸리다.
tirar l'ham 낚싯바늘을 던지다; [비유] 덫을 놓다.
hamaca hamaques *f.* **1** 해먹, 그물 그네. **2** 어깨에 메는 가마.
hamburguesa hamburgueses *f.* 햄버거.
hampa hampes *f.* 불량배 패거리.
hàmster hàmsters *m.* [동물] (애완용의) 쥐, 햄스터.
handbol handbols *m.ang.* [스포츠] 핸드볼.
handicap handicaps *m.ang.* **1** [스포츠] 핸디캡이 있는 경기. **2** [비유] 핸디캡, 불이익, 불리한 조건(desavantatge). *tenir handicap* 핸디캡을 가지다, 불리하다. **3** 신체장애.
handicapar *tr.* **1** [스포츠] 핸디캡이 있는 경기를 하다. **2** 불이익을 주다, 불리하게 하다
hangar hangars *m.* (비행기·전투기 등의) 격납고.
hansa hanses *f.* [역사] (중세의) 상인 조합, 한자 동맹.
haplologia haplologies *f.* [음성] 중음 탈락.
harem harems *m.* (회교도의) 규방, 후궁.
harmonia harmonies *f.* 조화, 하모니.
harmònic harmònica harmònic harmòniques *adj.* 조화를 이루는, 균형 잡힌. *-f.* 하모니카.
harmoniós harmoniosa harmoniosos harmonioses *adj.* 귀에 듣기 좋은; 조화된, 균형 잡힌.
harmonitzar *tr.* 조화를 이루다.
harmònium harmòniums *m.* 소형 오르간, 페달식 오르간.
harpia harpies *f.* **1** [신화] 얼굴은 여자, 몸은 새인 우화적인 새. **2** 추녀, 악녀.
haure *tr.* =haver[2].
havà havana havans havanes *adj.* [지리] 아바나[쿠바의 수도]의, 아바나인의.
-m.f. 아바나 사람.
-m. 아나바 여송연.
havanera havaneres *f.* **1** 하바네라[아바나의 무용·민요]. **2** (쿠바의) 사교댄스.
haver[1] *tr.aux.* [조동사로서 완료 시제를 만듦] *S'ho han menjat tot* 그것을 다 먹어 버렸다.
haver de [1인칭 직설법 현재: **haig**] i) [의무] ...해야만 한다. *Demà m'haig de llevar d'hora* 나는 내일 일찍 일어나야 한다; ii) [예정·가능성] ...하게 될 것이다. *De tant córrer han d'acabar rebentats* 그렇게 많이 뛰면 녹초가 될 것이다; iii) [무인칭 동사로서 부사 hi와 함께 쓰여] 존재하다(existir). *Hi ha gent que no sap de llegir* 글을 읽지 못하는 사람이 있다; ...이 있다 (ésser). *Hi ha molta gent a la reunió* 모임에 매우 많은 사람이 있다; ...한 상태이다(trobar-se). *Ja hi ha a la venda el nou diccionari* 새 사전이 이미 판매 중이다; iv) [시간] ...한 지 ...가 되다. *Hi ha tres hores que el cerquem* 우리가 그것을 세 시간째 찾고 있다.
haver-n'hi prou amb (...하는 것으로) 충분하다. *N'hi ha prou amb sentir-ho una vegada* 그것을 한 번 듣는 것으로 충분하다.
Ja n'hi ha prou! 다 끝났다!, 이제 그만!, 됐다!
ja n'hi ha prou de 그만 하다. *Ja n'hi ha prou de bromes* 농담은 이제 그만 해라.
no haver-hi res a fer 아무 할 것이 없다.
haver[2] *tr.*[고어] 있다, 가지다(tenir). *Havia cinc fills* 다섯 명의 자식이 있었다.
haver[3] havers *m.* **1** 자산, 자본, 재산; 소유물, 소유권; 채권. **2** [경제] 대변(貸邊). **3** *pl.* 수익고.
haveria haveries *f.* (짐을 나르는) 노새.
hebdomadari hebdomadària hebdomadaris hebdomadàries *adj.* 주의, 주간의, 매주의.
-m.f. (수도원의) 주번, 주무자.
hebraisme hebraismes *m.* **1** [종교] 유대교. **2** 히브리사상. **3** [언어] 히브리어법, 히브리 풍.
hebraista hebraistes *m.f.* [남녀동형] 히브리학자.

hecatombe hecatombes f. **1** [역사] (고대인이 신에게 바쳤던) 소와 기타 짐승 100마리의 희생. **2** [비유] 대학살.
hectàrea hectàrees f. 헥타르[면적의 단위].
hedonisme hedonismes m. [철학] 쾌락주의, 향락주의, 쾌락설.
hedonista hedonistes m.f. [남녀동형] 쾌락주의자.
hegelià hegeliana hegelians hegelianes adj. 헤겔[독일의 철학자, 1770-1831]의; 헤겔학파의.
hegelianisme hegelianismes m. [철학] 헤겔 철학, 헤겔학파.
hegemonia hegemonies f. 패권, 주도권, 헤게모니. una hegemonia política 정치적 패권.
hegemònic hegemònica hegemònics hegemòniques adj. 패권을 가진, 지배적인, 헤게모니의. un paper hegemònic 패권적 역할.
hègira hègires f. [종교] 헤지라[마호메트가 서기 662년에 메카로 피한 날을 기점으로 함], 회교의 기원; 마호메트의 도피.
heli m. [화학] 헬륨.
hèlice hèlices f. =hèlix.
helicó helicons m. 헬리콘[나선형의 큰 나팔].
helicoide helicoides adj. 나사 모양의, 나선형의.
-m. [기하] 나선면, 나선체.
helicòpter helicòpters m. 헬리콥터.
heliestació heliestacions f. 헬리콥터 착륙장.
heliocèntric heliocèntrica heliocèntrics heliocèntriques adj. [천문] 태양 중심의.
heliocentrisme heliocentrismes m. [천문] 태양 중심설.
heliòfil heliòfila heliòfils heliòfiles adj. 빛을 좋아하는, 빛을 찾는.
heliofísica heliofísiques f. [천문] 태양물리학.
heliògraf heliògrafs m. 태양 사진기, 일광 반사 신호기, 일조계.
heliografia heliografies f. 태양학, 태양 연구; 태양의 사진; 일광 반사 신호

helioscopi helioscopis m. [천문] 천체 망원경.
heliosfera heliosferes f. [천문] 태양계.
heliosi heliosis f. [의학] 일사병.
heliòstat heliòstats m. [천문] 일광 반사경.
helioteràpia helioteràpies f. [의학] 일광 요법.
heliotropisme heliotropismes m. [식물] (해바라기 등의) 향일성.
heliport heliports f. 헬기장.
hèlix hèlixs f. **1** 나사, 나사 모양, 나선. **2** 추진기, 스크루, 프로펠러. **3** [해부] 귓바퀴. **4** [천문] 대웅성, 큰곰자리 별.
hel·lènic hel·lènica hel·lènics hel·lèniques adj. 고대 그리스의.
hel·lenisme hel·lenismes m. **1** 그리스[헬라] 정신, 그리스 문화, 그리스풍. **2** [언어] 그리스어의 어법·말투.
hel·lenista hel·lenistes m.f. [남녀동형] **1** 그리스 문명 숭배자·연구자, 그리스 학자, 그리스 문화를 따르는 사람. **2** [성서] 그리스 어를 사용한 유대인.
hel·lenístic hel·lenística hel·lenístics hel·lenístiques adj. hel·lenisme의.
hel·lenització hel·lenitzacions f. 그리스화, 그리스풍.
hel·lenitzar(se) tr.prnl. 그리스화 하다, 그리스풍으로 하다; 그리스화 되다.
helmint helmints m. [동물] 기생충, 회충.
helvètic helvètica helvètics helvètiques adj. [지리] 스위스의.
hem interj. [의심·불신을 나타내는 감탄사] 음!, 그런가!
hematia hematies f. 적혈구.
hemàtic hemàtica hemàtics hemàtiques adj. 피의, 피에 관한.
hematites hematites f. [광물] 적철석.
hematòleg hematòloga hematòlegs hematòlogues m.f. 혈액 전문의.
hematologia hematologies f. [의학] 혈액학.
hematoma hematomes m. [의학] 혈류; (머리의) 혹.
hematopoesi hematopoesis f. =hematosi.
hematosi hematosis f. [의학] 정맥혈을

동맥혈로 하는 일; 혈액 형성.
hematozou hematozous *m.* [생물] 혈액에 기생하는 기생충.
hematúria hematúries *f.* [의학] 요혈, 피오줌.
hemeralop hemeralopa hemeralops hemeralopes *adj.* 야맹증의.
-m.f. 야맹증 환자.
hemeralopia hemeralopies *f.* [의학] 야맹증.
hemeroteca hemeroteques *f.* **1** 신문·잡지 도서관. **2** 신문 회관. **3** 신문·잡지 수집.
hemi *pref.grec.* ['반'을 뜻하는 그리스어의 접두사].
hemicicle hemicicles *m.* **1** 반원, 반구. **2** 반원의 좌석; 반원형의 사물.
hemicrània hemicrànies *f.* [의학] 편두통(migranya).
hemió hemions *m.* [동물] (몽골 지역의) 야생 나귀.
hemiplegia hemiplegies *f.* [의학] 반신불수.
hemípters *m.pl.* [동물] 반치류 동물.
hemisferi hemisferis *m.* **1** [기하] 반구체. **2** [지리][천문] (지구·천체의) 반구.
hemisfèric hemisfèrica hemisfèrics hemisfèriques *adj.* 반구의, 반구형의.
hemistiqui hemistiquis *m.* (운문의) 반행.
hemofília hemofílies *f.* [의학] 혈우병.
hemofílic hemofílica hemofílics hemofíliques *adj.* [의학] 혈우병의.
hemoglobina hemoglobines *f.* 헤모글로빈, 혈색소.
hemopatia hemopaties *f.* [의학] 혈액병.
hemorràgia hemorràgies *f.* [의학] 출혈.
hemorràgic hemorràgica hemorràgics hemorràgiques *adj.* 출혈의.
hemorroïdal hemorroïdals *adj.* [의학] 치질의.
hemorroide hemorroides *f.* [의학] 치질.
hemostàsia hemostàsies *f.* [의학] 지혈, 지혈법.
hemostàtic hemostàtica hemostàtics hemostàtiques *adj.* 지혈의.
hendecasíl·lab hendecasíl·laba hendecasíl·labs hendecasíl·labes *adj.* 11음절의, 11음절 시구의.
hepàtic hepàtica hepàtics hepàtiques *adj.* 간염의.
hepatitis hepatitis *f.* [단·복수동형][의학] 간염, 간장병.
hepatització hepatitzacions *f.* [의학] 폐의 간화.
hepatologia hepatologies *f.* [의학] 간장(병)학.
heptaedre heptaedres *m.* [기하] 칠면체.
heptàgon heptàgons *m.* [기하] 칠각형, 칠변형.
heptagonal heptagonals *adj.* 칠각형의, 칠변형의.
heptàmer heptàmera heptàmers heptàmeres *adj.* 7개 부분으로 된.
heptasíl·lab heptasíl·laba heptasíl·labs heptasíl·labes *adj.* 7음절의.
Hera *f.n.pr.* [신화] 헤라[제우스의 누이이자 아내]; 결혼의 수호신.
herald heralds *m.* **1** 왕의 사자(使者). **2** (군대의) 전령. **3** 선구자. **4** 문장사(紋章司).
heràldic heràldica heràldics heràldiques *adj.* 문장학(紋章學)의.
heràldica heràldiques *f.* 문장학(紋章學).
herba herbes *f.* **1** 풀. **2** [집합] 풀, 잡초. **3** [비유] 악(惡).
mala herba 잡초; [비유] 악, 못된 자.
créixer com la mala herba [구어] 잡초처럼 자라다.
fer herba 풀을 뜯다, 풀을 자르다.
herbaci herbàcia herbacis herbàcies *adj.* 풀의, 초본의, 초목의.
herbacol herbacols *f.* [식물] 야생 엉겅퀴.
herbada herbades *f.* 풀밭, 초원, 목초지.
herbam herbams *m.* [집합] 목초; 방목 사료.
herbari herbaris *m.* [집합] 식물 표본집, 식물 표본실.
herbassar herbassars *m* =herbada.
herbassejar *intr.* herbejar.
herbat herbada herbats herbades *adj.* 풀밭의, 풀로 덮인.
-m. 목초지, 풀밭.

herbatge herbatges *m.* =herbam.
herbei herbeis *m.* 잔디.
herbejar *intr.* 풀을 먹다(pasturar). *-tr.* 사육하다, 풀을 먹이다, 방목하다.
herbera herberes *f.* 건초 저장소, 꼴을 두는 곳.
herbicida herbicides *adj.* 풀을 죽이는, 풀을 제거하는.
-f. 제초제.
herbívor herbívora herbívors herbívores *adj.* 초식의.
-m. [동물] 초식 동물.
herbolari herbolària herbolaris herbolàries *adj.* 경망스러운, 방정맞은.
-m.f. 방정맞은 사람.
-m. 약종상, 약초 채집자.
herborista herboristes *m.f.* [남녀동형] 식물·약초 채집자.
herborització herboritzacions *f.* 식물·약초 채집.
herboritzar *intr.* 식물·약초를 채집하다.
herbós herbosa herbosos herboses *adj.* 풀이 난, 풀밭의, 풀이 많은.
hèrcules hèrcules *m.* [단·복수동형] 1 [신화] 헤라클레스. 2 [비유] 헤라클레스 같은 사람, 힘이 장사인 사람. 3 [천문] 헤라클레스좌.
herculi hercúlia herculis hercúlies *adj.* 1 헤라클레스의, 헤라클레스 같은. 2 [비유] 힘이 장사인.
hereditari hereditària hereditaris hereditàries *adj.* 1 세습의, 상속의. 2 전래되는. 3 유전적인.
hereditat hereditats *f.* =herència.
herència herències *f.* 1 [법률] 상속, 상속권. *adir la herència* 유산을 상속받다. 2 상속물, 상속재산. 3 [생물] 유전. 4 [비유] 남긴 것, 유산. *l'herència de Roma* 로마의 유산.
herent herents *m.f.* [남녀동형] 1 (법적인) 상속인. 2 계승자.
heresiarca heresiarques *m.f.* [남녀동형] 사교(邪敎)의 교주.
heretant heretants *adj.m.f.* 상속하는 (사람).
heretament heretaments *m.* =herència.
heretar(se) *tr.prnl.* 1 상속하다. 2 상속재산으로 주다. 3 계승하다, 전승하다.

heretar la sensibilitat paterna 아버지의 감성을 이어받다.
heretat heretats *f.* 소유지, 경작지.
heretatge heretatges *m.* =herència.
heretge heretges *m.f.* [남녀동형] 이단자; 파렴치한.
heretgia heretgies *f.* [종교] 이단, 사교, 사설.
herètic herètica herètics herètiques *adj.* 이단의, 사교의.
heretical hereticals *adj.* =herètic.
hereu hereva hereus hereves *adj.* 상속의.
-m.f. 상속인; 계승자. *instituir hereu algú* (누구를) 상속인으로 하다.
hereuer hereuers *m.* =pubill.
hermafrodita hermafrodites *adj.* [생물] 암수 양성의, 암수 양성을 가진.
-m.f. [남녀동형] 그러한 동물·식물.
hermeneuta hermeneutes *m.f.* [남녀동형] 성서 해석학자.
hermenèutic hermenèutica hermenèutics hermenèutiques *adj.* 해석학의.
hermenèutica hermenèutiques *f.* (특히 성서의) 해석학.
hermètic hermètica hermètics hermètiques *adj.* 1 연금술의. 2 밀봉한, 밀폐한. 3 깊이 감춘, 신비스러운.
hermeticitat hermeticitats *f.* 밀봉, 비밀유지.
hermetisme hermetismes *m.* 신비주의, 신비스러움.
hèrnia hèrnies *f.* [의학] 헤르니아, 탈장 (脫腸).
herniar-se *prnl.* [의학] 헤르니아를 앓다.
herniari herniària herniaris herniàries *adj.* 헤르니아(성)의.
herniat herniada herniats herniades *adj.* 헤르니아에 걸린.
-m.f. 헤르니아 환자.
herniós herniosa herniosos hernioses *adj.* =herniat.
heroi herois *m.* 1 영웅, 용사. 2 (극·소설 따위의) 주인공.
heroic heroica heroics heroiques *adj.* 영웅의, 영웅적인; 용감한, 장렬한.
heroïcitat heroïcitats *f.* 영웅적인 행동; 용감한 행동, 용맹스러움, 장렬함.

heroïna heroïnes *f.* 1 여걸; 열녀, 열부. 2 여주인공. 3 [의학] 모르핀의 일종; 마약.

heroïnòman heroïnòmana heroïnòmans heroïnòmanes *adj.m.f.* 헤로인에 중독된 (사람).

heroïnomania heroïnomanies *f.* [의학] 헤로인중독.

heroisme heroismes *m.* 영웅적인 행위, 무용담; 용맹스러움, 의협심.

herpes herpes *m.* [단·복수동형][의학] 수포진(水疱疹).

herpètic herpètica herpètics herpètiques *adj.* 수포진의.
-*m.f.* 수포진 환자.

herpetologia herpetologies *f.* 파충류학.

hertz hertzs *m.* [물리] 헤르츠[진동수의 단위. 1초 동안의 진동 횟수].

hertzià hertziana hertzians hertzianes *adj.* [물리]헤르츠의.

hesitació hesitacions *f.* 주저, 머뭇거림, 망설임; 의심, 미심쩍어함.

hesitant hesitants *adj.* 주저하는, 망설이는.

hesitar *intr.* 1 주저하다, 망설이다. 2 의심하다, 미심쩍어하다, 못 미더워 하다.

hesperidi hesperidis *m.* [식물] 밀감류.

heterodont heterodonts *adj.m.* [동물] 이가 고르지 못한 (동물).

heterodox heterodoxa heterodoxos heterodoxes *adj.* 이단의, 이설의, 사설(邪說)의.
-*m.f.* 이단자, 이설자.

heterodòxia heterodòxies *f.* 이단, 이설, 사설(邪說).

heterofilia heterofilies *f.* [생물] 이종항원에 친화성을 가지는, 이호성(異好性)의.

heterogàmia heterogàmies *f.* [생물] 이형 배우(異形配偶).

heterogeneïtat heterogeneïtats *f.* 1 이종, 이질, 이류, 다른 성분. 2 [비교] 혼교.

heterogènesi heterogènesis *f.* [생물] 이종 생성.

heterogeni heterogènia heterogenis heterogènies *adj.* 이질의, 서로 다른, 여러 가지의, 갖가지의.

heterogonia heterogonies *f.* 이종, 이질, 각기 다름.

heteromorf heteromorfa heteromorfs heteromorfes *adj.* 1 [동물] 변형의, 완전 변태의. 2 [식물] 이형의. 3 [화학] 이질의.

heterònim heterònims *adj.* heteronímia의.

heteronímia heteronímies *f.* [언어] 의미적으로 짝을 이루나 다른 어원을 가지는 말[marit-muller, cavall-egua, oncle-tia, etc.]..

heterònom heterònoma heterònoms heterònomes *adj.* 1 타율에 의한, 타율(성)의. 2 부등의, 서로 다른.

heteronomia heteronomies *f.* 1 타율(성). 2 부등(不等).

heterosexual heterosexuals *adj.* 성이 다른, 이성(異性)의.
-*m.f.* [남녀동형] 이성 연애자.

heterosexualitat heterosexualitats *f.* 이성애, 양성애적인 특질.

heura heures *f.* [식물] 덩굴손.

heure *tr.* 1 얻다, 획득하다, 손에 넣다, 잡다, 입수하다. 2 이루다, 성취하다, 달성하다.

heus aquí[ací] 여기에 ...이 있다.

heurístic heurística heurístics heurístiques *adj.* (학생 스스로가 발견하게 하는) 발견적 교육법의.

heurística heurístiques *f.* 발견적 교육법.

hevea hevees *f.* [식물] 파라고무나무.

hexacord hexacords *m.* [음악] 6음 음계.

hexàedre hexàedres *m.* [기하] 육면체.

hexaèdric hexaèdrica hexaèdrics hexaèdriques *adj.* 육면체의.

hexàgon hexàgons *m.* [기하] 육각형.

hexagonal hexagonals *adj.* 육각형의, 육변형의.

hexàmer hexàmera hexàmers hexàmeres *adj.* 6개 부분으로 된.

hexàmetre hexàmetres *m.* [시어] 6운각의 시.

hexàpode hexàpoda hexàpodes hexàpodes *adj.* [동물][곤충] 다리가 5개 달

린.

hexasíl·lab hexasíl·laba hexasíl·labs hexasíl·labes *adj.* 6음절의.
-m. 6음절.

hi *pron.* [동사의 원형, 명령형, 현재분사 뒤에서는 **-hi**; 전치사 **de**가 아닌 다른 전치사와 함께 구체적인 장소의 상황을 나타냄] **1** *Quan jo tornava de la plaça, ella hi anava* 내가 광장에서 돌아오고 있었을 때, 그녀는 그 쪽으로 가고 있었다. **2** [의미 없이 사용되는 경우] *Les porto a la taula o no les hi porto? -Sí, porta-les-hi* 내가 그녀들을 식탁으로 인도할까요, 안할까요? **3** [방법·수단·상황 등을 대신함] *La Maria vesteix elegantment, però en Carles també hi vesteix* 마리아는 우아하게 옷을 입고 있고, 카를로스도 잘 차려 입고 있다. **4** 그 같이, 그처럼. *Ens tracten mol bé. A vosaltres també us hi tracten?* 그들이 우리에게 참 잘 대해주는데요. 여러분한테도 그처럼 잘 해 주나요? **5** [전치사 **de** 외의 다른 전치사를 대체하여 쓰임] *Jugava molt amb la Núria, i ara no hi juga mai.* 그는 누리아와 무척 잘 놀았었는데, 이제 더 이상 그녀와 놀지 않는다. **6** [*arribar, partir, començar, acabar* 등의 동사와 함께 시간을 나타내는 상황 보어를 대체함] *Normalment comença a les sis, però avui no hi començarà pas* 일반적으로 6시에 시작하는데, 오늘은 그 시간에 시작하지 않을 것이다. **7** [*ésser, esdevenir, estar, semblar* 등을 제외한 기타 동사와 함께 서술적 의미로 쓰임] *Té les cames molt llargues. -Sí que les hi té.* 그는 다리가 매우 기네. -정말 긴 다리 가졌군. **8** [비인칭 구문에 쓰여] *A casa no hi ha ningú* 집에 아무도 없다. **9** [자동사적으로 쓰이는 지각 동사와 함께] *No hi veig ni hi sento* 나는 보지도 못하고 느끼지도 못한다. **10** [간접목적격과 직접목적격이 같이 나오는 경우, 간접 목적격 **li**를 대체하여 쓰임] 그에게, 그녀에게, 그대에게, 당신에게. *Li donaràs els llibres o no els hi*[*li'ls*] *donaràs?* 그에게 책들을 줄꺼니 아니면 (그에게 그것들을) 안 줄꺼니? **11** [구어에서 전치사 **en**과 함께 쓰여] *Si no té prou paper, jo n'hi*[*li'n*] *deixaré* 그가 충분한 종이가 없다면, 내가 그에게 좀 남겨 주겠다.

Híades *f.pl.* [천문] 히아데스성단(星團), 범종(梵鐘) 별자리[황소좌 가운데 다섯 개의 별].

hialí hialina hialins hialines *adj.* 유리 모양의, 투명한, 유리 같은.

hialita hialites *f.* [광물] 옥적석.

hialoide hialoides *adj.* =hialí.
-f. [해부] (눈의) 유리막.

hiat hiats *m.* [문법] 약모음의 강모음화; 모음 연속.

hiatus hiatus *m.* =hiat.

hibernació hibernacions *f.* **1** [동물] 동면. **2** [의학] (인공) 동면. **3** [기계] 휴지; 절전.

hibernació artificial 인공 동면.

hibernar *intr.* 동면하다.

hibisc hibiscs[hibiscos] *m.* [식물] 마하과[안티야스 산맥의 견고한 고급목재].

híbrid híbrida híbrids híbrides *adj.* **1** [생물] 잡종의, 혼혈의, 튀기의. **2** [언어] 혼합의. **3** 섞인, 혼합된.
-m.f. [생물] 잡종, 튀기.

hibridació hibridacions *f.* [생물] 이종 교배.

hibridisme hibridismes *m.* [생물] 잡교, 잡종.

hibridar *tr.* [생물] 이종 간에 교배하다, 잡종을 만들다. **-se** 잡종이 나오다.

hidra hidres *f.* **1** [신화] 히드라[리가 9개인 동물]. **2** [비유] (사회의) 악(mal social).

hidràcid hidràcids *m.* [화학] 수소산.

hidrargir hidrargirs *m.* =mercuri.

hidrat hidrats *m.* [화학] 함수물(含水物), 수화물(水化物).

hidratable hidratables *adj.* 수화(水化)될 수 있는.

hidratació hidratacions *f.* **1** [화학] 수화(水化), 수화 작용. **2** 촉촉이 함.

hidratant hidratants *adj.* 수화(水化)시키는.
-m. 수화제, 촉촉이 적시는 물질.

hidratar *tr.* [화학] 수화(水化)하다; 촉촉이 적시다. *hidratar la pell* 피부를 촉촉이 하다.
hidràulic hidràulica hidràulics hidràuliques *adj.* **1** 수력의, 수압의. **2** 물로 굳힌. **3** 용수의, 수리의.
hidràulica hidràuliques *f.* [물리] 수력학, 수리학; 수리, 물의 이용.
hídric hídrica hídrics hídriques *adj.* **1** 물의, 물을 함유한. *el consum hídric* 물의 소비. **2** [화학] 수소를 함유한. *recurs hídric* 수자원.
hidroala hidroales *f.* 수중익선(hidròpter).
hidroavió hidroavions *m.* 수상 비행기.
hidrobiologia hidrobiologies *f.* 수중 생물학.
hidrocarbur hidrocarburs *m.* [화학] 탄화수소.
hidrocèfal hidrocèfala hidrocèfals hidrocèfales *adj.* 뇌수종의.
-*m.f.* 뇌수종 환자.
hidrocefàlia hidrocefàlies *f.* [의학] 뇌수종.
hidrodinàmic hidrodinàmica hidrodinàmics hidrodinàmiques *adj.* 수력의, 수압의; 유체 동역학의, 동수역학적인.
hidrodinàmica hidrodinàmiques *f.* 동수역학, 수력학, 유체 동력학.
hidroelèctric hidroelèctrica hidroelèctrics hidroelèctriques *adj.* 수력 전기의.
hidroelectricitat hidroelectricitats *f.* 수력 전기.
hidròfil hidròfila hidròfils hidròfiles *adj.* 물을 좋아하는; 흡수성의. *cotó hidròfil* 탈지면.
hidròfob hidròfoba hidròfobs hidròfobes *adj.* 물을 무서워하는.
-*m.f.* 공수병·광견병 환자.
hidrofòbia hidrofòbies *f.* 공수병(恐水病), 물 공포증, 광견병.
hidrofòbic hidrofòbica hidrofòbics hidrofòbiques *adj.* =hidròfob.
hidròfug hidròfuga hidròfugs hidròfugues *adj.* 방수의, 내수의. *el tractament hidròfug* 방수처리.
hidrogen *m.* [화학] 수소.
hidrogenació hidrogenacions *f.* [화학] 수소 처리, 수소 첨가.
hidrogenar *tr.* [화학] 수소 처리하다, 수소와 화합시키다.
hidrogeologia hidrogeologies *f.* 수중학.
hidrografia hidrografies *f.* 수로학, 하천 측량(법).
hidrogràfic hidrogràfica hidrogràfics hidrogràfiques *adj.* 수로(학)의.
hidròlisi hidròlisis *f.* [화학] 가수 분해.
hidrolític hidrolítica hidrolítics hidrolítiques *adj.* 가수 분해의.
hidrolitzar *tr.* 가수 분해하다.
hidrologia hidrologies *f.* 수문학(水文學).
hidromassatge hidromassatges *m.* 물 마사지, 수중 마사지.
hidromel hidromels *m.* 꿀물; 용설란수 (aiguamel).
hidrometeor hidrometeors *m.* 습윤(濕潤) 기상.
hidròmetre hidròmetres *m.* 액체 비중계, 유속계.
hidrometria hidrometries *f.* 액체 비중의 측정; 유속 측정; 수량 측정.
hidromètric hidromètrica hidromètrics hidromètriques *adj.* hidrometria의, hidrometria에 관한.
hidrònim hidrònims *m.* (강·하천·호수 등의) 지명.
hidropatia hidropaties *f.* [의학] =hidroteràpia.
hidropesia hidropesies *f.* [의학] 수종.
hidròpic hidròpica hidròpics hidròpiques *adj.* [의학] 수종의.
-*m.f.* 수종 환자.
hidroplà hidroplans *m.* 활주정, 수중익, 수중익선, 수상 비행기.
hidropneumàtic hidropneumàtica hidropneumàtics hidropneumàtiques *adj.* 수공의.
hidròpter hidròpters *m.* 수상 비행기.
hidroscòpia hidroscòpies *f.* 지하수 검색법.
hidrosfera hidrosferes *f.* [지질] 대기 중의 수분; 수계(水界), 수권(水圏)[지구 표면의 물의 부분].
hidrosoluble hidrosolubles *adj.* 물에 잘 용해되는.
hidrostàtic hidrostàtica hidrostàtics hidrostàtiques *adj.* [물리] 액체 정역학의.

hidrostàtica hidrostàtiques *f.* [물리] 액체 정역학(靜力學).
hidroteràpia hidroteràpies *f.* [의학] 냉수 요법, 물 치료법.
hidroteràpic hidroteràpica hidroteràpics hidroteràpiques *adj.* 냉수 요법의, 물 치료법의.
hidrotermal hidroterminals *adj.* [지질] 열수 (작용)의.
hidròxid hidròxids *m.* [화학] 수산화물.
hidròxil hidròxils *m.* [화학] 수산기.
hiemal hiemals *adj.* 겨울의(hivernal).
hiena hienes *f.* [동물] 하이에나.
hieràtic hieràtica hieràtics hieràtiques *adj.* **1** 성직의, 성직자의. **2** 신성한, 신의. **3** 거드름 피우는, 오만한(arrogant).
hieratisme hieratismes *m.* 성직, 신성.
higiene higienes *f.* **1** 위생(학). **2** 청결, 대청소.
higiènic higiènica higiènics higièniques *adj.* 위생의, 위생적인.
higienisme higienismes *m.* 위생, 청결.
higienista higienistes *m.f.* [남녀동형] 위생학자.
higienitzar *tr.* 위생적으로 하다, 청결하게 하다.
higròfil higròfila higròfils higròfiles *adj.* 습도가 많은.
higròmetre higròmetres *m.* 습도계.
higrometria higrometries *f.* 습도 측정 (법).
higromètric higromètrica higromètrics higromètriques *adj.* 습도 측정의; 습도에 민감한.
higroscopi higroscopis *m.* 습도계, 검습기.
higroscòpia higroscòpies *f.* =higrometria.
higroscòpic higroscòpica higroscòpics higroscòpiques *adj.* 축축해지기 쉬운, 눅눅해지기 쉬운.
hilarant hilarants *adj.* 웃음을 주는, 웃기게 하는.
hilaritat hilaritats *f.* 희색(喜色), 크게 웃음.
himen hímens *m.* [해부] 처녀막.
himeneu himeneus *m.* [시어] 결혼; 축혼가.
himenòpter himenòpters *m.* [동물] 막시류(膜翅類)의 곤충.
himnari himnaris *m.* 찬송가집.
himne himnes *m.* 찬송가, 성가; 국가 (國歌).
 l'himne nacional 국가.
himnògraf himnògrafa himnògrafs himnògrafes *adj.* 성가를 작사하는.
 -m.f. 성가 작사가.
himnografia himnografies *f.* 성가 작사.
hindi hindis *m.* [언어] 인도어.
hindú hindús *adj.* 힌두교의; 인도의.
 -m.f. [남녀동형] 힌두교도; 인도 사람.
hinduisme hinduismes *m.* [종교] 힌두교.
hinduista hinduistes *adj.m.f.* [남녀동형] =hindú.
hioïdal hioïdals *adj.* 설골의.
hioïde hioïdes *m.* [해부] 설골(舌骨).
hiosciamina hiosciamines *f.* [화학] 히오시아민[진정제].
hipàl·lage hipàl·lages *f.* [문법][수사] 대환(법), 대치(법).
hiperactiu hiperactiva hiperactius hiperactives *adj.m.f.* 매우 활동적인 (사람), 운동과잉의 (사람), 지나치게 민감한 (사람).
hipèrbaton hipèrbatons *m.* [문법] 전치법, 배치법.
hipèrbola hipèrboles *f.* [기하] 쌍곡선.
hipèrbole hipèrboles *f.* **1** =hipèrbola. **2** [수사] 과장, 과대.
hiperbori hiperbòria hiperboris hiperbòries *adj.* 북극의, 북극에 사는.
hipercorrecció hipercorreccions *f.* =ultracorrecció.
hipercrític hipercrítica hipercrítics hipercrítiques *adj.* 혹평하는.
 -f. 혹평.
hiperdulia hiperdulies *f.* (가톨릭의) 성모 예찬, 성모 예배.
hiperèmia hiperèmies *f.* [의학] 충혈, 충혈증.
hiperhidrosi hiperhidrosis *f.* [의학] (과잉의) 땀 분비.
hipermercat hipermercats *m.* 슈퍼마켓, 대형 마트.

hipermetrop hipermetrops *adj.* [의학] 원시안의, 원시의; 먼 곳의.
-*m.f.* [남녀동형] 원시안을 가진 사람.
hipermetropia hipermetropies *f.* [의학] 원시안, 노안.
hipermnèsia hipermnèsies *f.* [의학] 이상기억.
hipernefroma hipernefromes *f.* [의학] =tumor.
hiperrealisme hiperrealismes *m.* [미술] 초사실주의.
hipersensibilitat hipersensibilitats *f.* **1** 과민, 감도 과도. **2** [의학] 민감증.
hipersensible hipersensibles *adj.* 과민한, 과잉반응의.
hipersònic hipersònica hipersònics hipersòniques *adj.* 초음속의.
hipertens hipertensa hipertensos hipertenses *adj.* **1** [의학] 고혈압의. *el pacient hipertens* 고혈압 환자. **2** [비유] 지나치게 긴장한.
hipertensió hipertensions *f.* [의학] 고혈압, 긴장과도, 이상 긴장.
hipertermal hipertermals *adj.* 고온의.
hipertèrmia hipertèrmies *f.* [병리] 고온, 이상고열.
hipertèrmic hipertèrmica hipertèrmics hipertèrmiques *adj.* **1** [병리] 이상고열, 고체온. **2** [의학] 발열요법.
hipertròfia hipertròfies *f.* [의학] (육체의) 이상 발달, 영양과도, 팽창 비대증.
hipertrofiar-se *prnl.* 비대해지다, 살이 찌다.
hipertròfic hipertròfica hipertròfics hipertròfiques *adj.* [의학] 비대증의.
hípic hípica hípics hípiques *adj.* 말의, 말에 관한; 마술의.
hípica hípiques *f.* [스포츠] 경마.
hipisme hipismes *m.* [스포츠] 마술(馬術).
hipnologia hipnologies *f.* 최면학.
hipnosi hipnosis *f.* 최면 (상태).
hipnòtic hipnòtica hipnòtics hipnòtiques *adj.* 최면의.
-*m.f.* 최면 상태에 있는 사람, 최면에 걸리기 쉬운 사람.
-*m.* 최면제.
hipnotisme hipnotismes *m.* **1** 최면 상태, 최면술. **2** (강렬한) 매력, 암시력.
hipnotitzable hipnotitzables *adj.* 최면술을 걸 수 있는, 최면에 걸리기 쉬운.
hipnotització hipnotitzacions *f.* 최면; 매료.
hipnotitzador hipnotitzadora hipnotitzadors hipnotitzadores *adj.* 최면술의; 사람을 매료하는.
-*m.f.* 최면술사.
hipnotitzar *tr.* 최면술을 걸다, 최면으로 재우다; 매료하다.
hipocamp hipocamps *m.* **1** [신화] 해마 [그리스 신화의 말머리·물고기 꼬리의 괴수]. **2** [해부] (뇌의) 해마상 융기[측실상(側室床)에 있는 두 융기 중의 하나]. **3** [동물] 해마.
hipocaust hipocausts[hipocaustos] *m.* [건축] (고대 로마의) 마루 밑 난방 장치, 온돌.
hipocentre hipocentres *m.* [지질] 진원 (震源).
hipoclorit hipoclorits *m.* [화학] 차아염소산염.
hipocondri hipocondris *m.* [해부] 계륵부.
hipocondria hipocondries *f.* [의학] 우울증.
hipocondríac hipocondríaca hipocondríacs hipocondríaques *adj.* 우울증의.
-*m.f.* 우울증 환자.
hipocorístic hipocorística hipocorístics hipocorístiques *adj.* **1** 애칭의, 친밀함을 표현하는 (말). **2** [문법] 애칭사의.
-*m.* 애칭 표현; 애칭사.
hipocràs hipocrassos *m.* 방향(芳香)포도주.
hipocràtic hipocràtica hipocràtics hipocràtiques *adj.* 히포크라테스[의사의 시조라 불리는 그리스인, BC 460-377]의.
 jurament hipocràtic [의학] 히포크라테스 선언.
hipocratisme hipocratismes *m.* [의학] 히포크라테스 정신.
hipocresia hipocresies *f.* 위선, 위선 행위.
hipòcrita hipòcrites *adj.* 위선의. *la hipòcrita societat* 위선적인 사회.

hipoderma

-m.f. [남녀동형] 위선자.
hipoderma hipodermes m. [해부] 피하(皮下).
hipodèrmic hipodèrmica hipodèrmics hipodèrmiques adj. 피하의.
hipòdrom hipòdroms m. 경마장, (경마·전차의) 경기장.
hipòfisi hipòfisis f. [해부] 하수체.
hipofisiari hipofisiària hipofisiaris hipofisiàries adj. 하수체의.
hipofític hipofitica hipofitics hipofitiques adj. =hipofisiari.
hipogastri hipogastris m. [해부] 하복부, 단전.
hipogàstric hipogàstrica hipogàstrics hipogàstriques adj. 하복부의, 단전의.
hipogènic hipogènica hipogènics hipogèniques adj. 지하의, 지하에 생긴.
hipogeu hipogeus m. [건축] (고대의) 시체 안치장, 지하 무덤.
hipogin hipògina hipògins hipògines adj. [식물] 씨방·수술 밑에 있는.
hipopòtam hipopòtams m. 1 [동물] 하마. 2 [비유] 거대한 사람.
hipòstasi hipòstasis f. 1 [철학] 본질, 실체. 2 [신학] 그리스도의 인성, 삼위일체의 하나.
hipostàtic hipostàtica hipostàtics hipostàtiques adj. 본질의, 실체의; 삼위일체의.
hipòstil hipòstila hipòstils hipòstiles adj. [건축] 기둥을 많이 세운.
hipotaxi hipotaxis f. [문법] 문장의 종속.
hipoteca hipoteques f. 1 저당, 담보; 저당권, 저당물. 2 [법률] 담보 계약.
hipotecable hipotecables adj. 저당 잡힐 수 있는.
hipotecar tr. 1 저당·담보에 넣다. 2 저당을 잡다, 저당권을 설정하다.
hipotecari hipotecària hipotecaris hipotecàries adj. 담보한, 저당한, 저당에 의한.
hipotens hipotensa hipotensos hipotenses adj. [의학] 저혈압의.
hipotensió hipotensions f. [의학] 저혈압(증); (뇌압·안압 등의) 저하(증).
hipotensor hipotensora hipotensors hipotensores adj. 저혈압의; (뇌압·안압 등이) 낮은.
hipotenusa hipotenuses f. [기하] (직각삼각형의) 빗변, 현(弦).
hipotèrmia hipotèrmies f. 1 [병리] 저체온(증). 2 [의학] (심장 수술 등의) 냉각법, 저체온법.
hipotèrmic hipotèrmica hipotèrmics hipotèrmiques adj. [의학] 1 피하의, 피하 주사용의. 2 자극하는, 기운을 북돋우는.
hipotermal hipotermals adj. 1 미지근한, 미온의. 2 [병리] 체온이 상온 이하의, 저체온의. 3 [지질] 심열수 광상성의.
hipòtesi hipòtesis f. 가정, 가설; 전제.
hipotètic hipotètica hipotètics hipotètiques adj. 가정의, 가설의, 가상의, 가상적인.
hipotiposi hipotiposis m. [문학] 생생한 묘사.
hipsometria hipsometries f. [지리] 측고법(測高法).
hipsomètric hipsomètrica hipsomètrics hipsomètriques adj. 측고(법)의.
hirsut hirsuta hirsuts hirsutes adj. (털이) 빳빳한, 곤두선.
hisenda hisendes f. 1 농장, 농원, 농지, 대지, 토지. 2 부동산. 3 (세습) 재산, 자산. 4 재무부.
hisenda pública 국가 재정, 국가 자산.
ministre d'Hisenda 재무부 장관.
hisendat hisendada hisendats hisendades adj. 재산·부동산으로 물려준; (땅에) 정착한.
-m.f. 지주, 농장주.
hispà hispana hispans hispanes adj. 이스파니아[이베리아 반도의 옛 이름]의, 스페인의.
-m.f. 이스파니아인, 스페인 사람.
hispànic hispànica hispànics hispàniques adj. 이스파니아의, 스페인의, 스페인계의.
Hispània Hispànies f. [지리][역사] 이스파니아[이베리아 반도의 옛 명칭].
hispànic hispànica hispànics hispàniques adj. 이스파니아의; 스페인의, 스페인계의.
hispanisme hispanismes m. 스페인어

어법·말투; 스페인어 문학; 스페인 연구.
hispanista hispanistes *adj.* 스페인적인; 스페인에 관한.
-m.f. [남녀동형] 스페인어 어문학자.
hispanística hispanístiques *f.* 스페인학, 스페인 연구.
hispanitat hispanitats *f.* 스페인 문화, 스페인 민족; 스페인계 민족문화; 스페인적임.
hispanitzar *tr.* 스페인 풍으로 하다, 스페인 식으로 하다.
hispanoamericà hispanoamericana hispanoamericans hispanoamericanes *adj.* **1** 스페인계 아메리카의, 라틴아메리카의. **2** [hispano-americà로 쓰여] 스페인과 중남미 간의. *un tractat hispano-americà* 스페인 중남미 간의 협약.
-m.f. 스페인계 아메리카인, 라틴아메리카인.
hispanòfil hispanòfila hispanòfils hispanòfiles *adj.* 스페인을 좋아하는, 스페인 문화를 좋아하는.
-m.f. 스페인을 좋아하는 사람, 친스페인파.
hispanomusulmà hispanomusulmana hispanomusulmans hispanomusulmanes *adj.m.f.* 스페인계 아랍인(의).
hispanoromà hispanoromana hispanoromans hispanoromanes *adj.m.f.* 로마에 의한 스페인 점령 시대의 (사람).
híspid híspida híspids híspides *adj.* =hirsut.
hissar *tr.* (깃발 등을) 높이 올리다, 게양하다. *hissar una vela* 돛을 올리다. **-se** (깃발 등이) 높이 올려지다.
histamina histamines *f.* [화학] 히스타민(자궁 수축, 혈압 저하 약).
histerectomia histerectomies *f.* [의학] 자궁 절개(술); 제왕 절개(술).
histèresi histèresis *f.* [물리] (자기·전기·탄성 등의) 이력현상.
histèria histèries *f.* [병리] 히스테리, 병적 흥분.
histèric histèrica histèrics histèriques *adj.* 히스테리의, 병적으로 흥분하는, 신경질이 심한.
-m.f. 히스테리 환자, 흥분을 잘하는 사람.
histerisme histerismes *m.* =histèria.
històleg històloga històlegs històlogues *adj.* 조직학의.
histologia histologies *f.* [생물] 조직학, 조직 구조.
histològic histològica històlogics històlogiques *adj.* 조직학의.
història històries *f.* **1** 역사. **2** 역사학, 사학; 사서, 사실(史實); 역사물. **3** 경력, 연혁, 내력, 유래. **4** 이야기, 실화, 진상(relat). **5** 여담, 농담. **6** 꾸민 이야기; 구실(ficcions, pretexts). **7** (학문적) 기술, 기록. **8** 사극. **9** 과거, 과거의 일, 중대한 사건.
És tota una història 그것은 끝이 없는 얘기다.
passar a la història 역사가 되다, 오래 지나다. *Allò fa temps que va passar a la història* 그것은 이미 끝난 지 오래되었다.
historiador historiadora historiadors historiadores *m.f.* 역사학자, 역사가, 사학 전공자.
historial historials *adj.* 역사의(històric).
-m. 연혁, 이력, 경력; 기록 (문서).
historiar *tr.* **1** 이야기하다; 역사를 기록하다, 역사물을 쓰다. **2** 꾸미다, 장식하다(decorar).
historiat historiada historiats historiades *adj.* 조잡하게 꾸민, 더덕더덕 장식한.
històric històrica històrics històriques *adj.* **1** 역사의, 사학의, 역사상의, 역사상에 실재하는. **2** 역사적인, 유서 깊은, 내력이 있는. **3** 사실에 근거한, 분명한.
historicisme historicismes *m.* 역사주의.
historicitat historicitats *f.* 역사적 사실, 사실성, 사실적 근거; 전거(典據), 정사(正史).
historieta historietes *f.* 야화, 일화, 사화.
historieta il·lustrada 삽화 일화.
historiògraf historiògrafa historiògrafs historiògrafes *m.f.* 역사가, 사료 편집원.
historiografia historiografies *f.* 역사 편찬, 사료 편집; [집합] 사료(史料).

historisme historismes *m.* =historicisme.

histotomia histotomies *f.* [의학] 조직 해부(학).

histrió histrions *m.* [연극] 어릿광대; 마술사.

histriònic histriònica histriònics histriòniques *adj.* 어릿광대 같은.

histrionisme histrionismes *m.* histrió의 일; 그 일을 하는 무리.

hitlerià hitleriana hitlerians hitlerianes *adj.* 히틀러(Adolf Hitler)의; 히틀러주의(독일 국가 사회주의)의.
-*m.f.* 히틀러 당원, 나치스 당원.

hittita hittites *adj.* [역사] 히타이트 족[소아시아 고대 민족]의.
-*m.f.* [남녀동형] 히타이트 족.

hivern hiverns *m.* 겨울.
en ple hivern 한겨울에.
l'hivern de la vida [비유] 노년기.

hivernacle hivernacles *m.* 온실.

hivernada hivernades *f.* 겨울철, 동계.

hivernal hivernals *adj.* 겨울의.

hivernant hivernants *adj.* 피한의, 겨울을 보내는; 동면하는.

hivernar *intr.* **1** 피한하다, 겨울을 지내다. **2** (동물이) 동면하다.

hivernenc hivernenca hivernencs hivernenques *adj.* **1** 겨울의. **2** 추위를 타는.

ho *pron.* [부정사나 명령형 뒤에서는 -ho형을 가짐] 그것. *Jo no sé si és boig; però ho sembla* 그가 미쳤는지는 몰라도, 얼핏 보기엔 그렇다. *Deixa-ho!* 그만둬라!, *No puc veure-ho* 나는 그것을 볼 수가 없다.

hobby hobbys *m.ang.* 취미.

hodiern hodierna hodierns hodiernes *adj.* 오늘의, 금일의, 현재의.

hola *interj.* **1** [친한 사이에 하는 인사말] 안녕!, 잘 지냈니! **2** [놀라움·기이함을 표현하는 감탄사] 와!, 야! *Hola, aquesta sí que és bona!* 야, 이거 정말 좋은데!

holanda holandes *f.* **1** 네덜란드산 치즈. **2** (질이 좋은) 옥양목. **3** 알코올음료.

holandès holandesa holandesos holandeses *adj.* [지리] 네덜란드의.
-*m.f.* 네덜란드 사람.
-*m.* [언어] 네덜란드어.
a l'holandesa (책을 장정할 때) 배혁(背革)으로.

holocaust holocausts[holocaustos] *m.* **1** [종교] (유대의) 화제(火祭). **2** 대학살; 희생.

hològraf hològrafa hològrafs hològrafes *adj.* 자필의, 친필의.
-*m.* 친필 증서, 유언장.

holografia holografies *f.* 자필, 친필.

holòmetre holòmetres *m.* 고도 측정기, 측거기, 측원기.

hom *pron.* **1** [주어가 일반 인칭을 나타냄] 사람들은. *Antigament hom creia que el Sol girava al voltant de la Terra* 옛날에는 사람들이 태양이 지구 주위를 돈다고 믿었다. **2** [일부 관용구에 쓰임] *Hom diu... ...*라고 말하다. **3** [1인칭 복수의 의미로 쓰여] 우리는. *Hom pensa que caldria fer...* 우리는 ...을 해야만 할 것이라고 생각한다. **4** [무인칭의 의미로 쓰여] *Són casos en què hom no sap què fer* 무엇을 해야 할지를 모르는 경우들이다.
un hom 각자, 누구나. *Un hom té els seus costums* 누구나 습관을 가지고 있다.

home homes *m.* **1** 사람, 인간. **2** 남자; 남편. **3** 어른(adult). **4** [군사] 군인, 병사(soldat). **5** 인부, 일꾼(obrer).
bon home 호인.
d'home a home 전력을 쏟아, 온 힘을 다해.
home d'armes 무인, 군인.
home de bé 정직한 사람, 착한 사람.
home de lletres 문인, 문학가; 배운 사람.
home de negocis 사업가, 실업가, 비즈니스맨.
home públic 정치인, 공인.
pobre home 불행한 사람.
D'homes és errar 잘못은 인지상사다.
fer-se home 사람이 되다, 육체를 입다, 현현(顯現)하다.
L'home proposa i Déu disposa [속담] 모사는 재인(在人)이요, 성사는 재천

(在天)이다.
portar-se com un home 남자처럼 행동하다; 당당하게 굴다.
homenada homenades *f.* 사나이다움; 우쭐거림, 으스댐.
homenatge homenatges *m.* **1** 충성의 맹세. **2** 존경, 경의. **3** 경의를 표하는 행사; 헌물, 헌사.
homenatjar *tr.* 충성을 맹세하다; 경의를 표하다.
homenejar *intr.* **1** 어른스러워지다. **2** 남자다워지다. **3** 서로 겨루다, 어깨로 밀치다.
homenenc homenenca homenencs homenenques *adj.* 남자다운; (여자가) 남자 같은, 남자같이 행동하는.
homenera homeneres *adj.* (여자가) 남자에 굶주린.
homenet homenets *m.* **1** 작은 남자. **2** 하찮은 남자, 가련한 남자. **3** 어른스러운 아이.
homenia homenies *f.* 남자다움, 용감함.
homenívol homenívola homenívols homenívoles *adj.* 남자다운, 남자 같은.
homenot homenots *m.* [경멸적] **1** 으스대는 남자, 재는 남자. **2** 남자 같은 여자, 여장부.
homeòpata homeòpates *adj.* 동종 요법의.
-*m.f.* [남녀동형] 동종 요법 의사.
homeopatia homeopaties *f.* [의학] 동종 요법.
homeopàtic homeopàtica homeopàtics homeopàtiques *adj.* **1** 동종 요법의. **2** 매우 작은, 미량의, 미소한.
homeoterm homeoterma homeoterms homeotermes *adj.* **1** [동물] 균일 체온의. **2** [물리] 등온의.
homèric homèrica homèrics homèriques *adj.* 시성(詩聖) 호머(Homer)의, 호머풍의.
homicida homicides *adj.* 살인의.
-*m.f.* [남녀동형] 살인자, 살해자, 살인범.
homicidi homicidis *m.* [법률] 살인, 살해, 살인 행위·범죄.
homilia homilies *f.* **1** 설교, 강화; 법화(法話). **2** 잔소리, 신소리.

homiliari homiliaris *m.* 설교집, 강화집.
homínids *m.pl.* [동물] 사람과(科)의 동물[현대 인간과 모든 원시 인류].
hominització hominitzacions *f.* 사람화[사람으로 진화하기].
hominoide hominoides *adj.* 사람을 닮은, 유인원의.
-*m.pl.* [동물] 유인원류.
homocèntric homocèntrica homocèntrics homocèntriques *adj.* [수학] 동심의.
homòfon homòfona homòfons homòfones *adj.* **1** [음성] 동음이의의, 동음의. **2** [음악] 제창의.
homofonia homofonies *f.* **1** [문법] 동음이의. **2** [음악] 제창.
homogeneïtat homogeneïtats *f.* 동질, 동종, 동성; 등질, 균일.
homogeneïtzació homogeneïtzacions *f.* 동질화, 균일화.
homogeneïtzador homogeneïtzadora homogeneïtzadors homogeneïtzadores *adj.* 동질이 되게 하는, 같게 하는.
homogeneïtzar *tr.* 동질이 되게 하다.
homogeni homogènia homogenis homogènies *adj.* 동종의, 동질의, 동성의, 등질의.
homògraf homògrafa homògrafs homògrafes *adj.* 동형이의의.
-*m.* [문법] 동형이의어.
homografia homografies *f.* [문법] 일자일음(一字一音)주의의 철자법.
homòleg homòloga homòlegs homòlogues *adj.* **1** 일치하는, 대응의, 상동의, 상사의. **2** [생물][화학] 동족의.
homològic homològica homològics homològiques *adj.* =homòleg.
homologació homologacions *f.* **1** [법률] 인가, 인허. **2** 기록의 공인.
homologar *tr.* **1** 인가하다, 승인하다; 확인하다(reconèixer). **2** (스포츠의 기록을) 공인하다.
homologia homologies *f.* **1** 상동 (관계), 상사성. **2** [생물][화학] 동족관계. **3** [기하] 상동.
homològic homològica homològics homològiques *adj.* **1** 상동의, 상사한. **2** [생물][화학] 동족관계의. **3** [기하] 상

동의.
homònim homònima homònims homònimes *adj.* 동음이의어의; 동명이인의.
-m. [문법] 동음이의어.
-m.f. 동명이인.
homonímia homonímies *f.* [문법] 동음이의어, 동명이인.
homòpters *m.pl.* [동물] 매미류.
homosexual homosexuals *adj.* 동성애의.
-m.f. 동성애자.
homosexualitat homosexualitats *f.* 동성애.
homotonia homotonies *f.* [병리] 긴장저하, 저혈압(증).
hondureny hondurenya hondurenys hondurenyes *adj.m.f.* 온두라스(Hondures)의 (사람).
honest honesta honests[honestos] honestes *adj.* 1 정직한, 올바른, 성실한. 2 청렴한. 3 겸양한. 4 정결한, 고결한.
honestedat honestedats *f.* 1 정직, 성실. 2 청렴, 근신. 3 정결, 정절. 4 겸양, 근신.
hongarès hongaresa hongaresos hongareses *adj.m.f.* 헝가리(Hongria)의 (사람).
honor honors *m.*[f] 1 명예, 영예, 명성 (prestigi); 영광. 2 면목, 체면. 3 신의, 덕의, 신용. 4 도의심, 염치. 5 절개, 정절, 절조, 정조. 6 고위, 명예(직) (distinció). 7 예우, 대우; 예의, 대접, 접대. 8 [고어] 농장, 토지, 재산.
d'honor 명예의.
fer els honors (a algú) (누구를) 접대하다.
fer un honor[*ésser un honor per a*] 영광이 되다. *Em fareu un honor si accepteu la meva invitació* 저의 초대를 받아 주시면 영광이겠습니다.
gaudir dels honors de 영광을 누리다.
tenir l'honor de[*ésser un honor per a*] ...을 영광으로 생각하다, 삼가 ...하다.
honorable honorables *adj.* 1 존경스러운. 2 명예가 있는, 영광스러운, 명예로운. 3 [경어로 쓰여] 경애하는, 존경하는. *el molt honorable president de la Generalitat* 경애하는 주정부 수상님.
honorança honorances *f.* honrar하는 일.
honorar *tr.* =honrar.
honorari honorària honoraris honoràries *adj.* 1 영광스러운. 2 명예로운, 명예의, 명예를 나타내는.
-m.pl. 사례금, 위로금; 봉급, 보수.
honorífic honorífica honorífics honorífiques *adj.* 1 존경의, 존경스러운; 명목상의. 2 경칭의.
honorificació honorificacions *f.* =honorança.
honorificar *tr.* [고어] =honrar.
honra honres *f.* 1 명예, 자랑; 숭고. 2 정조, 정절. 3 면목, 체면. 4 평판, 명망, 덕망.
honradesa honradeses *f.* 정직, 성실.
honrament honraments *m.* honrar하는 일.
honrança honrances *f.* =honrament.
honrar *tr.* 1 명예·영광·영예를 주다. 2 존경하다, 존중하다; 경외하다. *-se* 영광으로 생각하다, 기꺼이 받다.
honrat honrada honrats honrades *adj.* 정직한, 성실한, 착한, 어진.
honrós honrosa honrosos honroses *adj.* 명예스러운, 자랑스러운, 떳떳한, 어엿한, 고결한, 명예를 지킬 수 있는.
hoquei hoqueis *m.* [스포츠] 하키. *hoquei sobre gel* 아이스하키.
hora hores *f.* 1 시, 시간; 1시간. 2 때, 시각. 3 임종.
a altes hores[*a alta hora*] *de la nit* 한밤중에, 심야에.
a altra hora 때에 맞지 않게, 철이 지나.
abans d'hora 때가 이르기 전에.
a hora baixa 해가 질 무렵에, 해거름에.
a hora foscant 저녁이 되자, 어둑해질 무렵에.
a hores d'ara 이 시간에, 지금쯤은; 이즈음에.
a l'hora 정각에.
a primera hora 아침 일찍이.
a qualsevol hora 아무 때나.

arribar l'hora 시간이 됐다.
a tota hora[*a totes hores*]
a última[*darrera*] *hora* 늦은 시간에.
d'hora 일찍.
en bona hora 다행히도; 알맞은 시간에.
en mala hora 불행히도; 안 좋은 시간에.
hora a hora 시간마다.
hora punta 러시아워.
anar a l'hora (시계가) 잘 가다; [비유] 잘 진행되다.
demanar hora 시간을 정하다.
donar hora 시간을 정하다.
fer hores 소일하다, 심심풀이하다.
matar les hores 소일하다, 심심풀이하다.
no veure l'hora ...할 시간이 없다.
Quina hora és? 몇 시입니까?
tocar hores (시계가) 시간을 알리다.

horabaixa horabaixes *f.* 해거름; [방언] 오후.

horacià horaciana horacians horacianes *adj.* 호라티우스(Horaci)풍의.

horari horària horaris horàries *adj.* 시간의, 시각의.
-*m.* (열차·학교 등의) 시간표; 업무 시간, 영업시간.
horari d'estiu (여름철의) 시간 변경 시간대, 서머 타임.

horda hordes *f.* **1** [집합] 유목민. **2** 무리, 떼. **3** [군사] 비정규군의 무리.

horitzó horitzons *m.* **1** 수평선, 지평선. **2** 시계(視界), 한계; 활동 범위.

horitzontal horitzontals *adj.* 수평선상의, 지평선상의; 수평의; 수평면의; 가로의.
-*f.* **1** 수평선, 지평선. **2** [스포츠] 평균대.

horitzontalitat horitzontalitats *f.* 수평(성).

hormona hormones *f.* [생리] 호르몬, 내분비물.

hormonal hormonals *adj.* 호르몬의, 내분비물의.

horografia horografies *f.* =gnomònica.

horòpter horòpters *m.* [물리] 동시권(同視圈).

horòscop horòscops *m.* 점성; 징조, 전조, 예언.

horoscòpia horoscòpies *f.* 점성술.

horoscòpic horoscòpica horoscòpics horoscòpiques *adj.* 점성술의.

horrible horribles *adj.* 무서운, 두려운, 끔찍스러운, 소름 끼치는; 지겨운; 혐오스러운.

hòrrid hòrrida hòrrids hòrrides *adj.* =horrible.

horrífic horrífica horrífics horrífiques *adj.* 무서운, 끔찍스러운, 소름 끼치는; 굉장한.

horripilació horripilacions *f.* 전율, 오한, 소름.

horripilant horripilants *adj.* 전율이 오는, 소름 끼치는, 오싹해지는.

horripilar *tr.* (추위·공포로) 오한이 들다, 몸을 떨게 만들다; 오싹하게 만들다, 소름 끼치게 하다(horroritzar). *-se* 오싹해지다, 소름 끼치다, 몸이 떨리다.

horror horrors *m.*[*f*] **1** 두려움, 공포. **2** 혐오, 증오. **3** 잔인한 일.

horroritzar *tr.* 무섭게 만들다, 오싹하게 만들다, 벌벌 떨게 만들다. *-se* 소름이 끼치다, 벌벌 떨다.

horrorós horrorosa horrorosos horroroses *adj.* 무서운, 두려운, 소름 끼치는; 굉장한; 추악한, 보기 흉한.

hort horts *m.* 과수원, 채소밭.
venir[*baixar*] *de l'hort* 넋을 잃고 있다, 멍하니 있다.

horta hortes *f.* (hort보다 큰) 과수원, 채소밭.

hortalissa hortalisses *f.* 야채, 채소.

hortense hortenses *adj.* 과수원의, 채소밭의.

hortènsia hortènsies *f.* [식물] 수국, 자양화.

hortícola hortícoles *adj.* 원예의, 야채 재배의.

horticultor horticultora horticultors horticultores *m.f.* 원예가.

horticultura horticultures *f.* 원예.

hortolà hortolana hortolans hortolanes *m.f.* 원예가.
-*m.* [조류] (스페인산의) 촉새, 멧새.

hosanna *interj.* [성서] 호산나, 신을 찬미하는 말[마태복음 21:9, 15 등에 나옴].
-*m.* 기쁨의 노래, 찬미가.
hospici hospicis *m.* 무료 숙박소, 고아원, 양로원, 양육원; 숙박소.
hospicià hospiciana hospicians hospicianes *m.f.* (양로원 등의) 피수용자; 무료 숙박자.
hospital hospitals *m.* **1** 병원, 의료원. **2** 구호소, 자선 시설.
hospital de sang [군사] 야전 병원.
hospitalari hospitalària hospitalaris hospitalàries *adj.* **1** hospici·hospital의. **2** hospitalitat의.
-*m.f.* (종교적 목적의) 자선단체 직원; 병원 부속 예배당의 목사.
hospitalejar *intr.* 입원하다.
hospitaler hospitalera hospitalers hospitaleres *adj.m.f.* =hospitalari.
hospitalitat hospitalitats *f.* **1** 후대, 접대, 환대, 예우. **2** 입원.
hospitalització hospitalitzacions *f.* 입원 (치료).
hospitalitzar *tr.* 입원시키다, 병원에 수용하다. -**se** 입원하다.
host hosts *f.* 군대; 일단, 무리; 운동 단체.
hostal hostals *m.* 여인숙, 여관.
hostalatge hostalatges *m.* 숙소, 숙박 (료).
hostaler hostalera hostalers hostaleres *m.f.* 여관 주인, 숙박업을 하는 사람.
hostaleria hostaleries *f.* 여관업, 호텔업.
hostatge hostatges *m.* =hostalatge.
hostatger hostatgera hostatgers hostatgeres *adj.* 숙박의.
-*m.f.* 여관 주인, 하숙집 주인; 접대역.
hostatgeria hostatgeries *f.* (수도원의) 객실; 여관, 숙박소.
hostatjar *tr.* 숙박시키다, 투숙시키다. -**se** 숙박하다, 묵다, 유하다, 기숙하다.
hoste hostessa hostessos hostesses *m.f.* **1** 손님, 객. **2** 나그네, 숙박객, 하숙인, 기숙인.
-*m.* [생물] 기생 동물·식물.
-*f.* 스튜어디스; (시중드는) 비서.

hòstia hòsties *f.* **1** (미사에 쓰이는) 성체, 성병(聖餠). **2** 희생 제물. **3** [속어] (머리나 얼굴을) 때리는 것; 싫은 것.
a tota hòstia 급히 서둘러, 재빨리.
-*interj.* [불쾌함·의외·놀라움 등을 나타내는 감탄사] 말도 안 돼!, 저런!; 대단하군!
hostier hostiera hostiers hostieres *m.f.* 성체·성병 제조인.
-*m.* 성체 그릇.
hostiera hostieres *f.* 큰 술잔; 성체 용기.
hostil hostils *adj.* **1** 적국의, 적성을 나타내는, 적대하는, 적의가 있는. **2** 반대하는, 반항적인.
hostilitat hostilitats *f.* **1** 적의, 적성, 적개심, 적대 (행위). **2** 반항, 항전.
hostilitzar *tr.* 적을 괴롭히다, 공격하다.
hotel hotels *m.* 호텔.
hoteler hotelera hotelers hoteleres *adj.* 호텔의.
-*m.f.* 호텔 경영자.
hoteleria hoteleries *f.* 호텔업.
hotentot hotentots *m.f.* [남녀동형] 호텐토트 족[남아프리카의 한 종족]의 (사람).
hovercraft hovercrafts *m.ang.* [군사] (해상 특수작전용으로 쓰이는) 고속 상륙선, 호버크래프트.
hugonot hugonots *adj.* (기독교의) 위그노파의, 칼뱅교도의.
-*m.f.* [남녀동형] 위그노교도, 칼뱅교도.
hui *adv.* 오늘(avui).
huit huits *adj.m.f.* =vuit.
hule hules *m.* **1** 고무, 생고무. **2** 고무칠을 한 천.
hulla hulles *f.* [광물] 석탄.
huller hullera hullers hulleres *adj.* 석탄의.
-*f.* 탄갱, 탄전.
hum *interj.* [피로·권태·신중함 등을 뜻하는 감탄사].
humà humana humans humanes *adj.* **1** 인간의, 인간적인, 인간다운, 사람다운. **2** 인정 많은, 자애로운, 친절한, 관대한(benèvol). *un gest humà* 자애로운 몸짓.
-*m.pl.* 인간.

humanal humanals *adj.* [시어] =humà.
humanisme humanismes *m.* **1** 휴머니즘, 인본주의, 인도주의. **2** [문학][철학] 인문주의. **3** 인간성, 인간다움.
humanista humanistes *m.f.* [남녀동형] **1** 휴머니스트, 인본주의자, 인도주의자. **2** 인문주의자. **3** 인간 연구자.
humanístic humanística humanístics humanístiques *adj.* 인본주의적인; 인문학의, 인문주의적인.
humanitari humanitària humanitaris humanitàries *adj.* 인간적인, 인도적인, 박애적인, 인도주의의.
humanitarisme humanitarismes *m.* 인도주의, 박애주의.
humanitat humanitats *f.* **1** 인류, 인간. **2** 인간애, 자애, 인도, 인정. **3** *pl.* 인문(과)학.
humanització humanitzacions *f.* 인간답게 함, 교화.
humanitzar *tr.* 인간답게 만들다, 교화하다. **-se** 인간답게 되다, 사람다워지다.
humectació humectacions *f.* 습하게 함, 적시게 함.
humectador humectadora humectadors humectadores *adj.m.* =humectant.
humectant humectants *adj.* 습하게 하는, 적시게 하는.
-m. 습윤제.
humectar *tr.* 습하게 하다(humitejar), 적시게 하다, 물에 적시다.
húmer húmers *m.* [해부] 위팔뼈, 상박골.
humeral humerals *adj.* 상박의.
-m. (가톨릭 대주교의) 어깨에 걸치는 옷.
humidificació humidificacions *f.* humectació.
humidificador humidificadora humidificadors humidificadores *adj.m.* =humectador.
humidificar *tr.* =humectar.
humil humils *adj.* **1** 겸손한, 겸허한. **2** 천한, (신분이) 낮은, 보잘것없는. **3** 경구(敬具)[예전에 공식 편지말의 마지막에 쓰임].
-m.pl. 온순한 사람들, 겸손한 사람들.

humiliació humiliacions *f.* 수모·수치·모욕을 당함, 굴욕(감).
humiliant humiliants *adj.* 굴욕적인, 모멸감을 느끼게 하는, 창피스러운.
humiliar *tr.* **1** 굴복시키다, 꼼짝 못하게 하다. **2** 굴욕을 주다, 망신을 주다, 창피를 주다. **3** (공경·겸허의 뜻으로) 무릎을 꿇다, 머리를 숙이다(inclinar). **-se** 굴욕을 느끼다, 수치를 당하다; 스스로 몸을 낮추다, 겸손해지다; 몸·머리를 수그리다.
humilitat humilitats *f.* **1** 겸손, 겸허, 스스로를 낮춤. **2** 천함, 비천; 비굴.
humilment *adv.* **1** 겸손하게, 겸허하게, 상냥하게. **2** 자신을 낮추어, 비굴하게.
humit humida humits humides *adj.* 습한, 습기 찬, 물에 젖은.
humitat humitats *f.* **1** 습기, 누기. **2** [기상] 습도.
humitejament humitejaments *m.* (천을) 적심.
humitejar *tr.* 적시게 하다. **-se** 적시다.
humitós humitosa humitosos humitoses *adj.* 눅눅한, 습기가 있는(humit).
humor humors *m.[f]* **1** [생리] (혈액·임파액 등의) 액, 체액, 분비물, 장액; [의학] 고름, 농. **2** (일시적인) 기분, 심정, 심기; 내키는 마음(disposició). **3** 유머, 해학, 익살. **4** 기질, 성미, 성질 (temperament).
de bon humor 기분이 좋은.
de mal humor 기분이 나쁜, 내키지 않는.
humorada humorades *f.* 농담, 익살; 우스운 애기·일.
humoral humorals *adj.* 체액(성)의.
humorisme humorismes *m.* **1** 해학, 풍자, 유머. **2** [병리] 체액 병원설(體液病原設); 체액 병리학.
humorista humoristes *adj.* **1** 해학의, 풍자적인. **2** 체액 병리학파의.
-m.f. [남녀동형] **1** 해학가, 익살꾼, 유머 작가·배우. **2** 체액병리학 학자.
humorístic humorística humorístics humorístiques *adj.* 익살맞은, 재미있는, 유머가 풍부한, 우스운.
humorós humorosa humorosos humoroses *adj.* 즙이 있는, 즙이 나오는.

humus humus *m.* [단·복수동형] 부식토, 퇴비.
humíc humíca humícs humíques *adj.* 부식토의, 퇴비의.
huns *m.pl.* 훈 족[중국 내륙 북방에서 일어나 서기 5세기 전에 동부 유럽을 침략한 한 민족].
hura hures *f.* [식물] (열대 아메리카산의) 파라고무의 일종.
huracà huracans *m.* [기상] (카리브 지역의) 허리케인; 폭풍, 태풍.
huracanat huracanada huracanats huracanades *adj.* **1** 허리케인으로 인한; 태풍 같은, 맹렬한. **2** [비유] (감정이) 격앙된; (박수가) 우레와 같은.
hurí hurís *f.* [종교] (회교에서) 천국의 미희.
hurra *interj.* 와!, 만세!
hússar hússars *m.* (옛 헝가리의) 기병.
hussita hussites *adj.m.f.* [남녀동형] 후스[보헤미아의 종교 개혁자]의, 후스파의 (사람).

Ii

i *f.* 카탈루냐어 알파벳의 아홉 번째 문자.
i *conj.* [연결접속사] **1** ...과, 및, 그리고. *treballa dia i nit* 밤과 낮으로 일하다. **2** 게다가. **3** [글머리에 쓰여] 그러면, 그런데, 그래서. *I tu, què faràs?* 그럼, 너는 무엇을 할 것이니? **4** [i나 hi로 시작되는 말 앞에서도 그대로 i로 쓰임; 단, hie의 경우는 제외] *petit i insignificant* 작고 하찮은.
-íac -íaca *suf.llat.* ['...에 관한', '...에 속한'을 뜻하는 라틴어 접미사].
iac iacs *m.* [동물] 야크[티베트산의 털이 긴 말 꼬리 모양인 소].
iai iais *m.* =iaio(vell).
iaio iaia iaios iaies *m.f.* [구어] 이아이오[할아버지를 의미하는 알바세테, 아라곤 지역의 방언].
iambe iambes *m.* [시어] 억양조, 단장조.
iàmbic iàmbica iàmbics iàmbiques *adj.* 억양조의, 단장조의.
ianqui ianquis *adj.* [경멸적] 미국의, 북미의.
-*m.f.* [남녀동형] 미국인.
iarda iardes *f.* 야드[영국의 길이의 단위; 1 야드는 약 91cm].
iàtric iàtrica iàtrics iàtriques *adj.* 약의.
iber ibera ibers iberes *adj.m.f.* 이베리아의 (사람).
ibèric ibèrica ibèrics ibèriques *adj.* 이베리아의, 이베리아 반도의.
-*m.* [언어] 이베리아어.
iberisme iberismes *m.* 이베리아 연구; 이베리아적임, 이베리아적 특성; 이베리아 반도 통일론.
iberoamericà iberoamericana iberoamericans iberoamericanes *adj.* 스페인계 아메리카의, 중남미의; 이베리아와 중남미 간의.
-*m.f.* 스페인계 아메리카인, 중남미인.
Iberoamèrica Iberoamèriques *f.* [지리] 중남미 국가들의 총칭.
ibídem *adv.* [약자: ibid.] 같은 책·페이지에.
ibis ibis *m.* [단·복수동형] [조류] 따오기. *ibis sagrat* 검은따오기.
Ícar Ícars *n.pr.* [신화] 이카로스[밀랍으로 붙인 날개를 달고 하늘을 날았으나, 너무 높이 올라 태양열에 밀랍이 녹아 바다에 떨어져 죽었다는 전설적 인물].
iceberg icebergs *m.ang.* **1** 빙산. **2** (아주) 냉정한 사람, 냉혈한.
icnèumon icnèumons *m.* [동물] 고양이족제비.
icnografia icnografies *f.* [건축] 평면도(법).
iconologia iconologies *f.* **1** 성상학; 도상 해석학. **2** [집합] 초상, 화상.
icona icones *f.* 상(像), 성상, 성화(聖畵); 우상.
icònic icònica icònics icòniques *adj.* 성상의, 성화의; 우상의.
iconoclasta iconoclastes *m.f.* [남녀동형] 성상·우상 파괴주의자, 인습 타파주의자.
iconògraf iconògrafa iconògrafs iconògrafes *m.f.* iconografia의 전문가.
iconografia iconografies *f.* **1** 도상학[주로 기독교나 불교 미술에서, 조각이나 그림에 나타난 여러 형상의 종교적 내용을 밝히는 학문]. **2** (특히 종교적인) 도상·성상 연구; 초상화법; 도상의 주제. **3** 초상·조상 연구(서). **4** (특정 주제에 의한) 아이콘 집성.
iconologia iconologies *f.* 도상 (해석)학; 초상·화상; 상징주의; 화상 등의 묘사.
iconòmac iconòmaca iconòmacs iconòmaques *m.f.* =iconoclasta.
iconoscopi iconoscopis *m.* (텔레비전의) 송상관(送像管).
iconòstasi iconòstasis *m.* 성상 병풍.
icor icors *m.* **1** [의학] 피고름. **2** 영액, 신의 피.
icorós icorosa icorosos icoroses *adj.* 피고름의, 피고름이 되는.
icosàedre icosàedres *m.* [기하] 이십 면

ics *f.* 알파벳 x의 명칭.
icterícia *ictericies f.* 1 [의학] 황달. 2 [식물] 밀 따위의 황화병.
ictiofàgia *ictiofàgies f.* 물고기를 먹음.
ictiòleg *ictiòloga ictiòlegs ictiòlogues m.f.* 어류학자.
ictiòlit *ictiòlits m.* 화석화된 물고기.
ictiologia *ictiologies f.* 어류학.
ictiosaures *m.pl.* [고생] 고대 생물의 어룡.
ictus *ictus m.* [단·복수동형] 1 [의학] 발작 증상, 급발증. 2 [시어] 강음, 양음, 장음.
idea *idees f.* 1 생각, 사고, 관념. 2 의견, 견해. 3 *pl.* 이념, 사상; 신념. *les idees de Marx* 마르크스 사상. 4 구상, 계획; 착상. 5 속셈, 의도(propòsit). 6 창의, 독창성(enginy).
amb idea de ...라는 생각으로, ...할 생각을 가지고.
idea fixa 고정관념.
idea general[de conjunt] 개념.
idea sense caps ni peus 난잡한 생각.
mala idea 나쁜 생각, 악한 생각.
canviar d'idea[d'intenció] 생각을 바꾸다.
fer-se una idea 생각하다, 상상하다.
no tenir la més petita idea 전혀 모르다.
ideació *ideacions f.* 관념 형성, 관념 작용, 상상(력).
ideal *ideals adj.* 1 이상의, 관념의, 상상의, 가공적인. 2 이상적인, 더할 나위 없는(perfecte). 3 이상주의의. 4 [철학] 관념론적, 관념에 관한, 유심론의.
-m. 1 이상, 극치; 전형, 규범. *Aquest home és l'ideal d'alcalde* 이 사람은 시장으로서 이상적이다. 2 고매한 목적, 이념. 3 [수학] 이데알.
idealisme *idealismes m.* 1 이상주의. 2 [철학] 관념론, 유심론. 3 [예술] 관념주의.
idealista *idealistes adj.* 이상주의적인; 공상적인, 비현실적인; 관념론적인.
-m.f. [남녀동형] 이상주의자, 관념주의자.

idealitat *idealitats f.* 이상적임, 관념성; 관념적·이상적인 일.
idealització *idealitzacions f.* 이상화, 관념화.
idealitzar *tr.* 이상화하다, 이상적으로 생각하다; ...의 이상을 그리다.
idear *tr.* 생각해 내다, 고안하다(inventar).
ideari *idearis m.* 이념, 주장, 사상 체계.
ídem *adv.* [약자: *íd.*] 이전과 같음.
idèntic *idèntica idèntics idèntiques adj.* 1 똑같은, 동일한. 2 유사한, 닮은. 3 [수학] 항등의.
identificació *identificacions f.* 1 (사람·사물의) 신원·정체의 확인·인정; 신분 증명. 2 동일물 확인·증명·감정. 3 [의학] (특히 정신 의학에서) 동일시(화). 4 동일시, 일체화, 귀속 의식[어느 사회 집단의 가치·이해를 자기 것으로 수용함]. 5 (시체의) 검증. 6 [생물] 동속·동종 인정; 동정(同定).
identificador *identificadora identificadors identificadores adj.m.f.* identificar하는 (사람).
identificar *tr.* 1 동일시하다, 일체화하다. 2 동일성·동일인·동일물을 증명·입증·확인하다. 3 신분을 증명하다. 4 (누구임을) 확인하다. *identificar el cadàver* 시신을 확인하다. 5 [생물] 동속·동종으로 인정하다. *-se* 1 같은 것이 되다. 2 동일한 것으로 인정하다; 본인임을 증명하다. 3 (...와) 같이 행동하다, 제휴하다.
identitat *identitats f.* 1 동일함, 일치, 동일성. 2 (다른 누구도 아닌) 자기 자신임, 본인임. 3 주체성, 독자성, 개성. 4 본체, 정체, 신원. 5 [논리] 동일 명제. 6 [수학] 항등식, 항등원. 7 [구어] 신원 증명(의 수단).
ideografia *ideografies f.* 표의 문자(表意文字) 연구·사용법.
ideograma *ideogrames m.* 표의 문자, 상형 문자.
ideòleg *ideòloga ideòlegs ideòlogues m.f.* 공론가, 이념론자, 관념론자.
ideologia *ideologies f.* 1 [사회] 이데올로기. 2 [철학] 관념론. 3 공리, 공

론. **4** 사고방식, 이념, 사상 체계, 사상 형태.

ideològic ideològica ideològics ideològiques *adj.* 이데올로기의, 이념의, 공론의, 사상적인; 관념학파의.

idil·li idil·lis *m.* **1** [문학] 연애시, 전원시, 목가; 전원 애정 소설. **2** [비유] 달콤한 사랑.

idíl·lic idíl·lica idíl·lics idíl·liques *adj.* 전원시의, 목가적인.

idiòcia idiòcies *f.* [의학] (정신 연령이 낮은) 저능, 무지, 무학.

idioelèctric idioelèctrica idioelèctrics idioelèctriques *adj.* [전기] 마찰 대전성의.

idiolecte idiolectes *m.* [언어] (특정인의) 개인 언어.

idioma idiomes *m.* 언어(llengua); 어법, 어투.

idiomàtic idiomàtica idiomàtics idiomàtiques *adj.* **1** (어떤 언어의) 특색을 나타내는, (어떤 언어에) 특유한. **2** 관용적인, 관용구가 많은.

idiomatisme idiomatismes *m.* 관용구, 관용적인 표현.

idiopatia idiopaties *f.* [의학] 특발증(特發症).

idiosincràsia idiosincràsies *f.* **1** 특질, 특성, 개성. **2** (어느 개인의) 표현법. **3** [의학] 고유성, 특이 체질.

idiota idiotes *adj.* 저능의, 백치의; 정신이 박약한; 우둔한.
-m.f. [남녀동형] 저능아, 백치; 우둔한 사람, 바보, 천치.

idiotesa idioteses *f.* 백치·바보 같은 짓.

idiotisme idiotismes *m.* **1** [문법] 관용구 (idiomatisme). **2** 무지, 무학.

ídol ídola ídols ídoles *m.f.* [남녀동형] 우상, 숭배의 대상.

idòlatra idòlatres *adj.* **1** 우상숭배 하는. **2** [비유] (...에) 홀딱 빠져 버린.
-m.f. 우상숭배자.

idolatrar *tr.* **1** (우상을) 숭배하다, 예찬하다. **2** 지나치게 사랑하다.

idolatria idolatries *f.* **1** 우상 숭배; 자연물 숭배. **2** [비유] 맹목적 숭배; 지나친 사랑.

idoneïtat idoneïtats *f.* 적합, 적당, 적부, 어울림.

idoni idònia idonis idònies *adj.* 적합한, 적절한, 적당한, 어울리는, 적재적소의, 유효한.

idus *f.pl*[*m.pl*] (로마력에서) 3, 5, 7, 10월의 15일; 다른 달의 13일.

ieisme ieismes *m.* [음성] 발레아레스와 기타 동북부 지역에서 사용되는 카탈루냐어의 특징으로, *ull, poll, vell* 등을 *ui, poi, vei* 와 같이 발음하는 현상.

iglú iglús *m.* 이글루[에스키모의 집].

ignar ignara ignars ignares *adj.* =ignorant.

igni ígnia ignis ígnies *adj.* **1** 불의, 불같은, 불빛의. **2** 불로 생성된.

ignició ignicions *f.* **1** 발화, 점화 (장치), 연소. **2** 불꽃. **3** 백열.

ignífer ignífera ignífers igníferes *adj.* 불을 일으키는.

ignífug ignífuga ignífugs ignífugues *adj.* 불연소의, 내화성의.

ignomínia ignomínies *f.* **1** 면목 없음, 불명예, 수치, 모욕, 치욕(menyspreu). **2** 수치스러운 행동.

ignominiós ignominiosa ignominiosos ignominioses *adj.* 부끄러워해야 할, 수치스러운, 불명예스러운, 치욕적인, 체면이 서지 않는.

ignorància ignoràncies *f.* 모름, 무지, 무식, 무학.

ignorant ignorants *adj.* 모르는, 무지한, 무식한, 배우지 못한.
-m.f. [남녀동형] (어떤 지식을) 모르는 사람, 무식한 사람, 무학자.

ignorantisme ignorantismes *m.* 학문 무용론, 학문 유해론.

ignorar *tr.* 모르다, 알지 못하다.

ignot ignota ignots ignotes *adj.* 미지의.

igual¹ iguals *adj.* **1** 같은, 똑같은, 동등한, 동일한. **2** 일정한, 한결같은, 변함없는(regular). *un pols igual* 일정한 맥박. **3** 고른, 평평한, 평탄한, 반반한 (llis, pla). *un terreny igual* 고른 땅. **4** 평등한, 대등한, 균등한, 차별하지 않는. **5** 평균의, 균형을 이룬. **6** (테니스 경기에서의) 동점의.
-m. **1** 같은 것, 동일물. **2** 비교물, 상당하는 것. **3** [수학] 등호[=].

-m.f. [남녀동형] 동년배, 동료, 동급생, 같은 또래; 동족,
al l'igual de ...와 마찬가지로.
ésser igual 마찬가지다; 상관없다.
igual que ...와 마찬가지로.
igual² adv. 같게, 동일하게
igualable igualables *adj.* igualar할 수 있는.
igualació igualacions *f.* **1** 동등화, 대등화, 평준화. **2** 고르게 하는 일, 평탄하게 고르는 일. **3** 일치, 협정.
igualador igualadora igualadors igualadores *adj.m.f.* igualar하는 (사람).
igualar *tr.* **1** 같게 하다, 동일하게 하다. **2** (...에) 상당하다, 견주다. *Ningú no us podrà igualar* 어느 누구도 너희에 견줄 수 없다. **3** 고르게 하다, 고르다, 평탄하게 하다(allisar). **4** 똑같이 다루다, 같이 여기다. **5** (경기가) 동점을 이루다. **6** 협정하다, 결정하다. **-se 1** 같아지다, 똑같이 되다. **2** 꼭 들어맞다, 일치하다.
igualitari igualitària igualitaris igualitàries *adj.* 동등한; 평등의, 평등주의의; 같은 분량의.
igualment *adv.* **1** 같게, 마찬가지로. **2** 평등하게, 차별 없이. **3** 역시, 또한.
Igualment! [상대방의 말과 동일함을 나타내는 표현] 나도 역시!, 마찬가지로!
igualtat igualtats *f.* **1** 같음, 동등; 평등, 균형. *igualtat de forces* 힘의 균형. **2** 평탄. **3** 변함없음, 불변, 변덕이 없음. **4** [수학] 등식.
iguana iguanes *f.* [동물] 이구아나.
iguànids *m.pl.* [동물] 이구아나속 동물.
íleum íleums *m.* [해부] 장골, 요골(ili).
íleus íleus *m.* [단·복수동형][의학] 장폐색.
ili ilis *m.* **1** [해부] 장골, 요골. **2** [의학] 장폐색.
ilíac ilíaca ilíacs ilíaques *adj.* **1** [의학] 장폐색의. **2** 트로이 지역의.
I·líada *n.pr.* **1** 일리아드[트로이 전쟁을 읊은 호머의 서사시]. **2** 일리아드풍의 서사시.
illa illes *f.* **1** 섬. **2** [건축] (단지의) 구획, 블록.

il·lació il·lacions *f.* **1** [논리] 추리, 추정, 추론. **2** 연락, 연결, 관련. **3** [문법] 추론 접속사.
illada illades *f.* [해부] 옆구리.
il·latiu il·lativa il·latius il·latives *adj.* **1** [논리] 추리의, 추론의, 추정적인. **2** [문법] 추론을 이끄는 어구의.
il·legal il·legals *adj.* 불법의, 위법의, 부정한, 비합법적인.
il·legalitat il·legalitats *f.* 불법, 위법; 불법 행위.
il·legibilitat il·legibilitats *f.* (문자의) 해독 불능, 판독 불능.
il·legible il·legibles *adj.* (문자 따위가) 읽기 어려운, 판독 불능의, 해독하기 어려운.
il·legítim il·legítima il·legítims il·legítimes *adj.* **1** 불법의, 비합법적인, 위법의. **2** 사생의, 서출의. *fill il·legítim[bord]* 사생아(bastard).
il·legitimitat il·legitimitats *f.* **1** 위법, 불법; 비합법, 불합리. **2** 서출, 사생.
illenc illenca illencs illenques *adj.* 섬의, 섬에 사는.
-m.f. 섬사람, 섬 출신의 사람.
il·lès il·lesa il·lesos il·leses *adj.* **1** 다치지 않은, 무사한. *sortir il·lès d'un accident* 사고로부터 무사했다. **2** [비유] 손상되지 않은.
illetrat illetrada illetrats illetrades *adj.* 문맹의, 글을 못 읽는; 무식한, 배우지 못한.
-m.f. 문맹자; 무식자.
il·lícit il·lícita il·lícits il·lícites *adj.* 불법의, 부정한, 불의의, 불륜의.
il·licitud il·licituds *f.* 불법, 부정, 불의, 불륜.
il·limitat il·limitada il·limitats il·limitades *adj.* 무한의, 끝이 없는, 무제한의.
il·lògic il·lògica il·lògics il·lògiques *adj.* 불합리한, 비논리적인, 부조리한.
illot illots *m.* **1** 작은 섬, 바위섬. **2** (자동차 도로 가운데의) 녹지대, 분리대.
il·luminació il·luminacions *f.* **1** 조명(도). **2** 전기 장식. **3** 천계, 계시. **4** 계몽, 깨우침.
il·luminador il·luminadora il·luminadors il·luminadores *adj.m.f.* il·luminador하는

(사람).

il·luminar *tr.* **1** 밝게 하다, 빛나게 하다; 비추다, 조명을 하다. **2** 조명 장식을 달다. **3** [비유] 계몽하다, 깨우치다; 계시를 주다. **4** (사본 따위를) 장식 글자로 꾸미다. **-se** 밝아지다; 깨우치다.

il·luminat il·luminada il·luminats il·luminades *adj.* 조명된, 전기장식을 단; 깨우친, 천계를 받은.
-m.f. 깨친 사람(visionari); 하늘의 계시를 받은 사람, 신통자.

il·luminatiu il·luminativa il·luminatius il·luminatives *adj.* 밝게 하는, 조명의, 네온사인의, 전기 장식의.

il·luminisme il·luminismes *m.* [종교] 친계교; 광명종[하늘의 계시를 받았다고 자칭한 18세기의 종교 결사].

il·lús il·lusa il·lusos il·luses *adj.* 허망한 생각을 품은, 속임수에 넘어간; 못된 길에 빠지기 쉬운.
-m.f. 그러한 사람.

il·lusió il·lusions *f.* **1** 환각, 환영, 착각. **2** [부정적] 허망한 꿈, 허망한 기대; [긍정적] 꿈, 기대, 희망.
fer il·lusió 환상에 젖게 하다; 꿈에 부풀게 하다.
fer-se il·lusions 감격하다, 기뻐하다.
viure d'il·lusió 환영을 보다.

il·lusionar *tr.* 환상에 젖게 하다, 착각을 일으키게 하다. **-se 1** 기뻐하다, 즐거워하다. **2** 환상을 품다, 꿈을 품다.

il·lusionisme il·lusionismes *m.* **1** 곡예. **2** 환상설, 미망설(迷妄設); 눈속임 그림 기법.

il·lusionista il·lusionistes *m.f.* [남녀동형] **1** 곡예가. **2** 환상가, 미망론자; 눈속임 그림 화가; 요술쟁이.

il·lusori il·lusòria il·lusoris il·lusòries *adj.* 사람을 현혹하는; 착각하기 쉬운; 허망한, 덧없는.

il·lustració il·lustracions *f.* **1** 계발, 계몽, 교화. **2** 해명; 예해, 실례, 예증. **3** [역사] (18세기의) 계몽주의. **4** 학식, 교육. **5** 출중함, 탁월함, 고명, 저명, 명사. **6** 삽화, 도해, 화보.

il·lustrador il·lustradora il·lustradors il·lustradores *adj.* il·lustrar하는.

-m.f. 삽화가; 도해가, 설명자, 예증하는 사람.

il·lustrar *tr.* **1** 계발하다, 계몽하다, 교화하다. **2** (실례·도해 따위로) 설명하다, 예증하다. **3** 삽화를 넣다, 도해하다. **-se** 알다, 깨닫다.

il·lustratiu il·lustrativa il·lustratius il·lustratives *adj.* 실례가 되는, 예증이 되는.

il·lustre il·lustres *adj.* **1** 유명한, 저명한, 뛰어난. **2** 귀하신, 고명하신.

il·lustríssim il·lustríssima il·lustríssims il·lustríssimes *adj.* 경칭으로 군대나 교회 등에서 높은 지위에 있는 사람 앞에 쓰임.

imaginable imaginables *adj.* 상상할 수 있는, 생각할 수 있는.

imaginació imaginacions *f.* **1** 상상(력), 공상(력). **2** 구상(력), 창작력, 창조력. **3** 공상, 망상(fantasia).

imaginaire imaginaires *m.f.* [남녀동형] 성상 조각가, 성상 화가.

imaginar *tr.* **1** 상상하다, 생각하다. **2** 고안하다, 아이디어를 내다, 창안하다 (inventar). **-se** 상상하다, 가정하다(suposar).

imaginari imaginària imaginaris imaginàries *adj.* **1** 상상의, 가공의, 가상의. **2** 사실무근의. **3** 성상(聖像)의. **4** [수학] 허수의.

imaginatiu imaginativa imaginatius imaginatives *adj.* **1** 상상의, 가공의. **2** 상상력이 풍부한, 창조력이 풍부한; 상상을 즐기는.
-f. 상상력, 창작력, 창조력; 상식.

imago imagos *m.* [곤충] 성충(成蟲).

imant imants *m.* **1** 자석, 자철(imam). **2** 매력.

imantació imantacions *f.* 자화.

imantar *tr.* 자화하다, 자기를 띠게 하다.

imatge imatges *f.* **1** 이미지; 자태, 모양. **2** 그림자, 형상. **3** [심리] 심상(心像), 잔상(殘像). **4** [물리] 상(像). **5** 화상, 조상, 인형. **6** 화상, 성상; 우상. **7** 상징; 화신, 전형. **8** [수사] 비유적 표현, 은유(metàfora).
a imatge[i semblança] seva 자신의 형상을 따라, 자신의 모습과 닮게.
imatge pública 대중적 이미지.

imatge real, virtual [물리] 실상, 허상.
ésser la viva imatge [d'algú] (누구의) 살아 있는 형상이다.
imatger imatgera imatgers imatgeres *m.f.* 성상 조각가, 성상 화가.
imatgeria imatgeries *f.* **1** 그림 자수. **2** 성상 제작. **3** 수사적 표현, 문학적 수사.
imbècil imbècils *adj.* **1** 우둔한, 바보의, 천치의. **2** [의학] 심신 허약의, 의지박약의.
-*m.f.* 의지박약아; 바보, 천치, 저능아.
imbecil·litat imbecil·litats *f.* 저능, 우둔, 바보; 정신박약; 어리석은 짓.
imberbe imberbes *adj.* **1** 수염이 나지 않는. **2** 아주 젊은.
imbevible imbevibles *adj.* 마실 수 없는.
imbibició imbibicions *f.* 흡수.
imbricació imbricacions *f.* [생물] 비늘 모양의 배열; 비늘무늬.
imbricar *tr.* 비늘무늬로 배열하다.
imbricat imbricada imbricats imbricades *adj.* 비늘 모양의, 비늘 모양을 한.
imbuïment imbuïments *m.* imbuir하는 일.
imbuir *tr.* 스며들게 하다, 젖어들게 하다, 물들게 하다.
imitable imitables *adj.* 모방할 수 있는, 흉내 낼 수 있는; 모방해야 할, 본보기가 되는.
imitació imitacions *f.* **1** 흉내, 모방, 모조; 위조. **2** 가짜, 위조품, 유사품, 모조품.
a immitació de ...을 모방하여.
d'immitació 모방의, 모조의.
imitador imitadora imitadors imitadores *adj.m.f.* imitar하는 (사람).
imitar *tr.* **1** 모방하다, 흉내 내다, 모조하다, 위조하다. **2** 본보기로 삼다, 따라 하다.
imitatiu imitativa imitatius imitatives *adj.* **1** 모방의, 모방적인. **2** [회화] 모방 작품의.
Immaculada *f.* 성모 마리아.
immaculat immaculada immaculats immaculades *adj.* **1** 티 없는, 티 없이 맑은, 청정한. **2** 때 묻지 않은, 오점이 없는. **3** 순결한, 죄가 없는.

la Immaculada (무(無)원죄의) 성모 마리아.
immadur immadura immadurs immadurs *adj.* **1** =immatur. **2** [비유] 미숙한, 원숙하지 않은.
immaduresa immadureses *f.* 미숙(未熟)함.
immancable immancables *adj.* 꼭 필요한, 필수 불가결한, 없어서는 안 되는.
immanejable immanejables *adj.* **1** 다루기 어려운, 힘겨운. **2** 조작 불능의; 제어·조작할 수 없는.
immanència immanències *f.* 내재, 내재성.
immanent immanents *adj.* 내재적인, 고유의, 항구의.
immarcescible immarcescibles *adj.* **1** 시들어버리지 않는. **2** 빛이 바래지 않는. **3** [비유] 영원불멸의, 불후의.
immaterial immaterials *adj.* **1** 실체가 없는, 형체가 없는, 무형의, 비물질적인. **2** 정신적인, 영적인; 유심론의.
immaterialisme immaterialismes *m.* 비유 물론, 유심론.
immaterialitat immaterialitats *f.* 비실체성, 비물질성; 비중요성; 비물질적인 것, 실체 없는 것.
immaterialitzar *tr.* 비물질화하다.
immatur immatura immaturs immatures *adj.* 아직 익지 않은.
immediació immediacions *f.* **1** 근접. **2** 직접, 즉시; 당면한 문제.
immediat immediata immediats immediates *adj.* **1** 바로 옆에 있는, 바로 이웃의, 인접의. **2** 직접의, 당면의. **3** 당장의, 즉석의, 즉시의.
immediatament *adv.* 당장, 즉시로, 즉각, 직접적으로.
immediatament després que ...하자마자 곧바로.
immediatesa immediateses *f.* 직접성, 당면성.
immemorable immemorables *adj.* =immemorial.
immemorial immemorials *adj.* 사람의 기억에 없는, 먼 옛날의, 오랜 옛날의, 태고의.
des de temps immemorial 태고적부터,

아주 오랜 옛날부터.
immenjable immenjables *adj.* 먹을 수 없는, 씹을 수 없는.
immens immensa immensos immenses *adj.* **1** 무한의, 끝없는. **2** 광대한, 막대한, 헤아릴 수 없는.
immensitat immensitats *f.* **1** 무한, 무변, 무수. **2** 막대, 광대; 무한한 공간. **3** 대양, 창공.
immensurable immensurables *adj.* 무한의, 광대한, 헤아릴 수 없는.
immerescut immerescuda immerescuts immerescudes *adj.* 분에 넘치는, 과분한, 부당한.
immergible immergibles *adj.* 잠수할 수 있는, 가라앉을 수 있는; 잠수용의.
immergir *tr.* 잠수시키다, 가라앉히다. **-se 1** 잠수하다, 가라앉다. **2** [비유] (슬픔·명상 따위에) 잠기다.
immeritat immeritada immeritats immeritades *adj.* =immerescut.
immers immersa immersos immerses *adj.* immergir한.
immersió immersions *f.* **1** 잠수, 잠항; 물에 잠금, 침잠. **2** 침하, 침강, 침몰. **3** (기독교의) 침례. **4** [천문] (천체의) 잠입. **5** 열중, 몰두. **6** (언어 교육 등의) 집중 교육 과정.
immersionisme immersionismes *m.* **1** 잠수; 침하; 잠입. **2** (언어 교육 등의) 집중교육.
immesurable immesurables *adj.* 헤아릴 수 없는, 광대한; 무수한, 무량의.
immigració immigracions *f.* **1** [집합] 이민, 입국 이민. **2** 이민국.
immigrant immigrants *adj.* 이주하는.
-m.f. [남녀동형] 이민자, 입국자.
immigrar *intr.* 이주하다; 이민으로 입국하다.
immigratori immigratòria immigratoris immigratòries *adj.* 입국 이민의; 이주하는.
immillorable immillorables *adj.* 나무랄 데 없는, 더할 나위 없는.
imminència imminències *f.* 급박, 절박, 임박, 위급.
imminent imminents *adj.* 급박한, 절박한, 임박한, 위급한.

immiscir *tr.* 섞다, 혼합하다. **-se** 섞이다, 혼합되다.
immòbil immòbils *adj.* **1** 움직이지 않는, 고정된. **2** 확고한; 침착한, 냉정한.
immobiliari immobiliària immobiliaris immobiliàries *adj.* 안정된, 동요가 없는, 현상 유지의.
immobilisme immobilismes *m.* 안정성, 동요가 없음; 현상 유지(주의), 현상 긍정주의.
immobilista immobilistes *adj.* 현상유지의.
-m.f. [남녀동형] 현상 유지주의자.
immobilitat immobilitats *f.* 부동, 고정; 침착, 냉정.
immobilització immobilitzacions *f.* **1** 고정, 고착; 고정 자본화. **2** [경제] (화폐 유통의) 동결. *immobilització del capital* 자금의 동결. **3** [의학] (깁스·부목 따위로의) 고정.
immobilitzar *tr.* **1** 움직이지 않게 하다, 고정시키다. **2** [군사] (군대·함대의) 이동을 막다. **3** [경제] (화폐의 유통을) 막다. **4** [의학] (깁스·부목 따위로) 고정하다.
immoble immobles *adj.* **1** =immòbil. **2** 옮길 수 없는.
-m. 부동산, 건물.
immoderació immoderacions *f.* 무절제, 지나침, 분수를 모름.
immoderat immoderada immoderats immoderades *adj.* 절제를 모르는, 분수가 없는, 과도한, 지나친.
immodest immodesta immodests [immodestos] immodestes *adj.* 뻔뻔스러운, 철면피의, 버릇없는.
immodèstia immodèsties *f.* 뻔뻔스러움, 철면피, 함부로 날뜀.
immolació immolacions *f.* 희생시키는 일, 희생이 되는 일.
immolador immoladora immoladors immoladores *adj.* 희생이 되는.
-m.f. 희생자.
immolar *tr.* **1** 희생시키다. **2** (공물로) 희생물을 바치다. **-se** (자신을) 희생물로 바치다, 희생되다.
immoral immorals *adj.* 부도덕한, 비윤리적인, 품행이 바르지 못한.

immoralitat immoralitats f. 부도덕, 비윤리적임, 풍기 문란, 패륜, 불의.
immortal immortals adj. 1 죽지 않는, 불사의. 2 불후의, 영원한, 불멸의, 무궁한.
-m.f. [남녀동형] 불사신; 영혼; 영원한 것.
immortalitat immortalitats f. 불사, 불멸(성), 불후, 영원성, 무궁.
immortalitzar tr. 영원·불멸하게 하다.
immotivat immotivada immotivats immotivades adj. 이유·근거가 없는.
immund immunda immunds immundes adj. 더러운, 더럽혀진, 추잡한, 지저분한, 불순한.
immundícia immundícies f. 1 더러운 것·일·짓; 오물. 2 부정함, 불순물. 3 [종교] 악, 더러운 영(靈).
immune immunes adj. 1 (질병으로부터) 면역이 된. 2 면제된, 면책 특권의.
immunitat immunitats f. 1 면역(성). 2 면제; 면책 특권, 불체포 특권. immunitat parlamentària[diplomàtica] (국회의원, 외교관의) 면책 특권.
immunitari immunitària immunitaris immunitàries adj. 면역(성)의.
immunització immunitzacions f. [의학] 면역성을 줌.
immunitzador immunitzador immunitzador immunitzador adj. 면역시키는, 예방접종의.
-m.f. 예방접종하는 의사.
immunitzar tr. 면역성을 주다, 면역이 되게 하다, 예방접종하다.
immunodeficiència immunodeficiències f. [병리] 면역 결핍.
immunologia immunologies f. [의학] 면역학.
immutabilitat immutabilitats f. 불변성, 변치 않음.
immutable immutables adj. 1 변하지 않는, 불변의; 바꿀 수 없는. 2 냉정한, 무정한.
immutar tr. 변하다; 대체하다, 교환하다. -se 변화하다, 교체되다.
impaciència impaciències f. 초조, 성급, 안달, 조바심.
impacient impacients adj. 참을성 없는, 성급한, 조바심하는.
impacientar tr. 답답하게 하다, 초조하게 만들다. -se 답답해하다, 안달하다, 초조해하다.
impactar intr.prnl. 강한 충격·영향을 주다, 세게 부딪히다.
impacte impactes m. 1 충격(xoc); 탄환이 꽂힘, 박힘. 2 탄흔, 흔적. 3 [비유-] 충격, 여파, 영향(impressió).
impagable impagables adj. 1 [법률] 지급 불능의. 2 하찮은, 시시한.
impagat impagada impagats impagades adj. 1 (빚 등이) 지급되지 않은, 미납의; 지급받지 않은. 2 무급의, 명예직의, 무보수직의.
impala impales f. [동물] (아프리카산의) 영양의 일종.
impalpable impalpables adj. 만져서 느끼지 못하는, 미세한.
imparcial imparcials adj. 공평한, 치우침이 없는, 편견 없는, 편벽되지 않는. un testimoni imparcial 공평한 증언.
imparcialitat imparcialitats f. 공평, 공정.
imparell imparella imparells imparelles adj. 1 홀수의, 기수의. 2 짝이 없는; 비길 만한 것이 없는.
imparitat imparitats f. 짝이 없음; 비길 만한 것이 없음.
impartibilitat impartibilitats f. 불가분(성).
impartir tr. 1 주다, 나누어 주다, 분배하다(repartir). 2 수업을 하다, 가르치다(ensenyar).
impassibilitat impassibilitats f. 1 무감각, 불감증, 무신경. 2 침착, 냉정, 동요되지 않음.
impassible impassibles adj. 1 아픔을 느끼지 않는, 무감각의, 감각이 없는. 2 감정이 없는, 태평한, 냉정한.
impàvid impàvida impàvids impàvides adj. 1 대담한, 침착한. 2 철면피의, 낯가죽이 두꺼운, 뻔뻔스러운(impassible).
impavidesa impavideses f. 1 대담, 침착. 2 뻔뻔스러움, 철면피.
impecabilitat impecabilitats f. 1 과오·결점이 없음, 무흠. 2 완전, 완벽, 완전무결.

impecable impecables *adj.* **1** 과오·결점이 없는, 흠이 없는. **2** 완전한(perfecte).

impedància impedàncies *f.* [전기] 교류저항.

impedient impedients *adj.* 방해하는, 가로막는.

impediment impediments *m.* **1** 장애, 방해, 장애물. **2** [법률] 혼인의 장애.

impedimenta impedimentes *f.* **1** 장애물, 방해물. **2** (여행용의) 짐짝, 박스.

impedir *tr.* **1** 방해하다, 막다, 저지하다, 훼방 놓다. **2** (길·운동 등을) 막다, 어렵게 하다. *impedir el normal funcionament* 정상적인 기능을 어렵게 하다.

impedit impedida impedits impedides *adj.* (손발이) 부자유스러운; 불구의, 장애의.
-m.f. 불구자.

impeditiu impeditiva impeditius impeditives *adj.* 장해가 되는, 훼방이 되는; 저지시키는.

impel·lent impel·lents *adj.* 추진하는; 몰아내는, 몰아대는 (듯한).

impel·lir *tr.* **1** 밀어내다, 밀어 대다, 추진하다. **2** 마구 다그치다, 재촉하다, 억지로 ...하게 하다.

impenetrabilitat impenetrabilitats *f.* 불가침; 헤아릴 수 없음, 예측 불가.

impenetrable impenetrables *adj.* **1** 들어갈 수 없는, 뚫을 수 없는, 지나갈 수 없는. **2** 헤아릴 수 없는, 짐작할 수 없는. **3** 불가입성의.

impenitència impenitències *f.* **1** 뉘우치지 않음, 개전의 정이 없음. **2** 억척스러움, 완고함, 고집불통.

impenitent impenitents *adj.* 나쁜 습관의, 행실을 바꾸지 않는; 완고한, 고집이 센.

impensable impensables *adj.* 믿을 수 없는, 상상할 수 없는.

impensat impensada impensats impensades *adj.* **1** 뜻밖의, 의외의, 생각지도 않은(imprevist). **2** (통계에서) 무작위의.
a la impensada 전혀 뜻밖에, 생각지도 않게, 갑작스럽게.

imperant imperants *adj.* 다스리는, 통치하는, 지배하는.

imperar *intr.* **1** 군림하다, 통치하다, 지배하다(dominar). **2** 황제가 되다.

imperatiu imperativa imperatius imperatives *adj.* 명령의, 명령적인, 강압적인.
-m. **1** 명령. **2** [문법] 명령법(mode imperatiu).

imperatorial imperatorials *adj.* 황제의; 제국의.

imperceptibilitat imperceptibilitats *f.* 느끼지 못함, 감지하지 못함; 미약함, 희미함.

imperceptible imperceptibles *adj.* **1** 느낄 수 없는, 들리지 않는, 보이지 않는. **2** 희미한, 어렴풋한.

imperdible imperdibles *adj.* 손해가 없는, 없어지지 않는, 지는 일이 없는.
-f. 안전핀.

imperdonable imperdonables *adj.* 용서할 수 없는, 보아 넘길 수 없는.

imperfecció imperfeccions *f.* **1** 불완전. **2** 결점, 결함.

imperfecte imperfecta imperfectes imperfectes *adj.* 불완전한, 완전치 못한, 불비한.

imperfectibilitat imperfectibilitats *f.* =imperfecció.

imperfectiu imperfectiva imperfectius imperfectives *adj.* [문법] 불완료의.

imperfet imperfecta imperfectes imperfectes *adj.* 끝나지 않은, 불완료의.
-m. [문법] 불완료.

imperforació imperforacions *f.* [의학] 폐색.

imperi imperis *m.* **1** 제국. *imperi colonial* 식민제국. **2** 제위, 치세, 세력. **3** 당당함, 거만.
valer un imperi 힘이 있다, 당당하다; 뛰어나다, 탁월하다.

imperial imperials *adj.* **1** 제국의. **2** 황제의; 최고의 권력을 갖는, 지고한, 지상의. **3** 위엄 있는, 장엄한, 당당한, 의젓한.
-f.pl. (옛 로마 시대의) 금화; 제정 러시아의 금화(15루블).
-m. **1** (마차 등의) 지붕. **2** [건축] 꼭대기가 뾰족한 돔.

imperialisme imperialismes *m.* 제국주

의; 영토 확장주의; 제정.
imperialista imperialistes *adj*. 제국주의의, 영토 확장주의의; 제정주의의.
-m.f. [남녀동형] 제국주의자, 영토 확장주의자; 제정주의자, 황제 지지자.
imperible imperibles *adj*. 영원한, 불멸의(etern).
imperícia imperícies *f*. 미숙, 무능, 졸렬함.
imperiós imperiosa imperiosos imperioses *adj*. 1 권력에 의한; 권력을 남용하는, 전횡한(autoritari). 2 부득이한, 긴급한, 급박한(urgent). *necessitat imperiosa* 긴급한 필요.
impermeabilitat impermeabilitats *f*. 불침투성, 방수성.
impermeabilització impermeabilitzacions *f*. 방수 가공.
impermeabilitzar *tr*. 방수 처리를 하다.
impermeable impermeables *adj*. 물이 통하지 않는, 방수의.
-m. 비옷, 우비, 레인코트.
impersonal impersonals *adj*. 1 비인격적인, 인격이 없는. *tractament impersonal* 비인격적인 대우. 2 개인에 관계가 없는, 개인을 나타내지 않는, 일반적인. 3 [문법] 무인칭의.
impersonalitat impersonalitats *f*. 1 비인격(성); 개성이 없음. 2 [문법] 무인칭.
impersonalitzar *tr*. [문법] 무인칭 동사로 쓰다.
impertèrrit impertèrrita impertèrrits impertèrrites *adj*. 무서운 것이 없는, 대담스러운, 뻔뻔스러운.
impertinència impertinències *f*. 1 부적절; 무관. 2 건방짐, 거만스러움, 무례함, 뻔뻔스러움, 철면피.
impertinent impertinents *adj*. 1 적절하지 못한, 때가 맞지 않는; 당치 않은, 관계없는. *una pregunta impertinent* 적절치 않은 질문. 2 무례한, 예의 없는, 주제 넘는, 건방진, 뻔뻔스러운.
-m.f. [남녀동형] 건방진 사람; 철면피.
-m.pl. 안경.
impertorbable impertorbables *adj*. 침착한, 냉정한.
impetració impetracions *f*. 출원; 탄원.
impetrant impetrants *adj*. impetrar하는.
impetratori impetratòria impetratoris impetratòries *adj*. 출원한, 신청한.
impetrar *tr*. 1 출원하다, 신청하다; 탄원하다, 간청하다. 2 (출원한 것에 대해) 허가를 내다.
ímpetu ímpetus *m*. 격렬, 과격, 맹렬.
impetuós impetuosa impetuosos impetuoses *adj*. 1 격렬한, 맹렬한. 2 성급한, 충동적인.
impetuositat impetuositats *f*. =ímpetu.
impiadós impiadosa impiadosos impiadoses *adj*. =impiu.
impietat impietats *f*. 1 신앙심이 없음, 불경, 경건치 못함. 2 냉혹, 잔인.
impietós impietosa impietosos impietoses *adj*. =impiu.
impiu impia impius impies *adj*. 1 불경한, 신앙심이 없는, 믿음이 없는. 2 냉혹한, 잔인한.
implacable implacables *adj*. 1 누그러뜨릴 수 없는, 달랠 수 없는, 화해하기 어려운. 2 끈질긴, 집념이 강한. 3 용서 않는, 무자비한. 4 완벽한, 완전무결한.
implant implants *m*. 몸속에 넣은 고정 물질.
implantació implantacions *f*. 1 심음, 이식. 2 [의학] 체내 이식; (고형 약물의) 피하 주입; (자궁내의) 착상. 3 가르침, 주입, 고취. 4 [물리] 주입.
implantar *tr*. 1 (마음에) 심다, 불어넣다, 주입시키다. 2 심다, 끼워 넣다, 끼우다. 3 [의학] (산 조직을) 이식하다; (수정란을 자궁벽에) 착상시키다.
implementació implementacions *f*. 이행, 수행.
implementar *tr*. (계획 등을) 이행하다, 수행하다.
implicació implicacions *f*. 1 내포, 함축, 암시. 2 연루, 연좌, 관계, 관련. 3 밀접한 관계, 영향; 예상되는 결과. 4 얽힘, 엉킴.
implicar *tr*. 1 관련시키다, 끌어들이다 (comportar). 2 내포하다, 함유하다, 함축하다, (어떤) 뜻을 가지다. 3 뒤얽히게 하다, 뒤엉키게 하다.
implícit implícita implícits implícites *adj*.

implorable

1 은연중의, 함축적인, 암시적인, 암묵의. **2** 무조건의, 절대적인, 맹목적인. **3** 내재하는, 잠재하는.

implorable implorables *adj.* 간청·탄원할 수 있는.

imploració imploracions *f.* 간청, 탄원, 애원.

implorador imploradora imploradors imploradores *adj.* 탄원하는, 애원하는.

implorar *tr.* 간청하다, 탄원하다, 애원하다.

implosió implosions *f.* **1** [음성] (폐쇄음의) 내파(內破). (폐쇄음의) 들어감. **2** (진공관의) 내파. **3** [의학] 내적 파쇄 요법[공포증 치료법].

implosiu implosiva implosius implosives *adj.* [음성] 내파의.
-*m.* [음성] 내파음.

impluvi impluvis *m.* (고대 로마에) 뜰 안에 놓는 빗물 받는 통.

impol·lut impol·luta impol·luts impol·lutes *adj.* 깨끗한, 티 없이 맑은, 오염되지 않은.

imponderable imponderables *adj.* **1** 평가할 수 없는, 계량할 수 없는, 헤아릴 수 없는. **2** 무게가 없는, 아주 가벼운, 분량을 알 수 없는.
-*m.* **1** [물리] (열·빛 따위의) 불가량물. **2** (효과·영향을) 헤아릴 수 없는 것.

imponent imponents *adj.* **1** 장엄한, 위압적인, 위엄이 있는, 당당한. **2** 감동적인, 인상적인.

impopular impopulars *adj.* 인기 없는, 평판이 나쁜, 인망이 없는, 인심을 잃은.

impopularitat impopularitats *f.* 인기가 없음, 평판이 좋지 않음.

import imports *m.* **1** 총액, 금액; (보험·수수료·공제 등의) 액수. **2** 대금, 요금.

importació importacions *f.* 수입; 수입품.

importador importadora importadors importadores *adj.m.f.* importar하는 (사람).

importància importàncies *f.* **1** 중요, 중요성. **2** 으스댐, 젠체함; 과대망상. **3** 총액, 총계.

de gran[*molta*] *importància* 매우 중요한, 매우 영향력 있는.
donar importància 중요시하다.
donar-se importància 우쭐대다, 거드름 피우다.

important importants *adj.* **1** 중요한, 소중한(valuós). **2** (수량이) 상당한, 많은.
una quantitat important 상당한 량.
el més important[*l'important*] 가장 중요한 것.
fer-se important 우쭐대다, 거만을 떨다.

importar *tr.* **1** (비용을) 예상하다(comportar). **2** (감정을) 개입시키다. **3** (가격이) 얼마가 되다, 총계가 ...이 되다. **4** [상업] 수입하다. -*intr.* 중요하다; 관심이 있다; 관계가 있다. *M'importa molt de saber-ho* 그것을 무척 알고 싶다.
no m'importa[*li importa*, *t'importa*, etc) *gens*[*gens ni gota*, *gens ni mica*] 나와 [그와, 너와] 상관없다, 나한테[그한테, 너한테] 전혀 중요하지 않다.

importú importuna importuns importunes *adj.* **1** 귀찮은, 골치 아픈, 지겨운 (molestós); 애먹이는. **2** 제때·제철이 아닌, 시기적으로 맞지 않는(inoportú).

importunació importunacions *f.* 집요한 부탁, 끈질긴 간청; 물고 늘어짐.

importunar *tr.* 귀찮게 조르다, 집요하게 부탁하다, 물고 늘어지다.

importunitat importunitats *f.* **1** 귀찮음, 지겨움; 애먹임, 끈질김. **2** 제철이 아님, 시기 부적절함.

imposable imposables *adj.* 과세할 수 있는, 세금이 붙는.

imposant imposants *adj.* **1** 세금을 부과하는. **2** 장엄한, 위압적인; 감동적인, 인상적인. *un paisatge imposant* 장엄한 풍경.
-*m.f.* [남녀동형] 세금 부과자.

imposar *tr.* **1** 부과하다, 위에 얹다. *imposar les mans* 손을 얹다, 안수하다. **2** [비유] 강요하다, 강제하다; (책임·의무 등을) 지우다, ...하게 하다(obligar). *imposar silenci* 조용히 하게 하다. **3** (죄과를) 전가하다(imputar). **4** 가르치다, 교육하다, 버릇을 가르치다. **5** (세

금을) 과하다. **6** (존경심·두려움 등이) 위압적이다; 압도하다(prevaler). **7** 예금하다. **8** (인쇄에서) 정판하다. **-se 1** (억지로) ...하게 되다, 짊어지다, 강제되다. **2** ...할 수밖에 없다, 부득이 ... 하다. **3** 압도하다, 위압하다. **4** 자존감을 가지다, 긍지를 갖다.

imposició imposicions *f.* **1** 부과, 부담; 과세. **2** 예입금, 기입 금액. **3** [법률] 과세, 세금. **4** (인쇄의) 정판. **5** (기독교의) 안수 기도.

impositor impositora impositors impositores *m.f.* **1** 공탁자, 예금자. **2** 정판공.

impossibilitar *tr.* 불가능하게 하다, 맥을 못 쓰게 하다.

impossibilitat impossibilitada impossibilitats impossibilitades *adj.* 불가능하게 된, 무효의; 불구가 되어 버린; 취업 불능의.
-m.f. 불구자, 장애자; 취업 불능자.

impossible impossibles *adj.* **1** 불가능한, 어려운. **2** 참을 수 없는, 감당할 수 없는.
-m. 불가능한 일, 안 되는 일, 안 될 일.
fer l'impossible 불가능한 일을 하다; 온갖 수단을 다 하다.

impost imposts[impostos] *m.* 세, 세금; 조세, 과세.
impost sobre la renda 소득세.
impostos directes, indirectes 직접세, 간접세.

imposta impostes *f.* [건축] 난간; 홍예머리.

impostació impostacions *f.* impostar하는 일.

impostar *tr.* [음악] (음성을) 강조하여 관객에게 호소하다.

impostiu impostiva impostius impostives *adj.* 과세의; 강제적인, 강요하는; 전가하는.

impostor impostora impostors impostores *m.f.* 중상자, 모략자; 사기꾼.

impostura impostures *f.* 중상, 모략; 거짓, 야바위.

impotable impotables *adj.* (물이) 마실 수 없는.

impotència impotències *f.* **1** 무능, 무력, 무기력. **2** [의학] 임포텐츠, 성교 불능, 성불구; 불임, 음위(陰痿).

impotent impotents *adj.* **1** 허약한, 무력한, 무기력한. **2** 임포텐츠의, 성교 불능의, 음위의.
-m.f. 무력한 사람, 무기력한 사람; 성교 불능자.

impracticabilitat impracticabilitats *f.* 실행 불가능(한 것).

impracticable impracticables *adj.* **1** (계획 등이) 실행 불가능한. **2** (도로가) 통행 불가능한, 다니지 못하는.

imprecació imprecacions *f.* 원망, 저주.

imprecador imprecadora imprecadors imprecadores *adj.m.f.* imprecar하는 (사람).

imprecar *tr.* 원망하다, 저주하다.

imprecatori imprecatòria imprecatoris imprecatòries *adj.* 저주하는.

imprecís imprecisa imprecisos imprecises *adj.* 애매한, 애매모호한, 모호한, 부정확한.

imprecisió imprecisions *f.* 애매, 애매모호, 부정확.

impredictible impredictibles *adj.* 예언할 수 없는, 미리 예측할 수 없는.

impregnabilitat impregnabilitats *f.* 난공불락; 견고함, 확고부동.

impregnable impregnables *adj.* **1** 스며들게 하는, 주입시킬 수 있는. **2** 난공불락의, 견고한; 움직일 수 없는. **3** (신념 등이) 확고부동한.

impregnació impregnacions *f.* **1** 포화. **2** 주입; 스며듦. **3** 임신, 수태.

impregnar *tr.* **1** 채우다, 포화시키다; 스며들게 하다, 침투하게 하다. **2** (사상·감정·원리 등을) 주입시키다. **3** [비유] (편견을) 불어 넣다. *Està impregnat de prejudicis* 편견으로 가득 찼다. **4** 임신시키다, 수태시키다, 수정시키다. **-se** 가득 차다, 포화하다; 스며들다; 수태하다.

impremeditació impremeditacions *f.* 부주의, 조심성이 없음, 준비성이 없음, 사려 깊지 못함, 경거망동.

impremeditat impremeditada impremeditats impremeditades *adj.* 사전계획이 없는, 준비 없는, 불쑥 해 버린.

impremta impremtes *f.* **1** 인쇄, 인쇄물, 인쇄 출판물. **2** 인쇄소.
impremtar *tr.* =imprimir.
impremter impremtera impremters impremteres *m.f.* 인쇄업자.
imprès impresa impresos impreses *adj.* 인쇄한, 인쇄를 필한.
-*m.* 인쇄물, 유인물, 인쇄된 용지.
imprescindible imprescindibles *adj.* 필수불가결한, 아주 중요한.
imprescriptible imprescriptibles *adj.* [법률] (권리 따위가) 시효로 소멸하지 않는; 법령·정관에 의해 움직일 수 없는; 불가침의, 절대적인.
impresentable impresentables *adj.* 제시할 수 없는, (남의) 앞에 내놓을 수 없는.
impressió impressions *f.* **1** 인쇄, 인쇄물; 압판. *una impressió acuradíssima* 아주 공들인 인쇄. **2** 자국, 흔적. **3** [비유] 인상, 기분, 느낌; 마음, 생각. **4** (사진의) 프린트.
bona[*mala*] *impressió* 좋은 인상[나쁜 인상].
impressió digital 지문.
canviar impressions amb 생각을 바꾸다.
impressionable impressionables *adj.* 느끼기 쉬운; 감수성이 예민한, 잘 감동하는.
impressionant impressionants *adj.* 감동적인, 깊은 인상을 주는.
impressionar *tr.* **1** 감동시키다, 감동을 주다. **2** (어떠한) 인상을 주다, 느끼게 하다. **3** 작용하다. **4** (사진을) 프린트하다. **-se** 감동하다, 인상을 받다.
impressionisme impressionismes *m.* [회화] 인상파, 인상주의.
impressionista impressionistes *adj.* 인상파의.
-*m.f.* [남녀동형] 인상파 화가.
impressor impressora impressors impressores *adj.* 인쇄하는.
-*m.f.* 인쇄업자.
impressora impressores *f.* 인쇄기.
imprevisible imprevisibles *adj.* 예견·예측할 수 없는.
imprevisió imprevisions *f.* 부주의; 예측을 못함, 앞일을 내다보지 못함, 헤아리지 못함.
imprevisor imprevisora imprevisors imprevisores *adj.* 조심스럽지 못한, 생각이 막힌, 앞을 내다보지 못하는, 소견이 좁은.
imprevist imprevista imprevists [imprevistos] imprevistes *adj.* 예견하지 못한, 의외의, 뜻밖의. *un debat imprevist* 갑작스런 토론.
-*m.* 임시비, 예비비.
imprimació imprimacions *f.* [건축][회화] 초벽칠.
imprimàtur imprimàturs *m.* (교회로부터의) 인쇄·발행 허가.
imprimible imprimibles *adj.* 인쇄할 수 있는, 인쇄될 수 있는.
imprimir *tr.* **1** 인쇄하다. **2** (동전·메달 등을) 주조하다, 찍어 내다. **3** (판·지문을) 찍다, 새기다, 자국을 남기다. **4** [비유] (생각을) 주입하다(inculcar). *imprimir en la memòria* 기억에 남기다. **5** 전달하다.
improbabilitat improbabilitats *f.* 불개연성, 일어날 것 같지 않은 일.
improbable improbables *adj.* 있을 법하지 않은, 사실 같지 않은, 확실치 않은, 긴가민가한.
ímprobe ímproba ímprobes ímprobes *adj.* **1** 정직하지 못한, 부도덕한; 나쁜, 악행의. **2** 과도한, 과중한(excessiu). *un treball ímprobe* 과도한 업무.
improbiós improbiosa improbiosos improbioses *adj.* =ímprobe.
improbitat improbitats *f.* 불성실, 정직하지 못함, 부도덕; 과도한 일.
improcedència improcedències *f.* 부적절함, 근거 없음; 도리에 어긋남.
improcedent improcedents *adj.* **1** 부적절한, 근거 없는. **2** 도리에 어긋나는.
improductiu improductiva improductius improductives *adj.* 불모의, 아무것도 나지 않는; 비생산적인, 효과가 없는.
improductivitat improductivitats *f.* 비생산성, 비효율성.
impromptu impromptus *m.* [음악] 즉흥곡, 즉석 연주.
impronunciable impronunciables *adj.* **1**

improperar *tr.* 욕하다, 악담하다.
improperi improperis *m.* 욕지거리, 모욕, 악담.
improperiós improperiosa improperiosos improperioses *adj.* 욕설의, 모욕의.
impropi impròpia impropis impròpies *adj.* **1** 부적당한, 어울리지 않는. **2** 모조의, 가짜의. **3** 다른, 이상한.
impropietat impropietats *f.* (말의) 부적절함, 온당치 못함.
improrrogable improrrogables *adj.* 연기할 수 없는, 연장 불가능한.
improvar *tr.* reprovar.
improvís improvisa improvisos improvises *adj.* 예견할 수 없는, 미리 짐작할 수 없는, 헤아릴 수 없는; 뜻밖의, 의외의.
　d'improvís 뜻밖에, 의외로, 생각지도 않게.
improvisació improvisacions *f.* **1** 임기응변, 즉석에서 하는 일; 즉흥시, 즉흥연설, 즉석 작품. **2** 벼락부자.
improvisador improvisadora improvisadors improvisadores *adj.* 즉석에서 하는.
　-m.f. 즉흥시인, 즉석 연주자.
improvisar *tr.* (시·음악 등을) 즉석으로 하다, 즉흥으로 하다.
improvisat improvisada improvisats improvisades *adj.* 즉석의, 즉석에서 만든; 임기응변으로 만든.
imprudència imprudències *f.* 경망, 경솔, 몰지각; 경솔한 언행, 과실.
　imprudència temerària 무모한 행동, 앞뒤 가리지 않는 경솔한 행동.
imprudent imprudents *adj.* 경솔한, 분별없는, 신중치 못한.
　-m.f. [남녀동형] 경솔한 사람, 경거망동한 사람.
impúber impúbers *adj.* 사춘기 이전의, 세상 물정에 어두운.
　-m.f. [남녀동형] 세상 물정에 어두운 사람.
impublicable impublicables *adj.* 출판할 수 없는.
impudència impudències *f.* 뻔뻔스러움, 파렴치.

impudent impudents *adj.* 뻔뻔스러운, 파렴치한, 낯가죽이 두꺼운.
impúdic impúdica impúdics impúdiques *adj.* **1** 부끄러움을 모르는. **2** 난잡한, 음탕한.
impudícia impudícies *f.* **1** 파렴치. **2** 더러움, 추잡스러움; 외설, 추행.
impudor impudors *m.* =impudícia.
impugnabilitat impugnabilitats *f.* 반론불가, 반박할 수 없음.
impugnable impugnables *adj.* 반론·비난할 수 있는.
impugnació impugnacions *f.* 반론, 비난, 반박, 배격.
impugnador impugnadora impugnadors impugnadores *adj.* 반론·비난하는.
　-m.f. 반론자, 비난자, 반박자.
impugnant impugnants *adj.* 비난하는, 반박하는.
impugnar *tr.* 반론하다, 비난하다, 반박하다, 배격하다(refutar).
impugnatiu impugnativa impugnatius impugnatives *adj.* 논란을 일으키는, 반론적인.
impuls impulsos *m.* **1** 밀치기, 밀쳐 내기. **2** 추진, 추진력. **3** [비유] (마음의) 충동, 일시적 충격. **4** [물리] 순간력, 충격량. **5** [전기] 충격; 전파, 임펄스. **6** [심리] 충동, 요구.
　sota l'impuls de ...의 충동으로.
　emportat[endut] per l'impuls del moment 순간의 충동에 이끌려.
impulsar *tr.* **1** 밀어내다. **2** 몰아대다, 재촉하다. **3** [비유] 충동시키다, 부추기다(incitar). **4** (활동 등을) 증가시키다.
impulsió impulsions *f.* =impuls.
impulsiu impulsiva impulsius impulsives *adj.* **1** 충동적인, 감정에 끌린. **2** 추진의. **3** 순간력의.
　-m.f. 충동에 이끌리는 사람.
impulsivitat impulsivitats *f.* 충동; 추진(력).
impulsor impulsora impulsors impulsores *adj.* 밀어내는, 추진하는; 선동하는, 자극하는.
　-m.f. 추진하는 사람; 선동하는 사람.
impune impunes *adj.* 무사한, 무난한, 처벌을 받지 않는.

impunit impunida impunits impuni- des *adj.* =impune.
impunitat impunitats *f.* 벌·형·해를 받지 않음; 무사.
impur impura impurs impures *adj.* **1** 불순한, 불결한. **2** 부정한, 음탕한, 외설의.
impuresa impureses *f.* **1** 불순, 불결; 불순물. **2** [생물] 잡종. **3** 부정, 외설.
impurificar *tr.* **1** 불순하게 하다, 더럽히다. **2** [정치] 공직으로부터 추방하다. **-se** 불순해지다, 더럽혀지다.
imputable imputables *adj.* (죄·책임 등을) 전가할 수 있는, 뒤집어씌우는.
imputació imputacions *f.* **1** (죄·책임 등의) 전가; 탓, 비난. **2** [종교] (의(義)의) 부여. **3** [경제] 산입(액).
imputar *tr.* **1** 탓으로 돌리다; (죄 등을) 씌우다, 전가하다. **2** [법률] (죄를) 지우다, 고소하다, 고발하다. **3** [신학] (신이) 그리스도의 의를 인간에게 부여하다. **4** [경제] (가치를) 귀속시키다. **5** [상업] 기장하다, 산입하다.
inabolible inabolibles *adj.* 폐지·철폐할 수 없는.
inabordable inabordables *adj.* **1** 접근하기 어려운. **2** 친해지기 어려운.
inacabable inacabables *adj.* 한이 없는, 끝이 없는, 영구한.
inacabat inacabada inacabats inacaba- des *adj.* 아직 끝나지 않은, 미완의.
inacceptable inacceptables *adj.* 받아들일 수 없는, 용납할 수 없는.
inaccessibilitat inaccessibilitats *f.* 가까이하기 어려움, 접근하기 어려움; 도달하기 어려움; 이해가 힘듦.
inaccessible inaccessibles *adj.* **1** 가까이할 수 없는, 접근하기 어려운; 친해지기 어려운. **2** 이해할 수 없는.
inacció inaccions *f.* 활동하지 않음, 활동의 정지; 무위, 나태.
inacostumat inacostumada inacostu- mats inacostumades *adj.* 익숙지 않은, 습관이 안 된; 평소와 다른.
inactiu inactiva inactius inactives *adj.* **1** 활동이 없는, 활발치 못한. **2** 부동의, 움직이지 않는. **3** [물리][화학] 비활성의, 불활성의; 방사능이 없는. **4** 빈둥거리는, 하릴없이 지내는.
inactivitat inactivitats *f.* =inacció.
inadaptabilitat inadaptabilitats *f.* 적응력이 없음, 비적응성, 비적합성.
inadaptable inadaptables *adj.* **1** 적응하지 못하는, 적응하지 않는, 융통성이 없는. **2** 적용·채택 불가능의.
inadaptació inadaptacions *f.* 부적응, 부적합.
inadaptat inadaptada inadaptats in- adaptades *adj.* (환경 등에) 적응하지 못하는, 적응하지 않는; 적성이 없는.
inadequat inadequada inadequats in- adequades *adj.* 부적당한, 부적합한, 온당하지 않은.
inadmissible inadmissibles *adj.* 받아들이지 못하는; 승인·채택·허가할 수 없는.
inadvertència inadvertències *f.* 부주의, 방심, 태만.
inadvertit inadvertida inadvertits inad- vertides *adj.* **1** 부주의한, 태만한. **2** 모르고 있는, 알아채지 못하는.
inaguantable inaguantables *adj.* 견딜 수 없는, 참을 수 없는.
inajornable inajornables *adj.* **1** 연기할 수 없는. **2** 시급한, 긴급한(urgent). *una qüestió inajornable* 시급한 문제.
inalienable inalienables *adj.* 양도할 수 없는.
inalterabilitat inalterabilitats *f.* 불변(성).
inalterable inalterables *adj.* **1** 불변의, 변함없는. **2** 냉담한, 냉정한.
inamovible inamovibles *adj.* **1** 움직일 수 없는, 부동의. **2** 파면·해직할 수 없는, 종신의.
inanició inanicions *f.* [의학] 영양실조.
inanimat inanimada inanimats inanima- des *adj.* **1** 생명이 없는, 무생명의. **2** 생기가 없는, 활기가 없는.
inanitat inanitats *f.* 덧없음, 공허함, 허망스러움.
inapel·lable inapel·lables *adj.* 항소가 불가능한, 호소할 길 없는, 어찌할 도리 없는.
inapercebut inapercebuts *adj.* **1** (아무런) 준비가 되지 않은. **2** 알아차리지 못하는, 감지하지 못하는.

inapetència inapetències f. 식욕 결핍.
inaplicable inaplicables adj. 적용·응용할 수 없는.
inaplicat inaplicada inaplicats inaplicades adj. 나태한, 전념하지 않는.
inapreciable inapreciables adj. 1 평가할 수 없는. 2 하찮은, 시시한, 가치가 없는.
inapte inapta inaptes adj. 부적격한, 마땅치 못한.
inarticulable inarticulables adj. 발음할 수 없는.
inarticulat inarticulada inarticulats inarticulades adj. 1 마디가 없는. 2 발음이 분명치 않은, 똑똑히 말을 못하는. 3 모호한; 의견·주장을 말하지 않는. 4 (정치적으로) 발언권이 없는. 5 [언어] 분절이 아닌. 6 [의학] 관절이 없는.
-m. [동물] 무관절 동물.
inassequible inassequibles adj. 손이 닿지 않는, 미치지 않는, 도달할 수 없는.
inassimilable inassimilables adj. 닮지 않은; 동화될 수 없는.
inassoluble inassolibles adj. =inassequible.
inatacable inatacables adj. 공격할 수 없는, 난공불락의; 나무랄 데 없는.
inatenció inatencions f. 부주의, 불찰.
inaudible inaudibles adj. 들을 수 없는, 들리지 않는.
inaudit inaudita inaudits inaudites adj. 1 들어본 일이 없는, 본 적이 없는, 전대미문의, 금시초문의. 2 심한, 거창한, 굉장한.
inauguració inauguracions f. 1 시작, 개시. 2 낙성식, 제막식, 개통식, 개업식, 개원식, 개관식, 대관식.
inaugural inaugurals adj. inauguració 의.
inaugurar tr. 1 시작하다, 개시하다. 2 (낙성식·제막식·개통식·개회식 등을) 거행하다. 3 개업하다, 개장하다, 개관하다.
inca inques adj. 잉카족의.
-m.f. 잉카족의 사람.
incalculable incalculables adj. 계산할 수 없는, 헤아릴 수 없는, 수없이 많은.
incandescència incandescències f. 1 백열. 2 열광, 격앙, 흥분.
incandescent incandescents adj. 불타는, 빛을 발하는; 열렬한, 달아오른.
incansable incansables adj. 1 지칠 줄 모르는, 피로를 모르는. 2 매우 활발한, 활동적인.
incapaç incapaç incapaços incapaces adj. 무능한, 무능력한; 무자격의.
incapacitació incapacitacions f. 무능력·무자격 선고; 자격 상실.
incapacitar tr. 1 무능·불능하게 하다. 2 무능력을 선고하다; 자격을 박탈하다. -se 자격을 박탈당하다.
incapacitat incapacitats f. 무능, 무능력; 무자격.
incaut incauta incauts incautes adj. 방심한, 부주의한.
incendi m. 1 화재. 2 불타오름, 격정, 열렬함.
incendiar tr. 1 방화하다, 불을 지르다. 2 태워 없애다. -se 다 타버리다, 불타 없어지다.
incendiari incendiària incendiaris incendiàries adj. 1 불을 내는, 방화하는. 2 가연성의, 방화용의.
-m.f. 방화자.
incensurable incensurables adj. 비난할 수 없는; 비난할 데 없는, 나무랄 데 없는.
incentiu m. 1 격려, 동기, 자극(estímul); 자극물. 2 유인, 미끼. 3 [경제] 투자 유인; (생산성 향상을 위한) 장려금, 인센티브.
incentivar tr. 1 자극을 주다, 동기를 주다. 2 유인하다, 미끼를 주다. 3 인센티브를 주다.
incentre incentres m. [수학] 삼각형 안에 있는 원의 중심.
incert incerta incerts incertes adj. 1 불확실한, 의문의(dubtós). 2 불안한, 불안정한. 3 미지의, 알려지지 않은.
incertesa incerteses f. 1 불확실, 부정확. 2 불안정.
incertitud incertituds f. 불안, 초조.
incessant incessants adj. 끊임없는, 쉴

incest incests[incestos] *m.* [법률] 근친상간.

incestuós incestuosa incestuosos incestuoses *adj.m.f.* 근친상간을 하는 (사람).

incidència incidències *f.* **1** (사건·영향 따위의) 범위, 발생률, 발병률, 빈도; 우연. **2** 소리·빛 등이 입사할 때 낙하하는 방향·방법. **3** [물리] 입사각, 투사각. *angle d'incidència* 입사각. **4** [항공] 영각[동체 기준선에 대한 주익(主翼)의 각도]. **5** 세금의 부담(범위).
per incidència 우연히.

incident incidents *adj.* **1** 불의의, 뜻밖의, 우발적인. **2** 부대적인, 부수적인. **3** [물리] 입사의.
-*m.* **1** 불의의 사고, 우발적인 사건. **2** 부대사건. **3** 추가 소송.

incidental incidentals *adj.* **1** 우연히 일어나는, 우발적인. **2** 부대적인, 부수적으로 일어나는.

incidir *intr.* **1** (탄환·포탄 등이) 맞다, 떨어지다. **2** (죄에) 빠지다, 실수를 저지르다, 잘못하다. **3** (빛·광선이) 비추다. **4** (...에) 영향이 미치다.

incineració incineracions *f.* 소각, 화장.

incinerador incineradors *m.* (쓰레기의) 소각로.

incinerar *tr.* 재로 만들다, 태워서 버리다, 소각하다, 화장하다.

incipiència incipiències *f.* 시작, 초기, 시초, 처음, 발단; 초보.

incipient incipients *adj.* **1** 시초의, 처음의, 초기의, 발단의, 막 시작한. **2** 초보의, 신진의, 신출내기의.

incís incisa incisos incises *adj.* **1** 칼로 벤, 자른, 절개한. **2** 새긴, 조각한.
-*m.* [문법] (문장 속의) 삽입구; 구두점.

incisió incisions *f.* **1** 칼자국 내기, 베기; 새김; 칼자국, 베인 자국. **2** [의학] 쨈, 절개. **3** 비난.

incisiu incisiva incisius incisives *adj.* **1** (칼붙이가) 예리한. **2** [비유] 날카로운, 통렬한, 가시 돋친, 신랄한. **3** 앞니의.
-*f.* [해부] 앞니(dent incisiva).

incitació incitacions *f.* 자극; 선동, 꼬드김.

incitador incitadora incitadors incitadores *adj.m.f.* incitar하는 (사람).

incitament incitaments *m.* =incitació.

incitant incitants *adj.* 자극하는; 선동하는, 부추기는.
-*m.* 자극물, 흥분제.

incitar *tr.* 자극하다; 선동하다, 부추기다, 꼬드기다.

incívil incívils *adj.* 교양 없는, 버릇없는; 촌스러운.

incivilitat incivilitats *f.* 교양 없음, 버릇 없음; 촌스러움.

incivilitzat incivilitzada incivilitzats incivilitzades *adj.* 개화되지 않은, 미개한, 개발되지 않은.

inclassificable inclassificables *adj.* 분류할 수 없는; 세상에 드문.

inclemència inclemències *f.* **1** 무자비; 혹독함, 가혹함, 엄함(rigor). **2** [기상] (날씨가) 매서움. *la inclemència del temps* 날씨가 매서움.

inclement inclements *adj.* 무자비한, 가혹한, 혹독한.

inclinable inclinables *adj.* 구부러질 수 있는, 기울어질 수 있는; (어떤) 경향이 있는.

inclinació inclinacions *f.* **1** 기울기, 경사, 경도, 경각. **2** 절, 인사. **3** 경향, 성향(propensió). **4** 좋아함, 기호, 의향 (disposició). **5** [수학] 경각, 경사도, 내려본각. **6** [천문] 궤도 경사각. **7** [물리] (자침의) 복각(inclinació magnètica).

inclinança inclinances *f.* =tendència.

inclinar *tr.* **1** 기울이다, 경사지게 하다. **2** (몸을) 굽히다, 절하다, (머리를) 숙이다; (귀를) 기울이다. **3** [비유] ...하게 하다, ...하는 마음이 내키게 하다.
-*se* **1** 기울다, 경사지다. **2** 인사를 하다. **3** 경향이 있다, ...하기 쉽다.
M'inclino a creure-ho 난 그것이 믿고 싶어진다.

inclinat inclinada inclinats inclinades *adj.* 기울어진, 경사진.

ínclit ínclita ínclits ínclites *adj.* 저명한, 훌륭한.

incloure [*pp: inclòs inclosa*] *tr.* **1** 품다, 안에 넣다. **2** 포함하다, 함유하다

(contenir). **3** (셈에) 넣다. **4** 봉해 넣다, 동봉해서 보내다.
inclús inclusa inclusos incluses *adj.* 포함하여, 뭉뚱그려; 동봉하여.
inclusió inclusions *f.* **1** 포함, 포괄, 함유. **2** [광물] 함유물. **3** [생물] (세포 안으로) 봉입. **4** 동료, 동아리.
inclusiu inclusiva inclusius inclusives *adj.* 포함하여, 셈에 넣어, 함께 묶어서.
inclusivament *adv.* 포함하여, 한데 넣어.
inclusive *adv.* =inclusivament.
incoació incoacions *f.* 시작, 개시.
incoar *tr.* 시작하다, 개시하다(iniciar).
incoatiu incoativa incoatius incoatives *adj.* **1** 시작의, 발단의. **2** [문법] 기동(起動)(상)의.
incobrable incobrables *adj.* 거두어들일 수 없는, 회수 불능의.
incoercible incoercibles *adj.* **1** 압축할 수 없는. **2** 억누를 길 없는, 참을 수 없는.
incògnit incògnita incògnits incògnites *adj.* **1** 모르는, 미지의. **2** 이름을 밝히지 않는, 정체를 숨기는, 익명의.
-*m.f.* **1** 모르는 사람. **2** 익명의 사람.
-*f.* **1** [수학] 미지수. **2** [비유] 알 수 없는 원인; 내막, 내정.
d'incògnit 정체를 숨기고, 암행하여.
aïllar una incògnita [수학] 미지수를 풀다.
incognoscible incognoscibles *adj.* 알 수 없는; 측량할 수 없는, 사람의 지혜가 미치지 못하는.
incoherència incoherències *f.* **1** 연락 두절. **2** 일관성 결여. **3** 지리멸렬, 뿔뿔이 흩어짐. **4** 점착성 결여.
incoherent incoherents *adj.* **1** 서로 연락이 없는, 연결이 안 되는. **2** 일관되지 못한, 앞뒤가 안 맞는. *una acció política incoherent* 일관성이 결여된 정치 활동. **3** 지리멸렬한, 뿔뿔이 헤어진. **4** 점착성이 없는.
incolor incolora incolors incolores *adj.* **1** 무색의, 색채(감)이 없는. **2** 광채가 없는, 윤기가 없는.
incòlume incòlumes *adj.* 완전한, 흠이 없는; 무사한(sa i estalvi).

incombustible incombustibles *adj.* **1** 불연소성의. **2** [비유] (감정이) 타오르지 않는.
incommensurable *adj.* **1** 헤아릴 수 없는; 터무니없는, 엉뚱한. **2** [수학] 약분할 수 없는.
incommovible incommovibles *adj.* **1** 움직이지 않는, 확고한. **2** 냉정한, 냉담한.
incommutable incommutables *adj.* 바꿀 수 없는, 불변의.
incomodar *tr.* **1** 불편하게 하다. **2** 애먹이다, 부아를 돋우다, 화나게 하다. *Tant de soroll m'incomoda* 너무 시끄러워 날 화나게 한다. -**se 1** 불편해하다. **2** 기분이 나쁘게 되다, 기분이 언짢아지다, 성나다, 화나다.
incòmode incòmoda incòmodes incòmodes *adj.* **1** 불편한, 불편스러운. *un seient incòmode* 불편한 의자. **2** (옷 등이) 맞지 않는, 거북스러운. **3** 귀찮은, 언짢은, 불쾌한. *una situació incòmoda* 언짢은 상황.
incomoditat incomoditats *f.* **1** 불편. **2** 골치 아픔, 귀찮음, 불쾌함, 거북스러움. **3** 화남, 성이 남.
incomparable incomparables *adj.* 비할 데 없는, 견줄 길 없는.
incompareixença incompareixences *f.* (법정 등에) 불출두함.
incompatibilitat incompatibilitats *f.* **1** 양립하지 않음, 상반(성), 모순; 성격의 불일치. **2** 겸임·겸직의 불능.
incompatible incompatibles *adj.* **1** 양립될 수 없는, 모순되는. **2** 겸임·겸직할 수 없는.
incompetència incompetències *f.* 무능력, 무자격, 부적격; (업무의) 무관성.
incompetent incompetents *adj.* **1** 무능한, 쓸모없는. **2** 무자격의. **3** (업무의) 관할 밖의.
incomplet incompleta incomplets incompletes *adj.* 불완전한, 미완성의.
incompliment incompliments *m.* 불이행.
incomplir *tr.* 이행하지 않다, 불이행하다. *incomplir la llei* 법을 이행하지 않

다.
incomportable incomportables *adj.* 참을 수 없는, 견딜 수 없는.
incomprensibilitat incomprensibilitats *f.* 이해불가능, 불가해성.
incomprensible incomprensibles *adj.* 이해할 수 없는, 까닭을 알 수 없는, 불가해한.
incomprensió incomprensions *f.* 이해하지 못함; 이해력 부족.
incomprensiu incomprensiva incomprensius incomprensives *adj.* 이해가 안 되는, 이해력 부족의.
incomprès incompresa incompresos incompreses *adj.m.f.* 이해가 안 되는 (사람).
incomptable incomptables *adj.* 셀 수 없는, 헤아릴 수 없는, 무수한.
incomunicació incomunicacions *f.* 격리, 고립; 교통·통신 두절.
incomunicar *tr.* **1** 격리하다, 고립시키다. **2** 교통·통신을 두절하다.
inconcebible inconcebibles *adj.* 상상할 수 없는, 까닭을 알 수 없는, 생각조차 못함; 믿을 수 없는, 매우 놀랄만한.
inconciliable inconciliables *adj.* 화해.융화.타협할 수 없는; 양립될 수 없는.
inconcús inconcusa inconcusos inconcuses *adj.* 모호하지 않은, 확실한, 분명한.
incondicional incondicionals *adj.* 무조건의, 무조건적인, 절대적인.
incondicionat incondicionada incondicionats incondicionades *adj.* **1** 무조건의, 무조건적인. **2** 무차별의.
inconegut inconeguda inconeguts inconegudes *adj.* 알지 못하는, 미지의, 낯선.
inconfés inconfessa inconfessos inconfesses *adj.* (죄를) 자백하지 않는.
inconfessable inconfessables *adj.* 창피해 말할 수 없는, 입 밖에 나오지 않는, 고백할 수 없는.
inconformisme inconformismes *m.* [정치] 적대 행위, 반체제주의.
inconformista inconformistes *adj.* [정치] 적대행위의, 반체제주의의.
-m.f. [남녀동형] 적대행위자; 반체제주의자.

inconfusible inconfusibles *adj.* 혼동할 수 없는, 분명한.
inconfutable inconfutables *adj.* 반론할 수 없는.
incongruència incongruències *f.* 부조화, 부적절, 부적합, 부조리.
incongruent incongruents *adj.* 조화되지 않는, 어울리지 않는, 부적합한, 부조리의.
inconjugable inconjugables *adj.* [문법] 활용할 수 없는, 활용형을 갖지 않은.
inconnex inconnexa inconnexos inconnexes *adj.* 관련이 없는, 연관성이 없는.
inconnexió inconnexions *f.* 무관련, 무접촉, 무연락.
inconquerible inconqueribles *adj.* 정복할 수 없는; 의지가 굳은.
inconquistable inconquistables *adj.* =inconquerible.
inconsciència inconsciències *f.* 무의식, 무자각.
inconscient inconscients *adj.* **1** 무의식의, 부지중의. **2** 모르는, 깨닫지 못하는. **3** 의식 불명의, 인사불성의. **4** 의식·자각·지각이 없는, 비정(非情)한.
-m.f. [남녀동형] 깨닫지 못하는 사람; 지각없는 사람(distret).
-m. [심리] 무의식(적인 심리).
inconseqüència inconseqüències *f.* 모순, 불일치; 한결같지 못함, 일관성이 없음.
inconseqüent inconseqüents *adj.* 모순된, 앞뒤가 맞지 않는; 한결같지 않은.
inconsiderat inconsiderada inconsiderats inconsiderades *adj.* 경솔한, 경망스러운, 부주의한, 지각없는, 무모한, 무분별한.
inconsistència inconsistències *f.* (마음이) 모질지 못함, 끈덕지지 못함; 일관성이 없음, 변덕스러움.
inconsistent inconsistents *adj.* 마음이 굳지 못한, 끈질기지 못한; 일관성이 없는, 변덕스러운, 변하기 쉬운.
inconsolable inconsolables *adj.* 달랠 길 없는, 위로할 길 없는.
inconstància inconstàncies *f.* 변하기 쉬움, 불안정; 지조가 없음, 변덕스러움.

inconstant inconstants adj. 변하기 쉬운, 불안정한; 흔들거리는, 지조가 없는, 변덕스러운.
inconstitucional inconstitucionals adj. 헌법에 따르지 않는, 헌법 위반의.
inconstitucionalitat inconstitucionalitats f. 헌법 위배, 위헌, 위법성.
inconsútil inconsútils adj. 이은 데가 없는, 꿰맨 데가 없는.
incontaminat incontaminada incontaminats incontaminades adj. 더럽혀지지 않은, 오염·전염되지 않은, 깨끗한.
incontenible incontenibles adj. 억누를 수 없는, 참을 수 없는.
incontestable incontestables adj. 분명한, 확실한. una veritat incontestable 분명한 사실.
incontestat incontestada incontestats incontestades adj. 답변되지 않은, 해결되지 않은.
incontinència incontinències f. 1 자제심이 없음, 무절제; 음란. 2 [의학] (대소변의) 실금(失禁).
incontinent incontinents adj. 무절제한, 참을성이 없는; 음란한.
incontrastable incontrastables adj. 1 비교가 되지 않는, 상대가 되지 않는. 2 고집이 센, 완고한.
incontrolable incontrolables adj. 통제 불가능한, 조절할 수 없는.
incontrolat incontrolada incontrolats incontrolades adj.m.f. 통제·조절되지 않는 (사람).
incontrovertible incontrovertibles adj. 바꿀 수 없는, 태환할 수 없는.
inconvencible inconvencibles adj. 설득되지 않는, 설복할 수 없는.
inconveniència inconveniències f. 1 불편(한 것), 부자유, 폐(가 되는 일), 성가심, 방해. 2 부적합, 부적당. 3 무례.
inconvenient inconvenients adj. 1 불편한, 부자유스러운, 형편이 나쁜, 폐가 되는. 2 부적당한. 3 무례한.
-m. 지장, 방해, 장해(desavantatge).
incorporació incorporacions f. 1 혼성, 혼합. 2 합병, 합체, 합동, 편입. 3 결사, 법인 단체. 4 [법률] 법인격 부여, 법인 (회사) 설립.
incorporal incorporals adj. 형체가 없는, 무형의; 만져볼 수 없는.
incorporar tr. 1 혼합하다, 섞다. 2 합치다, 합병하다, 통합하다, 편입하다 (ajuntar). 3 (상체를) 일으키다. -se 1 (회사 등이) 합병하다, 합체하다. 2 (군대에) 입대하다; 가담하다, 가입하다. 3 (상체를) 일으키다, 일어나다.
incorpori incorpòria incorporis incorpòries adj. 형체·실체가 없는, 무형의; 영적인.
incorrecció incorreccions f. 1 오류, 부정확(성). 2 무례, 결례, 불손.
incorrecte incorrecta incorrectes incorrectes adj. 1 틀린, 부정확한. 2 바르지 못한, 온당치 못한.
incorregible incorregibles adj. 교정할 수 없는, 고치기 어려운, 구제 불능의, 감당하기 어려운. un nen incorregible 감당하기 어려운 아이.
incórrer intr. 1 (죄에) 빠지다, (과오를) 범하다, 저지르다. 2 (증오·멸시·분노 등을) 받다, 당하다.
incorrupció incorrupcions f. 부패하지 않음, 때 묻지 않음, 오염되지 않음; 청렴결백.
incorrupte incorrupta incorruptes incorruptes adj. 1 부패하지 않은. 2 더럽혀지지 않은; 매수되지 않은. 3 신출내기의, 애송이의.
incorruptible incorruptibles adj. 1 썩지 않는. 2 부패하지 않은, 청렴한; 매수하기 어려운.
incrèdul incrèdula incrèduls incrèdules adj. 1 의심이 많은, 못 믿는, 믿음이 없는. 2 신앙심이 없는, 불신의.
-m.f. 의심하는 자, 불신자.
incredulitat incredulitats f. 의심이 많음, 회의적임; 불신앙.
increïble increïbles adj. 1 믿을 수 없는, 거짓말 같은. 2 굉장한, 대단한, 놀라운.
increment increments m. 1 증대, 증가, 증진, 증식, 증강; 증가량, 증액(augment). 2 [수학] 증분. 3 [문법] 음절 증가.
incrementació incrementacions f. 증가,

incremental incrementals *adj.* 증가의, 증식의.

incrementar *tr.* 늘리다, 증가하다, 증식시키다, 증진하다.

increpació increpacions *f.* 꾸짖음, 나무람, 꾸중, 견책.

increpador increpadora increpadors increpadores *adj.m.f.* increpar하는 (사람).

increpar *tr.* 1 나무라다, 견책하다. 2 모욕하다, 중상하다(insultar).

increpatori increpatòria increpatoris increpatòries *adj.* =increpador.

incriminació incriminacions *f.* (죄의) 전가; 고소, 고발.

incriminar(se) *tr.prnl.* 1 죄를 뒤집어씌우다(inculpar); 고소하다, 고발하다. 2 (어떤) 죄가 있음을 나타내다; (어떤) 원인으로 간주하다.

incruent incruenta incruents incruentes *adj.* 피를 보지 않는, 잔인하지 않은.

incrustació incrustacions *f.* incrustar하는 일.

incrustant incrustants *adj.* 외피를 형성하는, 버캐가 생기는, 딱지를 만드는.

incrustar *tr.* 1 껍질로 덮다, 외피를 형성하다. 2 겉 장식을 하다, 보석 따위를 박다, 상감하다. **-se** 1 외피가 생성되다. 2 [의학] (비부에) 딱지가 생기다.

íncub íncubs *m.* [신화] 잠자는 여자를 범한다는 악마; 악마 같은 존재.

incubació incubacions *f.* 1 포란, 부화; 인공 부화. 2 [의학] (질병의) 잠복기. 3 미숙아 보육. 4 [생물] 세균 배양; 항온 배양.

incubadora incubadores *f.* 1 포란기, 부화기. 2 [의학] 미숙아 보육기, 인큐베이터. 3 세균 배양기.

incubar *tr.* 1 알을 품다, 알을 까다(covar). 2 [의학] (미숙아 등을) 보육기에 넣다. 3 [생물] 세균을 배양하다. 4 [비유] 꾸미다, 획책하다.

íncube íncubes *m.* [신화] =íncub.

inculcació inculcacions *f.* 주입함; 억지로 떠맡김; 타이름, 설복.

inculcador inculcadora inculcadors inculcadores *adj.m.f.* inculcar하는 (사람).

inculcar(se) *tr.prnl.* 1 (사상·지식·주의 등을) 가르치다, 주입하다. 2 설복하다, 단단히 타일러 말하다.

inculpabilitat inculpabilitats *f.* 죄가 없음, 흠이 없음.

inculpable inculpables *adj.* 죄가 없는, 흠이 없는, 나무랄 데 없는.

inculpació inculpacions *f.* 죄를 뒤집어씀, 죄의 전가; 연좌, 비난.

inculpar(se) *tr.prnl.* 죄를 뒤집어씌우다, 잘못을 전가하다; 연좌시키다, 비난하다.

inculpatori inculpatòria inculpatoris inculpatòries *adj.* inculpar하는.

inculte inculta incultes incultes *adj.* 1 경작되지 않은. 2 교양이 없는, 촌스러운. 3 조잡한, 투박한.

incultivable incultivables *adj.* 경작할 수 없는, 개척할 수 없는; 교화할 수 없는.

incultivat incultivada incultivats incultivades *adj.* 1 개간되지 않은. 2 교양 없는, 배우지 못한, 투박한.

incultura incultures *f.* 미개간; 교양 없음, 투박함.

incumbència incumbències *f.* 의무, 책임.

incumbent incumbents *adj.* 의무가 있는, 책임이 있는.

incumbir *intr.* 1 연관이 있다, 관련되다. 2 (누구의) 의무·책임에 속하다.

incunable incunables *adj.* (1500년 이전의) 초기 인쇄 시대의. *-m.* (활자 발명 이후) 16세기 초까지의 인본(印本).

incurable incurables *adj.* 1 [의학] 불치의, 난치의. 2 교정 불능의.

incúria incúries *f.* 태만, 방심.

incuriós incuriosa incuriosos incurioses *adj.* 별 관심이 없는, 태만한.

incuriositat incuriositats *f.* 무관심, 태만.

incursió incursions *f.* 1 침입, 잠입, 급습, 강습. 2 범죄, 범실.

indagació indagacions *f.* 연구, 조사, 탐구.

indagador indagadora indagadors indaga-

dores *adj.m.f.* indagar하는 (사람).
indagar *tr.* 연구하다, 조사하다, 탐구하다.
indagatori indagatòria indagatoris indagatòries *adj.* indagar의.
indecència indecències *f.* **1** 부주의, 경솔함. **2** 교양 없음, 품위가 떨어짐, 천박스러움. **3** 음탕한 행위.
indecent indecents *adj.* **1** 조심스럽지 못한, 신중하지 못한. **2** 교양 없는, 품위가 없는. **3** 음탕한. **4** 질이 떨어지는, 무척 나쁜.
indecís indecisa indecisos indecises *adj.* **1** 결정을 내리지 못하는, 미결정의. **2** 우유부단한, 우물쭈물하는, 결단성이 없는. *una resposta indecisa* 우유부단한 대답. **3** 막연한, 모호한(vague); 불확실한, 의심스러운.
indecisió indecisions *f.* **1** 미결정. **2** 우유부단, 결단성이 없음. **3** 주저함; 애매모호함.
indeclinable indeclinables *adj.* **1** 거절할 수 없는, 불가피한. **2** [문법] 불변화의.
indecorós indecorosa indecorosos indecoroses *adj.* **1** 비열한, 수치스러운. **2** 덕이 없는, 몰인정한.
indefectible indefectibles *adj.* **1** 쇠퇴하는 일이 없는, 영구불변한. **2** 실패하지 않는, 손해 보지 않는. **3** 완전한, 완벽한, 흠이 없는.
indefens indefensa indefensos indefenses *adj.* **1** 무방비의. **2** 의지할 데 없는.
indefensable indefensables *adj.* 보호할 수 없는, 막을 수 없는; 변호할 수 없는.
indefensió indefensions *f.* 무방비; 의지할 데 없음.
indeficient indeficients *adj.* 결점이 없는, 흠이 없는, 불가결한.
indefinible indefinibles *adj.* 정의할 수 없는, 설명하기 어려운.
indefinició indefinicions *f.* 불명확함, 막연함.
indefinit indefinida indefinits indefinides *adj.* **1** 불명확한, 분명하지 않은, 막연한. **2** 무한한. **3** [문법] 부정(不定)의. *article indefinit* 부정 관사. **4** [수학]

무한 수의(il·limitat).
indefugible indefugibles *adj.* 피할 수 없는.
indegut indeguda indeguts indegudes *adj.* **1** 부당한, 불법인. **2** 의무가 아닌.
indeleble indelebles *adj.* **1** 지워지지 않는(inesborrable). **2** 소멸되지 않는, 불후의.
indelegable indelegables *adj.* 대리·대행할 수 없는.
indeliberat indeliberada indeliberats indeliberades *adj.* 지각없는, 경박한, 경망스러운.
indelicadesa indelicadeses *f.* 엉성함, 둔함, 투박함.
indelicat indelicada indelicats indelicades *adj.* 투박스러운, 섬세하지 못한, 깔끔하지 못한, 어수룩한.
indemne indemnes *adj.* 상처 입지 않은, 손해 없는, 무해의; 무난한, 아무 탈 없는.
indemnitat indemnitats *f.* **1** 손해 없음, 무난함, 무해, 안전. **2** 배상, 보상.
indemnització indemnitzacions *f.* 배상, 손해 배상, 변상; 배상금, 배상물.
indemnitzador indemnitzadora indemnitzadors indemnitzadores *adj.m.f.* 배상·보상하는 (사람).
indemnitzar *tr.* 배상하다, 보상하다, 손해 배상하다.
indemostrable indemostrables *adj.* 보여줄 수 없는, 증명할 수 없는, 불분명한.
independència independències *f.* **1** 독립, 자립, 자주; 독립심, 자립심. **2** [정치] (정당의) 무소속.
independent independents *adj.* **1** 독립의, 자치의. **2** 독자적인, 독립적인; 독립심이 강한. **3** [정치] 무소속의, 독립당의. **4** (...로부터) 벗어난, 떨어진; 의연한.
independentisme independentismes *m.* [정치] 독립주의, 독립 운동; (식민지나 자치령의) 분리 독립 운동.
independista independistes *adj.* 독립주의의, 독립성향의.
-*m.f.* [남녀동형] 독립주의자.

independitzar tr. 독립시키다, 해방하다.
-se 독립하다, 자립하다.
indescriptible indescriptibles adj. 묘사할 수 없는, 형용할 수 없는.
indesitjable indesitjables adj. 바람직하지 못한, 탐탁하지 못한, 달갑지 않은, 불쾌한.
-m.f. [남녀동형] 탐탁지 않은 사람·물건.
indeslligable indeslligables adj. 끊을 수 없는, 뗄 수 없는, 끈끈한.
indestructible indestructibles adj. 파괴될 수 없는, 무적의, 불멸의.
indesxifrable indesxifrables adj. 해독·판독할 수 없는.
indeterminació indeterminacions f. 불확정, 부정(不定), 애매; 결단력이 없음, 우유부단.
indeterminat indeterminada indeterminats indeterminades adj. **1** 결정·확정되지 않은, 결정을 아직 못 내린. **2** [문법] 부정의.
indeterminisme indeterminismes m. **1** [철학] 비결정론, 자유 의지론. **2** 불확정, (특히) 예측 불능.
indeturable indeturables adj. 멈출 수 없는.
índex índexs m. **1** 지시물, 지표; (계기·시계 등의) 지침, 바늘. **2** (서적의) 목차, 색인, 목록. **3** 도서 목록. **4** [수학] 지수. **5** [경제] 지표, 지수(coeficient). **6** [화학] 옥탄가.
indexar tr. **1** 지표를 표시하다. **2** 목차에 넣다.
indi[1] indis m. 남빛 (색소).
indi[2] m. [광물] 인듐[은백색의 무른 금속원소].
indi índia indis índies adj.m.f. **1** 인도(Índia)의, 힌두인의. **2** 아메리카 원주민의, 인디오의. **3** 남빛의.
-m.f. 인도인, 힌두인; 아메리카 원주민, 인디언.
indià indiana indians indianes adj.m.f. (남아메리카의) 인디언(의).
indianaire indianaires m.f. [남녀동형] (직물을) 날염하는 사람, 날염자.
índic índica índics índiques adj. 인도(Índia)의.

indicació indicacions f. **1** 지시, 지적. **2** 표시, 암시; (계기의) 표시 도수. **3** 징조, 징후. **4** [의학] (적절한) 치료, 조치; 적응(증).
indicador indicadora indicadors indicadores adj. 지시하는, 지시의, 표시용의.
-m.f. 지시자.
-m. **1** (일반적인) 지표. **2** [경제] 경제지표. **3** [화학] (리트머스 등의) 지시약. **4** [기계] (계기·문자판·바늘 등의) 인디케이터. **5** 신호 표시기; (차 따위의) 방향 지시기.
indicar tr. **1** 나타내다, 가리키다, 지시하다, 표시하다(assenyalar). **2** 조언하다, 깨닫게 하다, 알게 하다(advertir). **3** 제안하다(suggerir). **4** (방향을) 안내해 주다, 가르쳐 주다. **5** 설명하다, 보여 주다(exposar); 징조·징후를 보여주다. **6** 의미하다, 지칭하다(significar).
indicat indicada indicats indicades adj. 적절한, 알맞은(apropiat, adequat).
indicatiu indicativa indicatius indicatives adj. **1** 지시하는, 나타내는, ...을 의미하는. **2** [문법] 직설법의.
-m. [문법] 직설법(mode indicatiu).
indici indicis m. 징후, 징조, 기미; 흔적, 증거. No hi ha indici de millora 호전의 기미가 없다.
indiciar tr. 징조를 보이다, 기미를 보이다; 의심하게 하다.
indiciari indiciària indiciaris indiciàries adj. 증거의, 증거에 의한.
indicible indicibles adj. 말로 표현할 수 없는.
indiferència indiferències f. 무관심, 냉담.
indiferent indiferents adj. **1** 무관심한, 냉담한, 아랑곳하지 않는. **2** 평범한, 차이가 없는, 변변치 않은.
indiferentisme indiferentismes m. **1** 무관심주의, 국외주의. **2** [종교] 신앙 무차별론, 신교 무차별주의.
indígena indígenes adj. 토착의, 원산의.
-m.f. [남녀동형] 토착민, 원주민, 토착민.
indigència indigències f. 빈곤, 궁핍.
indigeneïtat indigeneïtats f. 토착적임,

토박이임.
indigenisme indigenismes *m.* (어느 고 장의) 원산, 토착성; 토착주의.
indigent indigents *adj.* 가난한, 궁핍한.
-m.f. [남녀동형] 가난한 사람, 빈곤한 사람; (완곡한 표현으로) 거지.
indigest indigesta indigests[indigestos] indigestes *adj.* **1** (아직) 소화되지 않은. **2** [비유] (계획 따위가) 깊이 고려되지 않은; 엉성한, 조잡한, 미숙한. *un llibre indigest* 조잡한 책.
indigestar-se *prnl.* **1** (음식이) 소화가 안 되다, 소화 불량이 되다; 위에 부담을 주다. **2** [비유] (어떤 사람이) 맘에 안 들다.
indigestió indigestions *f.* **1** 소화 안 됨, 소화 불량·장애; 위약(胃弱), 위의 부담. **2** [비유] (생각의) 미숙, 생경함. **3** 싫증, 물림.
indignació indignacions *f.* **1** 분노, 분개, 의분. **2** [의학] 염증을 일으킴.
indignant indignants *adj.* 성난, 노한, 분노한.
indignar *tr.* **1** 성나게 하다, 노하게 하다, 화나게 하다(revoltar). **2** [의학] 자극하다; 염증을 일으키다. *-se* **1** 성나다, 화나다. **2** [의학] 염증이 생기다, 부어오르다.
indigne indigna indignes indignes *adj.* **1** 가치가 없는. **2** 어울리지 않는, …답지 못한. **3** 천한, 야비한.
indignitat indignitats *f.* **1** 경멸, 모욕, 무례. **2** 모욕적인 언동, 냉대.
indirecte indirecta indirectes indirectes *adj.* 간접의, 간접적인.
-f. 빈정거림, 빗댐.
-m. [스포츠] (축구의) 간접 프리킥.
indisciplina indisciplines *f.* 규율 문란; 훈련 부족.
indisciplinar *tr.* 규율을 어기다, 규율을 문란하게 하다. *-se* 규율이 문란해지다.
indisciplinat indisciplinada indisciplinats indisciplinades *adj.* 규율이 없는, 문란한; 훈련되지 않은.
indiscreció indiscrecions *f.* **1** 무분별, 철없음; 경솔함, 방정맞음, 조심성이 없음. **2** (무심코) 비밀을 말함, 실언,

실수.
indiscret indiscreta indiscrets indiscretes *adj.* 무분별한, 철없는, 경솔한, 조심성이 없는.
indiscriminat indiscriminada indiscriminats indiscriminades *adj.* **1** 무차별한. **2** 무분별한, 버릇없는.
indiscutible indiscutibles *adj.* 명백한, 두말 할 나위 없는.
indispensabilitat indispensabilitats *f.* 절대 필요성.
indispensable indispensables *adj.* **1** 없어서는 안 될, 절대 필요한, 필수 불가결한. **2** 용서할 수 없는, 묵과할 수 없는, 보아 넘길 수 없는.
indisposar *tr.* **1** (건강을) 나쁘게 하다, 컨디션·기분을 잡치다. **2** 거북하게 하다, 불가능하게 하다. *-se* 건강이 나빠지다; 기분을 망치다; 원망하다.
indisposat indisposada indisposats indisposades *adj.* (몸의 상태나 기분이) 좋지 않은, 불쾌한, 거북스러운.
indisposició indisposicions *f.* 컨디션이 안 좋음, 가벼운 병; 불쾌함, 거북스러움; 불평, 불만.
indissolubilitat indissolubilitats *f.* 불용해성, 불분해성, 불분리성.
indissoluble indissolubles *adj.* **1** 녹지 않는, 용해되지 않는. **2** 해소되지 않는, 풀리지 않는; 영속적인.
indistingible indistingibles *adj.* 구별할 수 없는, 분간할 수 없는, 알아보기 힘든.
indistint indistinta indistints indistintes *adj.* **1** 구별이 없는, 무차별의, 분간이 없는. **2** 아무래도 좋은, 무관심한. **3** 불분명한, 모호한. **4** [경제] 공동의.
indistintament *adv.* 불분명하게, 분간할 수 없게; 무차별하게.
individu indivídua individus indivídues *adj.* **1** 나누어지지 않는(indivisible). **2** 개개의, 개별의, 개인의.
-m.f. (불특정의) 사람, 인간, 놈, 작자, 녀석.
-m. 개인, 각자, 개체; 일원, 회원; 자신, 자기.
individual individuals *adj.* **1** 개개의, 각개의, 각자의. **2** 개별적인, 개인적인.

3 개인용의. **4** 독특한, 특유의, 개성적인.

individualisme individualismes *m.* 개인주의; 이기주의.

individualista individualistes *adj.m.f.* 개인주의자(의), 이기주의자(의).

individualitat individualitats *f.* 개성, 별개성; (개인적인) 특징, 특질; 개체, 개인.

individualitzció individualitzcions *f.* 개별화, 개성화; 차별, 구별.

individualitzar(se) *tr.pml.* 개성을 주다; 낱낱이 구별하다.

individuar *tr.* =individualitzar.

indivís indivisa indivisos indivises *adj.* 공유하는, 분할되지 않는.

indivisibilitat indivisibilitats *f.* 불가분성.

indivisible indivisibles *adj.* **1** 나눌 수 없는, 불가분의. **2** [수학] 나눠지지 않는.

indòcil indòcils *adj.* 다루기 힘든, 고집이 센, 고분고분하지 않은, 막돼먹은.

indocilitat indocilitats *f.* 고분고분하지 않음, 다루기 힘듦, 고집이 셈.

indocte indocta indoctes indoctes *adj.* 무식한, 무지한, 지식이 없는, 학문이 없는.

indocumentat indocumentada indocumentats indocumentades *adj.* **1** 증명서·필요 서류를 갖추지 않은; 자격이 없는. **2** 빈털터리의.

índole índoles *f.* **1** 기질, 성질, 본질. **2** [비유] 성질, 성격.

indolència indolències *f.* 무통, 무감각; 나태, 게으름.

indolent indolents *adj.* **1** 통증이 없는, 무감각한. **2** 나태한, 게으른.

indomable indomables *adj.* 길들이기 어려운; 억제할 수 없는, 감당할 수 없는.

indòmit indòmita indòmits indòmites *adj.* **1** 길들일 수 없는, 길들어 있지 않은 (indomable). **2** 다루기 어려운, 억제하기 어려운. **3** 굴하지 않는, 불굴의.

indret indrets *m.* **1** 곳, 장소. **2** 촌, 마을. **3** 여지, 여유. **4** 면; 방향. **5** (작품의) 부분, 일부.

 en tots indrets 모든 면·방향에서, 모든 곳에, 도처에.

indubtable indubtables *adj.* 의심할 여지 없는, 분명한.

inducció induccions *f.* **1** 끌어들임, 유도, 도입. **2** [논리] 귀납(법), 귀납추리, 귀납추리에 의한 결론. **3** [전기] 유도, 감응, 유발. **4** [의학] (약에 의한) 진통 (분만) 유발. **5** (비결 따위의) 전수, 초보를 가르침.

inductància inductàncies *f.* [전기] 인덕턴스, 유도자.

inductiu inductiva inductius inductives *adj.* **1** 귀납적인, 귀납법의. **2** [전기] 유도의, 감응의.

inductor inductora inductors inductores *adj.* **1** 유도의, 유도성의. **2** [비유] (죄 따위를) 짓게 하는.

 -*m.* **1** [전기] 유도기, 유전자; 유도장치. **2** [화학] 감응물질. **3** [생물] 유도물질.

induir *tr.* **1** 이끌어 들이다, 도입하다; 유발하다(emmenar). **2** 안내하다, 입회시키다. **3** 귀납하다, (...로) 유추하다(inferir). **4** [전기] 유도하다, 감응시키다.

induït induïda induïts induïdes *adj.* induir한.

 -*m.* [전기] (모터의) 전기자.

indulgència indulgències *f.* **1** 관대, 관용, 너그럽게 봐줌. **2** 용서, 사면, 면죄.

indulgent indulgents *adj.* 관대한, 관용의, 너그러운; (죄를) 용서하는.

indult indults *m.* (교황이 주는) 은전, 특전; 사면, 면제.

indultar *tr.* **1** 은전을 베풀다; 사면하다, 면제하다. **2** 특별 허가를 주다.

indument induments *m.* 의복(vestidura).

indumentària indumentàries *f.* [집합] 의상, 의류, 의복.

indústria indústries *f.* **1** 솜씨, 재주, 기교(destresa). **2** 산업, 공업; [집합] 공업, 생산업. **3** 실업계. **4** (대규모의) 공장.

industrial industrials *adj.* 산업의, 공업의, 실업의.

 -*m.f.* [남녀동형] 실업가, 실업인, 노동자; 제조업자; 산업 경영자.

industrialisme industrialismes *m.* 산업주의, 상공업주의.
industrialista industrialistes *adj.* 산업을 중시하는, 산업주의의, 산업화된. *-m.f.* [남녀동형] 생산업자, 제조업자; 기업가, 실업가.
industrialització industrialitzacions *f.* 산업화, 공업화.
industrialitzar *tr.* 산업화하다, 공업화하다.
industriar-se *prnl.* 배워 익히다; 훈련되다, 양성되다.
industriós industriosa industriosos industrioses *adj.* 부지런한, 근면한.
inebriació inebriacions *f.* 술 취함.
inebriar(se) *tr.prnl.* =embriagar(se).
inèdit inèdita inèdits inèdites *adj.* 미발표된, 미간행된; 세상에 알려지지 않은.
inefable inefables *adj.* 말로 표현할 수 없는, 이루 말할 수 없는.
ineficaç ineficaç ineficaços ineficaces *adj.* 비효율적인; 효과·효력이 없는.
ineficàcia ineficàcies *f.* 비효율, 무용, 무익; 효과가 없음.
ineficiència ineficiències *f.* =ineficàcia.
ineficient ineficients *adj.* 1 무익한, 쓸모없는; 무능한. 2 (기계 따위가) 능률이 오르지 않는, 비효율적인.
ineluctable ineluctables *adj.* 불가피한, 어찌할 도리 없는, 저항할 수 없는.
ineludible ineludibles *adj.* 피할 수 없는, 불가피한.
inenarrable inenarrables *adj.* 말로 표현할 수 없는(inefable).
inèpcia inèpcies *f.* 1 어리석은 짓, 미련한 행위. 2 무능, 실력 없음.
inepte inepta ineptes ineptes *adj.* 1 어리석은, 바보스러운. 2 무능한, 실력이 없는.
ineptitud ineptituds *f.* 무능, 부적합; 우둔함.
inequívoc inequívoca inequívocs inequívoques *adj.* 뚜렷한, 명백한, 모호하지 않은.
inèrcia inèrcies *f.* 1 무기력, 나태, 활동 부족. 2 [물리] 관성, 타성. 3 무력, 이완.

inercial inercials *adj.* 1 활발하지 않은, 무기력한, 무력한. 2 [물리] 관성의, 타성의.
inerme inermes *adj.* 1 비무장의, 무장하지 않은. 2 빈손의, 맨손의. 3 [식물] 가시가 없는. 4 [동물] 침이 없는.
inerrable inerrables *adj.* 실수할 수 없는, 과오가 있을 수 없는, 흠이 없는.
inert inerta inerts inertes *adj.* 1 움직이지 않는; 불활성의; 생기·활력이 없는, 무기력한. 2 나태한, 게으른.
inesborrable inesborrables *adj.* 지우기 어려운, 쉽게 사라지지 않는. *un record inesborrable* 쉽게 지워지지 않는 기억.
inesbrinable inesbrinables *adj.* 알 수 없는, 탐색 불가능한.
inescaiença inescaiences *f.* 부적절함; 시기의 부적당.
inescaient inescaients *adj.* 부적절한; 시기가 나쁜, 제철이 아닌.
inescrutable inescrutables *adj.* 헤아릴 수 없는, 탐지 불능의, 조사하기 어려운, 불가해한.
inesgotable inesgotables *adj.* 1 다함이 없는, 무진장한. 2 지칠 줄 모르는, 피곤을 모르는.
inesperat inesperada inesperats inesperades *adj.* 생각지 않은, 예기치 않은, 예상치 못한.
inestabilitat inestabilitats *f.* 불안정(성).
inestable inestables *adj.* 불안한, 불안정한.
inestimable inestimables *adj.* 평가할 수 없는, 측정할 수 없는; 매우 귀중한.
inestroncable inestroncables *adj.* 정지·중지시킬 수 없는.
inevitable inevitables *adj.* 피할 수 없는, 불가피한, 필연적인, 어쩔 수 없는.
inexacte inexacta inexactes inexactes *adj.* 1 부정확한, 엄밀하지 않은. 2 꼼꼼하지 못한, 덜렁대는.
inexactitud inexactituds *f.* 부정확, 불확실, 엄밀하지 않음.
inexcusable inexcusables *adj.* 1 핑계를 댈 수 없는, 용서할 수 없는. 2 피할 수 없는, 불가피한.

inexecució inexecucions *f.* 불이행.
inexhaurible inexhauribles *adj.* =inesgotable.
inexistència inexistències *f.* 비존재.
inexistent inexistents *adj.* 존재하지 않는, 실재하지 않는; 아무것도 없는.
inexorable inexorables *adj.* 인정사정없는, 냉혹한, 가차 없는, 용서 없는, 무정한.
inexperiència inexperiències *f.* 무경험, 미숙함, 익숙지 못함.
inexperimentat inexperimentada inexperimentats inexperimentades *adj.* **1** 경험이 없는, 미숙한. **2** 세상 물정에 어두운.
inexpert inexperta inexperts inexpertes *adj.* =inexperimentat.
-*m.f.* 경험이 없는 사람, 미숙자.
inexplicable inexplicables *adj.* 설명할 수 없는, 해석이 안 되는.
inexplorable inexplorables *adj.* 탐험이 어려운, 파헤칠 수 없는.
inexplorat inexplorada inexplorats inexplorades *adj.* 탐험이 안 된, 전인미답의.
inexplotat inexplotada inexplotats inexplotades *adj.* 개발·개척되지 않은.
inexpressable inexpressables *adj.* 표현할 수 없는.
inexpressiu inexpressiva inexpressius inexpressives *adj.* 말이 없는, 무표정한.
inexpugnable inexpugnables *adj.* **1** 함락이 되지 않는, 난공불락의. **2** 막무가내로 듣지 않는.
inextingible inextingibles *adj.* **1** 사라지지 않는; 꺼지지 않는, 소실되지 않는, 불멸의. **2** 억누를 수 없는, 멈추지 않는.
inextirpable inextirpables *adj.* 제거가 어려운, 뿌리 뽑기 힘든, 근절하기 어려운.
inextricable inextricables *adj.* **1** 풀리지 않는, 해결할 수 없는. **2** 뒤엉킨, 착잡한, 꼬인. **3** 탈출할 수 없는, 헤어날 수 없는.
infal·libilitat infal·libilitats *f.* **1** (교황 등의) 불가류성, 무흠, 무오. **2** 절대 확실.

infal·lible infal·libles *adj.* **1** 속일 수 없는. **2** 흠이 없는, 과오가 없는, 무죄의. **3** 절대 확실한.
infalsificable infalsificables *adj.* 위조할 수 없는, 날조할 수 없는.
infamació infamacions *f.* 중상, 모략, 헐뜯기, 명예 훼손.
infamador infamadora infamadors infamadores *adj.m.f.* infamar하는 (사람).
infamant infamants *adj.* 중상하는, 모략하는.
-*m.f.* [남녀동형] 중상자, 모략자.
infamar *tr.* 헐뜯다, 중상하다, 명예를 손상하다.
infamatori infamatòria infamatoris infamatòries *adj.* 중상하는, 명예 훼손의.
infame infames *adj.* **1** 평판이 나쁜, 악명 높은, 파렴치한. *una actitud infame* 파렴치한 행동. **2** 체면이 서지 않는, 명예가 떨어진. **3** 야비한, 비열한; 더러운, 천한, 추한. *la infame societat actual* 오늘날의 야비한 사회.
infàmia infàmies *f.* 불명예, 망신; 추행, 비행.
infància infàncies *f.* **1** 소년기, 유년기, 어린 시절. **2** 초기, 요람기. **3** [집합] 유아, 어린이. *la salud de la infància* 어린이들의 건강.
infant infanta infants infantes *m.f.* **1** 유아, 어린아이. **2** 왕자. **3** [군사] 보병.
infantament infantaments *m.* 출산, 분만(part).
infantar 아이를 낳다, 출산하다.
infanter infantera infanters infanteres *adj.* 자식이 많은.
infantesa infanteses *f.* =infància.
infanteria infanteries *f.* [군사] 보병 부대.
infanteria de marina 해병대(Marines).
infanticida infanticides *m.f.* [남녀동형] 유아살해자.
infanticidi infanticidis *m.* 유아 살해, 태아 살해.
infantil infantils *adj.* **1** 유아의. **2** 유아 시절의. **3** 어린애 같은, 철부지 없는, 철없는, 천진난만한.
literatura infantil 아동 문학.

infantilisme infantilismes *m.* **1** [의학] 발육 부진, 소인증. **2** 유치함, 어린애 같은 일.
infantívol infantívola infantívols infantívoles *adj.* =infantil.
infart infarts *m.* [의학] 경색.
infatigable infatigables *adj.* 지칠 줄 모르는, 피로를 모르는(incansable).
infatuació infatuacions *f.* 한창 신이 남, 열중, 몰두.
infatuar *tr.* 신이 나게 만들다, 열중하게 하다. **-se** 한창 신이 나다, 열중하다.
infaust infausta infausts[infaustos] infaustes *adj.* 불행한, 비참한, 처참한.
infecció infeccions *f.* **1** 부패, 상함. **2** [의학] (폐)결핵 감염. **3** 오염, 감염, 전염. **4** 감화.
infecciós infecciosa infecciosos infeccioses *adj.* 전염성의, 전염병의.
-m.f. 전염병 환자.
infectant infectants *adj.* infectar하는.
infectar *tr.* **1** (물·공기 등을) 오염시키다, 전염시키다. **2** [비유] (나쁜 습관·사상 등에) 젖게 하다, 물들게 하다. **-se** 오염되다, 부패하다; 나쁜 풍조에 물들다.
infecte infecta infectes infectes *adj.* **1** 부패한, 썩은, 상한(corromput); 고약한 냄새가 나는. **2** 감염된, 오염된.
infectiu infectiva infectius infectives *adj.* 전염성의, 전염적인.
infecund infecunda infecunds infecundes *adj.* 열매가 열리지 않는, 불임의, 불모의.
infecunditat infecunditats *f.* 불임, 불생산; 불모.
infeliç infeliç infeliços infelices *adj.* 불행한; 불쌍한(desgraciat).
-m.f. 불행한 사람.
infelicitat infelicitats *f.* 불행.
inferència inferències *f.* **1** 추론, 추리. **2** 추론의 결과. **3** 함축된 의미.
inferior inferiors *adj.* **1** 아래의. **2** 하위의, 하부의. **3** 손아래의. **4** (...보다) 못한, 하등의, 열등한. **5** (시대가) 더 오래된. **6** 하급의, 성능이 떨어지는. **7** (질이) 나쁜, 질이 떨어지는.
-m.f. [남녀동형] 아랫사람, 손아랫사람, 하급자.
inferioritat inferioritats *f.* 하위, 하급, 하등; 열세, 열등.
inferir *tr.* **1** 추론하다, 추정하다. **2** (결과를) 가져오다(causar). **3** (해를) 입히다, 가하다, 모욕하다.
infermer infermera infermers infermeres *m.f.* 간호사, 간호인.
infermeria infermeries *f.* **1** 병실, 의무실. **2** [집합] 환자 (수).
infern inferns *m.* **1** 지옥. **2** 안쪽, 구석, 깊숙한 곳.
infernal infernals *adj.* **1** 지옥의. **2** 악마 같은, 극악무도한. **3** 지독한, 끔찍한.
infèrtil infèrtils *adj.* **1** 열매가 열리지 않는, 불모의. **2** [생리] 불임의.
infertilitat infertilitats *f.* 불모; 불임.
infestació infestacions *f.* **1** (병균·해충 등의) 침해; 오염, 전염. **2** (해적 등의) 횡행. **3** 황폐, 잡초가 무성함.
infestar *tr.* **1** 해치다, 상처를 입히다. **2** (해로운 것이) 침해하다, 만연하다. **3** [비유] 퍼뜨리다, 오염시키다, 전염시키다, 해독을 끼치다. **-se** 감염되다, 오염되다; 악에 물들다.
infidel infidels *adj.* **1** 불충실한, 불성실한. **2** 부정한, 불의한. **3** 확실하지 않은. **4** 불신앙의.
infidelitat infidelitats *f.* **1** 불충실, 불성실, 불충. **2** 부정, 불의. **3** 부정확성. **4** 불신앙; 이교도.
infiltració infiltracions *f.* **1** 침입, 침투, 잠입. **2** 스며듦. **3** (질병의) 침윤.
infiltrant infiltrants *adj.* **1** 스며드는. **2** 침투하는, 잠입하는.
infiltrar *tr.* 스며들게 하다; 침투시키다, 잠입시키다. **-se** 스며들다; 잠입하다.
ínfim ínfima ínfims ínfimes *adj.* 최하급의, 최저의, 가장 나쁜.
infinit[1] infinita infinits infinites *adj.* **1** 무한의, 끝이 없는. **2** 무량의, 무수한, 한량없는. **3** 막대한, 매우 큰. **4** 셀 수 없는, 헤아릴 수 없는. *infinites vegades* 셀 수 없이 많이. **5** 무한대의.
-m. [수학] 무한대; 무한, 무한한 것.
-adv. 한없이, 극히.
a l'infinit 무한대로, 무한하게.
infinit[2] *adv.* 대단히; 심심하게; 무한하

infinitat

infinitat infinitats *f.* **1** 무한, 무한대, 무한성, 끝없음(infinitud). **2** 무수, 막대한 수. *una infinitat de persones* 무수한 사람들.
infinitesimal infinitesimals *adj.* [수학] 무한소의, 극소의; 미적분의.
infinitiu infinitius *m.* [문법] 부정법; (동사의) 원형, 부정형.
infinitud infinituds *f.* =infinitat.
infix infixos *m.* [문법] 어간 첨가음.
infixació infixacions *f.* [문법] 어간 첨가음을 넣음.
infixar *tr.* [문법] 어간 첨가음을 넣다.
inflable inflables *adj.* inflar할 수 있는.
inflació inflacions *f.* **1** 팽창, 부풀어 오름. **2** 과장; 자부, 우쭐거림. **3** [경제] 인플레이션, 통화 팽창; 통화 팽창론, 통화 팽창 정책; (물가 등의) 폭등.
inflacionisme inflacionismes *m.* [경제] 통화 팽창론·정책.
inflacionista inflacionistes *adj.* [경제] 통화 팽창론의.
-*m.f.* 통화 팽창론주의자.
inflador infladora infladors infladores *adj.* inflar하는.
infladura infladures *f.* =inflor.
inflamabilitat inflamabilitats *f.* **1** 가연성, 인화성. **2** (감정이) 타오르기 쉬움. **3** [의학] 염증성.
inflamable inflamables *adj.* **1** 불붙기 쉬운, 가연성의. **2** 격정적인, 타오르는. **3** [의학] 염증을 일으키는, 염증성의.
inflamació inflamacions *f.* **1** 연소, 발화. **2** (감정의) 불붙음. **3** [의학] 염증.
inflamador inflamadora inflamadors inflamadores *adj.m.f.* inflamar하는 (사람).
inflamar *tr.* **1** 불태우다, 연소시키다(encendre). **2** (감정을) 격하게 만들다. **3** [의학] 염증을 일으키다. -**se 1** 불타다, 불타오르다. **2** 흥분하다, 격분하다, 격해지다; (얼굴이) 새빨개지다. **3** [의학] 염증을 일으키다. **4** 붓다, 부풀어 오르다.
inflamatori inflamatòria inflamatoris inflamatòries *adj.* 염증을 일으키는, 염증성의.

informació

inflament inflaments *m.* inflar하는 일.
inflar *tr.* **1** 부풀리다, 늘리다, 팽창시키다. **2** (타이어의) 바람을 넣다. **3** [경제] (가격·자본을) 늘리다, 높이다(augmentar). **4** [비유] 과장하다, 부풀리다(exagerar). -**se 1** [의학] 붓다, 부풀어 오르다. **2** 살이 찌다, 뚱뚱해지다(engreixar-se). **3** 으스대다, 우쭐해하다(envanir-se).
inflar la cara[*els morros*] (a algú) [구어] (누구의) 얼굴을 세게 치다, 아주 혼내 주다.
inflex inflexa inflexos inflexes *adj.* [식물] 내굴의, 안으로 휘어든.
inflexibilitat inflexibilitats *f.* 휘어지지 않음; 불굴, 강직.
inflexible inflexibles *adj.* 굽히지 않는, 동요되지 않는; 완고한, 불굴의.
inflexió inflexions *f.* **1** 휘어짐, 구부러짐. **2** 굴절. **3** (음성의) 조절, 억양. **4** [문법] 어미변화, 어미활용.
inflicció inflicions *f.* infligir하는 일.
infligir *tr.* **1** (형을) 가하다, 과하다, 적용하다. **2** (해를) 주다, 입히다.
inflor inflors *f.* **1** 불어남, 늘어남. **2** 허영, 우쭐댐. **3** [의학] 부어오름; 혹.
inflorescència inflorescències *f.* [식물] 화서, 꽃차례.
influència influències *f.* **1** 영향, 감화, 감응. **2** 힘, 세력, 권력, 세도. **3** *pl.* 유력한 사람, 영향력 있는 사람.
influenciable influenciables *adj.* 영향력이 있는, 영향이 미치는.
influenciar *tr.* =influir.
influent influents *adj.* 영향을 미치는; 세력 있는, 유력한.
influir *intr.tr.* **1** 영향을 미치다; 작용하다, 효과를 주다, 세력이 미치다. **2** 감응하다, 감화하다. **3** (신이) 영감을 주다. **4** 도움이 되다, 기여하다.
influx influxos *m.* =influència.
infondre *tr.* **1** (어떤 감정을) 느끼게 하다, 일으키다, 감응하게 하다. **2** (약초 등을) 달이다.
informació informacions *f.* **1** 알림, 통지, 통보. **2** [집합] 소식, 보도; 정보, 통신(notícia). **3** 지식, 견문. **4** 조회, 문의. **5** 조사, 조사 보고서(informe);

신상 조사. **6** (재판 등의) 취조. **7** [법률] (검사의) 논고; (변호사의) 변론.
informador informadora informadors informadores *adj.m.f.* informar하는 (사람).
informal informals *adj.* **1** 비공식의, 비형식의. **2** 약식의, 격식을 차리지 않는. **3** 무성의한, 신용할 수 없는.
informalitat informalitats *f.* **1** 비공식. **2** 약식, 약식 행위. **3** 무성의.
informant informants *m.f.* [남녀동형] 보고자, 정보 제공자; 신용 조사자.
informar *tr.* **1** 알리다, 보고하다, 고하다. **2** (어떤 결과를) 낳게 하다, 생기게 하다, 초래하다(inspirar). *-intr.* [법률] 논고하다; 답신하다, 의견을 말하다. *-se* **1** 알다, 알아보다; 알려 주다. **2** 조회하다, 조사하다.
informàtic informàtica informàtics informàtiques *adj.* informàtica에 관한.
-m.f. 컴퓨터 전문가, 정보 통신 기술자.
informàtica informàtiques *f.* 정보 과학, 컴퓨터 과학; 컴퓨터의 정보 처리; 정보 통신.
informatitzar *tr.* 정보화하다.
informatiu informativa informatius informatives *adj.* **1** 정보의, 보고의, 통신의, 보도의. **2** 정보를 제공하는, 지식이 되는; 자문의.
-m. (라디오·텔레비전의) 뉴스, 방송.
informe[1] informes *adj.* 모양이 갖추어지지 않은, 형태가 이뤄지지 않은, 윤곽이 희미한, 몰골사나운.
informe[2] informes *m.* **1** 소식, 답신. **2** 조사, 정보(informació). **3** 보고서, 리포트. **4** (대통령·교황 등의) 교서(敎書).
infortunat infortunada infortunats infortunades *adj.* 불행한, 불운한.
infortuni infortunis *m.* 불운, 비운, 화.
infracció infraccions *f.* 위반, 위배, 위약, 침범.
infractor infractora infractors infractores *adj.* 위배되는, 위반하는, 법을 어기는.
-m.f. 위반자, 범법자.
infraestructura infraestructures *f.* =infrastructura.

infraestructural infraestructurals *adj.* infrastructura에 관한.
infrahumà infrahumana infrahumans infrahumanes *adj.* 인간 이하의, 인간같지 않은.
infrangible infrangibles *adj.* 어길 수 없는; 침범할 수 없는, 불가침의.
infranquejable infranquejables *adj.* (선을) 넘어설 수 없는, 지나가지 못할; 이겨낼 수 없는, 극복하기 어려운.
infraroig infraroja infraroigs[infrarojos] infraroges *adj.* 적외선의.
-m. 적외선.
infrascrit infrascrita infrascrits infrascrites *adj.* 아래에 적은, 아래에 명기한.
-m.f. 아래에 적은 당사자, 하기서명자.
infrasò infrasons *m.* [물리] 가청 최소 주파수의 소리.
infrastructura infrastructures *f.* **1** (단체 등의) 하부 구조, 하부 조직; 기초 구조, 토대. **2** 기초 공사, 지하 공사; (항공상의) 지상 시설. **3** (수도·전기·학교·에너지공급·폐기물 처리 등 사회의) 기간 시설, 산업 기반, 사회적 생산 기반. **4** (나토의) 영구 기지.
infravalorar *tr.* 가치를 평가 절하 하다.
infravalorat infravalorada infravalorats infravalorades *adj.* infravalorar한.
infreqüència infreqüències *f.* 드문 일, 빈도가 낮음.
infreqüent infreqüents *adj.* 드문, 빈도가 낮은.
infringir *tr.* 범하다, 어기다, 범법하다, 위반하다, 저지르다, 깨뜨리다. *infringir un regla* 규칙을 범하다.
infructescència infructescències *f.* [식물][집합] 화서과 식물의 열매.
infructuós infructuosa infructuosos infructuoses *adj.* **1** 열매가 없는, 무익한. **2** 쓸모없는, 헛된, 공연한, 헛수고의.
infructuositat infructuositats *f.* 열매가 없음, 결과가 없음; 무익, 무효과.
ínfula ínfules *f.* [주로 복수로 쓰여] **1** (하얀 천으로 된) 머리띠; (주교의) 예모. **2** [비유] 자만, 우쭐댐, 허영(presumpció).

infundat infundada infundats infundades *adj.* 기초가 없는, 근거 없는.

infús infusa infusos infuses *adj.* 천부의, 선천적인; 영감을 받은.

infusió infusions *f.* **1** 어떤 감정을 일게 하는 것; 영감. **2** 달인 약. **3** (우려낸) 차.

infusori infusoris *m.* [생물] 적충류, 섬모충류.

ingarantible ingarantibles *adj.* 보장·보증할 수 없는.

ingeni ingenis *m.* 사탕수수 농장.

ingènit ingènita ingènits ingènites *adj.* 선천적인, 타고난.

ingent ingents *adj.* 거대한, 웅장한.

ingenu ingènua ingenus ingènues *adj.* **1** 솔직한, 담백한, 정직한. **2** 순수한, 꾸밈없는, 소박한, 천진스러운(innocent).

ingenuïtat ingenuïtats *f.* 솔직함, 담백함; 소박, 천진성, 순진함, 천진스러움.

ingestió ingestions *f.* 음식물 섭취.

ingerència ingerències *f.* 간섭, 개입.

ingerir *tr.* (음식물 따위를) 섭취하다; (식도를 통해) 집어넣다. **-se** 부당하게 개입하다.

ingovernable ingovernables *adj.* 조정.억제.통치할 수 없는.

ingrat ingrata ingrats ingrates *adj.* **1** 은혜를 모르는. **2** 불효자식의. **3** 일한 보람이 없는, 애쓴 보람이 없는. **4** 싫은, 불쾌한, 따분한.
-*m.f.* 배은망덕한 자, 불효자.

ingratitud ingratituds *f.* 배은망덕, 은혜를 모름.

ingràvid ingràvida ingràvids ingràvides *adj.* 중량이 없는, 무중력의; 가벼운.

ingravitació ingravitacions *f.* [물리] 무중력.

ingredient ingredients *m.* 성분, 구성 성분, 혼합물, 원료.

ingrés ingressos *m.* **1** 들어가는 일(entrada); 가입, 입회, 입학, 입대. **2** 수입, 소득; 입금.

ingressar *intr.* **1** (안으로) 들어가다; 가입하다, 참가하다; 입회하다, 입학하다, 입원하다, 입대하다. **2** (돈이) 들어오다. -*tr.* **1** (환자를) 입원시키다. **2** (돈을) 입금하다. **3** 저금하다.

inguarible inguaribles *adj.* 고칠 수 없는, 치료할 수 없는, 불치의.

inguinal inguinals *adj.* [해부] 사타구니의.

inhàbil inhàbils *adj.* **1** 서툰, 미숙한, 솜씨 없는, 수완이 없는. **2** 무능력한, 자격이 없는, 부적절한. **3** 근무 외의.
-*m.f.* [법률] 무능력자.

inhabilitació inhabilitacions *f.* 자격 박탈, 자격 상실, 실격.

inhabilitar *tr.* 자격을 박탈하다, 무자격으로 만들다, 무능력한 사람으로 만들다. **-se** 자격이 박탈되다; 무능하게 되다.

inhabilitat inhabilitats *f.* 미숙함, 졸렬함, 솜씨 없음; 무자격, 부적절.

inhabitable inhabitables *adj.* 살 수 없는, 거주할 수 없는.

inhabitat inhabitada inhabitats inhabitades *adj.* 사람이 살지 않는; 사람이 없는.

inhabitual inhabituals *adj.* 흔치 않은, 이례적인.

inhalació inhalacions *f.* [의학] 흡입.

inhalador inhaladors *m.* 흡입기.

inhalar *tr.* 흡입하다.

inharmoniós inharmoniosa inharmoniosos inharmonioses *adj.* 조화가 안 되는, 어울리지 않는.

inherència inherències *f.* 타고남, 천부; 천성; 선천적인 것, 천부적인 것.

inherent inherents *f.* 본래부터 가지고 있는, 본래의, 고유의, 타고난, 선천적인, 천성적인.

inhibició inhibicions *f.* **1** 금지, 제지, 억압. **2** [의학] (정신적·기능적인) 억제; 신경 장애에 의한 기능 정지.

inhibidor inhibidora inhibidors inhibidores *adj.m.f.* inhibir하는 (사람).

inhibir(se) *tr.prnl.* 막다, 금지하다, 제지하다, 억압하다; (기능을) 억누르다, 억제하다.

inhibitori inhibitòria inhibitoris inhibitòries *adj.* 금지의, 제지의, 억제의.

inhòspit inhòspita inhòspits inhòspites *adj.* **1** 불친절한, 쌀쌀한, 무뚝뚝한; 배타적인. **2** 황량한, 을씨년스러운.

inhospitalari inhospitalària inhospitalraris inhospitalàries *adj.* =inhòspit.
inhospitalitat inhospitalitats *f.* 불친절, 냉대, 푸대접; 황량함.
inhumà inhumana inhumans inhumanes *adj.* **1** 비인간적인, 무자비한, 잔인한, 야만스러운. **2** 비인도적인.
inhumanitat inhumanitats *f.* 비인간적임, 무자비함, 야만성, 몰인정.
inhumació inhumacions *f.* 매장.
inhumar *tr.* 매장하다.
inic iniqua inics iniqües *adj.* **1** 불공평한, 옳지 못한, 부당한(injust). **2** 잔인한, 사악한(malvat, odiós).
inici inicis *m.* 시작, 처음, 출발, 기점.
a l'inici de ...의 초(기)에.
iniciació iniciacions *f.* **1** 시작, 개시. **2** 입문, 입회. *un curset d'iniciació a la novel·la* 소설 입문 단기과정.
iniciador iniciadora iniciadors iniciadores *adj.m.f.* **1** iniciar하는 (사람). **2** [생물] =encebador.
inicial inicials *adj.* 시작의, 처음의, 첫 번째의, 서두의, 초기의; 머리글자의.
-f. 머리글자.
inicialització inicialitzacions *f.* 초기화.
inicialitzar *tr.* 초기화하다.
iniciar *tr.* **1** 시작하다, 개시하다(començar). **2** (옛 비밀 종교 행사, 비밀 결사에) 가입하다, 입회시키다, 동료로 삼다. **3** 첫걸음을 가르치다, 초보를 가르쳐 주다. *-se* **1** 시작되다. **2** (비밀·결사에) 가입하다, 입회하다, 입당하다.
iniciatiu iniciativa iniciatius iniciatives *adj.* 시작이 되는, 발단의.
iniciativa iniciatives *f.* **1** 솔선, 주도. **2** 발의, 창의; 독창성, 독창력. **3** [정치] 이니셔티브, 의안, 발의권.
inimitable inimitables *adj.* 흉내 낼 수 없는, 모방할 수 없는, 비길 데 없는, 독특한.
inintel·ligent inintel·ligents *adj.* 총명하지 못한.
inintel·ligible inintel·ligibles *adj.* 이해가 안 되는, 이해할 수 없는.
ininterrompudament *adv.* 끊임없이, 간단없이, 연속적으로.

iniquitat iniquitats *f.* 불공정, 부정, 사악.
injecció injeccions *f.* **1** injectar하는 일. **2** [수학] 단사 함수.
injectable injectables *adj.* injectar할 수 있는.
injectar *tr.* **1** (액체를) 주사·주입하다; 관장하다. **2** [항공] (인공위성·우주선을) 궤도에 진입시킴. **3** [기계] (연료·공기 등의) 분사. **4** [비유] (용기·소망 등을) 불어넣어 주다. *Li va injectar una mica de coratge* 그에게 약간의 용기를 불어넣어주었다. *-se* 주사를 놓다.
injector injectors *m.* 주사기; (보일러의) 급수기.
injúria injúries *f.* **1** 모욕, 욕지거리; 모략, 중상(ofensa). **2** 해, 상해, 손해; 손실(deterioració). **3** [법률] 손해.
injuriador injuriadora injuriadors injuriadores *adj.m.f.* injuriar하는 (사람).
injuriar *tr.* **1** 모욕하다, 욕지거리를 하다, 모략하다, 중상하다(ofendre). **2** 해하다, 손해를 입히다.
injuriós injuriosa injuriosos injurioses *adj.* 모욕의, 모략의, 중상적인.
injust injusta injusts[injustos] injustes *adj.* **1** 부당한, 옳지 못한. *un sistema injust* 옳지 못한 체제. **2** 불공정한, 편파적인, 공평치 않은.
injustícia injustícies *f.* **1** 불법, 부정, 불의, 불공평, 부당함. **2** 부정행위, 비행.
injustificable injustificables *adj.* 정당화 될 수 없는; 부당한, 불법의.
injustificació injustificacions *f.* 정당화하지 못함; 부정함, 부당함.
injustificat injustificada injustificats injustificades *adj.* 정당화되지 않는, 부당한.
innat innata innats innates *adj.* **1** 본래의, 타고난, 천부의, 천성의, 선천적인. **2** 내재적인, 본질적인. *un contacte innat* 내재적인 접촉. **3** [철학] 본유적인.
innatisme innatismes *m.* [철학] 본유론, 본유 관념.
innecessari innecessària innecessaris innecessàries *adj.* 불필요한, 쓸모없는.

innegable innegables *adj.* 부인할 수 없는, 거부할 수 없는.

innervació innervacions *f.* [의학] 신경 자극, 신경 전달.

innervar *tr.* (신경·기관을) 자극하다, 전달하다.

innoble innobles *adj.* 천한, 야비한.

innocència innocències *f.* **1** 무죄, 결백. **2** 순결, 청순; 천진스러움, 순진함.

innocent innocents *adj.* **1** 무죄의, 죄가 없는, 결백한. **2** 순진한, 무구한, 어린애 같은, 천진난만한(ingenu). **3** 솔직한, 단순한, 사람 좋은. **4** 청정한, 무해한, 해롭지 않은.

-m.f. [남녀동형] 죄가 없는 사람; 호인.

innocentada innocentades *f.* **1** 천진스러움, 천진난만함; 어리석은 짓. **2** 악의 없는 장난.

innocentesa innocenteses *f.* =innocència.

innocu innòcua innocus innòcues *adj.* **1** 해롭지 않은, 독이 없는. **2** 좋지도 나쁘지도 않은.

innocuïtat innocuïtats *f.* 무해.

innombrable innombrables *adj.* 무수(無數)의, 셀 수 없는, 헤아릴 수 없는 (innumerable).

innominable innominables *adj.* **1** 임명할 수 없는. **2** [비유] 천박한, 비열한 (vil).

innominat innominada innominats innominades *adj.* 무명의.

innovació innovacions *f.* 혁신, 개혁, 쇄신.

innovador innovadora innovadors innovadores *adj.m.f.* innovar하는 (사람).

innovar *tr.* **1** 새롭게 하다, 새 출발 시키다. **2** 고치다, 혁신하다, 개혁하다, 쇄신하다, 개선하다. **3** (새로운 것을) 도입하다.

innumerable innumerables *adj.* =innombrable.

inoblidable inoblidables *adj.* 잊을 수 없는, 기억될 만한, 잊지지 않는.

inobservança inobservances *f.* (법의) 불이행, 위반, 반칙.

inoculació inoculacions *f.* **1** [의학] 종두, 접두. **2** [비유] (나쁜 습관에) 빠져듦; 감염.

inocular *tr.* **1** [의학] 종두하다, 접종하다. **2** (나쁜 습관에) 물들게 하다; 감염시키다.

inodor inodora inodors inodores *adj.* 냄새가 없는; 냄새 제거의.

inofensiu inofensiva inofensius inofensives *adj.* 해롭지 않은, 무해한; 악의 없는.

inoït inoïda inoïts inoïdes *adj.* 들어본 적이 없는, 생전 처음 듣는, 전대미문의.

inoperable inoperables *adj.* 수술할 수 없는, 수술 불능의.

inoperància inoperàncies *f.* 무효, 효과 없음.

inoperant inoperants *adj.* 작용하지 않는, 듣지 않는, 효과가 없는.

inòpia inòpies *f.* 가난, 결핍, 빈곤; 무지.

inopinable inopinables *adj.* 생각할 수 없는.

inopinat inopinada inopinats inopinades *adj.* 뜻밖의, 생각지도 않은.

inoportú inoportuna inoportuns inoportunes *adj.* 시기가 나쁜, 제철이 아닌, 시의 적절치 못한.

inoportunitat inoportunitats *f.* 제철이 아님, 시의 적절치 못함, 형편이 안 좋음.

inorgànic inorgànica inorgànics inorgàniques *adj.* **1** 무기(성)의, 비유기적인. **2** 조직이 없는, 체계를 갖추지 못한.

inoxidable inoxidables *adj.* 산화되지 않는, 녹슬지 않는, 스테인리스의.

input inputs *m.ang.* **1** [경제] (자본의) 투입(량). **2** [기계][전자] 입력; (기술적 문제를 해결하기 위한) 데이터, 정보. **3** [물리] (외부로부터의 에너지의) 수수량.

inqualificable inqualificables *adj.* [경멸적] 형용할 수 없는, 평할 수 없는.

inqüestionable inqüestionables *adj.* 의심할 나위 없는, 문제가 안 되는; 명확한, 분명한.

inquiet inquieta inquiets inquietes *adj.* **1** 불안한, 초조한(preocupat). **2** 마음이 차분하지 못한, 침착하지 못한.

inquietador inquietadora inquietadors inquietadores *adj.m.f.* inquietar하는 (사람).

inquietant inquietants *adj.* 불안하게 하는, 혼란시키는, 시끄러운; 안달하게 하는, 초조하게 하는.

inquietar *tr.* **1** 불안하게 하다, 마음을 혼란케 하다, 초조하게 하다. **2** (민심을) 교란하다, 요란케 하다. **-se** 불안해하다, 염려하다, 마음을 조이다.

inquietud inquietuds *f.* **1** 불안, 우려, 걱정. **2** 소란, 소요. **3** *pl.* [심리] 불안, 초조.

inquilí inquilina inquilins inquilines *m.f.* **1** 세든 사람, 거주자. **2** 소작농.

inquilinat inquilinats *m.* 셋집; 집세.

inquiridor inquiridora inquiridors inquiridores *adj.m.f.* inquirir하는 (사람).

inquirir *tr.* **1** 조사하다, 심문하다. **2** 밝히다, 규명하다.

inquisició inquisicions *f.* **1** 취조, 조사, 심문. **2** 규명, 밝힘. **3** [역사] 종교 재판; 이단 심문.

inquisidor inquisidora inquisidors inquisidores *adj.* **1** 취조하는, 조사하는. **2** 규명하는; 따지고 드는 투의.
-m.f. 취조자, 심문자.
-m. 종교 재판관.

inquisitiu inquisitiva inquisitius inquisitives *adj.* =inquisidor.

inquisitorial inquisitorials *adj.* **1** 종교 재판의. **2** (심문이) 가혹한, 혹독한(sever).

inrevés *m.* [구어] **1** 속, 안, 안쪽. **2** (메달·화폐의) 안쪽. **3** (책의) 왼쪽 페이지. **4** 손등(l'inrevés de la mà).
a[de] l'inrevés 거꾸로, 반대로.

inri inris *m.* =afront, escarni[십자가에 못 박힌 그리스도를 모욕하거나 비웃는데서 나온 말].

insà insana insans insanes *adj.* **1** 미친, 광란의. **2** 건강치 못한, 몸에 나쁜 (malsà).

insaciable insaciables *adj.* **1** 싫증을 모르는, 물리지 않는. **2** 욕심이 많은, 끝없는 욕망의.

insaciat insaciada insaciats insaciades *adj.* 싫증나지 않는, 물리지 않는; 욕심 많은.

insacular *tr.* (추첨 구슬을) 자루·상자에 넣다.

insalivar *tr.* 침으로 섞다.

insalubre insalubres *adj.* 건강치 못한; 비위생적인.

insalubritat insalubritats *f.* 건강하지 않음; 비위생.

insalvable insalvables *adj.* 구조할 수 없는.

insanitat insanitats *f.* 광란, 광기.

insatisfacció insatisfaccions *f.* 불만족, 불쾌함.

insatisfacer *tr.* 만족시키지 못하다; 충족시키지 못하다.

insatisfactori insatisfactòria insatisfactoris insatisfactòries *adj.* =insatisfet.

insatisfet insatisfeta insatisfets insatisfetes *adj.* 만족스럽지 못한, 불만족스러운.

insaturat insaturada insaturats insaturades *adj.* 포화되지 않은, 꽉 차지 않은.

inscripció inscripcions *f.* **1** 새김, 명각, 비문. **2** 기명, 기입; 등기, 등록. **3** 구매·구독 신청.

inscrit inscrita inscrits inscrites *adj.* inscriure한.

inscriure *tr.* **1** 새기다, 새겨 넣다. **2** 기입하다, 등기하다, 등록하다. **-'s** 이름을 쓰다, 이름을 올리다, 등기하다, 등록하다; 구매·구독 신청을 하다.

insecte insectes *m.* [동물] 곤충, 벌레.

insecticida insecticides *adj.* 살충의.
-m. 살충제.

insectívor insectívora insectívors insectívores *adj.* 식충의.
-m.pl. [동식물] 식충류.

insegur insegura inseguirs insegures *adj.* **1** 불안정한, 위태로운. **2** 분명하지 않은, 확실치 않은, 의심스러운.

inseguretat inseguretats *f.* 불안정; 불확실성.

inseminació inseminacions *f.* **1** 파종. **2** 수태, 수정.

inseminar *tr.* 파종하다; 수태시키다.

insenescència insenescències *f.* 불로(성).

insenescent insenescents *adj.* 불로

의.

insensat insensata insensats insensates *adj.* 분별없는, 몰상식한.

insensatesa insensateses *f.* 무분별, 몰상식; 어리석은 짓.

insensibilitat insensibilitats *f.* 무감각, 둔감; 냉담, 매정함; 무의식.

insensibilització insensibilitzacions *f.* 무감각, 마비.

insensibilitzar *tr.* 무감각하게 하다, 마비시키다.

insensible insensibles *adj.* 1 무감각한, 무지각한, 둔감한. 2 무의식의, 지각할 수 없는(imperceptible). 3 극히 미미한, 희미한.

inseparable inseparables *adj.* 나눌 수 없는, 불가분의, 떼어 놓을 수 없는, 헤어질 수 없는, 분리시킬 수 없는.

insepult insepulta insepults insepultes *adj.* 묻지 않은, 매장 전의.

inserció insercions *f.* inserir하는 일.

inserir *tr.* 1 끼워 넣다, 삽입하다. 2 써 넣다, 게재하다.

inserit inserida inserits inserides *adj.* inserir한.

inservible inservibles *adj.* 도움이 되지 않는, 쓸모없는, 사용할 수 없는.

insídia insídies *f.* 잠복, 매복.

insidiar *tr.* 잠복하다, 함정을 파다.

insidiós insidiosa insidiosos insidioses *adj.* 1 잠복하는, 함정을 만드는. 2 음흉한, 음험한. 3 [의학] 잠재성의, 잠복성의.

insigne insignes *adj.* 유명한, 이름이 있는, 명성이 있는; 고귀한, 숭고한.

insígnia insígnies *f.* 기장, 배지; 훈장; 군기, 단기; 장관기, 함장기; (옛날 로마의) 군기.

insignificança insignificances *f.* 1 무의미; 하찮은 것, 사소한 것, 가치 없는 것. 2 비천한 신분.

insignificant insignificants *adj.* 1 무의미한, 가치가 없는, 하찮은, 쓸모없는. 2 아주 적은, 사소한. 3 신분이 낮은.

insinuació insinuacions *f.* 1 암시, 시사, 넌지시 비침. 2 빈정거림; 아부, 아첨.

insinuant insinuants *adj.* 1 암시하는, 넌지시 비치는. 2 빈정거리는, 아첨하는.

insinuar *tr.* 1 넌지시 비치다, 암시하다, 시사하다. 2 빈정거리다, 아첨하다. **-se** 1 나타나다(aparèixer). 2 (사랑을) 표현하다, 구애하다.

insinuatiu insinuativa insinuatius insinuatives *adj.* =insinuant.

insípid insípida insípids insípides *adj.* 1 맛이 없는, 김빠진; 무미건조한, 재미없는. *L'aigua és insípida* 물이 맛이 없다. 2 [비유] 바보의, 얼빠진.

insipidesa insipideses *f.* 무미, 맛이 없음, 무미건조.

insistència insistències *f.* 끈질김, 집요, 고집; 억지, 강요.

insistent insistents *adj.* 끈질긴, 집요한, 억지 쓰는.

insistir *intr.* 1 고집하다, 집착하다. *Insistia a venir* 그는 오겠다고 계속 고집했다. 2 우기다, 주장하다; 강조하다, 거듭하다.

insociable insociables *adj.* 사귀기 어려운, 비사교적인.

insofrible insofribles *adj.* 참을 수 없는, 견딜 수 없는.

insolació insolacions *f.* 1 볕에 쬠, 볕에 바램. 2 일조 시간. 3 [의학] 일사병.

insolència insolències *f.* 건방짐, 오만, 무례함.

insolent insolents *adj.* 건방진, 오만한, 무례한.

insolentar-se *prnl.* 건방지다, 거만해지다, 무례하게 굴다.

insolidari insolidària insolidaris insolidàries *adj.* 연대하지 못한, 하나가 안 된, 흐트러진.

insolidaritat insolidaritats *f.* 비연대성.

insòlit insòlita insòlits insòlites *adj.* 이상한, 엉뚱한.

insoluble insolubles *adj.* 1 녹지 않는, 용해되지 않는, 불용해성의. 2 해결할 수 없는.

insolvència insolvències *f.* 지급 불능; 파산, 도산.

insolvent insolvents *adj.* 지급 능력이 없는.

insomne insomnes *adj.* 불면증의; (더

위·소음 따위가) 잠을 못 이루게 하는.
insomni insomnis *m.* 1 [의학] 불면증. 2 잠을 못 이룸.
insondable insondables *adj.* 깊이를 알 수 없는, 측량할 수 없는, 헤아릴 수 없는, 끝을 알 수 없는.
insonoritzar *tr.* 울리지 않게 하다.
insospitat insospitada insospitats insospitades *adj.* 의심받지 않는, 의심할 바 없는.
insostenible insostenibles *adj.* 1 지지할 수 없는. 2 지탱할 수 없는, 지탱하지 못하는.
inspecció inspeccions *f.* 1 검사, 검열, 시찰, 감독, 조사, 사열. 2 검열소, 검사소, 감사부, 감독국.
inspeccionar *tr.* 검사하다, 검열하다, 시찰하다, 감독하다, 조사하다.
inspector inspectora inspectors inspectores *adj.* inspeccionar하는.
-*m.f.* 검열관, 검사관, 검찰관, 감사역; 장학사, 장학관.
inspiració inspiracions *f.* 1 영감(靈感), 감흥. 2 고무, 고취, 사주. 3 호흡[숨을 들이마심].
inspirador inspiradora inspiradors inspiradores *adj.m.f.* inspirar하는 (사람).
inspirar *tr.* 1 (숨을) 들이쉬다, 호흡하다. 2 느끼게 하다, 생각을 품게 하다. 3 [비유] (무엇을) 불러일으키다, 영감을 주다(desvetllar). 4 암시하다, 시사하다(suggerir). 5 [종교] 영감을 주다. 6 자극하다, 고무하다; 선동하다. -**se** 1 영감을 받다, 감흥을 일으키다. 2 암시를 얻다, 시사를 받다. 3 깨닫다, 깨우치다.
inspiratori inspiratòria inspiratoris inspiratòries *adj.* =inspirador.
instal·lació instal·lacions *f.* 1 설치, 시설, 가설, 거치, 비치, 배치. *la instal·lació elèctrica* 전기 배선. 2 취임, 임명; 취임식, 임명식. 3 개업, 개점; 점포 개설. 4 *pl.* (스포츠 등의) 시설.
instal·lador instal·ladora instal·ladors instal·ladores *adj.m.f.* instal·lar하는 (사람).
instal·lar *tr.* 1 설치하다, 시설하다, 장치하다, 가설하다. 2 취임시키다, 임명시키다. 3 개업하다, 개점하다. 4 (위치·장소를) 정하다, 정주시키다(acomodar). -**se** 1 거주지를 정하다, 정주하다. 2 취임하다.
instal·lar-se a[*en*] ...에 거처를 정하다, 정주하다.
instància instàncies *f.* 1 간청, 탄원, 청원; 청구, 요구. 2 원서, 제의서. 3 [법률] (재판의) 심급, 제...심(審); (소송 수속 등의) 절차, 단계.
de primera[*segona*] *instància* 제일[제이] 단계로.
instant instants *adj.* 1 간절한, 절실한. *la necessitat instant* 절실한 필요. 2 집요한, 끈질긴, 불굴의.
-*m.* 순간, 찰나, 잠시.
a l'instant [*a poc instant*] 곧, 즉시, 즉각.
instantaneïtat instantaneïtats *f.* 순간, 순식간.
instantani instantània instantanis instantànies *adj.* 1 순식간의, 갑작스러운. 2 즉시의, 즉석의, 즉각적인.
-*f.* 스냅 (사진).
instar *tr.* 1 부탁하다, 간원하다, 간청하다, 청원하다. 2 (집요하게) 응답을 구하다.
instauració instauracions *f.* instaurar하는 일.
instaurador instauradora instauradors instauradores *adj.m.f.* instaurar하는 (사람).
instaurar *tr.* 1 회복하다, 재건하다, 복구하다, 갱신하다. 2 설치하다, 건설하다.
instauratiu instaurativa instauratius instauratives *adj.* 회복의, 복구의, 재흥의.
instigació instigacions *f.* 부추김, 선동, 교사.
instigador instigadora instigadors instigadores *adj.m.f.* instigar하는 (사람).
instigar *tr.* 부추기다, 꼬드기다, 선동하다, 교사하다.
instil·lació instil·lacions *f.* 방울방울 떨어짐, 점적; 스며듦; 잠입.
instil·lar *tr.* 1 방울방울 떨어지게 하다. 2 스며들게 하다; 잠입시키다.

instint instints m. 1 본능; 내면적 충동. 2 직감, 직관, 직각.
per instint 본능적으로; 직감으로.
instintiu instintiva instintius instintives adj. 본능적인; 직관적인.
institució institucions f. 1 설립, 설정, 설치; 제정, 지명. 2 제도, 체제; 장치, 시스템. 3 (공공의) 시설, 기관(organisme); (학교·병원·클럽 등의) 공공 기관, 센터. 4 학회, 학원, 학교, 병원.
institucional institucionals adj. 제도상의; 기관의, 시설의.
institucionalització institucionalitzacions f. 제도화.
institucionalitzar tr. 제도화하다; 기관에 정착시키다.
instituïble instituïbles adj. instituir하는.
instituïdor instituïdora instituïdors instituïdores adj.m.f. instituir하는 (사람).
instituir tr. 1 세우다, 설립하다, 창설하다, 설비하다. 2 가르치다, 교육하다, 양성하다. 3 지정하다, 지명하다, 임명하다.
institut instituts m. 1 협회, 기관, 단체, 회사; 제도. 2 학원, 학교; 학회, 연구소.
institutor institutriu institutors institutrius m.f. 교육자, 교사, 선생(educador).
instrucció instruccions f. 1 교육. 2 가르침, 지도, 양성. 3 학식, 지식; 교훈, 훈계. 4 [법률] 심리, 조서, 조서 작성. 5 pl. 지도, 안내서; 훈령, 지령.
instructiu instructiva instructius instructives adj. 교육적인, 교훈적인, (교육에) 유익한.
instructor instructora instructors instructores adj. 가르치는.
-m.f. 교수, 선생, 교사, 강사, 교관.
instruir tr. 1 지식을 주다, 가르치다, 교수하다; 교육하다, 양성하다. 2 [군사] 교육하다, 훈련하다. 3 통보하다, 보고하다; 훈령·지령을 내리다. 4 [법률] 조서를 작성하다, 심리하다. -se 1 배우다, 익히다, 학문을 닦다, 지식을 얻다. 2 보고·훈령·지령을 받다.
instruït instruïda instruïts instruïdes adj. instruir한.

instrument instruments m. 1 (실험용 따위의) 도구, 기구, 공구, 용품, 기계. 2 악기. 3 [비유] 수단, 방편(mitjà). 4 매개체, 빌미. 5 문서, 서류. 6 증서, 증명서.
instrumentació instrumentacions f. 1 기기의 사용. 2 [음악] 기악 편곡, 악기 편성, 관현악법.
instrumental instrumentals adj. 1 도구의, 기구의, 기기의. 2 악기의. 3 [법률] 증서의, 문서에 의한.
-m. [집합] 기기, 기구; 악기; 의료 기계.
instrumentalitzar tr. 기계화하다, 도구화하다.
instrumentar tr. [음악] 기악으로 편곡하다.
instrumentista instrumentistes m.f. 1 악기를 제작하는 사람; 악기를 연주하는 사람. 2 의료 기구를 만드는 사람.
insubmergible insubmergibles adj. 가라앉지 않는, 잠수되지 않는.
insubmís insubmisa insubmisos insubmises adj. 고분고분하지 못한.
-m. 병역 불복종자, 양심 거부자.
insubmissió insubmissions f. 불복종.
insubordinable insubordinables adj. 고집이 센, 꺾어지지 않는, 고분고분하지 않은.
insubordinació insubordinacions f. 반항, 항거, 불복종, 불순종.
insubordinat insubordinada insubordinats insubordinades adj. 순종하지 않는, 불복종의; 반항적인.
insubordinar tr. 거슬리다, 반항하다, 항거하다, 따르지 않다. -se 반항하다.
insubornable insubornables adj. 매수할 수 없는.
insubstancial insubstancials adj. 실체가 없는, 공허한; 싱거운, 묘미가 없는.
insubstancialitat insubstancialitats f. 공허; 무형, 실체가 없음.
insubstituïble insubstituïbles adj. 대신할 수 없는, 대체할 수 없는.
insuficiència insuficiències f. 1 불충분, 부족, 결핍. 2 무능, 모자람, 부적격, 적임자가 되지 못함.

insuficient insuficients *adj.* **1** 불충분한, 부족한; 모자라는. **2** 부적격한.
insuflació insuflacions *f.* **1** (기체·분말 등을) 체강에 불어넣기. **2** [의학] 통기, 통풍, 취입.
insuflar *tr.* **1** (기체·액체·분말 등을) 불어넣다. **2** [의학] 통기시키다, 통풍시키다.
insular insulars *adj.* 섬의; 섬에 사는.
-m.f. [남녀동형] 섬에 사는 사람.
insularitat insularitats *f.* 동떨어짐, 격리됨; 섬나라근성, 섬나라다운 점.
insulina insulines *f.* [화학] 인슐린[호르몬의 일종으로 당뇨병 치료제].
insuls insulsa insulsos insulses *adj.* 싱거운, 맛없는, 미지근한; 멋없는, 촌스러운.
insult insults *m.* 모욕, 욕설, 욕을 보임.
insultador insultadora insultadors insultadores *adj.m.f.* 모욕하는 (사람).
insultant insultants *adj.* =insultador.
insultar *tr.* 모욕하다, 욕을 보이다(ofendre). *-se* 서로 모욕하다.
insuperable insuperables *adj.* 이겨낼 수 없는, 극복할 수 없는; 최고의.
insuportable insuportables *adj.* 참을 수 없는; 화나는, 성나는.
insurgir-se *prnl.* 폭동·모반·반란을 일으키다.
insurrecció insurreccions *f.* 폭동, 모반, 반란, 봉기; 불복종, 무례.
insurreccional insurreccionals *adj.* 반란의, 모반의, 봉기의, 폭동의.
insurreccionar(se) *tr.prnl.* 반란·폭동을 일으키다, 봉기하다.
insurrecte insurrecta insurrectes insurrectes *adj.* =insurreccional.
intacte intacta intactes intactes *adj.* **1** 아직 손대지 않은, 본래 그대로의, 때묻지 않은. **2** [비유] 순수한, 흠 없는.
intangibilitat intangibilitats *f.* 만져 볼 수 없음; 촉감에 의한 지각불능.
intangible intangibles *adj.* **1** 만져볼 수 없는, 만져서 알 수 없는. **2** 실체가 없는, 무형의. **3** 오리무중의, 어렴풋한, 모호한.
integració integracions *f.* **1** 완성; 통합.
2 [수학] 적분(법). **3** [경제] 상환, 반제.
integral integrals *adj.* **1** 완전한, 온전한. **2** 절대 필요한, 필수의. **3** [수학] 적분의.
-f. [수학] 적분.
integrant integrants *adj.* 완전하게 하는; 전체를 구성하는, 구성원의.
integrar *tr.* **1** 구성하다, 완전하게 하다, 완전한 것으로 만들다. **2** 완전히 갚다, 상환하다. **3** [수학] 적분하다. **4** 합하다, 하나로 모으다. *integrar els esforços* 힘을 한데 모으다. *-se* 구성원이 되다, 가입하다.
íntegre íntegra íntegres íntegres *adj.* **1** 완전한, 전부의, 고스란히 그대로의. **2** 흠이 없는; 고결한, 청렴한, 순결한, 성실한, 정직한(incorruptible).
integritat integritats *f.* **1** 완전, 전부; 고스란한 상태. **2** 완전무결, 결점이 없음. **3** 고결, 결백, 순수, 순결.
integrisme integrismes *m.* 통합주의; 순수주의.
integrista integristes *adj.m.f.* [남녀동형] integrisme의.
intel·lecció intel·leccions *f.* 지적 작용, 이해력.
intel·lecte intel·lectes *m.* 지력, 지능, 지성(intel·ligència); 이해력.
intel·lectiu intel·lectiva intel·lectius intel·lectives *adj.* 지능의, 지적인.
intel·lectual intel·lectuals *adj.* **1** 지력의, 지적인, 지능의. **2** 마음의, 정신적인. **3** 지식이 있는, 총명한.
-m.f. [남녀동형] 지식인, 식자; 지식 계급.
intel·lectualisme intel·lectualismes *m.* 지식 계급; 주지주의.
intel·lectualista intel·lectualistes *adj.m.f.* [남녀동형] 지식 계급가, 주지파, 지식인.
intel·lectualitat intel·lectualitats *f.* 지력, 지능, 지성, 이해력; 지식 계급, 식자층.
intel·ligència intel·ligències *f.* **1** 앎, 이해; 이해력(comprensió). **2** 지성, 이지, 영지; 지식, 의미. **3** 재능, 지능, 재지, 총명. **4** (암묵적인) 양해, 합의,

intel·ligent

동의(acord). **5** (육체에 대해) 지적 존재, 혼. **6** [집합] 정보(부). **7** 내통 관계, 은밀한 거래.

intel·ligent intel·ligents *adj*. **1** 총명한, 영리한, 두뇌가 좋은; 유능한. **2** 이성적인, 이치를 아는.

intel·ligibilitat intel·ligibilitats *f*. 이해가 됨; 명백함, 분명.

intel·ligible intel·ligibles *adj*. **1** 이해할 수 있는, 알기 쉬운. **2** 명백한, 분명한. **3** 관념적인, 개념적인.

intemperància intemperàncies *f*. 폭음, 폭식, 무절제.

intemperant intemperants *adj*. 폭음하는, 폭식하는, 무절제한.

intempèrie intempèries *f*. 기후의 불순; 야외, 노천.

a la intempèrie 야외에서, 노천에서; 야외·노천의.

intempestiu intempestiva intempestius intempestives *adj*. **1** 제때가 아닌, 제철이 아닌, 시기에 맞지 않는. **2** 부적절한, 어울리지 않는. **3** 기후가 불순한.

intemporal intemporals *adj*. 시기와 무관한, 시기를 벗어난.

intenció intencions *f*. **1** 의도, 의향, 목적, 취지(propòsit); 시도, 의지. **2** 고의, 고의성(intencionalitat). **3** (우마의) 못된 버릇.

amb intenció 일부러.

amb intenció de ...할 의도로, ...할 목적으로.

de primera intenció 첫 순간에.

segona intenció 저의, 속셈, 의중.

intencional intencionals *adj*. 의지의, 의지에서 나온; 고의적인.

intencionalitat intencionalitats *f*. 고의성.

intencionat intencionada intencionats intencionades *adj*. 고의적인, 일부러 꾸민.

ben[mal] intencionat 좋은[나쁜] 의도의.

intendència intendències *f*. 감독, 지휘; 관할; 관할 구역; 관리국, 경리과.

intendent intendenta intendents intendentes *m.f.* 감독관, 관리인, 경리부장.

interceptiu

intens intensa intensos intenses *adj*. **1** 센, 강한; 짙은, 진한, 깊은; 강도가 센, 심한, 심각한. **2** 열렬한, 강렬한, 격렬한, 극렬한.

intensificació intensificacions *f*. 강화; 증대, 증가.

intensificador intensificadora intensificadors intensificadores *adj*. intensifi- car 하는.

intensificar *tr*. **1** 강하게 하다, 세게 하다, 강력하게 하다. **2** 증대하다, 증가하다.

intensitat intensitats *f*. **1** 세기, 강도. **2** 강렬함, 격렬함. **3** 짙음, 농후함; 깊이. **4** [물리] 농도.

intensiu intensiva intensius intensives *adj*. **1** 센, 강한. **2** 집중적인, 속성의. **3** 강조하는, 강조적인. **4** 집약적인.

intent intents *m*. 의지, 의향; 목적.

intentar *tr*. **1** 꾀하다, 시도하다, 꾸미다 (provar). **2** ...할 작정이다.

interacció interaccions *f*. 상호 작용, 상호 영향.

interactiu interactiva interactius interactives *adj*. 상호 작용의, 상호 영향의.

interactivitat interactivitats *f*. 상호 작용, 상호 영향.

intercalació intercalacions *f*. 사이에 넣음, 삽입.

intercalar *tr*. 사이에 넣다, 삽입하다.

intercanvi intercanvis *m*. 교환, 거래; 통상, 무역; (대화의) 나눔.

intercanviable intercanviables *adj*. 교대·교체·교환할 수 있는; 상호 교환의, 주고받는.

intercanviar *tr*. 서로 바꾸다, 교환하다.

intercedir *intr*. 중개하다, 중재하다, 조정하다; 중보하다.

intercel·lular intercel·lulars *adj*. [생물] 세포 사이의.

intercepció intercepcions *f*. **1** 차단, 방해. **2** 탈취, 횡령.

interceptar *tr*. **1** (도중에서) 가로채다, 붙잡다, 빼앗다, 억류하다. **2** (길을) 저지하다, 막다, 차단하다, 방해하다. **3** 방수하다.

interceptiu interceptiva interceptius interceptives *adj*. interceptar하는.

intercessió intercessions *f.* **1** 중개, 중재, 조정. **2** 중보, 중보기도.

intercessor intercessora intercessors intercessores *adj.* 중개하는, 중재하는, 조정하는, 화해하는.
-m.f. 중개자, 중재자, 조정자.

intercolumni intercolumnis *m.* [건축] 주간[기둥과 기둥 사이].

intercomunicador intercomunicadors *m.* 통신 장치, 구내 통화 장치.

interconnexió interconnexions *f.* 서로 이어줌, 중계.

intercontinental intercontinentals *adj.* 대륙 간의, 대륙을 잇는.

intercostal intercostals *adj.* [해부] 늑간의.

interdental interdentals *adj.* **1** 이 사이의. **2** [음성] 치간음의.

interdependència interdependències *f.* 상호 의존.

interdicció interdiccions *f.* =prohibició.

interdir *tr.* =prohibir.

interès interessos *m.* **1** 이로움, 이익, 유익, 이해. *l'nterès públic* 공공의 이익. **2** 이자, 이율. **3** 관심; 흥미, 취미, 희망; 애정. *desvetllar l'nterès* 관심을 불러일으키다. **4** *pl.* 이해관계; 재산.
prendre interès en[prendre's amb interès] 관심을 두다, 관심을 가지다.
tenir interès a [동사와 함께 쓰여] ...을 몹시 바라다.
tenir interès en[per] 관심·취미를 가지다.

interessant interessants *adj.* 재미있는, 흥미 있는; 관심을 끄는.

interessar *tr.* **1** 관심을 끌다, (누구의) 마음을 움직이다, 마음을 끌다. **2** 흥미를 가지게 하다. **3** (...에) 관계·관련시키다(afectar). *-intr.* 관심을 불러일으키다; 이해관계가 있다, 관계가 있다. *-se* **1** 관계하다, 참여하다. **2** 흥미를 가지다, 관심을 가지다.

interessat interessada interessats interessades *adj.* **1** 관여된, 관계있는. **2** (...에) 관심을 가진; 희망을 가진. **3** 욕심을 가진.
-m.f. 이해 당사자, 당사자.

interestel·lar interestel·lars *adj.* 별과 별 사이의.

interfecte interfecta interfectes interfectes *adj.m.f.* 살해된 (사람).

interfector interfectora interfectors interfectores *adj.m.f.* 살해한 (사람).

interferència interferències *f.* **1** (전파·음·빛 등의) 간섭, 방해. **2** 관여, 참여, 끼어듦.

interferencial interferencials *adj.* interferència의.

interferent interferents *adj.* **1** 간섭하는, 방해하는. **2** 끼어드는, 참견하는.

interferir *intr.tr.* **1** 간섭하다, 방해하다. **2** 끼어들다.

intèrfon intèrfons *m.* 인터폰.

interglacial interglacials *adj.m.* [지질] 빙하기 중간기(의).

interí interina interins interines *adj.* 임시의, 대신의, 대체의, 대리의.
-m.f. 대리자.

interinitat interinitats *f.* 대리, 임시; 대행기간.

interior *adj.* **1** 안의, 속의, 내부의, 가운데의. **2** 속마음의. **3** 국내의. *la política interior* 국내 정책. **4** 오지의, 내륙의.
-m. **1** 내부, 가운데. **2** (창이 안으로 된) 방. **3** 내심, 속마음. **4** 국내. **5** 오지, 내륙; 깊숙한 곳.
a l'interior 안에, 내부에.
Ministeri de l'Interior 내무부.

interiorisme interiorismes *m.* 인테리어업.

interiorista interioristes *m.f.* [남녀동형] 인테리어업자.

interioritat interioritats *f.* **1** 속, 안, 내부. **2** *pl.* 사사로운 일, 사적인 일.

interjecció interjeccions *f.* [문법] 감탄, 감탄사.

interjeccional interjeccionals *adj.* 감탄사의.

interjectiu interjectiva interjectius interjectives *adj.* 감탄의, 감탄사의.

interlineal interlineals *adj.* 행간의, 행간에 기입한; 한 행씩 뗀.

interlinear *tr.* **1** (어구 등을) 행간에 써넣다. **2** (인쇄에서) 인테르를 넣다. **3** (의류 등에) 심을 넣다.

interlineat interlineats *m.* 행간의 공간, 한 행씩 뗀 공간.

interlínia interlínies *f.* **1** (책 등의) 행간. **2** (인쇄의) 인테르.

interlocució interlocucions *f.* 대화, 대담, 회담.

interlocutor interlocutora interlocutors interlocutores *m.f.* 내화자, 대담자, 대화 상대자, 대화 참여자.

interludi interludis *m.* [음악] 간주곡.

interluni interlunis *m.* [천문] 달이 보이지 않는 기간.

intermedi intermèdia intermedis intermèdies *adj.* 사이의, 중간의.
-*m.* **1** 사이, 중간. **2** 막간(극)(interludi); 막간의 연결. **3** 중재, 중개.

intermediari intermediària intermediaris intermediàries *adj.* **1** 중간의. **2** 중개의, 알선의, 중재의(mitjancer).
-*m.f.* 중개업자, 알선업자, 중재자.

interminable interminables *adj.* 끝이 없는, 한이 없는.

intermitència intermitències *f.* 중지, 중절; 간단(間斷), 간헐; 그 기간.

intermitent intermitents *adj.* 간헐의, 간헐적인; 간단(間斷)의, 중간에 끊어지는, 때때로 그치는.
-*m.* (자동차의) 단속 장치, 단속기; (자동차의) 깜박등, 깜빡이.

intern interna interns internes *adj.* **1** 내부의, 안의. *organització interna* 내부 조직. **2** 내복의.
-*m.f.* 기숙생; (병원·연구소 등의) 인턴.

internacional internacionals *adj.* 국제의, 국제간의, 국제적인.
-*f.* [대문자] 국제 노동자 연맹.
Primera, Segona Internacional 제1, 제2 국제 노동자 연맹.

internacionalisme internacionalismes *m.* 국제 관계, 국제주의; 세계 노동자단결주의.

internacionalitat internacionalitats *f.* 국제성.

internacionalitzar *tr.* 국제적으로 하다, 국제화하다.

internació internacions *f.* 오지로 들어감, 내륙으로 입국; 수용, 감금.

internament internaments *m.* =internació.

internar *tr.* **1** 안으로 들어가게 하다; 오지·내륙으로 들어가게 하다. **2** (병원·수용소 등에) 수용하다. **3** 감금하다, 격리하다(confinar). -**se 1** 깊이 들어가다. *S'internaren al bosc* 숲 속으로 깊이 들어갔다. **2** 들어가다.

internat internats *m.* [집합] 기숙생; 기숙학교.

interpel·lació interpel·lacions *f.* **1** 청원, 소원. **2** [정치] (의회에서의) 질의.

interpel·lant interpel·lants *adj.* 청원하는; 질의하는.
-*m.f.* [남녀동형] **1** 청원자. **2** 질의자, 질문자.

interplanetari interplanetària interplanetaris interplanetàries *adj.* 유성 사이의, 유성 간의.

interpolació interpolacions *f.* 삽입, 끼움; 기입, 가필.

interpolar *tr.* 사이에 넣다, 끼우다, 적어 넣다, 가필하다.

interpolat interpolada interpolats interpolades *adj.* interpolar한.

interposar *tr.* **1** 사이에 넣다·두다·끼우다; 안에 세우다. **2** [비유] 간섭하다, 끼어들다; 끼어들게 하다. *interposar la influència* 영향을 끼치게 하다. -**se 1** 사이에 놓이다. **2** (길에서) 끼어들다; 간섭하다; 중개하다.

interposat interposada interposats interposades *adj.* interposar한.

interposició interposicions *f.* 삽입; 간섭, 중재, 끼어듦.

intèrpret intèrprets *m.f.* [남녀동형] **1** 통역자, 통역관; 해설자. **2** [연극] 역을 맡아 하는 사람, 분장한 사람. **3** [음악] 연주자.

interpretació interpretacions *f.* **1** 설명, 해석, 해설. **2** (꿈 등의) 해석; 판단. **3** 연출, 연기, 연주. **4** 통역, 번역.

interpretador interpretadora interpretadors interpretadores *adj.m.f.* interpretar하는 (사람).

interpretar *tr.* **1** 설명하다, 해석하다, 해설하다. **2** 풀어 해석하다, 판단하다. **3** 통역하다, 번역하다. **4** [음악][연극] 연출하다, 연기하다, 연주하다.

interpretatiu interpretativa interpretatiu interpretatives *adj.* 해석의, 설명의, 해설적인; 통역의, 번역의.

interracial interracials *adj.* (서로 다른) 민족 간의, 인종 간의.

interregne interregnes *m.* 1 (왕·원수의) 공석 기간. 2 (의회의) 휴회 기간.

interrelació interrelacions *f.* 상호 관계.

interrogació interrogacions *f.* 1 질의, 질문; 심문. 2 의문, 의문 부호.

interrogador interrogadora interrogadors interrogadores *adj.m.f.* 질문·심문하는 (사람).

interrogant interrogants *adj.* 1 질문의, 심문하는. 2 의문의.
-*m.* 1 질문, 심문(pregunta). 2 의문; 의문부호(?).

interrogar *tr.* 묻다, 질문하다; 캐어묻다, 심문하다.

interrogatiu interrogativa interrogatius interrogatives *adj.* 1 묻는, 질문하는, 심문하는. 2 의문의, 의문을 나타내는. 3 [문법] 의문문의.

interrogatori interrogatoris *m.* 조서, 심문(서).

interrompre *tr.* 1 중단시키다, 저지하다, 가로막다. 2 (남의 말을) 가로채다. 3 띄엄띄엄하게 하다. -'s 중단되다; (간간이) 끊기다.

interrupció interrupcions *f.* 방해, 중단, 차단, 저지.

interruptor interruptora interruptors interruptores *adj.* 중단하는, 저지하는, 중지하는.
-*m.f.* interrompre하는 사람.
-*m.* [전기] 개폐기, 스위치.

intersecar-se *prnl.* (선·면이) 엇갈리다, 교차하다.

intersecció interseccions *f.* [수학] (선의) 교차(점); (면·정육면체의) 엇갈림, 교절(선).

intersideral intersiderals *adj.* [천문] 별과 별 사이의.

interstici intersticis *m.* 틈, 틈새, 갈라진 틈, 구멍.

intersticial intersticials *adj.* 틈새의, 구멍의.

interurbà interurbana interurbans interurbanes *adj.* 1 (시외에 대한) 시내의. 2 양 도시 사이의, 도시를 연결하는.

interval intervals *m.* 1 (시간·공간의) 사이. 2 차이, 간격. 3 [의학] 중간기, 중절기. 4 [음악] 음정.

intervenció intervencions *f.* 1 간섭; [정치] 내정 간섭. 2 조정, 중재. 3 참여, 참가; (대화에) 관여. 4 감사, 감찰; 회계감사; 감사실, 감찰국, 감사원.

intervencionisme intervencionismes *m.* [정치] (다른 나라에 대한) 내정 간섭주의.

intervencionista intervencionistes *adj.* [정치] 내정 간섭하는, 내정 간섭주의의.
-*m.f.* 내정 간섭주의자.

intervenir *intr.* 1 간섭하다, 관여하다, 끼어들다. *Intervé sovint en el debat* 그는 자주 논쟁에 끼어든다. 2 참가하다, 참여하다(prendre part). 3 조정하다, 중재하다. 4 (일이) 발생하다, 일어나다. -*tr.* 1 (세관 등을) 감사하다; 회계 감사를 하다. 2 (외국의) 내정 간섭을 하다. 3 감독하다, 통제하다, 조정하다. 4 [상업] (수표의) 인수·지불을 하다. 5 [의학] 수술하다.

interventor interventora interventors interventores *adj.* intervenir하는.
-*m.f.* 간섭자, 조정자; 감사, 검사관, 회계 감사관; (선거의) 입회인.

intervertir *tr.* =invertir.

interviu intervius *m.* 회견, 인터뷰, 면회, 면담(entrevista).
fer un interviu 회견하다, 인터뷰하다, 면담하다.

interviuar *tr.* 회견하다, 인터뷰하다(entrevistar).

intervocàlic intervocàlica intervocàlics intervocàliques *adj.* [음성] 모음 사이에 있는.

intestat intestada intestats intestades *adj.* 유언을 하지 않은. *morir intestat* 유언을 하지 않고 죽다.

intestí intestina intestins intestines *adj.* 1 안의, 속의, 내부의, 내부 간의. 2 집안의; 한통속의. 3 국내의.
-*m.* [해부] 장(腸). *intestí gros* 대장(大腸). *intestí prim* 소장(小腸).

intestinal intestinals *adj.* 내부의, 안의;

장의, 장기의.

íntim íntima íntims íntimes *adj.* **1** 친한, 친밀한. **2** 마음속으로부터의, 충심의, 내심의. **3** 안쪽의, 안의, 감추는. **4** 본질적인.
-m. 혈관.

intimació intimacions *f.* 통지, 통고, 고시.

intimar *tr.* **1** 알리다, 통지하다, 시달하다. **2** 공표하다, 선포하다. *intimar la guerra* 전쟁을 선포하다. **3** 지시하다, 명령하다(ordenar). *El vaig intimar a sortir* 나는 그에게 나가도록 명했다.
-intr. 친해지다, 서로 가까이 지내다; 스며들다.

intimatori intimatòria intimatoris intimatòries *adj.* 통지의, 고시의.

intimidació intimidacions *f.* 엄포, 협박, 위협.

intimidador intimidadora intimidadors intimidadores *adj.m.f.* intimidar하는 (사람).

intimidar *tr.* 겁주다, 엄포하다, 협박하다, 위협하다.

intimidatori intimidatòria intimidatoris intimidatòries *adj.* =intimidador.

intimitat intimitats *f.* **1** 친밀, 돈독함. **2** *pl.* 은밀한 교재, 은밀한 일, 감추는 일; 사생활. **3** [비유] 안, 속, 내부.

intitulació intitulacions *f.* 제명을 붙임, 직함을 줌.

intitular *tr.* 제명을 붙이다; 직함을 주다.

intocable intocables *adj.* 만질 수 없는, 불촉의.
-m.f. [남녀동형] (인도의) 불촉민; 천민.

intolerable intolerables *adj.* 참을 수 없는, 견딜 수 없는; 용서·관용할 수 없는.

intolerància intoleràncies *f.* 편협, 편견, 옹졸함; 편협한 생각, 배타적인 견해.

intolerant intolerants *adj.* 편협한, 옹졸한, 배타적인.
-m.f. [남녀동형] 그러한 사람.

intoxicació intoxicacions *f.* 중독.

intoxicant intoxicants *adj.* 중독시키는.

intoxicar *tr.* 중독시키다. **-se** 중독되다.

intractable intractables *adj.* **1** 다루기 어려운, 고집이 센; 성격이 고약한; 비사교적인. **2** 통행이 곤란한.

intradós intradossos *m.* [건축] 박공선.

intraduïble intraduïbles *adj.* 번역할 수 없는.

intramurs *adv.* 성벽 안에서; 마을 내에서, 시내에서.

intramuscular intramusculars *adj.* 근육 속의.

intranquil intranquil·la intranquils intranquil·les *adj.* 불안한, 불온한, 걱정스러운.

intranquil·litat intranquil·litats *f.* 불안, 초조, 걱정.

intranquil·litzar *tr.* 불안하게 하다, 걱정시키다, 초조하게 하다, 안절부절못하게 하다. **-se** 불안해지다, 초조해지다, 안절부절못하다.

intranscendent intranscendents *adj.* 중요하지 않은, 하찮은.

intransferible intransferibles *adj.* 양도할 수 없는.

intransigència intransigències *f.* 비타협; 강경, 완고, 고집.

intransigent intransigents *adj.* 타협하지 않는, 양보하지 않는; 강경한, 완고한.

intransitable intransitables *adj.* 다닐 수 없는, 통행할 수 없는.

intransitiu intransitiva intransitius intransitives *adj.* 자동사의.
-m. [문법] 자동사.

intransmissible intransmissibles *adj.* 옮길 수 없는, 보낼 수 없는, 전할 수 없는; 방송할 수 없는.

intransparència intransparències *f.* 불투명.

intrauterí intrauterina intrauterins intrauterines *adj.* [해부] 자궁 안에 있는.

intravenós intravenosa intravenosos intravenoses *adj.* [의학] 정맥·혈관 안에 주입하는.

intrèpid intrèpida intrèpids intrèpides *adj.* 두려움을 모르는, 대담한, 대담무쌍한; 앞뒤를 가리지 않는, 무모한, 당돌한.

intrepidesa intrepideses *f.* 대담, 꿋꿋함; 당돌함, 무모함, 물불을 가리지 않음.

intricar *tr.* 복잡하게 만들다, 얽히게 만들다(embullar); 어지럽게 하다, 착잡하게 만들다.

intricat intricada intricats intricades *adj.* **1** 뒤얽힌, 얽히고설킨, 복잡한. **2** 번잡한, 까다로운.

intriga intrigues *f.* **1** 음모, 책동, 책략. *les intrigues de palau* 왕실의 음모. **2** 얽힘, 뒤얽힘; 분규. *una intriga amorosa* 사랑의 얽힘. **3** [문학] (소설·극 등의) 각색, 줄거리.

intrigant intrigants *adj.m.f.* [남녀동형] intrigar하는 (사람).

intrigar *intr.* 음모를 꾸미다, 이 궁리 저 궁리 하다. **-se 1** (마음이) 걸리게 하다(inquietar). **2** 쩔쩔매게 하다, 당혹스럽게 하다. **3** 흥미·관심을 돋우다.

intrínsec intrínseca intrínsecs intrínseques *adj.* **1** 고유한, 본질적인. **2** 내재적인, 본래 갖추어져 있는.

introbable introbables *adj.* 찾을 수 없는, 발견되지 않는.

introducció introduccions *f.* **1** 삽입, 안에 넣음, 들여놓기; 안내 **2** 도입, 이입, 전래, 도래, 수입. **3** 소개. **4** 머리말, 권두언, 머리글, 서론, 서문, 서언, 서(序). **5** 입문(서), 서설, 개론. **6** [음악] 서곡, 전주곡; 서막.

introductor introductora introductors introductores *adj.* 도입하는, 안내하는, 유도하는.
-m.f. 도입자, 안내자, 이입자, 소개자.

introductori introductòria introductoris introductòries *adj.* **1** 머리말의, 머리글의, 권두언의, 서언의, 서론의. **2** 예비적인.

introduïble introduïbles *adj.* introduir할 수 있는.

introduir *tr.* **1** (안에) 넣다, 들여 넣다; 이끌다, 안내하다. **2** 입장시키다, 들어가게 하다. **3** 소개하다. **4** (어떤 조직에) 끌어들이다. **5** (어휘·관습 등을) 들여오다, 도입하다(establir). *introduir nous costums* 새 관습을 도입하다. **6** 야기하다, 일으키다, (결과를) 가져오게 하다. **7** (입문을) 가르쳐주다(iniciar). *introduir algún en la filosofia* 누구에게 철학을 가르쳐주다. **-se 1** 안에 들어가다. **2** 끼다, 끼어들다, 한 동아리가 되다. **3** 도입하다, 이입하다; 소개하다. **4** 간섭하다, 관여하다.

intromissió intromissions *f.* 들어가는 일; 침입; 간섭, 참견.

introspecció introspeccions *f.* 내성, 성찰; 반성, 자기반성.

introspectiu introspectiva introspectius introspectives *adj.* 내성하는, 자성하는, 자기반성적인.

introversió introversions *f.* **1** 내향, 내성. **2** [의학] 내전(內轉), 내반. **3** [심리] 내향성.

introvertit introvertida introvertits introvertides *adj.m.f.* 내성적인 (사람).

intrús intrusa intrusos intruses *adj.* **1** 침입하는, 난입하는. **2** 난 체하는, 잘 나서는.
-m.f. **1** 침입자, 난입자, 불청객. **2** 나서는 사람.

intrusió intrusions *f.* 침입, 난입, 밀고 들어가기; 불법 점유; (권력 등의) 박탈.

intrusisme intrusismes *m.* 무면허 영업, 무자격 영업.

intubació intubacions *f.* [의학] 금속관 삽입.

intubar *tr.* [의학] 금속관을 삽입하다.

intuïció intuïcions *f.* **1** 직각, 직관. **2** [종교] (기독교의) 견신(見神).

intuir *tr.* 직관적으로 느끼다·알다.

intuïtiu intuïtiva intuïtius intuïtives *adj.* 직관적인.

inundable inundables *adj.* 범람할 수 있는, 넘쳐흐를 수 있는.

inundació inundacions *f.* **1** 범람, 침수; 물난리, 홍수. **2** 쇄도; 충만, 풍부.

inundar *tr.* **1** 범람시키다. **2** 꽉 채우다, 가득 차게 하다. *Inundaren les escoles de llibres pèssims* 그들은 학교들을 최악의 책들로 가득 채웠다. **3** 밀어닥치다, 쇄도하다. **-se 1** 범람하다, 침수하다. **2** 가득 차다. **3** 쇄도하다.

inusitat inusitada inusitats inusitades *adj.* **1** 보통 일이 아닌, 예삿일이 아닌, 예사롭지 않은. **2** 폐지된, 안 쓰는.

inusual inusuals *adj.* 보통이 아닌, 예

삿일이 아닌; 이상한, 진기한.
inútil inútils *adj.* 쓸모없는, 무익한.
inutilitat inutilitats *f.* 무용, 무익, 쓸모없음; 무용지물, 쓸모없는 것.
inutilització inutilitzacions *f.* 무용화, 폐물처리.
inutilitzar *tr.* 무익하게 만들다, 쓸모없이 만들다.
invaginació invaginacions *f.* [의학] 장관(腸管)의 접합.
invàlid invàlida invàlids invàlides *adj.* **1** 노쇠한, 병약한. **2** 병신인, 불구자가 된; (지능·정신이) 박약한. **3** 무익한, 쓸모가 없는. **4** 무효가 된, 취소된.
-*m.f.* 불구자, 노쇠자, 정신박약아; 부상병.
invalidació invalidacions *f.* 무효, 효력상실; 무익.
invalidar *tr.* 무효로 하다(anul·lar).
invalidesa invalideses *f.* **1** 노쇠, 허약. **2** 불구, 정신박약. **3** 무효, 취소.
invariabilitat invariabilitats *f.* 불변(성).
invariable invariables *adj.* **1** 변화가 없는, 불변의. **2** 일정한, 똑같은. **3** [수학] 상수(常數)의.
invariant invariants *adj.* =invariable.
invariat invariada invariats invariades *adj.* 불변의, 변화 없는.
invasió invasions *f.* **1** 침입, 침략. **2** (권리 따위의) 침해.
invasiu invasiva invasius invasives *adj.* **1** 침입의, 침략의. **2** 침해의.
invasor invasora invasors invasores *adj.* 침입의, 침략의.
-*m.f.* 침입자, 침략자.
invectiva invectives *f.* **1** 독설, 욕지거리. **2** 독설적인 연설·문서.
invencible invencibles *adj.* **1** 무적의, 패하지 않는. **2** 이기기 어려운, 극복하기 어려운.
invenció invencions *f.* **1** 발명, 발견; 발명의 재능, 창조력; 창작, 창안. **2** 발명품, 신안(新案). **3** 날조, 조작, 꾸민 일, 허구.
invendible invendibles *adj.* 팔지 않는, 비매(품)의.
invent invents *m.* =invenció.
inventar(se) *tr.prnl.* **1** 발명하다; 창작하다, 창안하다. **2** [비유] 날조하다, 조작하다, 꾸며 대다. *inventar una excusa* 구실을 만들어내다.
inventari inventaris *m.* 물품 명세서, 재산 목록, 상품 목록, 재고 정리.
inventariar *tr.* 목록을 작성하다, 재산목록을 만들다, 재고를 정리하다.
inventiu inventiva inventius inventives *adj.* 창의적인, 독창적인; 연구심이 많은; 신발명의.
inventor inventora inventors inventores *adj.* 발명하는, 창안하는.
-*m.f.* 발명자, 창안자.
invers inversa inversos inverses *adj.* 반대의, 역의.
inversemblança inversemblances *f.* 미덥지 못함, 사실성 결여.
inversemblant inversemblants *adj.* 거짓말 같은, 미덥지 못한, 믿어지지 않는.
inversió inversions *f.* **1** 전도, 전환, 전위. **2** [수학] 치환. **3** [문법] (어순의) 전환. **4** [논리] 치환법. **5** [음악] 자리바꿈. **6** [화학] 전화. **7** [의학] 착도. **8** [경제] 투자.
inversionista inversionistes *m.f.* [남녀동형] 투자자, 출자자.
inversor inversora inversors inversores *adj.* **1** invertir하는. **2** 투자하는, 출자하는.
-*m.* [전기] 역류 스위치, 반전기.
-*m.f.* 투자자, 출자자(inversionista).
invertebrat invertebrada invertebrats invertebrades *adj.* 척추가 없는.
-*m.* [동물] 무척추동물.
invertir *tr.* **1** 거꾸로 하다, 반대로 하다, 역으로 하다. *invertir una figura* 인물을 거꾸로 놓다. **2** 뒤엎다, 뒤집다. **3** [음악] 자리바꿈시키다. **4** [화학] 전화하다. **5** [문법] 전환하다. **6** 투자하다; (비용·시간 등을) 들이다, 소요하다.
invertit invertida invertits invertides *adj.* **1** 역으로 된, 거꾸로 된, 전도된. **2** 투자된, 소요된. **3** [병리] 성적 도착의, 동성애의.
-*m.f.* 동성애자(homosexual).
investidura investidures *f.* 임무·직책을 띰; 자격 부여, 학위 수여(식); 서임식, 취임식.

investigació investigacions *f.* **1** 조사, 검사; 심문. **2** 연구, 탐구.

investigador investigadora investigadors investigadores *adj.m.f.* investigar하는 (사람).

investigar *tr.* **1** 조사하다, 검사하다; 심문하다, 캐내다. **2** 연구하다, 탐구하다.

investir *tr.* **1** (직책 등을) 주다, 부여하다. **2** (임무를) 맡기다, 임명하다, 서임하다.

inveterat inveterada inveterats inveterades *adj.* (병·습관 따위가) 뿌리 깊은, 고질적인, 인습적인, 만성의, 상습적인.

inviabilitat inviabilitats *f.* 실현 불가능.

inviable inviables *adj.* 실현 가능성이 없는.

invicte invicta invictes invictes *adj.* 상승의, 패배를 모르는, 지는 것을 모르는.

inviolabilitat inviolabilitats *f.* 불가침권, 불가침 특권; 신성.

inviolable inviolables *adj.* 침범할 수 없는, 불가침의; 신성한.

inviolat inviolada inviolats inviolades *adj.* **1** 침범당한 일이 없는; 성추행 당하지 않은. **2** 흠이 없는, 순결한.

invisibilitat invisibilitats *f.* 눈에 보이지 않음, 불가시성.

invisible invisibles *adj.* **1** 눈에 보이지 않는, 숨겨져 있는. **2** 확인 불가능한. **3** 면회 사절의.

invitació invitacions *f.* **1** 초청, 초대; 초청장, 초대장. **2** 권고, 권유; 명령, 지시. **3** 안내.

invitador invitadora invitadors invitadores *m.f.* 초대자, 초청자.

invitar *tr.* **1** 부르다, 초청하다, 초대하다. *invitar els estats membres* 회원국가들을 초청하다. **2** 권고하다, 권유하다; 명령하다, 지시하다(ordenar). **3** ...로 이끌다, ...하게끔 하다(incitar).

invitat invitada invitats invitades *m.f.* 초대받은 사람, 초대객.

invocació invocacions *f.* **1** 기도, 기원; 신의 도움을 구함. **2** (귀신·악마 따위를) 주문으로 불러냄; 그 주문. **3** (도움·지원을 위한) 탄원, 청원; (법률에의) 호소. **4** (시의 앞머리에 붙이는) 시(詩)의 신에게 영감을 구하는 말.

invocador invocadora invocadors invocadores *adj.m.f.* invocar하는 (사람).

invocar *tr.* **1** (신에게 가호를) 빌다, 기원하다. *invocar Déu* 신에게 기원하다. **2** (권위 있는 것을) 예로서 인용하다. **3** (법·이성 등에) 호소하다, 간원하다, 청원하다. **4** (악마 따위를) 주문으로 불러내다; 불러일으키다, 자극하다.

invocatiu invocativa invocatius invocatives *adj.* 기도의, 기원의, 기구하는; 주문하는, 불러들이는.

invocatori invocatòria invocatoris invocatòries *adj.* =invocatiu.

involució involucions *f.* **1** [생물] 퇴화, 쇠퇴. **2** [수학] 거듭제곱. **3** [의학] 퇴축[인체 기관이 일정한 기능을 끝내면 정상 상태로 퇴행성 변화를 일으키는 일]; (생체 조직의) 퇴화, (폐경 등 신체조직의) 쇠퇴. **4** [식물] 안으로 말림, 회선. **5** [비유] (정치적·사회적인) 혼란, 동요.

involucionisme involucionismes *m.* (정치 사회적인) 회귀주의, 복고주의.

involucrar *tr.* (본론 이외의 것을) 넣다, 삽입하다; 포함하다, 내포하다.

involucrat involucrada involucrats involucrades *adj.* involucrar한.

involucre involucres *m.* [식물] 총포(總苞).

involuntari involuntària involuntaris involuntàries *adj.* **1** 무의식의, 뜻하지 않은, 모르는 사이의. **2** 본의가 아닌, 자의가 아닌. **3** 불수의의.

involut involuta involuts involutes *adj.* [식물] 말린, 둘둘 감은.

involutiu involutiva involutius involutives *adj.* **1** =involut. **2** involució의.

invulnerabilitat invulnerabilitats *f.* 상처를 입지 않음; 불사신, 영원불멸.

invulnerable invulnerables *adj.* **1** 상처를 줄 수 없는, 상처를 입지 않는. **2** 불사신의, 쓰러지지 않는.

inxa inxes *f.* **1** (나무·돌 따위의) 조각, 부스러기, 파편. **2** (부서진 뼈의) 부스러기. **3** (악기의) 진동판.

ió ions *m*. [물리][화학] 이온.
 ió positiu 양이온.
 ió negatiu 음이온.
iod iods *f*. [음성] 구개 반자음.
iodar *tr*. 요오드 처리를 하다.
iode *m*. [화학] 요오도, 옥소.
iòdic iòdica iòdics iòdiques *adj*. 요오드의, 옥소의.
iodisme iodismes *m*. [의학] 요오드 중독(증).
iodització ioditzacions *f*. =ieisme.
ioga iogues *m*. 요가.
iogui ioguis *adj*. 요가의.
 -*m.f.* [남녀동형] (인도의) 요가 수행자; 요가 체조를 하는 사람.
iogurt iogurts *m*. 요구르트.
iol iols *m*. [선박] 쾌주 범선[작은 돛단배의 일종].
iònic iònica iònics iòniques *adj*. 이온의.
ionització ionitzacions *f*. [물리][화학] 이온화, 전리화.
ionitzant ionitzants *adj*. ionitzar하는.
ionitzar *tr*. [물리][화학] 이온화하다, 전리시키다.
ionosfera ionosferes *f*. 전리층.
iot iots *m*. 요트.
ipecacuana ipecacuanes *f*. [식물] 토근; 토근의 뿌리; 토근제(토제·진해제).
ira ires *f*. 노여움, 화, 성화, 분노, 진노.
 abocar la ira sobre algú (누구에게) 화를 내다, 진노를 하다.
 encendre's d'ira 얼굴이 붉어지다, 화가 나다.
iracund iracunda iracunds iracundes *adj*. **1** 성을 잘 내는. **2** [시어] (비·바람 등이) 성난.
iracúndia iracúndies *f*. 화, 분노, 성마름.
irascibilitat irascibilitats *f*. 성을 잘 냄, 성미가 급함.
irascible irascibles *adj*. 화 잘 내는, 성마른, 성미가 급한.
irat irada irats irades *adj*. **1** 화난, 약이 오른. **2** 건달 같은, 깡패 같은. **3** 무질서한, 엉망인.
iridàcies *f.pl*. [식물] 붓꽃과의 식물.
iridectomia iridectomies *f*. [의학] 홍채절제 수술.

iridescència iridescències *f*. 무지개 빛깔.
iridescent iridescents *adj*. 무지개 빛깔의.
iridi *m*. [화학] 이리듐.
iridià iridiana iridians iridianes *adj*. [해부] 홍채의.
iris iris *m*. [단·복수동형] **1** 무지개. **2** [해부] (눈의) 홍채. **3** [식물] 붓꽃, 백합.
irisació irisacions *f*. 무지개 빛깔.
irisar *intr*. 무지개 빛깔로 바뀌다, 무지개 광채를 내다.
iritis iritis *f*. [단·복수동형][의학] 홍채염.
irlandès irlandesa irlandesos irlandeses *adj.m.f.* 아일랜드의 (사람).
 -*m*. [언어] 아일랜드어.
ironia ironies *f*. 빈정거림, 비꼼; 반어, 반어법.
irònic irònica irònics iròniques *adj*. 비꼬는, 빈정거리는, 풍자적인; 반어의, 반어적인.
ironisme ironismes *m*. 풍자법, 풍자적인 어투.
ironitzar *intr*. 비꼬다.
irós irosa irosos iroses *adj*. =irat.
irracional irracionals *adj*. **1** 도리에 어긋난, 사리에 밝지 못한, 이성이 없는. **2** 불합리한, 어리석은, 바보 같은. **3** [수학] 무진수(無盡數)의.
irracionalisme irracionalismes *m*. [철학] 비이성.
irracionalista irracionalistes *adj*. 비이성의, 부조리의, 비합리주의의.
 -*m.f.* 비이성적인 사람, 비합리주의적인 사람.
irracionalitat irracionalitats *f*. **1** 불합리, 부조리, 비이성. **2** [수학] 무진수.
irradiació irradiacions *f*. (열·빛 등의) 방사, 조사.
irradiant irradiants *adj*. irradiar하는.
irradiar *tr*. **1** 방사(放射)하다, 조사(照射)하다, 비추다. **2** 광선에 쪼이다.
irreal irreals *adj*. **1** 존재하지 않는, 가공의. **2** 비현실적인.
irrealitat irrealitats *f*. 비현실성.
irrealitzable irrealitzables *adj*. 실현될 수 없는.

irrebatible irrebatibles *adj.* 반론할 수 없는, 반론의 여지가 없는.

irreconciliable irreconciliables *adj.* 화해할 수 없는, 불구대천의; 양립될 수 없는.

irrecuperable irrecuperables *adj.* 돌이킬 수 없는, 회수할 수 없는; 회복할 수 없는.

irrecusable irrecusables *adj.* 거부할 수 없는; 철회할 수 없는.

irredempt irredempta irredempts irredemptes *adj.* 외국의 통치하에 있는.

irredemptisme irredemptismes *m.* [정치] (외국의 통치로부터의) 민족통일주의, 실지(失地)회복주의[이탈리아의 미수복지를 회복하려는 운동].

irreductibilitat irreductibilitats *f.* 이러지도 저러지도 못함; 원상회복 불능; 삭감 불가; 약분 불가.

irreductible irreductibles *adj.* 1 (다른 상태로) 돌이킬 수 없는, 원상으로 돌아갈 수 없는. 2 줄일 수 없는. 3 삭감할 수 없는. 4 [수학] 약분할 수 없는.

irreemplaçable irreemplaçables *adj.* 바꿀 수 없는, 교체시킬 수 없는.

irreflexió irreflexions *f.* 경솔함, 경망스러움; 반성하지 않음.

irreflexiu irreflexiva irreflexius irreflexives *adj.* 1 경솔한, 생각 없는, 경망스러운. 2 반성하지 않는.

irreformable irreformables *adj.* 개혁할 수 없는, 쇄신할 수 없는.

irrefragable irrefragables *adj.* (사실을) 거부할 수 없는, 분명한.

irrefrenable irrefrenables *adj.* 억제할 수 없는, 억누를 수 없는.

irrefutable irrefutables *adj.* 반론할 수 없는.

irregular irregulars *adj.* 1 불규칙한, 변칙적인; 비정상의. *pols irregular* 비정상적인 맥박. 2 불법의, 부정의. 3 층이 생기는, 고르지 못한, 평탄치 않은. 4 정규가 아닌, 비정규의. 5 [문법] 불규칙 변화의.

irregularitat irregularitats *f.* 1 불규칙성, 변칙성; 비정상. 2 불법, 부정. 3 고르지 못함, 울퉁불퉁함. 4 비정규(직). 5 [문법] 불규칙 변화.

irreligiós irreligiosa irreligiosos irreligioses *adj.* 1 신앙이 없는, 무종교의, 불경한. 2 비종교적인.

irreligiositat irreligiositats *f.* 신앙 없음; 무종교, 불경함; 비종교적임.

irrellevància irrellevàncies *f.* 중요하지 않음; 관계가 없음; 부적절.

irrellevant irrellevants *adj.* 1 중요하지 않은, 의미가 없는. 2 관계가 없는; 부적절한, 당치 않은.

irremeiable irremeiables *adj.* 1 고칠 수 없는, 불치의; 한심스러운. 2 구원할 길 없는.

irremissible irremissibles *adj.* 용서할 수 없는; 그대로 둘 수 없는, 방치할 수 없는.

irremissiblement *adv.* 방치할 수 없어.

irrenunciable irrenunciables *adj.* 물러설 수 없는, 단념할 수 없는, 사퇴할 수 없는.

irreparable irreparables *adj.* 1 고칠 수 없는, 수선할 수 없는; 불치의. 2 회복할 수 없는, 보상할 수 없는.

irrepetible irrepetibles *adj.* 반복할 수 없는.

irreprensible irreprensibles *adj.* 죄가 없는, 비난할 수 없는.

irreprimible irreprimibles *adj.* 억누를 수 없는; 압제할 수 없는.

irreprotxable irreprotxables *adj.* 비난할 수 없는, 나무랄 데 없는, 결점이 없는.

irresistible irresistibles *adj.* 1 저항할 수 없는. 2 억누를 수 없는, 금할 길이 없는. 3 (매력 따위가) 뇌쇄시키는. 4 견딜 수 없는, 진절머리 나는.

irresolt irresolta irresolts irresoltes *adj.* 우유부단한, 결단력이 없는, 우물우물하는.

irresoluble irresolubles *adj.* 풀 수 없는, 해결할 수 없는; 결단할 수 없는.

irresolució irresolucions *f.* 우유부단, 결단력이 없음.

irresolut irresoluda irresoluts irresoludes *adj.* =irresolt.

irrespectuós irrespectuosa irrespectuosos irrespectuoses *adj.* 무례한; 불경스러운.

irrespirable irrespirables *adj.* 호흡할 수 없는, 호흡 곤란의.
irresponsabilitat irresponsabilitats *f.* 무책임; 책임지지 않음.
irresponsable irresponsables *adj.* 무책임한, 책임이 없는.
irreverència irreverències *f.* 무례함, 불경스러움.
irreverent irreverents *adj.* 무례한, 불경스러운.
irreversibilitat irreversibilitats *f.* **1** 불개변성. **2** 철회·취소 불가.
irreversible irreversibles *adj.* **1** 뒤집을 수 없는, 역전시킬 수 없는. **2** 철회할 수 없는, 취소 불가의.
irrevocabilitat irrevocabilitats *f.* 변경 불가, 개변 불능, 철회 불가.
irrevocable irrevocables *adj.* 바꾸지 못하는, 철회할 수 없는, 취소 할 수 없는, 결정적인.
irrigació irrigacions *f.* **1** 관개, 물을 댐. **2** [의학] 관장, 세척.
irrigador irrigadora irrigadors irrigadores *adj.* irrigar하는.
-*m.* 관장기, 세척기.
irrigar *tr.* **1** (논에) 물을 대다, 관개하다. **2** [의학] 관장하다, 세척하다.
irrisible irrisibles *adj.* 우스꽝스러운, 웃음거리인, 경멸스러운.
irrisió irrisions *f.* 조소거리, 웃음거리.
irrisori irrisòria irrisoris irrisòries *adj.* 우스운, 경멸적인, 조소적인.
irritabilitat irritabilitats *f.* 성급함, 조급함, 성마름; 자극성, 감수성, 흥분성.
irritable irritables *adj.* **1** 화를 잘 내는, 성미가 급한, 성마른. **2** 자극에 민감한, 자극을 느끼는; 신경과민의. **3** 흥분하기 쉬운, 흥분성의.
irritació irritacions *f.* **1** 성나게 함, 애태움, 안달, 초조. **2** [의학] 자극; 자극물. **3** 흥분시킴.
irritant irritants *adj.* irritar하는.
irritar *tr.* **1** 화나게 만들다, 노하게 하다, 부아를 돋우다(enutjar). **2** 자극하다, 부추기다; 초조하게 하다. **3** [생물][의학] 염증을 일으키다. **4** [법률] 취소하다, 취하하다(anul·lar). **-se 1** 악이 오르다, 격앙하다, 흥분하다. **2** 염증이 생기다.
irrogar *tr.* (상해 등을) 입히다, 피해를 가하다.
irrompible irrompibles *adj.* 부서지지 않는, 깨지지 않는, 망가뜨릴 수 없는.
irrompre *intr.* 침입하다, 침투하다, 강습하다; 난입하다, 갑자기 들이닥치다.
irrupció irrupcions *f.* 침입, 엄습, 침투, 강습, 급습.
isabelí isabelina isabelins isabelines *adj.* 이사벨 여왕의; 이사벨 여왕 시대의.
isard^1 isards *m.* [동물] 영양.
isard^2 isarda isards isardes *adj.* 다루기 힘든, 성미가 고약한, 무뚝뚝한, 붙임성이 없는.
isba isbes *f.* (러시아의) 통나무집.
islam islams *m.* [종교] 이슬람교, 회교, 마호메트교; 회교권.
islàmic islàmica islàmics islàmiques *adj.* 이슬람의, 회교의.
islamisme islamismes *m.* [종교] 회교; 이슬람주의.
islamita islamites *m.f.* [남녀동형] =mahometà.
islamitzar *tr.* 회교화하다, 회교도로 만들다. **-se** 회교를 받아들이다.
islamologia islamologies *f.* 이슬람 종교 연구, 이슬람종교학.
isòbar isòbara isòbars isòbares *adj.* [물리] 등압의.
-*f.* 등압선.
isòbata isòbates *adj.* [지질] 깊이가 같은, 등심의.
-*f.* [지질] 등심.
isogàmia isogàmies *f.* [생물] 동형배우자 생식, 동형배우.
isoglossa isoglosses *f.* [언어] 등어선(等語線)[언어 특징을 달리하는 두 지역을 구분하는 언어 지도상의 선]; 한 지방 특유의 언어적 특색.
isògon isògona isògons isògones *adj.* 등편각의.
isolació isolacions *f.* **1** 격리, 고립. **2** [전기] 절연. **3** [언어] 고립.
isolador isoladora isoladors isoladores *adj.* isolar하는.
-*m.* **1** [전기] 절연체, 절연기, 애자. **2**

isolant [언어] 고립어.
isolant isolants *adj.m.* =isolador, aïllant.
isolar *tr.* **1** 섬을 만들다. **2** 격리하다, 분리하다, 고립시키다(aïllar). **3** 절연하다. **-se 1** 격리되다, 고립되다; 따돌림을 받다. **2** 절연되다.
isòmer isòmera isòmers isòmeres *adj.* **1** 같은 수의 점·표로 이루어지는; 등수의 **2** [식물] (꽃잎·꽃받침 등의) 수가 같은. **3** [화학] 동질 이성의.
-m. [화학] 동질 이성.
isomorf isomorfa isomorfs isomorfes *adj.* [생물][화학] 동형 이질의, 이종 동상의, 등정형의.
isomorfisme isomorfismes *m.* **1** [생물][화학] 동형 이질, 동형 이종; 유질동상. **2** [언어] 동일 구조 형태.
isòpode isòpoda isòpodes isòpodes *adj.* [동물] 등각류(等脚類)의.
-m. 등각류 동물.
isòsceles isòsceles *adj.* [단·복수동형] [기하] 이등변의.
isosil·làbic isosil·làbica isosil·làbics isosil·làbiques *adj.* 음절의 수가 같은.
isoterm isoterma isoterms isotermes *adj.* 등온의, 등온선의.
isotèrmic isotèrmica isotèrmics isotèrmiques *adj.* 등온의; 등온선의.
isòtop isòtops *m.* [물리][화학] 동위원소, 동위체.
isquèmia isquèmies *f.* [의학] (혈관수축에 의한) 국소 빈혈.
isqui isquis *m.* =coxal.

israelita israelites *adj.* 이스라엘의, 히브리의; 이스라엘 왕국의.
-m.f. 이스라엘인, 히브리인.
istme istmes *m.* **1** [지리] 지협(地峽). **2** [해부] 인후(咽喉).
ístmic ístmica ístmics ístmiques *adj.* istme의.
italià italiana italians italianes *adj.m.f.* 이탈리아의 (사람).
-m. [언어] 이탈리아어.
italianisme italianismes *m.* 이탈리아어 어법·말투.
italianitzar *tr.* 이탈리아 풍으로 하다.
ítem *adv.llat.* 또 마찬가지로, 또한[항목을 차례로 열거할 때 쓰임].
iterable iterables *adj.* 반복할 수 있는, 되풀이 가능한.
iteració iteracions *f.* 반복, 되풀이.
iterar *tr.* 반복하다, 되풀이하다.
itinerant itinerants *adj.* **1** 순회하다, 이동하는. **2** 정처 없는, 한곳에 머물러 있지 않는.
itinerari itinerària itineraris itineràries *adj.* 도정의, 여정의, 여로의, 도중의.
-m. 도정, 여정, 행정; 여행안내; (기차·항공 등의) 시간표.
itri *m.* [화학] 이트륨[금속원소].
iuca iuques *f.* [식물] 실난초.
IVA *f.ang.* [항공] 우주선내 활동[Activitat Intravehicular].
ivori ivoris *m.* 상아(vori); 상아 색깔.
ixent ixents *adj.* **1** 나온, 돌출한. **2** (태양 등이) 떠오르는. *el sol ixent* 떠오르는 태양.

Jj

j *f.* 카탈루냐어 알파벳의 열 번째 문자.
ja *adv.* **1** 이미, 벌써. *Si véns tard ja haurem marxat* 네가 늦게 오면 우리는 이미 떠났을 것이다. **2** 지금 바로, 당장, 곧장, 즉시. *Ja vinc!* 지금 바로 갑니다! **3** [미래시제와 함께 쓰여 앞에 일어날 일을 나타냄] *Ja ens veurem* 자 또 봅시다.
-*conj.* 혹은 ... 또 혹은. *Ja per una cosa, ja per una altra, sempre està intranquil* 이 일 저 일로 그는 언제나 초조해 있다.
 ja que ...이므로, ...이기 때문에; ...한 이상. *Ja que ets aquí ajuda'm a traduir aquest paràgraf* 네가 여기 있으니까 이 문단을 번역할 수 있도록 나 좀 도와줘라.
 ja sia[*fos*] **que** 비록 ...이지만, 비록 ...하더라도, ...하는 한이 있어도. *Ja fos que es morís de fam no treballaria* 그는 굶어 죽는 한이 있어도 일을 하지 않을 것이다.
-*interj.* [풍자적] 아하!, 그랬군!
jaç jaços *m.* **1** 잠자리, 누울 자리. **2** 침대. **3** (동물들의) 소굴. **4** [건축] 가로재목, 침목. **5** 우리, 축사, 마구간. **6** (목장의) 목사, 오두막.
 atrapar al jaç 갑자기 들키다; 돌연히 들이닥치다.
 jeure al jaç 방심하고 있다.
 preparar el jaç 기초를 다지다.
 trobar el jaç (d'algú) 행선지를 알다.
jaça jaces *f.* 휴대용 침대.
jacent jacents *adj.* 가로누운, 누워 있는.
jaciment jaciments *m.* 광상, 광맥.
jacint jacints *m.* [식물] 히아신스.
jack jacks *m.* [동물] 야크[티베트산의 털이 긴 말 꼬리를 한 소].
jacobí jacobina jacobins jacobines *adj.* 자코뱅당의; 과격 혁명주의의.
-*m.f.* 자코뱅당원.
jacobinisme jacobinismes *m.* 자코뱅주의; 과격 혁명주의.
jactador jactadora jactadors jactadores *adj.* 자만하는, 으스대는, 우쭐대는.
jactància jactàncies *f.* 자만, 으스댐, 우쭐해함.
jactanciós jactanciosa jactanciosos jactancioses *adj.m.f.* jactar-se하는 (사람).
jactar-se *prnl.* 자만하다, 으스대다, 우쭐거리다.
jaculatori jaculatòria jaculatoris jaculatòries *adj.* 돌발적인; 짧고 감동적인.
-*f.* 짧고 간단한 기도.
jade jades *m.* [광물] 경옥, 비취(옥).
jaguar jaguars *m.* **1** [동물] 재규어[중남미산의 표범]. **2** 영국제 고급 승용차.
jai jaia jais jaies *m.f.* 노인, 어르신; 할아버지, 할머니.
jaient jaients *m.* **1** 경향, 성향, 성벽. **2** 기울기, 경사, 경도, 경각.
jaló jalons *m.* **1** (측량용의) 푯말. **2** (역사·생애의) 이정표.
jalonament jalonaments *m.* 이정표 표시.
jalonar *tr.* (푯말로) 표시하다; 이정표를 만들다.
jamai *adv.* =mai.
jan jans *m.* [일반적으로 형용사 bon과 함께 쓰여] 호인.
 bon jan [구어] 호인.
jansenisme jansenismes *m.* [종교] 얀센派[네덜란드의 신학자 얀센의 정신을 따르는 가톨릭교의 일파].
japonès japonesa japonesos japoneses *adj.m.f.* 일본의 (사람).
-*m.* [언어] 일본어.
jaqué jaqués *m.* 모닝코트.
jaques jaques *m.* [단·복수동형] 허름한 옷을 입고 다니는 사람.
jaqueta jaquetes *f.* 재킷, 웃옷.
jaquir *tr.* =deixar.
jardí jardins *m.* 정원, 공원, 동산, 유원지.
 jardí botànic 식물원.
 jardí d'infants 유치원.

jardinatge jardinatges m. 정원조성(술), 조원(술).
jardiner jardinera jardiners jardineres adj. 정원·공원을 가꾸는.
-m.f. 정원지기, 정원사, 조경 기사.
-f. 1 화분대, 분재대. 2 4인승 마차.
jardineria jardineries f. =jardinatge.
jarret jarrets m.fr. 1 [해부] (무릎의) 오금. 2 [동물] 뒷다리의 무릎.
jaspi jaspis m. [광물] 벽옥.
jaspiar tr. 벽옥색으로 칠하다, 벽옥 무늬를 넣다.
jaspiat jaspiada jaspiats jaspiades adj. 벽옥 무늬(장식)의.
jàssera jàsseres f. [건축] 도리.
jaumet jaumets m. [곤충] 바구미.
jaumetar tr. 좀먹다(corcar).
jaupar intr. =lladrar.
jaure intr. =jeure.
javelina javelines f. (사냥·무기용의) 작살; (경기용의) 창.
jazz m.ang. [음악] 재즈.
jeep jeeps m.ang. 지프; 그 상표명.
Jehovà n.pr. [성서] 여호와, 야훼.
jeia jeies f. 1 잠, 수면. 2 [비유] 성질, 성격; 개성(tracte).
  tenir bona jeia 단꿈을 꾸다.
  ésser de bona jeia [구어] 성격이 좋은.
jejú jejuns m. [해부] 제2소장(小腸).
jerarca jerarques m.f. [남녀동형] 교주, 고승; (교단의) 총회장.
jerarquia jerarquies f. 1 (조직체의) 계급, 직급; 계급 제도. 2 상류 계급.
jeràrquic jeràrquica jeràrquics jeràrquiques adj. 계급(제도)의, 계급에 의한.
jerarquitzar tr. 계급을 두다, 직급을 정하다, 등급을 매기다.
jeremiada jeremiades f. 과장된 슬픔.
jeroglífic jeroglífica jeroglífics jeroglífiques adj. 상형 문자의.
-m. 1 상형 문자. 2 [비유] 미로, 수수께끼.
jersei jerseis m. 스웨터, 셔츠.
jesuïta jesuïtes adj. [종교] (가톨릭의) 예수회의.
-m.f. [남녀동형] 1 예수회 수도사 신부. 2 [비유] 위선자.
jesús n.pr. [대문자][성서] 예수그리스도.

-interj. [감탄·두려움·초조함 등을 나타내거나, 또는 재채기할 때 하는 말] 아이고!, 저런!, 대단하군!
  en un dir Jesús 매우 급히, 급히 서둘러.
jet jets m. 1 [항공] 제트기. 2 (로켓 등에서 뿜어 나오는) 가스.
jeure intr. 1 누워 있다. 2 잠을 자다, 잠자리에 들다.
  deixar jeure 내버려 두다, 신경 안 쓰다.
jo pron. 나, 저, 본인. *He estat jo* 바로 나였다, 내가 그랬다.
-m. [철학] 나, 자아. *el jo pecador* 이 죄인.
joc jocs m. 1 놀이, 놀이, 게임(entreteniment); 희롱, 장난. *No m'agraden els teus jocs* 네 장난 짓이 맘에 안 든다. 2 승부, 경기; 경기장. 3 도박, 투기; 도박장. 4 (도구의) 한 벌, 세트, 짝. 5 [해부] 관절(articulació). 6 (장치의) 연결, 맞추기. 7 [비유] 행태, 행위. 8 pl. [스포츠] 대회, 경기. *Jocs Olímpics* 올림픽 경기.
  fora de joc [스포츠] (축구의) 오프사이드.
  fer joc 짝 맞추다, 조합하다, 결합하다; 어울리다.
  posar en joc (어떠한 목적을 위해) 이용하다.
jóc[1] jócs m. 둥지, 보금자리.
  anar a jóc 잠자리에 들다.
  ésser a jóc 누워 있다.
jóc[2] joca jócs joques adj. 누운, 누운 모양의(ajocat).
jocós jocosa jocosos jocoses adj. 익살스러운, 명랑한, 유쾌한 듯한, 우스꽝스러운.
jocositat jocositats f. 즐거움; 익살, 농담.
jocund jocunda jocunds jocundes adj. 명랑한, 즐거운, 활달한; 기뻐 날뛰는, 즐거운 듯한, 떠들썩한.
jocunditat jocunditats f. 활달함, 명랑함, 환희, 기쁨, 즐거움.
jogasser jogassera jogassers jogasseres adj. =juganer.
jogging joggings m.ang. 조깅, 가볍게

joglar joglaressa joglars joglaresses *m.f.* (중세의) 가수; 떠돌이 광대·마술가.

joglaresc joglaresca joglarescs [joglarescos] joglaresques *adj.* joglar의.

joglaria joglaries *f.* joglar의 일.

joguina joguines *f.* **1** 완구, 장난감. **2** [비유] 놀이 대상.

joguinaire joguinaires *m.f.* [남녀동형] 완구 제조업자.

joguinejar *intr.* 장난질하다, 희롱하다.

joguinós joguinosa joguinosos joguinoses *adj.* 장난을 좋아하는, 장난치는.

joia joies *f.* **1** 기뻐 날뜀, 환희, 희열. **2** 보석, 장신구. **3** [비유] 귀중품, 보물, 소중한 것. **4** 귀한 사람.

joiell joiells *m.* 보석, 소형 장신구.

joier joiera joiers joieres *m.f.* 보석상, 장신구상.

joieria joieries *f.* 보석상, 장신구상; [집합] 보석류.

joiós joiosa joiosos joioses *adj.* 기쁜, 기뻐 날뛰는, 크게 기뻐하는.

joliu joliua jolius joliues *adj.* [시어] 예쁜, 고운.
-*m.* [식물] 양파의 일종.

jonc joncs *m.* [식물] 골풀, 등심초.

joncar joncars *m.* 골풀 밭.

jonèc jònega jonècs jònegues *m.f.* [동물] (한살 미만의) 송아지.

jonquera jonqueres *f.* =jonc.

jonquill jonquills *m.* =jacint.

joquei joqueis *m.* 경마 기수.

jòquer jòquers *m.ang.* (카드놀이에서의) 조커; 예기치 않았던 난점.

jorn jorns *m.* 날; 낮, 주간.
de jorn 아침 일찍.

jornada jornades *f.* **1** (하루의) 일정; (하루의) 여정, 도정. *mitja jornada* 반나절. **2** 추억, 기억될 만한 일. **3** (하루의) 노동 (시간). **4** (어느 특정의) 때, 날; 행사. **5** [스포츠] 시합. **6** [군사] 출격, 작전.

jornal jornals *m.* **1** 일급. **2** 날품팔이. **3** [농업] 지적의 단위.
treballar a jornal 날품팔이로 일하다.

jornalada jornalades *f.* =jornal.

jornaler jornalera jornalers jornaleres *m.f.* 날품팔이, 일급 노동자.

jornalejar *intr.* 날품팔이를 하다, 하루하루 벌어먹고 살다.

jota^1 jotes *f.* 알파벳 j의 명칭.

jota^2 jotes *f.* 스페인의 아라곤, 발렌시아, 나바라 지방의 춤·춤곡.

jou jous *m.* **1** 굴레, 고삐, 멍에. **2** 속박, 지배, 압박. **3** 액문[로마시대에 항복한 적에게 항복의 뜻으로 엎드려 들어오게 했던 문]. **4** 종을 매다는 틀.

joule joules *m.* [물리] 줄[전기 에너지의 절대단위].

jove joves *adj.* **1** 젊은, 어린, 연소한. **2** [비유] 최근의, 최근에 형성된. *una doctrina jove* 최근의 이론.
-*m.f.* [남녀동형] **1** 청소년, 청년, 젊은이, 처녀. **2** 며느리(nora).

jovença jovençana jovençans jovençanes -*adj.* 젊은.
-*m.f.* 신혼부부.

jovençà jovences *f.* =joventut.

jovencell jovencella jovencells jovencelles *m.f.* 젊은이, 청년.

jovenejar *intr.* =fadrinejar.

jovenesa joveneses *f.* =joventut.

jovenívol jovenívola jovenívols jovenívoles *adj.* 젊은, 청춘의, 연소한.

jovent jovents *m.* [집합] 청년, 젊은이.
Jovent i enteniment no hi és tot a un temps [구어] 나이가 들면 알게 된다.

joventut joventuts *f.* **1** 젊음, 청춘, 청년 시절. **2** [집합] 청년, 젊은이.

jovial jovials *adj.* **1** 주피터 신의. **2** 명랑한, 활발한, 쾌활한.

jovialitat jovialitats *f.* 명랑함, 발랄함, 쾌활함.

jubilació jubilacions *f.* **1** 퇴직. **2** 연금, 퇴직 수당. **3** 즐거움, 기쁨.

jubilar^1 *tr.* **1** 퇴직시키다, 퇴역시키다. **2** (의무·지위를) 면케 하다. **3** (물건을) 폐기 처분 하다. -*intr.* 기뻐하다. -*se* **1** 퇴직하다. **2** 연금을 받다.

jubilar^2 jubilars *adj.* jubileu의.

jubilat jubilada jubilats jubilades *adj.* 퇴직한, 연금을 받는.
-*m.f.* 연금 수령자, 연금 생활자.

jubileu jubileus *m.* **1** 희년[가나안에 들어간 뒤 매 50년마다 여는 유태의 50

년제 축제]. **2** [종교] (가톨릭의) 대사면. **3** 50년간. **4** 금혼식.
judaic judaica judaics judaiques *adj.* 유태교의; 유태인다운.
judaisme judaismes *m.* **1** [종교] 유태교. **2** 유태인 기질·풍습.
judicar *tr.* =jutjar.
judicatura judicatures *f.* **1** 사법권, 재판권. **2** 사법관의 임기·직. **3** 사법부.
judici judicis *m.* **1** 판단, 식별, 현명, 분별(discerniment). **2** 이성, 판단력, 제정신. **3** 생각, 의견. **4** 심리, 심판; 재판, 판결, 소송. **5** [신학] 최후의 심판. *emetre un judici sobre* ...에 대해 판단을 하다.
judicial judicials *adj.* **1** 사법의, 재판의, 재판에 의한. **2** 비판적인; 공평한.
judiciós judiciosa judiciosos judicioses *adj.* 분별 있는, 현명한, 사려 깊은(assenyat).
judo judos *m.* [스포츠] 유도.
judoka judokas *m.f.* [남녀동형] 유도 선수.
jueria jueries *f.* 유태인 구역.
jueu jueva jueus jueves *adj.* **1** [종교] 유대교의. **2** 유대인의. **3** [비유] 인색한, 욕심 많은(avar); 착취하는(usurer). *-m.f.* **1** 유대교인; 유대인. **2** [비유] 인색한 사람, 욕심쟁이; 고리 대금업자. **3** [역사] (흩어져 사는) 유대인, 디아스포라.
jugada jugades *f.* **1** (스포츠·게임 등의) 한판, 단판 승부, 일국. **2** 찬스, 호기, 좋은 기회. **3** [비유] 부정, 속임수. *mala jugada* 부정, 속임수.
jugador jugadora jugadors jugadores *adj.* 노는, 유희를 즐기는. *-m.f.* 경기자, 선수; 유희자, 명수, 도박사, 노름꾼.
jugament jugaments *m.* =articulació.
juganer juganera juganers juganeres *adj.* 장난을 좋아하는, 꾸러기의.
jugar *intr.* **1** 놀다, 놀이하다, 장난하다. **2** 경기를 하다, 시합을 하다. **3** 노름을 하다, 도박을 하다, 내기하다, 투기하다. **4** (누구의) 차례가 되다; 끼어들다(intervenir). *Et toca jugar a tu* 네가 할 차례다. **5** [비유] 가지고 놀다, 즐기다(divertir-se); 놀리다, 우롱하다. **6** (기구·기계 등이) 잘 들다, 잘 움직이다. **7** 어울리다, 꼭 맞다. *-tr.* **1** (놀이·경기를) 하다, 게임하다. **2** (...에) 돈을 걸다, 내기를 걸다, 도박하다. **3** (노름·도박에서) 돈을 털다. *-se* **1** 승부를 걸다, 투기를 하다(arriscar). **2** (명예를 걸고) 싸우다.
jugar amb (누구를)놀리다, 비웃다; (건강을) 가볍게 생각하다, 우습게 생각하다, 걱정을 안 하다(despreocupar-se).
jugar brut 반칙하다, 파울을 하다.
jugar net 깨끗하게 경기하다.
jugar-s'hi el tot pel tot 모든 것을 걸고 도박하다, 매우 위험한 모험을 하다.
jugaroi jugarois *m.* =joguina.
juglandàcies *f.pl.* [식물] 호둣과 식물.
juguesca juguesques *f.* 내기, 돈을 걺; 거는 돈.
jugueta juguetes *f.* [방언] =joguina.
jugular jugulars *adj.* 목의; 경정맥의. *-f.* [해부] 경정맥.
juí juís *m.* =judici.
juli julis *m.* *clavar un juli* 때리다, 몽둥이질하다; 호되게 혼내다, 심히 질책하다.
juliol juliols *m.* 7월.
Qui no bat pel juliol, no vat quan vol [속담] 기회는 왔을 때 이용할 줄 알아야 한다.
julivert juliverts *m.* [식물] 미나리의 일종[향을 내는 식물].
jull julls *m.* [식물] 독보리; 가라지.
junc juncs *m.* =jonc.
juncàcies *f.pl.* [식물] 골풀·등심초과 식물.
junció juncions *f.* **1** 결합, 합병, 연결, 융합. **2** [전기] 접속, 연결. **3** [화학] 화합, 결합.
jungla jungles *f.* (열대 지방의) 정글, 밀림.
júnior júniors *adj.* [고유명사 뒤에 쓰여] 어린, 연소한. *-m.f.* 자녀, 아이; 2세.
junt junta junts juntes *adj.* **1** 붙어 있는, 밀접한, 접합한. **2** 함께 일하는, 동역하는. **3** 동반하는. **4** (장소가) 곁

에 있는, 옆에 있는.
-*m.[f]* [건축] 이음매, 접합부.
-*adv.* **1** 함께, 같이, 한데 어울려(juntament). **2** 동시에, 일시에.
tot junt 모두, 합계해서, 전부해서; 한꺼번에, 모두 합쳐.
junta *juntes f.* **1** 회, 회의; 위원회, 중역회의. **2** 이음, 연결, 접속, 접합.
juntament *adv.* 함께, 같이.
juntura *juntures f.* **1** 연결, 접속, 접합. **2** [해부] (뼈의) 연결부; 접합부.
juny *junys m.* 6월.
junyent *junyents m.* =confluència.
junyida *junyides f.* junyir하는 일.
junyidor *junyidora junyidors junyidores adj.* junyir하는.
junyir *tr.* **1** 잇다, 연결하다, 맞추다, 접속하다, 접합하다(ajuntar), unir). **2** 멍에를 씌우다. **3** [비유] 구속하다, 속박하다(sotmetre). -*intr.* 서로 싸우다, 일대일로 싸우다. -*se* (두 강이) 만나다.
jup *jupa jups jupes adj.* 머리를 숙인.
jupa *jupes f.* (옛날의) 군복 아랫도리.
Júpiter *n.pr.* **1** [신화] 주피터[신들의 우두머리로 하늘의 통치자]. **2** [천문] 목성.
jura *jures f.* 맹세, 선서(식).
jurador *juradora juradors juradores adj. m.f.* jurar하는 (사람).
jurament *juraments m.* 다짐, 맹세, 선서.
juramentar-*se prnl.* 다짐하다, 맹세를 하다, 선서하다.
jurar *tr.* **1** 굳게 약속하다, 다짐해서 말하다. **2** 선서하다, 맹세하다.
jurar en fals 거짓 맹세하다.
*jurar per ...*에(게) 선서하다.
juràssic *juràssica juràssics juràssiques adj.* [지질] 쥐라기(紀)의, 쥐라계(系)의. -*m.* [지질] 쥐라기, 쥐라계.
jurat *jurada jurats jurades adj.* jurar한. -*m.* 배심원; 법정.
jurídic *jurídica jurídics jurídiques adj.* 법률(상)의.
jurisconsult *jurisconsulta jurisconsults jurisconsultes m.f.* 법률학자, 법률가.
jurisdicció *jurisdiccions f.* **1** 재판권, 사법권. **2** 관할 (구역); 권한, 지배.

jurisdiccional *jurisdiccionals adj.* 재판권의, 사법권의; 관할 구역의.
jurisprudència *jurisprudències f.* 법률학; 판례.
jurisprudèncial *jurisprudèncials adj.* jurisprudència의.
jurisprudent *jurisprudenta jurisprudents jurisprudentes m.f.* 법률가, 법학자.
jurista *juristes m.f.* [남녀동형] (법관·변호사 등의) 법률가; 법학자, 법학생.
jussà *jussana jussans jussanes adj.* 밑에 있는, 아랫부분의.
jussiu *jussiva jussius jussives adj.* **1** 명령의. **2** [문법] 명령문의.
just¹ *justa justs[justos] justes adj.* **1** 옳은, 바른, 정당한, 공정한. **2** 정확한, 틀림이 없는. **3** (돈이) 빠듯한, 부족한(escàs); 궁핍한, 빈궁한. **4** (옷 따위가) 잘 맞는.
anar just[ben just] 궁핍하게 지내다.
ésser just 옳다.
-*m.f.* 의인, 정당한 사람. *pagar justos per pecadors* 의인을 죄인 취급하다.
just² *adv.* **1** 올바르게, 공정하게. **2** 정확히. **3** 꼭 맞게. **4** 궁핍하게, 부족하게.
tot just 겨우.
*tot just... que ...*하자마자 ...하다. *Tot just havia sortit que el van cridar* 그가 나가자마자 그를 불렀다.
justa *justes f.* [역사] (말을 타고 창을 무기로 하는) 창기마전.
justament *adv.* **1** 정확히, 어김없이, 틀림없이. **2** 꼭 들어맞게, 꼭 그대로. **3** [강조적] 마침.
justar *intr.* 창기마전을 하다; 전투하다.
justejar *intr.* (음식 등이) 남지 않다, 딱 맞다.
justesa *justeses f.* 정확함; 적절함, 타당성.
justícia *justícies f.* **1** 정의, 공정. **2** 권리, 정당한 이유. **3** 재판, 공정한 판단. **4** 응보, 형벌; 형사 처벌; (형의) 집행. **5** [추상적] 법관, 사직, 경찰; 법무부, 법정.
amb justícia 정당하게, 공정하게; 법적으로.
fer justícia 공정을 베풀다, 정당하게 하다; 법으로 판단하다, 재판으로 시시

비비를 가리다.
justicier justiciera justiciers justicieres *adj.* 옳은, 정당한; 법을 지키는.
justifet *adv.* =talment.
justificable justificables *adj.* 정당화할 수 있는; 정당한, 지당한.
justificació justificacions *f.* **1** 정당성을 증명함, (행위의) 정당화; 해명, 증명. **2** [법률] (피고 측의) 변명, 변호; 변호의 이유. **3** (인쇄에서 행간의) 정돈, 정판. **4** [신학] 의롭다고 인정함, 칭의(稱義). **5** (컴퓨터의) 조정.
justificador justificadora justificadors justificadores *adj.m.f.* justificar하는 (사람).
justificant justificants *adj.* 정당한, 정당함을 인정하는; 증명하는, 입증하는.
-*m.* 증거 서류, 입증 문서, 영수증.
justificar *tr.* **1** 옳다고 증명하다; 정당화하다, 정당하다고 인정하다. **2** (합당한) 이유를 붙이다, 이유를 들다. **3** [법률] (변호사가) 변명하다(defendre). **4** [신학] 의인으로 인정하다, 무죄로 하다. **5** (인쇄의) 행간을 조정하다. **6** (셈·계산을) 맞추다. **-se** 자기의 행위를 변명하다, 무고함을 증명하다.

justificatiu justificativa justificatius justificatives *adj.* 해명이 되는, 변명이 되는; 증거가 되는.
jute jutes *m.* [식물] 인도삼, 황마, 모시.
jutge jutgessa jutges jutgesses *m.f.* **1** 재판관, 판사, 판관; 심판(관), 판정관, 중재자. **2** [성서] 사사.
jutjament jutjaments *m.* =judici.
jutjar *tr.* **1** 심판하다, 재판하다. **2** 재정하다, 판정·판결을 내리다. **3** (...라고) 믿다, 여기다, 판단하다.
si s'ha[hem] de jutjar per ...로 판단해 보건대, ...로 미루어 보아. *Si hem de jutjar pel seu aspecte* 그의 겉모습으로 보건대.
jutjat jutjats *m.* **1** 법정, 재판소. **2** 재판소 관구. **3** 재판관의 직.
juvenil juvenils *adj.* 청춘의, 젊은, 연소한.
juxtaposar *tr.* 나란히 배열하다, 병렬하다, 병치(竝置)하다.
juxtaposició juxtaposicions *f.* **1** 나란히 놓기, 병렬, 병치(竝置). **2** [의학] 근접 부위. **3** [물리] 이음, 병렬.

Kk

k *f.* 카탈루냐어 알파벳의 열한 번째 문자.

kafkià kafkiana kafkians kafkianes *adj.* **1** 카프카[프라하 태생의 작가, 1883-1924]의. **2** [비유-] 슬픔에 잠긴, 비통한, 고통스러운.

kàiser kàisers *m.germ.* **1** (로마의) 카이사르. **2** 신성 로마 제국 황제; 독일 황제, 오스트리아 황제.

kamikaze kamikazes *m.* 가미카제[제2차 세계대전 중 일본의 자살 특공기·특공대원].

kantià kantiana kantians kantianes *adj.* 칸트[독일의 철학자, 1724-1804]의, 칸트 철학의, 칸트 철학파의.
-*m.f.* 칸트 철학파.

kantisme kantismes *m.* [철학] 칸트 철학.

kappa kappes *f.* 그리스의 알파벳 문자 [k, K].

karaoke karaokes *m.* 가라오케; 또는 그 기계.

karate karates *m.* 가라테, 당수(술).

karateka karatekas *m.f.* [남녀동형] 가라테 선수, 가라테를 연마하는 사람.

karma karmes *f.* [종교] (불교의) 업, 인연, 숙명, 인과응보.

kart karts *m.ang.* 카트, 어린이 놀이차.

karting kartings *m.ang.* 카트 타기.

kelvin kelvins *m.* 켈빈[열역학 온도 단위].

kendo kendos *m.* [스포츠] 검도.

ketchup ketchups *m.ang.* (토마토 따위의) 케첩.

khan khans *m.* [역사] 칸, 한(汗)[중세의 타타르, 몽고, 중국 군주의 칭호. 예전에는 이란, 아프가니스탄 등의 군주·고관 칭호].

kibbutz kibbutzs *m.* 키부츠[이스라엘의 집단 농장].

kilocaloria kilocalories *f.* 킬로칼로리 (quilocaloria).

kilogram kilograms *m.* 킬로그램(quilogram).

kilogràmetre kilogràmetres *m.* [물리] 킬로그램미터[일의 단위; 1킬로그램의 무게를 1미터 끌어올리는 일의 양].

kilòmetre kilòmetres *m.* 킬로미터(quilòmetre).

kilotona kilotones *f.* 킬로톤(quilotona).

kilowatt kilowatts *m.ang.* [전기] 킬로와트(quilovat).

kirsch kirschs *m.alem.* 버찌 술[버찌를 짜서 만든 독일의 술].

kiwi kiwis *m.* **1** [식물] 키위. **2** [조류] 키위.

knut knuts *m.* (러시아의) 태형 도구; 태형.

koiné koinés *f.* 코이네[기원전 5세기부터 기원전 3세기의 표준 그리스어. 신약 성서는 이것으로 기록되었음].

krausista krausistes *adj.* [철학] 크라우제 철학의.

kremlin kremlins *m.rus.* (러시아의) 크렘린궁, 러시아 정부.

ksi ksis *f.* =csi.

kyrieleison kyrieleisons *m.* [구어] 장례 음악, 장례송.

kurd kurda kurds kurdes *adj.* 쿠르드 족[서아시아 쿠르디스탄에 사는 호전적인 유목민]의.
-*m.f.* 쿠르드 족 사람.

Ll

l *f.* 카탈루냐어 알파벳의 열두 번째 문자.

l' [남성 관사 **el**의 생략형] *art.m.sing.* **1** *l'estat, l'home* 국가, 사람; 그 국가, 그 사람. **2** [고유 명사 앞에 쓰여] *l'Albert* 알베르트. **3** [추상 형용사 앞에서 쓰여] ...한 것. *mesclar el diví amb l'humà* 신성한 것을 인간적인 것과 뒤섞다.

-[여성 관사 **la**의 생략형] *art.f.sing.* **1** [악센트가 없는 a로 시작하는 여성 명사와 함께 쓰여] *l'hora, l'esperança* 시간, 소망. **2** [고유 명사와 함께 쓰여] *l'Antònia i l'Anna* 안토니아와 안나.

-*pron.m.* **1** [직접목적격 **el**의 생략형; 동사 뒤에서나, 대명사 **hi**나 **en** 앞에서는 **-l'**] 그를, 당신을; 그것을. *No l'entenc* 나는 그를 이해하지 못한다. *Poseu-l'hi* 그것을 거기에 놓아라. **2** [종종 해석하지 않음] 그를, 당신을. *No l'és pas, el meu marit* 그는 내 남편이 아니다.

-*pron.f.* [직접목적격 **la**의 생략형] 그녀를, 당신을; 그것을. *L'he vista molt sovint, aquesta setmana* 나는 이번 주에 그녀를 자주 보았다.

'l [직접목적격 **el**의 축소형] 그것을. *pron. Agafa'l* 그것을 잡아; *Me'l donarà a mi* 그가 나에게 그것을 줄 것이다.

la¹ *les art.f.sing.* [h로 시작되는 말과 관계없이 약모음 i, u 외의 모음 앞에 쓰이는 여성 관사] *la camisa* 셔츠; *la universitat* 대학; *la història* 역사.

la meva, la teva, la seva 나의, 너의, 그의.

-*pron.* [h로 시작되는 말과 관계없이 약모음 i, u 외의 모음 앞에서는 **l'**; u나 자음으로 끝나는 대명사나 동사 뒤에서는 **-la**; en과 함께 나올 때에는 **-la'**] 그녀를; 그것을. *Agafa-la per la punta* 그것의 끝을 잡아라; *la invitava* 초청받은 여인; *Doneu-la-hi[-li-la]* [*Doneu-li la nina*] 그에게 그 여자 아이를 줘라.

la² *las m.* [음악] 라[음계의 제6음].

laberint *laberints m.* **1** 미궁, 미로. **2** [비유] 얽힘, 복잡함(complicació).

laberíntic *laberíntica laberíntics laberíntiques adj.* **1** 미궁의, 미궁 같은, 미로처럼 복잡한. **2** [비유] 꼬인, 복잡한, 어지러워진.

labiades *f.pl.* [식물] 순형과 식물.

labial *labials adj.* **1** 입술의, 입술 모양의. **2** [음성] 순음의, 입술 음의.

labialitzar *tr.* [음성] 순음화하다.

labiat *labiada labiats labiades adj.* [식물] (꽃 모양이) 입술 모양으로 나뉜, 순형과 식물의.

làbil *làbils adj.* **1** 미끄러지기 쉬운. **2** 약한, 깨지기 쉬운. **3** [물리][화학] 잘 변하는, 불안정한.

labilitat *labilitats f.* 약함, 쉽게 깨짐; 불안정성.

labiodental *labiodentals adj.* [음성] 순치음의.

labor *labors f.* **1** 노동, 근로, 수고, 노력, 일, 업무. **2** 경작, 밭갈이. **3** 수공, 수예; 수예품, 수예 학교; 자수, 재봉.

laborable *laborables adj.* **1** 일의, 노동의(feiner, laboral). *dia laborable* 근무일, 평일. **2** 일·작업할 수 있는. **3** [농업] 경작할 수 있는(arable).

laboral *laborals adj.* 노동의.
   dret laboral 노동법.

laboralista *laboralistes adj.m.f.* [남녀동형] 노동법 전문가(의).

laborant *laboranta laborants laborantes m.f.* 실험실 조수, 연구소 보조원.

laborar *intr.* 일하다, 작업하다; 가공하다, 세공하다.

laboratori *laboratoris m.* 실험실, 시험소, 연구소, 연구실; 언어 실습실.

laboriós *laboriosa laboriosos laborioses adj.* **1** 근면한, 부지런한, 열심히 일하는. **2** 힘이 드는, 어려운, 수고스러운.

laboriositat laboriositats *f.* 근면(성), 성실.

laborisme laborismes *m.* [정치] (특히 영국의) 노동당; 노동당의 주의·정책.

laborista laboristes *adj.* [정치] 노동당의.
-*m.f.* [남녀동형] 노동당원.

laca laques *f.* **1** 래커 칠. **2** 연지 빛깔.

lacai lacais *m.* 하인, 마부.

lacar *tr.* 래커 칠을 하다.

laceració laceracions *f.* lacerar하는 일.

lacerar *tr.* **1** 찢다, 깨다. **2** 해를 끼치다, 상처를 입히다. *lacerar l'ànima* 마음·영혼에 상처를 주다. **3** [비유] (명예를) 손상하다.

lacerat lacerada lacerats lacerades *adj.* lacerar한.

lacèrtids *m.pl.* [동물] 도마뱀속 동물.

lacònic lacònica lacònics lacòniques *adj.* **1** 간단한, 간단명료한. **2** 말수가 적은. **3** 라코니아의; 라코니아식의.

laconisme laconismes *m.* 간결한 표현·말씨.

lacrar *tr.* 밀랍으로 봉하다.

lacre lacres *m.* 밀랍으로 봉하기.

lacrimal lacrimals *adj.* 눈물의.
-*m.* [해부] 눈물덩.

lacrimiforme lacrimiformes *adj.* 눈물 모양의.

lacrimogen lacrimògena lacrimògens lacrimògenes *adj.* **1** 최루 (가스)의. **2** [비유] 눈물을 자아내는.

lactació lactacions *f.* 수유, 포유; 유즙 분비.

lactància lactàncies *f.* =lactació; 수유 기간.

lactant lactants *adj.* 수유기의.
-*m.* **1** 수유, 포유, 유즙 분비. **2** 수유기(授乳期).
-*m.f.* 젖먹이, 유아, 영아(nodrissó).

lactar *tr.* =alletar.

lacti làctia lactis làcties *adj.* 젖의, 젖 같은.

làctic làctica làctics làctiques *adj.* **1** =lacti. **2** [화학] 유산의.

lacticini lacticinis *m.* 우유를 넣은 음식.

lactífer lactífera lactífers lactíferes *adj.* 젖이 흐르는.

lactiforme lactiformes *adj.* 젖 모양의.

lactífug lactífuga lactífugs lactífugues *adj.* 젖의 분비를 막는.

lactívor lactívora lactívors lactívores *adj.* [동물] 포유류의.

lactòmetre lactòmetres *m.* 검유기.

lactosa lactoses *f.* [화학] 락토오스, 젖당, 유당.

lacunar lacunars *adj.* 공백이 있는, 빈틈이 있는.

lacustre lacustres *adj.* **1** 호수의, 호반의. **2** 호수에 생기는, 호수에 사는. **3** 호수에 가까운, 호수를 끼고 있는.

lai lais *m.* (중세 프로방스 지방의) 사랑의 연가.

laic laica laics laiques *adj.* **1** 세속의, 속세의, 속인의, 재가(在家)의. **2** (종교 기관으로부터) 독립한.
-*m.f.* 속인, 속세인; 재가한 종교인; (기독교의) 평신도.

laïcal laïcals *adj.* lai의.

laïcat laïcats *m.* [집합] 평신도.

laïcisme laïcismes *m.* 속세 생활, 세속; 인본주의.

laïcitat laïcitats *f.* =laïcisme.

laïcització laïcitzacions *f.* **1** 세속화. **2** (종교로부터의) 교육의 독립.

laïcitzar *tr.* **1** 세속화시키다, 속인으로 만들다. **2** (종교 기관을) 일반에 이관하다; (종교로부터) 교육을 독립시키다.

lama lames *m.* (티베트의) 라마승.

lamaisme lamaismes *m.* [종교] 라마교.

lamel·la lamel·les *f.* 엷은 판·쪼가리.

lamel·liforme lamel·liformes *adj.* 엷은 판 모양의.

lamel·libranquis *m.pl.* [동물] 엽새류 동물.

lamel·lirostres *m.pl.* [조류] 편취류의 조류.

lament laments *m.* 슬픔, 탄식, 비탄, 애도.

lamentable lamentables *adj.* 한탄스러운, 유감스러운; 처참한, 비통한, 가련한.

lamentació lamentacions *f.* 슬픔, 애도, 탄식, 비탄, 통탄.

lamentar *tr.* **1** 슬퍼하다, 탄식하다, 한탄하다. **2** 언짢게 생각하다, 유감으로 생각하다. **-se 1** 슬퍼하다, 한탄하다. **2** 유감으로 여기다.
lamentar-se de[per] [구] ...에 대해 유감으로 여기다.
lamentar-se que [절] ...한 것에 대해 유감으로 여기다.
lamentós lamentosa lamentosos lamentoses *adj.* **1** 슬픈, 가엾은. **2** 탄식하는, 한탄하는; 불평하는.
làmia làmies *f.* [신화] 사녀(蛇女)[얼굴은 사람 모습에 몸은 용처럼 생긴 괴물].
lamiàcia lamiàcies *f.* =labiada.
làmina làmines *f.* **1** (금속의) 얇은 판. **2** (인쇄의) 동판, 동판화. **3** 삽화, 사진판. **4** [생물][식물] 얇은 막, 얇은 층.
laminació laminacions *f.* 얇은 판으로 만듦.
laminador laminadora laminadors laminadores *adj.m.f.* laminar¹하는.
laminar¹ *tr.* **1** (금속을) 압연하다, 얇은 판으로 만들다. **2** (금·은의) 박(箔)을 하다. **3** 철판·동판을 입히다.
laminar² laminars *adj.* **1** 압연하는. **2** [식물] 얇은 쪼가리 모양의.
laminat laminats *m.* 압연, 얇은 판.
laminatge laminatges *m.* =laminat.
laminós laminosa laminosos laminoses *adj.* 얇은 조각의, 얇은 널빤지의; 얇은 층으로 된.
làmpada làmpades *f.* 램프, 등불, 남포.
lampista lampistes *m.f.* [남녀동형] 램프 제조자·상인.
lampisteria lampisteries *f.* 램프 공장·가게.
lanceolat lanceolada lanceolats lanceolades *adj.* [식물] 창끝 모양의, 바늘 모양의.
lancinant lancinants *adj.* 찌르는 듯한 (통증 따위).
landa landes *f.* 황야, 초원.
landó landós *m.* 4륜마차.
lànguid lànguida lànguids lànguides *adj.* (몸이) 노곤한, 나른해 보이는, 기력이 없는; 마른, 여윈.
lanífer lanífera lanífers laníferes *adj.* [시어] 양모로 덮인; 잔털이 난.

lanugen lanúgens *m.* (몸에 난) 잔털.
lanuginós lanuginosa lanuginosos lanuginoses *adj.* 잔털이 난.
làpida làpides *f.* 비, 비석, 묘석; 비문.
lapidació lapidacions *f.* **1** 돌로 쳐 죽임, 돌팔매질. **2** 우박이 쏟아짐, 우박으로 인한 피해.
lapidar *tr.* (돌로) 쳐 죽이다.
lapidari lapidària lapidaris lapidàries *adj.* **1** 비석의. **2** 비명풍의; 간결한.
lapidi lapídia lapidis lapídies *adj.* 돌의, 석재의.
lapidificació lapidificacions *f.* [화학] 석화; 화석.
lapidificar *tr.* 돌로 만들다, 돌처럼 경화시키다. **-se** 화석이 되다.
lapidós lapidosa lapidosos lapidoses *adj.* 돌의, 석재의.
lapil·li lapil·lis *m.* 화산재의 일종.
lapse lapses *m.* 경과시간.
lapsus lapsus *m.* [단·복수동형] 과실, 잘못, 실수.
larghetto *adv.it.* [음악] 라르고보다 덜 느린.
largo *adv.it.* [음악] 라르고.
laringe laringes *f.* [해부] 후두.
laringi laríngia laringis laríngies *adj.* 후두의.
laringitis laringitis *f.* [단·복수동형][의학] 후두염.
laringologia laringologies *f.* [의학] 후두염학.
laringoscopi laringoscopis *m.* 후두경.
laringoscòpia laringoscòpies *f.* [의학] 후두 검사.
laringotomia laringotomies *f.* [의학] 후두절개(술).
larinx larinxs *f.* [해부] =laringe.
larva larves *f.* **1** 유충, 구더기. **2** 요정, 정령.
larval larvals *adj.* larva의.
larvat larvada larvats larvades *adj.* [의학] 잠복성의.
larvicida larvicides *adj.m.* 유충·구더기를 죽이는 (것).
larviforme larviformes *adj.* 유충·구더기를 닮은.
las lassa lassos lasses *adj.* **1** 지친,

lasciu   553   legalització

피곤한, 나른한. **2** [고어] 불행한, 비참한.
  Ai las! [비애·아픔·무서움·동정 등을 나타내는 감탄사] 아아!, 아이!
lasciu lasciva lascius lascives *adj.* 음탕한, 호색적인.
lascívia lascívies *f.* 음탕, 호색.
lasciviós lasciviosa lasciviosos lascivioses *adj.* =lasciu.
làser làsers *m.ang.* 레이저[빛의 증폭 장치].
lassar *tr.* =cansar.
lassitud lassituds *f.* 피로, 피곤, 나른함, 권태.
lat lata lats lates *adj.* 넓은, 광범한; 광의의, 넓은 뜻의.
latència latències *f.* 눈에 띄지 않음; 잠재, 잠복.
latent latents *adj.* 숨은, 눈에 띄지 않는; 잠재한, 잠재성의, 잠복성의.
lateral laterals *adj.* **1** 측면의, 가로의, 옆의. **2** 한쪽으로 치우친.
lateralitat lateralitats *f.* [의학] (신체 중 어느 한 기관의) 치우침.
làtex làtexs *m.* [식물] 유액, 생고무.
laticífer laticífera laticífers laticíferes *adj.* 유액이 있는.
latifundi latifundis *m.* 대농장, 대단위 농장.
latifundisme latifundismes *m.* 대농장 제도.
latitud latituds *f.* **1** 가로, 폭; 넓이; 범위. **2** [지리][천문] 위도. **3** 여지, 여유 공간(amplària).
latitudinal latitudinals *adj.* latitud의.
latrina latrines *f.* 변소(comuna); 더러운 곳.
laudable laudables *adj.* 칭찬·칭송할 만한.
làudanum làudanums *m.* 아편제.
laudatori laudatòria laudatoris laudatòries *adj.* 찬사의, 칭찬의; 찬미·찬양하는.
laude laudes *m.* [법률] (중재 재판의) 판정, 재정.
  fer un laude 판정하다, 재정하다.
laudes *f.pl.* (가톨릭의) 아침 기도.
lauràcies *f.pl.* [식물] 녹나뭇과 식물.

laurèola laurèoles *f.* 월계관.
lava laves *f.* [지질] 용암.
lavabo lavabos *m.* 화장실, 변소; 세면대, 세면장.
lavanda lavandes *f.* =espígol.
lavativa lavatives *f.* =ènema.
lavatori lavatoris *m.* [종교] 세족식.
lax laxa laxos laxes *adj.* **1** 느슨해진, 풀린. **2** [비유] (도덕적으로) 해이해진.
laxant laxants *adj.* laxar하게 하는.
  -*m.* 하제, 완화제, 지사제, 설사 약.
laxar(se) *tr.prnl.* **1** 느슨하게 하다, 늦추다. **2** 연하게 하다, 부드럽게 하다. **3** 설사를 하게 하다.
laxatiu laxativa laxatius laxatives *adj.* laxar하는.
laxitud laxituds *f.* 느슨해짐, 이완.
leccionari leccionaris *m.* (가톨릭의) 일과서.
lectiu lectiva lectius lectives *adj.* 수업이 있는.
lector lectora lectors lectores *adj.* 읽는.
  -*m.f.* **1** 독자, 애독자. **2** 강사, 교수. **3** 독경 수사[사제가 되는 단계의 하나]; (교회에서) 성구를 읽는 사람.
lectoral lectorals *adj.* lector의.
lectorat lectorats *m.* **1** 강사의 신분, 강사 직. **2** (특히 어문학 등을 가르치기 위한) 강좌 프로그램.
lectoria lectories *f.* =lectorat1.
lectura lectures *f.* **1** 읽기, 독서, 강독. **2** 독본, 읽을거리. **3** (수도원의) 일과, 독경.
legació legacions *f.* **1** [법률] 유증. **2** 사절의 직·역할·사명. **3** 공사의 지위; 공사관. **4** [집합] 공사관원.
legal legals *adj.* **1** 법적인, 법률의, 법률상의, 법률에 관한. **2** 법정의. **3** 적법의, 합법적인. **4** 충실한, 진정한; 좋은, 믿음직한.
legalisme legalismes *m.* 법치주의.
legalista legalistes *adj.* 법치주의의, 법치주의자의.
  -*m.f.* [남녀동형] 법치주의자.
legalitat legalitats *f.* 적법(성), 합법(성).
legalització legalitzacions *f.* **1** 인증, 공증, 증명, 사증. **2** 합법화, 적법화.

legalitzar *tr.* 법적으로 정당하다고 인정하다; 증명하다, 사증하다; 공인하다, 인증하다.
legat legats *m.* 사절(enviat).
legatari legatària legataris legatàries *adj.* llegar하는.
-m.f. 유산 수취인, 유산 상속인.
legió legions *f.* **1** 군대, 군단; 부대, 군. **2** 다수, 무수함; 군중, 많은 사람.
legionari legionària legionaris legionàries *adj.* 군대의, 군단의; 외인부대의.
-m.f. 군사, 병사; 외인부대원.
legislació legislacions *f.* **1** 입법, 법률 제정. **2** [집합] 법령, 법률; 법학.
legislador legisladora legisladors legisladores *adj.* 입법의, 입법하는, 법률을 제정하는.
-m.f. 입법자, 법률 제정자.
legislar *intr.* 법률을 제정하다.
legislatiu legislativa legislatius legislatives *adj.* **1** 입법의, 입법권이 있는. **2** 법정의; 공인의.
-m. 입법부.
legislatura legislatures *f.* **1** 입법 의회. **2** 의회 개회 중, 회기.
legista legistes *m.f.* [남녀동형] 법학자, 법학도.
legítim legítima legítims legítimes *adj.* **1** 합법의, 적법의, 법이 허용하는. **2** 정당한, 올바른. **3** 적출의. **4** 진짜의; 정통의.
legitimació legitimacions *f.* 합법화, 정당화.
legitimador legitimadora legitimadors legitimadores *adj.* 합법화하는, 정당화하는.
legitimar(se) *tr.prnl.* **1** 합법적으로 인정하다, 합법화하다, 정당화하다, 정당한 것으로 인정하다. **2** 권능·자격을 부여하다. **3** 입적시키다.
legitimista legitimistes *adj.* 정통주의자의; (왕조의) 정통파의.
-m.f. 정통주의의, (왕조의) 정통파.
legitimitat legitimitats *f.* 합법성, 정당성; 적출, 정통.
leitmotiv leitmotivs *m.alem.* **1** (악극의) 시도 동기(示導動機). **2** (행위 등에 일관된) 주목적, 중심 사상, 이상.

lema lemes *m.* **1** 주제, 논제. **2** 표어, 모토, 제언. **3** [수학] 부명제.
lenificar *tr.* =mitigar.
leninisme leninismes *m.* 레닌주의.
leninista leninistes *adj.m.f.* 레닌주의자(의).
lenitat lenitats *f.* 온정, 관대, 관용.
lenitiu lenitiva lenitius lenitives *adj.* mitigar하는.
lent¹ lents *f.* 렌즈.
lent² lenta lents lentes *adj.* **1** 느린, 더딘, 느릿느릿한. **2** 접착성의, 끈적끈적한. **3** (불이) 약한. **4** [비유] (이해가) 더딘, (머리가) 잘 안 돌아가는. **5** 한가로운, 완만한.
lentícula lentícules *f.* 콘택트렌즈.
lenticular lenticulars *adj.* **1** 콘택트렌즈의; 렌즈 모양의. **2** [해부] 수정체의.
lenticulat lenticulada lenticulats lenticulades *adj.* =lenticular.
lentigen lentígens *m.* =piga.
lentilla lentilles *f.* =lentícula.
lentitud lentituds *f.* 느림, 더림, 둔함; 완만함; 한가로움.
lepidòpters *m.pl.* [동물] (나비 등) 인시류의 동물.
lepòrids *m.pl.* [동물] 토끼류의 동물.
lepra lepres *f.* [의학] 나병, 문둥병.
leprós leprosa leprosos leproses *adj.* 나병의.
-m.f. 나병환자.
leproseria leproseries *f.* 나병원, 나병 요양소.
leri-leri *adv.* ...할 찰나인, 막 ...하려 하는; 아슬아슬하게, 꼭 알맞은 때에.
les¹ *art.f.pl.* [여성관사 la의 복수형] *les cames* 다리들. *les mitges* 스타킹들.
-pron. [여성 대명사 la의 복수형; 대명사나 동사 뒤에서는 **-les**] 그녀들을, 당신들을; 그것들을. *Ens les menjarem* 우리는 그것들을 구워서 먹을 것이다. *Emporteu-vos-les* 그녀들을 데리고 가라.
les² lesa lesos leses *adj.* **1** 상처 입은, 해를 입은. **2** 기능·정신 장애가 있는.
lesbià lesbiana lesbians lesbianes *adj.* 레즈비언의, 여성 동성애자의.

-f. 레즈비언, 여성 동성애자.

lesbianisme lesbianismes *m.* (여성 간의) 동성애, 동성애주의.

lèsbic lèsbica lèsbics lèsbiques *adj.* 레즈비언의, 여성 동성애자의.

lesió lesions *f.* **1** 상해, 상처. **2** 손해, 손상. **3** (기능·정신의) 장애.

lesionar *tr.* **1** 상처를 입히다. **2** 망가뜨리다, 손해·손상을 입히다. **-se** 상처를 입다; 망가지다, 손해를 입다.

lesiu lesiva lesius lesives *adj.* 해가 되는, 상처 입히는.

letal letals *adj.* 치명적인, 치사의.

letargia letargies *f.* **1** (지속적인) 간청 기도. **2** [비유] 무반응, 무관심.

letàrgic letàrgica letàrgics letàrgiques *adj.* **1** 간청 기도의. **2** 혼수상태에 빠진; 곤히 잠든 상태의.

letícia letícies *f.* =alegria.

letífer letífera letífers letíferes *adj.* 치명적인, 결정적인.

letífic letífica letífics letífiques *adj.* 즐거운, 명랑한, 유쾌한.

leucèmia leucèmies *f.* [의학] 백혈병.

leucèmic leucèmica leucèmics leucèmiques *adj.* 백혈병의.

leucòcit leucòcits *m.* [생리] 백혈구, 흰피톨.

leucocitosi leucocitosis *f.* [의학] 백혈구 증가.

leucoma leucomes *m.* [의학] 각막백반.

leucopènia leucopènies *f.* [의학] 백혈구 감소.

leucorrea leucorrees *f.* [의학] 대하, 백대하.

levigar *tr.* (분말을 물에 풀어) 위에 뜨는 것을 떠내다.

levita levites *m.* [성서] 레위 족속.

levític levítica levítics levítiques *adj.* [성서] 레위 족속의, 레위기의.

levitació levitacions *f.* (물건을) 들어올림.

levitar *tr.* (물건을) 들어 올리다.

levitat levitats *m.* 가벼움.

lexema lexemes *m.*

lèxic lèxica lèxics lèxiques *adj.* 어휘의, 어구의; 사전 (편집)의, 사전적인. *-m.* 용어집, 어휘집, 단어집; 사전.

lexical lexicals *adj.* 렉식의.

lexicalització lexicalitzacions *f.* 어휘화.

lexicalitzar-se *prnl.* 어휘가 되다, 어휘로 만들다.

lexicògraf lexicògrafa lexicògrafs lexicògrafes *m.f.* 사전학자, 사전 편집학자.

lexicografia lexicografies *f.* 사전학, 사전 편집(법).

lexicogràfic lexicogràfica lexicogràfics lexicogràfiques *adj.* 사전학의, 사전 편집학의.

lexicòleg lexicòloga lexicòlegs lexicòlogues *m.f.* 어의학자.

lexicologia lexicologies *f.* 어의학.

lexicològic lexicològica lexicològics lexicològiques *adj.* 어의학의.

li *pron.* **1** [동사나 대명사 뒤에서는 **-li**] 그에게, 그녀에게, 당신에게. *No li diguis res* 그에게 아무 것도 말하지 마라. *Explica-li bé la qüestió* 그 문제를 그에게 잘 설명해라. **2** [hi와 함께 쓰일 때에는 뒤의 모음 i가 생략됨] *Si vol el llibre, dóna-l'hi* 그가 그 책을 원한다면 그에게 그것을 주어라.

li'n [구어로는 **n'hi**] 그에게 약간의. *Si vol paper jo li'n deixaré* 그가 종이를 원한다면, 그에게 조금 주겠다.

liana lianes *f.* [식물] 칡.

liàsic liàsics *m.* [지질] 리아스기, 흑유라기.

libació libacions *f.* 살주식[신을 기리기 위해 술을 마신 다음 땅이나 제물에 뿌리는 제식].

libar *tr.* **1** 시음하다, 시식하다. **2** (음료를) 빨다. **3** 살주하다.

libel libels *m.* 괴문서, 중상모략 문서.

libel·lista libel·listes *m.f.* [남녀동형] 괴문서 작성자.

libèl·lula libèl·lules *f.* [곤충] 잠자리(espiadimonis).

liber libers *m.* [식물] 내피(內皮).

liberal[lliberal] liberals *adj.* **1** 관대한, 대범스러운, 도량이 넓은(generós). **2** 개방적인, 편견이 없는. **3** (해석 따위가) 자유로운, 자의(字意)에 구애되지 않는. **4** 물건을 아끼지 않는, 아낌없는. **5** (종교·정치 등에 관한) 자유의; 자유주의자의, 자유당의; 진보적인.

-m.f. [남녀동형] 자유주의자, 자유당원; 진보적인 사람.
liberalisme liberalismes *m.* (정치·경제·종교상의) 자유주의, 진보주의.
liberalitat liberalitats *f.* 관대, 관후, 너그러움, 대범함; 공평무사; 적선, 활수함, 인색하지 않음.
liberalitzar *tr.* 자유화하다, 자유주의로 하다.
libidinós libidinosa libidinosos libidinoses *adj.* 음란한, 음탕한, 호색적인.
libido libidos *f.* 생명력; 성 충동을 느낌.
libidinal libidinals *adj.* 생명력이 왕성한; 성 충동을 느끼는.
licantrop licantropa licantrops licantropes *adj.m.f.* 늑대광(의).
licantropia licantropies *f.* [병리] 늑대광[자신이 늑대가 되었다고 생각하는 정신병].
lícit lícita lícits lícites *adj.* 정당한, 합법적인.
licitació licitacions *f.* 입찰, 공매, 경매.
licitador licitadora licitadors licitadores *m.f.* 입찰자, 공매자, 경매자.
licitar *tr.* 입찰하다, 공매하다, 경매하다.
licitatori licitatòria licitatoris licitatòries *adj.* licitar하는.
licitud licituds *f.* 정당, 적법, 합법성.
licor licors *m.* 알코올음료, 술, 주류.
licorera licoreres *f.* 술잔.
licorós licorosa licorosos licoroses *adj.* 알코올 성분이 들어있는, 알코올 성분이 많은.
lidar lidars *m.ang.* 기상용 레이더.
líder líders *m.f.* [남녀동형] 지도자, 리더; 수령; (경기의) 주장.
liderar *tr.* 지도하다, 이끌다, 리더하다, 리더십을 가지다.
liderat liderats *m.* 지도력, 리더십, 통솔력.
lideratge lideratges *m.* =liderat.
ligni lígnia lignis lígnies *adj.* 나무의, 목질의.
lignícola lignícoles *adj.* [생물] 나무를 먹고 사는, 나무속에 사는.
lignificació lignificacions *f.* 목질화.
lignificar *tr.* 목질로 만들다. **-se** 목질이 되다, 목질화하다.
lignificat lignificada lignificats lignificades *adj.* 목질화된, 목질로 만든.
lignit lignits *m.* [광물] 갈탄.
lila liles *f.* [식물] =lilà.
-adj.m. 엷은 자줏빛(의), 연보라(의).
lilà lilàs *m.* [식물] 라일락.
liliàcies *f.pl.* [식물] 백합과 식물.
lil·liputenc lil·liputenca lil·liputencs lil·liputenques *adj.* **1** (난쟁이 나라) 릴리푸트의. **2** 아주 작은.
limbe limbes *m.* **1** (천·의복 등의) 가장자리. **2** [천문] (해·달의) 가장자리, 광권. **3** (분도기 등의) 가장자리, 분도권. **4** [식물] (꽃잎의) 갓.
límbic límbica límbics límbiques *adj.* limbe의.
limfa limfes *f.* 임파액.
limfàtic limfàtica limfàtics limfàtiques *adj.* 임파의, 임파질의; 임파선병질의.
limfòcit limfòcits *m.* 임파구.
limfocitosi limfocitosis *f.* [병리] 임파구의 증가.
limfoide limfoides *adj.* 임파구를 닮은.
limfoma limfomes *m.* [의학] 임파구의 악성 종기.
liminar liminars *adj.* (책·서신 등의) 앞부분에, 권두에.
límit límits *m.* **1** 경계, 한계, 끝; 한계선. *Tot té un límit* 모든 게 끝이 있다. **2** 한정, 제한, 한도, 범위.
limitació limitacions *f.* 한정, 국한, 한계를 정함; 구획.
limitar *tr.* **1** 한정하다, 제한하다, 국한하다(restringir). *limitar les despeses* 비용을 제한하다. **2** 한계를 정하다. *-intr.* 인접하다, 접경하다. **-se** 한정하다, 제한하다.
limitat limitada limitats limitades *adj.* **1** 한정된, 제한된. **2** 좁은, 낮은, 적은; 저능의. **3** 근소한, 사소한, 부족한(escàs). **4** [상업] (회사 등) 유한의.
limítrof limítrofa limítrofs limítrofes *adj.* 인접한, 경계를 접하는, 서로 이웃한.
límnic límnica límnics límniques *adj.* **1** 호수의. **2** 호수에 침전된.
limnímetre limnímetres *m.* 호수의 홍수량측정기.

limnologia limnologies *f.* 호수학, 호수연구.

límpid límpida límpids límpides *adj.* **1** 깨끗한, 맑은, 투명한(clar). **2** 순수한, 다른 것과 섞이지 않은. **3** 청초한, 청결한. **4** 정직한, 고지식한. **5** 결백한, 순결한. **6** 고장이 없는, 무사고의. **7** 조건이 없는. **8** (...이) 없는. **9** [상업] 에누리 없는, 정미(正味)의.

limpidesa limpideses *f.* **1** 맑음, 깨끗함. **2** 청결, 청소, 소제. **3** 청순, 순수. **4** 결백, 정직. **5** 아무것도 없음.

limpiditat limpiditats *f.* =limpidesa.

limusina limusines *f.* 리무진.

linàcies *f.pl.* [식물] 아마과 식물.

lineal lineals *adj.* **1** 선의, 선 모양의. **2** 가늘고 긴.

linealitat linealitats *f.* 선을 이룸.

lineament lineaments *m.* 윤곽선.

linear linears adj. 선 모양의.

lingot lingots *m.* (금속의) 괴; 지금(地金).

lingotera lingoteres *f.* 주형틀.

lingual linguals *adj.* **1** [해부] 혀의. **2** [음성] 설음의.

lingüiforme lingüiformes *adj.* 혀 모양의.

lingüista lingüistes *m.f.* [남녀동형] 언어학자.

lingüístic lingüística lingüístics lingüístiques *adj.* 언어의, 언어상의; 언어학의, 언어학상의.
-*f.* 언어학.

linguodental linguodentals *adj.* [음성] 설치음의.

línia línies *f.* **1** 선, 줄, 열. *línia recta* 일직선. **2** (인쇄의) 행. **3** (교통 기관의) ...선, 노선, 항로, 공로. **4** 전신선, 전화선. **5** 경계(선), 한계. **6** 계열, 계통. **7** 등급, 부류. **8** 대열, 전열; 참호선. **9** [비유] 추세, 경향(tendència); 지도 방향. **10** 리네아[길이의 단위; 1 리네아는 1/12인치, 약 2mm].

llegir entre línies 행간을 이해하다, 속뜻을 이해하다.

seguir la línia recta 선을 지키다, 법을 지키다, 정도를 벗어나지 않다.

linier liniers *m.f.* [남녀동형] (경기장의) 선심.

liniment liniments *m.* (부기 등에) 바르는 약.

linòleum linòleums *m.* 리놀륨[바닥재].

linotípia linotípies *f.* 라이노타이프, 자동 주조 식자기.

linx linxs *m.* [동물] 살쾡이.

linxament linxaments *m.* 린치형벌.

linxar *tr.* 린치를 가하다, 사형을 가하다.

lionès lionesa lionesos lioneses *adj.* (프랑스) 리옹의, 리옹 지방의.
-*m.f.* 리옹 사람.

lipoma lipomes *f.* [의학] 지방 종기.

lipotímia lipotímies *f.* [의학] 실신, 기절.

liquable liquables *adj.* 용해할 수 있는.

liquació liquacions *f.* 녹임, 용해, 액화.

liquadora liquadores *f.* 믹서.

liquar *tr.* 녹이다, 용해시키다, 액화하다; 주스를 만들다.

liqüefacció liqüefaccions *f.* 액체화, 용해.

liquen líquens *m.* **1** [식물] 이끼. **2** [의학] 태선(苔癬), 버짐.

liqüescent liqüescents *adj.* 액화되는, 용해되는.

líquid líquida líquids líquides *adj.* **1** 액체의, 액체 상태의, 유동체의. **2** [음성] 유음의. **3** [경제] 유동의, 유동성의; 쉽게 현금화할 수 있는. **4** 청산된, 결산된; 차액 잔고의.
-*m.* **1** 액, 액체, 유동액. **2** [경제] 현금(efectiu); 결산 잔고, 순이익.

liquidable liquidable *adj.* liquidar할 수 있는.

liquidació liquidacions *f.* **1** 액화, 용해. **2** 청산, 결산, 결제, 정산. **3** (회사·가게의) 정리, 폐업, 폐점, 점포 정리.

liquidador liquidadora liquidadors liquidadores *adj.m.f.* liquidar하는 (사람).

liquidar *intr.* **1** 용해하다, 액화하다. **2** 지불하다, 청산하다(pagar). **3** 파산을 정리하다, (회사를) 해산하다. **4** (재고를) 다 처분하나, 팔아 치우다. **5** [구어] 죽이다, 처리하다(matar). **6** [비유] (미해결 문제를) 해결하다.

liquiditat liquiditats *f.* **1** 액체; 유동성. **2** (말의) 유창함.

lira lires *f.* **1** 수금, 칠현금. **2** 서정시의 일종; 시재, 영감. **3** (이탈리아의) 화폐 단위.

líric lírica lírics líriques *adj.* **1** 수금의, 칠현금의. **2** 서정의, 서정적인, 서정시의.
-m.f. 서정시인.
-f. 서정시.

lirisme lirismes *m.* **1** 서정성, 서정미. **2** 열정, 정열.

liró lirona lirons lirones *adj.* 단순한, 미련한, 얼빠진, 멍청한(beneit).
-m.f. 단순한 사람, 바보, 멍청이.
-m. [동물] 동면 쥐.

lis lisos *m.* [식물] 붓꽃.

lisi lisis *f.* [의학] **1** 열이 차츰 내림. **2** 세포의 파괴 현상.

literal literals *adj.* **1** 문자의, 자구(字句)의. **2** 직역의, 자구에 구애된, 자의상의. **3** (사람·머리가) 융통성이 없는, 고지식한. **4** (문자 그대로) 정확한, 과장 없는.

literalitat literalitats *f.* 문자적 해석, 자구 해석; 정확함; 고지식함, 충실성.

literalisme literalismes *m.* 문자적 해석 지향주의, 자구 중심주의.

literari literària literaris literàries *adj.* 문학의, 문학적인, 문학상의, 문학에 관한, 문예의.

literat literata literats literates *adj.* 문학의, 문필의.
-m.f. 문인, 문학가, 문필가.

literatura literatures *f.* **1** 문학, 문예. **2** 글, 문자; (뜻 없는) 말.

liti *m.* [광물] 리튬.

litiasi litiasis *f.* [의학] 결석병, 담석병.

lític lítica lítics lítiques *adj.* 돌의, 돌에 관한.

litigació litigacions *f.* [법률] 소송, 제소.

litigant litigants *adj.* **1** 다투는. **2** 소송하는, 제소하는.

litigar *tr.* **1** 다투다, 경쟁하다(disputar). **2** 소송하다, 제소하다(pledejar).

litigi litigis *m.* **1** 쟁론, 싸움, 논쟁(disputa). **2** [법률] 소송, 제소.

litigiós litigiosa litigiosos litigioses *adj.* **1** 논쟁을 좋아하는. **2** 소송의, 소송중인.

litocromia litocromies *f.* 착색 석판.

litòfag litòfaga litòfags litòfagues *adj.* [동물] 돌을 먹는.

litogen litògena litògens litògenes *adj.* **1** [지질] 돌을 생성하는, 암석 생성의. **2** [의학] 결석 형성의.

litogènesi litogènesis *f.* **1** [지질] 암석 형성. **2** [의학] 결석 형성.

litògraf litògrafa litògrafs litògrafes *m.f.* 석판 인쇄공.

litografia litografies *f.* 석판 인쇄(술); 석판화; 석판 인쇄공장, 오프셋 인쇄 공장.

litografiar *tr.* 석판 인쇄를 하다.

litogràfic litogràfica litogràfics litogràfiques *adj.* 돌에 새기는, 석판의, 석판 인쇄의.

litologia litologies *f.* **1** 암석학. **2** [의학] 결석학.

litoral litorals *adj.* 연해의, 해변의.
-m. 해안 지방, 해변.

litosfera litosferes *f.* [지질] 암석권, 지각(地殼).

lítote lítotes *f.* [수사] 곡언법, 완곡법, 완서법.

litotomia litotomies *f.* [의학] 방광 결석의 제석 수술.

litre litres *m.* **1** 리터[용량의 단위]. **2** [식물] 털부처꽃.

litúrgia litúrgies *f.* 예배 의식, 미사, 기도(서); 성찬식, 성체 예의.

litúrgic litúrgica litúrgics litúrgiques *adj.* litúrgia의.

lívid lívida lívids lívides *adj.* (얼굴이) 창백한, 핏기가 없는. *l'home lívid* 핏기가 없는 사람.

lividesa livideses *f.* 창백함.

lla *adv.* =allà(주로 *ça com lla*와 같은 표현에 쓰임).

llac llacs *m.* **1** 호수, 못, 연못. **2** 늪, 수렁, 진흙탕.

llaç llaços *m.* **1** 맺음, 결합. **2** 묶기, 매듭; 오랏줄, 밧줄. **3** 매듭 장식. **4** [비유] 관계, 인연, 유대(lligam, vincle). *un llaç d'unió* 단체의 유대. **5** 계략, 책략, 함정, 속임수(parany). *Ha caigut al llaç* 그는 함정에 빠졌다.

llaca llaques *f.* 진흙, 흙탕, 수렁.

llacada llacades *f.* 진흙탕 길.

llaçada llaçades *f.* 오랏줄 매듭.

llaçar *tr.* 매다, 묶다, 동여매다, 오랏줄로 묶다.

llacer llacera llacers llaceres *m.f.* 밧줄을 던지는 사람, 밧줄로 사냥하는 사람.
llacor llacors *f.* 수렁, 늪.
llacorós llacorosa llacorosos llacoroses *adj.* 수렁의, 늪의; 늪이 많은.
llacós llacosa llacosos llacoses *adj.* 진흙투성이의, 수렁인.
llacuna llacunes *f.* **1** 늪, 작은 연못. **2** 공백, 빈틈, 스페이스.
lladella lladelles *f.* =cabra.
lladradissa lladradisses *f.* (개의) 짖는 소리.
lladrador lladradora lladradors lladradores *adj.* lladrar하는.
lladrar *intr.* **1** (개가) 짖다. **2** [비유] 위협하다, 겁을 주다, 으름장을 놓다.
lladre lladres *m.f.* [남녀동형] 도둑, 도적.
-*m.* **1** 용수로의 작은 수문. **2** 도둑의 통로; 훔치는 곳. **3** (인쇄의) 먼지.
lladregam lladregams *m.* [집합] 도둑.
lladregot lladregota lladregots lladregotes *m.f.* [구어] 좀도둑, 소매치기.
lladregueig lladregueigs[lladreguejos] *m.* 좀도둑질.
lladreguejar *intr.* 좀도둑질을 하다, 도둑질을 해서 먹고 살다.
lladremaner lladremanera lladremaners lladremaneres *m.f.* =lladregot.
lladreria lladreries *f.* 도둑질, 도벽.
lladriola lladrioles *f.* =guardiola.
lladronejar *intr.* =lladreguejar.
lladronera lladroneres *f.* **1** 도둑의 소굴, **2** 도둑질, 도벽. **3** (용수로의) 작은 수문.
lladronici lladronicis *m.* 도둑질; 도벽.
lladruc lladrucs *m.* **1** (개의) 짖는 소리. **2** [비유] 비평, 비난, 중상, 모략.
llaga llagues *f.* =nafra.
llagast llagasts[llagastos] *m.* [곤충] 진드기.
llagasta llagastes *f.* =llagast.
llagost llagosts[llagostos] *m.* =llagosta1.
llagosta llagostes *f.* **1** [곤충] 메뚜기. **2** [동물] 가재.
llagoster llagostera llagosters llagosteres *m.f.* 가재잡이 어부.

llagostada llagostades *f.* 메뚜기 떼; 가재 요리.
llagostí llagostins *m.* [동물] 가재.
llagot llagots *m.* 아부, 아첨.
llagotejar *tr.* 아부하다, 아첨하다, 아랑거리다.
llagoter llagotera llagoters llagoteres *adj.m.f.* 아부·아첨하는 (사람).
llagoteria llagoteries *f.* =llagot.
llàgrima llàgrimes *f.* **1** 눈물. **2** [식물] (나무 진 따위의) 즙, 방울. **3** 아주 조금, 소량.
llàgrimes de cocodril 악어의 눈물, 거짓 눈물.
llàgrimes de Job [식물] 율무.
desfer-se en llàgrimes [구어] 실컷 울다, 통곡하다.
vessar[plorar] llàgrimes 피눈물을 흘리다, 몹시 후회하며 울다.
llagrimal llagrimals *m.* =lacrimal.
llagrimeig llagrimeigs[llagrimejos] *m.* 눈물을 머금음.
llagrimejar *intr.* 눈물을 머금다.
llagrimer llagrimers *m.* [해부] 눈두덩.
llagrimós llagrimosa llagrimosos llagrimoses *adj.* 눈물 섞인, 눈물을 머금은, 글썽거리는.
llagut llaguts *m.* [선박] (돛대가 하나인) 지중해 범선.
llama llames *m.[f]* [동물] 야마.
llamàntol llamàntols *m.* [동물] 가재의 일종.
llamborda llambordes *f.* 반석, 반반한 돌; 바닥에 까는 돌.
llambrar *intr.* (돌·쇠 등이) 반짝반짝 빛나다(llambrejar).
llambregada llabregades *f.* 살짝 보기, 둘러보기, 대강 훑어봄.
llambregar *tr.* 살짝 보다, 둘러보다, 대강 훑어보다, 흘깃흘깃 보다.
llambreig llambreigs[llambrejos] *m.* (돌·쇠 등이) 반짝반짝 빛남.
llambrejar *intr.* =llambrar.
llambresc llambresca llambrescs [llambrescos] llambresques *adj.* =àgil.
llambric llambrics *m.* =cuc.
llambrot llambrots *m.* [구어] =llavi.
llamenc llamenca llamencs llamenques

adj.m.f. 입맛이 까다로운 (사람).
llamenqueria llamenqueries *f.* 으스대기, 우쭐한 표정.
llaminadura llaminadures *f.* 진수성찬, 진미; 미식, 식도락.
llaminejar *intr.* 진수성찬을 들다.
llaminer llaminera llaminers llamineres *adj.* 맛있는 것을 먹는, 진미를 찾는, 식도락의.
llamineria llamineries *f.* =llaminadura.
llamp llamps *m.* 벼락·번개 치는 일.
llampada llampades *f.* 빛남, 광채, 광휘.
de llampada 전속력으로; 순식간에.
llampadura llampadures *f.* [농업] (비바람·무더위·벼락 등에 의해) 작물을 망침.
llampant llampants *adj.* **1** 빛나는, 번쩍이는, 휘황한. **2** 눈에 띄는, 화려한, 야한.
llampament llampaments *m.* llampar하는 일.
llampar *tr.* (빛 등을) 발하다, 불꽃을 튀기다. *-intr.* 번개가 치다. **-se** (작물을) 망치다.
llampat llampada llampats llampades *adj.* **1** llampar한. **2** [비유] 의미가 없는.
llampec llampecs *m.* **1** 번개. **2** 섬광, 번쩍임, 빛남. **3** [비유] 번뜩임. **4** [군사] 전격전(電擊戰), 전광석화(電光石火).
llampegadera llampegaderes *f.* =llampegadissa.
llampegadissa llampegadisses *f.* 번개가 침.
llampegant llampegants *adj.* llampegar하는.
llampegar *intr.* **1** 번개가 치다, 번쩍이다. **2** 반짝이다, 빛나다. **3** (화가 나서) 눈이 날카롭게 빛나다, 불꽃이 튀기다.
llampeguejar *intr.* =llampegar.
llampferit llampferida llampferits llampferides *adj.* 벼락 맞은; 불꽃에 다친.
llampó llampons *m.* 먼 데서 번쩍이는 번갯불, 소리 없는 번갯불.
llamprea llamprees *f.* [어류] 장어의 일종.
llampurnar *intr.* =brillar.

llampurneig llampurnejos *m.* llampurnejar하는 일.
llampurnejar *intr.* **1** 번개가 치다(llampegar). **2** 번쩍이다, 불꽃이 튀기다(centellajar).
llampurnetes *f.pl.* (눈을) 깜박임, 윙크 (pampallugues).
llana llanes *f.* **1** 양털, 양모. **2** 모직물. *Anar per llana i tornar tos[esquilat]* 속담] 혹을 떼러 갔다가 혹을 붙이고 오다.
llanat llanada llanats llanades *adj.* 보푸라기가 생긴, 잔털이 생긴.
llaner llanera llaners llaneres *adj.* 양털의, 양모의, 모직물의.
-m.f. 모직업자.
llança llances *f.* 창.
llançacaps llançacaps *m.* [단·복수동형] [해사] (해난 구조용) 밧줄 발포기; (포경선의) 작살 발포기.
llançacoets llançacoets *m.* [단·복수동형] 로켓발사기.
llançada llançades *f.* 창으로 찌르기; 창상(創傷).
llançador llançadora llançadors llançadores *adj.* 던지는.
-m.f. 던지는 사람, 투수.
-f. (우주선의) 진수기; (베틀의) 북.
llançaflames llançaflames *m.* [단·복수동형][군사] 화염방사기.
llançagranades llançagranades *m.* [단·복수동형] 수류탄 투척기, 유탄 발사기.
llançament llançaments *m.* llançar하는 일.
llançamíssils llançamíssils *m.* [단·복수동형] 미사일발사기.
llançar *tr.* **1** 던지다. **2** (당긴 것을) 놓다, 발사하다, 사출하다. **3** (잎·꽃을) 돋아나게 하다. **4** (배를) 진수하다 (avarar). **5** 게우다, 토하다. **6** [법률] 박탈하다, 몰수하다(expropiar). **7** (세상에) 신상품을 내다, 신발매하다. *Han llançat un nou producte* 그들은 신상품을 내놓았다. **8** 눈길을 주다, 시선을 던지다. **9** 버리다, 내던지다 (llençar). **10** (소리를) 지르다. **11** 말을 내달리다. **-se 1** 몸을 던지다, 뛰

어들다, 덮치다, 뛰쳐나가다. **2** [비유] 돌진하다, 뛰어들다.

llançatorpedes llançatorpedes *m.* [단·복수동형] 어뢰 발사기.

llancejar *tr.* 창상을 입히다.

llancer llancers *m.* **1** [군사] 창기병. **2** 창을 든 사람.

llanceta llancetes *f.* [의학] 종기 절개용 기구.

llancetera llanceteres *f.* [의학] 종기 절개용 기구 상자.

llancívol llancívola llancívols llancívoles *adj.* 던지기 쉬운, 던질 수 있는.

llanda llandes *f.* **1** 타이어. **2** (수레의) 바퀴; (자전거 등의) 림.

llanejar *intr.* (양고기가) 냄새가 나다.

llaneria llaneries *f.* 양모 산업; 양모점.

llaneta llanetes *f.* [llana의 축소사] **1** 좋은 양모로 짠 직물. **2** 보푸라기, 잔털.

llangardaix llangardaixos *m.* **1** [동물] 도마뱀. **2** [어류] (필리핀 산의) 비행도마뱀.

llangor llangors *f.* (몸이) 노곤함, 나른함; 권태; 이완, 쇠약.

llangorós llangorosa llangorosos llangoroses *adj.* 도마뱀처럼 쳐다보는.

llanguir *intr.* 생기·기운이 없어지다, 맥이 풀리다, 긴장이 풀리다, 쇠약해지다.

llanós llanosa llanosos llanoses *adj.* 양털로 덮인, 잔털이 난.

llanta llantes *f.* =llanda.

llanterna llanternes *f.* 등불, 회중전등, 랜턴, 초롱, 칸델라.

llanterner llanternera llanterners llanterneres *m.f.* 램프 제조업자.

llanternó llanternons *m.* [건축] (원형 지붕의) 첨탑, 정탑.

llàntia llànties *f.* **1** (기름으로 된) 등잔, 등불, 남포, 램프. **2** (전기로 된) 전등. **3** 큰 램프. **4** [동물] 완족류 동물.

llantier llantiers *m.f.* 램프업자, 램프상인.

llantió llantions *m.* 소형 등불, 소형 전등.

llantiós llantiosa llantiosos llantioses *adj.* 소형 전등으로 가득 찬.

llantó llantons *m.* =llantió.

llanut llanuda llanuts llanudes *adj.* **1** 털이 많은. **2** 바보 같은, 미련한(neci). *-m.f.* 바보, 천치.

llanxa llanxes *f.* 모터보트, 구명정; 작은 배, 보트; 거룻배.

llanxer llanxers *m.f.* [군사] 창기병.

llaor llaors *f.* 칭찬, 칭송, 찬양(lloança).

a llaor de ...을 기려, ...을 위해, ...에 경의를 표해.

llapidera llapideres *f.* =portallapis.

llapis llapis *m.* [단·복수동형] **1** 연필; 흑연. **2** 립스틱, 연지, 루주.

llaquim llaquims *m.* (강·늪의) 개흙.

llar llars *f.* **1** 아궁이, 부엌. **2** 모닥불, 화롯불. **3** 집, 가정.

llard llards *m.* 돼지 지방, 돼지기름.

llardissós llardissosa llardissosos llardissoses *adj.* 지방이 많은, 지방투성이의, 비계 기름 낀. **2** 더러운, 불결한.

llardó llardons *m.* 기름에 튀긴 돼지비계.

llardós llardosa llardosos llardoses *adj.* **1** 기름 범벅인. **2** 지방이 많은, 지방투성이의, 비겟살이 낀.

llarg llarga llargs llargues *adj.* **1** 긴, 기다란. **2** 장시간의; 장거리의. **3** (회의가) 긴. *una confèrencia llarga* 긴 컨퍼런스. **4** 많은, 풍부한, 숱한. **5** 아끼지 않는. **6** *pl.* (세월이) 오랜. **7** [음성] 장모음의. **8** 영리한, 영특한, 꾀가 많은.

-adv. **1** 길게, 오래(llargament). **2** 충분히, 여유 있게, 천천히, 한가롭게, 시간을 가지고. **3** 후하게, 물건을 아끼지 않고.

-m. **1** 길이(llargada). *dos metres de llarg* 길이 2미터. **2** [음악] 완서곡, 완서조, 라르고.

a la larga i) 세로로, 길게; ii) 장기적으로, 장기적인 안목으로 보면, 길게 보면, 끝내는.

al llarg i)길게, 세로로; ii) 장황하게.

al llarg de ...을 따라. *al llarg dels anys* 오랜 세월 동안.

de llarg a llarg 길고 넓게, 폭넓게, 끝에서 끝으로.

llarg de dir[d'explicar] 할 얘기가 많은,

llargada

설명하기 어려운.
passar de llarg 내쳐 지나가다, 지나쳐 가다.
saber-la llarga[molt llarga] [직역] 라틴어를 알다; 박식하다.
llargada llargades *f.* **1** 길이, 세로. **2** (시간의) 길이. **3** 깊이.
llargament llargaments *adv.* **1** 오랫동안. **2** [비유] 여유 있게, 한가롭게, 시간을 가지고. **3** 후하게, 넉넉하게.
llargària llargàries *f.* =llargada.
llargarut llargaruda llargaruts llargarudes *adj.* 길쭉한.
llargmetratge llargmetratges *m.* 장편 영화.
llarguejar *intr.* 평소보다 길다.
llarguer llarguera llarguers llargueres *adj.* 평소보다 긴.
llarguesa llargueses *f.* =liberalitat.
llassar(se) *tr.prnl.* =cansar(se).
llast llasts[llastos] *m.* (배의) 밑창에 놓는 화물; (배 밑에 까는) 부스러기 돌.
llastar *tr.* llast를 놓다.
llàstima llàstimes *f.* **1** 슬픔, 한탄, 유감스러움; 연민, 가엾음(pietat, compassió). **2** *pl.* 고통, 슬픔, 괴로움.
ésser llàstima ...하는 것이 유감이다.
fer llàstima 유감스럽게 하다.
Quina llàstima![Llàstima!] 그것 참 안 됐네!, 참 유감이군!
llastimós llastimosa llastimosos llastimoses *adj.* 가엾은, 불쌍한, 안쓰러운.
llata llates *f.* **1** 양철, 양철통. **2** 깡통, 통조림. **3** [건축] (지붕의) 서까래.
llatí llatina llatins llatines *adj.* **1** 라틴 사람의, 라틴계의, 라틴 민족의. **2** 옛 로마 사람의. **3** 라티움[이탈리아 중부, 테레베 강의 동남부에 있던 옛 왕국]의, 라티움 사람의. **4** [언어] 라틴어의, 라틴어계의.
-m.f. 라틴 사람, 라틴계 사람; 옛 로마 사람, 라티움 사람.
-m. [언어] 라틴어.
baix llatí 저(低)라틴어[중세 이후의 라틴어]
llatí vulgar 속라틴어.
anar llatí (기능 등이) 잘 가다, 잘 돌아가다.

llatinada llatinades *f.* **1** (대화 중간에 삽입하는) 라틴어 표현. **2** [구어][경멸적] 알아듣기 어려운 말.
tirar llatinades (흠보기 위해) 모욕적인 말을 하다.
llatinisme llatinismes *m.* 라틴어 풍, 라틴 어법; 라틴적 기질·특징.
llatinista llatinistes *m.f.* [남녀동형] 라틴어 학자.
llatinitat llatinitats *f.* **1** 라틴 어법, 라틴 어 풍. **2** [집합] 라틴 민족(성).
llatinització llatinitzacions *f.* 라틴어화; 라틴 어법·풍습의 도입.
llatinitzar *tr.* **1** 라틴 풍으로 하다, 라틴 어화하다. **2** (대화에) 라틴어 표현을 삽입하다. **-se** 라틴 어법·풍을 쓰다.
llàtzer llàtzers *m.* 나사로[성경에 나오는 인물]; 가엾은 사람(infeliç).
llatzerat llatzerada llatzerats llatzerades *adj.* **1** 나병을 앓는. **2** 불행한, 가엾은 (afligit).
llatzeret llatzerets *m.* 검역소; 나병 환자 병원; 격리소.
llatzèries *f.pl.* 빈궁, 비참함, 참담함.
llau llaus *f.* =allau.
llauada llauades *f.* 폭우.
llauna llaunes *f.* **1** (얇은) 철판, 양철, 금속판, 판금, 얇은 널. **2** 깡통, 통조림, 캔. *una llauna d'oli* 기름통. **3** 표찰, 번호패, 명패.
clavar[donar] una[la] llauna 귀찮게 하다, 괴롭히다, 진저리나게 하다.
ésser una lata [구어] 말을 늘어놓아 지루하게 하다.
llauner llaunera llauners llauneres *m.f.* llauna 제조업자.
llaura llaures *f.* =arada.
llaurada llaurades *f.* [농업] **1** 밭가는 일. **2** 경작지.
llauradís llauradissa llauradissos llauradisses *m.f.* 농부, 농군, 경작자; 자작농.
-adj. 경작에 적합한.
llaurador llauradora llauradors llauradores *adj.m.f.* llaurar하는 (사람).
llaurar *tr.* 밭을 갈다.
llauró llaurons *f.* 경작지.
llautó llautons *m.* 놋쇠.
llavador llavadors *m.* =safareig.

llavar *tr.* =rentar.
llavi llavis *m.* **1** [해부] 입술. **2** 가장자리, 모서리. **3** (상처 난 곳의) 언저리. **4** *pl.* (음성기관으로서의) 입.
no descloure[desplegar] els llavis 말하지 않다.
llaviejar *intr.* 입술을 움직이다, 삐죽거리다. *-tr.* 말을 더듬거리다.
llavifès llavifesa llavifesos llavifeses *adj.* 윗입술이 찢어져 있는, 언청이의.
llavigròs llavigrossa llavigrossos llavigrosses *adj.* 입술이 두꺼운.
llavor llavors *f.* **1** 씨, 종자. **2** (수박·배·사과 등의) 씨. **3** [비유] (불화의) 씨, 원인(germen); 뿌리, 근원.
deixar per a llavor 종자로 남기다.
llavora llavores *f.* 씨암퇘지.
llavorar *tr.* 세공하다. *-intr.* **1** 팽팽하다, 긴장되어 있다. **2** [고어] 일하다.
llavorer llavorera llavorers llavoreres *adj.* 씨의, 종자의; 종축(種畜)의.
llavors *adv.* **1** 그때에. *Va ésser llavors que va venir ell* 바로 그때에 그가 왔다. **2** 그러자, 그러고 나서, 그래서.
de llavors 그때부터, 그로부터.
fins llavors 그때까지.
lleba llebes *f.* (창문·문 따위의) 걸쇠.
llebeig llebeigs[llebetjos] *m.* 서남풍.
llebetjada llebetjades *f.* 강한 서남풍.
llebetjol llebetjols *m.* 약한 서남풍.
llebrada llebrades *f.* 토끼 요리.
llebre llebres *f.* **1** 산토끼. **2** [비유] 겁쟁이.
llebrer llebrera llebrers llebreres *adj.* 토끼잡이용의.
-m. 토끼 사냥용 개.
llebretó llebretons *m.* 새끼 토끼.
llebrós llebrosa llebrosos llebroses *adj.* 나병의.
llebroseria llebroseries *f.* =leproseria.
llebrosia llebrosies *f.* =lepra.
llebrot llebrots *m.* 수토끼.
llec llega llecs llegues *adj.* **1** 속인의, 속세에 사는(laic). **2** 교육을 못 받은, 무교육의. **3** (기독교의) 평신도의.
-m.f. 속인, 속세인; 세속 수도사, 세속 승려; (기독교의) 평신도.

llécol llécols *m.* [광물] 석반, 슬레이트.
lledània lledànies *f.* 연속 기도, 탄원하는 기도.
lledó lledons *m.* [식물] 팽나무의 열매.
lledoner lledoners *m.* [식물] 팽나무의 일종.
llefardar *tr.* 기름칠을 하다.
llefardós llefardosa llefardosos llefardoses *adj.* 기름투성이의, 지방투성이의.
llefiscós llefiscosa llefiscosos llefiscoses *adj.* 끈적거리는, 들러붙는, 끈끈한, 점착성의.
llegany lleganys *m.* 희미한 구름, 약간 낀 구름.
lleganya lleganyes *f.* 눈곱.
tenir una lleganya a l'ull [비유] 진실을 외면하다.
lleganyós lleganyosa lleganyosos lleganyoses *adj.* 눈곱이 낀.
llegar *tr.* **1** [법률] 유증하다; 후세에 남기다. **2** [비유] 파견하다, 사절로 보내다.
llegat llegats *m.* 유산, 유물.
llegenda llegendes *f.* **1** 전설. **2** 우화, 이야기, 교훈적 이야기. **3** (지도·삽화 등의) 설명서. **4** (화폐·메달 등의) 문자, 명각. **5** (기독교의) 성도 열전.
llegendari llegendària llegendaris llegendàries *adj.* 전설의, 전설적인, 전설상의; 이야기의.
-m. 전설; 성도 열전.
llegibilitat llegibilitats *f.* 읽기 쉬움, 이해가 쉬움; 판독 가능.
llegible llegibles *adj.* 읽을 수 있는, 읽기 쉬운; 판독할 수 있는.
llegida llegides *f.* 독서.
llegidor llegidora llegidors llegidores *adj.* 읽는, 독서하는; 헤아리는, 판독하는.
-m.f. llegir하는 사람.
llegir *tr.* **1** 읽다, 독서하다. *llegir un dibuix* 그림책을 읽다. **2** (누구의) 작품을 읽다. **3** [비유] (마음을) 읽다, 헤아리다, 읽어 내다. *llegir l'esdevenidor* 미래를 헤아리다. **4** 파악하다, 알아채다. **5** (외국어를) 해석하다.
llegítima llegítimes *f.* [법률] (피상속자에 대한) 법정 규모의 상속 재산.

llegívol llegívola llegívols llegívoles *adj.* =llegible.
llegó llegons *m.* 괭이의 일종.
llegona llegones *f.* 넓은 괭이.
llegua llegües *f.* 레과[거리의 단위, 1 레과는 5.572m에 해당].
llegum llegums *m.* [식물] 야채, 채소, 채소류, 콩류.
llegumet llegumets *m.* [식물] (쥐엄나무 비슷한) 상록 교목.
lleguminós lleguminosa lleguminosos lleguminoses *adj.* [식물] 콩과의, 콩류의.
-f.pl. [식물] 콩과 식물.
llei lleis *f.* **1** 법, 법률, 법칙, 법령, 법규 (norma). **2** 계율, 규범; 규칙. **3** [종교] 가르침, 교리. **4** 금위(金位). **5** 권력, 권위. **6** 품질, 법정 품질, 법정 분량· 중량.
de llei 법정의, 기준에 따른.
fora de la llei 법을 벗어난, 불법의, 무법의.
lleial lleials *adj.* **1** 충성스러운, 충절의, 충의의. **2** 충실한, 성실한, 신실한.
lleialtat lleialtats *f.* **1** 충성, 충절, 충의. **2** 충실, 성실.
lleig lletja lleigs[lletjos] lletges *adj.* **1** 미운, 보기 흉한, 밉살스러운. **2** [비유] (도덕적으로) 추한, 더러운.
lleixa lleixes *f.* [건축] 까치발.
lleixiu lleixius *m.* 표백분, 표백제.
lleixivació lleixivacions *f.* lleixivar하기.
lleixivadora lleixivadores *f.* (물의) 알칼리성 물질 분해 처리기.
lleixivar *tr.* [화학] (물에서) 알칼리성 물질을 분해하다.
llémena llémenes *f.* [식물] 버섯의 일종.
llenat llenats *m.* =llosat.
llenç llenços *m.* **1** 삼베, 레넨, 아마포. **2** (삼의) 손수건. **3** 화폭, 캔버스; 화폭이나 캔버스에 그린 그림. **4** [건축] 벽의 한 구획(llenç de paret).
llenca llenques *f.* **1** 얇고 긴 쪼가리, 가늘게 썬 것. **2** (종이·천의) 자른 것.
llençar *tr.* **1** =llançar. **2** 버리다, (쓰레기통에) 넣다. **3** [비유] 낭비하다, 허비하다. *llençar els diners* 돈을 낭비하다.

llencer llencera llencers llenceres *m.f.* 아마포 제조자.
llenceria llenceries *f.* 아마포 제조상; 그 옷.
llençol llençols *m.* 시트, 커버, 홑이불.
llençolet llençolets *m.* =bolquer.
llenegable llenegables *adj.* =llenegadís.
llenegada llenegades *f.* 미끄러짐, 실족.
llenegadís llenegadissa llenegadissos llenegadisses *adj.* 미끄러지기 쉬운, 잘 미끄러지는.
llenegar *intr.* 미끄러지다, 실족하다.
llenegós llenegosa llenegosos llenegoses *adj.* 미끄러지는, 실족하는.
llenegívol llenegívola llenegívols llenegívoles *adj.* =llenegós.
llengot llengots *m.* =llengota.
llengota llengotes *f.* (혀를 내밀고 하는) 찡그린 표정.
llengotaire llengotaires *m.f.* [남녀동형] llengota를 하는 사람.
llengotejar *intr.* 혀를 내밀고 찡그리다.
llengoter llengotera llengoters llengoteres *adj.* 혀를 내밀고 찡그리는.
llengua llengües *f.* **1** [해부] 혀. **2** (음성 기관의) 혀, 입. *Frena la llengua!* 혀를 제어하라! **3** 말, 언어(idioma). **4** 알림, 공지, 뉴스, 소식(informació). *tenir llengua d'alguna cosa* 어떤 것에 대한 소식이 있다. **5** [비유] 혀 모양. *llengües de foc* 불의 혀. **6** 재단기의 날.
anar-se'n de la llengua 깜박 실언하다.
ésser fluix de llengua 입이 가볍다.
estirar la llengua [구어] 실토하게 하다, 말하게 하다.
mossegar-se la llengua [구어] 목구멍까지 나오는 말을 참다.
llenguado llenguados *m.* [어류] 참서대.
llenguallarg llenguallarga llenguallargs llenguallargues *adj.m.f.* =llengut.
llenguatge llenguatges *m.* **1** 말, 언어; 어법, 언어 행위. **2** 용어; (특정 분야의) 전문 용어, 특수 용어.
llengüeta llengüetes *f.* **1** 작은 혀 모양의 물건. **2** (저울의) 바늘. **3** (재단기의) 날. **4** [해부] 목젖. **5** 큰 송곳. **6**

llengut llenguda llenguts llengudes adj. m.f. 입이 험한 (사람).
llentia llenties f. =llentilla.
llentilla llentilles f. 렌즈콩.
llentiscle llentiscles m. [식물] 유향[감람과의 상록 교목].
llenya llenyes f. 1 장작, 땔나무. 2 몽둥이질, 구타.
 afegir[tirar] llenya al foc [비유] 불난 곳에 부채질하다, 악화시키다.
llenyada llenyades f. 장작더미.
llenyam llenyams m. [집합] 장작, 땔감.
llenyar intr. 땔감을 만들다.
llenyataire llenyataires m.f. [남녀동형] 장작을 만드는 사람.
llenyer llenyers m. 장작을 두는 곳.
llenyós llenyosa llenyosos llenyoses adj. 나무의, 장작의; 연소성 목질의.
lleó lleona lleons lleones m.f. [동물] (암수의) 사자.
 lleó marí 큰 물개의 일종, 바다사자.
lleonat lleonada lleonats lleonades adj. m. 사자 빛깔(의).
lleonera lleoneres f. 사자 우리.
lleoní lleonina lleonins lleonines adj. 1 사자의. 2 [법률] (계약이) 치우친, 편무의.
lleopard lleopards m. [동물] 표범.
llepa llepes m.f. =llepaire.
llepaculs llepaculs m.f. [단·복수동형] 아첨꾼, 아부꾼.
llepada llepades f. 혀로 핥음.
llepadits llepadits m. [단·복수동형] 손가락을 빪.
 fer llepadits 손가락을 빨다.
llepafils llepafils adj.m.f. [단·복수동형] 뽐내는 (사람).
llepaire llepaires m.f. [남녀동형] 비위를 맞추는 사람.
llepaplats llepaplats m.f. [단·복수동형] 남의 밥을 얻어먹는 사람; 먹보.
llepar tr. 1 핥다, 빨다. 2 (파도가) 찰싹거리다, 가볍게 만지다. *Una ona li llepava els peus* 파도가 그의 발에 찰싹거렸다. 3 비위를 맞추다(adular).
 -se 핥다, 빨다.
llepassa llepasses f. 청소 자국.
 fer una llepassa 먼지를 마구 털다.
llepat llepada llepats llepades adj. 지나치게 꾸민.
llepet llepets m. 얼룩.
llepissós llepissosa llepissosos llepissoses adj. 기름진, 기름기가 낀.
llépol llépola llépols llépoles adj. =llaminer.
llepolejar intr. =llaminejar.
llepolia llepolies f. =llaminadura.
llesca llesques f. (빵의) 길쭉한 조각.
 fer la llesca [구어] 지루하게 하다.
llescar tr. 여러 조각으로 자르다, 가늘고 길게 자르다.
llessamí llessamins m. [식물] 재스민.
llest llesta llests[llestos] llestes adj. 1 민첩한, 재빠른, 기민한, 민활한. 2 영리한, 영특한. 3 준비된.
llestesa llesteses f. 1 민첩성, 기민성. 2 영리함, 영특함.
llet llets f. 1 젖, 우유, 밀크. 2 유상물(乳狀物), 유상액. 3 [속어] 정액.
 mala llet [노함, 기분 나쁨 등을 나타낼 때 쓰는 말].
 ésser de mala llet [속어] 나쁜 의도를 갖다.
 estar de mala llet [속어] 기분이 나쁘다, 컨디션이 나쁘다.
 mamar una cosa amb la llet [구어] 어려서부터 배우다.
lletania lletanies f. 탄원 기도, 연속 기도.
lleter lletera lleters lleteres adj. 1 젖, 우유의. 2 채유용의, 젖을 짜는.
 -m.f. 우유 파는 사람.
 -f. 채유기.
lleterassa lleterasses f. [식물] 등대풀 속의 식물.
lleteresa lletereses f. [식물] 등대풀.
lleteria lleteries f. 우유 가게; 유업, 낙농업; 낙농장.
lleterola lleteroles f. [식물] 버섯의 일종.
lletgesa lletgeses f. 더러움, 추악함, 비열함.
lletigada lletigades f. 1 [동물] (돼지의) 한배 새끼. 2 [집합] 악당의 패거리.
lletjor lletjors f. 추함, 추악함, 망측스러움(lletgesa).

lletó lletona lletons lletones *m.f.* [동물] 젖먹이동물.
lletós lletosa lletosos lletoses *adj.* **1** 우유를 만드는, 젖을 짜는. **2** 젖 같은, 유상의.
lletra lletres *f.* **1** 글자, 문자. **2** 활자, 조판. **3** (노래의) 가사. **4** [구어] 편지. **5** [상업] 환어음. **6** *pl.* 학문; 인문학.
a la lletra[*al peu de la lletra*] 문자 그대로; 충실하게; 엄밀하게.
aprendre[*saber*] *de lletra* 읽는 것을 배우다.
tenir (algú) *molta lletra menuda* 매우 현명하다.
lletrada lletrades *f.* =làtex.
lletraferit lletraferida lletraferits lletraferides *adj.* 문장의, 문학의, 문필의.
-*m.f.* 문학자, 문인, 문필가.
lletrat lletrada lletrats lletrades *adj.* 학식 있는, 유식한; 아는 척하는.
-*m.f.* 변호사.
lletrejar *tr.* **1** 철자를 하나하나 말하다; 분철하다. **2** 판독하다, 해석하다, 해독하다. -*se* 서신을 주고받다.
lletrista lletristes *m.f.* [남녀동형] 가사 작사자.
lletrut lletruda lletruts lletrudes *adj.* =lletrat.
lletsó lletsons *m.* [식물] 레초[약용식물].
lletuga lletugues *f.* [식물] 상추.
lleu lleus *adj.* **1** =lleuger. **2** [비유·] (상처가) 심하지 않은, 경상의.
-*adv.* [방언] 곧, 즉시(aviat).
lleuger lleugera lleugers lleugeres *adj.* **1** 가벼운, 무게가 적은. **2** 경쾌한, 민첩한, 날쌘, 재빠른(àgil). **3** 산뜻한, 시원스러운, 가벼운. **4** 경솔한, 경박한, 가벼운·(àpat). **5** 자유로운, 형식에 매이지 않는.
a la lleugera[*de lleuger*] 생각 없이, 경솔하게.
lleugeresa lleugereses *f.* **1** 가벼움. **2** 경쾌함, 신속. **3** 경솔, 성급.
lleugeria lleugeries *f.* =lleugeresa.
lleure[1] *intr.* ...이 허락되다; ...할 수 있다, ...할 시간이 있다; ...하는 게 정당하다.
lleure[2] lleures *m.* 자유 시간.

lleva lleves *f.* **1** 출항, 출범. **2** [군사] 징병, 소집. **3** 지레, 지렛대. **4** [기계] 전동자. **5** (물레방아의) 물받이. **6** *pl.* 손장난.
llevada llevades *f.* llevar하는 일.
llevadís llevadissa llevadissos llevadisses *adj.* (상하로) 움직일 수 있는; 개폐식의.
llevador llevadora llevadors llevadores *adj.* **1** (땅이) 비옥한, 기름진. **2** 떼어 가는, 철거 시키는.
-*m.f.* [의학] 산부인과 의사.
llevaneu llevaneus *adj.* 눈을 치우는.
-*f.* 제설기.
llevant llevants *m.* 동쪽; 동풍.
llevantada llevantades *f.* 강한 동풍.
llevantejar *intr.* 강한 동풍이 불다.
llevantí llevantina llevantins llevantines *adj.* 지중해 동부 지방의.
llevantol llevantols *m.* 약한 동풍.
llevar *tr.* **1** 일어나다. **2** (열매를) 맺다. **3** 낳다, 생산하다. **4** 떼어 내다, 분리하다(separar). **5** (얼룩을) 씻어 내다, 벗겨 내다. **6** (증거를) 내세우다. *llevar a algú fals testimoni* 누구에게 거짓 증거를 내세우다. -*intr.* 발효하다. -*se* 일어나다.
llevat[1] llevats *m.* 이스트, 효모(균), 발효모.
llevat[2] *prep.* ...외에, ...을 제외하고.
llevat de [구] ...을 제외하고. *Llevat d'ella, no ho sap ningú* 그녀를 제외하고는 그것을 아무도 모른다.
llevat que [절] ...하는 것을 제외하고; ...이 아니라면. *No en sabrà res, llevat que tu li ho diguis* 네가 그에게 그것을 말해 주지 않는다면, 그는 아무것도 모를 것이다.
llevataps llevataps *m.* [단·복수동형] 코르크 마개 따개.
lli[1] llins *m.* **1** [식물] 아마. **2** 아마포, 리넨.
lli[2] *adv.* =allí.
llibant llibants *m.* 굵은 밧줄.
lliberal lliberals *adj.* =liberal.
llibert lliberta lliberts llibertes *m.f.* [역사] (고대 로마의) 해방 노예.
llibertador llibertadora llibertadors lliber-

tadores *adj.m.f.* **llibertar**하는 (사람).
llibertar *tr.* **1** 자유를 주다, 해방하다, 석방하다. **2** 면제하다, 면하게 하다, 구제하다.
llibertari llibertària llibertaris llibertàries *adj.* 절대 자유주의의, 무정부주의의. *-m.f.* 자유주의자, 무정부주의자.
llibertat llibertats *f.* **1** 자유, 해방, 석방, 방면. **2** 버릇없음, 시건방짐. **3** 분방, 방종. **4** 특권, 면제.
lliberti llibertina llibertins llibertines *adj.* 방종한, 방탕한. *-m.f.* 방종아, 방탕자.
llibertinatge llibertinatges *m.* 방종, 방탕; 몹쓸 짓; 불신.
llibre llibres *m.* **1** 책, 서적, 책자, 도서. **2** 저술, 저작. **3** (책·작품의) 권, 편. **4** (기록) 장부, 명부, 기입장.
deixar els llibres [구어] 학업을 그만두다.
llibrer llibrera llibrers llibreres *m.f.* 서적상, 책방 주인.
llibreria llibreries *f.* 책방, 서점; 도서실, 서고; 책장.
llibresc llibresca llibrescs[llibrescos] llibresques *adj.* (주로) 책에서 발췌한, 책을 중심으로 한.
llibret llibrets *m.* **1** 소책자. **2** 담배를 마는 데 쓰는 종이. **3** [해부] (반추 동물의) 겹주름위. **4** [음악] (가극의) 각본.
llibreta llibretes *f.* 노트, 메모장.
llibreter llibretera llibreters llibreteres *m.f.* 책방 주인, 서적상; 제본가.
llibreteria llibreteries *f.* =llibreria.
llibretista llibretistes *m.f.* [남녀동형] 가극 작가.
lliça llices *f.* (고대의) 씨름장, 투기장.
llicència llicències *f.* **1** 인가, 허가(permís); 인가서, 허가서(llicència). **2** 면허증, 라이선스. **3** 특허권 사용 허가. **4** 휴가, 외출 허가(permís). **5** [비유] 방종, 자유분방. **6** 학사 학위. **7** [문학] (시의) 파격.
llicenciar *tr.* **1** 허용하다, 허가하다, 면허하다. **2** 학사 학위를 주다, 졸업시키다. **3** 면직시키다, 해고하다(expulsar). **4** 제대시키다; 해산시키다. *-se*

1 학사가 되다, 학사 학위를 받다, 졸업하다. **2** 방종하다.
llicenciat llicenciada llicenciats llicenciades *m.f.* 대학 졸업자, 학사.
llicenciatura llicenciatures *f.* 학사 학위, 학사 졸업식; 학사 과정; 학사 연구과제.
llicenciós llicenciosa llicenciosos llicencioses *adj.* 자유분방한, 방탕한, 난잡한, 멋대로 놀아나는.
lliçó lliçons *f.* **1** 수업, 강의; 교습, 교수. **2** 독서, 읽기(lectura). **3** (교과서 등의) 과. **4** [비유] (하나의) 교훈; 충고, 꾸짖기, 본때.
prendre la lliçó 교훈을 얻다.
llicorella llicorelles *f.* [광물] 석반, 슬레이트.
lliga lligues *f.* **1** 동맹, 연합, 연맹(aliança). **2** (금속의) 합금. **3** 혼성, 혼합. **4** [스포츠] 리그전(campionat).
lligabosc lligaboscs[lligaboscos] *m.* [식물] 인동 덩굴.
lligacama lligacames *f.* 양말대님, 가터.
lligada lligades *f.* **1** 묶음, 묶기; 한 묶음. **2** [기계] 죔쇠. **3** (외과의 봉합용) 실, 붕대. **4** 속박, 거북스러움.
lligador lligadors *m.* =tocador.
lligadura lligadures *f.* **1** =lligada. **2** [음악] 연결선; 절조.
lligall ligalls *m.* (옷·종이 등의) 뭉치; 짐, 화물.
lligam lligams *m.* **1** (끈·줄을) 묶음, 맺음, 결합. **2** 인연, 유대, 결속.
lligament lligaments *m.* **1** 묶는 일, 이어 맞춤, 연결. **2** [비유] 구속, 속박 (subjecció). **3** 결합, 동합, 제휴. **4** [해부] 인대.
lligamentós lligamentosa lligamentosos lligamentoses *adj.* 인대가 있는, 줄기가 있는.
lligamosques lligamosques *m.f.* [남녀동형] 사소한 일로 싸우는 사람, 공연한 걱정을 하는 사람.
lligar *tr.* **1** 맺다, 잇다, 묶다(enllaçar). **2** 결합하다, 동맹하다, 제휴하다. **3** [비유] 결박하다, 구속하다(subjectar). **4** 합금하다. **5** [추상적] (아이들이) 조르다. *-intr.* **1** 일치하다, 맞아떨어지다

lligassa

(concordar). **2** (카드가) 들어맞다. **-se** 연합하다, 결속하다, 연맹, 동맹하다.
lligar amb ...과 일치하다.
lligassa lligasses *f.* 묶는 끈.
lligat lligada lligats lligades *adj.* lligar한.
-*m.* **1** 묶음, 연결(lligatge). **2** [음악] 연결부, 이음표(lligadura).
llim llims *m.* 진흙(fang); 침전물.
llima llimes *f.* **1** (쇠를 가는) 줄. **2** [비유] 검열, 검정; 정정, 수정, 교정(correcció). *sotmetre una obra a la llima de la censura* 한 작품을 검열 받게 하다. **3** 싸늘한 공기. **4** [식물] 사탕구연나무, 사탕구연나무의 열매.
llimada llimades *f.* =llimadura.
llimador llimadora llimadors llimadores *adj.* llimar하는.
-*m.* 기계 줄.
llimadura llimadures *f.* 줄질; 줄밥.
llimalla llimalles *f.* =llimadures.
llimar *tr.* **1** 줄로 갈다, 줄질을 하다. **2** [비유] 연마하다, 다듬다(retocar, polir). **3** 윤이 나게 하다; 닳게 하다.
llimbs *m.pl.* **1** [종교] 림보, 지옥의 변방. **2** 망각의 구렁. **3** [비유] 감금소, 구치소. **4** 림보 댄스.
estar als llimbs 넋을 잃고 있다, 멍해 있다.
llimella llimelles *f.* (대형의) 전정 가위.
llimera llimeres *f.* (선박의) 키 구멍.
llimó llimons *m.* =llimona.
llimona llimones *f.* [식물] 레몬.
llimonada llimonades *f.* 레모네이드[레몬을 갈아 만든 음료].
llimoner llimoners *m.* [식물] 레몬 나무.
llimonerar llimonerars *m.* 레몬 밭.
llimós llimosa llimosos llimoses *adj.* 진흙투성이의.
llinar llinars *m.* 아마 밭.
llinatge llinatges *m.* **1** 가계, 혈통, 가문; 신분. **2** 종족, 종속(種屬). **3** 기질, 성질, 소성. **4** (동물의) 혈통.
ésser d'alt llinatge 귀족 출신이다.
llinda llindes *f.* [건축] 상인방; 문미(門楣).
llindar llindars *m.* **1** 문지방, 문턱. **2** 초기, 초기 단계.

llinosa llinoses *f.* [식물] 아마의 종자.
llinya llinyes *f.* 낚싯줄.
llinyeta llinyetes *f.* 채찍 끝에 달린 가죽 끈; 채찍.
llinyol llinyols *m.* 삼끈, 마사.
lliri lliris *m.* [식물] 붓꽃, 창포.
lliri blanc 백합.
llis llisa llisos llises *adj.* **1** 매끄러운. **2** 장식이 없는, 무늬가 없는. *una roba blava llisa* 푸른 단색 옷. **3** (머리가) 직모인, 매끄러운. **4** [비유] (성격이) 탁 트인, 꾸밈없는, 소탈한(franc). **5** (땅이) 고른, 편편한(pla).
anar[passar] llis 미끄러지다; 미끄러지듯이 가다.
llisada llisades *f.* =pallissa.
llisar llisars *m.* 반반한 돌.
lliscada lliscades *f.* 미끄러짐; 과실, 과오, 실수.
lliscadís lliscadissa lliscadissos lliscadisses *adj.* 미끄러지기 쉬운, 잘 미끄러지는.
lliscador lliscadora lliscadors lliscadores *adj.m.f.* lliscar하는 (사람).
lliscament lliscaments *m.* =lliscada.
lliscant lliscants *adj.* lliscar하는.
lliscar *intr.* 미끄러지다; (손에서) 빠져 나가다. -*tr.* [건축] 회게 칠하다, 흰 벽을 칠하다; 덧칠하다.
lliscós lliscosa lliscosos lliscoses *adj.* 미끄러지기 쉬운; 실수하기 쉬운.
llisó llisons *m.* 엷은 구름.
llisor llisors *f.* **1** 매끄러움. **2** 단순함, 장식이 없음. **3** 천진스러움; 고지식함.
llisquet llisquets *m.* =pestell.
llissa llisses *f.* [어류] 숭어.
llissó llissons *m.* [어류] 숭어 새끼.
llista llistes *f.* **1** 리스트, 명부, 장부. *una llista de pretendents* 신청자 리스트. **2** 목록, 카탈로그; 일련. **3** 메뉴; 스케줄. **4** (무늬의) 줄(ratlla); (창문의) 살. **5** (옷의) 끈, 띠, 리본.
passar llista 점호하다, 출석을 부르다.
llistar *tr.* **1** (옷에) 끈·띠로 장식하다. **2** 명부에 기입하다(allistar).
llistat[1] llistats *m.* 기입된 목록.
llistat[2] llistada llistats llistades *adj.* llistar한.

llistó llistons *m.* 비단 끈, 리본.
llit llits *m.* **1** 침대, 침상. **2** (동물의) 잠자리. **3** 잠자리에 까는 것. **4** (차·수레의) 바닥. **5** (바다의) 바닥.
anar[anar-se'n, ficar-se] al llit (누구와) 잠자리를 같이 하다.
fer llit[estar al llit] 병상에 있다, 아파 누워 있다.
morir al llit 자연사하다.
llitaire llitaires *m.f.* [남녀동형] 침대 제조·판매상.
llitada llitades *f.* [집합] (한 침대에) 같이 쭈그리고 자는 사람들.
llitera lliteres *f.* (기차·여객선 등의) 침대차; 들것, 가마; 수레, 마차.
lliura lliures *f.* **1** 파운드[무게의 단위]. **2** 파운드[영국 화폐의 단위].
lliurador lliuradora lliuradors lliuradores *adj.* lliurar하는.
-m.f. **1** lliurar하는 (사람). **2** [상업] 어음·수표 발행인.
lliurament lliuraments *m.* =lliurar하는 일.
lliurança lliurances *f.* **1** =lliurament. **2** [상업] 환어음, 지불 명령(서), 어음 발행.
lliurar *tr.* **1** 제출하다, 건네주다, 인도하다, 넘겨주다, 양도하다. **2** 회수하다, 회복하다. **3** (빚을) 지불하다, 해결하다. **4** [상업] (어음·수표를) 발행하다. *-se* **1** 항복하다, 굴복하다. **2** 몰두하다; 헌신하다, 종사하다. *lliurar-se a la lectura* 독서에 몰두하다. **3** (...에) 빠지다, 탐닉하다. *No et lliuris a la desesperació* 절망에 빠지지 마라. **4** 인수하다, 수취하다.
lliurar batalla[combat] 싸움을 걸다, 전쟁을 일으키다.
lliure lliures *adj.* **1** 자유의, 자유로운. **2** 여유 있는, 한가한, 시간이 있는. **3** 장애가 없는, 막힌 게 없는, 탁 트인. *camp lliure* 탁 트인 들. **4** 비어 있는, 사람이 없는. **5** 분방한, 방종한(llicenciós). **6** (...이) 없는; (...에서) 벗어난, 면제된, 해방된. **7** 무료의, 무과세의. **8** 자립한, 독립한.
lliure de (...이) 없는; (...에서) 해방된, 면제된.

lliurea lliurees *f.* (급사·직원·학생 등의) 유니폼, 제복.
lliurecanvisme lliurecanvismes *m.* [경제] 자유무역주의, 자유무역론.
lliurecanvista lliurecanvistes *adj.* [경제] 자유무역주의의.
-m.f. [남녀동형] 자유무역주의자.
lliurepensador lliurepensadora lliurepensadors lliurepensadores *adj.* 자유사상의.
-m.f. 자유사상가.
lloa lloes *f.* **1** 칭송, 찬사. **2** 짧은 극시.
lloable lloables *adj.* 칭찬할 만한, 찬사할 만한, 찬양할 만한.
lloador lloadora lloadors lloadores *adj. m.f.* lloar하는 (사람).
lloança lloances *f.* 칭찬, 칭송, 찬사, 찬양.
lloar *tr.* 칭송하다, 찬사를 보내다.
lloba¹ llobes *f.* [동물] 암 늑대.
lloba² llobes *f.* (논의) 이랑.
llobada llobades *f.* =lloba².
llobarro llobarros *m.* [어류] 농어.
llobatera llobateres *f.* 늑대가 사는 곳.
llobató llobatons *m.* [llop의 축소사] 늑대 새끼.
llobina llobines *f.* =llobaro.
llòbrec llòbrega llòbrecs llòbregues *adj.* **1** 어두운, 어둠 속의, 침침한, 음산한. **2** 암담한, 슬픈.
lloc llocs *m.* **1** 곳, 장소; 구체적인 어느 장소(paratge). **2** 여지, 여유. **3** 구실, 동기. **4** 직, 직위(càrrec, col·locació).
a qualsevol lloc 어느 곳에서나.
en lloc de ...대신에.
en primer[segon] lloc 첫째로[둘째로].
fora de lloc 좋지 않은 때에, 적절치 않은 때에.
donar lloc a (원인·기회를) 제공하다, 빌미가 되다.
posar-se al lloc de (누구를) 대신하다.
tenir lloc 일어나다, 발생하다; 개최되다.
lloca lloques *f.* **1** (알을 품는) 암탉. **2** [비유] 조산부, 산파.
-adj. (과일이) 묵은, 썩어 들어가는.
llocada llocades *f.* [집합] 한 둥지에서 나온 병아리들.

llocot llocota llocots llocotes *m.f.* 게으른 사람.
lloctinència lloctinències *f.* 부관의 직.
lloctinent lloctinenta lloctinents lloctinentes *m.f.* 부관, 심복; 상관 대리.
llodrigada llodrigades *f.* =llorigada.
llodrigar *intr.* =llorigar.
llodrigó llodrigons *m.* =llorigó.
llodriguera llodrigueres *f.* =lloriguera.
llogadís llogadissa llogadissos llogadisses *adj.* 빌려 주는, 임대하는; 임대 가능한.
llogador llogadora llogadors llogadores *m.f.* 임대자; 세입자(inquilí).
llogament llogaments *m.* **1** 임대, 세를 놓음·얻음. **2** (사람의) 계약.
llogar *tr.* **1** 임대하다, 세를 놓다·얻다. **2** (사람을) 계약하다. *Hem llogat sis jornalers* 우리는 여섯 명의 인부를 계약했다. **-se** 계약을 하다; 삯일을 하다.
llogarenc llogarenca llogarencs llogarenques *adj.* 시골의, 동리의.
llogaret llogarets *m.* 시골 마을, 동리, 벽촌.
llogarret llogarrets *m.* =llogaret.
llogarró llogarrons *m.* =llogaret.
llogater llogatera llogaters llogateres *m.f.* 세입자, 세든 사람; 소작농.
llogrer llogrera llogrers llogreres *m.f.* 고리 대금업자, 매점 매석업자, 폭리업자, 일수업자.
lloguer lloguers *m.* **1** 집세, 월세, 계약금. **2** [고어] 월급, 봉급.
llom lloms *m.* **1** [해부] (등의) 안쪽. **2** (사람·동물·사물 등의) 등. **3** (소·돼지의) 등심살.
lloma llomes *f.* 언덕, 구릉.
llomadura llomadures *f.* [의학] 요통, 허리앓이.
llombrígol llombrígols *m.* [해부] 배꼽, 탯줄; 중앙, 중심.
llomello llomellos *m.* =llom3.
llomera llomeres *f.* =jàssera.
llondro llondra llondros llondres *m.f.* 굼뱅이 같은 사람.
llong llonga llongs llongues *adj.* =llarg. *-f.pl.* 고삐.
llonganissa llonganisses *f.* (돼지고기를 갈아 만든) 작은 순대.
llonguet llonguets *m.* 작은 빵.
llonza llonzes *f.* (돼지 등의) 갈비.
llonze llonza llonzes llonzes *m.f.* 바보, 멍청이.
llop lloba llops llobes *m.f.* [동물] 늑대.
llopada llopades *f.* **1** [집합] 늑대 무리. **2** [비유] 일당, 패거리.
lloparró lloparrons *m.* 늑대 새끼.
llor llora llors llores *adj.* 가무잡잡한.
llora llores *f.* [식물] 버섯의 일종.
llord llorda llords llordes *adj.* **1** 더러운 (brut). **2** 미운, 보기흉한(lleig).
llordament *adv.* 더럽게, 추하게; 보기흉하게.
llorderia llorderies *f.* =llordesa.
llordesa llordeses *f.* 더러움, 추함(brutor, brutícia).
llorejar *tr.* 월계관을 씌우다.
llorejat llorejada llorejats llorejades *adj.* 월계관을 쓴.
llorer llorers *m.* [식물] 월계수.
lloreda lloredes *f.* 월계수 숲.
lloriga lloriges *f.* 갑옷; 마갑(馬甲).
llorigada llorigades *f.* **1** (토끼의) 한배 새끼들. **2** [비유] 일당, 패거리.
llorigar *intr.* =conillar.
llorigó llorigons *m.* [동물] 토끼 새끼.
lloriguera lloriguères *f.* **1** 토끼가 드나드는 곳, 토끼 구멍. **2** [비유] (도둑 등의) 소굴.
lloro lloros *m.* [동물] 앵무새.
llos llossos *m.* (자르는) 날.
llosa lloses *f.* **1** 반석, 반반한 돌. **2** 포석, 블록. **3** 함정, 덫(trampa).
a la llosa 돌 위에.
estar a la llosa 무덤에 있다; [비유] 아무 말도 못한다.
llosana llosanes *f.* (발코니의) 반반한 돌.
llosarda llosardes *f.* [건축] 슬레이트.
llosat llosats *m.* 슬레이트 지붕.
llosc llosca lloscs[lloscos] llosques *adj.* 근시의; 시력이 약한, 반장님의.
llosca llosques *f.* =burilla.
llosella lloselles *f.* [llosa의 축소사] 작은 반석.
llosera lloseres *f.* 슬레이트 절취장.

llosquejar *intr.* 시력이 나쁘다, 잘 안 보이다.
llossa llosses *f.* 주걱.
llossada llossades *f.* 주걱으로 한 번 푸기; 주걱으로 한 번 푼 양.
llossar *tr.* (자르는 기계의) 날을 세우다.
llosser llossers *m.* 수저통.
llostra llostres *f.* =llostre.
llostre llostres *m.* (아침의) 동틀 녘(crepuscle).
llostrejar *intr.* **1** 날이 새다, 동이 트다, 아침이 되다. **2** 날이 저물다, 어두워지다, 황혼이 지다.
llot llots *m.* 진흙, 찰흙.
llotós llotosa llotosos llotoses *adj.* 진흙의, 찰흙의.
llotejar *intr.* 진흙처럼 되다.
llotim llotims *m.* 고운 진흙.
llotja llotges *f.* **1** 화랑, 진열실, 미술관. **2** (극장의) 관람석, 칸막이석.
lloure, a *loc.adv.* 자유로이, 마음껏(en llibertat); 많이, 한 움큼(a grapats); 변덕스럽게, 종작없이(a caprici).
lluc[1] llucs *m.* 싹, 새싹.
lluc[2] llucs *m.* 바라봄.
lluç lluços *m.* [어류] 명태.
lluça lluces *f.* =maire.
llucada llucades *f.* [집합] 새싹.
llucana llucanes *f.* [식물] 새싹, 어린 싹, 어린 가지.
llucar[1] *intr.* 싹이 돋아나다, 새싹이 나오다, 잎이 나오다.
llucar[2] *tr.* [구어] 바라보다.
lIúdria lIúdries *f.* [동물] 수달.
lludrigot lludrigots *m.* [동물] 수달 새끼.
lluent lluents *adj.* =lluït.
lluentar *tr.* (쇠·유리 등을) 윤이 나게 하다.
lluentejar *intr.* 윤이 나다, 광이 나다.
lluentó lluentons *m.* **1** 엷은 금속 쪼가리; 반짝거리는 유리 조각. **2** 소형 렌즈. **3** (자동차의) 백미러.
lluentor lluentors *f.* =lluïssor
lluer lluers *m.* [조류] 참새의 일종.
lluerna lluernes *f.* **1** 채광창. **2** [곤충] 개똥벌레, 반디. **3** [어류] 다랑어.
fer lluernes [구어] 학교를 빠지다.

lluert lluerts *m.* [동물] 도마뱀.
llufa llufes *f.* **1** 소리 없이 뀌는 방귀. **2** [식물] (꽃·잎의) 자루.
fer llufa 실수하다; 신용을 잃다.
penjar[posar] llufa [구어] 속이다.
llufar-se *prnl.* (몰래) 방귀를 뀌다.
lluïdesa lluïdeses *f.* =lluïment.
lluïment lluïments *m.* lluir하는 일.
lluir *intr.* **1** 빛나다, 반짝이다, 빛을 발하다, 광채를 내다(brillar). **2** [비유] 진가를 발휘하다. **3** 빛나게 하다, 두드러지다, 더욱 돋보이게 하다. **4** 득이 되다. *-tr.* **1** 빛을 비추다, 반짝이게 하다(emblanquinar). **2** [법률] 면제하다. **3** [비유] 자랑해 보이다, 전시하다 (exhibir). **4** (흰 벽을) 덧칠하다. **-se 1** 빛나다. **2** 화려하게 꾸미다. **3** 훌륭하게 성공을 거두다. **4** [비유] 창피를 당하다.
lluïssor lluïssors *f.* 빛남, 광휘, 광채, 찬란함.
lluït lluïda lluïts lluïdes *adj.* 빛나는, 찬란한, 화려한.
lluita lluites *f.* **1** 싸움, 다툼. **2** [비유] (어떠한 목적을 위한) 투쟁. *lluita per l'existència* 생존을 위한 투쟁.
lluitador lluitadora lluitadors lluitadores *adj.m.f.* lluitar하는 (사람).
lluitar *intr.* 다투다, 싸움하다, 투쟁하다.
llum llums *f.* **1** 빛. **2** 전등, 등불, 불빛; 자동차의 불빛. **3** 광선, 일광. **4** 밝음, 광명. **5** [비유] 빛, 광명. *la llum de la raó* 이성의 빛. **6** 낮, 주간. **7** 창, 채광. **8** 지름(diàmetre). **9** 밝혀줌, 분명히 함.
a mitja llum 어슴푸레, 희미하게; 분명치 않게.
a plena llum 명확히, 확실히.
donar a llum 출산하다.
donar[treure, fer sortir] a llum 출판하다.
sortir a la llum i) 태어나다, 탄생하다; 빛을 보다, 세상에 나오다; ii) (책을) 출판하다.
llumejar *intr.* 빛을 발하다, 훤히 비추다.
llumener llumeners *m.* **1** 등불, 전등. **2** [천문] 샛별, 금성. **3** [비유] 총명한 사람(llumenera).

llumenera llumeneres *f.* **1** (기름을 쓰는) 등잔; 받침 있는 등불. **2** [비유] 총명한 사람.
llumeneta llumenetes *f.* [llum의 축소사] **1** 약한 등불. **2** [곤충] 반디. **3** *pl.* 불꽃.
llumí llumins *m.* 성냥.
lluminària lluminàries *f.* [주로 복수로 쓰여] (행사 때 달아 놓는) 전등 장식.
lluminós lluminosa lluminosos lluminoses *adj.* **1** 빛나는, 빛을 발하는; 발광의, 네온의. **2** 훌륭한, 빛나는, 찬란한.
lluminositat lluminositats *f.* 광채, 광휘, 광명, 발광; 발광물; 광도.
lluna llunes *f.* **1** [천문] 달. **2** [대문자] 위성(satèl·lit). **3** 달빛, 월광. **4** 음력 [태음력의 한 달]. **5** (두 장이 합쳐진) 유리. **6** (거울 달린) 양복장. **7** 안경알.
demanar la lluna 불가능한 것을 요구하다.
ésser tallat de mala lluna 매우 서투르다.
estar de bona[mala] lluna 기분이 좋다[나쁘다].
fer veure la lluna al mig del dia 속이다, 눈속임하다.
lladrar a la lluna 공연히 하소연하다.
tenir llunes 터무니없는 생각을 하다, 딴 마음을 품다.
llunació llunacions *f.* 음력.
llunat llunada llunats llunades *adj.* 반달 모양의.
llunàtic llunàtica llunàtics llunàtiques *adj.* 미친, 정신 이상의, 미치광이 같은.
lluner llunera lluners lluneres *adj.* 달의.
lluneta llunetes *f.* **1** 안경알; 작은 렌즈. **2** (무대 앞의) 초승달 모양의 좌석. **3** (초승달 모양의) 채광창.
lluny *adv.* **1** [공간] 멀리, 아득히, 멀리 떨어져. **2** [시간] 아득한; 아직 많이 남은. **3** [거리] (...만큼) 떨어진. *a deu quilòmetres lluny* 10km의 거리. **4** [비유] 멀리, 동떨어져. *Tocar aquest tema ens portaria massa lluny* 이 문제를 다루게 되면 전혀 엉뚱한 방향으로 가게 될 것이다.
al lluny 멀리서, 먼 데서, 아득히 멀리 (a llarga distància).
de lluny 먼, 멀리 떨어진.
lluny de ...하기는커녕.
llunyà llunyana llunyans llunyanes *adj.* 먼, 아득한.
llunyania llunyanies *f.* 먼 곳, 먼 거리.
a la llunyania 멀리에, 먼 데서.
llunyària llunyàries *f.* 거리(distància).
llunyedar llunyedars *m.* =llunyania.
llunyejar *intr.* 멀리 있다, 멀리 떨어져 있다.
llunyer llunyera llunyers llunyeres *adj.* (멀리서 볼 때) 예쁜, 잘생긴.
lluor lluors *f.* 밝음, 빛남, 광채.
llúpia llúpies *f.* [의학] 사마귀, 혹.
llúpol llúpols *m.* [식물] 홉.
lluquet lluquets *m.* (유황을 칠한) 불쏘시개.
llur llurs *adj.* [복수 3인칭 소유격] 그들의, 그녀들의.
-pron. 그들의 것, 그녀들의 것.
llusc llusca lluscs[lluscos] llusques *adj.* =llosc.
llustrar *tr.* 윤을 내다, 광을 내다(enllustrar).
llustre[1] llustres *m.* **1** 윤, 윤기, 광택(brillantor). **2** 광택제; 구두약. **3** [비유] 영광, 광휘.
donar llustre a 윤을 내다, 광택을 내다.
llustre[2] llustres *m.* 동틀 녘; 황혼(llostre).
entre dos llustres 새벽녘에, 날 샐 무렵에, 동틀 녘에; 해거름에, 해질 녘에.
llustrejar *intr.* =llostrejar.
llustrí llustrins *m.* lluentó.
llustrós llustrosa llustrosos llustroses *adj.* 윤이 나는, 광택이 나는; 빛나는, 찬란한.
lo los *art.* =el[관사 el의 고어 및 방언 형태].
-pron. [모음 u나 자음으로 끝나는 동사 뒤에서, 사람과 사물에 다 쓰임] 그를, 당신을, 그것을. *Pengeu-lo!* 그를 매달아라!; *Agafeu aquest paquet i porteu-lo a casa meva* 이 박스를

나의 집에다 갖다 줘라!
lòbul lòbuls *m.* **1** [해부] 귓불. **2** [식물] 소엽, 갈라진 잎. **3** [건축] 둥글게 튀어나온 곳.
lobular lobulars *adj.* [해부] 갈라진 잎 모양의.
lobulat lobulada lobulats lobulades *adj.* 갈라진.
local locals *adj.* **1** (어느) 장소의, 지역의. **2** 지방의, 지방적인, 향토적인. *les autoritats locals* 지방 당국. **3** 국부의, 국지의; 편협한.
-m. **1** 장소; 부지. **2** 지역, 소재지, 주소. **3** 사무실, 점포.
localisme localismes *m.* 지방주의, 향토애; 지방 말, 지방 사투리.
localista localistes *adj.* [남녀동형] localisme의.
-m.f. 지방주의자, 향토주의자.
localitat localitats *f.* **1** 지방, 마을, 시골. **2** 산지, 출산지. **3** 토지. **4** 소재지, 현지, 현장; 장소, 위치. **5** (극장 등의) 좌석(권), 입장권.
localitzable localitzables *adj.* (지방에) 국한할 수 있는; 위치를 찾을 수 있는.
localització localitzacions *f.* **1** 지방화, 국지화; 지방 분권; (지방에로의) 국한, 제한. **2** 위치 확인, 위치 파악.
localitzar *tr.* **1** 지방화하다, 지방에 한정하다. **2** (위치를) 파악하다. **-se** (위치가) 밝혀지다, 확인되다.
locatiu locativa locatius locatives *adj.* 위치를 나타내는; 처격의.
-m. [문법] 처격.
locaut locauts *m.ang.* [영어 lock-out의 발음을 차용한 것] (회사의 노사 갈등시) 고용주의 결정에 의한 일시적 폐쇄, 직장 폐쇄.
loció locions *f.* 세척, 세정; 세척제, 세정액; 로션.
locionar *tr.* 세척하다; 로션을 바르다.
locomòbil locomòbils *adj.* 이동할 수 있는.
-f. 자동 운반차.
locomoció locomocions *f.* 이동, 운동; 운송, 우송.
locomotiu locomotiva locomotius locomotives *adj.* 이동의, 운동의.
locomotivitat locomotivitats *f.* 운동력.
locomotor locomotriu[locomotora] locomotors locomotrius [locomotores] *adj.* 이동의, 운동의.
locomotora locomotores *f.* 기관차.
locució locucions *f.* 말씨, 표현; 구.
locutor locutora locutors locutores *m.f.* (라디오·텔레비전의) 아나운서, 해설자.
locutori locutoris *m.* (형무소·수도원 등의) 면회실; 공중전화실; 방송실.
logaritme logaritmes *m.* [수학] 대수.
lògia lògies *f.* (비밀 결사의) 밀회; 밀회 장소.
lògic lògica lògics lògiques *adj.* 논리상의, 논리적인; 조리 있는, 이치에 맞는.
-m.f. 논리학자.
lògica lògiques *f.* 논리(학); 조리, 합리.
lògica *f.* **1** 논리학; 논리학서. **2** [비유] 논리, 이치, 조리.
logístic logística logístics logístiques *adj.* 병참의, 병참 작전의; 물류 조달의.
-f. [군사] 병참, 병참학; 물류 조달.
logògrif logògrifs *m.* 문자 수수께끼.
logomàquia logomàquies *f.* 공연한 말다툼.
logotip logotips *m.* 로고, 상표.
lona lones *f.* (텐트의) 천, 천막; 돛배.
londinenc londinenca londinens londinenques *adj.m.f.* 런던(London)의 (사람).
loneta lonetes *f.* 면직물의 일종.
longànime longànimes *adj.* 관대한, 아량이 많은, 도량이 큰.
longanimitat longanimitats *f.* 관대함, 아량이 많음, 통이 큼.
longeu longeva longeus longeves *adj.* 장수하는, 명이 긴; 나이가 많은, 고령의.
longevitat longevitats *f.* 장수, 만수무강.
longitud longituds *f.* **1** 세로, 길이; 씨줄. **2** [지리] 경도, 경선. **3** [천문] 황경(黃經).
longitudinal longitudinals *adj.* **1** 세로의, 길이의. **2** 경도의, 경선의.

longuis *m. fer-se el longuis* 시치미를 떼다.
loquaç loquaç loquaços loquaces *adj.* 말이 많은, 수다스러운.
loquacitat loquacitats *f.* 말이 많음, 수다스러움.
lord lords *m.* 경[영국의 귀족·상원 의원에게 붙이는 경칭]; 귀족.
lordosi lordosis *f.* [의학] 척수 전굴.
lot lots *m.* **1** 몫, 한몫; 한 짝, 한조; 일회분. **2** 복권 당첨. **3** 생산 단위 수량.
loteria loteries *f.* 복권; 복권 판매소.
tocar-li a algú la loteria 누구에게 복권이 당첨되다.
lòtic lòtica lòtics lòtiques *adj.* 냇물의; 흐르는 물의.
lotus lotus *m.* [단·복수동형][식물] 연; 연꽃.
lúbric lúbrica lúbrics lúbriques *adj.* **1** 미끄러운; 잘 미끄러지는. **2** 음탕한, 외설의, 추잡한.
lubricació lubricacions *f.* lubricar하는 일.
lubricant lubricants *adj.* =lubrificant.
lubricar *tr.* **1** 미끄럽게 하다. **2** 윤활유를 치다, 기름을 치다. **3** (사진에) 광택제를 바르다.
lubricitat lubricitats *f.* 미끄러움; 음탕, 음란, 외설.
lubrificació lubrificacions *f.* =lubricació.
lubrificant lubrificants *adj.* 미끄럽게 하는, 윤활성의, 윤활용의.
-m. 윤활제, 윤활유.
lubrificar *tr.* =lubricar.
lúcid lúcida lúcids lúcides *adj.* **1** 빛나는, 찬란한, 밝은(clarivident). **2** [비유-]제 정신이 든.
lucidesa lucideses *f.* **1** 빛남, 광채, 광영. **2** 제정신, 각성.
luciditat luciditats *f.* =lucidesa.
lucífer lucífera lucífers lucíferes *adj.* =lluminós.
lucífug lucífuga lucífugs lucífugues *adj.* 빛을 싫어하는.
lucrar(se) *intr.prnl.* 이익을 낳다, 이익을 가져오다.
lucratiu lucrativa lucratius lucratives *adj.* 이윤이 남는, 수익성이 있는, 수지가 맞는.

lucre lucres *m.* 소득, 벌이(guany).
luctuós luctuosa luctuosos luctuoses *adj.* 가엾은, 안쓰러운, 불쌍한.
ludibri ludibris *m.* =escarn.
lúdic lúdica lúdics lúdiques *adj.* 놀이의, 유희의; 도박의.
ludopatia ludopaties *f.* 도벽.
ludòpata ludòpates *m.f.* [남녀동형] 도벽 환자.
ludoteca ludoteques *f.* (아동 교육을 위한) 놀이 문화 연구 센터.
lues lues *f.* [단·복수동형][의학] 매독.
luètic luètica luètics luètiques *adj.* 매독의.
lúgubre lúgubres *adj.* 음산한, 암담한, 침울한.
lul·lià lul·liana lul·lians lul·lianes *adj.* 라몬 율[카탈루냐의 철학자, 1232-1316]의.
lul·lisme lul·lismes *m.* 라몬 율의 철학 이념.
lumbago lumbagos *m.* [의학] 요통, 요통증, 허리앓이.
lumbar lumbars *adj.* [해부] 허리의.
lumen lumens *m.* [물리] 루멘[광속의 단위].
lumínic lumínica lumínics lumíniques *adj.* **1** 빛나는, 빛을 발하는, 발광(체)의. **2** 네온의.
luminiscència luminiscències *f.* 희미한 빛.
luminiscent luminiscents *adj.* 희미한 불빛의.
luminotècnia luminotècnies *f.* 조명법, 조명학.
luminotècnic luminotècnica luminotècnics luminotècniques *adj.* 조명법의, 조명기술의.
lunar lunars *adj.* 달의.
lúnula lúnules *f.* **1** 반달. **2** 활 모양의 것, 궁형. **3** [해부] 속손톱.
lupa lupes *f.* 렌즈.
lupus lupus *m.* [단·복수동형][의학] 낭창[결핵성 피부병].
lustració lustracions *f.* **1** 정화, 깨끗이 씻음. **2** (로마시대의) 퇴마 의식.
lustral lustrals *adj.* 정화시키는, 깨끗하게 하는.

lustre lustres *m.* 5년(간).
luterà luterana luterans luteranes *adj.* 마틴 루터[독일의 신학자, 종교개혁자, 1483-1546]의; 루터교의; 루터교를 따르는.
-m.f. 루터교 신자.
luteranisme luteranismes *m.* [종교] 루터 신학·신조; 루터교; [집합] 루터교의 신도.
luxació luxacions *f.* [의학] 뼈를 뺌, 탈구.
luxar *tr.* [의학] 뼈를 빼다, 탈구하다.

luxe luxes *m.* **1** 사치, 화려, 호화. **2** [비유] 많음, 다량, 풍부(abundància).
de luxe 고급의; 초호화의, 사치스러운.
luxe asiàtic 대단한 사치.
luxós luxosa luxosos luxoses *adj.* 사치스러운, 호화스러운, 고급의.
luxúria luxúries *f.* 음란, 음탕, 육욕; 방종.
luxuriant luxuriants *adj.* =luxuriós.
luxuriós luxuriosa luxuriosos luxurioses *adj.* 음란한, 음탕한, 호색의, 방종한.

M m

m *f.* 카탈루냐어 알파벳의 열세 번째 문자.
m' *pron.* [em의 생략형; 동사 뒤나, 대명사 hi, ho 앞에 위치할 때] 나에게, 나를. *M'estima* 나를 사랑한다. *Doneu-m'ho* 그것을 나에게 주십시오.
'm *pron.* [em의 축약형] 나에게, 나를. *Dóna'm el llibre* 나에게 책을 줘라.
ma mes *adj.pos.* [1인칭 소유형용사] 나의. *Aquesta és ma germana* 이는 나의 자매이다.
mà mans *f.* **1** [해부] 손. **2** (짐승의) 앞다리. **3** (코끼리의) 코. **4** (좌우의) 쪽, 방향. *a una mà* 한 쪽에. **5** (곡식을 빻는) 공이. **6** (시계의) 바늘. **7** (페인트·물감의) 한 번 칠하기. **8** (실의) 한 번 꼬기, 꼰 것. **9** (카드·장기의) 한판 승부(jugada). **10** (일의) 1회분. **11** (일손으로서의) 사람, 인원수; [비유] 다수. *una mà de recomanacions* 다수의 추천. **12** 방책, 수단. **13** 능력, 권력, 힘. **14** *pl.* 손아귀, 소유; 통제 (possessió, control). **15** 소유자(posseïdor). **16** 원조, 도움, 손길. **17** 꾸중, 질책. **18** 종이 25매. **19** [음악] 음계. **20** 재간, 재주, 수완(habilitat). 손을 잡아 주다.
a mà 손으로, 수작업으로.
a mà dreta, esquerra 오른쪽으로, 왼쪽으로.
mà a mà 손에 손잡고.
agafar algú per la mà 손을 내밀다.
arribar a les mans (...의) 손아귀에 들어가다, (...의) 권한에 들어가다.
donar la mà 도와주다.
donar-se la mà[les mans] 악수하다.
engreixar la mà [비유] 매수하다(subornar).
escapar-se[anar-se'n] la mà[anar-se'n de la mà] [비유] 누구에게서 벗어나다.
no deixar de la mà 포기하지 않다, 저버리지 않다, 단념하지 않다.
rentar-se'n les mans [비유] 손을 씻다; 결백을 보이다.
tenir bones mans 매우 재주가 좋다.
untar-se les mans [비유] 매수하다.
venir a les mans [비유] 힘들이지 않고 손에 넣다; 싸움이 되다.
mac macs *m.* 돌멩이, 자갈.
maça maces *f.* **1** (박격포의) 공이. **2** 망치창[예전에 총 끝에 삐죽한 쇳덩이를 달아 사용하던 무기]. **3** [비유] 권위, 권표(權標). **4** [악기] 팀파니의 망치. **5** 망치, 다듬이 방망이.
macabre macabra macabres macabres *adj.* **1** 장례의, 죽음의. **2** 불길한, 음산한, 음침한.
macadura macadures *f.* 타박상, 찰과상, 피멍; 구타.
maçana maçanes *f.* 사과(poma).
maçanera maçaneres *f.* 사과 밭.
macar *tr.* **1** 상처를 입히다, 피멍이 들게 하다. **2** 구타하다, 때리다. *-se* (과일이) 상하다.
macarró[1] macarrons *m.* 마카로니. *macarrons a la italiana* 이탈리아식 마카로니.
macarró[2] macarrons *m.* 남자 뚜쟁이; 건달.
macarrònic macarrònica macarrònics macarròniques *adj.* **1** 엉망으로 된, 엉터리인. **2** (문법적으로) 엉망인. *Parlava un anglès macarrònic* 그는 엉터리 영어로 말했다.
macedònia macedònies *f.* 과일샐러드.
macerar *tr.* **1** (액체에) 담그다, 적시다. **2** (몸을) 괴롭히다, 학대하다. *-se* 고행을 하다.
maceta macetes *f.* **1** (도구의) 자루, 손잡이. **2** 망치.
macilent macilenta macilents macilentes *adj.* 여윈, 창백한. *amb el rostre macilent* 창백한 얼굴로.
macip macips *m.* **1** 하인, 종. **2** 수습생, 도제(aprenent). **3** 인부, 부두 인부.
maco maca macos maques *adj.* **1** (얼굴이) 잘생긴, 아름다운, 예쁜. **2** 세련

maçoneria maçoneries *f*. [건축] **1** 미장이 일. **2** 부조 세공.

macro *prep*. '긴', '큰' 뜻을 가진 접두어.

macrobiòtic macrobiòtica macrobiòtics macrobiòtiques *adj*. 장수하는, 장수하게 하는.
-*f*. 장수법.

macrocefàlia macrocefàlies *f*. **1** 머리가 큰 것. **2** [의학] 대두증, 대뇌증.

macrocosmos macrocosmos *m*. 대우주, 대천지.

màcula màcules *f*. **1** 얼룩. **2** 반점, 멍. **3** [비유] 오명, 불명예. *un comportament sense màcula* 깨끗한 행동.

macular *tr*. **1** 더럽히다, 때를 묻히다. **2** [비유] (명예를) 더럽히다, 먹칠하다 (macar).

maculatura maculatures *f*. 잘못 인쇄된 종이.

maculós maculosa maculosos maculoses *adj*. **1** 반점투성이의. **2** [병리] 반점형의.

madò *f*. 부인[마요르카 지역에서 쓰이는 말로, 특히 경제적으로 중산층 정도의 여인네들에게 붙이는 호칭]. *madò Margalida* 마르갈리다 부인.

madeira madeires *m*. (마데라 섬에서 나는) 포도주.

madeixa madeixes *f*. (실크·양모의) 실패, 실 꾸러미.

madrastra madrastres *f*. 의붓어머니, 계모.

madrèpora madrèpores *f*. [동물] 녹석, 석산호.

madrigal madrigals *m*. [문학][음악] 목가, 서정 단시; 짧은 연가, 사랑의 소야곡.

maduixa maduixes *f*. 딸기. *maduixa de bosc* 산딸기.

maduixar¹ maduixars *m*. 딸기 밭.

maduixar² *intr*. 딸기를 따다.

madur madura madurs madures *adj*. **1** (열매가) 익은, 무르익은. **2** 준비된, 때가 된. **3** 어른이 된, 성년의, 성숙한, 원숙한. *un home madur* 성인. **4** 자상한, 사려 깊은, 주의 깊은. **5** 낡은, 닳아빠진, 해진(gastat). **6** [의학] 화농(化膿)이 된.

maduració maduracions *f*. **1** 성숙, 무르익음. **2** [의학] 화농(증).

madurar *intr*. **1** 익다. **2** 원숙하다. **3** [의학] 곪다. -*tr*. **1** 익게 하다. **2** 성숙하게 하다, 원숙하게 만들다. **3** [의학] 곪게 하다, 화농시키다. **4** [비유] (계획 등을) 숙고하다.

maduresa madureses *f*. **1** 무르익음. **2** 성숙(기), 원숙(기). **3** 심려, 분별, 사려 깊음.

màfia màfies *f*. 마피아, 폭력단; 비밀 결사.

mafiós mafiosa mafiosos mafioses *adj*. 마피아의, 폭력단의.

mag maga mags magues *adj*. **1** 마니승의. **2** 마법을 쓰는. **3** 동방 박사의. *els Reis Mags* 동방 박사들.
-*m*. **1** (고대 페르시아의) 마니승. **2** [성서] 동방박사, 현자. **3** 마법사.

maganyar *tr*. (가볍게) 상처를 입히다, 상하게 하다. *maganyar una tela* 천을 상하게 하다.

magarrufa magarrufes *f*. 감언이설, 그럴싸한 말, 꾀는 말.

magatzem magatzems *m*. **1** 창고. **2** 상품의 재고. **3** 도매상; 백화점.

magazín magazins *m.ang*. **1** 잡지. **2** 창고; 저장물. **3** 탄약(고), 화약(고); 무기저장고, 군수 물자 저장고. **4** (연발총의) 탄창. **5** (연료를 자급하는) 연료실. **6** (사진기의) 필름 감는 틀. **7** [비유] 자원지, 보고.

magdalena magdalenes *f*. **1** 죄를 뉘우치는 여자. **2** (실패 모양의) 프랑스 빵.

magenc magenca magencs magenques *adj*. 5월의.

magí magins *m*. **1** 상상, 공상. **2** 통찰력; 눈치 빠름, 약삭빠름.

màgia màgies *f*. **1** 마법, 마술, 요술. **2** 마력, 매혹. **3** [비유] (탁월한) 영향력.

màgic màgica màgics màgiques *adj.* **1** 마법의, 마술의, 요술의. **2** (탁월한) 영향·효과를 낳는.
-m.f. 마법사, 마술사, 요술사.
magisteri magisteris *m.* **1** [집합] 교직원. **2** 교직. **3** 학교 행정, 교무, 학무. **4** [약학] 특별 처방.
magisterial magisterials *adj.* **1** 교사의, 교사다운. **2** 교학의, 교무의.
magistral magistrals *adj.* **1** 선생의, 스승의; 선생 같은, 스승다운, 권위가 있는. **2** 탁월한, 훌륭한, 뛰어난. *una obra magistral* 뛰어난 작품. **3** [약학] 특별 처방의.
magistrat magistrada magistrats magistrades *m.f.* 판사, 사법관, 대법관.
magistratura magistratures *f.* **1** 사법권; 사법부; **2** [집합] 사법관. **3** 사법관의 직.
magma magmes *m.* **1** (광물 따위의) 연괴. **2** [지질] 암장, 마그마.
magnànim magnànima magnànims magnànimes *adj.* 아량이 큰, 도량이 넓은, 대범스러운, 통이 큰.
magnanimitat magnanimitats *f.* 아량, 관대함, 도량이 넓음, 대범함,
magnat magnats *m.* 고관, 거물, 유력자, 부호, 재상, 대사업가, 대실업가.
magne magna magnes magnes *adj.* 위대한(gran).
magnesi *m.* [화학] 마그네슘.
magnèsia magnèsies *f.* [화학] 마그네시아, 고토, 산화마그네슘.
magnet magnets *m.* 자석, 자철.
magnètic magnètica magnètics magnètiques *adj.* **1** 자석의, 자기의, 자성의. **2** 끄는 힘이 있는, 매력 있는(atractiu). **3** 최면의 힘이 있는.
magnetisme magnetismes *m.* **1** 자기, 자성, 자력, 자기 작용. **2** 자기학. **3** 인력, 끄는 힘. **4** 최면(술).
magnetita magnetites *f.* [광물] 자철.
magnetitzar *tr.* **1** 자력을 띠게 하다, 자화하다. **2** 최면을 걸다. **3** [비유] (사람의) 마음을 끌다, 매혹하다.
magnetòfon magnetòfons *m.* 녹음기.
magnetosfera magnetosferes *f.* 우주 공간.

magnicidi magnicidis *m.* (고관·위인의) 살해.
magnífic magnífica magnífics magnífiques *adj.* **1** 장엄한, 장대한, 웅장한. **2** 화려한, 호화스러운, 아름다운. **3** 뛰어난, 훌륭한, 굉장한. **4** [시장·총장 등의 직함에 쓰임] *el rector magnífic* 총장님.
magnificar *tr.* **1** 성대하게 하다, 호화롭게 거행하다. **2** (크기를) 크게 하다, 확대하다. **3** 찬미하다, 칭송하다, 우러러보다. *magnificar Déu* 신을 찬미하다.
magníficat magníficats *m.* (가톨릭의) 성모송.
magnificència magnificències *f.* 장엄, 장대, 웅대함, 웅장, 화려.
magnitud magnituds *f.* **1** (사물의) 크기, 사이즈, 폭; 규모, 용량. **2** [비유] 중요(성); 힘, 능력. **3** 광대함. **4** [천문] (별의) 광도, ...등성. **5** (지진의) 진도, 강도.
magnòlia magnòlies *f.* [식물] 목련·태산목의 무리; 그 꽃.
magolar *tr.* (심하게) 상처를 입히다, 피멍이 들게 하다(copejar).
magrana magranes *f.* [식물] 석류.
magraner magraners *m.* [식물] 석류나무.
magre magra magres magres *adj.* **1** 마른, 여윈(prim). **2** 지방이 없는. **3** [비유] 빈약한, 부족한, 넉넉하지 못한, 적은. **4** (토지가) 메마른. **5** 인색한.
fer magre (종교상의 이유로) 절제하다; 절식하다, 고기가 없는 식사를 하다.
passar-la[ballar-la] magra 가난하게 살다, 비참하게 살다.
magrejar *intr.* **1** 부족하다, 모자라다, 결핍되다. **2** 감소되다.
mahatma mahatmes *m.* (인도의) 대성(大聖), 마하트마. *El mahatma Gandhi* 마하트마 간디.
mahometà mahometana mahometans mahometanes *adj.* 이슬람교의, 회교의, 마호메트의.
-m.f. 이슬람교도, 회교도, 마호메트교도.

mahometisme mahometismes *m.* [종교] 이슬람교, 회회교, 마호메트교.
mai *adv.* **1** 결코 *No vaig mai al cine* 나는 결코 극장에 가지 않는다. **2** [의문문·조건문] 한 번도, 전혀. *Has vist mai res igual?* 같은 것을 전혀 본 적이 없니?
mai de la vida[mai per mai] 절대로.
mai més 결코 ...않다·없다.
mai que [접속법] ...하게 되면.
maia maies *adj.* 마야 족의.
-m.f. [남녀동형] 마야 족[옛 멕시코와 중미에 살았던 민족].
-m. [언어] 마야족 언어.
maig maigs *m.* 5월.
maimó manimona maimons maimones *adj.* 매우 느린, 느릿느릿한, 느림보의.
mainada mainades *f.* **1** (왕후의) 근위대. **2** 아이들 무리. *Doneu el berenar a la mainada* 아이들에게 간식을 주세요. **3** [비유] 무리, 떼.
mainader mainaders *m.* 하인.
mainadera mainaderes *f.* 유모, (어린이를 돌보는) 하녀.
mainatge mainatges *m.* [집합] 아이, 어린아이.
maionesa maioneses *f.* 마요네즈 소스.
maître maîtres *m.fr.* 주방장.
maixella maixelles *f.* **1** [해부] 턱, 악골(顎骨). **2** (새의) 아래부리.
majestat majestats *f.* **1** 위엄, 장엄, 존엄. **2** 폐하.
majestuós majestuosa majestuosos majestuoses *adj.* 장엄한, 위엄 있는; 당당한, 의젓한.
majola majoles *f.* [식물] 카미틀레 (열매)(camamilla), 카미틀레를 달인 즙.
majòlica majòliques *f.* 마욜리카[옛날에 발레아레스 제도와 이탈리아에서 생산된 아랍풍의 일종의 도기].
major majors *adj.* **1** (크기가) 더 큰. **2** 대다수의. *la major part dels habitants* 주민의 대다수. **3** [비유] 더 중요한, 대(大).... *La festa major del poble és a l'estiu* 마을의 대축제는 여름에 있다.
-m.f. [남녀동형] 성인, 어른.
-m. **1** [군사] 소령. **2** (회사·공동체 등의) 최고 책임자, 우두머리. **3** *pl.* 선조, 조상.
majoral majorala majorals majorales *m.f.* **1** 우두머리, 감독, 두목. **2** 마부, 인부, 추수하는 일꾼. **3** 전차 운전수. **4** 세리(稅吏), 집사.
majordom majordoma majordoms majordomes *m.f.* **1** (교회의) 집사. **2** (하인들의) 우두머리, 집사.
-m. 대신(大臣), 감독.
majoria majories *f.* 대부분; 다수, 대다수.
la[una] majoria 대다수의, 대부분의.
majoria absoluta, relativa 절대다수, 비교적 대다수.
majorista majorista majoristes majoristes *m.f.* 도매상, 도매업자.
majoritat majoritats *f.* **1** 대다수, 대부분. **2** 성년(기).
majorment *adv.* 주로, 무엇보다도.
majúscul majúscula majúsculs majúscules *adj.* **1** 대문자의. **2** 거대한, 커다란, 굉장한.
-f. 대문자.
mal[1] mals *m.* **1** 폐악, 피해. **2** 불행, 재난(desgràcia). **3** (선의 반대로서의) 악. **4** 나쁜 것, 슬픈 일. **5** 병, 질병(malaltia); 아픔, 상처.
mal anglès [의학] 곱사병, 비타민 결핍증.
mal de Sant Llàtzer [의학] 문둥병.
mal dolent[lleig] [의학] 암.
mal donat 주술, 주문.
fer mal 아프게 하다.
fer-se mal 다치다; 상처 입다.
fer venir mal de cap 머리가 아프다.
No hi ha mal que duri cent anys, ni cos que no el pugui resistir [속담] 쥐구멍에도 볕들 날이 있다.
prendre mal 다치다, 상처 입다.
mal[2] mala mals males *adj.* [항상 명사 앞에 위치함] **1** 나쁜, 좋지 않은. *mala notícia* 안 좋은 소식. **2** 심술궂은, 돼먹지 못한. **3** 사이가 좋지 않은. **4** 아픈, 병을 앓고 있는. **5** 싫은, 불쾌한. **6** 해로운. **7** (...하기) 어려운.
-adv. **1** 잘못, 나쁘게. *si mal no recordo* 내 기억이 틀리지 않다면. **2** [문

장의 앞에서] 어렵게; 거의 (...하지 않다). **3** 서툴게, 졸렬하게, 솜씨 없이. **4** 사악하게; 음탕하게. **5** 불충분하게. **6** [저주를 뜻하는 문장에서] 제발. *Mal et morissis!* 제발 죽어 버려라!
a males[a les males] 서로 미워하여, 서로 사이가 좋지 못하여; 억지로.
de mal [동사의 원형과 함께 쓰여] ...하기 어려운. *una feina de mal fer* 하기 힘든 일.
de mala mort 비참한.
anar[tombar] a mal 악화되다(empitjorar).
mal que 비록 ...이지만.
mal que bé 결국, 마침내.
malabarisme malabarismes *m.* 곡예 (술).
malabarista malabarista malabaristes malabaristes *m.f.* 곡예사, 요술사.
malacarós malacarosa malacarosos malacaroses *adj.* =malcarat.
malacologia malacologies *f.* 연체동물학.
malaconsellar *tr.* 잘못 조언하다.
malacostumar *tr.* 잘못 길들이다, 나쁜 습관에 익숙해지다. **-se** 잘못 길들여지다, 버릇이 나빠지다. *S'ha malacostumat a dir grolleries* 그는 무례한 말을 하는 데 익숙해졌다.
malacura malacures *f.* 나태, 태만, 부주의, 둔한함.
màlaga màlagues *m.* 포도주의 일종.
malagradós malagradosa malagradosos malagradoses *adj.* **1** 작렬하는. **2** 무뚝뚝한, 퉁명스러운, 사귐성이 없는 (aspre). **3** 언짢은 기분이 드는, 기분 내키지 않는.
malagraït malagraïda malagraïts malagraïdes *adj.m.f.* 배은망덕한 (사람), 공을 잊은 (사람).
malaguanyat malaguanyada malaguanyats malaguanyades *adj.* **1** 실패한, 중도에서 좌절한. **2** 요절한, 젊어서 죽은. **3** 돌아가신, 고인이 된. **4** [문장의 앞에서] 불쌍한, 가련한.
-m.f. 병자, 환자.
malairós malairosa malairosos malairoses *adj.* 촌스러운, 촌티 나는(desairós).

malalt malalta malalts malaltes *adj.* **1** (몸이) 아픈, 편찮은. *estar malalt* 몸이 아프다. **2** (정신이) 병든.
-m.f. 병자, 환자.
fer posar malat 병들게 하다, 아프게 하다.
posar-se[caure] malat 병들다, 아파 눕다.
malaltejar *intr.* 허약하다, 몸이 아프다.
malaltia malalties *f.* **1** 병, 질병, 질환. *una malaltia encomanadissa* 전염병. **2** (식물에 걸린) 병.
malaltís malaltissa malaltissos malaltisses *adj.* **1** (건강이) 나쁜, 병약한. **2** 병자 같은.
malament *adv.* 나쁘게, 좋지 않게.
acabar malament 안 좋게 끝나다.
sortir malamente 일이 잘 되지 않다; 결과가 좋지 않다.
passar-s'ho malament 잘못 지내다.
malanança malanances *f.* 불운, 불행.
malanat malanada malanats malanades *adj.* 불운한, 불행한(desgraciat).
malànima malànimes *adj.* 잔인한, 포악한, 극악한, 사악한; 무정한, 매정한.
-m.f. 악한 자, 악인, 사악한 사람.
malaparellat malaparellada malaparellats malaparellades *adj.* 타격을 입은, 손해를 입은, 해를 받은.
malapler *adv.* 기분이 나쁘게, 불편하게.
malapte malapta malaptes malaptes *adj.* 서툰, 손재주가 없는, 굼뜬.
malaquita *f.* [광물] 공작석.
malària malàries *f.* [의학] 말라리아.
malastre malastres *m.* 불운, 비운, 화.
malastruc malastruga malastrucs malastrugues *adj.* **1** 불쌍한, 비참한(malaurat). **2** 불길한, 불운한, 운수가 나쁜.
malastrugança malastrugances *f.* 불운, 비운.
malaurança malaurances *f.* 불운, 불행.
malaurat malaurada malaurats malaurades *adj.* 불행한, 비참한.
malavejar *intr.* =maldar.
malaventura malaventures *f.* 불행, 불운.

malavesar *tr.* =malacostumar.
malavingut malavinguda malavinguts malavingudes *adj.* 잘 어울리지 않는, 잘 맞지 않는.
malbarat malbarats *m.* malbaratar하는 일.
dur a malbarat 싸게 팔다; 낭비하다 (malbaratar).
malbaratador malbaratadora malbaratadors malbaratadores *adj.m.f.* 낭비하는 (사람).
malbaratament malbarataments *m.* 낭비, 허비.
malbaratar *tr.* **1** 싸게 팔다, 대매출하다. **2** 낭비하다, 허비하다.
malbè, fer *loc.verb.* **1** 망치다, 상하다 (espatllar). *S'ha fet malbé la salut* 그는 건강을 망쳤다. **2** 쓸모없게 만들다, 못 쓰게 만들다, 무용지물이 되게 하다(inutilitzar).
malbò malbona malbons malbones *adj.* 나쁜, 잘못된. *un comportament malbò* 나쁜 행동.
malcarat malcarada malcarats malcarades *adj.* **1** 미운, 추한, 혐오스러운. **2** 인상을 쓴, 찡그리는.
malcasar *tr.* 결혼을 잘못 시키다.
malcontent malcontenta malcontents malcontentes *adj.* (사람·사물에 대해) 불만족스러운, 탐탁하지 않은.
malcontentament malcontentaments *m.* 불만, 불쾌.
malcreient malcreients *adj.* 고분고분하지 않는, 순종하지 않는.
malcriar *tr.* (아이를) 버릇없이 키우다, 교육을 잘못 시키다.
malcriat malcriada malcriats malcriades *adj.* 버릇없이 자란, 버릇없는.
malcurós malcurosa malcurosos malcuroses *adj.* =malendreçat.
maldament *conj.* 비록 ...이지만.
maldar *intr.* (...하기 위해) 애를 쓰다 (afanyar-se). *Maldava per aconseguir aquella feina* 그 일을 얻기 위해 무척 애를 썼다.
maldat maldats *f.* 악, 악의, 사악; 악한 행위, 부정행위.
maldecap maldecaps *m.* 근심, 걱정거리.
donar maldecap 근심거리를 더하다, 꿈을 앗아 가다.
passar maldecaps 어려운 처지에 놓이다, 곤경에 빠지다.
maldestre maldestra maldestres maldestres *adj.* 서툰, 재주가 없는.
maldient maldients *adj.* 나쁘게 말하는, 험담하는.
maldir *intr.* 나쁘게 말하다, 험담하다. *Maldiu de tothom* 그는 모든 사람에 대해 험담한다.
maledicció malediccions *f.* 저주, 악담, 험담.
malèfic malèfica malèfics malèfiques *adj.* 저주스러운, 불길한; 재앙을 받는; 해로운.
malefici maleficis *m.* 저주, 재앙; 해악.
maleficiar *tr.* **1** 해치다, 해독을 끼치다. **2** 마술을 걸다.
maleir *tr.* **1** 저주하다. **2** 헐뜯다, 험담하다.
maleït maleïda maleïts maleïdes *adj.* **1** 저주받은. **2** 아주 나쁜, 돼먹지 못한; 악마 같은, 극악한.
Maleït siga! 빌어먹을!, 제기랄!
malejar *tr.* **1** 악하게 만들다. **2** 해치다, 상하게 만들다. **3** 썩게 하다, 부패시키다; 타락시키다.
malencaminar *tr.* **1** 길을 잘못 들게 하다. **2** [비유] 나쁜 길로 인도하다.
malencert malencerts *m.* 과오, 실수, 실책.
malenconia malenconies *f.* 우울함, 울적함, 슬픔; 우울증.
malenconiós malenconiosa malenconiosos malenconioses *adj.* 우울한, 울적한.
malendreçat malendreçada malendreçats malendreçades *adj.* 단정치 못한, 깔끔하지 못한; 불결한, 너러운(desendreçat).
malentendre *tr.* 오해하다. *No és això: ho vas malentendre* 그렇지 않아: 네가 그것을 오해했어.
malentès malentesos *m.* 오해.
malentranyat malentranyada malentranyats malentranyades *adj.* 잔인한, 포

악무도한; 양심이 없는.
malesa maleses *f.* 악행, 나쁜 짓, 못된 행위.
malestar malestars *m.* 폐, 번거로움, 불편; 불쾌; 비정상.
maleta maletes *f.* 여행 가방, 트렁크.
maleter maletera maleters maleteres *m.f.* **1** 가방 제조자·상인. **2** (역 등의) 수화물 담당자. **3** (비행장·역 등의) 짐꾼.
-*m.* 자동차 뒷트렁크(portaequipatge).
maletí maletins *m.* 작은 가방.
malèvol malèvola malèvols malèvoles *adj.* 나쁜, 악의가 있는, 악한.
malfactor malfactora malfactors malfactores *adj.* 나쁜 짓을 하는, 못된 짓을 하는.
-*m.f.* 악당, 불량배; 범죄자, 도둑.
malfadat malfadada malfadats malfadades *adj.* =malaurat.
malfaent malfaents *adj.* 잘못된, 엉터리의.
malfeiner malfeinera malfeiners malfeineres *adj.* **1** 막돼먹은, 조심스럽지 못한; 아무렇게나 만든. **2** 게으른, 나태한, 빈둥빈둥 노는(gandul).
malferir *tr.* 심하게 해를 입히다, 중상을 입히다.
malfiança malfiances *f.* 불신, 의심; 삼엄한 경계.
malfiar-se *prnl.* **1** 불신하다, 믿지 못하다. **2** 두려워하다, 무서워하다.
malfixar-se *prnl.* 불신하다, 믿지 못하다.
malforjat malforjada malforjats malforjades *adj.* 단정치 못한, 지저분한; 엉성하게 만든, 조잡스러운; 제멋대로 놓인.
malformació malformacions *f.* [의학] 불구, 기형.
malganós malganosa malganosos malganoses *adj.* 무뚝뚝한, 냉담한, 불만에 찬, 내키지 않는.
malgastar *tr.* 허비하다, 낭비하다.
malginy malginys *m.* 불리한 형세, 나쁜 조짐.
malgirbat malgirbada malgirbats malgirbades *adj.* =malforjat.

malgrà malgrans *m.* [의학] 악성 여드름.
malgrat *prep.* ...에도 불구하고, ...도 무릅쓰고. *Malgrat la seva oposició, ho farem* 그의 반대에도 불구하고 우리는 그것을 할 것이다.
malgrat això 그럼에도 불구하고.
malgrat jo[tu] 내겐[네겐] 안됐지만.
malgrat tot 아무리 그래도, 그 모든 것에도 불구하고.
malgustós malgustosa malgustosos malgustoses *adj.* 내키지 않는, 하고 싶지 않은, 맘에 들지 않는; 기분 나쁜, 불쾌한.
malhumorat malhumorada malhumorats malhumorades *adj.* 기분이 상한, 기분이 언짢은, 기분이 내키지 않는.
malhumorós malhumorosa malhumorosos malhumoroses *adj.* (흔쾌히) 내키지 않는; 기분 나쁜, 불쾌한.
malícia malícies *f.* **1** 적의, 적대, 악의, 악기. **2** [법률] 범의(犯意). **3** 못된 짓, 악한 짓(picardia). **4** [의학] (질병의) 악성.
fer malícia 격노하다, 크게 오해하다.
tenir malícia a algú 누구에게 원한을 품다.
maliciada maliciades *f.* 성냄, 분내, 분노, 노여움.
prendre una maliciada 화를 내다, 성을 내다.
maliciar *tr.* 의심하다; 악의로 판단하다.
maliciós maliciosa maliciosos malicioses *adj.* **1** 악의가 있는, 적의가 있는 (malaltís). **2** (마음이) 나쁜, 못된, 심술궂은(picardiós).
malifeta malifetes *f.* 나쁜 일, 못된 짓, 악행, 장난질.
malignar *intr.* 악의를 품다, 해치다.
maligne maligna malignes malignes *adj.* **1** 악의가 있는, 악의에 찬; 해로운. **2** 악아빠진, 간사한, 사악한. **3** 심술궂은, 훼방하는. **4** [의학] 악성(惡性)의.
malintencionat malintencionada malintencionats malintencionades *adj.* 악의가 있는, 저의가 있는, 꿍꿍이속을 가진, 악의의.

mall malls *m.* **1** 망치, 쇠망치. **2** 망치로 나무 공을 치는 놀이. **3** (네모꼴의) 모루.

malla malles *f.* (그물의) 코.

mallar¹ *tr.* (보리 등을) 탈곡하다.

mallar² *tr.* (그물로) 고기를 잡다.

mal·leable mal·leables *adj.* **1** 단련할 수 있는; 두들겨 펼 수 있는. **2** 유연한, 온순한, 다루기 쉬운.

mallerenga mallerengues *f.* [조류] 박새.

mallorquinisme mallorquinismes *m.* 마요르카 말투·어법; 마요르카 방식.

mallot mallots *m.* **1** (꽉 조이는) 옷. **2** (선수들의) 옷. **3** 해수욕복, 수영복.

malmaridar *tr.* (여자가) 잘못 결혼하다.

malmenar *tr.* 함부로 다루다, 학대하다, 심하게 대하다.

malmenjat malmenjada malmenjats malmenjades *adj.* 영양실조의.

malmesclar *tr.* 관계가 나빠지다, 사이가 틀어지다, 적대감을 갖다.

malmetre [*pp: malmès malmesa*] *tr.* **1** 썩히다, 부패시키다. **2** 망가뜨리다, 그르치다.

malnat malnada malnats malnades *m.f.* [경멸적] 나쁜 사람, 빌어먹을 사람, 악인.

malnom malnoms *m.* **1** 표어, 슬로건. **2** 별명.

malobedient malobedients *adj.* 순종하지 않는, 고분고분하지 않는, 말을 안 듣는.

malparat malparada malparats malparades *adj.* 상태가 안 좋은.

malparir *intr.* 유산하다(avortar).

malparit malparida malparits malparides *m.f.* [속어] =malnat.
Malparit! 빌어먹을 자식!

malparlar *intr.* 악담하다, 험담하다.

malparlat malparlada malparlats malparlades *adj.* 뻔뻔스러운, 염치없는, 건방진, 입이 거친.

malpensar *intr.* 그릇 생각하다, 곡해하다, 오해하다; 의심하다. -se 의심하다, 나쁘게 생각하다(sospitar, recelar).

malpensat malpensada malpensats malpensades *adj.* 의심을 품은, 악의를 가진.

malprendre *tr.* 나쁘게 생각하다, 오해하다.

malsegur malsegura malsegurs malsegures *adj.* =insegur.

malservir *tr.* 대접을 잘 못하다.

malson malsons *m.* **1** 악몽; 공포, 불안감. **2** [비유] 악몽, 괴롭히는 것.

malsonant malsonants *adj.* **1** 마음이 나쁜. **2** 차마 입에 담을 수 없는; 비도덕적인.

malsucós malsucosa malsucosos malsucoses *adj.* 즙이 적은.

malt malts *m.* **1** (맥주 양조용) 맥아, 엿기름. **2** (커피 대용의) 볶은 보리.

maltempsada maltempsades *f.* **1** 폭풍우, 비바람, 눈보라, 악천후. **2** [비유] 난관, 역경.

maltractar *tr.* 학대하다, 거칠게 다루다; 상처를 입히다.

maluc malucs *m.* [해부] 히프.

malura malures *f.* (특히 식물의) 풍토병.

malva malves *f.* [식물] 당아욱, 접시꽃.

malvasia malvacies *f.* 달콤한 포도의 일종; 그 포도주.

malvat malvada malvats malvades *adj.* 극히 나쁜, 극악한, 사악한.

malvendre [*pp: malvenut malvenuda*] *tr.* 싸게 팔다, 헐값에 팔다.

malversar *tr.* (공금을) 횡령하다.

malvestat malvestats *f.* 부정; 악, 악행(maldat); 악의, 사악.

malviatge *interj.* [저주·욕설·한탄 등을 나타내는 감탄문] 제기랄!, 빌어먹을!, 이럴 수가!

malveure *tr.* 째려보다, 흘겨보다.
fer-se malveure 미움을 사다.

malvist malvista malvists[malvistos] malvistes *adj.* 맘에 안 드는, 미움을 사는, 보기 싫은.

malviure *intr.* 불행하게 살다, 비참하게 살다. *Malviuen en una cabana* 그들은 오두막집에서 비참하게 살고 있다.

malvolença malvolences *f.* 악의, 적의.

malvolgut malvolguda malvolguts malvolgudes *adj.* 저주받은, 원망 사는, 버림받은.

mam mams *m.* [아이들이 쓰는 말] 음료수.
mama¹ mames *f.* 엄마, 어머니.
mama² mames *f.* =mamella.
mamar *tr.* 1 젖을 빨다. 2 [비유] 익히다, 배우다. *Hem mamat amb la llet la nostra llengua* 우리는 젖먹이 때부터 우리말을 배웠다. 3 술을 마시다.
mamella mamelles *f.* 1 [해부] 젖, 젖꼭지. 2 [구어] (여자의) 유방. 3 [동물] (암·수컷의) 젖. 4 (해안의) 표지.
mamífer mamífera mamífers mamíferes *adj.* 포유동물의. *un animal ma- mífer* 포유동물.
-m.pl. [동물] 포유동물.
mamiforme mamiformes *adj.* 유방 모양의, 젖꼭지 모양의.
mamografia mamografies *f.* [의학] 유방검사.
mampara mampares *f.* [건축] 칸막이, 병풍.
mamut mamuts *m.* 매머드, 거상(巨象).
manada manades *f.* 1 한 줌, 한 움큼, 한 다발(manat). 2 손짓, 수신호. 3 손으로 때림(manotada).
fer manades 손짓하다.
management managements *m.ang.* 관리, 감독, 경영, 지배.
mànager mànagers *m.f.ang.* 경영자, 지배인, 매니저, 관리인; 차장, 부장.
manaire manaires *adj.* 거만스러운, 으스대는, 시건방진.
manament manaments *m.* 1 명령, 지령, 지휘. 2 계명, 계율; [성서] 십계명. 3 [법률] 영장.
manar *tr.* 1 명령하다, 지휘하다. 2 주문하다, 시키다, 위임하다(imposar). 3 심부름을 보내다, 가지러 보내다.
al manar de ...의 지휘·명령 하에.
Què mana? 뭘 원하세요?
manat manats *m.* =manada¹.
a manats 한 움큼; 많이, 풍부하게.
manc manca mancs manques *adj.* 1 (손·발이) 없는. 2 불구자의. 3 불완전한.
-m.f. (손·발이) 없는 사람·동물; 불구자.
manca manques *f.* 부족, 결핍.
mancament mancaments *m.* 1 부족, 모자람, 결핍. 2 [법률] 불이행. *mancament a la fe jurada* 법 앞에 선서한 것의 불이행.
mancança mancances *f.* =manca.
mancar *intr.* 1 [전치사 de와 함께 쓰여] (...이) 없다, 부족하다, 필요하다, 결여되다. *Manca dels diners necessaris* 필요한 돈이 없다. 2 빠져 있다, 제외되다. 3 작동하지 않다. *Li ha mancat el cor* 심장이 멈췄다. 4 남아 있다. 5 줄어들다, 감소하다(minvar). 6 [전치사 a와 함께] ...하지 않다. *Va mancar a la seva paraula* 그는 자신의 말을 지키지 않았다. *-tr.* 빗나가다, 잘못 맞추다; 실수하다, 실패하다.
manco *adv.* =menys.
més o manco 대략, 약. *Arribaré més o manco a les tres* 나는 대략 3시쯤에 도착할 것이다.
mancomú, de *loc.adv.* 목적에 맞게, 취지에 따라. *Tot els habitants del poble presentaren una reclamació de mancomú* 그 마을의 모든 주민들은 취지에 맞게 이의를 제기할 것이다.
mancomunar *tr.* 1 합치다, 합하다, 연합하다. 2 협동하다, 협력하다. 3 함께 계산하다. *-se* 연합하다, 협동하다.
mancomunitat mancomunitats *f.* 연합, 협동, 협력; 조합, 공영.
mandant mandants *m.f.* 위임자, 위탁자, 위촉인, 의뢰인.
mandarí mandarina mandarins mandarines *adj.* 1 밀감의, 밀감나무의. 2 중국 관화의, 중국 관리·대관의.
-m. 1 (중국의) 관리, 대관, 요인, 유력자. 2 [언어] 만다린어[중국의 방언].
mandarina mandarines *f.* [식물] 밀감.
mandat mandats *m.* 1 법령, 훈령; 명령, 칙령. 2 [법률] 위임(장); 영장; 기탁, 공탁 계약. 3 통치, 집권. 4 [종교] 세족식.
mandatari mandatària mandataris mandatàries *m.f.* 1 수임자, 수임국; 대리인, 대리국; 위탁자, 위임 통치국. 2 지배자, 통치자; 대통령(의 별칭).
mandíbula mandíbules *f.* 1 [해부] 턱, 악골. 2 (새·곤충류의) 부리.
mandolina mandolines *f.* 만돌린.

mandonguilla mandonguilles *f.* 고기 단자.
mandra mandres *f.* 게으름, 나태(peresa).
-*adj.* 게으른, 나태한.
-*m.f.* 게으름뱅이(mandrós).
espolsar-se la mandra [비유] 게으름 피우는 것을 그만두다.
fer el mandra 빈둥거리다, 할 일 없이 돌아다니다, 게으름 피우다.
mandràgora mandràgores *f.* [식물] 연꽃.
mandrejar *intr.* =fer el mandra.
mandrí mandrins *m.* (선반의) 굴대, 심축, 심봉.
mandril mandrils *m.* **1** [동물] 맨드릴, 비비. **2** (선반의) 굴대, 심축.
mandrós mandrosa mandrosos mandroses *adj.m.f.* 게으른 (사람).
manduca manduques *f.* [속어] 먹을거리, 씹을 것.
manducar *tr.* [속어] 먹다, 씹다.
mànec mànecs *m.* 손잡이.
manefla manefles *m.* **1** (사원의) 심부름꾼. **2** (축제·집회를) 알리는 사람.
-*adj.m.f.* 공연히 참견하는 (사람).
mànega mànegues *f.* **1** 옷소매. **2** 회오리바람, 선풍(tromba). **3** 호스, 파이프. **4** (배의) 선폭. **5** (물고기의) 떼, 무리.
manegador manegadora manegadors manegadores *m.f.* manegar하는 사람.
manegar *tr.* **1** 손잡이를 달다(emmanegar). **2** 맞추다, 연결하다. **3** [비유] 정리하다; 처리하다. -*se* 정리하다; 취급하다, 처리하다.
manegívol manegívola manegívols manegívoles *adj.* 다루기 쉬운, 처리하기 쉬운.
maneguí maneguins *m.* (팔을 덮는) 토시.
maneig maneigs[manejos] *m.* manejar 하는 일.
manejabilitat manejabilitats *f.* 다루기 쉬움, 처리하기 쉬움.
manejable manejables *adj.* **1** 다룰 수 있는, 처리가 쉬운, 취급 가능한. **2** 조작·조종 가능한.

manejar *tr.* **1** 다루다, 취급하다, 사용하다. **2** [비유] 다루다. *Sap manejar molt bé la llengua* 그는 혀를 잘 쓸 줄 안다, 그는 언변이 좋다. **3** 조작하다, 조종하다; 제어하다, 운전하다. **4** 경영하다, 관리하다(dirigir). **5** (머리를) 흔들다. -*intr.* 손을 흔들다, 손짓으로 신호를 하다. -*se* **1** 취급하다, 처리하다. **2** 처신하다, 처세하다. **3** 손을 흔들다.
manera maneres *f.* **1** 방법, 방식. **2** 양식, 스타일, 수법. **3** 습관, 버릇. **4** (작품의) 성격. **5** 몰골, 인상. **6** *pl.* 예의, 범절, 예절.
a la manera de ...식으로, ...하는 방식으로; ...풍으로.
a manera de ...로서, ...의 기능으로서.
d'altra manera 다른 식으로, 그와는 달리.
de cap manera[***de les maneres***] [부정] 전혀, 결단코.
de manera que[***de tal manera que***] ...하도록, ...할 수 있도록.
de qualsevol manera 어떻게든지, 어떤 식으로든지; 어쨌든.
de tota manera[***de totes maneres***] 하여튼, 어쨌든, 아무튼지 간에.
fer per manera[***per maneres***] ***de*** ...하고자 하다, ...을 시도하다.
no hi ha manera ...할 방법이 없다.
sobre manera[***en gran manera***] 지나치게, 과도하게, 극단적으로, 극도로.
manerós manerosa manerosos maneroses *adj.* **1** manejar하기 쉬운. **2** 수작업의, 손으로 하는.
manescal manescala manescals manescales *m.f.* 수의사(veterinari).
maneta manetes *f.* **1** 작은 손. **2** 손잡이, 자루. **3** (시계의) 바늘.
mango mangos *m.* [식물] 망고.
mangosta mangostes *f.* [동물] 몽구스.
mania manies *f.* **1** [의학] 편집광, 망상광. **2** 열광, ...열, ...광, 기벽. **3** 증오, 반감(aversió).
mania de grandesa [의학] 과대망상증.
mania persecutòria [의학] 피해망상증.
no tenir manies 반감을 갖지 않다.
tenir manies 증오심을 품다, 반감을

maniàtic maniàtica maniàtics maniàtiques *adj.m.f.* 광적인 (사람); (...에) 미친 (사람).
manicomi manicomis *m.* 정신 병원.
manicur manicura manicurs manicures *m.f* 손톱 화장사, 미조사.
manierisme manerismes *m.* **1** [회화] 매너리즘. **2** 매너리즘, 틀에 박힌 방식.
manifest manifesta manifests [manifestos] manifestes *adj.* **1** 명백한, 분명한, 확실한. **2** 현재(顯在)적인, 현시의.
-*m.* **1** 성명서, 선언서, 헌장, 격문. *manifest ecologista* 환경 보호 헌장. **2** 선하 목록, 적하 목록, 운임 명세서.
posar de manifest 분명히 하다, 명백히 하다; 밝히다, 공개하다.
manifestació manifestacions *f.* **1** 표시, 표명. **2** 성명, 선언(declaració); 정견 발표. **3** 시위, 데모. **4** (성체의) 개장 (開帳).
manifestar *tr.* **1** 나타내다, 표시하다. **2** 밝히다, 표명하다, 알게 하다. *manifestar la seva opinió* 그의 의견을 밝히다. **3** 성명하다, 발표하다. -*se* 나타나다; 확실해지다, 분명해지다, 밝혀지다.
màniga mànigues *f.* 옷소매.
anar en mànigues de camisa 소매를 걷어붙이다; 일할 채비를 차리다.
donar llargues mànigues [비유] 백지 위임장을 주다, 완전한 권한을 부여하다.
ésser de la màniga ampla [구어] 너그럽다, 관대하다.
ésser més curt que una màniga d'armilla 아주 멍청하다, 바보 천치다.
no tenir de què fer mànigues [구어] 주어진 것 외에 다른 게 없다.
manilla[1] manilles *f.* **1** 수갑. **2** 팔찌.
manilla[2] manilles *f.* 트럼프 게임의 일종.
manillar manillars *m.* (자전거의) 핸들.
maniobra maniobres *f.* **1** 장치, 조작. **2** 운전, 조종; 돛 조종 기구. **3** [군사] 훈련, 연습, 기동 훈련.
maniobrar *tr.* 조작하다, 작동시키다. -*intr.* [군사] 기동 훈련 하다.
maniós maniosa maniosos manioses *adj.* 열광적인, 광적인.
manipulació manipulacions *f.* manipular하는 일.
manipulador manipuladora manipuladors manipuladores *m.f.* manipular하는 사람.
manipular *tr.* **1** 다루다, 조작하다, 취급하다. **2** 조종하다. **3** [비유] (부정으로) 조작하다, 위조하다. *manipular una votació* 투표를 조작하다.
maniqueisme maniqueismes *m.* [종교] 마니교.
maniquí maniquins *m.* 마네킹, 인형.
-*m.f.* **1** 패션모델. **2** [비유] 꼭두각시, 줏대·개성이 없는 사람.
manisa manises *f.* (발렌시아 지방의) 벽돌, 타일.
manlleu manlleus *m.* **1** 대여, 대부. **2** 빌린 돈, 차관, 차금; 공채. **3** [문법] 차용어. **4** [수학] 받아 내림, 받아 올림.
anar a manlleu 빌리다.
manllevar *tr.* **1** 빌리다. *Li manllevà mil pessetes* 그에게 천 페세타를 빌렸다. **2** 차관을 신청하다. **3** 차지하다, 가지다, 자기 것으로 하다. *Ha manllevat el nom del seu amic* 그는 그의 친구의 이름을 자기 것으로 사용했다. **4** [비유] 받아들이다, 채용하다, 채택하다.
mannà mannàs *m.* [성서] 만나.
manobre manobres *m.f.* [남녀동형] 인부, 노무자.
manoi *interj.* 아이고!, 저런!(renoi).
manoll manolls *m.* 한 줌, 한 묶음, 한 다발.
manòmetre manòmetres *m.* [물리] 압력계.
manotada manotades *f.* 손으로 때리기.
manotejar *intr.* 손짓하다.
manovella manovelles *f.* (자전거의) 크랭크, 핸들.
manquesa manqueses *f.* =manca.
mans mansa mansos manses *adj.* 부드러운, 온화한, 온유한, 유순한(ma-

nyac).

mansalva, a *loc.adv* 아무런 위험도 없이, 안전하게, 무사히(sense cap risc).

mansarda mansardes *f.* 다락방.

mansió mansions *f.* **1** 체재, 체류(sojorn). **2** 집, 숙소; 맨션, 저택.

mansoi mansoia mansois mansoies *adj.* =manyac.

mansuet mansueta mansuets mansuetes *adj.* **1** =mans. **2** (동물이) 순한, 말 잘 듣는. **3** (성격·인상이) 부드러운, 자상한.

mant manta mants mantes *adj.* 많은, 다수의.

manta vegada 여러 번, 수차례.

manta¹ mantes *f.* 모포, 판초; 숄.

manta² mantes *f.* [어류] (서인도산의) 가오리 무리.

mantega mantegues *f.* **1** 버터. **2** 지방(분), 기름기; 포마드.

manteguera mantegueres *f.* (버터를 제조하는) 교유기.

mantejar *tr.* 담요 위에 눕혀 헹가래 치다.

mantell mantells *m.* **1** (부인용) 망토. **2** (몸을 가리는) 가리개. **3** (의식의) 가운, 제복. **4** [지질] 지층. **5** [광물] 광층. **6** (조개류의) 연한 막.

mantellet mantellets *m.* (여자의) 짧은 망토.

mantellina mantellines *f.* 만티야[부인의 머리에 쓰는 비단].

mantenidor mantenidora mantenidors mantenidores *adj.m.f.* mantenir하는 (사람).

-m. **1** (옛날의 경기·대회 등의) 개최자, 주최자. **2** (문예 콩쿠르 등의) 심사 위원(장).

manteniment mantenimients *m.* mantenir하는 일.

mantenir *tr.* **1** 지속하다, 계속하다. **2** (손으로) 받치다, 지탱하다, 유지하다, 지지하다(sostenir). **3** 부양하다, 양육하다. **4** (어떤 상태로) 두다, 간직하다. **5** (의견 따위를) 고집하다, 계속해서 옹호하다. **6** 후원하다, 옹호하다. **7** (약속·비밀을) 지키다, 이행하다. **-se** (상태를) 지속하다, 유지하다.

manti mantins *m.* 자루, 손잡이.

mantinent, de *loc.adv.* 즉시, 곧바로.

mantó mantons *m.* 어깨걸이, 숄.

manual manuals *adj.* **1** 손의, 손으로 하는. **2** 손으로 만든, 집에서 만든, 수작업의. **3** 다루기 쉬운, 취급하기 쉬운 (manós).

-m. **1** 매뉴얼, 소책자, 입문서, 참고서. **2** [군사] 교범. **3** (중세 교회의) 기도서, 예배 의식서.

manuella manuelles *f.* **1** 몽둥이, 막대기. **2** 지렛대. **3** (돛을 감아올리는) 지렛대. **4** (금은 등의) 연봉. **5** [선박] 조타.

manufactura manufactures *f.* **1** 제조, 조작; 제작소, 공장. **2** [집합] 제품.

manufacturar *tr.* 만들다, 제조하다, 제작하다.

manuscrit manuscrita manuscrits manuscrites *adj.* 손으로 쓴, 육필의.

-m. 원고, 필사본, 수기, 육필서.

manutenció manutencions *f.* **1** 유지, 관리. **2** 부양, 살림. **3** 보호, 보존.

manxa manxes *f.* **1** 풀무; (대장간의) 커다란 풀무. **2** (타이어 바람 넣는) 기압 펌프.

manxar *intr.* **1** 풀무질하다. **2** (타이어에) 바람을 넣다. **3** (물을) 펌프로 품어 내다. *-tr.* (불을) 풀무질하다.

manxego manxegos *m.* 치즈 만드는 틀.

manxol manxola manxols manxoles *adj.m.f.* 손발이 없는 (사람·동물).

manya manyes *f.* **1** 훌륭한 솜씨, 재주, 재간(destresa). **2** 술책, 책략, 간책. **3** 올가미, 덫.

donar-se manya 속다, 술책에 넘어가다(enginyar-se).

manyà manyana manyans manyanes *m.f.* 자물쇠 제조자·직공(serraller).

manyac manyaga manyacs manyagues *adj.* **1** 순한, 유순한, 온순한(dòcil, mansuet). **2** 부드러운, 사랑스러운, 달콤한. **3** [비유] (말이) 부드러운. **4** (태도·성격 따위가) 조용한, 평온한.

-m.f. **1** [보통 애칭으로 쓰여] 애, 여보, 당신. **2** 새끼 양. **3** 애무, 쓰다듬음; 애정의 표시(carícia).

manyagueria manyagueries *f.* **1** 온순,

얌전함. **2** 인자, 온화, 다정함.
manyoc manyocs *m.* **1** 둥그렇게 만 것, 털실 덩어리. **2** 한 줌, 한 움큼, 한 다발.
manyopa manyopes *f.* =manyopla.
manyopla manyoples *f.* **1** (갑옷의) 토시. **2** 벙어리장갑.
manyós manyosa manyosos manyoses *adj.* **1** 솜씨 있는, 재간이 좋은, 기발한. **2** 교묘한, 교활한(astut).
maó maons *m.* 벽돌.
maoisme maoismes *m.* 마오쩌둥주의; 마오쩌둥의 철학·사상.
mapa mapes *m.* 지도.
mapamundi mapamundis *m.* 세계 지도.
mapar *tr.* **1** 지도를 그리다. **2** (측정한 결과를) 기록하다.
maqueta maquetes *f.* 모형; 스케치, 소묘.
maquetar *tr.* 그리다, 스케치하다, 소묘하다.
maquetista maquetistes *m.f.* 모형 제작자.
maquiavèl·lic maquiavèl·lica maquiavèl·lics maquiavèl·liques *adj.* 권모술수의, 온갖 수단을 가리지 않는.
maquiavel·lisme maquiavel·lismes *m.* 마키아벨리즘; 권모술수.
maquillar *tr.* 화장하다, 메이크업하다.
maquillatge maquillatges *m.* 화장, 메이크업; (연극의) 분장.
màquina màquines *f.* **1** 기계, 공구. *màquina de cosir* 재봉틀. **2** 기관, 엔진, 장치; 조직, 기구. **3** [비유] 음모, 수작. *La màquina del món no s'atura mai* 세상의 음모는 결코 멈추지 않는다. **4** 계획, 기도, 의도. **5** (연극 무대의) 장치, 도구. **6** 공상, 상상. **7** 다수, 풍부. **8** 기관차. **9** 놀라운 발견, 초자연의 힘·인물.
a mitja màquina 어중간하게, 불충분하게, 불완전하게; 속도를 줄여.
a tota màquina 전력을 다해; 전속력으로.
entrar a màquina 인쇄에 들어가다.
escriure a màquina 타자로 치다.
ésser una màquina [비유] (어떤 일을 함에 있어) 굉장한 능력을 가진 사람·것이다.
maquinal maquinals *adj.* 기계에 의한, 기계적인.
maquinar *tr.* **1** 기계로 만들다. **2** [비유] (음모·흉계를) 꾸미다, 꾀하다, 획책하다(planejar).
maquinària maquinàries *f.* **1** [집합] 기계; 기계 설비. **2** 기계학, 기계술. **3** 기구.
maquineta maquinetes *f.* (여러 가지 목적의) 소형 기계, 소형 도구.
maquinisme maquinismes *m.* (근대 공업의) 기계화.
maquinista maquinistes *adj.* maquinisme의.
-*m.f.* **1** 기계공, 기계 기술자. **2** 기관사. **3** (영화·연극의) 촬영기사. **4** 타이프라이터, 타자기.
maquis maquis *m.* (프랑스에서 독일 점령 때의) 독립 운동원, 비밀 운동원.
mar mars *m.[f]* **1** 바다. *la superfície del mar* 바다 표면, 해면. **2** 풍부, 다량, 대량. *una mar de llàgrimes* 눈물바다.
sobre el nivell del mar 해발. *a una altitud de 300 metres sobre el nivell del mar* 해발 300m에.
anar en mar[a la mar] 출항하다; 뱃사람이 되다.
córrer la mar[les mars] 항해하다.
fer-se a la mar =anar en mar.
prendre la mar =anar en mar.
Qui no s'embarca no passa la mar [속담] 호랑이를 잡으려면 호랑이의 굴에 들어가야 한다.
maraca maraques *f.* 마라카[박의 속을 빼내고 안에 돌멩이를 넣은 악기].
maragda maragdes *f.* [광물] 에메랄드.
marasme marasmes *m.* **1** 쇠약, 소모, 무기력. **2** [비유] 침체, 정체.
marató maratons *f.* [스포츠] 마라톤.
maratonià maratoniana maratonians maratonianes *adj.* **1** 마라톤의. **2** [비유] 매우 긴, 장시간의; 매우 심한.
-*m.f.* 마라톤 선수.
marbrar *tr.* (대리석 모양을 본떠) 줄무늬를 넣다.

marbre marbres *m*. 대리석; 대리석 상.
marbrejar *tr*. =marbrar.
marc[1] marcs *m*. **1** 마르크[유로 이전의 독일 화폐 단위]. **2** 마르크[금은의 중량단위, 1 마르크는 230g].
marc[2] marcs *m*. **1** (창문·문간의) 가로대, 테두리. **2** 액자, 사진틀. **3** [비유] 경내, 범위; 가상자리.
març marços *m*. 3월.
marca[1] marques *f*. **1** 표시, 표적(senyal); 기호, 부호, 마크; 각인, 검인. **2** (해안의) 표지. **3** (시험·경기의) 점수, 기록. **4** 회사, 상사. **5** (회사의) 상표, 라벨, 기장, 표장; 상품의 질. **6** (상품·증권의) 이름. **7** 낙인, 꼬리표, 짐표. **8** [비유] 상처(cicatriu). **9** 흔적, 자국; 영향, 감화. **10** 표준, 기준. **11** (사람·동물의) 크기. **12** (국경의) 주; 경계선 변경지.
de marca i) [상업] 메이커의, 질이 좋은; ii) [비유] 매우 훌륭한(molt notable).
marca[2] marques *f*. 국경에 위치한 나라.
marcador marcadora marcadors marcadores *adj*. 표시하는, 기록하는.
-*m.f.* **1** 표시·기록하는 사람. **2** (상품의) 검사원. **3** (인쇄에) 종이를 넣는 직공.
-*m*. (경기의) 득점 표시기.
marcapàs marcapassos *m*. [의학] 페이스메이커, 심장 박동 조절 장치, 맥박 조정기[전기적 자극으로 심장의 고동을 유지하는 장치]; 신경 조정기[두피 속에 전극을 심어 전류를 흐르게 함으로써 신경증의 여러 증상을 제거하는 장치].
marcar *tr*. **1** (...에) 표를 하다, 이름·번호를 찍다, 스탬프를 찍다. **2** 나타내다, 표시하다(indicar). **3** 자국을 남기다; (흔적·오점·흠터 따위를) 남기다. **4** (답안을) 채점하다. **5** (경기의 점수를) 기록하다, 득점하다. **6** 지시·지정하다, 범위를 정하다(assenyalar). **7** 표에 맞추다. **8** (다이얼을) 돌리다. **9** (박자·보조를) 맞추다. **10** (인쇄기에) 종이를 물리다. **11** [해사] (선박의) 위치를 측정하다. **12** [비유] 짐작하다, 추측하다, 헤아리다(presumir).

marcat marcada marcats marcades *adj*. 깊은, 강렬한, 대단한. *demostrar un marcat interès* 깊은 관심을 보이다.
marcenc marcenca marcencs marcenques *adj*. 3월의.
marcià marciana marcians marcianes *adj*. 화성(Mart)의, 화성에 관한.
-*m.f.* 화성인.
marcial marcials *adj*. **1** 군신(軍神)의. **2** 전쟁의, 전쟁에 적합한. **3** 군의, 군사의, 병사의. *llei marcial* 계엄령. *art marcial* 호신술, 격투기. **4** 무사다운, 용감한; 호전적인. **5** [약학] 철분을 함유한.
marcir *tr*. 시들게 하다, 낙엽 지게 하다 (pansir). **-se** 마르다, 시들다(pansir-se); 여위다, 노쇠하다.
marduix marduixos *m*. [식물] 마저럼.
mare mares *f*. **1** 어머니. **2** (동물의) 어미. **3** 모체. **4** (가톨릭의) 수녀. **5** 자궁(úter). **6** [비유] 바탕, 근원, 원천 (origen). **7** 하상(河床), 본류, 원류.
eixir[*sortir*] *de mare* i) (강이) 본류에서 흘러나오다; ii) [비유] 흥에 겨워 과잉 행동을 하다, 흥겨워 날뛰다.
marea marees *f*. 조수.
marea alta[*marea entrant*] 밀물.
marea morta 소조(小潮).
marea baixa[*marea sortint*] 썰물.
maregassa maregasses *f*. 사나운 바다, 성난 바다.
mareig mareigs[marejos] *m*. **1** [의학] 현기증; 멀미. *tenir mareig* 현기증이 나다. **2** [비유] 귀찮음, 불쾌.
marejada marejades *f*. =maregassa.
marejar *tr*. **1** 어지럽게 하다. **2** 귀찮게 하다, 괴롭히다. **3** (배를) 움직이다. **-se 1** 멀미하다, 구토하다. **2** (선하물이) 파손되다. **3** (물이) 썩다.
marejol marejols *m*. **1** 큰 파도 (소리). **2** [방언] 민심의 동요, 소동.
maremàgnum maremàgnums *m*. **1** 풍부, 풍족. **2** 대혼란.
marenda marendes *f*. =maresme.
mare-selva mare-selves *f*. [식물] 인동덩굴.
maresma maresmes *f*. (해변·강변에 있는) 늪지, 소택지.

maresme maresmes *m.* =maresma.
mareta maretes *f.* (잔잔한) 파도 소리; 파도의 움직임.
màrfega màrfegues *f.* **1** 짚방석. **2** 뚱뚱보.
marfil marfils *m.* **1** 상아(vori). **2** (이의) 상아질.
marfull marfulls *m.* [식물] 산수유.
marga margues *f.* [광물] 이회석(泥灰石).
margalida margalides *f.* **1** [방언] =margarina. **2** [식물] 아욱의 일종.
margall margalls *m.* [식물] 야생 보리.
margalló margallons *m.* [식물] 종려의 일종.
margar *tr.* (논에 비료를 주기 위해) 이회석을 넣다.
margarina margarines *f.* 마가린, 인조버터.
marge marges *m.* **1** (길·땅의) 가장자리, 변두리(vora). **2** 강기슭, 강변, 강가. **3** 여백, 난외. **4** [경제] 마진, 판매수익, 이윤, 차익. *marge comercial* 판매 마진. **5** [비유] 틈, 여유. **6** 구실, 기회.
al marge ...밖에; ...외에; ...가장자리에. *mantenir-se al marge d'una discussió* 논쟁 밖에 있다.
margenal margenals *m.* =marge[1].
margenar *tr.* (길·땅 등의) 가장자리를 두다.
marginació marginacions *f.* marginar하는 일.
marginal marginals *adj.* marge의.
marginament marginaments *m.* =marginació.
marginar *tr.* **1** (책에) 난외에 주를 달다. **2** (가장자리에) 여백을 남기다. **3** [비유] 도외시하다, 소외시하다.
marginat marginada marginats marginades *adj.* **1** [식물] 가장자리에 윤곽이 있는 잎의. **2** 소외된, 도외시된, 변두리의.
-m.f. 소외당한 사람, 배제된 사람.
marí marina marins marines *adj.* mar의, mar에 관한.
-m.f. **1** 해군 장교. **2** 선원, 뱃사람.
marià mariana marians marianes *adj.* 성모 마리아(Verge Maria)의, 성모 마리아 숭배의.
marialluïsa marialluïses *f.* [식물] 향나무, 방취목.
maridar *tr.* **1** (여자가) 결혼하다, 시집가다. **2** [비유] 하나가 되게 하다, 융합시키다. *-se* 결혼하다.
maridatge maridatges *m.* **1** 결혼, 혼인. **2** [비유] 결합, 연결, 융합.
marieta marietes *f.* [곤충] 무당벌레.
marihuana marihuanes *f.* 연, 대마초, 마리화나.
marina marines *f.* **1** [군사] 해군. **2** 해사(海事), 해운(업). **3** 선박. **4** 항해술.
marina de guerra 해군.
infanteria de marina 해병대.
marina mercant 상선.
marinada marinades *f.* 바닷바람.
marinar *tr.* (고기를) 소금에 절이다.
marine marines *m.f.ang.* [단·복수동형] **1** (영미의) 해병(대원). **2** *pl.* 해병대.
marinejar *intr.* **1** 선원 티가 나다, 뱃사람 행세를 하다. **2** 바닷바람이 불다.
marinenc marinenca marinencs marinenques *adj.* 바다의.
mariner marinera mariners marineres *adj.* **1** 선원의, 뱃사람의. **2** 해군의, 해상의.
-m.f. **1** 선원, 뱃사람. **2** 해군.
-m. 낙지의 일종.
-f. **1** 해군복, 세일러복. **2** [조류] 댕기물떼새.
a la marinera 뱃사람식으로; 해군식으로.
marineria marineries *f.* **1** [집합] 선원; 해군. **2** 선원 생활.
marinesc marinesca marinescs [marinescos] marinesques *adj.* mariner의.
mariologia mariologies *f.* [종교] 성모 마리아에 관한 연구, 성모 마리아 예찬.
marioneta marionetes *f.* 꼭두각시 인형.
marisc mariscs[mariscos] *m.* **1** [어류] 패류[조개 등 연체동물]. **2** (요리용·) 해산물.
mariscal mariscala mariscals mariscales *m.f.* [군사] 육군 원수, 총통, 합참의장.
marisqueria marisqueries *f.* 해물류 가

marit marits *m*. 남편.
marital maritals *adj*. 남편의; 배우자의. *vida marital* 부부 생활.
marítim marítima marítims marítimes *adj*. 바다의, 해양의, 해사의, 해상의, 선박의.
marmita marmites *f*. (두 개의 손잡이가 달린) 냄비, 솥, 단지.
marmori marmòria marmoris marmòries *adj*. 대리석의.
marmota marmotes *f*. [동물] 마르모트, 마멋.
maroma maromes *f*. 1 굵은 밧줄. 2 줄타기, 곡예.
maror marors *f*. 1 =maregassa. 2 [비유] 루머, 소동, 요란. 3 [비유] 불편(한 심기).
marquès marquesa marquesos marqueses *m.f*. 후작; 후작 부인, 여후작.
marquesina marquesines *f*. (현관의) 차양, 차양 지붕.
marqueteria marqueteries *f*. 상감 세공, 나무짝 세공.
màrqueting màrquetings *m.ang*. [경제] 마케팅; 매매, 시장 출하.
marrà marrana marrans marranes *adj. m.f*. 1 고집 피우는 (아이), 보채는, 칭얼대는 (아이). 2 화내는, 분해내는 (사람). 3 [비유] 돼지 같은, 천박한, 추접한.
-m. 1 종돈(種豚), 씨돼지(verro). 2 종양, 씨양.
marrada marrades *f*. 우회 (길).
marramau marramaus *m*. 암내 낸 고양이의 울음소리.
marrameu marrameus *m*. =marramau.
marranada marranades *f*. =marraneria.
marranejar *intr*. (어린아이가) 불결한 행동을 하다.
marraneria marraneries *f*. 1 화냄, 분해함, 분노, 노여움. 2 불결, 오물; 비열한 짓, 불결한 짓(porcada).
marrar *intr*. 돌다, 우회하다. *-tr*. (길을) 잘못 들다; 실수하다, 빗나가다.
marràs marrassos *m*. 양쪽 날이 있는 도끼.
marrasquí marrasquins *m*. 앵두로 빚은 술.
marrec marrecs *m*. 1 어린 양, 새끼 양(xai). 2 아이, 코흘리개, 어린이, 소년(nen).
marriment marriments *m*. 슬픔, 울적함, 우울함.
marrit marrida marrits marrides *adj*. 슬픔에 잠긴, 울적한, 우울한.
marro¹ marros *m*. 1 (커피의) 앙금, 침전물. 2 [구어] 꼬임, 얽히는 일; 복잡한 문제(embull).
conèixer el marro [구어] 무엇이 무엇인지 안다, 정통하다.
haver-hi marro [구어] 비밀이 있다, 숨겨둔 것이 있다.
marro² marros *m*. (게임 등의) 득점.
marró marrons *adj*. 밤색의.
-m. 밤; 밤색.
marroquineria marroquineries *f*. 벽포점; 벽포 공장.
marruc marrucs *m*. 비둘기 우는 소리 (parrup).
marrucar *intr*. 비둘기가 울다.
marruquejar *intr*. =marrucar.
marsupial marsupials *adj.m*. [동물] 유대류(有袋類)[배에 주머니가 있는 동물]의 (동물).
mart marts *m*. [동물] 담비; 담비의 가죽.
Mart *n.pr*. 1 [천문] 화성. 2 [신화] 군신.
martell martells *m*. 1 망치, 해머; 정, 끌. 2 (피아노의) 조율 추. 3 [어류] 상어의 일종. 4 [해부] 중이(中耳)의 추골. 5 [건축] 건물의 날개.
martelleig martelleigs[martellejos] *m*. 1 martellejar하는 일. 2 [비유] 두근거림, 고동치는 일.
martellejar *tr*. 두들기다, 망치질하다.
martinet martinets *m*. 1 말뚝 박는 기계. 2 (피아노의) 해머. 3 큰 추. 4 [조류] 잿빛 까치.
martingala martingales *f*. 1 (말의) 가슴걸이. 2 [비유] 계책, 간책, 속임수(trampa). 3 부정한 행위, 부정한 돈벌이.
màrtir màrtirs *m.f*. 1 순교자. 2 [비유] (주의·운동 따위의) 희생자; 수난자.

martiri martiris *m.* **1** (종교적 이유의) 순교, 희생. **2** [비유] 수난, 고난, 고통, 고뇌.

martiritzar *tr.* **1** 박해하다. **2** 괴롭히다, 고통을 가하다.

marxa marxes *f.* **1** 진행, 운행; 진전, 진보. *la bona marxa de l'empresa* 회사의 순조로운 운영. **2** (군대 등의) 행진, 행군; 행진곡. **3** 단계, 일정(etapa). **4** (자동차의) 단. **5** [의학] 진행, 경과.
a marxes forçades 강행군으로.
a tota marxa 전속력으로, 전력을 다해.
marxa enrere (자동차의) 후진.
fer marxa enrere 후퇴하다, 물러서다; 마음을 돌이키다, 마음을 고쳐먹다.
obrir la marxa 움직이기 시작하다, 진행하기 시작하다.
posar en marxa 움직이다; 진행하다, 추진하다.
posar-se en marxa 움직이기 시작하다; 떠나다, 출발하다; 진행 중이다.
tancar[cloure] la marxa 진행을 멈추다.

marxamo marxamos *m.* (세관의) 검사필 도장, 통관 필증(서).

marxant marxanta marxants marxantes *m.f.* **1** 상인. **2** [비유] 보잘것없는 작품; 아주 하찮은 물건. **3** [식물] 당비름.

marxapeu marxapeus *m.* **1** [건축] 문지방; (입구의) 문턱. **2** 첫 계단. **3** (자동차의) 발 디딤판, 발걸이. **4** (돛배의) 가로줄. **5** (관람석 상층석 의자의) 발걸이, 디딤판.

marxar *intr.* **1** 가다, 걸어가다(caminar); 나아가다; 행진하다. **2** 진행하다, 진척되다. **3** 행군하다, 진군하다, 전진하다. **4** (기계가) 움직이다. **5** (어디를 향해서) 떠나다, 출발하다(partir). **6** [비유] (일이) 진행되다, 진전되다, 발전되다.
Marxeu! [군사] 앞으로 가!

marxisme marxismes *m.* 마르크스주의 [독일의 경제학자·사회주의자 칼 마르크스의 역사·경제·사회 학설].

marxista marxistes *adj.m.f.* marxisme을 신봉하는 (사람).

mas masos *m.* 농가, 농원, 장원; 농장 내의 별장.

màscara màscares *f.* **1** 탈, 가면, 복면. **2** [연극] 가면·가장무도회, 가면극(mascarada). **3** (검술·야구·양봉가 등이 쓰는) 마스크. **4** 방독면; 산소마스크, 데스마스크; 수중 마스크. **5** 용모, 얼굴, 낯짝. **6** [비유] 가장, 구실. **7** (인쇄의) 불투명 스크린. **8** (사진·영상의 크기를 정하는) 마스크. **9** [전자] 마스크[회로 패턴이 인쇄된 유리판; 직접회로 제조용].
treure[treure's] la màscara 가면을 벗다; 정체를 드러내다.

mascarada mascarades *f.* 가면무도회, 가면극.

mascarar *tr.* 마스크를 쓰다, 가면을 쓰다.

mascle[1] mascles *adj.* 남자의, 남성의.
-m. **1** [동식물] 수컷. **2** 수고리, 수나사.
mascle de roscar [기계] 암나사를 자르는 틀.

mascle[2] mascla mascles mascles *adj.* 남자다운, 씩씩한.

masclejar *intr.* (여자가) 남자같이 하고 다니다.

masclisme masclismes *m.* 남성 우월주의.

masclista masclistes *adj.* 남성 우월주의(자)의.
-m.f. 남성 우월주의자.

mascota mascotes *f.* 수호신; 마스코트, 애완동물.

masculí masculina masculins masculines *adj.* **1** 수컷의. **2** 남성의, 남성다운. **3** [문법] 남성의.

masculinisme masculinismes *m.* (여성의) 남성적인 행위.

masculinització masculinitzacions *f.* (여성의) 남성화.

masegar *tr.* 짓이기다; 상처를 입히다, 피멍이 들게 하다; 때리다, 구타하다.

maseter masetera maseters maseteres *m.f.* masia에서 사는 사람.

masia masies *f.* 농가, 농장(mas).

masmorra masmorres *f.* 지하 감옥.

masoquisme masoquismes *m.* [병리] 피학대 음란증, 마조히즘[이성에게 학대를 받고 쾌감을 느끼는 변태 성욕].

masover masovera masovers masoveres m.f. 식민 지배를 받는 사람; 소작인.

massa masses f. **1** 덩어리, 뭉치, 무더기. **2** 반죽 덩어리. **3** 모임, 일단, 집단. **4** 다수, 대량. **5** [주로 복수로 쓰여] 군중, 대중. **6** 전체, 총체. **7** [물리] 실량; 부피, 크기.
en massa i) 한 덩어리가 되어; ii) 집단적으로; 대량으로; iii) 대체로, 전체로.
massa crítica i) [물리] 임계 질량; ii) [비유] 바람직한 결과를 얻기 위한 충분한 양.

massacrar tr. 대량 학살하다, 살육하다, 도륙하다.

massapà massapans m. **1** 아몬드 빵. **2** (왕후의 세례에 사용하는) 성유 빵.

massatge massatges m. 마사지.
fer massatges 마사지를 하다.

massejar intr. (어떤 것이) 넘쳐나다, 범람하다.

massificar tr. 대량화하다; 대중화하다, 일반화하다.

massilla massilles f. **1** 유리가 떨어지지 않게 받치는 것. **2** 유향 수지(액), 유향수.

massillar tr. massilla1을 바르다.

massís massissa massissos massisses adj. **1** 단단한, 견고한, 강한. **2** (철로) 보강한. **3** 빈 곳이 없는, 빈틈이 없는. **4** (체격이) 튼튼한, (몸매가) 매우 좋은.
-m. (산의) 우뚝한 봉우리.

massissar tr. 단단하게 하다, 견고하게 하다, 보강하다.

massiu massiva massius massives adj. **1** 부피가 큰, 육중한. **2** (용모·체격·정신이) 올찬, 굳센, 당당한. **3** 대중의, 대량의, 집단의. **4** (약 따위가) 정량 이상의. **5** [지질] 괴상의.

màstec màstecs m. =màstic.

mastegall mastegalls m. mastegar한 것.

mastegar tr. **1** 깨물다, 씹어 먹다. **2** [비유] 차근차근 이해시키다. **3** 중얼거리다.

mastegot mastegots m. (손으로) 머리나 얼굴을 때리는 일.

màster màsters m. 석사 과정, 석사 학위.

masticar tr. =mastegar.

mastologia mastologies f. 포유류 동물학.

masturbació masturbacions f. 자위행위, 수음, 마스터베이션.

masturbar tr. 자위행위를 하다.

masurca masurques f. [음악] 마주르카 [폴란드의 경쾌한 춤·춤곡].

mat^1 mats adj. **1** (금은 따위가) 광택이 나지 않는, 윤이 나지 않게 한. **2** 둔탁한, 소리를 없앤.

mat^2 mats m. (장기의) 패; (카드·체스 등의) 외통장군[마지막 상대방을 누르는 으뜸 패].

mata mates f. **1** [식물] 다년생 목질의 풀; 그 줄기; 어린 나무, 관목. **2** (밀·화초의) 그루. **3** 덤불, 풀숲. **4** 숲, 과수림; (강가의) 수풀. **5** 털, 머리털. **6** [식물] 유향나무. **7** [광물] 광피(鑛皮).

mata-degolla, a loc.adv. **1** 살육하기 위해. **2** 원수지간에. *estar a mataegolla* 아주 적대 관계에 있다, 불구대천의 원수다.

matadissa matadisses f. 대량 학살, 살육 행위, 도살 행위.

matador matadora matadors matadores adj.m.f. 죽이는 (사람); (투우에서의) 마타도르.

matafaluga matafalugues f. [식물] 회향.

matafoc matafocs m. 소화기, 불 끄는 도구.

matalasser matalassera matalassers matalasseres m.f. 이불 제조자, 이불 장수.

matament mataments m. 힘든 일, 고된 일.

matamosques matamosques m. 파리채.

matança matances f. **1** 죽이기, 학살, 대학살. **2** 도살; 도살용 돼지.

matancer matancera matancers matanceres m.f. 돼지 도살꾼.

matar [pp: mort morta; matat matada] tr. **1** 죽이다, 살해하다. **2** (불을) 끄다 (extingir). **3** (색·광택을) 지우다. **4** 괴

롭히다, 못살게 굴다, 화를 돋우다 (enutjar). **5** 소인을 찍다. **6** (회사를) 파산시키다. **-se 1** 목숨을 잃다. **2** 자살하다(suïcidar-se). **3** (죽도록) 고생하다, 뼈 빠지게 일하다(escarrassar-se). **4** (남을 위해) 희생하다, 목숨을 바치다(sacrificar-se).
matar de fam[de set] 굶겨 죽이다, 목말라 죽이다.
matar el temps[les hores] [비유] 소일하다.

matarrada matarrades *f.* 살육, 도살, 학살, 대학살.

mateix[1] *pron.* 동일한 사람; 동일한 일, 같은 것. *Sempre fas el mateix* 너는 항상 똑같은 일을 하는구나.

mateix[2] mateixa mateixos mateixes *adj.* **1** [명사 앞에서] 같은, 동일한, 마찬가지의. *Aquest home és el mateix que vaig trobar ahir* 이 사람은 내가 어제 만난 바로 그 사람이다. **2** [강조용법으로 명사 뒤에 쓰여] 바로 그, 그 같은. *L'autobús para al seu mateix carrer* 버스는 바로 그 거리에서 선다. **3** [불변의 형태로 쓰여] 예를 들어, 말하자면. *Podem fer el sopar a casa mateix* 말하자면, 우리는 집으로 저녁을 초대할 수 있다.
així mateix 그와 마찬가지로(de la mateixa manera).
ara mateix 지금 당장, 곧바로.
de la mateixa manera 마찬가지로, 그와 같이.
el mateix 마찬가지, 그만큼, 같은 양.
el mateix que ...과 마찬가지로.
És el mateix[És la mateixa cosa] 상관없다, 마찬가지다.
per això mateix 바로 그 때문에.

matemàtic matemàtica matemàtics matemàtiques *adj.* **1** 수학의, 수학적인, 수리적인. **2** 아주 정확한, 정밀한.
-m.f. 수학자.
-f.pl. 수학.

matèria matèries *f.* **1** 실상, 실물, 본체. **2** 원료, 재료; 자재, 자료. **3** 일, 주제, 제목, 본론; 사항, 항목. **4** 사정, 경우. **5** [의학] 고름, 농. *matèria purulenta* 고름, 농.

en matèria de ...에 관하여.
entrar en matèria 본론에 들어가다, 사건을 다루기 시작하다.

material materials *adj.* **1** 물자의, 물질의, 물질상의, 물질적인. **2** 유형의, 구체적인. **3** 육체적인, 관능적인, 감각적인. **4** 실질적인, 실리적인. **5** 유물론적인.
-m. **1** 성분; 원료, 원재료, 원자재. **2** 기재, 용품, 용구; (기계의) 설비, 기계류. **3** 문서자료. **4** (인쇄의) 원고.

materialisme materialismes *m.* **1** [철학] 유물론, 유물주의. **2** 물질주의, 실질주의, 실리주의; 육체주의.

materialitat materialitats *f.* **1** 실질, 실체, 실상. **2** 외형, 외관.

materialitzar *tr.* **1** 실질적으로 하다, 실체화하다, 물질화하다. **2** 실현하다, 구체화하다.

materialment *adv.* 실질적으로, 실리적으로; 물질적으로, 유형적으로; 본질적으로, 구체적으로.

matern materna materns maternes *adj.* **1** 어머니의; (본능·사랑 등이) 어머니다운, 모성의. **2** 어머니로부터 물려받은, 어머니 쪽의, 모계의. **3** [언어] 모어의.

maternal maternals *adj.* =matern1.

maternitat maternitats *f.* **1** 어머니다움, 모성(애), 어머니가 됨. **2** 분만실.

maternitzar *tr.* 젖을 잘 만들어 내다.

matí matins *m.* 아침, 오전. *Em llevo a les set del matí* 나는 아침 7시에 일어난다.
al matí 아침에, 오전에.
de bon matí 아침 일찍.
de matí 이른 아침에; 아침 일찍.
del matí 아침에, 오전에.
molt de matí =de bon matí.
llevar-se de matí 일찍 일어나다, 새벽을 깨우다.

matinada matinades *f.* 새벽.
de la matinada 새벽에. *M'he despertat a les tres de la matinada* 나는 새벽 3시에 일어났다.

matinal matinals *adj.* 아침의, 새벽의.

matinar *intr.* 일찍 일어나다, 새벽에 일어나다.

matinejar *intr.* =matinar.
matines *f.pl.* [종교] 새벽의 근행.
matís matisos *m.* **1** 색조, 색의 배합. **2** (의미·감정·빛깔·소리 등의) 미묘한 차이, 뉘앙스. **3** [문학] 양상.
matisar *tr.* **1** 배색하다, 색을 배합하다. **2** 색조를 가미하다. **3** [비유] (표현·감정 등을) 두드러지게 하다, 강조하다.
mató matons *m.* 엉긴 우유 덩어리, 연한 치즈.
matoll matolls *m.* 잡초, 덤불.
matollar matollar *m.* =matoll.
matriarca matriarques *f.* 여가장, 여족장.
matriarcat matriarcats *m.* 모계 제도, 여가장제, 여족장제.
matricidi matricidis *m.* 모친 살해.
matrícula matrícules *f.* **1** 등록, 입학; [집합] 등록생. **2** 적, 학적; 등록 서류, 등록 대장. **3** 대장, 등록부, 등기 원부. **4** [선박] 선적(부). **5** (자동차 등의) 번호 대장; 번호 대장 증명서.
matrícula d'honor (성적의) 최우수.
matricular *tr.* **1** 등록하다, 등기하다, 대장에 기입하다. **2** (대학에) 적을 두다; 수강 신청을 하다. **-se** 등록하다; 선적에 들다; 대학에 적을 두다.
matrimoni matrimonis *m.* **1** 결혼, 혼례, 혼인. **2** 부부.
matrimoni civil 민법상의 결혼, 민사 결혼, 법적 혼인 신고.
contreure matrimoni amb (누구와) 결혼하다.
matrimonier matrimoniera matrimoniers matrimonieres *adj.m.f.* 중매하는 (사람).
matriu matrius *f.* **1** [해부] 자궁(úter). **2** [기계] 암나사. **3** [조류] 흰눈썹뜸부기. **4** 원형, 뇌부, 원본; (등사판 따위의) 원지. **5** 주형(鑄型). **6** [수학] 순열.
-adj. **1** 주요한; 근본의, 근원의, 원천의, 으뜸의. **2** 모(母).... **3** 본사의, 본점의. **4** 원본의. **5** 원적의.
matrona matrones *f.* **1** 조산사, 산파. **2** 현모, 정숙한 여자. **3** 살찐 여자.
matrònim matrònims *m.* 모계를 따라 지은 이름.
maturació maturacions *f.* 성숙, 무르익음.
maturitat maturitats *f.* 성숙, 원숙함, 무르익음; 성숙기, 원숙기.
matusser matussera matussers matusseres *adj.* 아무렇게나 만든, 조야한.
matuta matutes *f.* 밀수입, 밀수품.
matutí matutina matutins matutines *adj.* 아침의.
matx matxs *m.* 경기, 게임.
matxet matxets *m.* 큰 칼, 정글용 칼; 낫.
matxucar *tr.* **1** 짓이기다. **2** 토막을 내다, 잘게 자르다.
mau *interj.* 불신을 나타내는 감탄사.
maula maules *f.* 사기꾼; 감언이설, 그럴싸한 말, 꾀는 말.
maurar *tr.* **1** (밀가루를) 반죽하다. **2** (옷을) 짜다, 쥐어짜다.
màuser màusers *m.* 연발 권총.
mausoleu mausoleus *m.* 영묘, 능.
maxil·la maxil·les *f.* [해부] 턱.
maxil·lar maxil·lars *adj.* 턱의.
-m. [해부] 턱뼈.
màxim màxima màxims màximes *adj.* **1** 최상의, 최대의, 최고의. **2** 최대수의. **3** (온도가) 최고점인.
-m. **1** 최대한; 최고액; 극한. **2** [수학] 최대수.
-f. [물리] (온도의) 최고점.
com a màxim 최고로, 최대한도로.
fer el màxim 최대한 잘하다, 할 수 있는 최선을 다하다.
màxima màximes *f.* 격언, 주의, 금언; (도덕적) 방침, 준칙.
maximalisme maximalismes *m.* 급진주의(정책).
maximalista maximalistes *adj.* 급진주의의.
-m.f. [남녀동형] 급진주의자.
maximitzar *tr.* **1** 극대화하다. **2** [수학] 함수의 최고점을 찾다.
màximum màximums *m.* 최대, 최고, 최고액, 극한.
me *pron.* [1인칭의 간접 목적격, 직접목적격] 내게, 나에게; 나를. *Me l'emportaré* 내가 그것을 가져갈게; *Dóna-me'n* 내게 줘라.
meandre meandres *m.* **1** (강·길의) 굽

이, 감돌아 가는 길. **2** [건축] 만(卍)자 무늬, 뇌문(雷紋).
mec meca mecs meques *adj.m.f.* =vedell.
mecànic mecànica mecànics mecàniques *adj.* **1** 기계학의, 역학적인. **2** 기계(상)의, 기계로 만든. **3** 기계적인, 무의식적인(inconscient).
-m.f. 기사, 기계공; 기관사, 운전수.
-f. **1** 역학, 기계학. **2** 기계, 장치, 기구; 내부 기구. **3** 테크닉, 기술, 기교.
mecanisme mecanismes *m.* **1** 기계(장치), 기구, 구조, 구성; 수단, 장치, 메커니즘. **2** [회화][음악] 기법, 기교, 테크닉. **3** [심리] (사고·행동 등을 결정하는) 심리과정. **4** (언어의) 기관, 장치.
mecanitzar *tr.* 기계화하다, 기계적으로 하다. *-se* 기계화되다.
mecanografia mecanografies *f.* 타자(술), 타자기를 침.
mecanografiar *tr.* 타자로 치다.
mecenatge mecenatges *m.* 문예·예술의 보호·육성.
mecenes mecenes *m.* 문예·예술의 보호자·페이트런[어거스트의 총신 메세네스의 이름에서 유래].
medalla medalles *f.* 메달, 상패, 훈장, 기장.
medalló medallons *m.* **1** 큰 상패, 큰 메달. **2** [회화] 원형 부조.
medecina medecines *f.* [구어] 약, 내복약.
medi medis *m.* **1** 분위기, 환경, 활동 세계, 방면, ...계. **2** (생태) 환경.
-m.f. 매개인, 중개인.
mediació mediacions *f.* 중재, 조정, 중개, 개입.
mediador mediadora mediadors mediadores *adj.m.f.* 사이에 끼어드는 (사람), 중재하는 (사람).
medial medials *adj.* 중간의, 중간에 위치한.
mediat mediata mediats mediates *adj.* 중재의, 간접의.
mediatitzar *tr.* 간섭하다, 조정하다, 중재하다. *-se* 간섭하다, 중재하다.
mediatriu mediatrius *f.* [기하] 선분상의 수직선.

mèdic mèdica mèdics mèdiques *adj.* 의학의, 의료의; 의사의.
medicació medicacions *f.* 처방, 투약, 치료, 약물 치료, 요법.
medicament medicaments *m.* 약, 약제, 의약품.
medicar *tr.* (환자에게) 약을 투약하다.
medicina medicines *f.* **1** 의학; 의료, 의술. **2** 약, 약제, 의약품.
medieval medievals *adj.* 중세의; 중세풍의.
medievalisme medievalismes *m.* **1** 중세시대 정신·사조·관습, 중세적 신앙. **2** 중세 문화·역사 연구.
medievalista *m.f.* 중세연구가, 중세 사학자; (예술·종교 따위의) 중세 찬미자.
medievalístic medievalística medievalístics medievalístiques *adj.* 중세에 관한, 중세 연구의, 중세 사학의.
medina medines *f.* 아랍의 도시.
mediocre mediocres *adj.* 보통의, 평범한, 중간 정도의, 뛰어나지 못한.
mediocritat mediocritats *f.* **1** 평범함, 범용, 보통, 중류, 중간정도. **2** 범인, 평범한 사람.
meditació meditacions *f.* 묵상, 명상; 심사숙고.
meditar *tr.* **1** 묵상하다, 명상하다. **2** 숙고하다, 이리저리 궁리하다, 곰곰이 생각하다; (마음속으로) 계획하다. *-intr.* 묵상하다, 명상하다; 깊이 생각하다, 숙고하다. *meditar sobre aquest misteri* 이 미스터리에 대해서 깊이 생각하다.
meditatiu meditativa meditatius meditatives *adj.* 묵상하는, 명상하는, 깊이 생각하는.
mediterrani mediterrània mediterranis mediterrànies *adj.* 지중해(Mediterrània)의, 지중해 연안의.
mèdium mèdiums *m.[f]* 매개, 매체, 매질; 수단, 방편.
medul·la medul·les *f.* **1** [해부] 골, 골수; 척추. **2** [비유] 정수.
medusa meduses *f.* [동물] 해파리.
mefistofèlic mefistofèlica mefistofèlics mefistofèliques *adj.* **1** 메피스토펠레스 [독일 전설에서 파우스트가 혼을 팔았

던 악마]의; 그와 같은. **2** [비유] 악마 적인, 음험한, 온몸이 오싹해지는.
mefitis mefitis *f*. [의학] 악취.
megàfon megàfons *m*. 메가폰, 확성기; 보청기.
megàlit megàlits *m*. 거석, 매우 큰 돌.
megalomania megalomanies *f*. [의학] 과대망상(증).
megascopi megascopis *m*. 확대경.
megatona megatones *f*. 메가톤[핵의 폭발력을 재는 단위; 1메가톤은 티엔티 (TNT) 백만 톤의 폭발력에 상당].
meiosi meiosis *f*. [의학] 성세포·정자의 분리.
meitat meitats *f*. **1** 반, 절반, 2분의 1. **2** [공간적] 중간, 가운데. *Ja som a la meitat del camí* 우린 이제 중간쯤에 왔다. **3** [시간적] 중순에, 중반에. *Vers la meitat del segle XIX* 19세기 중반에. **4** 절반, 반절. **5** 부부, 배우자.
a la meitat de 중간에.
a meitat de preu 절반 가격으로.
meitat i meitat 반반으로.
tallar per la meitat 반으로 자르다.
mel[1] mels *f*. **1** 꿀. **2** (사탕수수의) 즙; 당밀. **3** 달콤한 것.
deixar (algú) *amb la mel a la boc* [비유] (누구한테) 맛만 보이고 도중하차하게 하다.
fer-se de mel 지나치게 다정하다.
mel[2] mels *m*. [고어][방언] 광대뼈.
melancolia melancolies *f*. 우울, 울적함 (malenconia).
melanina melanines *f*. [생물] 멜라닌 색소, 흑색소.
melat melada melats melades *adj*. **1** 꿀 같은, 달콤한. **2** 꿀 빛의, 꿀 색의.
melicotó melicotons *m*. [식물] 복숭아.
melindrejar *intr*. 애교 부리다, 애교 떨다, 알랑거리다.
melic melics *m*. **1** [해부] 배꼽; 탯줄. **2** 중앙, 중심.
melindro melindros *m*. **1** 꿀을 발라 구운 과일. **2** 설탕 친 아몬드 빵. **3** [비유] 애교; 아첨.
fer melindros 으스대다, 우쭐해하다; 애교를 부리다.
melindrós melindrosa melindrosos me-

lindroses *adj*. 아양 떠는, 애교를 부리는.
melissa melisses *f*. [식물] 멜리사.
mel·lífer mel·lífera mel·lífers mel·líferes *adj*. [시어] 달콤한, 꿀맛 같은.
mel·lificar *intr*. 벌이 꿀을 만들다.
mel·liflu mel·líflua mel·liflus mel·líflues *adj*. **1** 꿀이 있는, 꿀 같은. **2** [비유] (표현이) 달콤한.
melmelada melmelades *f*. 잼.
meló melons *m*. [식물] 참외, 멜론. *meló d'aigua*[*d'Alger, de moro*] 수박.
melodia melodies *f*. 멜로디, 선율, 가락, 곡조.
melodiós melodiosa melodiosos melodioses *adj*. 선율적인, 곡조가 아름다운, 음악적인.
melodiosament *adv*. 아름다운 가락으로, 음악적으로.
melodrama melodrames *m*. **1** [연극][음악] 악극, 창극. **2** 멜로드라마, 감동극, (권선징악적인) 통속극.
melomania melomanies *f*. 음악광.
melopea melopees *f*. 작곡법; 낭송, 낭독.
melós melosa melosos meloses *adj*. **1** 달콤한, 꿀맛이 나는. **2** 유순한, 부드러운.
melsa melses *f*. [해부] 비장, 지라.
membrana membranes *f*. **1** [해부] (복막·점막 등의) 얇은 막. **2** 얇은 껍질, 피막. **3** [물리] 진동판.
membrar *tr*. 기억하다.
membre membres *m*. **1** [해부] 팔다리, 수족, 손발; 지체. **2** (단체의) 일원, 멤버, 회원, 단원, 위원, 조합원; 부, 부분. **3** [수학] 항, 변; (집합의) 요소. **4** [문법] 절, 구. **5** [건축] 구재, 부재. **6** [속어] 음경(membre viril)
-m.f. 일원, 단원, 멤버.
memorable memorables *adj*. 기억할 만한, 중요한.
memoràndum memoràndums *m*. **1** 메모, 비망록. **2** (외교상의) 각서. **3** [상업] (위탁 판매) 송장. **4** (조합의) 규약, (회사의) 정관; (거래의) 적요.
memorar *tr*. 기억하다, 새겨 두다.
memoratiu memorativa memoratius me-

moratives *adj.* 기념적인, 기념의, 추념의.
memòria memòries *f.* **1** 기억, 회상, 추억; 기억력; 회상거리. **2** 기념, 기념물. **3** [상업] 상사(商事) 일지; 지출 경비 메모장; 업무 보고서. **4** *pl.* 안부 (인사). *Memòries de part meva a tots els teus germans* 너의 모든 형제들에게 나의 안부를 전해주라. **5** *pl.* 메모지, 비망록. **6** (사건 등의) 조사 보고; 사료; 연구 논문.
en memòria de ...을 기려, ...을 기념하여.
caure de memòria 뒤로 나자빠지다; 기억을 잃다.
caure[anar-se'n, esborrar-se] de la memòria (기억에서) 잊히다.
fer memòria 기억하다.
fer memòria de 기억하다.
fer venir a la memòria 기억하다, 생각해 내다.
venir a la memòria [구어] 기억이 나다, 생각하게 되다.
memorial memorials *m.* **1** 각서, 비망록. **2** (역사의) 기록, 연대기.
memoriós memoriosa memoriosos memorioses *adj.* 기억력이 좋은. *Es una alumna molt memoriosa* 그녀는 매우 기억력이 좋은 학생이다.
memoritzar *tr.* 암기하다, 새겨 두다.
mena menes *f.* **1** [광물] 원광, 금광석. **2** 종, 종류; 유형, 타입. *Tenim diferents menes d'habitatges* 우리는 서로 다른 유형의 집을 갖고 있다. **3** [어류] 지중해산 정어리. **4** 밧줄의 굵기.
de bona mena 질적으로 좋은, 우수한; 가문이 좋은.
de la mateixa mena 같은 성격의, 같은 유형의.
de mena 본래, 천성적으로; 그 자체로.
de tota mena 모든 종류의.
sense cap mena de 전혀 ...도 없이.
tota mena de 모든 종류의.
menar *tr.* **1** 이끌다, 안내하다, 유도하다. **2** (회사를) 운영하다, 경영하다. **3** [농업] 소작하다.
menar pressa 재촉하다, 몰아대다.

menció mencions *f.* 언급, 진술, 상술, 거론; 기술, 기재.
menció honorífica 장려상.
fer menció de ...에 대해 말하다, 언급하다, 거론하다, 진술하다.
mencionar *tr.* 말로 나타내다, 거론하다, 서술하다, 언급하다, 기재하다; 인용하다.
mendicant mendicants *adj.* 구걸하는, 비럭질하는, 동냥하는; 탁발하는.
-m.f. **1** 거지, 걸인, 동냥아치. **2** (가톨릭교회의) 탁발 수사.
mendicar *tr.* **1** 구걸하다, 동냥하다; 시주를 청하다. **2** (사랑을) 애걸하다. *-intr.* 동냥하다.
mener meners *m.* 광산; 갱, 갱도.
menester menesters *m.* **1** 필요, 필수; 필요성. **2** 부족, 결핍; 가난, 곤궁.
fer menester 유용하다, 필요하다. *Si no et faig menester, me'n vaig* 만일 내가 네게 필요 없다면, 난 간다.
haver de menester 1) (누구를) 필요로 하다. *Vine, que t'haig de menester una estona* 잠시 네 도움이 필요하니 좀 와라; 2) (사물을) 필요로 하다. *Hauré de menester molts llibres* 나는 많은 책이 필요할 것이다.
tot fa menester 모든 게 필요하다.
menestral menestrala menestrals menestrales *m.f.* 수공예업자; 직공, 기술자.
menestralenc menestralenca menestralencs menestralenques *adj.* 수업공의, 직공의.
menestralia menestralies *f.* [집합] 수공업자, 직공.
mengera mengeres *f.* 식욕.
mengim mengims *m.* 부스러기, 남은 음식. *fer mengims* 조금 먹다.
mengívol mengívola mengívols mengívoles *adj.* 먹음직스러운, 탐스러운.
menhir menhirs *m.* [역사] 유사 이전의 기념 거석.
meninge meninges *f.* [해부] 뇌막, 수막.
meningitis meningitis *f.* [의학] 뇌막염, 수막염.
menisc meniscs[meniscos] *m.* **1** 초승달

모양의 물건; 초승달 모양의 렌즈. **2** 표면 장력에 의해 요철이 생긴 액체의 면. **3** [해부] (관절 사이의) 연골.
menja menges *f*. 식품, 식량(menjar).
menjable menjables *adj*. 먹을 수 있는.
menjador menjadora menjadors menjadores *adj*. **1** 먹을 수 있는; 먹음직스러운; 식욕이 좋은. **2** 부식하는, 부식성의, 침식성의(corrosiu).
-adj.m.f. 먹는 (사람); 식욕이 좋은 사람, 먹보.
-m. 식당.
-f. (가축들의) 여물통, 모이통.
menjapà menjapans *m.f*. 식객, 들러붙어 먹고사는 사람.
menjar *tr*. **1** 먹다, 씹다(mastegar); 식사를 하다. *menjar a cremadent* 게걸스럽게 먹다, 급히 먹어 치우다. **2** [비유] (서서히) 파먹다, 침식하다. **3** (돈·기름 따위를) 소모하다, 소비하다 (consumir). *El teu cotxe menja molta gasolina* 네 차는 가솔린을 많이 먹는다. **-se 1** 다 먹다, 먹어치우다. **2** 삼키다(devorar). **3** [비유] 식언하다, 말을 지키지 않다. **4** 속을 태우다, 슬프게 하다. **5** 침식하다, 먹어 들어가다 (corroir).
menjar-se (algú) *amb els ulls* 탐욕적으로 바라보다.
menjotejar *intr*. 마지못해 먹다.
menopausa menopauses *f*. 폐경, 폐경기; (여자의) 갱년기.
menopàusic menopàusica menopàusics menopàusiques *adj*. 폐경기의, 갱년기의.
menor menors *adj*. **1** 더 작은, 작은 쪽의. **2** 더 어린, 연하의, 손아래의. **3** 미성년의. *menor d'edat* 미성년의. **4** [음악] 단음계의, 단조의.
-m.f. 미성년자.
-f. [논리] 소전제, 소명제.
menorrea menorrees *f*. =menstruació.
menovell menovells *m*. [해부] 새끼손가락.
menstru menstrus *m*. 생리혈, 경혈.
menstruació menstruacions *f*. 월경.
menstruar *intr*. 경혈이 나오다.
mensual mensuals *adj*. **1** 월 1회의, 달마다의, 매월의. **2** 월간의. *publicació mensual* 월간. **3** 1개월의.
mensualitat mensualitats *f*. 월부, 월부금; 월급.
ment ments *f*. **1** 마음, 정신. **2** 두뇌, 지력. **3** 의지, 사고, 생각, 이해(력).
venir a la ment (어떤 생각이) 마음에 떠오르다, 머리에 떠오르다.
menta mentes *f*. [식물] 박하, 박하초.
mental mentals *adj*. 마음의, 정신의, 정신적인.
mentalitat mentalitats *f*. 정신 (상태), 사고방식; 정신력; 지력, 지능.
mentalitzar *tr*. 정신 무장을 시키다, 정신 상태를 가다듬다.
mentalment *adv*. 정신적으로; 머리를 써서, 지혜를 짜내어.
mentida mentides *f*. 거짓, 거짓말, 허위; 사기, 속임수. *dic mentida* 내가 거짓말을 했다.
mentider mentidera mentiders mentideres *adj.m.f*. 거짓말하는 (사람), 사기치는 (사람), 속이는 (사람).
fer mentider 의혹을 남기다, 의심쩍게 하다.
mentir *intr*. **1** 거짓말하다. **2** 속이다, 사기 치다, 눈속임하다.
fer mentir 부인하다.
mentir per la gola[*pel coll, per la barba*] 뻔뻔스럽게 거짓말하다.
mentó mentons *m*. [해부] 턱, 아래턱.
mentol mentols *m*. [화학] 박하뇌.
mentor mentora mentors mentores *m.f*. 좋은 조언자, 지도 교사.
mentre *conj*. ...하는 동안, ...하는 사이.
mentre que ...하는 반면. *El teu germà és molt obedient, mentre que tu no creus gairebé* 네 동생은 말을 잘 듣는데, 너는 도무지 듣지 않는다.
mentrestant *adv*. 한편, 그 사이에, ...하는 동안에.
menú menús *m*. 메뉴, 식단(표), 차림표.
menudall menudalls *m*. 작은 조각, 파편, 부스러기, 잘게 썬 것.
menudament *adv*. 자세하게, 구체적으로.
menuderies *f.pl*. 단편적인 것, 사소한

menudista menudistes *m.f.* 소매상(detallista).
menuell menuells *m.* =menovell.
menut menuda menuts menudes *adj.* **1** 작은, 조그만. **2** [비유] 사소한, 중요하지 않은, 대수롭지 않은. **3** (가족에서) 작은 아이인, 막내인.
-m.f. **1** 작은 아이, 막내둥이. **2** 어린아이, 소년.
-m.pl. **1** 동전, 잔돈. **2** 내장(entranyes).
a la menuda 소매로.
per menut 자세히, 상세히.
menys¹ *m.* [수학] 빼기, 마이너스.
menys² *adv.* 더 적게, 보다 덜; 보다 못하게.
a menys que ...이 아니라면.
com menys... més ...하지 않을수록 더욱...
el menys 가장 못한; 가장 작은.
menys de ...보다 적은.
menys... que no ...보다 덜·못한. *És menys ric que no et penses* 그는 네가 생각하는 것만큼 부자가 아니다.
no menys que ...만큼, ...과 같은 정도.
anar[venir] a menys 나빠지다, 못되다; 몰락하다; 쇠약해지다, 약해지다.
-adj. 보다 적은, 더 적은 수의.
-prep. ...을 빼고, ...을 제외하고. *Hi són tots menys la Clara* 클라라만 제외하고 다 있다.
tot[qualsevol cosa] menys ...만 제외하고 모든. *Ho té tot menys discreció* 그는 신중한 것만 빼고 모든 걸 갖고 있다.
menyscabar *tr.* **1** 줄이다, 감하다. *menyscabar el seu poder* 그의 권력을 약화하다. **2** 악화시키다. *L'alcohol li menyscaba la salut* 술이 그의 건강을 악화시킨다.
menyscapte menyscaptes *m.* 손해, 손실.
menysprear *tr.* **1** 낮게 평가하다, 가볍게 여기다. **2** 무시하다, 멸시하다, 깔보다, 업신여기다. *Ell menysprea les riqueses* 그는 부를 우습게 여긴다. *-se*

무시당하다, 멸시받다.
menyspreu menyspreus *m.* 경시, 무시, 경멸, 멸시, 업신여김.
mer mera mers meres *adj.* [항상 명사 앞에 쓰여] 단순한, 순전한, 순수한. *Això és una mera hipòtesi* 그것은 하나의 단순한 가정이다.
merament *adv.* 단지, 오직; 단순히.
meravella meravelles *f.* **1** 경이, 불가사의, 경이로운 일·사람. **2** [식물] 금잔화, 분꽃.
a meravella 경이로운, 놀라우리만큼; 매우 잘, 완벽하게.
les set meravelles del món 세계 7대 불가사의.
meravellar *tr.* 놀라게 하다, 경탄케 하다. *-se* 놀라다, 감탄하다.
meravellós meravellosa meravellosos meravelloses *adj.* 놀랄 만한, 대단한, 경탄할 만한.
mercadejar *intr.* 장사하다, 상업하다; 무역하다. *-tr.* 거래를 하다; 교제하다.
mercader mercadera mercaders mercaderes *m.f.* 상인.
mercaderia mercaderies *f.* **1** 거래, 장사. **2** 상품, 화물, 저장품. **3** (가축의) 분비물, 퇴비.
mercant mercants *adj.* 상업의, 무역의.
mercantil mercantils *adj.* **1** 상업의, 무역의. **2** 상업적인, 돈벌이주의의, 장사치 같은, 장삿속의, 상인 근성의.
mercantilisme mercantilismes *m.* **1** 상업주의, 영리주의, 상혼. **2** [경제] 중상주의.
mercantilista mercantilistes *m.f.* [남녀동형] 상업주의자, 중상주의자.
mercantilitzar *tr.* 상업주의로 하다, 상품화하다.
mercat mercats *m.* 시장; 거래, 장사.
a bon mercat 좋은 가격에, 알맞은 가격에.
mercat negre 암시장, 뒷골목 시장.
mercè mercès *f.* **1** (신의) 은혜, 은총, 자비. **2** 온정, 호의. **3** *pl.* 감사. *Grans mercès!* 대단히 감사합니다! **4** [호칭으로 쓰여] *vostra mercè* 귀하, 당신.
a mercè de ...에 의해, ...때문에; ...의 덕택으로.

mercè a Déu 신의 은총으로; 다행히도.
prendre a mercè 자비를 베풀다, 용서를 하다.
tenir (algú) **a la seva mercè** (누구를) 자기 수하에 두다, 충복으로 삼다.

mercedari mercedària mercedaris mercedàries *adj.m.f.* (가톨릭의) 메르세데스 교단의 (수도승).

mercenari mercenària mercenaris mercenàries *adj.* **1** 돈을 목적으로 일하는, 돈을 위한; 고용된.
-m. (외국인) 용병; 고용된 사람; [속어] 돈이라면 무슨 짓이라도 하는 사람.

mercer mercera mercers merceres *m.f.* 잡화상인.

merceria merceries *f.* **1** 잡화상, 일용품상. **2** [집합] 잡화, 일용품.

mercuri *m.* [화학] 수은.

merda merdes *f.* **1** [구어] 인분, 똥. **2** 취기, 얼큰함. **3** [비유] 추한 짓, 더러운 것.
-adj. 뽐내는, 으스대는, 허세부리는.
-m.f. 그러한 사람.
ésser una merda[*ésser una merda seca*] 아무것도 아니다, 쥐뿔도 아니다.
fer el merda 뽐내다, 으스대다, 허세부리다.
Merda![*Quina merda!*] [구어][분노·욕설 등을 표현하는 말] 빌어먹을!, 더러운 것 같으니!, 못된 사람 같으니라고!, 뒈져라!

merder merders *m.* **1** 퇴비장; 쓰레기터. **2** [비유] 떠들썩한 곳, 시장터 같은 곳.
ficar-se en un merder [구어] 곤란한 일에 휘말리다, 귀찮은 일에 빠지다.

merdós merdosa merdosos merdoses *adj.* 더러운, 추접스러운, 지저분한.

mereixedor mereixedora mereixedors mereixedores *adj.* (...)할 자격이 있는, 받아 마땅한, 가치가 있는.

mereixement mereixements *m.* 공, 공적, 공덕; 가치.

merèixer [*pp: merescut merescuda*] *tr.* **1** (상벌을) 받을 만하다, 마땅하다. *Mereix l'admiració de tothom* 모두의 존경을 받을 만하다. **2** (...)의 가치가 있다.
per merèixer 결혼할 적령기가 된, 결혼할 나이가 된.

merenga merengues *f.* 카스텔라; 사탕.

merí merina merins merines *adj.* 메리노종[면양의 일종]의.

meridià meridiana meridians meridianes *adj.* **1** 정오의, 한낮의. *ombra meridiana* 정오의 그림자. **2** [기하] 최고점의, 극점의. **3** 명약관화한.
-m. **1** (지도의) 자오선, 경선. **2** 최고점, 절정, 극점, 전성기.

meridional meridionals *adj.* 남쪽의, 남부의.
-m.f. 남부 사람.

merino merinos *m.* 모슬린[직물의 일종].

mèrit mèrits *m.* **1** 공, 공로, 공훈, 공적; (학교의) 상점(賞點). **2** 장점, 취할 점, 우수함. **3** [비유] 효용, 가치; 진가, 실력. **4** (종교적 의미의) 공덕(功德).
de mèrit (사람, 작품이) 우수한, 훌륭한; 실력, 공적이 있는.
fer mèrits 공덕을 쌓다, 공적을 쌓다; 가치를 높이다.

meritori meritòria meritoris meritòries *adj.* 상을 받을 만한, 칭찬할 만한.

meritós meritosa meritosos meritoses *adj.* 가치가 있는, 대단한.

merla merles *f.* [조류] 구관조.

merovingi merovíngia merovingis merovíngies *adj.* [역사] 메로빙거 왕조[프랑크 왕국 최초의 왕조]의.
-m.f. 메로빙거 왕조에 속한 사람.

mes[1] mesos *m.* **1** 달, 월. *Nasqué el mes passat* 그는 지난달에 태어났다. **2** 월급. **3** [구어] 월경.

mes[2] *conj.* 그러나, 하지만(però).

més *adv.* **1** 보다 더, 더 많이. **2** 더욱 더. **3** [정관사와 함께 최상급에 쓰임] 가장. *És el més vell del poble* 그는 마을에서 가장 나이 많이 드신 분이다. **4** [첨가의 뜻으로 쓰임] *Dos més dos fan quatre* 둘 더하기 둘은 4이다. **5** 다시, 한 번 더. *Després d'això, no crec que hi torni més* 이 다음에는 다시 그것을 하리라고 생각하지 않는다.
al més 더욱 ...하게.

a més[de més, a més a més, de més a més] 아울러, 게다가.
a més de 그 외에도.
com més... més[menys] ...하면 할수록 더욱더 많이[더욱더 적게].
els[les] més 대다수.
encara més 게다가, 더욱이.
més de ...보다 더.
més... del que ...한 것보다 더. *És un noi més llest del que sembla* 그는 보기보다 더 영리한 아이다.
més i més 점점 더, 갈수록 더욱.
més o menys 대략, 약, 그 정도.
més que mai 그 어느 때보다도.
més que més =encara més.
ni més ni menys 더도 덜도 아닌, 정확히.
no... més que 다만, 단지, 다름 아닌. *No fa més que plorar* 그는 단지 울 뿐이다.
per més que 아무리 ...을 많이 할지라도. *Per més que ho intentis, no ho aconseguiràs* 아무리 그것을 네가 시도할지라도 이루지 못할 것이다.
sense més ni més 아무 생각 없이, 당황하여, 지각없이.
si més no 적어도, 최소한(almenys).
-*adj*. 더 많은.
mesa meses *f*. **1** 탁자, 테이블. **2** (총회의) 의장석. **3** (당구의) 한판 승부. **4** (계단의) 층계참. **5** [지질] 우뚝 솟은 대지. **6** [식물] 발아.
mesada mesades *f*. **1** 달, 월. **2** 월급.
mescal mescals *m*. (멕시코의) 용설란 소주.
mescla mescles *f*. **1** 혼합, 배합; 혼합물, 배합물, 혼합제, 배합제. **2** 회반죽. **3** (음의) 조정.
mesclador mescladora mescladors mescladores *adj.m.f*. 혼합하는 (사람).
-*m*. 믹서, 혼합기.
mesclar *tr*. 섞다, 혼합하다(barrejar). -*se* **1** 섞이다, 뒤섞이다. **2** 개입하다, 끼어들다. **3** (혈통이) 혼합되다.
mesell mesella mesells meselles *adj*. **1** [의학] 나병의, 문둥병의. **2** [비유] (아픔·통증에) 무감각한, 둔감한.
-*m.f*. 나병 환자.

mesenteri mesenteris *m*. [해부] 장간막.
mesenteritis mesenteritis *f*. [의학] 장간막염.
mesocarpi mesocarpis *m*. [식물] 중과피, 가운데 열매껍질.
mesocràcia mesocràcies *f*. 중류 계급 우대 정치; 중산 계급.
mesolític mesolítica mesolítics mesolítiques *adj*. 중석기 시대(의).
-*m*. [고고학] 중석기 시대.
mesopotàmic mesopotàmica mesopotàmics mesopotàmiques *adj*. 메소포타미아의.
mesosfera mesosferes *f*. 높이 50-80 km 사이의 대기권.
mesozoic mesozoica mesozoics mesozoiques *adj*. 중생대의, 중생대 암석의.
-*m*. [지질] 중생대.
mesquí mesquina mesquins mesquines *adj*. **1** 인색한(gasiu). **2** 치사한, 야비한. *Aprofitar-se dels febles és una actitud mesquina* 약한 자들을 이용하는 것은 치사한 행위이다. **3** [비유] 불행한, 불운한, 비참한. **4** 가난한, 빈약한, 부족한(escàs).
mesquinejar *intr*. 인색하게 굴다; 치사하게 행동하다.
mesquineria mesquineries *f*. =mesquinesa.
mesquinesa mesquineses *f*. **1** 인색, 노랑이짓. **2** 치사한 일, 야비한 행위. **3** 불행한 일. **4** 가난, 빈약.
mesquita mesquites *f*. **1** 회교 사원. **2** (시골의) 퇴비장; 쓰레기장.
messalina messalines *f*. 타락한 여자, 매춘부.
messes *f.pl*. **1** 익은 곡식. **2** 수확기.
messiànic messiànica messiànics messiàniques *adj*. 메시아의; 구세주와 같은.
messianisme messianismes *m*. **1** [신학] (기독교의) 메시아 신앙, 메시아니즘. **2** (어떤 주의·운동 등의 정당성에 대한) 절대적 지지·신념.
messies messies *m*. **1** [대문자][신학] 메시아, 구세주. **2** [비유] 구원자.
mestallar *tr*. =mesclar.

mestís mestissa mestissos mestisses *adj*. 혼혈의; 교배의.
-m.f. 혼혈아.
-m. (카탈루냐의) 진보적인 성직자.
mestissatge mestissatges *m*. **1** 혼혈; 교배. **2** [집합] 혼혈 인종.
mestral mestrals *m*. 서북(nord-oest); 서북풍.
-adj. 서북풍의.
mestralada mestralades *f*. 서북쪽에서 불어오는 강풍.
mestralejar *intr*. (서북쪽에서) 강풍이 불어오다.
mestrança mestrances *f*. **1** [군사] (해군의) 병기창; (철도의) 차량 공장. **2** [집합] 공작창 조합원.
mestratge mestratges *m*. **1** 숙련, 숙달; 기교, 솜씨. **2** 교사의 직·직책.
mestre[1] mestra mestres mestres *adj*. **1** 솜씨가 좋은, 숙련된. **2** 뛰어난, 훌륭한, 찬탄할 만한. **3** 대표적인, 걸작의. *obra mestre* 걸작. **4** 명인의, 대가의.
-m.f. **1** 교사, 선생. **2** 명인, 명수, 대가. **3** [비유] (어떤 일의) 전문가. **4** (직공의) 스승, 공장장.
mestre[2] mestres *m*. **1** [선박] 주 돛대, 메인마스트. **2** [군사] (군대의) 사령관, 군단장. **3** 보스, 대장. **4** 지휘자. **5** 서북풍 바람.
mestre d'armes 검술교사.
mestre de cerimònies 의전관.
mestrejar *intr*. 선생 노릇하다; 명인처럼 행세하다.
mestressa mestresses *f*. **1** 여주인, 주부. **2** 여교사, 여선생. **3** 여사장, 여비서장; 캡틴[흔히 치켜세워 주는 말].
mestressa de casa 가정주부.
mestretites mestretites *m.f.* 만물박사, 무엇이든지 다 아는 척하는 사람.
mestria mestries *f*. (대가의) 기교, 솜씨.
mestrívol mestrívola mestrívols mestrívoles *adj*. **1** 선생의, 스승의, 스승다운, 권위가 있는. **2** 솜씨가 매우 좋은, 기교가 놀라운.
mesura mesures *f*. **1** 계량, 측정, 측량. **2** 도, 양, 분량. **3** 치수, 크기, 척도, 길이, 사이즈. **4** 계기, 자, 되, 저울. **5** 비율, 비례. **6** 정도, 한도. **7** 대책, 조치, 방책(disposició). *El govern ha adoptat una mesura molt dura* 정부는 매우 강경한 조치를 도입했다. **8** 운율, 리듬. **9** 신중함, 절제(moderació). **10** [음악] 박자, 리듬.
a mesura que ...함에 따라, ...하는 데 따라, ...함과 동시에.
en la mesura del possible 가능한 선에서, 허용하는 한도에서.
sense[fora, ultra] mesura 끝없이, 한없이.
passar de mesura 한계·한도를 넘다, 초과하다, 갈 때까지 가다.
mesurador mesuradora mesuradors mesuradores *adj.m.f.* 재는 (사람), 측정하는 (사람).
mesurament mesuraments *m*. 측정, 측량; 판단.
mesurar *tr*. **1** 재다, 계량하다. **2** [비유] 감안하다(apreciar). **3** 신중하게 생각하다, 신중히 판단하다.
met *m. fer el met* ...인 체하다, ...인 척하다.
meta[1] metes *f*. **1** 결승점, 골인지점. **2** 목적, 목표.
meta[2] metes *f*. [구어] 젖꼭지.
fer metes 젖꼭지를 빨다.
metà *m*. [화학] 메탄(가스).
metàbole metàboles *f*. (특히 증상·질병 등의) 변화.
metabolisme metabolismes *m*. [생물] 신진대사 (작용).
metabòlic metabòlica metabòlics metabòliques *adj*. 신진대사의.
metacarp metacarps *m*. [해부] 장골.
metafisic metafisica metafisics metafisiques *adj*. 형이상학의, 순수 철학적인; 비물질적인; 추상적인, 알기 어려운.
-m.f. 형이상학자, 순수 철학자.
-f. 형이상학.
metàfora metàfores *f*. [수사] 은유(법), 암유.
metafòric metafòrica metafòrics metafòriques *adj*. 은유의, 은유적인, 비유적인.
metaforitzar *intr*. 은유법을 사용하다.

metalingüístic metalingüística metalingüístics metalingüístiques *adj.* [언어] 메타언어의, 언어 분석용 언어의.

metall metalls *m.* **1** 금속, 금속 원소. **2** 놋쇠. **3** [비유] 바탕, 기질, 본질, 성질. **4** (문장(紋章)의) 금은.

metallenguatge metallenguatges *m.* [언어] 메타언어, 언어 분석용 언어.

metàl·lic metàl·lica metàl·lics metàl·liques *adj.* **1** 금속의, 금속제의, 금속질의, 금속성의. **2** 쇳소리가 나는. **3** [비유] 엄한, 냉철한. **4** (화폐가) 경화인, 주화인, 정화인. *-m.* **1** 금속 세공사. **2** 경화, 주화, 정화. **3** 현금.
en metàl·lic 현금으로.

metal·lífer metal·lífera metal·lífers metal·líferes *adj.* 금속을 함유한.

metal·litzar *tr.* **1** 금속화하다, 금속을 입히다. **2** (고무를) 경화시키다.

metal·lúrgia metal·lúrgies *f.* 야금(학), 야금술.

metamorfisme metamorfismes *m.* **1** 변형, 변질; 변태. **2** [지질] 변성 (작용).

metamorfosar *tr.* 변형시키다, 변환시키다.

metamorfosi metamorfosis *f.* **1** 형태의 변화, 변형, 변신. **2** [생물] 변태, 변성, 변질, 변모.

metanol metanols *m.* [화학] 메틸알코올.

metàstasi metàstasis *f.* **1** [의학] 환부 전이. **2** [생물] 신진대사. **3** [음성] 음운의 전환.

metastatitzar *tr.* [의학] 환부를 전이시키다.

metatars metatarsos *m.* [해부] 척골.

metatarsià metatarsiana metatarsians metatarsianes *adj.* 척골의.

metàtesi metàtesis *f.* **1** [음성] 음운의 전환. **2** [화학] 치환.

metatètic metatètica metatètics metatètiques *adj.* 음운 전환의; 치환의.

metempsicosi metempsicosis *f.* 윤회설.

meteor meteors *m.* **1** 유성, 별똥별, 운석. **2** [기상] 대기 현상.

meteòric meteòrica meteòrics meteòriques *adj.* **1** 유성의, 운석의. **2** [비유]

금세 사라지는.

meteorisme meteorismes *m.* [의학] 고창(병).

meteorit meteorits *m.* 유성, 별똥별, 운석.

meteorització meteoritzacions *f.* **1** [의학] 고창병의 발생; (배에) 가스가 참. **2** [기상] (대지에서의) 기상의 영향, 기상 변화 발생.

meteoritzar *tr.* **1** [의학] 고창병이 생기다, (배에) 가스가 차오르다. **2** [기상] 기상변화를 일으키다.

meteoròleg meteoròloga meteoròlegs meteoròlogues *m.f.* 기상학자.

meteorologia meteorologies *f.* 기상학; (어느 지역의) 기상 상태.

metge metgessa metges metgesses *m.f.* **1** 의사, 닥터. *metge militar* 군의관. **2** [비유] 치료제, 약, 처방, 요법. *El temps és el millor metge* 시간이 최고의 약이다.
metge especialista 전문의.
metge forense 공의(公醫), 경찰의(警察醫); 부검 의사.

metgia metgies *f.* 처방, 요법, 치료 방법(remei).

meticulós meticulosa meticulosos meticuloses *adj.* 소심한, 겁 많은; 주눅 든.

meticulosament *adv.* 소심하게, 매우 조심스럽게.

metil metils *m.* [화학] 메틸.

metilè metilens *m.* [화학] 메틸알코올, 메탄올.

metjar *tr.* (환자에게) 투약하다, 처방하다.

mètode mètodes *m.* 방법, 방식, 체계; 순서, 차례, 수속; 교본, 교수법.

metòdic metòdica metòdics metòdiques *adj.* 체계적인, 조직적인; 질서 있는, 규율 바른, 정연한.

metodisme metodismes *m.* (기독교의) 감리교파[18세기에 일어난 기독교 신교의 일파].

metoditzar *tr.* 체계적으로 하다, 방식화하다.

metodologia metodologies *f.* **1** 방법론; 교수법. **2** 방법, 방식, 순서, 형식.

metonímia metonímies f. [수사] 환유, 전유.
metonomàsia metonomàsies f. (사람 이름을) 다른 언어로 바꾸는 일.
metoposcòpia metoposcòpies f. 관상술, 골상학.
metralla metralles f. 연발탄, 산탄; 기관총탄.
metrallador metralladora metralladors metralladores adj. 연발식의, 속사형의.
-m. 기관총 사수.
-f. 기관총, 기관포.
metrallar tr. 기관총을 쏘다, 소사하다.
metralleta metralletes f. metralla의 축소사.
metratge metratges m. 1 미터 측량·계량, 길이. 2 영화 필름의 길이.
metre metres m. 1 미터. 2 미터자, 줄자. 3 (시의) 운율; (음악의) 박자.
mètric mètrica mètrics mètriques adj. 1 미터의; 미터법의. 2 운율의, 운문의, 작시법의.
metritis metritis f. [의학] 자궁염.
metro metros m. 지하철.
metrologia metrologies f. 도량형학.
metromania metromanies f. 작시광(作詩狂).
metrònom metrònoms m. [음악] 메트로놈, 박자기.
metropatia metropaties f. [의학] 자궁통, 자궁염.
metròpoli metròpolis f. 1 (한 나라.지방의) 수도, 서울; [일반적] 대도시. 2 (활동의) 중심지. 3 대주교·대감독 교구. 4 (식민지의) 본국. 5 [생물] (특수한 생물의) 종속(種屬) 중심지.
metropolità metropolitana metropolitans metropolitanes adj. 1 수도의; 대도시의. una ciutat metropolitana 대도시. 2 대주교·대감독 교구의. 3 본산의, 본국의.
-m. 1 대주교가 있는 본당. 2 지하철.
metxa metxes f. 1 심(心)[사물의 중심을 뜻함]. 2 (초의) 심지, 등심. 3 (폭탄의) 신관, 도화선. la metxa del conflicte 갈등의 도화선. 4 [의학] (상처 부위를 감싸는) 거즈 조각. 5 돛대의 꼭대기. 6 나무못, 머리 없는 못. 7 목재를 잘라 이을 때 쓰이는 부분.
metzina metzines f. 독, 독물, 독소; 유해 물질.
meu meva[meua] meus meves[meues] adj. [1인칭 소유형용사] 나의. un oncle meu 나의 숙부; les meves nines 나의 인형들.
-pron. [소유대명사] 나의 것. Aquests llibres són els meus 이 책들은 나의 것이다.
els meus 나의 가족들.
la meva [구어] 의지, 관심.
mèu mèus m. 고양이 울음소리.
mezzosoprano mezzosopranos f.ital. [음악] 메조소프라노.
mi[1] mis m. [음악] 미.
mi[2] pron. [1인칭의 전치사격] Parlaven de mi 그들은 나에 대해 말하곤 했다; A mi no m'agrada gens 난 전혀 마음에 안 든다, 난 싫다.
amb mi 나와 함께.
pel que fa a mi[quant a mi] 나에 관해서는.
per mi mateix 나 자신에 의해서.
miàlgia miàlgies f. [의학] 근육통.
mica miques f. 1 조금, 약간. 2 부스러기, 찌꺼기; 남은 것; 먹다 남은 빵.
al cap d'una mica 조금 후에, 얼마 안 있어.
de mica en mica 점점, 조금씩, 서서히.
d'una mica 하마터면.
d'una mica més 조금 더.
una mica 조금. És una mica salat 조금 짜다.
fer miques [구어] 짓이기다, 산산조각으로 만들다.
-adv. =gens.
cap mica de =gens de.
micet micets m. [식물] 버섯, 균류.
mico micos m. [동물] 원숭이.
fer el mico [구어] 흉내를 내다, 어릿광대짓을 하다.
micologia micologies f. 버섯·균류 식물학.
micosi micosis f. 기생 버섯에 의한 병.
micra micres f. 미크론[1백만분의 1미터].

microbi microbis *m.* [생물] 세균, 미생물, 병원균.
microbicida microbicides *adj.m.* 세균을 죽이는 (것).
microbiòleg microbiòloga microbiòlegs microbiòlogues *m.f.* 세균학자, 미생물학자.
microbiologia microbiologies *f.* 세균학, 미생물학.
microbús microbusos *m.* 소형 버스, 마이크로 버스.
microclima microclimes *m.* [기상] 미기후[지면에 접한 대기층의 기후. 보통 지면에서 1.5 미터 높이 정도까지를 그 대상으로 하며, 농작물의 생장과 밀접한 관계가 있음].
microcosmos microcosmos *m.* 소우주; 소사회, 작은 세계; (우주의) 축도.
microelectrònica microelectròniques *f.* 미량 전자 공학.
microfilm microfilms *m.* 마이크로필름, 축소 사진 필름.
microfilmar *tr.* 마이크로필름으로 만들다.
micròfon micròfons *m.* 마이크로폰, 마이크, 확성기.
micrografia micrografies *f.* 현미경 사진.
micròlit micròlits *m.* [광물] 작은 알맹이.
micròmetre micròmetres *m.* **1** 마이크로미터. **2** (현미경·망원경용의) 측미기, 측미계.
microona microones *f.* [전기] 마이크로 웨이브, 극초단파.
microordinador microordinadors *m.* 마이크로컴퓨터.
microorganisme microorganismes *m.* [생물] 미생물.
microprocessador microprocessadors *m.* 마이크로프로세서.
microscopi microscopis *m.* 현미경.
microscòpia microscòpies *f.* 현미경 검사.
microscòpic microscòpica microscòpics microscòpiques *adj.* **1** 현미경 검사의. **2** (현미경으로 볼 수 있는) 미세한.
mida mides *f.* **1** 측량, 측정; 그 단위. **2** 치수, 크기, 길이, 사이즈. **3** 자, 줄자.

a mida 재어서, 달아서.
fora mida 말도 안 되는 일, 믿을 수 없는 일.
passar de mida 한계·한도를 초과하다.
prendre la mida a 조롱하다, 비웃다.
prendre les mides 대책을 강구하다, 조치를 취하다.
midar *tr.* =amidar.
midó midons *m.* 녹말, 전분.
mielitis mielitis *f.* [의학] 척수염.
mieloma mielomes *m.* [의학] 뼈·골수 종기.
mielopatia mielopaties *f.* [의학] 척추 질환.
mig¹ migs[mitjos] *m.* **1** 중앙, 한복판. *al mig de la plaça* 광장의 한복판에. **2** [수학] 2분의 1(meitat). **3** [스포츠] (경기의) 센터[축구·배구·농구 등에서 중앙 또는 중앙에 선 선수].
al bell mig 바로 한복판에, 바로 정중앙에.
de mig a mig 절반씩, 절반으로; 한복판에; 완전하게, 온전하게.
en mig de ...하는 중에; ...사이에, ...안에; ...에도 불구하고.
sortir del mig 비키다, 옆으로 피하다; 손을 떼다.
tocar-hi de mig a mig 적중하다, 바로 맞히다; 정확히 알아맞히다.
treure del mig 치우다, 제거하다, 쫓아내다.
mig² mitja migs[mitjos] mitges *adj.* **1** 반의, 반절의. **2** 중간의, 중간 정도의, 반쯤의. **3** 평균의, 평균적인. **4** 어중간한, 불완전한(incomplet). **5** [비유] 상당 부분의. *Mitja ciutat quedà a les fosques* 그 도시의 상당 부분이 어둠에 깔렸다.
a mig i) 중간에서, 중도에서; 어중간하게; ii) [동사 원형과 함께 쓰여] ...하다 말고.
a mitges 절반으로, 똑같이; 어중간하게, 불완전하게, 어설프게.
mig³ *adv.* **1** 반은, 절반은. *una ampolla mig plena* 절반이 채워진 병. **2** 어중간하게, 불완전하게, 어설프게(a mitges). **3** 좀, 약간. *Estic mig marejat* 좀 어지럽다.

migdia *mig mig* 전적이지는 않지만.
mig... mig i) [명사 앞에 쓰여] 절반 은... 또 절반의. *mig home mig cavall* 반은 사람이고 반은 말, 반인반수; ii) [동사 앞에서 쓰여 명사구로 전환 가능] ...하면서 또 ...하면서. *mig plorant mig rient* 울면서 웃으면서.
migdia migdies *m*. **1** 정오. **2** 남, 남쪽.
al migdia 정오에.
migdiada migdiades *f*. **1** 한낮. *les xafogoses migdiades d'estiu* 뜨거운 기운이 느껴지는 여름의 한낮. **2** 시에스타[스페인·남미 등에서의 점심 식사 후에 갖는 짧은 휴식].
fer la migdiada 시에스타를 가지다.
migjorn migjorns *m*. =migdia.
migjornada migjornades *f*. 강한 남풍.
migjornejar *intr*. 강한 남풍이 불어오다.
migpartir *tr*. 똑같이 반으로 나누다.
migració migracions *f*. **1** 이주, 이민. **2** (철새의) 이동.
migranya migranyes *f*. [의학] 편두통.
migrar *intr*. **1** 이주하다, 이민하다. **2** (철새가) 이동하다.
migrar-se *prnl*. **1** 애타다, 간장을 녹이다; 지쳐 버리다, 녹초가 되다(consumir-se). **2** 갈망하다, 애타게 원하다.
migrat migrada migrats migrades *adj*. 빈약한, 부족한, 모자라는, 인색한. *un sou migrat* 모자라는 월급.
migtemps migtemps *m*. 봄가을 철, 춘추(entretemps).
un vestit de migtemps 춘추복.
miïtis miïtis *f*. [의학] 근육통.
mil mils *adj*. **1** 천(千)의. **2** 매우 많은, 다량의, 다수의.
-*m*. 천(千).
a mils =a milers.
ni als mils 최후의 심판 날.
milà milans *m*. [조류] 솔개.
milè milena milens milenes *adj*. 1000번째의, 1000분의(mil·lèsim).
-*m*. 1000번째, 1000분의 1.
miler milers *m*. 천(千) 개, 1,000개.
a milers 수천의, 다수의, 무수한, 많이.
milhomes milhomes *m*. [구어] 쓸모없는 남자.
mili milis *f*. [구어] 군대 복무.

miliard miliards *m*. 십억.
milícia milícies *f*. **1** 군, 군사; 병역, 병적, 군적. **2** 민병, 의용군; 무장군.
milícia angèlica[*celestial*] [성서] 천군천사.
milicià miliciana milicians milicianes *adj*. 민병의, 의용군의.
-*m.f.* 민병대, 의용군.
milió milions *m*. **1** 백만. **2** 무수함, 많음.
mil milions 십억.
milionada milionades *f*. **1** =milió. **2** [과장법] 무수히 많음.
milionari milionària milionaris milionàries *adj*. 백만장자의, 대부호의.
-*m.f.* 백만장자, 대부호.
milionèsim milionèsima milionèsims milionèsimes *adj*. 100만 번째의, 100만분의 1의.
-*m*. 100만분의 1.
militància militàncies *f*. **1** 투쟁 운동. **2** (정당·노조 등의) 현역, 운동원; 당원, 조합원.
militant militants *adj*. **1** 투쟁적인, 전투적인, 호전적인. **2** 현역의, 현직의.
-*m.f.* 군인; 전투적인 사람.
militar[1] militars *adj*. **1** 군의, 군대의; 군인의, 군용의; 군사상의. *una intervenció militar* 군사적 개입. **2** 호전적인, 전투적인. **3** 육군의.
-*m*. 군인; 군대, 군부.
militar[2] *intr*. **1** 군인이 되다, 군복무하다; 출정하다. **2** (어떤 단체에) 참가하다.
militarisme militarismes *m*. 군국주의, 무단 정치.
militarització militaritzacions *f*. 군국주의화, 군대화.
militaritzar *tr*. 군국주의화하다, 군대화하다; 군사 교육을 시키다.
mill mills *m*. [식물] 수수.
mill del sol [식물] 율무.
milla milles *f*. 마일.
milla marina[*nàutica*] 노트, 해리.
mil·lenari mil·lenària mil·lenaris mil·lenàries *adj*. **1** [성서] 천년 왕국의, 천년 왕국을 믿는. **2** [고어] 천 번째의, 천분의 일의.
-*m.f.* 천년 왕국을 믿는 신도.

mil·leni mil·lenis *m.* 천 년간.
mil·lèsim mil·lèsima mil·lèsims mil·lèsimes *adj.m.* 천 번째의, 천분의 1의.
-m. 천 번째, 1000분의 1.
mil·ligram mil·ligrams *m.* 밀리그램[기호: mg].
mil·límetre mil·límetres *m.* 밀리미터[기호: mm].
millor millora millors millores *adj.* **1** 더 좋은, 더 나은. **2** ...하는 게 오히려 더 좋은(preferible). *Millor que no se n'adoni* 모르는 게 차라리 더 낫다.
el millor 최고, 가장 좋은 것.
el millor que hi ha 있는 것 중의 가장 좋은 것이다.
és millor així 그게 더 낫다.
no he vist mai res de millor 내 생애에 더 좋은 것을 본 적이 없다.
-adv. **1** 더 좋게, 더 낫게, 더 훌륭하게. **2** 오히려.
ésser millor 더 좋다.
millor així 그게 더 낫다.
molt millor 훨씬 더 나은.
-m.f. 최고, 가장 훌륭한 사람.
millora millores *f.* **1** 개선, 개량. **2** 진보, 호전.
millorança millorances *f.* (병세의) 호전.
millorar *tr.* **1** 좋게 하다, 개선하다, 개량하다. **2** (경매에서) 값을 올리다.
-intr. **1** (병세, 날씨, 직위 따위가) 나아지다, 좋아지다, 호전되다. **2** 개량되다.
milloria millories *f.* 우위, 유리.
mim mims *m.* [연극] 흉내 극, 풍자 희극 (배우).
-m.f. 풍자 희극 배우.
mimar *tr.* [연극] 흉내 내다.
mimesi mimesis *f.* **1** 흉내, 모방. **2** =mimetisme.
mimetisme mimetismes *m.* [동식물] 의태(성).
mímic mímica mímics mímiques *adj.* **1** 흉내 내는. **2** 몸짓으로 하는, 풍자 희극의.
mimosa mimoses *f.* [식물] 미모사, 함수초.
mina mines *f.* **1** 광산. **2** 갱, 갱도; 지하도. **3** 광맥. **4** [비유] 노다지, 보고; 귀한 것. *Aquest arxiu és una mina* 이 자료는 하나의 보고이다. **5** 벌이, 밑천. **6** 지뢰, 수뢰, 기뢰(explosiu). **7** 연필심.
minador minadora minadors minadores *adj.* 갱도를 파는; 지뢰. 수뢰. 기뢰를 부설하는.
-m.f. **1** 갱부, 광산 기사, 광산업자. **2** [군사] 지뢰·기뢰 부설 공병.
minar *tr.* **1** 갱도를 파다. **2** 침식하다, 침해하다(consumir). **3** [군사] 지뢰·수뢰·기뢰를 부설하다. **4** [비유] (건강·행복 등을) 해치다. *La gelosia minava la seva felicitat* 질투가 그의 행복을 갉아 먹었다.
minaret minarets *m.* (회교 사원의) 탑, 첨탑.
miner minera miners mineres *adj.* 광산의, 광업의.
-m.f. 광부, 갱부; 광산업자.
mineral minerals *adj.* **1** 광물(성)의. **2** 광물을 함유한.
-m. **1** 광물, 광석. **2** 광천수, 미네랄워터.
mineralitzar *tr.* 광(물)화하다, 광물이 함유시키다. *-se* 광(물)화하다, 광물이 함유되다.
mineralització mineralitzacions *f.* 광(물)화 (작용).
mineralogia mineralogies *f.* 광물학.
mineralogista mineralogistes *m.f.* 광물학자.
mineria mineries *f.* 광업(계); 채광.
minerva minerves *f.* 소형 인쇄기.
minestra minestres *f.* 고기·야채를 넣은 수프.
mini minis *m.* [광물] 적연, 연단.
miniatura miniatures *f.* **1** [미술] 세밀화, 소화상; 세밀 화법. **2** 축소물, 축소모형. **3** (사본의 그림이나 문자 등의) 채식(彩飾).
miniaturar *tr.* 세밀화를 그리다; 축소 모형을 만들다.
miniaturització miniaturitzacions *f.* 축소 모형 작업.
minifundi minifundis *m.* 영세 농지, 영세 경지.
mínim mínima mínims mínimes *adj.* **1**

minimalisme 최소의, 최저의, 극소의. **2** (가톨릭의) 성 프란체스코파의.
-*m.* **1** 최소, 최저, 최소한(도); 최소량, 최저액. **2** (가톨릭의) 성 프란체스코파의 수도사. **3** [수학] 극소.
-*f.* **1** 미량. **2** [음악] 이분음표. **3** 최저 기온, 최저 압력.
 com a mínim 최소한.
minimalisme minimalismes *m.* 최소주의.
minimitzar *tr.* 최소화하다.
mínimum mínimums *m.* 최소한, 최소치, 최저치, 최소량, 최저액, 최소한도.
ministeri ministeris *m.* **1** 장관의 직책, 재임. **2** [집합] 장관들; 정부, 내각. **3** 부(部), 성(省); 부·성이 있는 건물. **4** 직무, 업무, 일, 봉사.
ministrable ministrables *adj.* [구어] 장관에 임명 가능성이 있는.
ministre ministra ministres ministres *m.f.* **1** 장관, 대신. **2** 집행 위원; 공사. **3** 사제, 목사.
 ministre de Déu 사제, 목사.
 primer ministre 수상, 총리.
 ministre plenipotenciari 전권대사, 전권 공사.
minorar *tr.* 줄이다, 축소하다, 감소하다.
minoria minories *f.* **1** 소수. **2** 소수파, 소수당. **3** 소수 민족. **4** 미성년.
 minoria d'edat 미성년.
 en minoria 소수의, 소수당의, 소수파의.
minoritari minoritària minoritaris minoritàries *adj.* 소수의, 소수당의, 소수파의.
minoritat minoritats *f.* **1** 열등, 하위, 하급. **2** 미성년.
minotaure minotaures *m.* [신화] 미노타로스[그리스 신화에서 사람의 몸에 소의 머리를 한 괴물].
minso minsa minsos minses *adj.* **1** 가느다란, 엷은, 얇은. **2** 얼마 안 되는, 적은, 근소한(escàs). **3** 나약한, 굳세지 못한, 끈질기지 못한(inconsistent).
minúcia minúcies *f.* 작은 일, 사소한 일.
minuciós minuciosa minuciosos minucioses *adj.* 상세한, 자세한, 면밀한.
minuend minuends *m.* [수학] 피감수.

minuet minuets *m.* [음악] 미뉴에트.
minúscul minúscula minúsculs minúscules *adj.* 작은, 조그마한, 소형의.
-*f.* 소문자.
minusvàlid minusvàlida minusvàlids minusvàlides *adj.m.f.* 신체·정신 장애자(의).
minut minuts *m.* (시간·각도의) 분(分). *Són les tres i cinc minuts* 세 시 5분이다.
 de minut en minut[*minut a minut* 시시각각.
minuta minutes *f.* **1** 초고, 초안(esborrany). **2** 각서, 메모, 비망록, 회의록, 의사록. **3** (변호사 등의) 청구서, 계산서.
minutera minuteres *f.* (시계의) 분침.
minvada minvades *f.* **1** 감소, 줄어듦. **2** 쇠퇴. **3** 감가(減價). **4** (인쇄의) 폰트를 줄임. **5** (편물의) 코를 줄임.
minvant minvants *adj.* **1** 줄어드는, 감소하는. **2** (달이) 이지러지는, 하현의. *lluna minvant* 하현달. **3** 약해 가는, 쇠퇴하는.
-*m.* **1** =minvada. **2** 하현달. **3** (문장(紋章)의) 초승달 모양의 장식.
minvar *intr.* **1** 줄어들다, 감소하다(disminuir). *El poder minva més i més* 권력이 점차 줄어들다. **2** (물이) 빠지다. **3** [비유] (신용이) 떨어지다. **4** (달이) 이지러지다. **5** (인쇄에서) 폰트를 줄이다. **6** (편물의) 코를 줄이다.
minyó minyona minyons minyones *m.f.* **1** 아기(infant). **2** 어린아이, 소년(noi). **3** [군사] 보병.
-*f.* 하녀, 시녀(criada).
 minyó de muntanya 산악대원, 산악 스카우트, 산악 탐험가.
minyonejar *intr.* 아이다운 짓·행동을 하다.
minyoneria minyoneries *f.* 아이다운 행동.
minyonia minyonies *f.* **1** 어린 시절, 유년기(infància). **2** =minyoneria..
miocardi miocardis *m.* [해부] 심근.
miocarditis miocarditis *f.* [의학] 심근염.
miol miols *m.* 고양이 울음소리.
miolar *intr.* (고양이가) 야옹야옹 울다.

miologia miologies *f.* 근육학.
mioma miomes *m.* [의학] 근종.
miop miops *adj.* 근시안의; 시력이 약한.
-m.f. 근시안자.
miopia miopies *f.* 근시, 근시안.
mira mires *f.* **1** 바라보는 일, 주시; 전망. *punto de mira* 관점. **2** (측량기의) 눈금 읽는 구멍, 조준기. **3** [주로 복수로 쓰여] 의도, 의사, 의향, 저의. *Tot ho fa amb mires egoistes* 이기적인 생각으로 모든 것을 한다. **4** 목표, 소망. **5** (옛날의) 망루.
posar les mires en una cosa ...을 주시하다; ...을 택하다.
miracle miracles *m.* **1** 기적. **2** 경이; 불가사의한 일·사람; 훌륭한 예. **3** [연극] 기적극[그리스도 또는 성인의 사적(事蹟).이적을 제재로 한 중세의 종교극].
per miracle 예기치 않게, 생각지도 않게; 운이 좋게도; 기적적으로.
miraculós miraculosa miraculosos miraculoses *adj.* 기적적인, 불가사의한, 신기한.
mirada mirades *f.* 바라봄, 보는 일; 시선.
mirador miradora miradors miradores *adj.m.f.* 바라보는·전망하는 (사람).
-m. **1** 망루, 전망대, 조망대, 감시소. **2** (전망이 좋은 언덕 위의) 숙소. **3** 조준기.
mirall miralls *m.* **1** 거울. **2** [비유] 귀감, 본보기, 모범. **3** 반영.
mirall retrovisor 백미러.
mirallejar *intr.* (거울에) 반사하다, 반짝반짝 빛나다.
mirallets *m.pl.* (상대방을 끌기 위한) 거짓 약속.
mirament miraments *m.* **1** 사고, 시각, 바라다보는 방식. **2** 고려, 신중.
sense miraments 생각 없이, 분별없이.
no tenir miraments 신중히 행동하지 않다.
mirar *tr.* **1** 보다, 바라보다. **2** 주시하다, 주목하다, 주의를 기울이다. **3** 관찰하다, 연구하다(observar). **4** 생각하다, 고려하다(considerar). *Mira si tinc raó* 내가 옳은지 잘 생각해보라. **5** (존경하는 마음으로) 바라보다. **6** 호의·중오

심을 품다. **7** 신경을 쓰다, 마음을 쓰다. *Mira de no fer tard* 늦지 않도록 주의하라. *-intr.* **1** 바라보다. *mirar al cel* 하늘을 바라보다. **2** 향해 있다, ...에 위치해 있다. *-se* **1** 서로를 바라보다, 서로 얼굴을 마주 보다. **2** 이해하다, 생각하다.
Així que mira! [구어] 그러니까 있잖아!
ben mirat 주의하여 보면, 자세히 보면, 잘 생각해 보면.
mirar de dalt a baix (누구를) 위아래 훑어보다, 무시하다, 멸시하다.
mirar enrere 회상하다, 뒤를 돌아보다.
mirar per 돌보다, 마음을 쓰다.
mirar prim 신중하다.
mirar-se els uns als altres 서로를 바라보다.
mirar-s'hi 세심한 주의를 기울이다, 공정성을 들이다; 깊이 생각하다.
mira-sol mira-sols *m.* [식물] 해바라기.
mirat mirada mirats mirades *adj.* 주의하는, 조심스러운, 신중한.
miratge miratges *m.* 신기루; 환영.
miríada miríades *f.* **1** 만 명, 만 개. **2** 무수히 많음, 무수한 수.
miriàpodes *m.* [동물] 다족류.
miroia miroies *f.* 시선을 끄는 것, 주시의 대상.
mirra mirres *f.* **1** [약학] 미르라, 몰약. **2** (이집트의) 미라.
mirrar *tr.* 몰약을 타다.
misantrop misantropa misantrops misantropes *adj.* 사람을 싫어하는; 염세적인. *un pessimisme misantrop* 염세주의.
-m.f. 사람을 싫어하는 사람; 염세주의자.
misantropia misantropies *f.* 사람을 싫어함; 염세.
miscel·lani miscel·lània miscel·lanis miscel·lànies *adj.* 잡다한, 잡화의, 여러 가지의.
-f. **1** 잡다, 혼합, 잡동사니. **2** (한 권에 수록된) 문집, 잡록(雜錄), 잡기, 수필
miscible miscibles *adj.* [화학][물리] 혼화하기 쉬운, 혼화할 수 있는.
míser mísera mísers míseres *adj.* =miserable.

miserable miserables adj. 1 불쌍한, 가련한, 불행한, 가엾은, 비참한. *Miserable de mi!* 내 참 비참하구나! 2 초라한, 볼품없는, 보잘것없는(gasiu); 빈약한, 궁핍한. 3 (생활 따위가) 쓰라린, 괴로운; (날씨가) 구질구질한. 4 [비유] 추한, 더러운(menyspreable).
-*m.f.* 가난한 사람, 불쌍한 사람.

miserablement adv. 가엾게, 비참하게, 초라하게.

miserere misereres m. [성서] 나를 가엾게 여기소서[시편에 나오는 구절].

misèria misèries f. 1 (정신적인) 고통, 불행. 2 비참한 신세, 빈곤, 궁핍; 극심한 가난. 3 하찮은 것, 아주 적은 것. 4 인색함, 비열함.
estar a la misèria 비참한 신세다, 극심한 가난을 겪고 있다.
menjar-se'l la misèria [구어] 가난에 시달리다.

misericòrdia misericòrdies f. 1 자비, 긍휼; 자비심, 동정심, 자애심, 측은한 마음. 2 (중세 기사들이 쓴) 마지막 숨통을 끊는 단검(punyal).

misericordiós misericordiosa misericordiosos misericordioses adj. 자비로운, 측은히 여기는, 긍휼히 여기는.

miseriós miseriosa miseriosos miserioses adj. 가련한, 가엾은, 초라한.

misèrrim misèrrima misèrrims misèrrimes adj. 지독히도 가엾은, 몹시 불쌍한, 초라하기 그지없는.

misogàmia misogàmies f. 결혼을 싫어함.

misogin misògina misògins misògines m.f. 여자를 싫어하는 사람.

misogínia misogínies f. 여자를 싫어함.

misoneisme misoneismes m. 변화·유행 배격주의, 새것을 싫어함.

misopèdia misopèdies f. 아이를 싫어함.

missa misses f. 1 미사, 예배. 2 성찬식; 미사 찬가.

missal missals m. (미사용의) 기도문집.

missatge missatges m. 1 메시지, 전갈, 통첩(notícia); 용건. 2 (대통령의) 교서. 3 (설교의) 말씀, 메시지.

missatger missatgera missatgers missatgeres adj. 전언하는, 통신(문)을 전달하는.
-*m.f.* 1 사절, 사신, 사자; 심부름꾼; 통신문을 전달하는 사람. 2 역마차의 마부.

missatgeria missatgeries f. 운수 회사.

míssil míssils m. [군사] 미사일.

missió missions f. 1 임무, 사명. 2 파견단, 사절단, 대표단; 위원회. 3 [종교] 선교, 포교; 선교단, 전도단. 4 전도 구역, 포교 구역. 5 [군사] 특명, 특별임무. 6 (로켓의) 비행 임무; (우주선에 의한) 특무 비행.

missioner missionera missioners missioneres adj. 선교·포교하는.
-*m.f.* 선교사, 전도사.

missiva missives f. 서간, 서한, 편지.

mistela misteles f. 달콤한 술의 일종.

misteri misteris m. 1 신비, 불가사의, 비밀; 신기한 일. 2 비결, 오묘한 수 (secret). 3 (옛 그리스·로마 등지의) 비법, 신비 의식. 4 (기독교의) 성찬식, 성례; 성찬물, 성적, 비적. 5 (탐정·추리 등의) 괴기 소설, 미스터리; 영험기.
no tenir cap misteri 신기한 게 없다.

misteriós misteriosa misteriosos misterioses adj. 신비한, 신기한, 불가사의한.

místic mística místics místiques adj. 1 신비적인, 불가사의한; 비법의, 비전의, 비결의. 2 정신적 상징의. 3 신비설의, 영감의. 4 [문학] 신비 문학의, 종교 문학의.
-*m.f.* 신비가, 신비론자; 종교 문학가.
-*f.* 신비설, 신비교.
-*m.* (지중해의) 범선.

misticisme misticismes m. 1 [종교][철학] 신비주의, 신비설. 2 신비, 현묘.

misticitat misticitats f. 신비로움.

mistificar tr. 속이다, 위조하다.

misto mistos m. 성냥.

mitat mitats f. =meitat.

mite mites m. 1 신화; 전설, 꾸며 낸 이야기. 2 [비유] 전설적인 것·사람. 3 어리석은 신앙.

mitger[1] mitgera mitgers mitgeres adj. 1 중간의, 중간에 위치한. 2 [건축] 사이에 있는. *paret mitger* 중간 벽.

mitger² mitgera mitgers mitgeres *m.f.* 긴 양말을 짜는 직공; 양말을 파는 상인.
mític mítica mítics mítiques *adj.* 신화적인, 전설적인; 꾸며 낸 듯한.
mitificar *tr.* **1** 신화화하다, 전설적인 존재로 만들다. **2** 매우 중요하게 여기다.
mitigar *tr.* 완화하다, 누그러뜨리다, 달래다, 진정시키다, 경감하다, 가라앉히다.
míting mítings *m.ang.* 만남, 모임, 미팅.
mitja mitges [mig의 여성형] *adj.* =mig. -*f.* 긴 양말, 스타킹. *mitja de seda* 실크 스타킹.
mitjà¹ mitjana mitjans mitjanes *adj.* **1** 가운데의, 중간의, 중앙의. **2** 중등 과정의. **3** (나이가) 중년의. **4** (수준이) 중간 정도인, 일반적인, 평범한. **5** [문법] 중간 자음의.
mitjà² mitjans *m.* **1** 중용, 중간. **2** *pl.* (경제적) 수단.
per mitjà de ...에 의해.
mitjans de comunicació 매스컴, 통신 수단.
mitjan, a *loc.prep.* ...의 중간에, ...의 중순 경에. *a mitjan setembre* 9월 중순에; *a mitjan segle XIX* 19세기 중반에.
mitjançant *prop.* **1** ...에 의해, ...을 통하여. *Ho aconseguirà mitjançant el seu ajut* 그의 도움을 통해 그것을 성취할 것이다. **2** ...의 조건으로. *Ho faran mitjançant aquesta paga* 그들은 이것을 지급하는 조건으로 그 일을 할 것이다.
mitjançant que ...하는 조건으로.
mitjançar *intr.* 중재하다, 조정하다.
mitjancer mitjancera mitjancers mitjanceres *adj.* 사이에 드는.
-*m.f.* 중재자, 조정자; 중매인; 중간상.
mitjanceria mitjanceries *f.* 중재, 조정.
mitjania mitjanies *f.* **1** 중간, (계급·생활 등의) 중류. **2** 평범한 일.
a la mitjania i) 도중에, 중간에; ii) (시간적으로) 중간에. *a la mitjania de l'any* 일년의 중반에.
mitjanit mitjanits *f.* 자정, 밤 12시, 한밤.
mitjó mitjons *m.* 양말.

mitologia mitologies *f.* 신화학; [집합] 신화, 신화집.
mitològic mitològica mitològics mitològiques *adj.* 신화의, 신화적인.
mitomania mitomanies *f.* (신화나 이야기를) 꾸며 내는 것을 좋아함, 거짓말쟁이.
mitosi mitosis *f.* [생물] (세포핵의) 유사분열.
mixt mixta mixts[mixtos] mixtes *adj.* **1** 혼합의, 혼성의. **2** 교배의, 잡종의. **3** 혼혈의. **4** (학교가) 남녀 공학의. **5** [음악] 혼성의.
mixtió mixtions *f.* 혼합, 배합; 혼합물.
mixtura mixtures *f.* **1** 혼합, 합성, 배합; 혼합물, 합성품. **2** 혼합약.
mixturar *tr.* 혼합하다, 배합하다.
mnemònic mnemònica mnemònics mnemòniques *adj.* 기억의, 기억하는.
mnemotècnia mnemotècnies *f.* 기억술.
mòbil mòbils *adj.* **1** 이동하는, 움직일 수 있는. *el tèlefon mèbil* 휴대 전화. **2** [군사] 기동하는. **3** 변하기 쉬운, 변덕스러운; 불안정한. **4** (인쇄의) 문자가 바뀌는. **5** [회화] 모빌의.
-*m.* **1** 원동력; 동기, 동인. **2** 동체, 움직이는 것. **3** [회화] 모빌[가느다란 철사나 실 등으로 여러 가지 모양의 금속판이나 나뭇조각을 매달아 균형의 아름다움을 나타낸 조형품].
mobiliari¹ mobiliaris *m.* [집합] 가구.
mobiliari² mobiliària mobiliaris mobiliàries *adj.* 가구의.
mobilitzar *tr.* **1** 동원하다, 기동하다. **2** (산업·자원 등을) 전시체제로 하다. **3** (의견 등을) 결집하다. **4** [경제] (재화 등을) 유통시키다. -*se* (군대 등이) 이동하다, 동원되다.
moblar *tr.* 가구를 비치하다.
moble mobles *adj.* 움직이는, 동산(動産)의.
-*m.* 가구, 세간.
moc¹ mocs *m.* **1** 콧물. **2** 점액. **3** 촛농.
moc² mocs *m.* [식물] 맨드라미.
moca¹ moques *m.* 커피의 일종.
moca² moques *f.* 내장(entranyes).
no tenir moca ni budell [구어] 매우 야위다, 뼈만 앙상하다.

mocador mocadors *m.* **1** 손수건. **2** 어깨걸이, 숄.

mocallós mocallosa mocallosos mocalloses *adj.* 코를 흘리는, 코흘리개의 (mocós).
-*m.f.* 코흘리개; 애송이, 풋내기.

mocar *tr.* **1** 코를 풀다. **2** 초의 심지의 탄 부분을 자르다. **3** (동물의) 내장을 꺼내다. **-se** 코를 풀다.

mocassí mocassins *m.* (북미 인디언이 사용하던) 신발.

moció mocions *f.* **1** 움직임, 활동(moviment). **2** 기울기, 경향. **3** 영감. **4** 동의, 발의; 동의안.

mocós mocosa mocosos mocoses *adj.* **1** 코를 흘리는. **2** [경멸적] 애송이의, 풋내기의.
-*m.f.* 코흘리개, 애송이, 풋내기.

moda modes *f.* 유행, 모드; 옷맵시.
a la moda (최신) 유행의, 유행에 따라서.
de moda 유행의, 유행하는.
l'última moda 최신유행.
passat de moda 유행이 지난, 뒤떨어진.
ésser moda 유행하다.
passar de moda 유행에 뒤지다, 유행이 지나다.
seguir la moda 유행을 따르다.

modal modals *adj.* **1** 유행의. **2** 양식의, 방식의. **3** [문법] 법의.

modalitat modalitats *f.* **1** 방법, 방식. **2** 양식, 형식; (문의) 형태.

mode modes *m.* **1** 방법, 방식, ...법. **2** 양식, 형식, 양태. **3** 태도, 행실. **4** [문법] 법(法). *mode subjuntiu* 접속법. **5** 구, 숙어, 성구. **6** [음악] 선법(旋法); 조(調).

model models *m.* **1** 모형, 원형, 모델. **2** 모범, 본, 거울. **3** 마네킹, 인형. **4** [형용사적] 모범적인, 전형적인. *un pare model* 모범적인 아버지.
-*m.f.* [남녀동형] 모델.

modelar *tr.* **1** (...의) 형을 뜨다, 본을 뜨다. **2** 모양·형태를 갖추다.

modelat modelada modelats modelades *adj.* 본을 떠서 만든.

modèlic modèlica modèlics modèliques *adj.* 모델이 되는, 모범적인, 전형적인.

modelisme modelismes *m.* 모형 제작.

modelista modelistes *m.f.* 모형 제작자.

moderació moderacions *f.* 적당, 알맞음; 중용, 온건, 온화; 절제, 조절; 완화, 경감. *la moderació de les paraules* 말의 절제.

moderador moderadora moderadors moderadores *adj.* 조절하는, 조정하는; 완화하는.
-*m.f.* (토론회·회의 등의) 사회자, 의장.
-*m.* 조절기, 조정기, 모더레이터; 감속재.

moderar *tr.* **1** 조절하다, 조정하다. **2** 절제하다, 억제하다. *moderar les despeses* 소비를 억제하다. **3** 완화하다, 가감하다, 적당히 하다. **-se 1** 조절되다, 완화되다. **2** 자제하다, 억제하다; 분을 참다.

moderat moderada moderats moderades *adj.* **1** 알맞은, 적당한, 어울리는. *el creixement moderat de l'economia* 경제의 알맞은 성장. **2** 절도 있는, 절제 있는, 온건한. **3** (기후가) 온화한.
-*m.f.* [정치] 중도파.

moderato *adv.it.* [음악] 모데라토.

modern moderna moderns modernes *adj.* **1** 근세의, 근대의, 근대적인. **2** 현대의, 현대식의; 최신의.
-*m.pl.* 현대인.
a la moderna 현대식으로; 근대풍으로.

modernament *adv.* 현대식으로.

modernisme modernismes *m.* **1** 현대주의, 현대 사상, 근대주의, 근대 풍. **2** 현대 어법; 현대 양식. **3** [문학][회화] 모더니즘[전통주의에 대립하여 새로운 표현 양식을 추구함].

modernitat modernitats *f.* 현대성, 현대적임; 근대성, 근대정신.

modernitzar *tr.* 현대화하다, 근대화하다.

modest modesta modests[modestos] modestes *adj.* **1** 조심성 있는, 겸손한, 정숙한, 얌전한, 품위 있는. **2** 적당한, 온당한; 삼가는, 수수한(moderat). **3** 적은, 근소한.

modèstia modèsties *f.* **1** 겸손, 겸양; 정숙함, 얌전함. *falsa modèstia* 거짓 겸손. **2** 적당함, 수수함. **3** 근소함.

mòdic mòdica mòdics mòdiques *adj.* 근소한, 소액의, 값싼, 저렴한. *preu mòdic* 저렴한 가격.

modicitat modicitats *f.* (가격·액수 등이) 근소한 것.

modificar *tr.* **1** 수정하다, 변경하다. **2** [문법] 수식하다. **3** 결정하다, 한정하다(determinar). *L'edat modifica el caràcter* 나이가 성격을 결정한다. **-se** 수정되다; 한정되다.

modisme modismes *m.* 관용구, 숙어.

modista modistes *m.f.* 여성복 디자이너.

modisteria modisteries *f.* 여성복 디자이너, 또는 여성복 전문 상점.

mòdul mòduls *m.* **1** (화폐 등의) 직경. **2** 유수 조절기, 양수기, 수량계, 측정기. **3** [물리][수학] 계수, 율. **4** [건축] 기준 치수, 기둥의 반경. **5** [음악] (리듬의) 억양(법). **6** [주로 유럽 지역의 대학에서] 학과 과정이 분할된 이수 단위.

modulació modulacions *f.* **1** [음악] 전조(轉調). **2** (음성·리듬 등의) 억양(법); 조정, 조음. **3** (무전의) 조정, 변조.

modular modulars *adj.* mòdul의.

modular *tr.* **1** 조절하다, 조정하다. **2** (음조·가락 등을) 맞추다. **3** 변조하다, 주파수를 바꾸다.

modus vivendi *m.llat.* **1** 잠정 협정, 타협안. **2** 생활양식.

mofa mofes *f.* 조롱, 우롱, 야유.
fer mofa de 조롱하다, 야유하다, 놀리다.

mofador mofadora mofadors mofadores *adj.m.f.* =mofaire.

mofaire mofaires *adj.m.f.* mofar-se하는 (사람).

mofar-se *prnl.* 조롱하다, 야유하다.

mofeta mofetes *m.f.* 조롱·야유하는 사람.

mogut moguda moguts mogudes *adj.* 움직이는, 가만있지 않는(inquiet).
anar[estar] mogut (성적으로) 몹시 흥분하다.

moix[1] moixos *m.* **1** 고양이(gat). **2** 술취함.

moix[2] moixa moixos moixes *adj.* **1** 구슬픈, 서러운, 서글픈, 허전한. **2** 풀이 죽은, 말이 없는.
-m.f. 풀이 죽은 사람, 기가 죽은 사람.

moixa moixes *f.* 암컷 고양이.
-adj. 술취한(embriaga).

moixoni *interj.* '조용히 하라'는 뜻의 감탄사.
fer moixoni 조용히 하다, 주둥이를 닥치다.

mola moles *f.* **1** 맷돌; 둥그런 숫돌. **2** (맷돌 모양의) 산, (인공의) 동산. **3** [식물] 흰 완두콩.

molada molades *f.* **1** (물감·안료·올리브 등의) 1회 분량. **2** 맷돌에 한번 가는 분량.

molar[1] molars *adj.* **1** 맷돌의. **2** 어금니의.
-f. [해부] 어금니.

molar[2] *tr.* (날을) 세우다, 갈다(esmolar).

molar[3] *tr.* 칭칭 감다, 둘둘 말다(caragolar).

moldre [*pp:* mòlt mòlta] *tr.* **1** (맷돌로) 빻다, (절구로) 찧어 빻다; 가루로 만들다. **2** [비유] 괴롭히다, 못살게 굴다, 진저리나게 하다.

molècula molècules *f.* **1** [물리][화학] 분자, 미분자. **2** [비유] 미세한 것.

moledís moledissa moledissos moledisses *adj.* 빻는, 가루로 만들 수 있는.

molest molesta molests[molestos] molestes *adj.* 귀찮은, 번거로운, 골치 아픈.

molestador molestadora molestadors molestadores *adj.* =molest.

molestar *tr.* 귀찮게 하다, 폐를 끼치다; 애먹이다, 못살게 굴다, 괴롭히다; 아프게 하다, 다치게 하다. **-se** 괴로워하다, 귀찮아하다.

molèstia molèsties *f.* **1** 귀찮음, 불쾌함, 피곤함, 번거로움. **2** 불편(incomoditat).

molí molins *m.* 맷돌, 절구, 제분 기구; 물레방아, 풍차. *molí de vent* 풍차.

molina molines *f.* **1** (물을 사용하는) 큰 톱. **2** 올리브유를 짜는 기계.

moliner molinera moliners molineres *m.f.* 제분업자.

molinet molinets *m.* 소형제분기; 고기를

moll¹ molla molls molles *adj*. **1** 부드러운, 연한, 말랑말랑한(bla, tou). **2** (물에) 흠뻑 젖은. **3** [비유] (술이) 순한, 연한(fluix). **4** (말·사람 등이) 부드러운(suau).
moll de boca[de llengua] 말 많은 사람, 입이 가벼운 사람.
moll² molls *m*. **1** [해부] 골, 골수(medul·la); 척수. **2** 정수.
molla molles *f*. **1** (빵의) 부스러기, 조가리. **2** (과일의) 살; 속, 알맹이. **3** (쇠의) 조각.
mollar mollars *adj*. 연한, 물렁물렁한; 쪼개기 쉬운.
mollenc mollenca mollencs mollenques *adj*. 연한.
mol·lície mol·lícies *f*. **1** 부드러움(blandor). **2** [비유] 편안함, 안락함. **3** [의학] 허약, 연약함.
mol·lificar *tr*. 연하게 하다, 부드럽게 하다(estovar).
mol·lusc mol·luscs[mol·luscos] *m*. [동물] 연체동물; *pl*. 연체동물류.
molsa molses *f*. [식물] 이끼.
molsut molsuda molsuts molsudes *adj*. 이끼의, 이끼가 낀.
molt¹ molta molts moltes *adj*. **1** 많은, 다량의, 흔한, 숱한. *Té molts diners* 그는 돈을 많이 가지고 있다. **2** [전치사 de와 함께 부사적으로 쓰여] 많이. *Ha begut molt de vi* 그는 포도주를 많이 마셨다.
-adv. **1** 많이; 퍽, 극히; 몹시, 대단히; 크게. **2** [시간적] 길게, 오랫동안. **3** 훨씬.
-pron. 많음, 다수; *pl*. 대부분, 많은 사람.
molt més, molt menys 훨씬 더, 훨씬 덜.
mòlta mòltes *f*. **1** 맷돌로 빻는 일; 맷돌에 한번 빻기; 맷돌에 한 번 빻는 분량. **2** 피곤, 피로; 귀찮음, 귀찮은 일.
moltonejar *intr*. =llanejar.
moma momes *f*. **1** 거저 벌어들인 것. **2** [속어] 돈.
moment moments *m*. **1** 순간, 삽시간, 찰나. **2** 때, 시기, 기회; 좋은 기회. **3** 현재, 지금; 현상. **4** (어느 특정의) 시기. **5** [물리] 역률, 능률, ...률.
a cada moment 매 순간.
al[en el] moment de[que, en què] ...할 때에.
d'aquí a un moment 잠시 후에.
de moment 지금은, 현재로선, 당분간은.
de primer moment 처음에는, 애초에는.
en breus moments 잠시 후에는, 조금 있으면, 조만간에.
Un moment! 잠깐!
momentani momentània momentanis momentànies *adj*. 순간적인, 잠깐 사이의, 삽시간의, 덧없는.
mòmia mòmies *f*. **1** 미라. **2** 냉정한 사람, 차가운 사람; [비유] 마른 사람.
momificar *tr*. 미라로 만들다.
mon mos [*f: ma*] *adj.pos*. [1인칭 소유형용사] 나의, 저의. *mon pare i mos germans* 나의 아버지와 나의 형제들.
món mons *m*. **1** 세계, 세상. *fer la volta al món* 세계를 여행하다. **2** 지구(planeta); 대륙. **3** 세상 (사람들); 속세, 이승, 세속. *mig món* 많은 사람들; *el Tercer Món* 제3 세계. **4** [비유] 세계, 사회(societat); ...권, ...계.
arreu del món 모든 곳에, 온 세상에.
l'altre món 저승, 저세상.
tot el món 모든 사람(tothom).
anar-se'n a l'altre[del, d'aquest] món 죽다, 이생과 하직하다, 저세상으로 가다.
El món no va ésser fet en un di [속담] 로마는 하루아침에 이루어지지 않았다; 모든 일에는 인내가 필요하다.
perdre el món de vista 실신하다, 기절하다, 의식을 잃다.
mona mones *f*. **1** [동물] 원숭이. **2** [구어] 익살꾼, 흉내쟁이. **3** 만취, 곤드레만드레 취함(embriaguesa); 주정뱅이. **4** 카드놀이의 일종. **5** 고기 광주리, 다래끼.
agafar una mona [구어] 만취하다, 곤드레만드레 취하다.
dormir la mona 술에 취하다, 잠에 빠지다.

monacal monacals adj. 수도사·승려의.
monacat monacats m. 수도사·승려의 직.
monada monades f. 원숭이 같은 짓; 익살스러운 표정, 바보짓.
 fer monades 원숭이 흉내를 내다; 바보짓을 하다.
monaquisme monaquismes m. 출가; 수도사·승려 생활.
monarca monarques m.f. 군주, 제왕, 주권자.
monarquia monarquies f. 군주국; 군주 제도, 군주 정치, 군주제; 군주 시대.
monarquisme monarquismes m. 군주주의, 군주 정치, 군주제.
monasterial monasterials adj. 수도원의.
monàstic monàstica monàstics monàstiques adj. 1 수도자의, 수도자 같은. 2 수도원의.
moneda monedes f. 1 현금, 통화; 돈, 화폐. 2 재산, 자산.
 moneda corrent 통화, 유통 화폐.
 moneda falsa 위조 화폐.
 moneda feble 연화.
 moneda forta 경화.
 encunyar[batre] moneda 화폐를 주조하다.
 pagar amb la mateix moneda [비유] 같은 수단으로 보복하다.
monedar tr. 화폐를 주조하다.
moneder¹ monedera moneders monederes m.f. 조폐공.
moneder² moneders m. 돈지갑.
monestir monestirs m. 수도원, 승원.
monetari monetària monetaris monetàries adj. 1 화폐의, 통화의, 금전의. 2 금융의, 재정의.
 -m. 화폐·메달의 수집; 화폐·메달을 수집한 진열장·박물관.
monetitzar tr. 화폐로 바꾸다, 현금화하다.
mongeta mongetes f. [식물] 강낭콩의 일종.
mongívol mongívola mongívols mongívoles adj. 수도사·승려의.
mongolisme mongolismes m. [의학] 다운 증후군[염색체 이상으로 생기는 선천성 질환. 몽고인과 비슷한 모양을 보이며, 심장병이나 정신박약 등을 수반함].
moniato moniatos m. [식물] 고구마.
monició monicions f. [법률] 훈계, 경고.
monisme monismes m. [철학] 일원론.
monitor monitora monitors monitores m.f. 권고자, 충고자, 훈계자, 상담자.
 -m. 모니터.
monja monges f. 여수도사, 여승려.
monjo monjos m. 수도사, 승려. *fer-se monjo* 수도사·승려가 되다.
monocarril monocarrils m. 단선 철로.
monocíclic monocíclica monocíclics monocícliques adj. 1 일륜의, 외바퀴의. 2 [화학] 외핵의.
monocle monocles m. 단안, 외눈; 외알 안경, 단안경.
monocràcia monocràcies f. 일인 독재 (정치).
monocrom monocroma monocroms monocromes adj. 단색의; (사진·텔레비전이) 흑백의.
monocromàtic monocromàtica monocromàtics monocromàtiques adj. 1 단색의, 단채의. 2 [의학] 단색성(색각)의. 3 [물리] 아주 좁은 에너지 영역의 입자선으로 이루어지는, 단색성의, 단일 파장의.
monocular monoculars adj. 외눈의.
monocultura monocultures f. [농업] 단작.
monodia monodies f. [음악] 독창곡.
monògam monògama monògams monògames adj. 일부일처의.
monogàmia monogàmies f. 일부일처제, 일부일처주의.
monogin monògina monògins monògines adj. =monògam.
monografia monografies f. 전공 논문, 연구 논문.
monogràfic monogràfica monogràfics monogràfiques adj. 전공 논문의.
monoic monoica monoics monoiques adj. [식물] 암수 꽃 동생(同生)의.
monòleg monòlegs m. 혼잣말, 혼잣소리, 독백.
monolingüe monolingües adj. 단일 언어의(unilingüe).

monòlit monòlits *m*. 하나의 돌로 된 비석, 외기둥.
monologar *intr*. 혼잣말하다, 독백하다.
monomania monomanies *f*. **1** 한 가지 일에만 열중하는 일, 외곬으로 빠짐. **2** [의학] 편집광.
monomaníac monomaníaca monomaníacs monomaníaques *adj.m.f*. **1** 한 가지 일에 빠지는 (사람). **2** 편집광(의).
monomi monomis *m*. [수학] 일항식.
mononuclear mononuclears *adj*. 일핵의.
monopatí monopatins *m*. 스쿠터.
monoplà monoplans *m*. [항공] 단엽 비행기.
monopoli monopolis *m*. 전매(권), 독점(권), 독점 판매.
monopolitzar *tr*. 독점하다.
monorail monorails *m*. 모노레일.
monorim monorima monorims monorimes *adj*. [시어] 단운의, 단운 시의, 각행 동운의.
monosèmic monosèmica monosèmics monosèmiques *adj*. 한 가지 의미를 갖는.
monosíl·lab monosíl·laba monosíl·labs monosíl·labes *adj*. 단음절(어)의. *-m*. 단음절(어).
monosil·làbic monosil·làbica monosil·làbics monosil·làbiques *adj*. =monosíl·lab.
monosperm monosperma monosperms monospermes *adj*. [식물] 단종자의.
monoteisme monoteismes *m*. [종교] 일신교, 유일신교; 일신론.
monòton monòtona monòtons monòtones *adj*. **1** 항상 똑같은, 천편일률적인. **2** 따분한, 단조로운.
monsenyor monsenyors *m*. **1** (옛날 프랑스에서) 왕자·귀족 등에게 붙이는 경어. **2** (이탈리아에서) 높은 사제에게 붙이는 경어.
monsó monsons *m*. [기상] 계절풍, 몬순.
monstre monstres *m*. **1** 괴물, 기형. **2** 거대한 것, 굉장히 큰 사람; [비유] 위인. **3** 악당, 망나니, 몹쓸 사람. **4** [형용사적] 굉장한, 대단한. *una manifestació monstre* 어마어마한 데모.

monstruós monstruosa monstruosos monstruoses *adj*. **1** 괴물 같은, 기괴한. **2** 거대한, 굉장한. **3** 심한, 굉장한, 터무니없는. **4** 극악무도한, 무시무시한.
mont monts *m*. 산, 야산, 삼림, 숲.
montuós montuosa montuosos montuoses *adj*. 산의, 산악 지대의, 산이 많은. *Catalunya és un país montuós* 카탈루냐는 산이 많은 나라이다.
monument monuments *m*. **1** 기념비, 기념 건조물. **2** (역사적) 기념물, 유적. **3** 무덤(sepulcre); 무덤을 덮는 건조물.
monumental monumentals *adj*. **1** 기념비의, 기념건조물의. **2** [비유] 기념비적인, 불후의, 불멸의, 역사적인, 뛰어난, 몹시 훌륭한.
monyeca monyeques *f*. **1** 마네킨. **2** (기름·약 따위를 거르는) 천 조각.
monyó monyons *m*. **1** (팔다리의) 잘린 곳. **2** [기계] 굴대머리, 축받이, 베어링. **3** [해부] 손목. **4** 갈고리, 갈고리 장대.
moquejar *intr*. 코를 흘리다.
moqueta moquetes *f*. 양탄자, 카펫.
mora mores *f*. 지연, 연체.
móra móres *f*. [식물] 오디[뽕나무의 열매].
moradura moradures *f*. [구어] (피하 출혈의) 피멍(equimosi).
moral morals *adj*. **1** 도덕의, 도덕상의, 윤리적인. *educació moral* 윤리 교육. **2** 마음의, 정신적인. **3** 도덕적인, 도의를 지킬 줄 아는, 품행이 단정한. **4** 교훈적인.
-f. **1** 도덕, 도의, 윤리학. **2** [비유] 정신, 기력, 사기.
aixecar la moral 사기를 높이다.
estar baix de moral 사기가 저하되어 있다, 기가 죽어 있다.
moralisme moralismes *m*. 도덕주의, 윤리주의.
moralista moralistes *m.f*. 도덕가.
moralitat moralitats *f*. **1** 도덕, 도의, 도의심, 도덕관. **2** (개인의) 덕행, 덕의, 풍기. **3** (이야기 따위의) 교훈, 교훈극.
moralització moralitzacions *f*. 도덕심 앙양, 교화.

moralitzar *tr.* 도덕심을 앙양하다, 교화시키다.
morat morada morats morades *adj.* 검붉은 색깔의.
-*m.* [의학] 피멍, 혈반, 타박상.
moratori moratòria moratoris moratòries *adj.* 지급 유예의, 지급 정지의.
-*f.* 지급 정지, 지급 유예; 그 기간.
mòrbid mòrbida mòrbids mòrbides *adj.* **1** 병의, 병적인, 질병에 걸린. **2** (병적으로) 음울한.
morbós morbosa morbosos morboses *adj.* **1** 질병의, 병에 걸린. **2** [비유] 병적인; 해로운 것을 좋아하는. *una persona morbosa* 병적인 사람.
mordaç mordaç mordaços mordaces *adj.* **1** 물어뜯는. **2** 부식성의, 부패성의(corrosiu). **3** [비유] 신랄한, 통렬한, 헐뜯는.
mordacitat mordacitats *f.* 신랄함, 통렬함.
mordassa mordasses *f.* **1** (입에 물리는) 재갈. **2** 누름쇠, 죔쇠.
mordent mordents *m.* [화학] 매염제.
morè morena mores morenes *adj.* **1** 갈색의; 가무잡잡한. **2** 갈색 인종의; 흑인의.
-*m.f.* 갈색 인종; 흑인.
morena¹ morenes *f.* [어류] 바닷장어.
morena² morenes *f.* **1** (밀단 따위의) 노적(가리). **2** [의학] 치질. **3** [지질] (빙하의) 돌더미.
moreno morena morenos morenes *adj.* =morè.
morera moreres *f.* [식물] 뽕나무.
moresc moresca morescs[morescos] moresques *adj.m.f.* 무어인[국토 수복 전쟁 후에 스페인에 그대로 남아 개종한 아랍인들](의).
-*m.* [식물] 옥수수.
moreu moreua moreus moreues *adj.* 갈색의; 갈색 인종의; 어두운, 거무스레한, 가무잡잡한.
morfema morfemes *m.* [문법] 형태소[뜻을 나타내는 최소의 언어 단위].
morfina morfines *f.* [화학] 모르핀.
morfologia morfologies *f.* **1** 조직, 형태. **2** [문법] 형태론, 어형론. **3** [생물] 형태학. **4** [지질] 지형학.
morfosintaxi morfosintaxis *f.* [문법] 형태 구문론.
moribund moribunda moribunds moribundes *adj.* **1** 죽어 가는, 임종의, 빈사 상태의. **2** 꺼져 가는, 사라져 가는.
-*m.f.* 죽어 가는 사람, 임종을 맞는 사람.
moridor moridora moridors moridores *adj.* 죽음의, 죽어야 할 운명의, 필멸의, 사라지는. *Tothom és moridor* 모든 사람은 죽는다.
morir [*pp*: mort morta] *intr.* **1** 죽다, 사망하다, 서거하다. *morir jove* 젊어서 죽다. **2** (수명이) 다하다, 없어지다, 사라지다, 꺼지다. **3** 죽을 지경이다, 죽을상이다; 몹시 고통스러워하다. **4** (길·강 등이) 끝나다. *Els rius moren en el mar* 강들은 바다에서 끝이 난다. -*se* **1** 죽다. **2** [비유] (배고픔·웃음 등으로) 죽을 지경이다. *Dóna'm aigua: em moro de set* 내게 물을 다오: 목이 말라 죽겠다. **3** 몹시 ...하고 싶어 하다.
morisc morisca moriscs[moriscos] morisques *adj.m.f.* =moresc.
morma mormes *f.* 손으로 때리기.
mormol mormols *m.* (바람·물 등의) 소리(murmuri).
mormolar[**mormolejar**] *intr.* 속삭이다; 살랑거리다, 졸졸거리다(murmurar).
mormolejar *intr.* =mormolar.
moro mora moros mores *adj.m.f.* 무어인(의).
morós morosa morosos moroses *adj.* **1** 한가로운, 여유 있는, 느긋한. **2** 지연의, 지체의, 지불이 불량한.
morositat morositats *f.* **1** 한가로움, 느긋함. **2** 지연, 지체.
morra morres *f.* 주먹 놀이.
morrada morrades *f.* 콧등을 부딪히는 일.
morral morrals *m.* **1** 자루, 주머니, 배낭. **2** [구어] 천박하게 구는 사람, 멋없이 구는 사람, 야비한 자.
morralejar *intr.* 천박하게 행동하다, 멋없이 굴다.
morrejar *intr.* **1** 입을 뾰로통하게 하고

마시다. **2** [비유] 인상을 찌푸리다.
morrió morrions *m*. **1** (짐승의) 입마개. **2** 챙이 달린 투구, 옛날의 군모.
morro morros *m*. **1** 둥그런 것. **2** 작은 산, 동산. **3** 뾰족한 입. **4** 바위 덩이.
  beure a morro =morrejar.
  ésser del morro tort 성격이 나쁘다.
  fer morros 인상을 찌푸리다, 안색이 안 좋다.
  fregar pels morros 비난하다, 책망하다.
  inflar els morros (누구를) 때리다.
morrot morrots *m*. [지질] (돌출되어 나온) 바위 덩이, 작은 산.
morrotós morrotosa morrotosos morrotoses *adj*. 화를 내는, 성화를 내는, 짜증내는.
morrut morruda morruts morrudes *adj*. **1** (동물이) 주둥이를 내민. **2** [비유] 뾰로통한, 인상을 찌푸리는(malacarós).
morsa morses *f*. [동물] 해마.
mort¹ morts *f*. **1** 죽음, 사망. *mort sobtada* 갑작스런 죽음. **2** [비유] 파멸, 멸망(destrucció). **3** 살해, 살인(homicidi).
  de mort [구어] 죽도록, 격렬하게; 기가 막히게.
  condemnar a mort 사형에 처하다, 사형을 언도하다.
  donar mort 죽이다.
  fer mort i vida (한곳에) 뿌리를 내리다.
  rebre mort 죽다, 살해당하다.
  tornar de mort a vida 다시 살아나다.
mort² morta morts mortes *adj*. **1** 죽은; 살해된. **2** 생기·활기가 없는; 활발하지 못한, 침체된. **3** 광택이 없는. **4** 효력이 없는; 쓸모가 없는. **5** 파멸된, 끝난. **6** [강조적] 죽을 정도의, 아주 좋은. **7** [비유] 파김치가 된, 녹초가 된 (exhaust).
  -*m*. **1** 죽은 사람, 시체. **2** [비유] 쓸모없는 사람·것.
  donar per mort 죽은 것으로 간주하다; 말살하다, 무시하다.
  estar mig mort[*més mort que vi* (두려움·피로 등으로) 초죽음이다, 넋이 나가 있다.
  fer el mort 죽은 체하다, 전혀 움직이지 않다.

mortal mortals *adj*. **1** 죽음의, 죽을 운명의; 임종의. **2** 치사의, 치명적인; 죽을 정도의. **3** 혹독한, 가혹한, 몹시 괴로운. **4** 결정적인. **5** 불구대천의. *un enemic mortal* 불구대천의 원수. **6** 사망에 이르게 하는, 구원할 수 없는.
  -*m.f*. (죽을 운명을 타고 난) 사람, 인간.
mortaldat mortaldats *f*. (전쟁·기아 등으로 인한) 많은 사망자, 대학살.
mortalitat mortalitats *f*. **1** 죽어야 할 운명, 죽음을 면할 수 없음; 시한적 존재. **2** (전쟁·병으로 인한) 대량 사망. **3** 사망률; 사망자 수. **4** (가축의) 폐사율.
mortalla mortalles *f*. 수의(壽衣).
morter morters *m*. **1** 맷돌, 절구통. **2** 박격포. **3** 모르타르, 회반죽.
morterada morterades *f*. **1** (박격포의) 1회 발사하는 포탄. **2** (회반죽의) 1회분.
mortífer mortífera mortífers mortíferes *adj*. 죽음에 이르게 하는, 치명적인, 살인적인.
mortificar *tr*. **1** (정욕·감정 따위를) 억제하다. **2** [비유] 괴롭히다, 못살게 굴다. *El teu menyspreu em mortifica* 너의 멸시가 나를 괴롭게 한다. **3** 안달하게 하다. **4** [의학] 탈저에 걸리게 하다.
mortificat mortificada mortificats mortificades *adj*. 억제하는, 인내하는, 참고 견디는.
mortuori mortuòria mortuoris mortuòries *adj*. 죽은 사람의; 장례의.
mos¹ [소유형용사 meu의 복수형] *adj. pos*. =els meus. *Mos germans ja han sortit* 나의 형제들은 이미 나갔다.
mos² mòssos *m*. **1** 물어뜯기, 씹어대기; 한입거리(mossegada). **2** (마구의) 재갈.
mosaic¹ mosaics 모자이크의.
  -*m*. [회화] 모자이크, 상감 세공, 모자이크 세공.
mosaic² mosaica mosaics mosaiques *adj*. [성서] 모세의. *llei mosaica* 모세의 율법.
mosaïcista mosaïcistes *m.f*. 모자이크 디자이너.

mosca mosques *f.* **1** [곤충] 파리. **2** 파리와 같은 것. **3** (입술 밑의) 잔수염.
afluixar la mosca [구어] 지불하다.
no faria mal a una mosca 매우 착한 마음을 가진.
moscalló moscallons *m.* [곤충] 쇠파리 (tàvec).
moscam moscams *m.* 파리가 모인 곳, 더러운 곳.
moscarda moscardes *f.* [곤충] 실파리.
moscat moscada moscats moscades *adj.* 사향 냄새가 나는.
moscatell moscatells *m.* 사향 포도주.
mosquea mosquees *f.* 회교 사원.
mosquejar *intr.* 파리를 쫓다; 뿌리쳐 버리다.
mosquer mosquers *m.* **1** =moscam. **2** (사람의) 떼, 무리.
mosquet mosquets *m.* (옛날의) 화승총.
mosqueter mosqueters *m.* 화승총 병사.
mosquit mosquits *m.* [곤충] 모기.
mosquitam mosquitams *m.* 모기가 많이 모인 곳.
mosquitera mosquiteres *f.* 모기장.
mossa mosses *f.* **1** 웨이트리스, 웨이터, 종업원. **2** [기계] 장부촉, 장붓구멍.
mossada mossades *f.* 물어뜯음; 한 입, 한입거리(mossegada).
mossam mossams *m.* [집합] 종업원.
mossàrab mossàrabs *adj.m.f.* 모사라베 [무어 왕에게 복종하는 것을 조건으로 신앙을 허락받은 기독교도](의).
mossarabisme mossarabismes *m.* 모사라베의 말·어법.
mossard mossards *m.* 남자아이, 소년.
mossega mossegues *m.f.* [구어] 기회를 놓치지 않는 사람, 이익을 잘 챙기는 사람.
mossegada mossegades *f.* **1** =mossada. **2** 물어뜯음; 그 상처.
mossegaire mossegaires *adj.* mossegar하는.
mossegar *tr.* **1** 물다, 씹다, 깨물다, 물어뜯다. **2** [비유·] 헐뜯다, 비난하다. **3** [구어] 재미를 보다, 이익을 챙기다. **4** 훔치다, 도둑질하다. **-se** 깨물다.
Gos que lladra no mossega [속담] 짖는 개는 물지 않는다.
mosso mossa mossos mosses *m.f.* **1** 젊은이, 청년. **2** 하인, 하녀. **3** 종업원, 웨이터. **4** 농장 노동자. **5** 병사. **6** 삼발이[불에 그릇을 올리기 위해 쓰는 것].
most mosts[mostos] *m.* **1** 포도즙. **2** (열은) 포도주.
mostassa mostasses *f.* (조미료로서의) 겨자.
mostatxo mostatxos *m.* **1** [주로 복수로 쓰여] 콧수염. **2** (배의) 가로 돛 줄.
mostela mosteles *f.* [동물] 족제비.
mostra mostres *f.* **1** 견본, 표본. **2** 간판; 진열품. **3** (그림·글자·디자인 등의) 본보기. **4** (시계의) 글자판. **5** 풍채; 표정, 태도, 거동. **6** 징후, 표적. **7** 햇과일.
fer mostra de 보여 주다; 증거를 보여 주다.
mostrar *tr.* **1** 보이다, 보여 주다, 나타내 보이다. **2** (제스처·몸짓으로) 가리키다. **3** [비유·] 보이다, 증명하다. **-se 1** 보이다, 나타나다. **2** (어떠한) 태도를 보이다.
mostrari mostraris *m.* [집합] 견본, 견본 세트; 견본책, 견본집.
mostrejat mostrejada mostrejats mostrejades *adj.* (천에) 인쇄된, 날염 무늬의.
mot mots *m.* **1** 말, 단어, 어휘. *mots nous* 새 단어들. **2** 언어, 언어 능력. **3** 발언, 발언권. **4** 약속, 구두 약속; 맹세. **5** 말, 대화; 글자. *Li vaig escriure quatre mots* 그에게 몇 줄 편지 썼다. **6** 암호. **7** [음악] 가사.
mot clau 중심 어휘, 키 워드.
mot a mot[mot per mot] 말 그대로, 문자 그대로.
agafar (algú) pel mot (누구에게) 약속을 지키도록 요구하다.
no dir mot 아무 말도 안 하다.
no tornar mot 대꾸를 하지 않다, 대답하지 않다.
sense dir ni un mot 말 한마디 없이.
mota motes *f.* **1** (직물의) 마디. **2** 흠, 결점. **3** 작은 언덕, 높지막한 곳. **4** (물을 막는) 흙 두둑.

motada motades *f.* 모욕적인 말.
motejaire motejaires *adj.m.f.* 모욕하는 (사람).
motejar *tr.* **1** 별명을 붙이다. **2** 모욕하다, 모독하다.
motel motels *m.* 모텔.
motet motets *m.* [기독교] (짧은) 성가.
motí motins *m.* **1** 반란, 폭동. **2** 물고기 떼.
motiu motiva motius motives *adj.* 움직이는; 동기가 되는.
-*m.* **1** 동기, 동인, 행위의 원인(raó). **2** 구실, 변명(pretext). **3** (예술 작품의) 주제, 제재.
amb motiu de ...로 인해, ...한 동기로..
per motius de ... 이유로, ... 때문에.
per motius de salut 건강상의 이유로.
motivar *tr.* **1** 동기를 만들다, 움직이다, 야기하다. **2** (...의) 원인·이유를 설명하다.
motlle motlles *m.* **1** 형, 주형. **2** (인쇄의) 지형, 판. **3** [비유] 모범, 본보기.
motllura motllures *f.* [회화] 조형.
motllurar *tr.* [건축] 사개를 내다.
motlluratge motlluratges *m.* [회화] 조형.
moto motos *f.* [구어] 오토바이.
motocicle motocicles *m.* 오토바이.
motocicleta motocicletes *f.* [motocicle의 축소사] 작은 오토바이.
motociclisme motociclismes *m.* 오토바이 취미; 오토바이 경주.
motocròs motocròs *m.* [스포츠] (울퉁불퉁한 땅에서 하는) 오토바이 경주.
motor motora motors motores *adj.* 운동의, 운동을 일으키는; 발동. 원동의; 움직이게 하는.
-*m.* **1** 원동력; 발동기, 모터, 엔진, 기관. **2** 원인, 동기, 동인. **3** 주도자, 선도자. *En Pere és el motor de l'equip* 뻬드로는 팀의 주도자이다. **4** [부정적] 주동자, 선동자.
motora motores *f.* 주동자, 선동자.
motorista motoristes *m.f.* 오토바이 운전자; 기관사.
motoritzar *tr.* **1** 동력화하다, 기동화하다. **2** 모터를 장치하다; 자동차로 개조하다.
motricitat motricitats *f.* 중추 신경의 원동성.
motriu motrius *adj.* =motora.
motxilla motxilles *f.* 배낭, 짊어지는 가방.
motxo motxa motxos motxes *adj.* 입을 꼭 다문, 꿀 먹은 벙어리 같은, 과묵한 (taciturn).
moure *tr.* **1** 움직이다, 움직이게 하다. *moure els braços* 팔을 움직이다. **2** 꾀다, 충동시키다, 야기하다(suscitar). **3** 유발하다, 마음을 움직이다(incitar). *moure a compassió* 동정심을 유발하다. -'s **1** 움직이다. **2** 감동되다. **3** [비유] (이해관계에 따라) 동요하다, 움직이다.
moure a 감동하다, 마음이 움직이다.
movedís movedissa movedissos movedisses *adj.* **1** 움직이기 쉬운, 이동성의, 기동성의. **2** 마음이 잘 변하는, 끈끈하지 못한. **3** 불안정한.
movible movibles *adj.* 움직일 수 있는; 가동식의.
moviment moviments *m.* **1** 움직임, 동작, 이동; 변동. *lent de moviments* 움직임이 더딘. **2** 활동, 활기. **3** 왕래; 교통. **4** 운행, 운전; 동요, 움직임. **5** 행동, 사조, 동정. *el moviment romàntic* 로맨틱한 행동. **6** [음악] 템포. **7** [천문] (천체의) 운행. **8** [군사] (부대의) 이동. **9** 반란, 폭동(rebel·lió).
en moviment 활동하는, 운행 중인.
mucílag mucílags *m.* **1** [식물] 점액. **2** 고무풀.
mucós mucosa mucosos mucoses *adj.* 끈적끈적한, 점액(성)의, 점액 분비의.
-*f.* [해부] 점막.
mucositat mucositats *f.* 점성, 점액, 끈적끈적한 것.
muda mudes *f.* **1** 변경, 교환. **2** (옷을) 바꿔 입기. **3** [동물] (새의) 탈바꿈, (뱀의) 허물벗기. **4** 변성(기).
mudable mudables *adj.* 부정(不定)의, 변하기 쉬운, 불안정한.
mudada mudades *f.* (콤비·조끼·바지 등으로 구성된) 남자용 정장 한 벌.
mudadís mudadissa mudadissos mudadisses *adj.* 자주 변하는, 변하기 쉬운, 불안정한(inconstant).

mudament adv. 아무 말 없이, 입을 꼭 다물고, 잠자코.
mudar tr. **1** 바꾸다, 변경하다, 교환하다 (canviar). **2** (의견 따위를) 고치다, 바꾸다. **3** (다른 것으로) 대치하다, 대체하다(reemplaçar). **4** (옷을) 갈아입다, 잘 차려입다. **5** (다른 곳으로) 이동하다, 이전하다, 전임하다(traslladar). **6** (동물이) 털갈이하다, 허물을 벗다. -intr. **1** 변하다, 변화하다, 변경하다. **2** 옮기다, 이전하다. -se **1** ...로 변하다, 변형되다. El diable es mudà en serp 마귀가 뱀으로 변했다. **2** 바꿔 입다, 갈아입다; 예쁘게 차려입다. **3** 이사하다, 이전하다.
mudat mudada mudats mudades adj. 잘 차려입은, 외출복으로 입은.
mudèjar mudèjars adj. **1** 무데하르[스페인 치하에서 개종하지 않은 이슬람교도]의. **2** [건축] 무데하르 양식의. -m.f. [남녀동형] 무데하르.
mudesa mudeses f. [의학] 벙어리, 말을 못함; 무언, 침묵.
mugir intr. (소가) 울다; 짓다, 으르렁거리다.
mugit mugits m. (소의) 우는 소리.
mugró mugrons m. [해부] 젖꼭지의 끝.
muguet muguets m. [식물] 은방울꽃.
mújol mújols m. [어류] 숭어(llissa).
mul muls m. [동물] 노새.
mula mules f. [동물] 암노새.
 ésser més tossut que una mula 매우 고집 센.
mulat¹ mulata mulats mulates adj. **1** 물라토[백인과 흑인의 혼혈인]. **2** (일반적으로) 가무잡잡한. -m.f. 백인과 흑인의 혼혈아.
mulat² mulats m. [동물] 새끼 노새.
muleta muletes f. (손발의) 굳은 살, 못, 티눈.
mullader mulladers m. **1** 빗물이 고인 물, 웅덩이 물. **2** [비유] 떠들썩하게 노는 일, 요란을 떠는 일(raons).
 fer mullader a 적시다, 물에 젖게 하다; 물바다로 만들다, 물웅덩이를 만들다(entollar).
mulladiu mulladius m. 습지, 소택지.
mullar tr. **1** 적시다, 젖게 하다. mullar roba 옷을 적시다. **2** (빵 따위를) 푹 적시다. -intr. (사업이) 재미를 보다, 이익을 내다, 톡톡히 한몫을 보다 (sucar). -se (비에) 젖다, 적시다.
mullena mullenes f. 습도; 습기, 촉촉함.
muller mullers f. 여자, 부인, 아내(esposa). marit i muller 남편과 아내.
 prendre muller 결혼하다.
mullerar-se prnl. 여자를 취하다, 결혼하다(amullerar-se).
multa multes f. 벌금, 범칙금, 과료, 과태료; 위약금.
multar tr. 벌금을 과하다, 과태료를 물리다.
multicaule multicaules adj. [식물] 줄기가 많은.
multicel·lular multicel·lulars adj. [생물] 여러 세포로 형성된.
multicolor multicolors adj. 여러 색깔의, 다채로운.
multicopiar tr. 등사기로 복사하다.
multicopista multicopistes f. 등사기, 공판인쇄기.
multiflor multiflora multiflors multiflores adj. [식물] 꽃이 많은.
multiforme multiformes adj. 여러 가지 모양의, 복수 형태의.
multilàter multilàtera multilàters multilàteres adj. 여러 면의, 다변적인, 다자간의, 다국 간의.
multilingüe multilingües adj. 복수 언어의.
multilingüisme multilingüismes m. 복수 언어 사용.
multimèdia multimèdia adj. 복수 매체의. -m. 복수 매체.
multimilionari multimilionària multimilionaris multimilionàries adj.m.f. 억만장자(의).
multinacional multinacionals adj. 다국적의, 다국 간의. -f. 다국적 기업.
multípar multípara multípars multípares adj. 한꺼번에 새끼를 많이 낳는.
multipartit multipartida multipartits multipartides adj. 다양화시킨, 여러 갈래

의.
múltiple[1] múltiples *adj.* 여러 겹으로 된 것의; 복합의, 복수의; 다양한.
múltiple[2] múltipla múltiples múltiples *adj.* 배수의.
-*m.* [수학] 배수. *mínim comú múltiple* 최소 공배수.
multiplicació multiplicacions *f.* 1 증가, 배가; 번식. 2 [수학] 곱셈.
multiplicador multiplicadora multiplicadors multiplicadores *adj.* 1 증가·증식시키는. 2 곱셈의.
-*m.* [수학] 곱수, 승수.
multiplicand multiplicands *m.* [수학] 피승수.
multiplicar *tr.* 1 늘리다, 증가·증식시키다, 몇 곱으로 만들다. 2 [수학] 곱하다. -*se* 증가되다, 증식되다, 배가하다, 불어나다, 번식하다.
multiplicitat multiplicitats *f.* 다양성, 복합성; 다수, 여러 가지.
multipolar multipolars *adj.* 다극의.
multiracial multiracials *adj.* 여러 인종의, 여러 민족의. *societat multiracial* 다인종사회.
multisecular multiseculars *adj.* 수세기의, 수세기에 걸친, 매우 오래된.
multitud multituds *f.* 1 다수, 많음; 무수함. 2 군중, 대중.
la multitud[*les multituds*] [경멸적] 무더기.
multitudinari multitudinària multitudinaris multitudinàries *adj.* 일반 대중의, 군중의; 다수의.
mundà mundana mundans mundanes *adj.* 1 세속의, 속세의, 세속적인(mundanal). 2 가벼운, 경솔한, 경박한.
-*f.* 매춘부, 창녀.
mundial mundials *adj.* 세계의, 세계적인.
munició municions *f.* 1 탄약. 2 *pl.* 군수품, 군수 물자, 군병력.
de munició 하급의, 변변치 못한, 벼락치기로 만든.
municionar *tr.* 탄약을 공급하다, 병력을 보내다.
municipal municipals *adj.* 시·군의, 시제(市制)의, 자치 체제의.

-*m.f.* (시. 읍의) 순경.
municipalitzar *tr.* 시에 귀속시키다, 시의 소유로 하다, 공영화하다.
municipi municipis *m.* 1 시·군; 시·군의 자치구. 2 시청, 군청(ajuntament); 시 의회, 군 의회; 시 당국, 군 당국.
munió munions *f.* 무리, 떼, 다수, 많음.
munir *tr.* =municionar.
munt munts *m.* 1 산, 산악(muntanya). 2 더미, 퇴적, 뭉치, 노적거리(pila).
a munts 엄청 많이, 수북이, 풍부하게, 넘치게.
un munt 다수, 무수, 많음.
fa un munt d'anys 아주 오래 전에.
un munt de 많은.
fa un munt d'anys 매우 오래전에, 수해 전에.
muntà muntana muntans muntanes *adj.* =muntanyà.
muntacàrregues muntacàrregues *m.* 기중기; 화물용 엘리베이터.
muntada muntades *f.* 1 타기, 올라타기 (pujada). 2 승마.
muntador[1] muntadors *m.* (승마용) 발판.
muntador[2] muntadora muntadors muntadores *adj.* 1 오르는, 올라타는. 2 (기계를) 조립하는, 설치하는.
-*m.f.* (기계 등의) 조립공, 설치공.
muntanya muntanyes *f.* 1 산, 산악. 2 산지, 산속. 3 [비유] 난처한 일, 어려운 일. *Aquesta visita se'm fa una muntanya* 이번 방문은 나에게 힘든 일이다. 4 많음, 다수.
muntanyà muntanyana muntanyans muntanyanes *adj.* =muntanyenc.
muntanyenc muntanyenca muntanyencs muntanyenques *adj.* 1 산의; 산이 많은. 2 산지의, 산악 지대의, 산악 지방의.
-*m.f.* 등산가, 산사람.
muntanyès muntanyesa muntanyesos muntanyeses *adj.m.f.* =muntanyenc.
muntanyisme muntanyismes *m.* 등산.
muntar *intr.* 1 오르다, 올라가다(pujar). 2 (탈것에) 타다, 오르다. *muntar en una barca* 배에 오르다. 3 말을 타다, 말을 달리다. *En Joan munta molt bé* 조안은 말을 매우 잘 탄다. -*tr.* 1 (말

을) 타다. **2** (수컷이 암컷의) 위로 올라타다, 교미하다. **3** (보석을) 박다, 끼우다. **4** (총의) 방아쇠를 걸다; (포를) 장치하다. **5** (영화를) 편집하다; 몽타주를 만들다. **6** (기계를) 설치하다, 조립하다. **7** [비유] (사업 등을) 시작하다.
muntatge muntatges *m.* **1** (기계의) 설치, 조립. *el muntatge d'exposicions* 전시회 설치. **2** (영화의) 편집. **3** 몽타주. **4** (가축의) 통행세. **5** [비유] 거짓, 꾸며낸 일.
munter muntera munters munteres *adj.* =muntès.
-m.f. 사냥꾼, 몰이꾼; 사냥개.
munteria munteries *f.* **1** (멧돼지 등의) 사냥. **2** 사냥술. **3** 사냥 도구.
muntès muntesa muntesos munteses *adj.* 산의, 산에 있는, 산에서 자란.
muntijol muntijols *m.* 작은 산, 동산.
muntó muntons *m.* 많음, 다수. *un muntó de rocs* 많은 바위.
a muntó 많이, 충분히.
muntura muntures *f.* **1** 승용 동물; 승마용 안장. **2** (기계류의) 설치, 조립. **3** (보석을) 끼우는 일.
munyidor¹ munyidors *m.* 목장.
munyidor² munyidora munyidors munyidores *adj.* 젖을 짜는, 낙농의.
-m.f. 낙농업자, 젖을 짜는 사람.
-f. 착유기.
munyir *tr.* **1** (소·염소의) 젖을 짜다, 착유하다. **2** (올리브의) 기름을 짜다.
munyiment munyiments *m.* 젖·기름을 짜는 일, 착유.
mur murs *m.* 벽, 흙담; 성벽, 장성.
  mur de sosteniment 지탱 벽.
murada¹ murades *f.* (시의) 성벽(muralla).
murada² murades *f.* (배의) 안벽.
muradal muradals *m.* 높은 성벽.
mural murals *adj.* 벽의, 성벽의.
-m. [회화] 벽화.
muralista muralistes *m.f.* 벽화가.
muralla muralles *f.* 성벽, 장성.
murallar *tr.* 성벽을 쌓다(emmurallar).
murar *tr.* =murallar.
murga murgues *f.* (올리브의) 짠 즙.

múrgola múrgoles *f.* 버섯의 일종.
múrid múrids *m.pl.* [동물] 쥐의 일종.
murmuració murmuracions *f.* 속삭임, 수군거림; 불평, 험담.
murmurar *intr.* **1** (냇물이) 졸졸거리다. **2** 수군거리다, 속삭이다. **3** 불평하다, 투덜거리다(queixar-se). **4** 책망하다, 비난하다(criticar). *-tr.* (작은 소리로) 속삭이다.
murmurejar *intr.* =murmurar.
murmuri murmuris *m.* **1** (냇물이) 졸졸거림, 살랑거림. **2** 수군거림, 속삭임. **3** 불평, 투덜거림. **4** 비난.
murmuriós murmuriosa murmuriosos murmurioses *adj.* murmurar하는.
murri múrria murris múrries *adj.* **1** 똑똑한, 영특한, 영리한(sagaç). **2** 장난꾸러기의; 활발한, 재빠른, 기민한. **3** 화가 난, 성난, 분개한.
-m.f. 똑똑한 사람, 영특한 사람.
-f. 화남, 성냄, 격노.
murriejar *intr.* 장난을 하다.
murrieria murrieries *f.* 장난; 교활함.
mus¹ mussa mussos musses *adj.* (날이) 무딘, 뭉툭한, 못 쓰게 된.
mus² musos *m.* 무스[카드놀이의 일종].
musa muses *f.* **1** [신화] 뮤즈[학예·시·음악을 다스리는 아홉 여신]. **2** [비유] 영감, 감흥(inspiració). **3** 시재, 시상; 시, 시단.
musàcies *f.pl.* [식물] 파초과 식물.
musc musca muscs[muscos] musques *adj.* 어두운, 거무튀튀한.
musciforme musciformes *adj.* 이끼 모양의.
muscle muscles *m.* [해부] 어깨(espatlla).
musclejar *intr.* 어깨를 움직이다.
musclera muscleres *f.* (갑옷의) 어깨받이, 견장.
musclo musclos *m.* [어류] 홍합.
muscologia muscologies *f.* 이끼류를 연구하는 학문.
múscul músculs *m.* [해부] 근육.
  ésser tot músculs 근육이 좋다, 근육질이다.
musculació musculacions *f.* 근육 조직; 근육 훈련.

muscular musculars *adj.* 근육의, 근육질의.
musculat musculada musculats musculades *adj.* 근육이 많은, 기골이 장대한.
musculatura musculatures *f.* 근육 조직, 근육질.
musculós musculosa musculosos musculoses *adj.* **1** 줄기가 많은; 근육이 많은. **2** 기골이 장대한, 근육질의.
muserola museroles *f.* (마구의) 코 줄.
museu museus *m.* 박물관, 미술관, 진열관.
músic música músics músiques *adj.* 음악의, 음악적인.
-*m.f.* 음악가; 악사, 악단원.
musical musicals *adj.* **1** 음악의, 음악적인. **2** (소리가) 아름다운, 선율적인, 곡조가 아름다운. **3** [전기] (전기가) 흐르는.
-*m.* (영화. 연극의) 뮤지컬.
musicar *tr.* (시 등을) 음악으로 표현하다.
musicastre musicastra musicastres musicastres *m.f.* 서툰 음악가.
musicografia musicografies *f.* 음악 비평, 음악 이론
musicologia musicologies *f.* 음악 연구, 음악 이론, 음악사.
musicòman musicòmana musicòmans musicòmanes *adj.m.f.* 음악에 미친 (사람), 음악광(의).
musicomania musicomanies *f.* 음악에 미침.
mussitar *intr.tr.* 중얼거리다, 속삭이다.
mussol mussols *m.* **1** [동물] 수리부엉이. **2** [병리] 다래끼.
mussolina mussolines *f.* 가벼운 실크.
mustèlid mustèlids *m.pl.* [동물] 족제비의 일종.
musti mústia mustis músties *adj.* =mústic.
mústic mústiga mústics mústigues *adj.* **1** 구슬픈, 서러운, 서글픈(trist). **2** 시든, 시들어 버린, 풀이 죽은(pansit).
mustigar *tr.* 시들게 하다.

musulmà musulmana musulmans musulmanes *adj.* 회교의, 이슬람교의, 마호메트교의.
-*m.f.* 회교도, 이슬람교도.
mut muda muts mudes *adj.* **1** 말 못하는, 벙어리의; 무언의, 입을 다문. **2** 대사가 없는, 백지의. **3** [음성] 무성의.
-*m.f.* 벙어리.
fer el mut 말을 하지 않다.
fer muts[*fer muts i a la gàbia*] [구어] 잠자코 있다, 가만히 있다.
mutabilitat mutabilitats *f.* 가변적임, 가변성; 변하기 쉬움, 변덕스러움.
mutable mutables *adj.* 가변적인, 변하기 쉬운(mudable).
mutació mutacions *f.* **1** 변화, 변천, 변경, 변질. **2** [연극] 장면의 전환. **3** 기후·계절의 변화. **4** [생물] 돌연변이, 변종.
mutant mutants *adj.* 돌연변이의, 변조의.
mutar *intr.* [생물] 변화되다, 변형되다.
mutilar *tr.* **1** (수족을) 자르다, 불구로 만들다. **2** [비유] (삭제해서) 못 쓰게 만들다, 불완전하게 하다.
mutis mutis *m.* **1** [연극] 무언 퇴장. **2** 침묵, 조용히 함.
-*interj.* 쉿![특히 아이들에게 조용히 하라는 신호].
fer mutis 조용히 하다.
mutisme mutismes *m.* 침묵, 무언, 말이 없음; 벙어리.
mutu mútua mutus mútues *adj.* 서로의, 상호 (간)의, 상호 협력의(recíproc). *una promesa mútua* 상호 간의 약속.
-*f.* 상호 보험, 상호 부조제, 공제 조합.
mutual mutuals *adj.* =mutu.
mutualisme mutualismes *m.* **1** 상호 부조론, 호조론(互助論). **2** [생물] 공서(共棲), 공생.
mutualista mutualistes *adj.* 상호 부조주의의.
-*m.f.* 상호 부조주의자, 공제 조합원, 상호 부조회원.
mutualitat mutualitats *f.* **1** 상호(성), 상관(성). **2** 상호 보험, 상호 부조; 상호 부조제, 공제조합.

N n

n *f.* 카탈루냐어 알파벳의 열네 번째 문자.
n'[1] [동사 뒤나 hi 앞에서 en의 모음 생략형] *pron.* =en.
n'[2] [en, na의 축약형] *art.pers.* **1** [남성의 이름 앞에 나와 의미 없이 쓰임] *N'Albert i n'Agnès* 알베르트와 아그네스. **2** [대문자] 남녀의 경칭을 나타냄. *N'Ernest Puig i N'Anna Bosc* 에르네스트씨와 아나 보스크씨.
'n en의 축약형. *pron.* =en.
na [모음 앞에서는 **n'**] *art.f.pers.* **1** [여성의 이름 앞에 나와 의미 없이 쓰임] *Na Joana i na Pilar* 조안나와 필라르. **2** [대문자] 여성의 높임말로 쓰임.
nabera naberes *f.* =nap.
nació nacions *f.* **1** 나라, 국가. **2** 국민, 겨레, 민족.
nacional nacionals *adj.* **1** 나라의, 국가의. **2** 국유의, 국립의, 국영의. **3** 국민의. **4** 자국의, 국내의.
nacionalisme nacionalismes *m.* 민족주의, 국가주의, 애국심.
nacionalista nacionalistes *adj.* 국가주의의, 민족주의의.
-m.f. [남녀동형] 국가주의자, 민족주의자; 국민당원.
nacionalitat nacionalitats *f.* 국적; 겨레, 민족; 국민(성).
nacionalitzar *tr.* **1** 국가적으로 하다, 전국적으로 하다; 자기 나라 식으로 하다. **2** 국유화하다, 국영화하다. **3** 국적을 부여하다, 귀화시키다.
nacionalsocialisme nacionalsocialismes *m.* 국가 사회주의; 전체주의, 나치즘.
nacionalsocialista nacionalsocialistes *adj. m.f.* 국가주의의, 전체주의의 (사람).
nacra nacres *m.* 반구형의 북의 일종.
nadada nadades *f.* 수영, 해수욕(nedada).
fer una nadada 수영하다, 해수욕하다.
nadador nadadora nadadors nadadores *adj.m.f.* 수영하는 (사람)(nedador).
nadal nadals *m.* **1** 그리스도의 탄생일. **2** 성탄절, 크리스마스. **3** *pl.* 크리스마스 시즌.
nadala nadales *f.* **1** 크리스마스 캐럴. **2** [식물] 수선화.
nadalenc nadalenca nadalencs nadalenques *adj.* nadal의, nadal에 관한.
nadar *intr.* =nedar.
nadir nadirs *m.* [천문] 천저점, 대차점 [태양의 정반대점].
nadís nadissos *m.* (짐승의) 젖먹이 새끼.
nadiu nadiua nadius nadiues *adj.* **1** 출생의, 태생의; 현지 태생의, 원주민의. *tornar al poble nadiu* 태어난 고향에 돌아가다. **2** 본래의, 타고난, 선천적인. **3** 자연의, 천연의.
-m.f. 현지인, 원주민.
nadó nadons *m.* **1** 갓 태어난 아이, 갓난아이(infant). **2** (동물의) 새끼.
nafra nafres *f.* **1** [의학] 종양, 궤양. **2** (벽의) 벗겨진 자국; (도자기의) 유약이 벗겨진 부분. **3** [비유] (마음의) 상처. *les nafres de la seva dolor* 그의 아픈 마음의 상처.
naframent naframents *m.* [의학] 궤양(화), 부스럼.
nafrar *tr.* [의학] 궤양을 일으키다.
nafta naftes *f.* [화학] 나프타.
naftalina naftalines *f.* [고어][화학] 나프탈렌.
naip naips *m.* 카드의 한 장·벌.
naixedor naixedora naixedors naixedores *adj.* néixer할 수 있는.
naixedura naixedures *f.* [의학] 표저 (panadís).
naixement naixements *m.* **1** 출생, 태생. **2** 출산, 부화; 싹틈, 움틈, 태동. *el naixement de l'espai virtual* 가상공간의 출범. **3** [종교] 그리스도의 탄생을 상징하는 장식. **4** [비유] 기원, 기점, 원천, 근원(origen). **5** 신분, 태생, 혈통, 가문. **6** 우물, 샘(font).
de naixement 타고난, 선천적인, 태어날 때부터. *És sord de naixement* 그

는 태어날 때부터 귀머거리이다.
naixença naixences *f.* =naixement.
de naixença =de naixement.
nàixer *intr.* =néixer.
nan nana nans nanes *adj.m.f.* 아주 작은, 조그마한, 왜소한, 키가 작은.
-m.f. 난쟁이, 꼬마.
-m. (가장행렬의) 머리 큰 난쟁이.
nanisme nanismes *m.* [의학] 왜소 기형.
nannar *intr.* [특히 어린아이들이 사용하는 말] 산보하다, 바깥으로 나가 놀다.
nansa nanses *f.* **1** 손잡이, 자루. **2** (물고기를 담는) 광주리, 어롱, 종다래끼.
nansaire nansaires *m.f.* [남녀동형] (고기광주리로 잡는) 물고기잡이.
nap naps *m.* **1** [식물] 무. **2** 두로[5페세타에 해당]. **3** =nap-buf.
arrencar-ne un bon nap [비유] 헛수고 하다, 아무 소득을 못 거두다.
tant se me'n dóna naps com cols [구어] 난 상관없다, 내겐 마찬가지다.
napa napes *f.* (무두질한) 양가죽.
napada napades *f.* 무릎 먹음.
napalm napalms *m.* [화학] 네이팜[소이탄 등에 쓰이는 화학 물질].
napar napars *m.* 무밭.
nàpia nàpies *f.* [속어] 큰 코.
napiforme napiformes *adj.* 무 모양의.
napoleònic napoleònica napoleònics napoleòniques *adj.* 나폴레옹의, 나폴레옹적인; 나폴레옹 시대의.
naquera naqueres *f.* (우물 앞에 놓인) 물통.
narcís[1] narcisos *m.* **1** [식물] 나르시스, 수선화.
narcís[2] narcisa narcisos narcises *adj. m.f.* 자기도취에 빠진, 사랑에 빠진 (사람)(narcisista).
narcisisme narcisismes *m.* 자기도취(증).
narcisista narcisistes *adj.m.f.* 자기도취에 빠진 (사람).
de forma narcisista 자기도취 되어.
narcolèsia narcolèpsies *f.* [의학] 심한 졸음, 수마.
narcosi narcosis *f.* [의학] 마취에 의한 혼수, 인사불성.
narcòtic narcòtica narcòtics narcòtiques *adj.* 마취(성)의.

-m. 마취제, 마약 마취제.
narcotisme narcotismes *m.* [의학] 마취 상태; 마약 중독.
narcotització narcotitzacions *f.* [의학] 마취·혼수상태에 빠지게 함.
narcotitzar *tr.* 마취시키다; 혼수상태에 빠지게 하다.
narcotràfic narcotràfics *m.* 마약 거래.
narcotraficant narcotraficants *m.f.* [남녀동형] 마약 거래자.
nard nards *m.* [식물] 수선, 감송; 감송향.
nariu narius *m.* [해부] 콧구멍.
naronger narongers *m.* [식물] 신맛이 나는 오렌지, 쓴 귤.
naronja naronges *f.* =naronger.
narrable narrables *adj.* 말할 수 있는, 서술할 수 있는.
narració narracions *f.* 이야기, 말; 서술, 기술; 서술문, 서사문.
narrador narradora narradors narradores *adj.m.f.* narrar하는 (사람).
narrar *tr.* 이야기하다, 말하다, 늘어놓다, 서술하다.
narratiu narrativa narratius narratives *adj.* 이야기식의, 서술의, 설화(체)의.
-f. 서술, 화술; 서술문.
narratori narratòria narratoris narratòries *adj.* =narratiu.
narval narvals *m.* [동물] 고래의 일종.
nas nassos *m.* **1** [해부] 코; 콧구멍. **2** 후각. **3** (술의) 향. **4** 코 모양으로 된 것. **5** (사물의) 볼록 튀어나온 것.
davant del nas 바로 코앞에서, 바로 앞에.
arrufar el nas 이맛살을 찌푸리다, 싫은 표정을 짓다, 불쾌한 표정을 하다.
caure de nas a terra[de nassos] [구어] 코방아 찧다.
ficar el nas allà on no el demanen (남의 일을) 캐다, 몰래 엿보다; 공연히 참견하다.
tenir nas[bon nas] (...한 일에) 감각이 뛰어나다.
nasal nasals *adj.* **1** [해부] 코의. **2** [음성] 비음의.
nasalitat nasalitats *f.* [음성] 비음성.
nasalització nasalitzacions *f.* [음성] 비음

nasalitzar tr. [음성] 비음화하다.
nasofaringe nasofaringes f. [해부] 비인두.
naspra naspres f. =aspre.
nasprar tr. =asprar.
nassada nassades f. 1 충돌, 부딪힘. 2 [비유] 느낌, 예감(pressentiment).
donar nassades (남의 일을) 캐다, 냄새를 맡고 다니다.
nassal nassals m. (투구의) 코.
nassejar intr. 1 냄새가 나다(ensumar). 2 [비유] (남의 일에) 냄새를 맡고 다니다, 몰래 살펴보다.
nassut nassuda nassuts nassudes adj. 큰 코를 가진.
nat nada nats nades adj. 1 천성의, 선천적인. 2 [부정적] 마지못해 살아 있는.
nata nates f. 1 유지, 크림. 2 (돛·그물의) 가장자리의 밧줄. 3 [비유] 손등으로 때리기. 4 [비유] 정수, 최상의 것 (crema).
ésser la nata per a (una cosa) 가장 적절하다, 최고다.
natació natacions f. 수영, 헤엄; [스포츠] 수영 경기.
natal natals adj. 출생의, 탄생의.
natalici natalícia natalicis natalícies adj. 탄생일의, 기념일의.
-m. 탄생일, 기념일.
natalitat natalitats f. 출생률; 출생 건수.
natatori natatòria natatoris natatòries adj. 1 수영의. 2 물에 뜨는 데 도움이 되는.
natiu nativa natius natives adj. =nadiu.
nativitat nativitats f. [성서] (그리스도·성모·요한의) 탄생(naixença); 그 무렵.
natja natges f. [해부] 궁둥이, 엉덩이, 둔부.
natjada natjades f. 손으로 엉덩이를 침.
natjar tr. 엉덩이를 치다.
natura natures f. 1 (대)자연, 천지 만물, 자연(현상). 2 자연계, 자연의 힘·법칙. 3 [신학] 인성, 신성. 4 본성, 성질, 본질, 특질. 5 천성, 본능; 성질, 자질, 소질, 기질. 6 [고어] 혈통, 가문. 7 [해부] 고환, 불알(genitals).
contra natura 자연에 역행하여, 순리에 어긋나게.
per natura 천성적으로, 성격적으로.
natural naturals adj. 1 자연의, 자연적인. *fenòmens naturals* 자연현상. 2 천연의, 자연 그대로의, 사람의 손이 닿지 않은, 가공되지 않은, 생긴 그대로의(sense afectació). 3 당연한, 지당한, 합당한(lògic). 4 본래의, 타고난, 선천적인. 5 ...태생의(nadiu). 6 서생의, 서출의, 사생아의. *fill natural* 사생아. 7 [수학] 자연수. 8 [음악] 제자리음의.
-m. 1 성질, 소질, 기질(índole, temperament). 2 원주민, 현지인(nadiu).
al natural 자연 그대로.
del natural 천연색의.
naturalesa naturaleses f. =natura.
naturalisme naturalismes m. (예술의) 자연주의.
naturalista naturalistes adj. 자연주의의.
-m.f. [남녀동형] 1 자연주의자. 2 자연박물학자.
naturalitat naturalitats f. 1 자연성, 기교의 배제. 2 꾸밈없음, 솔직함. 3 국적, 시민권.
naturalització naturalitzacions f. 1 귀화. 2 이식, 순화. 3 자국화, 내화.
naturalitzar tr. 1 귀화시키다. 2 [동식물] 이식하다, 순화하다. 3 (외국의 풍속·언어 등을) 들여오다, 내화시키다.
naturalment adv. 1 자연스럽게, 기교 없이. 2 타고난 그대로, 본래대로, 고스란히. 3 당연히.
naturisme naturismes m. 1 [의학] 자연요법. 2 자연 숭배, 본연주의, 나체주의.
naturista naturistes adj. [남녀동형] naturisme를 행하는.
-m.f. naturisme를 행하는 사람; 자연주의자.
naturòpata naturòpates m.f. [남녀동형] naturisme의 전문가.
natzarè natzarena natzarens natzarenes adj. 나사렛[갈릴리의 옛 마을]의, 나사렛 사람의.
-m.f. 나사렛 사람.

-m. [종교] 성주간 행렬에서 나사렛 예수를 가장한 사람.
el Natzarè 나사렛 예수, 예수 그리스도.
nau naus f. **1** 배, 선박. **2** (공장의) 작업장, 작업실; 큰 창고.
nau espacial 우주선.
portar[dur] la nau a port 일이 잘 끝나다, 좋은 결과를 낳다.
-m. (나무를 파서 만든) 그릇.
nàufrag nàufraga nàufrags nàufragues adj.m.f. naufragar당한 (사람).
naufragar intr. **1** (배가) 파선하다, 좌초하다, 난파하다, 조난하다. **2** [비유] (일이) 실패하다, 좌절되다(fracassar, arruïnar-se).
naufragi naufragis m. **1** 난파, 조난. **2** 파산, 도산; 실패(fracàs).
naufraig naufraigs m. =naufragi.
nàusea nàusees f. [주로 복수로 쓰여] **1** 구토, 구역질. **2** [비유] 혐오, 불쾌, 싫증.
fer venir nàusees 구토하다, 구역질나다.
venir a algú nàusees 구역질을 느끼다.
nauseabund nauseabunda nauseabunds nauseabundes adj. 구역질나는, 토할 듯한, 메스꺼운; 속이 답답한, 불편한.
nauta nautes m. [시어] =mariner.
nàutic nàutica nàutics nàutiques adj. 항해의, 항해술의, 항해용의; 해양의, 바다의.
-f. 항해술, 항해학.
naval navals adj. **1** 배의. **2** 바다의; 해군의, 해군력의. **3** 조선의.
navalla navalles f. **1** 주머니칼, 작은 칼, 면도칼. **2** [어류] 맛조개.
navegabilitat navegabilitats f. navegar 할 수 있는 일; (항공기·배의) 내항성(耐航性).
navegable navegables adj. 항해·비행할 수 있는.
navegació navegacions f. **1** 항해, 항공, 항행; 항해술. **2** 인터넷 검색.
navegació aèria 항공.
navegació d'altura [해사] 원양 항해.
navegació de cabotatge [해사] 연안 항해.

navegant navegants adj. 항해하는, 비행하는.
-m.f. [남녀동형] 항해자, 비행자.
navegar intr. **1** 항해하다, 항행하다; 여기저기 돌아다니다(campar). **2** (인터넷을) 여기저기 검색하다.
naveta navetes f. **1** 작은 선박. **2** (교회에서) 배 모양의 향료 그릇. **3** (발레아레스 제도의) 선사 시대의 유적.
navicular naviculars adj. [동식물] 배 모양의.
navili navilis m. **1** 선박, 함선. **2** [고어] [집합] 선단, 함대. **3** [천문][대문자로 쓰여] 아르고좌.
navilier naviliera naviliers navilieres adj. 선박의, 함선의, 해운의.
-m.f. 선주.
nazi nazis adj.m.f. (독일의) 국가 사회주의의, 나치스당의.
-m.f. 나치스당원.
nazisme nazismes m. 나치즘, 전체주의(nacionalsocialisme).
ne [동사가 자음 또는 모음 u로 끝나는 경우, 그러나 대명사 hi가 뒤따르지 않는 경우에 쓰이는 **en**의 형태] pron. =en.
nebodalla nebodalles f. [집합] 조카들.
neboder nebodera neboders neboderes m.f. 조카의 아들딸.
nebot neboda nebots nebodes m.f. 조카, 질녀, 생질.
nebulitzador nebulitzadors adj. 분사하는.
-m. 분사기.
nebulitzar tr. (액체를) 분사하다.
nebulós nebulosa nebulosos nebuloses adj. **1** 흐린, 안개 낀. **2** 음침한, 어두컴컴한. **3** [비유] 애매한, 난해한.
-f. [천문] 성운(星雲).
nebulositat nebulositats f. **1** (날씨가) 흐림; 엷은 구름. **2** 그늘; 음침함. **3** [비유] 애매함, 불투명.
necessari necessària necessaris necessàries adj. **1** 필요한, 반드시 있어야 할, 필연적인. **2** 매우 유익한.
-m. 꼭 필요한 것; 생필품.
-f. [고어] 변소, 화장실.
el necessari 필요한 것.

ésser necessari 필요하다.
necesser necessers m. 화장품 가방, 핸드백; 일용품 상자; 바느질 상자.
necessitar tr. 필요로 하다.
necessitat[1] necessitats f. 1 필요, 필수. en cas de necessitat 필요한 경우에. 2 필연, 필연성. 3 필요한 물건, 필수품. 4 궁핍, 곤궁, 가난(pobresa); 어려운 형편. 5 pl. 대소변, 볼일.
de necessitat 반드시.
per necessitat 필요해서.
cridar necessitat 도움을 청하다.
tenir necessitat de (...을) 필요로 하다.
necessitat[2] necessitada necessitats necessitades adj. 1 (...이) 없는, (...을) 필요로 하는. 2 가난한, 곤궁한.
-m.f. 가난한 사람, 빈곤자, 생활 곤란자.
necessitós necessitosa necessitosos necessitoses adj. =necessitat[2].
neci nècia necis nècies adj. 1 무지한, 미련한, 어리석은, 멍청한. 2 옹고집의, 고집이 센.
-m.f. 바보, 멍청이, 미련퉁이; 무지한 사람, 무분별한 사람.
neciesa necieses f. 1 우둔함, 미련함; 바보짓, 멍청한 짓, 어리석기 짝이 없는 짓. 2 옹고집.
nècora nècores f. [어류] 바닷게.
necròfag necròfaga necròfags nacròfagues adj. (사람·동물·벌레 등의) 시체를 먹는.
necrofília necrofílies f. 시체를 좋아함.
necrofòbia necrofòbies f. 시체 공포증.
necrogen necrògena necrògens necrògenes adj. 썩은 고기에서 발생하는, 썩은 고기에 사는.
necrologi necrologis m. 사망자 명부.
necrologia necrologies f. 부고, 사망 기사.
necròpoli necròpolis f. [역사] (선사 시대의) 묘지, 매장지; 유적지.
necròpsia necròpsies f. [의학] 사체 부검, 시체 해부(autòpsia).
necrosar tr. necrosi를 일으키다. -se necrosi가 일어나다.
necroscòpic necroscòpica necroscòpics necroscòpiques adj. [의학] 시체 해부의, 검시의.
necrosi necrosis f. [의학] 근육 조직의 죽음, 국부적인 괴사.
necròtic necròtica necròtics necròtiques adj. necrosi의.
nèctar nèctars m. 1 [신화] 넥타르[그리스 신화에서, 신들이 마셨다는 신비로운 술]. 2 감로, 미주. 3 (꽃의) 달콤한 즙.
nectari nectària nectaris nectàries adj. nèctar의.
-m. [식물] (꽃의) 꿀샘, 꿀집, 밀선.
nectarífer nectarífera nectarífers nectaríferes adj. 1 =nectari. 2 달콤한, 꿀 같은; 꿀을 분비하는.
nedada nedades f. 장시간의 수영.
nedador nedadora nedadors nedadores adj. 수영하는, 수영을 잘하는.
-m.f. 헤엄치는 사람, 수영 선수.
-m. 수영장.
nedar intr. 1 헤엄치다, 수영하다. 2 뜨다, 떠돌다(flotar). 3 [비유] (풍요를) 누리다, 만끽하다.
nedar en l'abundància 풍요를 누리다.
nefand nefanda nefands nefandes adj. 흉악한, 극악무도한.
nefast nefasta nefasts[nefastos] nefastes adj. 아주 싫은, 불쾌한; 불길한.
nefologia nefologies f. [기상] 구름에 대한 연구.
nefòmetre nefòmetres m. [기상] 구름층·밀도 계측기.
nefoscopi nefoscopis m. [기상] 구름 이동 속도 계측기.
nefràlgia nefràlgies f. [의학] 신장 통증.
nefrític nefrítica nefrítics nefrítiques adj. m.f. 신장염을 앓는 (사람).
nefritis nefritis f. [의학] 신장염.
nefropatia nefropaties f. [의학] 신장병.
nefrosi nefrosis f. [의학] (염증은 없으나 악성 기능 장애에 의한) 신장병.
negació negacions f. 1 거부, 거절; 부인, 부정. 2 (존재·실재에 대한) 무, 전무. 3 [문법] 부정문.
negada negades f. 익사(ofegament); 범람, 넘침(inundació).
de negada 익사로.
mala negada [감탄사적으로 쓰임] 빌

어먹을!, 제기랄!

negament negaments *m.* =negada, inundació.

negar *tr.* 1 거부하다, 거절하다, 사절하다(denegar). 2 부인하다, 부정하다; 거듭 부인하다(renegar). *Sant Pere negà Jesucrist tres vegades* 성 베드로는 예수를 세 번이나 부인했다. 3 금하다, 허락하지 않다. 4 (긍정적인 마음에서) 버리다, 포기하다. 5 (피고가) 사실을 부인하다. 6 감추다, 은닉하다, 위장하다; (죄상을) 숨기다. 7 물에 빠뜨리다, 익사시키다(ofegar). 8 (물이) 넘치게 하다(inundar). -*se* 1 거부하다, 부인하다. 2 물에 빠지다, 익사하다(ofegar-se). 3 (물이) 범람하다. 4 [비유] (눈물이) 앞을 가리다.

negar-se en[*dins*] *poca aigua*[*un got d'aigua, dos dits d'aigua*] [구어] 엎어져도 코가 깨지다; 정말 운이 없다, 일이 뜻대로 안 된다.

negat negada negats negades *adj.* 1 거부당한, 거절된; 못쓰게 된, 쓸모없는, 부적당한(inepte). 2 익사한(ofegat).

negatiu negativa negatius negatives *adj.* 1 부정의, 부정적인. *el cas negatiu* 부정적인 경우. 2 거절의, 부인의. 3 반대의, 금지의. 4 소극적인(passiu). 5 [전기] 음전기의, 음극의. 6 [수학] 마이너스의, 빼기의. 7 [의학] 음성의. 8 (사진의) 음화의, 음의. 9 [논리] (명제가) 부정을 나타내는, 부정하는.
-*f.* 1 부정, 부인. 2 사절, 거절. 3 거부; 거부권.
-*m.* (사진의) 음화, 원판.

negativitat negativitats *f.* 부정(성), 소극(성); 음성적 반응.

negligència negligències *f.* 1 태만, 나태, 게으름. 2 부주의; 단정치 못함.

negligent negligents *adj.* 1 게으른, 나태한, 태만한. 2 부주의한, 내팽개치는, 무관심한.

negligible negligibles *adj.* 별로 중요하지 않은, 지나쳐도 좋은.

negligir *tr.* 내버려 두다, 신경을 쓰지 않다.

negoci negocis *m.* 1 일, 업무. 2 사업, 거래, 장사. 3 담판, 교섭, 상담. 4 이익, 이문, 수익. 5 [경멸적] 소용, 쓸모. *Quin negoci comprar aquest cotxe que no va!* 움직이지도 않는 이 차를 사서 뭐 하나!

fer negoci 사업을 하다, 장사를 하다.

negociació negociacions *f.* 1 거래, 매매(negoci); 사업체. 2 교섭, 협상; 절충, 담판. 3 (어음의) 유통, 양도; 할인.

negociador negociadora negociadors negociadores *adj.* 교섭하는, 협상하는, 담판하는.
-*m.f.* 협상자, 섭외자, 교섭자.

negociant negociants *m.f.* 상인, 실업가.

negociar *intr.* 1 거래하다, 장사하다. 2 교섭하다, 절충하다. -*tr.* 1 조약을 체결하다, 교섭하다, 협상하다(tractar). 2 [경제] (어음·증권 등을) 양도하다, 매도하다; 유통시키다, 돈으로 바꾸다.

negociat negociats *m.* (관청·사무소 등의) 국, 과.

negociós negociosa negociosos negocioses *adj.* 부지런한, 근면한.

negra negres *f.* [음악] 4분음표.

negral negrals *adj.* =negrenc.

negre negra negres negres *adj.* 1 검은, 새까만(brut). 2 흑인의, 흑인종의. 3 (포도주·맥주가) 검은. *cervesa negra* 흑맥주. 4 어두운, 캄캄한. 5 [비유] 어두운, 불운한, 슬픈, 불행한(trist). *un futur molt negre* 매우 어두운 미래. 6 가난에 시달리는, 곤궁한. 7 완악한; 심술궂은, 마음이 삐뚤어진.
-*m.f.* 1 흑인. 2 [비유] (함께 일하는) 동지, 동료.
-*m.* 1 흑색, 검정; 검은빛, 구릿빛. 2 (석탄·숯검정 등의) 검은 것.
-*f.* 밀감류에 끼는 곰팡이의 일종.

negre com el carbó 새까만.

treballar com un negre 혹사하다, 노예처럼 일하다.

veure's negre 찌들어 살다, 경제적으로 시달리다.

negrejar *intr.* 검어지다, 거무스레해지다; 검은 기운이 돌다.

negrenc negrenca negrencs negrenques *adj.* 가무잡잡한, 거무스레한.

negrer negrera negrers negreres *adj.*

negret 1 흑인 노예의, 흑인 노예 매매의. **2** 냉혹한, 잔인한.
-m.f. 흑인 노예상.
negret negrets *m.* **1** 밀감류에 끼는 곰팡이의 일종. **2** [어류] 뿔상어.
negreta negretes *f.* (인쇄의) 고딕 활자.
negror negrors *f.* 검정, 검음; 암흑, 어두움.
negrós negrosa negrosos negroses *adj.* =negrenc.
neguit neguits *m.* 초조, 불안; 번민.
passar neguit 걱정하다, 불안해하다, 초조해하다.
neguitejar *tr.* 불안하게 하다, 초조하게 하다. *-intr.* 불안해하다, 걱정하다. *-se* 심히 걱정하다, 애간장이 타다, 신경이 예민해지다.
neguitós neguitosa neguitosos neguitoses *adj.* 불안한, 초조한, 신경이 날카로운.
néixer *intr.* **1** (사람·동물이) 낳다, 태어나다, 탄생하다. **2** [동·식물] (털·깃·잎·꽃 등이) 나오다, 생기다, 돋아나다. **3** (일이) 일어나다, 발생하다, 시작되다, 비롯되다. **4** (샘이) 솟아나다.
néixer a ...을 알기 시작하다, 알게 되다. *Aquell dia vaig néixer a la felicitat* 그날 난 행복을 알게 되었다.
néixer per a ...로 태어나다, (어떤) 자질을 갖고 태어나다. *Ha nascut per a poeta* 그는 시인의 자질을 갖고 태어났다.
nematode nematodes *m.* [곤충] 선충.
nematohelmints *m.pl.* [곤충] 원충류.
nen nena nens nenes *m.f.* **1** 아이, 어린아이. **2** 자식. *Tenen dos nens* 그들은 아이가 둘 있다. **3** [구어][애칭적인 호칭으로 쓰여] 얘, 아가, 어이, 이봐.
nen aviciat[malavesat, consentit] 버릇없이 자란 아이.
nen Jesús 아기 예수.
nenúfar nenúfars *m.* [식물] 수련.
neó *m.* [화학] 네온 (가스).
neocapitalisme neocapitalismes *m.* 신자본주의.
neoclàssic neoclàssica neoclàssics neoclàssiques *adj.* 신고전주의의.

neoclassicisme neoclassicismes *m.* [회화] 신고전주의.
neocolonialisme neocolonialismes *m.* 신식민주의.
neòfit neòfita neòfits neòfites *m.f.* **1** 개종자, 재세례자. **2** 신입자, 신참자, 신출내기, 신입 사원, 새로운 얼굴.
neolític neolítica neolítics neolítiques *adj.* 신석기 시대의.
-m. 신석기 시대.
neollatí neollatina neollatins neollatines *adj.* [언어] 신(新)라틴의; 라틴어계의.
neologia neologies *f.* 신조어 연구, 신조어학.
neològic neològica neològics neològiques *adj.* 신조어학의.
neologisme neologismes *m.* 신어(新語), 신조어; 새로운 말, 새로운 뜻.
neoplàsia neoplàsies *f.* [의학] 종양.
nepotisme nepotismes *m.* 인척 등용.
Neptú *n.pr.m.* **1** [신화] 넵투누스[로마 신화의 바다의 신]. **2** 바다, 해양. **3** [천문] 해왕성.
neptuni *m.* [화학] 넵투늄[방사성 원소].
nereida nereides *f.* 바다의 요정·정녀.
neret nerets *m.* [식물] 석남화.
nero neros *m.* =anfós.
Neró *n.pr.m.* **1** [역사] 네로[로마의 폭군, 37- 68]. **2** [비유] 폭군; 잔인한 자, 극악무도한 자.
nervació nervacions *f.* [식물] 잎맥.
nervadura nervadures *f.* **1** [식물] 잎맥. **2** [곤충] 시맥. **3** [건축] 홍예문의 틀.
nervi nervis *m.* **1** [해부] 신경. **2** [비유] 핵심 인물, 중심인물; 근원, 원동력. *Ell és el nervi de la colla* 그는 모임의 핵심이다. **3** 활력, 에너지; 기백, 씩씩함, 건장함. *un home de nervi* 기백 있는 사람. **4** [식물] 잎맥. **5** [건축] 홍예문의 틀(nervadura). **6** (돛의) 줄. **7** (현악기의) 현. **8** (책의) 철하는 실.
tenir nervis 긴장하다, 초조해하다, 안절부절못하다.
nerviós nerviosa nerviosos nervioses *adj.* **1** [해부] 신경의. **2** (고기에) 신경·근육이 있는. **3** 긴장하고 있는, 초조해하는; 신경질적인.
-m.f. 신경질적인 사람.

nerviosisme

fer posar nerviós 초조하게 하다, 불안하게 하다; 화나게 하다.

nerviosisme nerviosismes *m.* 초조함, 신경이 날카로움, 신경질.

nerviüt nerviüda nerviüts nerviüdes *adj.* (마음이) 쉽게 동요되지 않는, 강직한, 강인한.

nespla nesples *f.* [식물] 비파.

nespler nesplers *m.* [식물] 비파.

nespler del Japó =nespler.

nespra nespres *f.* =nespla.

nesprer nesprers *m.* =nespler.

net neta nets netes *adj.* 1 깨끗한, 더럽지 않은, 티 없이 맑은. *un cel net* 맑은 하늘. 2 순수한, 다른 것과 섞이지 않은. 3 청초한, 청결한. 4 정직한, 깨끗한. *la consciència neta* 깨끗한 양심. 5 [상업] 정량의, 정미의, 순수익의. *guanys nets* 순이익. 6 고장이 없는, 무사고의. 7 조건이 없는; (...이) 없는.
-*adv.* 깨끗하게, 정직하게, 정당하게. *No facis trampes i juga net* 속임수를 쓰지 말고 정당하게 게임 하라.

en net i) 정량으로; ii) 완전하게, 완전 무결하게.

fer net 깨끗이 치우다; 끝내다, 마무리하다; 제거하다, 쫓아내다.

nét néta néts nétes *m.f.* 손자, 손녀.

netastre netastra netastres netastres *m.f.* 의붓손자, 의붓손녀.

netedat netedats *f.* net한 일.

neteja[netejada] neteges *f.* 청소, 소제.
fer la neteja 청소하다.

netejador netejadora netejadors netejadores *adj.m.f.* netejar하는 (사람).

netejar *tr.* 1 청소하다, 소제하다. *netejar el terra* 바닥을 청소하다. 2 (야채를) 깨끗이 씻다. 3 [비유] (나쁜 일에서) 손을 씻다, 그만두다. 4 훔치다, 도둑질하다(robar). *Li van netejar la casa* 그의 집을 다 털었다. -*se* 깨끗이 하다, 소제하다; 제거하다, 없애 버리다.

neu neus *f.* 눈; *pl.* [시어] 눈송이.
créixer com una bola de neu 눈덩이처럼 커지다, 걷잡을 수 없이 불어나다.

fer neu 눈이 내리다(nevar).

neula[1] neules *f.* 1 안개(boira). 2 [식물] 흰가루병 병균.

neula[2] neules *adj.* 꼭두각시의; 바보 같은, 천치의, 멍청한.
-*m.f.* 바보, 멍청이, 천치.

neulada neulades *f.* 바보 같은 짓, 멍청한 행동.

neulia neulies *f.* 안개(boira).

neulim neulims *m.* 쇠약, 허약(escarraniment).

neuliment neuliments *m.* =neulim.

neulir-se *prnl.* 약해지다, 허약해지다, 쇠약해지다.

neulit neulida neulits neulides *adj.* 쇠약한, 병약한, 허약한.

neulós neulosa neulosos neuloses *adj.* 안개 낀(boirós).

neumàtic neumàtics *m.* (자동차의) 타이어(pneumàtic).

neural neurals *adj.* 신경의.

neuràlgia neuràlgies *f.* [의학] 신경통.

neuràlgic neuràlgica neuràlgics neuràlgiques *adj.* 신경통의.

neurastènia neurastènies *f.* [의학] 신경쇠약.

neurastènic neurastènica neurastènics neurastèniques *adj.* [의학] 신경 쇠약의.

neuritis neuritis *f.* [의학] 신경염.

neurofisiologia neurofisiologies *f.* 신경계 생리학.

neurogènic neurogènica neurogènics neurogèniques *adj.* 신경 세포 생성에 관한.

neuròleg neuròloga neuròlegs neuròlogues *m.f.* 신경학자.

neurologia neurologies *f.* 신경학.

neurològic neurològica neurològics neurològiques *adj.* 신경학의.

neuroma neuromes *m.* [의학] 신경혹.

neurona neurones *f.* [해부] 신경 세포; 신경 단위.

neuronal neuronals *adj.* 신경 세포의.

neuropatia neuropaties *f.* =neurosi.

neuropsicologia neuropsicologies *f.* 정신과 뇌세포 간의 관계에 대한 연구.

neurosi neurosis *f.* [의학] 신경증, 노

이로제.
neuròtic neuròtica neuròtics neuròtiques *adj.* 노이로제의.
-m.f. 노이로제 환자.
neurotitzar-se *prnl.* 노이로제를 일으키다.
nèuston nèustons *m* [생물] (생태학에서) 물의 표층에 사는 생물군.
neutral neutrals *adj.* **1** 중립의. **2** 중립국의.
neutralisme neutralismes *m.* 중립주의.
neutralista neutralistes *adj.* 중립주의의.
-m.f. [남녀동형] 중립주의자.
neutralitat neutralitats *f.* 중립, 국외(局外)중립; 중립성.
neutralització *f.* **1** 중립화, 중립 상태. **2** [화학] 중화, 중성화. **3** [비유] 상쇄, 무마시킴.
neutralitzador neutralitzadora neutralitzadors neutralitzadores *adj.* neutralitzar하는 (사람).
neutralitzar *tr.* **1** 중립으로 하다, 중립화 하다. **2** [화학] 중화시키다. **3** [비유] 상쇄시키다, 무마시키다.
neutre neutra neutres neutres *adj.* **1** 중립의. **2** [문법] 중성의. **3** [화학] 중화의, 중화된. **4** [동물] 무성(無性)의.
neutró neutrons *m.* [물리] 중성자.
nevada nevades *f.* 강설, 적설.
nevar *intr.* 눈이 내리다.
nevàs nevassos *m.* **1** 폭설. **2** 눈더미.
nevassada nevassades *f.* =nevàs1.
nevera neveres *f.* **1** 눈저장소. **2** 냉장고(refrigerador). **3** [비유] 추운 방.
nevisquejar *intr.* 약간 눈이 내리다.
nevós nevosa nevosos nevoses *adj.* 눈이 많은, 눈이 많이 오는, 눈에 덮인; 눈 모양의.
newton newtons *m.ang.* [물리] 뉴턴[힘의 단위].
nexe nexes *m.* **1** 연결, 관계, 유대, 연쇄, 연계(connexió). **2** [문법] 연결사, 접속사.
ni *conj.* [부정문] **1** ...도 ...도 (아니다). *ni bo ni dolent* 좋은 것도 나쁜 것도 아닌. **2** ...조차도. *Ni ho sap el seu pare* 그의 아버지조차도 그것을 모른다. **3** [감탄문] *Ni pensar-hi!* 그건 말도 안 돼!, 꿈도 꾸지 마!
ni... ni ...도 ...도 아니다.
ni... no ...도 아니다. *Ni el seu pare no ho sap* 그의 아버지도 모른다.
ni que 비록 ...이지만, ...한다 해도. *No t'ho dirà ni que el matís* 그를 죽인다 해도 네게 말하지 않을 것이다.
ni un 아무도, 어느 누구도.
niada niades *f.* [조류] (한배의) 알, 새끼(niuada).
niador niadors *m.* 둥지, 산란소(ponedor).
nial nials *m.* =niador, covador, covarot.
niar *intr.* (새가) 보금자리에 들다; 둥지를 틀다.
nici nícia nicis nícies *adj.* =neci.
niciesa nicieses *f.* =neciesa.
nicotina nicotines *f.* [화학] 니코틴.
nicotinisme nicotinismes *m.* [의학] 니코틴 중독.
nidificar *intr.* =niar.
nidorós nidorosa nidorosos nidoroses *adj.* 썩은 달걀 냄새가 나는.
niell niells *m.* **1** 암초. **2** [의학] 치석, 설태. **3** 흑금 상감[금은을 조각하여 이에 검은 합금을 끼워 넣은 것].
niellar *tr.* 흑금상감을 하다.
niera nieres *f.* 둥지, 산란소.
nierada nierades *f.* =niuada.
nieró nierons *m.* =nial.
nigromància nigromàncies *f.* (죽은 영혼을 부르는) 심령술, 강신술; 마법, 마술.
nigromant nigromants *m.f.* 심령술사, 강신술사, 마법사.
nigua nigues *f.* [곤충] 모래 벼룩.
nigul niguls *m.* =núvol.
nihilisme nihilismes *m.* [철학] 허무주의.
nihilista nihilistes *adj.* 허무주의의.
-m.f. [남녀동형] 허무주의자.
niló nilons *m.* 나일론.
nimbar *tr.* 후광을 내다(aureolar).
nimbe nimbes *m.* **1** 후광, 광배. **2** [기상] 난운, 비구름.
nimbós nimbosa nimbosos nimboses *adj.* (낮은) 비구름으로 뒤덮인.
nimbus nimbus *m.* [단·복수동형] =nimbe2.

nimfa nimfes *f.* **1** [신화] 요정, 선녀; 아름다운 여자. **2** [해부] 소음순. **3** [곤충] 번데기.
nimfal nimfals *adj.* nimfa의.
nimfea nimfees *f.* [식물] 수련.
nimfomania nimfomanies *f.* [의학] (여자의) 음란증.
nimi nímia nimis nímies *adj.* **1** 지나친, 과도한(excessiu). **2** 무의미한, 하찮은, 사소한(insignificant).
nin nina nins nines *m.f.* [방언] **1** 어린이, 아이(infant). **2** 인형. *juguen a nines* 인형 놀이하다.
-f. [해부] 눈동자.
ninada ninades *f.* [방언] 어린애 같은 행동; 유치한 짓.
ninesa nineses *f.* [방언] 어린 시절.
nineta ninetes *f.* **1** [해부] 눈동자. **2** 어린 여자 아이. **3** 소녀 인형.
ningú *pron.* **1** 아무도, 어느 누구도. *Mai no he vist ningú tan trist* 나는 어느 누구도 그렇게 슬퍼하는 것을 보지 못했다. **2** [의문문] 누구, 누가, 누군가. *Hi ha ningú que gosi dir-li-ho?* 감히 그에게 그것을 말해줄 사람이 있습니까?
ninó ninona ninons ninones *m.f.* [방언] 남자아이, 여자아이, 소년, 소녀.
ninoi ninoia ninois ninoies *m.f.* =noi, noia.
ninot ninots *m.* **1** (나무·천으로 만든) 인형. **2** [비유] 꼭두각시, 허수아비. **3** 풍자만화.
ninotaire ninotaires *m.f.* 인형을 만드는 사람.
nínxol nínxols *m.* **1** (화병·조각품 등을 놓기 위한) 벽간. **2** 맨홀, 묘구덩이.
niobi *m.* [화학] 니오브[금속 원소].
nipó nipona nipons nipones *adj.m.f.* 일본의 (사람).
níquel *m.* [화학] 니켈[금속 원소].
niquelar *tr.* 니켈 도금을 하다.
niquelat niquelada niquelats niquelades *adj.* 니켈 도금을 한.
niquelífer niquelífera niquelífers niquelíferes *adj.* 니켈을 함유한.
nirvana nirvanes *f.* **1** [종교] (불교의) 열반. **2** [일반적] 해탈(의 경지); 꿈, 소원.
nirvi nirvis *m.* [속어] =nervi.
nissaga nissagues *f.* =estirp.
nit nits *f.* **1** 밤. **2** 야음, 어둠 속. **3** [비유] 흑암, 암흑(obscuritat).
a la nit 밤에.
de nit 밤의, 야행성의; 밤에는(de nits).
nit de Nadal 크리스마스이브.
nit i dia 밤낮으로.
Bona nit! 잘 가세요, 안녕히 주무세요 [밤 인사].
caure la nit 밤이 되다.
fer nit (어떤 곳에서) 밤을 지내다.
passar bona nit 밤을 잘 지내다, 잠을 잘 자다.
nítid nítida nítids nítides *adj.* **1** 맑은, 깨끗한, 투명한, 선명한. **2** 깔끔한, 말끔한. **3** (이론이) 분명한, 정확한, 확실한.
nitidesa nitideses *f.* **1** 맑음, 깨끗함, 투명함. **2** (이론이) 분명함, 정확함.
nitrat nitrats *m.* [화학] 초산염.
nitre nitres *m.* [화학] 초석, 초산(salnitre).
nítric nítrica nítrics nítriques *adj.* 질소를 함유한.
nitrocel·lulosa nitrocel·luloses *f.* [화학] 면화약.
nitrogen *m.* [화학] 질소.
nitrogenar *tr.* 질소를 함유하다.
nitrogenat nitrogenada nitrogenats nitrogenades *adj.* 질소를 함유한.
nitroglicerina nitroglicerines *f.* [화학] 니트로글리세린[다이너마이트의 원료].
nitrós nitrosa nitrosos nitroses *adj.* 초석의, 초산의.
niu nius *m.* **1** 둥지, 보금자리. **2** 주거지, 사는 집; 다정하게 자주 다니는 곳. **3** 소굴; 거점. **4** [비유] 많음, 풍부함.
fer niu de tota brossa 최대한 이용하다.
niuada niuades *f.* =niada.
nival nivals *adj.* 눈의.
nivell nivells *m.* **1** 수준, 레벨(categoria). **2** 수평(면); 수위. **3** 같은 높이·정도; 동일함. **4** 수준기.
al nivell de ...의 수준의. *Aquesta ciu-*

tat és al nivell del mar 이 도시는 해수면과 같은 높이에 위치해 있다.
el nivell del mar 해수면, 해발.
nivell de vida 생활수준.
nivelleta nivelletes f. [건축] T자.
nivi nívia nivis nívies adj. [시어] 눈의; 눈 같이 흰.
nivòmetre nivòmetres m. 적설량계측기.
nivositat nivositats f. 적설량.
no adv. 1 ...아닌. 2 [명사 앞에서 부정을 나타냄] 비(非)....
no gaire 별로, 조금; 거의 ...아닌.
no ... gaire 별로 않다, 조금 밖에 않다. No fas fet gaire cas del que t'he dit 너는 내가 네게 말한 것을 별로 신경도 안 썼다.
no ... gens 전혀 ...않다.
no... més que 단지. No tinc més que pa 나는 단지 빵 밖에 없다.
no... sinó ...이 아니고 ...이다.
nobiliari nobiliària nobiliaris nobiliàries adj. 귀족의.
-m. 귀족 명부, 귀족 계보.
nobiliarista nobiliaristes m.f. [남녀동형] 귀족 계보를 연구하는 자.
nobilitat nobilitats f. =noblesa.
noble nobles adj. 1 고귀한, 귀중한; 숭고한, 고결한, 고상한, 기품이 있는. un cor noble 고상한 마음. 2 귀족의.
-m.f. 귀족.
noblesa nobleses f. 1 고상함, 고귀함, 숭고함, 고결성, 기품. la noblesa de les seves paraules 그의 말의 기품. 2 [집합] 귀족 (계급).
noces f.pl. 결혼, 혼인, 혼례.
noció nocions f. 1 생각, 개념, 관념. 2 관념적인 지식; 초보, 요강.
nocional nocionals adj. 개념의, 개념적인.
nociu nociva nocius nocives adj. 해로운, 유해한, 유독한, 독이 되는.
noctàmbul noctàmbula noctàmbuls noctàmbules adj. 1 밤에 돌아다니는, 밤놀이하는. 2 [병리] 몽유병의.
-m.f. 몽유병 환자.
nocturn nocturna nocturns nocturnes adj. 1 밤의, 야간의. 2 밤에 활동하는. 3 [식물] 밤에 피는.

-m. 1 밤 기도. 2 [음악] 야곡, 야상곡.
nocturnal nocturnals adj. =nocturn.
nocturnitat nocturnitats f. 야행성; 밤에 일어나는 일.
no-culpabilitat no-culpabilitats f. 죄가 없음, 무죄, 무흠함.
nodal nodals adj. node의.
node nodes m. 1 마디, 절. 2 [의학] 결절. 3 [물리] (소리·빛의) 마디. 4 [천문] 교점.
nodositat nodositats f. [의학] 결절.
nodridor nodridora nodridors nodridores adj. nodrir하는.
nodriment nodriments m. nodrir하는 일.
nodrir tr. 1 부양하다, 먹을 것을 주다 (alimentar). 2 자양을 주다, 영양을 주다. 3 [비유] 부추기다, 선동하다; 배양하다, 길러 내다(fomentar). nodrir la rebel·lió 반란을 부추기다. 4 (희망·정열 등을) 품다, 더하다,
nodrís nodrissos m. =garrí.
nodrissa nodrisses f. =dida.
nodrisser nodrissera nodrissers nodrisseres adj. =nodridor.
nodrissó nodrissons m. (사람·동물의) 젖먹이.
nòdul nòduls m. 1 [지질] 돌출한 곳. 2 작은 결절·혹.
nodus nodus m. [단·복수동형] =node.
noga nogues f. 호두열매.
nogada nogades f. 호두 소스.
nogassar nogassars m. 호두나무 밭 (noguereda).
nogensmenys adv. 그렇지만, 그럼에도 불구하고(això no obstant).
noguera nogueres f. [식물] 호두나무.
noguereda nogueredes f. 호두나무 밭.
noi noia nois noies m.f. 1 젊은이. 2 [구어] 아들, 딸.
-interj. [나이에 관계없이 호칭으로 쓰이기도 함] 어이!, 그래!, 자! Bé, noi, me'n vaig 그래! 지금 갈게.
noia noies f. [동물] 뱀의 일종.
noiada noiades f. 어린애 같은 행동, 유치한 짓.
noïble noïbles adj. =nociu.
noiejar intr. 어린애 같은 행동을 하다, 유치하게 굴다.

noiesa noieses *f.* 젊은이, 청년; [집합] 젊은이들.
noli nolis *m.* (배의) 운임, 선임, 송료, 용선료.
nolició nolicions *f.* [철학] 무의지.
noliejar *tr.* **1** 용선하다, 차터하다. **2** (배에) 싣다.
nom noms *m.* **1** 이름. **2** 명칭, 칭호. **3** 상호, 가게 이름. **4** [문법] 명사. **5** [비유] 유명, 명성, 평판(fama).
a nom de ...의 이름으로.
en nom de ...을 대리하여, ...을 대표해서, ...의 이름으로.
tenir bon[mal] nom 유명하다[악평이 나 있다].
nòmada nòmades *adj.* [단·복수동형] 유목의; 유랑의.
-m.f. 유목민; 유랑민.
nòmade nòmades *adj.* =nòmada.
nomadisme nomadismes *m.* 유목 (생활), 유랑 (생활).
nombre nombres *m.* **1** [수학] 수. **2** 다수, 많음. *un nombre inesperat d'espectadors* 예상치 못한 관객 수. **3** [문법] 수(數). *nombre singular, plural* 단수, 복수.
en gran nombre 다량으로, 대단위로.
nombre cardinal 기수.
nombre ordinal 서수.
nombre parell 짝수.
nombre senar 홀수.
sens nombre 셀 수 없는, 헤아릴 수 없는.
un bon nombre 많은 수.
nombrós nombrosa nombrosos nombroses *adj.* **1** 다수의, 수많은, 숱한. **2** 듣기 좋은, 운율이 있는, 조화를 이루는 (harmoniós).
nomenament nomenaments *m.* 명령, 지명, 임명, 추천; 사령(장).
nomenar *tr.* **1** 이름을 부르다. **2** 명명하다, 지명하다, 임명하다, 추천하다. *L'han nomenat tresorer* 그를 회계 담당자로 임명했다.
nomenclàtor nomenclàtors *m.* 인명부; 지명표; 용어집.
nomenclatura nomenclatures *f.* **1** (체계적인) 명명법, 명칭. **2** 술어집, 술어 사전. **3** 리스트, 명부, 이름표.
nòmer *intr.* ...라고 불리다(dir-se).
només *adv.* 단지, 오직, 오로지, 유일하게(solament).
només que 그러나, 다만; ...만 빼고는.
nòmina nòmines *f.* **1** 목록, 명부. **2** 임금 지불 원부·장, 봉급 지불 명부.
nominació nominacions *f.* =nomenament.
nominal nominals *adj.* **1** 이름의. **2** [문법] 명사의. **3** 명목적인, 명목상의. *una autoritat nominal* 명목상의 권위. **4** 액면의.
nominalitzar *tr.* [문법] 명사화하다.
nominar *tr.* =nomenar.
nominatiu nominativa nominatius nominatives *adj.* **1** [상업] 기명의. **2** [문법] 주격의.
-m. [문법] 주격.
nona nones *f.* **1** (교회의) 아홉시의 기도. **2** [아이들이 쓰는 말] 잠, 졸음.
anar a fer nona[nones] 잠자러 가다.
fer nona[nones] 잠을 자다.
nonagenari nonagenària nonagenaris nonagenàries *adj.m.f.* 90대의 (노인).
nonagèsim nonagèsima nonagèsims nonagèsimes *adj.* =norantè.
nonat nonada nonats nonades *adj.* **1** 아직 태어나지 않은; 절개하여 꺼낸. **2** 아직 나타나지 않은.
nònius nònius *m.* [단·복수동형] 유표, 유척, 아들자.
non-non non-nons *f.* 자장가.
fer non-non 잠을 자다.
nònuple nònuples *adj.* 9의.
nònuple nònupla nònuples nònuples *adj.* 9배의.
-m. 9배수.
nonuplicar *tr.* 9배수로 하다.
nopal nopals *m.* [식물] 선인장.
nora nores *f.* 며느리.
norai norais *m.* (배를 붙잡아 두는) 쇠, 돌.
noranta norantes *adj.* 90의; 90번째의.
-m. 90, 아흔.
-m.f. 90번째.
norantè norantena norantens norantenes *adj.* 90번째의; 90등분한.

norantejar

-m.f. 90번째, 아흔 번째.
-m. 90분의 1.
norantejar *intr.* 90대 나이가 되다.
norantenni norantennis *m.* 90대.
norantí norantina norantins norantines *adj,m.f.* =nonangenari.
nord *m.* 북쪽; 북풍.
-adj. 북쪽의, 북쪽으로 향하는.
perdre el nord 길을 잃다, 방향을 잃다.
nordejar *intr.* 북쪽으로 향하다, 북으로 치우치다.
nord-est *m.* 북동; 동북풍.
nòrdic nòrdica nòrdics nòrdiques *adj.* 북구의.
-m.f. 북구 사람.
nord-oest *m.* 북서; 서북풍.
no-res *m.* [철학] 무(無).
norma normes *f.* **1** 표준, 기준. **2** 규범, 규칙, 규정; 규격; 규제. **3** 조항.
normal normals *adj.* **1** 정상적인, 일반적인. **2** 표준의, 규정의, 규격의. **3** [기하] 수직의. **4** 당연한, 논리적인, 이해가 되는(comprensible).
-f. [기하] 수직선.
normalitat normalitats *f.* 정상 (상태).
normalització normalitzacions *f.* 정상화, 표준화.
normalitzador normalitzadora normalitzadors normalitzadores *adj.* 정상화하는 (사람).
normalitzar *tr.* 정상으로 하다, 정상화하다, 표준화하다.
normalment *adv.* 정상적으로, 순조롭게; 보통, 일상적으로.
normatiu normativa normatius normatives *adj.* 표준적인, 기준의, 모범의.
-f. 기준, 표준, 모범; [문법] 모범 문법.
normativitzar *tr.* 표준화하다, 기준에 맞추다.
nos *pron.* [인칭대명사 복수 1인칭 nosaltres의 직접목적어, 간접목적어 형태] 우리들에게, 우리들을.
nós *pron.* [왕·주교 등이 사용하는 1인칭 대명사] 짐, 과인; 이 사람, 본인.
Nós, rei d'Aragó... 과인은 아라곤의 왕으로서....
nòs *pron.* [속어] nós.
nosa noses *f.* 방해물; 거추장스러운 것, 귀찮은 존재.
fer nosa 방해하다; 귀찮게 하다.
nosaltres *pron.* 우리는, 우리들은.
entre nosaltres 우리 사이에, 우리끼리 하는 얘기지만, 비밀인데.
nosofòbia nosofòbies *f.* [의학] 질병에 대한 과도한 기피증·공포증.
nostàlgia nostàlgies *f.* 향수, 회향병, 노스탤지어.
nostàlgic nostàlgica nostàlgics nostàlgiques *adj.* 향수의, 향수적인, 옛날이 그리운.
-m.f. 향수병자.
nostrat nostrada nostrats nostrades *adj.* 동포의, 조국의.
a la nostrada 우리 식으로.
nostre nostra nostres nostres *adj.* 우리들의.
-pron. 우리의 것.
-f. **1** [속어] =la nostra. 우리의 것(의지·생각·의견 등). **2** *pl.* 우리의. *una de les nostres*[alguna de les nostres] 우리 중 하나[우리 중 누군가].
nota notes *f.* **1** 표, 기호(senyal). **2** 메모, 각서, 기장; 비고, 주의서. **3** 주, 주석(anotació). **4** 간단한 편지, 단신; (외교상의) 서간, 메모, 통첩, 각서. **5** 노트, 전표; 주문서, 영수증, 송장(factura). **6** (학생들의) 성적, 평점. **7** [음악] 음표, 악보; 가락, 음률. **8** [비유] 명성, 저명(fama).
aprendre de nota 음악을 배우다.
saber de nota 음악을 알다.
prendre nota de 적다, 메모하다; 양지하다, 기억하다.
notabilitat notabilitats *f.* 저명, 유명; 명사; 현저함, 두드러짐.
notable notables *adj.* **1** 현저한, 두드러진, 주의할 만한. **2** 저명한, 유명한 (important).
-m. **1** (성적의) 우수. **2** 명사들, 저명한 인사들.
notació notacions *f.* **1** 표기, 기록, 메모. **2** (원소 등의) 기호 (표기). **3** [음악] 악보, 기보법. **4** [수학] 기수법.
notació decimal 십진법.
notar *tr.* **1** 깨닫다, 알아차리다; 주지하다, 명심하다. **2** 지적하다, 가리키다

(assenyalar). **3** 주의하다, 충고하다. **4** 적다, 기록하다. **5** 기호·주를 달다, 주석을 붙이다.
hom[es] nota... ....라는 사실을 알다.
noteu que... .....라는 사실을 주지하시기 바랍니다.

notari notària notaris notàries *m.f.* 공증인, 서기.

notaria notaries *f.* 공증인의 직; 공증 사무실.

notarial notarials *adj.* 공증(인)의.

notariat[1] notariats *m.* 공증인의 직; [집합] 공증인.

notariat[2] notariada notariats notariades *adj.* 공증된, 공증 문서의.

notícia notícies *f.* **1** 앎, 지식(coneixença). **2** 알림, 소식; 기사, 정보. **3** *pl.* (라디오·텔레비전의) 뉴스.
corre la notícia que ...라는 소식이 돌다.
no tenir-ne cap notícia 아무런 소식이 없다.

noticiar *tr.* 소식을 전하다; 알리다, 통지하다, 통보하다.

noticiari noticiaris *m.* [집합] 뉴스; 뉴스 영화, 뉴스 방송, 뉴스난.

notificació notificacions *f.* 통고, 통지, 시달, 최고(催告); 통지서, 최고장.

notificador notificadora notificadors notificadores *adj.m.f.* notificar하는 (사람).

notificar *tr.* 최고·통고·통지하다.

notori notòria notoris notòries *adj.* 잘 알려진, 세상에 알려진, 주지의; 유명한, 평판이 있는.

notorietat notorietats *f.* 유명, 명성, 평판.

nòtula nòtules *f.* 메모; 비망록, 회의록, 의사록.

nou[1] nous *f.* **1** [식물] 호두. **2** [해부] 결후(結喉). **3** (바이올린 등의) 활의 쥠쇠.

nou[2] nous *adj.* 9의, 아홉의; 아홉 번째의.
-*m.* 9, 아홉.
-*m.f.* 아홉 번째.

nou[3] nova nous noves *adj.* **1** 새로운. **2** 신규의, 신(新).... **3** 새로운, 새로 들어선, 차기의(posterior). *el nou govern* 새로운 정부. **4** 다른, 변한. **5** 새로운, 신출내기의, 초심자의, 며칠 되지 않은.
-*m.f.* 신입생; 초심자.
de nou 최근에(recentment).
de nou[de bell nou] 다시, 또 한 번, 새로이.
res de nou 아무런 일도 없는, 여전한.
Hi ha res de nou? 별고 없으세요?, 어떻게 지냈어요?
Qué hi ha de nou? 어떻게 지냈어요?,
venir de nou 놀라게 하다.

noucasat noucasada noucasats noucasades *adj.* 신혼의.

nou-centè nou-centena nou-centens nou-centenes *adj.* 900번째의; 900분의 1의.
-*m.* 900분의 1

noucentisme noucentismes *m.* 20세기 초에 카탈루냐에서 시작된 정치권의 문화 운동.

nou-cents nou-centes *adj.* **1** 900의. **2** =nou-centè.
-*m.* 900.

nouer nouers *m.* =noguera.

noueta nouetes *f.* **1** (활의) 쥠쇠. **2** [식물] 작은 견과.

nounat nounada nounats nounades *adj.m.f.* 갓 태어난 (아이).

noure *tr.* [고어] 해를 끼치다, 상처를 입히다.

nou-ric nou-rica nou-rics nou-riques *adj.m.f.* 신흥 부자(의).

nouvingut nouvinguda nouvinguts nouvingudes *adj.m.f.* 이제 막 도착한 (사람).

nova noves *f.* =notícia.
la bona nova [성서] 복음.

novament *adv.* **1** 새로이, 새롭게; 신규로. **2** 다시, 또다시. **3** 조금 전에.

novè novena novens novenes *adj.* 아홉 번째의; 9등분한, 9분의 1의.
-*m.f.* 아홉 번째.
-*m.* 9분의 1.

novell novella novells novelles *adj.* **1** 신출내기의, 초심(자)의. **2** 이제 막 끝난. **3** 갓 태어난. **4** (과일이) 조생한, 조숙한. **5** (동물·새가) 어린.
-*m.f.* (동물·새의) 새끼.

novel·la novel·les *f.* 1 소설. 2 [비유] 허구, 거짓, 픽션; 꾸민 이야기(mentida).
novellament *adv.* =recentment.
novel·lar *intr.* 소설을 쓰다. *-tr.* 소설로 만들다, 소설화하다.
novel·lesc novel·lesca novel·lescs [novel·lescos] novel·lesques *adj.* 소설의, 소설적인; 소설을 좋아하는.
novel·lista novel·listes *m.f.* [남녀동형] 소설가.
novel·lístic novel·lística novel·lístics novel·lístiques *adj.* 소설적인.
-f. 소설사, 소설 연구, 소설 문학.
novembre novembres *m.* 11월.
novena novenes *f.* (가톨릭의) 9일간의 근행; (죽은 자에 대한) 9일제.
novençà novençana novençans novençanes *adj.* 입문의, 초보의.
-m.f. 신출내기, 초심자, 입문자, 초보자 (principiant).
novetat novetats *f.* 1 새로움; 새로운 사실, 새로운 것. 2 (새로운) 뉴스. 3 변화, 이상; 진기한 일.
novici novícia novicis novícies *adj.m.f.* =novença.
novicial novicials *adj.* novici의.
noviciat noviciats *m.* 1 수련 기간; 수련원. 2 [집합] 신출내기들, 신입 사원들. 3 견습수업.
noviluni novilunis *m.* 초승달.
no-violència no-violències *f.* [정치] 비폭력(운동).
'ns *pron.* [인칭대명사 1인칭 복수 nosaltres의 직접목적격, 간접목적격 **ens**의 생략형; 모음 u 외의 다른 모음으로 끝나는 동사 뒤에서, 또는 모음으로 끝나는 다른 대명사 뒤에 나올 때의 형태] *Mira'ns* 우리를 봐. *Se'ns ha dit que no.* 아니라고 우리한테 전해졌다.
nu^1 nus *m.* =nus.
nu^2 nua nus nues *adj.* 1 벗은, 나체의, 벌거벗은, 그대로 드러내 놓은. 2 (진실이) 드러난, 벗겨진. 3 (나무가) 앙상한. 4 (벽이) 벗겨진.
-m. 나체화, 누드 사진.
nu i cru[tot nu] 나체로, 벌거벗고; 알몸으로, 완전히 벌거벗은.
nuada nuades *f.* 매듭, 묶는 일.

nuadís nuadissa nuadissos nuadisses *adj.m.f.* 묶는 (사람).
nuador nuadora nuadors nuadores *adj. m.f.* =nuadís.
nuament^1 nuaments *m.* =nuada.
nuament^2 *adv.* 있는 그대로, 사실대로.
nuar *tr.* 묶다, 매듭을 만들다. *-se* 1 마디가 생기다. 2 결합되다. 3 [비유] 혀가 굳다.
núbil núbils *adj.* 혼기가 찬, 결혼 적령이 된.
nuc nucs *m.* =nus.
nuca nuques *f.* [해부] 목덜미.
nuclear[nucleal] nuclears *adj.* 핵의; 원자핵의.
nuclearitzar *tr.* 핵으로 무장하다; 핵연료로 대체하다.
nucleat nucleada nucleats nucleades *adj.* [식물] 씨·핵이 있는.
nucleïforme nucleïformes *adj.* 핵 모양의.
nucli nuclis *m.* 1 [식물] (과일의) 씨. 2 핵; 핵심. 3 [천문] 혜성핵. 4 [생물] 세포핵. 5 [물리] (원자핵의) 핵종(核種).
núcula núcules *f.* [식물] 작은 견과.
nudisme nudismes *m.* 나체주의, 나체 클럽.
nudista nudistes *adj.* 나체주의의.
-m.f. [남녀동형] 나체주의자.
nuesa nueses *f.* 나체, 벌거숭이; 적나라함, 알몸을 드러내 놓음.
nuet nueta nuets nuetes *adj.* =nu.
nugar *tr.* =nuar.
nugós nugosa nugosos nugoses *adj.* =nuós.
nul nul·la nuls nul·les *adj.* 무효의, 실효(失效)의; 쓸모없는, 무익한; 영의.
nul·litat nul·litats *f.* 1 무효, 실효. 2 결함. 3 무능, 무자격; 쓸모없는 자.
ésser una nul·litat 무효이다, 실효가 없다.
numeració numeracions *f.* 1 숫자 (배열), 페이지 지정. 2 계정, 계산(법).
numerador numeradora numeradors numeradores *adj.* 세는, 계산하는; 번호를 매기는.
-m. 1 [수학] (분수의) 분자. 2 넘버링, 번호 기수기.

numeral numerals *adj.* 수의; 수를 표시하는.

numerar *tr.* **1** 셈하다, 헤아리다, 계산하다. **2** (숫자로) 표시하다. **3** (번호·페이지를) 매기다.

numerari numeràri numeraris numeràries *adj.m.f.* 수의, 번호의.
-m. 현금, 돈.

numèric numèrica numèrics numèriques *adj.* 수의, 수에 의한, 수로 표시한; 숫자상의.

número números *m.* **1** 수, 숫자. **2** 수사(數詞). **3** 번호, 번호표. **4** 제 ...호, 제 ...번. **5** 번지, 지번. **6** (잡지 등의) 호, 책. **7** 정수, 인원수.
número u 최고, 제일.

numismàtic numismàtica numismàtics numismàtiques *adj.* 고전학의.
-m.f. 고전학자, 고전 수집가.
-f. 고전학.

nummiforme nummiformes *adj.* 돈 모양의.

nunci nuncis *m.* **1** 사자, 사절. **2** 로마 교황 사절, 교황청 대사. **3** 조짐, 징조, 전조.

nunciatura nunciatures *f.* **1** 교황 사절의 직. **2** 교황 사절청. **3** [집합] 교황 사절단.

nuós nuosa nuosos nuoses *adj.* 매듭·마디가 있는.

nupcial nupcials *adj.* 결혼의, 혼례의.

nupcialitat nupcialitats *f.* 결혼율, 결혼건수.

núpcies *f.pl.* 결혼, 혼례.

nus nusos *m.* **1** (끈의) 매듭; 묶는 법. **2** [해부] 혹; 뼈의 관절. **2** [식물] 마디, 혹. **3** 연결, 관계, 연계(lligam); 연계점. **4** [지리] (산맥 등의) 만나는 점. **5** (소설 등의) 마디, 줄거리의 얽힘. **6** [비유] 난점, 난제; 난국. *Aquest és el nus de la qüestió* 이것이 그 문제의 난제이다. **7** (목의) 막힘. **8** [해사] 해리, 노트.

nutrici nutrícia nutricis nutrícies *adj.* 자양·영양이 되는.

nutrició nutricions *f.* 영양, 영양 섭취; 영양제.

nutricional nutricionals *adj.* =nutrici.

nutricionista nutricionistes *m.f.* 영양사.

nutrient nutrients *adj.* 영양을 공급하는.

nutriment nutriments *m.* 영양, 자양; 영양 섭취.

nutritiu nutritiva nutritius nutritives *adj.* 영양·자양이 되는.

nuvi núvia nuvis núvies *m.f.* 약혼자; 신혼부부.

nuvial nuvials *adj.* =nupcial.

nuviances *f.pl.* =noces.

nuviatge nuviatges *m.* 결혼식.

núvol núvols *m.* **1** 흐린, 구름이 많이 낀. **2** [비유] 어두운, 불행한.
-m. **1** 구름. **2** (연기·먼지 등의) 구름. **3** 그늘, 응달. **4** [비유] 무리, 떼.

nuvolada nuvolades *f.* 빽빽한 구름, 검은 구름, 소나기구름.

nuvolat nuvolats *m.* =núvol.

nuvolós nuvolosa nuvolosos nuvoloses *adj.* 구름으로 덮인.

nyam nyams *m.* [식물] 참마.

nyàmera nyàmeres *f.* =nyam.

nyam-nyam nyam-nyams *m.* [의성어] 냠냠 먹는 소리.
fer nyam-nyam [아이들이 쓰는 말] 냠냠 먹다(menjar).

nyanyo nyanyos *m.* [속어] (머리의) 혹.

nyap nyaps *m.* [경멸적] 가치 없는 것, 쓸모없는 일.
Quin nyap! 쓸데없는 것 같으니라고!

nyau-nyau nyau-nyaus *m.f.* 점잖은 체하는 위선자.

nyèbit nyèbits *m.* 부랑아, 꽃제비, 빌어먹는 아이들.

nyec nyecs *m.* **1** 매우 작은 아이. **2** [의성어] 날카로운 소리.

nyeu-nyeu nyeu-nyeus *m.f.* =nyau-nyau.

nyicris nyicris *m.f.* [단·복수동형] 벌레 같은 인간, 추잡한 인간.

nyigui-nyogui, de *loc.adj.* (질이) 조악한, 조잡한.

nyonya nyonyes *f.* 심한 졸음, 수마.

nyora nyores *f.* **1** 돌멩이, 돌덩어리, 자갈. **2** [식물] 후추의 일종.

nyu nyus *m.* [동물] (남아프리카 산의) 뿔이 달린 말.

O o

o[1] *f.* 카탈루냐어 알파벳의 열다섯 번째 문자.

o[2] *conj.* [o나 ó로 시작하는 말 앞에서는 u] 또는, 혹은, ... 아니면. *o tu o jo* 너 또는 나. *Un día o altre arribarà* 그는 언젠가 도착할 것이다. *o... o bé[bé... o bé, o be]* 혹은 ... 혹은 ..., ...이든지 ...이든지, ...이거나 ... 이거나. *Dóna-li-ho a l'Enric, o bé a en Pep* 그것을 엔릭이나 펩에게 줘라.

o[3] *interj.* 놀라움·슬픔·기쁨 등을 나타내는 감탄사. 아아!, 저런!

oasi oasis *m.* **1** 오아시스. **2** (인생행로의) 휴식처, 휴식하는 때.

obac obaga obacs obagues *adj.* **1** 어두운, 어두컴컴한, 음침한. **2** 그늘진, 응달의. *-m.* 그늘, 응달.

obaga obagues *f.* =obac.

obagor obagors *f.* 어두움, 흑암; 어스름.

obagós obagosa obagosos obagoses *adj.* =obac.

obcecació obcecacions *f.* 판단력이 흐려짐, 머리가 혼탁해짐.

obcecar *tr.* 눈을 속이다, (판단을) 흐리게 하다, 혼미하게 하다(encegar).

obediència obediències *f.* **1** 순종, 고분고분함. **2** 준수. **3** 충성, 복종. *jurà obediència al rei* 왕에게 충성을 맹세하다.

obedient obedients *adj.* 고분고분한, 복종하는, 순종하는.

obeïdor obeïdora obeïdors obeïdores *adj.* 고분고분한, 말을 잘 듣는; (...을) 따라야 하는.

obeir *tr.* **1** 따르다, 복종하다, 고분고분하다, 순순히 받들다. **2** (법칙·이성 등에) 따르다. **3** (사물이) 잘 듣다, 잘 따라 움직이다. *-intr.* (...로부터) 나오다, 발생하다.

obelisc obeliscs[obeliscos] *m.* 오벨리스크, 방첨비, 방첨탑, 첨주.

obenc obencs *m.* (배의) 돛줄.

obencadura obencadures *f.* [집합][해사] 돛줄.

obert oberta oberts obertes *adj.* **1** 열린, 벌어진. *finestres obertes* 열린 창들. **2** (공간이) 탁 트인, 널찍한. **3** (성격이) 솔직한, 진솔한; 이해력이 있는. **4** 개방적인, 자유로운. **5** 명백한, 공공연한. *guerra oberta* 선전 포고된 전쟁. **6** [건축] 뚜껑이 없는, 무개(無蓋)의, 갑판이 없는. **7** [음성] 개모음, 저모음. *vocals obertes* 열린 모음. **8** (활자가) 굵은, 획이 굵은. *-f.* **1** 틈, 사이, 구멍. **2** 절개구, 칼자국.

obertura obertures *f.* **1** 열림, 트임, 벌어짐. **2** 틈새, 갈라진 금, 균열. **3** 개관, 개회, 개업, 개강(inauguració). **4** (봉투 등의) 개봉. **5** (산간의) 앞이 트인 땅. **6** [정치] (정책 등의) 개방.

oberturisme oberturismes *m.* [정치] 개방 정책, 개방주의.

oberturista oberturistes *adj.* [정치] (정책을) 개방하는, 개방주의의. *-m.f.* [남녀동형] 개방주의자.

obès obesa obesos obeses *adj.* 비만한.

obesitat obesitats *f.* [의학] 비만.

obi obis *m.* 둥근 단지, 둥근 통.

òbila òbiles *f.* =òliba.

òbit òbits *m.* 죽음, 사망(defunció); 장례. *missa d'òbit* 장례 미사.

obituari obituària obituaris obituàries *adj.* 죽음의, 사망의. *-m.* 사망자의 명일표; 부고란, 부고 광고.

objecció objeccions *f.* 반대, 이의, 이론; 거부, 항의. *objecció de consciència* 양심 거부.

objectable objectables *adj.* 반대·반론할 수 있는.

objectar *tr.* **1** 반대하다, 반론하다. **2** (이론·난점 등을) 들다.

objecte objectes *m.* **1** 사물, 물체

objectiu (cosa); 물건, 물품, 세공품. **2** (동작·감정 등의) 객체, 대상. **3** 목표, 목적(fi). 동기, 의도. **4** [문법] 목적어. **5** [철학] 대상, 객체, 객관. **6** [법률] 물건, 목적.
amb aquest objecte 이 목적으로.
objecte volador no identificat 미확인 비행 물체(UFO).
no tenir objecte 목적이 결여되다, 동기가 없다.
tenir per objecte ...하는 것을 목적으로 하다.

objectiu *objectiva objectius objectives adj.* **1** 목적의; 대상의. **2** 객관적인, 편파적이지 않은(imparcial).
-m. **1** 목표, 목적(fi). **2** (사진기의) 대물렌즈. **3** [군사] 표적, 목표물.

objectivació *objectivacions f.* 객관화, 보편화.

objectivar *tr.* 객관화하다, 보편화하다.

objectivisme *objectivismes m.* [철학] 객관주의, 객관론; 객관의 존중.

objectivitat *objectivitats f.* 객관성, 보편성, 공정성.

objector *objectora objectors objectores adj.m.f.* 반대·거부하는 (사람).
objector de consciència (종교적·정치적 이유로 인한) 병역 기피자.

oblació *oblacions f.* 봉헌(물), 헌납(물).

oblada *oblades f.* (공양·예배를 위한) 공물, 헌물.

oblic *obliqua oblics obliqües adj.* **1** 기운, 경사진, 비스듬한. *el angle oblic* 사각. **2** [비유] 사악한, 비뚤어진, 부정한.

oblidable *oblidables adj.* 쉽게 잊히는, 잊기 잘하는.

oblidadís *oblidadissa oblidadissos oblidadisses adj.* =oblidós.

oblidar *tr.* **1** 잊다, 잊어버리다. **2** 등한시하다, 소홀히 하다(negligir). **-se** 잊다, 망각하다; 잊히다, 저버리다.

oblidós *oblidosa oblidosos oblidoses adj.* 잘 잊어버리는, 쉽게 망각하는.

obligació *obligacions f.* **1** 의무, 책무 (compromís). **2** 빚, 부채, 채무(deure); 차용 증서; 채권, 사채권, 공채 증서. **3** [법률] (민사 등의) 책임.
complir les seves obligacions 의무를 다하다.
mancar a les seves obligacions 의무를 게을리 하다, 의무를 다하지 않다.

obligacionista *obligacionistes m.f.* [남녀동형] 채권자, 채권 소유자, 사채·공채 소유자.

obligadament *adv.* 부득이, 의무적으로; 억지로, 강제적으로.

obligador *obligadora obligadors obligadores adj.m.f.* obligar하는 (사람).

obligant *obligants adj.* 의무를 지우는, 의무적인; 강제하는, 강제적인.

obligar *tr.* **1** 부득이하게 하다, 강제하다; 억지로 떠맡기다. **2** (...에게) 은혜를 입히다. **3** 담보로 하다. **4** 억지로 밀어 넣다, 힘으로 하다. **-se** 의무를 지다, 인수받다, 떠맡다.

obligat *obligada obligats obligades adj.* **1** 감사한, 감사하고 있는(agraït). **2** [음악] 무반주의.

obligatori *obligatòria obligatoris obligatòries adj.* **1** 의무의, 의무적인. **2** 필수의, 필수적인, 필연적인.

obligatorietat *obligatorietats f.* 강제, 강요; 강제성, 의무성.

obliquar *tr.* 비스듬하게 하다, 경사지게 하다, 기울리다. *-intr.* 사행(斜行)하다.

obliqüitat *obliqüitats f.* 비스듬함, 경사; 기울기, 사각, 경도.

oblit *oblits m.* 망각, 잊어버림.
arraconar[relegar] a l'oblit 잊어버리다, 과거를 묻어 버리다.
caure en oblit 망각하다, 잊어버리다.
deixar[posar] en l'oblit 잊다, 망각하다.
treure de l'oblit 기억을 되살리다.

obliteració *obliteracions f.* **1** 막힘, 차단. **2** [의학] 폐색.

obliterador *obliteradora obliteradors obliteradores adj.* obliterar하는.
-m.f. 지우는 ; 일소자, 말소자.

obliterar *tr.* **1** 지우다; 말소하다. **2** [의학] 폐색시키다, 막히게 하다.

oblong *oblonga oblongs oblongues adj.* 장방형의, 타원형의.

obnubilació *obnubilacions f.* =obcecació.

obnubilar *tr.* =obcecar. **-se** =obcecarse.

oboè oboès *m.* 오보에; 오보에 연주자 (oboista).
oboista oboistes *m.f.* [남녀동형] 오보에 연주자.
obra obres *f.* **1** 실행, 실시. **2** 짓, 행위; 선행, (도움의) 손길. **3** 작품, 예술품, 문학 작품; [집합] 전작. *obra mestra* 걸작. **4** [비유] 작품, 노작, 역작; 공적, 업적. *Tot això és obra seva* 이 모든 것은 그의 작품이다. **5** [건축] 건축 공사; 건조물, 건물. **6** 보수, 수리, 개수.
d'obra 손을 대어, 손을 써서; 실행에 의해서.
per obra de (…의) 덕분에, 덕분으로.
maltractar d'obra 손으로 때리다.
posar en obra 착수하다, 실행하다.
obrador obradors *m.* 공장, 공사장, 작업장.
obradura obradures *f.* =fabricació.
obrar *tr.* **1** 일하다(afaiçonar). **2** 세우다, 건축하다. **3** 만들다, 가공하다, 세공하다. **4** 반질반질하게 하다, 대패질하다. *-intr.* **1** (일이) 되어가다, 진행되다(procedir). *obrar malament* 일이 잘 못되다. **2** 효과가 있다, 잘되어 가다.
obratge obratges *m.* **1** 제조, 제작. **2** 대금, 요금(import).
obrecartes obrecartes *m.* [단·복수동형] 편지 열개, 편지를 뜯을 때 쓰는 나이프.
obrellaunes obrellaunes *m.* [단·복수동형] 통조림 따개.
obrer obrera obrers obreres *adj.* 일하는, 노동의, 노동자의. *la classe obrera* 노동자 계급.
-m.f. 일꾼, 노동자, 노무자, 직공, 공원.
obrer especialitzat[*especialista*] 숙련자, 숙련공, 전문가.
obrerisme obrerismes *m.* **1** 노동 운동; 노동자 계급. **2** [정치] 노동당.
obrerista obreristes *adj.* 노동 운동의; [정치] 노동당의.
-m.f. [남녀동형] 노동당원.
obridor obridora obridors obridores *adj.* (뚜껑을) 여는, 따는; 쉽게 열리는, 자연히 열리는.
-m. 여는 도구, 따개.
obrir *tr.* **1** 열다, 펴다. **2** 개시하다, 시작하다. **3** 개설하다, 개관하다, 개업하다, 개회하다. **4** (길·공간 등을) 열다, 개방하다. **5** [의학] 열다, 분리하다 (esberlar). **6** [비유] (마음을) 열다. **7** 파다, 새기다. *-intr.* (상점이) 열리다. *-se* **1** 열리다, 개방되다. **2** 믿다, 신뢰하다.
obscè obscena obscens obscenes *adj.* 난잡한, 외설적인, 추잡한.
obscenitat obscenitats *f.* 외설, 추행, 추잡한 일, 춘화.
obscur obscura obscurs obscures *adj.* **1** 어두운, 캄캄한(fosc). **2** 검은, 거무스레한, 어두운 색의. **3** 신분이 낮은, 미천한. **4** [비유] 불분명한, 애매모호한. **5** 세상에 알려지지 않음.
obscurantisme obscurantismes *m.* 우매주의, 민중의 우매화.
obscurantista obscurantistes *adj.m.f.* (민중을) 우매하게 하는 (사람).
obscurir *tr.* **1** 어둡게 하다(enfosquir); 그늘지게 하다. **2** [회화] 음영을 그리다. **3** [비유] 애매하게 하다. *-se* **1** 어두워지다, 그늘지다. **2** 흐려지다; 보이지 않게 되다.
obscuritat obscuritats *f.* **1** 어두움, 캄캄함(foscor). **2** 미천함; 천박한 생활. **3** 우매, 무지; 애매모호, 불분명, 막연함. **4** [비유] 어두움, 흑암.
obsedir *tr.* =obsessionar.
obseqüent obseqüents *adj.* =obedient.
obsequi obsequis *m.* **1** 접대, 환대, 후대. **2** 선물, 경품.
obsequiador obsequiadora obsequiadors obsequiadores *adj.m.f.* obsequir하는 (사람).
obsequiar *tr.* **1** 극진히 대접하다, 환대하다. **2** (선물을) 주다, 증정하다.
obsequiós obsequiosa obsequiosos obsequioses *adj.* **1** 친절한, 극진한, 정중한. **2** 아첨하는, 아부하는.
obsequiositat obsequiositats *f.* 극진한 대접, 굉장한 환대; 아부, 아첨.
observable observables *adj.* observar할 수 있는; 뚜렷한, 현저한.
observació observacions *f.* **1** 관찰, 주목, 주시; 관찰력. **2** 관측, 감시, 정찰. **3** 관찰 결과, 관찰 보고. **4** (관찰에 의

거하) 의견, 견해, 평가. **5** 반론; 조언, 경고, 충고(advertiment).

observacional observacionals *adj.* observació의.

observador observadora observadors observadores *adj.m.f.* observar하는 (사람).
-m.f. (회의 등의) 옵서버, 참관자.

observança observances *f.* **1** 준수, 엄수. **2** (상사에 대한) 존경, 예의, 예우. **3** (종교의) 계율, 의식, 관례.

observar *tr.* **1** 지키다, 준수하다. *observar una regla* 법규를 준수하다. **2** 주의하여 보다, 관찰하다, 관측하다, 감시하다. **3** 구경하다, 풍경을 즐기다 (mirar). **4** 알게 하다, 경고하다, 주의하다, 충고하다(notar).

observatori observatoris *m.* 관측소, 기상대, 측후소, 천문대. observatori astronòmic 천문대, 천문 관측소.

obsés obsessa obsessos obsesses *adj.m.f.* 강박 관념에 사로잡힌 (사람).

obsessió obsessions *f.* **1** 강박관념, 고정관념, 얽매임. *una obsessió anormal* 비정상적인 강박관념. **2** 고민, 고통, 괴로움.

obsessionar *tr.* (강박 관념으로) 괴로움을 주다, 고통을 주다. *-se* 강박 관념에 사로잡히다, 집착하다.

obsessiu obsessiva obsessius obsessives *adj.* 강박 관념의, 집착하는.

obsidiana obsidianes *f.* [광물] 흑요석.

obsolet obsoleta obsolets obsoletes *adj.* 낡은, 케케묵은(antiquat); 못 쓰게 된.

obstacle obstacles *m.* **1** 장애, 장벽, 방해물; 고장. **2** [스포츠] 장애물 경주. **3** [비유] 방해가 되는 것.
posar obstacles a 장애물을 놓다.

obstaculitzar *tr.* 장애물을 놓다; 방해하다, 훼방 놓다.

obstant *adj.* 지장을 주는, 방해가 되는.
no obstant ...에도 불구하고(malgrat).
no obstant això[*això no obstant*] 그럼에도 불구하고, 그렇지만.

obstar *intr.* **1** 반대하다, 방해가 되다, 충돌하다. **2** 모순되다; 상충하다.

obstetrícia obstetrícies *f.* 산부인과 의학.

obstinació obstinacions *f.* 고집, 끈덕짐, 집요함, 완고함.

obstinar-se *prnl.* 고집하다, 끝까지 우기다, 집념하다, 집착하다. *S'obstina a negar-ho* 그는 끝까지 그것을 부인한다.

obstinat obstinada obstinats obstinades *adj.m.f.* 고집스러운, 끈덕진, 집요한, 완고한.

obstrucció obstruccions *f.* **1** 방해, 차단; 의사방해. **2** [의학] 폐색(증); 변비.

obstruccionisme obstruccionismes *m.* [정치] 의사 방해.

obstruccionista obstruccionistes *adj.m.f.* [남녀동형] 의사 방해를 하는 (사람).

obstruir *tr.* 막다, 방해하다, 훼방 놓다.

obtenció obtencions *f.* 획득, 입수, 달성, 확보.

obteniment obteniments *m.* =obtenció.

obtenir *tr.* **1** 얻다, 손에 넣다, 입수하다. **2** 이루다, 획득하다, 달성하다.

obturació obturacions *f.* 폐색; 충전.

obturador obturadora obturadors obturadores *adj.* obturar하는.
-m. **1** 틈을 메우는 것. **2** 폐색 장치, (카메라의) 셔터; 끼우는 곳.

obturar *tr.* 틈을 막다, 때우다; 충전(充塡)하다.

obtús obtusa obtusos obtuses *adj.* **1** 끝이 둥그런, 무딘. **2** [비유] 무딘, 둔감한, 우둔한. **3** [기하] 둔각의.

obús obusos *m.* [군사] 곡사포; 포탄, 곡사 포탄.

obvi òbvia obvis òbvies *adj.* **1** 눈앞의; 훤한, 훤히 보이는. **2** [비유-] 뻔한, 분명한, 자명한(evident).

obviar *tr.* 피하다, 회피하다(evitar).

obvietat obvietats *f.* 분명, 자명, 명약관화.

oc ocs *m.* [조류] 수거위.

oca oques *f.* [조류] 암거위; 회색기러기.

Sempre han tingut bec les oques 항상 같은 일이 일어났다.

ocapi ocapis *m.* [동물] 오카피[아프리카산 영양의 일종].

ocàs ocasos *m.* **1** 낙조, 일몰. **2** 서쪽.

3 [비유] 말기, 쇠퇴(기)(decadència).
ocasió ocasions *f.* **1** 기회, 호기. *aprofitar l'ocasió* 기회를 이용하다. **2** 원인, 이유, 동기(causa). **3** 상황, 사정, 환경, 정황, 정세. *de ocasió* (물건이) 중고의, 염가의. *agafar[prendre] l'ocasió per la punta dels cabells* 가까스로 기회를 잡다. *dar ocasió* 기회를 주다, 빌미를 제공하다. *L'ocasió fa el lladre* [속담] 환경이 사람을 만든다; 환경 때문에 뜻하지 않는 일을 하게 한다.
ocasionador ocasionadora ocasionadors ocasionadores *adj.m.f.* 야기시키는 (사람).
ocasional ocasionals *adj.* 우연한, 우발적인; 야기하는, 원인 제공이 되는.
ocasionar *tr.* **1** 야기하다, (...의) 원인이 되다, 결과를 낳다. *Aquella solució ocasionà grans mals* 그 해결책은 큰 화를 초래했다. **2** 위태롭게 하다.
ocater ocatera ocaters ocateres *m.f.* 거위를 기르는 사람.
occident occidents *m.* 서쪽; 서쪽 나라, 서양, 서구, 서방.
occidental occidentals *adj.* 서쪽의; 서쪽나라의, 서양의, 서구의.
-m.f. 서양사람, 유럽사람.
occidentalització occidentalitzacions *f.* 서구화, 서양화.
occidentalitzar *tr.* 서구화하다, 서양화하다, 서양식으로 하다. *-se* 서양화되다, 서양식으로 되다.
occípit occípits *m.* [해부] 후두부(nuca).
occipital occipitals *adj.* 후두부의.
-m. [해부] 후두부의 뼈.
occir *tr.* 죽이다.
oceà *m.* 대양, 대해; 널찍한 곳.
oceanògraf oceanògrafa oceanògrafs oceanògrafes *m.f.* 해양학자.
oceanografia oceanografies *f.* 해양학.
oceanogràfic oceanogràfica oceanogràfics oceanogràfiques *adj.* 해양학의.
oceanologia oceanologies *f.* 해양학.
ocel ocels *m.* [곤충] 홑눈, 단안.
ocell ocells *m.* **1** [조류] 새. **2** *pl.* 가금 (家禽). **3** [구어] (남성의) 성기.

ocell migrador[migratori] 철새.
ésser ocell de bosc 자유롭다, 독신주의자이다.
ocellada ocellades *f.* 새 무리, 새 떼.
ocellaire ocellaires *m.f.* 새의 사냥·사육·판매에 종사하는 사람.
ocellam ocellams *m.* [집합] 새.
ocelleria ocelleries *f.* 가금 판매점.
oci ocis *m.* **1** 나태, 태만, 게으름; 빈둥거림(inacció). **2** 위안거리, 심심풀이, 시간 보내기, 여가(lleure).
ociós ociosa ociosos ocioses *adj.* **1** 아무 일도 하지 않는, 빈둥거리는; 여가가 많은, 한가로운. **2** 무익한, 아무 쓸데없는(inútil). *preguntes ocioses* 쓸모없는 질문들. **3** 게으른, 나태한. **4** (기계가) 놀고 있는.
ociositat ociositats *f.* 빈둥거림; 한가함, 나태함, 안일함; 효과 없음.
oclusió oclusions *f.* **1** [의학] 폐색(증). **2** [음성] 장애음.
oclusiu oclusiva oclusius oclusives *adj.* **1** 폐색의, 장애의. **2** [음성] 폐쇄음의, 장애음의.
-f. [음성] 폐쇄음, 장애음.
ocórrer *intr.* **1** 일어나다, 발생하다(esdevenir-se). **2** (생각이) 떠오르다. *Li ocorregué una solució* 그에게 해결책이 떠올랐다. **3** (축제일이) 겹치다.
ocraci ocràcia ocracis ocràcies *adj.* 황토의.
ocre ocres *m.* 황토; 황토색.
ocrós ocrosa ocrosos ocroses *adj.* =ocraci.
octaedre octaedres *m.* [기하] 팔면체.
octaèdric octaèdrica octaèdrics octaèdriques *adj.* 팔면체의.
octàgon octàgons *m.* [기하] 팔각형.
octagonal octagonals *adj.* 팔각의, 팔각형의.
octau octava octaus octaves *adj.* =vuitè.
-m. **1** 8분의 1. **2** (인쇄의) 8절판.
-f. **1** [스포츠] 16강전. **2** [음악] 옥타브, 8도 음정; 8번째 음. **3** [문학] 11음절 8행시; 일반적으로 8행시.
octaví octavins *m.* 옥타비나[피아노와 유사한 옛날 악기].

octogenari octogenària octogenaris octogenàries adj. 팔순의.
-m.f. 팔순(의 노인).
octogèsim octogèsima octogèsims octogèsimes adj.m.f. =vuitantè.
octògon octògons m. =octàgon.
octogonal octogonals adj. =octagonal.
octosíl·lab octosíl·laba octosíl·labs octosíl·labes adj. 8음절의.
-m. 8음절의 시구.
octubrada octubrades f. 시월이 속한 계절.
octubrar-se prnl. (닭 등이) 알 낳는 것을 중지하다.
octubre octubres m. 10월, 시월.
octubrer octubrera octubrers octubreres adj. 시월의.
òctuple[1] òctuples adj. 여덟 배의.
òctuple[2] òctupla òctuples adj. 여덟 배의.
octuplicar tr. 여덟 배로 하다.
òcul òculs m. 소의 눈.
ocular oculars adj. **1** 눈의, 시각의. **2** 목격의.
-m. 접안렌즈, 접안경.
oculista oculistes m.f. [남녀동형] 안과 의사.
ocult oculta ocultes ocultes adj. **1** 숨은, 보이지 않는. **2** 신비의, 미지의.
ocultació ocultacions f. 숨김, 은닉.
ocultador ocultadora ocultadors ocultadores adj.m.f. 숨기는 (사람).
ocultar tr. 숨기다, 감추다, 은닉하다.
ocultisme ocultismes m. 신비학; 심령술, 심령학.
ocupació ocupacions f. **1** 차지, 점유; 점령, 점거. **2** 일, 업무, 용무(feina). **3** 직, 직위, 직업; 취업.
ocupacional ocupacionals adj. 직업의, 직업적인. la formació ocupacional 직업 교육.
ocupador ocupadora ocupadors ocupadores adj. 차지하는, 점유하는, 점거하는, 점령하는.
-m.f. 점유자, 점거자, 점령자.
ocupant ocupants adj.m.f. =ocupador.
ocupar tr. **1** (장소 등을) 차지하다, 점유하다; (집을) 소유하다, 입주하다. ocu-par el pis de dalt 위 아파트에 입주하다. **2** [군사] 점령하다, 점거하다. **3** 일을 시키다, 고용시키다; 일하다, 전념하다. **4** (어떤 직을) 행사하다(exercir). ocupa la presidència 대통령직을 맡다. **5** 방해하다, 걱정시키다. **6** (누구의) 주의를 끌다. **-se 1** 종사하다, 전념하다. **2** 관여하다, 관심을 가지다. **3** 돌보다, 신경을 쓰다. **4** (...에 대해) 다루다.

ocupar-se de ...을 돌보다, 보살피다; 맡다, 책임지다.

ocurrència ocurrències f. **1** 일, 사정; 사건, 사태; 일의 발생, 동시 발생. **2** (우연한) 만남, 맞닥뜨림. **3** 떠오르는 생각·착상.
ocurrent ocurrents adj. ocórrer하는.
oda odes f. 찬가, 송가[사람이나 사물을 찬미한 서정가].
odalisca odalisques f. (오스만 제국 때 황제의) 후궁, 처첩; 여자 노예.
odi odis m. 미워함, 싫어함, 증오, 혐오.
odiar tr. 미워하다, 증오하다, 싫어하다.
odiós odiosa odiosos odioses adj. **1** 미운, 싫은, 증오하는. **2** 미움을 사는, 증오하게 만드는.
odiositat odiositats f. 미움, 증오; 혐오감, 증오감.
odissea odissees f. **1** (호머 작의 대서사시 오디세이에서의) 장기간의 모험 여행. **2** [비유] 힘든 여정, 고난의 길.
odontoide odontoides adj. 이 모양의.
odontòleg odontòloga odontòlegs odontòlogues m.f. 치과 의사.
odontologia odontologies f. 치과 의학.
odontològic odontològica odontològics odontològiques adj. 치과 의학의.
odorant odorants adj. [고어][시어] 냄새가 나는; 향기로운.
odorar tr. [고어][시어] 냄새를 내다; 향기를 발하다(olorar).
odorífer odorífera odorífers odoríferes adj. 냄새나게 하는.
odre odres m. (술을 담는) 가죽 자루, 양피 술자루.
oest m. 서쪽; 서풍.
-adj. 서쪽의; 서풍의.

ofec ofecs *m.* [의학] 호흡 장애, 호흡 곤란(dispnea).
ofegador ofegadora ofegadors ofegadores *adj.* ofegar하는.
ofegament ofegaments *m.* ofegar하는 일.
ofegar *tr.* **1** 숨을 못 쉬게 하다, 숨막히게 하다, 질식시키다. **2** (불을) 끄다, 소화하다(apagar). **3** (약한 불에) 찌다, 볶다. **4** [비유] (감정을) 다스리다. *ofegar el plor* 눈물을 그치다. **5** (반란 등을) 진압하다. *-se* **1** 숨이 막히다, 목이 막히다, 질식하다. *ofegar-se de calor* 더위에 질식하다. **2** 익사하다, 물에 빠져 죽다(negar-se). **3** (불·반란 등이) 꺼지다; 진압되다. **4** [비유] 가슴을 태우다, 애간장을 태우다.
ofegat ofegada ofegats ofegades *adj.* **1** (약한 불에) 찐. **2** 질식한, 익사한. *-m.f.* 질식자, 익사자. *-m.* 약한 불에 찐 고기.
ofegor ofegors *f.* 질식, 익사.
ofegós ofegosa ofegosos ofegoses *adj.* =ofegador.
ofendre *tr.* **1** 성나게 하다, 화나게 하다. **2** 모욕하다, (누구의) 감정을 상하게 하다. *ofendre algú* (누구를) 모욕하다 **3** 흠이 가게 하다; 손해를 끼치다. **4** (위를) 거북하게 하다. *-'s* **1** 성내다, 화내다. **2** 모욕을 받다; 불쾌해하다, 무안해하다. **3** (누구와) 다투다.
ofenós ofenosa ofenosos ofenoses *adj.* ofendre하는.
ofensa ofenses *f.* **1** 치욕, 모욕. **2** 공격.
ofensiu ofensiva ofensius ofensives *adj.* **1** 창피를 주는, 모욕적인. **2** 불쾌한, 무례한. **3** 공세의, 공격의, 공격적인; 침략의, 침략적인.
ofensor ofensora ofensors ofensores *adj.m.f.* ofendre하는 (사람).
oferent oferents *adj.m.f.* oferir하는.
oferidor oferidora oferidors oferidores *adj.* oferir하는.
oferiment oferiments *m.* **1** 제안, 제출, 제공; 바침, 헌납. **2** (상품의) 매긴 값; 헐값.
oferir [*pp.: ofert oferta*] *tr.* **1** 제안하다, 제출하다, 제공하다. **2** 바치다, 올리다, 헌납하다. *oferir un sacrifici* 제물을 바치다. **3** (팔려고) 내놓다, 가격을 매기다. **4** [비유] (어려움 등을) 보이다, 나타내다. *El projecte ofereix moltes dificultats* 그 프로젝트는 많은 어려움을 갖고 있다. **5** (기회 등을) 제공하다(brindar). *-se* **1** 몸을 바치다, 희생의 제물이 되다. **2** (자신을) 헌신하다, (어떤 역할을) 자처하다.
oferta ofertes *f.* **1** =oferiment. **2** (싸게 내놓은) 품목. **3** [법률] (계약상의) 제공. **4** (교회의) 헌금, 헌물.
ofertori ofertoris *m.* 성찬 봉헌, 봉헌 기도.
offset offsets *m.ang.* (인쇄의) 오프셋.
ofici oficis *m.* **1** 직, 업무, 직무(gestió); 직능, 역할(funció). **2** 일, 직업(professió). **3** 힘, 진력; 돌보기, 보살피기. **4** 공문서, 공식 서간. **5** [종교] 나날의 기도, 근행, 제식.
d'ofici 정식의, 공식의, 관선의; 직무상의, 직업적인; 사무적으로.
oficial[1] oficials *adj.* **1** 공적인, 공식의, 정식의. **2** 관의, 관에서 시설한. **3** 직무상의, 사무상의.
oficial[2] oficiala oficials oficiales *m.f..* **1** 직원, 사무원, 관리. **2** 사관, 장교. **3** 판사; 사형 집행인. **4** 고급 선원; (상선의) 항해사.
oficialitzar *tr.* 공적으로 하다, 공식화하다; 공인하다.
oficiant oficiants *adj.m.f.* oficiar하는 (사람).
oficiar *tr.* **1** 임무를 맡다. **2** (미사를) 집전하다; (의식을) 집행하다. **3** (문서를) 정식으로 통고하다. *-intr.* (...로서의) 직·임무를 수행하다.
oficina oficines *f.* **1** 사무실, 관청. **2** 작업장, 일터(taller). **3** 조제실, 약국. **4** 국, 청. **5** [비유] 온상, 본거지.
oficinal oficinals *adj.* [식물] 약용의; 조제되어 있는.
oficinista oficinistes *m.f.* 사무원, 직원.
oficiós oficiosa oficiosos oficioses *adj.* **1** 비공식적인. **2** 근면한, 부지런한. **3** 친절한, 남을 잘 거드는.
oficiositat oficiositats *f.* **1** 비공식. **2** 근면, 부지런함. **3** 친절, 호의.

ofidis *m.pl.* [동물] 뱀과의 동물.
ofimàtica ofimàtiques *f.* 사무 처리 전산 기술·정보.
ofioide ofioides *adj.* 뱀의, 뱀 유형의.
ofrena ofrenes *f.* **1** 헌금, 헌물. **2** 공물, 봉납. **3** 희사, 답례.
ofrenar *tr.* **1** 헌금하다, 헌물하다. **2** 봉납하다, 헌정하다. *ofrenar glòries a Espanya* 스페인에 영광을 바치다. **3** 바치다, 희생시키다. **4** 선물하다, 증정하다, 희사하다.
òfset òfsets *m.* =offset.
oftàlmia oftàlmies *f.* [의학] 안염, 안질.
oftàlmic oftàlmica oftàlmics oftàlmiques *adj.* [의학] 안염의, 안질의.
oftalmòleg oftalmòloga oftalmòlegs oftalmòlogues *adj.* [의학] 안과의. *-m.f.* 안과 의학자, 안과 의사.
oftalmologia oftalmologies *f.* [의학] 안과 의학.
oftalmològic oftalmològica oftalmològics oftalmològiques *adj.* 안과 의학의.
oftalmoscopi oftalmoscopis *m.* [의학] 검안.
ofuscació ofuscacions *f.* **1** 눈이 아찔함, 눈이 흐려짐. **2** 판단력이 흐려짐, 머리의 혼탁함, 착각. *la progressiva ofuscació de la seva memòria* 그의 기억력이 점차적 흐려짐.
ofuscament ofuscaments *m.* =ofuscació.
ofuscar *tr.* **1** 눈을 아찔하게 하다. **2** 흐리게 하다, 어둡게 만들다(enfosquir). *ofuscar valors fonamentals* 기본적인 가치를 흐리다. **3** 멍하게 하다, 판단력을 흐리게 하다. **-se** (눈이) 흐려지다; 어둡게 되다; 정신이 몽롱해지다.
ogiva ogives *f.* [건축] (고딕 양식의) 끝이 뾰족한 홍예문; 뾰족한 아치.
ogival ogivals *adj.* ogiva의.
ogre ogressa ogres ogresses *m.f.* (북유럽 전설의) 식인귀.
oh *interj.* [놀라움·슬픔·기쁨 등을 나타내는 감탄사] 아이!, 저런!
ohm ohms *m.* [전기] 옴[전기저항의 단위].
oi[1] ois *m* [주로 복수로 쓰임] =nàusea.
oi[2] *interj.* **1** [부가의문에서 동의·확인을 위해 쓰임] 안 그래요?, 그렇지 않아요? *Ell ha vingut aquest matí, oi?* 그는 오늘 아침에 왔죠, 안 그래요? **2** [상대방의 말에 동의를 나타냄] 그럼, 그렇고말고, 당연히. *Ell és un mal amic. -Oi, sense dubte* 그는 나쁜 친구야. -정말 그래. **3** [놀라움을 나타냄] 아이!, 아니!, 어이구! *Oi!, tu per ací?* 아니, 너 여기 있었잖아! **4** [주로 반복적으로 사용되어 아픔·슬픔을 나타냄] 아이! *Oi!, oi!, quin mal que em fas!* 아이, 내게 너무 하잖아!
Oi que sí? 그렇지 않아요?
oiat oiada oiats oiades *adj.* **1** 어지러운, 현기증이 나는. **2** [비유] 지겨운, 구역질나는.
oïble oïbles *adj.* 들리는, 알아들을 수 있는.
oidà *interj.* [격려·칭찬의 감탄사] 기운을 내라!, 브라보!
oïda oïdes *f.* 듣기, 청취; 청각.
oïdi oïdis *m.* [식물] (포자식물의) 분생자(分生子).
oïdor oïdora oïdors oïdores *adj.* 듣는. *-m.f.* **1** 듣는 사람, 청중, 청취자. **2** 청강생. *-m.* (옛날의) 판관.
oient oients *adj.* 듣는. *-m.f.* =oïdor.
oïment oïments *m.* =oïda.
oimés *adv.* =sobretot.
oiós oiosa oiosos oioses *adj.* =oiat.
oir *tr.* **1** 듣다, 청취하다, 들리다. **2** 듣다, 순종하다. **3** 청강하다. **4** 미사에 참가하다.
oixque *interj.* [우마를 왼쪽으로 돌릴 때의 소리] (왼쪽으로 향하도록) 이랴!
oleàcies *f.pl.* [식물] 목서과 식물.
oleaginós oleaginosa oleaginosos oleaginoses *adj.* 유성의, 유질의; 기름진, 기름 같은.
oleic oleica oleics oleiques *adj.* [화학] 유산의.
oleícola oleícoles *adj.* 올리브유 산업의, 올리브 정제의.
oleïcultor oleïcultora oleïcultors oleïcultores *m.f.* 올리브 재배 종사자.
oleïcultura oleïcultures *f.* 올리브유 산

업, 올리브유 정제.
oleoducte oleoductes m. (원유의) 송유관.
oleòmetre oleòmetres m. 검유기, 유비중계.
oleoresina oleoresines f. 유지.
olfacció olfaccions f. 냄새 맡는 일.
olfacte olfactes m. 후각, 후각 기관; 코, 감각.
olfactori olfactòria olfactoris olfactòries adj. 후각의, 후각 기관의.
oli olis m. 1 기름. oli d'oliva 올리브유. 2 향유. 3 윤활유.
al oli 기름으로; [회화] 유화의.
haver begut oli 싫은 일을 피할 모든 기회를 놓치다.
oliada oliades f. 1 [농업] 올리브유의 풍성한 수확. 2 올리브유 찌꺼기.
oliaire oliaires m.f. 올리브유 재배·판매상.
oliar tr. 1 올리브유를 바르다. 2 (임종 시에) 성유를 바르다.
òliba òlibes f. [조류] 부엉이.
olíban olíbans m. =encens.
olier oliera oliers olieres adj. 올리브의, 올리브유의.
-m.f. =oliaire.
-m.[f] 기름병.
oliera olieres f. 성유반.
oligarca oligarques m.f. [남녀동형] (소수 정치의) 집정관.
oligarquia oligarquies f. [정치] (전횡적인) 소수당 정치·정부.
oligàrquic oligàrquica oligàrquics oligàrquiques adj. [정치] 소수 정치의, 소수 정부의.
oligoelement oligoelements m. [화학] 흔적 요소.
oligofrènia oligofrènies f. [의학] 정신 발육 정지, 정신박약.
oligofrènic oligofrènica oligofrènics oligofrèniques adj. 정신 지체의, 정신박약의.
olimpíada[olimpíade] olimpíades f. 1 [역사] 올림피아 경기[고대 그리스에서 매 4년마다 올림피아 도시에서 주피터 신을 찬미하여 행하던 경기]. 2 올림픽 경기 대회(jocs olímpics).

olímpic olímpica olímpics olímpiques adj. 1 올림포스 산의, 올림포스 산의 신들의. 2 올림피아의. 3 [스포츠] 올림픽 경기의. 4 지고한, 지상의, 최고의(majestuós). 5 [비유] 거만한, 오만한, 거들먹거리는.
olímpicament adv. 지상 최고로, 웅장하게; 오만하게, 거들먹거리며.
olimpisme olimpismes m. 올림픽 정신.
oliós oliosa oliosos olioses adj. 기름진, 기름기 있는; 기름 같은. una planta oliosa 기름을 내는 식물.
oliva olives f. [식물] 올리브 열매.
olivaci olivàcia olivacis olivàcies adj. 올리브빛을 띠는.
olivaire olivaires m.f. 올리브 재배·판매상.
olivar olivars m. 올리브 밭.
olivari olivària olivaris olivàries adj. 올리브 모양의.
olivater olivatera olivaters olivateres m.f. 올리브 상인.
olivera oliveres f. [식물] 올리브 나무, 감람나무.
oliverar oliverars m. 올리브 밭(olivar).
oliverer oliverera oliverers olivereres adj. 올리브유의, 올리브유 산업의. la indústria oliverera 올리브 산업.
olivicultura olivicultures f. 올리브 재배·생산업.
olivina olivines f. [광물] 감람석.
olivínic olivínica olivínics olivíniques adj. 감람석의.
olivó olivons m. 야생 올리브 열매.
olla olles f. 1 솥, 냄비. 2 (고기·야채를 끓인) 요리(guisat). 3 (강물 등의) 소용돌이. 4 움푹 들어간 곳·모양.
ésser una olla de grills[de cols, de cargols] 무척 혼란스럽다, 대혼란이다.
estar fet una olla 터무니없는 일·생각을 하다, 온통 혼동으로 가득 차 있다.
fer bullir l'olla 생계비를 벌다.
ollada ollades f. 냄비가 가득함; 가득한 냄비 요리.
ollal ollals m. 양어장(viver).
ollam ollams m. [집합] 솥, 냄비.
ollaó interj. [길에서 가축들을 몰고 갈 때 내는 감탄사] 이랴!

olor olors f. 1 냄새; 향기, 악취. 2 기척, 낌새; (희망을 갖게 하는) 것. 3 명성, 평판.

fer bona[mala] olor 좋은 냄새가 나다, 악취가 나다.

morir en olor de santedat 성자답게 죽다.

olorar tr. 1 냄새를 맡다. 2 [비유] 의심하다; (남의 뒤를) 캐다(sospitar). -intr. 1 냄새가 나다, 냄새를 풍기다. 2 [비유] ...티가 나다, ...인 것 같다.

olorós olorosa olorosos oloroses adj. 냄새가 나는; 냄새가 좋은, 향기 나는.

om oms m. [식물] 느릅나무.

ombra ombres f. 1 그림자. 2 그늘, 응달; 어두움, 깜깜함, 암흑; 어두운 그림자. *l'ombra de la nit* 밤의 어두움. 3 (그림에서) 음영, 가장자리. 4 [비유] 그늘, 비호, 보호, 덕택. 5 [비유] 그림자, 모습, 겉모습; 외관, 외견(aparença). 6 ...다움, 기미. 7 유령, 혼령(espectre). 8 운명, 숙명. 9 그림자처럼 따라다니는 사람.

a l'ombra 응달에; ...의 보호 하에(d'amagat); 비밀리에.

fer ombra (나무가) 그늘을 만들다; 해를 끼치다(perjudicar).

ombrada ombrades f. 그늘로 덮임, 가득 그늘짐.

ombradiu ombradius m. 그늘진 곳.

ombrar tr. 그늘지게 하다, 응달지게 하다. -se 그늘에 자리 잡다.

ombratge ombratges m. =ombrada.

ombreig ombreigs[ombrejos] m. =ombratge.

ombrejar tr. 1 그늘지게 하다; 어둡게 하다. 2 [회화] 음영을 그리다.

ombrel·la ombrel·les f. 양산, 비치파라솔(parasol).

ombrer ombrera ombrers ombreres adj. 거의 햇볕이 들지 않는.

ombriu ombriva ombrius ombrives adj. 1 어두운, 어두컴컴한. 2 음영이 있는. 3 [비유] 을씨년스러운, 음침한, 우울한(tètric).
-m. 그늘, 응달.

ombrívol ombrívola ombrívols ombrívoles adj. =ombrós.

ombrós ombrosa ombrosos ombroses adj. 그늘진, 어두컴컴한.

omeda omedes f. 느릅나무 숲.

omega omegues f. 그리스어 알파벳의 마지막 글자[Ω, ω].

ometre tr. 빼다, 생략하다; 말을 빠뜨리다, 누락시키다, 빠뜨리다.

ominós ominosa ominosos ominoses adj. 아주 싫은, 불길한, 흉한.

omís omisa omisos omises adj. [고어] 생략한, 빠뜨린.

omissió omissions f. 1 생략, 탈락, 누락, 삭제. 2 실수, 태만.

òmnibus òmnibus m. [단·복수동형] 합승 버스.

omnímode omnímoda omnímodes omnímodes adj. 모든 것을 포함하는, 다 뒤덮는.

omnipotència omnipotències f. 전능; (신의) 전지전능; 대권력, 큰 권력.

omnipotent omnipotents adj. 전능한, 큰 권력이 있는.

omnipresència omnipresències f. 보편, 편재(성), 무소부재; (신의) 무소부재(無所不在).

omnipresent omnipresents adj. 모든 곳에 다 있는, 편재하는, 무소부재의.

omnisciència omnisciències f. (신의) 전지(全知); 박식.

omniscient omniscients adj. 전지의, 전지전능한; 박식한.

omnívor omnívora omnívors omnívores adj. 육식·채식을 다 먹는.

omòfag omòfaga omòfags omòfagues adj.m.f. 날것을 먹는 (사람).

omofàgia omofàgies f. 날것을 먹는 습관.

omòplat omòplats m. [해부] 견갑골.

omplir tr. 1 가득 채우다. 2 (서식을) 메우다, 채우다. *omplir un imprès* 서식을 채우다. 3 ...투성이로 만들다. 4 충족시키다(satisfer). 5 (시간·마음 등을) 점유하다, 차지하다(ocupar). -se 1 가득해지다; ...투성이가 되다. 2 살이 찌다, 뚱뚱해지다; 배가 나오다.

on adv.rel. ...하는 곳에. *Aniré on tu diguis* 네가 말하는 곳으로 가겠다.

a on i) ...하는 곳에. *Viu en un lloc*

on no arriben els diaris 그는 신문이 닿지 않는 곳에서 산다; ii) [의문문] 어디에. *On som?* 여기가 어디니? *No sé pas on som* 난 우리가 어디 있는지 모른다.
cap on [의문문] …쪽으로.
d'on i) …하는 곳에서, …하는 곳으로부터. *El país d'on vénen* 그들이 온 나라; ii) [의문문] 어디에서. *D'on véns a aquestes hores?* 이 시간에 어디서 오는 거니?
on que 어디든지. *On que vagis, et trobaré* 네가 어디에 가든지 널 찾아낼 거야.
per on i) …하는 곳을 통해. *El camí per on han passat* 그들이 거쳐 간 길; ii) [의문문] *Per on heu entrat?* 너희는 어디로 들어왔니?
ona ones *f.* **1** 파도, 물결, 파동. **2** [물리] 파, 전파. **3** [음성] 파장.
onada onades *f.* **1** 물결, 파도; 파도치기. **2** [비유] 인파, 군중. **3** [기상] (추위·더위가) 몰아침.
  onada de calor 혹서.
  onada de fred 한파.
onagre onagres *m.* [동물] 야생 나귀.
onanisme onanismes *m.* =masturbació.
onatge onatges *m.* 파도, 물결; 인파.
oncle oncles *m.* 삼촌, 큰아버지, 작은아버지.
oncogen oncògena oncògens oncògenes *adj.* [의학] 종양의.
oncogènesi oncogènesis *f.* [의학] 종양의 생성.
oncòleg oncòloga oncòlegs oncòlogues *m.f.* 종양학 전문의사.
oncologia oncologies *f.* [의학] 종양학.
oncològic oncològica oncològics oncològiques *adj.* [의학] 종양학의.
onda ondes *f.* **1** (머리칼의) 휘날림; 웨이브. **2** (불꽃·커튼 등의) 너울거림.
ondar *tr.* (머리칼에) 웨이브를 주다.
ondat ondada ondats ondades *adj.* 물결 모양의, 물결무늬의; 웨이브를 준, 물결치는.
ondejar *tr.* =ondar. -*intr.* (머리칼이) 물결치다, 찰랑거리다.

ondejat ondejada ondejats ondejades *adj.* =ondat.
òndia *interj.* [속어][감동·반대·아첨 등을 나타내는 감탄사] =hòstia.
ondina ondines *f.* [신화] 물의 요정.
ondós ondosa ondosos ondoses *adj.* 파도가 이는, 출렁이는.
ondulació ondulacions *f.* **1** 파도침; (머리·깃발 등의) 나부낌, 휘날림, 펄럭임. **2** [물리] 파동. **3** 기복, 굴절; 사행.
ondular *intr.* **1** 파도치다, 나부끼다, 펄럭이다. **2** 기복이 생기다, 꼬불꼬불하다. -*tr.* (머리칼에) 웨이브를 주다.
ondulat ondulada ondulats ondulades *adj.* 파도 모양의, 파도치는; 기복이 있는.
ondulatori ondulatòria ondulatoris ondulatòries *adj.* =ondulat.
oneig oneigs[onejos] *m.* =ondulació.
onejant onejants *adj.* =ondulat.
onejar *intr.tr.* =ondular.
onerós onerosa onerosos oneroses *adj.* **1** 번거로운, 귀찮은, 골치 아픈. *un divorci onerós* 골치 아픈 이혼. **2** 부담이 큰.
onicofàgia onicofàgies *f.* 손톱을 깨무는 버릇.
oníric onírica onírics oníriques *adj.* 꿈의.
oniromància oniromàncies *f.* 해몽.
ònix ònixs *m.* [광물] 줄무늬 마노.
onomància onomàncies *f.* 성명철학, 이름으로 치는 점.
onomàstic onomàstica onomàstics onomàstiques *adj.* 이름의, 고유 명사의.
-*f.* **1** 성명학. **2** [집합] 이름, 성명.
onomatopeia onomatopeies *f.* 의성, 의성어.
onomatopeic onomatopeica onomatopeics onomatopeiques *adj.* 의성어의.
onsa onses *f.* =óssa.
onsevulga *adv.* 어디든, 어디든지 간에.
onso onsos *m.* =ós.
ontogènia ontogènies *f.* [생물] 개체 발생.
ontologia ontologies *f.* [철학] 본체론, 실체론.

ontològic ontològica ontològics ontològiques *adj.* 본체론의, 실체론의.
onze onzes *adj.* **1** 11의. **2** 11번째의.
-*m.* 11; 11일.
-*m.f.* **1** 11번째. **2** *f.pl.* 11시.
onzè onzena onzens onzenes *adj.* 11번째의; 11등분의.
-*m.f.* 11번째.
-*m.* 11분의 1.
opac opaca opacs opaques *adj.* **1** 불투명한. **2** [비유] 어두운, 희미한.
opacitat opacitats *f.* 불투명함, 희미함.
òpal òpals *m.* [광물] 오팔, 단백석.
opalescència opalescències *f.* 젖빛, 담백광.
opalescent opalescents *adj.* 젖빛의, 담백광의.
opalí opalina opalins opalines *adj.* 단백석의.
opció opcions *f.* **1** 옵션; 수의적임. **2** 선택권, 자유선택, 취사선택. **3** 선거권, 투표권. **4** (주식의) 선택 매매(권).
opcional opcionals *adj.* 선택의, 선택적인, 임의의.
òpera òperes *f.* 오페라, 가극; 오페라극장.
operació operacions *f.* **1** [의학] 수술. **2** 작용, 효과, 효험. **3** 운전, 운용; 조작, 공작; 실시, 시행. **4** [군사] 작전, 행동. *una operació militar* 군사작전. **5** [수학] 계산, 연산. *operació aritmètica* 산술. **6** 업무, 사무, 운영. **7** [경제] 거래, 투매, 투기(거래); (시장의) 조작.
operacional operacionals *adj.* operació의.
operador operadora operadors operadores *adj.m.f.* operar하는 (사람).
-*m.f.* 외과의사.
operar *tr.* **1** [의학] 수술하다. **2** (효험·능력 등을) 발하다. *La fe opera miracles* 믿음은 기적을 일으킨다. -*intr.* **1** 듣다, 효험이 있다, 작용하다. **2** 조작하다, 공작하다(obrar). **3** 작전을 실시하다. **4** 운영하다, 운용하다. **5** [경제] 투기 거래를 하다. **6** 훔치다, 사취하다. **7** [수학] 계산하다, 연산하다.
operari operària operaris operàries *m.f.* 운용자, 작업원; 교환수.
operatiu operativa operatius operatives *adj.* **1** 작용하는, 효력이 있는. **2** 운전의, 운영의.
operativitat operativitats *f.* 운용 효과, 운영 능력; 효용력.
operatori operatòria operatoris operatòries *adj.* 수술의, 외과의.
opercle opercles *m.* (조가비의) 뚜껑; (물고기의) 아가미덮개.
opereta operetes *f.* 경가극, 희가극, 오페레타.
operista operistes *m.f.* [남녀동형] 경가극단원, 희가극단원.
operós operosa operosos operoses *adj.* 힘든, 고단한; 꾸준히 일하는, 부단히 노력하는.
opi opis *m.* 아편.
opiaci opiàcia opiacis opiàcies *adj.* 아편을 함유한; 진통제의.
opiat opiada opiats opiades *adj.* 아편을 함유한.
opinable opinables *adj.* 문제가 되는; 변호할 수 있는.
opinant opinants *adj.* 의견을 가진, 의견을 발표하는.
-*m.f.* 의견 발표자.
opinar *intr.tr.* **1** 생각하다. **2** 의견을 가지다, 의견을 발표하다, 의견을 말하다.
opinió opinions *f.* **1** 생각, 의견, 견해. **2** 평판, 여론. *opinió pública* 여론.
opiòman opiòmana opiòmans opiòmanes *adj.m.f.* 아편 남용하는 (사람).
opiomania opiomanies *f.* 아편 남용.
opípar opípara opípars opípares *adj.* **1** 훌륭한, 놀라운. **2** 푸짐한, 풍부한.
oponent oponents *adj.* 반대하는.
-*m.f.* =opositor.
oportú oportuna oportuns oportunes *adj.* 운이 좋은; 적당한, 적절한, 호기의, 시기적으로 맞는, 기회가 좋은.
oportunisme oportunismes *m.* 기회주의, 편의주의; 임기응변.
oportunista oportunistes *m.f.* [남녀동형] 기회주의자.
oportunitat oportunitats *f.* 기회, 호기, 안성맞춤; 재수 좋음, 적절함.
oposant oposants *adj.* oposar하는.
oposar *tr.* **1** (방해물을) 놓다, 내놓다.

2 (무엇을 가지고) 방해하다, 저지하다. **3** 거스르다, 대항하다. **4** 반대하다, 반론하다, 이견을 내다. **5** (대조적으로) 대립하다. **-se 1** 막다, 저지하다, 방해가 되다. **2** 반대하다. *No s'oposà al seu nomenament* 그는 그의 임명에 반대하지 않았다. **3** 대항하다, 상반하다. **4** 서로 마주 대하다, 마주 보고 있다. **5** 경쟁시험을 보다, 채용 시험을 보다.

oposat oposada oposats oposades *adj.* **1** 역의, 반대의. **2** 거스르는, 적대하는. **3** 마주 보는. **4** [식물] 대생(對生)의.

oposició oposicions *f.* **1** 반대, 저지, 방해. **2** 마주봄; 대향, 대립, 대항. **3** 경쟁시험, 채용시험.
en oposició amb ...과 대립하여.

opositor opositora opositors opositores *m.f.* 반대자; 지원자, 경쟁자, 경쟁 대상; 수험자, 수험생.

opressió opressions *f.* 압박, 압제, 억압; 압박감.

opressiu opressiva opressius opressives *adj.* 압박의, 압제의, 억압적인.

opressor opressora opressors opressores *adj.* 압박·압제·억압하는.
-m.f. 압박자, 압제자, 억압자.

oprimir *tr.* 억누르다, 억압하다, 압박하다, 압제하다.

oprobi oprobis *m.* 수치, 치욕, 오명, 불명예.

oprobiós oprobiosa oprobiosos oprobioses *adj.* 창피한, 수치스러운, 명예롭지 못한.

optar *intr.* **1** 뽑다, 가리다, 고르다, 선택하다, 채택하다. **2** 희망하다.

optatiu optativa optatius optatives *adj.* **1** 바라는, 희망하는, 희구하는, 소원하는, 소원을 나타내는. **2** 선택의, 택일의. **3** [문법] 희구의.

òptic òptica òptics òptiques *adj.* 눈의, 시력의; 광학의; 빛의.
-m.f. 안경·광학 기계 상인.

òptica òptiques *f.* **1** 광학. **2** [집합] 광학 기계; 그 제작. **3** 안경점; 광학 기계점.

òptim òptima òptims òptimes *adj.* 최고의, 극치의, 더없이 좋은.

optimar *tr.* (효율을) 극대화하다.

optimisme optimismes *m.* 낙천주의, 낙관론.

optimista optimistes *m.f.* [남녀동형] 낙천주의자, 낙관론자.

optimització optimitzacions *f.* 효율의 극대화.

optimitzar *tr.* =optimar.

optòmetre optòmetres *m.* 시력 검정기.

optometria optometries *f.* [의학] 시력 점검(법), 검안(법).

optomètric optomètrica optomètrics optomètriques *adj.* 시력 점검의.

opugnació opugnacions *f.* opugnar하는 일.

opugnador opugnadora opugnadors opugnadores *adj.m.f.* opugnar하는 (사람).

opugnar *tr.* **1** 공격하다, 습격하다. **2** 반론하다, 반격하다.

opulència opulències *f.* 부유함, 풍유; 풍부함, 풍족함.

opulent opulenta opulents opulentes *adj.* 부유한, 풍족한, 풍요로운.

opus opus *m.* [단·복수동형] 일.

opuscle opuscles *m.* 소작품, 졸저.

oquer oquera oquers oqueres *m.f.* 거위를 기르는 사람(ocater).

or ors *m.* **1** 금, 황금. **2** 금빛, 황금색. **3** 금화. **4** [비유] 부, 재물(riquesa). **5** 보물, 귀한 것, 값진 것.
d'or 매우 비싼, 매우 귀중한.
or negre 원유.
El silenci és or [격언] 침묵은 금이다.
fer-se d'or[*fer-se la barba d'or*] 큰 부자가 되다.
No és or tot el que lluu [속담] 반짝인다고 모두 금은 아니다; 겉만 보고 믿어서는 안 된다.
Val més or que no pesa [비유] 값어치가 많이 나가다; 매우 귀중한 것이다.

ora ores *f.* 미풍; 상쾌한 기후.

oració oracions *f.* **1** 기도. *resar una oració* 기도를 드리다. **2** 연설. **3** [문법] 문, 문장. **4** *pl.* 기도의 종, 저녁 예배의 종; 저녁 예배의 종을 치는 시각. **5** 묵상(meditació).
estar en oració 묵상 중이다.

trencar[*rompre*] *les oracions* (일을) 방해하다.

oracional oracionals *adj.* oració의.

oracle oracles *m.* **1** 신명; 신의 사자. **2** (최고 책임자의) 결정; 권위자.

oracular oraculars *adj.* oracle의.

orada orades *f.* [어류] 도미.

orador oradora oradors oradores *m.f.* 연설가, 변사; 설교자, 전도자.

oral orals *adj.* 구두의; 구술의, 구전의.

oradura oradures *f.* 광기, 실성; 정신 나간 짓, 미치광이 짓.

orangutan orangutans *m.* [동물] 오랑우탄; 못 생긴 사람.

orant orants *adj.m.f.* orar하는 (사람).

orar *intr.* **1** 연설하다, 변론하다. **2** (...을 위해) 기도하다.

orat orada orats orades *adj.* 미친, 정신이 나간.
-*m.f.* 미친 사람, 정신이상자.

oratge oratges *m.* **1** 바람; 육풍[육지에서 불어오는 바람]. **2** 날씨(temps). *Avui fa molt bon oratge* 오늘은 날씨가 매우 좋다.

oratjós oratjosa oratjosos oratjoses *adj.* (바람이) 육지에서 불어오는.

oratjol oratjols *m.* 미풍.

oratori oratòria oratoris oratòries *adj.* 연설의, 웅변가의, 웅변술의.
-*m.* **1** 작은 예배당, 기도실; 불단. **2** [음악] 종교 음악, 성담곡(聖譚曲), 오라토리오.

oratòria oratòries *f* 웅변(술); 수사; 과장한 문체.

orb orba orbs orbes *adj.* **1** 눈이 먼, 장님의(cec); 눈이 어두워진. **2** (관·구멍 등이) 막힌. **3** [비유] 과도한, 너무나 심한(exorbitant). **4** 너무 많은, 넘쳐나는.

orbar *tr.* **1** [고어] 눈을 멀게 하다; (구멍·통로 등을) 막다. **2** 빼앗다, 착취하다.

orbe orbes *m.* **1** 지구; 천체. **2** 공, 구, 둥근 것. **3** 세계, 우주.

orbetat orbetats *f.* 장님; 실명, 앞이 안 보임.

orbicular orbiculars *adj.* 구상의, 원형의, 환상의, 구슬 모양의.

-*m.* [해부] 괄약근.

òrbita òrbites *f.* **1** [천문] (천체의) 궤도. **2** [해부] 눈구멍. **3** [수학] 궤적. **4** 권, 범위.
posar en òrbita 궤도에 올리다, 궤도에 들어가다.

orbital orbitals *adj.* òrbita의.

orbitar *intr.* 궤도를 그리다.

orbitari orbitària orbitaris orbitàries *adj.* òrbita의.

orc orca orcs orques *adj.* **1** (날씨가) 나쁜, 궂은. **2** (땅이) 황량한. **3** 귀찮은, 골치 아픈.
-*m.* [신화][종교] 음부, 지옥.

orca orques *f.* [동물] 돌고래의 일종.

orde ordes *m.* **1** 종파, 교파, 교단, 수도회. **2** (성직자의) 성품(聖品), 품급. **3** (천사의) 등급.

ordenació ordenacions *f.* **1** 질서, 정돈, 배치, 배열, 차례, 순서. **2** 규정, 규약, 준칙; 명령, 훈령, 지령, 포고. *ordenació de pagaments* 지급 명령. **3** 성직 취임, 서품(식), 안수식.

ordenada ordenades *f.* 세로줄, 와이좌표.

ordenador ordenadora ordenadors ordenadores *adj.m.f.* ordenar하는 (사람).

ordenament ordenaments *m.* =ordenació.

ordenança ordenances *f.* **1** =ordenació. **2** 법령; 규칙, 조령; 명령, 지시 (manament). **3** [군사] 군령, 군율.
-*m.f.* [집합] 전령; (사무소 등의) 사환.
ésser de ordenança 질서 있게 있다.

ordenand ordenands *m.f.* 수품자[성직에 앉게 되는 사람].

ordenar *tr.* **1** 가지런히 하다, 정리하다, 정돈하다. **2** 명하다, 지시하다, 명령하다; (의사가) 처방하다(prescriure). **3** 주문하다, 의뢰하다. **4** (성직에) 서품하다. *ordenar de sacerdot* 사제로 서품하다. -**se** 서품을 받다.

ordi ordis *m.* 보리, 대맥.

ordiar¹ ordiars *m.* 보리밭.

ordiar² *tr.* 보리를 다른 곡물과 섞다.

ordinacions *f.pl.* 법령, 규칙, 조령; 명령, 지시; 군율.

ordinador ordinadors *m.* 컴퓨터.
ordinal ordinals *adj.* 순서의; 서수의.
-*m.* 서수.
ordinari ordinària ordinaris ordinàries *adj.* **1** 습관적인, 늘 똑같이 하는(habitual). **2** 보통의, 예사로운; 나날의, 평상의. *un vestit ordinari* 평상복. **3** 평생의, 일생의. **4** 변변치 않은, 평범한, 흔해 빠진. **5** 교양 없는, 투박스러운(vulgar). **6** (귀족에 대한) 평민의. *gent ordinària* 평민.
d'ordinari 보통의, 일상의; 언제나, 보통으로, 일상.
ordinàriament *adv.* **1** 일상적으로, 보통으로, 예사롭게. **2** 무례하게, 버릇없이.
ordiós ordiosa ordiosos ordioses *adj.* 보리의, 대맥의.
ordir *tr.* 날실을 가지런히 하다.
ordit ordits *m.* 날실을 가지런히 함; 가지런히 한 날실.
ordre ordres *m.* **1** 차례, 순서; 정돈, 정렬. **2** 질서, 안녕. **3** 규정; 도, 도리. **4** 대열. **5** 계급; 계층, ...계(categoria). **6** 서열, 석차, 지위; 등급, 품등. **7** 종류, 무리. **8** 유(類), 과(科). **9** [수학] 차(次), 도(度). **10** [건축] 주식, 양식. **11** 부문, 부면, 방면.
de primer ordre 일류의, 최고급의.
cridar a l'ordre 주의를 끌다.
-*f.* **1** 명령, 지령, 지시, 훈령(manament). **2** 명령서, 명령장. **3** [상업] 주문(서). **4** 지시, 의뢰; 지시문. **5** 훈장. **6** [종교] 종파, 교파, 교단, 수도회; 기사, 승병단. **7** (성직자의) 성품(聖品), 품급(品級); (9계급의) 천사의 지위.
a l'ordre de [상업] 주문에 의해서; 기명식의.
donar ordres 명령을 내리다.
oreada oreades *f.* 숲의 요정.
oreig oreigs[orejos] *m.* **1** 미풍. **2** =oratge.
orejar *tr.* 바람을 쏘이다. -*se* 바깥바람을 쐬다.
orella orelles *f.* **1** [해부] 귀. **2** (듣는) 귀(oïda). **3** 청각 (기관), 청감. **4** 음감, 음악적 감각. **5** (포의) 화문, 구멍.
a cau d'orella 귀에 대고, 비밀히; 귀로 듣고.
anar calent d'orelles [구어] 술 취하다.
donar orella [구어] 주의 깊게 듣다, 귀담아 듣다; 주의를 기울이다.
escoltar amb totes les seves orelles [구어] 경청하다, 주의 깊게 귀를 기울이다.
fer orelles de marxant 귀먹은 체하다.
tenir les orelles a cal ferrer 잘못 알다, 잘못 이해하다.
orellana orellanes *f.* **1** 귀를 잡아당김. **2** 썰어서 말린 과일.
orellera orelleres *f.* 귀 모양으로 생긴 것; (모자의) 귀; (그릇의) 손잡이.
orellut orelluda orelluts orelludes *adj.* 귀가 큰.
oremus oremus *m.* 기도문.
perdre l'oremus 통제력을 잃다.
oreneta orenetes *f.* [조류] 제비의 일종.
orenga orengues *f.* [식물] 오레가노[향료로 쓰이는 풀].
orfandat orfandats *f.* **1** 고아가 됨, 고아 상태. **2** 고아 연금. **3** [비유] 고아.
orfe òrfena orfes òrfenes *adj.* 부모가 없는, 아무도 돌보아 줄 수 없게 된.
-*m.f.* 고아. *orfe de guerra* 전쟁의 고아.
orfebre orfebres *m.f.* 금은 세공사.
orfebreria orfebreries *f.* 금은 세공업·상점.
orfenat *m.* 고아원, 고아 수용소, 보육원.
orfenesa orfeneses *f.* =orfenat.
orfeó orfeons *m.* 합창단, 노래 모임.
orfeònic orfeònica orfeònics orfeòniques *adj.* 합창단의.
orfeonista orfeonistes *m.f.* 합창단원.
òrgan òrgans *m.* **1** [해부] 기관(器官). **2** 기관(機關). **3** (어떤 기관의) 일원, 구성원. **4** 기관지, 기관 간행물.
orgànic orgànica orgànics orgàniques *adj.* **1** 유기체의, 유기물의; 유기의, 유기적인. *la agricultura orgànica* 유기농. **2** 조화 있는; 조직적인, 구성이 짜인. *la llei orgànica* 조직법. **3** 기관(器官)의; 기관(機關)의.

organigrama organigrames *m.* (기관·기구의) 조직도.
organisme organismes *m.* 1 [집합] 유기체, 유기물. 2 기구, 조직(체). 3 (노동조합·학생회 등의) 단체, 기관.
organista organistes *m.f.* [남녀동형] 오르간 연주자, 파이프 오르간 연주자.
organístic organística organístics organístiques *adj.* orgue의.
organització organitzacions *f.* 1 조직, 구성, 편제, 편성, 체제. 2 기구, 기관; 유기체, 연합체; 단체, 조합, 협회.
organitzador organitzadora organitzadors organitzadores *adj.* 조직·편성하는.
-*m.f.* 조직자, 편성자, 발기인, 주최자, 창설자, 창설 위원.
organitzar *tr.* 1 조직하다, 편성하다, 편제하다, 유기적으로 하다. 2 (행사 따위를) 준비하다, 계획하다. 3 개최하다, 주최하다. -**se** 조직되다, 편성되다.
organitzat organitzada organitzats organitzades *adj.* 조직된, 편성된; 유기적인; 유기물의.
organografia organografies *f.* (동식물의) 기관학.
organologia organologies *f.* (동식물의) 기관 연구, 기관학, 장기(臟器)학.
orgasme orgasmes *m.* 1 격렬한 흥분, 격정, 흥분. 2 (성적 기능의) 앙진, (색정의) 과잉 흥분. 3 오르가슴, 성적 쾌감의 절정.
orgàstic orgàstica orgàstics orgàstiques *adj.* orgasme의.
orgia orgies *f.* 난장판 술잔치; 무제한적 행동, 음란한 짓.
orgue orgues *m.* 1 [음악] 오르간. 2 (어떤 기관의) 일원, 구성원.
orguener orguenera orgueners orgueneres *m.f.* 오르간 연주자.
orguenet orguenets *m.* 휴대용 피아노, 건반.
orgull orgulls *m.* 긍지, 자긍심(satisfacció); 자만, 오만, 거만, 교만.
orgullar *tr.* 오만·거만하게 하다. -**se** 거만해지다; 자랑하다.
orgullós orgullosa orgullosos orgulloses *adj.* 1 긍지가 대단한, 자랑하는, 자랑스러운. 2 거만 떠는, 교만을 떠는.
orgullós de ...을 자랑하는.
orient orients *m.* 동쪽; 동풍; 동양.
orientació orientacions *f.* 1 방위, 방향, 향방; 방향의 측정. 2 방향·방침·태도의 결정. 3 동향, 동정. 4 귀소 본능(歸巢本能). 5 지침, 지도(instrucció); (교육의) 방향 설정. *orientació escolar* 학교 지도.
orientador orientadora orientadors orientadores *adj.* 인도하는, 지도하는.
oriental orientals *adj.* 1 동의, 동방의. 2 동양의, 근동의. 3 동쪽에서 떠오르는. -*m.f.* 동양인.
orientalisme orientalismes *m.* 동양풍, 동양 기질; 동양학.
orientalista orientalistes *m.f.* [남녀동형] 동양학자.
orientalitzar *tr.* 동양화하다. -**se** 동양화되다.
orientar *tr.* 1 (...의) 방향을 정하다. 2 (어떤 방향으로) 향하다, 향하게 하다. 3 지도하다, 유도하다, 인도하다(guiar). 4 (돛을) 바람 부는 쪽으로 돌리다. -**se** 1 방향을 정하다. 2 (어떤 방향으로) 향하다. 3 향방을 알다, 동향을 알다, 정세에 밝다.
orientatiu orientativa orientatius orientatives *adj.* =orientador.
orifici orificis *m.* 동굴.
oriflama oriflames *f.* 기, 표식.
origen orígens *m.* 1 발단, 원인, 시작. 2 원천, 근원, 출처, 기원. *l'origen d'un riu* 강의 원천. 3 출생지; 산지, 원산지, 발생지. 4 출신 성분, 가문, 태생, 혈통. 5 동기, 원인.
donar orígen ...의 원인이 되다.
original originals *adj.* 1 처음의, 시작의; 본래의, 애초의, 시초의(originari). 2 (문학·예술 등이) 독창적인, 창의적인. 3 진기한, 신기한, 기발한. 4 좀 다른, 특별한, 독특한(particular).
-*m.* 원본.
originalitat originalitats *f.* 독창성, 독창력, 창조력; 특이성, 진기함, 신기함.
originar *tr.* 1 일으키다, 야기하다. 2 (...의) 원인이 되다, 바탕이 되다. -**se** 일어나다, 발생하다; 시작하다, 비롯되다.

originari originària originaris originàries *adj.* **1** 원산의, 출신의; 출생의, 태생의. **2** 근본의, 근원이 되는.
orina orines *f.* 오줌.
orinada orinades *f.* 오줌 싸는 일.
orinador orinadors *m.* 공중변소.
orinaire orinaires *adj.m.f.* 오줌을 자주 싸는 (사람).
orinal orinals *m.* 변기, 요강.
orinar *intr.prnl.* 오줌을 싸다.
orinera orineres *f.* 오줌이 마려움.
orins *m.pl.* 오줌.
oriol oriols *m.* [조류] 개똥지빠귀.
oripell oripells *m.* **1** 진주박, 동박. **2** [비유] 겉만 번드르르한 것.
oriünd oriünda oriünds oriündes *adj.* 원산의, 태생의, 출신의. *una família oriünda de Girona* 지로나 출신의 가족.
orla orles *f.* 테를 두름, 가를 댐.
orlar *tr.* 테를 두르다.
ormeig ormeigs[ormejos] *m.* **1** (배의) 도구; (돛·그물 등의) 도구. **2** (말의) 도구, 마구. **3** 장식품.
ornament ornaments *m.* 꾸밈, 꾸미기, 장식; 장식물, 장식품.
ornamentació ornamentacions *f.* 장식, 꾸밈.
ornamental ornamentals *adj.* 장식의.
ornamentar *tr.* =ornar.
ornar *tr.* 꾸미다, 장식하다(adornar).
orni *m. fer l'orni* 바보 행세를 하다.
ornitòleg ornitòloga ornitòlegs ornitòlogues *m.f.* 조류학자.
ornitologia ornitologies *f.* 조류학.
ornitològic ornitològica ornitològics ornitològiques *adj.* 조류학의.
ornitorinc ornitorincs *m.* [동물] 오리너구리.
oro oros *m.* 카드 패의 하나.
oró orons *m.* 바구니, 광주리, 소쿠리.
orogènesi orogènesis *f.* [지질] 산악의 생성, 산악 생성기.
orogènic orogènica orogènics orogèniques *adj.* [지질] 산악 생성의; 산악의, 지세의.
orografia orografies *f.* 산악학, 지세학; 산악지(誌).
orogràfic orogràfica orogràfics orogràfiques *adj.* orografia의.
oronell[1] oronells *m.* =oreneta.
oronell[2] oronells *m.* =nariu.
orquestra orquestres *f.* **1** 오케스트라, 관현악(단). **2** (무대 앞의) 주악석, 연주석.
orquestració orquestracions *f.* 관현악 편곡.
orquestral orquestrals *adj.* 오케스트라의, 관현악의.
orquestrar *tr.* 관현악으로 편곡하다.
orquestrina orquestrines *f.* 무도회 음악 악단.
orquidàcies *f.pl.* [식물] 난초과 식물.
orquídia orquídies *f.* [식물] 난초.
orquitis orquitis *f.* [의학] 고환염.
orri orris *m.* (젖을 짜는) 통; 양동이. *en orri* 풍성하게.
orsa orses *f.* 항아리, 단지. *a l'orsa* 바람 부는 쪽으로.
orsai orsais *m.* [스포츠] (축구에서) 오프사이드.
orsar *intr.* (배가) 바람 부는 쪽으로 향해하다.
ortiga ortigues *f.* [식물] 쐐기풀광대수염.
ortodòncia ortodòncies *f.* [의학] 이 교정 치과 의학.
ortodox ortodoxa ortodoxos ortodoxes *adj.* **1** [종교] 정교의; 그리스정교의. **2** 정통의, 정통파의. *-m.f.* 그리스정교의 신도; 정통파.
ortodòxia ortodòxies *f.* **1** 정설, 정교, 정통. **2** 정교 신봉; 정통파.
ortoèpia ortoèpies *f.* =ortologia.
ortofonia ortofonies *f.* 발음 교정(법).
ortogonal ortogonals *adj.* **1** 직각의, 직사각형의. **2** [기계] 직교의.
ortografia ortografies *f.* **1** [문법] 정서법, 정자법. **2** 정면도.
ortogràfic ortogràfica ortogràfics ortogràfiques *adj.* 정서법의.
ortologia ortologies *f.* 정음법, 올바른 발음법; 발음학.
ortològic ortològica ortològics ortològiques *adj.* 정음법의.
ortopèdia ortopèdies *f.* 정형외과; 정형술.

ortopèdic ortopèdica ortopèdics ortopèdiques adj. 정형외과의.
ortopedista ortopedistes m.f. [남녀동형] 정형외과 의사.
orxata orxates f. 오르차타[아몬드, 사초 알뿌리, 설탕, 물 등을 섞어 만든 음료].
os ossos m. 1 [해부] 뼈. 2 pl. 유골. 3 [비유] 게으름, 나태; 노곤함, 피곤함.
no tenir més que ossos[més que la pell i l'os] 뼈만 앙상하다, 뼈와 가죽만 남아 있다.
tornar els ossos a lloc [구어] (아프고 난 뒤) 기운을 차리다; (경제적으로) 회복하다, 빛을 보다.
ós óssa óssos ósses m.f. [동물] 곰.
oscil·lació oscil·lacions f. 1 파동, 진동, 진폭. 2 [경제] (주식 시세의) 변동. 3 (물가·온도 등의) 변화. 4 [비유] 주저, 동요.
oscil·lador oscil·ladora oscil·ladors oscil·ladores adj. oscil·lar하는.
-m. 1 라디오의 발진기. 2 [물리] 진동자.
oscil·lant oscil·lants adj. oscil·lar하는.
oscil·lar intr. 1 흔들리다, 진동하다. 2 (물가·온도 등이) 상하 변동하다, 오르락내리락하다(fluctuar). 3 [비유] (마음·의견 등이) 동요하다, 망설이다, 흔들리다.
oscil·latori oscil·latòria oscil·latoris oscil·latòries adj. =oscil·lant.
òscul òsculs m. =petó.
osmi m. [광물] 오스뮴[금속 원소].
osmologia osmologies f. 향기에 대한 연구.
osmosi osmosis f. [물리] 침투(성).
osmòtic osmòtica osmòtics osmòtiques adj. 침투성의.
ossada ossades f. [집합] 뼈.
ossam ossams m. =ossada.
ossat ossada ossats ossades adj. 굵은 뼈를 가진.
ossera osseres f. =ossada.
ossi òssia ossis òssies adj. 뼈의, 뼈 같은.
ossicle ossicles m. 작은 뼈.

ossificar tr. 뼈로 만들다. -se 뼈가 되다.
ostatge ostatges m.[f] 인질.
osteàlgia osteàlgies f. [의학] 뼈의 통증, 골통.
osteïtis osteïtis f. [의학] 골염.
ostensibilitat ostensibilitats f. 외면적임, 표면적임; 명확성.
ostensible ostensibles adj. 1 외면의, 표면의; 거죽만의, 겉치레의. 2 분명한, 명백한.
ostensió ostensions f. 보여 주는 일.
ostensiu ostensiva ostensius ostensives adj. 겉으로 드러나는, 표면적인.
ostensori ostensoris m. =custòdia.
ostentació f. 허식, 과시, 우쭐거림; 겉보기, 겉치레.
ostentador ostentadora ostentadors ostentadores adj. ostentar하는.
ostentar tr. 1 보이다, 자랑하다, 우쭐거리다, 과시하다. 2 (요직에) 취임시키다. -se 보이다, 나타나다; 과시하다; (자신을) 내보이다.
ostentós ostentosa ostentosos ostentoses adj. 자랑하는, 우쭐거리는, 과시하는.
osteomielitis osteomielitis f. [의학] 골수염.
osteòpata osteòpates m.f. [남녀동형] 정골 요법사, 안마 요법사.
osteopatia osteopaties f. [의학] 정골 요법, 안마 요법.
ostra ostres f. [동물] 굴. *ostra perlera* 진주조개.
ostracisme ostracismes m. [역사] 도편 추방제[고대 그리스에서의 공안 사범에 대한 숙청, 추방 등의 목적으로 실시한 재판 방식].
ostraire ostraires m.f. =ostrer.
ostreïcultor ostreïcultora ostreïcultors ostreïcultores m.f. =ostrer.
ostreïcultura ostreïcultures f. 굴 양식.
ostrer ostrera ostrers ostreres adj. 굴의.
-m.f. 굴 양식자.
-f. 굴 양식장.
ostrícola ostrícoles adj. [남녀동형] 굴 양식의.

ostrífer ostrífera ostrífers ostríferes *adj.* 굴이 나는.
ostrogot ostrogoda ostrogots ostrogodes *adj.m.f.* 동고트 족(의).
otàlgia otàlgies *f.* [의학] 귀앓이.
òtic òtica òtics òtiques *adj.* 귀의.
otitis otitis *f.* [의학] 이염.
otòfon otòfons *m.* 보청기.
otologia otologies *f.* 이과의학.
otomà otomana otomans otomanes *adj.* [역사] 오토만 왕조의, 터키 제국의, 터키의.
-*m.f.* 오토만 제국 사람, 터키 사람.
otorinolaringologia otorinolaringologies *f.* [의학] 이비인후과 의학.
otoscopi otoscopis *m.* 검이경.
otoscòpia otoscòpies *f.* [의학] 검이.
ou ous *m.* 1 알, 계란. 2 [속어] 불알.
ouataire ouataires *m.f.* 계란 장수.
ouateria ouateries *f.* 계란 가게.
ouera oueres *f.* 1 계란을 파는 여자; 계란장수 아내. 2 (새·닭의) 수란관. 3 알을 담는 그릇.
ovació ovacions *f.* 1 (옛 로마의) 승전 축하. 2 대갈채, 환호, 환성; 대인기.
ovacionar *intr.tr.* 환호를 보내다, 환성을 지르다, 갈채를 보내다.
oval ovals *adj.* 타원형의.
ovalar ovalars *tr.* 타원형으로 하다.
ovalat ovalada ovalats ovalades *adj.* =oval.
ovari ovaris *m.* 1 [동물] 난소. 2 [식물] 씨방.
ovaritis ovaritis *f.* [의학] 난소염.
ovella ovelles *f.* [동물] 양, 면양, 암컷 양.
ovellenc ovellenca ovellencs ovellenques *adj.* 양의.

oveller ovellera ovellers ovelleres *m.f.* 양치는 사람.
oví ovina ovins ovines *adj.* 1 양의, 양 같은. 2 양 떼의. 3 양털 채집용의.
ovípar ovípara ovípars ovípares *adj.* [동물] 난생(卵生)의.
ovni ovnis *m.* 미확인 비행 물체(objecte volador no identificat).
ovoide ovoides *adj.* 알 모양의.
ovovivípar ovovivípara ovovivípars ovovivípares *adj.* [동물] 난태생(卵胎生)의.
òvul òvuls *m.* 1 [식물] 밑씨, 배주. 2 [생물] 소란, 난자, 난세포. 3 [건축] 달걀형 장식물.
ovulació ovulacions *f.* 산란, 배란.
ovular[1] ovulars *adj.* òvul의.
ovular[2] *intr.* 산란·배란을 하다.
òxid òxids *m.* [화학] 산화물; 녹(rovell).
oxidable oxidables *adj.* 산화되는, 녹이 스는.
oxidació oxidacions *f.* 산화.
oxidant oxidants *adj.* 녹슬게 하는.
oxidar *tr.* 산화시키다, 녹슬게 하다. -se 산화하다, 녹슬다.
oxigen *m.* [화학] 산소.
oxigenació oxigenacions *f.* 산소 처리.
oxigenar *tr.* 산소를 포화시키다, 산소 처리를 하다. -se 1 산소와 화합하다. 2 (바깥 공기를) 흠뻑 들이마시다.
oxíton oxítona oxítons oxítones *adj.* [음성] 끝 음절에 악센트가 있는.
ozó *m.* [화학] 오존.
ozonització ozonitzacions *f.* 오존화 (현상), 오존 처리.
ozonitzar *tr.* (산소를) 오존화하다, 오존 처리하다.
ozonosfera ozonosferes *f.* 오존층.

P p

p *f.* 카탈루냐어 알파벳의 열여섯 번째 문자.

pa *pans m.* **1** 빵. **2** 식량, (일용할) 양식. **3** (미사 시) 성체의 빵.
 a pa i aigua 아주 적은 식량으로.
 pa beneit 성체의 빵.
 pa d'àngel 오블라토, 얇은 빵.
 pa d'ànimes 헌물을 위한 빵.
 pa de figues 무화과 빵.
 pa de pessic 비스킷; 카스텔라.
 ésser el nostre pa de cada dia 늘 일어나는 일이다, 자주 일어나다.
 ésser pa i mel 때마침 오다.
 guanyar-se el pa[guanyar-se el pa amb la suor del seu front] 먹고살기 위해 애써 일하다.
 prendre el pa 생계 수단을 잃다.
 no tenir un pa a la post 매우 가난하다, 먹을 것이 없다.

pàbul *pàbuls m.* **1** 식량, 양식. **2** 영양물, 자양물. **3** 활기, 활력, 힘.

pac *pacs m.* =pagament.
 en pac de ...의 보상으로, ...의 답례로(en recompensa de).

paca *paques f.* (솜·털의) 꾸러미.

paciència *paciències f.* 인내, 참을성; 침착.
 acabar[esgotar] la paciència d'algú [fer perdre la paciència a algú] (누구에게) 인내가 한계에 이르다, 더 이상 참을 수 없다.
 Amb paciència es guanya el cel [S'arriba al jutge d'Audiència] [성서] 인내함으로 구원을 얻는다, 인내함으로 모든 것을 얻는다.
 armar-se de paciència 인내로 무장하다.
 perdre la paciència 인내심을 잃다.
 prendre's amb paciència 인내심을 갖다.
 tenir paciència 인내하다, 참다.

pacient *pacients adj.* **1** 인내심이 있는, 참을성이 있는. **2** 아픈, 병환 중에 있는(malalt). **3** [문법] 수동의.
 -m.f. [남녀동형] 병자, 환자(malalt).
 -m. [문법] 피동문에서의 주어.

pacífic *pacífica pacífics pacífiques adj.* 평온한, 온화한, 평화로운, 평화를 좋아하는; 평화적인.

pacificació *pacificacions f.* 강화 (조약); 평정, 진정.

pacificador *pacificadora pacificadors pacificadores adj.* 평화로운; 달래는, 화해시키는.
 -m.f. 화해시키는 사람, 피스메이커, 중재자.

pacificar *tr.* **1** 평화롭게 하다, 가라앉히다. **2** 화해시키다, 진정시키다, 평정하다(apaivagar). **-se** 가라앉다, 진정하다, 조용해지다.

pacifisme *pacifismes m.* 평화주의, 화평론.

pacifista *pacifistes adj.* 평화주의의, 평화를 지향하는, 화평론의.
 -m.f. [남녀동형] 평화주의자, 화평론자.

pacotilla *pacotilles f.* (선장·선원의) 무과세 휴대품; 열등품.
 de pacotilla (품질이) 조악한, 조잡한.

pactar *intr.* **1** 협정하다, 조약을 체결하다, 계약하다; 밀약하다. **2** 의기투합하다. *-tr.* (휴전) 협정을 맺다.

pacte *pactes m.* **1** 계약, 협약, 조약, 약관. **2** [비유] (악마와의) 밀약.
 pacte de no-agressió 불가침 조약.

pactisme *pactismes m.* [정치] 타협 정책.

pactejar *intr.* =pactar.

pactista *pactistes adj.* pactar하는.
 -m.f. 협상자, 협약자.

padrastre *padrastres m.* **1** 의붓아버지, 계부. **2** 거스러미.

padrí *padrins m.* **1** 대부, (세례·결혼식의) 보호자, 들러리. **2** 보호자(protector); 지원자, 스폰서. **3** 노인, 할아버지(vell, avi). **4** *pl.* 대부 부처.
 tenir bons padrins [비유] 좋은 후원자를 가지다.

padrina *padrines f.* **1** 교모, 대모, (세

례·결혼식에) 들러리, 보호자. **2** 노인, 할머니.

padrinatge padrinatges *m.* **1** 교부·대부의 역할. **2** (세례·결혼식의) 들러리. **3** 보호, 보살핌, 후견.

padrinejar *tr.* **1** (세례에) 대부·대모가 되다. **2** 후원하다, 후견하다.

padró padrons *m.* **1** 호적부, 주민 등록부, 호적 원장. **2** (노예·종의) 주인.

paella paelles *f.* **1** 프라이팬(estri). **2** 파에야[쌀, 야채, 고기, 해산물 등을 넣은 쌀 요리].

paellada paellades *f.* 파에야 한 냄비 (의 분량).

paeller paellera paellers paelleres *m.f.* 파에야 요리사.

paer paera paers paeres *m.f.* (옛날의) 시의원.

paeria paeries *f.* 시의원 기구; 시의원직·임기.

pafart pafarta pafarts pafartes *adj.* 게걸스럽게 먹는, 포식하는(golut).

paga pagues *f.* **1** 지불. **2** 지불금, 지불액. **3** 봉급, 급료, 임금(sou). **4** [경제] 지불 기간. **5** [비유] 대가. *Tard o d'hora en rebràs la paga* 조만간에 대가를 얻게 될 것이다.
paga doble 보너스, 상여금.
paga i senyal [상업] 착수금.
fer la paga 지불하다.
fer paga d'una cosa 뽐내다, 자부하다.
fer[*fer-se*] *paga*[*pagues*] *d'una cosa* 의지하다, 믿다; 고려하다, 참고하다.

pagà pagana pagans paganes *adj.* **1** (기독교도측면에서) 이교도의, 이방인의. **2** (신앙적으로) 무지한, 신앙이 없는
-*m.f.* 이교도, 이방인.

pagable pagables *adj.* 지불해야 할.

pagador pagadora pagadors pagadores *adj.* **1** =pagable. **2** 지불하는.
-*m.f.* 지불인, 경리부장, 회계과장.

pagadoria pagadories *f.* 경리부, 회계과.

pagament pagaments *m.* 지불, 납부, 불입.
pagament a terminis 분할불.
pagament avançat 예납, 선불.
pagament en metàl·lic 현금 지불.

paganisme paganismes *m.* **1** 이교, 사교; [집합] 이교도. **2** 다신교, 우상 숭배.

paganitzar *tr.intr.* 사교를 믿다; 우상 숭배를 하다, 이방 신을 섬기다. -**se** 이교화되다.

pagar *tr.* **1** 지불하다, 불입하다. *pagar el lloguer* 임대료·월세를 내다. **2** (대가를) 지불하다. **3** (비용을) 부담하다 (costejar). **4** 보상하다; 답례하다, 보답하다. **5** 벌을 받다, 죗값을 치르다(expiar). -**se 1** 홀딱 반하다. **2** 자만하다, 자부하다, 뽐내다, 우쭐거리다.
pagar al comptat 현금으로 지불하다.
pagar endavant 선불하다.
pagar-la(*s*) 보복을 받다, 대가를 치르다.
pagar la festa[*els plats trencats*] 남의 죄를 뒤집어쓰다.

pagaré pagarés *m.* 약속 어음.

pagat pagada pagats pagades *adj.* 지불된; 보상을 받은; 돈으로 매수된; 자부하는.
estar pagat de si mateix 자부하다.

pagell pagells *m.* [어류] 도미의 일종.

pagellida pagellides *f.* [동물] (새우·게 등의) 갑각류.

pagerol pagerola pagerols pageroles *m.f.* 촌사람, 시골 사람; 세상 물정 모르는 사람.

pagès pagesa pagesos pageses *adj.* **1** 들의, 시골의, 전원의. *costums pagesos* 시골 풍습. **2** 촌스러운, 투박한. **3** 예의를 모르는, 버릇없는, 무례한.
-*m.f.* 농부, 시골 사람; (특히 카탈루냐에서) 시골뜨기, 촌놈.
a pagès 시골에서. *He passat un mes a pagès* 나는 시골에서 한 달을 보냈다.
fer el pagès 모자란 척하다, 바보 노릇을 하다.

pagesada pagesades *f.* **1** 촌스러움, 조잡함, 상스러움. **2** 무례, 버릇없음.

pagesalla[**pagesam**] pagesalles *f.* [집합] 시골 사람.

pagesejar *intr.* 농부다운 데가 있다.

pagesia pagesies *f.* **1** [집합] 시골 사람. **2** 농가, 농장 내 별장. **3** 평야, 경

지, 들.
pagesívol pagesívola pagesívols pagesívoles adj. 1 시골의, 시골 사람의. 2 농부의, 농부 같은. 3 [비유] 촌스러운, 투박한.
pàgina pàgines f. 1 페이지, 쪽, 면. 2 [비유] (인생의) 사건, 장, 기록.
paginació paginacions f. 페이지 매김, 페이지의 수.
paginada paginades f. 페이지 정리, 쪽수 정리.
paginar tr. (문서에) 페이지를 매기다.
pago pagos m. [동물] 공작.
pagoda pagodes f. (불교 사원의) 탑; 기념탑.
pagre pagres m. [어류] (지중해의) 도미.
païble païbles adj. 소화할 수 있는.
païda païdes f. 소화 (작용).
païdor païdors m. [구어][해부] 위(estómac).
tenir un bon païdor 모든 것을 잘 참다.
pailebot pailebots m. [선박] 안내선.
pair tr. 1 소화시키다(digerir). 2 [비유] 감수하다, 참고 견디다; 이해하다. 3 [화학] 온침하다; 효소 분해를 하다.
no poder pair algú [비유] 감수하다, 참고 견디다.
pairal pairals adj. 1 구가(舊家)의, 명가의. 2 본가의, 생가의. 3 오랜, 예로부터.
pairar-se prnl. 1 지내다, 없이 지내다. 2 피하다, 회피하다. 3 (의무를) 피하다; 건너뛰다, 빠지다. *M'he pairat de fer-ho* 난 그 일을 면했다.
paire paires m. 표류.
al paire 표류하여.
estar al paire 표류하고 있다.
país països m. 1 나라, 국가. 2 지방, 땅. 3 (부채의) 바탕 종이. 4 풍경화.
paisà paisana paisans paisanes adj. 같은 고향의, 동향의; 같은 동포의. -m.f. 1 동향인. 2 겨레, 동포. 3 (군인에 대한) 민간인(no militar).
paisanatge paisanatges m. [집합] 동향인; 지방민.
paisatge paisatges m. 풍경; 풍경화.

paisatgisme paisatgismes m. [회화] 풍경화.
paisatgista paisatgistes m.f. [남녀동형] 풍경화가.
paisatgístic paisatgística paisatgístics paisatgístiques adj. 풍경의, 풍경화의.
paixà paixàs m. (터키의) 문무 고관, 파샤.
pakistanès pakistanesa pakistanesos pakistaneses adj.m.f. 파키스탄의 (사람).
pal pals m. 1 곤봉, 몽둥이. 2 전봇대. 3 골대. 4 [선박] 돛대, 마스트. *pal mayor* 메인 돛대. 5 (카드에서) 같은 모양의 패. 6 [건축] 발판, 까치발.
anar dret com un pal 꼿꼿이 걷다.
pala pales f. 1 삽, 셔블; 쟁기. 2 주걱, 라켓. 3 부지깽이. 4 [해부] (이의) 넓은 부분. 5 (도끼·팽이의) 날. 6 (구두의) 등. 7 (노의) 끝. 8 [식물] (선인장의) 잎줄기.
palada palades f. 1 (삽 등으로) 한 번 뜨기; 그 분량. 2 (노의) 한 번 젓기.
a palades 많이, 풍족하게.
paladar paladars m. 1 [해부] 입천장. 2 [음성] 경구개(paladar dur). 3 (혀끝의) 감촉, 맛, 구미. 4 감각, 취미, 기호.
paladeig paladeigs[paladejos] m. 맛보기.
paladejar tr. 맛보다, 입맛이 당기게 하다; 맛을 내다.
paladí paladins m. 용사, 열사; [비유] 보호자, 옹호자.
palafit palafits m. 수상·호상 가옥.
palaí palaïns m. [어류] 서대(llenguado).
palaia palaies f. [어류] 넙치.
palanca palanques f. 1 지레. 2 (항공기·열차 등의) 조종간; (잡아당기는) 손잡이 3 (어깨에 매는) 멜대. 4 (선박의) 돛줄.
palangana palanganes f. 세면대, 대야.
palangre palangres m. 유망 그물.
palangrer palangrera palangrers palangreres adj.m.f. 유망 그물질을 하는 (사람).
palangró palangrons m. 작은 유망 그물.
palanquejar intr. 지렛대로 움직이다.

palanqueta palanquetes *f.* 소형 지렛대; 철봉.
palanqui palanquins *m.* [선박] 돛줄(palanquí).
palatal palatals *adj.* 1 입천장의. 2 [음성] 구개음의, 경구개음의.
palatalització palatalitzacions *f.* [음성] 구개음화.
palatalitzar *tr.* [음성] 구개음화하다.
palatí palatina palatins palatines *adj.* 1 구개의. 2 [해부] 구개골의, 상악골의. 3 궁전의, 궁전 같은.
-*m.* 1 [해부] 구개골, 위턱뼈. 2 (옛날의) 부인용 털목도리.
palatoalveolar palatoalveolars *adj.* [음성] 경구개음의, 센입천장소리의.
palatreca palatreques *m.f.* =xerraire.
palau palaus *m.* 왕궁, 궁전; 대전당, 대저택, 회관.
palejar *tr.* 곡식을 까불다; 삽질하다.
paleobiologia paleobiologies *f.* [고고학] 고생물학.
paleobotànica paleobotàniques *f.* [고고학] 고식물학.
paleocristià paleocristiana paleocristians paleocristianes *adj.* 초기 기독교인들의.
paleògraf paleògrafa paleògrafs paleògrafes *m.f.* 고문서학자.
paleografia paleografies *f.* [고고학] 고문서학, 고대 문자 연구; [집합] 고문서.
paleogràfic paleogràfica paleogràfics paleogràfiques *adj.* 고문서학의.
paleòleg paleòloga paleòlegs paleòlogues *m.f.* 고대어학자.
paleolític paleolítica paleolítics paleolítiques *adj.* [역사] 구석기 시대의.
-*m.* [역사] 구석기 시대.
paleologia paleologies *f.* [고고학] 고대어 연구.
paleontòleg paleontòloga paleontòlegs paleontòlogues *m.f.* 고생물학자.
paleontologia paleontologies *f.* [고고학] 고생물학, 화석학.
paleontològic paleontològica paleontològics paleontològiques *adj.* [고고학] 고생물학의.
paleozoic paleozoica paleozoics paleo-
zoiques *adj.* [지질] 고생대의.
-*m.* [지질] 고생대.
palera paleres *f.* [식물] 선인장의 일종.
palès palesa palesos paleses *adj.* 분명한, 확실한, 명백한; 공공연한.
fer palès 분명히 하다, 밝히다, 공개하다.
quedar[restar] palès 분명해지다, 밝혀지다.
palesar *tr.* 명백하게 하다, 분명하게 하다.
palestí palestina palestins palestines *adj.* 팔레스타인(Palestina)의 (사람).
palestinenc palestinenca palestinencs palestinenques *adj.* =palestí.
palestra palestres *f.* 1 (고대 그리스의) 투기장, 씨름터; 각축장. 2 토론회장.
palet palets *m.* 돌멩이, 자갈.
paleta paletes *f.* 1 부삽; (미장이의) 흙손. 2 (화가의) 화구판. 3 (물레방아의) 물받이. 4 (선풍기의) 날개. 5 (모르타르의) 회반죽.
paletí paletins *m.* paleta의 작은 것.
paletuvi paletuvis *m.* =mangle.
palíndrom palíndroms *m.* 회문(回文)[좌우 어느 쪽에서 읽어도 뜻이 같아지는 어구].
palingenèsia palingenèsies *f.* 1.부활, 재생; 윤회. 2 [생물] 원형 생성.
palingenètic palingenètica palingenètics palingenètiques *adj.* 재생의.
palinòdia palinòdies *f.* 취소, 철회; 취소하는 시.
cantar la palinòdia 앞서 한 말을 취소하다.
palissada palissades *f.* [건축] 울타리, 목책.
palissandre palissandres *m.* [식물] (브라질의) 자단.
palla palles *f.* 1 짚, 밀집. *un barret de palla* 밀짚모자. 2 빨대. 3 (보석·철 등의) 흠. 4 [비유] 무용지물, 쓸모없는 것.
no pesar una palla 너무 가볍다.
Veure una palla en els ulls dels altres i no veure la biga en els seus [속담] 똥 묻은 개가 겨 묻은 개를 나무란다.

pal·la pal·les *m.* =impala.
pallada pallades *f.* **1** 짚 다발. **2** 가축 먹이.
pal·ladi *m.* [화학] 팔라듐.
pallanga pallangues *m.f.* 키다리, 꺽다리.
pallar *tr.* 짚으로 덮다; 가축에게 먹이를 주다.
pallard pallarda pallards pallardes *m.f.* 건장한 젊은이.
pallassada pallassades *f.* 어릿광대짓, 우스꽝스런 행동.
pallasso pallassa pallassos pallasses *m.f.* **1** 광대. **2** [경멸적] 미련한 사람, 바보.
fer el pallasso 바보짓을 하다.
pallat pallats *m.* 잠자리, 침대.
paller pallers *m.* **1** (포도·무화과의) 건조장. **2** 밀짚을 넣어 두는 헛간.
pallera palleres *f.* **1** paller보다 큰 장소. **2** =pallissa[1].
pallet pallets *m.* 짚방석, 짚 돗자리.
palleta palletes *f.* [palla의 축소사] **1** 빨대, 작은 밀짚. **2** 가느다란 실. **3** (금은)덩이.
fer[jugar] a palletes 짚으로 제비를 뽑다; (남을) 속이다.
pal·li pal·lis *m.* **1** (고대 그리스의) 큰 외투, 망토. **2** (가톨릭 사제들의) 어깨에 걸치는 천. **3** (그림 그릴 때 쓰는) 앞치마.
pàl·lia pàl·lies *f.* 제단걸이 천, 성배 덮개.
pal·liació pal·liacions *f.* **1** 은폐, 둘러대기. **2** 가라앉힘, 완화, 진정.
pal·liar *tr.* **1** 숨기다, 은폐하다. **2** (질병 등을) 가라앉히다, 완화시키다, 달래다.
pal·liatiu pal·liativa pal·liatius pal·liatives *adj.* **1** 둘러대는, 임기응변의, 일시 모면의, 숨기는. **2** 완화의, 진정시키는.
pàl·lid pàl·lida pàl·lids pàl·lides *adj.* **1** (색이) 희미한, 빛바랜. **2** 창백한, 생기 없는. *Té el rostre pàl·lid* 그의 얼굴은 창백하다.
pal·lidesa pal·lideses *f.* **1** 희미한 색깔, 어스름한 빛. **2** 창백함.
pallissa[1] pallisses *f.* **1** =paller. **2** 건초 저장소, 꼴을 두는 곳.
pallissa[2] pallisses *f.* 두들겨 팸, 때림.
pallol pallols *m.* (곡물·석탄·목초 등을 저장하는) 사일로, 저장고; 헛간.
pallola palloles *f.* =pamela.
pallós pallosa pallosos palloses *adj.* **1** 짚의, 밀짚의. **2** 짚으로 된; 짚 같은. **3** [식물] 열매가 열리지 않는(paleaci). **4** (금속에) 금이 생긴.
pallús pallussa pallussos pallusses *adj. m.f.* 바보 같은, 우둔한 (사람).
palm palms *m.* =pam.
palma palmes *f.* **1** [식물] 종려나무, 야자나무. **2** 손바닥. **3** 승리, 영예. **4** [식물] 야자나무 무리.
endur-se'n[emportar-se'n] la palma [구어] 우승하다.
palmar palmars *adj.* **1** 손바닥의. **2** 뻔한, 분명한.
palmarès palmaresos *m.* [스포츠] 기록표.
palmari palmària palmaris palmàries *adj.* 분명한, 명백한.
palmat palmada palmats palmades *adj.* **1** 손바닥 모양의, 장상(掌狀)의. **2** (손바닥 모양의) 물갈퀴가 있는.
palmatòria palmatòries *f.* (주로 접시 모양의) 촛대.
palmejar *tr.* (배를) 손으로 밀다.
palmell palmells *m.* 손바닥.
palmellada palmellades *f.* 손바닥으로 때리기.
palmer palmers *m.* =palmera.
palmera palmeres *f.* [식물] 야자나무.
palmerar palmerars *m.* 종려나무 숲, 야자나무 숲.
palmerola palmeroles *f.* =margalló.
palmeta palmetes *f.* 매, 회초리, 막대기.
palmetada palmetades *f.* 회초리로 때리기.
palmífer palmífera palmífers palmíferes *adj.* 종려·야자가 나는.
palmiforme palmiformes *adj.* =palmat.
palmípede palmípedes *adj.* [동물] 물갈퀴가 달린, 유금류의.
-*m.pl.* [동물] (물오리·갈매기 등의) 유금류 동물.

palmitat palmitats *m.* [화학] 팔미틴 염산.
palmitina palmitines *f.* 1 마가린, 인조버터. 2 팔미틴[야자유의 결정체].
palmó palmons *m.* 종려나무 잎.
paló palós *m.* (마요르카의) 술의 일종.
paloma palomes *f.* 1 식용 버섯의 일종. 2 돛을 묶는 줄.
palometa palometes *f.* =papallona.
palomí palomins *m.* =cualbra.
palp palps *m.* 1 손으로 만짐. 2 촉각; 어림셈. 3 [동물] 촉각, 촉수, 더듬이.
a palps[al palp] 더듬어서.
palpable palpables *adj.* 감촉할 수 있는, 만질 수 있는; 명백한.
palpació palpacions *f.* 1 손으로 만짐, 더듬음. 2 [의학] 촉진(觸診).
palpada palpades *f.* =palpació.
palpament palpaments *m.* =palpació.
palpar *tr.* 1 손으로 만져 보다, 만지다, 손대다. 2 더듬다, 손으로 더듬으며 가다. 3 [비유] 훤히 알다, 분명히 알다.
palpebra palpebres *f.* =parpella.
palpebral palpebrals *adj.* 눈꺼풀의.
palpebritis palpebritis *f.* [의학] 안검염, 다래끼(blefaritis).
palpeig palpeigs[palpejos] *m.* 1 살펴봄, 어림셈; 감안; 넌지시 떠보는 일. 2 (게임에서의) 득점.
palpejar *tr.* 1 재다, 어림잡아 보다. 2 감안하다, 고려하다. 3 미리 알아보다, 신중히 조사하다. 4 낌새를 살피다, 속셈을 떠보다. 5 (그림을 그리기 전에) 윤곽을 잡다. 6 게임·득점을 계산하다.
palpentes[palpes], *a les loc.adv.* 손으로 더듬거려; 위태위태하게.
anar a les palpentes 더듬으며 가다; 위태위태하다.
palpinyar *tr.* =palpejar.
palpís palpissos *m.* 1 (뼈가 없는) 살. 2 [해부] (이의) 잇몸.
palpitació palpitacions *f.* 1 고동, 가슴이 두근거림. 2 [비유] 마음의 동요, 생생함.
palpitant palpitants *adj.* 1 고동치는, 가슴이 두근거리는. 2 [비유] 생생한, 가슴 설레게 하는. *un afer d'interès palpitant* 가슴 설레는 일.

palpitar *intr.* 고동치다, 가슴이 두근거리다(bategar); 마음이 불안해지다.
palplantat palplantada palplantats palplantades *adj.* 고정된, (기둥같이) 박아 놓은, 가만히 있는.
quedar[restar] palplantat 움직이지 않고 있다, 꼼짝달싹하지 않다.
palpons, a *loc.adv.* =a les palpentes.
palpotejar *intr.* 더듬으며 가다; 위태위태하다.
paltó paltós *m.* =sobretot.
palúdic[1] palúdica palúdics palúdiques *adj.* 호소(湖沼)의, 소택의(palustre).
palúdic[2] palúdica palúdics palúdiques *adj.* 말라리아열의.
-*m.f.* 말라리아 환자.
paludisme paludismes *m.* [의학] 말라리아열.
paludós paludosa paludosos paludoses *adj.* 소택지의, 습한.
palustre palustres *adj.* 소택지에 사는.
pam[1] pams *m.* 한 뼘[길이의 단위, 약 21cm].
a pams 차츰, 조금씩; 샅샅이.
un pam de terra (손바닥만한) 작은 땅.
deixar amb un pam de nas 깜짝 놀라게 하다.
estar amb un pam d'orelles 주의를 깊이 기울이다, 정신을 바짝 차리다.
no poder-ne treure un pam de net [구어] 아무것도 확실히 모르다.
no venir-li d'un pam [구어] 중요하지 않다.
quedar-se[restar] amb un pam de nas 깜짝 놀라다.
treure un pam de llengua [구어] 매우 피곤하다.
pam[2] pams *m.* [의성어] 꽝! 꽝![때리는 소리].
pamela pameles *f.* (부인용) 맥고모자.
pàmfil pàmfila pàmfils pàmfiles *adj. m.f.* 일을 느리게 하는 (사람).
pamflet pamflets *m.* (선전·광고용) 전단, 팸플릿, 소책자.
pamfletari pamfletària pamfletaris pamfletàries *adj.* pamflet의.
pamfletista pamfletistes *m.f.* 전단을 뿌리는 사람.

pampa¹ pampes *f.* **1** (손바닥 모양의) 잎. **2** 포도 가지(pàmpol).

pampa² pampes *f.* (남미의) 대평원, 대초원.

pampalluguejar *intr.* 눈이 어릿어릿하다, 현기증 나다, 어지럽다.

pampallugues *f.pl.* [의학] 눈앞이 어릿어릿한 것; 현기증.

pampana pampanes *m.* 바보, 단순무식한 사람(ximple).

pàmpol pàmpols *m.* **1** 포도의 가지·덩굴. **2** (전등의) 갓.

pampolada pampolades *f.* **1** (포도 덩굴의) 무성함. **2** [비유] 화려한 걸치장.

pampolam pampolams *m.* =pampolada.

pampolatge pampolatges *m.* **1** 포도 덩굴이 무성함. **2** [비유] 헛일.

pampolós pampolosa pampolosos pampoloses *adj.* (포도 덩굴이) 무성한.

pana¹ panes *f.* (거룻배의) 발판, 바닥에 깐 널.

pana² panes *f.* (무명의) 두꺼운 천, 우단.

panacea panacees *f.* [의학] 만병통치약.

panada panades *f.* **1** 물에 젖은 풀. **2** [요리] 파이; (밀가루를 묻혀서) 튀긴 요리.

panadera panaderes *f.* =pallissa.

panadís panadissos *m.* **1** [의학] 표저(瘭疽), 생인손. **2** 약골, 병약한 사람.

panamà panamàs *m.* 파나마모자.

panameny panamenya panamenys panamenyes *adj.* [지리] 파나마(Panamà)의.
-m.f. 파나마 사람.

panamericà panamericana panamericans panamericanes *adj.* [지리] 범미의, 남북아메리카의.
-m.f. 범미주의자.

panamericanisme panamericanismes *m.* 범미주의, 범미 운동.

panamericanista panamericanistes *adj.* 범미주의의.
-m.f. [남녀동형] 범미주의자.

panarabisme panarabismes *m.* 범아랍주의.

panarabista panarabistes *adj.* 범아랍주의의.
-m.f. [남녀동형] 범아랍주의자.

panarra panarres *m.f.* (빵을) 많이 먹는.

panarrejar *intr.* (빵을) 많이 먹다.

pancarta pancartes *f.* 플래카드; 광고, 포스터.

pancreàtic pancreàtica pancreàtics pancreàtiques *adj.* [해부] 췌장의.

pancreatina pancreatines *f.* [생물][화학] 판크레아틴[돼지나 소의 이자에서 추출하는 소화 효소].

pancreatitis pancreatitis *f.* [의학] 췌장암.

pàncrees pàncrees *m.* [해부] 췌장.

pancromàtic pancromàtica pancromàtics pancromàtiques *adj.* 전정색의, 전색의.

panda pandes *m.* **1** (수도원의) 회랑, 낭하. **2** [동물] 판다.

pandèmia pandèmies *f.* [의학] 유행병(epidèmia).

pandèmic pandèmica pandèmics pandèmiques *adj.* [의학] 유행병의.

pandemoni pandemonis *m.* =pandemònium.

pandemònium pandemòniums *m.* **1** 지옥의 상상 도시. **2** [비유] 복마전, 아수라장, 대혼란.

pandereta panderetes *f.* 소형 탬버린.

pandero panderos *m.* **1** 작은 북, 탬버린. **2** 궁둥이, 엉덩이.

panderola panderoles *f.* =panerola.

pandiculació pandiculacions *f.* 기지개; 기지개를 켜는 일.

pandora pandores *f.* [음악] 판도라[16, 17세기에 사용했던 만돌린 비슷한 악기].

panegíric panegírics *m.* 찬가; 찬사, 칭찬.

panegirista panegiristes *m.f.* [남녀동형] 찬미자, 칭찬자.

panegiritzar *tr.* 찬양하다; 칭찬하다, 찬사를 보내다.

panell panells *m.* 큰 널빤지.

panellet panellets *m.* 작은 빵.

paner peners *m.* **1** 바구니, 광주리. **2** [속어] 궁둥이, 엉덩이.

panera paneres *f.* (빵 담는) 바구니.

panerer panerera panerers panereres *m.f.* 바구니를 파는 사람.

panerola f. [곤충] 바퀴벌레(escarabat).
panet panets m. 빵 조각, 빵 부스러기.
paneuropeu paneuropea paneuropeus paneuropees adj. 범유럽의.
-m.f. 범유럽주의자.
panfigo panfigos m. 무화과 빵.
pangènesi pangènesis f. [생물] (다원의) 단세포 기원설.
pangermanisme pangermanismes m. 범게르만주의.
pangermanista pangermanistes adj. 범게르만주의의.
-m.f. [남녀동형] 범게르만주의자.
pangolí pangolins m. [동물] 천산갑.
panhel·lènic panhel·lènica panhel·lènics panhel·lèniques adj. 범헬라의, 범헬라주의의.
panhel·lenisme panhel·lenismes m. 범헬라주의.
panhel·lenista panhel·lenistes adj. 범헬라주의의.
-m.f. [남녀동형] 범헬라주의자.
pànic pànica pànics pàniques adj. 1 [신화] (그리스 신화에 나오는 목신(牧神) 판의 짓으로) 으스스하게 하는; 당황케 하는, 제정신을 잃게 하는. 2 [비유] 당황한, 미친 듯한; 까닭 없는, 도가 지나친. 3 [심리][경제] 공황의, 패닉 상태의.
-m. 1 돌연한 공포; 공포의 대상; 겁먹음, 당황, 낭패. 2 [심리][경제] 공황, 패닉 상태.
tenir pànic 낭패를 보다, 공황에 빠지다.
panícula panícules m. [식물] 원추화.
panicular paniculars adj. 원추화의.
paniculat paniculada paniculats paniculades adj. 원추화 모양의.
panificable panificables adj. 빵으로 만들 수 있는.
panificació panificacions f. 제빵.
panificadora panificadores f. 제빵소.
panificar tr. 빵으로 만들다, 빵을 만들다.
panís panissos m. 1 [식물] 옥수수. *panís de l'Índia* 옥수수. 2 [속어] 돈 (diners); 짭짤한 돈벌이. 3 풍부, 풍족.
panislamisme panislamismes m. 범이슬람주의.
panislamista panislamistes adj. 범이슬람주의의.
-m.f. [남녀동형] 범이슬람주의자.
panissar panissars m. 옥수수 밭.
panistra panistres f. =panera.
panistre panistres m. =pener.
panlogisme panlogismes m. [철학] 범논리주의[헤겔 철학과 같이, 우주의 근원을 로고스로 하고, 우주를 그 실현으로 하는 주의].
panna pannes f. 1 가죽 끈; 길쭉한 것 (llenca). 2 거래소, 시장; (양털) 창고. 3 코르크 껍질.
pannicle pannicles m. [해부] 피하층.
panniculitis panniculitis f. [의학] 피하층염.
panoli panolis m. 1 (둥근) 케이크의 일종; 빈대떡. 2 [비유] 바보, 천치.
panolla panolles f. =panotxa.
panòplia panòplies f. 1 무기; 무기걸이. 2 고(古)무기 전시; 고(古)무기 연구.
panòlitic panolítica panolítics panolítiques adj. 전시적(全視的)[한곳에서 내부 전체가 보이도록 지은 건물]인.
panorama panorames m. 1 파노라마, 전경; 회전 그림. 2 [비유] (전체적인) 국면, 형세, 상황. *el panorama polític* 정치 상황
panoràmic panoràmica panoràmics panoràmiques adj. 파노라마의, 파노라마 같은, 전관적인.
panotxa panotxes f. 1 (특히 수수, 옥수수 등의) 이삭. 2 카카오의 열매.
pansa panses f. 1 건포도. 2 [의학] 부스럼 (딱지).
pansiment pansiments m. 시듦; 여윔, 쇠약.
pansir tr. 1 시들게 하다; 낙엽 지게 하다. 2 여위게 하다, 마르게 하다. -se 1 시들다(emmusteir-se); 낙엽 지다. 2 여위다, 노쇠하다.
pansit pansida pansits pansides adj. 시든; 여윈, 쇠약한.
panslavisme panslavismes m. 범슬라브주의.
panslavista panslavistes adj. 범슬라브주의의.

-*m.f.* [남녀동형] 범슬라브주의자.
panspèrmia panspèrmies *f.* [생물] 배종(胚種) 발달론.
pantà pantans *m.* **1** 소택지, 늪. **2** 연못, 용수지, 저수지. **3** 장애, 난관.
pantagruèlic pantagruèlica pantagruèlics pantagruèliques *adj.* (음식 등이) 푸짐한; 훌륭한.
pantalla pantalles *f.* **1** (전등의) 갓. **2** (컴퓨터·텔레비전 등의) 화면; (영화의) 스크린, 화면; 영화계. **3** 칸막이; 방호물, 엄호물. **4** 견제하는 사람·것.
portar a la pantalla [영화] 영화로 만들다.
pantaló pantalons *m.* [주로 복수로 쓰여] 바지; 슈미즈.
pantalons texans =pantalons vaquers.
pantalons vaquers 청바지.
portar els pantalons [비유] (특히 여자가) 자기주장을 내세우다.
pantanós pantanosa pantanosos pantanoses *adj.* **1** 습한, 질퍽한, 늪이 많은. **2** 매우 어려운, 장애가 많은, 번거로운.
panteisme panteismes *m.* [종교] 범신론, 다신교, 만유신론.
panteista panteistes *adj.* 범신론의, 범신론적인.
-*m.f.* [남녀동형] 범신론자.
panteístic panteística panteístics panteístiques *adj.* 범신론적인.
panteix panteixos *m.* [의학] 헐떡거림, 숨참.
panteixar *intr.* [의학] 헐떡거리다, 숨이 차다, 숨 가빠하다.
panteó panteons *m.* **1** (고대 그리스·로마의) 판테온, 만신전; 제신. **2** 종묘; 공동묘지.
pantera panteres *f.* **1** [동물] 표범. *pantera negra* 흑표범. **2** [광물] (표범 무늬의) 마노.
pantis pantis *m.pl.* [단·복수동형] 타이츠 [허리까지 오는 팬티용 긴 양말].
pantògraf pantògrafs *m.* 축도기(縮圖器); (전기 기관차의) 집전기.
pantòmetre pantòmetres *m.* 각도 측정기.
pantomim pantomima pantomims pantomimes *m.f.* 팬터마임 배우, 무언극 배우.
pantomima pantomimes *f.* [연극] 팬터마임, 무언극.
pantomímic pantomímica pantomímics pantomímiques *adj.* 팬터마임의, 무언극의.
panxa panxes *f.* [해부] **1** 배, 복부(ventre). **2** 볼록한 배, 나온 배. *tenir panxa* 배가 나오다.
de panxa enlaire 드러누워서, 하늘을 보고.
estar de panxa enlaire[gratar-se la panxa] [비유] 한가롭다, 할 일이 없이 빈둥거리다.
fer panxa (벽을) 볼록 나오게 하다.
omplir la panxa 배불리 먹다.
posar panxa 살이 찌다.
posar-se de panxa al sol [비유] 벌렁 드러눕다, 조심성 없이 눕다.
tenir la panxa buida 허기지다, 배고프다.
panxabuit panxabuida panxabuits panxabuides *adj.* 배가 고픈, 아무것도 먹지 않은.
panxacontent panxacontenta panxacontents panxacontentes *adj.* 뻔뻔스러운, 여유 있고 한가로운.
panxada *f.* **1** 배로 부딪힘. **2** 포식, 과식. **3** [비유] 풍부, 다량.
fer-se una panxada de riure 배꼽 잡고 웃다.
panxarrut panxarruda panxarruts panxarrudes *adj.* 배가 나온, 올챙이배의.
-*m.f.* 배가 나온 사람.
panxell panxells *m.* 종아리, 장딴지.
panxó panxons *m.* =panxada.
panxut panxuda panxuts panxudes *adj.* =panxarrut.
pany panys *m.* **1** 조각, 단편, 일각, 부스러기(tros). **2** (작품의) 일부, 일절, 단편. **3** (문·창의) 걸쇠, 자물쇠. **4** (직물의) 천, 포목.
com pany i clau 단단하게, 강하게.
pany antirobatori 도난 방지 자물쇠.
panyar *tr.* [해사] (바닥에 까는 재목을) 단단히 박다.
paó paona paons paones *m.f.* [조류]

공작새. *paó de nit* 공작나비.
paorós paorosa paorosos paoroses *adj.* 무서운, 두려운, 섬뜩한.
pap paps *m.* **1** (닭의) 모이주머니. **2** (동물의) 위. **3** 위, 복부(ventrell). **4** 겹턱; (턱 밑의) 처진 살.
buidar el pap [구어] 먹다, 마시다; (피곤·부담 등을) 덜다; (속을) 털어놓다.
omplir el pap 배를 가득 채우다.
quedar-se al pap alguna cosa (글을 쓸 때) 빠뜨리다.
tenir el pap buit 배가 텅 비다, 배고프다.
papa papes *m.* **1** 아빠, 아버지. **2** (가톨릭의) 교황.
papà papàs *m.* =papa1.
papable papables *adj.* 교황 자격이 있는, 교황 후보 자격이 있는.
papada papades *f.* 겹턱, 처진 살.
papadiners papadiners *m.* [단·복수동형] 돈을 벌기 위한 구실.
-m.f. [남녀동형] 돈독이 오른 사람, 돈만 아는 사람.
papagai papagais *m.* **1** [식물] 색비름. **2** [동물] 잉꼬, 앵무새.
papaia papaies *f.* [식물] 파파야 열매.
papaier papaiers *m.* [식물] 파파야나무.
papaïna papaïnes *f.* [화학] 파파인.
papal papals *adj.* 교황의.
papalló papallons *m.* [곤충] 나비.
papallona papallones *f.* **1** [곤충] 나비. **2** [스포츠] 접영. **3** 야등, 등잔불.
fer el[la] papallona 주책 부리다.
papalloneig papalloneigs [papallonejos] *m.* 경솔, 주책; 변덕.
papallonejar *intr.* 주책 부리다, 방정맞은 짓을 하다; 자주 변덕을 부리다.
papamosques papamosques *m.* [단·복수동형][동물] 딱새.
papanovia papanovies *f.* =papaorelles.
papaorelles papaorelles *m.* [단·복수동형] [곤충] 집게벌레.
papar *tr.* (음식물을) 씹지 않고 넘기다.
no papar-ne ni una 아무것도 이해하지 못하다.
paparota paparotes *f.* =rosella.
paparotes *f.pl.* [식물] 양귀비.
paparra paparres *f.* **1** [곤충] 진드기. **2** [비유] 찰거머리 같은 사람, 들러붙는 사람.
papat papats *m.* 교황의 임기·직위.
papaterra papaterres *m.* [동물] 지렁이.
papau papaus *m.* =papu.
papaveraci papaveràcia papaveracis papaveràcies *adj.* 양귀비과의.
-f. [식물] 양귀비과 식물.
paper papers *m.* **1** 종이, 종잇조각. **2** [연극] 배역, 역할; 배역 인물(personatge). **3** [비유] (맡겨진) 일, 임무, 역할. *el paper mediador* 중개 역할. **4** *pl.* 서류, 신분증명서; 준비 서류. **5** [문법] [품사의] 기능.
arranjar[arreglar] els papers 서류를 정리하다.
embrutar paper [비유] (종이에) 마구 긁적거리다, 아무렇게나 쓰다.
fer el paper de ...역할을 하다.
fer un bon paper 좋은 역을 하다.
fer un mal paper 나쁜 역을 하다.
paperada paperades *f.* **1** [집합] 종이류; 종이 무더기. **2** 서류를 갖춤; 서류 회수.
paperaire paperaires *m.f.* 제지상; 제지공.
paperam paperams *m.* [집합] 종이 무더기, 서류 뭉치.
paperassa paperasses *f.* =paperada2.
paperejar *intr.* 서류를 준비하다; 서류를 뒤져 찾다.
paperer paperera paperers papereres *adj.* 제지의.
-m.f. =paperaire.
-f. 서류함, 서류장(cistella).
papereria papereries *f.* **1** 제지 공장. **2** 문구점, 지물포.
papereta paperetes *f.* **1** 종이쪽지, 투표용지; 증서, 표, 표지. **2** 시험 답안 용지. **3** 역할.
papereta d'empenyorament 전당표.
papereta de vot 투표용지.
papereta d'examen 시험 답안지.
paperets *m.pl.* **1** 쿠런. **2** (가루약의) 한 봉지.
paperina paperines *f.* **1** 세모난 봉지; (끝이 뾰족한 것의) 머리 부분. **2** [구어] 술에 잔뜩 취함, 만취.

paperot paperots *m.* 쓸모없는 문서.
fer el paperot 가장하다, 꾸미다(fingir).
papilió papilions *m.* [곤충] 여왕나비.
papil·la papil·les *f.* **1** [해부] 젖꼭지, 유두. **2** [식물] 소유두 돌기.
papil·lar papil·lars *adj.* 젖꼭지 모양의, 유두 돌기가 있는.
papil·litis papil·litis *f.* [의학] 유두염.
papilionaci papilionàcia papilionacis papilionàcies *adj.* (화관이) 나비 모양인 식물의.
-f.pl. [식물] 나비 모양의 화관 식물.
papillota papillotes *f.* 둥글게 말아 올린 머리.
papió papions *m.* [동물] (아프리카산) 원숭이, 비비.
papir papirs *m.* [식물] 파피루스; 파피루스로 만든 종이.
papisme papismes *m.* [종교] 천주교, 로마 가톨릭교; 교황 제도.
papissot papissota papissots papissotes *adj.* 반벙어리의, 말더듬이의, 말을 더듬는.
-m.f. 반벙어리, 말더듬이.
parlar papissot 말을 더듬다; 발음을 어정쩡하게 하다.
papissotejar *intr.* 말을 더듬다.
papista papistes *adj.* 천주교의, 교황 제도의.
-m.f. [남녀동형] 천주교도.
ésser més papista que el papa 독실한 가톨릭 신자이다, 골수 가톨릭 신자이다.
pap-roig pap-roigs[pap-rojos] *m.* =pitoig.
papu papus *m.* 요괴, 도깨비; 괴짜 얼굴.
pàpula pàpules *f.* [의학] 구진[피부병의 일종].
papulós papulosa papulosos papuloses *adj.* 구진병의.
paquebot paquebots *m.* [선박] 우편선, 정기선.
paquet paquets *m.* **1** 소포, 수하물. *un paquet postal* 우편 소포. **2** (담배 등의) 갑. **3** 우편선, 정기선. **4** (직물의) 한 포. **5** (인쇄의) 한 벌의 활자. **6** 꾸러미, 상자.
fer el paquet 재미를 보다, 톡톡히 한 몫 보다, 이익을 내다.
paquetaire paquetaires *m.f.* **1** 포장하는 사람. **2** 밀매업자, 밀수입자.
paqueteria paqueteries *f.* 잡화점; 포장하는 곳.
paquiderm paquiderms *m.* [동물] 후피 동물.
paquidèrmic paquidèrmica paquidèrmics paquidèrmiques *adj.* 후피 동물의.
par pars *m.* **1** (프랑스 등에서) 상원에 열석한 귀족. **2** [경제] 액면가, 법정 가격.
a la par 액면 가격으로, 평가 가격으로.
paràbola paràboles *f.* **1** 비유. **2** [수학] 포물선.
parabòlic parabòlica parabòlics parabòliques *adj.* **1** 비유의. **2** 포물선의, 포물선 모양의.
parabolicitat parabolicitats *f.* [기하] 포물선 모양.
parabolista parabolistes *m.f.* [남녀동형] 비유를 쓰는 사람.
paraboloïdal paraboloïdals *adj.* 포물선체의.
paraboloide paraboloides *m.* [기하] 포물선체.
parabrisa parabrises *m.* (자동차 등의) 바람막이 유리.
paracaigudes paracaigudes *m.* [단·복수동형] 낙하산.
paracaigudisme paracaigudismes *m.* [스포츠] 낙하산 점핑.
paracaigudista paracaigudistes *m.f.* [남녀동형] 낙하산병, 공정대원, 공수부대원.
parada parades *f.* **1** 멈춤, 정지. **2** 정거장, 정류소. **3** 뽐냄, 으스댐(ostentació). *fer parada de riquesa* 부를 자랑하다. **4** (시장·전시회 등의) 자리. **5** 수문, 둑문. **6** (축구에서) 공을 잡음; 공격을 막음. **7** [스포츠] (검도에서 상대의 검을) 받아 치우기. **8** [군사] 주둔군, 집결지; 관병식, 열병식(formació, desfilada).
paradigma paradigmes *m.* 패러다임, 표본, 유형(model).

paradigmàtic paradigmàtica paradigmàtics paradigmàtiques *adj.* paradigma 의.

paradís paradisos *m.* **1** [종교] 낙원, 천국; 극락. **2** [비유] 천국; 기분 좋은 것·곳.

paradisíac paradisíaca paradisíacs paradisíaques *adj.* 낙원의, 천국 같은.

parador paradors *m.* **1** 행선지. **2** 종 말, 끝, 종국. **3** 숙박소, 여관(hostal). **4** (철도역의) 하역장.

paradoxa paradoxes *f.* 역설, 모순; 자가당착, 앞뒤가 맞지 않는 말.

paradoxal paradoxals *adj.* 역설적인, 모순되는.

parafang parafangs *m.* (자동차·자전거 등의) 흙받기.

parafina parafines *f.* 파라핀.

parafinar *tr.* 파라핀으로 용해시키다.

parafrasejar *tr.* 의역하다; 부연하여 설명하다.

paràfrasi paràfrasis *f.* 의역; 부연 설명.

parafràstic parafràstica parafràstics parafràstiques *adj.* 의역의; 부연적인; 바꾸어 말하는.

paragoge paragoges *f.* [음성] 어미음 첨가.

paragògic paragògica paragògics paragògiques *adj.* [음성] 어미음 첨가의.

paràgraf paràgrafs *m.* 단락, 문단.

paraguaià paraguaiana paraguaians paraguaianes *adj.m.f.* 파라과이의 (사람).

paraigua paraigües *m.* 우산.

paraigüer paraigüera paraigüers paraigüeres *m.f.* 우산 제조자, 우산 장수.
-m. 우산꽂이.

paraigüeria paraigüeries *f.* 우산 제조소·가게.

paraire paraires *m.f.* [남녀동형] 직물 끝마무리 직공.

paràlisi paràlisis *f.* **1** [의학] 마비, 불수. **2** 무기력, 무력함; 정체.

paralític paralítica paralítics paralítiques *adj.* 마비된; 중풍을 앓는.
-m.f. 중풍 환자.

paralització paralitzacions *f.* 마비 (상태); 무력화.

paralitzador paralitzadora paralitzadors paralitzadores *adj.* 마비시키는, 마비시킬 수 있는.

paralitzant paralitzants *adj.* =paralitzador.

paralitzar *tr.* **1** [의학] 불수로 만들다. **2** 무력화시키다, 마비시키다, 무효로 만들다(deturar). *paralitzar el servei* 서비스를 마비시키다.

parallamps parallamps *m.* [단·복수동형] 피뢰침.

paral·lel paral·lela paral·lels paral·leles *adj.* **1** 평행하는, 병행적인. **2** 대등의.
-m. **1** 비교물; 대조, 비교. **2** (지도상의) 위도.

paral·lela paral·leles *f.* **1** 평행(recta). **2** [스포츠] 평행봉(barres).

paral·lelisme paral·lelismes *m.* 평행, 병행; 비교, 대응; 대구(법).

paral·lelogram paral·lelograms *m.* [기하] 평행사변형.

paramà paramans *m.* [식물] 애기똥풀 (rosella).

parament paraments *m.* **1** 꾸밈, 장식. **2** (건물의) 벽면. **3** *pl.* (사제의) 예장; 제단 장식.

paràmetre paràmetres *m.* **1** [수학] 매개 변수. **2** [통계] 모수(母數). **3** 특질, 요소, 요인. **4** [구어] 한정 요소, 한계, 제한 (범위).

paramètric paramètrica paramètrics paramètriques *adj.* paràmetre의.

paramilitar paramilitars *adj.* 준군사적인, 준군사 조직의.

parangó parangons *m.* 비교, 대비.
no tenir parangó 비교할 바 없다.

parangona parangones *f.* (인쇄의) 파라곤형 활자.

parangonar *tr.* **1** 비교하다, 대비하다. **2** [인쇄] 정판하다.

paranimf paranimfs *m.* **1** (옛날의) 개강식의 식사를 하는 사람. **2** (대학의) 강당.

paranoia paranoies *f.* [병리] 편집증, 편집병, 편집광.

paranoic paranoica paranoics paranoiques *adj.* [병리] 편집증의. *un acte paranoic* 편집증적인 행동.
-m.f. 편집증 환자.

paranormal paranormals *adj.* (약간) 비정상적인.
parany paranys *m.* **1** 덫. **2** 함정, 속임수(conills). **3** [비유] 계략, 책략, 술책.
caure al parany 함정에 빠지다, 덫에 걸리다; 속임수에 넘어가다.
fer caure al parany 함정에 빠뜨리다.
paranyer paranyera paranyers paranyeres *m.f.* (사냥을 위해) 덫을 놓는 사람; 사기꾼, 속임수를 쓰는 사람.
parapet parapets *m.* [건축] 난간, 손잡이; (축성의) 흉벽.
parapetar *tr.* **1** 흉벽으로 막다. **2** 방어하다, 몸을 수호하다. *-se* 방어하다, 보호하다.
paraplegia paraplegies *f.* [의학] 하반신 불수.
paraplègic paraplègica paraplègics paraplègiques *adj.* [의학] 하반신 불수의. *-m.f.* 하반신 불수자.
parapsicologia parapsicologies *f.* [심리] 초심리학.
parar *tr.* **1** 참다, 견디다(tomar). **2** 세우다, 멈추다, 정지시키다. *parar la guerra d'Irak* 이라크 전쟁을 멈추다. **3** (앞으로) 뻗치다, 내밀다. **4** (손을) 벌리다. *parar la mà* 손을 벌리다. **5** (물건을) 가까이 가져오다. **6** (무엇을) 움직이게 하다, 작동시키다. **7** (함정 등을) 놓다. **8** 마련하다, 준비하다; 설치하다. *parar botiga* 가게를 내다. **9** [비유] 주의를 끌다, 시선을 모으다. **10** (신경을) 곤두세우다. **11** [스포츠] (펜싱에서) 검을 받다. *-intr.* **1** (차가) 멈추다, 정지하다. **2** (비 등이) 그치다(cessar). **3** 머물다, 숙박하다(hostatjar *-se*). **4** (무엇이) 끝이 나다(acabar); (...한) 상태로 되다. *pararàs boig* 넌 미치고 말 것이다.
sense parar 끊임없이, 계속해서.
parasíntesi parasíntesis *f.* [문법] 합성어에서 파생.
parasintètic parasintètica parasintètics parasintètiques *adj.* 합성어에서 파생한.
paràsit paràsita paràsits paràsites *adj.* **1** 기생의, 달라붙은. **2** 이물질의. *-m.f.* 기생충; 기생체, 기생목; 기식가.

parasitar *tr.* (...에) 기생하다.
parasitari parasitària parasitaris parasitàries *adj.* 기생의, 기생적인.
parasitat parasitada parasitats parasitades *adj.* 기생하는.
parasitisme parasitismes *m.* [생물] 기생(상태), 기식.
parasitologia parasitologies *f.* 기생물학.
para-sol para-sols *m.* 양산.
paràstade paràstades *f.* [건축] 곁 기둥.
parat parada parats parades *adj.* **1** 멎은, 움직이지 않는, 정지한. **2** 일자리를 잃은. **3** 사업이 폐쇄된. **4** [비유] (놀라서) 목석이 된, 마비된, 굳어진(sorprès).
-m. (선박의) 진수 활주대.
restar parat 목석이 되다, 굳어지다.
paratàctic paratàctica paratàctics paratàctiques *adj.* [문법] (접속사 없이) 절·구를 연결한, 병렬의.
parataxi parataxis *f.* [문법] (접속사 없이) 절·구의 연결, 병렬문.
paratge[1] paratges *m.* **1** 곳, 장소(indret). **2** 혈통, 가문(avior).
paratge[2] paratges *m.* =rovelló.
paratgívol paratgívola paratgívols paratgívoles *adj.* **1** 지역의, 장소의; 국부의, 국지의. **2** 혈통의, 가문의.
paratífic paratífica paratífics paratífiques *adj.* [의학] 파라티푸스(성)의.
paratifoide paratifoides *adj.* [의학] 파라티푸스의.
paraula paraules *f.* **1** 단어, 어휘(mot). **2** 말, (말의) 마디; 언어 능력. *una paraula clau* 핵심이 되는 말. **3** 발언(권); 언론. **4** 맹세; 약속, 구두 약속(prometença). **5** *pl.* (행위에 반대되는 뜻으로의) 말. **6** [음악] 가사. **7** [대문자][성서] 말씀, 로고스.
a la primera paraula 한마디로 말해서; 처음 부른 값으로는.
amb mitges paraules 말을 조금만 들고도.
bones paraules 농담.
paraula clau 중심이 되는 말, 키워드.
sota la meva paraula 나의 구두 약속으로, 내 책임 아래.
deixar algú amb mitja paraula (o *amb*

la paraula) a la boca (상대방이) 끝까지 말하도록 두지 않고 등을 돌리다.
demanar la paraula 발언을 요구하다, 약속 이행을 요구하다.
donar[concedir] la paraula 약속하다.
faltar a la seva paraula 약속을 어기다.
menjar-se les paraules 약속을 지키지 않다; 말을 빠뜨리다, 글을 누락시키다.
prendre la paraula 말하다, 발언하다; 언급한 것을 이용하다.
tallar la paraula 말을 중간에서 자르다, 참견하다.
tenir la paraula 입씨름하다.
tenir paraula 할 말이 있다.

paraulada paraulades f. 모욕적인 말, 자극적인 말.

paraulejar intr. 잡담하다.

parauler paraulera paraulers parauleres adj. 말이 많은, 쓸데없는 말을 많이 하는.
-m.f. 수다쟁이, 잔소리꾼.

paraulota paraulotes f. 욕, 욕설, 거친 말.

paravent paravents m. 1 [건축] 작은 문, 쪽문, 후문, 곁문. 2 작은 창, 창구.

para-xocs para-xocs m. [단·복수동형] (자동차의) 완충기.

parc¹ parcs m. 1 공원, 정원(jardí). *parc infantil* 어린이 공원. 2 유원지. 3 창(廠)[차량 정비·예치 등의 목적으로 세워진 건물]. 4 [군사] 집결지. 5 (과학·산업 등의) 단지, 파크. *el parc científic* 과학 단지.
parc d'atraccions 유원지.
parc nacional 국립공원.
parc natural 자연공원.

parc² parca parcs parques adj. 1 검소한, 절제하는, 삼가는(moderat). 2 부족한, 흡족하지 못한.

parca parques f. 1 [신화] 운명의 여신. 2 [시어] 죽음.

parcel·la parcel·les f 1 좁은 땅, 지구, 분할지. 2 작은 조각, 작은 부분.

parcel·lació parcel·lacions f. (토지·농장의) 분할.

parcel·lar tr. 1 작은 토막으로 나누다, (토지를) 분할하다.

parcel·lari parcel·lària parcel·laris parcel·làries adj. 분할지의.

parcial parcials adj. 1 부분적인, 일부분의(incomplet). 2 분할적인. 3 불공평한, 부당한, 편파적인, 일방적인(injust). 4 당파의, 당파적인.

parcialitat parcialitats f. 1 편애, 편듦. 2 불공평. 3 당파(근성), 파벌, 도당; 국부적임.

pardal pardals m. [조류] 참새; 홍작새.

pardessú pardessús m. =sobretot.

pare pares m. 1 아버지, 부친. *El seu pare és metge* 그의 아버지는 의사이다. 2 창시자, 시조, 원조(fundador). 3 [비유] 아버지(creador). *el pare de la tragèdia* 비극의 아버지. 4 (가톨릭의) 신부, 사제. 5 pl. 부모, 양친; 조상. 6 수컷아비, 종마(種馬).
pare de la pàtria 국부.
Si el pare és músic el fill és ballador [속담] 부전자전.

paredar intr. [건축] 벽을 세우다. -tr. 1 벽을 짓다. 2 (창 사이나 입구 등을) 벽으로 막다.

paredassa paredasses f. [건축] 큰 벽; 주벽.

paredó paredons m. [건축] (두꺼운) 칸막이 벽.

parèixer intr. =semblar.

parell¹ parells m. 1 짝, 쌍, 한 쌍, 2인조. *un parell de mitjons* 양말 한 짝. 2 두 개 남짓, 두서너 개. 3 (멍에를 메운) 두 필, 한 쌍의 소.
jugar a parells i senars 둘씩 짝을 이뤄 게임하다.
sense parell 비할 데 없는; 유일한.

parell² parella parells parelles adj. 1 짝의, 짝을 이루는. 2 [수학] 우수의, 짝수의. 3 똑같은, 동일한.

parella parelles f. 1 (멍에를 메운) 두 필, 한 쌍의 소. 2 (한 쌍의) 부부. 3 (게임의) 2인조.
fer parella amb 짝을 이루다.

pareller parellera parellers parelleres adj. 짝을 이루는.
-m.f. 동료.
-m. 우마를 이용해 밭을 가는 농부.

parèmia parèmies f. 속담, 격언(proverbi).

parença parences *f.* **1** 외양, 겉모양, 외견, 풍채. **2** 기색, 기미. **3** 용모, 자태. **4** 관점, 견지.

parençós parençosa parençosos parençoses *adj.* 보기 좋은, 아름다운, 풍채가 좋은.

parenostre parenostres *m.* [성서] 주기도문.

saber una cosa com el parenostre [구어] 매우 잘 알고 있다, 정통하다.

parènquima parènquimes *f.* [식물] 유연세포 조직.

parent parenta parents parentes *m.f.* 친척.

parent per afinitat[*polític*] 이웃사촌.

parentat parentats *m.* **1** 일가, 혈연, 친족. **2** 연관, 관련.

parentela parenteles *f.* [집합] 친척, 친족; 혈연관계.

parentesc parentescs[parentescos] *m.* =parentat².

parèntesi parèntesis *m.* **1** 괄호; 삽입구. **2** [비유] 개입.

entre parèntesis 부가적으로, 덧붙여서.

obrir, tancar, parèntesi 대괄호[ ]를 달다; 이야기를 빗나가게 하다.

parentètic parentètica parentètics parentètiques *adj.* parèntesi의.

parentiu parentius *m.* =parentesc.

parer parers *m.* 의견, 견해, 생각.

segons el parer de 내 생각에는, 내가 보기에는.

donar de parer ...라는 인상을 받다, ...라는 생각이 들다.

seguir[*recolzar-se en*] *el parer d'algú* (누구의) 의견을 따르다.

paret parets *f.* **1** 벽. **2** 담, 담장. **3** 면, 측면.

com si parlés amb la paret 마치 벽에다 대고 말하듯이.

entre quatre parets 집에 틀어박혀.

paret mestra [건축] 주벽.

paret mitgera[*mitjanera*] [건축] 샛벽.

Les parets tenen orelles [속담] 낮 말은 새가 듣고, 밤 말은 쥐가 듣는다; 항상 말을 조심해야 한다.

paria paries *f.* **1** 동반, 수반; 동반자, 동무, 동료. **2** (곁에서) 시중드는 사람.

3 접합, 결합, 연결(còpula).

fer paria 짝을 이루다; 같이 가다.

pària pàries *m.f.* **1** 파리아[인도 남부의 최하층민]. **2** [비유] 천한 사람, 상놈.

parida parides *adj.* 산고 중의.

-*f.* 출산, 분만.

paridor paridora paridors paridores *adj.* 다산의.

-*f.* (목장의) 분만하는 곳.

parietal parietals *adj.* **1** 벽의. **2** 두정의.

-*m.* [해부] 두정골.

parió pariona parions pariones *adj.* 짝을 이루는.

-*m.* 짝, 단짝, 동료.

sin parió =sin par.

parir *tr.* **1** 낳다, 출산하다. **2** 발생하다, 생기다.

parisenc parisenca parisencs parisenques *adj.* 파리(París)의.

-*m.f.* 파리 사람.

parisil·làbic parisil·làbica parisil·làbics parisil·làbiques *adj.* (시가) 같은 음절인.

paritari paritària paritaris paritàries *adj.* 같은 수의.

paritat paritats *f.* **1** 동등, 동격; 유사. **2** 균등, 평등(igualtat). **3** [경제] 평균 시세, 등가.

parla parles *f.* 언어, 말(llenguatge).

parlada parlades *f.* 대화; 잡담, 수다.

parlador¹ parladors *m.* 방송실, 면회실, 공중전화실.

parlador² parladora parladors parladores *adj.* **1** 말을 잘하는, 웅변가의; 말이 많은, 잡담하는, 수다스러운. **2** (표현이) 인상 깊은.

-*m.f.* 잡담하는 사람, 수다 떠는 사람.

parlament parlaments *m.* **1** 연설, 담화, 대담(discurs). **2** 국회, 의회(assemblea);, 의사당.

parlamentar *intr.* 이야기하다; 담판하다, 절충하다.

parlamentari parlamentària parlamentaris parlamentàries *adj,* 의회의, 국회의.

-*m.f.* 국회의원.

parlamentarisme parlamentarismes *m.* [정치] 의회 정치, 의회제도.

parlant parlants adj. 말하는, 말 잘하는; 잘 지껄이는, 잡담하는, 수다 떠는, 떠들어 대는.

parlar[1] intr. **1** 말하다, 대화하다. **2** 이야기하다, 떠들다(xerrar). **3** 발표하다, 언급하다; 다루다(tractar). parlar de la sida 에이즈에 대해 다루다. **4** 신호를 보내다; (수화로) 말하다. -tr. (어떤 언어를) 말하다. Parlo francès 나는 불어를 말한다. -se 서로 말하다.
parlar alt, baix 크게, 작게 말하다.
parlar amb si mateix 혼잣말하다, 중얼거리다.
parlar bé[malament] d'algú 좋게 말하다, 나쁘게 말하다; 호평하다, 악평하다.
parlar de ...에 대해서 말하다, ...에 대해 다루다.
poder parlar fort 일리가 있다, 옳다.

parlar[2] m. **1** 언어 (행위); 언어 능력; 표현 방식. **2** 말, 언어. **3** 지방 말투, 방언(dialecte).

parler parlera parlers parleres adj. 말이 많은, 말하기 좋아하는, 수다스러운 (xerraire).

parlera parleres f. 말하고 싶은 의욕(xerrera).

parleria parleries f. 표현 방식, 표현 형식.

parlotejar intr. 말장난하다, 쓸데없는 말을 늘어놓다.

parnàs parnasos m. 시단, 문필계.

paròdia paròdies f. 패러디, 희작(戱作), 변작.

parodiador parodiadora parodiadors parodiadores adj.m.f. (원작을) 희작·변작하는 (사람).

parodiar tr. (원작을) 희작·변작하다.

paròdic paròdica paròdics paròdiques adj. 패러디의, 희작의, 변작의. una versió paròdica 패러디 버전.

parodista parodistes m.f. [남녀동형] 패러디 작가, 희작가, 변작가.

parola paroles f. 다변, 잡담, 쓸데없는 소리.

parolejar intr. 말을 많이 하다, 수다 떨다, 잡담하다.

parònim parònima parònims parònimes adj. 동형이의의, 유사어의.

paronímia paronímies f. 어원·음의 유사; 동형이의어.

paronímic paronímica paronímics paronímiques adj. paronímia의.

paròtide paròtides f. [해부] 이하선.

parotiditis parotiditis f. [단·복수동형][의학] 이하선염.

paroxismal paroxismals adj. 발작의, 발작성의; 격발적인, 발끈하는.

paroxisme paroxismes m. **1** [의학] (병의) 발작, 증진. **2** (감정의) 격발.

paroxíton paroxítona paroxítons paroxítones adj.m. [음성] 끝에서 두 번째 악센트가 있는 (말).

parpella parpelles f. [해부] 눈까풀.

parpelleig parpellejos m. (눈을) 깜박임, 윙크.

parpellejar intr. (눈을) 깜박거리다, 윙크하다.

parquedat parquedats f. 검소, 절약, 절제, 삼감.

parquet parquets m. 임시 주차장.

parquímetre parquímetres m. 주차기, 주차 계량기.

parra parres f. 포도 덩굴, 포도시렁.

parrac parracs m. 누더기, 넝마; 천조각.

parracaire parracaires m.f. [남녀동형] 넝마주이.

parral parrals m. [집합] 포도 덩굴·시렁; 포도 밭.

parricida parricides m.f. [남녀동형] 부모 살해자, 근친 살인자.

parricidi parricidis m. 부모 살해, 근친 살해.

parroquià parroquiana parroquians parroquianes adj. 교구의.
-m.f. 교구민, 교구신도.

parròquia parròquies f. **1** 교구, 교회. **2** [집합] 교구민, 교구 신도.

parroquial parroquials adj. 교구의.

parsi parsis adj. [종교] 조로아스터교의.
-m.f. [남녀동형] 조로아스터교 족.
-m. 조로아스터교의 언어.

parsimònia parsimònies f. (극도의) 검약, 절제; 인색함.

parsimoniós parsimoniosa parsimoniosos parsimonioses adj. 절약이 지나친; 인

색한, 빈약한.

parsisme parsismes *m.* [종교] 조로아스터교.

part¹ parts *m.* **1** [생물] 출산, 분만. **2** [비유] 힘든 일·작업.
mal part 유산(avortament).
anar de part 산고를 치르고 있다, 산욕기이다.
ésser el part de les muntanyes 생각했던 것보다 쉬운 일이다.

part² parts *f.* **1** 부분, 일부, 약간. **2** 요소, 성분. **3** 장소, 곳. **4** 면, 쪽(banda, costat); 방향(direcció). **5** 몫, 배당. **6** (작품 등의) 부, 권, 편. **7** (배우의) 역할. **8** [수학] 제수. **9** [수학] (기수·서수를 붙여서) ...분의 1. **10** 당파, 분파. **11** [법률] (계약·소송의) 당사자.
això a part[a part això] 그건 그렇고, 그것 말고도, 그 외에.
d'altra part 다른 한편(altrament).
de part de ...의, ...편의, ...한테서.
en part 부분적으로, 일부는.
la major part 대부분.
per la meva part 나로서는.
donar part de 알게 하다, 전해 주다 (informar).
formar part de ...을 이루다, 구성하다; ...의 일부가 되다.
tenir part en 나누다, 함께하다; 참여하다, 참가하다.

partença partences *f.* 출발(sortida).

partenogènesi partenogènesis *f.* [생물] 단위생식, 처녀 생식.

partera parteres *f.* 임산부.

parterejar *intr.* 분만 중이다; 산고를 맛보다.

parterre parterres *m.* 정원; 정원의 화단.

partició particions *f.* **1** 분할, 분배(divisió). **2** 나눗셈. **3** (재산의) 분배.

partícip partícips *adj.m.f.* =participant.

participació participacions *f.* **1** 참여, 참가. **2** 알림, 통지, 통보(notificació).

participant participants *adj.m.f.* 관여·참가하는; 통보하는 (사람).

participar *intr.* 가담하다, 관여하다; 참가하다, 참여하다. *-tr.* 알리다, 통지하다, 통보하다.

participatiu participativa participatius participatives *adj.* 가담하는, 참여하는.

participi participis *m.* [문법] 분사.
participi de present 현재분사, 능동분사.
participi passat 과거분사, 수동분사.

partícula partícules *f.* **1** 작은 조각, 작은 부분, 작은 부스러기. **2** [물리] 입자. **3** [문법] (전치사, 접속사 등의) 접속어, 연결어.

particular particulars *adj.* **1** 특별한, 특수한(especial). **2** 독특한, 진귀한(peculiar). **3** 사적인, 개인적인(personal).
-m.f. 개인.
-m. 용건, 사항, 특별 사항, 문제점.
en particular 특히, 특별히.

particularitat particularitats *f.* 특징, 특수성, 특기 사항; 상세한 내용, 세목, 사사로운 일.

particularitzar *tr.* **1** 특수화하다; 특별 취급을 하다. **2** 상세하게 열거하다, 구체적인 예를 들다. **3** 돋보이게 하다(afavorir). *-se* 특수화하다; 두드러지다; 친밀하게 지내다.

particularment *adv.* 특히; 하나하나씩; 개인적으로.

partida partides *f.* **1** 출발(partença). **2** (출생·결혼·사망 등의) 등기, 등본; 그 증명서. **3** (장부의) 기입, 기장; 기장 항목; (발송품의) 품목, 목록. **4** (상품의) 액수; 단위, 양(量). **5** 기재 사항, 관세 번호. **6** 무장대, 유격대; 조, 단체, 일단(escamot). **7** (게임의) 한판, 승부(jugada). *partida de dòmino* 도미노 게임. **8** (게임에 건) 판돈. **9** 행실, 행위(jugada).

partidari partidària partidaris partidàries *adj.* ...편의, ...편을 드는.
-m.f. **1** 동지, 당원, 찬성자, 지지자. **2** 유격대원, 게릴라 대원.

partidisme partidismes *m.* 당파심.

partidista partidistes *adj.* 정당의; 당파심이 강한, 당파적인.
-m.f. [남녀동형] 당원.

partidor partidora partidors partidores *adj.m.f.* partir하는 (사람).
-m. **1** 나누는·쪼개는 도구. **2** [수학] 나눗수, 제수.

partió partions *f.* =partició.
partir *tr.* **1** 나누다, 분할하다, 쪼개다(dividir). **2** (한계를) 짓다, 구분 짓다. **3** 쪼개다, 빠개다. **4** [수학] 나누다(dividir). **5** (몫을) 분배하다, 분할하다. *-intr.* **1** 나가다, 출발하다, 떠나다(anar -se'n). **2** [비유] 비롯하다. *Partint d' aquest supòsit* 이 가정에서 출발해서. *-se* 나뉘다, 분할되다(dividir-se); 분열하다, 갈라지다, (trencar-se).
a partir de ...부터, ...이래, ...이후로.
partisà partisana partisans partisanes *adj.* **1** 유격대의, 게릴라의. **2** 당파심이 강한.
-m.f. **1** 레지스탕스 대원, 유격병, 빨치산. **2** 일당, 도당.
partit partits *m.* **1** 정당, 당파. **2** 조, 일단. **3** (행정적인) 구, 군, 지구, 관할구. **4** 결정, 의사 결정(resolució). **5** 팀, 시합, 경기; 편, 상대, 짝.
tenir partit 지지 정당을 갖고 있다; 동지들이 있다.
treure partit (d'una cosa) (어떤 것으로부터) 이익을 얻다.
partit partida partits partides *adj.* 나누어진, 분할된; 갈라진, 분열된.
partitiu partitiva partitius partitives *adj.* **1** 분할의, 분할 가능한. **2** [문법] 부분의.
partitura partitures *f.* [음악] 악보, 연합악보, 총보.
parturició parturicions *f.* =part[1].
pàrvul pàrvula pàrvuls pàrvules *m.f.* 어린이(infant).
parvulari parvularis *m.* 유치원.
parxís parxissos *m.* 파르치스 게임.
pas[1] passos *m.* **1** 통과, 통행(passa). **2** 나아감, 건너감, 지나감. **3** 이행, 변화; (시간의) 흐름. **4** (철새의) 이동(migració). **5** 걸음, 보행; 행보. **6** (계단의) 층계(escaló); 발판, 디딤판. **7** 단계, 계층, 계급; 향상, 진보; 승진. **8** 발자취(petjada); 발소리. **9** 통로; 건널목. **10** 통행권, 허가증. **11** [지리] 해협. **12** 위기, 사건; 난국. **13** 사망. **14** [연극] (극에서) 파소, 장. **15** 장구(章句), 전조(轉調). **16** *pl.* 수속, 수순. **17** (실의) 땀, 코. **18** (댄스의) 스텝. **19** [종교] (성주간에) 예수 수난을 주제로 하는 공연물. **20** [선박] 장좌. **21** [기계] 축받이, 베어링.
a bon pas 총총걸음으로.
de pas 지나는 길에, 가는 길에, 도중에; ...하는 김에, 내친 김에.
pas a pas 차근차근, 천천히.
prohibit el pas 출입 금지.
cedir el pas 길을 양보하다, 길을 내주다.
fer passos [비유] 조치를 취하다.
obrir pas 길을 내다, 통로를 트다.
seguir els passos (d'algú) (누구의) 뒤를 밟다; 모범으로 삼다.
pas[2] *adv.* **1** [no와 함께 쓰여 부정의 뜻을 내포함] ...이 아니다. *Demà porta'm el llibre. -No vindré pas, demà* 내일 책을 가져다 줘. -난 내일 안 올 거야. **2** [no를 생략할 수 있음] *No ten pas tomàquets?* 토마토 있어요? [토마토 없어요?]. **3** [미래시제의 의미로 쓰여] *Aquest càntir vessa, no és pas esquerdat?* 이 항아리는 물이 샌다, 혹 금이 가지 않았나? **4** [가능·추측을 나타내는 문장과 함께 쓰여] *No tens pas un full de paper?* 종이 한 장도 없었을 리야? **5** [명령형과 함께 쓰여] *No ho facis pas mai, això!* 이것을 절대 하지 마라!
que no pas ...보다 더. *En sap més en Josep que no pas tu* 조셉이 너보다 더 많이 안다.
pascal pascals *m.* [물리] 파스칼[압력의 단위].
pasdoble pasdobles *m.* 파소도블레[투우사가 입장할 때의 행진곡, 또는 그에 맞추어 추는 춤].
pasqua pasqües *f.* [성서] **1** 부활절, 오순절. **2** 유월절[이스라엘 민족이 이집트 탈출한 것을 기념하여 3월의 만월 때 행하는 유태인의 축제]. **3** 성탄절[부활절 외에 이 의미로도 사용됨].
Felices Pasqües! 메리 크리스마스![또는 부활절을 축하하며 쓰는 말].
Pascua de Pentecosta 오순절.
Pascua de Resurrecció 부활절.
Pascua florida[primera Pascua] 부활절.
Pascua granada[segona Pascua] 오순절.

pasquí pasquins *m.* 풍자적인 글·낙서.
passa passes *f.* **1** 한 걸음, 일보; 가까운 거리. **2** (철새의) 이동. *ocell de passa* 철새. **3** (바다의) 육교. **4** [의학] 풍토병, 유행병. **5** (농구의) 스텝.
passable passables *adj.* 견딜 만한; 어지간한, 괜찮은, 넘겨줄 만한.
passada passades *f.* **1** 큰 걸음, 보폭. **2** 지나감, 건넘. **3** (보통 기타로 연주하는) 행진곡. **4** (주로 밤에 연주하는) 세레나데. **5** (새의) 지저귀는 소리. **6** (음식의) 한 그릇, 먹을거리. **7** 차례, 순번, 기회. *Aquesta passada, la pago jo* 이번은 내가 낸다. **8** 승부수. **9** 시침질.
a[de] totes passades 어쨌든, 하여튼, 어떻든지 간에.
de passada 가는 길에, 도중에.
mala passada 못된 장난, 흉계; 망친 일.
venir de passada 지나는 길에 오다.
passadís passadissos *m.* 뒷길, 뒤안길; 회랑.
passador passadora passadors passadores *adj.* **1** 다니기 쉬운. **2** 견딜 만한(suportable).
-m. **1** 꿰는 것, 끼워 넣는 것. **2** 수나사. **3** 경첩의 고리, 쇠고리. **4** 넥타이핀, 머리핀, 비녀. **5** 키, 풀무. **6** 강판, 구멍 뚫린 국자.
-m.f. 밀수업자.
passamà passamans *m.* **1** 장식끈. **2** 난간, 층계의 손잡이.
passament passaments *m.* **1** passar하는 일. **2** 수입, 벌이.
passamuntanyes passamuntanyes *m.* [단·복수동형] (등산용) 마스크.
passant passants *adj.* 통과하는, 지나가는, 건너는, 지나치는; (무늬가) 걷는 모습의.
-m.f. [남녀동형] **1** 조수, 실습생, 견습생. **2** 통행인.
passaport passaports *m.* 여권.
passar *intr.* **1** 지나가다, 통과하다(travessar). **2** 거닐다, 돌아다니다. **3** [비유] (기억에) 스치다, 떠오르다. **4** 간주하다, 여기다. *passar per lladre* 도둑으로 여기다. **5** (사건이) 일어나다, 발생하다 (ocórrer). **6** (시간이) 흐르다. **7** (위험이) 그치다(cessar). *Passà el perill* 위험은 지나갔다. **8** (위치를) 바꾸다, 옮겨 가다. *passar d'aprenent a mestre* 견습생에서 장인으로 바뀌다. **9** [비유] 이어받다, 유전하다. *passar de pares a fills* 부모에게서 자식에게로 이어지다. **10** (시간·때를) 넘기다, 지나치다. **11** 때우다, 없이 지내다(arreglar-se, conformar-se). *Hauràs de passar sense cotxe* 차 없이 지내야만 할 것이다.
-tr. **1** 지나가다, 통과하다; 건너다. **2** (시간를) 보내다, 지내다. *passar l'estiu a fora* 여름을 밖에서 보내다. **3** 옮기다, 이전시키다, 이동시키다. **4** 꿰다, 꽂아 넣다. **5** 능가하다, 이기다; 극복하다(ultrapassar). **6** 건네주다, 넘겨주다, 인계하다, 양도하다. **7** (신고하여) 넘기다. **8** (전염병을) 옮기다, 감염시키다. **9** 허가하다, 간과하다, 묵인하다, 통과시키다. **10** [비유] 참다, 견디다; (시험·질병 등을) 이겨내다, 통과하다. *passar una malaltia* 질병을 이겨내다. **11** 여과하다, 거르다, 체로 치다, 까부르다. **12** 손질하다, 쓰다듬다. **13** 밀수입하다. *passar contraban* 밀수입하다. **14** 빠뜨리다(ometre). **15** 복습하다, 훑어보다. **16** (볕이나 바람에) 쏘이다, 말리다, 널다. **17** (의사·변호사로서) 실습하다, 견습하다, 조수노릇을 하다. **-se 1** (기간이) 초과하다; 지나치다, 과도하다. **2** 지나가다, 과거지사가 되다. **3** (적과) 내통하다. *passar-se a l'enemic* 적과 내통하다. **4** (그릇이) 새다, 스며 나오다. **5** 변하다, 변질하다, 상하기 시작하다. **6** 잊히다; 끝나다, 사라지다.
anar passant 그럭저럭 지내다.
dexar passar 통과시키다, 지나가게 하다.
passar per i) 통과하다, 지나다; ...에 들르다; ii) 인식되다, ...로 통하다.
passar per alt 간과하다, 묵인하다.
passar per sobre de tot 극복하다, 건너뛰다; 짓밟다.
passarel·la passarel·les *f.* **1** 육교, 건너기 위한 널빤지. **2** (패션쇼를 위해 만들어 놓은) 무대.

passat¹ passats m. 1 과거, 옛일, 어제. 2 [문법] 과거 시제. 3 (재봉의) 시침질을 마친 것. 4 pl. 조상, 선조.

passat² passada passats passades adj. 1 지난, 지나간. *demà passat* 모레. 2 전의, 과거의. 3 묵은, (과일·식품이) 상하기 시작한.

passatemps passatemps m. [단·복수동형] 취미, 심심풀이, 오락, 소일거리.

passatge passatges m. 1 통행, 통과; 통로. 2 (배·항공기의) 요금, 통행세, 선박료. 3 [집합] 승객, 선객. 4 구, 단락; (음악의) 전조, 가락 바꾸기.

passatger passatgera passatgers passatgeres adj. 지나가는, 일시적인.
-m.f. 여객, 승객, 선객.

passavolant passavolants m.f. [남녀동형] 기회 구매자, 충동 구매자.

passeig passeigs[passejos] m. 1 산보, 산책. *sortir a passeig* 산책을 가다. 2 산책길, 산책가. 3 거리, 큰 도로.
fer un passeig 산보하다, 산책하다.

passejada passejades f. 1 산보, 산책. 2 [구어] 농담, 조롱하기.

passejador passejadora passejadors passejadores adj.m.f. 산책을 좋아하는 (사람).

passejant passejants m.f. [남녀동형] 산보·산책하는 사람.

passejar intr. 1 산보하다, 산책하다. *passejar pel bosc* 숲을 산책하다. 2 여기저기 돌아다니다. *passejar en bicicleta* 자전거로 돌아다니다. -tr. 1 산책시키다. 2 [스포츠] (공을) 드리블하다. -se 1 산보하다, 산책하다. 2 놀리다, 조롱하다, 야유하다.

passera passeres f. 징검다리, 육교, 출렁다리.

passerell passerells m. [조류] 참새의 일종.

passi passis m. 1 허가(증), 통행증. 2 무임승차권, 정기 승차권. 3 여권; 이입 허가증. 4 (검술에서) 요격. 5 (카드놀이에서) 패스.

passió passions f. 1 정. 2 열정, 감정, 감흥. 3 향수병, 노스탤지어. 4 [비유] 열, 정열(afecció). *passió per l'art* 예술에 대한 정열. 5 격정, 격앙, 울화통. 6 정욕; 연정, 뜨거운 사랑(amor intens). 7 (예술에 대한) 깊은 애정. 8 [종교] (그리스도의) 수난.

passional passionals adj. passió의.

passiu passiva passius passives adj. 1 수동의, 수동적인. 2 소극적인. 3 (연금·보조금의) 수급의. 4 무이자의, 이자가 붙지 않는.
-m. [경제] 부채, 채무, 차변.

passivitat passivitats f. 수동성.

past pasts[pastos] m. 1 식량, 먹을거리. 2 (불에 붓는) 기름. 3 [비유] 제물.
a tot past 실컷, 충분히, 배 터지게.
ésser past de [비유] 밥이 되다, 제물이 되다. *Tot l'edifici fou past de les flames* 건물 전체가 화염에 먹혀 버렸다.

pasta pastes f. 1 (밀가루의) 반죽(massa). 2 (붙이는) 풀. 3 덩어리, 무더기. 4 바르는 약. 5 (수프에 넣는) 작은 빵 조각. 6 (제지의) 펄프, 두꺼운 종이, 피혁 장정. 7 [구어] 돈(diners).

pastada pastades f. =pastament.

pastament pastaments m. 반죽.

pastanaga pastanagues f. [식물] 당근.
-m.f. [남녀동형] 바보, 천치.

pastar tr. 1 반죽을 만들다, 덩어리를 만들다. 2 [비유] 마무리를 하다.

pastat pastada pastats pastades adj. (모습이) 빼쏜, 무척 닮은; [속어] 붕어빵인.
-m. (빵의) 반죽덩이.

pastel pastels m. [회화] 파스텔화.

pastell pastells m. 1 케이크, 빵. 2 [인쇄] 필요 없는 활자; 잉크가 넘쳐 글·그림이 번지는 일. 3 [식물] 대청(大青). 4 [비유] 음모, 속이는 일(enganny).
descobrir el pastell [구어] 음모를 밝히다.

pastera pasteres f. (빵가루의) 반죽 상자.

pasterada pasterades f. (밀가루·시멘트 등의) 반죽덩이.

pasterejar intr. 밀약하다, 음모를 꾸미다, 타협하다.

pastetes f.pl. 1 (붙이는) 풀. 2 국물, 죽. 3 흙탕물.

pasteurització pasteuritzacions f. 저온 살균; 소독, 살균.
pasteuritzar tr. (파스퇴르 살균 공법으로) 소독하다, 살균하다.
pastifa pastifes m.f. [남녀동형] 조심스럽지 못한 사람, 함부로 일하는 사람.
pastifejar intr. 아무렇게나 하다, 함부로 하다.
pastilla pastilles f. **1** 덩어리 조각. **2** 틀에 넣어서 만든 것. **3** [약학] 정, 정제.
pastís[1] pastissos m. 케이크, 빵. *pastís de noces* 결혼 케이크.
descobrir el pastís [구어] 음모를 밝히다.
pastís[2] pastís m. [단·복수동형] 아니스를 넣은 술.
pastisser pastissera pastissers pastisseres m.f. 케이크 제조자·판매자.
pastisseria pastisseries f. 케이크 제조점·판매점.
pastisset pastissets m. 작은 케이크.
pastitx pastitxos m. 아무렇게나 만든 것.
pastor pastora pastors pastores m.f. 목동, 목자.
-m. **1** 목사, 목자. **2** 목동견.
el Bon Pastor [성서] 선한 목자, 예수.
pastoral pastorals adj. **1** 목자의. **2** 시골의, 전원의; 전원적인, 목가적인. **3** 교황의.
-f. **1** (가톨릭의) 교황 교서. **2** [음악] 목인극, 전원곡, 목가극.
pastorívol pastorívola pastorívols pastorívoles adj. =pastoral.
pastós pastosa pastosos pastoses adj. **1** 유연한, 부드러운, 연한, 연한 기운이 있는. *una tarda pastosa* 포근한 오후. **2** (목소리가) 부드러운. **3** (약이) 입에 녹는.
pastositat pastositats f. 유연함, 부드러움.
pastura pastures f. **1** 목초지, 초장, 초원. **2** (1회 분량의) 먹는 풀. **3** [비유] 밥, 제물(past). *Tot l'edifici fou pastura de les flames* 건물 전체가 화염의 제물이 되었다.
pasturar intr. 풀을 먹다, 풀을 뜯다. -tr. 풀을 먹이다; 목양하다. *pasturar el bestiar* 가축에 풀을 먹이다.
pasturatge pasturatges m. 목축, 양치기.
patac patacs m. =batzac.
patacada patacades f. (몽둥이로) 때리기, 몽둥이질, 타박.
clavar-se una patacada 한방 얻어맞다.
patafi patafis m. (크로켓·추로 등의) 튀김 과자
patata patates f. [식물] 감자.
patates rosses[fregides] 튀긴 감자.
patatada patatades f. 감자 음식; 많은 양의 감자, 감자 무더기.
patatar patatars m. 감자 밭.
patatera patateres f. [식물] 감자의 일종.
patel·la patel·les f. [해부] 슬개골(ròtula), 종지뼈.
patén paténs m. 면의 일종.
patena patenes f. (미사 때에 쓰는) 성체 접시.
net com una patena 매우 깨끗한.
patent[1] adj. **1** 명백한, 자명한, 겉으로 분명히 드러난(evident). *una manifestació patent d'un conflicte* 분쟁의 명백한 증거. **2** [식물] (잎·가지가) 벌어진, 퍼진.
patent o secret 분명하거나 감춰진.
patent[2] f. **1** 특허, 전매특허, 발명 특허; 특허장. **2** 특별 허가서, 사면장. **3** 증명서.
patentar tr. 특허를 얻다, 전매특허를 받다.
patentitzar tr. 명백하게 하다.
patern paterna paterns paternes adj. 아버지의, 아버지 같은; 부계의, 부권의.
paternal paternals adj. 아버지의, 아버지 같은; 부성애의, 자애심 많은.
paternalisme paternalismes m. 부성(애).
paternalista paternalistes adj. 부성애의.
paternitat paternitats f. 부권; 부성애.
patètic patètica patètics patètiques adj. 애절한, 감동적인, 감상적인.
patetisme patetismes m. 애절함, 감상적임.
patge patges m. 시동, 근시(近侍); 급사, 사환.

pati patis *m.* 뜰, 정원.
pati de butaques (극장의) 칸막이한 정면의 관람석.
patí patins *m.* **1** 스케이트. **2** (항공기의) 착륙용 썰매. **3** [기계] 금속 활구. **4** (선박의) 진수로.
patíbul patíbuls *m.* 교수대.
patibulari patibulària patibularis patibulàries *adj.* **1** 교수대의. **2** 굉장한, 무서운, 소름 끼치는.
patilla patilles *f.* **1** 구레나룻, 귀밑털. **2** (총의) 방아쇠. **3** (버클의) 쇠고리. **4** (호주머니의) 뚜껑.
patiment patiments *m.* 피로움, 고통, 아픔.
pàtina pàtines *f.* 녹청, 고색, 고색창연함.
donar pàtina 녹이 슬게 하다.
patinada patinades *f.* **1** 썰매 타는 일. **2** 미끄러짐; 실수.
fer una patinada [비유] 미끄러지다, 실수하다.
patinador patinadora patinadors patinadores *adj.m.f.* 스케이트 타는 (사람).
-m. =patí.
patinar *intr.* **1** 미끄럼 타다, 스케이트 타다. **2** (차바퀴가) 헛돌다. *-tr.* 녹이 슬게 하다.
patinatge patinatges *m.* [스포츠] 스케이트 경기.
patir *tr.* **1** (해를) 입다, (고통을) 받다. *patir el martiri* 순교를 당하다. **2** (병에) 걸리다. **3** (잘못을) 저지르다. **4** [비유] 고통을 겪다. *Ha mort sense patir* 고통 없이 죽었다. *-intr.* **1** (질병으로) 고통을 받다. *Pateix de mal d'estómac* 그는 위장병을 앓고 있다. **2** [비유] 고통을 겪다. *patir de gelosia* 질투로 인한 고통을 치르다.
patogen patògena patògens patògenes *adj.* 병의 원인이 되는, 질병을 초래하는.
patogènia patogènies *f.* [의학] 발병 연구 의학.
patogènic patogènica patogènics patogèniques *adj.* 발병 연구의.
patòleg patòloga patòlegs patòlogues *m.f.* 병리학자.

patollar *intr.* (발로) 물을 철벅거리다.
patologia patologies *f.* 병리학.
patològic patològica patològics patològiques *adj.* 병리학의.
patologista patologistes *m.f.* =patòleg.
patracol patracols *m.* **1** 메모장, 수첩. **2** *pl.* 서류철, 서류 준비.
patri pàtria patris pàtries *adj.* **1** 고향의, 조국의. **2** 아버지의, 부계의.
pàtria pàtries *f.* 조국, 모국, 본향. *morir per la pàtria* 조국을 위해 죽다.
pàtria celestial 천국.
patriarca patriarques *m.* **1** [성서] 족장. **2** 창시자, 시조; 원로.
patriarcal patriarcals *adj.* 족장의, 원로의; 권위 있는.
patriarcat patriarcats *m.* 족장 정치, 족장의 지위; 족장의 관구.
patrici patrícia patricis patrícies *adj.* (고대 로마의) 귀족의.
-m.f. 귀족, 명문가 출신.
patriciat patriciats *m.* 귀족의 신분·지위.
patrimoni patrimonis *m.* **1** 세습 재산. **2** (남세자의) 고유자산. **3** 자산, 재산. *patrimoni reial* 왕실 재산. **4** 전통, 유산, 문화재.
patrimonial patrimonials *adj.* **1** 세습의; 전통의, 유산의. **2** [언어] 본래 언어의.
patriota patriotes *m.f.* [남녀동형] 애국자; 국수주의자.
patrioter patriotera patrioters patrioteres *adj.m.f.* 사이비 애국자(의).
patrioterisme patrioterismes *m.* 사이비 애국주의.
patriotisme patriotismes *m.* 애국(심).
patrístic patrística patrístics patrístiques *adj.* 교부의.
patrística patrísques *f.* 교부학[초기 기독교 교부들의 전기·작품 연구].
patró[1] patrons *m.* **1** 원형, 본(model). **2** [경제] (화폐의) 본위제. **3** 표준 치수.
patró[2] patrona patrons patrones *m.f.* **1** 주인; 우두머리. **2** 고용주, 공장주. **3** 후원자, 원호자. **4** 선주, 선장. **5** 본존, 수호신(protector).
patrocinador patrocinadora patrocinadors patrocinadores *adj.* 후원하는.
-m.f. 후원자, 스폰서.

patrocinar *tr.* 후원하다, 지원하다, 원조하다; 수호하다, 보호하다.

patrocini patrocinis *m.* 후원, 지원, 원조.

patronatge patronatges *m.* **1** =patrocini. **2** [집합] =patronat.

patronal patronals *adj.* patró²의.

patronat patronats *m.* **1** 지원, 원호, 후원. **2** 협회, 조합, 단체; 경영자 협회, 고용주 조합, 후원회. **3** 후원자가 갖는 능력·지위·권리.

patronejar *tr.* (선장·선주로서) 배를 움직이다.

patrònim patrònims *m.* 친가 쪽의 성, 아버지 쪽의 성.

patrulla patrulles *f.* **1** 순찰대, 척후대, 정찰대. **2** [군사] (군함·항공기에 의한) 순시 초계.

patrullar *intr.* 순시하다, 순찰하다, 초계하다.

patruller¹ patrullers *m.* [군사] 순시선.

patruller² patrullera patrullers patrulleres *adj.m.f.* patrullar하는 (사람).

patuès patuesos *m.* **1** [언어] 방언, 지방어. **2** *desp.* 속어, 은어, 특수 계층의 용어.

patufet patufeta patufets patufetes *m.f.* 아이, 꼬마.

patuleia patuleies *f.* **1** 졸병; 꼬마 병정. **2** [비유] 천박한 무리, 패거리, 망나니들.

patum patums *f.* **1** (가톨릭의) 성체절의 꽃수레. **2** [비유] 신성시 여기는 사람.

patxoca patxoques *f.* **1** 훌륭한 외모·풍채. **2** 우아함, 아름다움. **3** 늠름함, 우람함.
fer patxoca i) 외모가 좋다, 풍채가 좋다; ii) (음식이) 맛있어 보이다; iii) (광경이) 굉장하다, 감동적이다.

pau¹ paus *m.* 호인, 어진 사람; 단순한 사람.

pau² paus *f.* 평화, 화평.
anar-se'n en pau 평안히 지내다, 평안히 가다.
descansar en pau 영면하다, 고이 잠들다.
fer la pau (게임에서) 만회하다.
fer les paus 화해하다.

Pau! 평안이 있을지어다!

paula paules *f.* 어진 여인.

paupèrrim paupèrrima paupèrrims paupèrrimes *adj.* 가난에 찌든, 몹시 가난한.

paüra paüres *f.* 공포, 전율, 두려움.

pausa pauses *f.* **1** 중지; 숨쉬기; 휴식(시간). **2** 띄엄띄엄, 간헐적임(interrupció). **3** (도로에서의) 정체. **4** 원만, 느림(lentitud). **5** [음악] 쉼표.
amb pausa 쉬엄쉬엄, 차근차근.
amb pauses 간헐적으로, 띄엄띄엄.

pausadament *adv.* 천천히, 더디게; 차근하게, 차근차근.

pausat pausada pausats pausades *adj.* 더딘, 완만한, 띄엄띄엄한.

pauta pautes *f.* **1** (줄 쳐진) 자; 괘, 괘지. **2** 기준, 모범. **3** [음악] 오선지.

pautat pautada pautats pautades *adj.* 줄이 쳐진; 오선지의.

pavana pavanes *f.* 파바나[스페인의 춤의 일종].

pavelló pavellons *m.* **1** (원추형의) 텐트, 천막. **2** (박람회 등의) 전시관, 회관, ...회장. **3** [군사] (병영 내의) 사관실. **4** 별동, 별채, 딴채. **5** [해부] 귀, 귓불. **6** 국기. **7** [군사] 총끼리 서로 어긋나게 맞대어 세운 모양. **8** (나팔의) 깔때기처럼 벌어진 부분.
rendir el pavelló 항복하다.

paviment paviments *m.* 포장도로, 포도; 포상(鋪床).

pavimentar *tr.* 포장하다, 포상(鋪床)하다.

pavó pavons *m.* [조류] 공작새.

peany peanys *m.* 받침, 받침돌; (성단의) 발판.

peanya peanyes *f.* =peany.

peatge peatges *m.* (도로·다리의) 통행세.

pebre pebres *m.* [식물] 후추 (열매).

pebrer pebrers *m.* [식물] 후추나무.

pebrera pebreres *f.* 후추 그릇.

pebroterar pebroterars *m.* 후추 밭.

pec pega pecs pegues *adj.* =neci.

peça peces *f.* **1** 조각. **2** 부분, 부품(part). **3** 한 개(매·장·필·권). **4** 화폐. **5** 연장, 도구, 물건. **6** 노획물, 사냥물. **7** 포, 포문. **8** 한 편의 작품[악곡·각본·시

문·그림 등]. **9** (법원의) (한 건의) 서류. **10** (장기의) 말.
-m.f. 사람, 녀석, 놈, 년.
pecador pecadora pecadors pecadores *adj.* (종교·도덕적으로) 죄를 범하는, 죄가 있는, 죄 많은.
-m.f. 죄인, 범죄자.
pecaminós pecaminosa pecaminosos pecaminoses *adj.* 죄의, 죄 많은, 죄를 짓는.
pecar *intr.* **1** 죄를 짓다, 죄를 범하다. El just peca set vegades el dia 의인은 하루에 일곱 번 죄를 짓는다. **2** (일을) 망치다, 실수하다. **3** 도가 지나치다. **4** 악에 물들다, 신세를 망치다.
pecar de (...의) 죄를 짓다; 도가 지나치다.
pecat pecats *m.* **1** (종교·도덕상의) 죄. **2** 실수, 과실, 위반. **3** 악덕.
ésser en pecat (누구에게) 앙심을 품다.
reconèixer (algú) *el seu pecat* 자신의 죄를 깨닫다.
pecíol pecíols *m.* [식물] 잎자루.
peciolar peciolars *adj.* 잎자루의.
pècora pècores *f.* (양을 세는) 마리, 두.
ésser una mala[bona] pècora 교활한[좋은] 사람이다.
pectinat pectinada pectinats pectinades *adj.* 빗살 모양의.
pectoral pectorals *adj.* **1** 가슴의. **2** [약학] 가슴. 폐병에 잘 듣는.
-m. **1** (유태교에서) 제사장의 가슴 장식; (가톨릭 사제의) 가슴걸이, 십자가. **2** 가슴앓이에 듣는 약.
pecuari pecuària pecuaris pecuàries *adj.* 목축의, 축산의.
peculi peculis *m.* 사유 재산, 사유물; 돈, 재산.
peculiar peculiars *adj.* 독특한, 고유한, 특수한, 특색 있는.
peculiaritat peculiaritats *f.* 독특성, 고유성, 특성; 버릇, ...벽.
pecúnia pecúnies *f.* =diners.
pecuniari pecuniària pecuniaris pecuniàries *adj.* 돈의, 금전의, 금전상의; 화폐의, 통화의.
pedaç pedaços *m.* **1** 조각, 토막, 부스러기, 단편. *un pedaç d'història* 역사의 한 단편. **2** 천 조각, 헝겊. **3** 덧댄 천; 수리, 수선.
posar un pedaç 수선하다; 한숨을 돌리다, 쉬다; 간식을 들다.
pedagog pedagoga pedagogs pedagogues *m.f.* 교육자, 양육자; 초등학교 선생.
pedagogia pedagogies *f.* 교육학, 아동교육학; 교육법, 교수법; 가르침, 교육.
pedalar *intr.* 페달을 밟다, 디딤판을 밟다.
pedagògic pedagògica pedagògics pedagògiques *adj.* 교육학의, 교수법의; 교육학적인.
pedal pedals *m.* 페달.
pedalejar *intr.* =pedalar.
pedant pedants *adj.m.f.* [남녀동형] 학자 티를 내는, 그럴싸하게 꾸미는, 유식한 척하는, 아는 척하는 (사람).
pedanteria pedanteries *f.* 박식한 척하기, 아는 척하기, 학자연하기, 현학적임.
pedantesc pedantesca pedantescs [pedantescos] pedantesques *adj.* 학자연하는, 현학적인.
pedantisme pedantismes *m.* =pedanteria.
pederasta pederastes *m.* 남색자.
pederàstia pederàsties *f.* 남색, 계간.
pedestal pedestals *m.* **1** [건축] 주춧돌, 초석, 받침돌, 주석. **2** 발판, 토대.
posar algú sobre el pedestal [비유] (누구를) 잔뜩 추켜올리다.
pedestre pedestres *adj.* **1** 도보의. **2** 범속한, 평범한.
pedi pèdia pedis pèdies *adj.* 발의.
pediatre pediatra pediatres pediatres *m.f.* 소아과 의사.
pediatria pediatries *f.* [의학] 소아과 의학.
pediàtric pediàtrica pediàtrics pediàtriques *adj.* 소아과의, 소아과 의학의.
pedicular pediculars *adj.* [병리] 이(poll)로부터 전염되는.
pediculosi pediculosis *f.* [의학] 이에 의해 전염되는 피부병.
pedicura pedicures *f.* 페디큐어[발톱 미용].

pediforme pediformes *adj.* 발 모양의.
pedigrí pedigrís *m.* **1** (가축의) 종, 순종; 계도, 혈통표. **2** 가계, 혈통; 가문, 문벌, 명문. **3** (언어의) 유래, 기원.
pediluvi pediluvis *m.* [의학] (치료 목적으로 하는) 족욕.
pedologia pedologies *f.* (아이들의 육체적, 지능적, 사회적인 전인 교육을 위한) 교육학.
pedòmetre pedòmetres *m.* 보도계.
pedra pedres *f.* **1** 돌, 돌멩이. *un mur de pedra* 돌로 세운 벽. **2** 비, 비석, 비문, 석상. **3** [의학] 방광 결석(càlcul). **4** 우박. **5** 맷돌. **6** 부싯돌.
   pedra angular[*fonamental*] (건물의) 모퉁잇돌, 주춧돌; 기초, 토대.
   pedra de toc 시금석.
   pedra foguera 부싯돌, 라이터돌.
   pedra imant 자석.
   pedra preciosa 보석.
   deixar de pedra [비유] (놀라서) 몸이 굳어 버리다, 꼼짝달싹 못하다.
   posar la primera pedra 기공식을 하다, 착수하다.
   restar de pedra =deixar de pedra.
   tirar la pedra i amagar la mà 모르게 하다, 몰래하다.
pedrada pedrades *f.* 투석, 돌팔매; 돌에 맞음. *Es barallaven a pedrades* 돌을 던지며 싸우다.
pedram pedrams *m.* =pedregam.
pedrega pedregues *f.* =pedrada.
pedregada pedregades *f.* =pedregam.
pedregam pedregams *m.* **1** 싸라기눈, 우박. **2** 돌팔매, 비 오듯 날아오는 돌멩이.
pedregar[1] pedregars *m.* 자갈밭, 돌밭.
pedregar[2] *intr.* 우박이 쏟아지다. *-se* [의학] 결석에 걸리다.
pedregós pedregosa pedregosos pedregoses *adj.* **1** 돌멩이투성이의. **2** [의학] 결석병의.
pedrenyal pedrenyals *m.* 부싯돌; 부싯돌총.
pedrer pedrers *m.* **1** 석공. **2** (고대의) 투석병, 투석포. **3** (닭의) 모래주머니.
pedrera pedreres *f.* 채석장, 돌을 자르는 곳.

pedreria pedreries *f.* [집합] 보석(류).
pedrís pedrissos *m.* **1** (돌로 된) 벤치. **2** (건물 입구의 벽가에 붙인) 벤치.
pedró pedrons *m.* 기념주(柱).
pedrolí pedrolins *m.* 작은 돌멩이.
pedruscall pedruscalls *m.* 자갈밭, 돌밭.
peduncle peduncles *m.* [식물] 꽃꼭지.
peduncular peduncular *adj.* 꽃꼭지의.
pedunculat pedunculada pedunculats pedunculades *adj.* **1** [식물] 꽃꼭지가 있는. **2** [동물] 육경이 있는.
pega pegues *f.* **1** (살아 있는) 물고기. **2** [비유] 불운, 불행.
   estar de pega 재수가 없다, 운이 없다.
   portar mala pega [구어] 불행을 초래하다, 불운을 가져오다.
pegada pegades *f.* pegar하는 일.
pegaire pegaires *adj.m.f.* 귀찮게 구는, 찰싹 달라붙는 (사람).
pegallós pegallosa pegallosos pegalloses *adj.* **1** 끈끈한, 끈적끈적한, 들러붙는, 잘 붙는(enganxós). **2** [의학] 전염성의, 감염이 잘되는. **3** 끈질긴, 찰거머리의. **4** [비유] 유혹이 많은, 유혹적인.
pegar *intr.* **1** 바싹 달라붙다. **2** 꼭 들어맞다, 어울리다, 알맞다. **3** 때리다, 두들기다. *Vaig pegar de cap* 머리로 들이받다. *-tr.* **1** (타격을) 주다, 가하다, 먹이다. **2** 붙이다, 바르다.
pegat pegats *m.* **1** 임시 조치, 임시로 고침. **2** 덧붙인 것, 덧댄 천.
pegot pegots *m.* **1** 송진·고무풀을 바르는 일. **2** 구두 수선공. **3** 덧붙인 것.
peguissaire peguissaires *adj.m.f.* =pegaire.
peiot peiots *m.* [식물] (멕시코의) 선인장과 식물.
peix peixos *m.* **1** 물고기. **2** (요리용) 생선. **3** [비유] 교활한 사람. **4** *pl.* [천문] 물고기좌, 쌍어궁.
   peix de mar 바닷물고기.
   peix d'aigua dolça 민물고기.
   peix gros (정치적·사회적·경제적으로) 유력한 사람.
   no ésser ni carn ni peix 구체적인 생각이 없다.
peixada peixades *f.* 생선 요리 음식.

peixalla peixalles *f.* 물고기 떼.
peixater peixatera peixaters peixateres *m.f.* 생선 장수.
peixateria peixateries *f.* 생선 가게.
peixejar *intr.* 생선 요리 맛이 나다.
péixer *tr.* **1** 먹이다, 먹을 것을 주다; 자양·영양을 주다. **2** 먹여 주다, 입에 떠 넣어 주다. **3** (짐승에게) 먹이다, 풀을 뜯게 하다. -*intr.* =pasturar.
saber-se péixer 혼자 먹을 줄 알다.
peixera peixeres *f.* 어항.
peixet peixets *m.* [peix의 축소사] 작은 물고기.
peixopalo peixopalos *m.* 말린 대구(estocafix).
pejoratiu pejorativa pejoratius pejoratives *adj.* 경멸의, 경멸적인, 모욕적인.
pel [전치사 **per**와 관사 **el**의 준말] =per.
pèl *m.* **1** 털, 수염; 머리카락. **2** (동물의) 털(pelatge). **3** (과일 등의) 솜털. **4** (보석의) 갈라진 흠. **5** 매우 적은 양; 사소한 일, 하찮은 것.
a pèl[al pèl, en pèl] 모자를 쓰지 않고; 때마침, 안성맞춤으로.
ni un pèl 아무것도.
un pèl de 아주 적은 양의, 사소한. *No fa un pèl d'aire* 바람 한 점 없다.
anar d'un pèl que no 가까스로 ...하다.
venir d'un pèl que no 가까스로 모면하다, 구사일생으로 위기를 벗어나다.
pela peles *f.* **1** 껍질을 벗기는 일(pelada). **2** (벗겨 놓은) 껍질, 가죽. **3** [구어] 페세타[스페인 옛 화폐]. *Dóna'm deu peles* 내게 10 페세타를 줘라.
pelacanyes pelacanyes *m.f.* [단·복수동형] 가난뱅이; 천박한 사람.
pelada pelades *f.* pelar하는 일.
pelador peladora peladors peladores *adj.m.f.* pelar하는.
peladures peladures *f.* [단·복수동형] 벗겨 놓은 껍질.
pèlag pèlags *m.* [시어] 바다, 앞바다.
pelàgic pelàgica pelàgics pelàgiques *adj.* 먼 바다의; 심해의, 심해에 사는.
pelaí pelaïns *m.* =llenguado.
pelar *tr.* **1** 털을 뽑다, 껍질을 벗기다. **2** (살갗이) 벗겨지다. **3** (돈을) 낭비하다, 허비하다(esmolar). **4** 코르크 껍질을 벗기다. **5** [구어] (돈·재산을) 몽땅 털다, 빈털터리로 만들다. *Vam anar al casino i vam sortir-ne pelats* 우리는 카지노에 가서 빈털터리가 되어 돌아왔다. **6** 죽이다, 깨끗이 치우다.
que pela 살을 에는. *Fa un fred que pela* 살을 에는 듯이 춥다.
pelat pelada pelats pelades *adj.* **1** 벗겨진, 껍질이 벗겨진, 생채로의, 맨살을 드러낸, 알몸의. *una muntanya pelada* 민둥산. **2** 빈털터리의, 무자산의. -*m.f.* 가난뱅이, 무일푼인 사람(indigent).
pelatge pelatges *m.* **1** 동물의 털; 털빛, 털의 질. **2** 자태, 풍채.
pelegrí pelegrina pelegrins pelegrines *m.f.* 순례자, 성지 참배자.
pelegrinar *intr.* **1** 편력하다, 유람하다. **2** (성지를) 순례하다(peregrinar).
peregrinatge peregrinatges *m.* 순례, 성지 순례.
pelfa pelfes *f.* 우단, 벨벳.
pelfar *tr.* 우단·벨벳으로 덮다·씌우다.
pelfut pelfuda pelfuts pelfudes *adj.* (가죽을) 털이 나게 만든.
pelicà pelicans *m.* **1** [조류] 펠리컨. **2** *pl.* [식물] 매발톱꽃.
pell pells *f.* **1** [해부] 피부. **2** 껍질, 가죽, 피부(pela). **3** (원료로서의) 가죽; 모피. **4** [구어] 못된 사람, 형편없는 인간. *ésser una mala pell* 못된 인간이다. **5** [비유] 낯가죽 두꺼운 인간, 철면피, 망나니. **6** [비유] 목숨, 위경.
deixar-hi la pell [구어] 목숨을 잃다, 목숨을 내놓다.
fer la pell a algú 죽이다.
jugar-se la pell [구어] 위험한 게임을 하다, 목숨을 걸다.
salvar la pell [구어] 목숨을 구하다.
pelleringa pelleringues *f.* **1** (옷에서 늘어뜨려진) 너덜너덜한 천 조각. **2** (턱의) 주름살. **3** (뼈만 남은) 살가죽.
estar fet una pelleringa 뼈만 앙상하다, 바싹 마르다.
pel·lagra pel·lagres *f.* [의학] 이탈리아 나병.
pellaire pellaires *m.f.* [남녀동형] 모피 제조자·상인.
pellam pellams *m.* [집합] 피혁, 가죽.

pellar intr. [의학] 상처에 딱지가 앉다.
peller pellera pellers pelleres m.f. =pelleter.
pelleró pellerons m. =pelló.
pellerofa pellerofes f. =pellofa.
pelleter pelletera pelleters pelleteres m.f. 모피 제조자·상인.
pelleteria pelleteries f. 1 가죽 제품점, 모피상, 모피점. 2 [집합] 모피.
pellicar tr. =pellucar.
pel·lícula pel·lícules f. 1 엷은 막, 엷은 껍질. 2 (사진·영화의) 필름, 영화.
fer una pel·lícula 영화를 상영하다.
pel·licular pel·liculars adj. 엷은 막의; 필름의, 영화의.
pellissa pellisses f. 모피 외투.
pellisser pellissera pellissers pellisseres m.f. =pellaire.
pelló pellons m. 1 =clofolla. 2 밤의 가시.
pellofa pellofes f. 1 (벗겨 놓은) 껍질, 가죽. 2 (과일의) 껍질. 3 (칼·콩 등의) 집, 꼬투리.
pellroja pellroges m.f. [남녀동형] 북미 인디언.
pellucar tr. 1 꼬집다. 2 (새가) 쪼다.
pellut pelluda pelluts pelludes adj. 가죽이 두꺼운; 피부가 늘어진.
pelós pelosa pelosos peloses adj. 털이 많은; 보풀이 일어난.
pelotari pelotaris m. [스포츠] 하이알라이.
pèl-roig pèl-roja pèl-roigs[pèl-rojos] pèl-roges adj. 붉은 털의.
pels 전치사 per와 관사 els의 축약형.
peluix peluixos m. (모·비단으로 된) 우단.
pelussa pelusses f. 1 (과일 등의) 솜털. 2 (닳은 천의) 보풀.
pelussera pelusseres f. (어떤 부분의) 긴 털.
pelut peluda peluts peludes adj. 1 털이 많이 난. 2 [비유] 복잡 미묘한, 매우 꼬인.
pelvià pelviana pelvians pelvianes adj. 골반의.
pelvis pelvis f. [단·복수동형][해부] 골반.
pena¹ penes f. 1 벌, 형벌(càstig). 2 고통, 슬픔, 괴로움(sofriment). 3 고생, 노고. 4 [법률] 형(刑).
amb pena 고생해서, 힘을 들여.
amb penes i treballs 겨우, 간신히, 가까스로.
pena capital[*de mort*] 사형.
fer pena 안타까운 일이다, 슬픈 일이다.
treure algú de pena =animar.
valer[*pagar*] *la pena* ...할 만한 가치가 있다.
pena² penes f. 평행 돛대의 끝.
penal¹ penals adj. 형벌의, 형의, 형법의.
-m. 형무소, 감옥.
penal² penals m. (축구의) 페널티.
penalista penalistes m.f. 형법학자.
penalitat penalitats f. 1 비탄, 슬픔, 고통; 노고, 수고. 2 형벌, 벌칙; 벌금, 과태료.
penalització penalitzacions f. 형을 가함; 벌금 부과.
penalitzar tr. 벌을 주다; 체형을 가하다; 벌금·과태료를 부과하다.
penar tr. 벌하다, 형(刑)을 부과하다.
-intr. 1 괴로워하다, 고통스러워하다. 2 고통을 겪다; (임종의) 고통을 맞다. 3 열망하다, 애타게 원하다.
penca penques f. 1 (고기의) 토막, 쪼가리. 2 코르크 껍질. 3 육질의 잎, 두꺼운 잎. 4 [비유] 철면피, 뻔뻔스러움.
ésser una penca 철면피이다, 뻔뻔스럽다.
Quines penques! [구어] 참 뻔뻔스럽기도 하군!, 어이가 없군!
tenir unes penques[*moltes penques*] [구어] 뻔뻔스럽다, 낯가죽이 두껍다.
pencar intr. 1 (소·말을) 몰다. 2 열심히 일하다(treballar molt). 3 서두르다, 재촉하다. 4 꾸미다, 장식하다.
pendent pendents adj. 1 매달려 있는. 2 미해결의, 미결정의, 미결재의, 현안의. 3 [법률] 계류 중인. 4 기울어진, 경사진(inclinat).
-m. 비탈길; 경사.
pendís pendissos m. 경사진 땅.
pendó pendons m. 1 기, 깃대, 깃발. 2 군기, 단기. 3 [식물] (줄기의) 움, 눈.

4 [비유] 괴상하게 생긴 사람; 지저분한 여자.
pèndol pèndols *m.* **1** 진자(振子). **2** 시계추.
pèndola pèndoles *f.* 시계추.
pendonista pendonistes *m.f.* (행렬 등의) 기수.
pèndul pèndula pènduls pèndules *adj.* =pendent.
pendular pendulars *adj.* 추(錘)의.
penediment penediments *m.* 후회, 회개, 뉘우침.
penedir-se *prnl.* 후회하다, 뉘우치다.
penell penells *m.* **1** 풍향기, 풍신기. **2** 팔랑개비.
penelló penellons *m.* [의학] 동상(凍傷).
peneplà peneplans *m.* 기복이 적은 넓은 땅.
penetrabilitat penetrabilitats *f.* **1** 가입성, 관통력, 피투입성. **2** (뢴트겐선의) 투과성, 투과율.
penetrable penetrables *adj.* **1** 들어가는, 관통할 수 있는, 가입성의. **2** 통찰 가능한, 알 수 있는.
penetració penetracions *f.* **1** 뚫고 들어감; 침입, 침투. **2** (경제·문화 등의) 침투, 진출. **3** (탄환의) 관통. **4** 통찰력.
penetrador penetradora penetradors penetradores *adj.* 꿰뚫는, 통찰력이 있는, 침투하는.
penetrant penetrants *adj.* **1** 뚫고 들어가는, 관통하는. **2** 간파하는, 통찰력이 있는. **3** (냄새 따위가) 찌르는 듯한. **4** (소리가) 멀리까지 가는.
penetrar *tr.* **1** 뚫다, 꿰뚫고 들어가다; 침투하다, 스며들다. **2** (추위·아픔 등이) 찌르는 듯하다, 가슴에 스며들다. **3** [비유] 통찰하다, 간파하다. *penetrar una qüestió difícil* 어려운 문제를 간파하다. *-intr.* 들어가다, 뚫고 들어가다, 스며들다; (말이) 가슴속을 찌르다.
pengim-penjam pengim-penjams *m.f.* [남녀동형] 처량한 사람; 불결한 사람, 칠칠맞지 않은 사람.
-adv. **1** 시무룩하게, 생기가 없이. **2** 마지못해, 내키지 않게.
penible penibles *adj.* 고통스러운, 괴로운.

penicil·lina penicil·lines *f.* [화학] 페니실린.
península penínsules *f.* [지리] 반도.
peninsular peninsulars *adj.* 반도의.
penis penis *m.* [단·복수동형][해부] (남자의) 성기, 음경.
penitència penitències *f.* **1** 참회, 속죄, 뉘우침; (종교적인) 고행. **2** 고통, 괴로움.
penitencial penitencials *adj.* 참회의, 개의, 속죄의.
penitenciar *tr.* 참회하게 하다, 속죄하게 하다.
penitenciari penitenciària penitenciaris penitenciàries *adj.* 참회의, 속죄하는; 죄를 다스리는.
-m. **1** 감옥, 교도소, 구치소(presó). **2** (로마 교황청의) 내사원; 내사원장, 고해 신부; 징치감.
penitent penitents *adj.* 뉘우치는, 뉘우치고 있는.
-m.f. [남녀동형] 참회자, 속죄자, 고해자, 고행자.
penjada penjades *f.* **1** penjar하는 일. **2** (사람을) 교수형에 처함.
penjador penjadors *m.* (매다는·거는) 고리나 물건; 옷걸이.
penjament penjaments *m.* penjar하는 일.
dir penjaments [d'algú] [구어] (누구를) 호되게 나무라다.
penjar *tr.* **1** 매달다, 걸다, 걸치다. **2** (수화기를) 놓다. **3** [구어] 교살하다, 목매달아 죽이다, 교수형에 처하다. **4** (남에게) 죄·책임을 전가하다(imputar). **5** (시험에서) 낙제시키다. *M'han penjat d'història* 나에게 역사를 낙제시켰다. **6** (과일을) 걸어 말리다. *-intr.* **1** 매달리다, 늘어져 있다. **2** (미해결된 채) 남아 있다, ...에 달려 있다. **-se** (나무에) 매달리다. **2** 교살되다, 교수형에 처해지다.
No pengeu! (전화에서) 끊지 마세요!
penjarella penjarelles *f.* 매달린 것; (과일을) 걸어 말리는 일.
penja-robes penja-robes *m.* [단·복수동형] **1** 옷걸이. **2** 옷 거는 장.
penjoll penjolls *m.* **1** [식물] 송이; (나

무에 달려 있는) 열매. **2** 목걸이.
penna pennes *f.* (날개의) 깃.
pennat pennada pennats pennades *adj.* 깃이 있는, 깃 장식의.
penniforme penniformes *adj.* =penat.
penó penons *m.* **1** 기, 군기, 단기. **2** (배의) 돛대.
penol penols *m.* (돛의) 가로대 끝.
penombra penombres *f.* 어스름, 희미한 불빛.
penós penosa penosos penoses *adj.* 괴로운, 가슴 아픈, 슬픈, 처참한.
penques penques *m.f.* [단·복수동형] 뻔뻔스러운 사람.
pensa penses *f.* 생각, 사고.
de pensa acordada 의도적으로.
pensada pensades *f.* **1** 일, 사정, 사건, 사태. **2** 만남, 부딪힘, 맞닥뜨림. **3** 착상, 아이디어.
Quina pensada! 참 기막힌 생각이다!
pensador pensadora pensadors pensadores *adj.* 생각하는, 사색하는, 사려 깊은.
-*m.f.* 사상가, 철학자.
pensament pensaments *m.* **1** 생각, 사고; 착상. **2** 사상, 이데올로기(ideologia). **3** 개념, 의도(concepció, propòsit); 복안, 심중, 속마음, 구상. **4** [식물] 삼색제비꽃.
fer un pensament [구어] 결정하다, 결심하다.
tenir al pensament 감안하다, 생각하고 있다, 염두에 두다.
venir al pensament 이해하게 되다, 생각이 나다.
pensant pensants *adj.* 생각하는, 사색하는.
pensar *tr.* **1** 생각하다. **2** ...하고자 하다.
Pensem sortir a les sis 우리는 6시에 나가고자 한다. **3** 느끼다, 감지하다 (concebre). -*intr.* 생각하다. -**se 1** 믿다, 생각하다. **2** 막 ...하려 하다.
pensar en ...에 대해 생각하다.
sense pensar-hi 생각 없이, 어쩌다가.
pensarós pensarosa pensarosos pensaroses *adj.* 생각에 잠긴, 사색에 빠진.
pensió pensions *f.* **1** 여관, 여인숙, 하숙집(dispesa). **2** 연금. **3** 조성금; 장학금(beca). **4** 하숙비, 기숙비.
pensionar *tr.* **1** 연금을 주다. **2** 세금·부담금을 부과하다.
pensionat pensionada pensionats pensionades *m.f.* 연금을 받는 사람; 급비생, 기숙인.
-*m.* 기숙사(internat).
pensionista pensionistes *m.f.* [남녀동형] 연금을 받는 사람, 연금 생활자; 기숙인, 하숙인.
pensívol pensívola pensívols pensívoles *adj.* =pensarós.
pentaedre pentaedres *m.* [기하] 오면체.
pentàgon pentàgons *m.* **1** [기하] 오각형. **2** [대문자] 미 국방성.
pentagonal pentagonals *adj.* 오각형의.
pentagrama pentagrames *m.* [음악] 오선지.
pentàmer pentàmera pentàmers pentàmeres *adj.* **1** [식물] 잎이 5개로 된. **2** [동물] 5관절의. **3** 다섯 부분으로 된.
pentasíl·lab pentasíl·laba pentasíl·labs pentasíl·labes *adj.* (시구가) 5음절인.
pentasil·làbic pentasil·làbica pentasil·làbics pentasil·làbiques *adj.* =pentasíl·lab.
pentatló pentatlons *m.* [스포츠] 오종 경기.
pentecosta pentecostes *f.* [성서] 오순절.
pentinador pentinadora pentinadors pentinadores *adj.* 머리를 땋는.
-*m.f.* 이발사, 머리를 땋는 사람.
-*m.* **1** 화장대, 경대. **2** 머리를 땋는 여자. **3** 화장복.
pentinar *tr.* **1** 빗질하다, 빗으로 빗다. **2** 머리를 빗겨 주다, 이발해 주다. **3** (털을) 빗질하다, 보풀을 세워 주다. **4** 표면을 문지르다. -**se 1** 머리를 빗다. **2** 이발하다, 미용하다.
pentinat pentinada pentinats pentinades *adj.* pentinar한.
pentinella pentinelles *f.* [식물] 버섯의 일종.
penúltim penúltima penúltims penúltimes *adj.* 끝에서 두 번째의.

penúria penúries f. 1 결핍, 부족, 궁핍; 재정 부족. 2 가난, 빈곤.
peny penys m. =penyal.
penya penyes f. 1 바위. 2 바위산. 3 [비유] (클럽·카페 등에) 모인 무리.
penyal penyals m. 큰 바위.
penyalar penyalars m. 바위 땅, 암벽.
penya-segat penya-segats m. 벼랑, 절벽, 단애.
penyora penyores f. 1 보증금, 담보물, 저당물. 2 (게임에서) 벌칙. 3 [비유] 증거, 보증.
 donar en penyora 증거·보증·담보로 주다.
peó peons m. 1 [군사] 보병. 2 팽이, 회전축. 3 (건축 공사의) 인부; 품팔이.
peonada peonades f. [집합] 인부.
peonar intr. 걷다(caminar).
peoner peonera peoners peoneres adj. 잘 걷는, 건각의.
 -m.f. 많이 걷는 사람; 걷기를 좋아하는 사람; 보행자.
 -m. [고어] 보병.
peònia peònies f. [식물] 작약.
pepsina pepsines f. [화학] 펩신, 펩신제, 단백질 분해 효소.
pèptic pèptica pèptics pèptiques adj. 소화의, 소화를 돕는.
pequinès pequinesa pequinesos pequineses adj.m.f. 북경(北京)의 (사람).
per prep. [관사 el과 함께 쓰이면 pel이 됨] 1 [명사, 대명사, 형용사, 관사 앞에서 장소, 수단, 방법, 단위, 도구, 원인, 행위자, 순서 등을 나타냄] ...에 의해, ...으로, ...로 인해. *Guanya tant per setmana* 주일에 그만큼 번다. *L'agafà per la mà* 그의 손을 잡았다. 2 [대비] ...에 비해. *És molt alt per l'edat que té* 나이에 비해 매우 키가 크다. 3 [월(月) 앞에 쓰임] ...월에. *pel gener* 1월에. 4 [동사 원형과 함께 쓰여, 목적·동기를 나타냄] ...하기 위해. *treballa per guanyar-se la vida* 생계비를 벌기 위해 일하다. *pis per llogar* 임대할 아파트.
 per a i) [대상·목표] ...를 위해, ...를 위한. *És per al teu germà* 그것은 너의 형제를 위한 것이다; ii) [이익·효용·적부] ...에 대해, ...한테, ...를 위해. *No serveix per a res* 그것은 아무 소용이 없다, 아무 데도 쓸모가 없다; iii) [방향·행방] ...로, ...를 향하여. *Aviat sortirà el vaixell per a Menorca* 조만간에 배가 메노르카로 향해 떠날 것이다; iv) [목적] ...까지. *Ho he d'acabar per a diumenge* 그것을 주일까지 끝내야만 한다; v) [수동태나 재귀 동사와 함께 쓰여] ...하기 위해. *Les tisores s'usen per a tallar* 가위는 자르기 위해 쓰인다.
pera peres f. 1 배. 2 카이저수염; 뱃사람 수염. 3 관장기의 고무 서포터.
peralt peralts m. 1 [건축] (아치의) 홍예문 밑을 높임. 2 (도로·철로 등의) 커브의 높이 차이.
perboc perbocs m. 1 (차의) 박차, 쇠바퀴. 2 (펜치·망치 등의) 잡는 부분.
perbocar tr. 박차·바퀴를 끼우다.
percaça percaces f. =percaçament.
 a la percaça de ...을 얻기 위해, ...을 추구하기 위해.
percaçament percaçaments m. percaçar하는 일.
percaçar tr. 1 찾다, 구하다. 2 추구하다. -se (명성을) 좇다, 추구하다, (얻기 위해) 애쓰다.
percala percales f. 옥양목.
percalina percalines f. 안감으로 쓰이는 옥양목.
percebe percebes m. 삿갓조개.
percebre tr. 1 지각하다, 느끼다(copsar). 2 (돈을) 받다, 영수하다, 수취하다, 수령하다.
percentatge percentatges m. 퍼센트, 백분율.
percepció percepcions f. 1 지각, 느낌, 인지, 감지. 2 관념; 생각, 이해. 3 영수, 수취, 수령, 수수, 거두어들임.
perceptible perceptibles adj. 1 느낄 수 있는, 인지할 수 있는, 지각할 수 있는. 2 거둘 수 있는.
perceptiu perceptiva perceptius perceptives adj. 깨닫는, 느끼는, 지각 있는; 지각 작용의, 지각 능력을 가진.
perceptor perceptora perceptors perceptores adj. 1 깨닫는, 지각하는. 2

percucient 징수하는, 수령하는.
-m.f. **1** 깨닫는 사람. **2** 징수자, 수령자.
percucient percucients *adj.* 때리는, 두드리는, 충격식의.
percudida percudides *f.* percudir하는 일.
percudir *tr.* **1** 치다, 때리다, 두드리다, 타격하다. **2** 다치다, 상하다. **3** [의학] 다진하다.
percussió percussions *f.* **1** 타격, 충격. **2** 격발. **3** [의학] 청진. **4** [음악] 두들김, 때림.
instruments de percussió 타악기.
percussionista percussionistes *m.f.* [남녀동형] 타악기 연주자.
percussor percussora percussors percussores *adj.* percudir하는.
-m. (총기의) 격침; [의학] 타진추.
perdedís perdedissa perdedissos perdedisses *adj.* 잘 잃어버리는, 분실하기 쉬운.
fer perdedissa (una cosa) (무엇을) 숨기다, 감추다; 잃어버린 척하다.
perdedor perdedora perdedors perdedores *adj.* 잃는, 분실하는.
-m.f. 분실자.
perdició perdicions *f.* **1** 잃음, 분실, 유실, 상실. **2** 파멸, 궤멸, 도산. **3** 부패, 타락. **4** (영원한) 형벌, 멸망; 사망. **5** 자포자기.
perdiganya perdiganyes *f.* =perdigó[1].
perdigó[1] perdigons *m.* [조류] 자고새의 새끼.
tenir un perdigó a l'ala 정신이 멀쩡하지 않다.
perdigó[2] perdigons *m.* **1** 산탄(散彈). **2** 도박에서 크게 잃은 사람; 방탕아.
perdigonada perdigonades *f.* 산탄을 쏘는 일; 그로 인한 상처.
perdigot perdigots *m.* [조류] 자고새의 수컷.
perdiguer perdiguera perdiguers perdigueres *adj.* 자고새 사냥용의, 포인터 종의.
-m. 포인터.
-f. 자루, 배낭.
perdiu perdius *f.* [조류] 자고새.
perdó perdons *m.* 용서, 사면.
Perdó! 죄송합니다!, 실례합니다!

perdonable perdonables *adj.* 용서할 수 있는.
perdonador perdonadora perdonadors perdonadores *adj.m.f.* 용서하는 (사람).
perdonar *tr.* **1** 용서하다, 사면하다. **2** 놓아주다, 제외하다; 포기하다. **3** 실례하다(excusar).
no perdonar (노력·수단을) 아끼지 않다.
Perdoneu la interrupció 끼어들어서 죄송합니다, 참견해서 죄송합니다.
perdonavides perdonavides *m.f.* [단·복수동형] 허세 부리는 사람.
perdre *tr.* **1** 잃다, 분실하다. *perdre les claus* 키를 잃어버리다. **2** (예의·공포 등을) 잊다, 망각하다. **3** (시간·돈을) 낭비하다, 허비하다(desaprofitar). **4** 파멸시키다; 타락하게 하다(corrompre). **5** (건강을) 해치다. **6** (기회를) 잃다, 놓치다. **7** (승부에서) 지다. -se **1** 잃다; 망각하다. **2** 낭비하다; 파산하다. **3** 사라지다. **4** 타락하다(corrompre's).
no haver-hi [tenir-hi] res a perdre 잃을 것이 아무것도 없다.
pèrdua pèrdues *f.* **1** 잃는 것, 분실; 분실물. **2** 손해, 손실, 상실. **3** 파멸, 멸망; 타락. **4** *pl.* [의학] 출혈(fluix).
perdudament. *adv.* (사랑에) 폭 빠져.
perdulari perdulària perdularis perdulàries *adj.* 게으른, 태만한; 무익한.
-m.f. **1** 게으른 자, 게으름뱅이, 업무 태만한 자. **2** 악한 자, 무익한 사람.
perdurable perdurables *adj.* 오래가는, 영속성 있는; 불후의.
perdurar *intr.* 오래 지속되다, 오래 가다.
perdut perduda perduts perdudes *adj. m.f.* =perdulari.
peregrí peregrina peregrins peregrines *adj.* 드문, 진기한, 신비한, 특별한.
peregrinació peregrinacions *f.* 유람, 방랑; 순례, 성지 순례.
peregrinar *intr.* **1** 유람하다, 방랑하다. **2** (성지를) 순례하다.
perelló[1] perellons *m.* [의학] 동상.
perelló[2] perellons *m.* [식물] 야생의 배.
perelloner perelloners *m.* [식물] 야생 배나무.

peremptori peremptòria peremptoris peremptòries adj. **1** 만기의. **2** 결정적인, 단호한. **3** 긴급한, 절박한, 화급한.
peremptorietat peremptorietats f. **1** 만기. **2** 긴급, 절박, 긴박.
perennal perennals adj. =perenne1.
perenne perennes adj. **1** 지속적인, 영속적인, 영구한, 영원한(perpetu). **2** [식물] 다년생의.
perennifoli perennifòlia perennifolis perennifòlies adj. [식물] (잎이) 영구적인.
perennitat perennitats f. 영속성, 항구성, 무궁함, 불멸.
perer perers m. [식물] 배나무.
perera pereres f. =perer.
peresa pereses f. **1** 게으름, 나태, 태만. **2** 한가로움, 굼뜸. **3** 노곤한, 피로함.
peresívol peresívola peresívols peresívoles adj. 빈둥거리는, 굼뜬.
peresós peresosa peresosos peresoses adj. **1** 게으른, 나태한. **2** 한가로운, 굼뜬. **3** 기능이 나쁜, 잘 듣지 않는.
-m.f. 게으름뱅이.
-m. [동물] 나무늘보.
perfecció perfeccions f. **1** 완전(성), 완벽, 극치. **2** 완성; 완성한 것. **3** [종교] 완덕.
a la perfecció 완전하게.
perfeccionar tr. **1** 완전하게 하다, 완성하다, 마무리해 내다. **2** 향상시키다, 개선하다. **-se** 완성되다, 완벽해지다.
perfeccionisme perfeccionismes m. 완벽주의, 무결점주의.
perfeccionista perfeccionistes m.f. [남녀동형] 완벽주의자.
perfectament adv. 완벽하게, 완전하게.
perfecte perfecta perfectes perfectes adj. **1** 완전한, 나무랄 데 없는, 완벽한, 완성된(acabat); 절대적인(absolut). **2** 우수한, 질이 좋은, 탁월한(excel·lent).
perfectible perfectibles adj. 완전하게 할 수 있는; 완성되는.
perfectiu perfectiva perfectius perfectives adj. =perfet.
perfer tr. 끝내다(acabar); 끝마무리하다, 다듬다.
perfet perfeta perfets perfetes adj. **1** =perfecte. **2** [문법] 완료의.
pèrfid pèrfida pèrfids pèrfides adj. **1** 부실한, 불충분한. **2** 부정(不貞)한.
-m.f. 부정한 사람.
perfídia perfídies f. **1** 부실, 불충분. **2** 부정. **3** 배반, 배신; 불신행위.
perfil perfils m. **1** 옆얼굴, 옆모습, 측면, 프로필; 반신상. *dibuixar algú de perfil* 누구의 옆모습을 그리다. **2** [건축] 종단면도, 측면도, 단면도. **3** 윤곽, 소묘. *el perfil d'una mà* 손의 윤곽. **4** (인물의) 프로필, 인물 단평, 신상 소개.
perfilar tr. **1** 종단면도·측면도를 그리다. **2** 윤곽을 잡다. **3** 인물평을 하다, 프로필을 소개하다. **4** [비유] 끝내다.
perforació perforacions f. 구멍 뚫는 일, 천공(穿孔).
perforador perforadora perforadors perforadores adj.m.f. perforar하는 (사람).
-f. 송곳, 펀치, 천공기, 착암기.
perforament perforaments m. =perforació.
perforant perforants adj. perforar하는.
perforar tr. **1** 구멍을 뚫다. **2** (티켓에) 펀치를 치다. **3** 절취선에 바늘 자국을 내다. **4** 우물을 파다.
perfum perfums m. **1** 향, 향수, 향료. **2** 향내, 그윽한 향기.
perfumador perfumadora perfumadors perfumadores adj.m.f. perfumar하는 (사람).
-m. 향수 뿌리개(peveter).
perfumar tr. **1** 향을 피우다. **2** 향긋하게 하다, 향수를 뿌리다.
perfumat perfumats m. [속어] 알콜 음료를 파는 커피숍.
perfumer perfumera perfumers perfumeres m.f. 향수 제조인·상인.
perfumeria perfumeries f. 향수 제조업, 향수 가게.
pergamí pergamins m. **1** 양피지. **2** (양피지를 사용한) 면장(免狀), 학위증, 졸업증서.
pergaminer pergaminera pergaminers pergamineres m.f. 양피지 제조인·상인.

pèrgola pèrgoles *f.* [건축] 덩굴 식물을 얹은 지붕, 덩굴나무 시렁.
periant periants *m.* [식물] 꽃덮개.
perible peribles *adj.* 사라져 없어지는, 죽어 없어지는, 허망한.
pericardi pericardis *m.* [해부] 염통주머니, 심낭(心囊).
pericardíac pericardíaca pericardíacs pericardíaques *adj.* 심낭의.
pericarditis pericarditis *f.* [단·복수동형] [의학] 심낭염.
pericarpi pericarpis *m.* [식물] (과일의) 과피.
perícia perícies *f.* 숙련, 노련함; 풍부한 경험, 노련함.
pericial pericials *adj.* 숙련된, 노련한.
pericitar *intr.* =perillar.
perifèria perifèries *f.* 주위, 주변, 외곽, 바깥 테두리; 교외.
perifèric perifèrica perifèrics perifèriques *adj.* 주위의, 주변의, 외곽의, 둘레의; 주변적인.
perifrasar[perifrasejar] *intr.tr.* 우회적으로 말하다; 달리 풀어서 말하다.
perifrasi perifrasis *f.* [문법][수사] 우설법(迂說法), 완곡법, 에두르는 표현, 우회적으로 말하는 대화법.
perifràstic perifràstica perifràstics perifràstiques *adj.* **1** 에둘러 말하는, 완곡한, 돌려서 말하는. **2** [문법] 완곡한.
perigeu perigeus *m.* [천문] 근지점, 근월점[달이 지구에 가장 가까워지는 점].
periheli perihelis *m.* [천문] 근일점[천체가 태양에 가장 가까워지는 점].
perill perills *m.* **1** 위험. **2** [경제] 리스크, 위험 부담(risc).
en perill 위험에 처한.
córrer[tenir] el perill de 위험을 무릅쓰다.
ésser fora de perill [의학] 위기를 벗어나다.
estar en perill 위험에 처해 있다.
perillar *intr.* 위험에 처하다.
perillós perillosa perillosos perilloses *adj.* 위험한, 위태한, 아슬아슬한.
perillositat perillositats *f.* 위험성.
perímetre perímetres *m.* 주위, 주변.
perimètric perimètrica perimètrics perimètriques *adj.* 주위의, 주변의.
perineu perineus *m.* [해부] 회음.
perineal perineals *adj.* 회음부의.
període períodes *m.* **1** 시기, 기간, 시대. **2** [지질] 기(紀). **3** [천문][물리] 주기. **4** [생리] 월경, 멘스(menstruació). **5** [음악] 악절, 악단. **6** [수학] 순환 (소수).
periòdic periòdica periòdics periòdiques *adj.* **1** 주기적인, 정기의. **2** 정기 간행(물)의. **3** [수학] 순환의.
-m. 정기간행물(publicació); 신문(diari).
periodicitat periodicitats *f.* **1** 주기(성), 정기적임. **2** [전자] 주파.
periodisme periodismes *m.* 저널리즘; 신문업, 신문계.
periodista periodistes *m.f.* [남녀동형] 신문 기자, 저널리스트.
periodístic periodística periodístics periodístiques *adj.* 신문의; 신문 기자의.
-f. [집합] 신문, 저널; 정기 간행물; 신문학, 저널리즘.
periodonci periodoncis *m.* [해부] 잇몸 조직.
periodontitis periodontitis *f.* [단·복수동형][의학] 잇몸 조직의 염증.
periosti periostis *m.* [해부] 골막.
periostitis periostitis *f.* [단·복수동형][의학] 골막염.
peripatetisme peripatetismes *m.* [철학] 소요학파, 아리스토텔레스학파.
peripècia peripècies *f.* **1** (사태·국면의) 급한 변화, 급전. **2** (인생의) 부침.
periple periples *m.* [해사] 연안 항해.
periquito periquitos *m.* [조류] 잉꼬.
perir *intr.* 죽다.
periscopi periscopis *m.* 잠망경, 전망경.
perissodàctil perissodàctila perissodàctils perissodàctiles *adj.* 기제류(奇蹄類) 동물의.
-m.pl. [동물] 기제류 동물.
perista peristes *m.f.* [은어] 장물을 사는 사람, 장물아비.
peristil peristils *m.* [건축] 기둥을 잇대어 늘어놓은 안마당, 열주(列柱)랑.
perit perita perits perites *adj.* 숙련된, 노련한, 경험이 풍부한.
-m.f. 숙련공, 전문가, 기사; 감정사.

perit mercantil 회계관.
peritar tr. 감정하다, 회계하다.
peritatge peritatges m. **1** 감정(료). **2** 감정사.
peritoneal peritoneals adj. 복막의.
peritoneu peritoneus m. [해부] 복막.
peritonitis peritonitis f. [단·복수동형][의학] 복막염.
perjudicador perjudicadora perjudicadors perjudicadores adj.m.f. 폐를 끼치는 (사람).
perjudicar tr. **1** 폐를 끼치다, 누를 끼치다, 손해를 입히다. **2** 상처를 주다.
perjudici perjudicis m. 해, 손상, 손해.
perjudicial perjudicials adj. 해로운, 유해한.
perjur perjura perjurs perjures adj.m.f. 위증하는, 거짓 선서하는 (사람).
perjurar intr. 거짓 선서를 하다, 위증하다. -tr. **1** 거듭 선서하다. **2** (거짓으로) 선서하다.
perjuri perjuris m. 거짓 선서; 위증(죄), 선서를 어김.
perla perles f. **1** 진주. *un collaret de perles* 진주 목걸이. **2** 구슬, 보석. **3** 보석 같은 사람·물건. **4** [약학] 캡슐. **5** (인쇄의) 4포인트 인쇄 활자.
perla cultivada[artificial] 양식 진주, 인조 진주.
llençar perles als porcs [속담] 돼지에게 진주를 주는 격이다.
perlat perlada perlats perlades adj. 진주 빛의, 진주 형태의.
perlejant perlejants adj. 진주로 장식하는.
perlejar tr. 진주로 장식하다.
perler perlera perlers perleres adj. 진주의, 구슬의, 보석의. *indústria perlera* 진주 산업.
perleria perleries f. [집합] 진주류.
perlí perlina perlins perlines adj. 진주 빛의.
perllonga perllongues f. 덧대는 것, 연장하는 것.
perllongament perllongaments m. 연장, 확장; 연기.
perllongar tr. **1** (공간적·시간적으로) 늘리다, 연장하다. **2** 연기하다(diferir).

-se 늘어나다, 연장되다.
permanència permanències f. **1** 체재, 체류. **2** 영구, 불변, 영속성, 항구성. **3** 상설, 상치.
permanent permanents adj. **1** 영구한, 영속적인, 항구적인. **2** 상설의.
-f. 파마; 퍼머넌트.
permeabilitat permeabilitats f. **1** 투수성 (透水性). **2** 투과성, 투과도. **3** [전기] 투자성, 도자율.
permeable permeables adj. 스며들 수 있는, 침투성의, 투수성의, 투과성의.
permetre [pp: permès permesa] tr. **1** 허락하다, 허가하다. **2** (사용을) 허용하다. *permetre de fer ...*하게 하다. **3** 참다, 견디다, 묵인하다. **4** [종교] 사면하다. **5** ...할 수 있게 하다, 가능하게 하다. -'s **1** 허가되다, 허용되다. **2** 실례를 무릅쓰고 ...하다. *M'he permès d'entrar sense trucar* 죄송하게도 전화하지 않고 들어왔습니다.
Em permeteu? 허락하시는 거죠?, ... 해도 괜찮겠어요?
permís permisos m. **1** 허가, 허락, 인가, 승인. **2** 허가증, 인허증, 면장. **3** [군사] 외출증, 외박증.
permissible permissibles adj. 허가할 수 있는, 허용되는.
permissió permissions f. =permís.
permissiu permissiva permissius permissives adj. 허용되는, 묵인되는.
permissivitat permissivitats f. **1** 허용, 묵인, 암묵. **2** [전기] 유전율(誘電率).
permitent permitents adj. 허용하는, 허가하는.
permòdol permòdols m. [건축] 추녀 받침.
permuta permutes f. **1** 바꿈, 교환, 경질. **2** 물물 교환; 현물 교환 거래.
permutació permutacions f. 교환, 대체; 경질.
permutador permutadora permutadors permutadores adj.m.f. permutar하는 (사람).
permutant permutants m.f. =permutador.
permutar tr. **1** 교환하다, 대체하다. **2** 바꾸어 놓다, 경질하다, 돌려놓다.

pern perns *m.* 대 나사못, 볼트; 축의 부분.
perna pernes *f.* (사물의) 다리(cama). *batre les pernes* 다리를 흔들다.
pernabatre *intr.* 다리를 흔들다(espernetegar).
perniciós perniciosa perniciosos pernicioses *adj.* 해로운, 유해한, 위험한.
pernil pernils *m.* **1** 넓적다리; 넓적다리의 살. **2** (바지의) 가랑이 부분.
pernill pernills *m.* =pernil.
pernoctar *intr.* 밤을 새우다, 철야하다.
però *conj.* **1** 그러나, 하지만. **2** [설명적] 그런데. *Però què fas aquí aturat?* 그런데 여기 멈춰서 뭐 하고 있니? **3** [양보적] 그럼에도 불구하고, 그렇지만. **4** [강조적 용법] 그것도, 더더구나. *M'ho ha dit, però de mala gana* 그는 내게 그것을 말했다. 그것도 기분 나쁘게.
-*m.* 반대(objecció); 난관, 어려움. *En tot troba peròs* 모든 면에서 반대에 부딪힌다.
perol perols *m.* 냄비.
perola peroles *f.* 작은 냄비.
peroné peronés *m.* [해부] 비골.
peroneal peroneals *adj.* 해골의.
peroració peroracions *f.* 연설, 장광설.
perorar *intr.* 연설을 하다, 장광설을 늘어놓다.
perpal perpals *m.* [기계] 지레, 멜대; 조종간.
perpendicle perpendicles *m.* (수직으로 내리는) 추, 연추; 진자.
perpendicular perpendiculars *adj.* 수직의, 수직으로 교차되는.
-*f.* 수직선.
perpendicularitat perpendicularitats *f.* 수직으로 교차함.
perpetració perpetracions *f.* 범행, 범죄, 범법 행위.
perpetrador perpetradora perpetradors perpetradores *adj.m.f.* perpetrar하는 (사람).
perpetrar *tr.* **1** (범죄를) 저지르다. **2** [비유] (어떤 일을) 저지르다, 실수하다, 범하다.
perpetu perpètua perpetus perpètues *adj.* **1** 영구한, 영원한, 무한한, 끝이 없는, 무궁한. **2** 종신의(vitalici).
perpetuació perpetuacions *f.* 영속성, 영구화.
perpetuador perpetuadora perpetuadors perpetuadores *adj.m.f.* perpetuar하는 (사람).
perpetuar *tr.* 영속시키다, 영구적으로 하다, 오래 지속되게 하다.
perpetuïtat perpetuïtats *f.* 영속성, 영세, 무궁.
perplex perplexa perplexos perplexes *adj.* 당황하는, 당혹한, 어찌할 바를 모르는, 애먹이는.
perplexitat perplexitats *f.* 당황, 당혹; 곤란한 일, 애먹이는 일.
perquè *conj.* **1** [이유] ...때문에. *No ha sortit perquè plovia* 비가 왔기 때문에 나가지 않았다. **2** [목적] ...하기 위해. *T'ho dic perquè li ho facis saber* 그에게 그것을 알리라고 네게 말해 주는 것이다.
-*m.* 이유(raó per la qual).
perquirir *tr.* 캐묻다, 조사하다, 취조하다, 수사하다.
perquisició perquisicions *f.* 조사, 수사.
perruca perruques *f.* 가발.
perruquer perruquera perruquers perruqueres *m.f.* 이발사, 미용사.
perruqueria perruqueries *f.* 이발소, 미용실.
persecució persecucions *f.* **1** 추적, 추구. **2** 박해, 학대.
persecutori persecutòria persecutoris persecutòries *adj.* 추구하는, 추적하는; 박해하는, 학대하는.
perseguiment perseguiments *m.* =persecució.
perseguir *tr.* **1** 추적하다, 추구하다. *perseguir el deutor* 빚진 자를 추적하다. **2** (어떠한 목적을) 추구하다(percaçar). **3** 박해하다, 학대하다. **4** 귀찮게 조르다.
perseverança perseverances *f.* **1** 불굴, 불굴의 인내. **2** 완고함, 완강함, 근성.
perseverant perseverants *adj.* **1** 끈기 있는, 불굴의, 참을성 많은. **2** 완고한, 집요한.

perseverar intr. 참을성 있게 버티다, 끈기 있게 계속하다, 집요하게 인내하다.
persiana persianes f. (볕을 가리는) 발, 격자창.
persignar tr. =senyar.
persistència persistències f. 1 끈질김, 완고함. 2 영속성.
persistent persistents adj. 1 끈질긴, 완고한. 2 계속되는, 영속성이 있는. 3 [식물] 상록의.
persistir intr. 1 고집하다, 주장하다. 2 오래 끌다, 계속하다.
persona persones f. 1 사람, 인(人); 개인, 자신. 2 [문법] 인칭. 3 몸, 신체, 풍채. 4 [신학] (삼위일체의) 위(位). 5 (극·소설의) 인물.
en persona 친히, 몸소, 직접.
persona de categoria 요인, 중요한 사람.
persona gran 성인, 어른.
persona grata 바람직한 사람, 호감이 가는 사람.
personal personals adj. 1 사람의, 인간적인. 2 자신의, 개인적인. 3 [문법] 인칭의.
-m. 1 인원, 총원, 직원. 2 (기관·회사 등의) 간부, 스태프. 3 인사(人事). 4 인두세.
personalisme personalismes m. 1 개인주의, 자기 본위주의. 2 인신공격.
personalitat personalitats f. 1 인격. 2 개성, 자아; 개인, 인품. 3 명사, 요인. 4 [법률] 법인; 대리권.
personalització personalitzacions f. 1 인격화. 2 [문법] 인칭 동사로 사용.
personalitzar tr. 1 인격화하다. 2 [문법] 인칭 동사로 쓰다.
personar-se prnl. (법정에) 출두하다, 입회하다.
personatge personatges m. 1 (극·소설의) 인물, 등장인물. 2 명사, 요인.
personificació personificacions f. 1 인격화, 의인화. 2 구현, 구체화.
personificar tr. 1 인격화하다, 인성을 부여하다, 의인화하다. 2 구현하다, 구체화하다. 3 상징하다(simbolitzar).
perspectiva perspectives f. 1 [회화] 원근화법, 투시법, 원근법. 2 원근, 배경.

3 조망, 전망. 4 장래, 전도, 전망; 가망, 희망. 5 외모, 외견.
en perspectiva I) 원근법으로; ii) 멀리, 장래에; iii) 앞을 내다보는, 전망이 있는.
perspicaç perspicaç perspicaços perspicaces adj. (통찰력이) 날카로운, 예민한, 총명한, 명철한, 명석한.
perspicàcia perspicàcies f. 예민함, 명민함, 총명; 통찰력, 혜안.
perspicacitat perspicacitats f. =perspicàcia.
perspicu perspícua perspicus perspícues adj. 분명한, 명쾌한, 이해가 잘 되는.
perspicuïtat perspicuïtats f. 분명함, 명쾌함.
perspiració perspiracions f. 땀; 발한.
perspirar tr. 땀을 배출하다.
persuadir tr. 설득하다, 납득시키다, 설복시키다. -se 납득하다, ...라고 믿다.
persuasió persuasions f. 설득, 설득력; 납득, 확신.
persuasiu persuasiva persuasius persuasives adj. 설득시키는, 설득력 있는.
pertanyent pertanyents adj. ...에 속한, 관한; 예속된, 종속된.
pertànyer intr. 1 속하다, 소속하다(formar part). 2 관계가 있다; ...에 해당되다(correspondre).
pertinaç pertinaç pertinaços pertinaces adj. 1 끈질긴, 완고한, 완강한, 고집 센. 2 오래가는, 지속되는.
pertinença pertinènces f. 소유, 소유권; 소유물, 부속물; 소속, 귀속.
pertinència pertinències f. 적절, 타당.
pertinent pertinents adj. 1 적절한, 타당한. 2 소속하는, ...에 관련하는. 3 ...에서 나온, 유래한(procedent).
pertocar intr. ...에 해당되다(correspondre).
a qui pertoqui 담당자에게[주로 공문서에서 쓰는 말].
pertorbació pertorbacions f. 1 어질러짐. 2 (전파 등의) 방해, 교란. 3 (민심의) 동요, 소요; 심란해짐. 4 [의학] 정신 착란.

pertorbació mental 정신 착란.
pertorbador pertorbadora pertorbadors pertorbadores *adj.m.f.* pertorbar하는 (사람).
pertorbar *tr.* **1** (민심을) 어지럽히다, 동요시키다, 소란을 피우다. **2** (전파를) 방해하다.
pertot *adv.* 도처에, 여기저기에, 모든 곳마다(en tot lloc).
de pertot 도처에, 모든 곳에.
pertot on 어디든지, 어디가 되었든.
pertret pertrets *m.* **1** (군사) 무기; (무기·탄약·양식 등의) 지원 장비. **2** 용구, 도구, 장비.
pervenir *intr.* **1** 이르다, 도달하다. **2** (...의) 소유가 되다. **3** (목적을) 이루다, 성취하다. *pervenir als honors* 명예를 얻다.
pervers perversa perversos perverses *adj.* 마음이 그릇된, 사악한, 퇴폐한, 심술궂은, 마음이 삐뚤어진.
perversió perversions *f.* **1** 혼란, 착란. **2** 악화, 퇴폐, 타락. **3** [의학] (성적) 도착.
perversitat perversitats *f.* **1** 사악함, 악독. **2** 비뚤어진 마음, 비행, 사행.
pervertidor pervertidora pervertidors pervertidores *adj.m.f.* pervertir하는 (사람).
pervertir *tr.* **1** (질서를) 어지럽히다, 문란하게 하다, 헝클어뜨리다. **2** 못 쓰게 만들다, 잘못되게 하다; 타락시키다. **3** (증서·서류를) 고쳐 쓰다, 멋대로 고치다. *-se* 문란해지다, 헝클어지다; 타락하다, 퇴폐하다.
perviure *intr.* 생존하다, 잔존하다.
pervivència pervivències *f.* 생존, 잔존.
perxa perxes *f.* **1** 장대, 기둥(pal). **2** [스포츠] 장대높이뛰기용 장대. **3** (옷걸이용) 장대.
perxar *intr.tr.* (직물을) 펴기 위해 걸다.
perxejar *tr.* (과일을) 장대로 따다.
perxera perxeres *f.* (행렬에서 쓰는) 장대, 깃대.
pes *m.* **1** 무게, 중량, 근수. **2** 부담, 부하(càrrega). **3** [비유] 중요성, 비중(importància). **4** 무거운 것. **5** [스포츠] 포환. **6** 저울.
de pes 무게가 나가는, 무게가 있는; 중요한, 유력한.
pes atòmic 원자량.
pes brut 총중량.
pes específic 비중.
pes gall (권투의) 밴텀급.
pes lleuger 경량급.
pes molecular 분자량.
pes mort 데드 웨이트, 무부하 중량.
pes net 순량(純量).
pes pesant 중량급.
pes ploma 페더급.
pesos, mides i mesures 도량형.
caure pel seu propi pes 당연한 귀결이다, 자연스러운 결과이다.
fer el pes [구어] 흡족하게 하다, 만족시키다.
pesabebès pesabebès *m.* [단·복수동형] 유아용 저울(pesainfants).
pesacartes pesacartes *m.* [단·복수동형] 편지 무게를 다는 저울.
pesada pesades *f.* 무게, 근수; 1회 분량.
pesadesa pesadeses *f.* **1** 무게, 중력; 무거운 것. **2** [의학] (가슴이) 답답함. **3** [비유] 괴로움, 골치 아픔.
pesador pesadora pesadors pesadores *adj.m.f.* pesar하는 (사람).
pesadura pesadures *f.* 괴로운 일.
pesainfants pesainfants *m.* =pesabebès.
pesant pesants *adj.* 무거운; 비중 있는.
pesantor pesantors *f.* =pesadesa.
pesar^1 pesars *m.* 슬픔, 괴로움, 비통, 억울해함.
a pesar de [구] ...에도 불구하고(malgrat).
a pesar que [절] ...에도 불구하고(malgrat que).
pesar^2 *tr.* **1** 무게를 달다. **2** 생각하다, 감안하다, 검토하다. *-intr.* **1** (무게가) ...이다. **2** (마음이) 아프다, 유감스럽다. **3** [비유] (책임을) 통감하다.
pesat pesada pesats pesades *adj.* **1** 무거운. **2** 괴로운, 답답한, 머리가 무거운. **3** (날씨가) 후덥지근한. **4** 느려빠진, 굼뜬(lent). *un caminar pesat* 느린 걸음.
pesatge pesatges *m.* =pesada.

pesca pesques f. 낚시, 어업, 어로; 어획물.
pescada pescades f. =pesca.
pescador pescadora pescadors pescadores adj. 낚시하는, 고기잡이를 하는.
-m.f. 낚시꾼, 어부.
pescaire pescaires adj.m.f. =pescador.
pescall pescalls m. 낚싯대.
pescamines pescamines m. [단·복수동형] 준설선, 소해정.
pescant pescants m. 1 (마차의) 마부석; (자동차의) 운전석. 2 (닻·보트를 위한) 기중기.
pescar tr. 1 (고기를) 잡다, 낚시질하다. 2 낚다; 잡다, 붙잡다(atrapar).
pescater pescatera pescaters pescateres m.f. 1 어부. 2 [비유] 평범한 사람.
pescateria pescateries f. 어물상, 생선가게.
pèsol pèsols m. [식물] 완두(콩).
 eixerit com un pèsol[més eixerit que un pèsol] 바짝 정신이 든, 생생한; (성격이) 기민한, 빈틈없는.
pesolera pesoleres f. [식물] 완두.
pesquer pesquera pesquers pesqueres adj. 물고기의; 어로의, 어업의, 낚시질의.
pesquera pesqueres f. 1 어업. 2 =pesqueria.
pesqueria pesqueries f. 물고기를 잡음, 낚시질.
pesquis pesquis m. [속어] =seny.
pessebre pessebres m. 1 구유. 2 출생, 탄생.
pesseta pessetes f. 페세따[스페인의 옛 화폐 단위].
 canviar la pesseta [비유] (멀미·술로 인해) 토하다, 게우다.
pesseter pessetera pesseters pesseteres m.f. 인색한 사람.
pessic pessics m. 1 꼬집기. 2 손끝으로 한 번 집은 분량; 아주 적은 것.
pessigada pessigades f. 1 =pessic. 2 (곤충에) 쏘임, 물림. 3 전기 충격.
pessigaire pessigaires adj.m.f. pessigar 하는 (사람).

pessigar tr. 1 꼬집다. 2 (곤충이) 쏘다, 물다. 3 (적은 양을) 집다.
pessigolleig pessigolleigs [pessigollejos] m. 간질이는 일.
pessigollejar tr. 간질이다.
pessigolles f.pl. 간지럼, 간질이는 일.
 buscar les pessigolles (a algú) (누구의) 간지러운 곳을 긁어 주다; 자극시키다.
pèssim pèssima pèssims pèssimes adj. 가장 나쁜, 최악의, 극악한.
pessimisme pessimismes m. 페시미즘, 비관론, 비관주의, 염세관, 염세주의.
pesta pestes f. 1 페스트, 흑사병; 역병, 역신, 심한 유행병(epidèmia). 2 악취, 심한 냄새(pudor forta). 3 해독, 폐해(mal). 4 [비유] 해만 끼치는 사람, 귀찮은 존재.
pestanya pestanyes f. 1 [해부] 속눈썹. 2 [식물] (식물의) 털. 3 가장자리, 모퉁이, 모서리, 귀.
pestanyejar intr. 눈썹을 움직이다.
pestell pestells m. 쇠고리, 잠금장치.
pesticida pesticides adj.m. =plaguicida.
pestífer pestífera pestífers pestíferes adj. 1 페스트균을 가진, 페스트를 보균하고 있는. 2 역겨운, 지독한, 고약한 냄새가 나는. 3 [비유] 해로운, 해를 끼치는. *un nou brot pestífer* 해로운 새싹.
pestilència pestilències f. 악성 전염병, 유행병, 역병, 페스트.
pestilencial pestilencials adj. 악성 전염병의, 역병의.
pestilent pestilents adj. =pestífer.
pet pets m. 1 파열(음). 2 쪼개지는 소리, 깨지는 소리. 3 방귀.
 de pet 곧바로, 똑바로, 쭉.
 un pet de 매우 많은, 엄청난, 끝없는.
 anar begut 술 취하다.
 ésser un pet bufat 예쁜 아이다.
 d'un pet fer-ne cent esquerdes 아무것도 아닌 것 가지고 요란 떨다.
 fer un pet com una gla 파열하다, 폭발하다; 죽다.
petaca petaques f. 1 담배쌈지. 2 안장 케이스.
 fer la petaca 웃기다.

petada petades f. petar하는 일.
petador petadora petadors petadores adj. petar하는.
-m. 종이를 접어 딱 소리를 내는 장난감.
pètal pètals m. [식물] 꽃잎, 화관.
petaloide petaloides adj. 꽃잎 모양의, 화관 모양의.
petament petaments m. =petada.
petaner[1] petanera petaners petaneres adj.m.f. 방귀를 뀌는 (사람); 파열음을 내는 (사람).
petaner[2] petaners m. [동물] 땅개.
petar intr. 1 (반복적으로) 두들기다, 때리다; 철썩철썩 때리다. 2 (이를) 딱딱 마주치다. 3 (불이) 소리를 내며 타다. 4 쪼개지는·깨지는 소리를 내다. 5 (쿵하며) 부딪히다. 6 터지다, 파열하다 (rebentar). 7 [구어] 죽다, 서거하다.
-tr. 갈라지게 하다, 나누다. -se 1 방귀를 뀌다. 2 갈라지다, 나뉘다.
fer petar la claca 대화하다, 이야기를 나누다.
peti qui peti 어떤 일이 일어나더라도, 어떻게 해서라도; 누가 걸리더라도.
petar-se de riure 너털웃음을 짓다.
petard petards m. 폭죽, 폭발물.
petardejar tr. 폭죽을 터트리다, 폭발물을 폭파하다.
petarder petardera petarders petarderes m.f. 폭죽을 만드는 사람.
petarell petarells m. 우거지상, 울상.
petarrellada petarrellades f. 땔감, 장작; 장작더미.
petarrellejar intr. 장작을 패다.
petge petges m. (가구의) 다리.
petició peticions f. 1 바람, 소원, 염원. 2 청원, 탄원, 신청, 요구. 3 청원서, 탄원서, 의뢰장, 신청서.
a petició de ...의 요구에 따라.
peticionar intr. 청원하다, 탄원하다.
peticionari peticionària peticionaris peticionàries adj. 청원하는, 탄원하는.
-m.f. 청원자, 탄원자.
petimetre petimetres m. 멋 부리는 사람.
petit petita petits petites adj. 1 작은; (키가) 작은. 2 적은, 근소한, 사소한.
3 어린; 동생의. 4 하찮은, 변변찮은. 5 (시간이) 짧은.
-m.f. 어린아이, 꼬마.
-m. 새끼.
de petit [**desde petit**] 어릴 적부터.
el més petit 막내.
més petit que 보다 적은.
petitesa petiteses f. 1 작은 것, 작은 일, 사소한 일(mesquinesa); 사소함, 근소함. 2 어린 시절. 3 비열, 천박.
petitori petitòria petitoris petitòries adj. =peticionari.
petja petges f. 1 밟기, 짓밟기. 2 발자취, 흔적.
no deixar de petja [구어] 편히 놔두지 않다, 조르다.
petjada petjades f. 발자국, 흔적.
seguir les petjades (d'algú) (누군가의) 뒤를 밟다, 추적하다.
petjar tr. 1 (땅을) 밟다. 2 다지다, 밟아 단단하게 굳히다. 3 짓밟아 버리다, 밟아 뭉개다.
petó petons m. 입맞춤, 키스, 뽀뽀.
petonejar tr. 입맞춤하다.
petoner petonera petoners petoneres adj. 마구 키스해 대는 사람.
petri pètria petris pètries adj. 1 돌의, 돌 같은. 2 돌투성이인.
petrificació petrificacions f. 석화(石化); 마비.
petrificar tr. 1 석화하다, 돌처럼 만들다. 2 마비시키다, 꼼짝달싹 못하게 하다 (immobilitzar).
petròglif petròglifs m. (고대의) 조각된 돌.
petrografia petrografies f. 암석학; 암석 기록문서 연구.
petroler[1] petrolers m. =petrolier.
petroler[2] petrolera petrolers petroleres adj. 1 석유의, 정유의. 2 석유를 사용하는.
petroli petrolis m. 석유, 정유.
petrolier petroliera petroliers petrolieres adj. =petroler.
-m. 유조선.
-m.f. 석유상, 정유업자.
petrolieria petrolieries f. 정유소.
petrolífer petrolífera petrolífers petrolí-

feres *adj.* 석유를 함유하고 있는; 석유가 나오는.
petroquímic petroquímica petroquímics petroquímiques *adj.* 석유 화학의.
-f. 석유 화학.
petulància petulàncies *f.* 아는 체하기, 우쭐거리기, 뻐기기, 으스대기; 철면피, 뻔뻔스러움.
petulant petulants *adj.* 우쭐한, 뽐내는; 철면피의.
petúnia petúnies *f.* [식물] 피튜니아[덩굴풀의 일종].
petxina petxines *f.* 1 (순례자가 달고 있는) 조개의 일종. 2 [건축] 모서리 박공.
petxinot petxinots *m.* [동물] 대합.
peu peus *m.* 1 [해부] 발, 다리. 2 (사물의) 다리, 대, 받침, 밑 부분. **als peus del llit** 침대 밑에. 3 걸음, 걸음걸이. 4 [식물] (나무의) 줄기; (풀·관목의) 그루. 5 [문학] (시의) 각운. 6 (서류·편지의) 결말. 7 (경기의) 뒤 차례, 꼴지, 보결. 8 앙금, 찌꺼기, 침전물. 9 [비유] 발판(fonament); 계기, 동기, 기회. 10 방식, 기준. 11 피트[길이의 단위].
a peu 걸어서(caminant).
a peu dret 서서, 똑바로 서서.
a peu pla 같은 수준으로.
al peu de la lletra 문자 그대로; 정확하게.
de cap a peus 머리에서 발끝까지, 전체로.
en peu 서서, 서 있어.
donar peu [비유] 구실·빌미가 되다; 계기가 되다, 동기를 제공하다.
fer (una cosa) **amb els peus** 함부로 다루다.
ficar(se) els peus a la galleda [비유] 실수하다, 잘못 들어서다.
perdre peu 발판을 잃다; (이야기가) 혼선되다.
picar de peus 발을 흔들다, 발을 동동 구르다.
prendre peu 이용하다; 안정되다.
tenir el peu a l'estrep (출발·여행이) 준비되어 있다.
tenir un peu a la tomba[al clot, a la fossa] 괴로워하다, 고통스러워하다.
peuada peuades *f.* 1 밟기, 짓밟기(trepitjada). 2 발자국, 자국, 흔적(petjada).
peülla peülles *f.* (동물의) 발톱; 편자.
pi^1 pins *m.* 1 [식물] 소나무.
pi^2 pis *f.* 1 그리스 자모의 열여섯 번째 문자. 2 [수학] 파이[원주율 π].
pia pies *adj.* =pietosa.
piadós piadosa piadosos piadoses *adj.* 1 신앙심이 돈독한, 경건한(devot). 2 인정이 많은, 다정한(pietós).
piafar *intr.* (말이) 발버둥 치다.
piamàter piamàters *f.* [해부] 연막.
pianissimo pianissimos *adv.it.* [음악] 매우 여리게.
pianista pianistes *m.f.* [남녀동형] 피아니스트.
pianístic pianística pianístics pianístiques *adj.* 피아노의, 피아노곡의.
piano^1 pianos *m.* 피아노.
piano de cua 그랜드 피아노.
piano de maneta[de manubri] 아코디언.
piano vertical 수직형 피아노.
piano^2 *adv.it.* [음악] 여리게; 천천히.
pianola pianoles *f.* 자동 피아노, 피아놀라.
pic pics *m.* 1 부리, 주둥이. 2 (기물의) 주둥이; 부리 모양으로 생긴 것. 3 (문의) 노커를 두들김. 4 (알림·소집을 위한) 종소리. 5 번, 횟수(vegada). **Hi he anat tres pics** 세 번이나 갔다. 6 산 정상, 산봉우리. 7 사마귀, 혹. 8 구멍; [속어] 항문.
al pic de (해가) 정중앙에 떠 있을 때, 한낮에; 한창때에. **al pic de l'estiu** 한여름에.
anar a pic (배가) 침몰하다.
fer anar a pic i) 격침·침몰시키다; ii) 붕괴시키다.
pica^1 piques *f.* 1 물통; 설거지통. 2 성수반; 영세, 세례. 3 산 정상, 산봉우리. 4 (투우에서의) 창, 작대기 창.
pica baptismal 세례명.
pica^2 piques *f.* [병리] 이물기호(異物嗜好)[이상한 사물에 대한 기호].
picabaralla picabaralles *f.* 말다툼, 실랑이, 언쟁.

picada picades *f.* **1** 찌르는 일; 찔린 상처. **2** 새가 부리로 쪼는 일. **3** (벌레·곤충에) 쏘임, 물림. **4** 잘게 썬 고기. **5** 주사 놓음(punxada).

picador picadora picadors picadores *m.f.* **1** 찌르는 사람. **2** (투우의) 삐까도르[창을 찌르는 투우사], 창을 맡은 사람. **3** (곡괭이를 쓰는) 채광부. **4** 조마사.
-*m.* (투우에서) 삐까도르가 쉬는 곳.

picadura picadures *f.* **1** 찌르는·물리는 일; 찔린·물린 상처. **2** 살담배.

picallós picallosa picallosos picalloses *adj.* 곧잘 화내는, 부아를 돋우는.

picamà picamans *m.* 절굿공이, 찧는 망치; (레이스 편물의) 보빈.

picamatalassos picamatalassos *m.* [단·복수동형] 먼지떨이, 총채.

picant picants *adj.* **1** 톡 쏘는, 매운, 아릿아릿한. **2** 찌르는 듯한, 자극적인. **3** 통렬한, 신랄한.

picantor picantors *f.* (음식의) 아릿함 (picor), 톡 쏘는 맛.

picapedra picapedres *m.* =picapedrer.

picapedrell picapedrells *m.* [조류] 푸른 해오라기.

picapedrer picapedrera picapedrers picapedreres *m.f.* 석공, 석수장이.

picaplets picaplets *m.f.* [단·복수동형] **1** 소송을 좋아하는 사람. **2** [경멸적] 변호 의뢰가 없는 변호사.

picapoll picapolls *m.* 백포도주의 일종.

picaporta picaportes *m.* 스프링식 걸쇠; 현관 밖에 달린 노커.

picapunt picapunts *m.* 자존심, 자부심.

picar *tr.* **1** (바늘·침 등으로) 찌르다; 아리게 하다, 쑤시게 하다 *M'he picat el dit amb una agulla* 손가락이 가시에 찔렸다. **2** (벌레·곤충·새 따위가) 물다, 쏘다, 쪼다. **3** (글·보석 등을) 새기다. **4** (도끼 같은 것으로) 패다. **5** [비유] 자극하다(estimular). *Allò que li vas dir li va picar l'amor propi* 그에게 말한 것이 그의 자존심을 건드렸다. **6** 성나게 하다, 노하게 하다, 발끈하게 만들다. **7** (먼지 등을) 털다. *picar un matalàs* 매트를 털다. **8** (말에) 박차를 가하다. **9** (물고기가 미끼에) 달려붙다, 덤벼들어 먹다. **10** (그림을) 조금씩 색칠해 가다, 점점 채색하다. **11** (펌프를) 누르다. **12** [항공] (항공기가) 급강하하다. **13** (투우에서) 작대기창으로 찌르다. **14** (고기·마늘 등을) 잘게 갈다. *picar carn* 고기를 잘게 갈다. **15** [스포츠] (당구·배구·탁구 등에서) 공을 톡 치다. -*intr.* **1** (피부를) 데다. **2** 따끔따끔하게 아프다, 아릿아릿하다; (벌레에) 물리다, 쏘이다. *Em pica un braç* 팔을 물리다. **3** (혀를) 자극하다, 맵다. *La botifarra pica molt* 부티파라가 맵다. **4** (볕이) 따갑도록 내리쬐다. **5** (추위로) 살이 에이다. *Aquest matí el fred picava* 오늘 아침 몹시 추웠다. **6** (항공기가) 급강하하다. **7** (물고기가) 먹이를 물다. **8** (조사·시험을 위해) 책을 여기저기 펼쳐 보다. **9** 징조가 보이다, 나타나기 시작하다. **10** (얕은 지식으로) 깝죽거리다. **11** ...티가 나다. **12** (문을) 두드리다. -*se* **1** (쇠가) 녹슬다. **2** (옷·가구 등이) 좀먹다. **3** 충치가 생기다; 상처가 나다. **4** 썩기 시작하다; (술이) 발효지다, 시어지다(florir-se). **5** 발끈하다, 화내다(ofendre's). **6** 파도가 일다. **7** 허세를 부리다(jactar-se). **8** ...는 척하다, ...듯이 굴다.

picardia picardies *f.* 악동 같은 짓, 장난질, 망나니짓; 교활함, 야비한 행동.

picardiós picardiosa picardiosos picardioses *adj.* 교활한, 야비한; 얄궂은, 악동 같은.

picaresc picaresca picarescs [picarescos] picaresques *adj.* **1** 장난꾸러기의; 교활한, 심술궂은. **2** [문학] 악자의, 악동의. *novel·la picaresca* 악자 소설.

picarol picarols *m.* 방울, 작은 종. *alegre com un picarol* 매우 흥겨운.

picarolejar *intr.* 방울이 울리다.

pica-soques pica-soques *m.* [조류] 딱따구리.

picassa picasses *f.* 장작 패는 도끼.

picat picats *m.* **1** 잘게 다진 고기 요리. **2** 찔린·쏘인 것. **3** (맷돌·줄에) 새긴 금. **4** [회화] 점묘화. **5** [음악] 스타카토, 단주(短奏). **6** [항공] 급강하. *caure[baixar] en picat* 수직으로 급강하하다.

picatatxes picatatxes *m.f.* [단·복수동형] 골치 아픈 애기를 하는 사람.
pícnic pícnics *m.* 피크닉, 소풍.
picó[1] picons *m.* =picamà.
picó[2] picona picons picones *adj.* 1 뻐드렁니의. 2 잘 화내는.
picoladora picoladores *f.* (반달 모양의) 식칼.
picolar *tr.* 잘게 썰다.
piconament piconaments *m.* piconar하는 일.
piconar *tr.* (땅을) 롤러로 다지다.
picor picors *f.* 1 (혀끝의) 아릿한 느낌. 2 간지러움.
picornell picornells *m.* 소의 혀.
picossada picossades *f.* 약간의 돈; 조금, 소량. *cobrar una bona picossada* 상당한 돈을 벌다.
picot picots *m.* 1 도끼 모양의 곡괭이. 2 납작한 괭이의 일종. 3 [조류] 딱따구리.
picotejar *intr.tr.* (새가) 콕콕 쪼다.
pictografia pictografies *f.* 그림 문자.
pictograma pictogrames *m.* 상형 문자.
pictòric pictòrica pictòrics pictòriques *adj.* 회화의, 회화적인.
pidolar *tr.* 구걸하다, 동냥하다.
pierrot pierrots *m.* 어릿광대.
pietat pietats *f.* 1 경건, 신앙(devoció). 2 효심, 효도. 3 동정심, 자비심(compassió). 4 (예수의 시체를 껴안은) 성모상.
pietós pietosa pietosos pietoses *adj.* =piadós.
piezoelectricitat piezoelectricitats *f.* [전기] 압전기, 압전 현상.
pífia pífies *f.* 빗나감, 맞추지 못함; 과오, 실수, 실책.
  anar-se'n a la pífia [구어] (별안간) 망쳐버리다.
pífol pífols *m.* 피리.
piga pigues *f.* 주근깨; 반점, 얼룩.
pigall pigalls *m.* 맹인을 안내하는 아이.
pigat pigada pigats pigades *adj.* 주근깨투성이인.
pigment pigments *m.* [해부] 색소.
pigmentació pigmentacions *f.* [의학] 색소 형성; 멍, 모반.
pigmentar *tr.* [의학] 멍·모반이 생기게 하다.
pigmeu pigmea pigmeus pigmees *adj.* 작은, 왜소한; 소형의.
  -*m.f.* 소인, 난쟁이.
pignorar *tr.* 저당 잡히다.
pignós pignosa pignosos pignoses *adj.* =pigat.
pigot pigots *m.* =picot.
pigota pigotes *f.* =verola.
pigre pigra pigres pigres *adj.* 태만한, 게으른, 나태한.
  -*m.* [조류] 댕기물떼새.
pigrícia pigrícies *f.* 태만, 나태, 게으름.
pijama pijames *m.* 잠옷.
pila piles *f.* 1 물통, 설거지통. 2 (미사·영세·세례 시에 쓰는) 성수반; 영세, 세례; 세례명. 3 뭉치, 더미, 노적거리 (munt). *una pila de plats* 접시 더미. 4 [비유] 다수, 많음. *Tenia una pila d'amics* 나는 친구가 많았었다. 5 [전기] 전조(電槽), 전지. *una pila elèctrica* 전지. 6 [기계] 용광로.
  de pila 세례명의.
pilar pilars *m.* 1 [건축] 기둥, 주석. 2 [비유] (가정의) 기둥, 대들보.
pilastra pilastres *f.* [건축] 각주.
pilastró pilastrons *m.* =pilastra.
pilera pileres *f.* 기둥.
pillada pillades *f.* 교활한 짓, 망나니 같은 행동.
pillar *tr.* 1 약탈하다, 탈취하다(saquejar). 2 잡다, 붙잡다. 3 [비유] (누구의) 마음을 사로잡다.
pillard pillarda pillards pillardes *m.f.* 1 약탈자, 강탈자. 2 [구어] 건장한 청년.
pillardejar *intr.* 약탈하다, 탈취하다.
pillatge pillatges *m.* 약탈, 강탈, 탈취.
pillet pilleta pillets pilletes *m.f.* 악당, 망나니, 교활한 인간(murri).
pilloc pilloca pillocs pilloques *adj.* 술 취한(ebri).
piló pilons *m.* 1 절단, 분할, 쪼갬; 재단 (talla). 2 잘린 면, 단면. 3 고기 도마. 4 더미, 무더기, 흙더미, 덩어리; 많음 (munt). *un piló de llibres* 책 더미. 5 (원추형의) 빵, 과자. 6 수돗가; 빨래터. 7 마소에게 물을 먹이는 곳. 8 맷

pilona pilones *f.* =piló gran.
pílor pílors *m.* [해부] (위의) 유문.
pilós pilosa pilosos piloses *adj.* 털이 많이 난.
pilot[1] pilots *m.* **1** 더미, 무더기; 많은 양 (munt). **2** 반죽 덩어리. **3** 다발, 무리; 떼, 군중. **4** [형용사적] 모델로 운영되는. *Escola, centre pilot* 모델학교.
pilot[2] pilots *m.f.* [항공기·선박·자동차 등의] 조종사, 조타수, 운전수.
pilota pilotes *f.* **1** (테니스 등의) 공, 볼. **2** 사출물, 발사체(projectil). **3** (보험 등의) 사기.
pilotaire pilotaires *m.f.* [남녀동형] 하이 알라이 선수.
pilotar *tr.* (항공기·선박·자동차 등을) 조종하다, 조타하다, 운전하다.
pilotatge pilotatges *m.* 수로 안내.
pilotejar *intr.* **1** 공을 던지다, 여기저기 던지다. **2** 싸우다, 입씨름하다.
pilotilla pilotilles *f.* =mandonguilla.
piment piments *m.* =pebre.
pimentó pimentons *m.* pebrot.
pim-pam pim-pams *m.* (때리는 소리의) 의성어.
pinacle pinacles *m.* **1** [건축] 첨탑, 뾰족탑. **2** 정상, 정점, 극점.
pinacoteca pinacoteques *f.* 화랑, 미술관.
pinar pinars *m.* =pineda.
pinastre pinastres *m.* 송림, 솔숲.
pinça pinces *f.* 집게, 핀셋.
pinçada pinçades *f.* 핀셋으로 집기.
pinçament pinçaments *m.* (집게·핀셋 등으로) 집는 일.
pinçanàs pinçanassos *m.* 코안경.
pinçar *tr.* (집게·핀셋 등으로) 집다.
píndola píndoles *f.* **1** 알약, 정제; 알 모양으로 생긴 것. **2** 나쁜 소식; 불쾌한 것.
pineal pineals *adj.* 솔방울 모양의.
pineda pinedes *f.* 소나무 숲.
pinenc pinencs *m.* =pinetell.
pinetell pinetells *m.* [식물] 젖꼭지버섯.
pinetó pinetons *m.* [pi[1]의 지소사] 작은 소나무.
ping-pong ping-pongs *m.* [스포츠] 탁구, 핑퐁.
pingüí pingüins *m.* [동물] 펭귄.
pinnípedes *m.pl.* [동물] (물개 등) 지느러미발을 가진 동물의 무리.
pinós pinosa pinosos pinoses *adj.* 소나무밭의, 소나무가 많은.
pinosa pinoses *f.* =pineda.
pinsà pinsans *m.* [조류] 방울새.
pinso pinsos *m.* 건초, 꼴.
pinta[1] pintes *f.* **1** 빗. **2** 장식용 빗. **3** 나사못의 꼭지를 자르는 도구. **4** 무늬, 반점, 얼룩, 흠. **5** [비유] 외모, 풍채, ...다움, ...끼. *Té pinta de lladre* 그는 도둑같이 생겼다.
-*adj.m.f.* [남녀동형][주로 mala 또는 역설적으로 bona와 함께 쓰여 부정적인 뜻을 나타냄] 나쁜 (사람). *Que pinta! És una mala pinta* 생김새하곤! 그는 나쁜 사람이다.
pinta[2] pintes *f.* 액체의 계량.
pintada pintades *f.* pintar하는 일.
pintallavis pintallavis *m.* [남녀동형] 립스틱.
pintar *tr.* **1** (그림을) 그리다. **2** 그려 내다, 묘사하다(descriure). **3** (색을) 칠하다. **4** (판화 등을) 손으로 찍어 내다.
-**se 1** 화장하다. **2** (과일이) 물들다.
no hi pinto res, en això 난 그것과 아무 상관이 없다.
pintat pintada pintats pintades *adj.* **1** 색칠한, 채색한. **2** 화장한. **3** 얼룩무늬가 있는. **4** 아주 정확한, 꼭 들어맞는, 빈틈없는.
-*m.pl.* 무늬 삽입; 날염 프린트 원단; 무늬 옷.
el més pintat [구어] 가장 솜씨 좋은 사람, 가장 훌륭한 경험자.
pintor pintadora pintadors pintadores *m.f.* 화가; 페인트공, 도장공.
pintoresc pintoresca pintorescs [pintorescos] pintoresques *adj.* **1** 그림 같은, 색채적인. **2** 살아 있는, 생생한.
pintura pintures *f.* **1** [회화] 그림, 화법. **2** [비유] 묘사, 그려 냄(descripció). **3** 페인트, 도료; 페인트칠.
pintura al fresc [회화] 프레스코화.
pintura al tremp 묽은 그림물감.
pintura a l'oli [회화] 유화.

pintura al pastel [회화] 파스텔화.
pinxejar *intr.* 건달 짓을 하다, 허세 부리다.
pinxo pinxos *m.* 건달, 싸움꾼; 허세 부리는 사람.
pinya pinyes *f.* 1 (소나무·삼나무 등의) 솔방울. 2 [식물] 파인애플. 3 [비유] 강한 모임, 단결, 도당, 동지회. 4 주먹질. 5 교통사고, 충돌. *clavar-se una pinya* (차를) 들이받다. 6 (밧줄의) 매듭. 7 [기계] (직기(織機)의) 폭 조정 기구.
agafar la[una] pinya 술 취하다(embriagar-se).
pinyac pinyacs *m.* 주먹으로 때림.
pinyata pinyates *f.* 1 냄비. 2 (과자가 들어 있는) 허수아비[가장무도회나 어린이 생일잔치에서 눈을 가리고 터트리는 것].
pinyó¹ pinyons *m.* 1 솔방울; 소나무의 씨. 2 *pl.* [구어] 돈.
pinyó² pinyons *m.* 1 [기계] (큰 톱니바퀴를 따라 도는) 작은 톱니바퀴. 2 (자전거의) 뼈대, 바퀴통. 3 (현미경의) 조절 나사.
pinyol pinyols *m.* 1 [식물] (과일·식물의) 씨, 핵. 2 쓸모없는 땅. 3 (포도 등의) 껍질. 4 (벽·천장에서) 떨어져 나오는 석회.
de pinyol vermell 아주 훌륭한, 고급의, 특급의.
pinyolada pinyolades *f.* (포도 등의) 껍질.
pinzell pinzells *m.* 화필, 화풍.
pinzellada pinzellades *f.* [회화] 붓으로 칠하기; 일필, 한 번 칠하기.
pinzellar *tr.* =pintar.
pioc¹ piocs *m.* 1 [조류] 칠면조의 일종. 2 낚싯줄.
pioc² pioca piocs pioques *adj.* 힘이 없는, 축 늘어진, 활기가 없는; 아픈.
piogènesi piogènesis *f.* [의학] 화농의 생성.
pioide pioides *adj.* 화농과 같은, 고름 같은.
piolet piolets *m.* 등산용 지팡이.
pioner pionera pioners pioneres *adj.* 개척하는, 선구적인.
-*m.f.* (탐험 등의) 개척자, 선구자.
pioquejar *intr.* =malaltejar.
piorrea piorrees *f.* [의학] 농루(膿漏).
piorrea alveolar =periodontitis.
pipa pipes *f.* 1 (담배용) 파이프. 2 신관, 도화선, 점화선. 3 (포도주 등의) 통. 4 물피리.
fer (la) pipa 손가락을 빨다.
pipada pipades *f.* 빨아들이는 일, 들이마시는 일.
pipar *intr.* (담배를) 한 모금 빨다.
pipí pipins *m.* 오줌, 소변.
fer pipí 오줌 누다, 소변보다.
pipioli pipiolis *m.* 1 [속어] 어린아이, 어린애; 젊은이. 2 초심자, 신출내기, 햇병아리 같은 사람.
pipirigall pipirigalls *m.* [식물] 가시완두.
pipiripip pipiripips *m.* =rosella.
piqué piqués *m.* 면포.
piquet piquets *m.* 1 [군사] 보초. 2 (노동쟁의의) 피켓. 3 (측량용) 푯말.
pira pires *f.* 화롯불, 모닥불(foguera).
piragua piragües *f.* 1 카누, 통나무배. 2 [스포츠] 카누 경기.
piragüisme piragüismes *m.* [스포츠] 카누 경기, 카누 타기.
piragüista piragüistes *m.f.* 카누 선수.
piramidal piramidals *adj.* 1 피라미드(형)의; 원추형의, 첨탑 모양의. 2 [해부] 쐐기 모양의. 3 [비유] 굉장한, 웅장한.
piràmide piràmides *f.* 1 (이집트의) 피라미드. 2 [기하] 각추. 3 산적, 노적, 무더기, 더미. 4 [해부] 추체(椎體).
piranya piranyes *f.* [어류] 피라니아.
pirar *intr.* [속어] 허세 부리다, 우쭐거리다, 거드름 피우다(anar-se'n).
pirata pirates *adj.* 1 해적의, 해적 같은. 2 비밀의.
-*m.f.* [남녀동형] 해적; 잔인한 사람.
piratejar *intr.* 해적질을 하다.
pirateria pirateries *f.* 1 해적 행위; 약탈. 2 [집합] 해적. 3 탈취, 도적 행위.
pirenaic pirenaica pirenaics pirenaiques *adj.* =pirinenc.
pirètic pirètica pirètics pirètiques *adj.* [의학] 열병의.
píric pírica pírics píriques *adj.* 불의,

불꽃의.
piriforme piriformes *adj.* 배 모양의.
pirinenc pirinenca pirinencs pirinenques *adj.* 피레네 산맥(Pirineus)의.
pirita pirites *f.* [광물] 황철석.
pirogravar *tr.* 낙화(烙畵)로 장식하다.
pirogravat pirogravats *m.* 낙화 장식물.
piròman piròmana piròmans piròmanes *m.f.* 방화광, 방화범.
piromania piromanies *f.* [의학] 방화벽.
piromàtic piromàntica piromàntics piromàntiques *adj.* 방화벽의.
piromància piromàncies *f.* 불로 치는 점.
piròmetre piròmetres *m.* [물리] 고온계.
pirosi pirosis *f.* [의학] 가슴앓이.
pirotècnia pirotècnies *f.* 화약 제조(술).
pirotècnic pirotècnica pirotècnics pirotècniques *adj.* 꽃불의, 화약의.
-m.f. 꽃불 기술자, 화약 제조자.
piròtic piròtica piròtics piròtiques *adj.* 가슴앓이의, 가슴앓이를 앓는.
pirueta piruetes *f.* 1 (무용·스케이트에서) 발끝 회전. 2 급회전, 도약.
piruleta piruletes *f.* 캐러멜.
pirulí pirulins *m.* =piruleta.
pis pisos *m.* 1 (아파트의) 층. 2 아파트, 집(habitatge). 3 (케이크 등의) 층.
pisa pises *f.* 반석, 반반한 돌.
pisar *tr.* 밟다(trepitjar).
piscar *tr.* 1 꼬집다(pellucar). 2 쪼다, 콕콕 찍다.
pisces *m.pl.* =peixos.
piscícola piscícoles *adj.* 양어(법)의.
piscicultura piscicultures *f.* 양어(법).
pisciforme pisciformes *adj.* 물고기 모양의.
piscina piscines *f.* 1 수영장. 2 어항.
piscívor piscívora piscívors piscívores *adj.* 물고기를 먹는.
piscolabis piscolabis *m.* [단·복수동형] 간식, 가벼운 식사(refrigeri).
pispa pispes *m.f.* [남녀동형][구어] 소매치기, 날치기.
pispar *tr.* [구어] 훔치다, 도둑질하다; 사취하다, 갈취하다.
pissarra pissarres *f.* 1 [광물] 석판, 슬레이트. 2 흑판; 칠판.

pissarrí pissarrins *m.* 석필.
pista pistes *f.* 1 발자취, 족적, 흔적 (petja). 2 (경마장의) 경주로, 트랙. 3 활주로. 4 (테니스 등의) 경기장, 코트, 링[권투·레슬링의 경기장].
pista d'aterratge[d'envol] 이륙[착륙] 활주로.
pistatxo pistatxos *m.* [식물] 피스타치오.
pistil pistils *m.* [식물] 암술, 암꽃술.
pistó pistons *m.* 1 [기계] 피스톤, 판. 2 (관악기 등의) 조성판. 3 뇌관. 4 빈대떡의 일종.
pistola pistoles *f.* 피스톨, 권총.
pistoler pistolera pistolers pistoleres *m.f.* 권총잡이; 권총 살인범.
-f. 권총집.
Pistraus, a can *loc.adv.* [구어] 헛되이.
pistrincs *m.pl.* [속어] 돈.
pit pits *m.* 1 [해부] 가슴; (신체의) 젖꼭지, 유방. *Van topar pit contra pit* 그들은 가슴끼리 부딪혔다. 2 (호흡기관으로서의) 가슴 부위. *malalt del pit* 가슴 부위가 아픈. 3 [비유] 흉중, 마음속, 의중, 내심. *Li obrí el seu pit* 그에게 그의 가슴을 열었다. 4 용기 (coratge, valor).
amb el pit obert 담대히, 정정당당히.
colpir-se el pit[donar-se cops al pit] 가슴을 치다.
donar el pit 젖을 주다.
prendre's a pit una cosa (흥미를 가지고) 일을 맡아 하다, 대뜸 떠맡다; 벌컥 들이마시다.
tenir pit avall [구어] 당연한 것으로 여기다.
pita pites *f.* [식물] 용설란.
pitafi pitafis *m.* [고어] 묘비명.
pitagorisme pitagorismes *m.* [수학] 피타고라스의 정리.
pitam pitams *m.* [구어] 젖, 유방(mamellam).
pitança pitances *f.* 1 (식량의) 배급, 급여; 배급물. 2 [구어] 매일의 식량.
pitet pitets *m.* 턱받이.
pítima pítimes *f.* [속어] 술 취함.
pitja pitges *f.* 1 쐐기(falca). 2 (끝이 잘린 피라미드형의) 바닥 까는 돌.
pitjada pitjades *f.* pitjar하는 일.

pitjador pitjadora pitjadors pitjadores *adj.* pitjar하는.
pitjament pitjaments *m.* =pitjada.
pitjar *tr.* **1** (단추·버튼 등을) 누르다. **2** (종이 등을) 압축하다. **3** 밀다, 밀어제치다. **4** (나무에) 버팀목을 대다. **5** 짓밟다, 밟아 뭉개다.
pitjor *adj.* 더 나쁜(més dolent). *És el pitjor de tots* 그는 모든 사람 가운데 가장 나쁘다.
-adv. 더 나쁘게(més malament). *Es troba molt pitjor* 훨씬 더 나쁜 상태다. *el pitjor és que* 더욱 나쁜 것은, 더욱 안 좋은 것은.
Pitjor[Molt pitjor]! 한결 더 나쁘게.
pitó¹ pitons *m.* **1** [신화] (아폴로가 죽였다는 신화 속의) 큰 뱀. **2** (일반적으로 독이 없는) 큰 뱀, 구렁이.
pitó² pitons *m.* (등반에 쓰이는) 고정시키는 못.
pitof pitofa pitofs pitofes *adj.* 술 취한 (embriac).
-m.f. 주정뱅이.
pitonissa pitonisses *f.* 무당, 여자 점쟁이.
pitrada pitrades *f.* **1** 가슴을 때림, 가슴을 쥐어박기. **2** [비유] 책망.
pitram pitrams *m.* =pitam.
pitrera pitreres *f.* **1** 가슴, 젖. **2** (옷의) 가슴받이; (특히 여자의) 앞가슴.
pitrerada pitrerades *f.* 가슴받이, 가슴 장식.
pit-roig pit-roigs[pit-rojos] *m.* [조류] 로빈.
pituïtari pituïtària pituïtaris pituïtàries *adj.* 점액의, 점액을 분비하는.
pitxell pitxells *m.* (손잡이가 달린) 주전자, 물병.
pitxella pitxelles *f.* =pitxell.
pitxer pitxers *m.* (특히) 화분용 물병.
piu¹ pius *m.* 이삭.
piu² pius *m.* **1** [기계] 가이드핀, 로크핀. **2** (차바퀴의) 축. **3** (시계의) 피벗, 중심축.
piula piules *f.* 폭죽, 폭발통.
piulada piulades *f.* (병아리 등의) 울음.
piuladissa piuladisses *f.* (병아리 등이) 계속 울어 댐.

piular *intr.* **1** (병아리 등이) 삐악삐악 울다. **2** 중얼거리다, 조용히 소리를 내다.
no piular [비유] 입을 열지 않다, 말 한 마디 하지 않다.
piulet piulets *m.* **1** 삐악삐악. **2** 기적 소리, 클랙슨. **3** 호루라기.
piuleta piuletes *f.* [piula의 축소사] 작은 폭죽.
piu-piu piu-pius *m.* =piuladissa.
piúria piúries *f.* [의학] 소변을 통해 고름이 나옴.
pivet pivets *m.* =avet.
pivot pivots *m.[f]* **1** [기계] 축, 피벗, 첨축, 선회축; 추요부, 중심축. **2** [군사] 향도병. **3** (골프의) 허리 틀기.
pivotar *intr.* **1** (축을 중심으로) 돌다. **2** (농구 등의) 축 역할을 하다.
pixa pixes *f.* [속어] 남자의 성기(penis).
pixacà pixacans *m.* [식물] 버섯의 일종.
pixada pixades *f.* 소변보기.
pixador pixadors *m.* [속어] 소변기.
pixaner pixanera pixaners pixaneres *adj.m.f.* 자주 소변을 보는 (사람).
pixar *intr.* 소변보다, 오줌 누다.
pixar alt 거드름 피우다, 젠체하다.
pixar-se de riure 배꼽 잡고 웃다.
pixarada pixarades *f.* 한 번의 오줌; 오줌 자국.
pixatinters pixatinters *m.f.* [단·복수동형][경멸적] 말단 사무원.
pixats *m.pl.* [속어] 오줌, 소변.
pixavagant pixavagants *m.f.* [경멸적] 태만한 사람, 게으름뱅이.
pixera pixeres *f.* 소변이 마려움.
pixum pixums *m.* [속어] =pixarada.
pizza *f.it.* [일반적으로 복수형은 *pizzas*] 피자.
pizzeria pizzeries *f.* 피자점.
pla¹ plana plans planes *adj.* **1** 반반한, 평탄한. *un terreny pla* 평탄한 땅. **2** (도면이) 평면의. **3** [음성] 끝에서 두 번째 음절에 악센트가 있는 말. **4** [비유] 소탈한, 꾸밈없는; 평범한, 보통의. *un home pla* 소탈한 사람. **5** 알기 쉬운, 간단한.
-m. **1** 평면, 면(superfície). **2** (특히 시가 등의) 지도. **3** (사업 등의) 계획, 플

pla² 랜(projecte). **4** [건축] 도면, 설계도. **5** (영화 등의) 한 컷. **6** [비유] 면, 견지, 시각. *en un pla teòric* 이론적인 면에서. **7** 평원.
-*f.* =plana.
de pla 단순하게, 형식 없이.
aixecar un pla 도면을 그리다, 지도를 그리다; 계획을 세우다.
dormir pla 깊이 잠들다.
parlar pla 털어놓고 말하다, 간단히 말하다.

pla² *adv.* **1** 물론, 당연히, 틀림없이, 확실히. **2** [부정적] 물론 그렇겠지.
-*interj.* [놀라움·비난·불만 등을 나타낼 때 쓰는 감탄사] 그렇지!, 말도 안 돼!
Ara pla! 그럼 그렇지!

placa **plaques** *f.* **1** (금속의) 엷은 판; 엷은 조각(làmina). **2** 금속판, 압연판. **3** (인쇄의) 동판, 동판화. **4** (사진의) 건판, 감광판. **5** (경찰의) 배지; 표찰. **6** [식물] 엷은 막·층. **7** [음악] 디스크.

plaça **places** *f.* **1** 광장. *plaça major* [*gran*] 대광장. **2** 장, 시장; 경매 시장. **3** 마을(població); 성채, 성시(城市). **4** 좌석, 자리(seti). **5** 직장, 일터. **6** (극장의) 입장권. **7** [군사] 병적.
anar a plaça 시장 보러 가다.

placar *tr.* [스포츠] (럭비에서) 상대의 허리나 발을 껴안고 정지시키다.

plaçar *tr.* 특별한 장소에 두다.

placard **placards** *m.* 벽보.

placenta **placentes** *f.* **1** [해부] 태반. **2** [식물] 태좌(胎座).

placentari **placentària** **placentaris** **placentàries** *adj.* 태반의.

placentitis **placentitis** *f.* [의학] 태반염.

placer¹ **placers** *m.* 사금광.

placer² **placera** **placers** **placeres** *m.f.* 시장 상인.

plàcid **plàcida** **plàcids** **plàcides** *adj.* **1** 잔잔한, 호젓한. **2** 온화한, 평화로운.

placidesa **placideses** *f.* 잔잔함, 온화함.

placiditat **placiditats** *f.* =placidesa.

plaent **plaents** *adj.* 쾌적한, 기분을 상쾌하게 하는.

plaer **plaers** *m.* **1** 기쁨, 만족. **2** 쾌락.

plafó **plafons** *m.* **1** [건축] 패널, (문짝·벽 등의) 경판(鏡板). **2** (거룻배의 바닥에 까는) 널빤지.

plaga **plagues** *f.* **1** [의학] 종양, 궤양. **2** 페스트, 유행병, 역병(pesta). **3** (정신적인) 타격.

plaga **plagues** *m.f.* 장난꾸러기; 귀찮은 존재.

plagi **plagis** *m.* **1** 표절. **2** (고대 로마에서) 자유인을 노예로 삼는 일.

plagiar *tr.* **1** 표절하다. **2** (고대 로마에서) 자유인을 노예로 사다.

plagiari **plagiària** **plagiaris** **plagiàries** *adj.m.f.* 표절하는 (사람).

plaguejar *intr.* 농담을 하다.

plana **planes** *f.* **1** 평원. **2** 지면, 페이지, 면; 인쇄면. **3** 대패. **4** 땅 고르는 기계, 롤러(aplanadora).

planada **planades** *f.* 평원.

planador **planadors** *m.* 활공기, 글라이더.

planar *intr.* **1** (새·글라이더 등이) 활공하다. **2** (위험·불안이) 닥치다. *Planava sobre Europa l'amenaça de la guerra* 유럽에 전쟁의 위협이 닥쳤다.

planassa **planasses** *f.* **1** 평야, 평원. **2** 여울, 개울.

planatge **planatges** *m.* [항공] 활공, 활주.

plançó **plançons** *m.* **1** 어린 나무. **2** 싹, 꽃망울. **3** 어린아이, 귀여운 아이.

plàncton **plànctons** *m.* [생물] 플랑크톤.

planejadora **planejadores** *f.* planejar하는 일.

planejar *tr.* **1** (땅을) 고르다, 반반하게 하다(aplanar). **2** 대패로 밀다, 반질반질하게 하다. **3** 구상하다, 입안하다, 계획하다(idear). -*intr.* 반반하다, 편편하다.

planell **planells** *m.* 고원 (지대).

planer **planera** **planers** **planeres** *adj.* **1** 반반한, 고른. **2** [비유] 쉬운, 간단한. **3** 꾸밈없는, 단순한, 소탈한.

planeta **planetes** *m.* **1** 혹성, 위성. **2** 유성(遊星).
-*f.* 운명, 숙명(destí).

planetari **planetària** **planetaris** **planetàries** *adj.* 혹성의, 유성의.
-*m.* 천문관, 플라네타륨[천체운행 설명기].

planetoide planetoides *m.* [천문] 소혹성(asteroide).
planetologia planetologies *f.* 혹성학, 위성학, 유성학; 천문학.
planícia planícies *f.* =planura.
planificació planificacions *f.* 기획, 계획, 설계.
planificador planificadora planificadors planificadores *adj.m.f.* planificar하는 (사람).
planificar *tr.* 기획하다, 계획하다, 설계하다.
planimetria planimetries *m.* 측면법, 면적 측정.
planisferi planisferis *m.* **1** 지구의 평면도. **2** [천문] 천체도.
plànol plànols *m.* (시내의) 지도; 도면, 설계도.
planor planors *f.* **1** 반반함, 평면. **2** 알기 쉬움, 간편함; 단조로움. **3** 소탈함.
plant plants *m.* **1** =plany. **2** [문학][음악] 엘레지, 비가, 애가. **3** [문학] (각행 6 또는 7음절의) 4행시의 일종.
planta plantes *f.* **1** 식물, 풀. **2** 못자리, 모판, 묘상. **3** 도면, 스케치, 평면도, 설계도. **4** 공장 시설, 플랜트. **5** 계획안.
plantació plantacions *f.* **1** 나무 심기, 식수. **2** 경작지, 농장, 농원, 밭.
plantada plantades *f.* =plantació[1].
plantador plantadora plantadors plantadores *adj.m.f.* plantar하는 (사람).
plantament plantaments *m.* =plantació.
plantar *tr.* **1** (나무를) 심다, 식수하다. **2** 세우다, 일으켜 세우다, 수립하다, 확립하다. **3** 놓다, 거치하다, 장치하다(col·locar). **4** (포스터 등을) 붙이다, 고정시키다(enganxar). **5** [비유] 저버리다, 내버려 두다(abandonar). **6** (타격을) 가하다; 쫓아내다, 때려 넣다. **-se 1** 우뚝이 서다, 꼿꼿이 서다, 위치하다(col·locar-se). **2** 나타나다, 도착하다.
plantat plantada plantats plantades *adj.* **1** plantar한. **2** [비유] 가만히 서 있는, (고목 같이) 가만히 있는. *Què hi fas aquí plantat?* 여기 멀뚱히 서서 무얼 하니?
ésser ben plantat [구어] 외모·풍채가 보기 좋다.
planteig plantejos *m.* =plantejament.
plantejament plantejaments *m.* **1** 기획, 설계. **2** 수립, 확립, 창시, 설정. **3** (문제의) 제기. **4** 시도, 꾀함.
plantejar *tr.* **1** 기획하다, 설계하다. **2** 시작하다, 세우다, 수립하다, 창시하다, 설정하다. **3** (문제를) 제기하다, 들춰내다, 꺼내다. **4** 시도하다, 꾀하다.
planter planters *m.* 묘상, 못자리; 양성소, 보육원.
plantificar *tr.* **1** [비유] 저버리다, 내버려 두다(plantar). **2** 때리다, 타격을 가하다. **3** (포스터 등을) 붙이다, 고정시키다.
plantígrad plantígrada plantígrads plantígrades *adj.m.f.* [동물] 네발로 걷는 (동물).
plantilla plantilles *f.* **1** (구두의) 안 밑창, 깔창; (양말 등의) 바닥. **2** 설계 부분도, 축소도; (실물 크기의) 원형, 지형(紙型). **3** [집합] (기관·단체·대학 등의) 전 직원; 스태프. **4** (수지 등의) 형판, 본뜨는 자.
plantofa plantofes *f.* 덧신, 슬리퍼.
plantofada plantofades *f.* **1** 슬리퍼로 때리기. **2** (손으로) 때리는 일.
plantofejar *tr.* 슬리퍼로 때리다.
plàntula plàntules *f.* [식물] 배아.
planura planures *f.* 평원, 평야.
planúria planúries *f.* =planura.
planxa planxes *f.* **1** (금속의) 얇은 판, 철판, 판금. **2** 다리미. **3** (인쇄의) 지형, 스테레오판(matriu). **4** (배와 뭍 사이에 걸쳐 놓은) 널빤지, 발판. **5** [스포츠] (체조·수영에서의) 수평 (자세). **6** [비유] 실수, 실책.
fer la planxa [스포츠] (체조에서) 널을 뛰다.
planxada planxades *f.* planxar하는 일.
planxador planxadora planxadors planxadores *adj.m.f.* 다리미질하는 (사람). *-m.* 다리미질하는 방.
planxar *tr.* 다리미질하다.
plany planys *m.* 탄식, 한탄; 애도, 슬퍼함; 동정, 연민.

planyença planyènces f. =planyiment.
planyent planyents adj. plànyer하는.
plànyer tr. **1** 슬퍼하다, 유감으로 생각하다, 동정하다(compadir). **2** 아끼다, 절약하다, 애지중지하다. *No hi planyis esforç* 노력을 아끼지 마라. **-se 1** 슬퍼하다, 동정하다. **2** 투덜대다, 아쉬워하다.
ésser algú de plànyer 유감스럽게 생각하다; 아쉬워하다.
planyiment planyiments m. plànyer하는 일.
planyívol planyívola planyívols planyívoles adj. 가엾은, 유감스러운, 동정이 가는.
plaqué plaqués m. 도금한 것.
plaquejar tr. 도금하다(xapar).
plaqueta plaquetes f. [placa의 축소사] **1** [식물] 엷은 막, 작은 판. **2** [생리] 혈소판.
plasenteria plasenteries f. **1** 농담. **2** 재담, 경구.
plasma plasmes m. 혈장, 원형질.
plasmació plasmacions f. **1** 조형. **2** [비유] 인격 형성.
plasmador plasmadora plasmadors plasmadores adj.m.f. plasmar하는 (사람).
plasmar tr. **1** 모양을 만들다, 조형하다. **2** [비유] (인격을) 형성시키다.
plasmàtic plasmàtica plasmàtics plasmàtiques adj. 혈장의, 원형질의.
plàstia plàsties f. [의학] 성형.
plàstic plàstica plàstics plàstiques adj. **1** [회화] 소조의, 조형의. **2** 가소성의, 가형성의, 유연한. **3** 플라스틱의. **4** [의학] 성형의.
-m. 플라스틱, 합성수지; 폭발물.
plàstica plàstiques f. **1** [회화] 조소(술), 조상술, 조형 미술. **2** 플라스틱, 화학섬유, 합성수지. **3** [의학] 성형.
plàsticament plàsticaments m. =amb plasticitat.
plasticitat plasticitats f. 가소성, 가형성; 점성; 유연성.
plastificant plastificants adj. plastificar하는.
plastificar tr. **1** 플라스틱을 입히다. **2** 플라스틱으로 바꾸다.
plastilina plastilines f. 조형·세공용 점토.
plat plats m. **1** 접시. **2** 요리(guisat). **3** 접시 모양의 물건. **4** 받침 접시, 저울 접시; 원반.
fer plat de 강조하다.
trencar el plat bonic 매우 친한 사이이다.
plata[1] plates f. [광물] 은.
plata[2] plates f. 쟁반, 은쟁반; 성수반.
platabanda platabandes f. 화단.
platada platades f. 가득 담은 쟁반.
plataforma plataformes f. **1** 단(壇), 대(臺); 토대(base). **2** 플랫폼, 승강대. **3** 원리, 강령, 주의, 정강. **4** 돌출대. **5** 구실, 외견, 겉보기. **6** [기계] 톱니바퀴 차단기. **7** [선박] 최하부 갑판.
plàtan plàtans m. [식물] **1** 바나나. **2** 플라타너스, 백목련.
platanàcies f.pl. [식물] 플라타너스과 식물.
platanar platanars m. 바나나 밭.
plataner plataners m. 플라타너스.
platea platees f. (극장의) 무대 정면의 낮은 관람석; 그곳에 앉은 관객.
platejar tr. 은도금하다, 은색으로 입히다.
plàtera plàteres f. =plata[2].
plateresc plateresca platerescs [plateresos] plateresques adj.m.[건축][회화] 스페인의 16세기경 스페인의 은 세공사에 의해 시작된 건축 장식 양식(의).
platerets m.pl. [음악] 심벌즈; 요발.
platí m. [화학] 백금.
platina platines f. **1** (현미경의) 유리, 슬라이드 유리. **2** (인쇄의) 인자판(印字板), 조판대.
platinar tr. 백금을 입히다.
platínic platínica platínics platíniques adj. 백금의.
platinífer platinífera platinífers platiníferes adj. 백금을 함유한.
platinoide platinoides adj. 플라티노이드 [구리, 주석, 니켈, 텅스텐의 합금].
platinós platinosa platinosos platinoses adj. 백금 같은.
platja platges f. 바닷가, 해안, 해변.
platjola platjoles f. 작은 해변.
plató platons m. (금속의) 얇은 판, 판

platònic

금, 금속판, 양철.
platònic platònica platònics platòniques adj. **1** 플라톤 철학의, 플라톤 학파의. **2** 정신적인, 우정의. **3** 이론적인, 비현실적인.
platonisme platonismes m. 플라톤철학, 플라톤학파.
plats-i-olles plats-i-olles m.f. [단·복수동형] 사기그릇 장수.
platxèria platxèries f. **1** (가족·동료 간의) 파티, 놀이. **2** 수다, 잡담.
plaure intr. 좋아하다, 맘에 들다(agradar). No em plau gens 나는 모든 게 싫다. Em plau de poder-vos ésser útil 내가 그에게 도움이 될 수 있어서 기쁘다.
  com us plagui 좋으실 대로.
  quan li plagui 좋으실 때, 괜찮으실 때.
  si us[et, li, etc.] plau 제발.
plausible plausibles adj. **1** (이유·구실 따위가) 그럴싸한, 정말 같은. **2** 그럴듯한 말을 하는, 말재주가 있는.
playback playbacks m.ang. (레코드·테이프 등의) 재생; 녹음·녹화의 재생 장치.
ple plena plens plenes adj. **1** 가득 찬, 넘치는, 꽉 찬, 충만한. **2** 완전한, 전적인(complet). **3** (시기·철이) 절정기에, 한참 때에. en ple estiu 한여름에. **4** (달이) 만월의; 둥그스름한.
-m. **1** 충만, 완전함; 절정. **2** (의회·재단 등의) 총회. **3** (극장의) 만원(滿員), 대만원(concurrència). **4** (날이) 꽉 참. **5** (달의) 만월.
  de ple[de ple a ple] 장애물이 없이; 완전히, 전체로.
plebeisme plebeismes m. 평민, 평민의 신분.
plebeu plebea plebeus plebees adj. 평민의, 하층 계급의, 하급의; 보통의, 비속한, 속된.
-m.f. 평민, 서민, 대중.
plebiscit plebiscits m. **1** 국민 투표. **2** (고대 로마의) 평민 제정법.
plebs plebs f. [단·복수동형][집합] (고대 로마의) 평민, 서민.
plec plecs m. **1** 주름, 구김살. **2** 접음, 겹침; 접은 종이. **3** 기록문서; (책의)

plèiade

한 질; 봉서(封書); 각서; 명세서, 서류, 메모. **4** (이발사가) 어깨에 걸치는 수건.
  a plec de braç 팔에 안고; 수수방관하여.
pleca pleques f. (인쇄의) 괘, 단선.
plectre plectres m. [음악] (타악기의) 북채, 골무.
pledeig pledejos m. 소송 (제기).
pledejador pledejadora pledejadors pledejadores adj.m.f. 소송하는 (사람).
pledejaire pledejaires m.f. =pledejador.
pledejant pledejants adj. 소송하는, 소송의.
pledejar tr.intr. 소송하다, 소송을 제기하다.
plega plegues f. 접은 것들.
plegable plegables adj. 접을 수 있는, 쉬이 접히는.
plegadís plegadissa plegadissos plegadisses adj. 접기 쉬운, 쉽게 주름이 잡히는; 접는 식으로 된.
plegador plegadora plegadors plegadores adj.m.f. plegar하는 (사람).
plegament plegaments m. **1** 접기, 주름 잡기. **2** (일·협상의) 종결.
plegar tr. **1** (옷·종이 등을) 접다. plegar el llençol 침대보를 접다. **2** 주름을 내다. **3** (협상 따위를) 마치다(cessar). Van plegar el negoci 그들은 협상을 끝냈다. **4** (수업·직장 등을) 끝내다, 마치다. **5** (일을) 잠시 멈추다.
  Pleguem! 됐다!, 그만 충분하다!; 다 끝났다!
plegat plegada plegats plegades adj. **1** 접은, 접힌, 주름 잡은. **2** pl. 밀접한, 접합한, 함께하는(junts). Mai no se separen: sempre van plegats 그들은 (그것들은) 결코 떨어지지 않는다. 항상 붙어 있다.
-m. **1** 접기. **2** (천의) 주름.
  tot plegat 결국, 궁극적으로, 결론적으로.
  tot d'un plegat 갑자기, 생각지도 않게 (sobtadament).
plegatge plegatges m. =plegament.
plèiade plèiades f. (어느 한 시기의) 칠대가(七大家); 일단.

plena plenes *f.* **1** (물의) 차오름, 증가; 꽉 참. **2** 카드놀이의 일종.
plenamar plenamars *f.* 만조(기).
plenament *adv.* 가득, 충분하게, 완전하게.
plenari plenària plenaris plenàries *adj.* **1** 완전한. **2** 전부의, 전체의, 전원의.
-m. 전원, 전체, 총원; 총회. *el acord del plenari* 총회의 동의.
plenilunar plenilunars *adj.* 만월의.
pleniluni plenilunis *m.* [천문] 만월, 보름달.
plenipotenciari plenipotenciària plenipotenciaris plenipotenciàries *adj.* 전권의, 전권을 위임받은, 전권을 가진.
-m.f. 전권 위원, 전권 대사, 전권 공사.
plenitud plenituds *f.* 가득 참, 완전, 충만, 절정, 나무랄 데 없는 일.
pleonasme pleonasmes *m.* **1** [수사] 중복 강조법. **2** 군더더기 말, 실없는 소리, 공연한 말, 장황설.
pleonàstic pleonàstica pleonàstics pleonàstiques *adj.* 여분의, 잉여의; 군더더기의, 중복되는.
plepa plepes *m.f.* 무거운 사람; 굼뜬 사람, 게으른 사람.
pler plers *m.* =plaer.
-adv. 많이(molt). *M'agrada pler anar al cinema* 나는 극장에 가는 걸 무척 좋아한다.
a pler 좋으실 대로, 마음 편하게, 기호대로.
pler de 너무 많은, 수많은.
pleret, a *loc.adv.* 천천히, 차근차근, 서두르지 않고.
plet plets *m.* **1** [법률] 소송 (수속). *plet criminal* 형사 소송. **2** 분쟁, 싸움, 불화.
perdre un plet 소송에 지다.
posar un plet a (누구에게) 소송을 걸다.
presentar plet 소송하다.
tenir un plet amb algú (누구와) 법정 투쟁 중이다.
pleta pletes *f.* (가축의) 우리; 울타리를 친 곳.
plètora plètores *f.* **1** [의학] 다혈(증). **2** 과도, 과다.

pletòric pletòrica pletòrics pletòriques *adj.* 다혈증의; 과도한, 과다한.
pleura pleures *f.* [해부] 흉막, 늑막.
pleural pleurals *adj.* 늑막의.
pleuresia pleuresies *f.* [의학] 늑막염.
pleuronectiformes *m.pl.* [어류] 넙치류.
plexe plexes *m.* [해부] (신경·혈관·섬유 등의) 총, 망.
plexiglàs plexiglassos *m.* 플렉시 유리 [비행기 창 따위에 쓰임; 때때로 투명도가 높은 합성수지를 지칭하기도 함].
plica pliques *f.* **1** [법률] (개봉할 시기를 정한) 밀봉서. **2** [의학] 규발병(糾髪病).
plint plints *m.* [건축] 주석, 주초.
pliocè pliocena pliocens pliocenes *adj.* 제3기 최신기의.
-m. [지질] 제3기 최신기.
ploguda plogudes *f.* =pluja.
plom ploms *m.* **1** [화학] 납. **2** 추연, 측연. **3** 연봉(鉛封). **4** (낚시용) 봉돌. **5** [전기] 퓨즈, 용해선.
a plom 수직으로(verticalment).
ploma plomes *f.* **1** 깃털. **2** 펜, 펜촉. *ploma estilogràfica* 만년필. **3** 붓, 달필, 필치. **4** 문필(업). **5** [기계] 클러치.
deixar córrer la ploma [구어] 붓 가는 대로 맡기다.
plomada¹ plomades *f.* **1** [건축] (장식의) 글씨 쓰기. **2** 일필(휘지), 갈겨쓰기. **3** 잉크를 묻힘·넣음.
plomada² plomades *f.* 깃털을 뽑는 일.
plomaire plomaires *m.f.* [남녀동형] plom을 만드는 사람.
plomall plomalls *m.* **1** [조류] 도가머리. **2** (군모의) 깃털 장식. **3** 거만함, 우쭐거림. **4** [식물] (민들레 열매 등의) 관모, 솜털.
plomallada plomallades *f.* =plomada².
plomar *tr.* **1** 깃털을 달다, 깃털로 장식하다. **2** (새의) 털을 뽑다, 깃털을 뽑다. **3** [비유] 가진 것을 모두 털다.
-intr. (새의) 털이 나다.
plomatge plomatges *m.* [집합] (새의) 깃털.
plomell plomells *m.* 깃털 장식.
plomer plomers *m.* =plomell.
plomeria plomeries *f.* 아연 공장·사무실.

plomí plomins *m.* **1** 작은 깃. **2** [식물] 떡잎.
plomís plomissa plomissos plomisses *adj.* 깃털이 난, 솜털이 북실북실한; 솜털 모양의.
plomissa plomisses *f.* =plomissol.
plomissall plomissalls *m.* 새의 솜털.
plomissol plomissols *m.* [집합] 솜털.
plomós plomosa plomosos plomoses *adj.* 납의, 납 같은; 납을 함유한.
plor plors *m.* 울음, 눈물; 탄식.
arrencar[*esclafir, rompre*] *el plor* 울음을 터뜨리다.
desfer-se en plors 실컷 울다, 통곡하다.
plorada plorades *f.* (한 번의) 눈물, 탄식.
ploradissa ploradisses *f.* 펑펑 쏟는 눈물.
ploraire ploraires *adj.m.f.* 우는·탄식하는 (사람).
ploralla ploralles *f.* =plor.
plorallós plorallosa plorallosos plorallo- ses *adj.* =plorós.
ploramiquejar *intr.* 괜히 울다.
ploramiques ploramiques *m.f.* [단·복수 동형] 공연히 우는 사람; 울보.
ploraner ploranera ploraners ploraneres *adj.* 잘 우는.
-m.f. 울보.
-f. **1** (직업적으로) 상가에서 우는 여자. **2** [식물] 수양버들, 실버들.
plorar *intr.* 울다, 눈물을 흘리다. *-tr.* **1** 눈물을 흘리다. *plorar llàgrimes de sang* 피눈물을 흘리다. **2** 슬퍼하다, 탄식하다, 애도하다. *plorar la mort d'un amic* 친구의 죽음을 슬퍼하다.
Qui no plora no mama [속담] 우물을 파도 한 우물을 파라; 일을 성취하기 위해서는 포기하지 말고 노력해야 한다.
rompre[*clavar-se, posar-se*] *a plorar* 울음을 터뜨리다.
plorera ploreres *f.* 울고 싶은 마음.
ploricó ploricons *m.* **1** 훌쩍훌쩍 울기, 흐느껴 울기. **2** (전선이) 윙 하고 소리남.
fer el ploricó 훌쩍훌쩍 울다, 흐느껴 울다.
ploriqueig ploriquejos *m.* 훌쩍거림.
ploriquejar *intr.* 훌쩍훌쩍 울다.
plorós plorosa plorosos ploroses *adj.* **1** (울어서) 눈이 퉁퉁 부은. **2** 마음 아픈, 슬픈.
plosió plosions *f.* [음성] 중간 자음의 음.
ploure *intr.* **1** 비가 오다. **2** [비유] (불행·비난 따위가) 쏟아지다, 몰려오다.
Plouen desgràcies 불행한 일들이 쏟아져 나온다.
ploure a bots i barrals 억수로 비가 쏟아지다.
ploure sobre mullat [구어] 우는 아이에게 침을 놓는 격이다; 설상가상이다, 엎친 데 덮친 격이다.
plovinejar *intr.* =plovisquejar.
ploviscar *intr.* =plovisquejar.
plovisqueig plovisquejos *m.* 가랑비, 보슬비, 이슬비.
plovisquejar *intr.* 가랑비·보슬비·이슬비가 내리다.
plugim plugims *m.* =plovisqueig.
plugisser plugissera plugissers plugis- seres *adj.* 우기의, 비가 많이 오는.
pluja pluges *f.* **1** 비, 빗물. *pluja àcida* 산성비. **2** [비유] 비처럼 쏟아지는 것. **3** [비유] 풍족, 풍부.
com pluja menuda 엄청 많이, 풍부하게.
pluja radioactiva 낙진, 방사진, 방사능진, 죽음의 재.
plujà plujana plujans plujanes *adj.* 비의.
plujada plujades *f.* 폭우.
plujat plujats *m.* 소나기(aiguat).
plujós plujosa plujosos plujoses *adj.* **1** 우기의, 비가 많이 내리는. **2** 비의, 비가 올 것 같은.
plumbi plúmbia plumbis plúmbiques *adj.* 납의.
plúmbic plúmbica plúmbics plúmbiques *adj.* =plumbi.
plum-cake plum-cakes *m.ang.* 건포도를 넣은 케이크.
plumípede plumípedes *adj.* (새가) 발에 털이 많은.

plúmula plúmules *f.* [식물] 떡잎.
plural plurals *adj.* **1** 복수의; (사회가) 다원적인. **2** [문법] 복수(형)의.
-*m.* 복수(형).
en plural 복수로.
pluralisme pluralismes *m.* **1** (교회의) 성직 겸임; 겸직, 겸임. **2** [철학] 다원론. **3** 사회적 다원론[한 국가 안에 인종·종교를 달리하는 집단이 공존하는 사회]. **4** 국가 다원론. **5** 복수성; 복식 투표.
pluralista pluralistes *adj.m.f.* 복수주의자, 다원론자.
pluralitat pluralitats *f.* 다수, 복수(성); 절대다수.
pluralitzar *tr.* 복수로 하다.
plurianual plurianuals *adj.* 1년에 여러 차례 열리는.
pluricel·lular pluricel·lulars *adj.* 다세포의.
plurilingüe plurilingües *adj.* 복수 언어의, 다중 언어의.
plurilingüisme plurilingüismes *m.* 복수 언어, 다중 언어.
plurinacional plurinacionals *adj.* 복수 국가의, 다국적의(multinacional).
pluripartidisme pluripartidismes *m.* [정치] 다수당.
plus plus *m.* (특별) 수당, 임시 급료.
plusmarca plusmarques *f.* 신기록(rècord).
plusquamperfet plusquamperfets *adj.m.* [문법] 대과거형(의).
plusvàlua plusvàlues *f.* **1** (물가의) 앙등, 등귀. **2** 자연 증가, 불로 증가.
plutó *m.* **1** [신화] 저승의 왕. **2** [천문] 명왕성.
plutocràcia plutocràcies *f.* 금권 정치, 호화 정치; 황금 만능; 재벌 계급.
plutoni *m.* [화학] 플루토늄[방사성 원소].
pluvial pluvials *adj.* 비의.
-*m.* (수도사.승려의) 예복의 일종.
pluviòmetre pluviòmetres *m.* 우량계.
pluviometria pluviometries *f.* 우량 측정.
pluviositat pluviositats *f.* 비가 많음; (한 시기의) 비의 양.

pneuma pneumes *m.* =neuma.
pneumàtic pneumàtica pneumàtics pneumàtiques *adj.* **1** 공기의, 공기에 의한, 공기가 들어 있는, 공기 이용의, 압착 공기의. **2** 배기의.
-*f.* **1** 타이어. **2** 기체학.
pneumologia pneumologies *f.* [의학] 폐렴학.
pneumònia pneumònies *f.* [의학] 폐렴, 폐병.
pneumònic pneumònica pneumònics pneumòniques *adj.* [의학] 폐렴의.
pneumopatia pneumopaties *f.* [의학] 폐렴.
poagre poagres *m.* [의학] 다리의 풍통 (風痛).
poal poals *m.* 물 항아리, 물통.
poalanca poalanques *f.* [기계] 크랭크축.
poalera poaleres *f.* (항아리·물의) 단지 받침.
poar *tr.* =pouar.
poater poatera poaters poateres *m.f.* =pouater.
població poblacions *f.* **1** 식민. **2** [집합] 주민; 인구. **3** 시, 읍, 면, 마을.
poblador pobladora pobladors pobladores *adj.m.f.* (마을을) 건설하는, 이주하는, 식민하는 (사람).
poblament poblaments *m.* poblar하는 일.
poblar *tr.* **1** 마을을 세우다, 식민하다, 사람을 살게 하다. **2** [동·식물] 서식시키다, 이식시키다. **3** 번식시키다, 무성하게 만들다.
poblat poblats *m.* =població.
poble pobles *m.* **1** 촌, 촌락; 마을, 도시. **2** 주민. **3** 나라, 국가; 국민, 민중, 인민. **4** 겨레, 민족.
poblejar *intr.* (도시가) 시골 마을 같다.
pobletà pobletana pobletans pobletanes *m.f.* 시골 주민.
pobre pobra pobres pobres *adj.* **1** 가난한, 빈곤한. **2** 빈약한, 넉넉지 못한 (escàs). **3** 가엾은, 가련한, 불쌍한, 안쓰러운. **4** 고인이 된, 돌아가신.
-*m.f.* **1** 가난한 사람. **2** 불쌍한, 가엾은 사람. **3** 거지(captaire).

pobrejar intr. 가난하다; 거지 행세를 하다.
pobresa pobreses f. 1 가난, 빈곤. 2 넉넉지 못함; 근소, 빈약(escassetat). 3 마음이 약함, 옹졸함. 4 값어치가 별로 없는 것.
pobretejar intr. 거지행세를 하다.
pobrissalla pobrissalles f. 거지 무리.
poc poca pocs poques adj. 1 조금의, 약간의, 적은. 2 불충분한.
poc o molt 어느 정도, 다소간에, 많지는 않지만.
-m. 조금, 소수, 소량, 소액.
fa poc que 조금 전에 …하다, …한 지 얼마 안 된다.
un poc 조금, 약간.
-adv. 1 조금. 2 [문장 앞에서 부정을 나타냄] 전혀. *Poc ho sé* 난 그것을 모른다.
a poc a poc[a poc a poquet] 조금씩, 천천히.
de fa poc 조금 전부터, 얼마 전부터.
de poc 하마터면 …할 뻔하다. *De poc m'atropella un cotxe* 하마터면 차에 치일 뻔하다.
poc més poc menys[poc ençà poc enllà] 그럭저럭, 대충.
anar[venir] de poc …하는 데 조금 남았다.
pocapena pocapenes adj.m.f. 뻔뻔스러운 (사람)(desvergonyit).
poca·solta poca-soltes adj.m.f. 얼간이(의), 바보(의).
pocavergonya pocavergonyes adj.m.f. =pocapena.
poció pocions f. 1 마실 것, 음료. 2 드링크제, 물약.
poda podes f. (나뭇가지의) 가지치기, 전지.
podador podadora podadors podadores adj.m.f. podar하는 (사람).
podaire podaires m.f. =podador.
podall podalls m. =falçó.
podar tr. (나뭇가지를) 베어 내다, 가지치기하다, 전지하다.
poder¹ tr. 1 [가능] …할 수 있다. 2 [추측·예상] …일 수 있다, …할지도 모른다. 3 [허락] …해도 좋다.

tan aviat com es pugui 가능한 한 빨리.
no poder sinó[menys de, deixar de, estar-se de] …하지 않을 수 없다.
Puc entrar? 들어가도 됩니까?
poder² poders m. 1 힘, 능력. 2 (지배적인) 권한, 권능, 능력, 권력. **poder absolut** 절대 권력. 3 …권. **poder legislatiu** 입법권. 4 pl. 재력, 재산. **casar-se per poders** 재력으로 결혼하다.
sota el poder de …의 권력 아래; …의 힘으로.
arribar a poder de …의 손아귀에 들어가다, (누가) 장악하게 되다.
poderdant poderdants m.f. [법률] 위임자, (대리권의) 수권자.
poderejant poderejants adj. 힘이 있는, 위세를 부리는.
poderejar intr. 제법 힘을 가지다, 위세를 부리다.
poderós poderosa poderosos poderoses adj. 1 힘이 있는, 능력 있는. 2 유력한, 강력한, 강대한. 3 재력이 있는, 효력이 있는.
podi podis m. 1 [건축] 열주 대석(列柱臺石); 대, 단. 2 시상대, 표창대.
pòdium pòdiums m. =podi.
podòleg podòloga podòlegs podòlogues m.f. 족(足)의학자.
podologia podologies f. [의학] 족(足)의학.
podòmetre podòmetres m. 보도계.
podridura podridures f. 썩음, 부패.
podrimener podrimeners m. 부패한 것, 썩은 것.
podriment podriments m. =podridura.
podrir tr. 1 썩히다. 2 싫증나게 하다.
-se 1 썩다. 2 싫증나다.
podrit¹ podrits m. 1 부패. 2 [의학] 고름, 농.
podrit² podrida podrits podrides adj. 1 썩은, 부패한. 2 [비유] 부패한, 타락한.
poema poemes m. 1 시; 시작(詩作). 2 [비유] 시적임, 아름다움. *La seva vida fou un poema* 그의 인생은 한 편의 시와 같았다.

poemàtic poemàtica poemàtics poemàtiques *adj.* 시의.
poesia poesies *f.* **1** [문학] 시, 시문(학), 운문; (특히) 서정시. **2** [문학] 시학, 작시(법). **3** [추상적] 시상, 시정, 시취; 정취, 아름다움.
poeta poetes *m.* 시인.
poetastre poetastra poetastres poetastres *m.f.* 엉터리 시인.
poetessa poetesses *f.* 여류 시인.
poètic poètica poètics poètiques *adj.* 시의, 시적인.
poetitzar *tr.* 시적으로 하다, 시화하다. -*intr.* 시를 짓다.
pol pols *m.* **1** (남북·음양 등의) 극. **2** [전기] 전극, 자극. *pol positiu*[*negatiu*] 양극[음극]. **3** ...권, 지대. **4** [비유] 양극단, 정반대.
pol nord 북극.
pol sud 남극.
polaina polaines *f.* **1** 각반. **2** 장화, 부인화.
polar polars *adj.* **1** (남북) 극의; 극지의. *regió polar* 극지방. **2** [물리][화학] 전극의, 자극의.
polaritat polaritats *f.* 극성, 양극성; 자성.
polaritzar *tr.* **1** 극화하다, 치우치게 하다. **2** [광학] 편광하다. **3** [전기] 성극(成極)하다. -**se 1** 치우치다; 편극 작용을 하다. **2** 정신을 집중하다.
polca polques *f.* 폴카[폴란드의 무용··음악].
pòlder pòlders *m.* 네덜란드 해안의 간척지.
polèmic polèmica polèmics polèmiques *adj.* 논쟁의, 쟁점의, 문제의.
polèmica polèmiques *f.* 논쟁; 문제, 논쟁거리.
polemista polemistes *m.f.* 논쟁자, 논객.
polemitzar *intr.* 논쟁하다.
polemologia polemologies *f.* 전쟁술, 전쟁학.
polenta polentes *f.* 옥수수 죽, 수수 죽.
poliandre poliandra poliandres poliandres *adj.* **1** 일처다부의. **2** [식물] 다수술의.
poliàndria poliàndries *f.* **1** 일처다부. **2** [식물] 다수술.
poliarquia poliarquies *f.* [정치] 다두정치.
policarpel·lar policarpel·lars *adj.* [식물] 다수 과엽, 다수 심피.
policàrpic policàrpica policàrpics policàrpiques *adj.* [식물] 열매가 많이 열리는.
policia policies *f.* 경찰(서).
-*m.f.* [남녀동형] 경관, 순경.
policíac policíaca policíacs policíaques *adj.* 경찰의, 순경의; 탐정의.
novel·la policíaca 탐정 소설.
policlínica policlíniques *f.* 종합 진료소, 종합 병원.
policopiar *tr.* 복사하다(multicopiar).
policrom policroma policroms policromes *adj.* 여러 색깔의, 다색의; 다색 인쇄의.
policromar *tr.* 여러 색깔로 칠하다.
policromàtic policromàtica policromàtics policromàtiques *adj.* 여러 색깔의; 다색채 인쇄의.
policromia policromies *f.* 다색채; 다색 인쇄.
polidesa polideses *f.* 청결, 깔끔함, 세련미.
polidípsia polidípsies *f.* [의학] (병적인) 갈증, 목마름.
polidor polidora polidors polidores *adj.* 닦는, 연마하는.
-*m.f.* 닦는 사람; 연마공.
-*f.* 닦는 도구, 연마 도구.
poliedre poliedres *m.* [기하] 다면체.
poliesportiu poliesportiva poliesportius poliesportives *adj.* 종합 스포츠의.
-*m.* 종합 스포츠 경기장.
polièster polièsters *m.* [화학] 폴리에스테르.
polifacètic polifacètica polifacètics polifacètiques *adj.* **1** 다면의. **2** [전기] 다상의.
polífag polífaga polífags polífagues *adj.* **1** [의학] 다식증의. **2** [동물] 잡식성의.
-*m.f.* [의학] 다식증 환자.
polifàgia polifàgies *f.* [의학] 다식증.
polifonia polifonies *f.* [음악] 다성, 다음; 다성 음악, 다성곡.

polifònic polifònica polifònics polifòniques *adj.* 다성의.
polígam polígama polígams polígames *adj.* **1** 일부다처의. **2** [식물] 이성화 동주의.
poligàmia poligàmies *f.* **1** 일부다처. **2** [식물] 잡성화(雜性花).이성화 동주(異性花同株).
poligenisme poligenismes *m.* [생물] 다원 발생설.
poligenista poligenistes *adj.m.f.* [남녀동형] 다원 발생설의.
poligin poligínia poligins poligínies *adj.* 복수암술의.
poligínia poligínies *f.* [식물] 복수 암술.
poliglot poliglota poliglots poliglotes *adj.* **1** 다국어로 쓴. **2** 다국어를 말하는, 다국어에 능통한.
-m.f. 다국어에 능통한 자.
-f. [성서] 다국어 성경(Bíblia poliglota).
poliglotisme poliglotismes *m.* 다국어주의, 다국어 정책.
polígon polígons *m.* **1** [기하] 다변형, 다각형. **2** (특수) 지구, 지대.
polígon industrial 산업 지구.
polígon de tir 사격장.
poligonal poligonals *adj.* 다변형의, 다각형의.
-f. 다각선.
polígraf polígrafa polígrafs polígrafes *m.f.* 암호 연구가; 다작가.
-m. **1** 등사기, 복사기. **2** 고동·혈압·발한 기록 장치. **3** 거짓말 탐지기.
poligrafia poligrafies *f.* 암호술.
polimatia polimaties *f.* 다방면의 지식, 박학다식.
poliment poliments *m.* 윤, 광택; 연마.
polimorf polimorfa polimorfs polimorfes *adj.* 모양이 다양한, 동질 이상의.
polimorfisme polimorfismes *m.* **1** 동질 이상, 동질 이형. **2** [생물] 다형 (현상).
polinomi polinomis *m.* **1** [수학] 다항식. **2** [동식물] 다명식(多名式) 명칭.
poliol poliols *m.* [식물] 박하의 일종.
poliomielitis poliomielitis *f.* [단·복수동형][의학] 척추성 소아마비.
pòlip pòlips *m.* **1** [동물] 폴립, 산호충 [말미잘·해파리·불가사리 등]. **2** [의학] (이종, 점막에 생기는) 종기.
polipós poliposa poliposos poliposes *adj.* 산호 형태의.
poliposi poliposis *f.* [의학] 이종, 종기.
políptic políptics *m.* 여러 겹으로 접은 그림.
polir *tr.* **1** 닦다, 연마하다; 윤을 내다, 광택을 내다. **2** 다듬다, 끝마무리하다.
polir un escrit 글을 다듬다. **3** [구어] 훔치다, 도둑질하다(robar). *polir el paraigua* 우산을 훔치다. *-se* **1** 닦다, 윤을 내다. **2** 멋을 부리다.
polis polissos *f.* 폴리스[고대 그리스의 도시국가].
polisèmia polisèmies *f.* (한 어휘가) 여러 가지 뜻을 가짐, 일어다의(多義).
polisèmic polisèmica polisèmics polisèmiques *adj.* 여러 가지 뜻을 가진.
polisíl·lab polisíl·laba polisíl·labs polisíl·labes *adj.* 여러 음절의, 다음절의.
-m. 다음절어.
polisil·làbic polisil·làbica polisil·làbics polisil·làbiques *adj.* =polisíl·lab.
polisperm polisperma polisperms polispermes *adj.* [식물] 씨를 많이 가진.
polispèrmia polispèrmies *f.* [식물] 씨를 많이 가진 식물.
polisportiu polisportius *m.* 종합 경기장, 종합 스포츠 시설.
pòlissa pòlisses *f.* **1** (보험의) 증권; 계약서, 증명서. **2** 세관 허가서, 수입자 신고서.
polissó polissona polissons polissones *m.f.* **1** 부랑아, 떠돌이, 불량소년, 불량배. **2** 무임 승차자, 밀항자.
polit[1] polits *m.* [조류] 도요새의 일종.
polit[2] polida polits polides *adj.* **1** 깔끔한, 단정한, 깨끗한(net). *Va sempre molt polit* 그는 항상 깔끔하게 하고 다닌다. **2** 닦아 놓은, 윤을 낸, 광택을 낸. **3** 지성의, 정성들인(endreçat). *polida en el vestit* 옷에 정성을 들인. **4** 예쁜, 보기 좋은. **5** 멋을 낸, 맵시를 부린, 매력적인.
politècnic politècnica politècnics politècniques *adj.* 종합 기술의, 여러 학예의, 공예의.
-m. 종합기술학교.

politeisme politeismes *m.* [종교] 다신론, 다신교.
polític política polítics polítiques *adj.* **1** 정치의, 정치상의. *el moviment polític* 정치운동. **2** 예의 바른. **3** 친족이 아닌, 의로 맺어진.
-m.f. 정치가, 정치인.
-f. 정치학.
politicastre politicastra politicastres politicastres *m.f.* 정상배, 정치꾼, 사이비 정치가.
politicòleg politicòloga politicòlegs politicòlogues *adj.* 정치사회학의.
-m.f. 정치사회학자.
politicologia politicologies *f.* 정치 사회학.
politiquejar *intr.* 정치 얘기를 하다.
polititzar *tr.* 정치 문제화하다, 정치적으로 다루다.
politja politges *f.* 활차, 도르래, 벨트차.
politjó politjons *m.* (도르래의) 수레.
poliúria poliúries *f.* [의학] 요량 과다.
polivalència polivalències *f.* 다목적, 다용도.
polivalent polivalents *adj.* **1** 다목적용의, 여러 가지 목적에 쓰이는. *l'aula polivalent* 다목적용 강의실. **2** [화학] 여러 원자가의.
poll[1] polls *m.* **1** 병아리. **2** (요리용) 닭. **3** 새끼 꿀벌.
poll[2] polls *m.* [곤충] 이.
polla polles *f.* **1** 어린 암탉(pollet). **2** [어류] 바다송어. **3** [비유] 계집애.
pollada pollades *f.* =llocada.
pollam pollams *m.* [집합] 병아리 떼.
pollanc pollancs *m.* =pollancre.
pollancre pollancres *m.* [식물] 검정포플러.
pollancre gavatx [식물] 이태리포플러.
pollancreda pollancredes *f.* 검정포플러 밭.
pollar-se *prnl.* =corcar-se.
pollastrada pollastrades *f.* 병아리를 잡아먹음.
pollastre pollastres *m.* 어린 병아리.
pollastrejar *intr.* 어른 행세를 하다.
pollataire pollataires *m.f.* 닭 장수.
pollatenc pollatencs *m.* 뾰족한 끝.

pollegana polleganes *f.* 쟁기 널.
polleguera pollegueres *f.* **1** (문의) 기둥 (틀). **2** (굴대의) 베어링, 클러치.
fer sortir de polleguera [구어] 무척 화나게 하다.
treure de polleguera [구어] 못 참게 하다, 안달하게 하다.
pol·len pol·lens *m.* [식물] 꽃가루.
pollera polleres *f.* 부화실, 양계장.
pollereda polleredes *f.* =pollancreda.
polleria polleries *f.* 닭 파는 가게.
pollet pollets *m.* 병아리, 새끼.
pollí pollina pollins pollines *m.f.* (짐승의) 새끼.
pollinada pollinades *f.* 새끼들 무리.
pollinar *intr.* (새끼를) 낳다.
pol·linització pol·linitzacions *f.* [식물] 꽃가루에 의한 번식, 꽃가루받이.
pollós pollosa pollosos polloses *adj.* **1** 이투성이의. **2** [비유] 불결한, 더러운.
pol·lució pol·lucions *f.* **1** 오염, 공해. **2** 부패, 타락. **3** 불순 성교, 방정(放精).
pol·luent pol·luents *adj.* 오염시키는; 타락시키는, 더럽히는.
pol·luir *tr.* **1** 오염시키다, 공해를 일으키다. *pol·luir un riu* 강을 오염시키다. **2** [비유] 타락시키다, 썩게 하다, 부패시키다.
polo polos *m.* [스포츠] 폴로[말을 타면서 하는 공을 치는 경기].
polonès polonesa polonesos poloneses *adj.m.f.* 폴란드(의) (사람).
poloni *m.* [화학] 폴로늄[방사성 원소].
polp polps *m.* =pop.
polpa polpes *f.* **1** (뼈가 없는) 살, 물렁살; (이의) 잇몸(pulpa dentària). **2** (살에서) 비계가 적은 부분, 육질부. **3** 펄프.
polpís polpissos *m.* =palpís.
polpós polposa polposos polposes *adj.* 살·과육이 많은.
pols polsos *m.* **1** 맥박. **2** 손목의 힘. **3** 관자놀이. **4** 손끝으로 집기(polsada).
a pols 손을 짚고; 손으로 끌고; 혼자 힘으로, 애를 써서.
-f. 가루, 분말; 분말 제품.
fer la pols a algú (누구보다) 훨씬 더 낫다.

fer pols una cosa (무엇을) 가루로 만들다, 분쇄하다; 녹초로 만들다.
obtenir (una cosa) *a pols* 혼자 노력해서 얻다.
prendre el pols 맥을 짚어 보다; 넌지시 알아보다. *prendre el pols a l'opinió pública* 대중의 여론을 알아보다.
reduir a pols 가루가 되다.
tornar-se[tornar a la] pols [비유] 죽다, 사망하다.
polsada polsades *f.* (손가락으로 집을 정도의) 소량. *una polsada de sal* 약간의 소금.
polsador polsadora polsadors polsadores *adj.* **1** 현악기를 켜는. **2** 맥박을 재는.
-m.f. **1** 맥박을 재는 사람. **2** (누르는) 버튼.
polsar¹ *tr.* (현악기를) 켜다.
polsar² *tr.* **1** 맥을 짚다, 맥박을 재다. **2** 꼬집다. **3** [비유] 넌지시 알아보다.
-intr. (맥박이) 고동치다.
polsegós polsegosa polsegosos polsegoses *adj.* 먼지투성이의, 먼지가 많은.
polseguera polsegueres *f.*(뽀얗게 피어오르는) 흙먼지.
polsejar *intr.* 맥박이 빨라지다.
polsera polseres *f.* **1** 팔찌. **2** (갑옷에 끼우는) 팔 받침. **3** 담뱃갑. **4** (잉크를 빨아들이는) 모래 병.
polset polsets *m.* =polsada.
polsim polsims *m.* =polsina.
polsina polsines *f.* 미세한 먼지.
polsinar *tr.* 미세한 먼지가 되다.
polsinera polsineres *f.* =polseguera.
polsós polsosa polsosos polsoses *adj.* 먼지가 뒤덮인, 먼지에 쌓인.
poltre poltra poltres poltres *m.f.* **1** [동물] 어린 말. **2** [스포츠] 안마. **3** (말을) 묶어 두는 곳. **4** 고문대.
poltró poltrona poltrons poltrones *adj.* 나태한, 게으른(peresós).
poltrona poltrones *f.* 안락의자.
pólvora pólvores *f.* **1** 폭약. **2** *pl.* 가루, 분말. **3** (화장용) 분. **4** [비유] 열렬함, 열의, 열정.
ésser una pólvora 기분이 좋지 않다, 언짢다.
ésser viu com la pólvora 매우 발랄하다.
gastar la pólvora en salves [비유] 쓸모없는 짓을 하다.
polvorera polvoreres *f.* (화장용) 분통.
polvorí polvorins *m.* 화약고.
polvoritzador polvoritzadora polvoritzadors polvoritzadores *adj.* 가루로 만드는.
-m. 분말기.
-f. 분무기, 물 뿌리는 기계.
polvoritzar *tr.* 가루로 만들다, 잘게 부수다.
polzada polzades *f.* **1** 인치. **2** 엄지손가락으로 튕기는 일.
polze polzes *m.* [해부] 엄지.
pom poms *m.* **1** (사과·배·귤 등) 둥글고 즙이 많은 과일. **2** 작은 향수병, 향료 주머니. **3** (칼의) 손잡이 끝. **4** (문·서랍 등의) 손잡이(agafador). **5** 작은 가지, 나뭇가지, 분지(ram).
poma pomes *f.* [식물] 사과.
guardar-se una poma per a la set [비유] 양생(養生)하다.
pomaci pomàcia pomacis pomàcies *adj.* **1** 사과 모양의. **2** [식물] 사과속(屬)의.
pomada pomades *f.* 포마드, 향유.
posar pomada 포마드를 바르다.
pomar pomars *m.* =pomerar.
pomell pomells *m.* 가지, 나뭇가지.
pomelo pomelos *m.* [식물] 귤의 일종.
pomer pomers *m.* [식물] 사과나무.
pomera pomeres *f.* =pomer.
pomerar pomerars *m.* 사과나무 밭.
pomífer pomífera pomífers pomíferes *adj.* 사과를 운반하는.
pomiforme pomiformes *adj.* 사과 모양의.
pomologia pomologies *f.* [농업] 씨앗 연구 조림.
pompa pompes *f.* **1** 화려한 의식, 성대한 행렬. **2** 장려함, 성대함, 화려함. **3** 우쭐거림, 뽐냄(ostentació).
pompejar *intr.* 으스대다, 우쭐거리다, 빼기며 다니다, 화려함을 과시하다.
pompó pompons *m.* (모자의) 앞에 꽂은 장식.

pompós pomposa pomposos pomposes *adj.* **1** 장려한, 화려한, 성대한, 눈부신. **2** 거만한, 젠체하는, 건방진.

pompositat pompositats *f.* **1** 장려함, 화려함, 성대함. **2** 거만, 젠체함.

pòmul pòmuls *m.* [해부] 광대뼈.

poncell poncella poncells poncelles *adj.* [고어] 처녀의, 순수한.

-f. **1** (꽃의) 봉오리. **2** 처녀.

poncelló poncellons *m.* 작은 처녀.

poncem poncems *m.* [식물] 구연나무의 열매.

poncemer poncemers *m.* [식물] 구연, 구연나무.

ponderable ponderables *adj.* **1** 무게를 잴 수 있는, 무게가 나가는(pesable). **2** 심사숙고할 만한. **3** 경탄할 만한 (elogiable).

ponderació ponderacions *f.* **1** 심사숙고, 신중. **2** 균형(equilibri). **3** 과장; 고무, 찬양. **4** 계량, 계측, 검사.

ponderar *tr.* **1** 깊이 생각하다, 감안하다. **2** 균형을 이루게 하다. **3** 고무하다, 찬양하다(elogiar). **4** 재다, 계량하다(pesar).

ponderat ponderada ponderats ponderades *adj.* 균형 있는; 신중한, 사려가 깊은.

ponderatiu ponderativa ponderatius ponderatives *adj.* 사려 깊은, 신중히 생각하는; 고무하는, 찬양하는.

ponderós ponderosa ponderosos ponderoses *adj.* **1** 무거운. **2** 신중한, 사려 깊은. **3** 진지한, 중대한.

pòndol pòndols *m.* (집·재산 등의) 관리.

pondre *tr.* **1** (닭·새 등이) 알을 낳다. **2** (벌이) 꿀을 만들다. *-'s* (해가) 지다.

pondre-li totes [비유] 운이 좋다.

ponedor ponedora ponedors ponedores *adj.* pondre하는.

-m. 산란소; 산란용 알.

ponència ponències *f.* **1** ponent의 직·지위. **2** 조정, 재정. **3** 발표문, 리포트, 의견서.

ponent[1] ponents *adj.* 조정하는, 재정하는.

-m.f. 조정자, 재정자, 재정관, 심사관, 위원; (세미나 등의) 발표자.

ponent[2] *m.* 서쪽(oest); 서풍.

ponentada ponentades *f.* 강한 서풍.

ponentejar *intr.* 강한 서풍이 불다; 서쪽으로 항해하다.

ponentí ponentina ponentins ponentines *adj.* =occidental.

ponentol ponentols *m.* 약한 서풍.

poni ponis *m.* [동물] 조랑말.

poniol poniols *m.* [식물] 박하의 일종.

pont ponts *m.* **1** 다리, 교량. **2** 선교, 배에 걸친 널. **3** (악기의) 줄받침. **4** [비유] 난제, 미해결 문제.

pontar *intr.* 다리를 놓다.

pontarró pontarrons *m.* 작은 다리.

pontatge pontatges *m.* 다리 사용료.

pontet pontets *m.* (악기의) 줄받침.

pontífex pontífexs *m.* **1** 주교, 대주교; 로마 교황. **2** [비유] 권위자.

pontifical pontificals *adj.* pontífex의.

pontificar *intr.* 교황의 자리에 오르다; 대주교·교황으로서 근행을 하다.

pontificat pontificats *m.* 대주교·교황의 지위·임기.

pontó pontons *m.* **1** 작은 다리. **2** 부교(浮橋). **3** 선교(船橋), 주교(舟橋).

pontoner pontoners *m.* (공병의) 교량 가설병.

ponx ponxs *m.* 펀치[물, 레몬 및 설탕을 섞은 혼합주].

ponxera ponxeres *f.* 펀치용 컵.

ponxo ponxos *m.* (비 올 때 쓰는) 우비, 판초.

pop pops *m.* [어류] 낙지.

popa[1] popes *f.* (배의) 고물, 선미.

anar en popa[*anar vent en popa*] 바람을 타고 항해하다, 순풍을 타고 항해하다.

popa[2] popes *f.* =mamella.

popar *tr.* =mamar.

poper[1] popera popers poperes *adj.* 낙지의.

poper[2] popera popers poperes *adj.* (배의) 고물의.

pop-music pop-musics *f.ang.* [음악] 팝 뮤직, 대중음악.

popular populars *adj.* **1** 대중의, 서민의, 인민의. **2** 통속적인, 대중적인, 일반적인; 유행하고 있는. *art popular* 대

popularisme 중예술. **3** 인기가 있는, 평판이 좋은.
popularisme popularismes *m.* 일반성, 통속성; 통속주의, 인기 제일주의.
popularista popularistes *adj.m.f.* 통속주의자, 인기 제일주의자.
popularitat popularitats *f.* **1** 인기; (좋은) 평판. **2** 통속성, 일반성; 유행.
popularitzar *tr.* **1** 일반적으로 하다, 통속적으로 하다. **2** 보급시키다, 유행시키다. **-se** 통속적이 되다; 유행되다; 인기를 얻다.
populatxer populatxera populatxers populatxeres *adj.* 평민의, 서민의.
populatxo populatxos *m.* 평민, 서민, 대중.
populisme populismes *m.* [정치] 포퓰리즘[국민의 이익을 대변하는 정치 이념]; 국민당, 인민당.
populista populistes *adj.m.f.* 포퓰리스트; 인민주의자.
populós populosa populosos populoses *adj.* (인구가) 조밀한, 인구 밀도가 높은. *una regió populosa* 인구 밀집 지역.
popurri popurris *m.* **1** [음악] 혼성곡, 접속곡. **2** 잡집, 잡록(雜錄).
poquejar *intr.* 부족하다, 희박하다.
pòquer pòquers *m.* 포커[카드놀이의 일종].
poquesa poqueses *f.* **1** 조금, 소량; 근소함. **2** [비유] 사소함, 하찮음, 무가치함. **3** 빈곤, 빈궁.
por[1] pors *f.* **1** 무서움, 두려움, 공포. **2** 걱정, 염려, 불안.
 de por de[per por de] ...을 두려워하여, ...이 무서워.
 de por que ...할까 두려워; 하지 않도록 하기 위해.
 morir-se[cagar-se] de por [구어] 무서워 죽을 지경이다.
por[2] pors *m.* [해부] 기공, 세포구멍.
porc porca porcs porques *m.f.* **1** [동물] 돼지. **2** [비유] 더러운 사람; 비열한 인간, 추잡스러운 인간.
 porc senglar [동물] 멧돼지.
porcada porcades *f.* 돼지 무리.
porcairol porcairola porcairols porcairoles *m.f.* =porquerol.

porcater porcatera porcaters porcateres *m.f.* 돼지 판매상.
porcatera porcateres *f.* =porcellera.
porcell porcella porcells porcelles *m.f.* 새끼 돼지.
porcellana porcellanes *f.* **1** 자기, 도자기. **2** 청자색.
porcellar *intr.* 암퇘지가 새끼를 낳다.
porcellera porcelleres *f.* 돼지 우리.
porcí porcina porcins porcines *adj.* 돼지의.
porció porcions *f.* **1** 부분, 분량. **2** 몫, 배당분. *Et cedeixo la meva porció* 네게 내 몫을 주겠다. **3** (1인분의) 음식, 조각. **4** 상당수, 상당량.
porciúncula porciúncules *f.* 매우 적은 양, 극소량.
poregós poregosa poregosos poregoses *adj.* =poruc.
porfídia porfídies *f.* 끈덕짐, 집념, 고집.
porfidiejar *intr.* 고집을 부리다, 끈덕지게 추구하다.
porfidiós porfidiosa porfidiosos porfidioses *adj.* 고집스러운, 끈덕진.
porga porgues *f.* =purga.
porgador porgadors *m.* 키, 체(garbell); 선별기, 선광기.
porgadures *f.pl.* =garbelladures.
porgar[1] *tr.* **1** 체로 치다; 체로 쳐서 고르다(garbellar). **2** 선광하다.
porgar[2] *tr.* =purgar.
poriol poriols *m.* =marieta.
pornografia pornografies *f.* **1** 외설. **2** 외설 문학; 외설 작품, 외설 영화.
porós porosa porosos poroses *adj.* 구멍이 많은, 기공이 있는, 다공질의.
porositat porositats *f.* 구멍투성이, 다공성.
porpra porpres *f.* **1** 자줏빛 옷·천. **2** 자줏빛, 자홍색. **3** 추기경의 직위; 고위직. **4** [의학] 자반, 멍. **5** [식물] 현삼과의 식물.
porprat porprada porprats porprades *adj.* porpra의.
porquejada porquejades *f.* 더럽혀짐, 불결함.
porquejar *intr.* 더럽혀지다, 어지러워지다, 불결해지다.

porquer porquera porquers porqueres m.f. =porcairol, porcater.
porquera porqueres f. 돼지우리.
porqueria porqueries f. **1** 더러움, 불결함(brutícia); 오물. **2** [비유] 비열한 일, 추잡한 짓, 품위 없는 짓; 추행, 외설적인 행위·작품. **3** 무용지물, 백해무익한 것; 몸에 해로운 과자.
porquerol porquerola porquerols porqueroles m.f. 양돈가.
porquet porquets m. [porc의 축소사] 돼지 새끼.
porquí porquina porquins porquines adj. =porcí.
porquim porquims m. 돼지고기 요리.
porra porres f. **1** 몽둥이, 곤봉, 경찰봉. **2** (권위를 나타내는) 권표; 힘, 권위. **3** 다듬잇방망이, 망치. **4** [구어] 장황설, 지루한 말.
enviar a la porra [구어] 배척하다, 혐오하다.
porraci porràcia porracis porràcies adj. 암녹색의, 검푸른.
porrada porrades f. 방망이질, 몽둥이질.
porrer porrera porrers porreres m.f. (행렬에서) 창을 드는 사람.
porro porros m. **1** [식물] 마늘의 줄기. **2** 담배의 일종.
porró porrons m. 포도주를 담는 병.
porrona porrones f. 포도주를 담는 큰 병.
porronaire porronaires m.f. [남녀동형] porró를 만드는 사람
port¹ ports m. **1** 항구; 항구 도시. **2** (산의) 골짜기 (길), 고개, 산골. **3** [비유] 피난처, 도피처(refugi). **4** 운반, 운송. **5** pl. 운송료, 우편료.
port de salvament 목적지; 안전지대.
port franc 자유(무역)항.
port sec [비유] (국경의) 세관 소재지.
arribar a port (배가) 입항하다; 안전지대로 피난하다; [비유] 무사히 목적을 달성하다.
guanyar el port =arribar a port.
port² ports m. (나무의) 자태, 외관.
porta portes f. **1** 문; 입구, 문간, 출입구, 현관. **2** 입문, 들어가는 길(accés).

3 (배의) 현창, 현문. **4** (함포의) 포문. **5** 산길, 산골길. **6** [비유] (죽음·행복 등으로 가는) 문. *arribar a les portes de la mort* 죽음의 문턱에 있다.
a porta oberta 문을 활짝 열어젖히고, 자유로이; 공공연히.
a porta tancada[closa] 은밀히, 비공개로, 내밀히.
clavar[tancar] la porta pels morros [pels nassos] [구어] 쌀쌀하게 거절하다, 문전박대를 하다.
obrir la porta a [비유] 가능성을 열어놓다.
parlar a porta tancada 은밀히 얘기하다, 단독으로 주고받다.
tancar-se totes les portes [구어] 모든 가능성이 막히다.
trucar a la porta [d'algú] (누구를) 방문하다.
portaaeronaus portaaeronaus m. 항공모함.
portaavions m. =portaavions.
portabandera portabanderes m.f. 기수. -m. 깃발을 받치는 받침대.
portabombetes portabombetes m. [단·복수동형] 소켓.
portaclaus portaclaus m. =clauer.
portada portades f. **1** 운반, 운송. **2** 문을 쾅 닫는 소리. **3** [건축] 정문, 대현관. **4** (책의) 겉표지.
portadella portadelles f. 책의 면지[책의 앞뒤의 겉장과 속표지 사이의 지면].
portadocuments portadocuments m. 단·복수동형] 서류봉투.
portador portadora portadors portadores adj. **1** 옮기는, 운반하는. **2** (질병을) 전염시키는; 보균하고 있는.
-m.f. **1** 운반하는 사람. **2** 지참자, 피이서인, 피지불인, 양수인. **3** [의학] 보균자. **4** [비유] 전달자. *el portador de la revolució cultural* 문화 혁명의 전달자.
al portador loc.adj. [상업] (수표 등의) 지참인불. *Pagueu al portador* 수표 지참인에게 지불하시오.
portaencenser portaencensers m.f. 향로를 받들고 가는 사람.
portaequipatge portaequipatges m. [단·복수동형] **1** (자전거 뒤에) 짐 얹는

portaestendard

곳. **2** (열차 등의) 그물 선반. **3** (공항의) 짐수레 차.
portaestendard portaestendards *m.f.* =portabandera.
portafirmes portafirmes *m.* [단·복수동형] 서류철.
portafusell portafusells *m.* (총의) 멜빵.
portahelicòpters portahelicòpters *m.* [단·복수동형][군사] 헬리콥터 적재함.
portal portals *m.* **1** 현관; 현관의 홀. **2** 현관에 딸린 방. **3** (시내의 건물 사이에 낀) 통로; 시문(市門).
portalada portalades *f.* 대현관, (대저택의) 겉문.
portalàmpades portalàmpades *m.* [단·복수동형] 전구의 소켓.
portaler portalera portalers portaleres *m.f.* **1** 수위, 문지기. **2** 세금 징수원.
portallapis portallapis *m.* [단·복수동형] 연필꽂이.
portam portams *m.* [집합] (집의) 문.
portament portaments *m.* portar하는 일.
portamines portamines *m.* [단·복수동형] 샤프펜슬.
portamonedes portamonedes *m.* [단·복수동형] 돈지갑.
portant portants *adj.m.f.* portar하는 (사람).
portaobjectes portaobjectes *m.* [단·복수동형] 현미경의 슬라이드.
portaploma portaplomes *m.* [단·복수동형] 펜대.
portar *tr.* **1** 나르다, 운반하다, 가져오다, 가져가다. **2** 데리고 가다, 동반하다(acompanyar). **3** 경영하다, 운영하다, 관리하다(dirigir). **4** 이끌다(induir). *Es deixà portar pel seu bon cor* 그의 착한 마음에 이끌리는 대로 움직였다. **5** 옷을 걸치다, 치장을 하다. **6** (내용물을) 담고 있다, 함유하다, 포함하다. **7** (길이) 향하다. **8** (차를) 운전하다, 안내하다, 이끌다. **9** 떠맡다, 책임지다. *Ell és qui porta aquests assumptes* 그가 이 문제들을 맡고 있는 사람이다. **10** (어떠한) 상태에 있다. **11** [비유] (신문 등에) 기록되어 있다, 적혀 있다, ...라고 말하다. **12** 야기하다, 일으키다(**ésser** ocasió). *Aquest vent portarà pluja* 이 바람은 비를 동반할 것이다. **13** (특별한) 감정을 갖다. **-se 1** 행하다, 행동하다. *En aquella ocasió et vas portar molt bé* 그때 너는 행동을 매우 잘했다. **2** (일상을) 지내다; (어떠한) 상태에 놓여 있다. *Com us porteu, avui?* 오늘은 어떠세요?
portar-se bé 잘 지내다; 바르게 행동하다.
porta-revistes porta-revistes *m.* [단·복수동형] 잡지 보관용 선반.
portàtil portàtils *adj.* 휴대용의; 이동식의.
portaveu portaveus *m.f.* [남녀동형] **1** 공보관, 대변인, 대변자. **2** 메가폰, 나팔. **3** (신문·잡지 등의) 대변지.
portaviandes portaviandes *m.* 도시락통, 찬합.
portell portells *m.* **1** 좁은 문, 뒷문. **2** 갈라진 틈. **3** [비유] 빠져나갈 구멍.
portella portelles *f.* **1** 작은 문, 덧문. **2** (농장 울타리의) 출입구. **3** 선창, 현창. **4** (차의) 문, 승강구.
portelleta portelletes *f.* 작은 문.
portent portents *m.* **1** 경이, 경이적인 것; 기적. **2** [비유] 경이로운 존재, 신비로운 사람.
portentós portentosa portentosos portentoses *adj.* 놀라운, 경이적인.
porter portera porters porteres *m.f.* **1** 문지기, 수위. **2** [스포츠] (축구의) 골키퍼.
porteria porteries *f.* 수위실; 수위의 직.
pòrtic pòrtics *m.* **1** (기둥 사이에 있는) 현관. **2** (교회의) 통로, 회랑, 복도.
porticat porticada porticats porticades *adj.* 현관·통로가 있는.
porticó porticons *m.* **1** 작은 문, 쪽문. **2** 셔터.
portier portiers *m.* (문의) 커튼.
portitxol portitxols *m.* 작은 문.
porto portos *m.* (포르투갈 일부 지역의) 흑포도주.
portolà portolans *m.* [해사] 항해 지도집.
portuari portuària portuaris portuàries *adj.* 항구의, 항구 도시의; 항만의.

portuguès portuguesa portuguesos portugueses *adj.m.f.* 포르투갈의 (사람). -*m.* [언어] 포르투갈어.

poruc poruga porucs porugues *adj.* 무서워하는, 무서워 벌벌 떠는, 겁이 많은; 쉽게 놀라는, 깜짝깜짝 놀라는.

porus porus *m.* [단·복수동형][해부] 기공, 세포 구멍.

porxada porxades *f.* [집합] porxo, pòrtic 등 전체를 일컫는 말.

porxo porxos *m.* **1** (집의) 현관, (추녀 끝에 달린) 복도. **2** *pl.* 아케이드. **3** 노점. **4** (본채에 붙은) 좁은 마루, 곁채. **5** 다락방.

posa poses *f.* posar하는 일.

posada posades *f.* **1** 작동, 시동, 운전. **2** 체재, 체류(estada). **3** 여관, 객줏집, 여인숙(hostal). **4** 숙박; 숙박소, 숙영지, 호스텔. **5** (노래·시의) 절, 연.

posar *tr.* **1** 놓다, 넣다; 배치하다. **2** 준비하다; 설치하다(parar). *posar despatx* 사무실을 채리다. **3** (메달을) 수여하다. **4** 상정하다, 가정하다(suposar). **5** 덧붙이다, 첨가하다(afegir). **6** (어떤 지위에) 앉히다, 종사시키다. **7** (위험 등에) 노출시키다, 드러내다. **8** (장애물을) 놓다, 방해하다. **9** (누구로 하여금) ...을 하게 하다. *Posà el seu fill a estudiar* 그는 아들에게 공부하라고 시켰다. **10** (거리가) ...가 되다; (시간이) ...걸리다. **11** 내기하다, 걸다. **12** [자동사적으로 쓰여] 뿌리를 내리다. *posar arrels* 뿌리를 내리다. **13** [형용사와 함께] ...이 되게 하다. **14** 가격을 매기다. -*intr.* **1** 머물다, 숙박하다. **2** (새가) 보금자리에 들다. **3** (모델이) 포즈를 취하다. -*se* **1** ...한 상태가 되다. *Es posà malalt* 몸이 아팠다. **2** (옷을) 입다, 걸치다. **3** 화장품을 바르다. **4** (침전물이) 가라앉다, 앙금이 생기다. **5** [비유] (정신이) 안정이 되다, 진지해지다. **6** (어떤 일을) ...하기 시작하다.

fer posar ...하게 만들다. *fer posar nerviós* 초조하게 하다, 안절부절못하게 하다.

Posem que sí 그렇다고 가정하자.
posar a ...하기 시작하다.

posar en dubte 의문을 갖게 하다, 궁금하게 하다.
posar-s'hi 일을 시작하다, 착수하다.
poseu-vos-hi bé 편하게 하세요.
tot és posar-s'hi 모든 게 시작이다.

posat[1] posats *m.* 모습, 자세, 거동, 몸가짐, 태도.

posat[2] posada posats posades *adj.* posar한.

posat que[posat cas que] ...라는 가정 하에, ...이기에, ...이라면.

posició posicions *f.* **1** 위치, 장소, 포지션. **2** 입장, 위치, 상황(situació). **3** [비유] 마음가짐, 자세, 태도. **4** [군사] 진지. **5** 지위, 신분. *posició social* 사회적 지위.

pòsit pòsits *m.* **1** 앙금, 침전물(sediment). **2** (주로 술의) 무거리. **3** [비유] 흔적, 자국.

positiu positiva positius positives *adj.* **1** 확실한, 분명한. **2** 현실적인, 실제의, 실제적인. **3** 실천적인, 실험적인. **4** 긍정의, 긍정적인. *la vida positiva* 긍정적인 삶. **5** 적극적인, 능동적인. *un home positiu* 적극적인 사람. **6** [전기] 양극의. **7** [수학] 정(正)의, 플러스의. **8** (사진의) 양화의. **9** [의학] 양성의, 양성반응의.
-*m.* 실재, 확실한 일.
pol positiu [전기] 양극.

positivar *tr.* 음화 사진을 찍다.

positivisme positivismes *m.* **1** 긍정적임, 적극적임. **2** [철학] 실증주의, 실증론, 실증철학.

positivista positivistes *adj.m.f.* 실증주의자(의).

positivitat positivitats *f.* positiu의 특성을 가짐.

positura positures *f.* **1** 자세, 태도, 포즈. *canviar de positura* 태도를 바꾸다. **2** (모델의) 포즈.

posologia posologies *f.* [의학] 처방학.

posològic posològica posològics posològiques *adj.* 처방학의.

posposar *tr.* **1** 뒤에 두다, 뒤에 위치시키다, 뒤로 돌리다. **2** 늦추다, 연기하다, 지연하다.

posposició posposicions *f.* **1** 뒤에 위

치시킴, 후치. **2** 뒤로 미룸, 연기. **3** [문법] 후치.
posseïdor posseïdora posseïdors posseïdores *adj.* (...을) 소유하는.
-m.f. 소유자, 소지인.
posseir *tr.* **1** 갖고 있다, 소유하다. **2** 통달하다, 잘 알고 있다.
possés possessa possessos possesses *m.f.* 악령에 사로잡힌 사람, 신들린 사람.
possessió possessions *f.* **1** 소유, 보유. **2** [주로 복수로 쓰여] 소유물, 보유물; 소유지, 시골농장. **3** 취득; 점유, 강점. **4** 영토, 속국. **5** [비유] (악마에) 홀림.
possessionar *tr.* 취득하다, 차지하다, 점유하다. **-se** 점유하다, 차지하다, 취득하다.
possessiu possessiva possessius possessives *adj.* **1** 소유의, 소유하고 있는. **2** [문법] 소유의.
possessor possessora possessors possessores *adj.m.f.* 소유하는 (사람)(posseïdor).
possessori possessòria possessoris possessòries *adj.* =possessiu.
possibilisme possibilismes *m.* [정치] 실현가능 정책 우선.
possibilitar *tr.* 가능하게 하다; (이용하기에) 쉽게 하다.
possibilitat possibilitats *f.* 가능성, 실현성; 장래성, 가망.
possible possibles *adj.* **1** 할 수 있는, 가능한. **2** 있음직한, 일어날 수 있는.
en la mesura del[en tant] que sigui possible 가능한 선에서, 가능한 일에.
és possible que ...하는 것이 가능하다, ...할 것 같다.
si fos possible 가능하다면.
-m. 가능한 것. *He fet el possible* 나는 가능한 것을 했다.
post[1] posts *f.* [군사] 통솔직, 지휘직.
post[2] posts *m.* **1** 판자, 널빤지. **2** 노점, 가판대.
posta postes *f.* **1** [군사] 주둔지; 매복지, 참호. **2** 낙조, 일몰, 석양. *a la posta del sol* 해가 떨어지자. **3** 우편. **4** (도박의) 판돈. **5** (말의) 역. **6** [군사] 군항. **7** 산란(産卵). **8** 그물을 치는 곳.
a posta 의도적으로.
fer la posta 잠복하고 있다.
postada postades *f.* =prestatge.
postal postals *adj.* 우편의.
-f. 우편엽서.
postam postams *m.* [집합] 널빤지.
postdata postdates *f.* 추신[약자: P.D.].
pòster pòsters *m.ang.* 포스터, 전단.
postergació postergacions *f.* 뒤지게 함, 뒤로 돌림; 연기, 연체.
postergar *tr.* 뒤로하다, 뒤지게 하다; 늦추다, 연기하다.
posterior posteriors *adj.* **1** 후의, 다음의. **2** 후세의, 후대의, 후손의.
posteriori, a *loc.llat.* 후에, 사후에(posteriorment).
posterioritat posterioritats *f.* **1** 뒤에 옴, 뒤쳐 있음. **2** 후천성.
posteritat posteritats *f.* **1** 후손, 후대, 자손(descendència). **2** (사후의) 명성. **3** 후천성; 뒤에 오는 것.
posterma postermes *f.* **1** =pus. **2** =abscés.
postermós postermosa postermosos postermoses *adj.* posterma의.
post factum *loc.llat.* 사후에.
postgraduat postgraduada postgraduats postgraduades *adj.* 대학을 졸업한.
-m.f. 대학 졸업자; 대학원생.
postguerra postguerres *f.* 전후(戰後).
posticar *tr.prnl.* 약간 움직이다.
postil·la postil·les *f.* 주, 주석, 부기.
postil·lar *tr.* 주석을 달다.
postilló postillons *m.* 역마차의 마부.
postís postissa postissos postisses *adj.* **1** 붙였다 떼었다 할 수 있는. **2** 자연이 아닌, 인공의, 인조의.
-m. 가발; 틀니; 붙이는 종이.
postitis postitis *f.* [단·복수동형][의학] 포피염.
postoperatori postoperatòria postoperatoris postoperatòries *adj.* 외과 수술 후의 회복기의.
-f. [의학] 외과 수술 후의 회복기.
postor postora postors postores *m.f.* 경매·공매 참가자, 경매자, 입찰자.
postpart postparts *m.* 산후 기간.
postració postracions *f.* =prostració.

postrar *tr.prnl.* =prostrar.
postrem postrema postrems postremes *adj.* **1** 최후의, 마지막의. **2** 다음에 오는, 뒤에 이어지는.
postres *f.pl.* 후식.
 per postres 게다가, 그것도 모자라서; 모자란 양.
postulació postulacions *f.* **1** 간청, 청원. **2** 의연금의 모금.
postulador postuladora postuladors postuladores *adj.m.f.* postular하는 (사람).
postulant postulants *adj.* 간청하는, 청원하는; 자격을 요하는.
 -m.f. [남녀동형] **1** 지원자, 신청자, 청원자. **2** 성직 지원자. **3** 의연금을 모금하는 사람.
postulantat postulantats *m.* 자격 검정 기간.
postular *tr.* **1** 지원하다, 청원하다. **2** 자격을 요구하다. **3** (가설·안건·해결책을) 제시하다, 제안하다. **4** 의연금을 모으다.
postulat postulats *m.* **1** [논리] 가정, 가설, 정리, 공리. **2** 선결 조건, 기본 조건.
pòstum pòstuma pòstums pòstumes *adj.* 사후의, 죽은 후의, 사후에 세상에 알려진. *obra pòstuma* 사후의 작품.
postura postures *f.* **1** =positura. **2** 경쟁 입찰 가격, 입찰가, 매긴 가격. **3** *pl.* 아첨, 아부, 알랑거림.
posturejar *intr.* 인상을 쓰다.
postverbal postverbals *adj.* [문법] 동사 뒤에 오는.
pot pots *m.* **1** (아가리가 넓은) 병. **2** 항아리, 단지. **3** 화분. **4** 쓰레기통.
 ésser el pot de la pega [구어] 무척 불운하다, 무척 재수가 없다.
 ésser un pot d'apotecari 허약하다, 약질이다, 병약하다.
pota potes *f.* **1** (동물의) 다리. **2** (책상 등의) 다리. **3** [식물] 담배.
 caure de potes[de quatre potes] com els gats [비유] 위기를 모면하다.
 caure-hi de quatre potes [비유] 함정에 빠지다.
potabilitat potabilitats *f.* 식용 가능한 물; 마실 수 있음.

potable potables *adj.* **1** (물이) 마실 수 있는, 식수의. *aigua potable* 식수. **2** (소설 따위가) 괜찮은, 마음에 드는.
potassa potasses *f.* [화학] 양금, 무거리; 수산화칼륨.
potassi *m.* [화학] 포타슘, 칼륨[금속 원소].
potatge potatges *m.* **1** 수프, 맑은 장국. **2** (말린) 야채 요리.
potejar *intr.* =potollar.
potència potències *f.* **1** [물리] 힘, 파워; 동력, 마력. **2** [수학] 승. **3** 능력, 잠재력. *les potències de l'ànima* 영혼의 잠재력. **4** 세력, 위력; 병력, 국력; 대국, 강대국. *la potència naval* 해군력. **5** [생리] 성적 능력; 생식력. **6** (예수·모세 상에 비치는) 후광.
potencial potencials *adj.* **1** 힘이 있는, 강력한. **2** 가능한, 잠재력이 있는, 잠재적인. **3** [문법] 가능법의. **4** [물리] 위치의. **5** [전기] 전위의.
 -m. **1** 잠재력, 가능성; 능력, ...력. **2** [문법] 가능법. **3** [전기] 전위(電位).
potencialitat potencialitats *f.* 가능성, 잠재력.
potenciar *tr.* 힘을 가하다; 가능하게 하다.
potent potents *adj.* **1** 힘이 있는, 강력한; 세력·권력이 있는; 위대한. **2** 생식력이 있는. **3** 효력이 있는.
potentat potentada potentats potentades *m.f.* **1** 제후, 군주, 절대 권력자. **2** 부호, 세력가, 세도가; 실력가, 대실업가.
poterna poternes *f.* (성의) 옆문, 뒷문.
potestat potestats *f.* **1** 힘, 능력; 세력, 권력. **2** (이탈리아에서의) 대관, 판관, 제후. **3** [성서] 권능 천사.
potestatiu potestativa potestatius potestatives *adj.* 임의의; 권능의, 권한에 의한.
pòtil pòtils *m.* 물 항아리.
potinejar *tr.* **1** 아무렇게나 만들다, 함부로 하다. **2** 속이다, 사기 치다.
potiner potinera potiners potineres *adj.m.f.* 아무렇게나 하는 (사람).
potinga potingues *f.* 마시는 약; 약을 마시는 일.

poti-poti poti-potis *m.* 뒤범벅, 뒤섞음.
potó potons *m.* =peülla.
pòtol pòtols *m.* 방랑자, 유랑자, 정처 없는 나그네; 망나니, 떠돌이.
potollar *intr.* 발로 차다, 걷어차다.
potser *adv.* 혹시, 혹, 어쩌면, 아마도.
potxó potxons =petó.
pou pous *m.* **1** 샘, 우물; 깊은 곳. **2** (광산의) 수갱. **3** (배의) 선창.
al fons d'un pou 아주 깊숙이 숨겨져.
pou mort[pou cec, pou negre, pou sec] 하수구.
ésser un pou de ciència [구어] 지식이 깊은 사람이다, 대학자이다.
fer un pou [구어] 잡담을 늘어놓다.
pouada pouades *f.* (물을) 끌어올림; 끄집어냄, 발굴.
pouador pouadora pouadors pouadores *adj.* pouar하는.
pouar *tr.* **1** (물을) 우물에서 끌어올리다. **2** 높이 올리다. **3** [비유] (아이디어 등을) 끄집어내다, 취하다, 발굴하다.
pouater pouatera pouaters pouateres *m.f.* 우물 파는 인부; 하수도 인부.
pràctic pràctica pràctics pràctiques *adj.* **1** 실지의, 실제적인, 실용적인. **2** 유용한, 쓸모 있는(útil). **3** 경험이 풍부한, 노련한(experimentat).
-m.f. **1** 경험이 풍부한 사람, 노련한 사람. **2** 수로 안내원.
-f. **1** 실행, 실천, 실시; 실제. **2** (체계적인) 실습, 응용. **3** 연습, 훈련(destresa). **4** 관례; 습관. **5** 경험.
a[en] la pràctica 실제로; 개업한.
posar en pràctica 실행에 옮기다.
practicant practicants *adj.* 실천하는, 행동하는; 실습하는.
-m.f. [남녀동형] **1** (병원의) 인턴, 대리의사; (의사·약사의) 실습생; 약국 보조원. **2** (실천적인) 종교인.
practicar *tr.* **1** 행하다, 실천하다, 실행하다. **2** 연습하다, 훈련하다, 수업하다. **3** (의사·약사로서) 실습하다.
practicatge practicatges *m.* [해사] 수로 안내(료).
prada prades *f.* **1** =prat. **2** =praderia.
pradell pradells *m.* 작은 목장.

pradenc pradenca pradencs pradenques *adj.* 목장의, 초원의.
praderia praderies *f.* [집합] 목장(지).
pragmàtic pragmàtica pragmàtics pragmàtiques *adj.* 실용주의의, 실제적인; 국내법의.
-f. [법률] 국내법; [고어] 칙령.
pragmatisme pragmatismes *m.* [철학] 실용주의; 실용적인 사고방식.
prat prats *m.* 목장, 초원.
praticultura praticultures *f.* 초원의 경작; 목장 경영, 목장 관리.
pravitat pravitats *f.* =perversitat.
praxi praxis *f.* (이론에 대한) 실천, 실지 응용.
preacord preacords *m.* 사전 합의.
preàmbul preàmbuls *m.* **1** 머리말, 서언. **2** 장황한 말, 빙 둘러 하는 말.
prear *tr.* **1** 평가하다, 값을 매기다. **2** 존중히 여기다, 가치를 높이 사다. **-se** 우쭐해하다, 자만하다(vanar-se).
preavís preavisos *m.* 사전 통보, 예고.
prebenda prebendes *f.* **1** 성직록(祿); 성직록을 내는 토지. **2** 보조금, 찬조금. **3** 수급(受給) 성직자(의 직); (수입이 많고 편한) 직업.
prebendat prebendats *m.* 성직자의 지위·사택·재산.
prebost prebosts[prebostos] *m.* [고어] 수도회장; 판관; 근위대장.
prec precs *m.* 간청, 탄원, 애원, 소원, 소망.
a prec de ...의 간청에 의해.
precari precària precaris precàries *adj.* **1** 불투명한, 불확실한, 믿을 수 없는, 불안정한. **2** 위험한, 불안한. **3** 가상의, 추정적인, 지레짐작의; (가설·추측 등이) 근거 없는.
precarietat precarietats *f.* **1** 불투명, 불확실. **2** 위험, 불안. **3** 가상, 추측, 추정.
precaució precaucions *f.* 조심, 신중, 주의; 경계, 예방.
precaucionar *tr.* 주의를 주다, 조심시키다, 경계하다.
precedència precedències *f.* **1** 선행(先行). **2** 우선, 우월; 상위, 상석(primacia). **3** 기득권.

precedent precedents *adj.* 앞서는, 선행하는; 전의, 전조의, 선례의.
-m. 선례, 전례.
establir un precedent 전례·선례를 들다.
servir de precedent 전례·선례가 되다.
precedir *tr.* 앞서다, 앞에 세우다; 뛰어나다, 우위에 있다.
precepte preceptes *m.* **1** 교훈, 훈계. **2** 법칙, 규율, 계율, 명령. **3** [성서] 율례, 율법.
complir el precepte pasqual [성서] 율례를 지키다.
preceptista preceptistes *adj.m.f.* 교훈을 주는, 가르치는 (사람).
preceptiu preceptiva preceptius preceptives *adj.* 교훈의, 교훈이 되는; 규율의.
preceptor preceptora preceptors preceptores *m.f.* 교사, 라틴어 선생; 몽학선생.
preceptoral preceptorals *adj.* [경멸적] 선생 같은; 고리타분한.
preceptorat preceptorats *m.* [집합] 교사(의 직).
preceptuar *tr.* 타이르다, 가르치다; 규율·계율을 정하다, 규정하다.
precintament precintaments *m.* precintar하는 일.
precintar *tr.* **1** 봉하다, 띠로 감다. **2** (상자 따위의) 모서리에 가죽을 대다.
precinte precintes *m.* 봉(封), 실.
preciós preciosa preciosos precioses *adj.* **1** 귀중한, 가치가 있는, 중요한, 소중한, 아까운. **2** 아름다운, 고운, 예쁜, 귀여운.
preciosisme preciosismes *m.* [문학] (용어의) 세련(주의).
preciositat preciositats *f.* **1** 귀중한 것, 소중한 것, 아름다운 것. **2** 예쁜 아이.
precipici precipicis *m.* **1** 벼랑, 단애, 절벽. **2** 타락, 전락, 파멸; 심연; 나락, 지옥.
precipitació precipitacions *f.* **1** 투하, 낙하, 추락. **2** 화급, 조급(pressa); 경솔. **3** [화학] 침전(물). **4** [기상] 강수(량), 우량, 강우, 강설.
precipitar *tr.* **1** 몰아내다, 밀어붙이다, 떨어뜨리다; 전락시키다. **2** 서두르다, 재촉하다, 독촉하다(apressar). **-se 1** 뛰어들다, 돌진하다; 추락하다, 전락하다. **2** 서둘다, 재촉하다; 당황하다.
precipitat precipitada precipitats precipitades *adj.* **1** 허둥대는, 당황하는. **2** 별안간의, 갑작스러운. *un desenllaç precipitat* 갑작스러운 대단원. **3** 경솔한. *un judici precipitat* 경솔한 판단.
-m. [화학] 침전물.
precipu precípua precipus precípues *adj.* 매우 중요한. *un personatge precipu* 매우 중요한 인물.
precís precisa precisos precises *adj.* 명시된, 정확한, 분명한; (말·표현 등이) 적확한.
precisar *tr.* 자세히 설명하다, 정확히 정하다, 구체적으로 명시하다.
precisió precisions *f.* 정밀(도), 정확(성) (exactitud).
precisió de tir 사격의 정확도.
precitat precitada precitats precitades *adj.* 앞서 언급한, 전술한, 전기한.
preclar preclara preclars preclares *adj.* 찬란한, 유명한, 저명한.
precoç precoç precoços precoces *adj.* **1** (과일이) 철이 이른, 설익은, 올된. **2** (사람이) 조숙한.
precocitat precocitats *f.* (야채·과일 등의) 조생, 일찍 꽃핌; 조숙.
precolombí precolombina precolombins precolombines *adj.* 콜럼버스의 아메리카 발견 이전의.
preconcebut preconcebuda preconcebuts preconcebudes *adj.* 예상·예감했던, 미리부터 생각했던.
preconitzar *tr.* **1** 권장하다, 추천하다 (proposar). **2** 예찬하다, 칭송하다. **3** (교황이) 주교의 임명을 재가하다.
precursor precursora precursors precursores *adj.* 선구의, 앞서는.
-m.f. **1** 선구자, 선각자, 개척자. **2** [성서] 세례 요한.
predador predadors *m.* =depredador.
predecessor predecessora predecessors predecessores *adj.* 앞서는, 선조의, 조상의.
-m.f. **1** 조상, 선조. **2** 선배, 선임자.

predestinació predestinacions f. 1 예정, 숙명, 운명. 2 [신학] (신의) 예정설.
predestinant predestinants adj. 예정의, 예정하는.
predestinar tr. 1 [신학] (신이) 미리 정하다, 예정하다. 2 운명으로 하다.
predestinat predestinada predestinats predestinades adj. 1 (신에 의해) 예정된; 숙명을 지닌. 2 아내를 빼앗긴. -m.f. 1 [신학] (영혼이 구원받기로) 예정된 자. 2 아내를 빼앗긴 남자.
predeterminar tr. 1 예정하다, 미리 정하다. 2 선결하다.
predi predis m. (집·대지 등의) 부동산 소유.
predic predics m. =prèdica.
prèdica prèdiques f. 설교, 설파, 연설.
predicable predicables adj. 1 설교·전도할 수 있는. 2 [문법] 단정·확언할 수 있는. -m. 속사; 속성, 단정되는 것.
predicació predicacions f. 설교, 전도.
predicador predicadora predicadors predicadores adj. 설교·전도하는, 교리를 가르치는. -m.f. 1 설교자, 전도사, 선교사. 2 [곤충] 사마귀.
predicaire predicaires adj.m.f. =predicador.
predicament predicaments m. 1 설교, 전도. 2 인기, 평판, 유명세.
predicant predicants adj.m.f. =predicaire.
predicar tr. 1 설교하다, 전도하다, 교리를 가르치다. predicar l'evangeli 복음을 전도하다. 2 [비유] 훈계하다, 권고하다(recomanar). predicar l'estalvi 저축을 가르치다. 3 [문법] 서술하다, 진술하다; 단언하다, 단정하다.
predicat predicats m. [문법] 술부, 술어, 서술부.
predicció prediccions f. 예언, 예보, 예측. predicció del temps [기상] 일기예보.
predicible predicibles adj. 예언·예보할 수 있는.
predilecció predileccions f. 1 편애, 편들. 2 애호.

predilecte predilecta predilectes predilectes adj. 1 가장 좋아하는, 마음에 들어 하는. 2 총애를 받는.
predir tr. 예언하다, 예보하다.
predisposar tr. 1 ...하게 하다. 2 (질병에) 걸리기 쉽게 하다. -se ...하는 경향·소질이 있다, 곧잘 ...하다.
predisposició predisposicions f. 1 소질, 경향. 2 [의학] (개인적인) 체질, 특이 체질.
predominació predominacions f. 1 지배, 통솔. 2 우월, 탁월성. 3 중요성.
predominança predominances f. =predominació.
predominar tr. 지배하다. -intr. 뛰어나다, 탁월하다, 지배력을 갖다, 우위를 차지하다.
predomini predominis m. 탁월함, 특출함, 우월(성); 권력, 위력; 지배력, 통솔력.
preeminència preeminències f. 1 특전, 우대, 특권. 2 우월, 돋보임, 탁월함.
preeminent preeminents adj. 뛰어난, 탁월한, 우월한; 숭고한, 지고한.
preescolar preescolars adj. 취학 이전의.
preestablir tr. 미리 설정하다.
preexistència preexistències f. 선재(先在)함; (영혼이) 선재함.
preexistent preexistents adj. 선재하는.
preexistir intr. 선재하다.
prefabricació prefabricacions f. [건축] 조립식 건축·구조.
prefabricat prefabricada prefabricats prefabricades adj. 조립식의.
prefaci m. 1 서문, 서언, 머리말(pròleg). 2 (미사의) 서문경. 3 [비유] 전제.
prefecte prefecta prefectes prefectes m.f. 1 (옛 로마의 군정·민정의) 우두머리, 장관, 태수. 2 (프랑스의) 총독, 지사.
prefectura prefectures f. prefecte의 직·지위.
preferència preferències f. 1 선호, 기호. 2 편애, 편들기. 3 우선권, 특권; (조세·관세의) 특혜.
preferencial preferencials adj. 우선적인, 선호하는; 특혜의.

preferent preferents *adj.* 우선의, 우선 적인, 선호하는; 오히려 더 나은, 더 바람직한.
preferible preferibles *adj.* 더 좋은, 바람직한.
preferir *tr.* 우선하다; 더 좋아하다; 오히려 ...을 택하다.
prefix prefixos *m.* **1** [문법] 접두사, 접두어. **2** (전화의) 지역 번호.
prefixació prefixacions *f.* [문법] 접두사 첨가.
prefixal prefixals *adj.* 접두사의.
prefixar *tr.* 접두사를 첨가하다.
prefixió prefixions *f.* =prefixació.
pregadéu pregadéus *m.* [곤충] 사마귀.
pregador pregadora pregadors pregadores *adj.m.f.* pregar하는 (사람).
pregar *tr.* **1** 원하다, 간청하다. **2** 기원하다, 간구하다.
pregària pregàries *f.* **1** 간구, 기원, 간청. **2** (정의의) 기도.
pregnant pregnants *adj.* 거북한, 답답한.
pregó pregons *m.* **1** 큰 소리; 큰 소리로 외침(crida). **2** 알리고 다님, 선전, 포고. **3** 외치며 팔기.
pregon pregona pregons pregones *adj.* **1** 깊은. *un pou pregon* 깊은 우물. **2** [비유] 깊은, 심원한, 심오한. *una pena pregona* 깊은 쓰라림. **3** 난해한, 이해가 어려운.
pregonar *intr.tr.* **1** 큰 소리로 부르다. **2** 외치며 다니다, 이 사람 저 사람에게 알리다. **3** 외치며 팔고 다니다.
pregoner pregonera pregoners pregoneres *m.f.* **1** 방을 외치고 다니는 사람, 광고인. **2** (큰 소리로 외치며 파는) 행상인, 경매하는 사람.
pregonesa pregoneses *f.* **1** 깊음, 심오함, 심원함; 깊이. **2** 난해, 이해 불능.
preguera pregueres *f.* =pregària.
pregunta preguntes *f.* 물음, 질문.
preguntador preguntadora preguntadors preguntadores *adj.m.f.* pregun- tar하는 (사람).
preguntaire preguntaires *adj.m.f.* =preguntador.
preguntar *tr.* **1** 묻다, 질문하다. **2** 심문하다. **-se** 자문하다.

prehistòria prehistòries *f.* [역사] 선사시대; 선사학.
prehistoriador prehistoriadora prehistoriadors prehistoriadores *m.f.* 선사학자.
prejudici prejudicis *m.* 편견, 선입관; 억측.
prejutjar *tr.* 미리 판단하다, 편견을 갖다; 억측하다.
prelat prelats *m.* 고위 성직자, 고승.
prelatura prelatures *f.* 고위 성직자의 직·지위.
preliminar preliminars *adj.* 예비의, 예비적인, 미리 하는.
-m. 예비 조치; 예비 과목; 가조약.
preludi preludis *m.* 서곡, 전주곡, 서막.
preludiar *intr.tr.* **1** (소리·악기를) 조정하다; 전주하다; 준비하다. **2** 전주곡·서막을 알리다, 전조가 되다. *preludiar la primavera* 봄을 알리다.
premall premalls *m.* (아마·사탕수수 등의) 짜고 남은 껍질; 과즙의 짜고 남은 찌꺼기; 사료로 쓰이는 과즙의 껍질.
prematrimonial prematrimonials *adj.* 결혼 이전의, 혼외의; 결혼 준비에 쓸.
prematur prematura prematurs prematures *adj.* **1** 미리 여문, 조숙한. **2** 너무 이른, 시기상조의, 철 이른. **3** (여자가) 아직 성숙하지 못한.
prematuritat prematuritats *f.* 조숙; 시기상조; 미성숙.
premeditació premeditacions *f.* **1** 미리 생각하는 일. **2** (범죄 따위의) 사전 음모, 사전 계획.
premeditar *tr.* **1** 미리 생각하다. **2** (범죄를) 사전 모의하다, 음모를 꾸미다.
prémer *tr.* **1** 조이다, 조여 매다, 꽉 쥐다. **2** 짓누르다, 압박하다, 꽉 끼이다, 거북하다. **3** (방아쇠를) 잡아당기다. **4** (즙을) 짜다.
premi premis *m.* **1** 상, 훈장. **2** 상여, 보상, 상금, 포상(recompensa, guardó). **3** (상을 받은) 수혜자. *Martin Luther King, premi Nobel de la pau* 노벨 평화상을 탄 마르틴 루터 킹. **4** [스포츠] 트로피.
premiador premiadora premiadors premiadores *adj.m.f.* premiar하는 (사람).

premiar tr. 상을 주다, 보답하다, 보상하다.
premissa premisses f. [논리] 전제.
premolar premolars m. 송곳니와 어금니 사이의 이.
premonició premonicions f. 예고, 사전 경고; 예감, 징후, 전조.
premonitori premonitòria premonitoris premonitòries adj. 1 예고의; 전조의. 2 [의학] 전구적(前驅的)인.
premorir [pp: premort premorta] intr. (...보다) 앞서 죽다.
premsa premses f. 1 압착기; 인쇄기. 2 인쇄(물); 신문, 저널리즘. *donar a la premsa* 간행하다, 출판하다. *tenir algú bona[mala] premsa* 좋은[나쁜] 평판을 가지다.
premsada premsades f. premsar하는 일.
premsaire premsaires m.f. premsar하는 사람.
premsar tr. 1 누르다, 조이다. 2 압착하다, 압연하다; 프레스·광택기에 넣다. 3 인쇄하다. 4 [비유] 짓누르다, 압박하다.
premsatge premsatges m. =premsada.
premuda premudes f. prémer하는 일.
premunir tr. 준비하다, 예비하다, 예방하다, 방지하다.
prenatal prenatals adj. 출생 이전의.
prendre [pp: pres presa] tr. 1 잡다, 쥐다, 붙잡다(agafar). 2 (꽃을) 꺾다, 채취하다; 따다, 거둬들이다. 3 끌어내다, 꺼내다, 잡아끌다. 4 (사상·신앙 등을) 택하다(adoptar). 5 사다, 매입하다 (proveir-se). *prendre entrades* 입장표를 구하다. 6 (주의·수업 등을) 받다. *prendre precaucions* 주의를 받다. 7 빌리다, 임대하다. 8 고르다, 골라 가지다. 9 채용하다, 고용하다. 10 (약·음식 등을) 들다, 먹다. 11 (수단·태도 등을) 취하다, 반응하다(reaccionar). 12 (사진을) 찍다. 13 (교통수단을) 이용하다, 타다. 14 (무엇을) 빼앗다, 탈취하다(emparar-se de). *Li prengué els diners* 그에게서 돈을 빼앗았다. 15 (버릇·습관 등이) 붙다. 16 점거하다, 점령하다. *prendre una ciutat a l'ene-mic* 적으로부터 도시를 점령하다. 17 (...로) 생각하다, 판단하다, 받아들이다. 18 (어떠한 일이) 일어나다, 달라붙다. 19 (일을) 떠맡다, 착수하다. 20 (보험 등을) 계약하다. -intr. 뿌리를 내리다(arrelar); (유행 등이) 방향을 타다; (불이) 번져 나가다. -'s (피·우유 등이) 응고하다; (시멘트·회반죽이) 굳다.

prenedor prenedora prenedors prenedores adj. prendre하는; 먹을 수 있는, 먹음직한; 허용할 수 있는.
prensió prensions f. 잡음, 쥠; 포착, 포박; 파악.
prenyar tr. 1 임신시키다, 잉태시키다, 수태시키다. 2 가득 채우다.
prenyat prenyada prenyats prenyades adj. 1 임신 중의, 잉태한. 2 가득 찬, 머금은.
-m. 임신 (기간).
prenys prenys adj. [단·복수동형] =prenyada.
preocupació preocupacions f. 1 선취, 선점. 2 선입관, 편견. 3 걱정, 우려, 걱정거리. 4 망아, 몰두; 건성.
preocupant preocupants adj. preocupar하는.
preocupar tr. 1 선취하다, 선점하다. 2 마음을 사로잡다. 3 걱정시키다, 마음이 걸리게 하다. 4 편견을 갖게 만들다. -se 걱정하다; 마음을 빼앗기다; 편견을 갖다.
preoperatori preoperatòria preoperatoris preoperatòries adj. [의학] 외과 수술 전의.
prepalatal prepalatals adj.f. [음성] 센입천장소리(의), 경구개음(의).
preparació preparacions f. 1 준비, 채비. 2 예습. 3 [약학] (약의) 조제(품) 4 [집합] 지식, 학식.
preparador preparadora preparadors preparadores adj. 준비하는.
-m.f. 준비하는 사람; 지도원, 코치.
preparar tr. 1 준비하다, 마련하다, 채비하다. 2 예습하다, 미리 해 보다. 3 (약을) 조제하다. 4 (직업적으로) 훈련시키다(instruir, entrenar). 5 꾸미다, 만들다. -se 준비를 하다.

preparat preparats *m.* [약학] (약의) 조제; 약을 팖, 매약.

preparatiu preparativa preparatius preparatives *adj.* 준비의, 예비의, 예비적인.
-*m.* 준비 물품.

preparatori preparatòria preparatoris preparatòries *adj.* 준비의, 예비의, 예비 과정의.

preponderància preponderàncies *f.* (절대적인) 우세, 강세, 우위.

preponderant preponderants *adj.* 우세한, 지배적인, 압도적인.

preponderar *intr.* **1** 앞서다, 우세하다, 지배적이다, 압도적이다. **2** 세력이 있다, 영향력이 있다(predominar).

preposició preposicions *f.* [문법] 전치사.

preposicional preposicionals *adj.* [문법] 전치사의.

prepòsit prepòsits *m.* 장, 우두머리; 교단장.

prepositiu prepositiva prepositius prepositives *adj.* [문법] 전치사의, 전치적인.

prepotència prepotències *f.* **1** 대세, 우세. **2** [생물] 우성 유전(력).

prepotent prepotents *adj.* **1** 우세한, 세력이 있는. **2** [생물] 우성 유전의.
-*m.f.* 유력자, 세력가; 우성유전자.

prepuci prepucis *m.* [해부] 포피(包皮).

prepucial prepucials *adj.* 포피의.

prerrogativa prerrogatives *f.* 특권, 특전.

pres presa presos preses *adj.* 붙잡힌; 자유를 박탈당한.
-*m.f.* 잡힌 사람, 검거된 사람; 포로, 죄수.
-*f.* **1** 잡는 일, 취함, 수집. **2** 점거, 점령 (conquesta), 공략, 탈취. **3** (자유를) 박탈당함. **4** 수렵, 사냥; 사냥물, 포획물. **5** 방죽, 댐, 저수지. **6** [약학] (약 등의) 1회분 양. *tres preses* 3회분 약. **7** [전기] (전기를 끌어들이는) 소켓.

presa de dades 자료수집.

presa de possessió 권력을 잡음, 직책에 오름.

fer presa [비유] 붙잡다, 먹이로 만들다.

presagi presagis *m.* **1** 전조, 조짐. **2** 예언, 예지, 점.

presagiar *tr.* 예언하다, 예견하다, 예지하다.

presagiós presagiosa presagiosos presagioses *adj.* 조짐의, 전조의, ...낌새의.

presbícia presbícies *f.* [의학] 원시, 노안.

pràsbita pràsbites *adj.m.f.* [남녀동형] 원시안을 가진 (사람).

presbiteral presbiterals *adj.* presbiteri의.

presbiterat presbiterats *m.* 장로직; 사제직, 승려직.

presbiteri presbiteris *m.* 장로, 목사; 사제, 승려.

prescindible prescindibles *adj.* 떼어 버릴 수 없는, 물리칠 수 없는, 배제할 수 없는; 없어도 되는.

prescindir *intr.* 묵과하다, 무시하다, 지양하다, 배제하다, 벗어 던지다, 떼어 버리다.

prescripció prescripcions *f.* **1** 지령, 명령, 지시, 규정. **2** [약학] (약의) 처방 (recepta). **3** 시효, 실효.

prescriptible prescriptibles *adj.* 시효가 되는, 시효에 의한.

prescriptiu prescriptiva prescriptius prescriptives *adj.* prescriure하는.

prescrit prescrits *m.* 명령(ordre, manament); 법규.

prescriure *tr.* **1** 명령하다, 지시하다(ordenar, manar); 규정하다. **2** [법률] 시효로 하다, 시효에 의해 취득하다. **3** (약을) 처방하다; (요법을) 권하다. -*intr.* **1** 규칙을 정하다, 지시하다. **2** (약의) 처방을 내리다. **3** [법률] 시효가 되다; 소멸 시효를 주장하다.

presència presències *f.* **1** (어떤 장소에) 나타나는 일. **2** 출석, 출정, 입회, 출두, 출현. **3** 눈앞, 면전, 목전. **4** 외모, 풍채, 면모(aspecte).

a la presència[en presència] de ...의 앞에서, ...의 면전에서.

presència d'esperit 냉정, 침착, 태연한 태도.

fer acte de presència 출두하다, 출현하다, 나타나다.

presencial presencials *adj.* **1** 현재의, 현존하는, 목하의. **2** 현장의, 목격하는. *la formació presencial* 현장 교육.
presenciar *tr.* **1** (...에) 입회하다; 자리에 나오다. **2** 목격하다.
present presents *adj.* **1** (어떤 장소에) 있는. **2** 현재의, 지금의, 현(現) ... *les circumstàncies presents* 현재의 상황들. **3** (주·달 등의) 이번, 금번. **4** (문제 따위가) 현안의, 당면한, 목전의. *-m.* **1** 현재, 지금, 목하; 현상(aspecte). **2** [문법] 현재 (시제). **3** 선물(regal). *-m.f.pl.* 참가자, 참석자(assistents).
fer present 상기시키다, 주지시키다, 분명히 하다.
fer present de 선물하다.
tenir present 명심하다, 주지하다, 기억하다.
presentador presentadora presentadors presentadores *adj.* presentar하는. *-m.f.* **1** 제시자. **2** 발표자; (방송의) 인도자. **3** (수표 등의) 지참인. **4** 증정하는 사람. **5** 소개·추천하는 사람.
presentalla presentalles *f.* [종교] 봉헌물.
presentar *tr.* **1** 보이다, 내놓다, 제시하다(mostrar). **2** 바치다, 증정하다, 선사하다. **3** 소개하다, 알게 하다. *El van presentar a la senyora de la casa* 그들은 그 집의 부인에게 소개했다. **4** 추천하다, 천거하다. **5** 상연하다, 상영하다. **6** 주다, 제공하다(oferir). *-se* **1** 나타나다, 출현하다, 출두하다(comparèixer). **2** (어떤 상태로) 보이다. **3** (자신을) 소개하다.
preservació preservacions *f.* **1** 보존, 저장. **2** 보관, 보호, 유지. **3** 예방, 방부.
preservar *tr.* **1** 보존하다, 저장하다. *preservar el patrimoni natural* 천연자원을 보존하다. **2** 보관하다, 보유하다, 보호하다. **3** 유지하다, 방호하다. **4** 예방하다.
preservatiu preservativa preservatius preservatives *adj.* 보호의, 보존용의, 예방의. *-m.* **1** 방부제. **2** 예방법. **3** 콘돔(condó), 피임 기구.
presidència presidències *f.* **1** (대통령· 총재·의장·회장·사장·총장 등의) 직·임기·관저·석(席). **2** 사회, 주재, 통할.
presidencial presidencials *adj.* president의.
presidencialisme presidencialismes *m.* [정치] 대통령 중심제.
president presidenta presidents presidentes *m.f.* 대통령, 총재, 의장, 회장, 사장, 총장.
presidi presidis *m.* **1** 요새, 성채; 수비대. *el cap militar del presi* 수비대 대장. **2** 보호, 도움, 구조. **3** 감옥, 징역. **4** [집합] 죄수.
presidiari presidiària presidiaris presidiàries *adj.* 죄를 뉘우치는, 참회하는, 속죄하는; 참회를 듣는. *-m.f.* 죄수(pres).
presidir *tr.* 주재하다, 사회를 보다, 통할하다(dirigir).
presó presons *f.* **1** [법률] 체포, 구속; 금고형. **2** 감옥, 형무소.
presoner presonera presoners presoneres *adj.* 붙잡힌. *-m.f.* 붙잡힌 사람, 죄수, 포로.
pressa presses *f.* **1** 서두름, 조급함; 신속함. **2** 긴급, 급함(urgència).
de pressa 급히, 서둘러(ràpidament).
sense pressa 서두르지 않고.
anar amb presses 서둘러 가다.
córrer pressa 급히 달리다.
donar pressa 서두르게 하다, 재촉하다, 몰아대다.
donar-se pressa 서두르다.
tenir pressa 급하다.
préssec préssecs *m.* [식물] 복숭아.
fer el préssec [구어] 속아주다.
presseguer pressegueres *m.* [식물] 복숭아나무.
presseguerar pressegu erars *m.* 복숭아밭.
pressentiment pressentiments *m.* 징후, 예감, 전조, 조짐.
pressentir *tr.* 예감하다, 예견하다, 예지하다, 예측하다.
pressió pressions *f.* **1** 압력. **2** [비유] 압박, 눌림.
pressió arterial [의학] 혈압.
pressió atmosfèrica [물리] 기압.

pressionar tr. 압박하다.
pressuposar tr. **1** 미리 가정하다, 예상하다. **2** [경제] 견적을 내다, 예산을 세우다.
pressuposició pressuposicions f. **1** 예상, 가정. **2** 이유, 구실, 핑계. **3** [경제] 견적, 예산.
pressupost pressuposts [pressupostos] m. **1** [경제] 예산(안), 수지 예산표. **2** [경제] 견적(서), 계산(서). **3** 가정, 예상; 이유.
pressupostar tr. [경제] 예산을 세우다, 예산을 편성하다.
pressupostari pressupostària pressupostaris pressupostàries adj. 예산의.
pressura pressures f. 서두름, 신속; 조급함.
prest[1] presta prests[prestos] prestes adj. **1** 준비된, 즉시 할 수 있는(disposat). **2** 신속한, 재빠른, 민첩한, 날렵한.
prest[2] adv. 곧, 즉시.
prest o tard 조만간에.
prestació prestacions f. **1** 대부, 대여; 제공. **2** 과세, 부과금(impost). **3** 연공, 봉납물.
prestador prestadora prestadors prestadores adj. 빌려 주는.
-m.f. 대부업자.
prestament prestaments m. 신속하게, 급히.
prestar tr. **1** 빌리다, 빌려 주다. **2** (주의를) 기울이다; (선언 등을) 하다. **3** (경의·조의 등을) 표하다. **-se** 준비되다, 제공되다.
prestatari prestatària prestataris prestatàries m.f. 돈을 빌린 사람, 차관인.
prestatge prestatges m. 책장, 선반; 선반의 널.
prestatgeria prestatgeries f. [집합] 선반, 책장.
prestatjat prestatjada prestatjats prestatjades adj. 선반·책장이 있는.
préstec préstecs m. **1** 대여, 대부; 대부금, 차관. **2** 계약(서). **3** [언어] 차용어.
prestesa presteses f. 신속, 재빠름, 민첩함, 기민함.
amb prestesa 신속하게, 잽싸게.

prestidigitador prestidigitadora prestidigitadors prestidigitadores adj. 마술을 거는, 속임수를 쓰는.
-m.f. 마술사.
prestigi prestigis m. **1** 명성, 권위, 위신. **2** 환술, 속임수.
prestigiar tr. 명성을 주다, 권위를 부여하다; 빛을 발하다.
prestigiós prestigiosa prestigiosos prestigioses adj. **1** 명성·권위가 있는. **2** 환술의, 속임수의.
presto adv. 신속하게, 재빨리, 즉시.
presumible presumibles adj. 가정·추측·추정·짐작할 수 있는; 그럴싸한, 그럴듯한.
presumir tr. 가정하다, 추측하다, 짐작하다, 헤아리다. *-intr.* 우쭐대다, 자랑하다, 뽐내다; ...인 체하다, 자부하다.
presumit presumida presumits presumides adj. 자랑하는, 뽐내는, 자부하는, 우쭐대는; 시건방진.
presumpció presumpcions f. **1** presumir하는 일. **2** 가정, 추측, 추정, 상상. **3** 자부심, 우쭐거림.
presumpte presumpta presumptes presumptes adj. **1** 추정의, 추정적인. **2** 가상의, 가정의; 용의가 있는, 미심쩍은.
pretendent pretendenta pretendents pretendentes m.f. **1** 지망자, 희망자, 신청자, 후보자. **2** 왕위를 노리는 사람.
-m. (특히 여자에게) 구혼자, 구애자.
pretendre tr. **1** 바라다, 희구하다. **2** 노리다, 은근히 바라다. **3** 구애하다, 구혼하다. **4** 가정하다, 상상하다. *-intr.* 바라다, 원하다; 청혼하다.
pretensió pretensions f. **1** 바람, 희구, 소원, 소망. **2** 구애, 구혼, 청혼. **3** 자만심, 우쭐거림, 으스댐.
pretensiós pretensiosa pretensiosos pretensioses adj. 우쭐해 하는, 자만심이 대단한, 으스대는.
preterició pretericions f. 간과, 묵살.
preterir tr. 간과하다, 무시하다; 묵살하다, 따돌리다.
pretèrit pretèrita pretèrits pretèrites adj. 과거, 과거 시제의.
-m. [문법] 과거형.

pretext pretexts[pretextos] *m.* 구실, 변명, 핑계.
amb el[sota] pretext que ...의 구실로, ...를 핑계 삼아.
pretextar *tr.* 구실을 대다.
pretor pretors *m.* (옛날 로마의) 지방 집정관·태수.
pretoria pretories *f.* pretor의 직·지위.
pretorial pretorials *adj.* pretor의.
preu preus *m.* **1** 값, 가격; 시세. **2** [비유] 대가, 희생. **3** 값어치; 귀중함, 중요, 존중.
a preu fet 청부로; 계속하여, 쉬지 않고.
a tot preu 어떤 대가를 치러서라도, 어떻게 해서라도.
al preu de ...의 대가를 치러, ...을 희생하는 대신.
preu corrent 시세, 현행 가격, 거래 가격, 시장가격.
preu de fàbrica 제조 원가, 공장 가격, 공장도 가격.
preu de venda 판매 가격, 매각 가격.
preu per preu 같은 대가로; 눈에는 눈으로 이에는 이로.
A quin preu va? 얼마에 팝니까?
posar preu a 값을 매기다.
sortir a bon preu 싸게 팔리다.
preuar *tr.* 가격을 매기다, 평가하다; 높이 평가하다.
preufetaire preufetaires *m.f.* 청부인.
prevalença prervalences *f.* 이용, 악용.
prevaler *intr.pml.* 이용하다, 악용하다.
prevaricació prevaricacions *f.* **1** 배반, 배신. **2** 위배, 위법. **3** [법률] 독직, 배임, 오직. **4** 태만.
prevaricador prevaricadora prevaricadors prevaricadores *adj.m.f.* prevaricar하는 (사람).
prevaricar *intr.* **1** 의무를 게을리 하다, 태만히 하다. **2** [법률] 배임하다, 오직하다, 독직하다.
prevenció prevencions *f.* **1** 준비, 사전 준비. **2** 방지, 예방; 예방법. **3** 주의, 경계, 경고, 계고, 미리 알림. **4** 예지, 예견. **5** 편견, 선입관. **6** [법률] 예심. **7** [군사] 비축 양식.
prevenir *tr.* **1** 미리 준비하다(preparar).
2 방지하다, 예방하다, 예방 조치를 하다. **3** 알리다, 주의하다, 경고하다. *Jo ja us vaig prevenir* 내가 너희에게 이미 경고했다. **4** 예지하다, 예견하다. **5** 편견을 갖게 하다. **6** 갑자기 들이닥치다, 놀라게 하다. **7** 예비 조사를 하다, 예심하다.
preventiu preventiva preventius preventives *adj.* 예방의, 예비의, 대비의, 사전의.
prevere preveres *m.* (기독교의) 장로.
preveure *tr.* 예견하다, 예지하다; 눈치채다, 미리 알다, 미리 알아채다.
previ prèvia previs prèvies *adj.* 앞선, 사전의, 이전의. *sense previ avís* 사전경고·예고 없이.
previsible previsibles *adj.* 예견·예지할 수 있는, 미리 알 수 있는.
previsió previsions *f.* **1** 예상, 예견, 예지, 선견(지명). **2** 방지, 조치, 예방(책). **3** [경제] 준비금.
previsor previsora previsors previsores *adj.* 앞서 판단하는, 선견적인, 선견지명이 있는.
prim¹ prims *m.* **1** (배의) 선미의 좁은 부분. **2** 암초; 장애물. **3** *pl.* (밀가루를 빻을 때 나오는) 밀기울.
prim² prima prims primes *adj.* **1** 가는, 엷은, 얇은. **2** 마른, 여윈, 홀쭉한(magre). **3** (땅이) 메마른. **4** (잠이) 깊이 들지 않은. **5** 빈약한, 부족한, 변변치 못한(escàs). **6** (목소리가) 가냘픈, 가느다란. *una vou prima* 가냘픈 목소리. **7** 섬세한, 미묘한, 예리한. **8** 처음의, 제일의(primer).
a prim son 막 잠들어 있을 때에.
anar[venir] de prim que... [구어] 가까스로 ...하다.
anar prim de ...없이 지내다.
filar[mirar] prim [구어] 신중히 생각하다, 신중히 처리하다.
prima primes *f.* **1** (옛 로마의) 낮의 첫 4분의 1, 새벽. **2** [음악] (현악기의) 가장 높은 음을 내는 현. **3** [상업] 보험료, 프리미엄, 계약금(quota). **4** 보조금, 장려금, 조성금, 교부금; 특별 수당.
prima donna f.ital. (오페라 등의) 주역

primacia 여우·가수, 프리마돈나.
primacia primacies *f.* **1** =preeminència. **2** primat의 직·지위.
primal primala primals primales *m.f.* [동물] 한 살 미만의 새끼 양.
primari[1] primaris *m.* [지질] 제1기.
primari[2] primària primaris primàries *adj.* **1** 최초의; 초보의, 초등의. *ensenyament primari* 초등 교육. **2** [전기] 1차의. **3** [지질] 제1기의.
primàriament *adv.* 먼저, 우선; 제일 먼저, 최초로.
primat primats *m.* **1** 수위, 상석. **2** 수석대주교, 수석 대감독; 그 직·지위.
primatxó primatxona primatxons primatxones *adj.* 가느다란, 엷은; 여윈, 날씬한.
primavera primaveres *f.* **1** 봄. **2** [비유] 봄, 젊음, 청춘; 전성시대, 한창때, 전성기. *la primavera de Praga* 프라하의 봄. **3** 나이(any). **4** [식물] 앵초. **5** [조류] 프리마베라[멕시코에 사는 새의 일종].
primavera blava [조류] 에레리요[식충류의 새].
primaveral primaverals *adj.* 봄의, 봄 같은; 청춘의.
primaverenc primaverenca primaverencs primaverenques *adj.* =primaveral.
primejar *intr.* 가느다랗다; 야위다, 날씬하다.
primer[1] primera primers primeres *adj.* **1** 제일의, 최초의, 처음의; 첫째의, 일등의, 일류의 (사람). **2** 가장 중요한. *la primera actriu* 가장 중요한 여배우. **3** 시급한, 응급의(urgent). **4** 예전의, 본래의. **5** 근본적인, 기본적인, 기초적인, 바탕이 되는(rudimentari). **6** [수학] 소수의.
de primera 고급의, 일등급의; 매우 훌륭하게; 매우 잘. *Hem fet un dinar de primera* 우리는 매우 훌륭한 식사를 했다.
el primer 첫째 날, 1일.
-adv. **1** 처음, 처음으로. **2** ...에 앞서 (abans).
de primer 우선, 첫째로; 무엇보다 먼저 (primerament).

primer[2] primera primers primeres *m.f.* 첫 번째 사람, 일등.
primera primeres *f.* (자동차의) 1단, 저속도; (객차의) 1등실.
primerenc primerenca primerencs primerenques *adj.* [농업] 올벼의, 조생의, 때 이른.
primeria primeries *f.* **1** =principi. **2** *pl.* =primícies.
primfilar *intr.* **1** 실을 가늘게 짜다. **2** 신중히 생각하다, 신중히 처리하다.
primicer primicera primicers primiceres *adj.* 첫째의, 최고의.
primícia primícies *f.* [일반적으로 복수로 쓰여] 처음 거둔 것, 햇곡식; 처녀작.
primigeni primigènia primigenis primigènies *adj.* 원시의, 최초의, 본원의.
primitiu primitiva primitius primitives *adj.* **1** 원시 (시대)의, 원시적인, 미개의, 태고의. *l'home primitiu* 원시인. **2** 고풍의, 미발달의, 소박한. **3** 야만의, 야성적인, 구식의. **4** 본원의, 초기의, 근본의. *el cristianisme primitiu* 초대 교회. **5** 원색의, 원선의, 기초 화음의. **6** [회화] 문예 부흥기 이전의. **7** [언어] 원어의. *el llenguatge primitiu* 원어. **8** [생물] 초생의.
-m.f. **1** 원시인, 미개인. **2** 소박한 사람. **3** [회화] 문예 부흥기 이전의 화가; 소박한 화풍의 화가.
primitivisme primitivismes *m.* 원시성, 미개성; 사실주의.
primmirat primmirada primmirats primmirades *adj.* **1** 신중한, 생각이 깊은, 주의 깊은. **2** [비유] 자상한, 섬세한 (delicat).
primogènit primogènita primogènits primogènites *adj.m.f.* 처음에 낳은 자식(의), 장남·장녀(의).
primogenitura primogenitures *f.* [성서] 장자권.
primor primors *f.* 가늚; 날씬함; 우아함.
primordi primordis *m.* [식물] 싹.
primordial primordials *adj.* **1** 원시 (시대)의, 최초의. **2** 본원적인, 근본적인 (essencial). **3** [생물] 초생의.
de primordial importància 가장 중요한, 매우 중대한.

primparat primparada primparats primparades *adj.* 쓰러질 것 같은, 약한.
primsenyar *tr.* 성호를 긋다, 십자를 긋다.
príncep prínceps *m.* **1** 왕자, 황태자. **2** (제왕에 소속된) 군주, 제후(sobirà). **3** (영국 이외의) 공작, ...공. **4** [비유] 제 1인자, 대가.
príncep consort 여왕의 부군.
príncep de la sang 황족.
príncep de l'Església 추기경.
princesa princeses *f.* **1** 공주, 왕녀, 황녀; (특히 스페인의) 왕위를 계승하는 공주. **2** 황태자비. **3** (영국 이외의) 공작부인. **4** [비유] 뛰어난 여인, 걸출한 여인.
principal principals *adj.* **1** 주된, 주요한, 제1의, 중요한. **2** 본질적인, 기본적인 (fundamental). **3** 유명한, 뛰어난. **4** 초판의.
-m.f. **1** 우두머리, 보스, 사장, 주인, 왕초. **2** 주동자, 본인, 주역.
-m. **1** [상업] 원금(capital principal). **2** [건축] (건물의) 주 계단; 주재(主材), 주된 구조. **3** (대리권의) 수권자, 위임자(poderdant). **4** 본인, 주범. **5** [법률] 주 채무자, 제1채무자. **6** [음악] (풍금의) 주요 음전.
principat principats *m.* **1** príncep이 통치하는 공국; 공작의 지위·지배·권력, 공작령. **2** *pl.* 권품천사(權品天使).
principi principis *m.* **1** 시작, 기원; 기점 (començament). **2** 본원, 바탕, 근본. **3** (구성) 요소, 소(素), 원소. **4** 원칙, 원리, 주의. **5** (학문·예술 등의) 기본 개념, 기초 지식.
al principi 처음에는, 당초에는.
al principi de ...의 초에, ...이 시작할 때에.
de bon principi 처음부터.
des del principi a la fi 처음부터 끝까지.
en principi 원칙상, 기본적으로.
donar principi 시작하다, 착수하다, 개시하다.
principiant principiants *adj.* 초심의, 견습의.
-m.f. 초심자, 견습생, 입문자.
principiar *tr.* 시작하다, 착수하다, 개시하다.
prior priora priors priores *m.f.* (가톨릭의) 수도원장; 여수도원장.
priorat priorats *m.* **1** 수도원장의 직위·관구. **2** (카탈루냐 산의) 적포도주.
prioressa prioresses *f.* =priora.
prioritari prioritària prioritaris prioritàries *adj.* 우선하는, 우선적인.
prioritat prioritats *f.* 앞섬, 우선함; 우선권; 상석.
prioritzar *tr.* 우선권을 두다.
prisar *tr.* 접다, 주름을 잡다.
prisat prisats *m.* 접음; 접은 것.
prisma prismes *m.* **1** 기둥, 각주, 모난 기둥. **2** 프리즘.
prismàtic prismàtic prismàtics prismàtiques *adj.* 각주형의; 프리즘의.
-m.pl. 프리즘; 쌍안경; 오페라글라스.
privació privacions *f.* **1** [의학] (시력 등의) 상실. **2** [법률] (권리 등의) 박탈, 면직; 부자유. **3** 결핍, 궁핍.
privar *tr.* **1** 빼앗다, 박탈하다. *privar de llibertat* 자유를 박탈하다. **2** 면직하다, 파면하다. **3** 금지하다, 자유를 주지 않다. *-se* **1** 사양하다, 그만두다. **2** 잃다, 빼앗기다.
privat privada privats privades *adj.* **1** 사적인, 개인에 속하는, 개인적인, 일개인의. **2** [의학] (의료 등) 자기 부담의(no púbic). **3** 공개하지 않는, 비공식의, 비밀의, 자기 혼자의, 사사로운, 비공식적인(no oficial). **4** 사영의, 사유의, 사립의, 사설의, 민간의. *l'ensenyament privat* 사립학교 교육.
-m. (왕·공자의) 측근자, 총애를 받는 사람.
-f. =comuna.
privatització privatitzacions *f.* 사유화.
privatitzar *tr.* 사유화하다.
privatiu privativa privatius privatives *adj.* **1** 배타적인. **2** 독특한, 특유의, 특색적인. **3** [문법] 부정(否定)의, 부정을 나타내는.
privilegi privilegis *m.* **1** 특권, 특전; 우선권, 기득권. **2** 특허(권). **3** [법률] 우선 변제권.
privilegiar *tr.* 특권·특전을 부여하다.
privilegiat privilegiada privilegiats pri-

vilegiades *adj.* 특권·특전을 부여받은; 우선적인.
-*m.* 향유, 향수.
pro pros *m.* 찬성, 찬성론, 찬성투표; 찬성자, 지지자.
pesar el pro i el contra 찬반을 가늠하다; 균형을 맞추다.
-*prep.* ...을 위한, ...에 유리한(a favor de).
en pro ...을 위해, ...의 편에 서서, 찬성으로. *votar en pro* 찬성하는 쪽에 투표하다.
en[a] pro de ...을 위해.
proa proes *f.* (배의) 이물, 선수, 뱃머리.
de proa a popa 이물에서 고물까지; 처음부터 끝까지.
canviar de proa 방향을 바꾸다.
fer bona proa 방향을 잘 잡다, 순조롭게 진행하다.
probabilitat probabilitats *f.* 1 가능성, 가망성, 전망, 공산; 있을 법한 일. 2 [수학] 확률. 3 [철학] 개연성(蓋然性).
probable probables *adj.* 1 있을 법한, 가능성 있는, 일어날 수 있는, 그럴싸한. 2 개연적인.
ésser probable que ...할 수도 있다, ...할 가능성이 있다.
probablement *adv.* 어쩌면, 아마도, 필경.
probatori probatòria probatoris probatòries *adj.* 증거의, 증거가 되는, 증거를 내세우는; 시험 중의.
probe proba probes probes *adj.* 곧은, 성실한, 정직한.
probitat probitats *f.* 곧음, 성실, 정직 (rectitud).
problema problemes *m.* 1 문제, 과제, 난제, 어려움(dificultat). 2 [수학] (미해결된) 난제.
problemàtic problemàtica problemàtics problemàtiques *adj.* 1 문제가 되는, 까다로운, 의심스러운, 미심쩍은, 불확실한. 2 미정의, 미해결의.
-*f.* [집합] 문제(성), 미해결 과제.
probòscide probòscides *f.* 1 [동물] (코끼리의) 코. 2 [곤충] 부리, 주둥이.
proboscidis *m.pl.* [동물] (코끼리 등의) 장비류 동물.

procaç procaç procaços procaces *adj.* 뻔뻔스러운, 낯가죽이 두꺼운, 파렴치한, 거만스러운.
procacitat procacitats *f.* 1 뻔뻔스러움, 철면피, 파렴치. 2 오만불손한 행동·말.
procedència procedències *f.* 1 기원, 출처, 원산지. 2 출신지, 출신 성분. 3 (교통 기관의) 출발점, 출범 항구, 전(前)기항지, 출국, 발역, ...발(發). 4 (청원 등의) 근거, 이유.
procedent procedents *adj.* 1 유래한, 근거한; ...에서 나온, ...발(發)의(provinent). 2 이유가 있는, 합당한.
procediment procediments *m.* 1 방법, 방식. 2 조치, 행동, 처리, 처분; 수속, 수순, 순서; (제조) 공정. 3 [법률] 소송(수속).
procedimental procedimentals *adj.* procediment의.
procedir *intr.* 1 (어떤 행동으로) 이어지다, 옮기다, 착수하다, 시작하다. 2 조치하다, 처리하다, 수속하다, 수속을 밟다. 3 (...에서) 나오다, 비롯하다, 시작되다, 유래하다(venir). 4 (법·권리 등에) 근거를 두다, 근거가 있다. 5 계속하다, 계속되고 있다. 6 행하다, 행동하다(actuar). *Procedeix com si fos enemic nostre* 그는 마치 우리의 적인 것처럼 행동한다. 7 [법률] 소송을 제기하다. 8 열을 짓다; (의식·종교 등의) 행렬을 지어 가다.
procedir contra [법률] 소송을 제기하다.
procel·lós procel·losa procel·losos procel·loses *adj.* 폭풍우의; 폭풍우가 일 듯한, 비바람이 몰아칠 듯한.
pròcer pròcers *m.* 고관, 요인, 거물; 애국지사.
procés processos *m.* 1 (시간의) 흐름, 추이, 경과. 2 공정, 과정; 방법, 방식, 처리. 3 [법률] 고소, 기소, 소송; 일건 서류; 피고 소환(장). 4 [의학][생물] 돌기, 융기.
processal processals *adj.* procés의.
processador processadora processadors processadores *m.f.* processar하는 사람.
processament processaments *m.* 고소,

processar 기소, 소송; 제소; 취조; 심문.
processar *tr.* [법률] 고소하다, 기소하다, 소송하다, 제소하다; 취조하다.
processional processionals *adj.* 행렬의.
processionària processionàries *f.* [구어] [곤충] (송백을 해치는) 모충, 송충이.
processó processons *f.* **1** 행렬; (종교 의식 행사의) 행진. **2** 시작, 개시, 착수; 진행, 전진. **3** [비유] 줄, 열, 연속; (개미들의) 줄.
la processó va per dins [구어] 겉으로 드러내지 않고 괴로워하다.
No es pot repicar i anar a la processó [속담] 한꺼번에 두 마리의 토끼를 잡을 수는 없다; 한 가지의 일에 집중하라.
proclama proclames *f.* **1** 공시, 포고, 선언; 훈시. **2** *pl.* (교회에서의) 결혼의 예고.
proclamació proclamacions *f.* 공시, 포고, 발표, 선언; 공식 선언, 천명.
proclamar *tr.* **1** 공시하다, 포고하다, 선언하다(anunciar). **2** 공식적으로 인정하다. **3** 겉으로 표현하다, (표면적으로) 말해 주다(exterioritzar). *La manera de vestir proclamava la seva pobresa* 그의 옷 입는 모양이 그의 가난을 말해 주곤 했다. **4** (누구의) 결혼을 예고하다. **-se** (취임·즉위 등을) 선포하다, 공표하다.
proclític proclítica proclítics proclítiques *adj.* [문법] 대명사처럼 다른 말 뒤에 붙어 발음할 때 무강세 음이 되는 단음절어[관사, 전치사 등].
-m. 후위 접사.
procliu proclius *adj.* ...하는 경향이 있는, ... 성향의, ...하는 버릇의.
proclivitat proclivitats *f.* 성향, 버릇.
procreació procreacions *f.* [생물] 산출, 생식.
procrear *tr.* 낳다, 산출하다, 생산하다, 생식하다.
proctitis proctitis *f.* [의학] 항문염.
proctòleg proctòloga proctòlegs proctòlogues *m.f.* 항문 전문의.
proctologia proctologies *f.* [의학] 항문학, 직장학.
procura procures *f.* =procuració.

procuració procuracions *f.* **1** 노력, 애씀; 마련. **2** 대행, 대리(권). **3** 위임장.
procurador procuradora procuradors procuradores *m.f.* **1** 대행자, 대리자. **2** 검사; 집행관, 집정관. **3** 회계 담당관.
procurar *tr.* **1** [전치사 de와 함께 쓰여] ...하고자 하다, 애쓰다, 노력하다. **2** 제공하다, 융통하다, 공급하다(proporcionar).
pròdig pròdiga pròdigs pròdigues *adj.* **1** 방탕한, 낭비성의, (재산을) 탕진하는(malversador). **2** 선심 잘 쓰는, 손이 큰, 관대한(generós). **3** 풍부한, 풍족한, 비옥한, 풍요로운.
prodigalitat prodigalitats *f.* **1** 낭비, 허비, 방탕. **2** 풍부, 풍족, 많음, 다수.
prodigar *tr.* 푸짐하게 주다, 선심 쓰다. **-se** (돈을) 뿌리고 다니다, 탕진하다.
prodigi prodigis *m.* **1** 경이, 기적, 불가사의. **2** 불가사의한 물건·사람. **3** [형용사적] 천재적인. *un infant prodigi* 천재적인 아이.
prodigiós prodigiosa prodigiosos prodigioses *adj.* **1** 경이적인, 불가사의의. **2** 훌륭한, 뛰어난; 천재적인. **3** 완벽한, 완전한.
prodigiositat prodigiositats *f.* 경이, 불가사의; 천재적임.
pròdrom pròdroms *m.* [병리] (병의) 증세, 징후.
prodròmic prodròmica prodròmics prodròmiques *adj.* 증세의.
producció produccions *f.* **1** 생산고, 생산액, 생산율. **2** 산출, 제작; 산물, 생산물, 제작물, 저작물, 작품. **3** 총생산. *Enguany, la producció ha minvat* 올해에는 총생산이 줄어들었다.
producte productes *m.* **1** 산물, 생산품, 제품; 제작물, 작품. **2** 식량, 곡식 (aliment). **3** 생산량, 생산고. **4** [비유] 결과, 산물, 소산. **5** [수학] 적(積), 승적.
producte interior brut [경제] 국내 총생산량.
productiu productiva productius productives *adj.* **1** 만들어 내는, 생산해 내는. **2** 생산적인, 소득이 있는, 유익한. **3** 풍요로운, 비옥한.

productivitat productivitats *f.* 생산성, 생산력.
productor productora productors productores *adj.* 생산하는, 제작하는; 생산의.
-m.f. **1** 생산자, 제조업자. **2** (영화의) 제작자, 연출자.
produir *tr.* **1** 만들어 내다, 생산하다, 제작하다. **2** (사업 등이) 수익을 내다. *Aquest negoci produeix guanys* 이 사업은 수익을 낸다. **3** (감정 등을) 일게 하다, 일으키다, 느끼게 하다. **4** (이유·증거 등을) 내세우다, 개진하다, 제출하다. **5** [영화] 제작하다, 연출하다. *-se* **1** 설명하다(explicar-se). **2** (사건이) 발생하다, 일어나다.
proemi proemis *m.* 머리말, 서문, 서언.
proemial proemials *adj.* 머리말의, 서문의.
proesa proeses *f.* 위업, 공로, 장거; 무용담.
profà profana profans profanes *adj. m.f.* **1** 불경한, 믿음이 없는. **2** 세속의, 세속적인. **3** [종교] 기독교도가 아닌. **4** (어떤 일에) 경험이 없는, 무식한, 문외한인, 아마추어의. *Sóc un profà en música* 나는 음악에 문외한이다.
-m.f. **1** (기독교도 측면에서의) 이방인, 불신자. **2** 비전문가, 초심자, 풋내기, 문외한, 국외자(局外者).
profanació profanacions *f.* profanar하는 일.
profanador profanadora profanadors profanadores *adj.m.f.* 불경한 소리를 하는, 신성 모독을 하는 (사람).
profanar *tr.* **1** (신성한 것을) 더럽히다, 모독하다. **2** (남의 것을) 남용(濫用)하다, 함부로 도용하다.
profanitat profanitats *f.* 불경, 신성 모독; 세속적임.
profecia profecies *f.* **1** 예언. **2** [성서] 예언서.
proferidor proferidora proferidors proferidores *adj.m.f.* proferir하는 (사람).
proferiment proferiments *m.* proferir하는 일.
proferir *tr.* 말하다, 지껄이다.
profés professa professos professes *adj.m.f.* [종교] 서원한 (사람).

professar *tr.* **1** (학문·예술 등을) 업으로 삼다. **2** 가르치다, 교수하다. *Professa grec a la universitat* 그는 대학에서 그리스어를 가르친다. **3** (의견을) 말하다, 주장하다. **4** (애정·증오 등을) 품다, 느끼다. **5** 신앙하다; 신봉하다, 신조로 삼다. **6** 서원하다, 고백하다, 공언하다.
professió professions *f.* **1** (신앙·이념 등의) 공언, 고백, 서원. **2** 직업, 전문직; 교육. **3** (종교적인) 헌신, 귀의.
fer professió de fe 신앙을 고백하다.
professional professionals *adj.* **1** 직업의, 직업적인, 직업상의. **2** 본직의, 전문의.
-m.f. 본직인 사람; 프로페셔널, 전문가, 숙련자; 프로 (선수).
professor professora professors professores *m.f.* 교수, 교사, 선생.
professorat professorats *m.* 교수·교사의 직; [집합] 교수, 교사.
profeta profetes *m.f.* [남녀동형] 선지자, 예언자.
Ningú no és profeta a casa seva [성서][구어] 아무도 자기 집에서는 선지자가 아니다; 자기 땅에서는 대접받는 이가 없다.
profetessa profetesses *f.* =profeta.
profètic profètica profètics profètiques *adj.* 예언의, 예언적인, 예언자 같은.
profetisme profetismes *m.* 예언 행위.
profetitzar *tr.* 예언하다.
proficient proficients *adj.* 향상된, 진보된, 숙달된.
proficu proficua proficus proficues *adj.* =profitós.
profilàctic profilàctica profilàctics profilàctiques *adj.* **1** 위생의, 위생상의. **2** 질병 예방의.
-m. 예방약, 예방법; 피임약, 피임 기구.
profilaxi profilaxis *f.* [의학] **1** 예방(법), 예방조처. **2** 스케일링[치석을 제거하는 일].
profit profits *m.* **1** 이익, 수익, 혜택(benefici). **2** 성과, 산물. **3** 유익, 유용 (성).
a[en] profit de ...을 위해.
Bon profit! 많이 드세요!, 맛있게 드세요!

fer profit 도움이 되다, 효과를 내다.
treure profit 이익을 내다; 선용하다.
profitós profitosa profitosos profitoses *adj.* **1** 수익성 있는, 좋은 결과를 가져오는; 유리한. **2** 유익한, 유용한.
pròfug pròfuga pròfugs pròfugues *adj.* 도망하는, 기피하는, 도피하는.
-*m.f.* 도망범, 탈옥수; 징병 기피자.
profund profunda profunds profundes *adj.* **1** 깊은; 깊이 들어간, 안이 깊숙한(pregon). *un pou profund* 깊은 우물. **2** [비유] 깊은, 강한. *un son profund* 깊은 잠. **3** 심오한, 심원한, 뜻 깊은, 의미 깊은, 함축성 있는. **4** 이해하기 어려운, 헤아리기 힘든.
profunditat profunditats *f.* **1** 깊음, 깊이; 깊숙함. **2** (물체의) 높이, 세로 길이; 안의 너비. **3** 심오함, 심원함; 깊은 사상.
en profunditat 깊이 있게.
profunditzar *tr.* **1** 깊게 하다. **2** (문제 따위를) 깊이 생각하다; 깊이 연구하다. -*intr.* (문제를) 깊이 다루다. *profunditzar en el tema* 문제를 심도 있게 다루다.
profús profusa profusos profuses *adj.* **1** 많은, 다량의, 푸짐한. **2** 낭비적인.
profusió profusions *f.* **1** 많음, 다량, 풍부함, 풍족함. **2** 낭비, 허비(prodigalitat).
progènie progènies *f.* 혈통, 가문, 가계 (estirp).
progenitor progenitora progenitors progenitores *m.f.* **1** 조상, 선조, 선친, 선대, 조부. **2** 양친 중의 한쪽.
progenitura progenitures *f.* [집합] 조상, 선조.
prògnat prògnata prògnats prògnates *adj.* 턱이 나온.
prognosi prognosis *f.* **1** [기상] 일기 예보. **2** [의학] (병후의 경과) 진단.
programa programes *m.* **1** 프로그램, 예정(표), 계획(표), 행사 계획. **2** (대학의) 과정, 코스.
programació programacions *f.* 프로그래밍, 프로그램 편성.
programador programadora programadors programadores *m.f.* 프로그램 작성자; (컴퓨터의) 프로그래머.
programar *tr.* **1** 프로그램을 짜다, 순서를 작성하다, 계획을 세우다. **2** (컴퓨터의) 프로그램을 만들다.
programàtic programàtica programàtics programàtiques *adj.* 순서의, 계획의, 프로그램의; 계획에 따른.
progrés progressos *m.* **1** (앞으로) 나아감, 전진, 진출. **2** 진보, 향상, 발전. **3** 문명, 발달.
progressar *intr.* 발전하다, 진척되다, 추진하다.
progressió progressions *f.* **1** 전진, 진보, 발전; 증가, 누증. **2** [수학] 수열, 급수.
progressisme progressismes *m.* **1** 진보주의, 개혁주의. **2** [정치] 진보당, 개혁당.
progressista progressistes *adj.m.f.* [남녀동형] 진보주의의 (사람).
progressiu progressiva progressius progressives *adj.* **1** 전진하는, 진행하는; 진보적인. **2** [의학] (질병이) 진행성인. **3** 누진의, 누적의.
prohibició prohibicions *f.* 금지.
prohibir *tr.* 금하다, 막다, 금지하다, 저지하다.
prohibit prohibida prohibits prohibides *adj.* **1** 금지된. **2** [공고·경고 등에 사용-] ...금함. *Prohibit de fumar* 금연; *Prohibida l'entrada* 출입 금지.
prohibitiu prohibitiva prohibitius prohibitives *adj.* 금지의, 금지적인.
prohom prohoms *m.* 우두머리, 보스, 왕초.
proís proïssos *m.* [해사] (선창의) 배를 매는 돌·기둥.
proïsme proïsmes *m.* 이웃 (사람), 다른 사람, 타인. *l'amor al proïsme* 이웃에 대한 사랑.
projecció projeccions *f.* **1** (탄환의) 발사, 사출. **2** 투사, 투영(도), 사영. *la projecció en la societat catalana* 카탈루냐 사회에의 투영. **3** (영화의) 영사. **4** [기하] 평면도. **5** 계획, 설계, 기초 (起草).
projectant projectants *adj.* projectar하는.

projectar *tr.* **1** 던지다, 발사하다, 사출하다(llançar). **2** 투사하다, 투영하다; (그림자를) 비추다. **3** [영화] 영사하다, 영화를 상영하다. **4** [건축] 설계하다. **5** 계획하다, 구상하다. *Hem projectat un viatge a Itàlia* 우리는 이탈리아 여행을 계획했다.

projecte projectes *m.* **1** 계획(안), 문안(文案), 초안, 의안(議案); 견적. **2** 프로젝트, 계획 사업, 개발 토목 공사. **3** 연구 계획 (과제), 자습 과제. **4** [건축] 설계(도). **5** [법률] 법안.
en projecte 프로젝트로, 계획에 따라.
projecte de llei [법률] 법안.

projectil projectils *m.* (탄환·폭탄·수뢰·화살 등의) 발사체, 사출물; 탄도탄, 유도탄.

projectista projectistes *m.f.* [남녀동형] (프로젝트의) 계획자, 설계자, 입안자.

projector projectors *m.* 영사기, 투광기, 환등기; 스포트라이트; 발사기.

prolapse prolapses *m.* [의학] (자궁·직장 등의) 탈장, 탈수.

prole proles *f.* [집합] 자손, 자식들.

pròleg pròlegs *m.* 머리말, 머리글, 서언, 서문, 권두언; 서곡, 서막.

prolegomen prolegòmens *m.* [주로 복수로 쓰여] (작품의) 머리말.

proletari proletària proletaris proletàries *adj.* 무산(無産)의, 노동 계급의; 평민의, 하층 계급의.
-m.f. **1** 무산 계급자, 노동 계급자, 프롤레타리아, 무산자; 하층 계급자, **2** (고대 로마의) 천민, 평민.

proletariat proletariats *m.* 무산 계급, 노동자 계급.

prolífer prolífera prolífers prolíferes *adj.* =prolífic.

proliferació proliferacions *f.* **1** 증식, 번식; 급증. **2** [생물] (세포의) 증식.

proliferar *intr.* 증식하다, 번식하다, 급증하다.

prolífic prolífica prolífics prolífiques *adj.* **1** 다산의, 생식력이 왕성한; 증가하는, 번식하는. **2** 다작(多作)의. *un escriptor prolífic* 다작 작가.

prolix prolixa prolixos prolixes *adj.* 장황한, 따분한, 번거로운.

prolixitat prolixitats *f.* 장황함, 따분함; 끈덕짐.

prologar *tr.* 머리말·서문을 쓰다.

prologuista prologuistes *m.f.* 서문을 쓰는 사람.

prolongable prolongables *adj.* 연기·연장할 수 있는.

prolongació prolongacions *f.* (공간·시간의) 연기, 연장.

prolongament prolongaments *m.* =prolongació.

prolongar *tr.* **1** (공간적으로) 늘리다, 길게 하다, 연장하다. **2** (시간적으로) 연기하다, 뒤로 미루다. **-se 1** (공간적으로) 늘어나다. **2** (시간적으로) 늦춰지다, 연기되다.

promès promesa promesos promeses *m.f.* 약혼자.
-f. **1** 약속, 약정; 정혼.
promesa de matrimoni [법률] 정혼.

promesa promeses *f.* 기대, 희망.

prometatge prometatges *m.* 약혼; 약혼기, 약혼 시절.

prometedor prometedora prometedors prometedores *adj.* **1** 약속하는, 다짐하는. **2** 유망한, 가망성이 있는, 장래가 촉망한.
-m.f. 약속자; 장래가 촉망한 자.

prometença prometences *f.* **1** 약속, 약정, 다짐. **2** [종교] (신에게) 맹세, 서원. **3** 헌납품(exvot).

prometiment prometiments *m.* =promès.

prometre [*pp:* promès promesa] *tr.* **1** 약속하다, 다짐하다. **2** [구어] 기대를 주다, 예상케 하다; 보장하다. **3** [종교] (신에게) 맹세하다. *-intr.* 전망이 있다, 유망하다. **-'s** 약속하다; 맹세하다; 약혼하다, 정혼하다.
Qui promet s'obliga[*ho deu*] 약속한 것은 지켜야 한다.

prominència prominències *f.* **1** 돌출, 돌기. **2** [지질] 융기.

prominent prominents *adj.* 돌출한, 튀어나온.

promiscu promíscua promiscus promíscues *adj.* **1** 혼합한, 뒤섞은. **2** 뒤범벅이 된, 난잡한; 난교의. **3** 애매한, 어

promiscuïtat 정쩡한; 아무렇게나 해석되는. **4** 혼혈의.
promiscuïtat promiscuïtats *f.* 뒤섞음, 잡탕, 범벅.
promissori promissòria promissoris promissòries *adj.* 약속의, 서약의.
promoció promocions *f.* **1** 촉진, 장려, 조장, 조성, 진흥(책). *la promoció de la igualtat social* 사회평등 장려. **2** 승진, 승격, 진급. **3** [집합] 진급자, 동기생.
promocionar *tr.* **1** 촉진시키다, 장려하다, 진흥시키다, 조성하다. **2** 승진시키다, 진급시키다.
promontori promontoris *m.* **1** [지리] 곶, 갑. **2** 둔덕, 작은 언덕. **3** 장애, 방해물.
promotor promotora promotors promotores *adj.* 장려의, 진흥의.
-*m.f.* 프로모터, 장려자, 촉진자, 진흥책 담당자; 주창자, 발기인.
promoure *tr.* **1** 장려하다, 진흥하다, 촉진하다, 조장하다, 조성하다. *promoure la solidaritat* 연대감을 장려하다. **2** 승진시키다, 승격시키다, 승급시키다.
prompte prompta promptes promptes *adj.* **1** 빠른, 재빠른, 신속한. **2** (머리가) 잘 돌아가는, 준민한. **3** 준비가 된.
-*adv.* [방언] 재빨리, 즉각, 신속하게, 날렵하게(aviat).
promptesa promptesses *f.* =promptitud.
promptitud promptituds *f.* **1** 재빠름, 신속, 기민함. **2** 재빠른 이해(력), 영특함.
promptuari promptuaris *m.* 요약, 메모; 각서; 비망록; 편람, 안내서.
promulgar *tr.* **1** 공포하다. **2** 알리다, 널리 퍼뜨리다(divulgar). **3** 광고하다, 선전하다.
pronom pronoms *m.* [문법] 대명사.
pronominal pronominals *adj.* [문법] 대명사의, 대명사적인.
pronominalitzar *tr.* [문법] 대명사화하다.
pronòstic pronòstics *m.* **1** 예측, 예지, 예상. **2** 예언. **3** [기상] 예보. **4** [의학] 치료 후의 경과.
de pronòstic [구어] ...한 성질의, ...한 특성의.

pronosticaire pronosticaires *adj.m.f.* **1** 예측·예지·예언하는 (사람). **2** [기상] 예보하는 (사람).
pronosticar *tr.* **1** 예측하다, 예지하다. **2** 예언하다. **3** [기상] 예보하다.
pronúncia pronúncies *f.* [방언] =pronunciació.
pronunciació pronunciacions *f.* **1** 발음. **2** 선고, 판결, 언도.
pronunciador pronunciadora pronunciadors pronunciadores *adj.m.f.* pronunciar하는 (사람).
pronunciament pronunciaments *m.* **1** [법률] 선고, 판결, 언도. **2** [군사] (군의) 반란, 궐기, 무력 폭동.
pronunciar *tr.* **1** 발음하다. **2** 말하다, 발언하다, 술회하다. *pronunciar el discurs* 연설을 하다. **3** [법률] 선고하다, 판결하다, 언도하다. -*se* **1** 선고하다. **2** 반란을 일으키다, 궐기하다.
pronunciat pronunciada pronunciats pronunciades *adj.* 두드러진, 현저한; 강세를 띠는; 돌출한, 튀어나온.
prop[1] *adv.* [일반적으로 전치사 **a**와 함께 쓰여] 옆에, 가까이, 근처에. *Ja som a prop* 자, 이제 거의 다 왔다.
a prop meu, teu, etc. 내 곁에, 너의 곁에, 등등.
de prop 대략의, 근삿값의; 가까이의, 근처의.
molt a prop 매우 가까이에.
ésser a prop de 가까이에 있다, 근처에 있다.
prop[2] *prep.* [전치사 **de**, 또는 소유격과 함께 쓰여] 옆에, 가까이에.
de prop de 대략의, 약 ... 정도의. *El cost és de prop d'un milió de dòlars* 비용은 약 백만 달러 정도 든다.
prop de i) 곁에, 가까이에; ii) 거의, 약, 대략(aproximadament).
propà *m.* [화학] 프로판[석유에서 채하는 화합물].
propagació propagacions *f.* 선전, 전파, 보급; 번식.
propagador propagadora propagadors propagadores *adj.m.f.* propagar하는 (사람).
propaganda propagandes *f.* **1** 선전, 광

고. **2** 선전대, 포교대.
propagandista propagandistes *m.f.* [남녀동형] 선전·광고하는 사람.
propagandístic propagandística propagandístics propagandístiques *adj.* 선전의, 광고의.
propagar *tr.* **1** 번식·번성시키다. **2** 널리 알리다, 전파하다, 보급시키다, 선전하다(difondre). **3** (질병을) 유행시키다. **-se** 번식하다; 퍼지다, 유행하다.
propagatiu propagativa propagatius propagatives *adj.* 번식의, 번식력이 있는.
propalador propaladora propaladors propapaladores *adj.m.f.* propalar하는 (사람).
propalar *tr.* **1** (비밀을) 누출시키다, 들춰내다, 폭로하다(divulgar). **2** 공포하다, 공표하다.
proparoxíton proparoxítona proparoxítons proparoxítones *adj.m.* [음성] 끝에서 세 번째에 악센트가 있는 (말).
propdit propdita propdits propdites *adj.* 앞서 말한, 전술한.
propedèutic propedèutica propedèutics propedèutiques *adj.* 초보의, 준비 단계의, 준비 교육의.
propel·lir *tr.* 추진하다; 배격하다.
propendir *intr.* ...하는 경향이 있다, 곧잘 ...하다, ...하는 버릇이 생기다.
propens propensa propensos propenses *adj.* propendir하는.
propensió propensions *f.* **1** 경향, 성향, 성질, 성벽, 버릇, 기호. **2** [경제] (구매·비축·소비·저축의) 성향. **3** (병에 걸리기 쉬운) 체질, 기질.
proper propera propers properes *adj.* **1** 인접한, 가까운(pròxim). **2** (시간적으로) 오는, 다음의(pròxim). **3** ...할 지경인.
propi pròpia propis pròpies *adj.* **1** 본래의, 본연의. **2** 고유의, 특유의, 특성의. *La raó és pròpia de l'home* 이성은 인간이 가지는 고유한 것이다. **3** 자신의, 자기의, 자급의. **4** [문법] 고유의. **5** (가짜에 대한) 실제의, 자연적인(no postís). **6** 같은, 동일한. **7** 적당한, 적절한, 어울리는(adient). **8** [수학] (분수 등의) 진(眞)....

ésser propi de ...에게 속한, ...에게 어울리는.
-m. **1** 메신저, 사자. **2** *pl.* (도시·마을 등의) 공유지 자산.
pròpiament *adv.* 적절하게; 진정한 의미에서, 바로, 그야말로.
propici propícia propicis propícies *adj.* **1** 다정한, 친절한, 선대하는. **2** 안성맞춤의, 적절한, 적당한, 딱 ...하기 좋은.
propiciació propiciacions *f.* **1** 진정시킴, 달래 줌. **2** [종교] (신의 진노를 가라앉히기 위한) 속죄 제사.
propiciador propiciadora propiciadors propiciadores *adj.m.f.* propiciar하는 (사람).
propiciar *tr.* (화·분노 따위를) 가라앉히다, 달래다, 누그러뜨리다, 완화시키다(apaivagar).
propiciatori propiciatòria propiciatoris propiciatòries *adj.* 달래는, 완화시키는; 속죄 제사 드리는.
-m. [종교] 속죄 제사를 드리는 곳, 성전; 기도할 때의 무릎 받침.
propietari propietària propietaris propietàries *m.f.* 소유자, 소유주, 주인, 지주.
propietat propietats *f.* **1** 특성, 특질(característica); 성질, 기질. **2** 소유, 소유권; 소유물(possessió). **3** 부동산, 대지, 재산, 자산.
de propietat 소유하고 있는.
nua propietat [법률] 허유권(虛有權).
propietat de ... 소유의, ... 소속의.
propietat industrial 특허권; 산업 소유권.
propietat intel·lectual 지적 소유권.
propina propines *f.* 팁, 사례(gratificació).
de propina 팁으로; 덤으로.
propinar *tr.* **1** 마시게 하다, 마실 것을 주다. **2** (약을) 투여하다, 투약하다, 처방하다. **3** (주먹으로) 한방 먹이다, 때리다, 혼내 주다.
propinc propinqua propincs propinqües *adj.* =pròxim.
proponent proponents *adj.* **1** 제안·제의·발의하는. **2** 옹호하는, 지지하는.
-m.f. [남녀동형] 제안자, 제의자, 발의

proporció

자; 옹호자, 지지자.
proporció proporcions *f.* **1** 비, 비율. **2** 조화, 균형. **3** (일정 비율의) 몫, 부분, 할당분, 배당분. **4** *pl.* 정도, 차원; 크기, 넓이, 규모. **5** [비유] 중대성, 심각성; 대단함. **6** 기회, 계기, 빌미(oportunitat). **7** [수학] 비례. **8** [문법] 절.
proporcional proporcionals *adj.* **1** 균형이 잡힌, 조화된. **2** [수학] 비례의. **3** [문법] (수량 형용사가) 배수(倍數)의.
proporcionalitat proporcionalitats *f.* 균형, 조화, 비례.
proporcionar *tr.* **1** 균형을 잡다, 조화시키다, 비례시키다. **2** 맞추다, 적응시키다. **3** 제공하다, 공급하다, 융통하다.
proporcionat proporcionada proporcionats proporcionades *adj.* **1** 균형이 잡힌, 균형이 ...한, 조화된; 가지런한, 정돈된. **2** 알맞은, 적절한.
proposador proposadora proposadors proposadores *adj.m.f.* proposar하는.
proposant proposants *adj.m.f.* =proponent.
proposar *tr.* **1** 제의하다, 제안하다, 의견을 내다(exposar). *proposar alternatives* 대안을 제시하다. **2** 추천하다, 지명하다. **3** 계획을 세우다, 꾀하다, 기도하다. **-se** 꾀하다, 구상하다.
L'home proposa i Déu disposa [속담] 모사는 재인(在人)이요, 성사는 재천(在天)이다; 일은 사람이 꾸미되, 성패는 하늘에 달렸다.
proposició proposicions *f.* **1** 제의, 제안, 건의. **2** 추천, 지명. **3** 계획, 플랜; 기도, 구상. **4** 진술, 발언, 언명(enunciat). **5** [논리] 명제. **6** [수사] 주제. **7** [수학] 정리, 명제. **8** [문법] 문(文); (주절, 종속절 등의) 절.
proposicional proposicionals *adj.* proposició의.
propòsit propòsits *m.* **1** 목적. **2** 의도, 의향; 의지, 다짐.
a propòsit 안성맞춤인, 적절한(adequat). *una branca a propòsit per a fer un bastó* 지팡이를 만들기에 적절한 나뭇가지.
a propòsit de ...에 관하여(respecte a).
fora de propòsit 의도와 달리; 경우에 맞지 않게, 때가 좋지 않은 때에.
no fer[no venir] al propòsit 경우에 맞지 않다, 들어맞지 않다.
proposta propostes *f.* 제안, 건의, 안건, 계획안; 신청.
propparent propparenta propparents propparentes *m.f.* 친척.
proppassat proppassada proppassats proppassades *adj.* 가까운; 지나간, 과거의.
propugnació propugnacions *f.* 방어, 보호.
propugnador propugnadora propugnadors propugnadores *adj.m.f.* propugnar하는 (사람).
propugnar *tr.* 지키다, 방어하다, 보호하다(defensar).
propulsar *tr.* **1** 밀어내다, 추진하다. **2** 다그치다, 재촉하다, 억지로 ...하게 하다.
propulsió propulsions *f.* 밀어냄; 다그침; 추진.
propulsiu propulsiva propulsius propulsives *adj.* 밀어내는, 재촉하는, 추진하는.
propulsor propulsora propulsors propulsores *adj.m.f.* 추진하는 (사람).
-m. 추진기.
propvinent provinents *adj.* 다음의, 다가오는. *el diumenge propvinent* 다음 일요일.
prorrata prorrates *f.* 몫, 배당분; 안배, 배분.
a prorrata 비례하여, 안배하여, 비율에 따라.
prorrateig prorratejos *m.* 안배, 배분, 배당.
prorratejar *tr.* 안배하다, 배분하다, 배당하다.
pròrroga pròrrogues *f.* **1** 연기, 연장. *pròrroga del termini* 기한 연장. **2** [법률] 지급 연체. **3** 중지, 정지.
prorrogable prorrogables *adj.* 미룰 수 있는, 연기할 수 있는.
prorrogar *tr.* **1** 뒤로 미루다, 연기하다, 연장하다. **2** 중지하다, 정지하다.
prorrompre *intr.* 갑자기 ...하기 시작하다, 돌연히 ...하다.

prosa proses *f.* **1** 산문(체). **2** [비유] 평범, 단조; 살풍경한 면. **3** 단조로운 이야기.
en prosa 산문으로.
prosaic prosaica prosaics prosaiques *adj.* **1** 산문의, 산문적인; 시적 흥취가 없는. **2** 평범한, 단조로운, 상상력이 없는. *el home prosaic* 따분한 사람.
prosaisme prosaismes *m.* **1** 산문적인 것. **2** 평범함, 단조로움.
prosàpia prosàpies *f.* **1** 가계, 가문, 혈통. **2** (동물의) 종, 혈통.
prosceni proscenis *m.* [연극] 무대의 앞부분, 무대의 옆.
proscripció proscripcions *f.* **1** 인권 박탈; 추방, 처벌 선고. **2** 금지, 배척.
proscriptor proscriptora proscriptors proscriptores *adj.m.f.* proscriure하는 (사람).
proscriure *tr.* **1** 인권을 박탈하다, 법률의 보호 밖에 두다; 추방하다. **2** 금지하다, 배척하다.
prosèlit prosèlits *m.* **1** 귀의자, 개종자, 전향자. **2** 가맹자, 가입자, 찬성자.
proselitisme proselitismes *m.* 개종, 변절; 개종·전향의 권유.
prosificar *intr.tr.* **1** 산문으로 쓰다; (시를) 산문으로 옮기다. **2** 무미건조하게 쓰다; 지루한 이야기를 하다.
prosista prosistes *m.f.* [남녀동형] 산문작가.
prosòdia prosòdies *f.* **1** 시형론, 운율학, 작시법. **2** [음성] 운율, 음조.
prosòdic prosòdica prosòdics prosòdiques *adj.* **1** 작시법의, 운율법에 맞는. **2** [음성] 음운의, 발음상의; 운율의, 음조의.
prosopopeia prosopopeies *f.* **1** [수사] 의인법, 활유법. **2** 으스대기.
prospecció prospeccions *f.* **1** 답사, 탐험, 정찰, 탐구, 실지조사, 탐사, 시굴, 탐광. *prospeccions petrolieres* 석유 탐사. **2** [의학] 임상 검사, 진찰. **3** [전기] (텔레비전의) 주사.
prospectar *tr.* 답사하다, 시굴하다, 탐광하다.
prospecte prospectes *m.* **1** 조망, 전망, 경치. **2** 예상, 기대; 장래의 가망. **3** 강령, 취지서. **4** 내용 설명서, 카탈로그. *un prospecte turístic* 관광 안내서. **5** 전단, 광고문.
prospectiu prospectiva prospectius prospectives *adj.* **1** 예기되는, 전망 있는, 가망 있는, 장래가 촉망되는. **2** (법률 등이) 장래에 관한, 장래의. **3** 선견지명이 있는.
prospectiva prospectives *f.* 전망, 장래성; 선견지명.
prospector prospectora prospectors prospectores *m.f.* prospectar하는 사람.
pròsper pròspera pròspers pròsperes *adj.* **1** 번영하는, 번창한, 융성한. **2** 부유한. **3** 잘되어 가는, 순조로운; (날씨가) 좋은(favorable).
prosperar *tr.* 번영시키다, 성공시키다. *-intr.* **1** 번영하다, 성공하다. *prosperar professionalment* 직업적으로 성공하다. **2** 잘 자라다, 번식하다.
prosperitat prosperitats *f.* **1** 번영, 번창, 융성, 성공, 행운. **2** 번영의 상태, 유복한 처지.
prossecució prossecucions *f.* **1** 실행, 수행, 속행. **2** 종사, 경영. **3** [법률] 기소, 고소, 구형; 기소자 측, 검찰 측.
prosseguir *tr.* **1** 수행하다, 이행하다, 속행하다. *prosseguir el procés polític* 정치일정을 이행하다. **2** (장사 따위에) 종사하다, 경영하다. **3** [법률] 기소하다, 소추하다; (법에 호소하여) 강행하다. *-intr.* 계속해서 하다; 계속하다. *Prou, no prosseguiu* 됐다, 그만들 해라.
pròstata pròstates *f.* [해부] 전립선.
prostatàlgia prostatàlgies *f.* [의학] 전립선통증.
prostatitis prostatitis *f.* [단·복수동형][의학] 전립선염.
prosternació prosternacions *f.* 무릎을 꿇음; 경배.
prosternar-se *prnl.* (왕 앞에) 무릎을 꿇다, 경배하다.
prostíbul prostíbuls *m.* 매춘굴, 매음굴.
pròstil pròstila pròstils pròstiles *adj. m.* [건축] (고대 그리스의) 전주식(前柱式)의 (건물).
prostitució prostitucions *f.* **1** 매춘, 매음. **2** [비유] 오직(汚職), 독직.

prostituir tr. **1** 매춘 행위를 시키다, 몸을 팔게 하다. **2** [비유] (직업·명예 등을) 더럽히다, 실추시키다. **-se** 매춘 행위를 하다, 몸을 팔다, 정조를 팔다; 퇴폐하다, 타락하다.

prostitut prostituta prostituts prostitutes m.f. 매춘업 종사자.
-f. 매춘부, 매음부, 창녀, 창부, 갈보.

prostració prostracions f. **1** 기운이 빠짐, 맥이 빠짐, 낙담, 쇠약(abatiment). **2** 패배, 항복.

prostrar tr. **1** 쇠약하게 하다, 기운이 빠지게 하다. **2** 쓰러뜨리다, 넘어뜨리다, 항복시키다. **-se 1** 지치다, 기운이 빠지다. **2** 쓰러지다, 넘어지다, 허물어지다; 무릎을 꿇다, 항복하다.

protagonista protagonistes m.f. [남녀동형] **1** (극·소설의) 주역, 주인공, 헤로인. **2** [비유] 주동자, 핵심 인물.

protagonitzar tr. **1** 주역을 맡다. **2** 주동자 역할을 하다.

pròtasi pròtasis f. **1** [문법] 조건절, 가정절, 전제절. **2** [연극] (고대 연극의) 도입부, 서막, 전제부.

protecció proteccions f. **1** 보호, 보살핌; 옹호, 비호, 지지. **2** 보호 대상, 보호물.
protecció de menors 아동 보호.

proteccionisme proteccionismes m. 보호 무역론, 보호 무역주의; 산업 보호 정책.

proteccionista proteccionistes adj. 보호 무역주의의, 보호무역주의를 지지하는.
-m.f. [남녀동형] 보호 무역주의자.

protector protectora protectors protectores adj. 보호하는, 보호용의; 비호하는; 보호 무역의.
-m.f. 보호자, 옹호자; (집단의) 우두머리.
-m. **1** 보호물, 보호 장치, 안전장치. **2** (고대 로마의) 호민관; (영국의) 섭정자.

protectorat protectorats m. **1** (고대 로마의) 호민관·집정관의 지위·직; (영국의) 섭정의 임기·직; 섭정 정치, 호민관 정치. **2** 보호령, 보호국, 보호 제도.

protegir tr. **1** 보호하다, 감싸다, 두둔하다, 원호하다. **2** 방어하다, 비호하다.

proteïforme proteïformes adj. 순간순간 바뀌는.

proteic proteica proteics proteiques adj. 단백질의, 단백성의.

proteïna proteïnes f. [화학] 단백(질).

protèrvia protèrvies f. 사악함, 오만함.

proterviós proterviosa proterviosos protervioses adj. 사악한, 악한.

pròtesi pròtesis f. **1** [의학] (외과·치과의) 보철, 의족, 의치. **2** [문법] 어두음의 첨가.

protest protests[protestos] m. [법률] 항변, 이의; 이의 신청.

protesta protestes f. **1** 항의, 항변, 이의, 거부. **2** 확언, 공언, 언명; 서약, 선서. **3** [법률] 이의 신청; 이의유보. **4** (경기에서의) 항의서. **5** [상업] 지급·인수 거절 (증서). **6** [해사] 해난 보고서. **7** (영국 상원의 통과 의안에 대한) 소수 의견서.
fer protesta de 공언하다.

protestament protestaments m. =protest.

protestant protestants adj. **1** 항의하는, 이의를 제기하는, 거부하는. **2** 확언하는, 공언하는. **3** [종교] 개신교의, 프로테스탄트의.
-m.f. [남녀동형] **1** 항의자, 이의자. **2** 프로테스탄트, 개신교도.

protestantisme protestantismes m. [종교] 개신교의 교리; [집합] 개신교도, 개신교 교회.

protestar tr. **1** 공언하다, 단언하다. **2** (신앙의) 서약을 하다. **3** 항의하다, 무효를 주장하다. **4** 거절하다, 거절 증서를 작성하다; (어음 지급을) 거절하다.
-intr. **1** 항의하다, 이의를 제기하다.
protestar contra la pena capital 사형에 항의하다. **2** 주장하다, 단언하다.

protestatari protestatària protestataris protestatàries adj.m.f. protestar하는 (사람).

protètic protètica protètics protètiques adj. [문법] 어휘 첫머리에 첨가하는.
-m.f. [의학] 의족·의치 전문의.
-f. =pròtesi.

protetista protetistes m.f. [남녀동형] =pro-

protó tètic.

protó protons m. [물리] 양자.

protocol protocols m. 1 (협정 등의) 서식, 문서; 의정서, 조약안. *el Protocol de Kyoto* 교토 의정서. 2 조서; (공증인의) 공증 원부. 3 전례, 외교 의례 (서). 4 (해당 기관의) 의전국, 의전과.

protocol·lari protocol·lària protocol·laris protocol·làries adj. 의례적인, 형식적인; 의전상의.

protohistòria protohistòries f. [역사] 선사 시대, 전설 시대; 원시 역사학.

protònic protònica protònics protòniques adj. [물리] 양자의.

prototip prototips m. 1 원형, 전형, 모범. 2 [물리] 원기.

prototípic prototípica prototípics prototípiques adj. 원형의, 전형의, 전형적인.

protozou protozous m. [동물] 원생동물.

protuberància protuberàncies f. [해부] 융기, 돌기, 혹.

protuberant protuberants adj. 둥그렇게 튀어나온, 둥그스름한, 튀어나온.

prou[1] adv. 1 충분히, 넉넉히(suficientment). 2 분명히, 확실히(certament). 3 예, 물론, 당연히; 동의하여.
-adj. 충분한, 넉넉한.
-interj. 됐다!, 그만!
Prou![Ja n'hi ha prou!] 그쯤 됐어!, 충분해!, 이제 그만!, 다 끝났다!
prou per a ...하기에 충분한.
prou... perquè ...하도록 하는 데 충분한.

prou[2] pron. 충분한 것.

prova proves f. 1 시도, 실험(assaig); 검정, 시험(examen). *els mitjans de prova* 검정 수단. 2 시식, 시음, 맛보기. 3 (인쇄의) 교정쇄. 4 증거, 증명(testimoni); 증거가 되는 일. 5 시합, 경기; 연습. 6 [수학] 검산.
a prova 시험 삼아, 시험적으로; 시험을 받는.
a prova de ...에 견딜 수 있는; 내수·방수·방탄의.
com a prova de[que] ...의 증거로.
passar per dures proves 아주 힘든 시간을 보내다.
posar a prova 시험 삼다, 시험하다.

provable provables adj. 1 가능성이 있는, 그럴싸한, 있을 법한, 일어날 수 있는. 2 개연적인.

provador provadora provadors provadores adj. 시도하는, 시험하는, 검정하는.
-m. (자동차의) 시험 운전자.

provança provances f. 증거 조사; 증거품, 증거물, 증거 자료.

provar tr. 1 시험해 보다, 시도하다(experimentar). 2 증명하다, 증거를 대다, 입증하다. 3 시식하다, 시음하다. *provar els vins* 포도주들을 시음하다. 4 (옷을) 입어보다(emprovar). -intr. 1 적합하다, 잘 맞다(ser profit). 2 시험 삼아 해 보다, 시험해 보다, 시도해 보다. 3 시식하다, 시음하다.
no provar 잘 맞지 않다.
no provar gens 전혀 맞지 않다.
provar força 상당히 잘 맞다.
provar molt 매우 잘 맞다.
provar poc 그렇게 잘 맞지 않다.

provatura provatures f. 시험, 입증; 시식, 시음, 맛보기.

provecte provecta provectes provectes adj. 1 묵은, 낡은. 2 늙은; 노련한.

proveïdor proveïdora proveïdors proveïdores adj. 공급하는, 조달하는.
-m.f. 공급자, 조달자, 납품자, 납입자.

proveïment proveïments m. proveir하는 일.

proveir tr. 1 갖추다, 준비하다. 2 주다, 보급하다, 지급하다, 공급하다, 조달하다. *proveir de places docents* 교사 자리를 마련하다. 3 처리하다, 수속하다(tramitar). 4 [법률] (예비로) 판정을 내리다, 재정을 내리다. 5 (어떤 직책에) 임명하다, 지명하다. -intr. 채워 주다, 공급해주다, 조달하다. *Déu proveirà* [성서] 신이 공급해줄 것이다[여호와 이레]. **-se** 갖추다, 준비하다, 구입하다.

proveït proveïda proveïts proveïdes adj. proveir한.

provençal provençals adj. 프로방스의.
-m.f. 프로방스 사람.
-m. [언어] 프로방스어.

provençalisme provençalismes m. 프로방스 어법·말투.

provenir intr. (...에서) 나오다, 비롯되다, 일어나다, 유래하다.
proverbi proverbis m. 1 속담, 격언. 2 격언담, 격언극. 3 [성서] 잠언.
proverbial proverbials adj. 1 속담의, 격언의; 격언적인, 지혜를 주는. 2 만인 주지의, 세상에 잘 알려진. 3 [성서] 잠언의.
providència providències f. 1 (신의) 섭리, 신의 뜻, 천명; 신. 2 가호, 보호; 보호자. 3 판결, 결정, 명령, 조치.
providencial providencials adj. 1 신의, 신의 섭리에 의한. 2 운이 좋은, 천우신조의. 3 우연의, 임시의.
provident providents adj. 1 신중한, 철저히 검토하는, 용의주도한. 2 다행스러운.
provincià provinciana provincians provincianes adj. 시골의, 지방의.
-m.f. 시골 사람, 지방 사람.
província províncies f. 1 주, 도. 2 시골, 지방.
provincial provincials adj. =provincià.
-m.f. (가톨릭의) 지방 교구 담당 주교.
provinença provinences f. 유래.
provinent provinents adj. (...에서) 내려오는, 비롯된, 유래한.
provisió provisions f. 1 공급, 보급. 2 (저장한) 식량, 양식, 탄약; 비축, 준비, 저축. 3 준비금, 적립금; 송금, 자금 송부. 4 조치, 방도.
provisional provisionals adj. 임시의, 잠정적인; ...가(假)의.
provisionalitat provisionalitats f. 임시적임, 잠정적임; 임시 운용(성).
provisor provisora provisors provisores m.f. 공급자, 조달자(proveïdor).
provisori provisòria provisoris provisòries adj. =provisional.
provocació provocacions f. 1 사주, 교사, 선동. 2 자극, 도발, 도전. 3 분을 냄, 화냄, 성화.
provocador provocadora provocadors provocadores adj.m.f. provocar하는 (사람).
provocant provocants adj. =provocar하는.
provocar tr. 1 꾀다, 사주하다, 선동하다. 2 자극하다, 도발하다. 3 화나게 하다, 성나게 하다. 4 토하게 하다, 게우게 하다.
provocatiu provocativa provocatius provocatives adj. 도전적인, 도발적인, 자극하는; 교사하는; 부아를 돋우는, 화나게 하는.
proxeneta proxenetes m.f. =alcavot.
pròxim pròxima pròxims pròximes adj. 1 가까운, 인접한, 근접한. 2 다음의, 오는(propvinent). 3 ...할 지경인, 찰나의.
proximitat proximitats f. 가까움, 근접, 인접, 접근.
prudència prudències f. 1 신중, 분별, 세심, 용의주도함. 2 절도, 온건. 3 대강, 개산.
prudencial prudencials adj. 1 신중한, 용의주도한, 만전을 기한. 2 절도 있는, 온건한. 3 대강의, 개산의, 얼마 정도의. un temps prudencial 어느 정도의 시간.
prudent prudents adj. 신중한, 용의주도한, 주의 깊은, 분별이 있는.
pruent pruents adj. 가려운.
pruïja pruïges f. 가려움, 근질근질함.
pruir intr. 가렵다, 근질근질하다.
pruna prunes f. [방언] 서양 살구.
prunell prunells m. [식물] 살구 열매.
prunera pruneres f. [식물] 살구나무.
prurigen prurígens m. [의학] 양진(痒疹).
pruriginós pruriginosa pruriginosos pruriginoses adj. [의학] 양진의.
psalm psalms m. [성서] 시편; 성가, 성시, 찬미가.
pseudònim pseudònima pseudònims pseudònimes adj. 가명·필명으로 쓴.
-m. 가명, 필명, 아명, 닉네임.
psicoanàlisi psicoanàlisis f. 정신 분석.
psicoanalista psicoanalistes adj. 정신 분석의.
-m.f. [남녀동형] 정신 분석학자, 정신 분석 전문의.
psicoanalític psicoanalítica psicoanalítics psicoanalítiques adj. 정신 분석의.
psicoanalitzar tr. 정신 분석을 하다.
psicodèlic psicodèlica psicodèlics psi-

psicodrama

codèliques adj. 환각적인, 환각제의.
psicodrama psicodrames m. 심리극, 사이코드라마.
psicofísica psicofísiques f. 정신물리학.
psicofisiologia psicofisiologies f. 정신현상학.
psicòleg psicòloga psicòlegs psicòlogues m.f. 심리학자.
psicologia psicologies f. 심리, 심리학.
psicològic psicològica psicològics psicològiques adj. 심리의, 심리학의.
psicometria psicometries f. 정신 측정(학).
psicòpata psicòpates m.f. [남녀동형] 1 정신병 학자, 정신병 전문의. 2 정신병자.
psicopatia psicopaties f. [의학] 정신병.
psicopàtic psicopàtica psicopàtics psicopàtiques adj. 정신병의, 정신병에 걸린.
psicopatòleg psicopatòloga psicopatòlegs psicopatòlogues m.f. 정신 병리학자.
psicopatologia psicopatologies f. [의학] 정신 병리학.
psicopedagog psicopedagoga psicopedagogs psicopedagogues m.f. 아동 심리 교육 전문가.
psicopedagogia psicopedagogies f. 아동 심리 교육학.
psicosi psicosis f. [의학] 정신병, 정신 착란증, 정신 이상.
psicosomàtic psicosomàtica psicosomàtics psicosomàtiques adj. 정신 신체 의학의.
psicotècnia psicotècnies f. 1 성격 연구. 2 산업 심리학.
psicoterapeuta psicoterapeutes m.f. 심리 치료사.
psicoteràpia psicoteràpies f. [의학] 심리 치료, 정신 요법.
psicòtic psicòtica psicòtics psicòtiques adj. 정신병의.
-m.f. 정신병자.
psicrometria psicrometries f. 습도 측정.
psique psiques f. 혼, 영혼; 정신.
psiquiatre psiquiatra psiquiatres psiquiatres m.f. 정신병학자, 정신과 의사.
psiquiatria psiquiatries f. [의학] 정신병학.
psiquiàtric psiquiàtrica psiquiàtrics psiquiàtriques adj. 정신병학의.
psíquic psíquica psíquics psíquiques adj. 정신의, 심리의, 심령의.
psiquisme psiquismes m. 심리 현상.
psitàcids m.pl. [조류] 앵무새 무리.
psitacisme psitacismes m. 암기 학습법.
pterosaure pterosaures m. [동물] 익룡 [고생대의 화석].
ptialisme ptialismes m. 침 흘리는 일.
ptosi ptosis f. [의학] 떨어짐, 하락.
pua pues f. 1 작고 끝이 뾰족한 물건; 가시, 바늘, 침. 2 (빗의) 살. 3 (꺾꽂이의) 접붙인 이삭.
puagra puagres f. =cualbra.
puat puada puats puades adj. pua가 있는.
pub pubs m.ang. 선술집.
púber púbers adj. 사춘기의, 묘령의.
puberal puberals adj. 사춘기의.
pubertat pubertats f. 사춘기, 묘령.
pubescència pubescències f. 1 =pubertat. 2 [식물] 연한 털.
pubescent pubescents adj. 1 사춘기의, 묘령의. 2 [식물] 보드라운 털이 있는.
púbic púbica púbics púbiques adj. [해부] 음부의; 치골의.
pubill pubills m. 상속녀의 남편.
pubilla pubilles f. 1 상속녀. 2 소녀, 젊은 아가씨. 3 큰딸.
pubis pubis m. [단·복수동형][해부] 음부; 음모; 치골(부).
públic pública públics públiques adj. 1 공공의, 공중의. *l'ordre públic* 공공질서. 2 공공연한, 공개의, 주지의(manifest, notori). *un escàndol públic* 공공연한 스캔들.
en públic 공공연하게, 드러내 놓고.
-m. 대중, 공중; 관중, 청중.
publicació publicacions f. 1 공포, 발표, 공표. 2 발행, 출판; 저작물, 출판물, 간행물.
publicador publicadora publicadors publicadores adj.m.f. publicar하는 (사람).

públicament adv. 공공연하게, 대중적으로.
publicar tr. 1 공포하다, 발표하다, 널리 알리다. 2 (작품을) 발표하다. 3 출판하다, 발행하다, 발간하다(editar).
publicista publicistes m.f. [남녀동형] 1 정치 평론가·기자. 2 선전 담당원. 3 국제법학자, 공법학자.
publicitari publicitària publicitaris publicitàries adj. 광고의, 선전의.
-m.f. =publicista.
publicitat publicitats f. 1 주지(의 상태), 널리 알려짐. 2 명성, 평판. 3 공표, 공개. 4 홍보, 선전; 선전광고(문).
puça puces f. [곤충] 벼룩.
puçós puçosa puçosos puçoses adj. 벼룩이 많은.
pudent pudents adj. 역겨운, 고약한 냄새가 나는.
pudibund pudibunda pudibunds pudibundes adj. 지조·정절이 있는.
púdic púdica púdics púdiques adj. 1 지조가 굳은, 청렴결백한, 정결한. 2 부끄럼 잘 타는, 얌전한, 내성적인, 수줍음을 잘 타는.
púding púdings m. 푸딩[밀가루에 우유·달걀·과일·설탕·향료를 넣고 찐, 후식으로 먹는 과자].
pudir intr. 1 악취가 나다, 악취를 풍기다, 고약한 냄새가 나다. 2 [비유] 기미가 있다, ...인 것 같다. 3 괴롭히다, 귀찮게 하다, 진절머리 나다.
pudir a (alguna cosa) ...한 기미가 있다, ...한 냄새가 나다.
pudor pudors m. 1 지조, 정절. 2 소심, 내성적임(timidesa); 수치, 부끄러움(vergonya).
-f. 악취, 고약한 냄새; 불쾌한 것.
fer pudor =pudir.
pudorós pudorosa pudorosos pudoroses adj. 지조가 있는, 정절이 있는.
pudós pudosa pudosos pudoses adj. =pudent.
puerícia puerícies f. 유년기, 어린 시절.
puericultor puericultora puericultors puericultores m.f. 육아 전문가.
puericultura puericultures f. 육아법.
pueril puerils adj. 아동의, 어린 시절의; 어린애 같은, 철부지의.
puerperal puerperals adj. 산후의.
puerperi puerperis m. 산후; 산후의 건강 약화.
puf pufs m. [의성어] 아유!, 제기랄!
púgil púgils m. 1 (고대 로마의) 검투사. 2 =pugilista.
pugilat pugilats m. 주먹다툼, 권투.
pugilisme pugilismes m. 권투 훈련.
pugilista pugilistes m.f. [남녀동형] 권투 선수.
pugna pugnes f. 1 싸움, 다툼. 2 충돌, 모순.
estar en pugna 서로 상충하다, 서로 다투다.
pugnaç pugnaça pugnaços pugnaces adj. 호전적인, 다투기 좋아하는, 툭하면 싸우는.
pugnacitat pugnacitats f. 호전성.
pugnar intr. 1 싸우다, 다투다, 투쟁하다(combatre). 2 애쓰다, 노력하다(esforçar-se).
pugó pugons m. [곤충] 진딧물.
puig puigs m. 산.
puix conj. [주로 que와 함께 쓰여] 왜냐하면, 실은, 그것은.
puix que ...하니, ...했으니; ...한 이상, ...한 바로는.
puixança puixances f. 힘, 완력, 강력, 완강함.
puixant puixants adj. 밀치는; 건장한, 박력이 있는, 완강한.
puja puges f. 1 오름, 올리기, 상승. 2 값을 올리기, 낙찰 가격의 상승. 3 [식물] 발아, 싹 틈. 4 [의학] (열이) 오름, 발진.
pujada pujades f. pujar하는 일.
pujador pujadora pujadors pujadores adj. 오르는, 오르게 하는.
-m. 오르는 곳, 타는 곳, 오르막길.
pujament pujaments m. 오르는 일, 타는 일; 상승. 2 [경제] (가격의) 앙등, 등귀.
pujança pujances f. 1 =pujament. 2 성장, 자람.
pujant pujants m. 1 pujar하는 일. 2 오르막길.
tenir mal pujant 오르기 힘들다.

pujar tr. 1 오르다, 올라가다, 상승하다. *pujar els esglaons* 계단을 오르다. 2 (위로) 올리다, 들어 주다. 3 (자식을) 기르다, 양육하다. 4 (식물을) 재배하다. 5 (사업을) 번창시키다. 6 (건물을) 세우다, 건축하다; 일으켜 세우다. -intr. 1 오르다. 2 [비유] (멋대로) 자라다. -se [대명사 en과 함께 쓰여] 오르다.
pujat pujada pujats pujades adj. 1 (정도가) 심한, 강렬한. 2 (가격이) 높은.
pujol pujols m. 동산, 작은 산.
pujolar pujolars m. [집합] 동산.
pulcre pulcra pulcres pulcres adj. 1 깨끗한, 청결한, 깔끔한. 2 세련된.
pulcritud pulcrituds f. 청결, 깔끔함, 세련됨.
pulla pulles f. 음담, 상소리; 비꼬기, 빗대기.
pul·lòver pul·lòvers m.ang. 풀오버[머리로부터 입는, 소매가 달린 스웨터].
pul·lular intr. 1 번식하다, 증식하다. 2 많다, 풍부하다; 우글거리다.
pulmó pulmons m. [해부] 폐.
pulmonar pulmonars adj. 폐의.
pulmonat pulmonada pulmonats pulmonades adj. 폐를 가진. -m.pl. [동물] 폐를 가진 동물류.
pulmonia pulmonies f. [의학] 폐렴.
púlpit púlpits m. 교단, 설교단.
pulpitis pulpitis f. [의학] 잇몸의 염증.
pulquèrrim pulquèrrima pulquèrrims pulquèrrimes adj. 매우 청결한, 몹시 깔끔한.
pulsació pulsacions f. 1 (혈관의) 맥박, 박동. 2 (소리의) 진동. 3 (전류의) 맥동. 4 (타자기·컴퓨터 등의) 키를 치는 일.
pulsió pulsions f. =impuls.
pulverulent pulverulenta pulverulents pulverulentes adj. 가루가 된, 가루투성이의, 먼지투성이의.
puma pumes m. [동물] 아메리카산 표범, 퓨마.
punció puncions f. [의학] 절개, 째는 일; 고름을 짬.
punctiforme punctiformes adj. punt 모양의.
pungent pungents adj. 찌르는 듯한, 날카로운; 통증을 일으키는.
punible punibles adj. 처벌해야 할, 처벌받아 마땅한.
punició punicions f. 벌, 처벌, 책망.
punidor punidora punidors punidores adj.m.f. 벌을 주는 (사람).
puniment puniments m. =punició.
punir tr. 벌하다, 처벌하다.
punitiu punitiva punitius punitives adj. 처벌의, 형벌의, 징계의, 혼내 주는.
punt punts m. 1 점, 면(senyal); 단면, 면(aspecte). 2 (기하의) 점; (정도·한계의) 점. 3 (문법의) 구두점, 종지부. 4 지점, 곳, 개소; 장소, 위치. 5 기회, 찬스. 6 극점, 한계점에 이른 점. *punt d'ebullició* 비등점. 7 전성기, 한창때. 8 문제점, 주안점; 요점, 요지. *el punt capital* 가장 중요한 점. 9 (경기 등의) 점수, 득점. 10 방위, 방향. 11 물건의 끝; 펜의 끝. 12 ...코, 땀, 바늘땀, 재봉땀(costura).
a punt 준비된, 갖추어진; 제때에, 알맞은 때에.
al punt 제때에; 제때의, 제철의.
en punt 정시에.
estar a punt de ...할 순간이다, 막 ...하려 하다.
posar els punts sobre les is 끝마무리하다, 최종적으로 완성하다.
tenir un punt de (...한) 면이 있다.
tocar el punt sensible 아픈 데를 건드리다, (말이나 행동으로) 남의 마음을 아프게 하다.
punta puntes f. 1 끝이 뾰족한 것, 선단; (칼·창 등의) 끝. 2 (끌·정·못 등의) 끝이 뾰족한 공구. 3 끝, 끄트머리; (거리의) 한 쪽 끝. 4 (소의) 뿔. 5 [지리] 곶. 6 조금, 소량. 7 pl. 레이스 편물. 8 [지리] (강 등의) 수원 (지대).
a punta de dia[d'alba] 동이 틀 무렵에, 새벽녘에, 날이 새자.
hores punta 러시아워, 출퇴근 시간.
fer punta (연필을) 깎다.
posar-se de punta [구어] (누구를) 적대시하다, 적의를 가지다.
tenir a la punta de la llengua [구어] 입가에 뱅뱅 돌면서 말이 나오지 않다, 입 밖에 내지 않다.

puntada puntades f. 바늘땀, 재봉땀.
a puntades de peu 발로 걸어차.
puntada de peu 발길질, 발로 걸어차기.
donar[clavar] puntades de peu 발로 걷어차다.
puntaire puntaires m.f. [남녀동형] 레이스 만드는 제조자, 레이스 파는 판매자.
puntal puntals m. 1 나무 받침, 버팀대. 2 (선박의) 갑판까지의 높이. 3 [비유] 버팀목, 중심.
puntar tr. 구두점을 붙이다.
puntegut punteguda punteguts puntegudes adj. 끝이 뾰족한, 날카로운.
punteig punteigs[puntetjos] m. (기타·만돌린 등을 치는) 작은 채, 픽.
puntejar tr. 1 점선을 긋다. 2 점묘(點描)하다. 3 (기타를) 손톱으로 튕기다, 기타를 연주하다. 4 꿰매다, 시침질하다. -intr. 1 날이 새다, 동이 트다. 2 뱃머리를 바람 부는 쪽으로 돌리다 (orsar).
punter puntera punters punteres adj. 1 뾰족한, 날카로운(puntegut). 2 끝의, 말단의, 선단의.
-m. 1 지시봉. 2 (시계의) 바늘. 3 (석수장이의) 끌. 4 (목수·제화공의) 자.
-f. (구두 등의) 앞 축 가죽.
punteria punteries f. 조준, 겨냥, 조준법.
puntetes, de loc.adv. 발돋움하여.
puntimirat puntimirada puntimirats puntimirades adj. 1 사소한 일에 신경을 쓰는. 2 화를 잘 내는, 성미가 날카로운. 3 매우 가냘픈, 연약한.
puntós puntosa puntosos puntoses adj. =puntimirat.
puntuable puntuables adj.(경기·시험 등에) 가산점이 되는.
puntuació puntuacions f. 1 [문법] 구두점, 구두법. 2 득점, 득표점.
puntual puntuals adj. 1 시간을 잘 지키는(exacte). 2 정확한, 확실한, 의심할 여지가 없는. 3 자세한, 상세한(precís), ; 꼼꼼한, 고지식한(minuciós).
puntualitat puntualitats f. 1 시간 엄수. 2 정확성, 어김없음. 3 고지식함.

puntualitzar tr. 1 상세하게 말하다, 자세히 묘사하다. 2 마무리하다.
puntuar tr. 1 구두점을 붙이다. 2 채점하다, 점수를 매기다(qualificar). -intr. 점수를 얻다, 득점하다.
puntut puntuda puntuts puntudes adj. =puntegut.
punxa punxes f. 1 끝, 말미, 선단. 2 바늘, 가시, 꼬챙이. 3 (식물의) 가시. 4 (산의) 정상, 꼭대기. 5 악의를 가진 사람, 악동. 6 [비유] 고통(pena).
punxada punxades f. 1 찔림, 자상(刺傷). 2 찌르는 듯한 고통.
punxant punxants adj. 찌르는, 찌르는 듯한.
punxar tr. 1 쏘다, 찌르다. 2 찌르는 듯이 아프다. 3 (속으로) 아프게 하다, 괴롭히다.
punxegut punxeguda punxeguts punxegudes adj. 뾰족한, 날카로운.
punxent punxents adj. =punxant.
punxerut punxeruda punxeruts punxerudes adj. =punxegut.
punxó punxons m. 1 송곳, 끌. 2 (화폐 등의) 각인기; (활자 주조의) 원형.
punxonar tr. 송곳·드릴로 구멍을 뚫다.
punxós punxosa punxosos punxoses adj. 쏘는, 찌르는; 아프게 하는.
punxut punxuda punxuts punxudes adj. =punxegut.
puny punys m. 1 [해부] 손목(canell). 2 주먹. 3 한 줌, 한 주먹. 4 칼자루, 손잡이. 5 소맷부리, 커프스.
com el puny [구어] (머리 등이) 매우 작은; (달걀 등이) 매우 큰.
ésser del puny estret 인색하다.
tenir (algú) *al puny* (...이) 손아귀에 있다, 마음대로 다루다,
punya punyes f. 끈질김, 집요함.
punyada punyades f. 주먹으로 때림.
punyal punyals m. 단도, 비수, 주머니 칼.
punyalada punyalades f. 칼로 찌름, 찔러 죽임.
punyaler punyalera punyalers punyaleres m.f. 단도 제조자·판매자.
punyar intr. 다투다, 싸우다; 애쓰다, 노력하다.

punyent punyents *adj.* **1** 뾰족한, 날카로운. **2** [비유] 감동적인.
punyeta punyetes *f.* 쓸모없는 것, 무익한 것, 괴롭히는 것.
a la quinta punyeta 매우 멀리.
no estar per punyetes 농담할 시간이 없다.
punyeter punyetera punyeters punyeteres *adj.* 따분한, 괴로운; 무익한, 쓸모없는.
-*m.f.* 따분한 사람; 무익한 사람.
punyeteria punyeteries *f.* 따분함, 괴로움; 무익함, 쓸모없음.
punyida punyides *f.* punyir하는 일.
punyir *tr.* =punxar. -*intr.* (수염이) 나다; 나타나기 시작하다, 드러나기 시작하다.
pupa pupes *f.* [의성어][어린아이가 아픔을 호소할 때 하는 말] 아야!
pupil pupil·la pupils pupil·les *m.f.* 피후견인, 고아.
pupil·la pupil·les *f.* [해부] 눈동자.
pupil·lar pupil·lars *adj.* 눈동자의.
pupil·latge pupil·latges *m.* [법률] 피후견인의 신분, 미성년자의 신분.
pupitre pupitres *m.* 아동용 책상, 공부책상.
pur pura purs pures *adj.* **1** 티 없는, 순수한, 순진무구한. *or pur* 순금. **2** 청정한, 맑은. **3** 순결한, 순전한(cast). *una noia pura* 순결한 처녀. **4** (거짓말 등이)악의 없는(innocent). **5** (학문·과학이) 순수한.
puré purés *m.* 퓌레[수프의 일종].
puresa pureses *f.* **1** 깨끗함, 순수, 청정. **2** 청순, 천진난만. **3** [언어] (언어의) 순화. *la puresa de la llengua* 언어의 순화. **4** 순결, 처녀성.
purga purgues *f.* **1** purgar하는 일. **2** [약학] 설사약, 하제.
purgació purgacions *f.* **1** 깨끗이 하기, 정화, 세정; 숙청. **2** (죄의) 소멸, 청산. **3** [의학] 설사; 고름을 짬; 경혈.
purgant purgants *adj.* 깨끗이 하는, 세정의; 하제(下劑)의.
-*m.* [약학] 하제.
purgar *tr.* **1** 깨끗이 하다, 청정하게 하다. **2** (죄를) 갚다, 청산하다, 속죄하다. **3** [의학] 설사약을 먹이다; 고름을 짜다. **4** (정치범 등을) 숙청하다(netejar).

purgatiu purgativa purgatius purgatives *adj.* [약학] 하제의.
purgatori purgatoris *m.* [종교] 연옥, 죄지옥(地獄); 연옥의 고통.
purificació purificacions *f.* **1** 순화, 정화, 청정, 정련, 정제. **2** [대문자] (가톨릭의) 축사(逐邪)의식; 성배를 정결케 함; 성모마리아의 정화의 축일[2월 2일].
purificador purificadora purificadors purificadors *adj.m.f.* 정화하는, 순화하는, 정련하는 (사람).
-*m.* (가톨릭의) 성배 수건.
purificar *tr.* **1** 깨끗이 하다, 맑게 하다; 정화하다, 순화하다. **2** (죄·과실을) 씻다, 속죄하다. **3** 정련하다, 정제하다. **4** (권리를) 회복시키다. -*se* 깨끗하게 되다, 순화되다; (죄에서) 해방되다; 정련하다, 정제되다.
purificatori purificatòria purificatoris purificatòries *adj.* 깨끗하게 하는, 정결케하는; 정련하는, 정화하는.
purista puristes *m.f.* [남녀동형] 국어 순화주의자.
purità puritana puritans puritanes *adj.* 청교도의, 청교도적인; (지나치게) 엄격한, 근엄한.
-*m.f.* 청교도; 엄격한 사람.
puritanisme puritanismes *m.* 청교도 신앙, 청교도 정신, 청교도적 삶.
puritat puritats *f.* =puresa.
purna purnes *f.* =espurna.
púrpura púrpures *f.* **1** [동물] 연체동물. **2** 자줏빛, 자홍색; 자줏빛 옷·천. **3** 추기경의 지위, 왕위. **4** [의학] 자반(紫癜), 멍.
purpurat purpurats *m.* =cardenal.
purpurescent purpurescents *adj.* 자줏빛을 띠는.
purpuri purpúria purpuris purpúries *adj.* porpra의.
purpurí purpurina purpurins purpurines *adj.* 자줏빛의, 자홍색의.
-*f.* 자줏빛 물감.
purpúric purpúrica purpúrics purpúri-

ques adj. =purpuri.
púrria púrries f. 비천한 사람들, 천한 인간들; 허접 쓰레기 같은 것들.
purrialla purrialles f. =púrria.
purulència purulències f. [의학] 화농, 곪음.
purulent purulenta purulents purulentes adj. 고름이 나오는.
pus¹ pus m. [단·복수동형][의학] 고름.
pus² adv. [고어][방언] =més.
pusil·lànime pusil·lànimes adj. 소심한, 겁이 많은, 비겁한.
pústula pústules f. [의학] (피부의) 곪은 곳, 작은 고름집.
pustulació pustulacions f. [의학] 화농, 곪음.
pustulós pustulosa pustulosos pustuloses adj. 곪은, 곪아 터진.
puta putes f. [경멸적] 매우 괴롭히는, 사악한, 극악한.
-f. [속어] 매춘부, 창녀.
putada putades f. [속어] **1** 매춘; 불법 행위. **2** [비유] 불쾌한 일·행위.
putaner putanera putaners putaneres adj. [구어] 매춘부를 즐겨 찾는.
putatiu putativa putatius putatives adj. **1** 추정의, 가상의. **2** 가짜의, 거짓의.
putejar intr. 매춘부를 찾아다니다.
puteria puteries f. [구어] 매춘.
pútid pútida pútids pútides adj. =pudent.
putrefacció putrefaccions f. 부패, 썩음.
putrefacte putrefacta putrefactes putrefactes adj. 부패한, 썩은; 썩기 쉬운.
putrescència putrescències f. =putrefacció.
putrescent putrescents adj. 썩는, 부패하는.
putrescible putrescibles adj. 썩기 쉬운.
pútrid pútrida pútrids pútrides adj. **1** 부패한, 썩은. **2** (발효에 의해 부패한.
putridesa putrideses f. 부패(성).
putriditat putriditats f. =putridesa.
putxinel·li putxinel·lis m. 어릿광대.
puzle puzles m. 수수께끼, 퍼즐(trencaclosques).

Q q

q *f.* 카탈루냐어 알파벳의 열일곱 번째 문자.

quadern quaderns *m.* **1** 노트, 공책; 수첩, 장부. **2** 2절지의 1첩[5장].

quaderna quadernes *f.* [선박][항공] 늑재.

quadernal quadernals *m.* [선박] 복활차.

quadra quadres *f.* **1** 창고, 헛간; 공작소. **2** 방; (병영·감옥 등의) 큰 방. **3** 마구간(estable). **4** (성의) 중심, 본령.

quadragenari quadragenària quadragenaris quadragenàries *adj.* 40단위의; 40세의.

quadragèsim quadragèsima quadragèsims quadragèsimes *adj.* 제40번째의, 40등분의.
-*m.* 40번째, 40분의 1.
-*f.* (기독교의) 사순절.

quadragesimal quadragesimals *adj.* 사순절의.

quadrangle quadrangles *m.* [기하] 정방형, 정사각형.

quadrangular quadrangulars *adj.* 정방형의, 정사각형의, 네모진.

quadrant quadrants *m.* **1** [기하][천문] 상한(象限); 상한의(象限儀), 사분의(四分儀); 사분원(四分圓). **2** 해시계. **3** (로마의) 동화(銅貨). **4** [건축] 사선형으로 얹은 들보.

quadrantal quadrantals *adj.* quadrant의.

quadrar *tr.* **1** 네모나게 만들다, 네모로 자르다. **2** [수학] (수를) 제곱하다; 면적을 구하다. **3** 선을 바둑무늬처럼 긋다. -*intr.* **1** 합치되다, 꼭 들어맞다 (ajustar-se). **2** 마음에 들다(agradar). *Això no em quadra* 그것은 내 맘에 들지 않는다. **3** 동조하다, 동의하다, 일치하다(conformar-se). -*se* **1** (군인이) 부동자세를 취하다. **2** [비유] 오도가도 못하게 되다, 움직이지 못하게 되다.

quadrat quadrada quadrats quadrades *adj.* **1** 네모진, 네모반듯한. **2** [수학] 자승한, 제곱한. **3** 완전한, 꼭 맞는.
-*m.* **1** [기하] 평방형, 정방형, 정사각형. **2** [수학] 자승, 제곱. **3** (인쇄의) 공목(空木).

quadratí quadratins *m.* (인쇄의) 공목.

quadratura quadratures *f.* **1** [기하] 정방형, 정사각형. **2** [천문] 구상(矩象).

quadre quadres *m.* **1** 사각; 사각형; 네모난 것. **2** 그림(pintura); (그림의) 틀. *quadre viu* 활인화. **3** 틀, 테, 프레임. **4** (극의) 장(場); 광경, 정경, 장면. **5** (자전거 등의) 차체. **6** [집합][군사] (대대·연대의) 지휘관, 간부.

quedar en quadre [비유] (가족·재산을 잃고) 외톨이가 되다; [군사] (사병을 잃고) 간부만 남다.

quàdriceps quàdriceps *m.* [단·복수동형][해부] 사두박근.

quadricicle quadricicles *m.* 사륜 자전거.

quadrícula quadrícules *f.* 바둑판의 눈금; 방안(方眼), 모눈.

quadricular *tr.* 바둑판 눈금 모양으로 하다; 모눈을 치다.

quadriennal quadriennals *adj.* 4년간의.

quadrienni quadriennis *m.* 4년간.

quadriga quadrigues *f.* 사두마차; (로마 시대의) 사두 이륜마차.

quadrilàter quadrilàtera quadrilàters quadrilàteres *adj.* 사변형의.
-*m.* [기하] 사변형.

quadrilió quadrilions *m.* 0이 24개인 수.

quadrilla quadrilles *f.* **1** 조, 단; 집단, 일단, 일당, 도당. **2** (게임·작전 등의) 한 팀, 한 조. **3** 콰드리야[특히 19세기경에 성행했던 네 사람이 추는 춤]. **4** 투우사 일단.

quadrilong quadrilonga quadrilongs quadrilongues *adj.* 장방형의, 직사각형의.
-*m.* [기하] 장방형, 직사각형.

quadrimestral quadrimestrals *adj.* 4개월마다의, 4개월간의.

quadrimestre quadrimestres *m.* 4개월간.

quadrimotor quadrimotora quadrimotors quadrimotores *adj.* 발동기가 네 개인.

quadrimestral
-*m.* 네발 비행기.
quadrivi quadrivis *m.* **1** 십자로, 교차로. **2** [역사] 사학(四學)[중세 대학에서 가르치던 수학, 기하, 음악, 천문].
quadro quadros *m.* =quadre.
quadrumà quadrumana quadrumans quadrumanes *adj.* 손이 네 개 달린.
quadrúpede quadrúpeda quadrúpeds quadrúpedes *adj.* 사족의.
-*m.* [동물] 사족수(四足獸).
quàdruple quàdrupla quàdruples quàdruples *adj.* 4배의, 4중의, 네 겹의.
-*m.* 4배, 4중, 네 겹.
quadruplicar *tr.* 4겹·4중으로 하다; (문서를) 네 통을 만들다.
qual quals *adj.rel.* [관계형용사] ...의.
 la qual cosa 그것은[앞에 언급한 내용에 대해 설명적으로 쓰임].
 per a la qual cosa 그것을 위해.
-*pron.rel.* [관계대명사] =qui, que.
 al qual 그에게, 그것에; 그를, 그것을.
 del qual 그의, 그것의; 그에 대해서, 그것에 대해서. *La persona de la qual et demano informes* 네게 정보를 부탁한 그 사람.
 en el qual 그 안에. *El país en el qual vivim* 우리가 살고 있는 그 나라.
 tal qual 그저 그런, 보통의.
qualcú qualcuns *pron.* [방언] =algú.
qualcun qualcuna qualcuns qualcunes *adj.pron.* [방언] =algun.
qualificable qualificables *adj.* (품질·자격 등을) 정할 수 있는, 평할 수 있는; 분류할 수 있는.
qualificació qualificacions *f.* **1** 자격, 능력, 적격성; 자격 부여(atribució). **2** (품질의) 평가; (시험의) 평가, 평점, 사정.
qualificador qualificadora qualificadors qualificadores *adj.* qualificar하는.
qualificar *tr.* **1** 평하다, 평가하다, 사정하다; (시험의) 점수를 주다. **2** (무엇을) 분류하다(classificar). **3** [문법] 수식하다. **4** 자격을 부여하다; 자격·면허를 주다. -*se* [스포츠] (경쟁에서) 통과하다.
qualificat qualificada qualificats qualificades *adj.* **1** 자격·조건이 갖춰 있는; 능력 있는. **2** 의심할 여지없는, 분명한. **3** [문법] 수식받는.
qualificatiu qualificativa qualificatius qualificatives *adj.* 수식하는; 자격을 부여하는, 자격 검정의.
-*m.* [문법] 수식어; 성질 형용사.
qualitat qualitats *f.* **1** 질, 품질, 양질. **2** 성정, 자질. **3** 자격, 적격(condició); 적성능력(aptitud). **4** 중요성.
 en qualitat de ...의 자격으로, ...로서.
qualitatiu qualitativa qualitatius qualitatives *adj.* 성질을 나타내는; 질의, 질적인.
quall qualls *m.* 소.양의 네 번째 위.
quallada quallades *f.* 응어리진 것, 엉긴 것.
quallar *tr.* =coagular. -*se* =coagular-se.
qualque qualque *adj.* [단·복수동형] 어느, 어떤, 얼마간의(algun).
qualsevol qualssevol *adj.* **1** 어떤. **2** [속어] 누구든지, 무엇이든지.
-*pron.indef.* 어떤 것, 어느 누구.
 qualsevol que 무엇이든지 간에, 누구든지 간에.
qualsevulla qualssevulla *adj.pron.* =qualsevol.
quan *adv.* **1** ...하는 때에. **2** [의문문] 언제.
-*conj.* [때를 나타내는 접속사] **1** ...할 때. *Quan hi arribarem, ells ja seran fora* 우리가 도착할 때에 그들은 이미 없을 것이다. **2** ...인 이상, ...하는 바에야; ...이기 때문에, ...이기에(ja que). **3** ...하자마자(tot seguit que). *Quan se n'hagué anat, vam començar de sopar* 그가 나가자마자, 우리는 저녁을 먹기 시작했다. **4** ...할 때에는, 만일 ...하면. *Quan et decideixis, ja m'avisaràs* 결정하면 내게 알려 줘라.
quant[1] quanta quants quantes *adj.* 몇의, 얼마나, 얼마만큼의. *Quants anys tens?* 너는 몇 살이니?
 quant de [감탄문] 얼마나 ...인가! *Quant de temps fa que no et veia!* 너를 못 본 지가 참 오래되었구나!
 un quant [셀 수 없는 명사와 함께] 조금, 약간.
 uns quants [셀 수 있는 명사와 함께] 얼마간, 약간, 여럿.

quant² *adv.* 얼마나.
 quant a *loc.prep.* ...에 관하여는. *Tinc la consciència tranquil·la quant a aquest punt* 이 점에 관해서는 가만히 있겠습니다.
quantia quanties *f.* **1** 분량, 수량; 다량. **2** 중요, 중대성.
quantificable quantificables *adj.* 셀 수 있는, 수량으로 나타낼 수 있는.
quantificació quantificacions *f.* 수량을 나타냄.
quantificador quantificadors *m.* [문법] 양수사.
quantificar *tr.* 수량으로 나타내다.
quantitat quantitats *f.* **1** [수학] 수, 양. **2** 액, 액수; 정량; 총액. **3** [음성] 음량.
quantitatiu quantitativa quantitatius quantitatives *adj.* 분량의, 정량의; 수량을 나타내는.
quaranta quarantes *adj.* 40의; 40번째의.
 -*m.* 40
 -*m.f.* 40번째의, 마흔 번째의.
quarantè quarantena quarantens quarantenes *adj.* 40번째의; 40등분의, 40분의 1의.
 -*m.* 40분의 1.
 -*m.f.* 40번째.
quarantejar *intr.* 40대에 들다.
quarantenni quarantennis *m.* 40년.
quarantí quarantina quarantins quarantines *adj.m.f.* 40대의 (사람).
quaresma quaresmes *f.* (기독교의) 사순절.
quars *m.* [광물] 석영, 수정.
quarsífer quarsífera quarsífers quarsíferes *adj.* 석영을 함유한, 석영질의.
quarsós quarsosa quarsosos quarsoses *adj.* =quarsífer.
quart quarta quarts quartes *adj.* **1** 4등분한. **2** 네 번째의.
 -*m.f.* 4번째.
 -*m.* **1** 4분의 1. **2** (시간의) 15분. **3** [군사] (보초병 등의 하룻밤을 4등분한) 보초서는 시간.
quartejar *vt.* **1** 사분하다, 넷으로 나누다. **2** 토막토막 자르다. **3** (배를) 밧줄로 잡아당기다.

quarter quarters *m.* **1** 4분의 1, 4등분. **2** (짐승·새 등의 머리를 잘라 낸 나머지의) 4등분. *fer quarters d'un pollastre* 닭을 네 등분으로 자르다. **3** (옷의) 폭. **4** 방, 실. **5** 조부모·외조부모의 혈통. **6** (초승달부터 다음 초승달까지를) 4등분 한 기간. **7** [군사] 병영, 병사. *guerra sense quarter* 병영 없는 전쟁. **8** (도시의) 구역.
quarterar *tr.* 네 등분으로 자르다.
quarterejar *tr.* =quarterar.
quarteró quarterona quarterons quarterones *adj.m.f.* (백인과 혼혈아 사이에서 태어난) 아메리카인(의).
quartet quartets *m.* **1** [음악] 4중주(곡). **2** [문학] 11음절 4행시.
quarteta quartetes *f.* [문학] 8음절 4행시.
quartilla quartilles *f.* **1** 4절지. **2** 원고용지.
quartó quartons *m.* **1** =quarter1. **2** [동물] 3-4년 된 소·말 등.
quartos *m.* **1** 옛날 동전의 이름. **2** *pl.* 돈(diners).
quasi *adv.* 거의(gairebé).
quaternari quaternària quaternaris quaternàries *adj.* **1** 네 개로 된, 네 요소를 가진. **2** 제4기층의.
 -*m.* [지질] 제4기층.
quatre quatres *adj.* 4의, 넷의; 네 번째의.
 -*m.* 4, 넷.
 -*m.f.* 네 번째.
quatre-centè quatre-centena quatreentens quatre-centenes *adj.* 400번째의, 400등분의.
 -*m.* 400분의 1.
quatrecentista quatrecentistes *adj.* 14세기의.
quatre-cents quatre-centes *adj.* 400의; 400번째의, 400쪽의.
 -*m.* 400, 사백.
 -*m.f.* 400번째.
que¹ *pron.rel.* **1** [사물을 선행사로 받음] ...하는 것. *el llibre que llegeixo* 내가 읽고 있는 책. **2** [사람을 선행사로 받음] ...하는 사람. *la dona que estimo* 내가 사랑하는 여자. **3** [시간을 나타내

는 상황 보어를 선행사로 받음] ...하는 때. *l'any que es va casar ton germà* 너의 형이 결혼한 해; *la darrera vegada que el vaig veure* 내가 그를 보았던 마지막 때.
el que[ço que, allò que] ...하는 것·사람. *Fes el que et plagui* 네 마음에 드는 것을 해라; 네가 하고 싶은 것을 해라.
que² *conj.* **1** [동사 + que의 구문에서 que 이하는 주절동사의 목적어가 되는 종속명사절] ...하는 것, ...한다고. *No vull que hi vagis* 나는 네가 가는 것을 원치 않는다. **2** [que 이하가 주어를 나타내는 명사절] ...하는 것. *Que encara no hagi arribat em preocupa* 아직도 그가 도착하지 않은 것이 걱정된다. **3** [동사구의 목적어, 혹은 전치사의 목적어를 이루는 명사절] ...하도록. *S'entossudí que jo li ho digués* 그는 내가 그에게 그것을 말하도록 집요하게 요구했다. **4** [때를 나타내는 부사절] ...하는 때. *Vam arribar que ell encara era aquí* 그가 아직 여기 있을 때에 우리는 도착했다. **5** [목적·이유·원인을 나타내는 부사절] ...하도록, ...이기에. *Obre, que entri l'aire* 공기가 통하도록 문을 열어라. **6** [의문] *Que vindràs, demà?* 내일 올 거지? **7** [소망·명령] *Que se'n vagin!* 다들 나가시길! **8** [강조 어법으로 쓰임] *Llavors jo que li vento plantofada* 그럼 내가 가서 그를 한방 먹여 주겠다.
abans que ...하기 전에.
a fi que ...하기 위해.
a la que ...할 때, ...하자마자.
amb que 그래서, 그런 까닭에.
atès que ...이기에, ...인고로.
bé que 비록 ...이지만.
com que ...이기에, ...라는 점에서.
d'ençà que[des que] ...한 이래.
després que ...한 후에.
encara que 비록 ...이지만, ...임에도 불구하고.
fins que ...할 때까지.
ja que ...이기에, ...인고로.
malgrat que 비록 ...이지만, ...에도 불구하고.
mentre que ...하는 사이에.
per bé que 비록 ...이지만, ...에도 불구하고.
per tal que ...하도록.
posat que ...라는 점을 가정할 때.
puix que ...이기에, ...인 까닭에.
que... que ... 혹은..., ...와 ...사이에.
salvant que ...을 제외하고.
segons que ...에 따라, ...로 보건대.
sense que ...하는 일이 없이.
vist que ...로 보건대, ...라는 점에서 볼 때.
ultra que ...하는 것 외에도.
ésser un gran què 매우 중요하다.
que³ *adv.* [감탄문] *Que bonic!* 참, 멋있구나!; *Que de pressa han anat!* 참, 급히도 떠나갔군!
-*adj. Que gent que hi ha!* 웬 사람들이 이렇게 많지!
què *pron.interr.* **1** 무엇, 어떤, 무슨. *Què dius?* 뭐라고?, *De què parlàveu?* 너희는 무엇에 대해서 말하는 거니? **2** 어떻게. *Què te n'ha semblat del pis?* 그 아파트가 어땠니? **3** [관계대명사의 용법으로 쓰임] ...하는 일·것. *L'afer de què em vas parlar* 네가 나에게 말했던 그 일. **4** [중성 관계대명사의 용법으로 쓰임] 그것은, 이는; 그로 인해, 그로 말미암아; 이로 보건대. *Els ha rebuts amb honor; de què estan molt contents* 그녀들을 정중히 맞이하여서 그들은 매우 흡족해한다.
-*m.* 이유, 원인.
quec *queca quecs queques dj.m.f.* 말더듬이(의).
queda *quedes f.* (귀가를 알리는) 종소리.
toc de queda 통행금지.
quedar *intr.* **1** 남다, 남아 있다(restar). **2** (...한 상태로) 남다(trobar-se). **3** (결과적으로) ...이 되다, 끝나다. **4** (약속을) 정하다(convenir). *Quedem per a dimarts* 화요일에 만나기로 하자. -*se* **1** 남다, 머물다, 체재하다(romandre). **2** 떠맡다; 자기의 것으로 하다(emparar-se).
quedar amb (누구와) 약속하다.
quedar que ...하는 것으로 결정하다.

quefer quefers *m.* 일, 볼일, 업무, 사무, 잡일.
queix queixos *m.* **1** [해부] 턱뼈; 아래턱.
queixa queixes *f.* **1** 한탄, 탄식. **2** 불평, 호소, 하소연. **3** 이의 신청. **4** [상업] 클레임, 손해 배상 신청.
no tenir cap motiu de queixa 불평할 하등의 이유가 없다.
tenir queixa contra ...를 불평하다, ...에 대해 이의을 신청하다.
queixal queixals *m.* [해부] 어금니.
queixalada queixalades *f.* 한 입, 한 번 물어뜯기.
queixalar *tr.* =mossegar.
queixaler queixalera queixalers queixaleres *adj.* 어금니의.
-f. [해부] 어금니 부분 턱뼈.
queixar-se *prnl.* **1** 한탄하다, 탄식하다. **2** 호소하다, 원망을 털어놓다, 불평하다, 투덜대다. **3** 이의를 내세우다.
queixera queixeres *f.* (모자 등의) 턱 끈.
queixós queixosa queixosos queixoses *adj.* 불평하는, 원망하는.
queixut queixuda queixuts queixudes *adj.* (볼이) 토실토실한.
quelcom *pron.* 무엇, 어떤 것.
-adv. 조금, 약간.
quelonis *m.pl.* [동물] 거북과의 동물.
quemenjar quemenjars *m.* =queviures.
quepis quepis *m.* 군모, 군모 모양의 학생모자.
quequeig quequeigs[quequejos] *m.* 말을 더듬음.
quequejar *intr.* 말을 더듬다.
quequesa quequeses *f.* =quequeig.
quera queres *f.* [곤충] 나무좀.
querar-se *prnl.* **1** (나무를) 갉아먹다. **2** [비유] (무엇을) 좀먹다, 서서히 갉아먹다.
queratina queratines *f.* 각질[표피·모발 등의 주성분].
queratitis queratitis *f.* [단·복수동형] 각막염.
querella querelles *f.* **1** 싸움, 분쟁, 불화. **2** [법률] 제소, 소송.
querellar-se *prnl.* **1** 싸우다, 분쟁하다. **2** 소송을 제기하다, 제소하다.
querosè querosens *m.* 정제 석유.

querubí querubins *m.* **1** [성서] 케루빔 [제2위 천사로 지식을 관장]. **2** 천사, 어린 천사.
qüestia qüesties *f.* **1** 조세, 조공. **2** 수금액.
qüestió qüestions *f.* **1** 문제, 논점, 건(件). **2** 질문, 문의(pregunta). **3** 논쟁거리, 다툼(renyina). **4** 중요한 일, (인생의) 문제.
en qüestió 문제의.
posar en qüestió 의심하다; 논쟁하다.
posar una qüestió 의문을 제기하다.
qüestionable qüestionables *adj.* 문제가 되는, 의심스러운.
qüestionar *intr.* (무엇을) 의심하다, 문제로 삼다; 토론하다, 논쟁하다.
qüestionari qüestionaris *m.* (시험의) 문제, 문제집; 질문서, 앙케트.
qüestionejar *intr.* 말다툼하다, 논쟁하다.
quetzal quetzals *m.* [조류] 케트살[열대 아메리카산의 새].
queviures *m.pl.* (저장) 식량, 양식; 식품, 음식물.
qui *pron.* **1** [관계대명사] ...하는 사람. *Qui molt abraça poc estreny* [비유] 욕심이 많으면 모든 것을 잃는다. **2** [단·복수동형][의문대명사] 누구, 어떤 사람. *No sé qui eren* 그들이 누구였는지 모른다. **3** [직접목적어로 쓰여] 누구를, 어떤 사람을. *Qui has vist?* 누구를 보았니?
a qui ...하는 사람. *les noies a qui us referiu* 당신이 언급한 소녀들.
aquell de qui ...하는 그 사람. *És aquella de qui us vaig parlar* 그녀가 내가 너희에게 말한 그 사람이다.
aquell qui ...하는 사람.
de qui ...에 대해. *les mares de qui et parlava* 내가 네게 말했던 어머니들.
el qui, la qui, els qui, les qui ...하는 사람(들). *El qui ha dit això ment* 이것을 말한 사람이 거짓말을 한 사람이다. *No et riguis dels qui ploren* 우는 사람을 비웃지 마라.
és... qui ...한 것은 바로 ...이다. *És ell qui ha dit això* 이것을 말한 사람은 바로 그다.

tothom qui ...하는 모든 사람.
quic quica quics quiques *m.f.* [동물] 작은 닭.
quid quids *m.* 요점, 요지, 중점.
quid pro quo 응분의 보상; 대가를 치름; 보상물, 대용품.
quídam quídams *m.* [경멸적] 모 씨, 아무개; 쓸모없는 인간.
quiet quieta quiets quietes *adj.* **1** 움직이지 않는, 가만히 있는. **2** 조용한, 잠잠한, 평온한, 침착한, 평안한(tranquil).
quietisme quietismes *m.* **1** [종교] 정적주의[17세기 말의 신비주의적 종교운동]. **2** (마음의) 평화, 평온. **3** 무저항주의.
quietud quietuds *f.* **1** 부동성, 움직이지 않음. **2** 적막, 정적. **3** 침착성; 평온, 안온, 평정, 온화.
quilla quilles *f.* **1** [선박] (배의) 용골. **2** (새의) 용골 돌기.
quillar-se *prnl.* 꾸미다, 장식하다.
quilo quilos *m.* =quilogram.
quilocaloria quilocalories *f.* 킬로칼로리[열량의 단위].
quilogram quilograms *m.* 킬로그램[무게의 단위].
quilogràmetre quilogràmetres *m.* [물리] 킬로그램미터[운동량의 단위; 1킬로그램의 무게를 1m의 높이로 올리는 운동량].
quilometrar *tr.* 1킬로 단위로 표시하다.
quilometratge quilometratges *m.* 킬로수, 주행거리.
quilòmetre quilòmetres *m.* 킬로미터.
quilomètric quilomètrica quilomètrics quilomètriques *adj.* 킬로미터의, 킬로미터로 계산하는; 수 킬로미터에 이르는.
quim quims *m.* [생리] 유미(乳糜).
quimera quimeres *f.* **1** [신화] 키메라[사자의 머리, 양의 몸, 용의 꼬리 형상으로 불을 내뿜는 괴수]. **2** [비유] 망상, 공상, 상상(imaginació). **3** [구어] 염려, 근심, 걱정(ànsia). *No passis quimera* 염려하지 마라.
químic química químics químiques *adj.* 화학의, 화학적인, 화학 반응의, 화학작용의.
-m.f. 화학자.

quimioteràpia quimioteràpies *f.* 화학 재료를 사용한 치료법.
quimono quimonos *m.* 기모노[일본의 전통 의상].
quin quina quins quines *adj.interr.* **1** [의문형용사] 무슨, 어떤. *Quin dia vindràs?* 무슨 요일에 올 거니? **2** [감탄문을 만듦] *Quina noia més bonica!* 엄청 예쁜 아가씨구나! **3** [비난·놀라움·강조 등을 나타냄] *Quins amics que tens!* 너는 참 친구도 많구나!, *Quin fred!* 아이고, 추워라!
-pron.interr. [의문대명사] 무슨, 어떤, 어느. *A quin de tots dos et refereixes?* 둘 중 어느 것을 말하는 거니?
quina quines *f.* **1** [식물] 키나. **2** 5인조.
quinari quinària quinaris quinàries *adj.* 5단위의, 다섯 개로 된, 5인조의.
-m. 5일제; (고대 로마의) 은화.
quinina quinines *f.* [화학] 기나염(鹽), 키니네.
quinisme quinismes *m.* [의학] 기나 중독.
quinquagenari quinquagenària quinquagenaris quinquagenàries *adj.* 50단위의; 50대의.
-m.f. 50대.
quinquagèsim quinquagèsima quinquagèsims quinquagèsimes *adj.* =cinquantè.
-f. (기독교의) 사순절의 일요일.
quinqué quinqués *m.* 탁상 램프, 석유 램프.
quinquenni quinquennis *m.* 5개년, 5년간.
quint quinta quints quintes *adj.* **1** 다섯 번째의, 5등분의. **2** (스페인 왕조의) Carles quint 카를로스 5세.
-m. **1** 5분의 1. **2** 2할세. **3** 5분의 1의 재산[유언한 사람이 자식이 있더라도 남에게 자유로이 처분할 수 있는 재산].
quinta quintes *f.* quintar²하는 일.
quinta essència (물질의) 가장 순수한 형체, 에센스; 진수, 전형.
quintaessenciar *tr.* 정제하다, 정련하다.
quintada quintades *f.* 낯선 곳에 처음 온 사람을 골려 주는 농담.
quintar¹ quintars *m.* 킨탈[무게의 단위].
quintar² *tr.* **1** 5개마다 한 개씩 가지다;

5사람마다 한 사람씩 고르다. **2** [군사] (병역에) 제비를 뽑다, 징병하다.
quintet quintets *m.* [문학] 8음절 5행시.
quintigemin quintigèmina quintigèmins quintigèmines *adj.m.f.* 다섯째 아이(의).
quinto quintos *m.* (병역의) 모병 당첨자.
quíntuple quíntupla quíntuples quíntuples *adj.* 5배의.
-m.f. 5배.
quintuplicar *tr.* 5배로 하다.
quinze quinzes *adj.* 15의, 15번째의.
-m. 15.
-m.f. 15번째의.
quinzè quinzena quinzens quinzenes *adj.* 15번째의; 15등분의.
-m. 15등분의 1.
-m.f. 15번째.
quinzena quinzenes *f.* 15일, 보름, 반달; 보름치의 급료.
quinzenada quinzenades *f.* =quinzena.
quinzenal quinzenals *adj.* 15일의, 15일 마다의.
quiosc quioscs[quioscos] *m.* 노점, 신문 판매대.
quiosquer quiosquera quiosquers quiosqueres *m.f.* 노점 점원.
quiquiriquic quiquiriquics *m.* [의성어] 꼬 끼오[닭의 울음소리].
quirat quirats *m.* **1** 금위(金位). **2** 캐럿 [보석의 중량 단위].
quiratador quiratadors *m.* 진주 감정기.
quiròrgaf quiògrafa quiògrafs quiògrafes *adj.* 사문서의, 사서 문서의.
quirografia quirografies *f.* 사문서, 사서 문서.
quirologia quirologies *f.* =dactilologia.
quiròfan quiròfans *m.* (외부에서 볼 수 있게 한) 수술실.
quiromància quiromàncies *f.* 수상(手相) 학; 손금을 연구하는 일.
quironomia quironomies *f.* 손 움직임을 통해 멜로디의 리듬을 표현하는 기술.
quiròpters *m.pl.* [동물] (박쥐 등의) 익수류(翼手類) 동물.
quirra quirres *f.* =penis.

quirúrgic quirúrgica quirúrgics quirúrgiques *adj.* 외과의, 외과에 관한.
qui-sap-lo *adv.* 무척, 매우 많이, 엄청나게.
-adj. 매우 많은, 엄청난 수의.
quisca quisques *f.* 똥; 떼, 기름.
quisso quissa quissos quisses *m.f.* [동물] 작은 개.
quissoiar *intr.* 암캐가 새끼를 낳다.
quist quists[quistos] *m.* **1** [의학] 낭종, 낭포. **2** [생물] 포낭.
quistós quistosa quistosos quistoses *adj.* 낭종의, 포낭의.
quitació quitacions *f.* quitar하는 일.
quitament quitaments *m.* =quitació.
quitar *tr.* **1** 제거하다, 치우다, 없애다, 벗기다. **2** 빼앗다, 탈취하다(privar). **3** (약속·계약·의무 따위를) 해소하다, 면제하다. **4** 금하다, 못하게 하다. **5** (법령 등을) 파기하다. **6** 계산을 끝내다.
-se (죄·부채 등을) 면하다, 벗어나다.
quiti quítia quitis quíties *adj.* 제거된, 자유로운, 면제된.
quitina quitines *f.* [동물] 각질 갑각소.
quitrà quitrans *m.* 타르, 역청.
quitxalla quitxalles *f.* [집합] 어린이; 많은 어린이.
quixot quixots *m.* [대문자] 돈키호테.
quixotada quixotades *f.* 돈키호테 같은 행동; 상식에서 벗어난 이상주의적인 행동.
quixotesc quixotesca quixotescs [quixotescos] quixotesques *adj.* 돈키호테 같은, 이상주의적인.
quocient quocients *m.* [수학] 상, 계수, 지수.
quòrum quòrums *m.* (선거·투표·총회 등의) 성원, 정원, 정족수.
quota quotes *f.* **1** 몫, 할당액, 할당분, 배당액, 분담액. **2** 요금, 회비; 수업료.
quotidià quotidiana quotidians quotidianes *adj.* 하루의, 매일의, 나날의; 일상의; 평범한.
quotidianitat quotidianitats *f.* 일상적임, 일상적인 일.

R r

r *f.* 카탈루냐어 알파벳의 열여덟 번째 문자.
rabada rabades *f.* [해부] 미골(尾骨), 꽁무니뼈.
rabadà rabadans *m.* 목동을 돕는 조수.
rabassa rabasses *f.* **1** (나무의) 그루터기, 밑동. **2** 장작.
 dormir com una rabassa 정신없이 자다, 곤히 자다.
rabassut rabassuda rabassuts rabassudes *adj.* 키가 작고 통통한, 땅딸막한.
rabdomància rabdomàncies *f.* 마술의 회초리로 치는 점.
rabeig rabeigs[rabejos] *m.* **1** 물에 축임, 물에 담그는 일. **2** 목욕.
rabejar *tr.* **1** (물에) 축이다, 적시다. **2** 스며들게 하다, 물에 배이게 하다. **-se** **1** 적시다, 스며들다; 흥건히 젖다. **2** [비유] 기뻐하다, 만족하다.
rabent rabents *adj.* **1** [시어] 빠른, 신속한, 번개 같은. **2** 윙 하고 소리 내는, 날아가는.
rabera raberes *f.* 목축(ramat).
rabí rabins *f.* (유태의) 랍비, 율법학자.
ràbia ràbies *f.* **1** 화, 분노, 격노. **2** [의학] 공수병, 광견병(hidrofòbia).
rabior rabiors *f.* 가려움, 근질근질함.
rabiola rabioles *f.* 화남, 성냄, 분노, 노여움.
rabior rabiors *f.* 가려움, 근질근질함.
rabiós rabiosa rabiosos rabioses *adj.* **1** 성난, 화가 잔뜩 난. **2** 유쾌하지 않은, 기분이 언짢은. **3** 성마른, 화 잘 내는, 성미가 급한. **4** 광견병의, 공수병에 걸린(hidròfob).
rabiüt rabiüda rabiüts rabiüdes *adj.* 화 잘 내는, 성미가 급한, 불같은 성격의.
rabosa raboses *f.* [동물] 암여우.
raca raques *f.* [선박] 큰 고리.
raça races *f.* **1** 종족, 민족, 인종. **2** 족, 혈통, 계통. *la raça humana* 인류.
 raça blanca[groga, negra] 백인종, 황인종, 흑인종.
racemiforme racemiformes *adj.* 송이 모양의.
racial racials *adj.* 인종의, 종족적인, 민족적인. *discriminació racial* 인종차별.
ració racions *f.* **1** (1회분의) 식량, 몫, 배당분; (병사의) 1일 식량·수당; 1회분의 말먹이. **2** (여관·식당의) 정식. **3** (성직자에게 주는) 급료, 사례.
raciocinar *intr.* 추론하다, 추리하다, 판단하다.
racional racionals *adj.* **1** 도리에 맞는, 이치가 닿는, 합리적인, 이성적인. **2** [수학] 유리식(有理式)의. *nombres racionals* 유리수. **3** [화학] 시성(示性)의. *-m.* (유태 제사장의) 가슴 장식.
racionalisme racionalismes *m.* 합리주의, 이성론.
racionalista racionalistes *adj.* 합리주의의.
 -m.f. 합리주의자.
racionalitzar *tr.* 합리화하다.
racionament racionaments *m.* 배급, 공급.
racionar *tr.* **1** (양식을) 배급하다; (물자를) 배급제로 하다. **2** (기름을) 치다.
racisme racismes *m.* 인종주의, 민족주의; 인종 차별(주의).
racista racistes *adj.* 인종주의의, 민족주의의; 인종 차별의.
 -m.f. [남녀동형] 인종 차별주의자.
racó racons *m.* **1** (건물의) 모서리, 모퉁이, 코너. **2** 은둔처, 숨는 곳; 외딴 곳, 조용히 살 수 있는 곳. **3** 한쪽 귀퉁이, 귀퉁이 땅. **4** (한쪽 모퉁이에) 퇴적된 것. **5** [의학] 소화불량(indigestió). **6** 저축(estalvis).
 racó de món [비유] 외딴 곳, 황량한 곳; 사막.
 deixar de racó 한쪽에 치우다.
raconada raconades *f.* **1** 모서리, 모퉁이, 귀퉁이. **2** [의학] 소화 불량, 거북함.
raconer raconera raconers raconeres *adj.* **1** 모서리의, 모퉁이의. **2** 모퉁이를 좋아하는.

raconera raconeres *f.* **1** (귀퉁이에 있는) 책장·옷장. **2** [건축] 모퉁이벽.
radar radars *m.ang.* 레이더, 전파탐지기.
radi¹ radis *m.* **1** [기하] 반경. **2** [비유] 반경, 영역. **3** [해부] 요골, 허리뼈.
radi² *m.* [화학] 라듐.
radiació radiacions *m.* **1** [물리] 방사, 복사; 발산, 발광, 방열. **2** 라디오·텔레비전의 방송.
radiador radiadors *m.* 방열기, 난방기; 온도 조절기, 라디에이터.
radial radials *adj.* **1** 반경의. **2** 방사상의. **3** [해부] 요골의, 허리뼈의.
radiant radiants *adj.* **1** 빛·열을 내는. **2** 방사의, 복사의. **3** 눈부신, 반짝이는, 찬란한.
-*m.* **1** [천문] 광점, 방사점[유성군(流星群)의 중심].
radiar *tr.* **1** 방사하다, 방열하다. **2** 빛을 뿜다, 반짝이기 시작하다.
radiat radiada radiats radiades *adj.* 방사형의, 복사형의, 사출한.
-*m.pl.* [동물] (말미잘 등) 방사형 동물류.
radical radicals *adj.* **1** [식물] 뿌리의. **2** 기본적인, 근본적인, 철저한. **3** 급진적인, 급진파의, 과격한, 과격적인. *l'esquerra radical* 극단적 좌파. **4** [문법] 어근·어간의. **5** [수학] 근의. **6** [화학] 기의.
-*m.f.* [남녀동형] 급진론자, 과격주의자, 과격파 당원.
-*m.* **1** [문법] 어근, 어간. **2** [수학] 루트·근(根)의 부호. **3** [화학] 기(基). **4** 한자의 부수.
radicalisme radicalismes *m.* 급진론, 과격주의.
radicalitzar *tr.* 급진적으로 하다, 과격하게 하다, 뿌리째 바꾸다.
radicant radicants *adj.* 뿌리를 내리는.
radicar *intr.* **1** 뿌리를 내리다, 뻗치다, 깊이 뿌리를 박다(arrelar). **2** 안주하다, 정착하다. **3** (어떤 장소에) 있다, 위치하다; (...에) 기지·거점을 두다.
ràdio ràdios *f.* **1** 방송, 라디오 방송(radiodifusió). **2** 라디오 수신기.
radioactiu radioactiva radioactius radioactives *adj.* 방사능의, 방사성의.
radioactivitat radioactivitats *f.* 방사능.
radioafeccionat radioafeccionada radioafeccionats radioafeccionades *adj.m.f.* 라디오 팬(의).
ràdiocasset ràdiocassets *f.* 라디오 카세트.
radiocomunicació radiocomunicacions *f.* 무선 통신, 라디오 통신, 무전.
radiodifusió radiodifusions *f.* 방송, 라디오 방송.
radioelectricitat radioelectricitats *f.* 전파 방송.
radioemissora radioemissores *f.* 라디오 방송국.
radiofar radiofars *m.* 라디오 비컨, 무선표지[특정한 부호를 가진 전파를 이용하여 항공기나 선박의 위치를 확인하는 방식, 또는 그 시설].
radiofonia radiofonies *f.* 무선 전화.
radiografia radiografies *f.* 뢴트겐 사진, 방사선 사진.
radiologia radiologies *f.* [의학] 뢴트겐과, 방사선학.
radiòmetre radiòmetres *m.* 방사계, 복사계.
radiomissatge radiomissatges *m.* 라디오 메시지, 라디오 발표.
radionovel·la radionovel·les *f.* 라디오 연속극.
radiooïdor radiooïdora radiooïdors radiooïdores *adj.* 라디오를 청취하는.
-*m.f.* 라디오 청취자.
radiooient radiooients *adj.m.f.* =radiooïdor
radiós radiosa radiosos radioses *adj.* 빛나는, 반짝이는, 빛을 발하는.
radioscòpia radioscòpies *f.* [의학] 엑스광선, 방사능 시험, 엑스선 진찰, 방사선 투시.
radiosonda radiosondes *f.* 라디오존데[전파를 이용하여 대기 상층의 기압·온도·습도 따위를 측정하는 장치].
radiotècnia radiotècnies *f.* 무선 전신 공학.
radiotelèfon radiotelèfons *m.* 무선 전화기.
radiotelefonia radiotelefonies *f.* 무선 전

화.
radiotelegrafia radiotelegrafies *f.* 무선 전신.
radiotelescopi radiotelescopis *m.* 전파망원경.
radioteràpia radioteràpies *f.* [의학] 방사선·엑스선 요법.
radiotransmissió radiotransmissions *f.* 무선 방송.
radó *m.* [화학] 라돈[방사성 원소].
rafega rafegues *f.* 떼, 무리; 다량, 다수.
ràfega ràfegues *f.* **1** (바람·빛 등의) 일진의 광풍, 돌풍, 섬광.
rafegada rafegades *f.* (바람 등이) 휘몰아침.
rai[1] rais *m.* **1** (강물에 띄운) 일단의 목재. **2** 뗏목, 통나무배.
rai[2] *interj.* [명사·대명사·부정사·종속절 등에 붙어 강조의 뜻으로 쓰이는 감탄사] 더욱, 훨씬 더. *M'han cobrat 20 euros pel dinar. -Tu rai, que ets ric!* 나한테 점심 값으로 20 유로나 받았어. -넌, 훨씬 더 부자 아니니!
-interj. 뭘 그걸 가지고!
això rai 아무것도 아닌, 별것 아닌.
encara rai 다행히도.
raid raids *m.ang.* 침공, 공격.
raig raigs[rajos] *m.* **1** 광선, 복사선. **2** 번갯불, 뇌격, 벼락치기. **3** (바퀴의) 살. **4** (술·맥주 등의) 한 모금(trago). **5** (물·가스·기름 등의) 방울(rajolí). **6** [비유] 갑작스러운 재앙.
a raig (물·기름 따위가) 좔좔 흘러나오는 모양.
a raig fet 듬뿍, 그득하게, 많이; (피 따위가) 분출하여. *Li sortia la sang a raig fet* 그 사람은 피를 엄청 흘렸다.
beure a raig 흐르는 물을 손으로 받아 마시다.
plorar a raig fet 대성통곡하다.
raiguer raiguers *m.* (산의) 급경사.
rail rails *m.ang.* (철도의) 레일.
raïm raïms *m.* **1** (포도 등의) 송이. **2** [식물] 화서, 꽃차례.
raima raimes *f.* 연(連)[종이 20첩, 500매].
raïmar *tr.* (포도를) 수확하다(veremar).
-intr. 포도가 나다.

raïmera raïmeres *f.* 포도원, 포도밭.
raïmós raïmosa raïmosos raïmoses *adj.* **1** 송이가 많은. **2** [식물] 다포상의.
raió raions *m.* 레이온, 인견.
rajà rajàs *m.* (인도의) 왕.
rajada[1] rajades *f.* [어류] 가오리.
rajada[2] rajades *f.* 분출, 흘러나감; 방울방울 떨어짐.
rajaploma, a loc.adv. 붓 가는 대로, 급히 휘갈겨 써서; 재빨리.
rajar *intr.* **1** (액체가) 솟아 나오다, 뿜어 나오다. **2** (샘이) 솟아나다. **3** (그릇이) 넘쳐흐르다.
tal com raja 눈짐작으로.
rajola rajoles *f.* 벽돌; 판석(板石), 포석, 포장용 벽돌.
rajolí rajolins *m.* 매우 가느다란 물줄기.
ral rals *adj.* **1** 왕의, 국왕의(reial). *camí ral* 왕도. **2** 왕실의, 왕립의. **3** 레알[옛 스페인의 은화의 단위; 25 센티모].
de quatre rals 매우 값싼.
sense un ral [구어] 빈털터리인.
no tenir ni un ral [구어] 빈털터리다.
rall[1] ralls *m.* 수다, 잡담.
rall[2] ralls *m.* 투망.
rall[3] ralls *m.* [건축] (미장이의) 반죽을 받치는 판.
rallar *intr.* 지껄이다, 수다를 늘어놓다, 잡담을 하다(xerrar); 쓸데없는 말을 하다.
ral·li ral·lis *m.ang.* (자동차의) 랠리 경주.
ram rams *m.* **1** 가지, 작은 가지, 분지. *un ram de llorer* 월계수 가지. **2** 잘린 가지. **3** 꽃다발; 화관. **4** (새를 잡기 위한) 끈끈이 가지. **5** (포도의) 송이. *un ram de raïm* 포도송이. **6** (학문의) 분야, 학파. **7** (회사 등의) 지사, 지점, 출장소. **8** 부문, 분과; 과, 부; 조항. **9** [의학] 질병의 초기 증세, 가벼운 증세 (rampell). **10** (실크·양모의) 실패, 실꾸러미. **11** (계단의) 단.
ésser del ram de l'aigua [구어] 호모다.
plegar el ram 포기하다, 손들다, 물러서다.
RAM *f.* 램[컴퓨터의 등속 호출 기억 장치].

rama rames *f.* **1** 작은 가지, 잘린 가지 (brancó). *una cabana de rama* 나뭇가지로 엮은 움막집. **2** (가축에게 주는) 연한 가지, 지엽. **3** (활자의) 조임틀.

ramada ramades *f.* **1** 나뭇가지의 무성함. **2** [집합] 나뭇가지. **3** 양 떼, 양 무리, 목축 떼(ramat).

ramadà ramadans *m.* [종교] 라마단[이슬람력의 9월; 이 한 달 동안 해돋이로부터 일몰까지 단식함]; 라마단의 의식.

ramader ramadera ramaders ramaderes *adj.* 목축의.
-*m.f.* 목장주; 가축상인.

ramaderia ramaderies *f.* 목축, 목장, 목축농장.

ramal ramals *m.* **1** (밧줄의) 꼰 줄, 밧줄. **2** (배의 도르래에 달린) 밧줄, 로프. **3** 지선, 지류, 지맥, 샛길.

ramallut ramalluda ramalluts ramalludes *adj.* 가지가 많은.

ramar *intr.* (나무가) 가지를 내다 (brancar).

ramassa ramasses *f.* 잘린 가지들.

ramassar *tr.* 주워 모으다.

ramat ramats *m.* **1** 떼, 무리. **2** 양 떼, 목축 떼. **3** [집합] (교회의) 신도.
un ramat de 많은, 엄청난. *Té un ramat d'anys* 나이를 엄청 많이 먹었다; 역사가 매우 오래됐다.

ramatge ramatges *m.* [집합] 나뭇가지 (brancatge); 나뭇가지의 무성함.

rambla rambles *f.* **1** (격류가 지나간 뒤의) 흔적, 자국. **2** 산책 도로, 큰길. **3** 무리, 군중.

ramblada ramblades *f.* **1** 홍수, 큰물(rierada). **2** 물밀 듯이 밀려오는 것.

ramblejar *intr.* 큰길을 따라 산보하다.

ramejar *tr.* 가지를 내다.

ramell ramells *m.* **1** (꽃의) 줄기. **2** (과일의) 송이.

ramificació ramificacions *f.* **1** 분지(分枝)(법). **2** 분기, 분파; 작은 구분.

ramificar-se *prnl.* **1** (가지로) 갈라지다. **2** 분기하다, 분파하다.

ramiforme ramiformes *adj.* 송이·가지 모양의.

ramós ramosa ramosos ramoses *adj.* 나뭇가지가 무성한.

rampa^1 rampes *f.* 비탈길, 경사면, 경사진 길(pendent).

rampa^2 rampes *f.* [의학] (몸에 생기는) 쥐(contracció).

rampant rampants *m.* 비탈길, 경사면.

rampant rampants *adj.* **1** (문장에서의) 성난 사자 모양의. **2** [비유] 미쳐 날뛰는, 제멋대로의.

rampell rampells *m.* **1** 갑작스러운 행동, 충동. **2** 최초의 충동, 순간의 느낌. **3** 간절히 하고 싶은 마음.
a rampells 마음 내키는 대로.
tenir un rampell de 갑자기 충동을 느끼다.

rampellada *f.* =rampell.

rampellar-se *prnl.* 약 오르다, 격앙하다.

rampellut rampelluda rampelluts rampelludes *adj.* 충동적인, 분별없이 행동하는.

rampí rampins *m.* 훑는 기구, 갈퀴.

rampinar *tr.* (갈퀴 등으로) 긁어모으다; (삼 등을) 빗다.

rampinyar *tr.* =rapinyar.

rampoina rampoines *f.* **1** 잡다한 물건, 낡은 세간; 쓸모없는 가구·집기. **2** 썩은 잎. **3** [비유] 비천한 인간, 쓰레기 같은 사람(purrialla).

ran *adv.* **1** 뿌리째, 고스란히, 몽땅. **2** 아슬아슬하게, 닿을락 말락 하게. **3** 말끔하게, 빡빡.
ran de i) 아슬아슬하게, 닿을락 말락 하게. *Volava ran de terra* 땅을 닿을락 말락 하게 날랐다; …옆에, …가에. *Viuen ran de mar* 그들은 바닷가 옆에 산다; ii) …로 말미암아, …의 결과로. *Ran d'aquests esdeveniments fou tancat el diari* 이번 사건들로 인해 신문이 폐간되었다.

ranc ranca rancs ranques *adj.* **1** (책상·침대 등의) 다리가 없는. **2** 절름발이의(rancallós).

rancallós rancallosa rancallosos rancalloses *adj.* 절름발이의.

ranci rància rancis ràncies *adj.* **1** (식품이) 오래된, 기간이 지난. **2** 오래된, 예로부터 내려오는. **3** [비유] 케케묵

은, 낡은(envellit). *d'idees rància rancies* 낡아 빠진 생각들. **4** 인색한, 야비한, 구두쇠의(mesquí).
fer olor[pudor] de ranci 썩은 냄새가 나다.
tornar-se ranci 썩다, 부패하다.
ranciejar *intr.* 상한 맛이 나다.
rancor rancors *m.* 원한, 분노, 앙심.
rancúnia rancúnies *f.* =rancor.
randa randes *f.* **1** 레이스 장식의 일종. **2** (돛의) 추락.
randat randada randats randades *adj.* 레이스 장식을 한.
randatge randatges *m.* 레이스 장식.
ranejar *intr.* (바람 등이) 스치다; (가까이) 따라붙다, 가까워지다.
ranera raneres *f.* [의학] (혼수에 빠진 사람의) 코 골기. *ranera de la mort* 죽어 가는 사람의 코 골기.
rang rangs *m.* **1** 계급, 신분, 지위. **2** 등급, 카테고리.
d'alt rang 고위직의.
ranquejar *intr.* 발을 절다, 절룩거리다.
rànquing rànquings *m.ang.* 랭킹, 순위.
rantell rantells *m.* [곤충] 모기(mosquit).
rantella rantelles *f.* =rantell.
ranura ranures *f.* [건축] 문지방; 문지방의 홈.
ranvespre ranvespres *m.* 해질녘, 일몰, 석양.
a ranvespre 해질녘에, 어스름이 질 무렵에.
ranxer ranxera ranxers ranxeres *adj.* **1** 농장의, 목사의; 농장 일에 밝은. **2** 소심한, 시골뜨기의.
-m.f. **1** 요리하는 사람, 식사 당번. **2** 농장지기; 농장 인부의 우두머리.
ranxo ranxos *m.* **1** 농장, 목사(牧舍). **2** 별장, 방갈로, 통나무집이 즐비한 마을, 텐트촌. **3** 급식, 도시락.
raó raons *f.* **1** 동기, 이유(motiu). **2** 이성, 사리 분별(seny). *Va perdre la raó* 이성을 잃었다. **3** 이론, 변명. **4** [수학] 중항(中項). **5** 계산, 셈; 비율, 비례. **6** 알게 함, 설명. **7** *pl.* 싸움, 다툼(baralles).
a raó de ...율로, 비율로, 비례해서.
amb més raó perquè[ja que] ...을 감

안해 볼 때 더욱더.
amb raó 충분한 이유가 있는, 당연한.
conforme a la raó 이치에 닿는.
per raó[raons] de ... 때문에, ...한 이유로, ...을 위해서.
armar[moure, buscar, cercar] raons [구어] 시비를 걸다.
demanar raó d'alguna cosa (무엇의) 설명을 요구하다.
donar la raó (a algú) 알리다, 통보하다, 보고하다.
donar raó de 설명하다, 이유를 말하다.
ésser de raó 합리적이다.
no tenir raons amb ningú 아무하고도 싸울 일이 없다.
perdre la raó 이성을 잃다.
tenir raó 맞다, 옳다.
tenir raons 다투다, 시비가 붙다.
raonable raonables *adj.* **1** 타당한, 지당한, 당연지사의. **2** (가격 따위가) 적당한, 알맞은, 과하지 않는. **3** [고어] 합리적인, 이치에 닿는.
raonament raonaments *m.* **1** 추리, 추론; 연구, 궁리, 고찰. **2** 이유를 설명함, 해명. **3** 이야기, 담화.
raonar *intr.* **1** 추리하다, 추론하다(discórrer). **2** 생각하다, 연구하다, 고찰하다(pensar, observar). **2** 이유를 설명하다, 해명하다; 이야기하다. *-tr.* 논하다, 추론하다; (답을) 논리적으로 생각해 내다.
raor raors *m.* **1** (접어 넣는) 주머니칼, 면도용 칼(navalla). **2** [어류] 맛살.
rap raps *m.* [어류] 아귀.
rapaç[1] rapaç rapaços rapaces *adj.* **1** 도벽이 있는. **2** 욕심쟁이의.
rapaç[2] rapaç rapaços rapaces *adj.* 맹금류의.
-m.f. [조류] 맹금류.
rapacitat rapacitats *f.* 탐욕, 도심.
rapar *tr.* **1** (머리·수염을) 깨끗이 깎다. **2** 날치기하다, 강탈하다. *-intr.* (올리브의) 꽃이 피다.
rapè rapès *m.* 코담배.
rapejar *tr.* =rapinyar.
ràpid ràpida ràpids ràpides *adj.* **1** 신속한, 재빠른. **2** (강물이) 급격한. **3**

급행의.
-m. **1** 구두 수선 가게. **2** 구두 장수, 구두수선공, 구두 제조인. **3** 급행열차.
rapidesa rapideses f. 빠름, 신속함.
rapiditat rapiditats f. =rapidesa.
rapinyador rapinyadora rapinyadors rapinyadores adj.m.f. 강탈·약탈하는 (사람).
rapinyar tr. [속어] 도둑질하다, 강탈하다, 약탈하다(furtar).
rapir tr. **1** =rapinyar. **2** (부녀자 등을) 유괴하다(raptar).
rapissar tr. =rapinyar.
rapsode rapsoda rapsodes rapsodes m.f. (고대 그리스의) 음유 시인.
rapsòdia rapsòdies f. **1** [음악] 광상곡, 광시곡. **2** (고대 그리스의) 서사시.
raptar tr. =rapir.
rapte raptes m. **1** [법률] 유괴, 납치 (segrest). **2** 황홀, 환희(èxtasi); 흥분, 충동. **3** [의학] (정신병에 의한) 급격한 발작; 실신; 충동 행위.
raptor raptora raptors raptores m.f. 유괴자, 납치자.
raqueta raquetes f. (테니스 등의) 라켓.
raquis raquis m. **1** [해부] 척추, 등뼈. **2** [식물] 화축(花軸), 꽃대; 엽축(葉軸). **3** [동물] (새의) 날개축.
raquític raquítica raquítics raquítiques adj. **1** [의학] 구루병(佝僂病)의. **2** 나약한, 빈약한, 약골의; 약한.
-m.f. 구루병 환자.
raquitis raquitis f. [의학] 곱사병, 비타민 결핍증.
raquitisme raquitismes m. [의학] 곱사병, 비타민 결핍증.
rar rara rars rares adj. **1** 드문, 진기한, 흔하지 않은, 희귀한. un exemplar rar 드문 예. **2** [비유] 보통이 아닌, 비상한, 특별한. **3** 기이한, 기묘한, 기발한(extravagant). **4** (아이가) 칭얼대는, (몸이) 정상이 아닌.
rarament adv. 드물게, 어쩌다가; 기묘하게.
rarejar intr. 드물게 일어나다; 희귀해지다.

raresa rareses f. **1** 희박함, 드문 일. **2** 기묘, 기발함; 진기한 것, 괴짜 같은 짓(extravagáncia). **3** (아이가) 칭얼댐.
rarificar tr. 희박하게 만들다, 드물게 하다. -se 희박해지다.
ras¹ rasos m. **1** 반반한 곳, 평면. **2** [지질] 고원 (지대), 평지.
ras² rasos m. 융단.
ras³ rasa rasos rases adj. **1** (수염을) 깎은. **2** (가죽의) 털이 짧은. **3** 미끈한, 반반한(llis, pla). **4** (하늘이) 확 트인, 맑은. **5** (싹 깎아 담은) 숟갈의. **6** [군사] 졸병의.
dir (una cosa) *tot ras*[*clar i ras*, *clar i curt*] 숨김없이 솔직히 말하다.
rasa rases f. **1** 고랑, 도랑. **2** (빗물이 흐르는) 배수로. **3** [목공] 둥근끌의 일종.
rasa de sanejament [건축] 배수로.
rasant rasants adj. 아슬아슬한, 거의 닿을 듯한(fregant).
-f. (도로의) 기울기, 경사도.
rasar intr. 스치다, 닿을 듯 지나치다.
-tr. 휩쓸다, 문지르며 가다.
rascaculs rascaculs m. [구어] 미끄럼틀(tobogan).
rascada rascades f. **1** 할퀴는 일; 할퀸 자국. **2** [의학] 찰과상.
rascador rascadors m. **1** 긁는 도구; 비녀. **2** 벗겨 낸 자국.
rascadures f.pl. 깎아 낸 부스러기.
rascanyós rascanyosa rascanyosos rascanyoses adj. 신랄한, 통렬한, 비판적인.
rascar tr. 긁다, 할퀴다(gratar).
rascle rascles m. **1** (밭을 고르는) 써레. **2** 갈퀴.
rasclonar tr. (밭을) 평평하게 고르다.
raser rasera rasers raseres adj. 반반한, 평평한(ras).
-m. 같은 높이, 수준, 평면, 레벨.
raseta, a la loc.adj. 가득 찬, 꽉 찬.
raspa raspes f. **1** (날이 굵은) 쇠를 가는 줄(llima). **2** [구어] 촌스러운 하녀, 아주머니, 아주미.
raspador raspadora raspadors raspadores adj. raspar하는.
-m. **1** 깎아 내는 칼, 긁어내는 것. **2**

raspadura

(빵·치즈 등을 가는데 쓰는) 강판. **3** (소·말 등을 빗어 주는) 말빗. **4** 자루가 긴 빗자루; 굴뚝 청소 도구.
raspadura raspadures *f.* **1** 깎아 내기, 갈아 냄, 삭제. **2** 찰과상. **3** *pl.* 깎아낸 부스러기.
raspall raspalls *m.* **1** (머리·털을 빗는) 빗. **2** (청소용) 비(escombra). **3** 써레(rampí). **4** 솔.
raspallada raspallades *f.* **1** raspallar하는 일. **2** [비유] 아첨, 알랑거림(adulació).
raspallar *tr.* **1** 빗으로 빗다, 솔로 문지르다, 비로 쓸다. **2** [비유] 아첨하다, 알랑거리다.
raspar *tr.* **1** 깎아 내다, 긁어내다(gratar). **2** 줄로 갈다, 줄질하다. **3** (포도주 등이) 혀를 톡 쏘다.
raspatge raspatges *m.* [의학] (뼈를) 깎아 냄; (자궁을) 긁어냄.
raspera rasperes *f.* 목이 잠김, 목이 쉼.
raspós rasposa rasposos rasposes *adj.* **1** 거친, 감촉이 까칠까칠한(aspre). **2** (포도주 맛이) 혀를 톡 쏘는.
rasqueta rasquetes *f.* 말빗; 문지르는 솔; 구두 닦음질.
rast rasts[rastos] *m.* 마늘·양파 등의 줄기로 만든 줄.
rastell rastells *m.* **1** =rastellera. **2** 더미, 무더기.
rastellera rastelleres *f.* 열, 줄; 일렬종대.
rastre rastres *m.* 자국, 발자취(pista); 형적, 흔적(vestigi).
 ni rastre 아무런 흔적도 (없다).
rastreig rastreigs[rastrejos] *m.* **1** (증거의) 추적. **2** [선박] 인양; (닻을) 끌어 냄. **3** 마찰(fregadís).
rastrejar *tr.* **1** (...의) 뒤를 밟다. **2** 넌지시 떠보다. **3** 질질 끌다. *-intr.* **1** 마찰하다, 긁히다. **2** [선박] (배가 멈추지 않고) 닻을 끌다; (수면·지상을) 스칠 듯 말듯 하게 날다; 낮게 공중을 날다. **3** 갈퀴로 일하다.
rasura rasures *f.* rasurar하는 일.
rasurar *tr.* 깎다, 깎아 내다, 면도하다(raure).
rata rates *m.f.* [남녀동형] **1** [동물] 쥐,

생쥐; 바다쥐. **2** [비유] 구두쇠, 깍쟁이.
 més pobre que una rata [구어] 찌들게 가난한.
ratadura ratadures *f.* **1** (이로) 갉기; 한번 갉기; 그 분량. **2** 갉아먹은 자국.
ratafia ratafies *f.* 과일주.
ratapenada ratespenades *f.* [동물] 박쥐.
ratapinyada ratespinyades *f.* =rataenada.
ratar *tr.* **1** 쥐를 잡다, 쥐를 사냥하다. **2** (쥐가) 쏠다, 갉아먹다(rosegar).
ratat ratada ratats ratades *adj.* (쥐가) 갉아먹은.
rat-buf rat-bufs *m.* [동물] 물쥐.
ratera rateres *f.* **1** 쥐덫. **2** [비유] 덫, 함정. **3** (천의) 찌꺼기를 치우는 기계.
rateria rateries *f.* 인색함, 치사함(avarícia).
rateta ratetes *f.* [rata의 지소사] 쥐새끼.
 fer la rateta (거울을 가지고) 반사 놀이를 하다.
raticida raticides *adj.* 쥐를 죽이는.
 -m. 쥐약.
ratificació ratificacions *f.* 비준(서), (사후)승인, 추인, 재가, 인가.
ratificar *tr.* 비준하다, 승인하다, 추인하다, 재가하다, 인가하다.
ratlla ratlles *f.* **1** 선, 괘(traç). **2** 한계, 한계선; 국경선.
 a la ratlla de ... 근처에; ... 국경에. *a la ratlla de França* 프랑스 국경에.
ratllador ratlladora ratlladors ratlladores *adj.* ratllar하는.
 -m. 선.괘를 긋는 기계.
ratlladura ratlladures *f.* [주로 복수로 쓰여] (강판으로) 간 것, 갈아 낸 자국.
ratllar *tr.* **1** 선.괘를 긋다. **2** 체크하다, 표시하다, 밑줄을 긋다. **3** 한계선을 긋다. **4** (빵을) 강판에 갈다.
ratllat ratllada ratllats ratllades *adj.* ratllar한.
ratolí ratolins *m.* [동물] 생쥐. *ratolí comú* 집쥐. *ratolí de camp* 들쥐.
ratonejar *tr.* 쥐를 잡다.
ratxa ratxes *f.* **1** 돌풍, 광풍. **2** [비유] (일의) 일련, 연속. *una ratxa de feina* 일련의 작업.

a **ratxes** 이따금씩.
anar a ratxes (어떤 일이) 이따금씩 발생하다.
ratxada ratxades *f*. 강한 돌풍, 일진의 광풍.
ratxar *intr*. 날카로운 소리를 내다.
ràtzia ràtzies *f.ital.* (몰래) 훔쳐 오기, 약탈.
rauc[1] raucs *m*. (개구리의) 울음소리.
rauc[2] rauca raucs rauques *adj*. 목이 쉰, 걸걸한 목소리의(ronc).
raucar *intr*. (개구리가) 울다.
rau-rau rau-raus *m*. **1** [의성어] 삐걱거리는 소리, 날카로운 소리. **2** 불쾌함, 기분이 언짢음, 몸이 안 좋음. **3** [비유] 가책, 마음이 찔림(remordiment).
el **rau-rau** *de la* **consciència** 양심의 가책.
raure *tr*. **1** 깎다, 문질러 닳게 하다. **2** 갉아먹다. **3** (풀을) 베어 내다. **4** (빵을) 갈다. -*intr*. (어떤 장소에) 있다, 존재하다; 멈추다.
anar[**venir**] **a raure**[**haver de raure**] **amb** (누구와) 교섭하게 되다; 관계를 맺다.
anar a raure a (어떤 장소에) 머물러 가다; (상황이) ...하게 되다.
aquí rau... 여기에 ...이 있다.
rautar *tr*. =rascar.
rautija rautiges *f*. 목이 쉼, 목이 잠김.
rauxa rauxes *f*. 격앙, 격노; 발작, 흥분; 낚아챔.
raval ravals *m*. 교외, 변두리, 마을 밖.
ravata ravates *f*. **1** 탈취, 낚아챔. **2** 격앙, 격노; 흥분.
rave raves *m*. **1** [식물] 무, 순무. **2** [비유] 꼴불견, 혐오스러운 짓. **3** [비유] 무익한 것, 쓸모없는 것.
agafar el rave per les fulles 완전히 뒤바뀌다; 오역하다, 실수하다.
m'importa un rave 내게 아무 상관이 없다; 전혀 중요하지 않다.
no valer un rave 아무 가치가 없다.
ravenar ravenars *m*. 무우밭.
re[1] res *m*. [음악] 레[두 번째 음계].
re[2] *pron*. =res.
reabsorbir *tr*. 다시 흡수하다.
reacció reaccions *f*. **1** 반동, 반발; 반대, 반항; 반격, 역습. **2** [의학][화학] 반응. **3** [물리] 반작용, 항력, (핵)반응. **4** 보수적 경향, 복고적 경향, 반혁신.
reacció en cadena 연쇄 반응.
reaccionar *intr*. **1** 반동하다, 반동이 생기다. **2** 반응하다, 반응을 보이다. **3** 반대하다, 반항하다. **4** 반격하다, 역습하다.
reaccionari reaccionària reaccionaris reaccionàries *adj*. **1** 반동적인, 반발하는, 반응하는. **2** 복고적인. *el pensament reaccionari* 복고적인 사고.
-*m.f.* 반동분자, 반혁신주의자.
reactiu reactiva reactius reactives *adj*. 반동의, 반응의; 반발적인, 반작용의; 핵반응의.
-*m*. [화학] 시제(試劑), 시약, 반응 물질.
reactivar *tr*. 다시 가동하다, 재추진하다, 재촉진하다.
reactor reactors *m*. **1** 원자로. *reactor nuclear* 핵 원자로. **2** (항공기의) 제트 엔진; 제트기.
readaptar *tr*. 다시 적용하다, 다시 채택하다.
readmetre *tr*. 재수용하다, 재허가하다, 재고용하다.
reafirmar *tr*. 재확인하다, 재강조하다, 재차 천명하다.
reajustar *tr*. 재조정하다, 재정리하다.
real[1] reals *adj*. **1** 현실의, 실제의, 실재하는. **2** 진짜의. **3** 사실적인.
esdevenir real 현실로 되다, 실현되다.
lo real[*allò que és real*] 실제, 사실.
real reals *m*. **1** [고어] (군대의) 진영, 본진, 야영지. **2** 왕궁의, 왕실의.
realç realços *m*. =realçament.
realçament realçaments *m*. realçar하는 일.
realçar *tr*. **1** 재평가하다(revalorar); 가치를 회복시키다. *realçar la moneda* 화폐 가치를 재평가하다. **2** 두드러지게 하다, 더욱 빛나게 하다(destacar).
realista realistes *adj*. **1** 사실적인; 실용적인. **2** [문학][회화] 사실주의의.
-*m.f.* [남녀동형] 사실주의자; 실용주의자.
realisme realismes *m*. **1** [철학] 실제론, 실체주의, 실존주의, 현실주의. **2** [문학][회화] 사실주의.
realitat realitats *f*. **1** 사실, 진실. **2** 실

제, 현실성, 실재, 실존.
en realitat 실은, 실제로, 사실상.
la realitat =lo real.
esdevenir realitat 현실이 되다, 실현되다.
realització realitzacions *f.* **1** 실현, 실행, 실시. **2** [경제] 환금 (처분). **3** (영화의) 촬영, 제작.
realitzar *tr.* **1** 실현하다, 실행하다, 실시하다(acomplir). *realitzar un projecte* 프로젝트를 실행하다. **2** (약속을) 이행하다. **3** [경제] 환금하다, 환금 처분을 하다. **4** [영화] 촬영하다, 제작하다. **-se** (일이) 일어나다, 발생하다; 실현되다(acomplir-se).
realment *adv.* 실제로, 사실로, 정말로.
reanimar *tr.* **1** 활기를 주다, 원기를 주다, 기력이 되살아나게 하다; 다시 살아나게 하다. **2** (대화를) 다시 재개하다.
reaparèixer *intr.* 다시 나타나다, 재출현하다.
rearmament rearmaments *m.* 재무장; 군사력 증강.
rearmar *tr.* 재무장하다.
reassegurança reassegurances *f.* 재보험, 재보장.
reassegurar *tr.* 재보험을 들다; 재삼 보장하다.
rebaix rebaixos *m.* **1** 할인, 가격 인하, 에누리(rebaixa). **2** 리베이트.
rebaixa rebaixes *f.* **1** 할인, 가격 인하. **2** *pl.* 할인 상품.
rebaixar *tr.* **1** 낮게 하다, 내리다. **2** 가격을 내리다, 할인하다, 인하하다. **3** (색깔·빛을) 어둡게 하다. **4** 낮게 평가하다(menysvalorar). *rebaixar els mèrits* 장점을 낮게 평가하다. **5** (가죽을) 살짝 문지르다. **6** [비유] 콧대를 꺾다, 굴복시키다(humiliar). **-se** 고개를 숙이다, 굴복하다(humiliar-se).
rebat rebats *m.* 갯가, 물가.
rebatre *tr.* **1** 반격하다, 배격하다, 물리치다(repel·lir). **2** (몽둥이로) 마구 두드리다. **3** 때려눕히다, 납작코를 만들다. **4** [비유] 반론하다, 비난하다, 공격하다(impugnar). **5** [건축] (벽에) 덧칠을 하다.

rebava rebaves *f.* (주물에서) 약간 나온 부분; (물건의) 약간 두둑한 곳.
rebé *adv.* =molt bé.
rebec rebeca rebecs rebeques *adj.* **1** (사람이) 반항적인, 거스르는. **2** 반역하는, 반란의, 반란을 일으키는. **3** (일·성격이) 다루기 힘든, 힘겨운.
rebeca rebeques *f.* (졸면서) 꾸벅거리기(becaina). *fer una rebeca* 선잠을 자다, 꾸벅거리다.
rebedor rebedora rebedors rebedores *adj.* **1** (...을) 받는. **2** 괜찮은, 인수해도 좋은, 마음에 드는.
-m.f. 수령인, 수취인, 수세관; 파산 재산 관리인; 출납자, 수납계원; 법원 서기.
-m. 수신기, 수화기.
rebel rebels *adj.* **1** 반항적인, 거스르는, 말 안 듣는. **2** 완강한, 집요한(tenaç). **3** (질병이) 치료가 어려운.
-m.f. 반항아; 반란자; (법정의) 궐석자.
rebel·lar-se *prnl.* **1** 반란·폭동·모반·반역을 일으키다. *Es van rebel·lar contra el rei* 왕에 대항해 반역을 일으켰다. **2** 반항하다, 거스르다, 대들다.
rebel·lia rebel·lies *f.* **1** 반란, 반역, 모반(rebel·lió). **2** 반항, 불순종. **3** (법정의) 궐석.
rebel·lió rebel·lions *f.* 반란, 반역, 모반.
rebentada rebentades *f.* **1** 폭발, 파열. **2** [비유] 심한 비난.
rebentament rebentaments *m.* **1** 폭발, 파열(rebentada). **2** 힘든 일, 노고, 고생.
rebentar *intr.* **1** 폭발하다, 파열하다(esclatar). **2** [비유] (감정이) 폭발하다; 기뻐 날뛰다. *rebentava de satisfacció* 흡족해서 펄펄 뛰었다. **3** (파도가) 부서지다. **4** 횡사하다, 폭사하다. **5** 녹초가 되다. *-tr.* **1** 파열시키다. **2** 붕괴시키다, 무너뜨리다(esbotzar). **3** [비유] 지치게 하다, 녹초가 되게 하다(fastiguejar). **4** 혼내 주다; 비난하다(criticar). **5** 함부로 쓰다(malgastar). **-se 1** 파열하다, 터지다. **2** 녹초가 되다.
rebentat rebentada rebentats rebentades *adj.* rebentar한.
rebentisme rebentismes *m.* rebentar하

rebequeria rebequeries *f.* 반항, 반발, 반동; 분노, 화냄; 보챔, 칭얼댐.

rebesavi rebesàvia rebesavis rebesàvies *m.f.* 고조부, 고조모.

rebesnét rebesnéta rebesnéts rebesnétes *m.f.* 고손자, 고손녀.

rebeure *tr.* 흡수하다, 빨아들이다; 흠뻑 적시다.

rebladura rebladures *f.* reblar하는 일.

reblanir *tr.* **1** 연하게 하다, 부드럽게 하다, 말랑말랑하게 하다. **2** [비유] 누그러뜨리다, 완화시키다(entendrir).

reblar *tr.* **1** (못·징 같은 것을) 조이다, 단단히 하다. **2** [비유] 분명히 하다, 강조하다(recalcar).

reblar el clau [비유] (무슨 일을) 확실히 해 두다.

reble rebles *m.* **1** (못·철 등의 끝을) 두드려서 구부리는 일. **2** [건축] 틈새에 넣는 자갈 부스러기; 여분, 찌꺼기. **3** 넋두리, 쓸데없는 말(falca).

reblir [*pp: reblert reblerta*] *tr.* 가득 채우다, 채워 넣다, 기입하다; (잡다한 것으로) 틈새 채워 넣다.

reblir de (...로) 가득 채우다.

rebló reblons *m.* 징, 끝이 구부러진 못.

reblum reblums *m.* **1** =reble. **2** (틈새에 넣는) 자갈 부스러기.

rebolcada rebolcades *f.* **1** 전복, 전도. **2** 황소가 투우사를 땅에 내동댕이치는 일.

fer rebolcades 전복시키다, 뒤집어엎다.

rebolcar *tr.* 전복시키다, 뒤엎다, 쓰러뜨리다. **-se 1** 전복되다, 전도하다, 나가자빠지다, 넘어지다. **2** [비유] (죄악에) 빠지다. **3** 집착하다, 고집하다.

rebolcons, **a** *loc.adv.* 비틀거려, 뒤집어져.

reboll rebolls *m.* [식물] 싹, 움(rebrot).

rebollar *intr.* 싹이 나다, 움이 트다(rebrotar).

rebomborejar *intr.* 울려 퍼지다, 사방에 울리다(retrunyir).

rebombori rebomboris *m.* **1** 혼잡, 혼란, 야단법석, 북새통. **2** 소동, 소란, 소요(avalot).

rebordoniment rebordoniments *m.* [식물] 손상, 피해.

rebordonir-se *prnl.* [식물] 해를 입다.

rebordonit rebordonida rebordonits rebordonides *adj.* (나무나 풀들이) 손상을 입은.

rebost rebosts[rebostos] *m.* **1** 식료품 저장소, 창고. **2** 저장 식품; 식료품.

rebosteria rebosteries *f.* **1** 식품·식량 담당 업무; 식품실; 식기실. **2** 식료품, 식량, 양식(provisió).

rebot rebots *m.* **1** (공이) 튕겨 오름, 튀어나옴. **2** [의학] 부기, 부풀어 오름.

de rebot 튕겨 나와. *tornar una pilota de rebot* 공이 튕겨 나오다.

rebotar *intr.* **1** =rebotre. **2** [스포츠] 바운드하다, (공을) 튕기다.

rebotiga rebotigues *f.* **1** (약국·가게의) 대기실. **2** 휴게실, 대화실.

rebotir *intr.* 붓다, 부풀어 오르다.

rebotre^1 *intr.* (공이) 튀겨 나오다, 튀겨 돌아오다.

rebotre^2 *tr.* (물건을) 던지다, 집어 던지다.

rebre *tr.* **1** 받다, 얻다, 수취하다, 수신하다. **2** (의견 따위를) 수락하다, 받아들이다. **3** (손님을) 맞아들이다, 환영하다, 영접하러 나가다(acollir). **4** [비유] (고통을) 받다, 대가를 치르다, 감수하다(sofrir).

tocar el[de] rebre 비용을 지불하다.

rebrec rebrecs *m.* **1** 주름, 구김살(séc, arruga). **2** 누더기. **3** 재고품, 잔품.

rebregadís rebregadissa rebregadissos rebregadisses *adj.* 쉽게 으깨지는, 쉽게 찌부러지는.

rebregar *tr.* 짜다, 쥐어짜다; 으깨다, 찌부러뜨리다, 마구 주무르다.

rebroll rebrolls *m.* =rebrot.

rebrollar *intr.* =rebrotar.

rebrot rebrots *m.* 싹, 움, 어린 가지.

rebrotar *intr.* 새싹이 나다.

rebuda rebudes *f.* 받음, 수취, 수신; 영접, 환영.

rebuf rebufs *m.* **1** (대답에서) 되받아침; 으르렁거림. **2** 강풍이 붊.

rebufar *intr.* **1** (바람이) 세게 불다. **2** 속이 비다; 부풀어 오르다.

rebuig rebuigs[rebutjos] *m.* **1** 거절, 거

부(refús). 2 퇴짜 맞은 것; 폐품, 폐물. 3 쓰레기 같은 사람. 4 찌꺼기, 무거리(residus). 5 (땅에 까는) 모래, 자갈. 6 [의학] 면역반응의 거부.
rebut rebuda rebuts rebudes adj. rebre 한.
-m. [상업] 수령, 수취, 인수; 영수증, 영수서, 인수증, 인지서, 예금 증서.
rebutjall rebutjalls m. =rebuig.
rebutjar tr. 1 거절하다, 거부하다(refusar). 2 (나쁜 것을) 버리다, 처분하다.
rec recs m. 1 도랑, 하수도, 용수구, 관계수로; 수로, 운하(canal). 2 (빗물이 빠지도록 하는) 홈.
recaiguda recaigudes f. 1 (질병·버릇의) 재발. 2 (범죄의) 재범.
recalar intr. 1 (물이) 스며들다. 2 (바람·물이) 새다. -tr. 젖게 하다, 적시다, 담그다, 스며들게 하다(calar).
recalcament recalcaments m. recalcar 하는 일.
recalcar tr. 1 (말을) 강조하다. 2 [기계] 조이다, 단단히 고정하다.
recalçar tr. 1 (식물의) 뿌리 위에 흙을 돋우다. 2 [건축] (건물의) 토대를 강화하다.
recalcitrant recalcitrants adj. 고집이 센, 고집불통의. Quins alumnes més recalcitrants! 참 지독히도 고집 센 학생들이군!
recalmó recalmons m. 별안간 바람이 잠, 갑자기 바다가 잔잔해짐.
recambra recambres f. 1 작은 방, 세간. 2 (극장의) 분장실, 의상실. 3 (총의) 개머리판; 포미. 4 (총의) 탄약통. 5 (광갱의) 폭약 장전부. 6 폭죽.
recança recances f. 1 슬픔, 괴로움. 2 우려, 걱정, 고민, 번뇌, 후회.
  sentir recança de 유감스럽게 생각하다, 슬퍼하다, 애석하게 생각하다.
recanvi recanvis m. 1 재발행; 재교환 어음. 2 (기계 수리용) 예비품, 부품.
  de recanvi 예비의, 만일에 대비한. una roda de recanvi 예비 타이어.
recanviar tr. 1 새로 바꾸다, 다시 교환하다. 2 [상업] 재교환 어음을 발행하다.
recapitular tr. (전술한 것을) 요약하다; 개괄적으로 설명하다.
recaptar tr. 1 (세금을) 징수하다, 징세하다(percebre). 2 얻다, 손에 넣다, 취득하다(aconseguir).
recapte recaptes m. 1 공급, 보급, 제공(provisió). 2 생필품; 식품(menjar).
  ésser (algú) *de recapte[de gran recapte]* 좋은 지위를 가지다.
  donar recapte 공급하다, 제공하다.
  donar recapte a 주의를 기울이다.
recar intr. 아파하다, 슬퍼하다; 안타깝게 생각하다, 마음이 내키지 않다.
recargolar tr. 꼬다, 비틀다; 꼬이게 하다, 얽히게 하다. -se 꼬이다, 비틀어지다; 얽히다.
  recargolar-se de riure 웃겨 죽다, 웃겨서 까무러치다.
recàrrec recàrrecs m. 1 (부담의) 가중, 중과; 과중한 짐. 2 과태료, 추징금.
recaure intr. 1 (죄·질병·버릇 등에) 다시 빠지다, 다시 걸리다, 재발하다. 2 (책임이) 돌아오다(afectar).
recel recels m. 걱정, 우려; 의심, 의혹, 불신(malfiança).
recelar intr. 걱정하다, 우려하다; 의심하다, 불신하다.
recelós recelosa recelosos receloses adj. 1 걱정하는, 우려하는; 조심성 많은. 2 의심하는, 의심 많은, 의구심 품는.
recensió recensions f. (학술적인) 비평, 서평.
recent recents adj. 최근의, 최신의. un fet recent 최근의 일.
recentment adv. 최근에, 요즈음에.
recepció recepcions f. 1 받음, 접수, 수령. 2 수용, 허용, 용인, 시인. 3 접대, 대우, 응접(acollida) 4 연회, 초대연, 환영회, 축하연(festa). 5 입회, 가입, 입사.
recepcionista recepcionistes m.f. (회사·호텔 등의) 접수원, 안내양, 응접 계원.
recepta receptes f. 1 비법; 요리법. 2 [의학] 처방, 처방전.
receptaire receptaires m.f. 돌팔이 의사.
receptar tr. 1 처방하다(prescriure). 2 [고어] 보호하다.

receptari receptaris *m.* 처방서, 처방전, 조제전, 조제서.

receptiu receptiva receptius receptives *adj.* 받는, 받아들이는, 수용하는, 받아들일 수 있는.

receptor receptora receptors receptores *adj.m.f.* =rebedor.
-*m.* **1** [의학] (이식의) 수혜자. **2** (라디오) 수신기.
receptor universal [의학] 모든 혈액형의 피를 수혈할 수 있는 에이비형(AB형)의 혈액형을 가진 사람.

recer recers *m.* 엄폐, 보호, 피난처, 은둔처, 풍파 대피소, 바람막이.
a recer 숨겨서, 엄호하여, 비호하여.
a recer de ...의 보호 아래, ...의 비호 아래.

recerca recerques *f.* **1** 찾음, 추구. *la recerca de la felicitat* 행복의 추구. **2** 연구, 조사, 탐구(investigació). **3** 수색, 탐색.
a la recerca de ...을 찾아, ...을 추구하여.
fer recerques 연구하다, 조사하다.

recercar *tr.* **1** 찾다, 구하다. **2** 수색하다, 탐색하다.

recés recessos *m.* **1** 숨는 곳, 은둔처. **2** 수양원, 수련원.

recessió recessions *f.* **1** 이탈(desviació). **2** [경제] (경기의) 하락, 불황.

reciclar *tr.* 재활용하다. **-se** 보충 학습을 받다.

reciclatge reciclatges *m.* **1** 재활용. **2** 보충 학습.

recidiva recidives *f.* 재범, 재발; 타락.

recidivar *intr.* 재범하다, 재발하다; 타락하다.

recinte recintes *m.* 구내, 경내.

recipe recipes *m.* 처방서, 처방전.

recipient recipients *adj.* =receptiu. *la cultura recipient* 수용하는 문화.
-*m.* 용기(vas).

recíproc recíproca recíprocs recíproques *adj.* 서로의, 상호 간의, 호혜의, 교호의.

reciprocitat reciprocitats *f.* 상호성, 호혜주의, 교호 작용.

recital recitals *m.* 독주, 독연, 독창, 리사이틀.

recitar *tr.* **1** 읊다, 낭송하다, 낭독하다. **2** [음악] 독주하다, 독연하다, 독창하다. **3** (법정에서) 사실을 열거하다. **4** 기도문을 읽다.

recitat recitats *m.* 낭송시, 음송시; [음악] 서창(敍唱) 부분.

recitatiu recitativa recitatius recitatives *adj.* 낭송의, 음송의.
-*m.* =recitat.

reclam reclams *m.* **1** 미끼, 유혹; 낚기 위한 도구. **2** 미끼 새, 후림 새. **3** 광고, 선전(publicitat).
reclam de xeremies [음악] 풀피리, 목동의 피리; 삼포냐[주로 중남미에서 사용하는 갈대로 만든 피리].

reclamació reclamacions *f.* **1** 청구, 요구, 요청. **2** 이의 제기, 항의. **3** [상업] (거래상의) 배상요구, 클레임.

reclamar *tr.* **1** (권리를) 청구하다, 요구하다(exigir). *reclamar la meva part* 내 몫을 요구하다. **2** 이의하다, 항의하다. **3** (주의를) 끌어들이다. **4** (피리를 불어) 새를 모으다. **5** [법률] 소환하다; (죄인의) 인도를 요구하다. **6** [상업] 클레임을 요구하다. -*intr.* 이의하다, 항의하다(protestar).

reclinar *tr.* 기대어 놓다.

recloure [*pp: reclòs reclosa*] *tr.* 가두어 놓다, 유폐하다, 감금하다. **-'s** 들어박히다, 은거하다, 은퇴 생활을 하다.

reclús reclusa reclusos recluses *adj.* 은거한, 은둔한; 유폐된, 감금된.
-*m.f.* 은둔자; 감금자, 죄수.

reclusió reclusions *f.* 은거, 은둔; 가둠, 유폐, 감금.

recluta reclutes *m.f.* 소집병, 응모병, 신병.

reclutar *tr.* **1** (병사를) 징병하다, 모병하다, 병적에 올리다. **2** (회사원·노동자 등을) 모집하다, 징용하다.

recobrament recobraments *m.* 회복, 만회.

recobrar *tr.* **1** (잃은 것을) 되찾다. **2** (기력·건강 등을) 되찾다, 회복하다, 만회하다. **3** (명예·손실 등을) 만회하다. **-se. 1** 되찾다, 회복하다; 제정신을 차리다, 정신이 돌아오다. **2** 보상을 받다.

recobre recobres *m.* **1** 보호, 두둔, 비호(empara, abric). **2** 회복, 만회.

recobriment recobriments *m.* **1** 이중으로 덮음. **2** (옷으로) 덮어 싸기, 덮개.

recobrir [*pp: recobert recoberta*] *tr.* 위에 덮다, 다시 씌우다; 지붕을 다시 덮다.

recognoscible recognoscibles *adj.* **1** 인정·승인할 수 있는. **2** 인식 가능한, 판별 가능한.

recol·lecció recol·leccions *f.* **1** 수확, 거둬들이기(collita). **2** 모으기, 수집. **3** 수금, 회수.

recollidor recollidora recollidors recollidores *adj.m..f.* recollir하는 것·사람, 수집가, 채집가.
-*m.* **1** 수집 도구, 집적기. **2** 쓰레받기. **3** 써레.

recollir *tr.* **1** 줍다, 모으다(aplegar); 따다, 채집하다. **2** 한곳으로 모으다, 집중하다(concentrar). *Recolliu totes les vostres forces* 너의 모든 힘을 집중하다. **3** (농작물을) 거두어들이다. **4** 떠맡다, 수용하다, 보호하다(acollir). **5** 줄이다, 오므라뜨리다, 접다. **6** (어음을) 인수하다. *-se* **1** 피하다; (군대가) 후퇴하다. **2** 한곳으로 모이다, 집중하다(concentrar-se).

recolzament recolzaments *m.* **1** 지주, 지탱, 받침, 기댐. **2** [비유] (이론의) 뒷받침, 지지.

recolzar *intr.* **1** 기대다, 의지하다. **2** 기초하다, 근거하다. *Aquesta teoria recolza sobre fets indiscutibles* 이 이론은 논의의 여지가 없는 사실에 근거한다. -*tr.* **1** 기대어 놓다. **2** 지지하다, 지원하다. -*se* 기대다, 의지하다; 기대어 눕다, 팔꿈치를 고이다.

recomanar *tr.* **1** 권하다, 추천하다, 천거하다, 의뢰하다(confiar). **2** 조언하다, 충고하다(aconsellar). **3** 믿음을 주다, 신뢰감을 갖게 하다.

recompensa recompenses *f.* **1** 보상, 보수; 상여, 포상. **2** 보상금, 수당, 위로금.

recompensar *tr.* 보상하다; 상을 주다.

recomplir [*pp: recomplert recomplerta, recomplit recomplida*] *tr.* 채우다, 가득 채우다.

recomptar *tr.* 다시 계산하다, 다시 세어 보다.

recompte recomptes *m.* **1** 다시 계산하기, 다시 헤아리기. **2** 재산 목록, 상품 목록; 재고 정리. **3** 총수효.
recompte d'existència [상업] 물품 명세서, 재고 목록, 재산 목록; 재고 정리.

reconcentrar *tr.* **1** 안에 넣다, 안에 모으다. **2** 집중하다. -*se* (감정 등을) 드러내지 않다.

reconciliació reconciliacions *f.* reconciliar하는 일.

reconciliar *tr.* **1** 화해시키다, 조정하다. **2** 고해를 듣다. -*se* **1** 화해하다. *Els dos germans s'han reconciliat* 두 형제는 서로 화해했다. **2** [신학] (죄를) 고백하다, 화해하다.

recondir *tr.* 감추다, 숨기다, 은닉하다.

recòndit recòndita recòndits recòndites *adj.* 깊이 감춘, 마음 밑바닥의.

reconduir *tr.* **1** (계약 등을) 연기하다 (prorrogar). **2** (나온 곳으로) 다시 들어가다.

reconeixement reconeixements *m.* **1** 인지, 인식. **2** 인정, 시인; 고백, 자백 (confessió). **3** 확인, 식별. **4** 정밀 검사, 정밀 진단, 감별. *reconeixement mèdic* 건강 진단. **5** 답사; [군사] 수색 정찰. **6** 감사(reconeixença).
fer un reconeixement [군사] 수색·정찰하다.

reconeixença reconeixences *f.* 감사, 사의.

reconèixer *tr.* **1** 알다, 알아보다; 인지하다, 인식하다. **2** 인정하다, 시인하다 (admetre). **3** 알아보다, 조사하다, 사정하다, 감사하다, 정확히 검사하다 (examinar). **4** (국가·권위 등을) 시인하다, 승인하다. *reconèixer el nou govern* 새 정부를 승인하다. **5** (사실을) 확인하다(identificar). **6** 감사를 표하다(agrair). **7** (사실을) 고백하다, 자백하다(confessar). **8** [의학] 진찰하다.
reconèixer com a (...로) 인정하다. *No el reconec com a fill* 나는 그를 아들로 인정하지 않는다.

reconfortar *tr.* 활기를 찾게 하다, 기운

이 솟구치게 하다.

reconquerir tr. **1** 재정복하다, 재탈환하다. **2** (애정·명예·재산 등을) 다시 찾다, 만회하다.

reconquesta reconquestes f. **1** 재정복, 재탈환, 되찾음; 만회, 회복. **2** [역사] 레콘키스타[711-1492에 걸쳐, 이베리아 반도에서 아랍인들을 추방하기 위해 치른 국토 회복 전쟁].

reconquistar tr. =reconquerir.

reconsagrat reconsagrada reconsagrats reconsagrades adj. 광적인(acèrrim); 나쁜, 사악한(malvat).

reconstituent reconstituents adj. reconstituir하는.
-m. 강장제, 재생제.

reconstituir tr. **1** 재건하다, 재조직하다, 재편하다, 재제정하다. **2** (건강을) 회복하다, 원기를 차리다.

reconstrucció reconstruccions f. **1** 재건; 개수, 개축, 개조. **2** 재생, 재현; 부흥.

reconstruir tr. **1** 재건하다; 개수하다, 개축하다, 개조하다. **2** 재생하다, 재현하다(reproduir). **3** 다시 생각하다, 숙고하다.

recontar tr. 말하다, 이야기하다, 늘어놓다(narrar).

reconversió reconversions f. 환원, 원상복구.

reconvertir tr. 환원하다, 원상 복구를 하다.

recopilar tr. 편집하다, 편저하다.

record records m. **1** 기억, 메모리(memòria). **2** 기념품, 추억이 되는 것. **3** 회상, 회고. **4** pl. 추억(록). Escriu els seus records 그는 그의 추억을 글로 쓴다. **5** pl. 안부, 인사. Doneu records al vostre pare 아버님께 안부 좀 전해 주세요.
com a record 기념으로, 추억으로.

rècord rècords m. [스포츠] 최고 기록, 신기록.

recordança recordances f. **1** 기념(commemoració). **2** 기념물, 추억거리.
en recordança de ...을 기념하여.

recordar tr. **1** 기억하다, 생각해 내다. **2** 기억나게 하다, 환기시키다(fer present). **3** (과거를) 그리워하다, 회고하다, 회고담을 말하다. **4** 비슷하다, 닮은 데가 있다(semblar). **-se** 기억하다. No te'n recordaves? 그것을 기억 못했었니?
si mal no recordo[si no recordo malament] 내 기억이 틀리지 않다면, 내 생각엔 아마.

recordatiu recordativa recordatius recordatives adj. 기억나게 하는, 생각나게 하는.

recordatori recordatòria recordatoris recordatòries adj. 알리는, 통지하는, 주의를 환기시키는.
-m. **1** 알림, 통지; (주의의) 환기. **2** 지급 독촉장, 재통첩. **3** 안내, 길잡이.

recordista recordistes m.f. [단·복수동형] [스포츠] 신기록 수립자.

recorregut recorreguts m. **1** 도정, 행정, 여정. **2** (교통편의) 구역, 노선, 구간, 길이.

recórrer tr. **1** (거리·장소를) 다니다, 돌다, 거닐다, 쏘다니다, 돌아다니다. Ha recorregut mig món 그는 세계를 절반이나 돌아다녔다. **2** 활자를 다음 행으로 보내다. -intr. **1** (누구에게) 가다; (도움을) 호소하다. Recorrem a vós, Senyor 주여, 당신께 의지합니다. **2** [법률] (어떤 수단·방법에) 의지하다, 호소하다.

recreació¹ recreacions f. 재창조; 각색.

recreació² recreacions f. 오락, 레크리에이션(entreteniment).

recrear tr. **1** 재창조하다, 새롭게 하다. **2** (마음을) 즐겁게 하다. **3** (시력 등을) 회복하다, 가다듬다. **-se** 놀다, 즐기다, 심심풀이하다.

recreatiu recreativa recreatius recreatives adj. **1** 새롭게 하는, 재창조하는. **2** 재미나는, 신나는, 즐거운, 심심풀이가 되는.

recréixer intr. 크게 되다, 증대하다; 다시 일어나다.

recremar tr. 불에 태우다, 불에 눌리다; (태양에) 피부를 태우다.

recriar tr. **1** (원산지 밖에서) 사육하다. **2** (영양분을 주어) 원기를 북돋우다.

recriminació recriminacions f. 반항, 항변; 나무람.

recriminar tr. **1** 반항하다, 항변하다. **2** 꾸중하다, 나무라다(reprotxar). **-se** 서로 죄를 뒤집어씌우다, 서로 나무라며 다투다.
recriminatori recriminatòria recriminatoris recriminatòries adj. 반항.항변하는.
recta rectes f. **1** 직선. **2** 직선 코스, 직선 도로.
rectal rectals adj. [해부] 직장의.
rectangle rectangles adj. 직각의.
-m. [기하] 직사각형, 장방형.
rectangular rectangulars adj. 직사각형의, 장방형의, 직각의, 네모난.
recte recta rectes rectes adj. **1** 곧은, 똑바른(dret). **2** 올바른, 정직한(just). **3** [기하] 직선의, 직각의. **4** (인쇄의) 오른쪽 (페이지). **5** [해부] 곧은창자의, 직장의. **6** (말뜻이 전의된 것에 대한) 본뜻의, 본래의.
-m. [해부] (곧은)창자, 직장.
-f. =recta.
rectificar tr. **1** 곧게 하다, 바르게 하다. **2** 개정하다, 수정하다. **3** (악습 따위를) 바로잡다, 고치다(corregir). **4** [화학] 정류하다. **5** [기계] 조정하다. **6** [수학] (곡선의) 길이를 구하다. **-se** 행실을 고치다.
rectilini rectilínia rectilinis rectilínies adj. **1** 직선의, 똑바른, 직선적인. **2** 곧은, 정직한.
rectitis rectitis f. [의학] 직장염.
rectitud rectituds f. **1** 바름, 똑바름, 곧음(dretura). **2** 바른 행동, 정직, 품행 방정.
recto rectos m. (페이지의) 오른쪽.
rector rectora rectors rectores adj. 통할하는, 관할하는, 감독하는.
-m.f. **1** 장, 원장, 학장, 총장. **2** 주임사제, 주지.
rectorat rectorats m. rector의 직·임기·집무실.
rectoria rectories f. 대리 사제·주지의 직·집무실.
recuit recuita recuits recuites adj. 너무 삶은.
-m. 연한 치즈, 엉긴 우유 덩어리 (mató).
rècula rècules f. **1** (경주용 말을) 같이 매는 줄. **2** [집합] 짐을 나르는 가축 무리. **3** 열, 일련.
reculada reculades f. recular하는 일.
recular intr. **1** 후퇴하다. **2** 양보하다, 뒤로 물러서다. **3** [비유] 단념하다, 그만두다(desistir). **-tr. 1** 늦추다, 연기하다, 지연시키다(retardar). **2** (기간을) 뒤로 돌리다. **3** [건축] (포석 등을) 움직여 고정시키다.
reculat reculats m. [건축] (포석 등을) 움직여 고정시킴.
recules, a adv. 뒷걸음질 쳐서, 뒤로 물러나서.
recull reculls m. **1** 모은 것, 모금한 것, 거둬들인 것(recollida). **2** (장서 등의) 모음, 수집(col·lecció).
reculons, a adv. =a recules.
recuperació recuperacions f. **1** 회수, 회복, 되찾는 일. **2** (건강의) 회복. **3** [경제] (경기의) 회복. **4** (시간의) 만회. **5** [항공] (비행기의) 수평 유지.
recuperar tr. **1** 되찾다, 회복하다. **2** 회수하다, 환원하다. **3** 만회하다. **4** [항공] (비행기가) 수평으로 돌아오다.
recurrència recurrències f. **1** 복귀, 복원. **2** 회귀, 순환.
recurrent recurrents adj. **1** 복귀한, 복원한. **2** 회귀의, 순환의.
recurs recursos m. **1** recórrer하는 일. **2** 수단, 방법(mitjà). **3** [법률] 상고, 항소(장); 의뢰, 청구, 청원. **4** pl. 자원. recursos naturals 천연자원.
recusar tr. 기피하다, 거부하다.
redacció redaccions f. **1** 편집; 글 작성. **2** 편집국, 편집실, 편집부.
redactar tr. 편집하다; 기사를 쓰다, 작성하다.
redactor redactora redactors redactores adj. 편집하는.
-m.f. 편집자, 편집위원. redactor en cap 주필, 편집장, 편집국장.
redargüir tr. 반론하다, 말대답하다; 비난하다.
redempció redempcions f. redimir하는 일.
redemptor redemptora redemptors redemptores adj. **1** 구출하는, 해방시키는. **2** 다시 받아들이는, 다시 사들이

는. **3** 구원하는, 구속하는.
-*m.f.* **1** 구출자, 구조자, 해방자. **2** (판 물건의) 환매자. **3** 신병 인도자. **4** [대문자][성서] 구속자, 예수 그리스도.

redéu *interj.* [구어] 경외·감탄·놀라움 등을 나타내는 감탄사.

redimir *tr.* **1** 구출하다(rescatar); 해방시키다. **2** 신병을 인수하다. **3** 저당물·담보물을 되찾아 오다; (빚·채무를) 갚다. **4** [신학] 구속하다, 속죄하다.

redistribuir *tr.* 재분배하다, 재구분하다.

rèdit rèdits *m.* 수입, 수익, 이익, 소득; 이자.

reditici reditícia reditícis reditícies *adj.* 이익을 남기는, 수익성 있는.

redituar *tr.* (이자를) 남기다, (수익이) 늘다.

rediviu rediviva redivius redivives *adj.* 되살아난, 소생된.

redó redona redons redones *adj.* =rodó.

redoblant redoblants *m.* 북의 일종.
-*m.f.* 그 북을 치는 사람.

redoblar *tr.* **1** 두 배로 하다, 이중으로 하다. **2** (여러 겹으로) 구부리다; (못을) 구부리다. **3** 되풀이하다, 반복하다 (reiterar). **4** 증가시키다, 강화시키다 (intensificar). -*intr.* **1** 반복적으로 일어나다, 되풀이되다. **2** (북을) 난타하다, 연타하다. **3** 증가되다(augmentar).

redol redols *m.* **1** 주위, 윤곽, 가장자리. **2** 틀, 테, 프레임. **3** (밭의) 구획; 꽃밭, 야채밭.

redolar *intr.* =rodolar.

redona redones *f.* =rodona.

redós redossos *m.* =recer.
 a redós =a recer.
 a redós de =a recer de.

redossa, a *loc.adv.* =a recer.

redreç redreços *m.* =redreçament.

redreçament redreçaments *m.* redreçar하는 일.

redreçar *tr.* **1** 곧게 하다, 똑바로 하다 (adreçar). **2** (기울어진 것을) 바로 세우다. **3** 다시 세우다, 회복하다. **4** (사업을) 다시 일으키다. **5** [고어] 바로잡다, 시정하다(esmenar).

reducció reduccions *f.* reduir하는 일.

reducte reductes *m.* (축성의) 각면보; 거점.

reductiu reductiva reductius reductives *adj.* 줄이는, 축소하는, 절감하는, 한정하는.

reductor reductora reductors reductores *adj.* 환원하는. *un agent reductor* 환원제.
-*m.* [화학] 환원제; 감속 장치.

reduir *tr.* **1** (어떤 상태로) 만들다. **2** 축소하다, 감소하다, 절감하다(disminuir). *reduir l'obesitat* 비만을 줄이다. **3** (어떤 상태로) 변하다(sotmetre). *veure's reduït a la misèria* 비참한 상태가 되다. **4** 복원하다, 환원하다. **5** [수학] 약하다, 통분하다. **6** [화학] 기화하다, 액화하다, 고체화하다. **7** [의학] (탈구 등을) 복위하다.

redundància redundàncies *f.* **1** 잉여, 여분. **2** 반복, 중복.

redundant redundants *adj.* 과다한; 남는, 여분의, 필요 이상의. *un estil redundant* 여분의 양식.

redundar *intr.* **1** 넘치다, 남다. **2** (결과가) ...이 되다.
 redundar en benefici (d'algú, d'alguna cosa) (...에) 이익이 되다, 혜택이 되다.

reduplicar *tr.* **1** 두 배로 하다, 이중으로 하다. **2** 반복하다, 되풀이하다.

reedició reedicions *f.* reeditar하는 일.

reeditar *tr.* 재간행하다, 재출판하다.

reeducació reeducacions *f.* reeducar하는 일.

reeducar *tr.* **1** 재교육시키다, 재훈련시키다. **2** [의학] (아픈 손발 등을) 다시 움직이게 하다.

reeixida reeixides *f.* reeixir하는 일.

reeixir *intr.* **1** (일이) 잘되다, 성공하다. *Tot li reïx* 그에게 모든 일이 잘되다. **2** 이기다, 승리하다(triomfar). **3** 만족한 결과를 얻다, 만족스럽게 끝나다.
 fer reeixir 추진하다, 앞으로 나아가다; 성공적으로 이끌다.
 no reeixir 일이 잘못되다, 실패하다.
 reeixir a 이루다, 성취하다, 획득하다.

reeixit reeixida reeixits reeixides *adj.* 성취한, 이룩한, 성공한.

reelegir *tr.* 재선하다.

reembossament reembossaments m. [상업] 환불, 반제, 상환, 상각, 결제.
reemborsar tr. [상업] 환불하다, 반제하다, 상환하다, 상각하다, 결제하다.
reemplaçament reemplaçaments m. 교환, 교체, 경질.
reemplaçar tr. 교환하다, 교체하다, 경질하다.
reenbossar tr. =reemborsar.
reencarnar tr. 새 육체를 부여하다. **-se** 다시 육체를 얻다, 다시 태어나다, 거듭나다.
reenganxar tr. [군사] 다시 모병하다, (사병으로) 재복무시키다. **-se** 재복무하다.
reenganxat reenganxada reenganxats reenganxades adj. [군사] (예비역으로) 다시 모병된.
reescriure tr. 다시 쓰다.
reestrena reestrenes f. [영화] 재상영, 재개봉.
reestrenar tr. [영화] 재상영하다, 재개봉하다.
reestructuració f. 재편성, 재구성; 구조 조정.
refacció refaccions f. (파괴·분실된 것의) 복구.
refecció refeccions f. 1 가벼운 식사, 간식. 2 회복, 복구.
refectori refectoris m. (사원·수도원 등의) 식당.
refer tr. 1 다시 하다, 다시 만들다. 2 고치다, 수선하다(reparar). **-se** 1 재기하다, 다시 일어서다. 2 회복하다, 원기를 찾다, 기운을 차리다.
referència referències f. 1 말, 이야기, 언급. 2 pl. 보고(서)(informe). 3 관계, 관련, 용건. 4 참고, 참조, 인용; 참고 문헌, 참고 목록. 5 문의, 조회; 신용 조회(서), 신원 증명서.
  amb referència a ...에 관하여.
  segons referències 보고에 따르면, 참고자료를 보면.
  fer referència a ...에 대해 언급하다.
referencial referencials adj. ...에 관한.
referendar tr. =ratificar, legalitzar.
referèndum referèndums m. 1 국민 투표. 2 (본국 정부에 보내는) 청훈서(請訓書).

referent referents adj. ...에 관한.
  referent a ...에 관하여. *Referent als esdeveniments d'ahir, ningú no n'ha parlat encara* 어제의 일에 대해선 아무도 말하지 않았다.
referir^1 tr. 1 말하다, 이야기하다, 언급하다(contar). 2 관련짓다. 3 조회하다, 참조시키다, 주목시키다. **-se** 1 ...에 대해 언급하다, 말하다(al·ludir). 2 [무인칭 주어로 쓰여] ... 건이다, ...을 다루는 것이다, ...에 대해서이다. 3 관계·관련이 있다.
  referir-se a ...에 대해 언급하다, ...을 의미하다.
  pel que es refereix a ...에 관해서는.
  pel que es refereix a mi 나와 관련해서는.
  tot el que es refereix a ...에 관한 모든 것.
referir^2 tr. [건축] (벽의) 구멍을 막다; 덧칠을 하다.
refermar tr. 1 확실히 하다, 분명히 하다; 확고하게 하다, 굳히다. *refermar els lligams d'amistat* 우정의 끈을 견고히 하다. 2 확인하다, 인정하다. 3 보증하다, 확증하다, 추인하다. 4 (기독교에서) 견진 성사를 베풀다. **-intr.** (비·바람이) 거세지다. **-se** 재확인하다, 재강조하다, 재시인하다(ratificar-se).
refet refeta refets refetes adj. 1 다시 만든, 재생한, 회복된. 2 강한, 당찬. 3 건강을 회복한.
refetor refetors m. (사원·수도원 등의) 식당.
refi refina refins refines adj. 특선의, 우아한, 정제된; 정교한, 매우 섬세한.
refiar-se prnl. 믿다, 신뢰하다, 의지하다.
refiat refiada refiats refiades adj. 1 마음을 놓는, 안심하고 있는. 2 자만한, 자신만만한. *Ets massa refiat, tu* 너는 너무 자신만만하다.
refilada refilades f. refilar하는 일.
refilador refiladora refiladors refiladores adj. refilar하는.
refilar intr. 목소리를 떨다, 떠는 소리로 노래하다; 지저귀다. **-tr.** 날을 세우다, 끝을 뾰족하게 하다.

refilet refilets *m.* 목소리를 떠는 일, 울리는 소리; 지저귀는 소리; (아기의) 혀 짧은소리.

refillol refillols *m.* =rebrot.

refinament refinaments *m.* **1** 세련됨, 자상함, 기품이 있음. **2** 기교, 교묘.

refinar *tr.* **1** 정제하다, 정유하다, 정련하다. **2** 세련되게 하다, 다듬다, 깔끔하게 마무리하다.

refinat refinada refinats refinades *adj.* **1** 정제한, 정련된. **2** 세련된, 품위 있는, 우아한, 뛰어난. **3** 간사한, 교활한.

refineria refineries *f.* 정제소, 정유소, 정련 공장, 제당 공장.

reflectir *tr.* **1** 반영하다. **2** 비추다, 반사시키다, 나타내다. **3** 심사숙고하다, 반성하다. **-se** 반사하다, 비치다(emmirallar-se)

reflector reflectora reflectors reflectores *adj.* 반사하는.
-*m.f.* **1** 반사 유리, 반사경. **2** 투광기, 탐조등, 서치라이트, 대공등.

reflex reflexa reflexos reflexes *adj.* **1** (카메라가) 리플렉스의. **2** 반사하는, 반영하는(reflectit). **3** 반사적인, 반사작용의. **4** [문법] 재귀 동사의.
-*m.* **1** 반사(광), 그림자, 영상, 반영, 영사. **2** (반사적인) 움직임, 가늠.

reflexió reflexions *f.* **1** [물리] 반사 (작용), 반사(열), 반사광, 반사색, 반향음. **2** 반영, 영상; (물에 비친) 그림자. **3** [비유] 반성, 회상; 생각, 사고(pensament). **4** [심리] 반사 작용. **5** [해부] 반전, 굴절(부). **6** [문법] (동사의) 재귀 (성).

reflexionar *tr.* 고찰하다, 숙고하다; 반성하다, 내성하다.

reflexiu reflexiva reflexius reflexives *adj.* **1** 반사의, 반사하는. **2** 반성적인, 내성적인, 사려 깊은. **3** [문법] 재귀의.

refluir *intr.* (조수·물이) 빠지다.

reflux refluxos *m.* **1** (액체가) 줄어듦, 빠짐. **2** 썰물. **3** 뒷걸음질, 후퇴. **4** [의학] (병이) 다시 악화됨. **5** [경제] (증권 시세의) 하락.

refocil·lar *tr.* 기쁘게 하다, 즐거움을 주다.

refondre *tr.* **1** 다시 용해하다, 주물을 다시 녹이다. **2** [비유] 개작하다, 고쳐 쓰다.

reforç reforços *m.* **1** 보강, 보완. **2** 안감 대기. **3** 도움, 원조. **4** *pl.* [군사] 증원군, 원군, 구원병.

reforçant reforçants *adj.* reforçar하는.
-*m.* [의학] 강장제.

reforçar *tr.* **1** 보강하다, 보완하다, 보수하다, 강화하다. *reforçar els petges* (상의) 다리를 보강하다. **2** 증병하다, 증액하다, 증강하다. **3** 영양가를 높이다, 영양을 보충하다. **4** 격려하다, 용기를 주다. **5** [전기] 전압을 올리다. **-se** 힘을 내다, 용기를 내다.

reforestació reforestacions *f.* 산림녹화, 산림 재조성.

reforestar *tr.* 산림을 녹화하다.

reforma reformes *f.* **1** 개혁, 개정, 개량. **2** 교정, 감화. **3** (폐해 따위의) 수습, 구제. **4** [대문자] (기독교의) 종교 개혁.

reformar *tr.* **1** 고치다, 다시 만들다. **2** 개축하다, 개수하다, 수복하다, 재건하다. **3** (법 등을) 개정하다, 개혁하다, 혁신하다; 개폐하다, 폐지하다, 없애다. **4** 교정하다, 바로잡다. **-se 1** 바꾸다; 행실을 고치다. **2** 종교 개혁을 하다.

reformatori reformatòria reformatoris reformatòries *adj.* 개혁의, 개량의; 쇄신하는, 혁신적인; 교정의, 교화의, 감화의.
-*m.* 교도소, 소년원, 감화소.

reformisme reformismes *m.* [종교] (기독교의) 개혁주의, 혁신주의, 개혁파.

refosa refoses *f.* refondre하는 일.

refracció refraccions *f.* [물리] 굴절, 굴절작용.

refractar *tr.* [물리] 굴절시키다. **-se** 굴절하다.

refractari refractària refractaris refractàries *adj.* **1** 다루기 쉽지 않은, 옹고집의. **2** 반항하는, 반발적인. **3** 내화성의.
-*m.* [건축] 내화 벽돌.

refrany refranys *m.* **1** (노래 가사의) 후렴, 반복구. **2** 격언, 속담(proverbi).

refranyer refranyera refranyers refra-

nyeres *adj.m.f.* 속담·격언을 즐겨 쓰는 (사람).
refredar *tr.* 1 식히다, 냉각하다. 2 (얼음을 넣어) 시원하게 하다. **-se** 1 식다, 냉각되다, 차가워지다. 2 감기에 걸리다.
deixar refredar 식히다.
refredat[1] refreda refredats refredades *adj.* 1 식은, 차가워진, 냉각된. 2 감기에 걸린.
-m.f. 감기 환자.
refredat[2] refredats *m.* 감기.
refregada refregades *f.* refregar하는 일.
refregar *tr.* 문지르다, 닦다.
refrenar *tr.* 1 브레이크를 걸다, 멈춰 서게 하다. 2 [비유] 제지하다, 억제하다. **-se** 멈춰 서다.
refresc refrescs[refrescos] *m.* 찬 음료수; 다과.
de refresc loc.adj. 신규의, 신예의; 덤의.
refrescant refrescants *adj.* 시원하게 하는.
-m. 청량음료.
refrescar *tr.* 1 식히다, 시원하게 하다. 2 (음료수로) 한턱내다. 3 청신하게 하다, 새롭게 하다(renovar). 4 [비유] (기억을) 새롭게 하다, 되살리다. *-intr.* 1 식다, 차가워지다. 2 (비·바람이) 거세지다. 3 원기가 회복되다, 힘이 솟다. **-se** 식다, 시원해지다; 새롭게 되다.
refrigeració refrigeracions *f.* 냉각, 냉동.
refrigerador refrigeradora refrigeradors refrigeradores *adj.* 차게 하는, 냉각하는.
-m. 냉장고(frigorífic); 냉각기.
refrigerant refrigerants *adj.* =refrigerador.
-m. 냉각제.
refrigerar *tr.* 1 차게 하다; 냉각시키다, 냉동하다. 2 (장소 따위를) 시원하게 하다.
refrigeri refrigeris *m.* 1 가벼운 식사. 2 안도, 위안.
refringir *tr.* =refractar.
refugi refugis *m.* 1 보호, 의지; 도움,

원조(auxili). 2 대피소, 피난처, 도피처. 3 (극빈자) 구호소, 피난민 수용소.
refugiar *tr.* 1 피난시키다, 도망시키다, 수용하다. 2 돕다, 보호하다(protegir). **-se** 피난하다, 도망하다, 몸을 숨기다.
refugiat refugiada refugiats refugiades *m.f.* 피난민.
refulgència refulgències *f.* 빛, 광채.
refulgir *intr.* 빛나다, 반짝이다; 한층 더 광채를 내다.
refusar *tr.* 거절하다, 거부하다, 사절하다(rebutjar). **-se** 부인하다, 동의하지 않다.
refutació refutacions *f.* 반론, 논란.
refutar *tr.* 반론하다, 설파하다.
reg regs *m.* 관개, 살수; 용수.
rega regues *f.* 이랑(solc).
regadiu regadius *m.* 논.
regador regadora regadors regadores *adj.m.f.* 관개하는 (사람).
-f. 1 물뿌리개, 살수기. 2 용수구. 3 (기계 냉각용) 관수 장치.
regal regals *m.* 1 선물, 선사, 기증; 기증품. 2 [신학] 은사. 3 [비유] 기쁘게 함, 위안(complaença); 응석을 받아줌.
regalar[1] *tr.* 1 선물하다, 선사하다, 기증하다. 2 위로하다, 달래다. 3 즐겁게 하다, 기쁘게 하다(adelitar). **-se** 소중히 여기다; 잘 대접받다.
regalar[2] *intr.* 1 (액체를) 졸졸 흐르게 하다, 방울방울 떨어지다. 2 스며 나오다.
regalat regalada regalats regalades *adj.* 안락한; 즐거운, 유쾌한.
a la regalada 아주 편안하게, 마음 편하게, 맘껏.
regalèssia regalèssies *f.* [식물] 감초.
regalim regalims *m.* 1 (액체의) 흐름, 방울이 떨어짐. 2 [회화] 점적(點滴).
regalimar *intr.* 졸졸 흘러나오다, 방울방울 떨어지다.
regant regants *m.f.* 관개자, 용수 관리자, 용수지기.
regany reganys *m.* 1 꾸중, 질책, 나무람. 2 성난 얼굴·표정.
reganyaire reganyaires *adj.m.f.* reganyar를 잘하는 (사람).
reganyar *tr.* 1 이를 드러내다, 이를 보

이다. **2** 몸의 일부를 보이다. *-intr.* **1** (개가) 이를 드러내며 으르렁거리다. **2** 성을 내다, 부아를 터트리다; 비난하다, 힐난하다.
tot reganyant 잔뜩 화를 내며, 기분이 상해.

regar *tr.* 물을 주다, 살수하다, 관개하다.
regata¹ *regates f.* **1** 도랑, 고랑, 이랑; 용수구. **2** [건축] 문지방; 문지방의 홈.
regata² *regates f.* [스포츠] 조정 경기, 요트 경기.
regata³ *regates f.* 에누리, 할인; 흥정.
regatar¹ *tr.* =regatejar.
regatar² *intr.* [스포츠] 조정 경기를 하다, 요트 경기를 하다.
regatejar *tr.* **1** [농업] 고랑·도랑을 파다; 용수로를 내다. **2** (가격을) 깎다, 흥정하다. **3** [비유] 인색하게 굴다, 아끼다, 선뜻 내놓지 않다(escatimar).
regatge *regatges m.* [농업] 관개, 용수.
regatista *regatistes m.f.* [스포츠] 요트 선수.
regència *regències f.* **1** [정치] 섭정 정치, 섭정의 지위, 섭정권, 섭정 기간, 섭정 통치구, 섭정단. **2** [대명사][회화] 리전시 스타일.
regenerar *tr.* **1** 재생시키다, 복원하다. **2** 갱신하다, 쇄신하다, 개혁하다. **3** 부활시키다; 회춘시키다.
regent *regents adj.* 지배하는, 통치하는, 주관하는, 주무하는; 섭정의.
-m.f. 섭정자; 주임, 관리자; 교무 주임.
regentar *tr.* **1** 지배하다, 주관하다(dirigir). **2** 주임이 되다. **3** 실권을 휘두르다, 군림하다, 통치하다.
regi règia regis règies *adj.* **1** 왕의, 왕다운, 왕족의, 왕족다운. **2** 장엄한, 호화로운.
regidor *regidora regidors regidores adj.* 다스리는, 통치하는.
-m.f. **1** (옛날의) 원님, 사또. **2** 시의원, 시위원.
règim *règims m.* **1** 제도, 조직. **2** [정치] 정체, 체제. **3** 지배, 관리, 통치 (governament). **4** 섭생, 양생법, 건강법, 식이 요법. **5** [문법] 지배.
règim alimentari 식이 요법.

fer estar a règim 제도 하에 두다, 통제하다, 규칙적·계획적으로 하다; 현행하다, 실시하다.
regiment *regiments m.* **1** 지배, 관리, 통치. **2** [군사] 연대. **3** 시의회 의원단; 시의원의 직무.
regina *regines f.* 여왕, 왕비(reina).
regió *regions f.* **1** 지방. **2** 지역, 지대, 지구, 관구. **3** (대기·해양의) 층. **4** 범위; 계급. **5** (신체의) 부위, 국부.
regional *regionals adj.* **1** 지방의, 지역의, 국부적인. **2** [종교] 지역 관구의.
regionalisme *regionalismes m.* [정치] 지방 분권주의.
regionalitzar *tr.* 지방화하다, 지방 분권화하다.
regir *tr.* **1** 지배하다, 다스리다, 통치하다(governar). *regir una província* 한 주를 다스리다. **2** 주재하다, 경영하다, 운영하다. **3** 안내하다, 이끌다(guiar). **4** [문법] (어떤 말이 다른 말을) 지배하다. *-intr.* **1** (법규 등이) 유효하다, 현행 중이다, 실행되다, 실시되다(vigir). **2** (배의) 키가 말을 듣다. **3** (기계가) 작동되다, 움직이다(funcionar).
regirar *tr.* **1** (종이를) 찾다. **2** 뒤엎다, 엎어버리다(remenar). **3** (...을) 없애다, 치우다(remoure). **4** 되돌아가다, 발길을 돌리다. **5** 빙빙 돌리다, 회전시키다. **6** [비유] 동요시키다, 어지럽히다, 난리를 피우다, 북새통을 일으키다 (trasbalsar). *-se* **1** 회전하다, 빙빙 돌다. **2** 꼬이다, 뒤틀리다, 틀어지다, 얽히다. **3** 뒤흔들다, 동요하다.
regirar-ho tot 다 뒤엎어 버리다.
registrar *tr.* **1** (짐을) 검사하다(enregistrar). **2** (집을) 수사하다, 수색하다. **3** 기록하다, 등록하다, 등기하다, 입적하다; 등본을 작성하다. **4** (계기가) 표시하다, 기록하다.
registre *registres m.* **1** registrar하는 일. **2** 등록자 수. **3** (우편물의) 등기. **4** (배의) 용량, 적재량. **5** [음악] (피아노·오르간의) 음전(音栓), 조절법. **6** (인쇄의) 앞뒤 양면 맞춰 찍기.
registre civil 호적 원부.
registre de la propietat 토지 가옥대장.
registre de la propietat industrial 상표·

신안 등록부.
registre de la propietat intel·lectual 저작권 등록부.
regla regles f. **1** 법칙, 규칙; 법규, 규정(reglament); 원칙, 원리. **2** 기준, 표준. **3** 규율, 질서. **4** [생리] 월경(menstruació). **5** [종교] 계율.
en regla 원칙대로, 정해진 대로.
per regla general 일반적으로, 대체적으로.
regla d'or [성서] 황금률.
No hi ha regla sense excepció 예외 없는 법칙은 없다.
reglament reglaments m. **1** 규정, 규약, 법규. **2** 내규, 세칙, 부칙.
sotmetre a un reglament =reglamentar.
reglamentar tr. 규정하다, 규칙·법규를 정하다, (규칙으로) 단속하다.
reglamentari reglamentària reglamentaris reglamentàries adj. reglament의.
reglar tr. **1** (종이 등에) 선을 긋다. **2** 규칙에 맞추다, 규칙적으로 하다, 조정하다.
reglatge reglatges m. 종이에 줄긋기; 조정, 맞춤.
regle regles m. **1** 자, 줄자. *regle graduat* 눈금자. **2** [건축] 레벨, 수준기.
reglejar tr. (종이 등에) 선을 긋다.
reglotar intr. **1** 토하다. **2** (피·체액이) 역류하다.
regna regnes f. **1** 고삐; 제어, 통제. **2** [비유] 방향, 지도(direcció). **3** 권력, 지배권, 지휘권, 지도부, 수뇌부.
regnant regnants adj. regnar하는.
regnar intr. **1** 다스리다, 통치하다, 군림하다. **2** 점령하다, 지배하다. **3** [비유] 우세하다, 기세를 부리다, 크게 유행하다. **4** (대주교·교황이) 다스리다.
regnat regnats m. **1** 치세, 통치, 집권, 군림; 왕권. **2** 전성시대, ...시대, ...지배 시대. **3** (대주교·교황의) 직위·재임 (기).
regne regnes m. **1** 왕국(reialme). **2** 치세, 통치, 집권(regnat). **3** 분야, 활동 범위; ...계.
el regne de Déu[del cel] [성서] 하나님 나라, 하늘나라, 천국.
Regne Unit, [el] n.pr. [지리] 대영 제국,

영국(la Gran Bretanya).
regolf regolfs m. (물의) 소용돌이; (바람의) 회오리.
regolfar intr. (물이) 소용돌이치다; (바람이) 회오리를 일으키다.
regraciament regraciaments m. 감사, 사의를 표함.
regraciar tr. 감사하다, 고맙게 생각하다, 고마움을 표하다.
regrés regressos m. **1** 돌아옴, 귀환, 귀착, 복귀. **2** 후퇴, 퇴보; 퇴화. **3** [법률] 소급.
regressar intr. 돌아오다, 돌아가다.
regressió regressions f. 후퇴, 돌아감; 소급.
regressiu regressiva regressius regressives adj. **1** 후퇴의. **2** 소급적인.
regròs regrossa regrossos regrosses adj. 매우 큰.
regruix regruixos m. **1** 톡 튀어나온 부분, 돌출한 부분. **2** [회화] 부조, 릴리프.
reguard reguards m. 두려움; 불신, 의심.
reguardar tr. 두려움으로 바라보다; 불신하다, 의심을 품다.
reguera regueres f. **1** (액체·혈액의) 흐름. **2** (빛·냄새 따위의) 꼬리. **3** (천의) 줄무늬(rega).
regueró reguerons m. (작은) 용수구, 이랑.
reguerot reguerots m. 용수구.
reguitzada reguitzades f. =reguitzell.
reguitzell reguitzells m. 계속, 일런.
posar en reguitzell 횡대로 서다, 전열·대열을 갖추다.
reguitzer reguitzers m. =reguitzell.
reguiu reguius m. =regadiu.
reguívol reguívola reguívols reguívoles adj. [농업] 물을 댈 수 있는, 관개가 가능한.
regulació regulacions f. **1** 조절, 조정. **2** 절제, 규제, 통제, 제한. **3** 법규, 규정.
regulador reguladora reguladors reguladores adj.m.f. regular²하는 (사람). -m. 조절기, 조정 장치; 조절반; 표준시계; (엔진의) 조속기.

regular¹ regulars adj. **1** 규칙적인, 정확한, 올바른, 어김없는. *un augment regular* 규칙적인 증가. **2** 정규의, 정식의; 획일적인(uniforme). **3** 보통의, 일반의, 범용의. *de forma regular* 일반적으로. **4** 중간의(ni gros ni petit). **5** [종교] 수도회에 속하는. **6** [기하] (다각형이) 능변·등각의. **7** [문법] 규칙의. **8** [군사] 정규군의.
-*m.* 수사; 정규병; 상시 고용인; 레귤러 선수; 단골손님.

regular² *tr.* **1** 정리하다, 조정하다, 조절하다. **2** 규정하다; 규제하다, 통제하다.

regularitat regularitats *f.* 규칙적임, 정상적임, 조화로움; 일정불변, 정규; 일반, 보통.

regularització regularitzacions *f.* 정상화.

regularitzar *tr.* **1** 올바르게 하다, 가지런히 하다, 규칙적으로 하다, 질서를 세우다. **2** 규정하다, 조직하다, 계통을 세우다.

regulatiu regulativa regulatius regulatives *adj.* 조정하는, 조절하는; 규칙적으로 하는.

regust regusts[regustos] *m.* 싫은 맛, 불쾌한 맛.

rehabilitació rehabilitacions *f.* **1** 재활, 회복. *la rehabilitació integral* 총체적인 회복. **2** [법률] (죄목의) 면제.

rei reina reis reines *m.f.* **1** 왕; 왕비, 여왕. **2** [비유] 왕, 제왕, 대장. *el rei de la selva* 밀림의 왕. **3** (카드의) 킹. **4** 여왕벌.
tenir un rei al cos [구어] 으스대다, 자만하다, 뽐내다.
viure com un rei 왕처럼 살다, 호화롭게 살다.

reial reials *adj.* =ral.

reialesa reialeses *f.* 왕위, 왕권, 존엄.

reialisme reialismes *m.* 근왕당, 왕당파, 존왕주의.

reialme reialmes *m.* =regne.

reietó reietons *m.* **1** (소왕국·부족의) 왕, 추장. **2** [조류] 상모솔새.

reig reigs *m.* [어류] 코르비나[대구의 일종].

reïna reïnes *f.* 수지, 송진(resina).

reincidència reincidències *f.* reincidir하는 일.

reincidir *intr.* **1** 재범하다, 계속 범죄·과오를 범하다. **2** (습관 따위에) 다시 빠지다. **3** (병이) 재발하다. *risc de reincidir* 재발할 위험.

reinflar *tr.* (이불 등을) 부풀리다, 다시 채우다, 재차 팽창시키다. **-se** 부풀이 오르다.

reïnós reïnosa reïnosos reïnoses *adj.* 수지가 있는.

reintegració reintegracions *f.* **1** 원상복귀, 복귀, 회복, 복직. **2** 반제, 상환, 지불.

reintegrar *tr.* **1** 원상으로 복구하다. **2** 돌려주다, 반제하다, 변제하다, 상환하다(restituir). **3** 다시 세우다, 재건하다. **4** 복직시키다. **-se** 되찾다; 복직하다.

reiterar *tr.* 되풀이하다, 반복하다.

reivindicació reivindicacions *f.* reivindicar하는 일.

reivindicar *tr.* **1** (권리를) 되찾다, 청구하다(reclamar). **2** (위험·불의로부터) 벗어나다, 자유를 찾다. **3** 재평가하다.

reivindicatiu reivindicativa reivindicatius reivindicatives *adj.* 되찾는, 청구하는, 회복하는.

reixa reixes *f.* **1** 격자, 철격자, 창격자; 철책. **2** (반사로의) 화상(畫像). **3** (고기잡이용) 그물. **4** (차내의) 그물 시렁. **5** (그물망으로 된) 천. **6** 나무 격자, 발.

reixada reixades *f.* (창문의) 격자.

reixat reixada reixats reixades *adj.* 철책을 한; 발을 친.
-*m.* **1** 울타리, 쇠 울타리; 철조망, 철책. **2** (속이 보이게 하는) 레이스 짜기.

rejovenidor rejovenidora rejovenidors rejovenidores *adj.* 젊게 하는; 새롭게 하는.

rejovenir *tr.* **1** 다시 젊게 하다, 회춘하다. **2** 갱생시키다, 새롭게 하다.

rejuntar *tr.* **1** 다시 모으다, 다시 소집하다; 다시 결합하다. **2** [건축] (벽돌담을 쌓을 때) 높이를 고르게 하다.

rel rels *f.* **1** [식물] 뿌리. **2** [비유] 근원, 뿌리, 바탕(arrel). **3** [수학] 근. **4** [문법] 어근, 어간. **5** [언어] 어원.
a rel de ...에 바탕을 두고, ...에 준하

relació
여.
relació relacions *f.* **1** 연결, 관계, 관련. **2** 대화, 이야기, 담화(col·loqui). **3** *pl.* 관계, 사귐, 교제(coneixences). **4** *pl.* 사랑, 애정 행위. **5** 표, 일람표. **6** 보고(서).
amb relació a ...에 관하여.
en relació amb ...에 관하여; ...와의 관계로.
tot el que té relació amb ...에 관한 모든 것.
estar en bones relacions amb (누구와) 좋은 사이다.
tenir relacions amb 교류·관계를 가지다; 사귀는 사이다, 연인 사이다.
relacional relacionals *adj.* 관계의, 대응의.
relacionar *tr.* **1** 관련시키다. **2** 이야기하다, 진술하다, 구술하다. **3** 보고하다. *-se* **1** 관련이 있다, 관계하다. **2** 교제하다, 사귀다.
relapse relapsa relapses relapses *adj.* **1** 재범의, 다시 죄에 빠진. **2** [의학] (병이) 재발한. **3** (기독교에서) 다시 이교에 빠진.
-m.f. **1** [의학] 재발. **2** (기독교에서) 이교에로의 귀의자, 타락한 자.
relat relats *m.* 이야기, 소설; 담화, 대화.
relatar *tr.* **1** 이야기하다, 말하다. **2** 발표하다. **3** 고하다, 신고하다.
relatiu relativa relatius relatives *adj.* **1** 관계있는, 관계된, 관계하는. **2** [문법] 관계의, 관계사의. *el pronom relatiu* 관계 대명사. **3** 상대적인, 비교적인.
-m. [문법] 관계사, 관계어.
relatiu a ...에 관한, ...와 관련된.
tot relatiu a[totes les coses relatives a] ...에 관한 모든 것.
relativament *adv.* 비교적으로, 상대적으로; 비교적, 어느 정도.
relativisme relativismes *m.* [철학] 상대론, 상관론.
relativitat relativitats *f.* 상관성, 상대성, 상호 관계, 상관관계.
relativitzar *tr.* 상대적으로 평가하다.
relator relatora relators relatores *adj.* 이야기하는, 담화하는; 보고하는.

-m.f. 담화자, 논고인, 보고자; (재판소의) 기록관.
relaxació relaxacions *f.* **1** 긴장 완화, 이완. **2** 경감, 완화. **3** 기분풀이, 심심풀이. **4** 마음 편히 쉼.
relaxament relaxaments *m.* =relaxació.
relaxant relaxants *adj.* relaxar하는.
-m. 이완제.
relaxat relaxada relaxats relaxades *adj.* relaxar한.
relaxar *tr.* **1** (몸·긴장을) 풀다, 이완하다; 마음 편히 지내게 하다. *relaxar una estona* 긴장을 풀다. **2** (법·훈련 등을) 완화시키다, 누그러뜨리다, 느긋하게 하다. *-se* **1** 풀어지다, 이완되다, 느긋해지다 **2** [비유] 타락하다.
relé relés *m.* [전기] 계전기.
relegar *tr.* **1** 추방하다, 쫓아내다(exiliar). **2** 뒷전으로 돌리다, 치우다; 기억 속에 파묻다.
religió religions *f.* 종교; 교파; 신앙(심).
religiós religiosa religiosos religioses *adj.* **1** 종교의, 종교적인. **2** 믿음이 깊은, 경건한(piadós). **3** 절제 있는, 절도 있는; 검소한, 수더분한, 수수한.
-m.f. (직업으로서의) 종교인; 수도사, 사제, 수녀; 승려.
religiosament *adv.* 종교적으로, 경건한 마음으로.
relíquia relíquies *f.* **1** 유물, 유적; (풍속·신앙 등의) 잔재, 유풍, 발자취(vestigi). **2** (성인·순교자의) 성골, 유골, 성유물. **3** [의학] (병 뒤에 오는) 고통 (xacra). **4** [언어] (발음·형태 등이) 기층 언어.
-adj.f. [식물] 잔존 식물(의).
rella relles *f.* 쟁기의 날; 쟁기질.
relleix relleixos *m.* [건축] 돌출부.
rellent rellents *adj.* 습기에 찬, 습기가 많은(humit).
-m. (밤공기의) 차고 눅눅한 기운. *un rellent de la nit* 밤의 눅눅한 공기.
rellentar *intr.* 습기가 배다, 눅눅해지다.
relleu relleus *m.* **1** 두드러지게 하는 일. **2** 교체, 경질. **3** 돋보이게 하는 것, 부상(浮上), 광채(esclat); 특출함, 저명 (excel·lència). *gent de relleu* 저명한

사람들. **4** 양각 무늬, 양각 장식. **5** [회화] 부조, 릴레프. **6** [지질] (지형의) 기복. **7** [군사] (부대 따위의) 교체.
alt relleu [회화] 높은 부조.
baix relleu [회화] 낮은 부조.
cursa de relleus 릴레이 경주.
de relleu 탁월한, 걸출한, 저명한.
fer el relleu [군사] (병사를) 교체하다.
posar en relleu 두드러지게 하다, 분명히 하다, 또렷하게 하다.

rellevant rellevants *adj.* **1** 두드러진, 현저한, 눈에 띄는. **2** 중요한, 의미심장한, 중대한.

rellevar *tr.* **1** 바꾸다, 대체하다, 교체하다, 경질하다(substituir). **2** 면해 주다, 경감해 주다; 사해 주다(eximir). **3** 두드러지게 하다, 뚜렷하게 하다. **4** 칭찬하다, 높이다(exalçar). **5** [회화] 부조하다. **6** [군사] (부대를) 교체하다.

relligar *tr.* **1** 다시 묶다, 단단히 묶다. **2** (인쇄물을) 제본하다. **3** (줄을) 여러 겹으로 묶다.

relligat relligats *m.* =enquadernació.

relliscada relliscades *f.* relliscar하는 일.
tenir una relliscada 실수를 범하다.

relliscall relliscalls *m.* 미끄러지기 쉬운 곳.

relliscar *intr.* **1** 빠져나가다, 떨어져 나가다. **2** 미끄러지다; (표면이) 미끄럽다, 매끄럽다. **3** 썰매를 타다. **4** [비유] (도덕적으로) 잘못된 길로 빠지다, 실족하다, 잘못하다. **-se** 전혀 효과가 없다, 도움이 안 되다.

relliscós relliscosa relliscosos relliscoses *adj.* relliscar하는.

rellogar *tr.* 전대차(轉貸借)하다, 빌린 것을 다시 빌려 주다, 빌린 사람에게 다시 빌리다. **-se** 전대차한 집에서 살다.

rellom relloms *m.* 돼지고기 얇게 썬 것.

rellotge rellotges *m.* 시계.
com un rellotge 시계처럼 정확한, 시간을 잘 지키는.

rellotgera rellotgeres *f.* 시계점, 시계업.

relluir *intr.* 빛나다, 반짝이다.

rem rems *m.* **1** (배를 젓는) 노. **2** [비유] 애씀, 노동, 고역. **3** 삽, 주걱. **4** (도끼·괭이의) 날, 날끝. **5** (구두의) 등, 앞 축. **6** *pl.* [구어] 팔다리.
a rems[al rem] 노를 저어, 힘들여.
a tot rem 전속력으로; 전력을 다해, 사력을 다해.
ficar el rem [구어] 실수를 하다.

remagrit remagrida remagrits remagrides *adj.* =magre.

remar *intr.* **1** 노를 젓다, 배를 젓다. **2** (팔을) 휘젓다, 저으며 헤엄치다.

remarca remarques *f.* 관찰; 주의, 유의.

remarcar *tr.* **1** 다시 표기하다. **2** 목격하다, 주시하다, 눈치 채다(notar). *Vaig remarcar la seva absència* 그가 없다는 것을 알게 되었다. **3** 자세히 바라보다, 주의하여 살펴보다. **4** [비유] 강조하다, 명기하다, 주의시키다.
fer remarcar 알게 하다, 환기하다, 주의를 주다.
fer-se remarcar 주의를 끌다, 시선을 끌다.

rematada rematades *f.* **1** 끝, 종말, 종국, 결말. **2** 마무리, 끝손질.

rematar *tr.* **1** 죽이다(matar). **2** 끝내다, 종결짓다, 결말짓다, 마무리하다(acabar). *rematar aquesta feina* 이 일을 끝마무리하다. **3** (경매에서) 낙찰하다, 입찰하다. **4** (계약을) 맺다, 체결하다. *rematar un tracte* 계약을 맺다. **5** [스포츠] 마무리하다, 슛을 쏘다. **6** (투우에서) 마지막에 단검으로 찌르다, 최후의 급소를 찌르다.

rematat rematada rematats rematades *adj.* **1** 끝나 버린, 끝장이 난, 어떻게 손을 쓸 수 없는. **2** 완전한, 더할 나위 없는, 비교할 데 없는.

remei remeis *m.* **1** [의학] 치료, 요법, 처방(약). *un remei contra el mal de queixal* 어금니 통증에 대한 처방전. **2** 수단, 조치, 방법, 대책, 구제책, 해결책(solució). **3** 보수, 교정. **4** [법률] 소송.
ni per remei [부정의 의미로] 조금도, 전혀, 손톱만큼도(de cap manera).
no haver-hi[tenir] altre[més] remei que ...하는 수밖에 없다.
no haver-hi[tenir] remei 다른 도리·방법이 없다, 하는 수 없다.

posar remei a 조치·대책을 강구하다, 처방하다.
sense remei 별 수 없이, 하는 수 없이, 다른 방도 없이.
remeiar *tr.* **1** 구하다, 구제하다. **2** (폐단 등을) 없애다, 해결하다.
remembrar *tr.* =remembrar.
rememorar *tr.* 기억하다, 생각해 내다.
remenar *tr.* **1** 젓다, 휘젓다(agitar). **2** (포도주의 원액을) 작대기로 젓다. **3** (음료수를) 흔들다. **4** (카드를) 섞다. **5** (고개를) 흔들다, 끄떡이다. **6** 다루다, 취급하다.
remer remera remers remeres *m.f.* 노를 젓는 사람, 뱃사공.
-f. 노를 받치는 것.
remesa remeses *f.* **1** 송부, 송금, 발신, 발송(물). **2** 어음, 전신환, 우편환. **3** 제출, 인계, 인도, 교부.
remetre [*pp: remès remesa*] *tr.* **1** 면하다, 사면하다, 면제하다, 용서하다(condonar). *Li fou remesa la culpa* 그의 잘못이 용서되었다. **2** 맡기다, 위탁하다, 위임하다, 부탁하다(confiar). **3** 늦추다, 지연하다, 유예하다, 뒤로 미루다(diferir). **4** 제출하다, 인도하다, 교부하다. **5** 보내다, 발송하다, 발신하다 (trametre); 송금하다. *-intr.* 약해지다, 완화되다, (열이) 떨어지다. *remetre la febre* 열이 떨어지다. *-se* 인용하다, 참조하다; 바탕으로 삼다, (지침을) 따르다(atenir-se).
reminiscència reminiscències *f.* **1** 추억, 기억, 회상, 생각나는 일, 옛 생각, 추억거리. **2** [철학] (플라톤의) 회상설. **3** 회고담, 회상록.
remirar *tr.* **1** 다시 바라보다, 잘 보다, 유심히 바라보다. **2** 재고하다, 고쳐 생각하다.
remirat remirada remirats remirades *adj.* 신중한, 조심스러운, 생각이 깊은.
remís remisa remisos remises *adj.* **1** 게으른, 나태한, 둔한한. **2** 우유부단한, 활발하지 못한.
remissible remissibles *adj.* 용서할 수 있는, 면제할 수 있는; 지연할 수 있는.
remissió remissions *f.* **1** remetre하는 일. **2** 용서(perdó); 사면, 방면. **3** 지연, 유예, 늦춤(dilació). **4** (문서의) 발송, 발신. **5** [의학] 병이 완화됨.
remitent remitents *adj.* **1** 발송하는, 발신하는. **2** [의학] 열이 떨어지는, 병이 완화되는.
-m.f. 발송자, 발신인; 송금인.
remitjar *intr.* 끼어들다, 관여하다, 간섭하다(intervenir).
remitjó *m.* =escaig. *un milió i un remitjó* 백만 쯤, 백만 정도.
remodelar *tr.* 형을 다시 뜨다, 새로운 형태로 바꾸다.
rèmol rèmols *m.* [어류] 가자미.
remolatxa remolatxes *f.* [식물] 사탕무.
remolc remolcs *m.* **1** 예항, 예선; 견인. **2** 트레일러. **3** [비유] 유인.
remolcador remolcadora remolcadors remolcadores *adj.* 예항하는, 예선하는; 견인하는.
-m.f. remolcar하는 사람.
-m. 예항선, 예인선; 견인차.
anar a remolc de [비유] 질질 끌려가다.
remolcament remolcaments *m.* **1** [해사] 예선, 예항. **2** (차의) 견인.
remolcar *tr.* **1** 예선하다, 예항하다. **2** (다른 차를) 끌다, 견인하다.
remoldre [*pp: remòlt remòlta*] *tr.* 으깨다, 빻다, 찧다, 맷돌에 갈다.
remolejar *intr.* 어물거리다.
remolí remolins *m.* **1** 소용돌이; 회오리바람. **2** [비유] 혼란, 소요, 불온, 혼잡. **3** 침착하지 못한 사람.
ésser un remilí 가만히 있지 않다.
remolinador remolinadors *m.* (미장이의) 흙손.
remolinar *tr.* 흙손으로 고르다.
remollir *tr.* 부드럽게 하다, 연하게 하다, 말랑말랑하게 하다. *-se* 부드러워지다, 연해지다.
remòlta remòltes *f.* remoldre하는 일.
remor remors *f.* 속삭임, 속닥거림, 살랑거림(sorroll).
rèmora rèmores *f.* [어류] 빨판상어.
remordiment remordiments *m.* 후회, 양심의 가책; 고민, 번민.
remordir *intr.* 후회를 하다, 가책을 느끼다.

remot remota remots remotes *adj.* **1** 먼, 아득한(llunyà). **2** 있을 것 같지 않은, 진실일 듯싶지 않은, 막연한, 불확실한.

remotament *adv.* 아득히, 멀리서; 희미하게, 멍하니, 막연하게.

remoure *tr.* **1** 옮기다, 바꾸다. **2** (땅·건물 등을) 진동시키다. **3** 뒤지다, 샅샅이 뒤적여 찾다(regirar). **4** (장애물을) 치우다, 없애다. **5** 해직시키다, 파면하다, 파직시키다(destituir).

remuc remucs *m.* remugar하는 일.

remudar *tr.* 바꾸다, 갈다, 경질하다(rellevar).

remugant remugants *adj.* **1** 반추의, 숙고하는. **2** [동물] 반추 동물의.
-m.pl. [동물] 반추 동물.

remugar *tr.* **1** 되새김질하다, 반추하다. **2** [비유] 숙고하다, 이리저리 궁리하다. **3** (화가 나서) 투덜대다.

remull remulls *m.* 물에 잠김, 물에 담금.

posar en remull i) (물·소금 등에) 담그다; ii) (제 때가 올 때까지) 미루다, 때가 무르익기를 기다리다.

remulla remulles *f.* =gorg.

remullada remullades *f.* 적시기, 젖는 일.

remullador remulladors *m.* 물을 축이는 곳, 물 축이는 통.

remullar *tr.* **1** 축이다, 적시다, 담그다. **2** 청신하게 하다, 새롭게 하다.

remuneració remuneracions *f.* 보상; 보수, 임금, 급여, 급료; 상, 사례금.

remunerar *tr.* 보답하다, 보상을 하다, 보수를 주다.

remunta remuntes *f.* **1** 수선, 수리. **2** (군사용으로) 말을 훈련시키는 곳; 그 말. **3** (강의의) 재편성.

remuntador remuntadors *m.* 스키 승강기.

remuntar *tr.* **1** 고치다, 수선하다, 수리하다(adobar). **2** (옷을) 깁다; (구두의) 밑창을 갈다. **3** (강을) 거슬러 올라가다. **4** (시대를) 거슬러 올라가다. *Hem de remuntar [els anys] fins al segle XII* 우리는 12세기까지 거슬러 올라가야만 한다. **5** (강의를) 재편성하다. *-se* (시대를) 거슬러 올라가다.

ren rens *m.* [동물] 순록.

renaixement renaixements *m.* **1** 부활, 부흥, 재생. **2** [대문자] 르네상스, 문예 부흥, 문예 부흥기; [회화][건축] 르네상스 양식. **3** (비유) 부활, 부흥.

renaixença renaixences *f.* **1** =renaixement. **2** [대문자] (카탈루냐의) 회복운동, 부흥운동.

renaixent renaixents *adj.* 다시 태어나는, 소생하는, 재생하는, 부흥하는.

renaixentista renaixentistes *adj.* 문예부흥기의, 르네상스의.
-m.f. [남녀동형] 문예 부흥기 연구자.

renàixer *intr.* **1** 부활하다, 소생하다, 재생하다, 되살아나다. **2** 회복하다.

renal renals *adj.* [해부] 신장의, 콩팥의.

renard renards *m.* 여우의 털가죽.

renda rendes *f.* **1** 수입, 소득. **2** 연수, 연금. **3** 소작료, 연공. **4** 공채, 공채이자. **5** 임대료, 세; 세입.

viure de renda 수입으로 살아가다.

rendibilitat rendibilitats *f.* **1** 이득, 이문; 수익성, 영리성. **2** 유리함, 유익.

rendible rendibles *adj.* 이익이 되는, 수익성이 있는.

rendició rendicions *f.* =rendiment.

rendició de comptes [상업] 회계, 경리.

rendiment rendiments *m.* **1** 굴복, 항복, 패배. **2** 지침, 기죽음, 의기소침(fatiga). **3** 인계, 인도. **4** 생산, 연수(年收)(renda); 이문, 이익, 수익(profit). **5** (가죽의) 인조 처리, 무두질.

rendir *tr.* **1** 굴복시키다, 항복시키다, 두 손 들게 하다(retre). **2** (감사·경의·예의를) 표하다. *rendir un homenatge* 경의를 표하다. **2** 피로케 하다, 지치게 하다(fatigar). **3** 인계하다, 인도하다, 건네주다, 넘겨주다, 양도하다. **4** (이익·수익을) 거두다, 올리다. *El negoci ja no rendeix* 사업은 더 이상 수익을 거두지 못한다. **5** (가죽을) 인조 처리하다, 무두질하다. *-se* **1** 굴복하다, 항복하다(retre's). **2** 피로하다, 지치다, 녹초가 되다(fatigar-se).

rendista rendistes *m.f.* **1** 연금 수급자, 금리 생활자. **2** 공채 소지자, 회사채

renebot 소지자.
renebot reneboda renebots renebodes *m.f.* 조카의 아들·딸.
renec renecs *m.* **1** 모욕, 욕설, 모독, 저주. **2** 상스런 말투.
renegaire renegaires *adj.m.f.* 모욕하는, 모독하는, 상스런 말을 하는 (사람).
renegar *tr.* **1** 거부하다, 인정하지 않다. **2** (가족·조국·종교 등을) 등지다, 저버리다. *Renegà la família* 그는 가족을 등졌다·포기했다. **3** 증오하다, 미워하다, 싫어하다. *renegar l'amistat* 사귀는 것을 싫어하다. *-intr.* **1** (믿음을) 저버리다, 포기하다. *renegar de la fe* 믿음을 저버리다. **2** 모독하다, 함부로 말하다, 맹세코 저주하다.
renegat renegada renegats renegades *adj.* **1** 배교한, 변절한. **2** (회교에) 귀의한;
-m.f. 배교자, 변절자; 무뢰한.
renéixer *intr.* =renàixer.
renét renéts *m.* =besnét.
renéta renétes *f.* =besnéta.
reng rengs *m.* 시합장, 투기장.
rengle rengles *m.* 열, 대열; 전열, 횡대.
renglera rengleres *f.* 열.
rengló renglons *m.* 거래, 장사, 사업.
renillar *intr.* (말이) 울다, 울부짖다.
renís renissos *m.* [식물] 새싹.
renoi *interj.* 경이·놀라움·기이함 등을 나타내는 감탄사.
renoi de...! (...을) 주의하라!
renom renoms *m.* **1** 명성, 유명, 저명. **2** 별명(sobrenom); 가명, 애명.
de renom 유명한, 명성이 높은, 저명한.
renou[1] renous *m.* **1** 소란, 소동, 소요, 뒤범벅, 야단법석(bullícia). **2** [비유] 쇄신, 혁신.
en renou 어지럽혀져, 뒤집혀, 뒤범벅이 돼.
fer-ho anar tot en renou 다 뒤집어 놓다, 온통 어지럽히다, 온통 뒤범벅으로 해 놓다.
fer [moure] renou 소란을 피우다, 소동을 일으키다, 야단법석을 떨다.

renou[2] renous *m.* [식물] 새싹.
renouejar *intr.* 소동이 일어나다.
renovar *tr.* **1** 새롭게 하다, 새로 바꾸다; 대체하다(substituir). **2** (원상으로) 복귀하다(renovellar). **3** 개혁하다, 혁신하다. **4** 계약을 갱신하다, 계약서를 다시 작성하다, 계약을 연장하다. **5** 반복하다, 되풀이하다. **6** 재편성하다, 재조직하다. *-se* 새롭게 되다, 개혁되다(renovellar-se).
renovellar *tr.* (본래의 상태로) 복귀하다, 재정립하다.
rentable rentables *adj.* 빨 수 있는.
rentacares rentacares *m.* [단·복수동형] 수건.
-m.f. [비유] 아부하는 사람, 아첨꾼.
rentada rentades *f.* rentar하는 일.
rentadís rentadissa rentadissos rentadisses *adj.* 색깔이 변하지 않는.
rentador rentadora rentadors rentadores *adj.m.f.* 닦는·씻는·세탁하는 (사람).
-m. 세탁소, 세탁장, 빨래터.
rentamans rentamans *m.* [단·복수동형] 세면기, 세면대, 대야.
rentaplats rentaplats *m.f.* [단·복수동형] 접시 닦는 사람.
-m.[f] 접시 닦는 기계.
rentar *tr.* **1** 닦다, 씻다. **2** 빨래하다, 세탁하다. *rentar la roba* 옷을 빨다. **3** [비유] (명예·양심 등을) 깨끗하게 하다. **4** 세광(洗鑛)하다, 광물을 닦다. **5** [의학] 세정(洗淨)하다. **6** [회화] 엷게 색칠하다. *-se* 세수하다, 세면하다.
màquina de rentar 세탁기.
màquina de rentar plats 접시 닦는 기계.
rentat rentats *m.* 세탁.
rentatge rentatges *m.* =rentat. *rentatge en sec* 드라이클리닝.
rentavaixella rentavaixelles *m.[f]* 접시 닦는 기계.
renúncia renúncies *f.* **1** 사직, 사임, 사퇴. **2** 체념, 포기, 기권. **3** 거절; 이양.
renunciar *tr.* 기권하다, 포기하다, 양보하다(cedir). *renunciar una herència* 상속을 포기하다. *-intr.* 버리다, 포기하다, 저버리다, 등지다(abandonar).
renunciar a si mateix 자신을 포기하

다, 자신을 부인하다.
reny renys *m*. 꾸중, 질책, 나무람.
renyaire renyaires *adj*. 꼬투리를 잡기 좋아하는.
renyar *tr*. **1** 다투다, 싸움하다, 언쟁하다, 논쟁하다. **2** 나무라다, 꾸짖다, 힐책하다.
renyina renyines *f*. 다툼, 분쟁, 분열(dissensió); 적대감.
renyinar *intr*. 다투다; 적대감을 품다.
renyir *intr*. 다투다, 사이가 나빠지다; 적대감을 품다(enemistar-se).
 estar renyit amb (algú) (누구와) 사이가 나빠지다.
renyós renyosa renyosos renyoses *adj*. renyar하는.
reobertura reobertures *f*. 재개방, 재개통.
reobrir *tr*. 다시 열다. *reobrir una botiga* 가게를 다시 열다.
reometria reometries *f*. [전기] 전류 측정.
reorganitzar *tr*. 재조직하다, 재편성하다.
repadrí repadrins *m*. =besavi.
repadrina repadrines *f*. =besàvia.
repairar-se *prnl*. (바람 등으로부터) 막다, 피하다, 보호하다(arrecerar-se).
repaire repaires *m*. =recer.
repapar-se *prnl*. (의자에) 깊숙이 파묻고 앉다, 편하게 앉다(arrepapar-se).
repapiejar *intr*. **1** 정신이 흐려지다, 몽롱해지다, 멍청해지다. **2** 인정에 휩쓸리다; 홀딱 빠지다.
reparació reparacions *f*. reparar하는 일.
reparar *tr*. **1** 고치다, 수선하다, 수리하다. *reparar els errors* 오류를 고치다. **2** 복구하다, 회복하다(restaurar). **3** 주의하다, 주목하다, 관찰하다. **4** [법률] 개정하다. **5** [비유] 위안으로 삼다, 힘을 북돋우다. **6** (교회를) 개혁하다, 혁신하다. *-intr*. 주의하다, 신경을 쓰다(fer cas).
reparat reparats *m*. =remòlta.
reparatiu reparativa reparatius reparatives *adj*. **1** 수선의, 수리의, 복구의. **2** 보상하는, 배상의, 보답의.
repartidor repartidora repartidors repartidores *adj.m.f*. repartir하는 (사람).
repartiment repartiments *m*. **1** 분배, 배분, 할당. **2** (연극의) 배역. **3** 부과, 부역; 할당금.
repartir *tr*. **1** 분배하다, 배분하다, 할당하다. **2** (연극 등에서) 배역을 정하다. **3** (신문 등을) 배포하다. *-se* 나누다, 나누어 주다.
repàs repassos *m*. repassar하는 일.
repassar *tr*. **1** 다시 지나가게 하다. **2** 재조사하다, 재시험하다. **3** 복습하다; 대충 훑어보다. **4** 꾸짖다, 나무라다(renyar). **5** (염색 후) 천의 보풀을 살리다.
 repassar trossos (직물·모피의) 티끌을 자르다.
repatani repatània repatanis repatànies *adj*. 고집이 센, 완고한, 쉽게 꺾어지지 않는.
repatriar *tr*. 본국으로 송환하다, 소환하다. *-se* 본국에 송환되다, 귀국하다.
repèl repèls *m*. **1** 결이 거꾸로 된 털. **2** (손가락의) 거스러미.
 a repèl (털을) 위로 쓰다듬어, 결을 거슬러서.
 venir a repèl 난폭하게 굴다, 마구 짓밟다.
repel·lent repel·lents *adj*. **1** 거절하는, 퇴짜 놓는, 튕기는; 물리치는, 격퇴하는, 배격하는. **2** 냉담한, 쌀쌀한; 불쾌한, 싫은, 혐오스러운.
-m. **1** [의학] (종기 등을) 삭이는 약. **2** [물리] 반발력. **3** (헝겊에 바르는) 방수 가공제. **4** [약학] 구충제.
repel·lir *tr*. **1** 쫓아 버리다, 격퇴하다(rebutjar). **2** 반박하다, 저항하다; 퇴짜 놓다, 거절하다. **3** [물리] 반발하다, 튀기다. **4** 혐오감·불쾌감을 주다.
repelar *tr*. **1** (털을) 잡아 뜯다; (풀 등의) 끝을 자르다. **2** (손톱을) 자르다.
repelenc repelenca repelencs repelenques *adj*. =repelós.
repeló repelons *m*. (손가락의) 거스러미.
repelós repelosa repelosos repeloses *adj*. **1** 거친, 까칠까칠한. **2** [비유] (말이) 날카로운, 거친, 신랄한.
repenjar-se *prnl*. 기대다, 의지하다.
repensar *tr*. 다시 생각하다, 재고하다. *-se* 재고하다, 생각을 바꾸다.

repercutir *intr.* **1** 반사하다, 반영하다. *repercutir en el mirall* 거울에 반사하다. **2** 반동하다; 울려 퍼지다. **3** [비유] 영향을 주다, 반향을 일으키다. *-tr.* [의학] 부기를 가라앉히다.

repertori repertoris *m.* **1** 목록, 카탈로그, 색인. **2** [음악][연극] 레퍼토리, 곡목.

repès reposos *m.* repesar하는 일.

repesar *tr.* (분량을) 다시 달다.

repetició repeticions *f.* repetir하는 일.

repetidor repetidora repetidors repetidores *adj.* 되풀이하는, 반복하는. *-m.f.* 되풀이하는 사람, 반복자; 복창자. **2** (전화의) 증폭기, 계전기.

repetiment repetiments *m.* =repetició.

repetir *tr.* **1** 되풀이하다, 반복하다; 모방하다. *repetir un mot* 단어를 반복하다. **2** 다시 말하다; 따라서 말하다. *-intr.* 되풀이되다, 반복되다.

repetitiu repetitiva repetitius repetitives *adj.* 반복적인.

repetjó repetjons *m.* 급경사, 급사면, 가파른 비탈.

repic repics *m.* =repicament.

repicada repicades *f.* =repicament.

repicament repicaments *m.* repicar하는 일.

repicar *tr.* **1** 잘게 썰다; 다지다. **2** (종을) 연타하다, 난타하다, 요란스레 울리다. **3** (노커를) 계속 두드리다.

repicó repicons *m.* =repicament.

repintar *tr.* **1** [회화] (그림에) 가필하다. **2** (인쇄를) 수정하다. **3** [건축] (벽에) 덧칠을 하다. *-intr.* 가랑비·보슬비가 내리다. *-se* 더덕더덕 바르다. **2** 갓 인쇄한 문자가 다른 페이지에 묻다. **3** 이야기를 과장하다.

replà replans *m.* **1** (계단의) 층계참, 계단참. **2** 비탈 중간에 있는 평지.

replanar *tr.* (땅을) 다시 반반하게 고르다.

replantejar *tr.* 다시 설계하다, 다시 기획하다.

replè replena replens replenes *adj.* **1** 가득 찬, 꽉 찬, 만원의. **2** 비만의.

replegar *tr.* **1** (날개 등을) 접다. **2** (군대를) 퇴각시키다. **3** [비유] 붙잡다 (atrapar). *-se* (군대가) 퇴각하다, 후퇴하다, 회군하다.

rèplica rèpliques *f.* **1** 대답, 답변. **2** [법률] 항변, 반론. **3** (걸작의) 모방(품).

replicar *tr.* **1** 대답하다(respondre). **2** 항변하다, 말대꾸하다(contradir). *-intr.* 항변하다, 반론하다.

repoblar *tr.* **1** 다시 거주하게 하다. **2** (동물을) 다시 넣다; (식물을) 다시 심다, 조림하다.

repodrir *tr.* 완전히 썩히다. *-se* 완전히 썩다.

repolit repolida repolits repolides *adj.* 맵시를 낸, 광을 낸.

report reports *m.ang.* **1** 보고서, 리포트 (informe). **2** 공보, 보도, 기사(notícia). **3** (학교의) 성적표. **4** 소문, 세평; 평판, 명성. **5** *pl.* 판례집, 의사록.

reportar *tr.* **1** 말하다, 언급하다; 설명하다. **2** 이야기를 하다(contar). **3** 이익을 가져오다. **4** (결과를) 낳다, 가져오다, 제공하다(proporcionar).

reportatge reportatges *m.* **1** (일반적으로) 현지 보고, 르포, 르포르타주. **2** [문학] 보고문학.

reporter reportera reporters reporteres *adj.* 소식을 전하는. *-m.f.* 통신원, 탐방 기자.

repòrter repòrters *m.f.* =reporter.

repòs reposos *m.* **1** 휴식, 휴양, 쉼; 수면. **2** 침착, 평정, 평안, 안정. **3** [물리] 휴지(기간). **4** (색채 등의) 조화. *l'etern repòs* 영원한 휴식, 영면, 죽음.

reposador[1] reposadors *m.* reposar하는 곳.

reposador[2] reposadora reposadors reposadores *adj.* 휴식하게 하는, 편안히 쉬게 하는.

reposar *tr.* **1** 다시 놓다, 제자리에 놓다, 다시 돌려놓다. *reposar al mateix lloc* 제 자리에 돌려놓다. **2** (지위·직에) 다시 앉히다, 복직시키다. **3** (건강·재산 등을) 되찾다, 회복하다(recuperar). **4** [영화] 재상영하다. *-intr.* **1** 쉬다, 휴식하다, 휴양하다. *reposar una mica* 잠깐 휴식하다; 잠자다, 수면하다(dormir). **2** (...에) 기초·근거하다; (...

에) 의지하다(sostenir-se). **3** (죽은 사람이) 영면하다, 편히 쉬다. **4** (액체가) 가라앉다, 침전하다. **-se** 분별을 찾다, 마음을 가라앉히다.
deixar reposar (액체를) 가라앉히다, 침전시키다.
reposat reposada reposats reposades *adj.* =assenyat.
reposició reposicions *f.* **1** 제자리에 놓음. **2** (직위의) 복위, 복직. **3** (건강의) 회복. **4** 경질, 보충. **5** [영화] 재상영.
reprendre[1] *tr.* **1** 다시 잡다, 다시 취하다. *reprendre el poder* 다시 권력을 잡다. **2** (호흡·말 등을) 가다듬다. **3** 다시 시작하다, 재개하다. *reprendre les meves tasques* 나의 과제를 다시 시작하다. **4** (음식이) 체하다, 소화가 안 되다. *El menjar m'ha reprès* 음식이 소화가 안됐다. **5** 돌연히 나타나다, 갑자기 낡아채다. **6** 싫다, 마음에 들지 않다, 마음을 괴롭게 하다.
reprendre[2] *tr.* 꾸짖다, 나무라다, 책망하다(renyar).
reprenedor reprenedora reprenedors reprenedores *adj.* 다시 시작할 수 있는, 재개할 수 있는.
reprensió reprensions *f.* 책망, 질책, 비난.
represa represes *f.* **1** 회복, 복구; 재탈환, 재정복. *la represa de la ciutat caiguda* 함락된 도시의 재탈환. **2** 재개, 재착수. **3** [건축] 까치발. **4** (둑의) 물 매턱; (성벽의) 벼랑길. **5** (자동차의) 가속(력).
represàlia represàlies *f.* 앙갚음, 보복; 보복 공격, 보복적인 나포.
representació representacions *f.* **1** 표현, 묘사; 표상, 표시. **2** [회화] 초상(화), 조화, 회화; 그림, 상, 이미지(imatge). **3** 설명, 진술; 주장, 단언. **4** 상연, 공연, 상영; 연출. **5** 진정, 청원, 제출. **6** 대표, 대리(권); 대표부, 대표단(delegació). **7** 선출; 선거법, 대표제. **8** 권위, 유력, 권력.
representant representants *adj.* **1** 대표·대리하는. **2** 대표적인, 전형적인. **3** 대의제의. **4** 표시하는, 표현하는, 묘사하는; 상징하는.
-m.f. **1** 대표자, 대행자, 대리인; 재외사절. **2** 후계자, 상속자. **3** 대의원, 민의원; (미 의회의) 의원. **4** (연극의) 배우.
-m. 견본, 표본, 전형; 유사물.
representar *tr.* **1** 다시 내놓다, 재현하다, 재생하다(reproduir). **2** 나타내다, 보이다(aparentar); 의미하다, 상징하다. **3** 표현하다, 묘사하다; 겉으로 드러내다(aparentar). **4** 알리다, 전하다. **5** [연극] 연기하다, 공연하다; [영화] 상영하다. **6** 대신하다, 대행하다, 대리하다(substituir); (...의) 대표·대리가 되다. *representar al ministre* 장관의 대리로 나가다. **-se** 생각하다, 판단하다.
no hi represento res, ací[*en això*] 나는 그 일과 아무 관계가 없다, 내가 여기서 하는 일은 아무것도 없다.
representatiu representativa representatius representatives *adj.* **1** (...을) 표현하는. **2** 대표적인, 대표하는, 대리의. **3** [정치] 대의제의.
repressió repressions *f.* **1** 제지, 억제, 단속; 억압, 탄압; 진압. **2** [심리] (생각·충동 등의) 억압(된 것).
repressiu repressiva repressius repressives *adj.* 제지하는, 억압적인, 억누르는, 탄압하는.
reprimenda reprimendes *f.* 질책, 꾸지람.
reprimir *tr.* **1** 억누르다, 자제하다, 억제하다(contenir). *Reprimeix el teu enuig* 너의 분노를 자제하라. **2** 억압하다; 진압하다. **-se** 자제하다.
reprise reprises *f.* (자동차의) 가속(력).
rèprobe rèproba rèprobes rèprobes *adj. m.f.* [종교] 신에게 버림받은 (사람), 지옥에 떨어진 (사람).
reproducció reproduccions *f.* **1** 재생, 재판, 재생산; 복사, 복제(품). **2** 번식, 생산.
reproductiu reproductiva reproductius reproductives *adj.* 재생산의, 번식의.
reproductor reproductora reproductors reproductores *adj.* 재생의, 복제의, 생식의.
-m.f. 종축(種畜).
-m. [기계] 재생기.

reproduir tr. **1** 다시 만들다, 재생하다. **2** 복사하다, 복제하다, 모사하다. **3** 번식시키다, 생식시키다. **-se 1** 재생되다. **2** 번식하다; 늘다, 퍼지다.

repropi repròpia repropis repròpies adj. (짐승이) 순하지 않은, 고분고분하지 않은.

reprotxar tr. 꾸짖다, 비난하다, 나무라다, 힐책하다.

reprotxe reprotxes m. 비난, 나무람, 꾸지람, 질책.

reprovar tr. **1** 비난하다, 정죄하다(condemnar). **2** 불합격시키다.

reprovatori reprovatòria reprovatoris reprovatòries adj. 비난의; 낙제의.

reptació reptacions f. 땅을 기는 일.

reptar[1] tr. 꾸짖다, 나무라다(reprendre).

reptar[2] tr. 도전하다, 대들다(desafiar); 위협하다. *-intr.* (동물이) 땅을 기어가다.

repte reptes m. 도전, 도발; 위협.

rèptil[1] rèptils adj. **1** 땅을 기는, 기어 다니는. **2** [동물] 파충류의.
-m.pl. [동물] 파충류.

rèptil[2] rèptils adj. [식물] 덩굴손의, 덩굴이 되는.

república repúbliques f. **1** 공화국, 공화정체. **2** 나라, 국가. **3** 단체, 연합; ... 사회, ...계. *república de les lletres* [literària] 문학계.

repudi repudis m. **1** 거절, 거부. **2** (아내와의) 이혼. **3** (유산 등의) 포기, 기권.

repudiar tr. **1** 거절하다, 거부하다(rebutjar). **2** (아내를) 버리다, 이혼하다. **3** (유산을) 포기하다.

repugnància repugnàncies f. **1** 반감, 혐오. **2** 모순, 반대.
fer repugnància 반감을 주다, 혐오감을 주다.
sentir repugnància per ...에 대해 반감을 느끼다, 혐오감을 느끼다.

repugnant repugnants adj. **1** 반감·혐오감을 주는, 언짢은, 싫은. **2** 모순된, 반대되는.

repugnar intr. 반감·혐오감을 느끼다.
repugnar de 거절하다, 거부하다; 혐오하다.

repulsa repulses f. 심한 질책, 비난.

repulsió repulsions f. 퇴짜, 배격, 거절; 비난, 반발, 반감.

repulsiu repulsiva repulsius repulsives adj. **1** 반발의, 반발적인; 거절하는. **2** 싫은, 반감을 주는, 정이 안 가는.

repulsori repulsòria repulsoris repulsòries adj. =repulsiu.

repunt repunts m. **1** 박음질로 꿰매기. **2** (바다의) 조수가 빠지기 시작함.

repuntar tr. 박음질로 꿰매다.

reputació reputacions f. **1** 평판, 세평; 명성, 유명. *gaudir d'una bona reputació* 명성을 누리다, 평판이 좋다. **2** 신용, 존경.

reputar tr. (...한) 평을 하다(considerar).

requeriment requeriments m. **1** 요구, 필요; 필요량. **2** [법률] 명령, 통지, 시달, 최고. **3** 구슬림, 구애.

requerir tr. **1** 요구하다, 필요로 하다(necessitar). **2** 구애하다, 구슬리다. **3** [법률] 최고하다, 고시하다, 통지하다.
requerir de batalla 싸움을 일으키다, 도전하다.

requesta requestes f. =requeriment.

requestar tr. 요구하다.

rèquiem rèquiems m. **1** (가톨릭의) 진혼기도. **2** [음악] 진혼곡.

requisar tr. **1** (마약 등을) 검사하다, 검열하다. **2** [비유] 훔치다, 도둑질하다.

requisit[1] requisits m. 요건, 조건, 필요조건, 필수사항; 자격요건; 준비서류.

requisit[2] requisits m. (음식의) 훌륭한 맛, 더할 나위 없는 맛(plat exquisit).

requisitori requisitòria requisitoris requisitòries adj. **1** 요구하는. **2** 통고하는, 최고(催告)하는. **3** 구애하는.
-m.f. **1** 요구자. **2** 통고자, 최고(催告)자. **3** 구애자.

rera[rere] adv.prep. 뒤에, 뒤에서(darrere).

rereguarda[reraguarda] rereguardes f. [군사] **1** 후방 부대, 후미 부대. **2** (전시중의) 피점령지.

rerevera rereveres f. =tardor.

res pron. **1** [조건문·의문문] 무엇, 좀, 얼마간, 약간. *Si en saps res...*, 만일 네가 ...를 좀 안다면. *Tens res per a mi?* 내게 줄 게 뭐 있니? **2** [부정문] 아무것, 아무 일. *No em va dir res*

그는 나한테 아무 말도 안 했다. *No l'espanta res* 아무것도 그를 놀라게 하지 못한다.
abans que[de] res 무엇보다도 먼저.
absolutament res 전혀 아니다.
com aquell que[qui] res[com si res] 아무것도 아닌 것처럼; 아무 일도 없었던 것처럼.
De res! [감사에 대한 대답으로] 천만에!, 뭘!
no res 아무것도 아닌, 의미가 없는, 중요하지 않은.
por un no res 아무것도 아닌 걸 가지고, 사소한 것으로 인해.
res de 아무것도 아닌.
res més 더 이상 없는.
no tenir res a veure 아무런 관계가 없다.
no valer res 아무런 가치가 없다, 소용이 없다.
resar *tr.* 빌다, 기도하다.
rescabalar *tr.* (잃은 것을) 회복하다, 되찾다; 보상하다, 변상하다. **-se** 보상을 받다.
rescalfar *tr.* **1** 다시 데우다, 다시 덥히다. **2** 활기를 주다, 원기를 북돋우다. **3** [기계] 과열시키다.
rescat rescats *m.* **1** 되찾기, 회수, 탈환. **2** (신병의) 인수. **3** 회복, 원상 복구. **4** (포로·인질 등의) 몸값.
rescatar *tr.* **1** 되찾다, 회수하다, 탈환하다, 도로 빼앗다(recobrar). **2** 다시 사들이다; (저당물·담보물 등을) 되찾아 오다; (신병을) 인수하다. **3** 구하다, 구출하다, 자유를 되찾다.
rescindir *tr.* (계약을) 무효로 하다, 취소하다, 해제하다, 파기하다.
rescissió rescissions *f.* 계약 취소, 계약 해제, 해약, 파기.
resclosa rescloses *f.* **1** 둑, 강둑. **2** 수문, 갑문. **3** 제방, 방파제.
resclosir-se *prnl.* **1** 한군데 괴다; 정체하다. **2** 냄새가 안 빠지다; 공기가 탁해지다.
reserva reserves *f.* **1** 보류; 보류된 권리·이익; 보류 사항. **2** [경제] 저축, 비축, 예비; 예비금, 준비금, 적립금. *reserves bancàries* 은행지불준비금. **3** [군사] 예비군, 예비대; 원병, 증원 함대. **4** 보결 선수; (품평회 등의) 예비 입상자. **5** (장소·좌석·티켓 등의) 예약, 지정; 예약석, 지정석. **6** [광산] 매장량. **7** 사양, 삼감, 신중(discreció). **8** 침묵, 은폐, 은밀함; 마음에 숨김(secret). **9** 인디언 보호 구역. **10** 군사 보호 구역; 특별 보류지. **11** 금렵 지역; (특히 사냥용 새·짐승의) 사육지. **12** (교회의) 성직 임명권의 유보.
a reserva de ...할 요량으로, ...할 속셈으로.
amb reserva de[amb la reserva de] 은밀하게, 극비리에.
de reserva 예비의.
reserva mental [법률] 심중 유보; 마음속에 감춤.
sense reserves 숨김없이, 솔직히.
reservació reservacions *f.* **1** reservar하는 일. **2** =reserva5.
reservació de pecats (가톨릭의) 사제 또는 상위 성직자만이 사면할 수 있는 죄.
reservar *tr.* **1** (권리·이익 등을) 보류하다. **2** (어떤 목적을 위해) 떼어 두다, 비축하다. **3** 준비해 두다, 예약하다, 지정하다(destinar). **4** 제외하다, 면하다. **5** 감추다, 숨겨 두다, 침묵을 지키다(callar). **6** (교회에서) (성직 임명권을) 유보하다. **7** 미루다, 연기하다. **-se** 예약해두다; 비축하다, 준비하다.
reservat reservada reservats reservades *adj.* **1** 보류된. **2** 따로 아껴 둔, 비축해 둔; 저장되어 있는. **3** 예약된, 지정된. **4** 비밀스러운, 속셈이 다른, 서로 터놓지 못하는; 조심스러운, 신중한(discret). **5** 겸양하는, 말 없는, 내성적인(poc comunicatiu). **6** [신학] 죄를 사면할 수 있는 권리가 있는.
-m. 지정된 장소; 예약된 방. *Dinarem al reservat* 우리는 예약한 방에서 식사하겠다.
resguard resguards *m.* **1** 보호, 보살핌(cura). **2** (해안선·국경에서의) 방위, 방어; 밀수 감시; 경비대. **3** [법률] (계약·빚 등에 대한) 보증, 담보, 이서. **4** 증서, 증빙서, 보증서, 인수증; 화물인환증. *el resguard del pagament* 지

불증서.

resguardar *tr.* **1** 지키다, 보호하다; 방어하다. **2** (권리·특권 등을) 안전하게 보호하다. **-se** 몸을 지키다, 자신을 보호하다.

residència residències *f.* **1** 거주, 거류; 거주증. *permís de residència* 거주허가증. **2** 주재, 머무는 곳; 주소. **3** (단체·학교의) 기숙사. **4** 성직자의 주재기간.

residencial residencials *adj.* 주거지의, 주택 지구의; 주거할 수 있는, 주택용의.

resident residents *adj.* 거주하는, 살고 있는.
-m.f. 거주자; 외교관.

residir *intr.* **1** 살다, 거주하다, 거류하다. **2** 주재하다, 머물다(estar-se). **3** (권리·능력·문제 등이) 있다, 존재하다.

residu residus *m.* **1** 나머지, 찌꺼기; 잉여분. **2** [수학] 나머지. **3** [화학] 잔기(殘基), 잔사(殘渣), 잔재.

resignació resignacions *f.* **1** 사임, 사직; 양위, 양도. **2** 체념, 포기, 단념. **3** 굴종; 인종.

resignant resignants *adj.m.f.* resignar 하는 (사람).

resignar *tr.* **1** 사임하다, 사직하다, 그만두다. **2** 양도하다. **3** 체념하다, 포기하다, 단념하다; 참고 따르다, 굴종하다. **-se 1** 단념하다. **2** 몸을 맡기다; 인종(忍從)하다, 체념하여 ...하다.

resina resines *f.* 수지, 송진.

resinar *tr.* 수지·송진을 채취하다.

resinós resinosa resinosos resinoses *adj.* 수지의, 송진의; 수지가 나오는, 송진이 많은.

resistència resistències *f.* **1** 저항(력), 지구(력). **2** 항전, 항거. **3** 레지스탕스 (운동). *resistència pacífica* 평화적 항거. **4** 단단함, 건장함. **5** (정치적인) 저항. **6** [전기] 저항, 저항기.

resistent resistents *adj.* 저항하는.
-m.f. 저항자, 저항의 투사, 레지스탕스.

resistir *intr.* 저항하다, 대항하다; 저항력이 있다. *-tr.* **1** 참아 내다, 견뎌 내다(aguantar). **2** 물리치다, 격퇴하다. **3** 거스르다, 저항하다.

resoldre *tr.* **1** 녹이다, 용해시키다. **2** (문제를) 풀다, 해결하다(solucionar). **3** 정하다, 결정하다, 결심하다(decidir). *Van resoldre d'anar-hi de seguida* 그들은 즉시 가기로 결정했다. **4** 분해하다, 분석하다(descompondre). **5** [의학] 부기를 가라앉히다, 소산시키다. **6** 기체화시키다, 발산시키다. **-'s 1** 녹다, 용해하다. **2** 분해되다, 분석되다. **3** 풀리다, 해결되다. **4** 결심하다. **5** (어떤 상태로) 되다(reduir-se). **6** 기체화·액체화되다. **7** 차츰 없어지다, 소산되다. **8** 부기가 가라앉다.

resolt resolta resolts resoltes *adj.* =resolut.

resolució resolucions *f.* **1** 해결. **2** 결심, 결의, 결정(decisió). **3** 의결, 판결. **4** 분해, 용해.
amb resolució 결심을 하고, 단호하게.

resolut resoluda resoluts resoludes *adj.* **1** 풀어진, 용해된. **2** 단호한, 과단성 있는, 결정한, 결의에 찬(decidit). **3** 요약된.

resolutiu resolutiva resolutius resolutives *adj.* **1** 결정적인, 확고한. *decisions resolutives* 확고한 결정. **2** 분해의, 용해의. **3** (종기를) 가라앉히는.

resolutori resolutòria resolutoris resolutòries *adj.* **1** 단호한, 확고한. **2** 용해의; 해제의.

respatller respatllers *m.* **1** 의자의 등, 기대는 것. **2** [지질] (산의) 지맥, 돌출부. **3** (종이나 서류의) 뒷면. **4** 이서, 보증. **5** [비유] 후원, 지원, 증원.

respectable respectables *adj.* **1** 존경할 만한, 훌륭한. **2** (수가) 상당한, 꽤 (considerable).

respectar *tr.* **1** 존경하다, 공경하다. *Respecteu els pares* 부모를 공경하라. **2** (남의 의견을) 존중하다, 해치지 않다. *-intr.* ...에 관련되다(concernir).
pel que respecta a ...에 관하여는.

respecte respectes *m.* **1** 존경, 공경; [복수로 쓰여] 경의. **2** (의견·약속 등에 대한) 존중. **3** 관점; 고려, 감안. *respectes humans* 세상에 대한 체면. **4** 예비(품), 여분.
amb tots els respectes 어느 모로 보

나.
de respecte 예비의.
digne de respecte 존경받을 만한.
respecte a[de] ...에 관하여는.
respectiu respectiva respectius respectives *adj.* 각자의, 각각의, 각기, 개개인의.
respectivament *adv.* 각각, 각기, 저마다.
respectuós respectuosa respectuosos respectuoses *adj.* **1** 공손한, 공경하는, 정중한. **2** 존경할 만한.
respir respirs *m.* **1** 호흡. **2** 숨 돌림, 휴식, 휴게.
respiració respiracions *f.* **1** 호흡; 한 번 숨을 들이쉼. *respiració artificial* 인공 호흡. **2** 환기, 공기의 드나듦. **3** [동식물] 호흡 작용.
respirador respiradors *m.* **1** 공기구멍, 환기통. **2** (아궁이의) 바람구멍. **3** 호흡기 기관.
respirall respiralls *m.* =respirador.
respirar *intr.* **1** 숨을 쉬다, 호흡하다. **2** 숨을 내쉬다, 한숨 돌리다, 안심하다; 휴식하다. **3** 살아 있다, 호흡하고 있다(viure). **4** 환기하다, 공기가 드나들다. -*tr.* 공기를 들이마시다(inhalar).
sense respirar 숨을 쉬지 않고, 다급하게, 황급하게.
respiratori respiratòria respiratoris respiratòries *adj.* 호흡의, 호흡기에 관한.
respit respits *m.* 지연, 지체, 연기.
resplendir *intr.* **1** 번쩍이다, 빛나다 (brillar). **2** (눈이) 반짝반짝 빛나다, 초롱초롱 빛나다. **3** 한층 광채를 더하다, 더욱 빛나다; 더욱 두드러지다.
resplendor resplendors *f.* 빛남, 광채, 휘황찬란함.
respondre *tr.* **1** 답하다, 대답하다, 응답하다(contestar). **2** 반응하다, 대꾸하다. -*intr.* **1** 답하다, 대답하다. **2** 반응하다, 대꾸하다. **3** 어울리다, 맞다; 부응하다, 해당되다(correspondre). *El resultat va respondre als nostres desigs* 그 결과는 우리의 바람에 부응하는 것이었다. **4** 반향하다, 반향이 있다. **5** 책임지다, 책임을 다하다.
respondre de 책임을 지다, 보증하다.

Jo en responc 내가 그에 대해[그것에 대해] 보증한다.
respons responsos *m.* =absolta.
responsabilitat responsabilitats *f.* **1** 책임, 의무, 책무. **2** 책임이 되는 것, 부담, 무거운 짐. **3** 신뢰성; 의무 이행 능력; 지급 능력.
responsabilitzar *tr.* 책임을 지우다, 책임을 전가시키다. -*se* 책임을 지다.
responsable responsables *adj.* **1** 책임 있는, 책임을 져야 할. **2** (...의) 원인이 되는. **3** 신뢰할 수 있는, 책임을 다할 수 있는, 도의심이 있는, 확실한. **4** 책임이 무거운. **5** 의무 이행을 하는, 급 능력이 있는.
fer responsable ...의 탓으로 돌리다, 책임을 전가시키다.
fer-se responsable de ...의 책임을 지다.
responsiu responsiva responsius responsives *adj.* resposta의.
responsori responsoris *m.* (예배시의) 응답 성가.
resposta respostes *f.* **1** 답, 대답, 회신 (contesta). **2** 해답, 답변. **3** 말대답, 반론. **4** 응보, 보복. **5** [음악] (노래 가사의) 후렴, 반복(responement).
fer de resposta 대답하다.
no tornar resposta 응답이 없다, 묵묵부답이다.
tornar respostes 대답하다, 대꾸하다.
resquícia resquícies *f.* [주로 복수로 쓰여] **1** 유해, 유물(restes). **2** 남은 물건. **3** 자국, 흔적, 발자취.
resquitar *tr.* =rescatar.
resquitllar *intr.* =relliscar.
ressaca ressaques *f.* 물의 빠짐, 썰물.
ressaga ressagues *f.* (무리에서) 뒤처진 꼬리.
ressagar-se *prnl.* 뒤에 처지다.
ressalt ressalts *m.* [건축] 돌출부.
ressaltar *intr.* **1** 튀어나오다, 돌출하다. **2** [비유] 두드러지다, 빼어나다.
fer ressaltar 두드러지게 하다.
ressec resseca ressecs resseques *adj.* **1** 말라비틀어진. **2** 깡마른, 뼈만 앙상한.
ressecar *tr.* **1** 말라비틀어지게 하다. **2**

[의학] 잘라 내다, 절제하다. **-se** 말라 비틀어지다, 고사하다; (과일이) 바싹 마르다.

ressegar *tr.* (한 번 베어 낸 자리를) 다시 베어 내다.

resseguir *tr.* **1** (차로) 돌아다니다, 쏘다니다. **2** 탐색하다, 면밀하게 살펴 찾다(escorcollar). **3** (염색 후) 천의 보풀을 세우다. **4** 보수하다, 수리하다, 수선하다.

ressemblar *intr.* (...을) 닮다(assemblar-se).

ressentir-se *prnl.* **1** 결함을 가지다, 고장 나다. **2** 유감으로 생각하다, 언짢아하다; 노하다, 분개하다.

ressenya **ressenyes** *f.* **1** 스케치, 소묘; 묘사(descripció). **2** (책의) 개요, 개략. **3** (신문 등의) 문예 비평.

fer la ressenya de (서적·작품을) 논평하다, 개설하다; 요약하다.

ressenyar *tr.* 개요하다, 요약하다, 논평하다.

ressò **ressons** *m.* =ressonància.

ressol **ressols** *m.* 반사; 반사열, 반사광.

ressonador **ressonadora** **ressonadors** **ressonadores** *adj.* ressonar하는.
-m. **1** [물리] 공명체, 공명기, 공진자, 공명자. **2** [전기] 전음 발신기.

ressonància **ressonàncies** *f.* **1** 울림, 반향, 공명. **2** [기계] (무전의) 공전. **3** [의학] (가슴의) 공명음. **4** [비유] 반향, 영향.

ressonar *intr.* **1** 울리다, 울려 퍼지다. **2** 공명하다. **3** [비유] 반향을 일으키다.

ressopó **ressopons** *m.* (식사 후에 가지는) 간단한 후식.

ressorgir *intr.* 다시 나타나다, 재현하다; 부활하다, 소생하다, 다시 살아나다.

ressort **ressorts** *m.* **1** 용수철; 탄성, 탄력. **2** 수단, 방법. **3** 연관, 관계.

ressortir *intr.* **1** 튀어나오다, 돌출하다. **2** [비유] 두드러지다, 빼어나다, 돋보이다(ressaltar).

fer ressortir 두드러지게 하다.

ressuscitar *tr.* **1** 소생시키다, 부활시키다. *Jesucrist ressuscità Llàtzer* 예수 그리스도가 나사로를 다시 살아나게 했다. **2** 활기를 주다, 원기를 북돋우다(reanimar). **3** [의학] (신체의 일부를) 다시 살리다, 새롭게 하다(renovar). **4** (습관 등을) 살리다. *-intr.* 되살아나다, 소생하다, 부활하다. *Els morts ressuscitaran* 죽은 자들이 다시 살아날 것이다.

rest **rests[restos]** *m.* **1** 창받이. **2** 굵은 밧줄, 노끈. **3** 열, 줄. **4** (마늘·양파 등의 줄기로 엮은) 줄.

al rest 창받이를 받쳐.

resta **restes** *f.* **1** 나머지, 잔여물. **2** [수학] 나머지. **3** 빼기, 공제(subtracció). **4** *pl.* 유물, 유품.

la resta **1** 나머지, 잉여, 다른 것. **2** 다른 사람들, 나머지 사람들.

restes mortals 유골, 시체.

restablir [*pp: restablert restablerta*] *tr.* 다시 세우다, 재건하다. **-se** (병에서) 낫다, 건강을 회복하다, 쾌유하다.

restant **restants** *adj.* 남은, 나머지의.
-m. 나머지(resta).

el restant 다른 모든 것.

els restants 다른 모든 것.

restar *intr.* **1** (장소에) 남다, 잔재하다, 잔존하다. **2** ...한 상태가 되다. **3** 남다, 남아 있다. *No em resten sinó mil euros* 내게 천유로밖에 안 남았다. **4** 그만두다, 그만 하다, 중지하다.

restar en (의견을) 정하다, 결정하다.

restar endarrere[enrere] 뒤에 남다; 뒤에 처지다, 뒤떨어지다.

restauració **restauracions** *f.* **1** 회복; 수리, 수복; 복원, 복구, 부흥. **2** [정치] (왕정의) 복고; 복위, 복귀.

restaurant **restaurants** *m.* 음식점, 식당, 레스토랑.

restaurar *tr.* **1** 되찾다, 회복하다. **2** 다시 세우다, 재건하다, 복구하다(restablir). **3** (건강을) 회복하다, 원기를 다시 얻다. **4** (고(古)미술품을) 복원하다. **5** (권좌에) 복귀시키다; (직위에) 복귀시키다.

restitució **restitucions** *f.* 원상 복귀, 복원, 회복; 반환, 상환.

restituir *tr.* **1** 되돌리다, 원상으로 복구하다, 복원하다. **2** [상업] 반환하다, 상환하다.

restoll restolls *m.* =rostoll.

restrènyer [*pp: restret restreta*] *tr.* **1** 줄이다, 감하다. **2** 제한하다, 한정하다 (restringir). **3** [의학] 변비를 일으키다.

restrenyiment restrenyiments *m.* [의학] 변비.

restret restreta restrets restretes *adj.* **1** 축소된; 제한된, 한정된. **2** 변비의.

restricció restriccions *f.* **1** 제한, 한정. **2** 구속, 속박. **3** 억제, 긴축.

restrictiu restrictiva restrictius restrictives *adj.* **1** 제한의, 한정적인. **2** 구속의, 속박하는.

restringent restringents *adj.* 변비를 일으키는.

restringir *tr.* 제한하다, 한정하다; 구속하다; 억제하다, 긴축하다.

resulta resultes *f.* **1** 결과, 성과. **2** 결론, 결의.

de resultes de ...의 결과(로), ... 때문에.

resultant resultants *adj.* **1** 결과로서 생기는. **2** [기계] 합성적인.

resultar *intr.* **1** (어떠한) 결과가 되다, 결과를 낳다. *els mals que resulten de la guerra* 전쟁으로 말미암은 해악. **2** 결국 ...이 되다(esdevenir). **3** 마음에 들다(들지 않다). **4** (결과로서) 생기다, 일어나다, 야기되다(succeir).

resultat resultats *m.* **1** 결과, 결말, 성과, 효과, 결실. **2** (경기·학교의) 결과, 성적. **3** [수학] (계산의) 답, 결과. **4** (의회의) 결의, 결정.

com a resultat de ...의 결과(로).

donar resultat 성과를 보다; 효과가 있다.

resum resums *m.* 요약, 결과, 대략, 개략; 발췌.

en resum 결국, 요컨대, 결과적으로, 간추려 말하면.

resumir *tr.* 요약하다, 간추리다.

resurrecció resurreccions *f.* **1** (기독교의) 부활, 부활절. *Pasqua de Resurrecció* 부활절. **2** [비유] 재현, 되살아남, 부흥, 재흥.

ret rets *m.* (머리에 쓰는) 그물 두건, 머리그물.

retall retalls *m.* (천·종이·가죽 등의) 조각, 자투리.

retallar *tr.* **1** 다시 자르다, 새기다, 세공하다. **2** (천·종이 등을) 자르다. **3** (작품·영화 등을) 자르다, 편집하다, 검열하다. **4** 비난하다, 혹평하다(criticar).

retaló retalons *m.* [해부] 발뒤꿈치.

retard retards *m.* **1** 지각, 지체, 지연; 방해, 훼방. **2** (정신적·사회적·신체적) 지장, 박약, 미숙, 결함.

retard mental 정신박약, 정신 지체.

arribar amb retard 지각하다, 늦게 도착하다.

retardador retardadora retardadors retardadores *adj.* 지체하는, 어물거리는; 훼방 놓는.

retardar *tr.* **1** 지각하다, 지체하다, 어물거리다. **2** 방해하다, 훼방 놓다. *-intr.* (시간이) 늦게 가다. *-se* (시간이) 늦게 가다; 뒤처지다, 어물거리다.

retardat retardada retardats retardades *adj.* 지체하는; 지체 장애가 있는 *-m.f.* 지체 장애자.

retaule retaules *m.* 화첩; 병풍.

retenció retencions *f.* **1** 보유, 보관. **2** 제지; 유치, 억류. **3** (급료의) 지급 정지. **4** 보유액, 유보금. **5** [의학] 폐색.

retenidor retenidora retenidors retenidores *adj.m.f.* retenir하는 (사람). *-m.* 묶어 두는 것.

reteniment retenimients *m.* =retenció.

retenir *tr.* **1** (돈을) 맡기다, 보관하다, 곁에 두다(guardar). **2** 제지하다, 하지 못하게 하다. **3** (범죄자를) 붙잡다, 체포하다(arrestar). **4** 기억하다, 기억에 새기다. **5** (두려움 따위가) 사로잡다 detenir. *La por em reté* 두려움이 나를 사로잡았다. **6** (지급을) 일시 정지하다. **7** (세금 등을) 봉급에서 원천 징수 하다, 미리 공제하다. *-se* 자제하다, 억제하다(contenir-se).

retentiu retentiva retentius retentives *adj.* retenir할 수 있는; 제지하는, 억류하는.

reticència reticències *f.* **1** (입을) 조심함, 과묵함. **2** [수사] 묵설법; (일부러) 말을 빠뜨리기.

reticent reticents *adj.* 말이 없는; 말을 빠뜨리고 하는; 말 속에 뼈가 있는.

retícula retícules *f.* 그물 모양, 망상; 그물눈, 그물코.
reticular reticulars *adj.* 그물 모양의, 망상의.
retina retines *f.* [해부] 망막.
retinència retinències *f.* =retenció.
retinitis retinitis *f.* [의학] 망막증.
retir retirs *m.* **1** 은퇴, 물러남, 퇴직; 퇴역. **2** 은둔 (생활); 숨는 곳, 은둔처. **3** 연금. **4** (교회의) 수양관(recés).
retirada retirades *f.* **1** 되돌아가는 일, 안으로 끌어들이기. **2** 물러나는 일, 물러남; 은퇴, 하야; 퇴직, 퇴임, 퇴학. **3** [군사] 퇴각, 철수. **4** 철회, 회수; (예금의) 인출. **5** 은둔처, 숨는 곳. **6** 비슷한 점, 닮은 점; 닮은 것(retirança).
batre's en retirada [군사] 퇴각하며 전투하다.
tenir una retirada a algú (누구와) 닮은 점이 있다.
retirança retirances *f.* 비슷한 점, 닮은 점.
retirar *tr.* **1** (서류를) 치우다, 제쳐놓다(apartar). **2** (돈 등을) 꺼내다, 인출하다(recuperar). **3** 철수시키다, 물러가게 하다. **4** (신청·약속 등을) 철회하다. **5** (우정·신뢰 등을) 버리다. **6** (인쇄에서) 뒷면 인쇄를 하다. **7** 몰수하다. *-intr.* **1** 귀가하다. **2** (얼굴이) 닮다(assemblar-se). *-se* **1** (한 장소에서) 물러나다, 퇴각하다, 철수하다. **2** 은퇴하다, 퇴직하다, 퇴임하다(jubilar-se).
retirat retirada retirats retirades *adj.* **1** 들어박힌, 은둔한. **2** 외진, 인적이 뜸한; 물러선, 떨어진(distant). **3** 은퇴한, 퇴직한, 퇴역한. **4** [군사] 철수한. *-m.f.* 퇴직자, 은퇴자, 퇴역 군인.
retoc retocs *m.* retocar하는 일.
retocar *tr.* **1** (계속해서) 종을 치다. **2** (맥박이) 빠르게 뛰다. **3** (그림·사진을) 수정하다. **4** 마지막 손질을 하다.
rètol rètols *m.* **1** 라벨, 레테르; 제명, 간판; 포스터. **2** (영화의) 설명자막.
retolació retolacions *f.* rètol을 붙이는 일.
retolador retoladora retoladors retoladores *adj.m.f.* retolar하는 (사람).

-m. retolar하는 기계.
retolar *tr.* 명찰·표지·라벨을 붙이다; 표제를 붙이다.
retomb retombs *m.* (강·길의) 굽이, 굽이진 곳, 모퉁이.
retop retops *m.* (공의) 튀어 오름, 반발; 되울림, 되 튕겨져 옴.
de retop 그 결과, 그 결과로서; 간접적으로.
retopar *intr.* 튕겨 돌아오다, 계속 튀기다.
retorçar *tr.* =retòrcer.
retòrcer *tr.* **1** 꼬다, 비틀다. **2** 왜곡하다, 곡해하다.
retorçó retorçons *m.* retòrcer하는 일.
retòric retòrica retòrics retòriques *adj.* 수사학의, 수사학적인.
-m.f. 수사학자.
retoricisme retoricismes *m.* [수사] 수사적 표현, 미사여구.
retorn retorns *m.* **1** 반환, 상환, 반려, 반제(restitució). **2** 복귀, 귀환(tornada). **3** 보답, 보상, 대가.
en retorn 보상으로, 대가로.
retornar *tr.* **1** 돌려주다, 반환하다(restituir); 상환하다, 반려하다. **2** [비유] 활기를 주다, 원기를 돋우다, 회복시키다. *-intr.* 돌아가다, 복귀하다(tornar).
retorquir *tr.* 곡해하다.
retorsió retorsions *f.* 비틀림, 꼬임; 반론, 곡해; 역습, 보복.
retorsiu retorsiva retorsius retorsives *adj.* 꼬인; 반론적인.
retort retorta retorts retortes *adj.* 꼬인, 비틀린; 곡해한.
retorta retortes *f.* 증류기.
retracció retraccions *f.* **1** 다시 사들임. **2** 숨기기, 감추기. **3** 취소, 철회. **4** [생리] 조직·기관의 수축.
retractació retractacions *f.* (말·실수의) 취소, 철회.
retractar *tr.* **1** 다시 사들이다. **2** 취소하다, 철회하다. **3** 들여 넣다; (속으로) 감추다. *-se* 취소하다, 철회하다; 없던 것으로 하다; 감추다.
retrat retrats *m.* **1** 초상화, 인물 묘사. **2** 인물 사진. **3** 빼닮은 것.
retratar *tr.* **1** 초상화를 그리다; 조상으로 파다. **2** 복사하다, 모사하다; 흉내 내다. **3** (인물을) 사진 찍다.
retratista retratistes *m.f.* 초상화 작가.
retraure *tr.* =retreure.
retre *tr.* **1** 되돌려 주다, 반환하다(restituir); (다른 것으로) 되갚다. *retre bé per mal* 악을 선으로 갚다. **2** (건강을) 회복하게 하다, 원기를 북돋우다. **3** 감사를 표하다; (경의·예배 등을) 드리다, 바치다. *retre culte* 예배를 드리다. **4** (법의 처리에) 호소하다. **5** (적에게) 넘겨주다(lliurar). -*intr.* 늘어나다 (créixer); 부풀다, 팽창되다. -**se** 지다, 항복하다; (심리적으로) 무너지다.
retre compte 정확한 진술을 하다.
retret[1] retrets *m.* retreure하는 일.
retret[2] retreta retrets retretes *adj.* 말이 없는, 수줍어하는.
retreure [*pp: retret retreta*] *tr.* **1** 기억나게 하다, 생각나게 하다(recordar). **2** 비난하다, 힐난하다. **3** 감추다, 숨기다, 움츠리다. **4** 단념시키다(dissuadir). -**se** **1** 물러나다, 철수하다. **2** 피하다, 숨다, 움츠리다. **3** 단념하다.
retribució retribucions *f.* 갚음, 보상; 보수를 줌.
retribuir *tr.* 갚다, 보상하다(pagar); 보수를 주다.
retributiu retributiva retributius retributives *adj.* 보상의, 갚아 주는.
retrò retrons *m.* 울리는 소리, 울려 퍼지는 소리.
retroacció retroaccions *f.* 소급.
retroactiu retroactiva retroactius retroactives *adj.* 소급의.
retrocedir *intr.* **1** 뒤돌아 가다, 뒤로 물러서다, 뒷걸음치다. **2** 후퇴하다, 물러나다. **3** (시세가) 하락하다. **4** (병세가) 다시 드러나다.
retrocés retrocessos *m.* **1** 뒷걸음질; 후퇴. **2** (병의) 재발. **3** (증권 시세의) 하락. **4** (무기를) 집어 넣음.
retrocessió retrocessions *f.* **1** =retrocés. **2** 재보험.
retrògrad retrògrada retrògrads retrògrades *adj.* **1** 뒷걸음치는; 역행적인, 복고파의. **2** 반동적인(reaccionari)
-*m.f.* 복고파, 보수파; 반동적인 사람.
retrogradació retrogradacions *f.* 후퇴, 역행.
retrogradar *intr.* 뒷걸음치다, 후퇴하다, 역행하다.
retrospectiu retrospectiva retrospectius retrospectives *adj.* **1** 회고적인, 뒤돌아보는, 옛날을 그리워하는. **2** 묵은, 낡은, 과거에 사는.
retrossar *tr.* =arregussar.
retrotreure[retrotraure] *tr.* 실제보다 앞당겨 날짜를 적다.
retrovisor retrovisors *adj.* 뒤를 보게 하는.
-*m.* (자동차의) 백미러.
retruc retrucs *m.* **1** 다시 부딪침. **2** (당구에서) 공이 다른 공을 맞힘.
retrucar *intr.* 다시 부딪치다, 다시 만나다.
retruny retrunys *m.* =retrò.
retrunyir *intr.* (사방에) 울려 퍼지다.
retxa retxes *f.* =ratlla.
retxar *tr.* =ratllar.
reu rea reus rees *adj.* 죄가 있는, 유죄의.
-*m.f.* 죄수, 수인.
reüll *m.* 곁눈질.
mirar de reüll 곁눈질로 보다, 흘낏 보다.
reuma reumes *m.* =reumatisme.
-*f.* =flegma.
reumatisme reumatismes *m.* [의학] 류머티즘.
reumatòleg reumatòloga reumatòlegs reumatòlogues *m.f.* 류머티즘 전문의사.
reumatologia reumatologies *f.* [의학] 류머티즘 의학.
reunificar *tr.* 다시 합치다, 통일시키다.
reunió reunions *f.* **1** 모임, 회합, 집회, 회의. **2** 재결합, 재회.
reunir *tr.* **1** (다시) 만나다, 합치다, 모으다. **2** 모이다, 회합하다. -**se** 모이다, 집결하다(aplegar-se).
revàlida revàlides *f.* revalidar-se하는 일; 최종 통과 시험.
revalidació revalidacions *f.* 승인, 비준, 인가, 재가; 유효 인정, 학점 인정.
revalidar *tr.* 유효하게 하다, 유효함을 인정하다; 승인·비준·추인하다, 재가·인가하다(ratificar). **-se** 유효함을 인정받다.
revaluació revaluacions *f.* **1** 재평가. **2** [경제] 평가 절상.
revalorar *tr.* =revaluar.
revaluar *tr.* **1** 재평가하다. **2** [경제] (화폐 가치를) 올리다, 평가 절상 하다.
reveixí reveixins *m.* 혼잡, 혼선, 휘말림.
reveixinar *tr.prnl.* 혼잡해지다, 휘말리다.
revelació revelacions *f.* **1** 적발, 폭로, 누설. **2** (사진의) 현상. **3** [종교] 계시, 묵시.
revelador reveladora reveladors reveladores *adj.m.f.* 분명하게 밝히는, 적발·누설하는 (사람).
revelar *tr.* **1** 밝히다, 나타내다. **2** 적발하다, 노출시키다. **3** [종교] 계시하다, 묵시하다. **4** (사진을) 현상하다. **-se** 나타나다, 노출되다, 폭로되다.
revelatge revelatges *m.* (사진의) 현상.
revelat revelats *m.* =revelatge.
revellir *tr.* 더 늙어 보이게 하다. **-se** 더 늙어 보이다.
revencillada revencillades *f.* =revinclada.
revendre *tr.* 소매하다.
revenedor revenedora revenedors revenedores *adj.m.f.* 소매로 파는 (사람).
reveniment reveniments *m.* revenir하는 일.
revenir *intr.* **1** 돌아가다, 뒤돌아 가다(retornar). **2** (강이) 붇다. **3** (샘이) 솟아 나다. **4** 불어나다, 부풀다. **5** (병이) 재발하다. **6** [비유] 정신을 차리다, 정신이 들다.
revenja revenges *f.* 재도전; 보복, 복수, 앙갚음.
revenjar-se *prnl.* 보복하다, 복수하다.
reverberació reverberacions *f.* 반영, 반사; 반사열.
reverberar *intr.* 반영하다, 반사하다.
reverdir *intr.* 다시 녹색으로 변하다.
reverència reverències *f.* **1** 존경, 경의. **2** 인사, 절, 경례.
reverencial reverencials *adj.* 존경할 만한, 우러러볼 만한.
reverenciar *tr.* 존경하다, 경의를 표하다.
reverend reverenda reverends reverendes *adj.* 존경하는; [성직자에 대한 경칭] ...사(師), ...님.
reverent reverents *adj.* 존경스러운.
reverible reveribles *adj.* 존경스러운.
reverir *tr.* 존경하다, 경애하다(honrar).
revers reversos *m.* **1** 속, 안, 안쪽. **2** (동전의) 안쪽. **3** (책의) 왼쪽 페이지. **4** (잎의) 안면.
reversible reversibles *adj.* **1** 뒤집을 수 있는, 역전시킬 수 있는. **2** (소유자에게) 다시 귀속될 수 있는, 다시 회수할 수 있는; 복귀해야 할. **3** 양면을 사용하는.
reversió reversions *f.* **1** revertir하는 일. **2** (소유권의) 복귀. **3** (성질의) 유전.
revertir *intr.* **1** 뒤집어지다, 역전되다. **2** (본래의 소유자에게) 돌아가다. **3** (어떤 상태로) 바뀌다.
revés¹ revessos *m.* **1** =revers. **2** 손등. **3** 손등으로 때리기. **4** [스포츠] (펜싱에서) 왼쪽에서 오른쪽으로 내려치기. **5** 역전, 뒤바뀜. **6** [비유] 역경, 비운.
al revés 거꾸로, 반대로; 뒤집어.
revés² revessa revessos revesses *adj.* **1** (사람이) 까다로운, 다루기 어려운. *una criatura revessa* 다루기 힘든 아이. **2** (일이) 어려운, 힘든; 다루기 힘든. *fusta revessa* 작업하기 어려운 나무. **3** (문제가) 꼬인, 복잡한.
revessa revesses *f.* (물의) 역류.
revessar *tr.* 거꾸로 하다, 뒤집다.
revestiment revestiments *m.* revestir하는 일.
revestir *tr.* **1** 입히다, 씌우다; 덮다, 덧입히다. **2** [건축] 덧칠하다. **3** (예배를 위해) 옷을 입다. **4** (직책 등을) 부여하다, 임명하다. *L'han revestit del càrrec de president* 그를 대통령직에 임명했다. **5** (직책을) 맡다. *Revestí la presidència* 그는 대통령직을 맡았다. **6** [비유] (어떤 모습을) 보이다; 꾸미다, 치장하다. **-se 1** (옷을) 입다, 걸치다. **2** 구비하다, 가지고 있다. **3** (사명을) 띠다; 자부하다.
reveure *tr.* 다시 보다.
A reveure! 잘 가!, 나중에 만나자!
ésser (una cosa) *a reveure* 두고 볼 일이다.

revifalla revifalles *f.* **1** 소생, 부활. **2** (불을) 타오르게 함. **3** (건강의) 회복, 재활. **4** (예술·과학 등의) 부흥, 문예 부흥.

revifament revifaments *m.* =revifalla.

revifar *tr.* **1** 소생시키다, 부활시키다, 생기를 돋우다. **2** (붉을) 타오르게 하다. **3** [비유] 회복하다. *revifar la nostra confiança* 우리의 신용을 회복하다. **4** 부흥시키다. **-se** 소생하다, 부활하다; 회복하다, 재활하다; 부흥하다(refer-se).

revinclada revinclades *f.* revinclar-se하는 일.

revinclar-se *prnl.* 틀어지다, 비틀어지다; 곡해되다.

revinguda revingudes *f.* (강물의) 증가, 불어 오름.

revingut revinguda revinguts revingudes *adj.* 질긴, 강한, 악착같은; 튼튼한, 강직한.

revirar *tr.* (곧은길에서) 빗겨 나가다.

revisar *tr.* **1** 검사하다, 점검하다, 체크하다; 심사하다, 조사하다. **2** 교정하다, 교열하다. **3** 분해 검사 하다.

reviscolament reviscolaments *m.* 소생, 부활, 부흥.

reviscolar *intr.prnl.* 다시 살아나다, 소생하다, 부흥하다.

revisió revisions *f.* 검사, 검열; 교정, 교열; 재심사, 재심리; 회계 감사.

revisor revisora revisors revisores *adj.* revisar하는.
-m.f. 검열관; 감수자; 감사; 검표원.

revista revistes *f.* **1** 재검사, 정밀 조사. **2** 교정, 교열. **3** (출판물 등의) 검열 (inspecció). **4** [법률] (재판의) 재심, 재심리. **5** [군사] 사열, 열병; 열병식, 관병식. **6** 잡지. **7** [연극] 레뷰.
revista del cor 유명 인사들의 삶을 다룬 잡지.
passar revista 검사하다, 검열하다; 검열을 받다; [군사] 열병하다, 사열하다.

revistar *tr.* 검사·검열하다; 사열하다.

revitalitzar *tr.* 활력을 불어넣다, 생기를 돋우다, 소생케 하다.

reviure *intr.* **1** 소생하다, 되살아나다. **2** 다시 일어나다, 재연되다.

revivificar *tr.* 다시 살아나게 하다, 생기를 불어넣다, 소생시키다.

reviviscència reviviscències *f.* reviure하는 일.

revocable revocables *adj.* 취소·철회할 수 있는; 파면·해고시킬 수 있는.

revocar *tr.* **1** 취소하다, 철회하다(anul-lar). **2** 파면하다, 면직시키다, 해고시키다.

revolada revolades *f.* 전도, 전복.

revolar *intr.* (새가) 다시 날아오르다; 날아다니다.

revolt¹ revolta revolts revoltes *adj.* **1** 뒤범벅이 된, 엉망이 된, 무질서한, 헝클어진. **2** 알기 어려운, 복잡한, 얽힌. **3** (날씨가) 급변하는.

revolt² revolts *m.* 돌아감, 방향 전환, 회전, 선회.

revolta¹ revoltes *f.* revoltar-se하는 일.

revolta² revoltes *f.* 소란, 반역, 모반, 반란, 혁명.

revoltar *intr.* 돌다, 회전하다. *-tr.* **1** 돌리다, 회전시키다. **2** (무엇을) 둘둘 말다(cargolar). **3** (분규 등을) 일으키다. **4** [비유] 자극시키다, 화나게 하다. **-se** (타래 등이) 말리다(cargolar-se); 뒤얽히다. **2** 분규가 일어나다; 혁명을 일으키다.

revoltim revoltims *m.* 뒤얽힘, 분규; 소란, 혼동.

revoltó revoltons *m.* [건축] 사개의 모서리.

revoltós revoltosa revoltosos revoltoses *adj.* **1** 소요를 일으키는, 소동을 일으키는. **2** 장난치기 좋아하는, 장난기가 있는(entremaliat).
-m.f. 소요자, 반란자.

revolució revolucions *f.* **1** 혁명. **2** 소란, 소요; 동란. **3** (수레바퀴·굴대 등의) 회전, 선회; 회전 운동. **4** [천문] 공전, 운행; 주기, 회귀. **5** 대변혁, 완전한 변화.

revolucionar *tr.* 소동·혁명을 일으키다; 개혁하다.

revolucionari revolucionària revolucionaris revolucionàries *adj.* **1** 혁명의, 반란의. **2** 개혁파의, 혁신파의.
-m.f. 혁명가; 반도, 소요자.

revòlver revòlvers *m.* (연발) 권총.

revolví revolvins *m.* (바람의) 회오리.
revulsiu revulsius *adj.m.* [의학] 유도 치료(의).
ria ries *f.* [지리] 하구, 강어귀; 조수가 드나드는 강.
riada riades *f.* =riuada.
rial rials *m.* 개천, 여울(rieral).
rialla rialles *f.* 웃음, 웃음소리.
riallada riallades *f.* 크게 웃는 소리, 호탕하게 웃는 소리.
riallejar *intr.* 싱글거리다, 흐뭇해하다.
rialler riallera riallers rialleres *adj.* **1** 싱글거리는, 흐뭇해하는, 즐거운 듯한. **2** 마음에 드는, 고즈넉한. **3** 유망한, 전도양양한.
riba ribes *f.* **1** 강가, 해안가, 해변. **2** 가장자리, 언저리(marge).
ribàs ribassos *m.* 작은 언덕, 구릉, 경사지; 두렁, 밭이랑.
riber ribers *m.* 홍수가 휩쓸고 온 개흙.
ribera riberes *f.* **1** 연안, 해안; 강가, 해안가, 해변(riba); 강변 지대, 해안 지대. **2** 분지, 협곡, 유역.
riberal riberals *m.* 강가, 강변.
riberejar *intr.* 강변·해안을 따라 가다.
ribot ribots *m.* 리보트[대패나 샌드페이퍼 등처럼 매끈하게 하는 도구].
ribotejar *tr.* 리보트를 가지고 일하다.
ric rica rics riques *adj.* **1** 부유한, 부자의, 재산이 있는. **2** 풍부한, 풍성한 (abundant). **3** 비싼, 값이 많이 나가는. **4** 고귀한, 매우 가치 있는(apreciable).
  -*m.f.* 부자.
  fer-se ric 부자가 되다.
ricament *adv.* 부유하게, 풍부하게.
rictus rictus *m.* [단·복수동형][의학] 웃고 있는 듯) 얼굴에 생기는 경기.
ridícul ridícula ridículs ridícules *adj.* 웃기는, 우스꽝스러운; 묘한, 괴상스러운.
  fer el ridícul 우스운 꼴이 되다, 우스운 입장이 되다.
ridiculesa ridiculeses *f.* 우스꽝스러움, 우스운 일; 비웃음.
ridiculitzar *tr.* 우습게 만들다, 창피를 주다, 웃음거리로 만들다.
riell riells *m.* (금속의) 작은 연봉; 궤도, 레일.
riellera rielleres *f.* 레일의 주형.
riera rieres *f.* (강물이) 흐른 길.
rieral rierals *m.* 홍수가 지난 길.
rifa rifes *f.* 제비, 추첨; 복권.
rifaire rifaires *m.f.* 제비를 뽑는 사람.
rifar *tr.* 제비를 뽑다, 복권을 추첨하다.
  -**se** 돛이 찢어지다; 비웃다.
  rifar-se d'algú (누구를) 비웃다, 놀리다.
rifle rifles *m.* 소총, 라이플총.
rígid rígida rígids rígides *adj.* **1** 딱딱한, 굳어진, 휘어지지 않는. **2** [비유] 엄한, 엄격한; 무표정한. *un censor rígid* 엄격한 검열관.
rigidesa rigideses[rigiditat] *f.* **1** 딱딱함, 굳음; 강직. **2** 엄격, 가혹함; 무표정함.
rigiditat rigiditats *f.* =rigidesa.
rigor rigors *m.[f]* **1** 엄함, 엄격, 엄숙, 준엄함. *amb el màxim rigor possible* 최대한 엄격하게. **2** [기상] 혹서, 혹한. **3** [비유] 호됨, 가혹(severitat).
  de rigor 규정의, 의무적인, 필수불가결한.
  en rigor 엄격하게, 엄밀하게, 완전무결하게.
rigorós rigorosa rigorosos rigoroses *adj.* **1** 엄격한, 준엄한. **2** (추위 등이) 혹독한, 매서운. **3** 가혹한, 꼼짝 못하게 하는.
rim rims *m.* =vers, rima.
rima¹ rimes *f.* [시어] 운, 각운.
rima² rimes *f.* 더미, 퇴적(pila).
rimaire rimaires *m.f.* 시를 짓는 사람; 평범한 시인.
rimar *intr.* 시를 짓다; 운이 맞다. -*tr.* 시를 짓다; 운을 맞추다, 운을 만들다.
rinitis rinitis *f.* [단·복수동형][의학] 비염, 비(鼻)카타르.
rinoceront rinoceronts *m.* [동물] 코뿔소, 무소.
rinofaringe rinofaringes *f.* [해부] 인두비부(咽頭鼻部).
rinologia rinologies *f.* [의학] 비과 의학.
rinxol rinxols *m.* **1** 코 고는 소리(ronc). **2** 으르렁거리는 소리; 짖는 소리. **3** (태풍이) 휘몰아치는 소리.
rinxol rinxols *f.* 고수머리.
rinxolar *intr.* 코를 골다(roncar).

rioler riolera riolers rioleres *adj.* =ri-aller.
riota riotes *f.* 너털웃음.
ripari ripària riparis ripàries *adj.* 강가의, 강변의; 해안의, 해안 지대의.
RIP 영면하소서!, 고이 잠드소서!
riquesa riqueses *f.* **1** 부, 재산. **2** 부유, 풍부, 풍요, 풍성함. **3** 비옥. **4** 가치 있는 물건. **5** 훌륭함, 우아함.
ris rissos *m.* =rínxol.
risc riscs[riscos] *m.* **1** 위험, 리스크; 모험, 도박. **2** [상업] (보험의) 위험률.
  a risc de 위험을 무릅쓰고.
  a tot risc i) 어떠한 위험에도 불구하고; [상업] 모든 위험에 대한 보험.
  amb el risc de 위험하게, 위태롭게.
  sense risc 안전하게, 무사히.
  córrer el risc de 위험을 무릅쓰다, ...할 위험이 있다.
riscós riscosa riscosos riscoses *adj.* 위험을 무릅쓰는, 위험이 따르는.
risible risibles *adj.* 우스운; 웃어넘길 만한, 대단치 않은.
ritmar *tr.* ritme를 맞추다.
ritme ritmes *m.* **1** 리듬, 율동, 박자. **2** 주기적 반복, 주기성, 순환; 속도, 스피드. **3** (그림·글 따위의) 흐름, 격조, 운율. **4** [비유] 흐름, 리듬. *Ja no puc seguir aquest ritme* 난 더 이상 이 흐름을 따를 수 없다.
  al ritme del tambor 북소리에 맞춰.
  anar a bon ritme 순조롭게 진행하다.
rítmic rítmica rítmics rítmiques *adj.* 운율의, 운율적인, 리드미컬한, 율동적인, 장단이 맞는; 주기적인.
ritu ritus *m.* **1** 의식. **2** (옛 그대로의) 관례, 풍습; 형, 방식.
ritual rituals *adj.* **1** 의식의. **2** 틀에 박힌, 형식적인.
  -m. 의식, 예식.
  de ritual 관례에 따른, 정해진 틀의.
ritualista ritualistes *m.f.* 의식주의자, 형식주의자.
riu rius *m.* 강; 강물.
  riu amunt 강 위쪽으로.
  riu avall 강 아래로.
  fer un riu [구어] 소변을 보다.
  passar el riu a gual 걸어서 강을 건너가다.
riuada riuades *f.* 큰물, 홍수, 범람; 물밀 듯이 밀려오는 것.
riure¹ *intr.* 웃다, 웃음을 터트리다. **-se** 비웃다, 조롱하다(burlar-se).
  de per riure 농담으로.
  de riure 웃음을 자아내는; 희극의, 코믹한.
  engegar-se[esclafir, esclatar] a riure 웃음보를 터트리다, 너털웃음을 짓다.
  No és cosa de per riure 웃을 일이 아니다, 농담이 아니다.
riure² riures *m.* 웃음.
rival rivals *adj.* 경쟁의, 서로 다투는.
  -m.f. 경쟁자, 상대, 적수, 호적수.
rivalitzar *intr.* 서로 경쟁하다.
rivet rivets *m.* **1** 테두리 장식. **2** 첨가, 덧대기. **3** *pl.* [비유] 외견, ...다운 면. *Té rivets de poeta* 넌 시인다운 데가 있다.
rivetejar *tr.* 테를 두르르다; 덧대다.
rizòfag rizòfaga rizòfags rizòfagues *adj. m.f.* 뿌리를 먹는 (벌레).
rizoma rizomes *m.* [식물] 뿌리줄기.
rizomorf rizomorfa rizomorfs rizomorfes *adj.* [식물] 뿌리 모양의.
rizotònic rizotònica rizotònics rizotòniques *adj.* [음성] 어근 음절에 악센트를 가지는.
roba robes *f.* 옷, 의류, 복장.
  roba d'aigua[de pluja] 비옷, 우비.
  roba feta 기성복, 맞춤복.
  nedar i guardar la roba [구어] 상반된 이익을 애써 조정하다.
robar *tr.* **1** 훔치다, 빼앗다, 도적질하다. **2** [비유] [서술적으로 쓰여] (...하는 것은) 도둑이다. *Posar aquests preus és robar* 이 가격을 제시하는 것은 도둑이다. **3** (마음을) 사로잡다. **4** (카드를) 뽑다. **5** (물이) 흙을 쓸어내리다.
robatori robatoris *m.* 도적질, 강탈, 약탈; 훔친 물건.
robavellaire robavellaires *m.f.* 중고 옷을 사고파는 사람.
rober robera robers roberes *adj.* 의류를 취급하는.
  -m. [집합] (개인의) 모든 옷.
robí robins *m.* **1** [광물] 루비, 홍옥. **2**

(시계의) 석.
roborar *tr.* (무엇을) 강하게 하다, 세게 만들다(fortificar).
robot robots *m.* 로봇.
robòtica robòtiques *f.* 로봇 연구, 로봇학.
robotitzar *tr.* 로봇을 이용하다, 로봇으로 작동하다.
robust robusta robusts[robustos] robustes *adj.* 씩씩한, 건장한, 우람한; 강인한, 힘센, 기운찬.
roc[1] rocs *m.* 돌, 돌멩이, 자갈.
roc[2] rocs *m.* (서양장기에서) 말의 성·탑.
roca roques *f.* 1 바위, 암반. 2 바위성.
rocall rocalls *m.* 자갈·돌멩이 무더기.
rocallós rocallosa rocallosos rocalloses *adj.* 자갈투성이의, 돌멩이투성이의.
rocam rocams *m.* 바위투성이의 땅.
rock rocks *m.* 록 음악.
rococó rococós *adj.m.* 로코코 양식(의). *-m.* [건축][회화] 로코코 양식.
rocós rocosa rocosos rocoses *adj.* 바위투성이의; 바위 같은, 바위처럼 단단한.
roda rodes *f.* 1 바퀴, 수레; 바퀴 모양으로 된 것; 고리 모양으로 된 것. 2 차례, 순번, 윤번. 3 수레 돌리기 형벌(刑罰)(suplici). 4 둥그런 도장. 5 (거래소·주식 시장의) 입회.
roda de la fortuna 인생무상, 인생의 부침.
roda dentada 톱니바퀴.
roda de premsa 기자 회견.
posar (algú) *en roda* (누구를) 궁금하게 하다.
rodada rodades *f.* rodar하는 일.
rodadits rodadits *m.* [단·복수동형][의학] 표저(瘭疽); 병약한 사람, 약골.
rodaire rodaires *adj.m.f.* 거리를 쏘다니는 (사람).
rodal rodals *m.* 작은 땅·터.
rodalanya rodalanyes *f.* (금속·나무 등의) 작은 원반; 박차의 수레; 고리 모양으로 자른 것.
rodalia rodalies *f.* (도시의) 교외, 부근, 근교.
rodam rodams *m.* 바퀴 뭉치.

rodament rodaments *m.* 1 회전, 구르기, 주행. 2 바큇자국. 3 굴러 떨어지는 일. 4 [의학] 현기증.
rodament[rodesa] de cap 현기증.
rodamón rodamons *m.f.* 유람을 좋아하는 여행객, 방랑자, 떠돌이.
rodanxó rodanxona rodanxons rodanxones *adj.* 땅딸막한, 키가 작고 뚱뚱한.
rodar *intr.* 1 구르다, 돌다, 회전하다. 2 굴러 떨어지다, 쓰러지다, 전락하다. 3 [비유] 전전하다, 여기저기 다니다, 방랑하다. *-tr.* 1 돌게 하다, 회전하게 하다. 2 유람하다, 돌아다니다(recórrer). 3 [영화] 촬영하다; 상영하다, 영사하다.
roda-soques roda-soques *m.f.* [단·복수동형] 이리저리 쏘다니는 사람, 쉬지 않고 돌아다니는 사람.
rodat rodada rodats rodades *adj.* 1 바퀴로 가는; 마차의, 자동차의. 2 [비유] 힘든, 고통스러운.
rodatge rodatges *m.* 1 회전부, 수레바퀴. 2 시험적 운행. 3 [영화] 촬영, 영사.
rodell rodells *m.* 둥근 접시, 원반; 뚜껑.
rodella rodelles *f.* 1 둥근 모양, 원형. 2 방패. 3 과녁.
roder rodera roders roderes *adj.* 1 굴러가는; 수레(바퀴)의. 2 [비유] 방랑의, 유랑의, 편력의.
rodera roderes *f.* 바큇자국.
rodet rodets *m.* 1 실패. *un rodet de fil* 실패. 2 보빈, 터빈. 3 [전기] 코일. 4 필름 롤; (영화 필름의) 권. 4 (자전거의) 테.
rodi *m.* [화학] 로듐[금속 원소].
rodó rodona rodons rodones *adj.* 1 둥근, 원형의, 구형의. *un plat rodó* 둥근 접시. 2 [비유] 완전한, 흠잡을 데 없는(complet). 3 우수리가 없는. *nombre rodó* 개수. 4 (고딕이나 이탤릭체에 비해) 로마자체의. 5 솔직한, 노골적인.
en nombres redons 우수리가 없이.
en redó i) 둥그렇게, 빙 둘러서; ii) 똑바로, 곧게; iii) 단호히, 솔직하게, 노골적으로; iv) 어림수로, 대략.
aturar-se[parar] rodó 갑자기 멈추다.

caure redó 그대로 떨어지다, 곧장 떨어지다.
ròdol ròdols *m.* 원, 원주; 바퀴, 고리, 테.
rodoladís rodoladissa rodoladissos rodoladisses *adj.* rodar하기 쉬운.
rodolar *intr.* =rodar.
rodolons, a *loc.adv.* 비틀거리며, 빙빙 돌며.
rodona rodones *f.* 원, 둥근 모양.
rodonament *adv.* 둥글게; [비유] 원만하게.
rodonenc rodonenca rodonencs rodonenques *adj.* 찌그러진 원형의.
rodonesa rodoneses *f.* 둥근 면, 구면, 원형; 호(弧).
roent roents *adj.* 1 (철·석탄 등이) 한창 달아오른. 2 불타는, 열렬한, 뜨거운; 끓어오르는.
roentar *tr.* 붉어지다, 불그스레해지다(arroentar).
rogació rogacions *f.* 소원, 기원, 간청, 간구, 애원, 탄원.
rogall rogalls *m.* 목이 잠김.
rogallós rogallosa rogallosos rogalloses *adj.* 목이 쉰, 걸걸한 목소리의.
rogatiu rogativa rogatius rogatives *adj.* 기원의, 간청의, 간구하는.
-f.pl. 기원, 간청, 소원; 기원제, 기우제.
rogatori rogatòria rogatoris rogatòries *adj.* =rogatiu.
rogejar *intr.* 붉어지다, 붉은 기를 띠다.
rogenc rogenca rogencs rogenques *adj.* 붉어지는.
rogent rogents *adj.* (하늘이) 불그스레해지는(vermellós).
roger *m.* [어류] 지중해산의 노랑촉수.
roí roïna roïns roïnes *adj.* 천박한, 촌스러운; 추잡스러운, 치사한.
roig roja roigs[rojos] roges *adj.* 1 붉은, 적색의; 붉게 물든(vermell). *flors roges* 붉은 꽃들. 2 붉은 털의. 3 적색당의, 공산당의.
-m.f. 적군, 적색분자, 공산주의자, 공산당원(comunista, socialista).
-m. 빨강, 붉은색, 붉은 것; 연지.
roina roines *f.* 가는 비, 가랑비, 보슬비.

roïndat roïndats *f.* 비천함, 천박; 야비한 짓, 비열, 추행.
roinejar *intr.* 가랑비·보슬비가 내리다.
rojal rojals *adj.* (특히 나무·열매 등이) 불그스레한(vermellós).
rojor rojors *f.* 붉은 빛, 붉은 색깔.
rol¹ rols *m.* 1 명부, 목록, 명감, 등록원부. 2 (선원·탑승자 등의) 명부.
rol² rols *m.* (사회적인) 역할, 기능; 분담할 일.
roll¹ *m.* 1 통나무; 둥그렇게 만 것, 원통형. 2 (올리브기름 짜는) 롤러.
roll² rolls *m.* (액체의) 분출, 뿜어 나옴.
rollar *intr.* (액체가) 뿜어 나오다(rajar).
rom¹ roms *m.* 롬, 럼주.
rom² roms *m.* [어류] 가자미(rèmol).
romana romanes *f.* 저울(balança).
romanç romances *m.* 1 [언어] 로맨스어. 2 [문학] (시·산문으로 쓰인) 중세의 기사이야기; 사시, 서사시; 전기소설; 대중 문학, 통속 문학. 3 연애이야기; 연애, 정사. 4 [비유] 로맨스, 로맨틱한 기분·사건.
romança romances *f.* [음악] 연애시곡; 서정적인 기악곡.
romancejar *intr.* 지연하다, 우물거리다, 주춤거리다.
romancer romancera romancers romanceres *adj.* 1 romanç의. 2 연인의.
-m.f. 사시 작가, 노래를 업으로 하는 사람; 연인.
-m. 로맨스시집.
romanço romanços *m.* 1 [속어] =romanç. 2 사랑, 로맨스(amistançada). 3 *pl.* 이야기자리, 잡담, 군소리.
no estar per romanços [구어] 농담하는 게 아니다, 농담할 기분 아니다.
romandre *intr.* 1 머물다, 정체하다, 체류하다(restar). *romandre en un lloc* 한 장소에 머물다. 2 ...한 상태로 있다. *romandre vídua* 과부로 있다. 3 ...한 상태를 유지하다; 계속 ...하다. *Va ésser elegit diputat, però va romandre alcalde* 그는 의원으로 선출되었지만 계속 시장직에 머물렀다.
romanent romanents *adj.* 남아 있는 (restant).
-m. 나머지(resta); 잉여, 여분.

romaní romanins *m.* [식물] 로즈메리.
romànic romànica romànics romàniques *adj.* **1** 로마의 지배를 받은 민족들의. **2** 로마네스크 양식의. *-m.* [건축][회화] 로마네스크 양식.
romanisme romanismes *m* **1** [역사] (고대의) 로마 제도·정신. **2** [경멸적] 로마 가톨릭교, 로마가톨릭교의 교의(敎義).
romanista romanistes *adj.* romanisme 의·에 관한. *-m.f.* [남녀동형] 고대 로마 연구자; 로마법 학자; 로망스 언어학자.
romanística romanístiques *f.* 로망스 언어학, 로망스 문학.
romanitat romanitats *f.* 로마 제국의 문화; 로마 풍; [집합] 로망스 언어권.
romanitzar *tr.* 로마 풍으로 하다; 로마자로 쓰다. *-se* 로마 풍으로 되다.
romàntic romàntica romàntics romàntiques *adj.* **1** 낭만주의의; 낭만적인, 소설적인. **2** [비유] 로맨틱한, 감상적인 (sentimental). **3** 공상적인, 몽상적인; 꿈꾸는 듯한, 실제적이 아닌, 비현실적인.
romanticisme romanticismes *m.* 낭만주의, 낭만파.
romàtic romàtica romàtics romàtiques *adj.* 바람이 통하지 않는, 습기 찬. *una habitació romàtica* 습기 찬 방.
rombal rombals *adj.* 마름모꼴의.
romballar *tr.* 마름모꼴로 만들다.
rombe rombes *m.* 마름모꼴.
rombòedre rombòedres *m.* 마름모꼴 육면체.
romboide romboides *m.* 편(偏)마름모꼴.
romboll rombolls *m.* =remolí.
rombollar *tr.* (군중이) 서로 밀치다. *-intr.* **1** (군중이) 서로 밀치며 웅성거리다. **2** (물이) 소용돌이치다.
romeu romeva[romeua] romeus romeves *m.f.* 순례자, 참배자.
romiatge romiatges *m.* 순례, 참배; 순례 여행.
rompent rompents *m.* 암초.
 al rompent de l'alba 동이 틀 무렵, 날이 새자.
rompre *tr.* **1** 깨다, 쪼개다, 빠개다. **2** 부수다, 박살내다, 부러뜨리다(trencar).

3 (옷을) 찢다. **4** (규율·규칙 등을) 어기다(violar). **5** (정적을) 깨다(interrompre). **6** 격파하다, 무찌르다. **7** 돌파하다, 뚫다; (군중을) 헤치고 나아가다. **8** (물결 등을) 가르고 나가다. **9** (전답을) 개간하다(llaurar). *-intr.* **1** (날이) 시작하다, 날이 새다. *rompre el dia* 날이 새다, 동이 트다. **2** (갑자기) ...하기 시작하다, 별안간 ...하다. *rompre a plorar* 울기 시작하다. **3** (파도가) 부서지다. **4** [식물] (꽃봉오리가) 벌어지다. **5** 작동하기 시작하다, 움직이기 시작하다. **6** (관계를) 절교하다. *-se* 깨지다, 부서지다, 망가지다, 부러지다.
ronc[1] roncs *m.* 코 골기; 으르렁거리기, 짖는 소리.
ronc[2] ronca roncs ronques *adj.* 목이 쉰, 걸걸한 목소리의.
 estar ronc 목이 잠겨 있다.
roncar *intr.* **1** (코를) 골다. **2** (짐승이) 울부짖다.
roncor roncors *f.* =ronc[1].
ronda rondes *f.* **1** 야경, 순찰, 순시, 검열; 순찰대(patrulla). **2** 환상(環狀)의 도로. **3** (술·담배 등의) 대접. **4** [음악] 왈츠곡, 왈츠를 추는 곳. **5** (젊은이들이) 밤에 노래하며 다니는 일(serenata).
rondalla[1] rondalles *f.* (지어낸) 이야기, 한담.
rondalla[2] rondalles *f.* (젊은이들이) 밤에 노래하며 다니는 일.
rondallejar *intr.* =ronsejar.
rondar *intr.* **1** 야경을 하다, 순시하다, 순찰하다(vigilar). **2** (어느 장소를) 돌아다니다, 산책하며 거닐다. *rondar per Girona* 지로나를 돌아다니다. **3** (밤에) 노래하다(cantar). *-tr.* **1** 주위를 돌다, 야간 순시를 하다. **2** 밤길을 걷다. **3** [비유] (누구의) 뒤를 밟다, 꽁무니를 따라다니다. **4** 끈덕지게 따라다니다. **5** (숫자 등이) ...정도가 되다. *rondar els 2,000 euros* 2천 유로쯤 되다.
rondejar *intr.* =rondar.
rondinaire rondinaires *adj.m.f.* 투덜거리기 좋아하는 (사람).
rondinar *intr.* (화가 나서) 투덜거리다.
rondinejar *intr.* **1** (바람이) 산들거리다,

살랑거리다. **2** (벌이) 윙윙거리다.
rondinós rondinosa rondinosos rondinoses *adj.* =rondinaire.
rondó rondós *m.* [음악] 론도, 왈츠곡.
rònec rònega rònecs rònegues *adj.* 마른, 굳은.
ronquejar *intr.* 쉰 목소리로 말하다.
ronquera ronqueres *f.* 목이 잠기는 일; 잠긴 목소리.
ronsa ronses *m.f.* ronsejar하는 사람.
ronsejar *intr.* (내키지 않아) 주춤거리다, 어물거리다.
ronxar *intr.* 코를 골다.
ronxet ronxets *m.* 코를 곪.
ronya ronyes *f.* [의학] (피부의) 부스럼, 딱지.
ronyó ronyons *m.* **1** [해부] 신장. **2** [비유] 중심, 중앙; 가장 긴요한 곳.
tenir el ronyó cobert 부유하다, 현금 사정이 좋다.
ronyonada ronyonades *f.* [해부] 허리, 허리 부분.
ronyós ronyosa ronyosos ronyoses *adj.* (피부에) 부스럼이 많은.
roquer roquera roquers roqueres *adj.* 바위의, 바위로 된; 돌로 지은 건물.
-*m.* 암반.
roquerar roquerars *m.* 바위투성이인 땅.
roqueter roqueters *m.* 온통 바위로 뒤덮인 곳.
roquís roquissa roquissos roquisses *adj.* =rocallós.
ros rossa rossos rosses *adj.* (머리가) 금발의, 블론드의.
-*m.f.* 금발 머리의 사람.
rosa roses *f.* [식물] 장미.
rosaci rosàcia rosacis rosàcies *adj.* **1** [식물] 장미의. **2** 장밋빛의.
-*f.pl.* [식물] 장미과 식물.
rosada rosades *f.* 이슬; 이슬방울 같은 것; 촉촉이 젖는 밤기운.
rosar *intr.* 이슬이 내리다.
rosari rosaris *m.* **1** 염주, 묵주. **2** (가톨릭의) 묵주 기도, 로사리오의 기도.
rosassa rosasses *f.* [건축] (천장의) 장미꽃 모양의 장식; 원형 투명창.
rosat rosada rosats rosades *adj.* **1** 장밋빛의, 장미 색깔의. **2** (포도주가) 장밋빛을 띠는.
rosbif rosbifs *m.* 구운 쇠고기, 로스구이.
rosca rosques *f.* **1** 나사, 나사못. **2** 나선, 소용돌이. **3** 나선형의 빵.
passar-se de rosca 나사가 맞지 않다.
rosec rosecs *m.* **1** (이로) 갉기, 한 번 갉기; 한 번 갉은 분량; 갉아 먹은 자국. **2** [비유] 고통, 아픔. **3** 후회, 가책.
rosegada rosegades *f.* (이로) 갉기; (한 번) 갉은 분량; 갉아 먹은 자국.
rosegador rosegadora rosegadors rosegadores *adj.* rosegar하는.
-*m.pl.* [동물] 쥣과 동물[쥐·다람쥐·토끼 등 설치류].
rosegar *tr.* **1** (이로) 갉다, 쏠다, 갉아내다. **2** 침식하다. **3** (줄로) 문지르다. **4** [비유] 괴롭히다, 귀찮게 굴다.
rosella roselles *f.* [식물] 양귀비.
rosenc rosenca rosencs rosenques *adj.* =rosaci.
rosèola rosèoles *f.* [의학] 장미진(薔薇疹)[모세 혈관의 충혈에 의하여 일어나는 장밋빛 작은 홍반으로, 장티푸스, 발진티푸스, 매독 제2기의 초기 등에 나타남].
roser rosers *m.* [식물] 장미, 장미나무.
rosquilla rosquilles *f.* 롤빵, 도넛.
rossec rossecs *m.* =ròssec.
ròssec ròssecs *m.* arrossegar하는 일.
rossegar *tr.intr.* =arrossegar.
rossegons, a *loc.adv.* 질질 끌어(arrossegant-se).
rossenc rossenca rossencs rossenques *adj.* 장밋빛의, 붉은 빛깔의; 금색의.
rossí rossins *m.* 야윈 말; 짐말.
rossinyol rossinyols *m.* [조류] 나이팅게일, 밤꾀꼬리.
rossola rossoles *f.* 미끄러운 곳.
rossoladís rossoladissa rossoladissos rossoladisses *adj.* 미끄러지기 쉬운.
rossolar *intr.* 미끄러지다.
rostidor rostidora rostidors rostidores *adj.* rostir하는.
-*m.* (빵을) 굽는 기계; (고기를) 익히는 기계.

rostir tr. (빵을) 굽다; (고기를) 익히다.
rostit rostits m. 불고기.
rostoll rostolls m. (베고 난) 그루터기; 그 자국.
rostollar intr. (밀·보리 등의) 그루터기를 뽑다, 갈아엎다.
rostre rostres m. **1** 얼굴(cara). **2** (새·닭의) 부리; 부리 모양의 돌기. **3** (선박의) 충각.
rot rots m. 트림.
  fer un rot 트림을 하다.
rota rotes f. [농업] 개간(지).
rotació rotacions f. **1** 회전. **2** 윤번, 순번. **3** (지구의) 자전. **4** [농업] 윤작.
rotar intr.tr. **1** 구르다, 돌다, 회전하다. **2** [속어] ...하고 싶다.
rotatiu rotativa rotatius rotatives adj. 회전식의, 윤전식의, 윤번(제)의.
  -f. [기계] 윤전 인쇄기.
  -m. 윤전 인쇄로 발행하는 신문.
rotatori rotatòria rotatoris rotatòries adj. 회전의, 윤전의, 윤번의.
rotllada rotllades f. 둥그렇게 둘러선 사람, 인파, 군중.
rotllar tr. 둥그렇게 둘러서다.
rotlle rotlles m. **1** 두루마리, 롤. **2** 회전; 바퀴, 테. **3** (투우장의) 원형 모래사장.
rotllo rotllos m. =rotlla.
rotonda rotondes f. [건축] 원형 건물; 원형 사원; 둥근 지붕.
rotor rotors m. **1** [기계] (증기 터빈의) 축차. **2** [전기] 회전자.
ròtula ròtules f. **1** [해부] 슬개골. **2** 알약, 환약, 정제.
rotund rotunda rotunds rotundes adj. **1** 단호한, 확고한(terminant). **2** (말이) 똑 부러지는.
rotundament adv. 단호하게, 확고하게.
rotunditat rotunditats f. 단호함, 확고부동함; 원형.
rou rous m. =rosada.
roure roures m. [식물] 떡갈나무.
roureda rouredes f. 떡갈나무 숲.
rovell rovells m. 철분, 녹.
rovellar tr. 녹이 슬게 하다.
rovellós rovellosa rovellosos rovelloses adj. 녹이 슨.

royalty royaltys m.ang. 로열티, 특허권 사용료, 저작권 사용료; 인세; 채굴권; 광구·광산 사용료.
rua rues f. **1** 길, 거리. **2** 무리, 패거리, 일당.
  a rues 그룹으로, 집단으로.
rubèola rubèoles f. [의학] 풍진.
rubescent rubescents adj. 불그스레한.
rubicund rubicunda rubicunds rubicundes adj. 불그스레한; 붉은 얼굴의.
rubidi m. [화학] 루비듐[금속 원소].
ruble rubles m. 루블[러시아의 화폐 단위].
rubor rubors m.[f] **1** 진홍. **2** 무안, 얼굴을 붉힘; 수치, 창피스러움.
ruboritzar-se prnl. 얼굴을 붉히다; 얼굴이 화끈거리다; 부끄럽게 생각하다.
rúbrica rúbriques f. **1** 서명, 조인; 주인(朱印), 주서(朱書). **2** 제명, 제목. **3** pl. (교회의) 예배 규정.
rubricar tr. (서류에) 도장을 찍다, 서명하다; 인지를 붙이다; 제명을 달다.
ruc ruca rucs ruques m.f. [동물] 당나귀, 나귀.
  fer el ruc [비유] 당나귀 흉내를 내다, 바보짓을 하다.
rude rudes adj. **1** 거친, 투박스러운. **2** 촌스러운, 예의 없는; 퉁명스러운, 무뚝뚝한. *una persona rude* 무례한 사람. **3** 혹독한, 가혹한, 모진; (삶이) 고통스러운.
rudesa rudeses f. 거칠고 촌스러움, 투박함; 무지함, 무례함; 혹독함, 가혹함.
rudiment rudiments m. **1** 초보, 기초; 기초적 지식. **2** [의학] 발육 부진 기관·부위.
rudimentari rudimentària rudimentaris rudimentàries adj. **1** 초보의, 기초의, 기본적인. **2** [의학] 미발육의, 발육 부진의, 성장이 늦은.
ruditat ruditats f. =rudesa.
rufa rufes f. **1** 주름, 구김살. **2** 눈보라, 강풍(tempesta); 먹구름(nuvolada).
rufagada rufagades f. **1** 폭풍, 강풍. **2** [비유] 진노.
rufejar intr. 폭풍이 일다.
rufià rufiana rufians rufianes m.f. **1** 뚜쟁이, 매춘 알선자. **2** 악한, 악당.

rufianejar *intr.* 뚜쟁이 노릇을 하다; 나쁜 짓을 하다.
rufianeria rufianeries *f.* 못된 짓, 행악, 망나니 짓.
rúfol rúfola rúfols rúfoles *adj.* (구름·안개 등이 끼어) 흐린; 폭풍이 불 듯한, 풍랑이 일 듯한.
rufolós rufolosa rufolosos rufoloses *adj.* =rúfol.
ruga rugues *f.* =arruga.
rugbi rugbis *m.* [스포츠] 럭비.
rugir *intr.* **1** (짐승이) 짖다, 으르렁거리다, 포효하다. **2** (바다·폭풍이) 세차게 불다.
rugit rugits *m.* (사자의) 으르렁거림, 포효.
rugós rugosa rugosos rugoses *adj.* **1** 주름살투성이의, 주름살 잡은. **2** 거친, 울퉁불퉁한.
rugositat rugositats *f.* 주름 짐, 주름 잡음; 거칢, 울퉁불퉁함.
ruïna ruïnes *f.* **1** 붕괴, 멸망, 몰락; 파산, 도산. **2** [지질] 꺼짐, 침강(esfondrament). **3** *pl.* 폐허, 유적(지)(restes); 황폐한 자취. *les ruïnes d'Empúries* (카탈루냐 북동부 지역의) 암푸리아스 유적지.
ésser algú una ruïna 파산하다, 망하다.
ruïnós ruïnosa ruïnosos ruïnoses *adj.* **1** 넘어질 듯한, 쓰러지기 시작한, 무너진. **2** 파괴적인.
ruixada ruixades *f.* ruixar하는 일.
ruixador ruixadors *m.* 물뿌리개, 스프링클러, 분무기.
ruixar *tr.* **1** (물 등을) 뿌리다, 적시다. **2** (이슬에) 적시다. *-intr.* 이슬이 맺히다; 축축이 적시다.
ruixat ruixats *m.* 소나기, 소낙비.
ruixim ruixims *m.* **1** 가랑비, 보슬비, 이슬비. **2** 물보라, 물이 튐.
ruleta ruletes *f.* 룰렛 게임.
rull rulls *m.* =roll¹.
-adj. roll모양의.
rumb rumbs *m.* **1** [해사][항공] 방위, 진로, 항로, 코스, 루트(direcció). **2** [비유] 길, 진로. **3** 화려함, 장관; 대범함, 너그러움.
rumba rumbes *f.* 룸바[쿠바의 춤·춤곡].

rumbejar *intr.* 화려하게 보이다, 으스대다, 뽐을 내다.
rumbós rumbosa rumbosos rumboses *adj.* **1** 화려한, 굉장한(esplèndid). **2** 관대한, 너그러운(generós).
rumiament rumiaments *m.* 숙고, 궁리.
rumiar *tr.* 되새기다, 깊이 숙고하다, 이리저리 궁리하다. *-se* 깊이 생각하다.
ruminació ruminacions *f.* 되새김질(remugament).
ruminant ruminants *adj.* 되새김질하는 (remugant).
-m. [동물] 되새김질 동물.
ruminar *tr.* (소가) 되새김질하다(remugar).
ruminós ruminosa ruminosos ruminoses *adj.* 깊이 생각하는, 숙고하는 (pensarós).
rumor rumors *m.*[*f*] 소문, 풍문, 평.
runa runes *f.* 잿더미(enderrocs).
runam runams *m.* 잿더미 무더기.
rupestre rupestres *adj.* 바위의; 바위에 생기는; 바위에 그린, 바위에 새긴.
rupia rupies *f.* 루피[인도, 미얀마, 파키스탄 등의 화폐 단위].
ruptura ruptures *f.* **1** 깨짐, 파괴, 단절, 결렬. **2** 부조화.
rural rurals *adj.* 전원의, 시골의.
ruralia ruralies *f.* 들, 평야; 경작지.
ruralisme ruralismes *m.* 전원생활, 시골 생활; 시골 양식.
rus russa russos russes *adj.m.f.* 러시아의 (사람).
-m. [언어] 러시아어.
rusc ruscs *m.* (벌 등의) 무리, 떼.
rusca rusques *f.* 코르크의 껍질.
russificació russificacions *f.* 러시아화.
russificar *tr.* 러시아화하다.
rústec rústega rústecs rústegues *adj.* **1** (감촉이) 거친, 까칠까칠한(aspre). **2** [비유] 조잡한, 촌스러운, 모양새가 없는.
rústic rústica rústics rústiques *adj.* **1** 촌스러운. **2** 전원의, 시골 같은. **3** 거친, 조잡한. *mobles rústics* 조잡한 가구.
en rústic (책을) 가(假)철하여; 가(假)장정한.

rusticitat rusticitats *f.* 거칢, 조잡함; 시골풍, 시골 양식.
ruta rutes *f.* 노선, 길, 루트; 진로, 항로; 도정, 여정.
rutè rutena rutens rutenes *adj.m.f.* 소러시아의 (사람).
ruteni *m.* [화학] 루테늄[금속 원소].
rutija rutiges *f.* =rautija.
rutilant rutilants *adj.* 찬란한, 반짝이는, 빛나는.
rutilar *intr.* 빛나다, 반짝이다; [시어] 반짝반짝 빛나다.

rutina rutines *f.* **1** 인습, 습관; 일상. **2** (업무상의) 습관적인 일, 기계적인 사무, 틀에 박힌 일.
　amb la rutina 습관적으로, 기계적으로.
rutinari rutinària rutinaris rutinàries *adj.* **1** 일상의, 일과의, 매일의. **2** 습관에 의한, 습관적인, 인습적인, 기계적인, 상투적인.
rutlla rutlles *f.* **1** (두꺼운) 큰 바퀴. **2** (바퀴 모양의) 장난감.
rutllar *intr.* **1** =rodar, rodolar. **2** [비유] 작동되다, 잘 돌아가다.

S s

s *f.* 카탈루냐어 알파벳의 열아홉 번째 문자.

s' [**es**의 생략형; 동사 뒤와 대명사 hi, ho의 앞에서는 **-s'**] *pron. S'imagina que vindrà* 그가 올 것으로 생각된다. *Va compar-s'ho ahir* 그는 어제 그것을 샀다.

-[방언] *art.* **es, sa**의 생략형.

's [**es**의 축약형] *pron.* [상호 동사에 쓰임] *Van veure's al teatre* 그들은 극장에서 서로 만났다.

-[**-vos**의 구어적 표현] *pron.* **1** [2인칭 복수에 쓰임] *Mengeu's-el* 그것을 먹어라. **2** [일반적인 경어로서] *Beveu's-el* 그것을 마시세요.

-[**-nos**의 구어적 표현. 1인칭 복수에 쓰임] *pron. Anem's-en* 가자, 갑시다.

sa[1] **ses** [약모음 i, u 외의 다른 모음과 h 앞에서는 **s'**] *art.f. sa cama* 그 다리.

sa[2] **ses** [**son**의 여성형] *adj.* 그녀의. *Aquesta és sa cosina* 얘는 그녀의 사촌 여동생이다.

sa[3] **sana sans sanes** *adj.* **1** 건강한, 튼튼한. **2** 건강에 좋은. **3** 건전한. **4** (교리·사상 따위가) 온건한. **5** 상처나 흠이 없는; 안전한. **6** 착실한, 고지식한.
sa i estalvi 아무 탈 없이, 무사히.

saba sabes *f.* **1** [식물] 수액. **2** 활력, 활기, 에너지. **3** [비유] 신진 인력, 젊은 피.

sabana sabanes *f.* (특히 열대·아열대의) 대초원, 평원.

sàbat sàbats *m.* **1** 토요일. **2** [종교] 안식일[유대교에서 일주일의 마지막 날].

sabata sabates *f.* **1** 구두, 신발. **2** [구어][일반적으로 남성으로 쓰여] 멍청이, 바보, 얼간이(**toix, ignorant**). **3** [건축] 문 위에 댄 가로 나무. **4** (배의) 닻에 대는 나무. **5** (천의) 밑쪽에 덧대는 것.
portar les sabates a retaló 슬리퍼를 신고 다니다; 다 닳은 신을 신고 다니다.
trobar sabata de son peu 자신에게 어울리는 것을 찾아내다, 자신에게 맞는 것을 찾다.

sabater sabatera sabaters sabateres *m.f.* 구두 제조인, 구두 수선공; 구두 장수, 양화점 주인.
-*m.* **1** 구두 놓는 장. **2** [곤충] 물맴이.

sabatí sabatina sabatins sabatines *adj.* 토요일의.

sabàtic sabàtica sabàtics sabàtiques *adj.* 안식일의, 안식년의.

sabatilla sabatilles *f.* **1** 실내화, 덧신; 샌들식 구두. **2** (죽도 등의) 끝 가죽; 밑에 댄 가죽.

sabedor sabedora sabedors sabedores *adj.* 잘 아는, 알고 있는.
fer sabedor 알게 하다, 전해주다.

saber[1] *tr.* **1** 알다. **2** (소식 따위를) 알고 있다. **3** ...할 수 있다, (...에 대해) 알고 있다. *Sé una casa per llogar* 난 임대할 한 집을 안다. **4** (장소를) 알다. **5** 이해하다(**entendre**).
-*intr.* **1** ...한 맛이 있다; ...한 느낌이다. **2** 미안하다, 유감이다. *Em sap greu* 미안하다. **-se** 서로 알다.
a saber[*és a saber*] 즉, 이를테면, 말하자면.
com tothom sap 잘 알다시피.
Jo què sé?[*I què sé jo?*] 내가 알게 뭐람!
No se sap mai! 아무도 모른다!
qui sap 아무도 모른다; 오직 신(神)만이 안다.
saber de (...에 대해서) 알다.
tot i saber que ...라는 것을 알기에.

saber[2] **sabers** *m.* 지식, 학문.

saberut saberuda saberuts saberudes *adj.* **1** 영리한, 현명한. **2** 박식한, 박학한, 해박한, 학식이 있는. **3** 호기심이 많은, 여기저기 캐고 다니는(**tafaner**). **4** (포도주 따위가) 오래된, 오래 묵은; 케케묵은.

sabir sabirs *m.* [언어] 혼합어[2개 이상의 언어가 접촉하는 지방에서 인위적

sable 으로 만든 말].
sable sables *m.* 검, 칼, 사벨.
sabó sabons *m.* 비누.
saboner sabonera saboners saboneres *adj.m.f.* 비누를 만드는·파는 (사람).
-*f.* 비누통; 비누 거품.
sabor sabors *m.[f]* **1** 맛. **2** [비유] 운치, 풍.
saboritzant saboritzants *m.* 조미료, 감미료.
saborós saborosa saborosos saboroses *adj.* **1** 맛좋은, 맛있는. **2** [비유] 즐거운, 유쾌한.
sabotatge sabotatges *m.* **1** 태업, 사보타주[노동 쟁의 행위의 하나. 겉으로는 일을 하지만 의도적으로 일을 게을리 함으로써 사용자에게 손해를 주는 방법]. **2** (계획 따위의) 방해, 파괴; (국방상의) 방해.
sabotejar *tr.* 사보타주하다, 태업하다; 고의로 파괴하다.
sabre sabres *m.* **1** 검, 사벨. **2** [스포츠] (펜싱의) 사브르, 사벨.
sabrejar *tr.* 검으로 공격하다.
sabulós sabulosa sabulosos sabuloses *adj.* 모래가 많은.
sac sacs *m.* **1** 자루, 포대(receptacle). *un sac de blat* 밀가루 포대. **2** (여행용) 가방. **3** 가득한 것, 덩어리. **4** [해부] 낭, 샘. *sac lacrimal* 눈물샘. **5** 약탈, 강탈(saqueig).
a sac 약탈하여. *entrar a sac* 약탈하다.
buidar el sac [구어] 털어놓다, 자백하다(confessar-se).
caure com un sac (죽은 사람처럼) 나자빠지다, 허물어지다.
no caure en sac foradat 실패하지 않다.
saca saques *f.* 큰 자루, 행낭.
sacada sacades *f.* **1** (축구의) 킥. **2** (자루에) 넣은 짐.
  sacada de banda 사이드 킥.
  sacada de córner 코너킥.
  sacada de meta 골킥.
  sacada inicial 시축, 킥오프.
sacar *intr.* [스포츠] 서브를 넣다.
sacarí sacarina sacarins sacarines *adj.*

설탕의, 사카린의; 설탕 같은, 당질의.
sacarificar *tr.* [화학] 당화하다.
sacarímetre sacarímetres *m.* 당량계, 검당계.
sacarina sacarines *f.* [화학] 사카린.
sacarinol sacarinols *m.* =sacarina.
sacarosa sacaroses *f.* 설탕의 일종.
sacciforme sacciformes *adj.* 자루 모양의.
sacerdoci sacerdocis *m.* **1** 사제직, 승려직. **2** 성직.
sacerdot sacerdotessa sacerdots sacerdotesses *m.f* 사제, 신부, 성직자, 승려; 무당, 무녀.
saciar *tr.* **1** 흡족하게 하다, 충족시키다. **2** 포식시키다, 싫증나게 하다.
societat societats *f.* 충족, 포만, 포화.
sacotell sacotells *m.* 작은 자루.
sacralitzar *tr.* 신성한 것을 더럽히다, 신성 모독을 하다; 벌 받을 행위를 하다.
sacramental sacramentals *adj.* **1** 성체·성사에 관한, 성찬의; 성례전 존중의; 신성한. **2** [비유] 상투적인, 의례적인.
sacramentari sacramentària sacramentaris sacramentàries *adj.* 성찬의, 성례전의.
sacre sacra sacres sacres *adj.* **1** 신성한(sagrat). **2** [해부] 선골의.
-*m.* [해부] 선골(仙骨).
sacrificar *tr.* **1** (종교 의식으로) 제물을 바치다. **2** [비유] 희생시키다, 제물로 바치다. **3** (동물을) 도살하다. **4** [비유] 희생하다, 헌신하다. -*se* 몸을 바치다, 희생되다.
sacrifici sacrificis *m.* **1** 희생, 희생물; 공물. **2** [비유] 희생, 헌신, 이타(적 행위). **3** 대손실. **4** 위험한 대수술. **5** (야구의) 희생타.
oferir un sacrifici 희생 (제물)을 바치다, 제사를 드리다.
sacríleg sacrílega sacrílegs sacrílegues *adj.* 신성을 모독하는, 불경스러운, 벌 받을 짓을 하는.
sacrilegi sacrilegis *m.* 신성한 것을 더럽힘, 신성 모독(죄), 불경스런 행위.
sacrosant sacrosanta sacrosants sacrosantes *adj.* **1** 거룩하고 성스러운.

2 [비유] 성역의.
sacsada sacsades *f.* =sacsejada.
sacsar *tr.* =sacsejar.
sacseig sacseigs[sacsejos] *m.* 흔듦; 먼지를 털어냄, 깨끗이 함.
sacsejada sacsejades *f.* **1** 진동, 흔들림, 떨림. **2** [전기] 방전.
sacsejar *tr.* **1** 흔들다, 흔들어 털다. **2** 뿌리치다, 뿌리쳐 버리다. **3** 두들기다, 두들겨 패다.
sacsó sacsons *m.* **1** (옷의) 단. **2** 나선형의 빵.
sàdic sàdica sàdics sàdiques *adj.* [심리][병리] 사디즘의, 사디스트적인, 가학적인.
-m.f. 사디스트, 가학성 변태 성욕자.
sadisme sadismes *m.* **1** [병리] 사디즘, 가학성 변태성욕. **2** [일반적] 병적인 잔혹성.
sadoll sadolla sadolls sadolles *adj.* **1** 만족한, 흡족한. **2** 질린, 싫증이 난, 물린.
sadollar *tr.* =saciar.
safanòria safanòries *f.* [식물] 당근.
safareig safareigs[safaretjos] *m.* **1** (우물의) 물통, 물 받아 두는 곳. **2** 세탁장, 빨래터.
fer-hi[*haver-hi*] *safareig* [구어] 소문을 퍼트리고 다니다, 소곤거리다.
safari safaris *m.* **1** (아프리카에서의) 사냥여행; (수렵·탐험 따위의) 원정 여행. **2** 호화판 여행[특히 미국에서 유세 따위를 위한 정부요인의 여정].
safata safates *f.* 쟁반.
sàfic sàfica sàfics sàfiques *adj.* 사포[고대 그리스의 시인, 기원전 600년경]의; 사포풍의.
safir safirs *m.* [광물] 사파이어, 청옥.
safrà safrans *m.* [식물] 사프란; 사프란 색소.
fer safrà [구어] 수업을 거부하다.
saga sagues *f.* **1** 뒤, 후미, 뒷부분, 꽁무니. **2** [군사] 후방 부대. **3** (북구의) 신화.
anar a la saga 뒤지다, 뒤떨어지다.
sagaç sagaç sagaços sagaces *adj.* 날렵한, 기민한; 재치 있는, 영리한, 예민한, 통찰력 있는.

sagacitat sagacitats *f.* 기민함, 날렵함; 빈틈없음; 총명, 통찰력, 혜안.
sagal sagals *m.* **1** 목동(pastor). **2** 소년, 젊은이, 청년. **3** (마차의) 웃짐을 싣는 젊은이.
sageta sagetes *f.* 화살.
sagí sagins *m.* **1** 지방, 지방분, 기름(기). **2** 돼지기름.
fer suar el sagí [구어] 비지땀을 흘리게 하다, 엄청 고생시키다.
posar bons sagins [구어] 살이 찌다, 비만해지다.
suar el sagí [구어] 땀을 많이 흘리다, 무척 고생하다.
saginar *tr.* (동물을) 살을 찌우다.
sagitari sagitaris *m.* **1** [군사] 궁병(弓兵). **2** [천문] 인마궁, 궁수자리.
sagitat sagitada sagitats sagitades *adj.* 화살 모양의.
sagnant sagnants *adj.* sagnar하는.
sagnar *tr.* **1** (환자의) 피를 뽑다. **2** 물을 받다, 방수하다. **3** (나무의) 수액을 채취하다. **4** (인쇄에서) 행의 머리를 내리다. *-intr.* 피를 흘리다.
sagnia sagnies *f.* **1** 피를 빼는 일, 사혈. **2** 출혈. **3** 배수, 방수로, 물길. **4** (수지를 따는) 새긴 금. **5** [해부] 팔의 안쪽. **6** [비유] 지속적인 손실. **7** (인쇄의) 행을 내리기.
sagnós sagnosa sagnosos sagnoses *adj.* =sangonós.
sagrament sagraments *m.* 성사, 성례, 성체.
els set sagraments 7성사[영세, 견진, 성체, 고백, 병자, 신품, 혼인].
rebre els[*els darrers*] *sagraments* 병자성사를 받다.
sagramental sagramentals *m.* (가톨릭의) 준(準)성사[성수·성유의 사용, 성호를 긋는 일 등].
sagramentar *tr.* (환자에게) 성유를 바르다.
sagrari sagraris *m.* **1** [성서] (성전의) 지성소. **2** (저택 내의) 성소. **3** (성당의) 성수반. **4** (사원의) 내진.
sagrat sagrada sagrats sagrades *adj.* **1** 신의, 신성한, 거룩한, 성스러운. **2** 존경스러운. **3** 불가침의, 범할 수 없

sagristà
는(inviolable).
-m. 안전한 장소, (죄인의) 도피처, 도피성.

sagristà sagristana sagristans sagristanes m.f. 성당의 성물을 보관하는 사람.

sagristia sagristies f. (교회·수도원의) 성물실, 성물 안치소.

sahariana sahariana saharians saharianes f. (장교의) 군복상의.

saïm saïms m. =sagí.

sainet sainets m. [연극] 사이네테[일종의 희극].

sal sals f. 1 소금; 조미료. 2 맛보기. 3 [비유] 재치, 유머, 해학, 위트. *explica acudits amb molta sal* 농담을 아주 유머 넘치게 말하다. 4 [화학] 염.
sal amoníaca 염화암모늄.
sal gema 암염.

sala sales f. 1 실내, 큰 홀; ...실. 2 응접실. 3 법정, 재판소. 4 민원 대기실. 5 회의실. 6 전람회장.

salabror f. 염분을 함유한 것; 짭짤한 맛.

salabrós salabrosa salabrosos salabroses adj. 소금 맛의, 짠맛의.

salaç salaç salaços salaces adj. 음란한, 음탕한, 호색의.

salamandra salamandres f. [동물] 1 도롱뇽. 2 [신화] (불 속에 살았다는) 불도마뱀. 3 불 뚜껑; 내화성 물건.

salaó salaons f. 1 소금 절임, 맛을 간함; 소금에 절인 식품. 2 염물업.

salar¹ tr. 1 소금에 절이다. 2 (음식에) 소금을 넣다, 간하다. 3 [비유] 망치다, 불운하게 하다.

salar² intr.cat. [방언] =parlar salat.

salari salaris m. 봉급, 급료, 지급금; 주급, 월급.
salari base 기본 급료.

salat salada salats salades adj. 1 소금에 절인. 2 염분이 많은, 소금기가 많은, 짭짤한. 3 재수 없는. 4 [비유] 재치 있는, 애교 있는. *una xicota molt salada* 매우 애교 있는 아가씨.
fer salat 늦게 도착하다.
parlar salat art.cat. 관사 el, la 대신에 es, sa를 사용하는 것.

salconduit salconduits m. 통행 허가증; 안전 보증권; 안전, 보증.

saldar tr. 1 결산하다, 청산하다; 계산을 끝내다. 2 헐값에 팔아 치우다; 재고품을 정리하다.

saldo saldos m. 1 결산; 잔고. 2 염가 판매, 재고품 대매출, 바겐세일.

salejar intr. 소금 맛이 나다.

saler salers m. 1 (식탁의) 소금 그릇, 소금병. 2 소금 창고, 소금 배급소.

salesià salesiana salesians salesianes adj.m.f. [종교] (가톨릭의) 살레지오 수도회의 (수도사·신도).

salí salina salins salines adj. 염분을 함유한, 소금기의, 소금기가 있는.
-m. =salina.

salic salics m. 물방울이 떨어짐(degotall).

salicàcies f.pl. [식물] 수양버들과 식물.

salicar intr. (물이) 뚝뚝 떨어지다, 방울방울 떨어지다.

salícola salícoles adj. 1 소금을 만들어 내는. 2 소금기가 있는 땅에서 자라는.

salífer salífera salífers salíferes adj. =salí.

salina salines f. [주로 복수로 쓰여] 염전.

salinaire salinaires m.f. 염전업자, 소금장수.

salinar-se prnl. 잘게 부서지다, 가루로 되다.

salinitat salinitats f. 염분, 염기, 염도.

salinitzar tr. 염분을 함유하게 하다.

saliva salives f. 침.
curar-se amb saliva dejuna 아무것도 아닌 것처럼 낫다.
gastar saliva juna 쓸데없는 말을 하다.

salivació salivacions f. 침을 흘림, 군침이 생김.

salivada salivades f. 침 뱉는 일.

salival salivals adj. 침의; 군침을 돋우는.

salivar intr. 침이 생기다, 군침이 돌다.

salivera saliveres f. (입에서 뿜어내는) 거품; 침을 많이 흘림.
fer venir salivera 군침을 흘리다.
treure saliva [비유] 격앙하다, 흥분하다.

sallar *intr.* **1** 항해하다. **2** (여기저기) 급히 돌아다니다. *-tr.* (배를) 띄우다.
sallent *sallents m.* 폭포.
salm *salms m.* 찬미가, 성가, 성시.
salmai *salmaia salmais salmaies adj.* =salabrós.
salmejar *intr.* 성가 부르다, 성시를 읊다.
salmista *salmistes m.f.* [성서] 시편 기자, 성시 작가.
salmó *salmons m.* [어류] 연어.
salmòdia *salmòdies f.* **1** 찬미가, 성가. **2** [속어] 단조로운 노래.
salmodiar *intr.* =salmejar.
salmonel·la *salmonel·les f.* [생물] 살모넬라균.
salmorra *salmorres f.* 소금물, 간국.
salnitre *salnitres m.* [광물] 초석, 질산칼륨.
saló *salons m.* **1** 큰 홀, 살롱(sala); 응접실. **2** 휴게실, 직매장. **3** 미용실. **4** 회의실. **5** 전시장; 미술전람회, 전시회장(exposició).
saló de te 찻집, 다방.
saló de bellesa 미용실.
salobre *salobres adj.* 짭짤한, 염분을 함유한.
-m. (해안의 바위에 붙은) 소금의 앙금.
salomònic *salomònica salomònics salomòniques adj.* [성서] 솔로몬[히브리의 왕, BC. 970-931]의; 솔로몬의 지혜의.
salpar *tr.* [선박] 닻을 올리다. *-intr.* 출항하다, 배를 띄우다.
salpebrar *tr.* **1** 소금과 후춧가루로 양념하다. **2** [비유] 맛을 내다.
salpicar *tr.* (액체·소금 등을) 뿌리다.
salsa *salses f.* **1** 소스, 양념. **2** [비유] 맛을 내는 것.
costar[pujar] més la salsa que el peix [속담] 배보다 배꼽이 더 크다; 망치보다 자루가 더 무겁다.
salsera *salseres f.* 소스 그릇.
salsitxa *salsitxes f.* 소시지, 순대.
salt *salts m.* **1** 뛰기, 도약(bot). **2** 폭포(saltant). **3** 낙차, 수준 차(desnivell). **4** (심장이) 뜀, 박동; 가슴이 두근거림. **5** [스포츠] 높이뛰기. **6** [고어] 공격, 습격. **7** [비유] 중단, 휴지, 건너뜀 (discontinuïtat). **8** (독서에서) 빠뜨리고 읽기. **9** [비유] 도약, 비약; 승진, 약진.
a salt de garsa [건축] 천장이 없는, 지붕만 있는.
d'un[en un] salt 단걸음에, 한 번 뛰어서; 단 한번에.
en quatre salts [구어] 단 한 번 뛰어; 성큼, 재빨리.
fer el salt [구어] 약속을 어기다.
fer salts 깡충깡충 뛰다.
saltamartí *saltamartins m.* **1** [곤충] 메뚜기. **2** (어린아이들이) 짚으로 만든 작은 인형.
saltant *saltants m.* 폭포.
saltar *intr.* **1** 뛰다, 뛰어넘다; 도약하다, 비약하다; 승진하다. **2** 뛰쳐나가다, 뛰어내리다. *saltar a terra* 땅바닥에 뛰어 내리다. **3** 튀어나오다, 돌출하다. **4** 날아오르다, 뛰어오르다. **5** 분출하다; (기뻐서) 날뛰다. *saltaven d'alegria* 그들은 기뻐 날뛰었다. **6** (쪼가리 등이) 사방으로 튕기다, 튕겨 나가다(desprendre's). **7** [비유] (생각·화제가) 비약하다; 건너뛰다. **8** 불현듯 머리에 떠오르다. **9** (거꾸로) 전락하다, 곤두박질하다. *-tr.* **1** 날다, 뛰어넘다. **2** (암컷에게) 흘레붙다. **3** [비유] 간과하다, 지나치다, 보아 넘기다(passar per alt).
saltar als ulls[a la vista] 시야에 들어오다; 분명해지다.
saltataulells *saltataulells m.f.* **1** 견습생. **2** (마드리드에서의) 점원.
saltejador *saltejadora saltejadors saltejadores m.f.* 들치기, 날치기.
salteri *salteris m.* =saltiri.
saltimbanqui *saltimbanquis m.f.* [속어] 곡예사; 한길의 약장수, 쇼맨, 마술사.
saltiri *saltiris m.* **1** [성서] (구약 성서의) 시편, 찬미집. **2** 옛 하프의 일종.
saltiró *saltirons m.* 깡충깡충 뜀.
saltironejar *intr.* 깡충깡충 뛰다.
salubre *salubres adj.* **1** 건강한; 건강에 좋은. **2** 건전한, 유익한.
saluda *saludes m.* 짤막한 인사말·서신.
saludable *saludables adj.* 건강한, 건전한; 건강에 좋은, 유익한.
saludar *tr.* **1** 절하다, 인사하다, 경례하다; 경의를 표하다. **2** 맞이하다, 환호하다. **3** 주문을 외다, 주문을 외어 고치다.
saludeu de part meva a (...에게) 내 안부를 전해 주세요.
Us saluda afectuosament [*respectuosament*, *cordialment*] [서간문에서 끝맺을 때 쓰는 말] 부디 안녕히 계십시오.
salut¹ *saluts m.* 절, 인사, 경례, 목례; 예포.
salut² *saluts f.* **1** 건강 (상태); 건전함. **2** [종교] 구원, 구세.
salutació *salutacions f.* **1** 인사. **2** (미사에서) 성모에 대한 기도 머리말. *salutació angèlica* 아베 마리아의 기도.
salv *salva salvs salves adj.* 안전한, 무사한, 구출된, 구원된(estalvi).
sa i salv 무사한, 아무 사고 없는. *Ha retornat a casa sana i salva* 그는 무사히 집에 돌아왔다.
salva *salves f.* **1** 예포. **2** 환영, 환호, 갈채. *una salva d'aplaudiments* 우레와 같은 갈채.
-adj. =salva(estàlvia).
salvació *salvacions f.* **1** (영혼의) 구원, 구세. *la salvació de l'ànima* 영혼의 구원. **2** 구조, 구출
salvaguarda *salvaguardes f.* **1** 안전 통행권; 전쟁 때의 보호 표식, 불가침 표식. **2** 부적; 보호, 감시.
salvaguardar *tr.* **1** 옹호하다, 보호하다. **2** 경비하다, 경계하다. **3** (안전을) 보장하다.
salvament *salvaments m.* 구조, 구출; 안전한 장소.
salvament *adv.* 무사히, 안전하게.
salvar *tr.* **1** (안전하게) 구하다, 구조하다, 구출하다(preservar). **2** (영혼을) 구원하다, 구제하다. **3** (위험·곤란·장애를) 제거하다, 없애다; 극복하다(esquivar). *salvar totes les dificultats* 모든 어려움들을 극복하다. **4** 제외하다, 예외로 하다; 면죄하다(exculpar). **5** (시내를) 무사히 건너다. **6** 통과하다, 지나치다, 주파하다. **7** (어떤 것보다) 빼어나다. **8** (서류·서적에) 정정 사항·정오표를 첨부하다. **9** (피의자의) 무죄를 증명하다, 목숨을 구해 주다. *-se* **1** 구출되다; (위험을) 벗어나다. **2** (영혼이) 구원받다. **3** 도망치다.
salvat *salvada salvats salvades adj.* salvar된.
-prep. **1** ...은 그만두고, ...은 제쳐 놓고. **2** ...은 제외하고(exceptuant). *salvades algunes persones* 몇 사람을 제외하고.
salvatgia *salvatgies f.* 야만(성), 야성, 미개함; 거칢, 난폭성, 우악스러움.
salvatge *salvatges adj.* **1** 야생의. **2** 길들지 않은. **3** 야만스러운, 미개한. **4** 거친, 황량한. **5** (사람이) 거친, 우악스러운(rude).
-m.f. 미개인, 야만인.
salvatgeria *salvatgeries f.* 야만성, 난폭, 폭력, 잔인.
salvatgí *salvatgina salvatgins salvatgines adj.* 야생의, 야생 동물의; 야만적인, 야만인의.
salvatjada *salvatjades f.* =salvatgeria.
salvavides *salvavides m.* [단·복수동형] 구명조끼; 구명 장비, 구명정, 구명대.
salve *f.* (미사에서) Salve, Regina로 시작되는 성모 찬가; 그 곡.
-interj. 평강이 있으라!
sàlvia *sàlvies f.* [식물] 샐비어.
salze *salzes m.* [식물] 버들.
sàmara *sàmares f.* [식물] 시과(翅果).
samarra *samarres f.* 양피, 양가죽; 양피로 만든 옷, 가죽 잠바.
samarreta *samarretes f.* **1** 내의, 메리야스 셔츠. **2** (경기용) 타이츠. **3** (중세 때 죄수들이 입던) 웃옷.
samaruga *samarugues f.* =sangonera.
samba *sambes f.* [음악] 삼바[아프리카에 기원을 둔 브라질의 민요·춤], 삼바 춤, 삼바곡.
sambori *samboris m.* =xarranca.
samfaina *samfaines f.* **1** 내장조림, 내장찌개. **2** 맛없는 스튜. **3** [비유] 뒤범벅, 뒤섞음.
samurai *samurais m.* (일본의 봉건 시대의) 무사, 사무라이.
sanar *intr.* 낫다, 아물다, 호전되다. *-tr.* (사람·동물을) 거세하다.
sanatori *sanatoris m.* 요양소, 요양원.
sancallós *sancallosa sancallosos sancalloses adj.m.f.* **1** 안짱다리의 (사람).

2 절름발이(의).

sanció sancions *f.* **1** 법령, 계율. **2** 비준, 재가, 승인, 인가. **3** 제재 (수단), 징벌, 징계. **4** 연체 가산세.

sancionar *tr.* **1** 비준하다, 재가하다, 승인하다(aprovar). **2** 제재를 가하다, 징계하다(castigar).

sàndal sàndals *m.* [식물] 박하.

sandàlia sandàlies *f.* 샌들; 짚신.

sandvitx sandvitxos *m.* 샌드위치(entrepà).

sandvitxeria sandvitxeries *f.* 샌드위치 전문점.

sanejament sanejaments *m.* **1** 보상, 배상; 보증. **2** 배수, 준설 공사.

sanejar *tr.* **1** 보상하다, 배상하다; 보증하다. **2** 위생 설비를 갖추다, 위생적으로 하다. *sanejar l'aire urbà* 도시의 공기를 청정하게 하다.

sang sangs *f.* **1** 피, 혈액. **2** [비유] 피, 혈통, 혈연(llinatge). **3** 수지, 수액.
a sang calenta 격정적으로, 흥분하여.
a sang freda 침착하게, 신중하게; 냉정하게.
fer mala sang 무척 화나게 하다, 격노케 하다; 한을 품게 하다.
fer sang 피를 흘리다.
pujar la sang al cap 피가 머리끝까지 솟아오르다, 몹시 흥분하다.
suar sang i aigua [비유] 녹초가 되다, 매우 지치다.

sangfluix sangfluixos *m.* 출혈(hemorràgia).

sanglot sanglots *m.* 흐느껴 움, 오열; 낙루.

sanglotar *intr.* 흐느껴 울다, 오열하다.

sanglotejar *intr.* =sanglotar.

sangonejar *intr.* =sagnar.

sangonella *f.* [동물] 거머리.

sangonera sangoneres *f.* =sangonella.

sangonós sangonosa sangonosos sangonoses *adj.* **1** 피를 흘리는, 피투성이의. **2** 피를 빠는, 피를 좋아하는. **3** 피비린내 나는, 처참한, 잔인한.

sangprès sangpresos *m.* (응어리진) 상처.

sangria sangries *f.* 상그리아[포도주에 레몬, 귤 등을 넣어 마시는 칵테일의 일종].

sangtraït sangtraïts *m.* 피멍, 혈반; 타박상.

sanguejar *intr.* =sagnar.

sanguina sanguines *f.* 주묵(朱墨), 주묵의 그림.

sanguinari sanguinària sanguinaris sanguinàries *adj.* 피를 좋아하는, 잔인한, 잔혹한.
-f. [식물] 양귀비과의 일종.

sanguini sanguínia sanguinis sanguínies *adj.* **1** 피의, 혈액(성)의. **2** 피가 많은; 다혈질의. **3** 혈색의.

sanguinolent sanguinolenta sanguinolents sanguinolentes *adj.* 피를 흘리는, 피투성이의.

sanitari sanitària sanitaris sanitàries *adj.* 위생(상)의, 보건의.
-m.f. 위생병.

sanitat sanitats *f.* **1** 건강, (보건) 위생. **2** [군사] 위생대.

sanitós sanitosa sanitosos sanitoses *adj.* 건강한, 건전한, 건강에 좋은.

sànscrit sànscrita sànscrits sànscrites *adj.* 산스크리트어의, 범어의, 범문의.
-m. [언어] 산스크리트어, 범어.

sant santa sants santes *adj.* **1** 성스러운. *la setmana santa* 고난주간. **2** (이름·지명 앞에서) 성(聖).... **3** 신성한, 거룩한. **4** 맑고 깨끗한, 청정한. **5** 순수한, 단순한, 호인의. **6** 약효가 있는, 잘 듣는. **7** [강조적] 바로 그. *Dorm tot el sant dia* 그는 꼬박 하루를 잠을 잔다.
-m.f. **1** 성인, 성자, 성도; 수호 성자. **2** [대문자로 쓰여 성자의 날이나 지명 등을 나타냄] *Viuen a Sant Sebastià* 그들은 산세바스티안에 산다. **3** [비유] 훌륭한 사람, 덕망이 있는 사람.
-m. **1** [종교] 성상, 성화. **2** 탄생일.
sant i senya [군사] 군대에서 쓰는 암호.

santbernat santbernats *m.* 세인트버나드 (Sant Bernat)의 개.

santedat santedats *f.* **1** 신성, 존엄, 고결함. **2** 성하[교황에 대한 경어].

santejar *intr.* 성스럽다, 성인에 버금가다.

santificar tr. 1 신성하게 하다, 성자로 하다, 축성하다; 신에게 바치다; 신으로 모시다, 숭배하다. 2 [신학] (죄를) 씻다, 의롭게 하다. -se 1 (죄인이) 의롭게 되다. 2 [비유] 정화되다.

santíssim santíssima santíssims santíssimes adj. 지극히 거룩한, 아주 거룩한.
-m. [성서] 지극히 거룩한 자, 하나님의 아들, 예수 그리스도.

santó santons m. 성인; 성인으로 여겨지는 인물.

santoral santorals m. 성도 열전; 합창곡집.

santuari santuaris m. 1 성전, 신전, 사당. 2 (예루살렘의) 성소.

saó saons f. 1 성숙, 완숙. 2 때, 시기, 기회, 찬스(avinentesa). 3 (농지의) 적당한 습기.
en aquella saó 그때, 때마침.
en saó 제때에, 제때의; 때에 맞게.

sapa sapes f. 1 괭이, 호미. 2 호, 참호; 갱도, 굴. 3 [건축] 층계참.

sapastre sapastra sapastres sapastres adj. 1 막돼먹은, 조심스럽지 못한, 못된 짓을 하는(malfeiner). 2 우둔한, 미련한, 멍청한(beneitó).
-m.f. 1 악당, 불량배, 범죄자. 2 바보, 멍청이.

sàpid sàpida sàpids sàpides adj. 맛있는.

sapiència sapiències f. 1 지혜; 지식, 박식. 2 [성서] 솔로몬의 지혜서.

saporífic saporífica saporífics saporífiques adj. 맛을 내는.

sapròfit sapròfita sapròfits sapròfites adj. (썩거나 상한) 부생 식물의, 부생균의.
-m.f. 부생 식물을 먹고 사는 사람.

saqueig saqueigs[saquejos] m. 1 약탈, 강탈, 탈취. 2 (작품의) 표절.

saquejar tr. 1 약탈하다, 강탈하다. 2 (작품을) 표절하다.

saquer saquera saquers saqueres m.f. 자루를 만드는 사람.

saragata saragates f. 1 요란 법석; 기뼈 날뜀(bullícia). 2 소요, 데모, 소동, 폭동(avalot).

sarau saraus m. 1 무도회, 야회. 2 서로 욕지거리하기, 싸움질, 언쟁 (baralles).

sarbatana sarbatanes f. 입으로 부는 화살통.

sarcasme sarcasmes m. 빈정거림, 비꼼, 풍자.

sarcàstic sarcàstica sarcàstics sarcàstiques adj. 빈정거리는, 비꼬는, 풍자의, 신랄한.

sarcòfag sarcòfags m. 석관, 묘.

sarcoma sarcomes m. [의학] 육종.

sardana sardanes f. 사르다나[카탈루냐 춤의 일종].

sardanejar intr. 사르다나 춤을 추다.

sardanista sardanistes adj. 사르다나 춤을 추는, 사르다나 춤을 연구하는
-m.f. 사르다나 춤을 추는 사람, 사르다나 춤 연구가.

sardina sardines f. [어류] 정어리.

sardinaler sardinalera sardinalers sardinaleres m.f. 정어리잡이 어부.
-m. 정어리잡이 배.

sardinell sardinells m. [건축] 벽돌을 층층이 쌓기.

sarga sargues f. [식물] 비단버드나무.

sargantana sargantanes f. [동물] 작은 도마뱀.

sargir tr. 1 (해진 데를) 꿰매다, 고치다, 홀치다. 2 잇다, 이어 맞추다.

sargit sargits m. 의복 수선; 덧대는 천; 실밥.

sarja sarges f. (벽장식용의) 무늬를 놓은 두꺼운 천.

sarment sarments f.[m] [식물] (포도 등의) 덩굴.

sarna sarnes f. [의학] 옴.

sarraí sarraïna sarraïns sarraïnes adj. 사라센[고대 그리스 로마에서 아라비아 북부 지방에 사는 아라비아 인을 부르던 이름]의, 사라센·아라비아 인의.
-m.f. 사라센 사람, 아라비아 사람; 회교도.

sàrria sàrries f. 큰 광주리.

sarrió sarrions m. 작은 광주리.

sarró sarrons m. 1 (목동들의) 큰 주머니. 2 가죽 부대; (과일 등의) 자루. 3

sarsuela sarsueles *f.* **1** 사르수엘라[사설·노래·춤·합창 등으로 이루어진 악극]. **2** 스페인 왕실의 별장. **3** 사르수엘라[요리의 일종].

sastre sastressa sastres sastresses *m.f.* 복장 재단사, 재봉사.
-*m.* [곤충] 집게벌레.
cal sastre 재봉직; 양복점, 양복 공장.

Satan[Satanàs] *m.* 사탄, 마귀, 마왕.

satànic satànica satànics satàniques *adj.* 사탄의, 사탄적인; 악마 같은, 극악무도한(diabòlic).

satanisme satanismes *m.* 사탄 신앙, 사탄 숭배; 극악무도.

satèl·lit satèl·lits *adj.* **1** (인공)위성의, 위성과 같은. **2** 부속된, 종속된; 위성 도시의. *ciutat satèl·lit* 위성도시.
-*m.* **1** 위성; 인공위성. **2** 종자(從者), 붙어 다니는 사람(acompanyant), 식객. **3** 위성국, 위성 도시. **4** 보조 비행장. **5** [생물] (염색체의) 부수체.

sàtir sàtirs *m.* **1** [신화] 사티로스[술을 따르는 디오니소스의 시종으로, 반은 사람 반은 짐승인 괴물로 술과 여자를 매우 좋아하는 신]. **2** [비유] 주색을 좋아하는 남자.

sàtira sàtires *f.* **1** [문학] 풍자시, 풍자문학. **2** [비유] 풍자, 빈정대기, 비꼬기.

satiritzar *tr.* 풍자하다, 빈정대다, 비꼬다. -*intr.* 풍자시·풍자글을 쓰다.

satisfacció satisfaccions *f.* **1** 기쁨, 흡족, 만족, 만족도. **2** 기호, 취미, 구미에 맞음, 좋아함. *Van fer-ho a satisfacció de tothom* 그들은 모든 사람들의 구미에 맞게 그 일을 했다. **3** 부채의 상환; 보상, 변제, 변상. **4** 답변, 해명. **5** [종교] 참회하는 고행, 속죄 행위.

satisfactori satisfactòria satisfactoris satisfactòries *adj.* 만족한, 흡족한, 나무랄 데 없는; 충분한, 넉넉한.

satisfaent satisfaents *adj.* 만족케 하는, 만족스러운.

satisfer *tr.* **1** 기쁘게 하다, 만족시키다, 충족시키다. **2** (식욕을) 채우다, 실컷 먹다. **3** (채무를) 갚다, 보상하다, 지불하다; 변상하다, 변제하다. **4** (조건을) 만족시키다. **5** (질문에) 대답하다, 답변을 주다. **6** (격정을) 달래다, 풀다.
donar-se per satisfet 충족된 것으로 여기다, 해결된 것으로 생각하다.

saturació saturacions *f.* **1** [물리][화학][전기] 포화 (상태). **2** [경제] (시장의) 포화.

saturar *tr.* **1** 만족시키다, 충족시키다. **2** 포화시키다. **3** 채우다, 가득 차게 하다; 스며들게 하다.

saturn[1] *m.* [화학][고어] 납.

saturn[2] saturna saturns saturnes *adj.* 납의, 납 같은; (병이) 납에 의한, 연독의.

Saturn *n.pr.* **1** [신화] 사투르누스[로마 신화에 나오는 농경의 신]. **2** [천문] 토성.

saturnal saturnals *adj.* 사투르누스의; 토성의.
-*f.pl.* **1** 사투르누스의 축제. **2** [비유] 야단법석, 떠들썩함.

saturnisme saturnismes *m.* 납 중독.

saüc saücs *m.* [식물] 말오줌나무.

sauló saulons *m.* 굵은 모래, 굵은 모래 땅.

sauna saunes *f.* (특히 핀란드의) 증기욕, 증기욕탕.

saures *m.pl.* [동물] 도마뱀 무리.

saurí saurina saurins saurines *m.f.* 투시술사, 천리안을 가진 사람; 눈썰미가 있는 사람.

savi sàvia savis sàvies *adj.* **1** 현명한, 현인 같은, 슬기로운, 총명한. **2** 박식한, 박학한, 해박한. **3** 신중한, 사려 깊은(prudent). *una decisió sàvia* 신중한 결정. **4** (동물이) 재주가 있는, 영리한. *un gos savi* 영리한 개. **5** [언어] (어휘가) 교양어의; 고어어의.
-*m.f.* **1** 학자, 지자. **2** 신중한 사람, 사려 깊은 사람(prudent).
-*m.* **1** 현자, 현인. *els set savis de Grècia* 그리스의 7현. **2** [대문자][성서] 솔로몬[구약성서에 나오는 지혜의 왕].

saviesa savieses *f.* **1** 현명함, 총명함; 지혜. **2** 지식, 학식; 학문, 가르침. **3** 신중함, 사리 분별.

saxòfon saxòfons *m.* [악기] 색소폰.
saxofonista saxofonistes *m.f.* 색소폰 연주자.
scanner scanners *m.ang.* **1** (텔레비전의) 주사 장치. **2** 텍스트 복사기.
se [**es**의 완전한 형태; 동사 뒤에서는 **-se**] *pron.* Se li emportà el barret 그의 모자가 벗겨졌다. mirar-se al mirall 거울에서 자신의 모습을 바라보다.
sebaci sebàcia sebacis sebàcies *adj.* 기름기의, 기름기가 많은; 지방질의.
sebollir *tr.* **1** 파묻다, 장사 지내다, 매장하다(enterrar). **2** [비유] 매장시키다, 숨기다, 가라앉히다.
seborrea seborrees *f.* [의학] 피지루(질환).
sec seca secs seques *adj.* **1** 마른, 건조한. *un terreny sec* 건조한 땅. **2** (과일을) 말린, 건(乾)... **3** 바싹 마른, 말라붙은. *tenir la boca seca* 입이 바싹 마른. **4** 물기가 없는. **5** 맛이 없는, 무미건조한. **6** (잎이) 말라 죽은, 마른. **7** 꾸밈없는, 단순한 차림의. *un estil sec* 단순한 스타일. **8** (포도주 등이) 순수한 그대로의, 물을 타지 않은, 다른 것이 섞이지 않은. **9** 퉁명스러운, 무뚝뚝한(brusc). *una resposta seca* 퉁명스러운 대답. **10** 엄한, 엄격한, 냉혹한. **11** 단맛이 없는. **12** (기침이) 마른 기침의, 헛기침의.
-*m.* 가뭄, 한발; 건조기(乾燥期).
a seques[*a les seques*] 단지, 그것만으로.
en sec i) 물기가 없이; (반죽하지 않고) 마른 채로; ii) 이유 없이, 까닭 없이; iii) 무일푼으로; iv) 별안간, 갑자기. *Va parar-se en sec* 그는 갑자기 멈췄다. 5) 억지로.
séc sécs *m.* **1** 주름, 구김살. **2** 줄; 금. **3** 마찰; 찰과상.
seca¹ seques *f.* =secada.
seca² seques *f.* 화폐 주조창.
secada secades *f.* **1** 가뭄, 한발. **2** (땅이) 마름, 건조지.
secall secalls *m.* **1** (나무의) 말라 죽은 부분, 마른 가지. **2** 바싹 마른 동물. **3** [구어] 말라깽이, 뼈만 앙상한 사람.
secalló secallona secallons secalloses *adj.* (과일이) 마른; 앙상한, 야윈.
secaner secanera secaners secaneres *adj.* 건조한, 마른, 말라 빠진.
secant secants *adj.* **1** 말리는. **2** 나누는, 자르는, 교차하는.
-*f.* [수학] 할선, 시컨트.
secardí secardina secardins secardines *adj.* **1** 물기가 없는. **2** 빼빼 마른, 야윈, 약골의(escardalenc).
secció seccions *f.* **1** 절단, 나눔, 분할. **2** 단면, 단면도, 절단면. **3** 구분, 구획. **4** 신문의 난(欄). **5** 과(課), 과(科), 부(部); 부문, 부속, 구분. **6** (문장의) 절, 단락. **7** [군사] 소대. **8** [의학] 절개.
seccionar *tr.* **1** 자르다, 절단하다. **2** 구분하다, 분할하다. **3** [의학] 절개하다, 째다.
secessió secessions *f.* **1** 분리, 분할, 분열; (한 국가의) 분단. **2** 은퇴, 탈퇴.
secor secors *f.* =sequedat.
secret secreta secrets secretes *adj.* **1** 비밀의, 기밀의; 은밀한, 감추어진. **2** 사람 눈에 안 보이는, 보이지 않게 만든. **3** 사람 눈에 안 띄는, 으슥한. **4** 비밀을 지키는, 입이 무거운. **5** 신비스러운, 헤아릴 수 없는.
-*m.* **1** 비밀, 기밀, 은밀한 일. **2** 비법, 비결; 해결의 열쇠. **3** (자연계의) 신비. *els secrets de la natura* 자연의 신비. **4** [속어] 음부. **5** (물건을) 감추는 곳. **6** 비밀 장치.
-*f.* **1** (기도의) 밀실. **2** [드뭄] 변소.
en secret 비밀리에, 비밀로; 아무도 모르게, 슬그머니.
secret d'estat 국가의 기밀.
secret de professional 직무상의 비밀.
guardar[*mantenir*] *un secret* 비밀을 지키다.
secretament *adv.* 은밀하게, 비밀리에, 몰래, 살며시.
secretar *tr.* [의학] 분비하다.
secretari secretària secretaris secretàries *m.f.* **1** 비서(관), 서기(관), 사무관; 간사. **2** (미국의) 국무 장관, 장관.
-*m.* [조류] 사식조(蛇食鳥).
secretaria secretaries *f.* **1** 비서직, 서기직. **2** 비서실, 서기과, 문서과, 사무국.
secretariat secretariats *m.* **1** =secreta-

ria. **2** 비서학.
secretejar *intr.* [구어] 밀담하다, 속삭이다.
secreter secreters *m.* 책상.
secretisme secretismes *m.* 비밀주의, 비밀원칙.
secta sectes *f.* **1** 분파, 당파, 종파, 학파. **2** [종교] 이단, 이설.
sectari sectària sectaris sectàries *adj.* secta의, secta에 관한.
sector sectors *m.* **1** 방면, 부면, 범위, 지구, ...계. **2** [기하] 선형.
secular seculars *adj.* **1** 세속의, 세속적인, 현세의(seglar); 비종교적인. **2** (불교의) 재가의; (가톨릭의) 수도원 밖의, 재속의. **3** 1세기 1회의, 백 년마다의; 1세기rk 계속되는. **4** 오랜 세월의, 불후의.
secularitzar *tr.* 세속화하다; 환속시키다, (수도원·승원에서) 세상에 내보내다; (교권에서) 분리하다.
secundar *tr.* **1** 돕다, 후원하다, 보좌하다, 시중들다. **2** (동의·제안에) 찬성하다.
secundari secundària secundaris secundàries *adj.* **1** 제2의, 2차의, 2류의; 제2위의. **2** 다음의, 버금의, 부의, 부차적인, 대리의, 보조의, 종속적인 (accessori). **3** 중등교육의, 중등학교의. **4** [전기][화학] 2차의. **5** [의학] 제2기의, 속발성의. **6** [지질] 중생대(기)의.
-*m.* [지질] 중생대, 중생대 암석(mesozoic).
-*f.* (시계의) 초침.
seda sedes *f.* **1** 비단, 실크, 명주. **2** 생사, 견사, 견포.
sedació sedacions *f.* **1** [의학] 진정. **2** 침전, 가라앉음.
sedaire sedaires *m.f.* 비단 제조업자, 비단 판매상.
sedal sedals *m.* [의학] 고름을 뽑아내는 가제.
sedan sedans *m.* 세단 자동차.
sedant sedants *adj.* **1** 실크로 된, 실크 제품의. **2** 진정하는, 가라앉히는.
-*m.* [약학] 진정제.
sedàs sedassos *m.* 체, 키.

passar pel sedàs 면밀히 조사하다.
sedatiu sadativa sedatius sedatives *adj.* 가라앉히는, 진정시키는.
sedejar *intr.* 갈증 나다, 목마르다; 애타게 기다리다, 갈망하다.
sedent sedents *adj.* (동상이) 좌상의.
sedentari sedentària sedentaris sedentàries *adj.* **1** 집에 틀어박혀 있는, 외출을 좋아하지 않는. **2** 앉아서 하는 일의, 좌업의. *una ocupació sedentària* 좌업. **3** [의학] 오래 앉아 있어 생기는. **4** 움직이지 않는, 이주하지 않는; 한곳에 정주하는; 착생의,
-*m.* **1** 늘 앉아서 일하는 사람, 늘 앉아 있는 사람. **2** 한곳에 정주하는 인종·동물.
sedentarisme sedentarismes *m.* 틀어박힘, 정주; 정주 생활.
seder sedera seders sederes *adj.* 비단의, 실크의; 비단으로 된.
-*m.f.* =sedaire.
sederia sederies *f.* 비단옷; 비단 제조업.
sedició sedicions *f.* **1** 반란, 모반, 소요, 폭동(rebel·lió). **2** (마음의) 흔들림, 혼동, 유혹.
sediment sediments *m.* **1** 침전물; 찌꺼기, 무거리. **2** [지질] 침적물.
sedimentació *f.* **1** 침전 (작용). **2** [물리] 침강. **3** [지질] 침적.
sedimentar *tr.* 가라앉히다; 침전시키다.
-*se* 가라앉다; 침전하다, 침강하다.
sedós sedosa sedosos sedoses *adj.* **1** 비단 같은. **2** (피부가) 비단 같은, 아름다운.
seducció seduccions *f.* 유혹, 꼬임; 매력, 매료, 매혹(물).
seduir *tr.* **1** 유혹하다, 꼬이다. **2** 끌다, 매혹하다, 매료하다, 마음을 사로잡다 (atreure). **3** 교묘히 구슬리다, 농락하다.
sefardita sefardites *adj.m.f.* 세파르디[스페인계 유태인](의).
sega segues *f.* (곡식을) 거둬들임, 추수; 추수기.
segador segadora segadors segadores *adj.m.f.* segar하는 (사람).
segaire segaires *m.f.* =segador.

segar *tr.* **1** (초목·곡식 등을) 베어 내다, 자르다; 추수하다. **2** 절단하다, 절취하다(tallar); (목을) 단칼에 베다. **3** [비유] (꿈·소망을) 버리다. *segar les esperances* 희망을 버리다. **4** (손에) 찰과상을 입히다. **5** 조이다, 조르다, 압박하다, 꼼짝 못하게 하다; 교살하다. **-se** (끈이) 끊어지다; (팔다리가) 뻣뻣해지다.

màquina de segar 추수하는 기계.

màquina de segar i batre 추수와 탈곡을 하는 기계.

segell segells *m.* **1** 인지, 증지. **2** 우표. **3** 도장; 스탬프, 날인기; 날인소. **4** 봉인. **5** (약제의) 오블라토. **6** [비유] 특징, 특질, 표상, 기질.

segellador segelladora segelladors segelladores *adj.m.f.* segellar하는 (사람). *-f.* segellar하는 기계.

segellament segellaments *m.* segellar하는 일.

segellar *tr.* **1** 날인하다, 검인하다. **2** 도장을 찍다, 증인하다. **3** 봉인하다, 봉하다; 뚜껑을 닫다. **4** 끝내다, 끝마무리하다. **5** [비유] 특징을 나타내다.

seglar seglars *adj.* 세속의, 속세의, 속인의; 재가의.
-m.f. 속인, 범인; 평신도.

segle segles *m.* **1** 세기, 백 년. **2** 많은 세월, 오랜 시간. **3** 기간, 시대; 활동 시기, 집권 시기; 전성기. **4** 현세, 속계.

el[en el, al] segle (몇) 세기에. *el segle cinquè* 5세기에.

en el segle (누구의) 생애에.

pels segles dels segles 영원히.

segle de les llums (18세기의) 계몽 시대.

segle d'or 황금시대; [비유] 전성기, 융성한 시대.

retirar-se del segle 세속을 떠나다.

segment segments *m.* **1** 단편, 조각, 절편, 부분, 구획. **2** [기하] 직선의 선분; (원의) 호. **3** [생물] 체절, 환절. **4** [기계] 부채꼴 톱니바퀴.

segmentar *tr.* 분단하다, 분할하다; 분열하다.

segó segons *m.* (가루를 빻을 때 나오는) 밀기울.

sègol sègols *m.* [식물] 라이보리, 호밀.

segon segona segons segones *adj.* **1** 제 2의, 두 번째의. **2** 2류의, 2급의; 차점자의, 차석의. **3** 보좌의, 보좌역의. **4** 중등 (과정)의. **5** 새로운, 다른. **6** [비유] 저의가 있는; 이중의 의미를 가진.
-m. **1** 조역, 보좌역; 차석. **2** (시계의) 초.
-f. **1** (열차의) 2등석. **2** (자동차의) 2단. **3** [음악] 2도 음정, 저음부.

amb segones[amb segones intencions] 저의를 가지고, 다른 뜻으로.

segons *prep.* **1** ...에 따라, ...하는 대로. **2** ...에 의해, ...에 의하면, ...에 의거해. **3** (누구의) 의견에 따르면.

segons que i) ...에 의하면, ...에 따라. *segons que sembla* 보기에는; ii) ...함에 따라, ...하는 것에 의해. *Segons que siguis bo o dolent, et rebutjaran o no* 네가 계속 잘 하냐 못 하냐에 따라 너를 거절할 것인지가 달려 있다.

segregacionisme segregacionismes *m.* 인종 분리주의, 인종 분리 정책.

segregar *tr.* **1** 분리하다, 격리하다. **2** 분비하다, 배설하다.

segrest segrests[segrestos] *m.* **1** (출판물의) 압수; 차압, 몰수; 차압 물건. **2** 인질, 납치, 유괴; 강탈. **3** [의학] 체내에 남은 부골편(腐骨片).

segrestar *tr.* **1** 차압하다, 몰수하다. **2** 인질로 삼다, 납치하다, 유괴하다.

seguda segudes *f.* 연좌 파업.

següent següents *adj.* 다음의, 이하의, 뒤에 따르는, 뒤따라오는.

seguici seguicis *m.* **1** 동반, 수행(acompanyament); [집합] 수행원. **2** (의식 행렬에서) 뒤따라가는 사람들, 행렬. **3** (주의·사상 등의) 지지자, 신봉자. **4** [비유] 결과, 후유증(efecte).

seguida seguides *f.* 추종, 수행; 연속, 계속.

de seguida 즉각, 즉시로, 곧바로.

seguiment seguiments *m.* **1** =seguici. **2** =seguida.

seguir *tr.* **1** 따르다, 따라가다, 쫓아가다. **2** 추종하다, 수행하다, 뒤따르다.

3 쫓다, 뒤를 밟다, 추적하다. **4** (길을) 따라가다; 계속해 가다. **5** (생각을) 따르다. *seguir el seu instint* 그의 본능을 따르다. **6** [비유] (누구를) 모방하다, 따르다. *seguir Aristòtil* 아리스토텔레스를 따르다. **7** (학문 등의) 길을 가다, 종사하다. **-se 1** 잇따르다, 뒤에 일어나다. **2** 유추하다, 추론하다, 추정하다; (어떤 결과를) 가져오다.
se segueix que ...로 추정된다.
seguit[1] seguits *m*. **1** 일련, 계속; 계열. **2** 조, 군, 무리. **3** 연속물, 시리즈.
per un seguit 보통, 일반적으로, 평상 적으로.
quin seguit de...! 너무도 많은...!
un seguit de 많은.
fa un seguit de dies 며칠 전에, 오래 전에.
seguit[2] seguida seguits seguides *adj*. **1** 계속되는, 연이은. **2** 뒤에 따르는, 뒤에 이어지는.
tot seguit 곧바로, 즉시, 바로 이어.
segur segura segurs segures *adj*. **1** 안전한, 안심할 수 있는. **2** 분명한, 명확한, 확실한. **3** 확신이 있는, ...할 것이라고 믿는.
ben segur que ...이라는 것을 전적으로 확신하고.
de segur 분명하게, 명백히, 확실히.
segura segures *f*. [식물] 소백국[국화의 일종].
segurament *adv*. 확고하게, 확실하게; 틀림없이; [구어] 아마도, 어쩌면.
seguretat segurances *f*. =seguretat.
seguretat seguretats *f*. **1** 안전; 치안, 보안, 안녕. *la seguretat pública* 공공의 안녕. **2** 확실함, 분명함, 의심의 여지가 없음. **3** 확신, 확고함. **4** 보증, 보장, 보호; 담보; 보험. **5** 신탁.
amb seguretat 분명히, 틀림없이, 의심할 여지가 없이.
de seguretat 안전한, 안전장치가 된. *vàlvula de seguretat* 안전밸브.
seguretat social 사회 보험, 사회 보장.
seient seients *m*. **1** 의자; 자리, 좌석. **2** (직분으로서의) 자리. **3** (도시·건물의) 부지, 지역, 곳. *un seient buit* 빈 곳. **4** (엔진·기계를 놓는) 대, 받침대;

기저. **5** 포좌(砲座). **6** (포장·벽돌 등을) 깐 바닥. **7** (기물·찻잔 등의) 바닥. **8** (부기의) 기장, 기입, 메모; 기입란. **9** [의학] (먹은 것의) 소화 불량, 거북함. **10** (말의) 안장. **11** 침전물, 앙금.
seitó seitons *m*. [어류] 멸치의 일종.
seixanta seixantes *adj*. 60의, 60번째의.
-m. 60.
seixantè seixantena seixantens seixantenes *adj*. 60번째의, 60등분의 1의.
-m. 60등분의 1.
-f. **1** 60개 (단위). *Va arribar una seixantena de camions* 60대의 트럭이 도착했다. **2** 60세, 육순. *Ja ha tombat la seixantena* 그는 이제 60세가 되었다.
seixantejar *intr*. 60세쯤 되다.
seixantenni seixantennis *m*. 60년.
seixantí seixantina seixantins seixantines *adj.m.f.* 60대의 (노인).
selecció *f*. **1** 가려 뽑은 것; 선택, 선발, 정선, 발췌, 추출. *selecció nacional* 국가 대표. **2** [생물] 선택, 도태. **3** (무전 전화의) 분리.
seleccionador seleccionadora seleccionadors seleccionadores *adj*. 선발하는.
-m.f. (대표팀) 코치.
seleccionar *tr*. **1** 뽑다, 가리다, 고르다; (대표 선수를) 선발하다. **2** (무전기에서) 분리하다.
selecte selecta selectes selectes *adj*. **1** 선택된, 골라진, 가려 뽑은, 정선된. **2** 우수한, 특별한; 상류의.
-f. (작품의) 선집.
selectivitat selectivitats *f*. **1** (대학 입시를 위한) 예비 시험. **2** (무선 전화의) 분리성, 분리도, 분리 감도. **3** 선택도, 선택률.
seleni *m*. [화학] 셀렌, 셀레늄.
selènic selènica selènics selèniques *adj*. 달의; 월리의.
selenografia selenografies *f*. [천문] 태음지리학, 월리학.
self-service self-services *m.ang.* =autoservei.
sella selles *f*. **1** 의자. **2** 안장. **3** (교황 등의) 직위.

selló sellons *m.* **1** (말의) 안장. **2** (자전거·오토바이 등의) 새들, 안장. **3** 물 항아리(càntir).

selva selves *f.* **1** 밀림, 정글 숲. **2** 혼란, 혼잡; (물건이) 어지럽혀져 있음.

selvàtic selvàtica selvàtics selvàtiques *adj.* **1** 밀림의. **2** 야만스러운, 미개한 (inculte).

semàfor semàfors *m.* 신호등, 신호탑, 신호기.

semàntic semàntica semàntics semàntiques *adj.* 의미의, 어의(상)의; 의미론의, 어의학의.
-*f.* [언어] 의미론, 어의학, 의의학.

semblança semblances *f.* **1** 유사, 닮음; 비슷한 점, 닮은 점(similitud). **2** 외견, 외관, 겉보기(aparença); 모양, 꾸밈. **3** [고어] 전기, 일대기.

semblant semblants *adj.* **1** 유사한, 닮은, 비슷한; 똑같은. **2** 그 같은, 그런, 이와 같은(tal, aquest). *Mai no li he sentit dir semblants paraules* 그가 그 같은 말을 하는 것을 들은 적이 없었다.
-*m.* 얼굴, 용모; 외모, 생김새(cara). *Avui fa millor semblant que ahir* 오늘 넌 어제보다 안색이 더 좋다.
fer semblant que 가장하다, 꾸미다, 시늉을 내다(fingir).
fer semblant de ser ...한 척하다, ...한 체하다. *Feia semblant de ser un babau* 그는 바보인 척했다.

semblar *intr.* **1** ...로 보이다, 생각되다; ...할 것 같다. **2** ...의 모습을 가지다, 닮다.
encara[malgrat] que no ho sembli 비록 그렇게는 안 보여도, 그런 것 같지는 않아도.
pel[segons] que sembla 보기에는.
sembla que ...인 것 같다.
sembla que vol... ...할 것처럼 보이다.
si et sembla bé 네가 괜찮다면.

sembra sembres *f.* 씨뿌리기, 파종; 파종시기; 뿌리는 일, 산재.

sembrada sembrades *f.* 파종(시기); 밭.

sembradura sembradures *f.* 씨, 종자(llavors).

sembrament sembraments *m.* =sembra.

sembrar *tr.* **1** 씨를 뿌리다. **2** 흩뿌리다, 살포하다. **3** [비유] (신앙·불화 등의) 씨가 되다, 도화선이 되다. **4** 세상에 널리 퍼뜨리다, 유포하다.

sembrat sembrada sembrats sembrades *adj.* sembrar한.
-*m.* 밭; 못자리.

semen semens *m.* 정액.

semença semences *f.* **1** 씨, 씨앗, 종자. **2** =semen.

sement sements *f.* =semença.

semental sementals *adj.* 씨, 종자의; 종축(種畜)의.
-*m.* 종축용 수컷.

sementera sementeres *f.* =sembra.

semestre semestres *m.* **1** 6개월, 반년; 상반기, 하반기. **2** (한) 학기. **3** (수입금 등의) 반년분.

semicercle semicercles *m.* [기하] 반구, 반원(형), 반월형.

semicircular semicirculars *adj.* 반구의, 반원형의.

semiconductor semiconductors *m.* [물리] 반도체.

semiconsonant semiconsonants *f.* [음성] 반자음.

semicorxera semicorxeres *f.* [음악] 16분음표.

semidéu semideessa semidèus semideesses *m.f.* [신화] 반신(半神), 신인(神人).

semiesfera semiesferes *f.* =hemisferi.

semifinal semifinals *adj.* 준결승의.
-*f.* 준결승(전).

semifusa semifuses *f.* [음악] 64분음표.

seminal seminals *adj.* 정액의; 씨의, 종자의.

seminari seminaris *m.* **1** (기독교의) 신학교. **2** (대학의) 세미나, 세미나 연구실; 연구회, 토론회. **3** [비유] (죄악 따위의) 온상.

seminarista seminaristes *m.* 신학생; (대학의) 연구생.

semiologia semiologies *f.* **1** 기호학; 기호언어. **2** [의학] 증후학.

semiòtic semiòtica semiòtics semiòtiques *adj.* 기호학의.
-*m.f.* 기호학자.

semita -*f.* **1** 기호학, 기호 언어학. **2** [의학] 증후학.
semita semites *adj.* 셈족의; 셈어의.
-*m.f.* [남녀동형] 셈족[셈의 자손으로 불리는 유태인, 아라비아인, 시리아인 등].
semític semítica semítics semítiques *adj.* 셈족의, 셈족에 관계되는, 셈족계의; 셈어계의.
-*m.* [언어] 셈어.
semivocal semivocals *f.* [음성] 반모음.
sèmola sèmoles *f.* 탄 보리, 껍질을 벗긴 보리.
sempitern sempiterna sempiterns sempiternes *adj.* 영원한, 불멸의.
sempiternal sempiternals *adj.* =sempitern.
sempre *adv.* **1** 언제나, 늘, 항상. **2** 끊임없이.
de sempre 항상, 언제든지.
des de sempre 옛날부터, 오래전부터.
per sempre 영원히, 영구히.
sempre que [접속법] 만일 ...하기만 하면(si); ...할 때마다(cada vegada que).
sempreviva semprevives *f.* [식물] 떡쑥.
senador senadora senadors senadores *m.f.* 상원 의원; 원로원, 참의원.
senadoria senadories *f.* senador의 지위·직.
senalla senalles *f.* **1** 장바구니. **2** 광주리로 때림.
senar senars *adj.* [주로 복수로 쓰여][수학] 기수의. *parells o senars* 짝수와 홀수.
senat senats *m.* 상원, 참의원, 원로원.
senatorial senatorials *adj.* senat의.
sencer sencera sencers senceres *adj.* **1** 온전한, 완전한. **2** 고스란히, 그대로의(íntegre).
senda sendes *f.* **1** 작은 길, 좁은 길, 오솔길. **2** [비유] 길, 방법, 방도.
sendemà sendemans *m.* =endemà.
sender senders *m.* =sendera.
sendera senderes *f.* 작은 길, 좁은 길, 오솔길.
senderi senderis *m.* [구어] 판단, 이성; 판단력, 분별력.
perdre el senderi 이성을 잃다.
senderisme senderismes *m.* (장거리) 도보 여행, 도보 훈련.
senectut senectuts *f.* 노년(기), 노령, 노경.
senescal senescals *m.* (왕실 등의) 집사.
senglar senglars *m.* [동물] 멧돼지.
sengles *adj.pl.* 각각, 하나씩의. *Donaren a cada cavaller sengles cavalls* 기사들 각각에게 말 한 필씩을 선사했다.
sènia sènies *f.* =sínia.
senil senils *adj.* 늙은, 노령의, 노인의. *debilitat senil* 노령기의 쇠약.
senilitat senilitats *f.* 노령, 노쇠, 쇠약.
senill senills *m.* =canyís.
sènior sèniors *adj.m.f.* 고참자(의), 선배(의).
sens *prep.* =sense.
sens dubte 의심할 나위 없이.
sensació sensacions *f.* **1** 느낌, 기분, 감정, 인상(impressió). **2** 감각, 지각. **3** 감동, 흥분, 감개무량; 센세이션, 대단한 평판, 선풍적 인기. **4** [비유] 대사건, 물의.
fer la sensació 감동을 주다; 센세이션을 불러일으키다.
sensacional sensacionals *adj.* **1** 감각의, 지각의. **2** 감동적인; 선풍적 인기의, 좋은 평판의; 세상을 놀래게 하는. *una notícia sensacional* 놀랄만한 소식. **3** 관능주의의, 선정적인. **4** [철학] 감각론의.
sensacionalisme sensacionalismes *m.* **1** 인기만 노리는 주의. **2** [논리] 관능주의, 선정적 문체. **3** [철학] 감각론.
sensat sensata sensats sensates *adj.* 사려 깊은, 분별 있는, 신중한; 현명한.
sensatesa sensateses *f.* 사리 분별, 신중; 현명.
sense *prep.* **1** [명사·대명사를 보어로 하여] ...이 없는. *un càntir sense nansa* 손잡이가 없는 항아리. **2** [동사 앞에 쓰여] ...하지 않고서. *Ha entrat sense trucar* 노크하지 않고 들어갔다. **3** [목적 보어를 생략하여] ...이 없이. *Vols el cafè amb sucre o sense?* 설탕 넣은 커피를 원하니 안 넣은 커피

sensibilitat를 원하니?
no sense [부정어와 함께 긍정을 나타냄] *El vaig prendre no sense repugnància* 나는 그를 기꺼이 취했다.
sense que ...함이 없이, ...하지 않고. *Ja ho sabrem fer sense que tu ens ajudis* 너의 도움이 없이도 우리가 그것을 잘 할 수 있을 것이다.
sensibilitat sensibilitats *f.* **1** 감각(력), 지각. **2** 감성, 감수성. **3** 신경과민, 신경질. **4** [기계] (계기 따위의) 감도. **5** (사진의) 감광성.
sensibilitzador sensibilitzadora sensibilitzadors sensibilitzadores *adj.* sensibilitzar하는.
sensibilitzar *tr.* **1** 느끼게 하다, 지각하게 하다; 민감하게 하다, 감각을 예민하게 하다. **2** (필름의) 감도를 높이다, 감광성을 높이다. **3** [비유] (여론을) 민감하게 만들다, 공론을 일으키다.
sensible sensibles *adj.* **1** 분별 있는, 양식을 갖춘, 사리를 아는, 현명한. **2** 느낄 수 있는, 지각할 수 있는(perceptible). **3** 두드러질 정도의, 현저한, 분명한. **4** 감각이 있는; 느끼기 쉬운, 민감한, 예민한. **5** 감정적인, 감수성이 예민한, 곧잘 감동을 받는(impressionable) **6** 감도가 강한, 감광성의.
sensibleria sensibleries *f.* 거짓, 가장, 꾸밈; ...하는 척하기; (감정의) 과장.
sensitiu sensitiva sensitius sensitives *adj.* **1** 민감한, 예민한. **2** 느끼기 쉬운, 감수성이 강한; 신경과민의, 화를 잘 내는; (감정이) 상하기 쉬운; 걱정·고민하는. **3** (사진의) 감광성 필름의. **4** [기계] 감도가 좋은. **5** [경제] (시장 등이) 불안정한. **6** (기밀 따위를 위해) 극도의 신중을 요하는; 절대 충성을 요하는.
-*f.* [식물] 함수초.
sensor sensors *m.ang.* 감지기, 감지 장치.
sensori sensòria sensoris sensòries *adj.* =sensorial.
-*m.* 감각 중추, 지각 중추, 지각 기관.
sensorial sensorials *adj.* 지각의, 감각의; 지각 기관의, 감각 중추의.
sensual sensuals *adj.* **1** 관능적인, 관능의 만족을 구하는; 호색의, 육욕의; 육감적인. **2** 세속적인, 물질적인. **3** [철학] 감각론의.
sensualisme sensualismes *m.* 관능주의, 감각주의; 감각론.
sensualitat sensualitats *f.* 육감, 관능적임, 육욕적임, 감각성; 음탕, 호색.
sentència sentències *f.* **1** 의견, 판단, 견해(opinió). **2** 금언, 격언(màxima). **3** [법률] 선고, 판결(문). **4** [문법] 문장.
sentenciar *tr.* **1** [법률] 선고하다, 판결하다; (죄·책임을) 지우다(condemnar). **2** 재정(裁定)하다, 처분하다; 폐쇄하다, 없애 버리다. -*intr.* 판결을 내리다.
sentenciat sentenciada sentenciats sentenciades *adj.m.f.* 선고·형을 받은 (사람).
sentida sentides *f.* 아픔, 통증; 취향; 냄새, 향.
sentiment sentiments *m.* **1** 느낌, 마음; 정, 감정; 감격. **2** 소감, 감상, 생각; 취지. **3** 슬픔, 유감; 애도. **4** (예술에 나타난) 정취, 정서.
sentimental sentimentals *adj.* **1** 감상적인, 다정다감한; 정에 약한, 눈물이 헤픈. **2** 감정적인, 감정이 과장된.
sentimentalisme sentimentalismes *m.* 감상(에 젖음), 감상주의.
sentinella sentinelles *m.f.* 보초, 파수꾼. *fer de sentinella* 보초·파수를 서다.
-*f.* [군사] 초소.
sentir *tr.* **1** 느끼다. *sentir un sabor* 맛을 느끼다. **2** 듣다, 생각하다. **3** 알다, 깨닫다, 알아차리다, 감지하다. *sentir cantar algú* 누군가가 노래하는 것을 알아차리다. **4** 경험하다. **5** 유감으로 생각하다, 슬퍼하다, 애도하다. *sentir la mort d'un amic* 친구의 죽음을 슬퍼하다. -*se* **1** 느끼다. **2** 슬퍼하다; 언짢아하다, 유감으로 생각하다.
sentit[1] sentits *m.* **1** 느낌, 감각, 감성. **2** 판단(력), 이성; 의지, 의식. **3** 뜻, 의미, 의의(significació). *frase sense sentit* 의미 없는 구(절). **4** 목적(의식) (finalitat). **5** 방향 (감각).
amb tots els cinc sentits 무척 주의하여, 정신을 바짝 차리고.
de doble sentit 중의적인, 모호한; 두

마음을 가진.
en el sentit que ...라는 의미에서.
no tenir[no fer] sentit 의미가 없다.
no tenir sentits 아무것도 의식하지 못하다.
perdre els sentits 이성을 잃다, 정신을 잃다.
recobrar els sentits 정신을 차리다, 의식을 회복하다.
sentit[2] **sentida sentits sentides** *adj.* **1** 감정이 서린, 깊은 마음에서 나오는. **2** 의미 있는, 뜻 깊은. **3** 감정이 풍부한; 감정이 격한, 성마른.
sentor sentors *m.* 냄새, 향, 맛.
seny senys *m.* 판단, 사려, 분별.
estar fora de seny 분별력을 잃고 있다, 정신이 몽롱하다.
senya senyes *f.* 특징, 특성; 상세한 것; 표적.
senyal senyals *m.* **1** 표, 표적, 표식 (marca). **2** 제스처, 몸짓, 손짓(gest); (기계 등의) 신호. **3** 안내, 길잡이. **4** 낌새, 징후, 징조(indici). **5** 증거; 자국, 흔적, 형적; 발자국; (상처 등의) 자국. **6** 증거금, 착수금. **7** 경계표.
senyalar *tr.* **1** 표를 하다, 표식을 하다. **2** (가축에게) 표를 찍다. **3** 가리키다, 지시하다. **4** 보이다, 나타내다; 낌새를 보이다. **5** (때·장소 등을) 지정하다. **6** 흔적을 남기다; 상처 자국을 남기다.
senyalització senyalitzacions *f.* **1** senyalitzar하는 일. **2** (철도 등의) 신호체계.
senyalitzar *tr.* **1** 신호하다, 교신하다; 신호로 알리다. **2** 시그널을 설치하다. **3** [비유] 유명하게 하다, 두드러지게 하다.
senyar *tr.* **1** =senyalar. **2** 성호를 긋다. **-se** 신호를 주고받다, 교신하다; 성호를 긋다.
senyera senyeres *f.* 기, 군기, 단기; 국기.
senyor senyora senyors senyores *adj.* **1** 빼어난, 품위 있는. **2** [명사 앞에서] 대단한, 훌륭한(distingit). *un abric molt senyor* 매우 훌륭한 외투. **3** 신분이 높은, 고귀한. **4** 다스리는, 지배·군림하는.
-m.f. **1** 주인, 소유자. **2** 영주, 원님; 임금, 황제. **3** (하인에 대한) 주인(나리). **4** [대문자][성서] 주(主), 하나님, 예수 그리스도.
-m.f. **1** [경어] ...분, 신사. *ésser tot un senyor* 그야말로 신사다. **2** [호칭] 선생님, 부인.
senyorejar *tr.* **1** (주인으로서) 다스리다, 지배하다, 군림하다. **2** 주재하다. *-intr.* 권력을 행사하다, 상전 티를 내다; 맘대로 처리하다.
senyoret senyoreta senyorets senyoretes *m.f.* 도련님, 주인님, 나리; 마님. *-f.* **1** [경어] 양, 미스. **2** [곤충] 잠자리. **3** [어류] 홍갈치.
senyoria senyories *f.* **1** 지배(권), 영주권; 영지. **2** [고관의 직위에 있는 사람에 대한 경어로 쓰여] 귀하, ...님.
senyorial senyorials *adj.* **1** 영토의, 영지의. **2** 지배권의; 당당한, 위엄 있는, 점잖은.
senzillament *adv.* 단지, 간단하게, 단순하게; 꾸밈없이, 소박하게, 순순히.
senzill senzilla senzills senzilles *adj.* **1** 단순한; 단일의, 하나의. **2** 쉬운, 간단한(fàcil). **3** (티켓이) 1회의. **4** (사람이) 단순한, 소박한, 간소한, 꾸밈없는.
senzillesa senzilleses *f.* **1** 단순, 간단. **2** 순박함, 소박, 유순함; 꾸밈없음, 자연스러움(naturalitat).
separació separacions *f.* **1** 분리, 격리. **2** (부부의) 이별, 별거 (생활). **3** 분열, 탈퇴. **4** 분석.
separar *tr.* **1** 나누다. **2** 떼어 놓다, 분리시키다, 격리시키다. **3** 이혼시키다, 별거시키다. **4** 해임하다, 탈퇴시키다. **-se 1** 나누어지다, 갈라지다. **2** 이혼하다. **3** 탈퇴하다, 손을 떼다.
separata separates *f.* (인쇄물 등의) 별쇄본.
separatisme separatismes *m.* (정치·종교적인 이유로 인한) 분리주의, 독립노선.
separatista separatistes *adj.* 갈라놓는, 편을 가르는, 분리주의의.
-m.f. 분리주의자.
sepeli sepelis *m.* 장례, 매장.
sèpia sèpies *f.* [어류] 오징어의 일종.

septe septes m. [해부] (코의) 막 모양의 격장.
septenari septenària septenaris septenàries adj. 7의, 7단위의; 7일간의, 7일마다의.
-m. 일곱; 일곱 개 한 벌; 1주, 7일간; 7일제.
septennal septennals adj. 7년간의; 7년마다의.
septenni septennis m. 7년(간).
septentrió septentrions m. 북부, 북구 (nord).
septentrional septentrionals adj. 북쪽의; 북구의.
-m.f. 북쪽 사람, 북구 사람.
sèptic sèptica sèptics sèptiques adj. [의학] 부패시키는, 폐혈성의.
septicèmia septicèmies f. [의학] 폐혈증.
sèptim sèptima sèptims sèptimes adj. =setè.
-f. [음악] 제7도 음정.
septuagenari septuagenària septuagenaris septuagenàries adj.m.f. 70대(의).
septuagèsim septuagèsima septuagèsims septuagèsimes adj. =setantè.
-f. (기독교의) 칠순제 주일[사순절의 첫 안식일 전 3주간의 종교 축제].
sèptuple sèptuples adj. 7배의, 7중의.
sepulcral sepulcrals adj. 1 묘의. 2 음산한, 음침한, 암담한.
sepulcre sepulcres m. 1 묘, 무덤, 분묘. 2 [비유] 은밀하게 숨기는 것.
el Sant Sepulcre 성묘[예루살렘에 있는 그리스도의 묘].
sepulcre emblanquinat [비유] 회칠한 무덤, 위선자.
sepultar tr. 1 장사 지내다, 매장하다. 2 묻다, 숨기다, 가라앉히다.
sepultura sepultures f. 장사, 매장; 무덤, 묘, 분묘.
sequaç sequaç sequaços sequaces adj. 종파의; 분파의; 당파의; 당파심이 강한; 학파의.
-m.f. 1 문도, 신도, 신봉자. 2 동료, 당원.
sequedat sequedats f. 1 가뭄, 건조. 2 살풍경, 무미건조. 3 무뚝뚝함, 냉담, 쌀쌀함.
seqüela seqüeles f. 1 결과. 2 [의학] 후유증, 결과.
seqüència seqüències f. 1 일련, 연속(물), 연쇄, 계속. *una seqüencies de molèsties* 일련의 불편 사항들. 2 연달아 일어남, 속발. 3 전후 관련, 순서, 차례. 4 결과, 귀추, 결론. 5 [영화] (영화의) 시퀀스[몇 개의 장면이 모여 이룬 일련의 화면]. 6 [음악] 반복 진행, 화성적 진행. 7 [수학] 수열. 8 (가톨릭의) 속창. 9 [문법] 시제의 일치.
sequera sequeres f. =secada.
sèquia sèquies f. 도랑, 관개수도; 하수도.
sequoia sequoies f. [식물] (북미 산의) 세쿼이아.
ser[1] intr. =ésser.
ser[2] sers m. =ésser.
serafí serafins m. [비유] 미남.
serè serena serens serenes adj. 1 맑은, 온화한; 고요한, 잔잔한. *un cel serè* 맑은 하늘. 2 (마음이) 차분히 가라앉은, 침착한, 흥분하지 않는(tranquil). 3 변덕이 없는.
-f. 1 (하늘이) 맑음. 2 밤이슬, 밤기운.
a la serena 밤이슬에 젖어; 야외에서, 노천에서.
serenata serenates f. [음악] 소야곡, 세레나데.
serenitat serenitats f. 1 맑음; 고요함, 고즈넉함. 2 침착, 냉정, 차분함, 평온. 3 [왕자에 대한 호칭으로서] 전하.
sereno serenos m. 야간 순찰, 야경꾼, 야간 당번.
serenor serenors f. =serenitat.
sereny serenya serenys serenyes adj. 온전한, 건전한, 싱싱한.
serf serva serfs serves m.f. 1 하인, 하녀, 종, 머슴, 시녀; 노예. 2 [겸양 어법으로 쓰여] 소인, 저, 소생.
sergent sergenta sergents sergentes m.f. 1 하사관; 중사, 상사. 2 (경찰의) 경사. 3 [비유] 훈련 교관.
seriació seriacions f. 차례로 배열하기.
serial serials adj. sèrie의.
-m. (라디오·텔레비전의) 연속극, 시리즈물.

seriar *tr.* (줄로) 늘어놓다, 차례로 하다, 줄줄이 이어 놓다.

sèric sèrica sèrics sèriques *adj.* 세럼의.

sericícola sericícoles *adj.* 비단의, 무명의.

sericicultura sericicultures *f.* [농업] 양잠(업).

sèrie sèries *f.* **1** 일련, 한 계열, 연속 (seguit); 조, 군, 무리. **2** (도서의) 시리즈, 총서, 연속 출판물. **3** [동식물] 족. **4** [화학] 열(列). **5** [생물] 계열. **6** [수학] 급수. **7** [전기] 직렬. **8** [지질] 계(系), 통(統).
en sèrie i) 대량의, 대량 생산의; 대량으로, 대량 생산으로; ii) [전기] 직렬식의; 직렬로.
fora de sèrie 매우 훌륭한, 탁월한.

serietat serietats *f.* **1** 진지함, 차분함, 고지식함. **2** 중대성, 위험; (병세의) 위독, 중태.

serigrafia serigrafies *f.* 실크 스크린[등사 인쇄의 일종].

seriós seriosa seriosos serioses *adj.* **1** 진지한, 정색을 한, 농담이 아닌, 고지식한. **2** 책임 있는(responsable); 정식의(formal). **3** (건강이) 심상치 않은, 중한, 위독한(important). *una malatia seriosa* 중한 병.
posar-se seriós 진지해지다.

sermó sermons *m.* **1** 말씀, 설교, 수훈. *el sermó de la muntanya* [성서] 산상수훈. **2** 강해, 법화. **3** [구어] 잔소리, 훈계.

sermonar *intr.* 설교하다(predicar).

sermonejar *tr.* 잔소리하다, 훈계하다 (amonestar).

serós serosa serosos seroses *adj.* **1** 장액의, 혈청의. **2** 장막 모양의.
-f. [해부] 장막.

seroteràpia seroteràpies *f.* 혈청 요법.

serp serps *f.* [동물] 뱀.

serpejar *intr.* =serpentejar.

serpent serpents *m.*[*f*] =serp.

serpentejar *intr.* 사행하다, 꾸불꾸불 가다; 굽이치다.

serpentí serpentina serpentins serpentines *adj.* **1** 뱀의, 뱀 같은. **2** 꾸불꾸** 불한, 굽이진; 물결 모양의, 기복이 있는. **3** [시어] 감돌아드는.
-m. **1** (옛날 총의) 격철; (옛날의) 박격포. **2** (증류기의) 사관.
-f. [광물] 사문석(蛇紋石).

serpeta serpetes *f.* 악한 사람, 사악한 자.

serpoll serpolls *m.* [식물] 백리향.

serra serres *f.* **1** 톱. **2** [지리] 산맥. **3** [어류] 톱상어.

serrà serrans *m.* [어류] 보리새우.

serradís serradissos *m.* 타기·작업하기 쉬운 나무.

serrador serradora serradors serradores *adj.* 톱질하는, 톱질에 쓰이는.
-m.f. 톱질하는 사람.

serradura serradures *f.* **1** 톱질, 톱으로 자름. **2** *pl.* 톱밥, 대팻밥.

serralada serralades *f.* [지리] 산맥.

serraller serrallera serrallers serralleres *m.f.* 자물쇠 제조자.

serrar¹ *tr.* 톱질하다, 톱으로 썰다.

serrar² *tr.* 좁히다, 꼭 조이다; 이빨로 꽉 물다(estrènyer).

serrell serrells *m.* **1** (천의) 술, 술 장식. **2** (천 끝의) 풀어짐. **3** (이마에 내려드린) 앞머리.

serrera serreres *f.* [건축] 도리.

serrill serrills *m.* =serradures.

sèrum sèrums *m.* [생리] 장액; 혈청.

serva serves *f.* **1** serf의 여성형. **2** [식물] 마가목의 열매.

servar *tr.* **1** 지키다, 준수하다(observar). **2** 유지하다(guardar); 보관하다, 관리하다. **3** 바치다, 지탱하다. *-intr.* (배가) 조종·컨트롤이 잘되다.

servatge servatges *m.* **1** serf의 일·신분. **2** [비유] =esclavitud.

servei serveis *m.* **1** 섬김, 봉사; 시중, 돌봄. **2** 호의, 도움, 손길(favor). **3** (공공의) 업무, 사업, ...업. *el servei de correus* 우편 업무. **4** 직무, 사무, 근무, 봉직. **5** 공로, 공헌, 공훈. **6** 유익, 혜택, 쓸모. **7** 기관, 부처; 부문, 부. **8** (교통 기관의) ...편. **9** 병역, 군무. *servei militar* 군 복무. **10** (식기 등의) 한 벌, 세트. **11** (한 사람분의) 밥상, 인분 식사. **12** [종교] 예배, 예불. **13**

servent

영업; 사업, 서비스. **14** [스포츠] (테니스 등의) 서브.
-*m.pl.* 경제 활동.
entrar en servei 영업을 시작하다.
estar de servei 누구를 섬기다, 누구를 모시다.
fer servei 쓸모 있다, 유익이 되다.
fer un mal servei 해를 끼치다, 폐를 주다.
posar en servei 사용하다, 작동시키다.
prestar els seus serveis (공무원·하인 등이) 봉사하다, 헌신하다.
servent serventa servents serventes *m.f.* **1** 봉사자, 소사. **2** 종, 머슴, 하인.
server servers *m.* [식물] 마가목.
servera serveres *f.* =server.
servicial servicials *adj.* 친절한, 정중한, 공손한.
-*m.* 세장약(洗腸藥).
servidor servidora servidors servidores *adj.m.f.* 섬기는·봉사하는 (사람).
servil servils *adj.* **1** 하인의, 하인 같은, 노예적인, 굴종적인. *el traball servil* 하인의 일. **2** 천한, 비굴한, 천박한. **3** 고스란히; 개성이 없는. **4** [역사] 왕당파[19세기 초 스페인의 왕당파에 대한 경멸적인 표현]의.
servilisme servilismes *m.* **1** 노예근성, 비굴함; 노예 상태, 굴종, 예속. **2** [역사] (19세기 초 스페인의) 왕당파.
servilitat servilitats *f.* =servilisme.
servir *tr.* **1** 섬기다, 봉사하다. *servir Déu* 신을 섬기다. **2** 돕다, 거들다; 도움이 되다, 소용이 되다. *En què puc servir-vos?* 무엇을 도와드릴까요? **3** 하인의 일을 하다, 종살이하다. **4** 근무하다, 의무를 다하다; (...의) 역할을 하다. **5** (군대에서) 복무하다. **6** (경기에서) 서브를 넣다. *servir la pilota* 서브를 넣다. **7** 시중을 들다; (술을) 따르다. **8** (포탄 등을) 장전하다. **9** (상품을) 제공하다, 판매하다. -*intr.* 소용되다, 유익하다, 도움이 되다. **-se 1** 이용하다, 사용하다. **2** (음식을) 들다.
fer servir 사용하다, 이용하다.
no servir de res 아무런 역할도 못하다, 아무 도움이 안 되다.
no servir per a res 아무 소용이 없다,

아무 쓸데가 없다.
servir la pilota[servir] [스포츠] (테니스·탁구 등의) 서브를 넣다.
servitud servituds *f.* **1** 노예 신분, 노비; 노역, 징역. **2** [법률] 용역권, 사용권.
servofrè servofrens *m.* 자동 제동기, 자동 제어 장치.
servomecanisme servomecanismes *m.* [기계] 자동제어장치.
ses[1] *adj.* [복수 여성명사 앞에 쓰여] =les seves. *Ses germanes li havien escrit dues cartes* 그의 여동생들은 그에게 두 통의 편지를 썼다.
ses[2] *art.* [방언][**sa**의 복수형] =les. *donar menjar a ses gallines* 닭들에게 먹이를 주다.
ses[3] sessos *m.* [해부] 항문 부분.
sèsam sèsams *m.* [식물] 참깨.
Obre't, sèsam 열려라 참깨야!
sessió sessions *f.* **1** [정치] (의회·회의·법정 등의) 개회, 개정. **2** (거래소의) 입회. **3** [영화] 상영 (회수). **4** 회기, 개정 기간. **5** [구어] 수업 시간. **6** 협의회, 위원회.
aixecar[cloure, tancar, llevar, alçar] la sessió 폐회하다, 폐원하다, 폐정하다.
obrir la sessió 개회하다, 개원하다, 개정하다.
sesta sestes *f.* **1** (오후의) 첫 시간. **2** (점심 식사 후의) 휴식, 낮잠, 오수.
fer la sesta (점심 식사 후의) 짧은 휴식을 갖다, 낮잠을 자다.
sestejar *intr.* 짧은 휴식을 취하다, 낮잠을 자다.
set[1] sets *f.* **1** 목마름, 갈증. **2** [비유] 갈망, 열망.
fer passar la set 갈증을 없애다, 해갈하다; 욕구를 채우다.
morir-se de set [구어] 목말라 죽다.
set[2] sets *adj.* **1** 7의. **2** 일곱 번째의.
-*m.* **1** 7. **2** 7(단위); (카드의) 일곱 패.
-*m.f.* **1** 일곱 번째. **2** *pl.* [단·복수동형] 일곱 개, 일곱 명. *les set primeres* 처음 일곱 명.
-*f.pl.* 일곱 시(=les set).
set[3] sets *m.* (의복의) 째진 곳, 해진 곳 (estrip).
setanta setantes *adj.* **1** 70의. **2** 70번째

setantè 의, 70분의 1.
-*m.* 70; 70분의 1.
-*m.f.* **1** 70번째. **2** *pl.* [단·복수동형] 70 (단위).
setantè setantena setantens setantenes *adj.* 70번째의; 70등분의 1의.
-*m.f.* 70번째.
-*m.* 70분의 1.
-*f.* **1** 70개 (단위). **2** 70대, 70대의 노인. *Ja ha arribat a la setantena* 벌써 나이 70대가 되었다.
setantejar *intr.* 70대가 되다.
setantenni setantennis *m.* 70년.
setantí setantina setantins setantines *adj.m.f.* =septuagenari.
set-centè set-centena set-centens set-centenes *adj.* 700번째.
setcentista setcentistes *adj.* 18세기의.
set-cents set-centes *adj.* 700의, 700번째의.
-*m.* 700.
-*m.f.* **1** 700번째. **2** *pl.* [단·복수동형] 700(단위).
setciències setciències *m.f.* [단·복수동형] 만물박사; 무엇이든지 아는 척하는 사람.
setè setena setens setenes *adj.* **1** 일곱 번째의. **2** 7등분의 1의.
-*m.f.* 일곱 번째.
-*m.* 7등분의 1.
-*f.* 7개; 7개 1조.
setembre setembres *m.* 9월.
pel[*al*] *setembre* 9월에.
setge setges *m.* 에워쌈, 포위(망).
alçar[*aixecar, llevar*] *el setge* 포위망을 풀다.
estrènyer el setge 포위망을 조이다.
posar setge 포위하다.
seti setis *m.* **1** 장소, 곳. **2** 자리, 의자.
deixar al seti [구어] 즉사시키다.
quedar al seti [구어] 즉사하다, 그 자리에서 죽다.
setí setins *m.* 비단, 실크.
setinar *tr.* (종이나 천을) 광택을 내다.
setinat setinada setinats setinades *adj.* 비단 같은, 광택이 나는.
setmana setmanes *f.* 주, 주간.
cap de setmana 주말.
entre setmana 주중에.
la setmana passada[*proppassada*] 지난 주.
la setmana que ve[*entrant, vinent, la propera setmana*] 다음 주.
setmanada setmanades *f.* 주급, 주 수당.
setmanal setmanals *adj.* 주의, 주 1회의, 매주의; 주간의.
setmanari setmanaris *m.* 주간 잡지, 주간지, 주간 신문, 주보.
setmesó setmesona setmesons setmesones *adj.m.f.* 임신 7개월에 태어난 (아이), 칠삭둥이.
setrill setrills *m.* 기름병, 기름통.
setrilleres *f.pl.* (식탁의) 양념통 놓는 대.
setter setters *m.ang.* **1** 놓는 사람. **2** (인쇄의) 식자공. **3** 작곡가. **4** 세터[사냥감의 소재를 알리도록 훈련된 개]. **5** [비유] 교사자, 선동자; (사기꾼 등의) 한패. **6** (경찰의) 스파이, 밀사.
setze setzes *adj.* **1** 16의. **2** 16번째의.
-*m.f.* **1** 16번째. **2** *pl.* 16(단위).
-*m.* 16.
les setze 16시.
fer setze [속어] 손가락으로 소리 내다.
setzè setzena setzens setzenes *adj.* 16번째의; 16등분의 1.
-*m.f.* 16번째.
-*m.* 16등분의 1.
en setzè 사륙배판 서적.
seu[1] seus *f.* **1** (가톨릭의) 주교·대주교좌; 그 관구; (로마 교황의) 좌·위. **2** 교좌, 왕좌. **3** 본청, 본부, 본점, 본거지.
Santa Sede 로마 교황의 좌·위.
seu social (은행·회사 등의) 본점, 본부.
seu[2] seva[seua] seus seves[seues] *adj.* [3인칭 대명사의 소유격 형용사형] 그의, 그녀의, 당신의. *un germà seu* 그의·그녀의·당신의 동생.
el seu, la seva [정관사와 함께 하여 명사 앞에 위치함] 그의, 그녀의, 당신의. *el seu germà* 그·그녀·당신의 동생.
sèu sèus *m.* 수지; 지방.
seure *intr.* 앉다, 착석하다, 좌석에 앉다. *seure a terra* 바닥에 앉다.
sever severa severs severes *adj.* **1** 엄

한, 모진, 엄격한, 준엄한. *un mestre sever amb els seus alumnes* 자신의 학생들에 대해 엄격한 선생. **2** [비유] (일이) 힘든, 어려운. **3** (폭풍 따위가) 맹렬한, 사나운, 격심한. **4** [의학] 심한, 위중한. **5** 엄밀한, 엄정한.

severitat severitats *f.* **1** 엄격, 엄중, 엄함. **2** 엄숙, 준엄함. **3** 가혹, 혹독함; 심함, 통렬함.

sevillana sevillanes *f.* **1** 안달루시아의 춤. **2** 올리브의 일종.

sexagenari sexagenària sexagenaris sexagenàries *adj.m.f.* 60대의 (노인).

sexagèsim sexagèsima sexagèsims sexagèsimes *adj.* =seixantè.
-*f.* 사순절 전의 두 번째 일요일.

sex-appeal sex-appeals *m.ang.* 성적 매력.

sexe sexes *m.* [남녀·자웅의] 성(性).
 bell sexe 여성.
 sexe dèbil 여성.
 sexe fort 남성.

sexennal sexennals *adj.* 6년의; 6년마다의.

sexenni sexennis *m.* 6년, 6개년.

sexisme sexismes *m.* 여성차별주의, 남녀 차별.

sexòleg sexòloga sexòlegs sexòlogues *m.f.* 성과학자, 성심리학자.

sexologia sexologies *f.* 성과학, 성학.

sext sexta sextos sextes *adj.* =sisè.
-*f.* (로마 시대의) 제6시.

sextant sextants *m.* **1** (고대 로마의) 6푼짜리 동전. **2** [천문] 육분의자리.

sextet sextets *m.* [음악] 6중주, 6중창.

sextina sextines *f.* [고어] 장시의 일종 [11음절의 6행련 6개와 3행련 1개로 이루어진 시].

sèxtuple sèxtupla sèxtuples sèxtuples *adj.* 6배의, 여섯 겹으로 된.
-*m.* 6배, 여섯 겹.

sextuplicar *tr.* 6배로 하다.

sexual sexuals *adj.* **1** 남녀의, 자웅의, 암수의. **2** 성의, 성적인, 성에 관한.

sexualitat sexualitats *f.* **1** 성별; 남녀·자웅 구별; 성기능, 유성. **2** 성욕; 성적인 것.

sexuat sexuada sexuats sexuades *adj.* [생물] (남녀·자웅의) 성을 가진.

sexy sexys *adj.ang.* **1** 성적 매력이 있는; 매우 화려한, 대중의 인기가 있는. **2** [속어] (군대의) 신형 무기.

si^1 sins *m.* **1** 오목한 것, 파인 것, 들어 간 것(cavitat). **2** [해부] 강(腔); 흉강, 가슴; 자궁. **3** [지리] 만(灣)(badia). **4** 내부, 중심, 깊숙한 곳. **5** (여자의) 유방. **6** [비유] 품, 품속, 가슴속(cor). **7** [수학] 사인. **8** (파도의) 골짜기.
 el si d'Abraham 아브라함의 품속; 다른 생명.

si^2 *m.* [음악] 시[장음계의 제7음], 나음.

si^3 *conj.* **1** [가정·조건·의문] 만일 ...라면, 만일 ...한다면. *Si li ho deies (o diguessis), no s'ho creuria* 만일 네가 그에게 그것을 말한다면 그것을 믿지 않을 것이다. **2** [희구·바람] ...할 수만 있다면. *Si pogués anar-hi!* 갈 수만 있다면 얼마나 좋을까! **3** [양보] ...한다 하더라도, 비록 ...일지라도. *Si calla no és perquè cregui que no té raó* 그가 가만히 있을지라도, 그것은 자기가 틀리다고 생각해서가 아니다. **4** [감탄·강조] *Si ho sabessis!* 네가 그것을 모르고서야! **5** 당연히, 그렇고말고. *Si me'n recordo d'aquells dies!* 내가 어찌 그날들을 기억 못하겠어!
 si bé 설사, 설혹, 비록 ...이지만.
 si de[per] cas 어쩌면.
 si doncs no 만일 ...하지 않는다면. *No vindrà si doncs no el truques* 네가 그를 부르지 않는다면 그는 오지 않을 것이다.
 si més no 최소한, 적어도.
 si no 만일 ...하지 않는다면.
-*pron.* [3인칭 주어 자신을 받는 대명사로 전치사를 취함] 자기 자신, 그것 자체. *Ella sempre parla de si mateixa* 그녀는 항상 자기 자신에 대해 말한다.
 amb si 손수, 자신이, 자신과 함께.
 en si mateix 그 자신 스스로에, 그 자신에게.
 fora de si 제정신 아닌, 정신 나간, 넋나간.

sí *adv.* **1** [긍정] 예, 그렇습니다. *Hi aniràs demà? -Sí.* 내일 갈 거니? -그래.

2 [강조] 확실히, 정말로, 분명히 ...이다. *Ell sí, que és un savi.* 그는 그야말로 정말 학자다.
-*m.* 동의, 허락, 승인(consentiment).
perquè sí 그렇기 때문에.
Això sí que no! 그건 절대 아니야!
És clar que sí! 그럼!, 아무렴!, 그렇고말고!

sia [ésser의 접속법 현재 3인칭 단수의 고어형] ...되길. *Així sia!* 그렇게 되길!; [배분 접속사] ...이거나 또는 ...이거나. *Sia bo, sia dolent* 좋든 나쁘든.
o sia 즉, 다시 말해, 말하자면.

sialisme sialismes *m.* =salivació.

siamès siamesa siamesos siameses *adj.* **1** 타이의, 타이의, 타이 민족의; 타이어의. **2** [의학] 몸이 붙은.
-*m.f.* **1** 타이 사람. **2** (몸이 붙은) 쌍둥이.
-*m.* [언어] 타이어, 태국어.

sibarita sibarites *adj.* **1** 시바리스[이탈리아에 있던 고대 그리스의 수도]. **2** 음란한, 음탕한; 사치스러운.
-*m.f.* [남녀동형] 시바리스인; 음탕하고 사치스러운 사람.

sibilant sibilants *adj.* **1** 쉬쉬 소리를 내는(xiulant). **2** [음성] 치찰음의.

sibil·la sibil·les *f.* [신화] (옛 그리스·로마의) 무당, 무녀; 여자 점쟁이·예언자·마술사, 마녀.

sibil·lí sibil·lina sibil·lins sibil·lines *adj.* sibil·la의; 예언적인, 신비적인.

sic *adv.llat.* 원문 그대로.

sicòmor sicòmors *m.* [식물] (이집트 산) 무화과.

SIDA *f.* [의학] 에이즈[후천성 면역결핍증: 'síndrome d'immunodeficiència adquirida'].

sidecar sidecars *m.ang.* **1** (오토바이의) 사이드카. **2** 칵테일의 일종[브랜디에 레몬주스, 밀감주를 섞은 것].

sideral siderals *adj.* [천문] 천체의; 별의, 항성의.

siderúrgia siderúrgies *f.* 제강, 제철업.

sidra sidres *f.* 시드라[사과주, 사이다].

sífilis sífilis *f.* [단·복수동형][의학] 매독, 성병.

sifó sifons *m.* [물리] 사이펀 곡관, 사이펀 병·용기; 흡수관.

sigil sigils *m.* **1** 조심, 신중, 주의, 예방. **2**. 비밀, 은닉, 묵비.

sigil·lar *tr.* =segellar.

sigil·lografia sigil·lografies *f.* 고인학(古印學), 인장학.

sigla sigles *f.* (생략어를 표시하는) 이니셜; 생략 부호, 약어.

signant signants *adj.m.f.* signar하는 (사람).

signar *tr.* **1** 사인하다, 서명하다; 조인하다. **2** 지시하다, 표시하다. **3** 손짓하다, 신호를 하다(assenyalar).
signar en blanc 백지 서명을 하다.

signatari signatària signataris signatàries *adj.m.f.* 서명하는·조인하는 (사람); 협정 당사자.

signatura signatures *f.* **1** 서명, 사인; 조인(식). **2** (인쇄에서 접지를 위한) 전자번호; (문서·서적의) 정리 번호.
signatura en blanc 백지 서명.

signe signes *m.* **1** 표시, 표적; 신호. **2** 기호, 부호. *signe d'admiració* 감탄 부호. **3** [수학] 기호. **4** [의학] 징후. **5** [비유] 낌새, 징조, 징후. **6** 자국, 흔적, 자취, 형적. **7** 운명, 숙명.

significació significacions *f.* **1** 뜻, 의미; 의의, 어의, 말뜻; 표시, 의미부여. **2** 중요성, 중대성, 비중. **3** [문법] 표의(表意), 의미.

significant significants *adj.* 의미 있는, 의미심장한; 중요한, 중대한.

significar *tr.* **1** 뜻하다, 의미하다, 나타내다(voler dir). **2** 알리다, 공지하다. **3** 몸짓으로 표현하다, 제스처를 하다.
-*se* 두드러지다, 드러나다; 알게 되다.

significat significats *m.* 의미, 말뜻.

significatiu significativa significatius significatives *adj.* **1** (...을) 뜻하는, 의미를 나타내는. **2** 의미 깊은, 의미심장한, 중요한.

silenci silencis *m.* **1** 침묵, 무언, 무소식. **2** 비밀 엄수; 묵살; 언급하지 않음. **3** 망각. **4** 조용함, 정숙; 고요함, 정적. **5** [음악] 휴지.
en silenci 잠자코, 조용히, 침묵을 지켜, 불평 없이.
guardar silenci 침묵을 지키다, 잠잠히

silenciador

기다리다.
imposar silenci 침묵시키다, 잠잠히 하도록 하다.
passar en[sota] silenci 묵살하다, 묵과하다.
rompre el silenci 침묵을 깨다.
silenciador silenciadora silenciadors silenciadores *adj.* 조용하게 하는.
-*m.* 방음 장치; (배기관·화기의) 소음기.
silenciar *tr.* **1** 침묵시키다. **2** 묵살하다, 묵과하다, 지나치다. **3** 방음하다, 소음 장치를 달다.
silenciós silenciosa silenciosos silencioses *adj.* **1** 침묵의, 말없는, 묵묵한. **2** 조용한, 고요한, 정숙한. **3** 무음의, 방음의, 소음 장치의.
silent silents *adj.* [시어] 고요한, 조용한, 정막한.
sílex sílexs *m.* [광물] 규토. *sílex piròmac* 부싯돌.
silf sílfide silfs sílfides *m.f.* **1** [신화] 바람의 신. **2** 공기의 요정; 미소녀.
silicat silicats *m.* [화학] 규산염.
sílice sílices *f.* [광물] 규토, 규산.
silici *m.* [화학] 규소.
silicona silicones *f.* [화학] 실리콘, 실리콘유, 실리콘 수지.
silicosi silicosis *f.* [단·복수동형][의학] 규폐증.
síl·laba síl·labes *f.* [문법] 음절.
sil·làbic sil·làbica sil·làbics sil·làbiques *adj.* 음절의.
sil·logisme sil·logismes *m.* [논리] 삼단논법, 연역법.
silueta siluetes *f.* **1** [회화] 실루엣, 그림자 그림, (옆얼굴의) 흑색 반면 영상; 그림자. **2** 윤곽.
silur silurs *m.* [어류] 메기의 일종.
silvestre silvestres *adj.* **1** 야생의; 들의, 들에서 자라는. **2** 미개한, 조악한. **3** 숲의, 산림의(forestal); 조림의(silvícola).
silvicultura silvicultures *f.* 조림, 임산; 임학.
sima simes *m.* (배의) 굵은 밧줄, 로프.
simbiont simbionts *m.* 공생 조직.
simbiosi simbiosis *f.* **1** 잡거(雜居), 혼주; **2** [생물] 공생, 공동생활. **3** [비유] 협력, 협동.

simpàtic

símbol símbols *m.* **1** 상징, 표징, 심벌. *L'olivera és símbol de la pau* 올리브는 평화의 상징이다. **2** 기호, 부호. **3** [화학] 기호. **4** [종교] 신조, 신경(信經).
simbòlic simbòlica simbòlics simbòliques *adj.* **1** 상징적인, 표상적인, 심벌을 나타내는. **2** 기호의, 부호의. **3** [종교] 신조의.
simbolisme simbolismes *m.* **1** 상징·기호의 사용; 부호 체계; [집합] 상징, 기호. **2** (자연 사물의) 상징적 의미. **3** (특히 예술상의) 상징주의.
simbolitzar *tr.* **1** 상징하다, (...의) 상징이다; (...을) 나타내다; 상징화하다. **2** 기호로 나타내다.
simbologia simbologies *f.* **1** 상징학, 표상학. **2** 부호체계; 기호론.
simbomba simbombes *f.* 삼봄바[악기의 일종].
simetria simetries *f.* 조화, 대칭; 균형(미).
simètric simètrica simètrics simètriques *adj.* 조화를 이루는, 대칭을 이루는; 좌우 균형이 잡힌.
simfonia simfonies *f.* **1** [음악] 교향곡, 심포니. **2** (합창곡·가곡 중의) 기악부. **3** 교향악단, 교향악단 콘서트. **4** 화음, 협화음. **5** [회화] 색채의 조화.
simfònic simfònica simfònics simfòniques *adj.* **1** 심포니의, 교향곡의; 화음의, 협화음의. **2** (색채가) 조화를 이루는.
simi simis *m.* [동물] 원숭이; 유인원.
símil símils *m.* **1** 유사, 상사, 닮음(semblança). **2** [수사] 직유.
similar similar *adj.* **1** 비슷한, 유사한. **2** 같은 모양의, 동류의, 동종의.
similitud similituds *f.* 유사, 상사, 근사, 닮음(semblança).
simonia simonies *f.* 성직 매매.
simpatia simpaties *f.* **1** 동정, 호의, 애정(inclinació). **2** 감응; 감응성, 융합성. **3** 공감, 교감. **4** [물리] 공명, 공진. *vibrar per simpatia* 공명으로 울리다.
simpàtic simpàtica simpàtics simpàtiques *adj.* **1** 동정적인, 인정 있는, 공감을 나타내는. **2** 마음에서 우러나오는(cordial). **3** 호의적인, 찬성하는. **4**

마음에 맞는, 서로 마음이 통하는. **5** [해부][의학] 교감 신경의. **6** [물리] 공명하는.
simpatitzant simpatizants *adj.* 동조·지지·찬성하는.
-m.f. 동조자, 지지자, 추종자; 당원; 신도.
simpatitzar *intr.* **1** 동정하다, 호감을 가지다, 친근감을 가지다. **2** 동조하다, 공명하다.
simple simples *adj.* **1** 단순한, 간단한, 간소한; 단일의. **2** (마음이) 순수한, 단순한, 유순한; [비유] 바보 같은. **3** 담백한, 싱거운, 맛없는. **4** 다름 아닌, 단지 ...일 뿐인. *Ell és un simple intermediari* 그는 단지 중개자일 뿐이다. **5** [식물] 약용의, 약초의. **6** [화학] 단체(單體)의.
simplement *adv.* 단순히, 간단히, 오직.
simplicitat simplicitats *f.* 순진함, 솔직함, 소박함; 단순, 간단함, 간소함, 평이함; 단일성.
simplificació simplificacions *f.* 단일화, 단순화, 간략화, 평이화.
simplificar *tr.* 단순화시키다, 간단하게 하다, 평이하게 하다.
simplista simplistes *adj.* 간결주의의.
-m.f. **1** 간결주의자. **2** 약초학자.
simposi simposis *m.* **1** 심포지엄, 토론회, 좌담회. **2** (같은 문제에 대한 여러 사람의) 논집, 평론집. **3** (본디 옛 그리스의) 향연, 주연.
simpòsium simpòsiums *m.* =simposi.
símptoma *m.* **1** [의학] 증상, 증세, 증후. **2** [비유] 징후, 조짐, 전조(indici).
simptomatologia simptomatologies *f.* 증후 연구; [집합] 증세, 증후.
simulacre simulacres *m.* 모의(전), 모의 훈련, 대연습.
simular *tr.* **1** ...을 가장하다, (짐짓) ...체하다, ...척하다; 시늉하다, 흉내내다. **2** [생물] ...의 의태를 하다. **3** ...의 모의 실험·조종을 하다.
simultaneïtat *f.* 동시 (발생), 동시(성).
simultani simultània simultanis simultànies *adj.* 동시의, 동시에 일어나는, 한꺼번에 하는; 동시에 존재하는.
simultaniejar *tr.* 동시적으로 하다, 동시에 하다.
simun simuns *m.* (아라비아 지방의) 열풍.
sina *f.* **1** (의복의) 앞가슴 트기. **2** [해부] 흉강.
sinagoga *f.* **1** (예배를 위한) 유태인 집회; 유태교 회당. **2** [비유] 밀회, 밀모.
sinalefa *f.* [음성] 약음절[어미의 모음과 어두의 모음을 한 음절로 줄여 발음하는 것].
sincer sincera sincers sinceres *adj.* 성실한, 신실한, 진실한, 충심으로의, 성심성의의, 거짓 없는.
sincerar-se *pml.* 무죄를 증명하다.
sinceritat sinceritats *f.* 성실, 진실, 진심, 성의; 진지함, 순수함, 고지식함.
sinclinal sinclinals *m.* [지질] 땅의 팬 곳, 움푹 꺼진 곳..
sincopar *tr.* [문법] 음절을 생략하다.
síncope síncopes *f.* **1** [문법] 음절 생략, 중략어. **2** [의학] 가사(假死), 기절. **3** [음악] 절분(법).
sincretisme sincretismes *m.* [철학] (여러 이론의) 혼합주의.
síncron síncrona síncrons síncrones *adj.* 동시(성)의, 동시적인, 동시에 일어나는; 병발의.
sincronia sincronies *f.* **1** 동시성; 병발. **2** [언어] 공시 언어 (연구).
sincrònic sincrònica sincrònics sincròniques *adj.* **1** =síncron. **2** [언어] 공시(共時)적인[언어의 역사적 구분과 배경을 초월하여 연구하는].
sincronització *f.* **1** 시간을 일치시킴, 동시에 함; 동시성, 시각이 동일함. **2** [전자] 동기화.
sincronitzador sincronitzadora sincronitzadors sincronitzadores *adj.* sincronitzar하는.
sincronitzar *tr.* **1** 동시성을 지니게 하다, 동시에 하다; 시간이 일치하다. **2** (시계의) 시간을 맞추다. **3** (사건 따위가) 동시성·동시대임을 나타내다. **4** (영화·텔레비전에서) 더빙하다.
sindèresi sindèresis *f.* 분별력, 이해력.
síndic síndica síndics síndiques *m.f.* **1** (파산 재산의) 관리자; 청산인. **2** (조합 등의) 이사, 감사. **3** (영국의 대학

sindical 등의) 평의원, 이사; 특별 평의원.
sindical sindicals *adj.* **1** (파산 재산의) 관리자의. **2** 조합에 속하는, 조합 (연합)의; 생디칼리즘의, 노동 운동의.
sindicalisme sindicalismes *m.* 노동조합주의, 생디칼리슴[직접행동으로 생산·분배를 수중에 넣으려는 투쟁적인 노동조합 운동].
sindicar *tr.* 조합을 조직하다; (현금·상품 등을) 관재(管財)하다. **-se** 기업 조합에 가입하다.
sindicat sindicats *m.* **1** 신디케이트, 기업 연합. **2** (동업자의) 연맹. **3** (사업·채권 발행·주식 등의) 인수 조합, 인수 은행단. **4** 조직, 조합, 자치회; 신문 연합. *el Sindicat d'Estudiants* 학생자치회. **5** 평의원단; 이사회; (특히 캠브리지 대학의) 평의원회. **6** (특히 미국의) 갱 조직. **7** (수렵·어업권 등의) 권리 임대 연합.
síndria síndries *f.* [식물] 수박.
síndrome síndromes *f.* [의학] 증상, 증후.
sinècdoque sinècdoques *f.* [수사] 제유법, 대유법[일부로써 전체를 나타내는 수사 기법].
sinecura sinecures *f.* **1** (명예와 수입이 따르는) 한직(閑職). **2** [경멸적] (특히 명목뿐인) 성직, 정치.
sinèresi sinèresis *f.* [음성] 두 모음의 합음.
sinergia sinergies *f.* **1** [물리] 공동 작용. **2** (약·조직 등의) 상승 작용. **3** [비유] 후속 효과, 연속 효과; 합력, 협력.
sinèrgic sinèrgica sinèrgics sinèrgiques *adj.* sinergia의.
singlada singlades *f.* 1일 항정(航程); 배를 타고 하는 하루 여행.
singladura singladures *f.* =singlada.
singlar *intr.* 배가 정해진 항로로 가다.
single singles *m.ang.* [음악] 솔로 앨범.
singló singlons *m.* =gotim.
singlot singlots *m.* 딸꾹질.
singlotar *intr.* **1** 딸꾹질을 하다. **2** (물 따위가) 부글부글 끓다.
singular singulars *adj.* **1** 단일의, 홀로. **2** 독특한, 특이한. **3** 엉뚱한, 유별난, 괴짜 같은, 진기한. **4** [문법] 단수의.
-m. [문법] 단수.

en singular 단수형으로.
singularitat singularitats *f.* **1** 단독, 단일, 단일성; 두드러짐; 탁월성. **2** 특이성, 독특성, 유별남, 기발함; 괴짜.
singularitzar *tr.* **1** 두드러지게 하다, 유별나게 하다. **2** [문법] 단수형으로 하다, 단수로 사용하다.
sínia sínies *f.* (물을 끌어 올리는) 양수기.
sinistre sinistra sinistres sinistres *adj.* **1** 왼쪽의, 좌측의(esquerre). **2** 불행한, 기분 나쁜, 운수가 나쁜; 불길한, 흉한 (funest).
-m. 재난, 사건, 파손, 재해; 화재, 교통사고.
sinitzar *tr.* 중국풍으로 하다, 중국의 문화를 따르다. **-se** 중국화하다.
sinó *conj.* ...이 아니라. *No ho ha fet ell sinó el seu germà* 그것은 그가 한 게 아니라 그의 동생이 했다.
no... sinó 다름 아닌 ...이다, 다만 ...이다(no... més que). *No tenia sinó un fill* 그는 다만 아들이 하나 있었다.
no solament... sinó[*sinó també*] ...뿐만 아니라 ...도 또한. *Li escriuré no solament a ell sinó als seus companys* 그뿐만이 아니라 그의 동료들에게도 편지를 쓰겠다.
sinó que 오히려, 도리어. *No ho rebutgem pas, sinó que ho acceptem molt agraïts* 그것을 거부하는 게 아니라 도리어 그것을 매우 고맙게 받아들이는 거다.
sinònim sinònima sinònims sinònimes *adj.* 동의(同意)의.
-m. 동의어, 같은 말; 비슷한 말.
sinonímia sinonímies *f.* [문법] **1** 동의(同意), 유의. **2** 동의어의 중복 사용.
sinopsi sinopsis *f.* 요약, 대의, 개요; 일람(표).
sinòptic sinòptica sinòptics sinòptiques *adj.* **1** 개관의, 대의의, 요약의, 개괄적인, 일람의. **2** [성서] 공관 복음서의.
els sinòptics [성서] 공관 복음서[마태복음, 마가복음, 누가복음의 3편].
sinòvia sinòvies *f.* [해부] (관절의) 윤활액; 관절염.
sintàctic sintàctica sintàctics sintàcti-

sintagma **sintagmes** *m.* 구, 어구.
sintaxi **sintaxis** *f.* [문법] 통사론, 구문론, 통어론.
síntesi **síntesis** *f.* **1** 종합, 통합; 총괄, 개괄; 개요, 줄거리, 요약; 종합체. **2** 조직. **3** [화학] 합성. **4** [논리] 종합(법); (헤겔의 변증법에서) 합, 진테제. **5** [의학] 접골, 복위. **6** (말의) 합성; 복합어·합성어를 만드는 일.
sintètic **sintètica** **sintètics** **sintètiques** *adj.* **1** 종합적인, 총괄적인. **2** [화학] 합성의, 인조의. **3** [비유] 대용의, 진짜가 아닌. **4** [언어] 종합적인.
sintetitzador **sintetitzadora** **sintetitzadors** **sintetitzadores** *adj.* 종합하는; 개요하는, 요약하는; 합성하는.
-*m.f.* 합성하는 사람·물건.
-*m.* 신시사이저[전자 음향 합성 장치].
sintetitzar *tr.* 종합하다, 조립하다; 합성하다.
sintonia **sintonies** *f.* **1** [전자][음악] 동조(同調), 합조. **2** [심리] (환경에 대한) 동조(성). **3** [비유] 한목소리, 동조하는 소리.
sintonitzador **sintonitzadors** *m.* (무전·라디오의) 파장 조정기.
sintonitzar *tr.* 파장을 맞추다, 동조시키다.
sinuós **sinuosa** **sinuosos** **sinuoses** *adj.* **1** (강 따위가) 구불구불한, 굽이진; 물결 모양의, 기복이 있는. **2** 복잡한; 에두르는, 말을 돌려서 하는. **3** [비유] (성질이) 사악한, 비뚤어진(tortuós).
sinus **sinus** *m.* [수학] 사인.
sinusal **sinusals** *adj.* si^{1}의.
sinusitis **sinusitis** *f.* [의학] 정맥두염; 축농증.
sinusoide **sinusoides** *adj.* **1** =si^1. **2** [수학] 사인곡선의.
sionisme **sionismes** *m.* 시온주의, 이스라엘 재부흥 운동.
sionista **sionistes** *adj.* 시온주의의.
-*m.f.* 시온주의자.
sípia **sípies** *f.* [어류] 오징어의 일종.
síquia **síquies** *f.* =sèquia.
sirena **sirenes** *f.* **1** [신화] 사이렌[반인반어 또는 반인반조의 여자로, 아름다운 노랫소리로 근처를 지나는 뱃사람을 유혹하여 파선시켰다는 바다의 정녀(精女)]. **2** 인어. **3** 뱃고동, 기적, 사이렌, 경보기. **4** 마녀, 요부; 유혹자. **5** [동물] 사이렌과의 양서류 동물.
sireni **sirenis** *m.* [동물] 바다소 무리.
sirga **sirgues** *f.* 배를 끄는 일; 밧줄.
sirgar *tr.* (배를) 끌다.
sirventès **sirventèsos** *m.* [문학] 프로방스의 도덕시; 제1행과 제3행, 제2행과 제4행의 각운을 가진 4행시.
sis **sisos** *adj.* 6의; 6번째의. *les sis* 여섯시.
-*m.f.* **1** 6번째. **2** *pl.* 6(단위).
-*m.* 6.
tenir sempre un sis o un as [구어] 이래저래 항상 안 좋은 일이 생기다.
sis-centè **sis-centena** **sis-centens** **sis-centenes** *adj.m.f.* 600번째의
-*adj.m.* 600등분(의).
sis-cents **sis-centes** *adj.* 600의; 600번째의.
-*m.f.* 600번째(sis-centè).
-*m.* 600.
sisè **sisena** **sisens** **sisenes** *adj.* 6번째의; 6등분의 1.
-*m.f.* 6번째.
-*m.* 6등분의 1.
sisme **sismes** *m.* [지질] 지진.
sísmic **sísmica** **sísmics** **sísmiques** *adj.* 지진의, 지진에 의한, 지진에 관한.
sismògraf **sismògrafs** *m.* 지진계.
sismografia **sismografies** *f.* 지진 관측(학).
sismograma **sismogrames** *m.* 지진계에 의한 도표.
sismòleg **sismòloga** **sismòlegs** **sismòlogues** *m.f.* 지진학자.
sismologia **sismologies** *f.* 지진학.
sismòmetre **sismòmetres** *m.* 지진계(sismògraf).
sistema **sistemes** *m.* **1** 조직, 기관, 체계, 시스템; 계통, ...계. *sistema digestiu* 소화 기관, 소화기. **2** 설, 학설, 주장. **3** 법, 식, 제도, 방법, 방식; 형, 스타일. **4** (기계의) 장치. **5** 분류(법).
sistemàtic **sistemàtica** **sistemàtics** **sis-

temàtiques *adj.* **1** 체계적인, 조직적인, 계통적인. **2** 질서 있는, 질서 잡힌, 조리가 정연한; 규칙적인. **3** [비유] 고의의, 계획적인. **4** [생물] 분류(법)의, 분류상의.

sistematitzar *tr.* **1** 조직화하다, 체계화하다, 계통적으로 하다. **2** 분류하다.

sístole *sístoles f.* [의학] (심장·동맥의) 수축 (운동).

sistre *sistres m.* (고대 이집트의) 악기의 일종.

siti *sítia sitis síties adj.* 위치한, 자리 잡은. *una casa sítia al carrer Major* 마요르 거리에 위치한 집.

sitja *sitges f.* **1** (추수한) 곡식 저장소, 곡물창고. **2** 지하 감옥. **3** 숯 저장소, 저탄소.

sitologia *sitologies f.* 식품학, 영양학.

sitra *sitres f.* **1** 물 주전자, 물 항아리. **2** 꽃병. **3** 기름병.

situació *situacions f.* **1** 위치, 장소. **2** 상황, 상태, 사정, 정황, 형세, 정세. *situació laboral* 노동 시장의 상황. **3** 신분, 지위, 직(posició); 위치, 입장. **4** (극의) 장면.

situar *tr.* **1** 놓다, 배치하다, 비치하다 (posar). **2** 위치·장소를 정하다. **3** 할당하다, 지정하다. **4** (자금을) 납부하다, 송금하다. **-se** (...에) 위치하다, 자리를 차지하다; 지위를 확보하다.

siular *tr.intr.* =xiular.
siurell *siurells m.* =xiulet.
sivella *sivelles f.* 걸쇠, 쇠고리, 버클.
sivina *sivines f.* =savina.

sketch *sketchs m.ang.* **1** 스케치, 사생화; 밑그림, 약도, 겨냥도. **2** 초고. **3** 대략, 개요. **4** (소설 따위의) 소품, 단편.

slàlom *slàloms m.ang.* [스포츠] (스키의) 회전 활강 경기.

smoking *smokings m.ang.* 흡연; 연기가 낌; 발연; 수증기를 냄.

snack-bar *snack-bars m.ang.* 간이식당.

so *sons m.* **1** 소리, 음, 음향. **2** [음성] 음가, 음성. **3** 평판, 명성. **4** 어의, 말뜻.

al so de ...의 소리에 맞춰.

ballar segons el so [비유] 환경에 맞추다, 순응하다.

soberg *soberga sobergs sobergues adj.* **1** 오만한, 거만한, 우쭐거리는(altiu, tirànic). **2** 호방한, 웅장한, 굉장한. *un soberg palau* 웅장한 궁전. **3** 도량이 좁은, 성마른, 성미가 급한.

soberguejar *tr.* 앞지르다, 우월하다, 압도하다.

sobines, de *loc.adv.* 드러누워.

sobirà *sobirana sobirans sobiranes adj.* **1** 지고의, 지상의, 최상의(suprem). **2** 자주의, 독립의. *l'estat sobirà* 자주국가, 주권국가. **3** 보다 높은, 더 높은.
-m.f. 군주, 원수, 주권자.
-m. (옛 영국의) 1파운드 금화.

sobirania *sobiranies f.* **1** 주권, 통치권, 지상권, 절대적 권력. **2** 우월, 자부심, 우쭐함.

sobra *sobres f.* **1** 과다, 과잉(excés); 여분, 잉여. **2** *pl.* =sobralles.

de sobra[de sobres] 여분의, 여분으로; 많이, 넘치게.

sobralles *f.pl.* 먹고 남은 것; 남은 물건.

sobrancer *sobrancera sobrancers sobranceres adj.* 남는, 남아도는, 잉여의, 여분의(sobrer).

sobrar *tr.* 이기다, 앞지르다, 우월하다, 유리하다.

sobrassada *sobrassades f.* 굵은 소시지.

sobre[1] *sobres m.* **1** 봉투. **2** 윗부분. **3** (배의) 삼각돛의 일종.

sobre[2] *prep.* **1** ...의 위에(서). **2** ...에 대한, ...에 관한. **3** 이 외에도, ...한 데다, ... 말고도.
-adv. 위에, 위에다. *Deixa-ho allà sobre* 거기 위에다 그것을 놓아라.

a sobre ... 위에; 짊어지고, 책임지고; 게다가, 더군다나.

sobre que ... 외에도, ... 밖에도.

sobreabundar *intr.* 넘쳐나다, 풍집하다, 남아돌다.

sobrealè *sobrealens m.* 헐떡거림, 숨이 참.

sobrealimentar *tr.* 너무 많이 먹이다, 지나치게 영양을 많이 섭취시키다. **-se** 너무 많이 먹다.

sobrecàrrega *sobrecàrregues f.* **1** 과잉

sobrecarregar 적재. **2** 더 얹어 싣는 짐. **3** [병리] (정신적인) 부담.
sobrecarregar *tr.* 너무 많이 싣다, 과잉 적재하다.
sobrecel sobrecels *m.* (지붕의 위를 덮는) 차양, 천개(天蓋)(cobricel).
sobrecella sobrecelles *f.* [해부] 눈썹 위의 이마부분.
sobrecoberta sobrecobertes *f.* **1** (책의) 덧대는 종이. **2** 이중 덮개; 이중 봉투. **3** 덧신.
sobrecoll sobrecolls *m.* (목에 대는) 깃.
sobrecongelar *tr.* 급속 동결시키다.
sobrecor sobrecors *m.* **1** [의학] 기절, 실신, 졸도(desmai); 무기력. **2** [비유] 초조, 번민.
sobredosi sobredosis *m.* 과잉 투약, 과잉 복용.
sobreempenya sobreempenyes *f.* 각반에 붙어 있는 구두 덮개.
sobreentendre *tr.* 짐작으로 알아채다, 말없이 양해하다, 짐짓 받아들이다. **-se** 충분히 이해되다, 서로 양해되다.
sobreescrit sobreescrits *m.* (편지 등의) 수취인 이름.
sobreestimar *tr.* 가치 이상으로 평가하다, 과대평가하다.
sobrefil sobrefils *m.* 시침질.
sobrehumà sobrehumana sobrehumans sobrehumanes *adj.* 초인적인. *amb esforços sobrehumans* 초인적인 노력으로.
sobrellinda sobrellindes *f.* [건축] 문틀, 문지방.
sobremenjar *intr.* 너무 먹다, 포식하다.
sobremuntar *tr.* 앞서다, 우세하다, 유리하다(sobrepujar).
sobrenat sobrenada sobrenats sobrenades *adj.* 사생아의.
sobrenatural sobrenaturals *adj.* 초자연적인, 신통력이 있는; 이상한, 불가사의한.
sobrenom sobrenoms *m.* 별명, 별칭.
sobrepaga sobrepagues *f.* 할증 지불, 할증 임금.
sobrepart sobreparts *m.* 산후(puerperi).
sobrepassar *tr.* **1** 넘다, 초과하다, 지나치다. **2** (...보다) 낫다, 월등하다.

sobrepellís sobrepellissos *m.* (그리스도의) 수의; 흰옷, 백의, 소복.
sobreplomar *intr.* (벽 등이) 무너지다.
sobreporta sobreportes *f.* [건축] 문 위의 장식물; (방 위의) 커튼걸이.
sobreposar *tr.* **1** 위에 놓다, 위에 붙이다, 포개어 놓다, 덧대다. **2** [비유] 우선하다, 앞에 놓다, 선행하다(anteposar). **-se 1** 위에 겹치다. **2** 극복하다, 이겨 내다. **3** 앞지르다, 우위를 점하다.
sobrepost sobreposts[sobrepostos] *m.* 아플리케, (의복의) 장식.
sobrepreu sobrepreus *m.* 인상된 가격, 덧붙인 가격; 시세의 상승, 가격 인상.
sobreproducció sobreproduccions *f.* 과잉 생산, 초과 생산.
sobreprotecció sobreproteccions *f.* 과잉 보호.
sobrepujar *tr.* 앞지르다, 월등하다, 압도하다; 우세하다, 유리하다.
sobrer sobrera sobrers sobreres *adj.* **1** 남은, 여유 있는, 나머지의. **2** [고어] 우월한, 월등한, 훨씬 뛰어난. **3** (투우용 소를) 예비로 준비해 둔.
ésser sobrer 남다.
sobresalt sobresalts *m.* 경악, 쇼크, 질겁, 대경실색.
sobresaltar *tr.* **1** 급습하다. **2** 깜짝 놀라게 하다, 경악하게 하다. **-se** 질겁하다, 대경실색하다.
sobresang sobresangs *m.* [의학] 과다 출혈.
sobresaturar *tr.* 범람하다.
sobresegell sobresegells *m.* 이중 봉인.
sobreseure *tr.* 단념하다, 중단하다, 취소하다, 포기하다.
sobresortir *intr.* **1** 돌출하다, 튀어나오다 (ressortir). **2** [비유] 빼어나다, 두드러지다, 뛰어나다(excel·lir).
sobresou sobresous *m.* 특별 수당.
sobrestant sobrestants *m.* (인부 등의) 감독, 공사 감독.
sobretaula sobretaules *f.* **1** 테이블보, 책상보(cobretaula). **2** 식후에 탁자에 앉아 있는 시간. *estar de sobretaula* 식사 후 식탁에 잠시 앉아 있다.

sobretot¹ sobretots *m.* 외투, 오버코트 (abric).
sobretot² *adv.* 우선, 무엇보다도.
sobrevalorar *tr.* 과대평가하다.
sobrevenir *intr.* 돌발하다, 불의에 일어나다; 병발하다, 속발하다; (때마침) 그 때에 일어나다.
sobrevent sobrevents *m.* 바람 부는 쪽.
sobrevingut sobrevinguda sobrevinguts sobrevingudes *adj.* (결혼에 의해) 가족이 된.
sobreviure *intr.* 살아남다, 생존하다.
sobrevolar *tr.* 위로 날다.
sobri sòbria sobris sòbries *adj.* 1 양이 적은, (말이) 적은. 2 수수한, 모나지 않은.
sobrietat sobrietats *f.* 1 소식, 절식. 2 수수함.
sobtada sobtades *f.* (갑작스러운) 분노, 격앙, 격노; (갑작스럽게) 낚아챔.
de sobtada 갑자기, 돌연히.
sobtar *tr.* 1 놀라게 하다, (놀라서) 할 말을 잊게 하다(sorprendre). 2 (어쩌다가) 발견하다; 갑자기 덮치다, 습격하다, 엄습하다. **-se** 갑자기 덮치다; 낚아채다.
sobtat sobtada sobtats sobtades *adj.* 1 갑작스러운, 돌연한, 급격한. 2 (씨앗이) 다 말라버린, 다 타버린.
sobte, de *adv.* 별안간, 돌연, 갑자기(sobtadament).
sobtós sobtosa sobtosos sobtoses *adj.* 갑작스러운, 충동적인.
soc socs *m.* 1 장작, 통나무 조각. 2 나무 마개.
dormir com un soc [구어] 정신없이 자다, 곤하게 자다.
soca soques *f.* 1 줄기, 몸통, 몸체, 동체; 주간; 간동맥, 간선. 2 혈통, 가계 (estirp). 3 무리, 집단.
ésser de bona soca 좋은 체격이다.
socaire socaires *m.f.* 장작 장수.
socalivar *tr.* =escalivar.
soca-rel, de *loc.adv.* 1 뿌리째; 근본적으로, 완전히. 2 [비유] 질적으로 좋은, 소성(素性)이 좋은; 가문이 좋은. *És català de soca-rel* 그는 근본이 좋은 카탈루냐 사람이다.

socarrar *tr.* 살짝 태우다.
socarrim *m.* 탄 자국, 그을린 자국; 탄 것, 그을린 것.
fer olor de socarrim 탄내가 나다.
socarrimar *tr.* =socarrar.
soci sòcia socis sòcies *m.f.* 1 (단체·조직의) 회원, 동료, 동지, 동인. 2 [구어] 친구, 동지.
fer-se soci 회원·동지가 되다.
sociable sociables *adj.* 사귀기 쉬운, 사귐성이 있는, 붙임성이 있는, 다정미가 있는; 사교적인, 교제술이 능한.
social socials *adj.* 1 사회의, 사회적인. 2 붙임성이 있는, 사교적인. 3 [동·식물] 군생의. 4 회사의, 상사의.
socialdemocràcia socialdemocràcies *f.* [정치] 사회 민주주의.
socialdemòcrata socialdemòcrates *adj.* [정치] 사회 민주주의의.
-m.f. [남녀동형] 사회 민주주의자.
socialisme socialismes *m.* [정치] 사회주의.
socialització socialitzacions *f.* 사회화, 사회주의화.
socialitzar *tr.* 사회화하다, 사회주의화하다; (모든 사회에) 동일하게 하다.
societat societats *f.* 1 사회, 세상, 세간. *la societat de la diversitat* 다양성 사회. 2 사교계, 상류 사회. 3 집단, 조직, 단체, 연맹; 무리, 공동생활. 4 협회, 클럽, 학회, 결사, ...회(agrupació). 5 회사, 상사, 조합. 6 [생물] 군생(群生).
sociòleg sociòloga sociòlegs sociòlogues *m.f.* 사회학자.
sociolingüista sociolingüistes *m.f.* 사회 언어학자.
sociolingüístic sociolingüística sociolingüístics sociolingüístiques *adj.* 사회 언어학의.
sociolingüística sociolingüístiques *f.* [언어] 사회 언어학.
sociologia sociologies *f.* 사회학.
sòcol sòcols *m.* [건축] 대, 반석, 기초, 주석; (벽의) 도리.
socórrer *tr.* 1 구조하다, 구출하다. 2 돕다, 원조하다, 구제하다.
socorrisme socorrismes *m.* 구조, 구출,

socorrista socorristes *m.f.* [남녀동형] 구조대원.

socors socors[socorsos] *m.* **1** 구조, 구제. **2** 원조, 구원, 구조금. **3** [군사] 원병, 구조대. **4** (식량·의약품 등의) 구조 물자.
  demanar socors 도움을 요청하다.
  donar[prestar] socors 도와주다, 원조하다.
  -interj. [구조를 요청하는 말] 도와주세요!, 사람 살려!

socràtic socràtica socràtics socràtiques *adj.* 소크라테스[그리스의 철학자, BC 470-399]의; 그런 가르침에 관한.
  -m.f. 그런 가르침을 따르는 사람.

soda sodes *f.* **1** [화학] 소다. **2** (음료수의) 소다수.

sodi *m.* [화학] 소듐, 나트륨.

sodomia sodomies *f.* 남색, 계간, 비역.

sodomita sodomites *m.f.* 소돔 사람들; 남색자.

sodomitzar *tr.* 남색하다, 타락시키다.

sofà sofàs *m.* 소파.

sofert soferta soferts sofertes *adj.* **1** 괴로워하는, 고통스러워하고 있는. **2** 참을성 있는. **3** 공처가의, 엄처시하의. **4** (천이) 더러움이 쉽게 타지 않는.

sofisma sofismes *m.* 궤변, 둘러대는 말.

sofisticació sofisticacions *f.* sofisticar하는 일.

sofisticar *tr.* 둘러대다; 속이다, 날조하다, 위조하다. *-intr.* 궤변을 늘어놓다.

sofisticat sofisticada sofisticats sofisticades *adj.* 날조된, 위조된; 복잡한.

sofraja sofrages *f.* **1** [해부] 오금[무릎의 안쪽]. **2** (동물의) 뒷다리의 무릎.

sofre *m.* [화학] 유황. *sofre natiu* 천연 유황.

sofregall sofregalls *m.* 마찰; 찰과상.

sofregir *tr.* 기름에 살짝 튀기다.

sofregit sofregits *m.* 기름에 튀긴 요리.

sofrenar *tr.* 고삐를 꽉 조이다; 제어하다, 억제하다.

sofrença sofrences *f.* =sofriment.

sofriment sofriments *m.* **1** 인내, 참을성. **2** 고통, 고뇌, 괴로움.

sofrir [*pp: sofert soferta*] *tr.* **1** 참다, 인내하다, 이겨 내다(tolerar). **2** 허용하다, 문제 삼지 않다(permetre). **3** (시험 등을) 치르다(passar). **4** (괴로움 등을) 받다, 괴로워하다, 고뇌하다; (어떤 일을) 겪다, 당하다(patir). *-intr.* 괴로워하다, 고뇌하다, 고통을 겪다.
  no poder sofrir algú[alguna cosa] (누구·무엇을) 견딜 수가 없다.

sofrós sofrosa sofrosos sofroses *adj.* 유황을 함유한.

software softwares *m.ang.* 소프트웨어[컴퓨터의 프로그램 체계의 총칭].

soga sogues *f.* (굵은) 줄, 밧줄.
  veure's amb la soga al coll [구어] 방심할 수 없다, 아주 위험한 상태에 놓여 있다.

sogra sogres *f.* 시어머니, 장모.

sograstra sograstres *f.* 의붓시어머니, 의붓장모.

sograstre sograstres *m.* 의붓시아버지, 의붓장인.

soia[soja] soies *f.* [식물] 콩, 대두.

sojorn sojorns *m.* 머무름, 체재, 체류, 거류; 머무는 곳, 체류지, 거류지.

sojornar *intr.* 머무르다, 살다, 체재하다, 거류하다.

sol[1] *m.* **1** 태양, 해. **2** 햇빛, 일광, 햇볕; 양지바른 곳. **3** 페루의 옛 화폐 단위. **4** [비유] 밝게 빛나는 것, 광명.
  a la caiguda del sol 해거름에, 해질녘에.
  de sol a sol 아침부터 밤까지, 하루 종일.
  so fort[de justícia] [구어] 그리스도의 별칭.
  sol colgant[ponent] 지는 해.
  sol ixent 뜨는 해.
  entrar a algú el sol al cap [의학] 일사병에 걸리다.

sol[2] *m.* [음악] 솔.

sol[3] sola sols soles *adj.* **1** 오직 하나의, 단일의, 유일한. *menjar pa sol* 빵만 먹다. **2** 고독한, 외로운, 적적한. **3** 다만 …뿐, 순수한.
  a soles 홀로, 단독으로.
  sol i vern 완전히 외톨박이가 된.
  tot sol 외로이, 혼자서, 단독으로.

sòl sòls *m.* **1** 지면, 땅바닥. **2** 토양, 지

sola 층. **3** (건물의) 바닥, 마루. **4** (건물의) 부지, 영지, 토지(terreny). **5** (기물의) 아랫면, (냄비 등의) 밑바닥. **6** (신발의) 굽. **7** 앙금, 무거리, 침전물. **8** (삼림·과수원 등에 대한) 논밭.

sola soles *f.* **1** (신발의) 밑창, 바닥; 밑바닥 가죽. **2** (무두질한) 쇠가죽. **3** [건축] 가로재목; 토대, (칸막이벽의) 받침. **4** (선체의) 가장자리.

solà solana solans solanes *adj.* 양지의, 햇볕이 드는.
-*m.f.* 양지바른 곳; 발코니.

solaç solaces *m.* **1** 즐거움, 기쁨, 위로. **2** 휴식, 휴양, 레크리에이션.

solaçar *tr.* 즐기다, 휴양하다.

solada solades *f.* 앙금, 침전물.

solament *adv.* **1** 다만, 오직, …뿐, …만. **2** [수량] 겨우.
ni tan solament …조차도 않다, …조차도 아니다.
solament amb 단지 …만으로.
solament que 단 …하는 것으로, …하기만 하면.

solanàcia solanàcies *f.* [식물] 가짓과 식물.

solapa solapes *f.* **1** 접은 옷깃, 가슴 깃; (책의) 접은 곳. **2** [비유] 둘러대기, 구실, 핑계(pretext); 허구, 가장. **3** 뱃전, 선체의 가장자리(regala).

solar[1] *adj.* **1** 태양의, 해의; 해가 비치는. **2** 본가의, 구가의, 명가의.
-*m.* **1** 부지, 집을 지을 장소. **2** 본가, 구가, 명가.

solar[2] *tr.* **1** (블록·벽돌 등으로) 도로를 포장하다(pavimentar). **2** (구두에) 밑창을 대다. **3** (낚싯바늘이) 바닥에 가라앉다.

solari solaris *m.* 일광욕실.

solàrium solàriums *m.* =solari.

solatge solatges *m.* (액체의) 침전, 앙금.

solc solcs *m.* **1** 고랑, 이랑, 도랑. **2** (레코드의) 줄. **3** 주름. **4** [해사] 선적(船跡), 항적(航跡). **5** 빛의 꼬리.
tornar a solc 좋은 길로 돌아오다.

solcar *tr.* solc를 만들다.

soldà soldans *m.* =sultà.

soldada soldades *f.* **1** 임금, 보수, 급료, 봉급. **2** 여군.
a soldada 봉급으로.

soldadesc soldadesca soldadescs [soldadescos] soldadesques *adj.* soldat[2]의.

soldador soldadora soldadors soldadores *m.f.* 용접공, 땜질공.
-*m.* 용접기, 용접용 인두.

soldadura soldadures *f.* 용접, 땜질, 접합, 납땜.

soldar *tr.* 용접하다, 접합하다, 납땜으로 잇다.

soldat[1] soldats *m.* [어류] 참서대.

soldat[2] soldada soldats soldades *m.f.* **1** 병사, 병졸, 군인. *soldat voluntari* 지원병. **2** [비유] 전사, 수호자.
fer el soldat 군대에 가다, 군복무를 하다.

solear solears *adj.* [해부] 정강이 근육의.
múscul solear [해부] 정강이 근육.

solecisme solecismes *m.* (문법의) 오용, 파격.

soledat soledats *f.* =solitud.

solejar *tr.* 볕에 쪼이다, 볕에 말리다.

solell solella solells solelles *adj.* 햇볕에 노출된.
-*m.* 양지바른 곳, 볕이 드는 곳.

solellada solellades *f.* **1** 일조, 일광, 볕에 쪼임. **2** 일사병.

solemne solemnes *adj.* **1** 엄숙한, 근엄한; 장엄한, 장중한. **2** 엄연한, 중대한. **3** 종교상의, 신성한, 격식 차린. **4** [비유] 거드름 피우는, 젠체하는.

solemnial solemnials *adj.* =solemne.

solemnitat solemnitats *f.* **1** 엄숙, 진지; 장엄. **2** [종교] 종교 의식; 성의(盛儀), 성전(盛典). **3** 거드름 부리기, 젠체함.

solemnitzar *tr.* 엄숙하게 행하다, 장엄하게 의식을 치르다.

soler[1] solers *m.* **1** =sòl. **2** (빌딩의) 1층.

soler[2] *intr.* 자주 … 하다, …하는 습관이 있다, 곧잘 …하다; …하기가 일쑤다.

solera soleres *f.* **1** (맷돌의) 아랫돌. **2** [건축] 가로재목; 대석, 밑돌.

solfa solfes *f.* **1** [음악] 연합 악보, 총보. **2** [음악] 악보를 보며 하는 연습,

음계 연습. **3** (기름의) 얼룩.
posar en solfa [음악] 음계 연습을 하다.
solfeig solfeigs[solfejos] *m.* [음악] 음계 연습.
solfejar *tr.* [음악] 음계 연습을 하다, 악보를 보고 노래 부르다.
soli solis *m.* 왕좌, 권좌, 권력.
sòlid sòlida sòlids sòlides *adj.* **1** 굳은, 견고한, 단단한. **2** 견실한, 착실한, 확실한, 탄탄한. *una base sòlida* 탄탄한 기초. **3** [물리] 고체의, 고형의. **4** [수학] 체적의.
-m. [물리] **1** 고체, 고형물; 입체물. **2** [수학] 부피, 체적.
solidar *tr.* =consolidar.
solidari solidària solidaris solidàries *adj.* **1** 연대의, 연대 책임이 있는. **2** 단결된, 결속된.
solidaritat solidaritats *f.* 연대, 연대 관계; 단결, 결속, 단결심; 연대 책임, 공동 책임; 상호 부조.
solidaritzar *tr.* **1** 연대로 하다. **2** (액체를) 굳게 하다; 견고하게 하다.
solidesa solideses *f.* **1** 견고, 단단함. **2** 부피, 크기, 양. **3** [수학] 부피, 체적.
solideu solideus *m.* (수도사·승려가 쓰는) 둥근 모자.
solidificar *tr.* 군히다, 고체로 만들다, 고체화하다, 응고시키다. *-se* 굳어지다, 고체화되다.
soliloqui soliloquis *m.* 독백, 혼잣말.
solípede solípedes *adj.* [동물] 단제류의.
solista solistes *adj.* 혼자 노래하는, 독주·독창하는.
-m.f. [남녀동형] 독주자, 독창자.
sòlit sòlita sòlits sòlites *adj.* 익숙해진, 습관이 든, 늘 하는 일인.
solitari solitària solitaris solitàries *adj.* **1** 고독한, 외로운; 고독을 즐기는. **2** 인기척이 없는, 황량한. **3** [식물] 단생의.
-m.f. 고독한 사람, 외로운 사람.
-m. **1** [동물] 촌충(tènia). **2** (카드의) 패떼기. **3** (다이아몬드의) 단옥.
solitud solituds *f.* **1** 고독(감), 쓸쓸함, 적적함. **2** 황량한 곳, 인적이 드문 곳, 쓸쓸한 곳.
soliu soliua solius soliues *adj.* =solitari.

soll solls *m.* 돼지우리; 더러운 곳.
sollar *tr.* 더럽히다(embrutar).
sollevar *tr.* 일으키다, 세우다; 모반하다, 반란을 일으키다(revoltar).
sol·lícit sol·lícita sol·lícits sol·lícites *adj.* 세심한, 무진 애를 쓰는.
sol·licitar *tr.* **1** 간원하다, 탄원하다, 간청하다, 청구하다. **2** 구애하다, 청혼하다. **3** [비유] (관심·시선 따위를) 끌다, 끌어들이다(atreure). **4** [물리] 인력이 작용하다.
sol·licitud sol·licituds *f.* **1** 배려, 마음을 씀. **2** 간원, 탄원, 간청, 청구; 탄원서, 청구서. **3** 원서, 신청(서).
solo solos *m.* [음악] 솔로, 독창(곡), 독주(곡), 독연(곡).
solpostada solpostades *f.* 일몰.
solraig solraigs[solrajos] *m.* [어류] 상어의 일종.
sols *adv.* =solament.
tan sols 단지, 오직.
solstici solsticis *m.* [천문] (태양의) 지(至).
solt solta solts soltes *adj.* **1** 풀어놓은, 자유롭게 된(lliure). **2** 따로따로의, 낱개의, 별개의(separat). **3** 짝을 잃은, 흩어져 있는(desparió). **4** 경쾌한, 가뿐한, 날렵한. **5** 제멋대로의, 느긋한, 느슨해진, 긴장이 풀어진. **6** 유창한, 자유자재의, 매끄러운, 술술 나오는. **7** 설사를 일으킨.
solta sotes *f.* **1** 이해, 상식. **2** 의미, 뜻; 논리. **3** 분별, 판단; 현명.
soltar *tr.* **1** 놓다, 놔주다, 풀어 주다. **2** 풀다, 펼치다, 끄르다. **3** 석방하다, 풀어 주다. *soltar els presos* 죄수들을 석방하다. **4** (웃음을) 터트리다, 너털웃음을 짓다. **5** (타격을) 가하다. **6** (욕설을) 퍼붓다. **7** (난제를) 풀다.
solter soltera solters solteres *adj.* **1** 자유로운, 홀가분한, 마음에 여유가 있는(solt, lliure). **2** 결혼하지 않은, 미혼의, 독신의.
-m.f. 미혼자, 독신자.
soluble solubles *adj.* **1** 녹는, 용해 가능한. **2** 해결할 수 있는.
solució solucions *f.* **1** 녹이는 일, 용해, 분해(dissolució). **2** (문제·사건의) 해

solucionar 결; 해답, 해명. **3** [수학] 해, 해식. **4** [상업] 변제, 변상, 지불.
solucionar tr. 해결하다.
solutiu solutiva solutius solutives adj. 설사하는.
-m. 하제, 완하제(緩下劑).
solvència solvències f. **1** 지불, 결제. **2** (회사 등의) 자산 상태, 지불 능력, 자력(資力).
solvent solvents adj. **1** 용해력이 있는. **2** 해결하는. **3** 지급 능력이 있는; 부채가 없는.
-m. [화학] 용해제(dissolvent).
som soma soms somes adj. 피상적인, 겉핥기식의.
soma somes m. 거친 밀가루; 그것으로 만든 빵.
somall somalla somalls somalles adj. 약간 축축한, 덜 마른.
somàtic somàtica somàtics somàtiques adj. [생물] 몸의, 인체의, 체강의.
somatologia somatologies f. 인체학.
somer somera somers someres m.f. [방언] 나귀, 당나귀.
sometent sometents m. **1** 비상소집. **2** 민병대, 비상경비대.
somiador somiadora somiadors somiadores adj.m.f. 꿈을 꾸는, 꿈을 잘 꾸는 (사람); 공상가, 몽상가, 망상가.
somiar tr. **1** 꿈꾸다. **2** [명사나 동사원형 앞에서] …의 꿈을 꾸다, …하는 꿈을 꾸다. *He somiat el meu pare* 나는 나의 아버지의 꿈을 꾸었다. **3** 동경하다, 바라다, 간절히 기원하다(desitjar). -intr. 꿈꾸다.
ni ho somiïs 꿈에도 생각지 않다.
semblar-li a algú que somia 꿈이라도 꾸고 있는 것 같다.
somiar despert[somiar] 백일몽을 꾸다.
somiatruites somiatruites m.f. [남녀동형] [구어] 몽상가, 공상가.
somicar intr. **1** 훌쩍훌쩍 울다(ploriquejar). **2** 탄식하다, 슬퍼하다.
somicó somicons m. 훌쩍거림.
somiejar intr. 꿈꾸다; 백일몽을 꾸다.
somier somiers m. 깃털 방석.
sòmines sòmines adj. 얼뜬, 어리석은, 바보 같은.
-m.f. [단·복수동형] 바보, 천치, 멍청이, 백치, 무골호인, 어중이떠중이.
somiquejar intr. =somicar.
somnàmbul somnàmbula somnàmbuls somnàmbules adj.m.f. 몽유병의 (환자).
somnambulisme somnambulismes m. 몽유병.
somni somnis m. **1** 꿈. **2** [비유] 꿈, 소망(il·lusió, esperança). **3** 공상, 몽상, 환상, 허깨비.
en somni 꿈속에서; 잠들어, 수면 중에.
somniar intr.tr. =somiar.
somnífer somnífera somnífers somníferes adj. 잠자게 하는, 최면의.
-m. 최면제.
somnolència somnolències f. **1** 꿈속, 꿈결, 반수 상태, 잠에 취함. **2** 나른함, 졸림. **3** 나태, 게으름.
somnolent somnolenta somnolents somnolentes adj. 꿈결 같은, 비몽사몽간의.
somort somorta somorts somortes adj. **1** (빛 따위가) 꺼진, 약해진; 꺼져 가는, 죽어 가는. **2** [의학] 듣지 못하는, 귀머거리의.
somoure tr. **1** 움직이다. **2** (장애물 등을) 옮기다, 없애다, 치우다. **3** (태도를) 바꾸다. **4** (마음을) 흔들다.
somriure[1] intr. **1** 미소를 짓다. **2** [비유] (행운 따위가) 반기다, 찾아오다.
somriure[2] somriures m. 미소.
son[1] sons m. 잠자기, 잠들기, 수면.
tenir un son pesat 깊은 잠에 들다.
-f. 졸음.
cedir a la son 졸음을 못 이기다.
fer passar la son 졸음을 쫓아내다.
tenir molta son 무척 졸리다.
son[2] sa ses ses adj. [3인칭 소유 형용사] 그의, 그녀의. *son germà* 그의 형.
sonada sonades f. 악기를 다루다, 악기 소리를 내다.
sonador sonadora sonadors sonadores adj.m.f. 소리를 내는 (사람).
-m. 보리피리.
sonall sonalls m. **1** 딸랑이[아기의 장난감]. **2** [악기] 탬버린.
sonalla sonalles f. =sonall.

sonar[1] *intr.* **1** 울리다, 소리 나다. **2** (악기를) 다루다. **3** 듣기 좋다, 좋은 소리를 내다. *un acord que sona bé* 좋은 소리를 내는 아코디언. **4** (문자가) 어떤 음을 가지다. **5** (이름이) 들어 본 듯하다. **6** 기미·기색을 보이다. **7** [비유] (소문이) 퍼지다, 풍문에 오르다. *-tr.* (악기를) 다루다. *sonar la trompeta* 트럼펫을 불다.
tal com sona 말 그대로.

sonar[2] *sonars m.* 수중 음파 탐지기, 잠수함 탐지기.

sonat *sonada sonats sonades adj.* **1** 이름난, 유명한. **2** 말이 많은, 소문이 자자한, 세상을 떠들썩하게 한. **3** 멍한, 정신이 없는, 열중하는, 빠져 버린.

sonata *sonates f.* [음악] 소나타.

sonatina *sonatines f.* [sonata의 축소사] [음악] 짧은 소나타.

sonda *sondes f.* **1** [해사] 측심; 수심 탐지기, 어군 탐지기. **2** [지질] 지질 검사, 천공기. **3** [의학] 탐침, 체내 검사용 소식자. **4** [항공] 존데[고공 기상 측정기].

sondar *tr.* **1** 넌지시 알아보다, (마음을) 떠보다. **2** 더듬어 보다, 검사하다, 수색하다. **3** [지질] 지질 검사를 하다. **4** [의학] 탐침을 넣다.

sondejar *tr.* =sondar

sonet *sonets m.* [문학] 14행의 시, 소네트; 단시.

sònic *sònica sònics sòniques adj.* 소리의; 소리 속도의.

sonor *sonora sonors sonores adj.* **1** 잘 울리는, 울려 퍼지는. **2** 반향이 있는, 낭랑하게 울리는. **3** [음성] 유성음의. **4** 조화를 이루는(harmoniós).

sonoritat *sonoritats f.* **1** 울려 퍼짐, 잘 울림. **2** [음성] 유성.

sonoritzar *tr.* **1** [음성] 유성음화하다. **2** (공간이) 울리게 하다, 공명이 나게 하다.

sonós *sonosa sonosos sonoses adj.* somnolent.

sonsada *sonsades f.* 싱거운 사람의 행동.

sonsejar *intr.* 싱겁다, 미지근하다.

sonso *sonsa sonsos sonses adj.* 싱거운, 미지근한, 재미없는.
-m.f. 싱거운 사람.

sopa *sopes f.* **1** 수프, 즙. **2** (쌀·고기·생선 등으로 하는) 죽.
anar mullat[*estar moll*] *com una sopa* 흠뻑 젖다.

sopar *sopars m.* 저녁, 저녁만찬.
Sant Sopar 그리스도의 만찬.

sopar *intr.* 저녁을 먹다.
havent sopat 저녁을 먹은 후에.

soper *sopera sopers soperes adj.* 수프용의.
-f. 수프 그릇.

sòpit *sòpita sòpits sòpites adj.* =somnolent.

soplujar *tr.* 덮다, 씌우다.

sopols, en *loc.adv.* 손으로, 손의 힘으로, 손을 짚고, 손으로 끌고.

sopor *sopors m.*[*f.*] **1** 졸음, 졸기. **2** [의학] 혼수, 혼미.

soporífer *soporífera soporífers soporífers adj.* **1** 최면의, 기면성의. **2** [비유] 졸리는. *un discurs soporífer* 지루한 연설.

soporífic *soporífica soporífics soporífiques adj.* =soporífer, narcòtic.

soprano *sopranos m.it.* [음악] 소프라노, 가장 높은 음부.
-m.f. 소프라노 가수.
-adj. (악기가) 고음을 내는.

sor *sors f.* 수녀에 대한 경칭.

sorbet *sorbets m.* 셔벗 아이스크림.

sord *sorda sords sordes adj.* **1** 귀머거리의. *S'ha tornat sord* 그는 귀머거리가 되었다. **2** 들으려 하지 않는, 듣지 않는. *sord als meus precs* 나의 간청에 꼼짝도 않는. **3** 고요한, 호젓한, 아무 소리도 들리지 않는. **4** [음성] 무성의, 무음의. **5** [의학] 듣지 못하는.
a la sorda 못 들은 척하고; 소리도 없이.
sord com una tàpia 전혀 듣지 못하는.
fer el sord 귀머거리 행세를 하다.

sordària *sordàries f.* =sordesa.

sordejar *intr.* 잘 안 들리다.

sordesa *sordeses f.* **1** 귀머거리. **2** [음성] 무성음.

sòrdid *sòrdida sòrdids sòrdides adj.* **1**

sordina 더러운, 추접스러운(brut). **2** 구두쇠의, 인색한(mesquí).
sordina sordines *f.* [음악] (악기의) 제음기, 제음장치, 약음기.
sordmudesa sordmudeses *f.* 듣지 못하고 말하지 못함.
sordmut sordamuda sordsmuts sordesmudes *adj.* 듣지 못하고 말하지 못하는.
-m.f. 농아.
sordor sordors *f.* =sordesa.
sorge sorges *m.* [구어] 신병.
sorgir *intr.* **1** (싹이) 나오다, 싹트다(brollar). **2** 뿜어 나오다, 분출하다. **3** [비유] 생기다, 나타나다, 출현하다, 떠오르다. *sorgir una programació* 프로그램이 나오다. *-tr.* (배의) 닻을 내리다, 배를 매다.
soroll sorolls *m.* 소음, 잡음, 시끄러운 소리, 떠들썩함.
sorollar *intr.* 움직이다, 흔들리다, 진동하다. *-tr.* 흔들다(sacsejar).
sorollós sorollosa sorollosos sorolloses *adj.* 시끄러운, 떠들썩한.
sorprendre *tr.* **1** (불의에) 덮치다, 습격하다, 붙잡다. **2** 들키다, 발견하다(descobrir). **3** 깜짝 놀라게 하다.
sorprenent sorprenents *adj.* 놀라운, 경이로운; 놀라게 하는. *un espectacle sorprenent* 놀라운 장관.
sorpresa sorpreses *f.* **1** 놀라움, 경이; 놀라게 하는 일. **2** 예기치 않은 선물, 몰래 하는 선물.
de sorpresa 갑자기, 불시에, 별안간에.
agafar de sorpresa 갑자기 덮치다, 갑자기 붙잡다.
sorra sorres *f.* 모래.
sorral sorrals *m.* 모래밭(areny).
sorrar *tr.* (배에) 모래주머니를 대다.
sorrejar *tr.* 모래로 세척하다. *-intr.* (철로에) 모래를 깔다.
sorrut sorruda sorruts sorrudes *adj.* 무뚝뚝한, 인정머리 없는, 거친, 퉁명스러운.
sort sorts *f.* **1** 운, 재수; 행운. **2** 추첨, 제비; 우연. **3** 종류, 유형.
sort que ... 이기에 그나마 다행이다.
Encara sort! 천만 다행이다!, 그나마 다행이야!
La sort ja està tirada 주사위는 이미 던져졌다.
tenir sort[bona sort] 재수가 좋다.
tirar les sorts 제비를 뽑다, 추첨하다.
sortat sortada sortats sortades *adj.* =sortós.
sorteig sorteigs[sortejos] *m.* 추첨, 제비뽑기; 분류, 가름.
sortejar *tr.* 추첨하다; 분류하다.
sorter sortera sorters sorteres *m.f.* 차남; 점쟁이.
sortida sortides *f.* **1** 나오기, 나가기; 출구, 나가는 문. **2** 출발, 출범; 진로, 출격. **3** 여행, 소풍. **4** [비유] 도피구, 발뺌(acudit). **5** 돌출부, 튀어나온 곳. **6** [상업] 지출, 유출. **7** (상품의) 판로. **8** 해결책, 돌파구(solució).
a la sortida 나가는 길에, ...가는 길에.
donar sortida 팔다, 처분하다.
tenir sortida (상품의) 판로가 있다.
sortidor sortidors *m.* (물의) 공급기; 가솔린펌프.
sortileg sortílega sortílegs sortílegues *m.f.* =sortiller.
sortilegi sortilegis *m.* 점.
sortiller sortillera sortillers sortilleres *m.f.* 점쟁이.
sortint sortints *m.* 나온, 돌출한; 떠오르는.
sortir *intr.* **1** 나가다, 나오다. **2** 나들이하다, 외출하다. **3** 떠나가다, 가버리다(anar-se'n); 출발하다. *Sortirem a punta de dia* 우린 동이 트자마자 떠날 것이다. **4** (...에) 면하다, 통하다, 통해 있다. **5** (해가) 뜨다, 오르다. **6** 나타나다, 출현하다, 등장하다(aparèixer). **7** 생기다, 싹트다. **8** 생겨나다, 비롯하다, 유래하다(provenir). **9** (의무·위기로부터) 벗어나다, 면하다. **10** (책이) 출판되다, 빛을 보다. **11** (밖으로) 튀어나오다, 불거져 나오다. **12** (상품이) 나오다. **13** (결과가) ...이 되다.
sortir a trobar algú 마중 나가다.
sortir malament 일이 잘못되다.
sortir rabent[disparat] 갑자기 화내다; 별안간 뛰기 시작하다.
sortós sortosa sortosos sortoses *adj.*

sortosament 운이 좋은, 재수 좋은, 행운의.
sortosament *adv.* 운 좋게도, 다행히도.
SOS *m.* (무전의) 조난 신호, 구조 신호, 위급 호출; [구어] 위기 신호, 구원 요청.
sospesar *tr.* 손으로 무게를 재다.
sospir sospirs *m.* 호흡; 한숨, 탄식.
exhalar el darrer[*l'últim*] *sospir* 숨을 거두다, 죽다.
sospirar *intr.* **1** 숨을 내쉬다, 한숨을 내쉬다. **2** 동경하다, 열망하다(delir-se).
sospirar per (...을) 동경하다, 열망하다.
suspirós suspirosa suspirosos suspiroses *adj.* 한숨을 내쉬는.
sospita sospites *f.* **1** 의심, 의혹. **2** 혐의, 징후.
sospitar *tr.* **1** 의심하다, 의혹을 품다. **2** (...에게) 혐의를 두다. **3** 추측하다, 상상하다. -*intr.* **1** 의심하다, 수상쩍어하다. **2** 불신하다, 신뢰하지 않다(desconfiar).
sostenidor sostenidora sostenidors sostenidores *adj.m.f.* sostenir하는 (사람). -*m.pl.* 브래지어.
sostenir *tr.* **1** 받치다, 지지하다. *sostenir el sostre* 천정을 받치다. **2** 버티다, 유지하다, 지탱하다(resistir). **3** [비유] 지원하다, 원조하다, 옹호하다. **4** (괴로운 일을) 참고 견디다. **5** (적을) 물리치다. **6** [비유] 지지하다, 주장하다. *sostenir una opinió* 의견을 주장하다. -**se** 참다; 버티고 ...하다.
sostingut sostinguda sostinguts sostingudes *adj.* 줄기찬, 한결같은, 지속적인. *un esforç sostingut* 줄기찬 노력. -*m.* [음악] 샤프, 올림표[음의 높이를 반음 올릴 것을 지시하는 기호: 기호 #].
sostracció sostraccions *f.* **1** 제거, 갈아치움. **2** 공제. **3** 사취, 횡령. **4** [수학] 뺄셈.
sostrar *tr.* [건축] 지붕을 이다, 천장을 치다.
sostraure [*pp: sostret sostreta*] *tr.* =sostreure.
sostre sostres *m.* 천장; 지붕
sostreure *tr.* **1** (...에서) 뽑아내다. **2** 훔치다, 사취하다(emparar-se). **3** [수학]

빼다, 뺄셈하다; 감하다, 줄이다. -**se** **1** (...을) 피하다, 면하다. **2** (의무·약속 등을) 어기다, 이행치 않다.
sot sots *m.* **1** 작은 구멍; 구덩이. **2** 작은 계곡. **3** 묘, 묘혈, 무덤.
sota¹ sotes *f.* (검술·카드 등의) 속임수.
sota² *prep.* **1** ... 아래에, ... 밑에; ... 밑에서(davall). **2** [비유] ...하에, ... 아래, ...에 힘입어.
-*adv.* 아래에, 아래로; 밑에서.
per sota ...의 아래에.
per sota de ...의 아래에, 아래에서.
sota el qual ...에 따라, ...에 준하여.
sotabarba sotabarbes *m.* (턱 아래에 남긴) 수염.
sotabosc sotaboscs[sotaboscos] *m.* [식물] (숲에서 자란) 관목 식물.
sotamà, de *loc.adv.* 몰래, 은밀히, 남모르게.
sotana sotanes *f.* **1** 수도사복, 승복, 법의. **2** (맷돌의) 아랫돌.
sotaplujar-se *prnl.* 감싸다, 보호하다.
sotasignat sotasignada sotasignats sotasignades *adj.* 아래 적은 이름의. -*m.f.* 하기 서명자.
sotavent sotavents *m.* 바람이 불어오는 쪽.
soterrani soterrània soterranis soterrànies *adj.* 지하의, 땅속의. -*m.* 지하, 땅속; 지하실, 지하 창고.
soterrar *tr.* 파묻다, 매장하다; 감추다, 은닉하다.
sotil sotils *adj.* 하찮은, 무용지물의, 쓸모가 없는, 의미가 없는.
sotmetre [*pp: sotmès sotmesa*] *tr.* **1** 굴복시키다, 항복시키다. **2** 진압하다, 제압하다. **3** (...에) 따르게 하다. **4** (법률 등을) 회부하다. **5** 시험하다, 테스트하다. **6** (약품 등으로) 처리하다; (치료를) 받게 하다. *sotmetre a un malalt a un tractament* 환자를 치료받게 하다. -**se** **1** 굴복하다, 항복하다. **2** (판단·결정 등에) 따르다.
sotrac sotracs *m.* **1** 떨림, 흔들림, 진동(sotragueig). **2** [비유] 충격, 쇼크.
fer sotracs 흔들다, 떨어버리다.
sotragada sotragades *f.* =sotrac.
sotragar *tr.* 털다, 흔들다; 체로 치다.

sotraguejar *intr.* =sotragar.
sotsarrendar *tr.* 빌린 것을 다시 빌려 주다, 전대차하다; 빌린 사람에게 다시 빌리다.
sotsgovernador sotsgovernadora sotsgovernadors sotsgovernadores *m.f.* 부지사, 부총독.
sotsllogater sotsllogatera sotsllogaters sotsllogateres *m.f.* 다시 임대한 사람.
sotsobrar *tr.* (적·상대를) 무너뜨리다.
sotsoficial sotsoficiala sotsoficials sotsoficiales *m.f.* [군사] 하사관, 부사관.
sotssecretari sotssecretària sotssecretaris sotssecretàries *m.f.* 부비서, 차관.
-*m.* 부비서실, 차관실.
sou sous *m.* **1** 임금, 급여, 고정급, 보수, 급료(salari). **2** 옛 로마 화폐의 일종.
 a sou 봉급으로, 보수로.
 suspendre de sou i feina 일자리를 잃다.
sovint *adv.* 자주, 빈번히(freqüentment).
sovintejar *tr.* 자주 하다. -*intr.* 자주 가다.
spaghetti spaghettis *m.ital.* 스파게티.
suada suades *f.* suar하는 일.
suar *intr.* **1** 땀을 흘리다; 땀으로 발산하다. **2** (나무가) 즙액을 내다. **3** (물·액체를) 스미게 하다. **4** [비유] 열심히 일하다. -*tr.* **1** 땀으로 배게 하다; 땀으로 범벅이 되다. **2** (열심히 노력해서) 이뤄 내다; 가까스로 해내다; 우려내다.
 suar sang i aigua[suar fel] 진력을 다 쏟다, 안간힘을 다하다.
 suar la cansalada 최선을 다하다, 전력을 다하다.
suara *adv.* 지금 당장, 즉시(ara mateix); 조금 전에.
suarda suardes *f.* 기름때.
suau suaus *adj.* 부드러운, 다정한; (감촉이) 부드러운; (날씨가) 온화한.
suavitat suavitats *f.* **1** (감촉의) 부드러움. **2** 상냥함, 부드러움.
suavitzant suavitzants *adj.* 부드럽게 하는.
-*m.* (옷을) 부드럽게 하는 세제; 린스.

suavitzar *tr.* **1** 부드럽게 하다, 매끄럽게 하다. **2** [비유] 완화시키다.
subaltern subalterna subalterns subalternes *adj.* **1** 하위의, 다음의, 하급의, 말단의. **2** 종속의.
subalternar *tr.* (명령에) 따르게 하다.
subaquàtic subaquàtica subaquàtics subaquàtiques *adj.* 물밑에 있는.
subcampió subcampiona subcampions subcampiones *m.f.* 준우승자, 차점자.
subclasse subclasses *f.* **1** (분류상의) 소구분, 소강(小康). **2** [생물] 아강(亞綱), 아문(亞門).
subconjunt subconjunts *m.* [수학] 소집합.
subconscient subconscients *adj.* 잠재의식의, 어렴풋한.
-*m.* 잠재의식, 부의식.
subcontractar *tr.* 하청하다, 하청 계약하다.
subcutani subcutània subcutanis subcutànies *adj.* [해부] 피하(皮下)의.
subdelegar *tr.* 재위임하다, 전(轉)위임하다.
subdesenvolupament subdesenvolupaments *m.* 저개발.
subdialecte subdialectes *m.* [언어] (어느 지방의) 하위 방언.
súbdit súbdita súbdits súbdites *adj.* 휘하의, 예속된.
-*m.f.* 부하, 신하.
subdividir *tr.* 세분하다, 세별하다.
subdominant subdominants *f.* [음악] 차속음[각 음계의 제4음].
subèric subèrica subèrics subèriques *adj.* 코르크의.
suberós suberosa suberosos suberoses *adj.* 코르크질의, 코르크 모양의.
subespècie subespècies *f.* 종(種).종류의 세분.
subestimar *tr.* 과소평가하다, 무시하다, 경시하다(menystenir).
subfamília subfamílies *f.* [생물] 아과(亞科).
subgènere subgèneres *m.* [생물] 아속(亞屬).
subhasta subhastes *f.* 경매, 입찰, 공매.

subhastar tr. 경매하다, 입찰하다.
subíndex subíndexs m. [수학] 부지수.
subjacent subjacents adj. 밑에 있는, 하위의; 토대를 이루는.
subjecció subjeccions f. 1 복종, 굴복, 정복, 예속(dependència, obligació). 2 억압, 속박. 3 관계, 연결, 결합.
subjectar tr. 1 억압하다, 억누르다. 2 붙잡다, 단단히 붙잡다. *subjectar la barca* 배를 단단히 묶어 두다. 3 복종시키다, 속박하다.
subjecte subjecta subjectes subjectes adj. 1 속박된, 종속된, 예속된. 2 붙잡힌, 구속된, 꼼짝 못하게 잡힌(agafat). 3 (...에) 준하는, 따르는. 4 ...하기 쉬운, 곧잘 ...하는.
-m. 1 주제, 논제, 테마(assumpte). 2 [문법] 주어, 주부. 3 작자, 인간, 놈, 녀석.
subjectiu subjectiva subjectius subjectives adj. 주관의, 주관적인; 주제의.
subjectivisme subjectivismes m. 주관론, 주관적 논법.
subjugar tr. 정복시키다, 지배하다, 통치하다.
subjuntiu subjuntiva subjuntius subjuntives adj. 1 subordinar한. 2 [문법] 접속법의.
-m. [문법] 접속법.
sublim sublims adj. 1 뛰어난, 탁월한, 빼어난. 2 숭고한, 지상의. 3 장엄한, 지엄한.
sublimar tr. 1 승화시키다, 고상하게 하다. 2 [화학] 승화시키다.
submarí submarina submarins submarines adj. 1 해저의, 바다 속의. 2 바다 속에 사는. 3 해저용의.
-m. 잠수함.
submarinisme submarinismes m. [스포츠] 잠수, 스쿠버.
submarinista submarinistes adj. 잠수의.
-m.f. [남녀동형] 잠수부, 스쿠버 대원; 잠수함 승무원.
submergible submergibles adj. 잠수 가능한.
-m. =submarí.
submergir tr. 1 잠수시키다, 가라앉히다. 2 범람하다, 물에 잠기다(inundar).

-se (사람이) 물속에 들어가다; (배가) 잠수하다.
subministrar tr. 1 공급하다, 보급하다 (fornir). 2 주다, 제공하다(donar). *subministrar la informació útil* 유용한 정보를 제공하다.
submís submisa submisos submises adj. 1 고분고분한, 말없이 따르는, 복종하는, 온순한. 2 굴욕적인, 굴복하는.
submissió submissions f. 굴복, 복종, 순종(obediència); 공순함, 온순함.
submúltiple submúltipla submúltiples submúltiples adj.m. [수학] 약수(의).
subnormal subnormals adj. 정상이하의, 이상의, 기형의 .
-m.f. 병신, 박약아.
subordinar tr. 1 종속시키다, 복종시키다. 2 뒤에 놓다, 하위에 놓다. 3 [문법] 종속시키다.
subordinat subordinada subordinats subordinades m.f. 부하, 종복.
subordre subordres m. [생물] 아목(亞目).
suborn suborns m. =subornació.
subornació subornacions f. 1 매수, 증회; 뇌물. 2 오직(汚職). 3 유혹, 꼬드김.
subornament subornaments m. =subornació.
subornar tr. 1 매수하다, 뇌물로 사다. 2 꼬드기다, 유혹하다.
subproducte subproductes m. 부산물.
subratllar tr. 1 (어구에) 밑줄을 긋다. 2 [비유] 강조하다(recalcar).
subrepció subrepcions f. 비밀 수단; 사실 은폐.
subrogar tr. [법률] 대위(代位)하다, 대리 변제를 시키다, 대치시키다.
subscripció subscripcions f. 1 기명, 서명. 2 응모, 회원 가입. 3 신청(금); 구독(료). 4 예약, 예약금 5 (주식 등의) 모집, 응모; 모금.
subscriure tr. 1 (서류 아래에) 서명하다, 기명하다; 승인하다(signar). 2 신청하다, 예약하다. 3 [비유] 찬동하다, 편들다(adherir-se). **-'s** 신청하다, 응모하다; 가입하다, 구독 예약을 하다, 구

subseguir 독하다.
subseguir *tr.* 잇따르다, 뒤따르다.
subsidi subsidis *m.* **1** 보조금, 수당, 조성금. *subsidi familiar* 가족 보조금, 가족 수당. **2** 보조, 후원, 원조. *subsidi de desocupació[d'atur]* 실업 수당.
subsidiari subsidiària subsidiaris subsidiàries *adj.* 보조적인, 이차적인; 추가의, 제2의.
subsistència subsistències *f.* **1** 존속, 존재, 생존. **2** 생필품, 생활 물자, 의식(衣食).
subsistir *intr.* **1** 존속하다, 잔존하다, 계속되고 있다. **2** 살아 있다, 생존하다. **3** (...으로) 살아가다.
subsòl subsòls *m.* 저토, 하층토.
substància substàncies *f.* **1** 물질, 물건, 사물(matèria). **2** 실체, 본체, 본질, 실질. **3** 내용, 내용물(contingut). **4** 실속, 가치. **5** 양분, 자양. **6** 자산, 재산. **7** 요점, 요지, 대의.
en substància 본질적으로, 사실상; 사실은, 취지는.
substancial substancials *adj.* **1** 실체의, 본질적인, 실질적인. **2** 실속 있는, 내용이 풍부한. **3** 자양이 있는. **4** 주요한, 중대한.
substanciós substanciosa substanciosos substancioses *adj.* **1** 실속이 있는, 내용이 풍부한. **2** 자양분이 있는.
substantiu substantiva substantius substantives *adj.* **1** 물질의, 실체의; 실체를 나타내는. **2** [문법] 명사의.
-m. [문법] 명사.
substantivar *tr.* [문법] 명사화하다.
substituir *tr.* 바꾸다, 교체하다, 대신하다, 대용하다, 대체하다.
substitut substituta substituts substitutes *m.f.* 대리인, 대행자, 대리자.
substitutiu substitutiva substitutius substitutives *adj.* 대리의, 대용의, 대체의.
substrat substrats *m.* **1** 기저, 바탕, 토대. **2** [언어] 기층 언어.
subterfugi subterfugis *m.* 구실, 평계.
subterrani subterrània subterranis subterrànies *adj.* 지하의, 땅속의.
subtil subtils *adj.* **1** 섬세한, 주의 깊은, 자상한, 미묘한. **2** 매우 얇은, 가는. **3** 근소한, 미소한, 있는 듯 만 듯한. **4** 날카로운, 예민한(agut).
subtilitzar *tr.* **1** 섬세하게 하다. **2** 갈다, 세련하다; 정밀하게 하다, 날카롭게 하다.
subtítol subtítols *m.* 부제, 소제목, 별제; (영화의) 자막.
subtitular *tr.* 부제를 달다; (영화에) 자막을 달다.
subtracció subtraccions *f.* [수학] 뺄셈.
subtrahend subtrahends *m.* [수학] 감수(減數).
suburbà suburbana suburbans suburbanes *adj.* 교외의, 변두리의.
suburbi suburbis *m.* 교외, 변두리.
subvencionar *tr.* 보조금을 주다, 장려금을 주다, 조성금을 주다.
subvenir *intr.* 돕다, 지원하다; 응원하다; 보조금을 보내다.
subversió subversions *f.* 교란, 파괴, 문란, 전복 음모.
subvertir *tr.* (법·질서·원칙 등을) 파괴하다, 무너뜨리다.
suc sucs *m.* **1** 즙, 과일즙, 육즙. **2** 액, 위액, 취액. **3** [식물] (나무의) 수액. **4** [비유] 정수(精髓).
suca-mulla suca-mulles *f. fer sucamulla* (스프·포도주에) 빵을 적셔 먹다.
sucar *tr.* **1** 적시다. **2** (기름을) 바르다. **3** (빵을) 수프에 적시다. **4** 매수하다, 뇌물을 주다. *-intr.* **1** [비유] 관계하다, 개입하다, 끼어들다. **2** 수익을 가져오다, 이익을 내다.
succedani succedània succedanis succedànies *adj.* 대용의, 대용에 의한.
-m. 대용품.
succeir *intr.* **1** 잇따르다, 잇달아 일어나다, 잇따라 오다. **2** (누구의) 뒤를 잇다. **3** (어떤 일이) 벌이지다, 일어나다, 발생하다(esdevenir-se, ocórrer). *-tr.* 상속하다, 계승하다, 이어 받다. *Succeí el seu pare* 그는 그의 아버지를 이어 받았다. *-se* 계속 이어지다, 잇달아 오다.
succés successos *m.* **1** (사건의) 발생, 일어난 일(esdeveniment). **2** 성공, 성과(èxit).

successió successions *f.* **1** 잇달아 일어나는 일, 연속, 속발. **2** 자손(descendència). **3** [법률] 상속 (재산), 유산; 계승.

successiu successiva successius successives *adj.* 잇따른, 연속적인, 연이은, 계속적인.

successor successora successors successores *adj.* 상속하는, 계승하는.
-*m.f.* 상속자, 계승자.

succint succinta succints succintes *adj.* 간결한, 간편한, 짤막한(breu, compendiós).

succió *f.* 입으로 빨아들임.

succionar *tr.* 빨아들이다(xuclar).

succionar *tr.* 빨아들이다, 흡수하다.

sucós sucosa sucosos sucoses *adj.* **1** 즙이 많은, 다즙질의, 물기가 많은. **2** 자양이 풍부한. **3** 육즙이 많은.

sucraire sucraires *m.f.* 제당업자.

sucre sucres *m.* 설탕.
de sucre *loc.adj.* 매우 섬세한, 매우 정교한.

sucrer sucrera sucrers sucreres *adj.* 설탕의.
-*m.f.* =sucraire.
-*f.* 제당 공장.

suculent suculenta suculents suculentes *adj.* 자양이 풍부한; 맛이 좋은.

sucumbir *intr.* **1** (앞으로) 쓰러지다, 고꾸라지다. **2** (맞아) 쓰러지다. **3** 지다, 양보하다; (유혹에) 넘어가다(cedir). *Va sucumbir a la temptació* 그는 유혹에 넘어갔다. **4** [비유] 죽다(morir).

sucursal sucursals *adj.f.* 지점의, 지사의, 출장소(의).

sud *m.* 남쪽, 남부; 남풍.
-*adj.* 남쪽의. *en direcció sud* 남쪽으로, 남쪽 방향으로.

sudació sudacions *f.* [의학] 오한.

sudari sudaris *m.* **1** (죽은 사람의) 면포, 수의. **2** (그리스도의) 성의(聖衣), 성해포(聖骸布).

sud-est *adj.m.* 동남(의), 동남쪽(의); 동남풍(의).

sud-oest *adj.m.* 서남(의), 서남쪽(의); 서남풍(의).

sudoració sudoracions *f.* suar하는 일.

sudorífic sudorífica sudorífics sudorífiques *adj.* 땀을 내는, 발한의.
-*m.* 발한제.

sudorípar sudorípara sudorípars sudoríparas *adj.* 땀의, 땀이 나는.

suec sueca suecs sueques *adj.* 스웨덴의.
-*m.f.* 스웨덴 사람.
-*m.* [언어] 스웨덴어.

suèter suèters *m.* 스웨터(jersei).

suficiència suficiències *f.* **1** 충분, 풍족, 만족. **2** 능력, 자격.

suficient suficients *adj.* **1** 충분한, 푸짐한, 숱한. *un espaci suficient* 충분한 공간. **2** 능력이 있는, 자격이 있는, 적임의. **3** [비유] 유식한 체하는, 학자연하는, 학식을 뽐내는.

sufix sufixa sufixos sufixes *adj.* [문법] 접미사의.
-*m.* [문법] 접미사, 접미어.

sufixar *tr.* [문법] 접사를 붙이다.

sufocació sufocacions *f.* **1** 질식. **2** 불쾌함, 답답함. **3** 얼굴을 붉힘, 무안스러움(calrada).

sufocar *tr.* **1** 질식시키다. **2** (불 등을) 끄다, 진화하다, 소화하다(extingir). *sufocar un incendi* 화재를 진화하다. **3** (얼굴을) 붉히다, 부끄럽게 하다. **4** (소동·반란 등을) 진압하다. *sufocar un tumult* 소동을 진압하다.

sufragar *tr.* **1** 돕다, 원조하다, 지원하다 (ajudar). **2** (비용을) 내다, 지급하다 (pagar).

sufragi sufragis *m.* **1** 원조, 후원. **2** 투표; 선거(제). **3** 기도, 기원.

sufragisme sufragismes *m.* 여성 참정론, 여권 신장 운동.

sufumigar *tr.* 향을 피우다; 불에 그을리다.

sufusió sufusions *f.* [의학] 피하 일혈.

suggeriment suggeriments *m.* **1** 넌지시 비침, 암시, 시사. **2** 제시, 제안, 제의, 제언, 제창. **3** 감응, 연상.

suggerir *tr.* **1** 넌지시 비치다, 암시하다, 시사하다. **2** 제안하다, 제창하다, 제의하다, 제언하다. *suggerir idees* 아이디어를 제안하다. **3** 연상시키다, 생각나게 하다.

suggestió f. 1 암시, 시사. 2 제안, 제시(suggeriment). 3 연상, 생각남, 착상. 4 (열정 따위의) 유발. 5 (최면술의) 암시; 암시된 사물. 6 기색, 모양.
suggestionar tr. 1 암시를 주다, 시사하다. 2 연상시키다. 3 (남의 뜻을) 알아차리다.
suggestiu suggestiva suggestius suggestives adj. 1 시사하는, 암시하는, 넌지시 비치는. 2 연상시키는, 암시가 많은; ...을 생각나게 하는. *un espaci suggestiu de l'escena* 그 장면을 연상시키는 공간. 3 (열정을) 도발케 하는, 외설한.
suïcida suïcides adj. 자살 행위의; 매우 위험한.
-m.f. [남녀동형] 자살자.
suïcidar-se prnl. 자살하다.
suïcidi suïcidis m. 자살 (행위).
súids m.pl. [동물] 돼지속 동물.
suís suïssa suïssos suïsses adj.m.f. 스위스(Suïssa)의 (사람).
suite suites f.fr. 스위트룸.
sulfat sulfats m. [화학] 유산염.
sulfatar tr. [농업] (황산아연으로 농작물·과수를) 소독하다, 살충하다; 황산으로 처리하다.
sulfhídric sulfhídrica sulfhídrics sulfhídriques adj. 수소와 유황이 화합된.
sulfur sulfurs m. [화학] 유화물.
sulfurar tr. 1 [화학] 유화하다. 2 [비유] 성나게 하다, 노하게 하다, 화나게 하다.
sulfuri sulfúria sulfuris sulfúries adj. 유황의, 유황이 함유된.
sulfúric sulfúrica sulfúrics sulfúriques adj. [화학] 1 유황의, 유황이 함유된. 2 화를 잘 내는.
sulfurós sulfurosa sulfurosos sulfuroses adj. 유황질의, 유황을 함유한.
suma sumes f. 1 총계, 합계, 계. 2 [수학] 합계(resultat). 3 액수, 금액.
  en suma 결국, 요컨대, 말하자면, 요약해서.
sumació sumacions f. 합계, 총계, 총액; 액수, 금액.
sumand sumands m. [수학] 피가수(被加數)[3+7=10에서 3과 7을 뜻함].

sumar tr. 1 [수학] 더하다, 가산하다. 2 합계하다, 총액을 내다; 총액이 ...이 되다. 3 개괄하다, 간추리다, 요약하다.
sumari sumària sumaris sumàries adj. 1 대략의, 요약된; 약식의, 간략한. 2 [법률] 예비 심리의.
-m. 1 개요, 적요, 개략. 2 (뉴스 방송 전후에 읽는) 뉴스의 주요 항목. 3 [법률] 예비심리.
-f. [법률] 고발장; (군사 재판의) 예비심리.
sumaríssim sumaríssima sumaríssims sumaríssimes adj. 1 매우 간략한. 2 [법률] 즉결의.
sumatori sumatòria sumatoris sumatòries adj. 합계의, 가산의, 총액의.
sumir tr. 1 가라앉히다, 묻어 버리다, 침잠시키다(enfonsar). 2 (성직자의 성체를) 배령(拜領)하다. 3 [비유] (근심·생각 등에) 잠기다. *sumit en la desesperació* 절망에 빠지다. 4 (경기가) 침체하다. *-se* 1 가라앉다, 푹 꺼지다. 2 (가슴·볼 등이) 꺼지다. 3 [비유] (근심·생각 등에) 잠기다. 4 (경기가) 침체하다.
summa summes f. 전집, 전서, 대전, 총서(recopilació).
summament adv. 극대로, 최대한으로.
summe summa summes summes adj. =suprem.
summitat summitats f. 정점, 절정, 극치.
súmmum súmmums m. 지상, 최고, 극점.
sumptuari sumptuària sumptuaris sumptuàries adj. 아주 호화스러운, 사치스러운.
sumptuós sumptuosa sumptuosos sumptuoses adj. 화려한, 호화로운, 사치스러운.
suor suors f. 1 땀, 발한. 2 [비유] 노력, 애씀(esforç).
suós suosa suosos suoses adj. 1 땀에 젖은, 땀투성이의. *una roba suosa* 땀에 젖은 옷. 2 땀을 흘리는, 땀이 많이 나는.
supeditació supeditacions f. 억압, 압박;

supeditar 굴복, 종속.

supeditar *tr.* **1** 억압하다, 압박하다, 폭압하다(sotmetre). **2** 굴복시키다, 종속시키다(subordinar).

súper[1] **súpers** *adj.* [구어] 아주 좋은, 매우 훌륭한. *El dinar ha estat súper* 점심은 아주 훌륭했다.

superar *tr.* **1** 능가하다, 뛰어넘다, 초과하다(sobrepassar). **2** 이기다, 극복하다, 뛰어나다. **-se** 극복하다.

superàvit superàvits *m.* [경제] 잉여(금), 초과(액).

superb superba superbs superbes *adj.* **1** 오만한, 거만한, 우쭐거리는(superbiós). **2** 뛰어난, 훌륭한, 굉장한. **3** 성마른, 성미가 급한.

supèrbia supèrbies *f.* **1** 거만, 교만, 우쭐함. **2** 웅대함; 호방함. **3** 격분, 분격.

superdotat superdotada superdotats superdotades *adj.* (능력·지능 등이) 아주 뛰어난, 아주 박식한.

superestructura superestructures *f.* 지상 설비, 상부 구조.

superficial superficials *adj.* **1** 표면의; 면적의. **2** 표면적인, 형식적인, 피상적인. *un examen superficial* 형식적인 시험. **3** 얕은; 천박한, 경박한, 경거망동하는.

superfície superfícies *f.* **1** 표면, 겉면. **2** 면적(extensió). **3** 수면, 물위. **4** [비유] 겉보기, 외면(aparença). **5** 지상, 지면. **6** 천박, 경거망동.

superflu supèrflua superflus supèrflues *adj.* **1** 공연한, 헛된. **2** 무용한.

superhome superhomes *m.* [철학] 초인, 비범한 사람. **2** 슈퍼맨.

superíndex superíndexs *m.* 기호 상단에 덧붙이는 표식.

superintendent superintendents *m.f.* 총감, 주재자; 감사관, 교육감; (공사의) 감독.

superior[1] superiors *adj.* (...보다) 위의, 위에 있는, 높은.
 ésser superior a ...위에 있다.

superior[2] superiora superiors superiores *m.f.* 상사, 상관, 손윗사람; 선배.

superioritat superioritats *f.* **1** 뛰어남, 우위, 우월, 탁월, 우등, 우수, 우세; 우월성, 우량함. **2** 상위, 상석, 상급. **3** [집합] 상관, 상급자; 상부.

superlatiu superlativa superlatius superlatives *adj.* **1** 최상의, 최고의, 최대의. **2** 최상급의.
 -*m.* [문법] 최상급.

supermercat supermercats *m.* 슈퍼마켓, 대형 시장.

superordre superordres *m.* (분류의) 상위, 상류.

superpoblació superpoblacions *f.* 인구과잉, 과잉 인구.

superpoblat superpoblada superpoblats superpoblades *adj.* 인구가 넘쳐나는, 인구가 너무 밀집된.

superposar *tr.* **1** 겹치다, 포개다, 위에 놓다. **2** [비유] 더 중요시하다.

superpotència superpotències *f.* 초강대국; 초능력.

superproducció superproduccions *f.* 과잉 생산.

superrealisme superrealismes *m.* [문학][예술][음악] 초현실주의.

supersònic supersònica supersònics supersòniques *adj.* [물리] 초음속의; 초음속파의.

superstició supersticions *f.* 미신.

superstrat superstrats *m.* [언어] 상층 언어.

supervisar *tr.* 관리하다, 감독하다, 지휘하다.

supervivència supervivències *f.* **1** 생존, 잔존. **2** (상속) 연금.

superxeria superxeries *f.* 사기, 속임수 (engany).

supí supina supins supines *adj.* **1** 위로 향한, 반듯이 누운. **2** 태만한, 게으른. **3** [문법] (라틴어의) 동사형 명사의.
 -*m.* [문법] (라틴어의) 동사형 명사.

suplantar *tr.* **1** (서류를) 위조하다. **2** 불법으로 점거하다. **3** (남을 밀어내고) 대신 차지하다.

suplement suplements *m.* **1** 보충, 보족. **2** 추가(분); 할증 요금. **3** 수당, 특별 수당. **4** 보각. **5** (신문·잡지의) 부록. **6** (열차의 급행 티켓, 침대 티켓 등의) 보조 티켓.

suplència suplències *f.* 보결, 결원; (보

suplent 결로서의) 대리, 대행.
suplent suplents *adj.* 보결의, 대리의, 대행의.
-m.f. [남녀동형] 보결자; 대체 선수.
supletori supletòria supletoris supletòries *adj.* 보충의, 보상의.
súplica súpliques *f.* 의뢰, 부탁, 간청; 청원, 탄원.
suplicador suplicadora suplicadors suplicadores *adj.* suplicar하는.
suplicant suplicants *adj.* 탄원하는, 애원하는.
-m.f. [남녀동형] 탄원자, 애원자.
suplicar *tr.* **1** 의뢰하다, 부탁하다, 청원하다, 탄원하다(demanar). **2** [법률] 상소하다. **3** 간절히 기도하다.
suplicatori suplicatòria suplicatoris suplicatòries *adj.* 탄원의; 상소의, 공소의.
-m. [법률] 상소.
suplici suplicis *m.* **1** 체형, 고문, 괴롭힘. *patir el suplici de la set* 갈증의 고문을 치르다. **2** [비유] 고통, 고뇌.
darrer suplici 사형; 극심한 고통.
suplidor suplidora suplidors suplidores *adj.* 보완하는, 보충하는; 보결의, 대역의; 보족의.
-m.f. 보결자, 대행자.
suplir [*pp: suplert suplerta*] *tr.* **1** 메우다, 보완하다, 보충하다. **2** 보결하다; (...의) 빈자리를 채우다, 대역을 하다 (reemplaçar).
suport suports *m.* **1** 받침, 받침대, 지지물, 지주; 의지가 되는 것. **2** 버팀, 유지. **3** [비유] 원조, 옹호, 찬성; 옹호자, 지지자. **4** (가족의) 양육, 부양; (재정적인) 유지; 생활비. **5** [기계] 굴대받이; (볼) 베어링.
en suport de ...에 의지하여, ...에 근거하여.
suportable suportables *adj.* 지탱할 수 있는, 참을 만한, 견딜 만한.
suportar *tr.* **1** 지탱하다, 버티다, 지지하다(resistir). **2** (적·역경 등을) 견디다, 참다.
suposable suposables *adj.* 가정되는, 예상되는, 상상할 수 있는.
suposador suposadora suposadors suposadores *adj.m.f.* suposar하는 (사람).

suposar *tr.* **1** 가정하다, 가상하다; 상상하다, 추측하다(imaginar). **2** 예상하다, 상정하다, 전제로 하다.
Fum suposa foc [속담] 아니 땐 굴뚝에 연기 나랴.
suposició suposicions *f.* 가정, 가상, 가설; 상상, 추측; 상정, 전제.
de suposició 중요한, 일등급의, 고급의.
supòsit supòsits *m.* 가정, 가설.
de supòsit =de suposició.
supositori supositoris *m.* 좌약.
suprarenal suprarenals *adj.* [해부] 신장 위의, 부신의.
suprasensible suprasensibles *adj.* 초감 감적인, 고감도의, 매우 민감한.
suprem suprema suprems supremes *adj.* **1** 최고의; 최고 기관의. **2** 최후의. **3** 지존의, 극치의, 지고의, 무상의, 더없는.
el suprem 대법원, 최고재판소(tribunal suprem).
supremacia supremacies *f.* 최고, 지상, 지고; 최고 지위, 왕위; 패권, 우세.
supressió supressions *f.* 폐지, 말살, 말소; 생략; 진압, 억압, 금지.
suprimir *tr.* **1** 없애다, 폐지하다. **2** 말살하다, 말소하다; 빼다, 삭제하다.
supuració supuracions *f.* [의학] 화농, 농루.
supurar *intr.* [의학] 곪다, 화농하다; 고름이 나오다.
suquejar *intr.* 즙을 내다.
sura sures *f.* (회교 경전의) 장(章).
surada surades *f.* **1** (배를) 바다에 띄움. **2** (낚시에서) 물 위에 띄우는 부표.
surar *intr.* **1** (물에) 뜨다. **2** [비유] 성장하다, 번창하다, 번영하다(prosperar).
sureny surenys *m.* [식물] 식용 버섯의 일종.
surer surera surers sureres *adj.* 코르크의.
-f. [식물] 코르크나무(suro).
surf surfs *m.* [스포츠] 서핑.
suro suros *m.* **1** [식물] 코르크나무. **2** 코르크로 만든 것, 코르크 마개.
surra surres *f.* 두들겨 팸, 주먹다짐(natjada).

surrealisme surrealismes *m.* 초현실주의, 쉬르레알리슴.
surrealista surrealistes *adj.* 초현실주의의.
-*m.f.* [남녀동형] 초현실주의자.
surt surts *m.* 놀라움, 쇼크, 깜짝 놀람; 소스라침, 전율.
suscepció suscepcions *f.* 받는 일, 수령, 수납.
susceptibilitat susceptibilitats *f.* **1** 민감, 예민; 감수성. **2** [전기] 자화율.
susceptible susceptibles *adj.* **1** ...할 수 있는, ...이 가능한; 바뀔 수 있는 (modificable). **2** (영향을) 곧잘 받는; 민감한, 예민한. **3** 쉽게 흥분하는, 성마른, 신경과민의(irritable).
suscitador suscitadora suscitadors suscitadores *adj.* 꼬드기는, 선동하는; 문제를 야기하는.
-*m.f.* 선동가.
suscitar *tr.* 꼬드기다, 선동하다, 유발하다; (문제를) 야기하다.
susdit susdita susdits susdites *adj.* 상기의, 상술한, 전술한, 위에서 언급한.
suspecte suspecta suspectes suspectes *adj.* 의심스러운, 신뢰가 안 가는 (sospitós).
suspendre *tr.* **1** 걸다, 매달다, 늘어뜨리다(penjar). **2** 멈추다, 중지하다(interrompre). **3** (사건을) 보류해 두다. **4** (시험에서) 낙제시키다. *M'han suspès* 나를 낙제시켰다. **5** (봉급 지불을) 정지하다; 정직시키다, 휴직시키다. **6** 당황하게 만들다, 놀라게 하다.
suspens suspensa suspensos suspenses *adj.* 당황한, 어찌할 바를 모르는 (perplex).
-*m.* **1** 낙제점, 유급. **2** [영화] 서스펜스, 스릴러.
en suspens 당황하여; 보류된, 현안 중인, 미해결의.

suspensió *f.* **1** 매다는 일, 공중에 매달리기; 걸어 놓기. **2** 보류, 연기, 지연; 현안, 미결. *suspensió de pagaments* 지급 연기. **3** 중지, 휴지, 정지; 봉급 정지. **4** 정직, 정권. **5** (시험의) 낙제.
suspensiu suspensiva suspensius suspensives *adj.* 중지의, 정지의, 도중에서 그만두는.
suspensori suspensòria suspensoris suspensòries *m.* [해부] 인대.
suspès suspesa suspesos suspeses *adj.* **1** 걸린, 걸쳐 있는, 매달린, 공중에 매단. **2** 낙제된. **3** 보류해 둔, 정지된.
-*m.f.* 낙제생.
estar suspès de ...에 달려 있다.
suspicaç suspicaç suspicaços suspicaces *adj.* 의심하는, 의심이 많은, 믿지 못하는, 나쁘게만 생각하는.
suspició suspicions *f.* 의심, 의혹.
sustentació sustentacions *f.* 받침, 지지, 유지; 부양.
sustentador sustentadora sustentadors sustentadores *adj.* 받치는, 지지하는, 부양하는.
-*m.f.* (가족의) 부양자.
sustentar *tr.* **1** (가족을) 부양하다, 양육하다. **2** (생각·느낌 등을) 간직하다. **3** 받치다, 지탱하다, 유지하다.
sutge sutges *m.* 숯검정; 그을음; 타다 남은 것.
sutja sutges *f.* =sutge.
sutjós sutjosa sutjosos sutjoses *adj.* 그은, 검게 탄.
sutura sutures *f.* [의학] (두개골 등의) 봉합; 봉선.
suturar *tr.* 봉합하다.
sutze sutza sutzes sutzes *adj.* =brut.
sutzesa sutzeses *f.* 더러움, 추함, 불결함; 비열, 비겁, 추잡함.
sutzura sutzures *f.* =sutzesa.

T t

t *f.* 카탈루냐어 알파벳의 스무 번째 문자.

t' [2인칭 tu의 축약형으로, 간접 목적격, 직접 목적격을 나타냄; 모음이나 h로 시작하는 동사, 또는 hi, ho 두 대명사 앞에 오는 경우에 쓰임] *pron.* 너에게, 그대에게, 당신에게; 너를, 그대를, 당신을. *T'estima* 그는 너를 사랑한다. *Menja-t'ho* 그것을 먹어라.

't [2인칭 tu의 축약형으로, 간접 목적격, 직접 목적격을 나타냄; 약모음 u 외의 모음으로 끝나는 동사 뒤에서, 또는 모음으로 끝나는 대명사 뒤에서 쓰임] *pron.* 너에게, 그대에게, 당신에게; 너를, 그대를, 당신을. *Menja't el pa!* 빵을 먹어라!

ta tes [ton의 여성형] *adj.* 너의, 그대의, 당신의(la teva). *ta mare* 너의 어머니.

taba tabes *f.* 1 [해부] 복사뼈. 2 주문서, 명세서, 신고서.

tabac tabacs *m.* 1 [식물] 담배나무. 2 담배, 연초, 여송연. 3 담뱃잎 색깔. 4 작은 광주리.

tàbac tàbacs *m.* 주먹질.

tabacaire tabacaires *m.f.* [남녀동형] 담배 제조인, 담배상.

tabacar tabacars *m.* 담배 밭.

tabal tabals *m.* 1 [악기] 북, 큰 북. 2 [비유] 얼간이, 등신, 바보.

tabalada tabalades *f.* 북을 침.

tabalejar *intr.* 1 북을 치다. 2 [비유] 소동을 일으키다.

tabaler tabalera tabalers tabaleres *m.f.* 북을 치는 사람.

tabalet tabalets *m.* 작은 북.

tabalot tabalots *m.* 덜렁대는 사람, 덜렁이, 경솔한 사람.

tabanc tabancs *m.* =maire.

tabaquer tabaquera tabaquers tabaqueres *adj.* 담배의; 담배 제조의, 담배 산업에 종사하는.
-*m.f.* 담배 장수, 담배 제조인.
-*f.* [식물] 담배나무.

tabaqueria tabaqueries *f.* 담배 가게; 담배 제조소.

tabaquisme tabaquismes *m.* [의학] 담배 중독.

tabard tabards *m.* (조잡한 천으로 만든) 두루마기, 외투.

tabarra tabarres *f.* 1 괴롭히는 일; 지겹게 늘어놓는 말(lata). 2 [비유] 귀찮은 사람, 골치 아픈 사람.
donar[clavar] la lata [구어] 지루한 말로 싫증나게 하다; 귀찮게 굴다, 괴롭히다.

tabasco tabascos *m.cast.* 타바스코 소스.

tabernacle tabernacles *m.* 1 유태 성전; (옛 유태의) 이동식 성전. 2 (성상 등을) 안치하는 성실. 3 임시로 지은 집, 막사, 천막. 4 큰 예배당; [경멸적] (영국의 비국교파의) 예배소. 5 [신학] (영혼이 임시 머무는) 육체.

tabes tabes *f.* [의학] 수척해짐.

tabífic tabífica tabífics tabífiques *adj.* 야윈, 수척한; 소모적인, 소모성의.

tabola taboles *f.* 요란, 소란, 아우성(xerinola).
fer tabola 소란을 피우다, 야단법석을 떨다.

tabolada tabolades *f.* 요란을 떪, 소란을 피움.

tabolaire tabolaires *m.f.* [남녀동형] 요란·소란을 피우는 사람.

tabolejar *intr.* 요란 떨다, 아우성치다.

taboll tabolla tabolls tabolles *adj.* 1 덜 익은. 2 영성한, 조잡한. 3 무례한, 퉁명스러운(groller).

tabolleria tabolleries *f.* 1 미숙함, 덜 무르익음. 2 영성함, 조야함, 조잡함. 3 무례함, 퉁명스러움.

tabú tabús *m.* 1 (종교상의) 터부, 금기. 2 금기하는 말·물건. 3 (일반적으로) 접근 금지, 교제 금지, 금령.

tabuista tabuistes *m.f.* [남녀동형] 터부 연구가.

tabuístic tabuística tabuístics tabuísti-

tabulació ques *adj.* 터부의, 금기의.
tabulació tabulacions *f.* tabular² 하는 일.
tabulador tabuladora tabuladors tabuladores *adj.* tabular² 하는.
-*m.* (타자기의) 도표 작성 장치.
tabular¹ tabulars *adj.* 널판 모양의, 납작한.
tabular² *tr.* (타자기에) 도표 작성 카드를 넣다; 그 장치를 작동시키다.
tac tacs *m.* 1 짧은 나무토막. 2 (속에) 끼워 넣는 것; 쐐기, 마개. 3 (당구의) 큐. 4 딱총.
taca taques *f.* 1 얼룩, 반점, 때, 기름때. 2 (얼굴에 난) 반점. 3 [비유] 흠, 오점, 불명예.
taca solar [천문] (태양의) 흑점.
estendre's[*escampar-se*] *com una taca d'oli* [구어] (나쁜 소문은) 빨리 퍼진다.
passar de taca d'oli [구어] 사태가 중대하다.
tacadís tacadissa tacadissos tacadisses *adj.* 때를 잘 타는, 쉽게 더러워지는.
tacany tacanya tacanys tacanyes *adj.* 1 부도덕한. 2 구두쇠의, 인색한(avar).
tacar *tr.* 1 때를 묻히다, 더럽히다; 얼룩이 생기다, 표가 나다. 2 [비유] (명예를) 더럽히다. *tacar la seva imatge pública* 그의 공적인 이미지를 더럽히다.
tàcit tàcita tàcits tàcites *adj.* 무언의, 말 없는, 침묵의; 묵인하는.
taciturn taciturna taciturns taciturnes *adj.* 1 꿀 먹은 벙어리 같은, 입을 꼭 다문; 말이 없는 과묵한. *l'home taciturn* 말이 없는 사람. 2 쓸쓸해 보이는, 구슬퍼 보이는.
taciturnitat taciturnitats *f.* 1 말이 적음, 무언. 2 구슬퍼함, 애수에 젖음.
tacó tacons *m.* 1 (배가) 가득 참, 넘침. 2 (구두의) 뒤축, 굽.
tacògraf tacògrafs *m.* (비행기의) 블랙박스.
tacòmetre tacòmetres *m.* 1 운행 기록계, 회전 속도계. 2 [의학] (혈액 따위의) 속류계.
tacte tactes *m.* 1 촉각, 촉감; 만져 보는 일. 2 [의학] 임상 검사, 진찰. 3 [비유] 빈틈없음; 수완, 요령, 수, 재간,

재치. 4 긴밀한 유대.
tenir bon tacte 좋은 유대를 갖다.
tàctic tàctica tàctics tàctiques *adj.* 1 [생물] 촉각의, 촉각을 가진, 촉수의; 만져서 알 수 있는. 2 [군사] 전술의, 병법의.
-*m.f.* 전술가, 책략가, 책사, 모사.
-*f.* 1 [군사] 전략, 책략, 병법; 용병술. 2 [비유] 비결; 임기응변의 방책.
tàctil tàctils *adj.* [해부] =tàctic¹.
tactilitat tactilitats *f.* 촉감.
taekwondo taekwondos *m.* [スポーツ] 태권도.
tafanejar *tr.* 샅샅이 뒤지다, 꼬치꼬치 물어보다. *Ho tafaneja tot* 그는 모든 것을 꼬치꼬치 물어본다. -*intr.* 호기심을 일으키다.
tafaner tafanera tafaners tafaneres *adj.* 1 호기심이 있는, 사물을 알고 싶어하는, 꼬치꼬치 캐는; 남의 뒤를 캐는. 2 신기한, 진기한, 기묘한.
-*m.f.* 호기심 많은 사람; 꼬치꼬치 캐묻는 사람.
tafaneria tafaneries *f.* 호기심; 지식욕; (어떤 것을) 캐고 다니는 일.
tafarra tafarres *f.* (마구의) 밀치끈.
tafetà tafetans *m.* (부상 치료용) 반창고, 붕대.
tafetà anglès (부상을 치료하기 위해 사용하는) 비단 천, 반창고, 붕대.
tafilet tafilets *m.* 질이 좋은 모로코가죽.
tafoi *interj.* [놀라움을 나타내는 감탄사] 와!, 정말!
tafona tafones *f.* 기름을 짜는 기계.
tafur tafura tafurs tafures *m.f.* 노름꾼, 도박꾼; 잡기꾼, 사기꾼.
tafurejar *intr.* 노름판을 자주 드나들다; 전문적으로 노름을 하다.
tafurer tafurera tafurers tafureres *m.f.* =tafur.
taifa taifes *f.* 1 (이슬람의) 제후. 2 당파, 도당, 한패, 악당들.
taigà taigàs *f.* (시베리아 북부의) 대삼림, 삼림 지대.
tal¹ tals *adj.* 1 그런, 그러한, 그 같은; 비슷한. 2 (불특정의) 그런, 이러저러한. *Arribarem tal dia* 우리는 그날 도착할 것이다.

tal cosa 그 같은 일, 그런 일.
tal i tal 이런저런, 이러이러한, 모(某).
-pron. [고어] 그런 것·일.
tal² *adv.* 그렇게, 그런 식으로
 Oi tal! [동의를 뜻할 때] 정말 그래!, 잘 알았어!
 per tal com [고어] …이기 때문에, …이니까.
 per tal de [구] …할 목적으로, …하기 위해.
 per tal que [절] …하기 위해.
 tal com …함과 같이, …한 대로.
 tal com cal 당연히, 응당히, 정해진 대로, 그래야 하듯이.
 tal qual 그 정도, 얼마 안 되지만.
tal³ tals *m.f.* [남녀동형] 모인, 아무개, 어떤 사람, 누군가.
tala tales *f.* **1** 벌채. **2** 파괴, 손상, 무너뜨림, 쓸어버림.
talabard¹ talabards *m.* (칼을 차는) 혁대.
talabard² talabards *m.* [식물] 석남화.
talaia talaies *f.* **1** 망루, 파수대. **2** 망보기, 감시, 경계, 경비.
talaier talaiera talaiers talaieres *m.f.* 파수꾼, 경비.
talaiot talaiots *m.* [역사] (지중해 발레아레스 제도에 남아 있는) 선사 시대의 거석 비석.
talàmic talàmica talàmics talàmiques *adj.* 부부 침대의.
talar¹ *tr.* 벌채하다.
talar² *tr.* (철저하게) 파괴하다; (마을·들 따위를) 싹 쓸어버리다.
talc talcs *m.* [광물] 활석.
talcós talcosa talcosos talcoses *adj.* 활석의.
taleca taleques *f.* 가늘고 긴 자루.
tàlem tàlems *m.* 부부의 침대, 신방의 잠자리.
talemer talemera talemers talemeres *m.f.* 큰 외투·망토를 걸치는 사람.
talent talents *m.* **1** (고대 그리스 로마의) 도량형·화폐의 단위. **2** 재주, 재간, 재질, 재능, 솜씨, 기량. **3** 기분, 의욕; …하고 싶은 마음. **4** 식욕(gana); 배고픔.
 Més val talent que pa de forment [속담] 식욕이 반찬이다.

talentejar *intr.* 식욕이 좋다; 배고프다.
talentós talentosa talentosos talentoses *adj.* 재주 있는, 재주 좋은, 수완이 있는.
talió talions *m.* [역사] 탈리오형벌[눈에는 눈, 이에는 이로 갚는 동태복수(同態復讎) 형벌].
talismà talismans *m.* 부적.
tall talls *m.* **1** 날, 칼날. **2** 절단, 재단. *escola de tall* 양재학원. **3** (나무·돌의) 절단. **4** 상처, 베인 상처; 절개구, 벤 자국. **5** 잘린 면, 단면. **6** (바위의) 틈. **7** (잘게) 자른 고기. **8** (식사에서) 두 번째 나오는 주 메뉴. **9** [해부] 음문, 하문[여성의 외부 생식기].
 a tall de …로서; … 식으로, …처럼.
 a tall d'exemple 예로, 일례로.
 de doble tall 양날을 가진.
 venir a tall [구어] (때마침) 아주 적절하다, 시의적절하다.
talla talles *f.* tallar하는 일.
tallaarrels tallaarrels *m.* [단·복수동형] 뿌리 자르는 기계.
tallada tallades *f.* **1** 자르는·베는 일; 자른·벤 것. **2** [비유] 분배된 재산.
tallador talladora talladors talladores *adj.* 자르는, 베는.
-m.f. **1** 자르는·베는 사람. **2** 푸줏간 주인(carnisser).
-m. **1** 자르는·베는 기계. **2** [전기] 전류 단속기, 절단기.
talladures *f.pl.* 절단한 부스러기(retalls).
tallaferro tallaferros *m.* (철물 절단용) 끌.
tallafoc tallafocs *m.* [건축] 방화선, 방화벽.
tallagespa tallagespes *m.* 제초기.
tallamar tallamars *m.* (배나 교각의) 물살 헤치는 부분; 교각의 모난 가장자리.
tallant tallants *adj.* **1** 자르는, 베는, 재단하는. **2** 잘 드는, 예리한, 날카로운.
-m. **1** 자르는 칼. **2** (철물 절단용) 끌. **3** (쟁기의) 날. **4** (석공용) 쇠망치. **5** (정육점에서 쓰는) 반달 모양의 칼.
 de manera tallant 날카롭게, 예리하게; 딱 부러지게.
tallapapers tallapapers *m.* [단·복수동형] 종이 자르는 칼.

tallar *tr.* **1** 자르다, 잘라 내다, 절단하다. *tallar la cinta* 테이프를 자르다. **2** (연필·머리 등을) 깎다. (잘라서) 모양을 만들다. **3** (옷을) 재단하다, 마름질하다. **4** (손 등을) 베다, 벤 자국을 내다. **5** (짐승을) 거세하다. **6** 빠른 길로 가로지르다, 지름길로 가다. **7** (길·교량을) 막다, 끊다, 차단하다(interceptar). *tallar la carretera* 도로를 차단하다. **8** (말을) 끊다, 가로채다(interrompre). **9** 치수를 재다, 견적을 내다. **10** (테니스에서) 볼을 커트하다. **11** (추위가) 살을 에다. *Fa un fred que talla* 살을 에는 듯이 춥다. **12** (커피를) 적게 넣다. **-se 1** 잘려지다, 끊기다; 갈라지다. **2** (소스 등이) 떨어지다. **3** (추위 등으로) 살이 트다; (입술이) 갈라지다. **4** [기하] (선·면 등이) 엇갈리다, 교차하다. **5** (말을) 중단하다. **6** 당황하다, 얼굴이 붉어지다. *tallar curt[en sec]* 단호한 조치를 취하다.

tallarina *tallarines f.* [일반적으로 복수로 쓰여] 국수, 당면.

tallat *tallada tallats tallades adj.* **1** 잘라진, 절단된; 베인; 재단된. **2** (손·입술 등이) 튼, 갈라진. **3** (금속판으로) 도금된, 새겨진. *ben tallat* 잘 다져진, 잘 다듬어진; (몸매가) 잘 가꿔진, 아름다운 몸매의. *-m.* **1** 잘라진 것; 절단면, 단면. **2** 거암, 암석(cinglera). **3** 벼랑, 단애(timba). **4** 우유를 적게 넣은 커피. *-f.* **1** 벌채. **2** 이발. **3** (빵의) 자른 조각.

tallavent *tallavents m.* =paravent.

tallent *tallents adj.* 칼·날이 잘 드는.

taller *tallers m.* **1** 작업장, 제작소, 제조소, 공장. **2** (화가·조각가·사진작가 등의) 작업장, 화실, 조각실, 아틀리에. **3** (방송국의) 방송실; 스튜디오. *un taller de teatre* 연극 스튜디오. **4** 전문학원, 교습소.

tal·li *m.* [화학] 탈륨[납 모양의 백색 희금속 원소].

tallista *tallistes m.f.* [남녀동형] 조각가, 세공사(escultor).

tal·lòfit *tal·lòfits m.* [식물] 엽상 식물.

tallserrat *tallserrats m.* =penya-segat.

tallucar *tr.* 잘게 자르다.

tal·lus *tal·lus m.* [단·복수동형][식물] (바닷말 무리의) 엽상체.

tallusquejar *tr.* 거칠게 자르다, 엉성하게 자르다.

talment *adv.* **1** 그와 같이, 그처럼, 그런 식으로. **2** 정확하게(exactament).

taló *talons m.* **1** [해부] 발뒤꿈치. **2** (구두·양말 등의) 뒤축; 뒤꿈치 모양으로 된 것. **3** (말 뒷다리의) 뒤꿈치. **4** [건축] 파상 사개. **5** 힐[바이올린 자루의 끝]. **6** [상업] 수표장, 어음, 전표, 영수증, 상환증, 쿠폰. *taló a la vista* 일람 출급 어음.

talonari *talonaris m.* 수표장, 수취증철, 인수증철, 쿠폰장. *talonari de xecs* 수표장.

talonejar *intr.* 발뒤꿈치로 걷다; 바삐 걷다. *-tr.* **1** (발뒤꿈치로) 말에게 박차를 가하다.

talonera *taloneres f.* (신발의) 뒤축.

talòs *talossa talossos talosses adj.m.f.* 굼떠 보이는, 작고 뚱뚱한, 얼간이·바보 같은 (사람). *-m.* (땔감으로 쓰는) 그루터기.

talp *talps m.* [동물] 두더지. *talp de camp* 물쥐.

talpejar *intr.* (손으로) 더듬거리며 가다.

talper *talpera talpers talperes adj.* 두더지의, 두더지 같은.

talpera *talperes f.* 두더지 굴.

talpó *talpons m.* [동물] 생쥐.

talús *talussos m.* 경사, 기울기, 사면.

tàlveg *tàlvegs m.* (골짜기의) 아랫부분; 물이 흐르는 곳.

tamarinde *tamarindes m.* [식물] 타마린도[콩과 상록교목].

tamarit *tamarits m.* [식물] 위성류.

tamariu *tamarius m.* =tamarit.

també *adv.* **1** 또한, 역시, 마찬가지로. **2** 당연히, 물론, 영락없이. *No sé com t'has deixat enganyar així: també ets ben babau* 네가 어떻게 그렇게 속아 넘어갔는지 모르겠다. 그러고 보면 너도 참 바보로구나.

tambor *tambors m.* **1** 북, 큰 북. **2** 팀파니, 케틀드럼[반구 모양의 큰 북] (timbal). **3** [해부] 고막(timpà). **4** [건축] 호

박주추. **5** (기계에서) 고통부(鼓筒部).
-*m.f.* 고수, 북치는 사람(timbaler).
tambora tambores *f.* 큰 북.
tamborer tamborera tamborers tamboreres *m.f.* 북을 만드는 사람.
-*m.* [어류] 칸타브리아 해안의 물고기.
tamboret tamborets *m.* **1** 발받침. **2** (범선의) 장모(檣帽).
tamborí tamborins *m.* **1** 작은 북, 장고. **2** (남 프랑스의) 길쭉한 북; 그 북에 맞춰 추는 춤·춤곡.
tamborinada tamborinades *f.* 폭풍우; 요란한 천둥소리, 뇌우.
tamborinar *intr.* **1** 북을 치다. **2** 북을 치며 요란을 피우다.
tamborinejar *intr.* 작은 북을 치다.
tamboriner tamborinera tamboriners tamborineres *m.f.* tamborí를 치는 악사.
tamís tamisos *m.* 체, 키.
tamisar *tr.* 체질하다, 키질하다.
tamisatge tamisatges *m.* 체질, 키질.
tampó tampons *m.* **1** 인주, 스탬프 잉크대. **2** [의학] 가제 마개, 지혈전(止血栓).
  tampó absorbent 지혈전.
tampoc *adv.* ...역시 아니다. *Demà, tampoc no vindrà* 내일도 역시 오지 않을 것이다.
tamponament tamponaments *m.* tamponar하는 일.
tamponar *tr.* **1** 마개를 하다, 속을 채워 막다. **2** [의학] 가제 마개를 넣다; 상처를 붕대로 감다.
tam-tam tam-tams *m.* 징의 일종.
tan *adv.* [형용사, 부사, 부사절 앞에 위치함] 그렇게, 이렇게, 저렇게; 그만큼. *No t'esperava tan aviat* 너한테 그렇게 이른 시간을 기대하지 않았는데.
  de tan... que 너무 ...하기에, ...로 보건대. *La carn, de tan crua que era, ningú no la volia* 고기가 너무 익지 않아서 아무도 원치 않았다.
  ni tan sols ...조차도 아니다. *Ni tan sols es va acomiadar de mi* 내게 작별 인사조차 하지 않았다.
  tan... com [동등 비교] ...만큼. *És tan alt com tu* 그는 너만큼 키가 크다; *El càstig serà tan gran com gran fou la culpa* 잘못이 큰 만큼 벌도 클 것이다.
  tan... que 너무 ...해서 ...하다. *Està tan trist que fa pena veure'l* 그가 너무 슬퍼하니까 그를 보기가 안쓰럽다.
tanasi tanàsia tanasis tanàsies *m.f.* 우둔한 사람, 바보 같은 사람; 굼뜬 사람.
tanc tancs *m.* **1** 탱크, 전차. **2** (저장용) 탱크, 물통, 저수조; 유조선, 탱커. **3** (벌꿀의) 밀랍. **4** 접는·닫는 방식.
tanca tanques *f.* **1** 담, 담장, 울타리. **2** 칸막이벽. **3** 돌담. **4** (문의) 폐쇄. **5** (손을) 쥐는 일.
tancada tancades *f.* (항거의 표시로) 은둔 생활, 칩거 생활.
tancador[1] tancadors *m.* **1** 닫힌 곳. **2** 잠그는 도구, 자물쇠. **3** (자루의) 죔줄. **4** (서류·가방의) 걸쇠, 지퍼.
tancador[2] tancadora tancadors tancadores *adj.m.f.* tancar하는 (사람).
tancar *tr.* **1** 닫다, 잠그다. *tancar la porta* 문을 닫다. **2** (중간에) 막다, 가로막다(interceptar). **3** (손발을) 구부리다. **4** 폐회하다, 폐점하다, 종업하다, 마감하다; (일을) 중단하다, 중도에 그만두다(suspendre). **5** 막다, 뚜껑을 덮다, 봉하다(cloure). **6** (대형을) 밀집시키다. **7** (행렬 등의) 맨 끝에 오다. **8** (어떤 장소에) 집어넣다. **-se 1** 잠기다, 닫히다. **2** 막히다, 끊기다. **3** (상처가) 아물다. **4** (...의) 마지막이 되다. **5** 밀집하다, 집결하다. **6** (자신 속에) 꼭 갇히다(recloure's); 침묵을 지키다.
  tancar l'aixeta (금전·재산 등에 대한) 일을 마무리 짓다.
  tancar la boca [a algú] (아무에게) 말을 못하게 하다.
tancat[1] tancats *m.* **1** 담장, 울타리. **2** (과수원·목장 등) 울타리를 친 땅.
tancat[2] tancada tancats tancades *adj.* **1** 닫힌, 폐쇄된. **2** (생각이) 꽉 막힌. **3** 완고한, 옹고집의.
tanda tandes *f.* **1** 차례, 순서; 윤번, 순번(torn). **2** 교대, 교체; 교체반, 교체조. **3** 일련의 횟수; 많은 양, 여러 차례.
tàndem tàndems *m.* **1** (사람·말의) 앞뒤 2인조. **2** 2인승 자전거; 탠덤 경기. **3**

tangència tangències *f.* [기하] 접선, 접점.

tangencial tangencials *adj.* 접선의, 접점의.

tangent tangents *adj.* 1 접촉하는. 2 [수학] 접선의; 정접(正接)하는.
-*f.* 1 접선; 정접(선), 탄젠트. 2 (철도·도로 따위의) 직선 구간.
anar-se'n[fugir] per la tangent 갑자기 옆길로 새다; [비유] 방침·생각을 느닷없이 바꾸다.

tangibilitat tangibilitats *f.* 1 촉감으로 알 수 있음. 2 명백함, 확실. 3 [법률] 유형(有形).

tangible tangibles *adj.* 1 만질 수 있는; 만져서 알 수 있는; 실체적인. 2 확실한, 명백한, 현실의. 3 [법률] 유형의. *un actiu tangible* 유형자산.

tango tangos *m.* [음악] 탱고.

taní tanins *m.* [화학] 타닌(산).

tanmateix *adv.* 1 그러나, 그럼에도 불구하고(això no obstant). *Tens els diners que vols i tanmateix no te'n serveixes* 네가 원하는 돈이 있으면서도 넌 그것을 사용하지 않는다. 2 어쨌든, 하여튼, 어떻든지 간에(de tota manera). 3 논리상, 논리적으로. 4 *Tanmateix et cases amb la Pilar?* 정말 필라르와 결혼하니? 5 틀림없이, 의심의 여지없이(sens dubte).

tànnic tànnica tànnics tànniques *adj.* [화학] 타닌의.

tanoca tanoques *adj.m.f.* [남녀동형] 바보 같은(사람), 단순한 (사람).

tanqueta tanquetes *f.* 1 경전차. 2 [음악] 소절.

tant[1] *adv.* 1 그토록, 그렇게; 그렇게 많이. 2 ...뿐만 아니라 (...도).
de tant en tant 가끔씩, 이따금씩.
en tant que ...하는 만큼, ...하는 대로, ...하는 거에 따라, ...한도까지.
I tant! [동조할 때 쓰는 말] 알고말고!, 그럼!.
no... pas tant per a ...할 만큼은 아니다.
per tant 그래서, 따라서, 그렇기 때문에.
tant com ...만큼. *Corre tant com tu* 그는 너만큼 달린다.
tant de bo...! 제발 ...했으면 얼마나 좋을까!, 제발 ...하기를! *Tant de bo plogués tota la nit!* 제발 밤새도록 비가 왔으면 좋겠다!
tant en... tant en... ...한 만큼 ...한다. *Tant en guanya, tant en perd* 번만큼 잃어버린다.
tant més que ...하면 할수록, ...하는 만큼 더욱더. *No puc venir, tant més que el camí és llarg i no podrem tornar avui mateix* 길이 멀고 오늘 바로 돌아올 수도 없기에 더욱 갈 수가 없다.

tant[2] tanta tants tantes *adj.* 1 그 정도의, 그만큼의; 그렇게 많은. 2 [동등비교] ...만큼 많은. *Avui no fa tant [tant de] vent com ahir* 오늘은 어제만큼 바람이 불지 않는다.
tants... tants... ...만큼 또한 ...도 그렇다. *Tants caps tants barrets* 사람마다 제각각이다.
-*pron.* 1 그만큼, 그 정도. 2 [동등 비교] ...만큼. *Tens gaires diners? -Tants com tu* 너는 돈이 많이 있니? -너만큼은 있다.
tants a tants =en paus.
-*m.* 약간, 얼마간. *Havia de pagar un tant cada mes* 매달 얼마간을 지불해야만 했다.
tant per cent 백분율, 퍼센티지.

tàntal[1] *m.* [화학] 탄탈[백금 대용으로 쓰는 희금속].

tàntal[2] tàntals *m.* [조류] 탄탈[중앙아메리카의 철새의 일종].

tantost *adv.* 1 당장, 즉시, 곧바로(immediatament). 2 하마터면, 거의 ...할 뻔하다(per poc). *Tantost l'atropella un cotxe* 하마터면 차가 그를 치겠다.
-*conj.* ...하자마자(tot just). *Se n'anà tantost apuntava el dia* 동이 트기가 무섭게 그는 떠났다.

tantost com ...하자마자(tot seguit que).

tany tanys *m.* [식물] 싹, 새싹.
tanyada tanyades *f.* 1 [집합] 싹. 2 [건축] (본채에 붙은) 곁채.
tanyar *intr.* 새싹이 나다.
taoisme taoismes *m.* [철학] 도교, 노자사상.
taoista taoistes *adj.m.f.* [남녀동형] 도교를 따르는 (사람).
tap taps *m.* 1 마개, 뚜껑. 2 [비유] 방해, 차단; 의사방해. 3 어려움, 난관, 장애, 불편. 4 [광물] 이회석(泥灰石)(marga). 5 [구어] 땅딸이, 땅딸보(tap de bassa).
 no servir una cosa ni per a tap d'escopeta [구어] 아무 쓸모가 없다.
 passar-ne[passar-se'n] els taps 모든 것을 끝장내 버리다.
tapa tapes *f.* 1 뚜껑, 덮개; 씌우는 것. 2 (책의) 표지(coberta). 3 (수문의) 문짝. 4 [일반적으로 복수로 쓰여] (본 요리에 앞서 나오는)전채 요리. 5 (햄 등의) 절편, 조각; 고기포의 토막. 6 [해부] 두개(頭蓋).
tapaboques tapaboques *m.* [단·복수동형] 1 입마개, 목도리. 2 (포구의) 마개. 3 [건축] (문짝과 기둥 사이에 넣는) 틈막이 (목재).
tapacoll tapacolls *m.* 얇은 비단, 가벼운 천; 그 목도리·손수건.
tapador tapadora tapadors tapadores *adj.* tapar하는.
 -*m.* 뚜껑, 마개.
tapadura tapadures *f.* 1 보, 덮개, 씌우개, 커버. 2 (책의) 겉장, 표지. 3 [건축] 지붕.
tapaforats tapaforats *m.* 1 미장이의 조수, 임시 고용인. 2 [경멸적] 솜씨가 어설픈 사람.
tapajuntes tapajuntes *m.* =tapajunts.
tapajunts tapajunts *m.* [단·복수동형][건축] (문짝과 기둥 사이에 넣는) 틈막이 (목재).
tapall tapalls *m.* =tapadura.
tapament tapaments *m.* tapar하는 일.
tapar *tr.* 1 덮다, 씌우다, 덮개를 하다; 마개를 하다. 2 보호하다, 감싸다(abrigar). 3 (틈을) 막다. 4 (넌지시) 감추다, 숨기다, 눈속임하다(dissimular,

ocultar). 5 (구름이) 해를 가리다. 6 절망시키다, 의기소침하게 하다. -*se* 1 (얼굴을) 감싸다, (몸을) 싸다. 2 삼키지 못하다. 3 [의학] 호흡 장애로 질식하다.
taparada taparades *f.* 1 먹구름, 비구름. 2 막음, 차단, 장애(obstrucció).
taparot taparots *m.* 헐거운 마개.
taper tapera tapers taperes *adj.* 코르크 마개의.
 -*m.f.* 코르크 제조인·상인.
tàpera tàperes *f.* [식물] 풍조목[식용·조미료로 쓰이는 식물].
taperot taperots *m.* 풍조목 열매.
tapet tapets *m.* 1 테이블보, 책상보(cobretaula). 2 작은 융단, 돗자리. 3 [고어] 침대커버.
tapeta tapetes *f.* 1 (호주머니의) 뚜껑. 2 (구두 뒤축 가죽의) 한 장.
tàpia tàpies *f.* 토담, 담, 벽.
 sord com una tàpia [구어] 완전 귀머거리인.
tapiada tapiades *f.* 담을 침, 벽으로 막음.
tapiar *tr.* 1 주위에 담을 치다. 2 (창 사이나 입구를) 벽으로 막다.
tapioca tapioques *f.* 1 타피오카[열대산 열매에서 얻은 전분]. 2 (인디오가 먹었던) 옥수수 가루.
tapir tapirs *m.* [동물] 맥.
tapís tapissos *m.* 색실로 짠 직물, 태피스트리, 벽포, 융단.
tapisser tapissera tapissers tapisseres *m.f.* 태피스트리를 짜는 사람; 태피스트리 실내장식업자.
tapisseria tapisseries *f.* 태피스트리 제조업(소); 벽포점; 실내 장식(점); 벽포류, 융단류.
tapit tapits *m.* =catifa.
taponament taponaments *m.* 관·뚜껑을 막음.
taponar *tr.* 관·뚜껑을 막다.
taquera taqueres *f.* 당구 큐를 세워놓는 대.
taquí taquina taquins taquines *adj.* =gasiu.
taquicàrdia taquicàrdies *f.* [의학] 심계항진.

taquígraf taquígrafa taquígrafs taquí-grafes *m.f.* 속기사.
taquigrafia taquigrafies *f.* 속기(술).
taquilla taquilles *f.* **1** 서류정리용 선반, 파일 정리하는 장. **2** (일반적으로 표 파는) 창구, 매표구.
taquillatge taquillatges *m.* 매표, 매표수.
taquiller taquillera taquillers taquilleres *adj.* 많은 관객을 끌어들이는, 성황을 이루는.
-*m.f.* 매표 담당자, 창구 담당자.
taquimecanografia taquimecanografies *f.* 속기 타이핑.
tara tares *f.* 흠, 결점(imperfecció).
taral·la taral·les *f.* 콧노래, 흥얼거림.
taral·larejar *tr.* 콧노래를 부르다, 흥얼거리다.
taral·lejar *tr.* =taral·larejar.
taral·lirot taral·lirots *m.* 주책바가지.
tarambana tarambanes *m.f.* [남녀동형] =taral·lirot.
tarannà tarannàs *m.* 기질, 성질, 성격.
tarantel·la tarantel·les *f.* (나폴리의) 타란텔라 춤.
taràntula taràntules *f.* [동물] 땅거미, 자루거미[남부 유럽에서 사는 독거미].
tarar *tr.* **1** 흠을 내다. **2** (상품의) 결점을 지적하다.
tararot tararots *m.* 건성으로 덤벙대는 사람, 앞뒤 생각 없이 덤비는 사람.
tarasca tarasques *f.* =patum.
tard tarda tards tardes *adj.* [고어] 늦은.
-*adv.* **1** 늦게. *Has arribat tard i el tren ja ha sortit* 네가 늦게 도착해서 기차가 이미 떠나버렸다. **2** (시간·시기가) 지난. *Ja és tard per anar al cinema* 극장에 가기엔 너무 늦었다.
al més tard 늦어도, 아무리 늦더라도.
cap al tard 해거름에, 해질녘에.
de tard en tard 때때로.
fins més tard [헤어질 때, 또는 다시 곧 만날 것을 약속하면서 쓰는 말] 나중에 보자, 그럼 잘 있어; 조금 있다 보자.
més tard 더 늦게.
tard o d'hora[*prest o tard*] 조만간에.
fer tard 늦게 도착하다.

tarda tardes *f.* **1** 오후. **2** 늦음, 지체.
a la tarda 오후에.
al caient de la tarda =cap al tard.
Bona tarda 안녕하세요[오후 인사].
dir[*donar*] *la bona tarda* 오후 인사를 하다.
tardà tardana tardans tardanes *adj.* **1** 느린, 더딘, 굼뜬, 둔한. **2** (과일 등이) 철이 지난. **3** (어떤 일을) 뒤늦게 하는. **4** 후기의.
tardador tardadora tardadors tardadores *adj.* 늦는, 지체되는.
tardaner tardanera tardaners tardaneres *adj.* =tardador.
tardança tardances *f.* 지체, 지연.
sense tardança 지체 없이.
tardaneries *f.pl.* =tardanies.
tardanies *f.pl.* 늦은 과일, 철이 지난 과일.
tardar *intr.* **1** 늦어지다, 제 시간에 도착하지 않다; 지연되다, 지체되다. **2** (시간이) 많이 걸리다, 늦다. *No tardis a venir* 오는데 늦지 마라. **3** (시간이) ... 걸리다. *El tren encara tardarà mitja hora a arribar* 기차가 도착하려면 아직도 반시간 남았다.
a més[*a tot*] *tardar* 늦어도, 아무리 늦어도.
tardívol tardívola tardívols tardívoles *adj.* =tardà.
tardor tardors *f.* 가을.
tardorada tardorades *f.* 추수의 계절.
tardoral tardorals *adj.* 가을의.
tardorenc tardorenca tardorencs tardorenques *adj.* **1** 가을의; 가을다운, 가을 향취가 나는. *un tardorenc diumenge* 가을 향취가 나는 어느 일요일. **2** 초로(初老)의.
targeta targetes *f.* **1** 카드, 패. **2** 엽서. *la targeta postal* 우편엽서. **3** 명함, 신분증. *la targeta d'identitat* 신분증. **4** 초대장. **5** 표지, 라벨.
targeta de crèdit 신용 카드.
targeter targeters *m.* 카드 수첩.
tarifa tarifes *f.* **1** 가격, 요금, 운임; 가격표, 요금표. **2** 세율(표). **3** 관세(율).
tarifació tarifacions *f.* 가격·세금의 책정.
tarifar *tr.* 가격·세금을 정하다.

tarima tarimes *f.* (널조각을 붙여 이동할 수 있는) 대, 단.
tarja targes *f.* 큰 방패.
taro taros *m.* 찬바람.
taronger[1] tarongers *m.* [식물] 귤나무.
taronger[2] tarongera tarongers tarongeres *adj.* 귤의, 귤 같은; 귤색의.
-*m.f.* 귤 재배자, 귤 판매상.
taronger mandarí 밀감의 일종.
tarongerar tarongerars *m.* 귤 밭.
tarongereda tarongeredes *f.* =tarongerar.
tarongina tarongines *f.* [식물] 멜리사, 향수박하.
taronja taronges *f.* [식물] 귤.
-*adj.m.* 귤의, 귤색의.
taronjada taronjades *f.* 귤로 만든 주스.
taronjaire taronjaires *m.f.* 귤 재배상.
tarós tarosa tarosos taroses *adj.* 흠투성이의, 결점이 많은.
tarot tarots *m.* 1 (22매 한 벌의) 트럼프. 2 [속어] 낡은 모자.
tarquim tarquims *m.* 진흙.
tars tarsos *m.* 1 [해부] 족근골, 발목뼈; 발목. 2 [조류] 부척골. 3 [곤충] 척골.
tarsià tarsiana tarsians tarsianes *adj.* tars의.
tartamudeig tartamudeigs [tartamudejos] *m.* 말을 더듬거림.
tartamudejar *intr.* 말을 더듬거리다.
tartamudesa tartamudeses *f.* =tartamudeig.
tartamut tartamuda tartamuts tartamudes *adj.* 말을 더듬는.
-*m.f.* 말더듬이.
tartana tartanes *f.* 1 (돛대가 하나인) 범선. 2 이륜포장마차.
tarter tarters *m.* 바위산; 바위투성이인 땅.
tartera tarteres *f.* =tarter.
tasca tasques *f.* 일, 업무; 숙제, 과제. *la tasca diària de servei* 매일의 봉사일.
a tasca 청부로; 정가(定價)로.
tascó tascons *m.* (나무·철로 된) 쐐기.
tasconar *tr.* 쐐기를 박아 고정하다.
tasconera tasconeres *f.* (돌에) 쐐기를 박기 위해 만든 구멍.

tassa tasses *f.* 1 (차·커피용) 잔. 2 (한 잔의) 차·커피. *Ha pres dues tasses de cafè* 그는 두 잔의 커피를 마셨다. 3 (분수의) 물받이.
tassada tassades *f.* 가득 채운 찻잔.
tasser tassers *m.* (찻잔 놓는) 선반.
tassó tassons *m.* 큰 컵; (물·우유를 마시는) 컵.
tassonada tassonades *f.* 큰 컵에 가득 채움.
tast tasts[tastos] *m.* 시음, 시식.
tastanejar *intr.* 불안하게 걷다, 비틀비틀 걷다; 흔들거리다(vacil·lar).
tastaolletes tastaolletes *m.f.* [단·복수동형][구어] 주책바가지; 무슨 일에나 손을 대는 사람; 잘 끼어드는 사람; 약방의 감초.
tastar *tr.* 1 맛을 보다; 시음하다, 시식하다. *tastar menjars dels 5 continents* 오 대륙의 음식을 시식하다. 2 매우 조금 먹다. 3 [비유] 맛을 보다, 경험하다(experimentar).
tastavins tastavins *m.f.* [단·복수동형] 포도주 감정사; 주류 감정인.
tastet *m. fer el tastet* 시음하다, 시식하다.
tat *m.interj.* [감탄의 내용에 쓰임][구어] 쳐다봄.
tatà tatans *m.* [아이들의 언어에 쓰임] 말(cavall).
tato *m.* [구어] *fer el tato* 손으로 인사하다.
tatuar *tr.* 문신하다.
tatuatge tatuatges *m.* 문신, 입묵(入墨).
tatx tatxos *m.* tatxar하는 일.
tatxa tatxes *f.* 1 못, 징(clau). 2 흠, 결점(defecte).
tatxar *tr.* (과일의 질을 검사하기 위해) 조금 자르다.
tatxó tatxons *m.* 굵은 못, 장식용 정.
tatxolinar *tr.* (포도주 등을 시음하기 위해) 조금 뽑아내다, 채취하다.
tatxós tatxosa tatxosos tatxoses *adj.* 흠이 있는(defectuós).
tatxot tatxots *m.* =tatxó.
tau taus *f.* 1 (T 자형의) 기장, 문장, 부첩. 2 그리스 문자의 τ.
taujà taujana taujans taujanes *adj.m.f.*

야비한 (사람), 천박한 (사람).
taül taüla taüls taüles *m.f.* 철면피, 예의 없는 사람.
taula taules *f.* **1** 탁자, 테이블; 식탁. **2** 식사, 요리, 푸짐한 음식. **3** 작업대. **4** 게시판, 광고판. **5** (회의의) 위원회. **6** [지질] 우뚝 솟은 대지, 고원. **7** (계단의) 층계참. **8** (밭의) 구획; 구획된 밭; (계단으로 된) 밭의 계단(bancal). **9** (보석의) 깎은 면. **10** (고대 유물의) 탁석. **11** (당구 등의) 한판.
a taula franca [구어] 푸짐한 음식으로.
taula d'operacions 수술대.
A taula! 식사합시다!
aixecar-se[alçar-se] de taula 상을 치우다, 식사를 마치다.
parar taula 상을 차리다.
posar-se a taula 식탁에 앉다.
taular *tr.* =aplanar.
taulat taulats *m.* (지면 위에) 널빤지를 깐 무대.
taulejar *intr.* 탁자에 앉아 먹고 마시다.
taülejar *intr.* 뻔뻔스럽게 굴다.
taulell taulells *m.* **1** (좁고 긴) 대; 계산대, 작업대. **2** (바·카페의) 스탠드, 카운터. **3** 재단대. **4** 벤치, 긴 의자. **5** (빵의) 반죽판. **6** 아라비아 타일; 화장타일.
tauler taulers *m.* **1** 흑판. **2** 게시판, 광고판. **3** 장기판.
tauleta tauletes *f.* [taula의 축소사] **1** 작은 판자. **2** 게시판, 작은 간판.
tauló taulons *m.* 큰 간판, 선전판.
taumaturg taumaturga taumaturgs taumaturgues *m.f.* 기적을 일으키는 사람.
taumatúrgia taumatúrgies *f.* 기적을 일으키는 능력.
taure taures *m.* [천문] 황소자리.
taurí taurina taurins taurines *adj.* 소의; 투우의.
tauró taurons *m.* [어류] 상어. *tauró blanc* 백상어.
tauròmac tauròmaca tauròmacs tauròmaques *adj.m.f.* 투우하는 (사람).
tauromàquia tauromàquies *f.* 투우 기술.
taüt taüts *m.* 널, 관, 영구.

tau-tau *loc.adv.* 그럭저럭, 그런대로, 대충.
tautofonia tautofonies *f.* 동일음 반복.
tautologia tautologies *f.* 동의어 반복, 중언부언.
tautològic tautològica tautològics tautològiques *adj.* 같은 말을 되풀이하는, 중언부언의.
tàvec tàvecs *m.* [곤충] 쇠파리.
tàvega tàvegues *f.* 지하 감옥.
tavella tavelles *f.* (칼 등의) 집; (콩 등의) 깍지, 꼬투리.
tavellar *intr.* [식물] 콩깍지가 생기다. *-tr.* (칼 등의) 집을 만들다.
tavellera tavelleres *f.* =mongetera.
taverna tavernes *f.* 선술집, 주점; 전통 음식점.
tavernari tavernària tavernaris tavernàries *adj.* 선술집의, 주점의.
taverner tavernera taverners taverneres *m.f.* taverna의 주인.
taxa taxes *f.* **1** 비율, 이자율. **2** (증권 따위의) 시세. **3** 평가액; 통제 가격, 규정 가격.
posar taxa =taxar.
taxació taxacions *f.* taxar하는 일.
taxar *tr.* **1** 가늠하다, 평가하다; 값을 정하다, 사정하다. **2** 가격을 통제하다. **3** 기준을 정하다, 분량을 결정하다. **4** 제한하다.
taxatiu taxativa taxatius taxatives *adj.* 제한의, 통제하는, 한정하는.
taxi taxis *m.* 택시.
taxidèrmia taxidèrmies *f.* 박제술(剝製術).
taxidermista taxidermistes *m.f.* [남녀동형] 박제사.
taxímetre taxímetres *m.* **1** (택시의) 미터기, 요금 자동 계산기. **2** 택시.
taxista taxistes *m.f.* [남녀동형] 택시 기사.
taxinomia taxinomies *f.* =taxonomia.
taxonomia taxonomies *f.* [생물] 분류학, 분류법.
taxonòmic taxonòmica taxonòmics taxonòmiques *adj.* 분류학의.
te[1] tes *f.* 문자 t의 명칭.
te[2] [et의 완전형; 동사 뒤에서는 **-te**] *pron. Te la donaré demà* 그것을 너

한테 내일 줄게. *Vaig dir-te la veritat* 너에게 사실을 말했다.
te³ tes *m.* 1 [식물] 차나무. 2 (음료수로서의) 차.
teatral teatrals *adj.* 1 연극의, 연극적인. 2 극장(식)의. 3 [비유] 과장된, 도가 지나치는.
teatralitat teatralitats *f.* 연극적인 일, 연극성.
teatre teatres *m.* 1 극장; 연극. 2 무대, 장면. 3 연극배우. 4 극작법, 희곡 문학. 5 극단, 연극계. 6 [비유] 과장.
teatrí teatrins *m.* [연극] 축소 무대, 소형 무대.
tebeo tebeos *m.* 어린이 잡지; 만화 잡지, 연재만화.
tebi tèbia tebis tèbies *adj.* 1 미지근한, 미적지근한. 2 애매한, 모호한, 미온적인. *un sentit tebi* 모호한 의미. 3 소극적인, 적극성이 없는, 열을 내지 않는. *un tebi comentari* 열의가 없는 발언.
tec¹ tecs *m.* (가정적인) 연회, 향연; 조촐한 파티; 풍성한 음식.
tec² tecs *m.* [식물] (버섯 인자를 만드는) 씨방.
teca teques *f.* 1 먹을거리, 음식. 2 [식물] 티크(재).
technicolor technicolors *m.ang.* 테크니컬러, 천연색 영화 (사진) 촬영법; 선명한 색채.
tecla tecles *f.* 1 (피아노의) 건반; (컴퓨터의) 키. 2 미묘한 곳, 요점, 급소. *endevinar la tecla* [구어] 급소를 찌르다. *tocar totes les tecles* 모든 시도를 다 해보다; 온갖 방안을 세우다.
teclat teclats *m.* 건반, 키.
tecleig tecleigs[teclejos] *m.* 키를 침.
teclejar *intr.* 키를 치다.
tecneci *m.* [화학] 우라늄의 핵분열에서 얻은 금속원소.
tècnic tècnica tècnics tècniques *adj.* 1 공업의, 공예의, 기술의. 2 전문의, 전문적인. 3 학술적인; 전문 용어의. -*m.f.* 기술자, 전문가. -*f.* 1 기술, 기교, 기법, 테크닉. 2 (예술상의) 수법, 예풍, 화풍; (음악의) 연주법.

tecnicisme tecnicismes *m.* 1 전문적인·기술적인 일. 2 전문어, 학술어, 기술용어.
tecnificar *tr.* (기술을) 현대화하다.
tecnocràcia tecnocràcies *f.* 1 기술 지상주의, 테크놀로지 만능주의; 기술 편중. 2 기술주의[정치·경제를 학자에게 위임하는 방식].
tecnòcrata tecnòcrates *adj.* 기술 지상주의의. -*m.f.* [남녀동형] 기술 지상주의자.
tecnòleg tecnòloga tecnòlegs tecnòlogues *m.f.* 과학 기술자.
tecnologia tecnologies *f.* 1 테크놀로지, 과학 기술, 공업 기술. 2 공예(학). 3 [집합] 전문어, 술어. 4 응용과학.
tectònic tectònica tectònics tectòniques *adj.* 1 건축의, 축조의. 2 구조의, 구성의. 3 [지질] 지각 구조상의.
tectònica tectòniques *f.* 축조학, 구조학, 구조 지질학, 지각 구조학.
tedèum tedèums *m.* (가톨릭 미사에서) 하느님께 바치는 '테데움(Te Deum)'으로 시작하는 은혜 찬미가.
tedi tedis *m.* 1 권태, 지루함, 넌더리남. 2 지겨움, 싫은 마음, 혐오.
tediós tediosa tediosos tedioses *adj.* 지겨운, 넌더리나는, 싫증나는.
tegell tegells *m.* 나무껍질이 그대로 있는 널빤지, 지붕을 잇는 널.
teginat teginats *m.* [건축] 격천장; 격천장의 한 구획.
tegument teguments *m.* [동식물] 겉껍질, 표피.
tegumentari tegumentària tegumentaris tegumentàries *adj.* 겉껍질의, 표피의.
teia teies *f.* 1 횃불, 봉화. 2 (송진이 있는) 수지, 공이. 3 성질, 기질. 4 체격, 외관; 모양, 양상, 국면.
teiera teieres *f.* [역사] 봉화대.
teïforme teïformes *adj.* 차나무를 닮은.
teïna teïnes *f.* [화학] (차의) 카페인.
teiós teiosa teiosos teioses *adj.* 수지의, 수지가 많은; 기름진, 토실토실 살찐.
teisme teismes *m.* 1 [신학] 유신론, 일신론, 인격신론. 2 [의학] 차(茶) 중독.

teista teistes *adj.* 유신론의.
-*m.f.* [남녀동형] 유신론자.
teix teixos *m.* [식물] (사철 푸른) 송백류의 일종.
teixidor teixidora teixidors teixidores *adj.* 짜는, 엮는, 엮어 짜는.
-*m.f.* **1** 짜는 사람, 식물공.
-*m.* **1** 직기; 직물업; 직물 공장. **2** [곤충] 물맴이. **3** 구두 제조공, 구두 수선공.
teixidura teixidures *f.* **1** 베짜기; 방적, 직물. **2** (옷감·피륙의) 결; 짠 것.
teixir *tr.* **1** (옷감을) 짜다. **2** 뜨개질을 하다. **3** (실·머리 등을) 엮다, 만들다 (trenar). **4** (누에가) 고치를 만들다; (거미가) 집을 치다. **5** [비유] (음모 등을) 꾸미다.
teixit teixits *m.* **1** 방적, 직물. **2** [생물] 조직. **3** [비유·] 줄줄이 이은 것; 염주처럼 꿴 것.
teixó teixons *m.* [동물] 오소리.
teixonera teixoneres *f.* 오소리·너구리 등의 굴.
tel tels *m.* **1** 천, 직물. **2** 망, 뜨개질한 것. **3** [해부] (뇌막·심장막 등의) 막. **4** (우유·액체의 표면에 생기는) 막. **5** (과일의 겉껍질 외의) 얇은 껍질; 잘 찢어지는 천. **6** [미술] 화폭. **7** (투우·관람물 등의) 울을 친 곳. **8** (사냥용) 그물. **9** [비유] 복잡하게 얽힌 것.
parar teles 덫을 놓다, 함정을 놓다.
tela teles *f.* **1** 천, 직물. **2** 막, 장막, 울타리. **3** [해부] 막. **4** 표면에 생기는 막. **5** (과일의) 얇은 껍질. **6** (사냥용, 고기잡이용의) 그물. **7** [비유] 얽힌 일·사건. **8** 거미줄(teranyina).
telar *tr.* tela를 치다.
telaranya telaranys *m.* 거미줄(teranyina).
teleapuntador teleapuntadors *m.* 텔레비전의 화면에 나타나는 자막 장치.
telearrossegador telearrossegadors *m.* =telesquí.
telecabina telecabines *f.* =telefèric.
telecinematògraf telecinematògrafs *m.* 텔레비전 영화 장치.
telecomandament telecomandaments *m.* [기계] 원격 조종, 원격 제어, 원격 조작, 리모트 컨트롤.

telecomunicació telecomunicacions *f.* **1** (라디오·텔레비전·전신·전화 따위에 의한) 원거리 통신. **2** 전기 통신(학).
teleconferència teleconferències *f.* (텔레비전 매체를 통한) 영상 좌담, 영상 콘퍼런스.
telecontrol telecontrols *m.* [기계] 원격 조종, 원격 제어, 원격 조작, 리모트 컨트롤.
teledirigir *tr.* 원격 조종을 하다, 원격 조작을 하다.
teledirigit teledirigida teledirigits teledirigides *adj.* 전파로 유도된, 원격 조작을 하는.
teleesquí teleesquís *m.* =telesquí.
telefax telefaxos *m.* =fax.
telefèric telefèrica telefèrics telefèriques *adj.* 로프웨이의.
-*m.* 로프웨이, 케이블카.
telefilm telefilms *m.* 텔레비전 영화.
telèfon telèfons *m.* 전화, 전화기.
trucar per telèfon 전화하다.
telefonada telefonades *f.* 전화 벨소리, 전화 호출, 신호음.
telefonar *intr.* 전화가 설치되다; 전화로 연락되다. -*tr.* 전화를 걸다.
telefonia telefonies *f.* (전화) 통화법; 전화통신.
telefònic telefònica telefònics telefòniques *adj.* 전화의.
telefonista telefonistes *m.f.* [남녀동형] 전화 교환수, 전화 기술자.
telègraf telègrafs *m.* 전신기.
telegrafia telegrafies *f.* 전신, 전보; 전신술.
telegràfic telegràfica telegràfics telegràfiques *adj.* **1** 전신의, 전보의; 전문체의. **2** [비유] (표현이) 간결한.
telegrafista telegrafistes *m.f.* [남녀동형] 전신 기사, 전보 발신 기사.
telegrama telegrames *m.* 전보.
telejoc telejocs *m.* (텔레비전으로 하는) 영상 게임.
telemàtic telemàtica telemàtics telemàtiques *adj.* 정보 통신술의.
-*f.* 정보 통신술.
telenotícies telenotícies *m.* (텔레비전의) 뉴스 프로.

telenovel·la telenovel·les *f.* 텔레비전 연속극.
teleobjectiu teleobjectius *m.* (사진기의) 망원 렌즈.
teleostis *m.pl.* [어류] 경골어류.
telepatia telepaties *f.* 텔레파시, 정신 감응(술); 상호 감응, 이심전심.
telepàtic telepàtica telepàtics telepàtiques *adj.* 텔레파시의, 이심전심의. *el missatge telepàtic* 텔레파시 메시지.
teler telers *m.* **1** 베틀, 직기. **2** 무대의 막을 매다는 테. **3** 서적을 철하는 기계.
telereceptor telereceptors *m.* 텔레비전 수상기.
telereunió telereunions *f.* =teleconferència.
teleria teleries *f.* 직물 공장, 직물점.
telescopi telescopis *m.* 망원경.
telescòpic telescòpica telescòpics telescòpiques *adj.* **1** 망원경의, 망원경에 의한. **2** [천문] 망원경으로 본, 육안으로 보이지 않는.
telesèrie telesèries *f.* 텔레비전 시리즈, 텔레비전 연속극.
telespectador telespectadora telespectadors telespectadores *adj.m.f.* 텔레비전을 시청하는 (사람).
telesquí telesquís *m.* 스키 리프트[스키 타는 사람을 나르는 리프트].
telestèsia telestèsies *f.* [심령] (예감·천리안 등과 같은) 원격 감지.
teletext teletexts[teletextos] *m.ang.* 텔레텍스트, 문자 다중 방송, 문자 방송.
teletip teletips *m.* 텔레타이프; 텔레타이프 통신(문).
teletipus teletipus *m.* [단·복수동형] =teletip.
televident televidents *adj.m.f.* [남녀동형] =telespectador.
televisar *tr.* **1** 텔레비전 방송을 하다, 방영하다; 전송하다. **2** 수상하다, 방송을 보다.
televisió televisions *f.* 텔레비전; 텔레비전 수상.
televisiu televisiva televisius televisives *adj.* 텔레비전의.
televisor televisors *m.* 텔레비전 송신· 수신 장치, 텔레비전 수상기.
tèlex tèlexs *m.* 텔렉스[가입자가 교환 접속에 의해 텔레타이프라이터로 교신하는 통신 방식]; 텔레타이프; 그 통신문.
tell tells *m.* [식물] 참피나무.
tellerina tellerines *f.* [동물] 큰 가리비.
tel·luri tel·luris *m.* [화학] 텔루르[비금속 원소].
tel·lúric tel·lúrica tel·lúrics tel·lúriques *adj.* **1** 지구(Terra)의. **2** 텔루르의, 텔루르를 함유한.
teló telons *m.* (무대의) 막. *teló de ferro* 철의 장막.
telofase telofases *f.* [생물] 유사 분열의 종기(終期).
teloner telonera teloners teloneres *adj.* **1** 개막의. **2** 전초전의. **3** 견습 출연을 하는.
-m.f. 견습 출연을 하는 배우.
tem tems *m.* [식물] 백리향.
tema temes *m.* **1** 주제, 제목, 테마, 화제. **2** [문법] 어간, 어근. **3** [음악] 주제, 테마, 주 선율. **4** 반대, 반감.
prendre algú de tema [구어] 누구에게 원한을 품다.
temari temaris *m.* [집합] 주제, 제목.
temàtic temàtica temàtics temàtiques *adj.* tema의, tema에 관한.
temedor temedora temedors temedores *adj.* 무서운, 가공스러운, 두려워하는; 경외하는, 경외감이 드는.
temença temences *f.* =temor.
tement tements *adj.* 두려워하는, 겁을 먹는; 경외하는.
témer *tr.* **1** 무서워하다, 두려워하다, 겁을 먹다. **2** 걱정하다, 우려하다; 의심쩍어하다. **3** (신을) 외경하다, 두려워하다. *-intr.* [전치사 per와 함께] ...을 걱정하다. *Temo per la seva salut* 나는 그의 건강이 걱정된다.
temerari temerària temeraris temeràries *adj.* **1** 무모한, 경솔한. **2** 대담무쌍한, 앞뒤를 가리지 않는, 물불을 가리지 않는.
-m.f. 그러한 사람.
temeritat temeritats *f.* 무모함, 경솔; 대담무쌍, 물불을 가리지 않는 대담성.

temible temibles *adj.* 무서운; 경외감이 드는.
temor temors *m.[f]* 무서움, 공포; 근심, 걱정.
temorec temorega temorecs temoregues *adj.* **1** 무서워하는, 벌벌 떠는, 소심한, 겁 많은. **2** 가공할, 소름끼치는.
temorejar *intr.* 무서워하다, 벌벌 떨다.
temorós temorosa temorosos temoroses *adj.* **1** 무서운, 무서워하는, 두려워하는, 겁에 질린. **2** 경외감이 드는, 외경의(respectuós).
tempanell tempanells *m.* **1** [건축] 칸막이, 격벽. **2** [해부] (코의) 격장(隔障).
temperament temperaments *m.* **1** 체질; (몸의) 상태. **2** 기질, 성질, 성미(caràcter). **3** [음악] (피아노 등의) 조율 (tempramant). **4** 중재, 조정.
temperamental temperamentals *adj.* **1** 기질상의, 성미에 의한. **2** 신경질적인, 성마른, 성미가 까다로운; 변덕스러운.
temperància temperàncies *f.* 절제, 중용; 온건, 온화; 신중.
temperant temperants *adj.* 완화시키는, 가라앉히는, 누그러뜨리는, 진정시키는. *un efecte temperant* 진정시키는 효과.
temperar *tr.* **1** 부드럽게 하다, 적절하게 하다; (술·커피 등을) 약하게 하다. **2** 완화시키다, 가라앉히다, 진정시키다. *temperar l'impacte* 충격을 완화하다. **3** [음악] 조율하다. **-se** 적응하다, 순응하다(acomodar-se). *temperar-se a les circumstàncies* 상황에 적응하다.
temperat temperada temperats temperades *adj.* **1** 절제 있는, 자제하는; 온건한, 차분한, 침착한(moderat). **2** 완화된, 조절된, 진정된. **3** 따뜻한, 온화한, 온난한, 덥지도 춥지도 않은. **4** (커피가) 미지근한. **5** [음악] 조율된(temprat).
temperatura temperatures *f.* **1** 온도. **2** 기온, 기후, 한란. **3** 체온.
temperi temperis *m.* 기상, 기후; 한란.
tempesta tempestes *f.* =tempestat.
tempestat tempestats *f.* **1** 폭풍우, 심한 풍랑, 비바람. **2** [비유] 격론, 심한 논쟁; 소란, 동요, 선동.
tempestejar *intr.* **1** 풍랑이 일다; 날씨가 사나워지다. **2** [비유] 마구 욕설을 퍼붓다.
tempestiu tempestiva tempestius tempestives *adj.* 형편에 맞는, 적절한, 시의적절한.
tempestuós tempestuosa tempestuosos tempestuoses *adj.* **1** 폭풍우의, 비바람의; 폭풍우가 몰아칠 것 같은, 풍랑이 일 것 같은. **2** (논쟁이) 격렬한, 뜨거운.
tempir tempirs *m.* 단비.
tempirada tempirades *f.* (가뭄을 씻어주는) 비바람, 단비가 몰아침.
tempirar *intr.tr.* **1** 맛을 내다. **2** (비로) 땅을 촉촉이 적시다.
templa temples *f.* [해부] 관자놀이.
temple temples *m.* **1** 성전, 사원, 신전. **2** [비유] 성전, 전당. **3** 하늘.
templer templera templers templeres *adj.* 성전 기사단[예루살렘의 성묘자 및 참배자를 보호하기 위해 1118년경에 창립된 기사단]의.
-m. 그 단원.
templet templets *m.* 작은 성전·사원, 예배당.
tempo *m.it.* [음악] 템포, 박자.
temporada temporades *f.* **1** 시기, 철, ...기; 시즌, 계절. **2** (일정한) 기간. *de la temporada* 일시의, 임시의; 임시적으로; 계절의, 시즌의. *fruita de la temporada* 제철에 나오는 과일.
temporal[1] temporals *adj.* **1** 때의, 때를 나타내는. **2** 잠시의, 일시의, 잠깐 동안의. *la contractació temporal* 일시적 계약. **3** 덧없는. **4** [문법] 시제의, 때를 나타내는. **5** [종교] 현세의, 뜬세상의; 속계의, 속세의, 세속적인; 성적·승적에 들지 않는.
-m. **1** 폭우, 폭설; 비바람, 풍랑(tempestat); 장마철. **2** (성적·승적에 들지 않은) 성직자.
temporal[2] temporals *adj.* 관자놀이의.
-m. [해부] 관자놀이뼈, 측두골, 옆머리뼈.
temporalada temporalades *f.* 심한 폭풍우; 계속적인 폭우·폭설.

temporalitat temporalitats *f.* **1** 시간성. **2** 일시적임, 덧없음. **3** 속사(俗事), 세상 사; 속계. **4** [법률] 일시적 소유·수입. **5** *pl.* 종교 단체의 재산·수입.
temporalitzar *tr.* 일시적인 것으로 하다; 세속적으로 하다.
temporalós temporalosa temporalosos temporaloses *adj.* =tempestuós.
temporani temporània temporanis temporànies *adj.* 임시의, 임시적인, 잠시의, 잠정적인, 일시적인, 덧없는.
temporer temporera temporers temporeres *adj.* 어느 한 철의; 한 철에만 일하는, 임시의.
-m.f. 한 철에만 일하는 사람.
temporització temporitzacions *f.* 임시변통, 미봉; 형세 관망; 타협, 시류 편승.
temporitzador temporitzadora temporitzadors temporitzadores *adj.m.f.* 형세를 관망하는 (사람), 시류에 편승하는 (사람).
temporitzar *intr.* **1** 시류에 편승하다, 시류에 따르다. **2** 일시적으로 하다, 미봉책으로 하다; 임시로 장악하다. **3** 소일하다, 심심풀이로 하다.
temprador tempradors *m.* [음악] (피아노 등의) 조율기.
temprança temprances *f.* **1** 절제, 절도. **2** 온난, 온화. **3** 색의 조화.
temprar *tr.* [음악] (피아노 등을) 조율하다.
tempre tempres *m.* =tremp.
temps temps *m.* [단·복수동형] **1** 때, 시간. **2** 시절, 시대(època). **3** 오랜 시간, 많은 시간. *Feia temps que no et veia tan content* 네가 그렇게 만족해 하는 모습은 정말 오랜만이다. **4** 계절, 철(estació). **5** 기회, 틈, 여유, 짬. **6** 날씨. **7** 나이(edat). **8** [문법] 시제. **9** [음악] 템포, 박자, 빠르기.
al mateix temps 동시에.
al seu temps 제때에, 마침 좋은 때에; 순조롭게.
amb el temps 시간이 흐르면.
amb temps 미리, 앞당겨.
a temps 제 시간에, 정시에.
de temps immemorial 태고 적의.
en aquell temps 그때에, 그 당시에.
fora de temps 때맞지 않게, 철이 지난, 철도 아닌 때에; 때가 안 좋은.
temps a venir 장래에, 장차.
un quant temps 약간의 시간, 잠시.
Al mal temps bona cara [속담] 어려울수록 웃으며 살자; 역경을 이겨낼 줄 알아야 한다.
aprofitr el temps 시간을 이용하다, 기회를 이용하다.
matar el temps [구어] 소일하다, 심심풀이를 하다.
perdre temps 시간을 잃다, 시간을 낭비하다.
temptable temptables *adj.* 유혹할 수 있는, 유혹당하기 쉬운.
temptació temptacions *f.* **1** 유혹, 시험; 유혹물. **2** 욕정, 색정에 끌림.
temptador temptadora temptadors temptadores *adj.m.f.* 시험하는·유혹하는 (사람).
temptar *tr.* **1** 더듬다; 만져서 알다. **2** 해 보다, 시도하다(intentar). **3** 꾀다, 꼬드기다, 유혹하다, 마음을 끌다. **4** (악한 것이) 시험하다. **5** (마음·식욕 따위를) 당기게 하다; ...할 기분이 나게 하다.
temptatiu temptativa temptatius temptatives *adj.* **1** 시험의, 시험적인, 시험 삼아 하는, 시안적인. **2** 망설이는, 확실치 않은, 애매한.
tempteig tempteigs[temptejos] *m.* temptejar하는 일.
temptejar *tr.* **1** 떠보다, 낌새를 떠보다, 속셈을 알아보다. **2** (상태를) 검사해 보다, 신중히 조사하다.
tempura tempures *f.* 폭풍우가 이는 때.
tenaç tenaç tenaços tenaces *adj.* **1** 완강한, 불굴의; 집요한, 끈질긴. *l'esforç tenaç* 집요한 노력. **2** (사물이) 차진, 끈끈한. **3** 좀처럼 떨어지지 않는; 인성이 있는. **4** [비유] 고집불통의, 완고한.
tenacitat tenacitats *f.* **1** 완강함, 불굴; 집요, 고집, 끈덕짐. **2** [물리] 인성(靭性).
tenalla tenalles *f.* **1** (배가 불룩한) 항아리; 큰 항아리. **2** (축성의) 요각 보루. **3** *pl.* 못뽑이; 집게, 부젓가락; 가위.

tenallada tenallades *f.* (항아리에 든) 분량.

tenallar *tr.* **1** (부젓가락으로) 고문하다. **2** [비유] 괴롭히다, 고문하다.

tenca tenques *f.* [문학] 논쟁시, 경시(競詩)[프로방스의 연가 형식으로 된, 연애·기사도 등을 다룬 시].

tençó tençons *f.* 프로방스의 연가.

tenda tendes *f.* **1** (이동식) 텐트, 천막, 막사. **2** (차에 두르는) 포장. **3** 식료품점, 잡화점.

tenda de queviures 식료품점.

tendal tendals *m.* **1** (특히 상점용) 텐트, 천막; 차일. **2** 소매점.

tendència tendències *f.* **1** 경향, 풍조, 추세. **2** 성향, 버릇, 성벽. **3** 낌새, 기척, 기미.

tendenciós tendenciosa tendenciosos tendencioses *adj.* **1** 어떤 경향을 가진, 경향이 있는. **2** 저의가 있는, 목적을 가진.

tendenciositat tendenciositats *f.* 경향을 가짐; 저의를 가짐.

tender tendera tenders tenderes *m.f.* 가게 주인, 소매상; 천막 제조상.

tènder tènders *m.* (증기 기관차의) 탄수차.

tenderol tenderols *m.* 작은 tendal.

tendinós tendinosa tendinosos tendinoses *adj.* [해부] 건의, 건질의; 힘줄이 많은.

tendir *intr.* **1** 경향이 있다, 기미가 보이다; ...하기 일쑤다. **2** 어떤 목적·방향을 가지다; ...로 향해 있다.

tendir a [동사원형과 함께 쓰여] ...하는 경향이 있다, ...하기 일쑤다.

tendó tendons *m.* [해부] 건(腱), 힘줄.

tendral tendrals *adj.* (과일·음식 등이) 덜 익은.

-m. [동물] 아직 젖을 먹는.

tendre tendra tendres tendres *adj.* **1** 연한, 부드러운. **2** (잎이) 새싹의, 어린, 새로운(novell); 순진한. **3** 상냥스러운, 다정한, 애정이 있는. *una impressió tendre* 다정한 인상. **4** 눈물겨운, 눈물이 많은. **5** (그림이) 덜 마른.

tendrejar *intr.* 연해지다, 부드러워지다.

tendresa tendreses *f.* **1** 연함, 부드러움; 새로 나온 것. **2** (성격이) 부드러움, 상냥스러움, 다정함; 달콤함, 사랑, 정감, 애정. *conservar la tendresa* 부드러움을 간직하다. **3** 눈물겨움; 눈물이 헤픔. **4** (자연의) 아름다움.

tendror tendrors *f.* 연함, 부드러움; 상냥함, 다정함; 눈물이 많음.

tendrum tendrums *m.* [해부] 연골, 물렁뼈.

tenebra tenebres *f.* **1** [일반적으로 복수로 쓰임] 어두움, 어둠, 암흑, 캄캄함. **2** [비유] 몽매, 무지. **3** (가톨릭의) 조과(朝課)[부활절 전주의 마지막 3일의 각 전야에 외는 독서의 기도, 찬송가].

tenebror tenebrors *f.* 어두움, 캄캄함; 불분명, 불투명.

tenebrós tenebrosa tenebrosos tenebroses *adj.* **1** 어두운, 캄캄한, 어둠 속의. **2** 비밀의, 남모르는, 은밀한.

tenebrositat tenebrositats *f.* =tenebror.

tenesme tenesmes *m.* [의학] 괄약근의 통증.

tènia tènies *f.* [동물] 촌충.

tenicida tenicides *f.* 촌충을 죽임.

tenidor tenidora tenidors tenidores *m.f.* **1** 소유자. **2** (특히 증권·어음·수표 등의) 소지인, 지참인, 피지불인, 수취인.

tenidoria tenidories *f.* **1** 부기(학). **2** 회계·장부·기장 담당자의 직·사무실.

teniment teniments *m.* 받침, 지지, 유지, 부양.

tenir [*imper: té(ten, tingues), tingui, tinguem, teniu(tingueu), tinguin*] *tr.* **1** 가지다, 소유하다. **2** 가지고 있다, 소지하다. **3** 지탱하다, 받치다. **4** [전치사 *per*와 함께] (...로) 간주하다, 취급하다. *El tenien per boig* 사람들은 그를 미친 사람 취급했다. **5** (모임·회의를) 열다. **6** (소망을) 품다, 간직하다. **7** [비유] 약속을 지키다(guardar). **8** (직책을) 맡다, 책임지다. *-se* (꿈 등에) 집착하다, 얽매이다.

aquí tens 여기 있습니다.

com més en tenen més en volen 가지면 가질수록 더 가지고 싶어 한다.

Digues-me el que tens i et diré el que vals [속담] 많을수록 좋다, 다다익선.

ésser tingut de ...할 수밖에 없다.
no tenir-hi res a veure 아무런 관계가 없다.
tenir alguna cosa de ...다운 데가 있다.
tenir per ...로 간주하다.
tennis tennis *m.* [단·복수동형][스포츠] 테니스, 정구.
tennista tennistes *m.f.* [남녀동형] 테니스선수.
tenonitis tenonitis *f.* [의학] 건(腱)염.
tenor tenors *m.* 1 기질, 성질, 성미. 2 (문서 등의) 내용, 본문. 3 [음악] 테너(가수).
tenora tenores *f.* 피리 모양의 옛 악기.
tens tensa tensos tenses *adj.* 1 팽팽한, 느슨하지 않은, 바짝 당긴. 2 (신경·관계 등이) 긴장한, 딱딱한, 부자연스러운. *en moments tensos* 긴장된 순간에. 3 [음성] 긴장된[혀 근육이 긴장돼서 나는 소리로 주로 모음에 대해서 쓰임].
tensar *tr.* =tesar.
tensímetre tensímetres *m.* 압력계, 장력계, 전압계.
tensió tensions *f.* 1 긴장, 신장. 2 (심리적인) 긴장 (상태), 절박감, 흥분. 3 (국제 정세 따위의) 절박, 긴장 상태. 4 [물리] (탄성체의) 장력, 응력; (기체의) 팽창력, 압력. 5 [기계] 신장력 가감장치. 6 [전기] 전압.
tensional tensionals *adj.* tensió의.
tensiu tensiva tensius tensives *adj.* 긴장으로 인한; 팽창으로 생긴.
tensor tensora tensors tensores *adj.* 1 긴장시키는, 신장시키는. 2 장력의; 팽창력의, 압력의. 3 [해부] 장근의.
-m. [해부] 장근(張筋).
tensorial tensorials *adj.* [해부] 장근의.
tentacle tentacles *m.* 1 [동물] (하등 동물의) 촉각, 촉수. 2 [식물] 촉사, 촉모, 섬모.
tentacular tentaculars *adj.* 촉수·촉사 (모양)의.
tentaculat tentaculada tentaculats tentaculades *adj.* 촉수가 있는; 섬모가 있는.

-m. [동물] 촉수동물.
tentinejar *intr.* 1 비틀거리다. 2 (아기가) 아장아장 걷다, 걷기 시작하다.
tentines *f.pl.* 비틀거림; 아장아장 걸음.
tentipotenti, a *loc.adv.* 더 이상 할 수 없을 때까지, 물릴 때까지.
tènue tènues *adj.* 1 얇은, 가느다란; 섬세한. 2 희미한, 나약한, 미약한. 3 열매 없는, 실속 없는; 빈약한, 박약한. *la tènue semblança del món hippie* 히피 세계의 변변치 않은 모습. 4 간소한, 간편한. 5 그다지 중요치 않은.
tenuïtat tenuïtats *f.* 1 얇음, 가늚. 2 나약함, 힘이 없음. 3 (공기·액체 등이) 희박함; (빛·소리 등의) 미약. 4 (증거 등의) 빈약.
tenyida tenyides *f.* 물들임, 염색, 날염.
tenyidor tenyidora tenyidors tenyidores *adj.* 물들이는, 염색하는.
-m.f. 염색업자, 염색 기술자.
tenyiment tenyiments *m.* =tenyida.
tenyir *tr.* 1 물들이다. *tenyir de groc* 노란색으로 물들이다. 2 (천을) 물들이다, 염색하다. 3 [비유] 편견을 가지다. 4 분색(分色)하다. **-se** 물들다, 염색되다.
tenyit tenyits *m.* =tenyida.
teocèntric teocèntrica teocèntrics teocèntriques *adj.* [신학] 신(神) 중심의; 신본 신학의.
teocentrisme teocentrismes *m.* [신학] 신(神) 중심; 신본 신학.
teocràcia teocràcies *f.* 1 신권(神權) 정치, 신정(神政). 2 신권 정체(神權政體), 신정 국가. 3 (고대 유대의) 제정 일치 제도. 4 제신 혼합 숭배; (명상에 의한) 신인 융합.
teòcrata teòcrates *m.f.* [남녀동형] 신권 정치가, 신정주의자.
teocràtic teocràtica teocràtics teocràtiques *adj.* 신권 정치의, 신정의.
teodicea teodicees *f.* 신정설, 호신론[악의 존재를 신의 섭리라고 주장].
teodolit teodolits *m.* 경위의(經緯儀)[수평각과 부앙각의 측정 기구].
teofania teofanies *f.* 신의 출현.
teogonia teogonies *f.* 신들의 발생 계통, 신통 계보학; 신통기, 열신기.

teòleg teòloga teòlegs teòlogues *m.f.* 신학자; 신학도, 신학생.
teologia teologies *f.* (기독교의) 신학; 종교 심리학.
teològic teològica teològics teològiques *adj.* 신학의, 신학적인.
teologitzar *intr.* 신학을 연구하다, 신학을 논하다; 신학적으로 다루다.
teorema teoremes *m.* **1** 증명할 수 있는 일반 원리, 법칙. **2** [수학][논리] 정리, 공리.
teoremàtic teoremàtica teoremàtics teoremàtiques *adj.* 일반 원리의, 공리의.
teorètic teorètica teorètics teorètiques *adj.* 이론상의, 순이론적인; 사색적인; 학술적인, 지적인.
teoria teories *f.* **1** 이론, 학설, 설(設), 논(論); (학문상의) 법칙. **2** (예술·과학의) 이론, 원리, 규칙. **3** 의견, 사론, 지론. **4** 이치, 공론. **5** 추측, 견해.
teòric teòrica teòrics teòriques *adj.* 이론적인; 순리적인; 관념적인, 사색적인, 공론적인.
teorització teoritzacions *f.* 이론화, 이론의 정리.
teoritzar *intr.* 이론·학설을 세우다, 이론화하다.
teosofia teosofies *f.* 신지학, 접신론.
tequila tequiles *m.* 테킬라[멕시코산 용설란 줄기 즙을 발효시킨 것을 증류한 술].
teranyina teranyines *f.* **1** 거미줄. **2** (특히 정어리잡이용) 예인망.
terapèutic terapèutica terapèutics terapèutiques *adj.* 치료의, 치료학적인.
terapèutica terapèutiques *f.* [의학] 치료학, 치료법; 요법, 요양; 임상 의학.
teràpia teràpies *f.* =terapèutica.
teratologia teratologies *f.* [생물] 기형학.
terbi *m.* [화학] 테르븀[희토류 원소].
tèrbol tèrbola tèrbols tèrboles *adj.* **1** (물·기후 등이) 탁한, 흐린. *un temps un poc tèrbol* 약간 흐린 날씨. **2** 불명료한, 수상쩍은, 막연한, 모호한. **3** 혼탁한, 혼란된. **4** (사람·물이) 미지근한, 개운하지 못한. *l'humor tèrbol* 개운치 않은 기분.
terbolenc terbolenca terbolencs terbolenques *adj.* 약간 흐린, 흐릿흐릿한; 가물가물한, 희미하게 보이는.
terbolesa terboleses *f.* **1** 탁함, 흐림; 혼탁. *la terbolesa de les aigües* 물의 혼탁. **2** 모호해짐, 흐려짐. **3** (눈이) 가물가물해짐.
terbolí terbolins *m.* **1** 회오리바람, 선풍, 용숫바람. **2** [비유] (일의) 쇄도, 밀려듦; 회오리, 소용돌이, 소란. *un terbolí antisocial* 반사회적인 소란. **3** 덜렁이, 덜렁쇠.
terbolina terbolines *f.* **1** 폭풍우, 스콜; 몰아치는 집중 호우. **2** [비유] 쇄도, 밀려듦.
terç terça terços terces *adj.* **1** 제3의, 세 번째의. **2** 삼등분의.
-*m.* **1** 3분의 1. **2** 어업 조합. **3** [군사] 외국 지원병 부대; (옛 스페인의) 보병 연대.
tercejar *tr.* **1** 셋으로 나누다, 세 등분으로 나누다. **2** [농업] (논밭을) 세 번 갈다(terçar). **3** (말에 싣는 짐을) 양쪽으로 갈라 얹다. **4** 비스듬하게 놓다.
-*intr.* =tercerejar.
tercer tercera tercers terceres *adj.* **1** 제 삼의, 세 번째의. **2** 삼등분의.
-*m.f.* 뚜쟁이, 포주.
-*m.* **1** 제삼자, 타인. **2** 중개자, 중개인.
tercerament *adv.* 셋째로, 세 번째로.
tercerejar *intr.* **1** 중개하다, 중재하다. **2** 참가하다, 관여하다; (사이에) 끼어들다. **3** 사흘째가 되다. **4** 필요한 인원을 채우다.
tercermundista tercermundistes *adj.* 제3세계의.
-*m.f.* [남녀동형] 제3세계주의자.
tercet tercets *m.* **1** [음악] 삼중창, 삼중주; 그 곡; 셋잇단음표. **2** [문학] (각 행 11음절) 3행시. **3** [구어] 삼인조, 삼총사.
tèrcia tèrcies *f.* **1** 3분의 1. **2** [역사] (로마의) 제3시. **3** (가톨릭의) 제3시과. **4** [농업] (포도밭의) 3번째 갈기.
terciari terciària terciaris terciàries *adj.* 제3의; 제3위의; [지질] 제3기의.
-*m.* 제3기층.
-*m.f.* 제삼 품급 성직자.
tercina tercines *f.* [문학] (시의) 3행 연

terçó terçons *m.* [동물] 3-4년 된 어린 말.

tereseta teresetes *f.* [주로 복수로 쓰여] =titella.

teresià teresiana teresians teresianes *adj.* 테레사 데 헤수스[스페인의 신비주의 작가, 1515-1582]의; 그의 종파의.

tergal tergals *m.* [해부] 등 부분의.

tergiversació tergiversacions *f.* 얼버무림, 얼렁뚱땅 넘어감, 속임.

tergiversar *tr.* 말로 얼버무려 버리다; 속임수를 쓰다.

termal termals *adj.* 온천의.

terme termes *m.* **1** 끝, 말단, 종말, 종국, 종결, 결말(fi). **2** 목적, 목표; (어떤 일을 위한) 목적지. **3** 한계; 경계(표). **4** 기한, 기간(termini); 임기; 학기. **5** (의무·계약의) 기한; (만료) 기일; 해산일. **6** *pl.* (계약·지불·요금 따위의) 조건(condicions); 약정, 협정; 요구액; 값; 할부 납입금. **7** 말투, 말씨, 어구, 용어, 표현. *un terme científic* 과학 용어. **8** [법률] (법정 따위의) 개정 기간; 권리의 존속기간. **9** [수학] 항. **10** [음악] 멜로디. **11** [논리] 명사. **12** (원근의) 경(전경·원경). *el primer terme* 전경, 클로즈업. **13** [기하] 한계점, 한계선, 한계면. **14** [건축] 경계표, 경계주.

a curt[llarg] terme 단기로[장기로].
en darrer terme 결국, 결과적으로; 마지막으로.
en termes generals 일반적으로.
posar terme a 끝내다.
portar a terme 수행하다, 실시하다.

termenal termenals *adj.* 경계석, 이정표; 도표.

termenar *tr.* 경계표를 세우다, 한계선을 긋다.

termenejar *intr.* 끝내다, 마치다, 종결짓다.

termener termenera termeners termeneres *adj.* 경계를 표시하는, 이정표를 나타내는.

termes *f.pl.* **1** 온천. **2** (고대 로마의) 공중목욕탕.

tèrmic tèrmica tèrmics tèrmiques *adj.* 열의, 온도의; 화력의.

terminació terminacions *f.* **1** 종료, 종결. **2** 결말, 결과. **3** 종점; 한계. **4** (계약 따위의) 만기. **5** [문법] 어미.

terminal terminals *adj.* **1** 끝의, 말단의, 종점의. **2** 기(期)의, 매 학기의; 기말의. **3** [식물] 정생(頂生)의. **4** [해부] 말단의, (신경 등의) 말초의. **5** [의학] (치명적인 병의) 말기의, (환자가) 말기 증상의; 치명적인. *una situació terminal* 말기 상황, 치명적인 상황. **6** [논리] 명사의.
-*f.* 종점, 기점; 터미널.
-*m.* **1** [전기] 전극, (전지의) 단자. **2** (컴퓨터의) 단말 장치[원격지로부터의 데이터 입출력 장치]. **3** [생물] 신경 종말.

terminant terminants *adj.* **1** 결정적인, 단호한. **2** 명확한, 명백한, 분명한.

terminar *tr.* 끝내다, 마무리하다, 종결시키다, 결말을 내다.
-*intr.* 끝나다, 종결짓다; 결국 ...이 되다.

terminatiu terminativa terminatius terminatives *adj.* terminar하는.

termini terminis *m.* **1** 기한, 기간. **2** 할부.

a curt, a llarg termini 단기로, 장기로.
comprar[vendre] a terminis 할부로 사다[팔다].

terminologia terminologies *f.* **1** 용어학, 술어학. **2** [집합] 용어, 술어.

tèrmit tèrmits *m.* [곤충] 흰개미.

termodinàmic termodinàmica termodinàmics termodinàmiques *adj.* 열역학적인.
-*f.* 열역학.

termoelectricitat termoelectricitats *f.* 열전기.

termogen termògena termògens termògenes *adj.* 열을 내는, 열을 발생시키는.

termologia termologies *f.* 열학, 열량 연구.

termòmetre termòmetres *m.* 온도계, 한란계; 체온계.

termometria termometries *f.* 온도 측정.

termonuclear termonuclears *adj.* [물리]

termos termos *m.* [단·복수동형] 보온병.
termosifó termosifons *m.* **1** 온탕 난방기; 물 끓이는 기구. **2** [물리] 열 사이편.
termòstat termòstats *m.* 자동 온도 조절 장치.
termoteràpia termoteràpies *f.* [의학] 열 응용 치료법.
tern terns *m.* **1** 세 짝, 세 짝으로 된 것. **2** 스리피스[바지·조끼·재킷이 한 벌인 양복]. **3** (옛날의 복권에서) 셋이 짝을 이루는 복권. **4** (인쇄의) 석 장 인쇄[앞뒤 면 여섯 쪽 인쇄].
terna ternes *f.* 삼인조, 셋이 한 짝을 이루는 것.
ternal ternals *m.* 세 짝으로 된 도르래.
ternari ternària ternaris ternàries *adj.* **1** 셋의, 세 개 한 벌의; 세 겹의; 세 번째의. **2** [화학] 삼원(三元)의. **3** [수학] 삼원의, 삼진(三進)의, 3변수의, 3을 기수로 하는.
terra terres *f.* **1** [대문자로 쓰여] 지구. **2** 땅, 육지; 흙. **3** 고향, 고국(pàtria); 고장, 지방. *la terra d'arribada* 유서 깊은 고향, 역사적인 지방. **4** 토지, 대지, 전답. *-m.* **1** (땅)바닥. **2** [전기] 접지.
de la terra 토산의, 고장의.
en els confins de la terra 땅 끝까지.
anar-se'n a terra 쓰러지다, 무너지다.
caure a terra 땅바닥에 넘어지다.
menjar terra 죽다.
prendre terra (항공기가) 착륙하다.
terrabastada terrabastades *f.* **1** =terrabastall. **2** [비유] 심한 질병, 극심한 불행.
terrabastall terrabastalls *m.* **1** 큰 소리, 시끄러움, 소동, 소란, 호들갑스러움. **2** 재난, 재해, 손해. **3** [건축] 본채에 붙은 좁은 마루. **4** 다락방.
terrabastejar *intr.* **1** 큰 소동을 일으키다. **2** (물이) 소용돌이치다.
terracota terracotes *f.* 테라코타.
terrada terrades *f.* 발코니, 테라스.
terral terrals *adj.m* 육지에서 불어오는 (바람).

terramicina terramicines *f.* 옥시테트라사이클린.
terranova terranoves *m.* [동물] 몸집이 큰 개의 일종.
terramper terrampers *m.* (토지가) 황무지의, 거친.
terraplè terraplens *m.* 둑, 제방.
terraplenada terraplenades *f.* 둑·제방을 쌓음.
terraplenar *tr.* **1** 둑·제방을 쌓다. **2** (도로의) 팬 곳을 메우다, 길을 고르다.
terraprim terraprims *m.* (재배 가능한) 모래땅.
terraqüi terràqüia terraqüis terràqüies *adj.* [지질] 육지와 물로 된, 수륙의.
terrari terraris *m.* 육생 동물 사육장; (옥내 식물 재배용의) 유리관.
terràrium terràriums *m.* =terrari.
terrassa terrasses *f.* **1** 나무를 심어놓은 곳. **2** 노상 카페. **3** 슬래브 지붕.
terrassà terrassana terrassanes terrassanes *m.f.* 농부, 농군(pàges).
terrat terrats *m.* 옥상; 발코니, 테라스.
terratinent terratinents *m.f.* 지주.
terratrèmol terratrèmols *m.* [지질] 지진.
terrè terrena terrens terrenes *adj.* =terrenal.
terregada terregades *f.* **1** 분탄. **2** (올리브 씨로 만든) 숯. **3** [비유] 쓰레기 같은 인간.
terregall terregalls *m.* 성토, 무더기, 흙더미(munt); 퇴적토.
terrejador terrejadors *m.* 키, 체.
terrejant terrejants *adj.* terrejar하는.
terrejar *intr.* **1** (곡물을) 체로 치다. **2** 흙냄새가 나다. **3** 흙 색깔을 띠다. **4** 흙을 만지작거리다. **5** (새가) 낮게 활공하다. **6** (닭 등이) 땅을 파헤치다. **7** 땅속에 살다. **8** [농업] 농부가 되다 (viure de la terra). **9** (배가) 접안하다. **10** [비유] 실리주의자가 되다, 속물이 되다. *terrejar l'engany* 영합하다, 속이다. *-tr.* **1** (흙으로) 닦다. **2** 무너뜨리다, 붕괴시키다.
terrelló terrellona terrellons terrellones *m.f.* **1** 날품팔이, 일용 노무자. **2** (도로) 인부. **3** (작은) 바구니, 광주리. **4** (길가·공원·건물 모퉁이에 세운) 돌 말

둑.

terrenal terrenals *adj.* 지상의, 현세의.

terrenc terrenca terrencs terrenques *adj.* 흙의, 흙으로 만든; 흙 같은, 흙이 섞인.

terreny terrenys *m.* **1** 땅, 토지, 대지. **2** [비유] 영역, 범위, 세계; 자리, 현장. **3** 경기장. **4** *pl.* [지질] 지층, 암층.

guanyar terreny 기반을 얻다, 앞으로 진군하다.

perdre terreny 기반을 잃다, 물러가다.

preparar el terreny 발판을 마련하다, 발판을 굳히다.

terrer[1] terrers *m.* **1** 땅, 토지, 대지; 지면. **2** 태어난 고향. **3** 진흙을 캐는 곳. **4** [식물] 후추. **5** 낙수받이.

terrer[2] terrera terrers terreres *adj.* **1** 땅의, 지면의. **2** [부사적] (땅에) 닿을락 말락 하게, 아슬아슬하게, 땅에 바짝 대어.

-m.f. 도공.

terrestre terrestres *adj.* **1** 땅의, 대지의. **2** 지상의, 육상의.

-m.f. (육지에 사는) 사람·동물.

terri tèrria terris tèrries *adj.* 흙의, 땅의; 흙 같은.

terrible terribles *adj.* **1** 무서운, 가공할, 소름 끼치는. **2** (더위 따위가) 지독한, 굉장한.

terrícola terrícoles *adj.* 땅에 생명을 주는.

-m.f. [남녀동형] 지구인, 지구에 사는 동물.

terrier terriers *m.* 테리어[사냥개의 일종].

terrífic terrífica terrífics terrífiques *adj.* **1** 무서운, 무시무시한, 전율하는, 소름이 끼치는. **2** 굉장한, 대단한.

terrissa terrisses *f.* 도기, 질그릇; 그 재료.

terrissaire terrissaires *m.f.* 도공.

terrisseria terrisseries *f.* 도기 공장.

territori territoris *m.* **1** 영토[영해·영공을 포함], 국토; 판도. **2** 지역, 지구, 관구, 지방. **3** (특정의) 지역.

terrola terroles *f.* [조류] 종달새, 종다리 (alosa).

terror terrors *m.*[*f*] **1** 공포, 겁, 두려움. **2** 공포의 원인·대상, 무서운 사람; 가공할 만한 일. **3** 공포 정치, 공포 시대[프랑스 혁명의 시대]. **4** 테러; 테러 계획, 테러 집단.

terrorífic terrorífica terrorífics terrorífiques *adj.* 무서운, 소름끼치는.

terrorisme terrorismes *m.* 테러리즘, 테러 행위, 폭력주의; 공포 정치.

terrorista terroristes *adj.* 테러의, 폭력의; 공포 정치의.

-m.f. [남녀동형] 테러리스트, 테러 분자, 직접 행동주의자; 공포 정치가, 혁명주의자.

terroritzar *tr.* 공포에 떨게 하다; 공포 정치를 일삼다.

terrós terrosa terrosos terroses *adj.* **1** 흙 같은. **2** 흙이 섞인, 흙투성이인. **3** 흙 색깔의.

terròs terrossos *m.* **1** 흙덩이. **2** (설탕 등의) 덩어리. **3** (올리브를 짠) 찌꺼기. **4** [농업] (논밭·과수원 등의) 농지. **5** 대지; 토지, 태어난 고향(terrer).

ésser fill del terròs 농부이다.

tertulià tertuliana tertulians tertulianes *adj.m.f.* tertúlia의 (회원).

tertúlia tertúlies *f.* (친교 형식의) 모임; 그 사람들.

tes[1] *adj.* [명사 앞에 오는 인칭 소유격 여성 복수형] 너의, 당신의. *tes germanes* 너의 자매들.

tes[2] tesa tesos teses *adj.* =tens.

-f. =tesor.

a tesa 제한 없이.

a (tota) tesa 계속해서, 멈추지 않고.

tesar *tr.* **1** 쭉 늘어뜨리다, 팽팽하게 당기다. **2** [해사] (배의) 밧줄·돛을 치다.

tesaurus tesaurus *m.* [단·복수동형] 색인; (사전의) 알파벳 나열.

tesi tesis *f.* **1** [논리] 명제, 정립; (헤겔의 변증법의) 정(正), 테제. **2** 논제, 주제, 제목. **3** 논문, 학위 논문, 졸업 논문. **4** [음악] 하박(下拍), (소절 중의) 강부. **5** [문학] (운율의) 약음부; (현대시의) 강성부.

tesina tesines *f.* (대학 학부의) 졸업 논문.

tesor tesors *f.* 쭉 펼침, 팽팽하게 유지함.

tessitura tessitures *f.* [음악] 음역, 성역;

성량.

test¹ tests[testos] *m.* **1** 그릇, 용기. **2** 화분.
  eixir[sortir] fora de test [구어] 대화에서 실수를 하다; 흥에 겨워 지나친 행동을 하다; 침착성을 잃다.

test² tests[testos] *m.* **1** 시험, 데스트, 검사, 고사. *el test d'admissió* 입학 테스트. **2** 시험 방법, 판단 기준, 시험물, 시금석; 시련. **3** [화학] 분석 (시험), 시약.

test testa tests[testos] testes *adj.* **1** 굳은, 굳어진. **2** 팽팽해진, 긴장된; 꿋꿋이 선.

testa testes *f.* **1** 머리, 두뇌; 수뇌자, 군주. **2** 이해(력), 지성, 총명. **3** (사물의) 정면. **4** (동물의) 이마. **5** 끝, 선단. **6** (포도주 통의) 밑바닥.
  per testa (끝이) 잘 연결되게, 잘 맞물리게.
  tenir la testa dura [구어] 완고하다, 고집불통이다.

testador testadora testadors testadores *m.f.* 유언자.

testaferro testaferros *m.* 명목인, 명의인.

testament testaments *m.* [법률] 유언(장).
  testament clos 비밀 유언장.
  testament hològraf 자필 유언장.
  testament obert 공증인과 증인 앞에서 하는 유언장.

testar *intr.* [법률] 유언을 하다.

testard testarda testards testardes *adj.* =testarrut.

testarrada testarrades *f.* 머리로 들이받기, 박치기.

testarrudesa testarrudeses *f.* 옹고집, 완고.

testarrut testarruda testarruts testarrudes *adj.* 고집 센, 완고한.

testavirar *tr.* =trastocar.

testera testeres *f.* **1** 앞면, 정면. **2** (차의) 앞 좌석. **3** (동물의) 앞머리; (말의) 머리 장식.

testicle testicles *m.* [해부] 고환(睾丸).

testicular testiculars *adj.* 고환의.

testificació testificacions *f.* 입증, 증명, 증언.

testifical testificals *adj.* 증명의, 증거의; 증거를 내세우는.

testificar *tr.* **1** 증명하다, 입증하다, 증거를 내세우다. **2** [법률] 증언하다.

testificatiu testificativa testificatius testificatives *adj.* 증거의, 증인의, 증언의; 증거를 내세우는.

testimoni testimonis *m.* **1** 증거, 표시; 입증, 증명(서). **2** (법정에서의) 증언. **3** (전문가 등의) 보고, 성명, 선언. **4** [종교] 신앙 고백. **5** [성서] 율법, 십계.
  -m.f. [남녀동형] 증인.
  fals testimoni [법률] 위증.
  allevar a algú fals testimoni 위증하다, 위증시키다.
  donar testimoni 증언하다.
  posar per testimoni 증인을 세우다.

testimonial testimonials *adj.* 증거의, 증거가 되는, 증거를 기록한.
  -f.pl. 증명서.

testimoniar *tr.* =testificar.

testimoniatge testimoniatges *m.* **1** 성명, 선언(declaració). **2** 증명, 입증. **3** (법정에서의) 증언.

testimoniejar *tr.* =testificar.

testosterona testosterones *f.* [의학] 남성 호르몬.

testudinat testudinada testudinats testudinades *adj.* 거북의, 거북 같은.

teta tetes *f.* [구어] 유모, 아줌머; 언니, 누나.

tètan tètans *m.* [의학] 파상풍; 경기, 강직성 경련.

tetània tetànies *f.* [의학] 간헐성 경련.

tetànic tetànica tetànics tetàniques *adj.* 파상풍의; 경련의.
  -m.f. 그 환자.

tètanus tètanus *m.* [단·복수동형] =tètan.

tetera teteres *f.* 차 끓이는 도구.

tetina tetines *f.* (우유병에 끼우는) 젖꼭지.

tètrade tètrades *f.* **1** [생물] 4분 염색체. **2** [화학] 4가(價) 원소. **3** 네 개; 넷으로 이뤄진 한 벌.

tetraedre tetraedres *m.* [기하] 4면체.

tetràgon tetràgona tetràgons tetràgones *adj.* 4각형의, 4변형의.
  -m. [수학] 4각형, 4변형.

tetragonal tetragonals *adj.* =tetràgon.
tetragrama tetragrames *m.* [음악] 4선 패.
tetralogia tetralogies *f.* 4부곡, 4부작.
tetràmer tetràmera tetràmers tetràmeres *adj.* [생물] 네 부분으로 된, 네 마디의.
tetraplegia tetraplegies *f.* [의학] 사지 끝의 마비.
tetràpter tetràptera tetràpters tetràpteres *adj.* [동물] 4개의 날개를 가진.
tetrarca tetrarques *m.* (고대 로마에서) 한 주의 1/4[4분령]의 영주·태수; (속령의) 영주.
tetrarquia tetrarquies *f.* tetrarca의 직; 영주·태수령, 4분령, 4인 정치.
tetrasíl·lab tetrasíl·laba tetrasíl·labs tetrasíl·labes *adj.m.* 4음절(의).
tetrasil·làbic tetrasil·làbica tetrasil·làbics tetrasil·làbiques *adj.* =tetra- síl·lab
tetravalent tetravalents *adj.* [화학] 4가(價)의.
tètric tètrica tètrics tètriques *adj.* 쓸쓸한, 우울한, 호젓한, 을씨년스러운, 우수에 잠긴.
teu teva teus teves *adj.pos.* [2인칭 소유 형용사] 너의, 그대의, 당신의.
a la vora teu 너·당신의 곁에.
davant teu 너·당신 앞에.
-pron. [2인칭 소유 대명사] 너·당신의 것. *els teus* 너·당신의 가족.
teula teules *f.* 기와.
teulada teulades *f.* 기와지붕; 기와 더미; 기와가 떨어져 맞음.
teulader teuladera teuladers teuladeres *adj.* teulada의.
teular[1] teulars *m.* 기와 공장.
teular[2] *tr.* [건축] 지붕을 만들다, 기와를 이다.
teuler teulera teulers teuleres *m.f.* 기와제조업자.
teulís teulissos *m.* [teula의 축소사] 작은 기와, 기와 조각.
texà texana texans texanes *adj.m.f.* 텍사스[미국 남부의 한 주]의 (사람).
text texts[textos] *m.ang.* **1** 본문; 원문, 원서; 인용문. **2** 교과서. **3** (성서의) 인용 구절. **4** (연설·토론 등의) 연제, 주제, 화제(passatge).
text sagrat 성서, 성경.
tèxtil tèxtils *adj.* **1** 직물의, 방직된. **2** 섬유(품)의.
-m. 직물, 옷감; 직물의 원료, 직물용 섬유, 방적사.
textual textuals *adj.* **1** 원문의, 원문에 충실한, 원문 그대로의. **2** 교과서의; (성서의) 본문에 의한.
textura textures *f.* **1** 직물, 피륙, 천. **2** (피륙의) 짜임새, 바탕. **3** [광물][지질] 조직, 틀; (피부·목재·암석 등의) 결. **4** (문장의) 구성. **5** (외면적인) 느낌; (정신적인) 감촉; 특색. **6** 조직, 구조(estructura). **7** [비유] 성질, 기질, 성격, 본질.
thriller thrillers *m.ang.* 오싹하게 하는 사람·것; [구어] 스릴러, 스릴 있는 소설·영화·극.
tia ties *f.* **1** 숙모, 백모, 이모, 고모. **2** (나이 지긋한) 아주머니. **3** [구어] 노처녀. **4** 매력적인 여자. **5** [속어] 천한 여자, 거리의 여자, 매음녀.
quedar per tia [구어] 솔로가 되다; 노처녀가 되다.
tiara tiares *f.* **1** [고어] (페르시아인들이 사용했던) 머리 장식의 일종. **2** (로마 교황의) 삼중의 관; 교황의 지위.
tibament tibaments *m.* tibar하는 일.
tibant tibants *adj.* **1** 팽팽한, 느슨하지 않은. **2** (관계가) 굳은, 긴장된.
tibantor tibantors *f.* 팽팽함; 긴장된 상태.
tibar *tr.* **1** (끈을) 팽팽하게 하다; 잡아당기다, 늘이다. **2** [비유] 몰아세우다, 조이다, 재촉하다.
tibat tibada tibats tibades *adj.* **1** 팽팽한, 긴장된. **2** 우쭐대는(estirat).
tiberi tiberis *m.* [구어] 음식 (대접), 파티.
tíbia tíbies *f.* **1** 옛 피리의 일종. **2** [해부] 정강이뼈.
tibial tibials *adj.* 정강이뼈의.
tic tics *m.* [의학] 안면 경련.
tic-tac tic-tacs *m.onom.* [의성어] 시계 소리.
tie-break tie-breaks *m.ang.* (경기의) 동점 결승전, 연장전.

tifa tifes *adj.m.f.* [남녀동형] 변변치 않은 (사람), 무익한 (인간).
-*f.* [속어] 대변, 똥.
  fer el tifa =tifejar.
tifarada tifarades *f.* 굵은 똥.
tifejar *intr.* 우습게 굴다.
tiflitis tiflitis *f.* [의학] 맹장염.
tifó tifons *m.* (동중국해 지역에서 발생하는) 태풍; 선풍, 회오리바람.
tifoïdal tifoïdals *adj.* =tifoide.
tifoide tifoides *adj.* 티푸스성의.
tifus tifus *m.* [의학] 티푸스, 발진티푸스.
  tifus abdominal 장티푸스.
  tifus epidèmic[*exantemàtic*] 발진티푸스.
tigrat tigrada tigrats tigrades *adj.* 호랑이 털의, 호랑이 털 같은.
tigre tigressa tigressos tigresses *m.f.* **1** [동물] 암수 호랑이. **2** [비유] 잔인한 사람.
tija tiges *f.* **1** [식물] 줄기, 꽃줄기; 꽃자루(peduncle). **2** 가느다란 막대기·널판. **3** (피스톤의) 자루. **4** [해부] 턱뼈. **5** 화살대.
tílburi tílburis *m.* (이륜의) 인력거.
tiliàcies *f.pl.* [식물] 참피나뭇과 식물.
til·la til·les *f.* 참피나무 꽃으로 만든 차.
til·ler til·lers *m.* [식물] 참피나무.
tim tims *m.* [해부] 흉선(胸腺).
timba timbes *f.* **1** 벼랑, 단애, 절벽, 낭떠러지, 가파른 곳(precipici). **2** [비유] (급격한) 타락, 전락, 파멸. **3** 노름판, 놀이장(casa de joc).
timbal timbals *m.* 북, 큰 북.
timbala timbales *f.* 팀파니, 케틀드럼[반구 모양의 큰 북].
timbalejar *intr.* 큰 북을 치다.
timbaler timbalera timbalers timbaleres *m.f.* timbal을 치는 삶.
timbarro timbarros *m.* 조각, 쪼가리, 부스러기.
timbrar *tr.* 인지·증지·우표를 붙이다; 날인하다.
timbrat timbrada timbrats timbrades *adj.* **1** timbrar한. **2** (소리가) 듣기 좋은.
timbratge timbratges *m.* timbrar하는 일.
timbre timbres *m.* **1** 초인종, 벨. **2** 음색, 음향, 음질; 성음의 고저. **3** 인지, 증표; 인지세. **4** 소인. **5** (방패 모양의 문장에 새긴) 명기(銘記).
  timbre de glòria [비유·] 위업, 업적.
  tocar el timbre 벨을 누르다.
tímic tímica tímics tímiques *adj.* 흉선의.
tímid tímida tímids tímides *adj.* 소심한, 겁 많은, 내성적인.
timidesa timideses *f.* **1** 소심함, 겁먹은 모양. **2** 내성적임, 우유부단, 담력이 없음.
  amb timidesa 소심하게; 우유부단하게.
timiditat timiditats *f.* =timidesa.
timó timons *m.* **1** (배·항공기의) 방향·승강타, 키. **2** (자동차의) 키, 핸들. **3** [비유] (일의) 방향. **4** [식물] 백리향.
  portar[*dur, menar*] *el timó* (배의) 키를 조종하다.
timol timols *m.* [화학] 티몰[강력 방부제].
timonejar *tr.* **1** (차의) 핸들을 움직이다; (배의) 키를 잡다; 운전하다. **2** [비유] 조종하다, 다루다.
timoner timonera timoners timoneres *adj.* 조타하는.
-*m.f.* 조타수.
-*f.* (새의 꼬리에 있는) 큰 깃.
timonera timoneres *f.* (배의) 조타실.
timorat timorata timorats timorates *adj.* **1** (신을) 두려워하는, 경외하는, 경건한. *el puritanisme timorat* 경건한 청교도 신앙. **2** 소심한, 겁먹은.
timpà timpans *m.* [해부] 고막.
timpànic timpànica timpànics timpàniques *adj.* 고막의.
timpanitis timpanitis *f.* [단·복수동형][의학] 고막염.
timus timus *m.* [단·복수동형][해부] =tim.
tina tines *f.* **1** 항아리. **2** 큰 나무통; (포도주 등을 담는) 통. **3** 설거지통. **4** 욕조, 욕탕.
tindre *tr.* =tenir.
tinell tinells *m.* **1** 작은 통. **2** (닦은 접시를 말리는) 선반, 시렁. **3** [고어] 하인들의 식당.
tinença tinences *f.* **1** 소지, 휴대. **2** [드묾] 소유, 영유, 보유(권).
tinència tinències *f.* tinent의 직무·사무실.

tinent tinents *adj.* **1** 가지고 있는, 소유하고 있는. **2** 단단한, 튼튼한, 질긴. **3** (...만큼) 들어가는. *una gerra tinent dos litres* 2리터들이 물주전자.
-m.f. [단·복수동형] **1** 소유자, 소지자. **2** 대리인, 대행자. *el primer tinent d'alcalde* 부시장. **3** 육군 중위. **4** [고어] 지탱하는 것.
tinent coronel 육군 중령.
tinent d'alcalde 부시장.
tinent general 육군 중장.
tinguda tingudes *f.* **1** 용량. **2** (땅의) 면적, 평수, 넓이.
tinguda de llibres 부기(학).
tinoi tinois *m.* 작은 항아리, 작은 통.
tint tints *m.* **1** 염색, 물들이기. **2** 색, 색조. **3** 염색장, 염색하는 곳.
tinta tintes *f.* **1** 잉크; 제도 잉크, 먹. **2** 염료. **3** (오징어가 내뿜는) 먹물.
tintar *tr.* **1** 잉크를 넣다. **2** 염색하다, 물들이다(tenyir).
tintatge tintatges *m.* tintar하는 일.
tinter tinters *m.* **1** 잉크병, 잉크스탠드. **2** (인쇄기 부속의) 잉크 탱크. **3** (목공이 쓰는) 먹통.
tintinabulació tintinabulacions *f.* 벨소리, 방울 소리.
tintinabular tintinabulars *adj.* 벨소리의, 방울 소리의.
tintorer tintorera tintorers tintoreres *m.f.* 염색업자; 세탁업자.
tintorera tintoreres *f.* [어류] 암상어.
tintoreria tintoreries *f.* 염색업소; 세탁업, 세탁소.
tintori tintòria tintoris tintòries *adj.* 염료용의, 염료가 되는.
tintura tintures *f.* **1** 염색, 물들이기. **2** 염료, 안료. **3** [약학] 팅크. *tintura de iode* 요오드팅크.
tinya tinyes *f.* **1** [의학] 백선, 두창. **2** [곤충] 벌집에 기생하는 거미. **3** 곡식에 달라붙은 나방. **4** [식물] 벌꽃.
tinyadura tinyadures *f.* 벌레가 좀먹음.
tinyar-se *prnl.* (의류 등을) 벌레가 좀먹다.
tinyeta tinyetes *m.f.* 도둑; 이기주의자; 굼벵이.
tinyós tinyosa tinyosos tinyoses *adj.* **1** 백선의, 두창의; 백선을 가진. **2** [구어] 비참한(miserable).
tió tions *m.* 통나무.
tionada tionades *f.* 통나무로 때리기.
tiorba tiorbes *f.* 하프의 일종.
tip tipa tips tipes *adj.* **1** (음식에) 물린, 배불리 먹은, 과식한. **2** [비유] 피곤한, 지친.
-m. **1** 포식, 과식. **2** [비유] 지나침, 너무 많이 함.
estar tip [구어] 싫증나다, 진저리나다.
típic típica típics típiques *adj.* **1** 전형적인, 특유한, 특색 있는. **2** 지역적인, 지방적인. **3** 전통적인, 상징적인.
tipicitat tipicitats *f.* **1** 전형적임, 전형성. **2** 범죄 구성의 요인.
tipificació tipificacions *f.* **1** 분류, 구분. **2** 표준화, 정상화.
tipificar *tr.* **1** 대표하다, 전형이 되다, 특질을 나타내다; 유형화하다. **2** 표준화하다, 정상화하다. **3** [종교] 예표하다.
tiple tiples *m.f.* [남녀동형][음악] 소프라노, 최고음부 가수; 고음 기타 연주자.
tipògraf tipògrafa tipògrafs tipògrafes *m.f.* 인쇄업자.
tipografia tipografies *f.* 인쇄술, 활판 인쇄술; 인쇄소.
tipologia tipologies *f.* 유형학; 인종 유형학, 체형학.
tipus tipus *m.* [단·복수동형] **1** 형, 타입, 유형, 모델(model). **2** 상징; 전형, 원형(prototip). **3** 샘플, 표준, 견본. **4** [구어] 사람, 놈, 인물. **5** (사람의) 틀, 풍채, 몸매, 체격. **6** [경제] 세율, 시세(taxa). **7** (인쇄의) 활자, 자모. **8** [동식물] 유형.
tiquet tiquets *m.* 표, 입장권, 승차권.
tir tirs *m.* **1** 내던지는 일, 투척; 겨냥, 표적. *tir al blanc* 표적 사격. **2** 발사, 발포, 사격; 총성, 총격, 일발. *tir indirect* 직접사격. **3** (태풍이 지나는) 길, 진로. **4** 화기, 총포, 포문; (화약의) 1회분, 1발분. **5** 탄도, 궤도, 행정(trajectòria); 자국, 탄흔. **6** 사격장, 포격장. **7** 끄는 일, 잡아당기는 일. **8** 끄는 말·짐승. *un animal de tir* 끄는 짐승. **9** (굴뚝 등의) 흡기(吸氣). **10** (마

차 등을 끄는) 가죽 끈. **11** (직물의) 길이; (바지의) 넓이(tirada). **12** (고기 잡이용) 투망. **13** (책의) 인쇄; 판, 쇄.
tira tires f. **1** (종이·천 등의) 토막, 끈, 길쭉한 쪼가리. **2** 줄, 열(filera). **3** 나무 울타리; (밧줄의) 타래. **4** (배에 쓰는) 긴 밧줄(corda).
tirà tirana tirans tiranes m.f. 폭군, 압제자; 전제 군주.
-m. [조류] (아메리카산의) 딱새.
tirabec tirabecs m. [식물] 완두의 일종.
tirabotes tirabotes m. [단·복수동형] (장화를 신는데 쓰는) 갈고리.
tirabuixó tirabuixons m. 코르크스크루, 병따개.
tirada tirades f. **1** =tir. **2** 애착, 미련, 애정(inclinació). **3** 구도, 도면, 설계; 노선(의 측정, 설정). **4** 간격, 거리. **5** 한 모금(의 분량). **6** 일련, 연속, 시리즈. **7** 인쇄, 판, 쇄; 발행 부수. **8** 다트 던지기.
tirador tiradora tiradors tiradores adj. (길이) 쉬운.
-m.f. **1** 사수; 투수. **2** (자른 통나무를) 던지는 사람; 잡아 끌어내리는 사람. **3** [군사] 사수; 투석기. **4** 인쇄공.
-m. 돌팔매; 고무 새총.
tiradora tiradores f. (통나무를) 잡아 내리는 도구.
tirafons tirafons m. [단·복수동형] (Y자 모양의) 이물을 꺼내는 철사.
tiralínies tiralínies m. [단·복수동형] 컴퍼스; 오구[줄을 칠 때 쓰는 도구].
tirallet tirallets m. 젖을 빨아내는 기구.
tirallonga tirallongues f. 계속, 일련.
tiranejar tr. =tiranitzar.
tirania tiranies f. 폭정, 압제 정치; 횡포, 포학, 전횡.
tirànic tirànica tirànics tiràniques adj. **1** 폭군의, 폭군 같은; 횡포의, 전제적인. **2** 불가항력의.
tiranicida tiranicides m.f. [남녀동형] 폭군 살해자.
tiranicidi tiranicidis m. 폭군 살해.
tiranitzar tr. 폭정을 하다, 전제 정치를 하다, 압제하다.
tiranosaure tiranosaures m. [동물] 공룡, 파충류.

tirant tirants m. **1** 잡아당기는 물건, 매다는 물건. **2** 견인차; 끄는 줄. **3** 잇대는 재목. **4** (증기의) 증압관.
tirany tiranys m. **1** =caminoi. **2** (물레를 돌리는) 동물을 매다는 줄.
tirapeu tirapeus m. 제화공이 구두를 꿰맬 때 쓰는 줄.
tirapits tirapits m. [단·복수동형] **1** 비탈길, 언덕길. **2** =tirallet.
tirar tr. **1** 던지다, 내던지다, 집어던지다. **2** 끌다, 잡아당기다. **3** 쏘다, 발포하다, 발사하다(disparar). **4** (물을) 긷다, 푸다; 끌어올리다. **5** (젖을) 빨다. **6** (길이·높이·폭이) ...이 되다. **7** 움직이다, 운반하다(transportar). **8** (신체의 일부를) 움직이다. **9** (무엇을) 얹다, 놓다, 넣다, 첨가하다. **10** 무너뜨리다, 넘어뜨리다(enderrocar). **11** 다트를 던지다. **12** (선을) 긋다. **13** 인쇄하다, 발행하다. **14** [비유] (마음을) 끌다, 끌어당기다(atreure). **15** (철사를) 팽팽하게 하다. *-intr.* **1** (방향을) 잡다; 쭉 앞으로 가다; 급히 가다, 서두르다. **2** 유지하다, 버티다, 오래가다(durar). **3** [비유] (마음을) 끌다, 견인력이 있다(atreure). **4** (공기를) 빨아들이다. **5** ...하는 경향이 있다; ...감이 돌다. *-se* **1** 몸을 던지다, 돌진하다, 뛰쳐나가다. **2** 덤벼들다, 덮치다. **3** (위에) 겹치다, 덮치다.

anar **tirant** 빈둥거리다.
Tira! [놀라움 등을 나타내는 감탄사].
tirar endavant (협상 등을) 계속하다.
tiràs tirassos m. (땅을 고르는) 써레.
tirat tirats m. **1** 구도, 도면, 설계; 노선을 그림. **2** 풍채, 몸매, 체격. **3** 경향, 성향.
tiratge tiratges m. **1** 인쇄, 판, 쇄; 발행부수. **2** (공기의) 흡입, 흡기. **3** 잡아당기는 일, 끄는 일.
tira-tira adv. 조금 조금씩, 시나브로.
tirella tirelles f. (와이셔츠의) 깃.
tireta tiretes f. **1** 일회용 반창고. **2** (바지·조끼의) 매는 끈(trincha). **3** (구두의) 혀. **4** (좁은 천·가죽의) 끈, 깃.
tiró tirons m. =ànec.
tirò tirona tirons tirones m.f. 견습생.
tirocele tiroceles f. =goll.

tiroide tiroides *adj.f.* [해부] 갑상선(의).
tiroïdal tiroïdals *adj.* 갑상선의.
tiroïditis tiroïditis *f.* [의학] 갑상선염.
tiroliro tiroliros *m.* [의성어] 피리 소리.
tirona tirones *f.* =ànega.
tiroteig tiroteigs[tirotejos] *m.* 총격전; 사격.
tirotejar *tr.* 총을 쏘다, 사격하다.
tírria tírries *f.* 악의, 원한, 악감정, 혐오(mania).
tirs tirsos *m.* (주신이 가지고 다녔다는 가지 달린) 지팡이.
tisana tisanes *f.* [약학] (달인) 탕약, 탕제.
tisi tisis *f.* [의학] 폐병, 폐결핵.
tisorada tisorades *f.* **1** 가위로 자르기. **2** [비유] =retallada.
tisores *f.* **1** *pl.* 가위. **2** 종이 재단기.
tisoreta tisoretes *f.* =papaorelles.
tissatge tissatges *m.* 편직물; 직물공장.
tissú tissús *m.* (금실·은실로 짠) 비단.
tità titans *m.* **1** [신화] 타이탄[그리스 신화에서 하늘과 땅의 아들]; [시어] 태양신. **2** [비유] 거인, 장사; 아주 지혜 있는 사람. **3** [천문] 토성의 제6위성.
titani *m.* [화학] 티탄, 티타늄[금속원소].
titànic titànica titànics titàniques *adj.* 타이탄 신의, 타이탄 신 같은; 거대한, 힘센.
titaranya titaranyes *f.* **1** =aranya. **2** =teranyina.
titella titelles *m.* **1** 꼭두각시 (인형); 어릿광대. **2** 허수아비. **3** 얼간이.
titellaire titellaires *m.f.* 인형극의 조종사.
títera títeres *f.* =tombarella.
tití titís *m.* [동물] (남아메리카산의) 비단원숭이.
titil·lació titil·lacions *f.* titil·lar하는 일.
titil·lant titil·lants *adj.* titil·lar하는.
titit titits *m.* 작은 새[아이들 언어에서 사용하는 말].
titil·lar *intr.* (몸·빛 등이) 가늘게 떨리다.
titlla titlles *f.* **1** (파형) 부호, 악센트. **2** 흠, 오점.
títol títols *m.* **1** 표제, 타이틀, 명칭(designació). **2** 제명, 서명. **3** 직함, 칭호, 직위. **4** (법조문의) 장, 편. **5** 명목, 명의, 구실, 이유. **6** 자격, 권리; 자격증, 특허증. **7** 금위[금의 순도]. **8** [경제] 유가 증권, 공채 사채, 공채 증서, 채권, 주권. **9** [비유] 장점, 진가(mèrit); 효용, 가치.
a títol de ...의 명목으로, ...의 구실로; ...로서, ...의 자격으로.
titola titoles *f.* [구어] =penis.
titot titots *m.* [조류] 칠면조의 일종.
titubant titubants *adj.* titubar하는.
titubar *intr.* **1** 너울거리다. **2** 비틀거리다, 혼들리다. **3** [비유] 어물거리다, 주저하다, 망설이다. **4** 말을 더듬거리다.
titubeig titubeigs[titubejos] *m.* titubar하는 일.
titubejant titubejants *adj.* =titubant.
titubejar *intr.* =titubar.
titular titulars *adj.* **1** 제목의, 표제의. **2** 직함·칭호·작위가 있는. **3** 담임의, 담당의. **4** 전임의, 본직의, 전속의.
-m.f. [남녀동형] **1** 주치의; 전임교수.
-m. (신문·잡지 등의) 타이틀, 표제, 제목.
titularitat titularitats *f.* 직함, 칭호; 전임, 전속.
titulat titulada titulats titulades *adj.* **1** 직함·학위·작위·직급이 있는. **2** 제목·칭호를 붙인. **3** 전임의, 전속의.
to tons *m.* **1** 음질, 음조, 음색. **2** 어조, 말투, 말씨; [비유] 논조. **3** 품격, 기품·기풍; (사회적) 지위. *una família de bon to* 기품이 있는 가정. **4** 색조, 배색, 명암. **5** [비유] 색깔; 풍조, 분위기. **6** (신체·정신의) 정상적인 상태. **7** [음성] (음의) 고저, 억양; 음조. **8** [생리] (자극에 대한) 정상적인 감수성; (근육 따위의) 긴장(상태).
en to de ... 말투로, ... 어투로.
baixar de to [비유] 말을 낮추다, 어조를 낮추다.
toaleta toaletes *f.* **1** 면도. **2** [의학] 수술 상처부위의 손질.
tobogan tobogans *m.* 썰매; 미끄럼틀.
toc tocs *m.* **1** 만짐, 닿음, 접촉. **2** 감촉, 촉감. **3** 시금석; 시도, 시험, 테스트; 인물 테스트. **4** (악기의) 연주; 그 소리. **5** (알림·소집을 위한) 종·벨을 울림; 그 소리. *toc de queda* 야간 통행금지. **6** [미술] 터치, 붓놀림. **7** 똑똑 때림, 두드림. **8** [비유] 가장 긴요한 부분.
un toc d'atenció 주의를 환기시키기 위해 소리를 냄.
fer l'últim[el darrer] toc 끝마무리를 하다, 마지막 손질을 하다.

toca toques *f.* (간호원·수녀들의) 모자, 두건; 솔이 달린 두건.

tocaboires tocaboires *m.f.* [단·복수동형] =somiatruites.

tocacampanes tocacampanes *m.f.* [남녀동형] 얼간이, 등신, 바보.

tocada tocades *f.* (가수·성우·배우 등의) 오디션.

tocadiscs tocadiscs[tocadiscos] *m.* [단·복수동형] 레코드플레이어, 전축.

tocador tocadora tocadors tocadores *adj.m.f.* **1** tocar하는 (사람). **2** (악기를) 연주하는 (사람), 연주자, 취주자.
-*m.* **1** (북을 치는) 막대기. **2** 지시봉. **3** 경대, 화장대, 화장함.

tocadura tocadures *f.* 안장에 쓸린 말의 상처.

tocant tocants *adj.* 닿는, 만지는, 스치는; (문제가) 관계되는.
tocant a ...에 관하여, ...에 대해서는; ... 옆에. *La botiga és tocant a casa meva* 가게는 우리 집 옆에 있다.

tocar *tr.* **1** 닿다, 만지다, 스치다, 접촉시키다. **2** (어떤 화제를) 언급하다, 다루다(abordar). **3** 만져 보다, (두들겨) 알아보다; (시금석으로) 조사하다. **4** (악기를) 치다, 켜다, 연주하다. **5** (알림·소집을 위해) 종을 울리다, 나팔을 불다. **6** (그림에) 붓칠하다, 터치하다. **7** 마무리 손질을 하다, 끝마무리하다 (retocar). **8** (마음에) 와 닿다, 감동시키다(impressionar). **9** (배가) 바닥에 닿다. **10** (머리를) 손질하다, 화장하다. **11** (시간을) 알리다. **12** (결과를) 받아들이다. -*intr.* **1** 만지다, 접촉하다; 이르다, 달하다. **2** (추첨에서) 당첨되다; (차례에) 맞다, (순번이) 되다. **3** (무엇을 할) 시간이 되다. **4** (...에) 속하다, 관할이다; 관계되다. **5** (...에) 이웃하고 있다. **6** 기항하다, 착륙하다.
-*se* **1** 닿다, 접촉하다; (서로) 맞닿다. **2** 머리를 만지다; 이발하다, 화장하다. **3** [비유] 이성을 잃다, 미치다.
a tocar 바로 옆에; 바로 근처에. *Eren a tocar de nosaltres* 그들은 바로 우리 곁에 있었다.
tocar a anar-se'n 이제 가야 할 시간이다.
tocar-hi [비유] 정곡을 찌르다, 꼭 꼬집어 내다.
tocar-se de l'ala[del bolet] [구어] 이성을 잃다, 미치다, 정신이 나가다.

toca-son toca-sons *m.f.* 잠꾸러기(dormilec).

tocat tocada tocats tocades *adj.* **1** (몸이) 아픈, 통증이 있는; 병든. **2** (과일이) 상한. **3** [비유] 조심스러운, 신중한.
anar tocat i posat 빈틈없이 행하다.
ésser[estar] tocat del cap[de l'ala, del bolet] [구어] (사람이) 한 군데가 비어 있다, 어딘지 모자란 곳이 있다, 나사 하나가 빠지다.

tocatardà tocatardana tocatardans tocatardanes *adj.* 굼뜬, 느림뱅이의.
-*m.f.* 굼뜬 사람, 느림뱅이.

tocòleg tocòloga tocòlegs tocòlogues *m.f.* 산과의사.

tocologia tocologies *f.* [의학] 산과(産科) 의학.

tocològic tocològica tocològics tocològiques *adj.* 산과의학의.

tofa tofes *f.* **1** 머리카락, 머리숱. **2** 양털 부스러기. **3** 눈송이. **4** 방석, 요; 양탄자.

tofenc tofenca tofencs tofenques *adj.* 푸석푸석한, 물렁물렁한, 부드러운.

tòfol tòfola tòfols tòfoles *adj.m.f.* [구어] =beneit.

tòfona tòfones *f.* [식물] 송로[버섯의 일종].

toga togues *f.* **1** (고대 로마인이 입었던) 긴 도포. **2** (예복용) 가운, 법복, 교수복.

togat togada togats togades *adj.m.f.* 가운·법복을 입은 (사람).

toia toies *f.* **1** (꽃의) 다발. **2** (성주간에 장식하는) 초 15개를 세우는 촛대.

3 [구어] 멋없는 사람, 굼뜬 사람, 굼벵이 같은 사람; 망나니, 방탕아. **4** [풍자적] 애물단지; 거추장스러운 사람.
toix toixa toixos toixes *adj.* **1** 끝이 뭉툭한(esmussat). **2** [비유] 둔한, 멍청한(estúpid).
toldre *tr.* =llevar, treure.
tolerància toleràncies *f.* **1** 관용, 관대, 아량, 포용력, 도량; 묵인, 허용. *el camí cap a la tolerància* 관용으로의 길. **2** [의학] 내성, 내약력(耐藥力). **3** [기계] 오차 허용도; 허용치. **4** (식품중의 살충제의) 잔류 허용 한계량. **5** 참음, 인내(력).
tolerant tolerants *adj.* tolerar하는.
tolerar *tr.* **1** 관대히 다루다, 너그럽게 봐주다, 묵인하다. **2** 참다, 견디다. *tolerar accions discriminatòries* 차별대우를 견디다. **3** 받아들이다, 허용하다. **4** [의학] (...에 대해) 내성이 있다.
tolir *tr.* (손발을) 부자연스럽게 만들다. **-se** (손발이) 마비·불수가 되다, 힘이 빠지다.
toll tolls *m.* 웅덩이, 물웅덩이.
toluè toluens *m.* [화학] 톨루엔[염료·화학 원료].
tom toms *m.* **1** 권, 책. **2** 부피; 크기. **3** 중요성, 가치.
tomaca tomaques *f.* =tomàquet.
tomaquera tomaqueres *f.* [식물] 토마토.
tomàquet tomàquets *m.* [식물] 토마토(열매).
tomar *tr.* **1** (손으로) 쥐다, 잡다, 붙잡다. **2** 채취하다; 고기를 잡다; 사냥을 하다. **3** 참다, 인내하다, 견디다(parar). **4** [방언] 무너뜨리다, 전복하다.
tomata tomates *f.* =tomàquet.
tomb tombs *m.* **1** 비틀거림; 옆으로 흔들거림, 동요. **2** 공중제비, 재주넘기. **3** (열쇠를) 반을 돌림. **4** (짧은 시간의) 산책. **5** [비유] 전복, 전도; 급작스러운 변동, 돌변. *El temps ha fet un tomb* 날씨가 갑자기 뒤바뀌었다. **6** 방향, 진로, 항로.
fer donar tombs (싸움에서) 말로 이기다, (상대를) 넘어뜨리다.
si ve a tomb 때가 되면, 말할 때가 되면.
venir[no venir] a tomb (어떤 것이) 해당되다, 적절한 예가 되다.
tomba tombes *f.* 묘, 무덤; 묘지.
ésser una tomba [구어] 끝장나다, 무덤이 되다.
tombada tombades *f.* tombar하는 일.
tombal tombals *adj.* 묘의, 무덤의.
tomballant tomballants *adj.* 비틀거리는.
tomballar *intr.* 중심을 못 잡다, 비틀거리다.
tomballejar *intr.* =tomballar.
tomballons, de *loc.adv.* 비틀거리며(tomballant). *anar de tomballons* 비틀거리며 가다.
tombant tombants *adj.* tombar하는.
tombar *tr.* **1** 돌다; (키·시선 따위를) 돌리다. **2** (그릇을) 엎지르다; 뒤집다, 엎어 놓다. **3** 쓰러뜨리다, 무너뜨리다, 타도하다. **4** [비유] 생각을 바꾸게 하다, 설득시키다, 단념시키다. *-intr.* **1** 돌다, 회전하다(girar). **2** 바꾸다, 전환하다; 돌변하다. *El temps ha tombat* 날씨가 바뀌었다. **-se** (다른 쪽으로) 돌다.
tombar per bé 나아지다, 호전되다.
tombarella tombarelles *f.* 공중제비, 재주넘기.
tombassejar *intr.* 비틀거리며 가다.
tombejar *intr.* (사방에) 울려 퍼지다.
tómbola tómboles *f.* (자선 등의 목적으로 하는) 복권의 일종.
toment toments *m.* [식물] 잔털, 융모.
tomentós tomentosa tomentosos tomentoses *adj.* 잔털이 난.
tomisme tomismes *m.* 성 토마스[13세기 이탈리아의 신학자]의 신학.
tomografia tomografies *f.* (평면도에 의해 찍힌) 엑스선 사진.
ton ta tos tes *adj.pos.* [2인칭 소유 형용사] 너의, 그대의, 당신의. *ton germà* 너의 동생.형.
tona tones *f.* 톤[중량·용적의 단위].
tonada tonades *f.* 노래, 가락.
tonal tonals *adj.* 멜로디의, 음색의; 색조의.
tonalitat tonalitats *f.* 멜로디, 음색, 주조(主調); 색조(色調), 배색.

tonatge tonatges *m.* [해사] **1** (선박의) 적재량, 톤수, 적재 중량, 총톤수. **2** 등록 톤수, 전체의 선복(船腹).

tondre *tr.* **1** (천의) 보푸라기를 깎다. **2** (양의) 털을 깎다.

tonell tonells *m.* 술통, 나무통.

tongada tongades *f.* (한 차례의) 돌풍.

tònic tònica tònics tòniques *adj.* **1** 튼튼하게 하는, 강장의, 기운을 돋우어주는, 정력을 도와주는. **2** [문법] 강세의, 악센트가 있는.
-*m.* 강장제.

tònica tòniques *f.* [음악] 주조음.

tonicitat tonicitats *f.* 긴장도, 탄력성; 강세.

tonificació tonificacions *f.* 튼튼하게 함, 기운을 차리게 함, 강장시킴.

tonificant tonificants *adj.* 튼튼하게 하는, 기운을 차리게 하는.

tonificar *tr.* 튼튼하게 하다, 기운을 차리게 하다.

tonsura tonsures *f.* 삭발(식).

tonsurar *tr.* 삭발하다, 삭발식을 하다.

tonyina[1] tonyines *f.* [어류] 참치.

tonyina[2] tonyines *f.* 세찬 몽둥이질(pallissa).

tonyinaire tonyinaires *m.f.* [남녀동형] 참치잡이 어부.
-*m.* 참치잡이 어선.

topada topades *f.* **1** 부딪힘, 충돌. **2** 심한 다툼; 머리로 들이받음. **3** 만남, 자주 봄.

topadís topadissa topadissos topadisses *adj.* 자주 마주치는, 자주 만나는.

topall topalls *m.* **1** 정상, 꼭대기; 접촉점. **2** (열차 등의) 완충기. **3** (기계의) 제동기. **4** 부딪힘, 충돌.

topament topaments *m.* 심한 다툼.

topants *m.pl.* **1** 구석, 모퉁이; 구석구석, 속속들이. **2** (강·길의) 휘어진 곳, 꺾인 곳.

topar *intr.* **1** 부딪히다, 들이받다(ensopegar). **2** 만나다, 마주치다; 우연히 발견하다. **3** [비유] 충돌하다, 대항하다.

topazi topazis *m.* [광물] 황옥, 연수정, 토파즈.

tòpic tòpica tòpics tòpiques *adj.* (신체의) 국소의, 국부의.
-*m.* **1** 국소 약, 외용약. **2** 흔해 빠진 일, 상투적인 것.

topògraf topògrafa topògrafs topògrafes *m.f.* 지형학자.

topografia topografies *f.* 지형학, (한 지방의) 지세도; 지형, 지세.

topologia topologies *f.* 지세학, 풍토 지리 연구.

topònim topònims *m.* 지명; 지명에서 유래하는 이름.

toponímia toponímies *f.* [집합] 지명; 지명 연구, 지명학; 지명 사전.

toponímic toponímica toponímics toponímiques *adj.* 지명의, 지명학의.

toquejar *tr.* 손으로 만지작거리다, 자주 만지다.

toquerejar *tr.* =toquejar.

tora tores *f.* **1** [식물] 바곳. **2** [의학] 털이 빠지는 병.

toral torals *adj.* 받쳐주는, 지주대가 되는.

tòrax tòraxs *m.* [해부] 가슴, 흉곽.

torb torbs *m.* 눈비가 몰아침; 눈보라, 강풍.

torba torbes *f.* [광물] 이탄, 토탄, 분탄.

torbació torbacions *f.* torbar하는 일.

torbador torbadora torbadors torbadores *adj.* torbar하는.

torbament torbaments *m.* =torbació.

torbar *tr.* **1** 어지럽히다, 혼란하게 하다. **2** 흐리게 하다, 혼탁하게 하다. **3** 당혹시키다, 마음을 동요시키다. **4** [비유] (리듬·경로를) 바꾸다(alterar). -*se* **1** 흐트러지다, 혼란해지다. **2** 당혹하다, 심란해지다; 마음이 산란해지다, 마음이 어지러워지다.

torbonada torbonades *f.* 뇌우, 강풍.

torbós torbosa torbosos torboses *adj.* 이탄·토탄이 많은, 이탄·토탄이 나오는.

torcaboques torcaboques *m.* =tovalló.

torçada torçades *f.* torçar하는 일.

torçal torçals *adj.* (자수용) 비단실; 수실, 재봉실.

torçament torçaments *m.* =torçada.

torcamans torcamans *m.* =eixugamans.

torcar *tr.* (천·종이 등으로) 닦다, 씻다.
torçar *tr.* =tòrcer.
torcecoll torcecolls *m.* [조류] 딱따구릿과의 일종.
torcejar *intr.* 꼬여 있다, 비틀어져 있다.
torcedís torcedissa torcedissos torcedisses *adj.* 접을 수 있는, 구부릴 수 있는; 꺾기 쉬운, 다루기 쉬운.
torcement torcements *m.* tòrcer하는 일.
tòrcer *tr.* 1 꼬다, 뒤틀다; (손발 등을) 비틀다. 2 말다, 접다(doblegar). 3 (얼굴·표정 등을) 이지러뜨리다. 4 왜곡하다, 곡해하다. 5 (판정·판결을) 잘못하다, 어그러지게 하다. 6 (방향을) 틀다, 돌리다. 7 (정도에서) 벗어나다, 잘못된 길로 빠지다. 8 (의견을) 바꾸다. *-intr.* (길·방향을) 돌다. **-se** 1 꼬이다, 뒤틀리다. 2 (발이) 꼬이다, 틀어지다. 3 [비유] 잘못된 길로 빠지다, 빗나가다.
torçor torçors *f.* 1 꼬여져 있음. 2 꼬는 기계. 3 언짢은 일, 꼬인 일.
tord tords *m.* [조류] 개똥지빠귀.
torejador torejadora torejadors torejadores *m.f.* 투우사.
torejar *intr.* 투우를 하다, 소를 다루다. *-tr.* 다루다; 놀리다, 집적거리다.
torera toreres *f.* 재킷, 망토, 외투.
torero torera toreros toreres *m.f.* 투우사; 투우를 좋아하는 사람.
tori *m.* [화학] 토륨[금속 원소].
tòria tòries *f.* =sarment.
torn torns *m.* 1 회전, 선회; 주위를 도는 일. 2 회전 장치. 3 녹로, 활차; 선반, 레이스. 4 회전식 출입구; 반입구, 회전대. 5 (실·밧줄 등을) 꼬는 기계. 6 [지리] (강의) 꺾임.
al seu torn 그의 차례에, 그의 순번에.
torna tornes *f.* 1 [주로 *pl.*] 보상, 반환; 배상, 상충. 2 덤, 첨가, 부가. 3 (액체의) 분출, 넘쳐 나옴. 4 보복, 반격, 앙갚음.
anar a tornes (두 사람 간에) 싸우다, 맞붙들고 싸우다.
no tenir altres tornes 다른 방도가 없다, 달리할 도리가 없다.
tornaboda tornabodes *f.* 결혼 이튿날; 그 날의 행사.
tornada tornades *f.* 1 돌아옴, 돌아감; 귀환, 귀가, 귀국. 2 [시어] 발구(跋句). 3 [음악] (노래가사의) 후렴.
a la tornada 돌아오는 길에.
tornado tornados *m.* 폭풍, 태풍; 회오리바람.
tornajornals, a *loc.adv.* 서로, 피차, 상호 간에, 양자 간에.
tornapunta tornapuntes *m.* 버팀나무, 지주.
tornar *intr.* 1 돌아오다, 돌아가다. *tornar a passar una freda nit* 다시 추운 밤을 보내다. 2 시작하다. 3 (주제·화제 등을) 다시 돌아가다. *-tr.* 되돌려주다, 반납하다. **-se** ...로 변하다.
fer tornar 돌아오게 하다; (마음을) 돌이키게 하다.
Que hi torni! 다시 말씀해 보세요!
tornar a [동사원형과 함께 쓰여] 다시 ...하게 되다.
tornar a ésser aquí 돌아오다, 귀가하다.
tornar en si 제정신이 들다, 의식을 차리다.
tornar-se'n 퇴보하다; 타락하다.
tornassol tornassols *m.* [식물] 해바라기.
tornassolar *tr.* 비단벌레 빛깔로 만들다.
tornassolat tornassolada tornassolats tornassolades *adj.* 1 비단벌레 빛깔로 반짝이는. 2 알랑거리는, 비굴한.
tornaveu tornaveus *m.* 1 반향, 메아리(eco). 2 (연단 등의) 반향 장치. 3 (무대 옆에) 대사를 읽어 주는 곳.
tornavís tornavisos *m.* 드라이버, 나사돌리개.
torneig torneigs[tornejos] *m.* [스포츠] 리그전, 토너먼트 경기.
tornejar *tr.* 둘러싸다, 둘러치다, 에워싸다. *-intr.* 기마전 싸움을 하다.
tornejat tornejats *m.* 둘러쌈, 에워쌈, 포위; 기마전.
torner tornera torners torneres *m.f.* 선반공.
torneria torneries *f.* 선반 기계·공장; 선반공의 일.
torniol torniols *m.* 소용돌이, 회오리.

torniquet torniquets *m.* (회전식) 출입구, 개찰구.
toro toros *m.* 1 [동물] 황소. 2 *pl.* 투우(correguda de bous).
torpede torpedes *m.* 1 [어류] 시끈가오리. 2 [군사] 어뢰, 기뢰.
torpedinar *tr.* [군사] 어뢰로 공격하다.
torpediner torpedinera torpediners torpedineres *adj.* 어뢰를 발사하는.
-*m.f.* 어뢰발사대원.
-*m.* [군사] 어뢰정, 어뢰함.
torpor torpors *f.* [의학] 마비, 실신, 졸도, 기절.
torracollons torracollons *m.f.* [단·복수동형][속어] 바보, 천치.
torrada torrades *f.* 1 굽는 일, 볶는 일. 2 토스트; 토스트용 식빵.
torrador torradora torradors torradores *adj.m.f.* 빵을 굽는 (사람).
-*f.* 빵 굽는 기계.
torrapà torrapans *m.* 빵 굽는 기구; 커피 볶는 기구.
torrar *tr.* 1 굽다, 볶다, 익히다, 눌리다. 2 (피부를) 태우다. -**se** 1 torrar하는 일. 2 타다, 눋다. 3 볕에 그을리다. 4 [구어] 술에 취하다(embriagar-se); 얼굴이 화끈거리다.
torrassa torrasses *f.* 큰 탑, 높은 망루.
torratxa torratxes *f.* 1 작은 탑. 2 화분.
torre torres *f.* 1 탑; 성채, 망루, 망대, 누각. 2 포탑; 망루식 군함. 3 [방언] 장원, 농장.
 torre de control (공항의) 관제탑.
 torre de vori (학문의) 상아탑.
torrefacció torrefaccions *f.* 볶기, 굽기, 튀기기.
torrefacte torrefacta torrefactes torrefactes *adj.* 볶은, 구운, 튀긴.
torrejar *intr.* 뛰어나다, 빼어나다; 돌출하다.
torrencial torrencials *adj.* 격류의, 급류의, 폭포 같은; 분류의, 분류 같은, 여울 같은.
torrent torrents *m.* 1 격류, 급류; 분류. 2 [비유] 격렬한 힘. 3 인파, 군중.
torrentada torrentades *f.* 격한 급류.
torrentera torrenteres *f.* (급류가 지나간) 하상(河床).

torrer torrera torrers torreres *m.f.* 망루지기, 등대지기.
torreta torretes *f.* (선박의) 망루.
torricó torricons *m.* 작은 탑, 작은 망루.
tòrrid tòrrida tòrrids tòrrides *adj.* 1 혹서의, 삼복더위 같은, 타는 듯한, 찌는 듯한. 2 열대의.
torró torrons *m.* 투론[과자의 일종].
torronada torronades *f.* 투론을 먹음.
torronaire torronaires *m.f.* [남녀동형] 투론 제과점·상인.
tors torsos *m.* (동상의) 동체; (사람의) 흉상.
torsimany torsimanys *m.f.* [남녀동형] 통역자.
torsió torsions *f.* tòrcer하는 일.
torsiu torsiva torsius torsives *adj.* 나선형으로 꼬인.
tort torta torts tortes *adj.* 꼬인, 비틀린, 구부러진, 비꼬인.
-*m.* 1 해, 피해, 상해, 손해. 2 꼬임, 뒤틀림. 3 돌아감, 우회함. 3 *pl.* 갈지자걸음.
 a tort 부당하게, 이유 없이.
 a tort i a dret 좌우 사방으로; 아무렇게나, 닥치는 대로, 순서 없이; 엉망진창으로, 뒤죽박죽으로.
 de tort 비틀거리며. *L'embriac caminava de tort* 술 취한 사람이 비틀거리며 걸었다.
torta tortes *f.* =torsió.
tortell tortells *m.* 로스콘[대형 롤빵].
torterol torterols *m.* (바람·연기 등의) 회오리.
torticoli torticolis *m.* [의학] 목이 틀어짐, 목이 기울어짐, 목 근육의 통증; 류머티즘.
tortó tortós *m.* =residu.
tórtora tórtores *f.* [조류] 멧비둘기.
tortuga tortugues *f.* 1 [동물] 거북이. 2 [군사] (귀갑(龜甲) 모양의) 방어 장벽.
tortugada tortugades *f.* 낙수받이.
tortuós tortuosa tortuosos tortuoses *adj.* 1 구불구불한, 비틀비틀한. 2 음산한, 불길한, 음험한.
tortuositat tortuositats *f.* 구부러짐, 구불구불함; 음산함, 불길함.
tortura tortures *f.* 1 고문, 학대, 가혹

행위. **2** [비유] (정신적·도덕적인) 고통, 괴로움.
torturador torturadora torturadors torturadores *adj.m.f.* torturar하는 (사람).
torturar *tr.* 고문하다, 괴롭히다, 학대하다, 못살게 굴다. *torturar un detingut* 한 체포자를 고문하다. **-se** 괴로워하다.
torturat torturada torturats torturades *adj.* **1** 고문당한, 괴로운. **2** [비유] 면밀히 살핀, 애써서 한.
torxa torxes *f.* **1** 횃불, 봉화. **2** 큰 횃불, 큰 촛불.
tos[1] *adj.* [명사 앞에 오는 인칭 소유격 남성 복수형] =els teus.
tos[2] tos *f.* [단·복수동형][의학] 기침.
 tos de gos[seca] 마른기침, 헛기침.
 tos ferina 백일해.
tosa toses *f.* 잔털 깎기; 양털 깎는 시기.
tosc tosca toscs[toscos] tosques *adj.* **1** 촌스러운, 엉성한, 조잡한. **2** 거친, 교양 없는, 세련되지 못한, 우락부락한.
tosca tosques *f.* 석회석, 경석.
toscar toscars *m.* =tosquera.
tosquedat tosquedats *f.* **1** 촌스러움, 엉성함, 조잡함. **2** 거침, 세련되지 못함.
tosquejar *tr.* 석회석·경석으로 문지르다.
tosquera tosqueres *f.* 응회암의 채석장.
tossa tosses *f.* **1** 부피, 체적, 크기. **2** 부피가 큰 것, 꾸러미. **3** 언덕.
tossada tossades *f.* tossar하는 일.
tossal tossals *m.* 언덕.
tossar *intr.* **1** 머리로 받다, 뿔로 받다. **2** 집착하다, 고집 피우다.
tossegós tossegosa tossegosos tossegoses *adj.* 기침이 나오는, 기침을 하는; 기침이 심한.
tossera tosseres *f.* 심한 기침.
tossida tossides *f.* 기침.
tossiguera tossigueres *f.* 기침이 나오려고 함.
tossir [2인칭 직설법 현재 단수형: *tusses*] *intr.* 기침을 하다.
tossuderia tossuderies *f.* 집념, 고집, 완고.
tossudesa tossudeses *f.* =tossuderia.
tossut tossuda tossuts tossudes *adj.* 고집이 센, 완고한.
 -*m.* =saltamartí.
tost *adv.* [고어][방언] 곧, 조만간; 일찍.
tostemps *adv.* 늘, 언제나(sempre).
tot[1] tota tots totes *m.f.* 모든 사람들.
 -*m.* 전체, 일체. *El tot és igual a la suma de les parts* 전체는 부분의 총합과 같다.
 -*pron.* 모두, 전부, 모든 사람, 모든 것.
 amb tot[tot amb tot, *amb tot i això*] 그런데도, 그 모든 것에도 불구하고.
 abans de tot 먼저, 우선적으로, 무엇보다도.
 tot i ...함에도 불구하고(malgrat).
tot[2] tota tots totes *adj.* **1** 모든, 온갖. **2** 전부의, 전체의, 일체의. **3** 순전히. **4** [관사를 동반하지 않는 도시·국가 등의 이름 앞에서는 성의 변화 없이 남성으로 쓰임] 모든, 전.... *Ha corregut tot Europa* 그는 전 유럽을 돌아다녔다. **5** *pl.* [대명사적으로 쓰임] 누구나, 모든 사람. *Tots hem de morir un dia o altre* 사람은 누구나 언젠가는 죽을 것이다.
 -*adv.* [형용사와 같이 성수 변화를 함] **1** 완전히, 매우, 전적으로. *Les he deixades totes soles* 나는 그녀들을 홀로 내버려두었다. **2** [현재 분사 앞에서 성수 불변] *M'ho deia tot plorant* 그는 울면서 나에게 그것을 말했다.
 a tot.. 전적으로. *a tota vela* 전속력으로.
 tots altres 다른 것들, 다른 사람들.
 tot dret 곧바로, 똑바로; 직선으로.
 tot d'una 갑자기, 돌연히.
 tot just 간신히, 겨우. *Seran tot just quatre dies* 4일도 채 안 될 것이다; ...하자마자. *Tot just havíem sortit, es va posar a ploure* 나가자마자 비가 오기 시작했다.
 tot just.. que... ....을 하자마자 ...하다, ...하기가 무섭게 ...하다. *Tot just havia sortit que el van cridar* 그가 나가자마자 사람들이 그를 불렀다.
 tot seguit 즉시, 곧바로.
total totals *adj.* **1** 전체의, 합계의. **2** 완전한, 전적인. **3** 총력적인.
 -*m.* 총액, 총계, 합계.

-adv. 결국, 요컨대, 결론적으로(en conclusió).
totalitari totalitària totalitaris totalitàries *adj.* 전체의; 전체주의의.
totalitarisme totalitarismes *m.* 전체주의.
totalitat totalitats *f.* 전체, 전부; 총액.
totalitzar *tr.* 합계하다, 집계하다, 합하다, 마감하다; 총력화하다.
tòtem tòtems *m.* 토템; 토템상.
totèmic totèmica totèmics totèmiques *adj.* 토템의.
totemisme totemismes *m.* 토템 사상.
tothom *pron.* 모든 사람. *Tothom ho sap* 모든 사람이 그것을 안다.
tothora *adv.* 늘, 언제나(sempre).
tòtil tòtila tòtils tòtiles *m.f.* 바보, 멍청이, 천치, 어리석은 사람.
-m. [동물] 두꺼비.
totpoderós totpoderosa totpoderosos totpoderoses *adj.* 전능의, 만능의, 전지전능한.
-m. [대문자로 쓰여] 신, 하나님.
totxana totxanes *f.* 구멍 뚫린 벽돌.
totxesa totxeses *f.* 미련함, 단순 무식, 어리석음.
totxo totxa totxos totxes *adj.* 1 미련한, 멍청한, 바보 같은(obtús). 2 어리석기 짝이 없는, 순진한. 3 굼벵이 같은, 둔한.
-m.f. 그러한 사람.
tou tova tous toves *adj.* 1 부드러운, 보드라운, 푹신푹신한(bla). 2 (빵이) 물렁물렁한, 딱딱하지 않은. 3 연약한, 유약한(feble). 4 바보 같은, 잘 속아 넘어가는. 5 매우 지친, 녹초가 된. 6 흡족한, 만족스러운(satisfet).
-m. 1 부드러운 부분. 2 (살에서) 비계가 적은 부분. 3 많음, 다량; 풍부, 무수.
tovalla tovalles *f.* [고어][방언] =tovallola.
tovalló tovallons *m.* 냅킨.
tovallola tovalloles *f.* 수건, 타월.
tovalloler tovallolers *m.* 수건걸이.
tovenc tovenca tovencs tovenques *adj.* 약간 부드러운.
tovor tovors *f.* 1 연함, 부드러움, 푹신푹신함. 2 연약, 유약. 3 (추위가) 풀

림. 4 [약학] (고름을 뽑아내는) 고약. 5 감언.
toxèmia toxèmies *f.* [의학] 중독증, 독액증.
tòxic tòxica tòxics tòxiques *adj.m.* 독의, 유독한; 중독의.
-m. 독, 독물.
toxicòleg toxicòloga toxicòlegs toxicòlogues *m.f.* 독물학자, 독약 전문가.
toxicologia toxicologies *f.* 독물학, 독약학.
toxicòman toxicòmana toxicòmans toxicòmanes *adj.* 중독된, 중독증에 걸린.
-m.f. [의학] 중독자.
toxicomania toxicomanies *f.* 독물, 독물 기호; 중독.
toxicosi toxicosis *f.* [의학] 중독증, 중독성 질환.
toxina toxines *f.* [생물] 독소.
trabuc trabucs *m.* 1 회전 상자. 2 전도식 운반차, 덤프트럭. 3 (옛날의) 투석기.
trabucada trabucades *f.* 1 나팔총의 발사. 2 급습.
trabucament trabucaments *m.* =trabucada.
trabucança trabucances *f.* =trabucament.
trabucar *tr.* 1 뒤엎다, 엎어버리다, 전복시키다. *trabucar un camió* 트럭 한 대를 전복시키다. 2 균형을 잃다, 한쪽으로 기울다. 3 (말·단어를) 잘못 쓰다, 잘못 발음하다. -se (말·단어를) 실수하다.
trabuquet trabuquets *m.* 1 석궁. 2 소액 화폐.
anar com un trabuquet 부드럽게 행하다, 부드럽게 진행되다.
traç traços *m.* 1 선, 금, 획. 2 그림, 설계, 구도.
traca traques *f.* 1 (연속적으로 불꽃이 튀게 한) 줄 꽃불. 2 (배의) 동판조.
traça traces *f.* 1 (건축 등의) 설계도, 구도(plànols). 2 구상, 계획, 기획; 계책, 궁리. 3 재치, 재주, 기교(habilitat). 4 자국, 흔적(senyal). 5 [기하] 적선(跡線). 6 *pl.* 징후, 징조, 흔적, 낌새.

traçador traçadora traçadors traçadores *adj.* traçar하는.
-*m.* 제도기; 시간 기록기.
tracalada tracalades *f.* [방언] 인파, 군중.
tracamanya tracamanyes *f.* 책략.
traçament traçaments *m.* traçar하는 일.
traçar *tr.* **1** (선을) 긋다; 설계하다, 제도하다, 스케치하다. **2** 계획하다, 궁리하다, 구상을 하다. **3** [비유] 그리다, 묘사하다.
traçat traçats *m.* **1** 도면, 설계도; 도, 제도, 구도; 윤곽도. **2** (길·운하 등의) 주로. **3** (노선의) 측정, 설정.
tracció traccions *f.* **1** 잡아끎, 견인, 예인. **2** 견인력, 예인력, 장력. **3** 운수.
tracoma tracomes *f.* [의학] 트라코마, 과립성 결막염.
tractadista tractadistes *m.f.* [남녀동형] 전문 서적 필자, 논문 필자.
tractador tractadora tractadors tractadores *adj.m.f.* tractar하는 (사람).
tractament tractaments *m.* tractar하는 일.
tractant tractants *m.f.* [남녀동형] 중매인(仲買人), 중간상, 거간꾼, 중매인(中媒人); 소매상인.
tractar *tr.* **1** 다루다, 취급하다. **2** 대접하다, 대우하다. **3** [의학] 치료하다, 조치를 취하다. **4** [화학] 처리하다. **5** ...로 여기다, 취급하다(qualificar). **6** (호칭으로서) 애칭·경칭을 쓰다. *El tracto sempre de tu* 나는 그를 항상 애칭으로 대한다. **7** 합의하다. -*intr.* **1** (어떤 문제에 대해) 논하다, 이야기하다; 다루다, 취급하다. **2** [상업] 거래하다, 장사하다, 무역하다(comerciar). **3** (...하려) 애쓰다, 노력하다, 시도하다(intentar). -*se* **1** 사귀다, 교제하다, 관계하다, 친교를 맺다. **2** 다루다, 언급하다. *De què es tracta?* 무엇에 관한 것이죠?
tractat tractats *m.* **1** 합의, 체결. **2** (어떤 제목에 대한) 논, 논문, 전문적 기술.
tractadista tractadistes *m.f.* 전문 서적 필자, 논문 필자.
tracte tractes *m.* **1** 다루기, 취급(tractament). **2** 대접, 대우. **3** 호칭; 애칭, 경어, 경칭. **4** 사귐, 교제, 관계(relació); 대화, 교섭; 거동, 행동. **5** [해부] **6** 조약, 협정, 약정, 계약, 협약(conveni). **7** 중매, 거간, 거래.
cloure un tracte 조약·협약을 체결하다.
Tracte fet! 그렇게 합시다!
tractiu tractiva tractius tractives *adj.* tracció의.
tractívol tractívola tractívols tractívoles *adj.* **1** 다루기 쉬운, 처리하기 쉬운. **2** 교제할 수 있는. **3** 예의바른, 공손한.
tractor tractors *m.* 트랙터.
traçut traçuda traçuts traçudes *adj.* **1** 솜씨 있는. **2** 교묘한, 교활한, 속이는.
tradició tradicions *f.* **1** 전통, 전례; 관습, 인습. **2** 전설, 구비, 구전. **3** [법률] (정식의) 재산 인도.
tradicional tradicionals *adj.* **1** 전통의, 전통적인; 전해 내려오는. **2** 관습의, 인습의.
tradicionalisme tradicionalismes *m.* 전통주의; 전통 고수주의, 인습 지향주의.
traducció traduccions *f.* 번역, 해석; 번역문; 통역.
traductor traductora traductors traductores *m.f.* 번역자, 통역자.
traduir *tr.* **1** 번역하다, 통역하다; 해석하다. **2** [비유] 표현하다.
tràfec tràfecs *m.* **1** (액체의) 주입. **2** (상품의) 배달, 운반; 장사, 거래. **3** 절박한 때, 위기. **4** 안절부절못하는 사람, 분주한 사람.
trafegament trafegaments *m.* trafegar하는 일.
trafegar *tr.* **1** (액체를) 주입하다, 다른 곳에 넣다. **2** 혼란시키다; 분주하게 만들다.
trafegut trafeguda trafeguts trafegudes *adj.* 안달하는, 분주한.
tràfic tràfics *m.* **1** 거래, 매매, 교역, 무역. **2** 교통, 왕래; 교통량, 통행 인파. **3** 운수, 수송.
trafica trafiques *f.* **1** 장사, 거래, 매매; 교역, 무역. **2** 취급, 다룸. **3** 조작, 운전. **4** 경영, 관리, 처리. **5** 공작, 음모, 책략.
-*m.f.* [남녀동형] 말썽꾼, 일을 꼬이게

하는 사람(embrollaire).
traficant traficants *adj.m.f.* [남녀동형] traficar하는 (사람).
traficar *intr.* **1** 장사하다, 거래하다, 매매하다. **2** 교역하다, 무역하다. **3** [비유-] (마약 등을) 거래하다.
trafiquejar *intr.* =traficar.
tragacant tragacants *m.* [식물] 고무나무의 일종.
tragacanta tragacantes *f.* [식물] =tragacant.
tragèdia tragèdies *f.* **1** 비극, 비극적인 이야기. **2** (극·문학·인생 따위의) 비극적인 일, 슬픈 일. **3** 비극적인 사건, 참사.
tragella tragelles *f.* 써레.
tragellar *tr.* 써레질하다, 땅을 고르다.
tragí tragins *m.* traginar하는 일; 운송업, 수송업.
tràgic tràgica tràgics tràgiques *adj.* **1** 비극의. **2** 비극적인, 비참한, 참혹한, 비통한.
-*m.f.* 비극 작가, 비극 배우.
tragicomèdia tragicomèdies *f.* 희비극; 웃기는 사건.
tragicòmic tragicòmica tragicòmics tragicòmiques *adj.* 희비극의.
traginador traginadora traginadors traginadores *adj.m.f.* traginar하는 (사람).
traginar *tr.* **1** (상품을) 실어 나르다, 운송하다, 운반하다. **2** (손해·불행·배고픔 등을) 가져오다, 초래하다, 야기하다.
traginer traginers *m.* 운송업, 수송업.
tragirar *tr.* **1** 뒤엎다, 북새통을 일으키다, 난리를 피우다. **2** 민심을 교란하다, 어지럽히다.
tragit tragits *m.* 구토, 구역질.
tragitós tragitosa tragitosos tragitoses *adj.* 구역질나는; 자주 토하는, 구토하는.
trago¹ tragos *m.* 한 모금, 한 입; 그 분량.
fer el trago 한 모금 마시다.
trago² tragos *m.* [해부] 귀의 돌기.
trague gragues *m.* =trago².
tragueig tragueigs[traguetjos] *m.* 한 잔 들이켬.
traguejar *intr.* 한 잔을 들이켜다.

traguet traguets *m.* [trago의 축소사] 한 모금.
traguinyol traguinyols *m.* =traguet.
traïció traïcions *f.* 배반, 반역, 배신, 모반.
a traïció 배반하여.
traïdor traïdora traïdors traïdores *adj. m.f.* trair하는 (사람).
traïdoria traïdories *f.* 배반, 배역, 배신.
tràiler tràilers *m.* **1** (영화의) 트레일러. **2** 트레일러[운송차의 일종].
traïment traïments *m.* trair하는 일.
traïnya traïnyes *f.* [선박] 예인망으로 고기를 잡는 배.
traïnyaire traïnyaires *m.f.* [남녀동형] 예인망으로 고기를 잡는 어부.
trair *tr.* **1** 배반하다, 반역하다, 배신하다. **2** 속이다(enganyar). **3** 노출시키다, 폭로하다.
trajecte trajectes *m.* **1** 도정, 여정, 행정. *el trajecte d'Espanya a Cuba* 스페인에서 쿠바로의 여정. **2** (항공기·선박·기차 등의) 노선, 구간.
trajectòria trajectòries *f.* **1** 선, 노선, 궤도, 행정. **2** (포탄의) 탄도. **3** (태풍이 지나가는) 길, 진로. **4** [비유] (직업의) 길, 인생, 여정.
tralla tralles *f.* 채찍 끝에 달린 가죽 끈; 채찍.
tram¹ trams *m.* **1** 구획, 구간. **2** 구획된 지면, 한 구획.
tram² trams *m.* (노상으로 가는) 전차 (tramvia).
trama trames *f.* **1** 묶음, 엮음(lligam) **2** [비유] 계략, 책략, 음모(intriga). **3** (작품의) 구성, 결구, 각색. **4** (작품의) 줄거리. **5** (직물의) 횡사(橫絲), 씨실.
tramada tramades *f.* (강에 띄운) 1회분의 운반 목재.
tramador tramadora tramadors tramadores *adj.m.f.* tramar하는 (사람).
tramar *tr.* **1** (무엇을) 엮다, 묶다. **2** (음모를) 꾸미다, 책모하다. **3** (줄거리를) 엮다, 구성하다, 꾸미다. **4** (직물에) 횡사를 넣다.
tramat tramats *m.* =tramatge.
tramatge tramatges *m.* **1** (직물의) 횡사. **2** 음모, 책모, 계략, 책략. **3** 구성,

tràmec

각색.
tràmec tràmecs *m.* 큰 괭이.
tramesa trameses *f.* 1 송부, 발신, 발송, 송금. 2 송부 서류, 발송물.
trametre [*pp: tramès tramesa*] *tr.* 보내다, 송부하다, 발송하다.
tràmit tràmits *m.* 수속, 처리; 경로, 수속 경로.
tramitació tramitacions *f.* (일의) 처리, 수속; 이행, 수행.
tramitar *tr.* (일을) 처리하다, 수속하다; 이행하다, 수행하다.
tramoia tramoies *f.* 1 (연극의) 무대 장치; (장면의) 전환 장치. 2 흉계, 계략, 책략.
tramoista tramoistes *m.f.* 1 무대 장치 설치자. 2 사기꾼, 책략가.
trampa trampes *f.* 1 함정, 덫. 2 계략, 사기, 책략, 모략.
trampejador trampejadora trampejadors trampejadores *adj.m.f.* trampejar하는 (사람).
trampejar *intr.* 1 속이다, (남의) 눈을 속이다. 2 (곤란한 상황을) 이리저리 둘러맞추다, 융통하다, 헤쳐 나가다. -*tr.* 속이다, 사기 치다, 속임수를 쓰다.
tràmpol tràmpols *m.* 돌풍(ratxa).
trampolí trampolins *m.* 1 (운동 경기용) 도약판. 2 [비유] (어떤 목적을 위한) 발판.
trampós tramposa tramposos tramposes *adj.m.f.* 속임수에 능한, 사기를 치는 (사람).
tramuntà tramuntana tramuntans tramuntanes *adj.* 산 너머 저쪽의.
-*f.* 북쪽; 북풍.
tramuntanada tramuntanades *f.* 강한 북풍.
tramuntanal tramuntanals *adj.* 북쪽의, 북풍의.
-*m.* =tramuntanada.
tramuntanejar *intr.* 1 강한 북풍이 불다. 2 (배가) 북쪽으로 향하다.
tramuntanella tramuntanelles *f.* 약한 북풍.
tramuntar *tr.* 1 (산 너머로) 옮기다. 2 산을 넘다; 산 너머에 숨기다.

transcendència

tramús tramussos *m.* [식물] 알트라무스[콩과 식물].
tramvia tramvies *m.* (지상으로 가는) 전차.
tramviaire tramviaires *m.f.* [남녀동형] 전차승무원.
tranc trancs *m.* 1 기질, 성격. 2 재주, 재간, 기교(traça).
tràngol tràngols *m.* 1 큰 바도. 2 [비유] (민심의) 동요. 3 [비유] 궁지, 위기, 위경. *passar un tràngol* 위기를 지나다.
tranquil tranquil·la tranquils tranquil·les *adj.* 1 조용한, 잔잔한, 평안한. 2 (성격이) 조용한, 온화한.
-*m.f.* 온화한 사람.
tranquil·litat tranquil·litats *f.* 1 평온, 평정. 2 안심, 침착, 안정.
tranquil·litzador tranquil·litzadora tranquil·litzadors tranquil·litzadores *adj.* 가라 앉히는, 진정시키는, 안심시키는.
-*m.* 진정제, 안정제.
tranquil·litzant tranquil·litzants *adj.* =tranquil·litzador.
tranquil·litzar *tr.* 조용하게 하다, 가라 앉히다, 진정시키다; 안심시키다.
transacció transaccions *f.* 1 타협, 양보. 2 협상, 협정. 3 거래, 매매, 장사, 무역.
transaccional transaccionals *adj.* 타협의; 협정의, 거래의.
transatlàntic transatlàntica transatlàntics transatlàntiques *adj.* 대서양 건너편의, 대서양 횡단의.
-*m.* [선박] 원양 정기선, 대서양 횡단선.
transbord transbords *m.* 1 옮겨 싣기. 2 갈아탐.
transbordador transbordadora transbordadors transbordadores *adj.* 옮겨 싣는, 바꿔 타는.
-*m.* 여객 수송대, 하적용 운반기; (철도의) 전차대; 운반교.
transbordament transbordaments *m.* =transbord.
transbordar *tr.* 1 옮겨 싣다. 2 갈아타다.
transcendència transcendències *f.* 1 초월; 초자연, 초절대적임. 2 [철학] 초월

적인 것, 선험적 현상. **3** 탁월함, 뛰어남. **4** 중요성, 중대성.

transcendent transcendents *adj.* **1** 중대한, 중요한. **2** [철학] 초월적인; (칸트 철학의) 선험적인. **3** 초자연적인, 초절대적인, 초경험적인. **4** 탁월한, 뛰어난, 획기적인.

transcendental transcendentals *adj.* **1** 중요한, 중대한(important). **2** [철학] 초월적인; 선험적인. **3** [수학] (함수가) 초월한.

-*m.* (스콜라 철학에서 진·선·미 따위의) 초월적인 것; 보편적 개념.

transcendentalisme transcendentalismes *m.* **1** [철학] (칸트의) 선험철학; (에머슨의) 초월론. **2** 탁월성, 불가해성.

transcendir *intr.* **1** (향기를) 발산하다. **2** 드러나다, 들통 나다, 탄로 나다, 폭로되다(divulgar-se). **3** 넓히다, 전파하다. **4** 결과가 나타나다. -*tr.* 초과하다, 통과하다, 드러내다, 들추내다.

transcórrer *intr.* (시간·세월이) 흐르다.

transcripció transcripcions *f.* **1** 등사, 복사, 사본, 등본. **2** [음성] 전사(轉寫). **3** [음악] 편곡.

transcriptor transcriptora transcriptors transcriptores *m.f.* 필경사; 음성 전사자.

transcriure *tr.* **1** 등사하다, 복사하다. **2** 전사하다; 문자화하다 **3** 기록하다. **4** [음악] 편곡하다.

transcurs transcurs *m.* [단·복수동형] (시간·세월의) 흐름, 경과.

transeünt transeünts *adj.* 통과하는, 지나가는; 일시적인.

-*m.f.* [남녀동형] 통행인, 통과자.

transferència transferències *f.* **1** 이동, 이전. **2** 양도, 인도. **3** (말의) 전의, 전용. **4** (은행의) 송금, 대체, 등기 우편.

transferidor transferidora transferidors transferidores *adj.m.f.* transfe- rir하는 (사람).

transferiment transferiments *m.* =transferència.

transferir *tr.* **1** 옮기다, 이동시키다 (traslladar). **2** 늦추다, 연기시키다. **3** 양도하다, 인도하다. **4** (말을) 바꾸어 쓰다, 전의로 쓰다. **5** 송금하다, 이체

하다, 등기 우편으로 보내다.

transfiguració transfiguracions *f.* **1** 변형, 변모. **2** [성서] (산상에서의) 그리스도의 변형. **3** [종교] 그리스도의 변형 기념일.

transfigurar *tr.* 자태·모양·형태를 바꾸다, 변형시키다, 일변시키다. -**se** 자태·모습을 바꾸다; 변모하다, 변형하다.

transfondre *tr.* **1** (액체를) 다른 용기에 옮기다. **2** 수혈하다. **3** (말을) 퍼뜨리다.

transformació transformacions *f.* **1** 변형, 변질. **2** [생물] 탈바꿈, 변태. **3** [물리] 변환. **4** [수학·언어] 변환, 변형. **5** [전기] 변류, 변압. **6** [화학] (성분의) 치환. **7** [광물] 변태.

transformador transformadora transformadors transformadores *adj.* 바꾸는, 변형시키는.

-*m.f.* [전기] 변압기, 변전기, 강압기.

transformar *tr.* **1** 바꾸다, 변형시키다 (metamorfosar). **2** (상태를) 전환시키다(convertir). **2** [전기] 변압하다. -**se 1** 변하다, 변형되다, 전환되다, 일변되다. **2** [비유] 행실을 고치다.

transformisme transformismes *m.* **1** [생물] 생물 변이설. **2** 적응주의.

transformista transformistes *adj.* **1** 생물 변이설의. **2** 쉽게 변하는, 잘 적응하는.

-*m.f.* [남녀동형] 적응자, 변모자; 쉽게 적응하는 배우.

trànsfuga trànsfugues *m.f.* [남녀동형] 탈주자; 탈당자, 이탈자.

transfusió transfusions *f.* **1** 이탈, 옮기는 일. **2** 갈아 넣음. **3** [의학] 수혈.

transgredir *tr.* (법규 등을) 어기다, 깨뜨리다, 위반하다, 범법하다.

transgressió transgressions *f.* 위반, 위법, 반칙, 파계.

transgressor transgressora transgressors transgressores *adj.* 법을 어기는.

-*m.f.* 위반자, 반칙자.

transhumància transhumàncies *f.* transhumar하는 일.

transhumant transhumants *adj.* transhumar하는.

transhumar *intr.* (목축 떼가) 철에 따라

장소를 바꾸다.
transició transicions *f.* **1** 과도(기), 전환(기); 추이, 변화, 변이. *una transició sobtada* 갑작스러운 전환. **2** [음악] 조바꿈, 전조(轉調).
transigència transigències *f.* 타협, 양보, 관대.
transigent transigents *adj.* 타협하는, 양보하는.
transigir *intr.* 타협하다; 서로 양보하다, 서로 이해하다.
transistor transistors *m.* [전기] 트랜지스터.
transit transida transits transides *adj.* (고통으로 인해) 무척 여읜, 수척해진.
trànsit trànsits *m.* **1** 통행, 통과; 과도기. **2** (사람·차의) 왕래. **3** 통과 지점, 경유, 중계지. **4** (도중의) 숙박지, 정류지, 숙영지. **5** 전임, 이동. **6** (철새의) 이동. **7** (절박한) 때, 시기. **8** 성모 승천 (축일).
de trànsit 임시의, 일시적인; 통과의.
transitar *intr.* 지나다, 통행하다; 여기저기 묵으며 여행하다.
transitiu transitiva transitius transitives *adj.* **1** [문법] 타동사의. **2** [철학] 초월적인.
transitivitat transitivitats *f.* [문법] 타동사성, 타동사적으로 쓰임.
transitori transitòria transitoris transitòries *adj.* **1** 일시적인, 잠시의. **2** 덧없는, 허망한. **3** 통과의, 중계의.
translació translacions *f.* **1** 이주, 이전, 옮김; 전근, 전임. **2** (권리 등의) 양도. **3** (날짜의) 변경, 연기. **4** 전사; 번역. **5** [문법] 시제의 전용. **6** [수사] 전의, 비유.
translatici translatícia translaticis translatícies *adj.* 직설적이 아닌; 전의의, 비유의.
translatiu translativa translatius translatives *adj.* 이양의, 양도의.
transliterar *tr.* 다른 언어로 번역하다.
translúcid translúcida translúcids translúcides *adj.* 반투명한.
translucidesa translucideses *f.* 반투명성, 반투명한 물질.
transmetre [*pp: transmès transmesa*] *tr.*
1 보내다, 전송하다, 전달하다. **2** (널리) 전하다, 전파하다. **3** (질병 등을) 전염시키다. **4** 송신하다, 방송하다. **5** [법률] 넘기다, 양도하다. *-'s transmetre*되다.
transmigració transmigracions *f.* 이민, 이주; 회생, 재생.
transmigracionisme transmigracionismes *m.* 윤회.
transmigrar *intr.* **1** 이민하다, 이주하다, 옮겨 살다. **2** 회생하다, 재생하다.
transmissió transmissions *f.* **1** 전달, 전송. **2** 전파; 송신, 방송. **3** 전염, 감염. **4** [법률] 이전, 양도. **5** [기계] 전동(傳動).
transmissor transmissora transmissors transmissores *adj.* 송신·송화의; 라디오 방송의.
-m.f. 송신자, 송화자; 라디오 방송자.
-m. 송신기, 송화기; (무전기의) 송파기.
transmutació transmutacions *f.* **1** 이전, 이동. **2** 변화, 변형, 변질.
transmutar *tr.* **1** 옮기다, 이전시키다. **2** 바꾸다, 전환하다. **3** 생각을 고치게 하다.
transmutatiu transmutativa transmutatius transmutatives *adj.* 바꿀 힘이 있는; 변화의, 변형의, 변질의.
transoceànic transoceànica transoceànics transoceàniques *adj.* 오세아니아 건너편의, 오세아니아 횡단의.
transparència transparències *f.* **1** 투명도, 투명성. **2** 슬라이드 사진.
transparent transparents *adj.* **1** 투명한, 속이 훤히 보이는. **2** 맑은, 청명한.
-m. 빛을 완화하는 막·종이·커튼·유리.
transparentar *tr.* 비쳐 보이다, 투명하게 보이다, 훤히 들여다보이다.
transpiració transpiracions *f.* **1** 발산, 발한. **2** 노출, 누설, 발각.
transpirar *intr.* **1** 발산되다, 스며 나오다. **2** 땀을 흘리다. **3** 노출되다, 발각되다, 눈에 띄다.
transpirinenc transpirinenca transpirinencs transpirinenques *adj.* 피레네 산맥 너머의, 피레네 산맥 횡단의.

transport transports *m.* **1** 운송, 운수, 수송, 운반. **2** 운송선, 수송선, 수송 비행기. **3** [비유] 흥분, 몹시 기뻐함. **4** [음악] 변조.
transportació transportancions *f.* transportar하는 일(transport).
transportador transportadora transportadors transportadores *adj.* 운송하는, 운반하는.
-*m.* 운반기, 분도기.
-*m.f.* 운반자, 운반업자.
transportar *tr.* **1** 나르다, 옮기다, 운반하다, 운송하다. **2** [음악] 멜로디를 바꾸다, 이조(移調)하다. **3** [비유] (감정 등을) 옮기다.
transportista transportistes *m.f.* [남녀동형] 운송업자.
transposar *tr.* **1** 옮기다, 옮겨 놓다, 위치를 바꾸다; 이식하다. **2** [음악] =transportar.
transposició transposicions *f.* **1** 자리를 바꿔 놓음, 위치 전환, 전위. **2** 전주, 이식. **3** 선잠, 얕은 잠. **4** [언어] (어휘의) 위치 전환. **5** [수학] 이항.
transsexual transsexuals *adj.m.f.* 성 전환한 (사람).
transsudar *intr.* 땀에 배이다; 땀을 흘리다(suar).
transsumpte transsumptes *m.* 복사, 등본, 사본.
transvasament transvasaments *m.* (다른 그릇에) 따라 넣음; 바꾸어 넣음.
transvasar *tr.* (다른 그릇으로) 옮기다, 비우다, 옮겨 넣다, 옮겨 담다.
transvers transversa transversos transverses *adj.* **1** 비스듬한. **2** 가로의, 횡단의.
transversal transversals *adj.* **1** 가로지른, 횡단의, 교차된. **2** 벗어난, 빗나간. **3** 연대의.
-*f.* 횡단선.
transvestir-se *prnl.* 복면하다, 가장하다.
transvestit transvestida transvestits transvestides *adj.m.f.* 복면한, 가장한 (사람).
tranuita, de *loc.adv.* 밤을 지새워, 철야하며.
tranuitador tranuitadora tranuitadors tranuitadores *adj.m.f.* 밤을 지새우는 (사람).
tranuitar *intr.* 밤을 지새우다, 밤샘하다, 철야하다.
trapa trapes *f.* 지하 창고에 가는 문 입구; (마룻바닥, 계산대 등의) 널빤지 여닫이.
trapasser trapassera trapassers trapasseres *adj.* =entremaliat.
trapella trapelles *m.f.* 눈속임하는 사람, 야바위꾼, 사기꾼.
trapellejar *intr.* 앙큼스러운 짓을 하다, 눈속임하다.
trapelleria trapelleries *f.* 눈속임, 야바위 짓.
trapenc trapenca trapencs trapenques *adj.* 트라피스트 수도회의.
trapezi trapezis *m.* **1** [기하] 사다리꼴. **2** [해부] 승모근(僧帽筋). **3** 철봉 그네.
trapezial trapezials *adj.* 사다리꼴의.
trapeziforme trapeziformes *adj.* 사다리꼴의.
trapezista trapezistes *m.f.* [남녀동형] 철봉 그네 선수.
trapezoedre trapezoedres *m.* [기하] 24부등 사변형체.
trapezoïdal trapezoïdals *adj.* 부등 사변형의.
trapezoide trapezoides *m.* [기하] 부등 사변형.
tràquea tràquees *f.* **1** [해부] 기관. **2** [곤충] 호흡 기관. **3** [식물] 도관(導管).
traqueal traqueals *adj.* 기관의, 호흡기관의; 도관의.
traqueïtis traqueïtis *f.* [단·복수동형] 기관지염.
traqueotomia traqueotomies *f.* [의학] 기관 절개 수술.
trasbals trasbals *m.* [단·복수동형] trasbalsar하는 일.
trasbalsament trasbalsaments *m.* =trasbals.
trasbalsar *tr.* **1** (액체를) 바꿔 넣다; 옮기다, 비우다. **2** [비유] 혼란시키다, 혼란스럽게 하다.
trascamar *intr.* 걷다, 걸어 다니다.
trascantó, de *loc.adv.* 돌연, 갑자기, 별안간.

trascolament trascolaments *m.* trascolar 하는 일.
trascolar *tr.* **1** 혼란시키다. **2** (액체를) 옮기다, 바꾸어 넣다. **3** (술 등을) 실컷 마시다.
traslladar *tr.* **1** 옮기다, 이동하다; 이주하다, 이사하다. *traslladar a un local nou* 새 로컬로 이사하다. **2** 전근시키다, 전임시키다. **3** 베끼다, 전사하다. **4** 번역하다.
trasllat trasllat *m.* 이전, 이사; 전근, 전임; 베낌, 전사.
traslluir-se *prnl.* 어렴풋이 비치다, 반투명하게 보이다; 추측할 수 있다.
trasmudament trasmudaments *m.* trasmudar하는 일.
trasmudança trasmudances *f.* =trasmudament.
trasmudar *tr.* 변형하다, 형태를 바꾸다; 변장하다. **-se** 변하다, 변형되다; 변장하다.
traspaperar-se *prnl.* (종이·서류 속에 섞여) 들어가다, 잃다.
traspàs traspassos *m.* **1** 운반, 이전, 이송. **2** 넘어감, 지나감, 통과; 관통. **3** 죽음, 사망(mort). **4** [법률] 위반, 침범, 월권. **5** 양도; 양도물, 양도료. **6** 팔아넘길 물건; 그 대금.
traspassament traspassaments *m.* 죽음, 사망.
traspassar *tr.* **1** (다른 곳으로) 보내다, 옮기다, 이송하다, 이전하다. **2** 넘다, 건너가다, 지나치다. **3** (법규를) 범하다, 반칙하다, 위반하다. **4** 뚫다, 꿰뚫다, 관통하다. **5** 양도하다. **6** 다시 지나치다, 다시 훑어보다. **7** 극심한 아픔을 주다.
trasplantació trasplantacions *f.* **1** 옮겨 심음, 이식. **2** [의학] (기관의) 이식.
trasplantar *tr.* **1** 옮겨 심다, 이식하다. **2** [의학] (기관을) 이식하다. **3** [비유] 이주하다, 이사하다. **-se** [비유] 이주하다, 이사하다.
traspontí traspontins *m.* **1** 보조 의자. **2** 작은 방석. **3** 엉덩이, 둔부.
traspostar-se *prnl.* =trasmudar-se.
traspuament traspuaments *m.* traspuar하는 일.

traspuar *tr.* **1** 스며 나오게 하다, 배어 나오게 하다. **2** [비유] (시기 등을) 내비치다.
traspunt traspunts *m.* [연극] (무대의) 프롬프터.
traspuntar *intr.* 나타나기 시작하다, 떠오르기 시작하다.
traspunxar *tr.* 뚫다, 꿰뚫다, 관통하다.
trast trasts[trastos] *m.* **1** (거문고 등의) 줄의 굄목, 기러기발. **2** [비유] 장소, 위치. **3** 지위, 계급, 카테고리 (rang). **4** 집안일, 가사.
trastaire trastaires *m.f.* [남녀동형] 중고 가구상.
trastam trastams *m.* [집합] 쓸모없는 가구·기구; 잡다한 것들.
trasteig trasteigs[trastejos] *m.* trastejar 하는 일.
trastejar *intr.* (일을 하며) 왔다 갔다 하다. *-tr.* (특히) 가구를 운반하다.
traster trasters *m.* 잡동사니를 두는 곳.
trastocament trastocaments *m.* trastocar하는 일.
trastocar *tr.* 어지럽게 하다, 혼란스럽게 하다; 정신을 잃게 하다. **-se** 정신을 잃다, 이성을 잃다, 미치다.
trastorn trastorns *m.* 난리, 북새통, 혼란, 야단법석, 소요; 부부싸움.
trastornador trastornadora trastornadors trastornadores *adj.m.f.* trastornar하는 (사람).
trastornar *tr.* **1** 뒤엎다, 북새통을 이루다, 어지럽히다(desordenar). **2** (마음을) 동요시키다(trasbalsar). **-se 1** 뒤집어지다, 어지럽혀지다. **2** (마음이) 동요되다, 뒤숭숭해지다.
trasviament trasviaments *m.* desviar하는 일.
trasviar *tr.* =desviar.
trau traus *m.* **1** 작은 구멍; 단춧구멍. **2** (수지가 흘러내리는) 금. **3** 절개구, 칼자국.
traucar *tr.* 구멍을 뚫다, 천공하다. **-se** [방언] (싹이) 나오기 시작하다.
traüllar *intr.* 초조해하다, 안달하다, 근심하다.
trauma traumes *m.* **1** [의학] 외상(성) 증상. **2** (정신적) 외상, 마음의 상처,

쇼크.

traumàtic traumàtica traumàtics traumàtiques *adj.* 외상(성)의, 창상의.

traumatisme traumatismes *m.* [의학] 외상성 전신 장애; 외상, 중증 외상.

traumatitzar *tr.* 외상을 입히다.

traumatòleg traumatòloga traumatòlegs traumatòlogues *m.f.* 외과전문의.

traumatologia traumatologies *f.* [의학] 외과.

traure [*pp:* tret treta] *tr.* =treure.

trava traves *f.* **1** 이음, 연결, 묶음, 결박. **2** (톱니바퀴·차 등의) 제동 장치. **3** 수레바퀴. **4** (말의 발에) 묶는 줄. **5** [비유] 방해물, 장해, 지장, 방해.

posar traves a 방해를 놓다, 장애물을 놓다.

travada travades *f.* travar하는 일.

travar *tr.* **1** 묶다, 매다, 결합하다, 접합하다(ajuntar). **2** 잡다, 붙잡다; 체포하다. **3** (이야기의) 줄거리를 엮다. **4** (일을) 꼬이게 하다. **-se** 묶이다, 꼼짝 못하다; 얽히다, 꼬이다.

travar-se la llengua (혀가 꼬여) 말을 제대로 못하다.

travallengua travallengües *m.* 발음하기 어려운 말.

tràvelling tràvellings *m.ang.* 여행.

través travessos *m.* **1** 두께. **2** 넓이, 깊이.

a través de ...를 통하여, ... 너머로, ...의 사이에서.

de través 비스듬히.

travessa travesses *f.* **1** [건축] 가로대, 가로장. **2** (축구·경마 등의) 내기표. **3** 가로지름, 횡단; 항해, 항공.

travessada travessades *f.* **1** travessar 하는 일. **2** (경기에) 돈을 거는 일.

travessar *tr.* **1** 가로지르다, 건너다, 통과하다; 항해하다. **2** (총알이) 관통하다. **3** 내기를 하다, 돈을 걸다.

travesser travessera travessers travesseres *adj.* 가로의, 가로놓는.

travessia travessies *f.* =travessada.

traveta travetes *f.* **1** =trava. **2** 묶는 끈, 죄는 끈, 쇠고리. **3** [비유] 다리를 걺; 사기, 속임수.

fer la traveta (누구에게) 해를 끼치다.

treball treballs *m.* **1** 일, 근무, 노동; 공부. **2** 노력, 애씀, 노고, 고생. **3** 노동, 노동력. *la sociologia del treball* 노동사회학. **4** 작용, 효력, 효과. **5** 작업, 공작; 공사, 건설(obra). **6** *pl.* 빈궁, 곤궁, 궁핍(penes).

treballs forçats 강제노동.

treballada treballades *f.* **1** 조, 팀, 단체. **2** [집합] 노동자.

fer una treballada 열심히 일하다.

treballador treballadora treballadors treballadores *adj.* 일을 잘하는, 열성의, 부지런한, 근면한.

-m.f. 일꾼, 근면가; 작업원, 노동자.

treballar *intr.* **1** 일하다, 근무하다, 노동하다; 공부하다. **2** 애쓰다, 열심히 하다, 노력하다. *treballar per compte propi* 자신의 책임 하에 일하다. **3** (기계가) 듣다, 움직이다, 작용하다; 효과를 내다(produir). **4** 세공을 하다; 공작하다. **5** 공사하다, 건설하다. *-tr.* **1** 세공하다, 가공하다. **2** 괴롭히다, 고생시키다. **3** 경작하다. **4** [비유] 준비하다, 공들이다. *una conferència molt treballada* 잘 준비된 컨퍼런스.

treballar de ...로서 일하다. *Treballa de peó* 그는 인부로 일한다.

treballat treballada treballats treballades *adj.* **1** 애써 만든, 공을 들인. **2** 일에 지친, 피곤해진.

treballós treballosa treballosos treballoses *adj.* **1** 힘든, 어려운, 골치 아픈. **2** (삶이) 지친; 번거로운, 애먹이는.

treballotejar *intr.* 비정규직으로 일하다.

trebolluscar *intr.* =treballotejar.

trefilar *tr.* 연봉을 통과시키다.

trefilatge trefilatges *m.* 연봉을 통과시킴.

trema tremes *f.* (강에서) 고기 잡는 삼단망; 새 잡는 망.

tremall tremalls *m.* =trema.

tremar *tr.* trema를 놓다.

tremebund tremebunda tremebunds tremebundes *adj.* 무서운, 혹독한, 떨리는, 떨리는 듯한.

tremend tremenda tremends tremendes *adj.* **1** 무서운, 가공할. **2** 훌륭한, 탁월한. **3** 지독한, 굉장한; 매우 큰.

trementina trementines *f.* 송진정, 테레빈유.
trémer *intr.* =tremolar.
trèmol trèmols *adj.* 거울 달린.
-*m.* **1** 거울 달린 양복장. **2** [식물] 사시나무, 백양나무.
tremolament tremolaments *m.* tremolar하는 일.
tremolar *intr.* **1** 떨리다, 진동하다, 흔들리다. **2** (추위·두려움 등으로) 떨다, 벌벌 떨다, 부들부들 떨다. **3** [비유] 머뭇거리다, 주저하다.
tremoleda tremoledes *f.* 사시나무 숲, 백양나무 숲.
tremolejar *intr.* 미동하다, 살짝 떨리다.
tremolenc tremolenca tremolencs tremolenques *adj.* =tremolós.
tremolí tremolins *m.* **1** 미진, 약간의 떨림. **2** 오한.
trèmolo trèmolos *m.* [음악] 전음, 떨림음, 트릴; (풍금의) 떨림 장치.
tremolor tremolors *m.*[*f*] **1** 떨림, 진동. **2** (추위·두려움에 의한) 떨림, 전율. **3** (병적인) 전율.
tremolós tremolosa tremolosos tremoloses *adj.* 떨리는, 흔들리는; 부들부들 떨리는.
tremolosa¹ tremoloses *f.* [어류] 전기가오리.
tremolosa² tremoloses *f.* =tremoleda.
tremor tremors *m.* =tremolor.
tremp tremps *m.* trempar하는 일.
trempar *tr.* **1** 부드럽게 하다, 적당하게 조절하다. **2** (금속·유리 등을) 알맞은 경도로 하다; (쇠를) 단련하다. **3** (술을) 약하게 하다. **4** 어르다, 달래다, 완화하다. **5** [음악] 조율하다, 조음하다.
trempat trempada trempats trempades *adj.* **1** 건강한, 건전한, 온건한. **2** 마음이 착한, 순진한.
trempera tremperes *f.* **1** [속어] (남성 성기의) 발기. **2** [비유] 열심, 열정.
trèmul trèmula trèmuls trèmules *adj.* =tremolós.
tren trens *m.* **1** 기차, 열차. **2** 대(隊), 열(列), 군(群).
trena trenes *f.* (머리·줄·끈을) 땋기, 꼬기; (세 가닥으로) 땋은 머리; (줄·끈을) 땋은 것, 꼰 것.
trenar *tr.* (세 가닥으로) 꼬다.
trenat trenats *m.* trenar한 것.
trenc trencs *m.* **1** 깨진 금, 갈라진 틈. **2** [의학] 머리의 부상.
a trenc d'alba 동이 트자, 날이 샐 무렵.
trenca¹ trenques *f.* **1** 망가뜨림, 부서뜨림(trencadissa). **2** 우회 길. **3** 도표, 이정표(fita).
trenca² trenques *f.* [조류] 때까치, 물까치.
trencaaigües trencaaigües *m.* [단·복수동형][건축] 물매.
trencacaps trencacaps *m.* [단·복수동형] =trencaclosques.
trencaclosques trencaclosques *m.* [단·복수동형] 수수께끼; 어려운 일, 까다로운 문제.
trencacolls trencacolls *m.* 절벽, 낭떠러지; 위험한 곳.
trencada trencades *f.* **1** 파괴, 파손. **2** (마른 열매를) 깨뜨림.
trencadís trencadissa trencadissos trencadisses *adj.* 깨지기 쉬운, 부서지기 쉬운; 사방에 금이 간, 균열투성이의.
-*f.* 부서진 것, 조각.
trencador trencadora trencadors trencadores *adj.m.f.* trencar하는 (사람).
trencadura trencadures *f.* **1** =trencament. **2** =hèrnia.
trencaglaç trencaglaços *m.* [기계] 쇄빙선.
trencall trencalls *m.* **1** 우회로, 곁길. **2** 암초.
trencalòs trencalossos *m.* [조류] 독수리의 일종.
trencament trencaments *m.* =trencadura.
trencanous trencanous *m.* **1** 호두 까는 것. **2** [조류] 산갈가마귀.
trencant trencants *m.* 암초(rompent).
trencapins trencapins *m.* =milhomes.
trencar *tr.* **1** 깨다, 부수다, 깨뜨리다. **2** 빻다, 찧다, 쪼개다. **3** [의학] 골절하다(fracturar). **4** 접다, 구부러뜨리다(doblegar). **5** 건너다, 통과하다, 관통하다

(entravessar-se). **6** 시작하다(començar). **7** (정적을) 깨다(interrompre). **8** (색깔·소리 등이) 홈이 가다, 깨지다. **9** (관계·우정 등을) 깨다, 끊다. *-intr.* **1** 방향을 틀다, 돌아가다. **2** 나타나기 시작하다, 드러나기 시작하다(iniciar-se). **3** (날이) 새다, 동이 트다. *-se* **1** 깨지다, 금이 가다, 망가지다. **2** [의학] (다리를) 골절하다; 헤르니아를 앓다.
trencar el color (감정·질병 등으로 인해) 안색이 변하다.
trencar el son 잠깐 눈 붙이다.
trencar l'alè 호흡을 멈추다.
trencar-se el coll (어떤 일·사업에서) 큰 손실을 보다.
trencat trencada trencats trencades *adj.* **1** 깨진, 금이 간, 부서진; 파열된, 파손된. *El món està tan trencat* 세상은 너무도 망가졌다. **2** [의학] 헤르니아에 걸린(herniat). **3** (길·선 등이) 끊어진, 막힌. **4** (목소리가) 깨진, 허스키한. *-m.* [의학] 골절; 파열, 파상(fractura).
trencavent trencavents *m.* =paravent.
trenta trentes *adj.* 30의; 30번째의. *-m.* 30. *-m.f.* 30번째의 사람·것.
trentè trentena trentens trentenes *adj.* 30번째의; 30등분의 1의. *-m.* 30등분의 1. *-f.* 30세.
trentejar *intr.* 30대쯤 되다.
trentenari trentenària trentenaris trentenàries *adj.* 30일간의, 한 달간의. *-m.* 30일간, 한 달간.
trentenni trentennis *m.* 30년.
trenyella trenyelles *f.* (여러 가닥으로 엮은) 끈.
trenzilla trenzilles *f.* =trenyella.
trepa trepes *f.* **1** (옷의) 가, 단, 가장자리. **2** 천공; 재봉틀 구멍. **3** (매달려) 오르기. **4** 나뭇결, 물결무늬. **5** 잔꾀, 속임수.
trepà trepans *f.* [의학] 트레파노[두개골을 뚫는 수술용 도구].
trepador trepadora trepadors trepadores *adj.* 구멍을 뚫는. *-m.* **1** 천공기, 드릴. **2** =trepà.
trepanació trepanacions *f.* 천공기로 뚫음.
trepanar *tr.* 천공기로 뚫다.
trepant trepants *m.* 천공기, 천암기, 발파기.
trepar *tr.* 구멍을 내다, 천공하다.
trepidació trepidacions *f.* 흔들림, 떨림, 진동.
trepidant trepidants *adj.* 흔들리는, 진동하는.
trepidar *intr.* 흔들다, 진동하다.
trepig trepigs[trepitjos] *m.* **1** 밟음, 짓밟기. **2** 발자국 소리. **3** (올리브·포도 등을) 짓이김.
trepitjada trepitjades *f.* **1** (발로) 밟는 일, 짓밟기. **2** 흔적, 발자취. **3** (올리브·포도 등을) 밟기; 그 분량.
trepitjar *tr.* **1** 밟다, 짓밟다. *trepitjar la línia de sortida* 출발선을 밟다. **2** 밟아 단단히 굳히다. **3** (포도를) 발로 밟다. **4** [비유] 짓밟다, 짓이기다. 뭉개 버리다; 못 살게 굴다. *trepitjar els drets hu- mans* 인권을 짓밟다.
tres tresos *adj.m.* 3(의), 셋(의). *-adj.m.f.* 제3(의), 3분의 1(의). *-m.* 3; 카드의 셋째 패; 삼총사.
tresavi tresàvia tresavis tresàvies *m.f.* 고조부, 고조모.
tresc trescs[trescos] *m.* trescar하는 일.
trescada trescades *f.* =tresc.
trescar *intr.* **1** (꿀벌이) 벌통을 들락거리다. **2** [구어] 거닐다, 다니다. **3** 애쓰다, 노력하다, 열심히 일하다.
tres-cents tres-centes *adj.* 300의; 300번째의. *-m.f.* 300번째(의). *-m.* 300.
tresillo tresillos *m.* 트레시요[셋이 하는 카드놀이].
tresor tresors *m.* **1** 보물, 보배. **2** 부, 보고, 재산, 재화.
tresorejar *tr.* **1** 거두어 보관하다, 저장하다, 비축하다. *tresorejar armes antigues* 재래식 무기를 비축하다. **2** [비유] (좋은 자질을) 가지고 있다.
tresorer tresorera tresorers tresoreres *m.f.* 회계원, 출납담당자, 재무관.
tresoreria tresoreries *f.* 국고, 출납계, 회계과; 재무부, 재무성, 재무국.

trespeus trespeus *m.* [단·복수동형] 삼발이[불에 그릇을 놓는 도구].
trespol trespols *m.* [건축] 지붕.
trespolar *tr.* 지붕을 덮다; 도로 포장을 하다.
tresquera tresqueres *f.* (벌들이 다니는) 길; (일반적인) 길.
tret[1] trets *m.* **1** 발사, 발포, 사격, 총격 (tir); 일발, 총성. **2** 사정거리; 탄도, 궤도(trajectòria). **3** 성격, 특성, 특징(característica). **4** 면, 면모, 외양(aspecte).
 a grans trets 일반적으로, 대체적으로.
 a tiro 사정(권) 내에, 손이 닿는 곳에.
 d'un tret 단 한 방에, 일격에.
 engegar-se un tret 자살하다(suïcidar-se).
tret[2] *prep.* ... 외에, ...을 제외하고.
 tret de =tret.
treta tretes *f.* **1** 꺼냄, 빼냄, 뽑아 냄. **2** (돈의) 인출. **3** 수익, 이익, 벌이, 소득. **4** 채취, 추출.
tretze tretzes *adj.* 13.
 -*adj.m.f.* 13번째(의).
 -*m.* 13.
tretzè tretzena tretzens tretzenes *adj.* 13번째의, 13분의 1의.
 -*m.* 13분의 1.
treure [*pp: tret treta*] *tr.* **1** 꺼내다, 빼내다, 뽑아내다. **2** (돈을) 인출하다; 갈취하다. *Li va treure els diners amb amenaces* 그를 위협해서 돈을 빼앗다. **3** (위기에서) 구하다, 구출하다. **4** (밖으로) 꺼내다, 내밀다. **5** 산출하다, 총계를 내다. **6** (어떤 일을) 자백시키다. **7** (누구를) 제외시키다(exceptuar); 파면시키다. **8** 결론을 내리다; 추정하다, 추론하다(inferir). **8** 채취하다, 추출하다. **9** (사진을) 찍다. **10** 게우다, 토하다(expel·lir). **11** (나무가) 잎사귀를 내다. **12** [상업] 이익을 내다.
treva treves *f.* **1** 휴전. **2** 쉼, 중지. **3** [비유] 중단, 휴지; 휴업.
 sense treva 쉼 없이, 중단 없이.
trèvol trèvols *m.* [식물] 클로버, 토끼풀.
trevolat trevolada trevolats trevolades *adj.* 토끼풀 모양의; 세 잎을 가진.

tri trina trins trines *adj.* **1** 삼원의, 삼중의. **2** [신학] 삼위일체의.
tria tries *f.* triar하는 일.
tríada tríades *f.* =tríade.
tríade tríades *f.* **1** 삼총사, 삼인조. **2** [신학] 삼위일체.
triadissa triadisses *f.* (다수에서) 선택, 선별.
triadures *f.pl.* **1** 낭비, 허비, 탕진; 헛되이 씀. **2** 찌꺼기, 폐기물.
trial[1] trials *m.* [스포츠] 모터사이클 장애물경기.
trial[2] trials *adj.* 셋의, 세 개의, 삼중의.
 -*m.* 세 사람, 세 개[단수, 이중, 복수 등과 반대되는 개념].
trialles *f.pl.* =triadures.
triangle triangles *m.* **1** [기하] 삼각형. **2** 트라이앵글. **3** [천문] 삼각좌.
triangular[1] triangulars *adj.* **1** 삼각형의, 삼각의, 세모진. **2** 삼각관계의.
triangular[2] *tr.* 삼각 측량으로 하다; 삼각형으로 만들다.
triar *tr.* **1** 뽑다, 선택하다, 취하다. **2** (채소를) 씻다. **3** 가려내다; 솎아 내다.
triàsic triàsica triàsics triàsiques *adj.m.* [지질] (중생대의) 트라이아스기(의).
triat triada triats triades *adj.* **1** 뽑힌, 선택된, 선정된; 선택받은. **2** (고기가) 연한, 부드러운.
triatge triatges *m.* triar하는 일.
tribal tribals *adj.* tribu의.
tribu *f.* **1** 종족, 부족; ...족. **2** [생물] 족(族), 종(種), 종족, 동류.
tribulació tribulacions *f.* **1** 괴로움, 슬픔. **2** 고난, 역경, 재난.
tribular *tr.* 괴롭히다, 고통을 주다.
tribuna tribunes *f.* 연단, 상단; 특별관람석, 방청석.
tribunal tribunals *m.* **1** 법정, 재판소. **2** [비유] 재판, 심판. **3** 검사, 조사; 검사관, 재판관; 심사 위원회; 조사 기관.
tribut tributs *m.* **1** 공물, 연공, 조공, 조세(impost). **2** 의무, 무거운 짐(càrrega). **3** [비유] 경의.
tributació tributacions *f.* **1** 납세, 조세, 과세. **2** 헌납, 공물. **3** 세제, 조세 제도.
tributador tributadora tributadors tributa-

tributant tributants *adj.m.f.* [남녀동형] =tributador.

tributar *tr.* **1** 납세하다, (조세·공물로) 바치다. **2** 공헌하다, 바치다; (경의를) 표하다. *tributar honors* 경의를 표하다.

tributari tributària tributaris tributàries *adj.* **1** 공물의, 조세의. **2** 공물·조세를 바치는. **3** [지리] (강의) 지류의.

tricèfal tricèfala tricèfals tricèfales *adj.* [동물] 머리가 셋인.

tricenni tricennis *m.* 30년간.

tríceps triceps *adj.m.* [단·복수동형][해부] 삼두근(의).

triceratops triceratops *m.* [동물] (북미의) 중생대의 공룡의 일종.

tricicle tricicles *m.* 삼륜차, 세발자전거.

tricorn tricorns *m.* 삼각 모자.

tricorne tricornes *adj.* 뿔이 세 개 달린.

tricorni tricornis *m.* (스페인의 Guàrdia Civil이 쓰는) 삼각모자.

tricot tricots *m.* 트리코.

tricotar *intr.* 트리코를 하다.

tricotatge tricotatges *m.* 트리코로 짜는 일.

tricromia tricromies *f.* 삼색판.

tricúspide tricúspides *adj.* 꼭지가 셋인; [해부] 삼첨판의.

tridàctil tridàctila tridàctils tridàctiles *adj.* 손가락이 셋인.

trident tridents *adj.* 세 발 갈퀴의, 날이 세 개인.
-m. 삼지창.

tridentat tridentada tridentats tridentades *adj.* 세 발 갈퀴를 가진; 날을 세 개 가진.

tridentí tridentina tridentins tridentines *adj.* 트렌토[이탈리아의 도시]의.

tridigitat tridigitada tridigitats tridigitades *adj.* [해부] 손가락이 셋인.

tridimensional tridimensionals *adj.* 3차원의.

tríduum triduums *m.* (기독교의) 3일 근행.

triedre triedres *m.* [기하] 삼면각.

trienni triennis *m.* 3년.

triftong triftongs *m.* [음성] 삼중 모음.

trifulga trifulgues *f.* 어려움, 고충; 곤궁, 궁핍.

trifurcar *tr.* 세 가닥으로 하다, 세 부분으로 나누다.

triga trigues *f.* =tardança.

trígam trígama trígams trígames *adj. m.f.* (동시에) 삼중 결혼한 (사람).

triganer triganera triganers triganeres *adj.* 늦는, 지체되는.

trigar *intr.* **1** (시간이) 걸리다. *trigar un minut* 1분이 걸리다. **2** 늦다, 늦어지다.
sense trigar 지체 없이, 늦지 않게.

trigemin trigèmina trigèmins trigèmines *adj.m.* [해부] 3차 신경(의).

trígon trígona trígons trigones *adj.* =triangular.
-m. =triangle.

trigonometria trigonometries *f.* [수학] 삼각법.

trilateral trilaterals *adj.* 세 변이 있는.

trilingüe trilingües *adj.* 3개 국어로 된; 3개 국어를 말하는.

trilió trilions *m.* 1조(兆)[미국의 경우]; 100만조[영국, 독일, 스페인 등 유럽의 경우].

triliteral triliterals *adj.* 세 문자로 된.

trill trills *m.* 써레, 도리깨; 써레질, 도리깨질.

trilla trilles *f.* 써레질, 도리깨질.

trillaire trillaires *m.f.* [남녀동형] trillar하는 사람.

trillar *tr.* **1** (밀 등을) 탈곡하다. **2** 세게 치다, 때리다.

trilobat trilobada trilobats trilobades *adj.* [식물] (잎이) 셋으로 갈라진, 세 토막으로 끊어진.

trilobit trilobits *m.* [생물] (고대 생물의) 삼엽충.

trilogia trilogies *f.* 삼부작 비극; 삼부작; 삼부곡.

trimembre trimembres *adj.* 세 사람의, 삼체의, 셋으로 이뤄진.

trimestral trimestrals *adj.* 3개월의; 3개월마다의, 4분기의.

trimestre trimestres *m.* **1** 3개월. **2** 3개월분의 잡지·신문·급료. **3** (대학의) 세 번째 학기.

trinar intr. 목소리를 떨다, 떠는 소리로 노래하다.

trinat trinats m. [음악] (악기의) 전음, 떨리는 소리.

trinca trinques f. 1 (셋으로 이뤄진) 세 짝, 세 쌍; 3파전. 2 (배의) 밧줄.

trincar tr. 1 나누다, 쪼개다; 부수다. *trincar a casa seva* 그의 집을 부수다. 2 결박하다, 꼭 묶다; 꼭 조이다, 주리를 틀다. 3 꼭 쥐다, 붙잡다. 4 죽이다, 살해하다.

trincó trincona trincons trincones m.f. =bevedor.

trinco-trinco adv. =bitllo-bitllo.

trineu trineus m. (교통수단으로 쓰이는) 썰매.

trinitari trinitària trinitaris trinitàries adj. trinitat의.
-m.f. 삼위일체회 일원.

trinitat trinitats f. 1 [신학] 삼위일체[성부·성자·성령을 일체로 봄]. 2 (기독교의) 삼위일체회[종파의 일종]. 3 [비유] 삼인조, 삼총사.
Santíssima Trinitat [신학] 삼위일체[성부·성자·성령].

trinomi trinòmia trinomis trinòmies adj. m. [수학] 삼항식(의).

trinquet trinquets m. 1 (배의) 앞 돛대; 그 돛. 2 (일종의) 공놀이.

trinquis trinquis m. [단·복수동형] =trencadissa.

trinxa[1] trinxes m.f. =trinxeraire.

trinxa[2] trinxes f. (바지·조끼의) 매는 끈.

trinxadissa trinxadisses f. 잘게 부숨, 분쇄.

trinxant trinxants m. 1 (빵을 써는) 목판. 2 고기 써는 칼; 석수장이의 쇠망치.

trinxar tr. 잘게 썰다, 잘게 부수다.

trinxat trinxats m. 채소를 잘게 썬 음식.

trinxera trinxeres f. 1 참호. 2 비옷.

trinxeraire trinxeraires adj. 부랑아의, 떠돌이의.
-m.f. [남녀동형] 부랑아, 떠돌이, 방랑자.

trio trios m. 1 [음악] 트리오, 삼중주, 삼중창. 2 [일반적] 삼인조, 삼총사.

triologia triologies f. (극·소설·영화 등의) 삼부작.

triomf triomfs m. 1 [역사] (로마의) 개선, 개선식. 2 승리, 승전; 대성공.
portar en triomf 승리로 이끌다.

triomfador triomfadora triomfadors triomfadores adj.m.f. triomfar하는 (사람).

triomfal triomfals adj. 승리의, 개선의; 승리에 도취한.

triomfant triomfants adj. =triomfal.

triomfalisme triomfalismes m. 승리, 승전, 개선.

triomfar intr. 1 이기다, 승리하다, 개선하다. 2 격파하다, 무찌르다. 3 화려하게 하다. 4 [비유] (난관을) 극복하다 (reeixir). 5 (일을) 성취하다, 성공을 거두다. *triomfar l'amor* 사랑을 쟁취하다.

tripa tripes f. [해부] 1 pl. 창자. 2 복부, 배.
treure les tripes per la boca [구어] 토하다, 게우다.

tripada tripades f. [집합] 내장; 내장으로 만든 음식.

tripanosoma tripanosomes m. [동물] (여러 병의 원인이 되는) 원생동물.

tripanosomiasi tripanosomiasis f. [의학] tripanosoma에 의한 병.

tripartir tr. 셋으로 나누다, 세 갈래로 나누다.

tripartit tripartida tripartits tripartides adj. 1 셋으로 나뉜, 갈라진. 2 3국간의.

triperia triperies f. 내장 파는 가게.

triple[1] tripla triples triples adj. 세 배의.
-m. 세 배.

triple[2] triples adj. 셋이 하나 된, 삼중의, 삼 겹의. *la triple aliança* 삼국 동맹의.

triplicar tr. 세 곱을 하다, 삼중으로 하다.

tripó tripons m. =testicle.

trípode trípodes m. 삼각; (측량기·사진기 등의) 삼각대; (다리가 셋인) 가구.

tríptic tríptics m. 1 셋으로 접은, 세 부분으로 이어진 그림. 2 셋으로 접게 된 책장. 3 삼부작.

tripulació tripulacions f. [집합] (배·항공기의) 승무원.

tripulant tripulants m.f. [남녀동형] 승무원.

tripular *tr.* (배·항공기에) 승무원을 태우다.
triquina *triquines f.* [생물] 선모충[근육 내에 있는 기생충].
triquinosi *triquinosis f.* [의학] 선모충으로 인한 질병.
trirrem *trirrems f.* (고대 지중해의) 삼단으로 젓는 배.
triscar *intr.* =trescar.
trisíl·lab *trisíl·laba trisíl·labs trisíl·labes adj.* 3음절의.
-*m.* 3음절어.
trisil·làbic *trisil·làbica trisil·làbics trisil·làbiques adj.* =trisíl·lab.
trisme *trismes m.* [의학] 파상풍.
trisoctaedre *trisoctaedres m.* =tetrahexaedre.
trist *trista trists[tristos] tristes adj.* **1** 슬픈, 구슬픈, 마음 아픈(penós). *el trist espectacle* 슬픈 광경. **2** 슬픔을 잘 타는; 기분이 안 나는, 유감스러운, 언짢은. **3** 어두운, 캄캄한. **4** 불쾌한, 화가 난, 노한, 성난. **5** [비유] 빈약한, 모자라는, 근소한, 겨우 ...밖에 안 되는(insuficient). **6** 변변치 못한, 따질 것도 없는.
tristesa *tristeses f.* 슬픔, 비애; (슬픔으로 인한) 우려.
tristetraedre *tristetraedres m.* 12면체.
trit *trita trits trites adj.* 잘게 부순, 분쇄한(triturat).
tritici *tritícia triticis triticies adj.* 밀 비슷한.
tritlleig *tritlleigs[tritlletjos] m.* 종을[종이] 심하게 울림.
tritllejar *tr.* 종을 심하게 울리다. -*intr.* 종이 마구 울리다.
tritó *tritons m.* **1** [신화] (머리는 사람이고 몸은 물고기인) 바다의 요물. **2** [동물] 도롱뇽.
trituració *trituracions f.* triturar하는 일.
triturador *trituradora trituradors trituradores adj.m.f.* triturar하는 (사람).
-*f.* triturar하는 기계.
triturar *tr.* **1** 빻다, 찧다, 부수다, 쪼개다, 분쇄하다. **2** [비유] 괴롭히다, 애먹이다.
triumvirat *triumvirats m.* [역사] (고대 로마의) 삼두 정치, 삼인 집정; 그 직책.
trivial *trivials adj.* **1** 사소한, 하찮은, 쓸모없는. **2** 평범한, 진부한, 흔해빠진, 케케묵은.
trivialitat *trivialitats f.* **1** 평범함, 진부함, 흔해 빠짐. **2** 사소한 일, 하찮은 일; 중요하지 않은 일.
tro *trons m.* [악기] 트로[타이에서 사용되는 악기].
troanella *troanelles f.* [식물] 쥐똥나무.
troba *trobes f.* **1** =troballa. **2** =trova.
trobada *trobades f.* **1** 발견; 발견물, 습득물. **2** (사람과의) 만남, 조우.
trobadís *trobadissa trobadissos trobadisses adj.* 자주 마주치는, 자주 만나는; 쉽게 발견되는.
trobador *trobadora trobadors trobadores adj.* 발견하는.
-*m.f.* 발견자, 습득자.
trobadoresc *trobadoresca trobadorescs [trobadorescos] trobadoresques adj.* 음유시인 같은, 음유시인적인.
trobadures, de *loc.adv.* (습득물에 대한) 보상으로.
troballa *troballes f.* **1** 발견; 발견물, 습득물. **2** 적중(encert).
trobament *trobaments m.* trobar하는 일.
trobar *tr.* **1** 발견하다(descobrir); 습득하다. **2** 만나다, 조우하다, 부딪히다. **3** (좋은 생각이) 떠오르다. **4** (죽음 등을) 맞다, 맞이하다. **5** [고어] 발명하다, 고안하다(inventar). **6** [문학] 시를 읊다, 시를 짓다(versificar).
anar[venir] a trobar algú (누구를) 마중 나가다, 바래다주다.
trobar a faltar 보고 싶어 하다, ...이 없어 서운해하다.
troc *trocs m.* =permuta.
troca *troques f.* =madeixa.
trofeu *trofeus m.* **1** 전리품, 전승 기념품, 노획물. **2** (경기 따위의) 트로피, 우승배. **3** (옛 그리스·로마의) 전승 기념비.
tròfic *tròfica tròfics tròfiques adj.* 영양의.
troglodita *troglodites adj.m.f.* **1** [역사] 동굴에 사는; 혈거의; 혈거 시대의. **2** 야만스러운, 잔혹한.

-m.f. [남녀동형] **1** 혈거인. **2** 야만인, 잔혹한 사람.
troica troiques *f.* **1** 트로이카[러시아의 세 필의 말이 끄는 썰매]. **2** [비유] 삼인조.
tròlei tròleis *m.* 트롤리, 촉륜.
troleibús troleibusos *m.* 트롤리버스.
tromba trombes *f.* 회오리바람.
trombe trombes *m.* 혈전.
trombó trombons *m.* 트롬본; 트롬본 연주자.
trombòcit trombòcits *m.* =plaqueta.
tromboflebitis tromboflebitis *f.* [단·복수동형][의학] =flebitis.
trombosi trombosis *f.* [의학] 혈전증.
trompa trompes *f.* **1** 나팔. **2** (코끼리의) 코, 주둥이. **3** (곤충의) 주둥이, 부리. **4** 스트로, 빨대. **5** 팽이.
-adj.m.f. [남녀동형] **1** 바보 같은, 변변치 못한, 미련한, 우둔한 (사람). **2** 술 취한 (사람).
-m.f. 나팔 연주자.
trompada trompades *f.* 나팔로 때림; 부딪힘, 충돌.
trompar *tr.* =enganyar.
trompassada trompassades *f.* 부딪힘, 충돌.
trompassar *intr.* 부딪히다, 충돌하다(ensopegar).
trompejar *tr.* 나팔로 때리다.
trompeta trompetes *f.* 트럼펫; (군대의) 나팔.
-m.f. [남녀동형] **1** 트럼펫 연주자; (군대의) 기상 나팔수. **2** [비유] 선전원, 광고인; 떠들고 다니는 사람.
trompetada trompetades *f.* 시끄러운 트럼펫 소리; 트럼펫으로 때리기.
trompetejar *intr.* 트럼펫을 불다.
trompeter trompetera trompeters trompeteres *m.f.* **1** 트럼펫 제조자. **2** 트럼펫 연주자(trompetista).
trompeteria trompeteries *f.* [집합] 트럼펫.
trompetista trompetistes *m.f.* [남녀동형] 트럼펫 연주자.
trompis de *loc.adv.* 땅으로 뒹굴며.
trompitxol trompitxols *m.* 팽이의 일종.
trompons, a *loc.adv.* 가득, 듬뿍, 엄청 많이.
tron trons *m.* **1** 왕좌, 왕위, 옥좌, 성좌. **2** [비유] 권위, 권력(poder, dignitat). **3** *pl.* (천사의) 9위(位) 중의 제3위.
trona trones *f.* **1** (교회의) 설교단. **2** 높은 의자. **3** [화학] 탄산소다광.
tronada tronades *f.* 요란한 천둥소리; 뇌우.
tronar *intr.* **1** 천둥 치다. **2** 요란하게 울리다. **3** 호통을 치다, 모질게 비난하다. **4** 파산하다, 파산되다.
tronat tronada tronats tronades *adj.* **1** 악화된; 해어진, 부서진(deteriorat). **2** 파산된(arruïnat).
tronc troncs *m.* **1** 줄기, 몸체, 몸통, 동체; 통나무. **2** 주간(主幹); 간동맥(幹動脈), 간선(幹線). **3** [비유] 가계. **4** [속어] 오랜 친구, 동료.
tronca tronques *f.* **1** (머리·끝을) 잘라 냄; 잘라 낸 통나무. **2** 옥수숫대.
troncal troncals *adj.* **1** 줄기의, 기간의; 줄기로부터 나온. **2** 종손 집안의.
troncar *tr.* 줄기·몸통을 자르다.
troncocònic troncocònica troncocònics troncocòniques *adj.* (위가 잘린) 화산추 모양의.
troncut troncuda troncuts troncudes *adj.* (밀짚이) 단단한.
tronera troneres *f.* **1** 총안. **2** [건축] (좁고 길게 낸) 작은 창문.
-m.f. [남녀동형] 바람둥이.
trontoll trontolls *m.* **1** 비틀거림. **2** [비유] 불안정.
trontollar *intr.* **1** 비틀거리다, 불안하다, 위태위태하다. *-tr.* 불안하게 하다, 위태롭게 하다.
tronxo tronxos *m.* =caluix.
trop trops *m.* [수사] 비유, 전의.
tropa tropes *f.* **1** 군대, 부대; [집단] 군사. **2** 무리, 집단, 패거리. **3** *pl.* [비유] 무거운 짐; 형, 형벌. **4** 고통, 환란(tribulació).
tropell tropells *m.* **1** 어수선함, 웅성거림. **2** 당황스러움; 정신이 아찔함. **3** 고난, 역경, 비탄.
tròpic tròpica tròpics tròpiques *adj.* **1** 열대의, 열대성의. **2** 열대산의, 열대에서 자라는. **3** [비유] 비유의, 전의의. **4**

격렬한, 뜨거운, 열정적인.
-m. [천문] 회귀년; 하지선, 동지선.
tropical tropicals adj. 열대의, 열대산의, 열대성의.
tropisme tropismes m. 1 [식물] 굴성(屈性). 2 [생물] 지향성.
tropopausa tropopauses f. [기상] 권계면, 대류 정지면[성층권과 대류권 사이의 경계면].
troposfera troposferes f. [기상] 대류권 [지구 표면에서 약 10-18km 높이의 대기층].
troquilló troquillons m. (작은) 실패, 실꾸러미.
tros trossos m. 1 단편, 조각. 2 (작품의) 일부, 단편. 3 (대지의) 한 구획; 땅, 대지. 4 (시간적으로) 잠깐; (공간적인) 거리, 간격.
  a trossos 조각조각으로, 단편으로.
  d'un tros lluny 꽤 먼 곳에서.
  fer trossos 조각내다, 파편으로 만들다, 산산조각 내다.
trossa trosses f. 1 짐, 화물, 꾸러미. 2 상투, 올린 머리.
trossar tr. 1 (옷을) 조이다; 맞추다. 2 (소매·속바지를) 걷어 올리다(arromangar). 3 (머리를) 묶어 올리다, 상투를 틀다.
trossejar tr. 조각내다, 갈갈이 찢다.
trot trots m. 1 총총걸음, 종종걸음, 터덜터덜 걸음. 2 부산떠는 모습.
trotada trotades f. 총총걸음으로 걷기.
trotaire trotaires m.f. [남녀동형] trotar하는 사람.
trotar intr. 1 (말이) 빠른 걸음으로 걷다. 2 터덜터덜 걷다.
truà truans m. 취기.
truc¹ trucs m. 1 때림, 타격, 구타(cop). 2 부딪힘, 충격, 충돌. 3 (문의) 노크, 두드림; 초인종을 누름. 4 전화를 걸기. 5 당구의 일종; 당구공. 6 카드놀이의 일종.
  fer un truc 부르다, 노크하다.
truc² trucs m. 비법, 책략, 묘책.
  descobrir el truc 묘책을 찾아내다.
truca truques f. =permuta.
trucada trucades f. trucar하는 일.
trucar intr. 1 (문을) 노크하다, 두드리다. 2 전화를 걸다(telefonar). 3 [비유] (도움을) 호소하다, ...에게 달려가다.
-tr. 모조하다, 위조하다.
trucatge trucatges m. 1 모조, 위조. 2 트릭 영화.
truculent truculenta truculents truculentes adj. 잔인한, 인정사정없는, 처참한, 잔혹한.
trufa¹ trufes f. [식물] 송로[버섯의 일종]; 그 요리.
trufa² trufes f. 놀림, 비웃음; 놀림.
trufador trufadora trufadors trufadores m.f. trufar-se하는 사람.
trufar tr. (요리에) 송로를 곁들이다.
trufar-se prnl. 놀리다, 비웃다; 속이다.
trufejar intr. =bromejar.
truger trugers m. 돼지우리; 더러운 곳.
truita¹ truites f. 오믈렛, 부침개, 토르티야.
truita² truites f. [어류] 송어.
truitada truitades f. (계란을 넣고 만드는) 토르티야.
truja truges f. [동물] 암퇘지.
trull¹ trulls m. 1 (포도·올리브 등을) 짜는 곳, 착유장. 2 압착기, 착유기.
trull² trulls m. =tràfec.
trullada trullades f. 한 번 짜낸 올리브유.
trullaire trullaires m.f. [남녀동형] (포도·올리브 등을) 짜는 사람.
trullar tr. 올리브 열매를 짜다.
trumfa trumfes f. [식물] 감자.
trumfada trumfades f. =patatada.
trumfar tr. (카드놀이에서) 이기다.
trumfera trumferes f. =trumfa.
trumferar trumferars m. 감자 밭.
trumfo trumfos m. =atot.
truncament truncaments m. truncar하는 일.
truncar tr. 1 (머리·끝 등을) 자르다, 잘라 내다. 2 (사람·동물의) 머리를 자르다. 3 병신으로 만들다, 못 쓰게 만들다. 4 [비유] (꿈·야망 등을) 끊어버리다. *truncar el nostre somni* 우리의 꿈을 저버리게 하다. 5 (문장·작품 등의) 주요부·일부를 없애 버리다, 생략하다. 6 거두절미하다.
truncat truncada truncats truncades adj.

1 (원추 등의) 끝을 자른; 자른 모양의. **2** 흠이 있는, 결손이 있는. **3** (작품 등의 일부를) 잘라 낸, 흠집을 낸; 불구가 된.

trust trusts[trustos] *m.ang.* 트러스트, 기업 합동.

tsar tsarina tsars tsarines *m.f.* 차르[제정 러시아 때 황제의 칭호].

tsarevitx tsarevina tsarevitxs tsarevines *m.f.* (러시아의) 황태자, 공주.

tu *pron.pers.* **1** 너, 자네. *Tu n'ets el responsable* 네가 책임자다, 네가 책임 있다. **2** [전치사와 함께] 너, 자네. *A tu t'ho dic!* 너에게 그것을 말해주지!; *Ho faig per tu* 내가 너를 위해 그것을 한다. *amb tu* 너와 함께, 당신과 함께. *tractar de tu* 너라고 부르다, (2인칭의) 친밀함을 나타내는 호칭으로 부르다.

tub tubs *m.* **1** 관, 파이프, 통. **2** 진공관. **3** [해부] 관, 기관. *tub digestiu* 소화관.

tuba tubes *f.* 튜바[저음의 큰 나팔].

tubercle tubercles *m.* **1** [식물] 구근(球根), 괴근(塊根), 괴경(塊莖). **2** [해부] 종기·혹 모양의 돌기. **3** [의학] 결핵, 결절.

tubèrcul tubèrculs *m.* =tubercle.

tubercular tuberculars *adj.* tubercle의.

tuberculina tuberculines *f.* 투베르쿨린 주사액.

tuberculosi tuberculosis *f.* [의학] (폐)결핵.

tuberós tuberosa tuberosos tuberoses *adj.* 괴근·혹·마디가 있는.

túbul túbuls *m.* 미세한 관.

tubuladura tubuladures *f.* 관의 연결 부분; 관의 개폐 부분.

tubular tubulars *adj.* 관의, 관상의; 관식의, 관으로 만들어진.

tubulat tubulada tubulats tubulades *adj.* =tubulós.

tubulós tubulosa tubulosos tubuloses *adj.* 관 모양의, 관상의.

tuc tucs *m.* 산 정상, 산꼭대기.

tucà tucans *m.* [조류] 투칸.

tudar *tr.* [방언] =malmetre.

tudell tudells *m.* (피리의) 혀; 부는 부분.

tudó tudons *m.* [조류] 비둘기의 일종.

tuejar *tr.* =tutejar.

tuf tufs *m.* **1** [광물] 응회암. **2** 김, 연기, 냄새.

tufejant tufejants *adj.* tufejar하는.

tufejar *intr.* tuf를 발하다.

tuguri tuguris *m.* (목동의) 오두막; 누추한 방.

tuia tuies *f.* [식물] 삼목; 히말라야 삼목.

tuïció tuïcions *f.* 보호, 방위, 변호.

tuït tuïts *m.* =botxí.

tuïtiu tuïtiva tuïtius tuïtives *adj.* 보호하는, 변호하는.

túixec túixecs *m.* [고어] 독(metzina)

tuixegós tuixegosa tuixegosos tuixegoses *adj.* 독이 있는, 중독성의.

tul tuls *m.* 망사직.

tulipa tulipes *f.* **1** [식물] 튤립. **2** 튤립 모양의 유리 갓.

tumbaga tumbagues *f.* 금·동의 합금; 그 반지.

tumefacció tumefaccions *f.* [의학] 부종, 종기, 부어오름.

tumefacte tumefacta tumefactes tumefactes *adj.* [의학] 부종의, 종기의; 부어오른, 부푼.

tumescència tumescències *f.* 약간의 부기.

tumescent tumescents *adj.* 약간 부어오른.

túmid túmida túmids túmides *adj.* =tumefacte.

tumiditat tumiditats *f.* =tumefacció.

tumor tumors *m.* [의학] 종양; 종창, 종기.

tumoral tumorals *adj.* [의학] 종양의.

tumoració tumoracions *f.* =tumefacció.

túmul túmuls *m.* 묘, 분묘; (묘의) 봉분.

tumulari tumulària tumularis tumulàries *adj.* 묘의, 분묘의; 비문의.

tumult tumults *m.* **1** 법석, 소동, 혼잡, 떠들썩함. **2** 폭동, 난동. **3** (마음의) 산란, 격정.

tumultuari tumultuària tumultuaris tumultuàries *adj.* 떠들썩한, 난잡하게 떠드는, 소란 피우는; (마음이) 동요한,

격앙된.

tumultuós tumultuosa tumultuosos tumultuoses *adj.* 떠들썩한, 소란한, 난잡하게 떠드는; (마음이) 동요된, 격정의.

tundra tundres *f.* [지리] (북시베리아 등지의) 툰드라 지역, 동원, 동토대.

túnel túnels *m.* **1** 터널, 굴, 지하도. **2** (광산의) 갱도.

tungstè *m.* [화학] 텅스텐[금속 원소].

túnica túniques *f.* **1** (수도사·승려 등의) 긴 도포. **2** [해부] 박막, 피막, 겉막, 겉주머니. **3** [식물] 종피, 내과피, 씨껍질.

tunicat tunicada tunicats tunicades *adj.* túnica로 덮인, túnica가 있는.

tupar *tr.* =atupar.

tupè tupès *m.* **1** (이마와 접한) 머리. **2** [비유] 철면피, 뻔뻔스러움.

tenir molt de tupè 매우 뻔뻔스럽다.

tupina tupines *f.* **1** (돼지고기를 담는) 큰 용기. **2** 소금에 절인 돼지고기.

tupinada tupinades *f.* **1** tupina에 가득 채움. **2** [비유] 선거 조작.

tupinaire tupinaires *m.f.* [남녀동형] 선거 조작자.

tur turs *m.* =turo.

turba turbes *f.* 무리, 떼; 군집, 군중(multitud).

turbamulta turbamultes *f.* 혼잡한 군중.

turbant turbants *m.* (인도 사람들이 쓰는) 터번.

turbina turbines *f.* **1** [기계] 터빈. **2** 물레방아.

turbinat turbinada turbinats turbinades *adj.* 거꾸로 세운, 원추형의; 나선형의, 소용돌이 모양의.

turbogenerador turbogeneradors *m.* 터빈 발전기.

turboreactor turboreactors *m.* 터보 제트 엔진.

turbot turbots *m.* [어류] 가자미.

turbulència turbulències *f.* **1** 혼탁, 혼미. **2** 어수선함, 떠들썩함, 무질서, 소란, 혼란.

turbulent turbulents *adj.* **1** 탁한, 흐린 (agitat). **2** (날씨가) 불안정한, 흐린. *un temps turbulent* 불안정한 날씨. **2** 어수선한, 소란한, 시끄러운, 소란 피우기 좋아하는. **3** [비유] (마음이) 산란한, 동요하는.

turc turca turcs turques *adj.m.f.* =turquí.

turca turques *f.* [구어] 취기(embriaguesa).

turgència turgències *f.* 부풀어 오름, 팽창; 화려함.

turgent turgents *adj.* **1** 부푼, 부은, 팽창된. **2** 격조 높은, (문체가) 화려한.

turgescència turgescències *f.* =tumefacció.

túrgid túrgida túrgids túrgides *adj.* =turgent.

turíbul turíbuls *m.* =encenser.

turiferari turiferària turiferaris turiferàries *m.f.* 향로를 들고 가는 사람; 아첨꾼.

turisme turismes *m.* **1** 관광, 관광 사업. **2** [집합] 관광객. **3** 유람, 여행.

turista turistes *m.f.* [남녀동형] 여행자, 관광객.

turístic turística turístics turístiques *adj.* 관광 (사업)의.

turma turmes *f.* **1** [해부] 불알, 고환. **2** 송로(松露).

turmalina *f.* [광물] 전기석.

turmell turmells *m.* [해부] 발목, 복사뼈.

turmellera turmelleres *f.* 무릎 받침 운동 기구.

turment turments *m.* **1** 고문, 괴롭힘 (tortura). **2** 고민, 고뇌, 고통. **3** [비유] 괴롭히는 것, 귀찮은 존재. *Aquestes mosques són un turment* 이 파리들은 귀찮은 존재들이다.

turmentador turmentadora turmentadors turmentadores *adj.m.f.* turmentar하는 (사람).

turmentar *tr.* 괴롭히다, 들볶다, 귀찮게 하다; 고문하다, 형벌을 주다.

turmentós turmentosa turmentosos turmentoses *adj.* **1** (날씨가) 험한, 폭풍우가 일 듯한; 폭풍우에 시달리는(turmentador). **2** [비유] 험난한, 고난 많은.

turo turos *m.* 경석; 석회석.

turó[1] turons *m.* 언덕.

turó[2] turons *m.* [동물] 족제빗과의 일종.

turonada turonades *f.* [집합] 언덕.
turpitud turpituds *f.* 천함, 천박함, 비천함.
turquesa turqueses *f.* [광물] 터키석.
turquí turquina turquins turquines *adj.* **1** 터키의. **2** 투르키스탄의.
-*m.f.* 터키사람; 투르키스탄의 사람.
-*m.* 터키어.
tururut tururuts *m.* [구어] 트럼펫 소리.
-*interj.* [일의 완료를 나타내는 감탄사] 만사 완료!, 다 끝났다!
tussar *intr.* =tossar.
tust tusts[tustos] *m.* =tusta.
tusta tustes *f.* 머리를 들이박기, 박치기.
tustar *tr.* 머리로 부딪히다, 머리로 들이받다; (문을) 두드리다, 노크하다.
tuta¹ tutes *f.* 대피용 굴.
tuta² tutes *f.* =castanyoleta.

tuteig tuteigs[tutejos] *m.* =tutejament.
tutejament tutejaments *m.* 친밀함을 나타내는 호칭으로 부름.
tutejar *tr.* (서로 간에) 너라고 부르다; 친밀함을 나타내는 호칭으로 부르다.
tutela tuteles *f.* 후견, 교육, 지도; 후견인의 일; 보호, 옹호.
tutelar¹ tutelars *adj.* **1** 보호의, 수호의. **2** 후견의, 지도의.
tutelar² *tr.* 후견하다; 보호하다, 수호하다, 옹호하다(protegir).
tuti tutis *m.* 카드놀이의 일종.
tutor tutora tutors tutores *m.f.* **1** 후견인, 보호자. **2** (대학의) 담당 교수.
tutoria tutories *f.* **1** 후견, 지도; 원호, 보호, 옹호(tutela). **2** (대학의) 학생 지도.
txapela txapeles *f.* (바스크 지방의) 베레모.

U u

u[1] *us f.* 카탈루냐어 알파벳의 스물한 번째 문자.
u[2] *adj.* **1** 1의, 하나의; 한 개의. **2** 일체의, 한 덩어리가 된.
 -m. [*pl: uns*] **1**, 하나, 한 개; 개체; 제 1.
 -pron. (하나의) 사람, 물건; 어떤 사람, 어떤 물건; [일반적인 의미로] 사람.
 cada u 각자, 개개인.
 no es tot u 같은 게 아니다, 다른 것이다.
uberós uberosa uberosos uberoses *adj.* 많은, 풍족한, 풍부한(abundant).
ubèrrim ubèrrima ubèrrims ubèrrimes *adj.* **1** 아주 풍부한, 푸짐한(abundant). **2** 매우 비옥한, 다산의.
ubic ubiqua ubics ubiqües *adj.* **1** 모든 곳에 다 있는, 편재하는. *l'aprenentatge ubic* 어디에서나 배울 수 있는. **2** 모든 곳에 가고 싶어 하는.
ubicació ubicacions *f.* 위치, 소재; 배치, 설치; 정치, 정주, 거주.
ubicat ubicada ubicats ubicades *adj.* 위치한, 소재한; 배치된; 정주한.
ubicar *tr.* (특정한 장소에) 두다, 위치를 정하다, 배치하다.
ubiqüitat ubiqüitats *f.* (신의) 편재(성).
 tenir el do de la ubiqüitat 편재성의 능력을 가지다.
ucar *intr.* =aücar.
udol udols *m.* **1** (짐승의) 우는소리, 울부짖는 소리; 구슬픈 소리. **2** (몸이 아파 내는) 신음 소리. **3** 구슬픈 바람 소리.
udoladissa udoladisses *f.* (짐승의) 계속 울어 대는 소리; (몸이 아파서 내는) 지속적인 신음 소리.
udolaire udolaires *adj.* udolar하는.
udolament udolaments *m.* udolar하는 일.
udolar *intr.* **1** (개 등이) 슬프게 울부짖다; 슬픈 소리를 내다. **2** (아파서) 신음 소리를 내다. **3** (바람이) 구슬픈 소리를 내다.
udòmetre udòmetres *m.* =pluviòmetre.
uf *interj.* [불쾌·피곤·더위·혐오 등을 나타내는 감탄사] 아이고!, 아아! *Uf, quina calor!* 아이고 더워라!
ufana ufanes *f.* 으스댐, 우쭐거림, 자만, 뻐김.
 fer ufana =ufanejar.
ufanejar *intr.* 으스대다, 우쭐거리다, 뽐내다.
ufanós ufanosa ufanosos ufanoses *adj.* 으스대는, 우쭐거리는, 자랑하는, 뽐내는; 거만한, 오만한.
ui *interj.* [고통·놀라움 등을 나타내는 감탄사] 아아!, 아이고 아파라!; 오!, 와!, 굉장하구나!
uís uïssos *m.* =esternut.
 fer un uís =esternudar.
uïssar *intr.* =esternudar.
uixer uixera uixers uixeres *m.f.* 수위, 문지기; 접수 담당자.
ulà ulans *m.* (옛 독일, 오스트리아 등의) 창기병.
úlcera úlceres *f.* [의학] 궤양, 종기.
ulceració ulceracions *f.* [의학] 궤양; 궤양이 됨.
ulcerar *tr.* 궤양을 일으키다. *-se* 궤양이 생기다, 궤양을 앓다.
ulceratiu ulcerativa ulceratius ulceratives *adj.* 궤양이 생기게 하는.
ulcerós ulcerosa ulcerosos ulceroses *adj.* 궤양(성)의, 종기투성이의.
uliginós uliginosa uliginosos uliginoses *adj.* 습지의, 늪지의.
ulitis ulitis *f.* [단·복수동형][의학] 잇몸염증, 치경염.
ull ulls *m.* **1** [해부] 눈; 안구, 눈알. **2** 시각, 시력. **3** [주로 복수로 쓰여] 주목, 주시(mirada). **4** 주의, 경계(심); 그 표적. **5** (물건의) 구멍, 틈, 작은 구멍(forat, clot); 바늘귀. **6** (계기의 눈금을 보는) 구멍. **7** (가위의 손가락을 넣는) 귀. **8** (교각 간의) 사이. **9** (e, o 등의 문자의) 구멍. **10** 그물코. **11** (빵·치즈 등에 생긴) 거품 구멍. **12** 수

면에 뜬 기름방울. **13** (공작 꼬리의) 꼬리 무늬. **14** (꽃·소용돌이 등의) 가운데, 중심; 태풍의 눈. **15** (들 한복판의) 물이 솟아오르는 샘. **16** (인쇄면의) 굵은 글자; 활자의 인쇄면(relleu). **17** (약국의) 귀중 약품 보관함. **18** [비유] (마음·영혼의) 눈, 통찰력(perspicàcia).
als ulls de ...의 눈앞에서.
a quatre ulls 단 둘이서, 외로이.
a ull nu 일견으로, 얼른 보아; 한 번만 보아도.
a ulls clucs [비유] 맹목적으로; 정신없이, 비몽사몽간에.
abaixar els ulls 눈을 내리깔다.
aclucar els ulls 눈을 감다, 잠을 자다.
alçar els ulls 눈을 들다.
deixar els ulls en una cosa 뚫어지게 쳐다보다; 관심을 가지고 지켜보다, 돌보아 주다.
donar un cop d'ull 쭉 훑어보다, 한 번 둘러보다; 한 번 시선을 주다.
espurnejar els ulls 눈물이 글썽거리다, 눈을 적시다.
girar els ulls 시선을 돌리다.
menjar-se amb els ulls (어떤 사람·사물에 대해) 격렬한 애정·증오·선망·욕망을 나타내다.
negar-se els ulls 눈시울이 젖다.
saltar als ulls 시야에 들어오다.
tenir els ulls al clatell 눈꺼풀이 쓰다; 사랑에 눈이 멀다.
ullada ullades *f.* 일견, 대강 보는 일, 훔쳐보기. *Dóna una ullada a aquest article* 이 자료를 한번 대강 보아라.
ullal ullals *m.* **1** 송곳니. **2** (코끼리의) 상아.
ullar *tr.* 대강 훑어보다(escorcollar). *-intr.* (풀이) 다시 싹이 나다. **-se** (치즈·빵 등에) 거품이 생기다.
ullastrar ullastrars *m.* 야생 올리브 밭.
ullastre ullastres *m.* [식물] 야생 올리브.
ullastreda ullastredes *f.* =ullastrar.
ullat ullada ullats ullades *adj.* (치즈·빵 등에) 거품이 생긴.
ullcluc ullcluca ullclucs ullcluques *adj.* 눈을 감은.
ullera ulleres *f.* 안경, 외알 안경.

fer[tenir] ulleres (눈 아래에) 기미가 있다.
ullerat ullerada ullerats ullerades *adj.* =ullerós.
ullerol ullerols *m.* (동물의) 소굴의 입구.
ullerós ullerosa ullerosos ulleroses *adj.* 아래 눈꺼풀이 까무잡잡한, 아래 눈꺼풀에 기미가 낀.
ullet ullets *m.* [ull의 축소사] 작은 눈·구멍.
fer[picar] l'ullet 윙크하다.
ullprendre *tr.* **1** (시선을) 붙잡다, 사로잡다. **2** 현혹시키다, 넋을 빼다; 마법을 걸다(encantar).
ullprenedor ullprenedora ullprenedors ullprenedores *adj.* 시선을 붙잡는; 현혹시키는.
ulmàcies *f.pl.* [식물] 느릅나뭇과 식물.
ulterior ulteriors *adj.* **1** 밖의, 해외의. **2** 뒤의, 후의, 나중의.
últim última últims últimes *adj.* 최후의, 마지막의; 나중의, 후의(darrer).
a l'últim 마지막으로(per fi).
últimament *adv.* 최후로, 결국(finalment); 최근에(recentment).
ultimar *tr.* 마무리하다, 결말을 짓다; 준비를 완료하다. *Ultimen els preparatius per a la partença* 그들은 떠날 채비를 마무리하고 있다.
ultimàtum ultimàtums *m.* 최후통첩; 최후의 결단.
ultra *prep.* 그 외에, 게다가, 그 밖에; 더욱이, 그 위에.
-adj. 극단적인, 과격한.
-m.f. 극단론자, 과격주의자(extremista).
ultra això 그 외에, 그것 말고도, 그건 그렇고.
ultra que ...라는 것 외에.
ultracongelar *tr.* =sobrecongelar.
ultracorrecció ultracorreccions *f.* 과잉 수정.
ultradreta ultradretes *f.* [정치] 극우파, 과격파.
ultradretà ultradretana ultradretans ultradretanes *adj.* 극우파의, 과격파의.
ultralleuger ultralleugera ultralleugers ultralleugeres *adj.* 매우 가벼운.

ultramar ultramars *m.* **1** 해외. **2** 감청색, 군청색.
ultramarí ultramarina ultramarins ultramarines *adj.* **1** 해외의. **2** 감청색의, 군청색의.
-m.pl. 수입품, 수입 식료품.
ultramicroscopi ultramicroscopis *m.* 초현미경.
ultrança, a *loc.adv.* 필사적으로, 결사적으로.
ultrapassament ultrapassaments *m.* **1** 초과, 잉여. **2** 앞섬, 선두.
ultrapassar *tr.* **1** 초과하다, 넘치다. **2** 앞서다, 이기다.
ultrasensible ultrasensibles *adj.* 극히 민감한, 초감도의.
ultrasò ultrasons *m.* [물리] 초음파.
ultrasònic ultrasònica ultrasònics ultrasòniques *adj.* 초음파의.
ultratge ultratges *m.* **1** 모욕, 욕보이기 (injúria); 폭행, 무법. **2** 상처, 피해; 명예 훼손.
ultratjador ultratjadora ultratjadors ultratjadores *adj.* **1** 모욕하는, 능욕하는. **2** 폭행하는, 훼손하는.
-m.f. 모욕·능욕하는 사람, 폭행자.
ultratjant ultratjants *adj.* =ultratjador.
ultratjar *tr.* **1** 모욕하다, 욕보이다, 능욕하다. **2** 폭행하다, 상처를 입히다.
ultratjós ultratjosa ultratjosos ultratjoses *adj.* **1** 모욕적인, 폭행의. **2** 상처를 입히는.
ultratomba ultratombes *f.* 저세상, 저승 (l'altra vida); 묘지의 저쪽 너머.
ultraviolat ultraviolada ultraviolats ultraviolades *adj.* 자외선의.
ulular *intr.* =udolar.
umbel·la umbel·les *f.* [식물] 산형화.
umbel·lar umbel·lars *adj.* 산형화의, 산형화 같은.
umbel·lat umbel·lada umbel·lats umbel·lades *adj.* 산형화 모양의.
umbel·líferes *f.pl.* [식물] 미나릿과 식물.
umbilical umbilicals *adj.* [해부] 꼭지의, 배꼽의.
umbracle umbracles *m.* (식목 등의) 해가리개.

un^1 *pron.* 한 사람.
un^2 una uns unes *art.indef.* [*pl: uns, unes*] **1** 어떤, 하나의. **2** *pl.* 약, 약간의, 몇몇의. *Val unes cent pessetes* 약 10 페세타 정도 한다.
-adj. **1** [수량 형용사] 하나의, 1의. **2** 어떤, 어느 한쪽의.
-m. 하나, 1; 한 사람.
-f. [시간] 한 시(la una). *Sortim a la una* 우리는 한 시에 떠난다.
a l'una 한결같이, 다 함께, 일제히.
tot d'una 갑자기, 돌연히.
uns quants 약간의, 얼마간의, 몇몇의.
-pron. **1** 하나, 한 사람. *És una de molt antipàtica* 그녀는 매우 불친절한 사람이다. **2** [일반적인 사람을 뜻함] 사람, 누구나. *Un ja no aguanta més injustícies* 누구나 더 이상의 부당한 일은 참지 못한다; 불의를 참는 데에도 한계가 있다.
d'un a un[**un per un**] 한 사람씩.
els uns i els altres 서로 간에.
ni l'un ni l'altre 어느 누구도.
unànime unànimes *adj.* 만장일치의, 이구동성의. 이의 없는.
unanimitat unanimitats *f.* 만장일치, 이구동성, 합의.
unça unces *f.* **1** 온스[중량의 단위]. **2** 1온스의 금화.
uncial uncials *adj.f.* 고활자[고대 대문자로 쓰였던 언셜 문자체](의).
unció uncions *f.* **1** 도포, 도유(塗油). **2** [기독교] 기름 부음; (임종의) 도유식, 병자 성사, 종유례. **3** 경건한 마음.
unflar *tr.* =inflar.
underground undergrounds *adj.ang.* **1** 지하의, 지하에 있는, 지하에서의. **2** 숨은, 비밀의, 잠행적인; 지하 조직의, 반체제적인. **3** 전위적인, 실험적인.
ungiment ungiments *m.* ungir하는 일.
ungir *tr.* **1** ...에 기름을 바르다; 성유를 따르다. **2** [신학] 기름 부음을 주다.
ungla ungles *f.* **1** [해부] 손톱. **2** 손톱 모양으로 생긴 것. **3** (짐승의) 발톱. **4** (베어 낸 가지의) 그루. **5** [어류] 조개의 일종.
unglada unglades *f.* **1** 손톱자국, 발톱자국. **2** 손톱으로 누름.

unglejar tr. (손톱·발톱으로) 할퀴다.
unglera ungleres f. 흰 손톱.
ungleta ungletes f. **1** 작은 손톱. **2** (석수장이의) 끌.
unglot unglots m. (짐승의) 발톱.
ungüent ungüents m. 고약, 연고; 향유.
unguial unguials adj. 손톱·발톱의.
ungulat ungulada ungulats ungulades adj. [동물] 유제의.
únic única únics úniques adj. **1** 유일한, 단일의. *És fill únic* 그는 독자이다. **2** 독특한, 특별한, 각별한. **3** 진기한, 엉뚱한, 유별난, 괴짜 같은.
l'únic[l'única cosa] 유일한 것.
unicel·lular unicel·lulars adj. [생물] 단세포의.
unicitat unicitats f. 유일성, 단일성.
unicolor unicolors adj. 단색의.
unicorn unicorns m. **1** [신화] (전설의) 외뿔 짐승. **2** [동물] 코뿔소, 무소. **3** [천문] 외뿔소자리.
unidimensional unidimensionals adj. 1차원의, 1차원적인.
unidireccional unidireccionals adj. 일방의, 일방적인, 한 방향의.
unifamiliar unifamiliars adj. 핵가족의, 단일 가족의.
unificació unificacions f. 통일, 통합, 단일화, 균일화.
unificador unificadora unificadors unificadores adj.m.f. unificar하는 (사람).
unificar tr. 통일하다, 하나로 하다, 통합하다, 단일화하다, 똑같게 하다.
uniformador uniformadora uniformadors uniformadores adj.m.f. uniformar하는 (사람).
uniformar tr. **1** 똑같게 하다, 일정한 모양으로 하다, 같은 구색을 갖추다. **2** 제복을 입히다. **-se** 한 모양이 되다; 제복을 입다.
uniforme uniformes adj. **1** 동형의, 같은 모양의, 균일한. **2** 구색이 갖추어진, 질서 있는, 일정한. **3** 일률적인, 변화가 없는, 단조로운.
-m. 유니폼, 운동복; 제복, 군복.
uniformisme uniformismes m. 단일주의, 획일주의.
uniformitat uniformitats f. 균등, 균일;

일률성, 균일성, 획일성; 단조로움.
uniformitzar tr. =uniformar.
unigènit unigènita unigènits unigènites adj. 독생자의.
-m. [성서] 신의 아들, 독생자.
unilateral unilaterals adj. **1** 일방적인, 편무적인. **2** [식물] 한쪽으로만 쏠려 있는.
unilingüe unilingües adj. 단일 언어의.
unió unions f. **1** 결합, 합일, 합체, 합동, 연합, 융합, 결연. **2** [화학] 화합, 결합; 화합물. **3** [의학] 유착, 유합. **4** 접합(점), 연결(부). **5** 단결, 일치, 화합. **6** 조합, 연맹, 동맹, 협회(associació); 노동조합. **7** (국가의) 연합, 합방, 연방. **8** 결혼, 혼인(casament). **9** [전기] 접속(connexió). **10** [수학] 합집합 (reunió). **11** [해부] 마디, 관절(articulació).
en unió de ...과 연결되어; ...과 하나 되어.
la unió fa la força 일체감이 힘을 낳는다.
unípede unípedes adj. 외다리의, 다리가 하나인.
unipersonal unipersonals adj. **1** 단일인의, 단 한 사람의. **2** [문법] 단수의.
-m. [문법] 단수.
unir tr. **1** 합하다, 하나로 묶다, 합병하다, 병합하다. **2** 연결·접합하다, 이어 맞추다. **3** 단결시키다, 한마음으로 묶다. **4** [의학] 유착시키다. **-se 1** 합쳐지다, 합병하다, 결합하다. **2** 협력하다, 단결하다. **3** 참여하다, 참가하다, 멤버가 되다. **4** (어떤 곳에) 붙어 있다. **5** 결혼하다.
unisex unisexs adj. 남녀 공통인, 성 구별이 없는.
unisexual unisexuals adj. 남녀 공통의, 성 구별이 없는.
uníson unísona unísons unísones adj. 동음의, 동조의, 동률의, 가락이 맞은, 일치하는.
-m. [음악] 동음, 동조, 같은 음·가락.
a l'uníson 이구동성으로, 제창으로, 한목소리로; 한마음으로, 일제히, 일치하여(concordadament).
unisonant unisonants adj. 동음의, 동

조의; 제창의; 단조(單調)의.

unitari unitària unitaris unitàries *adj.* **1** [종교] 유니테리언교의. **2** 중앙 집권제의. **3** 통합적인, 일원적인.
-*m.f.* **1** [종교] 유니테리언교도[삼위일체를 인정하지 않는 기독교의 한 종파]. **2** (일반적으로) 일신론자, 일원론자; 단일 정부주의자, 중앙 집권론자.

unitarisme unitarismes *m.* **1** [종교] 일신론; 일원론; 통일 사상. **2** [정치] 중앙 집권주의, 일원 정치론.

unitat unitats *f.* **1** 단위; 일원, 개체, 단일체; 단일성, 유일성. **2** 통일성, 일관성. **3** 조화, 일치, 화합. *unitat de parers* 견해의 일치. **4** [군사] 부대, 작전 팀. **5** (열차·전철 등의) 한 차량. **6** [수학] 한 자리 수; 1(이라는 수). **7** [법률] (부동산의) 공유, 공동 보유.

unitiu unitiva unitius unitives *adj.* 결합하는, 결합시키는, 결합력이 있는.

univalve univalva univalves univalves *adj.* [동물] 단각의, 단판의.

univers universos *adj.* 우주의, 세계의; 보편적인(universal).
-*m.* 우주, 천지 만물, 삼라만상; 세계, 만천하; (전) 인류.

universal universals *adj.* **1** 보편적인, 일반적인. *concepte universal* 보편 개념. **2** 전반적인, 총괄적인. **3** 만국의, 전세계적인, 범세계적인; 범우주의, 만유의. *aspirar a la pau universal* 온 세계의 평화를 바라다. **4** 세계통인, 무엇이나 잘 아는. **5** [기계] 만능의, 무엇에나 다 듣는. **6** [논리] 전칭의. **7** [철학] 일반 개념의.
-*m.* **1** 전체, 전반. **2** 보편적인 것. **3** [논리] 전칭 명제. **4** [철학] 일반 개념, 보편.

universalitzar *tr.* 보편적으로 하다, 세계적으로 하다; 대중화시키다.

universitari universitària universitaris universitàries *adj.* 대학의, 종합대학의.
-*m.f.* 대학생.

universitat universitats *f.* (종합) 대학교.

unívoc unívoca unívocs unívoques *adj.* **1** 포괄적인, 총칭의. **2** 같은 성질의, 같은 종류의. **3** [문법] 동음이의의. **4** [음악] 동음을 갖는, 제주의, 제창의.

univocació univocacions *f.* 일치, 통일; 일치성, 통일성.

univocitat univocitats *f.* =univocació.

unt unts *m.* =untet.

untador untadora untadors untadores *adj.m.f.* untar하는 (사람).

untament untaments *m.* untar하는 일.

untar *tr.* **1** 바르다, 칠하다; 더덕더덕 바르다; 더럽히다. **2** [비유] (돈으로) 매수하다(subornar). -**se 1** 기름으로 더럽혀지다; 더럽혀지다. **2** [비유] 매수되다; (돈을) 착복하다.

untatge untatges *m.* 기름·지방·고약을 바름; 그것을 바른 부위.

untet untets *m.* **1** 바르는 기름·수지. **2** 고약.

untó untons *m.* =untet.

untós untosa untosos untoses *adj.* 유성의, 지방 같은, 끈적끈적한.

untuós untuosa untuosos untuoses *adj.* **1** =untós. **2** (성격이) 점액질의.

untuositat untuositats *f.* 유성; 기름진 것.

untura untures *f.* **1** 기름을 바름, 도포. **2** 바르는 기름·수지·약; 고약.

upa upes *f.* **1** [아이들이 힘을 쓸 때 쓰는 표현] 영차! **2** [비유] 굉장함, 대단함, 훌륭함.
d'upa 굉장한, 훌륭한, 매우 중요한. *gent d'upa* 중요한 사람들.
fer upa 거들다, 일으켜 세우다, 밀어주다.

uperitzar *tr.* (우유·음식 등을) 소독하다.

Urà *m.* **1** [신화] 우라노스[그리스 신화에 나오는 하늘의 신]. **2** [천문] 천왕성.

uralita uralites *f.* 우랄석[시멘트와 석면의 혼합물(fibrociment)].

urani *m.* [화학] 우라늄.

uranografia *f.* [천문] 천체학, 천문학.

urbà urbana urbans urbanes *adj.* **1** 도시의; 시내의. **2** 도시 생활의. **3** 정중한, 예의 있는(cortès).
-*m.f.* (시의) 경찰(policia).

urbanisme urbanismes *m.* **1** 도시 생활, 도회풍. **2** 도시화, 도시 계획.

urbanista urbanistes *m.f.* [남녀동형] 도시 계획 전문가.

urbanístic urbanística urbanístics urba-

nístiques adj. 도시의, 도시화의.
urbanitat urbanitats f. **1** 도회풍. **2** 품위, 세련, 우아. **3** 예의, 정중.
urbanització urbanitzacions f. **1** 도시화, 도시 계획. **2** 주택 지역, 주택 지구. **3** 예의 바르게 행함, 품위 있게 행함.
urbanitzar tr. **1** 도시화하다; 주택지로 개발하다. **2** 기품이 있게 하다, 세련되게 하다, 우아하게 하다.
urbs urbs f. [단·복수동형] 도회지, 대도시.
urc urcs m. 거만, 교만, 오만, 방자함.
urea urees f. [화학] 요소.
urèmia urèmies f. [의학] 요독증.
urent urents adj. 타는 듯한(ardent).
urèter urèters m. [해부] 요관, 요도.
urètic urètica urètics urètiques adj. 요도의.
uretra uretres f. [해부] 요도.
uretritis uretritis f. [단·복수동형][의학] 요도염.
urgència urgències f. **1** 긴급, 위급; 긴급 상황. **2** 응급 (치료). *servei d'urgència* 응급 서비스. **3** 속달 (우편). *en cas d'urgència* 긴급한 경우에, 위기의 상황에.
urgent urgents adj. **1** 긴급한, 긴박한. **2** 속달의.
urgir intr. 긴급을 요하다, 급히 필요로 하다, 사정이 긴박하다.
úric úrica úrics úriques adj. **1** =urètic. **2** 오줌의, 오줌에서 얻은; 요소의.
urinari urinària urinaris urinàries adj. [해부] 오줌의; 비뇨(기)의.
-m. 소변기; 공중변소.
urna urnes f. **1** 납골 상자, 사리 상자. **2** 유리 상자. **3** 투표함, 추첨함.
urodels m.pl. [동물] 꼬리 달린 양서류 동물.
urogenital urogenitals adj. =genitourinari.
uròleg uròloga uròlegs uròlogues m.f. 비뇨기과 의사.
urologia urologies f. [의학] 비뇨기학, 비뇨 과학.
urpa urpes f. **1** [해부] (새·짐승의) 발톱; (사람의) 손. **2** [비유] 마수(魔手).
urpada urpades f. **1** (맹수·고양이 등의) 발로 할퀴기. **2** (넘어지면서) 손바닥으로 바닥 치기.
urpar tr. (맹수가) 발로 할퀴다.
urpejar tr. (할퀴어서) 상처를 입히다.
ursí ursina ursins ursines adj. 곰의.
úrsids m.pl. [동물] 곰류에 속하는 동물.
urticàcies f.pl. [식물] 쐐기풀과 식물.
urticació urticacions f. [의학] (벌레 등에 쏘여) 따끔함.
urticant urticants adj. 건드리면 따끔한.
urticant adj. 따끔따끔한.
urticària urticàries f. [의학] 두드러기.
urubú urubús m. [조류] (남미 지역에 사는) 검은 독수리.
us pron. [**vos**의 다른 형태. 자음이나 u로 끝나는 동사 뒤에서는 -**vos**; u 이외의 모음으로 끝나는 동사 뒤에서는 -**us**; u로 끝나는 동사 뒤에서는 **'s**; **vos**의 다른 형태로 대격·여격 인칭 대명사 2인칭 복수형, 또 재귀 대명사로 쓰임] **1** 너희를, 자네들을; 너희에게, 자네들에게. *Us dono diners* 너희에게 돈을 준다. *Ja vos ho he dit* 이미 너희에게 그것을 말했다. **2** [존칭으로 쓰여] 당신들을, 당신들에게; 귀관들에게. *Us demano perdó* 용서를 빕니다. *Vos[us] ho repeteixo* 그것을 반복해서 말씀드립니다. *Vinc a sentir-vos cantar* 너희가 노래 부르는 것을 듣고자 왔다.
ús usos m. **1** 사용, 이용. **2** 습관, 관습; 관례. **3** 용도, 용법; 적용(aplicació). **4** 수, 방법. **5** [상업] 어음 기간.
estar en ús 사용되다, 실용 중이다.
fer bon[mal] ús de 선용[악용]하다.
fer ús de 이용하다, 사용하다.
usador usadora usadors usadores adj. usar하는.
usança usances f. **1** 습관, 관례, 풍습. **2** 어음 (지급 관례) 기간; 상(商)관례.
usar tr. **1** 쓰다, 사용하다. **2** 습관으로 하다, 곧잘 ...하다(acostumar). *Usen llevar-se d'hora* 그들은 일찍 일어나는 습관이 있다. -intr. 쓰다. -se **1** 쓰이다, 사용되다. **2** 행해지다, 유행으로 쓰이다(portar-se).
usat usada usats usades adj. **1** 익숙한, 습관이 밴(avesat). **2** 낡은, 닳은,

usatge usatges *m.* 습관; 관례, 풍습.
usdefruit usdefruits *m.* **1** 수익, 이익. **2** (일종의) 인역권(人役權), 용역권(用役權), 수익권(受益權).
usdefruitar *tr.* =usufructuar.
userda userdes *f.* =alfals.
usitat usitada usitats usitades *adj.* 익숙한, 몸에 밴; 많이 사용한.
usual usuals *adj.* **1** 일상의, 통상의, 보통의; 상용의. **2** 붙임성 있는.
usuari usuària usuaris usuàries *adj.* 사용권을 가진.
-*m.f.* 사용권 소유자, 사용자, 수요자.
usufructuar *tr.* 이용권·용역권을 사용하다.
usufructuari usufructuària usufructuaris usufructuàries *adj.* 이용권을 가진, 이용권자의, 용역권자의.
-*m.f.* 이용권자, 용역권자.
usura usures *f.* 고리, 폭리, 이자.
pagar amb usura 이자를 붙여 지불하다; [비유] 은혜를 충분히 갚다.
usurer usurera usurers usureres *m.f.* 고리대금업자.
usurpació usurpacions *f.* (권력·지위의) 강탈, 찬탈; 권리 침해, 불법 점유.
usurpador usurpadora usurpadors usurpadores *adj.m.f.* usurpar하는 (사람).
usurpar *tr.* (권력·지위를) 빼앗다, 차지하다, 강탈하다, 찬탈하다; 횡령하다.
utensili utensilis *m.* 도구, 용구; (특히) 가정용품, 세간.

úter úters *m.* [해부] 자궁.
uterí uterina uterins uterines *adj.* **1** 자궁의. **2** 어머니 쪽의(matrilineal); 아버지가 다른, 동복(同腹)의.
útil útils *adj.* **1** 유용한, 유익한, 쓸모 있는. **2** (사용하기에) 편리한.
utilitari utilitària utilitaris utilitàries *adj.* 이익 본위의, 공리주의의; 실용적인.
-*m.* 실용적인 차(cotxe utilitari).
utilitat utilitats *f.* 유용(성), 효용, 사용 가치; 이익, 유익; 편리, 실리.
utilització utilitzacions *f.* 이용, 사용, 활용.
utilitzar *tr.* 이용하다, 사용하다, 활용하다.
utillatge utillatges *m.* [집합] 도구·공구 한 세트.
utopia utopies *f.* 이상향, 유토피아; 이상적인 나라, 이상적 사회 체계; 이상적인 계획.
utòpic utòpica utòpics utòpiques *adj.* 이상향의, 유토피아의, 꿈같은, 공상적인.
utopista utopistes *m.f.* [남녀동형] 이상주의자, 몽상가.
utricle utricles *m.* **1** [해부] (귀의) 청각기관의 속 부분.
utricular utriculars *adj.* utricle의.
úvula úvules *f.* [해부] 목젖.
uvular uvulars *adj.* **1** [해부] 목젖의. **2** [음성] 목젖음의.
uxoricida uxoricides *m.* 아내 살해범.
uxoricidi uxoricidis *m.* 아내 살해.

V v

v *f.* 카탈루냐어 알파벳의 스물두 번째 문자.
va vana vans vanes *adj.* **1** 헛된, 무익한, 쓸데없는, 공연한(inútil). **2** 근거 없는, 사실무근의. **3** 덧없는, 허망한, 공허한, 부질없는(frívol). **4** 어리석은, 우둔한.
en va 헛되이, 공연히, 아무 쓸데없이 (inútilment).
vaca vaques *f.* **1** 암소; 쇠고기. **2** [어류] 전기가오리[가오리의 일종]. **3** (도박에서 공동 출자한) 돈. **4** 소가죽. **5** (작은 배 두 척으로 하는) 저인망 어로, 트롤 어선.
vacada vacades *f.* 소 떼; 축우.
vacança vacances *f.* **1** (길의) 빈 공간. **2** 빈자리, 공석; 결원. **3** *pl.* 휴가, 방학, 바캉스.
vacant vacants *adj.* 비어 있는; 공석의, 결원 중의.
-f. **1** 결원, 공석, 빈자리. **2** 쉼, 휴가.
vacar *intr.* **1** (자리가) 비다, 공석이 되다; 빈 공간이 생기다. **2** 쉬다, 휴가를 얻다.
vaccí vaccina vaccins vaccines *adj.* **1** 소의; 쇠고기의. **2** 쇠가죽의. **3** 우두의, 종두의; 백신의.
-m. **1** [의학] 예방 주사, 백신; 우두, 종두. **2** 소에 의해 전염된 병.
vaccinació vaccinacions *f.* [의학] 예방주사, 백신 주사.
vaccinar *tr.* 예방 주사를 놓다.
vacil·lació vacil·lacions *f.* **1** 흔들림, 요동, 진동. **2** 주저, 망설임.
vacil·lant vacil·lants *adj.* **1** 흔들리는. **2** 주저하는, 망설이는.
vacil·lar *intr.* **1** 흔들리다, 요동하다, 진동하다; 동요하다. **2** (빛·불 등이) 너울거리다. **3** 주저하다, 망설이다(dubtar). **4** [비유] (기억이) 왔다 갔다 하다.
vacu vàcua vacus vàcues *adj.* 빈, 비어 있는; 빈자리의, 공석의, 결원의.
vacuïtat vacuïtats *f.* **1** 공허, 진공. **2** (마음이) 허망함, 공허함; 방심, 얼빠짐, 멍함. **3** 무익한 말, 쓸데없는 일.
vacum vacums *m.* 축우.
vacuna vacunes *f.* [의학] =vaccí.
vacunació vacunacions *f.* =vaccinació.
vacunar *tr.* =vaccinar.
vacúol vacúols *m.* [생물] 공포, 액포.
vademècum vademècums *m.* **1** 안내서, 편람. **2** 메모용 노트.
vaga vagues *f.* 파업, 동맹 파업, 스트라이크, 태업, 사보타주.
vaga de braços caiguts 연좌 파업.
vaga de fam 단식 투쟁.
vaga general 총파업.
vagabund vagabunda vagabunds vagabundes *adj.* **1** 유랑의, 방랑하는, 떠돌아다니는, 정처 없이 헤매는. **2** 빈둥빈둥 노는, 할 일 없이 돌아다니는.
-m.f. **1** 방랑자, 유랑자, 정처 없는 나그네, 떠돌이. **2** 게으름뱅이(dropo).
vagabundejar *intr.* **1** 방랑하다, 유랑하다, 떠돌아다니다. **2** 무위도식하다, 빈둥빈둥 놀다, 할 일 없이 돌아다니다.
vagabunderia vagabunderies *f.* 방랑, 유랑, 방랑 생활; 부랑아들.
vagament *adv.* 막연히, 모호하게.
vagància vagàncies *f.* 방랑, 유랑; 무위도식.
vagant vagants *adj.* **1** 방랑하는, 떠돌아다니는, 방황하는. **2** 빈둥거리는, 무위도식의.
vagar *intr.* **1** 방랑하다, 떠돌아다니다, 여기저기 돌아다니다; 방황하다. **2** 쉬다; 한가하다, 여유가 있다. **3** 이 궁리 저 궁리 하다.
vagar de ...할 여유가 있다, 시간이 있다.
vagareig vagareigs[vagarejos] *m.* (거리를) 쏘다님, 돌아다님.
vagarejar *intr.* **1** 방랑하다, 떠돌아다니다(errar). **2** (거리를) 쏘다니다. *Vagava pels carrers* 나는 거리를 쏘다녔다. **3** 한가하다, 여유가 있다; 빈둥거리다; 무위도식하다.

vagarívol vagarívola vagarívols vagarívoles *adj.* **1** 방랑의, 편력의, 유랑의, 유목의. *una tribu vagarívola* 유랑족. **2** (거리를) 쏘다니는, 정처 없이 돌아다니는. **3** 빈둥거리는, 무위도식의 (ociós).

vagarós vagarosa vagarosos vagaroses *adj.* =vagarívol.

vagarro vagarra vagarros vagarres *m.f.* =dropo.
-*m.* =abellot.

vagassejar *intr.* =dropejar.

vagina vagines *f.* **1** [해부] 질(膣). **2** 칼집; 콩깍지(beina).

vaginal vaginals *adj.* **1** [해부] 질의. **2** 칼집의, 콩깍지의.

vaginitis vaginitis *f.* [단·복수동형][의학] 질염.

vagit vagits *m.* (갓난아이의) 울음소리.

vagó vagons *m.* (열차의) 차량, 객차; 화차(vagó de càrrega).
  vagó cisterna 유조차, 탱크차.
  vagó llit 침대차.
  vagó restaurant 식당차.

vagoneta vagonetes *f.* 트럭, 소형 화물차.

vague vaga vagues vagues *adj.* **1** 방랑하는, 떠돌아다니는(errant). **2** 막연한, 애매한, 분명치 않은(imprecís). **3** 흐릿한, 몽롱한, 흐리멍텅한. **4** [구어] 빈둥거리는(gandul); 게으른, 나태한. **5** [해부] 미주의.
-*m.* [해부] 미주 신경.

vaguejar *intr.* **1** 방황하다. **2** 신소리를 하다, 쓸데없는 소리를 하다, 여담을 늘어놓다. **3** 이 생각 저 생각을 하다.

vagueries *f.pl.* 헛소리, 실없는 소리, 여담, 한담.

vaguetat vaguetats *f.* 모호함, 애매함, 막연함; 애매한 말, 어정쩡한 말.

vaguista vaguistes *m.f.* [남녀동형] 동맹 파업자, 스트라이크하는 사람.

vailet vaileta vailets vailetes *m.f.* **1** 종업원, 웨이터. **2** 젊은이, 소년, 소녀.

vainilla vainilles *f.* **1** [식물] 바닐라[향료 식물]; 그 열매. **2** 바닐라 아이스크림.

vaitot vaitots *m.* (게임에서) 모든 것을 다 걺.
  fer un vaitot 나머지를 다 걸다.

vaivé vaivens *m.* **1** 왕복 운동. **2** 동요, 흔들림. **3** [비유] 변화, 변동; 변전(變轉), 변이성; 불확실.

vaiverejar *intr.* 쏘다니다, 돌아다니다.

vaixell vaixells *m.* **1** 그릇, 식기, 용기. **2** 배, 선박.

vaixella vaixelles *f.* 그릇, 식기; (주방) 홈 세트.

vaixeller vaixellera vaixellers vaixelleres *m.f.* [해사] (배·군함의) 승무원.

vaja *interj.* 감탄·반대·불쾌·놀라움 등을 나타내는 감탄사.

val vals *m.* **1** 인환증, 물품 인수증; 차용증. **2** 어음, 약속 어음, 지급 어음; 증서, 증권.

valdre *intr.prnl.* =valer.

valedor valedora valedors valedores *adj.* 유효한, 효력이 있는; 가치 있는.
-*m.f.* **1** 보호자(protector). **2** 동지, 동료, 친구; 한통속.

valença valences *f.* 보호, 비호, 두둔.
  fer valença 도와주다, 보호하다, 감싸다, 비호하다.

valència valències *f.* [화학] 원자가(原子價).

valencianisme valencianismes *m.* **1** 발렌시아 말투·방언. **2** 발렌시아 지방주의.

valent valenta valents valentes *adj.* **1** 용기 있는, 용감한, 씩씩한. **2** [명사 앞에서] 지독한, 굉장한(gran). *És un valent poca-vergonya* 그는 지독한 철면피다.
  a la valenta 전심으로, 강한 집념을 가지고; 진지하게, 가슴 깊이. *prendre's a la valenta una cosa* 무엇을 가슴 깊이 새기다, 진지하게 받아들이다, 중요하게 생각하다.
  de valent 열심히(molt); 끊임없이, 격렬하게. *ploure de valent* 비가 그치지 않고 내리다.

valentia valenties *f.* 용기, 용감함.

valer *intr.* **1** 유능하다; 위력·권력이 있다. **2** 가치가 있다, 쓸모가 있다, 쓸 만하다; 효력이 있다, 유효하다. -*tr.* **1** (금액·수량이) ...에 달하다, 얼마가 되다. **2** (...에) 상당하다, ...과 같다(equi-

valer). 3 [비유] (사람이) 가치가 있다. En Joan val tots els diners del món 조안은 세상의 모든 금을 합친 만큼의 가치가 있다; 조안은 아주 귀중한 사람이다. 4 [간접목적어와 함께 쓰여] ...해도 마땅하다, ...할 만한 자격이 있다. La seva serenitat li ha valgut el premi 그의 침착성은 상 받을 만하다. 5 (신·성자 등이) 보호하다, 보살피다. -se 1 사용하다, 이용하다. 2 유용하다, 사용할 수 있다. fer valer 힘을 발휘하다, 위력을 발휘하다. fer-se valer 존중하다, 소중히 여기다. no valer ni una malla[ni cinc, ni un xavo, un rave, un clau] 아무런 가치가 없다. no s'hi val a ...해 봤자 소용없다. No s'ho val [감사 표현에 대한 대답으로] 천만에요!, 뭘요!, 아무것도 아닙니다! Quant val? 가격이 얼마입니까? valer per (...을 대신할 만한) 가치가 있다. valer para ...에 필요하다, ...에 쓸모가 있다. valer un imperi[un tresor, més or que no pesa] [비유] 엄청난 가치를 가지다, 매우 귀중하다.
valeriana valerianes f. [식물] 쥐오줌풀.
valerós valerosa valerosos valeroses adj. =valent.
valetudinari valetudinària valetudinaris valetudinàries adj. 병약한, 허약한.
vàlid vàlida vàlids vàlides adj. 1 효력이 있는, 유효한. 2 견실한, 강인한, 장부다운, 씩씩한.
validació validacions f. 유효화, 효력 인정.
validar tr. 유효하게 하다, 효력을 인정하다.
validesa valideses f. 유효, 효력.
valiment valiments m. =protecció, favor.
valisa valises f. 1 가방, 휴대용 가방; 여행 가방; 우편 행랑. 2 (외교 기관의) 파우치.
vall[1] valls f. 1 계곡, 골짜기. 2 [지리] 유역, 저지, 분지. 3 계곡의 도시; [비유] 세상.
vall de llàgrimes 눈물의 계곡; [비유] 이 세상, 속세.
vall[2] valls m. 고랑, 도랑; 땅 파기.
vallejar tr. 도랑·호를 파다.
valona valones f. 1 (옛날의) 깃 장식. 2 턱받이. 3 촛불받이.
valor m.[f] 1 가치, 값어치; 소중함, 귀중함. 2 귀중한 사람. 3 효력, 소용. Aquest certificat no té cap valor 이 증명서는 전혀 효력이 없다. 4 용기, 용맹, 기백, 대담성, 배짱(coratge). 5 [수학] 수치. 6 [음악] 음장. 7 가격, 값, 금액. 8 pl. [경제] 증권; 공채, 사채, 주식.
de valor 중요한, 중대한, 의미심장한.
valor adquisitiu 구매력; 화폐 가치.
valor declarats 금액 표기 우편물.
valoració valoracions f. 1 평가, 가치 부여. 2 평가 절상.
valorar tr. 1 평가하다, 값을 매기다. 2 소중히 생각하다, 가치를 부여하다.
valoratiu valorativa valoratius valoratives adj. 평가하는, 가치를 부여하는.
vals valsos m. [음악] 왈츠.
valsar intr. 왈츠를 추다.
vàlua vàlues f. 가치, 값어치, 소중함.
major vàlua [경제] (물가의) 앙등, 등귀(plus-vàlua).
valuació valuacions f. 1 평가(액), 어림, 견적. 2 (자산의) 산정, 감정.
valuós valuosa valuosos valuoses adj. 1 소중한, 귀중한. 2 가치가 있는; 유효한. 3 부유한, 부호의.
valva valves f. 1 (꼬투리·각지 등의) 한 쪽. 2 (기계의) 판.
vàlvula vàlvules f. 1 [기계] 밸브, 판(瓣). 2 [해부] 판, 판막. 3 (라디오의) 진공관.
valvular valvulars adj. 1 밸브의, 밸브 모양의; 밸브가 달린; 밸브로 작용하는. 2 [해부] 심장 판막의.
valvulitis valvulitis f. [단·복수동형][의학] 심장 판막염.
vamba vambes f. (스포츠용) 운동화.
vampir vampira vampirs vampires m.f. 1 흡혈귀. 2 [비유] 피를 빨아 먹는 사람, 착취자. 3 [동물] 흡혈박쥐.

vampiressa vampiresses *f.* 흡혈귀 같은 여자.
vampirisme vampirismes *m.* 탐욕, 착취.
vanadi *m.* [화학] 바나듐[금속 원소].
vanaglòria vanaglòries *f.* 자만, 우쭐해 함, 허영심.
vanagloriar-se *prnl.* 자만하다, 우쭐해하다(vanar-se).
vanagloriejar-se *prnl.* =vanagloriar-se.
vanar-se *prnl.* =vanagloriar-se.
vàndal vàndala vàndals vàndales *adj.* 반달 족[5세기에 로마를 휩쓴 게르만의 한 민족]의.
-m.f. **1** 반달 족. **2** [비유] (문화·예술의) 파괴자.
vandàlic vandàlica vandàlics vandàliques *adj.* **1** 반달 족의. **2** (문화·예술을) 파괴하는; 파괴적인, 야만적인. *un acte vandàlic* 야만적인 행위.
vandalisme vandalismes *m.* **1** 반달 족의 기질·풍습. **2** (문화·예술의) 파괴, 만행.
vanejar *intr.* **1** 이 궁리 저 궁리를 하다. **2** 쓸데없는 소리를 하다, 신소리를 하다, 여담을 늘어놓다. **3** 헛소리를 하다, 잠꼬대를 하다. **4** [의학] 기력이 쇠해지다, 힘이 약화되다, 의기소침해지다.
vanitat vanitats *f.* **1** 공허, 허무; 덧없음, 무상함; 헛됨, 무익. **2** 무익한 일, 헛된 일, 보잘것없는 일. **3** 자만, 허영심, 허식(orgull); 자만하는 것, 허영의 근원.
vanitós vanitosa vanitosos vanitoses *adj.* 허영심이 많은, 체면을 몹시 차리는.
vànova vànoves *f.* 침대 커버.
vantar-se *prnl.* =vanar-se.
vapor vapors *m.* **1** 증기, 김, 수증기. **2** (연무·아지랭이·안개·연기 등의) 증발기체. **3** 기선, 증기선. **4** *pl.* 울적함, 침울, 우울증. **5** [비유] 공상, 망상, 허황된 생각.
vaporació vaporacions *f.* =vaporatge.
vaporada vaporades *f.* 증기의 발산; 연무 현상.
vaporar *tr.* (천에) 분무하다.
vaporatge vaporatges *m.* (천에) 분무하는 일.
vaporització vaporitzacions *f.* **1** [물리] 기화, 증발 (작용). **2** [의학] 증기 요법. **3** [비유] 소산, 무산.
vaporitzador vaporitzadora vaporitzadors vaporitzadores *adj.* 기화하는, 증발하는.
vaporitzar *tr.* **1** 기화시키다, 증발시키다. **2** 분무하다, 안개 모양으로 만들다. **-se** 기화하다, 증발하다.
vaporós vaporosa vaporosos vaporoses *adj.* **1** 증기의, 증기를 내는, 김이 나는; 수증기가 많은. **2** 가벼운, 경쾌한 (lleuger). *un vestit vaporós* 매우 가벼운 옷.
vaquer vaquera vaquers vaqueres *adj.* **1** 소의; 소를 치는, 목축하는. **2** 청바지의, 블루진의.
-m.f. 목동, 카우보이, 소몰이; 목축업자.
vaqueria vaqueries *f.* **1** 소떼, 목축떼. **2** 유업(乳業); 착유소(lleteria).
vaquerís vaquerissa vaquerissos vaquerisses *m.f.* 목동, 카우보이, 소몰이.
vaqueta vaquetes *f.* 소가죽.
vaquí vaquina vaquins vaquines *adj.* 소의; 우속(牛屬)의(boví).
vara vares *f.* **1** 가느다란 나뭇가지; 회초리, 작대기. **2** 지휘봉, 권표, 권위의 지팡이; 힘, 권위, 권력. **3** 직, 직책; 직업(càrrec). *deixar la vara d'alcalde* 시장직을 놓다. **4** (길이를 재는) 자. **5** (짐수레의) 옆구리 받침.
vara de Jessé [식물] 수선화.
tenir vara alta 권위를 가지다.
varador varadors *m.* [해사] 배를 진수시키는 곳.
varal varals *m.* (무대의) 측면 조명.
varar *tr.* [선박] (배를) 갯가에 올려놓다; (배를) 진수시키다.
vareta varetes *f.* vara의 지소사.
vari vària varis vàries *adj.* **1** 변하는, 변덕스러운, 변화가 많은(mudable). **2** 다양한, 가지각색의, 여러 가지의, 다방면의, 다각적인(divers). *de colors varis* 가지각색 색깔의. **3** 서로 다른.
variabilitat variabilitats *f.* **1** 변하기 쉬움, 가변성, 불안정성. **2** [생물] 변이

성.
variable variables adj. **1** 변하기 쉬운, 가변적인; 변덕스러운. **2** 불안정한, 일정치 않은. la variable població 일정치 않은 인구. **3** 가변성의, 변형 가능한. **4** [문법] 어미변화의, 어미 활용의. **5** [수학][경제] 변수의. **6** [생물] 변이하는. **7** [천문] 변광하는.
-f. [수학][경제] 변수.
variació variacions f. **1** 변화, 변동, 변천; 변화의 양·정도. la variació d'una funció 기능의 변화. **2** 변형물, 이체. **3** [수학] 진폭, 변분. **4** [물리] 편차. **5** [생물] 변이, 변종. **6** [천문] 변차, (달의) 이균차. **7** [음악] 변주, 변주곡; [발레] 혼자 추는 춤. **8** [문법] 어미변화, 어미 활용.
variacional variacionals adj. variació의.
variant variants adj. variar하는.
-f. **1** (텍스트의) 이본(異本). **2** [문법] 변이형.
variar tr. **1** 바꾸다, 고치다, 변경하다 (modificar). **2** 변화를 주다, 다양하게 하다, 다변화시키다(diversificar). -intr. 바뀌다, 변하다, 변화하다; 편차가 생기다.
variat variada variats variades adj. **1** 가지각색의, 각양각색의, 형형색색의, 갖가지의, 잡색의. **2** 변화가 있는, 변화형의.
variça varices f. [의학] 정맥 절류; 정색(精索), 정맥류.
varicel·la varicel·les f. [의학] 수두.
varicositat varicositats f. [의학] 정맥 절류.
variejar intr. 헛소리를 하다, 신소리를 하다, 잠꼬대를 하다.
varietat varietats f. **1** 변화, 다양성, 각양각색; 잡다한 것, 가지각색의 것, 주워 모은 것. **2** 종류, 이종. **3** 가변성. **4** [생물] 변종; 인공 품종. **5** pl. 버라이어티[노래·춤·토막극 등으로 엮은 쇼].
variolós variolosa variolosos varioloses adj. 천연두의.
-m.f. 천연두 환자.
variu varius f. =variça.
vas vasos m. **1** 컵, 유리잔; 그릇, 용기. **2** 묘, 무덤. **3** [해부][식물] 맥관(脈管), 도관.
vas d'elecció [신학] 신에 의해 선택된 사람; 사도바울.
vasa vases f. 테두리, 테, 틀.
vascular vasculars adj. **1** [해부] 맥관(脈管)의, 혈관의; 혈관이 많은. **2** [식물] 유관속(維管束)의.
vaselina vaselines f. [화학] 바셀린.
vasoconstricció vasoconstriccions f. [의학] 혈관 수축.
vasoconstrictor vasoconstrictora vasoconstrictors vasoconstrictores adj. [의학] 혈관 수축을 일으키는.
-m. 혈관 수축약.
vasodilatació vasodilatacions f. [의학] 혈관 팽창.
vasodilatador vasodilatadora vasodilatadors vasodilatadores adj. [의학] 혈관 팽창을 일으키는.
-m. 혈관 팽창약.
vassall vassalla vassalls vassalles adj. 신하의, 가신의.
-m.f. 신하, 가신(súbdit)
vassallatge vassallatges m. 신하의 신분; 종속, 예속.
vast vasta vasts[vastos] vastes adj. 넓은, 널찍한, 광막한, 광대한, 광범한.
vastitud vastituds f. 광활함, 광범함; 넓이.
vàter vàters m. 변소.
vaticà vaticana vaticans vaticanes adj. 바티칸의, 교황청의.
vaticinador vaticinadora vaticinadors vaticinadores adj.m.f. vaticinar하는 (사람).
vaticinar tr. 예고하다, 예언하다, 예견하다, 점치다, 예감하다.
vaticini vaticinis m. 예고, 예언, 예견, 점, 예감.
vatua interj. [놀라움·분노·화 등을 나타내는 감탄사] 대단하군!, 말도 안돼!, 제기랄!
veça veces f. [식물] 쥐엄나무의 일종; 그 열매.
vecera veceres f. =veça.
vector vectora vectors vectores adj.m. **1** [수학][물리] 벡터(의), 방향량(의). **2** [의학] (병균의) 매개 동물(의).
vectorial vectorials adj. vector의.

veda vedes *f.* 금지, 금어(기), 금렵(기).
Veda *m.* 베다[고대 인도의 바라문교의 경전].
vedar *tr.* **1** 금하다, 금지하다(prohibir). **2** 막다, 저지하다, 방해하다(impedir).
vedat vedats *m.* 출입 금지 구역, 금렵 지역.
vedell vedella vedells vedelles *m.f.* [동물] 송아지.
-*m.pl.* [식물] 금어(金魚)초[다년생 관상용 나무].
vedellada vedellades *f.* (암소의) 송아지 출산.
vedellar *tr.* (암소가) 송아지를 낳다.
vedruna vedrunes *f.* 돌 쌓기.
vegada vegades *f.* 횟수, 차례, 번.
 a la vegada 동시에.
 alguna vegada 언젠가; 때때로, 종종.
 altra vegada 다시 한번, 한 번 더; [감탄사적으로] 앙코르!
 a[de, algunes] vegades 때때로, 종종.
 cada vegada 매번, 언제나.
 d'una vegada 한번에, 단번에, 단숨에, 한꺼번에.
 moltes vegades 자주, 여러 번.
 nombroses vegades 반복적으로, 여러 차례에 걸쳐.
 per darrera[última] vegada 마지막으로.
 tota vegada que ...할 때마다, 항상 ... 할 때면.
 una vegada[una vegada que] 일단 ... 하면, ...한 후에.
 una vegada més 한번 더, 다시 한번 더.
 una vegada per sempre[per totes] 단번에 영원히.
vegetació vegetacions *f.* **1** [집합] 식물, 초목. **2** (식물의) 생장, 생육, 자람. **3** [의학] [일반적으로 복수로 쓰여] 비대, 증식; 혹.
vegetal vegetals *adj.* 식물(성)의, 채소의.
-*m.* 식물, 나무, 초목; 채소.
vegetant vegetants *adj.* vegetar하는.
vegetar *intr.* **1** (식물이) 생장하다, 자라다. **2** [비유] 무위도식하다, 하는 일 없이 빌어먹다, 놀며 먹다.
vegetarià vegetariana vegetarians vegetarianes *adj.* 채식주의의.
-*m.f.* 채식주의자.
vegetarianisme vegetarianismes *m.* 채식주의.
vegetatiu vegetativa vegetatius vegetatives *adj.* **1** (식물이) 생장하는, 생장력이 있는, 발육에 영양을 주는. **2** 무위도식하는.
veguer veguera veguers vegueres *m.f.* [역사] (옛 카탈루냐, 아라곤, 안도라, 마요르카 등지의) 판관, 검사.
vehemència vehemències *f.* **1** 격렬함, 맹렬함, 과격함. **2** 열정, 열렬함, 열의, 열심.
vehement vehements *adj.* **1** 격렬한, 맹렬한; (성격이) 과격한. **2** 열정적인, 열렬한, 열심인, 열의가 있는.
vehicle vehicles *m.* **1** 차, 탈것, 운반 기구. **2** [비유] 도구, 매체; 매개체, 매개물, 전도체.
vehicular[1] vehiculars *adj.* **1** 운반하는, 운송하는. **2** [언어] 수단이 되는, 전달해 주는.
vehicular[2] *tr.* 나르다, 운반하다, 운송하다.
veí veïna veïns veïnes *adj.* **1** 이웃의, 이웃에 사는. **2** 가까운, 근처의. **3** 유사한, 근사한, 비슷한.
-*m.f.* 이웃 사람; 주민, 거주자.
veïnal veïnals *adj.* **1** (이웃) 주민의, 시민의. **2** 시골의, 인근의.
veïnat[1] veïnats *m.* **1** 주위, 인근, 부근. **2** [집합] 이웃 주민.
veïnat[2] veïnada veïnats veïnades *m.f.* 이웃 사람[개체로서의 이웃에 사는 사람을 의미함].
veïnatge veïnatges *m.* **1** =veïnat. **2** 연대, 유대.
veire veires *m.* =got.
veixiga veixigues *f.* [해부] 방광(bufeta).
 veixiga natatòria (물고기의) 부레.
vel vels *m.* **1** 베일, 면사포. **2** 덮개, 씌우개, 장막, 포장, 휘장. **3** 머리에 쓰는 천. **4** [비유] 구실, 핑계.
 prendre el vel 수녀가 되다, 천주교에 귀의하다.
vela veles *f.* **1** 돛, 범선, 돛배. **2** 텐트, 천막, 차일; (서커스장의) 천막. **3** [스

포츠] 요트 경기.
abaixar[**amainar, arriar, plegar**] **veles** 돛을 내리다; 단념하다.
anar a la vela 전속력으로 항해하다; 매우 술에 취하다.
fer vela[**fer-se a la vela, donar vela**] 출범하다, 항해하다.
velació velacions *f.* **1** 밤샘, 철야, 불침번. **2** *pl.* (혼례에서) 베일을 씌워 주는 의식; 기도회.
velam velams *m.* [집합] 돛.
velar[1] velars *adj.* **1** [해부] 목젖의, 연구개의. **2** [음성] 연구개음의.
-f. [음성] 연구개음.
velar[2] *tr.* **1** 망을 씌우다, 베일을 씌우다. **2** 숨기다, 가리다, 감추다. **3** (사진을) 흐리게 하다. **-se 1** 베일을 쓰다, 망을 쓰다. **2** (사진이) 흐려지다.
velarització velaritzacions *f.* [음성] 연구개음화.
velaritzar *tr.* [음성] 연구개음화하다.
velejar *intr.* [해사] 돛을 달고 항해하다.
veler velera velers veleres *adj.* 돛의.
-m. 돛단배, 범선.
-m.f. 돛 제조업자.
vèlic vèlica vèlics vèliques *adj.* 돛의.
vell vella vells velles *adj.* **1** 늙은, 나이가 많이 든. **2** 오래된, 묵은, 진부한, 구식의, 낡은(antic). **3** 옛날의, 예로부터의.
de vell 중고의, 낡은.
-m.f. **1** 노인, 늙은이. **2** (새의) 어미, 암컷; 수컷.
vellard vellarda vellards vellardes *adj.* 나이 많은, 늙은.
-m.f. **1** 노인. **2** [과장적으로 쓰여] 노총각, 노처녀.
vel·leïtat vel·leïtats *f.* **1** 경박함, 방정맞음. **2** ...하고 싶은 마음; 바람기. **3** 불안정.
vel·leïtós vel·leïtosa vel·leïtosos vel·leïtoses *adj.* **1** 경거망동하는. **2** 바람기가 있는. **3** 불안정한.
vellesa velleses *f.* **1** 노년(기), 노령. **2** (노인의) 주책, 푸념. **3** [비유] 낡음, 진부, 구식.
A les velleses es fan bestieses [구어] 나이에 걸맞지 않은 짓을 하는 사람에게 쓰는 감탄사.
velló vellons *m.* **1** [집합] (깎아 낸) 양털. **2** 한 마리분의 양털.
vellós[1] vellosa vellosos velloses *adj.* [해부] 털이 많은.
vellós[2] vellosa vellosos velloses *adj.* 늙기 시작하는, 초로의.
vellositat vellositats *f.* [해부] 털이 많음, 털북숭이.
vellotejar *intr.* 늙기 시작하다.
vellúria vellúries *f.* 옛날, 고대.
vellut velluts *m.* **1** 벨벳. **2** [식물] 색비름.
vellutejar *intr.* (옷이) 벨벳 같다.
veloç veloç veloces veloces *adj.* 빠른, 신속한, 민첩한, 경쾌한.
velocímetre velocímetres *m.* 속도계.
velocípede velocípedes *m.* (뒷바퀴가 작은) 자전거의 일종.
velocipedista velocipedistes *m.f.* [남녀동형][스포츠] 사이클 선수.
velocista velocistes *m.f.* [남녀동형][스포츠] (육상·수영 등의) 단거리 선수.
velocitat velocitats *f.* 빠르기, 속력, 스피드.
a tota velocitat 전속력으로.
perdre velocitat 속력을 잃다.
velòdrom velòdroms *m.* [스포츠] 사이클 경기장.
velomotor velomotors *m.* 모터사이클, 원동기 달린 자전거.
vena venes *f.* **1** [해부] 정맥, 혈관. **2** [동물] (곤충의) 시맥(翅脈). **3** [식물] 잎맥. **4** [광물] 맥, 암맥, 광맥(filó). **5** [지질] 광맥, 수맥. **6** (돌·나무의) 결, 줄무늬. **7** [비유] 감흥, 영감; 기분, 충동. **8** 특질, 기질, 성질, 성향.
estar[**sentir-se**] **en vena** ...할 준비가 되어 있다; 마음이 내키다.
venable venables *m.* 투창.
venació venacions *f.* 사냥, 수렵.
venal[1] venals *adj.* **1** [해부] 맥의, 정맥의. **2** (광맥·잎맥 등의) 맥의.
venal[2] venals *adj.* **1** 팔 물건의, 판매할. **2** (돈으로) 살 수 있는, 매수할 수 있는(subornable).
venatori venatòria venatoris venatòries *adj.* 사냥의, 수렵의.

vencedor vencedora vencedors vencedores *adj.* 승리의.
-*m.f.* 승리자, 우승자.
vèncer *tr.* **1** 이기다, 격파하다. **2** (논쟁 등에서) 우세하다, 뛰어나다. **3** 지다, 굴복하다. **4** [비유] (장애·난관을) 이겨내다, 극복하다, 정복하다. *vèncer les dificultats* 난관을 이겨내다. **5** (감정을) 억제하다. -*intr.* 기한이 차다, 만기가 되다.
vencill vencills *m.* 줄, 끈, 새끼줄.
vencillar *tr.* 줄로 묶다.
vencilló vencillons *m.* 짧은 줄.
venciment venciments *m.* vèncer하는 일.
vençó vençons *f.* 패배, 패퇴.
posar en vençó 패배시키다, 패퇴시키다.
venda vendes *f.* 판매, 매출.
vendaval vendavals *m.* (바다에서 불어오는) 강풍, 폭풍.
vendre *tr.* **1** 팔다, 판매하다. **2** (정조를) 팔다; 희생시키다. **3** (신용을) 팔다, 배반하다(trair). **4** 말하다, 알게 하다, 말해 주다. -**'s 1** 팔다, 팔리다. **2** [비유-] (자신을) 희생하다. **3** 배반하다 (trair-se). **4** 뇌물에 넘어가다.
vendre a la menuda[*al detall*] 소매로 판매하다.
vendre a l'engròs 도매로 판매하다.
venedissa venedisses *f.* 대매출.
venedor venedora venedors venedores *adj.* 파는.
-*m.f.* 판매원, 외판원, 세일즈맨.
venenós venenosa venenosos venenoses *adj.* **1** 독이 있는, 유독한. **2** 유해한, 해로운. **3** 악한, 악의가 있는.
venerable venerables *adj.* **1** 공경해야 할, 존경받을 만한, 훌륭한, 덕망 있는. **2** 유서 깊은, 고색창연한.
veneració veneracions *f.* 공경, 존경, 숭배.
venerar *tr.* **1** 존경하다, 공경하다. **2** [종교] 제사 지내다, 숭앙하다.
veneri venèria veneris venèries *adj.* 성의, 성적인; 성병의. *malaltia venèria* 성병.
vènia vènies *f.* **1** 용서, 사면. **2** 허가, 승인.
venial venials *adj.* **1** 허락하는, 승인하는. **2** (죄가) 가벼운.
venidor venidora venidors venidores *adj.* 오는, 다가오는, 장래의.
-*m.* 미래, 장래(esdevenidor).
venir *intr.* **1** 오다, 가다. **2** (...로부터) 나오다, 비롯하다, 유래하다(procedir). **3** ... 출신이다(provenir). *venir de bona família* 좋은 가문 출신이다. **4** (생각이) 머리에 떠오르다, (어떤 마음이) 안에 들어오다. **5** (가격이) 얼마로 결정되다(resultar). **6** (어떤 상태이) 이르다, 도달하다. **7** (시간·사물 등이) 맞다, 좋다, 어울리다, 적당하다. **8** 넘어지다, 무너지다, 몰락하다.
venir a menys 나빠지다, 악화되다; 몰락하다.
venir de lluny (풍습·전통이) 오래전부터 내려오다.
venir prim[*d'un pèl, d'un no res*] ...할 차례다, 막 ...하려 하다; 얼마 안 있어 ...하다.
venir-se'n 무너지다, 넘어지다; 몰락하다, 붕괴하다, 침몰하다.
venjador venjadora venjadors venjaores *adj.m.f.* venjar하는 (사람).
venjament venjaments *m.* =venjança.
venjança venjances *f.* 보복, 복수, 벌.
venjar *tr.prnl.* 보복하다, 복수하다.
venjatiu venjativa venjatius venjatives *adj.* 보복의, 복수의.
venós venosa venosos venoses *adj.* **1** 정맥의. **2** 정맥이 있는, 힘줄이 있는.
vent vents *m.* **1** 바람, 공기. **2** [해사] 방향, 방위, 풍위(rumb). **3** 가스, 방귀. **4** (짐승이 지나간 자리의) 냄새.
allò que el vent s'endugué 바람과 함께 사라지다.
Bon vent! [구어] 좋은 여행 되세요!, 여행 잘하세요!
ventada ventades *f.* 심한 바람, 강풍.
ventador ventadora ventadors ventadores *adj.m.f.* 판매하는 (사람).
-*m.* =ventafocs.
ventafocs ventafocs *m.* [단·복수동형] 풀무.
-*m.f.* 하인, 허드렛일을 하는 사람.

ventall ventalls *m.* **1** 부채. **2** [비유] 범위, 영역.
ventalla ventalles *f.* 유리문
ventallada ventallades *f.* **1** 부채로 때림; 심한 타격. **2** 많은 부채.
ventallar *tr.* 부채질하다.
ventalló ventallons *m.* =finestró.
ventallot ventallots *m.* 심한 타격.
ventament ventaments *m.* 부채질, 풍구질; 송풍, 통풍.
ventar *intr.* 바람이 불다. -*tr.* **1** 바람을 일으키다, 바람을 넣다. **2** (깃발 등이) 바람에 휘날리다, 펄럭이다(brandar). **3** 시선을 보내다. **4** (동물이) 킁킁거리며 냄새를 맡다. **5** (검이) 바람을 가르다, 휙 소리를 내다. **6** 따귀를 때리다, 뺨을 때리다. **7** 부채질하다. -**se 1** 부채질하다. **2** 돌연히 ...하다.
ventegar ventegars *m.* =vendaval.
venteguera ventegueres *f.* 먼지를 일으키는 심한 돌풍.
ventejar *tr.* **1** 환기시키다, 통풍시키다. **2** 바람을 일으키다, 바람을 쏘이다. **3** [비유] 순화시키다; 깨끗이 청소하다. -*intr.* 바람이 불다.
ventijol ventijols *m.* 부드러운 바람, 미풍.
ventilació ventilacions *f.* 환기, 통풍; 환기법, 환기 장치; 통풍 상태.
ventilador ventiladors *m.* 선풍기; 환기통, 환기구, 통풍관.
ventilar *tr.* =ventejar.
ventim ventims *m.* **1** =ventijol. **2** [비유] 꾸중, 나무람(repulsa). **3** 몽둥이질.
ventolejar *intr.* 바람이 세차게 불다.
ventolí ventolins *m.* 미풍, 가볍고 시원한 바람.
ventolina ventolines *f.* =ventolí.
ventós ventosa ventosos ventoses *adj.* **1** 바람 부는, 바람이 많은. **2** 공기를 함유한. **3** [의학] (배에) 가스가 차게 하는.
-*m.* 프랑스 공화력의 제6월[2월 19일-3월 20일].
ventosa ventoses *f.* [의학] (의료도구의) 흡인기.
ventositat ventositats *f.* **1** 바람이 많음. **2** [의학] (배에) 가스가 참. **3** 방귀를 뀜.
ventrada ventrades *f.* [집합] (동물의) 한 배 새끼.
ventral ventrals *adj.* 배의, 복부의.
ventre ventres *m.* **1** [해부] 배, 복부. **2** 내장, 배 속에 든 것. **3** (사물의) 볼록한 부분; (선박의) 볼록한 부분.
ventregada ventregades *f.* =ventrada.
ventrell ventrells *m.* [해부] 위.
 ventrell de la cama [해부] 종아리.
 obeir el ventrell 소화시키다.
ventrellada ventrellades *f.* [의학] 소화 불량, 소화 장애, 위의 부담.
ventrera ventreres *f.* 복대.
ventresca ventresques *f.* **1** (물고기의) 배, 창자. **2** (돼지의) 비곗살.
ventricle ventricles *m.* [해부] 위낭; (심장의) 심실; (뇌수·후두 등의) 공동.
ventricular ventriculars *adj.* ventricle의.
ventríloc ventríloqua ventrílocs ventríloqües *adj.* 복화술의.
-*m.f.* 복화술사.
ventrut ventruda ventruts ventrudes *adj.* 올챙이배의, 배불뚝이의.
ventura ventures *f.* **1** 운. **2** 행운, 행복. **3** 모험, 위험.
 a la ventura 닥치는 대로, 되는대로.
 per ventura 어쩌다가, 우연히; 아마도, 대체적으로.
 anar a la ventura 운에 맞기다, 일이 되는대로 가다.
venturer venturera venturers ventureres *adj.* **1** 우연한, 우발의, 불시의. **2** 좋은 기회의; 중고의.
ventúria ventúries *f.* 강풍, 폭풍.
venturós venturosa venturosos venturoses *adj.* 행운의, 행복한.
venuda venudes *f.* 판매, 매상.
vènula vènules *f.* 작은 혈관·정맥.
venut venuda venuts venudes *adj.* 판매된; 매수된.
-*m.f.* 매수된 사람.
ver vera vers veres *adj.* **1** 진짜의(veritable). **2** 참된, 진실한, 진정한; 확실한, 사실의.
 de ver[*de veres, de bon de veres*] 사실, 진짜로, 정말로.
 dir ver 진실을 말하다.

veraç veraç veraços veraces *adj.* 진실한, 솔직한, 정직한, 성실한.
veracitat veracitats *f.* 진실, 사실, 진상; 진실성.
veral verals *m.* **1** 밭, 터. **2** 마을, 부락(veïnat, caseria). **3** [주로 복수로 쓰여] 길이 없는 외진 곳.
verament *adv.* 진실로(veritablement).
veranda verandes *f.* 베란다, 노대(露臺).
verat verats *m.* [어류] 고등어.
verb verbs *m.* **1** 단어, 어휘(paraula); 말, 언어. **2** [문법] 동사. **3** [대문자][성서] 로고스, 말씀. **4** [험담] 욕지거리.
verba verbes *f.* 말; 농담(xanxa).
verbal verbals *adj.* **1** 말의, 말에 관한, 말로 된, 용어상의. **2** 말로 하는, 구두의. **3** [문법] 동사의, 동사에서 파생된, 동사적인.
verbalisme verbalismes *m.* 자구 해석, 자구에 매임; 자구 비평.
verbalista verbalistes *adj.* 자구에 구애되는.
-*m.f.* [남녀동형] 자구에 구애되는 사람.
verbalitzar *tr.* 동사화하다.
verbalment *adv.* 말로, 구두로.
verbejar *intr.* 떠들다, 농담하다(xerrar).
verbenàcies *f.pl.* [식물] 마편초과 식물.
verbigràcia *adv.* 가령, 예컨대, 예를 들면, 이를테면(per exemple).
vèrbola vèrboles *f.* =xerrameca.
verbomania verbomanies *f.* 수다, 말이 많음, 장광설.
verborrea verborrees *f.* =verbomania.
verbositat verbositats *f.* =verbomania.
verd verda verds verdes *adj.* **1** 녹색의, 푸른. **2** 날것의, 생것의; (장작 등이) 마르지 않은. llenya verda 마르지 않은 장작. **3** (과일이) 싱싱한, 설익은. **4** 젊은, 생기가 넘치는. **5** 음탕한, 외설의(obscè). **6** 창백한, 하얗게 질린(pàl·lid). **7** (질병으로 인해 얼굴이) 누렇게 뜬.
-*m.* **1** 녹색, 초록색. **2** 푸름; 푸른 가지, 푸른 풀. **3** (술 등의) 떫은 맛.
verdader verdadera verdaders verdaderes *adj.* =veritable.
verdejant verdejants *adj.* 푸르러지는, 녹색이 도는.

verdejar *intr.* **1** 녹색으로 비치다; 녹색이 돌다, 녹색으로 되다. **2** (들이) 푸르러지다. **3** (과일이) 아직 덜 익다. **4** (작품·영화 등이) 약간 외설적이다.
verderol verderols *m.* =verdum.
verdet verdets *m.* **1** 녹청색; 신록. **2** [집합] 푸른 이끼.
verdolaga verdolagues *f.* [식물] 채송화.
verdor verdors *f.* **1** 신록, 푸르스름함. **2** 초록, 녹색.
verdós verdosa verdosos verdoses *adj.* 푸르른, 녹색을 띤.
verduc verducs *m.* 새싹(rebrot).
verdugada verdugades *f.* =vergassada.
verdulaire verdulaires *m.f.* 채소상.
verduleria verduleries *f.* 채소 가게.
verdum verdums *m.* [조류] 검은방울새.
verdura verdures *f.* 청과, 채소, 야채.
verdurer verdurera verdurers verdureres *m.f.* =verdulaire.
vereda veredes *f.* 좁은 길, 오솔길.
prendre mala vereda 나쁜 길을 가다.
veredicte veredictes *m.* [법률] 재정(裁定), 판결; (배심의) 답신, 의견서.
verema veremes *f.* 포도 수확.
veremada veremades *f.* =verema.
veremador veremadora veremadors veremadores *m.f.* 포도 수확자.
-*m.* 큰 바구니, 광주리(cove).
veremar *tr.* (포도를) 따다, 수확하다, 거두어들이다.
verga vergues *f.* **1** 돛대. **2** 창살. **3** (석궁의) 궁부. **4** [해부] 음경. **5** [식물] 비단 버드나무.
vergàs vergassos *m.* 작대기, 막대기.
vergassa vergasses *f.* =vergàs.
vergassada vergassades *f.* 막대기로 때림, 채찍질.
vergassejar *tr.* 막대기를 두들기다, 회초리로 때리다.
verge verges *adj.* **1** 처녀의, 동정의. **2** 미가공의. **3** 천연의; 손길·발길이 닿지 않은, 미개척지의, 개간되지 않은. **4** [비유] 순수한, 티 없는.
-*f.* **1** 처녀, 동정녀; 동정남, 숫총각. **2** [성서] 성모 마리아. **3** =virgo.
verger vergers *m.* [시어] 나무가 무성한 곳; 정원, 과수원.

vergonya vergonyes *f.* **1** 창피, 부끄러움. *No té vergonya* 부끄러움이 없다. **2** 불명예, 모욕, 수치(deshonor). **3** 부끄러움을 아는 마음, 염치. **4** 스캔들, 부끄러운 일. **5** *pl.* 치부, 국부 (genitals).
donar-se vergonya 부끄러워하다, 창피스러워하다.
fer vergonya 부끄럽게 하다, 수치를 느끼게 하다.
perdre la vergonya [구어] 부끄러운 줄을 모르다, 철면피이다.
tornar-se vermell de vergonya 부끄러워 얼굴이 빨개지다.
vergonyant vergonyants *adj.* 부끄러운 줄 아는.
vergonyar-se *prnl.* 부끄러워하다(avergonyir-se).
vergonyós vergonyosa vergonyosos vergonyoses *adj.* **1** 부끄러운, 수치스러운, 창피한. **2** 부끄러워하는, 부끄럼을 잘 타는.
verguejar *tr.* =vergassejar.
vergueta verguetes *f.* =vareta.
verí verins *m.* **1** 독(물), 독소. **2** 악의, 원한(malvolença). **3** [비유] 독, 독소, 독이 되는 것, 해롭게 하는 것.
verídic verídica verídics veridiques *adj.* **1** 사실의, 거짓 없는, 진실의, 진실성 있는. *una història verídica* 진실한 역사. **2** 성실한, 착실한.
verificació verificacions *f.* **1** 확증, 확인, 입증, 증명(comprovació). **2** 감사, 검증, 검정, 검사.
verificador verificadora verificadors verificadores *adj.m.f.* verificar하는 (사람).
verificar *tr.* **1** 실증하다, 입증하다, 확인하다, 확증하다, 증명하다(comprovar). **2** 검사하다, 검증하다.
verinada verinades *f.* 독, 독소.
verinós verinosa verinosos verinoses *adj.* **1** 유독한, 독이 있는, 유해한. **2** [동물] 독이 있는. **3** [비유] 악한, 악의가 있는(malèvol).
veritable veritables *adj.* **1** 사실의, 사실적인, 사실에 근거한. **2** 진짜의, 진실된, 성실한.
veritablement *adv.* 진실로.

veritat veritats *f.* **1** 진리, 진실, 사실. *dir la veritat* 진실을 말하다. **2** 실상, 사실, 진상.
a dir veritat 사실을 말하면, 실은.
de veritat 정말, 진실로, 분명히, 사실상.
ésser veritat 사실이다, 분명히 맞다.
faltar a la veritat 속이다, 거짓말하다.
Veritat? 정말?, 사실이야?
verm verms *m.* [곤충] 구충, 회충(cuc).
vermell vermella vermells vermelles *adj.* **1** 붉은, 빨강의, 적색의. **2** 붉은빛을 띠는, 붉게 달아오르는, 불타는(roent).
fer tornar[posar] vermell 붉어지게 하다, 붉게 만들다.
tornar-se[posar-se] vermell[tornar-se vermell fins a les orelles] 붉어지다, 붉게 달아오르다; [구어] (얼굴이) 붉어지다, 상기되다.
vermellejar *intr.* 붉어지다, 붉은 기색을 띠다.
vermelló vermellons *m.* 진사, 주사.
vermellor vermellors *f.* 붉은색, 붉은 기색.
vermellós vermellosa vermellosos vermelloses *adj.* 붉어지는, 붉은색을 띠는.
vermicida vermicides *adj.m.* 구충·회충을 죽이는 (약).
vermicular vermiculars *adj.* 구충 모양의, 구충과 같은.
vermiforme vermiformes *adj.* 구충 모양의.
vermitxol vermitxols *m.* 작은 구충·회충.
vermívor vermívora vermívors vermívores *adj.* 식충의.
vermut vermuts *m.* **1** 베르무트[약초로 향기와 맛을 곁들인 백포도주]. **2** (주 요리전의) 전채로 쓰이는 것.
vern verns *m.* [식물] 오리나무.
vernacle vernacla vernacles vernacles *adj.* 자국의, 태생지의, 토착의.
vernacular vernaculars *adj.* =vernacle.
vernal vernals *adj.* 봄의.
verneda vernedes *f.* 오리나무 숲.
vernier verniers *m.* [기계] 버니어, 아들자, 유척, 유표, 부척.
vernís vernissos *m.* 옻, 칠, 왁스, 유약.

vernissatge vernissatges m. [회화] 미술 전시회 개관을 위한 회합.
verola veroles f. [의학] 천연두, 두창.
verolar intr. (포도 등이) 익기 시작하다.
verolejar intr. =verolar.
verolós[1] verolosa verolosos veroloses adj. [의학] 천연두의.
verolós[2] verolosa verolosos veroloses adj. (포도 등이) 익기 시작하는.
verra verres f. 1 [동물] 암퇘지. 2 [음악] 콘트라베이스.
verratell verratells m. =garrí.
verro verra verros verres m.f. 1 [동물] 종돈, 씨돼지. 2 [비유] 부정직한.
verruciforme verruciformes adj. 사마귀 모양의, 혹 모양의.
verrucós verrucosa verrucosos verrucoses adj. 사마귀투성이의.
vers[1] versos m. 1 시, 운문; 시구, 시의 한 행. 2 [성서] (성경의) 절.
vers[2] prep. 1 ...를 향하여, ... 방향으로 (cap a). 2 ...를 향한, ...에 대한 (envers). *l'amor dels pares vers els fills* 자식을 향한 부모의 사랑. 3 ...경 (頃)의.
versal versals f. 대문자(majúscula).
versaleta versaletes f. (소문자 크기의) 소형 대문자.
versallesc versallesca versallescs [versallescos] versallesques adj. 베르사유의; 베르사유풍의.
versar intr. 다루다, 취급하다(tractar).
versat versada versats versades adj. (...에) 밝은, 정통한, 조예가 깊은.
versàtil versàtils adj. 1 다용성의, 만능의. 2 [비유] 융통성이 있는, 변하기 쉬운(inconstant).
versatilitat versatilitats f. 1 다용성, 다양성, 다재다능함. 2 융통성; 변하기 쉬움.
versejar intr. (시를) 흥내 내다.
versemblança versemblances f. 진실성, 사실성, 사실감.
versemblant versemblants adj. 진실인 듯한, 사실 같은; 있을 법한.
verset versets m. =versicle.
versicle versicles m. (성서의) 절.
versificació versificacions f. 작시, 시작, 작시법; 운문화.
versificar tr. 운문으로 하다, 운을 맞추다. -intr. 시를 짓다, 작시하다.
versió versions f. 1 역, 번역. *la versió literal* 직역. 2 견해, 주장; 판, 본. 3 [의학] (자궁 내 태아의) 회전술, 전위 (obstetrícia).
versista versistes m.f. [남녀동형] 작시자, 운문 작가.
verso versos m. (널빤지·인쇄 등의) 뒷면, 뒷 페이지.
vertader vertadera vertaders vertaderes adj. =veritable.
vèrtebra vèrtebres f. [해부] 척추(골).
vertebral vertebrals adj. 척추의.
vertebrar tr. (서로) 이어 맞추다, 결합하다.
vertebrat vertebrada vertebrats vertebrades adj. [동물] 척추가 있는.
-*m.pl.* [동물] 척추동물.
vèrtex vèrtexs m. 1 [기하] (삼각형의) 정점. 2 [해부] (머리의) 꼭대기, 정수리. 3 정상, 윗부분.
vertical verticals adj. 1 수직의, 곧추선, 세로의; 수직선의. 2 [천문] 고도권의. 3 정점의, 절정의; 꼭대기의. 4 [경제] (관련 산업 부분을) 세로로 연결한, 종단적인. 5 수직으로 촬영한 항공사진의. 6 [식물] (잎이) 직립의. 7 [해부] 두정의.
-*f.* 1 [기하] 수직선, 수직면, 수직권. 2 [천문] 고도권.
verticalitat verticalitats f. 수직, 수직성, 수직 상태.
verticil verticils m. [식물] 윤생(체), 환생(체).
vertigen vertígens m. 1 [의학] 현기증. 2 [비유] 번거로움, 어지러움, 유다른 변모.
vertiginós vertiginosa vertiginosos vertiginoses adj. 1 어지러운, 눈이 펭펭 도는, 현기증이 나는. 2 [비유] 매우 빠른, 매우 빠르게 돌아가는. *el pas vertiginós del temps* 매우 빠르게 돌아가는 시간.
vesània vesànies f. 정신 착란, 광란, 발광.
vesc vescs[vescos] m. [식물] 기생목, 겨

우살이.
vescomtal vescomtals *adj.* 자작의.
vescomtat vescomtats *m.* 자작의 지위; 자작령.
vescomte vescomtessa vescomtes vescomtesses *m.f.* 자작.
vesical vesicals *adj.* 방광의.
vesicant vesicants *adj.* 발포하는. -*m.* 발포제.
vesícula vesícules *f.* **1** [의학] 수포, 물집. **2** [식물] 기포. **3** [해부] 낭(囊).
vesicular vesiculars *adj.* vesícula의.
vesiculós vesiculosa vesiculosos vesiculoses *adj.* vesícula가 많은.
vespa vespes *f.* **1** [곤충] 말벌. **2** [비유] 속이 검은 사람, 악은 사람.
vesper vespers *m.* **1** [집합] 말벌. **2** 말벌집. **3** 위험한 일, 험한 일. **4** [의학] 종기, 부스럼.
vespertí vespertina vespertins vespertines *adj.* 저녁의, 석양의, 초저녁의, 밤의.
vespra vespres *f.* **1** 전야, 전야제. **2** 밤샘, 철야; 불침번, 야경. **3** *pl.* 철야기도.
vespral vesprals *adj.* 해질녘의, 석양의.
vesprada vesprades *f.* =vespre.
vespre vespres *m.* 해질녘, 일몰, 석양. *fer-se vespre* 해가 지다, 저녁이 되다, 어두워지다.
Fins al vespre! 저녁에 보자!
vesprejar *intr.* 해가 지다, 저녁이 되다.
vesquercí vesquercins *m.* =vesc.
vessa vesses *f.* =peresa.
vessada vessades *f.* =vessament.
vessador vessadors *m.* 개수통, 하수구멍.
vessament vessaments *m.* vessar하는 일.
vessant vessants *adj.* (물이) 흐르는; (액체를) 따르는, 붓는. -*m.* **1** 경사면, 경사지; 사면. **2** 낙수통, 물매. **3** [비유] 면, 면모, 양상.
vessar *intr.* **1** (액체가) 흘러나오다, 새어 나오다. **2** 넘치다, 넘쳐나다. -*tr.* **1** 뿌리다, 살포하다; 흩뜨리다, 흘리다, 쏟다. **2** [비유] (눈물·피 등을) 흘리다. **3** [비유] 낭비하다, 여기저기 뿌리다.

4 [구어] 실수하다, 잘못을 저지르다 (vessar-la).
vesta vestes *f.* (무릎까지 닿는) 긴 도포.
vestal vestals *f.* **1** [신화] 베스타[로마 신화에서 불의 여신]. **2** [비유] 무당, 무녀, 정녀.
vestíbul vestíbuls *m.* **1** 현관, 입구; 로비, 입구 홀. **2** [해부] (속귀의) 전정 (vestíbul de l'orella).
vestibular vestibulars *adj.* vestíbul의.
vestició vesticions *f.* (가톨릭의) 사제복 의식.
vestidor vestidors *m.* 의상실.
vestidura vestidures *f.* **1** 의복, 옷. **2** *pl.* 사제복.
vestigi vestigis *m.* **1** 자국, 발자취, 흔적; 유적. **2** [법률] 증거.
vestiment vestiments *m.* vestir하는 일.
vestimenta vestimentes *f.* =vestidura.
vestir *tr.* **1** (옷 등을) 입히다. **2** 치장하다, 꾸미다, 차리다. *vestir un altar* 제단을 꾸미다. **3** (누구의) 옷을 만들다. **4** (유니폼 등의) 복장을 하다. **5** [비유] (무엇으로) 뒤덮다, 단장하다. *La primavera vesteix els prats d'herba* 봄이 초원을 옷 입힌다. -*intr.* **1** (어떤) 복장을 하다, 몸단장을 하고 있다. **2** [비유] (무엇이) 유행하다. -*se* **1** 옷을 입다; (어떤) 옷차림을 하다. **2** [비유] (무엇으로) 뒤덮이다, 단장되다.
vestit¹ vestits *m.* 옷, 의복, 의상.
vestit² vestida vestits vestides *adj.* (옷을) 입은.
vestuari vestuaris *m.* **1** [집합] 의상. **2** 의상실, 탈의실, 의상 보관실.
vet vets *m.* =veto.
veta vetes *f.* **1** (비단·면 등의) 끈. **2** (나무·돌의) 결, 줄무늬. **3** 광맥. **4** 국수. **5** (배의) 밧줄.
vetaire vetaires *m.f.* [남녀동형] veta를 만드는 사람.
vetar *tr.* 금지하다, 제지하다; 거부하다, 거부권을 행사하다, 비토하다.
veterà veterana veterans veteranes *adj.* 노련한, 노숙한, 경험이 풍부한. -*m.f.* **1** 노숙한 사람, 노련한 사람, 숙련가, 전문가, 베테랑. **2** 노병(老兵).

veterinari veterinària veterinaris veterinàries *adj.* 수의사의, 수의학의.
-*m.f.* 수의사, 수의학자.
-*f.* 수의학.
vetesifils vetesifils *m.f.* [단·복수동형] 잡화상.
vetlla vetlles *f.* vetllar하는 일.
vetllador vetlladora vetlladors vetlladores *adj.m.f.* vetllar하는 (사람).
-*m.* (다리가 하나인) 둥근 테이블; 머리맡에 두는 작은 탁자.
vetllaire vetllaires *m.f.* =vetllador.
vetllar *intr.* **1** 밤을 새우다, 철야하다; 야근하다. **2** 망을 보다, 살피다, 파수하다. **3** 철야 기도를 하다.
veto vetos *m.* **1** 금지, 제지; 금지법. **2** 부인, 거부; 불인가, 거부권.
vetust vetusta vetusts[vetustos] vetustes *adj.* **1** 나이 든, 노령의. **2** 오래된, 고색창연한.
veu veus *f.* **1** 목소리, 음성. *veu feble* 약한 목소리. **2** 소리, 절규. **3** (동물의) 울음(소리). **4** 음, 소리. **5** 단어, 어휘(mot); 말, 언어. **6** 발언; 발언권. **7** (이성의) 소리, 충고, 명령. **8** 소식, 소문(notícia, rumor); 세론, 세평, 여론 (opinió). **9** [문법] 태(態). *veu passiva* 수동태. **10** [음악] 좋은 음, 좋은 음성; 노래 재주.
a alta veu =en veu alta.
a mitja veu 낮은 소리로.
a plena veu 목청껏, 목청 높여.
a una sola veu[a una veu] 한목소리로, 만장일치로(unànimement).
en veu alta 큰 소리로.
apagar la veu 목소리를 죽이다.
córrer la veu 소문을 내다, 소문이 돌다.
tenir veu 목소리가 좋다, 음악적 재능이 있다.
veure *tr.* **1** 보다. **2** 만나다, 면회하다, 방문하다. **3** 알게 되다, 이해하다 (percebre). **4** 조사하다, 관찰하다(examinar). **5** ...라고 생각하다, 고려하다. -*se* **1** 보이다; 자신을 보다. **2** 알려지다; 분명하다. **3** 만나다, 회견하다.
A veure! 어디!, 글쎄!; 어디 보자!
a veure si ...한지 봅시다.

es veu que ....로 보이다; 보기에는, 겉으로 보기에는, 명백히.
fer veure 보여 주다.
no tenir res a veure 아무런 관계가 없다.
Vejam =a veure.
vexació vexacions *f.* vexar하는 일.
vexant vexants *adj.* vexar하는.
vexar *tr.* **1** 학대하다, 박해하다. **2** 괴롭히다, 애먹이다, 놀려 주다.
vexatori vexatòria vexatoris vexatòries *adj.* =vexant.
vi vins *m.* 포도주, 술.
El bon vi no necessita ram [속담] 좋은 일은 선전이 필요 없다.
tenir (algú) bon[mal] vi [구어] 기분이 좋다[나쁘다]; (술 취했을 때) 차분히 행하다[요란을 피우다].
via[1] vies *f.* **1** 길, 도로(camí). **2** 경유, 경로. **3** 수단, 방편, 방도, 방법(medi). **4** (옷의) 줄무늬. **5** (돌·나무의) 결, 줄무늬. **6** [해부] (식도·기관의) 관(管). **7** 선, 선로, 노선; 철도, 궤도, 레일.
en via de 수속 중, 진행 중.
fer via 걷다, 도보하다; 서두르다.
via[2] *prep.* ....을 경유하여, ...을 거쳐.
viabilitat viabilitats *f.* **1** 가능성, 실현가능성. **2** 생존 능력, 존속 가능성.
viable viables *adj.* **1** (계획 따위가) 실행 가능한, 실현 가능성이 있는. **2** (태아·신생아가) 생존할 수 있는, 자랄 수 있는. **3** 독립 가능한, 존속 가능한.
viacrucis viacrucis *m.* [단·복수동형] **1** [종교] (기독교에서) 그리스도의 고난을 기리는 행사. **2** [비유] 십자가의 길, 고난의 길, 가시밭길.
viaducte viaductes *m.* 육교, 고가교, 고가선.
vial vials *m.* 가로수 길, 신작로.
vialet vialets *m.* =viarany.
vianant vianants *m.f.* [남녀동형] 통행인, 보행자.
vianda viandes *f.* 음식물, 식료, 양식.
viarany viaranys *m.* 오솔길, 샛길.
viat viada viats viades *adj.* 줄무늬를 넣은; 나뭇결무늬가 있는.
viatge viatges *m.* **1** 여행. **2** 항해; 여로; 여행기. **3** 이행, 진행. **4** (왕복의)

편도. **5** [기계] 동정, 행정. **6** (운반하는 짐의) 1회분. **7** (한 도시에 공급할 수 있는) 수량.
Bon viatge! 여행 잘하세요!
Mal viatge! 제기랄!, 빌어먹을!
viatger viatgera viatgers viatgeres *adj. m.f.* =viatjador.
viàtic viàtics *m.* 여비, 여행 수당; 여행용 양식.
viatjador viatjadora viatjadors viatjadores *adj.m.f.* viatjar하는 (사람).
viatjant viatjants *m.f.* [남녀동형] 외판원, 판매원, 세일즈맨; 상용 출장 사원.
viatjar *intr.* **1** 여행하다. **2** 항해하다. **3** 외판하다. **4** (상품이) 보내지다.
vibra vibres *f.* [동물] 살모사, 독사.
vibració vibracions *f.* **1** 진동(振動), 진동(震動), 동요; (전자의) 흔들림. **2** 떨림, 전율. **3** 마음의 동요, 불안.
vibrador vibradors *m.* 진동기, 바이브레이터.
vibrant vibrants *adj.* 진동하는, 흔들리는, 사방에 울리는.
vibrar *intr.* **1** 진동하다, 흔들리다; (소리가) 울리다. **2** [비유] 떨다; 감동하다. **3** (마음이) 혼미해지다, 갈피를 잡지 못하다.
vibràtil vibràtils *adj.* 진동하는, 진동성의.
vibratori vibratòria vibratoris vibratòries *adj.* 진동의, 진동성의, 진동시키는.
víbria víbries *f.* [동물] 용.
vicari vicària vicaris vicàries *adj.* 대리의.
-m.f. 대리자, 대행자(substitut).
-m. (가톨릭의) 대리 사제, 주교.
vicaria vicaries *f.* vicari의 직.관구.
vicarial vicarials *adj.* vicari의.
vicariat vicariats *m.* vicari의 직·임기.
vicealmirall vicealmiralessa vicealmiralls vicealmiralesses *m.f.* 해군 중장, 부제독.
vicennal vicennals *adj.* 20년의; 20년마다 열리는.
vicenni vicennis *m.* 20년.
vicepresidència vicepresidències *f.* vice-president의 직·임기.
vice-president vice-presidenta vice-presidents vice-presidentes *m.f.* 부통령, 부총장, 부사장.
viceversa *loc.adv.* 역으로, 그와 반대로.
vici vicis *m.* **1** 흠, 결점, 결함(defecte). **2** 잘못, 부정. **3** 악습, 악벽. **4** 부도덕, 나쁜 행실, 방탕함, 난봉 짓. **5** 뒤틀림, 비틀림.
per vici 이유 없이, 버릇으로.
viciador viciadora viciadors viciadores *adj.* 해롭게 하는, 훼손시키는.
viciar *tr.* **1** (사람을) 못되게 만들다, 타락시키다. **2** (사물을) 해롭게 하다, 못 쓰게 하다, 훼손하다. **3** 위조하다. **4** 곡해하다. *-se* **1** 부패하다, 타락하다 (aviciar-se); 악습에 젖다, 못된 길에서 헤어나지 못하다, 음탕해지다. **2** 망치다, 훼손되다.
viciat viciada viciats viciades *adj.* 타락한; 못 쓰게 된, 망친, 훼손된.
viciós viciosa viciosos vicioses *adj.* **1** 흠·결함이 있는. **2** 불완전한. *una pronunciació viciosa* 불완전한 발음. **3** 나쁜, 해로운. **4** 악한, 악덕의, 부도덕한, 품행이 나쁜. **5** [식물] (가지가) 너무 뻗은.
vicissitud vicissituds *f.* 흥망성쇠, (인생의) 부침, 변천.
víctima víctimes *f.* **1** [종교] 희생, 산제사, 제물. **2** 희생물, 희생자. **3** 피해자, 조난자. **4** [비유] 피해자, 봉, 만만한 사람, 속는 사람.
victimisme victimismes *m.* 희생자에게 책임을 전가하는 것.
víctor víctors *m.* [주로 복수로 쓰여] 환호성을 지르는 소리.
victorejar *tr.* 환호성을 지르다.
victòria[1] victòries *f.* **1** 승리, 승전. **2** 극기, 극복.
cantar victòria 승리를 자랑하다.
victòria[2] victòries *f.* 지붕 없는 2인승 사륜마차.
vida vides *f.* **1** 목숨, 생명. **2** 생명력, 활기, 활력, 생기. *una pintura plena de vida* 생명이 넘치는 그림. **3** 생활, 살림; 생활의 양식; 생업. *guanyar-se bé la vida* 돈벌이가 좋다. **4** 일생, 생애, 평생, 수명. **5** 인생, 인생살이. **6** [문학] 전기(biografia).
a vida o mort 죽기 살기로, 필사적으

로, 목숨을 걸고.
de tota la vida 평생의, 영원한.
deure la vida (a algú) (누구에게) 생명의 은혜를 입다.
donar la vida 목숨을 바치다.
donar vida 생명을 주다; 격려하다, 기운을 차리게 하다.
exhalar la vida 숨을 거두다.
llevar-se la vida 목숨을 끊다.
salvar la vida 목숨을 건지다, 무사하게 빠져나오다.

vidassa vidasses *f.* 여유 있고 즐거운 생활.

vident vidents *adj.* 앞을 보는, 예언의, 예견의; 점치는.
-*m.f.* [남녀동형] 예언자, 투시자; 점쟁이.

vídeo vídeos *m.* 비디오(테이프); 비디오 재생기.

videocasset videocassets *f.* 비디오테이프.

videòfon videòfons *m.* 영상 전화.

videoteca videoteques *f.* 1 비디오테이프 보관소. 2 비디오테이프 판매장.

vidrat vidrada vidrats vidrades *adj.* 유리로 된; 유약을 칠한.

vidre vidres *m.* 1 유리; 컵, 유리그릇. 2 깨지기 쉬운 것.

vidrenc vidrenca vidrencs vidrenques *adj.* 유리의, 유리와 같은, 유리질의, 투명한.

vidrier vidriera vidriers vidrieres *adj.* 유리의, 유리로 된.
-*m.f.* 유리 제조인, 유리공.
-*f.* 유리창, 유리문; 진열창.

vidrieria vidrieries *f.* 유리 공장·상점.

vidriol vidriols *m.* [화학] 황산염.

vidriola vidrioles *f.* =guardiola.

vidriós vidriosa vidriosos vidrioses *adj.* 1 유리 같은. 2 깨지기 쉬운. 3 매끄러운, 미끄러운. 4 [비유] 어려운, 까다로운(difícil).

vidu vidua vidus vídues *adj.* 남편·아내를 잃은.
-*m.f.* 홀아비, 미망인, 과부, 홀어미.

viduatge viduatges *m.* =viduïtat.

viduïtat viduïtats *f.* 과부·홀아비 신분·생활.

vigència vigències *f.* 유효, 효력; 유효성, 효력의 발생; 시행 중, 현행.

vigent vigents *adj.* 1 유효한. 2 현행의, 시행 중인.

vigèsim vigèsima vigèsims vigèsimes *adj.* =vintè.

vigesimal vigesimals *adj.* 20단위의.

vigilància vigilàncies *f.* 조심, 주의; 경계, 경비.

vigilant vigilants *adj.* 1 주의하는, 경계하는. 2 자지 않고 있는, 깨어 있는.
-*m.f.* 감시자, 불침번; 야근 경찰.

vigilar *tr.* 1 지키다, 감시하다, 경계하다; 불침번을 서다. 2 [비유] 주의하다, 삼가다.

vigília vigílies *f.* 1 철야, 밤샘, 불침번; 철야기도, 밤새도록 한 일. 2 불면(insomni). 3 전야, 전야제.

vigir *intr.* 유효하다.

vigor vigors *m.[f]* 1 정력, 힘(força). 2 활기, 기력. 3 효력, 현행.
en vigor 현행의, 시행 중인.

vigoria vigories *f.* 대단한 정력·활기.

vigoritzador vigoritzadora vigoritzadors vigoritzadores *adj.* 힘을 돋우는, 기운 나게 하는.
-*m.* [약학] 강장제.

vigoritzar *tr.* 1 힘을 돋우다, 기운 나게 하다, 건강하게 하다. 2 유효하게 하다.

vigorós vigorosa vigorosos vigoroses *adj.* 1 힘센, 억센, 정력적인. 2 원기왕성한, 활기찬, 활발한.

vil vils *adj.* 1 비열한. 2 천한, 비천한. 3 수치스러운.

vila viles *f.* 마을, 부락, 작은 도시(poble); 마을 주민(població).

vilà vilana vilans vilanes *adj.* 1 비천한, 서민층의, 평민의. 2 시골의, 촌티가 나는. 3 천박한, 통명스러운, 예의가 없는(grosser).
-*m.f.* 평민, 서민, 시민; 시골 사람.

vilania vilanies *f.* 비천함, 천박함, 야비함; 천박한 짓; 하층 계급.

vilatà vilatana vilatans vilatanes *adj.* 1 vila의. 2 이웃의, 주민의.
-*m.f.* 이웃에 사는 사람, 주민.

vilatge vilatges *m.* 시골, 시골마을, 벽촌.

vilatjà vilatjana vilatjans vilatjanes *adj.* *m.f.* 시골에 사는 (사람).
vilesa vileses *f.* **1** 비열함. **2** 비천함, 천박함. **3** 추행, 더러운 행위.
vilipendi vilipendis *m.* 무시, 업신여김, 모욕.
vilipendiar *tr.* 무시하다, 깔보다, 업신여기다, 모욕하다(menysprear).
vilipendiós vilipendiosa vilipendiosos vilipendioses *adj.* 무시하는, 깔보는, 업신여기는, 모욕하는.
vil·la vil·les *f.* 별장, 농원, 농장; 기숙사..
villancet villancets *m.* 크리스마스 캐럴.
vilment *adv.* 비열하게, 천박하게.
viltat viltats *f.* =vilesa.
viltenir *tr.* =vilipendiar.
viltinença viltinences *f.* =vilipendi.
vim vims *m.* [식물] =vímet.
vimenerar vimenerars *m.* =vimeterar.
vimer vimers *m.* [식물] =vimetera.
vimerera vimereres *f.* [식물] =vimetera.
vímet vímets *m.* [식물] 비단버들; 그 가지.
vimetera vimeteres *f.* [식물] 비단버들.
vimeterar vimeterars *m.* 비단버들 숲.
vinader vinaders *m.* =rovelló.
vinagre vinagres *m.* 식초.
vinagrella vinagrelles *f.* 식초병.
vinagrer vinagrera vinagrers vinagreres *adj.* 식초의.
-m.f. 식초 양조가, 식초 상인.
vinagreta vinagretes *f.* 식초 넣은 양파 소스.
vinagrós vinagrosa vinagrosos vinagroses *adj.* **1** (맛이) 신, 식초 같은, 초맛이 나는. **2** [비유] (성질이) 독한, 까다로운.
vinassa vinasses *f.* (독한) 술, 포도주.
vinater vinatera vinaters vinateres *adj.* 술의, 포도주의.
-m.f. (술·포도주의) 양조인, 상인.
vinateria vinateries *f.* 술·포도주 판매점.
vinça vinces *f.* **1** 줄무늬, (나무·돌의) 결. **2** 층; 광맥.
vinclada vinclades *f.* 접음, 꺾임; 굴복.
vincladís vincladissa vincladissos vincladisses *adj.* 쉽게 구부러지는, 잘 꺾어지는; 굴복하는.

vinclament vinclaments *m.* vinclar하는 일.
vinclar *tr.* **1** 접다, 꺾다, 비틀다. **2** [비유] (의지를) 꺾다. *-se* **1** 접히다, 꺾이다. **2** 굴복하다.
vincle vincles *m.* **1** 연결, 인연, 유대. **2** [법률] 한정 상속 재산, 세습 재산.
vinculació vinculacions *f.* **1** (재산의) 한정 세습. **2** 결합, 연결; 연계, 연관, 우호.
vinculant vinculants *adj.* vincular하는.
vincular *tr.* **1** 결합하다, 연결시키다. **2** 세습재산으로 하다, (재산을) 영구 세습을 하다. *-se* **1** 서로 결합되다, 연결되다; 인연을 맺다. **2** (재산을) 영속하다.
vindicació vindicacions *f.* **1** 옹호, 변호. **2** 회복, 회수, 복수; (권리의) 주장.
vindicador vindicadora vindicadors vindicadores *adj.m.f.* vindicar하는 (사람).
vindicar *tr.* **1** 옹호하다, 변호하다(defensar). **2** 되찾다, 회수하다, 회복하다, 복권하다(reivindicar).
vindicatiu vindicativa vindicatius vindicatives *adj.* **1** 옹호의, 변호의. **2** 회복의, 복권의; 복수의.
vindre *intr.* =venir.
vinent vinents *adj.* 다음의, 오는, 다가오는. *la setmana vinent* 다음 주.
-m.f. [남녀동형] 오는 사람. *els anants i els vinents* 오가는 사람.
viner vinera viners vineres *adj.* 술의, 포도주의.
vinet vinets *m.* 싱거운 술, 약한 포도주.
vinguda vingudes *f.* **1** 오는 일, 도래, 도착. **2** 돌아옴, 귀대, 귀가.
vinícola vinícoles *adj.* 포도주 양조의.
vinicultor vinicultora vinicultors vinicultores *m.f.* 포도주 양조인.
vinicultura vinicultures *f.* 포도주 양조.
viníferꞏ vinífera vinífers viníferes *adj.* 포도주를 생산하는.
vinificació vinificacions *f.* 포도주 양조법; 포도주가 되는 과정.
vinificar *tr.* 포도주를 양조하다.
vinós vinosa vinosos vinoses *adj.* **1** 포도주 같은. **2** 술을 좋아하는.

vint vints *adj.* 20의; 20번째의.
-*m.* 20.
-*m.f.* 20번째; *pl.* 20명.
vintè vintena vintens vintenes *adj.* 20번째의; 20등분의.
-*m.f.* 20번째.
-*m.* 20분의 1.
una vintena 약 20.
vintejar *intr.* =vintenejar.
vintenejar *intr.* 20대가 되다.
vintenni vintennis *m.* 20년.
vinya vinyes *f.* **1** [식물] 포도나무. **2** 포도밭.
vinyar vinyars *m.* 포도밭.
vinyater vinyatera vinyaters vinyateres *m.f.* 포도주 양조인, 포도주 상인.
vinyeta vinyetes *f.* (책의 첫머리나 끝에 있는) 장식용 컷.
viola[1] violes *f.* [식물] 제비꽃.
viola[2] violes *f.* 비올라.
violaci violàcia violacis violàcies *adj.* 자줏빛의, 짙은 보랏빛의.
-*f.pl.* [식물] 제비꽃과 식물.
violació violacions *f.* **1** 범행, 범하는 일. **2** 위법, 위반, 침해. **3** 폭행; 능욕, 강간, 욕보이기, 더럽힘.
violar[1] *tr.* **1** 범하다. **2** 위반하다, 침해하다. **3** 폭행하다; 강간하다, 능욕하다, 더럽히다.
violar[2] violars *m.* 제비꽃 밭.
violat violada violats violades *adj.* **1** 제비꽃으로 된. **2** 자줏빛의, 보랏빛의.
-*m.* 자주색, 보랏빛.
violència violències *f.* **1** 격렬함, 맹렬함, 사나움. **2** 폭력, 폭행, 난폭, 테러. **3** (특히 여자에 대한) 강간.
fer violència (a una persona) (누구를) 폭행하다.
violent violenta violents violentes *adj.* **1** 격렬한, 험악한, 맹렬한. *una tempestat violenta* 험악한 날씨. **2** 과격한, 난폭한, 폭력적인, 공격적인(agressiu); (여자를) 폭행하는. **3** [비유] 뜨거운, 강렬한.
violentar *tr.* **1** 강제로 하다(constrènyer); 폭력·폭행을 가하다. **2** (문 둥을) 억지로 열고 들어가다. **3** (법률 둥을) 억지 해석 하다.

violer violers *m.* [식물] 비단향꽃무, 스톡.
violer violera violers violeres *m.f.* 현악기 제작자.
violeria violeries *f.* 현악기 제작.
violeta violetes *adj.m.* =violat.
-*f.* [식물] 제비꽃.
violí violins *m.* 바이올린.
-*m.f.* 바이올리니스트.
violinista violinistes *m.f.* [남녀동형] 바이올리니스트.
violista violistes *m.f.* [남녀동형] 비올라 연주자.
violó violons *m.* =contrabaix.
violoncel violoncels *m.* 비올론첼로, 첼로.
-*m.f.* [남녀동형] 첼로 연주자.
viperí viperina viperins viperines *adj.* **1** 살모사의, 살모사 같은. **2** 사악한, 표독스러운.
vipèrids *m.pl.* [동물] 살모사속 동물.
vira vires *f.* 뾰족한 화살.
virada virades *f.* virar하는 일.
virar *intr.* [해사] (배가) 진로·항로를 바꾸다. -*tr.* **1** 돌리다, 방향을 바꾸다. **2** (안을) 뒤집다. **3** (사진을) 정착하다, 조색하다.
viratge viratges *m.* **1** 선회, 방향 전환. **2** (사진의) 정착, 조색, 끝마무리.
virescència virescències *f.* (초목이) 푸르러지기 시작함.
virescent virescents *adj.* 푸르러지기 시작하는.
virginal[1] virginals *m.* 소형 하프시코드.
virginal[2] virginals *adj.* **1** 처녀의. **2** 순결한, 티 없이 맑은.
virginalista virginalistes *m.f.* 하프시코드 연주자.
virginitat virginitats *f.* 처녀임, 동정임; 처녀성, 동정; 순결.
virgo virgos *f.* [천문] 처녀자리, 처녀궁.
vírgula vírgules *f.* **1** 가는 회초리. **2** 가느다란 선. **3** [문법] 구두점.
víric vírica vírics víriques *adj.* 바이러스에 의한, 바이러스에 감염된.
viril virils *adj.* **1** 남자의, 남성의. **2** 씩씩한, 힘찬, 남자다운. **3** 성년 남자의, 장년의.

virior viriors *f.* =vigoria.
viró virons *m.* 구더기(larva).
virolar *intr.* (색깔이) 강렬하다.
virolat virolada virolats virolades *adj.* (색깔이) 강렬한.
viròleg viròloga viròlegs viròlogues *m.f.* 바이러스 연구학자.
virolla virolles *f.* **1** (지팡이 등의 끝에 달린) 쇠붙이, 쇠고리. **2** =culot. **3** *pl.* [구어] 돈.
virologia virologies *f.* [의학] 바이러스학.
vironer vironera vironers vironeres *adj.* 고기의.
-f. 쇠파리.
virós virosa virosos viroses *adj.* **1** 바이러스에 의한. **2** 유독한, 해로운, 해독을 끼치는.
virosi virosis *f.* [의학] 바이러스 감염.
virosta virostes *f.* [집합] 낙엽; 썩은 나뭇잎.
virregnal virregnals *adj.* 부왕의, 부왕 집권의.
virregnat virregnats *m.* 부왕의 신분·집권.
virrei virreina virreis virreines *m.f.* 부왕 [국왕의 대리로서 국가나 주를 통치하는 자].
virtual virtuals *adj.* **1** 가상의, 허상의, 실제가 아닌. *una experiència virtual* 가상 체험. **2** 가능성이 있는.
virtualitat virtualitats *f.* 가상, 허상, 가능성.
virtuós virtuosa virtuosos virtuoses *adj.* **1** 덕망이 높은, 덕스러운. **2** 지조 있는, 정숙한, 정결한. **3** [음악] 악성의, 악장의.
-m.f. **1** 덕망 있는 사람. **2** [음악] 악성(樂聖), 악장(樂匠).
virtuosístic virtuosística virtuosístics virtuosístiques *adj.* 미덕의, 덕망의.
virtuositat virtuositats *f.* 미덕, 미풍, 덕망, 덕행.
virtut virtuts *f.* **1** 힘, 효력, 능력, 가치. **2** 덕, 미덕, 선덕, 덕행. *una dona plena de virtuts* 후덕한 여인. **3** 정조, 정결. **4** *pl.* [성서] 권천사[천사의 7계급].
no tenir virtut 힘이 없다, 효력이 없다.
virulència virulències *f.* **1** 유독, 독성, 해독, 악성. **2** 증오, 악의.
virulent virulenta virulents virulentes *adj.* **1** 바이러스에 의한. **2** 유독한, 독성의, 독이 있는, 해로운. **3** 적의에 찬, 악의가 있는, 통렬한. **4** [의학] 악성의.
virus virus *m.* [단·복수동형][의학] 바이러스; (여과성의) 병원체.
vis visos *m.* 나사.
visar¹ *tr.* (문서를) 사증하다, 검인을 하다.
visar² *tr.* **1** 겨누다, 조준하다(apuntar). **2** [비유] (무엇을) 포착하다.
visat visats *m.* 비자, 사증.
visatge visatges *m.* **1** 얼굴; 얼굴모습, 얼굴 표정. **2** 익살 부린 모습, 찡그린 모습.
visc viscs[viscos] *m.* =vesc.
visca¹ *interj.* 환호성을 지르는 감탄사.
visca² visques *m.* 환호, 갈채.
víscera vísceres *f.* [해부] 내장; [속어] 창자.
visceral viscerals *adj.* **1** 내장의, 창자의. **2** [비유] 매우 친한, 친밀한.
viscós viscosa viscosos viscoses *adj.* **1** 끈끈한, 끈적거리는, 들러붙는. **2** [물리] 점성의.
viscositat viscositats *f.* 끈끈한 것, 진득진득함; 점착, 점액(성); 점액 기질.
visera viseres *f.* (모자·투구 등의) 챙.
visibilitat visibilitats *f.* 눈에 띔, 볼 수 있음; 시계, 가시성, 시야 가시도.
visible visibles *adj.* **1** 눈에 보이는, 투명한. **2** 두드러진, 눈에 띄는; 뚜렷한, 명백한, 분명한, 역력한. **3** 면회 가능한.
visió visions *f.* **1** 목격, 바라봄. **2** 시야, 시력, 시각. **3** 비전, 미래상, 통찰력; 상상력, 견해. **4** [비유] 허깨비, 환영, 환상, 몽상. *veure visions* 환영을 보다.
restar com qui veu visions 눈이 휘둥그레지다, 깜짝 놀라다; 멍청해지다.
visionadora visionadores *f.* =moviola.
visionar *tr.* 영상 화면을 검토하다.
visionari visionària visionaris visionàries *adj.* 환영의, 환영인 듯한, 환영을 보

는; 환상적인.
-*m.f.* 환상가, 몽상가; 꿈을 꾸는 자.
visir visirs *m.* **1** (이슬람교 국가의) 대신, 원로. **2** (오스만 제국의) 수반, 수상.
visita visites *f.* visitar하는 일.
visitació visitacions *f.* =visita.
visitador visitadora visitadors visitadores *adj.m.f.* visitar하는 (사람).
visitant visitants *adj.m.f.* =visitador.
visitar *tr.* **1** 방문하다, 심방하다; 문안 가다, 문병 가다. **2** 견학하다, 보러 가다, 참관하다. *visitar un museu* 박물관을 견학하다. **3** 순시하다, 순찰하다. **4** 조사하다, 시찰하다(inspeccionar). **5** (환자를 위해) 왕진하다, 회진하다.
visiu visiva visius visives *adj.* 시력의.
visó visons *m.* [동물] (아메리카산의) 수달, 밍크.
visor visors *m.* **1** (카메라의) 파인더. **2** 폭격 조준기.
visquercí visquercins *m.* =vesc.
vist, en *loc.adv.* ...와 비교하여.
vista vistes *f.* **1** 시력, 시각. **2** 눈, 시선; 보기, 관찰, 바라보기(mirada). **3** 만나는 일, 조우, 만남. **4** 외모, 외견; 바깥쪽, 표면. **5** 조망, 전망(paisatge). **6** 생각, 견해, 의도(propòsit). **7** [법률] 대질 심문; 검시. **8** 흘깃 보기.
-*m.f.* [남녀동형] 세관의 검사관.
a la vista i) 보이는, 시야에 들어오는; ii) 보기에는, 당장에는; iii) 일람 후에, 요구불의.
a la vista de ...을 보고, ...을 보니.
amb vista a ...의 의도를 가지고, ...을 생각하고.
en vistes de ...을 보아, ...을 고려해서.
girar la vista a ...에 눈길을 돌리다.
saltar a la vista 시야에 들어오다.
tenir en vista 잘 기억하고 있다.
vistent vistents *adj.* =vistós.
vistiplau vistiplaus *m.* 인가, 승인, 허가; (검사·재가 등의) 가(可).
vistós vistosa vistosos vistoses *adj.* 눈에 띄는, 아름다운, 화려한, 눈부신. *una noia molt vistosa* 매우 화려한 여자.

vistositat vistositats *f.* 아름다움, 화려함.
visual visuals *adj.* **1** 시각의, 시각에 관한. **2** 눈에 보이는, 시청각의. **3** 사물을 보기 위한, 광학상의.
visualitat visualitats *f.* 시각적인 것, 보기에 아름다운 것, 미적 효과.
visualitzar *tr.* 보이게 하다, 시각화하다, 분명하게 하다.
visura visures *f.* 검사, 검토.
visurador visuradora visuradors visuradores *m.f.* 검토자.
visurar *tr.* 검사하다, 검토하다.
vit vits *m.* [해부] 음경.
vital vitals *adj.* **1** 생명의, 목숨의, 사활의. **2** 삶의, 생활의. **3** [비유] 중대한, 매우 중요한. *un afer de vital importància* 매우 중요한 일. **4** 급소의, 치명적인.
vitalici vitalícia vitalicis vitalícies *adj.* 종신의, 일생의.
-*m.* 종신 연금, 종신 보험, 생명 보험 증서, 종신 보험 증권.
vitalitat vitalitats *f.* **1** 생기, 활기, 활력. **2** 생활력, 생명력, 활동력.
vitalitzar *tr.* 생명을 주다, 활력을 주다, 생기를 불어넣다.
vitamina vitamines *f.* 비타민; 활력소.
vitaminat vitaminada vitaminats vitaminades *adj.* 여러 비타민이 함유된.
vitamínic vitamínica vitamínics vitamíniques *adj.* 비타민의, 활력소의.
vitand vitanda vitands vitandes *adj.* **1** 피해야 하는; 나쁜. **2** 싫은, 증오하는, 저주스러운. **3** [속어] 사활의.
vitel·la vitel·les *f.* 무두질한 소가죽.
vitet vitets *m.* 고추.
vitícola vitícoles *adj.* 포도 재배의.
viticultor viticultora viticultors viticultores *m.f.* 포도 재배농.
viticultura viticultures *f.* [농업] 포도 재배(법).
vitivinicultura vitivinicultures *f.* 포도 재배와 양조.
vitrall vitralls *m.* 유리창, 유리문, 진열창.
vitraller vitrallera vitrallers vitralleres *adj.* vitrall의.

vitralleria   936   vivificatiu

-*m.f.* 유리 제조인·상인.
vitralleria vitralleries *f.* vitrall 제조소·상점.
vitri vítria vitris vítries *adj.* 유리의, 유리같은, 유리질의, 유리 모양의; 투명한.
vítric vítrica vítrics vítriques *adj.* =vitri.
vitrificar *tr.* 유리로 만들다, 유리로 변하게 하다. **-se** 유리화하다, 유리로 되다.
vitrina vitrines *f.* 유리 선반; 진열창, 쇼윈도.
vitualla vitualles *f.* [주로 복수로 쓰여] (특히 군대의) 양식, 식량.
vituperació vituperacions *f.* 비난, 문책, 질책, 힐책.
vituperador vituperadora vituperadors vituperadores *adj.m.f.* vituperar하는 (사람).
vituperar *tr.* 욕하다, 비난하다, 문책하다, 질책하다.
vituperi vituperis *m.* 비난, 문책; 모욕, 모멸.
vituperiós vituperiosa vituperiosos vituperioses *adj.* 욕하는, 비난의, 모욕의.
vitxo vitxos *m.* =bitxo.
viu viva vius vives *adj.* **1** 살아 있는, 생명이 있는. **2** (언어가) 사용되는, 실용의. **3** [비유] (기억·표현 등이) 생생한, 선명한, 기억 속에 살아 있는 (apassionant). **4** (빛·불·색깔 등이) 거센, 강렬한, 격렬한, 심한(intens, fort). **5** 기민한, 날쌘, 빈틈없는.
-*m.* **1** 산 자, 살아 있는 사람. *els vius i els morts* 산 자와 죽은 자들. **2** 갓, 모서리, 가장자리. **3** (의류의) 단 두르기.
de viu en viu 산 채로.
tocar el viu [구어] 아픈 데를 만지다; 급소를 찌르다.
viudo viuda viudos viudes *adj.* 남편·아내를 잃은.
-*m.f.* 홀아비, 미망인, 과부.
viure[1] *intr.* **1** 살다, 거주하다. *viure al camp* 시골에 살다. **2** 살아 있다, 생존하다. **3** 먹고살다, 생활하다, 생계를 유지하다. *viure del seu treball* 그의 일로 먹고 산다. **4** [비유] (어떤 상태를) 유지하다. -*tr.* (어떤 삶·시대를) 살

아가다, 어떤 생활을 하다. *viure una vida tranquil·la* 조용히 살다.
deixar de viure 죽다.
Visqueu molts anys [안부의 형태로 쓰임] 오래 오래 사세요.
viure[2] viures *m.* =vida.
viu-viu, fer la *loc.verb.* 그럭저럭 지내다.
vivaç vivaç vivaços vivaces *adj.* **1** 오래 사는, 수명이 긴. **2** 생활력이 강한. **3** 효력이 강한. **4** 예민한, 기민한. **5** [식물] 다년생의.
vivacitat vivacitats *f.* **1** 열렬, 격렬. *amb la vivacitat dels diàlegs* 격렬한 대화를 통해. **2** 활기, 생기, 활발함. **3** 기민함, 예리함.
vivament *adv.* **1** 격렬하게. **2** 활기차게, 생생하게, 발랄하게. **3** 기민하게, 예리하게.
vivari vivaris *m.* (땅에서 기르는) 사육장.
vivència vivències *f.* (삶의) 경륜, 노련함.
vivent vivents *adj.* 살아 있는, 생명이 있는, 생물의.
-*m.* 인생.
viver vivers *m.* 양어장, 사육장.
vivesa viveses *f.* =vivor.
vívid vívida vívids vívides *adj.* **1** 생동감 있는, 약동하는, 원기 왕성한. **2** (색·빛이) 선명한, 밝은, 강렬한, 눈에 띄는. **3** 두뇌가 영리한, 영특한.
vividor vividora vividors vividores *adj.* **1** 붙어사는, 기식하는. **2** 끈기 있는, 생활력이 강한, 부지런히 일하는. *un periodista vividor* 활력 넘치는 기자.
-*m.f.* 기식가(寄食家), 식객.
vivificació vivificacions *f.* 생기를 불어넣음; 소생, 부활.
vivificador vivificadora vivificadors vivificadores *adj.* 생기·활기를 불어넣는.
vivificant vivificants *adj.* =vivificador.
vivificar *tr.* (...에) 생명을 불어넣다, 생기를 불어넣다, 소생시키다; 생생하게 하다.
vivificatiu vivificativa vivificatius vivificatives *adj.* 생명을 주는, 살릴 수 있는; 활기를 주는.

vivípar vivípara vivípars vivípares *adj.* **1** [동물] 태생(胎生)의. **2** [식물] 모체 발아의.
viviparitat viviparitats *f.* **1** [동물] 태생. **2** [식물] 모체 발아.
vivisecció viviseccions *f.* [의학] 생체해부.
vivor vivors *f.* **1** 생기가 넘침, 활기참, 활발함, 민활함. **2** 기민함, 예리함, 영특함, 기지. *la vivor de la seva mirada* 그의 예리한 시선. **3** 신선함, 격렬함.
vocable vocables *m.* 어휘, 단어.
vocabulari vocabularis *m.* [집합] 용어, 어휘; 용어집, 용어 사전.
vocació vocacions *f.* **1** 천명, 신의 부르심; 천직. **2** 자질, 적성, 적합성; 성향. *amb vocació global* 글로벌 성향을 띤.
vocacional vocacionals *adj.* 천명의, 천직의; 직업상의; 자질이 있는.
vocal vocals *adj.* **1** 소리의, 음성의, 음성에 관한, 발성의. *cordes vocals* 성대. **2** 성악의. **3** 말에 의한, 구두의. **4** [음성] 유성의, 모음의.
-*m.f.* [남녀동형] 선거권자; 이사; 심사위원.
-*f.* [음성] 모음(자).
vocalisme vocalismes *m.* [집합] 모음, 모음 체계.
vocalista vocalistes *m.f.* [남녀동형][음악] 보컬, 가수.
vocalització vocalitzacions *f.* **1** [음악] 발성(법). **2** [음성] (무성음의) 유성음화.
vocalitzar *tr.* (무성음을) 유성음화하다.
-*intr.* 발음·발성 연습을 하다, 멜로디를 연습하다.
vocatiu vocativa vocatius vocatives *adj.* 호격의.
-*m.* [문법] 호격, 부르는 말.
vociferant vociferants *adj.* vociferar하는.
vociferar *intr.* 소리 지르다, 외쳐 대다, 아우성치다; 악을 쓰다, 고래고래 소리 지르다(cridar). -*tr.* (무엇을) 큰 소리로 알리다.
vodka *m.*[f] 보드카[호밀·옥수수·감자로 만든 러시아의 화주].
voga vogues *f.* **1** 노 젓는 일. **2** [비유] 유행, 인기, 호평.

estar en voga 인기를 누리다, 호평을 받다.
vogada vogades *f.* 노 젓는 일.
vogador vogadora vogadors vogadores *m.f.* 노 젓는 사람.
vogar *intr.* **1** 노를 젓다(remar); 바다로 가다, 항해하다. **2** [비유] 날다, 날아가다. -*tr.* **1** (노를) 젓다. **2** (배를) 조종하다. **3** (검을) 휘두르다(brandar).
vogi vogis *m.* **1** 테; 테두리, 주위, 윤곽. **2** (물레방아 돌리는 마소의) 도는 길. **3** [지리] (섬·곶의) 경계. **4** [기계] 고패[기를 달고 내릴 때 쓰는 작은 고리].
vogir *tr.* **1** 회전시키다, 빙빙 돌게 하다. **2** (섬 등의) 경계·주위를 측량하다. **3** 구멍을 뚫다.
vol vols *m.* **1** 비행, 날기; 비행 거리, 항정(航程), ...편(便). **2** [집합] (새·물고기 등의) 무리, 떼.
al vol 빨리, 신속히; 곧, 즉시; 가볍게.
volada volades *f.* **1** 비상, 한 번 날기. **2** (새·물고기 등의) 무리, 떼. **3** [건축] (건물의) 돌출부.
voladís voladissa voladissos voladisses *adj.* **1** 날 수 있는. **3** [건축] 튀어나온, 돌출된.
voladissa voladisses *f.* 날아다니기, 훨훨 나는 일.
volador voladora voladors voladores *adj.* **1** 날 수 있는, 날아가는. **2** 회전하는. **3** 공중에 뜬, 공중에 매달린. **4** 경쾌하게 달리는, 가볍게 달리는, 경쾌한. *el tren volador* 경쾌하게 달리는 기차. **5** 덧없는, 있다가 쉬 사라지는.
voladura voladures *f.* **1** (공중을) 나르기, 비상. **2** 박살 남, 폭발; 풍비박산.
voladúria voladúries *f.* =volior.
volament *m.* =voladura.
volander volandera volanders volaneres *adj.* **1** (새가) 날기 시작하는. **2** 공중에 뜬. **3** 뜻밖의, 우연의(casual).
volandera volanderes *f.* (맷돌의) 회전석.
volant volants *adj.* **1** 나는, 날아가는. **2** 이동하는, 유동하는, 날아다니는.
-*m.* **1** (자동차의) 핸들. **2** [기계] 정속륜. **3** (시계의) 평형륜. **4** (화폐의) 각

인기. **5** (스커트 자락의) 주름. **6** 포스터, 전단지; 메모 용지. **7** [스포츠] 배드민턴.
volantí volantins *m.* 낚싯줄.
volantiner volantinera volantiners volantineres *m.f.* 외줄 곡예사.
volar *intr.* **1** 날다, 비행하다; 날아오르다(voleiar). **2** 달리다, 질주하다, 날듯이 달리다, 쏜살같이 달리다. **3** (시간이) 빨리 지나가다. **4** 서둘다, 재촉하다. **5** 순식간에 사라지다(desaparèixer). **6** 눈 깜짝할 사이에 퍼지다. *Vinc volant* (내가) 날아간다, 금세 간다. **7** [건축] 볼록하게 나오다, 불쑥 내밀어 있다. *-tr.* **1** 날리다. **2** 날려 버리다, 폭파시키다. **3** 발끈하게 하다, 화나게 하다. **4** (사냥에서) 몰아내다, 날아오르게 하다. **5** (뉴스 등을) 날조하다. *-se* 발끈하다, 성나다, 분노하다(irritar-se).
volat volada volats volades *adj.* **1** 화가 난, 성난, 분노한(irritat). **2** (문자의 오른쪽 위에 쓰는) 작은 활자, 위첨자.
volateria volateries *f.* =aviram.
volàtil volàtils *adj.* **1** 나는, 날아가는. **2** 들뜬, 경박한; 변덕스러운, 달라지기 쉬운. **3** [화학] 기체화하는, 휘발성의. **4** [비유] 가변성의, 일정치 않은(mudable).
volatilitat volatilitats *f.* [화학] 휘발성.
volatilització volatilitzacions *f.* 기화; 발산.
volatilitzar *tr.* 기화시키다, 휘발시키다. *-se* 기화하다, 휘발하다; 발산하다, 사라져 버리다.
volcà volcans *m.* **1** 화산. **2** [비유] 뜨거운 열정, 열렬함; 성급함.
volcànic volcànica volcànics volcàniques *adj.* **1** 화산의. **2** [지질] 화산성의, 화산 작용에 의한; 화산이 있는, 화산이 많은. **3** [비유] 폭발성의, 격렬한, 불같은.
volea volees *f.* (경기에서) 공중에서 받아치기.
voleiar *intr.* 날다, 비행하다, 날아오르다.
voleibol voleibols *m.* [스포츠] 배구.
volença volences *f.* **1** 의지, 의도(voluntat). **2** 호의, 애정.
estar a la volença (d'algú) (누구의 뜻을) 따를 준비가 되어 있다, 도울 준비가 되어 있다.
volenter volentera volenters volenteres *adj.* =volenterós.
volenterós volenterosa volenterosos volenteroses *adj.* **1** 고집 센, 옹고집의. **2** 의욕적인, 의욕이 강한.
volenterositat volenterositats *f.* **1** 옹고집. **2** 강한 의욕, 집념.
voler[1] volers *m.* 의지, 의욕; 사랑, 애정.
voler[2] *tr.* **1** 좋아하다, 사랑하다, 애정을 갖다. **2** ...하고 싶다, 바라다, 원하다(desitjar). *No vol venir* 그는 오기를 원치 않는다. **3** 꾀하다, 시도하다, 마음먹다. **4** ...하려 하다, ...할 듯하다. *sigui com vulgui* 어떻든, 어찌 되었든, 하여튼지 간에.
voler dir 뜻하다, 의미하다.
voletejar *intr.* (원을 그리며) 날다, 선회하다; 뛰놀다.
voliac voliacs *m.* [동물] =ratapinyada.
voliaina voliaines *f.* =volva.
voliana volianes *f.* =voliaina.
volició volicions *f.* 의지력, 의욕, 의지 작용.
volior voliors *f.* (새의) 무리, 떼.
volitiu volitiva volitius volitives *adj.* 의지의.
volt[1] volts *m.* **1** 주위, 윤곽(contorn). **2** *pl.* 부근, 근교, 교외, 시외. **2** 도는 일, 회전, 선회(volta). **3** 순번, 차례(torn).
volt[2] volts *m.* [전기] 볼트[전압의 단위].
volta voltes *f.* **1** 돌아옴, 돌아감; 복귀, 귀환. **2** 선회, 회전; (버스의) 운행횟수(volta). **3** 뒤집힘, 전도, 전복. **4** 가벼운 산책, 산보; 한 바퀴 돌기. **5** 구부러진 곳, 커브 길. **6** 반환; 보답. **7** 되풀이, 반복; ...번(vegada). **8** 안쪽, 이면. **9** *pl.* [건축] =voltam. **10** (경기의) 회, 회전.
volta del cel 하늘, 궁창(firmament).
anar a fer una volta 산책하러 나가다.
voltadits voltadits *m.* [단·복수동형][의학] 표저, 생인손.
voltam voltams *m.* **1** [건축] 둥근 천장, 둥근 지붕. **2** (도로 쪽의) 추녀 지붕, 아케이드.
voltant, al *loc.adv.* ...의 주위에.

al voltant de =a propòsit de.
del voltant 주위의.
voltants *m.pl.* 시외, 교외, 근교.
voltar *intr.* **1** 돌다, 회전하다, 선회하다 (girar). **2** (길을) 돌다, 빙빙 돌다, 우회하다. **3** 거닐다, 산책하다, 한 바퀴 돌다(passejar-se). **4** 여행하다, 돌아다니다. *-tr.* **1** 돌다, 일주하다; 돌아다니다. **2** 둘러싸다, 에워싸다(envoltar).
voltatge voltatges *m.* [전기] 전압(량), 볼트 수.
volteig volteigs[voltejos] *m.* voltejar하는 일.
voltejar *intr.* **1** =voltar. **2** (곡예사가) 공중제비를 하다. *-tr.* 돌아다니다, 여행하다, 한 바퀴 돌다.
voltímetre voltímetres *m.* [전기] 전압계.
vòltmetre vòltmetres *m.* =voltímetre.
voltor voltors *m.* [조류] (남미산) 콘도르.
volubilitat volubilitats *f.* **1** 잘 감김. **2** 경망스러움, 경박함. **3** (말이) 유창함; 다변, 수다.
voluble volubles *adj.* **1** 감기는; 잘 도는. **2** [식물] 덩굴의, 덩굴이 되는. **3** 경망스러운, 마음이 들뜬.
volum volums *m.* **1** 책, 서적. **2** (책의) 부, 권. **3** 부피, 크기, 양. **4** 액수, 금액. **5** 용적, 체적. **6** 음량.
volumetria volumetries *f.* **1** 용적 측량학. **2** [화학] 용량 분석법.
voluminós voluminosa voluminosos voluminoses *adj.* 부피가 큰, 용적·체적이 큰.
voluntari voluntària voluntaris voluntàries *adj.* **1** 자유의사에 의한, 자발적인, 자원의. **2** 임의의, 수의의. **3** 지원에 의한.
-m.f. **1** 지원자, 자원자; 독지가. **2** 지원병, 의용병.
a voluntari 임의로, 마음대로.
voluntariat voluntariats *m.* 의용병단, 의용병 지원; 자원 봉사단.
voluntarietat voluntarietats *f.* **1** 임의, 수의, 자발성. **2** 변덕, 조변석개.
voluntariós voluntariosa voluntariosos voluntarioses *adj.* **1** 의욕적인, 의욕이 강한. **2** 고집 센, 옹고집의. **3** 변덕스

러운, 조변석개의.
voluntat voluntats *f.* **1** 뜻, 의지. **2** 의욕, 투지; 소망, 바람. **3** 임의(성). **4** 애정, 호의.
a voluntat 의지로, 의욕을 가지고.
guanyar-se (algú) *les voluntats* 사람들의 마음을 사다.
volunter voluntera volunters volunteres *adj.* 고집이 센, 옹고집의(testarrut).
voluptat voluptats *f.* **1** (관능적인) 쾌감, 쾌락. **2** (일반적인) 기쁨, 즐거움. **3** 방탕, 타락.
voluptuós voluptuosa voluptuosos voluptuoses *adj.* **1** 향락에 빠진, 육욕에 빠지는, 주색에 빠지는. **2** 육욕을 자극하는, 육감적인, 도발적인, 요염한, 관능적인.
voluta volutes *f.* **1** [건축] 소용돌이무늬. **2** 나선형. **3** [동물] 조개류.
volva volves *f.* **1** (옷에 묻은) 먼지, 흙, 티끌. **2** 가느다란 실. **3** (콩꼬투리의) 줄기, 섬유. **4** (액체의) 앙금.
volvós volvosa volvosos volvoses *adj.* volva의.
vòmer vòmers *m.* [해부] (코의) 보조뼈.
vòmic vòmica vòmics vòmiques *adj.* 구토를 일으키는.
-f. [의학] (폐의) 농양.
vòmit vòmits *m.* 구토, 구역질; 심한 구토(vomitada).
vòmit de sang 피를 토함.
vomitada vomitades *f.* 토해 낸 것.
vomitar *tr.* **1** 게우다, 토하다. **2** 뱉어내다, 뿜어내다. **3** (욕설 따위를) 내뱉다.
vomitejar *intr.* 자주 토하다.
vomitiu vomitiva vomitius vomitives *adj.* 구토의, 구토를 일으키는.
-m. 구토제.
vomitori vomitòria vomitoris vomitòries *adj.m.* =vomitiu.
vora vores *f.* **1** 모서리; 가, 가장자리. **2** 강가, 바닷가, 길가.
a la vora 가까이에, 근처에, 옆에.
a la vora de[*vora de, vora*] 가까이에, 근처에, 옆에.
voraç voraç voraços voraces *adj.* **1** 게걸스러운, 마구 정신없이 먹는, 모조

리 먹어치우는. 2 물릴 줄을 모르는, 탐욕스러운.
voracitat voracitats *f.* 대식, 폭식, 게걸스러움.
vorada vorades *f.* 가, 가장자리; 강가, 바닷가.
a la vorada de ...의 가·가장자리에.
voraginós voraginosa voraginosos voraginoses *adj.* 소용돌이가 이는, 소용돌이가 치는.
voral vorals *m.* 강가, 강변, 해변.
voravia voravies *f.* =vorera.
voraviu voravius *m.* (천의) 솔기, 깃.
vorejar *tr.* 1 (강가·숲가를) 치우다, 정리하다. 2 [비유] (위험·장애물 등을) 피하다.
vorell vorells *m.* 1 (길의) 가, 끝, 가장자리(marge). 2 강가, 강변, 해변.
vorer vorera vorers voreres *adj.* 가까운, 근처의; 오는, 다음의.
vorera voreres *f.* 보도.
vori voris *m.* 1 상아. 2 [해부] (이의) 상아질.
vòrtex vòrtexs *m.* 소용돌이, 회오리바람; 태풍의 눈.
vos *pron.* 1 너희에게. *Ja vos ho he dit* 이미 내가 너희에게 말했다. 2 [존칭으로 쓰여] 당신에게. *Vos ho repeteixo* 그것을 반복해서 말씀드립니다.
vós *pron.* 1 [고어] 당신, 그대. *Vos sou la meva darrera esperança* 그대는 나의 마지막 희망입니다. 2 [일반적] 당신, 귀하. *Vós i el vostre germà no us assembleu gens* 당신과 당신 동생은 전혀 닮은 데가 없습니다.
vosaltres *pron.* 너희들, 당신들.
vostè vostès *pron.* [2인칭 주격의 존칭형이나, 문법적으로는 3인칭 동사를 받음] 당신, 귀하. *Tracta'm de tu, que si em tractes de vostè em fas vell* 저를 편히 'tu'라 부르세요. 'vostè'라 하시면 저를 나이든 사람으로 취급하시는 것이니까요.
vostre vostra vostres vostres *adj.* [소유형용사] 당신의, 귀하의; 당신들의.
-pron. 당신의 것, 귀하의 것; 당신들의 것.

Afectuosament[*atentament, cordialment*] *vostre* 안녕히 계십시오[편지를 마무리 짓는 말].
vot vots *m.* 1 맹세, 서원(promesa); 선서. 2 기원, 바람(desig). 3 투표; 투표권, 투표수. *vot directe* 직접투표. 4 의견, 의견의 표명; 발언권. *tenir vot* 발언권이 있다. 5 악담, 욕설, 저주의 말.
votació votacions *f.* 1 맹세, 서원. 2 투표, 표결; 표결 수.
posar a votació 표결에 부치다.
votant votants *adj.m.f.* [남녀동형] votar 하는 (사람).
votar *tr.* 1 맹세하다, 서원하다. 2 투표하다, 표결로 의사를 결정하다. *-intr.* 투표하다. *votar a favor* 찬성표를 던지다.
votiu votiva votius votives *adj.* 맹세의, 서원의; 기구하는.
vudú vudús *adj.m.f.* =vodú.
vuit vuits *adj.* 8의, 여덟의; 여덟 번째의.
-m.f. 여덟 번째.
-m. 8, 여덟.
vuitada vuitades *f.* (가톨릭의) 성체 주간의 8일.
vuitanta vuitantes *adj.* 80의, 여든의; 여든 번째의.
-m.f. 여든 번째.
-m. 80, 여든.
vuitantè vuitantena vuitantens vuitantenes *adj.* 80번째의, 80등분의.
-m.f. 80번째.
-m. 80등분의 1.
vuitantejar *intr.* 80대가 되다.
vuitantena vuitantenes *f.* 80.
vuitantenni vuitantennis *m.* 80년.
vuitantí vuitantina vuitantins vuitantines *adj.m.f.* =octogenari.
vuitavat vuitavada vuitavats vuitavades *adj.* [기하] 팔각의, 팔변의.
vuit-centè vuit-centena vuit-centens vuit-centenes *adj.* 800의; 800번째의; 800등분의.
-m.f. 800번째.
-m. 800등분의 1.
vuitcentista vuitcentistes *adj.* 19세기의.

vuit-cents vuit-centes *adj.* =vuit-centè.
-*m.* 800.
vuitè vuitena vuitens vuitenes *adj.* 8의; 8번째의; 8등분의.
-*m.f.* 8번째.
-*m.* **1** 8등분의 1. **2** (인쇄용지의) 팔절판.
en vuitè 팔절판으로.
vuitena vuitenes *f.* 8, 여덟.
vulcanisme vulcanismes *m.* [지질] 지각 화성론(地殼火成論).
vulcanització vulcanitzacions *f.* 고무의 경화, 황화[생고무에 유황을 화합하여 경화시키는 처리].
vulcanitzar *tr.* **1** 고무를 경화하다, 황화하다, 에보나이트로 하다. **2** [화학] 유화하다.
vulcanòleg vulcanòloga vulcanòlegs vulcanòlogues *m.f.* 화산학자.
vulcanologia vulcanologies *f.* 화산학.
vulgar vulgars *adj.* **1** 대중적인, 통속적인, 일반 대중의, 서민의. **2** 비천한, 저속한, 야비한, 저급한. **3** 통속의, 세속의, 보통의(corrent). **4** [언어] 속어의, 비속어의.
-*m.* 범인, 속인, 범속; 속세.
vulgarisme vulgarismes *m.* [언어] 속어; 어법의 잘못 사용.
vulgaritat vulgaritats *f.* **1** 통속, 평범함. **2** 비속, 천함, 야비함, 천박함, 속된 일.
vulgarització vulgaritzacions *f.* 통속화, 대중화; 속어화.

vulgaritzar *tr.* **1** 통속화하다, 대중화하다, 보급시키다. **2** (어법을) 잘못 사용하다, 속어화하다.
vulgata vulgates *f.* [성서] 라틴어역 성서.
vulnerabilitat vulnerabilitats *f.* **1** 상처·비난받기 쉬운 일; 그 일에 노출됨. **2** 붕괴되기 쉬움. **3** 약점, 취약점.
vulnerable vulnerables *adj.* **1** (상처·비난·공격 등에) 약한, 받기 쉬운; 부서지기 쉬운. **2** 흠이 있는, 나무랄 만한, 약점이 있는.
vulneració vulneracions *f.* vulnerar하는 일.
vulnerant vulnerants *adj.* vulnerar하는.
vulnerar *tr.* **1** 상하게 하다, 손상을 입히다. **2** [의학] (수술 중에) 외상을 입히다. **3** (권리·이익 따위를) 해치다, 손해를 주다. **4** (법을) 어기다, 위반하다.
vulnerari vulnerària vulneraris vulneràries *adj.* [의학] 외상에 듣는.
-*m.* 외상약.
vulpí vulpina vulpins vulpines *adj.* 여우의; 여우같은, 교활한.
vulpinita *f.* [광물] 석고옥(石膏玉).
vultuós vultuosa vultuosos vultuoses *adj.* [의학] 충혈이 된; (얼굴이) 붉어진.
vulva vulves *f.* [해부] (여성의) 음문, 옥문, 하문.
vulvar vulvars *adj.* vulva의.
vulvitis vulvitis *f.* [단·복수동형][의학] 외음염.

W w

w *f.* 카탈루냐어 알파벳의 스물세 번째 문자.
wagnerià wagneriana wagnerians wagnerianes *adj.* 리하르트 바그너[독일의 음악가, 1813-1883]의; 바그너풍의, 바그너작의.
-m.f. 바그너 음악 예찬자; 바그너풍의 작곡가.
wagnerisme wagnerismes *m.* 바그너풍의 음악.

wàter wàters *m.ang.* 변소.
waterpolo waterpolos *m.ang.* [스포츠] 수구.
watt watts *m.* [전기] 와트(vat).
web webs *m.ang.* **1** (항공·통신 등의) 네트워크. **2** (정보 제공하는) 서버, 웹.
-f. =pàgina web.
weber webers *m.germ.* [전기] 웨버[자력선속의 단위: 기호 Wb].
wèlter wèlters *m.* [스포츠] (복싱의) 웰터급.
whisky whiskys *m.ang.* 위스키.
witherita *f.* [광물] 독중석[바륨의 원광], 위더라이트.
wolframi wolframis *m.* [화학] 텅스텐 (tungstè).
wolframita *f.* [광물] 볼프람 원광[철분과 마그네슘이 함유된 광석].

X x

x¹ *f.* 카탈루냐어 알파벳의 스물네 번째 문자.

x² *f.* **1** [수학] 미지수. **2** [대문자로 쓰여] 로마 문자 X.

xa xas *m.* (페르시아의) 왕.

xabec xabecs *m.* (지중해의) 돛이 셋 달린 선박.

xacal xacals *m.* **1** [동물] 재규어. **2** [비유] 잔인한 사람.

xacolí xacolís *m.* 샤콜리[바스코 지방의 포도주].

xacona xacones *f.* 샤코나[카스티야 지방의 춤·춤곡].

xacra xacres *f.* **1** [의학] 지병, 숙환, 만성병. **2** (사고로 인한) 흠, 상처.

xacrat xacrada xacrats xacrades *adj.* =xacrós.

xacrós xacrosa xacrosos xacroses *adj.* **1** 지병이 있는, 병약한. **2** 흠이 있는, 결함이 있는.

xafallós xafallosa xafallosos xafalloses *adj.m.f.* [음성] 무성음 'ss'를 카탈루냐어의 구개음 'x'와 비슷하게 발음하는 (사람).

xafar *tr.* (풀 등을) 눕히다, 납작하게 쓰러뜨리다(aixafar).

ben xafat 잘 말한.

xafar bè [구어] 말을 잘하다, 잘 설명하다.

xafardeig xafardeigs[xafardejos] *m.* **1** 남의 소문을 퍼뜨림, 중상, 험담. **2** 남의 일을 캐는 일.

xafardejar *intr.* **1** 남의 소문을 퍼뜨리다, 험담하다. **2** (남의 일을) 꼬치꼬치 캐묻다, 호기심을 가지다(tafanejar).

xafarder xafardera xafarders xafarderes *adj.m.f.* xafardejar하는 (사람).

xafarnat xafarnats *m.* =rebombori.

xafarot xafarots *adj.m.f.* =tafaner.

xafarotejar *tr.intr.* =tafanejar.

xafarranxo xafarranxos *f.* **1** (갑판의) 청소, 치우기. **2** 소동, 소란, 폭동, 난동.

xàfec xàfecs *m.* **1** 소나기, 폭우. **2** [비유] 범람, 쇄도; 풍부함, 많음.

xafegada xafegades *f.* 굉장한 폭우.

xafeguer xafeguers *m.* 진흙탕, 수렁.

xafigar *tr.* =aixafar.

xafó xafons *m.* =trepitjada.

xafogor xafogors *f.* 무더위, 폭서, 찜통더위.

xafogós xafogosa xafogosos xafogoses *adj.* 무더운, 후덥지근한, 숨 막히는.

xagrí xagrins *m.* 모로코가죽.

xai xaia xais xaies *m.f.* **1** (한 살 미만의) 새끼 양, 어린 양. **2** 양 떼, 양 무리. *ramat de xais* 양 무리. **3** [비유] 순한 사람, 온순한 사람. **4** [경멸적] 종, 하인, 노예.

-m. 양 (요리). *costelles de xai* 양갈비 요리.

xaiar *intr.* (양이) 새끼를 낳다.

xaier xaiera xaiers xaieres *m.f.* 양치기, 목동.

xal xals *m.* 숄, 어깨걸이.

xala xales *f.* **1** 대주연, 큰 술잔치, 향연. **2** 기쁨, 즐거움(gaudi).

xalar *intr.* 즐기다, 즐거운 시간을 보내다(adelitar-se). *-se* 재미있게 보내다, 흥겹게 놀다.

Com te la xales! 잘도 지내는군!

xalat xalada xalats xalades *adj.* 즐거운, 유쾌한, 흥겨운. *fer una vida xalada* 즐거운 인생을 살다.

-f. =xala.

passar-se la xalada (시간을) 매우 잘 보내다, 매우 흥겹게 지내다.

xalest xalesta xalests[xalestos] xalestes *adj.* 즐거운, 유쾌한, 재미있는, 흥겨운.

xalet xalets *m.* 별장, 방갈로, 산장식 주택(cabana).

xalina xalines *f.* (길게 늘어뜨린) 넥타이, 네커치프.

xaloc xalocs *m.* 동남풍.

xaloquejar *intr.* 동남풍이 불다.

xaloquell xaloquells *m.* 약한 동남풍.

xalupa xalupes *f.* 두 개의 마스트가 있는 작은 배; 연락선, 통나무배.

xaman xamans *m.* 샤먼, 무당.

xamanisme xamanismes *m.* 샤머니즘.
xamar *tr.* =xumar.
xamat xamada xamats xamades *adj.* 술 취한(borratxo).
xamba xambes *f.* 요행, 행운.
per xamba 요행으로, 운이 좋게.
xamberg xambergs *m.* 챙이 넓은 모자의 일종.
xambó xambona xambons xambones *adj.m.f.* 서툰, 손재주가 없는, 솜씨가 어설픈 (사람); 재수 좋은 (사람)
xambra xambres *f.* (여인의) 블라우스.
xamfrà xamfrans *m.* (각목의 모서리에 면을 내는) 사단면(斜斷面).
xamor xamors *f.* 애교, 아첨, 알랑거림.
xamós xamosa xamosos xamoses *adj.* 애교 떠는, 알랑거리는.
xamosia xamosies *f.* =xamor.
xampany xampanys *m.* 샴페인.
xampanyer xampanyera xampanyers xampanyeres *adj.* 샴페인의.
-*m.f.* 샴페인 양조업자.
-*f.* 샴페인을 담아두는 통, 샴페인 쿨러.
xampanyeria xampanyeries *f.* 샴페인 양조장.
xampinyó xampinyons *m.* [식물] 버섯의 일종.
xampú xampús *m.* 샴푸.
xampurrar *tr.intr.* (외국어를) 서툴게 말하다.
xampurreig xampurreigs [xampurretjos] *m.* (외국어를) 서툴게 말하는 일.
xampurrejar *tr.intr.* =xampurrar.
xanca xanques *f.* 긴 장대; [비유] 긴 다리; (새의) 긴 다리.
xancle xancles *m.* 샌들, 나막신.
xancleta xancletes *f.* 가벼운 샌들.
xancre xancres *m.* [의학] 하감, 변독.
xandall xandalls *m.* 유니폼, 운동복.
xanguet xanguets *m.* [어류] 샹게트[작은 물고기의 일종].
xano-xano *adv.* 한 걸음 한 걸음, 조금 조금씩.
xantatge xantatges *m.* 공갈, 갈취, 사기.
xantatgista xantatgistes *m.f.* 공갈범, 사기꾼.

xàntic xàntica xàntics xàntiques *adj.* 노릇노릇한, 누르스름한.
xanxa xanxes *f.* 농담, 익살, 신소리, 놀려 댐.
xanxejar *intr.* 농담하다, 익살부리다, 신소리를 하다; 놀려 대다, 놀려 주다.
xap xaps *m.* =clivella.
xapa xapes *f.* **1** (금속·목재의) 얇은 판. **2** 판금, 금속판; 합판.
xapadura xapadures *f.* 틈, 갈라진 금, 균열.
xapar *tr.* **1** 금속판으로 장식하다, 도금하다. **2** (금속을) 두들겨 패다. **3** 빠개다, 쪼개다, 금이 가게 하다(esberlar).
xaparro xaparra xaparros xaparres *adj. m.f.* 땅딸막한, 폼이 안 나는 (사람).
xapeta xapetes *f.* =aixadell.
xapo xapos *m.* 괭이, 곡괭이.
xapó xapós *m.* 네 사람이 하는 당구 시합.
xapolina xapolines *f.* 작은 괭이.
xapot xapota xapots xapotes *adj.* =matusser.
xàquia xàquies *f.* =xacra.
xarada xarades *f.* 단어 놀이.
xaragall xaragalls *m.* 빗물이 흐르는 길, 배수구.
xaragallar *tr.* =aixaragallar.
xarampió xarampions *m.* [의학] 홍역, 마진(痲疹).
xaranga xarangues *f.* **1** [집합] (불어서 소리 내는) 악기. **2** 군악대.
xarbot xarbots *m.* **1** 물이 튀김; 튀긴 흙탕물. **2** 소나기, 폭우.
xarbotar *intr.* (물이) 튀기다; (흙탕물을) 끼얹다.
xarcuteria xarcuteries *f.* 햄·소시지·하몬·초리소 등의 가게·공장.
xardor xardors *f.* **1** 무더위, 혹서. **2** 열, 뜨거움; 열풍, 뜨거운 바람.
xardorós xardorosa xardorosos xardoroses *adj.* 무더운, 후덥지근한; 타는 듯한, 숨 막히는.
xarel·lo xarel·los *m.* 사향포도의 일종; 사향포도주.
xarlatà xarlatana xarlatans xarlatanes *m.f.* 야바위꾼, 사기꾼, 협잡꾼; 다변가, 수다쟁이.

xarlatanisme xarlatanismes *m.* 서툰 수작, 협잡 행위; 수다, 잡담.

xarleston xarlestons *m.* (북아메리카에서 유래한) 현대 무용의 일종.

xarnego xarnega xarnegos xarnegues *m.f.* [경멸적] 적응하지 못한 이민자로 카탈루냐어를 하지 못하는 사람.

xarnera xarneres *f.* 경첩, 돌쩌귀(frontissa).

xaró xarona xarons xarones *adj.* 천한, 천박한, 상스러운, 저속한.

xarol xarols *m.* 1 옻(칠), 에나멜. 2 에나멜을 칠한 가죽.

xarolar *tr.* =enxarolar.

xarop xarops *m.* 1 당밀, 시럽. 2 (일반적으로) 달착지근한 음식. 3 (당밀 원료의) 몰약.

xaropera xaroperes *f.* 시럽을 담아 두는 컵.

xaropós xaroposa xaroposos xaroposes *adj.* 당밀의, 시럽의; 그런 형태의.

xarot xarots *m.* =seny.

xarpa xarpes *f.* 1 (검을 위한) 검대. 2 (권총 등을 매는) 어깨띠. 3 (바지의) 멜빵; 매다는 것.

xarpar *tr.* =enxarpar.

xarpellera xarpelleres *f.* 올이 굵은 삼베.

xarrada xarrades *f.* =xerrada.

xarradissa xarradisses *f.* =xerradissa.

xarrameca xarrameques *f.* =xerrameca.

xarrar *intr.tr.* =xerrar.

xarrasclet xarrasclets *m.* [조류] 홍머리오리.

xarrera xarreres *f.* =xerrera.

xarreta xarretes *f.* 한담, 노닥거림.

xarretera xarreteres *f.* (예복에 다는 금실·은실의) 견장.

xarrup xarrups *m.* 빨아들이는 일; 한 번 빨기, 한 모금.

xarrupar *tr.* 빨아 마시다, 한 모금 마시다.

xarrupeig xarrupeigs[xarrupejos] *m.* xarrupar하는 일.

xàrter xàrters *adj.m.* [항공] 전세 항공기(의), 차터 항공기(의).

xaruc xaruga xarucs xarugues *adj.* 노쇠한, 덧없는, 허망한.

xaruga xarugues *f.* (소의 입에 씌우는) 망.

xarxa xarxes *f.* 1 (고기잡이·새잡이용의) 그물. 2 덫, 함정, 술책. 3 망사, 헤어네트. 4 쇠로 만든 격자, 쇠그물. 5 (경기장용) 네트. 6 네트워크, 조직, ... 망.
calar[tirar] les xarxes 그물을 치다; 수사망을 펴다; 속임수를 쓰다.

xarxada xarxades *f.* 1 그물 치기, 그물 던지기; (그물로 잡는) 어획. 2 일제수사, 일망타진, 급습.

xarxaire xarxaires *m.f.* [남녀동형] 그물 만드는 사람.

xarxó xarxona xarxons xarxones *m.f.* 허수아비, 꼭두각시.

xarxot xarxota xarxots xarxotes *adj.m.f.* (옷을) 아무렇게나 입은 (사람); 버림받은 (사람).

xassís xassissos *m.* 1 새시, 틀, 창틀. 2 (자동차의) 새시. 3 (카메라의) 바깥 테. 4 (라디오·텔레비전의) 새시.

xato xata xatos xates *adj.* 1 납작한, 평평한(camús). 2 코가 납작한.

xatrac xatracs *m.* [조류] 제비갈매기.

xauxa xauxes *f.* 신비의 나라, 상상의 나라.

xau-xau *adv.* 1 조금 조금씩. 2 그저 그런(així així).

xauxinar *intr.* (음식을 튀길 때) 칙칙 소리가 나다.

xauxineig xauxineigs[xauxinejos] *m.* 1 삐걱거리는 소리. 2 (곤충의) 날카로운 울음소리. 3 (음식이) 불에 익는 소리. 4 불쾌한 연속음.

xauxinejar *intr.* =xauxinar.

xava xaves *adj.m.* [언어] (바르셀로나 일부 지역에서) 카스티야어의 영향으로 유성 자음, 열린 모음과 중간 모음을 생략하는 말투(의).

xaval xavala xavals xavales *m.f.* [구어] 젊은이, 청년; 소년, 소녀.

xavalla xavalles *f.* 동전.

xàvega xàvegues *f.* 저인망.

xavegada xavegades *f.* =xàvega.

xaveta xavetes *f.* 평형 핀.

xe *interj.* [주의를 환기시키는 표현] 여기!, 이봐!, 잘 봐!

xec¹ xecs *m.* [의성어] 철썩!, 탁!
xec² xecs *m.* 수표.
xef xefs *m.f.* 주방장.
xeflis xeflis *m.* 풍성한 식사.
xeic xeics *m.* (아랍 부족의) 족장, 지사.
xeixa xeixes *f.* 백맥(白麥).
xemeneia xemeneies *f.* **1** 굴뚝. **2** 아궁이; 화덕, 벽로. **3** (화기의) 약실(藥室). **4** [지질] (화산의) 분화구.
xemicar *tr.* 빻다, 찧다, 부수다, 쪼개다, 분쇄하다.
xenisme xenismes *m.* 번역이 어려운 외래어.
xenó *m.* [화학] 크세논.
xenòfil xenòfila xenòfils xenòfiles *adj.* 외국인을 좋아하는.
xenofilia xenofilies *f.* 외국인에 대해 호의적인 마음.
xenòfob xenòfoba xenòfobs xenòfobes *adj.* 외국인을 싫어하는.
xenofòbia xenofòbies *f.* 외국인 혐오·배척.
xera xeres *f.* **1** 아양, 어리광. **2** 타오르는 불꽃. **3** 쓰다듬음; 애무, 애정 표시 (carícia).
xerec xereca xerecs xereques *adj.* =dolent, malaltís.
xeremia xeremies *f.* 갈피리(caramella).
xeremier xeremiera xeremiers xeremieres *m.f.* 갈피리를 부는 사람.
xerès xeressos *m.* (헤레스 산의) 백포도주, 셰리주.
xerevia xerevies *f.* =xirivia.
xeric xerics *m.* (작은 새의) 찍찍거리는 소리.
xericar *intr.* (작은 새가) 찍찍거리다.
xerif xerifs *m.* 마호메트의 딸 파티마(Fàtima)의 자손; 메카의 시장·지사.
xèrif xèrifa xèrifs xèrifes *m.f.ang.* (영국의) 행정관; (미국의) 보안관.
xerigot xerigots *m.* **1** [생리] 장액, 혈청. **2** 유장.
xeringa xeringues *f.* 주사기, 관장기, 압출기.
xeringada xeringades *f.* [의학] 주사, 관장; 주사액, 관장액.
xeringar *tr.* **1** [의학] 주사를 놓다, 관장을 하다. **2** [비유] 애먹이다, 귀찮게 하다, 성나게 하다(fastiguejar).
xeringuilla xeringuilles *f.* [식물] 산매화.
xerinola xerinoles *f.* 잔치판.
xerocopiar *tr.* =xerografiar.
xeròfil xeròfila xeròfils xeròfiles *adj.* [식물] 건조지의, 내건성의.
xeròfit xeròfits *m.* [식물] (사막 등의) 내건성 식물, 건식 식물.
xerografia xerografies *f.* 제록스 복사.
xerografiar *tr.* 제록스 복사를 하다.
xerpa xerpes *m.f.* **1** (네팔의) 히말라야 지역에 사는 사람. **2** 셀파[히말라야 원정을 동반하는 사람].
xerra xerres *f.* =xerrada. *moure xerra* =xerrar.
xerrac xerracs *m.* 톱.
xerracar *tr.* 톱으로 자르다.
xerrada xerrades *f.* 톱질.
fer petar la xerrada 이야기 하다, 수다 떨다.
xerradissa xerradisses *f.* 수다, 잡담, 농담, 노닥거림.
xerrador xerradora xerradors xerradores *adj.m.f.* =xerraire.
xerraire xerraires *adj.m.f.* [남녀동형] 말이 많은, 수다스러운 (사람).
xerrameca xerrameques *f.* =xerradissa.
xerraquejar *tr.* 톱으로 자르다.
xerrar *intr.* **1** 잡담하다, 수다 떨다, 노닥거리다, 담소하다. **2** (새가) 지저귀다. *-tr.* (생각 없이) 말하다; (비밀을) 누설하다.
xerrera xerreres *f.* 입이 헤픔, 말하기 좋아함.
xerric xerrics *m.* **1** 삐걱거리는 소리. **2** 이가는 소리. **3** 물을 마실 때의 소리; 한 모금.
xerricada xerricades *f.* =xerric.
xerricar *intr.* xerric을 내다.
xerrim xerrima xerrims xerrimes *m.f.* =xerraire.
-m. =xerrameca.
xerrola xerroles *f.* [주로 복수로 쓰여] 잡담, 노닥거림.
xerroteig xerroteigs[xerrotetjos] *m.* xerrotejar하는 일.

xerrotejar *intr.* **1** 목을 떨다, 목소리를 떨다. **2** (새가) 지저귀다.
xibeca xibeques *f.* [조류] 부엉이(òliba).
xic xica xics xiques *adj.* 작은, 어린, 나이 어린(petit).
-m.f. 소년, 소녀, 어린이(noi, noia).
 un xic 조금, 약간(una mica, un poc).
xicalla xicalles *f.* [집합] 아이들.
xicarró xicarrona xicarrons xicarrones *adj.* 매우 어린.
-m.f. 갓난아이; 어린애(nen, nena).
xiclet xiclets *m.* 껌.
xicó xicona xicons xicones *m.f.* 아이, 아동.
xicoira xicoires *f.* [식물] 배추.
xicot xicota xicots xicotes *m.f.* **1** 소년, 소녀, 어린이. **2** 약혼자.
xicotet xicoteta xicotets xicotes *adj.m.f.* =xic.
xicra xicres *f.* 작은 찻잔.
xicranda xicrandes *f.* [식물] 홍목.
xifra xifres *f.* **1** 수, 숫자. **2** 암호, 부호. **3** (방의) 호; 번지. **4** 약어. **5** 머리글자. **6** 개요, 요약.
xifrar *tr.* **1** 수로 나타내다. **2** 암호·부호로 쓰다. **3** 간추리다, 요약하다.
xifratge xifratges *m.* xifrar하는 일.
xifrer xifrers *m.* =xiprer.
xiisme xiismes *m.* 시아파[이슬람교 2대 종파 중의 하나].
xiïta xiïtes *adj.m.f.* [남녀동형] 사아파의 (사람).
xilòfag xilòfaga xilòfags xilòfagues *adj.* [곤충] 목식의, 나무를 먹는; 나무에 구멍을 파는.
xilòfon xilòfons *m.* 실로폰.
-m.f. =xilofonista.
xilofonista xilofonistes *m.f.* [남녀동형] 실로폰 연주자.
xilografia xilografies *f.* 목조, 목판; 목판술, 목판 인화법.
xilografiar *tr.* 목판에 인쇄하다.
xiloide xiloides *adj.* 나무 모양의, 목상의.
ximpanzé ximpanzés *m.* [동물] 침팬지.
ximple ximples *adj.* 단순한 머리의; 미련한, 우둔한.
-m.f. 단순한 사람; 미련한 사람, 바보 같은 사람.
 fer el ximple 바보짓을 하다, 바보 행동을 하다.
ximplejar *intr.* 단순하게 하다·말하다.
ximpleria ximpleries *f.* 우둔함, 어리석음; 멍청한 짓, 공연한 헛일, 우매한 일. *una insofrible ximpleria* 참을 수 없는 미련한 짓.
ximplesa ximpleses *f.* **1** 단순함, 우직함. **2** =ximpleria.
xim-xim xim-xims *m.* **1** 가랑비, 이슬비, 보슬비. **2** 음악 소리.
xíndria xíndries *f.* [식물] 수박(síndria).
xinel·la xinel·les *f.* 덧신, 슬리퍼.
xinxa xinxes *f.* [곤충] 빈대.
xinxam xinxams *m.* [집합] 빈대 무리.
xinxeta xinxetes *f.* 압정, 압핀.
xinxilla xinxilles *f.* [동물] 친칠라, 친칠라 모피.
xinxollar *tr.* (액체를) 그릇 채 흔들다.
xip xips *m.* 초전자 칩.
xipella xipelles *m.* [방언] 카탈루냐어의 방언의 일종.
xipoll xipolls *m.* 물웅덩이, 웅덩이에 고인 물.
xipollar *intr.* (물웅덩이를) 첨벙거리다.
xipolleig xipolleigs[xipollejos] *m.* xipollejar하는 일.
xipollejar *intr.* (액체를) 젓다, 흔들다, 휘젓다. *-tr.* (물에) 축이다.
xipòtol xipòtola xipòtols xipòtoles *adj. m.f.* =xarxot.
xiprer xiprers *m.* [식물] 삼나무.
xiprerar xiprerars *m.* 삼나무 숲.
xip-xap xip-xaps *m.* [의성어] (발을) 첨벙첨벙 물장구치기, 첨벙첨벙하는 물장구 소리.
xiquesa xiqueses *f.* 어린 시절, 유년 시절; 작은 것, 사소한 일.
xiquet xiqueta xiquets xiquetes *adj.* 아이의, 어린아이의.
-m.f. 아이, 꼬마.
 un xiquet =un xic.
xiribec xiribecs *m.* 상처, 흉터.
xiric xirics *m.* =xeric.
xirigar *intr.* =xericar.
xiriguejar *intr.* =xerricar.
xirimoia xirimoies *f.* [식물] 치리모야[여

xirimoier xirimoiers *m.* [식물] (중미산의) 치리모야 나무, 여주.
xirinxina, a la *loc.adv.* 어깨에 메고.
xirivia xirivies *f.* [식물] 작은 당근.
xiroi xiroia xirois xiroies *adj.* 명랑한, 활발한.
xiscar *tr.* 껍질을 벗기다.
xiscladissa xiscladisses *f.* [집합] xisclar 하는 소리.
xisclar *intr.* **1** 삐꺽거리다, 끼익 소리를 내다. **2** (새·벌레 따위가) 날카롭게 울다.
xiscle xiscles *m.* 삐꺽거리는 소리, 끼익 소리, 날카로운 소리.
xisquejar *tr.* =xiscar.
xitxarel·lo xitxarel·los *m.* [구어] 어른티를 내는 어린애; 신출내기, 햇병아리.
xiulada xiulades *f.* **1** 바람 소리. **2** 휘파람, 호루라기 소리.
xiuladissa xiuladisses *f.* 휘파람·호루라기 불어 대기; xiular하는 일.
xiulador xiuladora xiuladors xiuladores *adj.m.f.* xiular하는 (사람).
xiulaire xiulaires *adj.* xiular하는.
xiular *intr.* **1** (바람이) 윙윙 소리를 내다. **2** 휘파람을 불다, 호루라기를 불다, 기적을 울리다. **3** 야유를 하다. -*tr.* **1** (주의를 끌기 위해) 쉿 소리를 내다. **2** 야유하다.
xiulet xiulets *m.* **1** xiular하는 소리. **2** 호루라기.
xiuletada xiuletades *f.* 호루라기를 붊.
xiulit xiulits *m.* xiular하는 소리.
xiu-xiu xiu-xius *m.* **1** (병아리 등의) 삐악삐악하는 소리. **2** (바람의) 윙윙거리는 소리. **3** (불이) 톡톡 튀는 소리. **4** 휘파람 소리.
xiuxiuar *intr.* xiu-xiu 소리를 내다.
xiuxiueig xiuxiueigs[xiuxiuejos] *m.* xiuxiuejar하는 일.
xiuxiuejar *intr.* (귀에 대고) 속삭이다; 살랑거리다, 졸졸거리다.
xivarri xivarris *m.* 소란, 시끄러움, 떠들음, 야단법석.
xixell xixells *m.* =xixella.
xixella xixelles *f.* [조류] 야생비둘기.
xixina xixines *f.* 잘게 간 고기.

fer xixines 잘게 갈다, 산산조각이 나다.
xo xos *m.* [말을 제지할 때 쓰는 말] 워워!
xoc xocs *m.* **1** 충돌. **2** [의학] 충격, 쇼크. **3** (적과의) 조우, 전투.
xocant xocants *adj.* 의외의, 뜻밖의; 거슬리는, 온당치 못한.
xocar *intr.* **1** 부딪히다, 충돌하다(topar). **2** 싸우다, 전투하다. **3** 놀라다, 이상한 느낌이 들다. *Em xoca de veure'l sense barba* 구레나룻이 없는 그의 모습을 보니 놀랍다. **4** 기쁘게 하다, 즐겁게 하다(agradar).
xocolata xocolates *f.* 초콜릿; 코코아 음료.
xocolatada xocolatades *f.* 초콜릿으로 만든 것.
xocolater xocolatera xocolaters xocolateres *adj.* 초콜릿을 좋아하는.
-*m.f.* 초콜릿을 좋아하는 사람; 초콜릿을 만드는 사람.
xocolateria xocolateries *f.* 초콜릿 가게.
xocolatina xocolatines *f.* 초콜릿 과자.
xofer xofera xofers xoferes *m.f.* 자동차 운전사.
xoll[1] xolls *m.* =toll.
xoll[2] xolla xolls xolles *adj.* 머리를 박박민.
xolla xolles *f.* [구어] 이해력, 두뇌.
xollada xollades *f.* xollar하는 일.
xollador xolladora xolladors xolladores *m.f.* 양털을 깎는 사람.
xollar *tr.* 양털을 깎다.
xona xones *f.* [속어] **1** (여자의) 음부(vulva). **2** 더러운 여자.
xop[1] xops *m.* 큰 맥주잔.
xop[2] xops *m.* [식물] 검정버드나무.
xop[3] xopa xops xopes *adj.* 흠뻑 젖은, (물에) 잠긴.
xopada xopades *f.* xopar하는 일.
xopar *tr.* **1** 적시다, 잠기게 하다. **2** (물에) 흠뻑 적시다, 흠뻑 빨아들이다, 스며들게 하다. **3** [비유] 물리게 하다, 식상하게 하다, 질리게 하다.
xopina xopines *f.* 물웅덩이(mullader).
xopinejar *intr.* =xipollar.
xopoll xopolls *m.* =xipoll.

xoquí xoquins *m.* =xancleta.
xoriç xoriços *m.* 작은 순대.
xoriço xoriços *m.* (돼지고기를 갈아서 만든) 소시지, 순대.
xoriguer xoriguers *m.* [조류] 황조롱이.
xoroll xorolla xorolls xorolles *adj.* 한쪽 귀가 없는.
xorra xorres *f.* =nyonya.
xòrrec xòrrecs *m.* 빗물이 흐르는 통로, 배수구(xaragall).
xorrencar *tr.* 물이 넘치다, 범람하다(aixaragallar).
xot xots *m.* [조류] 솔부엉이.
xotis xotis *m.* [단·복수동형] 쇼티스[폴카와 비슷하나 그보다는 약간 느린 템포의 춤. 오늘날엔 마드리드 지역에서 민속춤으로 자리 잡음].
xotro xotra xotros xotres *adj.* [구어] =brut.
xou xous *m.* (특히) 코믹한 공연.
xovinisme xovinismes *m.* 쇼비니즘, 국수주의.
xovinista xovinistes *adj.* 쇼비니즘의, 국수주의의.
-m.f. [남녀동형] 쇼비니스트, 국수주의자.
xucla xucles *f.* 정어리의 일종.
xuclada xuclades *f.* xuclar하는 일.
xuclador xucladora xucladors xucladores *adj.* xuclar하는.
xuclar *tr.* **1** 빨다, 흡수하다. *xuclar la mamella* 젖을 빨다. **2** (곤충이) 피를 빨다. **3** [비유] 착취하다, 빼앗다.
xuclar la sang [비유] 착취하다.
xuclat xuclada xuclats xuclades *adj.* (얼굴이) 몹시 야윈.

xuclet xuclets *m.* 세게 한 모금 빨기.
xueta xuetes *m.f.* 슈에타[지중해 발레아레스 제도의 유태계 기독교도].
xufla xufles *f.* [식물] 사초의 알뿌리.
xuflaire xuflaires *m.f.* 사초를 재배하는 사람.
xuflar xuflars *m.* 사초 밭.
xufler xuflera xuflers xufleres *m.f.* =xuflaire.
xulla xulles *f.* (돼지의) 비곗살; 절인 돼지고기, 베이컨.
xumada xumades *f.* xumar하는 일.
xumar *tr.* **1** 쪽쪽 빨다. **2** [구어] 젖을 빨다. **3** 병째로 마시다, 벌컥벌컥 마시다.
xumet xumets *m.* 고무젖꼭지, (젖병의) 꼭지.
xupa xupes *f.* [조류] 부엉이(òliba).
xuplar *tr.* =xuclar.
xup-xup xup-xups *m.* 비등, 끓어오름.
xurma xurmes *f.* **1** [역사] (노를 젓는) 죄수. **2** 빈민, 천민, 속된 무리, 폭도.
xurra xurres *f.* [조류] 송학.
xurreria xurreries *f.* xurro를 파는 가게.
xurriacada xurriacades *f.* 채찍질.
xurriaques *f.pl.* 채찍; 팽이채.
xurro xurros *m.* 기름으로 튀긴 가느다랗고 긴 빵.
xusma xusmes *f.* =xurma.
xut xuts *m.* [스포츠] 슛.
xuta xutes *f.* =xupa.
xutador xutadora xutadors xutadores *m.f.* 공을 차는 사람.
xutar *tr.* 공을 차다, 슛하다. *-intr.* [비유] (일이) 잘되어 가다, 잘 진행되다.

Y y

y *f.* 카탈루냐어 알파벳의 스물다섯 번째 문자.
yacht yachts *m.ang.* 요트.
yakitori yakitoris *m.* 야키토리[일본식의 닭 꼬치구이].
yardang yardangs *m.* [지질] 야르당[사막에서 풍식작용에 의해 생기는 사구의 일종].
yen yens *m.* 엔[일본의 화폐 단위].
yperita *f.* [화학] 이패리트[독가스의 일종]
yin-yang yin-yangs *m.* 음양(陰陽)[우주 원리에 기초한 중국의 사상].
yips *m.pl.ang.* **1** [병리] (몸의 기능을 어렵게 하는) 손 떨림, 신경성 경련. **2** [스포츠] 컨디션[골프 용어].
yo-yo yo-yos *m.* **1** 요요[장난감의 일종]. **2** [비유] (마음이) 자꾸 변하는 자.

Zz

z *f.* català 알파벳의 스물여섯 번째 문자.

zambo zambos *adj.m.f.* **1** 안짱다리를 가진 (사람). **2** 인디오와 흑인과의 혼혈의 (사람).

zapateado zapateados *m.cast.* 사파테아도[발장단을 맞추며 추는 옛날의 스페인 춤·춤곡].

zas *m.* [의성어] [바람·파도 등의 소리] 철썩!, 탁!, 쉭!

zebra zebres *f.* **1** [동물] 얼룩말. **2** 얼룩말의 발걸음.

zebrat zebrada zebrats zebrades *adj.* 얼룩 털의.

zebú zebús *m.* [동물] 제부, 혹소[등에 큰 혹이 있는 중국·인도산 소].

zèfir zèfirs *m.* **1** [시어] 서풍, 산들바람. **2** 삼 비슷한 무명.

zel zels *m.* **1** 열심, 열의. **2** 질투. **3** 걱정, 우려, 근심. **4** [동물] (짐승의) 발정기.

zelador zeladora zeladors zeladores *m.f.* 감시인.

zelar *tr.* 망을 보다, 감시하다, 감독하다.

zelós zelosa zelosos zeloses *adj.* **1** 열심인, 열의가 있는. **2** 질투하는, 질투심이 강한. **3** 안절부절못하는, 초조해하는.

zen zens *m.* [종교] (불교의) 선사상.

zenc zencs *m.* [화학] =zinc.

zenit zenits *m.* **1** [천문] 천정(天頂). **2** 정상, 꼭대기. **3** [비유] 절정, 전성기.

zenital zenitals *adj.* zenit의.

zèppelin zèppelins *m.* 체펠린 비행선.

zero zeros *m.* **1** [수학] 제로, 영. **2** 무(無).

ésser un zero a l'esquerra [구어] 아무 쓸모없는 인간이다.

zeugma zeugmes *m.* [문법] 연속 어법, 액어법(軛語法)[하나의 형용사 또는 동사를 두 개 이상의 명사에 무리하게 사용하는 어법].

ziga-zaga ziga-zagues *f.* **1** (보행이나 댄스 스탭 등의) 지그재그, z 자꼴. **2** 번개꼴, 갈지자꼴. **3** 지그재그꼴의 장식·선·도로. **4** [건축] z 자꼴 쇠고리.

zigoma zigomes *m.* [해부] 광대뼈(pòmul).

zigomàtic zigomàtica zigomàtics zigomàtiques *adj.* 광대뼈의.

zig-zag zig-zags *m.* =ziga-zaga.

zigzaguejar *intr.* 지그재그로 가다, 갈지자로 가다.

zinc zincs *m.* [화학] 아연.

zincografia zincografies *f.* 아연판 인각.

zíngar zíngara zíngars zíngares *adj.* 집시의, 집시 족의.

-*m.f.* 집시, 집시 족.

zingiberàcies *f.pl.* [식물] 생강과 식물.

zing-zing zing-zings *m.* 딸랑이 장난감 (sonall).

zirconi *m.* [화학] 지르코늄.

zitzània zitzànies *f.* **1** [식물] 가라지, 독보리. **2** [비유] 불화, 불화의 씨.

zodíac zodíacs *m.* **1** [천문] 황도대(黃道帶), 수대(獸帶); 12궁(宮); 12궁도(宮圖). **2** (시간·세월 등의) 일주.

zodiacal zodiacals *adj.* zodíac의.

zombi zombis *m.f.* **1** 좀비[아이티의 무속 신앙에서 나옴]. **2** [비유] 허수아비, 멍청한 사람, 홀린 사람.

zona zones *f.* **1** 지역, 지대, 구역; 권, 계. **2** [천문] 띠, 대. **3** (도시 계획 등의) 지구. **4** 우편 구역, 동일 요금 구역. **5** 윤상대(輪狀帶), 환대(環帶). **6** [수학] (구면·원뿔·원기둥 등의) 대, 띠. **7** [의학] 대상포행진(帶狀匍行疹).

zonació zonacions *f.* (지구의) 지대 구분.

zonal zonals *adj.* zona의.

zoo zoos *m.* 동물원(zoològic).

zoofilia zoofilies *f.* 동물 애호.

zoòfit zoòfits *m.* [동물] (산호·해면 등의) 식충류.

zoofòbia zoofòbies *f.* 동물 공포증.

zoografia zoografies *f.* 동물학지.

zoòleg zoòloga zoòlegs zoòlogues *m.f.* 동물학자.
zoologia zoologies *f.* 동물학.
zoològic zoològica zoològics zoològiques *adj.* 동물의, 동물학의.
-m. 동물원.
zoom zooms *m.ang.* **1** [항공] (비행기의) 급각도 상승. **2** [경제] (물가 등의) 급상승, 급등. **3** (영화·텔레비전 등에서) 영상의 급격한 확대 및 축소. **4** 브랜디·벌꿀 등을 넣은 칵테일의 일종.
zoonosi zoonosis *f.* [의학] (사람에게 감염시킬 수 있는) 동물의 질병; 동물의 기생충에 의한 질병.
zoosperm zoosperms *m.ang.* **1** 정충, 정자. **2** [식물] 운동성 홀씨, 유주자(遊走子).
zootècnia zootècnies *f.* 동물 사육법.
zootècnic zootècnica zootècnics zootècniques *adj.* 동물 사육법의.

zoòtrop zoòtrops *m.* 주마등.
zopilot zopilots *m.* [조류] 검은독수리의 일종(urubú).
zuau zuaus *m.* **1** 주아브병[프랑스의 경보병. 원래는 알제리 인들로 편성되고 아라비아 옷을 입었음]. **2** 미국 남북전쟁의 의용병[주아브병의 복장을 모방했음]. **3** 주아브형의 여자 재킷.
zub-zub zub-zubs *m.* [의학] (상처·종기의) 욱신거림.
zumzeig zumzeigs[zumzejos] *m.* zumzejar하는 일.
zumzejar *intr.* **1** 흔들리다, 동요하다. **2** (물가 등이) 오르락내리락하다, 상하로 변동하다. **3** 물결치다, 파도치다; 펄럭이다, 휘날리다. **4** 진동하다, 떨다.
zum-zum zum-zums *m.* **1** (곤충 따위의) 윙윙거림, 날개 소리. **2** (귀가) 울림, 먹먹함. **3** (군중의) 웅성거리는 소리. **4** (폭풍우가) 몰려오는 소리.

MINJUNG'S
Diccionari Català-Coreà

카탈루냐어-한국어사전

2007년 12월 20일 초 판 인쇄
2007년 12월 28일 초 판 발행

편 자   최 낙 원
         신 찬 용

발행인   김 철 환

발행처   사전전문   **민 중 서 림**

④①③-⑦⑤⑥ 경기도 파주시 교하읍 문발리 526-3
(파주출판문화정보산업단지)
전화   (영업) 031) 955-6500~6   (편집) 031) 955-6507
Fax   (영업) 031) 955-6525   (편집) 031) 955-6527
E-mail   editmin@minjungdic.co.kr (편집)
홈페이지   http://www.minjungdic.co.kr
등록   1979. 7. 23. 제2-61호

ISBN 978-89-387-0712-3
정가 30,000원

* **전재 및 복제 행위 금지 요망**
  이 책의 무단전재·복제행위는 저작권법 제97조의 5에 의거,
  5년 이하의 징역 또는 5천만원 이하의 벌금에 처하게 됩니다.

* **유사 상호(商號)에 대한 주의 요망**
  사전의 명문 민중서림은 유사 민중○○들과
  다른 회사입니다. 확인하여 구매에 착오 없기 바랍니다.

* 파본은 교환해 드립니다.